当て字・当て読み 漢字表現辞典

笹原宏之…［編］

三省堂

装図――曲亭馬琴『麁相案文當字揃』（早稲田大学図書館所蔵）
帯漫画――高橋留美子『めぞん一刻』第9巻（小学館・ビッグコミックス）
装丁――三省堂デザイン室
編集協力―青山典裕・加地耕三・山口英則・三省堂辞書編集システム

序

世界で最も多様な文字をもつ日本語は、極めて多彩な表記を生み出してきた。それを目にすることで人は語を理解するとともに、イメージを膨らましたり違和感を抱いたりもする。

たとえば、小説の「首領(ドン)」、新聞の「貫録」(貫禄)、テレビの「二十才」(二十歳)、八百屋の「キャ別」、落書きの「夜露死苦」やＷＥＢの「人大杉」などはどうであろう。ことばと表記との間に不整合感が表明されることは千年以上前から見られるが、漢字という表意性を有する文字に対する信頼や期待は、時にその意識を超えるほど強固なものであった。現在でも「月見里」と書いて「やまなし」と読ませる姓、「十八女」と書いて「さかり」と読ませる地名に感嘆し、「珈琲」とある喫茶店に心惹かれ、「瞬間」も「永遠」も「とき」、「恋人」も「他人」も「ひと」と読める歌詞に感心する向きもある。目に伝えたい情報もあるのだろう。「欠けら」を「欠片」、「ヒマワリ(日回り)」を「向日葵」、「体(からだ)」を「身体」、「すてき」を「素敵」、「豆腐」を「豆富」、「ロマンチック」を「浪漫的」とする表記については、今どのように感じられるであろうか。

私たちの日常生活は、漢字の本来的にもつ意味や読み方とは異なる使われ方、語の本来の意味や発音にそぐわない表記に満ちている。その類を概括して「当て字」と呼ぶことがある。「長谷(はせ)」「等々力(とどろき)」などの固有名詞はもちろん、カレンダーの「仏滅」も実は「物滅」の当て字である。「神無月」「師走」なども同様と考えられるのだが、漢字どおりに語源の意識や語の意味が根付いていないだろうか。当て字は日本語の語形を動かす力をも発揮する。愚かの意の「おこ」に当てられた「尾籠」は音読みされて「ビロウ」の語を生じ、「ロマン」に当てられた「浪漫」は各字の字音により「ロウマン」という語形を新たに創出した。「アメリカ」は「亜米利加」を経て「米(ベイ)」が略称となり、「米国」「日米」などの語を形成し、本来の米が「コメ」と表記されるようにもなった。

当て字はよくないとか、好きではないという声が一般に聞かれる。しかし、その中にはすでに私たちの日常で、慣用が定着して摩擦感のなくなったものがある。学校で習った「時計」も、「土圭」に対する当て字だと知ったとき、中国古典のそれに戻そうと思うだろうか。「真面目」も、「シンメンモク(ボク)」という語形や意味とはずれていると知りつつ「まじめ」という読みを受け入れている人が多く、「改定常用漢字表」(二〇一〇年答申)に採用された。本来的な漢字表記こそ正しく、用いるべきとするならば、「ことば」は「言葉」でなく、「やまと」も「大和」ではなくなり、逆に「おかず」は「御数」、おでんは「御田」、「おやつ」は「御八つ」と書くこととなる。

国語辞書や漢和辞書には、「御御御(おみお)付け」「装(よそ)う・装(よそ)る」「麵麭(パン)」「木乃伊(ミイラ)」といった表記や、新聞に現れる「風光明美」(「風光明媚」の書き換え)は収めても、冒頭に記したような現実に目にする表記はほとんど収められていない。編者は、中学生のころまで、国語辞書や漢和辞書から外来語、外国の固有名詞に対する当て字を抜き出す作業に集中したことがあった。収集した一五〇〇項目を超える例からは辞書ごとに差が見出せたが、当時、編者にはそれ以外のテレビや書籍などで見かけるものは認めがたい存在であった。当て字の辞典にわずかに関わらせてもらった大学生のころには、現実に使われてきた表記にこそ考えるべきことが詰まっているという思いを抱くようになっていた。

日本列島に暮らす人々は、一五〇〇年以上前に漢字を受け入れて以来、中国語を表記するために生みだされ、音読みと意味しかない漢字という素材に、日本語を書き表すための応用を加え続けてきた。山の所を意味する「やまと」には次第に「大和」が当てられ、また心が引かれる「こひ」（こい）には「戀」（恋）のほかに「孤悲」という万葉仮名が好んで用いられた。そうした営為を通じて日本では漢字が血肉化し、中国以上に表記を細分化し、各々に表現意図を託し、また読み取ろうとするに至る。そうした表記はかつては辞書にも収められ、文字生活の中で再び利用されることもあった。

近年流行した表記「不良（わる）」は、実は以前からの使用が確認できる。一方、「秋桜（コスモス）」は、山口百恵が歌う以前に、世に広まっていただろうか。「まじめ」から派生した「まじ」は漫画によって「本気」が固定化したが、パソコンとケータイに内蔵された変換辞書の影響で「馬路」が若年層を中心に広まりつつある。彼らの手書きしたものにも「伝染（うつ）る」や「欠片（かけら）」などが用いられる。各種メディアの表記が個々人に認知され、新たに他者に向け用いることでさらに影響を及ぼすという、一般化に向けた循環が起こっている。

宝石の名で呼ばれる一方、戦時体制下にはボーフラなどと批判された振り仮名（ルビ）は、戦後六〇年余りを経て、「改定常用漢字表」（答申）において、表内字・表外字にかかわらず文脈や読み手の状況の必要に応じて活用するよう配慮すべきこととされるに至った。情報機器でも表示できるようになってきた世界で唯一のこの表記形式が、当て字による表現を拡張させている。

現代は過去と同様かそれ以上に客観的にとらえにくい面もある。女性雑誌に現れる「短丈」には、種々の読みが人々によって生み出されつつあり、たとえば「ショートたけ」で落ち着く可能性もある。そうなれば当て字が習慣化したことになる。逆に見ればこうした記された文字（列）に読みを与える「当て読み」もまた古くから行われてきた。人々の自由な表現行為から生まれるこうした漢字の状況を、歴史の中の現代にある同時代人として記録しておきたい。

本書では、当て字、当て読みの類とその周辺に位置する様々な表現を対象とし、規範主義的な姿勢を抑え、記述主義的な編纂を行った。漢字は抑圧的な存在であってはならず、掲載例に暗記の必要はない。また、無闇な使用を勧めるものでもない。

とくに中心に据えて採録したものは、漢字表記を平易化、共通化するために制限を行い、「あて字は、かな書きにする」と述べた国語政策「当用漢字表」（一九四六）以後の時代の、当て字の類である。明治期以降の文部省などによる方針やふりがな廃止論の流れを受けたこの漢字政策は、マスメディアや一般に影響を及ぼした。ただその表でさえ、当て字を完全には排除しておらず、逆に「書き換え」と称される同音字による代用表記も固定化、新造がなされた。

編者は中国製の漢字、日本製の国字を文献や社会、人々を通じて追いかけるかたわら当て字の類にも圧倒されてきたが、本書ではそのうちなるべく人々の目に触れていると思われる例を挙げるように心掛けた。文芸作品における例には先行の辞書があるが、漫画や歌詞、チラシ、テレビ、インターネットなど、今日の日本における生活環境の中で実際に頻繁に目に触れている媒体から採集した辞書は未だかつてない。その網を細かくはせず、余りに深くも入り込まないようにしたが、それでも盛り込みたかったものはまだ数多くある。特定の人が見る日記や手紙、メールなどでの個人的、臨時的、無意識的な使用にも考えるべき例があれば、多彩な現実の表現世界への入り口となるよう採用した。この種のものも資料となるという事実を示そうとしたものもある。

個々の文字資料には、内容や文体など質に差があることは当然であり、典故や洞察の有無もあろう。しかし用いられた文字そのものは一字一字等しく価値があると考え、気づきを喚起するためにも、種々の性質の文章から多様な表記や文字遣いを抜き出し、異質なものを混在させることで、現代人の囚われのない着想、その表記でなければ表せない気持ちまで読み取れる可能性が生じる。当代の日常の文字使用は俗で卑近だと感じられるのは、千年以上も前から繰り返し抱かれてきた意識である。遊戯と実用の間には明確かつ絶対といえる境界はない。

場面ごとに最適な表現を選ぶ中で満足のいくものが見つからないときには応用を加えて創造する。必要なものはいつしか自己そして社会のものとなる。そうした現実への柔軟な対応力を有するものが、中国の人々が漢字に与えた要素と構成法と運用法であった。その柔軟性を極限まで拡張させてきたのは日本の人々である。日本語を書き表すために先人はあらゆる試行に努力を惜しまなかった。表記を生み出すのは著名人ばかりではない。むしろ読者の方々もすでに創りだしているのかもしれない。文字に関する現実を動かすのは、それを使う一人一人ではなかろうか。それに対する評価は歴史でさえ下せるかどうかは分からない。

本書は漢字に限定せず、ひらがな、カタカナ、ローマ字、アラビア数字や記号などによる表現にまで収録範囲を広げた。それには、当て字の類を多用する日本語とはどういう性質の言語なのか、それを使う人々は漢字に何を求めてきたのか、そして日本人は漢字を共有した中国や韓国の人々とは何が異なるのか、と考えるよすがともなればとの思いがある。日本人は、これまで漢字を使いこなしてきたのか、それとも漢字に振り回されてきたのか。日本語は漢字によって鍛え上げられているのか、あるいは漢字に掻き乱されているのか。その答えを得るには現実を直視することが必要である。

一世を風靡した作品に現れた当て字も、すでに忘れ去られていることがある。昨今、新生児に対する命名に放埒と評されるものが増えているのは、従来の受容された当て字などによる漢字表現といかなる点を異にするためなのか、考えてみる必要もあろう。最も個性的かつ複雑な日本の文字と表記の中で、さらに新たな応用が今なお行われ、変化し続ける当て字の類をできるかぎり収めたこの小さな一冊の個々の例が、日本語の余剰を批判し、あるいは創意工夫を検証するきっかけともなればと願う。

本書は、用例の採集や整理などにおいて、一々は記すことができなかったが多くの方々の協力によってできたものである。先達にその存在や意義を教えられることもあった。本書をご覧下さる方には、「あの作品がない、この表記もない」と思われるに違いない。新たに使用される例も尽きないであろう。微意をお酌み頂き、出典とともにご教示頂ければ幸いであり、もし機会に恵まれれば新たな版につなげていきたい。三省堂の辞書出版部の方々、とりわけ企画と最終段階では加賀山悟氏と山本康一氏、そして奥川健太郎氏には成書のために文字どおり献身的など尽力を頂いた。四月来、ほぼ本書の編纂だけに向き合えたのも周りの方々のご高配による賜物であった。ここに記して御礼申し上げる。

二〇一〇年八月二六日　於晁谷

笹原宏之

凡　例

収録表記　本辞典には、漢字表記と、その読みとしてのことばとの間に、不整合感が表明されるたぐいのもの、それと実際には同等な存在であるにもかかわらず、その違和感などの感覚が一般に失われているものを広く収めた。つまり、いわゆる当て字のたぐいを中心として、当て読みのほか、理には適った表記、見慣れなくなった表記、それらの周縁に位置する、漢字を利用した種々の表現、さらに誤植、誤記、誤読も部分的に採用した。採集対象の中心はいわゆる現代の表記・用例であるが、過去の例も㊧マーク(後述)を付すなどしてある程度掲げた。実際に使われていることを示すため、採取した中から実例を添えたが、選択に際し必ずしも網羅性・一貫性を目指そうとはせず、なるべく多くのパターンを示すように努めた。方言、位相語、個人的な語や表記も一部載録した。

見出し　標準的な表記

あかい［赤い］

【紅(あか)い】❖紅白戦、紅白歌合戦では「紅組(あかぐみ)」、

当て字などの表記　編者の解説

歌詞 バラは紅く〔岡晴夫「青春のパラダイス」(吉川静夫)1946〕／青い夜霧に 灯影が紅

ジャンル　用例　出典

見出し　約一万一千。五十音順。和語・漢語は平仮名、外来語は片仮名。原則として現代仮名遣いによる一般的な口語形(活用語は終止形)で示した。「ビーナス」「ヴィーナス」のような語形の揺れや、「ゆする」「ゆすり」のような動詞・名詞の違いがあっても、一つの見出しのもとにまとめて掲げた場合がある。また、「紅さ」の用例を「あかい(紅い)」で示すなど、派生語なども適宜まとめた。必要に応じて見出し語の語義・解説を与えた。

［　］標準的な表記　国語施策で定められたものに加え、それ以外で一般性、伝統性の高いもの、辞書に語源を示すために掲げられているたぐいのもの。外来語にはできるだけ原語の綴りを載せた。チョコ［←チョコレート］のように略語の元の形を示した場合もある。

【　】当て字などの表記　約二万三千。字体・送り仮名は、一般的な用例のものに従った。旧字体・旧仮名遣いの例に対しては、原則として現代のものに改めた。ルビとして与えた読みは、用例の文字(列)や表記上の諸形式などに着目して判断した。歌詞では、実際に歌われている発音と、歌詞カードの読み仮名のない文字(列)の比較などを通じて読みを特定したものもある。意味を示すような古書の左訓や、中国語・韓国語などでは、ルビを省略した場合がある。特別な形のものは以下の記号で区別した。

＊「スクラップ」の項目での＊**【切り抜帳(スクラップ・ブック)】**や、「ふしぎ」の項目での＊**【異(ふしぎ)がる】**など、見出し語を用いた連語・複合語・派生語の類に付す。

関連「それ」の項目での 関連**【それ(指輪)】**のように、表記の主体が、見出し語に相当するもの。また、「よっかいち(四日市)」の項目での 関連**【泗(し)】**のように、見出し語の意味や表記に関連するもの。

その他　出典等を割愛したが、表記を挙げておきたいもの。

❖編者の解説　その表記のニュアンスや、その表記が選択される背景、文字史・表記史に基づく知識など、補足・関連情報をできるだけ示した。「→」により、関連項目を示した。

ジャンル　掲載メディアや位相などをロゴの記号で示した。複数の表示が可能な場合には、いずれか一つを示すことを原則とした。主なものを以下に示す。

㊧「当用漢字表」(1946)、「当用漢字音訓表」(1948)による漢字制限が存在しなかった時代、即ち古代から戦後間もない時期までの例に付した。

多くは出典や版本名、用例等を割愛した。【古】マークが付いているものは、戦後の用例がないことを示すわけではなく、またこの先も使用が現れていく可能性もある。【古】の例が近年のメディアに載ったこと自体に意義を見出し、示した場合もある。今日でも広く流布し実際に多く読まれているものなどについては、【古】でなく【小説】【詩】【歌詞】などのジャンル名で示した。なお、戦後の例を示した場合、【古】に該当する例が存在しても、【古】の表示は原則として省略した。

【新聞】 全国紙を中心とする。注記のない限り都区内で発行された朝刊。紙名などは極力示し、面数・頁数は原則として省いた(以下同)。

【雑誌】 月刊誌、週刊誌など(漫画雑誌を除く)。

【小説】 書籍や新聞などで発表された小説。一部ではあるが、個人的に書かれた作品も対象とした。

【漫画】 漫画単行本。漫画雑誌。

【TV】 テレビ番組やコマーシャル。注記のない限り、原則として都区内で放送されたもの。

【広告】 新聞、雑誌、コミックスなどの広告欄ほか。

【歌詞】 CDやレコードの歌詞カードに拠ることを原則とし、書籍、テレビの歌謡番組、アニメ、カラオケ画面のテロップ、WEBなども参看した。曲名にもある場合は、【曲名】として示すことを原則とした。

【メール】【ケータイ】 Eメール、携帯メールでの実際の使用例。

【WEB】 主として2009～2010年時点に確認したインターネット上の文書。とくに使用例については、過去の記事の検索も容易となってきたことをふまえつつ、URLなどは多く割愛せざるをえなかった。

【民間】 商店やメモなどで一般に用いられているもの。

【もじり】 文字列に対して、語義の違いを与えるため加工を施す類のもの。

【字遊】【字謎】 漢字の読みや形を使ったしゃれや創作、判じ物、クイズなど。

【誤字】【誤読】【誤植】【誤変換】 規範を重視する立場によると誤りと判断されうるもの。

用例 掲出表記の使用例のほか、その表記について掲げられたり言及されたりしているものも引用した。引用は表記使用の実態を示すための必要最小限にし、一部は省略した。引用に際しては、原文に拠ることを原則としたが、文が長い場合などでは一部を改め、短縮・要約したものもある。その際には( )で趣旨を補ったり、(中略)(後略)などと示したりもした。ルビも、総ルビの場合などで該当箇所以外を省略したものがある。

出典

(1)使用時期の目安となるように、年代・月日を原則として入れた。最初の刊行年や執筆年、発表年などを努めて示し、なるべく年代順となるように配列したが、必ずしも初出の用例を示そうとしたわけではない。

(2)原則として原文に当たったものを掲載したが、次頁以降の主要参照・引用文献などに基づいたものもあり、とくに次の辞典類に拠った場合には、左記の略号を添えた。

㊙隠 木村義之・小出美河子編『隠語大辞典』2000
集 米川明彦編『集団語辞典』2000
俗 米川明彦編『日本俗語大辞典』2003
目 佐竹秀雄編『言語生活の目』1989
コ 大塚常樹ほか編『コレクション現代詩』1990

(3)丸括弧( )の使い方

【漫画】の〔さとうふみや「金田一少年の事件簿 1」(金成陽三郎)1993〕の例では、作画がさとうふみや、原作が金成陽三郎。丸括弧内は、脚本家などの場合もある。【漫画題名】でも同様。

【歌詞】の〔シャ乱Q「シングルベッド」(つんく)1994〕の例では、アーティストがシャ乱Q、作詞者がつんく。両者が同一であれば、原則として作詞者の表示を省略した。丸括弧内は、訳詞・日本語詞の作者の場合もある。【曲名】でも同様。

主要参照・引用文献

宛字外来語辞典編集委員会編(1979)『宛字外来語辞典』、柏書房

あらかわそおべえ(1977)『角川外来語辞典』第二版、角川書店

新裕美(1986)「三島由紀夫に於ける和訓ルビ付の漢語—戯曲を中心として—」、『日本語学』5-5、明治書院

有澤玲編(2000)『宛字書きかた辞典』、柏書房

安斎あかね(1986)「現代漫画の文字表現—ルビの効用—」、『学習院大学言語共同研究所紀要』9

伊藤嘉夫(1970)「ふりがな振り漢字」、『跡見学園国語科紀要』18、跡見学園国語科研究会

乾善彦(1991)「古注釈の文章にみえる漢字の一用法—顕昭『古今集注』を中心に—」、『吉井巌先生古稀記念論集—日本古典の眺望』、桜楓社

岩淵匡(1989)「振り仮名の役割」、加藤彰彦編『講座日本語と日本語教育』9、明治書院

S・W・ウィリアムズ編(1856)『A Tonic Dictionary of the Chinese Language in the Canton Dialect(英華分韻撮要)』、Ganesha Publishing(ロンドン 2001)

上田万年ほか編(1993)『新大字典』普及版、講談社

内山和也(2002)「隠喩が意味を失うとき(ハイパテクスト版)」、http://homepage3.nifty.com/recipe_okiba/nifongo/metap.html

——(2002)「振り仮名表現の諸相」、http://homepage3.nifty.com/recipe_okiba/nifongo/ruby.html

遠藤好英(1989)「漢字の遊び例集」、佐藤喜代治編『漢字講座』10、明治書院

円満字二郎(2010)『常用漢字の事件簿』、日本放送出版協会

王勇(1993)「振仮名(ふりがな)(ルビ)と文字論—文化的な視点より—」、http://klibredb.lib.kanagawa-u.ac.jp/dspace/bitstream/10487/3712/1/kana-12-5-0009.pdf

太田全斎『俚言集覧』(自筆稿本・明治版)

大塚常樹ほか編(1990)『コレクション現代詩』、桜楓社

大槻文彦(1889〜1891)『言海』

——(1932〜1935)『大言海』、冨山房

岡田寿彦(2003)「ルビと漢字」、前田富祺ほか編『朝倉漢字講座』3、朝倉書店

尾崎雄二郎ほか(1992)『角川大字源』、角川書店

織田正吉(1986)『ことば遊びコレクション』、講談社現代新書

小田切進編(1973)『日本の短編小説 昭和(下)』、潮文庫

加藤彰彦(1989)「振り仮名の問題」、『漢字講座』11、明治書院

漢語大詞典編輯委員会ほか編(1986〜1994)『漢語大詞典』、漢語大詞典出版社

漢語大字典編輯委員会編(1986〜1990)『漢語大字典』、四川辞書出版社・湖北辞書出版社

紀田順一郎(1995)『日本語発掘図鑑—ことばの年輪と変容』、ジャストシステム

北原保雄編(2003)『明鏡国語辞典』携帯版、大修館書店

木村義之(1995)『斉東俗談の研究—影印・索引』、おうふう

——(2005)「あて字」、前田富祺ほか編『朝倉漢字講座』1、朝倉書店

木村義之・小出美河子編(2000)『隠語大辞典』、皓星社

金城ふみ子(2003)「広告の漢字」、前田富祺ほか編『朝倉漢字講座』3、朝倉書店

金田一春彦(1957)『日本語』、岩波新書

金田一春彦・林大・柴田武編(1988)『日本語百科大事典』、大修館書店

現代言語セミナー(1986)『遊字典』、角川文庫

——(1995)『辞書にない「あて字」の辞典』、講談社プラスアルファ文庫

見坊豪紀ほか編(2008)『三省堂国語辞典』第六版、三省堂

小池清治ほか編(1997)『日本語学キーワード事典』、朝倉書店

国語学会編(1955)『国語学辞典』、東京堂出版

——(1980)『国語学大辞典』、東京堂出版

小林祥次郎(2004)『日本のことば遊び』、勉誠出版
小林多喜二(1953)『蟹工船・党生活者』、新潮文庫
今野真二(2008)『消された漱石—明治の日本語の探し方』、笠間書院
——(2009)『振仮名の歴史』、集英社新書
斎賀秀夫(1989)「現代人の漢字感覚と遊び」、佐藤喜代治編『漢字講座』10、明治書院
笹原宏之(1998)「元禄十四年刊『俗字正誤鈔』における「正字」「俗字」「誤字」とその典拠」、『国語文字史の研究』4、和泉書院
——(2006)『日本の漢字』、岩波新書
——(2007)『国字の位相と展開』、三省堂
——(2008)『訓読みのはなし—漢字文化圏の中の日本語』、光文社新書
——(2010)「改定常用漢字表と日本語表記」、『日本語学』29-10、明治書院
笹原宏之・エリク=ロング・横山詔一(2003)『現代日本の異体字—漢字環境学序説—』、三省堂
佐竹秀雄編(1989)『言語生活の目』、筑摩書店
佐藤喜代治編(1977)『国語学研究事典』、明治書院
——(1987～1989)『漢字講座』1～12、明治書院(掲出分以外の所収諸論文・資料)
佐藤喜代治ほか編(1996)『漢字百科大事典』、明治書院
佐藤進・濱口富士雄編(2006)『全訳漢辞海』第二版、戸川芳郎監修、三省堂
佐藤稔(2007)『読みにくい名前はなぜ増えたか』、吉川弘文館
芝野耕司編著(2002)『増補改訂ＪＩＳ漢字字典』、日本規格協会
ジェイムズ・ジョイス(1991)『フィネガンズ・ウェイク Ⅰ Ⅱ』(柳瀬尚紀訳)、河出書房新社
——(1993)『フィネガンズ・ウェイク Ⅲ Ⅳ』(柳瀬尚紀訳)、河出書房新社
白川静(1984)『字統』、平凡社
新潮社編(2007)『新潮日本語漢字辞典』、新潮社
新聞用語懇談会編(2007)『新聞用語集 2007年版』、日本新聞協会
新村出編(2008)『広辞苑』第六版、岩波書店
菅原義三編(1990)『国字の字典』飛田良文監修、東京堂出版
杉本つとむ(1992)『文字史の構想』、萱原書房
杉本つとむ編(1973～1975)『異体字研究資料集成』、雄山閣
——(1994)『あて字用例辞典』、雄山閣
杉本つとむ・岩淵匡編著(1994)『日本語学辞典』新版、おうふう
鈴木勝忠編(1968)『雑俳語辞典』、東京堂出版
惣郷正明(1987)『辞書漫歩』、東京堂出版
高村光太郎(1955)『高村光太郎詩集』、岩波文庫
竹浪聰(1987)「熟字訓」、佐藤喜代治編『漢字講座』3、明治書院
田島優(1998)『近代漢字表記語の研究』、和泉書院
——(2009)『漱石と近代日本語』、翰林書房
田中章夫(2002)『近代日本語の語彙と語法』、東京堂出版
谷川士清編(1777～1887)『和訓栞』
玉井喜代志(1932)「振仮名(ルビ)の研究(上)(下)」、『国語と国文学』9-5・6、至文堂
檀国大学校附設東洋学研究所編『韓国漢字語辞典』(1992～1996)、檀国大学校出版部
千葉謙悟(2010)『中国語における東西言語文化交流—近代翻訳語の創造と伝播』、三省堂
陳力衛(2003)「日中両言語の交渉に見る熟字訓の形成」、『国語学』54-3、国語学会
築島裕(1960)「宛字考」、『言語生活』106、筑摩書房
土屋道雄(2001)『例解 誤字辞典』、柏書房
靍岡昭夫(1996)「流行歌・言葉の考現学」、『日本語学』15-6、明治書院
寺山修司(1975)『書を捨てよ、町へ出よう』、角川文庫
藤堂明保編(1978)『学研漢和大字典』、学習研究社
中村明(2003)「文学と漢字」、前田富祺ほか編『朝倉漢字講座』3、朝倉書店
夏目漱石(1952)『こころ』、新潮文庫

日本国語大辞典第二版編集委員会ほか編(2000〜2002)『日本国語大辞典』第二版、小学館
日本古典文学大辞典編集委員会(1983〜1985)『日本古典文学大辞典』岩波書店
沼田善子(1989)「表記論として見たマンガのことば」、『日本語学』8-9、明治書院
野村雅昭・小池清治(1992)『日本語事典』、東京堂出版
萩原朔太郎(1999)『萩原朔太郎詩集』、ハルキ文庫
蜂谷清人(1989)「「分野」の訓「ありさま」とその周辺」、『日本語学』8-9、明治書院
鳩野恵介(2008)「漢和辞典における慣用音の規範」、『語文』91、日本大学国文学会
林義雄(1983)「古辞書のあて字—『名語記』『塵袋』を中心に—」、『日本語学』13-4、明治書院
飛田良文(1992)『東京語成立史の研究』、東京堂出版
日向茂男「歌謡曲の題名の冒頭語をめぐって」、『日本語学』15-6、明治書院
府川充男編(2005)『難読語辞典』、太田出版
平凡社編(1974)『大辞典』、平凡社
堀達之助編『英和対訳袖珍辞書』1862(杉本つとむ編『江戸時代翻訳日本語辞典』1981、早稲田大学出版部)
前田政吉編(1992)『難字と難解語の字典』、北海道出版企画センター
松村明ほか編(2006)『大辞林』第三版、三省堂
松村由利子(2009)「ふりがな考」(青磁社「週刊時評」)、http://www3.osk.3web.ne.jp/~seijisya/jihyou/jihyou_090817.html
峰岸明(1994)「あて字はどのようにして生まれたか」、『日本語学』13-4、明治書院
ロバート・モリソン編(1828)『Vocabulary of the Canton Dialect(廣東省土話字彙)』、Ganesha Publishing(ロンドン 2001)
諸橋轍次(1966〜1968、1989〜1990)『大漢和辞典』縮写版・修訂第二版、大修館書店
柳田征司(1987)「あて字」、佐藤喜代治編『漢字講座』3、明治書院
山田忠雄ほか編(2005)『新明解国語辞典』第六版、三省堂
山田俊治・十重田裕一・笹原宏之(2000)『山田美妙『竪琴草紙』本文の研究』、笠間書院
山本昌弘(1985)『漢字遊び』、講談社現代新書
山本有三ほか(1938)『ふりがな廃止論とその批判』白水社編、白水社
由良君美(1986)『言語文化のフロンティア』、講談社学術文庫
吉田仁『誤植の話』、http://www.geocities.co.jp/jinysd02/gosyoku/
米川明彦編(2000)『集団語辞典』、東京堂書店
——(2003)『日本俗語大辞典』、東京堂書店
冷玉龍ほか編(1994)『中華字海』、中華書局・中国友誼出版公司
W・ロブシャイド編(1866〜1869)『英華字典』、東京美華書院(1996)
『2典plus』、http://media-k.co.jp/jiten/

あ

あ 奈良・平安時代に使われていた古語の一人称。

【我(あ)】 歌詞 我(あ)が恋止(や)まむ 嗚呼〔サザンオールスターズ「CRY 哀 CRY」(桑田佳祐)1998〕◆長い歴史をもつ表記で、擬古的な使用。

あ

【呀(あ)】 WEB ◆中川翔子が文末で使用。広東語に由来。→あっ(呀っ)

ア

【フ】 誤字「ア〜エの選択肢の中から一つ選んで書きなさい」「あたしの答え→フ」「『ノ』みたいなあの一画をわすれちゃったんですよー」〔WEB〕

【A】 誤字 答えが「ア」なのに、私は「A」って書いてました。ローマ字読み…?〔WEB〕

ああ

[噫] 感動詞。

【嗚呼(ああ)】 ◆「嗚呼」は、中国では「於呼」「於戯」と「用字が異なるだけで、すべて上古には『あはあ』という発音を表した」〔藤堂明保『漢和大字典』〕。日本では『万葉集』に「嗚呼見乃浦(あみのうら)」とあり、古くより「ああ」に当てて用いられてきた。とくに手書きで「鳴呼」と書き間違えられる。

曲名 都はるみほか「嗚呼玉杯に花うけて」〔矢野勘治〕1902

漫画題名 どおくまん「嗚呼!!花の応援団」〔1975〜〕

題名 早乙女太一「嗚呼(ああ)、田原坂(たばるざか)」〔「読売新聞」2010年2月9日(広告)〕

【嗚乎(ああ)】 誤字 嗚乎軍神奥野隆一郎之碑〔手塚治虫「ザ・クレーター 2」1974〕

【於戯(ああ)】 古 ◆西鶴も使用。

【唉(ああ)】 古 ◆尾崎紅葉も使用。

【噫(ああ)】 小説 哀噫(あいああ)!〔柳瀬尚紀訳「フィネガンズ・ウェイク III IV」1993〕

新聞「噫(ああ)横川国民学校」遺墨〔「読売新聞」2010年3月10日〕◆ほかにも様々な表記が文学などで行われてきた。「あ」には「噫」「呀」や中国俗文学の影響を受けた読本に「吁」なども行われ(古く長音で読まれた可能性あり)、あくびの「あああ」に「啞々」などとも漢字が当てられた。現代中国では「嗳呦・嗳呀」など。

【噫々(ああ)】 歌詞 噫々…、あ、…〔美空ひばり「越前岬」(吉田旺)1979〕/噫々(あ) 遠い眸(め)をして〔神野美伽「酒未練」(吉田旺)2009〕

【嗚々(ああ)】 歌詞 嗚々 砕け散る運命(さだめ)の星たちよ〔谷村新司「昴」1980〕

【嗚咽(ああ)】 小説 嗚咽(ああ)。〔柳瀬尚紀訳「フィネガンズ・ウェイク I II」1991〕◆通常は嗚咽(オエツ)。

【悪(ああ)】 辞書〔「同意語二十万辞典」1910〕◆ほかにも数多くの表記を挙げる。

【嘸(ああ)】 辞書〔篠崎晃一「ウソ読みでひける難読語辞典」2006〕◆さぞ。

その他 嗟(ああ)・吁々(ああ)・吁(あ) 古

***【再認識(あー、なるほど)】** 広告「認識」と「再認識(あー、なるほど)」を「この一冊で」〔「イミダス」2005〕

アーク [arc] 弧。

【弧光(アーク)】 曲名 夢幻の弧光(アーク)〔T. M. Revolution「ignited -イグナイテッド-」(井上秋緒)2004〕

◆「弧光燈」「円弧燈」で、古く「アークライト」とも。

アーク [ark]

【天宮(アーク)】 アニメ〔「SDガンダムフォース」2004〕

【聖櫃(アーク)】 雑誌〔「山と溪谷」1994年6月〕

【聖箱舟(アーク)】 小説 ノアの聖箱舟(アーク)である〔清涼院流水「カーニバル 一輪の花」2003〕

【聖方舟(アーク)】 小説 聖方舟(アーク)で有名なノア〔清涼院流水「カーニバル 二輪の草」2003〕

【箱舟(アーク)】 歌詞 背徳の箱舟(アーク)〔Sound Horizon「Arc」(REVO)2005〕

【妄想型箱舟依存症候群】 歌詞〔Sound Horizon「Arc」(REVO)2005〕◆Sound Horizon は

当て字のたぐいが多いことでつとに有名なグループ。

【その他】 **魔王**（アークエネミー）［小説］

アークティックオデッセイ [Arctic odyssey]

【極北への旅】（アークティック・オデッセイ）［雑誌］極北への旅（アークティック・オデッセイ）は〈「芸術新潮」1994年7月〉

アース [earth]

【地球】（アース）［書名］折原みと「地球（アース）『箱舟の惑星（ほし）』」1993

アーチ [arch]

【穹門】（アーチ）**【穹窿】**（アーチ）**【緑門】**（アーチ）**【拱門】**（アーチ）**【牌楼】**（アルチ）［古］

アーチャー [archer] 射手。

【弓手】（アーチャー）［雑誌］貴方のハートを撃ち抜く凄腕〝弓手（アーチャー）〟〈「ダ・ヴィンチ」2010年1月〉

アーティスト [artist] 歌謡曲の歌手なども指すようになっている。

【芸術家】（アーティスト）［漫画］〝芸術家（アーティスト）〟とはいったい〈蓮見桃衣「エキストラ・ジョーカーJOE」（清涼院流水）2001〉／奇跡の〝瞬間〟を魅せる気高き芸術家（アーティスト）!!〈許斐剛「テニスの王子様 20.5」2003〉

【その他】 **画工**（アーチスト）・**技巧家**（アーチスト）［古］

アート [art]

【技術】（アート）［新聞］「可能性の技術（アート）」という政治の目的を〈「読売新聞」2009年10月10日〉

【美術】（アート）［漫画］S（ストリート）美術（アート）〈尾田栄一郎「ONE PIECE 34」2004〉

【芸】（アート）［書名］大井一男「美術商（アートディーラー）・岡倉天心」2008 ［評論］それが芸（アート）なのである。〈谷川俊太郎「詩を書く なぜ私は詩をつくるか」2006〉

【その他】 **技巧**（アート）・**技芸**（アート）・**術生**（アート）・**技法**（アート）［古］／**亜亜土**（あーと）［人名］

アーミー [army]

【軍】（アーミー）［漫画］半径100mから退去させるよう軍（アーミー）にも協力を〈麻宮騎亜「サイレントメビウス 1」1989〉

アーム [arm]

【闘具】（アーム）［広告］闘具（アーム）を収集〈「週刊少年ジャンプ」2004年48号（表紙裏）〉

アームチェア [armchair]

【安楽椅子】（アームチェア）［小説］安楽椅子読者（アームチェア・リーダー）探偵〈清涼院流水「カーニバル二輪の草」2003〉

【その他】 **腕倚椅子**（アームチェア）［古］

アーメン [amen]

【噫面】（アアメン）［小説］〈柳瀬尚紀訳「フィネガンズ・ウェイク I II」1991〉

【その他】 **亜孟**（アーメン）・**噫免**（アーメン）［古］

アーモンド [almond]

【扁桃】（アーモンド）［古］◆蘭学書に巴旦杏核（アマンデルン）。キリール（腺）の一つに。

あい [愛] →あいする・まごころ

【恋愛】（あい）［歌詞］〈SMAP「Let It Be」（相田毅）2000〉◆愛は「うるわし」「めぐし」「うつくし」などの訓をもっていた。

【情熱】（あい）［歌詞］情熱（あい）の河はさえさえと〈水樹奈々「ヒメムラサキ」2006〉

【天意】（あい）［広告］夢を未来へ。天意（アイ）を人類へ。立教50周年〈「読売新聞」2009年7月26日〉

【光】（あい）［歌詞］今日の前の光（あい）を求めていいのかな〈GARNET CROW「Please, forgive me」（AZUKI七）2002〉

【偽善】（あい）［歌詞］恩着せがましい偽善（あい）なんていらない〈林原めぐみ「Just be conscious」1996〉

【関係】（あい）［歌詞］関係（あい）を望むから〈GARNET CROW「君連れ去る時の訪れを」（AZUKI七）2004〉

【LOVE】（あい）［歌詞］会いたい LOVE（アイ） LOVE（アイ） LOVE（アイ）のに〈堀江由衣「LOVE DESTINY」（伊藤千夏）2001〉◆合いの手のような感じ。／LOVE（愛）〈ALI PROJECT「EROTIC&HERETIC」（宝野アリカ）2002〉

【ONE LOVE】（アイ）［歌詞］北を南をONE LOVE（アイ）で繋げたら〈GLAY「GLOBAL COMMUNICATION」（TAKURO）2001〉

【1】（アイ）［新聞］あす31日は愛妻の日。そのココロ

は「1・31（アイサイ）」……。〔「読売新聞 夕刊」2009年1月30日〕

アイ [eye] →アイズ

【眼（アイ）】 小説 いかん、邪眼（イビル・アイ）だ！〔安井健太郎「ラグナロク 黒き獣」1998〕
漫画 支配眼（アイ）!!!〔「週刊少年ジャンプ」2004年5月24日（BLACK CAT）〕／遺伝子構造解読眼（リーディングアイ）〔「週刊少年ジャンプ」2004年7月8日（未確認少年ゲドー）〕
書名 宇津木妙子「ソフトボール眼（アイ）」2009

【目（アイ）】 雑誌 山田目（eye）モード〔「女性セブン」2004年7月8日〕

【瞳（アイ）】 歌詞 少女の瞳（アイ）〔高橋優「こどものうた」2009〕❖目偏に童と書く字源は、ひとみに相手が児童のように小さく映るからとも。

アイ [I]

【私（アイ）】 小説 自分のことは「私（I）」だった〔清涼院流水「カーニバル 二輪の草」2003〕

【i（アイ）】 歌詞 don't U θink? i 罠 B wiθ U〔椎名林檎「ギブス」2000〕

【愛（アイ）】 曲名 篠崎愛DVD「愛 LOVE YOU」2006❖もじり。

あいあいがさ [相合傘・相相傘]

【合々傘（あいあいがさ）】 歌詞 男同士の 合々傘で〔ディック・ミネ「夜霧のブルース」（島田磬也）1947〕

その他 相々傘（あいあいがさ）・相合笠（あいあいがさ）・相合傘（あいやいがさ） 古

アイアン [iron]

【鉄（アイアン）】 漫画 鉄（アイアン）十字章（クロス）〔平野耕太「HELLSING ヘルシング 5」2003〕

【鉄の女（アイアン・レディ）】 小説「鉄の女（アイアン・レディ）」サッチャー元首相〔清涼院流水「カーニバル 二輪の草」2003〕

あいうえお →いろは

【阿井卯栄雄（あいうえお）】 人名 日本経済新聞1965年3月21日〔佐久間英「珍姓奇名」1965〕

【愛飢男（あいうえお）】 もじり ❖「かきくけこ」とともに漫画などに。『ドラえもん』に「阿井上男（あいうえお）」「柿（かき）久家子（くけこ）」。

あいかた [相方]

【敵娼（あいかた）】 古 芸者の言葉〔宮本光玄「かくし言葉の字引」1929 集〕❖「好類（あいかた）」「相士（あいかた）」「合方（あいかた）」など、種々の相手を意味した。

【愛方（あいかた）】 WEB ❖「愛方募集」「相方（愛方）大好き芸人」など、WEBに多用。

あいかん [哀歓]

【合棺（あいかん）】【相棺（あいかん）】 誤字 人生の合棺 相棺 哀歓をともにした夫婦〔斎賀秀夫「あて字の考現学」（「日本語学」1994年4月）〕

あいぎょう [愛楽]

【愛楽（あいぎょう）】 歌詞 焼かれきった史上の愛楽（あいぎょう）〔9GOATS BLACK OUT「in the rain」（ryo）2009〕❖ラク・ガク・ギョウで「楽」の字義が異なるため、江戸時代には字体をそれぞれ少しずつ変えることがあった。

アイグン 辞書では「愛琿」とも。

【璦琿（アイグン）】 地名 璦琿（アイグン）条約❖いわゆる百姓読み。現在の中国では愛輝。

アイゴー 朝鮮語の感嘆詞。

【哀号（アイゴー）】 古 ❖日本で日本漢字音により漢語を当てて生じた当て字とされる。

アイコン [icon] ラテン語・ドイツ語でイコンとも。聖画像。

【偶像（アイコン）】 書名 ルーシー・オブライエン「マドンナ 永遠の偶像（アイコン）」（宮田攝子訳）2008

アイシーユー [ICU]

【集中治療室（ICU）】 漫画 集中治療室（ICU）に移され〔ささやななえ「子ども虐待ドキュメンタリー 凍りついた瞳」（椎名篤子）1995〕／集中治療室（ICU）を出て〔折原みと「生きたい。―臓器移植をした女の子の物語―」2003〕

あいしょう [愛唱]

【哀翔（あいしょう）】 アルバム名「フォーク・ソング2 ～歌姫哀翔歌」2009

あいじん [愛人] 「愛人」は中国では配偶者、韓国では恋人のこと。

【恋人（あいじん）】 広告 私の恋人（あいじん）〔「読売新聞」2009年12月

あ

22日〔東京芸術劇場でのダンス公演〕

【I人（あいじん）】書籍 I（愛）人にI想をつかす〔嵐山光三郎「ABC文体 鼻毛のミツアミ」1982〕

あいしんかくら 中国満州族の姓。

【愛新覚羅（あいしんかくら）】辞書 ❖満州語アイシンギョロに漢字を当てたもの。愛新は金の意。

アイシング [icing]

【冷却（アイシング）】漫画〔「アイシールド21 9」2004〕

アイス [ice]

【氷（アイス）】漫画 氷人形（アイスドール）〔大島司「STAY GOLD 2」2004〕／氷の国（アイスランド）って名前のわりに〔加藤元浩「ロケットマン 8」2004〕

*【氷河時代（アイスエイジ）】漫画〔尾田栄一郎「ONE PIECE 34」2004〕

【高利（アイス）】【高利貸（アイス）】古 ❖高利貸しと氷菓子のしゃれ。

アイズ [eyes]

【目（アイズ）】看板 その「目（アイズ）」が見た衝撃のラスト〔JR千葉駅構内 映画「アイズ」の看板〕

【瞳（アイズ）】広告 瞳（アイズ）で合図〔蓮見桃衣「エキストラ・ジョーカー KER」（清涼院流水）2002（巻末）〕

アイスクリーム

【氷菓（アイスクリーム）】【氷菓子（アイスクリーム）】【高利貸（アイスクリーム）】古

アイスランド [Iceland]

【氷州（アイスランド）】【氷島（アイスランド）】【愛撒倫（アイスランド）】辞書

あいする [愛する]

【寵愛（あい）する】歌詞 そして寵愛（あい）する〔志方あきこ「HOLLOW」（篠田朋子・AILANI）2005〕

【愛死天流（あいしてる）】民間 ❖暴走族らの愛用する表記。ステッカーなどになって商品化され、一部で使用が広がっている。このたぐいの位相表記は概して画数が多く、宗教や生死に関するもの、男女関係、不良行為にかかわるマイナスイメージのもので自己を顕示しようとする意図が見え隠れする。

*【リュウイチ（愛する人）】漫画 リュウイチ（愛する人）のためなら〔松川祐里子「魔術師 7」1999〕

あいそう [愛想]

【愛相（あいそう）】古 ❖「愛憎」も当てられる。あいそとも読み、古く「愛素」も当てられた。この「あい」には「哀」も当てられた。

【I想（あいそう）】書籍 I（愛）人にI想をつかす〔嵐山光三郎「ABC文体 鼻毛のミツアミ」1982〕

あいだ [間]

【瞬間（あいだ）】歌詞 星が流れて消えゆく瞬間（あいだ）も〔サザンオールスターズ「クリスマス・ラブ（涙のあとには白い雪が降る）」（桑田佳祐）1993〕

その他 際（あいだ） 古

あいつ [彼奴] →あいつら

【彼個（あいつ）】漢詩〔平井呈一訳「狂詩 巡査行」1951〕

【彼漢（あいつ）】歌詞 彼漢（あいつ）は持たずに来たのだろう〔子安武人「独妙風」（李醒獅）2002〕

【友人（あいつ）】歌詞 走り疲れ 家庭も仕事も投げ出し逝った友人〔浜田省吾「J. BOY」1986〕

【親友（あいつ）】歌詞〔DEEN「Teenage dream」（坂井泉水）1995〕

【奴（あいつ）】小説 本当に、奴（あいつ）に代わって〔平野啓一郎「日蝕」2002〕

【彼女（あいつ）】漫画 きっと彼女（あいつ）を好きになるって思った〔天城小百合「螢火幻想」1996〕
歌詞 彼女（アイツ）によろしく〔TOKIO「彼女によろしく」（工藤哲雄）1995〕／「彼女（あいつ）なくして」と嘆き悲しみ、〔近藤真彦「ざんばら」（川内康範）2010〕

【妹（あいつ）】ポスター 兄貴、妹（あいつ）は本気だよ〔有楽町イトシア「流星の絆」のポスター〕

【先輩（あいつ）】広告 先輩（あいつ）はどこにいるんだあああああ！〔「読売新聞」2009年8月4日（「ダッシュ！」（書名））〕

【部長（アイツ）】歌詞〔新谷さなえ「会社（セカイ）はワタシで廻ってる!?」2002〕

【犯人（あいつ）】漫画 あれは犯人（あいつ）があらかじめ録音しておいたテープを〔さとうふみや「金田一少年の事件簿 7」（金成陽三郎）1994〕

【自分（アイツ）】漫画 自分（アイツ）とケリつけなきゃ〔「週刊

少年マガジン」2004年48号（ジゴロ次五郎）〕

【勇者(あいつ)】漫画 魔族の群れは勇者(あいつ)を追って村に来たんだ〔渡辺祥智「銀の勇者 4」2000〕

【魔王(あいつ)】漫画 リチェは魔王(あいつ)たのむわ〔渡辺祥智「銀の勇者 1」1998〕

【竜王(あいつ)】漫画 大丈夫かなあ竜王(あいつ)〔渡辺祥智「銀の勇者 2」1999〕

【屍舞鳥(あいつ)】漫画 屍舞鳥(あいつ)はなあっ〔高橋留美子「犬夜叉 1」1997〕

その他 彼奴(あいつ)・阿奴(あいつ)・那奴(あいつ)・渠奴(あいつ) 古 ／妖怪(アイツ)・兄貴(アイツ)・転校生(あいつ)・対面(アイツ)・黒服(アイツ)・敵(あいつ)・森野(あいつ)・菊丸(アイツ)・金田(あいつ)・真澄(あいつ)・由香子(あいつ)・ポアロ(あいつ)・ニア(あいつ) 漫画 ／小沢一郎(あいつ) 書名 ／強敵(あいつ) WEB

関連【あいつ(芦屋)】【あいつ(妹)】【あいつ(天馬)】【あいつ(凌)】 漫画 ❖振り仮名ではなく振り漢字。

あいつぐ ［相次ぐ・相継ぐ］

【相踵ぐ(あいつぐ)】小説 二人の相踵(あいつ)ぐ死を〔平野啓一郎「日蝕」2002〕

その他 相続(あいつぐ) 古

あいつら ［彼奴等］

【双子(あいつら)】漫画 同じクラスの双子(あいつら)の方が〔葉鳥ビスコ「桜蘭高校ホスト部 2」2003〕

【黄金ペア(あいつら)】漫画 黄金ペア(あいつら)何かする気だ!?〔許斐剛「テニスの王子様 24」2004〕

【警官(あいつら)】漫画 警官(あいつら)困ってるぜ〔蓮見桃衣「コズミック・コミックス AND」（清涼院流水）2003〕

【執行部(あいつら)】漫画 執行部(あいつら)は代わりに俺らが〔大暮維人「天上天下 9」2002〕

【敵(あいつら)】漫画 敵(あいつら)につかまっちゃったんだよ〔せたのりやす「無敵王トライゼノン BLAZE 2」2001〕

その他 山賊(あいつら)・パンダ(アイツら)・立海大附属(アイツら)・髑髏十字軍(アイツら) 漫画

あいて ［相手］

【対手(あいて)】小説 同じく対手(あいて)を一応検分し〔幸田文「流れる」1957〕

【恋人(あいて)】漫画 音無さんの恋人(あいて)〔高橋留美子「めぞん一刻 6」1984〕❖同じ「あいて」でも恋敵と恋人がある。次項参照。中国語では恋人のことを「対象」とも。

【恋敵(あいて)】漫画 裕作の恋敵(あいて)〔高橋留美子「めぞん一刻 6」1984〕❖前項参照。

その他 合手(あいて)・対者(あいて)・下酒(あいて)・敵手(あいて) 古

アイデア ［idea］ アイディア。

【発想(アイデア)】書籍 発想(アイデア)がいかにして〔池田雅之「ラフカディオ・ハーンの日本」2009〕

【愛デア(アイ)】広告 愛(アイ)デアレシピ〔「読売新聞」2009年3月2日（すてきな奥さん）〕❖意味を付加するもじり。

その他 意(アイデア)・妙(アイデア)・想(アイデア)・致(アイデア)・極致(アイデア)・趣向(アイデア)・観念(アイデア) 古

アイテム ［item］ 品目。

【賭け品(アイテム)】漫画 ゴールにおいた賭け品(アイテム)を〔大暮維人「エア・ギア 3」2003〕

アイデンティティ ［identity］「自我同一性」「自己同一性」などと訳される。

【存在意識(アイデンティティ)】小説 存在意識(アイデンティティ)なんてない方が〔西尾維新「零崎双識の人間試験」2004〕

【存在理由(アイデンティティ)】漫画 己の存在理由(アイデンティティ)を賭け〔「週刊少年マガジン」2004年48号（SAMURAI DEEPER KYO）〕

その他 同一致(アイデンティティ) 古

アイドル ［idol］ 本来、信仰対象を指した。小説『浮雲』ではアイドルは「本尊」と注記された。

【偶像(アイドル)】歌詞 空と海の偶像(アイドル)〔サザンオールスターズ「HOTEL PACIFIC」（桑田佳祐）2000〕 新聞 偶像(アイドル)詩人〔「読売新聞」2007年4月3日〕 ❖漱石も用いた。

【歌姫(アイドル)】TV 歌姫(アイドル)デビュー〔「炎神戦隊ゴーオンジャー」2008年9月（次回予告タイトル）〕

【財産(アイドル)】漫画 桜咲の貴重な財産(アイドル)〔中条比紗也「花ざかりの君たちへ 1」1997〕

【愛取(アイドル)】字遊〔樺島忠夫「事典日本の文字」1985（川崎洋）〕

その他 女神(アイドル) 古／少女(アイドル) 漫画

あいなめ

【69(あいなめ)】 曲名 桑田佳祐「HONKY JILL ～69(あいなめ)のブルース～」2009

あいにく 「あやにく」からとされる。

【生憎(あいにく)】 古 ❖生憎という熟語は漢籍から。「合憎」「相憎」とも書いた。

アイヌ

【蝦(アイヌ)】 古〔ジョン・バチェラー「蝦和英三対辞書」1889〕

あいびき〔逢い引き〕

【媾曳(あいびき)】 辞書 媾曳(あいびき)する事を〔樋口栄「隠語構成の様式并其語集」1935 集〕

その他 媾引(あいびき)・相見(あいびき)・会合(あいびき)・逢曳(あいびき)・逢引(あいびき) 古／愛引(あいび)き 誤字

あいまい〔曖昧〕一、二字が目偏に替えられることがある。「曖」は、字面のイメージの良さからか要望が複数あり、人名用漢字に入った。ペンネームなどで「靉」などの字も好まれることがある。

*【I'm in a world(曖昧なworld)】 歌詞 I'm in a world（曖昧なworld）駆け抜けよう〔タッキー＆翼「One day, One dream」(小幡英之)2004〕

あいまって〔相俟って〕

【相須(あいま)って】 小説 繁茂と相須(あいま)って、〔平野啓一郎「日蝕」2002〕

その他 相待(あいま)って 古

アイラブユー〔I love you〕明治期などには「死んでもいいわ」「今夜は月があおいですね」など意訳が多かった。

【哀愛君(アイラブユー)】 曲名 池田聡「哀愛君(アイラブユー)」〔浅野裕子〕1986

【愛裸舞憂(あいらぶゆう)】 曲名 白季千加子「愛 裸 舞 憂（あい・らぶ・ゆう）」1980

【愛羅武勇(あいらぶゆー)】 曲名 氣志團「愛 羅 武 勇」2005

その他 愛裸武勇(アイラブユー)・愛裸撫癒(アイラブユー) WEB

アイランド〔island〕綴りの中のsは、ラテン語を語源と勘違いして誤って入れたものともいう。

【孤独国(アイランド)】 小説『孤独国(アイランド)』逆島あやめの信頼を〔西尾維新「ダブルダウン勘繰郎」2003〕

【殺眼(アイランド)】 小説『殺眼(アイランド)』の逆島と『静』の鳥籠の名を〔西尾維新「ダブルダウン勘繰郎」2003〕

【愛(あい)らんど】 広報 東京愛らんどシャトル（リコミューターの名前）〔「広報東京都」2010年2月〕

アイルランド〔Ireland〕

【愛蘭(アイルランド)】 古 ❖愛蘭土のようにランドは古く蘭土とも。

アイロニー〔irony〕

【反語(アイロニー)】 古／【皮肉(アイロニー)】 WEB

アインシュタイン〔Einstein〕

【博士(アインシュタイン)】 漫画 博士(アインシュタイン)の真の願い〔「花とゆめ」2004年22号(次号予告)〕❖一般の博士の容貌のイメージと合致する人物。

【愛飲酒多飲(アインシュタイン)】 店名〔おでん屋〕❖大正時代に落語好きの方が創業したとのこと。商標登録は、人名のアインシュタインとの関係で無効とされた。

あう〔合う〕

【適(あ)う】 書籍 いまの若い人たちに漢字は適(あ)わない。〔井上ひさし「私家版 日本語文法」1981〕／場所も時間もぴたりと適(あ)う。〔井上ひさし「ことばを読む」1982〕

【迎合(あい)】 歌詞 時代に流されず 迎合(あい)もせず〔サザンオールスターズ「吉田拓郎の唄」(桑田佳祐)1985〕

その他 償(あ)う 古

あう〔会う〕

【離(あう)】 書籍 離憂 憂いにあうこと〔金田一春彦「日本語」1957〕❖「あう」は「離」の訓になった。

【値(あ)う】 詩 高村光太郎「値(あ)ひがたき智恵子」1937

【逢(あ)う】 ❖実際の古い文献では、今日のような使い分けが明確には見出せないことが知られている。学校で習わない漢字や用法は、ロマンチックなニュアンスを表すケースが多い。

歌詞 いつの日か 君と逢う日を 待ちわびる〔淡谷のり子「リラは咲けど」(奥山靉)1935〕／またの浮世で逢うまでは〔上原敏「妻恋道中」(藤田まさと)1937〕／逢わなきゃよかった 今夜のあなた〔神楽坂はん子「ゲイシャ・ワルツ」(西條八十)1952〕／若い二人が 初めて逢った〔石原裕次郎&牧村旬子「銀座の恋の物語」(大高久夫)1961〕／「何処かで逢ったね」肩をつつく指〔小泉今日子「魔女」(松本隆)1985〕／巡り逢う〔ゆず「逢いたい」(北川悠仁)2009〕◆用例多し。

政策 あおう(逢はう)〔内閣告示「現代かなづかい」1946〕◆「逢」は会名。

番組名 NHK「夢で逢いましょう」1963

曲名 フランク永井「有楽町で逢いましょう」(佐伯孝夫)1957／南沙織「いつか逢うひと」(有馬三恵子)1972／尾崎紀世彦「また逢う日まで」(阿久悠)1977

漫画題名 折原みと「あなたに逢えた」1998

【遇う】 小説 死目に遇うとか遇わぬとか〔小林多喜二「党生活者」1932〕／だれにも遇っていないので〔森村誠一「殺意の接点」2001〕

新聞 事故に遇ったのは〔「読売新聞」2010年3月21日(書評欄)〕

【再会】 歌詞 君に再会ため〔玉置成実「Fortune」(shungo.・Miki Fujisue)2005〕◆動詞だが、送り仮名を付けず振り仮名で表現する珍しい表現。

【再会して】 歌詞 偶然ロビーで再会して〔ZARD「かけがえのないもの」(坂井泉水)2004〕

【逢うた】 歌詞 初めて逢うた あの夜の君が〔霧島昇・松原操「三百六十五夜」(西條八十)1948〕

【会うた】 漫画 会うたこともないわ〔田村由美「BASARA 18」1996〕

【逢うて】 歌詞 逢うて三年 三度笠〔白根一男「次男坊鴉」(萩原四朗)1955〕

*【田月】 字謎 伝言板 ミツコに田月 空いた胃 会いたい〔井上ひさし「ニホン語日記」1996〕

*【愛に恋】 店名 ラブホテルの名〔斎賀秀夫「あて字の考現学」(「日本語学」1994年4月)〕◆会いに来いという意がかかっているか。

アウェイ [away]

【出張】 雑誌 出張負け知らず男のスーツ鞄〔「R25」2009年3月12日〕

その他 敵地 WEB

アウチ [ouch]

【痛】 漫画 ◆「ツウ」「いた!」という読みもなされる。

アウト [out]

【除外】 古 正岡子規1896〔紀田順一郎「図鑑日本語の近代史」1997〕◆戦時中の英語禁制で無為(アウト)、正球(ストライク)〔惣郷正明「辞書漫歩」1987〕。

【死】 漫画 見つかった方が死…〔小畑健「DEATH NOTE 1」(大場つぐみ)2004〕

【O】 野球 ◆S(ストライク)、B(ボール)、O(アウト)の順が世界の趨勢に合わせて変わった。Oはフェニキア文字以来、形がほぼ変わっていない。

その他 失格 漫画

*【外角低目】 漫画〔川原泉「メイプル戦記 1」1992〕

アウトハウス [outhouse] 屋外便所。

【厠】 雑誌〔「Esquire」1994年7月〕

アウトロー [outlaw] 無法者。

【暴君】 WEB〔一本氣HP〕

アウフヘーベン [ドイツ Aufheben] 弁証法の用語で、「止揚」や「揚棄」と訳される。

【止 揚】 辞書 止 揚 した〔俗〕

【統合】漫画 それを統合して考える〔蓮見桃衣「コズミック・コミックス AND」（清涼院流水）2003〕
その他 揚棄 古

あうん［阿吽・阿呍］梵語では「hūm」。「ん」をしばしば「うん」に近く、また「うん」と読む人がいる。
【阿呍】看板〔みうらじゅん「アウトドア般若心経」2007〕

あえなし［敢え無し］
【雲落】【無安倍】【無敢】古

あえまぜ［和交・韲交］
【醤交】【茹交】雑誌〔「栄養と料理」1994年5月〕
その他 茹雑た 古

あお［青］
【蒼】書名 堂場瞬一「蒼の悔恨」2007
【碧】歌詞 碧の淵〔鬼束ちひろ「帰り路をなくして」2009〕◆古く「みどり」の訓。
【空】歌詞 空の青〔Cocco「もくまおう」2001〕
【馬】歌詞 馬の背中に〔美空ひばり「あの丘越えて」（菊田一夫）1951〕◆「青馬」「黒馬」「青毛」とも書いた。
【淡水】新聞 筑後川に近い下流部では 比重が軽い淡水を入れたという。〔「読売新聞夕刊」2008年11月22日〕
*【白馬】俳誌〔「俳句」1994年1月〕◆白馬の節会は古文でおなじみ。

あお［襖］
【襖】古◆「襖」の字音「あう」の転。ふすまは国訓。ベトナムの民族衣装アオザイのアオはこの語と同根。

あおい［青い］
【黄い】古 黄き〔山田美妙「竪琴草紙」1885〕
【蒼い】書名 井上靖「蒼き狼」1960◆「蒼き狼」は朝青龍の愛称でもあった。／山口百恵「蒼い時」1981◆蒼井優は芸名。
歌詞 雨 蒼いガス燈の オランダ坂で〔渡辺はま子「雨のオランダ坂」（菊田一夫）1947〕／いつか若さにもて遊ばされた二人の蒼い季節〔アルフィー「恋人達のペイヴメント」（高見沢俊彦・高橋研）1984〕／蒼ざめきった月は〔中島みゆき「月の赤ん坊」1985〕／蒼く光るレーザー光線〔光GENJI「インナー アドベンチャー」（芹沢類）1988〕
曲名 森田童子「セルロイドの少女／蒼き夜は」1978／松田聖子「蒼いフォトグラフ」（松本隆）1983／内海和子「蒼いメモリーズ」1986
【碧い】歌詞 碧い瞳の なつかしさ〔美空ひばり「長崎の蝶々さん」（米山正夫）1957〕／海の碧さ〔荒井由実「瞳を閉じて」1974〕／なくした夢は碧い海の色〔安全地帯「碧い瞳のエリス」（松井五郎）1985〕
曲名 酒井法子「碧いうさぎ」（牧穂エミ）1995
小説 碧い海〔小野不由美「東の海神 西の滄海 十二国記」1994〕
新聞 碧い海の贅沢〔「読売新聞」2009年10月8日〕
【藍い】歌詞 ふと懐かしく胸に藍い時間〔ZARD「Season」（坂井泉水）1993〕
【青春い】歌詞 青春い波打際たたずめば〔チェッカーズ「HEART OF RAINBOW～愛の虹を渡って～」（売野雅勇）1985〕
その他 緑い・蒼白い 古

あおざめる［青ざめる］
【青褪める】小説 顔が青褪めた。〔「読売新聞夕刊」2009年7月4日〕
【蒼褪める】書籍 蒼褪めた「死神」は〔清涼院流水「カーニバル 二輪の草」2003〕
【蒼ざめる】歌詞 蒼ざめたその羽を薔薇色に染め〔西城秀樹「君よ抱かれて熱くなれ」（阿久悠）1976〕／蒼ざめたうなじを〔中島みゆき「海と宝石」1983〕◆蒼白のイメージ。
広告 蒼ざめた礼服〔松本清張「点と線」1958〕／蒼ざめる面々〔「読売新聞」2010年2月7日〕
その他 青覚めて・青醒たる・青冷めて・蒼白

めて・灰色たる 古

あおじろい［青白い］あおしろい。

【蒼白い】 歌詞 蒼白きバラ〔平野愛子「君待てども」(東辰三)1948〕／我は行く 蒼白き頰のままで〔谷村新司「昴」1980〕❖蒼白。

小説 顔は蒼白いが〔清涼院流水「カーニバル二輪の草」2003〕

あおぞら［青空］→そら

【碧空】 歌詞〔ディック・ミネ、星玲子「二人は若い」(サトウハチロー)1935〕

【蒼空】 詩 今日も、かの蒼空に 飛行機の高く飛べるを。〔石川啄木「飛行機」1913〕❖教科書にも載る。

【蒼穹】 雑誌 ようも晴れた蒼穹である〔「家庭画報」1994年2月〕

その他 **霄・蒼天・穹蒼・青天・虚蒼・碧落** 古

あおにさい［青二才］「にさい」は「新背」から。

【青二歳】 辞書 ❖年齢を表すと見て、「才」は正しくは「歳」であるはずだということによる誤った回帰。もっともらしく、ときどき見かけ、元より当て字なので、とがめるほどではなかろう。

あおぬた

【青饅】 俳句 青饅はつめたく人はなつかしき〔「読売新聞」2010年2月11日〕❖この「ぬた」は国訓。

あおもり［青森］

【青淼】 中国 ❖中国で「青森」に一瞬見えるような商標登録がなされているという。

あおる［煽る］

【颭る】 古〔「大日本早書学邦語速記術」1913〕

その他 **翻る・鯨飲る・仰飲る・呷る** 古

あか［赤］

【紅】 曲名 ちあきなおみ「紅とんぼ」〔船村徹〕1988

【紅赤】 歌詞 紅赤と暗黒が混じり合う〔D「Angelic blue」(ASAGI)2006〕

【朱】 歌詞 情熱の朱 哀愁の青〔桑名正博「セクシャルバイオレット No.1」(松本隆)1979〕

【緋色】 歌詞 戻らない緋色のカケラ〔鈴希ゆき「緋色のカケラ」(Kana&Noria)2009〕

その他 **銅酒** 古／**緋黒い** 歌詞

あかあか［赤赤］

【赫赫】 歌詞 かがり火も 赫赫燃えて〔井沢八郎「北海の満月」(松井由利夫)1965〕❖「赤々」が一字になっているようにも見える字体で、燃え上がる火のように真っ赤なことを意味する字。「炎」(ほのお)も火勢を強調するために「焱」で書くことがある。

あかい［赤い］WEBで「//」は顔を赤らめていることを示すことに使われる。漫画から。

【紅い】 ❖紅白戦、紅白歌合戦では「紅組」、「白組」。「赤白戦」などとは言わない。

歌詞 バラは紅く〔岡晴夫「青春のパラダイス」(吉川静夫)1946〕／青い夜霧に 灯影が紅い〔ディック・ミネ「夜霧のブルース」(島田磬也)1947〕／はじめてのルージュの色は 紅過ぎてはいけない〔石野真子「狼なんか怖くない」(阿久悠)1978〕／スカートの哀しい紅さ〔郷ひろみ「SCENE21・祭り街」(中島みゆき)1983〕／紅い涙をなぞった〔Gackt「REDEMPTION」(Gackt. C)2006〕❖用例多し。

曲名 藤あや子「紅い糸」(小野彩)2007

新聞 霜にあたったホウレンソウは、根元は紅くなり、〔「読売新聞」2010年2月18日(投書欄)〕

【真紅い】 歌詞 真紅いバラ〔二葉あき子「薔薇のルムバ」(村雨まさを)1948〕

【朱い】 ❖「あけ」と「あか」は語源は同じと考えられている。

小説 朱い色をした長い尾の鳥が〔井上靖「補陀落渡海記」1961〕

（歌詞）唇よ、褪せた日々を朱く〔渡辺真知子「唇よ、熱く君を語れ」(東海林良)1980〕／朱い果実を見たら〔ZARD「永遠」(坂井泉水)1997〕／天上の宝石朱く染める〔水樹奈々「MASSIVE WONDERS」2007〕

【緋い】（歌詞）緋き瞳を静かに開いた〔Sound Horizon「争いの系譜」(REVO)2007〕

【赫い】（映画題名）「赫い髪の女」1979 ◆中上健次の小説「赫髪」を元にした作品。

（小説）若い女は少し赫くなり〔松本清張「点と線」1958〕／顔を赫くした〔「読売新聞」2010年2月27日(宮城谷昌光)〕

【赭い】（広告）「秘本 紅の章」焔のように熱く、赭く〔「読売新聞」2009年2月7日〕

【血い】（書名）室井佑月「血い花」1998

【紅血い】（歌詞）次第に紅血く染まり〔ヴィドール「オカルトプロポーズ」(ジュイ)2002〕

【明い】（歌詞）蠟燭の灯明くともりや、ひらくこの眼〔淡谷のり子「暗い日曜日」(清野協1936)〕

【赤ぉ】（漫画）顔赤ぉなんねん〔中条比紗也「花ざかりの君たちへ」8」1999〕◆関西方言。

その他 丹い （古）

あかいぬ［赤犬］→あかねこ

【放火】（書名）久間十義「放火」2009 ◆古くからの隠語。

アカウンタビリティー［accountability］

【説明責任】（小説）作家自身に説明責任がある〔清涼院流水「カーニバル一輪の花」2003〕

アカウント［account］

【記録】（書籍）構成された記録〔桜井厚「インタビューの社会学―ライフストーリーの聞き方」2002〕

【垢】（WEB）◆ネットスラング。読み仮名なしで使う。アカとも。

あかがね［銅］中国の古辞書に「銅 赤金也」とあり、それをそのまま直訳した字訓注とも考えられる。赤がねとも。赤銅。

【銅】（新聞）銅御殿〔「読売新聞」2009年12月29日〕

【赤銅】（小説）光が赤銅色を帯びる〔星野智幸「嫐嬲 なぶりあい」1999〕

（書名）井川香四郎「赤銅の峰」2009

その他 紅銅 （古）

あがく

【足掻く】（辞書）◆当て字とされる。

あかゲット［赤ゲット］ケットはブランケットから。

【赤毛布】【赤毛氈】（古）

あかし［明かし］

【灯】（歌詞）赤い灯に ゆれて行く〔村田英雄「無法松の一生(度胸千両入り)」(吉野夫二郎)1958〕／櫓太鼓の灯がゆれて〔坂本冬美「あばれ太鼓」(たかたかし)1987〕／蜉蝣ゆらゆらつめたく落ちる灯〔Cocco「あなたへの月」2001〕／二人の燈を灯す天空〔Rin'「虹結び」2006〕

【燈灯】（詩）わたしは手に燈灯をもつて、〔萩原朔太郎「蛙よ」1917〕◆異体字の併用とも見なせる。

その他 炬 （古）

あかし［証し］「証し」は日本新聞協会では読み仮名なしでの使用を認めている。

【証】（新聞）〔「読売新聞 夕刊」2008年10月25日〕◆新聞・雑誌によく出る。「証」は常用漢字では訓が認められていない。

【証明】（歌詞）その証明〔サザンオールスターズ「GIMME SOME LOVIN'」(桑田佳祐)1998〕／大人の証明なの〔小柳ゆき「prove my heart」(川村ヒロ)2000〕／愛の証明で〔サラブレンド「優しい光」(青葉紘季)2005〕

【弁解】（小説）ドゥーニャの弁解に〔米川正夫訳「ドストエーフスキイ全集6 罪と罰」1960〕

【紋章(あかし)】歌詞 使命の紋章(あかし)〔JAM Project「エンブレム～名も無き英雄たちへ～」(影山ヒロノブ)2006〕

【勲章(あかし)】歌詞 未完成は無限の勲章(あかし)〔「Yells～It's a beautiful life～」(奥井雅美)2008〕

あかずのま［開かずの間］

【生物室(あかずのま)】漫画 生物室(あかずのま)の密室トリック〔さとうふみや「金田一少年の事件簿 5」(金成陽三郎)1993〕❖辞書の「あかず」に「不開」の見出しあり。

あかつき［暁］「あかとき」から。

【あか月(つき)】古〔大島本「源氏物語」〕

その他 鶏鳴(あかつき)・明発(あかつき)・曙(あかつき)・旭時(あかつき) 古

アガット［agate］

【瑪瑙(アガット)】漫画 翡翠・琥珀・瑪瑙(アガット)の3体を〔由貴香織里「天使禁猟区 1」1995〕

アカデミー［academy］韓国の国立国語(研究)院の英訳は The National Academy of Korean Language と、アカデミーを用いている(日本の国立国語研究所では用いていない)。

【忍者学校(アカデミー)】漫画 明日から忍者学校(アカデミー)生だ〔「週刊少年ジャンプ」2004年7月7日(NARUTO)〕

その他 学院(アカデミー) 漫画

あかねこ［赤猫］→あかいぬ

【放火(アカネコ)】小説〔森村誠一「腐蝕花壇」1987 集〕

あかよろし 明らかによろしい意という。

【あのよろし】誤読 あのよろし→あかよろし 花札にある変体仮名〔蛇蔵&海野凪子「日本人の知らない日本語」2009〕

あからさま

【白地(あからさま)】小説 白地(あからさま)には口にできない〔「読売新聞」2009年6月4日〕❖中国からの熟語。

【偸閑(あからさま)】小説 偸閑(あからさま)な侮蔑であった。〔平野啓一郎「日蝕」2002〕

【あか裸(ら)さま】小説 あか裸(ら)さまな〔柳瀬尚紀訳「フィネガンズ・ウェイクⅢⅣ」1993〕

その他 暴(あからさま)・急須(あからさま)・公然(あからさま)・仮(あからさま)・閃(あからさま)・赤地(あからさま)・明様(あからさま)・明白地(あからさま)・明々地(あからさま)・白々地(あからさま)・端的(あからさま) 古

あかり［明かり］→つきあかり

【灯(あかり)】歌詞 窓に灯(あかり)がともる頃〔美空ひばり「私は街の子」(藤浦洸)1951〕／夜の海 誰かが高く燈火(あかりび)を生命をともしてる〔甲斐バンド「翼あるもの」(甲斐よしひろ)1978〕／街には灯(あかり)がともる〔ZELDA「スローターハウス」(高橋佐代子)1983〕／家には灯(あかり)もともらない〔ALI PROJECT「ナルシス・ノワール」(宝野アリカ)1998〕／燈(あかり)を消し〔ALI PROJECT「月光浴」(宝野アリカ)2006〕❖「燈」は当用漢字補正資料を受け、常用漢字で「灯」の旧字体と位置付けられた。「灯・燈」は併用や使い分けもされる。

【灯(あか)り】❖常用漢字では「灯り」を認めず「明かり」。

歌詞 黒いパイプに灯りがにじむ〔二葉あき子・近江俊郎「黒いパイプ」(サトウハチロー)1946〕／灯りが消えても このままで〔石原裕次郎&牧村旬子「銀座の恋の物語」(大高久夫)1961〕／港の灯りが 淋しく〔中原理恵「頬たたかれて」(橋本淳・糸井重里)1982〕／灯かりさえも よどんでもれる〔久保田利伸「Olympic は火の車」1986〕

曲名 鶴田浩二「さすらひの灯り」(坂口淳)1954／南沙織「窓灯り」(荒井由実)1976

新聞 私の歌手人生に灯(あか)りをともしてくださった〔「読売新聞」2009年5月12日〕

【灯火(あかり)】歌詞 暗い夜業の 燈火(あかり)さえ〔春日八郎「郭公啼く里」(矢野亮)1959〕／命の灯火(あかり)〔真木柚布子「ほたる草」(木下龍太郎)2004〕

【炎(あかり)】歌詞 キャンドルの炎がゆれる〔丸山圭子「ガラスの森」1976〕

【灯台(あかり)】曲名 大泉逸郎「こころの灯台(あかり)」(荒木良治)2001

【燈台灯(あかり)】歌詞 島の燈台灯(あかり)がヨー〔藤島桓夫「かえりの港」(豊田一雄)1955〕

【街燈(あかり)】歌詞 街燈(あかり)が照らす道を行こう〔B'z「美しき世界」(KOSHI INABA)2002〕

【明(あかり)】TV〔「知るを楽しむ」2008年12月5日(テロップ)〕

【小明(あかり)】筆名 筆者「小明(あかり)」さんは19歳で〔「読売新聞 夕刊」2009年8月12日〕

【灯里(あかり)】広告 千個以上の「雪灯里(ゆきあかり)」に灯がともされ〔「読売新聞」2010年1月16日〕

【照明(あかり)】小説〔井上ひさし「吉里吉里人」1981〕
歌詞 照明(あかり)の消えたステージ〔芦部真梨子「ガラスの仮面」(売野雅勇)1984〕

その他 点火(あかり)・日向(あかり)・光明(あかり)・明白(あかり)・明証(あかり)・灯光(あかり)・火光(あかり)・洋灯(あかり) 古

あがり [上がり]

【収益(アガリ)】小説 組の収益(アガリ)を〔南英男「監禁」1995 集〕

【和了(アガ)り】漫画 切らなきゃ和了(アガ)りの無え死に手〔「週刊少年マガジン」2004年48号(勝負師伝説哲也)〕◆麻雀用語。

あがる [上がる]

【逆上(あが)る】辞書 緊張する意。

【登楼(あが)る】辞書 登楼する意。

【和了(あが)る】漫画 和了(あが)り易い〔伊藤誠「兎－野生の闘牌 1」1997〕／誰から和了(アガ)っても〔「週刊少年マガジン」2004年48号(勝負師伝説哲也)〕◆麻雀用語。

その他 廃品(あがる)・昂(あがる) 古

あかるい [明るい]

【明(あか)るい】字解『続・吉野弘詩集』民の目は眠くて／罠の中 目の中に、日と月がいて、明るい／口もいくつかあって、うるさい〔「読売新聞」2010年2月23日〕◆「あみがしら(罒)」は「よこめ」とも呼ばれる。

【○○○○(あかるく)】ビラ あなたの●●●●(くらーい)お顔が○○○○(あかるく)なりますわ。〔井上ひさし「ニホン語日記」1996〕

その他 光(あかる)い 古

あかん 関西方言で、だめだ。「埒が明かぬ」から。

【駄目(あかん)】漫画 駄目(あかん)わ〔松川祐里子「魔術師 2」1996〕

アカンパニー [accompany]

【同行(アカンパニー)】漫画

あかんべい 赤目から。あっかんべえ。

【赤目(あかんべい)】【赤(あか)ん眼(べい)】古

あき [秋]

【晩秋(あき)】歌詞 晩秋(あき)はぬばたまの夕闇に〔サザンオールスターズ「CRY 哀 CRY」(桑田佳祐)1998〕

【牝(あき)】誤植「秋の美しさ」を「牝の美しさ」に。〔WEB〕

その他 菊(あき)・穐(あき) 古

*【白風(あきかぜ)】【金風(あきかぜ)】【冷風(あきかぜ)】古 ◆『万葉集』以来。『大漢和辞典』に颸(あきかぜ)あり。

あき [安芸] 地名。

【安木(あき)】古〔新井白石「同文通考」1760〕

【安芸(あんげい)】誤読 ◆「安芸(あき)の宮島」は耳で聞けば「秋の宮島」と解されることもある。

あきつかみ あきつみかみ。

【現御神(あきつかみ)】書籍〔平川南「日本の原像」2008〕

その他 明津神(あきつかみ)・現神(あきつかみ)・明神(あきつかみ) 古

あきない [商い]

*【春夏冬中(あきないちゅう)】◆商い(秋ない)中の意。
民間 春夏冬中 商い(秋ない)中 千代田区内のそば屋の入り口に〔斎賀秀夫「現代人の漢字感覚と遊び」1989〕◆「振り仮名が付いていて、やや興ざめした」とも。
書名 長野まゆみ「よろづ春夏冬中(あきないちゅう)」2004

*【春夏冬二升五合(あきないますますはんじょう)】民間〔1973 目〕商いますます繁盛。料理屋や飲み屋などの店内にある額や木彫りの看板などに〔斎賀秀夫「現代人の漢字感覚と遊び」1989〕

あきば [秋葉]「あきはばら」の俗な略称。

【秋葉原(アキバ)】(曲名) 松本香苗「雨の秋葉原(アキバ)の物語」2009 (小説)〔石田衣良「池袋ウエストゲートパーク」1998〕❖AKB48は、ホームグラウンドである秋葉原(あきはばら)の略称「秋葉(あきば)」から。古くは「あきばはら」だったともいう。

あきら
【神尾(アキラ)】(漫画) 神尾(アキラ)くん…〔許斐剛「テニスの王子様 19」2003〕❖名乗りには、「明(あきら)」「旭(あきら)」のほか、「陽(あきら)」〔「読売新聞」2008年9月26日〕、「日明(あきら)」〔「読売新聞」2009年12月30日〕などもある。

あきらか［明らか］
【瞭か(あきらか)】(書籍)〔府川充男「ザ・一九六八」2006〕
(その他) 諦か(あきらか)・分明(あきらか)・陽(あきらか)・詳(あきらか)・明白(あきらか)・明敏(あきらか)・聡(あきらか)・哲(あきらか)・理(あきらか) (古)

あきらめる［諦める］「諦める」も当て字とされることがあった。
【明らめる(あきらめる)】(論文)❖「あきらかにした」の意であったが、「諦めた」では、国訓の「断念」の意に解されかねなくなっている。

あきる［飽きる］
【厭きる(あきる)】(歌詞) 騒ぎ疲れて眠るのも もう厭きたわ〔松任谷由実「とこしえに Good Night(夜明けの色)」1988〕
(その他) 倦(あきる) (古)

あきれる［呆れる］
【惘れる(あきれる)】(小説) 大仰な惘(あき)れ方をする〔幸田文「流れる」1957〕
【飽きれる(あきれる)】(民間) 不見識な人には飽きれるばかりである。〔2008年10月 学生〕
(その他) 忙然(あきれる) (古)／慌帰る(あきれかえる) (古)

あく［悪］
【ホント(悪)】(歌詞) そんなウソやホント(悪)〔19「あの青をこえて」(326)1999〕

あく
【灰汁(あく)】(新聞) 木灰の灰汁(あく)と混ぜ、〔「読売新聞」2009年4月30日〕 (広告) 作者ならではの「灰汁(あく)」が〔「読売新聞」2009年7月28日〕❖鍋料理の灰汁取り係を悪代官にもじって「灰汁代官」とも。

アクア［ラテン aqua］水。梵語「閼伽(あか)」とはたまたま音が近いだけの関係。
【流水(アクア)】(漫画) 流水(アクア)異邦人 MIZUNO〔種村有菜「時空異邦人KYOKO 2」2001〕
【水気(アクア)】(書籍) 水気術(アクア・ブリーズ)か翔封界を修得していたら〔中澤光博／ORG「入門!リナの魔法教室 スレイヤーズRPG」1996〕
【蒼空藍(あくあ)】(WEB) ハムスターの名前。
*【海水晶(アクアクリスタル)】(漫画) 幸運を呼ぶ海水晶(アクアクリスタル)〔由貴香織里「ストーンヘンジ」1993〕
*【水族館(アクアワールド)】(漫画) 新潟の水族館(アクアワールド)に〔藤崎聖人「WILD LIFE 3」2003〕

アクエリアス［ラテン Aquarius］
【宝瓶宮(アクエリアス)】(漫画) 宝瓶宮(アクエリアス) Canbiel〔由貴香織里「天使禁猟区 18」2000〕

アクシデント［accident］
【事故(アクシデント)】(漫画) 忌まわしい事故(アクシデント)〔さとうふみや「金田一少年の事件簿 5」(金成陽三郎)1993〕
【戦争(アクシデント)】(アルバム名) FLATBACKER「戦争(アクシデント)」1985
(その他) 亜(ア)クシデント (古)

あくしゅう［悪臭］
【悪句(あくしゅう)】(誤字)〔1990年10月 名古屋のゴミ集積所の貼り紙〕

アクション［action］
【活劇(アクション)】(広告) ジュンの戦闘活劇(バトルアクション)!!〔さとうふみや「金田一少年の事件簿 12」(金成陽三郎)1995(巻末)〕／超熱血機巧活劇(アクション)〔青山剛昌「名探偵コナン 26」2000(巻末)〕
【行動(アクション)】(漫画) 何らかの行動(アクション)はある〔和月伸宏「武装錬金 2」2004〕
(その他) 行為(アクション) (古)

アクセサリー［accessory］
【宝石(アクセサリー)】(漫画) 妹の分の宝石(アクセサリー)〔東里桐子「月

の純白星闇の青碧 1」1994〉

アクセス [access]

【通信（アクセス）】漫画 直接通信（アクセス）している〈由貴香織里「天使禁猟区 1」1995〉

【接続（アクセス）】ゲーム 接続（アクセス）せよ〈「攻殻機動隊フィギュアクレーンゲーム」（バンプレスト）〉歌詞〈東京事変「電波通信」（椎名林檎）2010〉

【参集（アクセス）】書籍 関連する歌がここに次々と参集（アクセス）してきます。〈松岡正剛「日本流」2000〉

【結合（アクセス）】歌詞 君に多重結合（マルチアクセス）〈東京事変「電波通信」（椎名林檎）2010〉

【取引（アクセス）】歌詞 すぐ直接取引（ダイレクトアクセス）〈東京事変「電波通信」（椎名林檎）2010〉

アクセント [accent]

【声（アクセント）】書籍 声（アクセント） 注、訓注、〈井上ひさし「私家版 日本語文法」1981〉

【強弱（アクセント）】小説 強弱（アクセント）もいい加減だから〈京極夏彦「百器徒然袋 雨」1999〉◆発音のアクセントには英語など強弱によるもののほか、日本語など高低によるものがある。

その他 発音（アクセント） 古／音調（アクセント） 書籍

アクターネーム [和製 actor + name]

【芸名（アクターネーム）】漫画 芸名（アクターネーム）です〈松川祐里子「魔術師 1」1995〉

あくたい [悪態]

【悪口（あくたい）】新聞 栃木県足利市の最勝寺に伝わる「悪口（あくたい）祭り」〈「読売新聞」2008年12月8日〉

その他 悪対（あくたい）・悪体（あくたい）・毒舌（あくたい） 古

アクティブ [active]

【作動（アクティブ）】歌詞〈東京事変「電波通信」（椎名林檎）2010〉

【自発的（アクティブな）】歌詞 奇跡的（めぐりあう）「瞬間（ぐうぜん）」は 自発的（アクティブな）「結実（ひつぜん）」〈TWO-MIX「BEAT OF DESTINY」（永野椎菜）1998〉

アクト [act]

【戦い（アクト）】ポスター 戦い（アクト）の装飾楽句〈ゲーム「MELTY BLOOD」2005〉

あくどい あ＋くどい、あく＋とい・くどい、とされる。

【悪どい（あくどい）】民間 ◆新聞では使わないとする。

その他 悪毒い（あくどい）・悪毒（あくどく） 古

あくとう [悪党]

【悪徒（あくとう）】【悪婦（あくとう）】【悪盗（あくとう）】 古／【海賊（あくとう）】 漫画

アクトレス [actress]

【女優（アクトレス）】漫画 女優（アクトレス）!?〈蛇蔵&海野凪子「日本人の知らない日本語 2」2010〉

あぐねる

【倦ねる（あぐねる）】雑誌

あくび

【欠び（あくび）】題名 高浜虚子「欠び」

その他 欠伸（あくび）・欠上気（あくび）・呿（あくび）・嘘（あくび） 古

あくまで [飽くまで]

【惡魔で（あくまで）】民間 大学の立て看板なんかに「惡魔で斗うぞ」とか書いてあってその「魔」の字が「广マ」になってることがあった。〈WEB〉

その他 饗くまで・顕（あ）く迄（まで） 古

あぐら [胡座]

【胡坐（あぐら）】新聞 胡坐（あぐら）をかいた父親〈「読売新聞」2008年11月13日（クミコ）〉

【趺座（あぐら）】辞書 ◆結跏趺坐。

【安坐（あぐら）】小説 そして棚に大きな安坐（あぐら）をかいて〈小林多喜二「蟹工船」1929〉◆「[illegible]」で穏の異体字があった。

その他 胡床（あぐら）（台・腰掛け）・寛坐（あぐら）・箕居（あぐら）・足座（あぐら）・高座（あぐら）・胡座（あぐら）・趺坐（あぐら）・安愚楽（あぐら） 古

あぐり

【阿久里（あぐり）】人名 ◆徳川綱吉の側室。止め名とされる。

【阿久鯉（あぐり）】芸名 神田阿久鯉（あぐり）〈「読売新聞」2009年12月23日〉

あくる [明くる] 連体詞。

【翌る（あくる）】小説 翌（あく）る日の教室の話題から〈浅田次郎「鉄道員」2000〉◆漱石も使った。

*【翌（あくるひ）】書名 句集に『翌（あくるひ）』『雲の賦』など。〈「読

売新聞 夕刊」2009年12月16日〉

その他 【翌日(あくるひ)】 古

アクロバット [acrobat]

【曲芸師(アクロバット)】 小説 まさに曲芸師(アクロバット)そのものだった。〈河野万里子訳「カーテン」1998〉

その他 **力業師(アクロバット)** 古

あけ [明け]

【暁(あけ)】 歌詞 暁(あけ)の野風が ただ寒い〈岡晴夫「啼くな小鳩よ」(高橋掬太郎)1947〉

俳句 暁(あけ)の闇〈宮坂静生「語りかける季語 ゆるやかな日本」2006〉

あげあげ [上げ上げ]

【↑↑(アゲアゲ)】 広告 生まれ順＋血液型診断で2009年を↑↑(アゲアゲ)〈「読売新聞」2008年12月25日(女性セブン)〉

【上戸(アゲ)×上地(アゲ)】 雑誌 上戸(アゲ)×上地(アゲ)のコンビ〈「JUNON」2008年11月〉❖上戸彩と上地雄輔のこと。

あけぐれ [明け暗れ]

【暁闇(あけぐれ)】 歌誌 暁闇(あけぐれ)に〈「短歌」1994年12月〉

その他 **明晩(あけぐれ)・昧爽(あけぐれ)・昧旦(あけぐれ)・遅明(あけぐれ)**

あけび

【山女(あけび)】 古 ❖おおらかな古代日本人が作った平安時代からの熟字訓。あけびの語にも「あけつび」説があり、「蕑」という国字も造られた。中世には合字「妛」が生まれ、江戸時代には滋賀の地に「妛原(あけんばら)」という地名も現れた。後の幽霊文字「妛」を生み出す遠因となる。熟字訓「山女」の合字を誤認したことによる幽霊文字だったが、妛原亭彁楽のように好きに呼んでいいというペンネームが現れた。道路地図でも代用され、WEB上では植物のアケビにこの字を当てる例さえも出てきた。「丁翁」を当てると、だいぶ雰囲気が変わる。「やまめ」にも山女が当てられる。

【木通(あけび)】 短歌 木通(あけび)を凝視(みつ)め〈「読売新聞」2008年11月11日〉

その他 **通草(あけび)** 古

あけぼの [曙]

【明仄(あけぼの)】【会明(あけぼの)】【昧爽(あけぼの)】【遅明(あけぼの)】【末明(あけぼの)】【明発(あけぼの)】 古

あげまき

【角総(あげまき)】【角子(あげまき)】【揚巻(あげまき)】【総角(あげまき)】 古

あける [開ける]

【明(あ)ける】 歌詞 窓を明けましょう カーテン明けましょう〈池真理子「愛のスウィング」(藤浦洸)1946〉❖京都府の地名に「不明門(あけず)」。

あげる [上げる・揚げる・挙げる]

【掲(あ)げる】 書籍 一例を掲(あ)げれば〈井上ひさし「ニホン語日記」1996〉

【検挙(あげ)る】 辞書 検挙(あげ)ようとしたんですが〈2000 俗〉❖「逮捕(あげ)る」もある。

その他 **引致(あげる)** 古

あご [顎・頤・頷]

【食事(アゴ)】 小説〈島田一男「伊豆・熱海特命捜査官」1995 集〉❖アゴ付き(食費付き)、足付き(交通費付き)などと使われる。

その他 **齶(あご)・腮(あご)** 古

アコーディオン [accordion] アコーデオン。

【手風琴(アコーディオン)】 辞書 ❖古くは「小風琴(アコーディオン)」とも。

あこがれ [憧れ・憬れ]

【憧憬(あこがれ)】 小説 憧憬(あこがれ)のスターの家を〈遠藤周作「わたしが・棄てた・女」1964〉❖改定常用漢字表(答申)に2字とも採用された。ショウケイだが、字面から類推してドウケイとも読まれる。古く「浮岩(あこがる)」とも書いた。

歌詞 ぼくらの憧憬(あこがれ) 運んでゆくよ〈水谷豊「カリフォルニア・コネクション」(阿木燿子)1979〉／憧憬(あこがれ)はつよく〈谷村新司・加山雄三「サライ」(谷村新司)1992〉

その他 **係恋(あこがれ)・狂浮(あこがれ)** 古

*__【在処離(あくが)れ】__ 新聞 生涯「あくがれ」つまり「在処離(あくが)れ」を生きようとした牧水〈「読売

新聞 夕刊」2008年12月27日〕❖古くは「憧憬（あくがれ）」とも。

あさ［朝］「朝」を「十月十日」と解させる謎解きが漫画などにある。

【早朝】 歌詞 蒼白い早朝（あさ）〔day after tomorrow「Where so ever」（五十嵐充）2005〕

【希望】 歌詞 遠くで煌めく希望（あさ）に怯えずに〔水樹奈々「Justice to Believe」2006〕

その他 晨（あさ） 古

あざ［痣］

【愛】 漫画 赤い愛（あざ）は血の色〔子安武人「DRUG」（新條まゆ）1998〕❖「愛」の読みは語義の広さとイメージの深さにより多彩。

【地図】 漫画 ムネに地図（あざ）がうかぶの〔「ペルソナ2罰 4コマギャグバトル ポジティブシンキング編」2000〕❖スティグマの意味。

その他 疵（あざ）・瘤（あざ）・痕（あざ）・贅（あざ）・膚（あざ） 古

アサイン［assign］

【割りふる】 小説 客に部屋を割りふる（アサイン）ことで〔森村誠一「殺意の接点」2001〕／割りふり（アサイン）したまでだ〔同〕

【部屋割り】 小説 部屋割り（アサイン）した後〔森村誠一「殺意の接点」2001〕

あさがお［朝顔］

【牽牛花】 書籍「アサガオ」の宛て字は「朝顔」と「牽牛花」と二た通りありますが、日本風の柔らかい感じを現わしたい時は「朝顔」と書き、支那風の固い感じを現わしたい時は「牽牛花」と書く。〔谷崎潤一郎「文章読本」1934〕❖古来、種々の植物を指し、「朝貌」「蕣」「槿」「桔梗」なども当てられた。

あさがや

【阿佐ケ谷】 地名 ❖浅い谷の意とされる。住居表示では「ケ」がなく、駅名では「ケ」。「谷」を「や」というのは関東方言。寺号では阿谷山など。

あさぎ［浅葱］色の名。葱の葉の色から。

【浅黄】 辞書 ❖本来は「浅黄」ではない。

あざぎりず［字切図］あざきりず。

【字限図】 辞書 隠 ❖各地の役場には明治初期に手で描かれた図面がこのような名で伝えられており、小地名の宝庫。

あざける［嘲る］

【哂る】 歌誌〔「短歌」1994年9月〕

その他 譃（あざける）・呰（あざける）・嗤（あざける）・詐（あざける）・欺（あざける）・弁（あざける）・冷笑ける（あざける）・嘲罵（あざけり）・嗤笑（あざけり） 古

アサシン［assassin］

【暗殺者】 広告 無色透明の暗殺者（アサシン）〔神坂一「日帰りクエスト なりゆきまかせの異邦人（ストレンジャー）」1993（巻末）〕 小説 暗殺者（アサシン）ギルドに狙われるぞ〔安井健太郎「ラグナロク 黒き獣」1998〕

【殺人部隊】 漫画 紅麗殺人部隊（アサシン）「麗」のメンバーが〔安西信行「烈火の炎 4」1996〕

あさつき［浅葱］

【胡葱】【糸葱】【蘭葱】 古

あさって

【明後日】 辞書 ❖映画字幕では字数の制約のため用いられる。

その他 明日去（あさって） 古

あざとい

【嘲とい】 小説 嘲（あざ）とくて〔柳瀬尚紀訳「フィネガンズ・ウェイク III IV」1993〕

その他 小聡明い（あざとい） WEB

あさはか「はか」は量の意か。

【浅慮】【浅果敢】【浅墓】 古 ❖墓は「はかない」でも用いられる。

あさひ［朝日］

【朝陽】 歌詞 昇る朝陽のように〔ビリー・バンバン「さよならをするために」（石坂浩二）1972〕／燃え上がる朝陽（あさひ）のように〔NEWS「きらめきの彼方へ」（酒井ミキオ）2005〕

曲名 ハイ・ファイ・セット「朝陽の中で微笑んで」（荒井由美）1976

【旭】◆「旭」は地名、人名やしこ名などで多用される。
誤読 小林旭を「こばやしあさひ」と読んでいた〔WEB〕
その他 旭光・旭日 古

あさぼらけ
【朝朗】【朝開】【曙】【明朗】古 ◆中高生には、語義が誤解される傾向があり、漢字表記を示して指導すれば改善されるか。

あさましい［浅ましい］「あさまし」は、動詞「浅む」の形容詞形。
【浅猿しい】古 ◆中世以降の当て字。否定的な感情を表す。
【丫叉ましい】小説 丫叉ましくも〔柳瀬尚紀訳「フィネガンズ・ウェイク I II」1991〕◆丫はアと読み、あげまきの象形文字。
その他 浅増・浅間しい・浅間敷・寠・甘身 古

あさめし［朝飯］
【朝食】書籍 朝食会〔有馬晴海「議員秘書の打ち明け話」1995 集〕

あざやか［鮮やか］
【彩やか】歌詞 彩やかな風に誘われても〔L'Arc～en～Ciel「flower」(hyde)1996〕／涙が描く彩やかな闇も〔T. M. Re「月虹 -GEKKOH -」(井上秋緒)1999〕／彩やかに光りだす〔小柳ゆき「heaven feelin'」(川村ヒロ)2000〕
その他 鮮麗・美麗・巧妙・花・鱻・鱗・鮮明 古

あざらし［海豹］
【水豹】古 水豹皮

あさり［浅蜊］「漁り」の意。「蜊」で「あさり」は訓。
【蝬利】誤字 阿佐ヶ谷南で行商の手書きの札に。虫偏が前の字に移動したもの。

あさる［漁る］
【漁る】書名 高橋輝次「古本漁りの魅惑」2000
新聞 読み漁った〔「読売新聞 夕刊」2009年5月25日〕
【求る】詩 餌を求った習性〔高村光太郎「夏の夜の食慾」1912〕
【求食】古 ◆合字「⿱求食」が江戸時代以降見られた。
その他 猟る・茹・受食・足探る 古

あざわらう［嘲う］
【嘲笑う】小説 嘲笑うように〔「読売新聞」2010年1月12日〕
【嗤う】雑誌〔「宝石」1994年12月〕
【あざ嗤う】広告 善意をあざ嗤った奴ら〔「読売新聞」2008年7月1日(週刊女性)〕
その他 冷笑う・侮笑う・嗤笑う 古

あし［足・脚］
【脚】新聞 後ろ脚を引きずる「ハンズ」(猫)〔「読売新聞 夕刊」2010年3月19日〕
【肢】小説 肢をこすりあわせ〔北杜夫「岩尾根にて」1956〕／小便を踏みたたくった肢で〔幸田文「流れる」1957〕
書籍 肢と翅〔うみのさかな&宝船蓬莱「うみのさかな&宝船蓬莱の幕の内弁当」1992〕
新聞 肢をそろへて雁わたる〔「読売新聞 夕刊」2009年3月28日〕
【義足】漫画〔尾田栄一郎「ONE PIECE 7」1999〕◆「義母」で「はは」と読むことに似る。
【旅費】小説〔島田一男「伊豆・熱海特命捜査官」1995 集〕◆→あご(食事)
その他 歩・趾 古／車 WEB

アジア［Asia］
【亜細亜】地名 亜細亜大学 ◆かつてアジヤであっても漢字は2字とも「亜」。「亜西亜」などもあった。「東亜」などの派生語も生んだ。「欧亜洲(州)」でそのままユーラシア。亜細亜という漢字表記の影響もあろうかインド辺りも漢字を使っているという勘違いが見受けられる(一方ベトナムについては印象が薄い)。「印度」と当て字が定着していること、「お釈迦」様の「仏教」が漢訳を経ていること、梵字への意識が低いことなどによろう。カレー・カリーも他社・他店との差異化のためか当て字がはやっている。モンゴルも「蒙古」のためかインドと同様の誤解がある。当用漢字も「東洋漢字」と勘違いされることがある。

【極東(アジア)】 歌詞 極東(アジア)の成り金 People〔桑田佳祐「ROCK AND ROLL HERO」2002〕

あじあう 〔味あう〕「あじわう」のなまり。誤った回帰形だが、古くから見られる。とくに「味わわない」に抵抗感が抱かれやすい。

【味合う(あじあ)】 民間 志摩半島的矢(まとや)の特産を皆さまにそのま、味合って頂きます〔1954 目〕

あしあと 〔足跡〕

【軌跡(あしあと)】 歌詞 ぼくの軌跡(あしあと)をつないで〔AIR「New song」(326)2000〕

【傷跡(あしあと)】 書籍 傷跡(あしあと)は夜の雪が埋めてくれるさ〔326「JeLLY JeWeL」2001〕

その他 趾(あし)あと・脚跡(あしあと) 古

あしおと 〔足音〕

【跫(あしおと)】 書名 信長の跫(あしおと)〔「読売新聞」2010年1月31日〕◆古くからの読み。「跫」で「あしあと」とも読む。

【跫音(あしおと)】 書名 道尾秀介「鬼の跫音(あしおと)」〔「読売新聞」2009年3月21日〕

【脚音(あしおと)】 歌詞 脚音(あしおと) 聴いている〔池田聡「色あせた Blue」(松本一起)1986〕

【春動(あしおと)】 曲名 やまがたすみこ「春動(あしおと)」1974 ◆同じ作者に「しあわせの足音」1973 もある。「蠢動(しゅんどう)」との関係か。

あしか 〔海驢・葦鹿〕

【芦鹿(あしか)】 古 ◆古くから「芦鹿」「海豚」「海鹿」「海馬」「海猿」などと書かれたように、種々の陸上の動物に喩えられてきた。

あしかせ 〔足枷〕

【お面(足かせ)】 漫画 いざとなったらこんなお面(足かせ)〔樋口橘「学園アリス 1」2003〕

あしからず 〔悪しからず・不悪〕

【悪乍ず(あしから)】 貼紙 悪乍ず(あしから)お許し下さい〔うみのさかな&宝船蓬莱「うみのさかな&宝船蓬莱の幕の内弁当」1992〕

あじきない あじけない。「ああつきなし」からともいう。「あづきなし」が元の形。『万葉集』では「小豆鳴(あづきなし)」「小豆無(あづきなし)」。

【味気ない(あじき)】【無ㇾ道(あじきなし)】【無ㇾ端ヤ(あじきなや)】【静無情(あじきない)】 古

あしげ 〔葦毛〕馬の毛色の名。

【大分青(あしげ)】 古 ◆『万葉集』に現れる。

あじさい

【紫陽花(あじさい)】 論文 ◆「文字としての美しさ」〔築島裕「宛字考」(「言語生活」1960年7月)〕、「視覚的表出力」〔柳田征司「あて字」1987〕があるとされる。

その他 紫陽(あじさい)・[艹+便](あじさい)・線繍花(あじさい)・紫繍毬(あじさい) 古

アシスタント 〔assistant〕

【助手(アシスタント)】 漫画 父の助手(アシスタント)〔さとうふみや「金田一少年の事件簿 12」(金成陽三郎)1995〕

【助っ人(アシスタント)】 漫画 新しい助っ人(アシスタント)が来た。〔さとうふみや「金田一少年の事件簿 27」(金成陽三郎)1997〕

その他 佐吏(アシスタント)・輔手(アシスタント) 古 / A(アシスタント) 漫画

あした 〔朝〕古語。

【朝(あした)】 短歌 シクラメンが花をつけ直立する朝(あした)〔俵万智「待ち人ごっこ」1987〕

歌詞 朝(あした)の見えぬ夜〔霜月はるか「少女の薄明」2007〕/朝(あした)を擦り抜ける君の影は〔霜月はるか「氷る世界」(日山尚)2009〕

書名 池田大作「栄光の朝(あした)」2009

その他 旦(あした)・朝旦(あした)・晨(あした) 古

あした

【明日(あした)】 ◆「明日」は、常用漢字表では付表で「あす」のみ認める。「あした」は表外熟字訓。NHKでは歌詞で現れるとテロップに振り仮名が付される。

歌詞 明日という字は明るい日と書くのね〔アン真理子「悲しみは駈け足でやってくる」1969〕／明日嫁ぐ私に〔山口百恵「秋桜」(さだまさし)1977〕

映画題名「明日(あした)への遺言」2007

【明朝(あした)】歌詞 明朝(あした) お前が出ていく前に〔かぐや姫「妹」(喜多条忠)1974〕

【明夜(あした)】歌詞 また明夜(あした)も会えるね〔霜月はるか「今夜の月が眠るまで」(日山尚)2007〕

【31日(あした)】漫画 31日(あした)には17歳になるんだし〔中条比紗也「花ざかりの君たちへ 4」1998〕

【来年(あした)】広告 来年(あした)のジョー〔「読売新聞」2009年12月27日〕

【未来(あした)】歌詞 未来(あした)を変えよう〔ZOO「YA-YA-YA」(佐藤ありす)1992〕／輝く未来(あした)が待っている〔EXILE「Carry On」(SHUN)2004〕／不安を背負って未来(あした)へ進む〔JAM Project「Only One」(奥井雅美)2009〕❖用例多し。

ポスター 平穏な現在・未来(あした)を守る誇りを〔埼玉県警 2005〕

広告 もっと輝く未来(あした)を創りませんか?〔「読売新聞」2009年12月5日〕

【将来(あした)】歌詞 将来(あした)の僕は?〔New Cinema 蜥蜴「Lovely Generation – goes&fights –」(船木基有)2001〕

【希望(あした)】歌詞 希望(あした)をしっかり抱きしめて〔堀江由衣「毎日がお天気」(有森聡美)2001〕

【幻想(あした)】歌詞 幻想(あした)を謳うより〔水樹奈々「Justice to Believe」2006〕

その他 翌(あした)・翌日(あした) 古／日曜(あした) 漫画

アジテーター [agitator]

【扇動者(アジテーター)】小説 扇動者(アジテーター)ぶり〔神坂一「日帰りクエスト なりゆきまかせの異邦人(ストレンジャー)」1993〕

歌詞 どこへ消えた扇動者(アジテーター)〔井出泰彰「Magma」(酒井ミキオ)2001〕

アジト

【たまり場(アジト)】漫画 ここはおれらのたまり場(アジト)で〔田村由美「BASARA 7」1993〕

【拠点(アジト)】小説 彼らの拠点(アジト)ではない〔西尾維新「零崎双識の人間試験」2004〕

【屋敷(アジト)】漫画 紅麗の屋敷(アジト)へのりこむが〔安西信行「烈火の炎 4」1996〕

【城(アジト)】漫画 ようこそ わが城(アジト)へ!〔「コロコロコミック」2008年10月〕

【船(アジト)】漫画 死領の船(アジト)に乗り込むが〔藤崎聖人「WILD LIFE 7」2004〕

その他 基地(アジト) 漫画／隠れ家(アジト) WEB

あしび

【馬酔木(あしび)】古 ❖「馬酔」とも。雑誌名にも。あせび。

あしらう

【会釈(あしらい)】新聞 能の物語の展開に深くかかわる「会釈(あしらい)アイ」〔「読売新聞 夕刊」2010年2月1日〕

その他 待遇(あしらう)・接遇(あし)らう・配(あしら)う・応対(あしら)う・応答(あしら)う・遇(あしら)う 古

あじわう [味わう]

【味和う(あじわう)】TV 味和うノンオイル〔2010年4月18日 CMテロップ〕❖あじわうの否定形は「味わわない」だが「わわ」がおかしいと感じられるようで「あじあわない」となり、表記も「味合わない」となりがち。

その他 教甘(あじわう)・嗜(あじわう)・滋(あじわう)・味(あじわい)・味合(あじわい)・饗(あじわい)・党(あじわい)・旨(あじわい) 古

あす

【明日(あす)】辞書 ❖万葉時代から。常用漢字表付表にあり。

【未来(あす)】文集 まだ知らない未来(あす)に〔静岡県立沼津西高等学校「潮音」37号 1990〕

歌詞 未来(あす)を信じ友を愛し〔水谷優子他「光ある世界へ」(水谷啓二)1993〕／君と未来(あす)への地図を描こう〔Every Little Thing「FOREVER YOURS」(五十嵐充)1998〕❖用例多し。

広報 未来を拓く人を育てる〔「広報すぎなみ」2009年1月11日〕❖行政や企業のポスターでは表外訓の「創る」「拓く」なども常連。明日の「あした」は表外熟字訓。
【将来】歌詞 将来の子供へ〔DEEN「リトル・ヒーロー」(池森秀一)2009〕
【次代】パンフ「次代を担う子どものために」〔第23回全日本私立幼稚園PTA連合会全国大会スローガン2008〕
その他 翌日・明朝 古

あすか 地名。
【明日香】書名 内田康夫「明日香の皇子」1984
❖上代から。地名の語源説は一定しないが、どれも「あすのかおり」が本源とはしない。
【飛鳥】辞書 ❖明日香の枕詞「飛ぶ鳥」から。「湯桶読み」「重箱読み」に合わせれば「飛鳥読み」「紅葉読み」「時雨読み」が名称としてふさわしいという。

アスクライブ [ascribe]
【とされて来】書籍 クーカイ作とされて来ました。〔由良君美「言語文化のフロンティア」1986〕

アスクレピオス [Asklepios]
【蛇遣い座】漫画 蛇遣い座を宿す者なり〔綾峰欄人「GetBackers 奪還屋 23」2003〕

あずける [預ける]
【共鳴ける】歌詞 呼吸を共鳴けて〔いきものがかり「ブルーバード」(水野良樹)2008〕

あすこ あそこ。
【彼処】漢詩〔平井呈一訳「狂詩 巡査行」1951〕
その他 彼所・那処・那所 古

アストラル [astral] 星の。霊の。
【精神】書籍 対象の精神世界面に干渉させる〔中澤光博/ORG「入門!リナの魔法教室 スレイヤーズRPG」1996〕❖物語内で魔物がいるとされる世界。

アストロノート [astronaut]
【宇宙飛行士】漫画 初の宇宙飛行士〔武内直子「美少女戦士セーラームーン 11」1995〕

あすなろ
【翌檜】新聞 あこがれのヒノキに明日はなろう、という意味の命名とも伝えられる。〔「読売新聞」2008年11月27日〕
その他 明日檜・羅漢松 古

アスファルト [asphalt]
【瀝青】小説 瀝青の影さえ美しい〔菊地秀行「魔界都市ブルース 夜叉姫伝 4」1990〕
❖チャンとも読む。「土瀝青」とも。ペンキは「番瀝青」。

あずま [東]
【吾妻】書名 ❖『東鑑』を『吾妻鏡』とも。中国の人は、「吾妻」は私の妻という意と解釈する。同様の語源説もある。
【吾嬬】古『河海抄』東は宛字也。〔「天理図書館善本叢書」ほか〕
その他 辺鄙 古

あずまや [東屋・四阿・阿舎] ボロ屋という語感が抱かれることがある。
【四阿】書籍 不規則よみ、宛読み〔杉本つとむ「日本文字史の研究」1998〕
歌詞 想い出すこの四阿〔ALI PROJECT「共月亭で逢いましょう」(宝野アリカ)2006〕
【阿亭】小説 阿亭の風情〔菊地秀行「魔界都市ブルース 夜叉姫伝 4」1990〕
その他 園亭・四阿屋・阿屋・小亭・宇合屋・東屋 古

アスリート [athlete]
【陸上部】広告 陸上部恋愛模様〔青山剛昌「名探偵コナン 2」1994(巻末)〕

あせ [汗]
【涙】雑誌 ❖「涙は心の汗だ」とも言う。汗マークと涙マークが同一であることもある。
【汁】誤字 保健で暑いときの状態を答えるところで「汗が出る」と書こうとして「汁

が出る」と書いてしまった〔WEB〕
その他 液(あせ)・汁(あせ) 古

あせも［汗疹・汗疣］
【汗疹(あせも)】 新聞 〔「読売新聞 夕刊」2009年10月24日〕
その他 熱沸瘡(あせも) 古

あせる［焦る］
【汗(あせ)る】 誤字 汗る・汗った焦るの意味で使われている。汗をかくほどというニュアンスも感じられるものがある。〔WEB〕／生徒 汗り〔山本昌弘「漢字遊び」1985〕
その他 焦慮(あせ)る・焦燥(あせ)る・焦躁(あせ)る・躁(あせ)る・焦心(あせ)る・喘(あせ)る 古

あそこ［彼処・彼所］ あすこ。
【那裏(あそこ)】 古 ／**【街(あそこ)】【北極(あそこ)】【本部(あそこ)】【二科(あそこ)】【警察庁(あそこ)】【食堂車(あそこ)】【一刻館(あそこ)】【幻影城(あそこ)】** 漫画 ／**【深奥(アップル・ムーン)】** 詩
関連 **【あそこ】** 漫画 30分前からあそこ(アップル・ムーン)で待つってのは〔猫十字社「小さなお茶会2」2000〕◆「アップル・ムーン」は店名。

あそび［遊び］ →あそぶ
【余裕(あそび)】 小説 何事も余裕(あそび)がないと〔西尾維新「零崎双識の人間試験」2004〕
【遊戯(あそび)】 歌詞 それならほんとの遊戯(あそび)をつづけましょう〔ALI PROJECT「MALICE」(宝野アリカ)2001〕
【遊日(あそび)】 新聞 趣味や教養など様々な講座をワンコイン500円で体験できる「カルチャー遊日(あそび)」〔「読売新聞」2010年3月21日〕
【遊美(あそび)】 看板 遊美空間。「あそび」らしい。高松市で。〔飯間浩明「文字のスナップ」2002〕
その他 遊興(あそび)・遊蕩(あそび)・遊女(あそび)・遊行女児(あそび)・猟嬉(あそび) 古 ／消閑(あそび) 小説 ／闘い(あそび) 漫画

あそぶ［遊ぶ］ →あそび
【遊戯(あそ)ぶ】 歌詞 お家で遊戯(あそ)ぼう〔サザンオールスターズ「DING DONG(僕だけのアイドル)」(桑田佳祐)1992〕／もう二度と孤独と遊戯(あそ)べない〔橘友雅「月下美人」(田久保真見)2002〕
【翻弄(あそ)ぶ】 歌詞 時代に翻弄(あそ)ばれた〔サザンオールスターズ「唐人物語」(桑田佳祐)1998〕
【戯(あそ)ぶ】 歌詞 いくつもの風が戯(あそ)ぶ〔Gackt「月の詩」(Gackt. C)2003〕
【弄(あそ)ぶ】 歌詞 弄(あそ)んできた 俺が 救いもなく弄(あそ)ばれて…〔矢沢永吉「But No」(ちあき哲也)1993〕
その他 逍遥(あそぶ)・游(あそぶ)・嬉(あそぶ)・蕩(あそぶ)・飄(あそぶ)・淫(あそぶ)・好(あそぶ)・泳(あそぶ)・読(あそぶ)・放(あそぶ) 古

あだ［徒］
【仇(あだ)】 歌詞 仇(あだ)に散らすな 奥山しぐれ〔由利あけみ「熱海ブルース」(佐伯孝夫)1939〕
その他 空(あだ)・化(あだ)・虚(あだ)・仮(あだ)・浮(あだ)・脆(あだ) 古

あたい［値］
【価(あたい)】 雑誌 聖書 価貴(あたひたか)き木〔「太陽」1994年3月〕
その他 直(あたい)・価直(あたい) 古

あたくし
【妾(あたくし)】 漫画 妾(あたくし)を放って今時分まで〔本仁戻「怪物王子」1998〕◆妾は、中国で「こしもと」「めかけ」の意から女性の謙称にも用いられた。

あたし →わたし(私)
【私(あたし)】 歌詞 〔山口百恵「プレイバック Part2」(阿木燿子)1978〕◆「美・サイレント」では「わたし」と歌う。
雑誌 〔「山と溪谷」1994年3月〕
漫画 じゃあ私(あたし)やってみようかな?〔中平凱「フィギュア17 2」(GENCO-OLM)2002〕／私(アタシ)はここまでよ〔「花とゆめ」(てるてる×少年)2004年22号〕
【私(あた)し】 雑誌 私(あた)しゃ〔「宝石」1994年10月〕◆WEBには、「私(あたしゃ)ここに居るって」もある。
【妾(あたし)】 歌詞 ついて行くしかない妾(あたし)〔神野美伽「浮草」(吉田旺)1991〕
【母親(あたし)】 漫画 〔高屋奈月「幻影夢想 2」1996〕
【義姉(あたし)】 漫画 義姉(あたし)のことを名前で呼ぶね〔山

田南平「紅茶王子 3」1998〉◆あね自身についての使用。

【自分(あたし)】漫画 自分(あたし)がノロマだったせいだしっ〈山田南平「紅茶王子 3」1998〉

【主人(あたし)】漫画 主人(あたし)の行動に干渉することは〈山田南平「紅茶王子 13」2001〉

その他 魔獣戦士(あたし) 小説 婚約者(あたし)・沙良(あたし) 漫画／談志(あたし) 雑誌／

*【人間(あたしたち)】漫画 人間(あたしたち)ってどういう存在なんだろう〈山田南平「紅茶王子 8」1999〉

*【星間警察(あたしたち)】漫画 星間警察(あたしたち)がこういう所へ踏み込む事は無いと〈義仲翔子「ロスト・ユニバース1(リムズベル)」〈神坂一〉1998〉

関連【あたしら】小説

あだしごと［他し事］古 他の事。余事。

*【閑話休題(あだしごとはさておきつ)】古〈山田美妙「竪琴草紙」1885〉

辞書 これはさておき むだばなしはさておき(閑は間)あだしことさておきあだしことさておきつ〈小田切文洋「江戸明治唐話用例辞典」2008〉◆江戸時代の唐話小説以来、「それはさておき」など、別の読みもある。

その他 閑話休題(あだしごとはさておき)・閑話休題(あだしごとはさておく) 古

あだしの

【化野(あだしの)】地名 京都の地名。化野(あだしの)はかつて風葬の地。〈「読売新聞」2008年12月29日〉

その他 徒野(あだしの)・仇野(あだしの) 地名

アタッカー [attacker]

【攻撃機(アタッカー)】漫画 前方から攻撃機(アタッカー)来ます!!〈義仲翔子「ロスト・ユニバース 1」〈神坂一〉1998〉

アタック [attack]

【攻撃(アタック)】漫画 アスカ攻撃(アタック)〈貞本義行「新世紀エヴァンゲリオン 4」1997〉／回転攻撃(ローリングアタック)!!〈「コロコロコミック」2010年2月〉

【撃(アタック)】漫画 天馬流星撃(ペガシスシューティングスターアタック)〈「メタルファイトベイブレードビッグバンコミックBOOK」2010年4月〉

【発作(アタック)】小説 猛烈な心臓発作(ハート・アタック)に〈菊地秀行「魔王伝 3 魔性編」1996〉

その他 告白(アタック) 漫画

*【百万落とし(ミリオンアタック)】漫画〈「コロコロコミック」2010年5月〉◆技の名前。

あだな［渾名・綽名］「あだ」は他の意。

【仇名(あだな)】歌詞 仇名で呼びあった二人なのにね〈松田聖子「硝子のプリズム」(松本隆)1984〉

【婀娜名(あだな)】小説 婀娜名(あだな)〈柳瀬尚紀訳「フィネガンズ・ウェイク III IV」1993〉◆英文をふまえてのしゃれか。あだは和語と漢語がしばしば混淆してきた。

その他 化名(あだな)・諢名(あだな)・異名(あだな)・綽号(あだな)・悪名(あだな)・字名(あだな) 古

あだばな［徒花］

【隠花(あだばな)】歌詞 世に咲いた隠花(あだばな)に〈サザンオールスターズ「GIMME SOME LOVIN'」(桑田佳祐)1998〉

その他 英(あだばな)・花虚(あだばな)・褪(あだばな) 古

あたぼう［←当たり前だ、べらぼうめ］

【当た棒(あたぼう)】辞書

あたま［頭］

【頭脳(あたま)】小説 頭脳(あたま)がよく〈松本清張「点と線」1958〉

【理性(あたま)】歌詞 理性(あたま)の躊躇いは捨てて〈中河内雅貴「Shooting Star」(はしもとみゆき)2009〉

その他 天窓(あたま)・脳裡(あたま)・脳(あたま)・頭蓋(あたま)・頭髪(あたま)・念頭(あたま)・意識(あたま)・頂(あたま)・卑(あたま) 古／精神(あたま) 小説／最初(あたま) 書籍／首脳(アタマ)・首領(アタマ) WEB

アダム

【男(アダム)】書名 小池真理子「いとしき男(アダム)たちよ」1984

その他 亜当(アダム)・亜丹(アダム)・亜蕩(アダム)・阿丹(アダム) 古

あたり［当たり］→あたる

【音沙汰(あたり)】小説 瀧井孝作の小説より〈中村明 2003〉◆釣り用語。

【中(あたり)】姓 中(あたり)孝介

その他 的(あたり) 古

あたり［辺り］

【周辺(あたり)】［曲名］ダウン・タウン・ブギウギ・バンド「赤坂一ッ木どん底周辺(あたり)」〈阿木燿子 1975〉

【四辺(あたり)】［雑誌］思わず四辺(あたり)を見廻したが〈「小説新潮」1994年5月〉

【近辺(あたり)】［小説］池波正太郎「鬼平犯科帳」あの近辺(あたり)の魚はうまい〈井上ひさし「ニホン語日記」1996〉◆井上は、池波のこうした表記が「一つの芸」と評されると述べている。

その他 四下(あたり)・辺・傍(あたり)・四方(あたり)・四隣(あたり)・四面(あたり)・四周(あたり)・四近(あたり)・四囲(あたり)・付近(あたり)・周囲(あたり)・当り(あた)［古］

あたりまえ［当たり前］

【当然(あたりまえ)】［古］◆『浮雲』『金色夜叉』などに。「当然」が「当前」(あたりまえ)という語形を生んだともいわれる。

【日常(アタリマエ)】［歌詞］日常(アタリマエ)はいつも側にあるわけじゃないから〈水樹奈々「夢幻」2009〉

その他 普通(あたりまえ)［古］

あたる［当たる］→あたり（当たり）

【中(あたる)】［書籍］一箭中青霄(いっせんあたるせいせうに)〈岡田寿彦 2003〉◆おみくじ。

［人名］中村中(あたる)〈1985年生まれ〉◆中国語では「なか」と「あたる」〈百発百中、中毒など〉とでは声調が異なるが、姓名の場合には区別することは難しいか。

【中る(あた)】［WEB］中る危険は常にある。◆食中毒。

【方る(あた)】［書籍］または心事を述べるに方(あた)って、〈谷崎潤一郎「文章読本」1934〉

【丁る(あた)】［小説］この頂点に丁(あた)る〈平野啓一郎「日蝕」2002〉

その他 擬(あたる)・射る(あた)・温る(あた)・触る(あた)・直(あたる)・抵向(あたる)・固(あたる)・該る(あた)・当選る(あた)・適中る(あた)・命る(あた)・中毒(あたる)［古］

アダルト［adult］

【大人(アダルト)】［アルバム名］東京事変「大人(アダルト)」2006

【成人向(アダルト)】［雑誌］◆「アダルトビデオ」などの複合語としてこの語を覚えるため、「アダルト」の意味を誤解する向きがある。

アダルトチルドレン［adult children］

【機能不全家族(アダルト・チルドレン)】［書名］星野仁彦「機能不全家族(アダルト・チルドレン)」2009

あちら［彼方］

【西洋(あちら)】［書籍］西洋(あちら)も五分法、東洋(こちら)も五段法、〈井上ひさし「自家製文章読本」1984〉

【政府(あちら)】［漫画］政府(あちら)のいうこともわかりますけれど〈蓮見桃衣「エキストラ・ジョーカー JOE」〈清涼院流水〉2001〉

【人間界(あちら)】［漫画］人間界の服を脱ごうともせず〈山田南平「紅茶王子 18」2002〉

その他 彼方(あちら)・彼地(あちら)・西土(あちら)・那地(あちら)・甲地(あちら)・外国(アチャラ)［古］

あっ

【呀っ(あ)】［小説］呀(あ)ッ！〈小林多喜二「蟹工船」1929〉

その他 噫(あっ)［古］

あつ［圧］

【圧力(アツ)】［小説］事件担当の裁判長にどこかから圧力(アツ)がかかった〈南英男「盗聴」1996［俗］〉

あつい［熱い・暑い］

【熱ち(あ)】［漫画］熱(あ)ちぃ〈高口里純「幸運男子 3」1995〉◆関東などの方言形。

［小説］「熱(アチ)ッ」と顔を歪めて短い悲鳴を挙げながら〈清涼院流水「カーニバル 一輪の花」2003〉

【熱(あぢ)】［漫画］熱(あぢ)ィ〈尾田栄一郎「ONE PIECE 30」2003〉

【熱っつ(あ)】［漫画］熱(あ)…っつ〈中条比紗也「花ざかりの君たちへ 1」1997〉◆口語での臨時的な語形。

【暑っつ(あ)】［漫画］暑(あ)っつぅーっつ〈中条比紗也「花ざかりの君たちへ 3」1998〉

あつかう［扱う］

【処遇(あつかい)】［小説］そういう処遇(あつかい)に〈「読売新聞」2009年6月29日〉

その他 哆(あつかう)・曖(あつかう)・刷(あつかう)・育(あつかう)・宰(あつかう)・遇う(あつか)

古／愀・操・配合・宰・和喩・和論

古

あつかましい［厚かましい］

【鉄面皮(あつかま)しい】【厚釜敷(あつかましく)】古

あっかんべえ ⇩あかんべい

あっけ

【呆気(あっけ)】【飽気(あっけ)】辞書

あっし

【私(あっし)】古 私(あっし)なんぞは〔1908 俗〕❖『広辞苑』5版など国語辞書では語義の大体や語源を示そうとしてか見出し表記とする。

あったか［暖か・温か］「あたたか」の促音化。口語的。

【暖ったか】歌詞 あんたが一番暖(あ)ったかだった〔安田一葉「大阪 BoRoRo」(荒木とよひさ)2001〕

広告 暖(あ)ったかMAXババシャツ〔「読売新聞」2008年11月11日(週刊女性)〕

*【暖軽(あったかる)】商品名 暖軽(あったかる)ジャケット〔「読売新聞」2009年11月21日〕

*【空気(ふんわりあったかい)】広告「空気(ふんわりあったかい)」を着る〔「読売新聞」2009年11月29日〕

あっち［彼方］

【向こう(あっち)】歌詞 ペースは常に向(あっ)こう。〔モーニング娘。「シャボン玉」(つんく)2003〕

【北(あっち)】【東(あっち)】漫画 北(あっち)から南へ西から東(あっち)へ〔猫十字社「小さなお茶会」2000〕

【都会(あっち)】小説 都会(あっち)の夜って〔神坂一「日帰りクエスト なりゆきまかせの異邦人」1993〕

【病院(あっち)】漫画 病院(あっち)にも問題あるっちゃあるんだが〔藤崎聖人「WILD LIFE 1」2003〕

【アメリカ(あっち)】漫画 やっぱアメリカ(あっち)ってススんでんの？〔中条比紗也「花ざかりの君たちへ 1」1997〕

【元彼女(あっち)】歌詞 元彼女(あっち)のほうが世間的には〔セクシー8「幸せですか？」(つんく)2002〕

【警察庁(あっち)】漫画 警察庁(あっち)の本部には〔小畑健「DEATH NOTE 4」(大場つぐみ)2004〕

その他 彼方(あっち)・彼土(あっち)・彼地(あっち)・那地(あっち)・冥土(あっち)・里(あっち)・西洋(あっち)・彼路(あっち) 古

アット［at］at home など、英語の綴りがそのまま使われることがある。at にはパソコンで打ちやすい@が広まりつつある。

【@(アット)】WEB ハンドルネームの末尾につけ、自分の属性を付加する。

広告 滝川クリステル@L.A.〔「読売新聞」2010年3月1日〕❖「アット ロサンゼルス」と読むか。

新聞 @cosme(アットコスメ)〔「読売新聞夕刊」2010年4月7日〕❖ aの代用に使われることがある。

アッパー［upper］

【突上打(アッパー)】歌詞 この拳で右突上打(アッパー)〔堂本剛「百年ノ恋」2001〕

あっぱれ この感動詞は、古語の「あはれ」から転じたもの。分化し一方は哀れへ。

【天晴(あっぱれ)】漫画〔尾田栄一郎「ONE PIECE 34」2004〕

【遖(あっぱれ)】古 ❖世話字。天晴れからのイメージによるものとされる国字の「遖(れ)」は同人誌などで使われる。「適」は字体の類似による混同。

アップ［up］

【上昇(アップ)】漫画 身体機能の上昇(アップ)ぶりだ！〔板垣恵介「グラップラー刃牙 1」1992〕

【UP(アップ)】古〔1929 隠〕❖強奪する意味で「up する」と使われた。

漫画 成績UP(アップ)のため〔さとうふみや「金田一少年の事件簿 9」(金成陽三郎)1994〕／信者度UP(アップ)〔倉橋えりか「カリスマ・ドール 1」2004〕

新聞 かぐだけで代謝がUP！〔「読売新聞夕刊」2010年3月8日〕

【うp】WEB ❖「画像うpしれ」など、WEBでは「うp」とキーボードを叩いて出たものを変換せずにそのまま入力する習慣が一部で定着している。OKに「おk」も同様。

【↑】(アップ) 雑誌 スタイル↑(アップ)〔「MORE」2004年5月〕❖テレビのテロップでNHKでも使われているが、読みは判然としない。「激モテ⤴(アップ)」のように「⤴」の形でも使う。

*【懸垂下降】(アップ・ザイレン) 小説 岩壁を懸垂下降(アップ・ザイレン)〔森村誠一「殺意の接点」2001〕

あつまる［集まる］

【萃る】(あつま) 雑誌〔「問題小説」1994年2月〕

その他 湊る(あつま) 古／集合(あつまり) 古

あつめる［集める］

【蒐める】(あつ) 新聞 人々の作をよく蒐(あつ)めていた。〔「読売新聞」2007年8月23日(西嶋慎一)〕／このごろ気味の悪い古文書を蒐(あつ)めている。〔「読売新聞」2010年2月25日〕❖「鬼」という部分に、「あつめる」人の特別な性向を見出す向きもある。

【聚める】(あつ) 雑誌 雪を聚(あつ)めて〔「宝石」1994年3月〕

その他 湊(あつめる)・雲(あつめる)・鳩める(あつ) 古

あつれき［軋轢］

【体調】(あつれき) 川柳 体調をあつれきと読む陰の声〔「読売新聞」2010年1月11日〕

あて［当て］

【目的】(あて) 小説 目的(あて)があるらしく〔米川正夫訳「ドストエーフスキイ全集6 罪と罰」1960〕

【宛】(あて) ❖「宛先」は、改定常用漢字表(答申)に入った。『公用文作成の要領』では「名宛」は「名あて」だった。

歌詞 ゆく宛のない悲しみを〔寺尾聰「回転扉」(有川正沙子)1983〕

広告 ズームイン宛てに頂いた一通のメール〔「読売新聞 夕刊」2010年2月19日〕

【期待】(あて) 歌詞 冷たい風に 期待もなく〔五木ひろし「流れのままに」(安麻呂)1982〕

【見当】(あて) 小説 行く見当〔安彦良和「シアトル喧嘩エレジー」1980〕

その他 的(あて)・適合(あて)・信(あて)・憑拠(あて)・依頼(あて)・標(あて)・目標(あて)・目途(あて)・目算(あて)・胸算(あて)・理想(あて)・推測(あて)・抵当(あて)・菜(あて) 古

あて［貴］

【貴】(あて) 漫画 貴(あて)なる人々の間では〔藤原眞莉「華くらべ風まどい―清少納言梛子」2003〕

【高貴】(あて) 漫画 高貴(あて)なる姫君の傍に候い〔藤原眞莉「華くらべ風まどい―清少納言梛子」2003〕

あて

【私】(あて) 辞書 ❖私には「わて・あて・わちき」など古語・方言形の読みが与えられることが多い。

あで あて(貴)から。

【阿艶】(あで) 詩 阿艶(あで)に匂へる花なれば〔萩原朔太郎「昨日にまさる恋しさの」1934〕

【艶】(あで) 曲名 小泉今日子「艶姿ナミダ娘」(康珍化)1983〕

広告 艶(アデ)シャツワンピ 艶(アデ)ウエア〔「読売新聞」2007年12月26日〕

*【艶女】(アデージョ) 漫画 「艶女(アデージョ)」って何(なん)ですか〔蛇蔵&海野凪子「日本人の知らない日本語2」2010〕

❖「艶女(アデージョ)」「艶男(アデオス)」「艶度(アデード)」は、雑誌が用い始めた造語。

アディオス［(スペイン) adiós］

【お別れだ】(アディオス) 歌詞 〔Sound Horizon「争いの系譜」(REVO)2007〕

あてじ［当て字・宛て字］

【充字】(あてじ) 書籍 正式には充字と書く〔杉本つとむ『宛字』の語源辞典」1987〕❖井伏鱒二も使った。

【宛て字】(あてじ) 小説 極端な宛(あ)て字と思われるもの〔松本清張「点と線」1971(新潮文庫版の注記)〕❖「当て字」「宛て字」「充て字」「あて字」と揺れがあり、それぞれ送り仮名が省かれることもある。「充」から字体が変化して「宛」へと表記が拡大したもので、「宛」の「あて」は国訓。常用漢字表内では「当て字」が用いられている。

【当字】(あてじ) 書名 曲亭馬琴「麁相案文当字揃(そそうあんもんあてじぞろえ)」1798

＊【海里十納年(あてじなぞ)】字謎 海士・万里小路・納豆がヒント「背紐(うしろひも)」1728〔小林祥次郎「日本のことば遊び」2004〕

アテナ［ラテン Athena］

【女神(アテナ)】曲名 堀江美都子「女神(アテナ)の子守唄～Lullaby～」(園部和範)1987 ❖地名アテネ(アテン)には「雅典」が定着した。

【戦の女神(アテナ)】漫画 戦の女神(アテナ)や〔由貴香織里「天使禁猟区 1」1995〕

【戦姫(アテナ)】漫画 戦姫(アテナ)シャレルの首を!〔由貴香織里「ストーンヘンジ」1993〕❖主人公の名。

あてはまる［当て嵌まる］

【該(あ)てはまる】小説 該てはまるのでしたら〔森村誠一「殺意の接点」2001〕

その他 不可適(あてはまらぬ) 古

あてらざわ 山形の地名。

【左沢(あてらざわ)】地名 ❖反対に右沢(かてらざわ)も。「あてら、かてら」は、「あちら、こちら」の意という。

アテルイ

【阿弖流為(アテルイ)】人名 ❖蝦夷(えぞ)の族長。

あてレコ

【当(あ)て録音(レコ)】書籍〔稲垣浩「ひげとちょんまげ」1966 集〕

あと［跡・迹］

【趾(あと)】新聞 淀橋浄水場趾(あと)〔「読売新聞」2005年10月26日〕

【址(あと)】広告 龍馬の江戸剣術修業址の巻〔「読売新聞」2010年4月18日〕

【痕(あと)】新聞 心に痕(あと)を残した。〔「読売新聞」2010年2月7日(書評欄)〕❖改定常用漢字表(答申)に採用された。「根」「恨」と同系の語。

【痕跡(あと)】歌詞 僕らの痕跡(あと)を〔T. M. Revolution「vestige －ヴェスティージ－」(井上秋緒)2005〕

【傷跡(あと)】漫画〔「週刊少年ジャンプ」2004年11月29日(D.Gray-man)〕

【感触(あと)】歌詞 感触(あと)を感じてる〔光永亮太「Inside my heart」2003〕

その他 残(あと)・余(あと)・継聘(あと)・例(あと)・轍(あと)・軌(あと)・家督(あと)・以前(あと) 古

アド［← address］「メアド(メールアドレス)」のアドと一致。

【家(アド)】小説 こんなに早く太田が私の家(アド)を吐こうなどとは〔小林多喜二「党生活者」1932〕

あとがま［後釜］

【跡釜(あとがま)】古／【後任者(あとがま)】小説

あどけない 「あどなし」からか。

【愛度気(あどけ)ない】【邪気(あどけ)ない】【無邪気(あどけな)い】【仇気(あどけ)ない】古

あとずさる［後ずさる］ あとすさる。あとずざる。

【後退(あとずさ)る】小説 よろけるように後退(あとず)さる〔安井健太郎「ラグナロクEX. COLD BLOOD 失われた絆」2001〕／驚いて後退(あとずさ)り、〔「読売新聞」2009年8月29日〕

その他 逡巡(あとずさり)する・退却(あとずさり)・跡(あと)ずさり 古

アドバイス［advice］

【指導(アドバイス)】漫画 試合中選手に指導(アドバイス)できるのは〔許斐剛「テニスの王子様 8」2002〕

アドバンテージ［advantage］

【A・40(アドバンテージ)】漫画 A・40(アドバンテージ)加山〔「週刊少年マガジン」2004年48号(STAY GOLD)〕

【有利(アドバンテージ)】漫画 圧倒的有利(アドバンテージ)〔天獅子悦也「むこうぶち 23」2008〕

アトピー［atopy］

【@p(アトピー)】WEB

アドベンチャー［adventure］

【冒険者(アドベンチャー)】広告 あこがれ冒険者(アドベンチャー)〔猫部ねこ「きらら音符」1995(巻末)〕❖漱石では「冒険者(アドヴェンチュアラー)」。

その他 冒険(アドベンチャー) 漫画／ADV(アドベンチャー) 雑誌

アトム［atom］

【後無(アトム)】しゃれ アトムは増えないんですから。後無(アトム)なんですよ。(笑)〔橋本萬太郎・鈴木孝夫・山田尚勇「漢字民族の決断」1987〕

【亜土夢《アトム》】【亜人夢《アトム》】 人名 〔「読売新聞」2010年3月4日〕❖「源《あとむ》」も人名に。下條アトム（1946年生まれ）は本名。

アトラクション [attraction]

【Ａ《アトラクション》】 書名 越川晴雄「A・BOY（アトラクション・ボーイ）」1998 ❖Aは読み仮名多し。

アトリエ [フランス atelier]

【画室《アトリエ》】 曲名 ALI PROJECT「閉ざされた画室《アトリエ》」（宝野アリカ）2001

その他 亜都里絵《アトリエ》 店名

アドレス [address]

【対言《アドレッス》】 古 ❖挨拶のことば。

【住所録《アドレス》】 歌詞 彼は住所録《アドレス》めくり〔南佳孝「黄金時代」（松本隆）1984〕

【ＵＲＬ《アドレス》】 書籍 ＵＲＬ《アドレス》だけにも〔松岡正剛「日本流」2000〕

あな [穴]

【孔《あな》】 書籍 覗《のぞ》き孔《あな》〔松岡正剛「日本流」2000〕

短歌 ドーナツの孔《あな》もしっかり食べ おえて〔「読売新聞」2010年2月9日〕

【窖《あな》】 漫画題名 手塚治虫「ながい窖（あな）」1970

【盲点《あな》】 番組名 日本テレビ系列「盲点（あな） 吹雪が消した心中事件の謎」1984

その他 窟《あな》 古

あな 感動詞。→あなかしこ

【穴《あな》】 古 ❖熱田本『平家物語』などから。咹《あな》も中世より。

【婀娜《あな》】 小説 アンナに婀娜《あな》うるわしく〔柳瀬尚紀訳「フィネガンズ・ウェイク III IV」1993〕

その他 阿那《あな》 古

*【安名尊《あなとうと》】 古 ❖催馬落の曲名。

アナーキー [anarchy]

【無政府状態《アナーキー》】 小説 無政府状態《アナーキー》な無秩序が続いている〔清涼院流水「カーニバル 二輪の草」2003〕

アナーキスト [anarchist]

【無政府主義者《アナーキスト》】 漫画

あなかしこ 「感動詞あな＋畏《かし》こし」から。

【穴賢《あなかしこ》】 辞書 ❖中世以降、穴を賢くふさいで、虫を防いだことからという語源解釈もなされた。

【穴惶《あなかしこ》】 小説 〔柳瀬尚紀訳「フィネガンズ・ウェイク III IV」1993〕

あながち 「あな（自己）＋勝ち」かという。

【穴勝《あながち》】【強ち《あなが》】 古

あなぐら [穴蔵・穴倉]

【窖《アナグラ》】 漫画 地獄の第3層 窖《アナグラ》へ〔由貴香織里「天使禁猟区 1」1995〕

その他 地窖《あなぐら》・窟《あなぐら》 古

アナグラム [anagram]

【言葉遊び《アナグラム》】 漫画 6文字の言葉遊び《アナグラム》だ〔蓮見桃衣「コズミック・コミックス AND」（清涼院流水）2003〕

【並び替え《アナグラム》】 小説 並び替え《アナグラム》で、役間雀〔清涼院流水「カーニバル 一輪の花」2003〕

アナクロニズム [anachronism]

【時代錯誤《アナクロニズム》】 雑誌 究極の時代錯誤《アナクロニズム》を体現するふたり〔「Esquire」1994年1月〕

アナザー [another]

【別人格《アナザー》】 歌詞 月夜の別人格《アナザー》は〔Sound Horizon「StarDust」（REVO）2005〕

あなた [彼方・貴方]

【卿《あなた》】 古 〔「大日本早書学邦語速記術」1913〕

【貴方《あなた》】 歌詞 貴方だけを 想って暮らす〔二宮ゆき子「どこにいても」（浜口庫之助）1966〕／みんな 貴方にあげるわ 貴方の溜息〔長谷直美「街はボサノバ」（じゅん順弥）1976〕／静かに宇宙に還る貴方《あなた》の姿を〔Gackt「REDEMPTION」（Gackt. C）2006〕

曲名 高橋真梨子「貴方が生きた Love Song」1992

【彼方《あなた》】 歌詞 彼方《あなた》想い星座になって〔Suara「星座」（須谷尚子）2006〕／いま彼方《あなた》のもとへ〔ランファン「空風」（Tama）2009〕

【貴女】歌詞 雨によごれた町で 貴女は一人 つらい恋だから貴女は祈る〔ザ・ゴールデン・カップス「長い髪の少女」（橋本淳）1968〕／貴女を失ってから〔寺尾聰「ルビーの指環」（松本隆）1981〕／貴女がライターの 炎の向こうで〔稲垣潤一「雨のリグレット」（湯川れい子）1982〕

漫画〔「週刊少年ジャンプ」2004年11月29日（BLEACH）〕／貴女の命は我々が必ずお守りします〔荒川弘「鋼の錬金術師 22」2009〕／貴女の光が〔蛇蔵&海野凪子「日本人の知らない日本語」2009〕

広告 そんな貴女に〝今すぐ〟効きます〔「読売新聞」2009年3月31日〕／小さな戸惑いを覚える貴女に！〔「読売新聞」2009年10月1日〕／貴女と貴男のカットサロン〔京都市内看板2010年6月〕❖街頭で配布されるティッシュの勧誘文句に見られる。

新聞 貴女の決めることに、〔「読売新聞 夕刊」2009年8月14日〕

【貴男】歌詞 貴男はアジャで〔伴淳三郎・泉友子「アジャパー天国」（石本美由起）1953〕／貴男のためなら 何もかも〔石原裕次郎&牧村旬子「銀座の恋の物語」（大高久夫）1961〕／貴男が描いた 私の似顔絵〔かぐや姫「神田川」（喜多条忠）1973〕／貴男のいない場所へ〔Janne Da Arc「闇の月をあなたに…」（yasu）2000〕

広告 貴男の身体を洗って癒す。〔「FRIDAY」2009年6月19日〕／貴男の元気に！〔「読売新聞」2009年10月25日〕

【貴夫】小説 でも貴夫は大変御愉快そうね〔夏目漱石「こころ」1914〕

【貴雄】歌詞 溺愛の貴雄は〔ガゼット「春ニ散リケリ、身ハ枯レルデゴザイマス。」（流鬼）2006〕

【金田一君】漫画 金田一君が単なる思いつきで〔さとうふみや「金田一少年の事件簿 15」（金成陽三郎）1995〕

【Mr.リュウイチ】漫画 Mr.リュウイチはすごい…〔松川祐里子「魔術師 3」1997〕

【孫娘】新聞「そういう時は ごめんなさいって謝るんだよ、おじいちゃん」孫娘しか言えません〔「読売新聞」2009年3月11日〕

【お姉ちゃん】歌詞 妹は他人とは違うから お姉ちゃんが助けてあげてね〔Sound Horizon「Sacrifice」（REVO）2005〕

【父】歌詞 強イ強イ父ヨ僕ヲ抱イテ〔ALI PROJECT「CYBER DEVILS」（宝野アリカ）2007〕

【母】歌詞 美シイ母ヨ私ヲ産ンデ〔ALI PROJECT「CYBER DEVILS」（宝野アリカ）2007〕

【親】歌詞 もう親の言葉も聞こえなくなるほど〔GLAY「pure soul」（TAKURO）1998〕

【先生】漫画 ダメなのは先生です…〔藤崎聖人「WILD LIFE」2003〕

【恋人】曲名 Sound Horizon「恋人を射ち堕とした日」（REVO）2002

【園長】漫画 僕が園長を殺っちゃうよ〔藤崎聖人「WILD LIFE 1」2003〕

【皇子】漫画 たとえ皇子であっても〔由貴香織里「砂礫王国」1993〕

【御主人様】歌詞 御主人様を見守っています〔清水香里・植田佳奈「ご奉仕いんすぱいあ」（くまのきよみ）2008〕

【市民】WEB「市民（ひと）が好き」「市民（あなた）が主役の街づくり」

【標的】歌詞 愛し標的の背中に狙い定め〔小清水亜美・生天目仁美・堀江由衣・清水香里「School Rumble 4 Ever」（相吉志保）2005〕

【神】漫画 救えるのなら神が全ての子どもを〔山田南平「紅茶王子 24」2004〕

【自分】小説「自分」が死ぬ確率は〔清涼院流水「カーニバル 二輪の草」2003〕

その他 以往・足下・貴所・貴郎・貴客・貴様・貴兄・貴官・貴生・貴君・郎君・所天・

良人(あなた)・我夫(あなた)・尊夫人(あなた)・貴娘(あなた)・貴孃(あなた)・貴姑(あなた)・貴姉(あなた)・尊公(あなた) 古 ／会長(あなた)・守護師(あなた)・下家(アナタ)・幼女(あなた)・若い王(あなた) 漫画

＊【貴方々(あなたがた)】小説 貴方々(あなたがた)、金キット持っていない。〔小林多喜二「蟹工船」1929〕

＊【若者たち(あなた)】アルバム名 あど Run 太「愛する若者たち(あなた)へ」2004

アナトミック〔anatomic〕

【解剖学的(アナトミック)】歌詞 解剖学的(アナトミック)に愛して〔ALI PROJECT「未來のイヴ」(宝野アリカ)2001〕

あなぼこ〔穴ぼこ〕

【穴凹(あなぼこ)】店名

アナリシス〔analysis〕

【分析(アナリシス)】書籍 ナラティブ分析(アナリシス)などは〔桜井厚「インタビューの社会学－ライフストーリーの聞き方」2002〕

その他 解析(アナリシス) 漫画

アナリスト〔analyst〕

【分析家(アナリスト)】漫画

アナル〔フランス annales〕

【年報(アナル)】書籍

アナロジー〔analogy〕アノロジー。

【類推(アナロジー)】書籍 類推(アノロジー)〔杉本つとむ「日本文字史の研究」1998〕／〔松岡正剛「日本流」2000〕／類推(アナロジー)される〔池田雅之「ラフカディオ・ハーンの日本」2009〕

あに〔兄〕

【義兄(あに)】広告 三人の義兄(あに)を持つことになった〔本仁戻「怪物王子」1998(巻末)〕

【建築家(兄)】漫画 依頼人は建築家(兄)の子供が病気で〔冴凪亮「レトロ」2006〕

その他 昆(あに)・嫡(あに) 古

関連【兄弟子(あにでし)】WEB 無理偏に拳骨と書いて兄弟子と読む。❖既成の観念であることを、漢字があるようにして説明している。

あにい〔兄い〕

【兄呵(あにい)】手記 吉兄呵(あにい)と同格である〔「浮浪児の手記」1947 集〕

その他 惣領(あにい)・兄(あにい)・哥々(あにい)・兄哥(あにい)・阿哥(あにい)・大哥(あにい) 古／哥い(あに) 書籍

あにき「あにぎみ」からか。

【兄貴(あにき)】辞書 ❖「貴」は、借字。

【義兄貴(あにき)】小説〔吉川英治「三国志 7」1975〕

【小哥(あにき)】書籍 コー小哥(あにき)〔松原岩五郎「最暗黒の東京」1893 集〕

【あいつ(兄貴)】漫画 昼休みはあいつ(兄貴)にべったりだから〔日高万里「ひつじの涙 4」2003〕

【うち(兄貴)】小説 うち(兄貴)にもチケット一枚送ってきたんだ〔芝中学校文芸部「天晴れ21号」1999〕

その他 兄気(あにき)・哥々(あにき)・兄公(あにき)・年長(あにき)・兄(あにき)・阿兄(あにき)・家兄(あにき) 古／大哥(あにき) 小説／周助(あにき) 漫画

アニマ〔ラテン anima〕霊魂。生命。

【魂(アニマ)】書名 神崎繁「魂(アニマ)への態度－古代から現代まで」2008

漫画 待機していた「世界の魂(アニマ・ムンディ)」の〔由貴香織里「天使禁猟区 18」2000〕

その他 霊魂(アニマ) 古

アニマル〔animal〕

【動物(アニマル)】書籍 動物狂(アニマルマニア)〔土屋耕一「軽い機敏な仔猫何匹いるか」1980〕

【禽獣(アニマル)】雑誌 大日本禽獣(アニマル)史話〔「歴史通」2010年7月〕

アニメ〔↑animation〕

【動画(アニメ)】歌詞 Magic in your eyes ディズニーの動画(アニメ)の銀幕〔大滝詠一「魔法の瞳」(松本隆)1984〕❖WEBにもあり。

【A(アニメ)】漫画 自分のA(アニメ)の曲が〔「週刊少年ジャンプ」2004年10月11日〕

広告 JF・AT(アニメツアー)会場入口横〔「週刊少年ジャンプ」2004年10月11日〕

アヌビス〔Anubis〕

【冥府神(アヌビス)】書名 北森鴻「冥府神(アヌビス)の産声(うぶごえ) 新装版」2008

あね〔姉〕あねき(姉貴)は「あねぎみ」か

らか。

【義姉(あね)】漫画 義姉(あね)はそんなことといたしませ ん〔高橋留美子「めぞん一刻 1」1982〕

【姐(あね)】漫画 姐(あね)さん〔蛇蔵&海野凪子「日本人の知らない日本語」2009〕❖姐は日本では表記上、姉とは別の意味になる。

その他 長(あね)・年長(あね)・女兄(あね) 古／姐御(あねご) 古

関連【姉(ゼナ)】小説／【姉(沙子)】【 姉(グラン・スール) 】漫画

あの［彼の］→あのおとこ・あのおんな・あのこ・あのころ・あのとき・あのひと・あのよ

【或の(あ)】歌詞 或(あ)の日湯島聖堂の白い石の階段に腰かけて〔さだまさし「檸檬」1978〕

【犬の(あ)】漫画 犬(あ)の件があってから〔藤崎聖人「WILD LIFE 5」2004〕

その他 彼(あの)・那の(あ) 古／北岸地峡(あのあたり) 小説／巽家(あのいえ)・ミシェル(あの天使)・宍戸(アノヤロウ) 漫画

*【あの部屋(205号室)】漫画 あの部屋(205号室)はね お兄ちゃんと住んでいたんだって〔日高万里「ひつじの涙 6」2003〕❖「205号室」というルビには「ウチ」「ここ」「ココ」「この部屋」「部屋」と、状況に合わせて6通りもの表記がなされる。

あのおとこ［彼の男］

【叔父上(あの男)】漫画 叔父上(あの男)に…〔本仁戻「怪物王子」1998〕

【父親(あの男)】漫画〔芦原妃名子「砂時計 2」2003〕

【前田(あの男)】漫画「前田(あの男)」が現れたのは…〔さとうふみや「金田一少年の事件簿 14」(金成陽三郎)1995〕

関連【あの男(リウェト)】漫画

あのおんな［彼の女］

【綾子(あの女)】漫画 〝綾子(あの女)〟に再会したのよ!!〔さとうふみや「金田一少年の事件簿 12」(金成陽三郎)1995〕

【小百合(あのおんな)】漫画 偶然、小百合(あのおんな)に出会うまではな!!〔青山剛昌「名探偵コナン 8」1996〕

【ジュリア(あの女)】漫画 ジュリア(あの女)追っかけて函館に〔中条比紗也「花ざかりの君たちへ 8」1999〕

関連【あの女(鳥花)】漫画 ❖「鳥花」は人名。

あのこ［彼の子］

【あの娘(こ)】歌詞 どうせ降るならあの娘(こ)の宿で〔東海林太郎「旅笠道中」(藤田まさと)1935〕／せめてあの娘に つたえてよ〔田端義夫「かえり船」(清水みのる)1946〕／待てばあの娘(こ)の目が濡れる〔藤圭子「圭子の三度笠」(石坂まさを)1971〕／今日も あの娘に 逢えますように〔光GENJI「Hurry Up」(飛鳥涼)1988〕

曲名 チェッカーズ「あの娘とスキャンダル」(売野雅勇)1985

漫画〔永井豪「黒の獅士 1」1978〕／あの娘(こ)だったの～?〔小花美穂「この手をはなさない 後編」1994〕／誰なんだろうあの娘(こ)〔中条比紗也「花ざかりの君たちへ 1」1997〕

俳誌 あの娘もこの娘も〔「月刊ヘップバーン」2005年1・2月〕

【あの妓(こ)】歌詞 別れ道で舞扇 あの妓(こ)はくれた〔橋幸夫「舞妓はん」(佐伯孝夫)1963〕

【妹(あのこ)】歌詞 妹(あのこ)は他人とは違うからお姉ちゃんが助けてあげてね〔Sound Horizon「Sacrifice」(REVO)2005〕

【あの男のコ(コ)】漫画 スゴイですよねあの男のコ(コ)〔藤崎聖人「WILD LIFE 1」2003〕

【由貴(あのこ)】漫画 もっとも由貴(あのこ)の場合は〔麻宮騎亜「サイレントメビウス 1」1989〕

【動物(あのコ)】漫画 そんな動物(あのコ)たち見てると〔藤崎聖人「WILD LIFE 3」2003〕

その他 あの女(こ) 書籍／金田一(あのコ)・飼い主(あの子)・野良犬(あの子) 漫画

*【眠りの森(あのコ達)】漫画 眠りの森(あのコ達)の族章〔大暮維人「エア・ギア 1」2003〕

あのころ［彼の頃］

【青春(あのころ)】曲名 桜井智「青春(あのころ)」1997

歌詞 青春(あのころ)を奏でる〔TWO-MIX「TRUST ME」(永野椎菜)2001〕

広告 青春(あのころ)の思い出が、いまCDで甦る。〔「読売新聞 夕刊」2009年5月26日〕

あのとき［彼の時］

【一年前(あのとき)】 漫画 一年前(あのとき)あの場に魅上が持ってきたノートが〔小畑健「DEATH NOTE 12」(大場つぐみ)2006〕

【6年前(あの時)】 漫画 6年前(あの時)の約束〔佐野隆「打撃王凜 1」2004〕

あのひと［彼の人］

【主人(あの人)】 漫画 主人(あの人)が犬拾って〔東里桐子「月の純白星闇の青碧 1」1994〕

【伯母さん(あの人)】 漫画 伯母さん(あの人)はそういう人だよ〔さとうふみや「金田一少年の事件簿 27」(金成陽三郎)1997〕

【団長(あの人)】 漫画 団長が死んだ〔さとうふみや「金田一少年の事件簿 20」(金成陽三郎)1996〕

その他 **桜樹センパイ(あの人)・仁王先輩(あの人)・橘先生(あの人)・陵刀先生(あのひと)・生徒会長(あの人)・明智警視(あのヒト)・怪盗紳士(あの人)・西村さん(あの人)・宗像今日子(あのヒト)** 漫画 ／ **父親(あのひと)・母親(あのひと)** WEB ／ **養父母(あの人たち)・飼い主(あの人たち)** 歌詞

*【還内府殿(あのかた)】 歌詞 還内府殿(あのかた)についてゆく〔平経正&平惟盛「蝶紋の賽よ天空に転がれ」(田久保真見)2006〕❖古くは「彼の仁(あかた)」とも。

関連 **【あの人(名田庄先輩)】【あの人(リヒトさん)】【アノヒト(会長)】** 漫画

あのよ［彼の世］

【地獄(あのよ)】 漫画〔上条明峰「SAMURAI DEEPER KYO 5」2000〕

その他 **黄泉(あのよ)・冥府(あのよ)・幽冥(あのよ)・他界(あのよ)** 古 ／ **多次元空間(あのよ)** 小説

あのよろし ⇩あかよろし

アパート［←apartment house］

【家(アパート)】 漫画 内山の家(アパート)知ってただろ〔山田南平「紅茶王子 1」1997〕／確か向かいが天馬の家(アパート)？〔日高万里「ひつじの涙 4」2003〕

【〓(アパート)】 字遊〔WEB〕❖横書き。あるいは1文字のつもりか。

【部屋(アパート)】 漫画 圭が部屋(アパート)に一人でいるって聞いたから〔日高万里「ひつじの涙 6」2003〕

【一刻館(アパート)】 漫画 一刻館(アパート)に通うしかないんだ〔高橋留美子「めぞん一刻 9」1985〕❖一刻館はアパートの名。

その他 **寮(アパート)** 漫画

あばく［暴く］

【発く(あば)】 古〔1929 集〕

【暴く(あば)】 書籍〔井上ひさし「ニホン語日記」1996〕

小説 暴(あば)けなかった〔清涼院流水「カーニバル 二輪の草」2003〕

その他 **撥く(あば)・暴露く(あば)・掘(あばく)・訐く(あば)** 古

あばずれ［阿婆擦れ］

【亜婆摺(あばずれ)】【悪ずれ(あば)】【阿波蹉(あばずれ)】 古

その他 **自暴女(あばずれもの)** 古 ／ **悪擦(あばずれる)** 古

あばら［肋］

【肋骨(あばら)】 詩 肋骨(あばら)みな瘠せ〔萩原朔太郎「無用の書物」1934〕

漫画 肋骨(アバラ)折られちゃな〔立原あゆみ「弱虫 1」1997〕

短歌 肋骨(あばら)より〔「読売新聞」2009年11月23日〕

その他 **豁(あばら)・脊髄(あばら)** 古

あばらや［あばら屋］

【荒屋(あばらや)】 小説 奥州山中の荒屋(あばらや)に〔夢枕獏「黒塚 KUROZUKA」2003(裏表紙)〕

その他 **亭(あばらや)・露亭(あばらや)・白屋(あばらや)・草亭(あばらや)・敗宅(あばらや)** 古

アパルトヘイト［アフリカーンス apartheid］

【人種差別政策(アパルトヘイト)】 小説 人種差別政策(アパルトヘイト)終結宣言〔清涼院流水「カーニバル 二輪の草」2003〕

アパルトマン［フランス appartement］アパート。

【集合住宅(アパルトマン)】 小説 四つの集合住宅(アパルトマン)に大別〔清涼院流水「カーニバル 二輪の草」2003〕

その他 **棟割長屋(アパルトマン)** 古

アパレル［apparel］

【衣料(アパレル)】 雑誌 神戸資本の衣料(アパレル)メーカーによって〔「小説新潮」1994年4月〕

アバンギャルド［フランス avant-garde］

【前衛劇的(アヴァンギャルド)】 書籍 もう少し前衛劇的(アヴァンギャルド)な要素

を〔TAKURO「胸懐」2003〕

その他 お先棒(アバンガルド) 書籍

あびこ 千葉県・大阪府の地名。

【我孫子(あびこ)】【吾孫子(あびこ)】 地名 ❖藤子不二雄Ⓐの本名は、安孫子素雄(あびこもとお)。我孫子武丸(あびこたけまる)は推理作家のペンネーム。

誤読 我孫子を「がそんし」と読んでいた〔WEB〕

アビタシオン [フランス habitation]

【部屋(アビタシオン)】 書籍

あひる

【家鴨(あひる)】 古 ❖「乙」の字に似た姿から、成績の乙を表す隠語に用いた。→おしどり

その他 泥鴨(あひる)・家鶏(あひる)・鶩(あひる)・下鴨(あひる) 古

アフガニスタン [Afghanistan]

【阿富汗斯坦(アフガニスタン)】【阿富汗斯(アフガニスタン)】 辞書 ❖当て字の略称が定着せず、「アフガン」とも。

あぶく [泡]

【泡ぶく(あ)】 歌詞 消えてく愛は 取り戻せない そうよ 泡ぶくのように…〔中森明菜「BLUE OCEAN」(湯川れい子)1985〕

その他 泡沫(あぶく)・贏余金(あぶく) 古 ／水泡銭(アブクゼニ) 古

アブジェクシオン [フランス abjection]「アブジェクション」とも。

【棄却(アブジェクシオン)】 題名 ❖卒業論文。

アフタースクール [after school]

【放課後(アフタースクール)】 広告 放課後(アフター・スクール)名探偵〔菊地秀行「魔界都市ブルース 夜叉姫伝4」1990(巻末)〕

あぶない [危ない]

【危い(あぶない)】 曲名 キャンディーズ「危い土曜日」(安井かずみ)1974 ❖送り仮名の規則では「危ない」。

【危】 民間 ❖タンクローリーなどに付けてある掲示。「あぶな」「あぶない」「き」など、心内での読みは各種あり。「送り仮名の付け方」では、漢字を記号的に用いたりするものは対象としていない。

【浮雲(あぶない)】 古〔仮名垣魯文「西洋道中膝栗毛」1870～1876〕❖易林本『節用集』などから。西鶴は「雲落」「雲踏」も用いた〔杉本つとむ「日本文字史の研究」1998〕。

【浮雲乗い(あぶな)】 書籍 私の仮名づかひの浮雲乗いことも〔高橋輝次「誤植読本」2000(石川欣一)〕

その他 未可信(あぶない) 古

*__【危険な気(あぶ)】__ 歌詞 危険(あぶ)な気(げ)なあなたしか〔中森明菜「禁区」(売野雅勇)1983〕

*__【虻なっかしい(あぶ)】__ 小説 虻(あぶ)なっかしい！〔柳瀬尚紀訳「フィネガンズ・ウェイク III IV」1993〕

あぶら [油・脂・膏]

【天婦羅(あぶら)】 広告 寄席の話芸と天婦羅(あぶら)のかをり〔新宿末廣亭十二月中席パンフ(てんぷら天春)〕❖→テンプラ

【洁(あぶら)】 誤植 洁 さんずいに吉(よし)という地名の街(について聞かれた)塙保己一(は)油町のことであろう(と当てた)〔高橋輝次「誤植読本」2000(花田清輝)〕❖潔の簡体字。

【脂肪(あぶら)】 小説 皮膚の脂肪(あぶら)っぽいコロッとした身体の感触が〔小林多喜二「蟹工船」1929〕／大きくて脂肪(あぶら)の乗った尻である〔菊地秀行「白夜サーガ魔王星完結編」1996〕

*__【膏肉(あぶらみ)】__ WEB「膏肉」は音は「かう(こう)にく」であるが私は「あぶらみ」と当て読みしたい。

その他 香膏(あぶら)・脂油(あぶら)・膏血(あぶら)・膩(あぶら)・石油(あぶら)・脂綿(あぶら)・褒媚詞(あぶら) 古

アプリオリ [ラテン a priori] 先天的。

【先験的(ア・プリオリ)】 論文〔大野真「距離の詩学―映画『シックス・センス』を巡って―」2004〕

アフリカ [Africa]

【阿弗利加(アフリカ)】 古 ❖南アは南阿のように書かれた。略称として、最初の「阿」の字を獲得した地。

その他 暗黒大陸(アフリカ) 書籍

アプリコット [apricot]

【杏(アプリコット)】 漫画 杏(アプリコット) のついた便箋に書かれた返事を〔猫十字社「小さなお茶会 2」2000〕

アプレゲール [フランス après-guerre]
【戦後派(アプレ・ゲール)】 書籍 戦後派(アプレゲール)?・〔見坊豪紀「ことばのくずかご'60」1983〕

アプローチ [approach]
【接近(アプローチ)】 曲名 南野陽子「接近(アプローチ)」〔森田記〕1986
小説 接近(アプローチ)した者が〔森村誠一「殺意の接点」2001〕

あべ
【安倍(あべ)】【阿部(あべ)】【安部(あべ)】【阿倍(あべ)】【安陪(あべ)】 姓 ◆地名ではさらに多種の表記がある。

あべこべ
【反対(あべこべ)】【反対齟齬(あべこべ)】 古

アベニュー [avenue]
【大通り(アベニュー)】 歌詞 大通り(アベニュー)のケヤキ並木に〔ヴィドール「一人斬りのクリ××ス」(ジュイ)2003〕

アペリティフ [フランス apéritif]
【食前酒(アペリティフ)】 歌詞 灼けつく恋の 食前酒(アペリティフ)〔中原めいこ「君たちキウイ・パパイア・マンゴーだね」(中原めいこ・森雪之丞)1984〕

アベレージ [average]
【安部礼司(あべれいじ)】 もじり ◆若手中堅サラリーマンであるラジオドラマの主人公の名。
その他 平均(アベレージ) 古

アヘン [阿片・鴉片]
【阿芙蓉(あへん)】 曲名 ALI PROJECT「阿芙蓉(あへん)寝台」(宝野アリカ)2009 ◆アラビア語の中国語訳がこの阿芙蓉だったという。
その他 鴉片煙(アヘン) 古

あほ [阿呆] 阿房宮由来説のほか、阿呆(アータイ)の日本での音読みによるなどの説がある。「あほ」と「ばか」の分布については『全国アホ・バカ分布考』(松本修1996)に詳しい。「騃」で関東の「ばか」と関西の「あほ」を合わせた「ばほ」というビデオ作品があった。→あほう・おおあほ
【愚者(あほ)】 広告 愚者(あほ)が出てくる、城寨(おしろ)が見える〔「読売新聞」2009年1月8日〕
【熱血単細胞(アホ)】 漫画〔上条明峰「SAMURAI DEEPER KYO 5」2000〕
その他 暗愚(あほ) 漫画 / 傻了(あほである) 古

アポ [←appointment]
【約束(アポ)】 小説 約束(アポ)をとった時〔清涼院流水「カーニバル 二輪の草」2003〕

アポイントメント [appointment]
【会見約束(アポイントメント)】 小説 龍宮城之介とのアポ(会見約束(アポイントメント))を取りつけた〔清涼院流水「カーニバル 一輪の花」2003〕

あほう [阿呆] 近世以降「あほ」とも。
【阿房(あほう)】 題名 内田百閒「阿房列車」◆随筆シリーズ。
その他 愚蠢(あほう) 古

アポカリプス [apocalypse]
【黙示録(アポカリプス)】 漫画 天使黙示録(アポカリプス)〔本仁戻「高速エンジェル・エンジン 1」2000〕◆ゲームの名。
*【黙示録の獣(アポカリプティック・ビースト)】 漫画〔樹なつみ「デーモン聖典 1」2003〕

アポロ [ラテン Apollo]
【黒人(アポロ)】 詩 黒人(アポロ)からJAZZを教えてもらおう〔岡本阿魅「私が娼婦になったら」1975〕

アポロン [ギリシャ Apollon] アポローン。アポロ。
【太陽神(アポローン)】 書籍〔大久保博訳「完訳 ギリシア・ローマ神話」1970〕
【太陽(アポロン)】 漫画 太陽(アポロン)の怒りだよ〔大暮維人「エア・ギア 3」2003〕
その他 阿保留(アポロン) 古

あま [海士・海女]
【蜑(あま)】 新聞 海苔蜑(のりあま) 漁師の事だという。俳句の季語〔「読売新聞」2001年9月11日(よみうり西部俳壇)〕/森山孝盛という旗本が書き残した「蜑(あま)の焼藻(たくも)の記」〔「読売新聞」2010年4月18日〕

【海人】〔書名〕海人藻芥〔辻村敏樹「ことばのいろいろ」1992〕❖『国語の改善について』（国語審議会1963）では「現代社会で普通に行われている」として、後に当用漢字改定音訓表で「海女」で採用された。
〔書籍〕物凄い土地になっていて、海人の家さえ稀である〔谷崎潤一郎「文章読本」1934〕
〔新聞〕三重の海女たちと一緒に漁に出る海人など、男性ならではの苦労、心配、努力の日々〔「読売新聞 夕刊」2009年6月19日〕

【海士】❖改定常用漢字表（答申）に追加。「海士」は江戸時代以降、合字「塰」、さらに「塰」にもなった。
〔俳誌〕海士がつま〔「月刊ヘップバーン」2004年12月〕
〔古〕（夕顔は）「海士の子」と答えた。（雨夜の品定め）〔「読売新聞」2008年10月24日〕

〔その他〕海子・海部・白水郎・泉郎・漁人〔古〕／海夫〔地名〕

あま【尼】女性をいやしめて呼ぶ呼称としても使われる。

【阿摩】〔古〕❖中国語から入ってきた語に別に阿媽（メイドの意）があり、英語とも類似する。

【尼女】〔歌詞〕修道尼女に So and Rock&Roll〔サザンオールスターズ「NO-NO-YEAH/GO-GO-YEAH」（桑田佳祐）1998〕

【女】〔歌詞〕女子土くれ 青畳〔村田英雄「蟹工船」（星野哲郎）1959〕
〔漫画〕この女〔永井豪「黒の獅士 1」1978〕／んだこの女ァ!!〔日渡早紀「ぼくの地球を守って 2」1987〕／この女… 本当にテニスやってたのかぁ？〔寺嶋裕二「GIANT STEP 1」2002〕

【屁】〔誤植〕尼僧が屁僧〔高橋輝次「誤植読本」2000（外山滋比古）〕

〔その他〕狗・阿魔・匹婦〔古〕／阿魔っ子・小娘・女っ子〔古〕／阿魔女・阿魔っ貯・亜魔女〔古〕

アマ【↑amateur】

【素人】〔漫画〕素人童貞なコパヤシ君とは〔北道正幸「プ～ねこ 2」2006〕

あまい【甘い】

【甘美い】〔歌詞〕甘美い酒も誘惑のバラも〔甲斐バンド「感触（タッチ）」（甲斐よしひろ）1979〕／あの日の僕らは甘美〔GARNET CROW「Crier Girl&Crier Boy ～ ice cold sky ～」（AZUKI 七）2002〕／傷つく罰は甘美〔子安武人「蜃気楼」（こさかなおみ）2006〕

【甘え】〔漫画〕〔和月伸宏「武装錬金 3」2004〕

【甘】〔漫画〕オレを甘見ると高うつくで〔鷹岬諒「THE KING OF FIGHTERS'94 外伝 6」1997〕❖関西方言。

〔その他〕甜・慢い・熟・旨美・蔗・濃・饗・蜜〔古〕

あまごい【雨請い】

【雨乞い】〔演目〕「雨乞い源兵衛」上方落語〔「読売新聞」2009年8月6日〕

〔その他〕祈雨〔古〕

アマゾン【Amazon】

【亜馬孫】〔辞書〕

あまた【数多・許多】

【数多】〔古〕❖万葉時代からの、捨て漢字のような当て字。

【許多】〔小説〕許多の老人の〔平野啓一郎「日蝕」2002〕

【夥多】〔古〕〔「大日本早書学邦語速記術」1913〕

〔その他〕安万田・数・衆・余多・残多・無数〔古〕

あまだれ【雨垂れ】

【雨滴れ】〔歌詞〕雨滴れ小坊主〔鶴田浩二「雨滴れシャンソン」（宮川哲夫）1954〕

アマチュア【amateur】

【愛美的】〔中国〕音義を駆使して外国語をとった例〔1958 目〕

【自主(アマチュア)】漫画 たとえ自主(アマチュア)映画でも〔さとうふみや「金田一少年の事件簿 Case2 銀幕の殺人鬼」(金成陽三郎)1998〕

その他 愛好家(アマチュア) 書籍

あまなう 〔和う・甘なう〕

【和(あまなう)】辞書〔阿部猛「古文書古記録語辞典」2005〕

あまねし 〔遍し・普し〕

【洽(あま)ねし】古〔「大日本早書学邦語速記術」1913〕

その他 一切(あまねし)・円(あまねし) 古

あまのがわ 〔天の川〕

【天漢(あまのがわ)】【銀河(あまのがわ)】【天河(あまのがわ)】【銀漢(あまのがわ)】【銀浦(あまのがわ)】古

あまのじゃく 「あまのさぐめ」の転か。

【天邪鬼(あまのじゃく)】【天探女(あまのじゃく)】【海若(あまのじゃく)】【烏摩妃(あまのじゃく)】古

あまれる

【生(あ)まれる】歌詞 生(あ)まれしことを 泣くも良い〔サザンオールスターズ「CRY 哀 CRY」(桑田佳祐)1998〕❖「うまれる」の転か。

アマン 〔フランス amant〕 男の恋人。

【愛人(アマン)】歌詞 気分は2秒ごとに 浪漫か愛人(アマン)なの〔中原めいこ「君たちキウイ・パパイア・マンゴーだね」(中原めいこ・森雪之丞)1984〕

あみ 〔網〕

【猟網(あみ)】書籍〔大久保博訳「完訳 ギリシア・ローマ神話」1970〕

【検問(あみ)】書籍 検問(あみ)を張ってるか〔田岡源紹「わたしはどろぼう」1993 集〕❖「網を張る」は、待ち構えて見張る意。

その他 羅(あみ)・罠(あみ) 古

アミーゴ 〔スペイン amigo〕

【兄弟(アミーゴ)】漫画 おれたちの兄弟(アミーゴ)を〔北条司「CITY HUNTER 1」1986〕

あみだ 〔阿弥陀〕

【阿弥陀(あみだ)】辞書

その他 無量寿仏(あみださま) 小説

アムール 〔フランス amour〕 →アモール

【愛(アムール)】歌詞 垢に塗れた愛(アムール)〔ALI PROJECT「暗黒天国」(宝野アリカ)2007〕

書籍「愛(アムール)」はどこへいくのか?〔「図説『愛』の歴史」2009(帯)〕❖アムール(Amur)川は黒い川の意(黒竜江省)。

アムステルダム 〔Amsterdam〕

【安特堤(アムステルダム)】辞書

あめ 〔雨〕

【雨(あめ)】古 同し字を雨雨雨(アメサメタレ)ト雨(クレ)るなり 里冢〔「誹風柳多留」〕❖アメ、サメ、ダレ、と、グレは春雨、五月雨、時雨から。古文(古い書体)では「[illegible]」。

【小雨(あめ)】歌詞 小雨(あめ)のやまないこんな夜は〔梶芽衣子「思い出日和」(朝比奈京子)2009〕

【涙(あめ)】歌詞 晴れ渡る空から落ちるとおり涙(あめ)〔林原めぐみ「Revolution」2008〕❖逆に雨で「なみだ」もある。

その他 下米(あめ) 古

あめ 〔飴〕

【黄(あめ)】古 黄(あめ)なる牛はかへりゆき〔薄田泣菫「望郷の歌」1906〕

その他 粘(あめ)・飲(あめ)・糖(あめ)・煮汁(あめ) 古/黄色(あめいろ) 古

アメジスト 〔amethyst〕「アメシスト」とも。

【紫水晶(アメジスト)】歌詞 幻に捕らわれた紫水晶(アメジスト)〔ave;new feat.テスラ&ナイン「Violet Phantom/Innocent elegy」(a. k. a. dress)2009〕

あめつち

【天地(あめつち)】書籍 天地(あめつち)〔由良君美「言語文化のフロンティア」1986〕

歌詞 求めたまえ ほしいままに 天地その手に 満たされるまで〔立花ハジメ「BEAUTY」(KATSUYA/KOBAYASHI)1986〕/天地(あめつち)といふ名の絶えて〔林原めぐみ「KOIBUMI」2002〕

アメリカ 〔America〕 →がっしゅうこく(合衆国)・メリケン

【亜墨利加(アメリカ)】古〔日米和親条約〕❖齋藤毅「明治のことば」1977に種々の表記が示される。

【米(アメリカ)】❖外務省ではカタカナ表記(近年一

般と同じものになった)であり、使わない方向ながら、あくまで慣習的で規則はないが「米」「英」「独」「仏」など(範囲は定まっていない)も使っているという。

[広告] 米(アメリカ)で開催!〔「週刊少年ジャンプ」2004年5月24日〕/米(アメリカ)大恐慌〔「読売新聞」2009年11月15日〕

【米国(アメリカ)】[漫画] 米国(アメリカ)のフロリダだ!〔川原泉「メイプル戦記 1」1992〕/米国(アメリカ)に留学中の英知くんを〔種村有菜「満月をさがして 1」(裏表紙あらすじ)2002〕/日本の捕鯨に反対する米国(アメリカ)は〔藤崎聖人「WILD LIFE 7」2004〕

[歌詞] 米国(アメリカ)は僕の Hero〔桑田佳祐「ROCK AND ROLL HERO」2002〕/海の向こうは米国(アメリカ)じゃけに〔神野美伽「四万十川」(荒木とよひさ)2008〕

【国(アメリカ)】[漫画] 国(アメリカ)も殺しのノートの存在を知り〔小畑健「DEATH NOTE 7」(大場つぐみ)2005〕

【家(アメリカ)】[漫画] 家(アメリカ) 帰んなくていいのか〔中条比紗也「花ざかりの君たちへ 12」2000〕

【実家(アメリカ)】[漫画] 実家(アメリカ)から支給品?〔中条比紗也「花ざかりの君たちへ 1」1997〕

【🇺🇸(アメリカ)】[TV] ❖NHK手話ニュースではテロップで星条旗にアメリカというルビが付く。

【美国】[中国] [韓国] ❖韓国では「美国(ミグク)」。美も米も、中国清代の当て字表記から。

[その他] 亜米利加(アメリカ)・花旗(アメリカ)・花旗国(アメリカ)・花旗連邦(アメリカ) [古]/阿米尿(アメしょん) [古]

アメリカン [American]

【米国人(アメリカン)】[小説] 自らが米国人(アメリカン)だと強調する〔清涼院流水「カーニバル 二輪の草」2003〕

*【住宅成長神話(アメリカンドリーム)】[雑誌] 揺らぐ住宅成長神話(アメリカンドリーム)〔「SANKEI EXPRESS HERO 特別版」2007年9月〕

あめんぼう 飴のにおいがするからという。あめんぼ。

【飴ん棒(あめんぼう)】[古] ❖本来の表記。

[その他] 水馬虫(あめんぼう)・水馬(あめんぼう) [古]

アモイ

【廈門(アモイ)】[地名] ❖井上ひさしは本名の「廈」という名前で「どれほど苦労したか」という。「ヒサシ」という「読み方は認めない」と漢文教師からは「カ」と呼ばれた。「ありもしない訓」というが、「いえ」のほかに「ひさし」の訓が『大漢和辞典』などにある。「いちいち仮名を振らなければ読めない名前」で「廈門(アモイ)」と書かれることもあった。〔井上ひさし「ニホン語日記」1996〕

アモール [スペイン amor] →アムール

【愛(アモール)】[新聞] ニーチェのいう「運命愛(アモール・ファティ)」〔「日経新聞」2008年10月1日(岡井隆)〕

【大切(アモール)】[書籍] 恋というより横文字的に、何物にもかえがたいもっとも〈大切(アモール)〉なものが〔杉本つとむ「近代日本語の成立と発展」1998〕

あや [文・綾]

【因縁(あや)】[漫画] ❖「あやをつける」は、言いがかりをつけること。

【絢(あや)】[人名] 大政絢(女性)〔「読売新聞」2010年2月28日〕

[その他] 混線(あや)・微妙(あや)・黒白(あや)・文章(あや)・彩(あや)・理(あや)・綺(あや)・亀(あや) [古]

あやかし 怪しいこと。妖怪。

【妖魔(あやかし)】[広告] 妖魔(あやかし)の森が〔「読売新聞」2009年2月11日〕

【妖し(あやかし)】[漫画] 妖(あやか)しの時間〔垣野内成美「吸血姫美夕」1988〕

[広告] その血に妖(あやかし)を宿す〔荒川弘「鋼の錬金術師 14」2006(巻末)〕

【怪(あやかし)】[曲名] 堂本光一「妖 ～あやかし～」2009

[アニメ題名]「怪 ～ayakashi～」2006

[その他] 海魂(あやかし)・妖怪(あやかし) [古]

あやかる [肖る]

【似る(あやかる)】[古]

あやしい [怪しい]
【妖しい】歌詞 赤いルージュ妖しく〔アルフィー「白夜－byakuya－」(高見沢俊彦)1987〕◆改定常用漢字表(答申)に採用された。
【妖艶しい】歌詞 月が街に昇って妖艶しくかがやいて〔MAX「Shinin' on － Shinin' love」(森浩美)1997〕
【綾しい】WEB ◆検索除けなどを目的として、わざと別の字にすることあり。
【あやιい】WEB ◆「あやしい」の小書き。ιは、ギリシャ文字のイオタ。
その他 怪敷 古
*【妖怪】漫画題名 ◆〔WEB〕「妖怪」と書いて「あやあや」と読む4コマ漫画。
*【奇子】漫画題名 手塚治虫「奇子(あやこ)」1972～1973

あやしむ [怪しむ]
【異しむ】古

あやつ
【彼奴】小説 彼奴が好きなように〔菊地秀行「魔界都市ブルース 夜叉姫伝4」1990〕
その他 侍医 小説

あやふや
【危ふや】民間〔学生の手書き〕
その他 曖昧 古

あやまち [過ち]
【誤ち】歌詞 一度だけの誤ちを〔Mr. Children「CROSS ROAD」(桜井和寿)1993〕
【過失】歌詞 深い過失を〔TRF「TRY OR CRY」(工藤順子)1998〕
【失敗】歌詞 失敗とか懺悔やんだり〔水樹奈々「風の吹く場所」(園田凌士)2007〕

あやまり [誤り]
【錯り】【誤謬】古／【謬り】書籍

あやまる [謝る]
【詫まる】小説 詫まる以上に恐縮して〔夏目漱石「こころ」1914〕
その他 謝罪る 古

あやめ
【菖蒲】漫画〔秋本治「こちら葛飾区亀有公園前派出所 126」2001〕◆命名案として。
【纐纈】姓〔篠崎晃雄「実用難読奇姓辞典増補版」1973〕

あやめる [危める]
【殺める】歌詞 殺めたいくらい愛しすぎたから〔中森明菜「二人静」(松本隆)1991〕
小説 殺め好き〔柳瀬尚紀訳「フィネガンズ・ウェイク III IV」1993〕
新聞 夫を殺めてしまったと〔「読売新聞 夕刊」2009年2月24日〕／人と牛が殺め合うのではなく〔「読売新聞」2009年5月11日(四季欄)〕／これが殺めた時の気持ちです〔「読売新聞」2010年2月24日〕
漫画 人を殺めたくないのでしょう。〔「ココロコミック」2010年4月〕

あゆ [東風]
【東】歌詞 東の風吹かば〔林原めぐみ「あさいはひ」1999〕

あゆ [鮎] 国訓。「鯰」「年(魚)」の日本漢字音と関連か。
【年魚】書籍〔平川南「日本の原像」2008〕

あら [粗]
【欠点】古〔1917 隠〕

アラート [alert]
【警告】漫画〔大暮維人「エア・ギア 5」2004〕

あらう [洗う]
【澡う】小説 心が澡われるように感じた。〔「読売新聞」2010年3月29日〕

あらがう [抗う]
【諍う】歌詞 諍えない〔陰陽座「甲賀忍法帳」(瞬火)2005〕
その他 擬作 古

あらかた [粗方]
【荒方】古

あらかわ [粗皮]

【麤皮(あらがわ)】店名 曲名 ◆『解体新書』に「麤(ソ)ニシテ」とあり。「麤」は画数が多く、33画ある。

あらし［嵐］中国では山の気（古く山風、猛迅風も）の意。「颪(おろし)」は国字。

【山下(あらし)】【下風(あらし)】【阿下(あらし)】【冬風(あらし)】【荒風(あらし)】【荒足(あらし)】

【山下風(あらし)】古〔林大・山田俊雄「漢字」（「国語学辞典」1955）〕

【荒(あらし)】古〔「万葉集」〕

【山風(あらし)】誤読「山風」と書いてあったのを「嵐」あらしと読んでました！〔WEB〕

◆吹くからに秋の草木のしをるればむべ山風を嵐といふらむ 文屋康秀〔「古今集」〕

【暴風(あらし)】歌詞 荒ぶ暴風(あらし)も 怖くはないが〔津村謙「マドロス追分」（矢野亮）1952〕

【風雨(あらし)】詩 風雨(あらし)に渇き雲に飢ゑ〔島崎藤村「おきぬ」1897〕

【阿羅紫(あらし)】人名〔「週刊文春」2009年4月23日〕

◆グループ「嵐」のもじり。

その他 暴風雨(あらし) 辞書

あらし［荒らし］

【嵐(あらし)】古 ねぐらあらし 塒嵐〔1915 隠〕

あらしかんじゅうろう

【嵐寛寿郎(あらしかんじゅうろう)】芸名 ◆「じゅ」とも。略して「嵐(あら)寛(かん)」。嵐冠十郎は別人。

アラジン［Aladdin］

【粗燼(あらじん)】小説 粗燼(あらじん)のランプが〔柳瀬尚紀訳「フィネガンズ・ウェイク III IV」1993〕

あらず

【不ず(あらず)】雑誌 不(あら)ずして〔「小説新潮」1994年5月〕

【非ず(あらず)】広告 私は悪魔(デーモン)に非(あら)ず〔「読売新聞 夕刊」2010年1月4日〕

あらすじ［粗筋・荒筋］

【梗概(あらすじ)】小説 梗概(あらすじ)と最終回だけを読んで〔清涼院流水「カーニバル 二輪の草」2003〕

あらそい［争い］

【諍い(あらそい)】短歌 ◆仏典にもある訓。

【聖戦(アラソイ)】歌詞 聖戦(アラソイ)ソレ自体カ〔Sound Horizon「石畳の緋き悪魔」（REVO）2007〕

*【戦争(あらそいあう)】漫画 戦争(あらそいあう)だけじゃ得られない 誰も 何も〔TWO-MIX「LAST IMPRESSION」（永野椎菜）1998〕

あらたにす［新たにす］

【新s(あらたにす)】ロゴ〔「読売新聞 夕刊」2010年2月19日〕

◆「新し」は「あらたし」、「新たに」は「あらたに」だったが、「新し」は「あたら」と変化した。

あらためる［改める］

【革める(あらためる)】新聞 天命を革(あらた)めて〔「読売新聞」2010年1月8日〕

あらて［新手］

【荒手(あらて)】古

あらとうと 感謝の意を表すことば。ありがとう。

【仏ゝ(あらとうと)】古

アラビア［Arabia］

【亜拉毘亜(アラビア)】小説 亜拉毘亜(アラビア)人のゲエベル〔平野啓一郎「日蝕」2002〕

【暴夜(アラビア)】曲名 ALI PROJECT「暴夜(アラビア) layla 幻談」（宝野アリカ）2007 ◆明治8年に『暴夜(アラビヤ)物語』。

その他 亜剌比亜(アラビア) 古

アラビアン［Arabian］

【千夜一夜(アラビアン)】曲名 シブがき隊「千夜一夜(アラビアン)キッス倶楽部(クラブ)」（森雪之丞）1986

書名 嶽本野ばら「アラジンと魔法のお買物 千夜一夜騎士(アラビアンナイト)」2007

アラフィフ［←around fifty］

【私(アラ50)】広告 だから私(アラ50)は「魔女」になった〔「読売新聞」2009年10月22日〕◆アラウンド30（30歳前後）をアラサー、アラウンド40（R40の表記も見る）をアラフォーと称することが近年流行。

あらまし

【荒猿(あらまし)】【荒増(あらまし)】【有増(あらまし)】古

あらまほし
*【欲有(あらまほしけれ)】古

あらゆる
【所有(あらゆる)】辞書 ❖「所謂(いわゆる)」と同じく「所」の字が助動詞「ゆ(る)」に対応。

あられ［霰］
【丸雪(あられ)】古 ❖『万葉集』や西鶴にも。

あらわ［露・顕］
【露骨(あらわ)】小説 そんな露骨(あらわ)な問題を〈夏目漱石「こころ」1914〉

あらわし［荒鷲］
【猛鷲(あらわし)】詩 猛鷲(あらわし)ながら人の身の〈島崎藤村「おきぬ」1897〉

あらわす［現す・表す］
【表現す(あらわす)】広告 私は緻密に〝大胆〟を表現(あらわ)す〈2008秋 レブロン 限定商品のキャッチコピー〉

あらわれる［現れる・表れる］「現」「表」にも、使い分けが困難なケースがある。
【露れる(あらわれる)】書籍〈小林祥次郎「日本のことば遊び」2004〉
【顕れる(あらわれる)】書籍〈井上ひさし「ニホン語日記」1996〉
書名 吉田文憲「顕(あらわ)れる詩」2009
【出現(あらわる)】広告〈神坂一「日帰りクエスト なりゆきまかせの異邦人」1993(巻末)〉

アリア［イタリア aria］
【詩(アリア)】歌詞 憂いた滅びの詩(アリア)〈霜月はるか「斑の王国」(日山尚)2009〉
【女神(アリア)】歌詞 この世を愛し棄てた女神(アリア)〈霜月はるか「斑の王国」(日山尚)2009〉

ありあり［有り有り］
【瞭あり(ありあり)】歌詞 耳に瞳に瞭(あり)ありと〈軍歌「幻の戦車隊」(横沢千秋)1939〉
その他 分明(ありあり)・歴々(ありあり) 古

アリーナ［arena］
【闘技場(アリーナ)】【論議の場(アリーナ)】小説

アリエス［Aries］
【白羊宮(アリエス)】漫画 白羊宮(アリエス) Malahidael〈由貴香織里「天使禁猟区 18」2000〉

ありか［在りか］
【在処(ありか)】広告〈「読売新聞」2002年2月(金城ふみ子2003)〉
【有処(ありか)】民間〈佐藤栄作「学生と誤字・あて字」(「日本語学」1994年4月)〉

ありがたい
【有難(ありがたい)】古 ❖「有難味(ありがたみ)」の「味」は、借字。

【有難え(ありがてえ)】漫画〈黒乃奈々絵「PEACE MAKER 鐵 2」2003〉❖「ai」が「e:」となるのは、元は若者言葉ではなく、関東などの方言形。

【難有(ありがた)】人名 大恩難有右衛門 ❖江戸時代の珍名。歌舞伎外題に「難有(ありがたや)」。

【蟻がたい(ありがたい)】小説 蟻(あり)がたくも〈柳瀬尚紀訳「フィネガンズ・ウェイク I II」1991〉

ありがち
【二流(ありがち)】小説 二流(ありがち)RPGみたいな状況ね〈神坂一「日帰りクエスト なりゆきまかせの異邦人」1993〉

ありがとう →グラッチェ
【有難う(ありがと)】古 ❖漱石も「有難ふ」。
【多謝(アリガトウ)】漫画 そして読者さんに……多謝(アリガトウ)！〈蓮見桃衣「エキストラ・ジョーカー」2002(あとがき)〉
【蟻が十(ありがとう)】字遊 ❖親しさ・近さにより、照れ隠しや面と向かって礼を言いたくないときなどに。クイズから。「蟻が10」なども。
その他 フィーレンダンク(ありがとう) 漫画
*【大感謝祭(ありがとー、ありがとー)】小説〈秋津透「魔獣戦士ルナ・ヴァルガー」1988〉

ありさま［有り様］
【分野(ありさま)】古 日本天台宗之読習也(ダイシウノヨミナラワシ)「下学集」〈杉本つとむ「日本文字史の研究」1998〉❖→蜂谷清人「『分野』の訓『ありさま』とその周辺」
【光景(ありさま)】古 ❖島崎藤村が用いた。
【実況(ありさま)】古 社会の実況(ありさま)を知る為に〈「朝日新聞」2005年10月21日(天声人語)〉❖1920年の最初

の国勢調査ポスター。

ありてい［有り体］
【有躰(ありてい)】古

ありどころ
【位置(ありどころ)】古

ありのまま［有りの儘］
【真実(ありのまま)】漫画 真実(ありのまま)を受け入れなければいけない〔日高万里「ひつじの涙 7」2004〕
【等身大(ありのまま)】歌詞 等身大(ありのまま)の僕だった〔DEEN「夢であるように」(池森秀一)1997〕

ありのみ［有りの実］
【梨の実(ありのみ)】WEB ナシ(無し)では縁起があまり良くないので。

アリバイ［alibi］
【不在証明(アリバイ)】小説 ご本人に不在証明(アリバイ)があるのは当然〔清涼院流水「カーニバル 一輪の花」2003〕
その他 有場居(アリバイ) 小説

ありんす
【吉原(ありんす)】【阿里無須(ありんす)】古

ある［有る］
【在る(あ)】小説 官に在(あ)る〔「読売新聞」2010年3月29日〕
【存在(ある)】小説 存在(ある)ことになるだで〔森村誠一「殺意の接点」2001〕
歌詞 何処に存在(ある)のか?〔SHAZNA「PURENESS」(IZAM)1998〕／強く存在(アル)いみを〔Every Little Thing「sure」(持田香織)2000〕
漫画 今存在(ある)のが〔藤崎聖人「WILD LIFE 2」2003〕
【存在る(あ)】歌詞 何かを守るため存在(あ)る自分〔JAM Project「約束の地」(奥井雅美)2004〕／確かに存在(あ)る〔ゴスペラーズ「セプテノーヴァ」(常田真太郎・安岡優)2008〕
【存在する(ある)】歌詞 存在(ある)する 現実(リアリティ)〔GARNET CROW「スパイラル」(AZUKI 七)2002〕◆WEBで「読ませ字」と評される。
【生(ある)】広告 生(ある)と死(ない)の両極に奔出する言葉が語る、人生の味わい。〔「読売新聞」2008年12月11日〕
【R(あーる)】書籍〔嵐山光三郎「ABC文体 鼻毛のミツアミ」1982〕◆帯だけでも以下の通り。「日本初のABC文体によるたのC(シィ)たのC(シィ)エッセイ集 ふだん笑N(エヌ)人も こうU(ユー)ならO(オー)いに笑L(エル)抱腹 Z(ゼット)ーE(イー)気分 ルンルンなのでR(アール) AQ(永久)に使L カモン・べBたのしいDト G(自慰)が一番E気分 I(愛)人にI想をつかす H(越)ユウフンドシ 人のUことをよく聞Kヤ QSカルゴ Xタシー Yン Yセツ」／たまったので〝R〟〔うみのさかな&宝船蓬莱「うみのさかな&宝船蓬莱の幕の内弁当」1992〕◆手書きで縦書き。

ある［生る］
【生る(あ)】短歌 わが生(あ)れし街に〔「読売新聞 夕刊」2009年1月15日〕◆俳句でも使う。
讃美歌 生(あ)れましぬ〔織田正吉「ことば遊びコレクション」1986〕

ある［或］
【或る(あ)】書名 有島武郎「或る女」1919
歌詞 或る朝〔植木等「花と小父さん」(浜口庫之助)1967〕

あるく［歩く］
【徒歩(あるき)】漫画 たいてい徒歩(あるき)よ〔猫十字社「小さなお茶会 2」2000〕
【ある苦(く)】【ある喜(き)】広告 〝ある苦(く)〟を〝ある喜(き)〟に〔「読売新聞」2008年9月23日〕◆もじり。
その他 歩行く(あるく)・歩行(あるき) 古／行出す(あるきだ) 古

アルケミスト［alchemist］
【錬金術師(アルケミスト)】書籍〔矢野俊策／F.E.A.R.「ダブルクロス The 2nd Edition」2003〕

アルコール［オランダ alcohol］→アルちゅう
【酒精(アルコール)】誤読〔斎賀秀夫「漢字と遊ぶ」1978〕
その他 亜爾箇児(アルコール) 古

アルゴリズム［algorithm］

【手順(アルゴリズム)】書籍 この処理の手順(アルゴリズム)も同じである。〔井上ひさし「私家版 日本語文法」1981〕

あるじ [主]

【東道(あるじ)】古 ❖中国語から。

【主(あるじ)】新聞「主」と書いて「あるじ」とも「ぬし」とも読む。… 小沢代表は、一夜にして党の「あるじ」から「ぬし」に豹変(ひょうへん)したようだ。〔「朝日新聞」2009年5月14日(天声人語)〕

【主人(あるじ)】小説 一家の主人(あるじ)〔米川正夫訳「ドストエーフスキイ全集6 罪と罰」1960〕／獣の主人(あるじ)は誰だな〔菊地秀行「魔界都市ブルース 夜叉姫伝4」1990〕❖漱石も用いた。
漫画 主人(あるじ)殺しの罪で〔本仁戻「怪物王子」1998〕
広告 幽霊宿の主人(あるじ)〔猫十字社「小さなお茶会」2000(巻末)〕
歌詞 闇の主人(あるじ)に〔D「Angelic blue」(ASA-GI)2006〕

【主君(あるじ)】漫画 ましてや主君(あるじ)が受け取った文を〔藤原眞莉「華くらべ風まどい ― 清少納言椰子」2003〕

【主殿(あるじ)】小説 この家の主殿(あるじ)はおられましょうか〔夢枕獏「黒塚 KUROZUKA」2003〕

【ご主人様(あるじ)】歌詞 ご主人様(あるじ)待ってる〔水樹奈々「Bring it on!」2007〕

【創造主(あるじ)】漫画 創造主(あるじ)に造反した〔和月伸宏「武装錬金 2」2004〕

【大蛇丸(あるじ)】漫画 大蛇丸(あるじ)がために〔「週刊少年ジャンプ」2004年10月11日(ナルト通信)〕

アルジェリア [Algeria]

【阿爾及(アルジェリア)】辞書

アルス [ラテン ars]

【芸術(アルス)】書名 岡田温司「芸術(アルス)と生政治(ビオス)」2006

アルストロメリア [ラテン Alstromeria]

【夢百合草(あるすとろめりあ)】アルバム名 さだまさし「夢百合草(あるすとろめりあ)」2002

アルゼンチン [Argentine]

【亜爾然丁(アルゼンチン)】辞書

アルちゅう [アル中]

【泥酔状態(アルちゅう)】歌詞 泥酔状態(アルちゅう)にして陶酔状態(ヤクちゅう)〔Sound Horizon「見えざる腕」(REVO)2006〕

その他 亜爾中(アルちゅう) 古

アルティメット [ultimate]

【究極(アルティメット)】漫画 最大限に活かした究極(アルティメット)防御(ディフェンス)〔大暮維人「エア・ギア 5」2004〕

アルバイト [ドイツ Arbeit] →バイト

【有配当(アルバイト)】小説 都筑道夫の用字〔WEB〕

【家庭教師(アルバイト)】小説 家庭教師(アルバイト)もせず〔田辺聖子「ほとけの心は妻ごころ」1980〕

【若僧(アルバイト)】漫画 フザケた頭髪の若僧(アルバイト)を〔藤崎聖人「WILD LIFE 1」2003〕

アルビ [←アルビジョワ(フランス albigeois)]

【亜爾俾(アルビ)】小説 亜爾俾(アルビ)派や清浄派〔平野啓一郎「日蝕」2002〕

アルファベット [alphabet] ABの2字の名から。

【表音文字(アルファベット)】書籍〔杉本つとむ「日本文字史の研究」1998〕

アルプス [Alps]

【亜力伯(アルプス)】小説 亜力伯(アルプス)の山々が〔平野啓一郎「日蝕」2002〕

アルヘイとう [アルヘイ糖]

【糖纏(アルヘイとう)】【氷線糖(アルヘイとう)】【有平糖(アルヘイとう)】古

あれ [吾]

【我(あれ)】歌詞 我(あれ)恋ひめやも〔サザンオールスターズ「CRY 哀 CRY」(桑田佳祐)1998〕

あれ [彼]

【遺跡(あれ)】漫画〔尾田栄一郎「ONE PIECE 29」2003〕

【観覧車(あれ)】漫画 観覧車(あれ)いくか〔山田南平「紅茶王子 10」2000〕

【神魔(あれ)】漫画 神魔(あれ)は初めて私たちの前に〔垣野内成美「吸血姫美夕」1988〕

【結界兵器(あれ)】漫画 結界兵器(あれ)を使うんですかっ?〔麻宮騎亜「サイレントメビウス 1」1989〕

【写真(アレ)】漫画 フラれた腹いせで写真(アレ)やったの？〔倉橋えりか「MAXラブリー！ 3」2003〕

【彼(あれ)】漫画〔芦原妃名子「砂時計 2」2003〕

【燈子(あれ)】漫画 なんで燈子(あれ)は彼氏作らんかねえ〔CLAMP「すき。だからすき 1」1999〕

【大佐(あれ)】漫画 大佐(あれ)は飲んじゃダメだ〔荒川弘「鋼の錬金術師 13」2006〕

【呪術(あれ)】漫画 おばあちゃんに習った呪術(あれ)なら〔渡辺祥智「銀の勇者 2」1999〕

【逆胴(あれ)】漫画 逆胴を竹刀で受けられたのは〔和月伸宏「武装錬金 3」2004〕

【止血(アレ)】漫画 止血がなければ熊は死んでいたよ〔藤崎聖人「WILD LIFE 2」2003〕

【生理(アレ)】漫画 えっ何？生理(アレ)？〔倉橋えりか「MAXラブリー！ 3」2003〕❖婉曲的な口頭表現だが、紙面では意味を明示する必要に応じたもの。

【卒業(あれ)】漫画 卒業(あれ)から3週間か…〔絵夢羅「Wジュリエット 14」2003〕

【追跡(あれ)】漫画 追跡(あれ)から一か月〔絵夢羅「道端の天使 1」2003〕

【暴言(あれ)】歌詞 暴言(あれ)は強がりだと〔ZARD「目覚めた朝は…」(坂井泉水)1996〕

【昨日(あれ)】漫画 昨日(あれ)以来全然〔絵夢羅「七色の神話」2002〕

その他 彼女(あれ) 古

関連 【あれ(指輪)】【あれ(日記)】【アレ(彩人)】漫画

あれい [亜鈴・唖鈴]「亜鈴」はダンベルの直訳「唖鈴」の書き換え。「白堊」は「白亜」とも。「亜」は、マリアのアに対する当て字や、人名で「亜美」など仮借にも多用され、「つぐ」という意味は捨象される。「唖然」は「あ然」「ア然」と交ぜ書きされ、「あっ」という口になっているとの俗解が生じている。

【唖鈴(あれい)】書籍〔紀田順一郎「日本語発掘図鑑」1995〕(伊沢修二)

アレキサンダー [Alexander] アレクサンドロス。

【亜歴山(アレキサンダー)】古 ❖安禄山をアレキサンダーという人名に比定する説も。

アレキサンドリア [Alexandria]

【亜歴撒的里亜(アレキサンドリア)】小説 亜歴撒的里亜学派の受容の問題〔平野啓一郎「日蝕」2002〕

あれの [荒れ野]

【曠野(あれの)】曲名 霧島昇「曠野(あれの)の花」(久保田宵二)1940

あれる [荒れる]

【兇猛(あれる)】古

アロエ [オランダ aloë]

【蘆薈(ロエ)】古 ❖音訳、ロカイ。

アロー [arrow]

【矢(アロー)】書籍 複数本の〈炎の矢(フレア・アロー)〉を放ったとしても〔中澤光博／ORG「入門！リナの魔法教室 スレイヤーズRPG」1996〕❖呪文。

小説 銀の矢(シルバー・アロー)〔松岡佑子訳「ハリー・ポッターとアズカバンの囚人」2001〕

【弓矢(アロー)】歌詞 凛と白く最期の弓矢(アロー)〔Sound Horizon「恋人を射ち落とした日」(REVO)2002〕

あわ [泡]

【泡沫(あわ)】歌詞 泡沫(あわ)のようにすべてが消えた〔桑田佳祐「ROCK AND ROLL HERO」2002〕

【泡(あわ)】誤字 濡れ手に粟：濡れ手に泡が、WEBで43％：57％〔Rudyard「バカにみえる日本語」2005〕❖語句の意の俗解が広まった結果。

アワー [hour]

*【h(アワーズ)】新聞 京都にオープンした「9h」(ナインアワーズ)である。〔「読売新聞」2010年2月25日〕❖→じかん(h)

あわあわしい [淡淡しい]

関連 【淡々しき(軽率なる)】小説 大きな声を出すなんて淡々しき(軽率な)ことでしょう〔藤原眞莉「華くらべ風まどい－清少納言梛子」2003〕

あわせ［袷］
【合わせ】(書籍) 鷗外風の書き方を徹底させれば、「袷」は「合わせ」になってしまい、どうもどこまでは実行しかねる。〔谷崎潤一郎「文章読本」1934〕

あわせる［合わせる］
【合奏わせる】(歌詞) 隣りあって合奏わせることなんて〔加地葵「Tip-Top Shape」(石川絵里)2008〕

あわてる［慌てる］「慌てる」は白話由来の表記とされる。
【周章てる】(古) 客が周章て〔尾佐竹猛「掏摸物語」1909(集)〕
(小説) 船長室に無電係が周章て、かけ込んできた。〔小林多喜二「蟹工船」1929〕
【狼狽てる】(小説) 狼狽てたのである〔円地文子「妖」1957〕❖辞書にもある。
その他 **惶てる・倉皇・周章**(古)／**周章狼狽**(古)

あわび［鮑］
【鰒】(民間)〔奈良市内のおすし屋の湯のみ 1975〕
(目)❖磯のアワビの片思いから。鮑、蚫にアワビの字義が生じたのは中国か朝鮮か日本か、なお微妙である。
その他 **石決明**(古)

あわや
【咄嗟】(小説)／**【吐嗟】**(古)

あわゆき
【淡雪】(古) 淡雪・泡雪(沫雪)❖平安時代から混同。

あわれ［哀れ・憐れ］
【憫然】【可哀】【可憫】(古)❖尾崎紅葉はこれらの表記を多用。
【憐烟】(歌誌)〔「短歌」1994年12月〕
その他 **花**(古)

あわれみ［哀れみ・憐れみ］
【憐憫】(古)

あんあん
【乙女ちっく】(書名) 越沼初美「ボクの乙女ちっく殺人事件」1985

アンカー［anchor］
【最終走者】(漫画) 伝言リレーの最終走者が〔さとうふみや「金田一少年の事件簿 13」(金成陽三郎)1995〕

あんぎゃ［行脚］唐宋音。
【行脚】(誤読) 供米行脚 キョウマイギョウキャク 速記者の苦労は絶えなかった〔紀田順一郎「日本語発掘図鑑」1995〕

アングラ［←アンダーグラウンド］
【黯暗】(小説) 黯暗小路〔柳瀬尚紀訳「フィネガンズ・ウェイク ⅢⅣ」1993〕

アングル［angle］
【観点】(小説) 観点が下がると〔京極夏彦「百器徒然袋 雨」1999〕
【角度】(漫画) 何だあの超角度ショット!!〔許斐剛「テニスの王子様 4」2000〕
【視覚】(新聞) ウィット・視覚・対句〔「図書新聞」2003年9月20日〕

アンケート［フランス enquête］
【人気投票】(漫画) 文化祭の人気投票〔山田南平「紅茶王子 1」1997〕

アンゲリア［ラテン Anglia］ イギリスの日本での古称。
【諳厄利亜】(古)❖書名などに。

あんこ［餡こ］
【情夫】(書籍) 情夫にされかかったうえ〔浅田次郎「極道放浪記 2」1995(集)〕

あんこう［鮟鱇］「鮟」は国訓。「鱇」は国字。
【華臍魚】(古)

アンコール［encore］
【次の人生】(歌詞) 次の人生なんて待っていられない〔林原めぐみ「Just be conscious」1996〕

あんこく［暗黒］

【闇黒（あんこく）】小説 静かな闇黒（あんこく）の中で〔清涼院流水「カーニバル 二輪の草」2003〕◆闇と暗は、古来通用した。

アンゴルモア［フランス Angolmois］
【恐怖の大王（アンゴルモア）】漫画 恐怖の大王（アンゴルモア）の復活〔由貴香織里「天使禁猟区 1」1995〕

あんころ［餡ころ］
【餡転（あんころ）】古〔1917 隠〕

あんざんがん
【安山岩（あんざんがん）】古 ◆アンデサイトに由来。「安」はアンデス山脈のアンの音訳。なお、「アンデスメロン」は、「安心です」からの命名。

アンシャンレジーム［フランス ancien régime］
【旧世代（アンシャンレジーム）】パンフ さよなら旧世代（アンシャンレジーム）〔日本大学法学部 第25回法桜祭〕

アンジュ［フランス ange］ 天使。
【天使（アンジュ）】漫画『天使（アンジュ）』へのリクエストハガキよっ〔種村有菜「満月をさがして 1」2002〕

あんじる［案じる］
【安じる（あん）】誤字 我々の身を安じて下さった諸先生方〔高校新聞 1954 目〕

あんず［杏子・杏］
【唖爾子（あんず）】漫画〔秋本治「こちら葛飾区亀有公園前派出所 126」2001〕◆命名案として。

あんぜんなみち［安全な道］
【横断歩道（アンゼンナミチ）】歌詞 横断歩道（アンゼンナミチ）を歩くより〔19「テーマソング(ボクらの)」(ナカムラミツル)2002〕

アンソロジー［anthology］
【私花集（アンソロジー）】アルバム名 さだまさし「私花集（アンソロジー）」1978
【撰集（アンソロジー）】小説 推理（ミステリ）小説の撰集（アンソロジー）を貸してくれた〔清涼院流水「カーニバル 二輪の草」2003〕

あんた
【兄さん（あんた）】漫画 兄さん（あんた）じゃ役に立たん〔「ペルソナ2罰 4コマギャグバトル ポジティブシンキング編」2000〕
【犯人（あんた）】漫画 犯人（あんた）のシナリオではね・・・・!!〔さとうふみや「金田一少年の事件簿 4」(金成陽三郎)1993〕◆他所に「真犯人（アンタ）」もある。
【占い師（あんた）】漫画 占い師（あんた）をばかにしてるわけじゃなくて〔冴凪亮「よろず屋東海道本舗 4」2000〕
【研修医（あんた）】漫画 研修医（あんた）しかいねェんだ〔「週刊少年サンデー」2004年48号(WILD LIFE)〕
その他 卿（あんた）古／侠一（あんた）・龍之介（あんた）・夏美（あんた）・安長さん（あんた）・小川（アンタ）漫画

アンダー［under］
【U（アンダー）】新聞 日本U（アンダー）-23〔「中日スポーツ」〕
漫画 UB（アンダーバスト）もはかっておきましたので〔中条比紗也「花ざかりの君たちへ 11」2000〕

アンダーグラウンド［underground］
【地下室（アンダーグラウンド）】歌詞 狸穴地下室（アンダーグラウンド）〔サザンオールスターズ「愛と欲望の日々」(桑田佳祐)2004〕

アンチ［anti］
【反（アンチ）】小説 反（アンチ）キリストから破壊神まで〔清涼院流水「カーニバル 二輪の草」2003〕
漫画 反行儀（アンチマナー）〔尾田栄一郎「ONE PIECE 19」2001〕
新聞「反演劇（アンチテアトル）」の嵐〔「読売新聞」2010年4月13日(山崎正和)〕
【抗（アンチ）】書名 八木高人「抗高齢化（アンチエイジング）の秘策は鹿にあった!」2008
広告 抗（アンチ）ウイルスペン付〔「読売新聞 夕刊」2010年5月7日〕

アンチック［フランス antique］
【安値垢（アンチック）】字遊〔樺島忠夫「事典日本の文字」1985(川崎洋)〕

あんちゃん
【兄ちゃん（あん）】書籍 兄（あん）ちゃんのへやに入る〔田中雅美「クラスメイトに御用心」1989 俗〕
漫画 兄（あん）ちゃんは寒くないの?〔「週刊少年ジャンプ」2004年5月24日(兄弟仁義)〕

アンティーク［フランス antique］
【骨董(アンティーク)】 新聞 渋谷骨董(アンティーク)バザール〔「読売新聞 夕刊」2009年1月30日〕
その他 **骨董品(アンティーク)** 漫画

アンデス［Andes］→あんざんがん
【安的斯(アンデス)】 辞書

アンデッド［undead］
【不死の(アンデット)】 漫画 偉大なる不死の匣(グレイト・アンデット・ボックス)〔久保帯人「ZOMBIEPOWDER. 3」2000〕
その他 **動く死体(アンデッド)** 小説

アンド［and］
【&(アンド)】 新聞「キス&クライ」とは誰の命名だろう。〔「読売新聞」2010年2月27日〕❖&はアンパサンドと呼ばれ、etの合字。
【&(アンド)】 民間 ❖手書きで見られる。「s」の筆記体で、あたかも鏡文字のよう。
【&(アンド)】 広告 ダイエット&美容術〔「読売新聞」2010年2月16日〕❖目立たせるため。

あんどうなつ
【安藤奈津(あんどうなつ)】 人名 ❖アンドーナツと一緒の発音になると気づかずに命名されたという女性がテレビに出ていた。漫画の登場人物名にも。

アントシアニン［anthocyanin］
【青紫色(アントシアニン)】 広告 青紫色(アントシアニン)の健康パワー〔「読売新聞」2009年1月20日〕

アンドレイ［Andre］アンドレ。
【安藤(あんどう)】 人名 1889年の翻訳小説で、原音に近き人名に変えた。〔惣郷正明「辞書漫歩」1987〕

アンドロギュノス［ギリシャ androgynous］
【両性具有者(アンドロギュノス)】 小説 両性具有者(アンドロギュノス)の捕縛を予んだ。〔平野啓一郎「日蝕」2002〕

あんな
【那麼(あんな)】 古 ❖中国語からの表記。
【耳飾りの(あんな)】 漫画 耳飾り(あんな)の話本気で信じちゃってる…〔渡辺祥智「銀の勇者 1」1998〕
その他 **彼様・那様(あんな)** 古
*__【検死(あんなこと)】__ 漫画 私、もう検死(あんなこと)やりたくありません〔青山剛昌「名探偵コナン 7」1995〕
その他 **金田一(あんな男)・新米(あんなヤツら)・サーカス(あんなトコ)** 漫画

あんない［案内］
【引導(あんない)】【東道(あんない)】 古

アンニュイ［フランス ennui］
【倦怠(アンニュイ)】【惓怠(アンニュイ)】 古

アンヌ［Anne］
【杏奴(あんぬ)】 人名 小堀杏奴(こぼりあんぬ)❖森鷗外の次女。

アンノウン［unknown］
【不明(アンノウン)】 漫画〔「週刊少年ジャンプ」2005年1号(D. Gray-man)〕
【識別不明機(アンノウン)】 小説 こっちでも識別不明機(アンノウン)が〔大石英司「神はサイコロを振らない」2005〕

アンバー［amber］
【琥珀(アンバー)】 漫画 翡翠・琥珀(アンバー)・瑪瑙の3体を〔由貴香織里「天使禁猟区 1」1995〕

あんばい［塩梅・按排・按配・案配］
【塩梅(あんばい)】 書籍〔井上ひさし「ニホン語日記」1996〕

アンパイヤ［umpire］アンパイア。
【審判者(アンパイヤ)】 詩 太宰治が16歳の時に書いたとみられる原稿に「老審判者(アンパイヤ)」〔「読売新聞 夕刊」2009年6月19日〕

あんぱん
【ampm(アンパン)】 店名〔俗〕❖ローマ字読みのようにしたもの。

アンフェア［unfair］
【不公平(アンフェア)】 小説 思えば、不公平(アンフェア)な戦いだな〔清涼院流水「カーニバル 一輪の花」2003〕
【卑怯(アンフェア)】 小説 心理描写があるのは卑怯(アンフェア)だ〔清涼院流水「カーニバル 一輪の花」2003〕

あんぽんたん
【安本丹(あんぽんたん)】 古 ❖薬のように表記。
その他 **阿房(あんぽんたん)** 古

アンモニア［ammonia］
【安母尼亜(アンモニア)】 古 ❖硫安は硫酸アンモニウム。
その他 **暗母尼亜(アンモニア)** 辞書

あんよ 幼児語。

【足】書名 山口隼人「みゅうの足 パパにあげる」2006

アンラッキー [unlucky]

【不運】漫画 おめーの不運はそのうちとてつもない幸運になって〈猫十字社「小さなお茶会」2000〉

【不幸の】漫画 名にしおう不幸の鳥〈猫十字社「小さなお茶会」2000〉

い

い [井]

【丼】誤植 玉井(姓)が玉丼に。〈WEB〉❖自動読み取りの結果であろう。

【囲】誤字 生徒が「囲の中のかわず大海を知らず」〈山本昌弘「漢字遊び」1985〉

いい

【眠】歌詞 眠も寝らめやも〈サザンオールスターズ「CRY 哀 CRY」(桑田佳祐)1998〉

【良い】書籍〈織田正吉「ことば遊びコレクション」1986〉

漫画 良かったなあ〈高橋留美子「めぞん一刻 15」1987〉

歌詞 腕組んで良い?(笑)〈松浦亜弥「ね〜え?」(つんく)2003〉

【佳い】小説 千の鈴を振るような、佳い声で。〈「読売新聞」2009年3月31日〉

【美い】漫画 美い女だな〈井上雄彦「バガボンド 8」2000〉

【先取】歌詞 みんなと違う先取服を〈大黒摩季「永遠の夢に向かって」1994〉

【E】広告 ママの新クリーム/お化粧下にE!/栄養にE!〈「毎日新聞」1967 ㊐〉

書籍 E気分〈嵐山光三郎「ABC文体 鼻毛のミツアミ」1982〉❖沖田浩之のデビュー曲は「E気持」(1981)。ABCなどにも意味づけがなされていた。当時、「いい」を「E」と書くことがすでに流行っていた。人名にE子が実在したという。

【11】雑誌 1126〈「旅」1994年1月〉❖「4126」で「よいふろ」はテレビCMで有名になった。

広告 みちのくの11大さくらめぐり〈「読売新聞」2010年3月14日〉

誤読 鎌倉幕府が設立されたのはいつ? 正しい答え→1192年 珍回答→4192年「いいくに」を「よいくに」で覚えてたらしい〈WEB〉

その他 能・宜・可い・好い・善い 古

*【美男】広告 あの〝美男〟キャラたちが小説で魅せる〈「non・no」2007年12月20日(JUMP jBOOKS)〉

*【掘り出し物】漫画 掘り出し物いるかもよ〈高橋留美子「めぞん一刻 15」1987〉

*【本日極上々大吉】WEB 本日極上々大吉(けふハとくべつい、ひだぜ)❖江戸時代の吉原細見などで「大極上々吉」など。「吉」を籠字にし、また途中まで書くものなど、細かな評価が示された。

いいぐさ [言い種]

【言草】辞書

いいくさる [言い腐る]

【言臭る】古 言臭つた〈1902 俗〉

イーグル [eagle]

【鷹】漫画 〝鷲の目〟を持つと言う〈大暮維人「エア・ギア 4」2003〉

小説『鷹』どころか『熊』じゃねえかよ〈西尾維新「零崎双識の人間試験」2004〉

イージーペイメント [easy payment]

【月賦】論文〈大石初太郎「振り仮名」(「国語学大辞典」1980)〉

イースター [Easter]

【復活祭】古 復活祭のパレード〈「音楽文化新聞」1943〉

イーストブルー [east blue]

【東の海(イーストブルー)】漫画 結成は〝東の海(イーストブルー)〟〔「週刊少年ジャンプ」2004年7月8日（ONE PIECE）〕

イーターナル [eternal]「エターナル」とも。

【永久の(イターナル)】古「永久の三角関係(イーターナル・トライアングル)」と名づけています。〔「婦人公論」1920年9月（本真久雄）〕

いいつけ [言い付け]

【命令(いいつけ)】小説〔茅田砂胡「舞闘会の華麗なる終演―暁の天使たち 外伝1」2004〕

いいつける [言い付ける]

【吩咐ける(いいつ)】古〔島崎藤村「千曲川のスケッチ」1912〕❖中国式の表記法による。

その他 委任(いいつけ)らるる 古

いいとこ

【精肉(いいとこ)】古

いいなずけ [許婚・許嫁]

【許嫁(いいなずけ)】映画 ❖清水俊二は字数の制約のため、字幕で用いるという。

誤読 フィアンセ ばかよめ ゆるしづまかみさん〔斎賀秀夫「漢字と遊ぶ」1978〕

いいひと [好い人]

【情人(いいひと)】【好い情人(いひと)】古

いいぶん [言い分]

【証言(言い分)】漫画 北浜にはオレの証言(言い分)〔中条比紗也「花ざかりの君たちへ 9」1999〕

イーブン [even]

【互角(イーヴン)】漫画 互角(イーヴン)でなきゃ〔峰倉かずや「最遊記 1」1997〕

いいわけ [言い訳]

【言訳(いいわけ)】政策〔内閣告示「現代かなづかい」1946〕

【戯言(いいわけ)】小説 下らない戯言(いいわけ)なんて〔西尾維新「ダブルダウン勘繰郎」2003〕

【善い理由(イイワケ)】歌詞 善い理由(イイワケ)なんて捨ててしまえば〔19「テーマソング（ボクらの）」（ナカムラミツル）2002〕

【弁解(いいわけ)】漫画 その弁解(いいわけ)が通ると思うのか〔渡辺多恵子「風光る 13」2003〕

歌詞 うまく弁解(いいわけ)もできそうにない〔ZARD「今日も」（坂井泉水）1996〕❖「言い分(ぶん)」もいいわけと読めなくない。

その他 言分(いいわけ)・云訳(いいわけ) 古

いいんかい

【委員会(いいんかい)】番組名 読売テレビ「たかじんのそこまで言って委員会」❖関西方言によるしゃれ。

いう [言う] →ゆう（言う）

【道う(い)】古 道(い)う休(なか)れ 森鷗外の漢詩〔陳生保「中国と日本―言葉・文学・文化」2005〕

【云う(い)】❖「言」の略字として「云」が認識されることがある。手書きの原稿で「ム（ござ）る」と見間違えられたという話もある。

歌詞 云えぬ思いを〔岡晴夫「男の涙」（高橋掬太郎）1949〕／みんなは悪い人だと云(い)うが〔松尾和子「再会」（佐伯孝夫）1960〕／大好きですと云えるのです〔アグネス・チャン「愛の迷い子」（安井かずみ）1974〕／思い出に酔うひまもなく 心から好きよと云えた〔高田みづえ「私はピアノ」（桑田佳祐）1980〕

曲名 園まり「何も云わないで」（安井かずみ）1964

【告う(い)】漫画 告(い)ってくれるの〔小花美穂「Honey Bitter 3」2005〕❖若年層では告白することを「告(コク)る」と略す。

【告白る(いえ)】歌詞 きっと今夜ならアノ人に告白(いえ)そうな気がしたのに…〔ヴィドール「一人斬りのクリ××ス」（ジュイ）2003〕

*【鰯て(いわし)】古 鰯(いわし)て置けば 浄瑠璃『義経千本桜』〔織田正吉「ことば遊びコレクション」1986〕

その他 曰(い)ける 聖書

いう [結う]

【結(い)】古 お結(いひ)だヱ

いえ [家]

【宿(いえ)】書籍〔神坂次郎「元禄御畳奉行の日記」1984〕

【実家(いえ)】漫画 実家(いえ)の方も誰も出ねーなぁ〔大

井昌和「ひまわり幼稚園物語あいこでしょ！2」2002〉

【部屋(いえ)】漫画 新しい部屋(いえ)みつけろよな！〈麻宮騎亜「サイレントメビウス 1」1989〉

【住(いえ)】貼紙「頑張(や)るしかない。でも住(いえ)がない！」そんなあなたを応援します。〈東京都杉並区内 2010年5月4日〉

その他 第(いえ)・宅(いえ)・大厦(いえ)・貸座敷(いえ) 古

イエー [yeah]

【死にやがれ(イエー)】小説〈西尾維新「ダブルダウン勘繰郎」2003〉

イエス [ギリシャ Iesous]

【耶蘇(イエス)】小説 主なる耶蘇(イエス)と聖母マリア〈平野啓一郎「日蝕」2002〉❖読みは「ヤソ」とも。

【Jesus(イエス)】歌詞〈GARNET CROW「逃れの町(AZUKI 七)」2003〉

いえばと [家鳩]

【鴿(いえはと)】雑誌〈「小説新潮」1994年5月〉

いえもん

【伊右衛門(いえもん)】商品名 ペットボトル飲料。❖「右衛門」の「右」は読まないが、江戸時代辺りでは人名では「えむ」まで短縮されることがあった。

イエロー [yellow]

【黄色い(イエロー)】小説 黄色い猿(イエロー・モンキー) イエモンは、その名前を、チャイナ文字のカンジで書いてやがりました〈清涼院流水「カーニバル 二輪の草」2003〉

いお [魚] 秋田県にかほ市金浦地域の伝統行事に「掛魚(かけよ)まつり」がある。

【魚(いお)】書名 千早茜「魚神(いおがみ)」2009

新聞 一人芝居「天の魚(いを)」〈「読売新聞」2010年3月14日〉❖当用漢字では訓は当初、「うお」しか認められておらず、「さかな」も表外訓だった。

いか [烏賊]

【乙女(イカ)】文集 乙女(イカ)たちが大量発生。〈静岡県立沼津西高等学校「潮音」37号 1990〉❖制服の形がイカを思わせるものだったとのこと。

いか [易化]

【易化(えきか)】誤読「難化・易化」の「易化」、「難易度(なんいど)の易(い)」だから「いか」と読むはずだけど、某進学塾の先生が「えきか」「えきか」と読んでいる。〈WEB〉❖大学内でも揺れあり。

いかくよう [威嚇用]

【烏賊供養(いかくよう)】誤変換 ❖ほかにも、「電車なら間に合いそう」が「電車ならマニア移送」、「届け物で～す！」が「トド獣で～す！」など。

いかさま

【如何様(いかさま)】新聞 漢字で書けば「如何様」。(中略)如何なる様(様子、姿)かと、不審に思う意味から〈「読売新聞」2010年3月10日(日本語・日めくり)〉

その他 雀技外雀技(いかさま) WEB

いかす [生かす]

【活かす(いかす)】広報 東京の強みを活(い)かしつつ、〈「広報東京都」2010年3月1日〉

いかずち [雷]

【雷霆(いかずち)】書籍〈大久保博訳「完訳 ギリシア・ローマ神話」1970〉

小説 神の雷霆(いかづち)に撃たれた〈平野啓一郎「日蝕」2002〉

【降雷電(イカズチ)】漫画 降雷電(イカズチ)を!!まずい!!〈麻宮騎亜「サイレントメビウス 1」1989〉❖竜の技。

いかでか [如何でか]

【争(いかでか)】書籍 争 知 去 路 遙(いかでかしらんきよろのはるかなるを)〈岡田寿彦 2003〉

❖おみくじの文言。

いかなご [玉筋魚]

【鮊子(いかなご)】俳句 ❖鮊は各地でさまざまな読みがある〈篠崎晃雄「実用難読奇姓辞典増補新版」1986〉。「難字訓」には「かすべ」。さまざまな読みがなされた。

いかに [如何に]

【怎麼に(いか)】古

いかのぼり〔凧・紙鳶〕たこ。

【几巾(いかのぼり)】古 ❖凧を2字に分けたものか。

いかもの〔如何物〕

【偽物(いかもの)】【贋画(いかもの)】古【厳物食い(いかものぐい)】古

いかよう〔如何様〕

【何様(いかよう)】古

いかり〔怒り〕

【激情(いかり)】歌詞 ざわめくほどにないでく激情(いかり)〔不二周助「My Time」(甲斐田ゆき)2003〕

【憎悪(いかり)】歌詞 千もの秋を憎悪(いかり)に養い〔子安武人「独妙風」(李醒獅)2002〕

【憤怒(いかり)】辞書〔伊坂淳一「振り仮名」(「日本語学キーワード事典」1997)〕

【怒】広告 調教師から怒説教現場撮った〔「読売新聞」2009年6月23日(FLASH)〕

その他 憤(いかり)古

いかり〔錨・碇〕

【重石(いかり)】古

いかん

【不可(いかん)】書籍 今這入たら不可(いかん)ぞ。〔「月刊言語」2008年10月(明治期大阪落語速記本・迷いの染色)〕

【不可ん(いかん)】小説 見送らな不可(いか)んな〔有吉佐和子「地唄」1956〕

【如何(いかん)】誤変換 小説 遅れ茶如何と思って〔清水義範「ワープロ爺さん」1988〕

いかんべつ

【咾別(いかんべつ)】地名 ❖咾は「咾(老)麺」として使われるほか、日本では「うば」(姥から。小地名に)、「おとな」(佐賀の地名に)にも使われる。

いき〔生き〕→いきいき・いけじめ

【活(イキ)】漫画 活(イキ)がいいのが一番って〔青山剛昌「名探偵コナン 45」2004〕

いき〔息〕→いきづく

【呼吸(いき)】小説〔松本清張「砂の器」1961〕／二人の呼吸(いき)は〔静霞薫「るろうに剣心 巻之一」(和月伸宏)1996〕／突然、呼吸(いき)が詰まる〔藤原眞莉「華くらべ風まどい―清少納言梛子」2003〕／呼吸(いき)を整えた。お旱(ひでり)さん〔「読売新聞」2009年3月13日〕

歌詞 呼吸(いき)をすれば 胸の中〔谷村新司「昴」1980〕／あなたの夢で呼吸(いき)をしていたい〔菊池桃子「アイドルを探せ」(売野雅勇)1987〕／あらゆる毒がその呼吸(いき)を〔鬼束ちひろ「BORDERLINE」2002〕／ここで呼吸(いき)をする〔いきものがかり「ハジマリノウタ～遠い空澄んで～」(山下穂尊)2009〕

詩 お互いの呼吸(いき)が合う〔相田みつを「一生感動・一生青春」1990〕

漫画 見てみろ呼吸(いき)してる〔天城小百合「蛍火幻想」1996〕／〔山田貴敏「Dr.コトー診療所 15」2004〕

【生命(いき)】歌詞 生命(いき)を吹き込むでしょう〔GARNET CROW「Timeless Sleep」(AZUKI七)2001〕

その他 呼息(いき)古

いき〔粋〕意気から。

【勇気(いき)】新聞 勇気(いき)出じゃち〔「読売新聞」2008年10月31日〕❖奄美大島の島言葉の漢字表記。「ゆうき」に対応か。日本語の方言と位置付けられている。

その他 異気(いき)・意(いき)・瀟洒(いき)古

*【男女好(いきちょん)】古 ❖髪型。

いぎ〔異義〕

【意義(いぎ)】誤変換 かな漢字変換プログラムの新製品発表で「日本語の同音意義語を正しく変換します」〔Rudyard「バカにみえる日本語」2005〕

いきいき〔生き生き〕

【活き活き(いいき)】新聞 烈(はげ)しく愛した人の顔が活(い)き活きと甦(よみがえ)る。〔「読売新聞」2009年6月21日〕

❖生き生きよりも活き活きを用いるなど、使い分けが生じつつある。

いきおい〔勢い〕

【陽勢(いきおい)】【勢力(いきおい)】 古

いきがい〔生き甲斐〕

【夢(いきがい)】 漫画 でっかい「夢(いきがい)」までも与えてくれたんだ〔武井宏之「シャーマンキング 1」1998〕

いきかた〔生き方〕

【エチカ(生き方)】 TV 生き方(エチカ) エチカ(生き方)〔2009年9月（テロップ）〕

いきさつ

【経緯(いきさつ)】 書籍 母はそんな経緯(いきさつ)を〔山口百恵「蒼い時」1980〕／経緯(いきさつ)を説明するには〔池田雅之「ラフカディオ・ハーンの日本」2009〕

小説 これまでの経緯(いきさつ)は〔清涼院流水「カーニバル 二輪の草」2003〕／経緯(いきさつ)を語ろうとする〔「読売新聞」2009年2月21日〕

いきざま〔生き様〕

【生態(いきざま)】 連載名 さらりーまん 生態学(いきざまがく)〔「日経新聞」2009年9月16日〕❖～ざまは、マイナスの語感が漂うと指摘されることがある。

いきじ〔意気地〕

【誧(いきじ)】 演目「誧競艶仲町(いきじくらべはでななかちょう)」を上演〔「読売新聞 夕刊」2009年1月5日〕

いきすだま〔生魑魅〕

【生霊(いきすだま)】 小説 ならばあれは彼女の生霊(いきすだま)〔藤原眞莉「華くらべ風まどい－清少納言梛子」2003〕

いぎたない〔寝穢い・寝汚い〕

【居汚い(いぎたな)】 雑誌 この男は居汚い寝相で〔文芸総合雑誌 1954 目〕❖語源意識によるか。

いきづく〔息衝く〕

【呼吸づく(いき)】 詩 手のうへの種はいとほしげにも呼吸(いき)づけり。〔萩原朔太郎「掌上の種」1917〕

***【息を突く(いき)(つ)】** 歌詞 深く息を突き ポーズする〔加藤和彦「真夜中のバレリーナ」（安井かずみ）1984〕❖「息を吐(つ)く」も。

いきなり

【突然(いきなり)】【突如(いきなり)】 古

いきぬく〔生き抜く〕

【生き貫く(い)(ぬ)】 広告 激動の昭和を生き貫いた反骨の俳人〔「読売新聞」2009年12月31日〕

いきもの〔生き物〕

【生物(いきもの)】 漫画 他の生物(いきもの)も支配できるのさ〔山田南平「紅茶王子 7」1999〕／人間って生物(いきもの)は〔小畑健「DEATH NOTE 5」（大場つぐみ）2005〕❖「セイブツ」と区別。学生に「言葉はなまもの」と書く例がときどきある。送り仮名がない使用例を見て、混同したのだろうか。「なまもの」でも通じる点はありそうだ。→なまもの

【動物(いきもの)】 広告 人間とは如何なる動物(いきもの)か。人生とは如何なる所業(ふるまい)か。〔「読売新聞」2009年4月1日〕

【人間(いきもの)】 歌詞 別の人間(いきもの)だから〔GARNET CROW「Mysterious Eyes」(AZUKI 七) 2000〕

イギリス〔ポルトガル Inglez〕→アンゲリア

【英吉利(イギリス)】 古 ❖インという音は、英の中国語音と近い。

【英国(イギリス)】 古（明治初期に）この英の字すぐれたるというにはあらず。戎語（えびすのことば）に漢字を借りたるのみ。まどうべからず。〔惣郷正明「辞書漫歩」1987〕❖美（アメリカ）についても同様のことを語る人あり。戦中は「犭」を加える向きも。

漫画 英国(イギリス)からわざわざ〔松川祐里子「魔術師 1」1995〕／英国人(イギリス)よ〔日渡早紀「未来のうてな 1」1995〕／英国(イギリス)の犯罪心理学の権威〔さとうふみや「金田一少年の事件簿 16」（金成陽三郎）1996〕

【島国(いぎりす)】 漫画〔たなかかなこ「ソロモンアイズ」2006〕

関連 **【イギリス(自由主義国)】** 漫画 イギリス(自由主義国)だからできるのだ〔松川祐里子「魔術師 2」1996〕

いきりたつ

【熱り立つ(いき)(た)】 小説 烈火の如く熱(いき)り立(た)ち〔平野啓一郎「日蝕」2002〕

いきる［生きる］

【活きる】(広告) まちと生きる、町が活きる。〔「読売新聞」2010年2月24日〕

【呼吸る】(広告)〔「読売新聞」2009年5月19日〕

【生きる】(小説) 死ぬ思いばしないと、生きられないなんてな。〔小林多喜二「蟹工船」1929〕

【イキロ】(WEB)「生きろ」の意。「鬱だ氏のう」へのレスとして使われることが多い。励まし言葉。〔2典Plus〕

【字】(人名)「刀(フネ)」「字(イク)」は転義。受理しない。〔民事局長回答1961〕❖「淳(キヨシ)」「登(ミノル)」「徳(ナル)」(「論語」にあり)は受理。辞書に「生也(うむ)」はあり。1975年の民事局長通達3742号でも、音、訓、字義と全く関連をもたない傍訓は受理すべきでないとしていたが、現在では戸籍に振り仮名は付さないことになっている。

いく［行く］

【嫁く】(歌詞) どこへも誰にも 嫁かないと〔梶光夫「青春の城下町」(西沢爽)1964〕

【去く】(歌詞) どこへ去ったか 細い影〔石原裕次郎「北の旅人」(山口洋子)1987〕／去かないで あの夏は夢〔サザンオールスターズ「あなただけを～Summer Heartbreak～」(桑田佳祐)2000〕

(アルバム名) 中島みゆき「みんな去ってしまった」1976

【達く】(歌詞) 今宵2人何処までも達こう〔相川七瀬「Sweet Emotion」1997〕

【生(行)く】(歌詞) 何を見て生(行)くだろう〔19「あの青をこえて」(326)1999〕❖「生きる」の文語とかけたか。

【航く】(広告) スーパースター・ヴァーゴで航くはじめての豪華客船〔「読売新聞」2008年10月22日〕／洋上の楽園ぱしふぃっくびいなすで航く〔「読売新聞」2010年3月18日〕

【已く】(小説) 已(い)ったり己(き)たりしながらも巳(し)が別(わか)つまで〔柳瀬尚紀訳「フィネガンズ・ウェイクⅠⅡ」1991〕

*__【行ぐ】__(小説)「おい、地獄さ行ぐんだで!」〔小林多喜二「蟹工船」1929〕❖東北方言。

いく［逝く］改定常用漢字表(答申)追加訓。

【逝く】(歌詞) 俺より早く逝ってはいけない〔さだまさし「関白宣言」1979〕／家庭も仕事も投げ出し 逝った友人〔浜田省吾「J.BOY」1986〕

(雑誌) 逝った〔「with」1994年12月〕❖雅語的で「ゆく」だが、「ぽっくりいく」などと使う。

(WEB) 2chにおいては「行く」を「逝く」と表記する場合が多い。〔2典Plus〕❖「逝ってよし」などと使う。

【殺かせる】(歌詞) 殺かせて欲しい〔大黒摩季「STOP MOTION」1994〕

いくさ［戦］→いくさびと

【軍】(歌詞) 軍重ねる 鳥羽伏見〔三橋美智也「あゝ新撰組」(横井弘)1955〕❖駅名に「軍畑(いくさばた)」。

(書籍) 軍詞(いくさことば)〔杉本つとむ「近代日本語の成立と発展」1998〕

【戦争】(歌詞) 終わらない戦争の〔Janne Da Arc「－救世主 メシアー」(yasu)2001〕／戦争に赴く基地は安保られる〔桑田佳祐「どん底のブルース」2002〕

その他 師(いくさ)・兵(いくさ)(古)

いくさびと［軍人］

【戦人】(漫画) 戦人(いくさびと)も驚愕〔山野りんりん「はにーすぃーとティータイム 1」2002〕

【戦闘者】(広告) 破格の戦闘者(いくさびと)〔「読売新聞」2010年3月15日〕

いくじ［育児］

【育自】(もじり) 育児で育自……〔「読売新聞」2010年5月5日〕

イクスカーション［excursion］遊覧旅行。エクスカーション。

【小旅行(イクスカーション)】(曲名) 中森明菜「目をとじて小旅行(イクスカーション)」(篠塚満由美)1983

いくつ［幾つ］

【**何歳**（いくつ）】歌詞 何歳（いくつ）に見えても〔中森明菜「少女A」（売野雅勇）1982〕

漫画 あんた何歳（いくつ）？〔小花美穂「この手をはなさない 後編」1994〕／何歳（いくつ）に見えましたか〔かずはじめ「MIND ASSASSIN 1」1995〕

その他 幾歳（いくつ） 古

*【**何歳**（おいくつ）】小説 何歳（おいくつ）まで生きても〔清涼院流水「カーニバル 一輪の花」2003〕

関連【**いくつ**（何歳）】漫画 僕が今いくつ（何歳）か天馬に聞いてる？〔日高万里「ひつじの涙 4」2003〕

いくとしつき［幾年月］

【**幾星霜**（いくとしつき）】歌詞 幾星霜（いくとしつき）も輝く〔島谷ひとみ「月影のエデンへ」（小幡英之）2003〕❖明治時代から。

いくとせ［幾年］

【**幾年月**（いくとせ）】歌詞 共に歩いた幾年月（いくとせ）か〔みち乃く兄弟「みちのく渡り鳥」（原譲二）2005〕

いくら［幾ら］いくらを「幾ら」と記すことは日常では意外と少ない。

【**何程**（いくら）】【**幾何**（いくら）】【**幾許**（いくら）】古

いけ［池］

【**沼**（いけ）】古 ❖「色葉字類抄」など。

いけじめ［生け締め］

【**活〆**（いけじめ）】チラシ〔2008年10月29日〕❖「いきじめ」「カッじめ」などとも読まれている。飲食店などでは「活（け）魚」も好まれる。

いけず 関西方言で、意地の悪いさま。「行けず」から。

【**意地悪**（いけず）】小説 意地悪（いけず）をされている〔藤原眞莉「華くらべ風まどい―清少納言梛子」2003〕

いけすかない［いけ好かない］

【**生好かない**（いけすかない）】古

いげた［井桁］

【**井**（いげた）】辞書 符牒 四〔1955 隠〕❖画数によるか。シャープ（#）をいげたということあり。

いけない

【**不可ない**（いけない）】雑誌 バカぁいっちゃぁ不可（いけ）ませんや〔「宝石」1994年2月〕❖漱石は「不可（いけね）え」。

*【**天誅**（いけないぞ！）】漫画〔樋口橘「学園アリス 1」2003〕

いけにえ［生け贄・犠牲］

【**供犠**（いけにえ）】書籍〔大久保博訳「完訳 ギリシア・ローマ神話」1970〕

【**羊**（イケニエ）】漫画 残る「羊（イケニエ）」はあと2匹だが〔さとうふみや「金田一少年の事件簿 21」（金成陽三郎）1996〕❖「子羊（イケニエ）」も使っている。

【**贄**（いけにえ）】WEB ❖「聖贄（いけにえ）」なども。

いけばな［生け花・活け花］

【**挿花**（いけばな）】古 風流挿花会（ふうりゅういけばなかい）〔「読売新聞」2009年12月15日〕❖寛政頃の浮世絵の題名。

いけメン［行けメン］men に面をかけたもの〔俗〕。イケメンという語が現れ、男性の容貌に関する評価が以前より遠慮なく語られるようになったように思われる。『広辞苑』6版は「いけ面」。イケメン男とも。WEBで対義的に「逝け面」とも。「育（いく）メン」「乙男（おとメン）」の語もある。髭面（ひげづら）をヒゲメンと読んでしまった例も。

【**美男**（イケメン）】広告『美男〈イケメン〉ですね』特集〔「読売新聞 夕刊」2010年2月22日（韓国TVドラマガイド）〕

【**花美男**（イケメン）】書名「最新版韓国花美男（イケメン）カタログ ポストペ・ヨンジュンを探せ！」2004 ❖韓国語コッミナムから。

映画題名「花美男（イケメン）連続ボム事件」2008

【**キラ★男**（イケメン）】雑誌〔「CanCam」2004年1月〕❖キラ男（オ）とも。

【**池麺**（いけめん）】WEB 顔がいいバンドマンのこと。ギャル用語の「イケメン」と2chヴィジュ板用語でのバンドメンバー・バンドマンを指す「麺」の合成語。

その他 いけ男（めん）・美形（イケメン） WEB

いける［生ける・活ける］

【**存**（いける）】古

いける［埋ける］
【埋(い)ける】 歌詞 背戸(せど)の小藪(こやぶ)に埋(い)けましょか「かなりや」〔松岡正剛「日本流」2000〕

いける［行ける］
【飲(い)ける】 古 もう飲(い)けやせぬ〔1891～1892 俗〕❖漱石も「飲(い)けないんですか」と使う。

いけん［意見］
【異見(いけん)】 古 ❖中世・近世には「異見」と混同され、こう記された。

イコール［equal］
【＝(イコール)】 漫画 万葉(まんよう)の心(こころ)難しい＝(イコール)カッコイイ〔蛇蔵&海野凪子「日本人の知らない日本語2」2010〕

いこく［異国］
【外蕃(いこく)】 古

いこじ 「えこじ」からとも、「いきじ」からとも。
【意固地(いこじ)】 書籍〔井上ひさし「ニホン語日記」1996（群ようこ解説）〕
その他 **依怙地(いこじ)・意固持(いこじ)** 古

いこみき［已己巳己］ 互いに似ている物をたとえていう。
【已己巳己(いこみき)】 古 已己巳己(いこみき)のよふに廓の格子先 曲河〔「誹風柳多留」〕❖書名では「いこしき」と読む。

いさ 元は「いざ」と別。
【去来(いざ)】 雑誌 南北東西帰リナン去来(いざ)〔「問題小説」1994年1月〕❖『碧巌録』の一節。
その他 **不知(いさ)** 古

いさかい［諍い］
【言逆い(いさかい)】 小説〔夏目漱石「こころ」1914〕

いざかや［居酒屋］
【家座香屋(いざかや)】 店名 大阪北区 家座香屋(いざかや)6年4組梅田分校〔「読売新聞 夕刊」2008年10月10日〕

いさき いさぎ。
【伊佐木(いさき)】【伊佐幾(いさき)】【鶏魚(いさき)】 辞書 いずれも耳で聞いての当て字でしょう。〔「朝日新聞 夕刊」2008年5月27日〕

いさぎよい［潔い］
【屑(いさぎよし)】 古 ❖子の名に使おうとした例はこうした字義によるか。

いざこざ
【居座古座(いざこざ)】 店名〔斎賀秀夫「あて字の考現学」（「日本語学」1994年4月）〕❖クラブの名。
その他 **委細巨細(いざこざ)** 古／**紛糾(いざこざ)** 辞書

いざなみ
【伊弉冉(いざなみ)】 神名 ❖伊弉冉尊(イザナミノミコト)。2字めは「奘」の異体字。漢和辞典に載っていなかった。

イサベラ［Isabela］「イサベル」とも。
【依撒伯拉(イサベラ)】 古

いざよい
【十六夜(いざよい)】 古 ❖『十六夜日記』など。
【十六酔い(いざよい)】 曲名 ちあきなおみ「十六酔(いざよ)いフラッパー」（ちあき哲也）1990 ❖もじり。

いさらい しりの古語。
【尻(いさらい)】 歌誌 尻(いさらい)の小さくまろきが〔「短歌」1994年8月〕❖「臀」とも表記。

いさりび［漁り火］
【色去灯(いさりび)】 曲名 松山恵子「色去灯(いさりび)」（星野哲郎）2001

いし［石］
【宝石(いし)】 歌詞 そんな小さな宝石(いし)で〔KinKi Kids「硝子の少年」（松本隆）1997〕／光る宝石(いし)〔平井堅「メモリーズ」（平井堅・Masaru Suzuki）2004〕
【原石(いし)】 歌詞 まぶしい原石(いし)にかえてしまうの〔ポケットビスケッツ「My Diamond」（CHIAKI/ポケットビスケッツ）1999〕
【秘石(いし)】 歌詞 その秘石(いし)の行方は〔Sound Horizon「争いの系譜」（REVO）2007〕

いしあたま［石頭］
【刑事(イシアタマ)】 漫画 あの刑事(イシアタマ)じゃ解決できない〔さとうふみや「金田一少年の事件簿 12」（金成陽三郎）1995〕

いしいし もと女房詞。だんご。

【団子(いしいし)】 小説 〔樋口一葉「十三夜」1895〕

いしがあればみちはひらける

【There's a will, there's a way.(意志があれば道はひらける)】 文集 〔静岡県立沼津西高等学校「潮音」37号 1990〕◆訳文。

いしかけ いしがけ。石垣(いしがき)。

【石垣(いしかけ)】 古 ◆石懸・石崖とも。

いしき 〔居敷〕 座。尻。

【臀(いしき)】 俳句 臀(ゐしき)は〔「俳句」1994年11月〕

いしきがもどる 〔意識が戻る〕

【目が覚める(意識が戻る)】 漫画 目が覚めて(意識が戻って)みたら中・高・大すっ飛ばして〔日高万里「ひつじの涙 4」2003〕

いじける

【畏縮(いじ)ける】【萎縮(いじ)ける】 古

いしずえ 〔礎〕

【要石(いしずえ)】 新聞 平和の要石(いしずえ)に心柱(しんばしら)を建て〔「読売新聞 夕刊」2009年6月3日〕

いしだたみ 〔石畳〕

【甃路(いしだたみ)】 歌詞 坂の長崎 甃路(いしだたみ)〔由利あけみ「長崎物語」(梅木三郎)1939〕

【石甃(いしだたみ)】 歌詞 港長崎 石甃(いしだたみ)〔小畑実「長崎の街角で」(佐伯孝夫)1954〕

その他 甃(いしだたみ)・甃石(いしだたみ) 古

いじめる 〔苛める・虐める〕

【弄(いじ)める】【酷待(いじめ)る】【窘(いじ)める】【意地(いじ)める】 古

その他 意地目(いじめ) 古

いしゃ 〔医者〕

【獣医(いしゃ)】 漫画 獣医(いしゃ)たあ認めねェ〔藤崎聖人「WILD LIFE 1」2003〕

いしゅく 〔萎縮〕

【委縮(いしゅく)】 新聞 ◆いわゆる書き換え。「委」に、なえる意はある。古く「痿縮」とも。

いしょう 〔衣装〕

【衣裳(いしょう)】 歌詞 母の情けの 花嫁衣裳(いしょう)〔島倉千代子「涙のおしろい花」(西條八十)1956〕/花嫁衣裳(いしょう)〔かぐや姫「妹」(喜多条忠)1974〕/花嫁衣裳を 着るそれまでは〔森昌子「おかあさん」(神坂薫)1974〕◆戦後、60年経った今でも、この「旧表記」は小説、女性雑誌、貸衣装屋などで根強く残っている。

いじる 「いじくる」は明治期以後、「弄くる」「玩弄くる」。

【弄(いじ)る】 雑誌 チンボコ弄(イヂ)って〔「宝石」1994年7月〕

小説 試作品を弄(いじ)ったりしている彼に〔「読売新聞 夕刊」2009年8月17日〕

【意地(いじ)る】 古 ◆むずかる意。

いしんでんしん 〔以心伝心〕

【以心電信(いしんでんしん)】 曲名 ＹＭＯ「以心電信(YOU'VE GOT TO HELP YOURSELF)」(細野晴臣/ピーター・バラカン)1983◆もじり。/ORANGE RANGE「以心電信」2004◆携帯電話のＣＭ曲。

いす

【椅子(さきこ)】 誤読 よく文章にでてくる『長椅子』や『椅子』を『ながさき子』とか『さき子』と読んでいた。〔WEB〕

いず 〔出ず〕

【山上復有山(いで)】 古 ◆「万葉集」にある「出」の分字。中国から。

【出(いずる)】 人名 新村出(しんむらいずる)◆父が県令をした山口と山形から。重山と号す。

いずこ 〔何処〕

【何所(いずこ)】 古

イスト 〔ist〕

【人(イスト)】 新聞 全64店を制覇すると、「超(スーパー!)丼人(ドンブリスト)」、50店で「丼人(ドンブリスト)」、30店達成で「ドンブラー」に認定される。〔「読売新聞」2009年6月24日〕

イズム 〔ism〕

【主義(イズム)】 書名 小沢一郎「小沢主義(オザワイズム)」2006

イスラエル 〔Israel〕

【以色列(イスラエル)】 辞書 ◆中国語の表記。エルサレムは耶路撤冷。

いずれ［何れ］

【執れ】 誤植 漱石の「いづれ」を文選工が執れと〔山下浩「本文の生態学」1993〕

小説 執れ是非ともこの完本を〔平野啓一郎「日蝕」2002〕

いそうろう［居候］

【居候】 字幕 ❖映画では字数の制約のために字幕で用いられる（清水俊二）。当て字ではない。

【伊滄浪】 戯名 戯作者。〔矢野準「近世戯作のあて字」（「日本語学」1994 4月）〕

その他 食客 古

*【餖】【餬】 辞書 ❖『大漢和辞典』の字訓索引には、この種の字義の説明が混ざっている。

いそがしい［忙しい］

【急がしい】 古 ❖「誤用」とされることがある。和語の語源には沿った表記。『蟹工船』にあるなど、戦前にはしばしば見られた。

いそぐ［急ぐ］

【営】 古

いそしむ［勤しむ］

【励む】 書籍 励めば〔織田正吉「ことば遊びコレクション」1986〕

いたい［痛い］→つう（痛）

【痛つっ】 漫画 痛つっ〔菊地秀行「魔王伝3 魔性編」1996〕

【痛っ】 漫画 痛ったー〔本沢みなみ「また還る夏まで 東京ANGEL」1999〕／痛…っ!!!（「週刊少年ジャンプ」2004年10月11日（ONE PIECE））／痛っ!! ててて…〔青山剛昌「名探偵コナン 漆黒の追跡者(チェイサー)」2009〕

【痛】 TV 痛 苦〔2010年3月22日7時28分（テロップ）〕

【痛え】 漫画 痛えなぁ〔北条司「CITY HUNTER 1」1986〕／そりゃ痛てえだろーよ〔中条比紗也「花ざかりの君たちへ 2」1997〕／腕がちょっと痛えだけだ〔高橋留美子「犬夜叉 9」1999〕／ギャーッ痛えーっ!!!〔藤崎竜「封神演義 17」1999〕

小説 痛えよ〔菊地秀行「白夜サーガ 魔王星完結編」1996〕／痛ェッ(イテ)!〔清涼院流水「秘密室ボン」2002〕／それを言われると耳が痛ェ〔清涼院流水「カーニバル 一輪の花」2003〕❖漫画などで感動詞的な語として「痛（ツウ・ツ）!」が表記されることもある。

【痛て】 漫画 痛てっ〔日渡早紀「未来のうてな 1」1995〕／痛…〔山田南平「紅茶王子 5」1998〕／痛っ〔本仁戻「高速エンジェル・エンジン 1」2000〕／痛て〔大暮維人「エア・ギア 5」2004〕／痛ててて〔和月伸宏「武装錬金 3」2004〕

小説 ア痛(イテ)っ〔清涼院流水「秘密室ボン」2002〕

【痛って】 漫画 痛ってえー〔本沢みなみ「また還る夏まで 東京ANGEL」1999〕／っ痛ってて〔大暮維人「エア・ギア 3」2003〕／痛ッてェ〔山田南平「紅茶王子 25」2004〕

*【寂しいよ】 歌詞 やさしくされたら〝寂しいよ〟二人の距離感(バランス)…〔TWO-MIX「TRUST ME」（永野椎菜）1996〕

いたいけ

【幼気】 新聞 漢字で書けば「幼気」。幼い子どものかわいらしいしぐさや言動を指す。「痛い気」の意味〔「読売新聞」2010年3月9日（日本語・日めくり）〕

小説 幼気っこちゃん〔柳瀬尚紀訳「フィネガンズ・ウェイク ⅢⅣ」1993〕

いだきしめる

【抱緊める】 古 ❖男子人名に「希望」。

いたす［致す］「拉致される」が「ら致される」となると「（ら）いたされる」と読まれることも。

【執行】 古 執行まして〔三遊亭円朝「怪談牡丹灯籠」1892〕

【倒す】 誤字「家庭教師倒します」という張

り紙を見たことがありました。不当に居座る悪徳家庭教師を退治してくれるんでしょうか。〔WEB〕

いたずら

【徒】（いたずら） 小説 徒（いたずら）に〔「読売新聞」2009年6月24日〕

【無用】（いたずら） 古 無用（イタヅラ）ごと／いたづらに吹く（万葉集の）原文では『無用』と書きます。皇子が自らを用なき者とみなしたところが、この歌の魅力です〔「読売新聞」2009年5月27日（中西進）〕

【悪戯】（いたずら） 歌詞 時計の振子を止める悪戯はあなたの生き方を変えること〔大貫妙子「SIGNE（記号）」1983〕／運命の悪戯（いたずら）をたぐり寄せたら〔薬師丸ひろ子「紳士同盟」（阿木燿子）1986〕／愛に傷ついて悪戯に時を持て余し〔アルフィー「FAITH OF LOVE」（高見沢俊彦）1988〕

誤読 わるさ わるふざけ あこぎ〔斎賀秀夫「漢字と遊ぶ」1978〕

【遊戯】（いたずら） 歌詞 ただ遊戯に過ぎる時間が〔day after tomorrow「It's My Way」（misono・五十嵐充）2002〕／遊戯（いたずら）な時に委ねて〔水樹奈々「Dancing in the velvet moon」2008〕

【小悪魔】（イタズラ） 歌詞 ちょっと小悪魔（イタズラ）なフリできたらな〔水樹奈々「『好き！』」2006〕

その他 悪童（いたずらぼうず） WEB

いただき〔頂〕

【絶頂】（いただき） 詩 その絶頂（いただき）を光らしめ〔萩原朔太郎「榛名富士」1923〕

【山嶺】（いただき） 書名 夢枕獏「神々の山嶺（いただき）」2000

いただく〔頂く・戴く〕

【食事し】（いただき） 小説 食事（いただき）しましょう〔秋津透「魔獣戦士ルナ・ヴァルガー」1988〕

いたで〔痛手〕

【傷手】（いたで） 歌詞 恋の傷手（いたで）が 命とり〔三船浩「男のブルース」（藤間哲郎）1956〕

いたどり〔虎杖〕

【虎杖】（いたどり） 古 ❖『枕草子』に「文字に書きてことごとしき」（大げさな）ものとされる。

その他 疼取（いたどり） 書籍

いたぶる

【甚振る】（いたぶ） 小説 甚振（いたぶ）っているつもりなのか〔西尾維新「零崎双識の人間試験」2004〕

いたましい〔痛ましい・傷ましい〕

【可傷しい】（いたま） 古

いたみ〔痛み〕

【感傷】（いたみ） 漫画 感傷（いたみ）を愛に〔新條まゆ「快感フレーズ 1」1997〕

【屈折】（いたみ） 歌詞 生きる屈折（いたみ）が伝わるお酒〔三代沙也可「浮浪鳥」（松井由利夫）1994〕

【孤独】（いたみ） 歌詞 ざわめく胸の孤独（いたみ）に〔霜月はるか「消えない欠片」2009〕

【悲哀】（いたみ） 歌詞 声に出せない悲哀（いたみ）を全部伝えて〔TWO-MIX「TRUE NAVIGATION」（永野椎菜）1997〕

【慟哭】（いたみ） 歌詞 心の慟哭（いたみ）を聞かせて〔TWO-MIX「TRUST ME」（永野椎菜）1996〕

【シビアな現実】（いたみ） 歌詞 〝シビアな現実（いたみ）〟経験済（しっているけど）〔TWO-MIX「WAKE」（永野椎菜）1997〕

【傷痕】（いたみ） 歌詞 〝絶望（かなしみ）〟も〝傷痕（いたみ）〟も振り切るように〔TWO-MIX「WHITE REFLECTION」（永野椎菜）1997〕

いためる〔炒める〕

【痛める】（いた） 古 ❖明治期にはこう書く。「炒める」へと用法が移った漢字。戦後に油を使うチャーハンなど中華料理が日本の食生活で一般化したことにより、「炒める」が広まった。「炒る」は「いる」だった。

イタリア〔Italia〕 イタリー。

【以大利】（イタリー）**【意達里】**（イタリー）**【伊達利】**（イタリー） 古 幕末から明治にかけて、人によって、以大利、意達里、伊達利、宜大里牙など。読者を迷わせた〔惣郷正明「辞書漫歩」1987〕

【伊太利】 曲名 淡谷のり子「伊太利（イタリー）の庭」1939

書籍 生活の為め白耳義（ベルギー）、和蘭（オランダ）、独逸（ドイツ）、伊太（イタ）

利(リー)の諸国を〔井上ひさし「私家版 日本語文法」1981〕

【伊太利亜(イタリア)】歌詞 伊太利亜の映画でも見てるようだね〔ＹＭＯ「君に、胸キュン。―浮気なヴァカンス―」（松本隆）1983〕◆「伊太利」で済ませることが多い。「伊太利屋」という店名も見られ、これでイタリアだと思い込む人がいる。

その他 伊(イタリア) 新聞

いたる

【到(いた)る】新聞〔「読売新聞 夕刊」2008年12月16日〕

【至(いたる)】民間 ◆「於・・・」「至・・・」は、読みはさまざまになされている。

いたわしい〔労しい〕

【可傷(いたわし)】【可痛(いたわし)】古

いたわり〔労り〕

【功(いたわり)】古 ◆功労の意味。

いち〔一〕新井白蛾『牛馬問』に「一」をはじめより、まこと、もっぱら、すすむ、ひとり、つつしめば、まさに、あきらか、すくな、すでに、むなし、ひびに、ながけれ、たくみ、ます、おおいに、かえ、ひとしゅう、まつ、かず、きわまり、むね、まず、おのずから、ひかると読ませて作った文章が載る。

【一(いち)】公用文 ◆「公用文作成の要領」では、項目の細別は縦書きの場合、漢数字の方がアラビア数字よりも上位。大字の壱、弐、参、拾は、大蔵省令などで定められている。

【1(いち)】広告 101(イチマルイチ)新書〔「読売新聞」2009年12月3日〕

辞書 隅1 すみいち〔俗〕◆野球で初回にだけ1点が入り、あとは0点が続きやすいというジンクス。スコアボードに合わせてアラビア数字でないと雰囲気が出ない。健康雑誌に「①円玉」という例有り。

誤植 11965年東京都出身〔校正刷り〕◆1965年が正しく、1が衍字。

【Ⅰ(いち)】新聞 Ⅰ種試験〔「読売新聞」2009年10月30日〕◆第1の意で使われること多し。

【―(いち)】人名 正― イチは棒だぞ〔佐久間英「珍姓奇名」1965〕

【溢(いち)】小説 溢、尼(に)、爨(さん)〔柳瀬尚紀訳「フィネガンズ・ウェイク ⅠⅡ」1991〕

【氏(い)ね(ち)】WEB 氏ねとかいて、1とよむ

いちおう

【一応(いちおう)】政策 本来は「一往」が正しいといわれるが、今日ではあて字の「一応」のほうが一般に行われている。〔中略〕かな書きにしてよいと考えられる。〔国語審議会第2部会「語形の『ゆれ』について」1961〕◆一応・一往を発音に従ってそのまま「一様」と書く学生もあり、ＷＥＢなどに見られる。

いちかず

【一一(いちかず)】店名〔佐久間英「珍姓奇名」1965〕◆一一(かずいち)という人名はテレビなどに。小説家の乙一はペンネーム。

いちかばちか

【生(イチ)か死(バチ)か】歌詞 失敗は 成功の〝母〟(マザー)生(イチ)か死(バチ)かの作戦(ギャンブル)さ〔みっくす JUICE「The IJIN-DEN～天才の法則」（六月十三）2003〕

いちご〔苺・苺〕

【覆盆子(いちご)】古 ◆『枕草子』で、文字で書くと「ことごとしき」（大げさな感じがする）ものとされる。

【市里(いちご)】名称 農産物直売所「野市里(のいちご)」（弘前市）

【苺娘(いちご)】商品 雪苺娘(ゆきいちご)〔ＪＲ千葉駅構内の店 2009〕◆お菓子の名。

いちじく〔無花果〕

【無花果(いちじく)】書籍〔井上靖「遺跡の旅・シルクロード」1977〕

漫画〔秋本治「こちら葛飾区亀有公園前派出所126」2001〕◆命名案として。

【映日果(いちじく)】WEB ペルシア語を中国で音訳

し、「果」を補ったものを、日本で「えいじつか」、転じて「いちじく」と呼んだ。

【九】(いちじく) 姓 ❖一字で「く」だからという。しこ名に、九九之助(いちじくきゅうのすけ)。

いちず［一途］

【一途】古 ❖途の呉音の一つがズ。

その他 一図(いちず) 辞書

いちねんめ［一年目］

【新人】(一年目) 漫画 まだ新人(一年目)なのには変わりないし〈藤崎聖人「WILD LIFE 6」2004〉

関連【一年】(雑用係) 小説 俺らが一年(雑用係)だからさ〈芝中学校文芸部「天晴れ21号」1999〉

いちば［市場］

【市庭】書籍〈松岡正剛「日本流」2000〉❖饗場(あえば)のば(場)は「にわ」からとも。

いちはやく

【最強】(いちはやき) 古／【逸早く】辞書

いちばん［一番］漢語「一番」だが、「1番」「いちばん」「イチバン」「ICHIBAN」などが品詞や語の意味、ニュアンスの差に応じて表れる。

【一級棒】(イチバン) 台湾〈黄文雄「日本語と漢字文明」2008〉❖語義も合っている。哈日族(ハーリー)の日常用語。

【001】(イチバン) 雑誌 ❖電話番号。1(イチバン)などの語呂合わせもしばしば見られる。

【No.1】(イチバン) 歌詞〈桑谷夏子ほか「笑顔がNo.1(イチバン)!やっぱりネ」(尾崎雪絵)2001〉

関連【1番】(かわしま) 漫画 ❖野球で。

いちびょう［一秒］

【告白】歌詞 永く熱い〝告白(いちびょう)〟〈TWO-MIX「WAKE」(永野椎菜)1997〉

いちもう［一毛］

【一毫】人名 九谷焼職人・浅井一毫(いちもう)〈「読売新聞」2010年2月28日〉❖毫(ゴウ)は、単位として毛(モウ)と通じることから、「モウ」と読まれたもの。

いちゃつく

【い茶つく】小説 い茶(ちゃ)ついたり〈柳瀬尚紀訳「フィネガンズ・ウェイク I II」1991〉❖この例に限らず、「ちゃ」には漢字が限定され、「茶」を当てようとする傾向がある。

その他 居立就(いちゃつき)・口迫(いちゃつき) 古

いちょう

【鴨脚】姓〈佐久間英「珍姓奇名」1965〉／〈篠崎晃雄「実用難読奇姓辞典 増補版」1973〉❖「鴨脚樹」とも。

【公孫樹】俳句 大公孫樹(いちょう)金色に輝(て)る〈「読売新聞」2009年12月28日〉

【銀杏】新聞 銀杏(いちょう)の〈「読売新聞 夕刊」2009年3月28日〉❖会名などにも。

いちりき

【一力】店名「万」の異体字の分字。京都の店名など。

いちろく

【子育】名称 子育地蔵(いちろく)〈京浜急行黄金町駅(広告看板)〉❖横浜市伊勢佐木町七丁目商店街。

いちんち

【一日】古

いつ［何時］

【何時】古 ❖いつなんどきは「何時何時」とも書けるが、抵抗がある。

書籍 セッション何時(いつ)するの〈櫻井そうし「GLAY The Message」1996〉

歌詞 あの人が何時か 胸に帰る日を〈淡谷のり子「待ちましょう」(菅美沙緒)1951〉／此処は何時(いつ)でしょう〈ALI PROJECT「あたしがアリスだった頃」(宝野アリカ)2004〉

漫画 何時(いつ)でも殺せる〈小畑健「DEATH NOTE 7」(大場つぐみ)2005〉

【何日】(いつ) 古 ❖漱石は「何時」と使い分ける。

歌詞 生命を賭けて何日々々(いついつ)までも〈つげゆうじ「寒い風」(岸富夫)2007〉

【一五】(いつ) 小説 時間は一五(いつ)かね。〈柳瀬尚紀訳

「フィネガンズ・ウェイクⅢⅣ」1993〕

その他 早晩 古

いつか［何時か］

【何年後か】歌詞 何年後かこの鼓動が止む直前〔ヴィドール「『F』Stein to『M』」(ジュイ)2004〕

【未来】歌詞 輝く未来をつかめるだろう〔愛内里菜「Run up」2001〕

【異時間】小説 異世界ここ とはちがう、異時間、異空間。〔秋津透「魔獣戦士ルナ・ヴアルガー」1988〕

その他 早晩 古／将来 漫画

いっかん［一貫］

【一巻】民間 ❖すしの単位。「艦」など種々の表記あり。

いっき［一気］

【意ツ気】曲名 シブがき隊「男意ッ気」(森雪之丞)1985 ❖しゃれ。

いつき

【𣛧】店名 ❖店名「いつき」のマーク。

【五木】誤読 電車の中で小さい子供が「ゴキヒロシ」と連呼していた。おかあさんが「五木ひろしでしょ！」とたしなめていた。〔WEB〕

いつくしむ［慈しむ］

【愛しむ】古

いつしか［何時しか］

【早晩】【何鹿】古

いっしどうじん［一視同仁］すべてを同等に愛すること。

【一視同人】誤字

いっしゅん［一瞬］

【1瞬】民間 学生が手書きで。❖「1度」「4捨5入」「10人10色」「50歩100歩」なども見られる。

【一蠢】小説 一蠢、〔柳瀬尚紀訳「フィネガンズ・ウェイクⅠⅡ」1991〕

いっしょ［一緒］

【一緒】広告 一緒に唄える〔「読売新聞」2009年9月25日〕

【一諸】変換 ❖かな漢字変換で「一諸」しか出ないケータイの機種があったという。

その他 一所・一連 古

いっせん［一千］

【1,000】民間 1,000万円 ❖数字は4桁区切りのほうが日本語の数の体系には合っている。

【一巛】小説 一巛と彡十と二年〔柳瀬尚紀訳「フィネガンズ・ウェイクⅠⅡ」1991〕

いっそ

【寧そ】【一層】古

いつぞや［何時ぞや］

【日外】古

いったんていし［一旦停止］

【一日停止】誤読 踏切に掲げてある看板です。子供の頃、この看板をみて「この踏切は、一日に一回止まると良いんだ」と本当に思ってました。〔WEB〕

いっちょういっせき［一朝一夕］

【一鳥一石】誤字 一鳥一石には解決できません 某市の広報紙〔斎賀秀夫「漢字と遊ぶ」1978〕❖一朝一夕と一石二鳥の混淆。「一石二鳥」の誤読もある。

いつつ［五つ］

【五才】曲名 中島みゆき「五才の頃」1976 ❖「五歳」は二字目が中学で習う漢字であるために、小学校では「五才」と習うことがある。NHKも「年齢」を「年令」、「歳」を「才」とテロップほかで示すことを認めた。

【五つ】誤読 ❖「五つ」を「ゴつ」と読む子供がいることがWEBなどで話題となる。『読売新聞』2007年5月8日には小学1年生の半分近くが「八つ」を「やっつ」と読めず「はちつ」などと読んだという調査が紹介された。とは言え、近ごろの子供に限ったことであろうか。

*【5つ星ホテル（★★★★★）】広告〔「読売新聞 夕刊」2010年5月6日〕

いっとき［一時］「一っ時」も。一時停止で「一時間停止」できるとして裁判で争ったケースがあるという。「いっとき避難所」と仮名表記も。

【一刻（いっとき）】小説 それから一刻（いっとき）待てば〔夢枕獏「黒塚 KUROZUKA」2003〕

【しばらく（イットキ）】書籍 しばらく（イットキ）ゆっくりなさい〔井上ひさし「國語元年」1986〕

その他 一斉（いっとき） 古

いっぱい［一杯］ 1杯は、カニの場合はそう書くと皿にバラバラになったものをイメージさせるためか、「1パイ」と助数詞がカタカナで書かれることが多い。

【茶会（いっぱい）】漫画 妖怪茶会（いっぱい）狂想曲〔東里桐子「爆裂奇怪交響曲 1」1993〕

【181（イッパイ）】広告 181（イッパイ）-109（トーク）〔「読売新聞」2010年4月17日〕❖電話番号。

その他 一盃（いっぺえ） 古

いっぱつ［一発］

【一発（いっぱつ）】誤読「ロイター発」を「ろいた・いっぱつ」と読む選手〔WEB〕

いっぱんじん［一般人］

【人（いっぱんじん）】歌詞 同じ人（いっぱんじん）〔K DUB SHINE「トワイライトゾーン」(K. KAGAMI) 2003〕

【逸般人（いっぱんじん）】WEB「腐れヲタク」という意味です。「般」を逸脱している人……。

いっぷく［一服］

【一福（いっぷく）】WEB 阿木燿子の「ちょっと、一福」しましょ。

その他 喫煙（いっぷく） 漫画

いっぺん［一遍］

【一返（いっぺん）】古 ❖現在でもしばしば用いられる。

いつも［何時も］

【常日（いつも）】古 ❖「常日」は唐話。

【常（いつも）】漢詩〔平井呈一訳「狂詩 巡査行」1951〕

【＝（いつも）】歌詞 〝答え〟は＝（いつも）〝自分自身（きみ）〟だから!!〔TWO-MIX「TRUTH ~ A Great Detective of Love ~」(永野椎菜) 1998〕

【ALWAYS（いつも）】歌詞 ボクはALWAYS（いつも）精いっぱいウタヲウタウ〔BUMP OF CHICKEN「ガラスのブルース」(藤原基央) 1999〕

【昼間（いつも）】漫画 昼間（いつも）なら会えないはずの鳥…〔渡辺祥智「銀の勇者 1」1998〕❖主人公は昼間しか仕事をしたことがなかったので。

【街（いつも）】歌詞 街（いつも）の君とは別人〔FIELD OF VIEW「ドキッ」(山本ゆり) 1996〕

【it's more（いつも）】曲名 フォーリーブス「it's more 愛（いつも愛）」2002 ❖しゃれ。

その他 早晩（いつも）・平生（いつも）・例（いつも）・平常（いつも） 古 ／日常（いつも）・普段（いつも）・普通（いつも） WEB

いつよしりょうごろう 擬人名。

【良良良良（いつよしりょうごろう）】字遊 ❖江戸時代には「良」はくずしの似た「郎」と通用した。

いつわる［偽る］

【偽者（いつわり）】歌詞〔Do As Infinity「135」2001〕

その他 詭る（いつわる）・詐（いつわり） 古

イデア［ギリシャ idea］プラトン哲学で、真の実在。イデヤ。

【観念（イデア）】詩 或る夢幻的な一つの観念（イデア）を、〔萩原朔太郎「橋」1939〕／観念（いでや）もしくは〔萩原朔太郎「意志と無明」1922〕

【理想（イデア）】人名 ❖「姓名の研究」によれば、戦前も外国名風の名付けはあった。

その他 理念（イデア） 古

イデアリズム 観念論。アイディアリズム。

【観念主義（イデアリズム）】新聞 問う観念主義（イデアリズム）であると〔「朝日新聞 夕刊」2004年9月17日〕

イデアル［フランス idéal］

【理想（イデアル）】歌詞 まだ現実理想（イデアル）の狭間にいて〔ナイトメア「アルミナ」(咲人) 2006〕

イディオット［idiot］愚か者。

【無謀人(イディオット)】 漫画 能天気な無謀人(メリィ・イディオット)〔熊倉裕一「KING OF BANDIT JING 6」2004〕

イディオム [idiom]

【慣用句(イディオム)】 書籍〔杉本つとむ「近代日本語の成立と発展」1998〕

イデオロギー [ドイツ Ideologie]

【思想(イデオロギー)】 書籍「愛の思想(ロマンチックイデオロギー)」は〔島崎藤村「おきぬ」(中丸宣明解説)ⓒ〕

いてしまう 関西弁で、やってしまう、殺してしまうの意。いてまう。

【殺(い)てしまう】 漫画 そんな連中殺(い)てしもてーー!!〔青山剛昌「名探偵コナン 26」2000〕

いでたち [出で立ち]

【服装(いでたち)】 小説 暴力団の服装(いでたち)は旧態依然だが〔菊地秀行「魔王伝 3 魔性編」1996〕

【出装(いでたち)】 小説 外出の出装(いでたち)で〔小島信夫「アメリカン・スクール」1954〕

その他 **扮粧(いでたち)** 古

いてつく [凍て付く]

【冱(い)て附(つ)く】 小説 冱(い)て附いた瀑布〔平野啓一郎「日蝕」2002〕

いでみつ [出光] 社名。

【出光(しゅっこう)】 誤読「しゅっこう」「でびかり」と読む子あり。〔WEB〕

【出先(でさき)】 誤読 ガソリンスタンドの壁に習字風の字で「出光」と書いてあったのですが、友人は「出先」と書いてあると思っていた。〔WEB〕

いでゆ [出で湯]

【温泉(いでゆ)】 歌詞 温泉(いでゆ)の町の 人の妻〔近江俊郎「湯の町エレジー」(野村俊夫)1948〕／君らの泊りも 温泉(いでゆ)の宿か〔岡本敦郎「高原列車は行く」(丘灯至夫)1954〕／温泉(いでゆ)尋ねる〔あんどうゆみ「絆の旅路」(森田豊公)2007〕◆尾崎紅葉は「ゆ」を「湯」や「温泉」で表記することを嫌い、「泉」を造字したという。

詩 やはらかき温泉(いでゆ)〔高村光太郎「郊外の人に」1941〕

書籍〔小林祥次郎「日本のことば遊び」2004〕

いてん [移転]

【移店(いてん)】 貼紙 今度○○町の店の方に移店しました〔電気器具店 1964 目〕

いと [糸]

【絃(いと)】 詩 絃(いと)なき琴の音もひゞき。〔宮崎湖処子「出郷関曲」1890〕

歌詞 みだれる絃(いと)よ 我胸よ〔近江俊郎・高倉敏・鶴田六郎「さすらいのギター」(西條八十)1950〕／ひとり爪弾く 絃かなし〔津村謙「君恋いギター」(高橋掬太郎)1957〕／絃音(いとね)かなしや 夜の街〔美空ひばり「流れのギター姉妹」(藤浦洸)1953〕

【柳絮(いと)】 書名 栗本薫「絃(いと)の聖域」1980

書籍 花裳(はなごろも) 柳絮(いと)の 綻(ほころび)〔由良君美「言語文化のフロンティア」1986〕

【運命(いと)】 歌詞 絡み合う運命(いと)〔霜月はるか「消えない欠片」2009〕

【血(いと)】 歌詞 しめやかに深い絆の血(いと)〔水樹奈々「WILD EYES」2006〕

その他 **線(いと)・絹(いと)・綸(いと)** 古／**緒口(いとくち)** 古

いと [伊都・怡土]

【伊都国(いとこく)】 新聞 伊都(いと)国の寒晴れ 青木昭子〔「読売新聞 夕刊」2008年10月25日〕

いと

【最(いと)】 古

関連 **【いといとほし(大好き)】** 小説 少納言のことが『いといとほし(大好き)』だと〔藤原眞莉「華くらべ風まどい―清少納言梛子」2003〕

いど [井戸]

【井(いど)】 新聞 東京・渋谷区の明治神宮御苑「清正井(きよまさのいど)」。〔「読売新聞」2010年3月5日〕◆テレビでも紹介。

いとおしい [愛おしい]

【糸星(いとおし)】 古 糸星久〔「御堂関白記」〕◆和文特有語で定訓の確立を見なかったための当て字とされる。

その他 糸惜(いとおし)・最愛(いとおし) 古
*【愛(いと)おしむ】新聞「喪(うしな)われしもの」への愛(いと)おしみ〔「読売新聞」2009年10月25日(書評欄)〕

いとこ
【従兄弟(いとこ)】漫画 従兄弟(いとこ)だ〔吉住渉「ママレード・ボーイ 2」1993〕
【従兄(いとこ)】漫画 私の従兄(いとこ)なの〔今野緒雪「マリア様がみてる 1」1998〕
【従弟(いとこ)】小説 叔父と従弟(いとこ)に乗っとられるんじゃないかと〔田辺聖子「ほとけの心は妻ごころ」1980〕
【従姉妹(いとこ)】漫画 ゆかりさまの従姉妹(いとこ)や親戚など〔今野緒雪「マリア様がみてる 子羊たちの休暇」2003〕
【従姉(いとこ)】漫画 従姉(いとこ)の結婚式は〔今野緒雪「マリア様がみてる 1」1998〕
小説 中学生の従姉(いとこ)だった〔浅田次郎「鉄道員」2000〕
【従妹(いとこ)】小説 ジャックの従妹(いとこ)だけど〔遠藤周作「白い人」1955〕／おとうさんの従妹(いとこ)でな〔田辺聖子「ほとけの心は妻ごころ」1980〕
【従兄妹(いとこ)】漫画 従兄妹(いとこ)どうしであることを〔今野緒雪「マリア様がみてる 1」1998〕

いどころ
【拠(いどころ)】WEB 【居所】

いとしい 新しい「有楽町の顔」に相応しい名称として開発された「ITOCiA(イトシア)」は、「愛しい＋ia(場所を表す名詞語尾)」からつくられた愛称。→いとしさ
【愛(いと)しい】歌詞 悲しい歌も 愛(いと)しい歌も〔中島みゆき「夜曲」1981〕
新聞 愛(いと)しき國(くに)へ 女流書道家の柏木白光(びゃっこう)さん(57)〔「読売新聞 夕刊」2009年6月3日〕
その他 可憐(いとし) 古
*【以登州而名隣撰(いとしゅうてなりんせん)】筆名 ◆戯作者の戯名。

いとしさ
【恋(いと)しさ】曲名 篠原涼子「恋(いと)しさと せつなさと 心強さと」(小室哲哉)1994
【可怜(いとし)さ】古 ◆記紀万葉では「あはれ」とも。
【可憐(いとし)さ】歌詞 可憐(いとし)さ迫りて 君の名呼べば〔近江俊郎「湖畔の赤い灯」(東條寿三郎)1953〕
その他 尤愛(いと)しさ 古

いとなみ 【営み】
【活業(いとなみ)】古〔鈴木牧之「北越雪譜」1837〕

いとはん
【嬢(いと)はん】辞書 ◆関西方言。

いとま 【暇・遑】
【暇(いとま)】【間(いとま)】古

いとめ 【糸目】
【厭目(いとめ)】辞書

いなか
【田舎(いなか)】政策 ◆『公用文作成の要領』1951では「かな書きにすべき」とされたが、当用漢字改定音訓表で採用された。「田舎者(いなかっぺ)」「田舎漢(いなかもの)」「田紳(いなしん)」のルビもある。
【故郷(いなか)】漫画 同じ故郷(いなか)だったな〔立原あゆみ「本気！ 8」1988〕◆「田舎」のひなびたイメージを回避した表記か。
【出身地(イナカ)】書名 篠崎晃一「出身地(イナカ)がわかる！気づかない方言」2008
その他 古里(いなか) WEB

いなご 【稲子・蝗】
【175(いなご)】バンド名 175R(いなごライダー) ◆「326」で「みつる」など、数字による名前の表現が流行した。ポケベルの流行よりも後。

いなずま 【稲妻】 語源に沿った漢字表記。
【電(いなずま)】古 ◆字源説で「電」の下部はいなずまの形とも。
【雷鳴(いなずま)】歌詞 俺の胸にとまった天使 雷鳴の走る道を〔甲斐バンド「100万$ナイト」(甲斐よしひろ)1979〕◆稲光の意から離れている。
その他 烈欠(いなずま)(欽)・列欠(いなずま)(缺) 古

いなせ 【鯔背】
【鯔背(いなせ)】古〔1917 隠〕

いなびかり 【稲光】

【光(いなびかり)】歌詞 爪揚げしてたら雷放電による光(いなびかり)…「これ発明?」〔みっくす JUICE「The IJIN-DEN ～天才の法則」(六月十三) 2003〕

いにしえ〔古〕

【古代(いにしえ)】歌詞 古代(いにしえ)の時経を越えて〔コミネリサ「紅の伝説」(江口貴勅) 2007〕

【古え(いにし)】歌詞 古え(いにし)の誓い果たしにきたのさ〔高見沢俊彦「千年ロマンス」2007〕❖ＷＥＢに「古えの森」を「ふるえのもり」と誤読する人あり。

【故(いにしえ)】雑誌〔「家庭画報」1994年7月〕

その他 往古(いにしえ) 漫画

イニシエーション〔initiation〕

【通過儀礼(イニシエーション)】書籍〔井原三男「漱石の謎をとく・『こころ』論」1989〕

イニシャティブ〔initiative〕 イニシアチブ。

【主導権(イニシャティブ)】書籍 主導権(イニシャティブ)〔大石初太郎「振り仮名」(「国語学辞典」1955)〕

イニシャル〔initial〕

【頭文字(イニシャル)】小説 頭文字(イニシャル)「BIG・EGG」の愛称で〔清涼院流水「秘密室ボン」2002〕

【文字(イニシャル)】歌詞 机に彫った文字(イニシャル)残して〔倉木麻衣「Start in my life」2001〕

イニング〔inning〕

【回(イニング)】書籍 28回(イニング) 2/3〔宇佐美徹也「プロ野球記録大鑑」1993〕

【囲(イニング)】書籍 イニングは当初「回」を「囲」と誤植したため、そのまま通用しそうになった〔紀田順一郎「図鑑日本語の近代史」1997〕

❖圍の略字。

その他 勝負(イニング) 古

いぬ〔犬〕 →のびた

【手先(いぬ)】小説 政府の手先(いぬ)が〔静霞薫「るろうに剣心 巻之一」(和月伸宏) 1996〕

【惣一郎(いぬ)】漫画 あの惣一郎(いぬ)さえいなければ〔高橋留美子「めぞん一刻 10」1986〕

その他 狗(いぬ)・探偵(いぬ) 古

*【明日菜(いぬむすめ)】漫画 あの明日菜(いぬむすめ)に抱きついてしまうとは〔高橋留美子「めぞん一刻 10」1986〕

*【犬彦(いぬひこ)】誤植 四方田犬彦は本来の筆名の「文彦」を「犬彦」と表記され、そのまま筆名として使うようになった。〔ＷＥＢ〕

*【犴(とらをおういぬ)】辞書〔「大漢和辞典」字訓索引〕

いぬ〔往ぬ〕

【去ぬ(い)】小説 小童ども、去ね(い)〔「読売新聞」2009年11月30日〕❖古語・方言。

【逝ね(い)】WEB 関西の方言で『去ぬ【いぬ】(意味：立ち去ること)』があり、これの命令形が「去ね」なので、そのニュアンスも含んでいると思われる。〔2典 Plus〕

いね〔稲〕

【美稲(いね)】商品名 美稲(いね)の里〔三幸製菓のせんべい詰め合わせ 2006〕

いねつむ〔稲積む〕 寝る意の「いぬ(寝ぬ)」の忌み言葉。

【寝積む(いねつ)】俳誌〔「月刊ヘップバーン」2005年1・2月〕

いのく

【動く(いの)】新聞 財布を握る曽祖母の口癖が「おいしいもん食べささな、人は動(いの)いてくれはらへん」。…〔「読売新聞」2005年5月22日(田辺聖子)〕

イノセンス〔innocence〕

【時計(イノセンス)】漫画 この時計(イノセンス)の適合者〔「週刊少年ジャンプ」2004年48号(D.Gray-man)〕

その他 十字架(イノセンス) 漫画

イノセント〔innocent〕

【純粋(イノセント)】歌詞 庇い続けた純粋(イノセント)〔中山美穂「True Romance」(小竹正人) 1996〕

いのち〔命〕 仏教界では「いのち」と仮名書きすることが多い。

【生(いのち)】詩 あなたによって私の生(いのち)は複雑になり〔高村光太郎「人類の泉」1941〕

漫画〔垣野内成美「吸血姫美夕(ヴァンパイアミユ)」1988〕

【生命】 詩 生命をくだいて力を出す〔高村光太郎「牛」1914〕◆漱石も用いた。聖書でも。

小説 生命辛々引揚げて〔円地文子「妖」1957〕／生命知らずの破壊者たちは〔菊地秀行「魔界都市ブルース 夜叉姫伝 4」1990〕／生命を〔清涼院流水「カーニバル 二輪の草」2003〕

歌詞 可愛い子供は女の生命〔霧島昇／ミス・コロムビア「旅の夜風」(西條八十)1938〕／若き生命 輝くパラダイス〔岡晴夫「青春のパラダイス」(吉川静夫)1946〕／若き生命の 歓喜の調べ〔岩崎巌「ひかる青雲」1947〕／生命ある限り駆けよ〔ささきいさお「宇宙戦艦ヤマト」(安藤ありさ)1974〕／果てしない星の生命のように〔SPEED「White Love」(伊秩弘将)1997〕／生命のきらめきを肌で感じるはずさ〔NEWS「きらめきの彼方へ」(酒井ミキオ)2005〕◆用例多し。

漫画 生命が危ねぇ〔野々村秀樹「邪魂狩り 1」1993〕／手の中で…… 生命が光っていた〔天城小百合「螢火幻想」1996〕／今、お前に生命を吹き込んでやる!!〔高橋留美子「犬夜叉 1」1997〕／限りある生命の刻を〔さとうふみや「金田一少年の事件簿 Case1 魔犬の森の殺人」(金成陽三郎)1998〕

雑誌 お前の生命より大切にしろ、と喧(やかま)しく言われた。〔「婦人公論」1994年9月〕／果実は超日常の生命ですね。〔「小説新潮」1994年11月〕

新聞 万木千草(ばんぼくせんそう)悉皆成仏という巡り続く生命を〔「読売新聞」2008年10月22日(井上八千代)〕／東邦大学理学部 ～生命の科学で未来をつなぐ～〔「読売新聞」2008年12月17日〕／生命がけのクライマーが少なくなりました。〔「読売新聞 夕刊」2009年6月25日〕／第11回「生命(いのち)を見つめる」フォトコンテスト〔「読売新聞」2010年2月11日〕

広告 どうでもいい生命なんて、ありはしない。〔「フリッペ大阪」No.4 2004(アニメ ブラックジャック)〕／生命のエネルギーを高める〔「読売新聞」2010年3月18日〕

曲名 フランク永井「生命ある限り」(なかにし礼)1967

書名 曽野綾子「生命ある限り」1986／山田恵子「生命の羅針盤」2009

書籍 生命を吹き込んだ〔池田雅之「ラフカディオ・ハーンの日本」2009〕／生命 振り仮名を除いてもそのようにも読むことがある〔柳田征司「あて字」1987〕

イベント名「医学と芸術展：生命(いのち)と愛の未来を探る」〔「読売新聞」2009年11月28日〕◆展覧会などでは常道。

番組名「地球不思議大紀行 生命の海の謎を追え！」〔「読売新聞 夕刊」2009年7月15日〕

包装 生命のバランス〔「DHC海洋深層水」パッケージ 2009〕

【生命体】 歌詞 生命体呼び覚ました〔シェリル・ノーム starring May'n「妖精」(Gabriela Robin・真名杏樹)2008〕

【生命力】 広告 洋蘭の生命力から生まれました。〔「読売新聞」2009年11月24日〕

【寿命】 歌詞 寿命尽きれば〔守屋浩「有難や節」(浜口庫之助)1960〕／竹は寿命が尽きる時〔北島三郎「竹」(野村耕三)2003〕

【天命】 歌詞 天命が欲しいと泣いた〔小林幸子「天命燃ゆ」(黒石ひとみ)1990〕

【運命】 TV ここに運命をかけに来た者たちよ、〔「題名のない音楽会」2010年1月31日(オペラ「トゥーランドット」のテロップ)〕

【魂】 看板 魂の故郷 早稲田墓陵〔東京メトロ東西線早稲田駅の地図 2009〕

歌詞 その魂続いてゆく〔コミネリサ「Requiem～祈り」(岩里祐穂)2008〕／光と闇の狭間生まれた魂〔林原めぐみ「Plenty of grit」2008〕

漫画 魂(いのち)を使う感覚〔荒川弘「鋼の錬金術師 19」2008〕

【人生(いのち)】 詩 人生(いのち)とは〔高橋康也・沢崎順之助共訳「ルイス・キャロル詩集」1977〕

【再生(いのち)】 歌詞 再生(いのち)の鼓動〔JAM Project「翼」(奥井雅美)2008〕

【輪廻(いのち)】 歌詞 いつかくり返す輪廻(いのち)の出口〔林原めぐみ「集結の園へ」2009〕

【時間(いのち)】 漫画 あたしには時間(いのち)が残されているのだろう〔本沢みなみ「また還る夏まで東京ANGEL」1999〕

【愛(いのち)】 歌詞 静かに芽吹いてく愛(いのち)〔水樹奈々「ヒメムラサキ」2006〕／終りなき神話の愛(いのち)の始まり〔水樹奈々「Trickster」2008〕

【謎(いのち)】 漫画 たしかな謎(いのち)がやってくる〔猫十字社「小さなお茶会」2000〕

【ARIA(いのち)】 歌詞 眠るARIA(いのち)の旋律〔霜月はるか「消えない欠片」2009〕

*__【曼珠沙華(いのちばな)】__ 歌詞 どうせ 咲くまい 曼珠沙華(いのちばな)〔美空ひばり「花と炎」(川内康範)1970〕

いのちながし

【寿(いのちながし)】 短歌 俳句 ❖国語辞書にほとんどない語形。漢文訓読からか。2語を1字の訓にしているとも見られる。

イノベーション [innovation]

【技術革新(イノベーション)】 小説 技術革新(イノベーション)が進む世界〔清涼院流水「カーニバル 一輪の花」2003〕

いのり [祈り]

【熱禱(いのり)】 曲名 美空ひばり「熱禱」(川内康範)1968

いばら [茨・荊・棘]

茨城大学は略すと茨(いば)大(だい)。

【薔薇(いばら)】 歌詞 拒み続けた薔薇(いばら)の姫に〔妖精帝國「遠い幻」(yui)2009〕

【荊棘(いばら)】 書籍 西田哲学への路は一つの連続的な思索的悪戦苦闘の荊棘(いばら)の路であった。〔「R25」2009年3月12日(高橋里美)〕

【棘刑(イバラ)】 バンド名 ❖刑は荊からか。

【貧乏(イバラ)】 漫画 貧乏(イバラ)の道に踏み込ませては〔高橋留美子「めぞん一刻 12」1986〕

いばり

【尿(いばり)】 小説 尿(いばり)をたれだしたのだ〔遠藤周作「わたしが・棄てた・女」1964〕

いばる [威張る]

【張威(いばる)】 古

いびき [鼾]

【鼻孔楽器(いびき)】 漫画〔熊倉裕一「KING OF BANDIT JING 6」2004〕

その他 **寝引(いびき)** 古

いびつ [歪]

【歪(いびつ)】 新聞 歪(いびつ)な球体が〔「読売新聞」2009年3月30日〕

【飯櫃(いびつ)】 小説 飯櫃(いびつ)な生き物であるかの如く。〔平野啓一郎「日蝕」2002〕

イビル [evil]

【邪鬼(イヴル)】 漫画 たった2匹の邪鬼(イヴル)ごときに〔由貴香織里「天使禁猟区 1」1995〕

【邪(イビル)】 小説 いかん、邪眼(イビル・アイ)だ!〔安井健太郎「ラグナロク 黒き獣」1998〕

その他 **死臭の濃霧(イビルスプレー)** 漫画／**深海の蒸発(イビルアクア)・断面への投擲(イビルジャベリン)・朽ちる世界樹(イビルツリー)・醜い姿見(イビルリフレクター)** WEB

イブ [eve]

【前夜(イブ)】 書籍 前夜(イーブ)〔大畑末吉訳「アンデルセン童話集 2」1984〕

小説 成長し始める前夜(EVE)の作品であることも〔清涼院流水「カーニバル 一輪の花」2003〕

【聖夜(イブ)】 番組名「聖夜(イヴ)に逢いたい」1992〔フジテレビ系列〕

曲名 ALI PROJECT「彼と彼女の聖夜(イブ)」(宝野アリカ)2005 ❖人名にも使われ、イヴと読みを振る子供もいるという。ひらがなの「よみがな」であれば、「外来語の表記」で規定のない「いゔ」となるか。日本人でも、「ヴ」を読む時に「v」音で発音する人がいる。

いぶかしい【訝しい】

【未審】 古

いぶき【息吹】

【夢姫】 人名〔「読売新聞」2009年4月3日〕❖女児の名。

その他 気吹 古／生命 漫画

いぶせし【鬱悒し】

【煙】 古〔「万葉用字格」1818〕

その他 否審 古

***【馬声蜂音石花蜘蟵】** 古 ❖『万葉集』の戯書。

いべ

【拝所】 俳誌 茸きつぱなしの拝所の笹屋根鶏合せ〔「俳句」1994年6月〕

イベント [event]

【襲名】 広告 襲名が続きます〔歌舞伎座の宣伝広告2002〕

いま【今】以下、「今」では表しきれないニュアンスを、様々な表記で表そうとしている。→いまどき

【現在】 歌詞 現在の自分と〔さだまさし「防人の詩」1980〕／現在を嘆いても〔来生たかお「夢の途中」(来生えつこ)1982〕／現在は俺の中に宿る〔サザンオールスターズ「せつない胸に風が吹いてた」(桑田佳祐)1992〕／此の先も現在も〔椎名林檎「アイデンティティ」2000〕

曲名 陣内孝則「現在人(Imagine)」(阿木燿子)1987

漫画 永遠に現在のままで〔垣野内成美「吸血姫美夕」1988〕／現在かさなる過去〔藤崎竜「封神演義 17」1999〕／現在はプラス24歳か…うーむ〔秋本治「こちら葛飾区亀有公園前派出所 126」2001〕／こうなってしまった現在〔小畑健「DEATH NOTE 11」(大場つぐみ)2006〕

書籍 現在も〔うみのさかな&宝船蓬莱「うみのさかな&宝船蓬莱の幕の内弁当」1992〕／そこに現在があるだけ〔小泉誠「水樹」1992〕／現在の若い娘たちの〔井上ひさし「ニホン語日記」1996〕

雑誌 光度100・i%パールマット全盛の現在だから〔「25ans(ヴァンサンカン)」1994年11月〕

新聞 現在なお各地で伝承されている〔「読売新聞」2009年6月19日(神崎宣武)〕

広告 現在を輝く女性たち〔「読売新聞」2009年12月1日(家庭画報)〕／現在も未来もずっと安心の保障！〔「読売新聞」2010年2月23日(住友生命)〕

題名 日本語の現在〔国立国語研究所で〕

書名 陣内正敬「日本語の現在」1998

ポスター 平穏な現在・未来を守る誇りを〔埼玉県警2005〕

民間 現在の人は〔学生の手書き2009年6月〕

【瞬間】 曲名 矢沢永吉「瞬間を二人」(西岡恭蔵)1985

歌詞 瞬間を逃さないで〔T. M. Revolution「Albireo～アルビレオ～」(井上秋緒)2004〕

【今日】 歌詞 今日があざやかに過ぎてゆく街で〔サザンオールスターズ「チャイナムーンとビーフン娘」(関口和之)2000〕

短歌 今日をよく生きよ〔「読売新聞」2010年1月25日〕

【今夜】 歌詞〔TWO-MIX「T・R・Y～RETURN TO YOURSELF～」1996〕

【現状】 歌詞 星の船に乗り現状を飛び出そう〔水樹奈々「SUPER GENERATION」2006〕

【現実】 書籍 わたしには古代よりも現実が大切だ。〔井上ひさし「私家版 日本語文法」1981〕／〔ナカムラミツル「326－ナカムラミツル作品集」1998〕

漫画 現実の私とはかけ離れた存在〔日高万里「時間屋」1998〕

歌詞 私を現実ごと連れ去って下さい〔鬼

束ちひろ「Cage」2000〕／壊れそうな現実に涙しそれでも〔倉木麻衣「Start in my life」2001〕／現実が真実と思い知るの〔ALI PROJECT「聖少女領域」(宝野アリカ)2005〕

【現実社会】歌詞 約束のない現実社会を歩く友よ〔GLAY「あの夏から一番遠い場所」(TAKURO)2004〕

【現代】歌詞 現代に生きる俺たちに 星は進路を指してくれる〔甲斐バンド「翼あるもの」(甲斐よしひろ)1978〕／それが現代風〔C-C-B「ないものねだりの I Want You」(松本隆)1987〕／現代も同じ〔Janne Da Arc「―救世主 メシア―」(yasu)2001〕

広告 〝現代〟を呼吸する、国語大辞典の最高峰！ 大辞林〔「日本語学」1989年1月〕／現代を読み解く〔「読売新聞」2009年5月3日〕／現代に伝える〔「読売新聞」2009年10月7日〕

新聞 〝現代〟がわかる 新・情報番組がスタート!!〔「フリッペ大阪」No.4 2004〕／現代を読み解く〔「読売新聞」2009年4月29日〕

掲示 御祭神の御事績を現代に伝える〔明治神宮境内の展示2010〕

包装 現代にいきづく古典の名菓〔「銘菓月世界」パッケージ 2010年1月2日〕❖富山のおみやげ。

【現世】歌詞 現世は繁栄の都〔ALI PROJECT「神風」(宝野アリカ)2008〕

【最近】歌詞 最近も夢中なことあるかな〔Every Little Thing「Pray」(五十嵐充)2000〕

【平成】歌詞 吹雪のような激動の平成〔GLAY「Missing You」(TAKURO)2000〕

【21世紀】歌詞 21世紀を生きる強いガールズ〔DREAMS COME TRUE「朝日の洗礼」(吉田美和)2005〕／でっかい青空は21世紀でも鳥亜網(とり)のもの〔みっくす JUICE「The IJIN-DEN ～天才の法則」(六月十三)2003〕❖「網」は「綱」か。

【青春】歌詞 かけがえない青春をいつか〔TWO-MIX「LAST IMPRESSION」(永野椎菜)1998〕

【此処】歌詞 此処から始まる〔Sowelu「Glisten」(Adya)2003〕

【場所】歌詞 僕らの場所そこにある〔day after tomorrow「futurity」(misono)2002〕

【状況】歌詞 状況は待たないから〔Every Little Thing「Get into a Groove」(五十嵐充)2000〕

【真実】歌詞 真実を見極めろ〔FLOW「GO!!!」(KOHSHI)2004〕

【全て】歌詞 〔TWO-MIX「LOVE REVOLUTION」1996〕

【刹那】歌詞 飢えている刹那を奪うな〔PUFFY「主演の女」(椎名林檎)2009〕

【存在】雑誌 〔「月刊カドカワ」1994年7月〕

【運命】歌詞 残酷な運命を逃げないで〔水樹奈々「Pray」(HIBIKI)2007〕

【初戦】漫画 初戦のうちに〔ひぐちアサ「おおきく振りかぶって 8」2007〕

【死後】歌詞 死後、閻魔の前で透けた舌切って笑った〔ヴィドール「人間界TV」(ジュイ)2004〕

その他 而今 古

*【女性語今昔譚(おんなことばいまはむかし)】書籍 〔辻村敏樹「ことばのいろいろ」1992〕

*【以前まで】歌詞 以前までとは違う〔DEEN「瞳そらさないで」(坂井泉水)1994〕

イマージュ [フランス image] イメージ。

【影像】小説 自分に与えられた影像〔遠藤周作「白い人」1955〕

【面影】歌詞 君の面影忘れないよ〔Sound Horizon「美しきもの」(REVO)2006〕

いまかの 今の彼女。→もとかの

【今彼の】辞書 〔俗〕❖見出し。

いまし [汝]

【汝】歌詞 汝とわれと逢ふこと止まめ〔林原

めぐみ「KOIBUMI」2002〉

イマジネーション［imagination］

【想像力（イマジネーション）】 漫画 想像力（イマジネーション）を働かせて〈猫十字社「小さなお茶会」2000〉

イマジネール［フランス imaginaire］

【想像的（イマジネール）】 書籍 想像的（イマジネール）な芸術家〈池田雅之「ラフカディオ・ハーンの日本」2009〉❖WEBに「幻想殺し（イマジンブレイカー）」。

いましめ［戒め・誡め］

【禁（いましめ）】 小説 自分に課していた「禁（いましめ）」〈清涼院流水「カーニバル一輪の花」2003〉

いましめ［縛め］

【縛め（いましめ）】 詩 岩の縛め（いましめ）に身をもだえる。〈高村光太郎「つゆの夜ふけに」1939〉

小説 石の縛め（いましめ）より〈平野啓一郎「日蝕」2002〉

いましめる［戒める・誡める・警める］

【縛める（いましめる）】 小説 刑架に縛め（いまし）める〈平野啓一郎「日蝕」2002〉

いまだ［未だ］

【未だ（いまだ）】 新聞 未（いま）だ道遠しではあるが〈「読売新聞」2010年1月9日〉❖例多し。漢文の再読文字から。

【未（ひつじ）】 誤植 芥川龍之介 未に上るけしきがない。未（ひつじ）などと付されてしまった〈山下浩「本文の生態学」1993〉

いまだに［未だに］

【今だに（いまだに）】 辞書「今だに」とも書くが、誤りとされることも多い。〈「明鏡国語辞典」2006〉❖「未だ」と語義に差がある場合には用いることができよう。→石山茂利夫『今様こくご辞書』

書籍 今だに 本来〈斎賀秀夫「漢字と遊ぶ」1978〉

いまどき［今時］

【平成時代（いまどき）】 歌詞 あなたの観ている私は平成時代（いまどき）の偶像〈PUFFY「主演の女」2009〈椎名林檎〉〉

【今解き（いまとき）】 欄名 親子で学ぼう！ 今解き教室 IMATOKI KYOSHITSU〈「朝日新聞 夕刊」2010年4月17日〉❖もじりか。

その他 **旬時季（いまどき）** 店名

いまよう［今様］

【時世（いまよう）】 書名 歌川豊国「画帖時世粧（えほんいまようすがた）」

その他 **時勢（いまよう）・新声（いまよう）** 古

いまわ［今際］「今わ・今は」とも。

【臨終（いまわ）】 歌詞 臨終の際にもそこは 異国だ〈中島みゆき「異国」1980〉

【死（いまわ）】 歌詞 死の際（いまわ）で感じたい〈アン・ルイス「KATANA」〈石川あゆ子〉1988〉

その他 **今般（いまわ）** 古

いみ［意味］イミと手書きされることもあり。

【理由（いみ）】 歌詞 理由（いみ）のない出会いはひとつもないと〈Tiara「キミがおしえてくれた事 feat. SEAMO」〈SEAMO・Tiara〉2010〉

【証（いみ）】 歌詞 生きてる証（いみ）あることを忘れないで〈BeForU「Firefly」2003〉

【信頼（いみ）】 歌詞 互いに思いあう心があってそして『信頼（いみ）』を持った〈BeForU「GRADUATION～それぞれの明日～」〈小坂りゆ〉2003〉

イメージ［image］「イミッジ」「イマージュ」とも。

【心像（イメージ）】 詩 心像（いめえぢ）の世界に就いて〈萩原朔太郎「意志と無明」1922〉

【映像（イメージ）】 漫画〈「週刊少年ジャンプ」2005年42号〉

【空想（イメージ）】 漫画 人間の作った勝手な空想（イメージ）か？〈小畑健「DEATH NOTE 1」〈大場つぐみ〉2004〉

【想像力（イメージ）】 漫画 その後ろ向きの想像力（イメージ）が〈「花とゆめ」2004年22号（PSYCO KNOCKER）〉

【意明示（イメージ）】【印明似（イメージ）】【意銘示（イメージ）】 雑誌〈斎賀秀夫「あて字の考現学」〈「日本語学」1994年4月〉〉

その他 **影像（イメジ）・像（イメージ）** 古

いも［芋］

【薯（いも）】 雑誌 俳句 山の薯（いも）〈「ミセス」1994年12月〉

いも
【妹(いも)】 漫画 僕妹(いも)〔青木琴美「僕は妹に恋をする」2003〕❖「僕妹(いも)」は「僕は妹に恋をする」の略で、部分訓。
書籍〔由良君美「言語文化のフロンティア」1986〕

いもあらい
【一口(いもあらい)】 地名 ❖「一口坂」は、「いもあらいざか」。京都、東京などにあるが、東京では最近標識などの読みが、「ヒトクチザカ」に変わった。
姓〔佐久間英「珍姓奇名」1965〕

いもうと［妹］
【義妹(いもうと)】 歌誌 妹と義妹(いもうと)〔「短歌」1994年7月〕
漫画〔小川彌生「きみはペット 10」2004〕
【粧裕(いもうと)】 漫画 ❖主人公の妹の名。
関連 **【妹(ひとみ)】【妹(そのちゃん)】** 漫画

いもがみ
【疱神(いもがみ)】 小説 疱神(いもがみ)に〔「読売新聞」2009年4月30日〕

いもと［妹］
【妹(いもと)】 歌詞 故郷のおふくろ弟に妹(いもと)〔五木ひろし「両国橋」(喜多條忠)2009〕❖漱石作品にも用いられた。

いや［嫌・厭］ →や(嫌)

【厭(いや)】 書名 京極夏彦「厭(いや)な小説」2009
【×(いや)】 歌詞 ×(イヤ)か○(ダイスキ)かちょっとだけ毒のあるキャラでもいい〔奥井雅美「朱 －AKA－」1998〕
その他 可厭(いや) 古／迷惑(イヤ) 漫画
***【邪悪(いやなヤロー)】** 広告 邪悪(いやなヤロー)な魔道士の目的は〔神坂一「日帰りクエスト なりゆきまかせの異邦人」1993(巻末)〕
***【嫌悪(いや)がる】** 歌詞 嫌悪(いや)がってたあの娘とも〔大黒摩季「あなただけ見つめてる」1993〕

いやけ［嫌気］
【厭気(いやけ)】 政策 イヤケ(厭気)〔国語審議会第2部会「語形の『ゆれ』について」1961〕

いやさか
【弥花(いやさか)】 古

いやし［癒やし］ 改定常用漢字表(答申)に「癒やす」の読みが追加された。
【癒(いやし)】 広告 大人のための、癒空間。〔「読売新聞」2008年11月15日〕
【(癒)】 新聞 夫婦ふたりの(癒)食生活〔「読売新聞」2009年10月22日〕

いやしい［卑しい・賤しい］
【鄙(いやし)い】【陋(いやし)い】 古

いやしくも［苟も］ ひらがな書きが定着し、「卑しくも」の意と誤解する学生多し。
【苟(いやし)くも】 書籍〔紀田順一郎「日本語発掘図鑑」1995〕

いやみ［嫌み］
【嫌味(いやみ)】 新聞〔「読売新聞」2009年11月12日〕
【明智(イヤミ)】 漫画 あの明智(イヤミ)警視〔さとうふみや「金田一少年の事件簿 20」(金成陽三郎)1996〕

いやめ［否目］
【涙眼(いやめ)】 詩 物わびしらの涙眼(いやめ)して、〔薄田泣菫「望郷の歌」1906〕

いやらしい［嫌らしい］
【艶嬉(いやらしき)】 古

いよいよ［愈・愈愈］
【弥〻(いよいよ)】 雑誌〔「歴史読本」1994年5月〕
その他 断然(いよいよ) 古

イヨマンテ［ヌ(アイ) Iyomante］
【熊祭り(イヨマンテ)】 歌詞〔伊藤久男「イヨマンテの夜」(菊田一夫)1950〕

いらず
【薬袋(いらず)】 姓 薬袋 イラズ・ミナイ 忍者の隠語から出たという〔篠崎晃雄「実用難読奇姓辞典増補版」1973〕❖由来に武田信玄の話など諸説あり。

いらだつ［苛立つ］
【焦立(いらだち)】【焦燥(いらたち)て】 古

いらっしゃる

い

【被居る(いらっしゃる)】古〔1905〜1906 俗〕
【在(いら)しった】古 話して在(いら)しったんですよ〔1904 俗〕

いらつめ［郎女］
【以良都女(いらつめ)】古 婦人雑誌「以良都女(いらつめ)」1887

イラン［Iran］
【伊蘭(イラン)】辞書

いりおもて
【西表(いりおもて)】地名 西表(いりおもて)島◆沖縄では「日が上がる」、「入る」から、「東(あがり)」、「西(いり)」。比嘉姓は東からとも〔井上ひさし「ことばを読む」1982〕。「西崎(いりさき)」は日本の最西端。

いりぐち［入り口］
【門(いりぐち)】広告 人生(たび)の門(いりぐち)〔小野不由美「月の影 影の海 上十二国記」2000〕
【ヘロ】誤読 私の彼はフランス人で、日本語を勉強していて、現在海外に住んでいます。(ある店の玄関に張ってある日本語の張り紙の前で)「分かった！ヘロ！これは、Hello だ！」(…)カタカナが読めるようになったのか！と見に行くと…「入口」と書いてありました。〔WEB〕

いりこ
【海参(いりこ)】【煎海鼠(いりこ)】【海鼠(いりこ)】古

いりつく［煎り付く・炒り付く］
【焦(い)りつく】詩 ソオスパンに焦(い)りつき〔高村光太郎「夏の夜の食慾」1912〕

いりまじる［入り交じる］
【乱(いりまじ)る】漫画 天地乱(いりまじ)る混沌の時代〔峰倉かずや「最遊記 1」1997〕

イリュージョン［illusion］
【幻(イリュージョン)】漫画『幻(イリュージョン)』のカード〔CLAMP「カードキャプターさくら 2」1997〕
雑誌 そのカールは幻(イリュージョン)〔「non·no」2005〕
漫画題名 細野不二彦「ダブル・フェイス 闇の幻(イリュージョン)」2010
【幻想(イリュージョン)】歌詞 迷いこんだ幻想(イリュージョン)〔少年隊「仮面舞踏会」(ちあき哲也)1986〕
曲名 Λucifer「TOKYO 幻想(イリュージョン)」2000
漫画題名 小花美穂「白波の幻想(イリュージョン)」1992
【幻影(イリュージョン)】漫画 これは幻影(イリュージョン)だよね‥‥〔綾峰欄人「GetBackers 奪還屋 23」(青樹佑夜)2003〕◆敵の技。
【夢幻覚(イリュージョン)】書籍〔中澤光博／ORG「入門！リナの魔法教室 スレイヤーズ RPG」1996〕◆呪文。
その他 魔術師(イリュージョニスト) 書名

いる［居る］
【存(い)る】小説 存(い)るだけで〔清涼院流水「カーニバル 二輪の草」2003〕
【在(い)る】歌詞 いつでも僕が在(い)る〔Suara「明日へ〜空色の手紙〜」(未海)2009〕／君が求(い)るから僕が在(い)る〔THE KIDDIE「ポプラ」(揺紗)2009〕
【存在(い)る】◆「いる」「居る」では表せないニュアンス。
歌詞 私が存在(い)ること刻みたい〔MAX「Seventies」(GROOVESURFERS)1999〕／何かを守るため存在(い)る君を信じてる〔JAM Project「約束の地」(奥井雅美)2004〕／ただ存在(い)るだけで〔GLAY「カーテンコール」(TAKURO)2009〕
漫画 必ず存在(い)ると思ってた〔冴凪亮「よろず屋東海道本舗 2」2000〕／本当に存在(い)たのか〔大暮維人「エア・ギア 1」2003〕
*【存在(いな)い】歌詞〔sana「僕のトナリ」2004〕◆「い」だけを送り仮名とし、否定の形にしている。
【映(い)る】歌詞 自分の中他人が映(い)る〔GARNET CROW「whiteout」(AZUKI 七)2001〕

いる［要る］
【必要(いる)】漫画〔さいとうたかを「ゴルゴ13 42」1981〕
【求(い)る】歌詞 君が求(い)るから僕が在(い)る〔THE KIDDIE「ポプラ」(揺紗)2009〕

*【不要(いら)ない】雑誌〔「宝石」1994年7月〕

いる〔煎る・炒る・熬る〕→いためる

【炒(い)る】広告 ごまを炒って〔「読売新聞」2009年3月2日(すてきな奥さん)〕

【焙(い)る】看板 焙りたて〔茅ヶ崎で 2010年4月〕

いるかせ〔忽せ〕ゆるがせ。

【忽緒(いるかせ)】古

イレイズ〔erase〕

【消(イレイズ)】漫画『消(イレイズ)』がその時の記憶を消したんだ〔CLAMP「カードキャプターさくら 4」1997〕

いれずみ〔入れ墨・文身・黥〕

【刺青(いれずみ)】歌詞 錨の刺青(いれずみ)〔ピンク・レディー「マンデー・モナリザ・クラブ」(阿久悠)1979〕

【彫青(いれずみ)】新聞 彫青(いれずみ)の図柄〔「読売新聞 夕刊」2010年1月8日(斎藤美奈子)〕

いれちがい〔入れ違い〕

【交互(いれちがい)】小説〔泉鏡花「義血俠血」1894〕

イレブン〔eleven〕

【10+01(イレブン)】映画題名 TOKYO 10+01(イレブン)❖セブンーイレブンは、英語では「7-Eleven」。

いれもの〔入れ物・容れ物〕

【肉体(イレモノ)】漫画 オマエの肉体(イレモノ)ホンモノか?〔ペルソナ2罰4コマギャグバトル ポジテイブシンキング編」2000〕

その他 容器(いれもの) 小説

いれる〔入れる〕

【容(い)れる】小説 医師からの提案を容(い)れられれば〔清涼院流水「カーニバル 二輪の草」2003〕

【内蔵(いれ)る】漫画〔星野桂「D. Gray-man 1」2004〕

【挿(い)れる】書名 如月あづさ「明治遊里譚 挿(い)れませう」2010

【挿入(いれ)る】歌詞 彼女に挿入(いれ)たい男性のフロッピー〔サザンオールスターズ「01MESSENGER～電子狂の詩～」(桑田佳祐)1997〕

【淹(い)れる】民間（お茶やコーヒーを）淹れる〔車内広告・CMなどで〕❖ただの入れるよりも好まれる傾向あり。

【煎(い)れる】広告 お茶を「煎れました」。

【録(い)れる】歌詞 留守電に 恋ごころ 照れながら 今日も録(い)れるよ〔矢沢永吉「But No」(ちあき哲也)1993〕

【入(え)れる】小説 仲間さ入(え)れて〔小林多喜二「蟹工船」1929〕❖訛語。

いろ〔色〕→いろどり・いろどる

【彩(いろ)】歌詞 うつす月影 彩玻璃(いろガラス)〔由利あけみ「長崎物語」(梅木三郎)1939〕／真珠祭りの 七彩(いろ)花火〔美空ひばり「明玉夕玉」(石本美由起)1954〕／心の彩を形にかえて貴女へ〔稲垣潤一「月曜日にはバラを」(さがらよしあき)1982〕／季節はいつも終わりだけ 彩(いろ)づけるけれど〔徳永英明「輝きながら…」(大津あきら)1988〕／夜の空に彩(いろ)めき咲く輝く花火を〔愛内里菜「Oh! Paradise Taste!!」2000〕／あなた彩(いろ)に〔水樹奈々「Inside of mind」(園田凌士・I.N)2005〕／蒼く澄んだ風の彩(いろ)〔川田まみ「My Friend」(都築真紀)2008〕

小説 彩(いろ)の多い着物を〔幸田文「流れる」1957〕

広告 夏彩(なついろ)イギリス〔「読売新聞」2009年4月4日〕

【彩光(いろ)】歌詞 彩光(いろ)を変える刹那さを〔T. M. R-e「月虹―GEKKOH―」(井上秋緒)1999〕

【彩色(いろ)】小説 掴みどころのない彩色(いろ)が〔静霞薫「るろうに剣心 巻之一」(和月伸宏)1996〕

【色彩(いろ)】歌詞 その瞬間 街は色彩(いろ)を失くした〔斎藤由貴「白い炎」(森雪之丞)1985〕／色彩(いろ)を亡くす街路樹に秋の風〔ナイトメア「叙情的に過ぎた時間と不確定な未来へのレクイエム」(咲人)2007〕

曲名 THE TRANSFORMER「真実の色彩(いろ)」2001〕

商品名「色彩雫(いろしずく)」というシリーズのインク〔「読売新聞 夕刊」2010年4月14日〕

WEB 人生に色彩取り取りの花を咲かせるのに❖色取り取り・彩りが交ざってい

るか。

【極彩色】(歌詞)すべての極彩色を見出すべきだわ〔ALI PROJECT「暗黒サイケデリック」(宝野アリカ)2007〕

【毛色】(歌詞)君を傷つけたその毛色にね〔GARNET CROW「空色の猫」(AZUKI 七)2005〕

【景色】(歌詞)塗り替えられた景色が〔青酢「Happy × 2 ☆ Day!!」(kyo)2002〕

【艶】(歌詞)艶褪せた日常〔水樹奈々「Late Summer Tale」(園田凌士)2006〕

(公演名)詞劇『艶は匂へど…』〔「読売新聞夕刊」2008年10月29日〕

【姿】(歌詞)その美しい姿が変わる〔GARNET CROW「whiteout」(AZUKI 七)2001〕

【魔法】(歌詞)色んな魔法かざる東京〔Plastic Tree「スピカ」(有村竜太朗)2007〕

【色女】(小説)色女がいた〔結城昌治「仕立屋銀次隠し台帳」1978〕

その他 膚色・情人・情婦(古)/表情(詩)/愛人(WEB)

いろいろ [色色]

【百般】(書籍)あるひは百般の器物を〔井上ひさし「私家版 日本語文法」1981〕

その他 種々(古)

いろおとこ [色男]

【優艶】【情男】【情郎】(古)

いろおんな [色女]

【情婦】(古)◆「愛人」は戦後に日本の新聞社が婉曲な表現として生みだしたという。

いろこい [色恋]

【恋愛】(漫画)〔由貴香織里「夜型愛人専門店DX」2004〕

いろざかり [色盛り]

【十八娘】(姓)◆根来の変名との伝承があるが、実在したものか。

いろざと [色里]

【花街】(古)

いろづく [色付く]

【艶づく】(歌詞)艶づくは片瀬川〔サザンオールスターズ「SEA SIDE WOMAN BLUES」(桑田佳祐)1997〕

【十六女】(姓)◆実在したものか。

(DVD題名)「JK沙希十六女十八女 3」2008

(筆名)十六女十八女

いろっぽい [色っぽい]

【艶っぽい】(歌詞)艶っぽくてシャイな瞬間をベッドで〔サザンオールスターズ「胸いっぱいの愛と情熱をあなたへ」(桑田佳祐)1996〕

◆桑田佳祐は「艶色」で「にじいろ」とも。

いろどり [彩り]

【彩】(歌詞)彩の世界〔川田まみ「雨」2008〕◆彩の国さいたまを「あやのくに」「いろどりのくに」と誤読した例あり。

(施設名)東京都稲城市の温浴施設「稲城天然温泉 季乃彩(ときのいろどり)」〔「読売新聞」2009年11月27日〕

【色彩】(小説)色彩がひきさがって〔幸田文「流れる」1957〕

(歌詞)色彩硝子の女〔矢沢永吉「Anytime Woman」(松本隆)1992〕

【色彩り】(歌詞)今日の日の色彩りを〔小室哲哉「天と地と」1990〕

いろどる [彩る]

【色どる】(歌詞)愛は赤く色どられ終るよ〔JOHNNY'Sジュニア・スペシャル「ベルサイユのばら」(山口洋子)1975〕

【色彩る】(歌詞)色彩る雨にこの身を変え〔源泉水(保志総一朗)「彩雨の揺り篭」(小泉宏孝)2006〕

いろは

【伊呂波】【色葉】【伊露葩】(古)◆辞書の名にも。「いろはにほへと…」を全部書いて、いすと読ませる女性が戦前にいたという。

【以呂波】(古)「和英通韻以呂波便覧」1868

【歌詞】古 歌詞順
【威露破】古「威露破がるた」1904
その他 字母 古

いろまち［色町］
【花街】新聞 川口松太郎は「いろまち」とルビを振り、江戸の洒落本、鼻山人の「花街鑑」は「さとかゞみ」、大眼子選の「花街風流解」は「さとふりげ」と読ませる。〔「読売新聞」2009年4月16日（桜井雅夫）〕

いろり
【囲炉裏】辞書 ◆多くの語形が存在したが、この当て字の出現によって、語形のゆれが固定化したとされる。

いわ［岩・巌・磐］ 岩は、巌（巖）の俗字だったが、それぞれ「いわ」と「いわお」とに字面から会意、象形的に得られるイメージをもって訓が区別されていった。嵓も通じる字だが、奈良県吉野地方で「ぐら」と読まれる。
【巌】書籍 身投げ巌〔大久保博訳「完訳 ギリシア・ローマ神話」1970〕
【奇岩】歌詞 黒き奇岩の面に〔志方あきこ「軌跡」（みとせのりこ）2009〕

いわう［祝う］
【斎う】古〔「万葉集」〕

いわお 大きな岩。
【巌】新聞〔「読売新聞 夕刊」2010年3月27日〕

いわかん［違和感］
【異和感】民間 ◆違和感と異和感が行われ、後者は辞書によって対応がまちまち。前者に「異和感をいだく」という学生もあり、使う者が少なくない。「異＝違なので、違和感なし」ともいう。「違和」の語が古いが、「いわかん」では『日本国語大辞典』第2版に1951年の「異和感」が早い例として引かれている。

いわし［鰯］ 奈良時代からある国字。中国語では音訳で「沙丁」。
【岩志】姓 1870年に「苗字を称するべし」との布告が出たため、網代地区（愛媛県）の浦和盛三郎は魚類・野菜の名を苗字として届け出た。〔ＷＥＢ〕◆田中貢太郎は『悪戯』という短編でこれを悲劇として描いた。

いわな
【岩魚】短歌 算数の嫌いな子供が覚えしは翡翠 岩魚 山女 蜩 小林雅典〔「読売新聞」2008年10月6日〕◆鮱という合字による国字も見られる。

いわね［岩根］
【磐根】古〔「万葉集」〕

いわゆる
【所謂】古

いわれ［謂れ］
【所縁】古〔「金子みすゞ童謡集」〕

イン
【牙】小説〔柳瀬尚紀訳「フィネガンズ・ウェイク I II」1991〕◆西班と分割している。

インク［ink］ インキ。
【洋墨】歌詞 夜毎にわたしの洋墨は垂れる〔ALI PROJECT「禁書」（宝野アリカ）2008〕
その他 墨汁・印気 古

イングランド［England］
【英倫】古〔山田美妙「竪琴草紙」1885〕
【英蘭】古 ◆蘭はオランダ（和蘭陀・荷蘭）の略のほか、こうしたランドの音訳に用いられる。

インサイダー［insider］
【内通者】小説 情報を売る内通者〔安井健太郎「ラグナロクEX. DEADMAN」2001〕

インサイト［insight］ 洞察。
【眼力】漫画 破滅への輪舞曲・眼力〔許斐剛「テニスの王子様 20.5」2003〕

インジケーター［indicator］ インディケーター。

【指示器(インディケーター)】(小説)位置確認指示器(インディケーター)〔菊地秀行「魔界都市ブルース 夜叉姫伝 4」1990〕

いんすい［淫水］

【陰水(いんすい)】(辞書)〔1949(隠)〕

【騒水(いんすい)】(雑誌)〔「問題小説」1994年2月〕

【毧露(いんすい)】(雑誌)〔「問題小説」1994年2月〕❖「毛にょう」で性器を表す俗字は中国でいくつか造られている。

インスタント［instant］

【即席(インスタント)】(漫画)即席(インスタント)舎弟〔北道正幸「プ～ねこ」2005〕

【庶民(インスタント)】(漫画)〔葉鳥ビスコ「桜蘭高校ホスト部 3」2004〕

インスピレーション［inspiration］

【発想(インスピレーション)】(書籍)発想(インスピレーション)の発露〔池田雅之「ラフカディオ・ハーンの日本」2009〕

【想像力(インスピレーション)】(書籍)想像力(インスピレーション)の源泉である〔池田雅之「ラフカディオ・ハーンの日本」2009〕

(その他)直感(インスピレーション)(WEB)

インソムニア［insomnia］

【不眠症(インソムニア)】(小説)ストレス性の不眠症(インソムニア)に〔清涼院流水「カーニバル 二輪の草」2003〕

インターコム［intercom］

【内線通話用(インターコム)】(小説)内線通話用(インターコム)の受話器と〔清涼院流水「カーニバル 二輪の草」2003〕

インターネット［Internet］中国では「互聯网」「因特網」「英特網」。インターネットカフェはカフェをバー(bar)として「网吧」。インターネットユーザーは「网(ワン)(網)民(ミン)」。

【内向的な網(インターネット)】(小説)「内向的な網(インターネット)」の中でのみ有名なウワサの〔清涼院流水「カーニバル一輪の花」2003〕

インターン［intern］

【医学生(インターン)】(漫画)18年前医学生(インターン)で〔さとうふみや「金田一少年の事件簿 12」(金成陽三郎)1995〕

【実習生(インターン)】(漫画)実習生(インターン)の人達と合同で〔「週刊少年ジャンプ」2004年5月24日(PMG-0)〕

インタビュー［interview］

【取材(インタビュー)】(漫画)さっそく取材(インタビュー)を〔山田南平「紅茶王子 4」1998〕

【淫多謬(インタビュー)】(小説)〔柳瀬尚紀訳「フィネガンズ・ウェイク I II」1991〕

インタフェイス［interface］インターフェース。インターフェイス。

【情報交換の手法(インタフェイス)】(論文)対面的・日常的・線的情報交換の手法(インタフェイス)を〔内山和也「『現代口語体』の表現スタイルについて」2002〕

*【際面(インフェス)】(書籍)〔橋本萬太郎・鈴木孝夫・山田尚勇「漢字民族の決断」1987〕

インタラクティブ［interactive］

【相互作用(インタラクティブ)】(歌詞)君と相互作用(インタラクティブ)〔東京事変「電波通信」(椎名林檎)2010〕

インチ［inch］

【吋(インチ)】(辞書)❖日本でつくられた漢字・国訓ともいわれるがなお微妙。

(字解)壽士(さむらい)のフエは一吋(インチ)〔阿刀田高「ことば遊びの楽しみ」2006〕❖現代では覚え方の方がより難しいか。

(その他)寸(インチ)(古)

いんちき

【陰痴気(いんちき)】(辞書)〔1949(隠)〕

インデックス［index］

【禁書目録(インデックス)】(書名)鎌池和馬「とある魔術の禁書目録(インデックス)」2004

インデペンデント［independent］インディペンデント。

【引得】(中国)❖意味まで考えた音訳。

【独立(インデペンデント)】(古)

インテリ［←ロシア intelligentsiya］

【科学班(インテリ)】(漫画)科学班(インテリ)をナメんなよぉ〔「週刊少年ジャンプ」2004年10月11日(D. Gray-man)〕

インテリア

【人太利魚】(韓国)❖外来語の発音に太は合

ってはいない。2010年2月ソウル市内で看板にある。読める程度の簡単な漢字で、目を惹くので、雰囲気作りのためであろう。韓国で当て字は珍しい。ニホンではインテリアにこの「魚」などの漢字は当てないであろう。歌唱グループ東方神起でも、ミツキーウチョンなど漢字が当てられている。

インテリジェンス [intelligence]
【**霊的存在**(インテリジェンス)】漫画 〝霊的存在(インテリジェンス)〟との接触に〈樹なつみ「デーモン聖典 1」2003〉
【**諜報的**(インテリジェンス)】書名 佐藤優「『諜報的(インテリジェンス)生活』の技術」2009〉

インテンシブ [intensive]
【**集中的**(インテンシブ)】書籍 集中的(インテンシブ)なインタビュー〈桜井厚「インタビューの社会学ーライフストーリーの聞き方」2002〉

インド [← India]
【**印度**(インド)】地名

インドア [indoor]
【**部屋**(インドア)】漫画 部屋(インドア)で堂々に限る〈小畑健「DEATH NOTE 3」(大場つぐみ)2004〉

イントネーション [intonation]
【**抑揚**(イントネーション)】小説 抑揚(イントネーション)が違うし〈京極夏彦「百器徒然袋 雨」1999〉◆一般には、語のアクセントのこともイントネーションと呼ぶ傾向がある。

イントリュード [intrude]
【**侵入**(イントリュード)】漫画 侵入(イントリュード)していたのか〈水落晴美「夢界異邦人 龍宮の使い」2001〉

いんねん [因縁]
【**因念**(いんねん)】古 ◆漱石が用いた。

いんばい [淫売]
【**淫売婦**(いんばい)】古〈1910 俗〉◆チュノムでは女の中に点を打つ字が造られている。

インパクト [impact]
【**衝撃度**(インパクト)】書籍〈うみのさかな&宝船蓬莱「うみのさかな&宝船蓬莱の幕の内弁当」1992〉
【**衝撃**(インパクト)】書名 岡本篤尚「《9・11》の衝撃(インパクト)とアメリカの『対テロ戦争』法制」2009〉

インビジブル [invisible]
【**見えない**(インビジブル)】小説 天空を飛行する見えない城(インビジブル・キャッスル)〈清涼院流水「カーニバル 二輪の草」2003〉◆同書に「見えない犯罪(インビジブル・クライム)」「見えない中心(インビジブル・センター)」「見えない軍隊(インビジブル・ソルジャーズ)」「見えない塔(インビジブル・タワー)」「見えない床(宇宙標準面)(インビジブル・フロア)」もある。

インフィニティ [infinity] インフィニティー。
【**無限**(インフィニティ)】漫画 まさに無限(インフィニティ)のコネクションで〈加藤元浩「ロケットマン 8」2004〉
【**∞**(インフィニティー)】漫画 ∞(インフィニティー)ちゃん今日は〈秋本治「こちら葛飾区亀有公園前派出所 126」2001〉◆人名。人気グループ歌手「関ジャニ∞」は「8」と見立てて「エイト」と読ませる。
【**胤富仁帝**(インフィニティ)】商品名 高級和柄ブランド「胤富仁帝」

インフェルノ [イタリア inferno] この語は、映画『タワーリングインフェルノ』でかなり定着した。
【**地獄**(インフェルノ)】漫画『地獄会堂(インフェルノ・ドーム)』行き特別列車が〈「週刊少年マガジン」2004年48号(GetBackers)〉

インフォーマント [informant]
【**情報提供者**(インフォーマント)】書籍〈桜井厚「インタビューの社会学ーライフストーリーの聞き方」2002〉
【**内部告発者**(インフォーマント)】広告 ある企業内部告発者(インフォーマント)〈「読売新聞」2009年12月4日〉

インフォームドコンセント [informed consent] 国立国語研究所による外来語の言い換え提案では「納得診療」。
【**飼い主への説明**(インフォームドコンセント)】漫画 飼い主への説明(インフォームドコンセント)の徹底〈藤崎聖人「WILD LIFE 2」2003〉

インフォメーション [information]
【**案内係**(インフォメーション)】小説 案内係(インホメーション)には必ず連絡することに〈森村誠一「殺意の接点」2001〉

インプット [input]

【入力(インプット)】 漫画 コマンド入力(インプット)〔由貴香織里「天使禁猟区 1」1995〕

インプリンティング [imprinting]

【印象づけ(インプリンティング)】 漫画〔さとうふみや「金田一少年の事件簿 24」(金成陽三郎)1997〕

インフルエンザ [influenza]

【流行性感冒(インフルエンザ)】 小説 流行性感冒(インフルエンザ)の高熱でも船酔い地獄でも〔清涼院流水「カーニバル一輪の花」2003〕◆インフルという略語も、病気の流行を経て定着しつつある。

【1203(インフルエンザ)】 広報 03－1203(インフルエンザ)〔「広報東京都」2010年2月〕◆電話番号。

インフレ [←インフレーション(inflation)]

【戦争景気(インフレ)】 書籍〔大石初太郎「振り仮名」(「国語学辞典」1955)〕

インプレッション [impression]

【印象(インプレッション)】 民間 ◆「印象」は、元はこの英単語の音を踏まえた訳語だったといわれることもある。

【韻風麗唱(インプレッション)】 民間 impression と読ませる〔プレイガイドフォークコンサートのもの 1972 目〕

インベーダー [invader]

【侵略者(インベーダー)】 漫画 陵刀は侵略者(インベーダー)〔藤崎聖人「WILD LIFE 5」2004〕

インポシブル [impossible]

【不可能(インポシブル)】 漫画「不可能(インポシヴル)」の現場には〔猫十字社「小さなお茶会」2000〕

書籍 不可能(インポッシブル)なる事を〔池田雅之「ラフカディオ・ハーンの日本」2009〕

インモラル [immoral] イモーラル。インモーラル。

【淫(いん)モラル】 DVD題名 2002 ◆坪内逍遥『当世書生気質』に「淫(いん)モウラル波(ぱ)アチイ」。

いんもん [陰門]

【牝戸(いんもん)】 雑誌〔「問題小説」1994年2月〕

う

ヴ

【ヴ】 広告 ヴオー〔「読売新聞」2010年2月24日〕◆自動車の音か。「ヴー」は漫画では苦しそうな音声をあらわすことが多い。

ヴァージン [virgin] バージン。

【処女(ヴァージン)】 曲名 シブがき隊「処女的衝撃(ヴァージンショック)!」〔三浦徳子〕1983

WEB 処女(バージン)◆会話文中で、括弧で読みを示している。

ヴァーチャル [virtual] バーチャル。バーチュアル。

【事実上の(ヴァーチャル)】 論文 事実上の(ヴァーチャル)対面空間で〔内山和也『現代口語体』の表現スタイルについて」2002〕

ヴァイオリニスト [violinist] バイオリニスト。

【提琴師(ヴァイオリニスト)】 広告 情熱の提琴師(ヴァイオリニスト)〔寺山修司監督「上海異人娼館」1981〕

ヴァカンス [フランス vacances] バカンス。

【夏の間(ヴァカンス)】 書籍 夏の間(ヴァカンス)は見かけなかったなじみの顔が、〔河野万里子訳「新しい季節」1998〕

ヴァルガー

【大魔獣(ヴァルガー)】 広告 大魔獣(ヴァルガー)と合体〔神坂一「日帰りクエスト なりゆきまかせの異邦人(ストレンジャー)」1993(巻末)〕

【魔獣(ヴァルガー)】 広告 魔獣(ヴァルガー)の頭部に合体してしまった〔神坂一「日帰りクエスト なりゆきまかせの異邦人(ストレンジャー)」1993(巻末)〕

ヴァルキリエ [フランス walkyrie] ワルキューレ。

【戦乙女(ヴァルキリエ)】 小説 その凛々しさは戦乙女(ヴァルキリエ)を思わせる〔安井健太郎「ラグナロク 黒き獣」1998〕

ヴァレーオブフラワー [valley of flower]

【花の谷(ヴァレーオブフラワー)】雑誌 ガルワールヒマラヤ「花の谷(ヴァレーオブフラワー)」トレッキング〔「山と溪谷」1994年8月〕

ヴァンデル [vandal]
【魔人(ヴァンデル)】漫画 魔人(ヴァンデル)から世界を救うため〔「ジャンパラ！ vol.15」2004（冒険王ビィト）〕

うい【憂悲(うい)】古 [憂い]

ヴィ [フランス vie]
【生(ヴィ)】小説 我々の生(ヴィ)のやうな花火の事を。〔芥川龍之介「舞踏会」1920〕

ヴイ [ロシア bui] ブイ。
【浮標(ヴイ)】小説 明らかに×××丸のものらしい鉄の浮標(ヴイ)〔小林多喜二「蟹工船」1929〕

ウィークエンド [weekend]
【週末(ウィークエンド)】曲名 竹本孝之「週末(ウィークエンド)ララバイ」（売野雅勇）1984
漫画題名 赤羽みちえ「なんて素敵な週末(ウィークエンド)」1990
【金曜日(ウィークエンド)】歌詞 花の金曜日(ウィークエンド)〔石井明美「CHA-CHA-CHA」（今野雄二）1986〕

ウィークポイント [weak point]
【弱点(ウィークポイント)】雑誌 恋の弱点(ウィークポイント)はここに〔女性ファッション誌〕
漫画〔篠原千絵「闇のパープル・アイ 1」1985〕

ヴィーナス [Venus] ⇩ビーナス

ウィーン [Wien]
【維納(ウィーン)】広告 維納(ウィーン)オルゴールの謎〔菊地秀行「白夜サーガ 魔王星完結編」1996（巻末）〕❖護謨(ゴム)同様に部首がそろえられている。

ヴィヴラフランス [フランス vive la France]
【フランス万歳(ヴィヴ・ラ・フランス)】小説〔遠藤周作「白い人」1955〕

ヴィエンヌ [フランス Vienne] ウィーン。
【維奄納(ヴィエンヌ)】小説 維奄納(ヴィエンヌ)の司教管区内〔平野啓一郎「日蝕」2002〕

ヴィクトリー [victory] ⇩ビクトリー

ウィザード [wizard]
【魔導師(ウィザード)】漫画〔CLAMP「CLOVER 2」1997〕

ヴィジュアル [visual]
【外見(ヴィジュアル)】書名 三好凛佳「男の『外見(ヴィジュアル)』コーチング」2006

ヴィジョネール [フランス visionnaire]
【幻視者(ヴィジョネール)】書籍 幻視者(ヴィジョネール)のもつそれである、〔池田雅之「ラフカディオ・ハーンの日本」2009〕

ヴィジョン [vision] ⇩ビジョン

ウイスキー [whisky]「ウ井スキー」「ウヰスキー」とも書く。
【火酒(ウイスキー)】WEB／【憂慰酔喜(ウィスキー)】【我好(ウイスキー)】字遊

ウィッグ [wig] ウイッグ。
【付け毛(ウィッグ)】漫画 これ付け毛(ウィッグ)？〔松川祐里子「魔術師 1」1995〕

ウィッチ [witch]
【妖巫(ウィッチ)】古 三人の妖巫(キッチ)〔坪内逍遥訳「マクベス」1935〕
【魔女(ウィッチ)】漫画〔由貴香織里「夜型愛人専門店DX」2004〕

ウィドウ [widow] ウイドー。
【未亡人(ウィドウ)】漫画 陽気な未亡人(メリィ・ウィドウ)〔熊倉裕一「KING OF BANDIT JING 6」2004〕

ウィナー [winner]
【勝者(ウィナー)】漫画〔「コロコロコミック」2008年10月〕

ウィニングショット
【一球(ウィニングショット)】パンフ「劇場版 MAJOR(メジャー) 友情の一球(ウィニングショット)」2008
広告「劇場版 MAJOR(メジャー) 友情の一球(ウィイングショット)」〔「読売新聞」2008年10月7日〕
❖ウイニングの誤入力されたミスプリか。

ウイムシュー [フランス oui, monsieur]
【宇井無愁(ういむしゅう)】筆名〔俗〕

ウイルス [ラテン Virus]
【毒(ウイルス)】漫画 毒(ウイルス)が効かないから〔「週刊少年ジャンプ」2004年7月8日（D. Gray-man）〕
【病原体(ウイルス)】漫画 病原体(ウイルス)？〔青山剛昌「名探偵コナン 8」1996〕

ウインク [wink]

【笑顔(ウインク)】(歌詞) 星空を見上げて 笑顔(ウインク)ひとつで〔ZARD「運命のルーレット廻して」(坂井泉水)1998〕

ウイングロード [wing road]
【翼の道(ウイング・ロード)】(漫画) 翼の道(ウイング・ロード)へ〔大暮維人「エア・ギア 2」2003〕

ウインターダスト [winter dust]
【雪幻(winter dust)】(曲名) T. M. Revolution「雪幻－winter dust－」(井上秋緒)1999〕

ウィンディ [windy]
【風(ウィンディ)】(漫画)『翔』は『風(ウィンディ)』の属性やからな〔CLAMP「カードキャプターさくら 1」1996〕

ウインド [wind]
【風(ウインド)】(漫画) 風(ウインド)と重力と牙〔大暮維人「エア・ギア 4」2003〕
【轟風(ウインド)】(書籍) 轟風弾(ウインド・ブリッド)〔中澤光博／ORG「入門！リナの魔法教室 スレイヤーズRPG」1996〕◆呪文。

ウインドウ [window]
【飾窓(ウインドウ)】(歌詞) とても素敵 おしゃれ横丁(よこちょ)の 飾窓(ウインドウ)〔フランク永井「好き好き好き」(佐伯孝夫)1959〕

ウーマン [woman] 婦人の隠語で「W(ウー)」もあった。
【恋女(ウーマン)】(曲名) 山下久美子「マラソン恋女(ウーマン)」(康珍化)1982〕

ウール [wool]
【羊毛(ウール)】(小説) 巨大な羊毛(ウール)の絨毯二枚で〔夢枕獏「黒塚 KUROZUKA」2003〕

ううん 「うん」の否定形。「うううん」の方が、実際の音声に近いようにも思われるが、実際に小説などでは「ううん」という表記が多い。「ん」を単独では発音しにくいため、「うん」と発音する人が多いことも関係しているか。「うむ」「ふーむ」「ふむふむ」なども、ふざけたり、アニメ愛好が日常化している人のケースを除き、実際の音声とかけ離れている。

うえ [上]
【上(うえ)】(新聞) 領収書のあて名を尋ねたら「上でいい」といわれたので「ウエディ様ですね？」と自信たっぷりに答えた〔「日経新聞」2010年4月10日(NIKKEI プラス1)〕◆上という姓と誤解した話もあり。
【自宅(うえ)】(漫画) 自宅上(うえ)がったか〔山田南平「紅茶王子の姫君」2006〕
【二階(うえ)】(漫画) 2階の部屋(うえ)じゃなくても〔山田南平「紅茶王子 2」1997〕／二階(うえ)に住んでるあのぐーたら娘〔「週刊少年ジャンプ」2004年5月24日(PMG-0)〕
【上空(うえ)】(歌詞) 上空(うえ)に見る hit and away.〔LOVE PSYCHEDELICO「Everybody needs somebody」2004〕
(漫画) 二度も上空(うえ)を取られるとは不覚!!〔和月伸宏「武装錬金 2」2004〕
【地上(うえ)】(漫画) 地上(うえ)まであ… あと… 1階か……〔麻宮騎亜「サイレントメビウス 1」1989〕／地上(うえ)はもっと凄いわね〔CLAMP「X 7」1995〕／地上(うえ)に置いて来ればよかったかな〔荒川弘「鋼の錬金術師 13」2006〕
【上位(うえ)】(漫画) 上位(うえ)のバケモンたちと〔大暮維人「天上天下 9」2002〕
【年長(うえ)】(漫画) もっと年長(うえ)の童を呼んできてほしいと〔藤原眞莉「華くらべ風まどい－清少納言梛子」2003〕
【上官(うえ)】(漫画)〔尾田栄一郎「ONE PIECE 19」2001〕
【司令部(うえ)】(漫画)〔「週刊少年ジャンプ」2004年41号〕
【上段(うえ)】(漫画)〔板垣恵介「グラップラー刃牙」1992～1999〕
【樹(うえ)】(姓)〔佐久間英「珍姓奇名」1965〕
*【高貴(うえうえ)】(古)「読売新聞」1874〔出久根達郎「昔をたずねて今を知る」2003〕

ウエア [wear]

【服装(ウェア)】漫画〔天獅子悦也「むこうぶち 23」2008〕

ウェアビースト [werebeast]
【獣人(ウェア・ビースト)】広告 獣人(ウェア・ビースト)たちが〔神坂一「日帰りクエスト なりゆきまかせの異邦人(ストレンジャー)」1993(巻末)〕

ウェイ [way]
【道(ウェイ)】漫画 おかま道(ウェイ)〔尾田栄一郎「ONE PIECE 18」2001〕

ウェイト [wait]
【待機(ウェイト)】漫画 待機(ウェイト)モード〔和月伸宏「武装錬金 2」2004〕

ウエーブ [wave]
【潮流(ウエーブ)】広告 新潮流(ニュー・ウエーブ)小説〔「読売新聞 夕刊」2009年9月30日〕
【電波(WAVE)】歌詞〔TRF「Meltin' you」(KAZUHIRO HARA)1998〕

ヴェール [veil] ⇩ベール

ウェザー [weather]
*【宇江佐りえ(うえざ)】人名 お天気キャスターを担当したことから、「ウェザー」(weather)をもじり、本名の植松と掛けてこの芸名をつけたという。

うえじ [植字(うえじ)]
【活字(うえじ)】古 活字本(うえじぼん)

ウエスト [waist]
【W(ウエスト)】漫画〔きくち正太「三四郎^{2} 1」1990〕
雑誌〔「SAY」1994年12月〕

ウェブ [web] ワールドワイドウェブ。
【Web(ウェブ)】民間 Web de(ウェブ デ)〔請求書・チラシ 2010〕
【WWW(ウェブ)】小説 WWW(ウェブ)(世界に張り巡らされたクモの巣)の〔清涼院流水「カーニバル 一輪の花」2003〕

ウェリントン [Wellington] ニュージーランドの首都。
【空林登(ウエリントン)】古〔中村正直訳「西国立志編」1871〕

ウェルテル [Werther]
【淮亭郎(エルテル)】古 淮亭郎(エルテル)の悲哀 明治 ゲーテ〔木村義之「近代のあて字と文学」(「日本語学」1994年4月)〕

ウォ
【勝(ウォ)】漫画 草薙京勝(ウォ)……〔鷹岬諒「THE KING OF FIGHTERS '94 外伝 6」1997〕

ウォー [war]
【戦争(War)】漫画 戦争(War)……〔中尊寺ゆつこ「プリンセス in Tokyo」1989〕
*【戦争(ウォーズ)】映画題名「ドラえもん のび太の宇宙小戦争(リトル・スター・ウォーズ)」1985 ❖同名の連載漫画(1984〜1985)から。
漫画題名 倉橋えりか「乙女ちっく戦争(ウォーズ)」1994
*【大戦争(ウォーズ)】ポスター 甲虫大戦争(ビートルウォーズ)勃発!!!〔ゲーム店内(ムシキング)〕

ウォーカー [walker]
【旅人(ウォーカー)】広告 男は皆人生の旅人(ウォーカー)なのだから。〔「読売新聞」2010年6月10日〕

ウォーク [walk]
【歩く(ウォーク)】漫画〔大暮維人「エア・ギア 1」2003〕

ウォークイン [walk-in]
【飛び込み客(ウォーク・イン)】小説 その日の飛び込み客(ウォーク・イン)が〔森村誠一「密閉城下」1991 集〕

ウォーター [water] ウオーター。

【魚多(ウォーター)】古 水は魚多(ウオーター=水ある処に魚多し)「和田守記憶法」〔惣郷正明「辞書漫歩」1987〕❖戦後にまで受け継がれた。

【W(ウォーター)】漫画 ミネラルW(ウォーター)とまちがえて〔中条比紗也「花ざかりの君たちへ 2」1997〕/Wの庭園(ウォーターガーデン)〔「COMICATE No.60」2002〕

ウォーティ
【水(ウォーティ)】漫画『水(ウォーティ)』が飲み込まれちゃったり〔CLAMP「カードキャプターさくら 7」1998〕

ウォーニング [warning]
【警報(ウォーニング)】小説 基地には雷警報(サンダー・ウォーニング)が発令中〔大石英司「神はサイコロを振らない」2005〕

ウォールライド [wall ride]

【壁走り】(ウォールライド) 漫画 初歩の壁走り(ウォールライド)すら〔大暮維人「エア・ギア 3」2003〕
【壁のぼり】(ウォールライド) 漫画 壁のぼり(ウォールライド)の練習は〔大暮維人「エア・ギア 4」2003〕
【WR】(ウォールライド) 漫画 W R(ウォールライド)系技数〔大暮維人「エア・ギア 5」2004〕

ウオツカ［ロシア vodka］「ウオッカ」と促音になってきた。競馬馬にも「ウオッカ」がいる。
【火酒】(ウオツカ) 広告 ロシヤ人は、この壮快な民族の酒を「火酒(ウオツカ)」と呼んでいます。〔1961 目〕

ウォッチャー［watcher］
【監視者】(ウォッチャー) 漫画 監視者(ウォッチャー)ね〔和月伸宏「武装錬金 3」2004〕

ウォッチング［watching］WEBでウオッチのことを「ヲチ」とも。
【再発見】(ウォッチング) 書籍 言技再発見(ウォッチング)〔「ことわざの読本」1989（帯）〕

ウォレット［wallet］
【財布】(ウォレット) 漫画 フサエブランドの財布(ウォレット)〔青山剛昌「名探偵コナン 45」2004〕

うがい［嗽］
【鵜飼】(うがい) 古

うかうか
【食羽化】(うかうか) 小説 食羽化(うかうか)しました〔柳瀬尚紀訳「フィネガンズ・ウェイク III IV」1993〕
その他 虚々(うかうか) 古／茫然布(うかうかしく) 古

うかがう［窺う］
【窺う】(うかが) 小説 反応を窺(うかが)っているだけだろう〔清涼院流水「カーニバル 二輪の草」2003〕

うがつ
【穿つ】(うが) 歌詞 穿(うが)つ隧道(トンネル)二十六〔県歌「信濃の国」(浅井洌)〕

うかぶ［浮かぶ］
【泛ぶ】(うか) 書籍 コトバをつくり出していたころのことが思い泛(うか)ぶ。〔井上ひさし「私家版日本語文法」1981〕／頭に泛(うか)ぶ 相澤正〔高橋輝次「誤植読本」2000〕

うがむ 方言。
【拝む】(うが) 歌詞 拝(うが)むぃぶしゃた〔元ちとせ「サンゴ十五夜」2002〕

うから［族・親族］
【家族】(うから) 辞書 短歌 俳句〔樺島忠夫「事典日本の文字」1985（川崎洋）〕

うかる［受かる］
【合格る】(うか) 広告 合格(うか)る人〔早稲田塾（金城ふみ子 2003）〕／「本気(マジ)で学ぶ LEC で合格(うか)る」〔「Milestone Express」2010〕
民間 合格ろう！

うかれめ［浮かれ女］
【遊女】(うかれめ) 古

うかれる［浮かれる］
*【遊行】(うかれゆく) 古

うき
【浮子】(うき) 俳句〔「読売新聞」2010年3月8日〕

うきうき
【雨季雨季】(ウキウキ) チラシ 雨季雨季(ウキウキ)セール〔スーパーの広告 1973 目〕

うきな［浮き名・憂き名］
【憂名】(うきな) 古 曽良 憂名(うきな)はづかし〔「読売新聞夕刊」2008年12月27日〕
その他 汚名(うきな) 古

うきはし［浮き橋］
【憂橋】(うきはし) 書名 大田南畝「夢の憂橋」1807 ◆永代橋崩落事故に関する記録。もじり。

うきよ［浮き世］
【憂き世】(う よ) 古 ◆語源に沿った表記だが漢語のフセイ（浮世・浮生）の影響を受けている。
【有喜世】(うきよ) 古「有喜世新聞(うきよしんぶん)」1879
【乳世】(うきよ) 誤字 中学のときの話ですが、歴史のテストで、浮世絵と書いたつもりが乳世絵と書いてました。〔WEB〕
その他 浮世(うきよ) 古

うぐいす［鶯］

【夜鶯(うぐいす)】曲名 ALI PROJECT「百合と夜鶯(うぐいす)」〔宝野アリカ〕2005

その他 春鳥(うぐいす) 古

ウクライナ [Ukraina]

【烏克蘭(ウクライナ)】辞書

うけあい [請け合い]

【受合(うけあい)】古 明治の広告 長命(ながいき)すること受合(うけあひ)なり〔井上ひさし「ニホン語日記」1996〕

うけたまわる [承る]

【受賜(うけたま)わる】民間 電話にてのご注文も受賜わります。〔1972 目〕

【受(う)け給(たま)わる】貼紙 ご注文受け給わります。〔駅前商店街 1986 目〕

【受(う)け承(たま)わる】民間 ちん餅受承ります〔ある店 1953 目〕／受け承ります 中野で〔飯間浩明「文字のスナップ」2001〕

【承賜(うけたま)わる】民間 ◆街中の看板や貼り紙で。

【承(う)けたまわる】貼紙 地方発送承けたまわります。〔駅前商店街 1986 目〕◆WEB上でも、各種の使用例が見られる。

うけつぐ [受け継ぐ]

【承(う)け継ぐ】小説 承(う)け継いだ矜持がある〔有吉佐和子「地唄」1956〕

【享(う)け継ぐ】展覧会名 万葉集～享け継がれるその思い～〔2009年10月〕

うける [受ける・請ける]

【防御(うけ)る】漫画 あの蹴りを防御(うけ)おったか〔板垣恵介「グラップラー刃牙 1」1992〕

【受(う)ける】辞書 ◆好評である意。「ウケる」とカタカナ表記が多い。

うごかす [動かす]

【揺(うご)かす】小説 不安に揺(うご)かされる〔夏目漱石「こころ」1914〕

うごく [動く] 国字「働(はたら)く」も元は「動」と書かれた。

【働(うご)く】雑誌 舞台いっぱい働(うご)いて〔「base よしもと OFFICIAL BOOK B面03」2003〕

うごなわる 集まる。

【集(うごなわる)】古 祝詞「集侍(うごなはりはべり)」

うごめく [蠢く]

【動(うご)めく】WEB 暗闇で動めく影◆WEBに多し。

うごろもち

【土竜(うごろもち)】古〔杉本つとむ「日本文字史の研究」1998〕

うこん [鬱金] ウコン。「うこん」と仮名書きされることが多く、「うんこ」と見誤ったとの話が多い。

【鬱金(うこん)】小説 鬱金(うこん)の破片が野火の〔平野啓一郎「日蝕」2002〕◆「鬱金香」はチューリップ。

うざい 「ウザい」「ウザイ」が多い。多摩地方の方言から。

【ジョジョ(ウザイ)】WEB ジョジョと書いてウザイ

その他 鬱陶(うざ)い・胡些(うざ)い・選挙(うざい)カー・兎坐(うざ)ゐ・兎罪(うざい) WEB

うさぎ [兎]

【玉兎(うさぎ)】歌詞 玉兎(うさぎ)の見た〔ALI PROJECT「月光夜」〔宝野アリカ〕1998〕

【免職(うさぎ)】古 免職(うさぎ)か非職(ゲジゲジ) 福地桜痴〔木村義之「近代のあて字と文学」〔「日本語学」1994年4月〕〕◆免が兎に似るため。

【忠吾(うさぎ)】小説 おい忠吾(うさぎ)。〔池波正太郎「鬼平犯科帳」1968～1990〕

うし

【大人(うし)】古

うじうじする

【蛆蛆(うじうじ)する】WEB ◆「蛆々する」の方が少ないのは、変換候補に出ず、「うじ」で入力するためであろう。

うしなう [失う・亡う]

【喪(うしな)う】書籍「ロスト・アート〈喪われた技〉」〔佐藤郁哉「フィールドワーク―書を持って街へ出よう―」1992〕／父を喪い、〔稲畑耕一郎「皇帝たちの中国史」2009〕

小説 自分の存在が喪われる本当の意味を〔清涼院流水「カーニバル二輪の草」2003〕／夫を喪なったあとの〔「読売新聞」2010年3月9日（宮城谷昌光「草原の風」）〕
広告 特別な絆で結ばれていると信じていた人を突然喪ったとき〔「読売新聞」2008年6月29日〕
新聞 妻を喪っては〔「読売新聞 夕刊」2009年11月4日〕
【失う】 漫画 気い失うてるだけや〔CLAMP「カードキャプターさくら 2」1997〕◆関西方言。

うしのひ［丑の日］
【牛の日】 民間 焼肉屋さんで、「土用（土曜だったかも）牛の日」〔WEB〕

うしみつどき［丑三つ時］
【丑満時】 辞書

うしろ［後ろ］
【背】 小説 背の方で打つところに〔小林多喜二「党生活者」1932〕
詩 背ろに倒れ、歌つたよ、〔中原中也「サーカス」1934〕
【背後】 歌詞 あんなに激しい潮騒が あなたの背後で黙りこむ〔薬師丸ひろ子「探偵物語」（松本隆）1983〕／その背後に忍び寄る〔サザンオールスターズ「死体置場でロマンスを」（桑田佳祐）1985〕
漫画〔「週刊少年ジャンプ」2005年2号〕
【後方】 小説 髪を後方で束ね〔夢枕獏「黒塚 KUROZUKA」2003〕
【後姿】 短歌 後姿せつなし〔「読売新聞」2009年9月14日〕

うしろめたい［後ろめたい］
【背徳めたい】 歌詞 背徳めたい気持にそっと〔YMO「過激な淑女」（松本隆）1983〕
その他 影護 古

うすあお［薄青・淡青］
【淡碧】 詩 うるみある淡碧の歯をみせて微笑せり〔高村光太郎「失はれたるモナ・リザ」1910〕◆淡碧の語あり。「碧」と命名したかったが、人名用漢字になかったため、分解して「王白石」で登録したケースがある。

うすい［薄い］
【淡い】 歌誌 花びらをかさねて淡き薔薇のいろゆらば〔「短歌」1994年6月〕

うすい［笛吹］
【笛吹】 誤読 ◆山梨県石和で、地名の笛吹を東京から来た小学生がピッコロと読んだ。ふえふき川もあり、地元でも「うすい」と読めないタクシー運転手もいた。〔2010年3月〕

うすくち［薄口］
【淡口】 広告 対して淡口醤油は、〔「R25」2009年3月12日〕◆巨人に淡口選手がいた。

うずくまる［蹲る］
【蹲踞】 古

うすぐらい［薄暗い］
【暗薄い】 小説〔夏目漱石「吾輩は猫である」1905〕

うすのろ［薄鈍］
【薄野呂】 古

うずひこ
【珍男子】 人名〔佐久間英「珍姓奇名」1965〕／〔紀田順一郎「図鑑日本語の近代史」1997〕◆中国、韓国では人名に「珍」が人気あり。

うすべに［薄紅］
【淡紅】 歌詞 淡紅の秋桜が〔山口百恵「秋桜」（さだまさし）1977〕

うずまき［渦巻き］
【巴波き】 小説 巴波き連れの〔柳瀬尚紀訳「フイネガンズ・ウェイク I II」1991〕◆栃木県に巴波川。卍巴は日本製の語・表記。

うすみどり［薄緑］
【緑白】 歌詞 緑白色の幻がこの星の悲しみを優しく包む〔林原めぐみ「Northern

Lights」2002〕

うすめ［薄目］

【薄眼】歌詞 恥しそうに 薄眼をあけて〔山口百恵「青い果実」(千家和也)1973〕

うすもの［薄物］

【羅】漫画 羅の単姿でな〔岡野玲子「陰陽師1」(夢枕獏)1994〕

うすらい［薄ら氷］

【薄氷】歌詞 薄氷冴返る遠い記憶〔倉木麻衣「Time after time ～花舞う街で～」2003〕／私の胸の薄氷が〔岩本公水「薄氷」(こはまかずえ)2009〕／凪は荒野の薄氷を渡る〔志方あきこ「軌跡」(みとせのりこ)2009〕

【薄火】俳句〔「読売新聞」2010年3月8日〕

❖「薄火」の例も。

うずらとり［鶉鳥］

【宇豆良登理】書籍〔長野まゆみ「ことばのブリキ罐」1992〕❖『古事記』にもある。

うせる［失せる］

【失せる】書籍〔石黒圭『読む』技術」2010〕

その他 耗る 古

*【永劫】書籍〔織田正吉「ことば遊びコレクション」1986〕

うそ［嘘］「嘘」は現代中国では「シー」と黙らせる声などで、ウソの意味はない。

【虚】古 大虚槻先生 投書〔紀田順一郎「日本語大博物館」2001〕❖大槻文彦について。

【啌】書名 奈蒔野馬乎人「啌 多 雁取帳」1783〕

【譃】書名 式亭三馬「小野篁譃字尽」1806〕

【虚言】小説 虚言ではなかったことを〔森村誠一「殺意の接点」2001〕❖「嘘言」〔1930 隠〕は、読み不明だが、うそということは分かる。「キョゲン」「そらごと」か。

【虚像】歌詞 虚像こそ真実と〔ALI PROJECT「LOST CHILD」(宝野アリカ)1998〕

【言葉】歌詞 優しい言葉より〔ZOO「Kiss me」(佐藤ありす)1992〕

【冗談】漫画 もっとマシな冗談をこくんだな〔渡辺祥智「銀の勇者 2」1999〕

【仮構】新聞 杉本秀太郎氏は、1988年の読売文学賞受賞作『徒然草』で「誘われた」は仮構(うそ)で、兼好自身が女に会いに出かけたと解釈した。〔「読売新聞」2008年7月11日〕

【演技】漫画〔北川みゆき「罪に濡れたふたり9」2002〕

【故】文集 故○○(人名)〔高校 1991〕

【口跡】メール ❖分字。

その他 嘘喝・空言・訛言・口合・迂詐 古

*【贋作天保六花撰】書名 ❖北原亞以子著(2004)。

関連【ウソ(善)】歌詞 そんなウソ(善)やホント(悪)〔19「あの青をこえて」(326)1999〕

うた［歌］

【唄】❖改定常用漢字表(答申)では「長唄」などに限定して認められた。

曲名 刈干切唄〔宮崎県民謡〕／松井須磨子「カチューシャの唄」(島村抱月・相馬御風)1914〕／松井須磨子「ゴンドラの唄」(吉井勇)1915〕／二村定一「アラビヤの唄」1927〕／淡谷のり子「嘆きの唄」1930〕／並木路子・霧島昇「リンゴの唄」(サトウハチロー)1945〕／菅原都々子「連絡船の唄」1951〕／堀内孝雄「恋唄綴り」(荒木とよひさ)1990〕／THE BOOM「島唄」1992〕／GReeeeN「愛唄」2007〕

歌詞 赤トンボの唄をうたった空は〔加藤和彦・北山修「あの素晴らしい愛をもう一度」(北山修)1971〕／わらべ唄聞こえる北国の〔千昌夫「北国の春」(いではく)1977〕／ステキな唄が流れてくるわ〔山口百恵「プレイバック Part2」(阿木燿子)1978〕

新聞「季座さろん 山田検校と唄、そして山木検校」〔「読売新聞 夕刊」2009年10月6日〕／唄のほうが歌よりも軽く小さく、どこか投げやりで、その分哀しい 久世光彦

『マイ・ラスト・ソング』〔「読売新聞」2010年6月8日(編集手帳)〕

番組名 連続ドラマ『桜の唄』〔「読売新聞」2010年3月1日〕

【唄声】歌詞 あの唄声〔神野美伽「酒未練」(吉田旺)2009〕

【詩】◆自由詩、現代詩なども詩と称することがある。

書籍〔大久保博訳「完訳ギリシア・ローマ神話」1970〕／赤裸の詩〔池田雅之「ラフカディオ・ハーンの日本」2009〕

曲名 郷ひろみ「天使の詩」(ヒロコ・ムトー)1972／中島みゆき「流浪の詩」1976／小泉今日子「詩色の季節」(大山和栄)1982／島津亜矢「海鳴りの詩」(星野哲郎)1996／スキマスイッチ「アカツキの詩」2006／absorb「愛ノ詩」2009

歌詞 未来の花嫁の腕に花を投げる風と木の詩〔山口百恵「春爛漫」(松本隆)1980〕／心を癒す詩にして〔白鳥英美子「Melodies Of Life ~ Featured in FINAL FANTASY IX」(シオミ)2000〕／詩を奏でる〔秋岡秀治「甲州夢街道」(星野哲郎)2001〕／真実の詩はこの胸に流れ〔Do As Infinity「真実の詩」2002〕／君の大好きな月の詩を〔Gackt「月の詩」(Gackt.C)2003〕／この詩の意味がわかるか〔ナイトメア「ジャイアニズム天」(咲人)2010〕

雑誌〔「宝石」1994年10月〕

漫画題名 水島新司「野球狂の詩」1972～1976／竹宮恵子「風と木の詩」1976～1984

小説 血と闇と滅びの詩を〔菊地秀行「魔界都市ブルース 夜叉姫伝4」1990〕

地名 詩島。◆長崎県の島で、「寺島」だったが、さだまさしが1995年に改名。

映画題名「ガーダ パレスチナの詩」2005

写真展名「レンズの詩」〔「読売新聞 夕刊」2010年3月16日〕

人名 詩乃さん(8)〔「読売新聞」2009年3月9日〕

番組名 プラネタリウム番組「平原綾香 いのちの星の詩」〔「読売新聞 夕刊」2009年11月26日〕

【叙事詩】歌詞 戦火の叙事詩を詠いましょう〔Sound Horizon「石畳の緋き悪魔」(REVO)2007〕

【和歌】漫画 この和歌の謎を解いたもんが〔さとうふみや「金田一少年の事件簿 5」(金成陽三郎)1993〕／一首の和歌が記されている〔藤原眞莉「華くらべ風まどい - 清少納言椰子」2003〕

書名 原口泉「龍馬は和歌で日本を変えた」2010

【短歌】広告 サラダ記念日・短歌くらべ〔「読売新聞」2006年7月2日〕

短歌 二月は三つ字足らずの短歌〔「読売新聞」2010年3月22日〕／短歌つくり初む兄妹三人〔「読売新聞」2010年3月15日〕

【漢詩】漫画 白楽天が詠んだ漢詩の一節に〔藤原眞莉「華くらべ風まどい - 清少納言椰子」2003〕

【詩歌】漫画 おとうさんもそんな詩歌を詠んでみたいもんだな〔猫十字社「小さなお茶会 2」2000〕

【物語】歌詞 そして僕らは物語に変わる〔水樹奈々「天空のカナリア」(HIBIKI)2009〕

【歴史】歌詞 そして僕らは歴史に変わる〔水樹奈々「天空のカナリア」(HIBIKI)2009〕

【詞】歌詞 あたりさわりのない詞〔黒夢「Maria」1998〕／思い出す過去の詞〔藤澤ノリマサ「君の後ろ姿」2008〕

【譜】広告 白ゆりの譜〔「読売新聞」2009年12月19日(pumpkin)〕◆雑誌の企画の名。

【謡】歌詞 素敵な恋の謡も〔day after tomorrow「君と逢えた奇跡」(五十嵐充)2005〕

【曲】歌詞 又もつまびく 別れの曲よ〔松山恵

子「十九の浮草」（牧喜代司）1956〕

【夢想曲】歌詞 咆哮の悲しき夢想曲終わらない〔D「悪夢喰らい」（ASAGI）2006〕

【謳】歌詞 燃えさかる謳を〔水樹奈々「悦楽カメリア」2009〕

【旋律】歌詞 果てしない時の流れは祈りの旋律よ〔白龍「運命の鼓動よ」（田久保真見）2005〕

【共鳴】歌詞 ボクらが信じた愛ノ共鳴〔南里侑香「月導 － Tsukishirube －」（尾澤拓実）2010〕

【唱】新聞 七草唱 港区 愛宕神社〔「読売新聞夕刊」2010年1月30日〕

【演歌】曲名 松原のぶえ「新宿みなと演歌」（吉田旺）1985

【雅楽】WEB 歌、唄、雅楽、賦、詩などさまざまな語に「うた」の読みを当てる。❖人名にも。

【ARIA】歌詞 ARIAに添い〔霜月はるか「選ばれた民」2009〕

【欠片】歌詞 消えない君の欠片〔霜月はるか「消えない欠片」2009〕❖「かけら」だけでも熟字訓だが、それをふまえてさらに別の読みを与えている。

【舞台】歌詞 舞台は私の人生だけど〔小林幸子「孔雀」（荒木とよひさ）2003〕

その他 唱歌 漫画／童謡 WEB

うたう［歌う］

【唄う】曲名 淡谷のり子「唄え我が春を」（堀内敬三）1934

歌詞 唄う我が世の春を〔淡谷のり子「ヴェニ・ヴェニ」（桐山麗吉）1938〕／唄いましょうかリンゴの唄を 二人で唄えば なお楽し〔並木路子・霧島昇「リンゴの唄」（サトウハチロー）1946〕／愛し愛しと 唄うそな〔樋口静雄「長崎シャンソン」（内田つとむ）1946〕❖「うとう」と歌われる。／ポルカを唄へば 唄およポルカ〔鶴田浩二「裏街ポルカ」（宮川哲夫）1954〕／悲しい歌唄っても 指折り いつまで唄えばいいのか〔長渕剛「あんたとあたいは数え唄」1979〕／唄って〔いきものがかり「YELL」（水野良樹）2009〕

映画題名「雨に唄えば」1952

短歌 シベリアの女らが唄ふ「カチューシャ」は〔「読売新聞」2009年10月26日〕

新聞「都の西北」を唄うことに〔「読売新聞」2008年11月13日（クミコ）〕

【歌とう】新聞 一人芝居「石が笑うた土瓶が歌とた」〔「読売新聞」2010年4月25日〕

【唱う】歌詞 火の気のない部屋の闇の唱う声に〔豊島たづみ「とまどいトワイライト」（阿木燿子）1979〕／笑いながらそう唱えたら無敵〔堂本剛「See You In My Dream」2004〕

【唄叫う】歌詞 唄叫った「巡恋歌」〔ガゼット「春ニ散リケリ、身ハ枯レルデゴザイマス。」（流鬼）2006〕

【喋う】歌詞 ニュースは不況を喋い〔甲斐バンド「かりそめのスイング」（甲斐よしひろ）1975〕

【詩う】歌詞 悔いのない青春を 詩って歩きたい〔千葉紘子「折鶴」（安井かずみ）1972〕／多くの歌が詩う真実〔愛内里菜「Melodies」2009〕

雑誌 竹内てるよは『母の大義』に詩ったではないか。〔「宝石」1994年2月〕

【謳う】歌詞 歌おう 謳おう 心の限り〔中島みゆき「歌をあなたに」1976〕／誰の為に謳い〔アルフィー「祈り」（高見沢俊彦）1983〕

雑誌 謳って〔「宝石」1994年3月〕

広告 叙情豊かに謳いあげたオリジナル木版画〔「朝日新聞」2010年3月5日〕／謳い上げた〔「読売新聞」2010年3月14日〕

【嘔う】雑誌 嘔い文句が 嘔い文句を〔「栄養と料理」1994年10月〕❖「謳い」の誤りか。

【詠う】新聞 和歌にはさまざまな恋の形が詠われていますから〔「読売新聞」2009年5月

30日〈田辺聖子〉」

広告 もう愛の唄なんて詠えない さだまさし〈「読売新聞」2009年7月26日〉

題名「がんを詠う」と題した妻と娘の紅さんとの往復書簡〈「読売新聞」2010年3月2日〉

【訴う】歌詞 不安の中訴う愛は〈9 GOATS BLACK OUT「Sleeping Beauty」(ryo) 2008〉

うたがい［疑い］

【猜疑心】歌詞 プライドや猜疑心(うたがい)とか〈DEEN「ひとりじゃない」(池森秀一) 1996〉

その他 懐疑・猜疑 古

うたかた［泡沫］

【水泡】歌詞 水泡の様に嘆きを忘れて〈志方あきこ「睡恋」(志方あきこ・LEONN) 2005〉

うたがわしい［疑わしい］

【可疑しき】古

うたげ［宴］

【饗宴】歌詞 悪意が潜む斑の饗宴〈霜月はるか「斑の王国」(日山尚) 2009〉

うたごよみ［歌暦］

【歌麿】誤字 ◆1987年2月21日の歌暦(ライブアルバム名)が貸しCD店で「歌麿」と印字されていた。

うたたね［転寝］

【一二三】古 ◆室町時代に。

【二寝】【仮寐】古 ◆西鶴。

【午睡】書名 あさのあつこ「神々の午睡(うたたね)」2009 ◆古く「仮睡」「仮寝」が使われていた。

うだつ

【卯建】雑誌 意匠を凝らした卯建〈「旅行読売」1994年8月〉

その他 梲・宇立 古

うたてや

【踈薄】古

ウタリ アイヌ語で、「親族」「同胞」「仲間」の意。

【同胞】新聞 南の文明に脅かされる同胞(ウタリ)が〈「朝日新聞」2008年6月7日〉

うち［内］

【内】古 ◆家の意に。江戸時代から見られる表記だが、今日では一般的でない。

【中】小説 その表情の中には〈夏目漱石「こころ」1914〉／午前の中か、〈平野啓一郎「日蝕」2002〉

歌詞 ひとに云えないこころの中は〈佐川ミツオ「背広姿の渡り鳥」(宮川哲夫) 1961〉／みるみる中にやせて来て〈守屋浩「がまの油売り」(浜口庫之助) 1963〉

【裏】小説 私の胸の裏に〈夏目漱石「こころ」1914〉

【裡】雑誌 その裡、〈「優駿」1994年6月〉

【内側】小説 内側から吐き出しつつ〈菊地秀行「魔界都市ブルース 夜叉姫伝4」1990〉

歌詞 ぼくらの心の内側で〈愛内里菜「POWER OF WORDS」2002〉

【家】◆載せない辞書があるが、「家」は普通に用いられている。「…んち」では「…ん家」も。かつては「宅」も。現在では、「私の内で遊ぶ」では抵抗があろう。「うち飲み」のように仮名にすることもあり。↓おうち

小説 私はすぐ先生の家へ行った。〈夏目漱石「こころ」1914〉／立派な一軒の西洋造りの家がありました。〈宮沢賢治「注文の多い料理店」1924〉／鎌倉の家と話していたんです〈松本清張「点と線」1958〉

書籍 他宗の者には、家を貸さない。〈井上ひさし「私家版 日本語文法」1981〉／仮りに「家」と云う字に「イエ」を振ったとしましても、これは作者が、いつでも「家」を「イエ」と読むことを欲しているのではありません。同じ作品の中においても、或る所では「イエ」と読み、或る所では「ウチ」と

読んで貰いたいのでありますから、「イエ」と読むべき場合、「ウチ」と読むべき場合を区別するためには、「家」と云う字へ悉くルビを振らなければなりません。〔谷崎潤一郎「文章読本」1934〕／鷗外風の書き方を徹底させれば、「家」は「内」になってしまい、どうもどこまでは実行しかねる。(中略)「家」と云う字を「イエ」とより外読んではならないと云う理窟はなく、新しい訓も訓でないとは云えない。〔同〕

歌詞 お家で遊びましょう〔北原白秋「雨」1913〕／家にひとり帰る時が〔江利チエミ「酒場にて」〔山上路夫〕1974〕／この時間は家に居たのに…〔DEEN「瞳そらさないで」〔坂井泉水〕1994〕／家の娘は弾いてます〔Natsumi「紙のピアノ」〔佐野源佐衛門一文〕2004〕

曲名 竹内まりや「家に帰ろう(マイ・スイート・ホーム)」1992

漫画 家ン中はいろうよう〔浅田弘幸「眠兎 1」1992〕／家に来い〔CLAMP「X 1」1992〕／早く家に帰りたい〔小花美穂「パートナー 3」2000〕

雑誌 奥さん始め家のものが、〔「プレジデント」1994年5月〕

掲示 あなたのお家の前〔東京都杉並区 2008〕

辞書 家子〔集〕❖芸者の言葉。

広告 家トレ〔「読売新聞」2009年6月22日〕

商品名 お家de パソコン教室〔「読売新聞」2010年3月21日〕

【宅】 小説 先生の宅〔夏目漱石「こころ」1914〕

【自家】 小説 ひょっとお前が自家へ来ないとも限らない、〔小林多喜二「党生活者」1932〕

【吾家】 小説 吾家の床柱の前にでも〔島崎藤村「夜明け前 第一部」1932〕

【実家】 漫画 一日くらい実家に帰ればよかったのに〔山田南平「紅茶王子 7」1999〕

【分家】 漫画〔高屋奈月「幻影夢想 1」1996〕

小説 お花が、分家にもやって参りましたの〔「読売新聞」2009年5月20日〕

【両親】 漫画 管理人は両親だもん〔冴凪亮「よろず屋東海道本舗 2」2000〕

【部屋】 漫画題名 原秀則「部屋(うち)においでよ」1990～1994

漫画 部屋に何か用?〔中条比紗也「花ざかりの君たちへ 1」1997〕／のだめの部屋行ってもいい〔二ノ宮知子「のだめカンタービレ 17」2007〕

【神社】 漫画 神社がなくなってる…?〔高橋留美子「犬夜叉 1」1997〕❖主人公の実家。

【青学】 漫画 完全に青学のペースだよ!!〔許斐剛「テニスの王子様 23」2004〕❖主人公の学校。

【俺達】 漫画 今の俺達は部員も少ないし〔山田南平「紅茶王子 16」2002〕

【高1】 漫画 高1のアンカー堀内だし〔山田南平「紅茶王子 3」1998〕

【ミス研】 漫画 ミス研の部室じゃないか?〔さとうふみや「金田一少年の事件簿 5」〔金成陽三郎〕1993〕❖ミステリー研究会。

【事務所】 小説 事務所としては〔大石英司「神はサイコロを振らない」2005〕

【赤目組】 漫画 赤目組の若いもん〔立原あゆみ「本気! 8」1988〕❖「赤目」とも。

【エクスタシーレコード】 書籍 エクスタシーレコードで一緒にやらないか〔櫻井そうし「GLAY The Message」1999〕❖YOSHIKIのレコード会社。ルビが短い。

【私】 ❖関東でも若年女性では使われるようになってきた語。→うちら

歌詞 私はあんたに放されたまま〔木下結子「放されて」〔吉田旺〕1984〕

広告 私が「まなびや三人吉三」のヒロイン〔「花とゆめ」2004年22号〕

【女の子】 漫画 よくも女の子にあんな事しておいて〔樋口橋「学園アリス 1」2003〕

【普通の人間(ウチ)】〔漫画〕普通の人間(ウチ)は入れへんの?〔樋口橘「学園アリス 1」2003〕

〔その他〕間(うち)・家内(うち)・青楼(うち)〔古〕/西家(うち)・岡崎家(うち)・宗像家(うち)・空木家(うち)・野山野家(ウチ)・西園寺(うち)・宿(うち)・酒屋(うち)・裏軒(うち)・一刻館(うち)・幼稚園(うち)・高校(うち)・男子高(うち)・アホ高(うち)・星奏学院(うち)・生徒会(うち)・水泳部(うち)・園芸部(うち)・空手部(うち)・部活(うち)・映研(うち)・銃士隊(ウチ)・警察署(うち)・市警(ウチ)・県警(うち)・青森県警(うち)・南署(ウチ)・軍法会議所(うち)・肉屋(うち)・よろず屋(うち)・カンザキ商事(うち)・大森山動物園(ウチ)〔漫画〕/地元(うち)〔WEB〕/九卿家(うちんち)〔漫画〕/通天閣署(うちのしょ)〔漫画〕

〔関連〕【ウチの店(すいーと館)】〔漫画〕ウチの店(すいーと館)もタイムサービスやらない?〔山野りんりん「はにーすいーとティータイム 1」2002〕◆主人公姉妹の経営する喫茶店。「うち(すいーと館)」とも。

〔関連〕【ウチ(205号室)】〔漫画〕◆主人公の住む部屋。

〔関連〕【うち(剣道)】〔小説〕◆部活。

うちかけ［打ち掛け］

【裲襠(うちかけ)】〔古〕

うちがみ

【裏神(ウチガミ)】〔書籍〕ウチガミ、裏神、中神、内神〔平川南「日本の原像」2008〕

うちなあ

【沖縄(ウチナー)】〔広告〕沖縄(ウチナー)の手(ティー)は、誰にも負けない。〔「読売新聞」2009年5月26日〕◆おきなわの「なわ」は「那覇」と同源とも言われる。

うちまく［内幕］

【内膜(うちまく)】〔誤字〕内膜レポート 週刊誌中吊り広告 書き取り問題でも〔斎賀秀夫「漢字と遊ぶ」1978〕

うちら

【高校生(うちら)】〔漫画〕高校生(うちら)にはね〔「花とゆめ」2004年22号(未成年領域)〕

【銃士隊(ウチら)】〔漫画〕銃士隊(ウチら)の仕事は殺す事じゃない〔「週刊少年ジャンプ」2004年5月24日(PMG-0)〕

〔その他〕我等(うちら)〔漫画〕

〔関連〕【ウチら(学校)】〔漫画〕ウチら(学校)のためにあの学校行く事になったん?〔樋口橘「学園アリス 1」2003〕

うちわ

【団扇(うちわ)】〔古〕

うつ［鬱］→りんしろう

【鬱(うつ)】〔字解〕◆テレビなどで「リンカーンはアメリカンコーヒーを3杯飲んだ」と書くという覚え方を聞いたが、それも覚えられない、という人少なからず。韓国の鬱陵島はウルルン島。

うつ［打つ・撃つ］→ぶつ(打つ)

【撲(う)つ】〔小説〕拳で撲(う)ってみた〔遠藤周作「わたしが・棄てた・女」1964〕/私を撲(う)つのである〔平野啓一郎「日蝕」2002〕◆漱石『坊ちゃん』の自筆原稿に「肋骨を撲つて」。

【射(う)つ】〔書籍〕機関銃を射(う)ち続けることになる。〔井上ひさし「自家製文章読本」1984〕

〔歌詞〕貴方のハートが なぜなぜ射てぬ〔轟夕起子「腰抜け二挺拳銃」(佐伯孝夫)1950〕/ジュリーがライバル 射ち落とせライバル〔石野真子「ジュリーがライバル」(松本礼児)1979〕/射(う)たれて乾杯〔近藤真彦「ホレたぜ!乾杯」(松本隆)1982〕◆アーチェリーでも射つ。

〔曲名〕久保田利伸「TIME シャワーに射たれて」(川村真澄)1986/Sound Horizon「恋人を射(う)ち落とした日」(REVO)2002

【弾(う)つ】〔歌詞〕彼女は弾たれて サイレンの中運び出される〔松任谷由実「ジェラシーと云う名の悪夢」1986〕

【振(う)つ】〔書籍〕九十たび振(う)つ〔平川南「日本の原像」2008〕

うっかり

【浮(うっ)かり】〔書籍〕浮かり返事は書かれなかった〔室生犀星 1955〔目〕〕◆あるいは「うかり」と読ませるか。

〔その他〕漫然(うっかり)・空然(うっかり)・空疎(うっかり)・恍然(うっかり)・呆然(うっかり)・

【迂闊・放心・浮っかり】古

うづき［卯月］

【四月】古

うつくしい［美しい］

【愛し】【美鋪】【美麗】【妖蠱しい】【妖淫き】古 ❖他にも「厳」「麗」「可愛」「媚」「艶」「妖」「愛常」。

*__【美し差】__広告 女性の美し「差」は、髪〔「読売新聞」2009年9月28日〕／頭皮ケア 比べて気付く 美し差〔「読売新聞」2009年12月1日〕❖しゃれ。

うつくしび［慈しび］

【徳】民間 神の徳（うつくしび）〔春日大社宝物殿付近 2007年1月3日〕

うつけ［空け・虚け］

【勢空】古 ❖躻は国字。

うつしみ

【現身】小説 現身のまま補陀落浄土へ〔井上靖「補陀落渡海記」1961〕

うつす［移す］

【遷す】小説 遷された〔「読売新聞」2010年3月27日（宮城谷昌光）〕❖遷移・遷都。

【感染す】小説 きっと君に感染すまいとして〔筒井康隆「文学部唯野教授」1990〕

歌詞 あなたに本気を 感染したい〔Wink「愛が止まらない（TURN IT INTO MY LOVE）」（及川眠子）1988〕／〔忍足侑士「HIDE&SEEK」（石川絵里）2005〕

【伝染す】小説 伝染そう〔宮尾登美子「藏」1993〕

その他 **転す** 古

うつす［映す］

【反射す】歌詞 光る波にその姿反射しだし〔ゴスペラーズ「カレンダー」（安岡優）1996〕／ヒカリを反射して〔タッキー&翼「卒業～さよならは明日のために～」（Kenn Kato）2003〕

【紗す】歌詞 雨粒を紗す灰色の雲間〔志方あきこ「軌跡」（みとせのりこ）2009〕❖「シャをかける」の紗。

うつす［写す］

【撮す】歌詞 僕のカメラで 撮した君を〔舟木一夫「修学旅行」（丘灯至夫）1963〕

うつせみ

【現身】小説〔宮部みゆき「震える岩」1993〕／現身の右衛門は知らない〔藤原眞莉「華くらべ風まどい－清少納言梛子」2003〕

その他 **空蟬** 辞書

うつだしのう

【鬱だ氏のう】WEB「鬱だ。死のう」の意。間違った書き込みをしてしまった時に軽い謝罪の言葉として使われる。「鬱だ汁濃」「打つだ氏脳」「鬱打詩嚢」などとも。うつ：鬱、欝、宇津、打つ、だし：だし、出汁、山車、出し、のう：のう、嚢、濃、脳、能、納、悩、膿、農、の宇、乃宇、だ：だ、田、駄、堕、打、惰、し：し、「氏ね」に使われる「し」の字なども。

うっちゃる

【放擲る】【打捨】古

*__【打っ捨らかす】__古〔1921 俗〕

うつつ

【現】歌詞 現つにか〔軍歌「幻の戦車隊」（横沢千秋）1939〕

【現世】歌詞 現世なんか こえて Fly High〔中森明菜「STAR PILOT」（ちあき哲也）1985〕

【現実】歌詞 夢だろうと 現実だろうと〔石原裕次郎「わが人生に悔いなし」（なかにし礼）1987〕／淡い夢現実に消える〔Salita「春の檻」2009〕

歌誌 現実なる〔「短歌」1994年2月〕

雑誌 夢と現実の狭間〔「小説新潮」1994年4月〕

小説 現実ではなかなか会えないひとを〔藤原眞莉「華くらべ風まどい－清少納言梛子」2003〕

その他 **幻** 古

ウッド［wood］
【樹(ウッド)】 漫画 もう一枚の『樹(ウッド)』のカードも〔CLAMP「カードキャプターさくら 1」1996〕

うっとい
【鬱陶(うっと)い】 WEB ◆関西の方言。

うっとうしい
【鬱陶敷(うっとうしい)】 古

うっとり
【恍惚(うっとり)】 歌詞 恍惚(うっとり)しちゃう時間を頂戴〔ALI PROJECT「暗黒天国」(宝野アリカ)2007〕
【陶然(うっと)り】 WEB ◆「鬱(っ)とりする」もあり。
その他 陶酔(うっとり) 古

うっぷん［鬱憤］
【雨(う)っ憤(ぷん)】 新聞 長島2ランで雨っ憤〔「日刊スポーツ」1972年4月11日(見出し)㊐〕◆もじり。連日雨で試合が流れていた。

うつぼ［靫］
【空穂(うつぼ)】 辞書 ◆窪田空穂(号)。穼は合字。

うつむく［俯く］
【うつ向(む)く】 小説 うつ向きかげんに〔松本清張「点と線」1958〕
【俯向(うつむ)く】 歌詞 グラス握り俯向いてる〔day after tomorrow「gift」(Misono)2002〕
【鬱向(うつむ)く】 歌詞 鬱向く無言の影に触れられない〔ガゼット「Crucify Sorrow」(流鬼)2006〕
◆WEBに多い。

うつる［移る］
【遷(うつ)る】 新聞 都が洛陽(らくよう)に遷(うつ)るというのは洛陽遷都(せんと)〔「読売新聞」2010年2月15日〕
広告 昭和から平成へと時が遷(うつ)る中、〔「読売新聞」2009年11月12日〕
【伝染(うつ)る】 歌詞 遠い電車の響き 路地から路地に伝染り〔鈴木茂「微熱少年」(松本隆)1975〕／風邪が伝染(うつ)るといけないから〔Mr. Children「Over」(桜井和寿)1994〕◆「移る」などは当てにくい。
雑誌 伝染りモノ〔「CanCam」2004年5月〕
漫画題名 吉田戦車「伝染(うつ)るんです。」1989～1994
◆レンズ付きフィルム「写ルンです」(1986～)から。
小説 伝染(うつ)らないよね〔大野木寛「ラーゼフォン 1」(BONES・出渕裕)2002〕
漫画 バカが伝染(うつ)る〔三田紀房「ドラゴン桜 1」2003〕／そんな事で伝染(うつ)るんなら〔荒川弘「鋼の錬金術師 17」2007〕
その他 不所(うつる) 古

うつる［映る・写る］
【反射(うつ)る】 歌詞 窓に反射(うつ)る哀れな自分(おとこ)が〔Mr. Children「innocent world」(桜井和寿)1994〕
【撮(うつ)る】 雑誌 写真に撮(うつ)っている〔「小説新潮」1994年5月〕

うつろ［虚ろ］
【空虚(うつろ)】 歌詞 馴れた空虚(うつろ)が 苦しくなって〔大津美子「流れのジプシー娘」(矢野亮)1956〕
【空(うつ)ろ】 歌詞 空ろな心に映る〔ポール聖名子「雨のピエロ」(浜口庫之助)1961〕
【虚(うつろ)】 歌詞 虚(うつろ)の淵〔天野月子「ウタカタ」2006〕

うつろう［移ろう］
【虚(うつろ)う】 歌詞 きらめく街をふりむけば 想いは遠く虚う〔大貫妙子「夏に恋する女たち」1983〕
その他 落易(うつろう) 古

うつわ［器］
【器物(うつわ)】 詩 この器物(うつは)の〔萩原朔太郎「静物」1925〕
【空環(うつわ)】 漫画〔鈴木信也「Mr. FULLSWING」2001～2006〕
【肉体(うつわ)】 漫画〔田辺イエロウ「結界師 1」2004〕

うで［腕］
【技術(うで)】 漫画 綺麗な男だ 技術(うで)もいい〔松川祐里子「魔術師 3」1997〕
その他 技倆(うで) WEB

うでっこき［腕っ扱き］
【腕利(うでっこき)】 古

うど［独活］
【人】古「日待ばなしこまざらひ」1684～1688ころ〔小林祥次郎「日本のことば遊び」2004〕❖独活のことかという。
その他 **独活** 古

うとましい［疎ましい］
【可疎しい】古

うとむ［疎む］
【形跡】古

うどん［饂飩］
【烏龍】中国❖音訳。「烏冬」とも。

うなう［耕う］
【耕う】歌誌〔「短歌」1994年8月〕

うなじゅう［鰻重］ 鰻玉と同じ部分訓。
【鰻重】新聞〔「読売新聞 夕刊」2009年8月26日〕

うなずく［頷く・首肯く・肯く］
【点頭く】【首肯く】古❖漱石も用いる。

うに［海胆・海栗］
【雲丹】民間❖食品（ウニの卵巣）としてはこれらが多い。

うぬ［汝・己］
【迂奴】古〔江戸時代〕❖軽卑語。
【汝】小説 汝の報告を〔清涼院流水「カーニバル 二輪の草」2003〕

うぬぼれる［自惚れる］
【己惚れる】古／**【自惚】**古

うね［畝・畦］
【晦】【壟】古

うば
【乳母】雑誌 日常語として消える可能性〔木村義之「近代のあて字と文学」（「日本語学」1994年4月）〕❖常用漢字の語例欄にもこの類あり。

うば 湯葉。
【豆腐皮】古

うはっきゅう［烏八臼］
【〓】古❖墓などに見られるが、読みが確定していない。

うばら［茨・荊棘］ いばら。
【棘】歌誌〔「短歌」1994年2月〕

うぶ
【初】歌詞 初なむかしの恋ごころ〔鶴田六郎「港の恋唄」（野村俊夫）1949〕❖小泉今日子「U・BU」、伊藤美紀、B'z「UBU」は、若さのニュアンスのほかに綴られたローマ字の形のおもしろさも影響しているか。
【初心】古❖ATOK17では「初」「産」「初心」と変換される。生方は姓。
【従順】歌詞 我が日本人は従順な People〔桑田佳祐「ROCK AND ROLL HERO」2002〕

うぶごえ［産声］
【初声】歌詞 其は天つ光に授かりたる初声〔霜月はるか「護森人」（日山尚）2007〕

うぶすな
【産土】【産品】新聞 漢字を当てれば「産土」または「産品」となり、「その土地で固有に産み出されるもの」という意味が込められている。〔「読売新聞 夕刊」2010年4月14日〕

うぶめ
【姑獲鳥】書名 京極夏彦「姑獲鳥の夏」1994

うま［馬］
【駒】漫画 駒が出たから「まさか」なわけで〔今野緒雪「マリア様がみてる」1998～〕
*****【駯】**辞書〔「大漢和辞典」（字訓索引）〕
❖「くろいくちびるのうし」は「犉」。

うまい 「うまい」は表内訓なし。「下手」は常用漢字表付表にあり。「美味い」「上手い」「旨い」「巧い」「甘い」は、すべて表内字だが表外訓。→うまし
【甘】古 甘汁〔1917 隠〕
【味い】古 味い話〔1887 俗〕
【旨い】歌詞 オマエの事が欲しいのサ 旨い言葉も言えないし〔BOØWY「BEAT SWEET」（氷室京介）1986〕
【美味い】漫画 見るからに美味そーだった

う

ので〔川原泉「メイプル戦記 1」1992〕❖「美味しい」とも。

【巧い】広告〔「読売新聞」2002年2月(金城ふみ子2003)〕

【巧い】歌詞 巧くはいかなくて〔スキマスイッチ「ボクノート」2006〕

新聞 巧い〔「読売新聞 夕刊」2010年3月2日〕

【うまい】看板 高田馬場で一番うまい店〔らーめん店〕

【う米】WEB ❖商品名にも。

【馬い】コラム名 馬い話〔「日刊スポーツ」〕

❖しゃれ。

【上手え】小説 とても上手えがったどオ!〔小林多喜二「蟹工船」1929〕

【梅エ】広告 2億円、買って松竹 梅ェ話。〔「読売新聞」2010年2月15日〕❖しゃれ。

その他 易い古

*【美麺】TV〔アニメ「焼きたて!ジャぱん」2005年1月18日(サブタイトル)〕❖美味と麺。

うまかい【馬飼】

【典人】漫画 典人でもそこに寝とまりはせぬ〔山岸凉子「日出処の天子 1」1980〕

【典馬】漫画 私のつれてきた典馬まで〔山岸凉子「日出処の天子 1」1980〕

うまごや【馬小屋】

【美味小屋】店名〔斎賀秀夫「あて字の考現学」(「日本語学」1994年4月)〕

うまし【旨し・甘し】

【可美】古 可美真手命 神名

【美し】新聞 三重県の野呂昭彦知事が20日の会見で、観光キャッチフレーズを「美味し国 伊達な旅」とした宮城県に対し「非常に不愉快」とかみついた。三重は05年から「美(うま)し国、まいろう。伊勢・鳥羽・志摩」を使用。〔「毎日新聞」2007年3月21日〕

【美味し】広告 美味し国 伊達な旅〔仙台・宮城デスティネーションキャンペーンのキャッチフレーズ〕

うまみ【旨み】

【旨味】辞書 ❖うま味調味料。

【美味】広告 苦美味の魅力〔シガリオ、ブラックジンガー広告(金城ふみ子2003)〕

うまや【厩・馬屋】

【駅家】書籍〔平川南「日本の原像」2008〕

うまれかわり【生まれ変わり】

【転生】小説 椰子は熊野狐の転生であるから〔藤原眞莉「華くらべ風まどい―清少納言椰子」2003〕

うまれつき【生まれ付き】

【性質】古

うまれながら【生まれ乍ら】

【生来】小説 生来に中宮だったのではないかと〔藤原眞莉「華くらべ風まどい―清少納言椰子」2003〕

うまれる【生まれる】

【誕生れる】雑誌 誕ぅ生ぉれる〔「旅」1994年7月〕

歌詞 数多の生命が誕生れ逝くの〔元ちとせ「いつか風になる日」(岡本定義)2003〕

【再生れる】歌詞 惑星は消えるだろう再生れるために〔子安武人「The End」(相田毅)1998〕

【再生した】歌詞 君の優しさに僕は再生した〔GARNET CROW「永遠を駆け抜ける一瞬の僕ら」(AZUKI 七)2003〕

【発生まれる】歌詞 ひそやかな炎が心に発生まれてく〔御坂妹「ひそやかな欲望~ミサカは、発生させます~」(くまのきよみ)2009〕

うみ【海】 江戸時代に「海」という字には訓がいくつあるかと聞かれ、ウミのほか、海老、海月、海人、海苔、海鼠でエ、ク、ア、ノ、ナとも読むという話あり。

【湖】歌詞 湖の畔りを 訪ねても〔石原裕次郎・浅丘ルリ子「夕陽の丘」(萩原四朗)1963〕/われは湖の子〔加藤登紀子「琵琶湖周航の

歌」(小口太郎)1971〕／このまま湖の底で眠りたい〔藤澤ノリマサ「if～白鳥の湖」2009〕／湖は芽吹いてく〔Salita「夢儚き信仰の如く」(双旗いるく)2010〕

〈しこ名〉北の湖

〈漫画〉憎悪の「湖」へと〔さとうふみや「金田一少年の事件簿 22」(金成陽三郎)1997〕

〈歌誌〉〔「短歌」1994年8月〕

〈新聞〉「湖の上にいるのが一番ええ」。琵琶湖 漁を終えた〔「読売新聞」2009年10月1日〕

〈番組名〉夏樹静子サスペンス「湖に佇つ人」〔「読売新聞 夕刊」2009年1月28日〕

【海面】〈歌詞〉凌辱の海面を漂流う〔桑田佳祐「JAIL～奇妙な果実～」2002〕

【荒海】〈歌詞〉荒海を愛した男のロマン〔鳥羽一郎「夕焼け港」(青井比紗江)1998〕

【深海】〈歌詞〉〔三木眞一郎「Believe in Heaven」(六ツ見純代)2003〕

【蒼海】〈映画題名〉「劇場版ポケットモンスターアドバンスジェネレーション ポケモンレンジャーと蒼海の王子 マナフィ」2006 ❖第9作目。

【滄海】〈広告〉滄海への逃亡者〔瀬川貴次「聖霊狩り」2000(巻末)〕

【大海】〈新聞〉爵 大海に入りて〔「読売新聞」2009年10月16日(四季欄)〕

【紅茶海】〈漫画〉ぼくの紅茶海ときみの紅茶海はつながっていて〔猫十字社「小さなお茶会 2」2000〕

【宇宙】〈歌詞〉静寂の宇宙に抱かれて〔酒井ミキオ「Dive in the sky」2003〕／広がる宇宙〔川田まみ「radiance」(KOTOKO・川田まみ)2005〕

【海味】〈店名〉郡山駅前の「海味」〔「読売新聞」2008年11月12日〕

その他 宇未〈店名〉

うみ［膿］

【膿汁】〈詩〉癌腫の膿汁をかけたトンカツのにほひ〔高村光太郎「夏の夜の食慾」1912〕

うみのやま

【海乃山】〈しこ名〉❖海乃山は「海力山」と改名届を出したところ番付表で誤植され、そのまま意味の通らない四股名で現役を通した。

うみべ［海辺］

【埋立地】〈歌詞〉眠る埋立地と 化学工場の煙突に〔キンモクセイ「二人のアカボシ」(伊藤俊吾)2002〕

うみやまのあいだ

【うみやまのあいだ】〈逆読〉だひあのまやみう 目録抄に書名の誤植。〔高橋輝次「誤植読本」2000〕

うみんちゅ［海んちゅ］

【海人】〈新聞〉自分は「海人」だと思う。〔「読売新聞」2004年10月31日(ピーター)〕❖Tシャツなどにも見られる。「ないちゃー(内地人)」や「やまとんちゅー(大和人)」も沖縄のことば。

うめ［梅］ むめ。んめ。

【梅花】〈歌詞〉梅花によりそう鶯と〔三沢あけみ「熱海妻」(藤原良)2008〕

【楳】〈人名〉楳図(ペンネーム)など。❖誤って楳と読まれることあり。

うめく［呻く］

【呻吟く】〈古〉

うめだ

【梅田】〈地名〉大阪の地名。泥地を埋めたてた埋田からともいう。佳字化か。都内の小塚原には、骨ケ原からという伝承もある。

うめぼし［梅干し］

【梅法師】〈古〉〔柳田征司「あて字」1987〕❖擬人化した「うめほうし」という表現やそれにちなむ伝承あり。

うめもどき［梅擬］

【落霜紅】〈新聞〉ウメモドキでは気の毒と思ったのだろう。古人はその表記に、「落霜

紅」という美しい字をあてた。〔「読売新聞」2005年3月1日〕

うめる［埋める］

【浬る(うめ)】古

うもう［羽毛］

【生毛(うもう)】民間 生毛(うもう)ふとん・照明〔池袋ビックカメラ5F 2004年12月18日〕

うやうやしい

【恭しい(ふてぶて)】誤読〔斎賀秀夫「漢字と遊ぶ」1978〔写研「漢字読み書き大会」〕〕

うやむや

【有耶無耶(うやむや)】辞書 ◆もやもやした気持ちを「憂也霧(うやもや)」と記すことが古くあった。

うら

【心(うら)】古 心(うら)さびて

うら［裏］「裏」はテレビでは野球で字幕の読みにくさから「ウラ」が使われる。またマイナスの意味やニュアンスを漂わせるために「ウラ」と書かれることがある。

【二会(うら)】古〔仮名垣魯文「安愚楽鍋」1871〕◆遊里で二回めの登楼をいう。「再度(うら)」「再会(うら)」とも。

【裏付(ウラ)】小説 裏付(ウラ)はとってあります〔南英男「私刑」1996 集〕

【⚄(ウラ)】漫画 一発⚄(ウラ)イチのハネ満が効いて〔天獅子悦也「むこうぶち 23」2008〕◆麻雀。

【裏(うら)】広告 財務省『裏人事録』〔「読売新聞」2008年7月28日(週刊現代)〕／裏話60分〔「読売新聞」2009年2月3日(週刊女性)〕◆○で囲むことで、そこに焦点が当たり、字や語の意味も特定されるが、ふりがな、送りがながつけにくく、読みが不確定となる。

うらうえ［裏表］

【裏表(うらうえ)】書名 木内昇「新選組裏表録(うらうえ)―地虫鳴く」2010〕

ウラジオストク［ロシア Vladivostok］

【浦塩斯徳(ウラジオストク)】地名 ◆のどかな当て字だが、ロシア語のウラジボストークには東方の領地という意とも、東方攻略の意が読み取られるともいう。浦塩と略された。

うらない［占い］

【亀卜(うらない)】【卜(うらない)】【占星術(うらない)】WEB

うらなり［末生り・末成り］

【浦成(うらなり)】筆名 加保茶浦成(かぼちゃのうらなり) 狂歌師〔山本昌弘「漢字遊び」1985〕

【裏成(うらなり)】誤植 末成瓢箪(うらなりびょうたん)が裏成瓢箪に〔高橋輝次「誤植読本」2000〕

うらはら

【裏原宿(ウラハラ)】歌詞 裏原宿(ウラハラ)あたりで出会った子と〔松浦亜弥「オシャレ!」(つんく)2002〕

うらぼん［盂蘭盆］

【盂蘭盆(もらんぼん)】誤読 漢字のテストで「盂蘭盆」を「モランボン」と読んだ。たぶん当時やってた焼肉のタレのCMのせい。〔WEB〕◆モランボンは牡丹峰(平壌北部)から。

うらぼん［裏本］

【教科書(うらぼん)】書名 中村司「社長の教科書(うらぼん)」2008

うらむ［恨む］表内訓は「恨む」。韓国の人々の心に永く残る「ハン」は、「恨」の朝鮮漢字音だが、「怨恨」「うらみ」を区別しない日本人にはすぐには理解されにくい意識であろう。

【怨む(うら)】歌詞 怨(うら)むまいぞえ俺らのことは〔上原敏「妻恋道中」(藤田まさと)1937〕／怨みに濡れた目頭に〔石原裕次郎「赤いハンカチ」(萩原四朗)1962〕／はじめて人を怨んだ町〔さだまさし「望郷」1983〕◆水俣病患者たちの「怨」の旗は、当用漢字変更につながったともいう。

その他 怨言(うらみ)古

うらめし

【可恨し(うらめ)】古

うらやましい［羨しい］

【浦山しい(うらやま)】【浦山敷(うらやましい)】【裏山敷(うらやましい)】【裏病(うらやましい)】古

◆中世から。森鷗外は狂詩体の漢詩に浦

山敷を用いた。

その他 可羨しい・妬忌・優 古

うらやむ [羨む]

【恨やむ】 歌詞 人も恨やむよな仲がいつも自慢のふたりだった〈サザンオールスターズ「私はピアノ」(桑田佳祐)1980〉

うらら [麗ら]

【美星空】 人名 美星空 ひばりという誤読も〈「朝日新聞」2007年10月13日(天声人語)〉

うり [瓜]

*【[illegible]】 辞書〈「大漢和辞典」(字訓索引)〉

◆このたぐいを集めた動画もあり。

うりざね [瓜核・瓜実]

【瓜子】 新聞 六円く四八は瓜子〈「読売新聞」2010年6月10日〉

うりなす

【生賀種子】 民間〈農家の門柱 1951 目〉

うりはり

【六月一日】 姓 六月一日うりはり 姓 瓜割りかくさかも〈佐久間英「珍姓奇名」1965〉／六月一日ウリハリ・クサカ〈篠崎晃雄「実用難読奇姓辞典増補版」1973〉／六月一日は、「うりはり」さんと読むらしい。阿部達二氏の随筆集『歳時記くずし』(文芸春秋)によれば、〈瓜(うり)の実が張ってくるからというが、むしろ瓜割りで成熟して実が割れてくる、あるいは割ると食べごろという説のほうが納得がいく〉。〈「読売新聞」2010年6月1日〉◆「うりわり」とも。

うるう

【閏】 WEB 「閏」をどう読むか。日本人が読むときに「潤う」が参考になりました。これは「うるおう」「うるう」と読みます。似ている漢字ということで、〃当て読み〃で「閏」を「うるう」と読んだそうです。◆「閏(年)」自体が元々「潤」の訓からといわれる。

うるうる

【濃潤】 チラシ 濃潤うるおい肌美容液ファンデーション〈DHCの折り込みチラシ 2009年10月8日〉◆「濃潤」は造語。「特潤化粧水」や「潤艶」も。

うるえ

【空】 人名 ◆文字を分解して、「ウルエ」と読ませたもの。かつて下剤で、異体字「空」から「ウルユス」もあった。

うるさい [煩い]

【右流左死】 古 太宰府に流された右大臣の菅原道真の祟りで左大臣の藤原時平が急死したとの話から。中世に現れた表記。

【右流左止】 古 ◆狂言・和泉流。虎明本狂言に。

【可厭】【煩い】【煩瑣い】 古 ◆「厭」〈坪内逍遥〉、「懊悩い」〈尾崎紅葉〉のように、明治時代には種々の漢字表記が行われた。

【蒼蝿い】 古 ◆二葉亭四迷『浮雲』、夏目漱石『こゝろ』などにも。

【五月蝿い】 古 ◆辞書『言海』に挙げられている。「五月蠅(なす)」は奈良時代からあり。

書籍 「五月蝿い」のように気紛れな思い付きの文字もあり、(中略)「ウルサイ」の如き適当な宛て字の見出だせないものは、仮名で書くことに極めてしまう。これは私の大摑みな想像でありますが、鷗外の方針と云うものは、まずこのような建前ではなかったろうかと思うのであります。〈谷崎潤一郎「文章読本」1934〉

新聞 明治時代にできた当て字だ。旧暦5月は今の6月ごろ。蒸し暑い中をブンブン飛び回る蝿の様子から、この当て字を思いついた人は、しゃれっ気があった。〈「読売新聞 夕刊」2009年5月15日(根本浩)〉

【八月蝉い】 民間 ◆WEBなどで「五月蝉い」を経て生じた。ハエが減る一方で、八月のセミの声が風流と感じられず、うるさく思われるようになってきた。

【妬(うるさい)】創作〔斎賀秀夫「漢字と遊ぶ」1978〕

【煩(うつさ)い】漫画〔「花とゆめ」2004年22号（女子妄想症候群）〕

【うる星(せい)】漫画題名 高橋留美子「うる星やつら」1978〜1987 ◆もじり。

その他 懊悩(うるさ)がる 古

ウルトラ [ultra]

【超(ウルトラ)】小説 超(ウルトラ)ハンサムだから〔菊地秀行「白夜サーガ 魔王星完結編」1996〕

雑誌 超（ウルトラ）微糖設計〔「R25」2009年4月23日・30日・5月7日〕

広告 超(ウルトラ)ベストアルバム第2弾〔「読売新聞」2008年9月17日〕

【売る虎(ウルトラ)】広告 売る虎(ウルトラ)セール開催!!〔角上魚類モリシア津田沼店のセール広告 2008年10月9日〕◆阪神タイガースがリーグ優勝した場合に行われる予定だったセール。

うるわしい [麗しい]「雲類鷲(うるわし)」の姓あり。

【美麗(うるはし)き】古 美麗(うるはし)き〔山田美妙「竪琴草紙」1885〕◆他所に美麗(メリー)と人名にも。

【美(うるわ)し】曲名 淡谷のり子「美は（わ）しのアルゼンチナ」1941

歌詞 美(うるわ)しの恋に憧れ〔岡晴夫「青春のパラダイス」〔吉川静夫〕1946〕／美わしの 月の宵〔近江俊郎「南の薔薇」〔野村俊夫〕1948〕／美(うるわ)しき桜貝一つ〔岡本敦郎「さくら貝の歌」〔土屋花情〕1949〕／美(うる)わしの君と行く〔曽根史郎「花のロマンス航路」〔吉川静夫〕1955〕

新聞 大和(やまと)し美(うるは)し〔「読売新聞 夕刊」2009年4月10日〕◆展覧会の名。

その他 愛(うるわ)し 古

うれ [末]

【梢(うれ)】歌誌 大杉の梢(うれ)に〔「短歌」1994年11月〕

うれい [憂い]

【愁(うれ)い】歌詞 山には山の愁いあり〔伊藤久男「あざみの歌」〔横井弘〕1949〕◆「秋の心」と分けることは小野篁の漢詩、藤原季通の和歌などから。「惷」は「みだれる」「おろか」といった意の字だが、字面から子の名に使おうとされた例あり。

曲名 南沙織「春の愁い」〔有馬三恵子〕1977

うれしい [嬉しい]

【嬉(うれ)しい】手紙〔女性の手紙〕◆喜と善は字体、字義に類似性あり。

【ラーブ(うれし)い】古 明治初年に出版された英語入り都々逸 ラーブい夢にも遠座かり〔樺島忠夫「事典日本の文字」1985〕◆日本語訳。

その他 娯(うれし) 古

うれわしい [憂わしい]

【可愁(うれわし)】古

うろ [虚・空・洞]

【虚穴(うろ)】書籍〔神坂次郎「元禄御畳奉行の日記」1984〕

【虚(うろ)】歌詞 飽く無き虚(うろ)は充足される〔志方あきこ「HOLLOW」〔篠田朋子・AILANI〕2005〕

新聞 大樹の虚(うろ)に〔「読売新聞 夕刊」2009年11月7日（青柳冨美子）〕

【洞(うろ)】新聞 幹の洞(うろ)から桜の枝が伸び、〔「読売新聞」2009年7月11日〕／洞(うろ)という空間〔「読売新聞」2009年12月30日（四季欄）〕

【空洞(うろ)】辞書 ◆「窅」「椌」など小地名に。

うろうろ

【烏鷺烏鷺(うろうろ)】古 ◆漱石ほか。

【迂路迂路(うろうろ)】古 ◆世話字とよばれる当て字で、江戸時代からある文芸の場で流行ってきた。ニュアンスによって宇漏宇漏なども書かれた。

うろこ [鱗]

【△(うろこ)】古 ◆符牒で、数字の3。

しこ名 三ッ△鶴吉(みうろこつるきち)

うろたえる [狼狽える]

【狼狽(うろた)える】小説 狼狽(うろた)えているわ〔「読売新聞」2009年3月12日〕

うろつく
【彷徨く】(うろつ) 歌詞 遠い夜を彷徨(うろつ)いてる〔RCサクセション「遠い叫び」(仲井戸麗市)1988〕

ウロボロス [ouroboros]
【蛇】(ウロボロス) 小説 われは蛇(ウロボロス)の子を殺し〔菊地秀行「魔王伝3 魔性編」1996〕

うわき [浮気]
【上気】(うわき) 誤読 国語の授業で「彼は上気した」と書いてあるのを「かれはうわきした」と読んだ。〔WEB〕

うわぎ [上着・上衣]
【上衣】(うわぎ) 小説 上衣(うわぎ)の丈の短かい服を着た〔小林多喜二「蟹工船」1929〕／上衣(うわぎ)を脱ぎ〔椎名麟三「神の道化師」1955〕
歌詞 古い上衣よ さようなら〔藤山一郎「青い山脈」(西條八十)1949〕
漫画 奥で上衣(うわぎ)脱いでね〔葉鳥ビスコ「桜蘭高校ホスト部 2」2003〕

うわぐすり [釉・上薬]
【釉薬】(うわぐすり) 新聞 釉薬(うわぐすり)で〔「読売新聞」2009年10月30日〕

うわごと [囈語・譫言]
【譫言】(うわごと) 小説 譫言(うわごと)のなかで叫んだ〔遠藤周作「白い人」1955〕
その他 囈言(うわごと) 古 ／浮言(うわごと)・上言(うわごと) WEB

うわさ [噂]
【風説】(うわさ) 書籍〔神坂次郎「元禄御畳奉行の日記」1984〕
【評判】(うわさ) 漫画 評判(ウワサ)だけで決めつけちゃ失礼ってモンでしょ?〔渡辺祥智「銀の勇者 4」2000〕
【大評判】(うわさ) 漫画〔「ちゃお」2004年3月増刊〕
その他 風情(うわさ) 古

うわべ [上辺]
【表面】(うわべ) 小説 〝表面(うわべ)〟を愛しているにすぎない〔森村誠一「殺意の接点」2001〕

うわめづかい [上目遣い・上目使い]
【上眼づかい】(うわめ) 歌詞 上眼づかいはぐらかすわ〔本田美奈子「好きと言いなさい」(売野雅勇)1985〕
【上眼使い】(うわめづかい) 歌詞 粋なサングラス 上眼使い〔山下久美子「赤道小町 ドキッ」(松本隆)1982〕

うん 吽は梵語から。
【呍】(うん) 小説 呍(うん)、其様(さう)か〔徳富健次郎「黒潮」1903〕
❖吽の異体字。
【ウン】 漫画 ウンもスンもない〔石ノ森章太郎「マンガ日本の古典 古事記」1994〕
その他 貼(うん) 古

うん 「ウン万円」のように、カタカナで書かれることが多い。
【ン】 民間 小説 ン十歳・ン万円

うんうん
【右ん迂ん】(うんうん) 小説 夜は右(う)ん迂(う)んうなされて昼は左(さ)ん挫(ざ)ん錯乱(さくらん)して〔柳瀬尚紀訳「フィネガンズ・ウェイク I II」1991〕

うんこ この語と「ウコン」「うこん」を読みとりまちがえた話多し。WEBに「うん子」。ウン子の改名事例あり。
【糞便】(うんこ) 小説 糞便(うんこ)のことですか〔遠藤周作「わたしが・棄てた・女」1964〕
【糞】(ウンコ) 漫画 糞(ウンコ)…ですかあっ!?〔藤崎聖人「WILD LIFE 4」2003〕
【排泄行為】(ウンコ) 漫画 排泄行為(ウンコ)だけは止めて〔「週刊少年ジャンプ」2004年5月24日(銀魂)〕
【雲古】(うんこ) ❖糸井重里は「ンコ」と読ませる。
書名 大便工学研究所編「雲古百話」1995
書籍 雲居〝雲古〟のあて字にも引っ掛かって(1992)〔高橋輝次「誤植読本」2000(泉麻人)〕
WEB 開高健が著書で雲古(うんこ)、御叱呼(おしっこ)と書いているから、ここでも、雲古と書きたい。❖落語家や寄席芸人の符丁で大便は「クモ(雲)」。
【雲固】(うんこ) WEB なぜか「犬の雲固」という表現を多く使っている文章があり「糞」と書けよと思いました。

＊【雲黒斎】映画題名「クレヨンしんちゃん 雲黒斎の野望」1995

関連【糞】貼紙 犬の糞 飼い主がきちんと後始末をして下さい〔東京都杉並区内〕

◆個人的な字体と読み。『しにか』2004年2月号の小稿に写真を出した。迷いの感じられない線で、左から右へと進む横書き。「うんち」と読ませるのか。

うんざり

【雨んざり】小説 雨んざりする〔柳瀬尚紀訳「フィネガンズ・ウェイクⅠⅡ」1991〕◆もじりか。

うんどうぐつ［運動靴］

【運動[米+化]】民間 形声文字で、ズックの靴〔靴屋の小旗1952 目〕◆「(帆布)鞄」を「[巾+包]」と造字で示す商店がある。

うんのらいと

【海野頼人】人名 原音に近き人名に変えた〔物郷正明「辞書漫歩」1987〕◆ウェンライトのもじり。

うんめい［運命］

【六番目の女神】歌詞 密やかに歯車 廻すのが六番目の女神〔Sound Horizon「争いの系譜」(REVO)2007〕

【デスティニィ】漫画 デスティニィを感じる〔「花とゆめ」2004年22号(兄ワールド)〕

うんゆ［運輸］

【運輸】民間 近鉄運輸株式会社〔立教大学就職部の掲示板「求人要項」1971 目〕

え

え［上］

【上】詩 利根川の上に光らしめ〔萩原朔太郎「榛名富士」1923〕

歌詞 月は照る波の上〔森繁久彌・加藤登紀子「知床旅情」(森繁久彌)1960〕

え［絵］

【画】◆「エ」は「画」の呉音由来のものでもある。

雑誌〔「問題小説」1994年4月〕

歌詞 街の画の隙間に〔CHEMISTRY「SOLID DREAM」(ASO TETSURO)2002〕

小説 これが画的にかなりおもしろいってことは！〔本谷有希子「本人本03 ほんたにちゃん」2008〕／あの画が現代科学でいろいろと検証され始めて、〔本谷有希子「生きてるだけで、愛。」2009〕

TV その画を〔2010年3月18日 日本テレビ系列(テロップ)〕◆画面、動画を指す。

【写真】歌詞 君のいた一枚の写真は〔JAM Project「No Border」(影山ヒロノブ)2008〕

【情景】歌詞 悲しげな情景は不幸の雨で汚れる〔9GOATS BLACK OUT「in the rain」(ryo)2009〕

その他 絵画 WEB

え［方］

【処】歌詞 我行く処にあてはなく〔桑田佳祐「JOURNEY」2002〕

エ［フランス et］→アンド

【エ】誌名 ファッション誌「モードエモード」〔「読売新聞 夕刊」2010年2月24日〕

エアコン［← air-conditioner, air-conditioning］

【空調】民間 近年とみに空調設備機械及びポンプの〔空気調節設備会社の挨拶状1969 目〕

エアターミナル［air terminal］

【空の終着港】歌詞 白い夜霧の空の終着港〔和田弘とマヒナ・スターズ「夜霧の空の終着港」(佐伯孝夫)1959〕

エアバッグ［air bag］

【空気風船】小説〔鎌池和馬「とある魔術の禁書目録 9」2006〕

エアポート［airport］

【空港】歌詞 今あなた 去ってゆく空港〔寺

尾聴「北ウィング」(有川正沙子)1981〉

エアリアル [areal]

【地域(エアリアル)】(書籍) 地域研究(エアリアル・スタディ)〈橋本萬太郎・鈴木孝夫・山田尚勇「漢字民族の決断」1987〉

エアロ [aero]

*【風力使い(エアロシューター)】【空力使い(エアロハンド)】(小説)〈鎌池和馬「とある魔術の禁書目録 8」2006〉

えい 感動詞。

【鋭(えい)】(辞書) ◆肯定の際の「ええ」と現代仮名遣いでは区別される。

えい [衛]

【彳卫(えい)】(民間) 東京都彳卫(衛)生局〈1963 (目)〉◆日本軍が用いていたため、中国では「ヱ」が変化した「卫」を簡体字として採用したとされる。

えいえるぴい

【影得る暃圍(えいえるぴい)】(小説)〈柳瀬尚紀訳「フィネガンズ・ウェイク ⅢⅣ」1993〉◆JISのいわゆる幽霊文字を使った例。漢和辞書などに「ヒ」の字音が類推的に入れられたためか。

えいえん [永遠]

【再々(えいえん)】(誤字) 漢字おバカ殺人事件(コーナー)で、はんにゃの川島がにちじょう(日常)を日一、えいえん(永遠)を再々と書いた。〈テレビ東京系列「ピラメキーノ」2010年5月14日〉◆「えんえん」と誤解している者はあり、延々と記されることもある。

えいが [映画]

【恋愛超大作(え・い・が)】(歌詞) いつか観たことある "恋愛超大作(え・い・が)" みたいだね〈TWO-MIX「CAN'T STOP LOVE」(永野椎菜)1997〉

えいかいわ [英会話]

【英会(えいかい)WA(わ)】(欄名) おやこで英会WA!〈「読売新聞」2010年3月28日〉

えいかん [↑じえいかん(自衛官)]

【自衛官(エイカン)】(小説) 警察官や自衛官(エイカン)崩れでも〈南英男「監禁」1995 (集)〉

えいかん [栄冠]

*【We(栄) can't(冠) know(の)...goal(goal)】(歌詞) We can't know... goal (栄冠の goal) 辿り着く〈タッキー&翼「One day, One dream」(小幡英之)2004〉

えいきょう [影響]

【AK(えいきょう)】(民間) 大学教員が板書で。◆筆記経済が生み出した表記。

えいごやく [英語訳]

【英齬訳(えいごやく)】(小説)〈柳瀬尚紀訳「フィネガンズ・ウェイク ⅢⅣ」1993〉

えいじ

【英治(えいじ)】(誤植) 小説家吉川英治は、本名の「英(ひで)次(つぐ)」で作品を書いていたが、出版社が誤って「英治」としたのを本人が気に入り、筆名とした。

エイジ [age] エージ。

【時代(エイジ)】(小説) 後年「黄金時代(ゴールデン・エイジ)」と呼ばれる〈清涼院流水「カーニバル 二輪の草」2003〉

エイジング [aging] エージング。

【攻め(エイジング)】(雑誌) 攻め(エイジング) or 守り 春肌スキンケア〈「オリーブ倶楽部」2010年3月〉

エイティーン [eighteen]

【18歳(エイティーン)】(歌詞) きみは18歳(エイティーン) Oh, レディ〈中村雅俊「揺れる瞳」(岡本おさみ)1983〉

エイト [eight]

【八(エイト)】(小説) 演奏は八(エイト)ビートだが〈菊地秀行「魔界都市ブルース 夜叉姫伝4」1990〉

【∞(エイト)】(新聞)「関ジャニ∞(エイト)」の安田章大〈「読売新聞 夕刊」2009年3月11日〉

(広告) 関ジャニ∞〈「読売新聞」2006年9月19日(女性自身)〉

(TV) 関ジャニ∞(エイト)〈「COUNT DOWN TV」2010年4月25日(テロップ)〉

【蜂(エイト)】(漫画) №蜂(ナンバーエイト)〈松本大洋「ナンバーファイブ 吾」2000〜2005〉◆登場人物名。

えいべい [英米]

【犭英犭米(えいべい)】(古) ◆戦時中に敵意から造られた

字。中国でも中華思想から周辺の異民族に対しては「獞(チワン)→僮→壮(族)」など、けもの偏を付すことが多かった。→ドイツ

エイミー

関連【エイミー(山田詠美)】漫画 そういうとこだけエイミーしてんじゃ〈中尊寺ゆつこ「プリンセス in Tokyo」1989〉

エイリアン [alien]

【異星人(エイリアン)】漫画『異星人(エイリアン)』のせいだとは〈東里桐子「月の純白星闇の青碧(エイリアン) 1」1994〉

【異世界生物】小説〈茅田砂胡「暁の天使たち」2002〉

えいれい [英霊]

【永霊(えいれい)】新聞 英霊 戦死者の霊の敬称として使うのは日本的な用法。(中略)ふかぶかと雪とざしたるこの町に思ひ出ししごとく「永霊」かへる――斎藤茂吉がこんな歌を詠んでいる。国語学者・石黒修(よしみ)は、この「永霊」の表記について、「英」が二通りに使われることを考慮し、あて字(代え字?)をしたのではと推測している。〈「読売新聞」2003年8月15日(日本語・日めくり)〉

ええ 「良い」の意の関西方言。→ええこ

【良え(え)】小説 仲の良え(え)ご夫婦〈田辺聖子「ほとけの心は妻ごころ」1980〉

【高級(ええ)】広告 本場コロンビアが認めた高級(ええ)豆(まめ)を使って〈総武線電車内 2006年5月16日(GEORGIA)〉

えー

【EH(えー)】雑誌 ンやめてEH……と歌う辺見マリ〈「朝日ジャーナル」1971年6月25日(目)〉❖長音の、ためいきまじりの部分。

エー [A]

【エ(A)】誤字 テストの、記号を並べて答える問題で。回答 C→B→A 私 C→B→エ〈WEB〉

エーアイ [AI←artificial intelligence]

【人工知能(AI)】広告 人工知能サーティ(AI)。〈さとうふみや「金田一少年の事件簿 2」(金成陽三郎)1993(巻末)〉

エーエム

【a.m.(エーエム)】歌詞 a. m. 6:00 に…〈ヴィドール「一人斬りのクリ××ス」(ジュイ)2003〉❖午前・朝とも読まれる。店名 am/pm はアンパンと称する向きあり。

エーきゅう [A級]

【A級(えーきゅう)】書名 横川潤「恐慌下におけるA級(えー)の店選び究極の法則」2009❖「ええ」とかけている。

エークラス [A class]

【上位班(Aクラス)】小説 いわゆる上位班(Aクラス)、それもJDC第一班の探偵ともなると〈清涼院流水「カーニバル 一輪の花」2003〉

ええこ

【A子(ええこ)】人名 ❖テレビで本人が戸籍を見せていた。ほかにも実在を示す例がある。現在ではローマ字はJr.も使えない。解禁された会社名とは別の扱い。「エース」という意味か、「ええこ」か。E子(いいこ)もいると聞く。e漢字という例もある。

誤字 後輩に「英子」という名の女性記者がいます。ある会社から、「資料を郵送したいので、お名前を教えて下さい」と電話がありました。彼女は「英語の『えい』に子どもの『こ』です」と答えました。すると、相手は戸惑った様子で「エッ、えいごのえいですか」と念を押してきました。数日後に送られてきた郵便物のあて名には「A子様」と書かれていたそうです。〈「毎日新聞」2010年5月24日〉

エージェント [agent]

【工作員(エージェント)】漫画〈CLAMP「CLOVER 1」1997〉

【情報員(エージェント)】漫画『T・E』初代Sクラス情報員(エージェント)〈加藤元浩「ロケットマン 8」2004〉

エース [ace]

【1位(エース)】歌詞 みんなが1位(エース)を競ってる〔奥井雅美「naked mind」1996〕

【1番(エース)】漫画 役に立つ1番(エース)にならなくちゃ〔ひぐちアサ「おおきく振りかぶって 13」2009〕

【10番(エース)】広告 10番(エース)は俺だ!〔さとうふみや「金田一少年の事件簿 19」(金成陽三郎)1996(巻末)〕

【英雄(エース)】小説 不吉の英雄(エース)と静寂の兵隊に相対した〔西尾維新「ダブルダウン勘繰郎」2003〕

【撃墜王(エース)】広告 撃墜王(エース)を目指すリックをはじめ〔瀬川貴次「聖霊狩り」2000(巻末)〕

【A(エース)】雑誌 ケフィールA(エース)〔「安心」1994年9月〕

商品名〔「CAR GRAPHIC」1994年1月〕

漫画 ハートのA(エース)がビールを!!〔「週刊少年ジャンプ」2004年5月24日(ボボボーボ・ボーボボ)〕

題名 松任谷由実「A(エース)はここにある」1975

エーティーフィールド

【絶対領域(A.T.フィールド)】漫画 絶対領域(A.T.フィールド)!?〔貞本義行「新世紀エヴァンゲリオン 1」1995〕❖この四字熟語は一部でスカート下から靴下までの間の生足を指すようになった。

エーテル［オランダ ether］天界を構成するとされた物質。現代化学では有機化合物の一種。

その他 亜的児(エーテル) 辞書

エートス［ギリシャ ēthos］エトス。

【精神(エートス)】広告〈昭和の精神(エートス)〉から学ぶべきことがある〔「読売新聞」2008年12月4日〕

書名 アレキサンダー・ベネット「武士の精神(エトス)とその歩み」2009

エープリルフール［April fool］

【四月馬鹿(エープリルフール)】題名 出久根達郎「四月馬鹿(エープリルフール)」〔「小説現代」2010年6月〕

エール［yell］

【応援(エール)】漫画 リョーマ、手塚へ心の応援(エール)!!〔許斐剛「テニスの王子様 20.5」2003〕

えかき［絵描き］

【画(え)かき】歌詞 旅の画かきか〔淡谷のり子「エッフェル塔の嘆き」(藤浦洸)1940〕

その他 通子(えかき)・画工(えかき)・画家(えかき) 古

えがく［描く］絵(エ)描(が)くの意の語。改定常用漢字表(答申)で「描く」が「かく」とも読めるようになった。

【図(えが)く】古 ❖「太平御覧」の訓み下し文で。

【画(えが)く】歌詞 明日を画(えが)いて 抱いて来た〔若原一郎「吹けば飛ぶよな」(東條寿三郎)1954〕

姓 画(エガキ) 東京都〔平島裕正「日本の姓名」1964〕❖実在したものか。

【絵描(えが)く】小説 眼球が絵描(えが)かれ〔西尾維新「ダブルダウン勘繰郎」2003〕

【空想(えがく)】歌詞 静寂の中で君を空想(えがく)〔水樹奈々「Independent Love Song」2004〕

【抽(えが)く】誤植 抽きし(描(えが)きし)〔高橋輝次「誤植読本」2000(富安風生)〕

誤字 誤字だらけのレポートに関する判決 抽く 描く〔円満字二郎「昭和を騒がせた漢字たち」2007〕

えき［駅］台湾では「駅」という日本式の字体を看板に掲げた店が、日本らしいとして人気を得たという。

【駅舎(えき)】曲名 さだまさし「驛舎(えき)」1981

歌詞 ゆれる 小さな駅舎(えき)〔加山雄三・谷村新司「サライ」1992〕

エキス［←オランダ extract］

【植物液(エキス)】雑誌 気持ちいい植物液(エキス)の〔「25ans」1994年3月〕

【結晶(エキス)】小説 牛肉の結晶(エキス)を錠剤にしたもんです〔静霞薫「るろうに剣心 巻之一」(和月伸宏)1996〕

【汚物(エキス)】歌詞 香ばしい汚物(エキス)を食べ放題〔桑田佳祐「JAIL 〜奇妙な果実〜」2002〕

その他 越幾斯(エキス) 辞書

エキスパート［expert］

【熟練者(エキスパート)】漫画 武装錬金の熟練者(エキスパート)〔和月伸宏

「武装錬金 2」2004〕

【駅すぱあと(えき)】商品名 ◆ソフトウェアの名。

エキスプレス [express] ⇩エクスプレス

エキセントリック [eccentric] 奇矯。エクセントリック。

【風変わり(エキセントリック)】小説 あの風変わり(エキセントリック)な少女とんち探偵の登場以降は〔清涼院流水「カーニバル一輪の花」2003〕

その他 偏心輪(エクセントリック) 詩

エキゾチシズム [exoticism] エキゾチズム・エキゾチスム。

【東洋趣味(エキゾシズム)】詩 これらも東洋趣味(エキゾシズム)と深く関わっていた。〔山村暮鳥「だんす」(高橋世織解説)コ〕

【異国情緒(エキゾティズム)】書籍 異国情緒(エキゾティズム)の象徴に〔池田雅之「ラフカディオ・ハーンの日本」2009〕

【異国趣味(エキゾティズム)】書籍 異国趣味(エキゾティズム)の域を出ない〔池田雅之「ラフカディオ・ハーンの日本」2009〕

エクアドル [スペイン Ecuador]

【厄瓜多(エクアドル)】辞書

えぐい [蘞い・剞い・醶い]

【蘞い(えぐ)】書籍 蘞(えぐ)いジャガイモを〔柳瀬尚紀「日本語は天才である」2007〕

エクスタシー [ecstasy]

【絶頂感(エクスタシー)】漫画 絶頂感(エクスタシー)に達するまで〔森川ジョージ「はじめの一歩 44」1998〕

【Xタシー(エクス)】書籍 〔嵐山光三郎「ABC文体鼻毛のミツアミ」1982〕

【X-T-C(エクスタシー)】アルバム名 アンルイス「Dri 夢・X-T-C」1985

【X・T・C(エクスタシー)】歌詞 いっそX・T・C俺とX・T・C〔少年隊「仮面舞踏会」(ちあき哲也)1985〕

【無敵(エクスタシー)】WEB 無敵と書いてエクスタシー

エクスチェンジ [exchange]

【両替(エクスチェンジ)】漫画 あくまでも『両替(エクスチェンジ)』だからね〔「週刊少年ジャンプ」2004年48号(こちら葛飾区亀有公園前派出所)〕

エクスプレス [express] 「エキスプレス」とも。

【急行(エキスプレス)】歌詞 オリエント急行(エキスプレス)にとび乗ってた〔加藤和彦「JE CONNAISSAIS JEAN COCTEAU/わたしはジャン・コクトーを知っていた」(安井かずみ)1981〕

【特急(エクスプレス)】広告 シンデレラ特急(エクスプレス)〔猫部ねこ「きらら音符」1995(巻末)〕

【超特急(エクスプレス)】映画題名 「ドラえもん のび太と銀河超特急(エクスプレス)」1996

エクセキュゼモア [フランス excusez-moi]

【ごめんなさい(エクセキュゼモア)】歌詞 〔Sound Horizon「星屑の革紐」(REVO)2006〕

エグゼクティブプロデューサー [executive producer]

【特別職(エグゼクティブ・プロデューサー)】広告 「選ばれし者」の特別職(エグゼクティブ・プロデューサー)〔「読売新聞」2010年2月27日〕

エクソシスト [exorcist] 悪魔払い師。

【適合者(エクソシスト)】漫画 〔「週刊少年ジャンプ」2004年42号〕

えぐち [江口]

【氵H口(ジHロ)】誤読 ◆横書きの名前で。なお、江口をE口で(隠語的に)あらわすようなこともある。

エクトプラズム [ectoplasm]

【霊界物質(エクトプラズム)】小説 霊界物質(エクトプラズム)製とはいっても〔菊地秀行「魔界都市ブルース 夜叉姫伝 4」1990〕

【魂(エクトプラズム)】漫画 生きている人間の魂(エクトプラズム)を〔野々村秀樹「邪魂狩り 1」1993〕

【幽体(エクトプラズム)】漫画 幽体離脱(エクトプラズムエスケープ)ができるのか〔野々村秀樹「邪魂狩り 1」1993〕

えくぼ [靨]

【笑窪(えくぼ)】辞書 ◆日本語としての表記は和語と個々の漢字義による「笑窪」でもよいが、

漢語からは「靨」。

【笑くぼ】 歌詞 瞳 いじらし あの笑くぼ〔岡晴夫「東京の花売娘」(佐々詩生)1946〕

その他 微渦(えくぼ)・笑渦(えくぼ)・笑濁(えくぼ) 古 ／笑凹(えくぼ) 店名

えぐみ［蘞み］

【えぐ味(み)】 新聞 えぐ味もなく、そのまま食べてもおいしい〔「読売新聞 夕刊」2010年3月5日〕

えぐりとる［抉り取る］

【削(えぐ)りとる】 小説 削(えぐ)りとっていた〔遠藤周作「白い人」1955〕

エクレア［(フランス) éclair］

【永久恋愛(えくれあ)】 民間 人名にいるともいう。ただし、このたぐいは、マスメディアやWEB上では根拠の乏しいものも流布している。

その他 意可蕾 中国

えげつない

【餌笥(えげ)つない】 小説 餌笥(えげ)つなし〔柳瀬尚紀訳「フィネガンズ・ウェイク III IV」1993〕

エゲレス［(オランダ) Engelsch］ イギリス。

【英吉利(エゲレス)】 漫画 今度は英吉利(エゲレス)だそうだが〔「コーラス」2004年10月(流れ庭師仁和左衛門外伝)〕

エコ［eco］

【笑呼(エコ)】 名称 「笑点笑呼(エコ)箸」を〔「読売新聞 夕刊」2009年12月3日〕

エゴ［(ラテン) ego］

【自我(エゴ)】 歌詞 壊れゆく自我(ego)の痛み…〔Sound Horizon「見えざる腕」(REVO)2006〕

【小我(エゴ)】 書名 小我(エゴ)を取れば、うまくいく〔「読売新聞」2005年4月16日〕

エゴイスティック［egoistic］

【利己的(エゴイスティック)】 漫画 人嫌いで利己的(エゴイスティック)なペシミストで〔本仁戻「怪物王子」1998〕

エコー［echo］

【残響(エコー)】 書籍 残響室(エコー・チェンバー)〔由良君美「言語文化のフロンティア」1986〕

えこじ いこじ。

【依怙地(えこぢ)】 古

エコロジー［ecology］ 生態学。

【環境(エコロジー)】 書籍 環境(エコロジー)文学といった〔池田雅之「ラフカディオ・ハーンの日本」2009〕

えさ［餌］

【食事(エサ)】 WEB

えし［絵師］

【画師(えし)】 新聞 東野治之 画師(えし)〔「読売新聞」2008年11月14日〕

エジプト［Egypt］

【埃及(エジプト)】 古「埃及(エジプト)産鳥類」1926 ❖広東語の訳からか。砂埃と字義もある程度含まれるようだ。板津七三郎『埃漢文字同源考』(1933)。

小説『出埃及(エジプト)記』の〔平野啓一郎「日蝕」2002〕

【EG(エジプト)】 漫画 料金は100EGP(エジプトポンド)です〔二ノ宮知子「のだめカンタービレ 22」2009〕

エスエフエックス［SFX←special effects］

【ロボット(SFX)】 漫画 最新式のロボット(SFX)だろ〔東里桐子「爆裂奇怪交響曲 1」1993〕

エスカレーター［escalator］

【自働階段(エスカレーター)】 古 東洋の建築に始めて應用(おうよう)される自働階段(エスカレータア)——。〔1914年発行の三越呉服店のPR誌〕

えずく［嘔吐く・噦く］

【嘔吐(えず)く】 古 明治四十年 東京朝日新聞 広告 悪心嘔吐(むかつきえづき)〔柳瀬尚紀「日本語は天才である」2007〕

歌詞 獏も嘔吐(えず)く悪夢の出口〔神谷浩史＋小野大輔「DIRTY AGENT」(古屋真)2007〕

エスケープ［escape］

【脱出(エスケープ)】 漫画 脱出手品(エスケープトリック)なんてお手のものなんだからっ〔松川祐里子「魔術師 1」1995〕

【離脱(エスケープ)】 漫画 幽体離脱(エクトプラズム エスケープ)ができるのか〔野々村秀樹「邪魂狩り 1」1993〕

【逃走(エスケープ)】 小説 逃走路(エスケープルート)から外された〔森村誠一「殺意の接点」2001〕

【逃避行(エスケープ)】歌詞 寸止め逃避行(エスケープ)〔三千院ナギ＆綾崎ハヤテ「カラコイ〜だから少女は恋をする〜」(くまのきよみ)2009〕

エステ [↑エステティック(フランス esthétique)]

【躾(エステ)】民間 ◆「エステ」と読みを振った女子学生あり。当て読みの例。

エスノグラフィー [ethnography]

【民族誌(エスノグラフィー)】書籍 〔佐藤郁哉「フィールドワーク―書を持って街へ出よう―」1992〕
書名 韓東賢「チマ・チョゴリの民族誌(エスノグラフィー)」2006〕

エスパー [和製 esper]

【超能力者(エスパー)】漫画 超能力者(エスパー)というやつらしい〔「花とゆめ」2004年22号(ミラクルの種)〕
関連【ESP(超能力)】漫画 FBI(連邦捜査局)… ESP(超能力)捜査に日本から協力〔小花美穂「Honey Bitter 1」2004〕

エセックス [Essex]

【威塞(エセックス)】古 威塞(ゑすせっくす)〔山田美妙「竪琴草紙」1885〕◆イギリスの州名。

えぞ

【野作(えぞ)】古 ◆中国語音によるか。

【蝦夷(えぞ)】新聞 蝦夷蒲公英(えぞたんぽぽ) この漢字で書かれた固有名詞が、植物の生命力を力強く伝えてくれる。俵万智〔「読売新聞」2010年1月4日〕◆北海道の「海」は蝦夷(カイ)の当て字ともいわれる。

えだ [枝]

【末端(エダ)】小説 某大組織の末端(エダ)ではあるが〔浅田次郎「鉄道員」2000〕

エターナル [eternal]

【永久(エターナル)】漫画 迷子防止の永久指針(エターナルポース)〔「週刊少年ジャンプ」(ONE PIECE)〕

*【英知と追撃の宝剣(エターナル・ソード)】漫画 〔「コロコロコミック」2009年2月〕

えだなし

【十】姓 えだなし・もぎき・もげき・もてぎ・もみき・ももき〔篠崎晃雄「実用難読奇姓辞典増補版」1973〕◆この姓は少ないようだが、読みが多いのは訛りや聞き間違え、誤伝を含むためか。「十」などとも書く。

えだみち [枝道]

【岐路(えだみち)】詩 バッハは面倒くさい岐路(えだみち)を持たず〔高村光太郎「ブランデンブルグ」1947〕

エチオピア [Ethiopia]

【越日於比亜(エチオピア)】辞書 ◆中国では埃塞(寨)俄比亜。

エチカ [ラテン Ethica]

【生き方(エチカ)】TV 生き方(エチカ) エチカ(生き方)〔2009年9月(テロップ)〕

エチケット [フランス étiquette]

【作法(エチケット)】ポスター 〔2009年7月29日 都内病院内〕

エチュード [フランス étude]

【試作品(エチュード)】書籍 〔杉本つとむ「近代日本語の成立と発展」1998〕

その他 練習曲(エチュード) 漫画

えつ [斉魚・鱭魚]

【鱭(えつ)】俳誌 鱭(えつ)網漁〔「俳句」1994年12月〕

エッグ [egg]

【卵(エッグ)】小説 卵ズ(エッグ)〔柳瀬尚紀訳「フィネガンズ・ウェイクⅠⅡ」1991〕／巨大な卵(ビッグ・エッグ)にたとえられる〔清涼院流水「秘密室ボン」2002〕

エックス [X・x] 東京都内の劇場「シアターX(カイ)」はギリシャ文字だが、ローマ字X(エックス)が用いられることが新聞でもある。

【X(エックス)】メニュー「ハムX」と印刷されたメニューハムのほかに一体何がはいっているのだろうと思わせるのがミソだろうか。〔国鉄富山駅の大衆食堂 1968 目〕◆ハムエッグと読むか。

エッセイ [essay] エッセー。

【随筆(エッセイ)】書籍 〔杉本つとむ「日本文字史の研究」1998〕

【稿(エッセー)】雑誌 〔「BIG tomorrow」1994年2月〕

【考量(エッセイ)】〈広告〉自伝的連作考量(エッセイ)〔「読売新聞」2009年4月1日〕
【小節(エッセイ)】〈広告〉さだまさし 最新小節(エッセイ)集!〔「読売新聞」2009年7月26日〕

エッセンス [essence]
【精髄(エッセンス)】〈新聞〉個々の作品およびロシア文学風土の精髄(エッセンス)であろう。〔「読売新聞」2009年3月8日〕
【最前線(エッセンス)】〈広告〉脳科学の最前線(エッセンス)〔「読売新聞」2009年1月3日〕

エッチ [H・h] エッチ・エイチで意味を分けることあり。NHKをエヌエ(ッ)チケイ(ー)、エネエ(ー)チケイ(ー)などという人多し。耳で先に音のかたまりとして覚え、言いならわす。
【越恥(エッチ)】【悦地(えっち)】〈小説〉〔柳瀬尚紀訳「フィネガンズ・ウェイク I II」1991〕
【H(エッチ)】〈広告〉特写!Hな色香を…〔「読売新聞」2006年9月19日(女性自身)〕❖「変態(Hentai)」の頭文字だったが、言いやすい表現が求められ、だいぶよく使われる語に変わった。エロも。「越智」姓をエッチと読むことあり。

えて [猿] →えてこう
【猿(えて)】【申(えて)】〈古〉〔1917〈隠〉〕❖「猿公(えてきち)」とも。
【得手(えて)】〈辞書〉〔1949〈隠〉〕❖サルが「去る」に通じるのを忌んでいう。

エディター [editor]
【編集者(エディター)】〈漫画〉フリー編集者(エディター)〔さとうふみや「金田一少年の事件簿 12」(金成陽三郎)1995〕

えてこう [猿公]
【猿公(えてこう)】〈雑誌〉神出鬼没の猿公(えてこう)のわるさ連発でストレス倍増!〔「週刊朝日」2008年5月16日〕
〈WEB〉「猿公」に「えてこう」とあてる訓は戦前からあるようで、それが定着し、今日まで存続しているとすれば、新しい訓(ことばの側から見れば、新しい用字)として辞書に載せることは考えていいことです。〔飯間浩明「きょうのことばメモ」2008〕

エデン [Eden]
【天国(エデン)】〈漫画〉そこは最高の天国(エデン)にかわる〔日高万里「お城」1998〕
【楽園(エデン)】〈漫画〉楽園(エデン)だから〔遠藤浩輝「EDEN It's an Endless World! 1」1999〕
【禁断(エデン)】〈漫画〉『禁断の果実(リンゴ)』を見つけたよ〔さとうふみや「金田一少年の事件簿 2」(金成陽三郎)1993〕

えど [江戸] 江所、江の門戸からとも。
【絵土(えど)】〈古〉人情本〔矢野準「近世戯作のあて字」〔「日本語学」1994年4月〕〕

えとがしら
【子(えとがしら)】〈しこ名〉〔篠崎晃雄「実用難読奇姓辞典 増補版」1973〕

えどがわらんぽ
【江戸川乱歩(えどがわらんぽ)】〈筆名〉❖アメリカの詩人・小説家エドガー・アラン・ポーを踏まえたもの。

エトス [ギリシャ ēthos] ⇩エートス

エトセ [←エトセトラ] →など
【etc(エトセ)】〈漫画〉素振り1500回 etc(エトセ)…〔許斐剛「テニスの王子様 4」2000〕

エトセトラ [ラテン et cetera]
【etc.(エトセトラ)】〈広告〉それによって世界宗教になり得た…etc.〔「読売新聞」2009年11月1日〕/東京・大阪・名古屋・福岡 etc.〔「読売新聞」2009年12月15日(DIME)〕/ニート、草食系男子 etc.〔「読売新聞」2010年2月17日〕❖文末の「etc.」を「など」「などなど」と読む人もいる。
【干支セトラ(エトセトラ)】〈書名〉奥本大三郎「干支(エト)セトラ、etc.」1992
【・・・(エトセトラ)】〈雑誌〉〔女子中学生向け雑誌〕
❖「×××(エトセトラ)」とも。
〈その他〉&c.(エトセトラ)〈辞書〉

エトランゼ [フランス étranger] エトランジェ。

【異邦人(エトランゼ)】曲名 桑名晴子「時の異邦人(エトランゼ)」〈リリイ〉1985 ◆アニメ「戦国魔神ゴーショーグン」主題歌。
【異邦人(エトランジェ)】漫画 突然の事故で夫を亡くした金の髪の異邦人(エトランジェ)が〈渡辺祥智「銀の勇者 2」1999〉

エトワール［フランス étoile］
【星(エトワール)】歌詞 星(エトワール)と〈Sound Horizon「星屑の革紐」(REVO) 2006〉◆「可愛い私のお姫様(エトワール)」もこの曲にある。

エナジー［energy］エネルギー。
【活力(エナジー)】歌詞〈遠藤正明「勇者王誕生！－神話(マイソロジー)バージョン」2000〉
【生気(エナジー)】漫画〈篠原千絵「蒼の封印 1」1992〉
【勇気(エナジー)】曲名 速水けんたろう「純白の勇気(エナジー)」〈大津あきら〉1997 ◆アニメ「マッハ GoGo-Go」の主題歌。
【霊気(エナジー)】漫画 すべて霊気(エナジー)に変換して〈由貴香織里「天使禁猟区 1」1995〉
【熱量(エナジー)】漫画 電脳都市の熱量(エナジー)の総て〈由貴香織里「天使禁猟区 1」1995〉
【魂(エナジー)】歌詞 退屈に眠る魂(エナジー)に火をつけて〈水樹奈々「FAKE ANGEL」2004〉

エニグマ［enigma］
【謎詩(エニグマ)】書籍〈織田正吉「ことば遊びコレクション」1986〉

えにし
【縁(えにし)】広告 縁（えにし）を〈「読売新聞 夕刊」2010年1月8日〉◆字音から生じた語なので本来的な表記。
【縁糸(えにし)】作品名 小松左京「天神山縁糸苧環(えにしのおだまき)」1977〉

エニシダ［オランダ genista］
【金雀枝(えにしだ)】誌名 創刊80年を超える短歌雑誌「金雀枝(えにしだ)」〈「読売新聞」2008年10月8日〉◆ATOK17では「金雀児」。

エネルギー［ドイツ Energie］中国では「愛耐而几（幾）」「愛内爾其」と音訳されたことがあり、能源、能量と意訳されている。
【勢力(エネルギー)】書籍 すさまじいばかりの勢力(エネルギー)を持った〈宮沢賢治「峠の上で雨雲に云ふ」〈大塚常樹解説〉コ〉
【生命力(エネルギー)】漫画 俺の生命力(エネルギー)をマーキングした〈浅美裕子「WILD HALF 3」1996〉
その他 原動力(エネルギー) 漫画

エノク［Enoch］
【天使文字(エノク)】漫画 聖なる天使文字(エノク)なくして〈由貴香織里「天使禁猟区 18」2000〉

えのぐ［絵の具］
【顔料(えのぐ)】小説 下等の顔料(えのぐ)のおもちゃじゃないか〈宮沢賢治「ガドルフの百合」1923〉◆顔はここではいろどりの意。

えばる［威張る］「いばる」の訛語。
【威張る(えばる)】古 威張(えば)つて〈1902 俗〉

えび［蝦］北海道では「蛯」という国字がメニューなどで普通に用いられているなど、地域によって表記に差がある。日本製の熟字訓だが、奈良時代以前から使われていたことが木簡から分かっている。
【蜆(えび)】古 上蜆(えび)の毛「親民鑑月集」〈平川南「日本の原像」2008〉
【蛯(えび)】TV 経済ジャーナリストの財部誠一は、「蛯」と書いた。〈NHK「みんなでニホンGO！」2010年4月8日〉◆蛯原、蛯名など。
【海老(えび)】歌詞 海老に穴子にキスにシャコ〈笠置シヅ子「買物ブギー」(村雨まさを)1950〉◆用例多し。海老名、海老蔵（鰕蔵とする者もいた）など。
【海ビ(エ)】雑誌〈「言語生活」1960年7月〉
【海び(え)】TV〈NHK「みんなでニホンGO！」2010年4月8日〉
*【〓屋(えびや)】店名 ◆「えび」の造字。綾瀬にある。〈WEB〉

えび［葡萄］「えび」はブドウの古名。エビカヅラにもヒゲ様のものがあるためともいう。
【葡萄（えび）】歌詞 葡萄色（えびいろ）〔一青窈「面影モダン」2004〕❖「葡萄茶」を「海老茶」とも。

えび [裏衣]
【蘡（えび）】句集名〔「読売新聞 夕刊」2008年12月27日〕

えびきゅう エビと胡瓜（きゅうり）の手巻きずしの名。
【エビ胡（きゅう）】民間〔寿司店〕❖部分熟字訓。

えびす [夷・戎・蛭子]
【恵比須（えびす）】【恵比寿（えびす）】【恵美酒（えびす）】【蝦夷（えびす）】古

エピソード [episode]
【逸話（エピソード）】書籍〔うみのさかな&宝船蓬莱「うみのさかな&宝船蓬莱の幕の内弁当」1992〕
【挿話（エピソード）】歌詞 蒼き星の挿話（エピソード）〔サザンオールスターズ「愛の言霊～Spiritual Message～」（桑田佳祐）1996〕❖歌詞上では「エピソード」とルビがあるが、「そうわ」と歌う。
小説 微笑ましい挿話（エピソード）だ〔市川拓司「いま、会いにゆきます」2003〕
【制作秘話（エピソード）】広告〔小野不由美「月の影 影の海 上 十二国記」2000（巻末）〕
【E（エピソード）】漫画 E（エピソード）を上手く使おう〔「週刊少年ジャンプ」2004年48号〕
【えび騒動（ソウド）】書籍 episode えび騒動（ソウド）「重要英単語八千 暗記辞典」1967〔惣郷正明「辞書漫歩」1987〕❖小説に「演比騒動（エピソード）」。

えびづる [蘡薁・蝦蔓・葡萄蔓]
【野葡萄（えびづる）】小説

えひめ [愛媛]「媛」は改定常用漢字表（答申）に採用。
【愛嫁】誤植「愛媛県」が「愛嫁県」に。〔高橋輝次「誤植読本」2000（山口誓子）〕

エピローグ [epilogue] 終章。
【終章（エピローグ）】曲名 チャゲ&飛鳥「終章（エピローグ）～追想の主題」（チャゲ・田北憲次）1980
【終幕（エピローグ）】漫画〔松川祐里子「魔術師 2」1996〕
【最終章（エピローグ）】書名 折原みと「アナトゥール星伝 20 黄金の最終章（エピローグ）」2006
【終わり（エピローグ）】題名 序章の終わり（エピローグ）〔藤崎竜「封神演義 2」1997〕❖サブタイトル。
その他 終曲（エピローグ）小説

エフェクト [effect]
【効果（エフェクト）】書籍 〝効果（エフェクト）〟と呼ばれる〔矢野俊策/F.E.A.R.「ダブルクロス The 2nd Edition」2003〕
漫画 バタフライ効果（エフェクト）のことですよね〔北道正幸「プ～ねこ 2」2006〕

エフビーアイ [FBI]
【FBI（連邦捜査局）】漫画 FBI（連邦捜査局）… ESP（超能力）捜査に日本から協力〔小花美穂「Honey Bitter 1」2004〕
関連【FBI】

エブリマン [every man]
【誰でも（エブリマン）】論文〔大野真「距離の詩学―映画『シックス・センス』を巡って―」2004〕
【江分利満（えぶりまん）】作品名 山口瞳「江分利満（えぶりまん）氏の優雅な生活」1961

えほん [絵本]
【画帖（えほん）】古 画帖時世粧（えほんいまようすがた） 歌川豊国〔由良君美「言語文化のフロンティア」1986〕
【画本（えほん）】広告 画本（えほん）宮澤賢治〔「読売新聞」2009年12月20日〕❖「絵」の書きかえのようにも見えるが、「画」の呉音による。
【艶本（えほん）】書名 林美一「江戸艶本（えほん）を読む」1987❖もじり。

エマージェンシー [emergency]
【緊急要請（エマージェンシー）】漫画 残念だが緊急要請（エマージェンシー）をかけても〔和月伸宏「武装錬金 2」2004〕

えみ [笑み]
【微笑（えみ）】漫画 な・・何だ?今のイヤな微笑（えみ）は・・・!?〔さとうふみや「金田一少年の事件簿 21」（金成陽三郎）1996〕
歌詞 女（ひと）に微笑（えみ）だけ〔角田信朗「傾奇者恋歌」（北原星望・真間稜）2007〕
【笑味（えみ）】広告 みんなのよい食プロジェクトのシンボルマーク「笑味（えみ）ちゃん」〔「読売新

え

聞」2010年2月25日〉

その他 咲(えみ) 古

えみし 「人」の意のアイヌ語から。えぞ。

【蝦夷(えみし)】書籍〈平川南「日本の原像」2008〉◆「日本書紀」に「愛瀰詩」とも。

エミュレーション [emulation]

【ハードの模倣(emulation)】論文 ソフトの模倣(simulation)からハードの模倣という〈内山和也「『現代口語体』の表現スタイルについて」2002〉

エムワン [M－1]

【本物(M－1)】広告 今年も決まる。本物(M－1)の王者が。〈「マンスリーよしもとPLUSvol_004」2009〉(オートバックスM－1グランプリ2009)

エメラルド [emerald]

【緑柱石(エメラルド)】【緑宝玉(エメラルド)】古

エメラルドグリーン [emerald green]

【翡翠色(エメラルド・グリーン)】小説 翡翠色(エメラルド・グリーン)の美しい瞳には〈安井健太郎「ラグナロクEX. BETRAYER」1999〉

【深緑色(エメラルドグリーン)】小説 深緑色(エメラルドグリーン)の瞳

その他 緑青色(エメラルドグリーン) 古

えもの [獲物]

【得物(えもの)】書籍 すばやく獲物を追い、得物(えもの)に托して〈井上ひさし「ニホン語日記」1996〉

【標的(エモノ)】漫画〈矢吹健太朗「BLACK CAT 1」2001〉

【金属(エモノ)】小説 金属(エモノ)飾ってるからだぜ〈西尾維新「零崎双識の人間試験」2004〉

【遺産(エモノ)】漫画 この「遺産(エモノ)」……〈せたのりやす「無敵王トライゼノン BLAZE 2」2001〉

その他 武器(エモノ) 漫画

えもん [衛門]

【工門(えもん)】新聞 前社長の7代中埜又左エ門(なかのまたざえもん)〈「読売新聞」2010年3月9日〉◆「右衛門」で「右」を読まず「えもん」とも。「えむ」なども。

えやみ [疫病み・瘧]

【疫病(えやみ)】古

えらいこっちゃ この「えらい」にも「偉い」を当てる辞書あり。

【諸事多難(えらいこっちゃ)】広告〈神坂一「日帰りクエストなりゆきまかせの異邦人(ストレンジャー)」1993(巻末)〉

えらぶ [選ぶ・撰ぶ]

【選択(えら)ぶ】歌詞 選択(えら)ぶ道があるなら〈手塚国光「Never Surrender」(UZA)2003〉

その他 択(えら)ぶ 古

*【継承者(選ばれし者)】漫画 オマエたちと同じ「継承者(選ばれし者)」じゃ…‼〈せたのりやす「無敵王トライゼノン BLAZE 2」2001〉

えり [襟]

【衿(えり)】歌詞 コートの衿(えり)を立てて あたしは仕事場へ向かう〈中島みゆき「おまえの家」1978〉／衿に私のルージュの薄いしみ〈中原理恵「死ぬほど逢いたい」(松本隆)1981〉◆常用漢字の「襟」と同じ用法をもつ字であり、着物の広告や婦人雑誌などでも多用されている。

【襟足(えり)】歌詞 襟足(えり)をくずしてすがりつく〈鏡五郎「雪ひと夜」(津田雅道)2010〉

【梫(えり)】書籍 木に梫(えり)、〈杉本つとむ「日本文字史の研究」1998〉

その他 項(えり)・領(えり) 古

エリア [area]「エアリア」とも。

【区(エリア)】漫画 トップシークレット区(エリア)〈松川祐里子「魔術師 1」1995〉

【区間(エリア)】小説 人の流れと喧噪の区間(エリア)から避難した〈清涼院流水「カーニバル 一輪の花」2003〉

【領域(エリア)】歌詞 友だちの(Don't stop) 領域(エリア)から(Love me do)〈C-C-B「Romantic が止まらない」(松本隆)1985〉／この領域(エリア)に〈石川智晶「Prototype」2008〉／時空嵐の領域(エリア)を抜けて〈シェリル・ノーム starring May'n「妖精」(Gabriela Robin・真名杏樹)2008〉

【地域的(エアリア)】書籍 地域的(エアリア)な〈橋本萬太郎・鈴木孝

夫・山田尚勇「漢字民族の決断」1987〕

【街(エリア)】漫画 この街(エリア)で俺よりエラソーに〔大暮維人「エア・ギア 2」2003〕

【縄張り(エリア)】漫画 東中と西中の縄張り(エリア)決める〔大暮維人「エア・ギア 1」2003〕

【限界(エリア)】歌詞 誰も知らない限界(エリア)へ〔酒井ミキオ「Drastic my soul」2001〕

【学校(エリア)】漫画 この学校(エリア)をぐるりととりまく〔大暮維人「エア・ギア 5」2004〕

その他 区域(エリア)・地域(エリア) 詩

エリー

【恵梨(えりい)】人名 ◆当人が読み仮名をこう書いている例があるという。時東ぁみは芸名。

エリート [フランス élite]

【選良(エリート)】小説〔京極夏彦「鉄鼠の檻」1996〕

【東大卒(エリート)】漫画 東大卒(エリート)警官法条〔「週刊少年ジャンプ」2004年5月24日(こちら葛飾区亀有公園前派出所)〕

【探偵貴族(エリート)】小説「探偵貴族(エリート)」たちの憩いの場と〔清涼院流水「カーニバル 二輪の草」2003〕

エリザベス [Elizabeth]

【えり THE(ザ) べす】WEB えり THE べすの現代視覚先行音楽文化研究会◆ブログのタイトル。

エリシウム [Elysium] 楽園の意。

【絵里詩得夢(エリシウム)】ペンション名

える [得る]

【獲る(え)】小説 私が獲(え)た自由を〔遠藤周作「白い人」1955〕

える [選る]

【撰る(え)】古 それを撰(え)り出そう〔高村光雲「幕末維新懐古談」〕

エルサレム [Jerusalem]

【耶路撒冷(エルサレム)】辞書

エルドラド [スペイン El Dorado] 南米にあると信じられた黄金郷。

【黄金郷(エルドラド)】歌詞 古い地図を胸に抱いて黄金郷(エルドラド)探す〔南佳孝「冒険王」(松本隆)1984〕

漫画題名 山本鈴美香「七つの黄金郷(エルドラド)」1977〜1978

書名 山田篤美「黄金郷(エルドラド)伝説」2008

エルニーニョ [スペイン El Niño]

*【特異点(エルニーニョ・ポイント)】小説 中心から支える特異点(エルニーニョ・ポイント)だ〔清涼院流水「カーニバル 二輪の草」2003〕

エルフ [elf]

【妖魔(エルフ)】書籍〔うみのさかな&宝船蓬萊「うみのさかな&宝船蓬萊の幕の内弁当」1992〕

エレガンス [elegance]

【雅(エレガンス)】書籍 雅(エレガンス)なことば〔杉本つとむ「近代日本語の成立と発展」1998〕

チラシ 能の雅(エレガンス) 狂言の妙(エスプリ)〔国立能楽堂コレクション展 2004年4月〕

エレガント [elegant]

【雅(エレガント)】書籍 雅(エレガント)なやわらかいひびき〔杉本つとむ「近代日本語の成立と発展」1998〕

【優雅(エレガント)】雑誌 白と黒の下着で、優雅(エレガント)な装いを。〔「FIGARO japon」1994年2月〕

エレキ [↑エレキテル] 電気。

【越歴幾(エレキ)】【越列機(エレキ)】【越力機(エレキ)】【越力(エレキ)】【越歴(エレキ)】古 ◆「電気」と書いてエレキと読ませることもあったが、明治のうちにデンキにとってかわられた。

エレキテル [↑オランダ elektriciteit] オランダから伝えられた摩擦発電器。エレキテリシテイト。

【越歴機篤児(エレキテル)】【野礼幾天爾(エレキテル)】【越歴的里失帝多(エレキテリシテイト)】古

エレジー [elegy]

【哀歌(エレジー)】曲名 八代亜紀「哀歌(エレジー)」(谷村新司)1978/平井堅「哀歌(エレジー)」2007/水木大介「焼酎哀歌(エレジー)」(岸本浩正)2009

漫画 オヤジ女の哀歌(エレジー)〔中尊寺ゆつこ「プリンセス in Tokyo」1989〕

書名 夢枕獏「仕事師たちの哀歌(エレジー)」1992

映画題名「女工哀歌（エレジー）」2005
漫画題名 水木しげる「水木しげるのニッポン幸福哀歌（エレジー）」2006

【悲歌（エレジー）】映画題名「浪華悲歌（エレジー）」1936／「湯の町悲歌（エレジー）」1949／「北上川悲歌（エレジー）」1961／「樹氷悲歌（エレジー）」1971
曲名 岡晴夫「男の悲歌（エレジー）」（石本美由起）1950／菅原都々子「江の島悲歌（エレジー）」（大高ひさを）1951

【嘆歌（エレジー）】曲名 ちあきなおみ「嘆歌（えれじい）」（吉田旺）1988

【望郷歌（エレジー）】曲名 鶴田浩二「望郷歌（エレジー）」（荒木とよひさ）1987

エレファント [elephant]

*【象の銀行（エレファンツバンク）】詩 上の方にある象の銀行（エレファンツバンク）にちやりんと入れる。〔高村光太郎「象の銀行」1926〕

エレベーター [elevator]

【昇降機械（エレベーター）】詩 昇降機械（えれべえたあ）の往復する〔萩原朔太郎「虎」1929〕

【昇降機（エレベーター）】小説 昇降機（エレベーター）も知らないとはな〔安井健太郎「ラグナロク7 灰色の使者」2000〕

【密室（エレベーター）】広告 密室（エレベーター）20秒の謎〔菊地秀行「魔界都市ブルース 夜叉姫伝4」1990（巻末）〕

【〓（エレベーター）】創作〔杉本つとむ「日本文字史の研究」1998〕

*【⿰女卡（エレベーターガール）】創作 中学生が〔斎賀秀夫「漢字と遊ぶ」1978〕◆以前からあり暗合が起こった。

エレメント [element]

【元素（エレメント）】曲名 ポルノグラフィティ「元素（エレメント）L」（新藤晴一）2003

エレル [Elel]

【精霊（エレル）】漫画 この場は『精霊（エレル）の森』〔CLAMP「魔法騎士レイアース1」1994〕

エレン [Ellen]

【永恋（エレン）】漫画〔秋本治「こちら葛飾区亀有公園前派出所126」2001〕◆命名案として。

エロい エロチックの形容詞化。古くは、色（エロ）話も。イロを訛ってエロという地方あり。

【工口（エロ）い】【工口（エロ）い】【工口（エロ）い】WEB ◆漢字を用いたもの。

エロイカ [↑イタリア Sinfonia eroica]

【英雄（エロイカ）】漫画〔二ノ宮知子「のだめカンタービレ19」2007〕

エロース [ギリシャ Erōs]

【精霊（エロース）】書籍〔大久保博訳「完訳 ギリシア・ローマ神話」1970〕

【生（エロス）】歌詞 死（タナトス）と生（エロス）〔ALI PROJECT「月蝕グランギニョル」（宝野アリカ）2003〕

その他 思慕（エロス）古

えん [円]

【¥（えん）】民間 Yシャツ見切り品 ¥２００より〔金田一春彦「日本語」1957〕／¥2,000,000.―〔領収書〕◆ひとまとまりで読むか、漢文訓読のように返る。／ひらがなにした「200えん」、カタカナにした「200エン」、英語の綴りを採り入れた「200yen」、ローマ字表記にした「200en」、記号を用いた「¥200」、記号の位置が膠着語風に転倒した「200¥」、記号と漢字とが重複した「¥200円」など、さまざまな表記が店先に並ぶ。〔笹原宏之「漢字の現在」2010年4月1日〕
歌詞 ¥（yen） against $〔サザンオールスターズ「爆笑アイランド」（桑田佳祐）1998〕◆円の字音仮名遣いは「ゑん」だが英語表記はYen。

えん [園]

【⿴囗エン（えん）】広告 共楽⿴囗エン〔電車内 1957 目〕／けいりんの花月⿴囗エン〔国電の車内 1963 目〕◆⿴囗エンとも書かれる。

【囗（えん）】民間 幼稚園の先生は、日々の仕事の中で、幼稚園と書く際に「幼稚囗」のように略すことがある。「囗」が一般に多く見ら

れる「国」の略字ではないところに、仕事柄多用する字の差が表れている。〔笹原宏之「漢字の現在」2008年6月6日〕

えん［焉］
【焉】辞書 ❖「我関せず焉」は漢文の置き字で黙字だが、エンと読むことあり。終焉。

エンヴィー［envy］⇩エンビー

えんか［演歌］元は政治色の濃い演説歌のことだった。
【艶歌】歌詞 うき世流転の 艶歌師くずれ〔ディック・ミネ「東京流転」(大野義於)1954〕
作品名 五木寛之「艶歌」1966
曲名 水前寺清子「艶歌」(星野哲郎)1968／美川憲一「湯の街艶歌」1968
広告 〝夫婦艶歌〟の決定盤!!〔「読売新聞 夕刊」2010年2月19日〕
【怨歌】書籍 怨歌歌手として類い希な才能を持った森〔元木昌彦「週刊誌編集長」2006〕
新聞 カラオケで父が歌おうとする演歌は、地方の人間を食い物にして恥じない者たちへの怨歌の響きを帯びる。〔「読売新聞」2010年1月26日〕
【焉歌】曲名 1990年代には4部作の管弦楽曲を作り、(中略)「焉歌(えんか)・波摘み」は対馬丸の子どもたちや人間魚雷の若い死者たちにささげました。〔「読売新聞 夕刊」2008年7月8日(三善晃)〕
【援歌】書名 星野哲郎「演歌・艶歌・援歌」2001
【応援歌】曲名 永井みゆき「応援歌でヨイショ！」(たかたかし)1994 ❖「応演歌」「ＯＨ！演歌」「ＯＨ！艶歌」はもじり。
【艶華】曲名 中森明菜「艶華 ― Enka ―」2007

えんがちょ
【縁がちょ】【縁がチョ】WEB ❖縁がちょんと切れるから。指を〆の形にする。

えんかつ［円滑］
【円滑】誤読 類推の誤り。〔「日本語百科大事典」〕❖「骨」からの類推か、「滑稽」のコツからか。

エンカレッジ［encourage］
【鼓舞】広告 今、ニッポンのサラリーマンを最も鼓舞する必読の書〔「読売新聞」2008年10月23日〕

えんがわ［縁側］
【椽側】古 ❖「縁」を「椽」と木偏で書くことが少なくなかった。今日でも額縁は材質に合わせて「額椽」とも。「椽」は「たるき」の意。

えんぎ［演技］
【艶技】雑誌 マドンナ／独占公開22歳下〝恋人〟と艶技〔「週刊女性」2008年5月13日・20日合併号〕❖男性向けの雑誌では、妖艶なニュアンスを出そうとしてよく使われる。
広告 藤本美貴「全裸ヌードの体当たり艶技」〔「読売新聞」2008年4月24日(FRIDAY)〕

えんぎ［縁起］
【縁喜】小説 縁喜でもないと耳を塞いだ〔夏目漱石「こころ」1914〕
その他 延喜・縁宜 古

えんきょく［婉曲］
【婉曲】誤読〔ＷＥＢ〕

エンゲージメント［engagement］
【約定】書籍 約定をつづける〔池田雅之「ラフカディオ・ハーンの日本」2009〕

エンゲージリング［engagement ring］
【婚約指輪】漫画 渡されたのが『婚約指輪』〔日高万里「ひつじの涙 7」2004〕

えんこ 座る意の幼児語。エンジン故障からではなく、方言から。
【輭】創作〔自動車学校の灰皿 1976 ㊐〕
その他 エン故 WEB
↓エンコード

えんこう［援交］「援助交際」の俗な略称。
【¥交】WEB 援助交際(中国、韓国にも広がった語)の略称をあえて異なる表記としたもの。◆「¥」「○」などとも書かれる。

エンコーディング [encoding]
【符号化（エンコーディング）】 論文 多言語処理環境の実現には、符号化（エンコーディング）（テキストのメモリへの格納）〔内山和也「振り仮名表現の諸相」2002〕

エンコード [encode]
【援交C（エンコード）】 WEB ◆もじり。アドレスなどを暗号化させる手法。

えんこづめ [猿猴詰め] 指を切断する意の隠語。
【指詰め（えんこづめ）】 WEB

エンジェル [angel] エンゼル。
【天使（エンジェル）】 歌詞 I love you 傷だらけの天使（エンジェル）〔近藤真彦「ヨコハマ・チーク」（松本隆）1981〕／傷だらけの天使〔BOØWY「Rouge Of Gray」（氷室京介）1986〕◆スペイン語起源のロサ（スア）ンゼ（ジエ）ルス（LA）は「羅府」と書かれた。
書名 村山由佳「天使の卵（エンジェルス・エッグ）」1994
漫画 その名は天使（エンジェル）〔由貴香織里「天使禁猟区 1」1995〕／俺達の天使の結晶を（エンジェルクリスタル）〔同〕／天使（エンジェル）黙示録〔本仁戻「高速エンジェル・エンジン 1」2000〕
漫画題名 あいざわ遥「天使（えんじぇる）にお願い」1995
人名 天使（えんじぇる）

【少女投手（エンジェル）】 広告 少女投手（エンジェル）真琴が〔さとうふみや「金田一少年の事件簿 1」（金成陽三郎）1993（巻末）〕
その他 天人（エンジェル）・天女（エンジェル） 古／園児（エンジ）エル・園児（エンジ）える・幼女（エンジェル） WEB

えんじゅく [円熟]
【炎熟（えんじゅく）】 新聞 〝炎熟〟スポーツ紙〔斎賀秀夫「漢字と遊ぶ」1978〕◆もじり。

エンジョイ [enjoy]
【園児JOY（エンジョイ）】 WEB 園児JOY!

えんぜつ [演説]
【演舌（えんぜつ）】 古 福沢諭吉は、演舌の舌の字は余りに俗なので、自身が同音の字に改めたと述べる〔紀田順一郎「日本語発掘図鑑」1995〕
書籍 演舌「団団珍聞」1877年3月〔紀田順一郎「日本語発掘図鑑」1995〕
【艶説（えんぜつ）】 古「自由艶説女文章（えんぜつおんなぶんしょう）」1884〔紀田順一郎「日本語発掘図鑑」1995〕

エンターテインメント [entertainment] 娯楽。
【娯楽小説（エンターテインメント）】 小説 長編娯楽小説（エンターテインメント）とも理解できる〔清涼院流水「カーニバル 一輪の花」2003〕
【大衆時代小説（エンターテインメント）】 広告 これぞ大衆時代小説（エンターテインメント）の王道!〔「読売新聞」2009年2月27日〕
【小　説（エンターテインメント）】 広告 武侠（カンフー）小説王（エンターテインメント・キング）〔「読売新聞 夕刊」2009年3月5日〕

エンタープライズ [enterprise]
【得ん多富来図（エンタープライズ）】 書籍「重要英単語八千暗記辞典」1967〔惣郷正明「辞書漫歩」1987〕

エンタイトルツーベース [和製 entitled two-base hit]
【怨タイトル二塁打（ツーベース）】 書籍〔宇佐美徹也「プロ野球記録大鑑」1993〕◆もじり。後楽園球場の人工芝で増加したことから。

エンディア
【終端の王（エンディア）】 歌詞 世界を喰らう終端の王（エンディア）〔Sound Horizon「終端の王と異世界の騎士～The Endia & The Knights～」（REVO）2006〕

エンディング [ending]
【ED（エンディング）】 広告 ノンテロップOP&ED（エンディング）も収録〔「週刊少年ジャンプ」2004年5月24日〕

エンド [end]
【目的（エンド）】 古 ◆ドイツ語の「目的（エンデ）」もあり。

えんとつ [煙突・烟突]
【烟筒（えんとつ）】 詩 このながい烟筒（えんとつ）は〔萩原朔太郎「青空 表現詩派」1923〕

エントリー [entry]
【参加（エントリー）】 冊子 参加（エントリー）するオーディションを〔ナムコ「アイドルマスター プロデューサー

ガイド」2005〕

エンドルフィン [endorphin]

【脳内麻薬物質《エンドルフィン》】 漫画題名 由貴香織里「戒音《カイネ》—die《黒》と live《白》の脳内麻薬物質《エンドルフィン》」1996

エンバーミング [embalming]

【遺体保存《エンバーミング》】 小説 アメリカ式の遺体保存《エンバーミング》を〔浅田次郎「鉄道員」2000〕

エンビー [envy] エンヴィー。

【怨美《エンビ》】 書籍〔「重要英単語八千 暗記辞典」1967〕

【嫉妬《エンヴィー》】 漫画 この嫉妬《エンヴィー》の姿を〔荒川弘「鋼の錬金術師 10」2005〕

【人造人間《エンヴィー》】 漫画 人造人間《エンヴィー》の核〔荒川弘「鋼の錬金術師 13」2006〕

*****【妬る《エンビ》】** 古 必然《きつと》、貴女《あなた》を妬る《エンビ》者の為し事なんだわ〔1903 俗〕❖明治の女学生語。

エンプレス [empress]

【女帝《エンプレス》】 小説「密室の女帝《ロックド・エンプレス》」フィランヌ・メイルネシアの〔清涼院流水「カーニバル 二輪の草」2003〕

エンブレム [emblem]

【称号《エンブレム》】 漫画「炎の道」の称号《エンブレム》を持つ者だ〔大暮維人「エア・ギア 3」2003〕

【族章《エンブレム》】 漫画 暴風族の族章《エンブレム》〔大暮維人「エア・ギア 2」2003〕

【代紋《エンブレム》】 漫画題名 渡辺潤「代紋《エンブレム》TAKE 2」〔木内一雅〕1990～2004

【象徴《エンブレム》】 書籍 象徴《エンブレム》と見なされてきた〔池田雅之「ラフカディオ・ハーンの日本」2009〕

【誇り《エンブレム》】 漫画 その族章はイッキの「誇り《エンブレム》」になったの〔大暮維人「エア・ギア 2」2003〕

*****【族章は暴風族の命《エンブレム・オブ・プライド》】** 漫画〔大暮維人「エア・ギア 1」2003〕

エンペラー [emperor]

【皇帝《エンペラー》】 玩具名 1号・皇帝《エンペラー》〔ミニ四駆限定シリーズダッシュ〕

えんポツ [塩ポツ]

【塩剝《えんポツ》】 辞書 ❖「剝」はポタシウム(剝篤叟)でカリウムの英語名。

えんや かけ声。

【栄弥《エンヤ》】 歌詞 福を呼び込み栄弥《エンヤ》と返す〔鳥羽一郎「宝来船祭り」(山田孝雄)2010〕

お

お

【男《お》】 短歌 男《お》の根岩《ねいわ》〔「読売新聞」2009年5月21日(吉野秀雄)〕

お

【汚《お》】 広告 ゴミだめのような「汚部屋《おべや》」〔「読売新聞」2010年3月15日〕／お風呂は週1回！の不潔すぎる「汚嬢様《おじょうさま》」……。〔「読売新聞」2010年6月5日〕❖「汚ギャル」「汚にぎり」など接頭語「お」を片っ端から「汚」で表記した例。

オア [or]

【or】 広告 50分 or 100分のDVDをセットで〔「読売新聞」2010年2月27日〕

おあし [御足]

【お銭《あし》】 古〔1907 俗〕

オアシス [oasis]

【沃地《オアシス》】 書籍〔大久保博訳「完訳 ギリシア・ローマ神話」1970〕

【緑の国《オアシス》】 漫画 この国は砂漠の中心の緑の国《オアシス》〔由貴香織里「砂礫王国」1993〕

【湖《オアシス》】 雑誌 地下水を守り通した小さな月形の湖《オアシス》が〔「現代」1994年4月〕

【楽園《オアシス》】 歌詞 渇いた心が求める楽園《オアシス》よ〔不二周助「Black Rain」(kyo)2003〕

【理想郷《オアシス》】 歌詞 見つけた理想郷《オアシス》〔水樹奈々「Crystal Letter」(HIBIKI)2007〕

おいおい

【逐々《おいおい》】 古〔1904 俗〕

おいおい

【O―O―《おいおい》】 誤読 ❖電話番号の末尾0101にもかけた○一○一の丸井(マルイ)マークを地方から来た人が看板で見て、O

ＩＯＩと思いオイオイと読んだという話多し。元は(井)だった。

おいさき［生い先］

【老(お)い先】 誤字 誤答に多い。老い先がたのしみな子ども 老い先短いに引かれた〔斎賀秀夫「漢字と遊ぶ」1978〕

おいしい 「美味(うま)い」とも。「美味しい」「不味い」は、辞書に前者には当て字、後者には何も書かれていないものがある。「うさぎ美味し」と歌詞を子供が誤解することあり。

【美味(おい)しい】 歌詞 自由という名のお酒は美味しい〔新井満「ワインカラーのときめき」（阿久悠）1977〕

小説 美味(おい)しい汁を啜ろう〔安井健太郎「ラグナロクEX.COLD BLOOD 失われた絆」2001〕

漫画題名 花咲アキラ「美味(おい)しんぼ」（雁屋哲）1983〜

新聞 文部科学大臣賞「リサイクルから生まれる『美味(おい)しいね！』」高校2年生〔「読売新聞」2008年11月12日〕

【おいC(しい)】 CM ❖ヘルC（ビタミンC）もあり。

【欧(お)一(い)西(しい)】 台湾〔黄文雄「日本語と漢字文明」2008〕❖哈日(ハーリー)族の日常用語。

【Ｏ４(おいしい)】 雑誌 ０４０５(おいしいたまご)〔「安心」1994年10月〕

おいしく［追い如く］

【追(お)い及(し)く】 歌詞 追い及(し)かむ 君へ〔サザンオールスターズ「CRY 哀 CRY」（桑田佳祐）1998〕

オイゼビュウス［ドイツ Eusebius］

【消極的なもの(オイゼビュウス)】 漫画 「積極的なもの(フロレスタン)」と「消極的なもの(オイゼビュウス)」〔二ノ宮知子「のだめカンタービレ 20」2008〕

おいた

【悪戯(おいた)】 小説〔樋口一葉「十三夜」1895〕

おいたち［生い立ち］

【生長(おいたち)】 古

おいちょうかぶ おいちょかぶ。

【追丁(おいちょう)かぶ】 辞書〔1955 隠〕

おいて［追風］

【追風(おいて)】 歌詞 こんぴら船々、追風(おいて)に帆かけてシュラシュシュシュ―― 民謡〔「読売新聞」2010年3月10日〕

おいて［於いて］

【於(おいて)】 民間 ❖看板やプリントなどの「於：・・」は、記号的な文字使用で、音声を介さずに直接に意味を表記。読みは「おいて」「おける」など、さまざまになされる。

おいど

【お臀(いど)】 古

おいぼれ［老い耄れ］

【老耄(おいぼれ)】 古

おいやる［追い遣る］

【追(お)い殺(や)る】 歌詞 恥じらいはどこへ追(お)い殺(や)った〔天野月子「Devil Flamingo」2005〕

おいら［己等・俺等］

【予(おいら)】 漢詩〔平井呈一訳「狂詩 巡査行」1951〕❖サッカレーの英語の時代諷刺詩を漢訳総ルビに邦訳したもの。

【俺(おい)ら】 歌詞 どうせ俺らはひとりもの〔ディック・ミネ「夜霧のブルース」（島田磬也）1947〕／どうせ俺(お)いらは 島めぐり〔田端義夫「ひとり船頭」（清水みのる）1951〕／俺(お)いらのナ 俺らの胸が〔三橋美智也「リンゴ村から」（矢野亮）1956〕／俺らはドラマー〔石原裕次郎「嵐を呼ぶ男」（井上梅次）1957〕

【俺等(おいら)】 歌詞 馬鹿を承知の俺等(おいら)の胸を〔上原敏「妻恋道中」（藤田まさと）1937〕

【私(オイラ)】 広告 下品な私(オイラ)が初めて語る ビートたけし〔「読売新聞」2009年3月30日〕

その他 己(おいら)・自己(おいら)・乃公(おいら) 古

おいらく［老いらく］

【老楽(おいらく)】 演目 老楽風呂(おいらくぶろ) 落語〔「読売新聞」2008年11月4日〕

書名 上坂冬子・曽野綾子「老(お)い楽(らく)対談」2009

おいらん
【花魁】 題名 花魁 Oiran マッスルミュージカル〔「読売新聞」2009年10月8日〕
【姉女郎】 古 ❖姉女郎も。
その他 **姉娼** 古

オイル [oil]
【潤滑油】 漫画

おう ⇩あう(逢うた・逢うて・会うた)

おう [追う]
【逐う】 新聞 父信虎を駿河に逐い、〔「読売新聞」2010年5月19日〕
*【追放れる】 歌詞 楽園を 追放れて来た〔本田美奈子「殺意のバカンス」(売野雅勇)1985〕

おう [王]
【玉】 誤植 リア王がリア玉に。〔WEB〕/王子が玉子に。〔高橋輝次「誤植読本」(外山滋比古)2000〕❖一二三王玉で一二三四五と江戸時代に数えた。「五」と「玉」も字体が似る。将棋の王将・玉将。國の異体字も囗に王と玉あり。

おう [翁]
【扇】 誤植 芭蕉扇が芭蕉翁に〔高橋輝次「誤植読本」2000(外山滋比古)〕❖林家木久扇は「おうぎ」からか。

おうじさま [王子様]
【偉い人(王子様)】 漫画 バカで偉い人(王子様)なので〔山田南平「紅茶王子 18」2002〕

おうじゃ [王者]
【支配者】 歌詞 支配者を 運び続けたが〔Sound Horizon「石畳の緋き悪魔」(REVO)2007〕
【獅子】 歌詞 走り去る獅子や波打つ Sand Storm〔奥井雅美「spirit of the globe」1997〕

おうぞく [王族]
【皇族】 漫画 これは邪鬼皇族に伝わる〔由貴香織里「天使禁猟区 1」1995〕

おうたい [応対]
【応待】 誤字 (広報紙 誤字・誤記)「接待」という意味を付与して考える人が多く存在する。年代が高くなるに従って誤答率が増えるという珍現象を呈している。〔斎賀秀夫「現代人の漢字感覚と遊び」1989〕❖「対応」の逆ではないように思って、「待遇」もあり、混淆し、共通誤字化した。

おうち →うち
【お家】 漫画 リュウイチはお家に泊まっていくんでしょ!?〔松川祐里子訳「魔術師 1」1995〕/お家にこもってお猫形さん遊び〔猫十字社「小さなお茶会 2」2000〕
小説 今朝、お家から手紙が来たの〔松岡佑子訳「ハリー・ポッターとアズカバンの囚人」2001〕
チラシ お家の事(内装・外装)、店舗の事
【田舎】 漫画 田舎からお電話ですよ〔高橋留美子「めぞん一刻 10」1986〕
【実家】 漫画 冬休みに実家帰るのー?〔日高万里「ひつじの涙 5」2003〕
【下宿】 漫画 もーすぐ下宿に着く〔大井昌和「ひまわり幼稚園物語あいこでしょ! 1」2001〕
その他 **御内・御うち** 古

おうまがとき [逢魔が時]
【逢魔ケ刻】 俳句 逢魔ケ刻の〔「読売新聞 夕刊」2010年1月27日〕
【大魔が時】【大禍時】 新聞 「大魔が時」あるいは「大禍時」とも書く。わざわいの起きる時刻の意味で、薄暗いたそがれどきを指す〔「読売新聞」2004年6月25日〕

おえど [御江戸]
【東京】 歌詞 〔サザンオールスターズ「愛と欲望の日々」(桑田佳祐)2004〕

おえる [終える]
【卒える】 雑誌 大学を卒えて〔「文藝春秋」1994年1月〕
小説 女学校を卒え〔森村誠一「殺意の接点」2001〕/学業を卒えて、〔「読売新聞」2010年3月

11日〕

【了(お)える】雑誌 了(お)えて〔「小説新潮」1994年10月〕

小説 読み了(おえ)た司祭〔平野啓一郎「日蝕」2002〕／農作業を了(お)えた〔同〕

短歌 了(おえ)し〔「読売新聞」2010年3月29日〕

オー [O]

【O(オー)】歌詞 ルームナンバー705(セブン・オー・ファイブ)号〔大橋卓弥「ブルース」2008〕

*【大型(おおがた)】誤字 学校の健康記録カードの血液型のところに立派な字で〔O型を〕「大型」と書いてありました。〔WEB〕

オー [oh]

【Oh(オー)】漫画題名「Oh(オー)! コッくん」〔「読売新聞」2010年4月25日〕❖王監督のユニホームの文字は「O」ではなく「OH」だった。

*【OH(オー)!妻(ツマ)】漫画 OH(オー)!妻(ツマ)女子大付属〔中尊寺ゆつこ「プリンセス in Tokyo」1989〕

おおあほ [大阿呆]

【戦好(大アホ)き】漫画〔上条明峰「SAMURAI DEEPER KYO 5」2000〕

おおあわて [大慌て]

【大狼狽(おおあわて)】古

おおい [覆い]

【被(おお)い】歌詞 ララバイ 心に 被(おお)いをかけて〔中島みゆき「アザミ嬢のララバイ」1976〕

おおいちざ [大一座]

【吐(大いちざ)】古 ❖江戸時代の戯作者、恋川春町による黄表紙『廓憃費字尽(さとのばかむらむだじづくし)』(1783)に「おそろいのなかではくのがおういちざ(ママ)」とある。79画に達する。

おおいに [大いに]

【多(おお)いに】誤字〔斎賀秀夫「現代人の漢字感覚と遊び」1989〕❖小学生に大・多の混同は多い。「多い」を「大い」とも。

【Oいに】小説 O(オー)いに笑L(エル)〔嵐山光三郎「ABC文体 鼻毛のミツアミ」1982〕／O(オー)いに水増(みずま)しして〔柳瀬尚紀訳「フィネガンズ・ウェイクI II」1991〕

おおいり [大入り]

【大入(おとな)】誤読 マクドナルドの「大入ポテト」を「大人ポテト」と読んだ。そして大声で注文した。〔WEB〕❖人と入の差を示す特徴は手書きと明朝体とでかなり異なる。

おおう [覆う・蓋う・掩う]

【被(おお)う】文書 ティッシュなどで口と鼻を被い〔文部科学省で配付された「新型インフルエンザに関する対応について」2009〕

【蔽(おお)う】雑誌 棺を蔽(おお)うて後〔「プレジデント」1994年12月〕

オーガ [ogre]

【鬼(オーガ)】漫画〔板垣恵介「グラップラー刃牙」1992～1999〕❖「おに」は姿が見えず、「隠(オン)」と呼ばれたことからとされる。

おおがさ [大傘・大笠]

【蓋(おおがさ)】古

オーガストテンス [August tenth]

【8・10(オーガスト・テンス)】小説「8・10(オーガスト・テンス)」は「9・11」の一つ前の大事件〔清涼院流水「カーニバル 一輪の花」2003〕

オーガニック [organic]

【有機(オーガニック)】広告 有機(オーガニック)を〔「読売新聞」2009年4月23日〕

【有機茶(オーガニック)】広告 有機茶(オーガニック) 新茶〔「読売新聞」2010年5月14日〕

おおかみ [狼]

【猿】誤植 雑誌で「戦場の狼」が「戦場の猿」に。〔WEB〕❖登場人物名やハンドルネームなどで「郎」の代わりに「狼」を用いたようなもの多し。

おおきい [大きい]

【巨(おお)きい】小説 台風より巨(おお)きい世界規模なウワサの渦の中を〔清涼院流水「カーニバル 一輪の花」2003〕

おおきな [大きな]

【巨(おお)きな】小説 歪んだ二本の角と巨(おお)きな翼

を持ち〔浅田次郎「鉄道員」2000〕／人智を超えた巨きな存在〔片山恭一「世界の中心で、愛をさけぶ」2001〕

小説 丈は六尺に余る真っ白い巨きな蛇が〔「読売新聞」2009年3月22日〕

【壮きな】小説 壮きなたそがれへ向かって〔森村誠一「殺意の接点」2001〕

その他 巨大な 古

おおきみ［大君・大王］→すめろぎ

【王】古 市原王〔「読売新聞」2008年10月30日〕／額田王〔「読売新聞」2009年7月24日〕

【王女】古 鏡王女〔「読売新聞」2008年10月24日（四季欄）〕

おおぎり［大切り］

【大喜利】民間 浄瑠璃・歌舞伎の大切に対抗して客の足を切ったのでは客が来てくれない〔斎賀秀夫「現代人の漢字感覚と遊び」1989〕／縁起字の例〔斎賀秀夫「漢字の缶づめ教養編」1998〕

テレビ 大喜利〔「笑点」〕❖寄席文字も客が埋まるように縁起をかついだ書体。

オーケー［OK］ WEBで「おk」とも。

【了解】漫画

オーケストラ［orchestra］

【楽団】曲名 ZELDA「私の楽団」〔高橋佐代子〕1983

漫画 ヨーロッパの最高の楽団と〔二ノ宮知子「のだめカンタービレ 1」2002〕

おおざる

【阝】民間 ❖おおざる（阝）・こざる（阝）は見立てによる名称であり、当て読みに近い。右に書かれる方が大きめになる傾向があるためであろう。「邑」に「さと」に近い意味があるため、同じような形で書かれる両者をおおざと・こざとと言い分けたのであろう。「阜」は「おか」の意。

おおしけ［大時化］

【大暴風】小説 大暴風になる〔小林多喜二「蟹工船」1929〕

オーシャン［ocean］

【海洋】漫画 海洋ってからには〔種村有菜「満月をさがして 1」2002〕

オーストラリア［Australia］

【濠太剌利】辞書 ❖濠はほりの意をもつ。濠洲、常用漢字で豪州。

おおぜい［大勢］

【多勢】映画

オーソドックス［orthodox］

【正攻法】漫画 正攻法で〔板垣恵介「グラップラー刃牙 1」1992〕

おおぞら［大空］

【虚空】短歌 死者わたるらむこの虚空を〔「読売新聞」2009年7月2日（四季欄）〕

【大宇宙】歌詞 遥かな大宇宙に光の矢を放つんだ〔JAM Project「SKILL」（影山ヒロノブ）2003〕

【宇宙】歌詞 宇宙の唇に生まれた吐息ね〔森口博子「水の星へ愛をこめて」（売野雅勇）1985〕

【宙】会社名 宙出版

商品名 専売公社のタバコの銘柄「おおぞら」のタバコの箱に「宙」とあった。振り仮名ではなかったが振り仮名と誤解され苦情が寄せられ、消された。『東京新聞』に「おおぞら」が辞書にあったことが報じられた。〔円満字二郎「昭和を騒がせた漢字たち」2007〕

その他 蒼空 古

オーソリティ［authority］ オーソリティー。

【権威】小説「お役人」は権威に弱いものだ〔清涼院流水「カーニバル 二輪の草」2003〕

おおた［太田］

【O田】民間 ❖太田をローマ字を使ってぼかしたように見せるもの。

【大田】地名 ❖大田区は大森区・蒲田区の頭

お

文字から。太田・大田姓。太平洋と大西洋、大宰・太宰も混同されがち。

オーダー [order]

【秩序《オーダー》】 小説 新世界秩序《ニューワールド・オーダー》を再構築した〔清涼院流水「カーニバル 一輪の花」2003〕

【注文《オーダー》】 雑誌 プレタ&オートクチュールで注文《オーダー》〔「25ans」1994年4月〕

小説 注文《オーダー》を取りに行った時〔森村誠一「殺意の接点」2001〕

その他 組み合わせ《オーダー》・命令《オーダー》 漫画

おおつなみ [大津波]

【大海嘯《おおつなみ》】 詩 大海嘯《おほつなみ》の遠く押しよせてくるひびき〔萩原朔太郎「仏陀 或いは世界の謎」1936〕

おおつぼ [大壺]

【虎子《おおつぼ》】 古

オーテンジオ [Ortenzio]

【王天上《おうてんじょう》】 人名 ◆王貞治選手の上を行くように1979年に漢字が当てられたアメリカ出身のプロ野球選手。

オート [←automatic]

【自動《オート》】 漫画 自動《オート》モードに切り替えます〔義仲翔子「ロスト・ユニバース 2」(神坂一)1999〕

おおどおり [大通り]

【行啓通り《おおどおり》】 歌詞 朝もやの行啓通り《おおどおり》〔GLAY「SAY YOUR DREAM」(TAKURO)2009〕

◆「通《とお》り」はよく見られる仮名遣いの誤り。

オートクチュール [フランス haute couture]

【注文服《オートクチュール》】 小説 古い注文服《オートクチュール》の店という趣きだった〔浅田次郎「鉄道員」2000〕

その他 オー特注《トクチュー》ル WEB

オートバイオグラフィー [autobiography]

【自伝《オートバイオグラフィー》】 書籍 ライフストーリーが文字化されたり、出版されたりしたものが「自伝《オートバイオグラフィー》」〔桜井厚「インタビューの社会学―ライフストーリーの聞き方」2002〕

オートマータ [automata]

【自動人形《オートマータ》】 広告「しろがね」と「自動人形《オートマータ》」の戦いは〔青山剛昌「名探偵コナン 7」1995(巻末)〕

漫画 高遠が操る「殺人自動人形《オートマータ》」に残忍な所業は〔さとうふみや「金田一少年の事件簿 黒魔術殺人事件」(天樹征丸)2008〕

オートマチック [automatic]

【自動拳銃《オートマチック》】 小説 自動拳銃《オートマチック》に比べて広がるが〔菊地秀行「白夜サーガ魔王星完結編」1996〕

オートメーション [automation]

【機械式《automation》】 歌詞 プラトニックな哀しみ抱いた君は機械式《automation》〔GARNET CROW「風と RAINBOW」(AZUKI 七)2007〕

おおとり

【鷲《おおとり》】 広告 鷲《おおとり／おとりさま》神社〔「読売新聞」2008年11月5日〕

◆電話番号にも0010《おおとり》。

オートリバース

【嘔吐《オート》リバース】 WEB ◆オートと、若年層で使うリバース(嘔吐の意)をかける。

その他 肉体再生《オートリバース》 WEB

オーナー [owner]

【悪魔《オーナー》】 漫画 あの、はらわたの腐った悪魔《オーナー》を〔青山剛昌「名探偵コナン 4」1995〕

【主人《オーナー》】 漫画 幻影城の主人《オーナー》だよ〔蓮見桃衣「エキストラ・ジョーカー KER」(清涼院流水)2002〕

【犯人《オーナー》】 漫画 事件は「犯人《オーナー》」の死をもって〔さとうふみや「金田一少年の事件簿 15」(金成陽三郎)1995〕

【料理長《オーナー》】 漫画〔尾田栄一郎「ONE PIECE 6」1998〕

その他 経営者《オーナー》・所有者《オーナー》・店主《オーナー》・店長《オーナー》・当主《オーナー》 漫画

オーバー [over]

【以上《オーバー》】 漫画

オーバーコート [overcoat]

【外套《オーバーコート》】 古

オーバードーズ [overdose]

【過多症(OVERDOSE)】 歌詞 妖艶過多症(OVERDOSE)〔桑田佳祐「東京ジプシー・ローズ」2002〕

オーバーホール [overhaul]

【キレイに(オーバーホール)】 漫画 しっかりキレイに(オーバーホール)してもらいな〔大暮維人「エア・ギア 2」2003〕

オービー [OB]

【先輩(OB)】 漫画 先輩(OB)であるこの俺に!!〔日高万里「ひつじの涙 5」2003〕

【奥飛(オービー)】【横飛(オービー)】【凹鼻(オービー)】 字遊 ゴルフ〔斎賀秀夫「漢字と遊ぶ」1978〕

おおびけ [大引け]

【二字(おおびけ)】【夜到二時(おおびけ)】 古〔仮名垣魯文「西洋道中膝栗毛」1870〜1876〕❖時と字は重なる用法があった。

オーブ [orb]

【宝珠(オーブ)】 漫画 転移の宝珠(オーブ)が無事だったら〔神坂一「日帰りクエスト なりゆきまかせの異邦人(ストレンジャー)」1993〕

オープニング [opening]

【幕開け(オープニング)】 漫画 残酷ショーの幕開け(オープニング)〔板垣恵介「グラップラー刃牙 1」1992〕

【OP(オープニング)】 広告 ノンテロップ OP(オープニング) & ED(エンディング)も収録〔「週刊少年ジャンプ」2004年5月24日〕

おおぶろしき [大風呂敷]

【暴誇(おおぶろしき)】 漢詩〔平井呈一訳「狂詩 巡査行」1951〕

オーブン [oven]

【天火(オーブン)】 小説

オープン [open]

【開扉(OPEN)】 漫画 パスワード一致 開扉(OPEN)〔松川祐里子「魔術師 7」1999〕❖パソコンの画面。

【公開(オープン)】 漫画 公開参加の白帯少年だったからである〔板垣恵介「グラップラー刃牙 1」1992(表紙折り返しの解説)〕

オーベン [ドイ oben]

【指導医(オーベン)】 漫画 指導医(オーベン)の西村先生に〔折原みと「生きたい。－臓器移植をした女の子の物語－」2003〕

【上司(オーベン)】 小説 様子を見に来た上司(オーベン)に救われた〔大鐘稔彦「外科医のセレナーデ」1998 集〕

おおぼらのあみごえ

【大鰡跋扈(おおぼらのあみごえ)】 古 大鰡跋扈(おおぼらのあみごえ) 走り高跳び 海軍兵学寮 1874〔紀田順一郎「図鑑日本語の近代史」1997〕

おおみそか [大晦日]

【十二月三十一日(おおみそか)】 人名〔篠崎晃雄「実用難読奇姓辞典増補版」1973〕

漫画 今日は12月31日(おおみそか)です〔猫十字社「小さなお茶会 2」2000〕

オーム

【王蟲(オーム)】 漫画 ❖アニメ映画「風の谷のナウシカ」に登場する生物。「蟲」はムシ、「虫」はマムシを表したが、のちに「虫」は「蟲」の略字となった。手塚治虫(おさむ)も「虫」を「む」と読ませる。

おおむね [概ね]

【大抵(おおむね)】【大略(おおむね)】 古

おおやけ [公]

【王(おおやけ)】 古 ／【公然化(おおやけ)】 小説

おおよう 「汪洋(オオヨウ)」からとも。

【大様(おおよう)】 辞書 ❖大様と鷹揚(オウヨウ)は古くから混同された。

その他 大容(おおよう)・大用(おおよう) 古

おおよそ [大凡]

【総(おおよそ)】【大都(おおよそ)】【凡(おおよそ)】【諸(おおよそ)】 辞書

オーラ [aura]

【色(オーラ)】 漫画 よくない色(オーラ)だなァ〔中条比紗也「花ざかりの君たちへ 8」1999〕

【霊力(オーラ)】 漫画 そいつらの霊力(オーラ)を〔樹なつみ「デーモン聖典 1」2003〕

【霊光(オーラ)】 漫画 神々しい霊光(オーラ)の持ち主じゃ〔藤崎竜「封神演義 17」1999〕

【アストラル光(オーラ)】 漫画 アストラル光(オーラ)が人間的すぎます〔由貴香織里「天使禁猟区 1」1995〕

【自信(オーラ)】 小説〔清涼院流水「カーニバル 一輪の

花」2003〉

【王気（オーラ）】WEB ◆ゲームソフト。

その他 気（オーラ） 漫画

オーラークルム [ラテン oraculum]

【神託所（オーラークルム）】書籍〈大久保博訳「完訳 ギリシア・ローマ神話」1970〉

オーライ [all right]

【往来（おうらい）】WEB 農林水産省「オーライ！ニッポン」とは 都市と農村漁村のオーライ(往来)の活発化により、日本が健全(all right)になることを表現したもの◆「結果往来」「発車往来」と、もじりでなく「オーライ」と「往来」とを1語と意識して使う向きあり。

オーラス [和製 all last]

【南4（オーラス）】【南4局（オーラス）】【東4（オーラス）】【東4局（オーラス）】漫画〈天獅子悦也「むこうぶち 23」2008〉

オーラル [oral]

【口頭（オーラル）】書籍 口頭の感じを与える〈杉本つとむ「近代日本語の成立と発展」1998〉

*【口頭語的（オーラルな）】書籍 片仮字に口頭語的（オーラルな）役割を〈杉本つとむ「日本文字史の研究」1998〉

*【口述の歴史（オーラル・ヒストリー）】新聞 それは「口述の歴史（オーラル・ヒストリー）」と呼ばれ世界のジャーナリズムに大きな影響を与えた。〈「読売新聞」2010年5月9日〉

オール [all]

【全部（オール）】書籍 今日の撮影は全部終り（オールチョン）である〈山本嘉次郎「カツドウヤ紳士録」1951 集〉

【徹夜（オール）】歌詞 徹夜（オール）で飲みもつきあい合コンも〈T. M. Revolution「独裁 − monopolize −」(井上秋緒)1996〉

【↻（オール）】メール ◆徹夜のこと。

*【万能美容（オールパーパス）】広告 万能美容（オールパーパス）クリーム〈化粧品 1954 目〉

*【全額（オールチップ）】漫画 ノワールの13へ 全額（オールチップ）!!〈北条司「CITY HUNTER 1」1986〉

オール [oar]

【櫂（オール）】雑誌 至高の〝櫂（オール）〟を手にした泥船が帆を揚げるとき〈「ルーフトップ」2009年1月〉

オールド [old]

【旧型（オールド）】漫画 旧型（オールド）は時間がくれば死んでしまいますからね〈麻宮騎亜「サイレントメビウス 1」1989〉

*【明治末期の新聞人（オールドジャーナリストれつでん）】辞書〈大石初太郎「振り仮名」(「国語学大辞典」1980)〉

オールドミス [和製 old + miss]

【老嬢（オールドミス）】古〈1893 俗〉

オーロラ [aurora]

【極光（オーロラ）】曲名 さだまさし「極光（オーロラ）」1982

おか [丘・岡] 現代表記として変わってきた。地名では岡から丘へ。「…ケ丘」が古く、「…が丘」へと。

【景色（おか）】歌詞 今夜中にこの景色（おか）を僕の右手と絵の具で閉じこめる〈BUMP OF CHICKEN「くだらない唄」(藤原基央)2004〉

おか [陸]

【岡（おか）】漫画 やっと岡（おか）へあがったよ〈まえたに☆これみつ「ロボット三等兵」1955～1957〉

【陸（おか）】歌詞 まじわらぬ海流（ながれ）のよう 陸（おか）をはさむ〈CHEMISTRY「Let's Get Together Now」(澤本嘉夫・松尾潔)2002〉

おかあさま [御母様]

【義母様（おかあさま）】漫画 義父様（おとうさま）、義母様（おかあさま）が亡くなってから〈青山剛昌「名探偵コナン 26」2000〉

【お義母様（かあさま）】漫画 反対していたのはお義母（かあ）様〈日高万里「時間屋」1998〉

【お義母さま（かあ）】漫画 違うんですお義母（かあ）さま〈北道正幸「プ～ねこ 2」2006〉

【お姑様（かあさま）】小説 お姑様（かあさま）の〈「読売新聞」2009年5月28日〉

おかあさん [御母さん] →かかあ

【お義母さん（かあ）】雑誌〈「ベビーエイジ」1994年2月〉

漫画 お義母（かあ）さんにも怒られるわよ〈荒川弘「鋼の錬金術師 15」2006〉

【阿母(おかあさん)】小説〔小野不由美「東の海神 西の滄海 十二国記」1994〕

*【お女将(かあ)はん】漫画〔渡辺多恵子「風光る 7」2000〕

おかか

【鰹節(おかか)】古

おかげ［御蔭・御陰］

【お蔭(かげ)】新聞 ガイドさんのお蔭で〔「読売新聞」2008年10月6日〕／黒3飛びの威力のお蔭(かげ)で〔「読売新聞」2008年11月24日(囲碁欄)〕

その他 お庇(かげ) 古

おかし［御菓子］

【誘惑(おかし)】歌詞 あまあまい誘惑(おかし)〔ヴィドール「Chocoripeyes」(ジュイ)2005〕

おかし［犯し］

【姦(おか)し】新聞 色好みの姦(おか)しをくり返す流離の業平〔「日経新聞」2008年10月12日〕❖高麗などではかつて「みめよい」という意味で用いられたとも(『正字通』ほか)。

おかしい

【可笑(おか)しい】❖漱石・太宰治も用いる。

歌詞 とても哀れなピエロだったなんて可笑しいくらい切なくて涙が出るよ〔アルフィー「世にも悲しい男の物語」(高見沢俊彦)1986〕

小説 変な児が出る。可笑しい。調子が悪いようだ。〔清水義範「ワープロ爺さん」1988〕

【奇怪(おか)しい】小説 そんなのは奇怪(おか)しい〔藤原眞莉「華くらべ風まどい―清少納言梛子」2003〕

【お変(か)しい】WEB しかしお変しいですよね

その他 笑(おか)しい・可惜(おかし) 古

関連【をかし(素敵)】小説 とても『をかし(素敵)』な女房ね〔藤原眞莉「華くらべ風まどい―清少納言梛子」2003〕❖古語の説明のため、漢字が注釈を兼ねる。

おかしな

【奇怪(おかし)な】小説 それこそ奇怪(をかし)なことだ〔藤原眞莉「華くらべ風まどい―清少納言梛子」2003〕

【奇妙(おかし)な】広告〔神坂一「日帰りクエスト なりゆきまかせの異邦人(ストレンジャー)」1993(巻末)〕

おかす［侵す・犯す・冒す］

【干(おか)す】書籍 干(おか)さず〔小林祥次郎「日本のことば遊び」2004〕

【陵(おか)す】歌詞 陵(おか)されたのは〔陰陽座「相克」(瞬火)2009〕❖「相手を『・す』↑伏字でしたが」〔WEB〕のようにも使う。

おかず

【御数(おかず)】辞書 ❖漢字で書けば、和語の構成成分と漢字の字義・字訓から「御数」となるが、表記としては違和感があろう。

【御菜(おかず)】民間 ❖古くからある。

おかちん

【お餅(か)ちん】辞書 仲のよい若夫婦〔1949 隠〕

おかってぐち［御勝手口］

【カラメ手(おかってぐち)】書籍 やむなくカラメ手(おかってぐち)に駒を進めまして〔浅田次郎「極道放浪記 1」1994 集〕

おかね［御金］

【貨幣(おかね)】古 貨幣(おかね)のこと〔「通人語辞典」1922 集〕

オカピ［okapi］

【㺢㹢狓】中国 ❖中国では造字、古字の再生により、3字ともけもの偏の漢字で。

おかま［御釜・御竈］

【陸蟆(おかま)】小説〔柳瀬尚紀訳「フィネガンズ・ウェイク I II」1991〕

おかみ［御上］→おかみさん

【主上(おかみ)】漫画 主上(おかみ)も大変喜ばれ〔岡野玲子「陰陽師 1」(夢枕獏)1994〕

小説 主上(おかみ)や殿上の方々にあの歌を〔藤原眞莉「華くらべ風まどい―清少納言梛子」2003〕

【政府(おかみ)】古 社長の子安峻らは、政治論議中心の新聞とは異なる、庶民向けの平易な紙面を目指し、路傍(みちのわき)、政府(おかみ)、俳優(やくしゃ)など漢語に話し言葉のルビを付ける斬新な工夫を凝らした。「読売新聞」1874年11月2日第一号〔「読売新聞」2009年11月2日〕◆出久根達郎『昔をたずねて今を知る』〔2003〕にも触れられる。

【お内儀(かみ)】(小説) お内儀(かみ)の従妹(いとこ) おたかという女(ひと)である〔「読売新聞」2009年1月16日〕

【主婦(おかみ)】(小説) 主婦(おかみ)と出くわさないで〔米川正夫訳「ドストエーフスキイ全集6 罪と罰」1960〕

【女将(おかみ)】◆中国ではこの二字は殺戮の世界を連想するという。〔張麟声「日中ことばの漢(カン)ちがい」2004〕

(小説) 水野の老女将(おかみ)〔幸田文「流れる」1957〕

(新聞) 女将(おかみ)たちが〔「読売新聞」2009年9月26日〕

おかみさん

【お内儀(かみ)さん】(新聞) 小料理屋のお内儀(かみ)さんによると〔「読売新聞 夕刊」2009年8月7日(高井有一)〕／お内儀(かみ)さんに旦那(だんな)さまは〔「読売新聞」2010年1月23日(編集手帳)〕

【女将(おかみ)さん】(広告) 女将さんも〔「読売新聞」2010年3月15日〕

おかゆ【御粥】

【浄湯(おかゆ)】(古)

おからだ【御体】

【汚体(おからだ)】(広告) 夏の汚体(おからだ)本当の正しい洗い方〔「読売新聞」2008年7月1日(週刊女性)〕◆「汚ギャル」と呼ばれる女子の表記に共通する。→お(汚)

おかん

【お母(か)ん】(漫画)〔浜岡賢次「浦安鉄筋家族 2」1993〕

おき【沖・澳】

【奥(おき)】(歌誌) 奥(おき)に〔「短歌」1994年4月〕◆熾(おき)火は燠火とも。

おぎ【荻】

【获(おぎ)】(映画)『千と千尋の神隠し』〔2001〕で、主人公の荻野千尋が获野千尋と自分でサインを書いた。◆わざと間違えたという説もあるが、中国では「荻」は現在ほとんど使われなくなっており、中国人が「獲」の簡体字と誤認して書写したという母字の干渉ではなかろうか。

【荻(はぎ)】(誤読) 荻原井泉水を萩原(ハギワラ)、イセンスイという人がいた。〔高橋輝次「誤植読本」2000(中山信如)〕／40になるまで「荻窪」を「はぎくぼ」と読んでた奴がいた。〔WEB〕

おきて【掟】

国訓とすべきかどうか微妙な例。

【律(おきて)】(詩) あさましい律(おきて)に服せずに生きられる法を。〔高村光太郎「花下仙人に遇ふ」1927〕

【律法(おきて)】(雑誌) ニーバーは、〈自分の意志や自分の利益以上に律法(おきて)を認めない道徳的シニックスを、……〉と定義して〔「サンデー毎日」2009年1月4日・11日〕

【法律(おきて)】(書籍)〔大久保博訳「完訳 ギリシア・ローマ神話」1970〕

おきなわ【沖縄】

【琉球(おきなわ)】(広告) ロマンの琉球(おきなわ)島唄3日間〔「読売新聞」2010年4月25日〕

おきゃく【御客】

【賓客(おきゃく)】(古)

*【読者様(おきゃくさま)】(歌詞) 唯一の読者様(おきゃくさま)は〔kukui「コンペイトウ」(霜月はるか)2009〕

おきゃん【御侠】

【愚娘(おきゃん)】(民間)「侠」は唐音とも。

オキュパンシー【occupancy】

【客室稼働率(オキュパンシー)】(小説) ホテルでは客室稼働率(オキュパンシー)と呼んでいる〔森村誠一「殺意の接点」2001〕

おきる【起きる】

【お起(き)る】(日記)(WEB) ◆手書きで「お起し下さい」(お越し下さい)とメモする者もあり。

おく【奥】

【奥院(おく)】(漫画) 宗主は神殿の奥院(おく)だ〔大暮維人「天上天下 9」2002〕

【迷宮(おく)】(歌詞) このココロの迷宮(おく)で〔子安武人

「ジェラシーで眠れない」〔森由里子〕1998〕
【芯】歌詞 僕は胸の芯で〔SMAP「笑顔のゲンキ」〔森浩美〕1992〕
【奥】広告 宮中奥レポート〔「日経新聞」2006年8月9日〕

おく［置く］
【擱く】書籍 筆を擱く 置く 擱筆〔山田俊雄・柳瀬尚紀「ことば談義 寐ても寤ても」2003〕
【措く】古 何を措いても〔漱石〕

おくが
【奥所】詩 その勢の渦巻の奥所に聴けよ静寂を〔蒲原有明「浄妙華」1906〕
【奥処】歌詞 胸の奥処へと堕ちてきた〔ALI PROJECT「空宙舞踏会」〔宝野アリカ〕2006〕

おくがい［屋外］
【屋外】誤読 屋外コンサートを、やがいコンサートとつい読んでしまう。野外コンサートと聞いて屋外コンサートという文字が浮かぶのかな？〔WEB〕◆野天と露天も混じやすい。

おくさま［奥様］
【夫人】古〔1903 俗〕
【上様】小説 登華殿の女房たちから「上様」と呼ばれる〔藤原眞莉「華くらべ風まどい―清少納言梛子」2003〕
【松子様】漫画 松子様だな〔「花とゆめ」2004年22号（てるてる×少年）〕

おぐし［御髪］
【お髪】広告 女性美はお髪から〔洗粉の広告1952 目〕／車内ポスターに お髪を美しく 四人の女性とも「おカミを美しく」と読んだ。〔「言語生活」1960年7月〕

オクタゴン［octagon］
【八角形】広告 八角形のケースが〔「読売新聞」2009年1月31日〕
【闘技場】漫画 闘技場があらへんで？〔鷹岬諒「THE KING OF FIGHTERS'94 外伝 6」1997〕◆八角形の闘技場。

おくつき［奥津城］ 津も助詞「つ」（の）への当て字。
【奥墓】新聞 館長の案内で、宣長のもう一つの見所に向かった。「奥墓」である。宣長には遺言により二つの墓がある。〔「読売新聞 夕刊」2009年6月11日〕

おくて
【晩稲】書籍〔柳瀬尚紀「日本語は天才である」2007〕
新聞 晩稲田を〔「読売新聞 夕刊」2008年10月25日（片山由美子）〕

おくに［御国］
【日本】小説 漫画

おくゆかしい［奥床しい］ ゆかしは「行かし」、心が引かれる意。
【奥床敷】古

おくら［御蔵・御倉］ おくらいり。
【中止】古〔1917 隠〕

おぐらけい
【小椋佳】芸名 ◆佳は、人名の慣用音とも考えられるが、呉音とする辞書もあり。桑田佳祐も。

おくる［送る］
【投る】書籍 状を投り〔緒方洪庵「病学通論」1849（「日本科学古典全書」解説）〕◆投薬は、なげると勘違いされ、一部で評判がよくない。与薬と言い換えるとよけいに上からと感じられるとも言われる。
【見送る】歌詞 せめて幸せ祈って見送る〔五島開「再会の街長崎」（礼恭司）2008〕
【送信る】歌詞 君の命にパルスを送信る〔R.A. M「DIVER#2100」（及川眠子）2001〕／一人で赤面して送信れないメール〔ヴィドール「一人斬りのクリ××ス」（ジュイ）2003〕
【葬る】映画題名「ぼくを葬る」2005
書名 稲葉稔「影法師冥府葬り なみだ雨」2008

【送局】(オクリ) 小説 今度はもう送局(オクリ)だろう〔高見順「今ひとたびの」1953 集〕

おくる［贈る］
【貽る】(おく) 広告 想いは貽(おく)られ貽(のこ)される 杉並けやき出版〔「しんぶん赤旗 日曜版」2009年6月21日〕

おぐるま［小車］
【旋覆花】(おぐるま) 古

おくれる［遅れる・後れる］
【殿れる】(おく) 古 ◆殿(しんがり)。
【怯れる】(おく) 歌詞〔「幻の戦車隊」(横沢千秋)1939〕

おけ
【桶】(おけ) 辞書 ◆箱と桶は漢字が入れ替わったという話が江戸時代にある。納豆と豆腐も名物自体が交代したとの俗説あり。

おけら［螻蛄］
【朮】(おけら)【螻蛄】(おけら) 辞書 貧乏〔1960 隠〕

おける［於ける］⇩おいて(於いて)

おこ［痴・烏滸・尾籠］
【烏滸】(おこ)【嗚滸】(おこ)【嗚呼】(おこ) 古 ◆中古から。中世には造字や僻字により、「㦜[illegible]」などと書くべしとも。
【尾籠】(おこ) 古 ◆「をこ」には平安時代から尾籠が当てられたが、早くから音読してビロウも生じた。

おこがまし［痴がまし・烏滸がまし］
【嗚呼がまし】(おこ) 古

おこさま［御子様］
【厨房】(おこさま) 書籍〔貫井徳郎「誘拐症候群」2001(大森望解説)〕

おこぜ［螣・虎魚］
【虎魚】(おこぜ) 雑誌〔「太陽」1994年11月〕◆虎魚は、しゃちとも読む。鯱。

おごそか［厳か］
【厳重】(おごそか) 古

おこたる［怠る］
【懈る】(おこた) 古
*【嗚呼矣草】(おこたりぐさ) 書名 田宮仲宣「嗚呼矣草(おこたりぐさ)」1806

おこと［御琴］
【箏曲】(おこと) 看板 ……箏曲(おこと)教室〔2010年3月5日 京都府樫原(かたぎはら)か物集女(もずめ)で〕◆おこと教室をおこ教室と看板で一瞬見間違えたという人は少なくないようだ。横山詔一「見間違いはなぜ起こる」〔「日本語学」2006年4月〕にも指摘あり。見慣れた文字列をかたまりとしてとらえるため。

おこない［行い］
【行為】(おこない) 古

おこのぎ
【小柴】(おこのぎ) 姓 小此木から〔森岡浩「名字の謎がわかる本」2003〕◆幽霊名字。版本でも「此木」と「柴」は誤刻された。

おこのみ［←お好み焼き］
【お好み焼】(おこのみ) 歌詞 お好み焼(おこのみ)を頼んでも〔メロン記念日「かわいい彼」(つんく)2003〕

おごのり
【於期菜】(おごのり) 古

おごる 自分の金で他人に飲食をふるまう。
【奢る】(おご) 辞書 ◆江戸時代からの転義にもこの表記あり。

おさ［通事］
【訳語】(おさ) 書籍 訳語(をさ)〔柳瀬尚紀「日本語は天才である」2007〕／語－語 渤海使の来着地で墨書土器に。言葉をつなぐ通訳「訳語(おさ)」を表現したものか、八世紀 石川県金沢市畝田(うねだ)の寺中(じちゅう)遺跡出土。通訳の象徴的な表記と理解できる。〔平川南「日本の原像」2008〕

おさえる［押さえる・抑える］
【制える】(おさ) 詩 気まぐれな生育を制(おさ)へて痛苦と豊饒とを与へる冬〔高村光太郎「冬の詩」1913〕
【圧える】(おさ) 歌詞 争ったり 圧えつけたり〔久保田利伸「Yo Bro!」1988〕

おさか

【刑】姓〔佐久間英「珍姓奇名」1965〕

おさかな［御魚］⇩さかな

おさがり［御下がり］

【御降】俳誌〔「月刊ヘップバーン」2005年1・2月〕

おさけ［御酒］⇩さけ

おさない［幼い］

【稚い】書籍 稚い恋心を抱いたのは〔山口百恵「蒼い時」1980〕❖人名の雅が稚と間違って書かれることあり。

小説 穉い児を連れた〔平野啓一郎「日蝕」2002〕❖稚の異体字。

おさなご［幼子］

【幼児】小説 幼児のごとく非ずんば〔遠藤周作「わたしが・棄てた・女」1964〕

おさななじみ［幼馴染み］

【筒井筒】漫画 筒井筒でめでたく旦那様に〔「花とゆめ」2004年22号(なんて素敵にジャパネスク)〕

おさばき［御裁き］

【裁判】古〔「読売新聞」1874〕

おざぶ

【お座ぶ】辞書 生理用ナプキン〔「現代用語の基礎知識」1984 俗〕

おさまる［治まる・収まる］

【乱まる】漢文 ❖乱でおさまるは反訓といわれる。古くは字形に区別があったとも。

【乂る】小説 冷害も乂らぬのだと〔平野啓一郎「日蝕」2002〕❖乂という人名がX(エックス)やメと印刷されることがある。

おさめる［収める］

【摂める】新聞 阿弥陀仏の「大(慈)悲」の働きへと摂め取られていくという人間のあり方を説く〔「読売新聞」2010年2月15日〕

【斂める】小説 筮竹を斂めて〔「読売新聞」2010年2月23日〕

おさらい［御復習い］

【復習】広告 もう一度復習してみませんか。〔「読売新聞」2010年2月28日〕

【温習】辞書 ❖現代中国でも用いる漢語。

おさらば

【御然らば】漫画〔平野耕太「HELLSING ヘルシング 5」2003〕

その他 御帰去 古

おじ

【大君】地名 大君ヶ畑(『信長記』は「おふぢ畑」と記す。滋賀県多賀町)〔「歴史読本」1994年4月〕

おじいさま［御祖父様］

【お祖父さま】小説 お父さまもお祖父さまも〔今野緒雪「マリア様がみてる 子羊たちの休暇」2003〕

【老大公】小説〔秋津透「魔獣戦士ルナ・ヴァルガー」1988〕

おじいさん［御祖父さん］

【お祖父さん】漫画〔石ノ森章太郎「マンガ日本の古典 古事記」1994〕

小説 亡くなったお祖父さんにも〔片山恭一「世界の中心で、愛をさけぶ」2001〕／お祖父さんにゆかりの地だとは〔清涼院流水「カーニバル 二輪の草」2003〕

おじいちゃん

【お祖父ちゃん】新聞〔「読売新聞 夕刊」2009年8月7日〕

その他 校長 漫画

おしうり［押し売り］

【汚紙売り】小説 汚紙売り〔柳瀬尚紀訳「フィネガンズ・ウェイク Ⅲ Ⅳ」1993〕

おしえ［教え］

【訓】書名 宮本常一「家郷の訓」1984／陳建一「父子相伝－陳家の訓え」2009

おしえる［教える］

【訓える】小説 訓えた。〔「読売新聞」2010年2月26日〕

おじぎ［御辞儀］

【叩頭】古

おしきせ［御仕着せ］
【御四季施】辞書
【押し着せ】誤字 新聞・広報紙で。押し付けからの語源俗解〔斎賀秀夫「漢字と遊ぶ」1978〕

おじぎそう［御辞儀草］
【含羞草】辞書

おしこみ［押し込み］
【強盗】古〔「読売新聞」1874〕

おじさん［伯父さん・叔父さん］
【お父さん】漫画 お父さんの影響ね〔冴凪亮「よろず屋東海道本舗 2」2000〕
【男自賛】小説 この男自賛に〔柳瀬尚紀訳「フィネガンズ・ウェイク III IV」1993〕

おしっこ
【御叱呼】書籍 小説家の開高健が著書で雲古(うんこ)、御叱呼と書いている。〔WEB〕❖疾呼は別語だがWEBで転用。
【045】辞書 横浜に行く＝おしっこに行く 横浜の市外局番の045が「おしっこ」と読めるから〔1984 俗〕
その他 お尿 古

おしどり［鴛鴦］
【鴛鴦】俳句 ❖鴛鴦の姿形が「乙」の字の形に似ていることから成績の乙の意にも。

→あひる

おしなべて［押し並べて］
【何不別】古

おしまい［御終い］
【御仕舞】古

おじや
【於慈也】古

おしゃか［御釈迦］
【仕損じ】古／【失敗作】【不良品】WEB

おしゃべり［御喋り］
【㗊】字遊〔式亭三馬「小野𥳾譃字尽」1806〕
【会話】漫画 なにげない会話と音楽で時間は過ぎる〔猫十字社「小さなお茶会 2」2000〕
【チャット】漫画 チャットっていうくらいですから〔みづき水脈「インストール」2003〕
その他 お車口・饒舌 古／演説・舌禍 WEB

おじゃまします［御邪魔します］
【悪邪魔死魔巣】雑誌〔「お笑い男子校 Vol.1」2009（バッドボーイズのインタビュー記事）〕

おしゃれ［御洒落］「お洒落」が多く見られる。→しゃれ
【花錦】漫画題名 岡野玲子「両国花錦闘士」1989
【春】雑誌 春デビュー!〔「ES POSHI」2008年5月〕❖春という字の上におしゃれ。目次も同じ。
【040】広告 040－328〔「読売新聞」2010年4月4日〕❖電話番号。
【0480】広告 06－0480〔「読売新聞」2010年4月15日〕❖電話番号。
その他 渋谷 漫画／ダイニング・バー 雑誌

おしょうがつ［御正月］
【錆】創作 中学生〔斎賀秀夫「漢字と遊ぶ」1978〕

おじょうさん［御嬢さん］
【レディ】漫画 怪我はございませんか? レディ?〔松川祐里子「魔術師 3」1997〕
【明日菜さん】漫画 明日菜さんとの縁談も〔高橋留美子「めぞん一刻 12」1986〕

おしょくじけん［汚職事件］
【お食事券】誤植 新聞で「学校給食にお食事券」汚職事件であった〔高橋輝次「誤植読本」2000（外山滋比古）〕

オシリス［ギリシャ Osiris］
【穏健派】漫画 平和に解決しようとする「穏健派」に別れ〔せたのりやす「無敵王トライゼノン BLAZE 2」2001〕

おしろ［御城］
【城塞】広告 愚者が出てくる、城塞が見える

〔「読売新聞」2009年1月8日〕

【住む所(おしろ)】漫画 あんなに大きな住む所(おしろ)もある〔東里桐子「爆裂奇怪交響曲 1」1993〕

おしろい [白粉]

【白粉(おしろい)】漫画 白粉(おしろい)が流れちゃうでしょ〔高橋留美子「めぞん一刻 15」1987〕

誤読 はくぼく メリケンこ ペイ〔麻薬〕〔斎賀秀夫「漢字と遊ぶ」1978〕

オシログラフ [oscillograph]

【心電図(オシログラフ)】歌詞 少し気まぐれな僕の心電図(オシログラフ)〔水樹奈々「Violetta」2006〕

おす [雄]

【虫(オス)】雑誌 人もいい香りをさせれば虫(オス)が寄ってくるかもしれない・・・〔「non・no」2007年5月20日(ハピ☆ナビ)〕

【男(オス)】書名 養老孟司・阿川佐和子「男女(オスメス)の怪」2009

【♂(オス)】曲名 松本明子「♂(オス)×♀(メス)×Kiss(キス)」〔森雪之丞〕1983 ❖芸名「つんく♂」では読まない。♀とともに、性器や性交を示したマークだという誤解が広まっているが、元は星のマーク。

その他 彼氏(オス) 民間／男子(オス)・男性(オス) WEB

おす [押す]

【圧(お)す】広告 症状別「自分で圧すツボ」〔「読売新聞」2008年5月9日(週刊現代)〕

【捺(お)す】小説 爪印を捺(お)した〔幸田文「流れる」1957〕

【押(お)す】政策 押(す) 記号的〔内閣告示「送りがなのつけ方」1958〕

おす おっす。

【押忍(おす)】漫画題名 高橋幸二「押忍!!空手部」1985～1996／どおくまん「嗚呼!!花の応援団 5 押忍!!ごんたくれ篇」2007

漫画 押忍(オス)ッ実力を偽ってます!!〔板垣恵介「グラップラー刃牙 1」1992〕❖歯を押さえられて「押(お)・・・忍(しゅ)・・・」とも。／… 押忍(おす)!!〔中条比紗也「花ざかりの君たちへ 5」1998〕／押(お)忍(す)!!〔犬上すくね「恋愛ディストーション 1」2000〕

パチスロ名「押忍!番長」2005

ゲーム名「押忍!闘え!応援団」2005

新聞「押忍(おす)」という威勢のいい掛け声〔「読売新聞 夕刊」2009年2月10日〕

おすさん

【和尚(おす)さん】小説 円妙寺の和尚(おす)さんも〔浅田次郎「鉄道員」2000〕❖北海道方言。

オセアニア [Oceania]

【阿西亜尼亜(オセアニア)】辞書

おせんたく [御洗濯]

【汚染宅(おせんたく)】誤変換 お洗濯 汚染宅〔ヨシナガ「ゆかいな誤変換。」2005〕

おそい [遅い]

【晩(おそ)い】小説 前夜晩(おそ)くまで手伝ったメイドは〔有吉佐和子「地唄」1956〕

【遅(おせ)え】漫画 しかし・・・遅(お)せーなー博士・・・〔青山剛昌「名探偵コナン 5」1995〕／遅(おせ)えんだ〔大暮維人「エア・ギア 3」2003〕／遅(おせ)えっ〔大暮維人「エア・ギア 1」2003〕／遅(おせ)ェ!!〔加藤元浩「ロケットマン 8」2004〕

【遅(お)っそい】小説 龍宮さん、遅(お)っそいよなぁ〔清涼院流水「カーニバル 一輪の花」2003〕

その他 晩矣(おそい) 古

おそう [襲う]

【恐(おそ)う】誤字 生徒「犬に恐われた」〔山本昌弘「漢字遊び」1985〕

おそらく [恐らく]

【懼(おそら)く】小説 ピエェルは懼く処刑〔平野啓一郎「日蝕」2002〕

おそれ [恐れ]

【怖(おそ)れ】歌詞 冥怖(じごくおそれ) 輪廻の底〔※-mai-「鎮－requiem－」(米たにヨシトモ)1999〕

新聞 死に体内閣になる怖(おそ)れはないのか〔「読売新聞」2007年8月3日(粕谷一希)〕

【恐怖(おそれ)】辞書〔伊坂淳一「振り仮名」〔「日本語学

キーワード事典」1997〕

【畏怖(おそれ)】 歌詞 深い畏怖(おそれ)と〔GARNET CROW「逃れの町」(AZUKI七)2003〕

【畏(おそ)れ】 雑誌〔「小説新潮」1994年8月〕 新聞 師の志を継ぐ者としての覚悟と畏(おそ)れが〔「読売新聞 夕刊」2008年10月25日〕／仕事がこなくなっちゃうかもしれないな、という畏(おそ)れもある。〔「読売新聞 夕刊」2010年4月6日(いしかわじゅん)〕

【惧(おそ)れ】 辞書〔1952 俗〕

【懼(おそ)れ】 雑誌〔「小説新潮」1994年2月〕 広告 六道(りくどう)を懼(おそ)れず〔「読売新聞」2010年2月6日〕

おそろしい［恐ろしい］

【怖(おそ)ろしい】 新聞 意図がみえなくて怖(おそ)ろしい。〔「読売新聞 夕刊」2010年3月16日(署名記事)〕

その他 **可怖(おそろ)しい** 古／**可懼(おそろしさ)** 古

オゾン［ozone］

【阿巽(オゾン)】 辞書

おたがいさん［お互いさん］おたがいさま。

【お互(たが)い傘(さん)】 民間〔武蔵小金井駅で〕◆無料の貸し傘だがだんだんと減っていった。

おたから［御宝］

【現金(オタカラ)】 小説 現金(オタカラ)を全部出すんだ〔森村誠一「致死家庭」1983 集〕

【息子(おたから)】 漫画 一番の息子(おたから)は今ガールフレンドの家に〔藤崎聖人「WILD LIFE 4」2003〕

おたく［御宅］「オタク」は「ヲタク(略してヲタ)」とも変化し、中国にも「御宅」として伝わった。オタク・ヲタクはプラスのイメージで語られることも出てきたという。→おたっきい

【田舎(おたく)】 漫画 さきほど田舎(おたく)から届いたんですけど〔高橋留美子「めぞん一刻 5」1984〕

【欧達古(オタク)】 台湾〔黄文雄「日本語と漢字文明」2008〕◆哈日(ハーリー)族の日常用語。

その他 **内閣府(おたく)** 漫画

おたけび［雄叫び］

【咆哮(おたけび)】 TV 野性の咆哮(おたけび) アニマル梯団〔「タモリのボキャブラ天国大復活祭スペシャル!!」2008年9月28日〕◆アニマル梯団の番組内キャッチフレーズ。

【歓声(おたけび)】 歌詞〔B'z「IT'S SHOWTIME!!」(KOSHI INABA)2003〕

おたっきい

【内向的(オタッキー)】 小説 内向的(オタッキー)な世界が構築されやすい〔清涼院流水「カーニバル 一輪の花」2003〕

おだてる［煽てる］

【煽動(おだて)る】 古

おたふく［お多福］

【大多福(おたふく)】 店名 大衆酒場「大多福」

その他 **阿多福(おたふく)・三平二満(おたふく)** 古／**於多福(おたふく)** 辞書

おたまじゃくし［御玉杓子］

【音符(おたまじゃくし)】 書籍 音符(おたまじゃくし)の位置関係によって〔と学会＋α「トンデモ音楽(ミュージック)の世界」2008〕

その他 **蝌蚪(おたまじゃくし)** 辞書

おためごかし［御為ごかし］

【御為倒(おためごかし)】 古

おたんちん

【御丹珍(おたんちん)】 古

おち［落ち］

【解決(オチ)】 小説 今時推理小説でもやらないような陳腐すぎる解決(オチ)が〔清涼院流水「カーニバル 一輪の花」2003〕

【決着(オチ)】 小説 そんな杜撰な決着(オチ)じゃないだろう〔清涼院流水「秘密室ボン」2002〕

【結末(オチ)】 小説 って結末(オチ)じゃねーだろな？〔清涼院流水「秘密室ボン」2002〕

おちけん［落研］落語研究会の略称。

【落研(おちけん)】 辞書

おちこち あちらこちら。

【遠近(おちこち)】 古

おちつき［落ち着き］

【沈着(おちつき)】古
【落書(らくが)き】誤読「緑あふれる落書きのあるキャンパス」、良くみると「緑あふれる落ち着きのあるキャンパス」。〔WEB〕

おちど［落ち度］「越度」から。
【越度(おちど)】小説 向うがわの越度(おちど)であり〔幸田文「流れる」1957〕
雑誌〔「小説新潮」1994年5月〕
その他 落度(おちど) 古

おちのびる［落ち延びる］
【脱出(おちのび)する】小説〔秋津透「魔獣戦士ルナ・ヴァルガー」1988〕

おちぶれ
【零落(おちぶれ)】古

おちゃ［御茶］
【御知家(おちゃ)】WEB〔「ゼクシィ net 結納の準備と交わし方(九州編)」〕

おちゃっぴい
【高慢娘(おちゃっぴい)】古〔1917 隠〕

おちゃのこ［御茶の子］
【お茶(ちゃ)の粉(こ)】古

おちる［落ちる］
【落(お)ちる】文集 落(お)っちゃうぞ。〔静岡県立沼津西高等学校「潮音」37号 1990〕
【墜(お)ちる】歌詞 舞い上がり 揺れ墜ちる〔石川さゆり「天城越え」(吉岡治)1986〕
【隕(お)ちる】小説 天より隕(お)ちた〔平野啓一郎「日蝕」2002〕
【堕(お)ちる】歌詞 堕(お)ちた都の 露地裏住まい〔春日八郎「ふるさと郵便」(矢野亮)1956〕／だまされると思いながら ぼくは堕ちて行く〔Char「気絶するほど悩ましい」(阿久悠)1977〕／海鳥は 何度も波間に堕ちるのさ〔井上陽水「マリーナ・デル・レイ」(松本隆)1981〕／この手に 堕ちないで マドンナ〔田原俊彦「堕ちないでマドンナ」(佐藤ありす)1985〕◆堕天使は堕ちた天使。「堕」は暴走族も当て字に好む漢字。僧侶の姓に「頗羅堕」で「はらだ」と読ませるものがある。おそらく姓が義務化された明治期に、お経から漢字を選んで当てたのであろう。
新聞 堕ちていく葉蔵を〔「読売新聞 夕刊」2010年2月18日〕
広告 堕ちた女帝〔「読売新聞」2010年5月20日〕
【陥(おち)る】歌詞 そして今夜も眠りに陥る〔ツイスト「レイディー Lady」(世良公則)1980〕／甘い罠なら 陥ちてみるものさと〔南佳孝「クレッセント・ナイト」(竜真知子)1980〕／君と陥(おち)て〔GARNET CROW「スカイ・ブルー」(AZUKI 七)2002〕
【自供(オチ)る】書籍 自供(オチ)るのである〔別冊宝島編集部「裸の警察」1997 集〕

おつ
【粋(おつ)】辞書〔1949 隠〕
【乙(おつ)】→おつかれ
新聞 お疲れさまの意、ネットスラング〔「朝日新聞」2008年5月17日〕
WEB (1)お疲れ様。(2)フェアレディZのこと (3)(ヴィジュアル)追っかけ。〔2典 Plus〕／萬乙【まんおつ】［成句］「乙」と同じく「お疲れ様」の意味。「日本ブレイク工業社歌」を歌っている歌手の〝萬Z(量産型)〟に由来する。◆「z津」という姓が佐渡の広報紙にあった。「乙津」の誤植か。

おっかあ［おっ母］
【おっ母(か)あ】書籍〔黒柳徹子「窓ぎわのトットちゃん」1981〕
その他 母(おっか)あ・山神(おっかあ) 古／おっ母(かあ) 漫画

おっかける［追っ掛ける］
【逐(お)っかける】小説 逐(お)っかけるように〔円地文子「妖」1957〕

おっかさん
【おっ母(か)さん】漫画〔石ノ森章太郎「マンガ日本の古典 古事記」1994〕◆改定常用漢字表(答

申)は付表で「母さん」も認めた。映画題名・書名に「母べえ」も。
その他 母親さん・お母さん・母上さん・母堂・阿母・阿姑さん 古

おっかない

【恐っかね】 小説 瓦斯も恐ッかねど、波もおっかねしな。〔小林多喜二「蟹工船」1929〕
その他 可怕ない 古

おっかぶせる

【掩被せる】 古 [押っ被せる]

おつかれ [御疲れ]

【乙カレー】 WEB ❖誤変換からとも。

おっきい [大っきい]

【大っきい】 小説 大っきくて茶色い〔折原みと「2100年の人魚姫」1989 俗〕
漫画 大っきくする気はないから〔山田南平「紅茶王子 25」2004〕
広告 いいと思う大っきいことをやれ。〔「読売新聞」2009年12月15日〕

おっきな

【大っきな】 漫画 大っきな会社の社長だって言うけど〔松川祐里子「魔術師 6」1998〕/すっごく大っきな羽を〔大暮維人「エア・ギア 1」2003〕/大っきな川ー〔藤崎聖人「WILD LIFE 4」2003〕

おっくう

【億却】 古

オックスフォード [Oxford]

【牛津】 辞書 ❖ケンブリッジと対になってよく紹介される。→剣橋 譜快

おっこちる

【落っこちる】 小説 歩道からこっちに落っこちた〔さいとうちほ「風の息子」1992 俗〕❖関東の方言だが、気づかれにくい。

【汚っこちる】 小説 汚っこちたあとで〔柳瀬尚紀訳「フィネガンズ・ウェイク III IV」1993〕

おっさん

【大人】 手紙 ○○くんは大人っぽくなったかな。

【美坂先生】 漫画 美坂先生の先輩ってだけで〔藤崎聖人「WILD LIFE 3」2003〕

【刑事】 漫画 俵田刑事!〔さとうふみや「金田一少年の事件簿 2」(金成陽三郎)1993〕

【警部】 漫画 警部の休日〔さとうふみや「金田一少年の事件簿 6」(金成陽三郎)1994〕❖剣持警部のこと。

【剣持警部】 漫画 俺と美雪と剣持警部だが〔さとうふみや「金田一少年の事件簿 18」(金成陽三郎)1996〕❖他所に「剣持」もあり。
関連 **【オッサン】** 漫画 オッサンが俺を助けるところを〔さとうふみや「金田一少年の事件簿 27」(金成陽三郎)1997〕

おっしゃる [仰る]

【仰有る】 辞書 おっしゃれかます 仰有れ構す〔1960 隠〕❖「仰有る」「仰る」はATOK17で変換される。

【仰言る】 雑誌 仰言った〔「小説新潮」1994年4月〕

おっす →おす(押忍)

【押忍】 新聞 「押忍! 手芸部」東京都内で行った活動で〔「読売新聞」2009年8月14日〕

おったまげる [おっ魂消る] →ぶったまげる

【尾っ魂毛る】 小説 〔柳瀬尚紀訳「フィネガンズ・ウェイク III IV」1993〕
その他 おっ魂消る 古

おっちぬ [おっ死ぬ]

【おっ死ぬ】 小説 おっ死んじまってるかもしれねえ〔勝目梓「悪党図鑑」1987 俗〕/おっ死ぬ予定のキャラが〔神坂一「日帰りクエスト なりゆきまかせの異邦人」1993〕/その場でおっ死んじまう〔菊地秀行「魔王伝 3 魔性編」1996〕
漫画 おっ死ぬぞ〔「週刊少年ジャンプ」2004年10月11日(銀魂)〕

お

おっちょこちょい
【軽躁行為】古

おっと［夫］
【良人】歌詞 ぼくが心の 良人なら〔霧島昇&松原操「新妻鏡」(佐藤惣之助)1940〕
【人】広告 人と手をつないで歩きたくなった。〔「読売新聞 夕刊」2010年1月8日〕
*【君不レ見】漢詩〔平井呈一訳「狂詩 巡査行」1951〕
関連【夫】漫画 夫と幼なじみなんだったわね〔遠藤浩輝「EDEN It's an Endless World! 1」1999〕

オッド［Oddo］
【OOOO】誤読 イタリアのサッカー選手「オッド」のユニフォームの背中に書いてある「ODDO」がどうしても「OOOO」に見えます。

オットー［Otto］
【於菟】人名 ❖森鷗外の長男の名。「於菟」とは虎の異名。もじり。

オットセイ
【膃肭臍】しこ名 膃肭臍 市作

おつとめ［御勤め］
【刑期】WEB

おっとり
【夫り】小説 夫り男〔柳瀬尚紀訳「フィネガンズ・ウェイク III IV」1993〕

おっぱい
【乳房】小説「一杯」の訛とも。

おっぽりだす［おっ放り出す］
【押抛出す】古

おつむ
【お頭】小説 お頭のお綿まで〔幸田文「流れる」1957〕❖「お頭」とも。

おでこ
【御凸額】古 ❖漱石が用いた。
【お凸】WEB ❖凸珍(大阪の店名)も。
その他 お凸額 古／御凸 TV

おてふき［御手拭き］
【お手富貴】民間 料亭で渡される手拭いが「お手富貴」〔金田一春彦「ことばの歳時記」1973〕❖和食、正月料理、結納品などでも変体仮名や万葉仮名、めでたい意味を持つ漢字による当て字が好まれる。

おてまえ［御手前］
【お点前】新聞〔「読売新聞」2009年1月1日〕

おてもと［御手元・御手許］
【御手茂登】民間 箸袋〔斎賀秀夫「あて字の考現学」(「日本語学」1994年4月)〕❖崩した変体仮名の例が多い。

おでん［御田］ 田楽・味噌田楽から。
【黒輪】台湾〔黄文雄「日本語と漢字文明」2008〕❖台湾の方言の発音で「オレン」。
その他 お田・お伝 古

おてんば［御転婆］ オランダ語説は、語の出現からは時代が合わないという。バッテンも和語起源。
【お転婆】歌詞 私のこと お転婆娘と呼んで〔大貫妙子「じゃじゃ馬娘」1978〕
【[女飛]】創作〔斎賀秀夫「漢字と遊ぶ」1978〕
その他 お跳 古／愚娘 民間

おと［音］
【音楽】歌詞 独り身の辛さを 音楽に託して〔サザンオールスターズ「夕陽に別れを告げて〜メリーゴーランド」(桑田佳祐)1985〕／君の音楽が鳴り響いてる〔月森蓮&加地葵「CORONA〜光冠〜」(石川絵里)2008〕
会名 邦楽演奏会「北斎の音楽を聴く」〔「読売新聞」2009年11月10日〕
【声】歌詞 紅く脈打つ刹那の声が〔水樹奈々「沈黙の果実」(しほり)2009〕
【音色】歌詞 哀しい音色で彷徨い奏で唄う〔Suara「星座」(須谷尚子)2006〕
【旋律】歌詞 一節の旋律にも足りないけど〔加地葵「Tip-Top Shape」(石川絵里)2008〕／

旋律(おと)の刃でもって〔abingdon boys school「JAP」(西川貴教)2009〕

【絶対音感(おと)】漫画 得意の絶対音感(おと)でも〔藤崎聖人「WILD LIFE 5」2004〕

【心音(おと)】漫画 犬の心音(おと)って〔藤崎聖人「WILD LIFE 1」2003〕◆「呼吸音(おと)」も。

【鼓動(おと)】歌詞 心地良い甘い鼓動(おと)〔水樹奈々「Open Your Heart」2004〕

おど【親父】方言。

【親父(おど)】小説「こんだ親父(おど)抱いて寝てやるど。」〔小林多喜二「蟹工船」1929〕

【親爺(おど)】小説「おい、親爺(おど)、ゴム！」〔小林多喜二「蟹工船」1929〕

おトイレ

【音入れ(オトイレ)】誤字〔斎賀秀夫「漢字と遊ぶ」1978〕

【録音(オトイレ)】小説 すぐに録音(オトイレ)に行く〔梶龍雄「淡雪の木曽路殺人事件」1985 (目)〕◆「音入れ」にかけて。「⿴囗音」(かわや)が国字と見られたこともあった。元は「圊」。

おとう【御父】

【お父(とう)】雑誌〔「現代詩手帖」1994年6月〕

【親父(おどう)】歌詞 お岩木山よ 見えたか親父(おどう)〔千昌夫「津軽平野」(吉幾三)1984〕◆東北方言。

おとうさま【御父様】

【お父(とう)さま】漫画〔石ノ森章太郎「マンガ日本の古典 古事記」1994〕

【お義父(とう)さま】漫画 お義父(とう)さまをダシにして〔高橋留美子「めぞん一刻 5」1984〕／お義父(とう)さまあなたにお話があるって〔津田雅美「彼氏彼女の事情 18」2004〕

【お義父様(とうさま)】漫画 お義父(とう)様に会社を乗っ取られて〔青山剛昌「名探偵コナン 3」1994〕／お気を確かにお義父様(とうさま)〔椎名あゆみ「お伽話をあなたに2～宝石姫～」2001〕／お義父(とう)様は酔って自分から線路に入り込んで〔さとうふみや「金田一少年の事件簿 黒魔術殺人事件」(天樹征丸)2008〕

新聞 とてもお義父(とう)様思いのご相談。何より心を打たれました。〔「読売新聞」2008年11月11日〕／お義父(とう)様を思いやる〔「読売新聞」2009年12月27日〕

【義父様(おとうさま)】漫画 義父様(おとうさま)から預かったというオルゴールは…〔青山剛昌「名探偵コナン 26」2000〕

【太陽の神(おとうさま)】【太陽(おとうさま)】書籍〔大久保博訳「完訳ギリシア・ローマ神話」1970〕

おとうさん【御父さん】「御父さん」「お父さん」は、1973年に当用漢字音訓表に採用された。

【お義父(とう)さん】漫画 お義父(とう)さん〔高橋留美子「めぞん一刻 9」1985〕／お義父(とう)さんがおみえになるたびに〔松田隆智「拳児 1」1988〕

【義父(おとう)さん】漫画〔荒川弘「鋼の錬金術師 5」2003〕

【陵刀教授(おとうさん)】漫画 陵刀教授(おとうさん)が〔藤崎聖人「WILD LIFE 3」2003〕

おとうと【弟】

【義弟(おとうと)】小説〔吉川英治「三国志 7」1975〕

漫画 かわいい義弟(おとうと)よ〔田村由美「BASARA 8」1993〕／俺の義弟(おとうと)だよ〔日高万里「ひつじの涙 4」2003〕

書名 永井するみ「義弟(おとうと)」2008

【異母弟(おとうと)】漫画 いくら異母弟(おとうと)とはいえ〔山岸凉子「日出処の天子 1」1980〕

【同母弟(おとうと)】漫画 穴穂部王子の同母弟(おとうと)〔山岸凉子「日出処の天子 1」1980〕

【子孫(おとうと)】歌詞 愛おし貴し遠き子孫(おとうと)よ〔ALI PROJECT「王的血族」(宝野アリカ)2007〕

おどかす【脅かす・嚇かす】

【威嚇(おど)かす】古 ◆漱石が用いている。

おとぎばなし【御伽話・御伽噺】

【御伽華詩(おとぎばなし)】小説 御伽華詩(おとぎばなし)(御伽噺)に伝わる龍宮城が〔清涼院流水「カーニバル 一輪の花」2003〕

おとく【御得】⇩とく

おどける【戯ける】

【戯ける】小説 戯けるように〔「読売新聞」2009年3月29日〕
【お道化る】歌詞 俺らは 街のお道化者〔鶴田浩二「街のサンドイッチマン」（宮川哲夫）1953〕／年季もののロボットお道化ながら〔松田聖子「AQUARIUS」（松本隆）1984〕
*【於東京絵】古〔「団団珍聞」1877年3月〕

おとこ［男］→おこと

【男性】歌詞 いい男性になったつもりが〔シャ乱Q「シングルベッド」（つんく）1994〕／彼女に挿入たい男性のフロッピー〔サザンオールスターズ「01MESSENGER～電子狂の詩～」（桑田佳祐）1997〕
【娚】漫画題名 西炯子「娚の一生」2008～2010 ❖この漢字は、日中韓で、さまざまな字義を付与されてきた。男で下半身が女という「要」という字（音は鶏）も明代には使われた。
【男男】題名 ❖「おとこ」「ホモ」「ダン」と読み、映画題名、雑誌題名、書名などにあり。
【男猫】漫画 男猫とのむお茶は〔猫十字社「小さなお茶会 2」2000〕❖擬人化。
【殿方】歌詞 言い寄る殿方は星の数いれど〔島谷ひとみ「赤い砂漠の伝説」（小幡英之）2003〕
【漢】❖近年、流行しているが、戦前から小説などで用いられた。男らしい男を特にこのように表記する。熱血漢などから。
漫画 この漢は私に話があるようだ〔岡野玲子「陰陽師 1」（夢枕獏）1994〕／漢の威厳〔荒川弘「鋼の錬金術師 4」2003（巻末4コマ）〕／〝漢〟同士の真の絆〔大暮維人「エア・ギア 2」2003〕／漢らしい〔津田雅美「彼氏彼女の事情 17」2003〕／怒らなければ漢じゃない〔「週刊少年ジャンプ」2004年10月11日（ボボボーボ・ボーボボ）〕／ベイブレードで漢になってみせる！〔「コロコロコミック」2009年6月（メタルファイト ベイブレード）〕
歌詞 敗けかたなど教える漢が〔子安武人「独妙風」（李醒獅）2002〕／漢 漢 漢が 燃える〔角田信朗「よっしゃあ漢唄」（北原星望・真間稜）2009〕
広告 義に生きる漢たちのドラマ。〔「読売新聞」2006年10月20日〕／漢たちの熱きドラマ〔「読売新聞」2009年12月28日〕
曲名 角田信朗「漢花」（北原星望・真間稜）2007
雑誌 漢を描き続ける漢が漢の悩みを一挙解決〔「R25」2008年10月9日〕
短歌 盆踊りおどる漢は減りゆきて今年はついに区長ら三人（国定義明）〔評〕男性を表すのに「漢」を使ったところが巧み。好漢の「漢」が男らしさを伝える。だがその漢が減り、今年は公務の延長のように参加した三人のみ。〔「読売新聞」2008年10月6日〕
WEB 漢丼【おとこどん】［名］白い飯にとにかくなんでも乗せてわっせわっせと喰らう、漢の食べ物。〔2典Plus〕／大食漢を「おおぐいおとこ」と読んだ奴がいた。
【侠】❖男の旧字は侠（俠）かという質問があるとのこと。侠気（きょうき）と書いて、「おとこぎ」と読ませることもある。
書名 鈴木智彦ほか「侠のメシ」2007
新聞 「赤楽茶碗 銘 さても」はまさに〝侠〟の器。〔「読売新聞」2010年3月24日（山田芳裕）〕
【北侠】書名 藤田五郎「北侠の群れ」1989
【武士】書名 鳥羽亮「子連れ侍平十郎 おれも武士」2009
【熱血漢】漫画 問題はこの熱血漢だな〔藤崎聖人「WILD LIFE 5」2004〕
【敵】ポスター 宿命の敵〔ドラゴンクロニクルオンライン（ナムコ）2004〕
【獲物】漫画 獲物の点つけ〔中尊寺ゆつこ「プリンセス in Tokyo」1989〕

【恋人(オトコ)】(漫画) 恋人(オトコ)もいねーんだよ〔山田南平「紅茶王子 1」1997〕
【人間(オトコ)】(雑誌) 人間(オトコ)に〔「日経アントロポス」1994年5月〕
【同志(おとこ)】(雑誌) 同志(おとこ)よ、〔「Esquire」1994年4月〕
【自分(おとこ)】(歌詞) 窓に反射(うつ)する哀れな自分(おとこ)が愛(いとお)しくもある〔Mr. Children「innocent world」(桜井和寿)1994〕
【獣医師(おとこ)】(漫画) 正義の獣医師(おとこ)はいた〔藤崎聖人「WILD LIFE 2」2003〕
【飼育員(おとこ)】(漫画) 西沢という飼育員(おとこ)とそのペンギンの命を〔藤崎聖人「WILD LIFE 7」2004〕
【子(おとこ)】(ケータイ) ❖携帯電話の変換候補。
【♂(おとこ)】(広告) 一姫(♀怪獣)・二太郎(♂怪獣)VSへっぽこ母ちゃんの必笑子育てバトル〔おぐらなおみ「育児バビデブー」2008〕
【男闘呼(おとこ)】(バンド名) 男闘呼組❖ロックバンド。「男闘呼塾」「男闘呼島」など派生。
【雄兎狐(おとこ)】(DVD名)「輝☆雄兎狐塾～男尊女秘肌嘩祭～」2010❖「漢(オトコ)」の「神器(アイテム)」とのこと。
その他 少男(おとこ)・郎(おとこ)・士(おとこ)・丈夫(おとこ)・壮夫(おとこ)・情夫(おとこ)・俗(おとこ)・僕人(おとこ)・男子(おとこ)・漢子(おとこ)(古)／仲間(歌詞)／剣士(おとこ)(漫画)／任侠(おとこ)・王(おとこ)(WEB)

*【作業員達(おとこたち)】(WEB)
*【次(男ぜたい)】(謎字) 鈍字(…)例えば「次」という漢字を「男ぜたい(世帯)」と読ませる。(…)「女の姿が見えぬ」という解が添えてある。〔小野恭靖『日本語ブーム』が後世に残すもの」(「日本語学」2010年5月)〕❖「次」は「姿」から「女」を取った形であることから。
*【男盛り(おとこも)】(誤読) 厨(中)1の時、「男盛り」を「おとこもり」と読んだ香具師(ヤツ)がいた。〔WEB〕

おとしあな〔落とし穴〕
【陥穽(おとしあな)】(古)〔1935(隠)〕

おとしだま〔御年玉〕
【落とし玉(おだま)】(WEB)

おとしまえ〔落とし前〕
【解決(オトシマエ)】(小説) 解決(オトシマエ)をつけてえことがあるんだ〔田中英光「聖ヤクザ」1949(集)〕
【決着(おとしまえ)】(小説) 決着(オトシマエ)をつけてやる!〔南英男「嬲り屋」2000(俗)〕
(映画題名)「マルセイユの決着(おとしまえ)」2008❖「ギャング」1966のリメーク。

おとしもの〔落とし物〕
【定期(おとしもの)】(漫画) 定期(おとしもの)だ〔つだみきよ「プリンセス・プリンセス 3」2004〕

おとす〔落とす〕
【隕す(おと)】(小説) 掌中の石を隕(おと)した。〔平野啓一郎「日蝕」2002〕
【貶とす(お)】(小説) 貶(お)として〔「読売新聞」2010年3月20日〕
【陥す(お)】(歌詞) 陥(お)としてみて この私〔中森明菜「TATTOO」(森由里子)1988〕
(小説) 竜人たちに陥(お)とされた〔神坂一「日帰りクエスト なりゆきまかせの異邦人(ストレンジャー)」1993〕
(新聞) 旅順を陥(お)とせぬ乃木将軍〔「読売新聞」2006年7月12日〕
【口説す(おと)】(歌詞) 口説(おと)せない僕を優しく責めるのさ〔カルロス・トシキ&オメガトライブ「Counterlight」(売野雅勇)1987〕
【堕す(おと)】(歌詞) 私を堕(おと)すなら勝負してみるのね〔松田聖子「真っ赤なロードスター」(松本隆)1984〕／どうして 僕を 地上に 堕とした憎キ母よ!〔ヴィドール「『F』Stein to『M』」(ジュイ)2004〕
その他 遺失(おと)す(古)

おどす〔脅す・嚇す・威す〕
【威嚇(おど)す】(書籍) なおまた、音にも訓にも関係がなく、たゞ言葉の意味を酌んで漢字を宛てたものが沢山ある。たとえば威嚇す(オドス)のような書き方で〔谷崎潤一郎「文章読本」1934〕

【威す】俳句 威し銃〔「読売新聞」2000年10月15日〕

【嚇す】歌詞 あきらめてほしければ 嚇したらどうかしら〔中島みゆき「100人目の恋人」1985〕

その他 威喝す 古

おとつい［一昨日］

【前日】歌詞 前日も昨日も今日も見つれども〔林原めぐみ「KOIBUMI」2002〕

おとっさん

【お父さん】【阿父】【家大人】古

おとっつぁん

【お父っつあん】雑誌〔「つり人」1994年9月〕

❖「おとっつぁん」と読ませようとしたのであろう。仮名の大きさが転倒した「お父っつあん」という表記も見受けられる。「つぁ」には「づ」という仮名表記も江戸時代になされた。WEBに「お父っあん」も。

おとど［大殿・大臣］

【𱁬】姓 ❖「たいと」「だいと」「おとど」。姓にあったというが、確認されず。雲と龍が組み合わされた字で84画ある。元は「䨺龘」という2字か。

その他 於殿々 古

おとな［大人］→おとなしい

【大人】政策 かな書きにする〔文化庁「公用文作成の要領」1951〕❖改定音訓表で採用。「大人」は「うし」とも読まれる。

【成人】歌詞 成人よあんたは〔ツイスト「性(さが)」(世良公則)1978〕

【女】歌詞 女の翳りを漂わせてくれ〔桑名正博「You're my baby」(松本隆)1979〕

【女性】詩 女性ぶる売春少女の涙を拭きたい〔秋亜綺羅「百行書きたい」1975〕

歌詞 女性ぶる君の涙を拭いて〔GRANRODEO「delight song」(谷山紀章)2007〕

【高校生】漫画 俺らも高校生だからよ〔大暮維人「エア・ギア 5」2004〕

【野郎】広告 野郎ども〔「爆裂天使」2004〕

【俺】漫画 こっから先は俺の領分〔本仁戻「高速エンジェル・エンジン 1」2000〕

【嘘】漫画 僕に嘘の姿をさせて〔山田南平「紅茶王子 25」2004〕

【悲観的現実主義者】歌詞〔TWO-MIX「LIVING DAYLIGHTS」(永野椎菜)1997〕❖新奇で大胆な当て字が多いことで知られるグループ。

【大猫】漫画 わたしはどういう大猫になるんだろう〔猫十字社「小さなお茶会 2」2000〕

【因囚】新聞「因囚」を何と読むか。(中略)今の女子高校生たちは「おとな」と読んでいる。「くにがまえ」は単なる飾り〔「読売新聞 夕刊」2008年12月4日〕❖インターネットや携帯では確かにそうみえるフォント。因丈夫、因好き、因囚気〔「L25」2007年9月28日(最近の中高生のケータイメール)〕も。

その他 乙名 古／長 辞書

おとなしい［大人しい］

【温和しい】新聞 温和しいお姫さま役は〔「読売新聞 夕刊」2008年9月20日(ひこ・田中)〕

【音無しい】辞書 ❖女優に音無美紀子。

【音なしい】古 ❖漱石「音なしく」。

【大猫しい】漫画 ユニコーンが立ち去るまで大猫しく待って〔猫十字社「小さなお茶会」2000〕❖擬人化。

【乙なしい】小説 乙なしく〔柳瀬尚紀訳「フィネガンズ・ウェイク I II」1991〕

その他 長しい・温順しい 古

関連【大人しくなる(水ぶっかける)】漫画 大人しくなる(水ぶっかける)方法知ってたなら〔樋口橘「学園アリス 1」2003〕

おとなしやか［大人しやか］

【老しやか】古 ❖佐賀では「咾」でおとなと読んだ(地名に残る)。

おとはん

【お父はん】漫画〔北道正幸「プ〜ねこ」2005〕

おとめ［乙女・少女］『万葉集』の時代から、娘、処女、未通女、嬬嬬など。第3回「みんなで作ろう国語辞典！」優秀作品は「乙男」乙女心をもっている男のこと。

【若女】論文 語源に遡れば多分「若女」〔簗島裕「宛字考」(「言語生活」1960年7月)〕

【処女】詩 人の処女の身に落ちて〔島崎藤村「おきぬ」1897〕／亡母は処女となりて〔小熊秀雄「ふるさとへの詩」(中丸宣明解説)(コ)〕

歌詞 処女の夜を 共に踊らん〔淡谷のり子「エスパニア・カーニ」(藤浦洸)1939〕／処女は歌う 愛の歌〔美空ひばり「夢の花かげ」(藤浦洸)1951〕／こころの妻よ 処女妻〔小畑実「アンジェラスの鐘」(佐伯孝夫)1952〕

書籍〔大久保博訳「完訳 ギリシア・ローマ神話」1970〕

曲名 三田寛子「駈けてきた処女」〔阿木燿子〕1982

地名 処女塚 兵庫県神戸市灘区 美しい乙女が2人に求婚され身を投げた〔安居良基「世界でもっとも阿呆な旅」2009〕

【少女】古 少女らが赤裳の裾に〔「読売新聞」2008年10月8日〕

詩 少女ごころを思ひみよ〔与謝野晶子「君死にたまふこと勿れ」1904〕

【乙女】歌詞 乙女はあでやかか〔五木ひろし「契り」(阿久悠)1982〕◆常用漢字表の付表にあり。「乙」は古くからの当て字。

【娘子】漫画 娘子らが〔刑部真芯「欲望と恋のめぐり―緋想―」2004〕

書籍 娘子〔平川南「日本の原像」2008〕

【妃】曲名 Do As Infinity「恋妃」◆「DEEP FOREST」2001に収録。

【漢女】WEB 漢女（おとめ）熱き魂を持った女メタラー。〔2典 Plus〕◆メタラーとはヘビメタの愛好者。

【MESYARIA】歌詞 白き贄を胸に歌う女神のMESYARIA〔霜月はるか「斑の王国」(日山尚)2009〕

その他 未通女・阿嬢子 古

おとめご［乙女子・少女子］

【処女子】歌詞〔「琵琶湖周航の歌」(小口太郎)1917〕

おとも［御供・御伴］

【お友】誤字「学習のお友に当店のスタンドを」ある電気器具店の看板。〔「言語生活」1965年1月(目)〕◆「友」と「供」は同語源。

おどり［踊り］

【蹈舞】古

おとりさま［御鳥様］

【鷲神社】広告 鷲神社〔「読売新聞」2009年11月24日〕

おどろき［驚き］

【愕き】小説〔平野啓一郎「日蝕」2002〕

広告 愕きと〔「読売新聞」2008年10月25日〕

【驚木】古 驚木おどろき、桃の木だなあ〔1930俗〕

【(驚)】広告 お受験(驚)白書〔「読売新聞」2008年11月4日(週刊女性)〕／酒乱男の(恥)&(驚)正体〔「読売新聞」2009年2月20日(FRIDAY)〕

おどろく［驚く］

【覚く】古 ◆『万葉集』に。『遊仙窟』からの表現。

【驫】古 ◆西鶴作品や歌字尽などにも。

→とどろき

【愕く】歌詞 そのうち誰かが火星に降りても もう 愕かないでしょう〔松任谷由実「未来は霧の中に」1979〕

俳句〔「読売新聞」2010年3月22日〕

【駭く】小説 駭くであろうか。〔平野啓一郎「日蝕」2002〕

おどろばやし

【行行林】【行々林】地名 ◆千葉県。

おとん

【お父(とん)】漫画〔渡辺多恵子「風光る 2」1998〕
【父親(おとん)】漫画 かっこええ父親(おとん)やろ〔「週刊少年ジャンプ」2004年7月8日（こちら葛飾区亀有公園前派出所）〕
その他 親父(おとん) 漫画

おとんぼ［乙坊］長子でない子。特に末子。
【末息子(おとんぼ)】小説

おな［女］地名に「女川(おながわ)」「女子(おなこ)」「女戸遊(おなっぺ)」。
*【女身(オナグミ)】歌詞 女身(オナグミ)のかなしや〔田端義夫「島育ち」（有川邦彦）1962〕
*【女巡り(おなめぐり)】歌詞 馴じみの女巡(おなめぐ)り〔サザンオールスターズ「JAPANEGGAE（ジャパネゲエ）」（桑田佳祐）1984〕

おないどし［同い年］
【同年(おないどし)】雑誌 君と同年(おないどし)位じゃないか〔「プレジデント」1994年5月〕

おなか 国語辞書の多くは「御中」「お中」。
【御中(おなか)】古 宮女の詞、食事の事〔1920 隠〕
【お中(なか)】古 ❖井原西鶴が使用。
【お腹(なか)】❖古く「御内」「御中」「お家」、「お腹」「腹(おなか)」も江戸時代のうちに現れる。
小説〔遠藤周作「わたしが・棄てた・女」1964〕／お腹(なか)の病気で入院しています〔片山恭一「世界の中心で、愛をさけぶ」2001〕
書籍 お腹(なか)をぺったりとつけて〔黒柳徹子「窓ぎわのトットちゃん」1981〕／いつもお腹(なか)を空かせた〔TAKURO「胸懐」2003〕
漫画 あたしのお腹(なか)〔中条比紗也「花ざかりの君たちへ 8」1999〕／お腹(なか)から血が〔小花美穂「パートナー 3」2000〕／まだお腹(なか)は空いていない〔今野緒雪「マリア様がみてる 子羊たちの休暇」2003〕／お腹(ナカ)の調子が悪いそーで〔藤崎聖人「WILD LIFE 4」2003〕
雑誌 お腹(なか)が引っ込みました〔「女性自身」2004年10月26日〕
新聞 お腹(なか)の引き締めが〔「読売新聞 夕刊」2008年12月17日〕／お腹(なか)に宿った命の芽 馬鹿(ばか)なのか〔「読売新聞」2009年2月21日（編集手帳）〕／お腹(なか)を見せ 健気(けなげ)なほどの〔「読売新聞 夕刊」2009年5月29日（署名記事）〕
広告 お腹ペタンコ ダイエット！〔「読売新聞」2009年3月2日（すてきな奥さん）〕／お腹のポッコリ。〔「読売新聞」2009年4月3日〕／お腹が張る〔「読売新聞 夕刊」2009年5月23日〕／お腹をひきしめよう！〔「読売新聞 夕刊」2009年6月9日〕
広報 お腹(なか)に〔「広報東京都」2010年3月1日〕
WEB 2人の愛の結晶がお腹(なか)に居ること〔2010年2月11日〕

おなかま［御仲間］
【同釜(おなかま)】WEB ❖同じ釜の飯を食うから。しゃれ。若者ことばで俗に「おなちゅう」で「同じ中学」を指す。→おなテン

おなご［女子］
【女子(おなご)】小説 女子(おなご)の財産や〔有吉佐和子「地唄」1956〕
漫画 若い女子(おなご)とコソコソイチャイチャするつもりなのか〔寺嶋裕二「GIANT STEP 1」2002〕
歌詞 麗し女子(おなご)を守るため〔角田信朗「傾奇者恋歌」（北原星望・真間稜）2007〕／惚れた女(おな)子(ご)を鮎にする〔神野美伽「四万十川」（荒木とよひさ）2008〕
【女性(おなご)】小説 若い女性(おなご)は〔遠藤周作「わたしが・棄てた・女」1964〕
【女(おなご)】歌詞 女(おなご)にゃもてぬ〔吉田よしみ「いなかっぺ大将」（石本美由起）1970〕
書名 梓澤要「女(おなご)にこそあれ次郎法師」2006
その他 乙女(おなご) 漫画

おなテン 同じ牌で待つテンパイ。
【同聴(オナテン)】漫画 同聴(オナテン)の捲り合いに持ち込んだ〔天獅子悦也「むこうぶち 25」2009〕

オナニー［ドィ Onanie］隠語で「大悦(たいえつ)」とも。「大」の分字が「一人」となることから。

「天悦」の「天」は「二人」で、情交の意。

【汚名新(おなにい)】 小説 汚名新増(おなにいます)の〔柳瀬尚紀訳「フィネガンズ・ウェイク III IV」1993〕

おに ［鬼］ 隠(オン)からとされる。「鬼」の字から想起される姿を絵に描いてもらうと日・中・韓で差が現れる。→かみ（鬼）

その他 尾奈煮(オナニー) WEB

＊【職人(おに)】 WEB 職人と書いて鬼とよむ。

＊【絶望(おに)さん】 歌詞 さぁ絶望(おに)さんこちら〔SuG「Life 2 Die」(武瑠)2009〕

関連 【鬼(のだめ)】 漫画 鬼(のだめ)の居ぬ間に〔二ノ宮知子「のだめカンタービレ 2」2002〕◆主人公。

おにいさま ［御兄様］

【お義兄様(にいさま)】 漫画 お義兄様にあいさつでもかますか〔きくち正太「三四郎^{2} 1」1990〕

おにいさん ［御兄さん］

【お義兄(にい)さん】 漫画 仮にもあなたのお義兄(にい)さんなんだから…〔林家志弦「おねがいティーチャー 1」2002〕

おにこごめ

【鬼魔(おにこごめ)】 広告〔楠桂「人狼草紙 1」1991（巻末）〕

おにわ ［御庭］

【BACK YARD(おにわ)】 小説 「BACK YARD(おにわ)」という言葉が一語なのか〔村上春樹訳「レイモンド・カーヴァー傑作選 CARVER'S DOZEN」1997〕

おぬし ［御主］

＊【赤報隊(おぬしたち)】 小説 赤報隊(おぬしたち)の馬鹿な行為を〔静霞薫「るろうに剣心 巻之一」(和月伸宏)1996〕

＊【帝国(おぬしら)】 小説 帝国(おぬしら)が〔秋津透「魔獣戦士ルナ・ヴァルガー」1988〕

おねえさん ［御姉さん］

【お姐(ねえ)さん】 新聞 芸者のお姐(ねえ)さんに〔「読売新聞 夕刊」2010年2月19日〕

【お義姉(ねえ)さん】 漫画 お義姉(ねえ)さんホント!?〔日高万里「ひつじの涙 5」2003〕

＊【お姐(ねえ)ちゃん】 映画題名 「お姐ちゃんお手やわらかに」1975

＊【天上巫女様(おねえさま)】 漫画 天上巫女様(おねえ)達は私に女神が降臨したって〔由貴香織里「砂礫王国」1993〕

＊【フェアリー(おねえ)】 雑誌〔「山と渓谷」1994年6月〕

関連 【お姉さま(グラン・スール)】 漫画 祥子さまのお姉さま(グラン・スール)〔今野緒雪「マリア様がみてる」1998〜〕

おの ［斧］

【戦斧(おの)】 漫画〔尾田栄一郎「ONE PIECE 30」2003〕

【武器(オノ)】 漫画 武器(オノ)持ってない!!〔渡辺祥智「銀の勇者 5」2000〕◆主人公の武器は斧。

おのおの ［各］

【各々(おのおの)】 小説 各ゝ(おのおの)その端を〔小林多喜二「蟹工船」1929〕

誤読 「各々（おのおの）」を「かくかく」と読んだ。◆韓国では「カクカク」。

おのこ ［男・男の子］

【男子(おのこ)】 歌詞 一人男子(おのこ)と生まれたる、〔楠木繁夫「人生劇場」(佐藤惣之助)1937〕◆口上部分。

おののき

【戦慄(おののき)】 辞書〔伊坂淳一「振り仮名」(「日本語学キーワード事典」1997)〕

その他 慄く・戦く(おののく) 古

おのれ ［己］

【自己(おのれ)】 歌詞 煌(きらめ)くひと時 自己(おのれ)を忘れて〔「えんじの唄」(多門冴子)1980〕

その他 余(おのれ) 古

おば ［伯母・叔母］

【姑(おば)】 小説 姑(おば)から〔「読売新聞」2010年2月17日〕

おばあちゃん

【お祖母(ばあ)ちゃん】 新聞〔「読売新聞 夕刊」2009年8月7日(高井有一)〕◆「お祖母(ばあ)さん」「お祖母(ばあ)さま」とも。

おはこ ［十八番］「じゅうはちばん」とも。

【十八番(おはこ)】 広告 桂枝雀「十八番(おはこ)」ボックス〔「読売新聞」2010年2月17日〕

小説〔「読売新聞」2009年11月30日〕
新聞「市川家歌舞伎十八番組」とある木箱に、歌川豊国が描いた十八番の舞台図が納められ〔「読売新聞 夕刊」2010年4月16日〕

おばさん［小母さん・伯母さん・叔母さん］

【小母（おば）さん】書籍 近所の小母（おば）さんだった〔TAKURO「胸懐」2003〕
辞書 小母さんする（見出し）俗

【園長（おばさん）】漫画 園長もなにも聞いてないって〔大井昌和「ひまわり幼稚園物語あいこでしょ！2」2002〕

【欧巴桑（オバサン）】台湾〔黄文雄「日本語と漢字文明」2008〕

その他 伯母様（おばさん）古

*【幼稚園（おばさんち）】漫画 幼稚園（おばさんち）に来て〔大井昌和「ひまわり幼稚園物語あいこでしょ！1」2001〕

*【オバミマ（おばさん未満）】新聞『負け犬の遠吠え』の著者、「オバミマ（おばさん未満）」を鋭く分析！〔「読売新聞」2008年9月26日〕

おばしま［欄］

【欄干（おばしま）】詩 欄干（おばしま）さへ記せし名なり。〔萩原朔太郎「波宜亭」1925〕

おはなし［御話］

【小説（おはなし）】小説 私の書く小説（おはなし）って〔神坂一「日帰りクエスト なりゆきまかせの異邦人（ストレンジャー）」1993〕

その他 説明（おはなし）古

おばば

【媼（おばば）】WEB 98歳で逝かれた岩手県の伊藤まつ（中略）晩年になるほど輝いた媼（おばば）である。〔ブログ「徒然想」2008年9月25日〕◆立山では、この字や「媼」で「うば」。

おはよう［御早う］ あいさつで「お早う」。「お早く」の音便形。

【0840（おはよう）】ポケベル ポケットベルで。判じ物のようではある。〔YOMIURI PC 編集部「パソコンは日本語をどう変えたか」2008〕

おばん

【小母（おば）ん】辞書 俗

おひいき［御贔屓］ ⇨ひいき

おびき［誘き］

【誘引（おびき）】古〔1930 隠〕

*【誘寄（おびきよ）せる】漫画 誘（おびき）寄せるための罠〔東里桐子「爆裂奇怪交響曲 1」1993〕

その他 帯（おび）き出（だ）す 古

おひさま［御日様］

【お陽（ひ）さま】◆不動産屋でも「日当たり」を「陽当たり」とする。
歌詞 咲いてゆれるだろう お陽（ひ）さまのように〔赤い鳥「赤い花白い花」（中林三恵）1970〕／お陽さまが 見てるだけだよ〔郷ひろみ「裸のビーナス」（岩谷時子）1973〕
広告 お陽（ひ）さまには休みがある〔奥山益朗「広告キャッチフレーズ辞典」1992〕
漫画 お陽（ひ）さまの入る部屋〔東里桐子「爆裂奇怪交響曲 1」1993〕

【お陽様（ひさま）】歌詞 お陽様さんが見えたら〔よしだたくろう「結婚しようよ」1972〕

おびただしい［夥しい］

【震（おびただしく）】古

おひと［御人］

【男（おひと）】歌詞 なぜ恋しい男（おひと）に似ている〔ALI PROJECT「上海繚乱ロマンチカ」（宝野アリカ）2009〕

おひとよし

【お人好（ひとよ）し】新聞〔「読売新聞 夕刊」2010年3月9日〕

おびなた

【大日方（おびなた）】姓 ◆「大」が対義の「小（お）」と同音になるケース。

おひや［御冷や］

【水（おひや）】古

おひやらかす

【愚弄（おひやらかす）】古

おひらき［御開き］

【お披楽喜】【お披良喜】(民間)「芽出度お披楽喜」ホテルの「華燭のしおり」から〔『漢字と遊ぶ』によると大阪〕。東京の某結婚式場から届いた手紙に「お披良喜」〔斎賀秀夫「あて字の考現学」〔『日本語学』1994年4月〕〕

◆縁起字の例。

【閉塞】(小説)閉塞に来たぜ〔西尾維新「零崎双識の人間試験」2004〕

おびる〔帯びる〕

【佩びる】(雑誌)〔「小説新潮」1994年3月〕

おひろい〔御拾い〕「歩き」の尊敬語。

【徒歩】(古)◆「かち」とも読む。

おひろめ〔御披露目〕

【お披露】(古)〔1925(隠)〕

【お披露目】(広告)「お披露目」に〔「読売新聞」2009年10月5日〕

(新聞)お披露目の式が〔「読売新聞 夕刊」2009年10月30日〕／政協でお披露目〔「読売新聞」2010年3月14日(見出し)〕

(その他)お広め・お弘め(古)

オフ〔off〕

【切】(民間)◆スイッチの「切」のボタンをそう読むという人あり。

【休日】(小説)犯罪捜査の戦争から離れた休日を幸せに感じる〔清涼院流水「カーニバル 一輪の花」2003〕

おぶ

【御湯】(古)〔1935(隠)〕

オフィシャル〔official〕

【公式】(漫画)〔「週刊少年ジャンプ」2004年41号〕

オフィス〔office〕

【事務所】(歌詞)〔Handsome JET「わすれもの」(JET Project)2003〕

【職場】(小説)さすがに職場にある最新式マッサージ・チェアほど〔清涼院流水「カーニバル 一輪の花」2003〕

オフィスラブ〔和製 office + love〕

【社内恋愛】(漫画)社内恋愛を禁ず〔高橋留美子「めぞん一刻 12」1986〕

おぶう〔負ぶう〕

【背負う】(古)

オフェンス〔offense〕

【攻撃】(漫画)ショットガン攻撃は〔「週刊少年ジャンプ」2004年10月11日(アイシールド21)〕／日本で一緒に攻撃しようぜ〔二ノ宮知子「のだめカンタービレ 20」2008〕

おふくろ〔御袋〕

【お母】(小説)お母が年金を抵当に〔米川正夫訳「ドストエーフスキイ全集6 罪と罰」1960〕

【継母】(漫画)東京にある継母の実家で〔中条比紗也「花ざかりの君たちへ 8」1999〕

(その他)御袋(古)／〇二九六(電話番号)

オブジェ〔フランス objet〕

【芸術品】(漫画)まるで完成された芸術品のような〔さとうふみや「金田一少年の事件簿 1」(金成陽三郎)1993〕

【作品】(漫画)この猫の作品が好きだ〔猫十字社「小さなお茶会 2」2000〕

オブジェクト〔object〕

【触覚の対象】(論文)挿し絵は視覚の対象であるだけでなく触覚の対象でもある不足する像でない〔内山和也「振り仮名表現の諸相」2002〕

おふせ〔御布施〕

【喜捨物】(WEB)

オブセッション〔obsession〕

【妄想】(書籍)妄想となっていた〔池田雅之「ラフカディオ・ハーンの日本」2009〕

おふだ〔御札〕→ふだ

【令状】(小説)警察が令状もなしに〔南英男「盗聴」1996(集)〕

【逮捕状】(小説)逮捕状を取れる〔森村誠一「死紋様」1979(集)〕

オプティミスティック〔optimistic〕オ

プチミスチック。
【楽観的(オプティミスティック)】(小説) できるだけ楽観的(オプティミスティック)に歩き続けなくては〔清涼院流水「カーニバル 一輪の花」2003〕

オブラート［(オランダ) oblaat］
【澱粉紙】(韓国) 韓国では漢語に翻訳して「澱粉紙」と言う。〔「読売新聞」2008年8月21日（日本語・日めくり）〕❖熟字訓ではない。「澱粉」は日本では、でん粉・殿粉とも。

おふれ［御触れ］
【布告(おふれ)】(新聞)〔「読売新聞」1874年11月2日の第一号は〕1枚売り8厘、「布告(おふれ)」「新聞」「説話(はなし)」「稟告(しらせ)」の4欄があった。〔「読売新聞」2009年11月2日〕

オペ［←(ドイツ) Operation］
【手術(オペ)】(小説) 手術(オペ)をしたことがある〔齋藤栄「神戸天童殺人事件」1994(集)〕
(漫画) 手術室(オペ)に〔小花美穂「パートナー 3」2000〕
【修復術(オペ)】(漫画)〔山田貴敏「Dr.コトー診療所 15」2004〕

おべっか
【諛媚(おべっか)】(古)〔1885〜1886(俗)〕

オペラ［(イタリア) opera］
【歌劇(オペラ)】(漫画) 欧米で大人気の歌劇(オペラ)。〔さとうふみや「金田一少年の事件簿 1」(金成陽三郎)1993〕
【舞台(オペラ)】(歌詞) 瓦礫の舞台(オペラ)でも〔水樹奈々「Pray」(HIBIKI)2007〕

オペラティブ［operative］
【操作的(オペラティブ)】(論文) 文字は触覚の参与を要請し、絵画的(ピクトリアル)なものから操作的(オペラティブ)なものへ進化する〔内山和也「振り仮名表現の諸相」2002〕

オペレーション［operation］
【作戦(オペレーション)】(漫画) 作戦(オペレーション)・コードネーム「炎」ここに発動す〔鷹岬諒「THE KING OF FIGHTERS'94 外伝 6」1997〕
(小説) 山本の〝作戦(オペレーション)〟にとっては〔森村誠一「殺意の接点」2001〕
【大作戦(オペレーション)】(書名) 神坂一ほか「だんぢょん大作戦(オペレーション)！」1995

オペレーター［operator］
【分隊長(オペレーター)】(漫画)〔天獅子悦也「むこうぶち 24」2009〕

おべんちゃら
【お弁茶羅(べんちゃら)】(古)〔1902(俗)〕❖略して「阿弁(おべん)」とも。

おぼえる［覚える］
【憶(おぼ)える】(歌詞) そらで憶(おぼ)えた ああ ふるさと郵便〔春日八郎「ふるさと郵便」(矢野亮)1956〕／憶えて いるかしら 私の髪が 長いこと〔美空ひばり「髪」(中村メイコ)1964〕／一寸前なら憶えちゃいるが〔ダウン・タウン・ブギウギ・バンド「港のヨーコ・ヨコハマ・ヨコスカ」(阿木燿子)1975〕
(書籍) まったく憶(おぼ)えていないが、〔井上ひさし「私家版 日本語文法」1981〕
(書名) 内田春菊「あたしのこと憶えてる?」2000
(冊子) 円周率を憶える 感動を憶えた。〔杉並区立杉森中学校「学校運営協議会だより」2009年3月〕

オボー［(モンゴル) oboo］
【塚(オボー)】(新聞) モンゴル人が旅の安全を祈って置いた塚(オボー)〔「読売新聞」2009年7月5日〕

オホーツク［(ロシア) Okhotsk］
【鄂霍都加(オホーツク)】(辞書)

おぼこ
【未通女(おぼこ)】(漫画) あばずれも未通女(おぼこ)も〔立原あゆみ「本気！ 8」1988〕
(その他) 未惚女(おぼこ)(古)

おぼしめす［思し召す］
【思食(おぼしめす)】(古)

おぼつかない［覚束無い］
【覚束ナシ(おぼつか)】【無覚束(おぼつかなし)】(古)

おぼっちゃん［御坊ちゃん］
【武者小路(おぼっちゃん)】(漫画)

おぼれる〔溺れる〕
【耽溺(おぼ)れる】 書名 塩田丸男「耽溺(おぼ)れる女」1995

おまいり〔御参り〕⇩まいる

おまえ〔御前〕↓おめえ・おまえたち
【貴公(おまえ)】 漢詩〔平井呈一訳「狂詩 巡査行」1951〕
【自分(おまえ)】 漫画 自分(おまえ)はアレクシエル様やない〔由貴香織里「天使禁猟区 1」1995〕歌詞 ひどく夢遊病のような顔をしてる自分(オマエ)の〔GLAY「夢遊病」(TAKURO) 2001〕
【子(おまえ)】 雑誌 子(おまえ)が〔「小説新潮」1994年10月〕
【処女(おまえ)】 漫画 処女(おまえ)の想像力で〔新條まゆ「快感フレーズ 1」1997〕
【戦争(おまえ)】 漫画 もう二度とどんな命も戦争(おまえ)にはくれてやらぬと〔藤崎聖人「WILD LIFE 6」2004〕
【お前(まん)】 小説〔司馬遼太郎「竜馬がゆく 4」1964〕
【喪前(もまえ)】 WEB〔2ちゃんねる〕
その他 **吸血鬼(おまえ)** 小説／**女(おまえ)・裕太(おまえ)・手塚(おまえ)・猫(お前)** 漫画／**友(ハナ)** WEB／**自分の場所(おまえのみかた)** 漫画
関連 **【お前(ハナ)】** 漫画 お前(ハナ)が当番だったな〔遠藤浩輝「EDEN It's an Endless World! 1」1999〕◆主人公。

おまえたち〔御前達〕
【女房たち(おまえ)】 漫画 女房たち(おまえ)が私の姉上様に病魔を〔藤原眞莉「華くらべ風まどい－清少納言梛子」2003〕
その他 **日本捜査本部(おまえたち)・第二(お前達)** 漫画／**1年生(おまえら)・結界師(お前ら)・ゴミ共(お前ら)・2－C(オマエラ)・演劇部(おまえら)・帝国学園(おまえら)** 漫画

おまけ
【附会(おまけ)】 古

おませ
【お早熟(ませ)】 古

おまちかね〔御待ち兼ね〕
【待望(おまちかね)】 小説 待望(おまちかね)の新シリーズ〔神坂一「日帰りクエストなりゆきまかせの異邦人(ストレンジャー)」1993（裏表紙）〕

おまわり〔御巡り〕「お巡りさん」は常用漢字表付表にあり。
【巡査(おまわり)】 歌詞 巡査(おまわり)毎日ぐーるぐる〔吉幾三「俺ら東京さ行ぐだ」1985〕

おまんこ 中井精一『女性器の方言にみる列島の地域史』(2008)に詳しい。↓おめこ・まんこ
【玉門(おまんこ)】 古〔1928 隠〕
【おま…こ】 小説 おま…この〔北沢拓也「裸淫」2002 俗〕◆伏せ字のよう。WEBではそのまま書かれることがある。
その他 **お満腔(まんこ)** WEB

おまんさあ
【あなた(オマンサー)】 書籍〔井上ひさし「國語元年」1986〕

おまんま〔御飯〕
【御飯(おまんま)】 古〔1896 俗〕◆地名でも「飯」で「まま」あり。食偏に儘の旁もまま。
その他 **御飯食(おまんま)** 漫画

おみおつけ〔御御御付け〕
【御御御付(おみおつけ)】 俳句 朝寒や仏間に香る御御御付(おみおつけ)〔「読売新聞」2009年10月26日〕◆原理的にはそうなるという表記で、辞書に見出し表記として掲げられることがある。面白がって使われることもある。引用されることが多い。「み」はみそ、大御かとの説も。「お み足」などは接頭語二つ。店名に御御(オミ)御(ヨ)。
その他 **御御御漬(おみおつけ)** 辞書

おみず〔御水〕
【御聖水(おみず)】 歌詞 あのまばゆい御聖水(おみず)を〔サザンオールスターズ「GIMME SOME LOVIN'」(桑田佳祐) 1998〕

おみせ〔御店〕
【美容院(お店)】 漫画 あたし今度美容院(お店)移るの〔犬上すくね「恋愛ディストーション 1」2000〕
その他 **ここ(お店)** 漫画
関連 **【お店(すぃーと館)】** 漫画 明日お店(すぃーと館)が休みだから〔山野りんりん「はにーすぃーとティータイム

1」2002〕

おみな［女］

【女】書籍〔織田正吉「ことば遊びコレクション」1986〕

【女子】歌詞 女子(おみな)まで、杜の宴(うたげ)に酔いしれる。〔楠木繁夫「人生劇場」(佐藤惣之助)1937〕◆口上部分。

おみなえし

【女郎花】論文 美しさを感じる人たちのあることも〔築島裕「宛字考」(「言語生活」1960年7月)〕◆『万葉集』に「娘部志」「姫押」「美人部師」などとも。

おみや［御宮］

【迷宮】小説 迷宮入りした事件を〔南英男「腐蝕」1999 集〕

歌詞 東京はお洒落な迷宮〔サザンオールスターズ「愛と欲望の日々」(桑田佳祐)2004〕

オムレツ［フランス omelette］

【魚】新聞「卵の魚」ばかり食べた〔「読売新聞」夕刊 2008年10月7日(高橋睦郎)〕

おめえ →おまえ

【貴公】漢詩〔平井呈一訳「狂詩 巡査行」1951〕

【お前】書籍「お前」の後に〔谷崎潤一郎「文章読本」1934〕◆方言形。

歌詞 お前達二人の話に〔青木光一「早く帰ってコ」(高野公男)1956〕

漫画 そらお前〔さとうふみや「金田一少年の事件簿 4」(金成陽三郎)1993〕

その他 田島・岳史・投手・1番 漫画

おめおめ

【阿容々々】古 阿容々々〔山田美妙「竪琴草紙」1885〕

おめこ →おまんこ

【御女子】古 おめこ(御女子)の義〔山田美妙「大辞典」1928 隠〕◆字を当てて語源・語構成を示す。

【交接】小説 交接したからだぞ〔三島由紀夫「潮騒」1954〕

【牝戸】古 牝戸

おめさん

【男女さん】作品名 東郷隆「男女さんくずし」〔「読売新聞」2010年2月22日〕

おめでたい［御目出度い・御芽出度い］

【死】古〔1917 隠〕

おめでとう［御目出度う・御芽出度う］

「御目出度う御座居ます」などと、漢字が多い方が丁寧、正式という意識がかえって当て字を生み出してきた。「めでたし」には、「平家物語」には「目出」という合字まで用いられ、往来物にも使われている。

【お目出とう】民間 ◆むしろ小学生が年賀状で使うことあり。→めでたい

その他 お愛たう 古

おも［←おもて(表)］

【表】漫画 表2裏1の一発で〔天獅子悦也「むこうぶち 23」2008〕◆麻雀。

おもい［思い］→かたおもい

【想い】◆学校で習わない表外の表記には、ロマンチックな感覚が抱かれやすい傾向がある。「逢う」とともに多用される。改定常用漢字にも追加を要望する意見が複数あった。感傷的・情緒的など使い分けの基準は個々にあるようだが、統一的・客観的には説明しにくい。

歌詞 我が胸の燃ゆる想いに比ぶれば煙は薄し桜島山。〔楠木繁夫「人生劇場」(佐藤惣之助)1937〕◆口上部分。／逢へば想ひがつのるぢやないか〔小畑実「島の燈台」(吉川静夫)1954〕／届かぬ想いを〔村下孝蔵「初恋」1983〕／忘れかけた想いが〔竹内まりや「シングル・アゲイン」1994〕／想が瞬を駆け抜けて〔T. M. Revolution「crosswise」(井上秋緒)2005〕／キミの想いは〔Perfume「ポリリズム」(中田ヤスタカ)2007〕

短歌 想いをのせんあじさいの花〔俵万智

「サラダ記念日」1987〕
漫画 秘めた想いを言葉にできなかった〔青山剛昌「名探偵コナン 3」1994〕
書籍 もし生きていればっていう想いが強まって〔爆笑問題「爆笑問題の死のサイズ(上)」2002〕
アルバム名 ライ・ハスロー「想ハスローと仲間たちによる馬頭琴の新世界」2006
新聞 熱い想いが詰まった一冊〔「読売新聞」2008年1月20日〕／動物への想い〔「読売新聞」2010年3月14日〕
広告 想いを寄せる女性もただ一人。〔「読売新聞」2010年2月14日(幻冬舎)〕／切ない想いに「時をかける少女」〔「読売新聞 夕刊」2010年3月19日〕
雑誌 本にかける想い〔「お笑い男子校Vol.2」2010(ライセンスの記事)〕
チラシ 皆様の「想い」と「信頼」にお応えいたします〔株式会社ライフランド折込チラシ2010年1月10日〕
民間 想いを抱きあう〔女子学生の手書き〕

【憶い】 歌詞 綴った憶いの全てを〔Sowelu「Glisten」(Adya)2003〕

【念い】 雑誌 妻の念いをきいて〔「ミセス」1994年7月〕

【情い】 歌詞 つきぬ情ひの湯けむりよ〔由利あけみ「熱海ブルース」(佐伯孝夫)1939〕
広告 情が動き、〔「読売新聞」2009年11月22日〕

【慕い】 歌詞 せめてこの慕い〔南こうせつ「国境の風」(荒木とよひさ)2003〕

【願い】 歌詞 あの日の願いを時空に解き放て〔林原めぐみ「～infinity～∞」1998〕

【望み】 歌詞 望みは巡る〔GARNET CROW「永遠を駆け抜ける一瞬の僕ら」(AZUKI 七)2003〕

【思慕】 歌詞 思慕つのらせ月みる夜は〔美希かおり「八丈愛歌」(仁井谷俊也)2000〕／三味線を叩けば思慕がはじけ〔鏡五郎「雪ひと夜」(津田雅道)2010〕

【恋慕い】 歌詞 恋慕いを探る〔ゴスペラーズ「sweet」(黒沢薫)2004〕

【恋心】 歌詞 変わらぬ恋心〔day after tomorrow「futurity」(misono)2002〕

【恋情】 歌詞 この恋情〔葛城忍人「烈～切り拓く未来」(末永茉已)2009〕

【情熱】 歌詞 情熱投げ続けてる 探して〔椎名へきる「Color」2003〕

【情念】 歌詞 情念も涙も〔坂本冬美「火の国の女」(たかたかし)2007〕
曲名 藤本三重子「情念」(礼恭司)2008

【哀惜】 書名 百瀬義隆「消えゆく日本語への哀惜」2008

【感情】 歌詞 燃え立つほどに冷めてく感情〔不二周助「My Time」(甲斐田ゆき)2003〕
漫画 息子への感情でいつ何をするか〔大場つぐみ・小畑健「DEATH NOTE 5」2005〕

【感慨】 歌詞 やり場のない感慨〔Every Little Thing「Future World」(五十嵐充)1996〕

【経験】 歌詞 沢山の経験重ねていく度〔林原めぐみ「hesitation」2005〕

【決意】 歌詞 決意は揺らぐ〔B'z「ultra soul」(稲葉浩志)2001〕

【闘志】 歌詞 ありったけの闘志と核鉄を胸に〔福山芳樹「キミがくれるPOWER」(マイクスギヤマ)2007〕

【衝動】 歌詞 伝えたい衝動遥か〔Sana「rainbow flyer～Sana-mode II mix～」2003〕

【不安】 歌詞 膨らんでいくこの不安〔day after tomorrow「naturally」(misono)2003〕

【怨い】 書籍 怨ひ〔小林祥次郎「日本のことば遊び」2004〕

【愛】 WEB 当て字はやりすぎでなければいいと思うんだけど。…「愛〈想い〉」とかいう程度は許せるでしょ？

【夢】 歌詞 つらぬく夢が見え隠れしている

〔林原めぐみ「MIDNIGHT BLUE」(有森聡美)1995〕

【理想】歌詞 理想は久遠高く〔「いざ青春の生命のしるし」(宮永正隆)1972〕／断ち切れない理想抱いて人はさ迷い続ける〔林原めぐみ「Plenty of grit」2008〕

【価値観】歌詞 交叉しない価値観〔GARNET CROW「泣けない夜も泣かない朝も」(AZUKI七)2003〕

【使命感】歌詞 魂揺さぶる使命感〔JAM Project「レスキューファイアー」(影山ヒロノブ)2009〕

【時間】歌詞 重ねた時間のあしたが〔Sowelu「Glisten」(Adya)2003〕

【音符】歌詞 新芽みたいな音符を二つ重ねて〔Mr. Children「Sign」(桜井和寿)2004〕

【Heart】歌詞 まっすぐで温かい Heart 膨らむ〔水樹奈々「Open Your Heart」2004〕

その他 感想 古

おもいかえす〔思い返す〕

【思い復す】古

おもいだす〔思い出す〕

【想い出す】歌詞 あの山もこの谷も 故郷を想い出させる その姿〔近江俊郎・中村耕造「ハバロフスク小唄」(野村俊夫)1949〕／コロッケみるたび 想い出す〔五月みどり「コロッケの唄」(浜口庫之助)1962〕／おやじの苦労想い出しては 耐えて行く〔村木賢吉「おやじの海」(佐義達雄)1979〕／まるで忘れていた想い オマエが想い出させてくれた〔BOØWY「BEAT SWEET」(氷室京介)1986〕

詩 僕もやっと反省などいうことを想い出す〔谷川俊太郎「五月の無智な街で」1952〕／十年先を想い出したい〔秋亜綺羅「百行書きたい」1975〕

【想いだす】歌詞 子供の頃を 想いだすよ〔REBECCA「Maybe Tomorrow」(NOKKO)1985〕／暖炉に揺られて かわした KISS 12月を 想いだしてた〔工藤静香「X'mas がいっぱい」(松井五郎)1988〕

【憶い出す】古 ❖漱石も使用。

【憶いだす】歌詞 憶ひだす〔岡晴夫「東京シャンソン」(吉川静夫)1947〕／〔田端義夫「浅間の鴉」(萩原四朗)1953〕

小説 いま憶いだした。〔「読売新聞」2010年3月16日〕

おもいつく〔思い付く〕

【発想いつく】漫画 発想いついたわん〔藤崎竜「封神演義 2」1997〕

おもいで〔思い出〕

【想い出】歌詞 雨の滴も 想い出の 熱き泪か〔竹山逸郎「泪の乾杯」(東辰三)1947〕／白樺のこの径は 想い出の寂しい径〔淡谷のり子「白樺の小径」(佐伯孝夫)1951〕／遠いあの夜の 想い出を〔バーブ佐竹「女心の唄」(山北由希夫)1965〕／素敵な想い出は〔小泉今日子「夏のタイムマシーン」(田口俊)1988〕／想い出にしないで〔DEEN「瞳そらさないで」(坂井泉水)1994〕

曲名 淡谷のり子「想い出のブルース」(松村又一)1938／日野てる子「夏の日の想い出」(鈴木道明)1965／美川憲一「想い出おんな」(関沢新一)1971

番組名 TBS「想い出づくり。」1981 ❖山田太一脚本。

広告 あの頃の想い出に乾杯!〔「読売新聞夕刊」2010年1月29日〕

【憶い出】歌詞 旅のラベルに 憶い出のこし〔淡谷のり子「雨のプラット・ホーム」(吉川静夫)1954〕／憶ひ出を つぶやくあなたの〔大貫妙子「憶ひ出〈memoire〉」1982〕

曲名 コロッケ「憶い出のアカシア」(白鳥園枝)2009

【記憶】歌詞 ひとり記憶たどれば〔Sowelu「Glisten」(Adya)2003〕

【追憶(おもいで)】曲名 鶴田浩二「追憶(おもいで)の湖」(坂口淳)1952

【形見(想い出)】漫画 ばあちゃんの形見なんだ〔義仲翔子「ロスト・ユニバース2」(神坂一)1999〕

【過去(おもいで)】歌詞 過去の夜も〔橋本みゆき「光風」(三浦洋晃)2004〕／過去だと呼ぶでしょう〔GARNET CROW「夢・花火」(AZUKI 七)2006〕

【残像(おもいで)】歌詞 光の海で紡ぐ今日の残像〔アニメロサマーライブ2009テーマソング「RE:BRIDGE～Return to oneself～」(奥井雅美)2009〕

【人生(おもいで)】民間 あなたの人生を〔学生 2009年6月キャッチコピーづくりで〕

【宝物(おもいで)】書籍 その 宝物の〔3 2 6「JeLLY JeWeL」2001〕

おもいのほか〔思いの外〕

【慮外(おもいのほか)】古

おもいびと〔思い人〕

【念人(おもいびと)】古

【想い人(おもびと)】曲名 鶴田浩二「想われ人は想い人」(星野哲郎)1981

おもいもの〔思い者〕

【妾(おもいもの)】古

おもいやる〔思い遣る〕

【想像(おもいやる)】古

おもう〔思う〕

【想う(おも)】歌詞 窓の娘よ なに想う〔淡谷のり子「東京ブルース」(西條八十)1939〕／あなたを想うて 来る丘は〔平野愛子「港が見える丘」(東辰三)1947〕／想や顔さえ 丸写し〔春日八郎「妻恋峠」(東条寿三郎)1955〕／貴方だけを想って暮らす 私なの〔二宮ゆき子「どこにいても」(浜口庫之助)1966〕／あなたの口からさよならは 言えないことと想ってた〔あがた森魚「赤色エレジー」1972〕／サーフサイド・テラス ひとり想うは あの夏…〔アルフィー「Sunset Summer」(高見沢俊彦)1982〕／何もなかったけれど 目を閉じて想う〔倉木麻衣「always」2001〕

曲名 霧島昇「誰か故郷を想は(わ)ざる」(西條八十)1940

短歌 我だけを想う男のつまらなさ〔俵万智「サラダ記念日」1987〕

漫画 そこまで息子のこと想ってくれた〔さとうふみや「金田一少年の事件簿 10」(金成陽三郎)1994〕

広告 三橋のことを密かに想う同級生の理子、〔青山剛昌「名探偵コナン6」1995(巻末)〕／亡くなった兄を想う〔「読売新聞」2009年10月7日〕／人を想う心〔「読売新聞」2010年3月18日〕

詩 松毬は母を想ふまい〔英美子「砂塵を浴びながら」2005〕

小説 私は徒に想ってみた。〔平野啓一郎「日蝕」2002〕／劉秀はこれが独立独歩への第一歩だと想うと、〔「読売新聞」2010年3月12日〕

新聞 物想う風情で〔「読売新聞 夕刊」2010年3月2日〕

TV ひとのときを、想う。〔JTのCM 2010年2月15日〕

【偲う(おも)】歌詞 人は還らぬ星を偲う〔T.M.Revolution「vestige －ヴェスティージ－」(井上秋緒)2005〕◆しのぶ(ふ)に当てるのは、元は「思」で、それにさらににんべんを付したもの。

【憶う(おも)】手記 この里にきて はじめて自分が日本にうまれてきたことを憶うた〔「読売新聞 夕刊」2010年1月21日(司馬遼太郎)〕

歌詞 人がいたこと憶う〔GARNET CROW「Naked story」(AZUKI 七)2002〕

【慕う(おも)】WEB 龍馬を慕(おも)う〔産経ニュース 2010年5月9日〕

【意う(おも)】小説 ひとつ利口になったとは意わないであろう。〔「読売新聞」2010年2月17日〕

【念(おも)う】〔雑誌〕わが念(おも)うところを〔「宝石」1994年8月〕◆平城宮跡から土器片に「我君念」の合わさった呪符が出土。

【思(おも)ォて】〔漫画〕「ジェイソン」が次に狙うの・・あたしやないか思(おも)ォて・・・・〔さとうふみや「金田一少年の事件簿 7」(金成陽三郎) 1994〕◆関西方言。

〔その他〕欲(おも)う・惟(おも)う〔古〕／直感(おも)う〔漫画〕

おもかげ［面影］

【俤(おもかげ)】〔辞書〕◆国字。

【残像(おもかげ)】〔歌詞〕貴方の残像(おもかげ)を求めても〔kukui「空蝉ノ影」(霜月はるか) 2007〕

【想影(おもかげ)】〔曲名〕ちあきなおみ「想影(おもかげ)」(河島英五) 1978◆想うを利用。

おもしろい

【興味深(おもしろ)い】〔漫画〕興味深(おもしろ)い奴

【面白(おもし)え】〔漫画〕面白(おもし)れーことになるかもよ：〔寺嶋裕二「GIANT STEP 1」2002〕／面白(おもし)れぇ!!〔同〕／やっぱり人間て面白(おもしれ)ーっ〔小畑健「DEATH NOTE 1」(大場つぐみ) 2004〕／面白(おもし)れ！〔「週刊少年ジャンプ」2004年48号（アイシールド21）〕

〔小説〕確かに面白(おもしれ)ぇ本だが〔静霞薫「るろうに剣心 巻之一」(和月伸宏) 1996〕

〔新聞〕面白れえもんだな。〔「朝日新聞」2010年3月13日(漢字んな話)〕

【〇×△(おもしろ)】〔書名〕にしお金蔵「ガリレオ爺さんと与太郎さんの〇×△(おもしろ)科学談義」2008

〔その他〕面白(おもしろ)い・風流(おもしろし)〔古〕／興味(おもしろ)がある〔漫画〕

おもちゃ

【玩具(おもちゃ)】〔歌詞〕安い玩具(おもちゃ)みたいで〔CHAGE & ASUKA「LOVE SONG」(飛鳥涼) 1989〕／壊れた玩具(おもちゃ)並べ〔水樹奈々「Trickster」2008〕

〔小説〕玩具(おもちゃ)を与えられた子供のように〔安井健太郎「ラグナロク EX. DIABOLOS」2000〕

〔漫画〕ガキなんて自分の玩具(オモチャ)でよ！〔許斐剛「テニスの王子様 19」2003〕◆父親は幼い頃から主人公にテニスをやらせている。

〔書名〕あさのあつこ「夜のだれかの玩具箱(おもちゃばこ)」2009／朝倉かすみ「玩具(おもちゃ)の言い分」2009

〔新聞〕大正から昭和にかけ、家庭での鑑賞用に発売された「玩具(おもちゃ)映画」と呼ばれるフイルム〔「読売新聞」2009年6月25日〕

【五代(オモチャ)くん】〔漫画〕やはり五代(オモチャ)くんがいないと〔高橋留美子「めぞん一刻 7」1984〕◆主人公。

〔その他〕爆弾(オモチャ)〔漫画〕

おもて［表］

【表面(おもて)】〔歌詞〕水の表面を鏡にしてゆく〔山口百恵「夢先案内人」(阿木燿子) 1977〕

【戸外(おもて)】〔小説〕戸外(おもて)の光にシルエットで〔星野智幸「嫐嬲 なぶりあい」1999〕

おもと

【万年青(おもと)】〔古〕◆誤植で「万年青」が「万年筆」に。

おもに［主に］

【重(おも)に】〔古〕〔1907〔俗〕〕

オモニ 韓国語で母。

【母(オモニ)】〔広告〕家庭では再現できなかった母(オモニ)の味〔「日経新聞」2010年1月9日〕

〔新聞〕5年前に80歳で逝った母(オモニ)〔「読売新聞」2010年6月6日〕

おもり［重り］

【錘(おもり)】〔書籍〕〔由良君美「言語文化のフロンティア」1986〕◆改定常用漢字表（答申）で削除。

おもわく

【思惑(おもわく)】〔辞書〕◆「思わく」からで、曰く、曰く付き、願わくは（願わくば）などと同様。

〔誤読〕長いあいだ、「思惑」を「しわく」と読んでました…。〔WEB〕◆当て字に対し音で揃えたもの。

おや［親］

「親」は、母鳥が「木のうえに立って見まもる」という話は、字源としては俗解。

【祖(おや)】〔漫画〕名祖(なおや)〔小栗左多里＆トニー・ラズロ

「ダーリンの頭ン中 2」2010〕

【父親】歌詞 父親は故郷の墓の中〔歌川二三子「父娘鷹」(里村龍一)1995〕

【母親】歌詞 母親のこころを思っただけで〔大泉逸郎「母親ごころ」(荒木良治)2001〕

【親分】漫画 親分から〔立原あゆみ「本気! 1」1987〕

【校長】漫画 命より重し校長の言葉〔北道正幸「プ~ねこ 2」2006〕❖任侠乙女学園歌。

おやくそく【御約束】

【メガネを外すと美形】漫画〔「週刊少年ジャンプ」2004年10月11日(メガネ侍)〕

おやくにん【御役人】

【官員】古「読売新聞」1874〔出久根達郎「昔をたずねて今を知る」2003〕

おやこ【親子】

【父子】作品名 子母澤寛「父子鷹」1955~1956❖テレビドラマ化された。

曲名 林あさ美「赤い夕陽の父子船」(荒木とよひさ)1996

漫画 地上で父子は何を〔「週刊少年ジャンプ」2004年5月24日(シャーマンキング)〕

書名 早見俊「父子の剣」2009/陳健一「父子相伝 - 陳家の訓え」2009

新聞 原辰徳 74年から甲子園に春夏4度出場し、「父子鷹」が話題を呼んだ。〔「読売新聞」2010年2月9日〕

【父娘】曲名 森昌子「父娘草」(山口あかり)1978

歌詞 夢が命の父娘鷹〔歌川二三子「父娘鷹」(里村龍一)1995〕

書籍〔井上ひさし「ことばを読む」1982〕

小説 父娘の間を密にするのが〔伊達将範「DADDYFACE」2000〕

新聞 早朝、東京・隅田川沿いを父娘で走っていて気持ちが吹っ切れた〔「読売新聞」2007年9月7日〕

TV 水戸黄門「沸騰父娘と冷水亭主・道後」〔2008年11月24日〕

【母子】歌詞 逢へぬ運命にあへぐ母子が〔津村謙「峠の一つ星」(矢野亮)1953〕/母子ふたりの湯治場で〔清水まり子「湯治場」(杉紀彦)2003〕

漫画 あの母子は何者かに襲われた〔由貴香織里「砂礫王国」1993〕/母子ともどもさらし台だ!〔田村由美「BASARA 18」1996〕

TV 番組宣伝 母子の絆〔「クレヨンしんちゃん」2009年4月18日(テロップ)〕

【母娘】小説 母娘が帰ったあと〔有吉佐和子「地唄」1956〕/母娘で〔南里征典「欲望の狩人」1992〕俗

歌詞 そんな母娘になりたいものね〔大泉逸郎「母親ごころ」(荒木良治)2001〕

新聞 母娘を撮った75年の実録映画〔「読売新聞」2009年12月22日〕❖ルビがないと、「ははむすめ」か、「ははこ」か、「おやこ」か。「ぼろう」「ぼじょう」はないか。

広告 母娘で考える女性の健康セミナー〔「朝日新聞 夕刊」2010年7月31日〕

おやじ

【親父】雑誌 あのがんこ親父が〔「ベビーエイジ」1994年5月〕

漫画 親父さん〔「コロコロコミック」2010年4月〕

新聞〔「読売新聞 夕刊」2009年8月7日(高井有一)〕

【親仁】詩 詩だけはただの親仁にきかう〔高村光太郎「偶作 四篇」1941〕

【父】小説 私の父もそんなになるでしょうか。〔夏目漱石「こころ」1914〕

【規父】漫画 おれの果てしなく先の規父は〔猫十字社「小さなお茶会」2000〕

【親分】漫画 親分が〔立原あゆみ「本気! 1」1987〕/親分〔天獅子悦也「むこうぶち 24」2009〕

【駅長】小説 駅長さん〔浅田次郎「鉄道員」2000〕

【会長】(オヤジ) 漫画 会長(オヤジ)のジムのトレーナーの勇
姿〔「週刊少年ジャンプ」2004年48号（マッスト
レート！・）〕
【組長】(おやじ) 漫画 組長(おやじ)の熱あげてる女に〔立原あ
ゆみ「弱虫 1」1997〕
*【組長】(おやっさん) 漫画 お：組長(おやっさん)だぁ〜〔寺嶋裕二
「GIANT STEP 1」2002〕
【政治家】(おやじ) 歌詞 政治家(おやじ)が森林をブッタ斬っ
ている〔桑田佳祐「どん底のブルース」2002〕
【国王】(オヤジ) 漫画 国王(オヤジ)どのに申し上げる〔田村由
美「BASARA 7」1993〕
【平蔵】(おやじ) 小説〔池波正太郎「鬼平犯科帳」1968〜
1990〕
その他 阿爺(おやじ)・爺(おやじ) 古 ／養父(おやじ) 漫画 ／小野寺(おやじ)
WEB ／劇画誌(オヤジし) WEB

おやしろさまのたたり［御社様の祟
り］
【連続怪死事件】(オヤシロさまの祟り) 漫画 連続怪死事件(オヤシロさまの祟り)はとう
とう俺に繋がったんだ〔鈴羅木かりん「ひ
ぐらしのなく頃に 鬼隠し編 1」（竜騎士07）
2006〕

おやびん［↑おやぶん（親分）］
【親分】(おやびん) 漫画 親分(おやびん)もクールだなァ〔小花美穂
「Honey Bitter 1」2004〕
書名 黒川鍾信「神楽坂の親分猫(オヤビン)」2009

おやふこう［親不孝］
【親富孝】(おやふこう) 地名 ❖福岡県の地名。親不孝通り
を改名した。

おやま
【小山】(おやま) 古〔1915 隠〕
【女形】(おやま) 古 若女形（わかをやま）〔1930 隠〕
その他 妓(おやま) 古

おやまかちゃんりん
【親馬鹿爺呑】(おやまかちゃんりん) 古

おやゆび［親指］
【拇指】(おやゆび) 小説 拇指(おやゆび)と人差指で円るくしてみ
せた。〔小林多喜二「蟹工船」1929〕
【拇趾】 包装 足の趾 拇趾〔インソールのパッ
ケージ〕❖「おやゆび」と読むか。

およぐ［泳ぐ］
【泅ぐ】(およ) 古

およぶ［及ぶ］
【逮ぶ】(およ)【覃】(およぶ) 古

おら［己］
【己】(おら) 小説 己(おら)あ〔樋口一葉「たけくらべ」1895〜
1896〕
【俺】(おら) 小説 俺ア仕事サボるんだ。〔小林多喜二
「蟹工船」1929〕
歌詞 あの娘想えば 俺も何だか〔藤島桓夫
「お月さん今晩は」（松村又一）1957〕
漫画 俺(おら)ぁ帰らせてもらうぜ〔荒川弘「鋼の
錬金術師 12」2005〕
【俺ら】(お) 歌詞 可愛いあの娘は 俺らを見捨て
て〔藤島桓夫「お月さん今晩は」（松村又一）
1957〕／俺(オ)らこんな村いやだ 東京へ出る
だ〔吉幾三「俺ら東京さ行ぐだ」1985〕❖方言。

おらおら 強気にいう。
【悪羅悪羅】(おらおら) 新聞 最近「オラオラ系」なる人
種が世の中に浸透しつつあります。漢字
で書くと「悪羅悪羅系」で、2009年に
創刊された「SOUL JAPAN」という雑誌
が作った言葉です。（中略）目つきが鋭く
妙な威圧感が漂う悪羅悪羅男子たち〔「読
売新聞」2010年3月10日（辛酸なめ子）〕

オラトリオ［イタリア oratorio］
【聖譚曲】(オラトリオ) 漫画〔尾田栄一郎「ONE PIECE 29」
2003〕

オラリティー［orality］
【口頭性】(オラリティー) 論文 口頭性(オラリティー)が書記性(リテラシー)によって〔内
山和也「振り仮名表現の諸相」2002〕

オランウータン［orangutan］
【汚乱紆綻】(おらんうーたん) 小説〔柳瀬尚紀訳「フィネガンズ・
ウェイク I II」1991〕

オランダ［ポルトガル Olanda］
【和蘭】(オランダ) 書籍 生活の為め白耳義(ベルギー)、和蘭(オランダ)、独逸(ドイツ)、

伊太利(イタリー)の諸国を〔井上ひさし「私家版 日本語文法」1981〕
【紅毛(オランダ)】書名 後藤梨春「紅毛談(オランダばなし)」1765
書籍 紅毛学(オランダ)〔杉本つとむ「近代日本語の成立と発展」1998〕
その他 阿蘭陀(オランダ)・和蘭陀(オランダ) 古／洋紙(オランダがみ) 古

おり [折]
【折(おり)】書籍 ……の折(おり)〔杉本つとむ「日本文字史の研究」1998〕
【機(おり)】小説〔太宰治「斜陽」1947〕

おり [澱]
【澱(おり)】短歌 澱(おり)を〔「読売新聞」2009年6月8日〕

おり [檻]
【刑務所(おり)】書籍 灰色の刑務所(おり)の中で〔田岡源紹「わたしはどろぼう」1993 集〕

オリーブ [フランス olive]
【阿利襪(オレイフ)】古〔宇田川榕菴「植学啓原」1834〕
その他 橄欖(オリーブ) 漫画

オリエンテーション [orientation]
【部活勧誘会(オリエンテーション)】漫画 春にやる部活勧誘会(オリエンテーション)は〔山田南平「紅茶王子 10」2000〕

オリオン [ギリシャ orion]
【織音(おりおん)】曲名 佐藤容子「織音(おりおん)組曲」2009

おりから [折から]
【折柄(おりから)】辞書

オリジナル [original]
【原典(オリジナル)】書籍 原典(オリジナル)があり、〔池田雅之「ラフカディオ・ハーンの日本」2009〕
【典拠(オリジナル)】書籍 典拠(オリジナル)があって、〔池田雅之「ラフカディオ・ハーンの日本」2009〕
【自分(オリジナル)】歌詞 自分(オリジナル)の夢〔水樹奈々「JET PARK」2003〕
【自分だけの(オリジナル)】漫画 〝自分だけの(オリジナル)〟A・Tを創る〔大暮維人「エア・ギア 2」2003〕
【天然(オリジナル)】漫画「天然(オリジナル)」の菫の方が〔本仁戻「高速エンジェル・エンジン 1」2000〕
【原種天使(オリジナル)】漫画 俺はその上の原種天使(オリジナル)〔本仁戻「高速エンジェル・エンジン 1」2000〕
その他 俺(オリジナル) 漫画
*【もうひとつの世界(オリジナルストーリー)】広告〔小野不由美「月の影 影の海 上 十二国記」2000（巻末）〕
*【特注品(オリジナル商品)】広告 特注品(オリジナル商品)を数多くご紹介〔「読売新聞 夕刊」2008年10月28日〕

おりたつ [降り立つ・下り立つ]
【降臨り立つ(おりたつ)】漫画 降臨(お)り立(た)ったように思えた〔大暮維人「天上天下 9」2002〕

おりふし [折節]
【境節(おりふし)】古

オリンピック [Olympic]
【五輪(オリンピック)】広告 五輪(オリンピック)の金メダリストを夢に抱く〔青山剛昌「名探偵コナン 6」1995（巻末）〕❖「五輪」はゴリンと読まれ、戦前に日本で新聞記者がスペースを節約するために造り出したもの。
【王輪飛駈(オリンピック)】書籍〔1952 目〕
【奥林匹克(オリンピック)】中国 オリンピックを中国では「奥林匹克運動会」と書く。（中略）辞典には「奥林比克」「奥林辟克」なども載っている。いずれも原音に近い字を当てただけで深い意味はなさそうだ。略せば同じ「奥運会」になる◆ほかに一つだけ、「欧林比克」という意味ありげな表記例があった。〔「読売新聞」2008年8月17日〕／欧米(おうべい)では「ファイブ・リングズ（5個(こ)の輪）」とは言わないよ。漢字(かんじ)の国の中国(ちゅうごく)では「奥林匹克運動(アオリンピクユンドン)会(ホェイ)」、略(りゃく)して「奥運(アオユン)」と呼んでるんだ。〔「読売新聞」2010年2月12日〕❖子の名にも奥運ちゃんが増えた。

オルヴォワール [フランス au revoir]
【さようなら(オルヴォワール)】歌詞 詩の名「さようなら(オルヴォワール)」〔Sound Horizon「見えざる腕」(REVO) 2006〕

オルガニズム [ロシア organism]
【組織(オルガニズム)】小説 人間の組織(オルガニズム)に〔米川正夫訳「ドストエーフスキイ全集6 罪と罰」1960〕

オルガン [ポルトガル orgão]

【風琴(オルガン)】詩 いざさらば風琴(オルガン)を子らは弾け〔百田宗治「わが友はオルガンを弾く」(杉本優解説)コ〕
アルバム名 欧羅巴風琴紀行〔「読売新聞 夕刊」2010年3月18日〕

オルゴール［オランダ orgel］

【自鳴琴(オルゴール)】曲名 岩崎宏美「自鳴琴(オルゴール)(オルゴール)」〔(吉田旺)2007〕
【音匣(オルゴール)】書名 山口美由紀「音匣(オルゴール)ガーデン」1990／太田忠司「維納音匣(オルゴール)の謎」2001
【居郷留(オルゴール)】店名〔斎賀秀夫「あて字の考現学」(「日本語学」1994年4月)〕◆喫茶店名。
【織香留(オルゴール)】店名 ◆スナックの店名。
その他 風琴(オルゴール)・自鳴箏(オルゴル) 古

オルタナティブ［alternative］ オールタナティブ。

【代替役(オルタナティブ)】小説 代替役(オルタナティブ)の難しそうな〔西尾維新「零崎双識の人間試験」2004〕

おれ［俺］ 学生や自意識過剰な年代に「にんべんに竜」と書く男子がいる。「僕」も「にんべんに美」と書かれることがあり、ラブレターで女子に添削されたという話もある。→おら・おれたち・おれら

【己(おれ)】古 ◆漱石、鷗外も使用。
歌詞 己(おれ)は河原の 枯れ芒(すすき)〔「船頭小唄」(野口雨情)1924〕
【自(おれ)】古 川柳〔山本昌弘「漢字遊び」1985〕
【自己(おれ)】漫画〔大島司「STAY GOLD 1」2004〕
【主人公(おれ)】漫画 主人公(おれ)を追いつめていく気か〔冴凪亮「よろず屋東海道本舗 2」2000〕◆あとがき。
【兄貴(オレ)】漫画 兄貴(オレ)に対する〔由貴香織里「天使禁猟区 1」1995〕
【人(オレ)】漫画 愛さんは千円で人(オレ)を不良に売っちゃう様な守銭奴だった!〔伊藤誠「兎－野生の闘牌 1」1997〕
【人間(オレ)】漫画 でも人間(オレ)のためにいつも戦って傷ついて…〔浅美裕子「WILD HALF 3」1996〕
【宝貝人間(オレ)】漫画 宝貝人間(オレ)に呪いが効くか!〔藤崎竜「封神演義 20」2000〕
【人柱(オレ)】漫画 人柱(オレ)の顔に免じてだなあ〔荒川弘「鋼の錬金術師 14」2006〕
【悪魔(オレ)】漫画 悪魔に対して失礼だぞ?〔本仁戻「高速エンジェル・エンジン 1」2000〕
【小鬼(おれ)】漫画 小鬼(おれ)が相手だ〔楠桂「人狼草紙 1」1991〕
【真理(オレ)】漫画 真理(オレ)のせいじゃない〔荒川弘「鋼の錬金術師 11」2005〕
【漢(オレ)】WEB 漢(オレ)のおすすめ〔一本氣HP〕
【俺(おれ)】WEB 読み方がどちらか(「あん」か「おれ」か)なのか、正確なところは不明。テレビ番組「ハローモーニング。」でモーニング娘。の辻希美がセットに置かれていた「ハロモニ。俺」と書かれたのぼりを「はろもに。おれ」と読んだ事から。〔2典Plus〕◆WEBでは「漏れ」も。
その他 乃公(おれ) 古 ／団長(オレ)・寮長(オレ)・獣医(オレ)・錬金術師(オレ)・国家錬金術師(オレ)・強欲(オレ)・打者(オレ)・走者(オレ)・捕手(オレ)・2番(オレ)・四番(オレ)・4番(オレ)・監督(オレ)・守護師(おれ)・羅針盤(オレ)・勇者(オレ) 漫画 ／運命(おれとお前) WEB ／事件現場(おれん家)・解放区(俺の家)・生徒会室(オレの部屋)・下僕(オレのもの) 漫画

おれたち［俺達］

【自分達(オレたち)】漫画 自分達(オレたち)の力を信じよう〔許斐剛「テニスの王子様 15」2002〕
【兄貴たち(オレ)】歌詞 兄貴たちも応援するよ〔川田紳司・水樹奈々・葉山達也・吉野裕行「妹らしくあれ～もうひとつのみなみけ～」(ENA☆2009)〕
【奴ら(おれ達)】漫画 知らない奴ら(おれ達)に預けられてんだし〔冴凪亮「よろず屋東海道本舗 4」2000〕
【赤報隊(オレたち)】小説 赤報隊(オレたち)を陥れた維新政府を〔静霞薫「るろうに剣心 巻之一」(和月伸宏)1996〕
【兵(オレたち)】漫画 兵(オレたち)を使い捨ての駒としか〔荒川

弘「鋼の錬金術師 15」2006〕
【人柱(オレたち)】漫画 人柱(オレたち)に扉を開けさせて〔荒川弘「鋼の錬金術師 11」2005〕
【暴風族(オレタチ)】漫画 暴風族(オレタチ)全てを〔大暮維人「エア・ギア 4」2003〕
【GLAY(俺達)】書籍 GLAY(俺達)は東京に行く!!〔櫻井そうじ「GLAY The Message」1999〕
その他 生徒会(オレたち)・現代種(オレタチ)・妖精(オレたち)・合成獣(オレたち)・錬金の戦士(オレたち)・チーム小烏丸(オレタチ) 漫画
関連【俺たち(リヒトと俺)】【オレ達(1年生)】漫画

おれら［俺等］
【飼育員(オレら)】漫画 飼育員(オレら)にとっちゃおとなしくて〔藤崎聖人「WILD LIFE 2」2003〕
【機動警官(オレら)】漫画 それが今の機動警官(オレら)の仕事だかんなー〔麻宮騎亜「サイレントメビウス 1」1989〕
その他 教官(オレら)・西中(おれら)・宝石店(オレら)・人間(オレら)・合成獣人間(オレら)・邪鬼(俺ら) 漫画

オレンジ［orange］
【蜜柑(オレンジ)】小説 蜜柑色(オレンジ)のブラウスの上に〔清涼院流水「カーニバル 二輪の草」2003〕
【桜恋実(オレンジ)】漫画〔秋本治「こちら亀有公園前派出所 126」2001〕◆命名案として。
その他 俺ん家(おれんじ) ペンション名

おろか［愚か］
【お驢下(ろか)】小説 お驢下者(ろかもの)〔柳瀬尚紀訳「フィネガンズ・ウェイク Ⅲ Ⅳ」1993〕
その他 愚鈍(おろか) 古

おろし［颪］
【颪(おろし)】歌詞 けふも吹くかよ男体颪(おろし)〔伊藤久男「お島千太郎旅唄」(西條八十) 1940〕◆「六甲颪」「筑波颪」など。

オロシア［ロシア Rossiya］「オロシャ」とも。
【魯西亜(オロシア)】古 ◆「露西亜」「俄羅斯」とも。

おろす［下ろす］
【堕胎す(おろす)】古

おろち［大蛇］
【大蛇(おろち)】雑誌 これはヤマトタケルの大蛇(おろち)退治を題材にした演目〔「現代」1994年3月〕
漫画〔石ノ森章太郎「マンガ日本の古典 古事記」1994〕／手負いの大蛇(オロチ)〔「週刊少年ジャンプ」2004年10月11日(ナルト通信)〕
その他 蛇(おろち) 古

おわす［御座す］
【御(おわす)】古

おわり［終わり］ フランス映画の最後に出る「f i n」(ファン)はローマ字読みでフィンと心の中で読まれる傾向がある。
【終末(おわり)】歌詞 この世の終末(おわり)に〔アルフィー「祈り」(高見沢俊彦) 1983〕／終末(おわり)かもしれないから〔GARNET CROW「君という光」(AZUKI 七) 2003〕
【終着(おわり)】歌詞 旅の終着(おわり)〔MIO「GET IT!」(売野雅勇) 1988〕
【終幕(おわり)】歌詞 誰もが望んだ「終幕(おわり)」を〔ナイトメア「the WORLD」(RUKA) 2006〕／愛の終幕(おわり)がもしもきたら〔安倍里葎子「悲しみを夢に抱いて」(荒木とよひさ) 2009〕
【終焉(おわり)】歌詞 終焉(おわり)の無い綻びは〔kukui「空蝉ノ影」(霜月はるか) 2007〕／この惑星の終焉(おわり)まで〔高見沢俊彦「千年ロマンス」2007〕／世界の終焉(おわり)を告げても〔彩音「Lunatic Tears…」2008〕／終焉(おわ)りを告げよう〔妖精帝國「遠い幻」(yui) 2009〕
【最後(おわり)】歌詞 最後(おわり)になど手を伸ばさないで〔鬼束ちひろ「月光」2001〕
漫画 誰かが戻っていたら僕は最後(おわり)だ〔小畑健「DEATH NOTE 2」(大場つぐみ) 2004〕
【限界(おわり)】歌詞 近づく限界(おわり)を告げる白い雨〔水樹奈々「Justice to Believe」2006〕
【絶息(おわり)】短歌 オルゴールを蓋するときの闇のよう唇が知るやさしき絶息(おわり)
【糸冬(おわり)】WEB 終冬【しゅうふゆ／しゅうとう／に】「終了」の亜種。使い方は、「終了」と同じ。アーケード板が発祥の地。以下のスレッドの2が『糸冬』と書くところを誤ったことで生まれた。読み方のひとつである「に」はレス番号の2に由来する。◆走召、糸冬了、ネ申などWEBで倍角のように強調する際の用字。

［その他］ 末期 ［聖書］

おわる［終わる］→おわり

【卒る】 ［新聞］ 学問に志して業を卒りたらば、その身そのま、即身実業の人たるべし 福沢諭吉〔「読売新聞」2007年2月10日〕◆卒業。卒(しゅっ)すをイメージさせる卒寿(卆)は酔寿のほうが良いとも。

［その他］ 了る ［古］

オンエア［← on the air］

【OA】 ［漫画］ 昨日OAだったんだ〔倉橋えりか「カリスマ・ドール 1」2004〕

オンコール［on call］

【緊急】 ［漫画］ 緊急の呼び出しに対応できなくなりませんか〔山田南平「紅茶王子 24」2004〕

おんじ

【生石】 ［地名］ ◆岡山県。

おんじゅく［御宿］ 千葉県の町名。

【御宿】 ［誤読］ 御宿(おんじゅく)をおやど。

オンス［ounce］ 記号oz。

【丂】 ［古］〔宇田川榕菴「植学啓原」1834〕

おんせん［温泉］

【間欠泉】 ［漫画］ 昨日の間欠泉攻撃は〔さとうふみや「金田一少年の事件簿 6」(金成陽三郎)1994〕

【♨】 ◆ゆけむりの波線は、大別して「S」風のものと逆「S」風のものとがある。国土地理院は直線だったが、JISの「例示字形」に合わせて変えてしまった。江戸時代には長く伸びて揺れていた。不動産屋では風呂の意。「さかさくらげ」とも。

［新聞］ 新潟の山中♨水力発電〔「読売新聞」2009年10月24日〕／0泊2食で♨〔「読売新聞」2010年1月29日(見出し)〕

［広告］ リーズナブルなプチ♨旅行〔「読売新聞」2009年12月15日(DIME)〕

おんだす［追ん出す］

【逐出す】 ［古］

おんちゅう［御中］→おなか

【want you】 ［誤字］「御中」を「want you」と書いたというのを読んで、仕事中なのに笑いを堪えるのが大変でした。〔WEB〕

［新聞］ 中学1年のめいが、封筒の表書きのパソコン入力を手伝ってくれた。「社名の後に『御中』と書いてね」と頼むと、「あなたが欲しい、という気持ちを表すのね」。「?」。見ると「want you」と入力されていた。〔「朝日新聞」2010年4月10日〕

オンディーヌ［フランス Ondine］

【水の精】 ［書籍］ 水の精(オンディーヌ)を描いた〔池田雅之「ラフカディオ・ハーンの日本」2009〕

おんでこ［鬼太鼓］ 新潟、佐渡のことば。

【鬼太鼓】 ［歌詞］ 命を揺さぶる鬼太鼓が〔小野由紀子「相川の女」(高橋直人)2008〕

おんどり［雄鳥］→めんどり

【雄】 ［古］

おんな［女］

【婦】 ［作品名］ 泉鏡花「婦系図」1907

【婦人】 ［詩］ やさしい婦人のうたごゑもきこえはしない。〔萩原朔太郎「大砲を撃つ」1928〕

【婦女】 ［題名］「妹背山婦女庭訓」1771／「世界婦女往来」1873〔惣郷正明「辞書漫歩」1987〕

【女性】 ［書籍］ 女性語今昔譚〔辻村敏樹「ことばのいろいろ」1992〕

［歌詞］ 暖かい風が誘う女性たちの季節〔後藤真希「うわさのSEXY GUY」(つんく)2003〕／花を咲かせる女性になります〔星野小百合「春告草」(塚本さとい)2009〕

【小娘】 ［歌詞］ 小娘よあたいは〔ツイスト「性(さが)」(世良公則)1978〕

【乙女(おんな)】歌詞 乙女(おんな)は涙 男は純情〔小泉今日子「100%男女交際」(麻生圭子)1986〕

【貴妃(おんな)】映画題名「茶々 天涯の貴妃(おんな)」2007

【女神(おんな)】WEB 昭和という、時代と寝た、女神(おんな)として。

【年上の女(オンナ)】歌詞〔ごまっとう「SHALL WE LOVE?」(つんく)2002〕

【妻(おんな)】映画題名「極道の妻(おんな)たち」1986◆略称では「極妻(ごくつま)」となり、「ごくどうのつまたち」と読み間違えられ、「極道の女(つま)たち」と逆転して書かれることがある。

広告 プロ野球の妻(おんな)たち〔「読売新聞」2008年9月1日(週刊現代)〕

書名 小林信也「カツラーの妻(おんな)たち」2009

【女房(おんな)】小説 恥を知りなさい、女房(おんな)！〔藤原眞莉「華くらべ風まどい―清少納言梛子」2003〕

【娼婦(おんな)】歌詞 娼婦(おんな)扱い〔大黒摩季「夏は来る」1994〕

【妓(おんな)】古 妓(おんな)には目立たない風をさせて〔「通人語辞典」1922 集〕

書籍 上方妓(おんな)〔神坂次郎「元禄御畳奉行の日記」1984〕

【妖(おんな)】漫画 他の妖(おんな)の肉を〔楠桂「人狼草紙 1」1991〕

【色女(おんな)】曲名 長山洋子「お江戸の色女(おんな)」(仁井谷俊也)1997

【獣牝(おんな)】映画題名「女囚611～獣牝(おんな)たちの館～」2007

【G・F(おんな)】漫画 お前のG・F(おんな)なんだってな〔由貴香織里「砂礫王国」1993〕◆ガールフレンド。

【♀(おんな)】◆「おんな」の変換でも出る。

雑誌 専業主婦志向の20代♀200人に大調査〔「SPA!」2006年7月11日〕

その他 女子(おんな)・他女(おんな)・情婦(おんな)・下婢(おんな) 古

おんなじ 「同し(おんな)」とも。

【同じ(おんな)】歌詞 世界中に同じ(おんな)類(もの)あふれてるのに〔GARNET CROW「ふたり」(AZUKI 七)2008〕

おんなたらし［女誑し］

【女蕩し(おんなたらし)】辞書〔1946 隠〕

おんなどうし［女同士］

【姉妹(おんなどうし)】歌詞〔PSY・S「花のように」(松尾由紀夫)1994〕◆「同士」と「同志」は別の語とされるが、よく混同されて表記される。

おんなのこ［女の子］

【女の娘(おんなのこ)】歌詞 繁華街で前を行くいかした女の娘を〔吉田拓郎「青春の詩」1970〕／女の娘でよかったわ〔杏里「西日うすれて」(岡田冨美子)1978〕

【光る異星人(女の子)】漫画 〝光る異星人(女の子)〟も〔冴凪亮「未知なる光」2006〕

＊【そーいう(女の子のファン)】漫画 江戸川ってそーいう客(女の子のファン)のとれるキャラだったのか‼〔犬上すくね「恋愛ディストーション 1」2000〕

おんぶ

【負(お)んぶ】辞書

おんぼろ

【襤褸(おんぼろ)】漢詩 襤褸紳士(おんぼろしんし)〔平井呈一訳「狂詩 巡査行」1951〕

＊【草の庵(オンボロ屋)】小説 けれど「草の庵(オンボロ屋)」という言いぐさは〔藤原眞莉「華くらべ風まどい―清少納言梛子」2003〕◆主人公のあだ名。「草の庵(オンボロ屋さん)の君」とも。

おんみ［御身］

【貴孃(おんみ)】古

オンライン［on-line］

【ウェブ空間(オンライン)】小説 匿名性の保証されたウェブ空間(オンライン)では〔清涼院流水「カーニバル一輪の花」2003〕

【遠路(オンライン)】創作 入選作〔写研 1983〕◆今日まで残ったものはあっただろうか。

オンリーワン［only one］

【Only1(オンリーワン)】広告 Only1(オンリーワン)住宅誕生〔「読売新聞」2009年11月20日〕

その他 唯一つ(オンリーワン) 漫画

か

か ↓蚊弱い・何でも蚊んでも

【蚊】 古 なんとか蚊とか〔高橋輝次「誤植読本」2000（西島九州男）〕❖『万葉集』にも万葉仮名として「蚊」を多用した箇所あり。蚊の「文」はブンブンいうからとも〔蛇蔵&海野凪子「日本人の知らない日本語」2009〕。蚊は「紋」があるからという説なども。

か［課］

【課】 新聞 葛飾区に「すぐやる課」〔見出し〕「何でもやる課」でなく〔「読売新聞」2010年4月1日〕

か［日］

【日】 人名 市川実日子❖モデル・女優。

か［箇］ 1⅔（いちとさんぶんのに）は「いっかさんぶんのに」とも。

【ケ】 論文 厚ケましい〔経済学者 1953 自〕❖江戸時代には文書や書状などで、「厚ヶ間敷き」というたぐいの表記が行われていた。箇の竹の一方、「个」から。目に一丁字（いっていじ・いっちょうじ）もないは一个（箇）字からとも。カタカナの「ケ」は「介」からとされる。「か・が」「こ」のほか、「け」と読まれることがある。日本テレビのテロップは原則として「ヵ」。↓け（ケ）

貼紙 教ケ書コーナー〔法政大学生協の書籍売場 1983 自〕❖大学生にも「教ヶ書」「教ヵ書」と略す人がいる。1ヶ所などからの類推であろう。

広告「1ヶ月」で「数kg」誰でもヤセるダイエット〔「読売新聞」2010年3月18日〕❖「焼け野ヶ原」「三ヶ日」「一ヶ月」など、ヶの方が、一語、一句としてのまとまりを示すことができる。

【カ】 書籍 一ヵ月ほど前〔元木昌彦「週刊誌編集長」2006〕

広告 3ヵ月で楽々マスター！〔「読売新聞」2010年4月13日〕

【カ】 広告 予防の7カ条〔「読売新聞」2008年8月1日（第3文明）〕

カ

【力】 誤読 国語のテストで 友達に本をカりる。片仮名の『カ』を漢字の『力（ちから）』だと思ってしまってそこの問題の答えりよくりるってかいちゃいました〔WEB〕

【力】 誤読 高校の物理の時間、「ローレンツ力（りょく）」を「ろーれんつか」と読んだクラスメート〔WEB〕❖チカラが「チ力ラ」にも。

が

【ケ】 地名 鈴ヶ森❖地名の「…がおか」は「…ヶ丘」が古く、戦後、「…が丘」「…丘」が現代表記として増えた。「岡」から「丘」へも。

駅名 長者ヶ浜潮騒はまなす公園前〔鹿島臨海鉄道大洗鹿島線〕

かあ

【火】 辞書 火曜日の略〔俗〕❖1拍の字音語の長呼は「二」が「にい」、促音の付加は惑星の覚え方にある「土天」の「どってん」など。「女王」は辞書に載りにくいが、「詩歌」など定着したものも。

カー［car］

【車】 小説 古典車〔茅田砂胡「暁の天使たち」2002〕❖むしろ「くるま」は、自動車の宣伝や専門誌などでは「車」よりも「クルマ」と表記されることが多い。

漫画 スリル満点の、車対決!!〔「コロコロコミック」2009年7月〕❖かっこよさのほか、子供への分かりやすさを求めた表記か。

【精霊】 広告 自分の魔力を精霊に〔「週刊少年ジャンプ」2004年5月24日〕

かあいい

【可愛い】【可愛い】 ↓かわいい 古 ❖かわいいが「かあ

（い）い」に。漢字表記の影響で変わったとも考えられている。

カーヴィ [curvy] カービー。

【カー美(ヴィ)】 広告 おうちでこっそりカー美(ヴィ)ボディ〔「読売新聞」2010年3月17日（美ストーリィ）〕

ガーゴイル [gargoyle]

【悪魔像(ガーゴイル)】 小説 ノートルダム寺院の悪魔像(ガーゴイル)〔菊地秀行「白夜サーガ 魔王星完結編」1996〕

【怪獣像(カーゴイル)】 小説 怪獣像(カーゴイル)の口から〔松岡佑子訳「ハリー・ポッターとアズカバンの囚人」2001〕

かあさん [母さん] 映画に『母(かあ)べえ』（2008）。

【母(かあ)さん】 新聞 ドラマ・母(かあ)さんへ〔「読売新聞」2010年2月7日〕❖改定常用漢字表（答申）の付表で明確に認められた。

【義母(かあ)さん】 小説 義母(かあ)さんっ!!〔安井健太郎「ラグナロク EX. COLD BLOOD 失われた絆」2001〕

その他 母(か)ァさん・母様(かあさん) 古

関連 【母(桃)さん】 漫画

カース [curse]

【呪い(カース)】 小説 呪い(カース)をかける道具〔神坂一「日帰りクエスト なりゆきまかせの異邦人(ストレンジャー)」1993〕

カースト [caste]

【階級(カースト)】 小説 階級(カースト)制度の基盤を〔清涼院流水「カーニバル 二輪の草」2003〕

ガーゼ [ドイツ Gaze]

【包帯(ガーゼ)】 歌詞 包帯(ガーゼ)に滲んだ赤いアラベスク〔ALI PROJECT「禁じられた遊び」（宝野アリカ）2004〕❖ホータイと仮名表記も。旧表記は繃帯。

かあちゃん [母ちゃん]

【母(かあ)ちゃん】 書籍 お母(かあ)ちゃん〔山田俊雄・柳瀬尚紀「ことば談義 寐ても寤ても」2003〕

その他 母(カ)ァちゃん 古

ガーディアン [guardian]

【守護竜(ガーディアン)】 漫画 守護竜(ガーディアン)も行けっ!!〔渡辺祥智「銀の勇者 1」1998〕❖地域を守る竜。

【守護神(ガーディアン)】 漫画 守護神(ガーディアン)の血が騒いで〔「週刊少年ジャンプ」2004年5月24日（少年守護神）〕

書名 折原みと「アナトゥール星伝 18 緑の守護神(ガーディアン) 上」2005

カーディナル [cardinal]

【枢機卿(カーディナル)】 小説〔安井健太郎「ラグナロク EX. DIABOLOS」2000〕

カーテン [curtain]

【帷(カーテン)】【帷幕(カーテン)】【窓帷(カーテン)】【窓掛(カーテン)】【幕(カーテン)】 古

ガーデン [garden]

【花園(ガーデン)】 書名 あさぎり夕「秘密の花園(シークレットガーデン)」1998

【校庭(ガーデン)】 歌詞 光差す校庭(ガーデン)〔奥井雅美「輪舞 – re-volution」1997〕

ガーデンパーティー [garden party]

【園遊会(ガーデンパーティー)】 小説 園遊会(ガーデンパーティー)は華やかに〔田中芳樹「創竜伝 8」1992〕

その他 園会(ガーデンパーチー) 古

カード [card] カードは歌留多（カルタ）、カルテ、（アラ）カルトと同源。

【骨牌(カード)】 古 ❖中国では卡片（カーピエン）と音訳と意訳。

【札(カード)】 小説題名 石原栄三郎「緑の札(グリーンカード)」1930〔大阪朝日新聞〕

【トランプ(カード)】 漫画 これ「JOKER」のトランプ(カード)じゃないか!?〔松川祐里子「魔術師 3」1997〕

【試合(カード)】 漫画 国内でその試合(カード)に〔「週刊少年マガジン」2004年48号（はじめの一歩）〕

【組み合わせ(カード)】 漫画〔大暮維人「エア・ギア 27」2009〕

【大薙刀(カード)】 小説 この大薙刀(カード)の存在は〔西尾維新「零崎双識の人間試験」2004〕

【借金(カード)】 書名 群ようこ＋もたいまさこ「女(おんな)殺借金地獄(ごろしカードのじごく)」1997

【鍵(カード)】 歌詞 今未来の鍵(カード)を手に〔APOCALYPSE「Megaromania」（翠）2009〕

【これ(カード)】 漫画 これで玄関と各々の客間は開けられるから〔松川祐里子「魔術師 3」1997〕

【C（カード）】漫画 シーンC（カード）を引く確率〔「週刊少年ジャンプ」2004年7月6日（アニプリ）〕

ガード [gurad]

【防御（ガード）】漫画 防御（ガード）で手一杯や〔森川ジョージ「はじめの一歩 29」1995〕

【守備（ガード）】漫画 鉄壁（てっぺき）の守備（ガード）がある!!〔「コロコロコミック」2010年4月〕

【護衛（ガード）】漫画 医学界のレセプションの護衛（ガード）だって〔小花美穂「Honey Bitter 3」2005〕

【G（ガード）】雑誌 P（ポイントガード） G 田臥勇太が〔「東京ウォーカー」2004年10月26日〕

関連 【フェロモンガード（無効薬）】漫画

ガードマン ［和製 guard + man］

【保安係（ガードマン）】小説 保安係（ガードマン）によって捕えられた〔森村誠一「殺意の接点」2001〕

カーニバル [carnival]

【謝肉祭（カーニバル）】曲名 藤山一郎「青春の謝肉祭（カーニバル）」（野村俊夫・島田磬也）1936◆古くは「謝肉の祭（カーニバル）」も。

【仮装行列（カーニバル）】小説〔清涼院流水「カーニバル 二輪の草」2003〕

【祭（カーニバル）】漫画 拳祭王者（ナックルカーニバルチャンピオン）の〔「コロコロコミック」2010年4月〕

カーブ [curve]

【曲線（カーブ）】歌詞 イビツな曲線（カーブ）〔椎名林檎「流行」（椎名林檎・坂間大介）2009〕

その他 魔球（カーブ）・曲（カーブ）・弧線（カーブ） 古

カーマ ［サンスクリット Kāma］ インド神話で、愛欲・恋愛の神。

【愛の民（カーマ）】漫画 愛の民（カーマ）は八方に優しすぎるぞ！〔藤崎竜「DRAMATIC IRONY」2001〕

ガーリー [girly]

【女の子的（ガーリー）】雑誌〔女性ファッション誌〕

ガール [girl]

【蛙（ガール）】【嬢（ガール）】古 モダン・ガール 毛断蛙、毛断嬢、もう旦那があるなどに意味されて不良を帯ぶ〔1934 隠〕

【少女（ガール）】古『当世書生気質』少女（ガルル） オランダ語風発音 岩波文庫本ではガール〔杉本つとむ「日本文字史の研究」1998〕

曲名 松田聖子「密林少女（ジャングルガール）」（松本隆）1984

漫画題名 桂正和「電影少女（ビデオガール）」1989～1992

その他 処女（ガール） 古

ガールフレンド [girl friend]

【GF（ガールフレンド）】漫画 可愛いGF（ガールフレンド）ができて〔吉住渉「ママレード・ボーイ 8」1996〕

かい [甲斐]

【甲斐（かい）】地名 斐は美しくさかんなさまであり、めでたい文字。〔平川南「日本の原像」2008〕

新聞 その日に生まれた甲斐（かい）がない。〔「読売新聞」2010年2月11日〕

【貝（かい）】広告 週刊誌「やり貝がある」子供に有害な当て字の横行「美しい日本語」を。〔「朝日新聞」1986年2月17日（声欄）〕

その他 益（かい）・詮（かい）・報労（かい） 古

かい [階]

【F（かい）】民間 お2Fへどうぞ〔大学近くのスナックの入口 1979 目〕◆ローマ字表記を、訓読みのように漢字音で読んでいる。駐車場には、「P→」という表示がしばしば街中にあるが、読みは一定しない。

書籍 B1や5F〔井上ひさし「ニホン語日記」1996〕

新聞 2F〔「読売新聞」2010年2月25日〕◆広告欄に頻出。地下にはB1F、B1が使われる。

かい

【蝦夷（かい）】地名◆北海道は蝦夷（カイ）と東海道などの海道の両方からという。

ガイア ［ギリシャ Gaia］

【地球（ガイア）】広告 地球とは何かを・・・〔青山剛昌「名探偵コナン 1」1994（巻末）〕

書名 龍村仁「地球（ガイア）のささやき」2000◆著者は映画『地球交響曲（ガイアシンフォニー）』

の監督。

【星(ガイア)】WEB 星(ガイア)は輝いているのに、地上(げかい)は、霧(ゆめ)の中だ。

かいがいしい［甲斐甲斐しい］

【精悍(かいがいしい)】【俸敷(かいがいしい)】【技(かいがいしい)】古

かいかぶり［買い被り］

【過大評価(かいかぶり)】小説〔田中芳樹「創竜伝 13」2003〕

その他 買冠り(かいかぶ) 古

かいかん［快感］

【快汗(かいかん)】新聞 河北新報1988〔遠藤好英「漢字の遊び例集」1989〕◆もじり。

かいきえん［怪気炎］

【快気炎(かいきえん)】辞書 ◆もじり。ほかに怪人→快人など、快・怪には入れ替え例多し。

かいきゅう［階級］

【階Q(かいきゅう)】民間 階Q闘争を……〔1971 目〕◆写真植字では、校正で「1級」を「1Q」と記していた。新聞記者もこうしたメモ書きを行う。

かいぐん［海軍］

【正義(かいぐん)】漫画

がいけん［外見］

【外側(がいけん)】漫画 外側(がいけん)も見たことないタイプだし〔CLAMP「ちょびっツ 1」2001〕

がいこう［外交］

【害交(がいこう)】広告 鳩山・岡田流〝害交〟〔「読売新聞」2009年12月1日(正論)〕◆もじり。

がいこつ

【外骨(がいこつ)】人名 ◆宮武外骨は17歳の時に戸籍上の名を「外骨」に改めた。幼名の亀四郎の亀が「外骨内肉」の動物であることから。晩年に「外骨」の読みを「とぼね」に改めた。

がいしゃ［←被害者］

【害者(がいしゃ)】古〔1929 隠〕

【被害者(ガイシャ)】漫画 被害者(ガイシャ)は兵器省職員〔麻宮騎亜「サイレントメビウス 1」1989〕／被害者(ガイシャ)が殺される直前に残す〔さとうふみや「金田一少年の事件簿 4」(金成陽三郎)1993〕／被害者(ガイシャ)は結構敵も多かったから〔松川祐里子「魔術師 6」1998〕

小説 被害者(ガイシャ)の身許は〔島田一男「特報社会部記者」1991 集〕／被害者(ガイシャ)の住んでいたマンションだが〔志賀貢「多重人格」1995 集〕

【彼女(ガイシャ)】漫画 舞台にいた彼女(ガイシャ)にも〔さとうふみや「金田一少年の事件簿 1」(金成陽三郎)1993〕

かいしゃいん［会社員］

【壊社員(かいしゃいん)】【怪社員(かいしゃいん)】字遊

かいしゃく［介錯］

【介惜(かいしゃく)】古／【介借(かいしゃく)】辞書

かいじゅう［怪獣］

関連【怪獣(サウルス)】新聞 負けるな姑！ 嫁怪獣(ヨメサウルス)に喰われるな〔「読売新聞」2009年4月26日〕

がいしゅつ「既出(きしゅつ)」のこと。

【既出(がいしゅつ)】WEB 2ch独特のスラングの1つ。ガイシュツとも書く。2ch全土に広まり、以後広く使われるようになる。たまに2ch初心者が「きしゅつの間違いだよこの厨房、小学校からやり直せ」と痛いマジレスをしてしまうことがある。「外出」と書くこともある。◆2ちゃんねる用語化し位相語となった。「概」などから類推した読み。

論文「既出」の誤読から或は、ある音声認識ソフトで、ガイシュツと発声しないと「既出」が認識されなかったことからきたものともいう。〔内山和也『現代口語体』の表現スタイルについて」2002〕

かいすいよく［海水浴］

【快水浴(かいすいよく)】新聞 全国快水浴場百選で特選に選ばれました!!〔2006年、環境省認定〕〔「読売新聞 夕刊」2009年4月21日〕◆もじり。

かいぞえ［介添え］「かい」は「かき」からで、介が当て字。

【替添(かいぞえ)】【介副(かいぞえ)】【貝添(かいぞえ)】古

がいため

【外為(がいため)】書籍 外為法〔斎賀秀夫「漢字と遊ぶ」1978〕❖当て読みからだが、「ガイイ」「ガイかわ」では分かりにくい。

かいちょう［快調］

【快腸(かいちょう)】広告「快腸エクササイズ」で下腹が凹む〔「読売新聞」2008年9月17日〕❖もじり。

かいてき［快適］

【快的(かいてき)】誤字 素晴らしいスカイライン・ハイウェイを快的に飛ばし……〔旅行雑誌 1965 (目)〕❖素敵・素適はむしろ素的が本来とする見方もあり。

かいてん［回転］

【廻転(かいてん)】歌詞 青空高く ガラスの太陽 幸せ運ぶ 空中廻転〔ZELDA「Are You Lucky? -ラッキー少年のうた」(鈴木慶一・高橋佐代子)1983〕❖書き換えが進んだが、「廻転寿司」はまだ多い。

カイト［kite］

【凧(かいと)】筆名 詩人・御徒町凧(おかちまちかいと)

ガイド［guide］

【案内人(ガイド)】歌詞 闇を走る 案内人(ガイド)さえも震えあがる〔南佳孝「冒険王」(松本隆)1984〕

【先達(ガイド)】漫画 先達(ガイド)がないとたどり着けない〔田村由美「BASARA 7」1993〕

かいとう［回答］

【快答(かいとう)】新聞 美輪節炸裂！本音で快答、上質な人生とは…。〔「読売新聞」2007年11月14日〕❖もじり。

ガイドブック［guidebook］

【旅行案内書(ガイドブック)】歌詞 時には 思い出行きの旅行案内書(ガイドブック)にまかせ〔さだまさし「主人公」1978〕

かいひ［開扉］

【開扉(かいぴ)】誤読 開扉(かいぴ)しました。〔(2008年4月)女子大で立て札の貼り紙を大学生が読んだ〕❖「門扉(もんぴ)」から切り出した発音。

かいぶつ［怪物］

【化け物(かいぶつ)】漫画 そんな化け物(かいぶつ)がさらに30パーセントもパワーアップする!!〔板垣恵介「グラップラー刃牙 1」1992〕

【買物(カイブツ)】広告 伊集院光の深夜27時の買物(カイブツ)〔「読売新聞」2010年4月6日(DIME)〕❖もじり。

かいらく［快楽］

【恢洛(かいらく)】古 日記を暗号、謎字で。〔神坂次郎「元禄御畳奉行の日記」1984〕

関連【快楽(命のやりとり)】漫画 快楽(命のやりとり)を愉しんでいる〔上条明峰「SAMURAI DEEPER KYO 5」2000〕

かいり［海里］「カイリ」とも。

【浬(かいり)】歌詞 二百浬(カイリ)〔北島三郎「北の漁場」1986〕

【海浬(かいり)】小説〔小林多喜二「蟹工船」1929〕❖偏を揃えたものか。要望もあり人名用漢字に「浬」が入った。

かいりき［怪力］

【快力(かいりき)】曲名 小泉今日子「快力！ ヨーデル娘」1988❖もじり。

かう［買う］

【購う(か)】歌詞 そぞろ歩きの たわむれに 購いて分ちし 思い出よ〔奈良光枝・近江俊郎「悲しき竹笛」(西條八十)1946〕

歌誌 無花果を購(か)ひきし妻が〔「短歌」1994年12月〕

【買う(こ)】歌詞 まだ買(こ)うたばっかり〔WEST END × YUKI from O.P.D「SO. YA. NA」(今田耕司ほか)1995〕❖関西方言。

漫画 勝ってマウンテンバイク買(こ)うてやあっ〔森川ジョージ「はじめの一歩 29」1995〕

広告 買うて ちょうだい〔「読売新聞」2010年3月2日(毎日かあさん)〕

カウチ［couch］

【寝椅子(カウチ)】歌詞 白い寝椅子(カウチ)の上の〔南佳孝「黄金時代」(松本隆)1984〕

カウンター［counter］

【返し球(カウンター)】漫画 相手の背後を襲う奇跡の返し球(カウンター)で〔許斐剛「テニスの王子様 20.5」2003〕

【交差攻撃(カウンター)】小説 交差攻撃(カウンター)などではなかった〔西尾維新「零崎双識の人間試験」2004〕

カウント [count]

【符号(カウント)】歌詞 愛情の程度までデジタルの符号(カウント)で計られる〔サザンオールスターズ「Computer Children」(桑田佳祐) 1985〕

カウントダウン [countdown]

【秒読み(カウントダウン)】小説 秒読み(カウントダウン)の始まりです〔清涼院流水「秘密室ボン」2002〕

【CD(カウントダウン)】雑誌 意外に多い！ CD(カウントダウン)エッチ〔「non・no」2007年12月20日〕

かえす [帰す・還す]

【帰す(かえ)】新聞 もう帰して！ 田口さんの写真に〔「読売新聞」2009年2月12日〕

【返す(かえ)】古 夏目漱石の「帰す」が「返す」に「訂正」される〔山下浩「本文の生態学」1993〕

かえす [孵す]

【孵化す(かえ)】詩 卵を孵化(かへ)し、ひなを育てる〔英美子「砂塵を浴びながら」2005〕◆ATOK17では「孵す」。

かえりみち [帰り道・帰り路]

【帰り途(みち)】小説 あの時帰り途(みち)に〔夏目漱石「こころ」1914〕／帰り途(みち)に困って〔幸田文「流れる」1957〕

かえる [蛙]

【蝦蟆(かえる)】漫画 ではあの蝦蟆(かえる)などは殺せますか〔岡野玲子「陰陽師 1」(夢枕獏) 1994〕

かえる [返る・帰る] →とりかえる

【反る(かへ)】古 薬罐の湯が沸(たぎ)つて居た処へ双(もろ)に反りまして〔三遊亭円朝「真景累ヶ淵」1869〕俗

【復る(かえ)】詩 西に奔り、南に走せ、復(かへ)りては又往きつつ〔高村光太郎「廃頽者より－バアナアド・リイチ君に呈す－」1911〕

書籍 それは結局古典文の精神に復(かえ)れと云う〔谷崎潤一郎「文章読本」1934〕

【還る(かえ)】歌詞 あの夢が 君にだけでも還(かえ)るなら〔灰田勝彦「夢よいづこ」(佐伯孝夫) 1952〕／この魂が還りたがる 故郷〔さだまさし「望郷」1983〕／いつかまた還ってくるわ〔中森明菜「La Liberte」(森由里子) 1988〕

漫画〔宮下あきら「魁!!男塾 4」1991〕

書名 森津順子「僕が僕に還る旅」2006

新聞 中の砂とともに砂漠に還(かえ)るんです〔「読売新聞」2010年2月15日〕

【還魂る(かえ)】歌詞 還魂(かえ)りましょうねあなたの故郷〔天木一志「いのち」(にしかずみ) 2007〕

その他 帰宅る(かえ)・帰る(けえ) 古

*【Come Home(帰ってこい)】漫画 いきなり "Come Home(帰ってこい)" なんて〔中条比紗也「花ざかりの君たちへ 12」2000〕

かえる [変える]

【変化える(かえ)】歌詞 全ての理を変化(か)えてゆく〔葛城忍人「烈～切り拓く未来」(末永茉己) 2009〕

その他 更る(かえ) 古

かお [顔] →かおいろ

【皃(かお)】古 ◆江戸時代には「皃」が多用された。

【貌(かお)】俳句 貌(かお)が棲む〔中村苑子〕

雑誌 貌(かお)。〔「25ans(ヴァンサンカン)」1994年4月〕◆雑誌名自体がフランス語の表記で、訓読みのようになっている。

新聞 いけばな龍生展─植物の貌(かお)─〔「読売新聞 夕刊」2008年10月6日〕

作品名「都の貌(かお)」写真〔「読売新聞」2009年2月12日〕

書名 夏樹静子「見えない貌(かお)」2009

小説 なみだぐんだ貌(かお)を〔「読売新聞」2010年3月9日〕(宮城谷昌光)

【面(かお)】歌詞 夜叉般若の面(かお)〔ALI PROJECT「阿修羅姫」(宝野アリカ) 2005〕◆中国では簡体字で、麺は面に変わっている。

【面影(かお)】歌詞 呼べばせつない あの娘の面影(かお)が〔千昌夫「望郷酒場」(里村龍一) 1981〕

【表情(かお)】歌詞 俺の気持 知ってるくせに 冷たい表情(かお)だね〔近藤真彦「ためいきロ・カ・ビ・リー」(松本隆)1983〕／本心を隠した表情(かお)〔WANDS「明日もし君が壊れても」(坂井泉水)1998〕／へっちゃらな表情(カオ)してても〔Every Little Thing「switch」(持田香織)2000〕／その表情(かお)に不思議と心和んでゆく〔愛内里菜「yellow carpet」2007〕
広告 夜には様々な表情(かお)がある。〔立原あゆみ「本気！1」1987〕
漫画 あんな表情(かお)〔吉住渉「ママレード・ボーイ 2」1993〕
小説 自信を失くした表情(かお)で〔神坂一「日帰りクエスト なりゆきまかせの異邦人(ストレンジャー)」1993〕／事情は察したという表情(かお)になっている。〔「読売新聞 夕刊」2009年4月15日〕

【顔面(かお)】漫画 顔面(かお)を打て！〔板垣恵介「グラップラー刃牙 1」1992〕

【笑顔(かお)】歌詞 哀しい笑顔(かお)してるの？〔19「あの紙ヒコーキ くもり空わって」(326)1999〕／当たり前さと向ける笑顔(かお)〔大泉逸郎「孫びいき」(荒木良治)2001〕／去り際に見せた君の笑顔(カオ)が離れない〔D「Art de la piste」(ASAGI)2005〕

【容姿(カオ)】漫画 何と言っても容姿(カオ)!!〔絵夢羅「道端の天使 1」2003〕／写真で見るより… ずっと容姿(カオ)がイイ〔日高万里「ひつじの涙 4」2003〕

【容貌(かお)】書籍 白い容貌(かお)〔長野まゆみ「ことばのブリキ罐」1992〕

【肖像画(顔)】歌詞 私の肖像画(顔)が塗り潰されてゆく…〔D「Face」(ASAGI)2004〕

【演技(かお)】広告 まったく新しい演技(かお)で魅せる〔「読売新聞」2009年5月23日〕

【看板(カオ)】漫画 その看板(カオ)〔山田南平「紅茶王子 11」2000〕

【形容(かお)】漫画 あれほどに形容(かお)の端正(きらきら)しい者だもの〔山岸凉子「日出処の天子 1」1980〕

【フェース】古 明治初年に出版された英語入り都々逸 フェース(ふえいす)見られずモフ(かほも)このころは〔樺島忠夫「事典日本の文字」1985(川崎洋)〕❖日本語訳。

*【花王(かおう)】社名 ❖顔から。もじり。

その他 好(かおよき) 古

かおいろ［顔色］

【表情(かおいろ)】歌詞〔day after tomorrow「Hello everybody」(misono)2002〕

カオス［ギ(ギリシャ) khaos］中国では神名に擬された畳韻の語。ワンタンと同語源、うどんとも関連。

【混沌(カオス)】小説 混沌(カオス)たる現象の中心物〔清涼院流水「カーニバル 二輪の草」2003〕
歌詞 宇宙(ソラ)と混沌(カオス)の海を〔D「Night-ship"D"」(ASAGI)2008〕／明日は混沌(カオス)〔FIRE BOMBER「弾丸ソウル」(K.INOJO)2009〕
新聞 美しい音の混沌(カオス)〔「読売新聞」2009年11月21日〕／一見アナーキーで混沌(カオス)とした世界〔「読売新聞 夕刊」2009年11月21日(署名記事)〕

【混沌的(カオス)】論文〔大野真「距離の詩学—映画『シックス・センス』を巡って—」2004〕

【渾沌(カオス)】書名 山田史生「渾沌(カオス)への視座」1999

かおみせ［顔見世］

【顔見世(かおみせ)】古〔1930 隠〕

かおり［香り］

【匂り(かおり)】歌詞 くれないの花と匂り(かお) 清き真玉(またま)と砕けん〔田中千恵子・西条八十「永遠なるみどり」1958〕❖人名でも「匂」で「かおり」さんがいる。

【薫り(かおり)】歌詞 ジャスミンの薫りで 酔わせたいの〔松田聖子「Marrakech」(松本隆)1987〕
❖人名では送り仮名がない。

【香水(かおり)】曲名 三田りょう「香水(かおり)」1995

かおる［薫る］

【薫る(かお)】小説 白薔薇(ホワイトローズ)を薫(かほ)らせ、〔徳富健次郎

「黒潮」1903〕

TV 香り薫るサワデー〔CM 2008年10月30日〕

かか［母・嚊・嬶］

【嬶】 書籍 向ふの内より嬶衆と見ゆる女、〔井上ひさし「私家版日本語文法」1981〕

【女房】 WEB ❖大阪方言の落語、鹿児島方言の狂句など。

*** 【母さ】** 歌詞 母さが恋し〔三橋美智也「母恋吹雪」(矢野亮)1956〕❖方言。

その他 口鼻・嚊 古

かが

【日日】 歌誌〔「短歌」1994年4月〕

かかあ［嚊・嬶］

【嚊・嬶】 雑誌「育児に家計の切り盛りに」「男の浮気封じに鼻息荒く立ち回る女」「その姿に圧倒されて男が作った文字」「今、堂々の『嚊・嬶』天下」〔「現代詩手帖」1994年12月〕❖国訓と国字。江戸時代には2字で「口鼻」とも書かれた。

その他 女房 古

かがい［花街］

【花街】 新聞 カガイが正しく、ハナマチは俗語だが間違いではない。「東京都の歴史散歩」(山川出版社)がこの字に「はなまち」とルビを振っているが、川口松太郎は「いろまち」とルビを振り、江戸の洒落本、鼻山人の「花街鑑」は「さとかゞみ」、大眼子選の「花街風流解」は「さとふりげ」と読ませる。〔「読売新聞」2009年4月16日(桜井雅夫)〕

カカオ［cacao］

【加々阿】 古〔宇田川榕菴「植学啓原」1834〕

かがく［化学］

【化学】 書籍 科学と区別するため最近まで物化学と呼ぶ人があった〔惣郷正明「辞書漫歩」1987〕❖「ばけがく」とも。

かかし［案山子］

【案山子】 書籍 案山子 山田の中の一本足の状態が、山に向かって思案している人間の姿。(中略)中国では「稲草人」〔杉本つとむ『宛字』の語源辞典」1987〕

かがみ［鏡］

【鑑】 辞書 ❖見坊豪紀は辞書には鏡と鑑の役割があると説く。

【鏡鏡鏡】 詩 ❖宮沢賢治 やはり「かがみ」と読むことが他の詩で「鏡」とされているところからうかがえる。読みにはミラーボールなど、さまざまな想像がなされる。76画に達する。

【加賀美】 書名 為永春水「北雪美談時代加賀美」〔由良君美「言語文化のフロンティア」1986〕❖鏡、加々美とも。姓に鏡味、加賀見などあり。

かがやかしい［輝かしい］

【可耀しい】 古

かがやき［輝き］

【光沢】 広告 女っぽさ度、ランジェリーの光沢ではかれそう。〔スリップの広告文 1981〕

【希望】 歌詞 どうか希望を失わずに〔JAM Project「翼」(奥井雅美)2008〕

(目)

【PSYENERGY】 歌詞 心に PSYENERGY を取り戻す〔保志総一朗「Starting again」(MEGUMI)2007〕

その他 光輝 古

かがやく［輝く］

【赫く】 小説 拷問の快楽に赫き〔遠藤周作「白い人」1955〕❖赫の音読みはカク。

【煌く】 書籍 冬の天に煌く北十字は白鳥だ〔長野まゆみ「ことばのブリキ罐」1992〕❖火偏が光に替わることがある。

【光く】 誤字 誤用〔柳田征司「あて字」1987〕

その他 耀く 俳句

かがり［篝］

【明松(かがり)】姓 ❖佐賀県に多い。「あけまつ」と読む地域もある。

かがり［縢り］

【絓り(かがり)】民間 穴絓り。❖絓(くげ)姓あり。

かき［牡蠣］

【石花(かき)】古 ❖島原では石花(セキカ)という。合字化し、硴という国字にもなった。

かき［柿］

【姉(かき)】誤字 手紙で「柿も色づきました」を「姉も色づきました」と書いた、という話がある。〔山本昌弘「漢字遊び」1985〕

かぎ［鍵］

【鉤(かぎ)】雑誌 鉤(かぎ)をつけた〔「栄養と料理」1994年8月〕

【錠(かぎ)】歌詞 獄司の錠(かぎ)〔ALI PROJECT「わが臈たし悪の華」(宝野アリカ)2008〕

【鑰(かぎ)】小説 この思想を知ることが中国の歴史をわかりやすくする鑰(かぎ)といえる〔「読売新聞」2010年3月5日(宮城谷昌光)〕

【鉤亅(かぎかぎ)】小説 鉤亅明り(かぎかぎあか)りを〔柳瀬尚紀訳「フィネガンズ・ウェイク ⅢⅣ」1993〕❖亅は音がケツ、カギの象形文字。

がき［餓鬼］

【子供(ガキ)】小説〔秋津透「魔獣戦士ルナ・ヴァルガⅠ」1988〕

文集 あんたが一番子供(ガキ)！〔静岡県立沼津西高等学校「潮音」37号 1990〕

漫画 例ノ子供(ガキ)達ガ近ヅイテイマス〔藤子・F・不二雄「ドラえもん 168話」〕／子供(ガキ)の頃からのつき合いで〔CLAMP「X 2」1992〕／見ればまだ子供(ガキ)だ〔由貴香織里「砂礫王国」1993〕／いつまでも子供(ガキ)じゃないんだ〔荒川弘「鋼の錬金術師 11」2005〕❖カタカナ表記が一般的なので、ルビも同様。

【小僧(ガキ)】漫画 小僧(ガキ)が〜〔藤原芳秀「拳児 1」(松田隆智)1988〕❖喧嘩を売られた不良の言葉。

【小娘(ガキ)】漫画 小娘(ガキ)にいつまでだまされている〔垣野内成美「吸血姫美夕」1988〕

【女(ガキ)】漫画 世話の焼ける女(ガキ)だぜ〔山田南平「紅茶王子 2」1997〕

その他 禿(がき)・児(がき)・孩児(がき) 古／女の子(ガキ)・1年坊(ガキ)・高校生(ガキ)・息子(ガキ)・小学生(ガキ)・生徒(ガキ) 漫画

*【子供たち(ガキども)】漫画 子供(ガキ)たち(ども)頼む！〔藤崎聖人「WILD LIFE 4」2003〕

かきいれどき［書き入れ時］

【掻き入れ時(かきいれどき)】誤字「帳簿の記入に忙しいとき」という意味だから「書き入れ時」で正しい。利益を「かき集めるとき」という意味ではない。〔「産経新聞」2009年8月5日〕❖掻き込むイメージがいだかれることあり。

かきくもる［掻き曇る］

【鶴夜る(かきくもる)】古

かきざま［書き様］

【文体(かきざま)】古

かきつばた［杜若・燕子花］

【垣津旗(かきつばた)】古

かきょう［↑家庭教師］↓かてきょ

【家庭教師(カキョウ)】小説 家庭教師(カキョウ)していた〔泉麻人「パーティにようこそ」1990〕俗

かぎり［限り］

【限界(かぎり)】歌詞 羽ばたく宇宙 限界(かぎり)のない夢を描く〔TWO-MIX「LAST IMPRESSION」(永野椎菜)1998〕

かく［角］ 画(かく)(数)を角、格は誤。↓しかく

【□(かく)】広告〔宮尾しげを作〕○□(マルカク)サン・、(チョンスケ)助サン〔□は手描きでは、□のようにデザインされている〕丸(マル)クテ四角(カク)ノ○□(マルカク)サン、チヨンチヨントトビハネル、助サン(チョンスケ)〔田河水泡「のらくろ武勇談」1938(巻末)〕

【角行(かく)】書籍 金将(きん) 角行(かく) 銀将(ぎん)〔小林祥次郎「日本のことば遊び」2004〕

かく［欠く］

【掻く(かく)】古

かく［書く］ パソコン・ケータイ全盛の時

代にあって、「押く」「打く」も生まれるのであろうか。

【描く】◆改定常用漢字表（答申）に追加された訓。えがくは「絵書く」の意だった。
小説 円のようなものを描き始めた。〔夏目漱石「こころ」1914〕／まるで絵に描いたように、〔倉橋燿子「BYE²片想い」1988〕／人間が描けていない〔清涼院流水「カーニバル 二輪の草」2003〕
漫画 オジサン何描いてはるんですかぁ？〔さとうふみや「金田一少年の事件簿 6」（金成陽三郎）1994〕／好きなだけ絵を描けるようになるわ！〔青山剛昌「名探偵コナン 3」1994〕
歌詞 君への想い描く〔倉木麻衣「delicious way」2000〕
その他 作れども 古

がく［学］
【楽】雑誌 江戸学は江戸人の生活習慣を学ぶ・江戸楽は江戸人の心映えを讃える〔「江戸楽」2010年3月〕
書名 井上史雄「言語楽さんぽ」2007 ◆「音楽」の応用。ほかに「楽力コンクール」。「落書き」も「楽書き」にしようとする人あり。

かくう［架空］
【仮空】誤字 誤用〔柳田征司「あて字」1987〕

がくえん［学園］
【アリス】漫画 最年少にしてアリストップクラスの〔樋口橘「学園アリス 1」2003〕
＊【愕怨祭】漫画〔宮下あきら「魁!! 男塾 2」1986〕

かくしごと［隠し事］
【暗号】書名 鯨統一郎「いろは歌に暗号」2008

かくしことば［隠し言葉］
【隠し言】【廋辞】古

がくしゅう［学習］
【楽習】広告 おとなの楽習シリーズ〔「読売新聞」2010年4月20日〕◆もじり。

かくす［隠す］
【匿す】書籍〔井上靖「遺跡の旅・シルクロード」1977〕
歌詞 別れの気配を ポケットに匿していたから〔大滝詠一「君は天然色」（松本隆）1981〕
【秘す】歌詞 たよりなさ秘して〔武田鉄矢&芦川よしみ「男と女のはしご酒」（魚住勉）1987〕
【封印す】漫画 狂の軀を封印し〔上条明峰「SAMURAI DEEPER KYO 5」2000〕

がくだいこ［楽太鼓］
【楽牽頭】古『楽牽頭』〔小林祥次郎「日本のことば遊び」2004〕

がくもん［学問］
【学文】古 ◆中世・近世には学文多し。専門と混じて学門とも。

かぐやひめ［かぐや姫］
【輝夜姫】漫画 輝夜姫の様に無理難題を〔日高万里「時間屋」1998〕
その他 赫奕姫・赫焚姫 古

かぐら［神楽］「かむくら（神座）」の転という。
【神楽】古 神楽 借音・借義 借音義表記〔柳田征司「あて字」1987〕
【神苦楽】書名 内田康夫「神苦楽島」2010 ◆もじり。

がくらん［学らん］
【学蘭】辞書 オランダで服の意 学ラン〔俗〕
◆「短蘭」も見出しに。表記習慣もなく、語義や語源意識から遠く離れているが、語源からは本来的な表記といえる。しかし、「阿蘭陀・和蘭」自体が当て字。
【学生服】小説 長い学生服と太いズボンを〔森村誠一「死刑台の舞踏」1993 集〕
【制服】漫画 今なら制服!!〔本仁戻「高速エンジェル・エンジン 1」2000〕

かくりつ［確率］

か

【確立（かくりつ）】 歌詞 恋の確立は1/2〔SHAZNA「C'est la vie」(IZAM)1997〕❖確率か。

かくりよ ［隠り世］

【霊世（かくりよ）】 歌詞 相みせなくに霊世（かくりよ）な世界〔林原めぐみ「KOIBUMI」2002〕

がくる

【慌てた（ガクッ）】 小説 いささか慌てた（ガクッ）〔梶龍雄「淡雪の木曽路殺人事件」1985 目〕

かくれる ［隠れる］

【蔵れる】 詩 余に蔵（かく）れたるを〔高村光太郎「廃頽者より―バアナアド・リイチ君に呈す―」1911〕

雑誌 七十二候 虹蔵不見 にじ、かくれてみえず〔「暮らしの風」2008年11月〕

かくれんぼ ［隠れん坊］

【客恋慕（かくれんぼ）】 店名 スナック〔斎賀秀夫「あて字の考現学」(「日本語学」1994年4月)〕❖もじり。

かぐわしい ［香しい・芳しい・馨しい］↓こうばしい

【香しい（かぐわ）】 歌詞 香（かぐわ）しい彩りでふたりを包む〔橋本みゆき「Princess Primp!」(畑亜貴)2009〕

【馨しい（かぐわ）】 新聞 初春の馨（かぐわ）しさ〔「読売新聞」2008年9月23日(署名記事)〕

かけ ［欠け］「かき氷」を「欠き氷」と書くことがある。↓かけら

【破片（かけ）】 詩 古い砲弾の破片（かけ）などが掘り出されて〔萩原朔太郎「荒寥地方」1928〕

かけ ［賭け］

【本音（カケ）】 歌詞 自分自身の中にある本音（カケ）押さえきれなくなってる〔JAM Project「CLOWN」(遠藤正明)2006〕

かげ ［影］

【機影（かげ）】 歌詞 滑走路から離陸していく銀色の機影（かげ）〔大滝詠一「銀色のジェット」(松本隆)1984〕

【幻影（かげ）】 歌詞 幻影（かげ）はマルチ・メディアか?〔サザンオールスターズ「01MESSENGER～電子狂の詩～」(桑田佳祐)1997〕／形のない儚い幻影（かげ）〔Mr. Children「Drawing」(桜井和寿)2002〕

【幻（かげ）】 歌詞 幻（かげ）は〔Janne Da Arc「Dry?」(yasu)2001〕

【暗（かげ）】 曲名 壇条明「大都会～明（ひかり）と暗（かげ）～」(北見明)2009

【人影（かげ）】 歌詞 壁面（かべ）に映し出された人影（かげ）〔KinKi Kids「Virtual Reality」(double S)2003〕／扉を叩く人影（かげ）〔初音ミク「光と影の竜」(ゆにめもP)2010〕

【人陰（かげ）】 歌詞 のびた人陰（かげ）を舗道にならべ〔中島美嘉「雪の華」(Satomi)2003〕

【黒影（かげ）】 歌詞 その黒影（かげ）に隠された〔ALI PROJECT「亡國覚醒カタルシス」(宝野アリカ)2006〕

【黒翳（かげ）】 書名 篠田真由美「黒影（かげ）の館」2009 小説 黒翳（かげ）に因って深く蝕まれている。〔平野啓一郎「日蝕」2002〕

【残像（かげ）】 歌詞 二人の残像（かげ）を見失う〔KinKi Kids「Love U 4 Good」(double S)2001〕

【自分（かげ）】 歌詞 君の瞳に映るその自分（かげ）〔林原めぐみ「集結の園へ」2009〕

【存在（かげ）】 歌詞 君の存在（かげ）〔Mr. Children「ためいきの日曜日」(桜井和寿)1992〕

【輪郭（かげ）】 歌詞〔伊藤奈央 in FIX「アオイトリノヨウニ」2000〕

【夜（かげ）】 歌詞 映し出すココロの夜（かげ）〔水樹奈々「ETERNAL BLAZE」2005〕

【光（かげ）】 俳句 短歌 ❖光を意味する場合に用いることがある。

がけ ［崖・厓］古くは、かけ。

【岸険（がけ）】 古 ❖崖に「がけ」の訓が定まったのが江戸時代と遅かったので、「がけ」には「岸険」など当て字が多数用いられた。

【断崖（がけ）】 歌詞 天を渓を断崖（がけ）を海を巡り〔志方あきこ「軌跡」(みとせのりこ)2009〕

かけあい ［掛け合い］

【交渉コマンド】漫画 どっち選ぼうが交渉コマンドには影響ねーからよ〔「ペルソナ2罰4コマギャグバトル ポジティブシンキング編」2000〕◆ゲームシステム。

かけおち【駆け落ち・駈け落ち】

【欠落】古

かけがえ【掛け替え】

【掛け替え】変換 掛け替えのない〔ATOK17〕◆違和感を抱かれがち。

かけきん【賭け金】

【BET】漫画〔尾田栄一郎「ONE PIECE 19」2001〕

かけだす【駆け出す】

【駈け出す】歌詞 駈け出して 逃げたのよ〔キャンディーズ「そよ風のくちづけ」(山上路夫)1974〕

【駈けだす】歌詞 まだ眠っている街を抜け出して 駈けだすスニーカー〔中島みゆき「おだやかな時代」1986〕／想い出連れて駈けだそう〔SHAZNA「PIECE OF LOVE」(IZAM)1999〕

【翔け出す】歌詞 翔けだすのを許して〔月森蓮&加地葵「CORONA ～光冠～」(石川絵里)2008〕

かげつ【箇月】⇩か(箇)

かけぬける【駆け抜ける】

【駈け抜ける】歌詞 駈け抜ける一人雨の中〔アリス「冬の稲妻」(谷村新司)1977〕

【駈けぬける】歌詞 さっと駈けぬけるサスペンス〔ピンク・レディー「サウスポー」(阿久悠)1978〕

【翔け抜ける】歌詞 猛スピードで翔け抜けていこう〔GIRL NEXT DOOR「Infinity」(千紗／Kenn Kato)2009〕

かけはし【掛け橋・懸け橋・梯】

【桟】歌詞 木曽は桟 仲よく渡れ〔橋幸夫「中山七里」(佐伯孝夫)1962〕

俳誌〔「俳句」1994年4月〕

かげぼうし【影法師】

【壁人】古

かけら【欠けら・欠片】

【片】小説 蟹の甲殻の片を時々ふむらしく、その音がした。〔小林多喜二「蟹工船」1929〕

【砕片】小説 結氷の砕片〔小林多喜二「蟹工船」1929〕◆「欠けら」よりはしっかりとした存在と映る。戦前から小説などで見られる表記だが、なかなか国語辞書には収められない。

【破片】歌詞 硝子の破片が光る〔薬師丸ひろ子「探偵物語」(松本隆)1983〕／夢の破片が生まれてる〔Mr. Children「innocent world」(桜井和寿)1994〕／希望の破片を今拾い集めて〔倉木麻衣「Perfect Crime」2001〕◆用例多し。この表記を歌詞から覚える人が少なくない。

小説 わざとらしさなど破片もない〔菊地秀行「魔界都市ブルース 夜叉姫伝 4」1990〕

曲名 前川清「男と女の破片」(荒木とよひさ)1991／吉田拓郎「心の破片(かけら)」(松本隆)1999／月森蓮「月の破片」(石川絵里)2007

書名 猪俣美江子訳「夢の破片」2005

【欠片】書籍 記述は欠片もない〔神坂次郎「元禄御畳奉行の日記」1984〕

歌詞 夢の欠片〔玉置成実「Reason」(shungo.)2004〕◆「欠けら」では、確かに味も素っ気もなくなる。

書名 大西隆博「太陽の欠片 月の雫」2008

小説 お路の口調には、迷いの欠片もなかった〔「読売新聞」2009年6月2日〕

広告 小さな欠片でさえ愛好家が〔「読売新聞」2009年7月25日〕

新聞 ガラスの欠片が落ちていたり、〔「読売新聞 夕刊」2010年2月24日(藤原智美)〕

【一片】漫画 そしてあなたの全ては世界の

一片〔大暮維人「天上天下 9」2002〕

【断片】歌詞 夢の断片〔愛奴「二人の夏」（浜田省吾）1976〕／互いの瞳の中に 愛の断片探して〔浜田省吾「涙あふれて」1978〕／心の中で光る断片を〔ゴスペラーズ「t. 4. 2」（酒井雄二）1997〕

【描片】歌詞 繋いだ時の描片を〔EXILE「時の描片～トキノカケラ～」（Daisuke "DAIS" Miyachi）2007〕／時の描片を集めて〔AI・ATSUSHI「So Special」（ATSUSHI）2008〕

【残骸】歌詞 月の残骸と昨日の僕さ〔サザンオールスターズ「LOVE AFFAIR～秘密のデート～」（桑田佳祐）1998〕／夢の残骸を纏い〔氷室京介「永遠 ～ Eternity ～」（森雪之丞）2000〕

【結晶】曲名「響け 刻の結晶よ」（久野昌宏）2004

歌詞 真白き雪の結晶が〔桑田佳祐「君にサヨナラを」2009〕

【粉】歌詞 ガラスの粉になって〔ZARD「永遠」（坂井泉水）1997〕

かける［掛ける・懸ける］

【課税る】歌詞 国民のＩＱの低さに課税よう〔サザンオールスターズ「汚れた台所」（桑田佳祐）1996〕

【×】新聞 審査員特別賞 ×（かける）柚子椅子〔「読売新聞」2009年1月25日〕❖×印を「かけ」という方言あり。

その他 発ける 古

*【チャンス×ボク】歌詞〔19「あの青をこえて」（326）1999〕

かける［賭ける・懸ける］

【賭ける】曲名 石原裕次郎「男が命を賭ける時」（吉田憲二）1959

広告 預金を2倍にするには〝賭ける〟より〝時間をかける〟〔「読売新聞」2010年1月30日〕❖「いのちがけ」は、懸命と関連してとらえれば「命懸け」だが、命を賭してとすると「命賭け」。

かける［駆ける］

【馳ける】歌詞 霧を散らし馳けくる 子山羊の首の〔津村謙「緑の牧場」（松坂直美）1948〕

❖馳せるは「はせる」。

【駈ける】❖駆の異体字。学校では習わない「駈ける」のほうが、情景が浮かぶのか、小説ではよく使われ、人名などでも好まれる。要望もあり、人名用漢字になった。

歌詞 駈けて来る レイホーレイホー 愛らしい子羊よ〔灰田勝彦「アルプスの牧場」（佐伯孝夫）1951〕／夜の街を 駈けて行きたい〔モップス「朝まで待てない」（阿久悠）1967〕／獅子よ 駈けろよ〔松崎しげる「地平を駈ける獅子を見た」（阿久悠）1979〕

曲名 石原裕次郎「天と地を駈ける男」（大高ひさを）1959／松山千春「空を飛ぶ鳥のように／野を駈ける風のように」1979

【翔ける】書籍 天空を翔けてゆきました〔大久保博訳「完訳 ギリシア・ローマ神話」1970〕

歌詞 僕らは宇宙へ 翔けてゆける〔山下達郎「LOVE SPACE」（吉田美奈子）1977〕／時を翔けよう〔水樹奈々「Astrogation」（HIBIKI）2008〕

作品名 真保裕一「天魔、翔る」〔「小説現代」2010年2月〕

新聞 私の心は絶えず天高く天翔けていた気がする。〔「読売新聞」2010年3月18日〕

雑誌 氷陸を早稲田紅の炎魂で翔けた〔「WASEDA WEEKLY」2010年4月8日〕

*【欠来る】古 談義本に〔矢野準「近世戯作のあて字」（「日本語学」1994年4月）〕❖翔とイメージに落差あり。

かけろ

【鶏】歌誌〔「短歌」1994年12月〕

かげろう［陽炎］

【陽炎】曲名 村下孝蔵「陽炎」1982／T. M. Revolution「陽炎 － KAGEROH －」（井上秋緒）1999）

【書名】佐伯泰英「陽炎(かげろう)の辻(つじ) 2」（「読売新聞」2008年9月25日）

【新聞】万葉集 そもそもこの歌の「炎」を「かぎろひ」と読むことに無理があるという。「陽炎(かげろう)」のこと。（「読売新聞」2009年1月15日）

かげろう［蜻蛉・蜉蝣］

【蜉蝣(かげろう)】【公演名】劇団☆新感線「蜉蝣(かげろう)峠」2009

かこ［水夫・水手］

【舟師(かこ)】【歌詞】梶とる舟師(かこ)は 変るとも（旧制第一高等学校寮歌「嗚呼玉杯」（矢野勘治）1902）

かこ［過去］

【昔(かこ)】【歌詞】神話の昔(かこ)生き絶えた（ALI PROJECT「マダム・ノワール」（宝野アリカ）1992）

【昨日(かこ)】【小説】昨日(かこ)には限りがある（芝中学校文芸部「天晴れ20号」1999）

【Yesterday(かこ)】【小説】Yesterday(かこ) & Tomorrow(みらい)（芝中学校文芸部「天晴れ20号」1999）

【想い出(かこ)】【歌詞】想い出(かこ)はもう想い出(かこ)でしかない（AIR「New song」（326）2000）

【昔話(かこ)】【歌詞】少し饒舌な昔話(かこ)にさよならしよう（水樹奈々「Violetta」2006）

【記憶(かこ)】【歌詞】二度と戻らない記憶(かこ)（Every Little Thing「Face the change」（五十嵐充）1998）

【傷跡(かこ)】【歌詞】小さな傷跡(かこ)にさよなら（TUBE「夏を抱きしめて」（前田亘輝）1991）

【暗闇(かこ)】【歌詞】暗闇（かこ）の記憶（初音ミク「光と影の竜」（ゆにめもP）2010）

【その他】過古(かこ)(0015年)【古】／歴史(カコ)(0015年)【漫画】

【関連】【過去】【漫画】過去と現代を繋ぐなんて（「週刊少年マガジン」2004年48号（RAVE））

かご［籠］

【駕籠(かご)】【新聞】（「読売新聞」2008年10月23日）

【檻(カゴ)】【歌詞】誰かの為の『普通』の檻(カゴ)に（水樹奈々「SUPER GENERATION」2006）

【家(カゴ)】【漫画】狭え家(カゴ)になんか（大暮維人「エア・ギア 1」2003）

かこい［囲い］

【椁(かこい)】【古】◆鹿児島県で姓に。

かこく［苛酷］

【過酷(かこく)】【小説】過酷さだった。（小林多喜二「蟹工船」1929）◆「苛酷」と「過酷」は本来別語であったが、新聞では「苛酷」は「過酷」と書くと決められている。改定常用漢字表（答申）には「苛酷」が入った。

かごしま

【鹿児島(かごしま)】【地名】恐らく宛字の類（築島裕「宛字考」（「言語生活」1960年7月））◆漢字「麑」も用いられた。

かこつ［託つ］

【誣(かこつ)】【古】／【喞(かこ)つ】【辞書】

かさ［毬・梂］

【盒子(かさ)】【古】どん栗の実の盒子（カサ）（1910【隠】）

かさ［嵩］

【量(かさ)】【歌誌】光の量(かさ)を思ふも（「短歌」1994年5月）

【層(かさ)】【小説】（伊藤左千夫「野菊の墓」1906）

【その他】容積(かさ)・体容(かさ)【古】

かさ［傘］

【蓋(かさ)】【古】山本有三『瘤』1935 後のテキスト（1938）でふりがななしに、さらに後のテキスト（1947）ではカタカナ表記に（黒木和人『『ふりがな廃止論』の理念と実践』1998）

かさ［瘡］

【梅毒(かさ)】【楳毒(かさ)】【古】◆梅と楳は異体字。

がさ

【捜索(がさ)】【小説】十日前に捜索(ガサ)の入った（浅田次郎「鉄道員」2000）

がさいれ［がさ入れ］

【家宅捜索(がさいれ)】【書籍】家宅捜索(ガサイレ)であります（浅田次郎「極道放浪記 1」1994【集】）

【強制捜査(がさいれ)】【小説】警察の強制捜査(ガサ入れ)があった（清涼院流水「カーニバル 一輪の花」2003）

【傘(がさいれ)】【WEB】（「朝日新聞」2008年5月17日（be））

❖ネットスラング。

がさがさ
【峨嵯峨嵯】(古)

がさつ
【鵞さつ】(小説) 鵞さつな応えを〔柳瀬尚紀訳「フィネガンズ・ウェイク I II」1991〕
(その他) **重頭** (古)

かさなる [重なる]
【積さなる】(小説) その時、側に積さなっていた罐詰の空罐が〔小林多喜二「蟹工船」1929〕
【交差ってる】(漫画)〔上条明峰「SAMURAI DEEPER KYO 16」2005〕

かさねる [重ねる]
(その他) **複ば** (古)
【重杯る】(古) 重杯たまへ〔仮名垣魯文「西洋道中膝栗毛」1870～1876 (俗)〕

かざり [飾り]
【錺】(雑誌) 錺工事の〔「新しい住まいの設計」1994年5月〕❖国字。「飾」の異体字「餝」をもとに部首を改めたもの。姓にもある。
【宝石】(歌詞) 掲げられた花も宝石もいらない〔kukui「Starry Waltz」(霜月はるか) 2006〕
【虚飾】(歌詞) 虚飾ヒラヒラつけてない〔近藤真彦「純情物語」(売野雅勇) 1986〕

かし [華氏]
【華氏】(古)〔宇田川榕菴「植学啓原」1834〕❖ファーレンハイトの中国訳「華倫海」あたりから。カ氏ではファ音とのつながりが遠のく。

かじ [舵・柁・楫]
【梶】(新聞) 由良の門を渡る舟人梶を絶え〔「読売新聞」2009年3月29日〕

かじき [梶木]
【旗魚】(古)

かしく [畏]
【可祝】(辞書)

かしげる [傾げる]
【傾げる】(書籍) 首を傾げる方が〔井上ひさし「私家版 日本語文法」1981〕
(新聞) 首を傾げる〔「読売新聞」2010年3月6日〕

かしましい [姦しい・囂しい]
【姦しい】(雑誌) 姦し娘の私語の雨に〔「現代詩手帖」1994年5月〕❖国訓。男3つで「たばかる」などという国字も造られている。
【所聞多】(古)〔「万葉集」〕❖所聞多でカシマ(しい)。香島(石川県)という地名にあてた。『万葉用字格』などによる。

がじまる 「がじゅまる」とも。
【榕樹】(広告) 榕樹は実れども〔1960 (目)〕❖沖縄には榕原という地名があり、それを「榕」と記した史料があったために、この「榕」もＪＩＳに採用された。

カジュアル [casual]
【果樹アル】(広告) 果樹アル。自由に飲れる酒がある。〔日本蒸留酒酒造組合(京極興一 1981)〕
❖もじり。

かしゅう
(その他) **Ｃ** (雑誌)
【加州】(WEB) ❖加賀のほかカリフォルニア州も指し、新聞見出しにも見られる。

かしょ [箇所・個所]
【か所】(民間) 加工か所、加工ヶ所❖広告にもこの類あり。

かじょう [箇条]
【個条】(新聞) ❖日本新聞協会では当用漢字補正資料(箇は個と同一の漢字であったという本来の姿に戻す)に従い「個条書き」としてきたが、改定する方向にあるという。
(誤読) 個条書きを「こじょうがき」と読み分ける学生あり。

かしら [頭]
【頭分】(古)〔1929 (隠)〕

かしら
【か知ら】(古) さうか知ら〔1917 (隠)〕❖そうか知

ら(ん)。語源に沿った表記だが、語源意識は薄れつつある。

かじる［齧る］

【嚙る】歌詞 リンゴ嚙っているあいつ〔舟木一夫「仲間たち」(西沢爽)1963〕◆多くは「かむ」に使う。

【囓る】新聞 ◆囓は齧歯目の「齧」の異体字。

かしわ

【雞】古〔三谷公器「解体発蒙」1813〕

かす［貸す］古くは「借す」。↓かり(貸)

【借す】古 漱石 借して↓貸して。鷗外『舞姫』自筆原稿などにも〔山下浩「本文の生態学」1993〕

誤植 昭和十四年版『ボードレール全集』正誤表 借す 貸す〔高橋輝次「誤植読本」2000(林哲夫)〕◆漫画(1970)にある「借す」は貸すを誤って借りるとし、さらに偏を誤ったもの。〔見坊豪紀「ことばのくずかご」1979〕

かず

【私】人名 ◆私 和を戸籍に誤記、改名手続きがなされた。泰代の名は本人が勢い余って泰伐と書くことがあるとのこと。

ガス［オランダ gas］

【瓦斯】古〔宇田川榕菴「植学啓原」1834〕／日本で音訳〔陳生保「中国と日本―言葉・文学・文化」2005〕◆日本語は漢字のとおり読めばガシだが、語単位で読む。北京語では瓦はwǎとなり、原音からの乖離が著しい。

【霧】新聞 白峰三山がしだいに霧に包まれて行く。〔「読売新聞 夕刊」2008年11月10日〕／〔山に〕霧が湧き始めた。〔「読売新聞 夕刊」2009年1月13日〕◆古くから内容に応じて「濃霧」「潮霧」「海霧」などが当てられることもあった。

【海霧】小説 一面灰色の海のような海霧の中から見えた。〔小林多喜二「蟹工船」1929〕

【濃霧】新聞 高木恭造さんの詩、「陽コあだネ村」(陽の当たらない村)である。(中略)朝も昼もたンだ濃霧ばりかがて〔「読売新聞」2007年8月16日〕

【瓦】広告 瓦有 家屋広告 カワラがあるのは当たり前じゃない?〔斎賀秀夫「漢字と遊ぶ」1978〕◆ガス有りと読ませるところ。

その他 気 古

*【我守燈】店名 喫茶店〔斎賀秀夫「あて字の考現学」(「日本語学」1994年4月)〕◆瓦斯燈。

かずいち

【一一】人名 ◆テレビなどで。WEBでは一一一なども。

かずえ［数え］

【主計】古

かずお

【三夫】人名〔佐久間英「珍姓奇名」1965〕

【一子】誤字 一不(かずふ・かずお)が一子に。戸籍で。〔佐久間英「珍姓奇名」1965〕

かすが［春日］

【春日】古 春日大社、春日八郎など。◆「はるひのかすが」という枕詞から。

かすかべ［春日部］

【粕壁】地名 春日部市粕壁◆埼玉県。越谷市越ヶ谷も表記を分けた。

カスタマー［customer］

【顧客】歌詞 好い顧客〔東京事変「乗り気」(椎名林檎)2010〕

かすづけのたい［粕漬の鯛］

【春野松】字謎〔辻村敏樹「ことばのいろいろ」1992〕◆春日、上野、松明の読みの部分から。

カステラ［ポルトガル castella］ カステイラ。カステーラ。

【粕底羅】【卵糖】古 ◆その他「春庭糖」「角寿鉄胃老」など。

【家主貞良】古「世界婦女往来」(に)カステラ(家主貞良)(とあり)〔惣郷正明「辞書漫歩」1987〕

【佳好帝良(かすていら)】 商品名 ◆加寿帝良、加須底羅も。
古くに伝えられただけに当て字が多い。

ガストロノミー [gastronomy]

【美食学(ガストロノミー)】 歌詞 優秀なる美食学(ガストロノミー)〔ALI PROJECT「人生美味礼讃」(宝野アリカ)2005〕

かすみ [霞]

【嘉須美(かすみ)】 書名 為永春水「春色初嘉須美(がすみ)」

かすめる

【撩める】 雑誌 撩(カス)メテ〔「問題小説」1994年2月〕

【略(かすめる)】 古 ◆ 略奪(かすみ(め)うばう)。

かすり [絣・飛白]

【緕(かすり)】 人名 ◆ＪＩＳ漢字でほとんど使われない。人名由来とされる。大学では経済をこのように誤記し、そのまま略字として使う学生もいる。まさに筆記経済。緕も国字とされるが、漢籍に別義で現れている。

【餅】 誤植 がくや絣 を がくや餅〔高橋輝次「誤植読本」2000(中山信如)〕

【飛白(かすり)】 誤読 珍答 ワイシャツ メリヤス はんてん はっぴ とんび とびきり〔斎賀秀夫「漢字と遊ぶ」1978〕

カズン [cousin]

【従姉妹(カズン)】 書籍 「従姉妹(カズン)・ジェーン」と〔池田雅之「ラフカディオ・ハーンの日本」2009〕

かぜ [風]

【凩(かぜ)】 歌詞 凩(かぜ)の哭き声〔歌川二三子「父娘鷹」(里村龍一)1995〕◆国字でこがらし。

【旋風(かぜ)】 漫画題名 ちばてつや「ハリスの旋風(かぜ)」1965〜1967

曲名 荒木由美子「つむじ旋風(かぜ)」(阿木燿子)1977

ゲーム名 「ポケモンＸＤ 闇の旋風(かぜ)ダーク・ルギア」2005

歌詞 旋風(かぜ)に纏わる〔霜月はるか「真実の炎」(日山尚)2007〕

広告 龍が旋風(かぜ)になる。〔「読売新聞」2010年3月30日(龍馬伝)〕

【疾風(かぜ)】 歌詞 疾風(かぜ)が夢をちぎった〔斉藤由貴「白い炎」(森雪之丞)1985〕/どこまでも駆け抜ける疾風(かぜ)になれ〔松本梨香「疾風になれ」(椎名可憐)2001〕

漫画題名 所十三「疾風(かぜ)伝説 特攻(ぶっこみ)の拓(たく)」(佐木飛朗斗)1991〜1997

広告 疾風(かぜ)より速く!〔さとうふみや「金田一少年の事件簿 1」(金成陽三郎)1993(巻末)〕

看板 走れ疾風のごとく〔川口市立科学館 特別展〕

【突風(かぜ)】 歌詞 愛の突風(かぜ)真に受けた〔サザンオールスターズ「恋のジャック・ナイフ」(桑田佳祐)1996〕

【神風(かぜ)】 漫画 神風(かぜ)の清響〔上条明峰「SAMURAI DEEPER KYO 4」2000〕

歌詞 神風(かぜ)よ 誘え〔abingdon boys school「JAP」(西川貴教)2009〕

【微風(かぜ)】 歌詞 ジャスミンの微風(かぜ)〔中山美穂「50/50」(田口俊)1987〕

【南風(かぜ)】 歌詞 潤す南風(かぜ)がやさしい〔TWO-MIX「Summer Planet No. 1」(永野椎菜)1997〕

【春風(かぜ)】 歌詞 春風(かぜ)のように〔day after tomorrow「ユリノハナ」(五十嵐充)2005〕

【花風(かぜ)】 歌詞 やさしい花風(かぜ)になれ〔田村ゆかり「Princess Rose」(三井ゆきこ)2006〕

【川風(かぜ)】 歌詞 川風(かぜ)があなたの指になる〔山本みゆき「笛吹川」(仁井谷俊也)2008〕/川風(かぜ)が冷たく耳もとかすめる日暮れ〔森若里子「夢待ち川」(麻こよみ)2010〕

【海風(かぜ)】 パンフ 展示館のパンフにある〈時間(とき)と海風(かぜ)の交差点〉は、なかなかの名文句だ〔「読売新聞 夕刊」2009年4月23日〕

【潮風(かぜ)】 歌詞 火照った頬に冷たい潮風(かぜ)ね〔松田聖子「いそしぎの島」(松本隆)1984〕

【汐風(かぜ)】 歌詞 汐風(かぜ)の音〔五島開「再会の街長崎」(礼恭司)2008〕

【逆風(かぜ)】 歌詞 逆風(かぜ)を受け止めたら〔BoA「B.I.O.」(Kenn Kato)2003〕

か

【夜風(かぜ)】歌詞 夜風(かぜ)の音に紛れ〔霜月はるか「枯れた大地へ続く途」(日山尚)2007〕／夜風(かぜ)が冷たくこの身をたたく〔池田輝郎「北の夜風」(麻こよみ)2010〕
【偏西風(かぜ)】歌詞 汗ばむ偏西風(かぜ)が〔杉山清貴「KONA WIND」(田中俊)1987〕
【嵐(かぜ)】歌詞 星屑を 嵐(かぜ)が盗んだ時刻〔氷室京介「STORMY NIGHT」(松井五郎)1991〕
【空気(かぜ)】歌詞 君の声空気(かぜ)に溶けて〔水樹奈々「Open Your Heart」2004〕
【時代(かぜ)】歌詞 渇く時代(かぜ)は夢をさらいどこまで邪魔するの?〔P. K. O「EGOIST」(上松範康)2003〕

かぜ［風邪］
【風邪(かぜ)】辞書 ❖明治以降一般化した熟字訓。当て字・当て読みによる。
【風(かぜ)】民間 風(かぜ)を吹き飛ばそうよ キャンペーン!!〔京成江戸川駅前スーパー 2006年4月15日(オイルケア)〕❖風邪は風と同源と見られる。〔柳田征司「あて字」1987〕
短歌 この老体よ風ひくなゆめ 斎藤茂吉〔「読売新聞 夕刊」2008年9月24日〕

かせいじん［火星人］
【侃(かせいじん)】字遊 侃の字を昔、火星人と読んだやつがいた。〔WEB〕

かせぎ
【桛木(かせぎ)】辞書

かせぐ［稼ぐ］
【稼(カセグ)】書籍 国訓〔金田一春彦「日本語」1957〕
その他 挊(かせぐ) 古
*【床挊(とこかせぎ)】古 床挊(とこかせぎ)〔1928 隠〕

ガセット［gusset］
【三角帯(ガセット)】書籍〔織田正吉「ことば遊びコレクション」1986〕

カセドラル［cathedral］カテドラル。
【大聖堂(カセドラル)】小説 大聖堂(カセドラル)の姿を映しだした〔村上春樹訳「レイモンド・カーヴァー傑作選 CARVER'S DOZEN」1997〕

がせねた
【偽情報(ガセネタ)】小説〔南英男「嬲り屋」2000 俗〕
漫画〔冨樫義博「HUNTER × HUNTER 10」2000〕
その他 偽種(がせねた)・贋種(がせねた) 古

かぞえる［数える・算える］
【算(かぞ)える】小説 算(かぞ)えるに到ったのである〔井上靖「補陀落渡海記」1961〕❖古くからある訓。語釈でこの表記を用いる辞典あり。

ガソリン［gasoline］
【瓦斯倫(ガスリン)】書名「瓦斯倫(ガスリン)自動車」1917 ❖ガソリンとも読まれている。他でもこの当て字は使われた。

かた
【決着(カタ)】小説 その決着(カタ)をピシリとつけます〔藤原眞莉「華くらべ風まどい―清少納言梛子」2003(あとがき)〕
【抵当(かた)】小説 この年金を抵当(かた)にして〔米川正夫訳「ドストエーフスキイ全集6 罪と罰」1960〕

がた →がらくた
【瓦多(がた)】古 瓦多馬車(ぐわたばしゃ)〔1895 俗〕

かたい［乞丐・乞児］
【乞食(かたい)】詩 うらぶれて異土の乞食(かたゐ)となるとても〔室生犀星「小景異情」1918〕

かたい［堅い］
【緊(かた)い】小説 囲む垣を緊(かた)く〔平野啓一郎「日蝕」2002〕

がたい
【図体(ガタイ)】小説 精選版日本国語大辞典(2006年)は、用例に78年刊行の小説を引いているが、そこでは「図体」にガタイとルビが振られている。〔「読売新聞」2007年5月23日〕❖「臥体」など体を想像する学生が多い。漢語風。WEBにも「いい臥体」。

かたいなか［片田舎］
【僻遠(かたいなか)】古

かたえ［片方・傍］

【側(かたえ)】詩 君の心を側(かたへ)に置きて〔高村光太郎「廃頽者より－バアナアド・リイチ君に呈す－」1911〕

かたおもい［片思い］『万葉集』には、「加多孤悲」で「かたこひ(い)」という表記がある。

【片想い(かたおも)い】歌詞 この苦しい 片想い〔淡谷のり子「人の気も知らないで」(奥山靉)1938〕／片想いだから 何も求めはしない〔アルフィー「見つめていたい」(高見沢俊彦)1988〕／片想いでも構わないさ〔ネプチューン「イッショウケンメイ。」(秋元康)2001〕

曲名 にしきのあきら「はじめは片想い」(浜口庫之助)1973／中森明菜「片想い」(安井かずみ)1994

かたがき［肩書き］

【大義名分(かたがき)】漫画 大義名分(かたがき)がいるの〔東里桐子「月の純白星闇の青碧 1」1994〕

かたかご［堅香子］カタクリの古名。

【樫香子(かたかご)】歌詞 むかしの名前は樫香子(かたかご)の〔勅使河原迅「カタクリの女」(てしがはらじろう)〕❖国字「樫」は文字通り「かたぎ」とも読まれ、地名に残る。

がたがた

【瓦堕瓦堕(がたがた)】古

かたき［敵］→こいがたき

【仇(かたき)】歌詞 仇とは知れど〔霧島昇・渡辺はま子「明日の運命」(西條八十)1941〕／金が仇(かたき)の 金が命の 世の中よ〔フランク永井「大阪野郎」(中沢昭二)1960〕

【讐敵(かたき)】詩 讐敵(かたき)の修羅場へたたき込む。〔萩原朔太郎「僕等の親分」1923〕

かたぎ［気質］

【容気(かたぎ)】書名 南圭梅嶺「世間母親容気(かたぎ)」1752

【気質(かたぎ)】書籍〔池田雅之「ラフカディオ・ハーンの日本」2009〕❖近年キシツとしか読めない人も増えた。キシツとは用法に差があった。

【天使(カタギ)】小説 安部譲二「俺達は天使(カタギ)じゃない」1990〕

その他 堅気(かたぎ)・育(かたぎ) 古

かたきし

【全然(かたきし)】古 全然孩児(かたきし)ねんねえで〔内田魯庵「破垣」1901〕俗

かたくな［頑な］

【固陋(かたくな)】書籍 固陋(かたくな)の風儀を改め〔井上ひさし「私家版 日本語文法」1981〕

かたこと［片言］

【嘉多言(かたこと)】書名 安原貞室「嘉多言」1650

カタコンベ［オランダ catacombe］

【地下霊廟(カタコンベ)】小説 地下霊廟(カタコンベ)か……！〔瀬川貴次「聖霊狩り」2000〕

かたじけない［忝い・辱い］

【感謝(かたじけな)し】古

カタストロフィ［catastrophe］

【悲劇的結末(カタストロフィ)】小説 悲劇的結末(カタストロフィ)の原因〔清涼院流水「カーニバル 一輪の花」2003〕

かたち［形・容・貌］

【像(かたち)】小説 神其像(かたち)の如くに人を創造たまへり〔福永武彦「飛ぶ男」1971〕

【状(かたち)】小説 その状(かたち)は犬の如くで〔菊地秀行「魔界都市ブルース 夜叉姫伝 4」1990〕／その奇妙な状(かたち)も〔平野啓一郎「日蝕」2002〕

【容(かたち)】歌詞 容(かたち)のない決意を〔水樹奈々「Late Summer Tale」(園田凌士)2006〕

短歌 妻を寂しい容(かたち)にさせる 評「寂しい容(かたち)」に〔「読売新聞」2009年10月26日〕

【容姿(かたち)】漫画 かつてのオレと同じ容姿(かたち)を持つ男…〔渡辺祥智「銀の勇者 4」2000〕

【輪郭(かたち)】漫画 やさしさの輪郭(かたち)〔貞本義行「新世紀エヴァンゲリオン 2」1996〕

【体位(かたち)】歌詞 愛の体位(かたち)も〔桑田佳祐「JAIL～奇妙な果実～」2002〕

【形状(かたち)】古 明治三十五六年頃の広告〔隠〕

曲名 BVG「HEART の形状(かたち)」(夏野芹子)

か

1993〕

書籍〔松岡正剛「日本流」2000〕

【様相(カタチ)】 歌詞 様相(カタチ)変えた心〔玉置成実「Fortune」(shungo.・Miki Fujisue)2005〕

【言葉(かたち)】 漫画〔高屋奈月「フルーツバスケット 13」2003〕

【絆(カタチ)】 歌詞 深い絆(カタチ)だから〔BeForU「GRADUATION～それぞれの明日～」(小坂りゆ)2003〕

【現実(かたち)】 書名 志村幸雄『発明力』の時代 夢を現実(かたち)に変えるダイナミズム」2004 ◆ルビでできるだけ多くのことを正確に伝えようとする方法であろう。

かたちもなく〔形も無く〕

【寂兮寥兮(かたちもなく)】 書名 大庭みな子「寂兮寥兮(かたちもなく)」2004

かたづく〔片付く〕

【嫁(かた)づく】 小説 嫁(かた)づきましたが〔松本清張「点と線」1958〕

かたづける〔片付ける〕

【片付(かたづ)ける】 雑誌〔山田尚勇「文字体系と思考形態」(「日本語学」1987年8月)〕

【整理(かたづけ)した】 歌詞 便利だった男の子達 整理(かたづけ)した〔大黒摩季「あなただけ見つめてる」1993〕

かたっぽ〔↑片っ方〕

【片足(かたっぽ)】 古〔1870～1876 俗〕

かたつむり〔蝸牛〕

【蝸牛(かたつむり)】 古 ◆蝸牛(カギュウ)。

かたどる〔象る・模る〕

【象(かたど)る】 広告「白樺」の葉を立体的に象(かたど)り、永久(とこしえ)の和を〔「読売新聞」2009年6月27日〕／ルフィを象(かたど)った黄金色の秒針が〔「読売新聞」2009年12月12日〕◆象形という語や象形文字の説明でもしばしば現れる。

【模(かたど)る】 新聞 それを模(かたど)った縁起物〔「読売新聞」2009年10月30日〕

小説 チーターの後ろ足を模(かたど)った義足をつけて〔「読売新聞 夕刊」2010年1月9日(平野啓一郎)〕

かたな〔刀〕

【刀類(かたな)】 古 円朝 陳列(ならべ)てある刀類(かたな)を通覧(ながめ)て〔岩淵匡「振り仮名の役割」1988〕

【斬魄刀(かたな)】 漫画 こないな処で斬魄刀(かたな)抜かれたら〔「週刊少年ジャンプ」2004年5月24日(BLEACH)〕◆戦国時代ころには「カ田ナ」を合わせた暗号「〓」も用いられた。

【逆刃刀(かたな)】 漫画〔和月伸宏「るろうに剣心 23」1998〕

その他 刀剣商(かたなや) 古

かたはらいたい〔片腹痛い〕

【傍いたし(かたはらいたし)】 書籍〔柳瀬尚紀「日本語は天才である」2007〕

がたぴし〔我他彼此〕 仏典にある文字列。

【我他彼此(がたぴし)】 古

かたびら

【帷子(かたびら)】 小説〔「読売新聞」2009年12月15日〕

その他 羅衣(かたびら) 古

かたぶく〔傾く〕

【西渡(かたぶきぬ)】 古 月西渡(カタブキヌ)(万葉集) ツキワタリケリとも。〔杉本つとむ「日本文字史の研究」1998〕◆種々の読みあり。

かたまる〔固まる〕

【困(かた)まる】 誤字 ろうそくが固まるをろうそくが困まるって書いちゃった〔WEB〕◆塊(かたまり)を魂(たましい)と誤読することも。

かたみ〔形見〕

【記念(かたみ)】 小説 父の記念(かたみ)〔夏目漱石「こころ」1914〕

【遺品(かたみ)】 歌詞 母の遺品(かたみ)の 子守唄〔乙羽信子「東京のマリ」(佐伯孝夫)1953〕

【遺身(かたみ)】 歌詞 胸に抱くは遺身(かたみ)の 銀のロケット〔スリー・グレイセス「山のロザリア」(丘灯至夫)1961〕

その他 念記(かたみ) 古

かたむく〔傾く〕

【片向(かたむ)く】 雑誌〔山田尚勇「文字体系と思考形

態」〔「日本語学」1987年8月〕

がためき
【碑(がためき)】地名 新潟県佐渡市。地元でもあまり知られていない。

かためる［固める］
【厳(かた)める】小説 屋上からの狭い出口を厳(かた)めて、〔小林多喜二「蟹工船」1929〕

かたよる［偏る］
【片寄(かたよ)る】雑誌〔山田尚勇「文字体系と思考形態」〔「日本語学」1987年8月〕〕❖食品の包装にも。物が片方に寄る場合には、「偏る」はやや使いにくいか。

カタリ キリスト教異端の一派。
【清浄(カタリ)】小説 清浄(カタリ)派を中心とした〔平野啓一郎「日蝕」2002〕

かたりべ［語り部］部の「べ」は表外音訓。
【相棒(かたりべ)】小説 わたしの相棒(かたりべ)だというのなら〔西尾維新「ダブルダウン勘繰郎」2003〕

カタル［オランダ catarre］
【加答児(カタル)】古

ガダルカナル［Guadalcanal］
関連【餓島(ガとう)】古❖ガダルカナル島のこと。戦局悪化で。ガ島とも。

カタログ［catalogue］
【型録(カタログ)】新聞 出自は外国であるものが、それと気づかれずにいるものを俗に「隠れ外来語」と呼んでいる。たとえば、型録(かたろぐ)（catalogue）〔「東京新聞」2008年9月10日（陣内正敬）〕❖中国では目録。
【競売品目録(カタログ)】漫画〔冨樫義博「HUNTER × HUNTER 10」2000〕

かたわら［傍ら］
【片腹(かたわら)】古〔「明恵上人夢記」〕
その他 側(かたわ)ら 辞書

かたわれ［片割れ］
【片破(かたわ)れ】古❖漱石も使った。
【双児(かたわれ)】漫画 おれはどうにか走って逃げられたけど双児(かたわれ)のラーガは…〔渡辺祥智「銀の勇者 1」1998〕❖双子の魔物の片方。
【月(かたわれ)】歌詞 双子の月(かたわれ)が迎えてくれるでしょう〔霜月はるか「空渡し」（日山尚）2009〕

かち［徒歩］
【歩(かち)】【歩行(かち)】【歩路(かち)】【徒(かち)】【陸(かち)】古

かち［勝ち］
【価値】広告 永遠の価値組「金」金地金〔「読売新聞」2010年3月10日〕❖もじり。
*【勝(かっ)チ】姓〔佐久間英「珍姓奇名」1965〕

がち［↑がちんこ］ガチとも。
【本気(ガチ)】手紙❖女子生徒の手書き。
【真剣(ガチ)】【真面目(ガチ)】WEB 本気、真剣、真面目などをガチ、ガチンコなどと当て読みするのはテレビの影響でしょうかね。

がち
【勝(がち)】小説 黒目勝(くろめがち)の眼(め)を〔徳富健次郎「黒潮」1903〕❖語源説に合った表記。

かちかち
【兀々(かちかち)】【戞々(かちかち)】古❖拍子木の音など。

かちこみ
【殴り込み(カチコミ)】書籍 迷惑なのは殴り込み(カチコミ)であります〔浅田次郎「極道放浪記 1」1994 集〕

かちどき［勝ち鬨］
【凱歌(かちどき)】古 宮崎夢柳訳「仏蘭西革命記自由乃凱歌(かちどき)」1882❖書名。

かちぬき［勝ち抜き］
【サバイバル(勝ち抜き)】WEB ドラマでサバイバル(勝ち抜き)、〔フジテレビ「ライアーゲーム シーズン2」2009〕

かちめ［勝ち目］
【勝算(かちめ)】漫画

がちんこ 近年の若者ことば。↓がち
【真向(がちんこ)】漫画 この真向勝負(ガチンコ)〔「週刊少年マガジン」2004年48号（STAY GOLD）〕
【本気(ガチンコ)】【真剣(ガチンコ)】【真面目(ガチンコ)】WEB❖↓真剣(ガチ)

かつ［活］
【喝(かつ)】誤字「喝を入れる」は、俗解による表記。

かつ
【喝】(古) かつあげ〔1932(隠)〕❖恐喝からともい い、本来的な表記か。

かつ［勝つ・克つ］
【克つ】(小説) 木は火に克ち〔「読売新聞」2010年3月5日(宮城谷昌光)〕

カツ［←カツレツ(cutlet)］→カツどん
【勝】(漫画) 豚勝将軍〔田河水泡「のらくろ武勇談」1938〕
(民間)「勝ライス」。早稲田のそば屋で。〔飯間浩明「文字のスナップ」2000年5月〕

かつあげ→かつ(喝)
【恐喝】(小説) 恐喝と殺人じゃ〔南英男「嬲り屋」2000(俗)〕

かつお［鰹・堅魚］
【御松魚】(WEB) 御松魚(かつお)祝い事の酒肴の一品として鰹節を贈る。「強い男に」という意味も込められている。〔「ゼクシィnet 結納の準備と交わし方(九州編)」〕
その他 勝男 (民間)
*【鰹】(書名) 日本鰹鮪漁業協同組合連合会・日本鰹鮪漁業者協会「日鰹連史」1966❖日本かつおまぐろ協同株式会社(「にっかつ協」)、日カツ連合もあり、部分訓で読む。日鰹鮪連もWEBにあり。

かつおぶし［鰹節］
【松魚節】(民間) 結納のお品書き 勝男武士 松魚節〔斎賀秀夫「あて字の考現学」(「日本語学」1994年4月)〕
【勝男節】(民間) 縁起字の例：松魚節、勝男節〔斎賀秀夫「漢字の缶づめ 教養編」1998〕
【勝男武士】(新聞)「勝男武士」とも当て字をされることから、縁起ものとして応援に用い〔「朝日新聞」2008年8月20日〕

がっかり
【落胆】(古) 落胆する 近世や近代の戯作や小説に〔「日本語事典」1992〕

かつぐ［担ぐ］
【被】(古) ふんどしかつぎ 褌被〔1929(俗)〕

かっこ
【木履】(童謡)〔北原白秋「雨」1913〕❖「ぽっくり」とも読む。

かっこ［恰好・格好］
【格好】(漫画) お前んとこほどうかれた格好じゃないさ〔日高万里「ひつじの涙 4」2003〕／格好つけやがってよ〔藤崎聖人「WILD LIFE 5」2004〕
(辞書) 格好いい かっこいい〔(俗)〕
【姿】(漫画)〔篠原千絵「闇のパープル・アイ 1」1985〕
【制服】(漫画) そんな制服で繁華街フラフラしてんじゃねーぜ〔中条比紗也「花ざかりの君たちへ 4」1998〕
*【(悪)】(WEB) (類)カコワルイ 括弧の中に悪という字があることからついた。❖女子生徒の手紙に「(悪)」で「かっこわるい」。格好悪いを記号化したもの。
*【(英)田中】(人名) ❖芸人の名前。(E)で「かっこイー」とも。

かっこ［括弧］
【( )】(新聞) ※( )内は20名以上の団体料金〔「読売新聞」2010年3月27日〕❖読み合わせ校正などでは、「( )」は読む。「(かっこ)」と読み仮名を中に収めるケースもあり。「(当時)」は「かっことうじ」と読まれる。
*【(仮)】(漫画) 物理的な力では動きません(仮)〔種村有菜「時空異邦人 KYOKO 1」2001〕／そんな(仮)ばっかの取扱説明書〔同〕
*【(笑)】❖菊池寛が昭和の初めに、『文藝春秋』の座談会で場面を再現する際、言語外の状況、雰囲気を伝えるために生み出した。演劇台本のト書きなどを応用したのであろう。

歌詞 星の渚で ダンスをいっちょ踊るような(笑)(カッコワライ)が、一度くらいあっても〔T.M. Revolution「HIGH PRESSURE」(井上秋緒)1997〕

WEB 宮本駿一はラジオ番組で「(笑)」の部分を、何故か「かっこしょう」と読んでしまう癖があった。◆(笑、笑とも。

*【(笑)】(かっこわらい) WEB (笑)よりも更に皮肉を込めた表現で、主に2ちゃんねるで使用される。あえて間違えたように書くことでいかに相手のレスが滑稽で恥ずかしいかを煽る意味合いがある。

*【(涙)】(かっこなみだ) TV 手紙 ◆「(泣)」など、テレビのバラエティー番組の字幕でも。

*【）】(かっことじ) TV ◆書きながらそういう人もいる。朗読でもかっことじなどという人あり。

*【『……』】(かぎかっこ) 曲名 うしろゆびさされ組「渚の『……』」(なぎさのかぎかっこ)(秋元康)1986〕

がっこ〔↑学校〕

【学校】(がっこ) 歌詞 僕は学校(ガッコ)で泣かされた〔桑田佳祐「どん底のブルース」2002〕

漫画 学校(ガッコ)始まるギリギリまで〔日高万里「ひつじの涙 6」2003〕

【大学】(がっこ) 漫画 大学(がっこ)の追試でも〔高橋留美子「めぞん一刻 9」1985〕

【中学】(ガッコ) 漫画 この中学(ガッコ)〔大暮維人「エア・ギア 1」2003〕

かっこう〔恰好〕

【恰形】(かっこう) 古 漱石は原稿で恰好を「恰形」とすら書いている。〔山下浩「本文の生態学」1993〕

その他 格好(かっこう) 辞書

がっこう〔学校〕→がっこ

【大学】(がっこう) 漫画 〔高橋留美子「めぞん一刻 10」1986〕

【予備校】(がっこう) 漫画 予備校(がっこう)?〔大井昌和「ひまわり幼稚園物語あいこでしょ! 1」2001〕

*【高校】(ガッコー) 漫画 〔渡瀬悠宇「イマドキ! 5」2001〕/体育大付属の高校(ガッコー)に〔「花とゆめ」2004年22号(極楽同盟)〕

【楽校】(がっこう) 新聞 狛江市の自然観察エリア「狛江水辺の楽校(がっこう)」〔「読売新聞」2008年12月1日〕

◆もじり。→がく(楽)

【[文]】【文】 記号 ◆学校を地図記号から[文]など略記に用いる人あり。

かっさらい

【攫潗】(かっさらい) 古 〔1925 隠〕

がっしゅうこく〔合衆国〕

【合州国】(がっしゅうこく) 書名 本多勝一「アメリカ合州国」1981〕◆「合衆国」よりも正確だとも。かつて書かれた。齋藤毅『明治のことば』1977に詳説あり。

カッター〔cutter〕

【短艇】(カッター) 歌誌 〔「短歌」1994年8月〕◆海軍や自衛隊では「舠」と位相文字で書かれた。

かったるい

【かっ怠い】(たる)【かっ懈い】(たる) WEB ◆静岡方言などでは疲れたというだけの意味。

がっちり

【堅】(がっちり) 辞書 〔1949 隠〕◆ガチが元という。

ガッツ〔guts〕

【根性】(ガッツ) 漫画 根性(ガッツ)で〔「コーラス」2004年10月(レタスバーガープリーズ. OK, OK!)〕

【活魂】(ガッツ) 雑誌 ガッツ 活魂 我突 岩突 頑通 我根性〔斎賀秀夫「あて字の考現学」〔「日本語学」1994年4月〕〕

【魂】(ガッツ) WEB 活魂…ガッツ

書名 小笠原道大「魂(ガッツ)のフルスイング」2006〕

その他 剛気(ガッツ)・度胸(ガッツ) 書籍

ガッデム〔goddamn〕

【畜生め】(ガッデム) 小説 〔菊地秀行「魔界都市ブルース 夜叉姫伝 4」1990〕

カット〔cut〕

【遮断】(カット) 漫画 今は遮断(カット)しといてね〔奥田ひと

し「新・天地無用！ 魎皇鬼 3」2002〕
【曲がり（カット）】漫画〔村田雄介「アイシールド21 9」（稲垣理一郎）2004〕
【走り方（カット）】漫画〔村田雄介「アイシールド21 1」（稲垣理一郎）2002〕

かっとび〔かっ飛び〕 勢いよく走ること。
【喝斗毘（かっとび）】民間 ◆暴走族が好んだ。Tシャツなどにも。

カツどん〔カツ丼〕
【勝丼（カツどん）】WEB 勝央サービスエリアは、勝田郡勝央町勝間田と勝が続き、その勝とカツをいただき古くからの縁起の良い場所地名としてじわじわと人気が出て参りました。◆しゃれ、縁起を担いだ表記。台湾でも看板に。

かっぱ〔河童〕 沙悟浄は、中国ではカッパではない妖仙。
【買（かっぱ）】古〔式亭三馬「小野篡譃字尽」1806〕◆小地名に獱（かっぱ）（長野県）。
その他 水虎（かっぱ）・川太郎（かっぱ）古

かっぱ がば。
【岩波（かっぱ）】古 岩波起（カッハトヲク）〔「運歩色葉集」1547～1548〕
その他 岸破（かっぱ）古

カッパ
【合羽（カッパ）】TV 室町末期頃にポルトガル人が伝えた〔capa カッパ〕と呼ばれるマント状の毛織物に由来します。「合羽」と書くのは江戸中期頃から。マント状のカッパを着た姿は翼を前で合わせた鳥のように見えなくもない、その見た目と音の加減から「合羽」となったのでしょう。〔「ことばおじさんの気になることば」2010年2月9日〕
その他 紙羽（カッパ）古

カッパー〔copper〕 銅。コッパー。
【オレンジ（カッパー）】漫画 オレンジ色（カッパー）の眼だ〔猫十字社「小さなお茶会 2」2000〕

カップ〔cup〕
【杯（カップ）】漫画 日本でのW杯（カップ）が終わってしまいました〔二ノ宮知子「のだめカンタービレ 3」2002〕／金未来杯（カップ）を受賞した〔「週刊少年ジャンプ」2004年48号〕／女王杯（クイーンズカップ）参戦の猛者が集う〔「週刊少年マガジン」2004年48号（GetBackers）〕
広告 2019年W杯（ワールドカップ）日本開催決定！〔「読売新聞」2009年11月22日〕◆ワールドカップともダブリューハイとも読まれる。
【C（カップ）】雑誌 NHKマイルC（カップ）〔「東京ウォーカー」2004年10月26日〕◆競馬。

カップル〔couple〕
【夫婦（カップル）】漫画〔さいとうたかを「ゴルゴ13 34」1979〕／主人公の夫婦（カップル）が〔山田南平「紅茶王子 25」2004〕
【恋人（カップル）】漫画〔イチハ「女子妄想症候群 4」2004〕

かっぽれ
【活惚れ（かっぽれ）】【刮堀れ（かっぽれ）】古

かつらぎ
【歌枕（かつらぎ）】地名 ◆山形県。歌のうまい女性が夢枕に現れたとの伝承あり。
姓 三重県〔平島裕正「日本の姓名」1964〕◆岡上氏による。実在したものか。

かてきょ〔↑家庭教師〕 かてきょう。家（か）教（きょう）。
【家庭教師（カテキョ）】漫画 中学受験の為の家庭教師（カテキョ）やってたの〔日高万里「ひつじの涙 5」2003〕
【家庭教師（かてきょー）】漫画題名 天野明「家庭教師（かてきょー）ヒットマン REBORN!」2004～

カテゴリー〔ドイツ Kategorie〕
【分類（カテゴリー）】小説 分類（カテゴリ）を嫌いますか〔西尾維新「零崎双識の人間試験」2004〕
書籍 〝分類（カテゴリー）の世界〟〔川本英明訳「赤ちゃんの言いたいことがわかる本」2007〕

かでのこうじ〔勘解由小路〕
【解勘（かでのこうじ）】姓 ◆知り合いにいるという者があるが、おそらく「勘解由小路」を略記したもの。

カデンツァ［イタリア cadenza］

【装飾楽句】(ポスター) 戦いの装飾楽句〔ゲーム「MELTY BLOOD」2005〕

かど［角］

【角】(政策) 現代社会で普通に行われているもの〔「国語の改善について」1963〕

(姓) 角田 かどた かくた すみた つのだ〔斎賀秀夫「漢字と遊ぶ」1978〕

【街角】(歌詞) あの頃に 待ち合わせた街角を〔Iceman「Dear My Friend ～ make your shine way」(麻倉真琴)1997〕

【□】(看板) 下界の□ばった浮世を○く見て下さい〔飯能市天王山八王子の見晴らし台 1968(目)〕

かどで［門出］

【首途】(古)

カトリック［オランダ Katholiek］

【加特力】(小説)〔森鷗外「うたかたの記」1892〕

【旧教徒】(書籍) ローマ旧教徒〔杉本つとむ「近代日本語の成立と発展」1998〕

ガトリング［Gatling］

【銃乱射】(漫画)〔尾田栄一郎「ONE PIECE 34」2004〕

かどわかす

【勾引】(古)〔岡西惟中「続無名抄」1680〕

(その他) 勾かす・拐す (辞書)

かな［仮名］ 常用漢字表付表にあり。「かり＋な」の転。字音「カ＋な」ではない。

【仮名】(古) ❖仮字が仮名となったのは、名に字の意味があるためだが、それは古代中国の発想にもあり(『大漢和辞典』)、それが影響したものか。

【仮字】(書籍) 漢字まじり文や、仮字のなかに〔井上ひさし「私家版 日本語文法」1981〕

(その他) 国字 (古)

＊**【片仮】**(書籍)〔杉本つとむ「日本文字史の研究」1998〕

かな

【哉】(書名) ひめもとのみち「已んぬる哉日本」1997

(俳句) うれしさの箕にあまりたるむかご哉〔蕪村〕〔「読売新聞」2008年10月17日〕❖哉をかな・やと読ませるのは漢文・俳句などに。

かなあみ［金網］

【銅網】(書籍)〔高橋幹夫「江戸の笑う家庭学」1998〕

がない［が無い］

【[illegible]い】(小説) なんにも用事[illegible]いのです〔内田百閒「山高帽子」1929〕

かなう［叶う・適う］

【協う】(小説) 窺うことは協わぬが〔平野啓一郎「日蝕」2002〕

【敵う】(新聞) 敵わない〔「読売新聞 夕刊」2009年9月28日〕

かなえる［叶える・適える］

【実現える】(漫画)〔やまざき貴子「っポイ！」1991～2010〕

かながき［仮名書き］

【国字】(書名)「国字水滸伝」1829～1851

【仮名垣】(筆名) 仮名垣魯文 ❖「仮名書き」からともいう。

かながしら［仮名頭］ →かなどめ

【い】【イ】(姓)〔篠崎晃雄「実用難読奇姓辞典 増補版」1973〕❖しこ名に、い助治郎(かながしらすけじろう)。

かなしい［悲しい］

【哀しい】(歌詞) ルージュ哀しや 唇かめば〔菊池章子「星の流れに」(清水みのる)1947〕／赤い信号燈 哀しく映る〔淡谷のり子「雨のプラット・ホーム」(吉川静夫)1954〕／哀しいこともないのになぜか 涙がにじむ〔ザ・ピーナッツ「ウナ・セラ・ディ東京」(岩谷時子)1964〕／目を閉じて 何も見えず 哀しくて目を開ければ〔谷村新司「昴」1980〕／哀しけ

れば 哀しいほど 黙りこむもんだね〔森進一「冬のリヴィエラ」(松本隆)1982〕◆学校で習わない表記が情緒性に富む例。

曲名 南沙織「哀しい妖精」(松本隆)1976／郷ひろみ「KISSが哀しい」(松井五郎)1998

広告 哀しくも切ない〔「読売新聞」2009年5月3日〕

新聞 哀しげに 大串章『山河』〔「読売新聞 夕刊」2010年2月24日〕

【悲痛な】歌詞 悲痛な 叫び が〔GARNET CROW「Marionette Fantasia」(AZUKI 七)2003〕

【鉄しい】詩 孤独の鉄しきに堪へきれない泣虫同志の〔高村光太郎「孤独が何で珍らしい」1929〕

【愛しい】新聞「世の中で母と子ほど、悲しい、哀しい、愛しい……どの漢字をあてても意味が通う『かなしい』間柄はないだろう」〔「読売新聞」2010年4月18日〕

その他 悲哀 古

かなしさ [悲しさ]

【哀しさ】歌詞 あの娘と別れた 哀しさに〔春日八郎「別れの一本杉」(高野公男)1955〕／あとも見ないで 別れていった 男らしさが 哀しさが〔島倉千代子「哀愁のからまつ林」(船村徹)1959〕／過ぎた愛の哀しさを数える〔さだまさし「SUNDAY PARK」1977〕

新聞 生の哀しさに〔「読売新聞」2010年2月7日(書評欄)〕

その他 可悲 古

かなしみ [悲しみ]

【哀しみ】歌詞 哀しみに 染まる瞳に〔仲宗根美樹「川は流れる」(横井弘)1961〕／別れた あの日からの 哀しみが〔五木ひろし「あなたの灯(ともしび)」(山口洋子)1971〕／哀しみの裏側に何があるの?〔太田裕美「さらばシベリア鉄道」(松本隆)1980〕

曲名 森昌子「哀しみ本線日本海」(荒木とよひさ)1981／松田聖子「哀しみのボート」(松本隆)1999〕

新聞 哀しみに満ちた〔「読売新聞 夕刊」2010年2月26日〕

【悲哀】歌詞 悲哀を背負う時代に負けたくない〔JAM Project「Milky Way」(奥井雅美)2008〕

【絶望】歌詞 絶望も傷痕も振り切るように羽ばたく〔TWO-MIX「WHITE REFLECTION」(永野椎菜)1997〕

【大慈悲】チラシ 大慈悲の魔の摩天楼〔2004年6月30日〕◆福島泰樹の短歌。

【血潮】歌詞 赤い血潮が渦巻く波間〔林原めぐみ「集結の園へ」2009〕

かなしむ [悲しむ]

【哀しむ】歌詞 春まだ遠く 哀しむ人よ〔谷村新司「陽はまた昇る」1979〕／君の涙には 季節を哀しむ マルセリーノ の 愛がある〔光GENJI「THE WINDY」(飛鳥涼)1988〕

かなた [彼方]

【極北】詩 寂寥、暗礁、極北の星〔松室三郎ほか「マラルメ全集」1989～2010〕

その他 左右 古

カナダ [Canada]

【加奈陀】小説 小沼丹〔中村明2003〕◆1字では「加」、カリフォルニア州は「加州」。

かなづかい [仮名遣い]

【仮字用格】書名 本居宣長「字音仮字用格」1776／石塚龍麿「仮字用格(遣)奥山路」1798

その他 綴方・綴字 古

かなど

【鋼砥】小説 鋼砥の上で金剛砂が〔宮沢賢治「チュウリップの幻術」〕

かなどめ →かながしら

【京】しこ名

かなぶん [金蚉] 蚉は蚊の異体字だったもの。

【金亀子(かなぶん)】辞書

かなまり

【金鋺(かなまり)】新聞 金鋺(かなまり)に頭をつっ込んで〔「読売新聞 夕刊」2008年10月7日〕❖金属製の椀という意で、古代には使われた。味鋺(あじま)は地名。素材ごとに埦(垸)、椀、碗。椀がプラスチックで作られるようになると、部首は既存のもので表記されるようになった。

かなり［可也・可成］可＋なり(助動詞)から。

【頗り(かなり)】雑誌 頗(かな)リ〔「歴史読本」1994年8月〕

その他 ケ成(かなり) 古

カナリア［スペイン canaria］「カナリヤ」とも。

【金糸雀(カナリア)】歌詞 唄(うた)を忘(わす)れた金絲雀(かなりや)は 後(うしろ)の山(やま)に棄(す)てましよか。「西條八十童謡全集」1924〔紀田順一郎「図鑑日本語の近代史」1997〕／哀しき金糸雀(カナリア)〔水樹奈々「天空のカナリア」(HIBIKI)2009〕

その他 福島鳥(カナリア)・加拿林雀(カナリア) 古

がなる

【吼る(がなる)】広告 飲(や)るもよし 喰(く)うもよし 吼(がな)るもよし〔電車内のスナックの広告 1972 目〕

その他 我鳴(がな)る 古

かにたま［蟹玉］

【芙蓉蟹(かにたま)】字遊〔織田正吉「ことば遊びコレクション」1986〕

かにばば［蟹屎］

【蟹糞(かにばば)】辞書 俗 ❖「猫糞(ねこばば)」もあり。

カニバる［↑カニバリズム］

【食人(カニバる)】小説 人間を食べる(食人(カニバる))〔清涼院流水「カーニバル 二輪の草」2003〕

がにまた

【蟹股(がにまた)】辞書 俗 ❖カニに似るためとも。

カヌー［canoe］

【独木舟(カヌー)】歌詞 ひとり漕ぐ独木舟(カヌー)よ〔鶴田浩二「ハワイの夜」(佐伯孝夫)1953〕

かね［金］ 新聞では「お金」はカネ。「金」はキンに当てる。

【鉄(かね)】歌詞 ありったけの闘志と核鉄(かくがね)を胸に〔福山芳樹「キミがくれるPOWER」(マイクスギヤマ)2007〕

【貨幣(かね)】小説 貨幣(かね)だと思って握っていたのが、枯葉であった〔小林多喜二「蟹工船」1929〕

【金銭(かね)】小説 お金銭(かね)〔田中芳樹「ウェディング・ドレスに紅いバラ」1989〕

歌詞 背広の中に金銭があふれてた〔桑田佳祐「真夜中のダンディー」1993〕

【援助金(かね)】歌詞 援助金(かね)を出しても口出せぬ〔桑田佳祐「ROCK AND ROLL HERO」2002〕

【治療費(カネ)】漫画 治療費(カネ)はちゃんと払ってくれよな〔藤崎聖人「WILD LIFE 4」2003〕

【家賃(かね)】漫画 家賃(かね)のためにブッ殺されても〔「週刊少年ジャンプ」2004年5月24日(PMG-0)〕

【年金(カネ)】広告 誰が払うか、そんな年金(カネ)!〔「読売新聞」2004年5月18日(プレイボーイ)〕

【㊎(かね)】書名 岩中祥史「名古屋お㊎(カネ)学『お値打ちケチ』の才覚」2006

その他 銀(かね)・金子(かね) 古 ／遺産(かね)・財源(かね)・資金(かね) WEB

かね［鐘・鉦］

【銅鑼(かね)】歌詞 銅鑼(かね)が鳴るさえ 切ないものを〔田端義夫「かよい船」(清水みのる)1949〕

【心臓(かね)】歌詞 心臓(かね)が行き場求め呻き出す〔水樹奈々「WILD EYES」2006〕

カネキン［ポルトガル canequim］

【金巾(カネキン)】古 ❖漢字の影響でカナキンとも。〔土井忠生「室町時代の国語」(「国語学大辞典」1980)〕

かねちょう

【⌐長(かねちょう)】雑誌 漆ギャラリー「⌐長(かねちょう)」は秀逸。〔「旅」1994年1月〕❖「かね～」は屋号・商号に多い。

かねて［予て］

【予(かねて)】【兼(かねて)】【従兼(かねて)】古

かねもうけ［金儲け］
【金設】(かねもうけ) 古

かねもち［金持ち］
【豪富】(かねもち)【有福】(かねもち)【銀持】(かねもち) 古

かねん［可燃］
【可然】(かねん) 民間 可然ゴミ〔都内でゴミ容器に手書き〕◆燃は古くは然であり、先祖返り。

かのくつ［靴の沓］ 字音（カ）と和訓（くつ）で語義（くつの種類）を特定。笛のうち笙(ショウ)を特定する表現「ショウのふえ」と同じ。
【靴】(かのくつ) 古 「靴」(クワ)は鮮卑語からという。

かのじょ［彼女］
【彼の女】(かじょ) 歌詞 そっと彼の女(かじょ)が囁いた〔堺駿二「僕とハワイのベッピンさん」(大高ひさを)1954〕
【女友達】(かのじょ) 歌詞 女友達(かのじょ)とだって旅行に行かないし〔ZARD「愛であなたを救いましょう」(坂井泉水)2004〕
【女神】(かのじょ) 歌詞 ヒビ割れた女神(かのじょ)の腕に抱かれ〔GLAY「Runaway Runaway」(TAKURO)2004〕
【月】(かのじょ) 論文〔王勇「振仮名（ふりがな）と文字論：文化的な視点より」1993〕
【海】(かのじょ) 論文〔玉井喜代志「振仮名(ルビ)の研究」（「国語と国文学」1932）〕
その他 真理子(カノジョ)・龍眼(カノジョ) 漫画
*【関西女】(かのじょら) 漫画 日本女性とは呼べそうもない関西女(かのじょら)の〔天城小百合「螢火幻想」1996〕
関連【彼女】(ゆり)【彼女】(ミュ)【彼女】(シャレル)【彼女】(リベラ) 漫画

かのん
【花音】(かのん) 人名 女子 18位〔たまひよ 名前ランキング 2008〕◆観音など連声形が切り出されたもの。
【可音】(かのん) 漫画〔秋本治「こちら葛飾区亀有公園前派出所 126」2001〕◆命名案として。

カノン［canon］
【追走曲】(カノン) 歌詞 追憶の追走曲(カノン)〔Sound Horizon「終端の王と異世界の騎士～The Endia & The Knights～」(REVO)2006〕
その他 輪唱曲(カノン) 小説

カノン［オランダ kanon］
【加農】(カノン) 小説 二十四ポンド加農(カノン)砲で〔静霞薫「るろうに剣心 巻之一」(和月伸宏)1996〕◆明治からの当て字。古くは迦礮なども。

かば［河馬］ 和製の訳語で、中国、韓国、ベトナムへと漢字とともに伝播した。
【害獣】(カバ) 漫画 害獣(カバ)どもの保護など認めんからな!!〔藤崎聖人「WILD LIFE 4」2003〕◆WEBに馬鹿をひっくり返した「鹿馬」も。

カバー［cover］
【表紙】(カバー) 漫画〔「週刊少年ジャンプ」2004年47号〕
【隠れ蓑】(カヴァー) 書籍 エージェントたちの隠れ蓑(カヴァー)として〔矢野俊策／F. E. A. R.「ダブルクロス The 2nd Edition」2003〕

かばん［鞄］
【鞄】(かばん) 古 手提鞄(かばん) 1931〔惣郷正明「辞書漫歩」1987〕◆語には中国語起源説も。明治初期にこの漢字を当てた。国訓は当て読み、当て字とかかわるが不整合感が薄い。

かび［黴］
【麹】(かび) 雑誌〔「小説新潮」1994年5月〕
その他 殕(かび)・醭(かび) 古

かび［華美・花美］
【華黴】(かび) 小説 華黴(かび)なる〔柳瀬尚紀訳「フィネガンズ・ウェイク I II」1991〕◆もじり。

カピタン［ポルトガル capitão］ キャプテン。
【商館長】(カピタン) 書籍〔杉本つとむ「近代日本語の成立と発展」1998〕
その他 甲比丹(カピタン) 古

カフェ［フランス café］
【珈琲店】(カフェ) バンド名 アンティック－珈琲店(カフェ)－
◆口偏の咖啡は、日本で江戸時代から玉偏(王)に書き換えられ始めていた。2字で口偏と玉偏と交ざることもあった。

【茶館(カフェ)】番組名 NHK ペットに関する情報バラエティー「わんにゃん茶館(カフェ)」〔「読売新聞 夕刊」2009年3月30日〕

その他 パブ(カフェ・バー) 雑誌

カフェイン〔(ドイツ) Kaffein〕

【咖啡因】【咖啡碱】【茶碱】中国

かぶき〔歌舞伎・歌舞妓〕→かぶきもの

【歌舞伎(かぶき)】民間 縁起字の例：歌舞伎(傾き)〔斎賀秀夫「漢字の缶づめ 教養編」1998〕◆歌舞伎を表記するために伎が改定常用漢字表（答申）に採用された。

【歌舞妓(かぶき)】雑誌〔斎賀秀夫「あて字の考現学」〔「日本語学」1994年4月〕〕◆男性だけで演じる野郎歌舞伎から、妓ではなくなっていった。

かぶきざ〔歌舞伎座〕

【木挽町戯場(かぶきざ)】広告 賑(にぎわう) 木挽町戯場(かぶきざ) 始(ことはじめ)〔「読売新聞 夕刊」2009年3月14日〕

かぶきもの〔歌舞伎者〕

【傾奇者(かぶきもの)】新聞 天下一の傾奇者(かぶき)、前田慶次〔「読売新聞」2009年11月30日〕

*【株鬼者(かぶきもん)】新聞 ほえる人だ。壊し屋でもある。株鬼者(かぶきもん)と自称する。〔「朝日新聞」2005年4月30日〕◆もじり。

かぶく〔傾く〕

【傾(かぶ)く】書籍 歌舞伎 傾く わざわざ武張って「かぶく」と訓んで、これを「傾奇(かぶき)」などと綴ることになります。〔松岡正剛「日本流」2000〕

歌詞 傾(かぶ)いてこその 漢花(おとこばな)〔角田信朗「漢花」〔北原星望・真間稜〕2007〕／いざ傾(かぶ)き舞う〔角田信朗「よっしゃあ漢唄」〔北原星望・真間稜〕2009〕

【傾奇(かぶき)】小説『傾奇(かぶき)推理』と登録されていたよな〔清涼院流水「カーニバル 一輪の花」2003〕◆とんち探偵の推理方法のこと。

民間 傾奇祭〔高円寺、パチンコ店で 2010年2月〕

かぶしきがいしゃ〔株式会社〕

【ＫＫ(かぶしきがいしゃ)】民間

かぶせる〔被せる〕

【冠(かぶ)せる】書籍 冠せられた〔井上ひさし「ニホン語日記」1996〕

カプリース〔caprice〕カプリッチョ。

【奇想曲(カプリース)】漫画〔「週刊少年ジャンプ」2005年1号〔デビルヴァイオリン〕〕

カプリコ ベイブレードのカプリコーネなど、子供の間で聞かれる。

【磨羯宮(カプリコ)】漫画 磨羯宮(カプリコ) Hamael〔由貴香織里「天使禁猟区 18」2000〕

カプリッチョ〔(イタリア) capriccio〕

【狂想曲(カプリッチョ)】漫画〔青山剛昌「名探偵コナン 46」2004〕◆サブタイトル。

かぶる〔被る・冠る〕

【覆(かぶ)る】小説 帽子を前のめりに覆(かぶ)った。〔小林多喜二「党生活者」1932〕◆近年、重なる意味でも使われることがあり、「被る」と記されることがある。

【冠(かぶ)る】字幕 冠(かぶ)らなくて〔映画「鉄道員」1956〕

【被(かぶ)る】俳句 雪被(かぶ)る〔「読売新聞」2010年3月29日〕

かぶれ〔気触れ〕

【囮(か)ぶれ】小説 ダブ倫囮(リンか)ぶれの〔柳瀬尚紀訳「フィネガンズ・ウェイク III IV」1993〕

かぶれる〔気触れる〕

【感染れる】古 ◆『浮雲』にも。

その他 殕(かぶれ)・蚊触(かぶれ)・瘡(かぶれ)・痒(かぶれ)・患(かぶれ) 古

かべ〔壁〕

【壁面(かべ)】歌詞 壁面(かべ)に映し出された人影(かげ)〔KinKi Kids「Virtual Reality」(double S) 2003〕

【強者(かべ)】歌詞 どんな強者(かべ)にも怯(ひる)まない〔Kimeru「OVERLAP」2005〕

【常識(かべ)】歌詞 志を通せばブチ当たる常識(かべ)に〔GLAY「STARLESS NIGHT」(TAKURO) 2008〕

かほう［果報］
【花報(かほう)】古

かほご［過保護］
【果報子(かほご)】文書〔小学校養護教諭の報告書「子どもの健康」1973 目〕

かぼそい［か細い］
【蚊細い(かぼそ)】WEB ◆多い。
その他 繊細い(かぼそ) 辞書

カボチャ［←ポルトガル Cambodia］
【加保茶(かぼちゃ)】筆名 加保茶浦成(かぼちゃのうらなり)◆狂歌師。
その他 南瓜(カボチャ) 辞書

かま［釜・窯・缶・罐・竈］
【汽罐(かま)】小説 汽罐(かま)の前では、石炭ガスが引き出されて、〔小林多喜二「蟹工船」1929〕

がま
【蝦蟇(がま)】【蟇(がま)】古

かまいたち［鎌鼬］
【神逢太刀(かまいたち)】書名 小笠原京「十字の神逢(かまい)太刀(たち)」2009

かまいなし
【無妨(かまいなし)】古

かまつか
【一尺八寸(かまつか)】姓 ◆「かまづか」とも。

かまとと かまぼこは、ととからできているのかと尋ねたところから。
【蒲魚(かまとと)】【釜魚(かまとと)】辞書 見かけは初心(うぶ)そうで内実はすれている〔1960 隠〕

かまのえ
【一尺八寸(かまのえ)】姓〔平島裕正「日本の姓名」1964〕
◆香川県にあるという姓。実在したものか。

かまびすしい
【嫐(かまびすし)】【喧嘩(かまびすし)】古

かまわぬ［鎌輪奴］「構わぬ」から。衣服の紋様。鎌は鎌の絵。明暦から流行。市川團十郎によってさらに流行した。→よき（よきこときく）
【鎌輪ぬ(かまわ)】【鎌○ぬ(かまわ)】【○ぬ(かまわ)】古

かみ［上］
【政府(かみ)】古

かみ［長官・守］
【長官(かみ)】小説 中宮職の長官(カミ)だとはいえ〔藤原眞莉「華くらべ風まどい―清少納言梛子」2003〕
◆この「かみ」には、官司ごとに多くの漢字が区別のために当てられた。

かみ［紙］
【紙片(かみ)】小説 書きちらしの紙片(かみ)を〔小林多喜二「党生活者」1932〕
【和紙(かみ)】商品名 小町和紙(かみ)〔あぶらとり紙〕

かみ［神］「上(かみ)」とは、上代には母音が異なっていたとされる。アイヌ語のカムイと関連すると言われる。「神威」などが当てられる。「今髪とかしてる」というメールの文面が誤変換で「今神と化してる」となったという話がある。雑誌の誤植として「神のみぞ知る」が「神のみそ汁」になったものがあったという。→かみさま
【鬼(かみ)】姓 ◆九鬼(くかみ)文書の名が知られる。この字体は「鬼」の異体字としてかつては一般的だった。「穏」の字音から「おに」という和訓が生じたとされる。九鬼とも。
【創世主(神)】漫画 時は創世主(神)の力が圧縮され〔由貴香織里「天使禁猟区 1」1995〕
【創造主(かみ)】歌詞 創造主(かみ)に見放されたこの世界〔志方あきこ「花帰葬」(LEONN・篠田朋子) 2005〕
【創造神(かみ)】歌詞 創造神(かみ)にでもなった心算なの〔Sound Horizon「Arc」(REVO) 2005〕
【主(かみ)】歌詞 主よ 我を救いたまえ〔Janne Da Arc「Strange Voice」(yasu) 1999〕
【女神(かみ/おとめ)】歌詞 白き贄を胸に歌う女神(かみ)の MESYARIA〔霜月はるか「斑の王国」(日山尚) 2009〕
【ネ申(かみ)】WEB〔2ちゃんねる〕◆このような

文字を倍角文字や4倍角文字という。分字の手法と一致。ほかに、批判要望→才比半リ 要望。「走召」「糸冬了」なども。「此国はネシ申スでゆたか也（井蛙）」〔「誹風柳多留」〕と詠まれるなど、似た分字は江戸時代からあり。

かみかけて［神掛けて］
【盟】古 歌舞伎「盟三五大切」

かみきれ［紙切れ］
【紙片】小説 壁へ紙片を宛てがって、〔夏目漱石「こころ」1914〕
【紙っ片】小説 自分の身体が紙ッ片のように〔小林多喜二「蟹工船」1929〕

かみさま［神様］
【太陽】漫画 太陽に近づきすぎた英雄は〔荒川弘「鋼の錬金術師 1」2002〕
関連【神様】広告 神様からの贈り物。〔「読売新聞」2009年12月22日〕

かみさん［上さん］
【内儀さん】書名 古今亭八朝ほか「内儀さんだけはしくじるな」2008 ❖噺家のおかみさんのこと。
【主婦さん】小説 主婦さんに見せて〔米川正夫訳「ドストエーフスキイ全集6 罪と罰」1960〕
【女房】漫画〔やまざき貴子「ZERO 1」1997〕
その他 御内儀さん WEB

かみしも［裃］国字。
【裃】辞書 ❖江戸時代に現れた「社衦」から。その二字も元は「上下」。

かみそり［剃刀］
【剃刀】古 ❖「髪剃」はまれ。

かみのけ［髪の毛］
【髪毛】小説 ぼろぼろの髪毛を〔宮沢賢治「土神と狐」1934〕
【彡】書籍 髪 彡は長い友〔遠藤好英「漢字の遊び例集」1989〕❖「髪は長〜い友達」と言うCMがあり、「長」の「、」の部分がいつの間にか落ちていた。

カミルレ［オランダ kamille］カミツレ。
【加密列】古〔宇田川榕菴「植学啓原」1834〕

かみんちゅ
【神人】広告 沖縄の神人が贈る〔「読売新聞」2010年4月29日〕

かむ［噛む・嚙む・咬む］
【歯む】詩 うちに霊獣潜みゐて青き炎を牙に歯めば〔蒲原有明「浄妙華」1906〕
【蛟】古〔1935 隠〕❖咬が前の虫の字に同化。

カム［come］
【今行くわ】書籍〔大久保博訳「完訳 ギリシア・ローマ神話」1970〕

カムイ［アイヌ kamui］語源はアイヌ語が先、日本語が先という両説あり。
【神】地名 神潭 ❖北海道の地名。
新聞 フクロウの神（カムイ）は、そう歌いながら飛ぶ。「神謡集」冒頭の一編だ。〔「朝日新聞」2008年6月7日〕
【神威】地名 神威岳 神威岬（北海道）
広告 神威発動〔JR車内広告〕
【神居】地名 神居古潭（北海道）❖コタンもアイヌ語。
【可夢偉】人名 小林可夢偉 ❖F1ドライバー。
*【神神の遊ぶ庭】新聞 十勝野は神神の遊ぶ庭 時田則雄の第九歌集『ポロシリ』〔「読売新聞 夕刊」2008年10月25日〕

がむしゃら［我武者ら］
【我武者羅】小説 我武者羅に〔川端康成「ざくろ」1926〕
雑誌〔「WASEDA WEEKLY」1166号 2008〕❖店名など。
その他 我武者等・我無洒落 古／我武沙羅 WEB

カムチャツカ［Kamchatka］「カムチャツカ」と促音化することあり。
【堪察加】地名

カムフラージュ［フランス camouflage］「カモフラージュ」とも。

【迷彩(カムフラージュ)】 歌詞 思ひ出に酸化した此の含嗽薬迷彩(カムフラーヂュ)〔椎名林檎「意識」2003〕

【偽装(カモフラージュ)】 漫画 道化人形の〝偽装(カモフラージュ)〟……！〔さとうふみや「金田一少年の事件簿27」(金成陽三郎)1997(裏表紙)〕

かむり［被り］

【冠(かむり)】 歌詞 みどり揺る花の冠(かむり)を〔岩崎巌「ひかる青雲」1947〕

かむろ

【学文路(カムロ)】 地名 学文路(カムロ)村 和歌山 読み方のむずかしい例〔国語審議会「町名の合併によって新しくつけられる地名の書き表わし方について」(建議)1953〕

カメ 西洋犬。come からという。

【洋犬(カメ)】【狗(カメ)】 古

がめつい

【亀(がめ)つい】 WEB

カメラ［camera］

【撮影(カメラ)】 漫画 撮影係(カメラ)〔さとうふみや「金田一少年の事件簿3」(金成陽三郎)1993〕

かも

【鴨(かも)】 古 うぐひす鳴きに鶏鵡鴨(けむかも) 今日見鶴(つる)鴨(かも)『万葉集』〔遠藤好英「漢字の遊び例集」1989〕 WEB ケータイ…とかになる鴨。❖無意味に見える絵文字と似た働きか。

【青頭鶏(かも)】 古 恋渡青頭鶏(こいわたるかも)〔「万葉集」〕❖終助詞。

かもうり［氈瓜］

【冬瓜(かもうり)】 古

カモフラージュ ⇩カムフラージュ

かもめ［鷗・鴎］ ×カモメ、メカモメ、品(しな)カモメなど、文字コード論争の時に象徴となった。

かや［蚊帳・蚊屋］

【蚊帳(かや)】 雑誌 日常語として消える可能性〔木村義之「近代のあて字と文学」(「日本語学」1994年4月)〕❖常用漢字表の付表にあり。蚊幮・蚊蟵などとも書かれる。

かやくうどん［加薬饂飩］

【火薬(かやく)うどん】 貼紙〔関西の飲食店 1956 目〕❖「かやく」と仮名表記されることが多く、語源や漢字表記を知らない人が多い。

かゆい［痒い］

【蚊(か)ゆい】 小説〔柳瀬尚紀訳「フィネガンズ・ウエイク I II」1991〕❖『万葉集』には「蚊」が多用された箇所がある。

かゆみ［痒み］

【掻痒(かゆみ)】 雑誌 皮膚掻痒(かゆみしょう)症〔「安心」1994年9月〕❖「そうようしょう」という読みも。

かよう［通う］

【往還(かよう)】 古

かようの

【如此(かようの)】 古

かよわい［か弱い］

【蚊弱(かよわ)い】 小説〔夏目漱石「吾輩は猫である」1905～1906〕

から［唐・韓・漢］

【漢(から)】 雑誌 韓・漢(カラ)。漢(韓)の中身を〔「リポート笠間」2009年11月〕

【韓(から)】 俳誌 韓(から)の〔「俳句」1994年7月〕❖「から」は朝鮮半島も中国大陸も指した。

その他 加羅(から) 古

から［殻・骸］

【color(殻)】 歌詞 自分の color(殻)破って〔タッキー＆翼「One day, One dream」(小幡英之)2004〕

から

【自(から)】 古 唐来参和「莫切自根金生木(きるなのねからかねのなるき)」1785 ❖黄表紙。上に返って読む。回文。

【～(から)】 民間 1泊2食平日26,400円～のところ〔ホテル花いさわのハガキ 2010年3月〕

がら［柄］

❖「から」と読むか。

【身体(がら)】小説 身体(がら)の小さい女蟹ばかり多くなった〔小林多喜二「蟹工船」1929〕

*【柄美女(ガラージョ)】広告 ミラノ柄美女(ガラージョ)〔「読売新聞」2007年12月26日(NIKITA)〕

がら

【磊落(がら)】古 読本〔矢野準「近世戯作のあて字」(「日本語学」1994年4月)〕

【瓦落(がら)】古 相場の暴落すること〔1920 隠〕

カラー [color]

【色(カラー)】雑誌 ナチュラル色(カラー)なら〔「with」1994年7月〕／影になるダーク色(カラー)は、〔「with」1994年9月〕

【色彩(カラー)】歌詞 どんな悲しみも埋め尽くす色彩(カラー)〔EXILE「Heavenly White」(Masato Odake)2009〕

その他 美白(カラー) 雑誌／美肌(カラー) 広告

からあげ [空揚げ]

【虚揚げ(からあげ)】古 ❖戦前に見られた。

【空揚げ(からあげ)】新聞 空揚げフライ 市販品の空揚げ粉と〔「読売新聞」2010年2月26日(村上祥子の夕食クリップ)〕❖新聞の規則に従っている。本来的な表記だが、一般には違和感が強い。また、かえって「空揚げ」は「そらあげ」と誤読されることもあり。

【唐揚げ(からあげ)】広告 米粉の唐揚げ ぎょうざ〔「読売新聞」2010年3月4日〕❖広告欄ではよく見られる。「唐揚げ」とすることで、中華風のイメージになる。

がらうけ [柄受け]

【身柄引受(がらうけ)】書籍 女房が身柄引受(ガラウケ)にやって来て〔浅田次郎「極道放浪記 2」1995 集〕

からオケ 「空っぽのオーケストラ」という意味の日本語から。中国では「卡拉OK」が定着している。

【カラOK(オケ)】民間「カラOK」。名古屋市で。〔飯間浩明「文字のスナップ」1999〕❖中国の卡拉(カラ)O(オ)K(ケ)の影響か。

*【歌 箱(からオケボックス)】民間 ❖学生が漢字だけで文章を書いてみたときによく現れる。

からかう [揶揄う]

【調戯う(からかう)】小説 級友の一人から調戯(からか)われました。〔夏目漱石「こころ」1914〕

からかみ [韓神]

【蕃神(からかみ)】漫画 八百万の神々と蕃神(からかみ)を一緒になど〔山岸凉子「日出処の天子 1」1980〕

からから

【呵々(からから)】古

がらがら

【轢轆轢轆(がらがら)】小説 轢轆(がら)〱と門内(もんない)にかけ込(こ)む。〔徳富健次郎「黒潮」1903〕

【鐸鈴(がらがら)】小説 例の鐸鈴(ガラガラ)が〔平野啓一郎「日蝕」2002〕

その他 瓦落瓦落(がらがら) 古

カラキタイ [KaraKhitai]

【黒契丹(カラキタイ)】地名

がらくた

【瓦落多(がらくた)】【瓦落苦多(がらくた)】古 ❖『坊っちゃん』に「先祖代々の瓦落多を」とある。

【我楽多(がらくた)】古『我楽多文庫』1885 ❖硯友社による初の文芸雑誌、同人誌。江戸時代の世話字の流れを汲むのであろう。書籍「我楽多珍報」〔紀田順一郎「日本語発掘図鑑」1995〕

【我落苦多(がらくた)】雑誌〔「旅」1994年9月〕

【賀楽多(がらくた)】新聞「賀楽多」と字を当てると、ちょっとワクワクするような雰囲気に変わる。(中略)あなたの周りに「賀楽多」はありませんか。〔「読売新聞」2010年2月6日〕

【荷物(がらくた)】漫画 荷物(ガラクタ)はどうした〔東里桐子「爆裂奇怪交響曲 1」1993〕

【人形(がらくた)】歌詞 もう動かない人形(がらくた)〔Sadie「marionette」(真緒)2008〕

【知識(がらくた)】歌詞 体中に纏う知識(ガラクタ)に惑わされぬように〔川田まみ「PSI-missing」2008〕

*【不完全な(がらくたの)】歌詞 不完全な(ガラクタの)命を厭う〔kukui

か

「彼方からの鎮魂歌」(霜月はるか)2007〕

*【雅楽(がらく)】書籍 雅楽(がらく)探偵譚(たん)〔織田正吉「ことば遊びコレクション」1986〕◆「がらくた」のもじり。人名に雅楽(うた)。

からくり〔絡繰り〕

【機巧(からくり)】古「機巧図彙(からくりずい)」1796〔惣郷正明「辞書漫歩」1987〕

広告 超熱血機巧(カラクリ)活劇〔青山剛昌「名探偵コナン」26 2000(巻末)〕

【人形(からくり)】漫画 傀儡師の人形(カラクリ)〔「週刊少年ジャンプ」2004年5月24日(NARUTO)〕

【仕掛(からくり)】書籍 そのまかふしぎな仕掛(からくり)を知りたくて〔井上ひさし「私家版 日本語文法」1981〕

【仕掛け(からくり)】雑誌 その仕掛け(カラクリ)にルフィはどう立ち向かうのか?〔「ファミマ・ドット・コム・マガジン関東・東北版」2006年3月〕

その他 機関(からくり)古

からくれない〔唐紅・韓紅〕

【唐紅花(からくれない)】店名〔「読売新聞 夕刊」2009年10月6日〕

からけつ〔空穴〕→からっけつ

【空穴(からけつ)】古 無一文〔1920 隠〕

カラザ〔ラテン chalaza〕 卵黄から出るひも状のもの。

【殻座(カラザ)】TV ◆語源の俗解による表記。

からす〔烏・鴉〕

【鴉(からす)】漫画 鴉は「牙」がガーという鳴き声を示す。〔蛇蔵&海野凪子「日本人の知らない日本語」2009〕

ガラス〔オランダ glas〕

【硝子(ガラス)】雑誌 硝子越(ガラスご)しに〔「太陽」1994年8月〕◆扇子のように子でスのようにも見える。硝子(ビードロ)の方が古い。

曲名 KinKi Kids「硝子の少年」(松本隆)1997

【瓦拉斯(ガラス)】書籍〔杉本つとむ「日本文字史の研究」1998〕

【琉璃(ガラス)】歌詞 琉璃(ガラス)のパノラマには〔南佳孝「黄金時代」(松本隆)1984〕

【玻璃(ガラス)】歌詞 宝石の雨も 狂おしさの前でただの瑠璃玉(ガラス)―〔中原理恵「シェイクシェイク・・・」(ちあき哲也)1981〕／転がった玻璃(ガラス)瓶に〔ALI PROJECT「妄想水族館」(宝野アリカ)2001〕◆「玻」が人名用漢字にないため、最高裁まで争われた(2010)。

【玻瑠(ガラス)】漫画〔秋本治「こちら葛飾区亀有公園前派出所」126 2001〕◆命名案として。

からすき〔唐鋤・犂〕

【参宿(からすき)】漫画〔渡瀬悠宇「ふしぎ遊戯」1992～1996〕

【犁(からすき)】辞書 ◆犂と異体字。

からそうどう〔空騒動〕

【虚騒動(からそうどう)】古「二条河原落書」〔紀田順一郎「日本語発掘図鑑」1995〕

からだ〔体・軀〕→おからだ

【躰(からだ)】歌詞 恋した時に 躰の隅で 別の私が眼を覚ますの〔山口百恵「青い果実」(千家和也)1973〕／躰(からだ)を求め〔長渕剛「あんたとあたいは数え唄」1979〕◆戦前は、煩雑な「體」を手書きすることを回避する意識もあったのであろう。体よりも身体性の表現のためか躰や身体、軀などを作家は選ぶ傾向があり、文芸では習慣化している。

書籍 躰(からだ)〔由良君美「言語文化のフロンティア」1986〕

雑誌 躰〔「問題小説」1994年11月〕

新聞 躰(からだ)からはがされ〔「読売新聞」2010年4月20日〕

【軀(からだ)】◆作家の中には、あえてこの字体を選ぶ者もある。略字による「躯体」は、工事現場でよく見かけられる。

歌詞 心より躯のほうが〔岸田智史「きみの朝」(岡本おさみ)1979〕／今でも軀はおぼえている〔中村雅俊「雨のハイウェイ」(岡本おさみ)1983〕／罪な 私の 躯を(もう一度)愛してくれませんか〔ヴィドール「我輩ハ、殺(コロ)女(スケ)成り…」(ジュイ)2004〕

書籍 三本いっしょで躯（からだ）がバラバラになりそう。〔井上ひさし「私家版 日本語文法」1981〕

小説 ちっぽけな躯〔谷恒生「闇呪」2000 俗〕

短歌 我が躯（からだ）に〔「読売新聞」2009年6月8日〕

【身（からだ）】手紙 心と身（からだ）がウラハラなことになっちゃったんです。

【肉（からだ）】歌詞 肉（からだ） 脳 離脱の時〔※-mai-「鎮 － re-quiem －」（米たにヨシトモ）1999〕

【鎧（からだ）】漫画 アルの鎧（からだ）を直してやりたいんだけど〔荒川弘「鋼の錬金術師 2」2002〕

【身体（からだ）】❖「体」と書くよりも、婉曲になると感じて、手紙などに使う人もいる。常用漢字では体という一表記のみ。

小説 身体（からだ）を半分起してそれを受取った〔夏目漱石「こころ」1914〕／彼は身体（からだ）一杯酒臭かった。〔小林多喜二「蟹工船」1929〕／身体（からだ）と平行に持ち上げ〔市川拓司「いま、会いにゆきます」2003〕

歌詞 どうせ一緒にゃ くらせぬ身体〔神楽坂はん子「ゲイシャ・ワルツ」（西條八十）1952〕／泥んこもぐらの この身体（からだ）〔三橋美智也「俺ら（おいら）炭坑夫」（横井弘）1957〕／市場へ行く 人の波に 身体（からだ）を預け〔久保田早紀「異邦人」1979〕／身体を雷鳴が駆けぬけてゆく〔元ちとせ「心神雷火」2002〕

漫画「犯人」の身体（からだ）には〔さとうふみや「金田一少年の事件簿 23」（金成陽三郎）1997〕／〔二ノ宮知子「のだめカンタービレ 5」2003〕

書名 和泉房子「もっと身体（からだ）にありがとう！ 0歳からの身体論（しんたいろん）」2008

雑誌 タレない身体（からだ）！〔「からだにいいこと」2008年10月〕／貴男の身体（からだ）を洗って癒す。〔「FRIDAY」2009年6月19日〕

新聞 投書 手書き お身体（からだ）に 気（き）を付けてください 18歳〔「読売新聞」2009年11月30日〕

【肉体（からだ）】詩 肉体（からだ）はくさつてゆき〔萩原朔太郎「艶めかしい墓場」1922〕

歌詞 嘘の言葉信じて 肉体（からだ）傷つける〔武田鉄矢&芦川よしみ「男と女のはしご酒」（魚住勉）1987〕／小さな肉体（からだ）をこの手で抱きしめたい〔サザンオールスターズ「DING DONG（僕だけのアイドル）」（桑田佳祐）1992〕／この肉体（からだ）が朽ち果てても〔鬼束ちひろ「call」2001〕

漫画 文弥の肉体（からだ）は〔垣野内成美「吸血姫美夕」1988〕／オレは肉体（からだ）を母上にお返ししたんだ〔藤崎竜「封神演義 2」1997〕／あなたは心も肉体（からだ）もその負荷に耐えうる〔大暮維人「天上天下 9」2002〕

小説 瑞々しい女の肉体（からだ）が〔菊地秀行「魔王伝 3 魔性編」1996〕／肉体（からだ）でわたしを丸め込もう〔清涼院流水「カーニバル 二輪の草」2003〕

【肢体（からだ）】歌詞 あなたは愛でた肢体（からだ）を〔ASAGI「蒐集家（コレクター）」2006〕

【骸躰（からだ）】書籍〔杉本つとむ「日本文字史の研究」1998〕

【体軀（からだ）】小説 急に体軀（からだ）から力という力が〔井上靖「補陀落渡海記」1961〕❖歌詞にも。

【裸体（からだ）】歌詞 私の裸体（からだ）綺麗でしょ？〔Janne Da Arc「Hunting」（yasu）1998〕

その他 幹（からだ） 歌詞

からっけつ［空っ穴］

【空臀（からっけつ）】【からっ尻（けつ）】【空っ臀（けつ）】【空（から）っけつ】【からっ穴（けつ）】古

ガラテイア［ギリシャ Galateia］

【女神（ガラテイア）】書籍〔大久保博訳「完訳 ギリシア・ローマ神話」1970〕

からねんぶつ［空念仏］

【文化日本（からねんぶつ）】雑誌 文化日本（カラネンブツ）の悲劇〔「改造」1951 目〕

ガラパゴス［Galapagos］

【ウミガメ（ガラパゴス）】小説 ウミガメ（ガラパゴス）諸島で発見した〔清涼院流水「カーニバル 一輪の草」2003〕

からぶみ［漢書］

【漢籍（からぶみ）】古

カラフルサイン［colorful sign］
【多彩信号】 漫画題名〔「花とゆめ」2005年1月〕

からまつ［唐松］
【落葉松】 古 宮沢賢治は落葉松にからまつ、らくえいしやうなどとルビを振るなど、読み方も使い分けている。〔「読売新聞」2009年4月24日〕

からまる［絡まる］
【始る】 歌詞 始りながら〔GARNET CROW「千以上の言葉を並べても…」(AZUKI 七)2000〕

からむ［絡む］
【結む】 歌詞 乱れる心 読まれ 結んだ指は一瞬〔近藤真彦「永遠に秘密さ」(松本隆)1984〕

からり
【戛然】 古

がらり
【瓦落離】 古

がらんどう
【空虚う】 小説 Kの室は空虚うでした〔夏目漱石「こころ」1914〕◆梵語由来の漢語の「伽藍堂」とも書く。

かり［借り］
【貸】 古

かり［狩り］
【猟】 辞書

カリ［オランダ kali］
【加里】 古〔宇田川榕菴「植学啓原」1834〕◆「かざと」と読む姓あり。

カリウム［ドイツ Kalium］
【加⿰亻留母】【加⿰亻留謨】 古 ◆⿰亻留は『大漢和辞典』にもない。なお「咬𠺕吧」(ジャカルタ。ジャガタラ)の2字目は宋代の文献にはある。
【加陋母】 古 酸化加陋母(カリウム)〔宇田川榕菴「植学啓原」1834〕

かりがね［雁が音・雁金］
【折木四之泣】 古 ◆折木四哭とともに『万葉集』に。

がりがりもうじゃ［我利我利亡者］
【我利我利蒙社】 古〔1890 俗〕◆我利は漢語、がりがりは和語の擬態語で、混じたものか。

カリグラフィー［calligraphy］
【草書体】 書籍〔由良君美「言語文化のフロンティア」1986〕◆書道に近い意味も。

かりそめ［苟］
【仮初】【仮染】【且】 古／**【苟且】** 辞書

カリフォルニア［California］ 加州。
【加利福尼亜】 辞書

がりべん［がり勉］ ガリ勉とも。
【我利勉】 変換〔ATOK17〕

かりむし
【仮六四】 古 六四は刑務所の意 留置所〔1935 隠〕

かりやえきさい 江戸後期の考証学者。
【狩谷棭斎】 人名 ◆「エキ斎」は「ヤ斎」と読むとの説あり。文字の関 まだ越えやらぬ旅人は道の奥をば いかで知るべき(詠説文歌)の句に、門司の関、陸奥の掛詞あり。

カリヨン［フランス carillon］
【鐘】 小説 あれほど親しげに響く鐘の音も、〔河野万里子訳「カーテン」1998〕

かりる［借りる］
【藉りる】 書籍 無力な人間の口を藉りて〔田辺聖子「ほとけの心は妻ごころ」1980〕
【代りる】 漫画 神の威を代る者〔CLAMP「X 4」1993〕

かる
【軽鴨】 俳句 軽鴨の子の残らず岸にぶつかって〔「読売新聞 夕刊」2009年9月30日〕

かる［刈る］ 中国での異体字に基づく「苅る」も使われる。
【猟る】 歌詞 一切合切猟る侍〔abingdon boys school「JAP」(西川貴教)2009〕

その他 狩て(かって) 古

かるい［軽い］

【軽〜るい】(か) 広告 軽(か)〜るい〔地下鉄車内のラジカセの広告 1978 目〕◆「軽〜い」も。字を引き延ばした例が漫画にあり。

【軽イ】(かり) 漫画 軽(かり)イな〔大暮維人「エア・ギア 1」2003〕

カルキ［オランダ kalk］石灰。さらし粉。

【加爾基】(カルキ) アルバム名 椎名林檎「加爾基(カルキ) 精液栗ノ花」2003 ◆擬古的な雰囲気を醸し出す。

カルサイ［オランダ karsaai］薄地の羅紗(ラシャ)。

【加留佐以】(カルサイ) 古

カルサン［ポルトガル calção］もんぺの一種。

【軽衫】(カルサン)**【軽杉】**(カルサン) 古 ◆衣服、食品などに江戸時代以来の当て字多し。

カルシウム［calcium］

【Ca】(カルシウム) 雑誌 Ca(カルシウム) 貯蓄！〔「ESSE」1994年9月〕

WEB Ca工房〈カルシウムこうぼう〉◆元素記号を直接読む。Ag(金)、Na(ナトリウム)なども。

その他 加爾曳母(カルシウム) 辞書

カルタ［ポルトガル carta］英語はカード、ドイツ語はカルテ、フランス語はカルト。

【骨牌】(カルタ) 小説 骨牌(カルタ)をしながら〔米川正夫訳「ドストエーフスキイ全集6 罪と罰」1960〕◆「こっぱい」とも読む。

【加留多】(カルタ) 古〔1935 隠〕◆「歌留多」とも。

カルチャー［culture］文化。

【軽チャー】(カル) 新聞〔「河北日報 夕刊」1989年3月7日〕／社会の風潮が「軽チャー」へと流れれば、テレビは「エンタメ」路線によって視聴率を稼ぐことができる。〔「読売新聞」2005年4月27日〕◆フジテレビは1980年以降「軽チャー路線」を打ち出した。

カルテット［イタリア quartetto］

【四重奏】(カルテット) 歌詞 四肢は虚空を舞う四重奏(カルテット)〔ZELDA「私の楽団(オーケストラ)」(高橋佐代子)1983〕

漫画題名 吉住渉「四重奏(カルテット)ゲーム」1988

広告 バーヴェリアン四重奏(カルテット)〔本仁戻「怪物王子」1998(巻末)〕

*__【四方封印陣】__(カルテットシーリング) 漫画〔「コロコロコミック」2002年3月(ベイブレード)〕

カルト［cult］

【宗教】(カルト) 小説 宗教(カルト)右翼の無者(兵士)どもが連日のように行う無差別テロ。〔海猫沢めろん「零式」2007〕

カルナバル［フランス carnaval］カーニバル。

【祝祭】(カルナバル) 漫画

カルマ［サンスクリット karma］

【業】(カルマ) 雑誌 過去生の〝業(カルマ)〟を〔「女性自身」2004年10月26日〕

【宿命】(カルマ) 歌詞 偶然じゃない出会いは宿命(カルマ)〔KinKi Kids「Virtual Reality」(double S)2003〕

書籍 宿命(カルマ)なのでございます。〔池田雅之「ラフカディオ・ハーンの日本」2009〕

【輪廻】(カルマ) 書籍〔池田雅之「ラフカディオ・ハーンの日本」2009〕

【鎖】(カルマ) 歌詞 この心絡める鎖(カルマ)を〔水樹奈々「沈黙の果実」(しほり)2009〕

かれ［彼］

【渠】(かれ) 古 渠(かれ)は原稿を書き出すと〔岩野泡鳴「発展」1911〜1912 集〕◆広東語では「佢(コユ)」と字体を改めた方言文字を使用。

【男】(カレ) 雑誌 男(カレ)の本音を読み解くQ&A〔「with」1994年12月〕

【少年】(かれ) 歌詞 冷めた目で睨む少年(かれ)は〔GLAY「STREET LIFE」(TAKURO)2003〕／第五の地平線の旋律を口吟むのは少年(かれ)の唇〔Sound Horizon「終端の王と異世界の騎士〜The Endia & The Knights〜」(REVO)2006〕

【人間】(かれ) 漫画 原因が人間(かれ)であるなんて〔藤崎聖人「WILD LIFE 2」2003〕

【犬】(カレ) 漫画 犬(カレ)は看護犬として〔藤崎聖人

「WILD LIFE 1」2003〕

【猫(かれ)】雑誌 猫(かれ)と私のいっしょごはん〔「NECO」2004年8月〕◆擬人化。

【太陽(かれ)】論文〔玉井喜代志「振仮名(ルビ)の研究」（「国語と国文学」1932）〕

その他 青竜(かれ)・赤城先生(かれ)・鉄生君(かれ)・カラス君(彼) 漫画

関連【彼(レイモンド)】漫画 必ず彼(レイモンド)は私が救ってみせます〔松川祐里子「魔術師 3」1997〕

かれい［鰈］

【王余魚(かれい)】【鰕鮐(かれい)】【魪(かれい)】【鰈(かれい)】【鰨(かれい)】古〔杉本つとむ「日本文字史の研究」1998〕

【大地魚(かれい)】WEB 大地魚(カレイ)干し

かれい［餉］

【粮(かれい)】雑誌〔「小説新潮」1994年5月〕

カレー［curry］ カリー。→ハヤシライス

【咖喱(カレー)】商品名「ハウス咖喱(カリー)工房」1991◆印度と中国のイメージが混淆している。加里は青酸カリなどの印象があったが、カリー・カレーへのこの当て字はだいぶ定着し広まりを見せている。中国南方では一字目は㗎。

広告 愉しもう! 海老咖喱 えびカレー〔「読売新聞」2010年3月14日〕

【[米+皮](カレー)】民間 いつもの[米+皮]屋さんにいます 伝言板 カレーライス屋のことだろう〔井上ひさし「ニホン語日記」1996〕

【[衤+乚](カレー)】【[衤+乚](カレーライス)】民間「カレー」「カレーライス」の造字。店は綾瀬にある。〔飯間浩明「文字のスナップ」2002〕◆他のカレーと差別化。

ガレージ［garage］

【駐車場(ガレージ)】漫画 この本館の駐車場(ガレージ)からかけられた〔さとうふみや「金田一少年の事件簿 18」（金成陽三郎）1996〕

【軞(ガレージ)】民間〔1976㊐〕◆WEBには、蝦蛄(ガレージ)。

カレーズ［ペルシャ karez］ カナート。

【地下水路(カレーズ)】漫画 こっそり地下水路(カレーズ)の工事現場で〔田村由美「BASARA 18」1996〕

かれこれ［彼此］

【彼此(かれこれ)】【故是(かれこれ)】【左右(かれこれ)】古

かれら［彼等］

【彼達(かれら)】歌詞 はばたきだした彼達(かれら)を誰にとめる権利が あったのだろう〔浜崎あゆみ「Boys&Girls」1999〕

【地元の住民(かれら)】漫画 地元の住民(かれら)に保護を理解してもらう〔藤崎聖人「WILD LIFE 4」2003〕

【芸人(かれら)】漫画 芸人(かれら)にとって〔絵夢羅「道端の天使 3」2004〕

【人間(かれら)】漫画 我々は人間(かれら)が「化物」とよぶ存在だと〔荒川弘「鋼の錬金術師 12」2005〕

ガリレアン［Galilean］

【漕刑囚(ガレリアン)】短歌〔塚本邦雄〕

かれる［嗄れる］

【涸(か)れる】歌詞 声が涸れても お前の名を呼ぶ〔モップス「朝まで待てない」（阿久悠）1967〕／僕の青い声は いつのまにか こんなに こんなに 涸れてしまった〔甲斐バンド「ポップコーンをほおばって」（甲斐よしひろ）1975〕／涙涸(か)れるまで〔中島みゆき「ダイヤル117」1979〕◆本来的な用法。

かれん［可憐］ 種々に使われるようになった。人名用漢字にも「憐」の追加要望が高かったのは「可憐」と付けたい親が多かったため。

【夏恋(かれん)】曲名 河合奈保子「ときめき・夏恋(かれん)」（蒼イ瞳）1989

カロチン［ドイツ Karotin］「カロテン」とも。

【ビタミンA(カロチン)】漫画 ビタミンA(カロチン)もたっぷりだしね〔奥田ひとし「新・天地無用! 魎皇鬼 3」2002〕

カロリー［フランス calorie］

【難易度(カロリー)】漫画〔「週刊少年ジャンプ」2004年41号〕

かわ〔川・河〕

【河波】 古〔「万葉集」〕❖「河泊」などもあり、万葉仮名の選択に字義が考慮された。

【河川】 歌詞 街の裏手にゃ汚泥の河川〔桑田佳祐「どん底のブルース」2002〕

【三途の川】 歌詞 三途の川 のほとりまで〔GARNET CROW「flying」(AZUKI 七) 2000〕

かわ〔↑かわいい〕

【可愛】 雑誌 安可愛アクセ〔「JJ」2003年4月〕❖安くて可愛いという意味。

辞書 はでかわ(派手可愛)〔俗〕❖若年向け女性週刊誌が得意とする新概念の単語化。WEBに「超激可愛」「春可愛アイテム」。

かわい〔可愛〕「かあい」とも。

【可愛】 歌詞 烏 なぜ啼くの 可愛七つの子があるからよ 可愛 可愛と 烏は啼くの〔「七つの子」(野口雨情) 1921〕／可愛小ちゃな喫茶店〔淡谷のり子「東京ブルース」(西條八十) 1939〕／あの娘可愛や カンカン娘〔高橋秀子「銀座カンカン娘」(佐伯孝夫) 1949〕❖「かおはゆし」に由来するともいわれる和語に漢語「可愛」を発音と意味の両面から当てたもの。

芸名 可愛かずみ／可愛和美

【可愛い】 歌詞 可愛い子供は女の生命〔霧島昇／ミス・コロムビア「旅の夜風」(西條八十) 1938〕／リンゴ 可愛いや 可愛いや リンゴ〔並木路子・霧島昇「リンゴの唄」(サトウハチロー) 1946〕／夜風に可愛いや 声がきこえくる〔フランク永井「俺は淋(さび)しいんだ」(佐伯孝夫) 1958〕／さあ最後まであなたには可愛い女と呼ばれたい〔アルフィー「踊り子のように」(高見沢俊彦) 1979〕

【可愛い】 歌詞 可愛いえくぼの 看板娘〔若原一郎「おーい中村君」(矢野亮) 1958〕

【可愛や】 歌詞 男泣かずに ただ飲む酒を 可愛や気にする 濡れまつげ〔三浦洸一「珠(たま)はくだけず」(佐伯孝夫) 1955〕

かわいい〔可愛い〕↓かわい・かわゆい

【可愛い】 歌詞 可愛いペットよ いつもこの胸に スウィングを出して〔淡谷のり子「私のトランペット」(服部良一) 1937〕／誰を待つ心 可愛いガラス窓〔藤山一郎「夢淡き東京」(サトウハチロー) 1947〕／花火売る娘の 可愛い笑顔〔鶴田六郎「長崎の精霊まつり」(石本美由起) 1951〕／イカスぜあの娘 可愛くて〔千昌夫「若い恋人たち」(山口あかり) 1965〕／そばに可愛くいたね〔小林旭「純子」(遠藤実) 1971〕／魂胆が見え透いて可愛くない〔中山美穂「クローズ・アップ」(松本隆) 1986〕

曲名 ザ・ピーナッツ「可愛い花」(音羽たかし) 1959／伊藤咲子「きみ可愛いね」(阿久悠) 1976

政策 カワユイ・カワイイ(可愛い)〔国語審議会第2部会「語形の『ゆれ』について」1961〕

新聞 可愛いねえ。〔「朝日新聞 夕刊」2010年4月10日(漢字んな話)〕

【可愛え】 漫画 可愛えわー〔「週刊少年マガジン」2004年48号(ネギま!)〕

【面良し】 漫画 ちょっと面良しからって〔本仁戻「高速エンジェル・エンジン 1」2000〕

【いとしげな】 漫画 いとしげな娘さんらな〔高橋留美子「めぞん一刻 6」1984〕❖方言。

【かわE】 文集 かわEネ。〔静岡県立沼津西高等学校「潮音」37号 1990〕

【卡哇伊】 台湾〔黄文雄「日本語と漢字文明」2008〕❖最近、日本語の「かわいい」をそのまま音訳した「卡哇依」(卡哇伊とも)が中国へ逆輸出され、「和製中国語」として上海を中心に流行し、認知されつつあるという。「卡」はカタカナがそのまま使われている。

その他 可哀らしい 古

かわいそう〔可哀相・可哀想〕

【可哀想】 歌詞 可哀想ね目くばせひとつ〔中

島みゆき「あしたバーボンハウスで」1985〕

【可哀そう(かわい)】歌詞 可哀そうだよ お月さん〔宮城まり子「ガード下の靴みがき」(宮川哲夫)1955〕

【可愛そう(かわい)】変換〔ATOK17〕

その他 可愛相(かわいそう) 古／可哀相(かわいそう) 小説／可相想(かわいそう) 民間

かわき［乾き］

【飢(かわき)】歌詞 飢(かわき) 亡 運命の時〔※-mai-「鎮－re-quiem－」(米たにヨシトモ)1999〕❖飢渇(きかつ)。

かわく［渇く］

【復活する(かわく)】漫画 ベアが復活(かわ)する前に〔樋口橘「学園アリス 1」2003〕

かわず［蛙］

【雨蛙(かわず)】短歌 隅に雨蛙(かわず)が一つ居り〔「読売新聞」2008年10月6日〕

かわせみ［川蟬］

【翡翠(かわせみ)】短歌〔「読売新聞」2008年10月6日〕

その他 魚狗(かわせみ)・魚虎鳥(かわせみ) 古

かわだ

【西広門田(かわだ)】地名 ❖山梨県。

かわやなぎせんりゅう

【川柳川柳(かわやなぎせんりゅう)】芸名 ❖落語家の名。

かわゆい

【可愛い(かわゆ)】古 ❖「可愛い(かあゆ)」とも。

【河川唯(かわゆい)】人物名 ❖漫画『奇面組』のヒロイン。

その他 皮束(かわゆい) 古

かわり［代わり］

【身代わり(か)】歌詞 身代(か)わりはいないさ〔姫苺「Riot」(雀夜)2009〕

かわりばんこ［代わり番こ］ 代わり番子から。

【交代番こ(かわりばん)】古 交代番(かはりばん)こに〔1909 俗〕

かわる［変わる］

【更わる(か)】小説 出発の時刻が更(か)わったことを〔「読売新聞」2010年3月2日〕

【遷る(かわ)】歌詞 もう遷(かわ)る事のない憶(おも)い！〔今井優子 with NM「termination」(Jun)2003〕

【変換る(かわ)】歌詞 寂しさも強さへと変換(かわ)って〔玉置成実「Reason」(shungo)2004〕

*【成長しない(かわら)】歌詞 そうそう成長(かわら)しないね〔林原めぐみ「ふわり」1999〕

その他 易(かわり) 古

かん［勘］ 第六感の意味で、「カンがいい」のカンは国訓、勘(かんが)えるは訓。

【感(かん)】歌詞 感のいい人だから 熱い気持 読まれそうでこわい〔松田聖子「P・R・E・S・E・N・T」(松本隆)1982〕／感のいい女ほど 幸福になれない〔中森明菜「ノクターン」(飛鳥涼)1985〕❖「第六感」と混じたものか。「人生観」も「人生感」と誤記されやすい。↓とちかん(土地鑑)

辞書 かん 事物場所を知っている 鑑、感、関、勘の音〔警視庁刑事部「警察隠語類集」1956 隠〕

かん カン・巻とも。

【貫(かん)】民間 一貫〔寿司屋〕❖表記の種類が多い。本字が不明確。

カン オランダ語の音写とも、鑵(カン)からとも。

【缶(カン)】新聞 出自は外国であるものが、それと気づかれずにいるものを俗に「隠れ外来語」と呼んでいる。たとえば、缶(かん)(can)〔「東京新聞」2008年9月10日(陣内正敬)〕

【罐(カン)】【鑵(カン)】辞書 ❖漢字は字義にずれがあった。

がん［癌］ 癌は国字ではなく、宋代の医書に現れる。ただ、軽い症状も指した。

【岩(がん)】古 乳岩。漢方では文字どおり岩(ガン)のごとく固いところからの命名〔杉本つとむ「気になる日本語の気になる語源」2006〕

【巌(がん)】書名 華岡青洲「乳巌治験録」〔バキラハウス「辞書にない『ことばと漢字』3000」1995〕

ガン［gun］

【拳銃(ガン)】小説 マグナム拳銃(ガン)を妖姫に向け〔菊

地秀行「魔界都市ブルース 夜叉姫伝 4」1990〉
【銃(ガン)】漫画題名 手塚治虫「光線銃(レイ・ガン)ジャック」1963／木城ゆきと「銃夢(ガンム)」1990～1995
漫画 麻痺銃(パラライズ・ガン)〈義仲翔子「ロスト・ユニバース 1」〈神坂一〉1998〉／ガトリング銃(ガン)〈尾田栄一郎「ONE PIECE 19」2001〉
その他 硝煙(ガン・スモーク) 小説／銃機工士(ガン・ディレクター) 小説

かんおけ ［棺桶］
【ベッド(かんおけ)】漫画 ベッド(かんおけ)に閉じ込められたぜ〈東里桐子「爆裂奇怪交響曲 1」1993〉

かんがえごと ［考え事］
【問題(考え事)】漫画 これ以上問題(考え事)を増やさんでくれ〈日高万里「ひつじの涙 5」2003〉

かんがえる ［考える・勘える］
【見える(かんが)】古 …を観て見(かんが)ふ可きなり〈宇田川榕菴「植学啓原」1834〉
【勘定(かんがえる)】書籍 振仮名(ルビは) 損得(そんかとくかを) 勘定(かんがえる)〈井上ひさし「私家版 日本語文法」1981〉
【稽える(かんが)】書籍 稽古とは「古を稽(かんが)える」あるいは「古を稽(たど)る」という意味でした。〈松岡正剛「日本流」2000〉
その他 勘える(かんが) 古／校訂(かんがえただす) 古

かんかく ［感覚］
【姦覚(かんかく)】新聞 ついに『言語姦覚』という普段何となく使う言語を感覚ではなく姦覚的に徹底分析したエッセー集を手にした。〈「読売新聞」2008年10月27日〉❖もじり。

かんかん
【陽盛(かんかん)】古

かんぎく ［釻菊］ 家紋の一つ。
【釻菊(かんぎく)】辞書 ❖一字目は国字（日本製の会意形声式の異体字）、箪笥の引き出しのカンなどにも当てる。

がんくび ［雁首］
【顔写真(がんくび)】小説 三留の顔写真(ガンクビ)〈南英男「腐蝕」1999〉集

がんくら がけくら（崖座）の方言形。
【岩嵓(がんくら)】雑誌 岩嵓(がんくら)だらけの急斜面〈「歴史読本」1994年8月〉❖二字目も岩と通じる字だが、地名として「くら」「ぐら」と読み奈良県吉野地方などで使われている。

がんぐろ コギャルやヤマンバなどの間でみられた。
【顔黒(がんぐろ)】辞書 顔黒は間違った語源解釈による。がんがん黒いの略〈俗〉❖WEBに多し。
【烤肉妹】台湾〈黄文雄「日本語と漢字文明」2008〉❖意味が主となった訳語か。哈日族(ハーリー)の日常用語という。

かんけい ［関係］
【関係(カンケー)】漫画 オメエの親父たしか警察関係(カンケー)だったよな…〈浅田弘幸「眠兎 1」1992〉／こんな女関係(カンケー)ねー!!〈さとうふみや「金田一少年の事件簿 20」〈金成陽三郎〉1996〉
【とりあえず親友(かんけい)】歌詞 お互い馴れ合いの〝とりあえず親友(か・ん・け・い)〟だ・け・ど♥〈TWO-MIX「CAN'T STOP LOVE」1997〉
その他 干繫(かんけい)・関繫(かんけい) 古

かんこどり ［閑古鳥］
【閑古鳥(かんこどり)】TV 鳴き声を閑古と宛てた〈山口仲美〉

かんごふ ［看護婦］ 現在は看護師。「師」か「士」か議論あり。
【看護夫(かんごふ)】書籍 看護夫 時代の変化から〈田中春美「言語学のすすめ」1978〉
【患護婦(かんごふ)】誤字 生徒が書いた〈山本昌弘「漢字遊び」1985〉

かんさい ［関西］
【閪(かんさい)】漫画 新しい合字を発明 関東→闌 関西→閪〈小栗左多里&トニー・ラズロ「ダーリンの頭ン中 2」2010〉❖応用して[門+鯖](せきさば)に及ぶ。閪は学生にも見られる融合。閪は朝鮮の国字にあり。「蘭奢待」に「東大寺」が隠れていることは江戸時代に指摘されている。

【完済(かんさい)】WEB 完済人はじめよう！ 完済人のおまとめローン◆もじり。

かんざし［簪］

【掻頭(かんざし)】古 お掻頭(かんざし)◆「掻頭(かざし)」とも読んだ。

【釵(かんざし)】雑誌〔「問題小説」1994年2月〕

かんじ［漢字］ 金や元が漢民族を脅かす頃、それらの文字と区別するために生じた呼称。

【感字(かんじ)】新聞 入社試験の度に、若ものの誤字、珍字、作字が話題になる。漢字ではなく「感字」だともいわれる。寮妻健母のような傑作もあった。良妻賢母より健康で力強い母親像だ。〔「読売新聞」1987年12月17日〕／いつのころからか、スポーツ新聞の整理部記者は、人目を引く紙面作りの手段として〝感字〟の可能性を追い求め始めたらしい。同音異義の漢字を活用した造語で新奇な見出しを競っている。こんな具合のものだ。「巨人、六連笑」「守乱つき猛虎、竜飲」「MK、アベック驚弾」……。〔「読売新聞」1997年4月13日(石山茂利夫)〕／確かに、「感字」や「換字」を書くのは学生だけではない。私は「一心同体」を「一身同体」と思い込んでいた。「泥仕合」も「泥試合」と書いてきた。〔「読売新聞」1998年2月26日〕／漢和辞典ではなく、携帯電話の変換機能を使うという。名前の音を打ち込んで、それにあてはまる漢字を検索する。「若い世代にとって漢字は〝感字〟です。意味は二の次。目新しい字に飛びつく人も多いのでは」〔「読売新聞」2004年6月25日〕
書名 嵐山光三郎「世紀末感字辞典」1983／北川鐵斎「生活の知恵 漢字は感字―秘められた意味をもつ文字の起源をたずねる」1985／扇谷正造「新感字時代」1985
雑誌 料裁健母 料裁嫌母 良妻賢母 文字遊び。マスコミなどでも取り上げられた古典的名作。嘆身赴任 電遠都市 痛勤地獄 感字〔斎賀秀夫「あて字の考現学」(「日本語学」1994年4月)〕／写研「漢字読み書き大会」珍答 娯字 感字〔斎賀秀夫「あて字の考現学」(「日本語学」1994年4月)〕

【換字(かんじ)】新聞 換字 技術の進歩を感じる〔見出し〕画面に平仮名が並んでいる。「あめはつめたいが、あめはあまい」。〔「読売新聞」1988年3月6日〕◆文字面の単調を避けるレトリックに変字法(かえじ)あり(近年「へんじほう」と読むことあり)。

【歓字(かんじ)】新聞 歓字 教育の多様化感じる「漢字教育は幼児のころから始めた方がいい」〔「読売新聞」1988年3月6日〕◆もじり。ほかにもWEB上に「勘字」「姦字」あり。

【観字(かんじ)】【鑑字(かんじ)】書名 加納瑞光「幸運は鑑字から、病は漢字から……―いい漢字、変な感字、見る観字、どんな鑑字」2000

【幹事(かんじ)】誤変換 幹事にならん名。〔清水義範「ワープロ爺さん」1988〕

*【感じて異性(いせい)】誤変換 漢字訂正が〔ヨシナガ「ゆかいな誤変換。」2005〕

ガンジス［Ganges］

【恒河(ガンジス)】小説 漫画 ◆大数の恒河沙(ごうがしゃ)はこの語に由来。

かんしゃく［癇癪］

【肝積(かんしゃく)】古 洒落本〔矢野準「近世戯作のあて字」(「日本語学」1994年4月)〕◆国字の癪は元は積。［疒＋責］とも書かれた。

かんじゅく［完熟］

【甘熟(かんじゅく)】民間 甘熟トマト〔シール 1987 目〕◆もじり。

がんじょう［頑丈］ 頑丈も当て字。もっともらしく見える漢字が当てられてきた。

【岩乗(ガンゼウ(シャウ))】古 岩乗〔松浦交翠軒「斉東俗談」1685〕

【岩畳(がんじょう)】【岩上(がんじょう)】【巌乗(がんじょう)】【強盛(がんじょう)】【五調(がんじょう)】古 従来、「がんじょう」は、岩乗、岩畳、岩上、巌乗、強盛など、様々な漢字があてられてきた。「岩丈」(徳富蘆花「不如帰」)「巌畳」(島崎藤村「新生」)「巌丈」(埴谷雄高「死霊」)といった書き方もある。「五調」とも表記された。性質や体格など、五つの条件を備える優れた馬のこと。馬は「四調者」、人を「五調者」と区別して書く説もあるようだ。「岩乗」は「悪所岩石」でも乗れる馬の意味という。〔「読売新聞」2004年6月18日(日本語・日めくり)〕

かんじる［感じる］方言の「寒じる」を「感じる」と記すことが手塚治虫の漫画『ザ・クレーター』にある。

【実感してる】 歌詞 最近実感してる〔TWO-MIX「Winter Planet No. 1」(永野椎菜)1997〕

【漢字る】 WEB ◆多し。漢字を「感じ」と打ち間違えた例も多い。

かんしん［感心］関心と感心とはパソコンでも手書きでも混乱している。

【甘心】 雑誌 甘心(感心)〔「小説新潮」1994年2月〕

かんじん［肝心・肝腎］古くから両方あり。改定常用漢字表(答申)に「腎」も採用された。

【漢字ん】 欄名「漢字んな話」〔「朝日新聞」連載〕◆もじり。

かんすい［完遂］

【完遂】 誤読 ◆「つい(に)」は訓。

かんすう［関数］

【函数】 古 ◆意味もふまえた訳語とする見方もある。

【関数】 辞書 ◆当て字への当て字ということになる。当用漢字の影響を受けた戦後間もなくの「学術用語集」数学編で採用。

かんせいがくいん［関西学院］

【関西学院】 民間 ◆関西学院大学では校歌でも。関西大学と別の大学として、強調して発音されることとあり。

かんぞう［萱草］

【諼草】 古

カンタービレ［イタリア cantabile］

関連 **【カンタービレ(歌うように)】** 漫画 カプリチオーソカンタービレ(歌うように)〔二ノ宮知子「のだめカンタービレ 1」2002〕◆音楽用語。

ガンダム アニメに登場するロボットの名。

【頑駄無(ガンダム)】 WEB ◆やや広まりつつある造字あり。

【巌駄無(ガンダム)】 WEB 巌駄無っていうのは実在してた気がする。◆造字も見受けられる。

かんちがい［勘違い］

【感違い】 小説 感違いするなよ。〔小林多喜二「蟹工船」1929〕

【漢違い】 書籍 おっと漢違い。見た瞬間の感性・イメージに訴えるもの。〔「日本語百科大事典」〕◆もじり。

【漢(カン)ちがい】 書名 張麟声「日中ことばの漢(カン)ちがい」2004 ◆もじり。

かんてん［寒天］

【石花】 古

かんとう［関東］⇩かんさい

カントリー［country］

【田舎(カントリー)】 小説

ガンナー［gunner］

【射手(ガンナー)】 小説 射手(ガンナー)が叫んだ〔菊地秀行「魔王伝 3 魔性編」1996〕

*__【砲手席(ガンナーズ・シート)】__ 漫画 砲手席(ガンナーズ・シート)に〝サイ・ブラスター〟まわせ〔義仲翔子「ロスト・ユニバース 1」(神坂一)1998〕

*__【銃撃の陶酔(ガンナーズ・ハイ)】__ 小説〔安井健太郎「ラグナロク EX. BETRAYER」1999〕

かんにん［堪忍］

【勘忍】 辞書

かんのう［感応］

【官能】 誤読 押しボタン信号に引っかかり

停車していると、友人がボソッと「かんのう式信号ってなんかすごいよね。感じちゃうんだ」と。信号機には「感応式信号」の看板がありました。感応と官能では感じる意味が違いますよね。〔WEB〕❖官能検査などの用法もあり。

かんのう【堪能《かんのう》】辞書 日本国語大辞典によれば、「湛《たん》」という文字と混同したらしい〔柳瀬尚紀「日本語は天才である」2007〕❖「足(た)んぬ」という和語が、「たんの」に変化し、仏教語「堪能《カンノウ》」とも混淆して「たんのう」になり、さまざまな当て字がなされた。

かんば［樺］

【白樺《かんば》】姓〔王勇「振仮名(ふりがな)と文字論：文化的な視点より」1993〕

かんばしい［芳しい・馨しい］

【香《かんば》しい】書籍 評判があまり香《かんば》しくない。〔井上ひさし「私家版 日本語文法」1981〕

カンバス［canvas］カンヴァス。キャンバス。→キャンバス

【織物《カンヴァス》】書籍〔大久保博訳「完訳 ギリシア・ローマ神話」1970〕

その他 書場簾《カンバス》 WEB

かんばせ［顔］

【容貌《かんばせ》】小説 殿方のため息を誘うような容貌《かんばせ》であれば〔藤原眞莉「華くらべ風まどい―清少納言梛子」2003〕

【貌《かんばせ》】歌詞 華の貌《かんばせ》〔ALI PROJECT「阿修羅姫」(宝野アリカ)2005〕

カンバセーション［conversation］

【対話《カンバセイション》】書籍〔杉本つとむ「近代日本語の成立と発展」1998〕

かんぱち［間八］魚の名。

【寒八《かんぱち》】民間〔「英語5分間トレーニング」2010年7月(飯間浩明)〕

かんぱつ

【間髪《かんぱつ》】書籍 間髪《かんぱつ》を入れずに〔酒井あゆみ「東京夜の駆け込み寺」1995〕俗 ❖かん、はつをいれずから。以前から見られた。

カンパニー［company］

【Co.《カンパニー》】漫画 ハミルトン Co.《カンパニー》の母体は製薬会社で〔松川祐里子「魔術師 1」1995〕

がんばる［頑張る］「頑張る」も当て字。

【顔晴《がんば》る】書籍 顔晴《がんば》ろうね〔「勇気をくれたこのひとこと 6」2002〕❖メールやWEBでも見受けられる。積極性を表そうとした表記。

【加油《ガンバレ》】新聞 中国 加油《ガンバレ》(見出し)「中国、加油《ジアヨウ》(がんばれの意味)」――。〔「読売新聞」2008年8月13日〕❖中国語の熟語を当てたもの。なお、道路や工事現場などの「油断一秒、怪我一生」という標語は、和製の表現で、中国の人には、油を一秒でも切らしたら、私を一生責めて下さい、と解されるとのこと。

【甘巴勒《ガンバル》】台湾 哈日《ハーリー》族の日常用語。〔黄文雄「日本語と漢字文明」2008〕

【ガソバレ】誤植〔外国で〕

かんばん［看板］西鶴作品にも見える「看板」の表記・語は、韓国でも使われている。

【簡板《かんばん》】古〔矢野準「近世戯作のあて字」〔「日本語学」1994年4月〕〕

【提灯《かんばん》】小説〔樋口一葉「たけくらべ」1895～1896〕

【招牌《かんばん》】詩 どこにぶらさげた招牌《かんばん》があるではなし〔萩原朔太郎「沿海地方」1928〕❖中国では招牌(ジャオパイ、しょうはい)。

かんぱん［甲板］こうはん。

【甲鈑《こうはん》】古 ❖旧海軍の装甲板。

カンファレンス［conference］カンファ。

*【抄読会《カンファ》】漫画 さて抄読会《カンファ》いくわよ〔山田南平「紅茶王子 24」2004〕

関連【カンファレンス《症例検討会議》】漫画 小児科カンファレンスをひらいた〔ささやななえ

「子ども虐待ドキュメンタリー 凍りついた瞳」〈椎名篤子〉1995〉

カンフー〔功夫〕広東語起源の英語。つづりからクンフーとも。

【功夫(カンフー)】新聞 孔徳宝さんが昨年5月に結成した「功夫足球(カンフーサッカー)」〈「読売新聞」2009年12月26日〉◆サッカーは訳がルビになったものか。

*【武侠小説(カンフーエンターテインメント)】広告〈「読売新聞 夕刊」2009年3月5日〉

かんぷまさつ〔乾布摩擦〕

【寒風摩擦(かんぷ(う)まさつ)】民間 ◆俗解。字面に即した解釈も述べられることとあり。

カンフル〔オランダ kamfer〕

【強心剤(カンフル)】漫画 強心剤(カンフル)持ってきて〈東里桐子「月の純白星闇の青碧 1」1994〉

かんぺき〔完璧〕

【100%(完璧)】漫画 100%(完璧)じゃなくても〈日高万里「ひつじの涙 5」2003〉

【完壁(かんぺき)】誤字 完壁であった。吉本ばなな氏による手書き原稿(写真) 活字では「完璧であった。」〈うみのさかな&宝船蓬莱「うみのさかな&宝船蓬莱の幕の内弁当」1992〉／和(か)氏の璧について書き記した文章にも〈Rudyard「バカにみえる日本語」2005〉／わたくしの『完璧』の『壁』の間違いを 指摘(さ)した貴方の玉のような眼 題詠「璧」〈「読売新聞 夕刊」2008年9月27日〉◆とくに手書きでよく見られる。「完壁」という誤記は、常用漢字にないためにいたしかたない面もあるが、漢文には出てくるものであった。JIS第1水準までしか使えないワープロでは、やむなく代用されていた。「完ぺき」「完ペキ」という交ぜ書きや仮名表記も多い。

漫画 完璧に 完壁に〈三田紀房「ドラゴン桜 1」2003〉◆同じページにあり。

【完癖(かんぺき)】【完碧(かんぺき)】誤字 うろ覚えで紺碧との混淆であろう。〈Rudyard「バカにみえる日本語」2005〉

*【漢ぺき君(かんくん)】商品名 早引き漢字検索「漢ぺき君」◆もじり。

カンボジア〔Cambodia〕

【柬埔寨(カンボジア)】【柬蒲塞(カンボジア)】辞書 ◆この地に由来するカボチャは南瓜。

かんりにんさん〔管理人さん〕

【好きな女(かんりにんさん)】漫画 ぼくには好きな女(かんりにんさん)がいるから〈高橋留美子「めぞん一刻 7」1984〉

かんれん〔関連〕

【干連(かんれん)】民間 干連質問〈「日経新聞」2006年7月20日(富田朝彦)〉◆手書き。中国では「干」は幹、乾の代用。

き

き〔木〕→きぎ

【樹(き)】歌詞 伐るはもみの樹(き)〈岡本敦郎「ピレネエの山の男」(西條八十)1955〉／桃の花咲く樹の下で〈石野真子「春ラ！ラ！ラ！」(伊藤アキラ)1980〉

曲名 さだまさし「少年達の樹(き)」1988◆人名や店名では「たつき」などとも。

新聞 樹肌をよぎる感慨〈「読売新聞」2010年3月11日〉

き〔気〕旧字体の氣は気功のたぐいの店になお多い。

【予感(き)】歌詞 そんな予感(き)がした〈FIELD OF VIEW「ドキッ」(山本ゆり)1996〉

き〔機〕

【木キ(き)】民間 電木キ(機)〈1963 目〉◆「木キ」もまれにある。そもそも「き」「キ」は「幾」の草体から生じたものであった。

き〔城〕

【城(キ)】書籍 百済(くだら)では「キ」。七世紀に大宰府(だざいふ)沿岸に築かれた防衛施設「水城」が「ミズキ」と百済音で呼ばれた。〈平川南「日本の原像」2008〉◆改定常用漢字表(答申)で、茨城

（き。地元などで濁ることも）、宮城（みやぎ）の訓も採用。

き［喜］

【㐂（き）】 焼酎名 㐂六（きろく）❖喜寿の由来は「喜」の崩し字が「七十七」に見えるところから。「七七七」とも解される。ラッキーセブンとも重なり、店名にも多い。

ギア［gear］⇨ギヤ

キー［key］

【鍵（キー）】 パンフ 〝ベイカー街の亡霊〟を楽しむための４つの鍵（キー）〔「劇場版名探偵コナン ベイカー街の亡霊」2002〕

歌詞 ゆがんだ机で鍵（キー）を打つ〔ALI PROJECT「メガロポリス・アリス」（宝野アリカ）2006〕／鍵（キー）も持たず家を出たのです〔椎名林檎「ポルターガイスト」2007〕／奪われた心の鍵（キー）〔8-eit「戯れ GOLD」（Tsubaki）2009〕

【鍵盤（キー）】 歌詞 雨はこわれたピアノさ 舗道の鍵盤（キー）を叩くよ〔稲垣潤一「バチェラー・ガール」（松本隆）1985〕

その他 鍵板（キイ） 俳句

きいたふう［利いた風］

【利風俗（きいたふう）】 古〔並木五瓶「誹諧通言」1808〕

キーチカ［ロシア kichka］

【帽子（キーチカ）】 小説 高い帽子をかぶり〔米川正夫訳「ドストエーフスキイ全集6 罪と罰」1960〕

キーノート［keynote］

【音符（キーノート）】 書名 山田詠美「放課後の音符（キイノート）」1995

【基調（キーノート）】 書籍 基調（キーノート）を奏でて〔池田雅之「ラフカディオ・ハーンの日本」2009〕

キーパーソン［key person］

【重要人物（キーパーソン）】 漫画 物語の重要人物（キーパーソン）〔「週刊少年ジャンプ」2004年7月5日（チームG59上!!）〕

キープ［keep］

【確保（キープ）】 漫画〔山田貴敏「Dr.コトー診療所 15」2004〕

キーワード［keyword］

【鍵言葉（キーワード）】 書籍 鍵言葉（キー・ワード）〔井上ひさし「ニホン語日記」1996〕

雑誌 女らしさを鍵言葉（キーワード）に

【子守唄（キーワード）】 漫画 それがこの「子守唄（キーワード）」の第2の意味だよ！〔さとうふみや「金田一少年の事件簿 10」（金成陽三郎）1994〕

【言葉（キーワード）】 漫画 この言葉（キーワード）は何を意味するのか!?〔さとうふみや「金田一少年の事件簿 12」（金成陽三郎）1995〕

【タイトル（キーワード）】 漫画 このタイトル（キーワード）からのイメージで何か〔日高万里「ひつじの涙 6」2003〕

その他 鍵語（キーワード） WEB

きぇぇ

【気鋭ー（きえー）】 漫画 気鋭（きえ）ー！〔宮下あきら「魁!!男塾 4」1991〕

きえる［消える］

【蒸発る（きえる）】 歌詞 蒸発（きえ）ない約束を信じて〔青酢「Don't Look Back」（立河吉彦）2003〕

ぎえんきん［義捐金］

【義援金（ぎえんきん）】 書換 ❖書き換えによって意味が変わってしまったという意見がしばしば示される。

きおう［競う］

【競（きおう）】 古「平家物語」「競（きおう）」という章に〔金田一春彦「日本語」1957〕

【勢う（きおう）】 歌詞 勢（きお）いて船出 せしものを〔田端義夫「恨みは深し明神礁」（大高ひさを）1952〕

きおく［記憶］

【季節達（きおく）】 歌詞 かけがえない季節達（きおく）〔TWO-MIX「Winter Planet No. 1」（永野椎菜）1997〕

【失恋（きおく）】 歌詞 ときどき過去の失恋（きおく）に〔ZARD「息もできない」（坂井泉水）1998〕

【本能（きおく）】 歌詞 夢を求めて生きてきた 蘇る深い本能（きおく）〔奥井雅美「naked mind」1996〕

【脳（きおく）】 歌詞 肉 脳（きおく） 離脱の時〔※-mai-「鎮 − requiem −」（米たにヨシトモ）1999〕

【映像（キオク）】 歌詞 消えることない二人が見つけた映像（キオク）になるだろう〔水樹奈々「Love Trippin」2006〕

【気憶】(歌詞) 水素の様に軽い身体の気憶に倒れる様に浮かぶI・E・S・P〔PSY・S「アイ・エスパー／I・E・S・P」(高橋修)1985〕

キカイオー

【奇怪王】(誤植) 雑誌で超鋼戦紀キカイオーを長江仙鬼奇怪王に。〔WEB〕

きかえる [着替える]「きがえる」とも。

【着更える】(小説) 服を着更えると〔椎名麟三「神の道化師」1955〕／みちるが服を着更えて〔田辺聖子「ほとけの心は妻ごころ」1980〕

【着換える】(歌詞) うすい生麻に 着換えた女は〔桑名正博「セクシャルバイオレット No.1」(松本隆)1979〕

きかがく [幾何学]

【幾何学】(辞書) ❖中国で geometry の geo(ギリシャ語で大地の意)という音と意味を踏まえた訳語とされる。

ぎがく [伎楽]

【妓楽】(古) ❖「歌舞伎」でもなされた転用。

きかん [器官]

【海馬】(歌詞) 禁断の海馬に手を加えて〔Sound Horizon「Arc」(REVO)2005〕

きぎ [木木]

【樹々】(歌詞) 揺れる樹々の音は〔鬼束ちひろ「everyhome」2007〕

【樹木】(歌詞) そびゆる樹木を〔ALI PROJECT「月光浴」(宝野アリカ)2006〕❖「木々」とは異なるイメージか。

ききいっぱつ [危機一髪]

【危機一発】(映画題名)「007 危機一発」1964 ❖日本での映画題名「ドラゴン危機一発」1974は、「007危機一発」をさらにもじったもの。／「潜航！危機一発」1966 ❖今でも、ときどき見られる。表現意図が感じ取れない場合には、誤字と言われやすい。

ききざけ [聞き酒・利き酒]

【唎き酒】(辞書) ❖「利き酒」を口で味わうために変えた。林業分野では「梸」(きき)あり。

きぎぬ [生絹]

【素絹】(WEB)「素絹」は文字通りなら「そけん」で、練っていない生糸で織った絹、織文のない生絹(すずし)の意であるが、そのままここ(の詩で)は「すずし」または「きぎぬ」(生絹)と当て読みしている可能性もある。

ききみみ [聞き耳]

【不審耳】(古)

ききめ [効き目]

【効果】(小説) もう何の効果も〔夏目漱石「こころ」1914〕

きく [聞く]「聞く」は守備範囲が広いが、それだけに使いにくい文脈があるとされる。

【聴く】(新聞) 相手の口をなんとか開かせることで、「訊く」を「聴く」へともってゆかなければならない。〔「読売新聞 夕刊」2010年3月2日〕

【訊く】(歌詞) はなればなれに 散る雲に 訊いて答えが 出るものか〔五木ひろし「旅鴉」(藤田まさと)1972〕／そうだと思っていたけれど 訊かないように 知らないふりしてきた〔中島みゆき「夏土産」1983〕

(雑誌)〔「小説新潮」1994年3月〕

(新聞) 映画を見た人にテレビが感想を訊(き)いている時も〔「読売新聞」2008年6月11日〕／理由を訊くと〔「読売新聞 夕刊」2010年2月9日〕／昨年、101歳で大往生した禅僧・松原泰道さんの本の中で、「辞書に訊く」という言葉に出会いました。松原さんは子どもの頃、父親から「辞書を引く、などと生意気なことを言うな。辞書に訊く、と言え」としかられたそうです。〔「読売新聞」2010年2月16日(投書欄)〕

【尋く】(書籍) 尋かれても〔大久保博訳「完訳 ギリシア・ローマ神話」1970〕(歌詞) 名前も尋かないで〔遊佐未森「たしかな偶然」(奥山六九・遊佐未森) 1995〕

【貞く】(書名) 羽鳥操「野口体操ことばに貞く」2004 ◆「聴」と音が通じたため。甲骨文字の時代からこの通用あり。

【訪】(演目) 今年の演目は「桜花訪京都歴史」(全8景)〔「読売新聞 夕刊」2010年2月24日〕

【聞違た】(小説) 聞違たことあるかい〔柳瀬尚紀訳「フィネガンズ・ウェイク III IV」1993〕

その他 不肯 (古)

ぎくぎく

【義屈義屈】(古)

きくとじ

【纐纈】(姓)〔篠崎晃雄「実用難読奇姓辞典 増補版」1973〕

きくらげ ［木耳］

【木海月】(辞書)〔1956 (隠)〕

その他 木耳・耳菌 (古)

きげき ［喜劇］

【奇劇】(書籍) 奇劇も仕舞い〔織田正吉「ことば遊びコレクション」1986〕◆もじり。

きけん ［危険］

【雷管】(歌詞) 火花散る雷管さえ 抱きしめて走る〔近藤真彦「大将」(売野雅勇) 1985〕

きげん ［機嫌］ 元は「譏嫌」からとされる。

【気嫌】(歌詞) 都鳥さえ ほろ酔い気嫌〔高田浩吉「伝七浮かれ節」(野村俊夫) 1954〕◆気嫌・不気嫌は、中世から。個々人の俗解や混淆による表記としては今でも見受けられる。

【機嫌】(新聞) 徒然草の「世に従わん人は、まづ機嫌を知るべし」は、事を行う時機の意。〔「読売新聞」2006年1月19日 (日本語・日めくり)〕

きげんぜん ［紀元前］

【B.C】(漫画)〔さいとうたかを「ゴルゴ13 42」1981〕

ぎこちない

【偽こちない】(小説)〔柳瀬尚紀訳「フィネガンズ・ウェイク III IV」1993〕

きざ ［気障］

【気障】(漫画) ◆キザが多い。本来「気障り」であり、部分訓。部分訓は『万葉集』に多く、今日では人名に新規なものが頻出。

その他 気際 (古)

ぎざ ぎざぎざの刻み目。古銭については今でも言う。

【五十銭】(古)〔1937 (俗)〕

きさき ［后・妃］

【后妃】(小説) その妃が他の后妃から妬みを買うのは〔藤原眞莉「華くらべ風まどい ― 清少納言梛子」2003〕

きさく ［気さく］

【気早行】【気作】【気爽】【気散苦】(古)

キサナドゥ ［Xanadu］ 桃源郷。ザナドゥ。

【X】(漫画) このXがいただいたザンス!!〔「コロコロコミック」2009年8月〕

きさま ［貴様］

【汝】(古) 汝なんぞが〔1896 (俗)〕

*【探偵】(小説) それに湧く蛆こそ探偵だ〔西尾維新「ダブルダウン勘繰郎」2003〕

*【錬金の戦士】(漫画) 錬金の戦士だろう〔「週刊少年ジャンプ」2004年7月8日 (武装錬金)〕

きざむ ［刻む］

【刻印む】(歌詞) あまねく世界に刻印まれた〔志方あきこ「軌跡」(みとせのりこ) 2009〕

【綴る】(歌詞) 胸に綴る終わりのない想い〔TWO-MIX「TRUE NAVIGATION」(永野椎菜) 1997〕

【育む】(歌詞) 穏やかに時代を育む〔TWO-MIX「LAST IMPRESSION」(永野椎菜) 1998〕

きさらぎ ［如月・衣更着］

【更衣】(書名) 佐伯泰英「更衣ノ鷹」2010

【如月】(人名) ◆ペンネーム、登場人物名などにも。

【鬼(きさらぎ)】 姓 節分から。〔篠崎晃雄「実用難読奇姓辞典増補版」1973〕

きし 〔岸〕

【河岸(きし)】 歌詞 河岸(きし)のあかりも 泣いていた〔久保幸江「おもいで柳」(西條八十)1952〕

ぎしき 〔儀式〕

【規式(ぎしき)】 古

きしもじん 〔鬼子母神〕 きしぼじん。

【鬼子母神(きしもじん)】 広告 中山鬼子母神 法華経寺〔「読売新聞」2009年12月29日〕◆鬼子母が改心したため角がなくなったなどの話があるが、古くは一般に鬼。東京の雑司ヶ谷鬼子母神堂ではこの字体多し。→かみ(鬼)

ぎじゅつ 〔技術〕

【手の早さ(技術)】 漫画 手品は手の早さ(技術)やトリックより〔松川祐里子「魔術師 6」1998〕

きしょい 「キモい」と同義。「気色悪い」から。

【気色(きしょ)い】 WEB

きじん 〔奇人・畸人〕

【畸人(きじん)】 辞書 ◆畸人と奇人は使い分けることがあった。

きす 「好き」の倒語。

【酒(きす)】 辞書 方言〔1960 隠〕

歌詞 酒(きす)ひけ酒(きす)ひけ 酒(きす)暮れて〔高倉健「網走番外地」(タカオカンベ)1965〕

*【好man(きすまん)】 古 泥酔者〔1935 隠〕

きす 〔鱚〕 江戸時代からある国字。

【鮯(きす)】 民間〔奈良市内のすし屋の湯のみ 1975 目〕◆すし屋では、鱚、鰡などの漢字や国字が湯呑みや看板などに多く見られ、だじゃれにも用いられることがある。魚屋では振り仮名を振る手間を惜しみ、また主婦らの買い物客にパッと読み取ってもらうためか仮名表記が多い。

キス 〔kiss〕「キッス」とも。「呂」で「くちすい」と読まれることがあった。すし屋の湯呑みでは鱚がキスの当て字で使われることがしばしばある。→キスマーク

【接吻(キス)】 詩 やさしく抱かれ接吻(きす)する者の家に帰らん。〔萩原朔太郎「漂泊者の歌」1934〕◆聖書では「接吻(キッス)」とも。

歌詞 接吻(キス)をすれば頬が〔南佳孝「浮かぶ飛行島」(松本隆)1984〕/スークの蔭の接吻(キス)が甦る〔島谷ひとみ「赤い砂漠の伝説」(小幡英之)2003〕/接吻(キッス)より甘く〔サザンオールスターズ「涙の海で抱かれたい～SEA OF LOVE～」(桑田佳祐)2003〕/接吻(キッス)の様な乳白色の霧の〔東京事変「極まる」(浮雲)2010〕

漫画 お礼の接吻(キス)の贈呈〔猫十字社「小さなお茶会 2」2000〕

小説 吸魂鬼の接吻(キス)〔松岡佑子訳「ハリー・ポッターとアズカバンの囚人」2001〕

【口吻(キス)】 歌詞 口吻(キス)しましょう〔堂本剛「百年ノ恋」2001〕

*【すきすきすkiss×4】 歌詞 (すきすきすkiss ×4 ハイハイ!)〔「さくらんぼキッス～爆発だも～ん～」(KOTOKO)2003〕◆曲名に細川ふみえ「スキスキスー」(小西康陽)1992がある。

きず 〔傷〕 →きずあと

【瑕(きず)】 書籍 時間支配に瑕(きず)のつくことを〔井上ひさし「私家版 日本語文法」1981〕

【瘡(きず)】 辞書 無瘡 むきず 前科のないこと〔1956 隠〕

【疵(きず)】 歌詞 胸の疵が痛い 痛い胸の疵が〔南佳孝「PARADISO(Remembered)」(松本隆)1988〕

【創(きず)】 雑誌〔「Esquire」1994年3月〕◆絆創膏の創。

【傷(きず)】 歌詞 ウブなネンネが玉に傷〔ツイスト「Rolling17」(世良公則)1981〕◆「玉にきず」には「瑕瑾」の「瑕」が使われることあり。

【傷口(きず)】 歌詞 宇宙の傷口(きず)見れば〔鮎川麻弥

「Z・刻をこえて」(井荻麟)1988〕

【生傷(きず)】歌詞 その証明 愛の生傷(きず)が痛い〔サザンオールスターズ「GIMME SOME LOVIN'」(桑田佳祐)1998〕

【腕(キズ)】漫画〔冨樫義博「HUNTER×HUNTER 7」1999〕

きずあと【傷跡・傷痕】

【傷痕(きずあと)】曲名 小林旭「黒い傷痕のブルース」(水島哲)1961

歌詞 古い恋の傷痕〔寺尾聰「Long distance Call」(有川正沙子)1982〕

【痕跡(きずあと)】歌詞 誰もが優しい刻の痕跡(きずあと)〔T.M.Revolution「vestige －ヴェスティージ－」(井上秋緒)2005〕

【焼け跡(きずあと)】歌詞 荒れ果てた焼け跡(きずあと)も〔霜月はるか「枯れた大地へ続く途」(日山尚)2007〕

きずく【築く】

【城く(きず)】古

きずな【絆】「絆」は常用漢字にないが、政治家も好んで使う。

【夢絆(きずな)】歌詞 男と女の夢絆(きずな)〔近藤真彦「夢絆(きずな)」(売野雅勇)1985〕

【仲間(きずな)】歌詞 勇気をくれた仲間(きずな)を〔Every Little Thing「Someday, Someplace」(五十嵐充)1999〕

【関係(きずな)】歌詞 ぶつかるほどに深まる関係(きずな)〔不二周助「My Time」(甲斐田ゆき)2003〕

キスマーク〔和製 kiss ＋ mark〕

【スタンプ(キスマーク)】漫画 さっさとスタンプ(キスマーク)押すのが〔つだみきよ「プリンセス・プリンセス 3」2004〕

【ハンコ(キスマーク)】漫画 ハンコ(キスマーク)だけでいいです〔つだみきよ「プリンセス・プリンセス 3」2004〕

きせき【軌跡】

【足跡(きせき)】歌詞 見える程度の足跡(きせき)〔GARNET CROW「クリスタル・ゲージ」(AZUKI七)2002〕

きせつ【季節】

【時間(きせつ)】歌詞 あなたと生きる これからの時間〔秋元順子「愛のままで…」(花岡優平)2008〕

【青春(きせつ)】歌詞 急ぐ「青春(きせつ)」に〔TWO-MIX「Rhythm Generation」(永野椎菜)1996〕／青春(きせつ)をまるかじりで〔白石蔵ノ介「はじまりは、Ecstacy」2010〕

きせつふう【季節風】

【条風(きせつふう)】小説〔小野不由美「東の海神 西の滄海 十二国記」1994〕

キセル〔カンボジア khsier〕

【烟管(きせる)】詩 烟管(きせる)なげ出しぢれついて〔高村光太郎「夏」1911〕◆西鶴作品には「⿱竹鋒」という造字が見られ、葛飾北斎もキンと音読みを作り使用した。

古 烟管(きせる)乗り(1930)〔小林祥次郎「日本のことば遊び」2004〕

その他 煙管(キセル)・喜世留(キセル) 古

きそうてんがい【奇想天外】

【起創展街(きそうてんがい)】民間 起創展街(キソウテンガイ) 中野で未来が動きだす〔中野区のクリアファイル 2009〕◆もじり。

ぎぞく【義賊】

【戯賊(ぎぞく)】もじり 昭和戯賊 脅迫事件の犯行声明文(1986)に〔円満字二郎「常用漢字の事件簿」2010〕

きた【北】

【向南(きた)】古 向南山 きたやま〔「万葉集」〕◆「来た」にかけて「北山(きたやま)」で空腹などを表すことあり。

【北風(きた)】書籍 朝北風(あさきた)〔織田正吉「ことば遊びコレクション」1986〕

ギター〔guitar〕

【Gt.(ギター)】【Gt(ギター)】雑誌 ◆ギターに詳しい人はこの語のアクセントが平板化する傾向がある。この記号をギターと読める層は、おそらくそうであろう。

きたい 希代から奇態と混同。けったい。

【奇体】【奇妙】古／【荒唐奇異】古

きたえる［鍛える］

【錬える】書籍 靫いものに錬え上げる〔井上ひさし「ことばを読む」1982〕

きたかぜ［北風］

【朔風】古 七十二候 朔風払葉 きたかぜ、このはをはらう〔「暮らしの風」2008年11月〕

その他 涼風 古

きたかた［喜多方］

【喜多方】地名 福島県喜多方産のコシヒカリが台湾で人気だ。縁起の良い字面として「喜多方」に関心が集まり、味の評価も高いという。〔「読売新聞 夕刊」2009年12月26日〕◆「北方」から。喜多川・喜多流などで使われる喜多を用いた。大平総理(当時)なども文字面から歓迎された。固有名詞では、中国でも字義が日本以上に意識される傾向あり。

きたきりすずめ［着た切り雀］

【着た限雀】古

きたぐに［北国］

【北陸】歌詞 ここは北陸 越前岬よ〔美空ひばり「越前岬」(吉田旺)1979〕

きたこれ［来た此］

【ｋｔｋｒ】WEB 〃2ちゃんねる〃の書き込みを音声で読み上げてくれるWebブラウザー「SofTalk WEB」v0.87 たとえば標準では、〃ktkr〃という文字列を『きたこれ』と読ませるように登録されている。◆子音のみを表記する方法は世界の文字の歴史の中ではかえって古い。

きだて［気立て］

【気象】古

きたない［汚い］

【汚え】書籍 汚えなァ〔うみのさかな&宝船蓬莱「うみのさかな&宝船蓬莱の幕の内弁当」1992〕

漫画 音汚え！〔二ノ宮知子「のだめカンタービレ 2」2002〕／この汚エー部屋〔藤崎聖人「WILD LIFE 3」2003〕／汚っ！〔佐野隆「打撃王凜 1」2004〕

その他 膩黒 古

*【糞尿】古〔山田美妙「竪琴草紙」1885〕

きたる［来たる］

【未タル】曲名 沢田研二「未タルベキ素敵」(覚和歌子)2000 ◆手書き字形からか。

きち［吉］

【吉】民間 ◆姓名に吉吉と書いて「きちよし」「よしきち」があり、どちらかを「吉」という筆字に多い異体字で記す者もある。俗説に「キチ」は「吉」、「よし」は「吉」、あるいは侍出身は「吉」、農家出身は「吉」などというものあり。中国でも別の俗解あり。

*【吉吉】姓 吉吉吉吉〔高橋幹夫「江戸の笑う家庭学」1998〕／熊本県〔佐久間英「珍姓奇名」1965〕

【吉】広告 3億円年末ジャンボ宝くじ「吉買い方」〔「読売新聞」2008年11月20日(女性セブン)〕

きちょう［几帳］

【木丁】【木長】古 ◆仮名文、仮名草子などに。

その他 綺帳 古

きちょうめん［几帳面］

【規帳面】【生帳面】古／【木帳面】辞書

きちり

【整然】小説 書斎なども実に整然と片付いていた。〔夏目漱石「こころ」1914〕

きつい

【強い】小説 私は強つい顔をみせたのである。〔小林多喜二「党生活者」1932〕／車輪は強く響きわたる〔幸田文「流れる」1957〕／女の子の好みが強うてね〔田辺聖子「ほとけの心は妻ごころ」1980〕

【厳】古 酷寒の候〔1935 隠〕

その他 緊《きつ》い 古／狭《きつ》い 漫画

きっかい［奇っ怪］

【奇怪《きっかい》】古 奇怪《きツくわい》〔山田美妙「竪琴草紙」1885〕

漫画題名 東里桐子「爆裂奇怪交響曲《どっかんきっかいシンフォニー》 1」1993

きっかけ［切っ掛け］

【動機《きっかけ》】小説 動機《きっかけ》だけは色々にこじつけて起したもんだ〔小林多喜二「蟹工船」1929〕

【元凶《きっかけ》】小説 元凶《きっかけ》でもあるクソガキだが〔西尾維新「零崎双識の人間試験」2004〕

【契機《きっかけ》】歌詞 契機もなく〔Iceman「黎明 -REIMEI-」(井上秋緒)1997〕

きづく［気付く］

【承知してる《きづいてる》】歌詞 摑めない事に承知してる《きづいてる》〔GARNET CROW「wish★」(AZUKI 七)2002〕

キックボクシング［kickboxing］

【蹴道《キックボクシング》】広告 ぶっとび蹴道物語《キックボクシングストーリー》!!〔さとうふみや「金田一少年の事件簿 1」(金成陽三郎)1993(巻末)〕

きっさき［切っ先］

【鋒《きっさき》】漫画 反り1.2cmの鋒《きっさき》〔大暮維人「エア・ギア 5」2004〕

【切尖《きっさき》】雑誌〔「小説新潮」1994年2月〕

キッス ⇩キス

キッズ［kids］

【子供《キッズ》】小説 すっかり、気分は子供スパイ《スパイ・キッズ》かもしれない〔清涼院流水「カーニバル 一輪の花」2003〕

【小子】中国 近畿小子(キンキキッズ)

きっすい［生粋］

【中国《キッスイ》】広告 中国の一流《ホンバ》コックが作る中国《キッスイ》の味〔中華料理の広告 1960 目〕

キッチン［kitchen］

【厨房《キッチン》】漫画 厨房《キッチン》でくすねた〔さとうふみや「金田一少年の事件簿 13」(金成陽三郎)1995〕

【台所《キッチン》】曲名 サザンオールスターズ「汚れた台所《キッチン》」(桑田佳祐)1996

きって［切手］

【郵券《きって》】漢詩 郵券代《きってだい》〔平井呈一訳「狂詩 巡査行」1951〕

きっと［屹度・急度］

【屹度《きっと》】広告〔奥山益朗「広告キャッチフレーズ辞典」1992〕❖江戸時代までは頻用された。

【急度《きっと》】広告〔奥山益朗「広告キャッチフレーズ辞典」1992〕

歌詞 急度(きっと)祈って〔椎名林檎「映日紅《いちじく》の花」2003〕

その他 儼然《きっ》と・屹《き》っと・必然《きっと》 古

キッド［kid］

【子供《キッド》】漫画〔村田雄介「アイシールド21 9」(稲垣理一郎)2004〕

きつね［狐］→こっくり

【狐精《きつね》】小説 私の前世が熊野の狐精《キツネ》であったから〔藤原眞莉「華くらべ風まどい－清少納言椰子」2003〕

【油揚げ《きつね》】漫画 だからとりあえず油揚げ《キツネ》は口にしない方がいいよ〔渡辺祥智「銀の勇者 2」1999〕❖大阪では油揚げをのせたソバをたぬきという。

【そいつ《きつね》】漫画 そいつ《キツネ》の話によると〔大暮維人「エア・ギア 5」2004〕

【孤《きつね》】誤字 大学で狐《きつね》を7割もの学生が「孤」と書くのに驚いた。〔「読売新聞」2010年3月1日〕

きっぱり

【整然《きっぱり》】小説 椰子は整然《きっぱり》と言い切る〔藤原眞莉「華くらべ風まどい－清少納言椰子」2003〕

その他 的確《きっぱり》・判然《きっぱり》・截然《きっぱり》 古／折釘截釘《きっぱりと》 古

きっぷ［気っ風］

【気《き》っぷ】新聞 気っぷが良く、〔「読売新聞」2010年3月13日〕

【気《き》っ風《ぷ》】新聞 経済的にも気っ風的にも、なかなか若い人のできることではない。〔「読売新聞 夕刊」2008年12月16日〕

キティ［Kitty］サンリオのキャラクター。

ハロー・キティ。

【綺茶(キティ)】 人名 最近一番驚いたのが 隣町に「キティ」ちゃんが実在するという話。「綺麗」の「綺」に「ティ」は何と「茶＝tea」だって…〔WEB〕❖実在するものか。

きてれつ →きみょうきてれつ

【奇天烈(きてれつ)】 書籍 こんな奇天烈(きてれつ)な文字〔井上ひさし「私家版 日本語文法」1981〕

新聞 それにしても、ユニークで奇天烈(きてれつ)な光景だ。〔「読売新聞 夕刊」2010年3月16日〕

キドニー [kidney] 腎臓の意。kindly(親切な)と関係するか。

【親切な(キドニー)】 小説 親切な武器(キドニー)だが〔安井健太郎「ラグナロク EX. DIABOLOS」2000〕

キナ [オランダ kina] 薬用植物の一つ。

【規那(キナ)】 辞書

きなこ [黄な粉]

【黄粉(きなこ)】 雑誌 黄粉(きなこ)や〔「旅行読売」1994年2月〕

書籍 〔織田正吉「ことば遊びコレクション」1986〕

【青豆粉(きなこ)】 商品名 ナンメの青豆粉(きなこ)

ギニア [Guinea]

【幾内亜(ギニア)】【銀名(ギニア)】 辞書

きぬ [衣] 絹の意味か。

【布地(きぬ)】 歌詞 銀色の布地(きぬ)を〔元ちとせ「凛とする」2002〕

その他 衣(きぬ) 古

きぬがさ [衣笠・絹傘・蓋]

【繖(きぬがさ)】 雑誌 繖(きぬがさ) 山〔「山と溪谷」1994年5月〕❖地名。中国で、象形文字「傘」と相前後して現れた形声文字。

きぬぎぬ [衣衣]

【後朝(きぬぎぬ)】 新聞 〔「読売新聞 夕刊」2008年12月27日〕

その他 更朝(きぬぎぬ) 古

ギネ [←ドイツ Gynekologie] 産婦人科。

【婦人(ギネ)】 小説 婦人科(ギネ)のある部分が〔齋藤栄「神戸天童殺人事件」1994 集〕

キネマ [kinema] キネマトグラフ(kinematograph)の略。シネマ。

【映画(キネマ)】 詩 「未来派」とも連動した映画表現(キネマ)と〔山村暮鳥「だんす」(高橋世織解説) コ〕

きのあらくなるとき [気の荒くなる時]

【発情期(きのあらくなるとき)】 立て札 ふりがなの面白い立て札。奈良公園で。〔飯間浩明「文字のスナップ」2003〕

きのう [昨日] 常用漢字表で付表にあり。「公用文作成の要領」1951には「かな書きにすることはいうまでもない」とある。

【昨晩(きのう)】 歌詞 昨晩の暗闇を 濡らしてた雨音〔竹内まりや「Morning Glory」(山下達郎)1980〕

【昨夜(きのう)】 漫画 大丈夫かキャトル 昨夜(きのう)…〔絵夢羅「道端の天使 1」2003〕

【過去(きのう)】 歌詞 優しさを求めすぎた過去(きのう)が〔大黒摩季「白い Gradation」1994〕／もう過去(きのう)のために泣いたりしない〔宇徳敬子「光と影のロマン」2000〕

【月曜(きのう)】 小説 月曜(きのう)と火曜(きょう)〔神坂一「日帰りクエスト なりゆきまかせの異邦人(ストレンジャー)」1993〕

【咋日(きのう)】 誤字 石川県羽咋(はくい)郡近く出身の学生が書いていた❖関西出身者は普通名詞境を堺と書いていた。母語の干渉はよく知られているが母字の干渉も漢字圏の留学生などに見られ、実は国内でも起こる。

きのくにや [紀伊国屋]

【紀伊国屋(きいこくや)】 誤読 「きいこくや」「きいくにや」と大学生が読んでいた。❖「きい」は木の関西方言による長音化への音読み漢字二字による当て字で、それがさらに当て読みにつながった。先祖返り。

きのこ [茸]

【蕈(きのこ)】 小説 ❖宮沢賢治の原稿の「蕈」は「夢」と誤植されたことがあった。

【菌(きのこ)】 古 山本有三「瘤」1935 後のテキスト(1938)でふりがななしに、さらに後のテキスト(1947)でカタカナ表記に〔黒木和人『ふりがな廃止論』の理念と実践」1998〉◆ATOK17でも菌、蕈ともに変換できる。かつては見られたが、食用にはこの表記は適さないと意識されたのであろう。海胆(うに)・雲丹、蝦(えび)・海老、卵・玉子、酸し・寿司なども同様。

【木の子(きのこ)】民間 竹の子 木の子〈山田尚勇「文字体系と思考形態」(『日本語学』1987年8月)〉◆江戸時代以前からある。簡明で、かわいらしいとも意識され、メニューには普通に現れるようになっている。「栮」が中国での字だったが、朝鮮で「茸」に代わり、日本に入ってきた。姓に木ノ子あり。

【木野子(きのこ)】漫画〈秋本治「こちら葛飾区亀有公園前派出所 126」2001〉◆命名案として。

きば［牙］

【歯(きば)】古◆現代中国では牙(ヤー)が歯のこと。

きばこ［木箱］

【木函(きばこ)】書籍〈長野まゆみ「ことばのブリキ罐」1992〉◆函館、函南(かんなみ)などでは地元の人たちは函を「函」と略して書くことが多い。

きばむ［黄ばむ］

【黄(きばむ)】雑誌 七十二候 橘始黄 たちばな、はじめてきばむ〈「暮らしの風」2008年11月〉

きびしい［厳しい］

【酷しい(きびしい)】小説 芸能界ってところは酷(きび)しいな〈森村誠一「殺意の接点」2001〉

その他 稠(きびしく) 古

きびだんご［黍団子・吉備団子］

【驥尾団子(きびだんご)】古◆もじり。

ギブアンドテイク［give-and-take］

【10の快楽(ギブ)のあとには(アンド)10の苦痛(テイク)】小説〈海猫沢めろん「零式」2007〉

きぶし［木五倍子・木付子］

【木五倍子(きぶし)】新聞 薄い黄色の小さな花をたくさん付けるキブシ。漢字で書くと「木五倍子」。お歯黒に使われた染料の「五倍子(ふし)」の代用として、秋になる実を使ったことから付いた名という。〈「読売新聞 夕刊」2010年4月16日〉

きふじん［貴婦人］

【貴婦猫(きふじん)】漫画 この短命な貴婦猫(きふじん)を〈猫十字社「小さなお茶会」2000〉◆猫を擬人化している。

きべん［詭弁］

【奇弁(きべん)】民間〈漢字制限後 1953 目〉◆橋頭保(橋頭堡)などと合わせて評判が良くない代用字で、日本新聞協会では「詭弁(きべん)」(振り仮名付き)に戻された。

【危弁(きべん)】辞書〈「学術用語集 論理学編」1965〉

きぼう［希望］

【希(きぼう)】商品名 玉子〈「安心」1994年2月〉

【目標(希望)】漫画 指輪探しが今のケイの目標(希望)だ〈日高万里「ひつじの涙 4」2003〉

【光(希望)】漫画 その先には光(希望)があると〈日高万里「ひつじの涙 7」2004〉◆希望の光が、未来に光明が、というニュアンスであろう。

関連【希望的観測(こーだったらいいな)】小説〈秋津透「魔獣戦士ルナ・ヴァルガー」1988〉

きほんのき［基本のき］

【基本のき(きほんのき)】広告 初めて作るための基本のき〈「読売新聞」2009年9月10日(サライ)〉◆いろはの「い」、経済の「け」の字も知らない、の類の言い方。

きまぐれ［気紛れ］

【気迷れ(きまぐれ)】古

きまる［決まる・極る］

【定る(きまる)】辞書〈1949 隠〉

書籍 型が定(き)まってきたようである。〈井上ひさし「自家製文章読本」1984〉

きみ［君］

【王(きみ)】小説 月の王の想いびと(きみ)なのだから〈藤原眞莉「華くらべ風まどい－清少納言梛子」2003〉

【手塚(キミ)】漫画 手塚(キミ)との試合の時は見せず温存していたみたいだね〈許斐剛「テニスの

王子様 15」2002〕

【鉄生君(キキミ)】漫画 鉄生君(キキミ)のおかげでね〔藤崎聖人「WILD LIFE 2」2003〕

【友(きみ)】歌詞 なつかしい笑顔の友(きみ)は遠い故郷〔Do As Infinity「陽のあたる坂道」2002〕

【少年(きみ)】書籍 少年(きみ)の名は〔長野まゆみ「ことばのブリキ罐」1992〕

【少女(きみ)】歌詞 微笑んだ少女(きみ)の強さを〔霜月はるか「枯れた大地へ続く途」(日山尚)2007〕

【売女(きみ)】歌詞 売女(きみ)が悪いさ〔姫苺「Riot」(雀夜)2009〕

【赤子(きみ)】歌詞 はじまりを待つ赤子(きみ)に〔19「すべてへ」(326)1999〕

【観客(きみ)】歌詞 観客(きみ)を誘う〔Sound Horizon「終端の王と異世界の騎士～The Endia & The Knights～」(REVO)2006〕

【自分(きみ)】歌詞 君(キミ)は自分を見つめてるか〔ギルガメッシュ「arrow」(左迅)2009〕

【自分自身(きみ)】歌詞 〝答え〟はいつも〝自分自身(きみ)〟だから〔TWO-MIX「TRUTH～A Great Detective Of Love～」(永野椎菜)1998〕

【明日の私(きみ)】歌詞 〝明日の私(きみ)〟はただひたすらに私の前を駆けている〔RONDE「地球樹の風に吹かれて」2000〕

【他人(きみ)】歌詞 自分の中他人(きみ)が映る〔GARNET CROW「whiteout」(AZUKI 七)2001〕

【人間(きみ)】漫画 人間(キミ)らはボクを水の精霊って呼んでいるよ〔渡辺祥智「銀の勇者 1」1998〕／そばにいる人間(君)に危害を与えかねない〔樋口橘「学園アリス 1」2003〕

【犬(キミ)】漫画 犬(キミ)は何の役にも立たなかった〔藤崎聖人「WILD LIFE 5」2004〕

【jewel fish(きみ)】歌詞 いつか生まれ故郷に帰る jewel fish(きみ)も大海へ出て暮らす〔GARNET CROW「Jewel Fish」(AZUKI 七)2001〕

【汽車(キミ)】書名 小巻真司「汽車(キミ)と歩いた青春」2004 ❖WEBで読ませ字とも称される。

【運命(きみ)】歌詞 風に乗り近づく運命(きみ)を感じたら〔MALICE MIZER「APRES MIDI～あるパリの午後で～」(Gackt)1995〕

*【彼女(きみたち)】雑誌 彼女(きみたち)を笑わせる〔ビジトジ「夢の道」(玉川善治)2005〕

*【女(きみら)】漫画 女(きみら)の通る道なんじゃないの〔山田南平「紅茶王子 7」1999〕

*【ロ゛リ゛】WEB 機種依存文字ネタの一つ。文字を上下に分けて読むと「君、ロリ?」という言葉になる。〔2典 Plus〕

関連【君(みこちゃん)】書籍〔うみのさかな&宝船蓬莱「うみのさかな&宝船蓬莱の幕の内弁当」1992〕❖「みこちゃん」は日ペンの主人公のこと。

きみょうきてれつ ［奇妙きてれつ］

【奇妙奇天烈(きみょうきてれつ)】小説〔三島由紀夫「仮面の告白」1949〕俗

その他 奇妙奇手烈(きみょうきてれつ) 古

ぎむ ［義務］

【自由(ギム)】歌詞 自由(ギム)に自分を忘れ〔19「あの青をこえて」(326)1999〕

キムチ 朝鮮語。

【沈菜(キムチ)】古 ❖沈菜が語源とする説に従った表記。

キムメリオス ［ギリシャ cimmerios］

【暗黒(キムメリオス)】書籍〔大久保博訳「完訳 ギリシア・ローマ神話」1970〕

きめ ［木目・肌理］

【肌理(きめ)】新聞 紙の肌理(きめ)が見えるという〔「読売新聞」2009年5月17日〕

【表皮(キメ)】新聞 表皮(キメ)を傷つけることなく、〔「はいからエスト」2009年1月19日〕

きめごと ［決め事］

【決断(きめごと)】歌詞 自分自身の決断(きめごと)に〔GARNET CROW「泣けない夜も泣かない朝も」(AZUKI 七)2003〕

きめて ［決め手］→つきぎめ

【極め手（きめて）】広告「極め手（きめて）」とも書く〔奥山益朗「広告キャッチフレーズ辞典」1992〕
その他 決手（きめて）古

キメラ [chimera]

【合成獣（キメラ）】書籍 彼は石人形と邪妖精と人間との合成獣（キメラ）です〔中澤光博／ORG「入門！リナの魔法教室 スレイヤーズRPG」1996〕

漫画 合成獣（キメラ）にされた娘を見たのだな〔荒川弘「鋼の錬金術師 12」2005〕

【鬼魔羅（キメラ）】漫画 天より降りたもう『鬼魔羅（キメラ）』を宿す〔綾峰欄人「GetBackers 奪還屋 23」（青樹佑夜）2003〕

きめる [決める]

【定める（きめる）】古 ❖福沢諭吉も用いる。

【極める（きめる）】雑誌 極（き）めて〔「小説新潮」1994年10月〕
❖日本では江戸時代から日本独自の用法として「きめる」にも当てられていたが、当用漢字・常用漢字では「極（きわ）める」だけとなった。

きもい 「気持ち悪い」から。

【[目苦]い（きもい）】民間 漢字のない言葉は新たな漢字をつくり、それをその言葉の読みとするのがよいと思う。例えば「キモい」を目へんに苦しいで「[目苦]（キモ）い」と読ませる等である。〔学生 2009〕

【芲亻（きも）】WEB 芲亻裙〔2典Plus〕

きもち [気持ち] 「気持ちいい」を短縮した、一部で行われる口語形「きもちい」はWEBでは「気持い」「気持いー」など。

【想い（気持ち）】漫画 鳥花ちゃんへの想い（気持ち）でいっぱいだもん〔日高万里「ひつじの涙 4」2003〕❖↓おもい

【愛（きもち）】歌詞 素直な愛（きもち）を受け止めて〔TWO-MIX「Winter Planet No. 1」（永野椎菜）1997〕

【愛情（きもち）】歌詞 愛情（きもち）を繋ぎとめられない〔南野陽子「はいからさんが通る」（小倉めぐみ）1987〕

【感情（きもち）】歌詞 理屈抜きの この感情（きもち）を…〔TWO-MIX「TRUST ME」（永野椎菜）2001〕／枯らした感情（きもち）を癒すように〔day after tomorrow「It's My Way」(misono・五十嵐充) 2003〕

【五感（きもち）】歌詞 溢れてくる五感（きもち）が〔GARNET CROW「永遠を駆け抜ける一瞬の僕ら」（AZUKI 七）2003〕

【本能（きもち）】歌詞 本能（キモチ）のおもむくままに〔V6「いいじゃない。」（只野菜摘）1996〕

【恋心（きもち）】書籍 男々しい恋心（きもち）〔ナカムラミツル「326―ナカムラミツル作品集」1998〕

【姿勢（きもち）】漫画 他の誰よりもしっかりした姿勢（きもち）で〔樋口橘「学園アリス 1」2003〕

【配慮（きもち）】雑誌〔「月刊デザート」2004年7月〕

【Thank you（きもち）】歌詞「Thank you（きもち）」の代わり心に誓った〔林原めぐみ「GLORIA ～君に届けたい～」（有森聡美）1997〕

【感覚（きもち）】歌詞 言葉にならない感覚（きもち）を共有してた〔GARNET CROW「夜深けの流星達」（AZUKI 七）2004〕

【気檬子（キモチ）】台湾 哈日族（ハーリー）の日常用語〔黄文雄「日本語と漢字文明」2008〕
その他 心情（きもち）WEB

きもの [着物]

【著物（きもの）】小説 著物（きもの）も器量も際立って落ちているが〔幸田文「流れる」1957〕❖本来の漢字による表記「著」から字体と用法が枝分かれしたのが「着」。

【衣もの（きもの）】看板 衣（キ）ものを清（キ）れいにいたしましょう〔クリーニング店 1954 目〕

ギヤ [gear] ギア。

【歯車（ギヤ）】詩 歯車（ギヤ）〔細井和喜蔵「作業機械」1925〕

きゃく [客] →おきゃく

【他人（きゃく）】漫画 他人（きゃく）に言いフラしてたんだっけな〔藤崎聖人「WILD LIFE 4」2003〕

ぎゃくぎれ [逆ギレ]

【イキ（ぎゃくぎれ）】曲名 ヴィドール「イキ」（ジュイ）2004

き

きゃくじん［客人］
【客猫（きゃくじん）】漫画 お客猫（きゃくじん）にどの塔かわかるように〔猫十字社「小さなお茶会」2000〕❖擬人化。

ぎゃくて［逆手］
【逆手（ぎゃくて）】辞書 逆手はさかてとギャクてで用法に差が見られるが、文字面から当て読みした結果、混同しつつある。

きゃしゃ［花車・華奢］
【花奢（きゃしゃ）】【花車（きゃしゃ）】古／【華車（きゃしゃ）】辞書
*【婲物（きゃしゃもの）】古 ❖優雅で上品な姿の者。

キャスト［cast］
【配役（キャスト）】漫画 お前の決めた配役（キャスト）通りに〔さとうふみや「金田一少年の事件簿 6」（金成陽三郎）1994〕

きやすめ［気休め］
【気安め（きやすめ）】WEB ❖「気安め」の出現頻度は少ない。変換ソフトで「気休め」しか出ないものもあるためか。

きゃたつ［脚立・脚榻］
【榻（きゃたつ）】雑誌 榻（きゃたつ）という字も使われるが〔「つり人」1994年5月〕❖脚榻子の唐宋音から。→こたつ（炬燵）

きゃつ［彼奴］「かやつ」からという。高校生が「貴奴（きゃつ）」と書いた例があるのは貴様との混淆か。→きゃつら
【彼奴（きゃつ）】小説 彼奴（きゃつ）に会って〔「読売新聞」2010年1月11日〕
【渠奴（きゃつ）】古 渠奴（きゃつ）め〔1902 俗〕
その他 奴（きゃつ）・渠（きゃつ）古

キャッシャー［cashier］
【会計（キャッシャー）】小説 会計（キャッシャー）を調べてみても〔森村誠一「殺意の接点」2001〕

キャッシュ［cash］
【現金（キャッシュ）】漫画〔さいとうたかを「ゴルゴ13 42」1981〕／なんて現金（キャッシュ）な〔東里桐子「月の純白星闇の青碧 1」1994〕

キャッスル［castle］
【城（キャッスル）】漫画 城門（キャッスルゲート）〔冨樫義博「HUNTER×HUNTER」1998～〕
小説 天空を飛行する見えない城（インビジブル・キャッスル）〔清涼院流水「カーニバル 二輪の草」2003〕❖マンション名にも、キャッスルの類が登場するが、カタカナかローマ字。

キャッチ［catch］
【客引き（キャッチ）】小説 街頭の客引き（キャッチ）か〔浅田次郎「鉄道員」2000〕
【Catch Phone（キャッチ）】歌詞 電話の途中 誰かの Catch Phone（キャッチ）が優先で〔シャ乱Q「自惚れて Fall in love」（つんく）1994〕
その他 捕球（キャッチ）小説

キャッチャー［catcher］少年野球では、キャッチャーミットを「キャミ」と略して称することがある。
【捕手（キャッチャー）】漫画 なんだ捕手（キャッチャー）の特訓スか〔きくち正太「三四郎² 1」1990〕／〔「週刊少年ジャンプ」2004年53号（Mr. FULLSWING）〕
【河合君（キャッチャー）】漫画〔ひぐちアサ「おおきく振りかぶって 7」2007〕
その他 攫手（キャッチャー）古

キャット［cat］
【芸妓（キャット）】古

ぎゃっと
【逆音（ぎゃっと）】古

キャップ［cap］
【∩（キャップ）】書籍 ホモでロリコンしかもSMという、〝A∩（キャップ）B∩（キャップ）C〟の男〔うみのさかな&宝船蓬莱「うみのさかな&宝船蓬莱の幕の内弁当」1992〕

ギャップ［gap］
【葛藤（ギャップ）】歌詞 理想と現実の葛藤（ギャップ）の中〔キャンゼル「Allegro」(shiina mio) 2008〕

きゃつら［彼奴等］
【彼奴等（きゃつら）】歌詞 彼奴等（きゃつら）の妨害に倍返し〔東京事変「電波通信」（椎名林檎）2010〕
その他 汝儕（きゃつら）俳句

キャニスター [canister]
【保存容器(キャニスター)】漫画 保存容器(キャニスター)に移してたの〔山田南平「紅茶王子 2」1997〕

キャノン [cannon]「カノン」とも。大砲。
【砲(キャノン)】小説 レーザー砲(キャノン)が妖姫の頭部と心臓に〔菊地秀行「魔界都市ブルース 夜叉姫伝 4」1990〕
その他 大砲(キャノン) 小説 漫画

キャパシティー [capacity]
【許容範囲(キャパシティー)】漫画〔イチハ「女子妄想症候群 4」2004〕
【魔力容量(キャパシティ)】書籍 人間の魔力容量(キャパシティ)の限界が〔中澤光博/ORG「入門!リナの魔法教室 スレイヤーズRPG」1996〕

キャバレー [フランス cabaret]
【仕事(キャバレー)】漫画 五代くん仕事(キャバレー)は〔高橋留美子「めぞん一刻 15」1987〕◆「お仕事(キャバレー)」とも。

キャピタリズム [capitalism]
【資本主義(キャピタリズム)】新聞 アメリカの資本主義(キャピタリズム)〔「読売新聞」2009年12月4日〕

キャビン [cabin]
【船室(キャビン)】小説 船室(キャビン)のドアをノックした〔清涼院流水「カーニバル 二輪の草」2003〕

キャビンアテンダント [cabin attendant]
【C.A.(キャビンアテンダント)】雑誌 C.A.(キャビンアテンダント)を経てイギリスへ留学。〔「non·no」2006年10月5日〕◆スチュワーデスの語は看護婦とともに一般では根強い。

キャプション [caption]
【説明文(キャプション)】論文〔内山和也「振り仮名表現の諸相」2002〕

キャフタ [Kyakhta]
【恰克図(キャフタ)】地名

キャプテン [captain]「カピタン」とも。
【艦長(キャプテン)】漫画〔高橋留美子「うる星やつら 12」1982〕
【艇長(キャプテン)】広告 輝ける女艇長(キャプテン)〔菊地秀行「魔界都市ブルース夜叉姫伝 4」1990(巻末)〕
【船長(キャプテン)】漫画〔尾田栄一郎「ONE PIECE 29」2003〕
新聞 月刊誌「婦人之友」に童話『ゴーとエイミと船長(キャプテン)』を連載中です。〔「読売新聞」2010年3月17日〕
【主将(キャプテン)】漫画 バスケ部の主将(キャプテン)と〔井上雄彦「SLUM DUNK 1」1991〕/頼むぜ主将(キャプテン)〔「週刊少年ジャンプ」2004年48号(Mr. FULL-SWING)〕
【大尉(キャプテン)】漫画 大尉(キャプテン)ブラッドをも撃破した美堂蛮の力か〔綾峰欄人「GetBackers 奪還屋 23」(青樹佑夜)2003〕
【C(キャプテン)】漫画〔尾田栄一郎「ONE PIECE 6」1998〕

キャベツ [cabbage]
【茄別(キャベツ)】メニュー〔WEB〕◆あるいはこの茄別の茄が表外字であり、「なす」でもあるため交ぜ書きにしたものが次項か。
【キャ別(ベツ)】民間〔八百屋の伝票 1961(目)〕/レッドキャ別〔新宿二幸 1961(目)〕/〔スーパーマーケットの野菜売り場 1967(目)〕/「春キャ別」中野区中央で。〔飯間浩明「文字のスナップ」2002〕◆八百屋でしばしば見られる。魚屋と異なり、また鮨屋と同様に漢字表記を好むか。スペースを省くためできるだけ漢字で書こうとする傾向があり、その結果による位相表記か。
【きゃ別(ベツ)】民間 八百屋流の民間表記〔北原保雄「続弾!問題な日本語」2005(鳥飼浩二)〕
その他 玉菜(キャベツ) 古/甘藍(キャベツ) 辞書

ギヤマン [オランダ diamant]
【硝子(ギヤマン)】古

キャラ 「キャラクター」の短縮形。
【性格(キャラ)】歌詞 僕の性格(キャラ)には不似合いだけど〔石田彰「BUT BUT BUT」(奥井雅美)1997〕

漫画〔渡瀬悠宇「イマドキ！ 5」2001〕

【役(キャラ)】漫画 二人ともボケ役(キャラ)なので〔藤崎聖人「WILD LIFE 5」2004〕

【個性(キャラ)】歌詞 個性(キャラ)がそびえ私のコトを邪魔してる〔堀江由衣「silky heart」(Satomi) 2009〕

広告〔2010年4月17日 地下鉄車内広告(雑誌)〕

【美女(キャラ)】歌詞 美女(キャラ)だけで萌えてる場合じゃないだろう〔みっくすJUICE「The IJIN-DEN ～天才の法則」(六月十三) 2003〕

【C(キャラ)】漫画 CB(キャラブック)「MATATABI」〔「週刊少年ジャンプ」2004年5月24日〕

ギャラ [←ギャランティー(guarantee)]

【給料(ギャラ)】辞書〔1960 隠〕

【報酬(ギャラ)】漫画〔矢吹健太朗「BLACK CAT 1」2001〕

ギャラクシー [galaxy]

【銀河(ギャラクシー)】漫画 烈風銀河(トルネードギャラクシー)〔「コロコロコミック」2002年3月(音速バスタ DANGUN 弾)〕／究極転技(きゅうきょくてんぎ)・銀河新星(ギャラクシーノーヴァ)〔「コロコロコミック」2010年3月(メタルファイト ベイブレード)〕

キャラクター [character]

【印象的(キャラクター)】雑誌 グシャグシャな髪型が印象的(キャラクター)な男性デザイナー〔「小説新潮」1994年4月〕

*【白夜&桂花(メインキャラクター)】小説 白夜&桂花(メインキャラクター)が誕生した〔菊地秀行「白夜サーガ 魔王星完結編」1996(著者略歴)〕

キャラバン [caravan]

【隊商(キャラバン)】歌詞 われらは隊商(キャラバン)〔伊藤久男「沙漠の恋唄」(野村俊夫) 1947〕

TV〔NHK「新シルクロード」〕

ギャラリー [gallery]

この語の音をふまえて「画廊(がろう)」の訳語が生じたとする見方もある。

【展示室(ギャラリー)】小説 この海軍病院の展示室(ギャラリー)〔河野万里子訳「皇妃」1998〕

【観客(ギャラリー)】漫画 観客(ギャラリー)の中に〝大物〟が〔大暮維人「エア・ギア 4」2003〕

キャリア [career]

【人気(キャリア)】漫画 そんなセコイ人気(キャリア)〔中条比紗也「花ざかりの君たちへ 9」1999〕

【有資格者(キャリア)】小説 正当な理由を持つ有資格者(キャリア)なのじゃ〔清涼院流水「カーニバル二輪の草」2003〕

【仕事(キャリア)】雑誌 ◆「仕事服(キャリ)スタイル」のようにも使う。

【力(キャリア)】題名 シンポジウム「自分らしく生きるための力(キャリア)－女性の経済活動への参画と自立－」〔2010年9月18日〕

キャリア [carrier]

【乗り物(キャリア)】小説 もし我々が単なる遺伝子の乗り物(キャリア)に過ぎないとしたら〔「読売新聞」2009年6月7日(村上春樹)〕

キャリッジ [carriage]

【自動車(キャリッジ)】小説 大型の蒸気自動車(スチーム・キャリッジ)が目に入る〔安井健太郎「ラグナロク EX. BETRAYER」1999〕

ギャル [gal]

【妓夜妻(ギャル)】店名 スナック〔斎賀秀夫「あて字の考現学」(「日本語学」1994年4月)〕

ギャレー [galley]

【調理場(ギャレイ)】雑誌 ディナー・タイムの調理場(ギャレイ)は〔「小説新潮」1994年8月〕

キャロル [carol]

【祝歌(キャロル)】新聞 カタロニアの古い祝歌(キャロル)〔「朝日新聞」2005年1月3日(天声人語)〕

きゃん

【喜屋武(きゃん)】姓 沖縄◆「きやたけ」に変える人もあり。

ギャング [gang]

【やくざ者(ギャング)】小説〔山田詠美「ベッドタイムアイズ」1985〕

【強奪犯(ギャング)】広告 世界最大の金塊強奪犯(ゴールドギャング)から

本誌に届いた驚愕の獄中手記〔「読売新聞」2008年9月3日(SAPIO)〕

キャンサー [cancer]

【巨蟹宮(キャンサー)】 漫画 巨蟹宮(キャンサー) Manuel〔由貴香織里「天使禁猟区 18」2000〕

【蟹座(キャンサー)】 WEB 蟹座(キャンサー)の「デスマスク＝(死仮面)」って最悪な名前だと思うのは私だけですか?

キャンセル [cancel]

【取消し(キャンセル)】 小説 見舞金は取消し(キャンセル)だ〔森村誠一「殺意の接点」2001〕

キャンディデート [candidate]

【移植候補者(キャンディデート)】 漫画 移植候補者(キャンディデート)コーディネーターといって〔折原みと「生きたい。―臓器移植をした女の子の物語―」2003〕

キャンバス [canvas] カンバス。誤ってキャンパスとも。

【画布(キャンバス)】 歌詞 画布(キャンバス)の上で蒼く沈み〔ALI PROJECT「閉ざされた画室(アトリエ)」(宝野アリカ)2001〕

キャンパス [campus]

【学園(キャンパス)】 歌詞 寒梅かおる 学園(キャンパス)に〔星豊・新庄嘉章・村上菊一郎「早稲田の四季」1972〕

【大学(キャンパス)】 漫画 いわゆる大学(キャンパス)ノートという感じです〔小畑健「DEATH NOTE 11」(大場つぐみ)2006〕

キャンピングカー [和製 camping + car]

【C・C(キャンピングカー)】 漫画 C・Cの発電機の配線が〔冴凪亮「未知なる光」2006〕

ギャンブラー [gambler]

【勝負師(ギャンブラー)】 アニメ題名「勝負師(ギャンブラー)伝説 哲也」2000～2001

きゅう [九]

【Q(きゅう)】 雑誌 村上春樹著『1Q84』…… 1Q84は1984とは限らないが〔「週刊朝日」2009年9月11日(嵐山光三郎)〕

WEB Q―九州旅客鉄道(JR九州)のこと。九州の「九」とアルファベットの「Q」の音が似ていることが理由。

きゅう [級]

【Q(きゅう)】 慣用 ❖9Qなど、写真植字における文字のサイズ「級数表」は「Q数表」とも。1ミリの四分の一を表す Quarter からきており、むしろ「級」が当て字だったとされる。

きゅう [↔きゅうり]

【胡(きゅう)】 商品名 エビ胡❖小僧寿しで「えびきゅう」と読ませる。胡瓜から。もろ胡(きゅう)・モロ胡・諸胡もメニューに見られる。

キュー [cue]

【撞棒(キュー)】 小説 撞棒(キュー)をかまえたまま聞いた〔浅田次郎「鉄道員」2000〕❖撞球はビリヤード。韓国では「※」がマーク。

ぎゅうぎゅう

【牛々(ぎゅうぎゅう)】 WEB 牛々詰め・づめ❖もじり。犇々(ひしひし)、犇めく。

きゅうきゅうしゃ [救急車]

【QQ車(きゅうきゅうしゃ)】 雑誌 四十五歳のときに大吐血をしてQQ車で病院へ運ばれた。〔「週刊朝日」2009年9月11日(嵐山光三郎)〕❖昭和軽薄体(「Kハク体」)を代表する嵐山光三郎『ABC文体 鼻毛のミツアミ』1982は、当時、テレビなどでも話題となった。

きゅうけい [休憩]

【9憩(キューケイ)】 広告 9婚(キューコン)。9憩(キューケイ)。9眠(キューミン)。はじめよう。9千円台からの新生活。〔「読売新聞」2010年3月5日(西友)〕

きゅうこん [求婚]

【久婚(きゅうこん)】 新聞 中国「久」婚ラッシュ 2009年9月9日に祝う 「久」と(「九」の)発音が同じことから、永遠の愛を誓う多くのカップルが〔「読売新聞」2009年9月10日〕❖白川静の字源解釈に拠れば「久」は死体と棒からなるという。

【9婚(キューコン)】 広告 9婚(キューコン)。9憩(キューケイ)。9眠(キューミン)。はじめよ

う。9千円台からの新生活。〈「読売新聞」2010年3月5日(西友)〉

きゅうじ ［給仕］

【給使(きゅうじ)】 古 夏目漱石 給使 → 給仕〈山下浩「本文の生態学」1993〉

きゅうじゅう ［九十］

【九十(きゅうじゅう)】 古 糞のこと〈1929 隠〉◆く・そに対する当て字を介した造語。久曽神(きゅうそじん)という姓も「くそがみ」からとも。

きゅうす ［急須］

【茶瓶(きゅうす)】 古

ぎゅうタン ［牛タン］ タンは tongue(舌)から。

【牛舌(ぎゅうタン)】 メニュー 十数年前プノンペンに2か月ほど滞在した時、昼に夜に通った牛タン屋があった。本当はレストランなのだが、メニューの中にカンボジア語や英語よりはるかに大きく『牛舌』の2文字を見つけた。思わず頼むと焼きタンじゃなくゆでタン。〈「読売新聞」2006年9月28日〉／〈「メルマガヨリモ」745号 2009年6月26日(居酒屋のメニュー)〉◆焼き肉屋ではこの表記が定番化。「舌」の音読みがタンと意識されるほど定着。厚く切る本場の仙台では「牛たん」が多い。

ぎゅうっと

【牛(ぎゅう)っと】 小説 その牛(ぎゅう)っとした隆起(りゅうき)に耐(た)える〈柳瀬尚紀訳「フィネガンズ・ウェイク III IV」1993〉

キュート ［cute］

【℃-ute(キュート)】 グループ名 ◆女性歌手のグループ。

きゅうとう ［給湯］

【Q-to(きゅうとう)】 TV Q-to 給湯〈2010年3月19日CM〉◆給湯(きゅうとう)システム株式会社は英称がQ-TO System Co., Ltd.。

きゅうなかせんどう ［旧中山道・旧中仙道］

【旧中山道(いちにちじゅうやまみち)】 誤読 ◆有賀さつきが旧中山(きゅうなかせん)道(どう)を「1日中(いちにちじゅう) 山道(やまみち)」と読み間違えたという逸話があるが、これは誤り。実際には、「上岡龍太郎にはダマされないぞ！」で彼女が『旧中山道』を『1日中 山道』と読んだ他局の女子アナがいた」と紹介した際、自身は「きゅうちゅうさんどう… ですよね」と間違えて読んだ。

ぎゅうひ ［求肥］

【牛皮(ぎゅうひ)】 辞書 ／ **【牛肥(ぎゅうひ)】** 民間

キューピッド ［cupid］ →クピド

【愛の使者(キューピッド)】 漫画〈高橋留美子「うる星やつら 12」1982〉

【天使(キューピッド)】 歌詞 エメラルドの空に 羽撃き飛び交うよ 天使(キューピッド)〈南佳孝「浮かぶ飛行島」(松本隆)1984〉

キューブ ［cube］

【言葉(キューブ)】 歌詞 廻る言葉(キューブ)自在にカタチ作るのさ〈水樹奈々「Violetta」2006〉

【³(キューブ)】 新聞 複数のディスプレーを連携させた表示システム「M³(エムキューブ)」〈「朝日新聞」2009年12月26日〉／「英語村 E³(イーキューブ)」東大阪市〈「読売新聞」2010年3月12日〉 小説題名 水瀬葉月「C³(シーキューブ)」2007〜

【C(キューブ)】 広告 GC(ゲームキューブ)＋コントローラー〈「週刊少年ジャンプ」2004年5月24日〉

きゅうふきん ［給付金］

【お金(給付金)】 漫画 お金(給付金)貰えるらしいんやけど〈樋口橘「学園アリス 1」2003〉

きゅうぼ ［急募］

【求募(きゅうぼ)】 誤字 求募 ウェイトレス(二名) ウェイター(二名)〈喫茶店のポスター 1981 目〉

きゅうみん ［休眠］

【9眠(きゅうみん)】 広告 9婚(キューコン)。9憩(キューケイ)。9眠(キューミン)。はじめよう。9千円台からの新生活。〈「読売新聞」2010年3月5日(西友)〉

きゅうゆう ［旧友］

【球友】広告 桑田真澄「球友へのメッセージ」〔「読売新聞」2009年1月9日(Number)〕◆「旧友」を踏まえたもじり。

きゅうり［胡瓜］

【胡瓜】新聞 出汁巻き卵、胡瓜や〔「読売新聞」2009年5月30日〕◆福沢諭吉『窮理図解』1868をもじった仮名垣魯文『胡瓜遣』(1872)がある。

キュレーター［curator］

【学芸員(キュレーター)】小説〔田中芳樹「ウェディング・ドレスに紅いバラ」1989〕

ぎょ 感嘆詞。→ぎょっ

【魚】漫画 魚！◆「うお」の読みもあろう。

書名 古川教元「魚の博物館－ギョッ魚(ギョ)！とびっくり、知れば知るほど面白い」2009 ◆しゃれ。

きよい［清い］

【潔い】歌詞 麗しの潔い花〔小畑実「薔薇を召しませ」(石本美由起)1949〕

和歌 潔き音立つ〔「読売新聞」2010年3月8日〕

【聖い】歌詞 ひとすじの 愛の燈灯 君ゆえ聖い〔霧島昇「愛染草紙」(西條八十)1939〕／聖い祈りの アヴェマリヤ〔藤山一郎「山のかなたに」(西條八十)1950〕◆人名では聖(きよし)の訓多い。讃美歌では「清し この夜」も。

書籍〔大久保博訳「完訳 ギリシア・ローマ神話」1970〕

【淳】人名 淳(キヨシ)、登(ミノル)、徳(ナル)(「論語」にあり)は受理。〔民事局長回答1961〕

きょう［今日］常用漢字表付表に「今日」あり。新聞では「きょう」は「今日」とは書かず、平仮名表記とされている。「公用文作成の要領」1951では「かな書きにすることはいうまでもない」とされていた。

【本日】WEB 本日極上々大吉(けふハとくべつい、ひだぜ)

【今】歌詞 愛すべききもんは「今」のメリーゴーランド〔CUNE「SAMURAI DRIVE」(小林亮三)2001〕

【今夜】歌詞 抱かれて今夜も花になる〔浜博也「恋の河」(槙桜子)2005〕

【現在】歌詞 現在が「あの頃」と呼ばれても〔19「卒業の歌、友達の歌。」(326)2002〕

【存在】歌詞 変わる筈ない存在〔GARNET CROW「whiteout」(AZUKI 七)2001〕

【日曜】漫画 日曜はバイト休みだし〔高橋留美子「めぞん一刻 14」1987〕

【火曜】小説 月曜と火曜〔神坂一「日帰りクエスト なりゆきまかせの異邦人(ストレンジャー)」1993〕

【京】TV「京いちにち」(番組名のテロップ)〔京都で〕

【凶】小説 凶(ニュース)の入数は?〔柳瀬尚紀訳「フィネガンズ・ウェイク I II」1991〕◆もじりか。

関連【今日(水曜)】漫画 今日(水曜)はこの人の定休日!!〔日高万里「ひつじの涙 6」2003〕

きょう［狂］「日本ラグビー狂会」「N狂」などのもじりも。

【フリーク(狂)】漫画〔日高万里「365日の恋人」1996〕

きよう［器用］

【上手】歌詞 上手な言葉は要らないから〔ZARD「こんなに愛しても」(坂井泉水)1991〕

きょういく［教育］

【共育】新聞 彼らは成長し、私は共に育つ「共育(＝教育)」に目覚めた。〔「読売新聞」2009年3月25日(大阪)〕

きょういくちょくご［教育勅語］

【教育直誤】書籍 1955 パロディー〔紀田順一郎「日本語発掘図鑑」1995〕

きょうえん［競演］

【競艶】曲名 天野喜久代「競艶エロ パレード」1931

新聞 一九四七年七月二十四日の社会面。「あたしこそ ミス日本 夏宵の競艶」の見出し〔「読売新聞」2005年1月28日〕

広告「表紙の美女」62人の競艶〔「読売新聞」

2008年11月20日（FRIDAY）〕／一緒に唄える競艶作品〔「読売新聞」2009年9月25日〕

小説 競艶(きょうえん)〔「読売新聞」2010年3月20日〕

きょうがい ［境涯］

【境涯(きょうがい)】 辞書 仏教語の境界から。生涯と混じた。〔飛田良文ほか「日本語学研究事典」2007〕

◆境界(きょうがい)とは元々別語。

ぎょうかい ［業界］

【業界(ギョーカイ)】 漫画 業界(ギョーカイ)じゃ有名だからな！〔さとうふみや「金田一少年の事件簿 12」（金成陽三郎）1995〕

ぎょうぎょうしい 語源未詳。業々、凝々、囂囂、希有々々（敷）とも。

【仰仰(ぎょうぎょう)しい】 古

きょうこ ［杏子］

【否子(きょうこ)】 誤字 ◆杏子という出生届を受理したが、当時、人名用漢字に入っていなかったために役所で上を消されて「否子」として戸籍に登録。受験期に発覚し裁判で事情が酌まれ、特別に「杏子」が認められた。

ぎょうさん ［仰山］

【仰山(ぎょうさん)】【況山(ぎょうさん)】【業山(ぎょうさん)】【迎山(ぎょうさん)】【驚散(ぎょうさん)】 古

きょうじ ［矜持・矜恃］

【矜持(きょうじ)】 書籍 きんじは類推よみ、混淆。〔斎賀秀夫「漢字と遊ぶ」1978〕◆矜が人名用漢字にないため、最高裁まで争われ、認められなかった名前。

きょうしつ ［教室］

【狂室(きょうしつ)】 CD題名 柳亭痴楽「綴り方狂室(きょうしつ)」1996

◆もじり。

きょうそうきょく ［狂想曲］

【狂騒曲(きょうそうきょく)】 広告 「小沢不起訴」でも馴れ合い狂騒曲再び〔「読売新聞」2010年2月22日（週刊ポスト）〕◆もじり。「狂想曲」「協奏曲」も同音語。

きょうぞんきょうえい ［共存共栄］

【凶存凶栄(きょうぞんきょうえい)】 書名 森村誠一「棟居(むねすえ)刑事の凶存凶栄」2006 ◆もじり。

きょうだい ［兄弟］ キョウダイは「兄弟」の音読みであるが、口頭では姉妹を含めて称することが多い。そのため、漢字で内実を示し、振り仮名で実際の発音を示す手法がしばしばとられる。現代中国では女性が一人でも含まれる場合には「兄弟姉妹」。韓国でも「兄弟」は原則として男子のみ、「兄弟(ヒョンジェ)はいますか？」「姉妹(チャメ)がいます」。

【兄妹(きょうだい)】 小説 兄妹(きょうだい)三人のうちで、〔夏目漱石「こころ」1914〕／じゃあシズミちゃんと兄妹ってことか？〔本谷有希子「ぜつぼう 2」2006〕

漫画 ここの園児の兄妹(きょうだい)なら〔高橋留美子「めぞん一刻 11」1986〕／兄妹(きょうだい)なんて必ず将来は〔垣野内成美「吸血姫美夕」1988〕／兄妹(きょうだい)ってテレくさいんだから〔井上雄彦「SLUM DUNK 1」1991〕／ご兄妹(きょうだい)そろってすてきですわね〔CLAMP「カードキャプターさくら 1」1996〕／血の繋がらない3兄妹(きょうだい)は〔さとうふみや「金田一少年の事件簿 黒魔術殺人事件」（天樹征丸）2008〕

【兄弟(きょうでえ)】 漫画 〔立原あゆみ「本気！ 1」1987〕

【姉弟(きょうだい)】 小説 一つ腹から生れた姉弟(きょうだい)ですけれども、〔夏目漱石「こころ」1914〕

漫画題名 手塚治虫「海の姉弟(きょうだい)」1973

漫画 〔永井豪「黒の獅士 1」1978〕／姉弟(きょうだい)愛の物語で〔吉住渉「ママレード・ボーイ 6」1995〕／姉弟(きょうだい)みたいなモン〔大暮維人「エア・ギア 2」2003〕

広告 メンデルスゾーン姉弟の真実に迫る！〔「読売新聞」2009年1月24日〕

【姉妹(きょうだい)】 古 姉妹(けうだい)〔山田美妙「竪琴草紙」1885〕

書籍 音にも訓にも関係がなく、たゞ言葉の意味を酌んで漢字を宛てたものが沢山ある。姉妹(キョウダイ)……されば、是非とも女の兄弟であることを示したいな

ら「女の兄弟」と云うか、「姉妹」と云うか、「姉と妹」と云ったらよいし、〔谷崎潤一郎「文章読本」1934〕

歌詞 姉妹(きょうだい)流しは涙をみせぬ〔こまどり姉妹「三味線姉妹」〔遠藤実〕1958〕

漫画 姉妹(きょうだい)ですもの〔CLAMP「X 4」1993〕／仲の良いご姉妹(きょうだい)なんて〔山田南平「紅茶王子 15」2001〕／血よりも濃い義姉妹(ぎきょうだい)〔北道正幸「プ～ねこ 2」2006〕

【兄姉(きょうだい)】 漫画 上に兄姉(きょうだい)がいる奴は得だよな〔倉橋えりか「MAX ラブリー！ 4」2003〕

【弟妹(きょうだい)】 漫画 幼い弟妹(きょうだい)を養っている〔「週刊サンデー」2004年48号（焼きたて!!ジャぱん）〕❖兄や姉を含まないが、「妹弟(きょうだい)」も民間にある。

雑誌〔「太陽」1994年6月〕❖WEB上などでは、「兄弟姉妹」などで「きょうだい」と読ませるものもある。

きょうちょう ［強調］

【強張(きょうちょう)】 誤字 部首を揃えてしまう字体がかかわる同化。連絡を練絡と書くことも多い。

きょうと ［京都］

【都下(トカ)】 古 都下(キャウト)〔三谷公器「解体発蒙」1813〕

きょうばて

【京終(きょうばて)】 地名 奈良県❖京都の果てから。

きょうび ［今日日］

【今日日(きょうび)】 雑誌 今日日(きょうび)は〔「小説新潮」1994年6月〕❖→ひび（日日）

きょうふ ［恐怖］

【怯怖(きょうふ)】 小説 俄かに怯怖(きょうふ)の色が〔平野啓一郎「日蝕」2002〕

ぎょかい ［魚介］

【魚貝(ぎょかい)】 論文 魚貝、魚介〔築島裕「宛字考」〔「言語生活」1960年7月〕〕❖意味のとりやすい魚貝類も多い。

ぎょく ［玉］ 料理店での隠語であったが、牛丼店などから一般化した。松屋では「ギヨク一丁」などと店員が言う。

【玉(ぎょく)】 古 鶏卵(たまご)〔1905 隠〕❖玉子という表記からか。

【玉子(ギョク)】 漫画 ❖熟字訓ともいえるが、「子」は黙字となっている。

きょじん ［巨人］

【巨猫(きょじん)】 漫画 巨猫(きょじん)になってしまったようです〔猫十字社「小さなお茶会」2000〕❖擬人化。

【虚人(きょじん)】 新聞 漫画 ❖読売ジャイアンツを遠回しに、あるいは揶揄して指す。人気球団だけにアンチも多い。

【虚塵(きょじん)】 WEB 東京読売巨人軍のこと。〔2典Plus〕❖もじり。

きょだい ［巨大］

【嬉ょ大(きだい)】 小説 嬉ょ大(きだい)！〔柳瀬尚紀訳「フィネガンズ・ウェイク I II」1991〕

ぎょっ ぎょ。

【魚っ(ぎょ)】 小説 魚(ぎょ)っ！〔柳瀬尚紀訳「フィネガンズ・ウェイク I II」1991〕／魚(ぎょ)っとするほどぼんジャリ鈍ゲ(なまクラ)なのも〔柳瀬尚紀訳「フィネガンズ・ウェイク III IV」1993〕❖漫画では振り仮名がないものも。

その他 駭然(ぎょっ) 古

きよみき ［清御酒］ 清酒。

【清酒(きよみき)】 詩 小網の雫に清酒(きよみき)の香を嗅ぐらん春日なか〔薄田泣菫「望郷の歌」1906〕

きよめる ［清める］

【浄(きよ)める】 書籍 洗い浄(きよ)めておく〔大久保博訳「完訳 ギリシア・ローマ神話」1970〕

きよらか ［清らか］

【神聖(きよら)か】 歌詞 神聖(きよら)かすぎるあなた〔布都彦「禁じられた恋情は朝露に」〔田久保真見〕2009〕

その他 潔清(きよらか) 古

きょり ［距離］

【間隔(きょり)】 歌詞 二人の間隔(きょり)が離れるたび〔Suara「私だけ見つめて」〔巽明子〕2009〕

【関係(きょり)】 漫画 関係(距離)〔日高万里「365日の恋人」1996〕

歌詞 私からの関係（きょり）〔島谷ひとみ「ミラージュ～BOY I AM A GIRL～」(MIZUE) 2003〕／新しい関係（きょり）で歩いていこう〔平野綾「ai・ここから」(こだまさおり) 2008〕

【人生（距離）】歌詞 まだ長いと言える人生（距離）じゃないけど〔堂本剛「さまざまな愛」2004〕

きょりかん［距離感］

【距離間（きょりかん）】誤字〔斎賀秀夫「漢字と遊ぶ」1978〕

きょろきょろ

【虚労虚労（きょろきょろ）】【虚呂虚呂（きょろきょろ）】古

きよわ［気弱］

【軟弱（きよわ）】歌詞 優しさは 軟弱（きよわ）さの言い訳なのよ〔中森明菜「十戒」(売野雅勇) 1984〕

きょん 中国の方言音から。動物名。

【羌（キョン）】辞書

きょんきょん きょんツー。

【小泉今日子（キョンキョン）】書籍〔うみのさかな&宝船蓬萊「うみのさかな&宝船蓬萊の幕の内弁当」1992〕

【^{2}KYON^2（キョンキョン）】書籍〔うみのさかな&宝船蓬萊「うみのさかな&宝船蓬萊の幕の内弁当」1992〕

❖縦書きで2の付く位置が様々であったが、この本でも揺れている。イギリスのロックバンド Duran Duran（デュラン・デュラン）がDuran^{2}と書かれていたことから、イメージチェンジに合わせて造られた商標。1984年の登場から若年層やマスメディアなどにインパクトを与えた。それまで「^{2}」を日本語に用いる例は散発的だった。

【Kyon^2（キョンキョン）】人名 ❖横書き化が進み、繰り返し記号が制限され、欧米文化の影響を強く受けた戦後ならではの表記。「きょんにー」は当て読み。

【(Kyon)^2（キョンキョン）】人名 ❖Kyon^{2}は数学的に展開すれば Kyonn としかならないとして、(Kyon)^{2}と書かなければならないという意見が1984年ころに『テレビジョッキー』への投書にあった。実際に、同様に感じる人はいて、『読売新聞』の軽めの記事の見出しや、女子の手紙などでは括弧に包んで表記する例があった。→スクウェア

きら きらら。

【雲母（きら）】歌詞 幾星霜も瞬く 雲母の星にしましょう〔島谷ひとみ「月影のエデンへ」(小幡英之) 2003〕

その他 雲砂（きら）・雲沙（きら）・雲珠（きら）古／雲英（きら）姓

キラー［killer］

*【盗賊殺し（ロバーズキラー）】パンフ 盗賊殺し（ロバーズキラー）のリナ!!〔映画「スレイヤーズ RETURN」1996〕

*【連続殺人鬼（シリアル・キラー）】小説 全米を騒がせている連続殺人鬼（シリアル・キラー）の〔清涼院流水「カーニバル 二輪の草」2003〕

*【十億人を殺す者（ビリオン・キラー）】小説「十億人を殺す者（ビリオン・キラー）」という称号が架空の犯罪者に〔清涼院流水「カーニバル 一輪の花」2003〕

*【殺人の微笑み（キラー・スマイル）】雑誌〔「女性自身」2004年10月26日〕

きらい［嫌い］

【嫌れえ（きれえ）】漫画 戦争の嫌れえな組織だ〔立原あゆみ「弱虫」1 1997〕❖関東などの方言形。

きらう［霧らう］

【霧らう（きらう）】歌詞 霧（き）らふ 天霞（あまがすみ）〔サザンオールスターズ「さくら」(桑田佳祐) 1998〕❖北海道の菓子、北国銘菓「き花（ばな）」の名前の原典は、齋藤瀏の歌集『霧華（きばな）』1939。

きらきら →きらきらしい

【綺羅綺羅（きらきら）】歌詞 綺羅綺羅（キラキラ） MIDNIGHT SO DANCE〔松浦亜弥「The 美学」(つんく) 2002〕

❖「綺羅綺羅星（きらきらぼし）」は宮崎県日南の麦焼酎。「綺羅星の如く」は「きら、ほし」と切って読むのが本来であった。

【☆（キラキラ）】雑誌〔「CanCam」2004〕❖絵文字にまで訓読みのような読みが与えられている。漫画題名に折原みと『超妖精伝説 KI☆RA』、ラジオ番組名に「小島慶子キラ☆キ

ラ」がある。なお、☆の筆順は10通りを優に超えている。

その他 端正(きらきら) 古／輝々(きらきら)・煌々(きらきら) WEB

*【玉の台(キラキラ御殿)】 小説 『玉の台(キラキラ御殿)』？ それは華々しくていいねえ！〔藤原眞莉「華くらべ風まどい－清少納言梛子」2003〕

きらきらしい

【端正しい(きらきら)】 漫画 あれほどに形容(かお)の端正(きらきら)しい者だもの〔山岸凉子「日出処の天子 1」1980〕 小説 いっそう端正(きらきら)しいはずの面立ちが〔藤原眞莉「華くらべ風まどい－清少納言梛子」2003〕

きらず ［雪花菜］ おから。うのはな。

【雪菜花(きらず)】 古〔1935 隠〕

きらびやか

【煌(きら)びやか】 小説 煌(きら)びやかな〔清涼院流水「カーニバル二輪の草」2003〕

その他 麗爾(きらびやかに) 古

きらぼし ［綺羅星］「綺羅(きら)、星(ほし)の如く」から。キラキラ星。

【綺羅星(きらぼし)】 歌詞 天幕が綺羅星を飲み込む〔D「Art de la piste」(ASAGI) 2005〕

【煌星(きらぼし)】 曲名 いとうかなこ「煌星」2002

きらめく ［煌めく］

【的皪(きらめく)】 古 ❖「的」の本来の字義で、本来の字体は日偏(旳)。

【燦(きら)めく】 詩 泪のうらがはに ひと粒の太陽が燦めく〔「読売新聞」2010年2月20日(目黒裕佳子)〕

【仈輝(きらめ)き】 歌詞 宇宙に咲く仈輝(きらめ)きは永久に〔コミネリサ「宇宙に咲く」2007〕

その他 鑭(きら)めく・閃(きら)めき・晃(きら)めき 古

きらら

【綺羅羅(きらら)】 人名 ほかに「綺羅羅(キララ)」ちゃんなど〔「日経新聞」2009年5月16日〕 漫画〔秋本治「こちら葛飾区亀有公園前派出所 126」2001〕❖命名案として。

【星輝(きらら)】【輝子(きらら)】【星彩(きらら)】【星(きらら)】 人名 ❖女性の名。

【稀星(きらら)】 人名 ❖「きらら」ちゃんには既にいろいろな表記がなされている。役所で受理を拒否され、別の役所で受理された事例が新聞で大きく報道された。

きらり

【真(キラリ)】 歌詞 真(キラリ)・純情物語〔近藤真彦「純情物語」(売野雅勇) 1986〕❖歌手名に掛けたか。

【煌梨(きらり)】 店名 煌梨(きらり)の白いタイヤキ〔「L25」2009年5月14日〕

【星鈴(きらり)】 人名〔「週刊文春」2009年4月23日〕

【輝(き)ラリ】 新聞 センス輝ラリ〔佐竹秀雄「新聞のあて字」(「日本語学」1994年4月)〕❖ヘアサロンに「輝男(キラメン)カット」の表示も。〔「英語5分間トレーニング」2010年7月(飯間浩明)〕

【☆彡(キラリ)】 民間〔学生の手書き〕❖流れ星を表す。

その他 燦然(きらり) 古

きり ［切り・限り］

【切(き)り】 古 手は二本切(き)り『浮雲』〔遠藤好英「漢字の遊び例集」1989〕❖スイッチに記された切の心内での読みには「きり きる き れ セッオフ」など。

【限(きり)】 歌詞 限(きり)がないほどに〔Crystal Kay「Boyfriend」(西尾佐栄子) 2003〕❖日限(ひぎり)という姓がある。

【際限(きり)】 書籍 際限(きり)がないが〔井上ひさし「ニホン語日記」1996〕

きり ［霧］

【情事(きり)】 雑誌 情事(きり)の彼方に消えた〔「SAY」1994年9月〕

キリ

【十(キリ)】 古 一(ピン)から十(キリ)まで〔夢野久作「犬神博士」1931～1932 俗〕

キリール

【幾里爾(キリール)】【吉離盧(キリール)】【泌胞(キリール)】 古 ❖オランダ語の klier に対して「幾里爾」「吉離盧」や「泌胞」などが当てられたが、宇田川榛斎が造った「腺」が訳語として定着をみせて広まり、ついに改定常用漢字表（答申）に採用された。

ぎりかけ［義理掛け］
【葬式(ぎりかけ)】㊔書籍 葬式(ギリカケ)の席にも〔浅田次郎「極道放浪記 1」1994 ㊗集〕

きりがみ［切り紙］
【剪紙(きりがみ)】㊔古 ◆中国語の表記と一致。

きりぎし［切り岸］
【断崖(きりぎし)】歌詞 凧の断崖(きりぎし) 俯きがちに〔美空ひばり「越前岬」(吉田旺)1979〕◆崖に「がけ」という訓読みが当たるのは江戸時代から。より古くは「きし」と読まれた。

きりぎりす［螽斯・螽蟖・蟋蟀・蛬］
【蟋蟀(きりぎりす)】古 ◆「こおろぎ」とも読まれる。

きりさめ［霧雨］
【絹雨(きりさめ)】WEB「絹雨」は小糠雨。しかし、読みは「こぬかあめ」では無粋。素直に「きぬあめ・きぬさめ」、それが一般的でないと言うのであれば小糠雨＝霧雨であるから「きりさめ」と当て読みでもよい。

キリシタン［ポルトガル Christão］
【切支丹(キリシタン)】小説〔夏目漱石「こころ」1914〕◆禁制になると、このような当て字が増えたという。五代将軍綱吉以後、名に含まれる「吉」の字を避けて「切支丹」の字を当てたとも。
その他 吉利支丹(キリシタン)・貴理師端(キリシタン)・切死丹(キリシタン) 古

ギリシャ［ラテン Graecia］ギリシア。ギリシヤ。
【希臘(ギリシャ)】辞書 ◆「希臘」は「ヘラス」の音訳。
【希(ギリシャ)】書籍 希(ギリシャ)、羅(ローマ)、二旧国の遺産を配(わか)ちて〔由良君美「言語文化のフロンティア」1986〕
◆「希土(きと)戦争」など「希」と略す。Philosophy の訳語「哲学」は、古く西周は「希哲学」と訳していた。
【厄勒祭亜(ギリッスア)】古〔杉田玄白「解体新書」1774〕

キリスト［ポルトガル Christo］
【基督(キリスト)】小説 文化とか基督(キリスト)教とか〔遠藤周作「白い人」1955〕／私は基督(キリスト)者として断じて偽らず、〔平野啓一郎「日蝕」2002〕
大学名 国際基督教大学（ＩＣＵ）。
【契利斯督(キリスト)】書名 太田全斎「契利斯督(キリスト)記(き)」1797
◆江戸時代。
【°X】古〔キリシタン版〕◆→デウス

きりとり［きり取り］
【借金取り(キリトリ)】書籍 借金取り(キリトリ)の初歩〔浅田次郎「極道放浪記 1」1994 集〕
【取り立て(キリトリ)】小説 債権の取り立て(キリトリ)のことで〔南英男「腐蝕」1999 集〕

きりひらく［切り開く］
【切り拓(ひら)く】広報 将来を切り拓(ひら)く手立てを〔「広報東京都」2010年3月1日〕◆政治、行政、教育、企業に携わる人がとくに好む表記。
新聞 日本が新たな成長を切り拓(ひら)くには〔「読売新聞」2010年3月8日〕
【伐(き)り開(ひら)く】歌詞 伐(き)り開くその先に〔abingdon boys school「JAP」(西川貴教)2009〕

きりょう［器量］
【気量(きりょう)】【嫖致(きりょう)】【容貌(きりょう)】【容色(きりょう)】古 気量 定着できなかった。器量、嫖致、容貌、容色〔田島優「あて字と誤字の境界」(「日本語学」1994年4月)〕
【縹緻】曲名 淡谷のり子「娘十八縹緻よし」(藤田まさと)1930 ◆読みは「きりょう」か。
その他 縹致(きりょう)・姿致(きりょう) 古

キリング［killing］
【殺人(キリング)】漫画 殺人医師(キリングドクター)－木蓮のコンサートへようこそ!!〔安西信行「烈火の炎 4」1996〕

キリングフィールド［killing field］
【決戦場所(キリングフィールド)】小説 決戦場所(キリングフィールド)だ〔西尾維新「零崎双識の人間試験」2004〕

きりんそう
【麒麟草(きりんそう)】【黄輪草(きりんそう)】新聞「キリンソウ」は漢字で書くと「麒麟草」「黄輪草」。〔「読売新聞」2008年10月23日（言の花）〕

きる［切る］

【剪る】俳句 百合(ゆり)剪(き)るや〔「読売新聞」2010年5月22日〕

【伐る】歌詞 伐(き)るはもみの樹〔岡本敦郎「ピレネエの山の男」(西條八十)1955〕◆高尾山で掲示に「枿る」。広告〔奥山益朗「広告キャッチフレーズ辞典」1992〕

書籍 伐(き)り倒している〔池田雅之「ラフカディオ・ハーンの日本」2009〕

【断る】歌誌 春を斷(き)る白い弾道に飛び乗って〔「短歌」1994年7月〕

【斬る】◆世相、人に対して多い。改定常用漢字表(答申)に追加された訓。

漫画 斬(き)れぬ〔永井豪「黒の獅士 1」1978〕／人(ひと)を斬(き)って〔「コロコロコミック」2010年5月〕

広告〔奥山益朗「広告キャッチフレーズ辞典」1992〕／抱いて愛さず。斬って 涙せず。GACKT〔「読売新聞」2010年2月26日〕

新聞 敵を追い込んで斬(き)りこみ〔「読売新聞 夕刊」2009年10月21日〕

映画題名「斬～KILL～」2008

演劇題名「斬(きらず)」〔「読売新聞 夕刊」2009年8月11日〕

【殺る】WEB 殺(きる)。◆「殺(や)れば殺(で)きる」なども。

きる［着る］

【衣る】歌詞 秋はもみじの錦衣(き)ぬ、〔楠木繁夫「人生劇場」(佐藤惣之助)1937〕◆口上部分。

【著る】雑誌 著(き)た〔「宝石」1994年5月〕◆本来は、「著」が「きる」(チャク)でもあり、派生して「着」という異体字が生じた。作家などに、今でもこだわる例がある。

キルミー［kill me］

【殺人(キル・ミー)】曲名 渡辺典子「晴れ、ときどき殺人(キル・ミー)」(阿木燿子)1984

きれ［切れ・布・裂］→かみきれ

【布】詩 網膜の映るところに真紅(しんく)の布(きれ)がひらひらする。〔萩原朔太郎「荒寥地方」1928〕

字幕「皆などうしたというのだ」「布(き)れがみえるだろ」〔映画「鉄道員」1956〕

【裂】広告 縮緬裂(ぎれ)で〔「読売新聞」2010年3月14日〕◆高野切(ぎれ)(古筆)・高野裂(ぎれ)(表装)。

きれい［綺麗・奇麗］「キレイ」も多い。

【綺麗】【奇麗】辞書 ◆当て字ではなく、両者ともに古代中国から使われてきたが、後者は常用漢字表内字でありながら、「奇」の代表的な字義が強く意識され、語義・語感との違和感が感じられ、避けられる傾向。

【麗い】文集 麗(きれ)いな乙女(むすめ)たち〔静岡県立沼津西高等学校「潮音」37号 1990〕

【浄化】漫画 せっかく浄化(きれい)にしてやったんだ〔野々村秀樹「邪魂狩り 1」1993〕

【無垢】歌詞 ぜんぶあげちゃう無垢(きれい)なわたし〔林原めぐみ・鈴木真仁「乙女の祈り」(渡部高志)1996〕

【清れい】看板 衣ものを清(キ)れいにいたしましょう〔クリーニング店 1954 (目)〕

その他 美麗(きれい) 古／潔癖(きれいずき) 古

きれじ［切れ地］

【裂地】新聞「裂地(きれじ)を楽しむ」体験講座〔「読売新聞 夕刊」2010年3月2日〕

キロ［フランス kilo］

【粁】◆明治期に中央気象台が造った国字〔笹原宏之「国字の位相と展開」2007〕。

小説 この六粁(キロ)道を歩きながら〔小島信夫「アメリカン・スクール」1954〕／一〇粁(キロ)ほどはなれた〔開高健「パニック」1957〕

【km/h】漫画 時速0.1km/h(キロ)〔「週刊少年ジャンプ」2004年48号(ボボボーボ・ボーボボ)〕

【K】TV KB(キロバトル)〔NHK「爆笑オンエアバトル」1999～2010〕◆番組独自の単位。

キログラム［フランス kilogramme］

【瓩(キログラム)】古 ◆明治期に中央気象台が造った

国字〔笹原宏之「国字の位相と展開」2007〕。瓦が「ガ」であるためオランダ語のガランマに当てた。一方、中国ではワーと読むので、ワット。この字はキロワットに用いられたが、廃止された。

ギロチン [guillotine] 発明者フランスの人名ギヨッタンから。

【断頭台】 漫画〔「週刊少年ジャンプ」2004年10月11日(Mr. FULLSWING)〕❖技の名前。

キロメートル [フランス kilomètre]

【粁】 古 ❖明治期に中央気象台が造った国字〔笹原宏之「国字の位相と展開」2007〕。

キロリットル [フランス kilolitre]

【竏】 古 ❖明治期に中央気象台が造った国字〔笹原宏之「国字の位相と展開」2007〕。

きわまる [極まる・窮まる・谷まる]

【谷まる】 誤読 ❖進退谷まるを「たにまる」と帝国議会開設当時に読む議員がいたという。

きをつけ [気を付け]

【意を着け】 古 訳語1855〔紀田順一郎「図鑑日本語の近代史」1997〕

【奇奥次克】 古 郭沫若氏が少年の日の思い出に、小学校で体操の時間先生が、奇奥次克、米擬母克米擬と号令をかけたことを書いている。これは、ほんとうに日本語の輸入だった。〔金田一春彦「日本語」1957〕

きをつける [気を付ける]

【注意る】 辞書 注意て〈俗〉❖句がルビに。

きん [金] →きんいろ

【黄金】 小説 黄金金具を打った〔円地文子「妖」1957〕／万物を黄金に〔平野啓一郎「日蝕」2002〕

短歌 汝の肩に男印の黄金の糸くず〔俵万智「サラダ記念日」1987〕

漫画 黄金の章〔田村由美「BASARA 18」1996〕／赤い髪… 黄金の瞳〔渡辺祥智「銀の勇者1」1998〕❖魔王の形容。

歌詞 桑港のチャイナタウン 黄金門湾の〔渡辺はま子「桑港(シスコ)のチャイナ街(タウン)」(佐伯孝夫)1950〕／黄金のシンバル鳴らすように〔島谷ひとみ「YUME日和」(小幡英之)2003〕

店名 黄金(きん)の蔵(くら)

【純金】 広告 純金粉無踏〔磐梯熱海の温泉ホテルで金粉ショーの広告 1969 (目)〕

【琥珀】 歌詞 琥珀の砂時計〔鮎川麻弥「風のノー・リプライ」(売野雅勇)1998〕

【金将】 書籍 金将 角行 銀将〔小林祥次郎「日本のことば遊び」2004〕

【羣】 小説 羣隠しに片手をもたれかけて、〔小林多喜二「蟹工船」1929〕❖「玉」「珍」の字は日本では中国や韓国ほど名前に使われない。

【K】 民間 ❖語順も動く。純金は24金、24カラット、K24と表す。KはKarat(宝石の重量を表すカラット(carat)とは異なる)。金の含有率が下がるとK18、18金など。

【ORO】 漫画 イタリア語でOROって書いてあるのも〔青山剛昌「名探偵コナン 4」1995〕

【㊎】 新聞 水泳北島康介なんと㊎2冠!!〔「読売新聞」2008年8月28日〕❖あるいは金メダルと読ませるか。メダルの形も示す。「キンの字はギンから涙二つ取る」という時事川柳〔「読売新聞」2010年3月3日〕は仮名でないと表せない。

【金】 古 戯作で将棋の説明の文章中に〔高橋幹夫「江戸の笑う家庭学」1998〕

ぎん [銀] Agを銀と直接「読む」ことがある。

【銀将】 書籍 金将 角行 銀将〔小林祥次郎「日本のことば遊び」2004〕

きんいろ [金色]

【黄金いろ】 小説 黄金いろの穂をだして〔宮沢賢治「土神と狐」1934〕

【黄金色(きんいろ)】書籍 黄金(きん)色の蜂蜜〔長野まゆみ「ことばのブリキ罐」1992〕
小説 黄金(きん)色の髪と〔神坂一「日帰りクエスト なりゆきまかせの異邦人(ストレンジャー)」1993〕
歌詞 黄金色(きんいろ)に光る岸辺〔甲斐バンド「シーズン」(甲斐よしひろ)1983〕／黄金(きん)色に街を染めて〔中山美穂＆WANDS「世界中の誰よりきっと」(上杉昇・中山美穂)1992〕／黄金色(きんいろ)に染めあげてみせる〔GARNET CROW「Mr. Holiday」(AZUKI七)2008〕
広告 黄金色(きんいろ)の黎明〔瀬川貴次「聖霊狩り」2000(巻末)〕
【黄金(きんいろ)】歌詞 黄金(きんいろ)と宝石着飾ったって〔矢沢永吉「Anytime Woman」(松本隆)1992〕

きんきらきん
【金(きん)キラ金(きん)】【金(きん)キラキン】WEB ◆「金きら金」「金きらきん」のほか、「銀ギラギン」なども。

キング [king]
【王(キング)】小説 王(キング)リアの様(よう)ね〔徳富健次郎「黒潮」1903〕
書籍 トランプの王(キング)と女王(クイーン)が〔うみのさかな＆宝船蓬莱「うみのさかな＆宝船蓬莱の幕の内弁当」1992〕
漫画 ホスト部 王(キング)〔葉鳥ビスコ「桜蘭高校ホスト部 2」2003〕
書名 流智美ほか『プロレス王(キング)』公式問題集」2007
広告 武侠(カンフー)小説(エンターテインメント)王(キング) 金庸〔「読売新聞 夕刊」2009年3月5日〕
【王様(キング)】小説 骨牌(カルタ)の王様(キング)が〔芥川龍之介「魔術」1919〕
漫画 最後の王様(キング)は恋を知ってただの人となった〔松川祐里子「魔術師 3」1997〕
【王者(キング)】雑誌 お笑い王者(キング)〔「お笑いポポロ」2008年11月〕

キングダム [kingdom]
【王国(キングダム)】映画題名「ドラえもん のび太とロボット王国(キングダム)」2002

ぎんざ [銀座]
【酒場(ぎんざ)】雑誌〔「小説新潮」1994年1月〕

きんし [禁止]
【埜止(きんし)】誤字 ◆古代壁画と誤認された報道でもこの字体が写っていた。要素に起こった字体の逆行同化。

ぎんしゃり [銀舎利]
【銀舎利(しんしゃり)】辞書〔俗〕
【銀飯(ぎんしゃり)】新聞 ご飯を盛っただけの銀飯(ぎんしゃり)丼が〔「読売新聞 夕刊」2009年10月19日〕
【白米(ぎんしゃり)】漫画〔弘兼憲史「人間交差点」(矢島正雄)1980～1990〕

きんじょ [近所]
【近附(きんじょ)】書籍 家の者や近附(キンジョ)の手前は〔1953 俗〕

きんだいじん [近代人]
【今代人(きんだいじん)】広告 今代人の嗜好にピッタリ〔新聞広告 1961 目〕◆もじりか。

きんたま [金玉]
【睾(きんたま)】古 ねこのきんたま 猫睾丸 南瓜〔1915 隠〕
【睾丸(きんたま)】小説 睾丸(きんたま)をブラ下げた日本男子は腹でも切って、〔小林多喜二「蟹工船」1929〕
◆「こうがん」は実は「睪丸(えきがん)」が正しいという説もある。

きんてき [金的]
【睾的(きんてき)】古〔1888 俗〕

きんとうん [觔斗雲]
【筋斗雲(きんとうん)】広告 孫悟空の筋斗雲(きんとうん)は〔「読売新聞」2010年3月31日〕◆漫画・アニメ『ドラゴンボール』シリーズに登場する架空の乗り物。分かりやすい字で代用したか。孫悟空はソン・ゴクウと切って読まれる。
【4号機(キントウン)】漫画 4号機(キントウン) 4号機(コイツ)〔「コロコロコミック」2008年10月〕

ぎんなん [銀杏]
【銀庵(ぎんなん)】民間〔加藤秀俊「なんのための日本語」

2004〉

きんぱく［金箔］

【金薄】古 ❖この方が古い。「金鈝」とも書かれた。

きんぱつ［金髪］

【嬉ん髪】小説 嬉ん髪娘〈柳瀬尚紀訳「フィネガンズ・ウェイク I II」1991〉

きんぴか［金ぴか］

【金光】古〈1917 隠〉

ぎんみ［吟味］

【検索】古 検索

きんモール［金モール］

【金毛織】古

く

く

【9】新聞 洋菓子メーカー「モンテール」（東京）は、毎月9、19、29日を「クレープの日」、毎月6日を「手巻きロールケーキの日」と定めた。9（ク）などの語呂合わせ、9や6の形がロールケーキの渦巻きを連想させることにちなんだ。〈「読売新聞」2010年1月30日〉

【苦】新聞 詩人で評論家の有馬敲（ありま・たかし）さんに、「ヒロシマの鳩（はと）」という詩がある。被爆地の空を舞う鳩に呼びかけて言う。〈近くの球場から聞こえる／大歓声よりも高く鳴け／苦、苦、苦、苦、苦〉〈「読売新聞」2009年4月17日〉❖九は中国では「久」に通じるとして喜ばれる。

【苦】TV 痛苦痛（テロップ）〈日本テレビ系列 2010年3月22日7時台〉

ぐあい［具合］

【工合】古 嘘から真事といふやうな工合〈大槻文彦「復軒雑纂」1902〉

その他 機密 古

グアム［Guam］グワム。ガム。

【瓜姆】辞書

クイーン［queen］

【坤】古 太坤 ❖坤は西洋の皇帝の母 queen の音訳。チェスでは「后」。

【女王】歌詞 あこがれの君こそ花の女王〈近江俊郎「南の薔薇」（野村俊夫）1948〉

書籍 トランプの王と女王が〈うみのさかな&宝船蓬莱「うみのさかな&宝船蓬莱の幕の内弁当」1992〉

小説 サンドラは《女王蜂》と呼ばれている〈安井健太郎「ラグナロク EX. BETRAYER」1999〉／孤独な女王になってしまうよ〈清涼院流水「カーニバル 二輪の草」2003〉

漫画 推理女王〈青山剛昌「名探偵コナン 45」2004〉／女王杯参戦〈「週刊少年マガジン」2004年48号(GetBackers)〉

【女王様】漫画 恋に堕ちた女王様は幸せになりました〈松川祐里子「魔術師 3」1997〉

【Q】歌詞 占いで残ったハートのQが〈島田奈美「ガラスの幻想曲」（森雪之丞）1986〉❖トランプ。

くいかけ［食い掛け］

【食余】古 ビスケットの食余が放散飛して〈1896 俗〉

クイズ［quiz］

【Q】ゲーム名 ❖クターのQ（2000）。

クイック［quick］

【右】【左】漫画 右・左・右〈葉鳥ビスコ「桜蘭高校ホスト部 1」2002〉

【919】広告 0120－919919〈「朝日新聞」2010年4月3日〉

くいな［水鶏・秧鶏］

【水鶏】古 芭蕉 水鶏〈「読売新聞」2000年10月15日〉

【秧鶏】俳誌〈「俳句」1994年8月〉

クインテット［イタリア quintetto］

【五重奏】漫画 奇跡を誘う、五重奏の調べ!!〈許斐剛「テニスの王子様 20.5」2003〉

くう［食う］
【喰う(く)】歌詞 喰ってやろうか 喰われてやろうか〔美空ひばり「遊侠街道」（西條八十）1964〕／その手はにどと喰わない〔中原理恵「横浜ブギウギ娘」（ちあき哲也）1981〕◆「喰」は喰らう、喰べるとも。中国では「餐」の異体字として古くにあったが、日本では「口」を強調して余裕なくガツガツと食べるニュアンスで用いられる傾向あり。口偏の咖啡が日本では珈琲と玉偏で定着したのも同様の意識が働いた結果か。木食・木喰（モクジキ）は人名。
*【御食味の上(クッテカラ)】アンケート 御食味の上(クッテカラ)御感想を〔1965 目〕

クウェート［Kuwait］
【科威都(クウェート)】辞書

ぐうぐう
【空空(ぐうぐう)】古

ぐうぜん［偶然］
【幻の獣(偶然)】漫画 幻の獣(偶然)が手をさしのべて〔猫十字社「小さなお茶会」2000〕
【瞬間(ぐうぜん)】歌詞 奇跡的(めぐりあう)「瞬間(ぐうぜん)」は自発的(アクティブな)「結実(ひつぜん)」〔TWO-MIX「BEAT OF DESTINY」（永野椎菜）1998〕

ぐうたら
【弱気(ぐうたら)】【愚うたら(ぐ)】【愚迂多良(ぐうたら)】【愚有足(ぐうたら)】古
◆偶太郎とも。

クーデター［フラ ンス coup d'Etat］
【叛乱(クーデター)】曲名 ◆さだまさし『季節(とき)の栖(すみか)』1999に所収。

クーポン［フラ ンス coupon］
【食～PON(くうポン)】雑誌 得々食(くう)～PON〔「千葉ウォーカー」5周年特大号〕◆もじり。

クーラー［cooler］
【冷房(クーラー)】小説 冷房(クーラー)の風で攪拌されたように〔清涼院流水「カーニバル一輪の花」2003〕

クール［cool］
【冷静(クール)】歌詞 無くした俺の冷静(クール)〔神谷浩史+小野大輔「DIRTY AGENT」（古屋真）2007〕
【ご静しゅく(クール)】漫画 どうか ご静しゅく(クール)に〔手塚治虫「ジャムボ」1974〕
【粋(クール)】小説 粋(クール)に乾いている〔山田詠美「ベッドタイムアイズ」1985〕◆Youtubeに中国の人からと思われる書き込み「酷」を不快に感じたが、coolの意訳とわかって驚いたという学生あり。
【玖瑠(くうる)】人名〔「週刊文春」2009年4月23日〕

グール［ghoul］
【食人鬼(グール)】漫画 食人鬼(グール)だ!!〔加藤元浩「ロケットマン 8」2004〕

くえ
【崩え(く)】歌誌「崩(くえ)」あり。〔「短歌」1994年3月〕◆小地名にも。

クエスチョンマーク［question mark］
【～？(クエスチョンマーク)】WEB 国語の時間、音読しろと言われて立ったMさん。セリフの中に「～？」という文があってMさんは「～クエスチョンマーク」と読んだ。◆「はてな」と読む人も。

クオーターバック［quarterback］
【投手(クオーターバック)】漫画〔村田雄介「アイシールド21 11」（稲垣理一郎）2004〕

クオーツ［quartz］
【水晶(クオーツ)】歌詞 三日月の形に壊れた水晶(クオーツ)〔Fiction Junction YUUKA「瞳の欠片」（梶浦由記）2004〕

クオーテーション［quotation］
【引用(クオーテーション)】書籍 引用(クオーテーション)〔由良君美「言語文化のフロンティア」1986〕

クォーラル［quarrel］
【喧嘩(クォーラル)】漫画

くがね［黄金］
【金(くがね)】和歌 銀(しろかね)も金(くがね)も玉も何せむに勝れる宝子に及(し)かめやも 山上憶良「万葉集」〔「読売新聞」2009年6月6日〕

くぎ
【釘(はり)】 誤読 秀吉は釘を書面で見て、「針」をたくさん買ってきてしまった〔山本昌弘「漢字遊び」1985〕❖現在でも混同あり。

くきる［群来る］
【群化る(くきる)】 小説 露助はな、魚が何んぼ眼の前で群化(くき)てきても〔小林多喜二「蟹工船」1929〕

くく［九九］
【八十一(くく)】 古 ❖『万葉集』の戯書「八十一里(くくり)つつ」。
【十八(くく)】 姓 十八成 ククナリ〔篠崎晃雄「実用難読奇姓辞典増補版」1973〕❖9＋9。

くぐつ［傀儡］
【傀儡(くぐつ)】 新聞〔「読売新聞 夕刊」2009年3月28日〕

くくり
【纐纈(くくり)】 姓〔篠崎晃雄「実用難読奇姓辞典増補版」1973〕

くくる［括る］
【縊る(くくる)】 辞書 くびを縊る❖縊死(イシ)。

くさ［草］
【牛のエサ(クサ)】 漫画 昼間で牛のエサ(クサ)集めだとオ!?〔藤崎聖人「WILD LIFE 3」2003〕

くさい［臭い］
【薫い(くさい)】 雑誌 薫(くさ)きが一だんの賞翫也(しょうがんなり)〔「栄養と料理」1994年2月〕

【臭え(くせえ)】 ❖若者の崩れた語形と言われることがあるが、関東などの方言形。
小説 臭(く)せえ〔小林多喜二「蟹工船」1929〕
辞書 阿呆臭え あほくせえ 俗
漫画 マジ臭(くせ)ぇよ〔本仁戻「高速エンジェル・エンジン 1」2000〕／キナ臭(くせ)ェ〔大暮維人「エア・ギア 2」2003〕／お前も水臭(くせ)ぇよなぁ!〔藤崎聖人「WILD LIFE 6」2004〕

くさか［日下］
【日下(くさか)】 古 日下藤原宮跡 木簡 俗名は くさかべ某 702年大宝戸籍 日下マ〔平川南「日本の原像」2008〕❖枕詞から生じた熟字訓が氏(うじ)になったもの。『古事記』の太安万侶の序文に、すでにこの読みがある。
【六月一日(くさか)】 姓〔篠崎晃雄「実用難読奇姓辞典増補版」1973〕

くされる［腐れる］
【爛れる(くされる)】 古

くし［串］
【串(くし)】 古 串(くし)といふ字を蒲焼(かばやき)と無筆(むひつ)よみ〔「誹風柳多留」〕❖読売新聞の編集手帳によく出る。
WEB「プロキシ(Ｐｒｏｘｙ)」の略称および通称。

くじ［籤・鬮］
【孔子(くじ)】 古

ぐじぐじ
【愚智愚智(ぐじぐじ)】 古

くしゃみ［嚔］
【嚔(くしゃみ)】 新聞 〝くしゃみ〟を辞書で……すごい漢字でした。「嚔」でくさめ、くしゃみと読みます。書くよりも見ているだけで鼻がムズムズしてきそうですね。〔「読売新聞 夕刊」2010年3月27日〕❖「げっぷ」には「噯気(アイキ)」、「しゃっくり」には「噦り」「吃逆」。
【苦沙弥(くしゃみ)】 小説 苦沙弥(くしゃみ)先生〔夏目漱石「吾輩は猫である」1905～1906〕❖もじり。

くじゅうく［九十九］
【白(くじゅうく)】 古〔式亭三馬「小野篁譃字尽」1806〕／九十九里浜 白里と書けり〔「燕石雑志」〕〔小林祥次郎「日本のことば遊び」2004〕

くしろ［釧路］
【946(くしろ)】 ホテル名 ビジネスホテル〔JR根室本線・釧路駅付近にて〕

くしん［苦心］
【苦辛(くしん)】 古 ❖辛苦。

くず［屑］ 人名用漢字への要望に「屑」があった。漢籍では「いさぎよい」など良い意味があるためであろう。

【悪(クズ)】広告 悪狩り(クズ)〔菊地秀行「白夜サーガ 魔王星完結編」1996(巻末)〕

【族(クズ)】漫画 オメエらみてーな族(クズ)の〔大暮維人「エア・ギア 4」2003〕

ぐず［愚図］

【愚図(ぐず)】歌詞 愚図(ぐず)ねカッコつけてるだけで〔中森明菜「十戒」(売野雅勇)1984〕

その他 愚昧・酩酊(ぐず) 古

ぐすく 沖縄方言。

【城(ぐすく)】民間 ◆沖縄で遺跡の説明などに。姓・地名では次第に「しろ」「ぎ」「ジョウ」などと読みが共通語化してきた。

ぐずぐず［愚図愚図］

【愚頭愚頭(ぐずぐず)】古 ◆WEBにも。

その他 愚図愚図・苦集苦集(ぐずぐず) 古

くすぐる［擽る］

【擽る(くすぐ)】古 ◆国訓。医学方面では「擽感」の語があり、ラク・リャクのほか、「轢」(ひく)からの類推かレキとも読まれている。

くずはた

【九寸五出(くずはた)】姓 ◆実在したものか。

くずもち［葛餅］

【久寿餅(くずもち)】新聞 江戸風は、葛(くず)を使わないので、くず餅、久寿餅などと書くのである。(船橋屋)〔「読売新聞 夕刊」2010年2月20日〕◆文字で音を飾っている。また、文字を飾ることで、語感を良くしている。

【葛餅(かしわもち)】誤読 高校生の誤答率が61%。かしわもちなど。スーパーではくず餅という表記が多い。〔2010年3月16日 NHK放送文化研究所研究発表「放送に使う漢字」〕

くずや［屑屋］

【茅屋(くずや)】古〔1892 俗〕

くすり［薬］逆語で薬(すくり)とも。回文で「薬はリスク」。

【妙薬(くすり)】歌詞 熱い情事 吐息が妙薬(くすり)〔中森明菜「Femme Fatale」(青木久美子)1988〕

【痲薬(くすり)】小説 この痲薬(くすり)をミルク代わりに育ったの〔安井健太郎「ラグナロク 黒き獣」1998〕

【zero(くすり)】漫画〔やまざき貴子「ZERO 1」1997〕

【釉(くすり)】新聞 鮮やかな色釉(いろぐすり)を使った陶器〔「読売新聞 夕刊」2010年6月7日〕

くすりぬる［薬塗る］

【釁る(くすりぬ)】聖書 釁(くすりぬ)りて

くすりゆび［薬指］

【紅差指(くすりゆび)】雑誌〔「言語生活」1965年1月〕

くせ［癖］

【習慣(クセ)】雑誌 私のヤセ習慣(グセ)教えます〔「からだにいいこと」2008年10月〕

【習性(くせ)】歌詞 ちょっと甘い顔をするたびにツケ上るの悪い習性(くせ)だわ〔中森明菜「十戒」(売野雅勇)1984〕

【習性(くせ)】書籍 植字職人の習性(くせ)を〔山下浩「本文の生態学」1993〕◆チョクジは類推読みで位相語だった。

【持病(クセ)】チラシ 私の持病(クセ)〔伊奈学園総合高校演劇部チラシ〕

【中毒(くせ)】歌詞 中毒(くせ)になる夜に〔子安武人「DRUG」(新條まゆ)1998〕

くせもの［曲者］

【桃城(クセ者)】漫画 それこそ桃城(クセ者)の思い通りだからな〔許斐剛「テニスの王子様 23」2004〕

くそ［糞］→うんこ

【優良(クソ)】WEB 優良(クソ)スレ立てんな◆皮肉。

*【伊集院“翔”(クソガキ)】漫画〔「週刊少年マガジン」2004年48号(伝説の頭翔)〕◆主人公。

*【PTA会長(クソババア)】漫画〔さとうふみや「金田一少年の事件簿 2」(金成陽三郎)1993〕

くだ［管］

【血管(クダ)】歌詞 毒気を含んで血管(クダ)に閉じこめられ〔ヴィドール「イキ」(ジュイ)2004〕

くだかけ［鶏］くたかけ。

【朽鶏(くだかけ)】詩 (朽鶏(くだかけ))が来る〔野村喜和夫「現代詩作マニュアル 詩の森に踏み込むために」2005〕◆「青海波」(吉岡実)からの引用。

くたくた
【苦多苦多(くたくた)】 WEB

くださ い ［下さい］
【㊦さい(くだ)】 ケータイ …して㊦さい。

くだし
【腐し(くた)】 俳誌 腐(くた)き礁〔「俳句」1994年12月〕

くだす ［下す・降す・瀉す］
【下賜す】 小説 字を下賜(くだ)し〔小野不由美「東の海神 西の滄海 十二国記」1994〕
【下痢す(くだ)】 書籍 仮説(かせつ)を下痢(くだ)す〔井上ひさし「ことばを読む」1982〕
【通下す】 古 通下(クダ)スベキ〔三谷公器「解体発蒙」1813〕

くたばる
【死る(くたば)】 古 死(くたば)り損(そこな)ひ〔1918 俗〕
【眀たばる(く)】 小説 眀(く)たばりやがれ〔柳瀬尚紀訳「フィネガンズ・ウェイク I II」1991〕❖→くらくら
その他 斃る(くたば) 辞書

くたびれる ［草臥れる］
【草臥れる(くたび)】 古 ❖萩という国字も造られている。
【疲労れる(くたび)】 古 額に汗を掻(か)いて大分疲労(くたび)れた体(てい)である〔高村光雲「幕末維新懐古談」〕

くだもの ［果物］「木の物」の意味。「果」と「菓」は同じで、元は「菓子」も果物を指した。
【荷物(くだもの)】 漫画 その荷物(くだもの)置いてきゃ〔峰倉かずや「最遊記 1」1997〕
*【漤(しおづけの果物)】 辞書 しほづけの果物〔諸橋轍次「大漢和辞典」1960〕❖長い字訓。

くだら ［百済］
【百済(クダラ)】 歌詞 百済(クダラ)をしのぶ〔円さつき「かけ橋」(渡邊敬介)2006〕❖朝鮮でも訓読みがあったことをうかがわせるものの一つ。
書名 金容雲「日本語の正体 倭(ヤマト)の大王は百済(クダラ)語で話す」2009

くだらない ［下らない］
【苦だらない(く)】 古 漱石はあて字の名人〔高橋輝次「誤植読本」2000(西島九州男)〕

くだり ［件］
【条(くだり)】 書籍 条(くだり)を読めば〔池田雅之「ラフカディオ・ハーンの日本」2009〕
【段階(くだり)】 広告 言いにくい段階(くだり)になり〔「読売新聞」2009年7月10日〕
その他 行り(くだ) 古

くだる ［下る］
【降る(くだ)】 書籍〔井上靖「遺跡の旅・シルクロード」1977〕❖表外訓。

くだをまく ［管を巻く］
【繰を巻く(くだ ま)】【管を巻く(くだ ま)】【愚惰を捲く(くだ ま)】 古

くだん
【件(くだん)】 古 ❖古くから日本各地で知られる妖怪の名。「件」の文字のとおり、半人半牛の姿。江戸時代には「くだべ」が古く、「倫𤢖」という造字で表された。

くち ［口］白川静説によれば、「言」などに含まれる「口」は祝詞の入れ物。WEBなどでωを顔文字で動物の口などに用いる。
【唇(くち)】 小説 お唇(くち)〔太宰治「斜陽」1947〕
歌詞 その唇(くち)にふたたび〔稲垣潤一「誰がために…」(さがらよしあき)1984〕
俳句 合格子餃子に唇(くち)を光らせて〔「読売新聞」2009年3月30日〕
【脣(くち)】 詩 その胸も その脣(くち)も その顔も その腕も〔萩原朔太郎「五月の死びと」1922〕
【田中十内(く ち)】 字謎 ❖田の中に十の字がない。
【口(ろ)】 誤読 うちの娘が幼稚園生のころ、駅の階段のうえで 娘「おりろ、おりろ…」、私「誰に言ってるの?」娘「違うよ、こっちがおりろ、あっちがのぼりろ!」… ああ、おり口、のぼり口、ね…。❖「山口リエ」を「山ろりえ」、江口を「シエロ」など、遊戯的にも読むことあり。

【国】 誤植 口がゲラ刷りでは「国」になって出てきたのだった。面白い(中略)赤を入れるのを思いとどまったのである。〔高橋輝次「誤植読本」2000(大岡信)〕❖口(くにがまえ)と解されたもの。

その他 **辞** 古

*【声にする】 歌詞 声にして〔GARNET CROW「Holy ground」(AZUKI 七) 2002〕

ぐち ［愚痴］梵語の意訳。

【愚癖】 歌詞 愚癖はいうまい〔坂本冬美「あばれ太鼓」(たかたかし) 1987〕

くちい

【満い】 古 満イはらを〔1870～1876 俗〕

くちおしい

【口惜】 古 ❖悔しいも「口惜しい」とも書く。

くちがへらず ［口が減らず］

【口不劣】 古

くちコミ ［口コミ］口＋コミュニケーションから。

【口込み】 民間〔1978 目〕❖「吹き込み」などからの類推、俗解から。

くちごもる ［口籠る］

【口吻る】 歌詞 口吻る 悲しみは旅路にすて〔真木不二夫「ダコタえの馬車」(太宰衛) 1927〕

くちすう ［口吸う］

【口子】【接吻】 古

*【呂字】 古 呂字などして「紅毛雑話」〔小林祥次郎「日本のことば遊び」2004〕

くちづけ ［口付け］くちつけ。

【接吻】 ❖「吻」は「くちびる」のこと。

歌詞 燃ゆる接吻を 交すたび〔黒木曜子「ベサメ・ムーチョ ー接吻(くちづけ)の曲(しらべ)ー」(鈴木勝) 1950〕／接吻せよとはやしたて〔チェリッシュ「てんとう虫のサンバ」(さいとう大三) 1973〕／契約ノ接吻ヲ〔Sound Horizon「石畳の緋き悪魔」(REVO) 2007〕

小説 イエスに接吻せんとて〔夢枕獏「黒塚 KUROZUKA」2003〕❖聖書にも「接吻する者」。

*【接吻る】 歌詞 まなざしで 接吻てから〔中森明菜「ダウンタウンすと～り～」(伊達歩) 1982〕／接吻てあげるから〔BAISER「エンジエル」(紫) 1999〕

【口吻】 歌詞 僕が小さな肩に 何げない口吻〔小椋佳「白い浜辺に」1972〕

*【口吻ける】 歌詞 口吻けてしまう度〔T. M. Revolution「イグナイテッド」(井上秋緒) 2004〕

【くち吻】 歌詞 岩かげに交す くち吻も〔石原裕次郎「狂った果実」(石原慎太郎) 1956〕

【呂】 古 ❖泉鏡花ほかが用いる。二次的な象形用法。見立て。「呂」は元は背骨の象形だが、俗文学では「くちすい」などと読ませて使われた。

【咀づけ】 小説〔柳瀬尚紀訳「フィネガンズ・ウェイク I II」1991〕

くちなし

【山梔子】 古 ❖梔・梔子とも。

くちなわ

【蛇】 古

くちばし ［嘴］

【口吻】 古〔山田美妙「竪琴草紙」1885〕

くちびる ［唇］常用漢字に採用された「唇」は、中国や漢和辞典などでは「脣」の俗字とされてきた文字であった。

【口びる】 歌詞 やさしい口びる〔和田弘とマヒナ・スターズ「目を閉じて」(永六輔) 1964〕

【口唇】 民間 口びるをつきだしている〔学生〕❖コウシンから。口であることを強調する。

歌詞 口唇をもれて来るの〔淡谷のり子「ドンニャ・マリキータ」(瀬沼喜久雄) 1935〕／口唇かみしめる〔猫「各駅停車」(喜多条忠) 1974〕／つけたせばさめた口唇と〔サザンオールスターズ「南たいへいよ音頭」(関口和之) 1983〕／その綺麗な口唇の理由をのぞかせて

〔GLAY「yesSummerdays」(TAKURO) 1995〕／薔薇を啄む口唇(くちびる)は〔ALI PROJECT「空宙舞踏会」(宝野アリカ) 2006〕❖用例多し。

書籍 口唇の端に薄笑いを〔山口百恵「蒼い時」1980〕

小説 女の厚い口唇(くちびる)に〔平野啓一郎「日蝕」2002〕

民間 口唇のかたちが違う。〔2008年12月 女子学生の手書き〕

【吻(くちびる)】書籍 極めてまれだが、文学では「吻」「口びる」と書く場合もある。〔北原保雄「続弾！問題な日本語」2005(鳥飼浩二)〕

【脣(くちびる)】書籍 本来は、「唇」はふるえる意で、「脣」がクチビルの意。井上靖・大江健三郎など、「脣」にこだわる作家は多い。〔北原保雄「続弾！問題な日本語」2005(鳥飼浩二)〕❖当用漢字時代の漢和辞典に、これを正字とし、「唇」の項目には一言「俗字」とだけするものがあった。

【口美流(くちびる)】小説 紅口美流(べにくちびる)〔柳瀬尚紀訳「フィネガンズ・ウェイク I II」1991〕

くつ [靴]「靴」は鮮卑語の音訳からという。

【沓靴(くつ)】漫画 沓靴(くつ)は脱げよ〔岡野玲子「陰陽師 1」(夢枕獏) 1994〕

【長鞜(くつ)】書籍〔織田正吉「ことば遊びコレクション」1986〕

【軍靴(くつ)】漫画 軍靴(くつ)にガビョウが!!?〔荒川弘「鋼の錬金術師 5」2003(表紙裏1コママンガ)〕

【ヒール(くつ)】歌詞 慣れないヒール(くつ)〔Suara「私だけ見つめて」(巽明子) 2009〕

クッキー [cookie] 中国語では「曲奇」。

【甘いもの(クッキー)】漫画 甘いもの(クッキー)はお嫌い?〔猫十字社「小さなお茶会」2000〕

クッション [cushion]

【緩衝材(クッション)】小説 九十九音夢が緩衝材(クッション)となって〔清涼院流水「カーニバル 二輪の草」2003〕

ぐっすり

【GoodSleep(ぐっすり)】WEB JAL Good Sleep(ぐっすり) Service のご案内❖しゃれ。

くっつく

【私通く(くっつく)】古 私通(くッつ)いた〔1884 俗〕

【野合(くっつき)】古〔1917 隠〕

その他 食っ付く(くっつく) 辞書

グッド [good]

【善(グッド)】書籍 公共善(パブリック・グッド)〔松岡正剛「日本流」2000〕

グッドバイ [good-bye]

【サヨナラ(グッドバイ)】歌詞 出会いもサヨナラ(グッドバイ)も突然〔新堂敦士「サムライ・シンドローム」2002〕

グッドラック [good luck]

【幸運を(グッド・ラック)】小説「幸運を(グッド・ラック)」と彼女は言う〔村上春樹訳「レイモンド・カーヴァー傑作選 CARVER'S DOZEN」1997〕

【おやすみ(グッドラック)】漫画 おやすみ坊や(グッドラック)〔大暮維人「エア・ギア 1」2003〕

＊【よいコはとっととネンネしな♪(グッドラックベイビー)】漫画〔大暮維人「天上天下 9」2002〕

グッナイ [good night]

【おやすみ(グッナイ)】小説 おやすみ(グッナイ)の挨拶を済ませ〔清涼院流水「カーニバル 二輪の草」2003〕

くつぬぎ [沓脱ぎ]

【沓脚(くつぬぎ)】古

くつろぎ [寛ぎ]

【家族(くつろぎ)】雑誌 もうひとつの家族(くつろぎ)がここにあったんだ。〔「JUNON」2009年7月〕

その他 甘(くつろぎ) 古

くつわ [轡]

【忘八(くつわ)】古

くどい

【諄い(くどい)】辞書

くどく [口説く]

【話く(くど)】【口説(くどく)】古

くどくど

【喃々(くどくど)】【諄々(くどくど)】【冗々(くどくど)】古

ぐどぐど

【愚騖愚騖】【愚弩愚弩】古

くに［国］

【故郷】歌詞 故郷で便りを 待つがよい〔田端義夫「別れ船」(清水みのる)1940〕／茶の花が匂えば故郷を 思い出し〔美空ひばり「角兵衛獅子の唄」(西條八十)1951〕／故郷へ帰ったら〔太田裕美「君と歩いた青春」(松本隆)1981〕／故郷のおふくろ弟に妹〔五木ひろし「両国橋」(喜多條忠)2009〕

小説 故郷はどこなんだ〔遠藤周作「わたしが・棄てた・女」1964〕

書籍〔大久保博訳「完訳 ギリシア・ローマ神話」1970〕／おそらく故郷に引き揚げて田圃に入るほか〔井上ひさし「私家版 日本語文法」1981〕

漫画 まだ故郷に帰ってないのかなあ・・・〔青山剛昌「名探偵コナン 2」1994〕

【故里】歌詞 読み返す 故里便り 幼なじみの 故里なまり〔三橋美智也「ご機嫌さんよ達者かね」(高野公男)1955〕／故里へ土産の夢ひとつ〔千昌夫「望郷酒場」(里村龍一)1981〕

【郷里】小説〔松本清張「砂の器」1961〕

漫画 郷里から小包ですか〔高橋留美子「めぞん一刻 2」1982〕

【田舎】漫画 田舎に帰らないんですか〔高橋留美子「めぞん一刻 3」1983〕／田舎帰りィ〔立原あゆみ「本気! 8」1988〕

【郷土】新聞 目に見える山や川からなる郷土(クニ)〔「読売新聞」2010年6月13日〕

【故国】歌詞 故国の唄〔伊藤久男「しべりやエレジー」(野村俊夫)1948〕／遠く夢見た 故国の丘〔田端義夫「呼子星」(萩原四朗)1952〕／故国の空〔氷川きよし「月太郎笠」(木下龍太郎)2001〕

雑誌〔「小説新潮」1994年10月〕

【祖国】歌詞 祖国の歌〔南こうせつ「国境の風」(荒木とよひさ)2003〕

書籍 わが祖国(くに)へこないか!〈平壌滞在記〉〔元木昌彦「週刊誌編集長」2006〕

【内地】小説 内地へ帰れなくなる。〔小林多喜二「蟹工船」1929〕

【帯広】漫画 オレの帯広の家と〔立原あゆみ「本気! 1」1987〕

【国家】歌詞 原稿を読み国家を救う〔サザンオールスターズ「爆笑アイランド」(桑田佳祐)1998〕

【日本】漫画 遠い日本からわざわざ来てくださってる〔藤崎聖人「WILD LIFE 4」2003〕

歌詞 行き詰まるこの日本は〔矢島美容室「メガミノチカラ」(エンドウサツヲ)2010〕

【ランド】漫画 いざめくるめくワンダーランドへ!!〔日高万里「ひつじの涙 5」2003〕

【囻】WEB「国がまえ」の中は「民」と書く「クニ」の字。地方分権の道州制だ!〔道浦俊彦 TIME「新・読書日記」2010年1月1日〕

◆六朝時代からの俗字。国はそれより早く漢代からあった異体字。日本では戦前には囯も。「國」、「圀」(則天文字)、「囟」、「[illegible]」なども。

【王国】歌詞 気高き歴史が造る王国を〔霜月はるか「斑の王国」(日山尚)2009〕

【楽園】歌詞 誰も知らない楽園へ〔ZARD「永遠」(坂井泉水)1997〕

【天国】漫画 同じ天国で〔さとうふみや「金田一少年の事件簿 2」(金成陽三郎)1993〕◆遺書の一文。

【異邦】広告〔小野不由美「月の影 影の海 上 十二国記」2000〕

【世界】歌詞 相みせなくに霊世な世界〔林原めぐみ「KOIBUMI」2002〕

漫画 この夜の世界の物語は〔大暮維人「エア・ギア 1」2003〕

【地球】歌詞 同じ地球に生まれたの〔DALI「ムーンライト伝説」(小田佳奈子)1992〕

【星座】歌詞 生まれる前の星座で〔中森明菜

「ジプシー・クイーン」〔松本一起〕1986〕
【空間(くに)】漫画 時間もない闇の空間〔垣野内成美「吸血姫美夕」1988〕
【場所(くに)】歌詞 二人だけの場所へ行こう〔小松未歩「手ごたえのない愛」1998〕
【夜(クニ)】漫画 この夜に来て〔大暮維人「エア・ギア 1」2003〕
【学校(クニ)】漫画 不思議の学校へと迷い込んで〔樋口橘「学園アリス 1」2003〕
【六合(くに)】姓〔佐久間英「珍姓奇名」1965〕❖地名にも。
その他 邦(くに) 古／郷(くに) 辞書／古里(くに) WEB

くにことば [国言葉]
【国語(くにことば)】古

くにたち [国立]
【国立(こくりつ)】誤読 ❖国立(くにたち)は国分寺と立川の合成地名だが、施設名では本当に「こくりつ」と読み間違えが生じる。

くにつかみ [国つ神]
【国津神(くにつかみ)】古 ❖「つ」は助詞。

くにとり [国取り]
【国盗り(くにと)】新聞 ゲーム機に「国盗り合戦」〔「読売新聞」2009年3月6日〕／「国盗り人」を書いた〔「読売新聞 夕刊」2010年3月3日〕 広告「国盗り物語」後始末〔「読売新聞」2009年9月9日〕

ぐにや ぐに＝五二＝七で、質屋の意味。
【五二屋(ぐにや)】辞書〔集〕❖不良の言葉。

ぐにゃり
【愚弱理(ぐにゃり)】【愚弱(ぐにゃり)】古 ❖世話字とよばれるもの。
【愚似理(ぐにゃり)】古「愚若愚若(ぐにゃぐにゃ)」とも。

くによし
【訓良(くによし)】人名〔「読売新聞 夕刊」2009年2月28日〕
❖「訓」の音からか。名乗訓。乙訓(おとくに)は地名。

くねる
【曲(くねり)】古〔1935 隠〕
その他 拗(く)ねる 辞書

くねんぼ [九年母・香橘]
【九年母(くねんぼ)】辞書

くのいち [くノ一] 江戸期からの「女」の分字。
【九ノ一(くのいち)】古〔1915 隠〕
【くの一(いち)】漫画〔永井豪「黒の獅士 1」1978〕
【女忍(くノー)】広告 女忍(くノー)るいが〔「読売新聞」2009年3月29日〕

くば 檳榔(びろう)の異名。
【蒲葵(くば)】俳誌 蒲葵(くば)の花〔「俳句」1994年5月〕

くばる [配る]
【賦(くばる)】古

くび [首]
【頸(くび)】書籍〔大畑末吉訳「アンデルセン童話集 1」1984〕 雑誌 喉頸(のどくび)に〔「現代詩手帖」1994年9月〕
【馘首(くび)】小説〔筒井康隆「文学部唯野教授」1990〕／馘首(クビ)にはなりとうなかです〔静霞薫「るろうに剣心 巻之一」〈和月伸宏〉1996〕／〔茅田砂胡「暁の天使たち」2002〕❖漢語「馘首(カクシュ)」から。
その他 免職(くび) 漫画

くびかせ [首枷・頸枷]
【鉗(くびかせ)】歌誌〔「短歌」1994年10月〕

くびきり [首切り]
【馘り(くびき)】辞書 ❖「道」の字源説に首が生首を示すというものあり。

ぐびじんそう [虞美人草]
【虞美猫草(ぐびじんそう)】漫画 ところでその花は虞美猫(ぐびじん)草(そう)かな?〔猫十字社「小さなお茶会」2000〕❖猫を擬人化したもの。

くびったま [首っ玉]
【首筋(くびったま)】古 乃公(おれ)の首筋(くびったま)に獅嚙(しがみ)付いた〔1909 俗〕

クピド [ラテン Cupido] キューピッドのラテン語の語形による。
【天使(クピド)】漫画 金の髪の天使(クピド)を〔山田南平「紅茶王子 25」2004〕

【夫(クピド)】漫画 夜にしか忍んでこない夫(クピド)の正体を〔山田南平「紅茶王子 25」2004〕

くべる［焼べる］
【投入(くべ)る】古〔山田美妙「竪琴草紙」1885〕
【焼(く)べる】小説 焼(く)べられたばかりの薪〔平野啓一郎「日蝕」2002〕
短歌 いろり火に焼(く)べればパチパチ爆(は)ぜそうな〔「読売新聞」2010年3月8日〕

くぼ［久保］
【久保(くぼ)】地名 姓 大久保、恐らく宛字の類〔築島裕「宛字考」(「言語生活」1960年7月)〕❖窪を地名や姓で好字に。国母・國母も同様か。

くぼみ［窪み］
【凹窪(くぼみ)】古 岩の凹窪(くぼみ)〔徳富蘆花〕

くましろ
【神代(くましろ)】姓 神代(くましろ)辰巳監督❖佐賀県出身。

くまたか［熊鷹］
【角鷹(くまたか)】WEB 学術的にも歴史的にも「角鷹」が正しい表記である。〔「Wikipedia」〕

クマラジーヴァ 鳩摩羅什と訳。人名。
【羅什(クマラジーヴァ)】広告 くさか里樹「羅什(クマラジーヴァ)」新連載 潮コミック〔「読売新聞」2009年3月5日〕

くみ
【久美(くみ)】人名「女重宝記」1692 一般の女〔杉本つとむ「近代日本語の成立と発展」1998〕

ぐみ［茱萸・胡頽子］
【胡頽子(ぐみ)】古

くみおび［組帯］
【條帯(くみおび)】古

くみがしら［組頭］
【与頭(くみがしら)】古

くめ［久米］
【粂(くめ)】古 ❖粂は久米の合字。WEBで久米姓を揶揄する際などに用いられることがある。久米にはクメールと起源を結びつける話もある。

くも［雲］
【浮雲(くも)】歌詞 僕は明日浮雲(くも)になるのさ〔Sel'm「浮雲」(トラ)2009〕
【霞(くも)】歌詞 霞(くも)ひとつない〔吉田美奈子「星の海」1995〕❖中国では霞(カ)は朝やけ、夕やけ。
関連【雲(ミルフィーユの断面)】字遊〔テレビ〕

くも［蜘蛛］
【蜘蛛(くも)】古 ❖『枕草子』で文字で書くと「ことごとしき」(大げさな感じがする)もの。『万葉集』で馬鳴(い)蜂(ぶ)音石(せ)花蜘蟵(くも)荒鹿(あるか)の「蜘蟵」も中国からの漢字。

くもい［雲居］
【雲井(くもい)】辞書

くもで［蜘蛛手］
【十字架(くもで)】古「世界婦女(おんな)往来」クモデ(十字架)〔惣郷正明「辞書漫歩」1987〕

くもり［曇り］
【曇(くもり)】歌詞 曇(くもり)で泣いても〔一ノ瀬トキヤ「BELIEVE☆MY VOICE」(上松範康)2009〕
❖送り仮名の付け方(内閣告示)で認められている。

くもる［曇る］
【霾(くも)る】俳誌 霾るも霽るるも〔「俳句」1994年12月〕

くやしい［悔しい］
【口惜(くや)しい】古 口惜(くや)しさうな〔1891 俗〕

くやむ［悔やむ］
【懺悔(く)やむ】歌詞 失敗とか懺悔(く)やんだり〔水樹奈々「風の吹く場所」(園田凌士)2007〕
【後悔(くやみ)】歌詞 このまま死んでも後悔(くやみ)はしないよ〔近藤真彦「永遠に秘密さ」(松本隆)1984〕

くよう［供養］
【共養(くよう)】古 藤原道長自身の一時的な個人的な省画〔築島裕「宛字考」(「言語生活」1960年7月)〕

くら［倉・蔵］
【土蔵(くら)】書籍 土蔵(クラ)を娘といひ〔山崎美成「兎園小説」1825 集〕❖椋を「くら」とするのは朝鮮で生まれた字義。

クラーゲ［ドイツ Klage］患者の病状の訴え。

【訴え(クラーゲ)】小説 いま現在の訴え(クラーゲ)だが〔志賀貢「誤診の壁」1994 集〕

クラージマン［clergyman］

【聖職者(クラージマン)】漫画〔星野桂「D. Gray-man 1」2004〕

くらい［位］

【程度(くらい)】歌詞 見渡せる程度(くらい)の〔GARNET CROW「クリスタル・ゲージ」(AZUKI七) 2002〕

【位え(くれ)】小説 …位え(くれ)の価値もねえんだど。〔小林多喜二「蟹工船」1929〕

くらい［暗い］

【昏い(くらい)】書籍 日本のことには比較的昏(くら)いわたしだが〔由良君美「言語文化のフロンティア」1986〕

漫画 昏(くら)き〔上条明峰「SAMURAI DEEPER KYO 5」2000〕／昏(くら)い重圧にさえぎられ〔水落晴美「夢界異邦人 龍宮の使い」2001〕

書名 江國香織「真昼なのに昏い部屋」2010

【杳い(くらい)】詩 杳い森の中で〔小泉誠「水樹」1992〕

歌誌 杳(くら)き〔「短歌」1994年1月〕

【闇い(くらい)】漫画 闇(くら)い世界のなかで〔津田雅美「彼氏彼女の事情 18」2004〕◆暗と通じる。

【冥い(くらい)】◆人名用漢字に入ったため、人名に使われることが生じているか。冥途・冥土はマイナスのイメージだが、冥利は必ずしも悪い意味ではない。冥王星は惑星ではなくなった。

歌詞 冥(くら)き虹を後に〔MELL「On my own」2008〕

新聞「生まれ生まれて生の始めに暗く、死に死に死んで死の終わりに冥(くら)し」と言ったように〔「読売新聞」2009年12月18日〕

【暗え(くれ)】小説 とことん暗(くれ)え奴め〔静霞薫「るろうに剣心 巻之一」(和月伸宏) 1996〕

漫画 みんな暗(くれ)ェーぞ!!〔藤崎聖人「WILD LIFE 1」2003〕

【●●●●(くらーい)】ビラ あなたの●●●●(くらーい)お顔が○○○○(あかるく)なりますわ。名付けようのないレトリック 字謎(じなぞ)の一種だろうか。ピンクビラ〔井上ひさし「ニホン語日記」1996〕

その他 鬱(くらい)・蒙(くらい)・曖(くらい) 古／瞑い(くらい) 俳句／眩昧(くらく)する 古

関連【暗い(CRY)】小説 暗い(CRY)気分だった〔清涼院流水「カーニバル 二輪の草」2003〕

クライアント［client］

【顧客(クライアント)】小説 顧客(クライアント)とするコンセプトが同じうえに〔浅田次郎「鉄道員」2000〕

【依頼人(クライアント)】漫画 犯人が依頼人(クライアント)にとびかかった所〔小花美穂「Honey Bitter 1」2004〕

【依頼者(クライアント)】漫画 依頼者(クライアント)に会う事になって〔小花美穂「Honey Bitter 3」2005〕

【飼い主(クライアント)】漫画 飼い主(クライアント)の家に泊まる必要も〔藤崎聖人「WILD LIFE 2」2003〕

【先方(クライアント)】漫画〔天獅子悦也「むこうぶち 24」2009〕

クライマー［climber］

【岳人(クライマー)】漫画題名 村上もとか「岳人(クライマー)列伝」1981～1982

【若者(クライマー)】小説 若者(クライマー)の血を沸かせる〔森村誠一「殺意の接点」2001〕

クライマックス［climax］

【結末(クライマックス)】漫画 意外な結末(クライマックス)〔CLAMP「すき。だからすき 3」2000(帯)〕

【完結(クライマックス)】漫画 長編シリーズ完結(クライマックス)〔「週刊少年サンデー」2004年48号(D-LIVE!!)〕

【終局(クライマックス)】漫画 いよいよ終局(クライマックス)へ〔「花とゆめ」2004年22号(次号予告)〕

【最後(クライマックス)】漫画 探偵が最後(クライマックス)で「おまえが犯人だ」って〔加藤元浩「Q.E.D. 18」2004〕

【最高潮(クライマックス)】漫画 空島編最高潮(クライマックス)!!〔「週刊少年ジャンプ」2004年5月24日(ONE PIECE)〕

【山(クライマックス)】小説 山(クライマックス)になっている場面であるから〔森村誠一「殺意の接点」2001〕

クライム［crime］

【犯罪(クライム)】歌詞 Perfect Crime 心の犯罪(クライム)を〔倉木麻衣「Perfect Crime」2001〕

小説 見えない犯罪(インビジブル・クライム)は〔清涼院流水「カーニバル 二輪の草」2003〕❖ほかに「大犯罪(メガクライム)」「大規模世界犯罪(メガスケールワールドクライム)」も。

【昏夢(クライム)】小説 昏夢(くらいむ)。半斗昏夢――ハント・クライム――クライム・ハント――犯罪狩り(クライム・ハント)。〔清涼院流水「カーニバル 二輪の草」2003〕

くらう〔食らう〕

【喰(く)らう】歌詞 ノック喰らって〔近藤真彦「ヨイショッ!」(ちあき哲也)1985〕❖口偏でイメージが変化する。

【啖(くら)う】書名 司馬遼太郎「尻啖(しりくら)え孫市」1964

クラウドエンド [cloud end]

【雲の果て(クラウド・エンド)】漫画〔尾田栄一郎「ONE PIECE 31」2003〕

くらがえ〔鞍替え〕

【苦楽替(くらがえ)】古 苦楽替(くらがへ) 意味深長といえる。『誹諧通言』〔杉本つとむ「近代日本語の成立と発展」1998〕

クラクション [klaxon]

【警笛(クラクション)】小説 警笛(クラクション)が激しく鳴った〔菊地秀行「魔界都市ブルース 夜叉姫伝 4」1990〕❖中国の自動車の警笛はピー、韓国のはパー、日本のはブーのように聞こえる。各国の擬声語も同様であった。

くらくら

【夢夢(くらくら)】小説〔京極夏彦「巷説百物語」1999〕❖ゆめゆめは努々。

【眴(ク)ラクラ】書籍 目が眴(ク)ラクラしてきた読者もおられようから〔柳瀬尚紀「辞書はジョイスフル」1996〕

ぐらぐら

【愚乱愚乱(ぐらぐら)】【牽々(ぐらぐら)】古／【具楽具楽(ぐらぐら)】店名

くらげ

【久羅下(くらげ)】古〔「古事記」〕

【暗下(くらげ)】古〔「万葉集」〕

【海月(くらげ)】【水母】古 ❖『和名抄』が漢籍から引用している。遊魚(くらげ)と記す例も。

くらし〔暮らし〕

【生活(くらし)】古 はたらけど はたらけど猶わが生活(くらし)楽にならざり〔石川啄木「一握の砂」1910〕

歌詞 後は変らず 生活(くらし)に戻る〔南佳孝「日付変更線」(松任谷由実)1978〕／荒れた生活(くらし)の今日この頃は〔宮史郎「片恋酒」(小川道雄)1984〕／ビタミン剤が主食の生活(くらし)で〔Mr. Children「Dance Dance Dance」(桜井和寿)1994〕

雑誌 生な生活(くらし)の臭いが〔「宝石」1994年4月〕／生活(くらし)の仏教〔「マフィン」1994年11月〕

広報 イベント・展示「いい道路(みち)・いい都市(まち)・いい生活(くらし)」〔「広報東京都」2009年8月1日〕

【生計(くらし)】歌詞 泣いて踊るも 生計(くらし)なら〔霧島昇&松原操「新妻鏡」(佐藤惣之助)1940〕

書籍 生計(くらし)の立ち行き難き〔井上ひさし「國語元年」1986〕

【稼業(ぐらし)】歌詞 浮草稼業(ぐらし)の根なし人生〔神野美伽「浮草」(吉田旺)1991〕

その他 活動(くらし) 古

グラジエーター [gladiator] ⇩グラディエーター

クラシカル [classical]

【古典的(クラシカル)】歌詞 古典的(クラシカル)な優等生〔MEIKO「ピアノ×フォルテ×スキャンダル」(OSTER project)2008〕

雑誌 古典的(クラシカル)なスタイルで〔女性誌〕

クラシック [classic]

【古典的(クラシック)】小説〔茅田砂胡「舞闘会の華麗なる終演－暁の天使たち 外伝 1」2004〕

【古典派(クラシック)】書名 中村紘子「どこか古典派(クラシック)」1999〕

その他 苦羅疾駆(クラシック) WEB ／【古典車(クラシックカー)】小説

くらす〔暮らす〕

【生活(くら)する(す)】歌詞 この世の中に 生活(くら)する(す)女の子で〔モーニング娘。「シャボン玉」(つんく)2003〕

クラス [class]

【級(クラス)】 漫画 重文級(クラス)の美術品である〔松川祐里子「魔術師 2」1996〕／仙人級(クラス)の扱いを受け〔藤崎竜「封神演義 2」1997〕／A級(クラス)チーム同士の〔大暮維人「エア・ギア 4」2003〕

【組(クラス)】 漫画 よその組(クラス)のカワイイ彼女〔猫部ねこ「きら音符」1995〕／他の組(クラス)の子が〔山田南平「紅茶王子 8」1999〕／自分のいた組(クラス)も〔「週刊少年ジャンプ」2004年10月11日(伝説のヒロイヤルシティー)〕

【進路(クラス)】 漫画 進路(クラス)別れるし〔日高万里「ひつじの涙 7」2004〕

【組織(クラス)】 歌詞 感情の通わない組織(クラス)の中で〔New Cinema 蜥蜴「Lovely Generation」(船木基有)2001〕

クラスメイト [classmate]

【同級生(クラスメイト)】 小説 さっきの男の子の同級生(クラスメイト)かな?〔清涼院流水「秘密室ボン」2002〕

漫画 滸の同級生(クラスメイト)〔「花とゆめ」2004年22号(女子妄想症候群)〕

【仲間(クラスメイト)】 書籍 仲間(クラスメイト)が倒せる〔矢野俊策／F. E. A. R.「ダブルクロス The 2nd Edition」2003〕

その他 **お前(クラスメート)** 漫画／**夏河靖道(クラスメイト)** 小説 ❖人名。

クラック [crack]

【侵入(クラック)】 漫画〔村田雄介「アイシールド21 1」(稲垣理一郎)2002〕

クラッシャー [crusher]

【ぶっこわし屋(クラッシャー)】 漫画〔「ちゃお」2004年3月増刊〕

【壊し屋(クラッシャー)】 小説 壊し屋(クラッシャー)の名で知られ〔安井健太郎「ラグナロク EX. DIABOLOS」2000〕

漫画 壊し屋両(クラッシャーリョー)とよばれるほどの〔秋本治「こちら葛飾区亀有公園前派出所 126」2001〕

クラッシュ [crash]

【故障(クラッシュ)】 漫画 故障(クラッシュ)が多くてね〔山田南平「紅茶王子 1」1997〕

【追突事故(クラッシュ)】 漫画 いきなり追突事故(クラッシュ)!!〔秋本治「こちら葛飾区亀有公園前派出所 126」2001〕

グラッチェ [イタリア grazie]

【ありがとう(グラッチェ)】 漫画 でも… ありがとう(グラッチェ)〔松川祐里子「魔術師 6」1998〕

グラップラー [grappler]

【格闘士(グラップラー)】 漫画 格闘士(グラップラー)ホントに倒したいならさ〔板垣恵介「グラップラー刃牙 1」1992〕

グラディエーター [gladiator]

【刺客(グラジエーター)】 小説 おまえが手を貸した刺客(グラジエーター)〔菊地秀行「魔王伝 3 魔性編」1996〕

【闘技者(グラジエーター)】 小説 対せつら用闘技者(グラジエーター)〔菊地秀行「魔王伝 3 魔性編」1996(あらすじ)〕

【剣闘士(グラディエーター)】 広告〔映画のキャッチコピー2005〕

【女剣士(グラディエーター)】 雑誌 天下無双の〝女剣士(グラディエーター)〟〔「ダ・ヴィンチ」2010年1月〕

グラデーション [gradation]

【色彩階調(gradation)】 歌詞 もう色彩階調(gradation)は無限で〔Mr. Children「fanfare」(桜井和寿)2009〕

グラトニー [gluttony]

【暴食(グラトニー)】 漫画 暴食(グラトニー)に嫉妬〔荒川弘「鋼の錬金術師 14」2006〕❖キリスト教の七つの大罪。

グラビティ [gravity]

【重力(グラビティ)】 漫画 風と重力(グラビティ)と牙〔大暮維人「エア・ギア 4」2003〕

クラブ [club]

【倶楽部(クラブ)】 古『少年倶楽部』『幼年倶楽部』〔山田俊雄・柳瀬尚紀「ことば談義 寐ても寤ても」2003〕／日本で音訳 中国語に〔陳生保「中国と日本－言葉・文学・文化」2005〕

誌名「講談倶楽部(くらぶ)」1911～1962

民間〔国粋派1952 目〕

曲名 シブがき隊「千夜一夜(アラビアン)キッス倶楽部(クラブ)」(森雪之丞)1986

WEB 明治初期に伝わった英語〔club〕＝【共通の目的のために集まった団体】の当て字で、〝苦楽をともにする〟という意味で「苦楽部」とも書いたようですが、最終的に〝ともに楽しむ〟という意味の「倶楽部」で定着しました。〔「ことばおじさんの気になることば」2010年2月9日〕◆今では「倶楽部」は古風な感じ。

【苦楽部(クラブ)】古 倶楽部＝苦楽部くらぶ〔「日本大辞書」1893〕

【来楽歩(クラブ)】施設名 日帰り温泉の「もちこし来楽歩(くらぶ)」〔「読売新聞」2008年7月13日〕

【部(クラブ)】漫画 桜蘭高校ホスト部(クラブ)〔山田南平「紅茶王子 24」2004〕

【団(クラブ)】小説『自由落下団(フリー・フォール・クラブ)』なる団体を〔菊地秀行「魔王伝 3 魔性編」1996〕

書名 大沢在昌「東京騎士団(ナイト・クラブ)」1997◆しゃれ。

【六本木(クラブ)】漫画 六本木(クラブ)で飲んで〔二ノ宮知子「のだめカンタービレ 5」2003〕

【C(クラブ)】漫画 Y・C・C(ヨコハマクルージングクラブ)へ行く気よっ〔中尊寺ゆつこ「プリンセス in Tokyo」1989〕／高崎ウエストTC(テニスクラブ)〔寺嶋裕二「GIANT STEP 1」2002〕／F・C(クラブ)〔倉橋えりか「カリスマ・ドール 1」2004〕

その他 社中(クロブズ) 古／苦LOVE(クラブ) 漫画

グラフィーム [graphem]

【字形素(グラフィーム)】書籍 字形素(グラフィーム)〔杉本つとむ「日本文字史の研究」1998〕

クラフト [craft]

【手仕事(クラフト)】雑誌 手仕事(クラフト)や工業技術をアートにまで〔「ヴォーグニッポン」2004年10月1日〕

くらべ [比べ・較べ・競べ]

【競(くらべ)】演目「花競四季寿(はなくらべしきのことぶき)」(文楽)

くらべる [比べる・較べる]

【比較べる(くらべる)】歌詞 他人(だれ)かと比較(くら)べる幸せなんて〔秋元順子「愛のままで…」(花岡優平)2008〕

グラマー [glamour]

【霊力(グラマー)】漫画 ありあまった霊力(グラマー)を〔「花とゆめ」2004年22号(PSYCO KNOCKER)〕

【G(グラマー)】曲名 TOKIO「トランジスタG(グラマー)ガール」(横山剣)2004

グラマトロジー [フランス grammatologie]

【文字学(グラマトロジー)】書籍〔由良君美「言語文化のフロンティア」1986〕◆中国では伝統的に小学という分野が字源・字体、音韻、訓詁についての研究を担ってきた。

グラム [フランス gramme]

【瓦(グラム)】辞書 ◆中国では瓦は北京語ではwǎとなり、原音からの乖離が著しいため、早くから「克」で表した。

くらやみ [暗闇]

【闇黒(くらやみ)】古 闇黒(くらやみ)を彷徨(ほつきある)いて〔1896 俗〕◆奈良のくらがり峠は「暗峠」「闇峠」などと書く。

クララ

【来来来(クララ)】施設名 来来来(クララ)ギャラリー

クラリセージ [clary sage]

【南欧丹参(クラリセージ)】包装〔冷えピタの袋 2004〕

クランケ [ドイツ Kranke]

【患者(クランケ)】漫画〔山田貴敏「Dr.コトー診療所 15」2004〕

グランスール [フランス grand soeur]

【姉(グラン・スール)】漫画 あなたの姉(グラン・スール)である私の品位まで〔今野緒雪「マリア様がみてる」1998〕

グランスラム

【アヘン窟(グラン・スラム)】漫画 それともこの「アヘン窟(グラン・スラム)」に〔大暮維人「エア・ギア 1」2003〕

グランダルシュ [フランス Grande Arche]

【凱旋門(グランダルシュ)】小説 新凱旋門(グランダルシュ)も含めると〔清涼院流水「カーニバル 二輪の草」2003〕

グランデ [スペイン grande]

【大(グランデ)】小説 大(グランデ)・中(メディオ)・小(プティ)と呼び〔星野智幸「嫐嬲 なぶりあい」1999〕

グランディア

【偉大な可能性(グランディア)】歌詞 継ぎ接ぎされた偉大な可能性(グランディア)〔Sound Horizon「終端の王と異世界の騎士～The Endia & The Knights

〜」〈REVO〉2006〉

グランド [grand]

*【偉大なる通行証(グランド・パス)】 広告 〈「読売新聞」2010年6月27日〉

*【偉大なる航路(グランドライン)】 漫画 〈尾田栄一郎「ONE PIECE 34」2004〉

*【航路(グランドライン)】 広告 偉大なる航路(グランドライン)へ!!〈「読売新聞」2009年12月12日〉

*【惑星十字列(グランドクロス)】 漫画 惑星十字列(グランドクロス)へと近づいて〈由貴香織里「天使禁猟区 1」1995〉

*【老婦人(グランドマム)】 小説 老婦人(グランドマム)の慈愛に満ちた顔は〈清涼院流水「カーニバル 二輪の草」2003〉

グランプリ [フランス grand prix]

【GP(グランプリ)】 漫画 モナコGP(グランプリ)みたいに公道をF1が走るんだよ〈秋本治「こちら葛飾区亀有公園前派出所 126」2001〉／第3回GP(グランプリ)新人王〈「週刊少年ジャンプ」2004年5月24日(ジャンぷる)〉❖英語式にあるいは戯れで「グランドプリックス」とローマ字読みのように読むことも。「G^Pシリーズ」(「ラジコン技術」1994年1月)のようにも表す。

【大賞(グランプリ)】 漫画 ルノアール国際絵画展で大賞(グランプリ)に輝いた〈さとうふみや「金田一少年の事件簿 17」〈金成陽三郎〉1996〉

【優勝(グランプリ)】 漫画 面白尻コンテスト優勝(グランプリ)の〈「週刊少年ジャンプ」2004年5月24日(Mr. FULLSWING)〉

クリア [clear]

【攻略(クリア)】 漫画 正直とても攻略(クリア)できなかったさ〈許斐剛「テニスの王子様 8」2002〉 歌詞 攻略(クリア)したい〈水樹奈々「MASSIVE WONDERS」2007〉

【成功(クリア)】 漫画 〈冨樫義博「HUNTER × HUNTER 16」2003〉

その他 完了(クリア) 漫画

クリアリングハウス [clearinghouse]

【情報交換所(クリアリング・ハウス)】 書籍 〈橋本萬太郎・鈴木孝夫・山田尚勇「漢字民族の決断」1987〉

クリーム [cream]

【乳酪(クリーム)】 小説 乳酪(クリーム)が見える。〈平野啓一郎「日蝕」2002〉

グリーン [green]

【緑(グリーン)】 古 緑山(ぐりいんざん)〈山田美妙「竪琴草紙」1885〉 ❖地名。／石原栄三郎「緑の札(グリーンカード)」〈大阪朝日新聞の連載小説 1930〉 書籍 あまりに緑(グリーン)をふやそうとしたのが〈松岡正剛「日本流」2000〉

【碧(グリーン)】 漫画 瞳は碧(グリーン)で〈樹なつみ「デーモン聖典 1」2003〉

*【害悪細菌(グリーングリーングリーン)】 WEB 西尾維新氏の「戯言シリーズ」では、無茶なルビ振り(「害悪細菌」と書いてルビが「グリーングリーングリーン」)で個人的にメロメロでした。

グリーンティー [green tea]

【お茶(グリーンティー)】 漫画 きゅうり漬けとお茶(グリーンティー)があるんだけど……〈猫十字社「小さなお茶会 2」2000〉❖tea の語源は中国語「茶」の福建での発音。

グリーンハウスエフェクト [greenhouse effect] 温室効果。

【地球温暖化(グリーンハウス・エフェクト)】 小説 ヒートアイランド現象など地球温暖化(グリーンハウス・エフェクト)が進行し〈清涼院流水「カーニバル 一輪の花」2003〉

グリーンベルト [greenbelt]

【草つき(グリーンベルト)】 小説 もしこの草つき(グリーンベルト)が〈森村誠一「殺意の接点」2001〉

グリーンランド [Greenland]

【臥児狼徳(グリーンランド)】【哥里蘭(グリーンランド)】 古 ／【緑島(グリーンランド)】 WEB

クリオネ [Clione]

【栗尾根(クリオネ)】 漫画 〈秋本治「こちら葛飾区亀有公園前派出所 126」2001〉❖命名案として。

くりかえし [繰り返し] 繰り返し記号(符号)は々、ヽなど。

【横断歩道(くりかえし)】 歌詞 善(シロ)と悪(クロ)の決められた横断歩道(くりかえし)に生きるより〈19「テーマソング

（ボクらの）」〔ナカムラミツル〕2002〕

その他 捩返し（くりかえし） 古

クリシュナ［サンスクリット Kṛṣṇa］

【栗品（クリシュナ）】歌詞 栗品（クリシュナ）気分でこのまま行こう〔GLAY「FRIEDCHICKEN&BEER」(TAKURO)1998〕

クリスタル［crystal］

【水晶（クリスタル）】漫画 水晶（クリスタル）異邦人〔種村有菜「時空異邦人KYOKO 1」2001〕

小説 水晶の悪夢（クリスタル・ナイトメア）を終えて〔清涼院流水「カーニバル 二輪の草」2003〕

雑誌 水晶唇（クリスタルリップ）〔「with」2004年4月〕

歌詞 そのポケットにある水晶（クリスタル）よ〔速水奨ほか「君は独りじゃない」（森由里子）2005〕／私たちひとつの水晶（クリスタル）〔茅原実里「Paradise Lost」（畑亜貴）2008〕

クリスチャンネーム［Christian name］

洗礼名。

【基督教名（クリスチャンネーム）】辞書〔篠崎晃雄「実用難読奇姓辞典増補版」1973〕

クリスマス［Christmas］

【降誕祭（クリスマス）】古〔島崎藤村「千曲川のスケッチ」1912〕

【聖なる夜（クリスマス）】広告「聖なる夜（クリスマス）の殺人」〔さとうふみや「金田一少年の事件簿 Case1 魔犬の森の殺人」〔金成陽三郎〕1998（巻末）〕

【聖夜（クリスマス）】漫画〔小畑健「DEATH NOTE 1」〔大場つぐみ〕2004〕◆この2字でイヴと読ませる名前もあるという。

【七面鳥（クリスマス）】小説 七面鳥（クリスマス）の肉のように転がるロッシーニの屍体にも。〔清涼院流水「カーニバル 二輪の草」2003〕◆「の肉」まで読んで意味がつながる。

【Xマス（クリス）】漫画 十年前のXマス（クリス）イブに〔さとうふみや「金田一少年の事件簿 8」〔金成陽三郎〕1994〕◆こうした表記も、漢字と仮名と同様に交ぜ書きといえるか。

【Xmas（クリスマス）】広告 Xmas（クリスマス）に贈りたい本〔「読売新聞」2009年11月20日〕

【X'mas（クリスマス）】民間 ◆「X'mas」と書くのは、英語で古くに見られたが、日本人が好んで用いる表記だとされる。日本人からすれば、「クリス」という部分を「X」（エックス）だけで書くとは、何か省略があるに違いない（その発想自体は正しい）、そこには「I am」が「I'm」となるように何か「'」くらいは必要なのだろう、と律儀に思うことがあったのであろう。アポストロフィーは英語圏では現在は通常付けない。日本では表記習慣のようになっており、批判されることあり。

【涅澄ます（くりすます）】小説 クロス和迎合（わあど）な涅澄（くりす）ます区画贈（くかくぞう）なのです。〔柳瀬尚紀訳「フィネガンズ・ウェイク III IV」1993〕

*【全国大会決勝（クリスマスボウル）】漫画 全国大会決勝（クリスマスボウル）の夢も見納めだな〔「週刊少年ジャンプ」2004年48号（アイシールド21）〕

グリズリー［grizzly］

【熊（グリズリー）】小説『鷹』どころか『熊（グリズリー）』じゃねえかよ〔西尾維新「零崎双識の人間試験」2004〕

グリップ［grip］

【銃把（グリップ）】小説 銃把（グリップ）に仕込んであったらしい〔菊地秀行「白夜サーガ 魔王星完結編」1996〕

クリティクス［critics］

【批評（クリティクス）】書籍 本文批評（テクストクリティクス）〔杉本つとむ「近代日本語の成立と発展」1998〕

クリトリス［ラテ clitoris］

【栗と栗鼠（クリトリス）】ビデオ題名「ジーザス栗と栗鼠スーパースター」◆もじりか。

くりにちかい［栗に近い］

【八里半（くりにちかい）】看板 八里半 栗に近い味のいい焼芋の看板。〔遠藤好英「漢字の遊び例集」1989〕

グリニッジ［Greenwich］

【緑威（グリニッジ）】辞書

ぐりはま 「はまぐり」の倒語。

【〓(ぐりはま)】古〔式亭三馬「小野篁謔字尽」1806〕

クリミナル [criminal] 犯罪の。犯罪者。

【犯罪(クリミナル)】小説 魔界都市犯罪記録(クリミナル・レコード)〔菊地秀行「魔界都市ブルース 夜叉姫伝 4」1990〕

【犯罪者(クリミナル)】漫画〔久保帯人「ZOMBIEPOWDER. 2」2000〕

グリム [Grimm]

【童話(グリム)】小説 ❖子供の名前。グリム童話から。

【死神犬(グリム)】小説 死神犬(グリム)には見えないと思うわ〔松岡佑子訳「ハリー・ポッターとアズカバンの囚人」2001〕

【緑夢(ぐりむ)】人名 童話作家のグリムと、緑→green→グリーンをかけて読むことは不自然でない〔「増補改訂JIS漢字辞典」2002〕

くりよりうまい [栗より美味い]

【十三里半(くりよりうまい)】看板 焼芋の看板 栗より(九里＋四里)うまい〔遠藤好英「漢字の遊び例集」1989〕

くる [来る]

【来(く)ん】雑誌 こんな田舎へ来(く)んねやなかった〔「現代」1994年12月〕❖関西の方言。

【已(き)た】小説 已(き)ったり己(い)たりしながらも巳(し)が別(わか)つまで〔柳瀬尚紀訳「フィネガンズ・ウェイク I II」1991〕

*【気(き)なかった】誤字 脅迫文に 気なかった 来なかった「毎日新聞」〔円満字二郎「昭和を騒がせた漢字たち」2007〕

ぐる

【共謀(ぐる)】古 共謀(ぐる)になつて〔1869 俗〕

【同穴(ぐる)】古〔1917 隠〕

【仲間(ぐる)】広告「お前も仲間(グル)だろ?」〔「読売新聞夕刊」2009年9月18日(映画)〕

グル [guru]

【師(グル)】雑誌〔「宝石」1994年3月〕

【導師(グル)】漫画 導師(グル)クレフからお話は〔CLAMP「魔法騎士レイアース 1」1994〕

【教祖(グル)】歌詞 教祖(グル)は言う〔サザンオールスターズ「爆笑アイランド」(桑田佳祐)1998〕

クルー [crew]

【乗船員(クルー)】漫画 乗船員(クルー)達にもスウィートを用意してもらえます?〔松川祐里子「魔術師 1」1995〕

【船員(クルー)】漫画〔尾田栄一郎「ONE PIECE 29」2003〕

【仲間(クルー)】漫画〔尾田栄一郎「ONE PIECE 30」2003〕

クルーザー [cruiser]

【帆船(クルーザー)】辞書〔伊坂淳一「振り仮名」(「日本語学キーワード事典」1997)〕

グルーピー [groupie]

【親衛隊(グルーピー)】小説「親衛隊(グルーピー)」だろう〔清涼院流水「カーニバル 二輪の草」2003〕

グループ [group]

【財団(グループ)】漫画 西村財団(グループ)専属の弁護士よ〔松川祐里子「魔術師 1」1995〕

【輪(グループ)】漫画 私達の輪(グループ)入ろ〔絵夢羅「七色の神話」2002〕

【G(グループ)】漫画 佐原ファイナンシャルG(グループ)〔倉橋えりか「MAX ラブリー! 4」2003〕

その他 集団主義(グルーピズム) 書籍

くるくる

【循環(くるくる)】団体名 民間団体「循環(くるくる)ネットワーク北海道」〔「読売新聞」2008年10月19日〕

【狂々(くるくる)】漫画〔和月伸宏「るろうに剣心 19」1998〕

【@@(くるくる)】WEB 輪行@@(おさんぽくるくる)

ぐるぐる

【〓(ぐるぐる)】民間 ❖テレビアニメ「魔法陣グルグル」から覚えたという学生もいるが、その前からあった。箇条書きの先頭、あるいは文末に記され、目立つ便利な記号。知らない女子学生も多い。顔文字、絵文字とされず、手書きで伝承されている。!やピカッと光る電球(ひらめき)、飾りなどの役割を果たす。

くるしみ［苦しみ］→わかい

【慟哭(くるしみ)】 広告〔小野不由美「月の影 影の海 上 十二国記」2000〕

くるしめる［苦しめる］

【くる死女(しめ)る】 小説 わたしがあのひとをくる死女(しめ)てしまうから！〔柳瀬尚紀訳「フィネガンズ・ウェイク ⅢⅣ」1993〕

くるしゅくるかみ 方言。

【黒潮黒髪(くるしゅくるかみ)】 歌詞〔田端義夫「島育ち」（有川邦彦）1962〕

クルス［ポルトガル cruz］

【天主(クルス)】 歌詞 晴れた天主(クルス)の丘の上〔美空ひばり「長崎の蝶々さん」（米山正夫）1957〕

【十字架(クルス)】 歌詞 銀の十字架(クルス)を 胸にかけ〔橋幸夫「南海の美少年（天草四郎の唄）」（佐伯孝夫）1961〕

小説 キリシタンの象徴ともいうべき十字架(クルス)の形を〔瀬川貴次「聖霊狩り」2000〕

その他 **久留守(クルス)** 辞書

グルタミンさん［グルタミン酸］

【具留多味酸(グルタミンさん)】 新聞 ラベルには自筆で「具留多味酸」と当て字で書かれている〔「朝日新聞」2008年7月25日〕

くるま［車］自動車雑誌や自動車の広告では、自動車は「クルマ」となっている。

【自動車(くるま)】 歌詞 ごろり自動車(くるま)で 夢を見る〔若原一郎「ハンドル人生」（高野公男）1955〕／自動車(クルマ)もどれほど走って無エ〔吉幾三「俺ら東京さ行ぐだ」1985〕

【輛(くるま)】 小説〔小野不由美「東の海神 西の滄海 十二国記」1994〕◆「車輛」は「車輌」「車両」も見られる。

【俥(くるま)】 小説 俥(くるま)を呼ぶのだが〔幸田文「流れる」1957〕◆日本では明治初期に人力車に対して造られた国字。俥夫(しゃふ)。中国では古く将棋の駒に同じ字体が現れる。

【牛車(くるま)】 小説 迎えの牛車(くるま)はもう門外に着いているそうよ〔藤原眞莉「華くらべ風まどい―清少納言梛子」2003〕

その他 **人力車(くるま)** 古

＊**【轟(くるまくるまくるま)】** 字遊〔「VOW」1987〕

くるまや［車屋］

【車夫(くるまや)】 小説〔樋口一葉「十三夜」1895〕

グルマンティーズ［フランス gourmandise］

【美食家達(グルマンティーズ)】 歌詞 愛すべき美食家達(グルマンティーズ)〔ALI PROJECT「人生美味礼讃」（宝野アリカ）2005〕

くるみ［胡桃］

【胡桃(くるみ)】 古 ◆『枕草子』では、文字で書くと「ことごとしき」（大げさな感じがする）ものとされる。

【来未(くるみ)】 人名 子供の名前〔「読売新聞」2010年2月28日〕

くるり

【廻り(くるり)】 古 人力車〔1935 隠〕◆廻転寿司でこの「廻」という表外字は根強い。

ぐるり

【周囲(ぐるり)】 小説 私の周囲(ぐるり)を取り捲いている〔夏目漱石「こころ」1914〕

くれ［暮れ］→くれがた

【歳尾(くれ)】 古〔中村明 2003〕

【昏れ(くれ)】 歌詞 鐘が切ない 日の昏(く)れは〔田端義夫「舞妓物語」（萩原四朗）1954〕◆黄昏(たそがれ)。

【墓(くれ)】 誤字 ◆入院患者へのお見舞いに「暮も押し迫り」を「墓も押し迫り」。

ぐれ「ぐりはま」から。

【愚連(グレ)】 書籍 学生愚連(グレ)といわれ〔山平重樹「愚連隊列伝モロッコの辰」1990 集〕

その他 **悪徒(ぐれ)** 古／**真通(ほんぐれ)** 辞書

クレイジー［crazy］

【大バカ野郎(クレイジー)】 漫画 愛すべき大バカ野郎(クレイジー)共は〔大暮維人「エア・ギア 1」2003〕

クレイモア［claymore］

【戦士(クレイモア)】 広告 戦士(クレイモア)たちが激突〔「ジャンパラ！vol.35」2006（CLAYMORE）〕

グレー [gray; grey] バンド「GLAY」は GRAY から。

【灰色(グレー)】 歌詞 灰色(グレー)になってしまう〔潘恵子「アンネットの青い空」(阿木燿子)1983〕

【灰色(gray)】 歌詞 灰色(gray)の道を巡らせた街〔GARNET CROW「Anywhere」(AZUKI 七)2006〕

【愚麗(ぐれい)】 バンド名 ロックバンド「愚麗」

グレート [great]

【大(グレート)】 小説 この大峡谷(グレート・グレン)に〔清涼院流水「カーニバル 二輪の草」2003〕

【偉大なる(グレイト)】 漫画 偉大なる不死の匣(グレイト・アンデット・ボックス)〔久保帯人「ZOMBIEPOWDER. 3」2000〕

***【座天使長(グレートトロウンズ)】** 漫画 元座天使長(グレートトロウンズ)の秘蔵っ子〔由貴香織里「天使禁猟区 18」2000〕

その他 G(グレート) 漫画

グレートブリテン [Great Britain]

【イギリス本国(グレートブリテン)】 漫画 イギリス本国(グレートブリテン)最西端〔松川祐里子「魔術師 1」1995〕

クレーム [claim]

【苦情(クレーム)】 漫画 先方(クライアント)からの苦情(クレーム)多数〔天獅子悦也「むこうぶち 24」2009〕

クレオパトラ [Kleopatra]

【景御春飛羅(クレオパトラ)】 漫画〔秋本治「こちら葛飾区亀有公園前派出所 126」2001〕❖命名案として。

くれがた [暮れ方]

【薄暮(くれがた)】 詩 幽に、幽に薄暮(くれがた)の〔三木露風「延びゆく夢」(勝原晴希解説)コ〕❖薄暮試合の語あり。

くれぐれも [呉呉も]

【呉々も(くれぐれ)】 民間

クレスト [crest]

【紋章(クレスト)】 小説 表面に紋章(クレスト)〔菊地秀行「魔王伝 3 魔性編」1996〕

くれたかるほ

【呉田軽穂(くれたかるほ)】 筆名 ❖外国人女優グレタ・ガルボのもじり。松任谷由実の筆名。

くれち [暮地]

【墓地】 誤読 ❖暮地は墓地に見えるため寿と改められた駅名(山梨県富士急行)。

くれない [紅]

【紅(くれない)】 歌詞 うす紅(くれない)〔山口百恵「愛の嵐」(阿木燿子)1979〕 書名 睦月影郎ほか「秘本 紅(くれない)の章」2009

【紅い(くれな)】 小説〔「読売新聞 夕刊」2008年10月1日〕

【真紅(くれない)】 歌詞 真紅の恋の花〔井上陽水「風のエレジー」(阿木燿子)1981〕

【鮮血(くれない)】 漫画〔上条明峰「SAMURAI DEEPER KYO 4」2000〕

くれなずむ [暮れ泥む]

【暮れ染む(くれなず)】 歌詞 だから暮れ染(なず)む海の夕凪よ〔小椋佳「めまい」1975〕

【暮れ滞む(くれなず)】 TV 暮れ滞(なず)む も可とする〔「クイズ日本語王」2006〕

グレネード [grenade] 手榴弾。

【手榴弾(グレネード)】 歌詞 抉り出す手榴弾(グレネード)の心臓〔abingdon boys school「PINEAPPLE ARMY」(西川貴教)2010〕

【擲弾(グレネード)】 漫画 擲弾射出装置(グレネードランチャー)〔和月伸宏「るろうに剣心 25」1999〕

クレマチス [clematis]

【仙人草(クレマチス)】 歌詞 喩へ蒔いても育っても仙人草(クレマチス)〔椎名林檎「茎」2003〕

クレリック [cleric] 聖職者。牧師。

【僧侶(クレリック)】 雑誌 読む人すべての心を癒す麗しの〝僧侶(クレリック)〟〔「ダ・ヴィンチ」2010年1月〕

くれる [呉れる]

【呉れる(く)】 新聞 相手をして呉(く)れる人が〔「読売新聞 夕刊」2009年8月7日(高井有一)〕

くれる [暮れる]

【昏れる(く)】 歌詞 昏れゆくは白馬か〔近江俊郎「山小舎の灯」(米山正夫)1947〕/かいなく昏れる 佐渡の海〔菅原都々子「佐渡ヶ島悲歌」(萩原四朗)1952〕/赤い夕日が 岬に昏(く)れて〔藤島桓夫「かえりの港」(豊田一雄)1955〕

【紅る(くれ)】 歌詞 紅(くれ)る世界〔川田まみ「緋色の空」

2005〕

ぐれる

【外(ぐ)れる】歌詞 十五で外(ぐ)れたお前の旅を〔前田有紀「お前の涙を俺にくれ」(星野哲郎)2006〕

【愚連(ぐれ)る】辞書〔1949 隠〕◆愚連隊も当て字。

その他 遊行(ぐれ)る・顛倒(ぐれ)る 古

ぐれんたい［愚連隊］

【愚連隊(ぐれんたい)】古〔1930 隠〕

映画題名「独立愚連隊(ぐれんたい)」1959

広告 愚連隊時代から〔「読売新聞」2009年3月15日〕

くろ［黒］→くろい

【⿰黒玄(くろ)】書籍 ◆吉本隆明の作品に。恐らく手書きの原稿段階から。会意でなければ、黝や玄が混淆したものか。書籍に使用され教科書に採用された。そのためJISに採用され辞書に載り、またISO、そしてユニコードに登録。ついに世界のパソコン・ワープロなどに搭載され、インターネット上で使用されるようになる。

【暗黒(くろ)】歌詞 紅赤(あか)と暗黒(くろ)が混じり合う〔D「Angelic blue」(ASAGI)2006〕

【die(黒)】漫画題名 由貴香織里「戒音(カイネ)－die(黒) と live(白) の脳内麻薬物質(エンドルフィン)」1996

【悪(クロ)】歌詞 善(シロ)と悪(クロ)の決められた横断歩道〔19「テーマソング(ボクらの)」(ナカムラミツル)2002〕

その他 驪駒(くろこま) 古

くろ［畦］

【畦(くろ)】小説 畦(くろ)して〔柳瀬尚紀訳「フィネガンズ・ウェイク I II」1991〕◆あぜ、うねの意の方言訓。

くろい［黒い］

【黝(くろ)い】歌詞 黝い豹〔YMO「過激な淑女」(松本隆)1983〕◆日夏耿之介は「黝黒(くろ)い」「黒黝(くろ)し」「黝重(くろおも)く」「黠鬼(くろおに)」「黯黮(くろ)し」「黲(くろ)い」「黲(くろ)い」「黲然(くろ)し」「真黲(まくろ)い」「黫然(くろ)し」「麈黒(かぐろ)し」「黸黒(かぐろ)し」などを用いた。

【漆(くろ)い】歌詞 漆(くろ)き全身〔遠藤正明「勇者王誕生！－神話バージョン」2000〕

グロい グロテスクの形容詞化。

【黒(グロ)い】WEB 黒い ◆あるかと検索したらやはり多数あった。

【気味(ぐろ)が悪(い)い】歌詞 気味(ぐ)が悪(ろ)い(い)首吊り道化師の刺青が笑う〔Sound Horizon「エルの楽園［笛吹き男とパレード］」(REVO)2005〕

くろう［九郎］

【義経(くろう)】漫画 義経(クロウ)さま〔野口賢「黒塚 KURO-ZUKA 1」(夢枕獏)2003〕

グロウ [glow]

【灯(グロウ)】漫画『灯(グロウ)』…〔CLAMP「カードキャプターさくら 4」1997〕

くろうと［玄人］

【黒人(くろうと)】古

クローズ [close] 店の入り口などに閉店の意でCLOSEDと表示。OPENの対。

*【閉鎖空間(クローズドサークル)】漫画 正真正銘閉鎖空間(クローズドサークル)になったわけですな？〔蓮見桃衣「エキストラ・ジョーカー JOE」(清涼院流水)2001〕

関連【クローズ(停止)】漫画 データ提供がクローズ(停止)されてしまう…っ!?〔松川祐里子「魔術師 1」1995〕

クロード [Claude]

【C(クロード)】漫画 兄の静稀・C(クロード)・芦屋です〔中条比紗也「花ざかりの君たちへ 2」1997〕◆人名。

【蔵上人(くろうど)】人名 智有(ちあり)蔵上人(くろうど) ◆旧名・通名Claude(クロード) Ciari(チアリ)。1985年に日本に帰化し、漢字名に。

グローバル [global]

【世界規模(グローバル)】小説 世界規模(グローバル)な巨大犯罪となるのであれば〔清涼院流水「カーニバル 一輪の花」2003〕

【全球(グローバル)】書名 遊川和郎「強欲社会主義 中国・全球(グローバル)化の功罪」2009／中嶋嶺雄『全球(グローバル)教育論』2010 ◆中国語の漢字。

クローン [clone]
【複製(クローン)】 広告 美肌の複製(クローン)という新発想〔ヘレナルビンスタイン(化粧品)〕
【克隆(クローン)】 新聞 中国の広辞苑に当たる「現代漢語詞典」 クローンの発音を漢字に置き換えた「克隆」は傑作の部類か〔「読売新聞」2005年10月31日〕
*__【分身の術(クローン・コピー)】__ 漫画 分身の術(クローン・コピー)だ‼〔「コロコロコミック」2008年10月〕❖技の名。

くろがね [鉄]
【鉄(くろがね)】 新聞 横浜市立 鉄(くろがね)小〔「読売新聞」2009年8月9日〕／天守閣 一昨年再建された鉄(くろがね)御門から場内にはいると〔「読売新聞 夕刊」2009年12月3日〕
【黒鉄(くろがね)】 歌詞 黒鉄(くろがね)の／浮かべる城ぞ頼みなる「軍艦マーチ」〔「読売新聞」2009年8月6日〕
筆名 黒鉄(くろがね)ヒロシ
【玄銀(くろがね)】 店名 銀座〔「読売新聞」2008年11月15日〕

くろさわ
【黒澤明(クロサワ)】 ポスター 世界の黒澤明(クロサワ)がハイビジョンで蘇る！〔新潟県南魚沼市六日町 2010年8月8日〕❖ルビで世界のクロサワを表現。

クロス [cloth]
【聖衣(クロス)】 広告 聖衣(クロス)を脱いだ戦いも〔「週刊少年ジャンプ」2004年48号〕
歌詞 誓いの聖衣(クロス)纏い〔MAKE-UP「Never －聖闘士星矢のテーマ－」(山田信夫) 2004〕
漫画〔車田正美「聖闘士星矢」1986～1990〕

クロス [cross] クルス。
【十字架(クロス)】 漫画 母親の十字架(クロス)を守るために〔本沢みなみ「また還る夏まで 東京ANGEL」1999〕／『赤い十字架(クロス)』〔綾峰欄人「GetBackers 奪還屋 23」(青樹佑夜) 2003〕／十字架ノ墓(クロスグレイヴ)〔「週刊少年ジャンプ」2004年7月8日(D. Gray-man)〕
歌詞 首にかかった赤い十字架(クロス)を〔Janne Da Arc「seal」(yasu) 2003〕／銀の十字架(クロス)背負い〔月森蓮「月の破片」(石川絵里) 2007〕／銀の十字架(クロス)をそっと外して〔高見沢俊彦「Vampire～誘惑の Blood～」2009〕
【十字(クロス)】 漫画 稲妻十字空烈刃(サンダー・クロス・スプリットアタック)〔荒木飛呂彦「ジョジョの奇妙な冒険」1987～1999〕／黒十字(ブラッククロス)〔矢吹健太朗「BLACK CAT」2000～2004〕
漫画題名 天川すみこ「十字(クロス)」1997
【X(クロス)】 漫画 Xクラッチ ヨーヨー〔「コロコロコミック」2009年2月〕
【C(クロス)】 漫画 CG(クロスギア)〔「コロコロコミック」2010年5月〕

クロスブリード [crossbreed]
【雑種(クロスブリード)】 書籍 エンジェルハイロウ／キマイラの雑種(クロスブリード)〔矢野俊策／F. E. A. R.「ダブルクロス The 2nd Edition」2003〕

クロスロード [crossroad]
【十字路(クロスロード)】 映画題名 「劇場版名探偵コナン 迷宮の十字路(クロスロード)」2003

クロッカス [crocus]
【夏告草(クロッカス)】 歌詞 夏告草(クロッカス)の花が咲き〔小林旭「旅の酒～放浪編」(荒木とよひさ) 2003〕

グロッサリー [glossary]
【用語集(グロッサリー)】 書籍〔杉本つとむ「日本文字史の研究」1998〕

グロッタ
【洞窟教会(グロッタ)】 小説 ヨーロッパの洞窟教会(グロッタ)にも見えるな〔瀬川貴次「聖霊狩り」2000〕

くろへび [黒蛇]
【黒蛇魔獣(くろへび)】 広告 混成部隊は黒蛇魔獣(くろへび)に〔神坂一「日帰りクエスト なりゆきまかせの異邦人(ストレンジャー)」1993(巻末)〕

くろめ [黒目]
【黒瞳(くろめ)】 小説 黒瞳(くろめ)がちの目のあたりに〔静霞薫「るろうに剣心 巻之一」(和月伸宏) 1996〕
【黒眸(くろめ)】 小説 黒眸(くろめ)が大きく〔夢枕獏「黒塚 KUROZUKA」2003〕

クロロホルム [chloroform] 哥囉仿謨な

く

どの音訳も古く小説では見られた。クロロフォルム。

【麻酔薬(クロロホルム)】漫画 麻酔薬(クロロホルム)を染み込ませた布〔さとうふみや「金田一少年の事件簿 3」(金成陽三郎)1993〕

【聞繖(クロロフォルム)】古 ◆ロブシャイド(1868)など、英華字典のたぐいで。

くわい [慈姑]

【慈姑(くわい)】短歌〔「読売新聞」2010年3月8日〕

くわえたばこきんし [咥え煙草禁止]

【歩行中喫煙禁(くわえたばこきんし)】貼紙〔京都智積院の寮の廊下・柱 1963 ㊐〕

くわしい [細しい・美しい]

【美しい(くわ)】俳句 吾児美し(くはし)

くわしい [詳しい]

【委敷い(くわし)】古 委敷(くはし)く／委敷(くわしく)

【委しい(くわ)】書籍 状態を委(くわ)しくする〔井上ひさし「私家版 日本語文法」1981〕

【精しい(くわ)】小説 家(いえ)の事情を精(くわ)しく述べた。〔夏目漱石「こころ」1914〕／精(くわ)しくなった〔清涼院流水「カーニバル 二輪の草」2003〕

【kwsk(くわしく)】WEB 佐々木をSSKとするのと同様の、子音だけで表記する方法。古代エジプト文字などと共通する。

くわせもの [食わせ物・食わせ者]

【喰者(くわせもの)】辞書〔1949 隠〕

その他 偽娘(くわせもの) 古

くんじょう [燻蒸]

【薫蒸(くんじょう)】辞書 ◆「薫蒸」は、代用字とされるが、かえって例は古い。

ぐんそう [軍曹]

関連【軍曹(サージェント)】漫画 殲滅軍曹(ジェノサイドサージェント)〔綾峰欄人「GetBackers 奪還屋 23」(青樹佑夜)2003〕

け

け

【日(け)】古 日(け)長くなりぬ〔「万葉集」〕

け [毛]

【十六(け)】字遊〔式亭三馬「小野篁譃字尽」1806〕

◆「十六女」で「いろつき」姓があったとも。

け

【異(け)】古

け

【ケ(け)】漫画 生ケ垣しかねェや(手書き)〔ひぐちアサ「おおきく振りかぶって 4」2005〕◆三(み)ケ(け)田(た)など小地名でもあり。ATOK17では「ヶ」は「け」で入力できる。作曲家の山田耕作は毛が薄くなってきたために「耕作」に「ケ」(毛)を2つ載せて「耕筰」としたという。

誤読 ◆一ケ(こ)を一ケ(け)と、ふざけてわざと誤読することもあり。→か(ヶ)

けい [軽]

【K(けい)】雑誌 Kカー(軽)を探す〔「週刊女性」2004年6月1日〕

民間 O妻K音〔大妻女子大学軽音楽部〕◆Kタイで携帯、KOで慶應なども。

【㊗】広告 サライ・オリジナル㊗鞄4種、完成〔「読売新聞」2009年9月10日(サライ)〕

けい [罫]

【罫(けい)】辞書 ◆古くは「け」で界からとも。罫は碁盤の線を意味した。

【罣(けい)】書籍〔みうらじゅん「アウトドア般若心経」2007〕◆「出家」し、「写経」した労作だが、経文の字にこの代用あり。日を曰、掲を羯、帝を諦なども。

その他 解行(けい)・絎(けい) 古

けい [鮭]

【鮭】誤植 芹沢鮭介が鮭介に〔高橋輝次「誤植読本」2000(中山信如)〕◆「鮭」は字音があまり知られていないが、ケイ・カイの両音があり、サケ(シャケ)にはケイともいう。

ゲイ [gay]

【同性愛者(ゲイ)】漫画 同性愛者(ゲイ)の真似までして〔松川祐里子「魔術師 1」1995〕

げいいん ⇩げんいん

けいおう［慶応］

【KO】(ケーオー) 書籍 KOボーイ〔1946 俗〕

【广K广O】(けいおう) 民間〔斎賀秀夫「現代人の漢字感覚と遊び」1989〕◆慶應大学を广K广Oと書くのは、1930年代から。『日本語の現場』に詳しい。早大では慶應をノックアウトという意味を込めて、それを書くことがあるという。早广K戦などとも。現代では「广KO」まで進んでいる。「广KO」は、編者が情報を論文に引用し、それによって「今昔文字鏡」（エーアイ・ネット開発・販売の漢字検索ソフトおよびフォントのパッケージソフト）に入り、その宣伝広告でその字を知って使用しているという慶大生に会ったことあり。

げいか［猊下］

【魔王様】(げいか) 漫画 我が魔王様(げいか)のお力のほんの片鱗〔由貴香織里「天使禁猟区 18」2000〕

けいき［景気］

【ケーキ】(景気) 漫画 ケーキ(景気)がいいねえ〔高橋留美子「めぞん一刻 11」1986〕◆しゃれ。

けいこ

【佳子】(けいこ) 人名「佳」はカが慣用音、ケは呉音とされるが、『新明解漢和辞典三版』ではケイを呉音と認める。〔井上ひさし「ニホン語日記」1996〕

【佳仔】(けいこ) 人名「ケイコはニンベンがつくのだぞ」と言われて誤記〔佐久間英「珍姓奇名」1965〕

げいこ［芸子］

【芸妓】(げいこ) 古 芸子とも〔1929 隠〕◆「まいこ」は「舞子」より「舞妓」をよく見る。

書籍〔松岡正剛「日本流」2000〕

その他 娼妓(げいこ) 古

げいごと［芸事］

【芸興行】(げいごと) 番組名 有名人(なあるひとの)隠し芸興行(かくしのげいごと)〔CBC 1951 目〕

けいさつ［警察］

【刑札】(けいさつ) 民間 脅迫状に「警察」を「刑札」と書いた。知能犯のからかいではないかと推理した法律学者があった。〔1965 目〕◆警察官は警察と書く者が多かった。学生運動時の立て看板では「宀K」とも書かれた。

【オッサン】(警察) 漫画 オッサン(警察)が俺を助けるところを－〔さとうふみや「金田一少年の事件簿 27」（金成陽三郎）1997〕

けいしちょう［警視庁］

【KC庁】(けいしちょう) 雑誌〔「週刊朝日」2009年9月11日（嵐山光三郎）〕◆新聞記者もメモに用いる。

げいしゃ［芸者］

【妓者】(げいしゃ) 書名 田螺金魚「妓者呼子鳥(げいしゃよぶこどり)」1777

【唄妓】(げいしゃ) 古 唄妓衆(ゲイシャシ) 戯作本など〔井上ひさし「ニホン語日記」1996〕

その他 弦妓(げいしゃ)・校書(げいしゃ) 古

げいじゅつ［芸術］

【芸術】(ゲイジツ) 書籍 芸術(ゲイジツ)と発音することはNHKでも認めていますよ〔井上ひさし「ニホン語日記」1996〕

【芸術】(ゲージュツ) 漫画 素直に驚けこの芸術(ゲージュツ)に!!〔藤崎聖人「WILD LIFE 3」2003〕

けいずかい［窩主買い］ 盗品と知りながら売買すること。

【蹴品買】(けいずかい) 古〔横井源之助「貧民の正月」1896 集〕

けいたい［携帯］ ⇩けーたい

けいちゃん［計ちゃん］ ↓ちゃん（様）

【計様】(けいちゃん/ケイチャン) 古 懐中時計〔1935 隠〕

【腕時計】(ケイチャン) 小説 まず腕時計(ケイチャン)をはずして〔森村誠一「致死家庭」1983 集〕

げいのう［芸能］ 藝が芸と当用漢字で変えられ藝がなくなり、藝人も芸能人、芸NO人になってしまったと嘆く意見あり。

【囈能】(げいのう) 小説〔柳瀬尚紀訳「フィネガンズ・ウェイク III IV」1993〕◆囈は、ねごと・うわごと。

ケイル［Keill］

【奇児】(ケイル) 俳誌 イギリスのケイル著、ニュートン自然哲学体系のオランダ版を訳して『奇児(ケイル)全書』を出版〔「俳句」1994年5月〕❖人名。

ゲイル [gale]

【疾風(ゲイル)】漫画 男でも女でも疾風(ゲイル)とつける〔「週刊少年マガジン」2004年48号(RAVE)〕❖名前。

ゲイン [gain]

【前進(ゲイン)】漫画〔「週刊少年ジャンプ」2004〕

ケーオー [KO] →けいおう

【一本(KO)】漫画 しかも全員が一本(KO)負け〔板垣恵介「グラップラー刃牙 1」1992〕❖空手。

その他 浄化(KO) ゲーム

ケージ [cage]

【檻(ケージ)】漫画 脱出不可能な死の檻(ケージ)〔さとうふみや「金田一少年の事件簿 Case1 魔犬の森の殺人」(金成陽三郎)1998〕

ケース [case]

【匣(ケース)】歌詞 罅割れた硝子匣(ケエス)に〔ALI PROJECT「聖少女領域」(宝野アリカ)2005〕❖箱は常用漢字で日常化しているにもかかわらず、パンドラの「はこ」は小説の題名でもこの字が使われる。

【事件(ケース)】小説 ディープ・カットの事件(ケース)だ〔清涼院流水「カーニバル 二輪の草」2003〕

【事例(ケース)】書籍 ショウ自身は「事例史(ケース・ヒストリー)」とよんでいる〔桜井厚「インタビューの社会学―ライフストーリーの聞き方」2002〕

【場合(ケース)】漫画 こいつが操られる場合(ケース)を考え〔小畑健「DEATH NOTE 11」(大場つぐみ)2006〕

その他 箱(ケース) 漫画

ケースレス [caseless]

【無薬莢式(ケースレス)】小説 無薬莢式(ケースレス)弾丸を使用しているのか〔菊地秀行「白夜サーガ 魔王星完結編」1996〕

けーたい [↑携帯電話]「Kタイ」や「ケイタイ」という表記法は広まらず、「ケータイ」が定着した。

【Kタイ(ケー)】作品名 九星鳴「Kタイ掌説」〔「オール讀物」2009年11月〕

ゲーテ [Goethe]

【歌徳】中国 ゲーテのカタカナ表記が二十九種〔井上ひさし「ニホン語日記」1996〕

ゲート [gate]

【扉(ゲート)】漫画 扉(ゲート)の呪文に〔東里桐子「月の純白星闇の青碧 1」1994〕

【橋(ゲート)】小説「橋(ゲート)」を渡って来る人々の中に〔菊地秀行「魔王伝 3 魔性編」1996〕❖金門橋はゴールデンゲートブリッジの訳。

【門(ゲート)】❖飛行機などの非常口は中国では「太平門」、韓国では「非常門」。ゲートボールは中国では門球。

漫画 門(ゲート)を開けます〔東里桐子「爆裂奇怪交響曲 1」1993〕/正面門(ゲート)〔尾田栄一郎「ONE PIECE 19」2001〕

歌詞 門(ゲート)とは即ち駿馬である〔Sound Horizon「終端の王と異世界の騎士～The Endia & The Knights～」(REVO)2006〕

ゲートキーパー [gatekeeper]

【門番(ゲートキーパー)】漫画 彼らは神性界の門(ゲート)を開く門番(キーパー)という〔由貴香織里「天使禁猟区 18」2000〕

ケープ [cape]

【岬(ケープ)】漫画〔尾田栄一郎「ONE PIECE 33」2004〕

ケーブル [cable]

【ケーブル】WEB あるパソコンメーカーのモニター接続解説書には「スタソドに取り付ける」や「ケーブル」などの誤植が見られる。

【景風流(けーぶる)】施設名 伊香保温泉「景風流(けーぶる)の宿かのうや」〔「読売新聞」2009年11月27日〕❖cableのもじり、風景・風流をかけたか。

ゲーム [game]

【勝負(ゲーム)】歌詞 この勝負(ゲーム)もう止められない〔青酢「抱えたキセキ」(綿貫辰也)2007〕

ポスター それは悪魔の勝負(ゲーム)〔ゲーム店内 2004〕

【試合(ゲーム)】 漫画 いきなり試合(ゲーム)なんて無理だよ〔寺嶋裕二「GIANT STEP 1」2002〕❖ゲームでは、見た目から真剣な闘いであることが感じ取りにくいためであろう。／試合(ゲーム)開始だ！〔「週刊少年ジャンプ」2004年5月24日(アイシールド21)〕／試合(ゲーム)終了…!?〔青山剛昌「名探偵コナン 44」2004〕

ゲーム 試合(ゲーム)続けてくる〔「ときめきメモリアル Girl's Side」(コナミ)〕

【遊戯(ゲーム)】 書籍 言語遊戯(ランゲージ・ゲーム)〔由良君美「言語文化のフロンティア」1986〕

歌詞 消滅する遊戯(ゲーム)なの〔ALI PROJECT「マダム・ノワール」(宝野アリカ)1992〕／終わりへの遊戯(ゲーム)〔kukui「Eden」(霜月はるか)2007〕

漫画 華麗で残酷な遊戯(ゲーム)〔蓮見桃衣「エキストラ・ジョーカー JOE」(清涼院流水)2001〕

【対決(ゲーム)】 漫画 最初の対決(ゲーム)は勝負方法96の内の〔奥田ひとし「新・天地無用！魎皇鬼 3」2002〕

【団体戦(ゲーム)】 漫画 このB軍団に団体戦(ゲーム)で勝てたらね!!〔奥田ひとし「新・天地無用！魎皇鬼 3」2002〕

【試験(ゲーム)】 漫画 こんな危険な試験(ゲーム)受けて〔樋口橘「学園アリス 1」2003〕

【競走(ゲーム)】 漫画 私と競走(ゲーム)しているんだと思います〔小畑健「DEATH NOTE 8」(大場つぐみ)2005〕

【人生(ゲーム)】 歌詞 タイミング狂わす 人生(ゲーム)は〔RAMJET PULLEY「Final Way」(麻越さとみ)2001〕

【G(ゲーム)】 漫画 G(ゲーム)&読書は格別〔「週刊少年ジャンプ」2004年7月6日(アニプリ)〕

広告 GC(ゲームキューブ)+コントローラー〔「週刊少年ジャンプ」2004年5月24日〕／GBA(ゲームボーイアドバンス)版「ビョ〜と出る！メガネくん」〔「週刊少年ジャンプ」2004年5月24日〕

WEB 史上最大のLG(ライアーゲーム)プロジェクト、始動！〔映画「ライアーゲーム ザ・ファイナルステージ」公式サイト2009〕

その他 麻雀(ゲーム) 漫画／猟場番(ゲームキーパー) 漫画

ゲームオーバー [↑the game is over]

【死(ゲームオーバー)】 漫画

けおされる [気押される]

【気圧(けお)される】 小説 気圧(けお)される〔松本清張「点と線」1958〕

けが [怪我]

【怪我(けが)】 辞書 ❖「怪我」自体が当て字、穢(けが)れからともいわれる。

【外傷(けが)】 漫画 外傷(けが)は大したことないんだって〔貞本義行「新世紀エヴァンゲリオン 1」1995〕

【損傷(けが)】 漫画〔「週刊少年ジャンプ」2004年10月11日(D. Gray-man)〕

その他 傷(けが) 古

げかい [下界]

【人間界(げかい)】 漫画 人間界(げかい)に日記帳落としたのって〔小畑健「DEATH NOTE 1」(大場つぐみ)2004〕

【地上(げかい)】 WEB 星(ガイア)は輝いているのに、地上(げかい)は、霧(ゆめ)の中だ

けがす [汚す・穢す]

【潰(けが)す】 書籍〔織田正吉「ことば遊びコレクション」1986〕

けがち 飢渇(きかつ)。けかつ。けかち。

【飢餓(けがち)】 歌誌 飢餓(けがち)の大地〔「短歌」1994年10月〕

けがれ [汚れ・穢れ]

【汚(けが)れ】 歌詞〔徳永英明「壊れかけのRadio」1990〕

げき [劇]

【劇】 誤字〔幼稚園の先生 手書き〕❖「お遊戯」と混淆か。

げき [激]

「檄(ゲキ)を飛ばす」は激励と混じ、激が多い。

【ゲキ】 広告 直撃&ゲキ撮で今週も絶好

調！〔「読売新聞」2010年5月21日(FRIDAY)〕

げげげ

【下々々(げげげ)】書籍 下々々(げげげ)の鬼太郎ならぬ〔井上ひさし「私家版 日本語文法」1981〕

げこくじょう［下克上・下剋上］

【下克上(げこくじょう)】辞書 ❖下剋上と学校で習った世代には抵抗感があるとの声あり。

【G59上(ゲゴクジョー)】欄名 チームG59上(ゲゴクジョー)‼〔「週刊少年ジャンプ」2004年5月24日〕❖コーナー名。

その他 下剋上(げこくじょう)・下極上(げこくじょう)・下国じょう(げこく) 古

けさ［袈裟］ 2字とも梵語の音訳のための造字。

【袈裟(けさ)】新聞「袈裟(けさ)の良人(おっと)」という芝居〔「読売新聞」2010年3月27日〕❖福田衣(ふくでんえ)（袈裟のこと）から「畩(けさ)」という字が鹿児島辺りで近世から用いられた。姓、地名に残るが、人名用漢字には、要望はなされたものの採用されず。

けし［芥子］

【罌粟(けし)】【米嚢花(けし)】古

けしからん 異(け)し。

【怪(け)しからん】小説 怪(け)しからんね〔宮沢賢治「注文の多い料理店」1924〕

けしき［景色］

【風景(けしき)】歌詞 揺れる風景(けしき)をずっと眺めている〔Every Little Thing「Face the Change」(五十嵐充)1998〕

【情景(けしき)】歌詞 黄昏の冬の情景(けしき)〔day after tomorrow「螢火」(五十嵐充)2004〕❖韓国では観光を「求景(クギョン)」とも。

げじげじ［蚰蜒］ 愛知県に蚰をげじと読ませる地名あり。古く訓あり。

【非職(げじげじ)】古 免職(うさぎ)か非職(ゲジゲジ) 福地桜痴 1888〔木村義之「近代のあて字と文学」(「日本語学」1994年4月)〕

けじめ

【決着(けじめ)】漫画 決着(けじめ)をとらなきゃあ家名にも傷がつく〔藤原芳秀「拳児 1」(松田隆智)1988〕

映画題名「極道の妻たち・決着(けじめ)」1998

【消〆(けじめ)】漫画〔「週刊少年ジャンプ」2004〕

ゲシュタポ［(ドイツ) Gestapo］

【秘密警察(ゲシュタポ)】小説 ナチの秘密警察(ゲシュタポ)の片割れ〔遠藤周作「白い人」1955〕❖「独逸秘密警察(ゲシュタポ)」も。

【反対派制圧(ゲシュタポ)】漫画 あるいは反対派制圧(ゲシュタポ)〔中条比紗也「花ざかりの君たちへ 9」1999〕

【蓋世太保(ゲシュタポ)】中国 音義を駆使して外国語をとった例〔1958 目〕

ゲシュタルト［(ドイツ) Gestalt］

【形態(ゲシュタルト)】【字面(ゲシュタルト)】【かたち(ゲシュタルト)】書籍〔井上ひさし「自家製文章読本」1984〕

けしょう［化粧］

【囮粧(けしょう)】WEB 囮粧したら時間かかりすぎて．完璧間に合わない．

けす［消す］

【殺(け)す】小説 殺(け)されたのだ！〔広山義慶「極悪ゆさぶり編」1994 俗〕

雑誌 殺(け)される〔「宝石」1994年11月〕

漫画 殺(け)すぞ〔上条明峰「SAMURAI DEEPER KYO 16」2005〕

【汚(け)す】歌詞 誰にも汚(け)せない理想を抱いて〔TWO-MIX「20010101」2001〕

げす［下種・下衆］

【下司(げす)】辞書〔1949 隠〕

その他 下子(げす) 古

ケセランパセラン 呪文。ケセラセラからか。

【結接蘭破接蘭(ケセランパセラン)】曲名 REBECCA「結接蘭破接蘭 KE-SE-RUN PA-SE-RUN」(NOKKO) 1994

げそ イカの足。下足(げそく)から。

【足(げそ)】古 ようげそ 洋足 靴〔1935 隠〕❖「洋下足」とも。

小説 足(ゲン)つけてる 組に入る〔南英男「嬲り屋」2000 俗〕

その他 下足(げそ) 古

げた［下駄］

【〓】【〓】印刷 ❖印刷の伏せ字。鉛活字の裏面の形から。故意に用いた詩あり。↓にのじ

げだかし［気高し］

【顔崇(げだかし)】俳句

げたげた

【戯多々々(げたげた)】誌名 正岡子規 回覧雑誌『戯多々々珍誌(げたげたちんし)』〔織田正吉「ことば遊びコレクション」1986〕

けたたましい

【気魂しい(けたたま)】【気立しい(けたたま)】【喧ましい(けたた)】古／【消魂しい(けたたま)】【桁魂(けたたましい)】WEB

けだもの［獣］「だ」は「の」の意で、「毛だ物」の意味。「くだもの」は木だ物。

【獣(けだもの)】雑誌〔「山と溪谷」1994年7月〕❖常用漢字では「けもの」。

【淫獣(けだもの)】歌詞 刃を剝いた夏の淫獣(けだもの)〔サザンオールスターズ「エロティカ・セブン」(桑田佳祐)1993〕

【野獣(けだもの)】広告 美男と野獣(けだもの)〔中条比紗也「花ざかりの君たちへ 1」1997（巻末）〕

けだるい［気怠い・気懈い］

【気倦い(けだる)】小説 安芸は気倦(けだる)さを覚えた。〔「読売新聞」1989年10月23日（渡辺淳一「うたかた」）〕❖倦怠が混淆し融合したものか。複数現れたが、「怠」も用いられた。

けち

【不祥(けち)】小説 這麼(そんな)不祥(けち)を付けるものぢやないよ〔尾崎紅葉「多情多恨」1896 俗〕❖紅葉はノートに熟字訓などの漢字による表記をまとめていた。

【吝嗇(けち)】古 吝嗇な事を〔松崎天民「社会観察万年筆」1914 集〕❖小説では「吝」「吝嗇」のほか、「故障」「狭隘」や「小」とも書かれた。

【慳吝(けち)】小説 慳吝(けち)な質(たち)も〔吉川英治「三国志 7」1975〕

その他 怯(けち)・吝(けち) 古／守銭奴(けち)・節約(けち) WEB

ケチャップ［ketchup］「鮭汁」からという福建語起源説、「茄汁」からという広東語起源説あり。

【鮭汁(ケチャップ)】漫画 シャケを指しているワケではない。〔小栗左多里&トニー・ラズロ「ダーリンの頭ン中 2」2010〕

けちんぼう［けちん坊］

【吝坊(けちんぼう)】【吝嗇坊(けちんぼう)】【守銭奴(けちんぼ)】古

けつ 「穴」の字音から。「穴の穴が小さい」は本来的な表記だが、辞書やWEB以外ではあまり見かけない。バケツを馬穴と書くのは当て字。

【尻(けつ)】書籍〔土屋耕一「軽い機敏な仔猫何匹いるか」1980〕／尻(けつ)をまくりたくなるような〔井上ひさし「私家版 日本語文法」1981〕

小説 尻嚇し(けつおどし)〔柳瀬尚紀訳「フィネガンズ・ウエイク III IV」1993〕

雑誌〔「宝石」1994年6月〕

【臀(けつ)】古 鼻毛を数(よ)まれ臀(けつ)の毛を抜かれて〔1888 俗〕

【野望(ケツ)】漫画〔上条明峰「SAMURAI DEEPER KYO 4」2000〕

【直腸】古 直腸〔三谷公器「解体発蒙」1813〕

けつがん［頁岩(ケツ)］ページを捲(めく)るように表面が剝がれることから。

【頁岩】誤読 ❖頁岩 コウガン、ページガン、ペイガン、ヘキガンなどとも読まれている。

けっこん［結婚］

【糸吉女昏(けっこん)】WEB 文字列を文字と見せる文字分解〔内山和也「『現代口語体』の表現スタイルについて」2002〕❖糸吉糸昏とも。

【嚙根(けっこん)】小説 嚙根行唇曲(けっこんこうしんきょく)〔柳瀬尚紀訳「フィネガンズ・ウェイク I II」1991〕❖もじりか。

その他 養子縁組届(結婚ライセンス) 漫画

けっして［決して］ 口語では「けして」と

も。

【決而】雑誌〈「旅」1994年5月〉

けっしょうせん［決勝戦］

【ファイナル】WEB 映画でファイナル。〈フジテレビ「ライアーゲーム シーズン2」公式サイト 2009〉

けつぜい［血税］

【血税】誤解 ❖明治初期に「徴兵令制定の詔」(太政官告諭)1872の「血税」云々の字面から血を供出させられると勘違いした人たちがいて、血税一揆につながったという説もある。

げっそりして

【悵然】漢詩〈平井呈一訳「狂詩 巡査行」1951〉

けったい「卦体」ないし「希代」(稀代)の字音による語。関西方言。

【怪体】小説 何という怪体な男だろう〈田辺聖子「ほとけの心は妻ごころ」〉

【奇態】漫画〈天狗子悦也「むこうぶち 25」2009〉

けってん［欠点］

【短所】歌詞 今の 嘘 も 短所 も〈misono「Tales…」2009〉

ケット［↑ブランケット］↓あかゲット

【毛布】小説 毛布〈田山花袋「田舎教師」1909〉俗

詩 どこでも毛布を売りつけることもできはしない。〈萩原朔太郎「沿海地方」1928〉

ゲットアウト［get out］

【消滅】漫画〈大暮維人「エア・ギア 2」2003〉

けっとう［決闘］

【決斗】映画題名「荒野の決斗」1947／「OK牧場の決斗」1957／「ガンヒルの決斗」1959 ❖映画字幕では、「闘」やその旧字体は、横線が多すぎて、字幕として書き込めなかった。闘と書く略字もあった。撃も同様で、略字が手書きされたものだった。「宮本武蔵」「新網走番外地」「関東テキヤ一家」などでも「決斗」が用いられていた。学生運動のころも「斗争」など。

【血闘】広告 三十年間の血闘的著作〈「大漢和辞典」の広告 1955 目〉❖『大漢和辞典』にはない語。『日本国語大辞典』第2版によれば明治期からあり、「決闘」に「血を流す覚悟」を加味したもの(もじり)のようである。「血戦」は古くからあり。

げっぷ［噯気］

【雑噌】古 明治四十年 東京朝日新聞の広告 呑酸雑噌〈柳瀬尚紀「日本語は天才である」2007〉

【月賦】WEB ❖しゃれ以外でも。

げてもの［下手物］ 上手物の対とも、怪顚(典)からとも。

【下手物】誤読 下手物 ヘタモノ〈辻村敏樹「ことばのいろいろ」1992〉

ケテル［ヘブライ keter］

【王冠】漫画〈CLAMP「X 7」1995〉

けとば「ことば」の上代東国方言。

【言葉】歌誌〈「短歌」1994年11月〉❖方言だけに肉声が情感を込めて伝わる。

書籍 言葉ぜ 防人(東国から九州へ)〈平川南「日本の原像」2008〉

けなげ［健気］「けなりげ」からか。

【健げ】詩 健げなるものは〈三木露風「廃園」1909〉

【健気】新聞 健気なほどの〈「読売新聞 夕刊」2009年5月29日(署名記事)〉

その他 勇血・勇健・強健・殊勝・勇 古

けなす［貶す］

【貶す】新聞 貶されるのは〈「読売新聞」2010年2月12日〉

げねつ［解熱・下熱］

【下熱】辞書 下熱は解熱。〈「新聞用語集」〉

WEB「げねつざい」は漢字で「下熱剤」だと思っていたことがある。

けねん［懸念］

【掛念】小説 深い掛念の曇が〈夏目漱石「ここ

ろ」1914〕

ゲノム［ドイツ Genom］

【遺伝子構造(ゲノム)】漫画 遺伝子構造(ゲノム)解読眼〔「週刊少年ジャンプ」2004年7月8日(未確認少年ゲドー)〕

けば［毛羽］

【毳(けば)】書籍 ビロードの毳(けば)〔大久保博訳「完訳ギリシア・ローマ神話」1970〕

けばい

【毳い(けばい)】WEB けばけばしい＞毛羽毛羽しい(けばい＞毳い)

けばう →けわう

【化粧う(けばう)】古

けばけばしい

【毳々しい(けばけばしい)】【華美々々しい(けばけばしい)】古 ❖「歴々(けばけば)」も。

ゲバぼう［ゲバ棒］ ゲバはゲバルト(ドイツ Gewalt)。

【下馬棒(ゲバぼう)】WEB

ゲマトリア［ヘブライ gematoria］

【数秘術(ゲマトリア)】漫画 数秘術(ゲマトリア)を占う道具じゃ〔「週刊少年ジャンプ」2004年7月8日(地上最速青春卓球少年ぷーやん)〕

けみ［検見・毛見・閲］ 検(ケン)からとも。

【検見(けみ)】古

ケミカル［chemical］

【化学(ケミカル)】歌詞 化学(ケミカル)雪(スノウ)ノスタルジック〔ALI PROJECT「Virtual Fantasy」(宝野アリカ)1994〕

ケミストリー［chemistry］ 化学。舎密(セイミ)。

【化学(ケミストリー)】書籍 化学(ケミストリー) 化学者(ケミスト)〔杉本つとむ「近代日本語の成立と発展」1998〕

【化学変化(ケミストリー)】漫画 化学変化(ケミストリー)しちゃう〔「週刊少年ジャンプ」2004年48号〕

けむ［煙・烟］

【煙(けむ)】歌詞 黒い煙(けむ)を出し〔「汽車ポッポ」(本居長世)1927〕❖煙(けむ)たい。煙(けむ)い。

その他 烟(けむ) 古

けむり［煙・烟］

【蒸気(けむり)】歌詞 街は蒸気(けむり)あふれかえる〔GLAY「mister popcorn」(JIRO)2001〕

けもの［獣］ けもの、けだものともに「毛物」と考えられる。果物も「木だ物」の意。

【獣類(けもの)】詩 獣類(けもの)のごとくに悲しまむ。〔萩原朔太郎「監獄裏の林」1934〕

【害獣(けもの)】曲名 聖飢魔Ⅱ「害獣達(けものたち)の墓場」(デーモン小暮)1988

【野獣(けもの)】歌詞 古代に生きた野獣(けもの)になりましょう〔ALI PROJECT「メガロポリス・アリス」(宝野アリカ)2006〕

【犭(けもの)】漫画 犭会(けもの会)〔立原あゆみ「あばよ白書」1987～1996〕

ゲラ［←galley］

【校正(ゲラ)】書籍 校正(ゲラ)刷〔高橋輝次「誤植読本」2000(山田宗睦)〕

けらい［家来］ 家礼からとも。

【家来(けらい)】【家礼(けらい)】【家頼(けらい)】書籍 家来は宛字であろう。家礼、家頼、どれが本来であろうか〔杉本つとむ「日本文字史の研究」1998〕

けらく［快楽］

【化楽(けらく)】古 文章解釈上の要因からの表記「法華百座聞書抄」〔浅野敏彦「和漢混淆文のあて字」(「日本語学」1994年4月)〕

【快楽(けらく)】小説 拷問の快楽(けらく)に赫き〔遠藤周作「白い人」1955〕／快楽(けらく)に渇して〔米川正夫訳「ドストエーフスキイ全集6 罪と罰」1960〕❖呉音。

歌詞 マルゴオ快楽(けらく)の美味〔ALI PROJECT「妄想水族館」(宝野アリカ)2001〕

けり 助動詞「けり」から。「鳧」を当てることもあった。「鳧」とも書く。

【鳧(けり)】辞書 物ごとの終り 鳧鴨 歌または歌人を罵しっていう語〔1949 隠〕❖「けりをつける」の「けり」に当てる。「…かも」も鳧の名の鴨の漢字を当てる。鳧舞(けりまっぷ)は北海道の地名。

【決着(けり)】歌詞 どこかで決着(けり)つけなけりゃ鳥

肌たつだろ〔子安武人・松本保典「ザ!!ライバル」(南極二郎)1992〕

小説 決着(けり)をつけようぜ〔神坂一「日帰りクエスト なりゆきまかせの異邦人(ストレンジャー)」1993〕／一気に決着(けり)をつけてやる!〔清涼院流水「秘密室ボン」2002〕

漫画 決着(けり)をつけねばならんでしょう〔由貴香織里「砂礫王国」1993〕／早く決着(けり)をつけた方がいいと思うなぁ〔藤崎竜「封神演義 17」1999〕／日没までに決着(けり)をつけるぞ〔「週刊少年ジャンプ」2004年10月11日(ONE PIECE)〕

【勝負(けり)】 歌詞 勝負(けり)だけつけたら 出直すつもりよ〔ツイスト「SOPPO」(世良公則)1979〕

ゲリラ [guerrilla]

【下痢等(げりら)】 民間 恐ろしい下痢等(げりら)の予防に〔シャレ書き 1952 目〕❖もじり。

ゲル [↑ゲルト(ドイ Geld)] 金。金銭。

【金(げる)】 小説 金(げる)持ってるか〔織田作之助「青春の逆説」1946 集〕／金(げる)が入ってこないし〔遠藤周作「わたしが・棄てた・女」1964〕

ケルビム [ラテン cherubim]

【智天使(けるびむ)】 書名 二階堂黎人「智天使(ケルビム)の不思議」2009 ❖「智天使であるケルビム」という情報量を狭いスペースに盛り込んでいる。

ケルベロス [Kerberos]

【地獄の番犬(けるべろす)】 漫画「地獄の番犬(ケルベロス)」に見張られた〔さとうふみや「金田一少年の事件簿 Case1 魔犬の森の殺人」(金成陽三郎)1998〕

ゲルマン [ドイ Germane]

【日耳曼(げるまん)】 辞書

ケルン [cairn]

【墓標(けるん)】 広告 尾瀬の墓標(ケルン)〔菊地秀行「魔界都市ブルース 夜叉姫伝 4」1990(巻末)〕

けれん [外連]

【外連(けれん)】 辞書 「外連」「ケレン」の表記も多い。

げろ 「嘔吐物」への当て字は見掛けない。

下呂温泉には、元よりその意味はない。蛙(げろ)林(ばやし)は愛知県の地名。

【下呂(げろ)】 WEB 下呂を吐いた❖変換候補として地名が出ることと関連するか。

【告白(げろ)】 小説 その話を告白(げろ)したら〔勝目梓「悪党図鑑」1987 集〕

【自白(げろ)】 小説 やつが自白(げろ)したのは〔和久峻三「京人形の館殺人事件」1992 集〕

*__【自白る(げろる)】__ 小説 自白(げろ)ったからな〔清水一行「株価操作」1985 集〕

【白状(げろ)】 漫画〔猿渡哲也「TOUGH 2」2004〕

けわい

【形勢(けわい)】 古

けわい [化粧・仮粧]

【化粧(けわい)】 漫画題名 石ノ森章太郎「八百八町表裏(はっぴゃくやちょうひょうり) 化粧師(けわいし)」1983〜1984

雑誌 化粧(けわい)坂〔「旅」1994年9月〕❖地名。

映画題名「化粧師―KEWAISHI」2002

歌詞 黒い化粧(けわ)い〔子安武人「独妙風」(李醒獅)2002〕

けわう [化粧う]

【粧う(けわう)】 小説 透徹(すきとほ)る程白(ほどしろ)い上(うへ)をうつすり粧(けは)つて〔徳富健次郎「黒潮」1903〕

けん [剣]

【ラケット(けん)】 歌詞 ラケット(けん)の切っ先つきつけて〔千石清純「Trial of Luck」(T_T)2003〕

けん

【鶏鵡(けむ)】 古 うぐひす鳴きに鶏鵡鴨(けむかも)〔「万葉集」〕

けんあく [険悪]

【嫌悪(けんあく)】 誤字 嫌悪な 新聞〔斎賀秀夫「現代人の漢字感覚と遊び」1989〕

けんい [権威]

【権椅(けんい)】 小説 権椅(けんい)より〔柳瀬尚紀訳「フィネガンズ・ウェイク III IV」1993〕

げんいん [原因]

【源因(げんいん)】 小説〔夏目漱石「こころ」1914〕

【原因(げいいん)】 誤読 「げいいん(↑なぜか変換でき

ない)」〈WEB〉❖「2ch」で生まれた(または広まった)と思われるレトリック。わかっていてわざと書いているのが普通。実際に「げいいん」や「げえいん」と打って変換候補が出ないことを不思議がっている学生もあり。

けんうん［巻雲・絹雲］
【巻雲(けんうん)】辞書 ❖当用漢字にない字音であったため、カンウンと読み替えられたこともあった。気象庁ではちょうど担当者が出張中だったこともあり、絹雲に変わってしまったとも伝えられる。常用漢字表告示の後、巻雲に戻された。巻(ケン)は表外音。

けんか［喧嘩］
【口論(けんか)】歌詞 口論(けんか)も出来ないなんて〈森川由加里「SHOW ME」(森浩美)1987〉／口論(ケンカ)なんかしても〈SMAP「BEST FRIEND」(福島優子・森浩美)1992〉
【闘争(けんか)】漫画〈猿渡哲也「TOUGH 2」2004〉
【戦争(けんか)】漫画 戦争(ケンカ)の嫌れえな組織だ〈立原あゆみ「弱虫 1」1997〉
【戦(けんか)】漫画 戦(ケンカ)の定石として〈「週刊少年マガジン」2004年48号(エア・ギア)〉
その他 喧咜(けんか)・諠譁(けんか) 古／試合(ケンカ) 漫画

げんき［元気］
【元気(げんき)】書籍 和製漢語の「減気」〈病気の勢いが衰えること〉に由来するようです。漢語「元気」と同音であることから。「験気・元喜」などと書かれることも〈沖森卓也「はじめて読む 日本語の歴史」2010〉❖中国では天地間に広がり、万物が生まれ育つ根本となる精気、という語義だった。

けんきゅう［研究］
【研Q(けんきゅう)】民間 阪南点字研Q部〈点字の見本 1971 目〉

けんきょうふかい［牽強付会］
【剣橋譜快(けんきょうふかい)】小説 牛津々浦々(ぎゅうつつうらうら)の誰(だれ)よりも剣橋譜快(きょうふかい)にカンターびれつくのよ〈柳瀬尚紀訳「フィネガンズ・ウェイク Ⅲ Ⅳ」1993〉❖オックスフォードとケンブリッジの当て字を利用した当て字。

げんげ［紫雲英］
【紫雲英(げんげ)】辞書 初恋の意〈1949 隠〉
その他 砕玉花(げんげ) 古

げんげ
【幻魚(げんげ)】新聞 滅多に味わえない幻の魚「幻魚(げんげ)」〈「読売新聞」2008年10月24日〉

げんこ［拳固］
【握拳(げんこ)】古 握拳(げんこ)を〈1885〜1886 俗〉

げんご［言語］
【幻語(げんご)】小説 W幻語(げんご)〈柳瀬尚紀訳「フィネガンズ・ウェイク Ⅰ Ⅱ」1991〉❖『辞書はジョイスフル』2007によると、「幻語」では満足できず、逆さのイメージを与えたかったためという。

げんこつ［拳骨］ →あに(兄弟子)
【拳(げんこつ)】漫画〈大暮維人「天上天下 20」2009〉

けんさき［剣先］
【剣尖(けんさき)】小説 剣尖(けんさき)は的確に薫の腕や肩に〈静霞薫「るろうに剣心 巻之一」(和月伸宏)1996〉

けんし
【検視(けんし)】辞書 ❖「検屍」、「検死」も「検視」で統一されてきた。

けんじつ［堅実］
【賢実(けんじつ)】欄名 賢実家計〈「日経新聞」2010年5月1日〉❖もじり。

げんじつ［現実］
【本能(げんじつ)】歌詞 壊したい本能(げんじつ)〈水樹奈々「Justice to Believe」2006〉

けんじゅう［拳銃］
関連【拳銃(グロック)】漫画 尚也の拳銃(グロック)だった〈本沢みなみ「また還る夏まで 東京ANGEL」1999〉

げんしりょく［原子力］
【原子力(はらこつとむ)】誤読 消防〈小学生〉の頃、「原子力」を「はらこつとむ」と読んだネタだかマジだか分からない奴がいた。〔WEB〕❖江川達也の漫画「まじかる★タルるートくん」に登場。実在するとの話もあり。

げんせき［原石］

【俺ら(げんせき)】(WEB) 俺らと書いて「げんせき」は間違いか。

げんそう［幻想］

【イリュージョン(幻想)】(漫画) たった一夜の奇跡のイリュージョン(幻想)を〔松川祐里子「魔術師 7」1999〕

けんつく

【拳突(けんつく)】(古) 夏目漱石〔高橋輝次「誤植読本」2000（西島九州男）〕

その他 **剣突(けんつく)**(古)

げんなま［現生］現金。「現ナマ」が多い。

【現金(げんなま)】(漫画) 現金(ゲンナマ)〔さいとうたかを「ゴルゴ13 42」1981〕／〔猿渡哲也「TOUGH 2」2004〕

げんなり 気無(けな)、くねりからか。

【減(げん)なり】(WEB)

ケンネル［kennel］犬小屋。

【犬寝(けんね)る】(民間)❖語呂合わせ。

【犬(ケン)ネル】(店名)❖ペットショップ。

けんのん

【険呑(けんのん)】【剣難(けんのん)】【剣呑(けんのん)】(古)

げんば［現場］

関連 **【現場(シャワー室)】**(漫画) その現場(シャワー室)の状態から〔さとうふみや「金田一少年の事件簿 Case1 魔犬の森の殺人」(金成陽三郎)1998〕

けんびきょう［顕微鏡］

【検微鏡(けんびきょう)】(誤字)〔柳田征司「あて字」1987〕

ケンブリッジ［Cambridge］

【剣橋(ケンブリッジ)】(地名)❖剣橋(ケンブリッジ)と牛津(オックスフォード)はよくペアで紹介される。小島遊(たかなし)と月見里(やまなし)も、四月一日(わたぬき)と八月一日(ほづみ)も。↓剣橋譜快(けんきょうふかい)

けんま［研磨・研摩］

【研磨(けんま)】(辞書)❖「磨」が当用漢字になかったため、研磨は公的には研摩と書かれたが、常用漢字に「磨」が入り、戻った。

けんまく［剣幕・見幕・権幕］

【剣幕(けんまく)】【見幕】【権幕(けんまく)】(辞書)

げんまん［拳万］

【拳万(げんまん)】(辞書) 偽り、違約拳固を万回受くるの義〔1917(隠)〕❖指切りげんまん。

けんもん［検問］

関連 **【検問(リバプール)】**(漫画)「検問(リバプール)」を通過した！〔さとうふみや「金田一少年の事件簿 17」(金成陽三郎)1996〕❖暗号。

けんらん［絢爛］

【爛漫(けんらん)】(小説) あれは爛漫(けんらん)たる春の日の予兆〔藤原眞莉「華くらべ風まどい－清少納言梛子」2003〕❖混淆によるか。

こ

こ［子］酒井法子「男のコになりたい」〔1987〕のようにカタカナも。↓あのこ

【娘(こ)】(歌詞) ちらと見た娘(こ)の似ている瞳〔岡晴夫「男一匹の唄」(夢虹二)1948〕／若い娘(こ)にある日ママやさしく言うた〔淡谷のり子「巴里の屋根の下」(佐伯孝夫)1952〕／くれると云う娘のいじらしさ〔石原裕次郎&牧村旬子「銀座の恋の物語」(大高久夫)1961〕／きっとこの娘を大事にします〔大泉逸郎「母親ごころ」(荒木良治)2001〕／その娘はいい娘さ〔ポルノグラフィティ「ビタースイート」2002〕

(小説) 口数の少ない娘(こ)でしてな〔米川正夫訳「ドストエーフスキイ全集6 罪と罰」1960〕／でもノーマルな娘(こ)のを飲むのも(笑)なんちゃって〔綿矢りさ「インストール」2005〕

(漫画) この娘(こ)はおまえの妹だ〔北条司「CITY HUNTER 1」1986〕／わりと感じいい娘(こ)だな〔日渡早紀「ぼくの地球を守って 2」1987〕／好きな娘(コ)と一緒に〔井上雄彦「SLUM DUNK 1」1991〕／おおっ けっこうかわいい娘(こ)だニャン〔「ポケットモンスター4コマ

マンガ劇場」1996〕／メガネっ娘な見た目とは〔大暮維人「エア・ギア 4」2003〕

短歌 母と娘のつながり〔俵万智「サラダ記念日」1987〕

書籍 カワイイ娘〔うみのさかな&宝船蓬莱「うみのさかな&宝船蓬莱の幕の内弁当」1992〕

雑誌 暗示にかかる娘って〔「月刊 BIG tomorrow」1994年7月〕

書名 吉永みち子「母と娘の40年戦争」2000／大沢あかね「母ひとり、娘(こ)ひとり」2009

辞書 いい娘(こ)〔「中日辞典」〈姑娘の語釈〉〕

広告 眼鏡っ娘〔2006年7月18日〈雑誌広告〉〕／アイフルの〝あの娘〟が〔「読売新聞」2010年4月22日〕❖前後からみて「コ」か。

曲名 DAIKI「アカシアの娘」〈秋浩二〉2007

WEB もし、その娘が告白して振られたとして❖明らかに「こ」と読ませている。

民間 気になるあの娘が〔学生 2009年6月〕

新聞 「ジョソコ」「女装子」と書けば分かる通り、趣味で女性ファッションを楽しむ男性のこと。「男の娘」という言葉が生まれたりするほど〔「読売新聞 夕刊」2010年1月27日〕

TV あの娘ら〔テレビ朝日系列2010年4月25日〈テロップ〉〕

【嬢】 小説 一体誰(いったいだれ)の嬢だい？〔徳富健次郎「黒潮」1903〕

【少女】 漫画 水の女神に守られた少女だ〔由貴香織里「砂礫王国」1993〕／この少女は運ばれてきたんだ〔ささやななえ「子ども虐待ドキュメンタリー 凍りついた瞳」〈椎名篤子〉1995〕

【嫁】 歌詞 気だてのいい嫁だよ〔北島三郎「与作」1978〕

【妓】 古 忙しい妓には〔1941 俗〕

歌詞 若い妓の時代〔金田たつえ「花街の母」〈もず唱平〉1973〕❖「舞妓」「芸妓」「振袖妓」などにも。

【女】 歌詞 いい女がここにいるわ〔葵司朗&日野美歌「男と女のラブゲーム」〈魚住勉〉1986〕

ビラ やさしい女ばかりいるわけでもありません。ピンクビラ〔井上ひさし「ニホン語日記」1996〕

雑誌 彼女に昇格する女VSしない女〔「Can-Cam」2003年11月〕

人名 奈女(なこ)

【息子】 短歌 歌会でよく聞くのが、安易なルビ(ふりがな)の使用を戒める意見である。例えば、「亡友(とも)」「息子(こ)」「義母(はは)」のようなルビは使わず、すっきりと「友」「子」「母」などと表現すればよいではないか、という指摘だ。〔松村由利子「ふりがな考」2009〕

【男】 漫画 ひどい男〔由貴香織里「天使禁猟区 1」1995〕

【児】 小説 彼澄(あす)ました児〔徳富健次郎「黒潮」1903〕

【孫】 俳句 子で支障はない。孫も易々とつかってほしくない。〔「読売新聞」2000年12月3日〈宇多喜代子〉〕

【生徒】 歌誌 生徒の蘇るごと春告げむとす〔「短歌」1994年5月〕

漫画 他の生徒達にも〔中条比紗也「花ざかりの君たちへ 9」1999〕

【仔】 書名 天童荒太「永遠の仔」1999

民間 うちら仲仔〔プリクラに〕❖仲のイイ子の意とも。仔は、中国で動物の子に使われてきた漢字。

WEB 成クンってぃぅ仔がぃるnだヶど〔2006年7月26日〕

雑誌 卒業やクラス替えで仲仔と別れちゃうコもいるよね。〈仲イイ子の意〉〔「ラブベリー」2008年4月〕

雑誌 どんな仔(見出し) 友人宅の仔はかなり珍しい奴(やつ)である。〔「ｙｏｍｍｙ」2008年

11月〔室井滋〕〕

【犬】漫画 がんばってる犬まで無視しちゃわないで〔渡辺祥智「銀の勇者 2」1999〕❖犬を擬人化した表現。

【野良犬】漫画 つまりその野良犬は〔藤崎聖人「WILD LIFE 1」2003〕

【猫】漫画 もうその猫の顔は思い出せなかった〔猫十字社「小さなお茶会 2」2000〕❖猫好きが好む、猫を擬人化した表現。

【木】漫画 この木と話していたんデス。〔藤崎聖人「WILD LIFE 7」2004〕

【本】書籍 この本が〔「326―ナカムラミツル作品集」1998〕

【樹】歌詞 凩は其の樹撫で愛づる〔霜月はるか「護森人」〔日山尚〕2007〕

【江】人名 中島啓江の「江」の文字は揚子江の「江」の字。揚子江のように「沢山の人=川を1本にまとめ、海に流れる前にゆるやかな流れで川=人が休めるような人になって欲しい」〔WEB〕

その他 豆愛娘 品種名

こ［籠］

【古】古 胡桃子一古°・相盛物二古°平城宮木簡 当て字と言えようか〔酒井憲二「当て字」〔「国語学大辞典」1980〕〕

ご［五］

【玉】古 一二三王玉（一二三四五）❖江戸時代。「五」と「玉」の字体が似る。

ご［碁］

【墓】誤読「ヒカルの碁」を「ヒカルの墓」と読んだヤツがいた。〔WEB〕

ご［御］

【五】古 坪内逍遥 皆さん五存じの 五覧なさい 五免よ 五了見違へでござります 五感情〔山田俊雄・柳瀬尚紀「ことば談義 寐ても寤ても」2003〕❖明治初期にもあり。

コア［core］

【核】漫画 核は『命』を水に変えたり〔藤崎竜「DRAMATIC IRONY」2001〕

歌詞 核-core-の中還りたい〔奥井雅美「TOTAL ECLIPSE」2009〕

ごあ

【轟亜】漫画 轟亜アアアアッ〔板垣恵介「グラップラー刃牙 1」1992〕❖掛け声。

ごあいどくありがとう［御愛読有難う］

【世界最強神話昇天】WEB

こあな［小穴］→あな（穴）

【小窖】小説 小窖からひきずり出された〔遠藤周作「白い人」1955〕

コアラ［koala］

【患畜】漫画 患畜の治療のためだけではない〔藤崎聖人「WILD LIFE 1」2003〕

【古荒】地名 ❖山形県の地名。コアラの絵が町に多い。

【小熊】中国 ❖中国では無尾熊、樹（袋）熊、考拉とも。楽天小熊餅は商品名ロッテコアラのマーチ。楽天がプロ野球に参入した際に、楽天を中国名としていたロッテとの間で混乱を招いた。

その他 子守熊 漫画／小荒 WEB

こい［恋］

【戀】字解 恋といふ文字の字なりを判じ物、言葉しがらむ唐糸の、解くに解かれぬ下心 近松門左衛門〔小林祥次郎「日本のことば遊び」2004〕／昔の人は「戀」（恋の旧字）を「糸（愛）し糸しと言う心」（中略）字を分解したうえ、語呂合わせまで編み出している。〔「産経ニュース」2010年4月26日（清湖口敏）〕❖恋は下心、愛は真心とも。

【孤悲】新聞 万葉集には「恋」の語に「孤悲」の字をあてた歌も収められている。愛する者の死によって人は孤独の悲しみを知る。「孤悲」は愛と死の万葉びとを象徴する言葉でもある〔「読売新聞」2006年10月24日〕

❖「孤悲」は、『万葉集』以来、現代でもWEB上で利用されている。

【想い】漫画 想いが花咲くためにもな〔中条比紗也「花ざかりの君たちへ 4」1998〕

【恋心】歌詞 闘うための武官の恋心〔布都彦「禁じられた恋情は朝露に」(田久保真見)2009〕

【初恋】漫画 初恋してた〔中条比紗也「花ざかりの君たちへ 12」2000〕

【恋愛】歌詞 恋愛をしよう〔SHAZNA「AQUA」(IZAM)1999〕

【Koi】曲名 広末涼子「Maji で Koi する5秒前」(竹内まりや)1997

こい〔鯉〕

【狸】誤字 手紙には狸 台には鯉をのせ〔「誹風柳多留」〕

ごい〔語彙〕

【語囲】書換 ❖彙が表外字であったための書き換えで、評判がよくなかったが、英語方面などで定着もみた。

こいうた〔恋歌〕

【恋唄】曲名 榎本美佐江「お俊恋唄」1953／さとう宗幸「青葉城恋唄」1978

こいがたき〔恋敵〕

【恋仇】歌詞 たしかにお客はいつもの 恋仇〔久保幸江「ヤットン節」(野村俊夫)1952〕／いつもはりあう 恋仇〔鳥羽一郎「兄弟船」(星野哲郎)1983〕

こいかつ〔恋活〕

【コイカツ】新聞「コイカツ」〔「読売新聞」2009年9月6日〕❖就カツ、婚カツ、離カツなど「活」は「カツ」と書かれることがある。

こいき〔小粋〕

【小意気】辞書

こいこい〔来い来い〕

【鯉々】書籍 浄瑠璃『義経千本桜』〔織田正吉「ことば遊びコレクション」1986〕

こいしい〔恋しい〕

【変しい】誤字 変しい変しい新子様〔石坂洋次郎「青い山脈」1947〕／変しい 恋しい〔築島裕「宛字考」(「言語生活」1960年7月)〕❖恋水は変水から、変しいは恋しいからと時代を超えて両方に変化する。旧字体でも交替しやすい。

【恋谷】役名 天出臼夫 恋谷妻夫 教養バラエティー〔「読売新聞 夕刊」2010年2月19日〕

【己巳巳】小説 己巳巳き彼女を〔柳瀬尚紀訳「フィネガンズ・ウェイク I II」1991〕❖→いこみき(已己巳己)

こいだめ

【恋溜】店名 バー〔斎賀秀夫「あて字の考現学」(「日本語学」1994年4月)〕

こいつ〔此奴〕

【此奴】古 此奴ア可い〔1907 俗〕

【犯人】漫画 犯人が仕掛けた〔さとうふみや「金田一少年の事件簿 7」(金成陽三郎)1994〕❖「真犯人」もあり。

【相棒】漫画 半分は相棒のためだ〔義仲翔子「ロスト・ユニバース 2」(神坂一)1999〕

【本体】漫画 本体に戻してやろうぜ〔野々村秀樹「邪魂狩り 1」1993〕

【金棒】漫画 金棒なら どうだ!!〔「コロコロコミック」2010年4月〕

その他 弟・店長・犬・この犬・ゾウガメ・鮫・三橋・田島・3番・9番・クリス・ポアロ 漫画 ／射殺のために来た人間・黄道十二宮天使・十一番隊・動物・動物達・座礁鯨 漫画

関連【こいつ】漫画 こいつは違いのわかる女や〔樋口橘「学園アリス 1」2003〕

こいぬ〔小犬・子犬〕

【狗】古〔1915 集〕

【仔犬】歌詞〔RATS&STAR「Tシャツに口紅」(松本隆)1983〕❖動物の子に仔を当てるのは中国で生じた用法。

書名「手のりの仔犬」2010❖写真集の題名。

番組名「仔犬のワルツ」〔2010年5月2日 TV〕
関連【子犬(ユータ)】漫画

こいねがう［乞い願う・希う・冀う］
【庶幾(こいねがう)】古
*【冀(こいねがわくは)】小説 冀(こいねがわくは)、上の誓いと〔平野啓一郎「日蝕」2002〕
*【冀上げます】誤植「冀(こいねがい)上げます」が「冀上げます」に。〔高橋輝次「誤植読本」2000(外山滋比古)〕

こいばな［↑恋の話］TVでもよく聞く語。
【恋話(こいばな)】歌詞 咲くよ 恋話(こいばな)〔平野綾「Sugar Love」(マイクスギヤマ)2007〕／懲りない尽きない恋話(コイバナ)〔愛内里菜「HEY!」2008〕◆部分訓。東京都江戸川区小岩はしゃれで「恋話(こいわ)物語」の文句を町興しに使う。
【情事(こいばな)】歌詞 時々の情事(コイバナ)〔マルシア「舞姫になれない」(ちあき哲也)2009〕

こいびと［恋人］→こい(恋)
【主人(こいびと)】漫画 ずっと待ちつづけた優しい主人(こいびと)に〔天城小百合「螢火幻想」1996〕
【不倫相手(こいびと)】漫画 昔の不倫相手(コイビト)〔本仁戻「怪物王子」1998〕
【孤愁人(こいびと)】曲名 森昌子「孤愁人(こいびと)」(石本美由起)1986
【恋儿(こいびと)】小説〔柳瀬尚紀訳「フィネガンズ・ウェイク I II」1991〕
【恋人(へんじん)】誤読『青い山脈』ヘンすい 私のヘン人〔円満字二郎「昭和を騒がせた漢字たち」2007〕

コイン［coin］
【銀貨(コイン)】歌詞 ふたり合わせた 銀貨(コイン)でも 夢が買えたね あの頃〔郷ひろみ「哀愁のカサブランカ」(山川啓介)1982〕／銀貨を投げて占う人の〔D-LOOP「Just place of Love」(飯塚麻純)2004〕
漫画 フランスの・・銀貨(コイン)?〔さとうふみや「金田一少年の事件簿 23」(金成陽三郎)1997〕
【古銭(コイン)】漫画 古銭(コイン)返してやんないわよ!?〔義仲翔子「ロスト・ユニバース 2」(神坂一)1999〕

こう［工］
【工(こう)】広告 花山信吉工務店〔「読売新聞」2008年9月7日〕◆隷書体での表現が看板や校章などで書体を変えてまで残っている。

こういち
【幸一(こういち)】誤植「ルパン三世」の銭形警部の本名として設定された名前は4種類有るが「平一」という最初の設定が誤植されて生まれた「幸一」という名前がアニメ版の公式設定になってしまった。〔WEB〕

ごういん［強引］
*【Go in and try(強引なtry)】歌詞 Go in and try(強引なtry)繰り返し悩み〔タッキー&翼「One day, One dream」(小幡英之)2004〕

こうえん［公園］
【工園(こうえん)】TV〔「カンブリア宮殿」2009年9月21日(テロップ)〕◆もじり。

こうかい［航海］
【公開】誤字 中学生が漢字書き取りの試験に「処女公開」(航海)。〔井上ひさし「自家製文章読本」1984〕

ごうかく［合格］
【五角(ゴーカク)】広告 バナナはだいたい五角(ゴーカク)形。〔「読売新聞」2009年12月20日〕◆もじり。

こうがんむち［厚顔無恥］
【睪丸眸痴(こうがんむち)】小説 睪丸眸痴(こうがんむち)な色眼鏡(いろめがね)〔柳瀬尚紀訳「フィネガンズ・ウェイク I II」1991〕
【睪丸無知(こうがんむち)】小説 睪丸無知(こうがんむち)の〔柳瀬尚紀訳「フィネガンズ・ウェイク I II」1991〕◆「睪丸無知(こうがんむち)」も。

こうかんりつ［交換率］
【好感率(こうかんりつ)】看板 最強好感率〔浦和のパチンコ店〕

こうぎ［講義］
【講議(こうぎ)】誤字 誤答の方が多い〔斎賀秀夫「漢字

と遊ぶ」1978〕❖偏をそろえる同化と会議などとの混淆による。

こうきじてん［康熙字典］清代の勅撰字書の名。廣熙とするのは誤植。

【好奇字展】 イベント名 ❖もじり。

こうこ［香香］おこうこ（う）。

【沢庵】 小説 黄色い沢庵と〔田辺聖子「ほとけの心は妻ごころ」1980〕

こうこう［口腔］

【口腔】 慣用 ❖医学会では「孔」と「口」を区別するため、旁からのクウという類推読みが定着した。

こうこう［膏肓］

【膏盲】 誤字・誤読 病膏肓に入るの「肓」は、「盲」と誤られることあり。

こうさつ［考察］

【絞殺】 誤変換 もうちょっとで絞殺おわるよ!!〔2007年4月 メールの変換ミスでしょっちゅう笑われるという学生が〕

こうさてん［交叉点］

【交差点】 書換 交叉点 交差点 当て字を許さない当用漢字が当て字を進めたことの矛盾が指摘されている。水谷静夫〔「言語生活」1960年7月〕／交差点 交左点 交佐点 五十歩百歩〔築島裕「宛字考」（「言語生活」1960年7月）〕

こうし［小牛・子牛・仔牛・犢］

【仔牛】 文書〔松阪牛証明書 2009〕❖解説に仔牛と子牛が両方2回ずつ用いられている。

こうじ［小路］

＊**【小路】** 歌詞 暗い小路の安酒場〔春日八郎「苦手なんだよ」（矢野亮）1957〕

こうじえん［広辞苑］辞書の名。

【コージ苑】 漫画題名 相原コージ「コージ苑」1985～1988 ❖もじり。

こうじまち［麹町］

【麹町】 誤読 弟が小学生のときですが、勢いよく「めんまちってラーメン屋さんがたくさんあるの?」と聞いてくる。〔WEB〕

こうじや［糀谷］地名。

【米花谷】 誤字 糀谷 米花谷と変身したりする〔斎賀秀夫「漢字と遊ぶ」1978〕❖椛は、かば（樺）、もみじなど読み多し。

ごうしゅう［豪州］

【GO蹴】 雑誌 豪州でGO蹴〔斎賀秀夫「あて字の考現学」（「日本語学」1994年4月）〕

ごうじょう［強情］

【強淀】 古 人情本〔矢野準「近世戯作のあて字」（「日本語学」1994年4月）〕

こうじる［困じる］

【困じる】 小説 困じ果てているところへ〔「読売新聞」2009年8月16日〕

こうじる［高じる・昂じる］

【嵩じる】 雑誌 乱歩好きが嵩じて〔「小説新潮」1994年7月〕／耐糖能障害が嵩じたのが〔「栄養と料理」1994年8月〕❖ほかにも、読み仮名なしでよく出てくる。「かさむ」という意味と、類推読みにより明治期から。字音はスウ・シュウ。

こうず［好事］

【好事】 誤読 好事家（の好事）写研「漢字読み書き大会」〔斎賀秀夫「漢字と遊ぶ」1978〕

こうずけ［上野］

【上野】 人名 吉良上野介

誤読 上野国 こうずけのくに、下野国 しもつけのくに。かみつけののくに、しもつけのくに。毛の字を省いた。野の字の読みまで飛ばしてしまった。〔平川南「日本の原像」2008〕

こうずる［高ずる・昂ずる］

【嵩ずる】 書籍 連鎖反応が嵩ずると〔由良君美「言語文化のフロンティア」1986〕

こうせいおそるべし［後生畏る可し］

【校正畏るべし】 もじり 緑雨に、こんなアフォリズムがある。校正恐るべしとは、弱法師の傍訓を大半はヨワに誤りし頃より、新聞界に伝はれる洒落なり。〔吉田仁「誤植の話」〕／校正畏るべし 論語にある「後生可畏」をもじって 福地桜痴〔高橋輝次「誤植読本」2000（外山滋比古）〕❖同書には「校正恐ルベシ」も。

こうそう［抗争］
【攻争】[誤字] 誤字だらけのレポートに判決〔円満字二郎「昭和を騒がせた漢字たち」2007〕

こうそく［高速］
【拘束】[新聞] 本日は〝東名拘束道路〟となる〔当地の地方新聞 1971㊐〕❖もじり。

こうた［小歌・小唄］
【小唄】[曲名] 松尾和子ほか「お座敷小唄」❖改定常用漢字表（答申）に「小唄」が追加された。

こうなご［小女子］
【小女子】[辞書]

こうねんき［更年期］
【幸年期】[広告] ❖更年期のイメージをアップさせる作戦であろう。

こうばしい［香ばしい・芳ばしい］
【香ばしい】❖多くの辞書では表内音訓扱いされているが、音読みのコウだとすれば当て字。気づかれにくい表外訓。実は和語からであり、かんばしいと同じく「かぐは（わ）し（い）」つまり香細しの変化であり、観智院本『類聚名義抄』から「カウハシ」と訓をもつ。→ほうる（放る）
[新聞] ピーナッツの香ばしい風味がする〔「読売新聞 夕刊」2010年3月8日〕／香ばしく揚げた〔「読売新聞 夕刊」2010年3月16日〕
[広告] 香ばしさ〔「読売新聞」2010年2月12日〕
【芳ばしい】[広告] カップにのせてお湯を注ぐだけで芳ばしく。〔「読売新聞 夕刊」2010年3月17日〕

こうふく［幸福］ 口福はもじり。
【至福】[歌詞] 至福な時も〔GARNET CROW「君という光」（AZUKI 七）2003〕
【自由】[歌詞] あらゆる生命に自由を〔霜月はるか「羽に縋る者」（日山尚）2009〕

こうプレー［好プレー］
【女子プレー】[誤読] 女子ゴルフのスポーツ原稿で「好プレー」を「女子プレー」と読んだやつがいた。ニュース原稿が横書き・手書きだったんだろーな。〔WEB〕❖→女子

こうふん［興奮・昂奮・亢奮］
【興奮】[雑誌]〔「山と溪谷」1994年2月〕❖口頭語の発音、感情や軽い雰囲気が伝わる。

こうべ［神戸］
【神戸】[地名][姓] 地名 コウベ カンド ジンゴ カントコウト ゴウド〔国語審議会「町村の合併によって新しくつけられる地名の書き表わし方について」（建議）1953〕／こうべ かんべ かのと かんど こうと じんご〔斎賀秀夫「漢字と遊ぶ」1978〕❖ほかにもある。

こうま［子馬・小馬］
【仔馬】[曲名]「めんこい仔馬」（サトウハチロー）❖戦時歌謡。

こうまんちき［高慢ちき］
【高慢痴気】【高慢痴機】[古]

こうみ［好味］
【⿰魚好味】[店名] ⿰魚好味や海鮮焼弁当〔2010年4月7日 箸袋・弁当の包装紙〕

こうめい［高名］
【胱名】[小説] 胱名をはせたもんだ。〔柳瀬尚紀訳「フィネガンズ・ウェイク III IV」1993〕❖胱のコウだが、字面が月と光と見えるため、名付けに使おうとされることもあり、悪く感じられない可能性もある。なお、国字で「ひかり」とよませる姓もあるとされるが、これは月と光の会意文字（衝突）か当て読みか。

こうもり［蝙蝠］
【洋傘】[古]〔島崎藤村「千曲川のスケッチ」1912〕

小説 洋傘(こうもり)直し〔宮沢賢治「チュウリップの幻術」〕❖賢治は「洋傘(こうもりがさ)」も用いる。

歌詞 あえぐ洋傘(こうもり) かしげて仰ぐ〔三橋美智也「雨の九段坂」(矢野亮)1961〕

書籍 洋傘(こうもり)を扱ったこともある〔朝倉喬司ほか「新・ヤクザという生き方」1990 集〕

その他 蝙蝠(こうもり) 古

こうもん【肛門】

【後門(こうもん)】 随筆 作家・開高健の随筆を読んでいると、作家は産みの苦しみの最中に、後門(肛門のこと)からも盛んに別なものを産み落とし〔WEB〕

こうよう【紅葉】

【紅葉(こうよう)】【黄葉(こうよう)】 辞書 ❖発音は同一だが、色彩を区別。いずれももみじとも読ませる。

ごうら

【強羅(ごうら)】 地名 ❖箱根町。外国人の避暑地として開かれたため Go round に起源があるとする説あり。

こうりまわり【高利回り】

【好利回り(こうりまわり)】 広告 ❖高利回りが不当な表示などとされたのであろうか。→こうかんりつ

こうれい【高齢】

【高令(こうれい)】 新聞 高令化が進み(手書き)〔「読売新聞」2006年8月24日〕❖ＮＨＫも画面で「年令」と使えるようにしている。

【幸齢(こうれい)】 新聞 お年寄りを「幸齢者」と尊んで呼ぶ人がいる。〔「毎日新聞 夕刊」2008年5月20日(憂楽帳)〕

こえ【声】

【音(こえ)】 歌詞 響く音(こえ)は〔SHAZNA「SWEET HEART MEMORY」(IZAM)1998〕

小説 穹蓋を掻くような禽の音(こえ)が〔平野啓一郎「日蝕」2002〕

【歓声(こえ)】 歌詞 歓声(こえ)が君を呼んでる〔NEWS「希望～Yell～」(井出コウジ)2004〕

【叫び(こえ)】 歌詞 悲痛な叫び(こえ)が〔GARNET CROW「Marionette Fantasia」(AZUKI 七)2003〕

【悲鳴(こえ)】 歌詞 きみのあつい悲鳴(こえ)〔柴咲コウ「輝石」2004〕

【喚声(こえ)】 歌詞 風の喚声(こえ)に戯れて〔忍足侑士「HIDE&SEEK」(石川絵理)2005〕

【声援(こえ)】 歌詞 僕の声援(こえ)を君に送るよ〔菊丸英二「COME TOGETHER」(UZA)2004〕

【声明(こえ)】 歌詞 希望に満ちたその優しい声明(こえ)を〔GARNET CROW「The first cry」(AZUKI 七)2008〕

【清響(こえ)】 漫画 神風の清響(こえ)〔上条明峰「SAMURAI DEEPER KYO 4」2000〕

【言葉(こえ)】 歌詞 言葉(こえ)にならないよ〔GARNET CROW「For South」(AZUKI 七)2003〕

【魂(こえ)】 歌詞 未来(あす)にこの魂(こえ)託すのなら〔Be-ForU「Firefly」2003〕／裏切りに閉ざした魂(こえ)解き放つ〔水樹奈々「パノラマ－Panorama－」2004〕／あなたの魂(こえ)〔水樹奈々「Crystal Letter」(HIBIKI)2007〕

【風(こえ)】 歌詞 澄んだ風(こえ)が覚えてる〔水樹奈々「innocent starter」2004〕

【記憶(こえ)】 歌詞 感じて重ねて誰かの記憶(こえ)〔kukui「記憶」(霜月はるか)2007〕

こえる【越える・超える】

【踰る(こえる)】 小説 医大を踰(こ)えるほどの名臣の名を〔「読売新聞」2010年3月7日〕

【超越る(こえる)】 歌詞 そこに何があったとしても超越(こ)えて行ける〔手塚国光「Never Surrender」(UZA)2003〕

ごお ご(五)の長呼。

【50(ゴー)】 広告 0120－50(ゴー)－4189(シティバンク)〔「読売新聞」2010年5月20日〕❖5(五)も「ゴー」と読まれることあり。

ゴー【go】

【轟(ゴー)】 番組名「轟轟戦隊ボウケンジャー」2006～2007❖しゃれ。「Let's(レッツ)豪徳寺！」という漫

画もある。

【郷(ごう)】芸名 デビュー前、フォーリーブスのバックに出演し「ひろみです！」と紹介され、会場から「Go! Go! Let's Go Hiromi！」と声援を受け、そのまま芸名が郷ひろみとなる。「郷」にはフォーリーブスの弟「5人目のフォーリーブス」という意味もかけている。〈WEB〉

コーカサス [Caucasus]

【高加索(コーカサス)】辞書

ゴーグル [goggle]

【水中眼鏡(ゴーグル)】書名 逢坂剛「水中眼鏡(ゴーグル)の女」1987

コーザノストラ [イタリア Cosa Nostra]

【組織(コーザ・ノストラ)】歌詞 組織(コーザ・ノストラ) 神のように〈南佳孝「黄金時代」(松本隆)1984〉

コース [course]

【進路(コース)】漫画〈尾田栄一郎「ONE PIECE 18」2001〉

コースタイム [course time]

【所要時間(コースタイム)】小説 一般所要時間(コースタイム)は七時間とみられている〈森村誠一「殺意の接点」2001〉

ゴースト [ghost]

【幽霊(ゴースト)】歌詞 今夜も幽霊(ゴースト)と踊ってる〈布袋寅泰「七年目の幽霊(ゴースト)」(森雪之丞)1993〉◆辞書に載ってしまった幽霊語をゴーストワードと呼ぶ。

漫画題名 大坪愛生「幽霊列車(ゴーストトレイン)」1995

書名 野村美月「〝文学少女〟と飢え渇く幽霊(ゴースト)」2006

【魂(ゴースト)】漫画〈士郎正宗「攻殻機動隊」1991～2002〉

【代作家(ゴースト)】漫画 その男を自分の代作家(ゴースト)に使うことを〈さとうふみや「金田一少年の事件簿 18」(金成陽三郎)1996〉◆ゴーストライター。

コーチ [coach]

【先生(コーチ)】広告 先生(コーチ)と話し〈「東京新聞」2004年10月14日〉

その他 師父(コーチ) 漫画

コーディネート [coordinate]

【CD(コーディネート)】雑誌 ブラウン CD(コーディネート)に〈「Can-Cam」2004年4月別冊付録(最愛ルイ・ヴィトン)〉◆「non・no」などにも。「CD(コーデ)」とも。

コート [coat]

【外套(コート)】歌詞 白い冬 凍える夜は 君を包む外套(コート)になろう〈アルフィー「恋人達のペイヴメント」(高見沢俊彦・高橋研)1984〉

【上着(コート)】漫画〈上田美和「ピーチガール」1997～2004〉

【団服(コート)】漫画〈「週刊少年ジャンプ」2004年41号〉／〈「週刊少年ジャンプ」2005年2月(D. Gray-man)〉

コート [ドイツ Kot] 大便。

【便(コート)】書籍 便(コート)は大丈夫か〈永井明「ぼくが医者をやめた理由」1993 集〉

コード [chord]

【和音(コード)】歌詞 秘密の和音(コード)があると聞いたわ〈キャサリン・ウィリアムス「Beautiful Songs ～ココロデ キク ウタ～」2006〉◆英語詞の対訳部分。／誰かが君のため歌った幸福の和音(コード)〈Kalafina「光の旋律」(梶浦由記)2010〉

コード [code]

【呼称(コード)】漫画 呼称(コード)が決定〈「週刊少年ジャンプ」2004年48号〉

【暗号(コード)】広告 秘密の暗号(コード)を追え！〈「読売新聞」2009年12月12日〉◆→コードネーム

*【暗証番号(コード・ナンバー)】小説 四桁の暗証番号(コード・ナンバー)を解読して〈清涼院流水「カーニバル 二輪の草」2003〉

コードネーム [code name]

【暗号名(コードネーム)】小説 自分に与えられている暗号(コード)名(ネーム)と〈清涼院流水「カーニバル 二輪の草」2003〉

広告 暗号名(コードネーム)はBF〈「週刊少年サンデー」2004年48号〉

こおどり [小躍り]

【雀躍(こおどり)】詩 足は雀躍(こおどり)してただ前進せむとす〈高村光太郎「新緑の毒素」1911〉

小説 雀躍（こおどり）しました〔松本清張「点と線」1958〕

コーパイ［←copilot］

【副操縦士（コーパイ）】 小説 副操縦士（コーパイ）の池田賢一尉〔大石英司「神はサイコロを振らない」2005〕

コーヒー［coffee; koffie（オランダ）］

【珈琲（コーヒー）】 店名 珈琲待夢（コーヒータイム）〔酒場の店名 1981 (目)〕❖中国の音訳「咖啡」の口偏を「玉偏」に置き換えた。加菲、骨喜など当て字が多い。

映画題名「珈琲時光（コーヒーじこう）」2004

新聞 西荻窪 珈琲（コーヒー）店「物豆奇（ものずき）」〔「読売新聞夕刊」2010年2月9日〕

【可否（コーヒー）】 新聞 ちょうど120年前、日本初の本格喫茶「可否茶館」が東京・下谷で開店した。1888年（明治21年）4月13日付の小紙に開業広告が載っている〔「読売新聞」2008年4月13日〕／「可否茶舗（コーヒーサボウ） 僂夢亭（ロマン）」の〔「読売新聞」2009年12月23日〕

【可喜（コーヒー）】 古 可喜碗（コーヒ）〔杉本つとむ「近代日本語の成立と発展」1998〕❖宇田川榕菴『蘭和対訳字書』に初出。→笹原宏之『日本の漢字』

その他 **茄菲（コーヒー）** 店名

コーラス［chorus］

【合唱（コーラス）】 詩 少女の群のほがらかな合唱（コーラス）も〔百田宗治「わが友はオルガンを弾く」（杉本優解説）(コ)〕

その他 **Cho（コーラス）** 雑誌

こおり［氷］

【北極（こおり）】 歌詞 溶けた北極（こおり）の中に〔影山ヒロノブ「CHA-LA HEAD-CHA-LA」（森雪之丞）1989〕

コーリング［calling］

【呼出（コーリング）】 歌詞 すぐ直接呼出（ダイレクトコーリング）〔東京事変「電波通信」（椎名林檎）2010〕

こおる［凍る］

【氷る（こおる）】 詩集 清岡卓行「氷った焔」1959

歌詞 涙さえも氷りつく白い氷原〔太田裕美「さらばシベリア鉄道」（松本隆）1980〕❖常用漢字表では「氷」「凍る」。この歌詞をWEBでは「凍りつく」とするものあり。／氷ついた頬を〔薬師丸ひろ子「胸の振子」（伊達歩）1987〕／氷（こお）る月の背中〔有川譲「月氷の背中は陽炎」（田久保真見）2008〕

俳句 うきねの床やかつ氷（こお）るらん〔「読売新聞」2008年11月22日（四季欄）〕

コール［call］

【電話（コール）】 小説 電話（コール）するのに料金はかからない〔森村誠一「殺意の接点」2001〕

【回（コール）】 漫画 三回（コール）まで〔青山剛昌「名探偵コナン43」2003〕

【506（コール）】 広告 506（コール）506（コール）〔OCN CoDen サービス〕❖電話番号。

ゴール［goal］

【目的地（ゴール）】 漫画 目的地（ゴール）にすんのはやめとけ〔大暮維人「エア・ギア 3」2003〕

【完走（ゴール）】 漫画 長いレースを完走（ゴール）できる〔大暮維人「エア・ギア 5」2004〕

【到達点（ゴール）】 雑誌 到達点（ゴール）へ ー〔「ファミマ・ドット・コム・マガジン関東・東北版」2006年5月〕

【終着駅（ゴール）】 歌詞 夢の終着駅（ゴール）〔DEEN「レールのない空へ」（池森秀一）2004〕

【夢（ゴール）】 歌詞〔ウルトラマンのラップ〕❖テレビ番組「トリビアの泉」で。

【終着点（ゴール）】 歌詞 終着点（ゴール）は見えなくて〔霜月はるか「音のコンパス」2008〕

ゴールキーパー［goalkeeper］

【GK（ゴールキーパー）】 漫画 サッカー部のGK（ゴールキーパー）で〔さとうふみや「金田一少年の事件簿 25」（金成陽三郎）1997〕❖サッカー雑誌などでも。

ゴールデン［golden］

【黄金（ゴールデン）】 書籍 無数の黄金竜（ゴールデン・ドラゴン）と黒竜が〔中澤光博／ORG「入門！リナの魔法教室 スレイヤーズ RPG」1996〕

漫画 黄金（ゴールデン）コンビ〔「ポケットモンスター4コママンガ劇場」1996〕／まるで黄金（ゴールデン）ペアを見てるようじゃん!!〔許斐剛「テニスの王子

様 15」2002〕

小説 後年「黄金時代(ゴールデン・エイジ)」と呼ばれる〔清涼院流水「カーニバル 二輪の草」2003〕

広告 黄金(ゴールデン)ペア同士が激突〔「ジャンパラ！vol. 35」2006〕／黄金の指針(ゴールデン・ポーズ)〔「読売新聞」2009年11月28日〕

ゴールデンウィーク [和製 golden ＋ week] ゴールデンウイーク。

【黄金週間(ゴールデンウィーク)】 漫画 黄金週間(ゴールデンウィーク)の春!!〔藤崎竜「封神演義 20」2000〕／黄金週間(ゴールデンウィーク)を利用して〔北道正幸「プ～ねこ」2005〕

【GW(ゴールデンウィーク)】 漫画 ヘタしたらGW(ゴールデンウィーク)・盆辺りまで帰ることねーしな〔日高万里「ひつじの涙 6」2003〕／遅いGW(ゴールデンウィーク)を取る予定〔「週刊少年ジャンプ」2004年5月24日(目次)〕

広告 GW(ゴールデンウィーク)は〔「読売新聞」2009年4月10日〕

【G.W.(ゴールデンウィーク)】 広告 この人はG.W.ど真ん中でも〔「読売新聞」2010年5月10日〕

ゴールド [gold]

【金(ゴールド)】 漫画 ORO はイタリア語で「金(ゴールド)」を意味する文字・・〔青山剛昌「名探偵コナン 4」1995〕

広告 アメリカは〝ネズミ講国家(ポンツィ・スキーム)〟だ。金(ゴールド)も買えなくなるから、〔「読売新聞」2009年5月12日〕／注目されるほど 輝きを増す金(ゴールド)。〔「読売新聞」2009年11月11日〕

【金塊(ゴールド)】 広告 世界最大の金塊強奪犯(ゴールドギャング)から本誌に届いた驚愕の獄中手記〔「読売新聞」2008年9月3日(SAPIO)〕

【金色(ゴールド)】 漫画 金色(ゴールド)!!〔葉鳥ビスコ「桜蘭高校ホスト部 4」2004〕

【黄金(ゴールド)】 広告 黄金聖闘士(ゴールドセイント)のオレの方が上だ〔「週刊少年ジャンプ」2004年48号〕❖ゲーム内映像。

新聞 黄金(ゴールド)ラッシュが到来〔「読売新聞」2010年4月4日〕

【G(ゴールド)】 漫画 アストレイG(ゴールド)・Fも〔「週刊少年マガジン」2004年48号(もうしませんから。)〕

ゴーレム [golem]

【肉傀儡(ゴーレム)】 漫画 肉傀儡(ゴーレム)や〔由貴香織里「天使禁猟区 1」1995〕

【石人形(ゴーレム)】 書籍 彼は石人形(ゴーレム)と邪妖精と人間との合成獣です〔中澤光博／ORG「入門！リナの魔法教室 スレイヤーズ RPG」1996〕

【土人形(ゴーレム)】 書籍 土人形(ゴーレム)なのか〔中澤光博／ORG「入門！リナの魔法教室 スレイヤーズ RPG」1996〕

【土巨人(ゴーレム)】 漫画 土巨人(ゴーレム)見て戦わずに逃げ出して〔許斐剛「テニスの王子様 8」2002〕❖大きい魔物。

こおろぎ [蟋蟀・蜱]

【蟋蟀(こおろぎ)】 辞書 ❖興梠(こうろぎ)姓は宮崎に多く、「こおろぎ」の読み仮名もある。声優の「こおろぎさとみ」もこの姓(旧姓)。愛知県に「口論義(こうろぎ)運動公園」あり。

コカイン [ドイ Kokain]

【花(コカイン)】 漫画 エディオの花(コカイン)がもうあんなに〔松川祐里子「魔術師 2」1996〕

ごかく [互角]

【牛角(ごかく)】【互角(ごかく)】 古／**【互格(ごかく)】** 辞書

こかげ [木陰]

【木蔭(こかげ)】 歌詞 フェニックスの 木蔭〔デューク・エイセス「フェニックス・ハネムーン」〔永六輔〕1967〕

【樹かげ(こかげ)】 歌詞 樹(こ)かげこぼれる灯に〔さとう宗幸「青葉城恋唄」〔星間船一〕1978〕

コカコーラ [Coca-Cola] 商標名。

【可口可楽】 中国 音義を駆使して外国語をとった例〔1958 目〕／〔中国語でも意訳と音訳の〕両者を兼ね備えた、絶妙な訳語もある。たとえば、コカ・コーラは「可口可楽(クコクラ)」、ペプシコーラは「百事可楽(パイシクラ)」〔「東京新聞」2008年9月10日〔陣内正敬〕〕❖口にすべし楽しむべしという当て字だとされるが、中国では音訳されたときは別としてほとんど字義までは日常で意識されていないとのこと。マクドナルドは「麦当労」。広東語では英語の発音に近い。ケンタッキーは「肯徳基」。これらもさほど字義は意識されていない。

こかす［転す・倒す］
【転】古〔1917 隠〕

こがたな［小刀］
【小窃盗】小説〔徳富蘆花「寄生木」1909 集〕

こがねむし［黄金虫・金亀子］
【金亀子】誤読 初学の頃、金亀子（こがねむし）をうっかり、きんかめこと読んで大笑いされた事がある。〔「読売新聞」2001年9月11日（よみうり西部俳壇）〕❖柳瀬尚紀訳『フィネガンズ・ウェイク Ⅲ Ⅳ』1993に「金亀子」。
その他 **黄金子** 古

こがらし［木枯らし］
【凩】辞書 ❖国字。

こがれる［焦がれる］
【恋れる】古

ごきげん［御機嫌］
【深刻】歌詞 深刻 CALL〔Janne Da Arc「seed」(yasu) 2001〕

こきつかう［扱き使う］
【扱き使う】小説〔姉小路祐「汚職捜査」2000 俗〕
❖扱うは国訓。

ごきぶり［蜚蠊］御器噛り（かぶり）の意から。「か」が脱落した。広東語などでは「甲甴」。
【黒湧虫】WEB

こきょう［故郷］
関連【故郷】広告〔「鹿児島新報社」〕
関連【故郷】漫画 故郷に還れた〔「週刊少年マガジン」2004年48号(RAVE)〕

こく
【濃】辞書「コクがある」は語源は濃くとされる。

こく［放く］
【放】古〔1917 隠〕

こくおう［国王］
関連【初代国王】【前国王】漫画

こくち
【虎口】【小口】古 ❖室町時代の武家詞で、陣営の要所に当たる出入り口。味方には虎口、敵には小口と書き分けるのは、文字霊信仰と関わる。

ごくつぶし［穀潰し］
【穀潰し】辞書 古

こくでん［国電］大都市の、かつての国鉄線。
【酷電】新聞 国電 酷電 全く偶然に二つの新聞が同時に付けた見出し。〔斎賀秀夫「あて字の考現学」（「日本語学」1994年4月）〕

コクリコ［フランス coquelicot］ 雛芥子。
【雛罌粟】短歌 ああ皐月仏蘭西の野は火の色す君も雛罌粟われも雛罌粟〔与謝野晶子「夏より秋へ」1914〕
歌詞 赤い雛罌粟狂い咲くでしょ〔ALI PROJECT「阿修羅姫」(宝野アリカ) 2005〕
【虞美人草】歌詞 歩くなら揺れる虞美人草〔ALI PROJECT「上海繚乱ロマンチカ」(宝野アリカ) 2009〕❖常用漢字では虞の読みは「おそれ」のみ。送り仮名がないのは日本国憲法によるため。

こくる［告る］ 告白するの若者語。
【忠告る】小説 二回も忠告ったはずだよな〔西尾維新「零崎双識の人間試験」2004〕
【告白る】小説 告白って〔喬林知「今夜は㋮のつく大脱走！」2001〕

ごくろうさん［御苦労さん］
【5963】新聞 船舶が通信に用いる世界共通の旗で、上から「5963」（ゴクローサン）と読む。〔「読売新聞 夕刊」2010年3月8日〕

こぐんふんとう［孤軍奮闘］

【虎軍奮闘】（書籍）〔「日本語百科大事典」〕❖阪神タイガースについて。もじり。

こけ［苔］

【蘿】（古）蘿生す万代〔杉本つとむ「日本文字史の研究」1998〕

こけ［虚仮］

【虚仮】（辞書）虚仮にする〔（俗）〕❖本来の表記。

【白痴】（小説）白痴のように唇だけを〔遠藤周作「白い人」1955〕

その他 虚戯（古）

ごけ［後家］

【後気】（古）ぬれごけ 濡後気〔1920（隠）〕

【未亡人】（古）❖森鷗外も用いた。「未亡人」もあり。

（映画題名）「未亡人ごろしの帝王」1971

【白首】（小説）あの白首、身体こったらに〔小林多喜二「蟹工船」1929〕

こけこっこう

【股毛こっこー】（小説）股毛こっこーで目がさめたばかりの〔柳瀬尚紀訳「フィネガンズ・ウェイク Ⅲ Ⅳ」1993〕❖中国では東天紅、柊柊、喔喔など。

こけし［小芥子］

【小芥子】（辞書）古く「木芥子」「木削子」「木形子」などがあったが、「こけし」の表記に収束した。子消しは俗解による。

こげつき［焦げ付き］

【不良債権】（書籍）不良債権はほとんどない〔浅田次郎「極道放浪記 2」1995（集）〕

こけら［鱗］

【鱗】（小説）彼は眼から鱗の落ちた思いがした。〔中島敦「文字禍」1942〕❖関東方言。柿からか。

こける［転ける・倒ける］ 関西でよく使われる語。

【転ける】（俳誌）轉けたる〔「俳句」1994年7月〕

【転倒る】（小説）オタヤン転倒ても鼻打たん〔田辺聖子「ほとけの心は妻ごころ」1980〕

その他 顚仆ける（古）／持顚（古）

ここ［此処］

【焉】（古）〔杉田玄白「解体新書」1774〕

【地球】（歌詞）地球にはともに越えてくべき人がいて〔愛内里菜「FULL JUMP」2003〕／僕らが地球にいたことだけ〔JAM Project「GONG」（影山ヒロノブ）2005〕／地球にあるすべては〔ポルノグラフィティ「Twilight トワイライト」（岡野昭仁）2005〕

【木星】（漫画）木星が指定場所ってわけね〔奥田ひとし「新・天地無用！ 魎皇鬼 3」2002〕

【日本】（漫画）日本には古美術専門の泥棒が〔松川祐里子「魔術師 2」1996〕／一刻も早く日本を離れたいんだ〔日高万里「時間屋」1998〕／日本にいなければいけないんでしょうか〔二ノ宮知子「のだめカンタービレ 1」2002〕

（ポスター）いつも日本にある永遠のフランス〔赤羽駅サンディーヌエクスプレス ドミニク・ドゥーセ〕

（書名）外国人の子どもたちの「在留資格問題」連絡会「先生！日本で学ばせて！」2004

❖小説などにも見られる。

【英国】（漫画）英国でだけですね〔松川祐里子「魔術師 2」1996〕

【アメリカ】（漫画）アメリカにいるってワケだ〔中条比紗也「花ざかりの君たちへ 12」2000〕／アメリカから出て行け〔「週刊少年サンデー」2004年48号（MAJOR）〕

【東京】（小説）東京から京都まで〔静霞薫「るろうに剣心 巻之一」（和月伸宏）1996〕

（書籍）東京で成功したい〔「326－ナカムラミツル作品集」1998〕

（歌詞）東京に来て〔ポルノグラフィティ「東京ランドスケープ」（岡野昭仁）2005〕

【甲子園】（漫画）甲子園で目立って〔青山剛昌「名探偵コナン 44」2004〕❖台湾では、甲子園は高校野球の意味で使われている。
【地域(ここ)】広告 地域(ここ)で一番〔稲門商事ののぼり〕◆早稲田付近。
【場所(ここ)】歌詞 風の無い静かな場所(ここ)で〔手塚国光「Mighty Wing」(Air Beluga)2005〕
【地上(ここ)】漫画 地上(ここ)より永遠(とわ)に〔石ノ森章太郎「マンガ日本の古典 古事記」1994〕
歌詞 地上(ここ)に来ることを〔ALI PROJECT「Anniversary of Angel」(宝野アリカ)2006〕
【地下(ここ)】漫画 地下(ここ)にこんなに響いて〔CLAMP「X 7」1995〕
【聖地(ここ)】TV いま聖地(ここ)から始まる〔2004年7月18日(CM)〕
【戦場(ここ)】歌詞 もう二度とあいつを戦場(ここ)へは戻さない〔JAM Project「戦士よ眠れ…」(影山ヒロノブ)2003〕
漫画 戦場(ここ)の生活は〔荒川弘「鋼の錬金術師 15」2006〕
【家(ここ)】漫画 全然家(ここ)に帰って来ないくせに〔日高万里「お城」1998〕／実際に家(ここ)で生活してみねェと〔藤崎聖人「WILD LIFE 2」2003〕
【病院(ここ)】漫画 病院(ここ)に住んでんの?〔山田南平「タイニー・リトル・ウィッシュ」2004〕／そんなん持って病院(ココ)で〔「週刊少年ジャンプ」2004年5月24日(PMG-0)〕

関連【ここ(病院)】漫画 どうせいつもここ(病院)来てんだし〔日高万里「時間屋」1998〕◆漫画には「ここ(山)」や「ココ(205号室)」もある。
【練成会(ここ)】雑誌 練成会(ここ)の兵(ツワモノ)です〔「将棋世界」1994年3月〕
【応援部(ここ)】ポスター『君の居場所が応援部(ここ)にある』〔早稲田大学応援部新歓ポスター2010〕
【屋上(ここ)】漫画 よく見たら屋上(ここ)ってカップルばっかり‥〔寺嶋裕二「GIANT STEP 1」2002〕
歌詞 ほんとうは屋上(ここ)から飛び降りたかった〔奥田美和子「青空の果て」(柳美里)2003〕
【頭(ここ)】漫画 頭(ここ)を指して〔神尾葉子「花より男子 20」1998〕
歌詞 おかしいのは僕の頭(ココ)か?〔ポルノグラフィティ「ビタースイート」2002〕／欲望にはハデに頭(ココ)を撃たれ〔GLAY「Billionaire Champagne Miles Away」(TAKURO)2004〕
【頭脳(ここ)】漫画〔「週刊少年ジャンプ」2004年47号〕
【心(ここ)】歌詞 心(ここ)に響かない〔Kimeru「Song for you ～愛すべきひとへ～」(立河吉彦)2002〕／あなたは今も、心(ここ)にいるから〔ゆず「逢いたい」(北川悠仁)2009〕◆人名では、「心美(ここみ)」や「心愛(ここあ)」「心温(ここあ)」なども多くなってきた。
【胸(ここ)】歌詞 いつでも胸(ココ)にあるから〔水樹奈々「Love Trippin'」2006〕／幸せは胸(ここ)にあるよ〔佐藤利奈・井上麻里奈・茅原実里「ココロノツバサ」(うらん)2008〕
【腹(ここ)】漫画 妖力が消える前に腹(ここ)から出ねえと…〔高橋留美子「犬夜叉 9」1999〕
【腕の中(ここ)】漫画 なら腕の中(ここ)にいろ〔新條まゆ「快感フレーズ 1」1997〕
【現実(ここ)】歌詞 現実(ここ)に在る物〔FANATIC◇CRISIS「サーカス」(石月努)1998〕
漫画 ちゃんと現実(ここ)に居ます〔日高万里「ひつじの涙 4」2003〕
【非現実(ここ)】歌詞 私を非現実(ここ)から追い返すの〔堀江由衣「So depecher」(有森聡美)2001〕
【CoCo】店名 カレーハウス CoCo 壱番屋 ◆「カレーならココ一番や」から。
【55(ここ)】漫画 552164(ここにいるよ)〔絵夢羅「目撃者」2002〕◆ポケベル。「554(ここよ)」もある。
広告 55210(ここにでんわ)〔「読売新聞」2010年2月26日〕
その他 紀の国・北海道・九州・屋久島・島根・池袋・光が丘・ススキノ・ロンドン・N.Y.・中央・東・東部・西区・南部・極寒の地・墓地・土地・この世・現場・砦(ココ)・本部・軍・作戦本部・前線・外・本家・園・学園・学校・高校・星奏学院・普通科・病棟・研究所・探偵事務所・店・一刻館・山荘・

宮殿(ここ)・倉庫(ここ)・ホテル(ここ)・ジム(ここ)・スクール(ここ)・映研(ここ)・コアラ舎(ココ)・広報船(ここ)・部屋(ここ)・部室(ここ)・岩室(ここ)・温室(ここ)・化学室(ここ)・美術室(ここ)・保健室(ここ)・資料準備室(ココ)・自分の部屋(ここ)・箱庭(ここ)・機内(ここ)・牢獄(ここ)・ベンチ(ここ) 漫画 ／府下(ここ)・異界(ここ)・道場(ここ)・邸(ここ)・玄関(ここ)・異世界(ここ) 小説

ごご［午後］

【午后(ごご)】 歌詞 ひとりそんな午后 晴れた午后には〔さだまさし「SUNDAY PARK」1977〕

◆旧表記とされるもの。

曲名 郷ひろみ「午后のイメージ」〔荒井由美〕1975

【PM(ごご)】 民間 ◆AMをごぜん、PMをごごと読むことあり。

ここいら［此処いら］

【此所ら(ここいら)】 古

こごえ［小声］

【低声(こごえ)】 漢詩〔平井呈一訳「狂詩 巡査行」1951〕

書籍 低声(こごえ)のにくまれ口〔井上ひさし「私家版 日本語文法」1981〕

こごえ

【牛糞(こごえ)】 姓〔平島裕正「日本の姓名」1964〕

こごえる［凍える］

【凍える(こごえる)】 歌詞 凍えて帰れば わざと捨てゼリフ〔中島みゆき「悪女」1981〕

【凍る(こごえ)】 歌詞 凍る刻(こごえ)〔渡辺菜生子「吸血姫美夕」（よしばもえ）1988～1989〕

ここかしこ［此処彼処］

【其処彼処(ここかしこ)】 広告 其処彼処(かしこ)に〔「読売新聞」2010年2月10日〕

こごじてん［古語辞典］

【古語辞典(こうごじてん)】 民間 ◆口頭で聞かれる。

ここち［心地］

【心知(ここち)】 古 ◆→ここ(心)

*【愉快れど(ここちよけ)】 古

こごと［小言］

【叱言(こごと)】 小説 叱言ばかりである〔田辺聖子「ほとけの心は妻ごころ」1980〕

雑誌〔「小説新潮」1994年1月〕

WEB 落語の叱言(こごと)幸兵衛じゃねえけんど

ここのつ［九つ］

【九歳(ここのつ)】 漫画〔CLAMP「東京 BABYLON 5」1993〕

こころ［心］

【腸(こころ)】 漢詩 道(い)う休(なか)れ 詩人の腸剛(こころつよ)からずと森鷗外〔陳生保「中国と日本－言葉・文学・文化」2005〕

【意(こころ)】 書籍 目上を敬する意(こころ)というものだ。〔井上ひさし「私家版 日本語文法」1981〕

【精神(こころ)】 漫画 人間の乱れた精神(こころ)が〔垣野内成美「吸血姫美夕」1988〕／精神と体(心)のバランスが壊れ始めた〔日高万里「時間屋」1998〕／ここまで私の精神(ココロ)をズタボロにして〔奥田ひとし「新・天地無用！ 魎皇鬼 3」2002〕

小説 患者の精神(こころ)の悩みまで〔菊地秀行「魔王伝 3 魔性編」1996〕／本能的に精神(ココロ)の防御壁を張っているのか〔清涼院流水「カーニバル一輪の花」2003〕

歌詞 波立つほどに鎮まる精神(こころ)〔不二周助「My Time」(甲斐田ゆき)2003〕／一途な精神(こころ)と輝きを〔JAM Project「Name ～君の名は～」(影山ヒロノブ)2006〕／離れてゆく精神(こころ)の声〔ナイトメア「ジャイアニズム死」(YOMI)2010〕

新聞 彼によって導かれた〝禅〟の精神(こころ)は〔「読売新聞 夕刊」2008年11月29日〕

【志(こころ)】 歌詞 志(こころ)を通せばブチ当たる常識に〔GLAY「STARLESS NIGHT」(TAKURO)2008〕／「志(こころ)」は未来へ〔BINECKS「FRIEND」(DAITA)2010〕◆表内訓は「こころざし」。

【意志(こころ)】 歌詞 見えない意志(こころ)がささやく〔鮎川麻弥「風のノー・リプライ」(売野雅勇)1998〕

【信念(こころ)】 歌詞 信念(こころ)があれば〔霜月はるか「終焉の刻へ」(日山尚)2009〕

【思考(こころ)】 歌詞 ブレーキ踏みすぎて思考(ココロ)が渋

滞〔林原めぐみ「Revolution」2008〕

【気持(こころ)】［書籍］気持(こころ)は分かるけれど〔1987 ㊐〕

【感情(こころ)】［歌詞］感情(こころ)が苦い〔鬼束ちひろ「イノセンス」2001〕
［小説］自分と他人の「感情(ココロ)の謎」に合理的な決着を〔清涼院流水「カーニバル 一輪の花」2003〕

【心情(こころ)】［歌詞］運命はいつも心情(こころ)翻弄ぶ〔桑田佳祐「東京ジプシー・ローズ」2002〕

【心象(こころ)】［曲名］長山洋子「心象風景(ココロノスケッチ)」〔川村真澄〕1987

【愛情(こころ)】［歌詞］メノコの愛情(こころ)〔井沢八郎「北海の満月」（松井由利夫）1965〕／誠意見せれば愛情(こころ)が通う〔市川由紀乃「昭和生まれの渡り鳥」（仁井谷俊也）2001〕／愛情(こころ)のときめきさりげなく〔藤原浩「ただささりげなく」（松井由利夫）2007〕

【慕情(こころ)】［歌詞］滾る慕情(こころ)は〔角田信朗「傾奇者恋歌」（北原星望・真間稜）2007〕

【胸中(こころ)】［歌詞］胸中(こころ)の洞窟〔ALI PROJECT「暴夜 layla 幻談」（宝野アリカ）2007〕

【魂(こころ)】［歌詞］魂(こころ) 霊 孤独の声〔※-mai-「鎮 – requiem –」（米たにヨシトモ）1999〕／大河の魂(こころ)伝えたい〔北島三郎「大河」（星野哲郎）2003〕／汚れなき魂(こころ)だけに〔志方あきこ「花帰葬」（LEONN・篠田朋子）2005〕／愛しさの行き着く果てに病む魂(こころ)〔矢部野彦麿&琴姫 With 坊主ダンサーズ「レッツゴー！ 陰陽師」（でんちゅう）2007〕
［広告］北島三郎、魂(こころ)の唄を〔「読売新聞」2010年3月10日〕
［パンフ］大和魂(やまとごころ)は褌(さらし)から…〔本染めてぬぐい朱鳥のパンフレット〕

【蕊(こころ)】［店名］キャバクラ 新宿では「花蕊（はなごころ）」が元祖といわれる。〔「読売新聞夕刊」2009年1月28日〕

【曄心(こころ)】［新聞］和太鼓で「曄心(こころ)」を演奏した熊本・熊本市立必由館(ひつゆうかん)〔「読売新聞」2009年8月19日〕

【懐(こころ)】［歌詞］はぐれた懐(こころ)〔小林旭「旅の酒～放浪編」（荒木とよひさ）2003〕

【心霊(こころ)】［詩］ひとの心霊(こころ)にまさぐりしづむ〔萩原朔太郎「亀」1917〕

【心臓(こころ)】［歌詞］あなたが欲しいと 心臓(こころ)にナイフ突きつけたいよ〔近藤真彦「ケジメなさい」（売野雅勇）1984〕／心臓(ココロ)を強く叩いたり〔ZARD「瞳閉じて」（坂井泉水）2003〕

【身体(こころ)】［歌詞］お望みのまま今この身体(こころ)〔相川七瀬「Sweet Emotion」1997〕

【人間性(こころ)】［チラシ］豊かな人間性(こころ)〔長野県の企業ガイダンス 2005〕

【感性(こころ)】［歌詞］感性(こころ)を信じたいよ〔TWO-MIX「INNOCENT DANCE」（永野椎菜）1997〕

【理性(こころ)】［歌詞］ときめきが理性(こころ)に目隠しする〔中森明菜「禁区」（売野雅勇）1983〕

【鼓動(こころ)】［歌詞］鼓動(こころ)を乱して〔安全地帯「乱反射」（松井五郎）1986〕

【神経(こころ)】［歌詞］欠いた精神(こころ)が 無垢な神経(こころ)を〔D「蒐集家(コレクター)」（ASAGI）2006〕

【回路(こころ)】［歌詞］回路(こころ)を今さら誰も止められないよ〔林原めぐみ「I'll be there」1996〕

【存在(こころ)】［歌詞］生命の鼓動存在(こころ)のチカラ〔TRF「HE LIVES IN YOU」（YUKI・DJ KOO）1999〕

【太陽(こころ)】［歌詞］眩しすぎるから 太陽(こころ)かくしてる〔MAKI「Real～Lサイズの夢～」2004〕

【刀(こころ)】［漫画］この強敵と再び刀(こころ)交える〔上条明峰「SAMURAI DEEPER KYO 5」2000〕

【日記(心)】［漫画］彼の日記(心)〔日高万里「ひつじの涙 7」2004〕

【歴史(こころ)】［歌詞］君の歴史(こころ)〔19「小田急柿生」（岡平健治）2001〕

【行方(こころ)】［歌詞］見失いそうな俺の行方(こころ) 教えてくれる〔TOSHI with NIGHT HAWKS「Always～伝えたい～」（Toshi）1993〕

【HEART(こころ)】［歌詞］皆の HEART(こころ) の中に刻ま

れた〔BUMP OF CHICKEN「ガラスのブルース」(藤原基央)1999〕

その他 意味(こころ) 古 ／心念(こころ) 歌詞 ／真心(こころ) WEB ／想(こころ) 人名 ／鬼籠(こころにくし) 古

こころね［心根］

【本性(こころね)】 歌詞 本性(こころね)を笑顔でひた隠し〔桑田佳祐「夏の日の少年」2002〕

こころばせ［心馳せ］

【性質(こころばせ)】 古

コザ 沖縄の地名。元の地名、胡屋(こや)をローマ字の筆記体で表した際、yがzと誤認されたところからともいわれている。

ござ［茣蓙・蓙］

【臥坐(ござ)】【臥席(ござ)】 古

ございます［御座います］

【御座居(ござい)ます】 民間「御目出度う御座居ます」などと使われる。◆御座居ます ござりからなので、居が当て字。

【ムい(ござ)〼(ます)】 民間 ◆ムは、江戸時代の芝居小屋では△で茣蓙を表したことから。→ござる・ます

こざっぱり

【小(こ)ざっぱり】 新聞 小ざっぱりしたいい小説〔「毎日新聞」2008年12月14日(江國香織)〕

ござりんす［御座りんす］

【呉座林須(ござりんす)】 古

こざる ⇩おおざる

ござる［御座る］→ございます

【ムる(ござ)】 民間 ◆△から。いるや云うの崩し字がムると誤認されることあり。

＊**【早田五猿(そうでござる)】** 筆名 ◆戯作者の戯名。

ごじ［誤字］

【娯字(ごじ)】 雑誌 漢字読み書き大会(写研)の珍答の娯字、感字〔斎賀秀夫「あて字の考現学」(「日本語学」1994年4月)〕

書籍 第2章「娯」字「娯」読ワールドへようこそ!〔斎賀秀夫「漢字の缶づめ 教養編」1998〕◆もじり。

こじか［子鹿］

【仔鹿(こじか)】 映画題名「仔鹿物語」1991

その他 小児科(こじか) 誤読

こしつ［個室］

【独房(こしつ)】 漫画〔やまざき貴子「ZERO 1」1997〕

ゴシック［Gothic］⇩ゴチック

こじつけ

【億説(こじつけ)】 古 式亭三馬「稗史億説年代記(くさぞうしこじつけねんだいき)」1802 ◆黄表紙の題名。憶説。

【附会(こじつけ)】 古〔1885〜1886 俗〕

その他 故事附(こじつけ) 古

ゴシップ［gossip］

【闇(ゴシップ)】 小説 闇新聞(ゴシップ・ニューズペーパー)の記者として〔菊地秀行「魔界都市ブルース 夜叉姫伝 4」1990〕

こしゃく［小癪］

【小積(こしゃく)】 古 ◆シャクは本来、積、癪とも。

ごじゃごじゃ

【語蛇(ごじゃ)ごじゃ】 小説 語蛇(ごじゃ)ごじゃっと〔柳瀬尚紀訳「フィネガンズ・ウェイクⅢⅣ」1993〕

ごしゅいん［御朱印］

【御書(ごしゅいん)】 演目「染模様恩愛御書(そめもようちゅうぎのごしゅいん)」

ごじゅうから［五十から］

【五十雀(ごじゅうから)】 会名 50から。登山の会の名。◆四十雀(しじゅうから)のもじり。

ごしょうばいますますはんじょう［御商売益益繁盛］

【一斗二升五合(ごしょうばいますますはんじょう)】 民間〔1973 自〕／大阪の看板〔斎賀秀夫「現代人の漢字感覚と遊び」1989〕◆五升の倍が一斗、五合が半升。「春夏冬二升五合」で「商い(秋ない)ますます繁盛」とも。

ごしょく［誤植］

【娯植(ごしょく)】 WEB ①狭義では、愉快な活字の組み違いをいう②通常、愉快な活字の組み違いが、そのまま印刷されたもの③広義には、興味深い誤記、その印刷されたもの

をも含む。吉田仁『校正家の手帖』初版（みみずく書房）所収の「定義集」より。❖もじり。

コション［フランス cochon］
【豚(コション)】小説〔遠藤周作「白い人」1955〕

ゴジラ
【誤字等(ごじら)】WEB 誤字等の館（ごじらのやかた）❖もじり。

こじんけんきん［個人献金］
【故人献金(こじんけんきん)】広告 まさかの「故人献金」は〔「読売新聞」2009年6月25日〕❖個人から。

ごしんさん［御新さん］
【御新造さん(ごしんさん)】古〔1896 俗〕

ごしんぞう［御新造］
【御深窓(ごしんぞう)】【御深窓(ごしんぞ)】古

ごしんぱい［御心配］
【注意(ごしんぱい)】古

こすい［狡い］
【狡(こす)い】辞書 狡っ辛い〔俗〕

こずえ［梢・杪］
【木末(こずえ)】詩 木末(こずゑ)にうれひをかく〔萩原朔太郎「岩魚－哀しきわがエレナにささぐ－」〕

こすけじょうすけ
【小助助助(こすけじょうすけ)】古 ❖武家の名。

コスチューム［costume］
【衣装(コスチューム)】書籍 せっかくの衣装(コスチューム)も〔中澤光博／ORG「入門！リナの魔法教室 スレイヤーズRPG」1996〕

ごすて［呉須手］
【呉須手(ごすで)】書籍 呉須手(ごすで) 趙子昂(すごう)を良くないものだから逆にして〔小林祥次郎「日本のことば遊び」2004〕

コスト［cost］
【価格(コスト)】広告 価格(コスト)と価値(ヴァリュウ)〔某住宅会社 1960 目〕

コスプレ［↑コスチュームプレー］
【女装(コスプレ)】小説 女装(コスプレ)させられ〔鈴木次郎「ひぐらしのなく頃に 祟殺し編 1」（竜騎士07）2006〕
【罰ゲーム(コスプレ)】小説 誰かの罰ゲーム(コスプレ)を期待していた〔鈴木次郎「ひぐらしのなく頃に 祟殺し編 1」（竜騎士07）2006〕

ゴスペル［gospel］
【福音(ゴスペル)】歌詞 海が生まれた福音(ゴスペル)〔榊原ゆい「SALVAGE REQUIEM」（Elements Garden）2008〕

コスミック［フランス cosmique］コズミック。
【宇宙的(コスミック)】評論 詩人の宇宙的(コスミック)な生命のあらわれ〔谷川俊太郎「詩を書く なぜ私は詩をつくるか」2006〕

コズミック［cosmic］コスミック。
【宇宙論的(コズミック)】書籍 宇宙論的(コズミック)な共生の文学、〔池田雅之「ラフカディオ・ハーンの日本」2009〕
【宇宙(コズミック)】小説 宇宙の間(コズミック・ルーム)へ行こう〔清涼院流水「カーニバル 二輪の草」2003〕
新聞 人間の脳は絶対知をつかさどる宇宙意識（コズミック・マインド）の一部分で〔「読売新聞」2009年5月12日〕

コスメ［↑コスメティック（cosmetic）］
【化粧(コスメ)】漫画 化粧(コスメ)ハウスかぁ〔「コーラス」2004年10月（ヨーヨーの恋）〕

コスモ［イタリア cosmo］
【宇宙(コスモ)】広告 宇宙(コスモ)なボクら！〔中条比紗也「花ざかりの君たちへ 1」1997（巻末）〕
人名 宇宙 こすも〔「朝日新聞 夕刊」2007年10月11日〕
【小宇宙(コスモ)】歌詞 抱きしめた心の小宇宙(コスモ)〔MAKE-UP「ペガサス幻想」（竜真知子）1988〕／沸きあがる小宇宙(コスモ)〔影山ヒロノブ&BROADWAY「WE ARE SAINT～神話の誓い～」（許瑛子）1988〕
広告 燃え上がれ小宇宙(コスモ)よ〔「週刊少年ジャンプ」2004年48号〕
漫画 そこに小宇宙(コスモ)が〔荒川弘「鋼の錬金術師 15」2006〕

コスモス［cosmos］和名、秋桜(あきざくら)。
【宇宙(コスモス)】歌詞 きらめく宇宙(コスモス)は万華鏡なの

〔ALI PROJECT「Virtual Fantasy」(宝野アリカ)1994〕

【秋桜(コスモス)】曲名 山口百恵「秋桜」(さだまさし)1977◆「シュウオウ」「あきざくら」と読む「秋桜」をさだまさしが直接「コスモス」と読ませた曲を作った。元は「小春日和」というタイトルだったが、曲を聴いたプロデューサー(CBSソニーの酒井政利)の提案で「秋桜」になったという。「コスモス」という読み方がこの歌により急速に広まった。ヒットの後、バスガイドまでが「あきざくらと書いてコスモスと読みますが」と話していて、違和感を覚えた記憶あり。『新明解国語辞典』では第6版(2005)で『秋桜』の字を当てる」とされた。

漫画〔秋本治「こちら葛飾区亀有公園前派出所126」2001〕◆命名案として。

曲名 いきものがかり「秋桜(コスモス)」(山下穂尊)2009

新聞 舞台「友情 秋桜(コスモス)のバラード」〔「読売新聞」夕刊 2010年2月6日〕

誤読 水原秋桜子をコスモス子と読んだ奴がいた。〔WEB〕

【心満子(コスモス)】店名 スナック

その他 世界(コスモス) 詩

ゴスロリ〔↑ゴシックアンドロリータ〕

【ゴス炉利(ロリ)】WEB

ごぜん〔午前〕

【AM(ごぜん)】民間

こそ

【社(こそ)】古 ◆こそ(助詞)という文法的な働きしかもたない語への当て字。

こぞう〔小僧〕

【新人(コゾー)】漫画 あのド新人(コゾー)をやったのか?〔藤崎聖人「WILD LIFE 1」2003〕

こそこそ

【狐鼠狐鼠(こそこそ)】古 ◆漱石も用いる。

こそだて〔子育て〕

【孤育て(こそだ)】広告 孤独な「孤育て(こそだ)」から救う〔2010年4月13日 車内中吊り(AC JAPAN)〕◆もじり。

こそばゆい

【擽い(こそばゆ)】WEB こそばゆい>擽い

ごぞんじ ⇩ぞんじ

ごた

【揉め事(ゴタ)】小説 銀竜会と揉め事(ゴタ)起こしてたのかい〔南英男「腐蝕」1999 集〕

こたえ〔答え〕記号的に「答」「ans.」「A」なども。

【応え(こた)】歌詞 応え(こた)は一つ〔美空ひばり「花と龍」(藤田まさと)1973〕

【解答(こたえ)】歌詞 降りしきる雨の中 解答(こたえ)を求めてた〔チェッカーズ「裏どおりの天使たち」(PANTA)1986〕/解答(こたえ)何処に〔忍足侑士「HIDE&SEEK」(石川絵里)2005〕/遠ざかる解答は霞む〔タイナカサチ「disillusion」(芳賀敬太)2006〕

【正解(こたえ)】歌詞 秘密も謎もない倖せという正解(こたえ)には〔松田弘「ふたり」(松尾由紀夫)1997〕/正解(こたえ)は今もわからないけれど〔森進一「さらば青春の影よ」(坂井泉水)2004〕/正解(こたえ)のない迷路へ〔霜月はるか「氷る世界」(日山尚)2009〕

【最適解(こたえ)】広告 環境問題に、最適解(こたえ)を。〔「日経新聞」2008年10月1日〕

【方程式(こたえ)】漫画「僕たちの方程式(こたえ)」〔有栖川ケイ「卒業M 1」1996〕

【返事(こたえ)】歌詞 返事(こたえ)のない愛の前で〔B'z「愛しい人よ Good Night...」(稲葉浩志)1990〕

【返答(こたえ)】歌詞 マニュアルめいた返答(こたえ)〔林原めぐみ「Front Breaking」2009〕

【結果(こたえ)】歌詞〔r.o.r/s「Tattoo Kiss」(MIZUE)2003〕/けれど結果はわからない〔BoA「B.I.O.」(Kenn Kato)2003〕/結果(こたえ)を出さなけりゃ〔EXILE「real world」(Kenn Kato)2004〕

【結論(こたえ)】歌詞 求めるのはただ幸福な結論(こたえ)

〔kukui「光の螺旋律」(霜月はるか)2005〕

【真実《こたえ》】 歌詞 真実《こたえ》ひとつだけ〔Every Little Thing「NECESSARY」(五十嵐充)1998〕

【真相《こたえ》】 歌詞 真相《こたえ》はヤブの中?〔V6「こんなんどーでしょ!?～BRAND NEW MY SOUL～」(西野健次)2002〕

【正義《こたえ》】 歌詞 はまらない正義《こたえ》合わせて〔霜月はるか「枯れた大地へ続く途」(日山尚)2007〕

【夢《こたえ》】 歌詞 夢《こたえ》追い求める〔TWO-MIX「TRUE NAVIGATION」(永野椎菜)1997〕

【未来《こたえ》】 歌詞 未来《こたえ》はいつも 人の数だけあるから〔ゴスペラーズ「Two-way Street」(からむし天気)1994〕

こたえる［応える・報える］

【応《こた》える】 ポスター〔2010年3月〕❖改定常用漢字表(答申)に追加された訓。

ごたごた

【混雑《ごたごた》】【雑木雑木《ごたごた》】 小説〔島崎藤村「夜明け前 第二部」1935〕

【娯多娯多《ごたごた》】 書籍「娯多娯多珍聞」〔紀田順一郎「日本語発掘図鑑」1995〕

その他 混々《ごたごた》 古

こたつ［炬燵］ 火榻子の唐宋音からとされる。

【炬燵《こたつ》】 小説 炬燵《こたつ》のように〔小林多喜二「蟹工船」1929〕

【巨燵《こたつ》】【火燵《こたつ》】【火闥《こたつ》】【火踏《こたつ》】 古 ❖「お炬燵《こた》」もあり。

【子龍《こたつ》】 落語「夕立屋」という小咄《こばなし》がある。夏の盛りに客の注文を受けて自在に夕立を降らせる男、正体は天上の龍《たつ》という。冬、商売はどうするんだい? 客の問いに答えていわく、「倅《せがれ》の子龍(こたつ=炬燵)をよこします」〔「読売新聞」2008年10月25日〕❖しゃれ。

こだま［木霊・木魂・谺］

【木霊《こだま》】 歌詞 山《やま》の木霊《こだま》のいとしさよ〔ディック・ミネ、星玲子「二人は若い」(サトウハチロー)1935〕

【木魂《こだま》】 歌詞 返る木魂《こだま》が〔小畑実「山の端に月の出る頃」(哥川欣也)1951〕/宇宙の果てまで木魂《こだま》するくらい〔水樹奈々「Sing Forever」(園田凌士)2007〕

【返響《こだま》】 詩 大空の返響《こだま》の音と〔小熊秀雄「ふるさとへの詩」(中丸宣明解説)〕 コ

【谺《こだま》】 辞書 ❖国訓。『大漢和辞典』にこの訓を収めず。

【霊《こだま》】 歌詞 魂 霊《こだま》 孤独の声〔※-mai-「鎮 ― requiem ―」(米たにヨシトモ)1999〕

【樹神《こだま》】 姓 愛知県〔佐久間英「珍姓奇名」1965〕

【遠峯谷《こだま》】 姓〔篠崎晃雄「実用難読奇姓辞典増補版」1973〕❖遠峰谷《こだま》も姓にあるという。

その他 音響《こだま》 古

ごたまぜ［ごた混ぜ］

【混成《ごたまぜ》】 広告 混成《ごたまぜ》部隊は黒蛇魔獣に〔神坂一「日帰りクエスト なりゆきまかせの異邦人《ストレンジャー》」1993(巻末)〕/混成《ごたまぜ》部隊《チーム》〔神坂一「日帰りクエスト2」1993(巻末)〕

こだわり［拘り］

【既成概念《こだわり》】 歌詞 既成概念《こだわり》を捨てされたら〔GARNET CROW「夜深けの流星達」(AZU-KI七)2004〕

こだわる［拘る］

【拘泥《こだわ》る】 小説 私の態度に拘泥《こだわ》る様子を見せなかった。〔夏目漱石「こころ」1914〕❖拘泥《コウデイ》。

コタン［アイヌ kotan］

【部落《コタン》】 歌詞〔伊藤久男「イヨマンテの夜」(菊田一夫)1950〕❖古潭と当てる例が古い。

こち［東風］「やませ」とも読む。

【東風《こち》】 古 ❖「東風《トンプー》」は曲名、店名などに。中国のイメージ。中国語音はトンフォン。

ごちそうさま［御馳走様］

【『謎』解き終了《ごちそうさま》】 漫画〔「週刊少年ジャンプ」2004年41号〕

ゴチック［ドイツ Gotik］ ゴシック。

【G(ゴチック)】略号 ❖ゴチック体。「ゴチ」「ゴシ」とも。Mは明朝体。

こちとら［此方人等］

【此方等(こちとら)】【此方とら(こち)】古

こちら［此方］

【予(こちら)】漢詩〔平井呈一訳「狂詩 巡査行」1951〕

【東洋(こち)】書籍 西洋(あちら)も五分法、東洋(こちら)も五段法〔井上ひさし「自家製文章読本」1984〕

【田中家(こちら)】漫画 田中家(こちら)にいらしたんですね〔かずはじめ「MIND ASSASSIN 1」1995〕

【本邸(こちら)】漫画 本邸(こちら)にはいらっしゃいません〔津田雅美「彼氏彼女の事情 18」2004〕

【三条邸(こちら)】漫画 三条邸(こちら)にご厄介になって〔「花とゆめ」2004年22号(なんて素敵にジャパネスク)〕

【細殿(こちら)】小説 もう細殿(こちら)にさがっていたのね〔藤原眞莉「華くらべ風まどい―清少納言梛子」2003〕

【船(こちら)】漫画 至急船(こちら)へ戻って下さい〔義仲翔子「ロスト・ユニバース 1」(神坂一)1998〕

その他 中央(こちら)・執行部(こちら)・執行部側(こちら)・教団(こちら) 漫画

こつ［骨］「コツ」が多い。

【骨(こつ)】辞書 ❖「こつ」をつかむは本来、骨。「だいたいコツをつかんだ」の誤変換に「大腿骨をつかんだ」。

こづかはら こづかっぱら。

【小塚原(こづかはら)】地名 骨が原から。江戸の刑場だった。

コック［cock］

【栓(コック)】短歌 どの部屋にもガスを噴く小さき栓(コック)はありて〔葛原妙子〕

こっくり 憑依による占いの一種。

【狐狗狸(こっくり)】辞書

ごっこ

【遊戯(ごっこ)】古 兵隊遊戯(へいたいごっこ)〔1935 隠〕

こつこつ［兀兀・矻矻］

【骨骨(こつこつ)】雑誌 骨骨(コツコツ)貯金箱 カルシウムとお金は、毎日コツコツと貯めましょう。〔「ESSE」1994年6月〕

広報 カルシウムの多い牛乳を1日1杯は飲みましょう。(中略)食品を組み合わせて毎日骨骨カルシウム貯筋をしましょう。〔神戸市垂水区「広報紙たるみ」2009年2月〕

CD題名 骨骨(こつこつ)先生「骨骨(こつこつ)体操」2003

こったい

【骨体(こったい)】漫画 なんて骨体！❖小林よしのり「おぼっちゃまくん」1986～1994で使われる茶魔語のひとつ。

こっち［此方］

【地球(こっち)】漫画「地球(コッチ)の礼儀」ってモンを叩き込んでやるぜ!!〔せたのりやす「無敵王トライゼノン BLAZE 2」2001〕／地球(こっち)の文化を調べてる時にたまたま知っただけよ〔中平凱「フィギュア17 2」(GENCO-OLM)2002〕

【日本(こっち)】漫画 日本で希美恵さんや〔日渡早紀「未来のうてな 1」1995〕／日本(こっち)にゃ帰って来ないからね〔本仁戻「怪物王子」1998〕／二日前に日本(こっち)のニュースになっていた男だ〔小畑健「DEATH NOTE 1」(大場つぐみ)2004〕

【韓国(こっち)】漫画 韓国(こっち)じゃ〔「コロコロコミック」2002年3月(おおせよしお「爆点 HERO ブレーダーDJ」)〕

【アメリカ(こっち)】漫画 アメリカ(こっち)に帰って来る気なかったくせに〔中条比紗也「花ざかりの君たちへ 12」2000〕

【北海道(こっち)】漫画「すが」っちゅーのは北海道(こっち)のコトバで「氷」のことじゃて〔さとうふみや「金田一少年の事件簿 4」(金成陽三郎)1993〕

【埼玉(こっち)】漫画 埼玉(こっち)までひっぱって来たんだよ…〔青山剛昌「名探偵コナン 6」1995〕

【東京(こっち)】漫画 東京(こっち)来たての頃〔中条比紗也「花ざかりの君たちへ 2」1997〕

【名古屋(こっち)】漫画 もう名古屋(こっち)慣れた〔高橋留美子「めぞん一刻 15」1987〕

【長野】漫画 長野来てから〔二ノ宮知子「のだめカンタービレ 4」2002〕
【沖縄】漫画 沖縄に来てから〔青山剛昌「名探偵コナン 45」2004〕
【LA】漫画 LAに帰ってきていて〔小畑健「DEATH NOTE 10」(大場つぐみ)2006〕
【NY】漫画 NY来るまで全然知らなかった〔津田雅美「彼氏彼女の事情 17」2003〕
【現代】漫画 現代に戻ってきちゃって〔高橋留美子「犬夜叉 9」1999〕❖空間だけでなく時間も。
【我々】漫画 我々からはコンタクトも取れない！〔小畑健「DEATH NOTE 1」(大場つぐみ)2004〕
【周囲】漫画 巻き込まれた周囲の迷惑も〔樋口橘「学園アリス 1」2003〕
【警察】漫画 警察も悪いですし〔蓮見桃衣「エキストラ・ジョーカー JOE」(清涼院流水)2001〕／警察の情報を知る手段〔小畑健「DEATH NOTE 1」(大場つぐみ)2004〕
その他 此方 古／中央・西・田舎・現世・現実・人間界・地元・本部・学園・護衛・内科・鑑定医・スタッフ・プロ・刑務所・一刻館・C館・小屋・自室・キャバレー・頭・大の方・ベッド・MD・戦 漫画

＊【小さい】漫画 小さい姿のアッサムだと〔山田南平「紅茶王子 7」1999〕
関連【こっち】漫画 こっちと違って〔「週刊少年サンデー」2004年48号(D-LIVE!!)〕

こつでんどう［骨伝導］
【聞】広告❖「聞」から。骨伝導の意とのこと。

コット［フランス cotte］コート。
【上着】小説 汚れた上着からも〔平野啓一郎「日蝕」2002〕

ゴッド［God］
【神】書籍〔橋本萬太郎・鈴木孝夫・山田尚勇「漢字民族の決断」1987〕漫画〔尾田栄一郎「ONE PIECE 31」2003〕／神!!?? 神のカードは〔「コロコロコミック」2009年7月〕チラシ 新たな力で神に勝て！〔「D・M 神化編」銀はがしの紙に 2010〕
＊【神の手】広告 神の手!!!〔「コロコロコミック」2008年10月〕／神の手もすすめる最先端のがん治療法とは!?〔「読売新聞」2009年12月23日〕
【探偵神】小説 探偵神の称号を持つ〔清涼院流水「カーニバル 二輪の草」2003〕❖他所に「探 偵 神」も。
＊【GOD】小説 OH MY GOD〔清涼院流水「カーニバル 二輪の草」2003〕

こっとう［骨董］
【骨董】辞書❖コトコトなどと同様の擬声語からという。当て字。

こっぱ［木っ端］
【木片】詩 檜の木片は私の眷族、〔高村光太郎「鯰」1926〕❖木片。関西では「こっぱみじんこ」ともいい、WEBでは「木端微塵子」とも。
【木葉】古 木葉大工〔1895 俗〕

コッパー［copper］→カッパー
【銅貨】詩 みんなの投げてやる銅貨や〔高村光太郎「象の銀行」1926〕

こっぴどい［小っ酷い］
【こっ痛い】古

コップ［オランダ kop］
【洋杯】歌詞 丁度良い洋杯が何処に行っても〔椎名林檎「宗教」2003〕❖「洋盃」は漱石も使用。
【玻璃盞】古 鏡花「義血侠血」〔紀田順一郎「日本語発掘図鑑」1995〕
その他 酒杯 古

こつん
【骨ん】小説 骨んと呼び鈴を叩き〔柳瀬尚紀訳「フィネガンズ・ウェイク III IV」1993〕

ごつん

【一発(ゴツン)】漫画 一発(ゴツン)で〔浅田弘幸「眠兎 1」1992〕

コテージ［cottage］

【部屋(コテージ)】漫画 柿本の隣の部屋(コテージ)が〔さとうふみや「金田一少年の事件簿 6」（金成陽三郎）1994〕

【客屋(コテージ)】小説 幾つもの小さな客屋(コテージ)があり〔清涼院流水「カーニバル 二輪の草」2003〕

こでまり［小手毬］

【小手毬(こでまり)】【小粉団(こでまり)】新聞 コデマリは、「小手毬」「小粉団」と書き、〔「読売新聞 夕刊」2009年4月17日〕

こてんこてん

【コテンコテン】雑誌 コテンコテン 古典古典と書くのではない〔1951 俗〕◆書名に金田一春彦「日本古典語典(こてんごてん)」1959。渡辺紳一郎「西洋古典語典」1964なども。

こと［事］形式名詞としては、新聞などではひらがな、若年女性などではコト、ｺﾄとも。略字（記号・合字とも）はヿ。

【叓(こと)】雑誌〔「芸術新潮」1994年9月〕◆異体字。近世文書では叓が多い。草書では[illegible]と書かれることもある。

【事件(こと)】歌詞 素敵な事件(こと)を探してるのさ〔郷ひろみ「2億4千万の瞳―エキゾチック・ジャパン―」（売野雅勇）1984〕

漫画 人を殺すなんて事件(こと)は前にもなかったわけじゃないが〔麻宮騎亜「サイレントメビウス 1」1989〕／つまんない事件(こと)〔神尾葉子「花より男子 14」1996〕

【事実(こと)】歌詞 全てわかってた事実(こと)〔藤本美貴「ボーイフレンド」（つんく）2002〕／あなたを愛した事実(こと)だけを〔藤澤ノリマサ「幻影」2008〕

【事情(こと)】歌詞 訊かれたくない事情(コト)〔平井堅「affair」（松井五郎）2000〕

漫画 指輪の件や諏訪さんの事情(こと)〔日高万里「ひつじの涙 4」2003〕

【真実(こと)】歌詞 多次元はすべての真実(こと)知っている〔JAM Project「Cosmic Dance」（奥井雅美）2008〕

【情報(こと)】漫画 オレ兄ちゃんからいい情報(コト)聞いたんだ〔渡辺祥智「銀の勇者 2」1999〕

【出来事(こと)】漫画〔上条明峰「SAMURAI DEEPER KYO 4」2000〕

【現実(こと)】歌詞 それも今は帰らない現実(こと)ね〔Every Little Thing「Season」（五十嵐充）1996〕／色んな現実(こと)を見てきて〔BeForU「ヒマワリ」（小坂りゆ）2003〕

【状況(こと)】漫画 こんな状況(こと)が平気になってしまうなんて〔ささやななえ「子ども虐待ドキュメンタリー 凍りついた瞳」（椎名篤子）1995〕

【存在(こと)】歌詞 彼女の存在(こと)なら 初めから百も承知よ〔Wink「愛が止まらない（TURN IT INTO MY LOVE）」（及川眠子）1988〕

漫画 伯爵の存在(こと)を教えたせいだ〔「週刊少年ジャンプ」2004年7月8日（D. Gray-man）〕

【方法(こと)】歌詞 どこにも行かないでいる方法(こと)を〔MORNING GLORY「Remember」（Rimina）2009〕

【策(コト)】漫画 くっだらねェ策(コト)だと〔大暮維人「エア・ギア 3」2003〕

【努力(こと)】漫画 それなりの努力(こと)はやってんだ〔二ノ宮知子「のだめカンタービレ 4」2002〕

【行為(こと)】歌詞 信じるという行為(こと)にも諦める癖がついてた〔水樹奈々「Trickster」2008〕

【本心(こと)】歌詞 掴みきれない君の本心(こと)〔釘宮理恵ほか「プリーズフリーズ」（Satomi）2009〕

【気持(こと)】歌詞 人の気持(こと)考えず〔釘宮理恵ほか「プリーズフリーズ」（Satomi）2009〕

【日々(こと)】歌詞 小さな日々(こと)も分かち合えるなら〔椎名へきる「Always」2004〕

【現在(こと)】歌詞 心決めた現在(こと)も〔大黒摩季「熱くなれ」1996〕

【過去(こと)】歌詞 諦めようとした過去(こと)も〔大黒摩季「熱くなれ」1996〕

【軌跡(こと)】歌詞 君と出会えた軌跡(こと)〔JONTE「軌

跡」〔松原憲〕2010〕
【幸福(こと)】歌詞 そんな小さな幸福(こと)分かち合うあなたはいない〔中谷美紀「STRANGE PARADISE」(売野雅勇)1996〕
【不幸(コト)】漫画 てめーの不幸(コト)しか見えてねえ・・・〔さとうふみや「金田一少年の事件簿 7」(金成陽三郎)1994〕
【必要(こと)】歌詞 ピアスは 取りはずす必要(こと)もないよ〔CHEMISTRY「Running Away」(立田野純)2002〕
【performance(コト)】歌詞 君にしかできないperformance(コト)〔水樹奈々「Bring it on!」2007〕
その他 業(こと) 古
*【事ぁ(こた)】漫画 心配する事ぁ(こた)無いさ〔荒川弘「鋼の錬金術師 5」2003〕❖「ことは」の融合形。

こと［琴］
【箏(こと)】新聞 歌舞伎の舞台で箏(こと)や三弦、〔「読売新聞」2007年4月29日〕❖弦の数が異なるが、琴とも書かれた。琴(きん)の琴、箏(そう(しやう))の 箏(こと)など文選読みも行われた。

ごと［事］
【仕事(ごと)】書籍 仕事師(ゴト)の跳梁する場と〔山平重樹「愚連隊列伝モロッコの辰」1990〕集
小説 情けねえ仕事(ゴト)〔南英男「監禁」1995〕集

こどう［鼓動］
【煌き(こどう)】歌詞 かけがえない愛の煌き(こどう)を〔TWO-MIX「WHITE REFLECTION」(永野椎菜)1997〕
【共鳴(こどう)】歌詞 逃れえぬ共鳴(こどう)〔kukui「コンコルディア」(霜月はるか)2007〕

ことがら［事柄］
【問題(ことがら)】小説〔島崎藤村「破戒」1906〕

こどく［孤独］
【一人(こどく)】歌詞〔Bon-Bon Blanco「涙のハリケーン」(PANNARO 30)2003〕
【最強(こどく)】漫画〔平本アキラ「アゴなしゲンとオレ物語 8」2001〕
【個独(こどく)】書名 伊藤康祐「個独のブログ」2010

ごどく［誤読］
【娯読(ごどく)】書籍 第2章「娯」字「娯」読ワールドへようこそ！〔斎賀秀夫「漢字の缶づめ 教養編」1998〕❖もじり。

ことごとく［悉く］
【既(悉)】辞書 我願既満〔大石初太郎「振り漢字」〔「国語学辞典」1955〕〕❖漢文訓読のために。

ことさら［殊更］
【故(ことさら)】雑誌 故(ことさら)にもって監臨せしめたまふ。〔「歴史読本」1994年3月〕❖古くから「故ら(ことさら)」「故(ことさらに)」とも。

ことだま［言霊］
【言魂(ことだま)】漫画『言魂(コトダマ)』やな〔CLAMP「X 5」1993〕
書名 石牟礼道子・多田富雄「言魂(ことだま)」2008
【言玉(ことだま)】書名 礪波洋子「諸葛孔明の言玉」2005
【恋綴魂(ことだま)】曲名 Kagrra「恋綴魂」(一志)2002

ことづけ［言付け・託け］
【伝言(ことづけ)】曲名 美川憲一「伝言(ことづけ)」1975

ことづて［言伝］
【伝令(ことづて)】漫画〔「週刊少年ジャンプ」2004年11月29日(Mr. FULLSWING)〕

ことてん［事典］
【事典(ことてん)】民間 ❖読み替え。事典(じてん)は『大百科事典』(1931)が最初。言葉典・文字典とも。辞典は区別して「ことばてん」とも。

こととい［言問］
【言語(こととい)】古

ことのは［言の葉］
【言葉(ことのは)】古

ことば［言葉］ ことのは(言端)からとされる。「言端(ことば)」が「正字」とされることあり。
【言(ことば)】聖書 初めに言(ことば)があった〔田中春美「言語学のすすめ」1978〕
小説 誰よりも「言(ことば)」を愛し、その使い方に異様にこだわる〔清涼院流水「カーニバル 一輪の花」2003〕
【語(ことば)】古〔山田美妙「竪琴草紙」1885〕

【詞(ことば)】古 正岡子規「母の詞(ことば)」〔織田正吉「ことば遊びコレクション」1986〕❖森鷗外も用いる。
辞書 女房詞(ことば)でネギを〔集〕
歌詞 私の詞(ことば)が君へ〔愛内里菜「Can you feel the POWER OF WORDS?」2002〕／詞(ことば)を詰めたアルバムを〔day after tomorrow「君と逢えた奇跡」(五十嵐充)2005〕／誓いの詞(ことば)が奇跡を起こすよ〔井上麻里奈ほか「セキレイ」(ヤスカワショウゴ)2008〕
広告 詞劇(ことばげき)『艶(いろ)は匂(にほ)へど…』〔「読売新聞」2008年9月23日〕
曲名 Suara「花詞(はなことば)」(SHINO)2009
題名 講演「阿久悠の歌の詞(ことば)と川柳と」〔「読売新聞 夕刊」2009年10月28日〕
TV 梅松論 詞(ことば)(ボードに)〔NHK 2010年4月19日〕

【辞(ことば)】小説 弁解らしき辞(ことば)を〔平野啓一郎「日蝕」2002〕

【造語(ことば)】小説 あなたの造語(ことば)で言えば〔清涼院流水「カーニバル 二輪の草」2003〕

【日本語(ことば)】広告 はじめての日本語(ことば)の辞典〔「日本語教育新聞」2009年4月1日〕

【会話(ことば)】歌詞 会えない電話は辛いよ 会話(ことば)の隙間にこぼれた〔TWO-MIX「TRUST ME」(永野椎菜)1996〕／大切な会話(コトバ)〔Every Little Thing「Over and Over」(五十嵐充)1999〕

【台詞(ことば)】歌詞 「好き」の台詞(ことば)だけ〔day after tomorrow「イタズラな KISS」(misono)2003〕／誰かの台詞(ことば)で繕うことに〔いきものがかり「YELL」(水野良樹)2009〕
漫画 ありきたりの台詞(ことば)ね〔小畑健「DEATH NOTE 11」(大場つぐみ)2006〕❖セリフを科白・台詞とする表記も当て字。

【声援(ことば)】歌詞 熱いまなざし熱い声援(ことば)を〔夏木綾子「ひとすじの道」(田村和男)1997〕

【歌詞(ことば)】歌詞 あなたにもらった歌詞(ことば)がせつなくて〔桑田佳祐「素敵な未来を見て欲しい」(桑田佳祐&サザンオールスターズ応援団)2002〕

【音楽(コトバ)】歌詞 この地球(ホシ)の音楽(コトバ)で〔19『スピーカーの前の君へ』〜音楽(コトバ)」1999〕

【詩(ことば)】歌詞 お前の詩(ことば)を〔SOPHIA「黒いブーツ〜oh myfriend〜」(松岡充)1999〕

【予言(ことば)】歌詞 髪に指に囁く予言(ことば)〔元ちとせ「オーロラの空から見つめている」(HUSSY_R)2003〕

【教示(ことば)】漫画 神の教示(ことば)があったとしても〔小畑健「DEATH NOTE 12」(大場つぐみ)2006〕

【言霊(ことば)】歌詞 本当の言霊(ことば)咲かせて〔コミネリサ「宇宙に咲く」2007〕／伝えたい言霊(ことば)にメロディーのせて〔水樹奈々「Sing Forever」(園田凌士)2007〕

【道(ことば)】詩 道(ことば)を蔵した渾沌のまことの世界は〔高村光太郎「愛の嘆美」1914〕

【魔法(ことば)】広告〔学生 2009年6月 キャッチコピーづくりで〕

【事実(ことば)】漫画 残していかれた事実(ことば)は〔「花とゆめ」2004年22号(フルーツバスケット)〕

【態度(ことば)】歌詞 曖昧な態度(ことば)でさえも心に大切にしまった〔GARNET CROW「Crier Girl&Crier Boy〜ice cold sky〜」(AZUKI七)2002〕

【弾丸(ことば)】歌詞 伝えたい弾丸(ことば)〔水樹奈々「MARIA&JOKER」(HIBIKI)2009〕

【コトバ】新聞 書名の「コトバ」はなぜカタカナなのか。内実を伴ったものではなく、取り上げているコトバは形式的な道具に過ぎないと強調するためではないか。〔「読売新聞」2010年4月18日〕

その他 言語(ことば)・単語(ことば)古／会話(ことばづかい)古

*【魚詞母海蕎袋(ことばあそび)】字遊 雑魚、祝詞、伯母・叔母、海女、蕎麦、足袋〔小林祥次郎「日本のことば遊び」2004〕

ことぶき【寿】

【寿(ことぶき)】字解 士(さむらい)のフエは一吋(インチ)〔阿刀田高「こと

ば遊びの楽しみ」2006〉❖現代では覚え方の方がより難しいか。

ことほぎ［言寿ぎ・言祝ぎ］

【寿ぎ(ことほぎ)】 新聞 寿ぎ(ことほ)を〈「読売新聞」2009年1月1日〉

ことほぐ［言祝ぐ］

【こと祝ぐ(ほ)】 書籍〈柳瀬尚紀「日本語は天才である」2007（帯）〉

【寿ぐ(ことほ)】 広告〈「読売新聞」2010年3月14日〉

こども［子供］ 風呂屋の小人は「しょうにん」、大人は「だいにん」。「こども」「おとな」とも読まれる。DoCoMo をもじった CoDoMo がしばしば玩具や漫画などに現れる。→こどもたち

【小供(こども)】 古 漱石 小供 語源に配慮したもの。「朝日新聞」で「子供」と直されてしまう〈山下浩「本文の生態学」1993〉

漫画 小供(こども)のおもちやじやない 手書き〈まえたに☆これみつ「ロボット三等兵」1955～1957〉

【子ども】 民間 ❖子の人権からみると「供」という当て字は不適切な表記であるとして、「子ども」（江戸時代にもあり）が次第に浸透しつつある。

【幼稚(こども)】 古 婦女幼稚(をんなこども)〈1888 俗〉

【小児(こども)】 広告〈奥山益朗「広告キャッチフレーズ辞典」1992〉

【小童(こども)】 小説〈田中芳樹「海嘯」1996〉

【少年(こども)】 歌詞 男なんて夏の 少年さ〈矢沢永吉「夏の少年(こども)」（山川啓介）1991〉

【少女(こども)】 歌詞 少女(こども)の頃に夢見てた〈桂銀淑「バラ色の人生」（荒木とよひさ）1991〉

【中学生(こども)】 漫画 自分は中学生(コドモ)になった気分〈倉橋えりか「カリスマ・ドール 1」2004〉

【未成年(こども)】 漫画『未成年(コドモ)』だったな〈日高万里「ひつじの涙 4」2003〉

【大人(こども)】 歌詞 痛みを知らない 大人は嫌い〈L'Arc ～ en ～ Ciel「Round and Round」(hyde) 1996〉

【おまえ(子供)】 漫画 おまえ(子供)に興味ないってさ〈津田雅美「彼氏彼女の事情 18」2004〉

【意地っ張り(こ)vsちょっと(ど)意地悪(も)】 歌詞 意地っ張り(こ)vsちょっと(ど)意地悪(も)だったから 二人・・・〈TWO-MIX「CAN'T STOP LOVE」1997〉

【子猫(こども)】 漫画 わたしは子猫(こども)の頃〈猫十字社「小さなお茶会」2000〉❖「少女猫(こども)」もあり。

【新芽(こども)】 漫画 新芽(こども)のよもぎをつむのよ〈猫十字社「小さなお茶会 2」2000〉

その他 **子等(こども)・子友(こども)・子共(こども)** 古／**子女(こども)** 聖書

こどもたち［子供達］

【少年達(こどもたち)】 曲名 さだまさし「少年達(こどもたち)の樹」1988

【水の精霊達(こどもたち)】 漫画 水の精霊達(こどもたち)…!!〈由貴香織里「砂礫王国」1993〉

【未来の養子候補達(こどもたち)】 漫画〈うすた京介「ピューと吹く！ジャガー」2002～〉

【作品(コドモ)たち】 書籍 ボクの作品(コドモ)たち〈「326－ナカムラミツル作品集」1998〉

ことわざ［諺］

【言技(ことわざ)】 書籍 言技(ことわざ)再発見〈「ことわざの読本」1989（帯）〉

ことわり［理］

【理(ことわり)】 古 ❖江戸時代には理・断は互いに通用した。

その他 **義理(ことわり)** 古

ことわる［断る］

【弁解(ことわ)る】 雑誌 弁解(ことわ)って置くが〈「宝石」1994年2月〉

ごない［五内］

【五内科(ごない)】 書籍 第五内科(ごない)（五内）というのは〈米山公啓「医者の上にも3年」1997 集〉

こないだ［此間］

【此間(こないだ)】 古

こなから［小半ら］ 半分の半分。四分の一。

【二合半(こなから)】 WEB「こなから」は二合五勺で

二合半（二号はん）、お妾さんのことを指す花柳界の隠語。

こなし［熟し］
【熟し】小説 あれほど隙のない身の熟しは〔安井健太郎「ラグナロクEX. BETRAYER」1999〕

こなす［熟す］
【熟す】広告〔奥山益朗「広告キャッチフレーズ辞典」1992〕
【消化】辞書 盗品を処分すること〔1949 隠〕

こなみじん［粉微塵］
【粉末塵】古 粉末塵に「読売新聞」1908〔出久根達郎「昔をたずねて今を知る」2003〕

こなれわるい［熟れ悪い］
【消化不良】古「東京朝日新聞」1907の広告〔柳瀬尚紀「日本語は天才である」2007〕

ごにち［後日］
【続】演目 シネマ歌舞伎 隅田川 続俤〔「読売新聞」2009年12月21日（広告）〕

こぬれ［木末］
【木末】歌詞 木末、時つ風〔林原めぐみ「あさいはひ」1999〕

こねこ［小猫・子猫］
【仔猫】書名 森田米雄「手のりの仔猫」2010
❖写真集の題名。
【蠱猫】広告 人工憑霊蠱猫〔「読売新聞」2009年8月16日〕❖別語か。

ごねる
【死る】古

この［此の］
【之の】漢文 之の子 于き帰がば〔「詩経」〕
【校舎の】漫画 犯人は校舎の中にいる〔山田南平「紅茶王子 10」2000〕
【小暖炉の】漫画 ひょっとして小暖炉の部屋を通らずに〔さとうふみや「金田一少年の事件簿 16」（金成陽三郎）1996〕
【鎧の】漫画 鎧の体がボクでよかった〔荒川弘「鋼の錬金術師 1」2002〕
【旅の】歌詞 ひとり向かう旅の先に〔子安武人「気ままな風に吹かれ」（吉見・UCO）2001〕
【君の】歌詞 君の笑顔変わらないように〔misono「Tales…」2009〕
【二人の】歌詞 二人の今をなくさないように〔misono「Tales…」2009〕
【自分】歌詞 宇宙は自分中で色づいてるコト〔水樹奈々「Violetta」2006〕
*【北岸地峡】論文「北岸地峡の地下」のような用法に対しては、漢字が振り仮名に対する説明文であると指摘される。〔内山和也「振り仮名表現の諸相」2002〕❖岩淵匡「振り仮名の役割」1988を引いて。
*【TOKYO】歌詞 TOKYOは広すぎて〔中森明菜「BLUE OCEAN」（湯川れい子）1985〕
*【シブヤ】漫画 シブヤうろつくんじゃないわよ〔中尊寺ゆつこ「プリンセス in Tokyo」1989〕
その他 永遠・アメリカ行き・獣医学会・俺達・戦場・柔剣部・戦争・大暖炉の間 漫画／己存在・瞬間 歌詞
関連【この手】漫画 この手の話になると〔日高万里「ひつじの涙 6」2003〕

このかた［此の方］
【近日】【以来】古

このかみ［兄］
【家兄】小説〔吉川英治「三国志 7」1975〕

このごろ［此の頃］
【頃】小説 村には頃〔平野啓一郎「日蝕」2002〕
【頃日】新聞 頃日御物遠にまかり過ぎ申し候〔「読売新聞」2009年4月23日〕❖合字あり。
その他 近来・此比 古

このさき［此の先］
【未来】漫画〔和月伸宏「るろうに剣心 27」1999〕

このしごと［此の仕事］
【美術品泥棒】漫画 美術品泥棒は滅多にしないし〔松川祐里子「魔術師 2」1996〕

【獣医学(この仕事)】 漫画 獣医学(この仕事)にたずさわってるなら〔藤崎聖人「WILD LIFE 1」2003〕

このは ［木の葉］
【葉(このは)】 雑誌 七十二候 朔風払葉 きたかぜ、このはをはらう〔「暮らしの風」2008年11月〕

このひと ［此の人］
【彼女(このヒト)】 漫画 もし彼女(このヒト)が川を泳いで渡ったとしたら・・・〔さとうふみや「金田一少年の事件簿 7」(金成陽三郎)1994〕
その他 怪盗紳士(このひと)・市原(このひと) 漫画
関連 **【この人(天馬凌)】【この人(リヒトさん)】** 漫画

このましい ［好ましい］
【可好い(このまし)】 古

このまま ［此の儘］
【永遠(このまま)】 歌詞 サヨナラしないで・・・明日も・・・二人は永遠(このまま)〔TWO-MIX「TRUST ME」(永野椎菜)1996〕

このみ ［好み］
【趣味(このみ)】 歌詞 ずいぶんな趣味(このみ)ネって〔Mi-Ke「思い出の九十九里浜」(長戸大幸)1991〕
【翫(このみ)】 演目 処女(むすめ) 翫(ごのみ) 浮名横櫛(うきなのよこぐし)〔「読売新聞 夕刊」2010年4月5日〕

このみ ［木の実］
【木の実(こみ)】 新聞 海野洋司作詞の「小さな木(こ)の実」1970年代〔「読売新聞 夕刊」2008年11月6日〕

【菓(このみ)】 演目 狂言「菓争(このみあらそい)」「菓争」はタチバナ率いるミカン、ダイダイ、クネンボ、ブシュカン、ユズ、キンカンの柑橘(かんきつ)一族が花見にでかけ、クリやナシたちとけんかになる。〔「読売新聞 夕刊」2008年12月18日〕

このよ ［此の世］
【現世(コノヨ)】 歌詞 現世(コノヨ)にはあること〔GARNET CROW「夕立の庭」(AZUKI 七)2002〕

このわた ［海鼠腸］
【海鼠腸(このわた)】 辞書

こはぜ ［鞐］
「卡」は、元は中国で造られた「弄」の俗字だが、日本人は好んで造字に用いた。
【甲馳(こはぜ)】 民間

こはるびより ［小春日和］
【インディアン・サマー(心春日和)】 小説〔山田詠美「ベッドタイムアイズ」1985〕
【心春日和(こはるびより)】 書名 喜多川泰「心春日和」2010

ごはん ［御飯］ 御飯と書かれることは少なく、「ご飯」や「ごはん」「ゴハン」の使用が目立つ。おかずを含める場合とお米とで表記を分ける人あり。

コピー ［copy］
【朝食(ごはん)】【昼食(ごはん)】【夕食(ごはん)】 WEB

【写し(コピー)】 漫画 この戸籍謄本の写し(コピー)にある通り〔由貴香織里「天使禁猟区 1」1995〕
【複製(コピー)】 漫画 複製(コピー)不可能な電子キーで〔さとうふみや「金田一少年の事件簿 24」(金成陽三郎)1997〕／そいつはクレーの複製(コピー)なんだってば〔奥田ひとし「新・天地無用！ 魎皇鬼 3」2002〕
【再現(コピー)】 漫画 細部に至るまで再現(コピー)すれば〔寺嶋裕二「GIANT STEP 1」2002〕❖目を閉じて球を打った主人公の言葉。

こひつじ ［小羊・子羊］
【仔羊(こひつじ)】 新聞 仔(こ)羊ロースを〔「読売新聞 夕刊」2010年3月13日〕

こびと ［小人］
【矮人(こびと)】 小説 緑の矮人(こびと)〔菊地秀行「魔王伝 3 魔性編」1996〕

コフィン ［coffin］
【棺桶(コフィン)】 漫画〔さいとうたかを「ゴルゴ13 42」1981〕

こふくもん 建長寺の別名。
【巨福門(こふくもん)】 寺号 ❖鎌倉五山の建長寺の総門の額では巨と百貫点が加わることで字が引きしまり価値を増したという。巨福(こぶく)呂(ろ)坂。

こぶし ［拳］

【鉄拳(こぶし)】〈歌詞〉巨大な悪を砕け正義の鉄拳(こぶし)〔水木一郎「はばたけ！ ザ グレートギャンブラー」(RYO) 2006〕
【実力(こぶし)】〈漫画〉〔大暮維人「エア・ギア 6」2004〕

こぶしだけ［甲武信岳］こぶしがたけ。
【甲武信岳(こぶしだけ)】〈山名〉甲斐・武蔵・信濃の三国にまたがるから〔織田正吉「ことば遊びコレクション」1986〕◆拳(ケ)岳の意とも。

こぶじめ［昆布締め］
【昆布〆(こぶじめ)】〈新聞〉平日の昆布〆(じめ)〔「読売新聞」2009年11月14日〕／酢〆、昆布〆、ヅケ、煮きり、赤酢〔「読売新聞」2009年12月7日〕◆↓しめ

こぶらがえり［腓返り］こむらがえり。
【転筋(こぶらがえり)】〈古〉転筋(コブラカヘリ)〔岡西惟中「続無名抄」1680〕

こぶん［子分］
【乾分(こぶん)】〈古〉乾分(こぶん)ノ意〔京都府警察部「隠語輯覧」1915〈集〉〕／乾分(ぶん)の四五人は〔村島帰之「わが新開地」1922〈集〉〕／穴蔵屋の乾分(こぶん)小春の〔尾佐竹猛「掏摸物語」1909〈集〉〕
【乾児(こぶん)】〈古〉乾児(こぶん)になること〔添田唖蟬坊「唖蟬坊流生記」1941〈集〉〕

コペルニクス［Copernicus］
【歌白尼(コペルニクス)】〈古〉〔惣郷正明「辞書漫歩」1987〕

ごへんかん［御返還］
【誤変換(ごへんかん)】〈WEB〉ジャストシステムが2010年に行っていたキャンペーンの名称には、利益還元という意味での「ご返還」に「誤変換」を掛け、「誤変換ご返還キャンペーン」とあった。

ごぼう［牛蒡］
【午蒡(ごぼう)】〈辞書〉◆「松前午蒡(まつまえごんぼ)(干鯡)」〔1915〈隠〉〕のように「ごんぼ」とも。
【午房(ごぼう)】〈雑誌〉〔「栄養と料理」1994年5月〕◆姓にはこのほか牛坊も。
〈民間〉午房(牛蒡)・白才(白菜)。中野の八百屋の店先で。〔飯間浩明「文字のスナップ」2002〕

こほうしこ ほうしは法師。
【古僧子(こほうしこ)】〈古〉〔平川南「日本の原像」2008〕◆稲の品種名。九世紀なかば「清良記」などに。

ごほうび［御褒美］
【賞典(ごほうび)】〈古〉「読売新聞」1874〔出久根達郎「昔をたずねて今を知る」2003〕
【証(ごほーび)】〈漫画〉自分と相手への証(ごほーび)なんだよ〔大暮維人「エア・ギア 2」2003〕

こぼし
【小法師(こぼし)】〈古〉おたまり小法師(こぼし)〔1930〈俗〉〕

こぼす［零す・溢す］
【飜す(こぼす)】〈古〉

こぼれる［零れる・溢れる］
【翻れる(こぼれる)】〈小説〉翻(こぼ)れている。〔平野啓一郎「日蝕」2002〕
【毀れる(こぼれる)】〈歌詞〉赤い涙毀(こぼ)れてく〔彩音「Arrival of tears」2009〕

こま［独楽］
【独楽(こま)】〈古〉独楽(コマ)〔岡西惟中「続無名抄」1680〕

こま［駒］
【兵隊(コマ)】〈漫画〉チェスの兵隊(コマ)を倒す決意をした〔高橋留美子「犬夜叉 1」1997（巻末広告）〕／動かせる兵隊(コマ)はもうほとんどない〔小畑健「DEATH NOTE 2」(大場つぐみ) 2004〕

コマーシャル［commercial］
【CM(コマーシャル)】〈漫画〉CM(コマーシャル)で稼いだ〔吉住渉「ママレード・ボーイ 6」1995〕／TVでアイドルとかのCM(コマーシャル)見ても〔日渡早紀「未来のうてな 1」1995〕◆CMはコマーシャルメッセージの略。

こまい［氷魚・氷下魚］
【氷下魚(こまい)】〈俳句〉〔「読売新聞」2010年3月8日〕

こまい［細い］「ほそい」と、送りがなからは区別ができない。
【小い(こまい)】【小まい(こ)】〈古〉

こまいぬ［狛犬］
【咒師子(こまいぬ)】〈古〉咒師子(コマイヌ)〔「反故集」〕

ごまかす

【胡魔化す(ごまかす)】古 ◆漱石も用いる。

【胡麻化す(ごまかす)】歌詞 胡麻化し乍ら〔さだまさし「APRIL FOOL」1981〕

【誤魔化す(ごまかす)】歌詞 にが笑いして 誤魔化してる〔加藤和彦「ハリーズ BAR」(安井かずみ)1984〕

その他 護摩化す(ごまかす) 古

こましゃくれる

【小(こ)ましゃくれる】【小間癪(こましゃく)れる】古

ごますりばち

【胡麻擂盆(ごますりばち)】古

こまっちゃくれ 高慢ちき。→こましゃくれる

【高慢(こまっ)ちゃくれ】小説 高慢(こまっ)ちゃくれなど〔幸田文「流れる」1957〕

こまみち [駒道]

【馬子道(こまみち)】小説 将棋の馬子道(こまみち)などを知っていれば〔幸田文「流れる」1957〕

ごまめ [鱓]

【干鰯(ごまめ)】【小鰯(ごまめ)】古 干(小)鰯(ごまめ)〔杉本つとむ「日本文字史の研究」1998〕◆ほしかのルビは日本史教科書にも。

その他 五万米(ごまめ)・古女(ごまめ) 民間

こまりはてる [困り果てる]

【距果(こまりはてる)】古

コマンダー [commander]

【指揮官(コマンダー)】小説 指揮官(コマンダー)が命じた〔菊地秀行「魔界都市ブルース 夜叉姫伝 4」1990〕

コマンタレブー [フランス comment allez-vous] 挨拶のことば。お元気ですか。

【股漫放(こまんた)れぶー】小説 股漫放(こまんた)れぶーの無(ム)臭(シュー)〔柳瀬尚紀訳「フィネガンズ・ウェイク I II」1991〕

コマンド [command]

【技(コマンド)】詩

*【機動警察(コマンド・ポリス)】小説 身を固めた機動警察(コマンド・ポリス)だけだ〔菊地秀行「魔王伝 3 魔性編」1996〕

ごまんと ごちゃまんとも。

【五万(ゴマン)と】辞書 ◆ちょうど『大漢和辞典』の収録字数に近く、漢字は「五万とある」などとも。

ごみ [塵] 「ゴミ」と書かれることも多い。

【蔍(ごみ)】古 ◆虋は塵の崩し字の解読によるものか。地名用字の坾(ごみ)は塵の崩し字によるか。

【塵芥(ごみ)】書籍 音にも訓にも関係がなく、たゞ言葉の意味を酌んで漢字を宛てたものが沢山ある。たとえば塵芥(ゴミ)〔谷崎潤一郎「文章読本」1934〕

【塵埃(ごみ)】書籍 「ゴミ」は「塵芥」とも書きますが、また「塵埃」とも書く。〔谷崎潤一郎「文章読本」1934〕

【護美(ごみ)】民間 護美 小学六年生が思い込んでおり、作文などにもそう書いている〔斎賀秀夫「漢字と遊ぶ」1978〕

【五味(ごみ)】書籍 そこで、唯今申しましたような紛らわしい宛て字を、鷗外はいかに処置したかと申しますのに、浴衣、塵芥、寝衣、酷いの如きものは、湯帷子、五味、寝間着、非道いと書きました。〔谷崎潤一郎「文章読本」1934〕

【大介(ごみ)】漫画〔大島司「STAY GOLD 1」2004〕

その他 埃(ごみ)・芥(ごみ) 辞書

*【離珠(ごみチビ)】漫画 さしづめ離珠(ごみチビ)ってとこかしら?〔桜野みねね「まもって守護月天! 3」1997〕◆主人公を守護する者。

こみあう [込み合う]

【混(こ)み合(あ)う】民間 お帰りの乗車券は混み合いますから降車のさいにお求め下さい。〔千駄ヶ谷駅 1965 目〕

広告 3月は電話が混み合います。〔「読売新聞」2009年3月13日〕

こみいる [込み入る]

【混(こ)み入(い)る】雑誌 混(こ)み入って〔「小説新潮」1994年9月〕

こみこみ［込み込み］

【混み混み】 辞書

こみず

【漿】 古

こみち［小道］

【小径】 曲名 淡谷のり子「青い小径」1934

小説 幾筋もの小径があって〔市川拓司「いま、会いにゆきます」2003〕

【小路】 歌詞 ふと立ち止まる みどりの小路〔天地総子「小さなアクセサリー」(浜口庫之助)1968〕

コミック［comic］

【喜劇】 雑誌 フランスは喜劇の伝統がある国だし〔「Esquire」1994年1月〕

コミックス［comics］

【単行本】 漫画 単行本から看護師に統一したのです〔藤崎聖人「WILD LIFE 7」2004〕／単行本第1巻〔荒川弘「鋼の錬金術師 17」2007(巻末予告)〕

【C】 広告 H・C・スペシャル〔垣野内成美「吸血姫美夕」1988〕

漫画 Cカバーにまで〔「週刊少年ジャンプ」2004年48号〕

その他 HC・JC・KC 漫画

ごみばこ［塵箱・芥箱］

【芥箱】 古〔1929 隠〕

【塵芥箱】 小説 きたないものを入れる塵芥箱が〔幸田文「流れる」1957〕

書籍 塵芥箱〔加藤豊「マッチラベル博物館」2004〕

【護美箱】 民間 なるほど、こう書きゃ「アバタもエクボ」に見えるというわけか。〔料亭でのバカでかいゴミ箱 1955 目〕／公園のゴミ箱が「護美箱」というのもある。〔金田一春彦「ことばの歳時記」1973〕／一時、東京の街頭などで見かけた〝護美箱〟が九州でもあった。〔1974 目〕／もう四〇年以上も前 東京・日本橋の料亭の前に 護美箱。「五味」でも「娯身」でもいいわけだが〔斎賀秀夫「あて字の考現学」(「日本語学」1994年4月)〕

看板〔高速道路のサービスエリアで 2004〕

コミュナイゼイション［communization］

【共有化】 論文 ❖→コミュニケーション(伝達)

コミュニケーション［communication］

コミニュ(ニ)ケーションは言いやすくなった語形。

【交 流】 書籍〔うみのさかな&宝船蓬莱「うみのさかな&宝船蓬莱の幕の内弁当」1992〕

【意志疎通】 評論 人間同士の意志疎通のためよりも、〔谷川俊太郎「詩を書く なぜ私は詩をつくるか」2006〕

【伝 達】 論文 モリスの術語を用いれば、振り仮名は伝 達の手段であると同時に、共 有 化の手段なのである。〔内山和也「振り仮名表現の諸相」2002〕／伝 達 経 路の開閉〔同〕

コミュニタリアン［communitarian］

【共同体主義者】 新聞 またある時は共同体主義者。〔「読売新聞 夕刊」2010年7月5日(佐藤康智)〕

コミュニティー［community］

【社 会】 書籍 模範的言語社 会〔杉本つとむ「近代日本語の成立と発展」1998〕

こむ［込む］ 込むよりも、混雑との混淆、さらに混じっているイメージまであり、混むが広く定着した。立て込むでは混が少ない。正宗白鳥「微光」1910に「人混み」。新聞ではより古い例あり。→こみあう

【込む】 新聞 込んだバスに乗ってきました。〔「読売新聞」2010年2月28日〕❖常用漢字に従った、新聞らしい表記。島崎藤村なども使っていた。

【混む】 ❖百年あまり前から新聞や小説な

どに現れた表記。雑誌『太陽』でも戦前からある。小学生にも「こむ」はこう書くと述べる者あり。「混雑」からというのは大学生などと同様で、音訓意識が薄れている。改定常用漢字表（答申）で追加された訓。→笹原宏之「改定常用漢字表と日本語表記」2010

歌詞 会えるはずのないあなたの姿も 見つけられそうに混んだレストラン〔松任谷由実「ランチタイムが終わる頃」1982〕／混んだロビーは 溜め息の渦〔寺尾聰「夏嵐」（有川正沙子）1983〕

雑誌 店内の混みようは〔「小説新潮」1994年4月〕

書籍 ターミナルビルが混みすぎて〔井上ひさし「ニホン語日記」1996〕

辞書 おにごみ（鬼混み） 大混雑 俗

文書 執筆期間の締切間近は、システムが混み〔「大妻女子大学シラバスシステム執筆マニュアル」2009年2月5日〕

コム [comm]

【通信士(コム)】 小説〔大石英司「神はサイコロを振らない」2005〕

ゴム [オランダ gom]

【護謨(ゴム)】 古〔宇田川榕菴「植学啓原」1834〕

【護謨(ゴム)】 古 護謨輪(ゴムりん) タイヤ 明治〔惣郷正明「辞書漫歩」1987〕

コムレード [comrade]

【盟友(コムレード)】 小説 文学的盟友(コムレード)でもある〔村上春樹訳「レイモンド・カーヴァー傑作選 CARVER'S DOZEN」1997〕

ごめ

【海猫(ごめ)】 歌詞 海猫(ごめ)が鳴くから ニシンが来ると…〔北原ミレイ「石狩挽歌」（なかにし礼）1975〕

こめかみ [顳顬・蟀谷] 「米嚙み」から。

【蟀谷(こめかみ)】 古 ❖「こおろぎ（蟋蟀）の谷」とする理由は未詳。

【顳(こめかみ)】 歌詞 顳にあてて撃つ〔南佳孝「ピストル」1973〕

こめこめクラブ [米米クラブ] 音楽グループ名。「※」から命名。

【米米クラブ(よねよね)】【米米クラブ(まいまい)】 誤読 うちのおかんが「よねよねクラブ」と読んでいた。俺の弟「まいまいクラブ」って読んでたよ。〔WEB〕

【米 米クラブ(アメリカアメリカ)】 誤読 「アメリカアメリカクラブ」って読むやついたよ。〔WEB〕

コメント [comment]

【発言(コメント)】 漫画 発言(コメント)はないものと思ってください〔蓮見桃衣「エキストラ・ジョーカーJOE」（清涼院流水）2001〕

ごめんなさい [御免なさい]

【五面奈斉(ごめんなさい)】 戯名 五面奈斉(ごめんなさい)真平〔矢野準「近世戯作のあて字」（「日本語学」1994年4月）〕❖戯作者。

ごもくめし [五目飯]

【〓〓(ごもくめし)】 字遊 五目飯〔遠藤好英「漢字の遊び例集」1989〕❖すし店のマーク。

こもち [子持ち]

【嫗(こもち)】 演目 夜「嫗山姥(こもちやまんば)」は名女形、三代目時蔵の五十回追善。〔「読売新聞」2008年11月10日〕

こもりうた [子守り唄・子守り歌]

【子守唄(こもりうた)】 曲名 チェッカーズ「ギザギザハートの子守唄」（康珍化）1983

こもれび [木漏れ日]

【木漏れ陽(こもれび)】 歌詞 静かな木漏れ陽の〔荒井由実「やさしさに包まれたなら」1974〕

【木もれ陽(こもれび)】 歌詞 木もれ陽あびた君を抱けば〔布施明「シクラメンのかほり」（小椋佳）1975〕

【木洩れ陽(こもれび)】 歌詞 木洩れ陽が眩しい〔菊池桃子「夏色片想い」（有川正沙子）1986〕

小説〔野沢尚「破線のマリス」2000〕

【こもれ陽(び)】 歌詞 夢のつづきはこもれ陽〔安

全地帯「夢のつづき」〔松井五郎〕1985〕

【こもれ燈(び)】歌詞 外のこもれ燈に淡くゆれる〔BOØWY「Welcome To The Twilight」〔氷室京介〕1986〕❖「日」ではない。

こや［小屋］

【小舎(こや)】曲名 近江俊郎「山小舎の灯」〔米山正夫〕1947〕

歌詞 山番の山小舎(ごや)に〔舟木一夫「絶唱」〔西條八十〕1966〕

【劇場(こや)】歌詞 昨日北国 場末の劇場(こや)で〔青木光一「さすらいの青春」〔野村俊夫〕1953〕／どうせ場末の三流劇場(ごや)の〔フランク永井「場末のペット吹き」〔宮川哲夫〕1956〕

こやぎ［子山羊］

【児山羊(こやぎ)】曲名「めえめえ児山羊(こやぎ)」〔藤森秀夫〕1935〕

こやし［肥やし］江戸時代には、壌という造字や糞、肥汁も用いた。

【屎(こやし)】人名 屎麻呂 こやしまろ 災害から免れんと〔平島裕正「日本の姓名」1964〕

【肥汁(こやし)】書籍 肥汁(こやし)〔杉本つとむ「日本文字史の研究」1998〕

【肥料(こやし)】書籍 この肥料(こやし)というものが〔井上ひさし「私家版 日本語文法」1981〕

コヤンイ 朝鮮語。

【猫(コヤンイ)】古 一般警察官吏〔1915 隠〕

こよい［今宵］「此の宵」の意。気象庁は「宵(よい)」を用いないと決めた。

【此有(こよい)】【此夜(こよい)】【是夜(こよい)】【今夕(こよい)】【今夜(こよい)】古

ごようしゃ［御容赦］

【五葉舎(ごようしゃ)】筆名 ❖戯作者。御容赦のもじり。

ごようたつ「ごようたし」とも。

【御用達(ごようたつ)】辞書 シティーボーイ御用達(ごようたつ)雑誌〔1990 俗〕

WEB 江戸時代の俚言集覧には「江戸では〝達〟をタシと呼び、大阪中国ではタツと呼ぶ」と出てきます。「タシ」は江戸で出た言い方だったのですね。その後、江戸から全国に広がり共通語となっていったようです。明治時代には「タシ」も辞書に載るようになりました。しかし、江戸から出た言い方が西日本まで広がっていくには時間がかかります。「ごようたつ」という読み方が正いのではないか？とお便りをくださった方はみなさん西日本の方でした。〔「ことばおじさんの気になることば」2009年10月19日〕

こよなし

【無レ超(こよなし)】古

こより［紙撚り・紙縒り・紙捻り］

【紙縒(こより)】辞書

こら

【固羅(コラ)】漫画 文句あるか固羅(コラ)!!〔安西信行「烈火の炎 4」1996〕

コラージュ［フランス collage］

【切抜合成(コラージュ)】歌詞 街路樹が切抜合成(コラージュ)〔東京事変「母国情緒」〔椎名林檎〕2004〕❖ＷＥＢに合成（コラージュ）も。

こらえる［堪える］

【耐える(こら)】歌詞 重ねる酒の 激しさは 耐(こらえ)たしわざやら〔大津美子「東京アンナ」〔藤間哲郎〕1955〕／男ならばと 耐(こら)えちゃみたが〔三船浩「男のブルース」〔藤間哲郎〕1956〕❖忍という字は「心の上に刃がある」とよく言われる。

ごらく［娯楽］→ごじ（娯字）

【誤楽(ごらく)】古

コラボ［↑コラボレーション（collaboration）］

【並列(コラボ)】雑誌 そこでやっちゃいました、並列(コラボ) BOOK IN BOOK。〔「JUNON」2009年7月〕

【来楽暮(コラボ)】新聞 来楽暮(こらぼ) 姉妹がコラボレーションで2007年に起業した会社の名「皆に楽しい暮らしが来るように」との願いを込

めたという。〔「読売新聞」2010年3月28日〕

コラボラチュール［フランス collaborateur］

【協力者】（小説）協力者にとびかかる日だ〔遠藤周作「白い人」1955〕

ごらん［御覧］

【Go-round】（歌詞）もっと楽しんで Go-round（ごらん）〔V6「DO IT」（DJ KOO）1997〕

こり［垢離］

【垢離】（辞書）「川降り」からともいう。

コリアン［Korean］

【韓国】（漫画）

ごりおし［ごり押し］

【鮴押し】（辞書）❖鮴は国字。「めばる」とも。

コリジョン［collision］

【衝突】（漫画）

コリドー［corridor］

【回廊】（歌詞）心には つむじ風の 扉へ続く回廊〔山下達郎「風の回廊（コリドー）」1985〕

ごりむちゅう［五里霧中］

【五里夢中】（誤字）❖間違えやすい四字熟語の誤記の例が羅列されている中によく掲げられている。

ごりよう［御利用］

【504】（広告）3655504〔「女性セブン」2004年7月8日〕❖電話番号。

コルク［オランダ kurk］

【木栓】（古）

コルト［Colt］

【拳銃】（映画題名）「拳銃（コルト）は俺のパスポート」1967

【子馬】（小説）〔柳瀬尚紀訳「フィネガンズ・ウェイク III IV」1993〕

ゴルフ［golf］

【吾流歩】【娯流歩】【誤屢腐】【凝夫】（字遊）〔斎賀秀夫「漢字と遊ぶ」1978〕／〔樺島忠夫「事典日本の文字」1985（川崎洋）〕

これ［此れ・是・之・惟］

【是】【之】（古）是れに由て之を観れば「これ」「みる」を、色々な字に書く人がある 由是観之ユゼクワンシと覚えて居ればよい。〔大槻文彦「復軒雑纂」1902〕

【焉】（漢文）焉より

【此人】（小説）〔樋口一葉「十三夜」1895〕

【酒】（小説）女より、酒さ〔池波正太郎「鬼平犯科帳」1968〜1990〕

【忘れ物】（小説）忘れ物、ありがと〔芝中学校文芸部「天晴れ21号」1999〕

【主婦】（漫画）わたし主婦でいいのかしら〔「コーラス」2004年10月（ヒゲぴよ）〕

【女】（漫画）女か…？〔許斐剛「テニスの王子様 19」2003〕

【彼女】（漫画）彼女ができたとかさ〔林家志弦「おねがいティーチャー 1」2002〕

その他 **遺品・ハリセン・アクリルガラス・キー・ハエ・盾・麻痺銃・甲羅・髪・義手・着物・軍服・理想・能力・記憶・言葉・偽名・場面・午後・血の海・学園祭・200m走・ゲンコ・アイツの「トラップ」**（漫画）／**愛**（歌詞）／**魔獣**（小説）

関連 **【これ】**（漫画）これ外しちゃダメか〜!?〔日高万里「ひつじの涙 5」2003〕

関連 **【コレ】**（漫画）コレ使うの結構ムズかしいぞ〔「花とゆめ」2004年22号（学園アリス）〕

これから［此れから］

【未来】（漫画）過去ではなく… 未来に絶望したのでは？〔渡辺祥智「銀の勇者 5」2000〕／共有するはずの未来〔「週刊少年ジャンプ」2004年10月11日（NARUTO）〕

【希望】（曲名）桜井智「希望」1997

その他 **将来**（書籍）

コレクション［collection］

【呼麗苦衝音】（アルバム名）氣志團「死無愚流呼麗苦衝音 + 3」2004

コレクター［collector］

【稀覯人(コレクター)】書名 二階堂黎人「稀覯人(コレクター)の不思議」2005

これこれしかじか
【此此然然(これこれしかじか)】書名 山木康世「此此然然(コレコレシカジカ)」2008

これしき［此れ式・是式］
【此敷(これしき)】古

これっきり［此れっ切り］
【此壗限り(これっきり)】古 丁度此壗限り(これっきり)で御在ますよ〔広津柳浪「河内屋」1896 俗〕

コレスポンダンス［フランス correspondance］対応。
【照応(コレスポンダンス)】書籍 照応(コレスポンダンス)によって〔池田雅之「ラフカディオ・ハーンの日本」2009〕

これなく
【無之(これなく)】古〔紀田順一郎「日本語発掘図鑑」1995〕
◆当て字ではなく、漢文訓読式の表記。

これまで［此れ迄］
【従来(これまで)】古

これら［此れ等・是等］
【這個等(これら)】WEB 這個等(これら)の字を◆文章の全部を漢字で書こうとしているホームページもある。

コレラ［オランダ cholera］→コロリ
【虎列剌(コレラ)】書名 江馬春熙「虎列剌論」1871
中国◆日本で音訳され、中国語に。〔陳生保「中国と日本―言葉・文学・文化」2005〕
その他 虎レラ 古

ころ［↑さいころ］
【采(ころ)】古〔1935 隠〕

ころ［頃］
【一伏三向(ころ)】古〔「万葉集」〕◆平安時代に『万葉集』はすでによく読めなくなっており、今でも難訓歌は残っている。
【大昔(ころ)】漫画 深く関わろうとしていた大昔(ころ)の〔小畑健「DEATH NOTE 4」(大場つぐみ)2004〕
【時期(ころ)】歌詞 潮風が 誘いにくる時期(ころ)〔杉山清貴「想い出のサマードレス」(松井五郎)1987〕
【時代(ころ)】広告 風に吹かれた時代(ころ)〔なぎら健壱コンサート(杉並区公会堂オープニング記念公演)2006〕
【日々(ころ)】歌詞 眩しく輝いたあの日々(ころ)の PHOTOGRAPH(フォトグラフ)〔甲斐バンド「シーズン」(甲斐よしひろ)1983〕
【直前(ころ)】歌詞 何年後(いつ)かこの鼓動が止む直前(ころ)〔ヴィドール『「F」Stein to『M』』(ジュイ)2004〕

ころ
【梠(ころ)】古◆梠は「こまい」とも(梠とも書く)。

ごろ →ごろつき
【破落戸(ごろ)】古〔1917 隠〕
【喧嘩(ゴロ)】小説 喧嘩(ゴロ)まかねえでおくれ〔田中英光「聖ヤクザ」1949 集〕／ボンタンズボンに喧嘩(ゴロ)巻くときに〔森村誠一「致死家庭」1983 集〕
書籍 いわば喧嘩(ゴロ)仁義(メンツー)というわけだ〔山平重樹「愚連隊列伝モロッコの辰」1990 集〕

ごろ［語呂・語路］当て字のようである。
【語路(ごろ)】書籍 語路(ごろ)合せ〔井上ひさし「ニホン語日記」1996〕
【56(ごろ)】漫画 5607(ごろあわせ)〔小栗左多里&トニー・ラズロ「ダーリンの頭ン中 2」2010〕

ころがき［転柿］
【衣柿(ころがき)】新聞 和菓子の「衣柿」は、品川・戸越銀座商店街に軒を連ねる和菓子店「戸越銀座 青柳」の看板商品。(中略)名前は、粉をふいた柿が、白い衣をまとう姿にちなむ。〔「読売新聞」2006年3月1日〕
その他 枯露柿(ころがき)・胡露柿(ころがき) 辞書

ころがす［転がす］
【運転(ころが)す】歌詞 荒れた道路を運転(ころが)してきた〔RCサクセション「DRIVE」(忌野清志郎・春日博文)1985〕

ころころ 笑う声は、漢語「胡盧」と一致。
【転々(ころころ)】WEB

ごろごろ

【語呂語呂(ごろごろ)】書籍 ペルシア語、レット語、トルコ語(中略)アルバニア語などの雷が、語呂語呂語呂語呂……と、鳴りひびいている。〔柳瀬尚紀「辞書はジョイスフル」1996〕

【5656(ごろごろ)】漫画 浅草5656(ごろごろ)会館で!!〔秋本治「こちら葛飾区亀有公園前派出所 126」2001〕❖雷5656会館は電話番号も5656。

ころし [殺し]

【殺人(コロシ)】小説 殺人(コロシ)〔徳富蘆花「寄生木」1909 集〕／恐喝(カツアゲ)と殺人(コロシ)〔南英男「嬲り屋」2000 集〕

書籍 強盗や殺人(ころし)をやった奴らが〔佐々淳行「目黒警察署物語」1989 集〕

書名 西村京太郎「祝日に殺人(ころし)の列車が走る」1990

漫画 殺人(コロシ)は俺たちの専門だ!〔さとうふみや「金田一少年の事件簿 20」(金成陽三郎)1996〕

【殺師(ころし)】広告 女殺師(ころし)〔菊地秀行「白夜サーガ 魔王星完結編」1996〕

その他 殺人事件(ころし) WEB

ころす [殺す]

【抹殺す(ころす)】漫画〔上条明峰「SAMURAI DEEPER KYO 16」2005〕❖古辞書に「恋」に訓「コロス」。

その他 初期化される(ころ) WEB

*【死闘(ころしあい)】漫画 まさに死闘(ころしあい)なんだよ〔さとうふみや「金田一少年の事件簿 23」(金成陽三郎)1997〕

*【殺女(コロスケ)】曲名 ヴィドール「我輩ハ、殺女(コロスケ)成り…。」(ジュイ)2004

ごろつき [破落戸] →ごろ

【破落戸(ごろつき)】小説 ありふれた町の破落戸(ごろつき)の類ではない〔静霞薫「るろうに剣心 巻之一」(和月伸宏)1996〕

【悪友(ごろつき)】広告〔菊地秀行「白夜サーガ 魔王星完結編」1996(巻末)〕

その他 無頼(ごろつき) 辞書

ころっと

【殺っと(ころ)】小説 殺っと(ころ)同じ色合(いろあい)に見え(み)〔柳瀬尚紀訳「フィネガンズ・ウェイク III IV」1993〕

ころび [転び] 転向する意も。

【転(ころび)】古 転(ころび)芸者〔1920 俗〕

ころぶ [転ぶ]

【転倒ぶ(ころ)】漫画〔「週刊少年ジャンプ」2004年11月29日(Mr. FULLSWING)〕

その他 左(ころぶ) 古

ゴロフクレン [オランダ grofgrein]

【呉絽服連(ゴロフクレン)】小説〔柳瀬尚紀訳「フィネガンズ・ウェイク I II」1991〕❖字音による当て字。

コロリ [オランダ cholera] →コレラ

【虎狼痢(コロリ)】書名 緒方洪庵「虎狼痢治準」1858

【暴瀉病(コロリ)】古〔1877 俗〕

その他 古呂利(コロリ) 辞書

コロンビア [Colombia]

【哥倫比亜(コロンビア)】辞書

こわい [怖い]

【恐い(こわ)】歌詞 なんの恐かろ 小判鮫〔小畑実「小判鮫の唄」(高橋掬太郎)1948〕／今も想い出すたび恐く(こわ)なるわ〔麻丘めぐみ「芽ばえ」(千家和也)1972〕／守って 心を離さないで 何があっても恐くないくらい〔ゆうゆ with おニャン子クラブ「天使のボディーガード」(秋元康)1987〕／恐くて(こわ)〔いきものがかり「YELL」(水野良樹)2009〕❖常用漢字では「恐」は「おそろしい」。

雑誌 おお恐わ(こ)〔「小説新潮」1994年10月〕

【怕い(こわ)】小説 僕には怕い(こわ)んです〔北杜夫「岩尾根にて」1956〕

【怖え(こえ)】漫画 怖え(こえ)なぁ〔由貴香織里「天使禁猟区 1」1995〕／怖ェ(こえ)からやめ〔大暮維人「エア・ギア 1」2003〕／怖え(こえ)んだろ〔大暮維人「エア・ギア 5」2004〕／人間のクセに怖(こえ)〜〔小畑健「DEATH NOTE 8」(大場つぐみ)2005〕❖関東などの方言による発音の文字化。

【恐え(こえ)】漫画 恐えぞ(こえ)〔「週刊少年ジャンプ」2004年48号(Mr. FULLSWING)〕

【怖(こ)え】漫画 怖(こ)えーことに〈中条比紗也「花ざかりの君たちへ 11」2000〉／怖(こ)ェー目にでも〈藤崎聖人「WILD LIFE 2」2003〉／怖(こ)ええのか〈「週刊少年マガジン」2004年48号(ジゴロ次五郎)〉❖テレビでは、こうぇーという音声に「怖ぇ」というテロップも。

こわがる ［怖がる］
【恐(こわ)がる】歌詞 夜になるたび月は子供に帰りひとりを恐がる〈中島みゆき「月の赤ん坊」1985〉／話してくれよ僕を傷つけること恐がらずに〈杉山清貴「最後の Holy Night」(売野雅勇)1986〉

こわす ［壊す］
【毀(こわ)す】小説 発動機船がスクリュウを毀(こわ)してしまった。〈小林多喜二「蟹工船」1929〉／漢の皇帝が定めたものを毀(こわ)された〈「読売新聞」2010年2月10日〉
その他 破(こわ)す 古

ごわす 方言。
【在(ごわ)す】古 余裕が在(ごは)せんから〈1902 俗〉

こわだか ［声高］
【大語(こわだか)】古

こわばる ［強張る］
【硬(こ)わばる】小説 硬(こ)わばった〈小林多喜二「蟹工船」1929〉

こわめし ［強飯］
【強飯(こわめし)】古

こわもて ［強面・怖面］
【怖(こわ)もて】歌詞 顔は怖もて〈サザンオールスターズ「マチルダ BABY」(桑田佳祐)1983〉
❖怖くてモテる人と意識され「怖モテ」とも。

こわれる ［壊れる］
【破壊(こわ)れる】古〈1891～1892 俗〉
【毀(こわ)れる】政策 こわれる(毀(コハ)れる)〈内閣告示「現代かなづかい」1946〉
小説 毀(こわ)れていないらしいわ〈吉行淳之介「鳥獣虫魚」1971〉
歌詞 かすかに揺らめき はかなく 毀れた〈種ともこ「Mermaid In Blue」1986〉

こんかい ［今回］
関連【今回(リチエ)】漫画 今回(リチェ)の事はオレの思い上がりのせいでもあるんだよな〈渡辺祥智「銀の勇者 4」2000〉❖主人公の親友がさらわれてしまったこと。

こんかつ ［婚活］
【婚勝(こんか)つ】広告

こんがらがる こんがらかる。
【混絡(こんがら)かる】【困絡(こんがら)がる】【こん絡(がら)がる】古

コンキスタドーレス ［スペイン conquistadores］征服者の複数形。
【征服者達(コンキスタドーレス)】曲名 Sound Horizon「海を渡った征服者達」(REVO)2009

ごんぎつね
【譁狐(ごんぎつね)】小説〈柳瀬尚紀訳「フィネガンズ・ウェイク I II」1991〉

ゴング ［gong］
【欣求(ゴング)】小説〈柳瀬尚紀訳「フィネガンズ・ウェイク III IV」1993〉

こんぐらかる こんがらがる。
【混(こん)ぐらかる】小説 混ぐらかってしまう〈柳瀬尚紀訳「フィネガンズ・ウェイク III IV」1993〉

コンクリート ［concrete］
【混凝土(コンクリート)】古❖日本で漢字を当てた語。中国語でも使われる。「凝混土」も日本、中国で使われる。
歌詞 待ち侘びて凍る謦は混凝土(コンクリイト)〈椎名林檎「迷彩」2003〉
その他 練砂利(コンクリート) 古
*【頭恐古里】台湾 頭恐古里 あたまコンクリート 頭が堅いということ〈黄文雄「日本語と漢字文明」2008〉

コンゲーム ［con game］
【仕掛(コンゲーム)け】広告 逆転の仕掛(コンゲーム)け〈菊地秀行「魔界都市ブルース 夜叉姫伝 4」1990〉

【騙しあい(コン・ゲーム)】広告 ノンストップ騙しあい(コン・ゲーム)小説〔「読売新聞」2009年1月31日〕

こんこう [混淆] コンタミ(ネーション)。
【混交(こんこう)】書換

ごんごどうだん [言語道断]
【言語同断(ごんごどうだん)】古〔沖森卓也「はじめて読む 日本語の歴史」2010〕❖『大漢和辞典』にも出典なしで掲出。

こんごらかる こんがらがる。こんぐらかる。
【紛糾る(こんごらか)】新聞「紛糾った話」などとあて字している例もある。〔「読売新聞」2007年7月27日(日本語・日めくり)〕

こんこん
【狐々(こんこん)】古〔式亭三馬「小野𥶡譃字尽」1806〕

こんこんちき
【狐々痴機(こんこんちき)】古 狐々痴機(こんこんちき)で御坐い〔1888 俗〕
❖鳴き声からの当て字か。吼噦(こんかい)(狂言)。

コンサート [concert]
【演奏会(コンサート)】漫画〔熊倉裕一「KING OF BANDIT JING 6」2004〕❖WEBに「混サート」。

コンサバ [←コンサバティブ(conservative)]
【保守的(コンサバ)】雑誌

こんじき [金色]
【金色(コンジキ)】漫画 オフィス金色堂(コンジキドー)〔中尊寺ゆつこ「プリンセス in Tokyo」1989〕❖事務所。
【黄金色(コンジキ)】歌詞 黄金色(コンジキ)の蝶が舞う〔ベアトリーチェ(大原さやか)「チェイン」(DY-T)2009〕

コンシャンスユメーヌ 〔フランス conscience humaine〕
【人間の良心(コンシャンス・ユメーヌ)】小説〔遠藤周作「白い人」1955〕

こんじょう [根性]
【魂性(コンジョウ)】漫画 ド魂性(コンジョウ)パチキ〔大暮維人「エア・ギア 2」2003〕
【魂精(コンジヤウ)】古 ぬす人魂精(コンジヤウ)『色の染衣』〔遠藤好英「漢字の遊び例集」1989〕

こんしろう [紺四郎]
【紺四郎(こんしろう)】古 英語 consul「領事」の変化 明治初期の横浜英語〔1871～1872 俗〕

コンス コンサルタントの音訳という人もいる。
【公司(コンス)】小説 空中輸送公司(コンス)では〔田中芳樹「創竜伝 9」1998〕❖中国語読み。

コンスタンチノープル [Constantinople]
【君府(コンスタンチノープル)】辞書 現イスタンブール。

コンスパイラシー [conspiracy]
【陰謀史観(コンスパイラシー)】小説 有名人の醜聞から世界規模な陰謀史観(コンスパイラシー)まで〔清涼院流水「カーニバル 一輪の花」2003〕

コンセプト [concept]
【概念(コンセプト)】歌詞 今日も概念(コンセプト)なんか設けないわ〔PUFFY「日和姫」(椎名林檎)2009〕
【基本設計(コンセプト)】漫画 割り切った基本設計(コンセプト)は多くのライダーを〔大暮維人「エア・ギア 1」2003〕

コンソール [console] 敗者復活戦。
【操作卓(コンソール)】小説 操作卓(コンソール)で作業に従事している〔清涼院流水「カーニバル 二輪の草」2003〕

コンソレーション [consolation]
【敗者復活戦(コンソレーション)】漫画 アンタ達は敗者復活戦(コンソレーション)負けるつもりなんだ〔許斐剛「テニスの王子様 19」2003〕
【5位決定戦(コンソレーション)】漫画 橘との試合以降5位決定戦(コンソレーション)にも出てなかったから〔許斐剛「テニスの王子様 15」2002〕

コンタクト [contact]
【接触(コンタクト)】漫画 もう1度接触(コンタクト)をとってくるはずだ！〔さとうふみや「金田一少年の事件簿 27」(金成陽三郎)1997〕❖漫画「タッチ」の中国での訳に「接触」もあった。
その他 交信(コンタクト) 漫画
*【接触者(コンタクティー)】広告 UFOパニック3 接触者(コンタクティー)は語る〔「読売新聞」2010年5月29日〕

こ

コンダクト [conduct]
【指揮(コンダクト)】漫画〈熊倉裕一「KING OF BANDIT JING 6」2004〉

こんたん [魂胆]
【狐ん胆(こたん)】小説〈柳瀬尚紀訳「フィネガンズ・ウェイクⅠⅡ」1991〉

コンチェルト [伊 concerto]
【協奏曲(コンチェルト)】書名 阿部牧郎「危険な協奏曲(コンチェルト)」1993
漫画 協奏曲(コンチェルト)コンサート〈二ノ宮知子「のだめカンタービレ 1」2002〉／バッハの協奏曲(コンチェルト)ですよ〈二ノ宮知子「のだめカンタービレ 17」2007〉／協奏曲(コンチェルト)やっぱりいいデス〈二ノ宮知子「のだめカンタービレ 20」2008〉
漫画題名 石井あゆみ「信長協奏曲(コンツェルト) 1」2009
【共演(コンチェルト)】漫画 一番大事な先輩との共演(コンチェルト)が〈二ノ宮知子「のだめカンタービレ」2009〉

こんちき
【野狐(こんちき)】古

こんちきしょう
【此ん畜生(こちきしょう)】古〈1885 俗〉
関連【こんちきしょうめ(サナアビッチ)】書籍〈池田雅之「ラフカディオ・ハーンの日本」2009〉

こんちくしょう
【此畜生(こんちくしょう)】古〈1892 俗〉

コンチノ
【黒豚(コンチノ)】漫画 あの醜い黒豚(コンチノ)が〈北条司「CITY HUNTER 1」1986〉
【豚(コンチノ)】漫画 豚(コンチノ)のような下等動物に〈北条司「CITY HUNTER 1」1986〉

こんちは [今日は]
【今日は(こんち)】小説 今日(こんち)はお芽でとう〈有吉佐和子「地唄」1956〉
【根知和(こんちわ)】もじり「根(こん)・知(ち)・和(わ)」山本投手 ドラゴンズ 座右の銘〈井上ひさし「ニホン語日記」1996〉◆もじり・しゃれ。
【今日あ(こんち)】古〈1907 俗〉

コンチュール [仏 conteur]
【語り部(コンチュール)】書籍〈池田雅之「ラフカディオ・ハーンの日本」2009〉

コンディション [condition]
【調子(コンディション)】歌詞 君の調子(コンディション)を喰らい〈椎名林檎「流行」（椎名林檎・坂間大介）2009〉

コンテキスト [context] コンテクスト。
【文脈(コンテキスト)】書籍〈通じがあってうれしい〉という文脈(コンテキスト)を〈井上ひさし「私家版 日本語文法」1981〉

コント [仏 conte]
【物語(コント)】書籍 物語(コント)との中間の〈池田雅之「ラフカディオ・ハーンの日本」2009〉

こんど [今度]
*【今度ぁ(こんだ)】漫画 今度(こんだ)ぁ何だ〈中条比紗也「花ざかりの君たちへ 2」1997〉◆口語形。

コントラスト [contrast]
【対比(コントラスト)】広告 金と銀の対比(コントラスト)〈「読売新聞」2010年1月16日〉
【日焼けのあと(コントラスト)】ゲーム 熱い日差しが刻んだ日焼けのあと(コントラスト)〈新世紀エヴァンゲリオン フィギュアクレーンゲーム（バンプレスト）〉

コントロール [control]
【管理(コントロール)】漫画 学校は管理(コントロール)された〈由貴香織里「天使禁猟区 1」1995〉
【制御(コントロール)】漫画 システムを制御(コントロール)できるわ〈松川祐里子「魔術師 7」1999〉
【統御(コントロール)】歌詞 統御(コントロール)して頂戴〈椎名林檎「やっつけ仕事」2003〉
【操作(コントロール)】小説 絶対的心理操作(マインド・コントロール)に〈清涼院流水「カーニバル 二輪の草」2003〉
【制球力(コントロール)】漫画 抜群の制球力(コントロール)があって〈川原泉「メイプル戦記 1」1992〉
【照準(コントロール)】漫画〈大島司「STAY GOLD 1」2004〉
【C(コントロール)】漫画 C(コントロール)の良さで…〈許斐剛「テニスの王子様 20.5」2003〉◆字数の制約からか。
その他 調節(コントロール) 漫画

こんな
【這麼(こんな)】書籍 這麼(こんな)物が落ちて居ったが〈岩附

一雄「犯罪手口の研究」1948 集〕❖唐話以来の表記。

【鍋にならない】 漫画 鍋にならないことで喜べるなんて〔藤崎聖人「WILD LIFE 1」2003〕

その他 這般な・此麼 古

＊【知識不足】 漫画 知識不足で動物を病気にしたら〔藤崎聖人「WILD LIFE 1」2003〕

＊【非常時】 漫画 非常時以外は林野庁の車くらいしか〔藤崎聖人「WILD LIFE 5」2004〕

＊【ω】 小説 伏見：そうですね。一巻のときから変なルビの振り方『沙織の「ω(こんなふうに)」』をしているのですが〔伏見つかさ「俺の妹がこんなに可愛いわけがない」についてWEBで〕

こんなとこ こんなところ。

【ロサンゼルス】 漫画 ロサンゼルスに来ちやったから〔藤崎聖人「WILD LIFE 2」2003〕

【露天風呂】 漫画 露天風呂にこいつがいるんだ〔中条比紗也「花ざかりの君たちへ 7」1999〕

その他 広場・第二倉庫・野球場 漫画

こんなところ ［こんな所］ →こんなとこ

【氷室の部屋】 漫画 氷室の部屋に〝手がかり〟なんてあんのかよ〔さとうふみや「金田一少年の事件簿 4」(金成陽三郎)1993〕

【船の上】 漫画 でも、船の上じゃ〔藤崎聖人「WILD LIFE 6」2004〕

こんなもの ［こんな物］ →こんなもん

【権利書】 漫画 権利書なんてジャマになるだけで…〔荒川弘「鋼の錬金術師 1」2002〕

関連【こんなもの】 漫画 こんなものかけさせられて〔蓮見桃衣「コズミック・コミックスAND」(清涼院流水)2003〕

こんなもん こんなもの。

【拳銃】 漫画 拳銃のせいで俺達は不孝になったんだ!!〔松川祐里子「魔術師 6」1998〕

【絶対音感】 漫画 絶対音感があるせいかも〔藤崎聖人「WILD LIFE 6」2004〕

こんなん ［困難］

【壁】 歌詞 いくつもの壁も〔misono「Tales…」2009〕

こんにちは ［今日は］

【こんにち和】 WEB ❖「こんにちわ」から。

こんにゃ こんやの連声。

【今夜】 古 ❖WEBでは訛語形としても。

コンパ ［←コンパニー］ 大正時代から。

【混派】 WEB ❖軟派が下敷きとなったか。

コンバータ ［converter］

【増幅器】 漫画 増幅器に水が入っちまった〔義仲翔子「ロスト・ユニバース 2」(神坂一)1999〕

コンバート ［convert］

【転換】 漫画〔星野桂「D. Gray-man 1」2004〕

コンパートメント ［compartment］

【個　室】 漫画 あの列車の個　室の見取り図はないか?〔さとうふみや「金田一少年の事件簿 21」(金成陽三郎)1996〕

コンパエザーノ ［イタリア compaesano］

【同郷の人】 新聞 何人の同郷の人をおれたちは〔「朝日新聞」2005年1月9日(天声人語)〕

コンパス ［オランダ kompas］

【羅鍼儀】 古 ❖古く、コンパスという文具は混撥子、根発子とも。

【羅針盤】 歌詞 君の胸の羅針盤に聞け〔JAM Project「DEPARTURE」(影山ヒロノブ)2002〕

【道標】 歌詞 いつだってわたしの道標はここに在るんだ〔霜月はるか「音のコンパス」2008〕

コンバタン ［フランス combattant］

【闘士】 小説 陶酔に酔った闘士が〔遠藤周作「白い人」1955〕

コンバット ［combat］

【戦闘】 漫画 戦闘形態〔大暮維人「エア・ギア 3」2003〕

コンビ［↑コンビネーション］

【二人組（コンビ）】（小説）ＪＤＣの探偵は二人組（コンビ）〔清涼院流水「カーニバル一輪の花」2003〕

【Ｃ（コンビ）】（漫画）黒点虎とのＣ（コンビ）もいいぞ!!〔藤崎竜「封神演義 2」1997〕

コンビニ［↑コンビニエンスストア］中国では「便利（商）店」。

【社会（コンビニ）】（漫画）社会（コンビニ）に捨てられ〔藤崎聖人「WILD LIFE 1」2003〕

【二人煮（コンビニ）】（雑誌）〔「お笑い男子校 Vol.1」2009（バッドボーイズのインタビュー記事）〕

コンビネーション［combination］

【連携（コンビネーション）】（漫画）石田との新型連携（コンビネーション）にも期待したい〔許斐剛「テニスの王子様 20.5」2003〕

コンピューター［computer］

【電子頭脳（コンピューター）】【電子脳（コンピューター）】（書籍）〔杉本つとむ「日本文字史の研究」1998〕◆中国語から電脳が訳として日本に。

【ネット（コンピューター）】（漫画）ネット（コンピューター）を通さない事で〔松川祐里子「魔術師 7」1999〕

【フレーム（コンピューター）】（漫画）メインフレーム（コンピューター）を開いてちょうだい〔松川祐里子「魔術師 7」1999〕

【混謬多（コンピュータ）】（字遊）〔樺島忠夫「事典日本の文字」1985（川崎洋）〕

【Ｃ（コンピュータ）】（雑誌）ＣＧ（コンピュータ・グラフィックス）の〔「現代」1994年9月〕

（漫画）オールＣＧ（コンピュータグラフィック）にしたかったのだけれど〔藤崎竜「封神演義 2」1997〕◆作者の言葉。

＊**【トロイの木馬（コンピューターウイルス）】**（広告）「トロイの木馬（コンピューターウイルス）」を名乗る死の案内人〔さとうふみや「金田一少年の事件簿 14」（金成陽三郎）1995（巻末）〕

こんぶ［昆布］

【子生婦（こんぶ）】（民間）〔1951（目）〕／結納のお品書き〔斎賀秀夫「あて字の考現学」（「日本語学」1994年4月）〕◆引き出物にも。／縁起字の例：子生婦（昆布）〔斎賀秀夫「漢字の缶づめ 教養編」1998〕

（WEB）子生婦（こんぶ）「よろこぶ」に通じる一品。また「子生婦」と書くことにより、子宝に恵まれるようにという意味も込められている。「子布婦」と書くことも。〔「ゼクシィnet 結納の準備と交わし方（九州編）」〕

コンフィデンシャル［confidential］内密。機密。裏情報。

【詐劇（コンフィデンシャル）】（書名）井上尚登「T.R.Y.（トライ） 北京詐劇（ペキン・コンフィデンシャル）」2006

コンフォーコ［イタリア con fuoco］音楽用語。

【火のように（コンフォーコ）】（漫画）火のように（コンフォーコ）！〔二ノ宮知子「のだめカンタービレ 1」2002〕

コンフォート［comfort］

【快適（コンフォート）】（広告）快適靴（コンフォートシューズ）〔「読売新聞」2009年5月27日〕

コンプリート［complete］

【全体的（コンプリート）】（書籍）「全体的な（コンプリート）」自伝〔桜井厚「インタビューの社会学－ライフストーリーの聞き方」2002〕

【完全収集（コンプリート）】（漫画）「Ｋ」氏はすべて完全収集（コンプリート）した〔秋本治「こちら葛飾区亀有公園前派出所 126」2001〕

【完了（コンプリート）】（漫画）東中ガンズが完全に制圧を完了（コンプリート）〔大暮維人「エア・ギア 3」2003〕／作戦完了（ミッションコンプリート）〔「週刊少年ジャンプ」2004年42号〕

（その他）完成（コンプリート）（手紙）

コンプレックス［complex］

【複合観念（コムプレックス）】（小説）〔筒井康隆「文学部唯野教授」1990〕

【劣等感（コンプレックス）】（漫画）おれの劣等感（コンプレックス）を逆なでするやつだ〔天城小百合「螢火幻想」1996〕

コンプロマイズ［compromise］

【妥協（コンプロマイズ）】（漫画）

コンペイトー［ポルトガル confeito］「こんぺい

とう」と平仮名でも。

【金粋糖（コンペイトー）】古 偏が同化。「金米糖」とも。

【金平糖（コンペイトー）】新聞 出自は外国であるものが、それと気づかれずにいるものを俗に「隠れ外来語」と呼んでいる。（中略）金平糖（こんぺいとう）（confeito：ポルトガル語）などは、うまく漢字が当てられていて、気づかれにくい。〔「東京新聞」2008年9月10日（陣内正敬）〕

コンボ [combo]
【連動（コンボ）】小説 技の連動（コンボ）の難易度の高い〔西尾維新「零崎双識の人間試験」2004〕
【連撃（コンボ）】漫画 連撃（コンボ）も術も〔「週刊少年ジャンプ」2004年10月11日（ナルト通信）〕

こんや [今夜]
【当晩（こんや）】古

こんやくしゃ [婚約者] 中国語・ベトナム語では未婚妻・未婚夫とも。
【鳥花ちゃん（婚約者）】漫画 鳥花ちゃん（婚約者）のこと忘れちゃった〔日高万里「ひつじの涙 4」2003〕
関連【婚約者（鳥花ちゃん）】漫画 婚約者（鳥花ちゃん）のこと忘れちゃったの〔日高万里「ひつじの涙 4」2003〕

こんやのめし [今夜の飯]
【晩餐（こんやのめし）】漢詩〔平井呈一訳「狂詩 巡査行」1951〕

こんろ [焜炉] コンロと書かれ、外来語とも意識されることあり。中国製漢語のように見え、もっともらしい漢字だが、少なくとも「焜」は当て字とされている。
【今呂（こんろ）】ビラ おつとめ品 練炭今呂〔商店 1956 目〕

さ

さ [↑巡査]
【巡査（サ）】小説 巡査（サ）に落ちたいか〔大沢在昌「新宿鮫」1990 集〕◆巡が黙字のようになる。

さ [然] →さも
【左（さ）】小説 左（さ）なくとも恍惚（うっとり）となる春（はる）の夜（よ）を〔徳富健次郎「黒潮」1903〕

ザ [the]
【座（ザ）】施設名 座・高円寺◆もじり。
誤字 ～ on the desk.を～ on 座 desk.かなり眠かったらしいです〔WEB〕
【坐（ザ）】店名「坐・和民（ザ・ワタミ）」◆もじり。
その他 落雷の塔（ザ・タワー）漫画／野郎（ザ・ガイ）小説／庇（ザ・ルーフ）雑誌

サーガ [saga]
【神話（サーガ）】広告〔さとうふみや「金田一少年の事件簿 2」（金成陽三郎）1993（巻末）〕
【本能（Saga）】歌詞 燃え上がれ本能（Saga）〔JAM Project「Rocks」（影山ヒロノブ）2007〕
その他 神化編（エボリューション・サーガ）・超極竜VS六体神（ネバーエンディング・サーガ）カード

サーカス [circus]
【曲馬団（サーカス）】小説 曲馬団（サーカス）が来ていた〔遠藤周作「白い人」1955〕

サークル [circle]
【円環（サークル）】歌詞 時間（とき）は大きな円環（サークル）を描く〔V6「羽根～BEGINNING～」（真木須とも子）2000〕
◆「円友（えんとも）」はサークルの友達。

ザーサイ [榨菜] 中国語から。ザーツァイ。
【榨菜（ざーつあい）】雑誌 榨菜（ざーつあい）は〔「栄養と料理」1994年6月〕
◆「榨」はJIS第4水準にもないためか、日本では「搾」も当てられる。

さあじい 「じいさん」の倒語。
【年寄り（サージイ）】小説 年寄り（サージイ）の出る幕じゃねえ〔森村誠一「致死家庭」1983 集〕

サーチ [search]
【追跡装置（サーチ）】漫画〔CLAMP「CLOVER 2」1997〕
*【見敵必殺（サーチアンドデストロイ）】漫画 見敵必殺（サーチアンドデストロイ）だ〔平野耕太「HELLSING ヘルシング 3」2000〕

サーティーン [thirteen]
【13（サーティーン）】漫画題名『13（サーティーン）』には〔井上ひさし「私家版 日本語文法」1981〕
誤読 ゴルゴ13（じゅうさん）〔「VOW」1987〕

サード [third] 3rdでサードを表すのは、送り仮名による別の読みの指示に似る。

【第三(サード)】(小説) 第三公女(サード・プリンセス)〈秋津透「魔獣戦士ルナ・ヴァルガー」1988〉

その他 三塁手(サード)(書籍)／哲郎(サード)・迅(サード)(漫画)

サーバー [server]

【鯖(サーバー)】(新聞) ネットスラング〈「朝日新聞」2008年5月17日〉❖「さば」とも。

サービス [service]

【接客(サービス)】(小説) ベテランの接客業者(サービス)というものは〈森村誠一「殺意の接点」2001〉

【実力(サービス)】(雑誌) コスメカウンターの実力(サービス)〈「JJ」2004年6月〉

【無料(サービス)】(雑誌)〈「じゃらん」2004年6月15日〉

【きがえ(サービス)】(漫画) きがえシーン(サービス)っスか〈大暮維人「エア・ギア 2」2003〉

【些微志(サービス)】(創作) 外来語創作当て漢字〈斎賀秀夫「現代人の漢字感覚と遊び」1989〉

【S(サービス)】(漫画) SA(サービスエリア)〈篠原千絵「蒼の封印 2」1999〉❖頭文字による表記。JCT(ジャンクション)なども道路で。

関連【サービス(売春)】(漫画)

サーファー [surfer]

【愛奴(サーファー)】(曲名) 甲斐バンド「悲しき愛奴(サーファー)」〈甲斐よしひろ〉1978

サーフィン [surfing]

【波乗(サーフィン)】(漫画)〈上田美和「ピーチガール」1997〜2004〉

サーベル [(オランダ) sabel]

【洋刀(サーベル)】(古)

サーベルタイガー [← sabertoothed tiger] 剣歯虎。

【剣葉虎(サーベルタイガー)】(小説)〈宮部みゆき「ブレイブ・ストーリー 1」2009〉

ザーメン [(ドイツ) Samen]

【精液(ザーメン)】(アルバム名)〈椎名林檎「加爾基 精液(ザーメン) 栗ノ花」2003〉

さい [犀]

【犀牛(さい)】(雑誌) 犀牛(さい)の如くただ独り往け〈「プレジデント」1994年9月〉

さい [歳]

【才(さい)】❖教科書は学年別配当漢字に「歳」がないために、またNHKは画面上で読み取りやすいように、「五才」などと「才」を用いることがある。世上では二十歳までは「才」と書くという誤解が抱かれていることがある。はたちは二十歳と書くので、20からは才でなくなる、という意見が多い。江戸時代には「歳」の「戈」の部分からとの説も現れた。

(政策) 年令、才かなり普通に行われている。教育漢字 いっそう一般的傾向になるであろう。一概にとがむべきではないと考えられる。〈国語審議会第2部会「語形の『ゆれ』について」1961〉

(曲名) 南沙織「17才」〈有馬三恵子〉1971／小泉今日子「私の16才」〈真樹のり子〉1982

(番組名)「14才の母」2006〈ドラマ〉❖「才能」とかけているともいう。「歳」ではなく、あえてそうしたとのことで、「歳」を「才」に書き直すシーンあり。

【歳(さい)】(漫画) 年齢を書くときは「才」と「歳」どっちですか。〈蛇蔵&海野凪子「日本人の知らない日本語」2009〉

さい [賽・骰子]

【簺(さい)】【[竹+賽](さい)】(古)❖サイコロ。骰子(トウシ)。

【賽(さい)】(古) 采賽の河原の「賽」じゃないと〈森鷗外「鸚鵡石」1909〉

【骰子(さい)】(歌詞)〈陰陽座「組曲『九尾』〜殺生石」〈瞬火〉2009〉

サイ [psi] 超常現象。pは黙字。

【*力(サイ・エネルギー)】(漫画) 力(サイ・エネルギー) 不足で出力が上がりません!!〈義仲翔子「ロスト・ユニバース 2」〈神坂一〉1999〉

その他 精神力安定装置(サイ・バランサー)・俺と同じ武器(サイ・ブレード)

漫画

サイエンス [science]

【科学(サイエンス)】 小説 内容はりっぱな科学(サイエンス)です〔静霞薫「るろうに剣心 巻之一」(和月伸宏)1996〕

新聞 科学(サイエンス)にして 思弁(スペキュレイティヴ) でもある 虚構(フィクション)、つまりSF的な手法を駆使する〔「読売新聞 夕刊」2010年2月13日〕

【学問(サイエンス)】 書籍 学問(サイエンス)が恋愛(ラブ)に発展しちゃう〔杉本つとむ「近代日本語の成立と発展」1998〕

サイエンティスト [scientist]

【科学者(サイエンティスト)】 小説 将来は科学者(サイエンティスト)になりたかです〔静霞薫「るろうに剣心 巻之一」(和月伸宏)1996〕

さいかく [才覚]

【才学(さいかく)】 書籍 本来漢音読みで「さいかく」。それから才覚に。〔沖森卓也「はじめて読む 日本語の歴史」2010〕

さいぎ [猜疑]

【妻疑(さいぎ)】 小説〔柳瀬尚紀訳「フィネガンズ・ウェイク I II」1991〕❖もじりか。

サイキック [psychic] 超自然的な。

【超能力(サイキック)】 広告 スーパー超能力戦争(サイキックウォーズ)の幕が上がる!!〔さとうふみや「金田一少年の事件簿 2」(金成陽三郎)1993(巻末)〕

【超能力者(サイキック)】 漫画 本物の超能力者(サイキック)〔「週刊少年マガジン」2004年48号(探偵学園Q)〕

*その他 **スプーン曲げの仲間(サイキッカー)** 漫画

【念動能力者(サイキッカー)】 小説 私がもし念動能力者(サイキッカー)だったら〔本谷有希子「ほんたにちゃん 本人本03」2008〕

さいきょう [最強]

【最凶(さいきょう)】 広告 史上最凶の悪疫がすべてを壊す!〔「読売新聞」2009年9月28日〕❖もじり。「最恐」も見かける。

【最弱(さいきょう)】 WEB 「とある魔術の禁書目録」第14話『最強(さいじゃく)vs最弱(さいきょう)』『歯を食いしばれよ〝最弱(さいきょう)〟…。俺の〝最強(さいじゃく)〟はちっとばっか響くぞ?』っていう無茶なルビの振り方

サイクリング [cycling] ↓リサイクル

【再繰(サイク)リング】 小説〔柳瀬尚紀訳「フィネガンズ・ウェイク I II」1991〕

さいくん [細君]

【妻君(さいくん)】 辞書 ❖仮名垣魯文や漱石も用いる。

誤植 細君を妻君に〔高橋輝次「誤植読本」2000(生方敏郎)〕

さいご [最後]

【最后(さいご)】 歌詞 丁度今着いた 修学旅行の 制服達が 君をかき消して 最后の声さえ 喰べてしまう〔さだまさし「指定券」1976〕

曲名 山口百恵「最後の頁(ページ)」(さだまさし)1977 ❖レコード盤に記載されている曲名は「最後の頁」。ジャケット掲載の自筆の歌詞では「最后の頁」。さだまさしが『私花集』でセルフカヴァーした際には「最后の頁」。/小林旭「最后にもひとつ」(喜多條忠)1983

【最期(さいご)】 古 さいごべ 最期屁〔1917 隠〕

メール 最期のお願いです〔学生からのメール〕❖誤変換。

【結末(さいご)】 漫画 ノートの結末(さいご)か〔小畑健「DEATH NOTE 1」(大場つぐみ)2004〕

【南4(さいご)】 漫画 南4(さいご)までずっと山場と〔天獅子悦也「むこうぶち 23」2008〕❖麻雀。

関連 **【最後(ベト4)】** 漫画 最後(ベト4)は千秋らしくなかったな〔二ノ宮知子「のだめカンタービレ 17」2007〕❖ベートーベン第4番(交響曲)の略。

さいこう [最高] 「サイコウ」を上から×で消して「サア行コウ」と続ける歌詞がある〔ヴィドール「マユラピサロト」(ジュイ)2007〕。

【最幸(さいこう)】 広告 8つの実話が教えてくれた「最幸(さいこう)の法則」〔「読売新聞」2009年12月13日〕❖もじり。

【最広(サイコー)】 CM 最広(サイコー)! ビアンテ〔マツダ〕

さ

サイコキネシス ［psychokinesis］ ＰＫとも。「超能力者（サイコパス）」も見られる。

【念動力（サイコキネシス）】 漫画 彼の念動力（サイコキネシス）実験〔「週刊少年マガジン」2004年48号（探偵学園Ｑ）〕

サイコヒストリー ［psychohistory］

【精神史（サイコヒストリー）】 書籍 偉人たちの精神史（サイコヒストリー）のなかに〔桜井厚「インタビューの社会学―ライフストーリーの聞き方」2002〕

さいころ ［賽子・骰子］ →さい（賽・骰子）

【骨子（さいころ）】 古 骨子（さいころ）ヲ以テ〔「日本隠語集」1892 集〕／骨子（さいころ）使用賭博〔「隠語輯覧」1915 集〕

【災転（サイコロ）】 書名 霞流一「災転（サイコロ）」2010 ◆もじり。

サイコロジカル ［psychological］

【精神（サイコロジカル）】 漫画 この船の精神兵器（サイコロジカル・アームズ）〔義仲翔子「ロスト・ユニバース 1」（神坂一）1998〕

サイゴン ［Saigon］ ベトナムの地名。現ホーチミン市。インドネシア半島南部の都市。漢語由来でないとも。

【西貢（サイゴン）】【柴棍（サイゴン）】 辞書

さいしょうげん ［最小限］

【最少限（さいしょうげん）】 民間 ◆「最も少ない」と考えると出てくる表記。

さいしょくけんび ［才色兼備］

【才色倹美（さいしょくけんび）】【才色謙美（さいしょくけんび）】【才色賢美（さいしょくけんび）】【才色健美（さいしょくけんび）】 もじり〔斎賀秀夫「あて字の考現学」〔「日本語学」1994年4月〕◆見かける例も。

さいせい ［再生］

【彩生（さいせい）】 看板〔埼玉県騎西町の総合建物解体業者〕

さいたかね ［最高値］

【最高値（さいこうち）】 誤読 テレビで株のニュースの時に最高値をサイコウチと読んだ最安値はサイアンチって言うのか〔ＷＥＢ〕

さいてい ［最低］

【最低（サイテー）】 漫画 最低（サイテー）だぞ〔峰倉かずや「最遊記 1」1997〕

広告 そこまで演（や）るか!? 史上最低（サイテ～）の作戦トロピック・サワ？…〔「読売新聞 夕刊」2008年11月29日〕◆口語的な長音、カタカナで言い捨てるニュアンス。

サイト ［sight］ 見ること。視界。

【照準（サイト）】 小説 レーザー照準（サイト）ですら〔菊地秀行「魔界都市ブルース 夜叉姫伝 4」1990〕

その他 念視（サイトビジョン） 漫画

サイト ［site］

【地（サイト）】 小説 そこを露営地（ビバークサイト）とした〔森村誠一「殺意の接点」2001〕

サイド ［side］

【船腹（サイド）】 小説 高い船腹（サイド）にすれ〳〵落ちていった。〔小林多喜二「蟹工船」1929〕

【腹（サイド）】 小説 ゆるく腹（サイド）に波が当っている。〔小林多喜二「蟹工船」1929〕

さいなむ ［苛む・嘖む］

【嘖む（さいなむ）】 俳誌 嘖（さいな）まれる〔「俳句」1994年5月〕

【叱む（さいなむ）】 古 ◆「叱」は口偏に七が字源に沿った字体だが、化からの類推が働き、実際には口偏に匕が古くから多い。改定常用漢字表（答申）でも容認された。

その他 呵責（さいなむ）・呵む（さいなむ） 古

ざいにん ［罪人］

【犯罪（ざいにん）】 古 課税の為でも犯罪（ざいにん）を捜す為でもありません〔最初の国勢調査ポスター 1920〕

さいのう ［才能］

【絶対音感（さいのう）】 漫画 絶対音感（さいのう）とかには恐れ入るけど…〔藤崎聖人「WILD LIFE 4」2003〕◆才能の中身を具体的に視覚に訴える。会話では文脈で通じるところ。

サイノジャパニーズ ［Sino-Japanese］

【日本漢語（サイノ・ジャパニーズ）】 書籍〔橋本萬太郎・鈴木孝夫・山田尚勇「漢字民族の決断」1987〕

サイノロジー 「妻にのろい（甘い）」とサイコロジー（心理学）を合わせたことば。

【妻惚学（サイノロジー）】 古 金田一京助〔1936 俗〕◆のろけも惚気と書かれる。

サイバー ［cyber］

【電脳(サイバー)】漫画 電脳都市(サイバーポリス)の熱量の総て〈由貴香織里「天使禁猟区 1」1995〉
漫画題名 立川恵「電脳少女(サイバーアイドル)☆Mink」1999〜2002〉

サイパン [Saipan]
【塞班(サイパン)】辞書

サイボーグ [cyborg]
【改造人間(サイボーグ)】漫画 〝改造人間(サイボーグ)〟なんて〈「週刊少年ジャンプ」2004年10月11日(ONE PIECE)〉
【細胞具(サイボーグ)】曲名 BUCK-TICK「細胞具ドリー：ソラミミ：PHANTOM」(今井寿)2000
❖古くから現れており、モザイクなどと同様に個々に思いつく表記。

ザイルパートナー [和製ドイツ Seil + partner]
【山仲間(ザイルパートナー)】小説 山仲間(ザイルパートナー)を失った山男としての〈森村誠一「殺意の接点」2001〉

サイレン [siren]
【警笛(サイレン)】誤読 漢字のテストで。警笛：サイレンと書いた男子がいます〈WEB〉

サイレンサー [silencer]
【消音器(サイレンサー)】小説 どれも消音器(サイレンサー)が付いていた〈菊地秀行「白夜サーガ 魔王星完結編」1996〉
漫画 消音器(サイレンサー)付きの銃なので〈本沢みなみ「また還る夏まで 東京 ANGEL」1999〉／消音器(サイレンサー)付き拳銃で〈「週刊少年ジャンプ」2004年5月24日(PMG-0)〉

サイレンス [silence]
＊【無音の世界(サイレンス・イン・ザ・ダーク)】漫画〈WEB〉
＊【静寂六芒(エナジーサイレンス)】ゲーム〈WEB〉

サイレント [silent]
【妻恋都(サイレント)】店名 喫茶店〈斎賀秀夫「あて字の考現学」(「日本語学」1994年4月)〉
その他 無音(サイレント) 漫画

さいわい [幸い]
【幸(さいわい)】新聞 つらい「辛い」も、心弾む「幸」も、横棒1本の差でしかない。〈「読売新聞」2010年1月1日(編集手帳)〉
WEB 辛いに「一閃」で幸。
【倖い(さいわい)】冊子 崎谷はるひ「空に見る倖い」2008
【媾合(さいわい)】【交合(さいわい)】新聞 「媾合」「交合」など性行為を表す語に「さいわい」という読み仮名が付けられているのも面白い。腹上死は幸い中の不幸と見なされたのか。『広恵済急方』〈「産経新聞」2005年9月4日(氏家幹人)〉

サイン [sign]
【印(サイン)】漫画 文字どおり月そのものを示す印(サイン)!!〈青山剛昌「名探偵コナン 4」1995〉
【合図(サイン)】歌詞 夏のルージュで描いた合図(サイン)〈サザンオールスターズ「Moon Light Lover」(桑田佳祐)1996〉／背中で風が騒ぎだす合図(サイン)〈JAM Project「Rocks」(影山ヒロノブ)2007〉
【署名(サイン)】漫画 署名(サイン)と芸術家の予告状が〈蓮見桃衣「エキストラ・ジョーカー」(清涼院流水)2002〉
小説 犯人の署名(サイン)か〈清涼院流水「カーニバル二輪の草」2003〉
＊【多彩信号(カラフルサイン)】漫画題名〈「花とゆめ」2005年1月〉

サウザンド [thousand]
＊【千日戦争(サウザンドウォーズ)】WEB
＊【千の名を持つ男(サウザンド・ネームズ)】小説

サウス [south]
【南(サウス)】漫画 南の海(サウスブルー)〈尾田栄一郎「ONE PIECE 31」2003〉

サウルス [saurus] とかげ。ティラノサウルス。
【怪獣(サウルス)】新聞 負けるな姑！嫁怪獣(ヨメサウルス)に喰われるな〈「読売新聞」2009年4月26日〉

サウンド [sound]
【大音量(サウンド)】歌詞 フロアを揺らす大音量(サウンド)にも〈BoA「HOLIDAY」(AKIRA. FIRSTKLAS)2003〉
その他 音域(サウンド) 歌詞

さえかえる [冴え返る]

さ

【寒る】古

さえずり［囀り］

【喃々】古 喃々を懊悩がりて〔1892 俗〕

さおとめ［早乙女・早少女］

【早乙女】姓 ❖五月女とも。腰という合字も。

【腰】姓 ❖腰坂は「そうとめざか」とも。

さか［坂］

【阪】古 ❖土に反（返）る意に見えることから「坂」の字を避けて大阪としたという話は、それまでの揺れが公的に統合されたということ。三重県の松阪（まっつぁか）など、関西にはその余波が地名や姓に色濃く残る。押阪忍も岡山市出身（息子も押阪姓）。改定常用漢字表（答申）に阪が採用。

さが［性］

【本能】歌詞 燃え上がれ本能〔JAM Project「Rocks」（影山ヒロノブ）2007〕

【性】曲名 世良公則「性」1978

【習性】小説 文をしたためてくるのが女の習性〔藤原眞莉「華くらべ風まどい―清少納言梛子」2003〕

ザカート［アラビア zakat］

【喜捨】小説〔清涼院流水「カーニバル 二輪の草」2003〕

さかい［境］

【堺】古 ❖関西出身者が普通名詞の「さかい」を「堺」と記していた。近隣にあった地名などで馴染みのある字だからであれば、母語の干渉に通じる母字の干渉の国内版。

【境界】歌詞 二度と戻れない境界を越えた後で〔サザンオールスターズ「LOVE AFFAIR～秘密のデート～」（桑田佳祐）1998〕

【境界線】歌詞 境界線が あるほどにきっと燃え上がってしまう太陽〔KinKi Kids「ギラ☆ギラ」（Satomi）2003〕

【宇】人名 ❖境界などの意があるためという。

さかえる［栄える］

【昌える】古

さかぐら［酒蔵］

【酒庫】詩 あの小さな白壁の点点があなたのうちの酒庫。〔高村光太郎「樹下の二人―みちのくの安達が原の二本松の根かたに人の立てる見ゆ―」1923〕

さかさ［逆さ］

【倒】小説 倒に読んで行った。〔夏目漱石「こころ」1914〕／この倒になっている社会を〔小林多喜二「党生活者」1932〕

書籍 砂を倒に読むで〔木香生「東京の大道商人と其の商品」1920 集〕

【逆】書名 樋口清之「逆・日本史」1986～1988

さかさくらげ［逆さ海月］

【♨】辞書 温泉マークを看板にした連込宿〔1956 隠〕

さかさま［逆様］

【倒ま】古 ドヤとは宿を倒まに読めるなり〔1904 俗〕

さかしい［賢しい］

【黠賢】古

さかずき［杯・盃・坏］ 素材に合わせて部首が変わった。碗も同様。→さかやき

【酒月】古 鎌倉時代 酒月（盃）〔沖森卓也「はじめて読む日本語の歴史」2010〕

【盃】歌詞 こんな小さな 盃だけど 男いのちを かけてのむ〔北島三郎「兄弟仁義」（星野哲郎）1965〕

映画題名「日本暴力団 殺しの盃」1972

新聞 盃を〔「読売新聞 夕刊」2008年11月19日（編集手帳）〕

【酒杯】歌詞 いつかは誉れの酒杯〔ALI PROJECT「愛と誠」（宝野アリカ）2005〕

さかだいよこせ［酒代寄越せ］

【酉氵ヤ】字謎〔田中春美「言語学のすすめ」1978〕

さかな［魚］「さかな」は酒菜で、元は酒と副食の意。当用漢字音訓表では、当初、「魚」の訓には「うお」のみを認めていた。「さかな」が、うおの意をもったのは比較的新しい。

【**肴**（さかな）】書籍〔柳瀬尚紀「日本語は天才である」2007〕

【**鮮魚**（さかな）】古 彼の鮮魚（さかな）を〔小田切文洋「江戸明治唐話用例辞典」2008〕

【**御栄名**（おさかな）】WEB 祝い酒に対する肴として、生鯛一対（雌雄2尾）を贈る。最近では「御栄名料」としてお金で包む場合も多い。「家の名前が栄えるように」という願いが込められている。〔「ゼクシィ net 結納の準備と交わし方（九州編）」〕

さがなし

【**無悪**（さがなし）】古『江談抄』『宇治拾遺物語』『十訓抄』など 無悪善（さがなくてよからん）〔小野恭靖「『日本語ブーム』が後世に残すもの」（「日本語学」2010年5月）〕❖蜂谷清人「『無悪（さがなし）』をめぐって」（「日本語学」1989年1月）に詳述されている。

さかのぼる［遡る・溯る］

【**溯る**（さかのぼる）】新聞 溯（さかのぼ）れば〔「読売新聞 夕刊」2008年12月16日〕

その他 **逆上る**（さかのぼる）辞書

さかもと［坂本］

【**坂元**（さかもと）】姓 坂本は近畿では阪本、鹿児島では坂元が多い。姓の地域での傾向あり。坂本龍馬も薩摩では坂元龍馬と記録された。

さかもり［酒盛り］

【**盛盛**（さかもり）】字謎〔「日本語百科大事典」〕／なぞなぞ〔山本昌弘「漢字遊び」1985〕

さかやき［月代］

【**月代**（さかやき）】字謎 月豆（盃）、月代と赤小豆が「背紐（うしろひも）」1728〔小林祥次郎「日本のことば遊び」2004〕

さかり［盛り］

【**殿盛り**（さかり）】詩 今夜此処での一と殿盛（さか）り〔中原中也「サーカス」1934 コ〕

【**十八女**（さかり）】地名 徳島阿南市。繁栄を祈念して「盛町」としたのが、いつからか転じたという説と、安徳天皇が実は姫宮で、18歳になった彼女が「十八女」を名乗り、隠れ住んだのがこの場所だったことからとも。バス停にも。〔安居良基「世界でもっとも阿呆な旅」2009〕❖「盛り場」の意であるとも「下がり」（傾斜地）ともいわれる。姓にもあったという。「さかりが付く」ではなく、女盛りの意であろう。家庭裁判所で改姓の対象となった事例という。ほかに、十六女（いろつき）、十八娘（いろざかり・ねごろ）もあったといい、後者は根来氏が身分を隠すために漢字を変えたという伝承があるが、耳で聞いてそのまま分かるような名乗りをするだろうか。なお、「二九（にく）」は娘盛りの乙女を指した〔隠〕。二九十八から。

【**游**】古 游牝（さかり）〔宇田川榕菴「植学啓原」1834〕

さがり

【**乳房**（さがり）】古〔1915 隠〕

さかる

【**交る**（さかる）】新聞 春の季語「鳥交（さか）る」〔「読売新聞」2009年4月12日〕

さがる［下がる］

【**退がる**（さがる）】漫画〔渡辺多恵子「風光る 2」1998〕／退がってホラ！〔三田紀房「ドラゴン桜 1」2003〕❖読みは「さがって」であろう。

小説 退（さ）がらせる〔小野不由美「風の海 迷宮の岸 上 十二国記」1993〕／二三歩後に退（さ）がった〔平野啓一郎「日蝕」2002〕／驚いて後退（あとずさ）り、イオンはじりじりと退（さ）がった。〔「読売新聞」2009年8月29日〕

【**上る**（さがる）】古 押し上（さが）りて〔山田美妙「竪琴草紙」1885〕❖誤記であろう。

さかん［盛ん］

【**旺盛**（さかん）】古 旺盛（さかん）なり〔「朝日新聞」1879年6月1

さ

日(大阪)」

【旺ん】歌詞 旺んなるかな雲を呼ぶ〈「精悍若き」(岩崎巌)1950〉／おお旺んなる 若人の時〈「早慶讃歌」(藤浦洸)1968〉

【壮】歌誌 壮なる〈「短歌」1994年7月〉

【昌ん】小説 貿易の昌んな里昂であれば〈平野啓一郎「日蝕」2002〉

さき［先］

【先き】小説 銃の先きに〈小林多喜二「蟹工船」1929〉

歌詞 先き照らす Shining Star〈導楽「Shining Star」2009〉

【尖】歌詞 からだの尖でうけとめなさい〈中原理恵「シェイクシェイク…」(ちあき哲也)1981〉

【先方】小説〈樋口一葉「たけくらべ」1895〜1896〉

【先刻】古 ❖「さっき」とも。

【未来】漫画 未来を見通す能力を持つ〈楠桂「人狼草紙 1」1991〉

歌詞 見つめている未来〈林原めぐみ「trust you」2001〉／未来の方へ〈GARNET CROW「雨上がりの Blue」(AZUKI 七)2003〉／摑んだこの未来に光が見えるなら〈GLAY × EXILE「SCREAM」(SHUN・TAKURO)2005〉

小説 私の未来はいよいよ定まらんとしてきた〈藤原眞莉「華くらべ風まどい－清少納言梛子」2003〉

【将来】漫画〈井上雄彦「SLUM DUNK」1990〜1996〉／〈渡辺多恵子「風光る 2」1998〉

【前】書籍 前録音〈稲垣浩「ひげとちょんまげ」1966 集〉

書名 京極夏彦「前巷説百物語」2009

さきおととい［一昨昨日］

【一昨昨日】書籍 一昨昨日も〈柳瀬尚紀「日本語は天才である」2007〉

さきがけ［先駆け・先駈け・魁］

【魁】漫画題名 宮下あきら「魁!!男塾」1985〜1991

さきぎり［先限］

【先限】小説 先限とか期先と呼ばれるもの〈こずかた治「仕手相場」1993 集〉

さぎのしおふみ

【白鷺探魚】古 ハードル 海軍兵学寮 1874〈紀田順一郎「図鑑日本語の近代史」1997〉

さきもり［防人］

【防人】書籍〈平川南「日本の原像」2008〉

さきやま［先山・前山］

【岬山】歌誌 ひくき岬山〈「短歌」1994年4月〉

さく［策］

【悪】漫画 やっぱ大したコトねーな♡ テメェの〝悪〟は!!〈大暮維人「エア・ギア 3」2003〉

さく［咲く］

【開】古 木花開耶姫 ❖開花、花開くの意。

さくい「さくさく」の元。

【軽快】古〈1917 隠〉

ざくざく

【泥泥】小説 ひとり湿めにした男が泥泥いたのよ〈柳瀬尚紀訳「フィネガンズ・ウェイク I II」1991〉❖泥は、ぬれる意。

さくし［作詞］

【作詩】民間「夜が明けたら」(作詩 浅川マキ)❖詞は曲を伴うとされるが「作詞」ではなく「作詩」とこだわる作詞家(作詩家)が複数あり。

さくしゅう［昨秋］

【差九週】誤変換 さくしゅうに「昨秋 差九週 咲く宗 割く州」など実に四十二も無意味語があったワープロの機種がある〈「読売新聞」1987年11月18日〉

サクセス［success］

【成就】漫画〈「ちゃお」2004年3月増刊〉

その他 成功 WEB

さくら［桜］日本人にとって馴染みの深い桜の木、その名前の由来は「咲くや」など数多くの説がある。外国風に Sakura

とも。→チェリー

【櫻】字解 昔の人は「櫻」（桜の旧字）を「二貝（階）の女が木（気）にかかる」などと、字を分解したうえ、語呂合わせまで編み出している。〔「産経ニュース」2010年4月26日（清湖口敏）〕

【桜】字解 〝桜という字を分解すれば、ヽ、ヽノ女は木（気）にかかる〟というのは、いかがかかな。〔阿刀田高「ことば遊びの楽しみ」2006〕

【花王】演目「日高川入相花王」浄瑠璃〔「読売新聞」2009年3月25日〕

【作楽】古 作楽花◆栄え少女にかかる枕詞。『人麻呂歌集』から。現在でも作楽会などあり。

【咲楽】広告 ホテルシャトウ猿ヶ京 咲楽群馬県〔「読売新聞」2010年3月22日〕◆施設名としては河津にも見られる。ほかに東海エリアにて63万部強の発行部数の『咲楽Net』あり。

【馬肉】詩 泡のういた馬肉の繊維、シチユウ、ライスカレエ〔高村光太郎「夏の夜の食慾」1912〕◆「馬」と書いて「さくら」と読ませる名を付けようとした親がいたとのこと。

【偽客】民間 ◆露天商や出会い系サイトで客に成りすまして盛り上げる役もサクラと呼ばれ、「偽客」の字が当てられることもある。

さくらずみ【桜炭】辞書 ［佐倉炭］

さくらだもん【警視庁】小説 こんなこと警視庁内で喋ったら〔大石英司「神はサイコロを振らない」2005〕

サクラメント ［Sacramento］ カリフォルニア州の都市。

【桜府】古

さぐり ［探り］

【索】古〔1915 隠〕

サクリード 「宗教的な、神聖な」の「セイクリッド（sacred）」を訛らせているものと思われる。

【聖典】漫画 〝聖典〟といえる存在だった〔樹なつみ「デーモン聖典 1」2003〕

サクリファイス ［sacrifice］

【犠牲】広告 最後の「犠牲」の意味を知ったときは〔「読売新聞」2010年2月2日〕

さぐる ［探る］

【穿る】古

さけ ［酒］

【清酒】広告 新しい○○を清酒で祝って下さい〔新年の広告1971 ㊐〕

【焼酎】商品 友の焼酎〔白木屋のメニュー2005〕

*【大吟醸】漫画 大吟醸の入ったコップ〔中條比紗也「花ざかりの君たちへ 2」1997〕

さけじ ［裂け痔］

【裂傷】広告〔「読売新聞」2002年2月〕

さけのみ ［酒飲み］

【酒呑み】歌詞 酒呑みなどに〔千昌夫「望郷酒場」（里村龍一）1981〕◆「鵜呑み」はこれで書かれることがほとんど。

さけび ［叫び］

【叫喚】小説 叫喚が〔吉川英治「三国志 7」1975〕

さけぶ ［叫ぶ］

【絶叫ぶ】歌詞 涙ロカビリー好きだと絶叫び〔チェッカーズ「俺たちのロカビリーナイト」（売野雅勇）1985〕

【連弾ぶ】歌詞 ロックン・ロールのピアノが連弾ぶよ せつないねと〔チェッカーズ「OH!! POPSTAR」（売野雅勇）1986〕

ざこ ［雑魚・雑喉］

【雑魚】小説 雑魚〔清涼院流水「カーニバル 二輪の草」2003〕

【二人】漫画 あんな二人〔大暮維人「エア・ギア 3」2003〕

ささ［酒］
【酒(ささ)】書籍〔織田正吉「ことば遊びコレクション」1986〕

ささ［笹］
【小竹(ささ)】古 ❖「竹葉」から「笹」が国字として生じるまでは「篠」が用いられることが多かった。

ささ
【楽楽(ささ)】【楽々(ささ)】姓〔佐久間英「珍姓奇名」1965〕／〔篠崎晃雄「実用難読奇姓辞典増補版」1973〕

さざえ［栄螺・拳螺］
【小江(さざえ)】古 志賀直哉『赤西蠣太』腰元の名〔織田正吉「ことば遊びコレクション」1986〕
その他 螺(さぜえ) 古

ささげ［豇豆・大角豆］
【小角豆(ささげ)】字謎 小豆頭 提げ重 小角豆(ササゲ) 饅頭「背紐(うしろひも)」1728〔小林祥次郎「日本のことば遊び」2004〕
【大角豆(ささげ)】古 大角豆食(ささげめし)❖地名ではつくば市に大角豆(ささぎ)。

ささげる［捧げる］
【献げる(ささ)】新聞 もっと大きな愛に身も心も献(ささ)げた女性〔「読売新聞 夕刊」2009年1月6日〕

さざなみ［細波・小波・漣］
【楽浪(さざなみ)】【神楽浪(さざなみ)】【神楽声浪(さざなみ)】古〔「万葉集」〕
【小波(さざなみ)】小説 小波(さざなみ)が立って〔小林多喜二「蟹工船」1929〕
姓 ❖巌谷(いわや)小波(さざなみ)は筆名。号は漣山人(さざなみさんじん)。
【笹波(さざなみ)】古 笹波(さゝなみ)〔高橋輝次「誤植読本」2000（西島九州男）〕
【泊洦(さざなみ)】書名 清水浜臣「泊洦筆話(さざなみひつわ)」❖江戸時代。

ささはら［笹原］
【笹原(ささはら)】姓 ❖佐々原は実在するが、佐々木と混じ、また「々」で同音の反復と思い、「笹々原」と書かれることとあり。

ささぼさつ［菩薩］
【𦬇(ささぼさつ)】古 ❖唐代からの抄物書き。𦬇は、ささてんぼだい（菩提）。

ささやか
【小(ささ)やか】辞書／【細々評(ささやかに)】古

ささやく［囁く］ 医学用語に「囁語(ジョウゴ)」がある。
【呫(ささやく)】古 ❖「創作略字」の作にも「呫(ささや)く」あり。
【私語(ささやく)】古 私語(サンヤク)❖漱石も使用。
その他 聶・耳語・耳言・細語・私言・小話・小語・少語・密語・咠・私・驚破 古

さざれいし 砂利は「さざれ」の転じた「じゃり」から。
【小石(さざれいし)】新聞 小石(さざれいし)も〔「読売新聞」2008年11月27日〕
その他 細石(さざれいし) 古

さざんか［山茶花］
【山茶花(さざんか)】辞書 ❖「さんざか」の音位が転倒したが、漢字表記は維持された。
【山茶(さざんか)】雑誌 七十二候 山茶始開 つばき、はじめてひらく サザンカの花が咲き始める〔「暮らしの風」2008年11月〕

サザンクロス［Southern Cross］
【南十字星(サザンクロス)】歌詞 深い空の色探す南十字星(サザンクロス)〔倉木麻衣「Like a star in the night」2002〕
漫画〔車田正美「聖闘士星矢」1986～1990〕

さし［差し・指し］
【一対一(サシ)】漫画 一対一(サシ)でやっとる間は〔立原あゆみ「本気！8」1988〕
【1対1(サシ)】漫画 ちゃんと1対1(サシ)で勝負しないよ〔小花美穂「こどものおもちゃ 1」1995〕

さしえ［挿絵］
【挿画(さしえ)】書籍〔惣郷正明「辞書漫歩」1987〕

さしおく［差し置く・差し措く］
【閣く(さしお)】古

ざしき［座敷］
【坐布(ざしき)】古

さしこむ［差し込む］

【射込む】(小説)海に射込む雨足が〔小林多喜二「蟹工船」1929〕
【射しこむ】(書籍)電車の窓から射しこむ朝の光〔黒柳徹子「窓ぎわのトットちゃん」1981〕
(歌詞)ふたりの胸に 微笑みの光が射しこむ〔大貫妙子「つむじかぜ〈tourbillon〉」1982〕

さしず [指図]
【指揮】(古)

サジタウルス
【人馬宮】(漫画)人馬宮 Advachiel〔由貴香織里「天使禁猟区 18」2000〕

サジタリウス [ラテン Sagittarius]
【射手座】(漫画)―そう‥射手座ね‥‥〔さとうふみや「金田一少年の事件簿 Case2 銀幕の殺人鬼」〈金成陽三郎〉1998〕
【射手矢】(漫画)『赤い射手矢』〔綾峰欄人「Get-Backers 奪還屋 23」(青樹佑夜)2003〕

さしばつみ
【差羽雀鷂】(俳句)差羽雀鷂 鵟 隼 鷹渡る〔「読売新聞」2008年10月27日〕

さしみ [刺身]
【刺し身】(新聞)寿司や刺し身で〔「読売新聞 夕刊」2010年3月27日〕◆中国語でもそのまま「刺身」をツーシェンと読み、使うようになった。

(その他)指身・差酢膾・魚軒(古)

さす [指す]
【密告す】(小説)わちきが密告てやる〔久生十蘭「魔都」1948(集)〕/警察に密告される〔結城昌治「仕立屋銀次隠し台帳」1978(集)〕
【指摘す】(短歌)わたくしの『完璧』の『壁』の間違いを 指摘した貴方の玉のような眼〔「読売新聞 夕刊」2008年9月27日〕

さす [差す]
【翳す】(小説)翳してゐた蝙蝠傘を〔二葉亭四迷「浮雲」1887～1890(俗)〕
【射す】(歌詞)窓に射す 夕日を待てど〔淡谷のり子「暗い日曜日」(清野協)1936〕/頰にバラが射すたびに〔永井秀和「恋人と呼んでみたい」(有馬三恵子)1967〕/もうかくせないね 心に射した影〔RATS&STAR「Tシャツに口紅」(松本隆)1983〕/雲間から光が射せば〔安田成美「風の谷のナウシカ」(松本隆)1984〕
(小説)陽の射さない〔松本清張「点と線」1958〕
【注す】(歌詞)せつなさも紅を注してゆくわ〔松田聖子「ガラスの林檎」(松本隆)1983〕
(その他)燦す(歌詞)

さすが [刺刀] 腰に差す短刀。
【刺刀】(雑誌)〔「小説新潮」1994年9月〕

さすが [流石]
【枕石漱流】【枕流漱石】(古)◆晋の孫楚の故事から。
【流石】【石流】【有繫】【遉】(古)有繫(かかわるところあり→やはり)、遉とも書いたが、明治以降は流石に定着。〔杉本つとむ『宛字』の語源辞典」1987〕◆「南流石」は芸名。
(誤読)流石の珍答 じゃり〔斎賀秀夫「漢字と遊ぶ」1978〕/「流石」を「りゅうせき」「るせき」と読んでた。〔WEB〕
【貴家】(姓)貴家堂子◆声優。

さすらい [流離]
【流離】(雑誌)苦しくも辛き地上の流離は〔「現代詩手帖」1994年9月〕
(漫画)流離の民のことだ〔北道正幸「プ～ねこ」2005〕
【流浪】(歌詞)かすかに聞ゆる 流浪の歌〔柴田つる子「港に灯の点る頃」(藤浦洸)1946〕
(曲名)中島みゆき「流浪の詩」1976
(雑誌)「ポチ」を主人公とするワタナベ・コウ作の流浪＜さすらい＞ドキュメンタリー〔「週刊文春」2004年3月25日〕
【放浪】(歌詞)放浪の 旅は悲しい 我が運命〔大津美子「純愛の砂」(矢野亮)1957〕/恋する心に放浪は〔小野由紀子「放浪歌」(杉紀彦)1998〕

曲名 小林旭「旅の酒～放浪(さすらい)編」（荒木とよひさ）2003
【出航(さすらい)】曲名 寺尾聰「出航 SASURAI」（有川正沙子）1980
【航海(さすらい)】広告 高橋真梨子 航海(さすらい)のヴァドゥーラ〔「読売新聞」2009年6月4日〕

さすらう［流離う］
【漂泊(さすら)う】歌詞 七つの海へと漂泊(さすら)う前に〔桑名正博「薔薇と海賊」（松本隆）1978〕
【彷徨(さすら)う】歌詞 あの雲にまかせて遙かに彷徨い歩く〔寺尾聰「出航 SASURAI」（有川正沙子）1980〕
【漂流(さすら)う】歌詞 水夫だから男って 夢が消えりゃ漂流(さすら)うしかないさ〔チェッカーズ「HEART OF RAINBOW～愛の虹を渡って～」（売野雅勇）1985〕
【流浪(さすら)う】小説 流浪(さすら)っているのでござるな〔静霞薫「るろうに剣心 巻之一」（和月伸宏）1996〕
【流離(さすら)う】漫画 西久保を流離(さすら)い歩き〔北道正幸「プ～ねこ」2005〕

さぞ［嘸］
【嘸(さぞ)】古

さそう［誘う］
【誘惑(さそい)】歌詞 妄 欲 誘惑(さそい)の罠〔※-mai-「鎮 − re-quiem −」（米たにヨシトモ）1999〕
【哘(さそう)】地名 姓 ❖青森県には「哘」と書く地名と姓が集中している。『類聚名義抄』から現れる国字。
その他 誘因(さそう) 古

さそり［蠍］
【嵯蘇璃(さそり)】民間 ガードレールにカラースプレーで。暴走族の落書き〔平川南「日本の原像」2008〕

さそりざ［蠍座］
【スコーピオン(さそりざ)】漫画「スコーピオン(さそりざ)」の絵が―!!〔さとうふみや「金田一少年の事件簿 Case2 銀幕の殺人鬼」（金成陽三郎）1998〕

さた［沙汰］
【沙汰(さた)】古 ❖改定常用漢字表（答申）に追加。手紙など。「ご無沙汰」。

さだか［定か］
【了然(さだか)】古

サタデー［Saturday］
【土曜日(サタデー)】小説「暗黒の土曜日(ブラック・サタデー)」〔清涼院流水「カーニバル二輪の草」2003〕

さだまる［定まる］
【決まる(さだ)】古

さだめ［定め］
【運命(さだめ)】❖歌詞や漫画での代表的な当て字の表記。ある学校で、漫画しか読まない生徒が、漢字テストで実際に「運命」に「さだめ」というたぐいの読みばかりを書き、0点となったという。テレビのテロップでもさだめという発言に「運命」が現れる。
歌詞 我が運命(さだめ)〔藤山一郎「影を慕いて」（古賀政男）1931〕／はかなき運命〔淡谷のり子「私此頃憂鬱よ」（高橋掬太郎）1931〕／どうせ日陰のふたりの運命(さだめ)〔春日八郎「裏町夜曲」（杉江晃）1954〕／花の運命(さだめ)のかなしさを〔藤圭子「東京花ものがたり」（石坂まさを）1971〕／散るのが女の運命なら〔美空ひばり「男」（藤田まさと）1978〕／たとえ散りゆく運命(サダメ)であっても〔浜崎あゆみ「Dolls」2002〕❖用例多し。
曲名 五輪真弓「運命(さだめ)」1981／チェッカーズ「運命〈SADAME〉」（藤井郁弥）1990
漫画 見も知らぬところへ嫁ぐ運命(さだめ)ならば〔ひたか良「Min^2★パニック」1986〕／おぬしの運命(さだめ)なら〔きくち正太「三四郎^2 1」1990〕／己れの運命(さだめ)の星に導かれて〔CLAMP「X 2」1992〕／これがわしらの運命(さだめ)なんじゃ〔小花美穂「猫の島」1996〕
書名 山田久代「運命(さだめ)の道」2008
書籍 運命（さだめ） 歌詞の主要語彙〔紀田順一郎「日本語発掘図鑑」1995〕

TV 第三十二回「世継ぎの運命(さだめ)」〔NHK大河ドラマ「天地人」2009年8月9日〕

【宿命(さだめ)】 歌詞 たとえ土に還る事が人間の宿命(さだめ)だって〔GLAY「a Boy ～ずっと忘れない～」(TAKURO)1996〕／添えない宿命(さだめ)にめぐり逢う〔森若里子「鳩のいる港町」(星野哲郎)2000〕／一生添えない宿命(さだめ)でも〔三沢あけみ「熱海妻」(藤原良)2008〕／ひきずる宿命(さだめ)〔中条きよし「おまえの夢」(杉紀彦)2009〕❖演歌に多い。

漫画 〝漢〟の宿命(さだめ)〔大暮維人「エア・ギア 2」2003〕

広告 その目が私に見せたのは－見えるはずのない宿命(さだめ)〔映画「アイズ」看板 JR千葉駅構内 2008〕

【天命(さだめ)】 歌詞 天命(さだめ)を受けた戦士よ〔JAM Project「未来への咆哮」(影山ヒロノブ)2005〕

【輪廻(さだめ)】 歌詞 背を向けている輪廻(さだめ)なぞり〔霜月はるか「祈りの種」2007〕／尊い樹の輪廻(さだめ)〔霜月はるか「約束を灯して」(日山尚)2008〕

【性(さだめ)】 歌詞 花はただその性(さだめ)〔GARNET CROW「花は咲いて ただ揺れて」(AZUKI七)2009〕

【冒険(さだめ)】 広告 〝選ばれし者〟の冒険(さだめ)が動き出す〔荒川弘「鋼の錬金術師 2」2002(巻末)〕

【destiny(さだめ)】 歌詞 それが最後の destiny(さだめ)〔シェリル・ノーム starring May'n「イゾラド」(山田稔明)2009〕❖destinyをデスティニーではなくディスティニーと歌う歌手あり。

さだめる [定める]

【宿命(さだめ)る】 小説 それが宿命(さだめ)られた筋書なら〔清涼院流水「カーニバル 一輪の花」2003〕

歌詞 宿命(さだめ)られた涙を〔陰陽座「甲賀忍法帖」(瞬火)2005〕

サタン [Satan]

【魔人(サタン)】 映画題名「月光仮面 魔人(サタン)の爪」1958

【七君主(サタン)】 漫画 地獄の七君主(サタン)が一人〔由貴香織里「天使禁猟区 18」2000〕

【悪魔(サタン)】 WEB 悪魔(サタン)

その他 **魔鬼(サタン)・魔王(サタン)** 古

さち [幸]

【倖(さち)】 人名 店名 ❖「さいわい」「しあわせ」だけでなく、人名・店名などにあり。演歌歌手の名に複数あり。倖田(こうだ)來未は音読み。

【幸福(さち)】 歌詞 愛はやさしく幸福(さち)は楽しい〔美空ひばり「私はシンデレラ」(藤浦洸)1953〕

【囹(さち)】 ハンドル名 ❖字義は牢獄、現代の位相的な意訓と見ることができるか。女子中高生は「因囚」で「大人」に飾りを付けたもの、「囹」で「幸」に飾りを付けたものとして使うことあり。「図が甘い」は「ツメが甘い」。

さつ [札]

【紙幣(さつ)】 詩 金庫を預けて新しき紙幣(さつ)の束を握り〔高村光太郎「新緑の毒素」1911〕

さつ [↑警察] →さつかん・さつねた

【察(さつ)】 古 警察の略〔1933 隠〕

【警察(サツ)】 ❖「K」で警察と読ませる全学連文字もあった。「官犾」で「官憲」なども。

書籍 警察(サツ)が喧しくて駄目だから〔添田唖蝉坊「唖蝉坊流生記」1941 集〕／警察(サツ)回り〔プレスネットワーク94「新聞のウラもオモテもわかる本」1994 集〕❖戦前からあり。

小説 おまえが警察(サツ)に密告んだんだ〔森村誠一「麻薬分析殺人事件」1971 集〕／警察(さつ)に顔出せるのよ〔菊地秀行「魔界都市ブルース 夜叉姫伝 4」1990〕／いっていられぬ警察(サツ)のダンナ〔島田一男「特報社会部記者」1991 集〕

書名 本田靖春「警察(サツ)回り」1989

漫画〔猿渡哲也「TOUGH 2」2004〕

新聞 当時警察(サツ)回りだった私たちが取材〔「読売新聞 夕刊」2009年4月13日〕

ざつおん [雑音]

【合唱隊(ざつおん)】 歌詞 都合良く囃し立てる合唱隊(ざつおん)に気を取られずに〔水樹奈々「JUMP!」2004〕

さっか
【属(さっか)】〈姓〉〔佐久間英「珍姓奇名」1965〕／「さかん」の変化〔山本昌弘「漢字遊び」1985〕
その他 目(さっか) 〈姓〉

サッカー [sacker]
【袋詰め(サッカー)】〈漫画〉この厳しい袋詰め(サッカー)がつとまるかしら〔北道正幸「プ〜ねこ 2」2006〕

サッカー [soccer]
【蹴球(サッカー)】〈漫画〉蹴球部(サッカー)〔サッカー部のジャージの裏〕◆「蹴球」は敵性語追放で。
【足球(サッカー)】〈新聞〉孔徳宝さんが昨年5月に結成した「功夫足球(カンフーサッカー)」〔「読売新聞」2009年12月26日〕
◆訳がルビになったものか。

さつかん [↑警察官]
【警察官(サツカン)】〈小説〉警察官(サツカン)や自衛官崩れでも〔南英男「監禁」1995〈集〉〕／現職の警察官(サツカン)〔南英男「危機抹消人」2002〈俗〉〕

さっき [先]「さき」の変化した形。
【先刻(さっき)】〈小説〉先刻(さっき)の二人連れ〔夏目漱石「明暗」1916〕／つい先刻(さっき)の記憶がめぐる〔芝中学校文芸部「天晴れ21号」1999〕
〈歌詞〉さよならの先刻(さっき)の言葉〔荒木由美子「つむじ旋風(かぜ)」(阿木燿子)1977〕
〈漫画〉先刻(さっき)、狼はあの女を〔本仁戻「怪物王子」1998〕／先刻(さっき)の少年〔日高万里「時間屋」1998〕／〔イチハ「女子妄想症候群 4」2004〕
【先(さっき)】〈小説〉先(さっき)までと同じ風景〔清涼院流水「カーニバル 一輪の花」2003〕
【道中(さっき)】〈漫画〉道中(さっき)、説明した通り〔藤崎聖人「WILD LIFE 5」2004〕

さつき [五月・皐月・早月]
【五月(さつき)】〈芸名〉五月みどり
【皐月(さつき)】〈辞書〉◆皐月賞は競馬のレース名。

ざっくばらり
【雑工破乱里(ざっくばらり)】〈古〉

ざっくばらん
【雑苦葉乱(ざっくばらん)】〈辞書〉〔1949〈隠〉〕

さっさ
【早々(さっさ)】〈古〉早々(さっさ)と

さつじん [殺陣]
【殺陣(さつじん)】〈古〉立廻り〔1930〈隠〉〕◆↓たて(殺陣)

さっそう [颯爽]
【摻爽(さっそう)】〈小説〉〔柳瀬尚紀訳「フィネガンズ・ウェイク I II」1991〕

さっと [颯と]
【颯と(さっと)】〈辞書〉◆さつは本来、漢語か。颯の漢音がソウ(サフ)。颯然のサッは慣用音。

ざっと
【颯と(ざっと)】〈古〉／【雑と(ざっと)】〈辞書〉

さつない 北海道の地名。アイヌ語サッナイ(乾く川)からという。
【幸震(さつない)】〈地名〉◆「ない」は地震の意の古語。音読してコウシン、さらに福井からの入植者が多いため福にかえて「幸福」になった。

さつねた [↑警察ねた]
【警察まわり(サツネタ)】〈書籍〉警察まわり(サツネタ)を担当〔山平重樹「愚連隊列伝モロッコの辰」1990〈集〉〕

さっぱり
【全然(さっぱり)】【薩張(さっぱり)】〈古〉
【決利(サッパリ)】〈古〉決利〔三谷公器「解体発蒙」1813〕

さつまいも [薩摩芋]
【薩摩薯(さつまいも)】〈辞書〉◆自然薯(ジョ)を自然芋と表記することがある。訓読みのように別の字の字音を使う例。
【琉球芋(さつまいも)】〈古〉〔杉本つとむ「日本文字史の研究」1998〕

さつまのかみ [薩摩守]
【無銭乗車(さつまのかみ)】〈小説〉無銭乗車(さつまのかみ)をやらうてえのか〔徳富健次郎「黒潮」1903〈集〉〕

さて [扨・扠・偖]
【扨(さて)】〈古〉◆国字。「扨(さ)て」とあるのは、この字がサと読むと解されたためか、副詞なので送り仮名を補ったものか。
〈公文書〉近ごろ、中央官庁などから届くワープロ文書の中に、表外漢字・表外音訓を使った、いわゆる旧表記が目立つようになった。扠(偖)。どうやらその原因はワープロにあるらしい。〔斎賀秀夫「現代人の漢字感覚と遊び」1989〕

【却説】 (小説)〔京極夏彦「巷説百物語」1999〕❖中国白話から。閑話休題もあり。

その他 扠・偖 (古)

さて

【小網】 (詩) 小網の雫に清酒の香を嗅ぐらん春日なか〔薄田泣菫「望郷の歌」1906〕

サディスティック [sadistic]

【嗜虐的】 (WEB)

サテライト [satellite]

【衛星】 (歌詞) 成層圏に軍事衛星〔浜田省吾「A NEW STYLE WAR」1986〕

さてん [茶店]

「ちゃみせ」と同表記。

【深夜喫茶】 (小説)〔河野典生「群青」1963〕(俗)

【喫茶店】 (書籍)〔家田荘子「極道の妻たち」1986〕(俗) ❖「きっちゃてん」とも言うが、今ではふざけた語感。

【サ店】 (歌詞) 深夜のサ店の鏡で〔中島みゆき「悪女」1981〕

さと [里]

【郷】 (歌詞) 恋の潮来は 水の郷〔鶴田浩二「さすらひの灯り」(坂口淳)1954〕／懐かしき郷へ〔ベアトリーチェ(大原さやか)「チェイン」(DY-T)2009〕

(雑誌) 郷の湯〔「旅」1994年12月〕／湯の郷で〔「スキージャーナル」1994年10月〕

(広告)「トキと暮らす郷(さと)」づくりで〔「読売新聞」2009年10月21日〕

(新聞) 合歓の郷ゴルフクラブ 伊勢志摩〔「読売新聞」2009年10月28日〕／地元特産の落花生「郷の香」を〔「読売新聞 夕刊」2009年11月4日〕

【郷里】 (小説)〔松本清張「砂の器」1961〕

【故郷】 (歌詞) ここはどこやら 故郷恋し〔白根一男「次男坊鴉」(萩原四朗)1955〕

(民間) 夢二の故郷(さと)〔岡山県で〕

【生家】 (小説) 妻籠の生家に着いた〔島崎藤村「夜明け前 第二部」1935〕

【実家】 (漫画) 子は母方の実家に住まわすので〔山岸凉子「日出処の天子 1」1980〕

(小説) 実家の方では〔「読売新聞」2009年6月24日〕／実家の旅籠では〔「読売新聞」2009年10月11日〕

【五十戸】 (書籍)〔平川南「日本の原像」2008〕

(新聞) 文字瓦「五十戸」の付く地名(は)サトの当て字と考えるべきだろう。もとより和語には、そうした行政単位を呼ぶ言葉はなかった。そこで初期には、「五十戸」の当て字が使われたのだろう。〔「読売新聞」2008年11月14日(東野治之)〕

【都】 (人名) 根本行都監督〔「読売新聞」2010年2月9日〕❖「さとこ」には都子のほか、幸都子、小都子、佐都子、作都子など。

【花街】 (新聞) 江戸の洒落本、鼻山人の「花街鑑」は「さとかゞみ」、大眼子選の「花街風流解」は「さとふりげ」と読ませる。〔「読売新聞」2009年4月16日(桜井雅夫)〕

(演目)「籠釣瓶花街酔醒」(歌舞伎)

【三十】 (字遊) 三十十百九 里遠く・・・十七次方程式になっていて『算法童子問』1784〔織田正吉「ことば遊びコレクション」1986〕

サド [↑サディスト・サディズム]

【S】 (小説) 自分を攻撃するSであり〔清涼院流水「カーニバル 一輪の花」2003〕❖エスとも。エムとともに、軽く会話に登場するようになった。

さとう [佐藤]

【佐ト】 (民間)〔手書きのメモ〕❖「佐トウ」なども。「加ト吉」は社名(加藤から)。中野が「中の」となることも。

さとことば [里言葉]

【廓言葉】【廓辞】【里言】 (古)

さ

さとし
【恵(さとし)】(人名) 昔いたある同僚の方。「恵さん」。てっきり女性かと思いきや、男性でした。「めぐみさん」ではなくて「さとしさん」だったのです。〔WEB〕

さとびる
【俗(さとび)る】(古)

さとみとん［里見弴］
【里見(さとみ)ト(トン)ン】(WEB) 弴が出ないために、変換で出てくるこれを用いるWEBページがある。元々ペンが落ちた音による筆名で、当て字。指で電話帳を突いた音ともいう。

さとる［悟る・覚る］
【覚(さと)る】(小説) 覚(さと)ったようなことを言う。〔出久根達郎「逢わばや見ばや 完結編」2006〕
(新聞) その価値をよく知っているのだと覚(さと)り〔「読売新聞」2008年9月6日〕◆自覚。
【解(さとる)】(人名) 中平解(さとる)氏〔金田一春彦「日本語」1957〕
その他 暁得(さと)る (古)

サドンリー［suddenly］
【突然(サドンリー)】(歌詞) 出会いもサヨナラも突然(サドンリー)〔新堂敦士「サムライ・シンドローム」2002〕

さなか［最中］
【途中(さなか)】(歌詞) 旅の途中(さなか)〔米米クラブ「JUST MY FRIEND」1995〕

さながら［宛ら］
【流石(さながら)】【宛然(さながら)】【宛ながら(さ)】【悉皆(さながら)】(古)

サナトリウム［sanatorium］
【療養所(サナトリウム)】(曲名) さだまさし「療養所(サナトリウム)」1979

さね［実・核］
【花舌(さね)】(書籍) 花舌(さね)が深見に向かって〔大下英治「芸能ゴロ」1996(集)〕◆門構えの国字がいくつか造られてきた。
【鶏冠(さね)】(雑誌) 鶏冠(さね)頭が〔「問題小説」1994年2月〕

さば［鯖］
【青魚(さば)】(小説) 青魚(さば)の未醤(みそ)煮〔森鷗外「雁」1915〕
【青花魚(さば)】(新聞) サバ↓青花魚もある。〔「読売新聞」2010年4月16日(言の花)〕
【鯖(さば)】(WEB) ◆「サーバー」の意味で。

サバイバル［survival］
【勝ち抜き(サバイバル)】(WEB) 勝ち抜き(サバイバル)が再び始まる!〔映画「ライアーゲーム ザ・ファイナルステージ」公式サイト 2009〕
【生き残り(サバイバル)】(漫画) こりゃホンマもんの生き残り(サバイバル)ゲームやな〔さとうふみや「金田一少年の事件簿19」(金成陽三郎)1996〕／『生き残り(サバイバル)ゲーム』の勝者は〔「週刊少年マガジン」2004年48号(GetBackers)〕
【順応力(サバイバル)】(広告) 壮絶な環境の中で生きる動物の順応力(サバイバル)に学ぶ!〔「読売新聞」2009年7月26日〕
【鯖威張(さばいば)る】(WEB) ◆「鯖威張る中」変換ソフトのテレビCMで。予測変換もなく、登録語数も貧弱だった頃にはこのたぐいがよく起こった。「鯱張(しゃちこば)る」にたまたま似る。WEBで遊戯的に使用されている。
その他 生還者(サバイバー) (広告)
*【生存競争(サバイバルレース)】(歌詞) 果てしなく続く生存競争走り疲れ〔浜田省吾「J.BOY」1986〕

さばき［裁き］
【審判(さばき)】(詩) 君こそは実にこよなき審判官(さばきのつかさ)なれ〔高村光太郎「郊外の人に」1912〕
(聖書) 新約聖書の『ヨハネ黙示録』「汝の審判(さばき)は時の間(ま)に来れり」〔「太陽」1994年3月〕

さばく［砂漠］
【砂場(さばく)】(歌詞) 秘密の橋の下で 公園の砂場(さばく)で〔DREAMS COME TRUE「Eyes to me」(吉田美和)1991〕
【沙漠(さばく)】(歌詞) 君を見ぬ日の 苦しさは 燃える心の 沙漠の果に〔二葉あき子「恋の曼珠沙華」(西條八十)1948〕◆旧表記。さんずいがなくなったため、オアシスがあることが表現されなくなったと批判する声あり。
(新聞) 「砂漠」よりも感じとして粒子の細かい「沙漠」の手触りを作家(井上靖)は愛し

たか〔「読売新聞」2010年6月8日(編集手帳)〕

さばく〔捌く〕 路上・看板に「荷捌」など。

【唀】(さばく) 古

さばける〔捌ける〕

【進化ける】(サバ) 歌詞 人間より進化(サバ)けた悪魔に〔サザンオールスターズ「01MESSENGER ~電子狂の詩~」(桑田佳祐)1997〕

サバト〔ポルトガル sábado〕

【奢灞都】(サバト) 誌名 ❖1924年から1927年まで日夏耿之介、石川道雄、堀口大學、西條八十らが雑誌「東邦藝術」(3号から「奢灞都」(サバト))を発行。

【沙場渡】(サバト) 小説 魔女の沙場渡(サバト)〔柳瀬尚紀訳「フィネガンズ・ウェイク Ⅰ Ⅱ」1991〕

【悪魔召還】(サバト) 漫画 悪魔召還(サバト)の儀式で我々は……〔さとうふみや「金田一少年の事件簿 Case1 魔犬の森の殺人」(金成陽三郎)1998〕

サハラ〔Sahara〕

【撒哈拉】(サハラ) 辞書 ❖WEBに「砂原(サハラ)」も。

【沙婆裸】(サハラ) 店名 レストラン〔斎賀秀夫「あて字の考現学」(「日本語学」1994年4月)〕

さび〔寂〕

【寂び】(さ)**【然び】**(さ) 書籍 サビはもともと、「寂び」あるいは「然び」というふうに綴るのです。寂(さび)れていること。〔松岡正剛「日本流」2000〕

【主旋律】(さび) 漫画〔熊倉裕一「KING OF BANDIT JING 6」2004〕❖語源は錆、寂のほかワサビ(サビ抜きのサビ)とも。

サビア〔スペイン savia〕

【葉脈】(サビア) 歌詞 その葉脈(サビア)の枝の先まで〔川田まみ「portamento」2008〕

さびしい〔寂しい〕

【淋しい】(さび) ❖淋は音読みで淋病(痳病。麻痺・痲痺とは別)として使われたが、あまり目にすることなく、日常では訓読み専用となっており、いっそう会意文字のように解されている。字面から涙や情景を結びつけ、学校で習う「寂しい」とは異なる感情(より深い気持ちなど)を表す。さびしいは「寂しい」、さみしいは「淋しい」と使い分ける女子学生あり。逆という女子学生もあり。淋しい病気は淋病の俗称。

歌詞 淋し恋の終り〔淡谷のり子「思い出のカプリ」(奥山靉)1935〕/淋しい夢よ さようなら〔藤山一郎「青い山脈」(西條八十)1949〕/船のランプを 淋(さび)しく濡らし〔美空ひばり「ひばりのマドロスさん」(石本美由起)1951〕/ひとりぼっちの 淋(さび)し子(ご)の〔和田弘とマヒナ・スターズ「泣けるうちゃいいさ」(佐伯孝夫)1958〕/うす紫のシクラメンほど淋しいものはない〔布施明「シクラメンのかほり」(小椋佳)1975〕/淋しそうな顔して〔矢沢永吉「世話がやけるぜ」(木原敏雄)1977〕/大地は浅き夢見し春 淋しき色は匂えど〔山口百恵「春爛漫」(松本隆)1980〕❖用例多し。

曲名 淡谷のり子「あゝ淋しい」1931/フランク永井「俺は淋しいんだ」(佐伯孝夫)1958/森田童子「淋しい雲」1975/Wink「淋しい熱帯魚」(及川眠子)1989

書籍 淋(さび)しく〔由良君美「言語文化のフロンティア」1986〕

新聞 ママが居なくて淋(さび)しがっていないかしら〔「読売新聞」2005年9月18日(阿木燿子)〕/大イチョウなくなる 淋(さび)しくなるナ USO放送〔「読売新聞」2010年3月12日〕

広告 淋しき越山会の女王〔「読売新聞」2010年3月17日(週刊文春)〕

【孤独しい】(さび) 歌詞 いつも孤独(さび)しい時代だから〔近藤真彦「純情物語」(売野雅勇)1986〕

その他 心淋敷かった(こころさびし) 古

さびしがりや〔寂しがり屋〕

【淋しがりや】(さび) 歌詞 恋は苦手の 淋(さび)しがりやだ〔フランク永井「西銀座駅前」(佐伯孝夫)1958〕

【淋しがり屋】歌詞 孤独をいつの間にか淋しがり屋と〔吉田拓郎「イメージの詩」1970〕／淋しがり屋〔山口百恵「プレイバック Part2」（阿木燿子）1978〕

さびしがる［寂しがる］

【淋しがる】歌詞 淋しがらせる 浜千鳥ヨ〔三沢あけみ「島のブルース」（吉川静夫）1963〕／淋しがる女を〔郷ひろみ「美貌の都」（中島みゆき）1983〕

さびしげ［寂しげ］

【淋しげ】歌詞 夜があなたに囁くうれしげに悲しげに楽しげに淋しげに〔坂本スミ子「夢であいましょう」（永六輔）1961〕

【淋し気】歌詞 ニューヨークから流れてきた淋し気なエンジェル〔佐野元春「アンジェリーナ」1980〕／淋し気な moonlight〔渡辺美里「恋したっていいじゃない」1988〕

さびしさ［寂しさ］→さみしさ

【淋しさ】古 淋しさや花のあたりにあすならう〔物郷正明「辞書漫歩」1987〕

歌詞 淋しさに 恋しさに〔岡晴夫「幸福はあの空から」（矢野亮）1954〕／恋の淋しさ〔水原弘「黒い花びら」（永六輔）1959〕／淋しさにいつだって〝忘れたい〟と願うのに〔アルフィー「見つめていたい」（高見沢俊彦）1988〕

【孤独】歌詞 孤独は欲望煽る装置さ〔矢沢永吉「FLESH AND BLOOD」（売野雅勇）1989〕

さびぬき［さび抜き］

【山葵抜】辞書〔1949 隠〕

さびれる［寂れる・荒びれる］

【寂れる】広告 寂れつつあった〔「読売新聞」2010年3月22日〕

サブ［sub］補助、副の意。

【副調整室】小説〔野沢尚「破線のマリス」2000〕

サファイア［sapphire］

【青玉】小説〔茅田砂胡「暁の天使たち」2002〕

その他 碧玉 古

さぶい［寒い］

【寒い】【寒い】古

サブスタンス［substance］

【趣旨】書籍 趣旨の中に〔池田雅之「ラフカディオ・ハーンの日本」2009〕

サブマシンガン［submachine gun］

【短機関銃】小説 短機関銃など〔菊地秀行「魔界都市ブルース 夜叉姫伝 4」1990〕

サブマリン［submarine］

【潜水艦】広告 マネーの海に潜航する「潜水艦」。〔「読売新聞」2009年4月22日〕

サフラン［オランダ saffraan］

【蕃紅花】古 文学雑誌「蕃紅花」

その他 泊夫藍 辞書

サプリメント［supplement］

【補充部分】書籍〔杉本つとむ「近代日本語の成立と発展」1998〕

さべつ［差別］

【佐別】古

さぼう［茶房］

【茶舗】新聞「可否茶舗 僊夢亭」の〔「読売新聞」2009年12月23日〕❖「茶房る」は店名に複数あり。

サポーター［supporter］

【支持者】小説 支持者たちから〔河野万里子訳「ア・デイ・イン・ザ・ライフ」1998〕

【観客】ポスター 観客も戦う。〔ジェフユナイテッド市原・千葉 JR蘇我駅で 2009〕

【客】漫画 客がふえてきました〔秋本治「こちら葛飾区亀有公園前派出所 126」2001〕

サポート［support］

【支援】漫画 支援してくれるようになる〔「週刊少年ジャンプ」2004年10月11日（ナルト通信）〕

【応援】広告 行動派の紳士を応援します。〔「読売新聞」2008年12月13日〕

【援助】漫画〔天獅子悦也「むこうぶち 24」2009〕

サボテン［仙人掌・覇王樹］三布袋から

ともいうが、スペイン語と手の合成によるという。

【仙人掌(サボテン)】新聞（クイズ番組で）「仙人掌」という字がありました。「サボテン」と読みます。カタカナで書く外来語も、当て字を使えば漢字で表せるのだということを知りました。〔「朝日新聞」2009年12月27日〕❖10歳の小学生の投書。

【覇王樹(サボテン)】詩 置き忘れたる卓上の石の如き覇王樹(さぼてん)に至るまで〔高村光太郎「新緑の毒素」1911〕

さほど［然程］

【左程(さほど)】古

ザボン［ポルトガル zamboa］

【朱欒(ざぼん)】漫画〔秋本治「こちら葛飾区亀有公園前派出所 126」2001〕❖命名案として。『朱欒(ザムボア)』（1911〜1913）は雑誌名。

さま［様］

【態度(さま)】小説 今の彼女は危うい態度(さま)〔藤原眞莉「華くらべ風まどい－清少納言梛子」2003〕

【風景(さま)】漫画〔熊倉裕一「KING OF BANDIT JING 6」2004〕

【様(さま)】【様(さま)】WEB 室町時代には、宛名の敬称に使われる「殿」の字体・書体や、漢字かひらがなかという文字体系の違いによる格付けが発達。江戸時代に至ると、「様」は目上の人に用いる、そして「次さま」（様 以下、さまはざまと濁ることもある）、「水さま」（様）、「美さま」「平さま」「蹲(つくばい)さま」は、などと崩し字を含めて細々と言いだす。読む際の発音は、いずれも「さま」、視覚による待遇表現が儒教的な身分制社会の中で発達した。〔笹原宏之「漢字の現在」2010年1月7日〕

❖「summer」を当てる手紙あり。

【様(サマー)】広告 滝沢秀明 滝 様(タッキーサマー) CONCERT '09〔「読売新聞 夕刊」2009年6月5日〕

その他 格(さま) 古

ざま［様・態］「様(さま)」から。

【態(ざま)】小説 その態(ざま)は何んだ！〔源氏鶏太「一寸の虫」1950〕俗

【醜態(ざま)】小説〔田中芳樹「海嘯」1996〕

その他 様体(ざま)・状態(ざま)・状(ざま) 古

サマー［summer］「外来語の表記」という内閣告示には「サンマー」という語形も示されている。

【夏(サマー)】歌詞 夏の浜辺(サマービーチ)〔hiro「In Season」(HIMK) 2001〕❖戦中はビーチパラソルは敵性語として「浜傘」と訳された。ベビーケープは「乳児引き廻し」。

【夏用(さまー)】看板 夏用(さまー)ニッカー〔蕨駅付近の作業着店店頭 2005〕

その他 空(サマー) 詩

さまざま［様様］

【種々(さまざま)】小説 人種々(さまざま)の様式に対して〔夏目漱石「こころ」1914〕

書籍 是れにも種々(さまざま)種類のあるもので〔井上ひさし「私家版 日本語文法」1981〕

【各様(さまざま)】雑誌 新約聖書の『ヨハネ黙示録』各様の香木(かうぼく)〔「太陽」1994年3月〕

さまで［然迄］

【左まで(さ)】古

さまよう［さ迷う］

【逍遥う(さまよ)】古 逍遥(さまよ)ひぬ『ルバイヤット』1914〔「読売新聞 夕刊」2009年1月14日〕

【彷徨う(さまよ)】歌詞 彷徨(さまよ)う街に 心は〔中島みゆき「ホームにて」1977〕／摩天楼の影 逃げるようただ彷徨い〔アルフィー「ラジカル・ティーンエイジャー」(高見沢俊彦) 1983〕／夜の強い雨に 私 ずぶ濡れで 街を彷徨(さまよ)う〔工藤静香「Again」(秋元康) 1987〕

【彷徨(さまよい)】アルバム名 小椋佳「彷徨(さまよい)」1972

【彷う(さまよ)】歌詞 彷(さまよ)う〔THE KIDDIE「NOAH」(揺紗) 2009〕

❖『彷書月刊』は情報誌。

【漂泊う】詩 意志なき断崖を漂泊ひ行けど〔萩原朔太郎「漂泊者の歌」1934〕
【醒迷う】歌詞 耐えながら醒迷うの〔XOVER「泡沫の悠久」(Shaura)2009〕
【様様】字謎〔山本昌弘「漢字遊び」1985〕
その他 吟 古

サマルカンド [Samarkand]
【撒馬児干】辞書

さみしい [寂しい] →さびしい
【淋しい】歌詞 空に淋しき 渡り鳥〔藤山一郎「燃える御神火」(西條八十)1933〕／どこか淋しい 愁いをふくむ 瞳いじらし あのえくぼ〔岡晴夫「東京の花売り娘」(佐々詩生)1946〕／酔うほど 淋しく なるんだぜ〔ディック・ミネ「雨の酒場で」(清水みのる)1954〕／小雨降る夜は なぜか淋しくて〔越路吹雪「ワン・レイニー・ナイト・イン・トーキョー」(鈴木道明)1965〕／淋しくても淋しくても〔トワ・エ・モワ「誰もいない海」(山口洋子)1970〕／淋しかったから あなたにさよならを〔岩崎宏美「すみれ色の涙」(万理村ゆき子)1981〕◆用例多し。
新聞 富かだが淋しい「鼠国ニッポン」〔「読売新聞」2009年3月29日(書評欄)〕
【淋敷】古 淋敷ッて

さみしがりや [寂しがり屋]
【淋しがりや】歌詞 淋しがりやも 三人寄れば〔こまどり姉妹「姉妹(きょうだい)酒場」(石本美由起)1961〕／淋しがりやの Funny-face 淋し気に揺れたまま Time up〔佐野元春「Bye Bye Handy LOVE」1980〕
【淋しがり屋】歌詞 街のどこかに淋しがり屋がひとり〔千賀かほる「真夜中のギター」(吉岡治)1969〕／淋しがり屋の Pretty Girl〔TUBE「センチメンタルに首ったけ」(三浦徳子)1985〕

さみしげ [寂しげ]
【淋しげ】歌詞 淋しげな 雨に濡れた君の〔ヒデとロザンナ「愛の奇跡」(中村小太郎)1968〕
【淋し気】歌詞 淋しがりやの Funny-face 淋し気に揺れたまま Time up〔佐野元春「Bye Bye Handy LOVE」1980〕／淋し気に振り向かないで〔佐野元春「Sugartime」1982〕

さみしさ [寂しさ]
【淋しさ】歌詞 いつになったら この淋しさが 消える日があろ〔小林旭「さすらい」(西沢爽)1960〕／一人淋しさ 一人で生きるには淋しすぎる〔矢沢永吉「過ぎてゆくすべてに」1979〕／一つ大人になる淋しさ〔光GENJI「汐風の贈りもの」(安藤芳彦)1988〕

さみだれ [五月雨]
【五月雨】書籍 視覚的表出力〔柳田征司「あて字」1987〕◆→あめ(雨)

さむい [寒い]
【寒い】漫画 寒ぃーっ!〔藤崎聖人「WILD LIFE 1」2003〕／ってか、寒ィよ!!〔藤崎聖人「WILD LIFE 4」2003〕◆学生の手書きにも。／うわ寒っみ〜〔藤崎聖人「WILD LIFE 2」2003〕◆若者ことば、方言形。
【しゃむい】漫画 …心がしゃむい…。〔日高万里「ひつじの涙 6」2003〕

さむらい [侍]
【士】字解 壽 士のフエは一吋〔阿刀田高「ことば遊びの楽しみ」2006〕◆「士」は小の月を覚える「西向く士」では、十一を表す。また、字体の呼び名で、吉に対して「吉」を「さむらいよし」という。
【武士】小説 寧ろ武士に似たところが〔夏目漱石「こころ」1914〕／武士だ〔上遠野浩平「ブギーポップ・カウントダウン エンブリオ浸食」1999〕／武士が〔夢枕獏「黒塚 KUROZUKA」2003〕
その他 日本 人名／天衣無縫 漫画
*【日本代表】広告 これぞ青春映画の

日本代表!!」〔「読売新聞 夕刊」2010年6月18日〕

さめざめ

【雨々】 古 ❖複合語でないのに「春雨」などから切り出した誤った回帰か。→あめ（雨）

さめる［覚める・醒める］

【寤る】 書名 山田俊雄・柳瀬尚紀「ことば談義 寐ても寤ても」2003

【褪める】 歌詞 明日などないと 酒をあおれば なお褪めて〔中島みゆき「時は流れて」1977〕

【醒める】 歌詞 夢から醒めずわからず〔サザンオールスターズ「C調言葉に御用心」（桑田佳祐）1980〕❖覚醒。

手記 夢醒めて 城山三郎 晩年の手帳〔「読売新聞」2008年12月18日〕

さめる［冷める］

【醒める】 歌詞 醒めた仕草に 胸がきしんだ〔寺尾聰「北ウィング」（有川正沙子）1981〕

【冷静る】 漫画 末堂が冷静ちまった……〔板垣恵介「グラップラー刃牙 1」1992〕

【Digital】 歌詞 Digital 現代で恋だって出来る。〔New Cinema 蜥蜴「Lovely Generation」（船木基有）2001〕

さも［然も］

【左も】 書簡 「『ル』（ルーズベルト）大統領色を失ふと、伝ふ。左（さ）もありなん」〔「読売新聞」2007年1月7日〕

さもしい

【卑しい】【狭しい】【浅猿しい】 古

【沙門しい】 WEB

サモワール［ロシア samovar］

【湯沸かし器】 小説 湯沸かし器でお湯を注いでいたところに〔清涼院流水「カーニバル二輪の草」2003〕

サヤ［タガログ saya］ ポルトガル語・スペイン語にもあり。暗合か。

【紗綾】【綾】 古

さやか［明か・清か］ 昜という国字らしき字も使われた。中国の『篇海』には「音晶」とのみある。沙也可（1571？～1643？）は朝鮮に降った日本人武将の名。朝鮮では金忠善。

【清か】 歌詞 止めど流る 清か水よ〔サザンオールスターズ「TSUNAMI」（桑田佳祐）2000〕

その他 冴やか 辞書 ／爽風 人名

さやけし［明けし・清けし］

【爽けし】 書籍 爽けき 乙田東洋司の回文に〔織田正吉「ことば遊びコレクション」1986〕

その他 白し 古

さやさや

【清々】 書名 半田佳子「清々と」2004

さゆ［白湯］

【白湯】 広告 白湯のみダイエット〔「読売新聞」2009年6月21日〕

誤読 白湯 おもゆ うぶゆ しるこ〔斎賀秀夫「漢字と遊ぶ」1978〕❖中国ではパイタン（白いスープ）。

さよう［然様］

【左様】 古

さようなら［然様なら］→さよなら

【左様なら】 歌詞 左様ならよと つぶやくように〔美空ひばり「ひばりのマドロスさん」（石本美由起）1951〕

【然様なら】 歌詞 今日は然様なら〔椎名林檎「ドッペルゲンガー」2003〕

その他 左様奈良 辞書

さよく［左翼］

【田舎者】 小説〔梶龍雄「淡雪の木曽路殺人事件」1985〕目

【サヨク】 書名 島田雅彦「優しいサヨクのための嬉遊曲」1983

新聞 文芸評論家磯田光一は八六年に刊行された『左翼がサヨクになるとき』で、没落した硬質な左翼文学への屈折した愛情に満ちた挽歌を記した。〔「読売新聞」2010年3月22日〕❖「ホシュ」も見られる。

さよなら ポケベルでは3476だった。

→さようなら

【再見(さよなら)】 漫画〔ひたか良「Min²★パニック」1986〕

❖中国語ザイチエン（広東語でジョイキン）による表記。ベトナム語では「暫別(タムビエト)」。

【別離(サヨナラ)】 歌詞 別離(サヨナラ)もめぐり逢いさえ〔Every Little Thing「Over and Over」1999〕

その他 **離婚(さよなら)** 漫画

関連 **【さよなら】** 歌詞 さよなら(au revoir)…貴方を誰より愛してる…〔Sound Horizon「見えざる腕」(REVO) 2006〕

さら ［皿］「さら」には朝鮮語や梵語起源説あり。「皿」は常用漢字に採用後、教育漢字に。

【皿(さら)】 論文 皿 外来語〔王勇「振仮名(ふりがな)と文字論：文化的な視点より」1993〕

さら ［新・更］

【新品(さら)】 歌詞 新品(さら)の畳も叩けば埃〔谷本知美「人生行路」(潮沢栄一) 2005〕

サライ ［Sarai］

【薩来(サライ)】 辞書

さらう ［攫う・掠う］

【攫(さら)う】 小説 一切合切をまとめて攫(さら)ってゆくような〔「読売新聞 夕刊」2010年2月17日〕

【拐(さら)う】 雑誌 拐(さら)え〔「歴史読本」1994年2月〕

サラサ ［ポルトガル saraça］

【更紗(サラサ)】 古

さらさら

【散乱散乱(さらさら)】 古

ざらざら

【雑乱〻〻(ざらざら)】 古

さらし ［晒し・曝し］

【褌(さらし)】 パンフ 大和魂(やまとごころ)は褌(さらし)から…〔本染めてぬぐい朱鳥パンフレット〕

さらす ［晒す・曝す］

【晒(さら)す】 歌詞 心を晒(さら)したなら〔矢沢永吉「黄昏に捨てて」(大津あきら) 1993〕

サラダ ［salad］

【菜鉢(サラダ)】 貼紙〔市ヶ谷でメニューに 2008年10月7日〕

さらで ［然らで］

【猿(さら)で】 古

サラブレッド ［thoroughbred］

【純血種(サラブレッド)】 小説〔田中芳樹「創竜伝 13」2003〕

サラマンダー ［salamander］ サラマンドラ。

【火トカゲ(サラマンダー)】 小説 炎大好きの火トカゲ(サラマンダー)は白熱した薪が〔松岡佑子訳「ハリー・ポッターとアズカバンの囚人」2001〕

【火竜(サラマンドラ)】 詩 火竜(サラマンドラ)はてんてんと躍る〔高村光太郎「愛の嘆美」1914〕

サラム 韓国語で、人の意。

【人(サラム)】 書名 朴慶南「人(サラム)が愛(サラン)でつながるとき」2008

さらり

【洒然(さらり)】 古〔1906 俗〕

【平然(さらり)】 小説 速い流れの直中に立つ陰陽師は平然(さらり)としている〔藤原眞莉「華くらべ風まどい―清少納言梛子」2003〕

サラリー ［salary］

【官禄(サラリー)】 書籍 禄(官禄(サラリー))を干(もと)める職務上のため〔杉本つとむ「日本文字史の研究」1998〕❖『干禄字書』は、中国唐代の字書。

サラリーマン ［←salaried man］

【会社信徒(サラリーマン)】 広告 崖っぷち 会社信徒(サラリーマン) 逆襲の手引き〔「読売新聞」2008年12月18日〕

その他 **会社員(サラリーマン)** WEB

サラン 韓国語で、愛の意。漢語の「思量」からとも。

【愛(サラン)】 書名 朴慶南「人(サラム)が愛(サラン)でつながるとき」2008

さりながら ［然り乍ら］

【左り(さ)ながら】【去り(さ)ながら】【乍去(さりながら)】古

さる［猿］校正のミスでサルトルが「サル」（猿）になった話がある。〔高橋輝次「誤植読本」2000（紀田順一郎）〕

【人間(サル)】小説 愚かな人間(サル)たちは〔清涼院流水「カーニバル 二輪の草」2003〕

その他 猨(さる) 古

さる［然る］

【猿(サル)】古 猿程ニ〔延慶本「平家物語」など〕

その他 去(さる) 古

さるがく［猿楽・申楽］

【猿楽(さるがく)】古 ❖猿楽は申楽とも書かれ神を含意するとも。散楽から。『運歩色葉集』に、地域により表記に差があるという。

さるすべり［猿滑・百日紅］

【百日紅(さるすべり)】古

サルト［ドイツ Salto］→ムーンサルト

【宙返り(サルト)】歌詞 太陽宙返り(サンサルト)も教えてよ〔保志総一朗「DA·DA·DA テニスの王子様」2003〕

サルビア［ラテン Salvia］

【緋衣草(サルビア)】アルバム名 岩崎宏美「緋衣草（サルビア）」1981

サルベージ［salvage］

【引き揚げ屋(サルベージ)】書名 和久峻三「捜査不能－沈め屋(シンカー)と引き揚げ屋(サルベージ)」1995

【整理屋(サルベージ)】書籍 俗に言う『整理屋(サルベージ)』〔浅田次郎「初等ヤクザの犯罪学教室」1993（集）〕

その他 恤兵部(サルベージ) 小説

さるまた［猿股］

【申又(さるまた)】【猿又(さるまた)】辞書

ざれ［戯れ］

【戯れ(ざ)】書籍 戯(ざ)れ心〔松岡正剛「日本流」2000〕

されこうべ［髑髏］

【曝首(されこうべ)】漫画 曝首(されこうべ)の使徒は森の中で〔大暮維人「エア・ギア 1」2003〕❖白川静説では「白」はその象形文字。象形説にもどんぐり、親指の爪、米粒、豚の皮など諸説あり。

ざれごと［戯れ言］

【戯言(ざれごと)】書籍 筆字風 ゴチック体の奥付では戯〔書物に 2008年9月〕❖劇も豕を省くことが多い。

サロン［フランス salon］

【客間(サロン)】辞書〔伊坂淳一「振り仮名」（「日本語学キーワード事典」1997）〕

【茶会(サロン)】漫画 茶会(サロン)の雌ブタ共の〔本仁戻「怪物王子」1998〕

*【京 都 号(サロンエクスプレス)】広告「京 都 号(サロンエクスプレス)」殺人事件〔菊地秀行「魔界都市ブルース 夜叉姫伝 4」1990（巻末）〕

さわ［多］

【夛(さわ)】歌誌 夛に〔「短歌」1994年1月〕❖手書きに多い異体字。

さわぎ［騒ぎ］

【躁ぎ(さわ)】雑誌〔「小説新潮」1994年9月〕

その他 周章(さわぎ) 古

ざわざわ

【騒騒(ざわざわ)】小説

さわす［醂す］

【醂す(さわ)】俳句 柿醂(さわ)す〔「読売新聞」2010年1月4日〕

ざわめき

【騒めき(ざわ)】新聞 今ものこる銀松の古木に満ちている騒(ざわ)めきは〔「読売新聞」2004年10月17日（阿部謹也）〕❖潮騒(しおさい)。

歌詞 今日も 街を包む 騒(ざわ)めきの中〔day after tomorrow「gradually」(misono) 2002〕

書籍 騒(ざわめ)き〔うみのさかな&宝船蓬莱「うみのさかな&宝船蓬莱の幕の内弁当」1992〕

【雑踏(ざわめき)】歌詞 迷い道 螺旋階段 遠ざかる雑踏(ざわめき)〔林原めぐみ「TOO LATE」(松葉美保) 1995〕

さん［三］→キューブ・さんじょう

【貳(さん)】雑誌 野坂参三(のさかさんぞう) 父の名づけた参貳(さんぞう)は、一般にはなじみにくいと「参三」に改められた。（手書きの写真は）野坂参貳〔「文藝春秋」1994年1月〕◆貳がもし一般的にあれば、貳(二の大字)からの改竄が可能となる。

【3(さん)】 辞書 ばり3〔俗〕◆携帯電話の受信状況を表すアンテナが三本全部立っている状態。ケータイの画面が横書きなのでたしかに三ではなさそう。「バリる」の語も。

【Ⅲ(さん)】 広告 だから、Ⅲ型コラーゲン。〔「読売新聞」2010年3月24日〕

【惨(さん)】 新聞 三連笑 〝惨〟連敗〔斎賀秀夫「あて字の考現学」(「日本語学」1994年4月)〕◆もじり。

【爨(さん)】 小説 溢(いち)、尼(に)、爨(さん)〔柳瀬尚紀訳「フィネガンズ・ウェイクⅠⅡ」1991〕◆飯盒炊爨のサン。もじりか。現在使われる漢字の中で、画数が多い字の一つ。

さん 「さま」から。→さんへ

【様(さん)】 ◆国語辞書で語義の大体や語源を示そうと見出しになることがある。江戸時代にふりがなつきで用いられた。

古 嫁様 よめさん〔1915 隠〕／婆様 ばばさん〔1935 隠〕

辞書 「お糸様(さん)」「お嬢様(さん)」〔遠藤好英「近代の語彙」(「国語学研究事典」1977)〕

【桑(さん)】 書籍 台湾語に。戦前の日本語とともに。〔黄文雄「日本語と漢字文明」2008〕◆→ちゃん(匠)・おばさん(欧巴桑)

【君(さん)】 小説 武男君(さん)、浪は死んでも〔徳冨蘆花「不如帰(ほととぎす)」1899〕

【ⓢ(さん)】 雑誌 小栗旬ⓢ〔「ラブベリー」2008年4月〕◆女子中高生は、「サン さん san ⓢ」など。ⓒ(ちゃん)も。

【彡(さん)】 店名 東中野で。包子彡(ぱおこさん)〔飯間浩明「文字のスナップ」2002〕◆敬称の「さん」にかけた。

サン [フランス saint]

【聖(サン)】 漫画 聖(サン)クリス病院で銃撃戦発生〔「週刊少年ジャンプ」2004年5月24日(PMG-0)〕

【坊主(サン)】 小説 「坊主(サン)」と呼びつづけた〔村上春樹訳「レイモンド・カーヴァー傑作選 CARVER'S DOZEN」1997〕

サン [sun]

【太陽(サン)】 漫画 シンボルは『太陽(サン)』〔CLAMP「カードキャプターさくら 5」1998〕◆太陽燦々sunと掛けることがある。

歌詞 太陽宙返り(サンサルト)も教えてよ〔保志総一朗「DA・DA・DA テニスの王子様」2003〕

さんかく [三角] →マイナス

【△(さんかく)】 新聞 野菜は◎ 果物は△〔「読売新聞」2009年3月11日〕◆→ござる・うろこ

広告 練習場では◎ コースに出ると△〔「読売新聞」2009年10月25日〕／しっぽを△にかく。〔「読売新聞」2006年8月13日〕◆図形の意味。

さんがにち [三箇日・三ヶ日・三が日]

【三賀日(さんがにち)】 民間 ◆俗解による。

さんぎ [参議]

【三木(さんぎ)】 古 借用 参議 三木〔新井白石「同文通考」1760〕

ザンギエフ 格闘ゲームの架空のキャラクター。

【ザンギュラ】 誤植 雑誌『ザンギュラのスーパーウリアッ上』正:ザンギエフのスーパーラリアット〔WEB〕

サンキュー [thank you]

【39(サンキュー)】 広告 039(オー・サン・キュー)－455(ヨイ・ゴー・ゴー)〔「読売新聞」2006年7月2日〕◆電話番号。／今だけの39(サンキュー)セール〔「読売新聞」2009年11月3日〕／66－39(サンキュー)〔「読売新聞」2010年2月25日〕

【390(サンキュー)】 広告 372(みんなに)－390(サンキュー)〔「読売新聞」2009年9月9日〕◆電話番号。

ざんぎり [散切り]

【慚斬(ざんぎり)】 古 断髪〔1935 隠〕

さんきんこうたい [参勤交代]

【参観交代(さんきんこうたい)】 新聞 参勤はもともと参「覲」と書いた。参上して観(まみ)える(拝謁(はいえつ)する)のが本意だからである。ところが江戸時代には将軍に対する大名の勤め、勤務としての制度化が進み、参「勤」交代と書いても違和感がなくなったらしい。〔「読売新聞」2007年9月9日〕◆参勤も中世より見られる。

サンクチュアリ［sanctuary］
【聖域(サンクチュアリ)】漫画 オレの心の聖域(サンクチュアリ)は〔つだみきよ「プリンセス・プリンセス 3」2004〕
アルバム名 及川光博「聖域～サンクチュアリ」2001
小説 神聖域(サンクチャリ)の中心部にある〔清涼院流水「カーニバル 二輪の草」2003〕

ざんこく［残酷・残刻］
【惨酷(ざんこく)】古

さんさん［燦燦・粲粲］
【燦燦(さんさん)】新聞 燦燦会(さんさんかい)〔「読売新聞 夕刊」2010年2月16日〕◆sun のサンと懸けることも。

さんざん［散散］さんざ。
【左ん挫ん(さざ)】小説 夜は右ん迂ん(うう)うなされて昼(ひる)は左ん挫ん(さざ)錯乱(さくらん)して〔柳瀬尚紀訳「フィネガンズ・ウェイク I II」1991〕

さんじゅう［三十・卅］
【彡十(さんじゅう)】小説 一巛(いっせん)と彡十(さんじゅう)と二年(にねん)〔柳瀬尚紀訳「フィネガンズ・ウェイク I II」1991〕◆巛彡川(せんせんせん)巛(いつ)も見られる。

さんじょう［参上］
【参JOE(さんじょう)】TV 大物キャッチャー参JOE城島〔2010年4月11日23時台 TBS系列(テロップ)〕◆「³」を用いる例も。

さんじょう［三乗］
【³】文集「少なくないって…嘘³(うそ)」〔静岡県立沼津西高等学校「潮音第」37号 1990〕◆「うそうそうそ」か、「うその3乗」であろう。

さんしん［三振］
【K(さんしん)】野球 ◆スコアブックではK。

さんずい［三水・氵］
【三水(さんずい)】辞書〈俗〉◆二水とともに本来の表記だが、あまり意識されなくなっている。

さんぜん［燦然］
【3000(さんぜん)】新聞「3000と輝く」手作りびな(見出し) 3000個は「燦然(さんぜん)と輝く」に引っかけた。〔「読売新聞 夕刊」2008年12月27日〕◆もじり。

サンダー［thunder］
【雷(サンダー)】漫画『雷(サンダー)』にはそういう使いかたも〔CLAMP「カードキャプターさくら 2」1997〕
小説 基地には雷警報(サンダー・ウォーニング)が発令中〔大石英司「神はサイコロを振らない」2005〕
【雷鳴(サンダー)】漫画 雷鳴異邦人(サンダー) SARAI〔種村有菜「時空異邦人 KYOKO 1」2001〕
【稲妻(サンダー)】漫画 稲妻十字空烈刃(サンダー・クロス・スプリットアタック)〔荒木飛呂彦「ジョジョの奇妙な冒険」1987～1999〕

サンタクロース［Santa Claus］
【惨多苦労す(さんたくろうす)】WEB ◆もじり。

サンダル［sandal］
【鞋(サンダル)】書籍 鞋(サンダル)〔大久保博訳「完訳 ギリシア・ローマ神話」1970〕

サンデー［Sunday］
【惨デー(サン)】【賛デー(サン)】新聞〔佐竹秀雄「新聞のあて字」(「日本語学」1994年4月)〕◆もじり。

サンド［sand］
【砂(サンド)】漫画 人を喰らう砂喰族(サンドバイターズ)だ〔由貴香織里「砂礫王国」1993〕

サンドイッチ［sandwich］
【三度一致(サンドイッチ)】新聞 切る・調味・保存、三度一致(サンドイッチ)ゆで卵さいの目切り〔「日経新聞」2009年6月6日〕◆もじり。中国では「三明治」。

サンドウェッジ［sand wedge］
【SW(サンドウェッジ)】広告 DR(ドライバー)からSW(サンドウェッジ)まで〔「読売新聞」2009年11月24日〕

さんとうしょう［三等賞］
【三等症(さんとうしょう)】古 軍隊で性病を卑しんで言う〔1931〈俗〉〕◆もじり。

サントス［Santos］
【三都主(サントス)】姓 サッカー選手 三都主アレサ

ンドロ❖帰化する際に、新たな姓が生じた例。

サンドバッグ [sandbag]
【砂袋(サンドバッグ)】小説 ボクサーの砂袋(サンドバッグ)になっても倒れないオレを〔清涼院流水「カーニバル 一輪の花」2003〕

サンドリアン [フランス cendrillon]
【灰かつぎ(サンドリアン)】小説〔遠藤周作「白い人」1955〕
【灰娘(サンドリアン)】短歌 灰色の雪のなかより訴ふるは夜を慰やされぬ灰娘(サンドリアン)のこゑ〔中城ふみ子〕

さんばらさんばら
【摻拾摻搯(さんばらさんばら)】古 ❖読みは「けんいけんぽう」「じゃっこうじゃっかく」など多い。字体にも揺れあり。少なくとも江戸時代からお守りとして今に至るまで使われてきた。墓石などに見られる鵃(うはっきゅう)も字体が各種あり、意味も読みも確定していない。

さんばん [三番]
関連【3番(アツシさん)】漫画 2番(オレ)・3番(アツシさん)・4番(タイさん)で〔ひぐちアサ「おおきく振りかぶって 10」2008〕

さんピン [三一] ピンはポルトガル語で点の意の pinto からとも。ピンからキリまで。
【三一(さんピン)】古〔1917 隠〕
雑誌 三一侍(サンピン)〔「別冊PHP」1994年10月〕

サンフランシスコ [San Francisco]
【桑港(サンフランシスコ)】アルバム名 シブがき隊「バローギャングBC～From 桑港～」1985
【旧金山】中国 旧金山 サンフランシスコ〔黄文雄「日本語と漢字文明」2008〕
*【桑港(シスコ)】曲名 渡辺はま子「桑港(シスコ)のチャイナ街(タウン)」〔佐伯孝夫〕1950

サンプル [sample]
【型見本(サンプル)】小説 コートの型見本(サンプル)を持って〔浅田次郎「鉄道員」2000〕
【材料(サンプル)】漫画 君は大事な我々の材料(サンプル)だ〔本仁戻「高速エンジェル・エンジン 1」2000〕
【模型(サンプル)】雑誌 食品模型(サンプル)を作ってもらった！〔「R25」2008年4月24日〕

さんへ 敬称＋助詞。
【賛江(さんへ)】民間 ❖縁起をかついで花輪などに使う。屁との連想も避ける。

さんぺい
【平平平(さんぺい)】社名 店名 ❖漫画「釣りキチ三平(みひらさんぺい)」〔矢口高雄〕の主人公は三平三平(みひらさんぺい)。三平×2(本名は三平(みひら)太一)は芸名。三平汁(さんぺいじる)は当て字。

さんま [秋刀魚]
【三馬(さんま)】小説〔夏目漱石「吾輩は猫である」1905～1906〕❖「三馬」は、『言海』(1893)、『俚言集覧』(増)(ほかに「小隼」「秋光魚」も)にあるように漱石作品よりも前から存在していたことが知られている。
【青串魚(さんま)】古 刃物〔1915 隠〕
その他 秋刀魚(さんま) 辞書

サンライトイエロー [sunlight yellow]
【山吹色(サンライトイエロー)】漫画 太陽の光によく似た山吹色〔和月伸宏「武装錬金 2」2004〕

し

し [四] 「死」に通じるのを避けて「よ(ん)」と言い換えることも。中世には文書や石碑などで「四」も「二二」「亖」などとも記された。
【重二(しし)】古〔「万葉集」〕❖二二とも。2×2＝4から。
その他 肆(し) 大字

し [死] 死を直接記すことを避け、またその直前の状況を示すために、WEBやメールで「タヒる」(たひる。もうあと一で「死」に)。「氏ね」「詩ね」が使われるのは、「死ね」がWEB上の掲示板でNGワードになったためとも。→しぬ(氏ね)

【死】(姓)◆中国で姓として実在する。公安による全数調査とは別の調査だが、少ない姓として「難」に次ぎ、二番目ということが判明したと報道された。もとは北魏の時代の少数民族で、漢字で音訳した四字姓だったが、その一字であった「死」が残ったもの。日本では、人名に漢字としては使え、名前に「不死男」がある。「刹那」が使えなかった当時、子に「殺那」と付けた例もあった。死(ぬ)は訓。

その他 瞬間死 (漫画)

し［師］士、司などとの使いわけが問題となる。

【士】(古) 機関士 大戦前に「さむらい」となって〔物領正明「辞書漫歩」1987〕

し［↑警視］

【警視】(小説) 二十年たってようやく警視でいいのか〔大沢在昌「新宿鮫」1990(集)〕

し［其・汝］

【自】(短歌) 自己中心に自が生年を基点に加減す〔「読売新聞」2008年11月3日〕

し「する」の連用形。

【仕】(辞書)◆仕方・仕事・仕入れなど。当て字とも訓ともされる。

シ［イタリア si］

【カチャツ】(漫画) メガネ鳴った音は「カチャッ」って〔藤崎聖人「WILD LIFE 1」2003〕◆絶対音感でとらえた音階が当てられている。他に「ザー・ザー・ザー・ザー」「ワオーッ」も。

じ［柱］

【琴柱】(小説) 琴柱を微かに下げた〔有吉佐和子「地唄」1956〕

じ［字］

【児】(誤変換) 変な児が出る。〔清水義範「ワープロ爺さん」1988〕

じ［時］ →じゅうにじ

【字】(古)◆明治初期に時刻を「字」と表現した。「時」とはずれもある。

じ［痔］ やまいだれに寿と書く誤字多し。寺まで持っていくから、「寺」の稚児がなりやすいからなどの俗解あり。

【痔】(政策) じ(痔)〔内閣告示「現代かなづかい」1946〕◆「現代仮名遣い」に受けつがれたが、広告や看板では字音仮名づかいによる「ぢ」が根強い。

【痔】(漫画)◆痔は持つものではなく、治るものだ、やまいだれに治ると書くと、外科医師から説明され書いてもらったという人あり。江戸時代には「鼻痔」と書かれる病気もあった。

しあい［試合・仕合］「試」も「仕」も当て字。

【死合】(書名) 舞阪洸「サムライガード4 命を懸けた殺死合」2009◆ゲームに「死合いの刻」など。

シアトル［Seattle］

【舎路】(辞書)

しあわせ［幸せ］

【仕合わせ】(古)◆中世より。「しあわす(為合わす)」の連用形で、元は巡り合わせの意。

【為合わせ】(小説) 為合わせなる罪〔柳瀬尚紀訳「フィネガンズ・ウェイク III IV」1993〕

【皺合わせ】(WEB)「手の皺と皺を合わせると、幸せ(皺合わせ)」◆仏壇のCMから。

【造化高妙】(古) 造化高妙にして〔杉本つとむ「近代日本語の成立と発展」1998〕

【幸せ】(書籍) 漢字表記「幸」の訓は、「さいわい」あるいは「さち」が本来のもので、「幸(しあわ)せ」の訓が生まれたのは明治半ばのころ〔北原保雄「続弾！問題な日本語」2005(小林賢次)〕

【倖せ】◆にんべんを付け語感を改める。

(歌詞) せめて祈ろか 倖せを〔真木不二夫「再見上海」(大高ひさを)1951〕／みこは・・・とっ

し

ても倖せなの〔青山和子「愛と死をみつめて」(大矢弘子)1964〕／いつでも微笑みをありがとうベイビイ倖せだった〔小坂忠「しらけちまうぜ」(松本隆)1975〕／心だけ下されば倖せだから〔石川さゆり「滝の白糸」(吉岡治)1988〕

[書名] 入沢康夫「倖せ、それとも不倖せ」1955

[曲名] 沢田研二「今僕は倖せです」1972／五木ひろし「倖せさがして」(たかたかし)1981／松原みき「倖せにボンソワール」(三浦徳子)1981

[短歌] 倖(しあわ)せをわかつごときに握(にぎ)りいし南京(なんきん)豆(まめ)を少女にあたう 寺山修司〔「読売新聞夕刊」2009年5月23日〕

【幸福(しあわせ)】[書籍] ❖明治以降よく使われるようになった。

[歌詞] 山のかなたに 待つ幸福(しあわせ)を〔奈良光枝「愛の灯かげ」(西條八十)1948〕／泣いてばかりいたって 幸福(しあわせ)は来ないから〔穂口雄右「春一番」1976〕／幸福(しあわ)せ、求めちゃいけないでしょうか〔葛城ユキ「ボヘミアン」(飛鳥涼)1983〕❖「せ」は捨て仮名。／幸福(しあわせ)を吸い込む〔中川翔子「綺麗ア・ラ・モード」(松本隆)2008〕

[映画題名] 「幸福(しあわせ)の黄色いハンカチ」1977

[漫画] 永遠の幸福(しあわせ)をあげる〔垣野内成美「吸血姫美夕」1988〕／幸福(しあわせ)だったむかし……〔藤崎竜「封神演義 17」1999〕

[書名] 茂木健一郎『「赤毛のアン」に学ぶ幸福(しあわせ)になる方法』2008

[番組名] 幸福(しあわせ)のスープはいかが?〔「読売新聞」2009年3月22日(NHKドラマ)〕

【倖福(しあわせ)】[歌詞] 季節に褪せない心があれば人ってどんなに倖福(しあわせ)かしら〔太田裕美「九月の雨」(松本隆)1977〕

【至福(しあわせ)】[歌詞] 深い悲しみは至福(しあわせ)を糧に育つもの〔GARNET CROW「春待つ花のように」(AZUKI 七)2006〕

【健康(しあわせ)】[歌詞] 昨日までの健康(しあわせ)を〔GARNET CROW「Holy ground」(AZUKI 七)2002〕

【結婚(しあわせ)】[広告] 結婚(しあわせ)へのプロローグ〔「ファミマ・ドット・コム・マガジン関東・東北版」2006〕

【結結(幸せ)】[漫画] 自分の娘の結結(幸せ)を〔日高万里「時間屋」1998〕❖結婚か。

【◎(シアワセ)】[漫画] ヘルシーで心も◎(シアワセ)〔「まんがライフMOMO」2004年12月(おうちでごはん)〕

*【傍観者(しあわせなもの)】[歌詞] それを嘲笑う傍観者(しあわせなもの)達へ〔川田まみ「PSI-missing」2008〕

しあん［思案］

【注意(しあん)】【深念(しあん)】[古]

シー［C］→どシー

【C(シー)】[曲名] 中山美穂「C」(松本隆)1985 ❖表音文字に意味をもたせる。

*【最低(Cコース)】[漫画] 奥さんも最低(Cコース)〔高橋留美子「めぞん一刻 1」1982〕

ジー［G］

*【5倍(5G)】[漫画] 5倍(5G)の力を与えたからのう!〔藤崎竜「封神演義 17」1999〕❖重力。

ジーエヌピー［GNP］

【国民総生産(GNP)】[書籍] 世界の国民総生産(GNP)の四割まで〔井上ひさし「吉里吉里人」1981〕

シーオーツー［CO_2］

【CO2(シーオーツー)】[広告] 地球温暖化防止のためCO2排出削減に努め〔「読売新聞」2010年1月1日〕❖読みなし。縦組みでは「CO^2」も。$KYON^2$もキョンツーと呼ばれた。

シーカー［seeker］ 探求者。

【捜索者(シーカー)】[漫画] 栄光の「捜索者(シーカー)」だからな〔「週刊少年ジャンプ」2004年7月8日(未確認少年ゲドー)〕

シークエンス［sequence］ シーケンス。

【場面(シークエンス)】[詩] 場面(シークエンス)を再構成する方法論〔竹中郁「ラグビイ」(高橋世織解説)[コ]〕

シークレット［secret］

【秘密(シークレット)】[書名] あさぎり夕「秘密(シークレットガーデン)の花園」1998

漫画 秘密拠点(シークレットベース)〔「週刊少年ジャンプ」2004年41号〕

ゲーム 秘密(シークレット)のたまご〔古代王者恐竜キング〕

【S(シークレット)】漫画 テニプリTCGにもやはりSC(シークレットカード)が〔「週刊少年ジャンプ」2004年7月6日(アニプリ)〕

*【隠し弾(シークレット・ブレット)】書名 子安秀明「家庭教師ヒットマンREBORN! 隠し弾(シークレット・ブレット) 1 骸・幻想」(天野明)2007

しいさあ 獅子から。琉球方言。

【獅子(シーサー)】WEB ◆獅子の獅は古代ペルシャ語の音訳という。音訳語による「獅子」の方言音。

シーザー [Caesar] カエサル。

【該撒(シイザル)】書名 坪内逍遥「該撒(シイザル)奇談 自由太刀(じゆうのたち)余波鋭鋒(なごりのきれあじ)」1884 ◆二字目をしんにょうで記す例が山田美妙にあり。

シーサイド [seaside]

【臨海(シーサイド)】題名〔お台場近辺のフリーペーパー2004〕

ジーザスクライスト [Jesus Christ]

【神の子(ジーザス・クライスト)】小説 神の子(ジーザス・クライスト)の出現で人類の歴史は〔清涼院流水「カーニバル 二輪の草」2003〕

じいさん [爺さん]

【妖怪(じーさん)】漫画 妖怪(じーさん)の遺伝子はどこいったんだ?〔さとうふみや「金田一少年の事件簿22」(金成陽三郎)1997〕◆⿰身老(じじ)は国字で、東北で用いられた。

ジージャン

【Gジャン(ジー)】民間 ◆Gパン、Gジャンなど広く用いられる。

シースルー [see-through]

【無色透明(シー・スルー)】広告 無色透明(シー・スルー)の暗殺者〔神坂一「日帰りクエスト なりゆきまかせの異邦人(ストレンジャー)」1993(巻末)〕

【半透明(シースルー)】小説 半透明(シースルー)の黒〔清涼院流水「カーニバル 二輪の草」2003〕

その他 透明(シースルー) 小説

シーズン [season]

【季節(シーズン)】歌詞 いつか若さにもて遊ばされた二人の蒼い季節(シーズン)〔アルフィー「恋人達のペイヴメント」(高見沢俊彦・高橋研)1984〕

広告 おんなのこ季節(シーズン)〔日渡早紀「ぼくの地球を守って 2」1987(巻末)〕

小説 最初の季節(ファースト・シーズン)「秋」が終わる。〔清涼院流水「カーニバル 二輪の草」2003〕

じいちゃん [爺ちゃん]

【老人(じーちゃん)】漫画 幸運老人(じーちゃん)〔高口里純「幸運男子3」1995〕

しいっ 無声音で静かにさせようとする音。

【沚ーっ(し)】小説 沚(し)ーっ!〔柳瀬尚紀訳「フィネガンズ・ウェイク III IV」1993〕

シーツ [sheet]

【敷布(シーツ)】歌詞 敷布の波にかくしてる〔YMO「過激な淑女」(松本隆)1983〕

シート [seat]

【席(シート)】小説 席(シート)へ着くまで運転手は待った〔菊地秀行「魔界都市ブルース 夜叉姫伝 4」1990〕

漫画 砲手席(ガンナーズ・シート)に〔義仲翔子「ロスト・ユニバース 1」(神坂一)1998〕

【座席(シート)】歌詞 車の座席(シート)に身をしずめ〔甲斐バンド「天使(エンジェル)」(甲斐よしひろ)1980〕

小説 全身の力を抜いて座席(シート)に体を預けると〔清涼院流水「カーニバル 一輪の花」2003〕

シード [seed]

【柿ノ木(シード)】漫画 柿ノ木(シード)の九鬼さんを全く寄せつけなかった〔許斐剛「テニスの王子様 4」2000〕◆大会のシード校。

【S(シード)】漫画 ガンダムS・D(シード)〔「週刊少年マガジン」2004年48号(もうしませんから。)〕

シーニュ [フランス signe]

【しるし(シーニュ)】評論 その言葉のひとつのしるし(シイニュ)

として〔谷川俊太郎「詩を書く なぜ私は詩をつくるか」2006〕

ジーパン [和製 jeans + pants]

【Gパン(ジー)】 民間〔佐藤栄作「学生と誤字・あて字」(「日本語学」1994年4月)〕◆→Y(ワイ)シャツ

シーフ [thief]

【盗賊(シーフ)】 雑誌 知らないうちにそっと心に忍び込む〝盗賊(シーフ)〟〔「ダ・ヴィンチ」2010年1月〕

その他 **窃盗(シーフ)** 漫画

シープ [sheep]

【羊(シープ)】 小説 迷える羊(ストレイシープ)〔夏目漱石「三四郎」1908〕

シームレスバイアス

【愚神礼賛(シームレスバイアス)】 小説〔西尾維新「零崎軋識の人間ノック」2006〕

シールド [shield]

【盾(シールド)】 漫画 こりゃ『盾(シールド)』のカードや〔CLAMP「カードキャプターさくら 3」1997〕

【防御壁(シールド)】 小説 強固な情報防御壁(シールド)を破れないのか?〔清涼院流水「カーニバル 一輪の花」2003〕

しいん「しーん」「シーン」が多い。

【四囲ん(しい)】 小説 四囲(しい)んとしていると〔柳瀬尚紀訳「フィネガンズ・ウェイク I II」1991〕

シーン [scene]

【齣(シーン)】 書籍 江戸の町家での一齣(シーン)〔杉本つとむ「近代日本語の成立と発展」1998〕

【光景(シーン)】 小説 残忍な光景(シーン)であった〔菊地秀行「魔界都市ブルース 夜叉姫伝 4」1990〕

【場面(シーン)】 歌詞 二人 演じた場面(シーン)を 想い出す もう一度〔浜田省吾「ラストショー」1981〕／数え切れない場面(シーン)を〔Sunbrain「emotion」2004〕 短歌 少しだけ熱くなったか別れの場面(シーン)〔俵万智「サラダ記念日」1987〕 漫画 本格ミステリーならさしずめそんな場面(シーン)ね…!〔さとうふみや「金田一少年の事件簿 16」(金成陽三郎)1996〕

【映像(シーン)】 漫画 俺たちが遊戯室で見た映像(シーン)を〔さとうふみや「金田一少年の事件簿 16」(金成陽三郎)1996〕

【幻影(シーン)】 曲名 松田聖子「夏の幻影(シーン)」(尾崎亜美)1985

しうち [仕打ち]

【行為(しうち)】 小説 里見弴〔中村明 2003〕

シェイクスピア [Shakespeare] シェークスピア。仮名表記・語形とも多彩。

【沙翁(シェイクスピア)】 小説〔夏目漱石「虞美人草」1907〕

【沙士比亜(シェイクスピア)】 古〔「洋語音訳筌」1872〕

その他 **西基斯比耶(シェークスピヤ)** 古

ジェイド [jade]

【翡翠(ジェイド)】 漫画 翡翠・琥珀・瑪瑙の3体を〔由貴香織里「天使禁猟区 1」1995〕

ジェイル [jail]

【監獄(ジェイル)】 歌詞 君がいるのは悲しみの監獄(ジェイル)〔Λucifer「Cの微熱」(千聖)1999〕

ジェーアール [JR← Japan Railways]

【し尺(ジェーアール)】 WEB 沢【さわ・ししゃく】JRを短縮した蔑称。JR→しR→し尺→しЯ→レ尺→沢と言う説と、し尺→シ尺→沢という説がある〔2典Plus〕◆鏡文字のよう。OCRでは丁尺のように読み取られるような誤認がしばしば起こった。

ジェームス [James] ジェームズ。

【惹迷斯(ジェームス)】【占士(ジェームス)】【熱密斯(ジェームス)】 古〔惣郷正明「辞書漫歩」1987〕

シエシエ [謝謝]

【謝謝(シエシエ)】 漫画〔ひたか良「Min² ★パニック」1986〕◆日本ではよくシェイシェイと訛る。

ジェスチャー [gesture]

【身振り(ジェスチャー)】 小説 必死の身振り(ジェスチャー)で〔清涼院流水「カーニバル 二輪の草」2003〕

ジェダイト

【硬玉本翡翠(ジェダイト)】 広告〔「読売新聞」2009年9月6日〕

ジェネラリスト [generalist] ゼネラリスト。

【全身科医(ジェネラリスト)】漫画 全身科医(ジェネラリスト)を目指しているんです〔山本航暉「ゴッドハンド輝」2001～〕

ジェネラル [general] ゼネラル。

【将軍(ジェネラル)】漫画 将軍(ジェネラル)のお怒りがくだる〔北条司「CITY HUNTER 1」1986〕

ジェノサイド [genocide]

【大虐殺(ジェノサイド)】小説 この大虐殺(ジェノサイド)が〔菊地秀行「魔王伝 3 魔性編」1996〕

【無差別大量殺人(ジェノサイド)】漫画〔蓮見桃衣「エキストラ・ジョーカー KER」(清涼院流水) 2002〕

その他 軍曹(サージェント) 漫画 聖母殺人伝説(ジェノサイドエクストリーム) WEB ／ 殲滅(ジェノサイド)

*【虐殺者(ジェノサイダー)】小説《虐殺者(ジェノサイダー)》ライナルトによって〔安井健太郎「ラグナロク EX. DIABOLOS」2000〕

シェフ [フランス chef]

【料理人(シェフ)】広告〝コンサバ服〟こそ料理人(シェフ)しだい〔「読売新聞」2009年12月12日〕

ジェミニ [Gemini] 双子座。

【双子宮(ジェミニ)】漫画 双子宮(ジェミニ) Ambiel〔由貴香織里「天使禁猟区 18」2000〕

その他 双子座(ジェミニ) WEB 漫画

ジェラ

【地(ジェラ)】漫画『火』『風』『水』『地(ジェラ)』…〔渡辺祥智「銀の勇者 4」2000〕❖精霊の長の名前。

ジェラシー [jealousy]

【嫉妬(ジェラシー)】曲名 美川憲一「愛は嫉妬(ジェラシー)」1979 ❖漫画に「嫉妬(ジェラ)」も。

【炎(ジェラシー)】歌詞 炎と書いてジェラシー 二人でこうして一緒に居るのに ルビをふったらジェラシー〔山口百恵「愛の嵐」(阿木燿子) 1979〕

【狂う(ジェラシー)】歌詞 狂うと書いてジェラシー あなたのすべてを縛れない限り ルビをふったらジェラシー〔山口百恵「愛の嵐」(阿木燿子) 1979〕

シェル [shell]

【砲弾(シェル)】漫画 砲弾神経症(シェルショック)だ〔荒川弘「鋼の錬金術師 9」2004〕

シエロ

【江口(シエロ)】誤読 江口をシエロと。❖シャンプーの名にもシエロはあり。

ジエンド [the end]

【ジ宴(エン)ド】雑誌〔斎賀秀夫「あて字の考現学」(「日本語学」1994年4月)〕

ジェントル [gentle]

【寛大(ジェントル)】漫画 紳士は寛大(ジェントル)なのをモットーと〔猫十字社「小さなお茶会 2」2000〕

その他 紳士的(ジェントル) 詩

ジェントルマン [gentleman]

【紳士(ジェントルマン)】漫画 やさしい心の奥底に激しい闘志を燃やす 紳士(ジェントルマン)〔許斐剛「テニスの王子様 20.5」2003〕

【銭取るマン】書籍 ゼントルマン 銭取るマン〔惣郷正明「辞書漫歩」1987〕❖しゃれ。

しお [塩]

【塩(しお)】辞書 ❖かつては『徒然草』に「しほといふ文字はいづれのへんにか侍らん」という逸話が載るくらい、正字の「鹽」が難字であった。

しお [潮] ↓ちしお

【汐(しお)】書名「蝦夷(えぞ)方言藻汐草(もしほ)」1792〔惣郷正明「辞書漫歩」1987〕❖漢字は潮と別の音義。

歌詞 沖の瀬の瀬で 汐鳴る宵は〔岡晴夫「あんこ可愛いや」(村松又一) 1949〕／汐(しお)の匂いのする町が〔小林旭「ギターを持った渡り鳥」(狛林正一) 1959〕

しこ名 朝汐❖「朝潮」も。

新聞 イカの塩辛・汐(しお)ウニ〔「読売新聞」2008年11月4日〕

しおかぜ [潮風]

【汐風(しおかぜ)】歌詞 ああ 汐風が 噂をしてたら 聞かせておくれ〔美空ひばり「港は別れてゆくところ」(西沢爽) 1956〕／汐風 揺れてる〔光GENJI「汐風の贈りもの」(安藤芳彦) 1988〕

しおからい［塩辛い］
【鹹い(しおから)】古

しおさい［潮騒］
【潮騒(しおさい)】書名 三島由紀夫「潮騒」1954
駅名 長者ヶ浜潮騒はまなす公園前〔鹿島臨海鉄道大洗鹿島線〕
【汐さい(しお)】歌詞 汐さいの浜の岩かげに立って 汐さいの砂に涙を捨てて〔小椋佳「しおさいの詩」1972〕／はるかな汐さい 耳にすれば〔松山千春「オホーツクの海」1977〕

しおざけ［塩鮭］しおじゃけ。
【汐鮭】民間 ❖東京都市ヶ谷の魚屋で手書きされていた。

しおじ［潮路］
【汐路(しおじ)】歌詞 晴れた汐路に〔小畑実「アメリカ通いの白い船」(石本美由起)1947〕／月夜の汐(しお)路(じ)の向うから〔石原裕次郎「口笛が聞こえる港町」(猪又良)1958〕

しおらしい
【悄らしい(しお)】辞書 ❖字音ショウ。しょんぼりと音が似る。
その他 可憐い(しおらし) 古

しおり［栞・枝折り］
【枝折(しおり)】欄名〔「読売新聞」2009年12月21日〕
その他 信折(しおり)・塩折(しおり)・仕折(しおり) 古／詩織(しおり) 人名

しおれる［萎れる］
【悄れる(しお)】辞書

しが［滋賀］県名。地名。
【志賀(しが)】辞書

シガー［cigar］
【煙草(シガー)】小説 右手の指に煙草(シガー)を挟んで〔静霞薫「るろうに剣心 巻之一」(和月伸宏)1996〕
❖莨(たばこ)は江戸時代に仙台で。
【葉巻(シガー)】歌詞 ハヴァナ葉巻(シガー)の香り〔南佳孝「黄金時代」(松本隆)1984〕

しかいしゃ［司会者］
関連**【司会者(さんま)】**TV〔「恋のから騒ぎ」2010年3月20日(テロップ)〕❖明石家さんま。

しがいせん［紫外線］
【UV(紫外線)】民間〔日焼け止め商品〕❖ウルトラヴァイオレット。

しかく［四角］
【□(しかく)】広告 あたまを□にかく。〔「読売新聞」2006年8月13日〕／□(シカク)いアタマを○(マル)くする〔車内広告 日能研〕

しかく［資格］
【死格(しかく)】新聞 これから取りたい資格 使わなければ「死格」〔「朝日新聞」2009年9月12日(見出し)〕❖もじり。

しかけ［仕掛け］
【トリック(仕掛け)】漫画 手品は手の早さやトリック(しかけ)より〔松川祐里子「魔術師 6」1998〕
【装置(しかけ)】歌詞 孤独は欲望煽る装置(しかけ)さ〔矢沢永吉「FLESH AND BLOOD」(売野雅勇)1989〕

しかける［仕掛ける］
【装置ける(しか)】古 硝子を装置(シカ)ケタル器械〔「言海」〕
【死掛ける(しか)】漫画 死(しか)掛ける前に〔上条明峰「SAMURAI DEEPER KYO 4」2000〕

シカゴ［Chicago］中国では芝加哥。
【摩天楼(シカゴ)】歌詞 摩天楼(シカゴ)の灯の瀑布〔南佳孝「黄金時代」(松本隆)1984〕
【私可語(シカゴ)】店名 喫茶店〔斎賀秀夫「あて字の考現学」(「日本語学」1994年4月)〕
その他 市俄古(シカゴ) 古

しかし［然し・併し］
【然而(しかし)】古

しかじか
【云云(しかじか)】古

しかしながら［然し乍ら・併し乍ら］
【併(しかしながら)】古

しかた［仕方］「仕方」の「仕」は当て字か字訓。
【為方(しかた)】古

しかたない［仕方無い］

【詮方ない】古 人情本〔矢野準「近世戯作のあて字」(「日本語学」1994年4月)〕

じかたび

【地下足袋】辞書 ❖直(じか)に地面を歩く足袋の意から。

しかつめらしい

【鹿爪(しかつめ)らしい】古

しかと

【鹿十(しかと)】辞書 しかと 鹿十 見出し〔俗〕❖「しかとう」からで、本来的な表記。

【無視(しかと)】小説 無視(シカト)しちまえばいいのさ〔南英男「私刑」1996 俗〕／無視(しかと)を決め込むほどの〔西尾維新「零崎双識の人間試験」2004〕

歌詞 無視(しかと)しないで〔Janne Da Arc「Stranger」(yasu) 2000〕

しかと 〔確と・聢と〕

【聢(しかと)】古 ❖国字。

その他 慥(しかと)・聢与(しかと)・憶(しかと) 古

じかに 〔直に〕 直の字音ジキから。

【直接(じか)に】小説 直接(じか)に響いてきた。〔小林多喜二「蟹工船」1929〕

書籍 文部省へ直接(じか)に電話をかけて〔井上ひさし「私家版 日本語文法」1981〕

その他 直下(じか)に 古

しかのみならず 〔加之〕

【加之(しかのみならず)】小説 加之(しかのみならず)、この森には〔平野啓一郎「日蝕」2002〕

しかばね 〔屍・尸〕

【屁(へ)】誤植 屍の街を屁の街に〔高橋輝次「誤植読本」2000(中山信如)〕／生きる屍を生きる屁に〔WEB〕

誤読 ヨガのテキストに「屁(しかばね)のポーズ」というのがあるのですが「へのポーズ」と読んでしまいました。〔WEB〕

しかま

【色魔(しかま)】姓〔平島裕正「日本の姓名」1964〕❖宇田川氏による。色摩か。

しがみつく

【獅噛(しが)みつく】小説 私に獅噛(しが)みつく〔吉行淳之介「鳥獣虫魚」1971〕

その他 獅噛着(しがみつく)・獅噛付(しがみつ)く 古

しかめぐさ

【顰醜草(しかめぐさ)】書名「日本博覧人物史」〔紀田順一郎「図鑑日本語の近代史」1997〕

しかめっつら 〔顰めっ面〕

【しかめっ顔(つら)】歌詞 しかめっ顔 片手ハンドル ネクタイほどき〔浜田省吾「風を感じて」(浜田省吾・三浦徳子) 1979〕

その他 顰(しかめ)っ面(つら) 古

しかも 〔然も・而も〕

【加之(しか)も】古〔1887～1889 俗〕❖音訓が逆になってたまたま対応。

しがらみ 〔柵・笧〕

【柵(しがらみ)】新聞 宮薗節「桂川恋の柵(しがらみ)」〔「読売新聞 夕刊」2009年9月28日〕

しかる 〔叱る〕

【叱(しか)る】字解「文字記憶の歌」1922 ロハは只、七は叱(カ)るぞ〔惣郷正明「辞書漫歩」1987〕❖字書では、叱は口を開くさまとなっていたため、文字コードに字体の問題を残した。

しかるに 〔然るに〕

【然而(しかるに)】古

しかるべき 〔然る可き〕

【可然(しかるべ)き】古

しかれども 〔然れども〕

【然而(しかれども)】古

じかん 〔時間〕

【時代(じかん)】歌詞 急いでる時代(じかん)の波に流されて〔林原めぐみ「～infinity～∞」1998〕

【時計(じかん)】歌詞 時計(じかん)を止めて〔FIRST IMPRESSION「feel like heaven」(田中玲子) 1995〕

【青春(じかん)】歌詞 はかなく激しい青春(じかん)を繋いで〔TWO-MIX「Summer Planet No. 1」(永野椎菜) 1997〕

【人生(じかん)】歌詞 お互いの人生(じかん)〔GARNET

CROW「今日の君と明日を待つ」(AZUKI七)2003〕／この人生は短すぎるから〔平原綾香&藤澤ノリマサ「Sailing my life」2010〕

【今】歌詞 二人の今をなくさないよう〔misono「Tales…」2009〕

【過去】歌詞 振り返る過去さえ輝かせるはずだよ〔V6「COSMIC RESCUE」(篠崎隆一)2003〕

【瞬間】歌詞 錆び付いた傷跡は確かな瞬間でかき消して〔水樹奈々「Justice to Believe」2006〕

【未来】WEB ❖「過去(じかん)」もあり。

【h】【H】広告 三行広告 実働7h 残業20H程度〔「読売新聞」2010年3月8日〕

しき［式］

【式神】漫画 式神達は本気だった〔CLAMP「X 17」2001〕❖しきがみの略か。

しき［↑敷鑑・識鑑］

【敷鑑】小説 土地からの敷鑑〔森村誠一「魔犬」1974 集〕／犯人は敷鑑(被害者を知っている)が〔森村誠一「飼い主のない孤独」1976 集〕❖識鑑と本来別語か。

じき［直］

【直き】古〔1940 俗〕❖副詞は「極く」のように一字は送り仮名を記す傾向あり。

しきい［敷居・閾］

【閾】雑誌 ❖閾値は「しきいち」とも読み、「しきい値」とも表記。

しきがみ［式神］

【紙人形】漫画 紙人形とは訳が違うぜ〔CLAMP「X 1」1992〕

しきかん →とちかん

【敷鑑】辞書〔1948 隠〕

しぎさんえんぎ［信貴山縁起］

【死戯山縁起】漫画題名 手塚治虫「死戯山縁起絵巻」1962 ❖もじりか。

しきてん［敷展］「屋敷を展望する」の略か。

【見張り】小説 見張りが目を光らせている〔森村誠一「致死家庭」1983 集〕

しきりに［頻りに］

【強に】【頻而】古

しく［↑しゅく］関東の訛語。

【宿】古 新宿遊里の略。四宿の略。〔1917 隠〕❖新宿とは別の略し方。

しく［如く・若く］

【及く】和歌 銀も金も玉も何せむに勝れる宝子に及かめやも 山上憶良〔「万葉集」〕

しく［敷く・布く］「引く」と混同が起こる。

【布く】歌詞 やがても久遠の 理想の影はあまねく天下に輝き布かん〔「早稲田大学校歌」(相馬御風)1907〕

【藉く】歌誌 藉きて〔「短歌」1994年4月〕

【甃く】書籍 光る花崗岩を甃きつめてあった〔長野まゆみ「ことばのブリキ罐」1992〕❖甃は「いしだたみ」とも読む。

しく →よろしく

【敷】古 恋敷

ジグ［jig］

【治具】辞書

しぐさ［仕種・仕草］

【科】辞書〔1949 隠〕

【為草】小説 彼等の為草〔平野啓一郎「日蝕」2002〕

【行動】歌詞 僕は何気ない行動に振り回されてる〔FIELD OF VIEW「DAN DAN 心魅かれてく」(坂井泉水)1996〕

しくじる

【失敗る】小説 失敗られたでござるな〔静霞薫「るろうに剣心 巻之一」(和月伸宏)1996〕

その他 失敗 古

【縮尻】書名 佐藤雅美「老いらくの恋－縮尻鏡三郎」2010 ❖もじりか。

シグナル［signal］

【信号燈】歌詞 赤い信号燈 哀しく映る〔淡

谷のり子「雨のプラット・ホーム」(吉川静夫)1954〕

【信号】漫画 負のDNA信号〔由貴香織里「天使禁猟区 1」1995〕

歌詞 変わらない信号(シグナル)もどかしく睨んだ〔TWO-MIX「TRUST ME」(永野椎菜)1996〕／この信号が変わったなら〔倉木麻衣「Perfect Crime」2001〕

しくはっく［四苦八苦］

【4989】番号 4989 四苦八苦、よくやく、よくはじく〔斎賀秀夫「漢字と遊ぶ」1978〕◆ごろ合わせ。

しぐれ［時雨］

【時雨】書籍 (熟字訓は)飛鳥読み、紅葉読み、時雨読みが名称としてふさわしい。湯桶読み、重箱読みのように〔竹浪聰「外来語の表記と熟字訓」1994〕◆中世の国字に 霔。冷泉家時雨亭文庫。作詞家に時雨音羽。

曲名 淡谷のり子「むらさき時雨」(佐藤惣之助)1932

誤植 小説家の時雨沢恵一は、編集者の誤植である「雨沢恵一」を、複数の著書のあとがきに登場させた。〔WEB〕

しけ［時化］

【時化】小説 然し時化は〔小林多喜二「蟹工船」1929〕◆時化るも当て字。なぎの「凪」「[氵+和]」(いずれも国字)「泙」の対。

【暴風】詩 暴風をくらつた土砂ぶりの中を〔高村光太郎「晩餐」1914〕

【暴風雨】古 ちんしけ 賃暴風雨〔1935 隠〕

じげ［地毛］

【自毛】広告 自毛を活かす編み込み増毛。〔「読売新聞」2009年12月20日〕◆誤字とする辞書あり。

しげこ

【成子】人名 成子さんが 成子と結婚することに〔佐久間英「珍姓奇名」1965〕

【子子】人名 子子〔篠崎晃雄「実用難読奇姓辞典増補版」1973〕

しけこむ

【時化込む】辞書〔1949 隠〕

しけはり［しけ張り］

【見張り】書籍 女の見張りをしといてや〔田岡源紹「わたしはどろぼう」1993 集〕

しげみ［茂み・繁み］

【日陰】歌詞 9番ゲートの日陰〔RCサクセション「SKY PILOT/スカイ・パイロット」(忌野清志郎・小林和生)1985〕

しける［湿気る］しっける。

【湿気る】小説 湿気った〔喬林知「今夜はマのつく大脱走!」2001〕

書籍 湿気っていて〔石黒圭「『読む』技術」2010〕

しげる

【蕃】人名 田口 蕃〔「読売新聞 夕刊」2008年9月9日〕

しこく［四国］

【式可可】古「洋語音訳筌」1872〔惣郷正明「辞書漫歩」1987〕

【死国】映画題名「死国」1999◆もじり。WEBでは一部で「JR死国(死酷)」。

しごく［扱く］

【扱く】辞書 厳しく鍛える〔俗〕

じごく［地獄］

【冥】歌詞 冥怖 輪廻の底〔※-mai-「鎮 ‐ re-quiem ‐」(米たにヨシトモ)1999〕

【字獄】小説 字獄だ〔柳瀬尚紀訳「フィネガンズ・ウェイク III IV」1993〕◆清朝文字の獄。

しこたま

【頻溜】新聞 上方語源辞典(前田勇編)では、「頻溜」と漢字をあて「頻りに溜める」意と説いている。〔「読売新聞」2009年2月11日(日本語・日めくり)〕

じこちゅう［自己中］自己中心的の略。

【自己中心】短歌 他人の年齢数へるときは自己中心に自が生年を基点に加減す 大

建雄志郎〔「読売新聞」2008年11月3日〕
【自己中】漫画 すがすがしい程の自己中だな〔「週刊少年ジャンプ」2004年7月8日(Mr.FULLSWING)〕

しごと［仕事］表記の種類が多い。
【為事】小説 編纂の為事にも携った。〔平野啓一郎「日蝕」2002〕◆森鷗外も用いた。
【仕事】辞書 ◆江戸時代以降。当て字とされる「仕事」も、当用漢字改定音訓表(1972)から語例として示されている。
【手品】漫画 でも手品の失敗はお店に迷惑をかけますし〔松川祐里子「魔術師 1」1995〕
【治療】漫画 治療の邪魔する奴がいたら〔藤崎聖人「WILD LIFE 4」2003〕
【死事】作品名 星野泰司「俺は死事人」2010
【弛事】小説 弛事日〔柳瀬尚紀訳「フィネガンズ・ウェイク III IV」1993〕◆本書ではJISの異体字は「甼」なども活用されている。
その他 活業・職業・縫物 古／挑戦 漫画／文化 歌詞／服 漫画
*【荒野】漫画 夢は荒野をかけめぐる……〔さとうふみや「金田一少年の事件簿 17」(金成陽三郎)1996〕
*【まんが家】漫画 まんが家に眠気は大敵だっ!〔さとうふみや「金田一少年の事件簿 27」(金成陽三郎)1997〕◆作者の言葉。
関連【お仕事】漫画 お仕事の邪魔して申し訳ないけど〔樋口橘「学園アリス 1」2003〕

しこな［醜名］
【四股名】辞書 ◆「四跨名」とも。
【通称地名】新聞『柳川地名調査報告書』通称地名が〔「読売新聞 夕刊」2008年11月22日〕
その他 醜名 古

しこなす［為熟す］
【仕乎徳】【演こなす】古

ジゴロ［フランス gigolo］
【地ゴロ】古〔1934 俗〕

しさい［子細］
【仔細】書籍 フランス共和暦を仔細に眺めてみると〔井上ひさし「私家版 日本語文法」1981〕

じさん［持参］
【自参】誤字 自参して 持参 新聞 誤字・誤記〔斎賀秀夫「現代人の漢字感覚と遊び」1989〕

しし［獣・鹿・猪］「獅(子)」は古代ペルシャ語由来の漢語。
【獣】書籍〔織田正吉「ことば遊びコレクション」1986〕
【鹿】地名 京都・鹿ケ谷◆鹿踊りは、各地に残る。
俳句 鹿威し〔「読売新聞」2008年11月3日〕
【猪】俳句 猪の血ぞ〔「読売新聞」2010年1月4日〕
【十六】古〔「万葉集」〕◆戯書。猪や鹿。

しじ 和語からか。→ちんこ・ちんぽこ
【指似】古〔1924 隠〕

じじ［爺］
【爺】雑誌 圧倒的な存在感を放つ「爺杉」が見える。かつては「夫婦杉」と呼ばれ、付近にもう1本「婆杉」が立っていたのだという。江戸後期に描かれた「羽黒山絵図」「祖父杉」「祖母杉」昭和26年 国の天然記念物に指定される際「羽黒山の爺スギ」の名称で登録された。〔「暮らしの風」2008年12月〕
【⿰男老】地名 ◆姥(ばば)の対。東北で江戸時代から明治時代にかけて使われ、今でも小地名に残る。

じじい［爺］近年「じいじ」「ばあば」が拡大。
【老夫】古〔1896 俗〕
【老翁】小説 手硬い老爺よ〔徳富健次郎「黒潮」1903〕
【爺】漫画〔弘兼憲史「人間交差点 2」(矢島正雄)1980〕

【老人(じじい)】番組名「おれは戦う老人(じじい)となる～93歳元兵士の証言」〔「読売新聞 夕刊」2008年11月4日〕
【会長(じじい)】漫画 会長(じじい)の得意のセリフだっけな〔森川ジョージ「はじめの一歩 44」1998〕
【先生(ジジイ)】漫画 退学させたがってた先生(ジジイ)ども〔藤崎聖人「WILD LIFE 5」2004〕
【大王(じじい)】漫画 大王(じじい)の所に報告に行ったんだけど〔小畑健「DEATH NOTE 8」(大場つぐみ)2005〕
【死神大王(ジジイ)】漫画 死神大王(ジジイ)騙くらかして〔小畑健「DEATH NOTE 1」(大場つぐみ)2004〕
*【執行部(ジジイども)】漫画 別に執行部(ジジイども)に言いつけたって〔本仁戻「高速エンジェル・エンジン 1」2000〕

ししっぱな 〔獅子っ鼻〕

【獅鼻(ししっぱな)】古〔1888 俗〕

ししど

【宍戸(ししど)】姓〔「読売新聞 夕刊」2009年9月19日〕
❖宍は肉の異体字だが、ニク(音)とししと、音訓を分担し、古い字体に古い訓が定着。

しじま

【静寂(しじま)】短歌 俳句〔樺島忠夫「事典日本の文字」1985(川崎洋)〕
歌詞 朝はまだ眠ってる 北国の静寂(しじま)の中を〔チェリッシュ「だからわたしは北国へ」(林春生)1972〕／静寂(しじま)に消えていった〔山崎まさよし「僕はここにいる」2000〕／静寂(しじま)を破り〔SINCREA「ガラスノナミダ」(HAL)2009〕
新聞 夜の深い静寂(しじま)のなかでページを繰るのを愛する著者は〔「読売新聞」2008年11月9日〕／静寂(しじま)に〔「読売新聞 夕刊」2008年12月16日〕
【沈黙(しじま)】書籍 高橋康也他訳『ルイス・キャロル詩集』〔織田正吉「ことば遊びコレクション」1986〕
歌詞 沈黙(しじま)の暁 霏々(ひひ)として舞ふ〔北海道大学寮歌「都ぞ弥生」(横山芳介)1912〕
【無言(しじま)】歌詞 金色の無言(しじま)に生命の花びら〔鮎川麻弥「風のノー・リプライ」(売野雅勇)1998〕／無言(しじま)の意圖か〔椎名林檎「おこのみで」2003〕

シシャモ

アイヌ語から。
【柳葉魚(ししゃも)】俳句〔「読売新聞」2010年3月22日〕

じしゅく 〔自粛〕

【自宿(じしゅく)】漫画〔遠藤好英「漢字の遊び例集」1989〕
❖しゃれ。

じじょう 〔自乗・二乗〕

→きょんきょん・さんじょう(三乗)・スクウェア・とっとって
【^{2}(じじょう)】書籍 (家庭)^2 家庭の事情〔山本昌弘「漢字遊び」1985〕／(家庭)^2 家庭の事情 造り字〔「日本語百科大事典」1995〕
漫画題名 きくち正太「三四郎^2(さんしろうのじじょう)」
関連【哧^2】創作 哧 嚇〔中学生・高校生・大学生の創作略字 1976〕
関連【(もっと)^2(もっともっと)】新聞 (もっと)^{2}詰めれば(もっと)^{2}座れる〔「読売新聞」1990年9月17日〕❖1984年にKYON^{2}と書き、^{2}を日本語表記に広めた小泉今日子自身によるCM。
関連【まい^2】文集 まい^2〔静岡県立沼津西高等学校「潮音」37号 1990〕❖読みは「まいまい」であろう。他所に「返してえっ！ 嘘^2」「very^2 good ですよ！・」も。
関連【チョイ^2(チョイチョイ)】曲名 五條真由美「魔法でチョイ^2」(松原みき)1999

じじょう 〔事情〕

【情事】誤植 或る情事〔高橋輝次「誤植読本」2000(中村真一郎)〕／私のさまざまな事情で情事〔高橋輝次「誤植読本」2000(森まゆみ)〕／家庭の事情 家庭の情事〔高橋輝次「誤植読本」2000(長田弘)〕❖原稿を読む際や活字を拾う際によく転倒が起こった。

しじん 〔詩人〕

【詞人(しじん)】新聞 宮沢〔和史〕さんは、曲のために

し

書く歌詞のほかに、詩の創作でも知られている。このため、今回の展示では音楽活動と、詩人または〈歌詞を書く〉「詞人」としての活動を紹介するコーナーを、それぞれ設けた。〔「読売新聞」2006年9月30日〕◆「作詞」もこだわって「作詩」とする人がいる。音楽にのせる場合は詞とされる。

【詩猫】(漫画) 詩猫のもっぷが書きとめなければ〔猫十字社「小さなお茶会」2000〔巻末解説〕〕◆猫を擬人化したもの。

しずか［静か］

【閑】(古) 閑さや岩にしみ入蝉の声 芭蕉

【静寂】(小説)〔島崎藤村「破戒」1906〕

【徐か】(歌詞) 徐かなること林の如し〔三橋美智也「武田節」(米山愛紫)1961〕◆武田信玄の風林火山から。

しずかさ［静かさ］

【寂かさ】(書名) 清水茂「水底の寂かさ」2008

しずく［滴］しずくの絵文字が涙や汗、ときによだれとして、若年女性を中心に用いられる。

【雫】(歌詞) 涙の雫で きらめいた霧の夜でした〔平野愛子「港が見える丘」(東辰三)1947〕◆映画「耳を澄ませば」の月島 雫の影響で、子の名前に人気が高まり、人名用漢字に採用された〈2004〉。

【雨滴】(歌詞) 窓の雨滴の向こう〔甲斐バンド「天使(エンジェル)」(甲斐よしひろ)1980〕

【水滴】(歌詞) 月の水滴に街の灯は消えた〔桑田佳祐「東京ジプシー・ローズ」2002〕

【夜露】(歌詞) 夜露落ちる大地を背に〔手塚国光「ever」(置鮎龍太郎)2003〕

その他 白珠・瞳月 (人名)

しずけさ［静けさ］

【静寂】(歌詞) 静寂がつつみ〔植田佳奈「Over the FANTASY」(海老根祐子)2001〕／静寂さと夜空は今〔吉田美奈子「星の海」1995〕

*【徐けし】(歌詞) 林徐けし〔春日八郎「風林火山の歌」(沢登初義)1962〕

しずこ

【倭文子】(人名)

シスコン［↑シスターコンプレックス］

【妹恨】(WEB) シスコン(sister complex:「妹が好き!」というやつですな)のこと。沙村広明「無限の住人 4」(1995)に出てくる。

シスター［sister］

【姉妹】(古) 姉妹熱〔松崎天民「社会観察万年筆」1914 (集)〕

【修道尼】(小説) 並んでベンチに座った二人の修道尼〔村上春樹「螢」1983〕

【姉数多】(古)「和田守記憶法」姉妹は姉数多(シスタ)〔惣郷正明「辞書漫歩」1987〕

シスターズ［sisters］

【3人娘】(漫画) アルマ3人娘…〔せたのりやす「無敵王トライゼノン BLAZE 2」2001〕

【三姉妹】(歌詞)〔佐藤ありす「思いたったが吉日!」1993〕◆「有言実行三姉妹シュシュトリアン」オープニング。

システム［system］明治の初めに、翻訳を請け負った者がsystematicの訳に苦しみ、「tic」に「的」をしゃれで当てたことが「～的」の初めだったことが大槻文彦の記録で分かっている。

【設備】(漫画) 最新設備で衛生を管理してます〔藤崎聖人「WILD LIFE 2」2003〕

【現代社会】(歌詞) 欲望の散らばった現代社会に〔Lacryma Christi「月の瞼」(TAKA)1998〕

【仕為定務】(創作)〔写研の入選作1983〕

*【点 検】(漫画) 私が船の 点 検 してる間〔義仲翔子「ロスト・ユニバース 1」(神坂一)1998〕

しずのおだまき［倭文の苧環］

【三五郎物語】(古)

しずむ［沈む］

【没ずむ】(歌詞) 夕陽が没ずみ寝息を立てるキミの街に〔藤重政孝「walk on」2002〕❖日没。

しせい［市井］

【市井】(誤読) 市井の無頼漢をイチイノムライカン。速記者の苦労は絶えなかった。〔紀田順一郎「日本語発掘図鑑」1995〕

しぜん［自然］

【本物】(雑誌) 本物の美顔してみませんか。〔「with」1994年12月〕

シソーラス［thesaurus］

【類義語辞典】(書籍) よほど充実した類義語辞典を与えておかないと〔井上ひさし「私家版 日本語文法」1981〕

した［下］

【階下】(書籍) 階下で子どもがラーメンをつくっている。〔井上ひさし「私家版 日本語文法」1981〕

【一階】(漫画) 一階の掃除終わりましたから〔高橋留美子「めぞん一刻 3」1983〕

【地面】(漫画)〔彬聖子「こいのうた」2004〕

【麓】(漫画) 麓の病院まで〔荒川弘「鋼の錬金術師 17」2007〕

【元】(歌詞) 遠いふるさとの月の元〔林原めぐみ「朝未き・夜渡り」2004〕

しだ［羊歯・歯朶］

【羊歯】(古)

したい →たい

【志隊】(新聞) お世話志隊員 新潟県小千谷市は婚活を支援する。〔「朝日新聞」2009年6月10日〕❖しゃれ。

じたい［事態］

【事体】(辞書)

じだい［時代］

【日々】(歌詞) 激しく揺れ動く日々を〔TWO-MIX「WHITE REFLECTION」(永野椎菜) 1997〕

【世紀】(広告) 新しい世紀に向けて〔埼玉県立浦和北高校「平成14年度学校案内」2002〕

関連【時代】(曲名) TOKIO「時代(TOKIO)をよろしく」(城島茂) 1994

したうち［舌打ち］

【舌鼓】(古) 優しい舌鼓をして〔1908(俗)〕

したがう［従う・随う］

【順う】(古) 順ヒテ❖耳順。

(人名) 源 順 ❖「したごう」とも。

【随う】(新聞) 随筆は、文字通り「筆に随う」。気ままに書いた〔「読売新聞」2006年12月26日〕

(民間) 紅雲随歩起〔岡田寿彦 2003〕❖おみくじ。

【殉う】(歌誌) 殉はむ〔「短歌」1994年11月〕

したく［支度］「支度」が本来の漢語。

【仕度】(広告)〔奥山益朗「広告キャッチフレーズ辞典」1992〕

【做度】(書籍) 晩景より做度し〔松原岩五郎「最暗黒の東京」1893(集)〕

したたか［強か］

【強か】(新聞) 強かな中国人の行動原理が〔「読売新聞」2008年11月6日〕

したためる

【認】(古)

したづつみ［↑したつづみ(舌鼓)］

【舌包み】(WEB) ❖多用されている。

したなが

【二】(姓)〔2005年9月14日 TBS系列〕❖実在するものか。

したよばう →よばい

【下婚】(辞書)〔1946(隠)〕

じだらく［自堕落］

【自堕落】(古)

したりがお［したり顔］

【為たり顔】(辞書)

しだれ［枝垂れ・垂れ］

【枝垂れ】(広告) 枝垂桜〔「読売新聞」2010年1月16日〕

し

新聞 枝垂(しだ)れ桜〔「読売新聞 夕刊」2010年3月27日〕

じだんだ
【地団太(じだんだ)】【地団駄(じだんだ)】辞書

じだんぼう 不精独楽(ぶしょうごま)。
【兕丹坊(じだんぼう)】漫画〔「週刊少年ジャンプ」2004年41号〕

しち［質］
【七(しち)】書籍 江戸小咄で手紙に「羽織は七(質)においた」。〔斎賀秀夫「漢字と遊ぶ」1978〕
◆「しちめんどう」「しちくどい」の七は当て字。

シチュエーション［situation］
【状況(シチュエーション)】漫画 今回の事件と状況(シチュエーション)が似ているわね?〔さとうふみや「金田一少年の事件簿5」(金成陽三郎)1993〕

じつ［実］
【真実(じつ)】歌詞 うわべばかりで真実(じつ)がない〔松山恵子「東京なんて何さ」(松井由利夫)1959〕

じっか［実家］
【帰れる場所(実家)】漫画 帰れる場所(実家)を確保しときたくない〔冴凪亮「よろず屋東海道本舗5」2001〕

しっかり［確り・聢り］
【確り(しっか)】書籍〔井上靖「夏草冬濤(なつくさふゆなみ)」1966〕
新聞 私達の八ツの手を確(しっか)り握り合つて、〔引用〕〔「読売新聞」2010年1月9日〕
【確乎り(しっか)】小説〔京極夏彦「魍魎の匣」1995〕
その他 確然(しっかり)・確固(しっかり)・緊り(しっか)・緊乎(しっかり)・厳乎(しっかり)・慥り(しっか) 古／歯(し)っかり WEB
＊【女丈夫(しっかりもの)】古〔1898 俗〕

しっくい［漆喰］
【漆喰(しっくい)】辞書 ◆「石灰」の唐音。

シックス［six］
【6(シックス)】漫画 その刻印は 6 6 6(シックスティシックスシックス)〔樹なつみ「デーモン聖典 1」2003〕
広告 特集最新短編 6(シックス) センス〔「読売新聞」2010年2月23日(小説新潮)〕
【岩(シックス)】漫画 No.(ナンバーシックス) 岩〔松本大洋「ナンバーファイブ 吾」2000〜2005〕◆登場人物名。

シックスティーン［sixteen］
【6TEEN(シックスティーン)】書名 石田衣良「6TEEN(シックスティーン)」2009〕
【16(シックスティーン)】曲名 シブがき隊「NAI・NAI 16」〔森雪之丞〕1982

ジッグラト［ziggurat］
【聖塔神殿(ジッグラト)】小説 天を衝く塔は「聖塔神殿(ジッグラト)」と呼ばれている〔清涼院流水「カーニバル 一輪の花」2003〕

しっけ
【尻毛(しっけ)】地名 ◆岐阜県。湿気からとも。

しつけ［仕付け・躾］ 仏教語の習気(じっけ)から。仕付糸は躾糸とも。
【躾(しつけ)】広告〔奥山益朗「広告キャッチフレーズ辞典」1992〕◆[illegible]、[illegible]、[illegible]と室町期以降江戸時代まで国字が造られ、選ばれてきた。
誤読 躾 さしみ みだしなみ〔斎賀秀夫「漢字と遊ぶ」1978〕

じっけんどうぶつ［実験動物］
【モルモット(実験動物)】漫画 萬屋たちにモルモット(実験動物)にされて〔さとうふみや「金田一少年の事件簿 Case1 魔犬の森の殺人」(金成陽三郎)1998〕

しつこい
【執拗い(しつこ)】小説 執拗(しつこ)う〔田辺聖子「ほとけの心は妻ごころ」1980〕
【失恋(しつこい)】誤読〔蛇蔵&海野凪子「日本人の知らない日本語 2」2010〕
【湿濃(しつこい)】古〔1917 俗〕
【蝨っこい(しつ)】小説 蝨(しつ)っこく〔柳瀬尚紀訳「フィネガンズ・ウェイク III IV」1993〕

しっさく［失策・失錯］
【失策(しっさく)】辞書

しったか
【知歟(しったか)】古

しったん［悉曇］ 梵語の音訳。

【悉曇(しったん)】（書籍）悉曇学(しったんがく)〔杉本つとむ「日本文字史の研究」1998〕

じっちゃん

【金田一耕助(じっちゃん)】（漫画）金田一耕助(ジッチャン)の名にかけてね!!〔さとうふみや「金田一少年の事件簿 10」〈金成陽三郎〉1994〕

【名探偵(じっちゃん)】（漫画）お前は名探偵(ジッチャン)の孫だろ!?〔さとうふみや「金田一少年の事件簿 27」〈金成陽三郎〉1997〕

しっと〔嫉妬〕

【猿股】（誤植）向田邦子は悪筆で嫉妬が猿股と読まれた。〔WEB〕

シット〔shit〕

【糞ったれ(シットたれ)】（小説）〔菊地秀行「魔界都市ブルース 夜叉姫伝 4」1990〕

じっと

【凝(じ)っと】（小説）凝(じ)っと身を横にして〔円地文子「妖」1957〕

【凝乎と(じっと)】（小説）〔京極夏彦「魍魎の匣」1995〕

しっとく「知っとく」「知っておく」から。

【知っ得(しっとく)】（広告）知っ得ワイド13連発〔「読売新聞」2009年12月22日〈週刊女性〉〕❖「知ってトクするコミュニケーション講座」〔「広報すぎなみ」2010年2月21日〕のようなものから「知っ得」が生じたようで、よく見られる。（新聞）知っ得Q〔「読売新聞」2010年3月19日〈テレビ欄〉〕❖中京テレビの番組に『知って得Q便(とっきゅうびん)』〈1990～1992〉。

【試得(しっとく)】（メニュー）試得うどん〔護国寺の店 2010〕

しつはた〔倭文機〕しずはた。

【倭文服(しつはた)】（俳誌）御帯の倭文服(しつはた)〔「月刊ヘップバーン」2004年11月〕

ジッヒェル〔ドイツ Sichel〕鎌。

【利鎌(ジッヒェル)】（新聞）高安国世『北極飛行―高安国世歌文集』利鎌(ジッヒェル)〔「読売新聞 夕刊」2010年2月24日〕

シップ〔ship〕

【船(シップ)】（映画題名）「名探偵コナン 天空の難破船(ロスト・シップ)」2010

【宇宙船(シップ)】（漫画）負の力により動く遺失宇宙船(ロスト・シップ)を滅ぼす事は〔義仲翔子「ロスト・ユニバース 2」〈神坂一〉1999〕

*【潜水艦(ロボ・シップ)】（小説）国連探偵軍の潜水艦(ロボ・シップ)〔清涼院流水「カーニバル二輪の草」2003〕

ジッヘル〔ドイツ Sicherung〕

【確保(ジッヘル)】（小説）確保(ジッヘル)の姿勢に入る間もなく〔森村誠一「殺意の接点」2001〕

しっぽ〔尻尾〕「しりお」の転とされる。改定常用漢字表（答申）で追加。

【尻尾(しっぽ)】（小説）〔「読売新聞」2010年3月15日〈宮城谷昌光「草原の風」〉〕

【正体(シッポ)】（漫画）今日こそ貴様の正体(シッポ)を掴んでやる!!〔渡辺祥智「銀の勇者 2」1999〕

【尻方(しっぽ)】（古）〔1917（隠）〕❖読みは「しっぽ」か。

その他 尾(しっぽ)（古）

しっぽく〔卓袱〕

【卓子(しっぽく)】（雑誌）『料理通』「卓子(しっぽく)之部」普通は「卓袱」と表記し、その名の通り、卓に載せて出す料理という意味があります。〔「婦人画報」1994年2月〕

しつらい〔設い〕

【料理(しつらい)】（古）❖「料理」はもともと調理の意味はなく、日本で調理の意味を生じ、韓国と台湾にも残る。

【室礼(しつらい)】（新聞）季節の食べ物や生活用品を飾って年中行事を祝う「室礼(しつらい)」。〔「読売新聞」2009年10月14日〕

その他 鋪設(しつらい)・補理(しつらい)（辞書）

して〔仕手・為手〕シテ、仕手戦。

【為人(して)】（古）講釈の為人(して)もなければ〔福沢諭吉「福翁自伝」1899〕

して

【而(して)】（古）而(ジ)は中国では元は濡れたヒゲの象形文字ともいわれている。「して」「形而下」などの接続詞的な用法は、古代に発音を当てた仮借(かしゃ)。

【〆(して)】 雑誌 数歩ニ〆(して)〔「歴史読本」1994年8月〕◆文献・文書では〆の形がほとんど。勢いで「〆」のように書かれることはあった。

しで［四手・垂］

【四手(しで)】 辞書 ◆奈良に椣原（しではら・ひではら）という国字による地名あり。しでの木が自生している。

シティ［city］

【都市(シティ)】 歌詞 悪辣都市(バッドガイシティ)〔神谷浩史＋小野大輔「DIRTY AGENT」（古屋真）2007〕

映画題名「ドラえもん のび太のねじ巻き都市(シティ)冒険記」1996

【金融街】 広告 ロンドン金融街(シティ)で学んだ、〔「読売新聞」2009年4月26日〕

*【東京都民(シティサーファー)】 漫画 東京都民(シティサーファー)をなめてるわね〔中尊寺ゆつこ「プリンセス in Tokyo」1989〕

じてん［辞典・字典・事典］ 語の発生ないし定着において、もじりの意識が介在したものと思われる。

【辞典(じてん)】【字典(じてん)】 書籍 詳解漢和大辞典と詳解漢和大字典〔惣郷正明「辞書漫歩」1987〕

【辞10(ジテン)】 番組名「速報！歌の大辞10(テン)」◆ベストテンとトップテンとかけていた。

じてんしゃ［自転車］

【[車+夸](ジテンシャ)】 看板〔杉並区阿佐谷の自転車店の跡地1989年2月〕

【[車+自](じてんしゃ)】 看板 ◆新潟で看板などに。

してんのう［四天王］

【死天王(してんのう)】 漫画〔宮下あきら「魁!!男塾」4 1986〕◆もじり。

しと［尿］

【尿(しと)】 書籍 鷹の尿(しと)〔宮坂静生「語りかける季語 ゆるやかな日本」2006〕

地名 尿前(しとまえ)の関 芭蕉も歩いた〔「新読売ロマンの旅24」2008年10月〕

【尿雨(しと)】 新聞 宮古島では、そのころぱらつく雨を「鷹の尿雨(しと)」とユーモラスに言い換える。寒露のころ〔「読売新聞 夕刊」2010年1月7日〕

じどう［自動］

【自働(じどう)】 古「自働車」1912〔惣郷正明「辞書漫歩」1987〕◆かつてはこの国字「働」を用いた表記が優勢だった。自働電話は明治期にはじめて上野に。

小説〔永井荷風「腕くらべ」1918〕／自働式のお菓子の出る機械〔小林多喜二「党生活者」1932〕

【自動(じどう)】 政策 自動（一般的であると考えられる）〔国語審議会第2部会「語形の『ゆれ』について」1961〕

しどけない

【四度解无(しどけない)】【四度ケ无い(しどけない)】【無四度計(しどけない)】 古

しとない

【三斗九升五合(しとない)】 姓〔篠崎晃雄「実用難読奇姓辞典増補版」1973〕

シドニー［Sydney］

【雪特尼(シドニー)】 辞書

しとね［褥］

【茵(しとね)】 古 ◆芥川は「[車+因]」と前後の字につられて部首をおそらく誤って書いたため、JIS第4水準にそのまま採用された。

【布団(しとね)】 漫画 木の葉の布団(しとね)に〔さとうふみや「金田一少年の事件簿 22」（金成陽三郎）1997〕

しとやか［淑やか］

【淑やか(しと)】 新聞 もろく淑(しと)やかで献身的なマルグリットに感動した。〔「読売新聞」2009年10月1日〕

【淑(しとやか)】 歌詞 前のめり 淑(しとやか)〔椎名林檎「ドッペルゲンガー」2003〕

しどろ

【乱次(しどろ)】【取次(しどろ)】【四度路(しどろ)】 古

しどろもどろ

【取次筋斗(しどろもどろ)】 古〔元和三年版「下学集」〕

シナ［支那］ 秦から。

【中国(シナ)】書籍〔杉本つとむ「日本文字史の研究」1998〕

しなたりくぼ しなだりくぼ。
【𨳯(しなたりくぼ)】古〔隠〕❖『広辞苑』5版にも掲載。「也」が女陰の象形との説を受けたものであろう。「陰門」と合わせた平安時代からの古い国字。「⿵門尻」「閖」なども同義（後者のゆりは別義）。
【騒水窪(しなだりくぼ)】辞書〔1949 隠〕
【品足り凹(しなたりくぼ)】小説〔柳瀬尚紀訳「フィネガンズ・ウェイク I II」1991〕

しなの［信濃］
【信乃(しなの)】古 信濃 信乃 借用〔新井白石「同文通考」1760〕

しなのき［科の木・榀の木］
【榀の木(しなのき)】辞書 ❖榀は国字で、商店などで用いられている。別に「こまい」とも読む。
【科の樹(しなのき)】俳誌〔「俳句」1994年1月〕

しなはま →しりない
【尻無浜(しなはま)】姓 尻無浜冴美(しなはまさえみ)❖タレント・モデル。

しなもの［品物］
【商品(しなもの)】古

しなやか
【嫋やか(しなやか)】歌誌〔「短歌」1994年2月〕❖たおやかとも読み、岡山の地域で使われる国字「嫋」（たわ・たお）に影響したか。
その他 差是(しなやか) 古

シナリオ［scenario］
【脚本(シナリオ)】漫画 不動芸術高校3年 映研部員 脚本(シナリオ)担当〔さとうふみや「金田一少年の事件簿 Case2 銀幕の殺人鬼」（金成陽三郎）1998〕
歌詞 脚本(シナリオ)演じた女優には〔本荘エミ「三文役者」（しいの乙吉）2010〕
【筋書き(シナリオ)】漫画 事件の筋書き(シナリオ)をどうとでも変えられる〔蓮見桃衣「エキストラ・ジョーカー KER」（清涼院流水）2002〕
小説 それが宿命られた筋書(シナリオ)なら〔清涼院流水「カーニバル 一輪の花」2003〕

じなん［次男］
【二男(じなん)】法律

しにがみ［死神］
【悪夢(しにがみ)】漫画 だから悪夢(しにがみ)は私の下にとどまっているのかも〔蓮見桃衣「エキストラ・ジョーカー KER」（清涼院流水）2002〕

しにすだま
【死霊(しにすだま)】小説 死霊(しにすだま)を祓い除ける光のチカラなどを〔藤原眞莉「華くらべ風まどい―清少納言梛子」2003〕

しにせ［老舗］
【仕倣(しにせ)】古「仕(し)（為）似(に)せる」（まねをする）という動詞から生まれた言葉。（中略）長年にわたり家業を守った結果、信用と繁盛を得た店が「しにせ」、単に古いというだけではない。「和英語林集成」（ヘボン著）では、「仕倣」と書かれ、（中略）漢語の「老舗(ろうほ)」をあてた表記が一般的になったのは、明治以降のようだ。〔「読売新聞」2004年4月15日（日本語・日めくり）〕
【老舗(しにせ)】書籍 実生活で見るため、小中高大一般と次第に正解の成績が上がる。〔斎賀秀夫「漢字と遊ぶ」1978〕❖改定常用漢字表（答申）に採用された。

シニフィアン［(フランス) signifiant］
【能記(シニフィアン)】【記号表現(シニフィアン)】書籍〔井上ひさし「自家製文章読本」1984〕

シニフィエ［(フランス) signifié］
【所記(シニフィエ)】【記号内容(シニフィエ)】書籍〔井上ひさし「自家製文章読本」1984〕

しにん［死人］→まんじゅう
【マンジュウ(死人)】小説 桃井はマンジュウ(死人)になった〔大沢在昌「新宿鮫」1990 集〕

しぬ［死ぬ］
【散る(しぬ)】漫画 散りな(死に)〔上条明峰「SAMURAI DEEPER KYO 5」2000〕

【氏(し)ね】(WEB) 2ちゃんねるの前身である〝あめぞう〟で「死ね」がNGワードになっており書き込めなかったため、その代用として生まれた。類義語「逝ってよし」。ほかにもよく使われると思われる順に「氏ね」「士ね」「詩ね」「市ね」「誌ね」「師ね」「志ね」「紙ね」「史ね」「視ね」「資ね」「司ね」。

＊【絶滅(死ぬ)の危機(トコ)】(漫画) 絶滅(死ぬ)の危機(トコ)にまで追いつめられてる!〔藤崎聖人「WILD LIFE 4」2003〕

シネコン〔←シネマコンプレックス(cinema complex)〕

【映画館(シネコン)】(広告) 巨大映画館(シネコン)〔かわぐちキャステイビジョン アリオ川口 2006〕

シネマ〔(フランス) cinéma〕

【映画館(シネマ)】(歌詞) さびれた映画館(シネマ)の片隅で〔甲斐バンド「天使(エンジェル)」(甲斐よしひろ)1980〕

しのぎ〔凌ぎ〕

【稼(しの)ぎ】(雑誌) 稼(しの)ぎにしてそれで渡世して行くというのは〔「問題小説」1994年12月〕

しののめ〔東雲〕

【志能々面(東雲)】(書籍) 振り漢字。ことばの正確さのみを考慮すればのぞましかったであろう〔杉本つとむ「日本文字史の研究」1998〕

【東雲(しののめ)】(新聞)『一日歳時記(ワンディ)』〔「読売新聞 夕刊」2008年12月27日〕❖地名にも。

【東雲市(シノノメ)】(漫画) 東雲市(シノノメ)のバトルサイボーグ〔大暮維人「エア・ギア 5」2004〕

【黎明(しののめ)】(小説) ある黎明(しののめ)に〔遠藤周作「白い人」1955〕

(その他) 篠(しの)の目(め) (古)

しのび〔忍び〕

【忍者(しのび)】(書名) 南原幹雄「王城の忍者(しのび)」2005❖南原幹雄の本などに「志能便」とも。「しのびいろは」という漢字を組み合わせた暗号が実際に江戸時代にある。女忍者は、江戸時代から「女」を筆順ごとに分解して「くノ一」と記し、そう呼ぶことがあった。

【SHE・KNOW・BE(シー・ノウ・ビー)】(曲名) UNDER17「SHE・KNOW・BE ~恋の秘密~」(桃井はるこ)2004❖「シー・ノウ・ビー」→「しのび」→「忍び」。

(その他) 窃盗(しのび) (古)

しのびあい〔忍び逢い〕

【秘愛(しのびあい)】(曲名) ちあきなおみ「秘愛(しのびあい)」(吉田旺)1989〕

しのびごと〔誄〕

【誄詞(しのびごと)】(雑誌) 司馬さんは「誄詞(しのびごと)—正岡忠三郎の大人(うし)に奉る」を述べた。〔「週刊朝日」2008年10月3日〕

しのびよる〔忍び寄る〕

【忍夜(しのびよる)】(演目) 忍夜恋曲者(しのびよるこいはくせもの)〔歌舞伎座の新聞広告 2002〕

(曲名) MYSTeRY「忍夜恋曲者(しのびよるこいはくせもの)」1996

しのぶ〔偲ぶ・慕ぶ〕

【偲(しの)ぶ】(歌詞) 君偲ぶはあまりに侘しく悲し〔淡谷のり子「ポエマ」(奥山靉)1935〕

ジハード〔(アラビア) jihād〕

【聖戦(ジハード)】(広告) 最大の聖戦(ジハード)〔聖ルドビコ学園(劇団ルドビコ)「遙かなる時空を超えて 白ゆり剣士のみた夢—幕末編—」(桜木さやか)2006〕

しばい〔芝居〕

【戯場(しばい)】(書籍) 狂言名に〔杉本つとむ「近代日本語の成立と発展」1998〕

(その他) 芝居(しべえ) (古)

しばく

【鞭(しば)打く】(古)❖WEBに「縛いたろか」「縛くぞ」(関西方言)。

しばし〔暫し〕

【暫時(しばし)】(歌詞) さらば暫時の別れだが〔北廉太郎「出船の唄」(清水みのる)1939〕❖高知では会話でも方言で「暫時(ザンジ)」という。

【久(しば)し】(歌詞) 久しお前と Oh Salty dog〔加藤和彦「ソルティ・ドッグ」(安井かずみ)1980〕

その他 権・片時 古

しばしば ［屢・屢屢・数・数数］

【数ば】 雑誌 数ば〔「小説新潮」1994年3月〕

しはらい ［支払い］

【支払い】 辞書 ❖和語に字音の「支」を当てた。「す(る)」の連用形は「為」では表記しにくかったため、一語としてのまとまりを示すためにさまざまな漢字と結びついた。

しばらく ［暫く］

【少時】 小説 少時首をかしげていましたが、〔夏目漱石「こころ」1914〕

【少く】 小説 彼は少く言も無く〔平野啓一郎「日蝕」2002〕

【須らく】 書籍 須らくは文脈から「しばらく」とルビを振るべきだ〔山田俊雄・柳瀬尚紀「ことば談義 寐ても寤ても」2003〕

【姑く】 小説 私は姑くの間、〔平野啓一郎「日蝕」2002〕

【且く】 歌誌〔「短歌」1994年9月〕

【死馬らく】 小説 死馬らく前借りを〔柳瀬尚紀訳「フィネガンズ・ウェイク III IV」1993〕❖中国の故事「先づ隗より始めよ」の「死馬すらかつこれを買う」を踏まえたものか。

その他 暫時・頃日 古／小時 古

しばれる 東北方言。

【凍れる】 歌詞 徳利かこった 凍れる指に〔三橋美智也「母恋吹雪」(矢野亮)1956〕／最果ては… なんにも無かった 凍れてた〔走裕介「呼人駅」(池田充男)2010〕❖チラシにも。

ジバン ［ポルトガル gibão］

【襦袢】 辞書 ❖襦袢という漢字からジュバンとも。

その他 地袢 民間

ジパング ［Zipangu］

【日本国】 古 ❖「日本国」の元代の中国語読みによるものという。

ジビエ ［フランス gibier］

【猟肉】 小説 牡蠣と猟肉なら〔河野万里子訳「ソーセージ」1998〕

じびき ［字引］ →ディクショナリー

【字引】 辞書

しひつ ［試筆］

【始筆】 書籍 元旦試筆に、始筆を代用漢字のように奨励したりするのである。〔杉本つとむ「日本文字史の研究」1998〕

しびれ ［痺れ］

【痲痺】 古 酔態〔1915 隠〕

しびん ［溲瓶・尿瓶］

【溲瓶】 短歌〔「読売新聞」2009年11月23日〕

シフォン ［フランス chiffon］

【絹】 歌詞 そして白い絹の花嫁衣装着せる〔ALI PROJECT「ビアンカ」(宝野アリカ)2006〕

しぶき ［飛沫・繁吹］

【飛沫】 小説 血飛沫〔野沢尚「破線のマリス」2000〕／〔小野不由美「月の影 影の海 上 十二国記」2000〕／〔清涼院流水「カーニバル 二輪の草」2003〕

歌詞 波の飛沫なら〔Mr. Children「Replay」(桜井和寿)1993〕／波音砕け散る飛沫が〔GARNET CROW「涙のイエスタデー」(AZUKI 七)2007〕／熱飛沫〔宝塚月組公演「Apasionado!!」(藤井大介)2009〕

しぶく ［繁吹く・重吹く］

【飛沫く】 歌詞 飛沫けとどろけ 日本海〔美空ひばり「越前岬」(吉田旺)1979〕

しぶちん ［渋ちん］

【吝嗇漢】 古〔1941 俗〕

ジフテリア ［diphtheria］

【実扶的里亜】 古／**【実布垤里亜】** 辞書

しぶとい

【渋太い】 新聞「渋太い」とも書くが、これでは「しぶとい」と読まれてしまい、標準的な表記ではない。〔「読売新聞」2007年6月1日〕

【渋とい(しぶ)】WEB しぶとい＞渋とい

ジブラルタル [Gibraltar]

【日巴拉太(ジブラルタル)】辞書

じぶん [自分]

【私(じぶん)】歌詞 今日までの私(じぶん)さよなら〔Kimeru「Answer will come」2005〕

【僕(自分)】漫画 記憶のない僕(自分)であっても〔日高万里「ひつじの涙 7」2004〕

【俺(じぶん)】小説 俺(じぶん)がそこにいた〔芝中学校文芸部「天晴れ21号」1999〕

【自己(じぶん)】歌詞 自己(じぶん)を探すのだろう〔いきものがかり「YELL」(水野良樹)2009〕

【受験生(自分)】小説 勉強しろよ、受験生(自分)〔芝中学校文芸部「天晴れ21号」1999〕

【影(じぶん)】歌詞 隠してたズルい影(じぶん)〔水樹奈々「MASSIVE WONDERS」2007〕

【状況(じぶん)】漫画 今の状況(じぶん)を忘れて〔「花とゆめ」2004年22号(学園アリス)〕

【過去(じぶん)】歌詞 安らぎ選んだ過去(じぶん)と戦ってる〔織田哲郎&大黒摩季「憂鬱(じょうねつ)は眠らない」1993〕

【今の自分(じぶん)】歌詞 今の自分(じぶん)が好きだから〔TWO-MIX「Winter Planet No. 1」(永野椎菜)1997〕

【未来の可能性(じぶん)】歌詞 どんな時でも未来の可能性(じぶん)を信じて…〔TWO-MIX「BE-LIEVE MY BRAVE HEART」(永野椎菜)1997〕

【可能性(じぶん)】歌詞 可能性(じぶん)試さなきゃ、そうでしょ〔TWO-MIX「Gravity Zero」(永野椎菜)2001〕

【才能(じぶん)】書名 田口俊樹訳「さあ、才能(じぶん)に目覚めよう」2001

【情熱(ジブン)】歌詞 情熱(ジブン)を隠したりしない〔Bon-Bon Blanco「涙のハリケーン」(PANNARO)2003〕

【ayu(自分)】漫画 ayu(自分)のために〔亜都夢「浜崎あゆみ ミラクル・パッション」2001〕

*【自画像(じぶんえ)】小説〔司馬遼太郎「竜馬がゆく 4」1964〕

じべた [地べた]

【地面(じべた)】詩 地面(じべた)をはやく走れない〔金子みすゞ「私と小鳥とすずと」〕

新聞 地面(じべた)を 北原白秋〔「読売新聞」2009年5月1日(四季欄)〕

シベリア [Siberia]

【西比利亜(シベリア)】辞書

しほうはっぽう [四方八方]

【泗汸汃汸(しほうはっぽう)】小説〔柳瀬尚紀訳「フィネガンズ・ウェイク I II」1991〕

じぼん

【JI BORN(字本)】書名 廣村正彰「JI BORN(字本) A Book of Letters and Characters」2009◆しゃれ。

しま [縞]

【島(しま)】書籍 正当な表記。〔杉本つとむ「日本文字史の研究」1998〕

【条(しま)】雑誌 こんもりした木立のみどりの条(しま)に変色する〔「現代詩手帖」1994年6月〕

しま [島]

【場所(しま)】古〔1930 俗〕

【列島(しま)】歌詞 花咲き誇るこの小さな列島(しま)に〔森山直太朗「太陽」2004〕

【四島(しま)】ポスター 絶え間ない 世論のうねりで 戻る四島(しま)〔総務省(北方領土のキャンペーン)1988〕◆政府自身が用いる表外訓。「四島(しま)を返せ」のたぐいが毎年見られる。「北方領土返還要求運動に関する標語集」に、平成21年度「四島(しま)返還」、昭和58年度「四島(しま)返れ」など。

新聞 北方領土返還祈念シンボル像「四島(しま)のかけ橋」〔「読売新聞」2010年1月13日〕

広報 四島(しま)返還〔「広報東京都」2010年2月〕

【悲報島(しま)】漫画 この悲報島(しま)で・・〔さとうふみや「金田一少年の事件簿 5」(金成陽三郎)1993〕

【縄張(シマ)】広告 極道狩り・縄張(シマ)戦争〔菊地秀行

「魔界都市ブルース 夜叉姫伝 4」1990（巻末）〕
映画題名「縄張（シマ）はもらった」1968 ❖映画タイトルは「つかみ」が重要だった。
小説 歌舞伎町二丁目を縄張りにしてる〔南英男「腐蝕」1999 集〕／彼らの縄張は〔「読売新聞」2009年11月5日（宮部みゆき「三島屋変調百物語事続」）〕
【兜町】新聞 1966年、証券業界の内幕を描いた「小説兜町」でデビュー。（清水一行）〔「読売新聞 夕刊」2010年3月23日〕

しまい［仕舞い］
【究竟】古 究竟には〔1887～1889 俗〕
【仕舞い】書籍 奇劇も仕舞い〔織田正吉「ことば遊びコレクション」1986〕
【終い】小説 終いに、そう云って〔小林多喜二「蟹工船」1929〕

しまう［仕舞う・終う・了う・蔵う］
【仕舞】古 狩って仕舞か〔「花暦八笑人」〕
【了う】小説 吻と消えて了ふ。〔徳富健次郎「黒潮」1903〕／失敬して了ふのだ〔村島帰之「わが新開地」1922 集〕
【死まう】新聞 脅迫文に 死出死まう 死んでしまう「毎日新聞」〔円満字二郎「昭和を騒がせた漢字たち」2007〕
その他 化回・仕廻・仕舞う・終う 古

しまった
【失敗った】小説 そうなって百姓は始めて気付いた。――「失敗った！」〔小林多喜二「蟹工船」1929〕
新聞 胸の中を「失敗った」という思いが横切った。〔「読売新聞」2008年10月18日〕

しまわり［島割り］ 縄張り。しま。
【縄張り】小説 縄張りもくそもないほど〔浅田次郎「鉄道員」2000〕

しまんちゅ［島んちゅ］ 琉球方言。
【島人】新聞 沖縄に来て8年目でついに島人と認められたのだ。〔「読売新聞」2009年11月7日〕

しまんと［四万十］ 地名。
【四万十川】歌詞 今日も四万十川〔神野美伽「四万十川」（荒木とよひさ）2008〕

しみ［紙魚・衣魚・蠹魚］
【紙魚】古

しみ［染み・沁み・滲み・泌み］ シミと仮名表記が多い。肝斑とも書くが、CMではカンパンと読む。
【染み】歌詞 陽に灼けた肌が染みになったところで〔さだまさし「吸殻の風景」1977〕
新聞 女性にとって肌の大敵「染み」の撃退術を〔「読売新聞」2009年12月9日〕
【汚点】歌詞 読み返すたびごとに インクの跡が汚点になる〔水谷豊「男の手紙」（白色あります）1977〕／薔薇のように 舗道に散った汚点を〔松任谷由実「ツバメのように」1979〕／アスファルトに落ちた涙の汚点が〔南佳孝「夜の翼」（松本隆）1980〕
【汚染】歌詞 愛して愛しているうちに 私はあなたのグレイの汚染になる〔松任谷由実「消息」1982〕

じみ［地味］
【質朴】古〔1917 隠〕

ジミータ
関連【ジミータ】広告〔「朝日新聞」2004年10月28日（NIKITA）〕

しみじみ
【沁々】古〔紀田順一郎「図鑑日本語の近代史」1997〕
その他 染み染み 辞書

しみず［清水］ 地名。
【清水湊】曲名 長保有紀「清水湊の女」（鈴木紀代）2001

しみつく［染み付く・染み着く］
【沁みつく】歌詞 あなたの匂い 肌に沁みつく女の操〔殿さまキングス「なみだの操」（千家和也）1973〕

【浸(し)みつく】歌詞 移り香がいつしかあなたに浸みついた〈石川さゆり「天城越え」〈吉岡治〉1986〉

しみったれ

【吝(しみった)れ】辞書 ◆「吝い」「嗇い」はしわい。

その他 守銭奴(しみったれ)・卑吝漢(しみったれ) 古

シミュレーション [simulation]

【ソフトの模倣(simulation)】論文 ソフトの模倣(emulation)からハードの模倣という〈内山和也『現代口語体』の表現スタイルについて〉2002〉

【練習(シミュレーション)】漫画 最後の練習(シミュレーション)だってのに〈佐野隆「打撃王 凜 1」2004〉

【SLG(シミュレーション)】広告 SLG(シミュレーション)的大変容〈「週刊少年サンデー」2004年48号〉

【趣味(シュミ)レーション】WEB ◆「趣味 Ration」〈誤字〉という題名も。「シミュレーション」を発音しやすい形に転倒した語形に当て字、もじり。シミレーションとなることも。

しみる [染みる・滲みる]「沁みる」とも書かれることがある。

【沁(し)みる】歌詞 身に沁(し)みたのよ〈二葉あき子「水色のワルツ」〈藤浦洸〉1950〉/風の冷たさ身に沁みる〈北島三郎「ギター仁義」〈嵯峨哲平〉1963〉/妻と書かれた宿帳に沁(し)みた涙の傷あとよ〈箱崎晋一郎「熱海の夜」〈荒川利夫・藤木美紗〉1969〉/あなたの優しさが沁(し)みてくる〈山口百恵「秋桜(コスモス)」〈さだまさし〉1977〉

書籍 心に沁(し)みて島木赤彦〈井上ひさし「ことばを読む」1982〉

【浸みる】歌詞 つめたい雨が今日は心に浸みる〈井上陽水「傘がない」1972〉

しみん [市民]

【志民(しみん)】広告「日本志民会議」で日本を建て直す〈「読売新聞」2009年11月26日(WiLL)〉/「志民」の力でよい国つくろう〈「読売新聞」2010年4月26日〉◆もじり。

じみんとう [自民党]

【自眠党(じみんとう)】TV こんなことをやっていると、民の横に目を書いてみずから眠る自眠党になっちゃうんですよ〈TBS系列 2010年3月7日10時台〉◆もじり。

しむ [染む]

【沁む】歌詞 そよふく風冷き風そぞろ身に沁む〈平野愛子「君待てども」〈東辰三〉1948〉/やけに身に沁(し)むチャラメルそば屋〈青木光一「僕は流しの運転手」〈石本美由起〉1957〉

【泌(し)む】古「身に染(し)む」といふ時に、お醫者さんが「分泌」などと云ふ時使ふ字が、飛んだ處に濫用せられてゐるのだ。こんなのは、僕は雑誌でも容赦はしない。〈森鷗外「鸚鵡石」1909〉

【入(し)む】俳句 父の帯きりりと締めて入(し)む身かな 及川洋〈「読売新聞 夕刊」2009年11月7日〉◆「身入(みにしむ)」とも。

じむ [事務]

【事ム(じ)】民間 ◆主に事ム室(じ・しつ)。学校内でもこの種の簡易化された表記を見かける。

ジムナスト [gymnast]

【体操選手(ジムナスト)】広告 翼を持った体操選手(ジムナスト)!!〈青山剛昌「名探偵コナン 6」1995〈巻末〉〉

しめ [締め]→いけじめ・けじめ・こぶじめ・しめる・すじめ

【〆(しめ)】◆活(け)〆、〆鯖、封〆(じ目)、〆切、〆縄(七五三縄・注連縄・標縄)、三本〆など〆は占め、閉め、締め、絞めなどに代行する。「占」(しめ)を「卜」と書き、さらに崩れて生じた字。なお、封筒の封じ目(封〆)には元は「+」「×」などの記号を書いていた。卜と、×などの記号とが合流した。この国字によって、しめている形にも見えてくる。

曲名 二葉百合子「関東一本〆」〈藤間哲郎〉

広告 居酒屋の「〆カレー」を作る〈「読売新聞」2006年6月10日(dancyu)〉

民間 ドアの締を「〆」と表示〔2006年4月1日麹町警察署〕◆「閉」を「閃」と書いた貼り紙が杉並区立中央図書館内にあった。

小説 〆、〆、〆、〆。〔柳瀬尚紀訳「フィネガンズ・ウェイク ⅢⅣ」1993〕

誤読 旦那が会社の飲み会で居酒屋に行ったとき・・・。メニューに書かれていた「〆(シメ)鯖」のことを「α(アルファ)鯖ください！」と店員に頼んでしまい、周りは大爆笑！ いや、確かに「〆」は書き方によっては「α」に見えますが。〔WEB〕◆「〆」は学校で習うこともなく、「α」のように書く人がいる。

【七五三】人名 七五三三〔佐久間英「珍姓奇名」1965〕◆七五三二三も。

WEB 新島襄 本名を七五三太(しめた)と言う。この名前は、祖父弁治が女子が4人続いた後の初の男子誕生に喜び「しめた」と言った事から命名されたという説がある。

しめいかん [使命感]

【使命観】誤字〔斎賀秀夫「漢字と遊ぶ」1978〕

しめくくる [締め括る]

【計】書籍 計なり(1972)〔惣郷正明「辞書漫歩」1987〕

しめた ↓しめ(七五三)

【東西南北】人名〔篠崎晃雄「実用難読奇姓辞典増補版」1973〕

しめなわ [注連縄・標縄・〆縄]

【注連縄】書籍 注連縄代〔有馬晴海「議員秘書の打ち明け話」1995 集〕◆⿺辶神は興味深い漢字の初出の宝庫である文明本『節用集』に現れる。現在、壱岐に地名と姓として残る国字。

【七五三縄】WEB しめ縄を漢字で書くと、普通「注連縄」と書く。かつては、同じ太さの横紐に、3本、5本、7本の縄をぶら下げた。そのため、しめ縄のことを「七五三縄」とも書いたのだ。

しめやか

【蕭やか】辞書

しめる [締める]

【緊める】古 褌を緊めて掛るが可いぜ〔1897~1898 俗〕◆緊褌一番は日本で生じた四字熟語。

書籍 〆めて〔佐久間英「珍姓奇名」1965〕

【〆る】雑誌 買い〆る〔「宝石」1994年6月〕

【閉】民間 ◆「送り仮名の付け方」は、漢字を記号的に用いるケースは対象としていない。読みはさまざまに心内でなされている。

しも [下]

【で】誤植「下十条」が「で十条」に。くずして書いたために。文芸誌〔高橋輝次「誤植読本」2000(吉村昭)〕◆小地名に下下田(宮城県)。

しもきた [下北]

【下北沢】TV 下北沢(シモキタ)ファッション〔2004年12月17日 NHK教育テレビ〕

しもたや [しもた屋]

【仕舞屋】書籍

じもっちい 造語か。若者語。

【地元民】漫画〔渡瀬悠宇「イマドキ！3」2001〕

しもべ [僕・下部]

【下僕】漫画 永久に私の下僕〔垣野内成美「吸血姫美夕」1988〕／私の下僕たちが殺してくれました〔本仁戻「怪物王子」1998〕／自分の下僕ちゃんとしつけろよ〔山田南平「紅茶王子 19」2003〕／〔「週刊少年ジャンプ」2004年11月29日(未確認少年ゲドー)〕

雑誌 愛の下僕に〔「小説新潮」1994年2月〕

【従者】漫画 あなただけの従者なんですよ〔由貴香織里「砂礫王国」1993〕

【部下】漫画 私の忠実な部下をお前につけよう〔由貴香織里「ストーンヘンジ」1993〕

【犬(しもべ)】WEB〔お笑い掲示板 漢字はこう読め！〕

しもん［諮問］

【資問(しもん)】誤字 諮問は「資問」でいいと思う。代用漢字という線で考えればね。見坊豪紀〔「言語生活」1960年7月〕

【諮問(ごうもん)】誤読 写研「漢字読み書き大会」〔斎賀秀夫「漢字と遊ぶ」1978〕

じゃ［蛇］

【龍(じゃ)】WEB 長崎市の有名な秋のお祭り、「長崎くんち」で奉納される「龍踊り」にふれた記事に、「龍(りゅう)踊り」と読み仮名が入っていました。「龍(りゅう)」でいいだろうと見過ごしてしまいそうですが、念のため調べてみると正しくは「龍(じゃ)踊り」。〔「ことばマガジン」2010年4月14日〕◆表記変更の動きもあった。

じゃ

【蛇(ぢや)】小説「添度(そひたい)の蛇(ぢや)」といふ蛇〔二葉亭四迷「浮雲」1887～1890〕◆～じゃを～蛇と書く例、今でも多し。

しゃあ

【殺(しゃ)ー】漫画 殺(しゃ)ーッ〔荒川弘「鋼の錬金術師 11」2005〕

しゃあしゃあ

【洒洒(しゃあしゃあ)】新聞「水を洒(そそ)ぎかくる音に云(い)う語。蛙(かえる)の面に、水をしゃあしゃあかけると云うは、平気の状を云う意」(大言海)との解釈もある。そこからか「洒洒」ともあてられる。〔「読売新聞」2008年6月19日〕

その他 洒蛙洒蛙(しゃあしゃあ) 辞書

しゃあつく

【洒亜突(しゃあつく)】辞書 洒亜突(しゃあつく)に〔1887 俗〕

ジャーナリスト［journalist］

*【明治末期の新聞人(おおるどじゃあなりすとれつでん)】古〔大石初太郎「振り仮名」〔「国語学大辞典」1980〕〕

ジャーナリズム［journalism］

【新聞(ジャーナリズム)】広告 サヨナラ、新聞(ジャーナリズム)〔「読売新聞」2009年6月10日〕

ジャーナル［journal］

【新聞(ジャーナル)】広告 35歳からのTHE美白新聞(ジャーナル)〔「読売新聞」2010年4月1日(Domani)〕

じゃあね

【LOVE(じゃあね)】小説「LOVE(じゃあね)」という文句を〔村上春樹訳「レイモンド・カーヴァー傑作選 CARVER'S DOZEN」1997〕

シャーベット［sherbet］

【氷菓子(シャーベット)】掲示〔甘味処の扉のメニュー〕

シャーマン［shaman］

【自分(シャーマン)】漫画 自分(シャーマン)の存在を気付かせたので〔武井宏之「シャーマンキング 1」1998〕

【能力者(シャーマン)】漫画〔上条明峰「SAMURAI DEEPER KYO」1999～2006〕

その他 精霊使い(シャーマン) 漫画／巫女(シャーマン) WEB

シャーロックホームズ［Sherlock Holmes］

【写録宝夢巣(シャーロックホームズ)】商品名 ◆人名探索ソフトの名。もじり。

ジャイアンツ［Giants］

【巨人軍(ジャイアンツ)】書籍〔うみのさかな&宝船蓬萊「うみのさかな&宝船蓬萊の幕の内弁当」1992〕

【G(ジャイアンツ)】民間 プロ野球チーム名としてジャイアンツと読まれることあり。

ジャイアント［giant］

【超人(ジャイアント)】漫画 維新の超人(リョウマ・ジャイアント)〔「コロコロコミック」2009年2月〕

【巨大(ジャイアント)】小説 巨大な爪(ジャイアント・クロウ)〔菊地秀行「魔界都市ブルース 夜叉姫伝 4」1990〕 漫画 巨大豆蔓(ジャイアントジャック)〔尾田栄一郎「ONE PIECE 31」2003〕

しゃか［Śākya(サンスクリット)］

【釈迦(しゃか)】辞書

しゃが［射干・著莪］

【胡蝶花(しゃが)】古／【者我(しゃが)】辞書

しゃかいがく［社会学］

【社怪学(しゃかいがく)】書名 筒井康隆「心狸学・社怪学」

書店で心理学の棚に。〔山本昌弘「漢字遊び」1985〕◆もじり。

しゃかいじん［社会人］
【社壊人(しゃかいじん)】(WEB) 同義語に斜怪人、斜界人、斜壊人、社怪人、社界人、壊社員、怪社員などがある。◆しゃれ。

しゃかいせいぎ［社会正義］
【社会主義】(誤植)「朝日新聞」は戦時中に、「新体制は社会正義でゆく」を「社会主義」としてしまい、取り付けさわぎが起きた。〔高橋輝次「誤植読本」2000（森まゆみ）〕

しゃがむ［蹲む］
【躅む(しゃがむ)】(新聞)『異邦人』夕陽の差す階段に躅(しゃが)んで〔「読売新聞」2008年9月6日〕
その他 踞む(しゃがむ) (辞書)

しゃく［笏］
【笏(しゃく)】(古) ◆音はコツだが、「骨」との通用を避けて尺の字音で読む。故実読み。

しゃく［癪］
【胃痙(しゃく)】(古)「東京朝日新聞」1907 広告〔柳瀬尚紀「日本語は天才である」2007〕

じゃく［弱］
【(弱)】(広告) 歴史的V逸の真相 阪神タイガース「(弱)虎隊列伝」戦犯&事件史〔「読売新聞」2008年10月17日（FRIDAY）〕◆「送り仮名の付け方」は漢字を記号的に用いるものは対象としていないので読みは不明。

しゃくう しゃくる。
【杓う(しゃくう)】(辞書)〔(俗)〕

じゃくにくきょうしょく［弱肉強食］
【食物連鎖(じゃくにくきょうしょく)】(誤読) 先日、中学生の理科を担当して、生徒のテキストを見ながら、「食物連鎖」の文字を素で「じゃくにくきょうしょく」と読みました。〔WEB〕

しゃくはち［尺八］
【ディナー(尺八)】(漫画) ホテルでディナー(尺八)〔本仁戻「高速エンジェル・エンジン 1」2000〕

しゃくれる［決れる・抉れる］
*【鎖(あごがしゃくれる)】(辞書)〔「大漢和辞典」字訓索引1960〕

しゃけ［鮭］ さけ。
【鮭(しゃけ)】(チラシ) 時鮭(ときじゃけ) 卵を持つ前の最も脂ののった時期に根室沖で捕った鮭です。〔2008年10月〕
【鮏(しゃけ)】(小説)〔幸田文「流れる」1957〕◆平城京木簡ではむしろこの字体だった。

ジャケット［jacket］
【上着(ジャケット)】(小説) 大きな上着(ジャケット)を着ているため〔夢枕獏「黒塚 KUROZUKA」2003〕
【JK(ジャケット)】(雑誌) JK＋(ジャケットプラス)パンツのスタイルでJK(ジャケット)とJK(ジャケット)風に〔「with」1994年9月〕／フェミニンJK〔「non・no」2006年9月20日〕／ヴェールダンスのボレロJK(ジャケット)〔「non・no」2006年10月5日〕◆店などでも。男性向け服飾雑誌では「JKT」と3文字になる傾向がある。
【黒(ジャケット)】(雑誌) エゴイスティックな「黒(ジャケット)」〔「25ans」1994年6月〕

しゃこたん「シャコタン」が多い。
【車高短(しゃこたん)】(辞書)〔(集)〕／しゃこたん 車高短〔(俗)〕◆暴走族用語。対義は車高高(しゃこだか)。

じゃじゃうま［じゃじゃ馬］
【愚娘(じゃじゃうま)】(民間)／【邪々馬(じゃじゃうま)】(店名)

ジャスティス［justice］
【正義(justice)】(歌詞) それはきっと正義(justice)〔林原めぐみ・松本保典・緑川光・鈴木真仁「SLAYERS 4 the FUTURE」（"S" MOVEMENT）1999〕

ジャスミン［jasmine］
【茉莉花(ジャスミン)】(曲名) 河合その子「涙の茉莉花(ジャスミン) Love(ラブ)（T2）」1985
【素馨(ジャスミン)】(漫画)〔秋本治「こちら葛飾区亀有公園前派出所 126」2001〕◆命名案として。

しゃち［鯱］ しゃちほこ。江戸時代は魖とも。

し

【虎魚(しゃち)】古◆おこぜとも読む。

しゃちょう［社長］

【理智(しゃちょー)】CD 中島理智(しゃちょー)〔椎名林檎「勝訴ストリップ」2000〕◆ジャケットに。

シャツ［shirt］

【襯衣(シャツ)】古

誤読 襯衣 珍答 ゆかた パジャマ ガウン ネグリジェ オーバー どてら ブラウス チョッキ マント こしまき うちかけ ドレス ポロシャツ うぶぎ おむつ〔斎賀秀夫「漢字と遊ぶ」1978〕

【衣装(シャツ)】歌詞 あなたの白い衣装(シャツ)も〔Sound Horizon「StarDust」(REVO) 2005〕◆広東語では、造字「䘿」で音義を表すことがある。「恤」も当てる。

じゃっかん［弱冠］

【若冠(じゃっかん)】書籍 若冠菲才〔あいさつ状 1952 目〕

◆「若干」と混淆。古くは指す年齢に幅があった。

しゃっきん［借金］

【負債(しゃっきん)】古 負債(しゃくきん)の〔1902 俗〕

*【借金王(シャッキング)】パンフ〔映画「木更津キャッツアイ」2003〕

漫画題名 土山しげる「借王(シャッキング)」(平井りゅうじ) 1996～◆もじり。

*【借女王(シャックイーン)】漫画〔「週刊少年サンデー」2004年48号(俺様は?)〕

ジャック［jack］

【兵隊(ジャック)】小説 不吉の英雄と静寂の兵隊(ジャック)に相対した〔西尾維新「ダブルダウン勘繰郎」2003〕

ジャック［Jack］

【弱克(ジャック)】人名 弱克(ジャック)固有名詞 明治〔杉本つとむ「日本文字史の研究」1998〕

【爵(じゃく)】人名 山田爵(仏文学者。森鷗外の孫)。

◆森鷗外は子供や孫に西洋風の名前を付けた。爵は爵とも書き、ジャックとも。JIS漢字第4水準に採用された。

ジャック［←hijack］

【乗っ取り(ジャック)】漫画 イギリス王室の乗っ取り(ジャック)を無一文で企むと〔松川祐里子「魔術師 7」1999〕

【占拠(ジャック)】歌詞 占拠(ジャック)されているわ〔東京事変「電波通信」(椎名林檎) 2010〕

しゃっくり［噦・吃逆］

【噦(しゃっくり)】小説〔柳瀬尚紀訳「フィネガンズ・ウェイク I II」1991〕

しゃっこい

【冷っこい(しゃ)】小説 ひやっこいの方言形。「こったら冷(しゃ)ッこい水さ、誰が好き好んで飛び込むって!」〔小林多喜二「蟹工船」1929〕

ジャッジ［judge］

【審判(ジャッジ)】漫画 審判(ジャッジ)にわからないように〔中条比紗也「花ざかりの君たちへ 4」1998〕

しゃっちょこだち しゃちほこだち(鯱立ち)。

【鯱立(しゃっちょこだち)】古〔1917 隠〕

シャット［フランス chatte］

【牝猫(シャット)】歌詞 眠れぬ宵は路地裏の淫らな牝猫(chatte)に八つ当たりして…〔Sound Horizon「見えざる腕」(REVO) 2006〕

ジャップ［Jap］

【日本人(ジャップ)】詩 夢見る者なる一日本人(ジャップ)を殺さうとする。〔高村光太郎「白熊」1925〕

シャッポ［フランス chapeau］

【帽子(シャッポ)】歌詞 くちびるに花 帽子(シャッポ)に雨〔美空ひばり「唇に花 シャッポに雨」(吉岡治) 1968〕

シャトー［フランス château］

【城(シャトー)】歌詞〔古本新之輔・林原めぐみ「What's up Guys?」(松葉美保) 1995〕／ここは幻影城(シャトー・ノワール)〔ALI PROJECT「MALICE」(宝野アリカ) 2001〕

【居城(シャトー)】歌詞 小さな居城(シャトー)を転げ回る〔Sound Horizon「見えざる腕」(REVO) 2006〕

シャドー［shadow］

【影(シャドー)】広告 影(シャドー)の針が、〔さとうふみや「金田一

少年の事件簿 5」〈金成陽三郎〉1993〈巻末〉〉
歌詞 あなたの影(シャドウ)の中にある〈ALI PROJECT「Virtual Fantasy」〈宝野アリカ〉1994〉
漫画『影(シャドウ)』は攻撃カードでこそないけど〈CLAMP「カードキャプターさくら 2」1997〉

【残像(シャドー)】 歌詞 宙に舞う残像(シャドー)残しては〈GLAY「laotour ～震える拳が掴むもの～」〈TAKURO〉2009〉

*__【黒獣人(シャドウ・ビースト)】__ 書籍 この世に出現した黒獣人(シャドウ・ビースト)は〈中澤光博／ORG「入門！リナの魔法教室 スレイヤーズRPG」1996〉

シャトル [shuttle]

【連絡艇(シャトル)】 漫画 連絡艇(シャトル)と宇宙船の停泊料〈義仲翔子「ロスト・ユニバース 1」〈神坂一〉1998〉

じゃないか

【蛇内科(じゃないか)】 漫画 窓尾明茶惰目蛇内科(まどをあけちゃだめじゃないか)〈中国人の設定の登場人物の会話〉〈鳥山明「Dr.スランプ 10」1983〉

しゃにむに

【遮二無二(しゃにむに)】 辞書 〈遮二無二〉 擬態語からとも。

じゃねん [邪念]

【妄(じゃねん)】 歌詞 妄(じゃねん) 欲 誘惑の罠〈※-mai-「鎮 - re-quiem -」〈米たにヨシトモ〉1999〉

シャノワール [フランス chat noir]

【黒猫(シャノワール)】 漫画 高慢で生意気な迷子の黒猫(シャノワール)は〈天城小百合「螢火幻想」1996〉❖シャはフランス語chatで猫。

しゃば [娑婆]

【外(シャバ)】 漫画 外(シャバ)の空気はうまいな〈山田南平「紅茶王子 1」1997〉

しゃばぞう

【小僧(シャバゾウ)】 漫画 小僧(シャバゾウ)手ェ出しな〈大暮維人「エア・ギア 1」2003〉

ジャパニーズ [Japanese]

【日本人共(ジャパニーズ)】 漫画 思い知ったか日本人共(ジャパニーズ)!!〈森川ジョージ「はじめの一歩 44」1998〉

*__【日本人性(ジャパニーズネス)】__ 書籍 〈橋本萬太郎・鈴木孝夫・山田尚勇「漢字民族の決断」1987〉

ジャパン [Japan] 元代にマルコポーロが「日本(国)」の当時の中国人の発音からジパングと聞きなし、ヨーロッパで広めた。中国語の方言では今でも近い発音が残っている。

【日本(ジャパン)】 漫画 〈小畑健「DEATH NOTE 1」〈大場つぐみ〉2004〉
書名 牧野二郎「日本消滅(ジャパン・ナッシング)」2008
広告 日本喪失(ジャパンミッシング)の時代〈「読売新聞」2009年6月10日〈中央公論〉〉

【業半(ジャパン)】 古「洋語音訳筌」1872〈惣郷正明「辞書漫歩」1987〉

*__【全日本選手権(ジャパンオープン)】__ 漫画 全日本選手権(ジャパンオープン)4連覇〈許斐剛「テニスの王子様 19」2003〉❖テニスの大会のほか、水泳などにも転用可能。

しゃぶ

【覚醒剤(シャブ)】 小説 これは覚醒剤(シャブ)じゃないかな〈森村誠一「腐蝕花壇」1987 集〉
雑誌 覚醒剤(シャブ)〈「問題小説」1994年6月〉

シャフト [shaft]

【軸(シャフト)】 詩〈細井和喜蔵「作業機械」1925〉

【柄(シャフト)】 小説 ピッケルの柄(シャフト)〈森村誠一「殺意の接点」2001〉

しゃべる [喋る]

【喋舌る(しゃべる)】 小説 云わないで可い事まで喋舌(しゃべ)った。〈夏目漱石「こころ」1914〉
古 詩人の薄田泣菫(すすきだきゅうきん) 狗(いぬ)のような日本語で喋舌(しゃべ)らしておいて〈「読売新聞」2009年10月9日〈編集手帳〉〉

【饒舌る(しゃべる)】 古 ❖森鷗外も用いる。

【唄う(しゃべる)】 小説 相棒の秘密をベラベラ「唄う(しゃべる)」と思われて〈清涼院流水「カーニバル 一輪の花」2003〉

その他 **喋口る(しゃべる)** 古

シャボン [ポルトガル sabão] サボン。

【石鹸(シャボン)】 古 二葉亭四迷〈橋本萬太郎・鈴木孝夫・山田尚勇「漢字民族の決断」1987〉

し

詩 石鹸の悲しみよ。〔竹中郁「ラグビイ」1932〕

曲名 斉藤由貴「石鹸色の夏」（森雪之丞）1985

誤植 「石鹸玉」とあるのは「石鹸玉」でした。編集する際に間違えました。〔「読売新聞」2010年3月8日〕

ジャマイカ [Jamaica]

【酒】歌詞 片手であおる 酒〔久保田利伸「Drunkard Terry」（久保田利伸・川村真澄）1988〕

その他 牙買加 辞書

しゃみ [↑三味線]

【三味線】歌詞 三味線を叩けば思慕がはじけ〔鏡五郎「雪ひと夜」（津田雅道）2010〕

しゃみせん [三味線] さみせん。

【沙弥仙】WEB （中国の三弦が）明の時代の14世紀末ごろ（1390年代）琉球に伝わり、琉球三絃が生まれて「シャミセン」という呼び名に変わる。（中略）日本本土では、蛇の皮が張ってあったので、一般的には「蛇皮線」（じゃびせん）と名づけた。しかし、文献には「沙弥仙」「三尾線」「三美線」「蛇味線」などの漢字表記が入り乱れ、「しゃみせん」「じゃびせん」「さびせん」「じゃみせん」といろいろに読まれたようで〔「口説きの系譜」〕◆沖縄では三線。

【三絃】書籍〔杉本つとむ「日本文字史の研究」1998〕

シャム [Siam] タイ国の旧称。シャムロ。

【暹羅】雑誌 暹羅（タイ）国〔「宝石」1994年7月〕

◆暹国と羅国が合したので「暹羅」とも書く。

シャモ アイヌ語。シャモはシサムの訛音。

【和人】新聞 未開な蛮族として和人（アイヌ民族から見た日本人）から抑圧された〔「読売新聞」2009年5月31日〕

シャモ ニワトリの一品種。

【軍鶏】新聞 物語（「鬼平犯科帳」）に登場した軍鶏なべ屋〔「読売新聞」2009年9月26日〕

しゃようぞく [斜陽族]

【社用族】【車用族】辞書 社用族もじり〔俗〕

しゃらくさい [洒落臭い] 東洲斎写楽と関連か。

【洒落臭い】古 洒落臭い、小め〔内田魯庵「社会百面相」1902 俗〕

【洒落臭い】古 洒落臭い事を〔1887 俗〕

じゃらけ

【戯け】小説〔柳瀬尚紀訳「フィネガンズ・ウェイク III IV」1993〕

じゃらじゃら

【蛇贏じゃら】小説〔柳瀬尚紀訳「フィネガンズ・ウェイク III IV」1993〕

しゃり [舎利]

【砂利】古 白米食事又は米飯のこと〔1915 隠〕／子供のこと〔1933 隠〕

じゃり [砂利]

【砂利】古「少年倶楽部」1945 5/6合併号〔紀田順一郎「日本語大博物館」2001〕

辞書 子供の客〔俗〕

論文 「さざれ」の転じた「じゃり」〔柳田征司「あて字」1987〕

ジャルダン [フランス jardin]

【庭】小説 庭だろ〔遠藤周作「白い人」1955〕

しゃれ [洒落] 「され」から。

【洒落】書籍 洒落〔松岡正剛「日本流」2000〕◆当て字。手書きで「洒落」多し。

その他 晒落・灑落 古

*【洒落る】新聞 こんな洒落た「一寸」の使い方は滅多にみられない。〔「読売新聞」2008年11月3日（長谷川櫂）〕

じゃれる

【戯れる】辞書

ジャワ [Java]

【爪哇】【闍婆】辞書

シャン [ドイツ schön]

【美人(シャン)】 広告 珍豚美人(ちんとんしゃん)画では豚が三味線をひく〔トンカツの広告 1954 目〕

じゃん

【鐘(ジャン)】 漫画 鐘(ジャン)が鳴ります〔立原あゆみ「弱虫 1」1997〕

【打鐘(ジャン)】 漫画題名 山本康人「打鐘(ジャン)」❖競輪場で最後の一周の鐘。

ジャン 朝鮮漢字音による。

【醬(ジャン)】 雑誌〔「栄養と料理」1994年4月〕❖CMから広く知られるようになった。

ジャン〔↑麻雀〕中国語の標準語（普通話）では字音は麻雀(マーチュエ)（スズメ）で、ゲームは麻将(マージャン)。→ジャンそう

【雀(ジャン)】 書籍 雀(ジャン)マネになり〔阿佐田哲也「ああ勝負師」1980 集〕

小説 アクマの親父は、雀狂(じゃんきょう)（麻雀マニア）だったらしい〔清涼院流水「カーニバル一輪の花」2003〕

ジャンキー [junkie]

【中毒症(ジャンキー)】 広告 恋愛中毒症(ラブジャンキー)〔みづき水脈「インストール」2003（巻末）〕

【雀キー(ジャン)】 WEB ❖麻雀で雀鬼（ジャンキ）とかけた表記。

関連【ジャンキー(中毒)】 書籍 ジャンキー(中毒)になってしまっている〔家田荘子「ザ・麻薬」1993 集〕

ジャンク [junk]

【ゴミ(ジャンク)】 小説 ゴミ(ジャンク)情報の埋立地は「なんでもアリ」の無法地帯〔清涼院流水「カーニバル一輪の花」2003〕

【ナカとの仕事(ジャンク)】 漫画 ナカとの仕事(ジャンク)に支障が出るから〔「花とゆめ」2004年22号（悩殺ジャンキー）〕

ジャンクションピーク [junction peak]

【分岐峰(ジャンクションピーク)】 小説 分岐峰(ジャンクションピーク)から派生する〔森村誠一「殺意の接点」2001〕

ジャングリッシュ [Janglish ↑ Japanese + English] イギリスの詩人カーカップの命名という。

【和製英語(ジャングリッシュ)】 書名「和製英語(ジャングリッシュ)の楽しみ」〔井上ひさし「ニホン語日記」1996〕

ジャングル [jungle]

【密林(ジャングル)】 曲名 松田聖子「密林少女（ジャングルガール）」（松本隆）1984

漫画〔柴田亜美「南国少年パプワくん 1」1991〕／俺は薄暗い密林(ジャングル)の奥に蠢く〔さとうふみや「金田一少年の事件簿 19」（金成陽三郎）1996〕

【森林(ジャングル)】 漫画 森林(ジャングル)を通る道路が増えた〔藤崎聖人「WILD LIFE 3」2003〕❖𣛧でジャングルと読むというたぐいのクイズがあり、日系人が使っているという話も広がりつつある。「𣛧」でアマゾンという遊び、また「いつき」を表すすし屋がある。「𣛧」で六本木もクイズにあるが、漢字に意味不明ながらある。「𣛧」も中国の「西江賦」なる文献に用いられ、サツ・キという字音が伝わっている。

【大密林(ジャングル)】 小説 アマゾン流域の大密林(ジャングル)の中〔清涼院流水「カーニバル二輪の草」2003〕

【森(ジャングル)】 漫画 彼女は森(ジャングル)の中に消えて行った〔加藤元浩「ロケットマン 8」2004〕

【𣛧(ジャングル)】 書籍 木が四つあってジャングルうそ、うそ、そんな漢字はない〔阿刀田高「ことば遊びの楽しみ」2006〕❖中国の地方志にこの字体が見られる。

シャンゼリゼ [Champs-Élysées]

【豊かな楽園(シャンゼリゼ)】 小説 まさに豊かな楽園(シャンゼリゼ)だった〔清涼院流水「カーニバル二輪の草」2003〕

ジャンそう

【雀荘(ジャンそう)】 辞書 ジャンそう 雀荘〔俗〕

広報 雀荘(じゃんそう)〔「広報東京都」2010年3月1日（水道橋博士）〕

新聞 雀(じゃん)荘〔「読売新聞」2009年2月12日〕

シャンソン [フランス chanson]

【歌曲(シャンソン)】欄名「我が人生歌曲(シャンソン)」〔「はいからエスト」2009年6月16日〕◆田嶋陽子の連載コーナー名。

ジャンプ［jump］

【跳(ジャンプ)】漫画『跳(ジャンプ)』は〔CLAMP「カードキャプターさくら1」1996〕

【跳躍(ジャンプ)】小説 狂犬が跳躍(ジャンプ)したことで〔清涼院流水「カーニバル二輪の草」2003〕

【校舎越え(ジャンプ)】漫画 校舎越え(ジャンプ)もできない〔大暮維人「エア・ギア3」2003〕

【J(ジャンプ)】広告 J(ジャンプ)連載作家陣が〔「週刊少年ジャンプ」2004年10月11日〕／JH(ジャンプヒーローズ) presents〔「週刊少年ジャンプ」2004年5月24日〕／WJ(ウィークリージャンプ) 読者のために〔「週刊少年ジャンプ」2004年5月24日〕／JF(ジャンプフェスタ)・AT会場入口横〔「週刊少年ジャンプ」2004年10月11日〕／4コマなどJC(ジャンプコミックス)未収録作品を〔小畑健「DEATH NOTE 12」(大場つぐみ)2006〕

シャンペン［フランス champagne］シャンパン。

【三鞭(シャンペン)】古 ◆日本では中国名「三鞭酒」を借りた。中国で「三鞭」は精力剤の名。

ジャンル［フランス genre］

【種類(ジャンル)】書籍 文学の種類(ジャンル)〔杉本つとむ「近代日本語の成立と発展」1998〕

【分野(ジャンル)】小説 どんな分野(ジャンル)にもあてはまる〔清涼院流水「カーニバル一輪の花」2003〕

ジュ［フランス je］

【僕(ジュ)】小説 自分の事を「僕(ジュ)」と言い〔遠藤周作「白い人」1955〕

しゅう［秀］

【秀(しゅう)】WEB 野菜・果物などの評定も「秀」「優」「良」「可」「不可」となされているのだそうだ。〔笹原宏之「漢字の現在」2009年1月22日〕

【秀(しゅう)】広告 よみうり時事川柳のきのうの秀作がこれだった。〔「読売新聞夕刊」2009年5月19日〕◆「上々吉」など評判記でも白抜きや途中画までの形も。今でも★☆などあり。

じゅう［十］

【十(じゅう)】新聞「十年ぶりの増加となる十四(じゅうよん)・四%増……」(中略)原稿に1か所ルビが振られていた。「十」を「プラス」と読まないようにとの財務省の〝配慮〟だった。〔「読売新聞」2009年2月3日〕◆とんぼじゅう・プラスじゅうとも。／手術したときの五年生存率が六十パーセント〔「読売新聞」2010年4月27日〕◆縦組みでも最近は六〇パーセントが多い。

【十(じゅ)】歌詞 丸に十(じゅ)の字の藩旗をかかげ〔歌川二三子「男意地～田原坂～」2001〕◆薩摩の紋章。また、前野良沢らが『解体新書』の訳業に際して、不明な語を後で再検討するために轡十文字⊕を付した話が知られる。↓クルス(十字架)

【K(10)】漫画 この3枚目のカードはK(10)〔「週刊漫画ゴラク」2010年4月30日(カブキの不動)〕

じゆう［自由］

【自在(じゆう)】歌詞 七つの海を自在(じゆう)に渡る翼〔GARNET CROW「Sky」(AZUKI七)2005〕

【平和(じゆう)】歌詞 人は皆生きてゆける 迷わずに平和(じゆう)に〔TWO-MIX「LAST IMPRESSION」(永野椎菜)1998〕

【字遊(じゆう)】書籍 字遊人〔「日本語百科大事典」〕◆字游工房など、もじり多し。

シュヴァッハ［ドイツ schwach］弱い。

【強靱なる(シュヴァッハ)】小説《強靱なる弱者(シュヴァッハ・ヘルシャー)》〔安井健太郎「ラグナロクEX. DEADMAN」2001〕

しゅうかつ［就活］

【終活(しゅうかつ)】広告 自分らしさを遺す「終活」術とツールが満載！〔「読売新聞」2010年4月15日〕◆もじり。

【就勝(しゅうかつ)】書名 舞田竜宣ほか「18歳から読む就『勝』本」2010◆もじり。

しゅうかんし［週刊誌］
【週間誌】誤字〔斎賀秀夫「漢字と遊ぶ」1978〕

しゅうき［臭気］ 嗅はキュウ。
【嗅気】書籍 たぐいまれな美しさと男の嗅気をたたえた秀歌であることを〔由良君美「言語文化のフロンティア」1986〕◆嗅覚を「しゅうかく」と類推読みする者あり。

じゅうく［十九］
【十九才】歌詞 あれは十九才の夢か〔中澤裕子「純情行進曲」(荒木とよひさ)1999〕
【19】グループ名 ◆名前の由来は、結成当時、健治と敬吾が19歳、またジュークボックスにちなんだからという。

シュークリーム［フランス chou à la crème］
【秀くりーむ】商品名 ◆もじり。

しゅうざ 英語のシュー＋座。
【沓座】新聞 ◆『読売新聞』が字音としたもの。『読売新聞』1991年3月16日で「三つある橋脚のうち中央部のけたの接続部分(沓座＝しゅうざ)を先に取り付けていたことも判明。」など、「沓座」という建築用語に「しゅうざ」という読みを示し、「論争」に及んだ。「しゅう座」は、工事現場で使われる和英折衷の業界用語。

しゅうさん［蓚酸］
【蓚酸】古〔宇田川榕菴「植学啓原」1834〕◆国字とされることがあるが、漢籍に出ることが植物学界ではつとに知られている。

じゅうさんや
【十三屋】WEB 櫛屋は、く(9)＋し(4)＝13だから「十三屋(じゅうさんや)」

じゅうさんり［十三里］
【十三里】古 十三里 くり(栗・九里)より(四里)うまい 焼き芋屋の看板に〔1938 隠〕

ジューシー［juicy］
*【保湿力】広告 保湿力で10歳若返る〔「読売新聞」2009年2月16日(からだにいいこと)〕

じゅうじか［十字架］
【聖体】漫画 その聖体は奴がいつも手にしてた〔冴凪亮「シークエンス 1」2003〕
【本性】歌詞 私の胸の本性を〔水樹奈々「Dancing in the velvet moon」2008〕

じゅうしまつ［十姉妹］ 末と未が混同したか。
【十四まつ】TV〔2004年2月21日 子どもが作ったお墓に〕

しゅうしゅう［収集］
【集収】民間 ◆ゴミ収集所の手書きの貼り紙に見受けられる。

シューズ［shoes］
【靴】雑誌 トラッド靴〔「with」1994年10月〕
広告 トレンド靴図鑑〔新聞広告 2004年10月7日〕／快適靴〔「読売新聞」2009年5月27日〕／「昼膳バッグ&靴」〔「読売新聞」2010年3月1日〕◆「靴」は鮮卑語を表すために作られた形声文字であった。

じゅうたい［重体・重態］
【重体】政策 字画が少ない、あるいは教育漢字である。〔国語審議会第2部会「語形の『ゆれ』について」1961〕◆新聞では重態は重体、容態も容体で統一されている。

じゅうだい［重大］
【重要】歌詞 重要な幸福〔GARNET CROW「For South」(AZUKI 七)2003〕

しゅうちしん［羞恥心］
【羞恥心】誤読 2007年8月1日の放送で行われた「アナウンスクイズ」で上地雄輔が「羞恥心」を「さじしん」と読み間違えた。紳助が「あっ！お前らの3人組、『羞恥心』、エエな！」と言った。〔WEB〕◆いわゆる漢字力、語彙量の少なさが逆に人気につながるという例。
【羞恥心】論文 羞恥心 高校生97%が読めた。グループが人気となった時期だから〔2010

年3月16日 NHK放送文化研究所研究発表「放送に使う漢字」〕

*【恥かしげな(シュウチフル)】【恥かしさ知らず(シュウチレス)】(小説)〔梶龍雄「淡雪の木曽路殺人事件」1985 (目)〕

しゅうちゅう［集中］

【集注(しゅうちゅう)】(小説)全然飯(ぜんぜんめし)と肉(にく)に集注(しふちゆう)してゐる〔夏目漱石「それから」1909〕

シューティングスター［shooting star］流れ星。

【流星(シューティングスター)】(歌詞)突然軌跡描く流星(シューティングスター)〔FIRE BOMBER「星屑ハイウェイ」(K.INOJO)2009〕 (漫画)天馬流星撃(ペガシスシューティングスターアタック)〔「コロコロコミック」2009年8月〕／天馬流星撃(ペガシスシューティングスターアタック)〔「メタルファイトベイブレード ビッグバンコミック BOOK」2010年4月〕

シュート［shoot］

【蹴人(シュート)】(人名)◆人名用漢字(2004)で蹴が解禁された。

【萩斗(しゅーと)】(人名)◆萩の「はぎ」は国訓。

しゅうとめ［姑］

【姑(しゅうとめ)】(辞書)◆女偏に古いという構成に、「女と家」と書く「嫁」とともに意見が呈されることがある。古代には異なる発想があり、体が固くなった女とも。「舅」の「臼」を「旧」と書く例により、西鶴は「如」と記す。

じゅうにし［十二支］

【子丑寅卯辰巳午未申酉戌亥(十二支)】(人名)清水子丑寅卯辰巳午未申酉戌亥太郎を十二支太郎と読む。◆日清戦争の叙勲社名簿にあったという。

じゅうにじ［十二時］

【PM12:00(じゅうにじ)】(歌詞)PM12:00(じゅうにじ)過ぎて鳴らすメロディー〔一青窈「もらい泣き」2002〕◆全体で熟字訓のように読まれている。「0:00」とも書ける。符号を利用した表記は「¥200」で「ニヒャクエン」なども。

【A.M.0:00(じゅうにじ)】(歌詞)A.M.0:00(じゅうにじ)解禁で見られる明日のビジョンは〔T. M. Revolution「WHITE BREATH」(井上秋緒)1997〕

【24時(じゅうにじ)】(歌詞)もうすぐ24時(じゅうにじ)ね〔松浦亜弥「初めて唇を重ねた夜」(つんく)2001〕◆アラビア数字を別のアラビア数字の読み方で読む。深夜営業の商店や収録現場では26時などの表示も。

じゅうにん［住人］

【住猫(じゅうにん)】(漫画)花のめ村も住猫(じゅうにん)たちのことが〔猫十字社「小さなお茶会 2」2000〕◆擬人化。

じゅうにんといろ［十人十色］

【10人10色(じゅうにんといろ)】(ポスター)(WEB)10人10色◆韓国語では「シムニンシプセク」と漢字音で言う。

しゅうねい［執念い］

【執念い(しゅうねい)】(詩)執念(しふね)くからみつく旋風(せんぷう)のあふり。〔高村光太郎「雨にうたるるカテドラル」1921〕◆漢語の末尾を活用させることがあった。単体では、力む、魅る(見る)、告るなどが今でも。

じゅうのしま

【十ノ島(じゅうのしま)】(古)大阪 隠語〔1910 (隠)〕◆「十」と「の」で「あ」、「し」と「ま」で「ほ」。あほ。

じゅうはち［十八］

【二九一八(じゅうはち)】(筆名)二九一八(にくじゅうはち)歌人〔山本昌弘「漢字遊び」1985〕◆狂言演目に二九一八(にくじゅうはち)(二九十八とも)。

【18才(じゅうはち)】(歌詞)18才の夏に〔杉山清貴「モノローグ」(松井五郎)1987〕／18才(じゅうはち)の日々〔Tiara「キミがおしえてくれた事 feat. SEAMO」(SEAMO・Tiara)2010〕

じゅうはちきん［十八禁］

【十八禁(じゅうはちきん)】(辞書)十八禁 十八金のもじり〔(俗)〕

【18(禁)(じゅうはちきん)】(広告)18(禁)SEXY♥〔「読売新聞」2010年1月8日〕

じゅうぶん［十分・充分］

【十分(じゅうぶん)】(辞書)◆意味や読み、文法機能を分担し、当て字による充分が別語化してきた。「十二分」はそのまま。

【充分(じゅうぶん)】政策 国語審議会「かなの数え方について」1955など、かつては「じゅうぶん」と仮名表記。「語形の『ゆれ』について」に「充分」は「あて字」だが憲法にあり、普通に行われているとするが、「十分」を採るべきとする。

しゅうポツ［臭ポツ］臭化カリウム。

【臭剝(しゅうポツ)】辞書 ❖「剝」は「剝篤叟母(ポタシウム)」（カリウム）の略。

シューマイ［焼売］広東語の発音からか。

【終売(シューマイ)】誤読 〃恋すれど、終売〃よっぽどまいシュウマイなんだと思ってました。〔WEB〕

じゅうりょく［重力］

【G(重力)】書籍 マブタにG(重力)を感じる＝眠くなる〔ナカムラミツル「326－ナカムラミツル作品集」1998〕❖→ジー（G）

ジュエル［jewel］

【宝石(ジュエル)】歌詞 黄金と宝石(ジュエル)着飾ったって〔矢沢永吉「Anytime Woman」（松本隆）1992〕／ハートの宝石(ジュエル)〔hide「50％&50％」（森雪之丞）1993〕

シュガー［sugar］

【砂糖(シュガー)】歌詞 君はたしか 砂糖(シュガー)をひとつ〔チェッカーズ「メモリー・ブレンド」（藤井郁弥）1985〕

しゅく［祝］

【祝(しゅく)】新聞 祝 ソフトボール金メダル〔「読売新聞」2008年8月29日〕

じゅく［↑新宿］→しく（宿）

【宿(じゅく)】古 東京の不良 新宿の盛場のこと〔1929 隠〕

【新宿(ジュク)】小説 新宿(ジュク)まで飛んで〔島田一男「特報社会部記者」1991 集〕

じゅこう［受講］

【授講(じゅこう)】誤字 ❖大学生が手書きする中に授講がしばしばあり。授業も受業と。受賞・授賞は双方向。

しゅさい［主宰］

【主催(しゅさい)】書籍〔斎賀秀夫「現代人の漢字感覚と遊び」1989〕❖写研「漢字読み書き大会」で正表記とされたもの。

しゅじゅつ［手術］

【手術(しゅじつ)】民間 ❖ほかに「シジュツ」「シジツ」「シリツ」、また「シュジュｔ」と表記し、小文字のｔまでしか発音していないという女子学生がいた。関東などの訛り。塾に「じく」と振る例も。

しゅじん［主人］

【鉄生(しゅじん)】漫画 鉄生(しゅじん)がアホなことや〔藤崎聖人「WILD LIFE 4」2003〕❖主人公。

しゅじんこう［主人公］

【主猫公(しゅじんこう)】雑誌〔「猫の手帖」1994年6月〕❖擬人化。

その他 支配者(しゅじんこう) WEB

じゅず［数珠］「常用漢字表」付表にあり。

【珠数(じゅず)】小説 彼は手頸に珠数(じゅず)を懸けていました。〔夏目漱石「こころ」1914〕

【数珠(じゅず)】誤読 おはじき おてだま けんだまずだれ〔斎賀秀夫「漢字と遊ぶ」1978〕

その他 念珠(じゅず) 古

しゅちょう［首長］「くびちょう」と言う人あり。

関連【首長(エミル)】小説 イスラム教団の首長(エミル)のアドバイザーにも〔河野万里子訳「ほら吹き男」1998〕

シュチン［繻珍・朱珍］ポルトガル setim から中国語へ。中国語「七糸緞」からとも。

【繻珍(シュチン)】辞書〔「漢字百科大事典」1996〕

じゅつ［術］

【誘惑(じゅつ)】漫画 誘惑(じゅつ)が切れた今でも…〔藤崎竜「封神演義 20」2000〕

しゅったい［出来］しゅつらいから。重版出来は誤読多し。

し

【出来(しゅったい)】書籍 大事件が出来(しゅったい)すれば、〔井上ひさし「私家版 日本語文法」1981〕

しゅと［首都］

【趣都(しゅと)】書名 森川嘉一郎「趣都の誕生 萌える都市アキハバラ」2003 ◆もじり。

しゅどう［衆道］

【主道(しゅどう)】【主童(しゅどう)】辞書〔1946 隠〕

ジュニア［junior］

【二世(ジュニア)】小説 カーヴァー二世(ジュニア)〔村上春樹訳「レイモンド・カーヴァー傑作選 CARVER'S DOZEN」1997〕

【Jr.(ジュニア)】漫画 Jr.(ジュニア) 選抜の千石相手に全く退いてねぇ!!〔許斐剛「テニスの王子様 19」2003〕

◆プロレスでもドリーファンクJr.などと用いられた。日本でも、人名に用いようとしたが、ローマ字(さらに記号を含む)は無理だったという話がある。

広告 世界的指揮者のJr.と♥♥デート〔「読売新聞」2009年12月25日(FRIDAY)〕

【J(ジュニア)】漫画 J(ジュニア)・ライト級日本王座戦が〔「週刊少年マガジン」2004年48号(はじめの一歩)〕

その他 子供(ジュニア) 民間

ジュネーブ［Geneve］

【寿府(ジュネーブ)】辞書

シュバリエ［フランス chevalier］

【祭服(シュバリエ)】小説 祭服(シュバリエ)を着た牧師に〔浅田次郎「鉄道員」2000〕

【騎士(シュバリエ)】歌詞 騎士(シュヴァリエ)は再び馬に跨がり〔Sound Horizon「見えざる腕」(REVO) 2006〕

シュバルツバルト［ドイツ Schwarzwald］

黒い森の意。シュワルツワルト。

【黒 森(シュワルツワルド)】詩 黒 森(シュワルツワルド)の落日をいろどり、〔尾崎喜八「新らしい風」1924〕

ジュバン［ポルトガル gibão］

【襦袢(じゅばん)】漫画〔田河水泡「のらくろ武勇談」1938〕

◆肉襦袢を肉布団と誤植し、読者に指摘され、初版は捨ててほしいとすら思った〔井上ひさし「ニホン語日記」1996(郡ようこ解説)〕。

その他 襦伴(ジュバン)・襦絆(ジュバン)・繻絆(ジュバン)・繻伴(ジュバン)・臑伴(ジュバン)・襦半(ジュバン) 古

ジュピター［Jupiter］

【木星(ジュピター)】漫画 その後木星(ジュピター)と吉角になるから〔さとうふみや「金田一少年の事件簿 Case2 銀幕の殺人鬼」(金成陽三郎)1998〕

じゅふん［受粉］

【愛粉(じゅふん)】誤字 受粉を愛粉って友達書いてました。〔WEB〕

じゅもん［呪文］「咒文」の方が見馴れず、字形から無気味に感じられるようである。

【言葉(じゅもん)】書名 はづき紅映「2週間で一生が変わる魔法の言葉(じゅもん)」2008

しゅら［修羅］

【修羅(しゅら)】人名 阿修羅の略。

シュラフ［↑ドイツ Schlafsack］

【寝袋(シュラフ)】小説 寝袋(シュラフ)にもぐりこむでもなく〔森村誠一「殺意の接点」2001〕

しゅらん［酒乱］

【守乱(しゅらん)】新聞 守乱つき猛虎、竜飲「守乱」は守備が大いに乱れることで、「酒乱」を下地にしている。〔「読売新聞」1997年4月13日〕

◆もじり。

しゅろ［棕櫚］

【棕(しゅろ)】新聞 個人アトリエ「棕(しゅろ)」〔「日経流通」2004年5月29日〕

しゅん［旬］

【春(シュン)】WEB 春(シュン)な◆もじり。

じゅんいち［純一］

【J1(ジュンイチ)】雑誌 J1(ジュンイチ)流恋愛〔「週刊女性」2004年6月1日〕◆石田純一。

じゅんかつゆ［潤滑油］

【潤渇愉(じゅんかつゆ)】小説〔柳瀬尚紀訳「フィネガンズ・ウェイク III IV」1993〕

しゅんかん［瞬間］

【一瞬】歌詞 この一瞬だけ みつめて走り抜けて〔岸本早美「迷Q!? – 迷宮 – MAKE★YOU –」(AZUKI七)2003〕

【旬感】TV〔フジテレビ系列 2010年4月12日9時台〕❖もじり。WEBに多くの例あり。

じゅんきっさ［純喫茶］

【準喫茶】誤字 洞爺湖温泉に 準喫茶×××どうやら無意識に書いたもののようだ。〔「言語生活」1960年7月(目)〕

じゅんけつ［純血］

【純潔】誤字 純血種を純潔種〔斎賀秀夫「漢字と遊ぶ」1978〕

じゅんけっしょう［準決勝］

【准決勝】政策 准決勝より準決勝が一般的。〔国語審議会第2部会「語形の『ゆれ』について」1961〕❖助教授は、準教授ではなく准教授へと切り替わった。

じゅんさい［蓴菜］

【順才】民間〔2009年6月2日 今半の弁当の献立〕

【苆】ケータイ 携帯電話で「じゅんさい」の変換候補に苆❖だれも使わなかったのではないか。

じゅんし［殉死］

【腹死】古

じゅんしん［純真］

【純心】誤字 純心さ 新聞 誤字・誤記〔斎賀秀夫「現代人の漢字感覚と遊び」1989〕

しゅんそく［俊足］

【瞬足】商品名 シューズブランド「瞬足」のスポーツウエアや学用品を発売中。〔「読売新聞」2009年10月31日〕❖靴の名。俊足・駿足にかけたものか。

じゅんぷうまんぱん［順風満帆］

【順風満帆】誤読 順風満帆をジュンプウマンポと読み、〔高橋輝次「誤植読本」2000(黒川博行)〕

じゅんぽう［遵法］

【順法】政策 字画が少ない、あるいはなるべく教育漢字である順法〔国語審議会第2部会「語形の『ゆれ』について」1961〕❖中国では遵と順は発音が異なる。

雑誌 順法闘争〔斎賀秀夫「あて字の考現学」〔「日本語学」1994年4月)〕

【遵法】誤読 速記者の苦労は絶えなかった〔紀田順一郎「日本語発掘図鑑」1995〕

シュンポシオン［ギリシャ Symposion］

【饗宴】書名 柳広司「饗宴(シュンポシオン) ソクラテス最後の事件」2001

じゅんれん［純恋］

【殉恋】新聞 27年前の僕の『時かけ』〔時をかける少女〕は当時でも古風の極みの殉恋映画。〔「読売新聞 夕刊」2010年3月5日〕❖もじりか。巡恋も見られる。

しょ

【所】【署】辞書 ❖刑務所、税務署など。士、師、司なども用法に重なりが感じられる。

ジョイス［Joice］人名。

【字酔イス】書籍 字酔イスる言語〔柳瀬尚紀「辞書はジョイスフル」1996〕

ジョイント［joint］

【拘束具】漫画 顎部拘束具を引きちぎりました〔貞本義行「新世紀エヴァンゲリオン 1」1995〕

しょう

【少輔】古 読癖 少輔〔大槻文彦「復軒雑纂」1902〕

書籍 少輔 大輔〔山本昌弘「漢字遊び」1985〕

しょう［背負う］読みは、「しょう」と「せおう」とに、地域差が出る。

【背負う】漫画 背負おうとする〔渡辺多恵子「風光る 3」1998〕／背負って〔尾田栄一郎「ONE PIECE 18」2001〕

*【脊負投】古〔1917 隠〕

しょう 歴史的仮名遣いは「せう」。

しょう【Show】(WEB) 紹介しま Show!◆多数有り。

【ショウ】(番組名)「がっちり買いまショウ」1963〜1975◆買い物ゲーム番組。

しょう［仕様］

【仕様】(辞書)

じょう［畳］

【帖】(チラシ) 6帖〈2010年2月 不動産のチラシ〉◆画数が「畳」(かつては疊)より少なく、フローリングでも違和感が少ないか。平安・鎌倉時代からの表記。

じょう［尉］

【尉】(古)〈小林祥次郎「日本のことば遊び」2004〉

じょう［嬢・娘］

【娘】(書籍) 宮中では太真を「娘子」(お母様)と呼ぶほど、別格の扱いとなった。〈稲畑耕一郎「皇帝たちの中国史」2009〉◆元は「嬢」と同じに使われた。現代中国ではお母さんの意味。母細胞に対する娘細胞は「ジョウサイボウ」だが、「むすめサイボウ」、また、旁から類推して「リョウサイボウ」「ロウサイボウ」とも。中国古代の民間伝説「白蛇伝」のヒロインは白娘子。

*【嬢っぴ】(ゲーム名) キャバ嬢っぴ〈2010年4月11日 CM〉

じょうあい［情愛］

【情合】(古)

しょうあん 硝酸アンモニウムの略称。

【硝安】(辞書)

しょうエネ［省エネ］

【省熱】(書籍)「昭訓」として提案された。〈橋本萬太郎・鈴木孝夫・山田尚勇「漢字民族の決断」1987〉/〈金城ふみ子 2003〉

じょうおう［女王］ 長音化の例。最下位を「さいかいい」と読んでしまう例も。車内広告に「濃い〜い」(2010)。

【女王】(辞書) 見出し〈俗〉◆女王はニョオウが正しいとする本があった。〈1914〉〈惣郷正明「辞書漫歩」1987〉

【嬢王】(漫画題名) 紅林直「嬢王」(倉科遼)2004〜2008◆もじり。

しょうか

【翔歌】(曲名) 小林旭「翔歌」(阿久悠)2004◆唱歌にかけているか。アルバム名「フォーク・ソング2〜歌姫哀翔歌」2009ももじり。

しょうかい［紹介］

【笑介】(広告) アジアの玩具300種以上大量笑介!〈「読売新聞」2009年10月30日〉◆もじり。

しょうかい［詳解］

【笑解】(書名) 中田昌秀「笑解 現代楽屋ことば」1978◆詳解にかけたか。

しょうがい［障害］「障害」という表記は江戸時代末からあることが知られているが、次第に避けられるようになってきて、古くからの「障碍」や交ぜ書きの「障がい」などが増えている。

【障碍】(団体名) 視覚障碍者読書支援協会(BBA)

しょうがくせい［小学生］ 2ちゃんねるでは「小坊」、変換しやすい「消防」とも。

【年の頃】(漫画) おれと同じ年の頃でも〈冴凪亮「未知なる光」2006〉

しょうぎ［将棋］

【象戯】(辞書)◆かつては象戯とも書いた。

【将碁】(小説) よく将碁盤に向った。〈夏目漱石「こころ」1914〉◆囲碁と将棋で2字目に区別がなされているが、元は互いに異体字。

じょうき［蒸気・蒸汽］

【汽】(古) 汽 蒸気 慥か、福沢翁が用ゐ始めたかと思ふ。滊 真水に塩を加へたもの〈大槻文彦「復軒雑纂」1902〉◆『福沢全集緒言』にもあるが、中国により古い例あり。

じょうぎ［定規］

【定木】(政策) 定規が一般的であると考えられる。〈国語審議会第2部会「語形の『ゆれ』に

し

ついて」1961〕

しょうぎょう［商業］

【笑業】（雑誌）お笑い偏差値60の笑業高校が開校!!〔「お笑い男子校Vol.1」2009（表紙）〕❖もじり。

しょうげ［障礙・障碍］種々の異体字による表記もなされた。→しょうがい

【障化】（古）

しょうけい［憧憬］

【憧憬】（どうけい）（書籍）〔斎賀秀夫「漢字と遊ぶ」1978〕❖旁に着目した当て読みともいえる類推よみ、別字との混淆。改定常用漢字表備考欄に。

しょうげき［衝撃］

【笑撃】（チラシ）笑撃的なワザの数々を〔「TSUTAYA RECORDS NEWS」2004年12月〕

（広告）笑撃写真3連発〔「読売新聞」2006年4月27日（FLASH）〕／笑撃衝撃の大阪エンタメ・ファンタジー〔「読売新聞」2009年6月21日〕／笑いも止まらぬハッハッハッ～の笑撃価格〔「読売新聞」2009年11月8日〕❖衝撃にかけている新語。

【笑劇】（番組名）「笑劇！ワンフレーズ」〔「読売新聞」夕刊 2010年2月26日〕

しょうこ［証拠］

【証古】（古）／**【証す】**（しょうこと）（古）

じょうご［漏斗］

【漏斗】（辞書）〔1960（隠）〕❖漏斗（ロート・ろうと）。

（その他）上戸（古）

しょうこう［小康］

【焼香】（誤字）漢字読み書き大会（写研）での珍答 薬のききめで焼香を保つ〔斎賀秀夫「あて字の考現学」〔「日本語学」1994年4月〕〕

じょうこう［定考］

【定考】（辞書）❖「じょうこう」では「上皇」と発音が衝突するため「こうじょう」と転倒させる。故実読みといわれる読み癖の例。視告朔（こうさく）では「視」を読まないといった黙字化の例もある。

しょうさん［硝酸］

【消酸】（古）硝酸 硝子に縁がないで（ママ）、消酸と書くがよい、といふ人もあるが、それもいけぬ。元は、硝石酸と翻訳したを、桂川甫策といふ人が、消石の二字を合はせて、硝の一字に作ツたので、硝酸の方にすべきであらう。〔大槻文彦「復軒雑纂」1902〕❖より古い例が見つかっている。

しょうし［笑止］

【笑止】（書籍）笑止はもと「勝事」、漢音「ショウシ」。世にも珍しい、すぐれたこと〔沖森卓也「はじめて読む 日本語の歴史」2010〕❖このような評価を表す語は、古語「あわれ」「すばらし」、英語 nice、俗語「ヤバイ」など意味が逆転することがある。

しょうじ［庄司］

【東海林】（姓）

（誤読）「東海林太郎」を「とうかいりんたろう」〔WEB〕❖「とうかいりん」も実在。

じょうしき［常識］アインシュタインは、常識とは十八歳までに身に付けた偏見のコレクションと言ったという。

【常識】（ジョーシキ）（漫画）常識（ジョーシキ）だぜ〔大暮維人「エア・ギア1」2003〕

しょうしゃ［瀟洒・瀟灑］

【瀟洒】（ハイカラ）（誤読）瀟洒 ハイカラ モダン ダンディー インテリ（写研「漢字読み書き大会」）〔斎賀秀夫「漢字と遊ぶ」1978〕

しょうじょ［少女］

（関連）**【少女】**（モニカ）（歌詞）唄う少女（モニカ）〔Sound Horizon「美しきもの」（REVO）2006〕

しょうじょう［猩猩］

【猩】（漫画）平気か 猩（しょうじょう）の〔大暮維人「天上天下 9」2002〕

しょうせつ［小説］

【掌説】（作品名）九星鳴「Kタイ掌説」〔「オール讀物」2009年11月〕❖もじりか。

じょうぜつ［饒舌］

【冗舌】(じょうぜつ) 新聞 寡黙か、冗舌なら支離滅裂のことがほとんどです。〔「読売新聞」2000年月14日〕◆新聞では饒舌は冗舌と表記する。

【饒舌】(ぎょうぜつ) 誤読 饒舌をギョウゼツ〔辻村敏樹「ことばのいろいろ」1992〕

【醸舌】(じょうぜつ) 小説 醸舌な〔柳瀬尚紀訳「フィネガンズ・ウェイクⅢⅣ」1993〕◆もじりか。

じょうだん［冗談］

【冗談】(じょうだん) 辞書 常談が冗談に。〔前田富祺「意味変化」(「国語学大事典」1980)〕◆音の類似により語義が変化したという。冗句はjokeから意味を加えた語（ふざけたことばとしてはジョークの当て字といえる）。冗舌は饒舌から。

雑誌 冗談正字がわからない補欠表記〔田島優「あて字と誤字の境界」(「日本語学」1994年4月)〕

漫画〔本仁戻「高速エンジェル・エンジン 1」2000〕

【笑談】(じょうだん) 小説 私の方を見て笑談らしくこう云った。〔夏目漱石「こころ」1914〕

【串談】(じょうだん) 小説 串談に思ふ〔樋口一葉「にごりえ」1895〕◆白話小説から。

その他 戯談(じょうだん)・情談(じょうだん)・情断(じょうだん) 古

しょうち［承知］

【応承】(しょうち) 古 応承(セウチ)すべきや

しょうちく［松竹］

【松竹】(まつたけ) 誤読「松竹映画館」というのが、出てきました。娘、それを見て「へ～、まつたけえいがかん！」〔WEB〕

しょうちゅう［焼酎］

【焼酎】(やけざけ) 誤読 焼酎を「やけざけ」と読んだ。〔WEB〕

しょうてん［焦点］

【笑点】(しょうてん) 民間 ◆小学校の時、理科の先生が光の「焦点」を試験で番組名の「笑点」と書き間違える人が必ずいると注意したが、実際に答案に書いた生徒がいた。

じょうど［浄土］

【上ド】(ジョウ) 古〔沖森卓也「はじめて読む日本語の歴史」2010〕◆鎌倉時代。「汢」という抄物書も。

しょうとらしおん

【招杜羅紫苑】(しょうとらしおん) 曲名 作品「招杜羅紫苑(しょうとらしおん)」を奏でる〔「読売新聞」2010年3月18日〕◆薬師如来を護る十二神将のひとつである「招杜羅」に由来。

しょうにか［小児科］

【小児科】(こじか) 誤読 小児科を「こじか」と読んだ香具師（やつの意）がいた。〔WEB〕

しょうにん［小人］

【小人】(しょうにん) 民間 風呂屋などの表示に。◆大人(だいにん)の対だが読みがはっきりせず、種々の当て読みがなされる。こども、「子供」「子共」「子ども」など揺れが以前から起こっている。

しょうね［性根］

【娼根】(しょうね) 小説 娼根(しょうね)を〔柳瀬尚紀訳「フィネガンズ・ウェイクⅢⅣ」1993〕◆もじりか。

じょうねつ［情熱］

【憂鬱】(じょうねつ) 曲名 織田哲郎&大黒摩季「憂鬱(じょうねつ)は眠らない」1993 ◆二字漢語の表記を別の二字漢語で読む例。

しょうのじ

【正の字】(しょうのじ) TV 正正下 ||||||||||||| 「1日分」は、13の積み木でできるのです。13種のビタミン。〔ハウス食品のCM 2010年3月9日7時台〕◆「せいのじ」とも。西日本では「しょうのじ」が多いという。漫画から「しょうちゃんマーク」とも。清朝の芝居小屋から広まったとされる。江戸時代には「玉」（一二三王玉）「日」のような符号などで数えられた。西洋では||||に一。筆順は縦横が交互に書かれ、ちょうど5画。記号のような

形と正しいという意味も数字を数える際に適していると感じられたのではなかろうか。途中段階の形についてはＷＥＢでは見立てた代用がなされ、正正のあとなどに、丁(2。Tも)、下(3)、不(4)。なお、「正」とは「一」に「止」まると書くという説教あり。

しょうのふえ［簫の笛・笙の笛］
【笙の笛】(しょうのふえ)（辞書）◆部首の辰(しんのたつ)のように、文選読みのような読み。今でもときどき見られる方法。

しょうばい［商売］→ごしょうばいますますはんじょう
【SHOW by】(ショーバイ)（番組名）日本テレビ系列「クイズ世界はSHOW by ショーバイ!!」1988～1996◆バラエティ番組。
【SHOWBUY】(しょうばい)（WEB）世界と商売 SHOW-BUY
（その他）**活業**(しょうばい)（古）／**笑売**(しょうばい)（曲名）
*【**顔**】(しょーばいどーぐ)（漫画）その可愛い 顔(しょーばいどーぐ) に〔さとうふみや「金田一少年の事件簿 3」(金成陽三郎)1993〕

しょうひゃっか［小百科］
【笑百科】(しょうひゃっか)（番組名）ＮＨＫ「生活笑百科」1985～◆もじり。

しょうひん［商品］
*【**特注品**】(オリジナル商品)（広告）特注品(オリジナル商品)を数多くご紹介〔「読売新聞 夕刊」2008年10月28日〕◆「オー特注ル」(オートクチュール)はＷＥＢに散見される。

しょうぶ［尚武］
【菖蒲】(しょうぶ)（新聞）花の菖蒲(しょうぶ)と勇ましい尚武という語呂合わせで、徐々に男の節句に変わり〔「読売新聞」2008年10月5日〕

じょうぶ［丈夫］
【壮健】(じょうぶ)（古）

じょうほうや［情報屋］
【見聞屋】(じょうほうや)（漫画）〔上条明峰「SAMURAI DEEPER KYO 6」2000〕

じょうホール［城ホール］
【大阪城ホール】(じょう)（歌詞）大阪城(じょう)ホールだった〔MINMI「初夢～FREEDOM 外伝 ver.～」2009〕

しょうもう［消耗］
【消耗】(しょうこう)（書籍）〔斎賀秀夫「漢字と遊ぶ」1978〕◆類推読み、混淆による当て読みが広まった。「耗」にモウという字音はあるが、字義が異なっていたとされる。

しょうゆ［醤油］
【正油】(しょうゆ)（民間）〔学生食堂 1966（目）〕／「正油」は、飲食店などではおなじみの表記。民間表記の典型例で、それが醤油を指していることは分かるが、書き取りの試験では、やはり「×」をもらうことになろう。〔北原保雄「続弾！問題な日本語」2005（鳥飼浩二）〕◆身近で簡易な字でプラスの字義を加えてもいる。
（その他）**豆油**(しょうゆ)（古）

しょうよ［賞与］
【少与】【消与】【傷与】【笑与】(しょうよ)（漫画）〔遠藤好英「漢字の遊び例集」1989〕◆もじり。

しょうらい［将来］
【次も】(ショウライ)（書籍）きっと次も(ショウライ)〔ナカムラミツル「326―ナカムラミツル作品集」1998〕
【将来】(しょーらい)（小説）将来(しょーらい)有望ですよー〔安井健太郎「ラグナロクEX. DIABOLOS」2000〕
*【**先のコト**】(ショウライのこと)（書籍）〔ナカムラミツル「326―ナカムラミツル作品集」1998〕

しょうり［勝利］
【松鯉】(しょうり)（新聞）絵はがきは日露戦争を契機に流行したとされる。そのころ橋本雅邦は、松と、鯉を格調高く描いた。続けて音読みすると、すなわち「勝利」。〔「読売新聞」2006年4月16日〕

しょうりょう［精霊］
【精霊】(ショウロ)（歌詞）母の精霊(ショウロ)が〔由利あけみ「長崎物

語」〈梅木三郎〉1939〉

じょうるり ［浄瑠璃］

【浄瑠璃】 〘古〙 ◆瑠璃は梵語から。両漢字とも改定常用漢字表（答申）で浄瑠璃のために採用。

〘その他〙 浄留理・浄瑠理・浄瑠利・浄る理・浄るり・上るり 〘古〙

じょうろ ［如雨露・如露］ ポルトガル語 jorro からとも。じょろ。

【如雨露】 〘漫画〙〈熊倉裕一「KING OF BANDIT JING 6」2004〉

〘その他〙 上漏・噴戸 〘古〙

ショウロンポウ

【小籠包】 〘辞書〙 ◆北京語式のシアオロンパオでないのは、日本語の訛りのようだが、上海語によるためか。「小籠包」がメニューやWEBに多いのは、龍の字体とロンといえば烏龍茶の龍という印象が強いためか。

ショー ［show］

【興行】 〘歌詞〙 属隷の興行 簡単な選択〈椎名林檎「真夜中は純潔」2001〉

【演技】 〘漫画〙 手品師の演技を〈松川祐里子「魔術師 2」1996〉

【手品】 〘漫画〙 あの技術がなくてはならない手品なんだよ〈松川祐里子「魔術師 3」1997〉

【殺戮】 〘漫画〙〈上条明峰「SAMURAI DEEPER KYO 5」2000〉

【翔】 〘曲名〙 サザンオールスターズ「翔 ～鼓動のプレゼント」〈桑田佳祐〉1982

ジョー ［jaw］

【顎】 〘漫画〙 ガラ空きの顎に返す刀が〈森川ジョージ「はじめの一歩 44」1998〉

ジョー ［Joe］

【襄】【譲】 〘人名〙 新島襄 本名は七五三太（しめた）。ワイルド・ローヴァー号の船中で船長ホレイス・S・テイラーに「Joe（ジョー）」と呼ばれていたことからその名を使い始め、後年の帰国後は「譲」「襄」と名乗った。〈WEB〉

ジョーカー ［joker］

【切り札】 〘小説〙 切り札ですか〈西尾維新「ダブルダウン勘繰郎」2003〉 〘漫画〙 事件の切り札を探して〈蓮見桃衣「エキストラ・ジョーカー JOE」（清涼院流水）2001〉

【道化師】 〘小説〙 時に「黒衣の道化師」とも呼ばれる城之介には〈清涼院流水「カーニバル 一輪の花」2003〉／探偵ではなくあくまで道化師として〈西尾維新「ダブルダウン勘繰郎」2003〉

【J】 〘漫画〙 J 秘密メカファイル〈「コロコロコミック」2009年7月〉

〘その他〙 戯奴 〘古〙

ジョーク ［joke］

【冗句】 〘新聞〙 冗句（じょうく）（ｊｏｋｅ）などは、うまく漢字が当てられていて、気づかれにくい。〈「東京新聞」2008年9月10日（陣内正敬）〉／冗句まじりの回顧談を、ご本人から聞いたことがある。〈「読売新聞」2009年11月23日〉◆冗句は別系統の無駄口という意味の漢語としてあった。

【冗談】 〘漫画〙〈さいとうたかを「ゴルゴ13 42」1981〉／私の冗談だと思うのか〈「週刊少年サンデー」2004年48号（からくりサーカス）〉

【冗談口】 〘小説〙 冗談口は相変わらずだなぁ〈清涼院流水「カーニバル 二輪の草」2003〉

【情句】 〘曲名〙 早見優「哀愁情句」（銀色夏生）1984 ◆もじりか。

ジョージ ［George］

【常治】 〘人名〙 ◆もじり。森鷗外の子、於菟の子。ジョージのルビも。

【譲二】 〘筆名〙 谷譲二

ショート ［short］

【短い】 〘漫画〙 短い毛並みの猫って・・・〈猫十字社「小さなお茶会 2」2000〉

【短髪(ショート)】小説 短髪(ショート)にした霧華舞衣は〔清涼院流水「カーニバル 一輪の花」2003〕
【短編(ショート)】漫画 特別短編収録(スペシャルショート)〔冴凪亮「よろず屋東海道本舗 5」2001(裏表紙)〕
*【短丈(ショートたけ)】雑誌 ❖女性向けファッション雑誌に見られ、振り仮名はまれに「たんたけ」「みじかたけ」「みじかいたけ」などのほか「ショートたけ」と心内で読んでいる者複数あり。読みが短期間で変わる者、意味だけを目で読み取っているという者も。とくに文字列が逆になった「丈短」はそうなるようで、まさに表意文字となっている。
【遊撃手(ショート)】漫画〔満田拓也「メジャー MAJOR」1994〜2010〕
その他 毅彦(ショート)・公(ショート) 漫画
*【短遮(ショートストップ)】古〔紀田順一郎「図鑑日本語の近代史」1997〕

ショール [shawl]
【肩掛(ショール)】小説 肩掛(ショール)をかぶって〔米川正夫訳「ドストエーフスキイ全集6 罪と罰」1960〕

しょく [食]「喰」と使い分けられる。
【食(しょく)】字解 ❖「人という字は二人の人が支え合っている姿で、人は一人では生きていけない」という人生訓がよく聞かれる。字源を見ると、一人の人が立っているさま。字体にもっともらしい意味を見いだそうとする日本人の会意を好む傾向の表れ。「当て字源」ともいえる。「食という字は人に良いと書く」というのも、食べ物の象形文字に対する二次的な字源解釈。中国でも、王安石が「波」を水の皮と解し、蘇東坡が「滑」は水の骨かと反論したという笑い話があったが、日常では字音すなわち中国語の発音に対応させるための漢字ととらえられ、「右文説」のような感覚は概して広まっていない。

しょくあたり [食中り]
【食傷(しょくあたり)】古「東京朝日新聞」1907 広告〔柳瀬尚紀「日本語は天才である」2007〕

しょくぎょう [職業]
【食業(しょくぎょう)】広告 職業、「食業」。〔「読売新聞」2008年7月3日〕❖もじり。

しょくどう [食堂]
【食道(しょくどう)】書籍 食道街〔大阪梅田新阪神ビル地下街の立て看板 1973(目)〕❖日本人は求道精神から「道」が好きで、「書道」は中国で生まれた語だが、中国では「書法」に代わり、日本に残った。「茶道」「華道」「合気道」など。韓国では書道は「書芸」、「合気道(ハプキド)」など。

しょくにん [職人]
【職猫(しょくにん)】漫画 腕のたしかなケーキ職猫(しょくにん)が〔猫十字社「小さなお茶会 2」2000〕❖擬人化。
【喰人(しょくにん)】新聞 馳星周の喰人魂(しょくにんだましい)〔「読売新聞」2010年4月2日〕❖食べ物エッセー。もじり。

しょくば [職場]
【戦場(しょくば)】WEB

しょくはつ [触発]
*【inspire(触発されるの)】漫画 inspire(触発されるの) と change over(乗りかえるの) は〔山田南平「紅茶王子 19」2003〕

しょけいば [処刑場]
【職員室(処刑場)】漫画 職員室(処刑場)に行きましてよ〔鈴木次郎「ひぐらしのなく頃に 祟殺し編 1」(竜騎士07)2006〕

しょげかえる [悄気返る]
【悄気返る(しょげかえ)】辞書〔俗〕

しょげる [悄気る]『日本国語大辞典』第2版によると「悄気る」は当て字。
【悄げる(しょ)】変換 ATOK17で変換可能。

じょこう [徐行]
【轋(じょこう)】創作〔クルマの月刊誌「ル・ボラン」1981年4月(目)〕❖徐行はすぐに止まれる速度。
【除行(じょこう)】誤字〔築島裕「宛字考」(「言語生活」1960年7月)〕/〔「日本語百科大事典」〕❖路上にもあり。

じょさいない［如才ない］

【如在(じょさい)ない】 古「ランボウ」「ジョサイナイ」の宛て字は、今では「乱暴」「如才ない」と書きますけれども、戦国時代には「濫妨」「如在ない」と書きましたから、歴史小説の時には後者に従う。〔谷崎潤一郎「文章読本」1934〕

その他 如才(じょさい)ない 古

じょし［女子］

【好】 広告 女は〝杜の都〟全日本大学女子駅伝マーク 女子（好のようにデザイン）〔「読売新聞 夕刊」2009年10月24日〕◆↓好プレー

じょしこうせい［女子高生］JK(ジェーケー)とも。

【制服(女子高生)】 雑誌 妻は知らない「制服(女子高生)＆AV」豪邸の〔「女性セブン」2004年7月8日〕

じょしゅ［助手］

【助手(たすけて)】 誤読 中学校の学級会の、係決めのとき。「先生助手」を「せんせいたすけて」って読んだ。〔WEB〕

【女手(じょしゅ)】 誤字 六年生の読字検査からメイ答を紹介しよう 女手をじょしゅ〔「言語生活」1960年7月(目)〕

じょじょう［抒情］

【叙情(じょじょう)】 辞書 ◆「抒情」を「叙事」に揃えて表外字を書き換えようとするもの。

じょそう［助走］

【女装(じょそう)】 誤変換 助走を女装。〔2008年4月27日8時台 日本テレビ系列〕◆「女装子(じょそこ)」は趣味で女性ファッションを楽しむ男性のこと。

しょち［処置］

【所置(しょち)】 新聞 皆々…所置（切腹）スル事〔「読売新聞」2009年11月15日〕

***【処置無しね(ショチレス)】** 小説〔梶龍雄「淡雪の木曽路殺人事件」1985(目)〕

ジョッキ［↑jug］

【酌器(ジョッキ)】 辞書 ビールつぎ jug〔1949 隠〕

ショッキング［shocking］

【衝撃的(ショッキング)】 小説 実に衝撃的(ショッキング)なものだった〔清涼院流水「カーニバル 二輪の草」2003〕

【食王(ショッキング)】 TV「食王(ショッキング)」ドラマの中での番組名（台本の表紙に記されている）〔2010年3月4日23時台 京都で〕◆もじり。

【食KING(ショッキング)】 広告 食KING(ショッキング)沖縄ステイプラン3日〔「朝日新聞」2009年10月24日〕◆もじり。

ショック［shock］

【衝撃(ショック)】 小説 日本人に大きな衝撃(ショック)を与えた〔清涼院流水「カーニバル 一輪の花」2003〕

漫画 後から知らされて衝撃(ショック)!!〔日高万里「ひつじの涙 6」2003〕／〔尾田栄一郎「ONE PIECE 7」1999〕

曲名 シブがき隊「処女的衝撃(ヴァージンショック)！」（三浦徳子）1993

【神経症(シェルショック)】 漫画 砲弾神経症(シェルショック)だ〔荒川弘「鋼の錬金術師 9」2004〕

しょっちゅう「初中後」の変化とも「始終」の変化ともいう。

【初中(しょっちゅう)】 新聞 初中とあてる説がある〔「読売新聞」2008年10月28日（日本語・日めくり）〕

【初中終(しょっちゅう)】 古 折口信夫著「死者の書」では「初中終」と書いて、「しょっちゅう」と読み仮名を振って使っている。〔「読売新聞」2008年10月28日〕

【始終(しょっちゅう)】 古〔1928 俗〕

しょっつる 秋田名物。

【塩汁(しょっつる)】 辞書

ショット［shot］

【球(ショット)】 漫画 今までは入らなかったあの球(ショット)も〔寺嶋裕二「GIANT STEP 1」2002〕◆テニスの試合で。

【拳(ショット)】 漫画『八重薔薇(ビューティフル)の拳(ショット)』!!!〔「コロコロコミック」2009年7月〕

その他 凶弾(ショット) 漫画

ショットガン［shotgun］

【散弾銃(ショットガン)】(小説) 散弾銃(ショットガン)と自動小銃を組み合わせた〈菊地秀行「魔界都市ブルース 夜叉姫伝 4」1990〉

【石つぶて(ショットガン)】(漫画)〈大暮維人「エア・ギア 3」2003〉

しょっぱい [塩っぱい] しおからい。方言。すっぱいの意と感じる人あり。

【塩(しょ)っぱい】(古) ままならぬ恋に落ちた男の胸中を佐藤春夫は〈さんま苦いか塩(しょ)っぱいか〉の詩句に込めた。〈「読売新聞」2010年2月28日〉

(雑誌) 塩(しょ)っぱい味〈「Esquire 日本版」1994年1月〉◆「塩、コショウする」は、サ変動詞か。

*【塩(しお)っぽい】(小説) 塩ッぽい味噌汁で〈小林多喜二「蟹工船」1929〉

*【塩々木(しょっぺしょっぺ)】(地名) 塩々木(しょっぺしょっぺ)の難所〈「小説新潮」1994年5月〉

しょっぱな [初っ端]

【初端(しょっぱな)】(古) 初端(しょツぱな)に〈1888(俗)〉

【初鼻(しょっぱな)】(辞書)〈1960(隠)〉

(その他) 初(しょ)っぱな (WEB)

ショッピング [shopping]

【血拚(シュエピン)】(新聞)「血拚(シュエピン)」だ。「血」は日本語と使い方が同じだ。「ヘン」は命かけてやる、必死になるという意味だ。(中略)「血ヘン」からは、血を浴びながら必死になる、というイメージが浮かぶ。かなり血なまぐさくなってきたが、この言葉は実はショッピングの中国語訳だ。おそらく台湾か香港から中国本土に流れてきた新語だと思う。〈「朝日新聞」2008年3月15日(莫邦富)〉

ショップ [shop]

【店(ショップ)】(漫画) 通りの店(ショップ)では〈本沢みなみ「また還る夏まで 東京ANGEL」1999〉

しょとうぶ [初等部]

【最年少(初等部)】(漫画) 最年少(初等部)にしてアリストップクラスの〈樋口橘「学園アリス 1」2003〉

じょのくち [序の口]

【戸口(じょのくち)】(書籍) 戸口(じょのくち)〈宮坂静生「語りかける季語 ゆるやかな日本」2006〉

しょば 「ショバ」が多い。

【所場(しょば)】(辞書)〈1949(隠)〉◆ATOK17で「しょばだい」は「所場代」と変換される。

しょぼい さえない。みすぼらしい。

【寒酸(しょぼい)】(広告) 上海「寒酸(しょぼい)」万博見聞録〈「読売新聞」2010年5月26日(WiLL)〉

【消防(しょぼ)い】(WEB) ◆小学生を指す消防から。

しょほうせん [処方箋]

【処方箋(カルテ)】(誤読) 写研「漢字読み書き大会」〈斎賀秀夫「漢字と遊ぶ」1978〉

しょる

【候(しょ)る】(歌詞) みんな知り候(しょ)る 月の夜ヨ〈三沢あけみ「島のブルース」(吉川静夫)1963〉

じょろう [女臈]

【女郎(じょろう)】(書籍) 女郎は上臈から出た語と解されており〈柳田征司「あて字」1987〉

じょろうぐも [女郎蜘蛛]

【絡新婦(じょろうぐも)】(書名) 京極夏彦「絡新婦(じょろうぐも)の理(ことわり)」1996

ジョン [John] ヨハネから。

【戎(ジョン)】【約翰(ジョン)】【若漢(ジョン)】(人名)「洋語音訳筌」1872〈物郷正明「辞書漫歩」1987〉

【如温(ジョン)】(書名) 徳富健次郎訳「如温(ジョン)武雷土(ブライト)伝」1889

ジョンヌ [フランス jaune]

【黄色人(ジョンヌ)】(小説) 黄色人(ジョンヌ)であろうが〈遠藤周作「白い人」1955〉

ションパイ

【生牌(ションパイ)】(漫画) 生牌(ションパイ)を打ってまで〈天獅子悦也「むこうぶち 23」2008〉◆麻雀で牌をパイと読むのは中国から。金牌は「キンハイ」が日本で連声を起こし「きんぱい」。

しょんべん [小便] ショウベンから。

【小便(しょんべん)】(漫画) いつまで小便(しょんべん)してんだ?〈さとうふみや「金田一少年の事件簿 19」(金成陽三

し

郎」1996〕

しょんぼり

【悄然(しょんぼり)】 古 ◆茫然(ぼんやり)も音訓で発音が共通。○然は、○の字音と、和語とがしばしば発音も意味も近似する。

しらじらしい ［白白しい］

【白々地(しらじらしく)】 古〔大槻文彦「復軒雑纂」1902〕

じらす ［焦らす］

【焦慮(じら)す】 小説 あなたを焦慮(じら)していたのだ。〔夏目漱石「こころ」1914〕

しらせ ［知らせ］

【稟告(しらせ)】 古〔「読売新聞」1874年11月2日第一号は〕1枚売り8厘。「布告(おふれ)」「新聞」「説話(はなし)」「稟告(しらせ)」の4欄があった。〔「読売新聞」2009年11月2日〕◆漢語に話し言葉のルビを付ける工夫。

【報告(しらせ)】 漫画〔石ノ森章太郎「マンガ日本の古典 古事記」1994〕

【報知(しらせ)】 小説 妹の夫からも立つと報知(しらせ)があった。〔夏目漱石「こころ」1914〕／子供の死んだ報知(しらせ)を読んだのだった。〔小林多喜二「蟹工船」1929〕

【報せ(しらせ)】 雑誌 敵の接近の報せ(しら)に〔「歴史読本」1994年3月〕 小説 衝撃的な事件の報せ(しら)が〔清涼院流水「カーニバル二輪の草」2003〕 新聞 死去の報せ(しら)に〔「読売新聞 夕刊」2010年2月19日〕

【通達(しらせ)】 小説 出仕を控えよという通達(しらせ)が絶対にある〔藤原眞莉「華くらべ風まどい―清少納言梛子」2003〕

【予兆(しらせ)】 小説 あれは爛漫たる春の日の予兆(しらせ)〔藤原眞莉「華くらべ風まどい―清少納言梛子」2003〕◆「兆」は「卜」と同様に甲骨で占った際のひび割れの象形とも。

【文(しらせ)】 漫画〔渡辺多恵子「風光る 14」2003〕

しらせる ［知らせる］ 知らす。

【聘(し)らせる】 古 妓を聘(し)する〔1930 隠〕

【報(しら)せる】 小説 報(し)らせた時に〔森村誠一「殺意の接点」2001〕／私に報(しら)せてきたんですから〔清涼院流水「カーニバル 二輪の草」2003〕／昼食の時間を報(しら)せる〔宮本尚寛訳「冬のソナタ」2003〕

じらせる ［焦らせる］

【焦慮(じら)せる】 小説 焦慮(じら)せるのが悪いと思って、〔夏目漱石「こころ」1914〕◆焦慮(しょうりょ)。

しらちゃける ［白茶ける］

【白茶化(しらちゃけ)る】 古 山本有三『瘤』(1935)での「白茶化(しらちゃけ)た」は後のテキスト(1938)で「白茶けた」に。〔黒木和人『ふりがな廃止論』の理念と実践」1998〕

しらぬい ［不知火］

【不知火(しらぬい)】 新聞 水俣病不知火(しらぬい)患者会〔「読売新聞」2010年3月16日〕◆不知火海は八代海の別名。

しらね

【白根山(しらね)】 短歌 白根山(しらね)の〔「読売新聞」2008年11月11日〕◆拍数と日常語から生じる表現。語義を視覚的に明示したいためであろう。

しらばくれる →ばっくれる

【白(しら)ばくれる】 古 白ばツくれて〔1936～1937 俗〕

しらふ ［素面・白面］

【素面(しらふ)】 新聞 素面(しらふ)のときの先生は〔「読売新聞 夕刊」2009年9月15日〕

しらべ ［調べ］

【奏(しら)べ】 雑誌 週刊誌に「奏べ」という表記がありました。「しらべ」と読むようです。時空を超えて繋がるフレーズ、胸に響く熱き奏べ。〔『週刊実話』2008年1月31日〕『新潮日本語漢字辞典』にはありませんでした。でも、インターネットではまま見受けられる用字です。「調査する」意と区別するため、あえて「奏」の字を使ったものでしょうか。〔飯間浩明「きょうのことばメモ」〕

【旋律(しらべ)】 歌詞 夏の旋律(しらべ)とは愛の言霊〔サザン

オールスターズ「愛の言霊～Spiritual Message～」〔桑田佳祐〕1996〕

【恋文(しらべ)】 歌詞 言ノ葉は月のしずくの恋文(しらべ)〔RUI「月のしずく」〔Satomi〕2003〕

【曲(しらべ)】 曲名 黒木曜子「ベサメ・ムーチョ ― 接吻(くちづけ)の曲(しらべ)―」〔鈴木勝〕1950 ◆歌詞の中にも。

しらべる ［調べる］

【検べる(しらべる)】 小説 検(しら)べられたら〔森村誠一「殺意の接点」2001〕

【査べる(しらべる)】 書籍 査(しら)べます〔阿刀田高「ことば遊びの楽しみ」2006〕

しらみ ［虱］「蝨」の異体字が「虱」。

【風(しらみ)】 誤字 珍答案〔斎賀秀夫「漢字と遊ぶ」1978〕 ◆木枯らしの意の国字。

【半風子(しらみ)】 古〔1902 俗〕◆「風」という字を半分にすると虱になることから。

しらやき ［白焼き］

【志ら焼(しらやき)】 民間 (うなぎの)志ら焼 ◆元は変体仮名だったものか。

しらをきる ［白を切る］

【不知を切る(しらをきる)】 小説 夏目漱石「虞美人草」「不知(しら)を切ってるんだよ」「しら」は「知らぬ」を略したともいうから、いいかげんなあて字とはいえない。〔「読売新聞」2009年6月24日(日本語・日めくり)〕◆不は、ここでは意味のみを表す表意的用法。

しり ［尻・臀・後］

【臀(しり)】 古〔1902 俗〕◆呉音がドン、漢音がトン、デンは慣用音。

シリア ［Syria］

【叙利亜(シリア)】 古

しりあう ［知り合う］

【知り逢う(しりあう)】 歌詞 都どおりで知り逢(しお)うて〔フランク永井「加茂川ブルース」〔東次郎〕1968〕

しりあげうた しらげうた。

【後挙歌(しりあげうた)】 俳誌 この歌の左註に「こは志良宜(しらげ)歌なり」とある。これは新羅歌(しらぎ)であるとか、調子の後の方を上げてうたう――尻上げ歌・後挙歌(しりあげ)、また労働歌としてうたわれて、米を精白――しらげ歌であるなどと諸説がある。〔「俳句」1994年4月〕

シリーズ ［series］

【物語(シリーズ)】 小説 物語(シリーズ)に登場する主な人物〔菊地秀行「魔界都市ブルース 夜叉姫伝 4」1990〕

関連 **【友情の電撃(シリーズ)】** 広告 友情の電撃(シリーズ)最新作〔「週刊少年サンデー」2004年48号(表紙裏)〕◆中国では「系列(シーリエ)」。

シリウス ［ラテン Sirius］

【天狼星(シリウス)】 曲名 さだまさし「天狼星(シリウス)に」1989

【狼星(シリウス)】 人名 ◆名付本で命名の案に。

シリカゲル ［silica gel］

【乾燥剤(シリカゲル)】 漫画

しりごみ ［尻込み］

【後退(しりごみ)】 古

じりじり

【焦り焦り(じりじり)】 歌詞 焦(じ)り焦(じ)り凍りつく私を〔中森明菜「TATTOO」〔森由里子〕1988〕

しりない →しなはま

【尻無(しりない)】 姓〔平島裕正「日本の姓名」1964〕◆宇田川氏による。

しりめ ［尻目・後目］

【尻眼(しりめ)】 小説 ギョオムを尻眼(しりめ)に〔平野啓一郎「日蝕」2002〕

しりょうじゅんびしつ ［資料準備室］

【部屋(資料準備室)】 漫画 生徒会室の真隣の部屋(資料準備室)〔日高万里「ひつじの涙 7」2004〕

関連 **【一番最初に探した所(資料準備室)】** 漫画 資料準備室(一番最初に探した所)にもなかった〔日高万里「ひつじの涙 4」2003〕

しる ［知る］

【識る(しる)】 古 一を識って二を知らず 1911〔惣郷正明「辞書漫歩」1987〕 小説 知らず識(し)らずのうちに云っていた。〔小林多喜二「党生活者」1932〕／聞き識(し)ったからである。〔平野啓一郎「日蝕」2002〕

歌詞 羽撃くのを止めれば 堕ちること 青空舞う鳥さえ識ってるさ〔大滝詠一「銀色のジェット」(松本隆)1984〕／麗しく咲き誇る花の毒識り(し)ながら〔霜月はるか「斑の王国」(日山尚)2009〕

雑誌〔「小説新潮」1994年8月〕◆シは音にあり、訓と暗合。

講座名 気功で識る(し)〔「読売新聞」2010年3月15日〕

【予知る】(し) 書籍 予知る しる〔東野圭吾「予知夢」2003〕

新聞「予知る(し) 美しき妻の愛した恐怖の殺人装置」〔「読売新聞」2009年12月27日(テレビ欄)〕

シルク [silk]

【絹】(シルク) 歌詞 冷えた肌 絹で包み 美珠で飾り〔杏里「中国人形(チャイニーズドール)」(尾崎亜美)1978〕／波は絹のベール〔南佳孝「月に向って」(松本隆)1980〕／安い絹(シルク)風に舞う〔杏里「オリエンタル・ローズ」(吉元由美)1986〕／だけど絹(シルク)のように包んであげるわ〔ALI PROJECT「Je te veux」(宝野アリカ)2004〕

人名 絹しるく〔「朝日新聞夕刊」2007年10月11日〕

シルクハット [silk hat]

【絹帽】(シルクハット) 辞書〔「漢字百科大事典」1996〕

【絹帽子】(シルクハット) 歌詞 魂の絹帽子(シルクハット)の中〔大滝詠一「魔法の瞳」(松本隆)1984〕

シルクロード [Silk Road] 中国では糸綢之路。

【絹道】(シルクロード) TV 光の絹道(シルクロード)〔「こんにちはいっと6けん」(群馬のニュースNHK)〕

しるこ

【しるこ】(ほ) 誤読 ◆変体仮名を読めずに「しるホ」と読む者少なからずあり。だんごをだんボも。生そば(きそば)を「なまむ…」も。「とろろ汁」の崩し字を「とろろけ」。仮名の誤認には「汁」を「レい」とするような分字式もあり、遊戯的になされることもある。

しるし [印]「印」だけでは「イン」(印鑑)のようにも見えるが、「印し」は動詞連用形の表記とされている。

【記号】(しるし) 小説 その場所に伊藤が「記号(しるし)」をつけて置くことになっていたからである。〔小林多喜二「党生活者」1932〕

【暗号】(しるし) 歌詞 どこにもない君だけの暗号(シルシ)〔水樹奈々「Love Trippin'」2006〕

【象】(しるし) 小説 鳳凰が天子の象(しるし)となった。〔「読売新聞」2010年3月21日〕

【象徴】(しるし) 書籍〔大畑末吉訳「アンデルセン童話集 3」1984〕

漫画 老いたる象徴(しるし)〔藤崎竜「封神演義 17」1999〕

【徴】(しるし) 作品名 西加奈子「白い徴(しるし)」〔「読売新聞」2010年5月22日(小説新潮)〕

【兆】(しるし) 小説『兆(しるし)』を読み違えていればよいのにと〔松岡佑子訳「ハリー・ポッターとアズカバンの囚人」2001〕

【証】(しるし) 歌詞 愛されたひとつの証(しるし)〔EXILE「One Love」(Kenn Kato)2007〕

【証拠】(しるし) 歌詞 私がいた証拠(しるし)を残して〔高橋洋子「無限抱擁」(及川眠子)1996〕

【証明】(しるし) 歌詞 それはひたむきに生きる証明(シルシ)〔Ruppina「Free Will」(Ruppina・Kenn Kato)2004〕

【刻印】(しるし) 歌詞 愛の刻印(しるし)はもう帰らぬサマーホリデイ〔サザンオールスターズ「湘南SEPTEMBER」(桑田佳祐)2000〕／罪の刻印(しるし)に囚われたまま〔kukui「闇の輪廻」(霜月はるか)2006〕

漫画〔由貴香織里「夜型愛人専門店DX」2004〕

【勲章】(しるし) 歌詞 ラグナロクの勲章(しるし)〔JAM Project「BIG BANG EXPLOSION ~ Song for Ragnarok Party ~」(影山ヒロノブ)2009〕

【心(しるし)】歌詞 僕たちが残した心(しるし)は〔MAKE-UP「Never －聖闘士星矢のテーマ－」(山田信夫)2004〕

その他 符号(しるし) 古

しるす [記す]

【録(しる)す】小説 録(しる)すことは出来ない。〔平野啓一郎「日蝕」2002〕

【識(しる)す】新聞 著者謹んで識(しる)す〔「読売新聞」2010年1月10日〕

【誌(しる)す】小説 備前橋と誌(しる)され〔三島由紀夫「橋づくし」1958〕／旅の跡を誌(しる)して〔平野啓一郎「日蝕」2002〕

【暗示(しる)す】歌詞 この胸に暗示(しる)された愛しい姿〔元ちとせ「翡翠」(HUSSY_R)2003〕

【ヽ(しるす)】人名 ヽ、ちょん・しるす ヽ 一ほしかず名〔篠崎晃雄「実用難読奇姓辞典増補版」1973〕／一 はじめ 一すすむ ヽ しるす ○まどか 「 まがね〔佐久間英「珍姓奇名」1965〕◆佐久間氏によると「まあ、記号で書けば、こうなるかな」という話だったとのこと。

【形(しるし)た】漫画 龍を形(しるし)たものではなく〔大暮維人「天上天下 9」2002〕

シルバー [silver]

【銀(シルバー)】広告 耕助の髪が銀(シルバー)に変わる時、〔さとうふみや「金田一少年の事件簿 1」(金成陽三郎)1993(巻末)〕／「銀の弾丸(シルバー・ブレット)」の意味は〔「週刊少年サンデー」2004年48号〕

小説 昔の「銀の矢(シルバー・アロー)」系を思い出しますね〔松岡佑子訳「ハリー・ポッターとアズカバンの囚人」2001〕

【銀色(シルバー)】広告 鮮やかな銀色(シルバー)に輝くスタイリッシュなブレスレット。〔「読売新聞」2009年11月28日〕

その他 銀時計(シルウァ) 古

シルバーウィーク [和製 silver ＋ week]

銀色週間とも称する。

【S.W.(シルバー・ウィーク)】広告 S.W.(シルバー・ウィーク)は恐竜と追いかけっこだ!!〔「読売新聞」2009年9月18日〕

しるべ [導・標]

【導(しるべ)】曲名 南里侑香「月導 － Tsukishirube －」(尾澤拓実)2010

【標(しるべ)】漫画 未来へと導く標(しるべ)は〔「コミックゼロサム」2005年2月(表紙)〕

【道標(しるべ)】曲名 永井龍雲「道標(しるべ)ない旅」1979

歌詞 いくど道標(しるべ)失くし〔松任谷由実「ホライズンを追いかけて～L'aventure au desert」1986〕

じれったい [焦れったい] じれる。

【焦慮(じれった)い】小説 焦慮(じれった)な〔夏目漱石「坊っちゃん」1906〕

誤読 珍答 あせらない あせくさい あほくさい しゃらくさい こげくさい〔斎賀秀夫「漢字と遊ぶ」1978〕◆写楽(しゃらく)(斎(さい))ももじりともいわれる。

【地烈太(じれった)い】古 夏目漱石 地烈太(じれった)さう〔高橋輝次「誤植読本」2000(西島九州男)〕

【自烈(じれっ)たい】古 自烈(じれっ)たくて〔1885～1886 俗〕

【慣(じ)れったい】古 慣(じ)れったいな〔1908 俗〕

その他 痴劣態(じれったい) 古

しれとこ [知床] 地名。

【知尿(しれとこ)】誤字 知尿旅情 台湾のCDに。〔柳沢有紀夫「世界ニホン誤博覧会」2010〕

しれもの [痴れ者]

【痴(し)れ者(もの)】小説 痴(し)れ者〔「読売新聞」2010年1月8日〕

その他 白物(しれもの) 古

しれる [痴れる]

【痴(し)る】古 血に痴(し)る蚊〔竹下しづの女〕◆旧字体は癡。「知る」とは暗合。

しろ [白]

【白(しろ)】辞書 潔白 シロ〔俗〕◆本来的な表記だが、逆にピンと来ない。

【潔白(しろ)】小説 私は潔白(シロ)だ〔清涼院流水「カーニバル 二輪の草」2003〕

【善(しろ)】歌詞 善(シロ)と悪(クロ)の決められた横断歩道〔19「テーマソング（ボクらの）」（ナカムラミツル）2002〕◆江戸時代の戯作の挿絵では善玉には顔に善、悪玉には顔に悪という字が分かりやすく書かれていた。

【live(白)】漫画題名 由貴香織里「戒音(カイネ)－die(黒)とlive(白)の脳内麻薬物質(エンドルフィン)」1996

しろ［城］

【我家(しろ)】【自宅(しろ)】【家(しろ)】WEB ◆引きこもりを自宅警備員、自室警備員と称することあり。

しろあと［城跡・城址］

【古城趾(しろあと)】歌詞 原の古城趾(しろあと)〔橋幸夫「南海の美少年（天草四郎の唄）」（佐伯孝夫）1961〕

しろい［白い］

【皓い(しろい)】小説 真珠のような皓(しろ)い眼を〔平野啓一郎「日蝕」2002〕

【皜い(しろい)】小説 澄んだ皜(しろ)い色〔平野啓一郎「日蝕」2002〕

【皦い(しろい)】小説 その皦(しろ)い〔平野啓一郎「日蝕」2002〕

【皙い(しろい)】小説 膚は皙(しろ)く澄んでいて、〔平野啓一郎「日蝕」2002〕

【純白い(しろい)】歌詞 純白(しろ)い胸に耳を預け〔源泉水「彩雨の揺り篭」（小泉宏孝）2006〕

【空白い(しろい)】歌詞 空白(しろ)い胸に焼きつけて〔中森明菜「TATTOO」（森由里子）1988〕

その他 素し(しろ) 古

しろうさぎ［白兎］

【素兎(しろうさぎ)】漫画〔石ノ森章太郎「マンガ日本の古典 古事記」1994〕

新聞 神話「因幡の素兎(しろうさぎ)」鳥取市白兎にある道の駅「神話の里 白うさぎ」真っ白なウサギが名誉駅長に任命された。〔「読売新聞」2009年7月9日（おあしす欄）〕◆原文尊重もあって「うさぎ」の表記が漢字、ひらがな、カタカナとバラバラに。

しろうと［素人］

【愚人(しろうと)】古 愚人(シラフト) 義訓〔松浦交翠軒「斉東俗談」1685〕

【素人(シロート)】漫画 この素人(シロート)さん〔天獅子悦也「むこうぶち 25」2009〕◆転倒させてトーシロウともいう。

【初心者(シロート)】漫画 ド初心者(シロート)の発想しやがる〔天獅子悦也「むこうぶち 25」2009〕

その他 白人(しろうと)・白徒(しろうと) 古

*【史魯徳斎(しろうとくさい)】筆名〔矢野準「近世戯作のあて字」（「日本語学」1994年4月）〕◆戯作者の戯名。

しろうま 地名。

【代馬(しろうま)】古 代馬(しろうま)から白馬(しろうま)さらに白馬(ハクバ)に。〔田中春美「言語学のすすめ」1978〕

しろがね［銀］ 古く、しろかね。地名に白(しろ)金(かね)。

【銀(しろがね)】和歌 銀(しろかね)も金(くがね)も玉も何せむに勝れる宝子に及(し)かめやも 山上憶良〔「万葉集」〕

歌詞 火花を散らす鼓動の銀(しろがね)は〔T. M. Revolution「crosswise」（井上秋緒）2005〕

書名 田宮虎彦「銀(しろがね)心中(しんじゅう)」1956

【白銀(しろがね)】小説 白銀(しろがね)一色に変えてしまう〔星野智幸「嫐嬲 なぶりあい」1999〕

歌詞 山は白銀(しろがね) 朝日を浴びて〔「スキー」（時雨音羽）1942〕／君と今白銀(しろがね)を抜け〔Suara「BLUE」（大倉雅彦）2007〕

TV 白銀(しろがね)の湯 伊香保（テロップ）〔日本テレビ系列 2008年10月27日9時台〕

【人形破壊者(しろがね)】漫画〔「週刊少年サンデー」2004年48号（からくりサーカス）〕

シロくに

【C62(しろくに)】愛称 蒸気機関車◆D51は「でごいち」、C62は「しろくに」。

しろみ［白み］

【清(しろみ)】古 清〔宇田川榕菴「植学啓原」1834〕

しろもの［代物］

【貨物(しろもの)】古〔森鷗外「鸚鵡石」1909〕

じろん［持論］

【自論(じろん)】新聞 ……という自論のもとに〔「毎日新聞」1979年3月5日（TV娯楽番組紹介）〕

目〕

しわい［吝い］
【吝し】古〔小林祥次郎「日本のことば遊び」2004〕
【吝嗇】古〔1917 隠〕

しわくちゃ［皺くちゃ］
【皺苦茶】古 ❖漱石も使用。

しわざ［仕業］
【所為】小説 世の腐れ儒者の所為（しわざ）〔吉川英治「三国志 5」1975〕
その他 **為** 古

しわす［師走］ 常用漢字表付表に『しはす』とも言う」とある。
【師走】古 忙しく師匠までが走り廻る月〔1929 隠〕❖俗解による当て字だが表記と実感があいまって使用されている。『万葉集』で「十二月」を「しはす」と読むと考えられる例がある。
*__【二二月一日】__（しわすだ）姓 二二月一日（しはすだ）〔佐久間英「珍姓奇名」1965〕／十二月一日（シワスダ）〔平島裕正「日本の姓名」1964〕❖日は田か。実在するものか。

しわぶき［咳き］
【咳】小説 咳（しわぶき） 一つだに残らなかった。〔平野啓一郎「日蝕」2002〕

しわんぼう［吝ん坊］
【吝嗇坊】古〔1908 俗〕

しん［新］
【新】広告 新 利権で血税600億円〔「読売新聞」2008年10月11日（週刊ポスト）〕／「引っ越し 新 生活」〔「読売新聞」2008年10月17日（FRIDAY）〕
新聞「銃社会ニッポン」新 サバイバル術〔「読売新聞」2010年1月21日〕

シン［sin］
*__【罪の街】__ ポスター HMVが「罪の街（シン・シティ）」になる〔映画「シン・シティ」2005〕❖「刺激世界（シン・シティ）」も。

ジン［gin］
【洋酒】古

しんいり［新入り］
【新参者】漫画 新参者（しんいり）のくせに〔野々村秀樹「邪魂狩り 1」1993〕
その他 **二階堂** 漫画

しんうち［真打ち］
【あたし】漫画 おっといよいよあたし（真打ち）の出番だな〔奥田ひとし「新・天地無用！ 魎皇鬼 3」2002〕
【本物】漫画 本物（真打ち）が登場すれば〔本仁戻「怪物王子」1998〕

シンカー［sinker］
【沈め屋】書名 和久俊三「捜査不能－沈め屋（シンカー）と引揚げ屋（サルベージ）」1995

シンガポール［Singapore］
【新嘉坡】辞書 ❖一字では「新」となり、新しいの意味か紛らわしい。
【国際都市】雑誌 国際都市（シンガポール）の〔「25ans」1994年8月〕

しんがり［殿］
【殿軍】雑誌 殿軍（しんがり）をつとめた〔「小説新潮」1994年5月〕

しんかんせん［新幹線］
【新感線】劇団名 劇団☆新感線 ❖もじり。

しんきゅう［鍼灸］
【鍼灸】【針灸】看板 ❖鍼と針は互いに異体字。現代では針の種類による使い分けが意識される。

しんきろう［蜃気楼］
【現実】歌詞 その瞳に映る現実（しんきろう）〔林原めぐみ「Plenty of grit」2008〕

シンキング［thinking］
【思考】小説 思考の時間（シンキング・タイム）として間を置いたが〔清涼院流水「カーニバル 二輪の草」2003〕

シンク［↑シンクロナイズ］
【同期】歌詞 今だけ同期（シンク）していたいの〔東京事変「電波通信」（椎名林檎）2010〕

シング［sing］
【歌え】古『歌え歌え（シング・シング）』「音楽文化新聞」1943

し

〔井上ひさし「ニホン語日記」1996〕

シング [thing] 「すてきなサムスイング」と歌うCMあり。

【もの（シング）】小説 音から生まれたものらしく（シング）〔菊地秀行「魔界都市ブルース 夜叉姫伝 4」1990〕

シングル [single]

【死無愚流（シングル）】アルバム名 氣志團「死無愚流 呼麗苦衝音+3」2004

シングルス [singles]

【S（シングルス）】漫画 今度はS（シングルス）で対決という訳か〔許斐剛「テニスの王子様 24」2004〕

その他 第四試合（シングルス2）・試合（シングルス3） 漫画

シングルハンド [single hand]

【片手打ち（シングルハンド）】漫画 片手打ち（シングルハンド）と両手打ちの2つがあります〔吉住渉「ママレード・ボーイ 2」1993〕◆テニス。

シンクロ [synchro]

【同調（シンクロ）】小説 多くの人間が求めていたものと「仕かけ」が同調（シンクロ）しなければ〔清涼院流水「カーニバル 一輪の花」2003〕

漫画 ヤツら同調（シンクロ）しやがった〔許斐剛「テニスの王子様」1999〜2008〕

シンクロナイズ [synchronize]

【同調（シンクロナイズ）】小説〔水落晴美「夢界異邦人 龍宮の使い」2001〕

シンクロナイズドスイミング [synchronized swimming]

【花様游泳】中国〔「日刊スポーツ」2008年7月27日〕

ジンゲル [ドイツ Singer]

【芸妓（ジンゲル）】古〔1940〕俗

しんこ [新香]

【新香（しんこ）】辞書〔1949〕隠

しんこく [深刻]

【深酷（しんこく）】辞書

じんざい [人材]

【人財（じんざい）】雑誌「人材」から「人財」へプラスαの仕事で差をつけろ〔「R22」2010年3月2日〕◆経済界で使用多し。

しんさつ [診察]

【親殺（しんさつ）】誤変換 親殺しに行ってくれば？ メールの変換ミスでしょっちゅう笑われるという学生あり（2007年4月）。

しんし [浸漬]

【浸漬（しんせき）】雑誌 浸漬が読めなかったが〔柴田武「私の文字論」（「日本語学」1987年8月）〕◆「しんし」だが、類推読みがなされ「しんせき」として専門用語化。

しんじく

【新宿（しんじく）】書籍 新宿（しんじく）は混んでるだけだぜ。室町時代「節用集」にも宿老（シクラウ）〔井上ひさし「ニホン語日記」1996〕

シンジケート [syndicate]

【麻薬密売組織（シンジケート）】小説 麻薬密売組織（シンジケート）が〔清涼院流水「カーニバル 一輪の草」2003〕

しんじつ [真実]

【答え（しんじつ）】歌詞 それが僕の答え（しんじつ）〔水樹奈々「MASSIVE WONDERS」2007〕

【涙（しんじつ）】歌詞 〝瞳に揺れてる涙（しんじつ）に気づいて…〟〔TWO-MIX「BREAK」（永野椎菜）1997〕

しんじゃ [信者]

【儲（しんじゃ）】WEB 信者のこと。分解すれば信者と読めることから。また、妄信的なファンのこと◆この分解自体はWEB以前からあった。

しんしゃく [斟酌]

【斟酌（しんしゃく）】古 ◆パーツが様々に入れ替わる。

しんしん [深深・沈沈]

【深々（しんしん）】辞書

しんしん [森森]

【森々（しんしん）】新聞「淼々（びょうびょう）」と「森々」という二つの言葉の間で〔「読売新聞 夕刊」2010年2月13日〕

◆→あおもり（青淼）

しんすけ [紳助]

【糸申且力（しんすけ）】WEB〔2ちゃんねる〕◆検索で

ひっかからないようにする意図や大きく表示することで目立たせようとすることから。

じんせい［人生］

【猫生(じんせい)】 漫画 猫生(じんせい)も黄昏になってきた今頃〔猫十字社「小さなお茶会 2」2000〕◆擬人化。
広告「猫生(じんせい)」捨てたもんじゃあ、ありません。神楽坂の親分猫(オヤビン)〔「読売新聞」2009年4月26日〕

関連 **【人生(la vie)】** 歌詞 何もかも喪った奪1001［わ］れた最低な人生(la vie)〔Sound Horizon「見えざる腕」(REVO)〕

しんせいどうてい［真性童貞］

【神聖童帝(しんせいどうてい)】 WEB

しんせき［真跡・真蹟］

【真蹟(しんせき)】 古 贋物の書画。反語か〔1929 隠〕

【親戚(しんせき)】 古〔1935 隠〕

しんせつ［親切］

【深切(しんせつ)】 古 深切が本来。親切(談義本)〔矢野準「近世戯作のあて字」(「日本語学」1994年4月)〕
新聞「言海」は、「志の深くて切なること」と説明、「親切」の表記は載せていない。大町桂月「誤用便覧」(1911年)では、「親切」は誤用と言い切り、「切」をセツと読むときは「せまる」「ねんごろ」の意だから、「深切」で「意義も明瞭(めいりょう)」と説いている。草創期の読売新聞は、「世には深切な人も有る」〔「読売新聞」2006年9月2日〕
政策 深切 親切のほうが一般的。〔国語審議会第2部会「語形の『ゆれ』について」1961〕

【親切(おやぎり)】 誤読 小学校の国語の朗読でクラスのカッコつけが親切を「おやぎり」と読んだ。〔WEB〕

その他 **心切(しんせつ)・信切(しんせつ)・真切(しんせつ)** 古

しんせんぐみ［新撰組］

【新撰組(しんせんぐみ)】 曲名 三橋美智也「新撰組の唄」1962 ◆隊士らは当時新選組とも書いており、今でも教科書などでもゆれている。〔「日経ことばオンライン」2010年5月4日〕

しんせんりょく［新戦力］

【新鮮力(しんせんりょく)】 広告 ガッツある〝新鮮力〟を大募集!!〔「ダイワサービス(株)」アルバイト情報〕◆もじり。

じんた

【陣太(じんた)】 古 陣太(ぢんた)〔1933 隠〕

しんだい［身代］

【進退(しんだい)】 古 もと「進退」であった。財産の意でも用いられるようになると、その意に近い漢字があてられるようになったもの〔柳田征司「あて字」1987〕

シンデレラ［Cinderella］

【灰被姫(シンデレラ)】 広告「灰被姫(シンデレラ)」 賑木挽町戯場始(にぎわうかぶきざことはじめ)〔「読売新聞 夕刊」2009年3月14日〕

【灰かぶり(シンデレラ)】 小説 全くにして灰かぶり(シンデレラ)というのは〔西尾維新「ダブルダウン勘繰郎」2003〕

【死ンデレラ(シ)】 文集 考えることをしない人は「死ンデレラ」だ!!〔静岡県立沼津西高等学校「潮音」38号 1991〕◆もじり。

【娠デレラ(シン)】 小説〔柳瀬尚紀訳「フィネガンズ・ウェイク I II」1991〕◆1字目は「妊娠」以外の文字列に出ることが珍しい。

しんどい 心労からという。

【辛動(しんどい)】 古

シンドローム［syndrome］

【症候群(シンドローム)】 広告 プリンセス症候群(シンドローム)〔日渡早紀「ぼくの地球を守って 2」1987(巻末)〕
書名 加藤諦三「姑まずにはいられない症候群(シンドローム)」1992
書籍 この系統を〝症候群(シンドローム)〟と呼ぶ〔矢野俊策/F. E. A. R.「ダブルクロス The 2nd Edition」2003〕
漫画 帰国子女症候群(シンドローム)とでも〔山田南平「紅茶王子 19」2003〕/逆行症候群(リターン・シンドローム)という病気

だからです〔樹なつみ「デーモン聖典 1」2003〕
漫画題名 イチハ「女子妄想症候群（フェロモマニアシンドローム）」2002～2008

しんにょう
【辵（しんにょう）】辞書 辵（しんねう）をかけて悪く評する。〔斎藤秀三郎「熟語本位英和中辞典」1952〕
【辶（しんにゅう）】書籍 わが国ではその百家争鳴にひとつもふたつも辶（しんにゅう）がかかっているともいわれる。〔井上ひさし「自家製文章読本」1984〕

しんねこ
【真猫（しんねこ）】【新猫（しんねこ）】【親猫（しんねこ）】古

しんのたつ 部首の名。
【辰（しんのたつ）】辞書 ◆文選読みのような語句は今でもときどきあり。

シンパ［←シンパサイザー］
【親派（シンパ）】WEB 真面目に親派でしんぱだと思っていた。◆「新派」も混淆に拍車を掛けたか。

シンバル［cymbals］
【喇叭（シンバル）】誤植 昭和十四年版『ボードレール全集』正誤表〔高橋輝次「誤植読本」2000（林哲夫）〕

しんはんにん［真犯人］
【見えざる敵（真犯人）】漫画「見えざる敵（真犯人）」は〔さとうふみや「金田一少年の事件簿 13」（金成陽三郎）1995〕
その他 不死蝶（真犯人） 漫画

しんぴつ［宸筆］
【震筆（しんぴつ）】古

シンフォニー［symphony］
【交響曲（シンフォニー）】漫画題名 東里桐子「爆裂（どっかん） 奇怪（きっかい） 交響曲（シンフォニー）」1993 ◆人名にもあり。
【交響楽（シンフォニー）】曲名 グレープ「交響楽（シンフォニー）」（さだまさし）1975
【交響詩（シンフォニー）】作品名「宇宙交響詩（スペースシンフォニー）メーテル 銀河鉄道999外伝」2004

じんぶつ［人物］
【猫物（じんぶつ）】漫画 魅力的な猫物（じんぶつ）だった〔猫十字社「小さなお茶会 2」2000〕◆擬人化。

シンプル［simple］
【単純（シンプル）】漫画〔天獅子悦也「むこうぶち 24」2009〕

しんぶん［新聞］
【ニュース（しんぶん）】辞書〔伊坂淳一「振り仮名」（「日本語学キーワード事典」1997）〕 中国ではニュースの意。

シンポ［←シンポジウム］
【饗宴（シンポ）】書籍〔杉本つとむ「日本文字史の研究」1998〕

しんぼう［辛抱］
【辛棒（しんぼう）】古 辛棒が出来なくなる〔1916 俗〕
書籍 辛棒とも。落語的には、人生というものは辛棒の棒が何本あってもいい。〔杉本つとむ『宛字』の語源辞典」1987〕
【心棒（しんぼう）】WEB「心棒」とも当て字します。辛つらいことや、苦しいことをこらえ忍ぶことを意味しています。日本人は、日本風の感覚に適合するように漢字をあて、伝達する工夫をします。
その他 辛防（しんぼう）古

シンポジウム［symposium］
【森歩充夢（シンポジウム）】新聞〔「新三河タイムス」1987年10月25日 愛知県の山村がうみ出したアイデア目〕◆もじり。

シンボライズ［symbolize］
【象徴化（シンボライズ）】小説 象徴化（シンボライズ）された〔清涼院流水「カーニバル 一輪の花」2003〕

シンボル［symbol］
【象徴（シンボル）】小説〔筒井康隆「文学部唯野教授」1990〕／新しいメディアの象徴（シンボル）となった〔清涼院流水「カーニバル 一輪の花」2003〕
漫画 変身の象徴（シンボル）〔和月伸宏「武装錬金 2」2004〕
【印（シンボル）】漫画〔尾田栄一郎「ONE PIECE 34」2004〕

しんみり
【沁みり（しんみり）】古 沁みりした〔1926 俗〕
その他 真味里（しんみり）古

シンメトリー［symmetry］

【対称(シインメトリー)】小説 対称(シインメトリー)の法則にばかり〔宮沢賢治「土神と狐」1934〕

【神明鳥居(シンメトリ)】書籍 左右対称の句をもって神(しん)明(めい)俳諧と自称する。「神明」は神明鳥居の略。神明鳥居。シンメトリと同音であって、しかも鳥居の形は事実シンメトリだ。〔織田正吉「ことば遊びコレクション」1986〕

シンメトリカル [symmetrical] シンメトリック。

【対称的(シンメトリカル)】小説 上下対称的(シンメトリカル)に捉えられた〔森村誠一「殺意の接点」2001〕

しんゆう [親友]

【心友(しんゆう)】【信友(しんゆう)】【新友(しんゆう)】新聞 辞書に載っていない言葉を一般から募集して作った「みんなで国語辞典！」(2006)の中の一例。(中略)読み方は同じだが、相手を思う気持ちの深さにより、新友、信友、心友、親友――と書き方を変えることもあるらしい。〔「読売新聞」2007年1月19日〕❖中高生が多用している。「ドラえもん」でジャイアンのセリフに「心の友よ」。

WEB 親友に関しては〝心友〟など当て読みならぬ当て漢字なるものもありますね。忘年会を望年会、とかの類です。

その他 神友(しんゆう)・深友(しんゆう)・真友(しんゆう) WEB

関連【親友(リチェ)】漫画 もしも親友(リチェ)を永遠に失ってしまったら〔渡辺祥智「銀の勇者 5」2000〕

しんりがく [心理学]

【心狸学(しんりがく)】書名 筒井康隆「心狸学・社怪学」(1969) 書店で心理学の棚に。〔山本昌弘「漢字遊び」1985〕

じんりきしゃ [人力車]

【仂車(じんりきしゃ)】【俥(じんりきしゃ)】古 人力車（ジンリキシャ。くるま）は仂車、さらに俥と短縮された。

じんりきや [人力屋]

【人力夫(じんりきや)】古 人力夫(じんりきや)が〔1885～1886 俗〕

しんりゃく [侵略・侵掠]

【侵擽(しんりゃく)】小説 イングランド侵擽(しんりゃく)〔柳瀬尚紀訳「フィネガンズ・ウェイク III IV」1993〕

す

す [酢]

【醋】商品名 香醋(こうず)❖特別感、中国の物といったイメージにつながるか。

す

【s(す)】民間 ❖「ありがとうございます」の短縮形として子音だけ。大学生がホワイトボードに記した(2010年3月)。ほかに書かれた「っす」よりも短いという。音声を説明しようとして「…ま s」のようなもののほかに二つの字を上下に重ねたり、二重書きする苦心の作も見られる。呼気で「スー」という一種の待遇表現に、新たな表記は工夫できるか。

ず →きく(不肯(きかず))・みずてん(不見転)

【不(ず)】❖「如件(くだんのごとし)」「蒙御免(ごめんこうむる)」「絶言語(げんごにぜっす)」のように返り読みをする例。

地名 不忍(しのばず)通り❖「忍不通り」は誤記。／不忍池(しのばずのいけ)／子不知(こしらず)トンネル 糸魚川市❖日本語の語順に合わせて変体漢文のように「…不(ず)」と書く地名もある。

書名 尾崎紅葉「不言不語(いわずかたらず)」1895／近藤道生「不期明日(みょうにちをきせず)」2009

古 消化不良(こなれわるく) 食欲不進(しょくすゝまず)「東京朝日新聞」1907広告〔柳瀬尚紀「日本語は天才である」2007〕／不拘 かかわらず(1930)〔紀田順一郎「図鑑日本語の近代史」1997〕／不見 みず〔1930 隠〕／不眠(ねず)、不休(やすまず)、不食(たべず)の強行軍(きやうかうぐん)に〔田河水泡「のらくろ武勇談」1938〕

小説 不殺(ころさず)の逆刃刀片手に〔静霞薫「るろうに剣心 巻之一」(和月伸宏)1996〕

俳誌 名立へは状不届(とどけず)〔「月刊ヘップバーン」2004年12月〕

チラシ 時鮭(ときじゃけ) えさ食いに夢中になり回遊を忘れることから、「時知不(ときしらず)」

とも言います。〔2008年10月〕◆漢文の語順でない。
雑誌 七十二候 虹蔵不見 にじ、かくれてみえず〔「暮らしの風」2008年11月〕
新聞 親不知(おやしらず)を抜くのが苦手な〔「読売新聞夕刊」2009年9月16日〕／石川啄木 不来方(こずかた)のお城のあとの草に臥(ね)て空に吸はれし十五のこころ〔「読売新聞」2009年11月23日〕◆盛岡城の別称は不来方(こずかた)城。
誤読 林不忘を林ワスレズ〔荒木良造「姓名の研究」1929〕

【去(ざる)】古 カナハ去処(ざる)ヲ

ズィー［Z・z］→ゼット

【Z(ずぃー)】広告 3年Z(ずぃー)組〔「週刊少年ジャンプ」2004年5月24日〕◆ZZZはいびきなどの音。

スイーツ［sweets］

【お菓子(スイーツ)】雑誌

スイート［suite］→スウィート

【豪華続き部屋(スイート)】小説 専用個室にしている豪華続き部屋(スイート)から〔森村誠一「殺意の接点」2001〕◆カタカナや発音から「甘い部屋」を思い浮かべる向きがある。

スイート［sweet］→スウィートスポット

*【家族の写真(スイートメモリー)】漫画 1枚もない私たちの…家族の写真(スイートメモリー)を〔松川祐里子「魔術師 3」1997〕

スイーパー［sweeper］

【掃除人(スイーパー)】TV 最強の掃除人(スイーパー)〔アニメ「BLACK CAT」のCM〕

【始末屋(スイーパー)】漫画〔北条司「CITY HUNTER」1986～1992〕

スイープ［sweep］

【一掃(スイープ)】漫画〔村田雄介「アイシールド21」(稲垣理一郎)2002～2009〕◆アメフトの技。

すいえい［水泳］

【万里んとこ(水泳)】小説 うちも万里んとこ(水泳)も強いもん〔芝中学校文芸部「天晴れ21号」1999〕

すいかずら［忍冬］

【忍冬花(すいかずら)】古

ずいき［芋茎］

【芋茎(ずいき)】辞書〔1946 隠〕

すいきょ［推挙］

【吹挙(すいきょ)】古

すいきょう［酔興］

【粋狂(すいきょう)】政策 酔狂、粋狂、酔興。〔国語審議会第2部会「語形の『ゆれ』について」1961〕

すいこでん［水滸伝］

【酔虎伝(すいこでん)】曲名 冠二郎「浪花酔虎伝」(三浦康照)2009◆もじり。居酒屋チェーン店あり。

スイス［フランス Suisse］

【瑞西(スイス)】辞書

すいすい

【水々(すいすい)】歌詞 人生は流れ水々と時は流れ〔Nu age.「kannivalism」(兒玉怜)2007〕◆すいすいか。泳ぐをWEBで「水々」。

すいせい［水性］

【涙性(すいせい)】歌詞 乙女心綴る涙性(すいせい)ペン〔小清水亜美ほか「恋速ジェット」(rino)2007〕

スイッチ［switch］

【装置(スイッチ)】漫画 起爆装置(スイッチ)!?〔松川祐里子「魔術師 7」1999〕

【起動装置(スイッチ)】漫画〔熊倉裕一「KING OF BANDIT JING 6」2004〕

*【空調電源切断完遂(スイッチオフ)】WEB 空調電源切断完遂(スイッチオフ)

すいばらし

【水散(すいばらし)】辞書 放尿〔1949 隠〕

スイミング［swimming］

【水ミング(スイ)】誤字 娘が小学生低学年の頃「水という漢字をつかって言葉を考えなさい」という問題で、娘は「水ミング」と書いていた。丸がしてあった。〔WEB〕

スイム［swim］

【水泳(スイム)】漫画『水泳(スイム)』だ〔「週刊少年ジャンプ」2004年48号(アイシールド21)〕

すいようび［水曜日］

【Wed(すいようび)】民間 ❖Wedを直接、水曜日と読む人あり。「水曜日」といいながらこれを略記として書く者もあり、熟字訓に近い綴り。

スイング [swing]

【振り(スイング)】新聞 近代では、身体の振り(スイング)や揺り(ロック)や弾み(ポップ)と違う、メンデルスゾーンの調べのようなものが誇示された。〔「読売新聞」2009年6月29日(佐藤良明)〕

すう [吸う]

【喫う(す)】書籍 ちょっと喫って〔高橋輝次「誤植読本」2000(井伏鱒二)〕❖喫煙。

歌詞 松の林と曇った海に 最後の風を喫いに来た〔松任谷由実「よそゆき顔で」1980〕

漫画 煙草ばっか喫(す)ってっからじゃ〔「週刊少年ジャンプ」2004年7月8日(BLEACH)〕

新聞 吉野秀雄が詠んだ「屑(くず)たばこ 集め喫(す)へれど 志す 高き彼物 忘らふべしや」との歌〔「読売新聞 夕刊」2009年11月4日〕

スーアン 麻雀の役。スーアンコー。

【四暗刻(スーアン)】漫画〔天獅子悦也「むこうぶち 23」2008〕❖他所に「四暗刻(スーアンコ)」もあり。

スウィート [suite]

【組曲(スウィート)】漫画〔尾田栄一郎「ONE PIECE 29」2003〕

スウィートスポット [sweet spot]

【ラケットの中心(スウィートスポット)】漫画 サーブをすべてラケットの中心(スウィートスポット)で捕らえてたってコト!?〔寺嶋裕二「GIANT STEP 1」2002〕❖テニス。

スーイサイド [suicide] 自殺。自死。スイサイド。シュイサイド。

【自裁(スーイサイド)】小説 彼女が自裁(スーイサイド)するまで〔清涼院流水「カーニバル 二輪の草」2003〕

スウェーデン [Sweden]

【典(スウェーデン)】雑誌 英独仏伊蘭典(スウェーデン)の地理書〔「月刊百科」1987年2月(目)〕

その他 瑞典(スウェーデン) 辞書

スウェット [sweat] 汗。

【S(スウェット)】漫画『S&T2(スウェット)』にも登場した〔「週刊少年ジャンプ」2004年10月11日(アニプリ)〕

すうがく [数学]

【数楽(すうがく)】WEB 数楽研究室ー算数・数学をもっと楽しいものに❖「音楽」の影響。

ずうずうしい [図図しい] 「図」の表内音はズ・ト。

【図々しい(ずうずうしい)】古 図々しく〔1928 俗〕

新聞 作者の気迫ないし図う図うしさに圧倒されて〔「読売新聞」2009年11月4日(丸谷才一)〕❖ウ段の長音の字音は空「クウ」、数など「スウ」、通など「ツウ」、風など「フウ」、有など「ユウ」くらいだが、図体でも「ずう」と読む。詩歌「しいか」、女王「じょうおう」など、長音を漢字表記では吸収することもある。

ずうたい [図体]

【大躰(ずうたい)】小説〔樋口一葉「たけくらべ」1895〜1896〕

スーダン [Sudan]

【蘇丹(スーダン)】辞書

スーツ [suit]

【ST(スーツ)】漫画 ❖紳士服のチラシで「裃」にスーツとルビを振るものがあった。

スーパー [super]

【超(スーパー)】小説 長編 超(スーパー) 伝奇小説〔菊地秀行「魔界都市ブルース 夜叉姫伝 4」1990〕❖表紙。

漫画 テニス用具でキメる超(スーパー)太極拳を〔許斐剛「テニスの王子様 20.5」2003〕/ほとんどの野生動物を治療できる超(スーパー)獣医ですが〔藤崎聖人「WILD LIFE 4」2003〕/超(スーパー)テクニカルな〔大暮維人「エア・ギア 1」2003〕/超(スーパー)出血 LOVE コメディ〔「花とゆめ」2004年22号(女子妄想症候群)〕

広告 超熱血機巧活劇(スーパーハートフル)〔青山剛昌「名探偵コナン 26」2000(巻末)〕/超(スーパー)バブル崩壊〔「読売新聞」2008年10月19日〕/目からウロコの

超(スーパー)モバイルテク〔「読売新聞」2008年11月4日(DIME)〕／超硬(スーパーハードコート)〔TDKのDVD広告〕／平成(へいせい)ライダー&シンケンジャーの超(スーパー)バトル！GW(ゴールデンウィーク)は〔「読売新聞」2009年4月10日〕

書籍 超弦理論(スーパーストリング・セオリー)〔と学会＋α「トンデモ音楽(ミュージック)の世界」2008〕

新聞 全64店を制覇すると、「超丼人(スーパードンブリスト)」〔「読売新聞」2009年6月24日〕

商品名 超(スーパー)米ウコン＋(プラス)

【超級】 中国「超級女声」(スーパーガール)◆2004年から放送のテレビ番組。

【S(スーパー)】 漫画 映画〝セーラームーンS(スーパー)〟は〔武内直子「美少女戦士セーラームーン 11」1995〕／S(スーパー)男前中津君Re〔中条比紗也「花ざかりの君たちへ 12」2000〕／S(スーパー)・ミドル級へと〔「週刊少年マガジン」2004年48号(はじめの一歩)〕◆表音文字であっても、SP(スペシャル)、EXなど、プラスのイメージを伴ったローマ字・文字列は商品名に応用される。ただしエス(サド)のような用法もある。

商品名 ビフィーナS(スーパー)〔「読売新聞」2008年7月30日〕

題名 「名探偵コナン「30＋PLUS SDB(スーパーダイジェストブック)」」◆公式ファンブック。

雑誌 SFC(スーパーファミコン)〔ゲーム雑誌〕

*【AMA】 漫画 AMA(スーパーバイク)(レース)用の限定生産だから〔秋本治「こちら葛飾区亀有公園前派出所 126」2001〕

【字幕(スーパー)】 書名 清水俊二「映画字幕(スーパー)五十年」1985 ◆スーパーインポーズの略。

【英語(スーパー)】 雑誌 英語版(スーパー)〔「宝石」1994年7月〕

スーパーソニック [supersonic]

超音速。超音波。

【超過音速(スーパーソニック)】 歌詞 君と超過音速(スーパーソニック)〔東京事変「電波通信」(椎名林檎)2010〕

スーパーノバ [supernova]

超新星。

【超新星(スーパーノバ)】 小説〔清涼院流水「カーニバル 一輪の花」2003〕◆少女とんち探偵。

スーパーマーケット [supermarket]

中国では「超市」。迷你超市はミニスーパー。

【超市】 新聞 北京に「愛情超市(スーパーマーケット)」がオープンし、「白領」(ホワイトカラー)の若い男女を引き付けている。〔「読売新聞」2009年12月15日〕◆意味を示す括弧。

*【超市(スパマケ)】 書籍 昭訓の提案の一例。〔橋本萬太郎・鈴木孝夫・山田尚勇「漢字民族の決断」1987〕◆「昭訓」は「昭和の新しい訓」の略。「高襟(ハイカラ)」は二葉亭四迷も漱石も用いている。

スープ [soup]

【肉汁(スープ)】 古 ◆中国では「湯」。

スール [フランス sœur]

【姉(スール)】 漫画 彼女の『姉(スール)』はテニス部の先輩で〔今野緒雪「マリア様がみてる 1」1998〕◆他所に「お姉(スール)さま」も。

【妹(スール)】 漫画 本気で私なんか妹(スール)に選ぶはずないじゃない〔今野緒雪「マリア様がみてる 1」1998〕

【姉妹(スール)】 漫画 先輩後輩を姉妹(スール)と呼んでいたが〔今野緒雪「マリア様がみてる 1」1998〕／姉妹(スール)の作品だったんですが〔猫熊苑「鍵詰め」2004〕

すえ [末]

【末弟(すえ)】 小説〔樋口一葉「たけくらべ」1895〜1896〕

【末裔(すえ)】 新聞 著者の安倍季昌氏は季尚の末裔。〔「読売新聞」2008年7月6日〕

【裔(すえ)】 小説 渡ってきた者の裔(すえ)でございました〔夢枕獏「黒塚 KUROZUKA」2003〕

【将来(すえ)】 小説〔坪内逍遥「当世書生気質」1885〜1886〕

スエズ [Suez]

【蘇士(スエズ)】 辞書

スエットキラー [sweat killer]

【汗殺し（スエットキラー）】広告 Tハイは〝汗殺し（スエットキラー）〟です〔ウイスキーの宣伝文句 1960 目〕

すえひろ ［末広］ 扇。末広がり。

【寿栄広（すえひろ）】WEB 寿栄広（すえひろ） 白い扇子一対（2本）。末広がりに開く白い扇に、「純白無垢」と「末広がりに幸せに」という思いが込められている。〔「ゼクシィ net 結納の準備と交わし方（九州編）」〕

その他 寿恵廣（すえひろ） 民間

すえひろがり ［末広がり］

【末広狩（すえひろがり）】書籍 おめでたい出し物として新年によく上演される狂言の『すえひろがり』は（中略）「末広狩」と書くところを見ると「末広」が「扇子」で、扇子つまり末広を買ってくることを「すえひろがり」だと解釈したのかもしれない。〔金田一春彦「ことばの歳時記」1973〕◆日本人が「8」を好むのは「八」の字体が末広がりだから。鏡開きもそのために一月八日とされる。中国の人が「8」を好むのは、「もうかる」意味の「発（財）」と発音が似ているため。

すえる ［据える］

【居（すう）】古

すか あてのはずれること。

【守家（すか）】辞書 留守〔1949 隠〕

スカ ［↑スカトロジー（scatology）］

【須加（スカ）】WEB スカトロ。糞尿やゲロ。

すが 氷の方言。しが。

【氷（すが）】漫画 あんれまあ～～「氷（すが）橋」でねえかい!?〔さとうふみや「金田一少年の事件簿 4」（金成陽三郎）1993〕◆「どじょっこ ふなっこ」（豊口清志）の「すがこも溶けて」は秋田方言とされる。

スカート ［skirt］

【SK（スカート）】雑誌 ミニ丈のSK（スカート）とも〔「CanCam」2004年4月別冊付録〕／ベージュのSK（スカート）で〔「with」1994年7月〕◆「BL（ブラウス）」も。

【S（スカート）】雑誌 ロングS（スカート）〔「with」1994年1月〕◆スペースも省略でき、お洒落感、使い慣れたかっこよささえも感じられるのであろう。

スカーフェイス ［scar face］

【傷のある顔（スカーフェイス）】小説 傷のある顔（スカーフェイス）に嘲るような笑みを〔安井健太郎「ラグナロク EX. COLD BLOOD 失われた絆」2001〕

【傷顔（スカーフェイス）】漫画 その傷顔（スカーフェイス）剝いて〔「週刊少年マガジン」2004年48号（ジゴロ次五郎）〕

スカーレット ［scarlet］

【緋色（スカーレット）】漫画 君の髪の色の美しい緋色（スカーレット）だ〔松川祐里子「魔術師 1」1995〕

【深紅（スカーレット）】歌詞 今は鮮やかな深紅（スカーレット）〔Sound Horizon「StarDust」（REVO）2005〕

【紅の（スカーレット）】小説 娼館《紅の淑女（スカーレット・レディ）》は〔安井健太郎「ラグナロク 黒き獣」1998〕

【宝石（スカーレット）】漫画 宝石（スカーレット）に自分の財産を相続する遺言を〔松川祐里子「魔術師 1」1995〕

スカイ ［sky］

【空（スカイ）】歌詞 期待外れな空（スカイ）〔堂本剛「ナイトドライブ」2004〕

漫画 空の畜産家（スカイブリーダー）〔尾田栄一郎「ONE PIECE 29」2003〕

民間 ◆ジョージ・ルーカスの映画『スター・ウォーズ』に登場する（ルーク・）スカイウォーカー（Luke Skywalker）を、「空歩人」などと美術の作品に記す中学生がいた。中国では路克・天行者（映画タイトルは「星球大戦」と訳された）。

【S.（スカイ）】漫画 無理矢理 S.（スカイ）ダイビングをやらされる事に〔青山剛昌「名探偵コナン 3」1994（巻末のおまけ）〕

スカイブルー ［sky blue］

【空色（スカイブルー）】小説

スカウティング ［scouting］

【偵察（スカウティング）】漫画〔村田雄介「アイシールド21 1」（稲垣理一郎）2002〕

スカウトマン 和製英語か。

【幹部(スカウトマン)】漫画 幹部(スカウトマン)にスカウトされた〔本沢みなみ「また還る夏まで 東京ANGEL」1999〕

すがお［素顔］

【愛(すがお)】歌詞 素直になりたい愛(すがお)に気がつくの〔TWO-MIX「Summer Planet No. 1」(永野椎菜)1997〕❖「愛」にはさまざまな読みあり。

すがしい［清しい］清々しい。

【清(すが)しい】歌詞 真綿色したシクラメンほど清しいものはない〔布施明「シクラメンのかほり」(小椋佳)1975〕

すかす［賺す］なだめる。おだてる。

【賺(すか)す】古

すがた［姿］

【粧(すがた)】古 時勢粧(いまようすがた) ❖時勢粧は「ばさら」(梵語から)とも読む。／画帖時世粧(えほんいまようすがた) 豊国〔由良君美「言語文化のフロンティア」1986〕

【像(すがた)】歌詞 只是醜(これみにく)き我慾の像(すがた)〔「早稲田中・高等学校第一校歌」(坪内逍遥)1922〕

【相(すがた)】詩 平和のみ愛の相(すがた)ではない〔高村光太郎「冬の詩 四」1913〕

【相貌(すがた)】詩 恐ろしい山の相貌(すがた)をみた〔萩原朔太郎「恐ろしい山」1922〕

【容姿(すがた)】歌詞 容姿(すがた)麗しき君よ〔T. M. Revolution「OH MY GIRL OH MY GOD!」(井上秋緒)1998〕

【善逝(すがた)】歌詞 ああ 善逝(すがた)は 寂しく消えても〔元ちとせ「凛とする」2002〕

【将来(すがた)】歌詞 思い描く将来(すがた)と〔day after tomorrow「These days」(misono)2004〕

【想像図(すがた)】歌詞 輝きに その想像図(すがた)鮮やかに映してる〔桃城武「JUMP」(UZA)2002〕

【婆(すがた)】誤植 水着姿多しを 水着婆多し〔高橋輝次「誤植読本」2000(中山信如)〕

その他 容儀(すがた)・光儀(すがた) 古

すかたん

【無粋漢(すかたん)】漢詩 無粋漢(すかたん)〔平井呈一訳「狂詩 巡査行」1951〕

【守家丹(すかたん)】辞書〔1949 隠〕

すがめ［眇］斜視。やぶにらみ。

【斜視(すがめ)】小説 生れつき斜視(すがめ)だった〔遠藤周作「白い人」1955〕

スカラリー［scholarly］学究的な。

【学問的(スカラリー)】書籍 学問的借用(スカラリー・ローン)〔橋本萬太郎・鈴木孝夫・山田尚勇「漢字民族の決断」1987〕

すがりつく［縋り付く］

【すがり着(つ)く】歌詞 すがり着(つ)きたい雨あがり〔由利あけみ「熱海ブルース」(佐伯孝夫)1939〕

スカル［skull］頭蓋骨。どくろ。

【骨(スカル)】漫画 骨(スカル)になるまでしゃぶり尽くして〔大暮維人「エア・ギア 1」2003〕

*【髑髏十字軍(スカルセイダース)】漫画 髑髏十字軍(スカルセイダース)のステッカー〔大暮維人「エア・ギア 1」2003〕

すがる［縋る］

【尽(すが)る】歌詞 尽(すが)る恋を〔陰陽座「甲賀忍法帖」(瞬火)2005〕

スカルプチャー［sculpture］

【彫 刻(スカルプチャー)】歌詞 動脈をなぞった彫 刻(スカルプチャー)〔ヴィドール「オカルトプロポーズ」(ジュイ)2002〕

ずかれる

【被付(ずかれる)】古〔1935 隠〕

【附(ず)かれる】辞書〔1949 隠〕

スカンディナビア［Scandinavia］

【蘇干地那威(スカンディナビア)】辞書

すかんぴん［素寒貧］

【素寒貧(すかんぴん)】広告〔「読売新聞」2010年2月25日〕

❖ATOK17で変換される。

すかんぽ［酸模］すいば。いたどり。

【酸模(すかんぽ)】辞書 愛情を表象する意〔1949 隠〕

すき［好き］「好」は女の子と書くというが、女性は子どもをかわいがるものだからと造られた会意とされる。

【偉大(すき)】歌詞〔GARNET CROW「永遠を駆け抜ける一瞬の僕ら」(AZUKI 七)2003〕

【趣味(すき)】文集 仕事は趣味(すき)に〔静岡県立沼津西

高等学校「潮音」38号 1991〕

【勝手】漫画 勝手にしろ〔義仲翔子「ロスト・ユニバース 2」(神坂一) 1999〕❖好き勝手。

【姞】新聞 姞なので 漫画「あたしンち」〔「読売新聞」2007年9月30日〕❖手書きでの融合。学生も。また、板書を急いでノートに写す際に、以下のように「新」の斤がタテに「しい」となるという。「送り仮名が漢字の一部になるのはなかなか〝新〟と思います。」

*【恋愛】歌詞 恋 愛 より 全てがとても大事だった〔TWO-MIX「MISSING YOU」1997〕

*【すきすきすkiss×4】歌詞 (すきすきすkiss×4 ハイハイ!)〔KOTOKO「さくらんぼキッス～爆発だも～ん～」2003〕

すき［数寄・数奇］

【数寄】古 数寄 数奇 元は「好き」のことで〔松岡正剛「日本流」2000〕❖常用漢字表付表に「数寄屋・数奇屋」あり。

【数奇】古 風流な趣味を有つこと〔1929 隠〕

すぎ［過ぎ］

【杉】WEB 杉【すぎ】［接尾］「過ぎ」の意。

❖人大杉(ひとおおすぎ)など。

すきこのむ［好き好む］ 重言とは言わないか。

【好む】古 好 ム〔三谷公器「解体発蒙」1813〕

ずきさか「さかずき」の倒語。

【盃】古 づきさか 盃〔1935 隠〕

すきとおる［透き通る］

【透徹る】小説 透徹る程白い上をうつすり粧つて〔徳富健次郎「黒潮」1903〕

【すき透る】歌詞 すき透る桜貝〔森進一「東京物語」(阿久悠) 1977〕／蒼ざめたたそがれの都会はすき透る恋の水底〔稲垣潤一「蒼い追憶」(湯川れい子) 1982〕❖透の字音はトウ。

すぎなり［杉形］

【杉形】小説 杉形に積み上げられた〔平野啓一郎「日蝕」2002〕

すきま［隙間・透き間］ 常用漢字にある「透き間」は使用が少ない。改定常用漢字表(答申)で「隙間」が入った。

【隙間】川柳 隙間から〔「読売新聞」2010年3月17日〕

小説 水村美苗「母の遺産」〔「読売新聞」2010年3月20日〕

【空地】小説 胸に空地があるのかしら〔夏目漱石「こころ」1914〕

【入風】古 ❖『万葉集』「(玉垣)入風」は『斉東俗談』などで入風と読む。

すきやき［鋤焼き］

【寿喜焼】民間 縁起字の例：寿喜焼(鋤焼、剣焼)〔斎賀秀夫「漢字の缶づめ 教養編」1998〕／寿喜焼 語源としては鋤焼・剣焼〔斎賀秀夫「あて字の考現学」(「日本語学」1994年4月)〕

スキャン［scan］ 細かく調べること。走査すること。

【検索】小説 一足先に書類を検索して〔安井健太郎「ラグナロク 7 灰色の使者」2000〕

スキャンダル［scandal］

【醜聞】小説 有名人の醜聞から世界規模な陰謀史観まで〔清涼院流水「カーニバル一輪の花」2003〕

映画題名「醜聞」1950

【大恋愛】歌詞 咲かせましょうか 果実大恋愛〔中原めいこ「君たちキウイ・パパイア・マンゴーだね」(中原めいこ・森雪之丞) 1984〕

【情事】小説 別のスターの情事や〔森村誠一「殺意の接点」2001〕

【不祥事】小説〔茅田砂胡「天使たちの華劇」2004〕

スキューバ［scuba］ ⇩スクーバ

スキル［skill］ 技術。腕前。熟練。

【腕】広告 腕〈スキル〉を生かす人づきあいの極意〔「読売新聞」2008年7月5日〕

す

その他 術(スキル)・秘伝(スキル) 漫画／能力(スキル) 小説／意見解析(スキルポリグラフ) 小説

すぎわい［生業］

【産業(すぎわい)】 古

スキンシップ［和製 skin + ship］

【教育的指導(スキンシップ)】 小説 ちょっとした教育的指導(スキンシップ)だ〔安井健太郎「ラグナロクEX. DIABOLOS」2000〕

すく［空く］

【空く】 小説 腹は空(す)いてきたし〔宮沢賢治「注文の多い料理店」1924〕❖表外訓だが「お腹が空く」はしばしば見られる。

すぐ［直ぐ］

【直(す)ぐ】 古 直(す)ぐに〔森鷗外「鸚鵡石」1909〕 書籍〔織田正吉「ことば遊びコレクション」1986〕／もう直(す)ぐ〔「読売新聞 夕刊」2009年8月7日(高井有一)〕

【一番(すぐ)】 歌詞 何かあると一番(すぐ)に〔FIELD OF VIEW「DAN DAN 心魅かれてく」(坂井泉水)1996〕

*__【即時(すぐに)】__ 漢詩〔平井呈一訳「狂詩 巡査行」1951〕

ずく

【札束(ズク)】 書籍 札束(ズク)をポンと投げました〔浅田次郎「極道放浪記 2」1995 集〕

すくい［救い］

【救済(すくい)】 歌詞 己が救済(すくい)を祈る〔霜月はるか「斑の王国」(日山尚)2009〕

すくう［巣くう］

【巣食(す)う】 新聞 企業に巣食う総会屋の内幕〔「読売新聞」2010年5月8日〕

すくう［救う］

【済(すく)う】 新聞 大隈は「財政の困難を済(すく)はんめ」と〔「読売新聞」2009年10月12日〕

スクウェア →じじょう(自乗・二乗)

【2(スクウェア)】 漫画『魔術師^2(マジシャン・スクウェア)』全②巻〔「週刊少年ジャンプ」2004年5月24日(未確認少年ゲドー)〕❖『BOMB』1985年12月に〝KYON 2(ママ)〟は〝キョンツー〟じゃなくて〝キョンスクエアド〟。平方きょんともとコメントが付されている。

スクーバ［scuba］スキューバ。

【潜水担当(スクーバ)】 小説 医療担当と潜水担当(スクーバ)は〔大石英司「神はサイコロを振らない」2005〕

スクープ［scoop］

【暴露(スクープ)】 広告〔菊地秀行「白夜サーガ 魔王星完結編」1996(巻末)〕

スクール［school］

【学校(スクール)】 書籍 学校区(スクール・システム)〔「学校の歴史 2」1979〕

スクールライフ［school life］

【学校生活(スクールライフ)】 漫画 一般人的学校生活(スクールライフ)〔「花とゆめ」2004年22号(ミラクルの種)〕

すくすく

【SUKU^2(スクスク)】 新聞 アシックス「SUKU^2(スクスク)」〔「読売新聞」2009年10月31日〕

すくつ 巣窟(そうくつ)のこと。2ちゃんねる用語。

【巣窟(すくつ)】 WEB 誰かが巣窟(そうくつ)を「すくつ」と読み間違えて「ここはドキュソのすくつだね。」と言ったことから使われるようになった。❖湯桶読みではあるが位相語化した。「すくつ(←なぜか変換できない)」はレトリックとなり、わかっていてわざと書くもの。

すくない［少ない・尠い・寡い］

【少(すくな)い】 書籍 少い悪をしのばなければ〔小林多喜二「蟹工船・党生活者」(蔵原惟人解説)1953〕❖戦前は送り仮名法が徹底していなかったので、「少くない」は今日から見ると「すくない」なのか「すくなくない」なのか判然としないケースがある。

すくむ［竦む］

【僵直(すくむ)】【屈(すく)む】 古

スクラップ［scrap］

【切抜(スクラップ)】 小説 切抜(スクラップ)の好きなSは〔小林多喜二「党生活者」1932〕

【切抜帳(スクラップ)】 小説 あの突拍子もない切抜帳(スクラップ)で

〔小林多喜二「党生活者」1932〕
【廃棄(スクラップ)】漫画 人形を廃棄(スクラップ)にすりゃ〔本仁戻「怪物王子」1998〕
その他 廃品(スクラップ) 漫画
＊【切り抜帳(スクラップ・ブック)】小説「又切り抜帳(スクラップ・ブック)か？」と私は笑った。〔小林多喜二「党生活者」1932〕

スクラム [scrum]
【密集(スクラム)】詩 20 密集(スクラム)！ 機械の胎内。がっちりと喰い合ってゆく歯車。〔竹中郁「ラグビイ」1932〕

スクランブル [scramble]
【緊急発進(スクランブル)】小説 緊急発進(スクランブル)を繰り返している〔大石英司「神はサイコロを振らない」2005〕

スクリーム [scream]
【叫び(スクリーム)】歌詞 今日も聞こえる置き去りの心の叫び(スクリーム)〔Superfly「マニフェスト」(越智志帆・多保孝一)2007〕

スクリーン [screen]
【映画幕(スクリーン)】詩 映画幕(すくりーん)から〔萩原朔太郎「蒼ざめた馬」1922〕
【銀幕(スクリーン)】漫画 暗い銀幕(スクリーン)の向こう側に—〔さとうふみや「金田一少年の事件簿 Case2 銀幕の殺人鬼」(金成陽三郎)1998〕

スクリュー [screw]
【外(スクリュー)】漫画 外(ボール)・内(ストライク) ときたから最後の外(スクリュー) 生かすために〔ひぐちアサ「おおきく振りかぶって 10」2008〕❖スクリューボール。

すぐる [選る]
【択(すぐ)る】辞書

すぐれる [優れる]
【勝(すぐ)れる】広告〔奥山益朗「広告キャッチフレーズ辞典」1992〕❖姓に勝呂(すぐろ)。
【傑(すぐ)れる】新聞 安藤更生著「銀座細見」(一九三一年)には「夜店は銀座にとって、そのカフエよりも、デパートよりも、傑(すぐ)れた誇りの一つである」とある〔「読売新聞」2005年2月9日〕

すけ [助]
【助(すけ)】古 密淫売婦〔1935 隠〕
【女(すけ)】小説 美い女(マブスケ)を強姦(ツッコ)んだそうじゃないの〔森村誠一「致死家庭」1983 集〕／この女(すけ)を輪姦(まわ)しちまおう〔和久峻三「越中おわら風の盆殺人事件」1992 集〕
漫画 てえした"女(スケ)"だろ!?〔北条司「CITY HUNTER 1」1986〕／女(スケ)に逃げられたのか〔高橋留美子「めぞん一刻 13」1987〕／兄貴の女(スケ)〔立原あゆみ「本気！ 8」1988〕／はくい女(スケ)だよ〔立原あゆみ「弱虫 1」1997〕
【姦通(すけ)】小説〔徳富蘆花「寄生木」1909 集〕

スケート [skate]
【SK8(スケート)】雑誌 ❖スケートボードの雑誌で。8はエイト。8を使った略記に英語でpot8あり。→ポテト

スケープゴート [scapegoat]
【犠牲(スケープゴート)】新聞 誰かを身代わりの犠牲(スケープゴート)にする〔「読売新聞」2008年4月27日〕
【罪を着せられる役(スケープゴート)】漫画 お前が「真犯人の罪を着せられる役(スケープゴート)」として選ばれた！〔さとうふみや「金田一少年の事件簿 6」(金成陽三郎)1994〕
【見せしめ(スケープ・ゴート)】漫画〔中条比紗也「花ざかりの君たちへ 9」1999〕
【贖罪の羊(スケープ・ゴート)】小説 捜査の目を逸らすための贖罪の羊(スケープ・ゴート)〔安井健太郎「ラグナロク EX. DIABOLOS」2000〕

スケール [scale]
【規模(スケール)】小説「いかにも世紀末的な」大規模(メガスケール)世界犯罪(ワールドクライム)が〔清涼院流水「カーニバル 一輪の花」2003〕

すけこまし
【お兄さん(すけこまし)】書籍 モミ上げをチックで固めたお兄さん(スケコマシ)〔うみのさかな&宝船蓬莱「うみのさかな&宝船蓬莱の幕の内弁当」1992〕

スケッチ [sketch]
【風景(スケッチ)】曲名 長山洋子「心象風景(ココロノスケッチ)」(川村真

澄〕1987

【素描(スケッチ)】（WEB）◆書名などにもあり。

【小品(スケッチ)】（書籍）〔池田雅之「ラフカディオ・ハーンの日本」2009〕

すげない［素気無い］つれない。そっけない。

【無人望(すげなし)】（古）

すげのにわとり［莎鶏］きりぎりす。

【スゲノ鶏(にわとり)】（古）すけのにはとり 莎鶏の漢名を、文字よみにしたるなるへし〔谷川士清「倭訓栞」中編上 文久2年〕◆「莎」をスゲと知って意図的に読んだ語形か。

すけばん［助番］

【女番(スケバン)】（書名）URA EVO「女番(スケバン)社長レナ」2006

【不良女子高生(スケバン)】（小説）不良女子(スケ)高生(バン)と知れる〔森村誠一「死紋様」1979（集）〕

すけべい［助平］すけべえ（助兵衛）。すけべ。→めかいちちょんちょんのじゅう

【助倍(すけべい)】（古）助倍(すけべい)主義も〔1908（俗）〕

【好平(すけべい)】（書籍）好平(すけべい)な女の子〔杉本つとむ「近代日本語の成立と発展」1998〕

【助平(スケベエ)】（雑誌）助平(スケベエ)人間の代表である〔「小説新潮」1994年6月〕

【大門優作(すけべ)】（漫画）あの大門優作(スケベ)〔さとうふみや「金田一少年の事件簿 4」（金成陽三郎）1993〕

すけべる

【助平(すけべ)る】（辞書）助平根生(ママ)を出すこと〔1949（隠）〕

すげる［挿げる・箝げる］

【挿(す)げる】（新聞）「鼻緒を挿(す)げる」という言葉を知らない人が増えていることを実感。〔「読売新聞」2009年4月23日〕

スコア［score］

【楽譜(スコア)】（雑誌）

すごい［凄い］手書きではさんずい多し。

【凄(すげ)え】（漫画）もの凄(すげ)え歓声だぜ〔森川ジョージ「はじめの一歩 44」1998〕／凄(すげ)え男になったんだな〔藤崎聖人「WILD LIFE 6」2004〕／凄(すげ)エ〔大暮維人「エア・ギア 5」2004〕／凄(すげ)えなんてコンビネーションのいい奴等だ!!〔許斐剛「テニスの王子様 24」2004〕

（TV）凄え〜！（テロップ）〔日本テレビ系列2010年3月22日7時台〕

【スゴ衣(い)】（広告）肌着「スゴ衣（スゴイ）」ワコール〔「読売新聞」2009年5月19日〕◆もじり。

スコーピオ［Scorpio］蠍座。

【天蝎宮(スコーピオ)】（漫画）天蝎宮(スコーピオ) Barchiel〔由貴香織里「天使禁猟区 18」2000〕

スコーピオン［scorpion］

【蠍座(スコーピオン)】（漫画）禍々しい蠍座(スコーピオン)の紋章…〔さとうふみや「金田一少年の事件簿 Case2 銀幕の殺人鬼」（金成陽三郎）1998〕◆他所に「サソリ座(スコーピオン)」とも。

すこし［少し］

【些(すこし)】（小説）些(すこし)も恐(おそ)れず〔徳富健次郎「黒潮」1903〕

【少許(すこし)】（小説）〔島崎藤村「破戒」1906〕

【暫(すこ)し】（歌詞）暫(すこ)し抱いてやるよ〔MIO「GET IT!」（売野雅勇）1988〕

*【少(スコ)ッチ】（小説）ピクトも少(スコ)ッチもかわりばえのしない間柄同孖(あいだがらどうし)の〔柳瀬尚紀訳「フィネガンズ・ウェイク III IV」1993〕◆もじりか。

すごす［過ごす］

【共有(すご)す】（歌詞）共有(すご)したから〔GARNET CROW「雨上がりのBlue」（AZUKI 七）2004〕

スコットランド［Scotland］

【蘇格蘭(スコットランド)】（古）小沼丹〔中村明2003〕◆イングランドは英蘭。

すこてき

【頗的(すこてき)】（古）〔1909（俗）〕

すごみ［凄み］

【凄味(すごみ)】（辞書）

すごろく［双六］

【粋語録(すごろく)】（古）洒落本「道中粋語録(どうちゅうすごろく)」

【博(すごろく)】（書籍）〔惣郷正明「辞書漫歩」1987〕

すざく［朱雀］

【朱(朱雀)】【不死鳥(朱雀)】（漫画）

すざけ
【清酒】 (古)

すさび 〔荒び・遊び〕
【遊び】 (古) 源順「口遊」❖「挔」など国字も。

すさまじい 〔凄まじい〕
【冷まじい】 (俳句) 冷まじや夜の金魚の赤き黙〔「読売新聞 夕刊」2008年12月16日〕

すさむ 〔荒む〕
【荒む】 (小説) 荒んだ気持ちで〔「読売新聞」2009年4月30日〕

すし 〔鮨・寿司・寿し〕 魚屋は魚名を仮名表記をし、すし屋は漢字表記をする傾向あり。庶民派志向と非日常的な高級感志向との差か。「酸っぱい」は、常用漢字表では「酸」の音訓「すい」の語例欄にある。
【寿し】 (辞書) ❖寿文字、酢文字とも。
(誤読) 寿 すし〔写研「漢字読み書き大会」〕〔斎賀秀夫「漢字と遊ぶ」1978〕
【寿司】 ❖「寿司」は当用漢字音訓表の改定時には途中段階まで付表にあった。
(古) 寿司屋〔1920(隠)〕／握り寿司〔1929(隠)〕
(民間) 縁起字の例：寿司(鮨、鮓、酸し)〔斎賀秀夫「漢字の缶づめ 教養編」1998〕
(新聞) クミコ 寿司屋の〔「読売新聞」2008年11月13日〕／寿司や刺し身〔「読売新聞 夕刊」2010年3月27日〕
(姓)〔平島裕正「日本の姓名」1964〕
【鮓】 (雑誌)〔「小説新潮」1994年5月〕❖中国で区別のあった「鮨」「鮓」の区別が奈良時代には明確でなくなり、江戸時代には江戸前には「鮨」が増えていき、「寿司」なども生じた。現在「鮓」は、近畿で根強く使われている。語源説からは「酸し」とも書く。

すじ 〔筋〕
【系列】 (書籍) 組の系列を読めなければ〔別冊宝島編集部「裸の警察」1997(集)〕
その他 条 (古)

ずし 〔図誌〕
【図志】 (古) 赤松宗旦「利根川図志」1855

すしづめ 〔鮨詰め〕
【寿司詰】 (辞書)〔1949(隠)〕
【満員】 (歌詞) 放課後 満員のバスの中〔イモ欽トリオ「ハイスクール ララバイ」(松本隆)1981〕

すじめ 〔酢締め〕
【酢〆】 (新聞) 酢〆、昆布〆、ヅケ、煮きり、赤酢…〔「読売新聞」2009年12月7日〕

すじょう 〔素性・素姓・種姓〕
【素姓】 (雑誌)「素性」は昔は「素姓」の方が正しい〔海保博之「日本語の表記行動の認知心理学的分析」〔「日本語学」1987年8月〕〕
(政策) 素性のほうが一般的であると考えられる。(素姓)〔国語審議会第2部会「語形の『ゆれ』について」1961〕
【素性】 (書籍)〔大久保博訳「完訳 ギリシア・ローマ神話」1970〕

すずかけ 〔篠懸〕
【鈴懸】 (曲名) 灰田勝彦「鈴懸の径」(佐伯孝夫)1942

すすき 〔薄〕
【芒】 (新聞) 己は河原の 枯れ芒(野口雨情作詞「船頭小唄」1924)。新たな歌詞(遠藤実作詞)では、俺は好き——と歌う。〔「読売新聞 夕刊」2009年4月15日〕
【尾花】 (歌詞) 浴衣のきみは尾花の 簪〔吉田拓郎「旅の宿」(岡本おさみ)1972〕

すずき 〔鱸〕
【鈴木】 (WEB) 谷有二「うわじま物語」明治3年(1870)に、政府は「平民も苗字を称するべし」という大政官令を出したので、網代の村民は網元の旦那である盛三郎に名付け親をたのんできた。そこで太古タコ、浜地ハマチ、鈴木スズキ、鱒マス、岩志イワシの魚類から始まって(中略)片っぱしから苗字として届け出たものである。

すずき 〔鈴木〕

【須々木(すずき)】姓◆須々木などの表記もあるが、同系といわれる。元は和歌山の方言で、刈り取った後の稲束を積み上げて干したものを「すずき」ということからという。

すすぐ［濯ぐ・雪ぐ］

【滌(すす)ぐ】古 精々(せつせ)と樽を滌(すゝ)いでゐると〔1908 俗〕

すずし［生絹］

【素絹(すずし)】詩「素絹」は文字通りなら「そけん」（中略）ここは「すずし」または「きぎぬ」（生絹）と当て読みしている可能性もある。〔WEB〕

すすみすぎ［進み過ぎ］

【過進(すすみすぎ)】広告「東京朝日新聞」1907 食慾過進(しよくすゝみすぎ)〔柳瀬尚紀「日本語は天才である」2007〕

すすむ［進む］

【｜(すすむ)】人名〔佐久間英「珍姓奇名」1965〕／〔篠崎晃雄「実用難読奇姓辞典増補版」1973〕◆少なからずいる。「｜(たていち)」の人名も。「亅」と書く人もあり。コンと読む漢字「｜」が、下から書くとすすむで、上から書くとしりぞくという意味になると『説文解字』に珍しく筆順のようなものが記されている。はねるものは鉤の象形文字でケツ・カチ。

【↓(すすむ)】人名 ↓(すすむ)、↑(すすむもどる)は誤伝で、除籍簿によると｜(すすむ)、｜(とまる)〔佐久間英「珍姓奇名」1965〕

その他 羞(すすむ)・進歩(すすみ) 古

すずめ［雀］

【爵(すずめ)】新聞〔「読売新聞」2009年10月16日（四季欄）〕

すずめばち［雀蜂］

【胡蜂(すずめばち)】クイズ『胡葱（あさつき）』が最後まで読めませんでした。調べていたら『胡蜂』はスズメバチと読むのも知りました。〔「読売新聞 夕刊」2010年3月13日〕

すすめる［進める］

【推(すす)める】新聞 なんと言っても第一に「鎮座する閻魔大王ヤマ天」をお推(すす)めしたい。〔「読売新聞」2009年12月26日〕◆推薦・推挙。

【奨める】広告〔奥山益朗「広告キャッチフレーズ辞典」1992〕

*【勧進(おすすめ)】パンフ お写経の勧進(おすすめ)〔薬師寺で 2008年1月1日〕

すずらん［鈴蘭］

【ミューゲ(すずらん)】雑誌〔「with」1994年6月〕

すすりなき［啜り泣き］

【嗚咽(すすりなき)】小説〔島崎藤村「破戒」1906〕◆嗚咽(オエツ)。

すずろ［漫ろ］→そぞろ・つまらない

【不慮(すずろ)】【漫漫(すずろ)】【無端(すずろ)】【不覚(すずろ)】【不意(すずろ)】【漫(すずろ)】【子(すずろ)】【坐(すずろ)】【慧(すずろ)】古

すそ［裾］

【裳裾(すそ)】歌詞 裳裾(すそ)を曳きずる衣擦れと〔ALI PROJECT「今宵、碧い森深く」（宝野アリカ）2006〕

ずだ［dhūta(サンスクリット)］

【頭陀(ずだ)】古〔1935 隠〕

スター［star］

【花形(スター)】歌詞 旅の一座の 名もない花形(スター)〔津村謙「流れの旅路」（吉川静夫）1948〕
小説 アルプスの花形(スター)の山小屋ともなれば〔森村誠一「殺意の接点」2001〕

【宇宙(スター)】漫画題名「ドラえもん のび太の宇宙小戦争(リトル・スター・ウォーズ)」1984～1985

【星(スター)】漫画 中国人の星(スター)〔二ノ宮知子「のだめカンタービレ 18」2007〕

【日生(スター)】広告 日生(スター)ロンググランライブ!!〔「読売新聞」2010年1月1日〕◆分字。「日生」が縦書きで、縦長に書かれた「星」に見える。

【*(スター)】雑誌「*ルーペ5×」「T*(スター)ルーペ」〔「太陽」1994年12月〕◆楔形文字やヒエログリフにこのような星の字あり。

【アタス】誤植 スタアをアタスに 戦前の映画雑誌〔高橋輝次「誤植読本」2000（中山信如）〕◆右から横書きしていたため。

*【星屑の幻灯(ザライトオブスターダスト)】歌詞〔Sound Horizon「Star-Dust」（REVO）2005〕

スタート［start］

【開始(スタート)】広告 新世紀学園バトル開始(スタート)〔荒川弘「鋼の錬金術師 2」2002(巻末)〕
漫画 試合開始(スタート)だ！〔「週刊少年ジャンプ」2004年5月24日(アイシールド21)〕
【出発(スタート)】曲名 郷ひろみ「愛への出発(スタート)」(岩谷時子)1973
【着卓(スタート)】漫画〔天獅子悦也「むこうぶち 24」2009〕
❖麻雀で。
その他 最初(スタート) WEB

スターリン [Stalin]
【史大林】【死達臨】中国 史大林は悪意を込めて死達臨とも〔黄文雄「日本語と漢字文明」2008〕

スタイル [style]
【服装(スタイル)】漫画 服装差別(スタイル)〔本仁戻「高速エンジェル・エンジン 1」2000〕
【格好(スタイル)】漫画 私と彼とは格好(スタイル)はよく似ているよ〔猫十字社「小さなお茶会」2000〕
【得意(スタイル)】漫画 裏で学校を仕切るのが得意(スタイル)の〔大暮維人「エア・ギア 3」2003〕
【型(スタイル)】漫画 卓球部員の型(スタイル)〔「週刊少年ジャンプ」2004年7月8日(地上最速青春卓球少年ぷーやん)〕
【自分(スタイル)】雑誌 自分(スタイル)を表現するデザインワックス〔「オリーブ倶楽部」2009年10月〕
【形式(スタイル)】論文〔大野真「距離の詩学－映画『シックス・センス』を巡って－」2004〕
【様式(スタイル)】雑誌〔糸井通浩「文体としてみた『マンガのことば』」(「日本語学」1989年9月)〕
【戦術(スタイル)】漫画〔尾田栄一郎「ONE PIECE 28」2003〕
【文体(スタイル)】書籍 文体(ステイル)〔井上ひさし「自家製文章読本」1984〕／国字解の文体(スタイル)の一つとして〔杉本つとむ「近代日本語の成立と発展」1998〕
雑誌〔糸井通浩「文体としてみた『マンガのことば』」(「日本語学」1989年9月)〕
書名 関礼子「一葉以後の女性表現 文体(スタイル)・メディア・ジェンダー」2003
【体(スタイル)】書籍 文章体(スタイル・オブ・ライティング)〔杉本つとむ「近代日本語の成立と発展」1998〕
その他 流儀(スタイル) 広告

すだく [集く]
【多集(すだく)】【集(すだく)】古 ❖集く・集う・集まると送り仮名が読みを暗示する。

ずたずた [寸寸] ずだずだ。
【寸断寸断(ずたずた)】古 ❖漱石も用いた。
【寸々(ずたずた)】古 寸々切(スタ〳〵ニキル)
新聞「寸々(すんずん)」は、わずかな断片になるまで、切れ切れにする様子だが、「ずたずた」とも読む。「寸々(ずたずた)」に断つ」のが「寸断」なのだ。〔「読売新聞」2008年5月21日〕
その他 分々(ずたずた) 古

スタッフ [staff]
【S(スタッフ)】雑誌 番組S(スタッフ)がこっそり教える〔「お笑いギャオマガジンNo.1」2009(表紙)〕

スタディ [study] スタディー。
【研究(スタディ)】書籍 地域研究(エアリアル・スタディ)〔橋本萬太郎・鈴木孝夫・山田尚勇「漢字民族の決断」1987〕

スタビライザー [stabilizer]
【姿勢制御装置(スタビライザー)】小説〔菊地秀行「魔界都市ブルース 夜叉姫伝 4」1990〕

すだま [魑魅] →しにすだま
【魑魅(すだま)】新聞 岡田侑布子句集『空塵(くうじん)秘抄』魑魅なる〔「読売新聞」2008年11月24日〕
【精霊(すだま)】歌詞 精霊(すだま)たちと袖連ねて〔林原めぐみ「あさいはひ」1999〕

スタミナ [stamina]
【体力(スタミナ)】漫画 体力(スタミナ)も奪われるんだろうな〔許斐剛「テニスの王子様 4」2000〕
【持久力(スタミナ)】漫画 不滅の持久力(スタミナ)！〔「コロコロコミック」2010年2月〕

スタンス [stance]
【距離(スタンス)】歌詞 変わり始めた距離(スタンス)にぎこちなく背中を押されて〔奥井雅美「process」1997〕

スタンダード［standard］
【基本(スタンダード)】(漫画) 戦いの基本(スタンダード)だって事だよ〔大暮維人「天上天下 9」2002〕
(その他) 一般的(スタンダード) (漫画)

スタンド［stand］
【幽波紋(スタンド)】(漫画)〔荒木飛呂彦「ジョジョの奇妙な冒険 12」1989〕❖登場人物固有の超能力。
【スタソド】(誤植) あるパソコンメーカーのモニター接続解説書には「スタソドに取り付ける」などの誤植が見られる。〔WEB〕

スタンドイン［stand-in］
【身代り役(スタンドイン)】(小説) 身代り役(スタンドイン)ばかりであった〔森村誠一「殺意の接点」2001〕

スタントマン［stunt man］
【裏方(スタントマン)】(漫画) あんたの兄さんは裏方(スタントマン)じゃなく〔さとうふみや「金田一少年の事件簿Case2 銀幕の殺人鬼」(金成陽三郎) 1998〕
【代役(スタントマン)】(小説) アクション映画の代役(スタントマン)をやっていた〔森村誠一「殺意の接点」2001〕

スタンバイ［standby］
【起動(スタンバイ)】(漫画) 起動(スタンバイ)!!〔和月伸宏「武装錬金 2」2004〕
【配備完了(スタンバイ)】(漫画) 2・3・5番隊配備完了(スタンバイ)〔「週刊少年ジャンプ」2004年5月24日(PMG-0)〕

スチーム［steam］
【蒸気自動車(スチーム・キャリッジ)】(小説) 大型の蒸気自動車(スチーム・キャリッジ)が目に入る〔安井健太郎「ラグナロク EX. BETRAYER」1999〕❖福沢諭吉は、スチームを訳す際に「康熙字典」からそれらしい字として「汽(滊)」を見つけ出して使ったと述べる(中国に古例あり)。

スチール［steal］⇩スティール

スチール［steel］
【鋼鉄(スチール)】(小説) かさばる鋼鉄(スチール)製では〔菊地秀行「白夜サーガ 魔王星完結編」1996〕
【鉄(スチール)】(漫画) 鉄(スチール)鞭(ウィップ)の武装錬金〔和月伸宏「武装錬金 3」2004〕
(その他) 鋼(スタール) (古)

ずつ
【宛(ずつ)】(書籍) 一部宛(ずつ)〔紀田順一郎「図鑑日本語の近代史」1997〕

スツール［stool］
【椅子(スツール)】(小説) 彼はカウンターの椅子(スツール)に腰を下ろし〔村上春樹「踊る小人」1984〕

すっかり
【全然(すっかり)】(古) ❖「全然」に「まったく」「すっかり」「そっくり」「まるで(…ない)」「まるきり」「まるまる」など、四迷・逍遥・紅葉・藤村などがルビに。否定を伴わなくても問題がなかった。
【悉皆(すっかり)】(小説)〔夏目漱石「行人」1912～1913〕
(その他) 殆悉(すっかり)・透許(すっかり) (古)

すっきり
【素(す)っきり】(WEB)

ずっこけ
【酔漢(ずっこけ)】(漢詩)〔平井呈一訳「狂詩 巡査行」1951〕

ずっこける
【頭(ず)っ虚(こ)仮る】(小説) 頭(ず)っ虚(こ)仮どくろに〔柳瀬尚紀訳「フィネガンズ・ウェイク I II」1991〕

すっこむ
【疎籠(すっこむ)】(古)

すったもんだ［擦った揉んだ］
【摩(す)った揉(も)んだ】(古)〔1901〕(俗)

すっとこ
【彦徳(すっとこ)】(古)〔1917〕(隠)

すっとんきょう［素っ頓狂］
【素(す)っ頓狂(とんきょう)】(書籍) 素っ頓狂な声〔家田荘子「極道の妻たち」1986〕(俗)
【素豚橋(すとんきょう)】(古)〔田河水泡「のらくろ武勇談」1938〕
❖もじり。

すっぱ
【透破(すっぱ)】【素破(すっぱ)】(漫画) スッパ抜く。(元は)忍者のこと。〔蛇蔵&海野凪子「日本人の知らない

日本語 2」2010〉

すっぱい [酸っぱい]
【酸っぱい】 曲名 多岐川裕美「酸っぱい経験」(三浦徳子)1980 ◆常用漢字表の「酸」の音訓「すい」の語例にはある。
【酢味】 古 時期が悪いこと〈1935 隠〉

すっぱだか [素っ裸]
【素っ裸体】 古〈1869 俗〉

すっぱぬき [素っ破抜き]
【素破抜】 古〈1917 俗〉
【素歯抜】 古〈1888 俗〉

すっぱぬく [素っ破抜く]
【素破抜】 古〈1933 隠〉

すっぱみ [酸っぱみ]
【酸っぱ味】 辞書

すっぴん [素っぴん]
【素肌美】 商品名 素肌美塩〈「安心」1994年6月〉
【素ッピン】 書籍 素ッピン(素顔)で〈広瀬久美子「お局さまのひとりごと」1997 俗〉
その他 素顔 雑誌／素っ品・素っ嬪 WEB

すっぽん [鼈] 「○」は江戸時代のすっぽん屋の看板に。
【丸魚】【泥亀】 古 ◆「泥亀」とも。

スティール [steal] スチール。
【盗塁】 WEB 盗塁(スチール)
その他 盗視 漫画

スティグマ [stigma]
【聖痕】 漫画 二人を呪う聖痕〈本仁戻「高速エンジェル・エンジン 1」2000〉
【印】 漫画〈由貴香織里「夜型愛人専門店DX」2004〉

ステージ [stage]
【舞台】 漫画 もう舞台には立たなくてもいいわ〈さとうふみや「金田一少年の事件簿25」(金成陽三郎)1997〉／手品のお仕事で舞台に立てば〈松川祐里子「魔術師 3」1997〉 歌詞 さらば青春の舞台よ〈サザンオールスターズ「HOTEL PACIFIC」(桑田佳祐)2000〉／新しい舞台へ〈キャンゼル「Allegro」(shinamio)2008〉 広告 メロディアスラブ舞台〈「コミナビ!!アニメスペシャル編」2006〉 ポスター 死闘舞台〈パチンコ「北斗の拳」五反田駅前にて 2005〉
【公演】 漫画 小さな公演なんだけど〈松川祐里子「魔術師 3」1997〉
【独壇場】 漫画 〝翼の道〟の独壇場〈「週刊少年マガジン」2004年48号(エア・ギア)〉
【闘技場】 漫画 別闘技場〈「週刊少年ジャンプ」2004年41号〉
【熱狂】 曲名 甲斐バンド「熱狂(ステージ)」(甲斐よしひろ)1979
【遊戯】 漫画 危険な遊戯が〈「週刊少年ジャンプ」2004年48号(ボボボーボ・ボーボボ)〉
【段階】 広告 犬や猫の成長段階や体質に合わせて〈「読売新聞」2009年5月31日〉
*【人生】 歌詞 いつも人生にゃドラマが待ち受けてる〈サザンオールスターズ「I AM YOUR SINGER」(桑田佳祐)2008〉

ステーション [station]
【停車場】 古 停車場へ〈「朝日新聞(大阪)」1879年5月31日〉／停車場 二葉亭四迷〈橋本萬太郎・鈴木孝夫・山田尚勇「漢字民族の決断」1987〉 小説 停車場で買った弁当を〈夏目漱石「三四郎」1908〉◆「ていしゃば」と混淆したテンショバなどの語形が各地の方言に見られる。

すてき 語源説が確定せず。
【素的】 古 素的によい〈1929 俗〉
【素適】 辞書 すてき 素的・素敵。すばらしいの「す」に「的」がついたもの。素敵は後の当て字。〈俗〉
【素敵】 書籍 贅沢は素敵だ。ポスターに「素」を書き込み〈紀田順一郎「日本語発掘図鑑」〉

す

1995〕◆戦時中の話。

歌詞 とっても素敵な月の夜ね〔池真理子「愛のスウィング」(藤浦洸)1946〕

広告〔奥山益朗「広告キャッチフレーズ辞典」1992〕

【素摘(すてき)】歌詞 素摘(すてき)なマダム〔灰田勝彦「グッドナイトマダム」(芳枝あき子)1953〕◆WEBにもあり。

すでごろ［素手ごろ］

【素手転(すでごろ)】辞書〔1949 隠〕

【素手喧嘩(スデゴロ)】漫画 素手喧嘩(スデゴロ)なら〔大暮維人「エア・ギア3」2003〕

【素手の喧嘩(ステゴロ)】書籍 〝素手の喧嘩(ステゴロ)〟勝負だった〔山平重樹「愚連隊列伝モロッコの辰」1990 集〕

ステッキ［stick］ スティック。ティックとテッキの通用は、「的」が tic の当て字となった背景として想起される。

その他 杖(ステッキ)・洋杖(ステッキ) 古

*【Stick卍(ステッキまんじ)】古 十のこと〔1929 隠〕

すてっちまおか

【須可捨焉乎(すてっちまおか)】俳句 短夜や乳ぜり泣く児を須可捨焉乎〔竹下しづの女〕◆「すてちまおうか」などとも読まれ、「乎」がないものも流布している。『定本 竹下しづの女句文集』1920、句集『颯(はやて)』1940などに所収。陶淵明の「帰去来兮」に対する「かえりなんいざ」など、漢文でも破格とも思える訓読が定着しているものがあり、これも句集の名にも用いられている。

すてばち［捨て鉢］

【捨撥(すてばち)】辞書 おこつて撥を捨てる意〔1949 隠〕

ステム［stem］

【茎(STEM)】曲名 椎名林檎「茎(STEM)～大名遊ビ編～」2003

ステラ［Stella］

【星(ステラ)】歌詞 星(ステラ)が私を狂わせたのは〔Sound Horizon「StarDust」(REVO)2005〕

すてる［捨てる］

【棄(す)てる】歌詞 独り占うカードを棄(す)て、〔平野愛子「白い船のいる港」(東辰三)1950〕／飲んで棄てたい 面影が〔美空ひばり「悲しい酒」(石本美由起)1966〕／ひとはやさしさをどこに棄(す)ててきたの〔内山田洋とクール・ファイブ「東京砂漠」(吉田旺)1976〕／棄てな棄てな マジなプライドを〔少年隊「仮面舞踏会」(ちあき哲也)1986〕／棄てても失くしても 僕はできない〔サザンオールスターズ「LOVE AFFAIR～秘密のデート～」(桑田佳祐)1998〕◆用例多し。

書名 遠藤周作「わたしが・棄(す)てた・女」1964

書籍 棄てられて行く古い言葉に〔井上ひさし「ニホン語日記」1996〕

ステルス［stealth］

【新型(ステルス)】雑誌 新型(ステルス)のレーダー波には〔「CARトップ」1994年6月〕

ステレオ［stereo］

【素敵麗音(ステレオ)】【音玉手箱(ステレオ)】字遊〔斎賀秀夫「あて字の考現学」(「日本語学」1994年4月)〕

ステンショ ステーション。

【ステン所(ショ)】【ステン署(ショ)】古 所を連想したところから。漢学者は〝須転処〟の意味なりと解せん〔1894 俗〕

ステンドグラス［stained glass］

【装飾硝子(ステンドグラス)】小説 色々の装飾硝子(ステンドグラス)が〔平野啓一郎「日蝕」2002〕

【素手蘊弩求羅好(すてんどぐらす)】展示会名 阿部正「素手蘊弩求羅好」〔「読売新聞 夕刊」2010年1月12日〕

ストイック［stoic］

【禁欲的(ストイック)】小説〔筒井康隆「文学部唯野教授」1990〕

ストゥーパ［サンスクリット stūpa］

【仏塔(ストゥーパ)】新聞 ある仏塔(ストゥーパ)の中に入って行った〔「毎日新聞」2008年8月11日(辻原登)〕◆「ストゥーパ」の音訳語「卒塔婆(そとば)(率都婆)(「そ

とうば」「とも)」を構成するために造られた字が「塔」。字音は「tǎ」への音訳(towerとは無関係)。ここでは塔は表意性をもつ。

【釣鐘状仏塔（ストゥーパ）】小説 釣鐘状仏塔（ストゥーパ）が〔清涼院流水「カーニバル 二輪の草」2003〕

ストーカー [stalker]

【爆弾魔（ストーカー）】漫画 手の届かぬ歌姫に恋した爆弾魔（ストーカー）が〔松川祐里子「魔術師 6」1998〕

ストーブ [stove]

【煖炉（ストオブ）】詩 煖炉（ストオブ）の火は消えて〔高村光太郎「画室の夜」1914〕

ストーム [storm] 嵐。

【嵐踊（ストーム）】古 寮生の嵐踊（ストーム）が〔1941 俗〕

【暴風雨（ストーム）】漫画〔尾田栄一郎「ONE PIECE 34」2004〕

*【暴風族（ストームライダー）】漫画 暴風族（ストームライダー）さ〔大暮維人「エア・ギア 1」2003〕

ストーリア [イタリア storia]

【物語（ストーリア）】漫画 マルチェロ物語（ストーリア）〔樹なつみ「デーモン聖典 1」2003〕

【外伝（ストーリア）】書名 折原みと「虹色の外伝（ストーリア）」2008

ストーリー [story]

【物語（ストーリー）】広告 さわやかファーストキッス物語（ストーリー）!〔さとうふみや「金田一少年の事件簿 1」(金成陽三郎)1993(巻末)〕/心に迫る物語（ストーリー）〔「WOWOW」2009年6月〕

歌詞 終わらぬ物語（ストーリー）〔ALI PROJECT「Virtual Fantasy」(宝野アリカ)1994〕/この街の物語（ストーリー）〔RAZZ MA TAZZ「Moonlight Party」1997〕/また始まる物語（ストーリー）〔MAKE-UP「Never -聖闘士星矢のテーマ-」(山田信夫)2004〕/数えきれぬ愛と光の物語（stories）〔JAM Project「Portal」(奥井雅美)2007〕/終わらない物語（ストーリー）の向こう〔佐藤利奈・井上麻里奈・茅原実里「ココロノツバサ」(うらん)2008〕

雑誌 物語（ストーリー）〔「小説新潮」1994年9月〕/24時間キレイが続く★きれい道物語（ストーリー）〔「non・no」2006年10月5日〕/映画「252生存者あり」に繋がる、もう一つの物語（ストーリー）〔「R25」2008年12月1日〕

漫画 魔王を退治する物語（ストーリー）さ〔青山剛昌「名探偵コナン 26」2000〕/物語（ストーリー）描くのにPが足りないなら〔藤崎聖人「WILD LIFE 4」2003〕

論文 物語（ストーリィ）〔大野真「距離の詩学―映画『シックス・センス』を巡って―」2004〕

【勝負（ストーリー）】小説 勝負（ストーリー）として面白みに欠ける〔西尾維新「零崎双識の人間試験」2004〕

【S（ストーリー）】漫画 自作のRPG・S（ストーリー）〔日渡早紀「未来のうてな 1」1995(巻末解説)〕◆女子中高生の手紙には、「話変わって」と書く代わりに「話/変」「は/か」「H/K」、さらには「S/C」(ストーリーチェンジ)などと書かれることあり。

ストーリーテラー [storyteller]

【当代一の名手（ストーリーテラー）】広告 当代一の名手（ストーリーテラー）が描く、生と愛の物語。〔「読売新聞」2010年4月1日〕

ストール [stole]

【巻き（ストール）】広告 おしゃれな人は〝巻き（ストール）〟ワザの達人〔「読売新聞」2009年12月1日(Domani)〕

ストーンサークル [stone circle]

【遺 跡（ストーンサークル）】漫画 本物の遺 跡（ストーンサークル）を真似たもの〔さとうふみや「金田一少年の事件簿 26」(金成陽三郎)1997〕

ストーンヘンジ [Stonehenge]

【巨石群（ストーンヘンジ）】漫画 この巨石群（ストーンヘンジ）に奇跡が起こると〔由貴香織里「ストーンヘンジ」1993〕

【石舞台星七変化（ストーンヘンジ）】公演名 夢の遊眠社「石舞台星七変化（ストーンヘンジ）」1986

ストックホルム [Stockholm]

【須徳保留武（ストックホルム）】古/【士篤恒（ストックホルム）】辞書

ストップ [stop]

【後退（ストップ）】小説 完了を告げて後退（ストップ）していた〔菊地秀行「魔界都市ブルース 夜叉姫伝 4」1990〕

ストライカー [striker]

【打者(ストライカー)】古 1896年〈紀田順一郎「図鑑日本語の近代史」1997〉

【打撃系(ストライカー)】漫画〈猿渡哲也「TOUGH 2」2004〉

ストライク [strike]

【正球(ストライク)】古 戦時中の英語禁制でストライクは正球に。〈惣郷正明「辞書漫歩」1987〉

【本球(ストライク)】古 ストライクは本球に。1943年〈井上ひさし「ニホン語日記」1996〉❖敵性語とされ、「よし一本」などと言い換えられたともいう。

【内(ストライク)】漫画 外(ボール)・内(ストライク)ときたから最後の外(スクリュー) 生かすために〈ひぐちアサ「おおきく振りかぶって 10」2008〉

【S(ストライク)】野球 ❖SBOの順が世界の趨勢に合わせてBSOに変わりつつある。

その他 ど真ん中(ストライク) 漫画

ストライプ [stripe]

【縦縞(ストライプ)】小説 極細の白い縦縞(ストライプ)の入った〈清涼院流水「カーニバル 二輪の草」2003〉

ストラテジー [strategy]

【策略(ストラテジー)】論文 寓意やたとえ話には用いえない 策略(ストラテジー)である〈内山和也「隠喩が意味を失うとき」2002〉

【陰謀(ストラテジー)】映画題名「名探偵コナン 水平線上の陰謀(ストラテジー)」2005 ❖日本語教育では学習方略、戦略など訳されることもある。

ストリート [street]

【街(ストリート)】映画題名「劇場版名探偵コナン ベイカー街(ストリート)の亡霊」2002
漫画 街(ストリート)でひたすら技を磨きあう〈大暮維人「エア・ギア 5」2004〉
漫画題名 山本ルンルン「オリオン街(ストリート)」2002～2004

【通り(ストリート)】広告 エイリアン通り(ストリート)〈日渡早紀「ぼくの地球を守って 2」1987（巻末）〉
漫画 昨夜ベイカー通り(ストリート)で女性の他殺体が〈松川祐里子「魔術師 3」1997〉

【St.(ストリート)】漫画 ロンドン・エドワード St.(ストリート)〈松川祐里子「魔術師 3」1997〉

【S(ストリート)】漫画 S(ストリート) 美術(アート)〈尾田栄一郎「ONE PIECE 34」2004〉

その他 辻音楽隊(ストリート・ミュージシャン) 書籍

ストリートファイト [street fight]

【路上喧嘩(ストリートファイト)】漫画 路上喧嘩(ストリートファイト)では敵なしだが〈大暮維人「エア・ギア 4」2003〉

【喧嘩(ストリート・ファイト)】漫画 喧嘩(ストリート・ファイト)の掟〈森川ジョージ「はじめの一歩 44」1998〉

ストリップ [strip]

【素取布(ストリップ)】民間 素取布(ストリップ)劇場 △△館〈1952 目〉

【脱衣舞】中国〈1958 目〉❖中国では、ストリップショーは脱衣舞表演。発音を加味して四脱舞(スートゥオウー)とも。

【娊(ストリップ)】創作 のれんの手作り漢字〈斎賀秀夫「漢字と遊ぶ」1978〉

ストリング [string]

【弦(ストリング)】書籍 弦(ストリング)をはじく〈と学会+α「トンデモ音楽(ミュージック)の世界」2008〉／弦理論(ストリング・セオリー)およびそれが発展した超弦理論(ストリング・セオリー)というものがある〈同〉

【糸(ストリング)】漫画 糸(ストリング) ヨーヨー〈「コロコロコミック」2010年5月〉

ストレイシープ [stray sheep]

【迷羊(ストレイシープ)】小説 三四郎は何(なん)とも答(こた)へなかつた。たゞ口(くち)の内(うち)で迷羊(ストレイシープ)、迷羊(ストレイシープ)と繰返(くりかへ)した〈夏目漱石「三四郎」1908〉

ストレート [straight]

【直球(ストレート)】漫画 これが オレの直球(ストレート)だ!!〈「コロコロコミック」2008年11月〉

【決め球(ストレート)】漫画 1打席目の〝イキナリ決め球(ストレート)〟よりは冷静だな〈ひぐちアサ「おおきく振りかぶって 12」2009〉／決め球(ストレート)でくる〈ひぐちアサ「おおきく振りかぶって 13」2009〉

*【左一本突(ストレートレフト)】古 左一本突(ストレートレフト)が〈1930 俗〉

ストレートグレーン [straight grain]

【柾目模様(ストレート・グレーン)】小説 みごとな柾目模様(ストレートグレーン)の

〔開高健「パニック」1957〕

ストレス [stress]

【問題(ストレス)】 歌詞 一人前に問題(ストレス)溜め込んで〔水樹奈々「JET PARK」2003〕

【恐怖(ストレス)】 漫画 こいつに最大の恐怖(ストレス)を与えてたんだよ〔藤崎聖人「WILD LIFE 4」2003〕

ストレンジャー [stranger]

【異邦人(ストレンジャー)】 書名 神坂一「日帰りクエスト なりゆきまかせの異邦人(ストレンジャー)」1993

漫画題名 種村有菜「時空異邦人(タイムストレンジャー) KYOKO 1」2001

漫画 桃華異邦人(フラワーストレンジャー) KAREN〔種村有菜「時空(タイム)異邦人(ストレンジャー) KYOKO 2」2001〕❖主人公の親友。

【放浪者(ストレンジャー)】 書名 あさぎり夕「無口な放浪者(ストレンジャー)」2002

【人ならざる魂を持つ者(ストレンジャー)】 小説〔安井健太郎「ラグナロク EX. BETRAYER」1999〕

すな [砂]

【沙(すな)】 雑誌〔「芸術新潮」1994年12月〕❖沙漠が砂漠に変わったことでオアシスの意味が消えてしまったと嘆く声もある。人名では、「沙」はサの音で女性の名に人気が出た。

スナイパー [sniper]

【狙撃者(スナイパー)】 漫画〔さいとうたかを「ゴルゴ13 104」1997〕

【狙撃手(スナイパー)】 曲名 国生さゆり「星屑の狙撃手(スナイパー)」(秋元康)1987

パンフ 蘭の瞳に隠された狙撃手(スナイパー)を捜せ!〔「劇場版名探偵コナン 瞳の中の暗殺者」2000〕

すなお [素直]

【正直(すなお)】 書名 若葉ひらり「正直(すなお)なココロ〜想いをカタチに〜」2008

【丸(すなお)】 姓〔紀田順一郎「日本語大博物館」2001〕

【愛(すなお)】 歌詞 誰もがこんなに 素直になりたい 愛(すなお)に気がつくの?〔TWO-MIX「Summer Planet No.1」(永野椎菜)1997〕

その他 **順当(すなお)** 古 / **淳(すなお)** 人名

スナック [snack]

【店(スナック)】 漫画〔宇佐美真紀「キャラメルミルクティー」2003〕❖ルビで語を特定、漢字で字義を限定。

スナッフムービー [snuff movie]

【殺害動画(スナッフ・ムービー)】 漫画

すなわち [即ち・則ち・乃ち] 漢文で区別。

【迺ち(すなわち)】 書籍〔府川充男「印刷史/タイポグラフィの視軸」2005〕

ずぬける [ず抜ける]

【頭抜ける(ずぬける)】【図抜ける(ずぬける)】 辞書

スネークバイト [snake bite]

【蛇咬(スネークバイト)】 漫画 肉体をも引き裂く「蛇咬(スネークバイト)」という特殊能力を持つ〔綾峰欄人「GetBackers 奪還屋 23」(青樹佑夜)2003〕❖技の名。

すねごしねじこ

【子子子子子子(すねごしねじこ)】 漫画〔高橋由紀「われら混線合唱団」1989〜1994〕❖登場人物名。→ねこのこねこ(子子子子子子)

スノー [snow]

【雪(スノー)】 歌詞 化学雪(ケミカルスノウ)ノスタルジック〔ALI PROJECT「Virtual Fantasy」(宝野アリカ)1994〕

漫画 わたしのかわいい雪の踊り子(スノー・ダンサー)たち〔武内直子「美少女戦士セーラームーン 11」1995〕

***【粉雪(スノーシャワー)】** 小説 滑り落ちてくる粉雪(スノーシャワー)のために〔森村誠一「殺意の接点」2001〕

***【雪舞姫(スノーラント)】** 書名 折原みと「白の雪舞姫(スノーラント)」1998

***【白雪姫(スノーホワイト)】** 詩 ❖韓国の人の姓名に「白雪姫」があるという。

スパ [spa] 温泉。

【銭湯(スパ)】 新聞

スパー [spar]

【組手(スパー)】 漫画 組手中(スパー)だぜ〔大暮維人「天上天下 9」2002〕

スパークリング [sparkling]

【毛魂(スパークリング)】 漫画 毛魂(スパークリング)まで破壊しつくす〔「週刊少年ジャンプ」2004年48号〕

スパークル [sparkle]

【火花(スパークル)】 (小説) 無電室では受信機が時々小さい、青白い火花(スパアクル)を出して、しきりなしになっていた。〔小林多喜二「蟹工船」1929〕

スパーリング [sparring]

【練習試合(スパーリング)】 (小説) プロボクサーの練習試合(スパーリング)相手〔清涼院流水「カーニバル 一輪の花」2003〕

スパイ [spy]

【密偵(スパイ)】 (小説)〔茅田砂胡「舞闘会の華麗なる終演－暁の天使たち 外伝1」2004〕

【間諜(スパイ)】 (小説) 任務に失敗した間諜(スパイ)が〔伊坂幸太郎「陽気なギャングが世界を回す」2006〕

❖「諜」は改定常用漢字表に候補となった字。

【S(スパイ)】 (小説) Sに仕立てる〔南英男「腐蝕」1999〕(集)

スパイス [spice]

【香辛料(スパイス)】 (小説) 塩とか香辛料(スパイス)とかって〔神坂一「日帰りクエスト なりゆきまかせの異邦人(ストレンジャー)」1993〕

その他 漢方(スパイス)・薬味(スパイス) (WEB)

スパイラル [spiral]

【螺旋(スパイラル)】 (広告) 果てなき運命の螺旋(スパイラル)〔荒川弘「鋼の錬金術師 14」2006〕

すばしこい すばしっこい。

【敏捷(すばしっこく)】 (古) 敏捷すばしツこく〔1902〕(俗)

その他 素敏い(すばしこ) (辞書)

ずばぬける [ずば抜ける]

【頭破抜ける(ずばぬ)】 (古) ❖図抜ける、頭抜けるの「ず」は接頭語。

すばらしい [素晴らしい]

【す薔薇しい(ばら)】 (小説)〔柳瀬尚紀訳「フィネガンズ・ウェイク III IV」1993〕

(WEB) す薔薇しき〔園芸のページ〕❖もじり。

その他 可感い(すばらし) (古)

すばる [昴]

【昂(すばる)】 (誤字) ❖誤植多し。人名にもあるが、意外と気づかれなかったか。

【昴宿(すばる)】 (書籍)〔長野まゆみ「ことばのブリキ罐」1992〕

スピ スピリット・スピリッツの略。

【魂(スピ)】 (漫画) フル魂(スピ)〔「週刊少年ジャンプ」2004年5月24日(Mr. FULLSWING)〕

スピーチ [speech]

【説教(スピーチ)】 (書籍)〔杉本つとむ「近代日本語の成立と発展」1998〕

*【言語治療士(スピーチ・セラピスト)】** (書籍)〔井上ひさし「自家製文章読本」1984〕

スピード [speed]

【速さ(スピード)】 (漫画)〔尾田栄一郎「ONE PIECE 19」2001〕

【風速(スピード)】 (漫画) お前達の風速(スピード)はもう掴んだ〔和月伸宏「武装錬金 2」2004〕

【覚醒剤(スピード)】 (雑誌)〔「山と溪谷」1994年5月〕

その他 周波数(スピード) (歌詞)／速度(スピード) (WEB)

*【最速の男(スピード・キング)】** (小説) 最速の男(スピード・キング)は誰だ!?〔安井健太郎「ラグナロクEX. BETRAYER」1999〕

スピリチュアルアタック [spiritual attack]

【精神的攻撃(スピリチュアルアタック)】 (漫画)〔尾田栄一郎「ONE PIECE 8」1999〕

スピリッツ [spirits]

【魂(スピリッツ)】 (アニメ題名)「B(ビー)－伝説(レジェンド)！ バトルビーダマン 炎魂(ファイヤースピリッツ)」2005〕

(曲名) 小坂りゆ「大和撫子 魂(スピリッツ)」2006〕

スピリット [spirit]

【魂(スピリット)】 (新聞) もの作り魂(スピリット)〔「朝日新聞」2008年11月1日〕

【精神(スピリット)】 (書名) 柳田邦夫「ジャーナリスト精神」1991〕

【人生観(スピリット)】 (広告) いま、人生観(スピリット)のある女性(ひと)が美しい〔「読売新聞」2009年6月30日〕

スピン [spin]

【回転(スピン)】 (漫画) それにあの回転(スピン)がかかったボールに気づいてないし〔寺嶋裕二「GIANT STEP 1」2002〕／超速回転(ちょうそくスピン)したヨーヨーが

〔「コロコロコミック」2010年5月〕

スフィンクス ［Sphinx］
【獅子女（スフィンクス）】 小説 〔夏目漱石「虞美人草」1907〕
新聞 ぼくがそのクイズ番組で知った一番むずかしい当て字は「獅子女」です。「スフィンクス」と読むそうです。これが一発で読める人はすごいです。〔「朝日新聞」2009年12月27日〕❖10歳の小学生の投書。

スプーン ［spoon］
【匙（スプーン）】 漫画 銀の匙（スプーン）でひとまぜすると〔山田南平「紅茶王子 2」1997〕

ずぶとい
【図太い（ずぶとい）】 辞書 ［ず太い］

スプリング ［spring］ ばね、はつじょう。
【発条（スプリング）】 詩 桿杆……発条（スプリング）〔細井和喜蔵「作業機械」1925〕

スプリンター ［sprinter］
【短距離選手（スプリンター）】 漫画 〔村田雄介「アイシールド21 1」（稲垣理一郎）2002〕

すべ ［術］
【術（すべ）】 詩 脱るべき術（すべ）もあらじかし。〔萩原朔太郎「帰郷 昭和四年の冬、妻と離別し二児を抱へて故郷に帰る」1934〕
漫画 あれが彼の彫刻だと知る術（すべ）など・・・〔青山剛昌「名探偵コナン 6」1995〕
【手段（すべ）】 書籍 知る手段（すべ）はいくらでもあった〔山口百恵「蒼い時」1980〕
【技術（すべ）】 漫画 大切な奴守る技術（すべ）くらい〔藤崎聖人「WILD LIFE 2」2003〕
歌詞 かの〝夫人〟もいなけりゃ 完治（なお）せる技術（すべ）がない〔みっくす JUICE「The IJIN-DEN～天才の法則」（六月十三）2003〕

スペア ［spare］
【予備（スペア）】 小説 予備弾倉（スペア・マグ）を一本取り出した〔菊地秀行「白夜サーガ 魔王星完結編」1996〕／予備（スペア）キイを借りました〔森村誠一「殺意の接点」2001〕

スペイン ［Spain］
【西班牙（スペイン）】 小説 西班牙（スペイン）の〔平野啓一郎「日蝕」2002〕❖西班牙はスペインないしスペイン語によるイスパニア（ヤ）の音訳。

スペース ［space］ SPとも。
【空間（スペース）】 漫画 超空間（ハイパースペース）を通る超光速航法のこと〔義仲翔子「ロスト・ユニバース 2」（神坂一）1999〕
広告 時間（ゆとり）と空間（スペース）を贅沢に愉しむ……〔「読売新聞」2009年6月19日〕
【宇宙（スペース）】 漫画 あたしの宇宙少年（スペースマン）〔武内直子「美少女戦士セーラームーン 11」1995〕／宇宙剣乱風（スペース・ソードブラスター）！〔武内直子「美少女戦士セーラームーン 11」1995〕❖技の名前。
アニメ題名 「宇宙交響詩（スペースシンフォニー）メーテル 銀河鉄道999外伝」2004
曲名 中原めいこ「宇宙恋愛（スペース・ファンタジー）」1985
*【銀河狼（スペースウルフ）】 曲名 アイ高野「銀河狼（スペースウルフ）」（山川啓介）1985

スペースシャトル ［space shuttle］
【宇宙船（スペースシャトル）】 歌詞 あの〝兄弟〟がやらなきゃ宇宙船（スペースシャトル）もない〔みっくす JUICE「The IJIN-DEN～天才の法則」（六月十三）2003〕

スペード ［spade］ ハートマークがJISにないと一部で不評であったが、JIS第3・4水準でスペード・ダイヤ・クラブなどと合わせ白・黒ともに採用された。
【不吉（スペード）】【静寂（スペード）】 小説 不吉（スペード）の英雄と静寂（スペード）の兵隊に相対した〔西尾維新「ダブルダウン勘繰郎」2003〕

すべからく ［須く］
【須（すべからく）】【応（すべからく）】 古

スペキュレイティヴ ［speculative］
【思弁（スペキュレイティヴ）】 新聞 科学にして思弁（スペキュレイティヴ）でもある虚構（フィクション）、つまりSF的な手法を〔「読売新聞 夕刊」2010年2月13日〕

スペクタクル ［spectacle］

【冒険(スペクタクル)】漫画 壮大な冒険(スペクタクル)浪漫(ロマン)がキミを待ってるぞ!!!〔藤崎聖人「WILD LIFE 1」2003〕

ずべこう［ずべ公］

【女不良(ずべこう)】書籍 女不良(ズベコウ)の名が〔山平重樹「愚連隊列伝モロッコの辰」1990 集〕

スペシャリスト［specialist］

【専門家(スペシャリスト)】漫画 潜入工作の専門家(スペシャリスト)〔「週刊少年サンデー」2004年48号(D-LIVE!!)〕

【裏稼業(スペシャリスト)】漫画 裏稼業(スペシャリスト)の方でもいい〔松川祐里子「魔術師 3」1997〕

【競売人(スペシャリスト)】TV〔BS朝日の韓国ドラマ 2009年3月19日9時台〕

【なんでも屋(スペシャリスト)】漫画 仕事を失敗したなんでも屋(マルチスペシャリスト)〔松川祐里子「魔術師 3」1997〕

◆「なんでも屋」も。

スペシャル［special］

【特別(スペシャル)】漫画 特別短編(スペシャルショート)収録〔冴凪亮「よろず屋東海道本舗 5」2001(裏表紙)〕／君たちの特別(スペシャル)コーチだ〔大暮維人「天上天下 9」2002〕

【SP(スペシャル)】漫画 SP(スペシャル)版を大特集〔「週刊少年ジャンプ」2004年10月11日(アニ基地)〕

雑誌 コンビ履歴書イッキ見せSP(スペシャル)〔「お笑いポポロ」2008年11月〕

曲名 SMAP「この瞬間、きっと夢じゃない 紅白SP」〔「紅白歌合戦」2008年12月31日〕

番組名「スティッチ！バレンタインSP」〔「読売新聞 夕刊」2010年2月9日〕

【酢ぺシャル(スペシャル)】雑誌 今日は酢(ス)ペシャルちらし。〔「すてきな奥さん」1994年4月〕◆しゃれ。

その他 特製(スペシャル) 漫画

*【異種格闘技戦(スペシャルマッチ)】漫画 異種格闘技戦(スペシャルマッチ)の成立だ〔板垣恵介「グラップラー刃牙 1」1992〕

すべすべ［滑滑］

【滑沢(すべすべ)】古 滑沢(すべ〴〵)〔宇田川榕菴「植学啓原」1834〕

スベタ［(ボルトガル) espada］

【淫婦(すべた)】古〔内田魯庵「社会百面相」1902 俗〕

【尻軽(すべた)】古 尻軽(スベタ)野郎〔「上等ポンチ第四編」1906年11月15日 集〕

【醜女(すべた)】小説 醜女(すべた)が情人を探しは〔泉鏡花「婦系図」1907 集〕

【素帯(すべた)】古〔「東京語辞典」1917 隠〕

スペック［spec ← specification］

【性能(スペック)】小説 機械の性能(スペック)が進化したぶんだけ〔清涼院流水「カーニバル 一輪の花」2003〕

【戦闘能力(スペック)】漫画 ベビーフェイスのA・Tの戦闘能力(スペック)は〔大暮維人「エア・ギア 4」2003〕

すべて［全て］

一般的にしばしば見られる訓で、改定常用漢字表(答申)に入った。

【惣て(すべて)】古〔1902 俗〕

【凡て(すべて)】広告〔奥山益朗「広告キャッチフレーズ辞典」1992〕

【総て(すべて)】歌詞 アナタがアタシの総てを変えたわ〔REBECCA「76th Star」(NOKKO・沢ちひろ)1985〕

広告〔奥山益朗「広告キャッチフレーズ辞典」1992〕

漫画〔由貴香織里「ルードヴィッヒ革命」2004～2007〕

【渾て(すべて)】小説 作業は渾(すべ)て水泡に帰す〔平野啓一郎「日蝕」2002〕◆唐詩などにも。

【全部(すべて)】小説 どっちでもないんだ 全部(すべて)〔芝中学校文芸部「天晴れ20号」1999〕

【運命(すべて)】歌詞 運命(すべて)をかけられるもの〔大黒摩季「永遠の夢に向かって」1994〕

【孤独(すべて)】歌詞 孤独(すべて)抱えて人込みの中〔Sowelu「Glisten」(Adya)2003〕

【過去(すべて)】歌詞 僕たちは そう 過去(すべて)をごまかさず受けとめていくと誓うんだ！〔愛内里菜「Run up」2001〕

その他 都而(すべて)・都(すべて) 古／都合(すべて)・諸(すべて) 聖書／一生(すべて) 漫画

すべらか［滑らか］

【滑らか(すべ)】TV CMで「すべらかな肌」とナレーション。◆辞書にも載る読みだが、

「なめらか」なのに漢字を読み間違えている人もいるのではなかろうか。

すべりこむ［滑り込む］
【辷り込む】(すべりこむ) 雑誌〈「小説新潮」1994年6月〉
【潜り込む】(すべりこむ) 歌詞 ベッドに潜(すべ)り込んでは〈林原めぐみ「Going History」(有森聡美)1995〉

すべる［滑る・辷る・退る］
【辷】(すべる) 古 ❖「地辷り」など。
【滑】(すべる) 笑話 ❖中国で王安石が字解に凝り、「波」は水の皮だというと、蘇東坡はそれならば「滑」は水の骨なのかと反論した。
【退る】(すべる) 歌詞 今のあたしだったらあなたと退(すべ)らずに済む様な気がする〈椎名林檎「すべりだい」2008〉

スペル［spell］
【呪文】(スペル) 歌詞 奇跡を呼ぶ呪文(スペル)〈鵜島仁文「FLYING IN THE SKY」1994〉／君に呪文(スペル)を君だけに〈植田佳奈「恋は本気魔法☆レンタルマギカ」(吉田音)2008〉
漫画〈尾田栄一郎「ONE PIECE 33」2004〉
【禁句】(スペル) 広告 逆怨みで言い渡された「禁句(スペル)」〈「読売新聞 夕刊」2009年11月6日(映画「スペル」)〉
その他 **綴り**(スペル) 小説

スペルム スペルマ(ラテン sperma)。
【精液】(スペルム) 小説 陽物は精液(スペルム)を以て〈平野啓一郎「日蝕」2002〉❖→ザーメン(精液)

スポイル［spoil］
【台なしに】(スポイル) 小説 自分の手柄と勘違いして台なしに(スポイル)されることはなかった〈清涼院流水「カーニバル 一輪の花」2003〉

スポーツ［sports］
【競技】(スポーツ) 辞書〈杉本つとむ「語源海」2005〉
【S】(スポーツ) 漫画 W(ウィンター)・S(スポーツ)といえば〈中条比紗也「花ざかりの君たちへ 12」1999〉
その他 **遊戯**(スポルト) 古／**SP**(スポーツ) 民間

スポット［spot］
【名所】(スポット) 漫画 新しい観光名所(スポット)だ〈藤崎聖人「WILD LIFE 4」2003〉

ずぼら
【放埒】(ずぼら) 古 放埒(ズボラ)で〈内田魯庵「社会百面相」1902 俗〉
【寿保羅】(ずぼら) 店名〈「読売新聞」2009年12月23日〉

ズボン フランス語 jupon からか。
【大股引】(ズボン) 古「世界婦女(おんな)往来」ヅボン(大股引)〈惣郷正明「辞書漫歩」1987〉
【洋袴】(ズボン) 小説 亀甲洋袴(かめのこづぼん)〈二葉亭四迷「浮雲」1887～1890〉
その他 **袴**(ズボン) 古

スホンキース スポンジのこと。
【私奔牛私】(スホンキース) 古〈杉田玄白「解体新書」1774〉

スポンサー［sponsor］
【後見人】(スポンサー) 漫画 後見人(スポンサー)としてあのスミス＝グラントが〈松川祐里子「魔術師 7」1999〉
【依頼人】(スポンサー) 漫画題名 たがみよしひさ「依頼人(スポンサー)から一言」1984〉
【後援】(スポンサー) 漫画〈天獅子悦也「むこうぶち 23」2008〉

スマ SMAP(スマップ)のこと。「素地図(スマップ)」とも。
【須磨】(すま) WEB

すまい［住まい］
【住居】(すまい) 小説 新らしい住居(すまい)の心持は〈夏目漱石「こころ」1914〉❖動詞「住まう」の連用形による名詞「住まい」への当て字。
漫画〈石ノ森章太郎「マンガ日本の古典 古事記」1994〉
【家・庭】(すまい) 広告 これが〈家・庭(すまい)〉です〈某団地の車内広告 1967 目〉
【巣まい】(すまい) 誤植 婦人雑誌に住まいを巣まい。〈井上ひさし「自家製文章読本」1984〉

スマイル［smile］
【微笑み】(スマイル) 雑誌 殺人の微笑み(キラー・スマイル)〈「女性自身」2004年10月26日〉
【笑顔】(スマイル) 歌詞〈きただにひろし「麦わらのジョリーロジャー」(藤林聖子)2000〉

すまし［澄まし・清し］

【澄水】【清汁】 古

スマテオロジカ ［ラテン Summa Theologica］

【神学大全】 小説 神学大全にでもしがみついているだろう〔遠藤周作「白い人」1955〕

スマトラ ［Sumatra］

【蘇門】 漢詩 森鷗外は蘇門と記した。中国語の音訳の下略〔陳生保「中国と日本―言葉・文学・文化」2005〕

その他 **蘇門答剌** 辞書

スマロ スマル。

【四馬路】 歌詞 夢の四馬路か ホンキュの街か〔ディック・ミネ「夜霧のブルース」(島田磬也)1947〕／夢の四馬路の 霧降る中で〔津村謙「上海帰りのリル」(東條寿三郎)1951〕◆「馬路」は中国では大通りの意。日本では変換辞書に地名としてあるために、「まじ(め)」の当て字とされるようになってきた。

【四川路】 歌詞 上海の 夢の四川路の 街の灯〔ディック・ミネ「上海ブルース」(北村雄三)1939〕

すみ ［隅］

【片隅】 歌詞 銀河の片隅で息をひそめて〔菊池桃子「アイドルを探せ」(売野雅勇)1987〕

すみ ［墨］

【刺青】 書籍 刺青、いれてんのか〔別冊宝島編集部「ムショの本」1992 集〕◆入れ墨。

小説 背中に刺青しょってたら〔南英男「監禁」1995 集〕

すみ

【寿美】 人名 寿美子 恐らく宛字の類。〔築島裕「宛字考」(「言語生活」1960年7月)〕◆意味が個々にある程度盛り込まれ、漢字がそれを反映していることもある。

すみか ［住み処］

【栖】 アルバム名 さだまさし「季節の栖」1999

【棲み処】 新聞 私の終の棲み処〔「読売新聞」2009年2月7日〕／「終の棲み処」としての関心が高まっている有料老人ホームで〔「読売新聞」2009年12月18日〕◆老人ホームについては表記を「終の棲処」と決めたか。ATOK17では「終の棲家」と出る。

【棲家】 歌詞 愛がもともと 涙の棲家だから〔大信田礼子「同棲時代」(上村一夫)1973〕

広告「終の棲家」見極める7つのポイント〔「読売新聞」2010年3月7日(婦人公論)〕

【住処】 曲名 MY LITTLE LOVER「SUMIKA(住処)」(小林武史)2004

新聞 死後の住処〔「読売新聞」2010年4月16日〕

【住居】 漫画 終の住居〔天獅子悦也「むこうぶち 24」2009〕

【洞穴】 書籍〔大久保博訳「完訳 ギリシア・ローマ神話」1970〕

その他 **棲居** 古／**棲・住家** 辞書／**居住区・自宅** WEB

スミス ［Smith］

【須美寿】 島名 須美寿島(すみすとう、すみすじま)◆伊豆諸島の島(Smith Island)。

すみだ

【墨田】【隅田】【角田】【澄田】【住田】 地名

◆隅田川の雅称「墨水」から「墨田」。古くから隅田、墨田、角田、澄田、住田などと書かれた。

【阝禺田】 誤字 阝禺田川〔蛇蔵&海野凪子「日本人の知らない日本語 2」2010〕◆外国人の筆跡。

すみつく ［住み着く］

【巣みつく】 新聞 ハト巣みつく(見出し) 本文では「住みつく」〔「北海道新聞 夕刊」1964年10月19日〕◆語源に沿っているとの評も。

すみれ ［菫］

【菫々菜】 古

すみれいろ ［菫色］

【菫模様】 歌詞 街並 菫模様 人波の中に〔渡

辺徹「愛の中へ」（大津あきら）1982〕

すむ［住む］

【棲む】歌詞 鳥が棲む〔杉田かおる「鳥の詩（うた）」（阿久悠）1981〕／ひとりで棲む部屋に戻れば〔寺尾聰「季節風」（有川正沙子）1986〕／もう記憶から消えた日にこの生命棲んでたからね〔菊池桃子「アイドルを探せ」（売野雅勇）1987〕❖「同棲」のイメージを表現することあり。「住む」よりこのニュアンスを好む人あり。地名では「捿」の異体字「栖」を使った「鳥栖（とす）」がある。

書名 佐藤雅美「魔物が棲む町」2010 ❖棲息・生息。

TV ホタルが棲む渋谷〔2010年2月20日 CMテロップ〕

すむ［澄む］

【清む】論文 呉音は濁り漢音は清むという一般化は〔鳩野恵介「漢和辞典における慣用音の規範」2008〕❖読みは「すむ」という。清濁。

すめら

【皇】人名 左京 源 皇（みなもとのすめら） ❖競輪選手で「左京」が姓、「源皇」が名。

すめらぎ［天皇］

【皇】姓 姓で皇（スメラギ） 戦時中、困ったということだ。〔平島裕正「日本の姓名」1964〕

すめらみこと［天皇・皇尊］

【天 皇】書籍 天皇の和訓はスメラミコト〔平川南「日本の原像」2008〕

漫画〔石ノ森章太郎「マンガ日本の古典 古事記」1994〕

【主明楽美御徳】古 玄宗皇帝から聖武天皇へ贈られた「日本国王に勅するの書」（張九齢『曲江文集』巻七）「天皇」を用いず、華夷思想の中、明らかに好字を選んでいる。その冒頭に「日本国王主明楽美御徳に勅する」。〔WEB〕

*【帝 紀】（すめらみことのふみ）古 帝紀（スメラミコトノフミ／ミカトノフミ）

すめろぎ［天皇］→おおきみ

【天皇】書名 加治将一「舞い降りた天皇（すめろぎ）」2008

すもう［相撲］

【相撲】政策 現代社会で普通に行われているもので、当用漢字音訓表に採られていない例〔国語審議会「国語の改善について」1963〕

【相模】誤読 東海大相模を「とうかい大ずもう」と読んだヤツがいた・・・。〔WEB〕 ❖車の相模ナンバーが「すもうナンバー」と揶揄されることがあるという。

【角力】小説 独り角力（ずもう）に終ってしまうのだ。〔小林多喜二「党生活者」1932〕

新聞 牛角力（ずもう）〔「読売新聞」2009年5月11日（四季欄）〕

その他 角抵（すもう）古

スモーク［smoke］

【煙幕】小説 煙幕（スモーク）だ〔菊地秀行「魔界都市ブルース 夜叉姫伝 4」1990〕

【薫製】メニュー シュレンケラ薫製（スモーク）ヴァイツエン〔「BADEN-BADEN」新潟県長岡 2005〕 ❖ビールの名前。「燻製」を「薫製」と書くのは戦後の代用といわれるが、「薫」も戦前よりこれらの表記に見られ、むしろ「燻」より古いケースもある。

スモール［small］

【S】雑誌 SF（スモールフォワード）は〔「東京ウォーカー」2004年10月26日〕

スモッグ［smog］

【毒霞】新聞「スモッグを毒霞（どくかすみ）とも呼ばんとす」（佐藤春夫）。毒霞を東アジアの風景にしないためには、国境を越えた知恵が要る。〔「読売新聞」2005年1月27日〕

スライス［slice］

【切肉】漫画 〝切肉（スライス）〟〔「週刊少年ジャンプ」2004年5月24日（ONE PIECE）〕❖技の名前。

スライダー［slider］

【逆(スライダー)】漫画 逆(スライダー)!?〔ひぐちアサ「おおきく振りかぶって 12」2009〕❖予測と逆の変化球。

スライド [slide]

【滑り(スライド)】小説 滑り(スライド)しはじめると同時に〔菊地秀行「魔界都市ブルース 夜叉姫伝 4」1990〕

【遊底(スライド)】小説 拳銃の遊底(スライド)は〔菊地秀行「魔界都市ブルース 夜叉姫伝 4」1990〕

ずらかる

【摺(ずらかる)】古 無銭飲食 破獄逃走 贓品を処分すること〔1935 隠〕

スラッガー [slugger]

【強打者(スラッガー)】広告 高校球界No.1の強打者(スラッガー)・明和一の橘英雄は〔青山剛昌「名探偵コナン 6」1995(巻末)〕

【打撃王(スラッガー)】漫画〔佐野隆「打撃王(リトルスラッガー) 凜 1」2004〕
❖同書に「打撃王」も。

スラッシュ [slash]

【／(スラッシュ)】漫画 ／(スラッシュ)くんだよな〔秋本治「こちら葛飾区亀有公園前派出所 126」2001〕❖人名。「彼／彼女」のような英語風の表記も増えている。飛行場や飛行機の雑誌では「成田／香港」といった表記が行われることがある。改行を示す場合は一般に「／」。

その他 斬撃(スラッシュ) ゲーム

スラム [slum]

【貧民街(スラム)】漫画 この貧民街(スラム)はイシュヴァールゆかりの〔荒川弘「鋼の錬金術師 4」2003〕

小説 貧民街(スラム)に〔清涼院流水「カーニバル 二輪の草」2003〕

【巣乱(スラム)】小説 ❖都築道夫「なめくじ長屋」シリーズなどに。

スラング [slang]

【俗語(スラング)】小説 俗語(スラング)らしい単語も〔清涼院流水「カーニバル 二輪の草」2003〕

新聞 擬古文、漢字、現代の俗語(スラング)がまぜ合わされた原典〔「読売新聞」2008年11月11日(尾崎真理子)〕

すり [掏摸・掏児]「スリ」とも。

【掏摸(すり)】古 掏摸(すり)スル者ヲ〔京都府警察部「日本隠語集」1892 集〕❖中国では「犇手(パーショウ)」「扒手(パーショウ)」。

小説 掏摸(すり)の入門道場と〔森村誠一「死紋様」1979 集〕

【摺(すり)】書名 中村文則「掏摸(スリ)」2009

ずり

【摺(ずり)】古 棚摺(たなずり) 店掏摸〔1915 隠〕

鉱山から掘り出された岩石、土砂や廃石の北海道での呼称。九州では「ぼた」。

【砰(ずり)】【研(ずり)】【硐(ずり)】辞書 ❖見坊豪紀『ことばの遊び学』では「研」、『辞書をつくる』では「ソ」の部分の形が少し異なり、『'60年代 ことばのくずかご』では「砰」。ぼたには「硬」も。

スリー [three]

【三(スリー)】歌詞 一(ワン)、二(ツー)、三(スリー)、四(フォー) ポプラがゆれる〔美空ひばり「私のボーイフレンド」(門田ゆたか)1950〕❖アラビア数字だと違和感がない。

【3(スリー)】漫画題名 手塚治虫「W3(ワンダー・スリー)」1965〜1966

新聞 V3セール開幕〔「読売新聞」2009年9月24日〕／逆転3ランを〔「読売新聞」2010年5月19日〕

店名 鳥忠3(とりちゅうスリー)〔レストラン〕

【Ⅲ(スリー)】新聞 パートⅢが放映されました。〔「読売新聞」2010年3月9日〕

【惨(スリー)】漫画 No.惨(スリー)〔松本大洋「ナンバーファイブ 吾」2000〜2005〕❖登場人物名。

【3回戦(スリー)】歌詞 3(スリー)回戦、4(フォー)回戦、5(ファイブ)回戦〔Gackt「小悪魔ヘヴン」(Gackt. C)2009〕

*【999(スリーナイン)】漫画題名 松本零士「銀河鉄道999(スリーナイン)」1977〜1981

小説 999みたいに〔清涼院流水「カーニバル 二輪の草」2003〕❖ラーメン店には「珍珍珍」で「さんちん」があった。

スリーアウト [three outs]

【3死(スリーアウト)】書籍 2死(ツーアウト) 3死(スリーアウト)〔宇佐美徹也「プロ野球記録大鑑」1993〕

スリーディー [← three-dimensional]
【立体(3D)】 小説 立体音(3D)響ってやつか?〔清涼院流水「秘密室ボン」2002〕
【3D(スリーディ)】 書籍 3D(スリーディ)コミック〔うみのさかな&宝船蓬莱「うみのさかな&宝船蓬莱の幕の内弁当」1992〕
広告 全国3D(スリーディー)〔「読売新聞 夕刊」2010年1月29日〕

スリーピング [sleeping]
【眠り(スリーピング)】 書籍〈眠り(スリーピング)〉〔中澤光博/ORG「入門!リナの魔法教室 スレイヤーズRPG」1996〕❖呪文。
漫画 ここは眠りの森(スリーピング・フォレスト)〔大暮維人「エア・ギア 1」2003〕

スリット [slit]
【隙間(スリット)】 書名 森村誠一「棟居刑事の殺人の隙間(スリット)」2007

すりぬける [擦り抜ける]
【摺(す)り抜(ぬ)ける】 歌詞 摺り抜けた淋しさは〔井上陽水「はーばーらいと」(松本隆)1984〕

すりばち [擂り鉢]
【雷盆(すりばち)】【摺鉢(すりばち)】 古

スリル [thrill]
【快感(スリル)】 漫画 この快感(スリル)〔大暮維人「エア・ギア 4」2003〕

する [為る]
【来(す)る】 古〔「誹風柳多留」33〕
【為(す)る】 小説 為(し)やしまいし〔尾崎紅葉「多情多恨」1896 俗〕
書籍 是(こ)ハ稗官者流(わがはい)の平常(つね)と為所(するところ)になん〔井上ひさし「私家版 日本語文法」1981〕

する [掏る] →すり
【盗(す)る】 漫画〔上条明峰「SAMURAI DEEPER KYO 5」2000〕
その他 掏摸(す)る 辞書

する [擦る・摩る・磨る・擂る]
【亡(する)】 古 資本を亡(する)か〔1874 俗〕

ずる
【外(ず)る】 詩 すぐに外(ず)りさつてこんな幻像を消してしまへ〔萩原朔太郎「蒼ざめた馬」1922〕

ずるい [狡い]
【狡(ずる)い】 小説〔「読売新聞」2010年3月8日〕
その他 狡猾(ずる)い 古

ずるがしこい [狡賢い]
【狡賢(ずるがしこ)い】 小説 狡賢(ずるがしこ)い女だ。〔清涼院流水「カーニバル 二輪の草」2003〕

するする
【寸留々々(するする)】 古

ずるずるべったり
【行々為別(ずるずるべったり)】 古 ❖字順は漢文風。
その他 無何時たり(ずるずるべったり) 古

するめ [鯣] 鯣(するめ)は国訓。旁の「昜」は象形的な用法ともいう。
【寿留女(するめ)】 民間〔1951 ㊐〕/〔斎賀秀夫「漢字の缶づめ 教養編」1998〕
WEB 寿留女(するめ)保存性がよいので「幾久しく」の意味がある。
【寿留米(するめ)】 民間 結納のお品書き〔斎賀秀夫「あて字の考現学」(「日本語学」1994年4月)〕❖WEBにもあり。
その他 干烏賊(するめ)・小鯣魚(するめ)・小蛸魚(するめ) 古

するめ 古代の稲の品種名。
【酒流女(するめ)】 古 石川県畝田ナベタ遺跡(九〜十世紀)から。稲の品種ですばやく伸びる意とされる。〔平川南「日本の原像」2008〕

すれ
【好み(スレ)】 漫画 年下(としした)好み(スレ)のユナには解(わか)んないわよね〔イチハ「女子妄想症候群 4」2004〕

スレイヴ [slave] スレイブ。
【奴隷(スレイヴ)】 歌詞 なにもかも おまえの奴隷(スレイヴ)になる〔氷室京介「COOL」(松井五郎)1989〕

すれっからし [擦れっ枯らし]
【摺(すれ)っからし】 古〔1913 俗〕

ずれる
【摩(ず)れる】 辞書 「とこずれ」は床擦れ。

スロー［slow］
【右（スロー）】漫画 右（スロー）・左（クイック）・右（スロー）〔葉鳥ビスコ「桜蘭高校ホスト部 1」2002〕

スロットマシーン［slot machine］
【切符販売機（スロットマシーン）】小説 切符販売機（スロットマシーン）で乗車券を買い〔森村誠一「殺意の接点」2001〕

すわ
【驚破（すわ）】【素破（すわ）】古

スワッピング［swapping］
【夫婦交換（スワッピング）】雑誌 月刊誌「スウィンガー」〔井上ひさし「私家版 日本語文法」1981〕

すわや
【驚破（すわや）】古

すわる［座る］
【坐る（すわ）】歌詞 真冬の縁側に 少女はひとりで ぼんやりと 坐ってた〔五輪真弓「少女」1972〕／たった今まで 坐っていたよ〔ダウン・タウン・ブギウギ・バンド「港のヨーコ・ヨコハマ・ヨコスカ」（阿木燿子）1975〕／ホテルのバーに坐り〔浜田省吾「涙あふれて」1978〕◆動詞に用いる。いわゆる旧表記で「座」に書き換えるとされるが、「坐像」「新文芸坐」など根強いものがある。
新聞 大人しく坐（すわ）る事に〔「読売新聞 夕刊」2009年8月7日（高井有一）〕
【座る（すわ）】民間 ◆「目が座る」が「目が据わる」より多い。語義についての意識が変化しつつある。

スワン［swan］
【白鳥（スワン）】漫画 こんど白鳥（スワン） みたいな帽子をつくったの〔いがらしゆみこ「キャンディ♡キャンディ 1」（水木杏子）1975〕

ずんぐりむっくり
【豊々肥々（ずんぐりむっくり）】古 豊々肥々（ずんぐりむっくり）した〔1896 俗〕

ずんど［寸胴］ずんどう。
【直截（ずんど）】古／【寸胴（ずんど）】辞書

せ

せい［背・脊］童謡『背（せい）くらべ』（脊くらべとも）は作詞海野厚。常用漢字表では「せ」「せい」（背、上背）。
【背ェ（せ）】新聞 あたしンち 背ェ のびた?〔「読売新聞」2010年2月21日〕
その他 身長（せい）古

せい［正］
【正（せい）】辞書 百を表す。〔1929 隠〕／十一を表す。〔1955 隠〕◆五以外の数を表す用法。↓しょうのじ

せい［生］
【人生（せい）】歌詞 人生（せい）は星屑の輝きの中に〔Sound Horizon「星屑の革紐」（REVO）2006〕
【生存（せい）】歌詞 生存（せい）の荒野を〔Sound Horizon「美しきもの」（REVO）2006〕

せい［所為］
【所為（せい）】書籍 所為（セイ）はシヨイが本源であろうが〔杉本つとむ「日本文字史の研究」1998〕

せい
【腥（せい）】民間 ◆肉月を月と解し、人名に使いたいとの要望が複数あり。「なまぐさい」という訓や豚の霜降り肉の意を顧みず字義よりもイメージを偏重する傾向あり。

ぜいいん［↑ぜんいん（全員）］
【全員（ぜいいん）】誤読「ぜいいん（↑なぜか変換できない）」〔WEB〕◆匿名掲示板群「2ちゃんねる」で生まれた（または広まった）と思われるレトリックの一種。分かっていてわざと書いているのが普通。↓ふいんき

せいがく「学生」の倒語。
【学生（セイガク）】小説 山田という学生（セイガク）の〔田中英光「聖ヤクザ」1949 集〕◆読みだけが2字分転倒。

せいかつ［生活］
【性活（せいかつ）】広告 ヌードル100人天使たちの私性活〔「読売新聞」2010年4月2日〕◆もじり。

せいき［世紀］
【性器（せいき）】誤字〔斎賀秀夫「漢字と遊ぶ」1978〕／歴

史のレポートに「性器(世紀)の決戦」というものがあったという実話を聞いたことさえある。〔野村雅昭「漢字の未来」新版 2008〕

せいきまつ［世紀末］
【聖飢魔Ⅱ】 バンド名 ❖ヘビーメタルバンドの名。「聖なる物に飢えている悪魔がⅡび蘇る」の略とされる。もじり。

ぜいきん［税金］
【課税】 古 課税の為でも犯罪を捜す為でもありません 1920年の最初の国勢調査ポスター〔「朝日新聞」2005年10月21日〕
【人の金】 漫画 人の金で食ってるその根性が〔椎名あゆみ「お伽話をあなたに」2001〕
【贅金】 ポスター 贅金カット。〔政党ポスター 2009〕❖もじり。

せいけいげか［整形外科］
【政経外科】 書名 佐高信「佐高信の政経外科Ⅶ 小沢一郎の功罪」2010 ❖もじり。

せいこう［成功］
【幸せ】 歌詞 幸せ摑んで喜ぶ横で〔misono「Tales…」2009〕

せいこう［正鵠］
【正鵠】 書籍 本来は「せいこく」。〔斎賀秀夫「漢字と遊ぶ」1978〕
❖「浩」などからかえってひねってしまう向きあり。

せいこん［精根］
【性根】 誤字 写研「漢字読み書き大会」で精根を性根〔斎賀秀夫「漢字と遊ぶ」1978〕

せいざ［星座］
【夢の座標】 歌詞 僕だけが知ってる夢の座標をそっと記す〔水樹奈々「PHANTOM MINDS」2010〕

せいさく［政策］
【性策】 誤字 高校生 政府の性策が悪い〔斎賀秀夫「漢字と遊ぶ」1978〕

せいし［生死］
関連 **【生死の一線】** 漫画〔大暮維人「エア・ギア 4」2003〕

せいじ［政治］
【政法】 古

せいしゅん［青春］
【性春】 新聞 風俗ギャル必死の〝性春〟〔佐竹秀雄「新聞のあて字」(「日本語学」1994年4月)〕／長編性春エロス〔「読売新聞」2007年5月12日〕❖意味にズレが生じる。
広告 死ぬまで「性春」〔「読売新聞」2010年3月20日〕
【聖春】 新聞 81歳と文化勲章のお祝いをしてくださったんですよ。その名も「ハーイ81聖春(せいしゅん)パーティ」。〔「読売新聞」2009年5月5日(田辺聖子)〕❖もじり。

せいしょ［聖書］
【性書】 広告「性書・源氏物語」のどこにオンナは感じるか〔「読売新聞」2009年1月16日(週刊ポスト)〕❖もはや意味が異なる。

せいじんくんし［聖人君子］
【圊神醺士】 小説〔柳瀬尚紀訳「フィネガンズ・ウェイク Ⅲ Ⅳ」1993〕❖→トイレ

せいせい［清清・晴晴］
【清圊】 小説 さっぱり清圊〔柳瀬尚紀訳「フィネガンズ・ウェイク Ⅲ Ⅳ」1993〕

せいせいしゅくしゅく
【整整粛粛】 WEB これはいわば政治家用語なので、国会会議録でどう表記されているか確かめます。すると、大部分は「整々粛々」で、約40例拾われました。インターネットでは、むしろ「清々粛々」の表記が多いのですが、ワープロでこの字が出てきやすいせいかもしれず、慎重な扱いが必要です。『三国』では［整整粛粛・正正粛粛］の表記を採用し、現代日本語として確かに実在することばと認めました。〔飯間浩明「『三省堂国語辞典』のすすめ」2009〕
❖「せいせいしゅくしゅく」と政治家が口頭で使うため、新聞紙面で各紙表記が分

せ

かれる。整斉粛々もあった。

せいちょう［成長］

【失敗（成長）】TV 失敗と書いて成長と読む 野村克也〔NHK「課外授業ようこそ先輩」2010年5月23日〕

せいと［生徒］

【子猫（生徒）】漫画 今日からあの子猫（生徒）達が〔寺嶋裕二「GIANT STEP 1」2002〕

セイミ［（オランダ）chemie］ 化学。セーミ(ー)。ケミストリー。

【舎密（セイミ）】書籍 舎密（セイミ）学〔杉本つとむ「近代日本語の成立と発展」1998〕◆書名にも用いられた。

【舎密（セーミー）】古〔宇田川榕菴「植学啓原」1834〕

せいみつけんさ［精密検査］

【精査（精密検査）】漫画 甲状腺機能亢進症で精査（精密検査）中〔山田南平「タイニー・リトル・ウィッシュ」2004〕

せいりょく［精力］

【性力（せいりょく）】民間 精力の代わりに〔流行の性ジャーナリズム 1953（目）〕◆もじり。

セイレーン［（ギリシャ）Seirēn］ セイレン。サイレン。

関連【セイレーン（海の魔女）】漫画 セイレーン（海の魔女）よ〔東里桐子「爆裂奇怪交響曲 1」1993〕

セイロン［Ceylon］ 地名。

【錫蘭（セイロン）】辞書

セイント［Saint］ →セント

【聖徒（セーント）】小説 昔の高僧だとか聖徒（セーント）だとかの〔夏目漱石「こころ」1914〕

【聖（セイント）】広告 聖恋（セイント・ラブ）〔中条比紗也「花ざかりの君たちへ 4」1998（巻末）〕

漫画題名 松本夏実「聖（セイント）♥ドラゴンガール」1999〜2003／中村光「聖（セイント）☆おにいさん」2007〜

◆聖路加（せいるか）国際病院はセイ。Holyではなく Holly (wood)である聖林は柊（ヒイラギ）林の誤訳とされるが、ヒイラギ自体の神聖さやそれが飾られることを踏まえての訳とも言われる。

【聖闘（セイント）】WEB 黄金聖闘（ゴールドセイント）

【聖闘士（セイント）】歌詞〔MAKE-UP「ペガサス幻想」（竜真知子）1988〕

漫画題名 車田正美「聖闘士（セイント）星矢」1986〜1990

【聖女（セイント）】漫画題名 森園みるく「欲望の聖女（セイント）」（藤本ひとみ）2006〜

セース イエス。ジーザス。ヤソ。

【耶蘇（セース）】古〔杉本つとむ「日本文字史の研究」1998〕

セーター［sweater］

【SW（セーター）】民間

セーブ［save］

【封印（セーブ）】漫画 暴発しないよう封印（セーブ）する機能がある〔安西信行「烈火の炎 4」1996〕

【S（セーブ）】漫画 3勝1敗1S（セーブ）〔川原泉「メイプル戦記 1」1992〕◆野球のテレビ放送、スポーツ欄などでは普通に使われている。

セープ［（オランダ）zeep］ 石鹸。ソープ。

【錫布（セープ）】古〔宇田川榕菴「植学啓原」1834〕

セーフティ［safety］ セーフティー。

【安全装置（セーフティ）】小説 親指で安全装置（セーフティ）を外し〔菊地秀行「魔界都市ブルース 夜叉姫伝 4」1990〕

漫画 安全装置（セーフティ）〔平野耕太「HELLSING ヘルシング 3」2000〕

セール［sail］

【帆（セール）】歌詞 白い帆（セイル）の方舟に乗って〔南野陽子「パンドラの恋人」（田口俊）1987〕

小説 ウインドサーフィンの帆（セール）〔河野万里子訳「散歩」1998〕

セール［sale］

【SALE（去れ）】誤読「SALE」が去れに読めなくもない。〔「読売新聞」1990年7月19日（投書欄）〕

セオリー［theory］

【理論（セオリー）】書籍 データ対話型理論（グラウンディッド・セオリー）〔桜井厚「インタビューの社会学―ライフストーリーの聞き方」2002〕／超弦理論（スーパーストリング・セオリー）〔と学会＋α「トンデモ音楽（ミュージック）の世界」2008〕

【常套(セオリー)】漫画 ガサ入れの常套(セオリー)だよ〔大暮維人「エア・ギア 4」2003〕
【定石(セオリー)】漫画 戦の定石(セオリー)として〔「週刊少年マガジン」2004年48号（エア・ギア）〕

せかい［世界］

【場(世界)】漫画 この場(世界)より去れ！〔麻宮騎亜「サイレントメビウス 1」1989〕
【空間(せかい)】歌詞 空間(せかい)に〔長沢美樹「まんまる手まり歌」（垣野内成美）1998〕
【地球(せかい)】歌詞 地球で一番熱い夏へ〔TWO-MIX「Summer Planet No. 1」（永野椎菜）1997〕
【惑星(せかい)】歌詞 惑星(せかい)をつらぬき〔TWO-MIX「LAST IMPRESSION」（永野椎菜）1998〕
【青海(せかい)】店名 すし屋の青海(せかい)
【国(せかい)】漫画 眠りにつく国(せかい)〔大暮維人「エア・ギア 1」2003〕
【会社(せかい)】曲名 新谷さなえ「会社(セカイ)はワタシで廻ってる!?」2002
【獣医師業界(せかい)】漫画 この獣医師業界(せかい)に入った〔藤崎聖人「WILD LIFE 7」2004〕
【夜(せかい)】歌詞 何もかも届かなくなるような夜(せかい)〔愛内里菜「little star」2009〕
【大樹(せかい)】歌詞 女神が残した約束のうた 大樹(せかい)に届けたら〔霜月はるか「ヒカリノオト」2007〕
【現実(せかい)】歌詞 現実(せかい)は消えたのさ〔ヴァイス「Carnival 2000」1998〕／裏返しの現実(せかい)隠すだけ〔kukui「アマヤドリ」（霜月はるか）2006〕／現実(せかい)を知るたび卑屈になっていった〔キャンゼル「sink.」（shiina mio）2009〕
【日常(せかい)】歌詞 刺激的な日常(せかい)を 待っていたけど〔上原あずみ「青い青いこの地球に」（上原あずみ・AZUKI 七）2001〕
【価値観(せかい)】歌詞 変わりゆく価値観(せかい)の中で〔岸本早未「OPEN YOUR HEART」（AZUKI 七）2003〕
【多次元(せかい)】歌詞 多次元(せかい)はすべての真実知っている〔JAM Project「Cosmic Dance」（奥井雅美）2008〕
【螺旋(せかい)】歌詞 螺旋(せかい)の果てまで〔Kalafina「sprinter」（梶浦由記）2008〕
【現代(せかい)】歌詞 生きて行けないこの現代(せかい)ではだから〔倉木麻衣「Perfect Crime」2001〕
【時代(せかい)】歌詞 進化してゆく時代(せかい)の中で〔GARNET CROW「夏の幻」（AZUKI 七）2000〕
【世紀末(せかい)】歌詞 油断できない世紀末(せかい)〔ZARD「Brand New Love」（IZUMI SAKAI）1998〕
【生命(せかい)】歌詞 愛してた小さな生命(せかい)〔GARNET CROW「Sky」（AZUKI 七）2005〕
【運命(せかい)】歌詞 運命(せかい)の中でも〔GARNET CROW「雨上がりの Blue」（AZUKI 七）2004〕
【真剣勝負(せかい)】漫画〔冨樫義博「HUNTER × HUNTER 7」1999〕
【ワールド(世界)】漫画『スモール(小さな)・ワールド(世界)』だろ〔冴凪亮「よろず屋東海道本舗 2」2000〕
その他 箱庭(せかい) 漫画

せがむ

【強請(せが)む】書籍 強請(せが)まないで〔大久保博訳「完訳ギリシア・ローマ神話」1970〕

せがれ［倅］

【世忰(せがれ)】【世倅(せがれ)】【躮(せがれ)】古 ◆躮は江戸時代によく使われた国字。地域差も指摘される。

【忰(せがれ)】歌詞 かわいい忰にゃ ああ あかなわない〔村田英雄「馬喰（ばくろう）一代」（野村俊夫）1958〕◆倅の異体字。

【伜(せがれ)】歌詞 昨日とどいた伜の噂〔美空ひばり「海にむかう母」（杉紀彦）1977〕◆倅の異体字。

【息子(せがれ)】歌詞 息子(せがれ)鯨が潮を吹く〔神野美伽「四万十川」（荒木とよひさ）2008〕

セカンド［second］

【第二(セカンド)】書籍 〝第二世代(セカンドエイジ)〟と呼ばれる〔矢野俊策／F. E. A. R.「ダブルクロス The 2nd Edition」2003〕
【二塁手(セカンド)】漫画 二塁手(セカンド)真正面だ〔「週刊少年ジャンプ」2004年10月11日（Mr. FULLSWING）〕／〔満田拓也「メジャー HEROES」2006〕

【矢野淳(セカンド)】漫画 貴光(ファースト)・哲郎(サード)は 矢野淳(セカンド)・公(ショート)〔ひぐちアサ「おおきく振りかぶって13」2009〕
【2nd(セカンド)】新聞 1〜3年生合同チーム「チャレンジャー2nd(セカンド)」〔「読売新聞 夕刊」2008年10月11日〕
その他 ギア2(セカンド) 漫画
*【2本め(セカンドサービス)】漫画 2本め(セカンドサービス)を入れれば〔吉住渉「ママレード・ボーイ 2」1993〕❖テニス。

セカンドハウス［和製 second + house］
【別宅(セカンド・ハウス)】小説〔茅田砂胡「天使たちの華劇」2004〕
その他 別荘(セカンドハウス) WEB

セカンドライフ［和製 second + life］
【第二の人生(セカンド・ライフ)】小説 彼の第二の人生(セカンド・ライフ)は〔村上春樹訳「レイモンド・カーヴァー傑作選 CARVER'S DOZEN」1997〕

せき［籍］
【席(せき)】誤字 籍を置くを席を置く。〔斎賀秀夫「漢字と遊ぶ」1978〕

せきじゅうじ［赤十字］
【赤十字(あかじゅうじ)】誤読 赤十字をあかじゅうじと小学五年生が読むと新聞(2005)に。ことばを知らないということだけだ。〔円満字二郎「常用漢字の事件簿」2010〕❖赫炎をセキエンと読ませる漫画あり。

せきせいいんこ［背黄青鸚哥］
【背黄青(せきせい)いんこ】変換〔ATOK17〕❖耳から覚える名前で、語構成を考えないため、漢字(訓・訓・音)を見ると意外に感じられる。

せきはん 地名「赤坂(あかさか)」のこと。
【赤坂(せきはん)】辞書 読み替え〔俗〕❖当て読みの一種。

せきぶん［積分］
【積レ分(わかったつもり)】民間 ❖高校の時、数学の教員が、微分と積分について、微かに分かる、分かった積もりと漢文で読むと語った。

せきゆ［石油］
【石油(せきゅ)】新聞（日本語教師養成講座で）「石油会社と言う時、私たちの多くは『せきゅ』と発音しています。」〔「読売新聞」2010年3月13日〕❖編者が中学生の時、「せきゅう」と板書した生徒あり。

セキュリティー［security］
【保安(セキュリティー)】漫画〔篠原千絵「蒼の封印 1」1991〕
*【女刑事(セキュリティポリス)】広告 夢みる女刑事(セキュリティポリス)〔菊地秀行「魔界都市ブルース 夜叉姫伝 4」1990(巻末)〕

せきらら［赤裸々］
【赤邏々(せきらら)】古

セクース セックスの2ちゃんねる語。
【基盤(セクース)】WEB ❖セックルとも。

セクター［sector］
【区画(セクター)】小説 第十四区画(セクター)に向かう〔菊地秀行「魔王伝 3 魔性編」1996〕

セクハラ［↑セクシャルハラスメント］
【性戯弄】【性醜行】韓国 ❖中国語では性騒擾などと訳す。

セクリタス［ラテン securitas］
【安全保障(セクリタス)】新聞 塩野七生さん 人間の生活にとって最も重要なことは安全保障(セクリタス)。〔「読売新聞」2006年12月15日〕

ぜげん［女衒］
【嬛元(ぜげん)】古 女見(じょけん)からか。

せこ
【迫(せこ)】古 裏小路、人家ニ沿ヒタル小径、貧民屈〔1915 隠〕❖迫は「せご」「さこ」とも読む。

セコ［↑セコンド］韓国語では「秒」は「抄」あたりからの類推読みが定着し「ミョ」ではなく「チョ」。
【秒(セコ)】漫画 最大エア25秒(セコ)〔大暮維人「エア・ギア・5」2004〕

せこい
【拙い(せこい)】古

せごどん
【西郷どん(せごどん)】小説 さいごうどん。〔司馬遼太郎「竜馬がゆく

4」1964〕◆姓＋敬称(どの)。薩摩方言。

セシル [Cécile]
【雪月花】 人名 〔「朝日新聞」2007年10月13日(天声人語)〕◆和風な文字列で洋風の発音。

せすじ [背筋]
【背条】 書籍 〔由良君美「言語文化のフロンティア」1986〕

せせこましい
【狭細しい】 辞書

せせらぎ
【清流】 看板 〔小田急新宿駅で温泉の看板に 2004年5月3日〕

せせらわらう
【挵笑う】 辞書

せせり [挵り] 異体字で拤とも書く。
【挵】 小説 挵なき〔柳瀬尚紀訳「フィネガンズ・ウェイク Ⅰ Ⅱ」1991〕

せせりがた
【勢々理形】 古 明治三十五六年頃の広告〔隠〕

セゾン [フランス saison] シーズン。
【季節】 歌詞 短い季節〔Sound Horizon「美しきもの」(REVO)2006〕◆アン・ルイスの歌に「ラ・セゾン」(三浦百恵)1982、西友にセゾンカード。

せつ [説]
【持論】 古 持論〔三谷公器「解体発蒙」1813〕

せっかく [折角]
【切角】 小説 〔夏目漱石「吾輩は猫である」1905～1906〕◆兎角などの副詞に「角」がよく使われていた。

せっき
【𦻙記】 曲名 「アシタカ𦻙記」1997〔映画「もののけ姫」のエンディングテーマ〕◆宮崎駿の造字。「草に埋もれながらも、耳から耳へと語り伝えられた物語」の意がある。音は攝(摂)と関係するか。映画のタイトルも「アシタカせっ記」にする案があったという。

ぜっきょう [絶叫]
【Z境】 詩集 水無田気流「Z境」2008 ◆もじり。

セックス [sex]
【性】 ◆性癖、性向なども次第にはこの意味で使われるようになってきている。性能も官能的な意味で使われることあり。
小説 生のわななきと性の快楽とを〔菊地秀行「魔界都市ブルース 夜叉姫伝 4」1990〕／最新型の 性 具 を備えた〔菊地秀行「魔界都市ブルース 夜叉姫伝 4」1990〕
雑誌 〔「世界」1994年9月〕
書名 松永美穂訳「頭のなかの性」2000／石川統訳「性とはなにか」2000
【セッ軀ス】 小説 〔柳瀬尚紀訳「フィネガンズ・ウェイク Ⅰ Ⅱ」1991〕
その他 性交 WEB

ぜっこうちょう [絶好調] 中畑選手が感動詞的に使用した。「絶不調」も現れた。
【絶ッ好ー調ー】 漫画 〔黒乃奈々絵「PEACE MAKER 鐵 2」2003〕
【舌好調】 新聞 女子8キロで福士6位 舌好調「神のご加護」〔「読売新聞」2006年4月2日〕◆もじり。
広告 細木数子〝舌好調〟「毎年二十億円税金を払っているのよ」〔「読売新聞」2008年12月25日(週刊文春)〕
TV 舌好調ーっ！(テロップ)〔「言語文化研究所年報」18〕
【絶口調】 広告 小沢失速で絶口調(麻生首相)〔「読売新聞」2009年4月16日(週刊文春)〕◆もじり。

せっさたくま [切磋琢磨]
【切磋啄磨】 誤字 切磋啄磨されていった〔松岡正剛「日本流」2000〕◆前後の石の口につられて字体が同化し、琢が変化したか。

せっし [摂氏] 人名セルシウス(摂爾修斯)から。→ど(℃)

せ

【摂氏(せっし)】〔辞書〕◆摂氏、華氏のほかに列氏もあった。

せっしゃ［拙者］

【予(せっしゃ)】〔古〕予彼(セツシャアノヒト)ヲ能ク識(ゾンジテ)イマス〔杉本つとむ「近代日本語の成立と発展」1998〕

せっしょう［折衝］

【接渉(せっしょう)】〔誤字〕予算折衝を予算接渉。某官庁発行の月報 語源俗解による誤字・誤記〔斎賀秀夫「現代人の漢字感覚と遊び」1989〕

【接衝(せっしょう)】〔誤字〕次に掲げる語なども、かっこの中のように書かれることがあるが、これらは今日ではまだ誤りとみなすべきであろう。折衝(接衝)〔国語審議会第2部会「語形の『ゆれ』について」1961〕

【殺生(せっしょう)】〔誤字〕写研「漢字読み書き大会」で折衝を殺生〔斎賀秀夫「漢字と遊ぶ」1978〕

セッション［session］

【馬鹿騒ぎ(セッション)】〔漫画〕〔熊倉裕一「KING OF BANDIT JING 6」2004〕

せっせ

【精々(せっせ)】〔古〕精々(せっせ)と樽を滌(す)いでゐると〔1908〕

〔俗〕◆精々(せいぜい)はかな表記が多い。

せっせい［節制］

〔関連〕【節制(TEMPERANCE)】〔漫画〕『カップのキング』と『節制(TEMPERANCE)』は〔冴凪亮「よろず屋東海道本舗 4」2000〕◆タロット。

せった［雪駄］

【雪踏(せった)】〔古〕漱石の足踏は雪踏(せった)の意か、あしだか〔山下浩「本文の生態学」1993〕／〔杉本つとむ「日本文字史の研究」1998〕

ぜったい［絶対］

【絶対(ぜってー)】〔漫画〕俺なんかが絶対(ぜってー)思いつかないような手〔藤崎聖人「WILD LIFE 4」2003〕／絶対(ゼッテー)わかんねェだろうけどな〔藤崎聖人「WILD LIFE 5」2004〕

【絶対(ぜってゃー)】〔漫画〕絶対(ぜってゃー)に当たっとーせんて〔川原泉「メイプル戦記 1」1992〕◆名古屋方言。母音が8種ほどあり、仮名で表記することも困難。

【糸色文寸(ぜったい)】〔メール〕〔WEB〕糸色文寸ね

*【E判定(ぜったいぜつぼー)】〔漫画〕〔やまざき貴子「っポイ!」1991～2010〕◆大学の成績では不可、入試の模試では合格の可能性5%未満など。

せっちん［雪隠］

【雪陳(せっちん)】〔古〕洒落本〔矢野準「近世戯作のあて字」(「日本語学」1994年4月)〕

せっつく［責っ付く］

【責(せ)っ付(つ)く】〔雑誌〕責(せ)っ付(つ)かれて〔「小説新潮」1994年4月〕

せっと

【石刀(せっと)】〔新聞〕足尾石刀(せっと)節は、足尾銅山で歌われた。明治時代にさかのぼる。石刀は、仏語で片手用のハンマーを意味する「マーセット」に由来する当て字だ。〔「読売新聞」2009年11月14日〕

セット［set］

【終了(セット)】〔漫画〕試合終了(セット)…!?〔青山剛昌「名探偵コナン 44」2004〕

【SET(セーット)】〔漫画〕〔「週刊少年ジャンプ」2004年48号（アイシールド21）〕

ゼット［Z］ ゼットと読むのはドイツ語やフランス語の影響か。また、「G」との聞き違えを回避するためか。「D」をデーと発音するのも、単なる訛りのほか、「B」との聞き分け、ドイツ語・フランス語の影響も考えられないか。

【Z(ツェット)】〔漫画題名〕青池保子「Z(ツェット)」1999

せつな［刹那］ 梵語から。

【刹那(せつな)】〔辞書〕◆改定常用漢字表（答申）で2字とも採用。当用漢字にも梵語起源の鉢（ハチ・ハツ）・魔・塔などが入っていた。

【殺那(せつな)】〔人名〕◆刹那の刹が使えなかった当時、子にこう付けた親がいたという。

〔その他〕説名(せつな)〔古〕

せつない［切ない］

【切(せ)つない】 歌詞 切(せ)つない別れが今沁み沁みと〔嶋三喜夫「夜汽車は走る」(東條寿三郎)2004〕
広告 哀しくも切ない〔「読売新聞」2009年5月3日〕

【刹那(せつな)い】 WEB ❖もじりと俗解による。

せっぱつまる［切羽詰まる］

【切歯詰(せっぱつま)る】 古 夏目漱石 切歯詰(せっぱつま)って〔高橋輝次「誤植読本」2000(西島九州男)〕

ぜっぴん［絶品］

【絶嬪(ぜっぴん)】 小説〔柳瀬尚紀訳「フィネガンズ・ウェイクⅠⅡ」1991〕❖別嬪とかけたか。

せと［瀬戸］

【迫戸(せと)】 古

せとぎわ［瀬戸際］

【迫門際(せとぎわ)】 古〔1917 隠〕

せな［背］

【背(せな)】 歌詞 張るも意地なら 勝目の背(せな)に〔鶴田浩二「彌太郎笠」(佐伯孝夫)1952〕／背(せな)で期を計る〔KOTOKO「SCREW」2009〕
短歌『岸上大作全集』を読んでみると、「背(せな)」「一日(ひとひ)」「疲労(つかれ)」などは見られるものの、近年出版された歌集に比べるとルビは格段に少ない。表現としてのふりがなは全くない。〔松村由利子「ふりがな考」2009〕
小説 背(せな)に眼を向けながら〔平野啓一郎「日蝕」2002〕

【背(せ)な】 歌詞 背なにかくれて のぞいてみせる〔中島みゆき「うそつきが好きよ」1976〕

【背中(せな)】 歌詞 駱駝の背中(せな)に〔岡晴夫「男一匹の唄」(夢虹二)1948〕／背中(せな)で泣いてる男には〔manzo「続・溝ノ口太陽族 JAPAN」2009〕

せなか［背中］

【脊中(せなか)】 古 脊中(せなか) 山本有三『瘤』1935。後のテキスト(1938)でふりがななしに、さらに後のテキスト(1947)ではかな表記に〔黒木和人「『ふりがな廃止論』の理念と実践」1998〕

ぜに［銭］ ゼニは元は字音「銭(セン)」が転じたもの。中国で犬の名に「銭多多」あり。

【銭(ぜに)】 古 我欲スレ銭ヲ(ゼニガホシイ) 江戸時代後期〔飛田良文ほか「日本語学研究事典」2007〕

【金(ぜに)】 雑誌〔「with」1994年3月〕

セパレート［separate］

【隔離(セパレイト)】 小説 嵐の夜から隔離(セパレイト)されている〔清涼院流水「カーニバル 二輪の草」2003〕

ぜひ［是非］ 副詞は「ぜひ」「ゼヒ」多し。

【是悲(ぜひ)】 古 洒落本〔矢野準「近世戯作のあて字」(「日本語学」1994年4月)〕❖是昇は誤記。

せびる

【強請(せびる)】 古〔1917 俗〕

せびろ

【背広(せびろ)】 辞書 ❖背広の語源説には英語の civilclothes(市民服)、これを商ったロンドンの洋服店街 Savile Row から、背幅が広かったからなどがある。

セブン［seven］

【七(セブン)】 古 質 質屋〔1917 隠〕

【亡(セブン)】 漫画 No.亡(ナンバーセブン)〔松本大洋「ナンバーファイブ 吾」2000～2005〕❖登場人物名。字形からか。

【七番(セブン)】 作品名 東郷隆「定吉七番(セブン)の復活」〔「小説現代」2010年6月〕

【清文(せぶん)】 人名〔「週刊文春」2009年4月23日〕❖ウルトラセブンからという。

【7(セブン)】 雑誌 商品名『スーパーバンテン7(セブン)』〔「安心」1994年2月〕／7日間(セブンデイズ)〔「ちゃお」2004年3月増刊〕❖ベスト3やベスト5、ベスト10などは自然に「スリー」「ファイブ」「テン」と読める。台湾ではセブンイレブンを「7－11」と略記するという。
歌詞 ルームナンバー705(セブン・オー・ファイブ)号〔大橋卓弥「ブルース」2008〕

【007(セブン)】 広告 スペシャルドラマ デカ007(セブン)〔「読売新聞夕刊」2010年4月26日〕

せまい［狭い］

【狭え】(小説) 俺ん家よりさらに狭ェだろ〔刑部真芯「欲望と恋のめぐり―情熱―」2001〕(漫画) 狭え家になんか〔大暮維人「エア・ギア 1」2003〕

その他 為猿(古)

*【窄う】(古) 窄フシテ

せまる [迫る・逼る]

【薄る】(詩) そろそろ夕景が薄つてきて〔萩原朔太郎「大井町」1928〕❖肉迫・肉薄、薄暮。

その他 急(古)

セミナリスト [フランス séminariste]

【神学生】(小説) 神学生を信用しない〔遠藤周作「白い人」1955〕

せめぐ [鬩ぐ]

【相閲ぐ】(古) 相閲げる〔紀田順一郎「図鑑日本語の近代史」1997〕

せめて

【九牛一毛】【責而】(古)／【切て】(辞書)

せめる [責める]

【誚める】(小説) 子雅や子尾を誚めるわけにはいかない。〔「小説新潮」1994年8月〕❖中国が舞台の話。誚の音はショウで、「せめる」「しかる」という意味。

セメント [cement] →コンクリート

【縫塞料】(古)／【着合物】【セメン土】(WEB)

ゼラニウム [geranium]

【天竺葵】(歌詞) 恋は真紅な 天竺葵〔藤山一郎「丘は花ざかり」(西條八十)1952〕

セラピー [therapy]

【治療】(論文)〔大野真「距離の詩学―映画『シックス・センス』を巡って―」2004〕

セラピスト [therapist]

【治療士】(書籍) 言語治療士〔井上ひさし「自家製文章読本」1984〕

関連【セラピスト】(雑誌)「セラピスト女官」との別離〔「女性セブン」2004年7月8日〕

セラピューティックタッチ [therapeutic touch]

【手当て】(書名) 山口香訳「驚異の『手当て』」2009

せりふ [台詞・科白]

【台詞】(歌詞) 古い映画の台詞だったかしら〔石野真子「狼なんか怖くない」(阿久悠)1978〕／次の台詞をさがすから〔光GENJI「ほのかに甘くHOLIDAY」(澤地隆)1988〕

(漫画)『オペラ座の怪人』の台詞・・・!?〔さとうふみや「金田一少年の事件簿 1」(金成陽三郎)1993〕❖「だいし」と読む向きあり。

(新聞)〔「読売新聞 夕刊」2009年8月10日〕

【代詞】(歌詞) 代詞もな・無い な・無い〔サザンオールスターズ「開きっ放しのマシュルーム」(桑田佳祐)1984〕

【白】(小説) 白が〔徳富健次郎「黒潮」1903〕

【科白】(歌詞) 気をもたせた科白も〔加藤和彦「あの頃、マリー・ローランサン」(安井かずみ)1983〕

(辞書) 鎌倉では(白浪五人男)の台詞(科白)にある通り、ヤツと呼ぶ。〔篠崎晃雄「実用難読奇姓辞典増補版」1973〕

(誤読) 科白を「かはく」と読んだ香具師〔奴〕もいた。〔WEB〕

【秋白】(歌詞) やぼな秋白はいいっこなし〔南佳孝「おいらギャングだぞ」(松本隆)1973〕

【言葉】(歌詞) そんなドラマみたいな言葉〔奥井雅美「邪魔はさせない」1996〕

(広告) 観客は小津の言葉に酔いしれた〔中村明「小津の魔法つかい」の広告〔「日本語学」2010年5月〕〕

【叙情詩】(歌詞) 生まれく叙情詩とは蒼き星の挿話〔サザンオールスターズ「愛の言霊～Spiritual Message～」(桑田佳祐)1996〕

【虚言】(歌詞) バカげた虚言わざとらしい笑顔も〔緑川光「more than words」(奥井雅美)1997〕

その他 意気地・辞解(古)

せ

セルシウス [Celsius] →せっし(摂氏)

【摂爾須斯(セルシユス)】 古 人名摂爾須斯(セルシユス)の百度の温器〈宇田川榕菴「植学啓原」1834〉

セルビア [Serbia]

【塞爾維(セルビア)】 辞書

セルフ [self]

【自己(セルフ)】 小説 自己顕示欲(セルフ・ディスプレイ)の強すぎるきらいがあった〈清涼院流水「カーニバル 二輪の草」2003〉

セルフコントロール [self-control]

【自己管理(セルフコントロール)】 題名 両さんの自己管理(セルフコントロール)!?の巻〈秋本治「こちら葛飾区亀有公園前派出所 126」2001〉

セレクション [selection]

【選択(セレクション)】 歌詞 属隷の興行 簡単な選択(セレクション)〈椎名林檎「真夜中は純潔」2001〉

【自然選択(セレクション)】 論文 自然選択(セレクション)の〈内山和也「振り仮名表現の諸相」2002〉

セレクト [select]

【選択(セレクト)】 雑誌 ここがヴァンサンカンの選択(セレクト)〈「25ans」1994年6月〉

セレスティア

【水晶王(セレスティア)】 書名 折原みと「空色の水晶王〈セレスティア〉」2002

セレナーデ [ドイツ Serenade]

【愛想曲(セレナーデ)】 曲名 タッキー&翼「愛想曲(セレナーデ)」〈羽場仁志〉2004

【小夜曲(セレナーデ)】 小説 小夜曲(セレナーデ)や遁走局のような〈小島信夫「アメリカン・スクール」1954〉

曲名 さだまさし「おそらくあなたに聴こえない小夜曲(セレネード)」1991／藤原美穂「素敵な小夜曲(セレナーデ)」〈柚木美祐〉1994／高橋真梨子「とまどい小夜曲(セレナーデ)」〈松本隆〉1992

ポスター 秋の小夜曲(セレナード)コンサート〈東京メトロ〉

セレブ [↑セレブリティー(celebrity)]

中国語では「名人」。

【清麗部(セレブ)】【セレ部(ブ)】 WEB

セレブレーション [celebration]

【お祝いごと(セレブレーション)】 漫画 〈猫十字社「小さなお茶会」2000〉

セレモニー [ceremony]

【儀式(セレモニー)】 曲名 松本典子「儀式(セレモニー)」〈中島みゆき〉1986

漫画 〈「週刊少年ジャンプ」2005年2号〉

ゼロ [zero] →オー(0)

【零(ゼロ)】 民間 ❖零戦(れいせん)は零式艦上戦闘機(れいしきかんじょうせんとうき)、戦中から「ゼロせん」と読まれていた。零戦が採用された1940年が皇紀2600年にあたり、下2桁が「00」であるため「零式」。日本陸軍は同年に採用した兵器を一〇〇式と命名。

書籍 〈井上ひさし「自家製文章読本」1984〉

歌詞 零一(ゼロイチ)だけの無常なメッセンジャー〈サザンオールスターズ「(The Return of)01MESSENGER～電子狂の詩～〈album version〉」〈桑田佳祐〉1998〉

小説 零崎人識(ぜろざきひとしき) 零崎軋識(ぜろざききししき) ❖西尾維新のライトノベルの登場人物名。

映画題名 「北の零年(ぜろねん)」2005

書名 世良光弘「坂井三郎の零戦操縦」2001／春原剛「甦る零戦」2009

WEB 零壱【ぜろわん】[名](プロレス)橋本真也の団体。

【無(ゼロ)】 書籍 〈由良君美「言語文化のフロンティア」1986〉

【裸(ゼロ)】 歌詞 裸(ゼロ)になれなかったけど〈宇徳敬子「光と影のロマン」2000〉

【死(ゼロ)】 書籍 〈3 2 6「JeLLY JeWeL」2001〉

【〇(ゼロ)】 ❖古代インドで生まれた概念で、形は古くは「・」であった。中国の唐代の算術書に紹介されているが、漢字とかけ離れていたせいか、現存本ではいずれの数字も解読不明という意味の「□」という印になってしまっている。

広告 渦中の〝ミスター0(ゼロ)金利〟が〈「読売新

聞」2006年6月26日〈週刊現代〉〕／挫折0(ゼロ)！女性のための最強ダイエット〔「読売新聞」2010年3月16日〕❖0の字の中に「ゼロ」のルビがある。／CO_2±0（ゼロ）の生活〔「読売新聞」2010年5月10日〕

書名「0(ゼロ)学開運ガイド2010」2009

CD題名「元祖爆笑スーパーライブ第0(ぜろ)集！」2010

短歌 液晶のコンマ以下00(ゼロゼロ)まばたきす〔「読売新聞」2010年1月4日〕

連載名 0(ゼロ)から始めるケータイ教室〔「毎日が発見」2010年9月〕

【○(お)】誤読❖マルイの0101(まるいまるい)に合わせた○|○|のマークを見た地方から来た人がOIOIと思い、オイオイと読むという話あり。かつては㊅。

【○○(ゼロ)】新聞 九○年代から○○年代にかけて〔「読売新聞 夕刊」2010年5月8日〈安藤礼二〉〕

【○号】辞書 ○号（ゼロ）〔1956 隠〕❖読み仮名か。

セロリ［celery］

【胡芹(セロリ)】【西芹(セロリ)】WEB

せろん［世論］

【世論(せろん)】政策 世論(セロン)（昔からの漢語としてはセイロンとも）。〔国語審議会標準語部会「標準語のために」1954〕❖輿論(よ)の代えことばとしては「よろん」より「せろん」のほうが望ましいことになったとある。代用の与論は定着せず。

せわ［世話］めんどうをみる意は「忙し(せわ)い」からか。

【世話(せわ)】古

せわしない［忙しない］

【忙しない(せわ)】小説 忙(せわ)しなく〔「読売新聞」2009年6月28日〕

せん［千］

【干】誤字❖名前に含まれる「千」を「干」で書かれると嫌な気持ちになるという女性あり。大人になるにつれて手で書く漢字の点画のノが一に変わる傾向がある。筆記経済を求めてのことで、さらに一は点になることが「戸」などで顕著。

【十】誤植 二千倍は二十倍の誤植。〔高橋輝次「誤植読本」2000〕

【4(せん)】誤読❖手書きでは漢字、アラビア数字という文字体系の差を超えて酷似することとあり。

せん［詮］

【詮(せん)】辞書

せん［鮮］

【鱻(せん)】書籍 八重(やへ)成(な)す鱻(せん)の尾根(をね)ろ映(は)ゆ ぼくは「鱻」という漢字が好きです。新鮮な生ものの意。鱻(せん)の魚(いを)〔柳瀬尚紀「日本語は天才である」2007〕❖33画。

ぜん［全］

【㊎(ぜん)】広告 陰湿㊎舞台裏〔「読売新聞」2008年10月20日〈週刊現代〉〕

【仝(ぜん)】広告 藤本高仝(こうぜん)・監修〔「日経新聞」2010年1月3日〕❖仝(ぜん)は全の本字。仝(ドウ)と混同か。「仝」は漢字だが、記号のように使われることもあり、実際にJISでは記号扱い。

ぜん［善］

【ウソ(善)】歌詞 そんなウソ(善)やホント(悪)〔19「あの青をこえて」（326）1999〕

ぜん［禅］

【褌】誤植 禅の研究家が褌の研究家に。〔高橋輝次「誤植読本」2000〕

ぜん［膳］

【食膳(ぜん)】俳誌 松子の食膳(ぜん)は自らが〔「月刊ヘップバーン」2004年12月〕❖芸能人のソニンは成膳任が本名で、「お膳はお任せ」と述べている。

せんい［繊維］

【線維(せんい)】民間❖医学界では戦前に当用漢字

表に「繊」(纖)が採用されないと考えて、書き換えを実施し、今に至っている。位相表記。食物の包装では「センイ」とも。

せんいち
【1001】(せんいち) WEB 1001【せんいち】[名](1)スレッドのレスが1000に達すると自動的に生成される表示。(2)(野球) 星野仙一(元・中日監督)を指す。

ぜんえい [前衛]
関連【前衛(ガム)】漫画 いくらあの前衛(ガム)といえど届かねぇ…〔許斐剛「テニスの王子様 23」2004〕
❖いつもガムをかんでいる選手。

せんか
【専科】商品名 キズなおしま専科❖補修用品。しゃれ。

せんかた [為ん方]
【詮方】辞書

せんこう [選考]
【銓衡】辞書 ❖臨時国語調査会「漢語整理案」(1926〜1928)に示され、戦前から国語辞書にも載った。戦後、法令で用いられながらも「公用文作成の要領」(1951)で否定された。「同音の漢字による書きかえ」(1956)の対象となり、表内字「衡」を含めて交替させられた。現在も用いる組織あり。

せんこつ [薦骨]
【仙骨】辞書

センサー [sensor]
【感覚器官(センサー)】書籍 ヒトの感覚器官(センサー)が外界から〔井上ひさし「私家版 日本語文法」1981〕

せんし [戦士]
関連【戦士(warrior)】歌詞 誇り高き戦士(warrior)〔JAM Project「Portal」(奥井雅美)2007〕

せんじゅ
【川寿】民間 ❖111歳。川が111に見えるため。白は百マイナス一で99歳、王は十と二で白と王を合わせて皇寿も111歳のこと。大還暦が120歳。記念日にもこのたぐいの発想多し。「川の字に寝る」「大の字に寝る」なども見立てを利用した表現。

せんしゅうらく [千秋楽]
【千穐楽】民間 ❖穐は秋の異体字。江戸時代に小屋の火事を嫌う、文字霊(だま)信仰により火の付かない文字を使った。相撲や歌舞伎、芝居などで使用。

せんじょう [洗浄・洗滌]
【腺浄】小説 腺浄(せんじょう)に取りかかり〔柳瀬尚紀訳「フィネガンズ・ウェイク I II」1991〕❖もじりか。

センス [sense]
【感性(センス)】漫画 俺の感性(センス)についてこれる〔二ノ宮知子「のだめカンタービレ 1」2002〕
【感覚(SENSE)】広告 感覚(SENSE) ソニー銀行〔金城ふみ子 2003〕❖ルビなのか併記なのか定かでない例。
【美学(センス)】歌詞 胸騒ぎの美学(センス)磨くのさ〔Λucifer「ハイパーソニックソウル」(YUKINOJO MORI)2001〕
その他 本能(センス) 漫画

せんすべ [為ん術]
【詮術】辞書

せんずり [千摺り]
【挊(せんずり)】古 挊淫(ろういん)とも。元は拼の異体字。↓せせり
その他 千摺(せんずり) 古／千擦り(せんずり) WEB
*【先ずる】誤読 高校のとき。「先んずれば人を制す」を、「せんずればひとをせいす」と読んだ奴がいた。〔WEB〕

せんせ [←せんせい(先生)]
【先生】歌詞 先生の前でもイジメを受けていた〔桑田佳祐「どん底のブルース」2002〕
漫画 先生(せんせ)の机は魔法の机〔青山剛昌「名探偵コナン 2」1994(巻末のおまけ)〕
【教師(センセ)】ゲーム よく教師(センセ)が取り上げようと〔「ときめきメモリアル Girl's Side」(コナミ)〕

せ

せんせい［先生］センセイは揶揄する場合によく現れる。中国や韓国では「先生」では敬意があまり表せない。→せんせ

【師匠（せんせい）】 小説〈神坂一「日帰りクエストなりゆきまかせの異邦人（ストレンジャー）」1993〉 漫画 僕はモーリア師匠（せんせい）の事を憎いと思って〈松川祐里子「魔術師 7」1999〉／師匠（せんせい）に訊きたい事があって〈荒川弘「鋼の錬金術師 11」2005〉 CD 亀田〝ハレンチ〟誠治師匠（せんせい）〈椎名林檎「勝訴ストリップ」2000（歌詞カード巻末）〉

【教師（せんせい）】 漫画 アリス学園の教師（センセイ）〈樋口橘「学園アリス 1」2003〉

【家庭教師（先生）】 漫画 本当にいい家庭教師（先生）だったよ〈日高万里「ひつじの涙 7」2004〉

【医者（せんせい）】 漫画〈篠原千絵「海の闇、月の影 1」1987〉／〈高屋奈月「フルーツバスケット 15」2004〉

【獣医師（センセイ）】 漫画 どの獣医師（センセイ）も原因不明だって〈藤崎聖人「WILD LIFE 1」2003〉

【獣医さん（せんせい）】 漫画〈高橋留美子「めぞん一刻 13」1987〉

【牧師（せんせい）】 小説 牧師（せんせい）はいますかと訊ねた〈浅田次郎「鉄道員」2000〉

【大臣（センセイ）】 歌詞 大臣（センセイ）は言うと〈サザンオールスターズ「汚れた台所（キッチン）」（桑田佳祐）1996〉

【達人（センセイ）】 漫画 どこの達人（センセイ）に敗けたんだ!?〈板垣恵介「グラップラー刃牙 1」1992〉

【ヒト（先生）】 漫画 あのヒト（先生）信用してええんやろか〈樋口橘「学園アリス 1」2003〉

【生生】 誤字 坂本龍馬の手紙草案〈「読売新聞」2010年6月16日〉❖文字が同化したか転倒を起こしそうになったもの。

*__【師（せん）】__ 漫画 師（せん）……〈荒川弘「鋼の錬金術師 6」2003〉❖師匠と書いて先生の言い差しか。

センセーション［sensation］

【旋風（センセーション）】 漫画 アイドル旋風（センセーション）〈「週刊少年ジャンプ」2004年5月24日（Mr. FULLSWING）〉

【先生ション（センセー）】 雑誌 先生ション〈斎賀秀夫「あて字の考現学」（「日本語学」1994年4月）〉 漫画 先生（センセー）ション〈ひたか良「Min² ★パニック」1986（表紙折り返し）〉❖もじり。

ぜんぜん［全然］後ろに否定が来るという規範意識が強まった。

【全々（ぜんぜん）】 誤字 ❖よく現れる「段々」と混じたか。

せんそう［戦争］

【川走（せんそう）】 書籍 ぼくがもし、新聞社（しんぶんしゃ）の社長（しゃちょう）なら「川走（せんそう）だ、ルビ混川（コンがわ）を渡（わた）れ！」と采配（さいはい）をふるうのですが……。〈柳瀬尚紀「日本語は天才（せ）である」2007〉❖もじり。

【1000争（せんそう）】 WEB 1000争【せんそう】［名］レスナンバー1000番をキリ番ゲッター達が取り合う争い。❖もじり。

センター［center］

【中心（センター）】 小説 あらゆる現象には見えない中心（インビジブル・センター）があり〈清涼院流水「カーニバル 二輪の草」2003〉❖中国では施設名の「～センター」は「～中心」。

【中央（センター）】 漫画 中央（センター）に戻す〈青山剛昌「名探偵コナン 44」2004〉／〈大島司「STAY GOLD 2」2004〉 小説 龍王の中央（ドラゴンズ・センター）に寄ろう〈清涼院流水「カーニバル 二輪の草」2003〉

【研究所（センター）】 漫画 国立海洋研究所（センター）に送られる〈藤崎聖人「WILD LIFE 1」2003〉

【中堅手（センター）】 漫画〈満田拓也「メジャー HEROES」2006〉

【中堅（センター）】 漫画 右翼（ライト）・中堅（センター）の二人に比べて〈川原泉「メイプル戦記 1」1992〉

*__【基本（センター返し）】__ 漫画 基本（センター返し）は大事だけど〈ひぐちアサ「おおきく振りかぶって 12」2009〉

【C（センター）】 漫画 Cカラー（センター）〈「週刊少年サンデー」2004年48号（WILD LIFE）〉

雑誌 CB(センターバック)〔サッカー雑誌〕／CF(センターフォワード)〔同〕

*【場中(センターフィルダー)】古 1896〔紀田順一郎「図鑑日本語の近代史」1997〕

せんだい [先代]

【長野(センダイ)】漫画 紅屋には長野(センダイ)がおる〔立原あゆみ「弱虫 1」1997〕

せんだって [先だって]

【先達て(せんだつ)】辞書

センチ [フランス centi]

【糎(センチ)】書籍 刃渡り十五糎(センチ)の〔井上ひさし「私家版 日本語文法」1981〕／十一糎(センチ)〔井上ひさし「ニホン語日記」1996〕❖明治期、気象台の作。

【千千(センチ)】字謎〔山本昌弘「漢字遊び」1985〕

センチ [←sentimental]

【真似目(センチ)】歌詞 意外に真似目(センチ)な〔BOØWY「ANGEL PASSED CHILDREN」(氷室京介)1987〕❖真面目からか。

センチグラム [フランス centigramme] 100分の1グラム。

【瓱(センチグラム)】辞書

ぜんちぜんのう [全知全能・全智全能]

【無智無能】誤植 全智全能をくずして書き無智無能と紙面に。〔高橋輝次「誤植読本」2000(外山滋比古)〕

センチメートル [フランス centimètre]

【糎(センチメートル)】辞書 ❖→センチ

【生的米突】中国〔鐘ケ江信光「中国語小辞典」1962〕

センチメンタル [sentimental]

【感傷的(センチメンタル)】小説 彼は段々感傷的(センチメンタル)になって〔夏目漱石「こころ」1914〕

【生的悶脱】中国〔鐘ケ江信光「中国語小辞典」1962〕❖「浪漫」は日本製のようだが、音訳「生的悶脱」(センチメンタル)は中国製。

センチメンタルジャーニー [sentimental journey]

【感傷旅行(センチメンタル・ジャーニイ)】書名 田辺聖子「感傷旅行(センチメンタル・ジャーニイ)」1964❖1963年、同人誌『航路』に掲載。

新聞 題名は日本語の「感傷旅行」じゃだめなの。わざわざカタカナでルビを振ったのは、「戦後の新しい文学でないとアカン」という私のいささか子どもっぽい覇気の表れでした。〔「読売新聞」2009年5月19日(田辺聖子)〕

センチメント [sentiment]

【感傷(センチメント)】小説 感傷(センチメント)を玩(もてあそ)ぶために〔夏目漱石「こころ」1914〕

せんちょうさん [船長さん]

【1000000000000003(せんちょうさん)】

誤変換 船長さんが100000000000003に。〔ヨシナガ「ゆかいな誤変換。」2005〕

センチリットル [フランス centilitre] 100分の1リットル。

【竰(センチリットル)】辞書

セント [cent]

【仙(セント)】辞書 ❖アメリカでドルの下がセント、だから、日本も円の下を発音が似た銭のままにしようと大隈重信が決めたと伝えられる。

セント [Saint] →セイント

【聖(セント)】映画題名「聖(セント)メリーの鐘」❖1948年、日本公開。

漫画題名 ふくしま政美「聖(セント)マッスル」(宮崎惇)1976～1977／渡辺多恵子「聖14(セントフォーティーン)グラフィティ」1985～1987

曲名 聖(セント)トーマスという曲ができた。〔織田正吉「ことば遊びコレクション」1986〕

広告 聖(セント)ルームメート〔猫部ねこ「きらら音符」1995(巻末)〕

漫画 聖(セント)ミカエル幼稚園の頃から〔川原泉「メイプル戦記 1」1992〕

TV 聖(セント)☆美乳エンジェル パイレーツ〔タモリのボキャブラ天国大復活祭スペシャ

ル!!」2008年9月28日〕

〈書名〉佐知みずえ「聖（セント）セブンティーン」1988

せんとう［戦闘］

【戦闘（せんとー）】〈小説〉戦闘能力（せんとーのーりょく）はひじょーに高いですねぇ〔安井健太郎「ラグナロク EX. DIABOLOS」2000〕

【銭闘（せんとう）】〈広告〉プロ野球「〈笑〉〈恥〉銭闘」一部始終〔「読売新聞」2009年1月9日（週刊現代）〕◆もじり。

せんとう［銭湯］

【泉湯（せんとう）】〈古〉人情本〔矢野準「近世戯作のあて字」（「日本語学」1994年4月）〕

【洗湯（せんとう）】〈小説〉〔田山花袋「田舎教師」1909〕

セントバーナード［Saint Bernard］

【ストロガノフ（セントバーナード）】〈漫画〉ストロガノフ（セントバーナード）の体当たりを〔高橋留美子「めぞん一刻 12」1986〕

セントラル［central］

【中央（セントラル）】〈漫画〉今回の戦果を中央（セントラル）に報告してもらう〔荒川弘「鋼の錬金術師 15」2006〕／中央（セントラル）市街の様子〔荒川弘「鋼の錬金術師 22」2009〕

セントレア

【遷都麗空（セントレア）】〈名称〉◆美浜町・南知多町合併協議会において新市の名称を選考する際に、協議会委員の一案としてセントレア空港にちなんだ遷都麗空市が提案されたが、住民の抗議と反対で撤回された。

せんにん［仙人］僊人とも。僊という異体字も。

【仙猫（せんにん）】〈漫画〉まちがいなく仙猫（せんにん）がきてるね〔猫十字社「小さなお茶会」2000〕

【セン2（ニ）ン】〈書籍〉〔クロスワードパズル式年賀状で〕数字の音も利用して「セン2ン」（仙人）などのようにうめていくと、上下二か所に1965という数字が現われる〔見坊豪紀「辞書をつくる」1976〕

せんぱい［先輩］

【OB（先輩）】〈漫画〉演劇部のOB（先輩）〔さとうふみや「金田一少年の事件簿 3」（金成陽三郎）1993〕

【SP（先輩）】〈手紙〉〈メール〉◆女子中高生は、手紙などで「SP」と書いた方がカッコイイとも。先輩は書きにくく、堅苦しいので、「先ぱい」「先パイ」とも。憧れの人は「センパイ」と区別する女子も。ちゃんは©。先生はtでティー。

【高校生（センパイ）】〈広告〉高校生（センパイ）イジメ編〔「週刊少年マガジン」2004年48号〕

【五代さん（せんぱい）】〈漫画〉五代さん（せんぱい）の恋人なんだから〔高橋留美子「めぞん一刻 8」1985〕

*【三寮長（先輩たち）】〈漫画〉三寮長（先輩たち）がそれも兼ねてたんだ〔中条比紗也「花ざかりの君たちへ 9」1999〕

せんばつ［選抜］選抜高校野球はセンバツが多い。

【春（センバツ）】〈広告〉春（センバツ）大会はいただき!!〔青山剛昌「名探偵コナン 6」1995（巻末）〕

ぜんぶ［全部］

【全部（ぜーんぶ）】〈雑誌〉〔「小説新潮」1994年4月〕◆口語の強調形。

せんぼ［船母］

【舟母（せんぼ）】〈新聞〉かつて四万十川で木炭を運んだ帆掛け舟「舟母（せんぼ）」〔「読売新聞」2009年9月2日〕◆舟の字音はシュウ。

せんぼう［羨望］

【羨儚（せんぼう）】〈小説〉〔柳瀬尚紀訳「フィネガンズ・ウェイク I II」1991〕◆もじりか。

せんぽう［先方］

【九条さん（せんぽう）】〈漫画〉九条さん（せんぽう）のお嬢さんが〔高橋留美子「めぞん一刻 10」1986〕

ぜんまい［発条・撥条・弾機］

【全舞（ぜんまい）】〈書籍〉〔時計店の預り証 1951 〈目〉〕◆発条などで「ぜんまい」「バネ」と読ませるものは熟字訓。薇は植物のゼンマイ。

ぜんまえざき 下総にあった地名。

【前（ぜんまえざき）】〈古〉ゼンマヘザキ 一字ヲ三ツニヨム也。〔「いろは字」〕

せんもん［専門］

【専問】（せんもん） 誤字 しばしば「専問」という用例を見かける。（中略）これは誤りとすべきである。〔国語審議会第2部会「語形の『ゆれ』について」1961〕／〔斎賀秀夫「漢字と遊ぶ」1978〕◆共通誤字といえるほど多く、「専門に口なし」とも。学問、質問、訪問、専門（門の意味が不明確）などが個々人の間で混淆した結果であろう。明治期にも見られ、漱石も『坊っちゃん』の原稿で書いていた。

せんりつ［旋律］

【テーマ】（旋律） 広告 喜びのテーマ（旋律）〔SONY広告〔金城ふみ子2003〕〕

せんりつ［戦慄］

【叫び】（せんりつ） 歌詞 幾度となく繰り返す魂の叫び（せんりつ）に〔林原めぐみ「Reflection」1999〕

ぜんりょく［全力］ 雑誌に「全（ぜん）力（ちから）を込めて」。

【FULLPOWER】（全力） 歌詞 FULLPOWER（全力）で空を見上げて〔BUMP OF CHICKEN「ガラスのブルース」（藤原基央）1999〕

【金力】 誤植 全力を挙げてが金力を挙げてに〔WEB〕

そ

ソ

【ン】 誤植 あるパソコンメーカーのモニター接続解説書には「スタソドに取り付ける」などの誤植が見られる。〔WEB〕

そいつ［其奴］

【相棒】（そいつ） 漫画 先の長くない相棒（そいつ）に出会ってからな〔義仲翔子「ロスト・ユニバース 2」（神坂一）1999〕

【客】（そいつ） 漫画 客の他にもう一人いやがった…〔本仁戻「高速エンジェル・エンジン 1」2000〕

【犯人】（そいつ） 漫画 今も犯人（そいつ）は自由を手にして〔冴凪亮「よろず屋東海道本舗 7」2000〕

【拾った人間】（そいつ） 漫画 拾った人間（そいつ）の死かノートの結末〔小畑健「DEATH NOTE 1」（大場つぐみ）2004〕

【勇者】（そいつ） 漫画 お前が知ってる勇者（そいつ）は「勇者」なんかじゃねェ！〔渡辺祥智「銀の勇者 4」2000〕

【サキ】（そいつ） 漫画 サキ（そいつ）は魔族が〔「週刊少年サンデー」2004年48号（東遊記）〕

【犬】（ソイツ） 漫画 犬（ソイツ）は俺の相棒〔藤崎聖人「WILD LIFE 1」2003〕

【ヘビ】（そいつ） 漫画 ヘビ（そいつ）のことスゲー愛してんだな〔藤崎聖人「WILD LIFE 4」2003〕

【バス】（そいつ） ゲーム 俺とバス（そいつ）の1 on 1〔「ときめきメモリアル Girl's Side」（コナミ）〕◆釣りの対象魚。

【頭】（そいつ） 漫画 頭（そいつ）が重くて落ちたんじゃ〔絵夢羅「道端の天使 3」2004〕

【蘇いつ】 小説 なん耶（や）、蘇（そ）いつは〔柳瀬尚紀訳「フィネガンズ・ウェイク ⅢⅣ」1993〕◆耶蘇を寓意させる。

その他 **其奴**（そいつ） 古／**弟さん・バリー**（そいつ） 漫画

*__【犬たち】__（そいつら） 漫画 犬たち（そいつら）はもうそんな命令には〔さとうふみや「金田一少年の事件簿 Case1 魔犬の森の殺人」（金成陽三郎）1998〕

関連 **【そいつ】**（委員長）**【そいつ】**（キツネ） 漫画

そう［然う］

【然う】（そ） 政策 そう（然（さ）う）〔内閣告示「現代かなづかい」1946〕

【左様】（さう） 古 左様（さう）は行ねへ〔1888 俗〕

【SO】（そう） 曲名 シブがき隊「100%… SOかもね！」（森雪之丞）1982〕◆英語と暗合。

その他 **左右**（そう） 古

そう［僧］

【僧】（そう） 辞書 ◆当用漢字に仏、僧、鉢など、すでに梵語を音訳した漢語が採用されていた。なお仏にフランスを意味するフツは常用漢字でも認めていない。

そう

【相】(古) 金があり相 やかまし相〔式亭三馬「小野簒譃字尽」1806〕◆もじり。

(新聞) 乱歩は書簡の中で〈(初版の)二千部位売れ相に思ひますが、どうも心配です〉〔「読売新聞」2004年11月7日〕◆助動詞「ヤウだ」(ヨウ)も「様」の字音語。助動詞「フウだ」にも「風」という漢字表記がテレビのテロップ(スペース節約と漢字が正式という意識から)や一般には残っている。

ぞう

【蔵】(WEB) やる蔵◆しゃれ。「聞蔵」(朝日新聞社)。「やる象」もある。

ぞうおこくはく 【憎悪告白】

【ファレノプシス】(歌詞) 乾凋らびたファレノプシスの花束を〔ヴィドール「オカルトプロポーズ」(ジュイ)2002〕

そうか

【其様か】(小説) 吽、其様か〔徳富健次郎「黒潮」1903〕

【左右加】(歌詞) 左右加とつぶやく男気が〔網代やすお「頼朝桜」(網代弥寿雄)2010〕◆姓にあり。「左様か」からか。

【壮観】(漫画) 壮観アァァァ〔本仁戻「高速エンジェル・エンジン 1」2000〕

ぞうきん 【雑巾】

【雑布】(誤字) ◆巾着の巾が表外字であったためか。布巾などで混淆か。小学校などで。

【蔵金】(古) 雑巾も当て字で書けば蔵と金あちら拭く拭く(福福)こちらふくふく〔大田南畝(蜀山人)の狂歌〕

(その他) 雑菌(誤字)

そうくつ 【巣窟】 ↓すくつ

【鼠紆窟】(小説) 鼠紆窟〔柳瀬尚紀訳「フィネガンズ・ウェイク III IV」1993〕

そうさいっか 【捜査一課】

【殺人課】(漫画) 警視庁殺人課の剣持警部だ!〔さとうふみや「金田一少年の事件簿 1」(金成陽三郎)1993〕

ぞうさない 【造作無い】

【雑作無い】(辞書)

そうしそうあい 【相思相愛】

【走思走愛】(民間) ◆暴走族などが用いた。

【双私相逢】(小説) 〔柳瀬尚紀訳「フィネガンズ・ウェイク III IV」1993〕

そうして 【然うして】

【而して】(古) ◆「しこうして」「しかして」とも。

そうしんぐ 【装身具】

【相寝具】(誤字) 高校生の解答に装身具、相寝具、双寝具、草寝具、挿身具〔斎賀秀夫「漢字と遊ぶ」1978〕

そうず 【添水】 ししおどし。

【僧都】(辞書)

ぞうすい 【雑炊】

【増水】(辞書) ◆本来の表記。

そうすかん 【総すかん】

【総好かん】(辞書) ◆本来の表記だが見慣れないか。「総スカン」が多い。

そうぞうしい 【騒騒しい】 語源は「忩々し」「躁々し」「騒々し」からとも。

【騒々しい】(古) 騒〱しかつたから

そうぞく 【相続】

【争族】(広告) 親の遺産〝争族〟を避ける〔「読売新聞」2009年12月3日(週刊文春)〕/相続を〝争族〟にしない基本知識〔「読売新聞」2010年4月17日〕◆もじり。

そうそぼ 【曾祖母】

【祖々母】(民間) ◆誤記多し。

そうだ ⇩そう(相)

そうてい 【装丁・装釘・装幀】

【装丁】(辞書) 古くは「装釘」「装幀」。幀の本来の音はトウ。

そうでござる

【早田五猿(そうでござる)】筆名 ❖戯作者の戯名。

そうば［相場］「すあい場」の転か。

【相庭(そうば)】古

そうばな［総花］

【総花(そうか)】誤読 総花的をソウカテキ〔岩淵匡「振り仮名の役割」1988〕

そうぶれん 雅楽の曲名。そうふれん。

【想夫恋(そうぶれん)】辞書 ❖想夫恋は「徒然草」が指摘するとおり、元は相府蓮。

そうほう［双方］

【左右方(さうはう)】古 ❖評判記など。

そうめん［素麺・索麺］索麺(さくめん)から。

【素麺(そうめん)】姓 素麺 ソウメン〔平島裕正「日本の姓名」1964〕❖宇田川氏による。改姓事例あり。

【爽男(そうめん)】WEB「風強爽男（かぜつよそーめん）駅伝」ブログに〔「メルマガヨリモ」2009年10月30日〕❖もじりか。

そうらえども

【候得共(そうらえども)】古

ぞうり［草履］

【草履(わらじ)】誤読 写研「漢字読み書き大会」での誤答に、わらじ、つっかけ、げた、たび、サンダル、スリッパ。〔斎賀秀夫「漢字と遊ぶ」1978〕

その他 装履(ぞうり) 民間

ソウル［soul］

【魂(ソウル)】歌詞 凍てつく魂(ソウル)も〔蔵馬「氷のナイフを抱いて」（森由里子）1997〕／魂(soul)で感じるなら〔NEWS「きらめきの彼方へ」（酒井ミキオ）2005〕

漫画 どんな魂(ソウル)を持っているかだ〔亜都夢「浜崎あゆみ ミラクル・パッション」2001〕／魂のドツキ合い(ソウル・ファイト)だ〔大暮維人「エア・ギア 2」2003〕／音楽に魂(ソウル)がある〔二ノ宮知子「のだめカンタービレ 19」2007〕

広告 漢魂(メンソウル)!!!〔高橋留美子「犬夜叉 14」2000（巻末）〕❖しゃれ。

冊子 イエロー魂(ソウル)〔「東放学園ニュース」2001年10月1日〕

WEB ますらお魂(ソウル)で

【霊魂(ソウル)】書名 伊集院てれさ「霊魂(ソウル)」2008

【漢魂(ソウル)】漫画 俺の漢魂(ソウル)を込めた一撃を〔大暮維人「エア・ギア 2」2003〕❖→おとこ（漢）

【尸魂(ソウル)】漫画 尸魂界(ソウル・ソサエティ)そのものを破滅させようと〔「週刊少年ジャンプ」2004年5月24日（BLEACH）〕

【歌声(ソウル)】雑誌〔「ADLIB」1994年2月〕

ソウル 韓国の首都 Seoul は「みやこ」の意の韓国語だが、soul でアツい国だと勘違いする人あり。

【京城】韓国 ❖京城をソウルと訓読み式に読むことは現在、韓国ではない。キョンソンという音読みによる語も施設名・番組名などに残る程度。古くからの雅称として「漢城(ハンソン)」もあったが、韓国では字義もある程度考慮した中国語音による音訳を種々試みた結果、「首爾」の表記を中国にも求め、実現した。

そうろう［早漏］

【候(そうろう)】WEB 早漏のこと。使用例：早くて候。

そうろう［候］⇩そうらえども

ソーイング［sewing］

【ソーイン具(ぐ)】誤字 父が『この箱の中に何をしまったのか？』と聞くので『ソーイング・セット』と答えたらマジックで大きく『ソーイン具』って書いてた…。〔WEB〕

ソーサラー［sorcerer］

【超常能力者(ソーサラー)】漫画〔CLAMP「CLOVER 2」1997〕

ソース［sauce］

【巣巣(ソース)】字謎〔山本昌弘「漢字遊び」1985〕

その他 醢(ソース) 古

ソース［source］

【源(ソース)】書籍 二つの源(ソース)として〔杉本つとむ「近代

日本語の成立と発展」1998〉

ソーセージ［sausage］

【腸詰肉】書籍〈長野まゆみ「ことばのブリキ罐」1992〉❖腸詰めは直接的な表現。双生児と同音で、子どもの頃には「河馬」が「バカ」の反対とともに話題によくのぼる。

ソーダ［オランダ soda］

【曹達】古〈宇田川榕菴「植学啓原」1834〉❖重曹は、重炭酸曹達の略。

【酥ーダ】小説 醨モン酥ーダ〈柳瀬尚紀訳「フィネガンズ・ウェイク III IV」1993〉

ソード［sword］

【剣】小説 剣〈秋津透「魔獣戦士ルナ・ヴァルガー」1988〉

漫画『剣』は使う人間誰でも〈CLAMP「カードキャプターさくら 2」1997〉／『血の十字架剣』が手に現れ〈「週刊少年ジャンプ」2004年48号(じゃんぷる)〉／英知と追撃の宝剣〈「コロコロコミック」2009年2月〉

【剣術】漫画 剣術師範方〈「コロコロコミック」2010年5月〉

ゾーン［zone］

【動物系】漫画

ぞきや ぞっき本と関連か。そぎや。

【殺屋】辞書〈1949 隠〉

ぞく［↑暴走族］

【暴走族】小説 暴走族上がりの奴ら〈南英男「嬲り屋」2000 俗〉

ぞくこん

【万魂】古〈1916 俗〉❖→ぞっこん

そくび［そ首］

【素首】辞書

そけいぶ［鼠蹊部］

【鼠径部】書換 ❖幕末からの訳語である鼠蹊部の書き換え。

そこ［底］

【水底】歌詞 暗き水底より浮かび来し〈Suara「BLUE」(大倉雅彦)2007〉

そこ［其処・其所］

【其所】古 1911年、夏目漱石は新聞にこう論評した。「(略)しかし其所だけが明るくなったのは不都合である」〈「読売新聞 夕刊」2010年3月11日〉

【外】漫画 今外でアッサムに会って〈山田南平「紅茶王子 19」2003〉

【空港】広告 彼は空港で待ち続ける〈映画「ターミナル」2004〉

【机】歌詞 絶対机カラ 動クナ!!〈ヴィドール「…サンガコロンダ!!」(ジュイ)2002〉

【水唱石】歌詞 君は水唱石にいるから〈霜月はるか「氷る世界」(日山尚)2009〉

【会う時】漫画 会う時に今キラを追っている全ての者が〈小畑健「DEATH NOTE 11」(大場つぐみ)2006〉

【紅白】漫画 紅白で発表すれば〈小畑健「DEATH NOTE 11」(大場つぐみ)2006〉

【人生】歌詞 人生がちょっと違う〈岡崎友紀&加藤高道「急がば廻れよ人生」(加藤高道)2009〉

その他 近くの動物病院・ジム・L本部・R.E.D. 漫画／樹海 WEB

関連【そこ】漫画 なんとかそこだけでも思い出す〈日高万里「ひつじの涙 6」2003〉

そこく［祖国］

【粗国】誤植 婦人雑誌で祖国を粗国に。〈井上ひさし「自家製文章読本」1984〉

そこぢから［底力］

【生命力】歌詞 偉大な生命力だね〈GARNET CROW「雨上がりの Blue」(AZUKI 七)2004〉

そこつ［粗忽］

【卒骨】古

そこなう［損なう］

【害う】詩 自ら害ふものよ〈高村光太郎「声」1911〉

【傷う】古 解し傷うた者は〈福沢諭吉「福翁

自伝」1899〕

そこなし［底無し］

【速攻NOTHING】漫画 速攻NOTHING尺八LOVE〔「週刊少年ジャンプ」2004年5月24日(Mr. FULLSWING)〕◆架空の歌の題。

そこばく［若干・幾許］そくばく。

【若干】小説 若干の魅力を〔平野啓一郎「日蝕」2002〕

そこほん

【底本】民間 ◆「定本」と区別するため。

ソサエティー［society］

【所塞以的】古〔村田文夫「洋語音訳筌」1872〕

【界】漫画 尸魂界そのものを破滅させようと〔「週刊少年ジャンプ」2004年5月24日(BLEACH)〕◆社会は「社中」「会社」などの訳語の中から定着し、中国、韓国、ベトナムへと広まった。

そざつ［粗雑］

【疎雑】辞書

ソシアル［social］ソーシャル。ソシャル。

【社会的】評論 社会的な意味があると同時に〔谷川俊太郎「詩を書く なぜ私は詩をつくるか」2006〕

そしる［誹る・譏る］

【誹る】歌詞 人は誹る〔石原裕次郎「狂った果実」(石原慎太郎)1956〕

そそう［粗相］

【麁粗】古 ◆麁は麤の異体字。

そそぐ［注ぐ・灌ぐ］

【瀉ぐ】小説 少年に瀉いでいる。〔平野啓一郎「日蝕」2002〕

そそのかす［唆す・嗾す］

【使嗾す】小説 狂人や子供を使嗾して〔森村誠一「殺意の接点」2001〕

そそる

【鼠走類】古

【淫行】古 淫行観音色薬師〔1924 隠〕

そぞろ［漫ろ］

【𩇔】古 ◆𩇔は国字ではなく中国で「静」の同化が起きた異体字として古くからあった。それに「情」が影響し、「[illegible]」「[illegible]」「憩」などの国字が造られた。

その他 誑・坐・無端・漫・汰・不覚・不意 古

そぞろふゆ［漫ろ冬］

【そぞろ寒】曲名 杏里「そぞろ寒」(丸山圭子)1978〕◆漫ろ寒は秋の季語。

そちら［其方］

【其方】漫画 其方と大総統閣下との〔荒川弘「鋼の錬金術師 15」2006〕

【西の分家】漫画〔高屋奈月「幻影夢想 2」1996〕

【部室】漫画 部室にうかがおーと〔山田南平「紅茶王子 3」1998〕

【桜咲】漫画 桜咲から数名を〔中条比紗也「花ざかりの君たちへ 11」2000〕◆学校名。

そっくり

【全然】古

そっくりかえる［反っくり返る］

【反身る】古 反身ツて〔1887～1889 俗〕

そっこう［速攻］

【速攻】辞書 速攻(で)〔俗〕◆体育や部活あたりから広がった若者ことばであったが、「速効」「即効」「即行」など、語源・語義意識によって表記に揺れが見られる。

ぞっこん 底根の転。

【ゾッ婚】CD題名 大塚愛「ゾッ婚ディションLUCKY☆STAR」2010 ◆シブがき隊の曲に「ZOKKON命」(1983)。

その他 属魂・底根・属懇 古

そつじゅ［卒寿］卒では縁起が良くないとして「酔寿」とする向きも。

【卆寿】俳句 卆寿なる〔「読売新聞」2010年3月22日〕◆このように九十を表す字体を用いることあり。傘寿、喜寿でもあり。

そっち［其方］

【一刻館】漫画 一刻館に行ったら〔高橋留美子「めぞん一刻 15」1987〕
【保育園】漫画 保育園に行っちゃって〔高橋留美子「めぞん一刻 15」1987〕
【ホテル】漫画 ホテル行っていい〔松川祐里子「魔術師 2」1996〕
【未亡人】漫画 未亡人がその気なら〔高橋留美子「めぞん一刻 11」1986〕
その他 其方 古／幻影城・都会・東京・西・北・野球部・将 漫画

ぞっと
【竦と】古〔山田美妙「竪琴草紙」1885〕
その他 慄然・悚然 古／冷 古

そっぽ そっぽう（語源未詳）から。
【外方】【外貌】【他方】【顔面】古

そと［外］常用漢字では「ほか」とも読む。
【屋外】小説〔島崎藤村「夜明け前 第二部」1935〕
歌詞 屋外へ出たけど〔Sound Horizon「星屑の革紐」(REVO) 2006〕
【戸外】小説 殆んど戸外へは出なかった。〔夏目漱石「こころ」1914〕
【船外】漫画 船外へ出るぞ〔義仲翔子「ロスト・ユニバース 2」(神坂一) 1999〕
【結界外】漫画『結界外』に出したな〔CLAMP「X 12」1999〕
【体外】漫画 血を体外に出すんだよ！〔藤崎聖人「WILD LIFE 2」2003〕
【宇宙】漫画 そ… 外って宇宙ー!?〔義仲翔子「ロスト・ユニバース 2」(神坂一) 1999〕
【外界】漫画〔渡瀬悠宇「イマドキ！ 4」2001〕

そとば［卒塔婆・卒都婆］梵語。そとうば。
【卒塔婆】古

そとぱあ
【外開】古 洋服外のポケット〔1935 隠〕

そとまち［外町］
【城下町】歌詞 巴里の城下町は日毎陽が照らし〔淡谷のり子「巴里祭」(佐伯孝夫) 1952〕

ソドミー［sodomy］
【男色】書籍〔杉本つとむ「近代日本語の成立と発展」1998〕

ソドム［Sodom］
【囎ドム】小説〔柳瀬尚紀訳「フィネガンズ・ウェイクⅠⅡ」1991〕❖鹿児島の旧郡名に囎唹郡。

そなた［其方］
【汝】古〔1891～1892 俗〕
【你】古 ❖旁は「爾」の略。

ソナタ［伊 sonata］
【奏鳴曲】書名 麻耶雄嵩「夏と冬の奏鳴曲」1993
【恋歌】アルバム名「冬の恋歌」❖韓国では恋歌を字音でヨンガと読み、ハングル表記するので、語義があまり明確に理解されていない。

ソニック［sonic］
【音速】漫画〔「コロコロコミック」2002年3月（音速バスタ DANGUN 弾）〕／あのダッシュも音速弾とかいうショットも〔許斐剛「テニスの王子様 19」2003〕❖テニス。
歌詞 音速 君と超過音速 すぐ極超音速〔東京事変「電波通信」(椎名林檎) 2010〕

ソネット［sonnet］中国ではかつて「商籟体」と訳された。
【十四行詩】書籍〔大久保博訳「完訳 ギリシア・ローマ神話」1970〕

その［園・苑］妙薗園姓があるという。
【楽園】歌詞 機械仕掛の幻想の楽園〔南佳孝「浮かぶ飛行島」(松本隆) 1984〕

その［其の］
【運命の】歌詞 光輝く運命の出口を〔古手梨花「S・A・G・A～輪廻の果てに～」(DY-T・上間エイ) 2007〕
【今の】歌詞 今の嘘も短所も〔misono「Tales…」2009〕
【心の】歌詞 心の未来にも〔misono「Tales…」

2009〕

【真実(そ)の】歌詞 君の想いを真実(そ)のくちづけで 教えてくれないかい？〔神宮寺レン「悪魔の Kiss は炎より激しく」（Bee）2009〕

【デス(その)】漫画 デス(その)ノートの落とし主〔小畑健「DEATH NOTE 1」（大場つぐみ）2004〕

【FBI(その)】漫画 FBI(その)12人の遺体は全て〔小畑健「DEATH NOTE 2」（大場つぐみ）2004〕

その他 其之(その) 古

＊【仕事(その子)】漫画 仕事(その子)に関係してるみたいね〔冴凪亮「よろず屋東海道本舗 4」2000〕

＊【本名(そのなまえ)】漫画 本名(そのなまえ)で呼ぶんじゃねぇ〔「花とゆめ」2004年22号（未成年領域）〕

＊【人ノ形(そのみ)】歌詞 無気力な『人ノ形(そのみ)』を〔ヴィドール「シャットダウン」（ジュイ）2005〕

＊【UFO(その光)】漫画 〝UFO(その光)〟はしばらくして消えた〔冴凪亮「未知なる光」2006〕

関連【その(お金の)】漫画 その(お金の)事きいて〔樋口橘「学園アリス 1」2003〕

関連【その死神(リューク)】漫画〔小畑健「DEATH NOTE 12」（大場つぐみ）2006〕❖人名。

そのたんび

【其度毎(そのたんび)】古〔1902 俗〕

そのて ［其の手］

【呪い(そのて)】漫画 呪い(そのて)の話で〔「花とゆめ」2004年22号（フルーツバスケット）〕

そのとき ［其の時］

【瞬間(そのとき)】歌詞〔Mi-Ke「想い出の九十九里浜」（長戸大幸）1991〕

【会う時(そのとき)】漫画 会う時(そのとき)私達と同行してもらい〔小畑健「DEATH NOTE 11」（大場つぐみ）2006〕❖動詞の部分を代名詞で読む。

その他 其則(そのとき)・爾来(そのとき) 古

そのほうめんのかたがた ［その方面の方方］

【極道関係者(そのほうめんのかたがた)】書籍〔柳田征司「あて字」1987〕

そのもの ［其の物・其の者］

【全体(そのもの)】漫画 ノート全体(そのもの)の偽造は〔小畑健「DEATH NOTE 12」（大場つぐみ）2006〕

そば ［側］ 表外訓。

【側(そば)】新聞〔「読売新聞」2005年9月18日（阿木燿子）〕❖作詞と同様の文字遣いが散文でも行われている。

【傍(そば)】歌詞 あなたの傍(そば)で ああ 暮らせるならば〔内山田洋とクール・ファイブ「東京砂漠」（吉田旺）1976〕

漫画 お傍(そば)に〔石ノ森章太郎「マンガ日本の古典 古事記」1994〕

【一緒(そば)】歌詞 一緒(そば)にいるより〔大黒摩季「いちばん近くにいてね」1995〕

そば ［蕎麦］

【〔変体仮名〕(そば)】民間 ❖この変体仮名による看板は実は江戸時代も後半に登場し、より古くは「そば」「そバ」などだった。

そばえ ［戯え］

【日照雨(そばえ)】俳誌〔「俳句」1994年4月〕

短歌 複数の読みのある表記へのふりがなが多い。「一生(ひとよ)」「飲食(おんじき)」「昨日(きぞ)」「日照雨(そばえ)」「夫(つま)」など。〔高野公彦「現代の短歌」1991〕

そばかす ［蕎麦滓・雀斑］

【雀斑(そばかす)】小説

そばこ ［蕎麦粉］

【そば娘(こ)】商品名「そば娘(こ)」と名付けて商標登録、出願 2006年〔「読売新聞」2009年9月23日〕

そばだてる ［欹てる］

【欹(そばだ)つ】俳句 句集『手帖(てちょう)』欹(そばだ)ちぬ〔「読売新聞夕刊」2008年10月25日〕❖字体は「攲」とも書く。清少納言がふまえたことで知られる唐の白居易の七言律詩は「遺愛寺鐘欹枕聴」（遺愛寺の鐘は枕を欹(そばだ)てて聴き）。

そびょう ［素描］

【素描(そねこ)】誤読 素描を素猫と読んだ〔WEB〕

❖猫を描と書く人あり。

そふ ［祖父］

【粗父(そふ)】誤植「朝日新聞」に祖父を粗父。〔W

そ

EB〕

ソファー［sofa］

【長椅子（ソーファ）】 古

ソフィア［ギリシャ sophia］

【彼女（ソフィア）】 漫画 彼女（ソフィア）は全部知ってるのかも〔遠藤浩輝「EDEN It's an Endless World! 1」1999〕

【あの娘（ソフィア）】 漫画 あの娘（ソフィア）の才能を逸早く見つけて〔松川祐里子「魔術師 6」1998〕❖歌姫。

その他 **智恵（ソフィア）** 人名

ソフィスト［sophist］

【六哲人（ソフィスト）】 小説 虹の六哲人（ソフィスト）〔清涼院流水「カーニバル 二輪の草」2003〕

ソフト［soft］

【中折れ（ソフト）】 小説 中折れ帽（ソフトぼう）〔山田詠美「ベッドタイムアイズ」1985〕

【作品（ソフト）】 小説 作品（ソフト）はパワーアップすることになります〔清涼院流水「カーニバル 一輪の花」2003〕❖中国語では軟件・軟体。ソフトバンクは中国では軟体銀行と訳されている。

その他 **人の心（ソフトタッチ）** 広告

ソフトウェア［software］

【軟術（ソフトウェア）】 創作 創作当て字の入選作から。〔写研 1983〕

ソプラノ［イタリア soprano］

【苦鳴（ソプラノ）】 小説 糸のような苦鳴（ソプラノ）に重なって〔菊地秀行「魔界都市ブルース 夜叉姫伝 4」1990〕

そぼろ

【麁綴（そぼろ）】 古

そまつ［粗末］

【麁末（そまつ）】 古

そむく［背く・叛く］

【負く（そむく）】 古 叔母の意見に負く（そむく）〔1887～1889 俗〕

【背く（そむく）】 小説 医大を踰（こえ）るほどの名臣の名を歩を停（と）めた 背（そむ）かれる〔「読売新聞」2010年3月7日〕❖「背」の「北」は「人人」がそむいた姿。

そめいよしの［染井吉野］

【桜（そめいよしの）】 漫画

ぞめき［騒き］

【空遊来（ぞめき）】 古

そも［作麼・什麼］→そもさん

【什麼（そも）】 古 ❖中国ではシェンマと読み、「何」の意。

そもさん［作麼生・什麼生］「どんなか」「どうする」「いかに」「どうなのか」の意。

【作麼生（そもさん）】 俳誌〔「俳句」1994年7月〕

そもそも［抑・抑抑］

【抑（そもそも）】 歌詞 抑（そもそも） 違うから〔Sound Horizon「星屑の革紐」(REVO) 2006〕

そよかぜ［微風］ 女子の名に「そよ風（か）」。

【微風（そよかぜ）】 歌詞〔ディック・ミネ、星玲子「二人は若い」(サトウハチロー) 1935〕／微風（そよかぜ）の坂道〔菊池桃子「夏色片想い」(有川正沙子) 1986〕

そよぎ［戦ぎ］

【戦（そよぎ）】 古 ❖姓の梵（そよぎ）は字義から得られる読み。

そよふく［そよ吹く］

【戦吹く（そよふく）】 小説 細風の戦吹く（そよふ）度に〔平野啓一郎「日蝕」2002〕

そら［空］→おおぞら

【宇宙（そら）】 歌詞 青い宇宙（そら）に滑り出す〔南佳孝「宇宙遊泳」(松本隆) 1984〕／幾億の星がさまよう宇宙（そら）〔森口博子「ETERNAL WIND」(西脇唯) 1991〕／宇宙（そら）の掌の中〔中島みゆき「永久欠番」1991〕❖中学国語教科書にも掲載。／静かに宇宙（そら）に還る〔Gackt「REDEMPTION」(Gackt. C) 2006〕❖「空」ではイメージが限定されすぎ、かつ「宇宙（うちゅう）」ではイメージが離れるためであろう。用例きわめて多し。

小説 ひとり身の宇宙（そら）を持っておるのか〔菊地秀行「魔界都市ブルース 夜叉姫伝 4」1990〕

漫画 宇宙（そら）まで飛ばすぞ〔絵夢羅「道端の天使 3」2004〕／宇宙（ソラ）〔「メタルファイトベイブレード ビッグバンコミック BOOK」2010年4月〕

❖登場人物名。
書名 望月智充「ふたつのスピカ 宇宙(そら)への一番星」2004／斉藤隆央訳「宇宙(そら)から恐怖がやってくる！」2010
人名 総合病院に勤める宇宙(そら)〔「読売新聞 夕刊」2008年10月15日〕❖登場人物名。
曲名 TM Network「BEYOND THE TIME －メビウスの宇宙(そら)を越えて－」〔小室みつ子〕1988／MAKOほか「宇宙(そら)は少女のともだちさっ」〔畑亜貴〕2009
映画題名「宇宙(そら)へ」2009
新聞 宇宙(そら)へ。〔「読売新聞 夕刊」2009年7月7日〕／子ガメ 名前が「未来」と「宇宙(そら)」〔「読売新聞」2010年3月20日〕
ゲーム名「機動戦士ガンダムⅢ めぐりあい宇宙(そら)」

*【宇宙(おそら)】歌詞 流れた 宇宙(おそら)は天の川に溺れて〔Cocco「あなたへの月」2001〕／宇宙(おそら)の色も変わるように〔Vivian or Kazuma「moment」2003〕

【宙(そら)】❖「宙」にこの「訓」が多い。俳句でもルビなしで「宙」を使うが、読みは分からないこともある。人名にこの他に曽良(そら)も。
書籍 宙(そら)を飛ぶのである〔長野まゆみ「ことばのブリキ罐」1992〕
小説 宙(そら)へと向けて放たれた〔平野啓一郎「日蝕」2002〕
歌詞 生命ごと行くわ宙(そら)に 激しく愛されたら〔中原理恵「千年接吻」〔売野雅勇〕1984〕／宙(そら)に舞うコイン〔fripSide「only my railgun」〔yuki-ka・八木沼悟志〕2009〕
曲名 中島みゆき「宙船(そらふね)」2006
雑誌 パパと歩こう～宙(そら)へ向かう鳥〔「COMICATE No.64」2004〕
チラシ 宙(そら)の華(はな)❖日本酒の名。
新聞 今年は「こころの宙(そら)」がテーマで〔「読売新聞」2009年10月22日〕／世界天文年にちなんだイベント「宙博(そらはく)」〔「読売新聞」2009年12月4日〕／樹木墓地「宙(そら)」（東京都町田市）〔「読売新聞」2009年11月17日〕／宝塚歌劇団宙(そら)組〔「読売新聞」2009年1月27日〕

【天(そら)】❖あめ・あまは古層の訓。
書名 幸田露伴「天(そら)うつ浪」1903～1905
歌詞 天(そら)からもらった贈り物が この爪だけなんて〔中島みゆき「やまねこ」1986〕／スピードは天(そら)がくれた最後の魔法〔G-Grip「Winners」〔麻生圭子〕1991〕／煌く天(そら)〔Cocco「もくまおう」2001〕／蹴落としても天を目指せ〔ナイトメア「ジャイアニズム死」〔YOMI〕2010〕
書籍 冬の天(そら)に煌く北十字〔長野まゆみ「ことばのブリキ罐」1992〕
広告 サカナの天(そら)〔今野緒雪「マリア様がみてる 1」1998（巻末）〕
漫画 天(そら)にいる誰かの透明な手が〔猫十字社「小さなお茶会 2」2000〕
漫画題名 篠原千絵「天(そら)は赤い河のほとり」1995～2002

【天空(そら)】歌詞 天空(そら)を突き刺す蒼い稲妻〔infix「WINNERS FOREVER －勝利者よ－」〔長友仍世〕1993〕／あの天空(そら)に続く〔MAKE-UP「Never －聖闘士星矢のテーマ－」〔山田信夫〕2004〕／天空(そら)へ駆り立てるよ〔可憐Girl's「MY WINGS」〔人萌乎〕2008〕

【天上(そら)】歌詞 天上(そら)に咲く花〔ドレミ團「彼岸花」〔マコト〕2005〕／天上(そら)を仰げば〔霜月はるか「羽に縋る者」〔日山尚〕2009〕❖ベトナムのチュノムでは𡗶(チョイ)がそらの意味。会意文字は日本と違って珍しい。

【天界(そら)】歌詞 この天界(そら)で誓った〔JAM Project「IN FATE」〔奥井雅美〕2007〕

【青空(そら)】歌詞 水鳥(とり)たちは この青空(そら)を 自由に飛び交うよ〔南こうせつ「国境の風」〔荒木とよひさ〕2003〕／青空(そら)に浮かんだあの雲みたいに〔堀江由衣「Say Cheese!」〔田代智一・

すやまちえこ)2007〕
曲名 美川憲一「この青空(そら)の下で」(荒木とよひさ)2009

【大空(そら)】歌詞 この大空(そら)に国境の壁はないから〔南こうせつ「国境の風」(荒木とよひさ)2003〕／大空(そら)を渡りゆく〔島谷ひとみ「早春」(shungo.＋中野雄太)2005〕

【上空(そら)】歌詞 夕映え映すビルの上空(そら)に〔カルロス・トシキ&オメガトライブ「アクアマリンのままでいて」(売野雅勇)1988〕

【昊(そら)】小説 西の昊(そら)に忽焉と〔平野啓一郎「日蝕」2002〕

【穹(そら)】小説 東雲の穹(そら)には〔平野啓一郎「日蝕」2002〕❖2009年に、「穹」が使用頻度はさほど高くはないが常用平易な漢字と認めた大阪高裁の判決を受けて、人名用漢字に追加採用された。

【蒼穹(そら)】歌誌 蒼穹(そら)になじめり〔「短歌」1994年1月〕
小説 蒼穹(そら)は澄んでいて〔平野啓一郎「日蝕」2002〕

【蒼天(そら)】歌詞 晴れ渡る蒼天(そら)やってくる〔角田信朗「漢花」(北原星望)2007〕

【蒼空(そら)】人名 男子10位〔たまひよ 名前ランキング 2008〕／5位〔同 2009〕／12位〔明治安田生命名前ランキング2009〕
新聞 初孫の蒼空(そら)ちゃん〔「読売新聞 夕刊」2009年10月24日〕

【青(そら)】曲名〔19「あの青(空)をこえて」(326)1999〕

【上天(そら)】小説 上天(そら)がどんよりと曇っているので〔清涼院流水「カーニバル 一輪の花」2003〕

【虚空(そら)】歌詞〔T. M. Revolution「夢幻の弧光」(井上秋緒)2004〕

【空間(そら)】歌詞 黄昏が空間(そら)に映した異常な未来〔桑田佳祐 & Mr. Children「奇跡の地球」(桑田佳祐)1995〕
漫画 空間(そら)には無限の〔大暮維人「エア・ギア 1」2003〕

【夕焼(そら)】歌詞 悩んで夕焼(そら)を何気なく見てたら〔KinKi Kids「Father」(篠崎隆一)2001〕

【夕陽(そら)】漫画〔高屋奈月「フルーツバスケット 9」2002〕

【夜空(そら)】歌詞 夜空(そら)へ〔ZOO「HAWAII」(伊藤真由美)1992〕／この夜空(そら)を 奪うこと〔南こうせつ「国境の風」(荒木とよひさ)2003〕／ごらんあの夜空(そら)〔氷川きよし「ときめきのルンバ」(水木れいじ)2009〕

【夜天(そら)】書籍〔長野まゆみ「ことばのブリキ罐」1992〕

【星空(そら)】歌詞 僕の知らない星空(そら) その瞳に映すの？〔中西保志「LAST CALL」1993〕

【暗闇(そら)】歌詞 この暗闇(そら)の彼方に愛を探して…〔Vivian or Kazuma「moment」2003〕

【虹色(そら)】人名〔「朝日新聞 夕刊」2007年10月11日〕

【冬空(そら)】歌詞 冬空(そら)へと消える弾む吐息を〔TWO-MIX「Winter Planet No. 1」(永野椎菜)1997〕

【氷空(そら)】映画題名「劇場版ポケットモンスター ダイヤモンド&パール ギラティナと氷空(そら)の花束 シェイミ」2007

【雲(そら)】歌詞 蒼い雲(そら)に刻まれて〔水樹奈々「WILD EYES」2006〕

【地平線(そら)】歌詞 焼け付く午後の遥かな地平線を〔TWO-MIX「Summer Planet No. 1」(永野椎菜)1997〕

【地球(そら)】歌詞 この広い地球(そら)のどこかで〔175R「ORANGE feat. MCU」(SHOGO)2005〕

【時空(そら)】歌詞 あの日の願いを時空(そら)に解き放て〔林原めぐみ「～ infinity ～ 8」1998〕

【世界(ソラ)】歌詞 この世界(ソラ)を書き換える〔水樹奈々「Love Trippin'」2006〕
曲名 Taja「時空(そら)のたもと」(菜穂)2006

【戦場(ソラ)】漫画 戦場(ソラ)で会いましょう〔大暮維人「エア・ギア 3」2003〕

そらす［逸らす］表外訓。

【逸らす】新聞 政治資金という名のボールを、あっちへ逸らし、こっちへ逸らし〔「読売新聞」2010年3月9日〕❖後逸、捕逸の逸。

【外らす】歌詞 話題を外らすのよ〔中原理恵「死ぬほど逢いたい」(松本隆)1981〕／話を外らして歩いても〔薬師丸ひろ子「探偵物語」(松本隆)1983〕

そらで [暗で・空で]

【諳で】小説 諳で見えすいている〔米川正夫訳「ドストエーフスキイ全集6 罪と罰」1960〕

そらまめ [空豆] 空にはカラの字義も。

【蚕豆】古 蠶豆〔「日本隠語集」1892 集〕❖蚕の旧字体。蠶という異体字も中国で生じた。

民間〔今半の弁当の献立に 2009年6月2日〕

【天豆】民間 八百屋流の民間表記にも、「天豆(蚕豆・ソラマメ)」などがあって〔北原保雄「続弾！問題な日本語」2005(鳥飼浩二)〕

そらんじる [諳んじる]

【諳んじる】短歌 諳んじ〔「読売新聞」2008年11月11日〕

そり [橇]

【艝】辞書 ❖艝は当て読みでも「そり」と読めることが多い。国字。パソコンで変換候補に出るため、初見でもそれらしく見えるためであろうが、WEBで普通名詞として使われることあり。

そりがあわぬ [反りが合わぬ]

【気不合】古〔1917 隠〕

ソリスト [フランス soliste]

【独唱者】漫画〔熊倉裕一「KING OF BANDIT JING 6」2004〕

ソリッド [solid]

【固形】広告 さすが固形〔「GERAID ワックス」〕

ソル

【神官】漫画 なぜ 神官 で ある 貴 方 が〔CLAMP「魔法騎士レイアース 1」1994〕

ソルジャー [soldier]

【戦士】歌詞 都会の片隅で 叫び続けている 孤独な戦士〔本田美奈子「HELP」(秋元康)1986〕

【聖闘士】曲名 影山ヒロノブ「聖闘士神話」(只野菜摘)1988 ❖アニメ「聖闘士星矢」のオープニング曲。

*【軍隊】小説 ＩＳだの見えない軍隊だの〔清涼院流水「カーニバル 二輪の草」2003〕

ソルティードッグ [salty dog] カクテルの一種。ソルティドッグ。

【潮漬け犬】漫画 くらえっ 潮漬け犬〔高橋留美子「めぞん一刻 2」1982〕

それ [其れ]

【其】漫画〔「週刊少年ジャンプ」2002年2月25日(あっけら貫忍帖)〕

【検事】漫画 検事こそが正義であり〔小畑健「DEATH NOTE 10」(大場つぐみ)2006〕

【不埒者】漫画 不埒者を大袈裟に「吸血鬼だ」などと〔本仁戻「怪物王子」1998〕

【精霊】漫画 問題は僕らが精霊に見合った魔力を〔渡辺祥智「銀の勇者 4」2000〕

【書類】漫画 とりあえず書類はあとだ〔麻宮騎亜「サイレントメビウス 1」1989〕

【遺品】漫画 遺品ね〔高橋留美子「めぞん一刻 15」1987〕

【機械鎧】漫画 機械鎧を見ればわかるさ〔荒川弘「鋼の錬金術師 11」2005〕

【胸】漫画 胸本物？〔倉橋えりか「カリスマ・ドール 1」2004〕

【入れ墨】漫画 入れ墨は我が国の〔荒川弘「鋼の錬金術師 11」2005〕

【結界】漫画 結界にさわっちゃ…〔渡辺祥智「銀の勇者 1」1998〕

【縄張り】漫画 縄張りを他のチームに示すための〔大暮維人「エア・ギア 5」2004〕

【ＭＤ】漫画 やるよＭＤ〔「花とゆめ」2004年22号(悩殺ジャンキー)〕

そ

【教会(それ)】ゲーム 理事長が教会(それ)で脱出〔ときめきメモリアル Girl's Side（コナミ）〕

【約束(それ)】漫画 約束(それ)までに〔野々村秀樹「邪魂狩り 1」1993〕

【婚約(それ)】漫画 婚約(それ)は先にのびるだけだし〔「花とゆめ」2004年22号（未成年領域）〕

【愛(それ)】歌詞 愛(それ)を確かめたくて〔宇徳敬子「光と影のロマン」2000〕

【策(ソレ)】漫画 テメーの策(ソレ)も地図の中に〔大暮維人「エア・ギア 3」2003〕

【所有権(それ)】漫画 所有権(それ)を棄てる事で〔小畑健「DEATH NOTE 11」（大場つぐみ）2006〕

【殺人(それ)】漫画 殺人(それ)が俺の目的だからだ〔麻宮騎亜「サイレントメビウス 1」1989〕

【手術(それ)】漫画 手術(それ)交代するから早く行け！〔藤崎聖人「WILD LIFE 4」2003〕

【冗談(それ)】小説 冗談(それ)はともかく〔神坂一「日帰りクエスト なりゆきまかせの異邦人(ストレンジャー)」1993〕

【筆談(それ)】漫画 筆談(それ)もわかっています〔小畑健「DEATH NOTE 11」（大場つぐみ）2006〕

【会う事(それ)】漫画 会う事(それ)に際し少し取り決めを〔小畑健「DEATH NOTE 11」（大場つぐみ）2006〕

【全盛期(それ)】漫画 今が全盛期(それ)なんだろう〔「週刊少年ジャンプ」2002年2月25日（世紀末リーダー伝たけし！）〕

【未来(ソレ)】歌詞 今未来(ソレ)の鍵を手に〔APOCALYPSE「Megaromania」（翠）2009〕

その他 夫・其人(それ) 古 ／アークと呼ばれた物(それ) 歌詞

関連 【それ(指輪)】漫画 それ(指輪)は今の蓮見の〝希望〟だ〔日高万里「ひつじの涙 6」2003〕

それぞれ ［其れ其れ・夫れ夫れ］

【各々(それぞれ)】漫画〔「週刊少年ジャンプ」2004年47号〕

【各ぞれ(それ)】歌詞 みんな各ぞれ(それ)の道を〔FIELD OF VIEW「ドキッ」（山本ゆり）1996〕◆珍しい送り仮名。「人々」を「人びと」とする形式か。

それっきり ［其れっ切り］

【夫限(それっきり)】古

それは

【此是(それは)】古〔1870〜1876 俗〕

【夫(そりゃ)】古〔1902 俗〕

それはさておき

【閑話休題(それはさておき)】書籍 ◆白話小説に由来し、いくつかの読みが当てられた。「閑話休題(ここでひとやすみしよう)」などもあり。→あだしごと

*【案下某生再説不題(それはさておきつここにまた)】古〔山田美妙「竪琴草紙」1885〕

それる ［逸れる］

【外れる(そ)】辞書

ソロ ［イタリア solo］

【独壇場(ソロ)】漫画 団長の独壇場(ソロ)の演舞が〔山田南平「紅茶王子 5」1998〕

そろそろ

【鼠栗々々(そろそろ)】古 ◆江戸時代に世話字とよばれた俗語への当て字。

【徐々(そろそろ)】小説 もう、徐々(そろそろ)帰りましょう。〔夏目漱石「こころ」1914〕

ぞろぞろ

【候々(ぞろぞろ)】字遊

そろばん ［算盤・十露盤］

【算盤(そろばん)】小説 算盤(そろばん)のお化けのような〔浅田次郎「鉄道員」2000〕

書籍〔小林祥次郎「日本のことば遊び」2004〕

広告 読み書き算盤(そろばんプラス)＋音楽で成功脳に！〔「読売新聞」2009年2月27日〕

そろり

【曽呂利(そろり)】人名 曽呂利新左衛門は秀吉に仕えたとされる。◆花入れにも曽呂利・座露束（「ぞろり」とも）あり。

そわい

【素淮(そわい)】雅号 ◆吉田茂元総理の「素淮(ソワイ)」という号はイニシャル「S. Y.」をもじったものと言われている。

ソング [song]

【歌】(SONG) 書籍〔歌(SONG)〕に秘められたウソのような本当の話〔博学こだわり倶楽部「名前の不思議－面白すぎる雑学知識 人名・地名・呼び名の謎がわかる本」1992（裏表紙折り返し）〕

そんざい [存在]

【夢】(そんざい) 歌詞 遠い夢(そんざい)〔cRaNE「希望の空」(Sanae Tabata) 2009〕

ぞんざい 「存在」の転ともいわれる。

【存在】(ぞんざい) 古 漱石の「我輩は猫である」の文字使いは一種独特でありまして、「ゾンザイ」を「存在」などと書き〔谷崎潤一郎「文章読本」1934〕

【粗笨】(ぞんざい) 古〔谷崎潤一郎「文章読本」1934〕

その他 **粗略**(ぞんざい)・**粗雑**(ぞんざい)・**粗末**(ぞんざい) 古

ぞんじ [存じ]

【存知】(ぞんじ) パンフ「ご存知ですか? 逆流性食道炎」〔エーザイ〕❖ご存じをご存知とも。存知という漢語はある。

【存字】(ぞんじ) WEB この手の文字を「ご存字」でしたら〔福田雅史「俗字の字典」〕❖もじり。

ぞんじる [存じる]

【識】(ぞんじて) 古

ゾンタク [オランダ zondag] 日曜日。休日。ドンタク。

【休暇】(ゾンタク) 古〔1874 俗〕

そんな

【這麼】(そんな) 古 ❖白話から。

その他 **其様**(そんな)・**那様**(そんな) 古

*__【羅針盤】__(そんなもの) 漫画 どうして羅針盤(そんなもの)があるのかしら…〔渡辺祥智「銀の勇者 1」1998〕

*__【継承者】__(そんなモン) 漫画 こちとら好きで「継承者(そんなモン)」になったワケじゃ〔せたのりやす「無敵王トライゼノン BLAZE 2」2001〕

*__【絶対音感】__(そんなモン) 漫画 カンケーないわ 絶対音感(そんなモン)!〔藤崎聖人「WILD LIFE 7」2004〕

*__【往診費】__(そんなの) 漫画 鉄生君は往診費(そんなの)請求しないんだろうし〔藤崎聖人「WILD LIFE 2」2003〕

ゾンビ [zombie]

【死霊】(ゾンビ) 漫画 おまえも死霊(ゾンビ)につかれて〔北条司「CITY HUNTER 1」1986〕

書名 平井和正「死霊狩り(ゾンビ・ハンター)」1972～1978

【死人】(ゾンビー) 小説 対薩長専用の死人兵士(ゾンビー)〔菊地秀行「魔王伝 3 魔性編」1996〕

*__【復活の粉】__(ゾンビ・パウダー) 小説 復活の粉(ゾンビ・パウダー)で墓から黄泉返った〔清涼院流水「カーニバル 二輪の草」2003〕

た

た

*__【咲完了矣】__(さきましたね) 書籍 咲完了矣(サキマシタネ)(私作)〔杉本つとむ「日本文字史の研究」1998〕❖中国の科挙では字数を整える際に、「矣」などの虚字が利用された。

タ

【夕】 番組名「夕刊タモリ!こちらデス」1981～1982 ❖夕刊とタモリをロゴで似させた。

たあいない 「たわいない」から。類例に「かわいい・かあい」「かわいそう・かあいそう」「ばあい・ばわい・ばやい」あり。

【他愛ない】(たあい) 辞書

ターキー [turkey]

【火鶏】(ターキー) クーポン 火鶏(ターキー)の砂肝〔安楽亭 2005〕

ダーク [dark]

【闇】(ダーク) 漫画『光(ライト)』と『闇(ダーク)』はわいら配下の〔CLAMP「カードキャプターさくら 11」2000〕

小説 人間と《闇の種族(ダーク・ワン)》の混血を〔安井健太郎「ラグナロク 7 灰色の使者」2000〕

【暗い】(ダーク) 漫画 この暗い赤色(ダークレッド)はたしか‥‥〔さとうふみや「金田一少年の事件簿 2」(金成陽三郎) 1993〕

【黒い】(ダーク) 漫画「黒い靴(ダークブーツ)」の適合者だと〔「週刊

少年ジャンプ」2004年48号(D. Gray-man)〉

【暗黒(ダーク)】漫画 暗黒面(ダークサイド)からの誘いに〈「週刊少年サンデー」2004年48号(史上最強の弟子ケンイチ)〉

【濁(ダーク)】漫画 濁(DARK)、清(LEEN)〈麻宮騎亜「聖獣伝承 DARK ANGEL」1992～1997〉❖登場人物名。ハンドルネームなどにも多い。

その他 黒狼刃(ダーク・クロウ)・黒霧炎(ダーク・ミスト) 書籍／盗賊団(ダークシャドウ)・月のない夜(DARK MOON)・新月(DARK MOON) 漫画

ターゲット [target]

【標的(ターゲット)】曲名 チャゲ&飛鳥「標的(ターゲット)」(飛鳥涼)1984

書籍〈うみのさかな&宝船蓬莱「うみのさかな&宝船蓬莱の幕の内弁当」1992〉

漫画〈さいとうたかを「ゴルゴ13 104」1997〉／〈本沢みなみ「また還る夏まで 東京ANGEL」1999〉／標的(ターゲット)はテスト問題〈大暮維人「エア・ギア 4」2003〉／〈「週刊少年ジャンプ」2004年48号(家庭教師ヒットマン REBORN!)〉

映画題名「劇場版名探偵コナン 14番目の標的(ターゲット)」1998

広告 標的(ターゲット)・才賀勝を殺すため〈青山剛昌「名探偵コナン 26」2000(巻末)〉

書名 今野敏「二重標的(ダブルターゲット)」2006

歌詞 苦し紛れに次の標的(ターゲット)を探している〈Mr. Children「ファスナー」(桜井和寿)2002〉

小説 標的(ターゲット)に襲いかかる〈清涼院流水「カーニバル 二輪の草」2003〉

新聞 ジョージ・ジョナスの「標的(ターゲット)」は11人モサド暗殺チームの記録〈「読売新聞」2009年3月27日〉

【相手(ターゲット)】漫画 複数の相手(ターゲット)をまとめて仕留める〈さとうふみや「金田一少年の事件簿 Case1 魔犬の森の殺人」(金成陽三郎)1998〉

【対象(ターゲット)】漫画 姉の片思いの彼を対象(ターゲット)に〈東村アキコ「きせかえユカちゃん 1」2001〉

【目標(ターゲット)】歌詞 目指す目標(ターゲット)はどこ〈メロキュア「So far, so near」(岡崎律子)2003〉

小説 捕捉した目標(ターゲット)に逃走を許すとはね〈西尾維新「零崎双識の人間試験」2004〉

漫画 目標(ターゲット)が動き出した〈加藤元浩「ロケットマン 8」2004〉

ダース [dozen]

【打(ダース)】書籍 小楊枝入を二十打(ダース)程注文して〈井上ひさし「私家版 日本語文法」1981〉❖口偏を付し「⿰口打」とすることもあった。

*【12コ(1ダース)】漫画 12コ(1ダース)より＋2コ多い〈さとうふみや「金田一少年の事件簿 Case2 銀幕の殺人鬼」(金成陽三郎)1998〉

ダーティー [dirty]

【鏡(ダーティ)】漫画 存在は鏡(ダーティ)であり〈垣野内成美「吸血姫美夕」1988〉

*【駄愛帝S(ダーティーズ)】バンド名 NEW LEGEND BAND THE 駄愛帝 s

タートルネック [turtleneck]

【T/N(タートルネック)】民間

ターニングポイント [turning point]

【分岐点(ターニングポイント)】漫画 ここは未来への分岐(ターニング)点(ポイント)〈東里桐子「爆裂奇怪交響曲 1」1993〉

【大転換点(ターニング・ポイント)】小説 二一世紀最初の歴史上の大転換点(ヒストリカル・ターニング・ポイント)が〈清涼院流水「カーニバル 一輪の花」2003〉

タービン [turbine]

【水車(タービン)】詩 くろい蝸牛水車(スネールタービン)で〈宮沢賢治「発電所」1928〉

ターミナル [terminal]

【端末(ターミナル)】書籍 遠く離れた端末(ターミナル)にいる御家人や家来たちは〈松岡正剛「日本流」2000〉

【終着駅(ターミナル)】書名 西村京太郎「終着駅(ターミナル)殺人事件」2004

ターミネーター [terminator]

【機械(ターミネーター)】広告 人類 vs. 機械(ターミネーター)〈「読売新聞」2009年5月30日〉

ターミノロジー [terminology]

【用語(ターミノロジー)】書籍〈杉本つとむ「近代日本語の成

立と発展」1998〕
【術語(ターミノロジー)】【術語法(ターミノロジー)】 書籍 〔杉本つとむ「日本文字史の研究」1998〕

ターム [term]
【術語(ターム)】 書籍 〔杉本つとむ「日本文字史の研究」1998〕

ダーリン [darling]
【恋人(ダーリン)】 歌詞 〔堂本剛「百年ノ恋」2001〕
【難波先輩(ダーリン)】 漫画 オレの難波先輩(ダーリン)にモーションかけといて〔中条比紗也「花ざかりの君たちへ 7」1999〕
【駄亜林(ダアリン)】 誤変換 ❖ケータイメールで。

だあれ
【誰(だ)あれ】 小説 それ誰(だ)あれ?〔「読売新聞」2009年7月24日〕❖「後ろの正面だ〜れ」などで、漢字表記が「誰〜れ」となることもあり。

ターン [turn]
【転換(ターン)】 書籍 ナラティブの転換(ターン)〔桜井厚「インタビューの社会学―ライフストーリーの聞き方」2002〕
【転回(ターン)】 書籍 個人誌的転回(バイオグラフィカル ターン)〔桜井厚「インタビューの社会学―ライフストーリーの聞き方」2002〕

ターンエー [turn A]
【∀(ターンエー)】 アニメ題名 「∀(ターンエー)ガンダム」1999〜2000 ❖略称は「∀(ターンエー)」。「A(最初)に戻る」という意味から。「∀」という記号は、数学や論理学に用いられる全称記号。これを用いることで、「全てに対して」「全てを含む・包括する」という意味を作品に与えるという。
WEB メール ❖嬉しくて大きく開けた口など絵文字としても用いられ、本来の使い方よりも頻度が高い。手書きでも現れる。

たい [対]
【VS(たい)】 雑誌 巨人 vs 阪神 ある人は「ブイエス」と読み、ある人は「バーサス」と読み、ある人は「タイ(対)」と読む。〔柴田武「私の文字論」(「日本語学」1987年8月)〕❖「×」とは使い分けもあり。
書名 原ゆたか「かいけつゾロリカレーVS.(たい)ちょうのうりょく」2008
漫画 アシモフVS(たい)キュリー〔「コロコロコミック」2008年11月〕❖子ども向けの本では読みが明示される。ブイエスという読み仮名も見受けられる。
関連 【5対5(フィフス・フィフス)】 漫画 5対5(フィフス・フィフス)で行う団体戦〔大暮維人「エア・ギア 4」2003〕

たい
【度(た)い】 小説 同じ気持と覚悟を持ってやっていたゞき度(た)いと思うのです。〔小林多喜二「党生活者」1932〕❖現在でも「目出度い」などで見かける。なお、「つくしたい」の「たい」を鯛の絵で記して、「たい」と振り仮名を付けるものあり〔「太陽」1994年5月〕。
【隊(たい)】 グループ名 うしろ髪ひかれ隊❖もじり。
WEB わが家、見なおし隊。〔リフォーム会社のネットワーク〕

タイ [tie]
【対(タイ)】 辞書 同じ力、同点等の意〔1949 隠〕❖『岩波国語辞典』初版(1963)に「対記録」とも書く、とある。

タイ [Thai; Tai]
【泰(タイ)】 辞書 ❖中国国内のタイ族には傣とにんべんを付す。傣と泰は発音も異なる。

ダイアナ [Diana]
【月神(ダイアナ)】 書名 柴田よしき「月神(ダイアナ)の浅き夢」2000
【美しい人(ダイアナ)】 小説 『美しい人(ダイアナ)』になってきたと思ったら〔清涼院流水「カーニバル 二輪の草」2003〕

ダイアモンド [diamond] ⇩ダイヤモンド

ダイアリー [diary]
【日記(ダイアリー)】 広告 日記付き(ダイアリー)〔「読売新聞」2006年8月26日〕

た

【歳時記(ダイアリィ)】 曲名 さだまさし「歳時記(ダイアリィ)」1979

たいいくかん [体育館] 口頭では「たいくかん」「たいっかん」とも。→たいく

【体位躯館(たいいくかん)】 小説〔柳瀬尚紀訳「フィネガンズ・ウェイク III IV」1993〕◆もじり。

ダイイングメッセージ [dying message]

【死に際の伝言(ダイイング・メッセージ)】 漫画「死にぎわの伝言(ダイイング・メッセージ)」を残そうとしている!!〔さとうふみや「金田一少年の事件簿 7」(金成陽三郎)1994〕

小説 死に際の伝言(ダイイング・メッセージ)を〔清涼院流水「カーニバル二輪の草」2003〕

ダイエット [diet] 「躾」をこう読んだ女子学生がいた。

【食事制限(ダイエット)】 小説〔茅田砂胡「舞闘会の華麗なる終演ー暁の天使たち 外伝 1」2004〕

その他 減量(ダイエット) WEB

タイガ [ロシア taiga]

【原始林(タイガ)】 小説 未踏の原始林(タイガ)を根こそぎ〔菊地秀行「白夜サーガ 魔王星完結編」1996〕

タイガー [tiger]

【虎(タイガー)】 ポスター 虎(タイガー) 伝説〔映画「真説タイガーマスク」2005〕

題名 橋本治「草食系の虎(タイガー)について」〔「読売新聞」2010年1月25日(中央公論)〕

広告 黒虎(ブラックタイガー)〔菊地秀行「白夜サーガ 魔王星完結編」1996(巻末)〕

*【猛虎(タイガース)】 新聞 北京猛虎(タイガース)と広東猟豹(レパーズ)の対戦は〔「読売新聞」2009年7月3日〕

だいがえ [代替え]

【代替(だいが)え】 辞書 代替え 代替の読み替え〔俗〕

◆代替でも「だいがえ」とも読む。

だいきょう

【弟兄(だいきょう)】 古 兄弟のこと〔1932 隠〕

だいきらい [大嫌い]

【大嫌(デエッきれ)ー】 漫画 大嫌(デエッきれ)ーだから〔所十三「特攻の拓 11」(佐木飛朗斗)1994 俗〕

たいく [←たいいく(体育)]

【体育(たいく)】 誤読「たいくかん(←なぜか変換できない)」(体育館)「2ch」で生まれた(または広まった)と思われるレトリックの一種。わかっていてわざと書いているのが普通。〔WEB〕

だいく [大工]

【工匠(だいく)】 古

たいくつ [退屈]

【対屈(たいくつ)】 古

たいけい

【体系(たいけい)】【大系(たいけい)】 辞書 ◆書名ではよく混同される。

だいけん [大検]

【大学受験検定(大検)】 漫画「大学受験検定(大検)」を取って美大に進学するつもりで〔さとうふみや「金田一少年の事件簿 9」(金成陽三郎)1994〕

たいこ [太鼓] →だいこ

【幇間(たいこ)】 書名 鰻(うなぎ)の幇間(たいこ)〔「読売新聞」2009年8月23日〕◆→たいこもち

その他 打楽器(タイコ) 漫画

だいご [醍醐]

【大五(だいご)】 古 ◆醍醐の字を忘れた祐筆に豊臣秀吉は「大五」と書いておけと命じたという。教養の欠如とも合理主義とも言われる。

たいこもち [太鼓持ち]

【幇間(たいこもち)】 古〔「東京語辞典」1917 集〕

広告 幇間(たいこもち)の遺言〔夢枕獏「黒塚 KUROZUKA」2003(巻末)〕

書名 悠玄亭玉介「幇間(たいこもち)の遺言」1995

【随員(たいこもち)】 書籍〔井上ひさし「自家製文章読本」1984〕

だいこん [大根] 大根(おおね)から。大根の千六本は繊蘿蔔(せんろふ)の唐音「せんろうぽ」から。

【蘿蔔(だいこん)】 古

たいざ

【間人(たいざ)】 地名 ◆京都府丹後市の地名。蟹で有

名。

＊【間人(だいざ)】地名 間人(ダイザ)町 京都府〔国語審議会「町村の合併によって新しくつけられる地名の書き表わし方について」(建議)1953〕

たいし［大使］

【大便】誤植 大使が大便に。〔高橋輝次「誤植読本」2000(外山滋比古)〕

たいじ［胎児］

【サンダルフォン(胎児)】漫画 サンダルフォン(胎児)の悪夢は〔由貴香織里「天使禁猟区 18」2000〕

たいしたこと［大した事］

【一流じゃ(大したこと)】漫画 一流(大したこと)じゃないんじゃない〔中条比紗也「花ざかりの君たちへ 8」1999〕

だいじょうぶ［大丈夫］ 中国の人は立派な男性という意味に解する。関西では「平気」(へっちゃら)はあまり使わない。栃木方言などで「だいじ」といい、メールなどで「大事」とも書かれる。

【大丈夫(だいじょーぶ)】小説 大丈夫(だいじょーぶ)ですかー？〔安井健太郎「ラグナロク EX. DIABOLOS」2000〕

【大丈夫(ダイジョブ)】漫画 大丈夫(ダイジョブ)かい〔小花美穂「Honey Bitter 1」2004〕◆口語形。

【大丈夫(でじょぶ)】古『浮世風呂』 話者のくだけた発音を描写〔前田富祺・阿辻哲次「漢字キーワード事典」2009〕◆方言形。

【因丈夫(だいじょうぶ)】メール 最近の中高生のケータイメールに。〔「L25」2007年9月28日〕◆「口」は飾りと見たてる。

ダイス［DAIS］

【防衛庁情報局(ダイス)】小説〔森村誠一「殺意の接点」2001〕

だいすき［大好き］

【MUV-LUV(だいすき)】曲名 栗林みな実「だってMUV-LUV(だいすき)なんだもんっ☆」(畑亜貴)2007 ◆ゲーム「マブラヴ」の主題歌。

【〇(だいすき)】歌詞 ×(イヤ)か〇(ダイスキ)かちょっとだけ毒のあるキャラでもいい〔奥井雅美「朱－AKA－」1998〕

【因好き(だいすき)】メール 因因、因丈夫、因好き、因因気は最近の中高生のケータイメールに。〔「L25」2007年9月28日〕◆「口」は飾りと見たてる。

だいだぼっち

【太太発意(だいだぼっち)】古 肥えふとった人を罵っていふ詞〔1920 隠〕◆巨人伝説の「だいだらぼっち」のたぐいは各地で小地名になり、当て字もなされた。

たいてい［大帝］

【犬帝】誤植 大帝が犬帝に。〔高橋輝次「誤植読本」2000(外山滋比古)〕

たいと

【𱁬(たいと)】姓 ◆おとど。たいと。だいと。84画。この漢字も本来苗字などではなく、「タイ」と読む「雲」3つからなる漢字と、「トウ」と読む「龍」3つからなる漢字の2字で「たいとう」と読む人の仮の名だったのではないか。それが一人歩きをしたものではなかろうか。

だいどこ［↑だいどころ(台所)］

【台所(だいどこ)】広告 台所(だいどこ)お宝鑑定団〔「読売新聞」2009年10月15日〕◆口語形。

タイトル［title］

【字幕(タイトル)】小説 弁士は字幕(タイトル)にはなかったが〔小林多喜二「蟹工船」1929〕

【題(タイトル)】漫画 このマジックの題(タイトル)は『天外消失』〔さとうふみや「金田一少年の事件簿 20」(金成陽三郎)1996〕

【題名(タイトル)】漫画「子守唄」っていう題名(タイトル)の絵を描いて〔さとうふみや「金田一少年の事件簿 10」(金成陽三郎)1994〕

【王座(タイトル)】漫画 東洋太平洋王座(タイトル)を死守〔「週刊少年マガジン」2004年48号(はじめの一歩)〕

タイトルマッチ［title match］

【王座戦(タイトルマッチ)】漫画 J・ライト級日本王座戦(タイトルマッチ)が〔「週刊少年マガジン」2004年48号(はじめの一

歩)」◆他所に「王座防衛戦（タイトルマッチ）」も。

【見出し奮戦記（タイトル・マッチ）】(雑誌) スポーツ紙記者の〝見出し奮戦記（タイトル・マッチ）〟〔「週刊現代」1963(目)〕

【鯛（タイ）トルマッチ】(TV)〔2009年1月28日7時台フジテレビ系列〕◆もじり。

だいなごん [大納言]

【大納言（じゃあなごん）】(古) ◆三条西実隆の発音からという。

ダイナスト [dynast]

【覇王（ダイナスト）】(書籍)〔中澤光博/ORG「入門！リナの魔法教室 スレイヤーズRPG」1996〕

ダイナマイト [dynamite]

【爆薬（ダイナマイト）】(小説)〔安井健太郎「ラグナロクEX. DIABOLOS」2000〕

【激闘（ダイナマイト）】(広告) 激闘拳闘物語（ダイナマイトボクシングストーリー）。〔さとうふみや「金田一少年の事件簿 13」(金成陽三郎)1995(巻末)〕

【大生糸（ダイナマイト）】(民間) ◆早大応援曲の「ダイナマイトマーチ」(発表時期不明)を「大生糸早稲田」ともいう。

ダイナモコレオプテラ [dynamo coleoptera]

【鞘翅発電機（ダイナモコレオプテラ）】(詩) 鞘翅発電機（ダイナモコレオプテラ）をもって〔宮沢賢治「発電所」1928〕

たいに

【太為爾（たゐに）】(小説)〔柳瀬尚紀訳「フィネガンズ・ウェイク III IV」1993〕◆「てにをは」と同様、ルビに「わ行」の仮名が現れる。

だいにん [大人]

【大人（だいにん）】(民間) フロ屋の「大人・中人・小人」おとな、ほかの2つに合わせて「だいにん」「だいじん」などと読まれる。〔「言語生活」1965年1月〕

だいにんき [大人気]

【因囚気（だいにんき）】(メール) 最近の中高生のケータイメール〔「L25」2007年9月28日〕◆「囗」は飾りと見たてる。

ダイニング [dining]

【店内（ダイニング）】(漫画)〔尾田栄一郎「ONE PIECE 6」1998〕

ダイバー [diver]

【潜水夫（ダイバー）】(小説) 潜水夫（ダイバー）や水中カメラにも〔清涼院流水「カーニバル二輪の草」2003〕

タイピング [typing]

【打鍵（タイピング）】(論文) 打鍵（タイピング）(キーボードによるテキスト入力)〔内山和也「振り仮名表現の諸相」2002〕

タイプ [type]

【型（タイプ）】(小説) ペッパー・ボックス型（タイプ）の拳銃を〔菊地秀行「白夜サーガ 魔王星完結編」1996〕

(漫画) ヘッドフォン型（タイプ）の通信機〔本沢みなみ「また還る夏まで 東京ANGEL」1999〕

【性質（タイプ）】(小説)「次元(性質（タイプ）)が違う」意味らしい〔清涼院流水「カーニバル 一輪の花」2003〕

【性格（タイプ）】(漫画) 一番嫌いな性格（タイプ）だ〔和月伸宏「武装錬金 2」2004〕

【人種（タイプ）】(漫画) そういう人種（タイプ）だとは〔松川祐里子「魔術師 1」1995〕

【派（タイプ）】(漫画) 山の残りの牌を読む派（タイプ）には〔天獅子悦也「むこうぶち 23」2008〕

【奴（タイプ）】(小説) 原爆を積んでる奴（タイプ）じゃないが〔菊地秀行「魔界都市ブルース 夜叉姫伝 4」1990〕

【-（タイプ）】(漫画) スーパー男前中津君 R-e（レボリューションタイプ）〔中条比紗也「花ざかりの君たちへ 12」2000〕◆T. M. Revolution turbo type D(T. M. R-e)。

だいふ 「たいふ」が「たいう」へ、そして「たゆう」と変化。「だいぶ」とも。

【大夫（たいふ）】(古) ◆『枕草子』文字で書くと「ことごとしき」(大げさな感じがする)もの。皇太后宮権の大夫（だいふ）。

だいぶ [大分]

【大分（でえぶ）】(古)

ダイブ [dive]

【急降下（ダイブ）】(広告) 連合軍を震撼させた急降（ダイ）

下(ブ)!〔「読売新聞」2009年6月6日(歴史街道)〕

たいふう【◎(たいふう)】(絵文字)❖ドコモの絵文字で台風だが、あたまが混乱した状態などで用いられる。元の意味をふまえず、当て字のよう。

タイフーン [typhoon]
【台風(タイフーン)】(漫画)チャイニーズ台風(タイフーン)〔ひたか良「Min²★パニック」1986〕❖「颱風」「臺風」とも書いた。語源は typhoon の音訳説もあり、英語と関連があるとされる。
【颱風(タイフーン)】(グループ名) 上々颱風(しゃんしゃんたいふーん)(Shang Shang Typhoon)1980～
(曲名)小泉今日子「颱風騎士(タイフーンナイト)」1983
*【熱烈台風娘(ホット・タイフーン)】(漫画題名) 立川恵「熱烈(ホット・)台風娘(タイフーン)」1993～1994

タイプライター [typewriter]
【活字印書器】(古)❖訳語。

たいへい [太平・泰平]
【鯛(たい)へい】(商品名)「天下鯛(たい)へい」❖和菓子の名。
【太平(おおひら)】(誤読) NHKの「台所太平記」を台所おおひらきと読んだ奴がいた。〔WEB〕

タイポグラフィ [typography]
【攤書術(タイポグラフィ)】(書籍)〔府川充男「印刷史/タイポグラフィの視軸」2005〕

たいまつ [松明]「松」の位置にずれを感じるともいわれる。「たいまつ」の語は「たきまつ」からとされ、古く「続松」「明松」「焼松」などとも書いたが、漢語「松明(ショウメイ)」が定着。そのまま「まつあかし」とも。
【炬火(たいまつ)】(書籍)〔大畑末吉訳「アンデルセン童話集 2」1984〕

たいまん [対まん]
【一対一(タイマン)】(漫画) 一対一(タイマン)で負けたのは〔大暮維人「エア・ギア 2」2003〕
【1対1(タイマン)】(漫画) 1対1(タイマン)に手ェ出すんじゃねえ〔大暮維人「天上天下 9」2002〕

タイミング [timing]
【拍子(タイミング)】(漫画) 鉛弾の来る拍子(タイミング)さえ〔「週刊少年ジャンプ」2004年5月24日(少年守護神)〕

タイム [thyme] 草の名。タチジャコウソウ。
【立麝香草(タイム)】(包装)〔冷えピタ(冷却シート)の袋 2004〕

タイム [time]
【時(タイム)】(人名)❖『姓名の研究』によれば、かつても外国名風の名付けはしばしばあった。
【時間(タイム)】(漫画)〔「ペルソナ2罰 4コマギャグバトル ポジティブシンキング編」2000〕❖主人公のかけ声で。／時間差(タイムロス)〔大暮維人「エア・ギア 3」2003〕
(広告)「時間管理(タイムマネジメント)」で充実〔「読売新聞」2004年5月3日〕
(小説)時間遡行能力者(タイムトラベラー)〔本谷有希子「ほんたにちゃん 本人本03」2008〕
【時刻(タイム)】(小説)最終破滅時刻(ハルマゲドン・タイム)〔菊地秀行「白夜サーガ 魔王星完結編」1996〕
【時空(タイム)】(漫画)時を操る時空(タイム)異邦人となる〔種村有菜「時空異邦人(タイムストレンジャー) KYOKO 2」2001〕
【待夢(タイム)】(看板)❖店名。
*【逆転時計(タイムターナー)】(小説)「逆転時計(タイムターナー)」をローブの下にしまい込んでいた〔松岡佑子訳「ハリー・ポッターとアズカバンの囚人」2001〕

タイムス [Times]
【通信(タイムス)】(漫画題名) 山本ルンルン「マシュマロ通信(タイムス)」2004～2005

タイムマシン [time machine]
【相対性理論(タイムマシン)】(歌詞) 相対性理論(タイムマシン)ならいつでもどこでも扉(ドア)〔みっくす JUICE「The IJIN-DEN～天才の法則」(六月十三)2003〕

タイムラグ [time lag]
【時差(タイムラグ)】(曲名) さだまさし「時差(タイムラグ)」1987

タイムリミット [time limit]
【制限時間(タイム・リミット)】(小説) 制限時間(タイム・リミット)九〇分の〔清涼院流水「秘密室ボン」2002〕
【時間切れ(タイムリミット)】(漫画) FILE. 10 命の時間切れ(タイムリミット)!?

〈青山剛昌「名探偵コナン 7」1995〉

タイムレス [timeless]
【永遠(タイムレス)】 曲名 ラブプラス「永遠(タイムレス)ダイアリー」〈上田起士〉2009

タイヤ [tire]
【軚(タイヤ)】 創作 〈自動車学校の灰皿 1976 目〉
【胎】 中国 車胎・輪帯 タイヤ。◆広東語では呔、軚。
【躰輻(タイヤ)】 小説 躰輻(タイヤ)めぐり〈柳瀬尚紀訳「フィネガンズ・ウェイク I II」1991〉

ダイヤ [↑ダイヤモンド]
【金剛石(ダイア)】 小説 〈徳富健次郎「黒潮」1903〉
【石(ダイヤ)】 漫画 あまりにも赤い稀有な石(ダイヤ)で〈松川祐里子「魔術師 1」1995〉◆→いし(宝石)
その他 **輝也(だいや)** 人名

ダイヤモンド [diamond] ダイアモンド。
【金剛石(ダイヤモンド)】 小説 金剛石(ダイヤモンド)に目が眩(くら)み〈「読売新聞」2010年3月20日(水村美苗「母の遺産」)〉
◆尾崎紅葉も用いた。
【命(ダイヤモンド)】 歌詞 空から降り注いでるたくさんの命(ダイヤモンド)〈奥井雅美「Melted Snow」2008〉
【D(ダイアモンド)】 広告 D(ダイアモンド) グリーンをくれて〈吉住渉「ママレード・ボーイ 2」1993(巻末)〉
チラシ D(ダイアモンド) シグナル〈「コバルト文庫新刊おもしろインフォメーション」2000年3月(乙女ちっく通信」)〉
【Diamonds(ダイアモンド)】 曲名 プリンセス・プリンセス「Diamonds(ダイアモンド)」1989
*__【天使の囁き(Diamond dust)】__ WEB ◆細氷のこと。

たいよう [太陽]
【希望(たいよう)】 歌詞 希望(たいよう)しっかり抱きしめて〈堀江由衣「毎日がお天気」〈有森聡美〉2001〉

たいらのまさかど [平将門] 「平ら(たい)」〈表内訓〉は、元は「平ら(たひ)」。「平(ひら)」〈表内訓〉に接頭語「た」がついたものか。
【平将門(へいしょうもん)】 誤読 平将門(たいらのまさかど)を「へいしょうもん」と読み、皇居の門かと言う。〈「熱血!平成教育学院」2010年3月7日〉
【平将門(へいじょうもん)】 誤読 友達が「平将門」「へいじょうもん」って言って覚えてた!!〈WEB〉
◆平城京と混じたか。

たいりく [大陸]
【西半球の大陸(たいりく)】 歌詞 船から視える西半球の大陸(たいりく)〈みっくす JUICE「The IJIN-DEN ~天才の法則」〈六月十三〉2003〉

タイル [tile]
【石片(タイル)】 漫画 〈雷句誠「金色のガッシュ!! 12」2003〉

ダイレクト [direct]
【直接(ダイレクト)】 歌詞 すぐ直接取引(ダイレクトアクセス)〈東京事変「電波通信」〈椎名林檎〉2010〉/すぐ直接呼出(ダイレクトコーリング)〈同〉

ダイレクトメール [direct mail]
【DM(ダイレクトメール)】 漫画 DM(ダイレクトメール)や印刷のをすてて写真ハガキだけ集めた〈秋本治「こちら葛飾区亀有公園前派出所 126」2001〉

ダウザー [dowser]
【専門家(ダウザー)】 小説 地雷探しに専門家(ダウザー)が活躍したとか〈瀬川貴次「聖霊狩り」2000〉

ダウト [doubt]
【嘘当て(ダウト)】 小説 常に嘘当て(ダウト)を心構えて〈西尾維新「ダブルダウン勘繰郎」2003〉

タウン [town]
【町(タウン)】 書籍 ハロウィンの町(ハロウィン・タウン)〈加島葵訳「ナイトメアー・ビフォア・クリスマス」1994〉
【街(タウン)】 曲名 渡辺はま子「桑港のチャイナ街(タウン)」〈佐伯孝夫〉1950
漫画 サムタン街(タウン)です〈「週刊少年サンデー」2004年48号(東遊記)〉

ダウン [down] 下がること。
【↷(ダウン)】 広告 エコポイント落ちと決算で大幅↷〈「読売新聞」2010年3月18日(女性セブン)〉あり。
◆テレビで株価などのテロップに↷・↓

ダウン [down] 水鳥の羽毛。
【羽毛(ダウン)】 広告 温かさは羽毛(ダウン)の約2倍〈「読売

新聞」2009年12月25日〕

ダウンタウン [downtown]

【路地裏(ダウンタウン)】 歌詞 路地裏(ダウンタウン)のクラブ〔チェッカーズ「俺たちのロカビリーナイト」(売野雅勇) 1985〕

【下町(ダウンタウン)】 書名 福田義之「私の下町(ダウンタウン)」1995

ダウンバースト [downburst]

【下降気流(ダウン・バースト)】 小説 下降気流(ダウン・バースト)が起こるかも〔大石英司「神はサイコロを振らない」2005〕

ダウンロード [download] ＷＥＢなどで「ＤＬ」を「ダウンロード」と読むことがある。

【回路(ダウンロード)】 広告 魔の回路(ダウンロード)〔菊地秀行「魔界都市ブルース 夜叉姫伝 4」1990(巻末)〕

たえざる [絶えざる]

【不堪(たえざ)る】 古

たえなる [妙なる]

【永遠(たえ)なる】 歌詞 永遠(たえ)なる微笑みを〔桑田佳祐&奥田民生「光の世界」(桑田佳祐) 2002〕 ❖「とわ」という発音も意識したものか。

たえる [耐える・堪える]

【忍耐(たえ)】 人名 忍耐(たえ)子

たえる [絶える]

【絶滅(たた)える】 歌詞 恋する病気(やまい)で いつかは絶滅(たた)えるだろう〔みっくす JUICE「The IJIN-DEN ～天才の法則」(六月十三) 2003〕

その他 断(た)える 辞書

たおこ

【窈窕子(たおこ)】 人名 ❖「たおやめ」「たおやか」から。『詩経』に「窈窕淑女」。韓国では、日本のドラマ「やまとなでしこ(大和撫子)」のリメイク版の題名にこの四字熟語を使用。

たおす [倒す]

【仆(たお)す】 辞書 ❖書籍・雑誌でも見られる。かつての学生運動の立て看板には「扑」という手偏になったものあり。「倒」の略字としても使われ、カタカナ「ト」が字音を暗示する。

たおやめ [手弱女]

【婦人(たおやめ)】 古

たおれる [倒れる]

【斃(たお)れる】 小説 斃(たふ)れて〔徳富健次郎「黒潮」1903〕

【斃而(たおれて)】 雑誌 人臣の節義斃而(たふれて)休む(や)〔「小説新潮」1994年2月〕

【仆(たお)れる】 歌誌 仆(たふ)れ〔「短歌」1994年3月〕
書籍 ドォ……と仆(たお)れる。〔井上ひさし「私家版 日本語文法」1981〕

たか [鷹] 「鷹」は改定常用漢字に追加が要望された。

【鵰(たか)】 雑誌〔「歴史読本」1994年4月〕

【⿸广カ(たか)】 民間 三⿸广カ〔1963 目〕／⿸广カ巣町〔秋田県二ツ井駅大看板 1977 目〕❖「三广」が街中にある。⿸广カ(たか)とテレビで所ジョージが書いていた。

たかい [高い] →ひくし

【喬(たか)い】 俳句 そだちて喬(たか)し枯銀杏〔竹下しづの女〕

【高価(たか)い】 漫画 ずいぶん高価(たか)そーな・・〔さとうふみや「金田一少年の事件簿 4」(金成陽三郎) 1993〕／高価(タカ)イデスネ〔大暮維人「エア・ギア 4」2003〕
小説 あれが高価(たか)いだの〔京極夏彦「百器徒然袋 雨」1999〕
新聞 高価(たか)そうな総しぼりの兵児帯(へこおび)〔「読売新聞 夕刊」2010年6月7日(矢野誠一)〕

【高価(たけえ)ェ】 漫画 べらぼーに高価(たけ)ェ!!!〔渡辺祥智「銀の勇者 1」1998〕

【高(たけ)え】 漫画 すげえ高(たけ)え天井(てんじょう)で〔立原あゆみ「本気！ 1」1987〕／高(たけ)ー塀!!〔さとうふみや「金田一少年の事件簿 22」(金成陽三郎) 1997〕／そんな高(たけ)え物ねだって〔冴凪亮「よろず屋東海道本舗 5」2001〕
TV マジ高けぇ(テロップ。音声は「たけえ」)〔日本テレビ系列 2010年2月27日〕

【高(たこ)う】 漫画 オレを甘見ると高(たこ)うつくで〔鷹

岬諒「THE KING OF FIGHTERS'94 外伝 6」1997〕❖関西方言。

【山】(人名) 富士山(タカシ)〔篠崎晃雄「実用難読奇姓辞典増補版」1973〕

【凸】(人名) 叶凸〔「朝日新聞」1964年12月26日〕❖凸には「なかだか」(凹は「なかひく」)の読みもあり。

【崇】(誤字) ❖崇を祟に。人名で書き間違いあり。明朝体活字ではよく似ていて、誤植が絶えなかった。→たたる

たがい [互い]

【相互】(古) お相互

【他人同士】(歌詞) 他人同士を繋ぐものが〔GARNET CROW「Timeless Sleep」(AZUKI七) 2001〕

たがい [違い]

【差】(古)

たかお [高雄]

【高雄】(地名) マカタウ族の竹林を表す「タアカウ」に漢字を当てた「打狗(ターカウ)」(台湾語)に、日本風の「高雄」が当てられた。台湾に対する高砂という当て字は江戸時代から。台湾には、国字「峠」も、「峠」と中国風に変化し、旁から ka と読む地名となって残っている。弁当(辨当)も「便当」で残っている。

たかさ [高さ]

【身長】(漫画)

たかさご [高砂]

【御高砂】(WEB) 翁、媼(老人の男女)の人形。〔「ゼクシィ net 結納の準備と交わし方(九州編)」〕

たかじょう [鷹匠]

【高丈】(書籍) 高丈 鷹匠 足袋の方言〔山田俊雄・柳瀬尚紀「ことば談義 寐ても寤ても」2003〕

たかなし

【小鳥遊】(姓) 和歌山県 お武家さん〔佐久間英「珍姓奇名」1965〕/〔2005年9月14日 TBS系列名字の番組〕/小鳥遊と記す例もある〔紀田順一郎「図鑑日本語の近代史」1997〕❖鷹がいないから小鳥が遊べる。元は「高梨」姓。小説・漫画・ドラマの登場人物名にも。鳥遊なども見受けられる。

その他 雀遊(姓)

たかね [高嶺・高根]

【高嶺】(包装)〔菓子の富士山頂(田子の月)2010〕

【高根】(人名)〔佐久間英「珍姓奇名」1965〕

たかはし [高橋]

【田島】(姓) ❖データ入力のミスのように見えるが実在したとされる。

たかびい [←高飛車]

【高飛車】(雑誌) 高飛車な〔「小説新潮」1994年8月〕

たかぶる [高ぶる・昂る]

【昂揚る】(歌詞) 胸昂揚るのか〔桑田佳祐「しゃアない節」1994〕

その他 傲慢ぶる(古)

たかまち [高町]

【高市】(古) 高市に出かけて〔和田信義「香具師奥義書」1929(集)〕

(書籍) 高市(タカマチ)という〔山平重樹「ヤクザ大辞典」1992(集)〕

たかまつ [高松]

【高松港】(曲名) 夏木綾子「霧情… 高松港」〔中葉正信〕2009

たかまる [高まる]

【昂まる】(雑誌)〔「小説新潮」1994年1月〕❖「昂ぶる」も見られる。

たかみ [高み]

【高見】(辞書) ❖高見山、高見盛など、しこ名にも使われる。

その他 高処(古)/誇り(漫画)

たから [宝]

【財】(古)〔「常陸国風土記」〕

歌詞 財か、力か、知能か、名誉〔「早稲田中・高等学校第一校歌」(坪内逍遥)1922〕

姓 財部

【真実】歌詞 ただ一つの真実にする〔GARNET CROW「Crier Girl&Crier Boy ～ ice cold sky～」(AZUKI 七)2002〕

【恋人】歌詞 恋人探し〔SHAZNA「AQUA」(IZAM)1999〕

たからもの［宝物］

【財宝】書籍〔杉本つとむ「近代日本語の成立と発展」1998〕

たかる

【集る】古〔1935 隠〕

その他 強請る 辞書

だかん 神田の倒語。

【田神】辞書〔1949 隠〕

タキシード［tuxedo］

【死に装束】漫画 犬飼さんの死に装束を〔さとうふみや「金田一少年の事件簿 24」(金成陽三郎)1997〕

たきつける［焚き付ける］

【炊きつける】古〔1933 隠〕

たきび［焚き火］

【焼火】古

たきもの［薫物］

【薫物】書籍〔小林祥次郎「日本のことば遊び」2004〕

たぎる［滾る・激る］

【沸る】歌詞 感激の血潮は沸る〔「早稲田の栄光」(岩崎巌)1952〕

たく［宅］

【良人】古〔1906 俗〕

たく［焚く］

【焚く】詩 お線香花火もみな焚いた〔北原白秋「雨」1913〕

曲名 淡谷のり子「胸に焚く火」(松村又一)1930

【燃く】小説 どん〱火でもブッ燃いて、〔小林多喜二「蟹工船」1929〕

【焼く】新聞 森山孝盛という旗本が書き残した「蜑の焼藻の記」〔「読売新聞」2010年4月18日〕

だく［抱く］

【擁く】歌詞 若き日の憧れを胸に擁き、〔藤山一郎「青春の謝肉祭(カーニバル)」(門田ゆたか)1936〕

【支配する】歌詞 すべてを支配するの〔水樹奈々「悦楽カメリア」2009〕

*【抱擁しめる】詩 抱擁しめられた時、昼間の塩田が青く光り、〔北原白秋「おかる勘平」1910〕❖「包容力」を「抱擁力」と誤ることがある。

たぐい［類い・比い］ 改定常用漢字表(答申)に「類い」。

【類】雑誌 類希なる〔「with」1994年12月〕

【比類】漫画 比類稀れなる〔高屋奈月「フルーツバスケット 6」2000〕

【話】漫画 呪いの話で〔「花とゆめ」2004年22号(フルーツバスケット)〕

たぐいない［類い無い］

【比いない】詩 こは比ひなき命の霊泉なり〔高村光太郎「郊外の人に」1912〕❖比類無き。

その他 無比 古

たくさん［沢山］

【沢山】辞書 ❖訓による「さわやま」よりも「たくさん」は古い。沢山、怪我、無駄などは、本来の語形や語種の出自が不明なので、当て字なのかどうか判断しがたい。

【沢汕】小説〔柳瀬尚紀訳「フィネガンズ・ウェイク I II」1991〕

【∞】歌集 1、2、3、∞はアフリカって(悪口ね)〔穂村弘「手紙魔まみ、夏の引越し(ウサギ連れ)」2001〕

その他 卓散・卓山 古

タクシー［taxi］

【車(タクシー)】〈漫画〉車(タクシー)をつかまえてきます〔山田南平「紅茶王子 5」1998〕❖中国では広東語での音訳語から広まった「的士」が一般化。

だくだく
【滾々】〈古〉鮮血滾々(せんけつこんこん)

タクティクス [tactics]
【作戦(タクティクス)】〈漫画〉〔村田雄介「アイシールド21 1」(稲垣理一郎)2002〕

タクト [tact]
【指揮棒(タクト)】〈漫画〉〔熊倉裕一「KING OF BANDIT JING 6」2004〕
*【天候棒(クリマ・タクト)】〈漫画〉〔尾田栄一郎「ONE PIECE 19」2001〕

タクトナリ 韓国語。
【鶏舎長屋(タクトナリ)】〈詩〉鶏舎長屋(タクトナリ)を飛びだして十六年。男一人 生野に帰る。金時鐘(キムシジョン)〔「読売新聞」2010年3月9日〕

だくぼく でこぼこ。
【凸凹(だくぼく)】〈古〉

たくみ [匠]
【工匠(たくみ)】〈書籍〉飛騨の工匠(たくみ)が建てたとの〔井上ひさし「私家版 日本語文法」1981〕
【匠味(たくみ)】〈商品名〉「ニッポンのバーガー 匠味(たくみ)レタス」〔「読売新聞」2004年1月21日〕❖もじり。京菓子や店名にもあり。

たくみのかみ [内匠頭]
【内匠頭(たくみのかみ)】〈人名〉浅野内匠頭(たくみのかみ)❖内は黙字。

たくや 人名。
【琢也(ぶたや)】〈誤読〉小学生の時クラスに拓哉くんと琢也くんがいました。たくやくんがね～って話に出ると「うん？ どっちの？」「ぶたの方の、たくやだよ！」琢をずっとそう思っていたんです〔WEB〕❖辰巳琢郎も間違われるという。
【琢也(とんや)】〈誤読〉実は私の母(故人)も、俳優の故・藤岡琢也を「ふじおか『トンヤ』」だと思っていたという…。石川啄木と似たような話〔WEB〕

たくらむ [企む] 改定常用漢字表に追加要望があり、検討された訓の一つ。
【謀む(たくらむ)】〈小説〉恐ろしいことを儲けのために「平気」で謀(たくら)んだ。〔小林多喜二「蟹工船」1929〕
【企む(たくらむ)】〈小説〉企(たくら)もうと〔清涼院流水「カーニバル 二輪の草」2003〕

たぐり [手繰り]
【繰(たぐり)】〈古〉刑事〔1935〈隠〉〕

だけ
【丈(だけ)】〈古〉

たけがみじかい [丈が短い]
【丈短】〈広告〉いま「丈短」!〔「読売新聞」2007年12月26日(NIKITA)〕❖女子学生は「短丈」ジャケットを「ショートたけ」、「丈短」を「ジョウタン」「たけみじ」「丈が短い」などと読む。当て読み。

たけなわ [酣・闌]
【闌(たけなわ)】〈古〉

たけのこ [筍] 姓に「竹ノ子」。
【竹の子(たけのこ)】〈雑誌〉竹の子 木の子〔山田尚勇「文字体系と思考形態」〔「日本語学」1987年8月〕

たける [長ける・闌ける]
【老ける(たける)】〈俳句〉秋老(た)ける〔竹下しづの女〕
【長ける(たける)】〈書籍〉長(た)けた人〔石黒圭『「読む」技術』2010〕

たける
【武尊(たける)】〈人名〉〔「読売新聞」2008年7月7日〕〈漫画題名〉さいとう・たかを「いてまえ武尊(たける)」1981❖日本武尊は「やまとた(だ)けのみこと」とも。なお、武論尊(ブロンソン)は漫画原作者のペンネームで、中国人と間違えられるというが、チャールズ・ブロンソンが由来。

たこ [凧] 国字。地域によって「いか」「はた」とも訓ずる。
【紙鳶(たこ)】〈古〉

たこ [蛸・鮹] 看板に「鱆焼き」も見られる。
【章魚(たこ)】〈古〉章魚(たこ)釣り〔1920〈隠〉〕

【太古(たこ)】WEB（谷有二『うわじま物語』のエピソード。1870年、明治政府の「平民も苗字を称するべし」という大政官令が出されると）網代の村民は盛三郎に名付け親をたのんだ。そこで太古 タコ、浜地 ハマチ、鈴木 スズキ、鱒 マス、岩志 イワシの魚類から始まって（中略）片っぱしから苗字として届け出たものである。途中で気が付いたり、注意されたりして訂正されたものはよいが、放っておいた人は未だにそのままである。❖田中貢太郎はこれにかかわる話を「悪戯」という短編に記した。

【者(タコ)】雑誌 思いあがっている者(タコ)を叱ること〔「女性セブン」1975年5月28日 集〕

【多幸】TV 大阪フミンは、お食い初めの歯固めにはタコを使う!?「〝タコ＝多幸〟の語呂合わせ」など、いろいろな説があるという。〔「秘密のケンミンSHOW」2010年5月6日〕

たこべや［蛸部屋］

【監獄部屋(たこべや)】雑誌 監獄部屋(たこ)で〔「日経アントロポス」1994年12月〕

ださい

【田舎(ださ)い】WEB

たし［足し］

【補(たし)】古 路用の補(たし)にもと〔1892 俗〕

だし［山車］

【山車(やまぼこ)】誤読〔斎賀秀夫「漢字と遊ぶ」1978〕

だし［出汁］

【出(だし)】古 煮出汁の略 人を出(だし)に遣ふ〔1917 隠〕

【出汁(だし)】新聞 出汁(だし)もきいていて〔「読売新聞」2009年4月6日〕／出汁(だし)巻き卵、胡瓜(きゅうり)や〔「読売新聞」2009年5月30日〕

誤読 出汁をでじると読んだ。〔WEB〕

【煮干(ダシ)】雑誌 つまみに味噌汁… 何でもこい煮干(ダシ)の効いた男になりたい！〔「R25」2009年2月12日〕

【托辞(だし)】古 伯母さんを托辞(だし)に〔内田魯庵「社会百面相」1902 俗〕

【口実(だし)】古「病気をだしに」と書く代はりに「口実(だし)」と書けば 五十嵐力 1905〔細川英雄「振り仮名―近代を中心に―」1989〕

たじい［蝮］マムシの古名。

【蝮(たじい)】古 ❖金石文の獲（獲）が復（蝮）と解されたことがあった。

たしか［確か］

【⿰忄送(たしか)】【慥(たしか)】【愜(たしか)】古 ❖「憒」もあり。「たしかに」とも。

だしぬけ［出し抜け］

【唐突(だしぬけ)】【突然(だしぬけ)】【突如(だしぬけ)】古

だしもの［出し物］

【演目(だしもの)】書籍〔井上ひさし「自家製文章読本」1984〕

その他 演し物(だしもの) 辞書

たす［足す］

【＋(たす)】詩 昨日と今日を（＋(た)）して2で（÷(わ)）りたい〔秋亜綺羅「百行書きたい」1975〕

曲名 榊原郁恵「アル・パシーノ＋(たす)アラン・ドロン<(より)あなた」（森雪之丞）1977

チャンネル名 日テレG＋(ジータス) ❖単純な数式では、自然にこう読んでいる。プラスと読ませる例もあり。

たず［田鶴］ツルの雅称。

【田鶴(たず)】古 ❖古くは鶴だけで「たづ（ず）」と読んだ。田は迎え仮名のようである。

【雫(たず)】古 ❖鶉、霍からか。

だす［出す］

【排出(だ)す】漫画〔板垣恵介「グラップラー刃牙」〕

その他 放出(だし)て・射精(だ)す WEB

たすかる［助かる］

【救(たす)かる】小説 救(たす)かるかもしれない〔森村誠一「殺意の接点」2001〕

【生還(たすかっ)した】漫画〔イチハ「女子妄想症候群4」2004〕

た

たずき［方便・活計］→たつき
【方便】 小説 司教に会う際の方便にと〔平野啓一郎「日蝕」2002〕
たすけ［助け］
【救助】 歌詞 救助を呼ぶ友が叫んでる〔JAM Project「いでよガイアレオン」（遠藤正明）2009〕
たすける［助ける・扶ける・輔ける］
【賛】 古 賛田須久 たすく 七世紀後半の字書木簡〔平川南「日本の原像」2008〕
【資ける】 古 相資けて 簡野道明〔紀田順一郎「日本語発掘図鑑」1995〕
【救ける】 歌詞 誰か救けて〔太田裕美「赤いハイヒール」（松本隆）1976〕／君を救ける〔南佳孝「真紅の魔都」（松本隆）1984〕
小説 一行に救けられたが〔森村誠一「殺意の接点」2001〕
【援ける】 書籍 相手の貧打に援けられての〔井上ひさし「ニホン語日記」1996〕
ダスター［duster］ふきん。ぞうきん。
【雑布】 漫画 ❖雑巾がよくこのように誤記される。→ぞうきん
たずねる［尋ねる・訊ねる］
【訊ねる】 歌詞 瞳だけで恋の微熱を 訊ねあう Afternoon〔浅香唯「C-Girl」（森雪之丞）1988〕
新聞 河合隼雄さんに訊ねたことがある。〔「読売新聞 夕刊」2010年3月2日〕❖雑誌や小説などにも多し。「きく」も「聞く」でも「聴く」でもピッタリ来ないという場合に「訊く」を使うという学生あり。
その他 **質ねる** 書籍
ダズン［dozen］ダース。
【12】 小説 12の〈パーソナル・ベスト〉〔村上春樹訳「レイモンド・カーヴァー傑作選 CARVER'S DOZEN」1997〕❖裏表紙。
だせい［惰性］
【堕性】 書名 末廣桂「堕性」2009 ❖もじり。
たそがれ［黄昏］誰そ彼から。
【黄昏】 曲名 リヒャルト・ワーグナー作曲「神々の黄昏」／水原弘「黄昏のビギン」（永六輔）1959／ザ・スクエア「黄昏で見えない」1983／真木柚布子「黄昏のルンバ」（仁井谷俊也）2002
映画題名「黄昏」1951
【夕暮】 歌詞 街のテラスの 夕暮に〔霧島昇／ミス・コロムビア「一杯のコーヒーから」（藤浦洸）1939〕
【誰彼】 ゲーム名 ❖ゲームブランド Leaf の発売したゲーム。
＊**【日日日日】** 姓 ❖姓にあるという話あり。書名に藤本義一『日日日日』（1973）。WEBにアニメ「日日日日――たそがれにっき」あり。日々、日にち、新聞の名前では日日（日にそれぞれ異体字が用いられることもあった）と、書き分けもある。日は「日」「日本」「日曜日」などよく使われ、新聞などで使用頻度が最も高い字。→日日
ただ［只］
【只だ】 新聞〔「読売新聞」2010年2月13日〕
【普通】 歌詞 普通の男でいたい〔サザンオールスターズ「LOVE AFFAIR～秘密のデート～」（桑田佳祐）1998〕
漫画 それが普通のノートじゃないって〔小畑健「DEATH NOTE 1」（大場つぐみ）2004〕
【無料】 漫画 家賃は無料〔東里桐子「爆裂奇怪交響曲 1」1993（裏表紙）〕／無料でマンタ見るなら〔藤崎聖人「WILD LIFE 5」2004〕
歌詞 無料のユートピアも〔スピッツ「運命の人」（草野正宗）1997〕
小説 無料のようなものであるし〔清涼院流水「秘密室ボン」2002〕／無料で出したわけではない。〔「読売新聞」2009年8月19日〕
WEB 見たかったあの映画が無料〔「©DREAM くじら」モバイルサイトバナー

広告 2009年12月〕

その他 単(ただ) 古

だだ［駄駄］「駄々をこねる」など。

【駄駄(だだ)】 辞書 ❖「どうも、日本のダダイストは〝駄々イスト〟という感じがあって」〔WEB〕のような使い方も。駄々イズムという表記も多い。

だだいこ［大太鼓］

【太太鼓(だだいこ)】 WEB

ただいま［只今・唯今］

【祇今(ただいま)】 古

たたえ［湛え］

【漾(たたえ)】 古 満潮〔1915 隠〕

たたえる［称える・讃える］

【称(たた)える】 新聞 お国柄を称(たた)えた〔「読売新聞」2009年10月9日（編集手帳）〕

たたかい［戦い・闘い］

【戦争(たたかい)】 歌詞 戦争(たたかい)こえて たちあがる〔「緑の山河」（原泰子）1951〕

その他 勝負(たたかい) 漫画

たたかう［戦う・闘う］

【斗(たたか)う】 ❖「闘」と音通。闘は旧字体が鬪よりも複雑で、中を崩して「斗」のように書くこともあった。「鬪」の代用としての「斗」は映画のポスターや字幕では頻出した。

番組名「斗え 超神ビビューン」1976〜1977

民間 大学の立て看板なんかに「悪魔で斗うぞ」とか書いてあって その「魔」の字が「庅」になってることがあった。〔WEB〕

【決闘(たたか)う】 漫画 互角(ごかく)に決闘(たたか)っているんだ!!〔「コロコロコミック」2009年8月〕

【生きる(たたかう)】 漫画〔大暮維人「天上天下 19」2008〕

【闘将(たたかえ)】 漫画題名 ゆでたまご「闘将(たたかえ)！拉麺男(ラーメンマン)」1982〜1988 ❖命令形の語尾まで読みに含めた例。

たたき［叩き］

【糴(たたき)】 古 せり売り〔1930 隠〕

【強盗(タタキ)】 書籍 強盗(たたき)や殺人をやった奴らが〔佐々淳行「目黒警察署物語」1989 集〕

漫画 この一週間で強盗(タタキ)が9件〔「週刊少年ジャンプ」2004年5月24日（PMG-0）〕

たたき

【土間(たたき)】 書籍〔織田正吉「ことば遊びコレクション」1986〕

その他 三和土(たたき) 辞書

たたく［叩く］

【扣(たた)く】 俳句 な丶草や次手(ついで)に扣(たた)く鳥の骨 桃隣〔「読売新聞」2009年1月7日〕❖江戸時代から「扣」は「控」としても用いられた。

【拍(たた)く】 小説 皆は手を拍(たた)いた。〔小林多喜二「蟹工船」1929〕❖拍手は柏手(かしわで)と関連するともいう。中国語では拍に今でもたたく意味あり。

ただごと［徒事・只事］

【直也事(ただごと)】 古

ただしい［正しい］

【正義(ただしき)】 歌詞 正義(ただしき)は時代の中で〔GARNET CROW「百年の孤独」（AZUKI 七）2008〕

その他 義人(ただしきひと) 聖書

【匡(ただし)】 人名 ただし・ただす

ただす［正す］

【訂(ただ)す】 古 ❖「改定」には「改訂」の持つ正すというニュアンスが薄い。

たたずまい［佇まい］

【佇い(たたずまい)】 広告 この佇い〔2006年9月22日 地下鉄車内吊り広告（BRIO）〕

たたずむ［佇む］

【彳(たたずむ)】 古「自由艶説女文章(えんぜつおんなぶんしょう)」（1884）〔紀田順一郎「日本語発掘図鑑」1995〕❖彳亍(テキチョク)もたたずむ意。

その他 佇(たたずむ) 古

ただちに［直ちに］

【直地(ただちに)】 古 ❖地は「忽地(たちまち)」など中国白話の用法から。

【径ちに】(ただ) 小説 径(ただ)ちに領解〔平野啓一郎「日蝕」2002〕

その他 応・直に(ただちに/ただち) 古

だだっぴろい［だだっ広い］

【だだっ広え】(ぴれ) 漫画 だだっ広(ぴれ)えだけで〔立原あゆみ「本気！1」1987〕

ただひとつ［唯一つ］

【唯一】(ただひとつ) 歌詞 光輝く唯一(ただひとつ)の僕の宝石〔水樹奈々「JUMP!」2004〕

ただよう［漂う］

【漂流う】(ただよ) 歌詞 凌辱の海面を漂流(ただよ)う〔桑田佳祐「JAIL～奇妙な果実～」2002〕

その他 溺(ただよう) 古

たたら［踏鞴・蹈鞴］

【踏鞴】(たたら) 新聞「踏鞴(たたら)焼」と呼ぶ独自の手法で〔「読売新聞」2009年10月14日〕

【鑪】(たたら) 俳誌〔「俳句」1994年7月〕❖略して「鈩」とも書かれ、「鑪(やすり)」の略字と一致し、混同も生じた。

たたる［祟る］

【祟】(たたる) 人名〔荒木良造「姓名の研究」1929〕❖人名の祟に祟を用いてしまうケースあり〔「日経ネット Plus」2009年11月6日〕。↓たかい（祟(たかし)）

たち［太刀・大刀］ 前者は平安以後の表記。

【大刀】(たち) 和歌 大刀(たち)の後鞘(しりさや)に〔「万葉集」〕❖原文では「剣」。大に「二」を加えた形を略したのが「太」。大宰府・太宰も使い分け有り。

漫画〔「コロコロコミック」2010年5月〕

たち［質・性］

【質】(たち) 小説 慳吝(けち)な質(たち)も〔吉川英治「三国志 7」1975〕

漫画 それも質(たち)の悪い〔CLAMP「すき。だからすき 3」2000〕

【性質】(たち) 小説 二人とも不精な性質(たち)なので、〔夏目漱石「こころ」1914〕／仕事の性質(たち)が〔小林多喜二「蟹工船」1929〕／わりと平気な性質(たち)だったし〔神坂一「日帰りクエスト なりゆきまかせの異邦人(ストレンジャー)」1993〕／性質(たち)の悪い流感で〔松岡佑子訳「ハリー・ポッターとアズカバンの囚人」2001〕

歌詞 移り気な性質(たち)よと答えたら〔中島みゆき「強がりはよせヨ」1976〕

雑誌 性質(タチ)が悪い。〔「Esquire」1994年6月〕

漫画 飛行機や船に乗れない性質(タチ)〔さとうふみや「金田一少年の事件簿 18」（金成陽三郎）1996〕／そんな悪い性質(タチ)でも〔中条比紗也「花ざかりの君たちへ 11」2000〕／笑顔で怒るから性質(タチ)悪いんだよな〔蓮見桃衣「コズミック・コミックス AND」（清涼院流水）2003〕／温和な性質(タチ)〔天獅子悦也「むこうぶち 25」2009〕

冊子〔鳩サブレー「鳩のつぶやき」〕

【性格】(たち) 書籍〔井上ひさし「ニホン語日記」1996〕

【気質】(たち) 小説 わたしは負けん気が強い気質(たち)です。〔「読売新聞」2009年6月19日〕

たち［達］

【達】(たち)【立ち】(た) 辞書

だち［↑ともだち（友達）］ ↓だちこう

【達】(だち) 古 友達〔1930 隠〕

【友達】(ダチ) 漫画 去年のクリスマスに友達(ダチ)とかけたんだよ〔冨樫義博「幽遊白書 1」1991〕／友達(ダチ)どもがどんどん結婚してるから〔小花美穂「この手をはなさない 後編」1994〕

歌詞 変だって友達(ダチ)に言われても〔DA PUMP「Sparkle」（KEN&m. c. A. T）2002〕

【友人】(ダチ) WEB 友人↓ダチ

【親友】(ダチ) 漫画〔星野桂「D. Gray-man 1」2004〕

たちあがる［立ち上がる］

【起ち上がる】(た) 歌詞 つまづいては起ち上がり〔甲斐バンド「らせん階段」（甲斐よしひろ）1976〕

たちくらみ［立ち暗み・立ち眩み］

【目回】(たちくらみ) 古〔式亭三馬「小野𥶡譃字尽」1806〕

だちこう［だち公］

【達公】(だちこう) 辞書〔俗〕 だちは「友達」の前略。

たちすくむ［立ち竦む］
【立ち竦む】 新聞 立ち竦む青年を〔「読売新聞」2010年2月11日〕

たちつか
【日々】 字遊〔小林祥次郎「日本のことば遊び」2004〕❖一日(ついたち)、二日(ふつか)。

たちどころ［立ち所］
【立地】 古

たちのぼる［立ち上る］
【立ち騰る】 古 岡本一平〔柳瀬尚紀「日本語は天才である」2007〕

たちばな［橘］姓は源平藤橘と称される。
【黄橙】 古／**【立花】** 姓

たちまち［忽ち］
【飆ち】 歌誌〔「短歌」1994年9月〕
その他 **倏忽** 古

たちもり
【日日】 姓 ❖姓にあるという。日明恵は小説家。小説家の日日日はペンネームで、本名「輝」を同音の「晶」に置き換え、3つの「日」に分字したもの。
【日月】 姓〔平島裕正「日本の姓名」1964〕❖一日(ついたち)、提月(つごもり)。

たつ［立つ］
【起つ】 古「起て! 万国の労働者」〔1927年、労働農民新聞〕〔「読売新聞」2008年10月16日〕
小説 起って〔夏目漱石「こころ」1914〕／劉秀は起った。〔「読売新聞」2010年3月22日〕
雑誌〔「宝石」1994年12月〕
漫画〔「週刊少年ジャンプ」2004年45号〕
曲名 石原裕次郎「雲に向かって起つ」〔滝田順〕1962
【発つ】 ❖改定常用漢字でも検討はされた。
歌詞 発たせまつりし旅の空〔霧島昇／ミス・コロムビア「旅の夜風」〔西條八十〕1938〕／ああ空へ発つ〔三船浩「夜霧の滑走路」〔横井弘〕1958〕／越えて鵜沼が 発ちにくい〔橋幸夫「木曽ぶし三度笠」〔佐伯孝夫〕1961〕／旅に発つ 雪の降る町へ〔森進一「冬の旅」〔阿久悠〕1973〕／今夜中に 発てなきゃ〔寺尾聰「夏嵐」〔有川正沙子〕1983〕
小説 来月アメリカへ発つのだと〔有吉佐和子「地唄」1956〕／〔松本清張「点と線」1958〕／早朝に発てば、夕には新野に着く。〔「読売新聞」2010年2月11日〕
【佇つ】 俳誌 夕映に佇つ〔「俳句」1994年1月〕
書籍〔織田正吉「ことば遊びコレクション」1986〕
番組名 夏樹静子サスペンス「湖に佇つ人」〔「読売新聞 夕刊」2009年1月28日〕
【樹つ】 俳句 樹つは胸像〔竹下しづの女〕
【飛つ】 歌詞 車に海鳥たち 怯え飛つ〔杉山清貴「さよならのオーシャン」〔大津あきら〕1986〕
【翔つ】 俳誌 翔つ鳥の〔「月刊ヘップバーン」2004年7月31日〕
【勃つ】 広告 勃ちあがれ日本!〔「読売新聞」2010年4月19日(weekly プレイボーイ)〕／ある日突然勃たなくなった〔「読売新聞」2010年4月26日(週刊現代)〕❖WEBなどでも。
【充血つ】 雑誌 唐突に外気に触れた両乳首は(中略)キュルキュルと血を捩れさせながら充血ってきた〔「問題小説」1994年11月〕

たつ［経つ］表外訓。
【経過つ】 古 月日が経過と〔1885〜1886 俗〕
【経つ】 小説 七カ月経ちます〔松本清張「点と線」1958〕❖漱石も用いた。
新聞 半世紀が経ちました〔「読売新聞」2010年2月21日〕
【過つ】 歌詞 時が過てば〔ZARD「もう探さない」〔坂井泉水〕1991〕

たつかわ
【立川】 書籍 立川文庫〔紀田順一郎「図鑑日本語の近代史」1997〕❖「たちかわ」「たてかわ」とも読まれる。

たつき［方便・活計］→たずき

【生計(たつき)】(小説) 後の生計(たつき)のためと〔「読売新聞」2009年7月19日〕
【生活(たつき)】(俳句)〔「読売新聞 夕刊」2009年10月3日〕

タッキー
【滝(タッキー)】(広告) 滝沢秀明 滝様(タッキーサマー) CONCERT '09〔「読売新聞 夕刊」2009年6月5日〕
【舛】(広告) ◆舞台の舞の字の「舛」が「タッキー」となっている。同様に英語の綴りを漢字のように組み立てて書く書家あり。

たっきゅうびん [宅急便] 商標名。
【TQ(たっきゅうびん)】(民間) TQ TAQUBIN〔東京のホテルの宿泊勘定書の費用科目 1987 (目)〕

たづくり [田作り]
【百姓(たづくり)】(古) 明治生まれの歌人に吉植庄亮(よしうえしょうりょう)がいる。〈豊葦原瑞穂(とよあしはらみづほ)の国の国民(くにたみ)に生れて楽しわれは百姓(たづくり)〉。〔「読売新聞」2010年3月6日〕

たっし [達し]
【達示(たっし)】(辞書)

だっしゅ [奪取]
【奪取(ダッシュ)】(広告) 玉木箱でお宝奪取(ダッシュ)!〔「読売新聞」2009年10月10日〕
【奪首(だっしゅ)】(新聞) ロッテ再奪首〔「読売新聞」2010年5月9日〕◆もじり。ダッシュもかけているか。

ダッシュ [dash]
【疾走(ダッシュ)】(小説) 猛疾走(ダッシュ)で去っていった〔清涼院流水「カーニバル 一輪の花」2003〕

ダッシュボード [dashboard]
【計器盤(ダッシュボード)】(雑誌) 額を計器盤(ダッシュボード)に〔「山と溪谷」1994年5月〕

だっそう [脱走]
*【天誅(脱走はいけないぞ)】(漫画)〔樋口橘「学園アリス 1」2003〕

たった
【唯(たった)】(古)
*【好き(たったひとこと)】(歌詞)「好き(たったひとこと)」が素直に言えずに〔TWO-MIX「BREAK」(永野椎菜)1997〕

タッチ [touch]
【接触(タッチ)】(小説) わずかな接触(タッチ)が〔静霞薫「るろうに剣心 巻之一」(和月伸宏)1996〕◆あだち充の漫画「タッチ」の中国語訳の一つに「接触」あり。

タッチアンドゴー [touch and go]
【着地浮上(タッチアンドゴー)】(短歌) 着地浮上(タッチアンドゴー)を繰り返しては〔「読売新聞」2008年12月29日〕

タッチダウン [touchdown]
【同時発売(タッチダウ〜ン)】(広告) 4つの小説を5月にまとめて同時発売(タッチダウ〜ン)〔「週刊少年ジャンプ」2004年5月24日〕

たって
【達而(たって)】(古)/【達て(たって)】【強って(たって)】(辞書)

たっぱ [立端]
【上背(タッパ)】(小説) 上背(タッパ)のある若い女が〔南英男「監禁」1995 (集)〕

たっぴつ [達筆]
【立筆(たっぴつ)】(誤字) 写研「漢字読み書き大会」で〔斎賀秀夫「漢字と遊ぶ」1978〕

たっぷり
【たっポり】(誤字) ゼラチン たっポり入いて〔柳沢有紀夫「世界ニホン誤博覧会」2010〕◆字の形を熟知した日本人は、「ふ」と「ホ」の形の類似に気づかない。

たつみ [巽・辰巳]
【辰巳(たつみ)】(姓)(社名) ◆巽、辰巳、辰已なども。已、巳は古くから混同。→いこみき

たて [殺陣]
【殺陣(たて)】(新聞) 大殺陣(おおだて)の舞台〔「読売新聞 夕刊」2009年10月21日〕/稽古(けいこ)や殺陣の場面では〔「読売新聞」2010年3月1日〕◆「殺陣」に読み仮名がなかった。/殺陣師(たてし)〔「読売新聞」2009年2月21日〕

だて [伊達]「たてたてし」「立つ」からとも、伊達家の家来の服装からとも。
【伊達(だて)】(書籍) 伊達は立の宛字〔杉本つとむ「近代日本語の成立と発展」1998〕

た

誤読 学生が「西部の伊達男」を「いたちおとこ」と読んだ〔斎賀秀夫「漢字と遊ぶ」1978〕

【普通】漫画〔小畑健「DEATH NOTE 1」(大場つぐみ)2004〕

*【男達】書名 浪川政浩・明石散人「男達」2007

その他 風流 古

たてがみ [鬣] テレビなどに現れる字。

【たて髪】歌詞 たて髪虹の尾をひいて〔松崎しげる「地平を駈ける獅子を見た」(阿久悠)1979〕

たてごと [竪琴]

【竪琴】古 山田美妙「竪琴草紙」1885 ❖この本にも当て字の類が多い。

たてこもる [立て籠もる]

【楯籠もる】新聞 それぞれ領国に楯籠もる〔「読売新聞」2009年10月30日〕

たてひき [立て引き]

【達引】辞書

たてぼう [縦棒] 「ー」のこと。長音符。音引き。近年、学生たちは「のばし棒」とよぶ。

【竪抹】古

たてまつる [奉る]

【上】古

たてもの [建物]

【堂屋】小説〔小野不由美「東の海神 西の滄海 十二国記」1994〕

【部室棟】漫画 この部室棟にある部屋は〔さとうふみや「金田一少年の事件簿 Case2 銀幕の殺人鬼」(金成陽三郎)1998〕

たてる [立てる]

【樹てる】小説 漢王朝を樹てた〔「読売新聞」2010年3月21日〕

【勃てる】歌詞 舌の根を勃て舐めくわえろ〔サザンオールスターズ「マイ フェラ レディ」(桑田佳祐)1998〕

【点てる】新聞 薄茶を点てる〔「読売新聞」2009年1月1日〕

書籍 茶を点て〔松岡正剛「日本流」2000〕

その他 樹立・設立・創立 WEB

たてわき [帯刀] 太刀を帯びること。また、帯びる人。たちはき。

【帯刀】古

たとう [畳]

【多当】辞書

タトゥー [tattoo]

【刺青】歌詞 首吊り道化師の刺青が笑う〔Sound Horizon「エルの楽園[笛吹き男とパレード]」(REVO)2005〕❖刺青で「しせい」「いれずみ」も。

たとえ [仮令・縦] たとい。

【仮令】小説〔京極夏彦「巷説百物語」1999〕

歌詞 仮令誰かに妬まれたとて〔東京事変「母国情緒」(椎名林檎)2004〕

【仮令い】詩 仮令ひ屍は朽ちぬとも〔、山仙士「抜刀隊の詩」1882〕

その他 譬・縦令 古

たどりつく [辿り着く]

【到り着く】歌詞 到り着けば繰り返して〔鬼束ちひろ「漂流の羽根」2003〕❖到着。

たどる [辿る] 「辿る」は国訓。

【稽る】書籍 稽古とは「古を稽える」あるいは「古を稽る」という意味でした。〔松岡正剛「日本流」2000〕❖「かんがえる」という訓もあり。

たなっちり

【棚尻】古〔1917 隠〕

タナトス [ギリシャ Thanatos]

【死】歌詞 死と生〔ALI PROJECT「月蝕グランギニョル」(宝野アリカ)2003〕

タナトフォビア [thanatophobia]

【死恐怖症】歌詞 妄想に眼帯巻き死恐怖症〔ALI PROJECT「お毒味 LADY」(宝野アリカ)2009〕

たなばた [七夕・棚機]

【七夕】漫画〔蛇蔵&海野凪子「日本人の知らな

い日本語」2009〕❖七夕畑は山形の小地名。

【乞巧奠】 書籍「タナバタ」の宛て字は普通「七夕」か「棚機」でありますが、内容が支那の物語であったら、「乞巧奠」の文字を宛てても差支えない。〔谷崎潤一郎「文章読本」1934〕

たなびく［棚引く］「たな」は棚の意ではなく、た(な)が接頭語とも。

【靉靆く】 古

【軽引】 古〔「万葉集」〕

たに［谷・渓・谿］

【渓】 雑誌〔「つり人」1994年12月〕

【谿】 歌詞 谿影にともる灯も〔灰田勝彦「アルプスの牧場」(佐伯孝夫)1951〕／パワーショベルがハッパの音が 明けりゃ谿間に せき立てる〔三浦洸一「ああダムの町」(佐伯孝夫)1956〕

【峪】 歌誌〔「短歌」1994年3月〕

歌誌 峪に〔「短歌」1994年4月〕

小説 マロンとサンザシの峪〔柳瀬尚紀訳「フィネガンズ・ウェイク ＩⅡ」1991〕

店名 妖精の峪❖峪は第2水準の字だが、イメージや画数により持ち出されたか。「たに」は元より字義としてあるが、変換候補に挙がることがあり、類推も可。姓・地名では「さこ」「がけ」「はざま」などとも読む。

【渓流】 歌詞 澱みもあれば 渓流もある〔北島三郎「川」(野村耕三)1987〕

【一】 古 一の符牒 10(たにまる)は十〔1929 隠〕

その他 峡 TV

*【谷谷谷】 人名〔森岡浩「名字の謎がわかる本」2003〕❖「谷谷谷」「谷谷谷」「谷谷谷谷」「谷谷谷」などとしても伝わっている。

たにけい

【谷啓】 芸名 ❖もじり。アメリカのコメディアンのダニー・ケイを敬うという意味で当初、「谷敬」。それでは「谷底で敬っている」と指摘され、「谷をひらく」という意味で「谷啓」とした。

たにまる

【谷まる】 誤読 進退谷まるを「たにまる」。

❖谷は奈良時代から東西対立が見られ、関東で「や」「やつ」「やち」「やと」、西日本では「や」の類は近世以降現れるが、古来「たに」。常用漢字表でも訓は「たに」のみ。

たにんごと［他人事］ ひとごと。

【他人事】 雑誌 タニンゴトなどという「インテリ」が多い近頃〔「経済文芸」1965年4月 俗〕❖非難の的となっている。漢語熟語を直訳的に訓読みする「文字読み」の逆の音読み版。

新聞 他人事の態度だった仙人も〔「読売新聞 夕刊」2010年2月27日〕❖子ども向けの面なので、振り仮名が多い。

たね［種・胤］ 倒語にしたものがネタ。

【核】 詩 かなしきすももの核を噛まむとするぞ。〔萩原朔太郎「公園の椅子」1925〕

【種子】 古 種子〔宇田川榕菴「植学啓原」1834〕

❖種子島。

書籍 書生の生活の種子になった〔福沢諭吉「福翁自伝」1899〕／悩みの種子〔井上ひさし「自家製文章読本」1984〕／種子札〔平川南「日本の原像」2008〕

詩 種子よりさきに芽の出るやうな〔高村光太郎「人に」1912〕

歌詞 たゞひと粒の 種子でさへ〔伊藤久男「今日も私は生きている」(寺尾智沙)1953〕／ミルクいっぱいの種子を撒いて〔サザンオールスターズ「マンピーのG★SPOT」(桑田佳祐)1995〕

曲名 松本英子「やさしい種子」(川村真澄)1999

題名 講演「よりどりみどり 種子から育て

た

る楽しみ」〔「読売新聞 夕刊」2008年11月6日〕
短歌 麦の種子(たね)〔「読売新聞 夕刊」2009年1月15日〕

【胞子(たね)】小説 私たちの組織の胞子(たね)を吹き拡げたことを〔小林多喜二「党生活者」1932〕

【精液(たね)】歌詞 不細工な精液(たね)など飲みたかァないわ〔サザンオールスターズ「汚れた台所」(桑田佳祐)1996〕

【胤(たね)】書籍 女優が野球選手の胤(たね)を孕んだかどうかという事件も〔井上ひさし「ことばを読む」1982〕◆人名では多かった。

【仕掛(タネ)】漫画 手品の仕掛(タネ)なんて簡単にもれるわよ〔松川祐里子「魔術師 1」1995〕

【正体(たね)】漫画〔上条明峰「SAMURAI DEEPER KYO 6」2000〕

【銭(たね)】漫画〔天獅子悦也「むこうぶち 25」2009〕

関連【タネ(グラス)】漫画 タネ(グラス)を用意した君の嫌疑は晴れないな〔松川祐里子「魔術師 1」1995〕

たねがみ【種紙】

【蚕卵紙(たねがみ)】古 養蚕の目的は蚕卵紙(たねがみ)を作るに在らずして 福沢諭吉〔「読売新聞」2007年2月10日〕

たねとり【種取り】→ねた

【探訪者(たねとり)】【探訪(たねとり)】【材料取(たねとり)】古

たのしい【楽しい・愉しい・娯しい】

【愉しい(たの)】歌詞 二人愉しく歩いたね〔ディック・ミネ「或る雨の午后」(島田磐也)1939〕／愉(たの)しい春の 口笛を〔横山郁子「春の口笛」(時雨音羽)1946〕／港出船の ドラの音愉し〔岡晴夫「憧れのハワイ航路」(石本美由起)1948〕／苦労もかえって 愉しいと〔石川さゆり「滝の白糸」(吉岡治)1988〕

新聞 とにかく愉(たの)しい〔「読売新聞」2010年3月21日(書評欄)〕

【たのC(シィ)】書籍 たのC(シィ)エッセイ集〔嵐山光三郎「ABC文体 鼻毛のミツアミ」1982〕

その他 悦しい(たの) 漫画

たのしむ【楽しむ】

【愉しむ(たの)】書籍 愉(たの)しみ〔長野まゆみ「ことばのブリキ罐」1992〕

新聞 愉(たの)しみ〔「読売新聞 夕刊」2009年8月7日(高井有一)〕

広告 本音で愉しむ「家飲み酒」〔「読売新聞」2010年2月7日〕／車窓の風景を愉しみながら〔「読売新聞」2010年3月13日〕

【娯しみ(たの)】誌名「書画の娯しみ」1999 ◆娯楽。

その他 可楽(たのしみ) 古

たのむ

【恃む(たの)】新聞〔「読売新聞 夕刊」2008年9月27日〕

その他 憑(たのむ) 古

たのもしい【頼もしい】「頼む」の形容詞化。

【頼母しい(たのも)】古 ◆頼母(たのも)(子(し))講は古く頼子、憑子(たのもし)とも。

その他 頼母敷(たのもしく)・可頼(たのも)しい 古

たばかる【謀る】

【詐かる(たば)】広告 其の詐(たば)かるや愚かなるのみ〔「読売新聞」2009年9月1日(正論)〕◆⿱男⿰男男という国字もあり。

その他 誑る(たばかる) 辞書

タバコ【ポルトガル tabaco】「たばこ」と(ルビも含めて)書かれることも多い。万葉仮名式、変体仮名による表記もあった。

【莨(たばこ)】古 莨(たばこ)入ヲ総称シテ〔「日本隠語集」1892〕

雑誌 莨(たばこ)を〔「小説新潮」1994年10月〕◆「良い」という意味はなく、莨菪(ロウトウ)という別の植物の図をタバコと誤認したためといわれる。仙台藩では⿱艹女という造字も使われた。

【莨艸(タバコ)】古〔高橋幹夫「江戸の笑う家庭学」1998〕◆艸は現代では両手を表す絵文字としてメールなどで使われることがある。

【煙草(たばこ)】漫画〔青山剛昌「名探偵コナン 漆黒の追跡者(チェイサー)」2009〕

曲名 ちあきなおみ「ベッドで煙草を吸わ

ないで」〔岩谷時子〕1976
新聞 煙草の官営〔「読売新聞」2010年4月2日〕
姓〔平島裕正「日本の姓名」1964〕

【烟草】 古 烟草の火を〔尾佐竹猛「掏摸物語」1909 集〕❖漱石も使用。
雑誌 烟草盆〔「小説新潮」1994年10月〕

【銘柄】 漫画 あれ？銘柄変えた？〔犬上すくね「恋愛ディストーション1」2000〕

その他 **莨若・多葉粉・多葉古・相思草・三遍回・淡婆姑・淡芭菰・丹婆粉** 古

たばるざか［田原坂］地名。

【田原坂】 公演名「嗚呼、田原坂」〔「読売新聞」2010年2月9日（広告）〕❖「はる（ばる）」は「東国原」など九州の地名、姓に多い地域訓。

たび［度］

【毎】 古

たび［旅］

【旅行】 古 旅行をせぬものぞ〔「朝日新聞」2005年10月21日（天声人語）〕❖最初の国勢調査宣伝歌謡集。
歌詞 君と今旅行に出るよ〔EXILE「Fly Away」（SASA）2002〕

【航海】 歌詞 傷だらけの航海だけど〔BOY-STYLE「ココロのちず」（MIZUE）2004〕

【流浪】 曲名 徳久広司「流浪歌」（吉田旺）1980

【人生】 歌詞 浮草稼業の根なし人生〔神野美伽「浮草」（吉田旺）1991〕
広告〔小野不由美「月の影 影の海 上 十二国記」2000〕
番組名 人生の切符〔ＢＳ日テレ 2008年10月27日〕

【日々】 歌詞 気の遠くなるほど辛くて長い日々も〔上原あずみ「青い青いこの地球に」（上原あずみ・AZUKI七）2001〕

【時間】 曲名 岡村孝子「長い時間」1989

たび［足袋・単皮］

【革踏】【足踏】【踏皮】 古

【足袋】 誤読 足袋 くつした ソックス〔斎賀秀夫「漢字と遊ぶ」1978〕／足袋をソックスと読んだ〔ＷＥＢ〕／足袋をあしぶくろと読みました↑〔ＷＥＢ〕❖「↑」は自身によるツッコミを表している。

たびだち［旅立ち］

【出発】 歌詞 残されたものは 出発の歌〔上條恒彦と六文銭「出発の歌」（及川恒平）1971〕／だれも知らない出発だから〔キャンディーズ「アン・ドゥ・トロワ」（喜多條忠）1977〕／さあ出発の時〔島谷ひとみ「ハナムケノ言葉」（六ツ見純代）2004〕
書名 奈良林祥「おとなへの出発」1981
漫画題名 手塚治虫「1985への出発」1985
小説〔筒井康隆「文学部唯野教授」1990〕
広告 西川貴教の出発〔櫻井そうし「GLAY The Message」1996（巻末）〕／新たなる出発！〔「読売新聞」2008年9月9日（銀河鉄道999）〕／新しい明日へ、出発ちは今。〔「読売新聞」2009年9月28日〕
アルバム名「DEPARTURE～出発ち」1997

【再出航】 書名 今西乃子「ドッグ・シェルター 犬と少年たちの再出航」2002

その他 **出航** ゲーム

たびだつ［旅立つ］

【出発つ】 歌詞 出発つあの日〔FIELD OF VIEW「きっと離れていても」（浅岡雄也）1995〕

【出発する】 歌詞〔ASAYAN 超男子。川畑・堂珍「最後の夜」（葛谷葉子）2000〕

ダビデ［David］

【大衛】 人名

たびびと［旅人］

【放浪人】 曲名 チャゲ＆飛鳥「放浪人（TABIBITO）」（松井五郎）1981

【族人】 誤植「旅人」が「族人」となっても〔高橋輝次「誤植読本」2000（長田弘）〕

タヒる「死にそうだ」の意。

【タヒる(たひ)】WEB ◆死の分字で、「一」のないもの。死んではいない。半角カタカナで表記されることが多い。NGワードを回避。婉曲化の意識。第3回『もっと明鏡』大賞最優秀作品賞 の一つに選ばれた。芭蕉は「死」を「花」のように書いていた。

タフ [tough] ↓タフネス

【強靭(タフ)】歌詞 その頬殴れるほど強靭(タフ)じゃない〈近藤真彦「ケジメなさい」1984〉

タブ [tab]

【行先板(タブ)】小説 ホーローの行先板(タブ)〈浅田次郎「鉄道員」2000〉

タブー [taboo]

【禁忌(タブー)】書籍 男が禁忌(タブー)を犯したために〈次田真幸「古事記 上 全訳注」1977〉 小説 一切の禁忌(タブー)はない〈菊地秀行「魔王伝 3 魔性編」1996〉 漫画 禁忌(タブー)だってアッサムが言ってました!!〈山田南平「紅茶王子 23」2004〉◆評論にも多い。

【禁句(タブー)】小説 禁句(タブー)で爆発〈清涼院流水「秘密室ボン」2002〉

その他 禁じ手(タブー) 小説

タフネス [toughness]

【耐久力(タフネス)】漫画 攻撃をモロに受けきるバカゲタ耐久力(タフネス)!〈板垣恵介「グラップラー刃牙 1」1992〉

【打たれ強さ(タフネス)】漫画 打たれ強さ(タフネス)がはるかにアップ〈板垣恵介「グラップラー刃牙 1」1992〉

たぶらかす

【誑かす(たぶら)】古〈1892 俗〉[誑かす]

タブララサ [ラテン tabula rasa]

【白紙状態(タブラ・ラサ)】小説 ようやく多恵は白紙状態(タブラ・ラサ)になることができた〈清涼院流水「カーニバル 一輪の花」2003〉

ダブリン [Dublin]

【ダブ倫(リン)】小説 ダブ倫佪(リンか)ぶれの〈柳瀬尚紀訳「フィネガンズ・ウェイク Ⅲ Ⅳ」1993〉◆もじりか。

ダブる [←ダブル(double)]

【Wる(ダブ)】書籍 一部の声Wる〈堀江林之助「名のある笛」1948 俗〉◆見坊豪紀も収集していた。ローマ字を習った小学生も、こう書くと思う者あり。

ダブル [double] ↓ダブルユー

【分身(ダブル)】漫画〈冨樫義博「HUNTER × HUNTER 7」1999〉

【二重(ダブル)】書名 今野敏「二重標的(ダブルターゲット)」2006

【2機能(ダブル)】新聞 楽しさ3倍の「2機能(ダブル)パズル」が誕生しました。〈「読売新聞」2008年12月12日〉

【×2(ダブル)】パンフ ×2(ダブル)のツヤ、輝き、心地よさを叶える口紅。〈クリスチャン・ディオール〉 メール ×2(ダブル)ポイントクラブサービス〈メールマガジン 2010年7月〉

【W(ダブル)】古 W(だぶ)るで来(く)る位(くら)ひだもの〈「犯罪科学」1932年12月 隠〉 地名 金沢W坂(ダブルざか) ◆その形から。井上靖の作品にも登場する。 雑誌 ダブル・エッチ W・H、H_2と紙片にかいて教室内を回す。女子学生のことば。非常に助平なこと。〈「週刊読売」1955年8月28日 俗〉／Wの効果で〈「マダム」1994年5月〉／W(ダブル)プレゼント〈「with」1994年6月〉 広告 資料ご請求の方にWプレゼント実施中〈「読売新聞」2009年12月18日〉 ラジオ WBC(ダブルビーシー)(アナウンサーが)〈NHKラジオ第一 2010年3月15日〉 漫画 W(ダブル)・C(シールド)・T(トリガー)〈「コロコロコミック」2009年2月〉

*【SS級(ダブル・エス)】小説 SS級(ダブル・エス)の実力の傭兵と〈安井健太郎「ラグナロク 黒き獣」1998〉

*【両手打ち(ダブルハンド)】漫画 片手打ちと両手打ち(ダブルハンド)の2つがあります〈吉住渉「ママレード・ボーイ 2」1993〉◆テニス。

た

〔その他〕俺の両手は機関銃（ダブルマシンガン）〔漫画〕

ダブルス ［doubles］

*【第二試合（ダブルス1）】〔漫画〕そんな中第二試合（ダブルス1）が始まった!!〔許斐剛「テニスの王子様 4」2000〕

ダブルダウン ［double down］

【あと一枚（ダブルダウン）】〔小説〕常にあと一枚（ダブルダウン）なんだからさ〔西尾維新「ダブルダウン勘繰郎」2003〕

【共倒れ（ダブルダウン）】〔小説〕この俺自身と共倒れ（ダブルダウン）だ〔西尾維新「ダブルダウン勘繰郎」2003〕

ダブルユー

【W（ダブルユー）】〔グループ名〕二人組の歌手ユニット。由来は「双子じゃないのに双子みたい」という発想から、「W」の語源「DOUBLE U」にヒントを得て命名された。「YOU&YOU」、すなわち「あなたとあなた」を意味している。❖UとVはもとは同一の文字であり、それが2つ合わさった字がWなのでダブル・ユー、ダブリュー。

タブレット ［tablet］

【通票（タブレット）】〔小説〕通票（タブレット）の輪を受け取るまで〔浅田次郎「鉄道員」2000〕

たべあるき ［食べ歩き］

【食（た）べある記（き）】〔広告〕吉祥寺食べある記 保存版ガイドブック2008/2009〔「読売新聞」2008年10月18日〕❖もじり。

たべる ［食べる］「食べる」は和語の語源からは当て字といえる可能性があると指摘されている。

【喰（た）べる】〔歌詞〕最后の声さえ 喰べてしまう〔さだまさし「指定券」1976〕❖口偏を加え喰う・喰らうに近い語感を表すことあり。

〔その他〕給（たべ）る〔古〕

だべる

【駄（だ）べる】〔古〕〔1929 隠〕

【駄弁（だべ）る】〔雑誌〕駄弁（だべ）って〔「つり人」1994年3月〕❖語源をも示す。

だぼら ［駄法螺］

【駄恫喝（だぼら）】〔古〕駄恫喝（だぼら）を吹く先生の〔1902 俗〕

たま ［玉］ →たまのこし

【珠（たま）】〔古〕定期船珠（たま）丸 1942〔井上ひさし「ことばを読む」1982〕

〔歌詞〕若いいのちの まごころの 珠よくもるなくだけるな〔三浦洸一「珠（たま）はくだけず」(佐伯孝夫)1955〕

〔漫画〕塩盈珠（しおみつたま）を放りなさい〔石ノ森章太郎「マンガ日本の古典 古事記」1994〕

〔小説〕〔小野不由美「月の影 影の海 上 十二国記」2000〕

〔広告〕8㎜珠パールとダイヤの〔「読売新聞」2010年3月7日〕

〔人名〕珠（たま）

〔WEB〕算盤の珠（たま）を頭の中でイメージし〔珠算のページ〕

【珠玉（たま）】〔歌詞〕唇が珠玉（たま）に這う〔サザンオールスターズ「BOON BOON BOON ～ OUR LOVE」(桑田佳祐)1992〕

【命（タマ）】〔小説〕首謀者の命（タマ）を獲る〔南英男「盗聴」1996 集〕

〔漫画〕てめえのおやじン命（タマ）でな〔立原あゆみ「弱虫 1」1997〕／命（タマ）の取り合い〔「週刊少年サンデー」2004年48号(からくりサーカス)〕

【上等（タマ）】〔書籍〕上等でもない〔山口洋子「ザ・ラスト・ワルツ」1997 俗〕

【女（たま）】〔書籍〕❖美女などを指す俗語。

【企画（タマ）】〔TV〕この企画（タマ）で〔「企画工場なりあがり」2005〕

〔その他〕搴（たま）〔古〕

たま ［球］

【毬（たま）】〔古〕毬遊（たまあそび）1884〔惣郷正明「辞書漫歩」1987〕

【ボール（たま）】〔漫画〕このラケットというものでボール（たま）を打てば〔桜野みねね「まもって守護月天! 1」1997〕

【電球（たま）】〔俳句〕電球（たま）買ひに少女が走る 宮坂静生〔「読売新聞夕刊」2008年9月27日〕

【地球（たま）】〔歌詞〕地球（たま）乗りみたいに歩く〔遊助

「みんなのうた」2009〕

漫画 ぼく地球(たま)❖日渡早紀『ぼくの地球(ちきゅう)を守って』(1987～1994)の略。

たま［弾］

【弾(たま)】 歌詞 弾や矢羽の雨あられ〔サザンオールスターズ「マチルダBABY」(桑田佳祐)1983〕

漫画 〝弾(タマ)〟がない…っ!!〔大暮維人「天上天下 9」2002〕

【弾丸(たま)】 小説 鉄砲と弾丸(たま)をここへおいてください〔宮沢賢治「注文の多い料理店」1924〕／弾丸(たま)は出なかった〔菊地秀行「魔界都市ブルース 夜叉姫伝 4」1990〕

歌詞 弾丸(たま)もタンクも銃剣も〔中野忠春ほか「露営の歌」(藪内喜一郎)1937〕／弾丸をぶち込んで〔松任谷由実「DANG DANG」1982〕／どす黒い弾丸(たま)を悪しき君へ〔SOMATIC GUARDIAN「Salute&Gun55」(咲季)2009〕

歌誌 弾丸(たま)がわれに集りありと〔「短歌」1994年4月〕

広告 弾丸(タマ)より疾く!!〔中条比紗也「花ざかりの君たちへ 1」1997(巻末)〕

漫画 皆そろそろ弾丸(たま)切れだ〔荒川弘「鋼の錬金術師 22」2009〕

【銃弾(タマ)】 歌詞 ほんものの銃弾(タマ)をくらうことは少ない〔B'z「GO ☆ FIGHT ☆ WIN」(稲葉浩志)2002〕

【鉛弾(たま)】 漫画 テメーの鉛弾(たま)はくらわねーぞ〔「週刊少年ジャンプ」2004年5月24日(少年守護神)〕

たま［魂・霊・魄］

【魂(たま)】 小説 少女の魂(たま)のぬけ出(い)でたるにはあらずや〔森鷗外「うたかたの記」1892〕

詩 魂(たま)をも蕩らす私語に誘はれつつも〔蒲原有明「茉莉花」1907〕

歌詞 夢の長崎 相寄る魂(たま)を 結べ夜霧のアベ・マリヤ〔ディック・ミネ、藤原千多歌「長崎エレジー」(島田磬也)1947〕

漫画題名 空知英秋「銀魂(ぎんたま)」2003～

書名 アントニオ猪木「俺の魂(たま)」2001

TV コーナー名「エン魂(たま)」〔2010年4月10日7時台 テレビ朝日系列〕

【精魂(たま)】 書籍〔織田正吉「ことば遊びコレクション」1986〕

【霊(たま)】 歌誌 我が霊(たま)の緒(を)は直(すぐ)にも絶ゆべし〔「短歌」1994年5月〕

小説 それが朋友の霊(たま)であれば尚更だ〔藤原眞莉「華くらべ風まどい－清少納言梛子」2003〕❖言霊(だま)。文字霊。

新聞「霊降(たまお)ろし」〔「読売新聞」2009年5月10日(書評欄)〕

たま［稀］

【稀(たま)】 辞書［偶・適］

たま［多摩］

【多摩(たま)】 地名 ❖「多摩川」は由来が未詳。『万葉集』東歌に「多麻河」。上流に「丹波川(たばがわ)」あり。江戸時代には「玉川」が多い。多摩川から玉川上水を開削した兄弟は玉川姓を賜った。1923年に東京市により北多摩郡多磨村に開園した多磨墓地は、1935年に多磨霊園と改称。「多摩」「玉」「多磨」は、いずれが当て字か本来の語義が失われており不明確。

たまう［賜う・給う］

【玉(たまう)】 古 翫ヒ玉シカハ❖語義の希薄化と筆記経済からさらに崩された。

その他 御(たまう) 古

たまきん

【睾丸(たまきん)】 古 たまきんのしわのばし 睾丸皺伸〔1917 隠〕

たまげる［魂消る］→おったまげる・ぶったまげる

【魂消る(たまげる)】 小説 魂消(たまげ)た。〔「読売新聞」2009年12月15日〕❖夏目漱石、島崎藤村も使用。

【弾げる(たまげる)】 小説 弾(たま)げっ話(ばなし)だ。〔柳瀬尚紀訳「フィネガンズ・ウェイク III IV」1993〕

たまご［玉子・卵］

【玉子】◆『国語学辞典』では「あて字」とするが、語源(意識)と字訓・字義が対応しており本来的といえる。「卵」よりやや遅れ、中世末から近世初期にかけて現れた。仏教思想から肉食を忌避し、飾った用字という可能性もある。産卵時の「産みたて卵」から加熱、調理が進み、原形をとどめず、味が付き、色や状態なども変わるにつれて「玉子丼」(ATOK17でもこれしか出ない)など「玉子」へ移行する傾向。高知では玉子焼きは人気のベビーカステラを指すため、卵が根強く使われる。生、洋風、有精卵は「卵」、無精卵、和風、スーパーでパックに入っているのは「玉子」などという人もいるなど、個人差もある。同じ状態でも食品として意識するかどうかが大きい。NHKや新聞は「卵」で統一。中国の普通話ではお腹にある時は「卵」、お腹から出ると「蛋」。

古 むき玉子 女子の全裸形〔1930 隠〕

書名 上條さなえ「玉子(たまこ)の卵焼き(たまごやき)」2010

【卵】 新聞「卵(たまご)の魚(オムレツ)」ばかり食べた〔「読売新聞夕刊」2008年10月7日(高橋睦郎)〕

【鶏卵】 古〔1905 隠〕◆江戸時代にはこの表記多し。玉子も同時代には普及。

【白団】 古◆中国唐代からの熟語に訓を与えたもの。

【胚子】 小説 眠れる胚子(たまご)〔上遠野浩平「ブギーポップ・カウントダウン エンブリオ浸食」1999〕

【宝】 漫画 宝(タマゴ)は無事?〔渡辺祥智「銀の勇者4」2000〕◆魔物の美しい卵。

【卵子】 民間 ◆学生の手書きに現れる混淆。

その他 TKG(たまごかけごはん) TV

たまさか［偶さか・適さか］

【邂逅】 古◆「邂逅(たまさかに)」も。

たましい［魂］

【霊】 詩 見知らぬ果に旅する霊(たましい)は、〔三木露風「延びゆく夢」1913〕

【生霊】 雑誌 相手の方の生霊(たましい)をお呼び出しいたします〔「女性自身」2004年10月26日〕

【英霊】 歌詞 名も無き英霊(たましい)よ永遠に〔JAM Project「Name ～君の名は～」(影山ヒロノブ)2006〕

【邪魂】 漫画題名 野々村秀樹「邪魂(たましい)狩り 1」1993

【魂魄】 小説 或いは魂魄(たましい)のどこかが欠けている〔藤原眞莉「華くらべ風まどい－清少納言梛子」2003〕

【精神】 歌詞 ひとつに繋がる精神(たましい)〔ALI PROJECT「ヘテロ失楽園」(宝野アリカ)2008〕

【心】 漫画 ブレーダーの心(たましい)だ!〔「コロコロコミック」2008年10月〕

【刀】 漫画 小説「ベルセルク」の源流は山田風太郎の伝奇剣豪小説ではないかと思ってます。漢字に振る無茶な振り仮名(例 刀(たましい)、慈悲(ばつ)などなど)〔WEB〕

その他 魄(たましい)・識性(たましい)・魔(たましい)・靈(たましい)・我意(たましい) 古

*【器(たましいのいれもの)】 小説 新しい「器(たましいのいれもの)」〔芝中学校文芸部「天晴れ20号」1999〕

たましずめ［魂鎮め］

【鎮魂】 曲名 陰陽座「鎮魂(たましずめ)の歌」(黒猫)2008

だます［騙す・瞞す］

【欺す】 雑誌 欺(だま)して〔「猫の手帖」1994年7月〕

書籍 欺(だま)したわ〔織田正吉「ことば遊びコレクション」1986〕

小説 欺(だま)されてつかまされたことに〔森村誠一「殺意の接点」2001〕

歌詞 最初から欺(だま)すつもりじゃ〔真木柚布子「お梅哀歌」(下地亜記子)2004〕◆漱石は、自筆原稿で詐欺師を詐欺師と書いたことがある。

その他 欺誘(だまされ)・蠱誘(だまされ) 古

たまずさ［玉梓・玉章］

【玉梓(たまずさ)】和歌 黄葉(もみぢば)の散りゆくなへに玉梓(たまづさ)の使(つかひ)を見れば逢(あ)ひし日思ほゆ〔「万葉集」〕

たまたま［偶・偶偶・適］

【偶(たまたま)】書籍〔織田正吉「ことば遊びコレクション」1986〕

【稀々(たまたま)】小説〔樋口一葉「十三夜」1895〕

【偶然(たまたま)】小説 偶然(たまたま)もたらされたものだった〔清涼院流水「カーニバル 一輪の花」2003〕

たまに［偶に］

【偶に(たま)】歌詞 偶(たま)には〔椎名林檎「茜さす 帰路照らされど」1999〕

【時々(たまに)】歌詞 時々(たまに)でいいから〔Janne Da Arc「飢えた太陽」(yasu)2003〕

たまのこし［玉の輿］

【珠玉の輿(たまのこし)】展覧会名 天璋院篤姫(てんしょういんあつひめ)が婚礼時に使用した駕籠(かご)が出展される特別展「珠(た)玉の輿(まこし)」〔「読売新聞」2008年10月15日〕

【玉の腰(たまこし)】WEB ❖俗解による表記多し。転倒し「腰の玉に乗る」という誤記もある。

たまむし［玉虫］

【甲玉虫(タマムシ)】漫画 なんで甲玉虫(タマムシ)がこんなに?〔麻宮騎亜「サイレントメビウス 1」1989〕

たまゆら［玉響］ 語義が不明確なまま使われる。

【玉響(たまゆら)】歌詞 玉響(たまゆら)に消えゆく水泡のように〔水樹奈々「WILD EYES」2006〕

【珠響(たまゆら)】広告〔「読売新聞」2008年12月12日〕❖コンサートの名。

【一瞬時(たまゆら)】歌詞 死にゆく息の一瞬時(たまゆら)も〔「幻の戦車隊」(横沢千秋)1939〕

その他 瞬間(たまゆら) 古

たまらん［堪らん］

【多摩蘭(たまらん)】新聞 国立の「たまらん坂」自転車通学の学生が「坂がきつくてたまらん」と言ったことが由来の地名だが、RCサクセションの歌で知られている。忌野清志郎氏がこの坂の界隈(かいわい)に下宿しており、当て字で「多摩蘭坂」として歌い、一躍有名になった。〔「朝日新聞」2009年3月20日〕

【玉卵(たまらん)】商品名 新商品「玉卵美味(たまらんおいしさ)のこだわり親子丼」〔「読売新聞」2009年9月19日〕❖もじり。

たまる［溜まる］

【集まる(たま)】歌詞 よく集(た)まった〔Every Little Thing「I'll get over you」(五十嵐充)1997〕❖「集る」で「たかる」とも。

【貯まる(た)】広告 貯まったマイルで〔2010〕

たみ［民］

【國(たみ)】歌詞 陋劣の國(たみ)に〔ALI PROJECT「少女貴族」(宝野アリカ)2001〕❖国民。囻は國の異体字。

ダミー［dummy］

【替玉(ダミー)】漫画 お前だけは替玉(ダミー)に気付いたのか〔由貴香織里「天使禁猟区 18」2000〕

【複製(ダミー)】小説 あなたの〝複製(ダミー)〟〔菊地秀行「魔王伝 3 魔性編」1996〕

【残像(ダミー)】漫画〔「週刊少年マガジン」2004年48号(SAMURAI DEEPER KYO)〕

【偽装(ダミー)】小説 偽装能力(ダミースキル)〔鎌池和馬「とある魔術の禁書目録 2」2004〕

たみこ

【蒼生子(たみこ)】人名 荷田蒼生子(たみこ)〔紀田順一郎「図鑑日本語の近代史」1997〕／〔「読売新聞」2008年9月30日〕

ダム［dam］

【河川(ダム)】歌詞 静脈の河川(ダム)に流れ込む〔桑田佳祐「地下室のメロディ」2002〕

【駄無(ダム)】WEB ダム(駄無)が無駄(ムダ)

たむけのかみ［手向けの神］「たむけ」が峠に。

【道神(たむけのかみ)】書籍〔平川南「日本の原像」2008〕

ダムド［damned］

【爆裂(ダムド)】WEB

*【妖物(ダムド・シング)】小説 妖物(ダムド・シング)たちの攻撃を〔菊地秀行「魔王伝 3 魔性編」1996〕

た

ため タメ口のタメ。

【同い年(タメ)】 漫画 おまえってオレと同い年(タメ)!?〔浅田弘幸「眠兎 1」1992〕

【同学年(タメ)】 漫画 同学年(タメ)なんだから〔吉住渉「ママレード・ボーイ 2」1993〕

【同級生(タメ)】 小説 同級生(タメ)だったんだって〔南英男「私刑」1996 集〕

【対等(タメ)】 漫画 対等年(タメどし)〔所十三「特攻の拓 17」1995 俗〕

だめ［駄目］むだ目からか。

【駄目(だめ)】 小説 到底(とて)も駄目(だめ)よ今夜は〔夏目漱石「行人」1912～1913〕

【惰目(だめ)】 漫画 中国人の設定の登場人物が「窓(まど)尾明茶惰目蛇内科(をあけちゃだめじゃないか)」〔鳥山明「Dr.スランプ 10」1983〕

【危険(ダメ)】 歌詞 味わい過ぎたら危険(ダメ)〔倖田來未「Lick me」2009〕

【不合格(だめ)】 漫画〔冨樫義博「HUNTER×HUNTER」1998～〕

【NO(ダメ)】 歌詞 NO(ダメ)だと言えないお父さん〔桑田佳祐「ROCK AND ROLL HERO」2002〕

【NG(だめ)】 メール ◆そう読む、また読ませる人あり。

その他 **難行(だめ)・徒目(だめ)・不可(だめ)・不用(だめ)・画餅(だめ)・無益(だめ)** 古

ためし［例・様］

【例(ためし)】 古 久しくとどまりたる例(ためし)なし。〔鴨長明「方丈記」〕／年の始めの 例(ためし)とて〔「一月一日」（千家尊福）1893〕◆現代人にとっては、語義解説的な漢字表記と振り仮名。「試し」と理解する向き多し。

小説 例(ためし)がない〔喬林知「今夜は㋮のつく大脱走！」2001〕

ためし［試し・験し］

【様(ためし)】 古 ◆「様切(ためしぎり)」「様斬(ためしぎり)」など、WEBでも。

その他 **試(ためし)・実験(ためし)** 古

ためす［試す］

【試験す】 漫画 あなたは試験(ため)す価値もない人間だ！〔藤崎竜「封神演義 2」1997〕

小説 家族を試験(ため)す馬鹿がどこにいる〔西尾維新「零崎双識の人間試験」2004〕

ためらう［躊躇う］

【躊躇う(ためらう)】 小説「然しな……。」と躊躇(ためら)っている。〔小林多喜二「蟹工船」1929〕／躊躇(ためら)うように〔「読売新聞」2009年7月3日〕

【猶予う(ためらう)】 古「猶予はずに答へた」（泉鏡花「婦系図」）は、「ためらわず」と読むように、「ぐずぐずする」の意もある。〔「読売新聞」2010年2月17日（日本語・日めくり）〕

たやすい［容易い］ 古く「易容し」も。

【容易い(たやすい)】 小説 容易(たやす)くは行われなかったが。〔小林多喜二「蟹工船」1929〕

歌詞 容易(たやす)く口にするけど〔山口百恵「愛の嵐」（阿木燿子）1979〕

その他 **手易(たやす)い** WEB

たゆう［大夫］ 字音タイフが「たいう」を経て「たゆう」となった。

【大輔(たゆう)】 古 大輔、少輔〔山本昌弘「漢字遊び」1985〕

その他 **太夫(たゆう)** 古

たゆし［弛し・懈し］

【懈し(たゆし)】 歌誌 懈(たゆ)き〔「短歌」1994年11月〕

たゆたう［揺蕩う］

【絶塔(たゆたう)】 古〔「万葉集」〕◆「塔」の字音を用いた。

【揺蕩う(たゆたう)】 詩 液は紫煙のように揺蕩(たゆた)いながら〔小泉誠「水樹」1992〕

歌詞 揺蕩ふ布〔椎名林檎「真夜中は純潔」2001〕／貴方(あなた)と揺蕩(たゆた)う〔陰陽座「甲賀忍法帖」（瞬火）2005〕

その他 **猶預不定(たゆたう)・躊躇う(たゆたう)** 古

たゆまぬ［弛まぬ］

【撓ゆまぬ(たゆまぬ)】 新聞広告 撓(た)ゆまぬ研究と前進を〔「言語生活」1960年7月（目）〕

たより［便り］

【音信(たより)】(小説) 何の音信(たより)もなかった。〔夏目漱石「こころ」1914〕

たら

【鱈(たら)】(辞書) [鱈・大口魚] ◆肉が雪のように白い、また雪の降る時節によく獲れるところから会意による和製漢字。当て字に多用される。現在、中国でも使う。大口魚、吴(呑魚)とも。夻という造字は朝鮮の国字ともいう。

ダラー [dollar] →ドル

【$(ダラー)】(歌詞) ¥(yen) against $(dollar)〔サザンオールスターズ「爆笑アイランド」(桑田佳祐)1998〕

(芸名) $10 ◆読みの順序が転倒する。現在は「テンダラー」の表記。

たらし

【帯(たらし)】(古) ◆『古事記』の太安万侶の序にすでに名としてあり、このたぐいは基づいた資料にあり、改めずにそのまま用いたと述べられている。

たらす [垂らす]

【滴(た)らす】(辞書)

たらす [誑す] 女誑し。

【賺(たらす)】【哆(たらす)】【蕩】【欺(たらす)】(古)

タラソテラピー [フランス thalassothérapie 海水療法]

(関連)【タラソテラピー(海水療法)】(小説) 心地よいタラソテラピーのようというよりは〔河野万里子訳「日曜日」1998〕

たらたら

【鱈(たら)たら】(小説) 説教せつきよう鱈(たら)たら〔柳瀬尚紀訳「フィネガンズ・ウェイク III IV」1993〕

(その他) 滴々(たらたら) (古)

だらだら

【蛇螺蛇螺(だらだら)】(歌詞) 蛇螺蛇螺(だらだら)やってないですぐ行こうぜ〔松浦亜弥「The 美学」(つんく)2002〕◆世話字に類似。

たらちね [垂乳根] 令足(たらし)からか。誤って男を垂乳男(たらちお)(生親男)とも。

【垂乳根(たらちね)】(古) ◆正訓とされることあり。

(その他) 胎羅血根(たらちね)・父母(たらちね) (古)

タラップ [オランダ trap]

【舷梯(タラップ)】(WEB)

たらふく [鱈腹] 語源どおりの表記とも。

【鱈腹(たらふく)】(小説) 鱈腹(たらふく) 食われてたまるもんか。〔小林多喜二「蟹工船」1929〕◆国字「鱈」は「出鱈目」「矢鱈」「鱈腹」などと使われる。

【多楽福(たらふく)】(店名)〔井上ひさし「ニホン語日記」1996〕

【太良福(たらふく)】(店名) 食堂〔斎賀秀夫「あて字の考現学」(「日本語学」1994年4月)〕

タリスマン [talisman]

【結界装置(タリスマン)】(漫画)〔「週刊少年ジャンプ」2004年36号(D. Gray-man)〕

だるい [怠い・懈い] →けだるい

【倦怠(だる)い】(小説) 身体が倦怠(だる)くて〔夏目漱石「こころ」1914〕

*【懈(ダル)】(雑誌)〔「小説新潮」1994年8月〕

タルタ タルタル(Tartar)。

【韃靼(タルタ)】(古) ◆韃靼海峡、韃靼(だったん)そばのダッタンとタタール、タルタル(ソース)とは同語源と言われる。

だるま [達磨] サンスクリット由来とされる日本語。

【達磨(だるま)】(辞書) ◆「達摩」は姓にあり。

たれ

【女(タレ)】(小説) 女(タレ)には関係のない事件〔玉川一郎「恋のトルコ風呂」1952〕(俗)

*【娘義太夫(たれぎだ)】(古)〔1920〕(俗)

たれ [誰] 「誰そ彼」は「たそがれ」。

【誰(たれ)】(歌詞) うつし世の 恋の命を 誰が知ろ〔淡谷のり子「私此頃憂鬱よ」(高橋掬太郎)1931〕

だれ [誰] ⇩だあれ

だれか [誰か]

【他人(だれか)】(歌詞) 心から他人(だれか)にほほえむ〔B'z「裸足の女神」(稲葉浩志)1993〕／他人(だれ)かと比較(くら)べる幸せなんて〔秋元順子「愛のままで…」(花

岡優平）2008〕

【少女(だれか)】歌詞 灰色に嘲笑う少女(だれか)の像〔霜月はるか「斑の王国」（日山尚）2009〕

【時代(だれか)】歌詞 時代(だれか)のせいにはしたくない〔TWO-MIX「ENDLESS LOVE」1995〕

たれこみ［垂れ込み］

【密告(たれこみ)】小説 密告(たれこみ)ですよ〔渡辺淳一「北方領海」1969 集〕／密告(タレコミ)があって〔大藪春彦「ザ・刑事」1985 集〕

【情報(たれこみ)】小説〔大沢在昌「屍蘭 新宿鮫Ⅲ」1993〕

たれこむ［垂れ込む］

【密告(タレコ)む】書籍 おまえが警察に密告(タレコ)んだんだ〔森村誠一「麻薬分析殺人事件」1971 集〕

だれでも［誰でも］

【ブタ(だれ)でも】書名 わたなべけい「これならブタ(だれ)でも作れる俳句入門」2007

たれべん

【郵便(たれべん)】古 ❖明治初期、「郵便箱」という語・文字を知らず、「垂(たれ)べんばこ」と字面で解釈し、ポストに小用を足した者があったという。

たれまん あげまん・さげまんと関連か。

【たれ運(まん)】辞書 たれまんのわるい たれ運の悪い〔1960 隠〕

たれる［垂れる］

【滴(た)れる】【放(た)れる】辞書

だれる

【怠(だ)れる】辞書

*【堕気味(ダレギミ)】辞書 景気の引立たないこと〔1949 隠〕

*【蕩人(だれたひと)】古 面識ある人物など〔1935 隠〕

タレント［talent］

【才能(タレント)】雑誌「才能(タレント)」に対して〔「芸術新潮」1994年8月〕

【多恋徒(タレント)】【手練徒(タレント)】【多連徒(タレント)】【多能人(タレント)】雑誌〔斎賀秀夫「あて字の考現学」（「日本語学」1994年4月）〕

【多恋人(タレント)】店名〔酒場の店名 1981 目〕

たろう［太郎］

【太郎(たろう)】【太朗(たろう)】【汰狼(たろう)】人名 ❖要望もあり、「狼」が人名に付けられるようになった。画数占いや水のイメージにより、汰狼なども付けられる。郎は以前から「朗」と交替した。芸名の柳家金語楼(やなぎやきんごろう)、社名・店名の「栄太楼」（榮太樓）なども関連しよう。

タロットカード［tarot card］

【運命の輪(タロットカード)】漫画 伊丹を「運命の輪(タロットカード)」に見立てて〔さとうふみや「金田一少年の事件簿14」（金成陽三郎）1995〕

タワー［tower］

【塔屋(タワー)】俳句 塔屋(タワー)白し〔竹下しづの女〕

【塔(タワー)】小説 見えない塔(インビジブル・タワー)が伸びている〔清涼院流水「カーニバル 二輪の草」2003〕

【電気塔(タワー)】歌詞 鋼鉄の電気塔(タワー)〔南佳孝「真紅の魔都」（松本隆）1984〕

たわい「体」ないし「利分(とわき)」からとも。→たわいない

【他愛(たわい)】漫画 他愛(たわい)もない口げんかで〔村山由佳「天使の卵 エンジェルス・エッグ」1996〕

小説 他愛(たわい)のない会話を交わし〔「読売新聞」2008年10月5日〕

たわいない［たわい無い］→たあいない

【他愛(たわい)ない】歌詞 他愛ないやりとりのあと〔吉田拓郎「言葉」（松本隆）1978〕

たわけ［戯け・白痴］「た～け」とも。〔清水義範「笑説 大名古屋語辞典」2003〕

【閊(たわけ)】古〔式亭三馬「小野篁譃字尽」1806〕

その他 戯気(たわけ)・堕馬髻(たわけ)・痴漢 古

たわごと［戯言］

【戯言(タワゴト)】歌詞 眠らぬ夜の戯言(タワゴト)ね〔島津冴子「FACE」（有森聡美）1993〕

【事情(たわごと)】歌詞 恋の事情(たわごと)〔中森明菜「Femme Fatale」（青木久美子）1988〕

その他 狂言(たわごと)・誣言(たわごと)・太波事(たわごと)・虐想(たわごと) 古／譫言(たわごと) 辞書

たわし［束子］
【束子(たわし)】新聞 亀の子束子(たわし)〔「朝日新聞」2009年10月5日〕

たわむれ［戯れ］
【調謔(たわぶれ)】古 たわぶれ。

たわらまち
【田原町(たわらまち)】駅名 ❖俵万智(たわらまち)が通学に利用していたという。当て字ではない偶然。

たわれごと［戯れ言］
【博笑戯墨(たわれごと)】古 本紙が日本初の漫画欄「博笑戯墨（たはれごと）」を設けたのは明治十五年。〔「読売新聞」2009年10月11日〕

たん
【站(たん)】辞書 ❖站は立つという意味だったが、兵站など「うまつぎ」の意は、元代にモンゴル語ジャムチに「站赤」と当てられて生じた用法。

タン［tongue］
【舌(タン)】民間 ❖焼き肉店のメニューなど。舌(タン)が音読みとさえ意識されている。WEBに「舌塩丼（たんしおどん）」。

だん
【嬲(だん)】題名 ❖おとこ、ホモというルビでも映画題名、雑誌題名、書名などに用いられる。中国では嬲(ジョウ)（なぶる）、孿(セン)（ふたご）の意だった。

たんか［啖呵］
【啖訶(たんか)】古〔1933 隠〕 痰火からとも。

だんかい［団塊］ 「団塊」を「団魂(コン)」と誤読する人あり。
【男介(だんかい)】広告 3割が「男介(だんかい)」時代 オトコの妻介護力を養う方法〔「読売新聞」2009年11月17日〕❖もじり。

たんかん［単簡・短簡］ 簡単に同じ。
【短簡】【単簡(たんかん)】辞書〔俗〕

だんぎ［談義］
【談議(だんぎ)】書籍 談議、談義は別語だが混淆した。〔斎賀秀夫「漢字と遊ぶ」1978〕

タンク［tank］ 中国では「坦克」。
【戦車(タンク)】映画題名「馬鹿が戦車(タンク)でやって来る」1964
漫画 それは戦車(タンク)〔井上雄彦「SLUM DUNK 1」1991〕

ダンケ［ドイツ danke］
【有難う(ダンケ)】古〔1940 俗〕

だんご［団子］ 𥹢は国字。
【だんぶ】誤読 ❖変体仮名を誤読し、「だんボ」「だんざ」。
【男子(だんご)】漫画題名 神尾葉子「花より男子(だんご)」1992〜2004 ❖しゃれ。

だんごう［談合］
【入札(だんごう)】川柳 入札と書きだんごうとルビを振る 吉田哲弥〔「読売新聞」2006年12月7日〕

たんこぶ
【痰瘤(たんこぶ)】古〔1917 隠〕

たんころ［単ころ］
【単車(タンコロ)】小説 単車転(タンコロ)がして〔大沢在昌「銀座探偵局」1993 集〕

タンジェリン［tangerine］
【蜜柑色(タンジェリン)】小説

たんじゅん［単純］
【シンプル(たんじゅん)】歌詞 シンプル(たんじゅん)な情熱を〔GARNET CROW「今日の君と明日を待つ」（AZUKI七）2003〕

タンジョン［マレー tanjung］
【岬(タンジョン)】書籍 くれてゆく岬(タンジョン)の〔野村喜和夫「現代詩作マニュアル 詩の森に踏み込むために」2005〕❖金子光晴「洗面器」の引用。

ダンジョン［dungeon］ 地下牢。
【地下街(ダンジョン)】漫画 この地下街(ダンジョン)からぬけて地上に出なきゃ……〔麻宮騎亜「サイレントメビウス 1」1989〕
【人生(ダンジョン)】歌詞 立ち向かってく試練の人生(ダンジョン)〔水樹奈々「JUMP!」2004〕

だんじり［檀尻］

た

【車楽】（だんじり）【楽車】（だんじり） 〈古〉

たんしんふにん［単身赴任］

【嘆身赴任】（たんしんふにん） 〈字遊〉〔斎賀秀夫「あて字の考現学」（「日本語学」1994年4月）〕

ダンス［dance］

【舞踏】（ダンス） 〈詩〉 かろき舞踏（ダンス）も〔百田宗治「わが友はオルガンを弾く」1999（杉本優解説）〈コ〉〕

〈小説〉 血飛沫をまき散らす死の舞踏（ダンス）だ〔安井健太郎「ラグナロクEX. BETRAYER」1999〕

【踊】（ダンス） 〈漫画〉 〝不運（ハードラック）〟と〝踊（ダンス）〟っちまったんだよ〔所十三「特攻の拓」（佐木飛朗斗）1991～1997〕

だんだだん

【段田男】（だんだだん） 〈芸名〉 ❖漫画の登場人物名として番場蛮もあり。

だんだん［段段］

【DAN DAN】（だんだん） 〈曲名〉 FIELD OF VIEW「DAN DAN 心魅かれてく」（坂井泉水）1996

【DangDang】（だんだん） 〈曲名〉 中村由真「Dang Dang 気になる」（売野雅勇）1989 ❖松任谷由実「DANG DANG」1999では歌詞にも。「街はDing-Dong 遠ざかってゆくわ」のように英語とかけているものもあり。

タンタンメン［担々麺］

【担々麺】（タンタンメン） 〈看板〉 漢担々麺（オトコタンタンメン）〔京都市内 2010年6月〕❖常用漢字表にない坦を用いた本来的でない表記がメニュー、広告などになぜか多く、商品名にも。

たんちょ［端緒］ 漢音では「タンショ」。「チョ」は慣用音。

【端緒】（たんちょ） 〈書籍〉〔斎賀秀夫「漢字と遊ぶ」1978〕

だんつう［緞通・段通］ 敷物用の厚い織物。

【段通】（だんつう） 〈辞書〉 ❖中国語ないし唐音による「毯子（ダンツ）」への当て字。

だんつく［旦つく］

【旦突】（だんつく） 〈古〉〔1901〈俗〉〕❖→だんな（旦那）

たんづつ［短筒］

【短銃】（たんづつ） 〈書籍〉〔毎日新聞校閲部編「読めば読むほど」2003〕

たんてい［探偵］

関連【探偵】（シャーロック） 〈小説〉 探偵（シャーロック）という言葉には〔西尾維新「ダブルダウン勘繰郎」2003〕❖関西の警察では刑事も探偵と呼ぶことあり。

ダンディー［dandy］

【伊達男】（ダンディー） 〈曲名〉 シブがき隊「べらんめぇ伊達男（ダンディー）」（森雪之丞）1984

タンデム［tandem］

【二人乗り】（タンデム） 〈漫画〉〔横山光輝「MARS」1976～1977〕

たんと

【沢山】（たんと） 〈古〉〔1894〈俗〉〕

*【堪最愛】（たんといとし） 〈古〉

たんとうちょくにゅう［単刀直入］

【短刀直入】（たんとうちょくにゅう） 〈小説〉〔柳瀬尚紀訳「フィネガンズ・ウェイク ⅢⅣ」1993〕❖意図的な使用であろう。

だんトツ［断トツ］ 断然トップの略。

【断突】（だんトツ）【断凸】（だんトツ） 〈WEB〉 断突で 断凸で

だんな［檀那・旦那］ 改定常用漢字表（答申）に旦が入り、後者が示されている。梵語の音訳から。

【旦那】（だんな） 〈古〉 檀那を旦那とするのは仏氏の借用〔新井白石「同文通考」1760〕❖檀那の字画を減らそうとしたものか。意味も字体同様軽くなったか。

〈雑誌〉 檀那から旦那へ移行。〔峰岸明「あて字はどのようにして生まれたか」（「日本語学」1994年4月）〕

〈新聞〉 旦那（だんな）さまは〔「読売新聞」2010年1月23日（編集手帳）〕

【齊藤】（だんな） 〈パンフ〉 齊藤（だんな）は俺を選ばないと〔日本大学吹奏楽部 2005年定期演奏会〕

【惣一郎】（だんな） 〈漫画〉 惣一郎（だんな）さんのお墓参り〔高橋留美子「めぞん一刻 12」1986〕

*【音無先生】（だんなさん） 〈漫画〉 音無先生（だんなさん）のこと〔高橋留美

子「めぞん一刻 11」1986〕

タンニン [tannin]
【単寧】 古〔宇田川榕菴「植学啓原」1834〕

たんのう [堪能]
【堪能】 辞書 ❖仏教語「堪能」も「たんのう」とも。
その他 湛納・胆納 古

たんび [度]「たび」から。
【度】 小説 その度〔有吉佐和子「地唄」1956〕

ダンヒル [Dunhill]
【壇緋瑠】 店名 麻雀荘〔斎賀秀夫「現代人の漢字感覚と遊び」1989〕

ダンベル [dumbbell]
【唖鈴】 古 ❖アレイは仮名表記と語感、実物から外来語と意識される傾向あり。表内字で「亜鈴」とも。

たんぼ [田んぼ]
【田圃】 歌詞 吉原田圃の〔高田浩吉「白鷺三味線」（西條八十）1954〕／田圃にぽつり〔さだまさし「案山子」1977〕❖日本の主食である米を作る「たんぼ」に、本来の漢字がないことは日本語と漢字の関係を考える上で象徴的。地名には「畈畝」「田甫」「坦漭」なども。
【田ンボ】 漫画〔石ノ森章太郎「マンガ日本の古典 古事記」1994〕

たんぽぽ [蒲公英] 擬声語からできたとされる。この和語に、漢語の表記をあてがったもの。
【蒲公英】 短歌 蝦夷蒲公英 この漢字で書かれた固有名詞が、植物の生命力を力強く伝えてくれる。俵万智評〔「読売新聞」2010年1月4日〕
書籍〔柳田征司「あて字」1987〕❖「視覚的表出力がある」と評される。
【たん歩歩】 施設名 ❖歩に半濁音符が付されるものもあり。

たんまり
【沢山】 古／**【溜んまり】** WEB

だんまり [黙り]「だまり（黙り）」から。
【暗黙】 古 暗黙密売淫婦〔1915 隠〕
【闇争】 演目 御名残木挽闇争〔「読売新聞 夕刊」2010年3月13日〕❖歌舞伎で「暗闘」とも。
【黙秘】 小説 黙秘を決める〔浅田次郎「鉄道員」2000〕
その他 黙り 辞書

たんもの [反物] 反は段の崩し字からとも。
【反物】 誤読〔斎賀秀夫「漢字と遊ぶ」1978〕（写研「漢字読み書き大会」）

タンヤオ [断幺] 断幺九の略。麻雀の役。
【断幺九】 漫画 自分だったら断幺九狙いで〔天獅子悦也「むこうぶち 23」2008〕❖中国では「一」を聞きとりやすくするために「イー」ではなく「ヤオ」と読むことがあるが、北方の人は「ヨウ」と発音。

ち

ち [血]
【BLOOD】 漫画〔北道正幸「プ～ねこ」2005〕
その他 糸 WEB

ち [家]「いえ」を意味する「うち」がさらに「ち」となったもの。「うち」は多くの国語辞典では「内」。→んち
【家】 小説 ここン家の氷はまずいや〔石坂洋次郎「山のかなたに」1949 俗〕
書籍 恵子ちゃん家の〔黒柳徹子「窓ぎわのトットちゃん」1981〕
漫画 おまえん家泊まろう〔高橋留美子「めぞん一刻 10」1986〕／図鑑ぐらいはじめちゃん家にもあるでしょ〔さとうふみや「金田一少年の事件簿 10」（金成陽三郎）1994〕／先生ん家にでもあそびに〔林家志弦「おねがいティーチャー 1」2002〕❖用例多し。
雑誌 お前ん家のお風呂〔「お笑いポポロ」2008年11月〕

新聞 アンテナショップ「ぐんまちゃん家(ち)」〔「読売新聞」2009年4月5日〕

民間 当たり前のように使っている「私ん家」の「ち」が、公式に認められていないことを知ってびっくりしました。〔学生〕

文集 俺っち家は〔静岡県立沼津西高等学校「潮音」37号 1990〕◆静岡方言。っち、うち、いえ、んち、のいずれか。

店名 わたみん家(ち)

*【自分家(じぶんち)】漫画 自分家(じぶんち)の店からこっそり持ち出した…〔青山剛昌「名探偵コナン 8」1996〕◆「家(うち)」「○○家(ち)」は、日記、手紙、携帯メールなどでも日常的に使われ、改定常用漢字でも議論はされた。

ち［地］

【国(ち)】歌詞 この国(ち)を解放に導いた〔Janne Da Arc「―救世主 メシア―」(yasu) 2001〕

ち［知］

【痴(ち)】もじり ◆痴性、痴的、痴能、痴の巨人など、知を含む熟語では、痴と書き換えて、字義を反転させることがある。

チアーズ［cheers］

【元気を出して(チアーズ)】雑誌〔「週刊現代」2004年5月22日〕

チアリー

【千愛(チアリー)】人名

ちいさい［小さい］

【小～さい(ち)】広告〔地下鉄車内のラジカセの広告 1978 目〕

【小せー(ちい)】小説 小せーな〔飯坂友佳子「もう一度初恋!」1992 俗〕

ちいさな［小さな］

【スモール(小さな)】漫画『スモール・ワールド(小さな世界)』だろ〔冴凪亮「よろず屋東海道本舗 2」2000〕

チーズ［cheese］

【乾酪(チーズ)】小説 乾酪(チーズ)が見える。〔平野啓一郎「日蝕」2002〕

誤読 乾酪 カラー コーラ かんばん こなミルク〔斎賀秀夫「漢字と遊ぶ」1978〕

ちいちぱっぱ

【幼稚園(チーチパッパ)】古 幼稚園(チーチパッパ)より大学に到るまで〔「旅」1934年11月 俗〕

チーチャ［起家］

【吃茶(チーチャ)】店名 麻雀用語 起家チーチャをもじったもの〔斎賀秀夫「漢字と遊ぶ」1978〕

チート［cheat］ずるの意。

【升(チート)】WEB ネットワークゲームなどでメモリをなどをいじり、ゲームデータを改変すること。由来はチートを半角で「チト」と書くと「升」と見える事からだろう。

チートイ［七対］七対子(チートイツ)の略。麻雀の役。

【七対子(チートイ)】漫画〔天獅子悦也「むこうぶち 23」2008〕

チーパ

【賭博(チーパ)】小説〔徳富蘆花「寄生木」1909 集〕

チープ［cheap］

【安い(チープ)】雑誌

ちいほあき［千五百秋］

【千五百秋(ちいほあき)】歌詞 今は千五百秋(ちいほあき)〔林原めぐみ「あさいはひ」1999〕

チーム［team］ティーム。

【組(チーム)】漫画〔尾田栄一郎「ONE PIECE 33」2004〕

【族(チーム)】漫画 族(チーム)同士の抗争の〔大暮維人「エア・ギア 4」2003〕◆「族(ゾク)」は暴走族の略。

【班(チーム)】広告 カカシ班(チーム)が夢の競演〔「週刊少年ジャンプ」2004年7月8日〕

【軍(ティーム)】漫画 水着ずもう軍(ティーム)さ〔「週刊少年マガジン」2004年48号(School Rumble)〕

【部隊(チーム)】広告 混成部隊(チーム)は黒蛇魔獣に〔神坂一「日帰りクエスト なりゆきまかせの異邦人(ストレンジャー)」1993(巻末)〕◆「混成部隊(ごたまぜチーム)」ともあり。

【仲間(チーム)】【連中(チーム)】漫画〔大暮維人「エア・ギア 25」2009〕

【暴風族(チーム)】漫画 奴らに出逢った暴風族(チーム)は〔大暮維人「エア・ギア 1」2003〕

その他 集団(チーム) 民間 ／ 仲間(チームメイト) 漫画

チームワーク [teamwork]

【団結力(チームワーク)】 漫画 〔宮下あきら「魁!! 男塾 4」1986〕

雑誌 ピンチ切り抜ける「団結力(チームワーク)」〔「SANKEI EXPRESS HERO 特別版」2007年9月〕

ちえ [知恵]

【智慧(ちえ)】 小説 言葉も智慧(ちえ)も、思考も、社会の秩序も〔太宰治「斜陽」1947〕◆人名では「智恵」「知慧」なども。

【智恵(ちえ)】 書籍 智恵進歩(ちえすすみ)〔井上ひさし「私家版 日本語文法」1981〕

【痴恵(ちえ)】 書籍 文殊痴恵(のちえ)〔由良君美「言語文化のフロンティア」1986〕◆もじり。

【禁断(ちえ)】 漫画 アダムとイヴが食べた『禁断(ちえ)の実』〔さとうふみや「金田一少年の事件簿 2」（金成陽三郎）1993〕

チェイサー [chaser]

【追跡者(チェイサー)】 漫画 追跡者形態(チェイサー・モード)〔大暮維人「エア・ギア 2」2003〕

映画題名「劇場版名探偵コナン 漆黒の追跡者(チェイサー)」2009

チェーン [chain]

【店(チェーン)】 漫画 勤務先のパン店(チェーン)〝P〟を〔「週刊少年サンデー」2004年48号（焼きたて!! ジャぱん）〕

その他 鎖(ちえん) 古

チェコ [Czech] 国名。

【捷克(チェコ)】 辞書

チェザーレ

【眠り男(チェザーレ)】 小説 魔界医師を眠り男(チェザーレ)に変えるとは〔菊地秀行「魔王伝 3 魔性編」1996〕

ちぇっ 舌打ちの音。ちょっ。

【啧】 中国 ◆漢字「啧(zé)」などで表す。実際の舌打ちの音とは異なる。

チェック [check] ✓記号は∨やレで代用されることあり。

【王手(チェック)】 漫画 王手(チェック)！〔荒川弘「鋼の錬金術師 6」2003〕◆チェス。

*【点 検(システムチェック)】 漫画 私が船の点 検(システムチェック)してる間〔義仲翔子「ロスト・ユニバース 1」（神坂一）1998〕

チェックイン [checkin]

【記 帳(チェックイン)】 漫画 〔さいとうたかを「ゴルゴ13 34」1979〕

【受付け(チェックイン)】 小説 お客の受付け(チェックイン)から〔森村誠一「殺意の接点」2001〕

チェックメイト [checkmate]

【王 手(チェックメイト)】 漫画 王 手(チェックメイト)だ 金田一君…〔さとうふみや「金田一少年の事件簿 13」（金成陽三郎）1995〕

【積 み(チェックメイト)】 漫画 ◆辞書では「詰み」。

チェリー [cherry]

【錯乱坊(チェリー)】 漫画 〔高橋留美子「うる星やつら」1980～1987〕◆登場人物名。錯乱した坊主で錯乱坊、さくらんぼうで同音だがイメージが対極にあるチェリーと読ませるという複合した表現。

【桜実(ちぇり)】【桜里(ちぇり)】 人名 〔WEB〕◆女性の人名に「桜子(ちぇりこ)」。戦前生まれかとのこと。

【童貞(チェリー)】 漫画 素人童貞(アマチェリー)なエロヤシ君とは〔北道正幸「プ～ねこ 2」2006〕

*【ガキ共(チェリーボーイ)】 漫画 〔大暮維人「エア・ギア 4」2003〕

*【美少年的大狂言(チェリーボーイ・スクランブル)】 漫画題名 魔夜峰央「美少年的大狂言」1985

チェルノブイリ [ロシア Chernobyl']

【苦 艾(チェルノブイリ)】 短歌 わかくさの苦艾(チェルノブイリ)も炎えあがるべく〔塚本邦雄〕

チェンジ [change]

【真(チェンジ!!)】 漫画 〔石川賢「真ゲッターロボ 世界最後の日」1998〕

【変化(チェンジ)】 広告 オバマでアメリカは変化(チェンジ)できるか〔「読売新聞」2008年12月5日〕

チェンバー [chamber]

【室(チェンバー)】 書籍 残響室(エコー・チェンバー)〔由良君美「言語文化のフロンティア」1986〕

【薬室（チェンバー）】小説 シリンダーには六つの薬室（チェンバー）がある〔安井健太郎「ラグナロクEX. COLD BLOOD 失われた絆」2001〕

ちか［地下］

【B】冊子 B1や5F〔井上ひさし「ニホン語日記」1996〕

ちかい［誓い］

【誓約（ちかい）】小説〔小野不由美「東の海神 西の滄海 十二国記」1994〕

【契約（ちかい）】歌詞 契約（ちかい）ノ接吻ヲ〔Sound Horizon「石畳の緋き悪魔」(REVO) 2007〕

【戒律（ちかい）】歌詞 その胸の戒律（ちかい）放て〔※-mai-「鎮-requiem-」(米たにヨシトモ) 1999〕

ちかい［近い］

【邇い】古 孔子も道は邇（ちか）きにありと説（と）かざれば〔1893 俗〕

【比い】小説 年齢に比（ちか）いはずで〔「読売新聞」2010年2月18日〕

【近ェ（ちけ）】漫画 最も近（ちけ）ェ奴が〔大暮維人「エア・ギア 5」2004〕

ちがい［違い］

【相違（ちがい）】小説 自分とサムダーリン・雨恋の相違（ちがい）に〔清涼院流水「カーニバル 一輪の花」2003〕

歌詞 其処に刻まれた相違（ちがい）が〔kukui「コンコルディア」(霜月はるか) 2007〕

【違え（ちげ）】漫画 違（ちげ）えねえな〔薬鳥ビスコ「桜蘭高校ホスト部 8」2006〕

ちがう［違う］

【異う（ちが）】小説 髪の色や眼の色の異（ちが）う外国人であるということが無気味だった。〔小林多喜二「蟹工船」1929〕

雑誌 今まで見た彼女と全く異う。〔映画雑誌 1964 (目)〕

【違え（ちげ）】漫画 違（ち）げー〔冨樫義博「HUNTER × HUNTER 16」2003〕／違（ちげ）ェよ〔大暮維人「エア・ギア 3」2003〕◆au で e: はイレギュラー。「はき違（ちげ）へた」などは滑稽本『浮世風呂』に話者のくだけた発音として描写あり。

【違（ちご）】漫画 せえへんのと違（ちご）たんか〔田村由美「BASARA 8」1993〕／わいは月と違（ちご）て食えるさかい〔CLAMP「カードキャプターさくら 7」1998〕◆関西方言。

【違う（ちゃ）】歌詞 ちょっと違（ちゃ）うで〔WEST END × YUKI from O.P.D「SO. YA. NA」(今田耕司ほか) 1995〕

新聞「私こう思うけど、あなたはどう?」「そやな、ワシはちょっと違（ちゃ）う」〔「読売新聞」2009年6月6日(田辺聖子)〕◆田辺聖子は大阪方言の発音と語義とニュアンスを示すために、漢字表記を工夫した。

ちかそうこ［地下倉庫］

【天井桟敷館（ちかそうこ）】詩 天井桟敷館（ちかそうこ）に象にのって行きたい〔秋亜綺羅「百行書きたい」1975〕

ちかみち［近道］ WEBには「近道」でショートカットと読ませるものもあり。

【捷径（ちかみち）】書名 仮名垣魯文「三教則（さんきょうそく）の捷径（ちかみち）」1873／上坂信男「源氏物語捷径（ちかみち） 1」1999

【近路（ちかみち）】小説 自動車は近路（ちかみち）をするらしく〔小林多喜二「党生活者」1932〕

ちから［力］ 広告などで「チカラ」。書体によってはカが力にも見える（OCR入力によってもカ→力が生じる）。WEBには「小2の国語のときに『力太郎（ちからたろう）』っていう話を俺の友人は『カタロウ』と読んだ」という誤読の例がある。

【能力（ちから）】漫画 まだこれだけ能力（ちから）が使えるなんて〔麻宮騎亜「サイレントメビウス 1」1989〕／捕らえる能力（ちから）を持つ〔野々村秀樹「邪魂狩り 1」1993〕／シャーマンの能力（ちから）〔武井宏之「シャーマンキング 1」1998〕／水を司る能力（ちから）〔絵夢羅「道端の天使 1」2003〕／そんな能力（ちから）を人間が持ったとしたら〔小畑健「DEATH NOTE 3」(大場つぐみ) 2004〕◆漫画に多い。

歌詞 誰よりも熱くなる能力（ちから）〔i-nos「world

goes round」(hotta) 2009〕

【実力】(小説) 実力は落ちちゃあいないさ〔菊地秀行「魔界都市ブルース 夜叉姫伝 4」1990〕

(漫画) 着々と実力を上げている〔和月伸宏「武装錬金 3」2004〕

【神力】(歌詞) 朱雀神の神力〔川上とも子「紅い伝承」(青木久美子) 1995〕

【法力】(漫画) その法力を貸し与えんことを！〔渡辺祥智「銀の勇者 4」2000〕

【威力】(歌詞) 光のもと掴んだ威力の証〔JAM Project「Godest!」(奥井雅美) 2009〕

【権力】(漫画) お金と権力がないと〔松川祐里子「魔術師 2」1996〕❖中国語では権利と権力は同音。

【武力】(歌詞) 生き抜くための武力を持たない幼い命〔JAM Project「No Border」(影山ヒロノブ) 2008〕

【暴力】(歌詞) 暴力で手に入れた 華麗な人生さ〔南佳孝「黄金時代」(松本隆) 1984〕

(漫画) その暴力のすべてを〔綾峰欄人「Get-Backers 奪還屋 23」(青樹佑夜) 2003〕

【破壊力】(漫画)〔「週刊少年ジャンプ」2004年36号 (D. Gray-man)〕

【電撃】(漫画) せっかくの電撃も使えない〔大暮維人「天上天下 9」2002〕

【魅力】(歌詞) 無数の魅力〔島谷ひとみ「綺羅星」(MIZUE) 2004〕

【活力】(歌詞) ココロに活力〔SMAP「オリジナルスマイル」(森浩美) 1994〕

【気力】(歌詞) 溢れる気力は 尽きていたでしょう〔佐藤朱美「aligatou が深くなる」(青木久美子) 1997〕

【指導力】(漫画) 息子の指導力を認めよう〔藤崎聖人「WILD LIFE 3」2003〕

【精神力】(漫画) 俺の今の精神力じゃ無理だってのか〔義仲翔子「ロスト・ユニバース 2」(神坂一) 1999〕

【生命力】(広告) カラダに「万田酵素」の生命力を！〔「読売新聞」2009年3月19日〕

【勇気】(曲名) 雪村いづみ「夢みる勇気」(中島みゆき) 1993

(歌詞) 目に映らない 勇気をくれた〔滝沢秀明「キ・セ・キ」(Kenn Kato) 2003〕

【意志】(歌詞) 静かに見守る意志は〔DREAMS COME TRUE「a little waltz」(吉田美和) 1993〕

【情熱】(歌詞) 情熱に換えて〔EXILE「real world」(Kenn Kato) 2004〕

【信念】(歌詞) 信念を振りかざし〔高木渉「WARU – Bad Blood –」(有森聡美) 1997〕

【本能】(歌詞) 目覚めた本能〔井出泰彰「Reckless Fire」(酒井ミキオ) 2001〕

【根性】(歌詞) 呼び起こせ眠ってる根性を〔林原めぐみ「Plenty of grit」2008〕

【可能性】(歌詞) 出せる可能性感じる〔手塚国光「Blue」(置鮎龍太郎) 2005〕

【技量】(歌詞) 技量がすべて〔榊太郎「勝者のセオリー」(池田森) 2003〕

【労力】(漫画)〔小畑健「DEATH NOTE 4」(大場つぐみ) 2004〕

【推理力】(漫画) 私には真似のできない推理力で〔蓮見桃衣「エキストラ・ジョーカー JOE」(清涼院流水) 2001〕

【絶対音感】(漫画) 君の絶対音感は生かされませんよ〔藤崎聖人「WILD LIFE 1」2003〕

【STRENGTH】(漫画) 〝STRENGTH〟の正位置〔冴凪亮「よろず屋東海道本舗 4」2000〕

❖タロット。

【アリス】(漫画) 君がアリスを使う前に〔樋口橘「学園アリス 1」2003〕

【主税】(小説) 早瀬主税〔泉鏡花「婦系図」1907〕

(新聞) 税「ちから」の読みもある。民の力、労力の結果の意だろう。古くは、収穫した農作物を納めたもので、「田力」の略とも、「地から」だとも言う。(中略)律令制で諸国の田地に課す租税や、穀物の倉庫の出

ち

納をつかさどった「主税寮（しゅぜいりょう）」は「ちからりょう」とも言った。大石内蔵助の長男・大石主税（ちから）の名は、この役所の名称に由来している。〔「読売新聞」2008年7月5日（日本語・日めくり）〕

小説 諸星主税（ちから）という人物〔「読売新聞」2009年9月（宮部みゆき）〕

【チカラ（カ）】WEB ❖2010年4月7日、チカラをgoogleで""で囲み100件ヒット。故意に気づかせまいとするページも。力を手で入力しているものばかりか。

その他 技倆（ちから）・力量（ちから） WEB

ちからびと［力人・力士・健児］

【力士（ちからびと）】書名 33代木村庄之助「力士（ちからびと）の世界」2007

ちきしょう［↑ちくしょう（畜生）］

【畜生（チキショー）】小説 畜生（チキショー）ッ！〔清涼院流水「秘密室ボン」2002〕

ちきゅう［地球］北海道のアイヌ語のチキウ岬は地球岬とも書く。断崖を意味する「チケプ」に由来し、水平線が弧を描いて見える。

【恥球（ちきゅう）】漫画 恥球（ちきゅう）外生命にエサ与えんな〔大暮維人「エア・ギア 1」2003〕❖もじり。

ちきゅうぎ［地球儀］

【猫球儀（ちきゅうぎ）】漫画 猫球儀（ちきゅうぎ）を一回転させると〔猫十字社「小さなお茶会」2000〕

ちぎり［契り］

【契（ちぎり）】古 菊花の契（ちぎり）〔上田秋成「雨月物語」1776〕

曲名 五木ひろし「契り」（阿久悠）1982

【契約（ちぎり）】曲名 フレディ波多江とエレハモニカ「禁じられた契約（ちぎり）」（村井聖夜）2004

その他 期（ちぎり）・盟（ちぎり）・交合（ちぎり） 古

ちぎる［千切る］「たち切る」からとも。

【挘（ちぎ）る】辞書 ❖国字。「毟（むし）る」から派生したものか。「もぐ」とも読む。

【千切（ちぎ）る】小説 千切っては投げ〔源氏鶏太「坊っちゃん社員」1952〜1953〕俗

*【契（ちぎ）って鼻毛（はなげ）】誤変換 昔、ワープロで、「（迫り来る困難を）千切っては投げ」という文章を打ったところ、「契って鼻毛」と変換されて気分が悪くなった。〔学生の話 2008〕

ちぐさ［千草・千種］色々な草など。

【千九百三十年（ちぐさ）】人名〔篠崎晃雄「実用難読奇姓辞典増補版」1973〕

ちくしょう［畜生］

【畜生ォ（ちくしょ）】漫画〔荒川弘「鋼の錬金術師 1」2002〕

ちくる ちく（口（くち））の動詞化。→ちっくり

【密告（チク）る】小説 密告ったたって言うのかい〔森村誠一「螺旋状の垂訓」1988〕集／〔筒井康隆「文学部唯野教授」1990〕

書籍 密告（チク）られて〔浅田次郎「極道放浪記 2」1995〕集

【密告（ちく）する】漫画 密告（ちく）する確率が少ないからな〔かずはじめ「MIND ASSASSIN 1」1995〕

【言（チク）る】小説 警察に言（チク）ったりすると〔森村誠一「致死家庭」1983〕集

【通報（チク）る】漫画 ありゃオレが通報（チク）ってやったからな〔「週刊少年ジャンプ」2004年5月24日（PMG-0）〕

ちくわ［竹輪］

【魚◎（ちくわ）】書籍〔YOMIURI PC編集部「パソコンは日本語をどう変えたか」2008〕❖落語家の書いた本に出てきた造字（国字）を今昔文字鏡が採用し、テレビなどがクイズなどに利用してだいぶ広まった。

チケット［ticket］

【航空券（チケット）】漫画 航空券（チケット）の手配〔藤崎聖人「WILD LIFE 3」2003〕

【旅券（チケット）】歌詞 何億分の1の幸運DNAの旅券（チケット）〔TRF「Future Shock」1998〕

【権利（チケット）】漫画〔大暮維人「天上天下 18」2008〕

その他 切符（チケット） WEB

ちご［稚児］常用漢字表付表にあり。

【児（ちご）】古

ちさい［小さい］
【小(ち)さい】小説 小(ち)さいうちは好く喧嘩をして〔夏目漱石「こころ」1914〕

ちさんちしょう［地産地消］
【千産千消(ちさんちしょう)】新聞 ◆もじり。「千産千消」が見出しにも取られる。千葉県での地産地消の標語。カギ括弧付きで使われる。

ちしお［血潮］
【滴(チシオ)】歌詞 流レル滴(チシオ)ガ〔Sound Horizon「石畳の緋き悪魔」(REVO)2007〕
【血汐(ちしお)】短歌 熱き血汐に触れもみで〔与謝野晶子「みだれ髪」1901〕
歌詞 あつき血汐 君の吐息よ〔淡谷のり子「ベッサメ・ムーチョ」(井田誠一)〕
【鮮血】古 鮮血滾々(せんけつこんこん/チシホダクダク)〔読本類など〕

ちしき［知識］
【矢口言音戈(ちしき)】分字 文字列を文字と見せる「矢口 言音戈」の如き文字分解〔内山和也「『現代口語体』の表現スタイルについて」2002〕

ちじょう［地上］
【痴情(ちじょう)】書名 白根翼「痴情波(ちじょうは)デジタル」2009
◆もじり。→ち(知)

ちじん［知人］
【知猫(ちじん)】漫画 小さな古い知猫(ちじん)にめぐり会って〔猫十字社「小さなお茶会」2000〕◆擬人化。

ちず［地図］ WEBに「地図(マップ)」も。
【航海図(ちず)】歌詞 未来に向かう航海図(ちず)になる〔BOYSTYLE「ココロのちず」(MIZUE)2004〕

ちすじ［血筋］
【冑(ちすじ)】雑誌〔「歴史読本」1994年12月〕◆甲冑の「冑」とは通常、別字とされている。

ちち［父］「てて」ともいう。爹(ディエ)(diē)は、中国では元アルタイ系の語から北魏の頃に漢語に入ったとされる。
【義父(ちち)】漫画 音無の義父(ちち)が〔高橋留美子「めぞん一刻 12」1986〕
【亡父(ちち)】新聞 (こういう)ルビは易々とつかってほしくない〔「読売新聞」2000年12月3日(宇多喜代子)〕／亡父亡母(ちちはは)は父母〔「読売新聞」2004年9月14日(宇多喜代子)〕
【爸(ちち)】【爹(ちち)】小説 父(ちち)の爸(ちち)の爹(ちち)から〔柳瀬尚紀訳「フィネガンズ・ウェイク III IV」1993〕◆爸(パ)は「父(フ)」の転化、母(モ)の転化が「媽(マ)」。

ちちおや［父親］
【武成王(ちちおや)】漫画 おまえは武成王(ちちおや)によく似ているな〔藤崎竜「封神演義 20」2000〕

ちちぎみ［父君］
【祖先(ちちぎみ)】歌詞 懐かし誇らし遠き祖先(ちちぎみ)よ〔ALI PROJECT「王的血族」(宝野アリカ)2007〕

ちちざるのかけぬけ
【乳猿避猟(ちちざるのかけぬけ)】古 乳猿避猟(ちちざるのかけぬけ) ボール投げ 海軍兵学寮 1874〔紀田順一郎「図鑑日本語の近代史」1997〕

ちっきょ［蟄居］
【膣居(ちっきょ)】小説 膣居(ちっきょ)して〔柳瀬尚紀訳「フィネガンズ・ウェイク III IV」1993〕◆もじりか。膣は膣。

ちっくり
【小人(ちっくり)】古〔1935 隠〕
【密告(チックリ)】小説 密告(チックリ)が入ったんすか?〔南英男「嬲り屋」2000 俗〕

ちっこい
【小(ち)っこい】小説 小(ち)っこい御宗派〔今東光「春泥尼抄」1957～1958 俗〕

ちっさい［小っさい］
【小児(ちっさい)】小説 小児(ちっさい)のも〔樋口一葉「十三夜」1895 俗〕
【小(ち)っさい】漫画 小(ち)っさくても望みがあるなら〔藤崎聖人「WILD LIFE 7」2004〕

ちっち
【7700(チッチ)】漫画 混一(ホンイツ)で7700(チッチ)狙いだな〔天獅子悦也「むこうぶち 23」2008〕◆麻雀。

ちっちゃい
【小(ち)っちゃい】小説「何んだ、佐々木の手は小ッちゃいな!」〔小林多喜二「党生活者」

ち

1932〕／キミは、ずっと小(ち)っちゃいままだよ〔清涼院流水「カーニバル一輪の花」2003〕

漫画 オレの体をこんな小(ち)っちゃくしやがった〔青山剛昌「名探偵コナン 1」1994〕／小(ち)っちゃい頃(ころ)から〔「読売新聞」2006年10月1日(あたしンち)〕

新聞 小学2年生さい後は、りょう手で頭をおさえてソファーの上で小っちゃくなった。〔「読売新聞」2008年12月3日〕

TV 小っちゃい頃は〔テロップ。音声は「ちっちゃい」〕〔日本テレビ系列 2008年10月30日21時台〕／生で見ると小っちゃいオッサン～〔テロップ。音声は「ちっちゃいなー」〕〔「行列のできる法律相談所」2010年3月15日〕／小っちぇ〔テロップ。音声は「ちっちぇ」〕〔テレビ朝日系列 2010年4月15日〕

ちっちゃな

【小(ちっ)ちゃな】 書籍 小ちゃな小ちゃな恋人〔うみのさかな&宝船蓬莱「うみのさかな&宝船蓬莱の幕の内弁当」1992〕◆ビデオの題名。

漫画〔森永あい「えみりにおまかせ♥」1999〕

ちっと [些と]

【丶(ちゅ)っと】 小説 目(め)に入(い)れても亠然丶(とうぜんちゅ)っとも痛(いた)くない娘(むすめ)も。〔柳瀬尚紀訳「フィネガンズ・ウェイクⅠⅡ」1991〕◆チュは字音。

ちっとも [些とも]

【少(ちっ)とも】 古

チップ [chip]

【端末(チップ)】 漫画 僕の端末(チップ)〔由貴香織里「天使禁猟区 1」1995〕

【石(チップ)】 広告 石(チップ)の狩人〔菊地秀行「白夜サーガ 魔王星完結編」1996(巻末)〕

ちっぽけ

【小(ち)っぽけ】 小説 小(ち)っぽけな存在〔清涼院流水「カーニバル一輪の花」2003〕

ちと [些と]

【些(ちと)】 古〔1891～1892 俗〕

チト 台湾語・福建語で遊ぶ意。

【迁辻(チト)】 台湾 しんにょうにカタカナのチト。台湾語「遊ぶ」の意。歌詞に。〔黄文雄「日本語と漢字文明」2008〕◆「姐迌」が多い。「七逃」を当てることもある。カラオケなどで。

ちどり [千鳥・鵆・鴴]

【乳鳥(ちどり)】 古〔「万葉集」〕

ちぬる [血塗る・釁る]

【衂(ちぬ)る】 書名 西村寿行「衂(ちぬ)られた寒月」1989

◆鼻血を出す、挫折するという意味のこの漢字が江戸時代からこのように使われてきた。朝日新聞でも戦前の見出しに、よく似た字が振り仮名無しで登場した。衅は「ちぬる」という漢字。原民喜の原爆文学に出る衂れるは「たおれる」か。

チネチッタ [イタリア Cinecittà]

関連 **【チネチッタ(撮影所)】** 小説 そしてそこを、僕はチネチッタ(撮影所)と名づけた。〔河野万里子訳「チネチッタ」1998〕

ちのうしすう [知能指数]

【IQ(知能指数)】 漫画 金田一君のIQ(知能指数)は〃180〃という〔さとうふみや「金田一少年の事件簿 9」(金成陽三郎)1994〕

ちのみ [乳飲み]

【乳呑(ちのみ)児】 書名 鈴木英治「口入屋用心棒 乳呑児(ちのみご)の眼」2009

ちのみご [乳飲み子]

【血飲(ちの)み子(ご)】 歌詞 騒がないで血飲み子ちゃん〔Cocco「星に願いを」2000〕◆もじりか。

ちはやぶる [千早振る]

【千盤屋終(ちはやぶる)】 古 ◆落語で俗解を重ねる噺あり。

ちび

【短小(ちび)】 小説〔樋口一葉「たけくらべ」1895～1896〕

【小(ちび)】 古 洒落臭い、小(ちび)め〔内田魯庵「社会百面相」1902 俗〕◆漢字一字でこの口語が表されたことにインパクトがあろう。

【矮(ちび)】 古 ちび 矮〔「東京語辞典」1917 隠〕◆漢字

で意味を示そうとする例か。

【禿(ちび)】公演名 シス・カンパニー「禿禿祭(はげちびさい)」2007

ちびちび

【禿々(ちびちび)】【遅微遅微(ちびちび)】古

ちびる［禿る］

【禿る(ちび)】古

チフス［ドイツ Typhus］

【窒扶斯(チフス)】小説 腸窒扶斯(チフス)〔夏目漱石「こころ」1914〕

ちまう

【了う(ちま)】古 洒然(さらり)と棄てッ了(ちま)ふんだ〔1906 俗〕

ちまた［巷］

【巷(ちまた)】歌詞 巷(ちまた)の夕陽(ゆうひ)〔大津美子「銀座の蝶」(横井弘)1958〕

【衢(ちまた)】書籍 村の中心部の衢(ちまた)〔平川南「日本の原像」2008〕❖書名に『詞八衢(ことばのやちまた)』(1808)。

【街(ちまた)】詩 街(ちまた)の垣根〔高村光太郎「新緑の毒素」1911〕

ちまちま

【微視的(ちまちま)】書名 東海林さだお「微視的(ちまちま)お宝鑑定団」2009

ちまながし 倒語。

【町流(ちまながし)】古〔1935 隠〕

ちみどろ［血みどろ］

【魑魅怒呂(ちみどろ)】民間 ❖暴走族名。

【千神泥(ちみどろ)】漫画 千神泥刃(ちみどろやいば)〔「コロコロコミック」2010年5月〕❖登場人物名。

その他 血塗ろ(ちみど) 辞書

チムニー［chimney］

【煙筒(チエムニー)】小説 通風パイプ、煙筒(チエムニー)、ウインチの腕〔小林多喜二「蟹工船」1929〕

【煙突(チムニー)】作品 田辺聖子「夢煙突（チムニー）」❖『夢渦巻』(1994)所収。

ちゃ［茶］ 清水義範『ワープロ爺さん』に「遅れ茶如何と思って」などの誤変換の話がある。

【旦(ちゃ)】WEB ❖絵文字としてお茶を表現する。

【茶ー(ちゃー)】辞書 茶ー(ちゃー)する〔俗〕

【茶】漫画 青デニで茶しばいて〔中尊寺ゆつこ「プリンセス in Tokyo」1989〕❖関西方言では1音節の名詞が長呼される。

チャーター［charter］

【傭船(チアター)】小説 会社が傭船(チアタア)してるんだで、金を払って。〔小林多喜二「蟹工船」1929〕

チャーチ［church］

【教会(チャーチ)】書籍〔杉本つとむ「近代日本語の成立と発展」1998〕❖WEBでも。

チャイ［ヒンディー chai］ ロシア語も。「茶」の中国での北方ないし広東での発音から。

【紅茶(チャイ)】小説 紅茶(チャイ)を二つ注文すると〔清涼院流水「カーニバル 二輪の草」2003〕

その他 ロシア紅茶(チャイ・ス・バレーニエム) 小説

チャイ タイ語。

【心(チャイ)】書名 会津泰成「天使がくれた戦う心ーチャイー」2003

チャイナ［China］ 秦から支那、チーナ。チーナが英語でチャイナに。大学では中国語はチャイ語と略されることがある。

【中国(チャイナ)】小説 中国(チャイナ)北東部と〔清涼院流水「カーニバル 二輪の草」2003〕

その他 支那(チャイナ) 古

チャイニーズ［Chinese］

*【炉心融解(チャイナ・シンドローム)】ゲーム ❖映画(1979)から。

【中国(チャイニーズ)】曲名 杏里「中国人形(チャイニーズドール)」〔尾崎亜美〕1978

歌詞 お前の好きだった中国茶(チャイニーズティー)〔舘ひろし「泣かないで」(今野雄二・宮原芽映)1984〕

チャイム［chime］

【予鈴(チャイム)】漫画 予鈴(チャイム)だ〔野々村秀樹「邪魂狩り1」1993〕

チャイルディッシュ［childish］

【大江健三郎(チャイルディッシュ)】書籍 大江健三郎(としをとってもこども) 大江健三郎(チャイルディッシュ)の序〔柳瀬尚紀「日本語は天才である」2007〕

ちゃいろ［茶色］

【大介(ちゃいろ)】(小説) 大介(ちゃいろ)の瞳だった〔芝中学校文芸部「天晴れ21号」1999〕

チャオ ［イタリア ciao］
【Ciao(チャオ)】(番組名)「エンタメっ Ciao!」

チャオズ ［餃子］ ギョーザは山東の一方言か朝鮮語から。
【餃子(チャオズ)】(漫画)〔鳥山明「DRAGON BALL ドラゴンボール」1984～1995〕◆登場人物名。

ちゃか
【拳銃(チャカ)】(小説) おれは拳銃(チャカ)も短刀も〔勝目梓「悪党図鑑」1987 (集)〕／拳銃(ちゃか)ものんでる〔菊地秀行「魔界都市ブルース 夜叉姫伝 4」1990〕
(漫画) いや、拳銃(チャカ)はまずい!!〔青山剛昌「名探偵コナン 1」1994〕

ちゃかす
【茶化(ちゃか)す】(歌詞) 甘いといえば辛いと茶化す〔美空ひばり「あまんじゃくの歌」(深尾須磨子)1953〕

チャクラ ［サンスクリット cakra］
【印(チャクラ)】(漫画) 額の深紅の印(チャクラ)は〔峰倉かずや「最遊記 1」1997〕
【龍門(チャクラ)】(漫画) 一つずつ龍門(チャクラ)を持っているのですよ〔大暮維人「天上天下 9」2002〕

ちゃちゃちゃちゃ
【×××(ちゃちゃちゃちゃ)】(歌詞)〔Janne Da Arc「seal」(yasu) 2003〕

ちゃっきりぶし ［ちゃっきり節］ 北原白秋作詞(1927)。
【茶切節(ちゃっきりぶし)】(曲名)

チャット ［chat］
【通話(チャット)】(新聞) グーグルで検索し、ユーチューブを見、世界と通話(チャット)しているのである。〔「日経新聞 夕刊」2008年9月4日(福岡伸一)〕

ちゃぱつ ［茶髪］
【茶髪(チャパツ)】(新聞) 茶髪(チャパツ)の若い女性たちが〔「読売新聞」1994年8月29日〕◆言いやすさ、軽い語感、金髪などからの類推でパツと髪という意識にもよる。新聞では振り仮名無しで使われることが増えた。
(書籍) 茶髪の彼女は〔714倶楽部「看護婦の打ち明け話」1998 (俗)〕

ちゃぶだい ［卓袱台］
【卓袱台(ちゃぶだい)】(川柳) 卓袱(ちゃぶ)台〔「読売新聞」2009年8月24日〕◆卓袱(しっぽく)と唐宋音が2つ。

ちゃほや
【珍(ち)や宝(ほ)や】(古)

ちゃみず ［↑御茶ノ水］
【お茶(ちゃ)ノ水(みず)】【茶水(ちゃみず)】(民間)

ちゃら →べんちゃら
【茶羅(ちゃら)】(古) とりとめのなき、信用せられざる、いい加減の、軽口〔1917 (隠)〕◆チャラ男につながるか。
その他 茶羅菓子(ちゃらかし)・裏表(ちゃらくら)・無理屈無理屈(ちゃらちゃら)・欵待(ちゃらつく) (古)

ちゃり ［↑ちゃりんこ］ 若者語。自転車の韓国語読みチャジョンコからともいう。自転車の少年のスリを指す語だった。地域によってはチャリ機、ケッタ、ケッタマシーンとも。
【自転車(チャリ)】(漫画) 自転車(チャリ)で転んで〔吉住渉「ママレード・ボーイ 2」1993〕／自転車(チャリ)出したいんだ〔日渡早紀「未来のうてな 1」1995〕／自転車(チャリ)乗れねーじゃん〔芦原妃名子「天然ビターチョコレート 2」2002〕

チャリオット ［chariot］ 二輪の馬車。
【二輪車(チャリオット)】(詩) 特派の二輪車(チャリオット)に乗って〔谷川俊太郎「夜」〕

ちゃりつう ［↑ちゃり＋通学］
【自転車通学(チャリツー)】(漫画) 現在、西浦の野球部員は全員自転車通学(チャリツー)です〔ひぐちアサ「おおきく振りかぶって 5」2005〕

ちゃりんこ
【女掏摸(チャリンコ)】(小説) 腕のいい女掏摸(チャリンコ)が〔森村誠一「砂の碑銘」1976 (集)〕
【自転車(チャリンコ)】(漫画) わいはすぐに自転車(チャリンコ)こいで

ち

〔CLAMP「X 2」1992〕

チャルメラ [ポルトガル charamela]
【喞吶(チャルメラ)】【南蛮笛(チャルメラ)】【太平簫(チャルメラ)】 古

チャレンジ [challenge]
【挑戦(チャレンジ)】 小説 ずっと挑戦(チャレンジ)しようと思いつつ〔清涼院流水「カーニバル 一輪の花」2003〕
【茶恋人(チャレンジ)】 店名 喫茶店名〔斎賀秀夫「あて字の考現学」(「日本語学」1994年4月)〕

チャレンジャー [challenger]
【挑戦者(チャレンジャー)】 漫画 挑戦者(チャレンジャー)として〔許斐剛「テニスの王子様 24」2004〕
【一角獣(チャレンジャー)】 TV 不屈(ふくつ)の一角獣(チャレンジャー)〔「メタルファイト ベイブレード」2010年4月4日〕❖タイトルのテロップ。
【弱虫(チャレンジャー)】 漫画〔大暮維人「エア・ギア 24」2009〕

ちゃん [父]
【家爺(ちゃん)】【爺(ちゃん)】【父(ちゃん)】 古

ちゃん
【様(ちゃん)】 古 ばあちゃん 婆様〔1935 隠〕
【匠(ちゃん)】 台湾 匠(ちゃん)・桑(さん) 戦前の日本語とともに〔黄文雄「日本語と漢字文明」2008〕❖↓さん(桑)
【©(ちゃん)】 メール 手紙 ❖ⓚは君(くん)、ⓢはさん。

チャンス [chance]
【機会(チャンス)】 雑誌〔「歌劇」1994年8月〕/〔「小説新潮」1994年8月〕
漫画 機会(チャンス)は逃さないよっ!!〔松川祐里子「魔術師 1」1995〕/首輪を外す機会(チャンス)が〔冴凪亮「よろず屋東海道本舗 2」2000〕/克服の機会(チャンス)にもならないかな〔小花美穂「Honey Bitter 1」2004〕
【好機(チャンス)】 漫画 常に好機(チャンス)をうかがって〔許斐剛「テニスの王子様 20.5」2003〕
広告 転機(チャンス)を好機(チャンス)に変えるために〔「読売新聞」2008年11月22日(小説新潮)〕
【勝機(チャンス)】 漫画 勝機(チャンス)はある〔「週刊少年マガジン」2004年48号(SAMURAI DEEPER KYO)〕
【運(チャンス)】 歌詞 次にくる運(チャンス) 試したい〔愛内里菜「START」2004〕
【宝箱(チャンス)】 歌詞 宝箱(チャンス)は姿を変えて潜んでいるよ〔水樹奈々「JUMP!」2004〕

チャンタ [↑チャンタイヤオ(全帯么)]
麻雀の役。「全帯」とも書く。
【全帯么(チャンタ)】 漫画 全帯么(チャンタ)三色〔天獅子悦也「むこうぶち 23」2008〕

ちゃんちゃらおかしい
【茶茶羅可笑(ちゃんちゃらおかしい)】 古〔1917 隠〕

チャンディ [インドネシア candi]
【寺院(チャンディ)】 小説〔清涼院流水「カーニバル 二輪の草」2003〕

ちゃんと
【整然(ちゃあん)と】 古 整然(ちゃあん)として〔1885 俗〕
【茶(ちゃ)んと】 小説〔柳瀬尚紀訳「フィネガンズ・ウェイク III IV」1993〕❖もじりか。
その他 **歴然(ちゃん)と・正然(ちゃんと)** 古

チャンネル [channel] チャネル。
【経路(チャンネル)】 論文 伝達経路(コミュニケーション・チャンネル)の開閉〔内山和也「振り仮名表現の諸相」2002〕
【回路(チャンネル)】 論文 新たな回路(チャンネル)を開く点で〔内山和也「隠喩が意味を失うとき」2002〕
【水路(チャネル)】 パンフ うるおい水路(チャネル)「アクアポリン」〔クリスチャン・ディオール〕
【Ch(チャンネル)】 新聞 デジタル7Ch宣伝部長〝見習い〟〔「読売新聞 夕刊」2008年12月4日〕/文京区民Ch〔「読売新聞 夕刊」2010年3月23日〕
【ch(チャンネル)】 広告 ブルーレイ+3.1ch豪華セット〔「読売新聞」2010年3月14日〕

チャンピオン [champion]
【王者(チャンピオン)】 漫画 世界王者(チャンピオン)誕生〔森川ジョージ「はじめの一歩 44」1998〕/〔馬場康誌「空手小公子小日向海流 16」2004〕

チャンプ [champ]
【C(チャンプ)】 漫画 高跳びC(チャンプ)の佐野泉に〔中条比紗也「花ざかりの君たちへ 1」1997〕❖元陸上選手。

ちゅ 琉球方言。

ち

【人(ちゅ)】(TV) ヤング島人(しまんちゅ)(テロップ)〔「秘密のケンミンSHOW」2010年5月13日〕

チュ［フランス tu］

【君】(小説) 私のことを「君(チュ)」と〔遠藤周作「白い人」1955〕

ちゅう［中］「…中」という表現は、朝鮮・日本で生じたもので、現代中国語でも使用する者が現れている。

【中(ちゅう)】(WEB) 象形文字 (中)② の秋頃までずっとぞうけいもじって読んでた 笑

【虫(ちゅう)】(誤字) 試験答案で。ちゅうくらいのはこを虫くらい〔WEB〕◆「中」なので、途中までは正解。音読みは一致。メールにもこの代用が現れている。

ちゅう［注］注の右上にある「、」は単独では「チュ」と読み、ともしびなどを表す漢字。『八犬伝』で、大で「犬」を暗示。

【註(ちゅう)】(書籍)(論文) ◆注がむしろ古い。

【(注)】(広告) 元夫婦対決で(注)「アバター」を倒した女〔「読売新聞」2010年3月11日（女性セブン）〕◆注目の意味か。

ちゅうう［中有］

【宙宇(ちゅうう)】(誤字)「中有に迷ふ」といふのを「宙宇に迷ふ」なんと書くのが普通だ。〔森鷗外「鸚鵡石」1909〕

ちゅうか「ていうか」の転。

【中華(ちゅうか)】(WEB)「久しぶり。中華、久しぶりすぎてネタがないっす」「っていうか」＞「ちゅうか」の誤変換から〔内山和也『現代口語体』の表現スタイルについて」2002〕◆CMに「何(なん)ちゅうか本中華」のしゃれあり。

ちゅうぎ［忠義］

【恩愛(ちゅうぎ)】(広告) 染模様(そめもよう)恩愛御書(ちゅうぎのごしゅいん)（歌舞伎）〔「読売新聞 夕刊」2010年1月28日〕

ちゅうしゃ［駐車］

【軴車(ちゅうしゃ)】(民間) 軴車禁止〔斎賀秀夫「漢字と遊ぶ」1978〕◆偏が同化。銀行の貼り紙に手書きで、一字目が⿰馬車と⿰車馬とで書かれたものがあった。

ちゅうしゃじょう［駐車場］

【P(ちゅうしゃじょう)】(看板) ◆ちゅうしゃじょう・パーキングなどと読まれている。進路を表す「→」を伴うことあり。

ちゅうすけ

【忠助(ちゅうすけ)】(古) 忠助鼠のこと〔1929 (隠)〕

ちゅうと［中途］

【半腹(ちゅうと)】(古)

ちゅうとう［中東］

【中東(チュントン)】(誤読)「中東では平和は望めない」という文章を「中東（チュン、トン）では平和(ピンフ)は作れない」と読んだヤツがいた〔WEB〕

ちゅうとん［駐屯］

【駐とん(ちゅうとん)】(新聞) ◆自衛隊の駐屯地は当用漢字の制限によって「駐とん地」となったが、「とん」では「豚」のようで、志気が下がるということで、追加の要望を経て常用漢字表に追加されたと伝えられる。

ちゅうぼう「チュー坊」「チューボー」とも。

【中坊(ちゅうぼう)】(雑誌) 中学生〔「サンデー毎日」1979年6月10日 (俗)〕◆不良のことば。

【厨房(ちゅうぼう)】(WEB)「中坊」の隠語。中学生→中坊→厨房。本当の中学生は「リアル厨房」と呼ばれる。◆→おこさま

ちゅうもん［注文・註文］

*【誂(ちゅうもんした)】(漢詩)〔平井呈一訳「狂詩 巡査行」1951〕

チューリップ［tulip］

【鬱金香(チューリップ)】(短歌) ◆塚本邦雄ほか。

(新聞)『週末の鬱金香(チューリップ)』の装丁を〔「読売新聞 夕刊」2010年2月8日〕◆文字と発音・イメージとに差があるものの一つ。

ちゅら 琉球方言「清(きよ)ら（か）」と同源で、「きよらさあり」の転。

【美ら(ちゅ)】(広告) 蘭と〝美ら海〟色彩の競演〔「読

売新聞」2010年2月11日〉◆語源に沿った訓を意識し「清ら」とも書かれる。
施設名 沖縄美ら海水族館

ちょい
【一寸】古 一寸とも変化というものがない〈福沢諭吉「福翁自伝」1899〉

ちょいちょい
【一能々々】古

ちょう［超］接頭語から副詞のようになってきた。チョーから覚え、この漢字があることを知って驚く若年層あり。中国語に「超人気（チャオレンチー）」など入った。
【超】広告 超 個性的なヤツらの集り。〈青山剛昌「名探偵コナン 2」1994（巻末）〉
漫画 超つまんないの〈貞本義行「新世紀エヴァンゲリオン 4」1997〉／超ォー〈「週刊少年マガジン」2004年48号（もうしませんから。）〉
【超】小説 超やばくない〈山田悠介「ライヴ」2005〉
【超】小説 超ムカだぜ〈清水義範「日本語の乱れ」2000 俗〉
【超】広告 27社リスト「超有力企業の名前」〈「読売新聞」2008年11月1日（週刊ポスト）〉／春の超得旅〈「読売新聞」2009年4月21日（DIME）〉
書名 永井延宏「ゴルフ上達のカギを握る超ウェッジワーク」2008
【走召】WEB ◆WEBなどで分字により倍角のようにして強調する技法あり。

ちょう［町］
【丁】古 漱石 麴丁 → 町〈山下浩「本文の生態学」1993〉◆町は「まち」、丁は「チョウ」と書き分ける地域あり。

ちょうじ［弔辞］
【弔辞】誤読〈斎賀秀夫「漢字と遊ぶ」1978（写研「漢字読み書き大会」）〉

ちょうず［手水］
【小用】古

ちょうせん［挑戦］
【CHALLENGE】広告〈ソニー銀行広告（金城ふみ子2003）〉

ちょうせんうぐいす［朝鮮鶯］
【鸝】辞書 ◆漢和辞典など。訓だが字音を含む。30画。

ちょうちちょうち［手打ち手打ち］語源のとおり、「手打手打」とも書かれた。
【哆々】古「哆々嘍々草」◆江戸時代の書名。

ちょうちょ［蝶蝶］「ちょうちょう」の略。
【蝶々】辞書〈1955 隠〉

ちょうちん［提灯・挑灯］
【灯燈】古〈1892 隠〉◆同化や混淆が生じ、さまざまに書かれてきた。学生に「超珍」と書く者あり。
その他 丁灯・挑灯・花燈・紅灯 古

ちょうてい［朝廷］
【西】広告 雅と武 西と東 戦い〈「読売新聞」2009年11月14日〉

ちょうてん［頂点］
【天下】【天下人】漫画〈上条明峰「SAMURAI DEEPER KYO」1999～2006〉

ちょうど［丁度］
【ちょう度】広告 一年中、家じゅう、温度も湿度も「ちょう度」いい。〈「読売新聞」2010年4月29日（セキスイハイム）〉◆もじり。
その他 丁度・恰度・調度 古

ちょうどきゅう［超弩級］弩は戦艦ドレッドノートの一字目「ド」への当て字。
【超ド級】広告「超ド級の絶品ボディ」〈「読売新聞」2009年3月6日（FRIDAY）〉

ちょうば［丁場］
【捜査本部】小説 捜査本部から無線が〈南英男「私刑」1996 集〉

ちょうふ［貼付］貼付はテンプとも読まれることがあり、添付と誤変換されることも。

【張付(ちょうふ)】辞書 ❖載せた辞書もあった。

ちょうほう［重宝］

【調法(ちょうほう)】古 ❖重宝(チョウホウ)と調法(テウハウ)が江戸時代に同音として混同された。

チョーク［chalk］

【白墨(チョーク)】古 ❖赤い白墨は漢字で書くと違和感が生じよう。

ちょきん［貯金］

【貯筋(ちょきん)】もじり 食品を組み合わせて毎日骨骨カルシウム貯筋をしましょう。〔神戸市垂水区「広報紙たるみ」2009年2月〕／筋トレを体が自由に動くうちに筋力を蓄える〝貯筋〟運動としてとらえ〔「日経新聞」2009年12月26日〕

ちょくじ［植字］

【植字(ちょくじ)】書籍 植字職人の習性(くせ)を〔山下浩「本文の生態学」1993〕❖チョクジは類推読みで位相語。

ちょくはん［直播］ じかまき。

【直播(ちょくはん)】書籍〔井上ひさし「ニホン語日記」1996〕

チョコ［←チョコレート］

【甘味(チョコ)】POP 〝甘味(チョコ)〟への挑戦 中も外もチョコ！〔池袋 NEWDAYS 2009年12月1日〕

ちょこざい［ちょこ才］

【猪虎才(ちょこざい)】古 猪虎才(ちょこざい)なり〔1916 俗〕

【小才(ちょこざい)】古 小才(ちょこざい)な浮露(ですぎた)のよりは〔1896 俗〕

【チョコ才(ざい)】小説 チョコ才なものを〔源氏鶏太「三等重役」1951 俗〕

その他 猪口才(ちょこざい) 辞書

チョコレート［chocolate］ 現在、中国では巧克力と音訳。

【貯古齢糖(チョコレート)】書籍〔村石利夫「知ってなるほどの語源1000」1995〕

【豬古(チョコ)レート】小説〔柳瀬尚紀訳「フィネガンズ・ウェイクⅠⅡ」1991〕❖地名や姓に三豬(みずま)。

その他 査古律(チョコレート)・楂古聿(チョコレート)・猪口冷糖(チョコレート)・貯香麗糖(チョコレート)・茶珈麗糖(チョコレート)・稚幼子礼糖(チヨコレート)・茶固練板(チョコレート) WEB

ちょっかい

【ちょっ掻(かい)】古 チョッ掻(カイ)を出し〔1902 俗〕

その他 撥(ちょっかい)・手先(ちょっかい) 古

ちょっき

【一寸木(ちょっき)】姓 マスキと読む姓も。〔佐久間英「珍姓奇名」1965〕

チョッキ ポルトガル語からとも、ちょっと着るからとも。

【寸着(チョッキ)】民間〔浅草の観音横の古着屋街 1987 目〕

その他 短胴衣(チョッキ)・胴衣(チョッキ)・中単(チョッキ) 古

ちょっちょっ

【一々(ちょっちょっ)】古〔式亭三馬「小野𥶡譃字尽」1806〕

ちょっと

【一寸(ちょっと)】広告〔奥山益朗「広告キャッチフレーズ辞典」1992〕／一寸した資産形成にもお役立て下さい。〔「読売新聞」2010年2月16日〕❖この目を引く意外な用法は字数縮約のためか。

歌詞 一寸(ちょっと)出ました〔歌川二三子「二三子の鉄砲節」（歌川二三子・鉄砲光三郎）2001〕

新聞「一寸」は「ちょっと」と読むが、こんな洒落(しゃれ)た「一寸」の使い方は滅多(めった)にみられない。〔「読売新聞」2008年11月3日（長谷川櫂）〕

政策 一寸→ちょっと かな書き。〔文化庁「公用文作成の要領」1951〕

【鳥渡(ちょっと)】歌詞 鳥渡(ちょっと)だけ休憩を〔椎名林檎「おこのみで」2003〕

広告〔奥山益朗「広告キャッチフレーズ辞典」1992〕

【1階(ちょっと)】漫画 地上まであ… あと… 1階(ちょっと)か……〔麻宮騎亜「サイレントメビウス 1」1989〕

その他 霎時(ちょっと)・些(ちょ)っと 古

チョッパー［chopper］

【ヘリ(チョッパー)】漫画〔平野耕太「HELLSING ヘルシング 3」2000〕

ちょっぴり

【恥よっぴり】小説〔柳瀬尚紀訳「フィネガンズ・ウェイク Ⅲ Ⅳ」1993〕

ちょぼ ちょぼ袋は「丶袋」とも。
【丶】古 大丶（おーちょぼ）〔1935隠〕◆犬の隠語。
小説 のど丶ちんこ詰りの〔柳瀬尚紀訳「フィネガンズ・ウェイク Ⅲ Ⅳ」1993〕

ちょめちょめ 山城新伍がテレビで使って広まった口頭表現。久米宏は伏せ字部分はホニャララと言った。近年はピー音の際など字幕にもモザイクがかかる。
【××】漫画「××」と表記することが多くないか?〔「ペルソナ2罰4コマギャグバトル ポジティブシンキング編」2000〕◆↓めめ
雑誌 瀬戸康史の〝はじめての××〟〔「JUNON」2008年11月〕
番組名 テレビ朝日系列「さまぁ〜ずと優香のあやしい××貸しちゃうのかよ!!」2002〜2004

ちょろい 【直魯意】【瑣々】古

ちょろぎ ［草石蚕・甘露子］シソ科の多年草。ちょろげ。
【長呂木】【長呂儀】【長老喜】【長老貴】【千代呂喜】【千代呂木】【千代呂儀】民間 ◆文字でことばや物を飾る。佳い字で文字を飾り、イメージアップをする。
【丁呂木】チラシ〔小僧寿し 2008〕
その他 丁梠木 WEB

ちょろまかす 【欺瞞す】古

ちょん 歌舞伎で拍子木を鳴らし閉幕することから。
【丶】◆ちょんまげの語源に。
人名〔篠崎晃雄「実用難読奇姓辞典増補版」1973〕
広告 宮尾しげを「○□（マルカク）サン・丶助（チョンスケ）サン」チヨンチヨントトビハネル丶助サン〔田河水泡「のらくろ武勇談」1938〕
【丁】古 通り符牒〔1929隠〕
【終】書籍 今日の撮影は全部終り（オールチョン）である〔山本嘉次郎「カツドウヤ紳士録」1951集〕◆能の太鼓の音は△と記す。
その他 丶 古

チョンガー ［総角］朝鮮漢字音から。
【若衆】小説 若衆どの〔田中英光「愛と青春と生活」1947俗〕
【独身】漫画 天涯孤独の独身よ〔天獅子悦也「むこうぶち 25」2009〕

ちょんのま ［ちょんの間］
【一寸間】古

ちょんまげもの ［丁髷物］
【丁髷物】辞書 髷物の時代を扱った作品〔1949隠〕

ちらし ［散らし］カタカナで「チラシ」が多い。
【散】古 広告を配る者〔1935隠〕

ちらす ［散らす］
【殺す】漫画 何故殺そうと考えるのです〔松川祐里子「魔術師 2」1996〕

ちらちら
【隠現】古

ちり アイヌ語からの姓。
【知里】姓 知里真志保〔金田一春彦「日本語」1957〕

チリ ［Chile］国名。
【智利】辞書

ちりぢりばらばら
【四散八落】古

ちりとり
【千里十里】姓〔平島裕正「日本の姓名」1964〕
◆店名に実在。

ちりばめる ［鏤める］
【散りばめる】誤字 ○鏤める ×散りばめる〔「日経ネット Plus」2009年12月18日〕

ちりめん ［縮緬］

ち

【縮緬】古

ちりゅう［知立］

【知立】地名 ❖語源は未詳だが、律令制度のもと「知利布」から「知立」へと代わり、江戸時代には「池鯉鮒」と当てられ、知立町を経て知立市と古代に帰った。知鯉鮒とも。

チルドレン［children］

【子供】新聞 いつまでも子供じゃない〔「読売新聞」2006年5月14日〕❖小泉チルドレンのこと。

【稚るど連】小説〔柳瀬尚紀訳「フィネガンズ・ウェイク I II」1991〕

ちわ［痴話］

【千話】古

チワワ［Chihuahua］犬の種類の「チワワ」を「477」と読んだという話がある。

*【小犬】漫画 この捨て小犬が〔大暮維人「エア・ギア2」2003〕

チンいつ［清一］麻雀の役、清一色。

【清一色】漫画 清一色一向聴なら〔天獅子悦也「むこうぶち23」2008〕

ちんかも ちんちんかもかも。ちんちんかも。

【珍鴨】辞書 夫婦仲の極めて睦じいこと〔1949 隠〕

ちんからり

【鏘然鏗然】古 鏘然鏗然！

チンキ［←オランダ tinctuur］

【丁幾】詩 竜胆丁幾〔高村光太郎「戦闘」1912〕❖赤チンのチンは沃度チンキ（沃丁）。

小説 硫黄と丁幾剤と酸の匂いを〔菊地秀行「魔王伝3 魔性編」1996〕

【酊】漢方薬 複方 土槿皮酊❖中国での用法。

ちんぎん［賃金］

【賃銀】雑誌〔「言語生活」1960年7月〕❖古くは賃銀。

ちんくしゃ［狆くしゃ］

【狆嚔】古 狆がくしゃみをしたようなの略〔1932 俗〕

ちんけ チンケな野郎など。

【珍毛】WEB

ちんこ →ちんぽこ

【似指】WEB 似指．．で、ちｘこ。吃驚と謂うより感心。

【人筆】WEB 竹の筆ってかいて つくしって読むのよ 人の筆とかいて ちんこって読むんですよ❖漫画。

ちんころ［狆ころ］

【犬ころ】古 犬ころでも〔1930 俗〕

【密告】小説 密告しやがった〔大藪春彦「ザ・刑事」1985 集〕

【乳んころ】小説〔柳瀬尚紀訳「フィネガンズ・ウェイク III IV」1993〕

ちんせつ［珍説］

【椿説】古 曲亭馬琴「椿説弓張月」1807～1811

❖椿は椿によるとも、珍との音通によるともいう。

ちんちくりん

【珍痴苦林】古〔1881 俗〕

その他 珍竹林 店名

ちんちん

【嫉妬】古 嫉妬を起して〔1887 俗〕

ちんちん 陰茎のこと。

【珍々】辞書〔1949 隠〕

ちんちんかも →ちんかも

【珍々鴨】古〔1902 俗〕❖「ちんちん鴨」とも。

ちんでん［沈澱］

【沈殿】民間 ❖殿が沈んでいるようだと違和感を唱える女性あり〔2010〕。

チンパニ［イタリア timpani］ティンパニ（ー）。

【銅鼓】詩 短音の銅鼓を打ち込むのである。〔高村光太郎「月曜日のスケルツォ」1925〕

ちんぴら

【小片】古 幼年者 掏摸など〔1935 隠〕

【弱虫(チンピラ)】漫画題名 立原あゆみ「弱虫(チンピラ)」1997～2006
雑誌〔「爆観！映画大陸」2000年12月〕
【俺(チンピラ)】漫画 俺(チンピラ)の大将はきっと〔大暮維人「天上天下 9」2002〕

ちんぷんかん ［珍紛漢・珍糞漢・陳奮翰］中国語の「聴不看不(テンプゥカンプゥ)」からとも。
【珍紛漢(ちんぷんかん)】古〔1917 俗〕◆「ちんぷんかんご（珍文漢語・陳腐漢語）」とも。

ちんぷんかんぷん ［珍紛漢紛］
【珍文漢文(ちんぷんかんぷん)】書籍〔紀田順一郎「日本語発掘図鑑」1995〕
その他 珍糞漢糞(ちんぷんかんぷん)・珍紛漢紛(ちんぷんかんぷん) 新聞

ちんぽう ［珍宝］ 陰茎。
【珍宝(ちんぽう)】古〔1928 隠〕
名称 珍宝岩(ちんぽういわ) 福岡県八女市黒木町 別名は男岩。日本三大奇岩。〔安居良基「世界でもっとも阿呆な旅」2009〕
【珍麭(ちんぽう)】小説〔柳瀬尚紀訳「フィネガンズ・ウェイク III IV」1993〕

ちんぽこ 小児の陰茎をいう「指似」「似指」は和語説、漢語説あり。→ちんこ
【似指(ちんぽこ)】古〔1924 隠〕／〔黒島傳治「武装せる市街」1930〕◆共通一次試験に出題された、志賀直哉の小説『出来事』（1913）にも「似指(チンポコ)」。
【小鉾(ちんぽこ)】WEB 漢字で当てるのも「小鉾」なのだそうで。◆男陰の古名に「丹鉾(にほこ)」。
その他 珍宝子(ちんぽこ)・珍宝公(ちんぽこ) 小説

ちんめい
【珍名(ちんめい)】姓 珍名喜助〔有馬頼寧「珍姓奇名録」1931〕

チンヤン 広東語で恋人。
【情人(チンヤン)】漫画 私情人(チンヤン)…って言うか先輩のセンスに〔「ペルソナ2罰4コマギャグバトル ポジティブシンキング編」2000〕

つ

つ 「の」の意の格助詞。「機織姫(はたおりつめ)」のように表記に現れないことも。↓ん（ッ）
【津(つ)】古 時津海(ときつうみ)／時津風(ときつかぜ)◆JR津駅の標示板は「つ 津」で、遠目には「?・」に見えるという。
【ツ】新聞 酢は三ッ判山吹(みつばんやまぶき)（かす酢の商品名）が良い〔「読売新聞」2008年10月5日〕／七月八日昼四ッ（午前10）時、宝島西の方〔「読売新聞」2010年4月28日〕◆「三ッ星(みつぼし)」（姓）や「五ッ星」「三ッ矢」など、捨て仮名であり促音符ではない。1ッ、1ヶは数詞の末尾や助数詞が小書きで揃う。落語では「二ツ目」も。

ツアー ［tour］
【演奏旅行(ツアー)】漫画〔熊倉裕一「KIN OF BANDIT JING 6」2004〕

ツァラトゥストラ ［ドイツ Zarathustra］
【超人思想(ツァラトゥストラ)】小説《超人思想(ツァラトゥストラ)》の名を借りた悪魔の所行だ〔安井健太郎「ラグナロク EX. DIABOLOS」2000〕

つい ［終・竟］
【終(つい)】小説 終(つい)の棲家となるという〔市川拓司「いま、会いにゆきます」2003〕
新聞 私の終(つい)の棲み処(すか)〔「読売新聞」2009年2月7日〕
広告 多様化する「終(つい)の棲み処(すか)」〔「読売新聞」2010年3月20日〕

ついし ［追試］
【追試験(ついし)】漫画 大学の追試験(ついし)と重なって〔さとうふみや「金田一少年の事件簿 6」（金成陽三郎）1994〕

ついたち ［一日・朔日・朔］
【一日(ついたち)】新聞「一日」は「ついたち」とも読むが、そのわけは？「ついたち」は、「月立ち」が変化した言葉とされます。〔「読売新聞」2010年4月30日（なぜなに日本語）〕

ついちょうきん ［追徴金］
【追徴金(ついちょうきん)】TV〔「ニュースステーション」1987〕
目◆懲らしめの意か。

ついで［序で］

【序で】〈小説〉〔井上靖「夏草冬濤(なつくさふゆなみ)」1964〕

【叙(ついで)】〈小説〉誌した叙(ついで)に〔平野啓一郎「日蝕」2002〕

ついていく［ついて行く］

【従(つ)いていく】〈小説〉従いていった〔遠藤周作「わたしが・棄てた・女」1964〕

【尾(つ)いていく】〈漫画〉尾(つ)いていくとも〔「週刊少年ジャンプ」2004年7月8日(STEEL BALL RUN)〕

【連(つ)いていく】〈歌詞〉答えを出さない人に連いてゆくのに疲れて〔太田裕美「さらばシベリア鉄道」(松本隆)1980〕

ついてくる［ついて来る］

【随(つ)いて来(く)る】〈小説〉中には「仕方なしに」随(つ)いて来たものもいるにはいた。〔小林多喜二「蟹工船」1929〕

【連(つ)いて来(く)る】〈歌詞〉君は連いて来るんだね〔太田裕美「しあわせ未満」(松本隆)1977〕

【追(つ)いてくる】〈歌詞〉追(つ)いてくる 足なが伯父さん〔太田裕美「失恋魔術師」(松本隆)1978〕

ついに［遂に・終に］

【竟(ついに)】〈古〉

ツイン［twin］

【双生児(ツイン)】〈WEB〉

つう

【痛(つう)】〈漫画〉痛(つう)…〔立原あゆみ「本気！ 1」1987〕

〈小説〉痛う〔菊地秀行「白夜サーガ 魔王星完結編」1996〕

【痛(つ)っ】〈漫画〉痛(つ)っ…〔天城小百合「螢火幻想」1996〕／痛っ〔藤崎竜「DRAMATIC IRONY」2001〕／痛っ… 痛ッ!!〔青山剛昌「名探偵コナン 漆黒の追跡者(チェイサー)」2009〕◆字音語か、「いて」の転か。

つう

【ー(ツー)】〈WEB〉ＳＯＳのモールス符号は3短点、3長点、3短点(・・・ーーー・・・)の信号。◆・ー・(トンツートン)のようにモールス符号(一部で使われている)を文中に示す場合あり。

ツー［two］→ツーショット・ツーバイフォー

【二(ツー)】〈歌詞〉一(ワン)、二(ツー)、三(スリー)、四(フォー) ポプラがゆれる〔美空ひばり「私のボーイフレンド」(門田ゆたか)1950〕◆漢数字を外来語で読むと訓読みのようで新鮮。

【2(ツー)】〈新聞〉スプーンで2オンが狙える。〔「読売新聞」2009年10月16日〕／先制2ランを放った。〔「読売新聞 夕刊」2010年4月12日〕

【2(ツー)】〈漫画〉M^2(エムツー)プロ〔渡辺多恵子「はじめちゃんが一番！」1989～1995〕／９０R^2Ｆ(キューマルアールツーエフ)〔「メタルファイト ベイブレード ギャラクシースタートガイド」2010年4月4日〕

〈商品名〉毛^2(ケイツー)〔「読売新聞」1995年3月21日〕◆育毛志向のシャンプーの名。

【Ⅱ(ツー)】〈誌名〉「g^2(ジーツー)」2010

◆ローマ字Ⅰを2つ並べたものが元。ローマ数字、時計数字とも。小文字ではⅱ。

〈新聞〉パートⅡを作りました。〔「読売新聞」2010年3月9日〕◆ＷＥＢにRON×Ⅱ(ロンロンツー)。

〈雑誌〉『ポルソナーレ・Ⅱ(ツー)』〔「月刊 BIG tomorrow」1994年4月〕◆テキストの名。

【仁(ツー)】〈漫画〉№.仁(ナンバーツー)〔松本大洋「ナンバーファイブ吾」2000～2005〕◆登場人物名。

ツーアウト［two outs］

【二死(ツーアウト)】〈漫画〉二死(ツーアウト)満塁の大ピンチ〔青山剛昌「名探偵コナン 44」2004〕／二死(ツーアウト)1・3塁(るい)〔「コロコロコミック」2008年9月〕

つうきん［通勤］

【痛勤(つうきん)】〈広告〉新幹線「痛勤」でまた遅刻〔「読売新聞」2008年7月28日(読売ウイークリー)〕

◆もじり。

〈雑誌〉痛勤地獄 感字〔斎賀秀夫「あて字の考現学」(「日本語学」1994年4月)〕

ツーゴー 中国語読み。ツーグオ。

【祖国(ツーゴー)】〈歌詞〉言葉さえ通わない 祖国(ツーゴー)〔サザンオールスターズ「かしの樹の下で」(桑田佳祐)1983〕

ツーショット [two-shot]
【2ショット】小説 2ショット〔泉麻人「パーティにようこそ」1990 俗〕
広告 グラドルと2ショット♡〔「読売新聞」2008年9月19日(FRIDAY)〕
【2S】TV 2S(テロップ)〔「ピラメキーノ」2010年5月19日〕

ツートンカラー [和製 two-tone + color]
【豚々色】字遊 クイズ〔遠藤好英「漢字の遊び例集」1989〕

ツーバイフォー [two-by-four]
【2×4】広告 ツバイホウの広告あり。数年前は「2×4」という振りがなつきの表記が普通であったか。〔1979 目〕
雑誌 2×4の〔「新しい住まいの設計」1994年3月〕

ツーリスト [tourist]
【観光】漫画

ツェット [Z] ⇩ゼット

づか 宝塚の略。ヅカ。→づかとう
【塚】辞書〔俗〕

つかいかた [使い方]
【HOW TO USE】漫画 HOW TO USE を書くのに〔小畑健「DEATH NOTE 7」(大場つぐみ) 2005〕

つかいみち [使い道]
【使い途】小説 使途〔田中芳樹「ウェディング・ドレスに紅いバラ」1989〕／使い途が 黒幕に葬られる。〔清涼院流水「カーニバル 二輪の草」2003〕

つかう [使う]
【使】漫画 さくらが『火』のカード使た時〔CLAMP「カードキャプターさくら 7」1998〕／プールに使うてる〔中条比紗也「花ざかりの君たちへ 3」1998〕／使とるそうやが〔北道正幸「プ～ねこ 2」2006〕◆関西方言。
その他 用う 古

つかえ [支え・閊え]
【閊】古 ◆国字。

つかえる [仕える]
【奉える】雑誌 奉え〔「旅」1994年11月〕
その他 事える 辞書

づかとう
【塚党】古 宝塚党 歌劇〔1932 隠〕

つかみやる
*【抓合居る】古

つかむ [摑む・攫む]
【握む】古 贋物を握ませるのが〔1902 俗〕
【捕かむ】歌詞 捕かめない恋の焦りが〔T.M.Revolution「WILD RUSH」(井上秋緒) 1999〕

つかる [漬かる・浸かる]
【浸る】広告 お湯に浸らなくっちゃ〔「読売新聞」2010年2月28日〕◆ひたるとも読む。

つかれ [疲れ]
【疲労れ】短歌

つき [月] 中国のハニ族に「㊊」で月を意味する造字あり。↓ルナ
【月光】歌詞 月光の皮膜〔ALI PROJECT「黙示録前戯」(宝野アリカ) 2008〕／愚かな生き様を月光は嗤うでしょう〔南里侑香「月導－Tsukishirube－」(尾澤拓実) 2010〕
【蒼月】曲名 長山洋子「蒼月」(麻こよみ) 1994
【紅月】歌詞 満ち欠ける紅月の影〔コミネリサ「宇宙に咲く」2007〕
【満月】歌詞 すべて見届ける満月が〔ヒノエほか「運命の月は紅」(田久保真見) 2008〕
【三日月】歌詞 細い三日月に腰かけるよ〔メロキュア「ALL IN ALL」(岡崎律子) 2003〕

つき [付き]
【運】新聞〔「読売新聞 夕刊」2010年7月9日〕

つき [突き]
【刺突】漫画〔和月伸宏「るろうに剣心」1994～1999〕

つぎ [次]
【今度】歌詞 今度は私がこの花を咲かせた

い〔梨々＝ハミルトン「Promiss you」(Funta) 2006〕

【三度目】漫画 三度目(つぎ)は… 殺す(つ)〔藤子・F・不二雄「ドラえもん 22話」〕

【5回戦】漫画 5回戦(つぎ)は敵だけど〔ひぐちアサ「おおきく振りかぶって 11」2008〕

【五限】漫画 五限(つぎ)ヒアリングでしょ〔山田南平「紅茶王子 10」2000〕◆五時限の略。北海道大学などでは五講時。

【未来】歌詞 未来(つぎ)の 空へ〔いきものがかり「YELL」(水野良樹) 2009〕

【花井】漫画 花井(つぎ)に回せれば〔ひぐちアサ「おおきく振りかぶって 13」2009〕

【駅】演目 上演中の「獨道中五十三驛(ひとりたびごじゅうさんつぎ)」〔「読売新聞 夕刊」2009年3月13日〕◆歌舞伎。

つきあい【付き合い】

【交際】小説 深い交際(つきあい)をした経験のない〔夏目漱石「こころ」1914〕

その他 附合(つきあい) 古

つきあう【付き合う】

【交際う】小説 長く交際(つきあ)って来た私に〔夏目漱石「こころ」1914〕

つきあかり【月明かり】

【月灯り】歌詞 月灯りきみの肌が青白く炎える〔小坂忠「流星都市」(松本隆) 1975〕／月灯り青い岬に〔松田聖子「秘密の花園」(松本隆) 1983〕／月灯り二人照らして〔中山美穂「You're My Only Shinin' Star」(角松敏生) 1988〕

【月光】歌詞 魔法とけないうちに 月光(つきあかり)の下を〔倉木麻衣「Trip in the dream」2002〕／月光(ツキアカリ)の結界で〔ALI PROJECT「聖少女領域」(宝野アリカ) 2005〕

つきかげ【月影】「かげ」はひかりの意味も持つ。

【月光】短歌

つきぎめ【月決め・月極】

【月極】誤読 子どもの頃、「月極駐車場」は、「げっきょく」さんという人が所有している駐車場だと思っていて、「げっきょくさんはあちこちに駐車場をもっていてお金もちなんだな」と思っていました。〔WEB〕◆憧れて就活した人も。「げつごく」も。

ツキサップ

【月寒】地名 ◆北海道の地名「ツキサップ」への当て字が当て読みを経て「つきさむ」に。

つきしろ【月白・月代】

【月魄】句集 眞鍋呉夫「月魄」2009

つぎつぎ【次次】

【次継】小説 次継(つぎつぎ)と頭角を現して〔西尾維新「零崎双識の人間試験」2004〕◆「人びと」という表記は多くなったが、動詞の連続する際にも表記を変えることがある。

つきなみ【月並・月次】

【月次】【月並み】古

つきはな【月端】

【月初】小説 来月の月初(つきはな)に〔有吉佐和子「地唄」1956〕

つきひ【月日】

【歳月】歌詞 酔っちまうにはお前と暮らした歳月(つきひ)重すぎる〔近藤真彦「夢絆(きずな)」(売野雅勇) 1985〕／失った歳月(つきひ)〔ZARD「GOOD DAY」(坂井泉水) 1998〕／歳月(つきひ)が流れ〔小林旭「旅の酒～望郷編」(荒木とよひさ) 2003〕／待たせた歳月(つきひ)を悔やむのさ〔五島開「再会の街長崎」(礼恭司) 2008〕

つきみそう【月見草】

関連 【月見草(月のパラボラ)】漫画 月見草(月のパラボラ)が夏の間しか通信をキャッチしてくれない〔猫十字社「小さなお茶会 2」2000〕

つきる【尽きる】

【殫きる】歌誌 殫きて〔「短歌」1994年12月〕

つく【付く】→ついていく・ついてくる

【尾く】小説 それですぐ後に尾(つ)いて〔夏目漱

つ

石「こころ」1914〉
歌詞 街に尾いて走り〈B'z「東京」（稲葉浩志）1995〉
【点く】歌詞 赤い灯が点く ぽつりとひとつ〈石原裕次郎「北の旅人」（山口洋子）1987〉
【灯く】歌詞 やがて灯く 街の灯が〈岡晴夫「幸福はあの空から」（矢野亮）1954〉
【注く】書籍 ぬかツた、気が注かなかツた。〈井上ひさし「私家版 日本語文法」1981〉
その他 施く 古

つく［突く］
【衝く】古 颱風を衝きも衝きしや〈竹下しづの女〉
小説 心からフイと出た実感が思わず学生の胸を衝いた。〈小林多喜二「蟹工船」1929〉

つく［吐く］
【吐く】古 嘘を吐け〈1924〉俗 ❖嘘吐き。
漫画 奴に悪態を吐きながらも〈さとうふみや「金田一少年の事件簿 20」（金成陽三郎）1996〉

つぐ
【嗣ぐ】小説〈「読売新聞」2010年3月20日〉

つくえ［机］
【几】小説〈吉川英治「三国志 7」1975〉❖机の旁。

つくし［土筆］
【土筆】辞書 ❖古くは「土筆（つくづくし）」とも。

つくづく［熟］
【一々】古／【熟々】民間

つぐむ［噤む・鉗む］
【鉗む】古

つくも
【九十九】姓〈佐久間英「珍姓奇名」1965〉❖芸名に九十九一。
【白】姓〈佐久間英「珍姓奇名」1965〉❖百マイナス一で九十九。なお、九十九歳の祝いは「白寿」。

つくり［作り・造り］
【構造】書籍 ギリシャ風の構造の家を〈長野まゆみ「ことばのブリキ罐」1992〉
漫画 構造はまともなのに〈樋口橘「学園アリス 1」2003〉
雑誌 みんないい人になって、構造に微かなひびが入った。〈「オール讀物」2009年3月〉
【造里】民間〈加藤秀俊「なんのための日本語」2004〉
その他 造作 WEB

つくりごと［作り事］
【真実】論文 真実、一時的など、作例は示せるが〈内山和也「振り仮名表現の諸相」2002〉

つくりばなし［作り話］
【詐話】題名「詐話がホントになるところ」〈「歴史通」2010年7月〉

つくりもの［作り物］
【偶像】歌詞 それは偶像の君で〈kukui「アマヤドリ」（霜月はるか）2006〉

つくる［作る・造る］
【創る】❖改定常用漢字表（答申）にこの訓が採用。政治家、行政も好んで用いる表記。
歌詞 汚れない世をこの地上に再び創る〈ザ・タイガース「廃虚の鳩」（山上路夫）1968〉／君達の創る 新しい国に〈小椋佳「モク拾いは海へ」1979〉／時代を創れ〈アルフィー「ラジカル・ティーンエイジャー」（高見沢俊彦）1983〉
広告 コトバが人生を創る 連載名〈「読売新聞」2009年10月21日（理想世界）〉
小説 謎を創る〈清涼院流水「カーニバル 二輪の草」2003〉／「皇帝」ということばを創ったため〈「読売新聞」2010年3月21日〉
チラシ 中野を創る
【育る】漫画〈冨樫義博「HUNTER × HUNTER」1998～〉
【製る】辞書〈伊坂淳一「振り仮名」（「日本語学キーワード辞典」1997）〉
【製造る】古 製造る文字
小説 麺包を製造っている〈国木田独歩「二

少女」1898〕
漫画 ある目的をもらって製造されたメガダインだろォ!?〔麻宮騎亜「サイレントメビウス 1」1989〕

【創造る】 聖書 創造られたる
小説 神其像の如くに人を創造たまへり〔福永武彦「飛ぶ男」1971〕
漫画『結界』を『創造』れる者です〔CLAMP「X 3」1993〕
民間 あなたの夢を技術で創造…〔東京都江戸川区内横断幕 2009年10月31日〕

【偽造る】 小説 ウソで固められたシナリオを偽造った。〔清涼院流水「カーニバル 二輪の草」2003〕

【形成る】 歌詞 君を形成る全ての要素を愛してたのに〔Mr. Children「Over」(桜井和寿)1994〕

【料理る】 漫画 ❖料理から江戸時代に「料る」という動詞が生じた。

【粧る】 小説 自分を粧るように〔森村誠一「殺意の接点」2001〕

【生れた】 漫画 そのために俺は生れた〔麻宮騎亜「サイレントメビウス 1」1989〕

つくろう〔繕う〕
【刷】【修】【療】【整】 古

つけ〔付け〕
【勘定書】 書籍 この勘定書が回ってくることは〔井上ひさし「ニホン語日記」1996〕

【売掛】 漫画 売掛ノ請求書〔大暮維人「エア・ギア 4」2003〕

【放火】 小説〔徳富蘆花「寄生木」1909 集〕❖付け火。

その他 号 古

つげ 荒物屋の符牒で四。
【✕】 古〔山崎美成「兎園小説」1825 集〕

づけ〔漬〕残飯。
【飯】 歌詞 仕事あぶれりゃ飯もない〔鈴村一郎「やられたネ」(島田磬也)1953〕

つげぐち〔告げ口〕
【相談】 漫画 担任に相談までしていただいた〔高橋留美子「めぞん一刻 11」1986〕

つけたり〔付けたり〕つけたし。
【附】 広報〔「広報すぎなみ」2010年2月21日〕

つける〔付ける〕
【接る】 古 ❖「附る」とも。

【貼ける】 雑誌 貼ケ〔「問題小説」1994年2月〕

【記る】 書籍 自分で記た帳面を〔柳瀬尚紀「日本語は天才である」2007〕

【点ける】 小説 火を点ける〔清涼院流水「カーニバル 二輪の草」2003〕

【尾ける】 歌詞 今夜誰にも 尾けられずに踊りたい Yesだね〔安全地帯「今夜はYES」(松井五郎)1986〕
漫画 あの人を尾けてるの?〔青山剛昌「名探偵コナン 2」1994〕／あいつらを尾けとけ〔小花美穂「Honey Bitter 3」2005〕
小説 後を尾けてみたが〔静霞薫「るろうに剣心 巻之一」(和月伸宏)1996〕／距離をおいて尾け始めた〔野沢尚「破線のマリス」2000〕

【尾行る】 漫画 私を尾行てるんじゃ〔高橋留美子「めぞん一刻 10」1986〕／師叔の後を尾行ていた僕も〔藤崎竜「封神演義 2」1997〕／金城に尾行させておいた〔和月伸宏「武装錬金 3」2004〕／尾行られるなよ〔荒川弘「鋼の錬金術師 12」2005〕
小説 尾行て〔東野圭吾「放課後」1985〕／自分の後を尾行けているらしい女が〔夢枕獏「黒塚 KUROZUKA」2003〕

その他 付着る 漫画／追ける・跟ける 辞書

つごう〔都合〕やりくりの意は「てつがい」の転とも。
【都合】 漫画 何か都合の悪いコトでもあんのか!?〔日高万里「ひつじの涙 4」2003〕

つごもり〔晦・晦日〕月隠りの意。
【晦日】 古「私可多咄」大日 ヤマモリ 大和

つ

晦日(つごもり)〔小林祥次郎「日本のことば遊び」2004〕

つじ［辻］朝日新聞は、常用漢字表表外字はすべてしんにょうを2点にしたが、この字だけは姓に多く、字体もシンプルで目立つので「辻」とした。

【×】古 4の隠語〔1929 隠〕❖辻の十は十字路の意。

つじつま［辻褄］本来的な表記とも。国字2字からなる。

【条里】古

つじましゅうじ

【辻魔羞児】【辻魔首氏】筆名 太宰治が16歳の時に書いたとみられる原稿に。〔「読売新聞 夕刊」2009年6月19日〕❖つしましゅうじ(津島修治。本名)では、津軽方言で訛るために、「太宰治」に変えたという。

づたい［伝い］

【伝】小説〔夏目漱石「こころ」1914〕

【沿い】歌詞 入江沿いに灯りがゆれる〔森昌子「哀しみ本線日本海」(荒木とよひさ)1981〕

つたえる［伝える］

【流える】古 後葉に流へむと欲ふ。〔「古事記」〕

【伝う】歌詞 今にも伝う 志〔「早稲田ここに涙あり」(秋月ともみ)1974〕❖「手伝う」は常用漢字表付表にあり。

つだつだ

【分分】古 ずたずた。

つたのからまる

【蔦唐丸】筆名 蔦屋重三郎 狂歌師〔山本昌弘「漢字遊び」1985〕

つち［土］

【地】詩 天と地とに迷ひゐる〔島崎藤村「おきぬ」1897〕

新聞〔「読売新聞」2010年1月4日(岡野弘彦)〕

【土地】詩 みつめる土地の底から〔萩原朔太郎「死」1917〕

【戦場】歌詞 今瓦礫の戦場に立つうなる巨体〔串田アキラ「神魂合体ゴーダンナー!!」(桑原永江)2003〕

つちい［土井］

【土井】姓 ❖土井晩翠は「つちい」だが、読み間違われるので「どい」に変えた。

つちくれ［土塊］

【土塊】歌詞 神は土塊から初めに男を創り〔Sound Horizon「争いの系譜」(REVO)2007〕

つちみかど［土御門］→みかど

【土御門】新聞 天社土御門神道本庁長〔「読売新聞」2008年10月5日〕

つつ［筒］

【銃】書籍 捧げ銃〔大畑末吉訳「アンデルセン童話集 3」1984〕

俳句 威し銃〔「読売新聞」2000年10月15日(宇多喜代子)〕

つつおと［筒音］

【銃音】歌詞 銃音絶えし戦場に〔軍歌「幻の戦車隊」(横沢千秋)1939〕

つつがない［恙無い］

【無恙】古 ❖聖徳太子によるという隋への国書にもこの2字あり。

つづき［続き］

【末】小説 漢詩の末は如何にと〔藤原眞莉「華くらべ風まどい－清少納言梛子」2003〕

つつく［突く］

【突く】新聞 尻を突くと〔「読売新聞 夕刊」2010年1月5日〕

つづける［続ける］

【継続ける】漫画

つっこみ［突っ込み］お笑いではボケとともにカタカナが多い。

【強姦】書籍 彼の罪名は強姦で〔別冊宝島編集部「ムショの本」1992 集〕

つっこむ［突っ込む］

【つっ込む】新聞 餌の金鋺に頭をつっ込ん

つ

で〔「読売新聞 夕刊」2008年10月7日〈高橋睦郎〉〕

【強姦む】(小説) 美い女を強姦んだそうじゃないの〔森村誠一「致死家庭」1983(集)〕

つつじ［躑躅］足偏では違和感が生じ、くさかんむりを付す例が古くにあり。

【躑躅】(新聞)〔「読売新聞」2008年12月29日〕

つっと

【突々と】(小説) 突々と奥二階を通つて〔徳富健次郎「黒潮」1903〕

つっぱしる［突っ走る］

【疾っ走る】(漫画) 疾っ走れ〔平野耕太「HELLSING ヘルシング 5」2003〕

つつましい［慎ましい］

【慎ましい】(広告) 慎ましく。〔「読売新聞 夕刊」2009年12月12日〕

(その他) 可慎しい (古)／倹しい・虔しい (辞書)

つづまる［約まる］

【約まる】(書籍)〔沖森卓也「はじめて読む 日本語の歴史」2010〕

(その他) 都詰 (古)

つつみ［堤］

【塘】(歌誌)〔「短歌」1994年9月〕

つつむ［包む］

【裹む】(俳誌) 裹みたる〔「俳句」1994年11月〕

つつもたせ［美人局］

【筒もたせ】(古)〔1903(隠)〕

【美人局】(古)〔1915(隠)〕

つづら［葛・葛籠］

【葛籠】(政策) つづら(葛籠)〔内閣告示「現代かなづかい」1946〕

つづらおり［葛折り・九十九折り］

【九十九折り】(歌詞) 九十九折り〔石川さゆり「天城越え」(吉岡治)1986〕

(新聞) 九十九折り〔「読売新聞」2008年12月29日〕

(その他) 磐折 (古)

つて［伝］

【伝手】(古) 窃盗共犯者〔1935(隠)〕

(小説) その伝手でどこかの料理人へ〔幸田文「流れる」1957〕

つと［苞］

【土産】(書名) 宗久「都の土産」

(俳句) 無理な読み方。慣例としては読めても、無理なルビ。伝達の力は弱くなります。〔「読売新聞」2004年9月14日(宇多喜代子)〕

◆「土産」は常用漢字表付表にあり。江戸時代の外題には合字化した「𡋽」もある。

つどい［集い］

【会】(古)

つどう［集う］

【勢う】(歌詞) 精鋭挙り勢いては〔「精悍若き」(岩崎巌)1950〕

つとめ［務め・勤め］→おつとめ

【仕事】(漫画)〔平野耕太「HELLSING ヘルシング 5」2003〕

(その他) 勉強 (古)

つとめる［努める］

【力める】(小説)〔夏目漱石「こころ」1914〕

(詩) 弁解に力め〔高村光太郎「夏の夜の食慾」1912〕

【勗める】(古) 品性を高めることを勗めなければならない。〔「訓話説教演説集 9」1929〕

ツナ［tuna］

【鮪】(商品名) 鮪(ツナ)しぐれ煮

【ツナ】(誤読) 自分で書いたお買い物リストを見て、…「汁缶」って何だっけ？ツナ缶でした。

つながり［繫がり］

【関連】(小説) 心身の関連は〔円地文子「妖」1957〕

【絆】(歌詞) 言葉にしなくても感じる絆が〔霜月はるか「絆の花」2009〕

つながる［繫がる］古く「深逢」とも。

【接続る】(小説) 左右の眉が太く接続っている。〔夏目漱石「夢十夜」1908〕◆文脈の意味に合わせてその場で訓を当てたような例。

【mixiる(つながる)】 広告 mixi(つなが)ってるよ〔mixi〕

つなぐ［繋ぐ］

【絆ぐ(つなぐ)】 小説 意識を絆(つな)ぎ〔平野啓一郎「日蝕」2002〕

【紡ぐ(つなぐ)】 歌詞 また紡(つな)げばいい〔GARNET CROW「雨上がりの Blue」(AZUKI 七)2004〕

【継ぐ(つなぐ)】 歌詞 二人継がれた心は隠せない〔山下達郎「ふたり」(吉田美奈子)1982〕

つなし

【十(つなし)】 姓 ❖「一つ」〜「九つ」、「十」は「つ」なし。姓という。判じ物のよう。

つね［常・恒］

【平常(つね)】 書籍 是ハ稗官者流(わがはいはい)の平常(つね)と為所(するところ)になん〔井上ひさし「私家版 日本語文法」1981〕

つねる［抓る］

【捻る(つねる)】 古

つの［角］

【武備(角)】 漫画 頭に武備(角)があるのにそれで害をもたらすことはない〔麻宮騎亜「サイレントメビウス 1」1989〕❖麒麟について。

つばいち［海柘榴市・椿市］

【海石榴市(つばいち)】 漫画 埴安や海石榴市(つばいち)にも〔山岸凉子「日出処の天子 1」1980〕❖奈良県にあった昔の市場。

つばき［唾］「つ」+「はき」から。

【唾液(つばき)】 小説 私は緊張して唾液(つばき)を呑み込んだ。〔夏目漱石「こころ」1914〕

その他 液(つばき)・痰(つばき)・吐(つばき)・津(つばき) 古／津唾(つば)・唾液(つば)

つばき［椿］ 椿は奈良時代以前から、日本ではツバキと読まれている。

【海石榴(つばき)】 雑誌 奥湯河原の『海石榴(つばき)』へ出かけたとき〔「小説新潮」1994年6月〕

【山茶(つばき)】 雑誌 七十二候 山茶始開 つばき、はじめてひらく サザンカの花が咲き始める〔「暮らしの風」2008年11月〕

【椿姫(つばき)】 芸名 椿姫彩菜(つばきあやな)❖訓であること、訓の中身を送り仮名のようにして明示。つばきひめにかけ、意味を飾る。

つばさ［翼］

【翅(つばさ)】 古「千里の翅(つばさ)」1773〔小林祥次郎「日本のことば遊び」2004〕

姓 徳島県〔平島裕正「日本の姓名」1964〕

俳誌 てふの翅(つばさ)に〔「月刊ヘップバーン」2004年10月〕

【羽翼(つばさ)】 詩 処女にあまる羽翼(つばさ)かな〔島崎藤村「おきぬ」1897〕

【片翼(つばさ)】 歌詞 WEB 父は妹たち(ふたり)の片翼(つばさ)を斬り 山に置き去った〔「光と影の竜」(ゆにめもP)2010〕

【両翼(つばさ)】 歌詞 大空を翔け両翼(つばさ)をひろげる〔BINECKS「FRIEND」(DAITA)2010〕

【銀翼(つばさ)】 漫画題名 立原あゆみ「銀翼(つばさ)」1997

【虹(ツバサ)】 歌詞 金色の森を架ける虹(ツバサ)みたいに〔水樹奈々「Love Trippin'」2006〕

【勇気(つばさ)】 歌詞 あなたがくれた勇気(つばさ)をこの胸に広げて〔TWO-MIX「WHITE REFLECTION」(永野椎菜)1997〕

その他 飛翔(つばさ) 人名

つばめ［燕］

【渡り鳥(ツバメ)】 漫画 渡り鳥(ツバメ)のシムカ〔大暮維人「エア・ギア 2」2003〕

つばら

【粲(つばら)】 人名 小出粲(こいでつばら)❖歌人(1833〜1908)。

つぶ［粒］

【粒子(つぶ)】 歌詞 まぶしい太陽の粒子(つぶ)を 胸に吸い込んだら〔KinKi Kids「心に夢を君には愛を」(Satomi)2003〕❖店名にも。

【種(つぶ)】 歌詞 奇跡の種(つぶ)拾い集めて〔水樹奈々「MASSIVE WONDERS」2007〕

【球】 TV テロップで「一日三球」、音声で「いちにちさんつぶ」と紹介。〔テレビショッピング 2006年3月14日〕

つぶさに［具に・備に］

【具(つぶさに)】【備(つぶさに)】【委(つぶさに)】 古

つぶやき［呟き］

【独言(つぶやき)】曲名 やまがたすみこ「独言（つぶやき）」1975

つぶやく［呟く］

【囁く(つぶやく)】古

つぶる［瞑る］→つむる

【瞑る(つぶ)】詩 しずかに瞑(つぶ)るしかない 金時鐘(キムシジョン)『失くした季節』〔「読売新聞」2010年3月9日〕

つぶれ

【禿(つぶれ)】古

つぶれる［潰れる］

【瓦解れる(つぶ)】古 瓦解(つぶ)れるのは〔1902 俗〕

つぼみ［蕾・莟］封じ目にも蕾と書かれた。

【四月一日(つぼみ)】姓〔佐久間英「珍姓奇名」1965〕／中国語由来でないものに「四月一日」と書いて「つぼみ」さんと読む姓がある。多くの職場や学校などの始まりの日に、これから花を開いていく人を祝うようなすてきな読みだ。〔「読売新聞」2010年4月16日（言の花）〕❖実在したものか。

【四月咲(つぼみ)】姓 京都府〔平島裕正「日本の姓名」1964〕❖店名にはあり。

【短命種(つぼみ)】歌詞 来年の春にはまた短命種(つぼみ)を咲かし〔ガゼット「春ニ散リケリ、身ハ枯レルデゴザイマス。」（流鬼）2006〕

【蕾魅(つぼみ)】漫画〔秋本治「こちら葛飾区亀有公園前派出所 126」2001〕❖命名案として。

つま［妻・夫］いなず（づ）まは稲妻、古くは雷。つまは配偶者を指す。

【夫(つま)】短歌 複数の読みのある表記へのふりがな よく出てくるのは「夫（つま）」などだ。〔高野公彦「現代の短歌」1991〕

俳句 夫(つま)の遺筆や〔竹下しづの女〕

漫画 わが夫(つま)〔石ノ森章太郎「マンガ日本の古典 古事記」1994〕

【婦(つま)】小説 ギョオムの婦(つま)であった。〔平野啓一郎「日蝕」2002〕

【良人(つま)】小説〔樋口一葉「十三夜」1895〕

【亡妻(つま)】俳句（こういう）ルビは易々とつかってほしくない〔「読売新聞」2000年12月3日（宇多喜代子）〕

【女性(つま)】広告 痛妻(いたづま) この女性(つま)、最高にして最凶。〔「読売新聞 夕刊」2009年12月13日〕

【故人(妻)】漫画 故人(妻)の好きな花を〔日高万里「ひつじの涙 7」2004〕

【調味(つま)】古 刺身の調味(つま)❖刺身の妻。

【毒(つま)】誤字『我が毒』でなければならないのだが。我が妻 古書目録〔高橋輝次「誤植読本」2000（林哲夫）〕／総務にいる私はHさんの履歴書を見て唖然。家族構成のところに「毒直美」‼〔WEB〕／続柄(つづきがら) あわてて「妻」を「毒」と書き〔「読売新聞」2009年5月24日〕

*【褄顚(つまこかし)】古 婦女強姦〔1915 隠〕❖「妻倒(つまこかし)」とも。

*【木木木木木木木木木木(つまこずともきみなかず)】字遊 妻来ずとも君泣かず❖熟字訓を利用。木天蓼（またたび）などから適宜切り出してもいる。

つまさる

【積さる(つま)】小説 積(つま)さっている間に〔小林多喜二「蟹工船」1929〕

つましい［約しい・倹しい］

【約しい(つま)】広告 節度をもって、約(つま)しく暮らす〔「読売新聞」2009年12月9日〕

つまずく［躓く］

【蹉く(つまず)】辞書 ❖蹉跌。

つまどい［夫問い・妻問い］

【媾(つまどい)】古

つまびらか［詳らか・審らか］

【一二(つまびらか)】古 日蓮上人の手紙〔杉本つとむ『宛字』の語源辞典」1987〕／「世界婦女(おんな)往来」ツマビラカ（一二(つまびらか)）〔惣郷正明「辞書漫歩」1987〕

その他 審(つまびらか)・審知(つまびらか)・一々(つまびらか) 古

つまみ［摘まみ・撮み・抓み］

【妻味(つまみ)】店名〔酒場の店名 1981 目〕

つまみぐい［摘まみ食い］

【撮食(つまみぐい)】古 つまみぐひ 撮食〔1917 隠〕
【撮み喰い(つまぐい)】古 撮み喰(つまぐ)ひをして〔1902 俗〕

つまらない
【無益(つま)らん】古 無益(つま)らん事を〔1902 俗〕
*【すずろ言(つまらない冗談)】小説 すずろ言(つまらない冗談)にしても〔藤原眞莉「華くらべ風まどい ― 清少納言椰子」2003〕

つまり［詰まり］
【約(つま)り】古〔1914 隠〕

つみ［罪］
【蜜(つみ)】曲名 Dir en grey「蜜(つみ)と唾(ばつ)」（京）1999

つむ［錘・紡錘］ 錘は改定常用漢字表（答申）で削除。
【紡錘(つむ)】書籍〔大久保博訳「完訳 ギリシア・ローマ神話」1970〕❖辞書にもあり。

つむじ［旋毛］
【旋毛(つむじ)】古 旋毛曲 つむじがまがる〔1917 隠〕
【頭(つむじ)】古 つむじをまげる 頭を曲げる〔1929 隠〕

つむり
【頭髪(つむり)】小説〔樋口一様「たけくらべ」1895～1896〕

つむる［瞑る］→つぶる
【瞑(つむ)る】新聞 未(いま)だに謎だが、怖さに目を瞑(つむ)ってまで〔「読売新聞 夕刊」2009年9月28日〕

つめ［爪］
【鉤爪(つめ)】歌詞 その鉤爪(つめ)で〔ALI PROJECT「Poisoner」（宝野アリカ）2009〕❖→ひきがね（銃爪）

つめ［詰め］
【図(つめ)】WEB メール ❖女子中高生が「図が甘い」で「ツメが甘い」。「固臭い」は「古臭い」。

つめがな［詰め仮名］
【促呼(つめがな)】古

つめづめ
【十一月二十九日(つめづめ)】姓〔「姓氏家系大辞典」〕
【十二月二十九日(つめづめ)】姓 十一（二）月二十九日（つめづめ）〔森岡浩「名字の謎がわかる本」2003〕

つもい
【百千万億(つもい)】姓〔森岡浩「名字の謎がわかる本」2003〕❖幽霊名字という。

つもり［積もり・心算］
【心積(つも)り】小説 これから二十年生きる心積(つも)りだ〔小林多喜二「党生活者」1932〕
【心算(つもり)】書籍 この方針に従えば、「心算」は「積り」でなければならず〔谷崎潤一郎「文章読本」1934〕
小説 三味線三昧に浸る心算(つもり)だった〔有吉佐和子「地唄」1956〕
書籍〔神坂次郎「元禄御畳奉行の日記」1984〕
漫画 そういう心算(つもり)なのか〔本仁戻「怪物王子」1998〕
歌詞 創造神にでもなった心算(つもり)なの〔Sound Horizon「Arc」（REVO）2005〕

つもる［積もる］
【百千萬億兆(つもる)】人名

つや［艶］
【光沢(つや)】小説〔伊藤左千夫「野菊の墓」1906〕／光沢(つや)を放って映えるのに〔三島由紀夫「橋づくし」1956〕
歌詞 目の輝き 顔の光沢(つや)が〔ツイスト「身に覚え」（ふとがね金太）1980〕／色彩硝子の女 磨けばすぐ光沢(つや)めくけど〔矢沢永吉「Anytime Woman」（松本隆）1992〕
その他 沢(つや)・世辞(つや)・媚(つや) 古

つやけ［艶気］
【光沢(つやけ)】古〔島崎藤村「千曲川のスケッチ」1912〕

つやけし［艶消し］
【フや消し】誤植 香港に本社を持つプラモデルメーカーの模型の組み立て説明書の誤植。〔WEB〕❖このたぐいはドラゴソ語と呼ばれる。

つやつや［艶艶］
【一切(つやつや)】古 一切(ツヤく)〔熱田本「平家物語」〕

つやらしい
【艶羅敷(つやらしい)】古

つゆ【露】ATOK17は「つゆ」で液・汁とも変換する。

【水玉(つゆ)】作品名 準特選 水玉(つゆ)の煌(きら)めき〔「山と溪谷」1994年12月〕

つゆいり【梅雨入り】→つゆり

【入梅(つゆいり)】書籍 沖縄が入梅(つゆいり)すると〔宮坂静生「語りかける季語 ゆるやかな日本」2006〕

つゆくさ【露草】

【鴨跖草(つゆくさ)】古 ◆清少納言「枕草子」文字で書くと「ことごとしき」(大げさな感じがする)もの。

つゆり

【栗花落(つゆり)】姓 ◆梅雨入りのころに栗の花が落ちるためといわれる。

地名 栗花落(つゆり)の里(さと)が兵庫県に〔佐久間英「珍姓奇名」1965〕

つよい【強い】

【勁い(つよ)】書籍 金色のガルーダの下に「私信(パーソナル)」と断ったその手紙は、勁(つよ)いうちにも〔井上ひさし「私家版 日本語文法」1981〕／書きことばの勁(つよ)さ美しさ正確さ〔井上ひさし「ニホン語日記」1996〕

書名 金美齢・櫻井よしこ「女は賢く勁くあれ!」2008

【剛い(つよ)】漢詩 道(い)う休(なか)れ 詩人の腸(こころ) 剛(つよ)からずと森鷗外〔陳生保「中国と日本―言葉・文学・文化」2005〕

【靭い(つよ)】書籍 靭(つよ)いものに錬(きた)え上げる〔井上ひさし「ことばを読む」1982〕

【強え(つえ)】漫画 強(つえ)えやつなんか〔きくち正太「三四郎2 1」1990〕／つ、強(つえ)え―…〔青山剛昌「名探偵コナン 1」1994〕／強(つえ)え酸なのか…〔藤崎竜「封神演義 17」1999〕／強(つえ)え味方がいるんだからな!〔藤崎聖人「WILD LIFE 7」2004〕

新聞 弱(よえ)え俺たちにゃ、強(つえ)えお奉行さまてえ味方がついてら。落語『大工調べ』〔「読売新聞」2010年3月27日〕

【強い(つお)】漫画 強(つお)いね〔大暮維人「エア・ギア 2」2003〕

【249(ツヨク)】広告 132(イサンニ)－249(ツヨク)〔「読売新聞」2010年4月17日〕◆電話番号。

【純粋さ(つよ)】歌詞 やさしくなれる純粋(つよ)さを〔TWO-MIX「WHITE REFLECTION」(永野椎菜)1997〕

【弁慶(つよし)】【金時(つよし)】【谷風(つよし)】古〔式亭三馬「小野簒譃字尽」1806〕

その他 健い(つよ) 古

*【勝者(つよきもの)】漫画〔上条明峰「SAMURAI DEEPER KYO 6」2000〕

つよみ【強み】

【強味(つよみ)】辞書

つら【面・頰】

【顔(ツラ)】漫画 顔(ツラ)かせよ〔浅田弘幸「眠兎 1」1992〕／2度とその顔(ツラ)見せんなや〔由貴香織里「天使禁猟区 1」1995〕／二度とデカい顔(ツラ)できないどころか〔本仁戻「高速エンジェル・エンジン 1」2000〕

づら【面】髪を「づら」という位相語もあり。

【顔(ヅラ)】漫画 世界の兄貴顔(ヅラ)をしている限り〔遠藤浩輝「EDEN It's an Endless World! 1」1999〕／先輩顔(ヅラ)して〔樹なつみ「デーモン聖典 1」2003〕／アホ顔(ヅラ)さらしやがって〔藤崎聖人「WILD LIFE 2」2003〕

【面(づら)】新聞 面明かりつけて下さい〔「読売新聞」2009年5月27日〕

つらい【辛い】常用漢字表の訓は「からい」のみ。

【辛い(つら)】新聞 つらい「辛い」も、心弾む「幸」も、横棒1本の差でしかない。〔「読売新聞」2010年1月1日(編集手帳)〕◆よく話に言われる。

【愁い(つら)】歌詞 永く愁(つら)い夢を見ても〔ALI PROJECT「オフェリア遺文」(宝野アリカ)2006〕

【苦い(つら)】歌詞 冷えきった soup は 飲み苦(づら)く

つ

とも飲みます〔KinKi Kids「ORANGE」(堂本剛)2003〕

【辛え(つれ)】漫画 辛ぇ(つれ)のは人も動物も同じだと〔藤崎聖人「WILD LIFE 7」2004〕／やり辛ぇ(づれ)相手だ〔荒川弘「鋼の錬金術師 7」2004〕

つらつら［熟熟・倩倩］

【倩(つらつら)】古 ◆新村出は当て字とした。国訓。

【熟ミ(つらつら)】書籍 しかし熟ミ(つらつら)と見て〔井上ひさし「私家版 日本語文法」1981〕

つらぬく［貫く］

【闘う(つらぬく)】歌詞 信じて闘う(つらぬく) NEVER ENDING STORY〔TWO-MIX「WHITE REFLECTION」(永野椎菜)1997〕

【貫ら抜く(つぬ)】歌詞 やりたい事 貫ら抜きゃ〔サザンオールスターズ「YELLOW NEW YORKER」(桑田佳祐)1983〕

つらら［氷柱］

【氷柱(つらら)】新聞 秩父 名所「三十槌(みそつち)の氷柱(つらら)」〔「読売新聞」2010年1月19日〕

つり［釣り］

【系(つり)】古 ◆釣りと同源の語で、系図の意。

その他 漁(つり)古

ツリー［tree］

【木(ツリー)】漫画「雨の木(ツリー)」か〔武内直子「美少女戦士セーラームーン 11」1995〕◆オルゴールの曲名。

その他 樅木(ツリー)漫画／モミの木(ツリー)雑誌

つる

【水流(つる)】地名 ◆語源未詳。九州など。

【鶴(つる)】古 うぐひす鳴きに鶏鵡鴨(けむかも)今日見鶴(つる)鴨(かも)〔「万葉集」〕／『古今和歌集』で、完了の助動詞連体形の「つる」を鶴に。〔小野恭靖『日本語ブーム』が後世に残すもの」(「日本語学」2010年5月)〕

つるぎ［剣］

【月剣(つるぎ)】歌詞 空に落ちた月剣(つるぎ)の雫に〔水樹奈々「SECRET AMBITION」2007〕

【炎(つるぎ)】歌詞 言葉交えず炎(つるぎ)を振るうのならば〔霜月はるか「枯れた大地へ続く途」(日山尚)2007〕

つるべうち［連べ打ち］

【釣瓶打ち(つるべう)】辞書

つるむ

【交む(つる)】詩 二十日鼠は天井裏に交み(つる)〔高村光太郎「新緑の毒素」1911〕

【遊牝(つるみ)】辞書 つるみこうざ 遊牝高座 男女のコンビの高座〔1956 隠〕

その他 孳尾む(つるむ)・遊牝む(つるむ)・相交(つるむ)・交尾(つるむ)・遊犯(つるむ)・相伝・戻 古

つるや

【門百屋(つるや)】誤読 つるやを門百屋と仮名を草書体の漢字と読み誤った。薄田泣菫「茶話」〔「日本語百科大事典」〕◆→文明堂

つれ［連れ］

【同伴(つれ)】小説 同伴(つれ)の男〔松本清張「点と線」1958〕

つれあい［連れ合い］

【配偶者(ツレアイ)】冊子 初代の配偶者(ツレアイ)が〔鳩サブレー「鳩のつぶやき」〕

つれづれ［徒然］

【徒然(つれづれ)】【徒徒(つれづれ)】古

つれづれぐさ［徒然草］

【徒然草(ほうれんそう)】誤読 学生が読んだ。〔斎賀秀夫「漢字と遊ぶ」1978〕◆「とぜん」は漢語で、方言に残る。

つれない

【難面(つれなし)】古「あかあかと日は難面(つれなく)もあきの風」小野竹喬(ちっきょう)〔「読売新聞」2009年12月10日〕

その他 強面(つれなし)古／情無い(つれな)辞書

つれる［連れる］

【伴れる(つ)】小説 先生に会う度数が重なるに伴れて(つ)〔夏目漱石「こころ」1914〕

俳句 村人伴れて(つ)〔竹下しづの女〕

つわ

【石蕗(つわ)】新聞〔「読売新聞 夕刊」2008年12月27日〕

つわもの［兵］

【兵(つわもの)】古 夏草や兵どもが夢の跡〔芭蕉〕

雑誌 練成会の兵(ツワモノ)です〔「将棋世界」1994年3月〕

【戦士(つわもの)】歌詞 戦士(つわもの)どもの忠誠の〔軍歌「幻の戦車隊」(横沢千秋)1939〕

つわり［悪阻］

【悪阻(つわり)】雑誌 悪阻(つわり)ッ時は〔「小説新潮」1994年11月〕

その他 択食(つわり) 古

つんでれ つんつん、でれでれから。語義に広がりあり。「ツンデレ」が多い。

【突ん照れ(つんでれ)】【冷照(ツンデレ)】WEB

つんどく［積ん読］

【積読(つんどく)】古 つんどくはふ 積読法〔1920 隠〕

ツンドラ［(ロシア) tundra］

【凍土(ツンドラ)】小説 分厚い凍土(ツンドラ)の下に埋めて〔菊地秀行「白夜サーガ 魔王星完結編」1996〕

て

て［手］

【掌(て)】歌詞 この掌(て)がつかむ生命の重さになる〔ひろえ純「一千万年銀河」(井荻麟)1988〕

雑誌 この掌(て)の中に握りしめたものは〔「現代詩手帖」1994年4月〕❖掌はてのひら。

詩 伊藤桂一「微風」掌(て)にうける／早春の／陽(ひ)ざしほどの生甲斐(いきがい)でも〔「読売新聞」2007年2月14日〕

短歌〔「読売新聞」2009年2月10日〕

【腕(て)】歌詞 これからもあなたの腕(て)につかまっていいかな〔島谷ひとみ「やさしいキスの見つけ方」(島谷ひとみ・康珍化)2001〕／この腕(て)にくずれた〔五木ひろし「おしろい花」(たかたかし)2010〕

【絆(て)】歌詞 繋いだ絆(て)〔misono「Tales…」2009〕

【手段(て)】雑誌〔「宝石」1994年11月〕

漫画 まだ何か手段(て)があるハズ！〔和月伸宏「武装錬金 2」2004〕

歌詞 逃れる手段(て)もあるだろうが〔Mr. Children「終末のコンフィデンスソング」(桜井和寿)2008〕

【策(て)】漫画〔上条明峰「SAMURAI DEEPER KYO 5」2000〕

【筆蹟(て)】小説 やわらかな筆蹟(て)や声で歌を詠み〔藤原眞莉「華くらべ風まどい―清少納言梛子」2003〕❖『万葉集』に「義之(てし)」。王羲之から。

その他 筆跡(て) 古

【手(ティ)】歌詞 世を論ず前に手(ティ)を〔サザンオールスターズ「怪物君の空」(桑田佳祐)1985〕

て［←う(撃)て］

【撃(て)】漫画 撃(て)ィ!!〔荒川弘「鋼の錬金術師 17」2007〕

で［出］

【卒(で)】辞書 大学卒(で)〔大石初太郎「振り仮名」(「国語学辞典」1955)〕

で

【de(で)】❖フランス語の「de(ド)」(ラング・ド・シャー、オー・ド・トワレのドで「の」(of)の意)の雰囲気を残しつつ、日本語の助詞「で」に用いたもの。テレビで、「パンチDEデート」(パンチでデート)というお見合いバラエティ番組が1973年から1985年に放送された。

新聞「いい夫婦de落語会」に25組50人を〔「読売新聞夕刊」2008年10月17日〕

雑誌 2択deクエスチョン！〔「お笑いポポロ」2008年11月(表紙)〕

商品名 ネットde定期／携帯dePCメール

チラシ Web(ウェブ)de(デ) 請求書〔2010〕

番組名 BSイレブン「えいごdeゴー！」〔「読売新聞夕刊」2009年9月15日〕

てあい［手合い］

【手相(てあい)】古〔矢野準「近世戯作のあて字」(「日本語学」1994年4月)〕

【連中(てあい)】古 彼の連中(てあひ)は〔1902 俗〕

であい［出会い・出合い］

【出合い(であ)】歌詞 ふしぎな出合いで結ばれた〔芹洋子「愛の国から幸福へ」(岡田冨美子)1974〕
新聞 出合い頭衝突〔「読売新聞」2010年3月4日〕

【出逢い(であ)】歌詞 出逢いの時の君のようです〔小椋佳「シクラメンのかほり」1975〕／出逢いはミステリー〔菊池桃子「BOY のテーマ」(秋元康)1985〕

【再会(であい)】歌詞 あんな輝いた日々を 全部 無駄にするような 再会(であい)だけはよしたいね〔工藤静香「FU-JI-TSU」(中島みゆき)1988〕

【遭遇(であい)】映画題名「劇場版ポケットモンスターセレヴィ 時を越えた遭遇(であい)」2001

【邂逅(であい)】歌詞 邂逅(であい)は嗚呼いつか来る現実を〔kukui「Eden」(霜月はるか)2007〕

であう［出会う・出合う・出逢う］

【出遇う(であ)】小説 少年の一群(ひとむれ)に出遇つた。〔島崎藤村「破戒」1906〕

【出合う(であ)】歌詞 黒い瞳に 出合うたび〔西郷輝彦「君だけを」(水島哲)1964〕

【出逢う(であ)】歌詞 いつか 街で出逢ったら はじめて 出逢った人の〔中島みゆき「さよならさよなら」1976〕／出逢えたことをとても感謝して〔松任谷由実「シンデレラ・エクスプレス」1985〕
書籍 ダルクローズ、という人に出逢(であ)い〔黒柳徹子「窓ぎわのトットちゃん」1981〕
書名 タツコ・マーティン「運命の相手に出逢う本」2010
曲名 郷ひろみ「男が恋に出逢うとき」〔康珍化〕1999

【戦う(であ)】歌詞 君と戦(であ)えて嬉しいよ〔不二周助「feel my soul ~闘いの中で~」(Kimeru)2003〕

その他 出遭う(であ) 歌詞

テアトル［(フランス) théâtre］

劇場。映画館。シアター。

【演劇(テアトル)】新聞「反演劇(アンチテアトル)」の嵐〔「読売新聞」2010年4月13日(山崎正和)〕

てい［体・態］

【態(てい)】小説 発動機が放々の態(てい)で逃げてくることもあった。〔小林多喜二「蟹工船」1929〕

【体(てい)】雑誌 体(てい)のいい〔「問題小説」1994年3月〕

【躰(てい)】小説 と云ふ躰(てい)で〔徳富健次郎「黒潮」1903〕
雑誌 女性の躰(てい)を見るに〔「歴史読本」1994年9月〕◆体(體)の異体字。

てい［亭］

【亭(てぇ~)】店名 くびれ亭(てぇ~)〔「Moteco」2004年8月〕◆店名「じれっ亭」はもじり。ほかに「和(なご)み亭(てい)」。

ディアボロス［Diabolos］

【悪魔(ディアボロス)】小説 悪魔(ディアボロス)……!!〔安井健太郎「ラグナロク EX. DIABOLOS」2000〕

ティアラ［tiara］

【冠(ティアラ)】古 桃金嬢(てんにんか)冠(ティアラ) 坪内逍遥〔大久保博訳「完訳 ギリシア・ローマ神話」1970〕

【涙羅(ていあら)】人名 ◆女子。tear からか。

【綺亜羅(ていあら)】人名 女児の名〔「週刊文春」2009年4月23日〕◆ネット上には、実在するかどうかはともかくティアラに50種ほどの「人名」の表記を掲げたページが見られる。

その他 宝冠(ていあら)・姫冠(ていあら)・星(ていあら) 人名

ティー［tea］

【茶(ティー)】◆茶は福建語読みテーが欧州へ伝わり、テ(ー)となり、英国でティーと変化し日本に伝わった。北方と香港の方言からはチャが広まった。
歌詞 ジャスミン茶(ティー)は〔杏里「オリビアを聴きながら」(尾崎亜美)1978〕／冷めてしまった中国茶(チャイニーズティー)〔舘ひろし「泣かないで」(今野雄二・宮原芽映)1984〕
店名 2008年秋にオープンした「悟空茶吧(ティーバー)」セルフ式中国茶カフェ。〔「読売新聞」2010年2月13日〕

【紅茶(ティー)】小説 ロシア紅茶(ロシアン・ティー)を賞味する〔清涼院

流水「カーニバル二輪の草」2003〕

*【おやつ時(ティー・タイム)】(小説) おやつ時(ティー・タイム)だというのに〔清涼院流水「カーニバル二輪の草」2003〕

ディー［D］ デーと発音するのはZ(ゼット)と同様にドイツ・フランス式ともいえる。聞き違えを回避するためにあえて言うこともある。

【寧(ディー)】(店名) 花舞ー寧(ディー)ー〔京都先斗町〕

ティーシャツ［T-shirt］

【軽装(Tシャツ)】(歌詞) (ヤンヤ)(ヤンヤ)と軽装(Tシャツ)で飛び出した〔GLAY「I'm yours」(TAKURO) 1997〕

【T恤】(漫画) 中国語。必要なのは発音だけ。意味は関係ない。「恤」は心配する、あわれむ〔蛇蔵&海野凪子「日本人の知らない日本語 2」2010〕◆略して「T」とも。→シャツ

ティーじろ［T字路］

【T字路(ティーじろ)】(WEB) 父は国語の教師なのですが〝T字路〟(ティーじろ)を〝丁字路〟(ていじろ)と教えたところ、生徒が間違っていると指摘してきたそうです。丁ではなくTだろうと。父は〝両方正しくて丁でもあっている〟といった。丁字路からT字路になったそうで、法律用語だと丁字路が正しいそうです。

ティーチャー［teacher］

【先生(ティーチャー)】(小説) 私たちは英語の先生(ティチャー)です〔小島信夫「アメリカン・スクール」1954〕

(漫画) 美術を教えている前田先生(ティーチャー)〔村山由佳「天使の卵 エンジェルス・エッグ」1996〕

【t(ティーチャー)】【Ⓣ(ティーチャー)】【ⓣ(ティーチャー)】(手紙) ◆女子の手書きの手紙に頻出。「ティー」とも。

ディーバ［diva］ ディーヴァ。

【歌姫(ディーバ)】(雑誌) 天下の歌姫(ディーバ)との初めての会話も〔「女性セブン」2004年7月1日〕

ディープ［deep］

【深い(ディープ)】(書名) 遠藤周作「深い河(ディープ・リバー)」1993

(漫画) あまりにも深い(ディープ)〔葉鳥ビスコ「桜蘭高校ホスト部 2」2003〕

【D(ディープ)】(雑誌) D(ディープ)キス

*【深く、強い(ディープ・アンド・スタウト)】(小説)〔有吉佐和子「地唄」1956〕

*【深水没(ディープサブマージ)】(漫画) 深水没(ディープサブマージ)!!〔武内直子「美少女戦士セーラームーン 11」1995〕◆技の名。

*【吸血殺し(ディープブラッド)】(小説)〔鎌池和馬「とある魔術の禁書目録 2」2004〕

ディーラー［dealer］

【商(ディーラー)】(書名) 大井一男「美術商(アートディーラー)・岡倉天心」2008

ディヴィジュアリズム［dividualism］

【分人主義(ディヴィジュアリズム)】(新聞) 平野啓一郎『ドーン』(講談社)には「分人主義(ディヴィジュアリズム)」という言葉が出てくる。〔「読売新聞」2009年12月15日〕

ディオス［スペイン Dios］

【神よ(ディオス)】(歌詞)〔Sound Horizon「争いの系譜」(REVO) 2007〕

ていきゅう［定休］

【水曜日(定休)】(広告) もし、今日(きょう)が水曜日(定休)でなかったら〔広島市内のバスの車内広告 1985 (目)〕

ディクショナリー［dictionary］ 辞書。

【字引く書なり(じひくしょなり)】(民間) ◆語呂合わせ。「字引き」から。

テイクダウン［takedown］ テークダウン。

【転がされる(テイクダウン)】(漫画)〔馬場康誌「空手小公子小日向海流 16」2004〕

ディクテート［dictate］

【書き取り(ディクテート)】(論文) 発言・会話の書き取り(ディクテート)〔内山和也「振り仮名表現の諸相」2002〕

テイクノート［take note］ テークノート。

【保留(テイク・ノート)】(漫画) 保留(テイク・ノート)扱いになった〔「週刊少年ジャンプ」2004年48号(武装錬金)〕

ディケンズ［Dickens］ 人名。

【墊ケンス(ヂッケンス)】(古)「小説神髄」墊(ぢっ)ケンス〔紀田

順一郎「日本語発掘図鑑」1995〉

ディサイシブ [decisive]
【決断的(ディサイシブ)】書籍 決断的(ディサイシブ)な〈橋本萬太郎・鈴木孝夫・山田尚勇「漢字民族の決断」1987〉

ディジェネレーション [degeneration]
【逆成長(ディジェネレーション)】漫画 逆成長(ディジェネレーション)と組織の腐敗〈由貴香織里「天使禁猟区 18」2000〉

ディシプリンセンタード [discipline centerd]
【学問中心(ディシプリン・センタード)】書籍〈仲新ほか「学校の歴史 2」1979〉

ていしゅ [亭主]
【忘八(ていしゅ)】古

ていしょく [定食]
【T(ていしょく)】メニュー AT 三〇〇/BT 三五〇/CT 四〇〇〈食堂のメニュー 1979 目〉◆伝票ではこの類多い。

ていしょく [定職]
【管理人職(ていしょく)】漫画 まんまと管理人職(ていしょく)にありつけたわけだし〈高橋留美子「めぞん一刻 14」1987〉

ていじろ [丁字路] →ティーじろ
【丁字路(ていじろ)】古〈1929 隠〉

でいすい [泥酔]
【泥睡(でいすい)】新聞 一字も書けず、ふとんかぶって泥睡。〈「読売新聞」2010年2月9日(瀬戸内寂聴)〉◆もじり。「麻酔」は古く「痲酔」「痲睡」。

ディスインフォメーション [disinformation]
【情報かく乱(ディスインフォメーション)】漫画〈日本橋ヨヲコ「極東学園天国」1999〜2000〉◆交ぜ書きにカナの振り仮名。

ディスカウント [discount]
【安売り(ディスカウント)】辞書〈樺島忠夫「事典日本の文字」1985(川崎洋)〉

ディスカッション [discussion]
【討論(ディスカッション)】漫画〈葉鳥ビスコ「桜蘭高校ホスト部 1」2002〉

ディスク [disk; disc]
【MO(ディスク)】漫画 やけにMO(ディスク)にアクセスするな〈山田南平「紅茶王子 1」1997〉
【D(ディスク)】漫画 ファミコンのDS(ディスクシステム)であそんでいた〈「週刊少年ジャンプ」2004年5月24日(目次)〉◆中国語では「盤」。

ディスコティーク [フランス discothèque] ディスコテーク。ディスコテック。
【地下室(ディスコティーク)】歌詞 40℃の地下室(ディスコティーク)で恋をした〈RAZZ MA TAZZ「FRUiTS」(阿久延博・外間隆史)1998〉

ディスタンス [distance]
【距離(ディスタンス)】曲名 堂珍嘉邦・KEIKO LEE「星たちの距離(ディスタンス)」(角田誠)2001
歌詞 夢より近くで触れる距離(ディスタンス)〈DEEP「Chocolate」(小竹正人)2010〉
映画題名「ビフォア サンライズ 恋人たちの距離(ディスタンス)」1995

テイスト [taste] テースト。
【趣味(テイスト)】新聞 いわば過剰なあだっぽさをもてあそぶ悪趣味(バッドテイスト)が持ち味である。〈「読売新聞」2009年11月26日(生井英考)〉

ディストーション [distortion]
【増歪(ディストーション)】歌詞 捩ぢ伏せて増歪(ディストーション)懸けたら〈椎名林檎「真夜中は純潔」2001〉
【歪み(ディストーション)】歌詞〈堂本剛「百年ノ恋」2001〉
その他 亜空転歪(ディストーションドライブ) 漫画

ディズニーランド [Disneyland]
【DL(ディズニーランド)】民間 東京DL(ディズニーランド)◆WEBなどで「鼠ーランド」とも。

ディスプレイ [display]
【画面(ディスプレイ)】漫画
その他 自己顕示欲(セルフ・ディスプレイ) 小説

ディスレクシア [dyslexia]
【読み書き障害(ディスレクシア)】新聞〈「読売新聞」2004年9月15日〉

て

ディソナンス [dissonance]
【不協和音（ディソナンス）】漫画〔貞本義行「新世紀エヴァンゲリオン 4」1997〕◆サブタイトル。

ていたらく
【為体（ていたらく）】【為躰（ていたらく）】古

ていちょう [丁重・鄭重]「丁」は代用字。
【丁丁（ていちょう）】字謎 なぞなぞ 丁丁 ていちょう〔山本昌弘「漢字遊び」1985〕

ディテール [detail]
【細部（ディテール）】書籍〔うみのさかな&宝船蓬莱「うみのさかな&宝船蓬莱の幕の内弁当」1992〕
小説 細部（ディテール）にこだわる必要はないでしょう〔西尾維新「ダブルダウン勘繰郎」2003〕
【詳細（デテール）】小説 詳細（デテール）を持っている〔米川正夫訳「ドストエーフスキイ全集6 罪と罰」1960〕

デイドリーム [daydream]
【白昼夢（デイドリーム）】曲名 美郷あき「くちびる白昼夢（デイドリーム）」（畑亜貴）2006

ディナー [dinner]
【夜勤務（ディナー）】雑誌〔求人誌「DOMO」〕
【夕餉（ディナー）】漫画 無国籍夕餉（ディナー）をご用意して〔今野緒雪「マリア様がみてる 1」1998〕
【夕食（ディナー）】漫画 夕食（ディナー）をごちそうしてくれて〔二ノ宮知子「のだめカンタービレ 17」2007〕
【晩餐（ディナー）】歌詞 晩餐の相手探す〔南佳孝「黄金時代」（松本隆）1984〕

ていねん [定年・停年]
【定年（ていねん）】政策 定年（字画が少ない、教育漢字である）。〔国語審議会第2部会「語形の『ゆれ』について」1961〕◆婉曲的でもある。
【停年（ていねん）】書籍 定年 停年〔斎賀秀夫「現代人の漢字感覚と遊び」1989〕

ティファレト [Tiphereth] ティフェレト。
【神剣（ティファレト）】漫画〔由貴香織里「ストーンヘンジ」1993〕
【美（ティフェレト）】漫画〔CLAMP「X 7」1995〕

ディフェンシブウォール [defensive wall]
【防　壁（ディフェンシブウォール）】漫画

ディフェンス [defense]
【防御（ディフェンス）】漫画 防御（ディフェンス）も優れて…〔青山剛昌「名探偵コナン 7」1995〕
小説〔田中芳樹「創竜伝 2」1988〕
説明書〔メタルファイト ベイブレードの玩具の説明書 2010年4月〕
【守備（ディフェンス）】漫画 卓越した守備（ディフェンス）能力を誇る〔許斐剛「テニスの王子様 23」2004〕
【守り（ディフェンス）】漫画「守り（ディフェンス）」より「攻撃」〔二ノ宮知子「のだめカンタービレ 20」2008〕
【DF（ディフェンス）】漫画 わざわざDF（ディフェンス）ラインに下がって〔青山剛昌「名探偵コナン 7」1995〕／あの鉄壁のDF（ディフェンス）からポイントを奪えず〔許斐剛「テニスの王子様 23」2004〕

ディフェンダー [defender]
【守護者（ディフェンダー）】漫画 立海大附属の磐石守護者（ディフェンダー）〔許斐剛「テニスの王子様 20.5」2003〕
【DF（ディフェンダー）】雑誌〔サッカー雑誌〕

ティランジア
【空中植物（ティランジア）】書籍 空中植物（ティランジア）もしくは残雪 城戸朱理「非鉄」〔野村喜和夫「現代詩作マニュアル 詩の森に踏み込むために」2005〕

テイル [tail]
【尻尾（テイル）】広告 魔導士ギルド・妖精の尻尾（フェアリーテイル）!!〔「読売新聞夕刊」2010年2月22日〕◆fairy tale（おとぎ話）とかけているか。

ディレクター [director]
【監督（ディレクター）】漫画 監督（ディレクター）が〔吉住渉「ママレード・ボーイ 5」1994〕
【比留田（ディレクター）】漫画 比留田（ディレクター）さんか誰かじゃないの？〔さとうふみや「金田一少年の事件簿 3」（金成陽三郎）1993〕◆登場人物名。

デウス [ポルトガル Deus]
【df（デウス）】古 df でうす〔「どちりな・きりしたん」〕◆国字本のキリシタン版にあるローマ字

合字。

【提宇須(デウス)】 辞書 ダイウスとも読む。〔「漢字百科大事典」1996〕❖「提宇子」「大臼(ダイウス)」とも書いた。

*【機械じかけの神(デウス・エクス・マキナ)】 小説〔清涼院流水「カーニバル 一輪の花」2003〕

てうち [手打ち] →ちょうちちょうち

【打手(てうち)】 古

データ [data] データー。

【情報(データ)】 漫画 君の情報(データ)と残りの霊力を〔由貴香織里「天使禁猟区 1」1995〕／コイツの個人情報(パーソナルデータ)を〔和月伸宏「武装錬金 2」2004〕 歌詞 川を下り情報(データ)の海へ墜ちる時〔サザンオールスターズ「01MESSENGER ～電子狂の詩～」(桑田佳祐)1997〕

【名義(データ)】 漫画 あなたなら楽にできたんです名義(データ)操作なんて〔松川祐里子「魔術師 1」1995〕

【内容(データ)】 漫画 眼から物語の内容(データ)を脳に送り出し〔藤崎竜「DRAMATIC IRONY」2001〕

【資料(データ)】 小説〔茅田砂胡「女王と海賊―暁の天使たち 5」2003〕

【写真(データ)】 漫画〔宇佐美真紀「サクラリズム」2003〕

【D(データ)】 漫画 Dで相手を分析し〔「週刊少年ジャンプ」2004年7月6日(アニプリ)〕

その他 論料(データ) 古

データベース [database]

【図書館(データベース)】 新聞 色あせない英知の言葉を英語の図書館(データベース)が蓄えていかなければ〔「読売新聞」2008年11月11日(尾崎真理子)〕

テーブル [table]

【洋机(テーブル)】 小説 書斎には洋机(テーブル)と椅子の外に〔夏目漱石「こころ」1914〕

【洋卓(テーブル)】 小説 洋卓(テーブル)の上に〔夏目漱石「明暗」1916〕

【卓(テーブル)】 小説 卓 布(テーブルクロース)が美しくしかつ清らかに〔夏目漱石「こころ」1914〕／卓(テエブル)が据えられているばかりだった〔米川正夫訳「ドストエーフスキイ全集6 罪と罰」1960〕❖中国語で「机」が機の簡体字になったのは、「桌」がつくえの意味を担ったため。

【卓子(テーブル)】 書籍 今日「卓子」を「テーブル」と読ませ〔谷崎潤一郎「文章読本」1934〕

【小卓(テエブル)】 小説 小卓の前に陣取って〔米川正夫訳「ドストエーフスキイ全集6 罪と罰」1960〕

その他 高机(テーブル)・机台(テーブル) 古／食卓作法(テエブルマナア) 古

テーマ [(ドイツ)Thema]

【主題(テーマ)】 新聞 あの「虚勢」の主題(テーマ)は〔「読売新聞」2009年6月29日(菊池寛)〕

【勝負形式(テーマ)】 漫画〔冨樫義博「HUNTER × HUNTER 16」2003〕

テーマパーク [(和製)(ドイツ)Thema＋park]

【ストレイシープ(テーマパーク)】 漫画 ストレイシープ(テーマパーク)がかなりの動員数を上げてまして〔冴凪亮「よろず屋東海道本舗 7」2000〕

デーモクラティア [(ギリシャ)dēmokratia]

【民主政(デーモクラティア)】 新聞 古代アテナイにおける民主政〔「読売新聞」2009年8月24日〕

デーモン [demon]「Mailer Daemon」の差出人をこのデーモンと勘違いする人も。

【地獄(デーモン)】 漫画 地獄(デーモン)の花嫁になった〔由貴香織里「天使禁猟区 1」1995〕

【悪魔(デーモン)】 漫画 悪魔(デーモン)だよ〔樹なつみ「デーモン聖典 1」2003〕 広告 私は悪魔(デーモン)に非(あら)ず。ダライラマ14世〔「読売新聞 夕刊」2010年1月4日〕

【化け物(デーモン)】 漫画 あの化け物(デーモン)が〔樹なつみ「デーモン聖典 1」2003〕

【魔霊(ディーモン)】 漫画 72柱の魔霊(ディーモン)の一柱〔「花とゆめ」2004年22号(PSYCO KNOCKER)〕

その他 異界の扉(デイモンズドア)・精獣使い(デイモンマスター)・黒き炎(デモンズ・ブレス) 漫画

テーラーメイド [tailor-made]

【自由自在(テーラーメイド)】 パンフ たるみに合わせて、自由自在型(テーラーメイド)〔クリスチャン・ディオール 2009〕

テール [tael]

【両(テール)】 古

でか　「かくそで」を転倒して省略。
【偵吏(でか)】古〔1917 隠〕
【刑事(でか)】❖「刑事裁判をデカ裁判って読んだやつがいた」〔WEB〕というほど有名。
漫画題名 手塚治虫「刑事(でか)もどき」1973／和田慎二「スケバン刑事」1976〜1982
小説 刑事(デカ)のカンなんだが〔太田蘭三「寝姿山の告発」1989 集〕
広告 一匹竜の刑事(デカ)〔菊地秀行「魔界都市ブルース 夜叉姫伝 4」1990（巻末）〕／東京刑事(デカ)〔高橋留美子「犬夜叉 14」2000（巻末）〕
雑誌〔「問題小説」1994年7月〕／すっぱ抜き刑事(デカ)〔「non・no」2006年5月20日〕／最強の刑事(デカ)は誰か?〔「週刊文春」2008年7月10日〕
書籍 刑事(デカ)やってて〔佐々淳行「美人女優と前科七犯」1998 集〕
漫画 ネコ刑事(デカ)〔「ペルソナ2罰 4コマギャグバトル ポジティブシンキング編」2000〕／海パン刑事(デカ)の年賀状だが〔秋本治「こちら葛飾区亀有公園前派出所 126」2001〕
番組名「刑事部屋(でかべや)」2005〔テレビ朝日系列〕
アルバム名 杉ちゃん&鉄平「刑事(デカ)クラ」2006
ゲーム名 パチ刑事(デカ) スロットマシンゲーム ネット上で無料公開〔「読売新聞 夕刊」2008年11月19日〕
書名 早見裕司「メイド刑事(デカ)」2006〜2009／広山義慶「闇刑事(ヤミデカ)」2007〜／山下正人「トレーナーは暴刑事(デカ)」2010／三沢明彦「刑事眼(デカガン)」2010
【探偵(デカ)】書名 牧村僚「フーゾク探偵(デカ)」2001
*【部長刑事(デカチョウ)】小説 部長刑事(デカチョウ)さんを熱海へ〔島田一男「伊豆・熱海特命捜査官」1995 集〕
*【刑事室(でかべや)】小説 新宿署の刑事室(デカベヤ)で〔浅田次郎「鉄道員」2000〕

でかい　関東などの方言。
【大い(でか)】小説〔島崎藤村「夜明け前 第二部」1935〕
【巨い(でか)】歌詞 巨い希望を 延縄船に〔鳥羽一郎「足摺岬」〔星野哲郎〕1999〕

てがき［手書き］
【手描き(てが)】書籍 手描き版〔うみのさかな&宝船蓬莱「うみのさかな&宝船蓬莱の幕の内弁当」1992〕

デカグラム［フランス décagramme］
【瓧(デカグラム)】辞書 ❖明治期に気象台によって体系的に造字された国字の一つだが、使用例が乏しい。

てかけ［手掛け］
【婢(てかけ)】古／【妾(てかけ)】辞書

でかした
【出来(でか)した】変換〔ATOK17〕

てがたな［手刀］
【掌刀(てがたな)】小説 関節を掌刀(てがたな)でた、いた。〔小林多喜二「蟹工船」1929〕

デカダン［フランス décadent］
【退廃的(デカダン)】漫画 思いきり退廃的(デカダン)な猫々(ひとびと)が集まるので〔猫十字社「小さなお茶会 2」2000〕

デカダンス［フランス décadence］
【頽廃的(デカダンス)】小説 頽廃的(デカダンス)な仮面舞踏会が〔清涼院流水「カーニバル 一輪の花」2003〕

てがみ［手紙］中国語ではトイレットペーパー。韓国語の便紙もそう見える。
【書信(てがみ)】小説〔田中芳樹「海嘯」1996〕
【恋文(てがみ)】曲名 伍代夏子「恋文(てがみ)」〔たきのえいじ〕1995
【遺書(てがみ)】書名 逸見晴恵「息子への遺書(てがみ)―夫・逸見政孝が遺した家族への愛と絆」1995
【Let】文集 Tel や Let が〔静岡県立沼津西高等学校「潮音」38号 1991〕❖電話・手紙のこと。
【牛乳】誤植 向田邦子の「手紙」が「牛乳」に。〔WEB〕

デカメートル［フランス décamètre］
【籵(デカメートル)】辞書 ❖『康熙字典』にあるこの字体は転写を経て生じた幽霊文字だった。

てかり
【光(てかり)】人名 ❖女子の名。

デカリットル［フランス décalitre］
【竍(デカリットル)】辞書

てき［敵］
【勇者(てき)】漫画 オレは一応勇者(てき)だぞ〔渡辺祥智「銀の勇者 1」1998〕❖魔物に対して。
【障害(てき)】漫画 光臣さんの障害(テキ)になりうる者を〔大暮維人「天上天下 9」2002〕
【太陽(てき)】民間 今日の太陽(てき)は明日の味方〔学生キャッチコピーづくりで 2009年6月〕
関連【敵側(イワニシ)】漫画〔ひぐちアサ「おおきく振りかぶって 9」2007〕

てき［的］
【的(てき)】古 ❖明治初期に、英語の-ticに字音の一致・類似によって当てられたものとされる〔大槻文彦「復軒雑纂」1902〕。スティック：ステッキの関係に近い。漢字は意味を除外し、発音を利用する方法が伝統的に多い。漢字の9割に含まれるとされる形声符もその現れ。甲骨・竹簡・木簡・版本・写本に仮借は多い。中国の自由な漢字の運用が日本でさらに独自に展開を示す一方、漢字に独自の意味解釈がさかんになされた。
【的(てき)】広告 忌野清志郎 的 闘病生活〔「読売新聞」2009年5月12日(サンデー毎日)〕

てきかく［的確］
【適確(てきかく)】雑誌 適確 的確〔田島優「あて字と誤字の境界」(「日本語学」1994年4月)〕

できごと［出来事］
【衝撃(できごと)】小説 泣けないほどに大きな衝撃(できごと)〔芝中学校文芸部「天晴れ21号」1999〕

テキスト［text］テクスト。
【本文(テキスト)】書籍 本文(テクスト)〔山下浩「本文の生態学」1993〕／本文批評(テキスト・クリティーク)〔杉本つとむ「日本文字史の研究」1998〕／本文批評(テクストクリティクス)〔杉本つとむ「近代日本語の成立と発展」1998〕
【教科書(テキスト)】漫画〔木村千歌「あずきちゃん 3」1995〕

てきとう［適当］
【適当(てきとー)】小説 適当(てきとー)なこと言ってんじゃ〔清涼院流水「秘密室ボン」2002〕❖いい加減の意味。

てきぱき
【提起発起(てきぱき)】古〔「大言海」〕

てきめん［覿面］
【覿・麺(てきめん)】チラシ らあめん覿・麺(てきめん)〔2010年3月〕
❖もじり。

できもさ
【入門道場(デキモサ)】小説 掏摸の入門道場(デキモサ)と言われる〔森村誠一「死紋様」1979 集〕

できる［出来る］「出来る」は新聞でも次第に増えてきた。
【能きる(できる)】WEB 能(で)き得る
【私通(できる)】古〔1917 隠〕
【構成(でき)ている】漫画 今のオレは蓮で構成(でき)ている〔藤崎竜「封神演義 2」1997〕
*【出来(でけ)へん】漫画〔天獅子悦也「むこうぶち 25」2009〕❖関西方言。

でく［木偶］
【人形(デク)】漫画 君は人形(デク)に抱かれるように〔本仁戻「怪物王子」1998〕❖博士作のロボット。

テクニック［technique; technic］
【技術(テクニック)】小説 天才的な技術(テクニック)〔清涼院流水「カーニバル 一輪の花」2003〕
漫画 マジックの技術(テクニック)がある〔さとうふみや「金田一少年の事件簿 2」(金成陽三郎)1993〕／個人の技術(テクニック)をとやかく言っても〔二ノ宮知子「のだめカンタービレ 2」2002〕
【技量(テクニック)】漫画 一人前の技量(テクニック)〔さとうふみや「金田一少年の事件簿 21」(金成陽三郎)1996〕
【扱い方(テクニック)】小説 女を喜ばせる扱い方(テクニック)を〔森村誠一「殺意の接点」2001〕
その他 技(テクニック)・術(テクニック) 雑誌

てくび［手首］
【生首(てくび)】誤植 詩で手首を生首と。〔高橋輝次「誤植読本」2000(長田弘)〕

て

でくまひくま〔凸間凹間〕
【でくまひくま(凸凹)】古 屋根にでへぶ(大分) でくま(凸)ひくまのある内た(だ)〔十返舎一九「東海道中膝栗毛」初編1802〕❖『浮世床』上に凸凹(でくまひくま)も。

てくら
【言語道断(てくら)】姓 長野県〔平島裕正「日本の姓名」1964〕❖岡上氏による。実在したものか。

てくる
【歩行る(てく)】古 ❖タクシーにかけてテクシーという造語も。

でくわす〔出くわす〕
【出交す(でくわ)】書籍 文章にしばしば出交す(でくわ)。〔井上ひさし「私家版 日本語文法」1981〕
【出会す(でくわ)】小説 こうした者に出会す(でくわ)ことが〔平野啓一郎「日蝕」2002〕❖ＡＴＯＫ17でも変換される。
その他 出喰す(でくわ) 辞書

てこ〔梃・梃子〕
【梃(てこ)】新聞 違和感を梃(てこ)に〔「読売新聞 夕刊」2010年3月1日〕

でこ →おでこ
【凸(でこ)】漫画 凸山(でこやま)一等兵(とうへい) 手書き〔まえたに☆これみつ「ロボット三等兵」1955〜1957〕
雑誌 凸山凹作(でこやまぼこさく)〔「日経アントロポス」1994年2月〕／凸腹〔「Tarzan」2004年5月〕❖読みは「でこばら」か。
書名「凸(でこ)と凹(ぼこ)と——竹中工務店設計部のなかみ」2009 ❖凹も書籍に。凹(ドウ・ノウ)は漢字で、物が低く垂れる意。

デごいち 機関車Ｄ51(ディーゴジュウイチ)の愛称。
【Ｄ51(デゴイチ)】辞書〔俗〕

てこいれ〔梃入れ・梃子入れ〕
【梃入れ(てこい)】雑誌〔「CAR GRAPHIC」1994年11月〕

でこしゃん 不美人。
【凸シャン(でこ)】古〔1930 隠〕

でこすけ〔凸助〕
【出額助(でこすけ)】古〔1887 俗〕
【刑事(デコスケ)】書籍 刑事(デコスケ)たちは〔見沢知廉「囚人狂時代」1998 集〕

てこずる〔手子摺る・梃子摺る〕
【梃子摺る(てこず)】辞書

てごね「捏(こ)ねる」は国語辞典にあり。
【手捏ね(てご)】包装〔食パン〕❖捏造のネツ。でっち上げるの「でっち」もこの字音から。

でこぼこ〔凸凹〕→でくまひくま
【凸凹(テトリス)】誤読「凸凹」を「テトリス」と読んだヤツがいた。〔ＷＥＢ〕

デコメ〔↑デコメール〕
【凸メ(デコ)】WEB デコメ、凸メ〔第2回「もっと明鏡」大賞見出し語ベスト100 2007〕
ケータイ 凸メで送るね〔携帯メール〕

デコメール〔↑デコレーション＋メール〕商標名。
【凸メール(デコ)】WEB ❖凸メールで「とつメール」の読みも発生。

デコる 飾り立てる意。
【凸る(デコ)】WEB デコる、凸る〔第2回「もっと明鏡」大賞見出し語ベスト100 2007〕

てごわい〔手強い〕
【手硬い(てごわ)】小説 手硬(てごわ)い老爺(ぢい)よ〔徳富健次郎「黒潮」1903〕
その他 手強い(てごわ) チラシ

デザイア〔desire〕
【欲望(デザイア)】WEB 個人的には「欲望」でデザイア、など漢字に英語をつけたものは許容範囲なのですよね。

デザイン〔design〕
【創造(デザイン)】広告 後藤新平 東京を創造(デザイン)した男〔「読売新聞」2009年1月6日(歴史街道)〕
【表現(デザイン)】雑誌 自分を表現(デザイン)するデザインワックス〔「オリーブ倶楽部」2009年10月〕
【仕事(デザイン)】漫画〔羽海野チカ「ハチミツとクローバー 5」2003〕

てし［手師］能書家。

【義之】【大王】 古〔「万葉集」〕❖子の王献之が小王となるため大王をテシ(手師)に当てた。本来は羲之。

てし［弟子］

【輩】 WEB 輩を募集しております。〔一本氣HP〕

デジイル［フランス désir］

【慾】 詩 秘密、疾走、破壊、飽満の慾に〔高村光太郎「夏の夜の食慾」1912〕

でしお［出潮］

【出汐】 歌詞 月の出汐を 忘れずに〔三波春夫「船方さんよ」(門井八郎)1957〕

デシグラム［フランス décigramme］

【瓰】 辞書 ❖気象台が造った国字。

デジタル［digital］ディジタル。

【電脳】 雑誌 電脳ヒッピーというか、デジタル感覚の現代の若者なら〔「現代」1994年9月〕

【双方向】 広告 新世代双方向麻雀〔「週刊少年マガジン」2004年48号〕

【出字多留】 創作「外来語創作当て漢字」〔斎賀秀夫「現代人の漢字感覚と遊び」1989〕

＊**【情報技術格差】** 新聞 このような新しい形で世界の情報技術格差が一足飛びに解消される道があるのだ。〔「日経新聞 夕刊」2008年9月4日(福岡伸一)〕

デシメートル［フランス décimètre］

【粉】 辞書 ❖粉と同形。

でしゃばる［出しゃばる］

【横出る】 古 横出る所ではない〔1896 俗〕

デジャビュ［フランス déjà vu］

【既視感】 漫画 あの時の既視感は—・・〔さとうふみや「金田一少年の事件簿 24」(金成陽三郎)1997〕❖しばしば見られる当て字。

でしょう →しょう

【で賞】 もじり 頑張ったで賞❖痛かったで賞、すぐやる課など、口語表現と掛けた漢語が少しとぼけた雰囲気とともに現れる。迷言・名言、知性・痴性などしゃれに近い。

デシリットル［フランス décilitre］

【竕】 辞書

です 助動詞。→ます

【出酢】 民間 ❖ありがちな当て字。子ども向けのCMにも見られた。WEBではツイッターを含め「寝瑠時間出酢世」「夜露死苦出酢！」「御津華霊差間出酢」「何フェ痴出酢か？」など多用。

【DS】 書名 林さわこ「卒業DS！」1989〕

【死】 漫画 撲蛾悪勝多死〔鳥山明「Dr.スランプ 10」1983〕❖中国人設定の登場人物のせりふ。

【death】 WEB ❖「死にそうDEATH」「ハマりそうDEATH」など多用。

デス［death］

【死神】 漫画「死神」というカードがあります〔さとうふみや「金田一少年の事件簿 15」(金成陽三郎)1995〕

歌詞 キリスト様が死神を呼ぶ〔NICO Touches the Walls「病気」(光村龍哉)2009〕

【終焉】 漫画 終焉に導く者〔「週刊少年ジャンプ」2004年7月8日(D Gray-man)〕

【死の】 漫画 始まった「死の時間」〔「週刊少年ジャンプ」2004年10月11日(BLEACH)〕／死の行軍の時〔「週刊少年ジャンプ」2004年10月11日(伝説のヒロイヤルシティー)〕

広告 死の魔獣と〔神坂一「日帰りクエストなりゆきまかせの異邦人」1993(巻末)〕

その他 **死報星・処刑鎌** 漫画

ですぎる［出過ぎる］

【浮露】 小説 小才ちよこざいな浮露のよりは〔尾崎紅葉「多情多恨」1896 俗〕

デスクワーク［desk work］

【机仕事】 漫画 机仕事向きなヤツがいるように〔天獅子悦也「むこうぶち 25」2009〕

デスティニー［destiny］誤った回帰形

て

でディスティニーも。

【運命(デスティニー)】 歌詞 狂った運命(デスティニー)〈小坂由美子「永遠の孤独」(さとうみかこ)1992〉／近づく運命(デスティニー)〈長山洋子「瞳の中のファーラウェイ PARTⅡ～Oh, Run Away～」(遠藤京子)2009〉

【D(ディスティニー)】 漫画 ガンダムS(シード)・D(ディスティニー)〈「週刊少年マガジン」2004年48号(もうしませんから。)〉

テスト [test]

【試験(テスト)】 書籍 全ての試験(テスト)を終えたキミへ〈「ポケモン最強トレーナー試験(テスト)」1998〉

漫画 試験(テスト)してやる〈伊藤誠「兎－野生の闘牌 1」1997〉／三つの試験(テスト)を受けてもらいます〈藤崎竜「封神演義 2」1997〉／プロ試験(テスト)に受かった〈天獅子悦也「むこうぶち 23」2008〉

【期末(テスト)】 ゲーム 期末(テスト)の話はするな〈「ときめきメモリアル Girl's Side」(コナミ)〉

その他 本番(テスト) 手紙

デストロイヤー [destroyer] 覆面プロレスラーの名にも。

【破壊者(デストロイヤー)】 漫画 破壊者(デストロイヤー)だ!〈石ノ森章太郎「仮面ライダー 海魔の里」1971〉

デスノート 漫画から。

【日記帳(デスノート)】 漫画 人間界に日記帳(デスノート)落としたのって〈小畑健「DEATH NOTE 1」(大場つぐみ)2004〉

デスマッチ [和製 death + match]

【死闘(デスマッチ)】 WEB

デセンバ [December] ディセンバー。

【出銭場(デセンバ)】 古「和田守記憶法」十二月は出銭場(デセンバ)〈惣郷正明「辞書漫歩」1987〉

でだし [出出し] ATOK17では出るが、見かけない表記。

てだて [手立て]

【行(てだて)】【術(てだて)】【手段(てだて)】【方便(てだて)】【便点(てだて)】 古

その他 方法(てだて) 小説

でたらめ [出たら目]

【出鱈目(でたらめ)】 小説〈夏目漱石「吾輩は猫である」1905～1906〉◆矢鱈、鱈腹。

【出多楽目(でたらめ)】 店名 バー〈斎賀秀夫「あて字の考現学」(「日本語学」1994年4月)〉

てだれ [手足れ・手練れ]

【手足れ(てだれ)】 書籍 文科系の文章の手足れ(てだれ)たちは〈井上ひさし「ことばを読む」1982〉

てち

【𪚥(てち)】 店名 喫茶店(和歌山県)◆龍神村の方言で「てち」とは「すごい」とか「勢いよく」という意味。「言葉が多い」「多言」から転じたという。「てち楽しかった」「てち飲もら」というように言葉を強調するときに使う。64画に達するこの漢字は、日本では江戸時代以降、人名に数例あるが、台湾には𪚥氏がいると報道されたとの話あり。

てちょう [手帳]

【手帖(てちょう)】 歌詞 青い手帖にはさんだ〈安全地帯「夢のつづき」(松井五郎)1985〉◆旧表記。「暮しの手帖」など雑誌名にも複数あり。

新聞 1980年に現役の女子大生らが創刊した就職情報誌「私たちの就職手帖(てちょう)」。〈「読売新聞」2010年3月19日〉／小川軽舟句集『手帖(てちょう)』秋灯遺る(あきともしのこる)手帖の未完美(は)し〈「読売新聞 夕刊」2008年10月25日〉

てつ [鉄]

【鐵(てつ)】 新聞「鐵(てつ)」という字を分解すれば〈金(かね)の王なる哉〉。「鉄」は〈金を失う〉。金運に恵まれる「鐵造」さんが「鉄造」さんでは気の毒だ。よって〈余(よ)は漢字制限に反対である〉◆井上ひさしさんの長編小説『吉里吉里人』(新潮文庫)で主人公の三文小説家が力説する。〈「読売新聞」2010年4月13日〉◆いずれも俗解。社名になおある字体。

【鉄(てつ)】 漫画 鉄くず手書き〈まえたに☆これみつ「ロボット三等兵」1955～1957〉

掲示 日本貨物鉄道株式会社〈会社名を記し

た銘板 2008年4月19日〈飯田橋〉❖近鉄百貨店は縁起を担ぎ、この字を看板に用いたが、近所の母親にそのせいで子どもが間違えたと抗議され、直すのに2千万円以上を要し、かえって大赤字になったという。それでもこの字について縁起をかつぐことは他社、他者にも見られる。武田鉄矢も「失」の上の線をかつて少ししか出さないように書いていたという。歴史性を加味すると別字。

広告 東日本旅客鉄道株式会社 ロゴ〈「読売新聞」2010年3月18日〉❖鉄になっていることもあり、なかなか気づかれない。

でっかい →でかい

【巨かい】(でっかい) 古 もう一と花咲かせ巨(でっ)かくやりてえと思ふんだが〈三遊亭円朝「怪談牡丹灯籠」1884 俗〉

【巨大】(でっけえ) 古〈「東京語辞典」1917 俗〉

てづかおさむ [手塚治虫]「手塚」とも。

【手塚泣虫】 誤植 治虫を。所得番付に関する新聞記事で。〈高橋輝次「誤植読本」2000〈林哲夫〉〉

デッキ [deck]

【甲板】(デッキ) 歌詞 甲板(デッキ)で呼べばよ〈津村謙「マドロス追分」〈矢野亮〉1952〉／動き出した甲板は君の人生運び去る〈大滝詠一「スピーチ・バルーン」〈松本隆〉1981〉❖甲板(カンパン)。

【魔本】(デッキ) 広告 魔本(デッキ)を強くするのだ〈「週刊サンデー」2004年48号〉❖カードファイルの魔本に収納して使用するゲームデッキ。

てっきり

【適乎】(てっきり)**【的切】**(てっきり)**【確適】**(てっきり) 古

てつけ [手付け]

【舐】(てつけ) 古 ちう〳〵〈式亭三馬「小野𥶡譃字尽」1806〉

デッサン [フランス dessin]

【素描】(デッサン) 曲名 ピカソ「サヨナラの素描(デッサン)」〈森雪之丞〉1987

書名 三浦築弥「素描(デッサン) 20世紀の銀幕を彩ったスターたち」2008

でっち [丁稚]

【僕】(でっち) 古〈井原西鶴「好色一代男」1682〉❖今の漫画の文字表現のよう。

その他 丁稚(でっち) 古

でっちあげる [捏ち上げる] 捏(ネツ)から。

【丁稚上げる】(でっちあげる) 辞書〈1949 隠〉

でっちり [出っ尻]

【出尻】(でっちり) 古〈1874～1876 俗〉

【出っ臀】(でっちり) 小説 出っ臀(ちり)で?〈柳瀬尚紀訳「フィネガンズ・ウェイク Ⅲ Ⅳ」1993〉

デッド [dead]

【死者】(デッド) 漫画 死者(リング・オヴ・ザ・デッド)の指輪〈久保帯人「ZOMBIEPOWDER.」2000〉

【死人】(デッド) WEB 死人(デッド)が喋るな!

その他 絶対の沈黙(デッド・サイレンス)・破滅喘鳴(デッド・スクリーム) 漫画

デッドボール [和製 dead + ball]

【死球】(デッドボール) 漫画 死球(デッドボール)の影響で〈「週刊少年サンデー」2004年48号(MAJOR)〉

雑誌〈「女性自身」2004年10月26日〉

でっぱつ

【出発】(でっぱつ) 雑誌 大学生辺りに軍隊用語が残っている。〈「毎日情報」1951年1月 俗〉

てっぱん [鉄板] →ばんきん

【焦げ飯】(てっぱん) 漫画〈弘兼憲史「人間交差点」〈矢島正雄〉1980～1990〉❖店でも「鉄鈑焼き」あり。

てっぺん [天辺] テンペンの転。強調か。

【頂上】(てっぺん) 漫画〈柴田亜美「南国少年パプワくん 1」1991〉

歌詞 はるか彼方の頂上(てっぺん)〈To Be Continued「物語は続いて行く」〈岡田浩輝〉1995〉

てっぽう [鉄砲]「鉄炮」とも。

【鰒汁】(てっぽう) 古〈1907 俗〉❖当たると死ぬとして。

でづら [出面・出頰] 日当。

【出面】(でづら) 辞書〈俗〉

【日当】(デヅラ) 小説 日当(デヅラ)から〈森村誠一「駅」1990 集〉

てて［父］
【父(てて)】 小説〔柳瀬尚紀訳「フィネガンズ・ウェイクⅠⅡ」1991〕

テディベア［teddy bear］
【くま(テディベア)】 漫画 なぜこんな所にくま(テディベア)がいるのだ…!?〔樋口橘「学園アリス1」2003〕

ててご［父御］
【父御(ててご)】 歌詞 父御(ててご)と母御(ははご)とごとごとと〔「子連れ狼」主題歌の一節 1973 ㊐〕

ててなしご［父無し子］
【父なし子(ご)】 辞書〔俗〕

デトックス［detox］
【出(デ)トックス】 WEB

テトリス［Tetris］
【凹凸(テトリス)】 WEB

テニス［tennis］
【庭球(テニス)】 小説〔島崎藤村「破戒」1906〕
【T(テニス)】 漫画 高崎ウエストTC(テニスクラブ)〔寺嶋裕二「GIANT STEP 1」2002〕

てには
【出葉(てには)】 古 ❖「てにをは」にも種々の漢字が当てられてきた。

てにをは［弖爾乎波・天爾遠波］
【辞(てにをは)】 書名 富樫広蔭「辞玉襷(てにをはたまだすき)」1829

てのごい［手拭い］てぬぐい。
【手巾(てのごい)】 古

てのひら［掌・手のひら］
【掌(てのひら)】 新聞 掌(てのひら)に〔「読売新聞 夕刊」2010年3月16日(署名記事)〕
【手掌(てのひら)】 雑誌 手掌(てのひら)の〔「安心」1994年10月〕
歌詞 手の掌(ひら)に……〔サザンオールスターズ「Moon Light Lover」(桑田佳祐)1996〕
【手の平(ひら)】 広告 手の平サイズで〔「読売新聞」2010年3月17日〕
【手(て)のひら】 新聞 手のひらを〔「読売新聞 夕刊」2009年9月15日〕

デパーチャー［departure］
【初心(デパーチャー)】 漫画〔冨樫義博「HUNTER × HUNTER」1998～〕
【出発(デパーチャー)】 WEB ❖ほかに「出発(ディパーチャー)」「『旅立ち』(デパーチャー)」「旅立ち(ディパーチャー)」あり。

デバック
【再現(デバック)】 漫画 2年前の再現(デバック)だね〔大暮維人「天上天下 9」2002〕

デバッグ［debug］
【間違い探し(デバッグ)】 小説／**【虫取り(デバッグ)】** WEB

てひどい［手酷い］
【手痛(てひど)い】 小説 奥さんの言葉は少し手痛(てひど)かった。〔夏目漱石「こころ」1914〕

デビュー［フランス début］デヴューは過剰修正。レビューなどと混淆か。
【誕生(デビュー)】 広告 東京メガシティ誕生(デビュー)〔赤羽駅のマンション広告 2004〕

デビル［devil］キリスト教を中国など東アジアに布教しようとした時代に、漢字は、布教を妨げる悪魔の文字と恐れられた。
【悪魔(デビル)】 広告 悪魔人間(デビルマン)となってしまった〔「マガジンZ」2004〕
小説 悪魔(デヴィル)……〔安井健太郎「ラグナロク 黒き獣」1998〕
その他 **魔震(デビル・クエイク)** 小説

でぶ WEBに出不精を「デブ症」とも。
【肥満(でぶ)】 民間／**【出部(でぶ)】** WEB

でぶでぶ
【太太(でぶでぶ)】 古〔「東京語辞典」1917 俗〕

でふね［出船］
【出航(でふね)】 歌詞 出航(でふね)まぎわに〔氷川きよし「玄海船歌」(松井由利夫)2008〕

デフラグ［↑デフラグメンテーション(defragmentation)］
【最適化(デフラグ)】 小説

テヘラン［Teheran］
【第希蘭(テヘラン)】 辞書

てぼ
【手亡(てぼ)】 雑誌 大手亡(てぼ)豆〔「家庭画報」1994年10月〕

てほん ［手本］
【模範(てほん)】 古「読売新聞」1874〔出久根達郎「昔をたずねて今を知る」2003〕

てまくら ［手枕］
【腕枕(てまくら)】 歌詞 見返えりや腕枕(てまくら)〔神野美伽「浮草」(吉田旺)1991〕

てまり ［手鞠・手毬］
【粉団花(てまり)】 古 貝原益軒が著した「花譜」庭に栽玩(うえあそ)びて、粉団花(てまり)〔「読売新聞 夕刊」2009年4月17日〕

デミゴッド ［demigod］
【半神(デミゴッド)】 歌詞 ふたりは半神(デミゴッド)〔ALI PROJECT「暗黒天国」(宝野アリカ)2007〕

デミタス ［フランス demitasse］
【小さな(デミタス)】 漫画 小さな(デミタス)カップで四杯めのシナモン・ミルク・ティーを〔猫十字社「小さなお茶会」2000〕
【半分(デミタス)】 漫画 半分(デミタス)カップ〔猫十字社「小さなお茶会」2000〕

てむかい ［手向かい］
【叛逆(てむかい)】 小説「おい〳〵叛逆(てむかい)なんかしないでけれよ。」と云った。〔小林多喜二「蟹工船」1929〕

てめえ ［手前］ 謙称の「手前(てまえ)」から。
【手前(てめえ)】 小説 手前(てめ)え、何んだ。〔小林多喜二「蟹工船」1929〕／手前(てめー)にチンピラ呼ばわりされる筋あいはねーよ〔清涼院流水「カーニバル一輪の花」2003〕 漫画 手前(てめえ)らボスの奥方を〔荒川弘「鋼の錬金術師 22」2009〕
【自分(テメエ)】 漫画 自分(テメエ)の欲のために、こんなチビにも〔安西信行「烈火の炎 4」1996〕／自分(てめー)さえ良けりゃ〔さとうふみや「金田一少年の事件簿 20」(金成陽三郎)1996〕／自分(てめえ)の存在にかかわる時には〔樹なつみ「デーモン聖典 1」2003〕／そこを自分(てめー)でツッコんでんじゃねーよ〔日高万里「ひつじの涙 6」2003〕❖用例多し。 歌詞 自分(てめえ)は救えても〔Mr. Low-D「I can fly feat. DJ LAW」2009〕
【大佐(てめー)】 漫画 大佐(てめー)は大佐の仕事しろ〔荒川弘「鋼の錬金術師 12」2005〕
【獣医(テメエ)】 漫画 これを助けんのが獣医(テメエ)の正義じゃ〔藤崎聖人「WILD LIFE 1」2003〕
【屍舞鳥(てめえ)】 漫画 屍舞鳥(てめえ)はたいして強くねえから…〔高橋留美子「犬夜叉 1」1997〕❖妖怪。
その他 **四ツ木(てめえ)** 漫画／**赤羽衆(テメーラ)・西中(テメーラ)・人間(テメエら)** 漫画

デモ ［↑デモンストレーション］
【曲(デモ)】 漫画 昨日の曲(デモ)なんだけど〔青山剛昌「名探偵コナン 46」2004〕

デモクラシー ［democracy］
【民主主義(デモクラシー)】 新聞 古代アテナイにおける民主政(デーモクラテイア)以来、民主主義(デモクラシー)イデオロギィの核心は〔「読売新聞」2009年8月24日〕
【民本主義(デモクラシー)】 書籍 大正民本主義(デモクラシー)〔杉本つとむ「近代日本語の成立と発展」1998〕❖吉野作造らの訳語へのルビ。

デモフォビア ［demophobia］
【群衆恐怖症(デモフォビア)】 歌詞 無菌室閉じこもって群衆恐怖症(デモフォビア)〔ALI PROJECT「お毒味LADY」(宝野アリカ)2009〕

デュアル ［dual］
【二重(デュアル)】 広告 二重(デュアル)サスペンス〔映画「名探偵コナン 水平線上の陰謀」2005〕
【多重(デュアル)】 小説 多重能力者(デュアルスキル)〔鎌地和馬「とある魔術の禁書目録 6」2005〕

デュヴァン ［フランス du vin］
【葡萄酒(デュヴァン)】 歌詞〔Sound Horizon「見えざる腕」(REVO)2006〕

デューク ［Duke］
【龍玖(デューク)】 人名

デュース ［deuce］ ジュース。

て

【ふりだし(デュース)】漫画 …また…ふりだし(デュース)…〔許斐剛「テニスの王子様 4」2000〕

デューティーフリー [duty-free]

【DFS(デューティーフリー)】雑誌〔「with」1994年9月〕◆duty-free shop から。

デュエット [duet]

【二重唱(デュエット)】広告 スウと織葉の二重唱(デュエット)〔CLAMP「カードキャプターさくら 5」1998(巻末)〕

雑誌〔「女性自身」2004年10月26日〕

曲名 岩崎宏美「二重唱(デュエット)」(阿久悠)1975

デュエル [duel]

【激突(デュエル)】小説『激突(デュエル)!』でも〔清涼院流水「カーニバル 二輪の草」2003〕◆劇中作品タイトル。

【決闘(デュエル)】漫画 前回の決闘(デュエル)では〔「週刊少年ジャンプ」2004年48号(アニ基地)〕

歌詞 熱い決闘(デュエル)のゴングが響く〔JAM Project「限界バトル」(影山ヒロノブ・奥井雅美)2004〕

広告 ド迫力決闘(デュエル)を〔「読売新聞 夕刊」2010年1月28日〕

デュオ [(イタリア) duo]

【二重奏(デュオ)】書名 赤川次郎「二重奏(デュオ)」2004

デュオードヴィ [(フランス) du eau de vie]

【蒸留葡萄酒(デュオードヴィ)】歌詞〔Sound Horizon「見えざる腕」(REVO)2006〕

デュシャンパーニュ [(フランス) du champagne]

【発泡葡萄酒(デュシャンパーニュ)】歌詞〔Sound Horizon「見えざる腕」(REVO)2006〕

デュプリシティ [duplicity]

【二枚舌(デュプリシティ)】広告 〝二枚舌(デュプリシティ)〟のスパイ合戦勃発!〔「読売新聞夕刊」2009年5月1日(映画「デュプリシティ」)〕

テラ [(ラテン) terra]

【地球(テラ)】漫画題名 竹宮惠子「地球(テラ)へ…」1977〜1980

漫画 お前は自らの目で「地球(テーラ)」を見たか……?〔せたのりやす「無敵王トライゼノン BLAZE 2」2001〕◆他所に「この星(テーラ)」もあり。

でら 雑誌「デラべっぴん」は1985年創刊。「別嬪」にデラックスを略した「デラ」をつけたもの。「どえらい」からの名古屋方言「デラ」と勘違いする女性あり。

【泥裸(でら)】漫画 泥裸(デラ)・蔑嬪〔大暮維人「エア・ギア 4」2003〕

テラー [teller]

【窓口(テラー)】小説 女は窓口(テラー)から〔森村誠一「死紋様」1979 集〕

てらう [衒う]

【衒(てら)う】書籍 奇を衒(てら)った〔井上ひさし「ことばを読む」1982〕

【照らう】歌詞 照らう元気もありゃしないのに〔サザンオールスターズ「C調言葉に御用心」(桑田佳祐)1980〕

てらかどじもん

【寺門(てらかど)ジモン】芸名 ◆文選読みのよう。→川柳川柳(かわやなぎせんりゅう)

てらくだ 幽霊名字という。→てくら

【言語道断(てらくだ)】姓〔森岡浩「名字の謎がわかる本」2003〕◆「てくら(だ)」とも。

てらこや [寺子屋]

【寺小屋(てらこや)】古「寺小屋」は間違えとされるが、江戸時代からある。

【地球小屋(テラコヤ)】広告「クボタ地球(テラ)小屋(コヤ)」2007〜〔「読売新聞」2009年2月27日〕

てらしみせ

【居稼店(てらしみせ)】古

てらす [照らす]

【輝(て)らす】漫画 いらぬモノまで輝(て)らし出して〔大暮維人「エア・ギア 1」2003〕◆則天武后は自分の名の「照」を「曌」(瞾とも)と作り直し、自分にしか使えない字とした。

【照明(てら)す】歌誌 死の側より照明(てら)してみるという方法が〔「短歌」1994年7月〕

新聞 死の側(がわ)より照明(てら)せば〔「読売新聞」2009年9月15日(四季欄)〕

テラス [フランス terrasse]
【露台(テラス)】 小説 バルコンや露台(テラス)の上にいる〔米川正夫訳「ドストエーフスキイ全集6 罪と罰」1960〕
【庭(テラス)】 雑誌「祝福された光の庭(ブリリアント・ブレス・テラス)」をテーマに〔「ODAKYU VOICE」2008年12月〕

デラックス [deluxe]
【豪華(デラックス)】 書名 平居謙「脳天パラダイス豪華(デラックス)大詩集」2000
【⿰車豪(デラックス)】 民間〔新潟県の車屋さんの文字湯のみ「現代盗用漢字」1976 目〕
【DX(デラックス)】 漫画 帝東ホテルのDX(デラックス)スイートに〔小畑健「DEATH NOTE 12」(大場つぐみ)2006〕
書名 真藤順丈「バイブルDX(デラックス)」2010
誤読 DX7を「デラックスなな」と読んだやつがいたとかいなかったとか。〔WEB〕❖本当の読みは、ディーエックスセブン。シンセサイザーの名。

テリ [←テリトリー]
【領(テリ)】 漫画 大石の領(テリ)〔許斐剛「テニスの王子様28」2005〕

デリート [delete]
【消去(デリート)】 漫画 奴を消去(デリート)する〔麻宮騎亜「サイレントメビウス 1」1989〕／次々と消去(デリート)される探偵たち〔蓮見桃衣「コズミック・コミックスAND」(清涼院流水)2003〕
その他 削除(デリート) 小説

デリケート [delicate]
【華車(デリケート)】【多感的(デリケート)】 古

テリトリー [territory]
【生活圏(テリトリー)】 小説 動物の生活圏(テリトリー)は〔開高健「パニック」1957〕
【範囲(テリトリー)】 漫画 あたしの範囲(テリトリー)に入ってくる〔山田南平「紅茶王子 25」2004〕
【領域(テリトリー)】 漫画 大石の領域(テリトリー)〔許斐剛「テニスの王子様 24」2004〕❖技の名前。
【範疇(テリトリー)】 WEB 範疇(テリトリー)

テリブル [terrible]
【恐ろしい(テリブル)】 小説 恐ろしい(テリブル)運命から救ったのじゃ〔松岡佑子訳「ハリー・ポッターとアズカバンの囚人」2001〕

てる [照る]
【輝る(てる)】 歌詞 月もマストの上に輝(て)る〔岡晴夫「マドロスの唄」(松村又一)1950〕
俳句 大公孫樹(いちょう)金色に輝(て)る〔「読売新聞」2009年12月28日〕／織女輝(て)る〔竹下しづの女〕
【光(てる)】 人名 内村光良(てるよし)❖照、輝なども。
***【光葉(てりは)】** 古〔伊藤嘉夫「ふりがな振り漢字」1970〕

テル [←telephone]
【TEL(テル)】 漫画 あっオレがTEL(テル)しといたんだわ〔浅田弘幸「眠兎 1」1992〕
辞書 TELする テルする、テレする 俗
❖telはテル、でんわなど読みが分かれる。
その他 電話(テル) 漫画

でる [出る]
【出撃(でる)】 漫画〔「週刊少年ジャンプ」2004年53号(武装錬金)〕
その他 射精(で)る WEB

デルフィニウム [ラテン Delphinium]
【大飛燕草(デルフィニウム)】 漫画〔尾田栄一郎「ONE PIECE 34」2004〕

デルマ [derma ← dermatology] 皮膚科。
【皮膚科(デルマ)】 小説 皮膚科(デルマ)が専門だろ〔志賀貢「密室感染」1994 集〕❖「皮フ科」が看板等では多い。

テレグラフ [telegraph]
【電信機(テレグラフ)】【伝信機(テレグラフ)】 古

でれすけ [でれ助]
【惚助(でれすけ)】 古

テレパシー [telepathy]
【精神感応(テレパシー)】 小説 精神感応(テレパシー)か〔菊地秀行「魔界都市ブルース 夜叉姫伝 4」1990〕

て

漫画 オレの精神感応能力(テレパシー)〔荒川弘「鋼の錬金術師 13」2006〕

【精神伝達(テレパシー)】漫画〔「週刊少年ジャンプ」2004年47号〕

【目力(テレパシー)】創作〔女子大学生〕

テレパス [telepath]

【思念波(テレパス)】小説 思念波(テレパス)を扱うこと〔芝中学校文芸部「天晴れ21号」1999〕

【精神感応能力者(テレパス)】小説 この人まさか精神感応能力者(テレパス)?〔本谷有希子「ほんたにちゃん本人本03」2008〕

その他 精神感応者(テレパス) WEB

テレビ [←テレビジョン]

【TV(テレビ)】書籍 TV朝日出演〔うみのさかな&宝船蓬莱「うみのさかな&宝船蓬莱の幕の内弁当」1992〕

漫画 最近TV(テレビ)をさわがしてるぜ〔由貴香織里「ストーンヘンジ」1993〕/水月さんも行方不明だってTV(テレビ)で知って〔天城小百合「螢火幻想」1996〕/TV(テレビ)でやってる生き別れの親兄弟〔日高万里「時間屋」1998〕/某国営TV(テレビ)の者ですけど〔藤崎竜「DRAMATIC IRONY」2001〕/ジャーナリストとしてTV(テレビ)を通し〔小畑健「DEATH NOTE 10」(大場つぐみ)2006〕◆一種の熟字訓。ティーヴィー・ティービーとは、日常会話では番組名以外、まず読まない。

雑誌 TV(テレビ)ディナー〔「栄養と料理」1994年1月〕

◆「電視」という漢語は、日本で中国よりも先に造られたともいわれる。

歌詞 TVを消し忘れ孤独さえもド忘れで〔T. M. Revolution「WHITE BREATH」(井上秋緒)1997〕

広告 子供達をTVに釘付けにした〔「読売新聞夕刊」2008年9月16日〕/図鑑や辞書、地球儀などが置けるTVボードTVを見ながら〔「読売新聞」2010年2月20日〕

新聞 電撃離婚をTV初告白〔「読売新聞夕刊」2010年2月23日(テレビ欄)〕

テレフォン [telephone]

【電話(テレフォン)】小説 電話(テレフォン)よ〔松岡佑子訳「ハリー・ポッターとアズカバンの囚人」2001〕

歌詞 真夜中過ぎの涙の電話(テレフォン)〔サザンオールスターズ「涙の海で抱かれたい~SEA OF LOVE~」(桑田佳祐)2003〕

漫画 電話(テレフォン)ノイローゼになるな〔小畑健「DEATH NOTE 2」(大場つぐみ)2004〕

テレポーター [teleporter]

【瞬間移動能力者(テレポーター)】小説 瞬間移動能力者(テレポーター)であれば「エイ!」って〔本谷有希子「ほんたにちゃん本人本03」2008〕

テロ [←テロリズム(terrorism)]

【恐怖(テロ)】ポスター 今度の恐怖(テロ)は伝染する〔「24 シーズンⅢ」2005〕

テロリスト [terrorist]

【刺客(テロリスト)】漫画〔天獅子悦也「むこうぶち 24」2009〕

テロル [ドィ Terror]

【暴力(テロル)】小説 暴力(テロル)を使ってようやく〔西尾維新「ダブルダウン勘繰郎」2003〕

てん [天]

【天空(てん)】歌詞 仰げば天空(てん)に真綿の雲が〔小林幸子「天命燃ゆ」(黒石ひとみ)1990〕

【天国(てん)】歌詞 天国(てん)に続く〔吉田美奈子「雲の魚」2003〕

【宇宙(てん)】歌詞 宇宙(てん)の宝石〔水樹奈々「MASSIVE WONDERS」2007〕

*【一片無瑕玉(てんよりさずかるむきずのあらたま)】民間〔池上の本門寺のおみくじ(岡田寿彦2003)〕

てん [貂・黄鼬] 貂(てん)の音は続貂(ゾクチョウ)のチョウ。

【狖(てん)】チラシ ◆見坊豪紀氏はチラシで狖という造字を見つけ、『三省堂国語辞典』に載せていた。

てん [点] →てんてん

【・(てん)】広告 345.5mg〔「読売新聞」2008年10月30日〕

【・(てん)】 民間 2・26(にいてんにいろく)(二・二六)事件◆古くは、にいてんにいろくが多かったという。5・15事件、9・11などにも揺れあり。

【、(てん)】 書籍 文学とはテン、ものではないマル。四男が家での校正の手伝いのとおりに国語の時間に文章を読んでわらわれた。〔高橋輝次「誤植読本」2000(野々村一雄)〕

【読点(テン)】 書籍 句点(マル)や読点(テン)や中点(ナカテン)だけでは符号が足りない〔井上ひさし「私家版 日本語文法」1981〕

テン [ten]

【十(テン)】 小説 十銭寿司 十銭(テンセン)ストア〔織田作之助「世相」1946 俗〕

【10(テン)】 漫画題名 霜月かいり「BRAVE10(ブレイブテン)」 漫画 10%(テンパー)は保証しよう〔天獅子悦也「むこうぶち 24」2009〕 広告 Q10(キューテン)トップブランド〔「読売新聞」2010年1月25日〕

テン [←テンパイ(聴牌)] 麻雀。

【聴(テン)】 漫画〔天獅子悦也「むこうぶち 23」2008〕◆「ダマ聴(テン)」「ポン聴(テン)・チー聴(テン)の形」「待ちがオナ聴(テン)」「ヤミ聴(テン)」など。

でんえんとし [田園都市]

【電遠都市(でんえんとし)】 雑誌 電遠都市 感字〔斎賀秀夫「あて字の考現学」(「日本語学」1994年4月)〕

でんき [電気]

【電燈(でんき)】 雑誌〔「小説新潮」1994年3月〕

【電機(でんき)】【電器(でんき)】 書籍 三菱電機、東芝電気(東京電気・現在 東芝)、松下電器(現:パナソニック)〔斎賀秀夫「漢字と遊ぶ」1978〕◆店名の電気、電機、電器の区別は、意識になかなか残らない。

でんぐりかえり [でんぐり返り] でんぐりがえり。

【七転八倒(でんぐりかえり)】 古 七転八倒(でんぐりかへり)をしたと〔1870～1876 俗〕

その他 **顚倒(でんぐり)かえる** 古

てんさい [天才]

【アリス(天才)】 漫画 〝アリス(天才)〟って天然記念物みたいな〔樋口橘「学園アリス 1」2003〕

【丶才(てんさい)】 小説〔柳瀬尚紀訳「フィネガンズ・ウェイク III IV」1993〕

【桜木花道(てんさい)】 漫画 ◆→ばか(桜木)

*__【そういう事(天才の学校)】__ 漫画 世間的にはそういう事(天才の学校)に〔樋口橘「学園アリス 1」2003〕

てんし [天使]

【ANGEL(天使)】 漫画 〝ANGEL(天使)〟だよ〔由貴香織里「天使禁猟区 1」1995〕

【女神(てんし)】 歌詞 君は光の女神(てんし)〔水樹奈々「ETERNAL BLAZE」2005〕

*__【Diamond dust(てんしのささやき)】__ 歌詞 銀河を舞うDiamond dust(てんしのささやき)〔水樹奈々「SECRET AMBITION」2007〕

*__【天使突抜(てんしつきぬけ)】__ 地名 ◆京都にある地名。天使(天神)の宮まで森を突き抜けるように細い参詣道があったことからともいう。

てんしゅかく [天守閣]

【天主閣(てんしゅかく)】 古 ◆安土城の「天守閣」は特に「天主閣」と表記することが多い。

テンダー [tender]

【炭水車(テンダー)】 小説 乙松は炭水車(テンダー)に乗って〔浅田次郎「鉄道員」2000〕

てんで

【天で(てんで)】 古 夏目漱石 天で(駄目だ)〔高橋輝次「誤植読本」2000(西島九州男)〕

【、(てん)で】 字遊 、(てん)で(。(まる)で)話にならない

*__【、話】__ 字遊 ◆「てんで話にならない」の意。

デンティスト [dentist]

【歯医者(デンティスト)】 書籍〔橋本萬太郎・鈴木孝夫・山田尚勇「漢字民族の決断」1987〕

てんてこまい [てんてこ舞い]

【天手古舞(てんてこまい)】 雑誌〔「江戸楽」2010年3月〕◆「天手古舞い」はATOK17で変換される。

てんでに [手ん手に]

【手々に(てんでに)】 書籍 子供たちは手々に(てんでに)〔長野まゆ

み「ことばのブリキ罐」1992〕

その他 手々(てんでに) 古

てんてん［点点］

【゛(てんてん)】 漫画 昔のかなに「゛(てんてん)」がなかったのなら〔蛇蔵&海野凪子「日本人の知らない日本語2」2010〕❖濁点のこと。

【……(てんてん)】 変換〔ATOK17〕❖読みと・の数が合わない例あり。

*__【・・・(てんてんてん)】__ 短歌 カナカナと次第に小さく書いてゆき…と打てば秋風 諸井末男〔「読売新聞」2008年10月6日〕

TV …の街（幡ヶ谷の横断幕に）ナレーションでは「てんてんてん」。〔「みんなでニホンGO!」2010年4月22日〕／「……」をてんてんてんてんてんてんと言う。〔TBS系列 2010年2月15日12時台〕

書名 川尻モイ「・・・(テン・テン・テン)」2008

てんでん

【各自】 小説 Kと私とは各自(てんでん)の時間の〔夏目漱石「こころ」1914〕

その他 自身(てんでん)・手々(てんでん) 古

でんでんむし［でんでん虫］ かたつむり。

【蝸牛虫(でんでんむし)】 小説 蝸牛虫(でんくむし)〔石牟礼道子「天湖」1997〕

テント［tent］

【天幕(テント)】 古 夜半ノ意〔1915 隠〕

歌詞 サーカス小屋の 天幕の中〔杏里「中国人形(チャイニーズドール)」（尾崎亜美）1978〕

書籍〔長野まゆみ「ことばのブリキ罐」1992〕

でんと

【臀(でん)と】 小説 そこで臀(でん)と帰納法的にかまえ〔柳瀬尚紀訳「フィネガンズ・ウェイク I II」1991〕／臀(でん)とすわったおやじ〔柳瀬尚紀訳「フィネガンズ・ウェイク III IV」1993〕

その他 殿(でん)と WEB

てんとう［天道］

【天道(てんとう)】 古 ❖「おてんとさま」はATOK17で「御天道様」に変換される。

【太陽(てんとう)】 小説 太陽(てんとう)というものはありがたいもんだ。〔宮沢賢治「土神と狐」1934〕

*__【太陽(てんとうさま)】__ 古〔「読売新聞」1874〕

てんとう［転倒・顛倒］

【天道(てんとう)】 古

てんとうむし［天道虫・瓢虫］

【紅娘(てんとうむし)】 辞書 ❖『広辞苑』などにあるためか、漢字検定の問題に出た。そのために、テレビのクイズ番組に。そこからWEB上で取り上げられて一定の広まりをみせた。句集の書名（2008）にも。

でんとつ［←電話突撃］ 突(トツ)と凸(トツ)は同系語。

【電凸(でんとつ)】【電突(でんとつ)】 WEB 2004年9月8日に立ったスレッド「電話突撃隊出張依頼所」から発生。電話で質問し、その回答を公開するスレ。疑問点を直接マスコミや対象に電話して結果を書き込むことを「電凸する」、さらに省略して「凸(とつ)る」と言われる。

てんにん［天人］

【天猫(てんにん)】 漫画 仙猫も天猫(てんにん)も金の魚も〔猫十字社「小さなお茶会」2000〕❖擬人化。

てんにんか［天人花］

【桃金嬢(てんにんか)】 書籍 桃金嬢(てんにんか)冠(ティアラ) 逍遥〔大久保博訳「完訳 ギリシア・ローマ神話」1970〕

テンパる 聴牌(テンパイ)の動詞化。英語からという意識も一部にあり。

【聴牌(テンパ)る】 漫画 聴牌(テンパ)ってた〔天獅子悦也「むこうぶち 23」2008〕❖麻雀用語。

でんぶ［田麩］

【田夫(でんぶ)】 説明書 此の袋入田夫は〔小さいビニール袋にはいった説明書 1961 目〕

テンプテーション［temptation］

【誘惑(テンプテーション)】 漫画 誘惑(テンプテーション)の香りを発する〔藤崎竜「封神演義 2」1997〕

テンプラ ポルトガル語説あり。「天麩羅」は、江戸の戯作者である山東京伝が考え出した表記ともいう。台湾では、天婦羅と別に魚肉のすり身を揚げ、甘いソースをかけたものなどを「甜不辣(ティエンプーラー)」(tiānbúlà、てんぷらの音訳)といい、薩摩揚げを西日本で「テンプラ」と呼ぶことに由来するとされ、当て字への当て字となる。看板では「天婦ら」「天婦羅」もあり。変体仮名から。

【天麩羅(てんぷら)】古 鍍金したるもの〈1917 隠〉

【天ぷら(てん)】新聞 天ぷら鍋に〈「読売新聞」2009年3月29日〉❖新聞でさえも「天ぷら」と天を漢字とするのは、揚げることと関連するか。「海老天」など。「天むす」も広まってきた。

【偽学生(テンプラ)】小説 彼が偽学生(テンプラ)だという〈田中英光「聖ヤクザ」1949 集〉

その他 天婦羅(てんぷら)・天夫羅(てんぷら) 古

テンプル [temple]

【側頭部(テンプル)】漫画 右で側頭部(テンプル)!〈森川ジョージ「はじめの一歩 44」1998〉

テンペスト [tempest] 大あらし。

【天変斯止(てんぺすと)】演目 文楽作品「天変斯止嵐后晴(てんぺすとあらしのちはれ)」初演は1992年〈「読売新聞 夕刊」2009年9月19日〉❖シェークスピアの「テンペスト」を翻案。止(とまる)の旧い字音もト。

テンボ スワヒリ語。

【象(テンボ)】漫画〈さいとうたかを「ゴルゴ13 42」1981〉

デンマーク [Denmark]

【嗹馬(デンマーク)】小説〈森鷗外「うたかたの記」1890〉

【丁抹(デンマーク)】小説 小沼丹〈中村明 2003〉

てんもんか

【星学家(てんもんか)】古

てんわ 赤穂市の地名。

【鶙和(てんわ)】【天和(てんわ)】地名 ❖真木村と鳥撫村が合併する際に「真(眞)」と「鳥」のそれぞれの1字をとり、2つの村が和すことを願って「鶙和村」となった合成地名。駅名はさらに発音から簡易な天和に。

でんわ [電話]

【携帯(でんわ)】歌詞 右手に取る携帯(でんわ)〈19「伝えたい音」(岡平健治) 2000〉/鞄の底さがす携帯(でんわ)〈AAA「ミカンセイ」(菜穂) 2007〉

【受話器(でんわ)】歌詞 受話器(でんわ)の向こうから〈矢沢永吉「浮気な午後の雨」(西岡恭蔵) 1985〉

【TEL(でんわ)】漫画 TEL(でんわ)番号くらい聞いときゃよかったって〈小花美穂「この手をはなさない 後編」1994〉

【Tel(でんわ)】歌詞 Tel じゃない分だけは〈ポルノグラフィティ「グァバジュース」2001〉❖tel もテル、でんわと読むことあり。「お Tel 下さい」というメモ書きも「でんわ」か。電話マークをそのように読むことも。

文集 Tel や Let が〈静岡県立沼津西高等学校「潮音」38号 1991〉❖電話・手紙のこと。

【10(でんわ)】広告 0－55210(ここにでんわ)〈「読売新聞」2010年2月26日〉

【phone:】民間 ❖一般に何と読むか。

【㊁】新聞 消費者ホットライン(㊁0570・064・370)にかければ〈「日経新聞」2010年2月13日〉❖「でんわ」と読むか。Ⓣも見られた。

【☎】広告 ☎予約〈「読売新聞」2010年3月7日〉❖いまだにダイヤル式の図柄が多い。「📱して」では読みはデンワで、意味は視覚的に区別しているか。

と

と

関連【と(t)】古 フェーと「国漢外語辞典」1930「と」でtの単独音を示した〈惣郷正明「辞書漫歩」1987〉

と [戸]

【扉(と)】小説 扉(と)にはこう書いてありました〈宮沢賢治「注文の多い料理店」1924〉❖「戸」の字源は「門」の左側の部分。戸という字を相手に説明し分かってもらう際によく「扉の戸」という。

歌詞 誰も彼も花をかかえて扉(と)を叩く〈山

本リンダ「じんじんさせて」〔阿久悠〕1972〕
書籍 常磐津の「関の扉（と）」〔辻村敏樹「ことばのいろいろ」1992〕

【門】和歌 由良の門を渡る舟人梶を絶え〔曽祢好忠（百人一首）〕
俳句 我が門出づ〔竹下しづの女〕

と［十］
【1-0】広告 1911-076〔「読売新聞」2010年3月2日〕◆電話番号。ハイフンを挟んでの語呂合わせ。

と
【&】書籍 ジュン&ネネ〔うみのさかな&宝船蓬莱「うみのさかな&宝船蓬莱の幕の内弁当」1992〕
小説 Yesterday & Tomorrow〔芝中学校文芸部「天晴れ20号」1999〕
漫画 トミー&マツ！〔本仁戻「高速エンジェル・エンジン1」2000〕
【to】広告 てんtoてん（首里）〔「読売新聞」2010年2月6日〕

ど［度］→どシー
【°】芸名 ななめ45°（よんじゅうごど）◆メモなどで21年度を21°と手書きでも入力でも略記することがある。角度から転用であろう。「360°モンキーズ」は「さぶろくモンキーズ」。
【C】芸名 -4℃ ◆セ氏度記号で、「どシー」「せっし…ど」とも読む。グループ名℃-uteでは「C」の代わり。

ドア［door］ドアー。
【扉】小説 扉〔徳富健次郎「黒潮」1903〕／扉がごくわずかだけ〔米川正夫訳「ドストエーフスキイ全集6 罪と罰」1960〕
詩 訪ふものは扉を叩つくし〔萩原朔太郎「乃木坂倶楽部」1934〕
歌詞 扉が溶ける時空がゆがむ〔南佳孝「真紅の魔都」〔松本隆〕1984〕／扉の陰から抱き合うふたりを〔ALI PROJECT「ナルシス・ノワール」〔宝野アリカ〕1998〕／その扉をあけて〔GARNET CROW「クリスタル・ゲージ」〔AZUKI七〕2002〕／いつもの扉開けたら優しい声迎えてくれる〔水樹奈々「私だけのメロディ」〔霜月はるか〕2007〕／扉の前にて〔椎名林檎「ポルターガイスト」2007〕
漫画 開かれた扉〔高橋留美子「めぞん一刻10」1986〕
WEB「自動扉」と熟語として書かれると、思わず「じどうドア」と読んでしまうのは、私だけでしょうか。考えてみると「回転扉」だってそうです。〔大修館書店HP〕
書名 小林フユヒ「天国の扉は2つある」2005〕
【出口】歌詞 獏も嘔吐く悪夢の出口〔神谷浩史＋小野大輔「DIRTY AGENT」〔古屋真〕2007〕
その他 闥 古

ドアボーイ［和製 door + boy］
【⿸戸男】創作 中学生 ⿸戸男〔斎賀秀夫「漢字と遊ぶ」1978〕

とい［問］
*【問】民間 ◆ノートに「問2」をたくさん書いているうちに融合することがある。門構えを「门」としたり、「問3」以降にも広がり、クラスで共有されるケースも。

とい
【〇】古 〇十の通り符牒〔1910 隠〕

といき［吐息］
【大息】古

といす［籐椅子］
【籐椅子】詩 あづまやの籐椅子によりて二人なにをかたらむ。〔萩原朔太郎「緑蔭」1913〕

といただす［問い質す・問い糾す］
【問い糺す】雑誌 存念を問い糺している。〔「歴史読本」1994年1月〕◆糾と糺は異体字。

といちろく
【土六】古 ◆十一の合字としてか。ト一（ハニ）は上（下）の隠語で、種々の意味を表す。

どいつ［何奴］

【何奴（どいつ）】 古 何奴（どいつ）も此奴（こいつ）も〔1908 俗〕

歌詞 何処の何奴（どいつ）が水をやる〔鳥羽一郎「青と白のブルース」（山田孝雄）2010〕

ドイツ［オランダ Duits］ 中国では「徳」。結合双生児だったベトちゃん・ドクちゃんの名は漢越語で、越（ヴィエト）（ベトナム）・徳（ドゥク）（ドイツ）病院から。

【独逸（ドイツ）】 雑誌 ドイツの国名として日本人が使う獣偏の漢字 中村元と同じく、白川（静）先生は使用を控えていらっしゃる。「これが（日本人の）中華思想です。英に獣偏を付けたこともありましたよ」〔「白川研究所便り」2008年3月30日〕

書籍 白耳義（ベルギー）、和蘭（オランダ）、独逸（ドイツ）、伊太利（イタリー）の諸国を〔井上ひさし「私家版 日本語文法」1981〕

広告〔倉橋燿子「BYE²片想い」1989（巻末）〕

*【外国語（ドイツ語）】 書籍 外国語（ドイツ語）で〔黒柳徹子「窓ぎわのトットちゃん」1981〕

トイレ［↑トイレット（toilet）］「圕（かわや）」が国字とされたことがあったが、漢字「圊」の異体字のようである。→おトイレ

【雪隠（トイレ）】 雑誌〔「歴史読本」1994年4月〕

【トレイ（トイレ）】 誤読〔WEB〕❖読み取り時に慣れた文字列として読み取ろうとするための転倒。→ひつまぶし

その他 便所（トイレ） 漫画

とう［灯］ 当用漢字補正資料を経て新字体に。

【燈（とう）】 歌詞 天に浮かぶ燈（とう）の船〔ZELDA「セイレーン」（高橋佐代子）1983〕❖蛍光灯、螢の燈（ひ）、燈籠、燈明（神社では熒という動用字も）など使い分ける向きがあるが、漢字へのイメージ重視・雰囲気好きの現れ。『日経ことばオンライン』（2010年6月17日）に「レトロ」な表現手段と指摘あり。

とう［訪う］

【訪う（と）】 小説 訪う（と）人の潮も〔有吉佐和子「地唄」1956〕

どう［同］

【〃（どう）】 小説 二十九〃（にじゅうくどう）〔柳瀬尚紀訳「フィネガンズ・ウェイク ⅠⅡ」1991〕

どう［銅］

【銅（どう）】 民間 ❖「銅は『金に同じ』と書く」は、金メダルに及ばなかった人によく言われる慰労のことば。

どう

【百（どう）】 人名 百（どう）さんと結婚したら〔南英男「腐蝕」1999 集〕❖姓に百目鬼（どうめき）・百目木（どうめき）。10×10（とかけると）で「とど」「どど」。姓・地名に百々（どど）あるが、「々」は、同音が反復することを表す捨て仮名のようなもの。「百々恵」「佐々木」と混同したか。

どう［如何］

【何う（ど）】 書籍 何（ど）うじゃ 丸山章治〔織田正吉「ことば遊びコレクション」1986〕

どう 感動詞。

【堂（どう）】 古 ❖→どうする（堂摺）

【瞳（どう）】【動（どう）】【百々（どう）】 古

どうい［同意］

【胴衣（どうい）】 WEB 激しく胴衣！「激しく同意！」の意。❖禿同（はげどう）とも。

どういう［如何いう］

【何いう（どう）】 古 何いふ訳〔1891〜1892 俗〕

トゥー［too］

【2（TOO）】 曲名 田原俊彦「悲しみ2（TOO）ヤング」（網倉一也）1981〕

ドゥーフ［Doeff］ ズーフ。

【道富（ドゥーフ）】 人名 ❖音訳。

ドゥームズデイ［doomsday］

【終末の日（ドゥームズデイ）】 広告 明日、〃世界の終末の日（ドゥームズデイ）〃到来。〔「読売新聞」2009年9月18日（映画）〕

【世界の終末（ドゥームズデイ）】 広告 世界の終末（ドゥームズデイ）まで、48時間——。〔「読売新聞 夕刊」2009年9月11日〕❖映画の宣伝文句。

トゥーリオ［Túlio］
【闘莉王(トゥーリオ)】(人名)田中マルクス闘莉王は2003年に帰化。

トゥールーズ［Toulouse］地名。
【韜留(トゥールーズ)】(小説)韜留(トウルウズ)大学を出て〔平野啓一郎「日蝕」2002〕

トゥエンティフォー［twenty four］
【24個(トゥエンティフォー)】(歌詞)〔Dir en grey「24個(トゥエンティフォー)シリンダー」(京)2002〕

どうおや［筒親］
【胴親(どうおや)】(辞書)

とうから［疾うから］
【疾(と)うから】(古)〔1909(俗)〕

とうがん［冬瓜］
【冬瓜(とうがん)】(民間)〔今半の弁当の献立に2009年6月〕

とうぎゅう［闘牛］
【闘閇(とうぎゅう)】(小説)〔柳瀬尚紀訳「フィネガンズ・ウェイクⅢⅣ」1993〕◆閇を「まら」と読ませることは平安時代から。本書には「閇(ひん)」などもちりばめられている。

とうきょう［東京］→とうけい
【東京(とうきょう)】(古)〔東京(とうけい)は東京(とうきやう)と〕東京府庁から指示があツたさうであるのを〔大槻文彦「復軒雑纂」1902〕
【闘強(とうきょう)】(アニメ)闘強導夢〔「ミラクルジャイアンツ童夢くん」1989～1990〕◆もじり。
【都会(トーキョー)】(WEB)闘強童夢(トーキョー)都会にある天才しか入れん学校に〔樋口橘「学園アリス 1」2003〕
【新都市(とうきょう)】(漫画)〔やまざき貴子「ZERO 1」1997〕
*【最高のチーム(東京地検城西支部)】(雑誌)「最高のチーム(東京地検城西支部)」が帰ってきた〔「SANKEI EXPRESS HERO 特別版」2007年9月〕

どうぐ［道具］
【器物(どうぐ)】(書籍)あるひは百般(いろいろ)の器物(どぶぐ)を〔井上ひさし「私家版 日本語文法」1981〕
【奴隷(どうぐ)】(漫画)動物は人間の奴隷(どうぐ)に過ぎない〔藤崎聖人「WILD LIFE 5」2004〕
【武器(どうぐ)】(漫画)〔上条明峰「SAMURAI DEEPER KYO 6」2000〕

とうげ［峠］
【到下(とうげ)】(古)峠を到下。正当な仮借〔杉本つとむ「日本文字史の研究」1998〕◆手向けの転「とうげ」を「到下」と書くのは当て字ともされるが、「峠」と書くのは国字であり当て字とはいわれない。正訓的であるため。峠と「岾」とで「とうげ」にも区別があり、下から上へ行く時に後者を使うという人あり。中国地方などでは「たお」とも読む。
【手向(とうげ)】(地名)門前町の手向(とうげ)地区には〔「暮らしの風」2008年12月〕
(その他)当下(とうげ)(古)

とうけい［東京］
【東京(とうけい)】(書名)中里和人写真集「東京」2006◆京都も「京都」と書かれたことあり。

どうけい［憧憬］
【憧憬(どうけい)】(辞書)◆慣用音、類推音で、元はショウケイ。改定常用漢字表(答申)では備考欄に示された。

どうけし［道化師］
【道化師(ピエロ)】(誤読)誤答とされたもの〔斎賀秀夫「漢字と遊ぶ」1978(写研「漢字読み書き大会」)〕

とうげんきょう［桃源郷］
【桃源境(とうげんきょう)】(辞書)中国の仙境。山中他界の一つ。

とうこう［↑東京拘置所］
【東京拘置所(トウコウ)】(書籍)東京拘置所(トウコウ)に移監されてしまえば〔浅田次郎「初等ヤクザの犯罪学教室」1993(集)〕

とうさん［父さん］常用漢字表付表に「お父(とう)さん」、改定常用漢字表(答申)で「父(とう)さん」に。
【父親(とうさん)】(漫画)〔由貴香織里「夜型愛人専門店DX」2004〕
【多桑(トオサン)】(台湾)「日本語族」とも「多桑」とも呼んでいる。「多桑＝トオサン」は、日本語の

「父さん」の発音に漢字を当ててつくられた台湾語。日本統治時代に教育を受けたことによって、今も日本語をしゃべる年配者を指す言葉である。〔「読売新聞」2007年3月25日〕

とうさん［嬢さん］関西方言。

【嬢(とう)さん】 辞書

とうさん［倒産］

【凍産(とうさん)】 誤字 倒産を凍産〔斎賀秀夫「漢字と遊ぶ」1978(写研「漢字読み書き大会」)〕

とうじ［杜氏］とじ。

【杜氏(とうじ)】 新聞 杜氏(とうじ) 古語「刀自(とじ)」から。〔「読売新聞 夕刊」2008年11月19日〕❖ルビには「と・うじ」や均等割りも。

誤読 杜氏 → 〝もりし〟と読んでいました。「将来〝もりし〟になりたいなー」とか。〔WEB〕

どうし［同士］漢語「同志」と和語「どち」の混淆か。同務(トンム)は朝鮮固有語への当て字。

【男女(どうし)】 曲名 美川憲一「まちがい男女(どうし)」(新井利昌)1998

【同志(どうし)】 小説 母親同志(どうし)だった〔小林多喜二「蟹工船」1929〕❖「女同志」のたぐいは手書きでもしばしばあり。明治期にも見られた。TV 連続ドラマ「知らない同志」1972 ❖同士の意か。

【同孖(どうし)】 小説 ピクトも少(スコ)ッチもかわりばえのしない間柄同孖(あいだがらどうし)の〔柳瀬尚紀訳「フィネガンズ・ウェイク III IV」1993〕❖「孖」はふたごを意味する漢字。

どうして［如何して］

【何故(どう)して】 歌詞 何故(どう)してささやいたの〔稲垣潤一「思い出のビーチクラブ」(売野雅勇)1987〕

【如何(どう)して】 歌詞 如何(どう)して 愛はいつも謎なの〔鹿島とも子「愛ふたたび」(谷川俊太郎)1971〕

とうしゅ［投手］

関連 **【投手(みはし)】** 漫画 投手(みはし)に〔ひぐちアサ「おおきく振りかぶって 12」2009〕❖「投手(ミハシ)」も。

とうしゅう［踏襲］→ふしゅう

【盗収(とうしゅう)】 誤字〔斎賀秀夫「漢字と遊ぶ」1978(写研「漢字読み書き大会」)〕

とうしろ［藤四郎］素人の倒語。

【素人(トーシロ)】 小説 素人(トーシロ)にしちゃ、そこそこいいパンチじゃないか〔清涼院流水「カーニバル一輪の花」2003〕

その他 **藤四郎(とうしろう)** 古

どうする［如何する］

【如何(どう)する】 古 如何(どう)したつて〔1896 俗〕

【堂摺(どうする)】 古 東京語辞典 だうするれん(堂摺連)〔惣郷正明「辞書漫歩」1987〕／堂摺連(どうするれん) 明治の中ごろの戯文に「堂なさる」「堂です」。一般的ではあったんですね。〔山田俊雄・柳瀬尚紀「ことば談義 寐ても寤ても」2003〕

***【動詞(どうし)ようもない】** 小説〔柳瀬尚紀訳「フィネガンズ・ウェイク I II」1991〕

どうせい［同性］

関連 **【同性(シヴィル)】** 新聞（イギリスで）同性婚(シヴィル)が可能になって以降〔「読売新聞」2008年4月20日〕

とうせみ とうせみとんぼ(灯心蜻蛉)。

【灯心蜻蛉(とうせみ)】 歌誌〔「短歌」1994年9月〕

とうぜん［当然］

【亠然(とうぜん)】 小説 目(め)に入(い)れても亠然(とうぜんちゅ)ゝっとも痛(いた)くない娘(むすめ)も。〔柳瀬尚紀訳「フィネガンズ・ウェイク I II」1991〕❖ 亠(なべぶた)は字義未詳の漢字。

その他 **当前(とうぜん)** 辞書

どうぞ

【何卒(どうぞ)】 古 何卒(どうぞ)色よい返事を下さんせ。〔常磐津〕❖「何卒(なにとぞ)」自体が当て字ともいわれる。

【どづそ】 誤字（看板で）日本語でどづそ。看板〔柳沢有紀夫「世界ニホン誤博覧会」2010〕

どうだろうまあ

【道蛇楼麻阿(どうだろうまあ)】 筆名 ❖戯作者の戯名。

と

とうちゃく［到着］
【倒着】（誤字）生徒 ゴールに倒着する〔山本昌弘「漢字遊び」1985〕
とうちゃん［父ちゃん］↓とうさん
【父ちゃん】（歌詞）ほんとに父ちゃん ありがとう〔さくらまや「大漁まつり」(水木れいじ)2009〕
【作者】（小説）〔田中芳樹「創竜伝 2」1993〕
どうてい［童貞］
【童貞】（漫画）仮にも上の口の童貞を〔大暮維人「エア・ギア 4」2003〕
どうてん［動転］
【洞天】（古）
とうてんこう［東天紅］
【東天紅】（書籍）ニワトリの鳴き声〔織田正吉「ことば遊びコレクション」1986〕◆中国語から。
とうとう［滔滔］
【滾々】（小説）滾々と説く〔清涼院流水「カーニバル一輪の花」2003〕◆本来は「こんこん」。
とうとう［到頭］
【一一】（古）
どうどうめぐり［堂堂巡り・堂堂回り］
【理論の空転】（漫画）理論の空転…〔川原泉「メイプル戦記 1」1992〕

とうとぶ［尊ぶ・貴ぶ］「たっとぶ」とも。
【尚ぶ】（古）感情の昂揚を非常に尚びながら〔和辻哲郎「風土」1931〕
とうに［疾うに］
【疾うに】（歌詞）疾うに失くしたから〔ALI PROJECT「小さき者への贖罪の為のソナタ」(宝野アリカ)2008〕
【夙に】（雑誌）〔「現代詩手帖」1994年9月〕
どうにか［如何にか］
【何にか】（古）何にか彼にかして〔1891（俗）〕
【怒～にか】（題名）怒～にかしてよっ！〔「with」1994年5月〕◆コーナーの名の一部。
とうふ［豆腐］納豆と豆腐は名と物自体が入れ替わったという俗説がある。
【豆腐】（姓）〔平島裕正「日本の姓名」1964〕◆改姓が認められなかったケースもあり。
【豆富】【豆冨】（民間）鈴木豆富店〔沼津市内の看板 1975（目）〕／豆富は縁起字〔斎賀秀夫「現代人の漢字感覚と遊び」1989〕／根岸に豆富がある〔斎賀秀夫「あて字の考現学」(「日本語学」1994年4月)〕◆松江では今でも多く、1963年の時点で、すでにそういう看板が目についたそうで、島根県豆富商工組合が豆腐のイメージをアップするために申し合わせた、〝縁起字〟ともいうべき文字を飾った当て字だとされている〔斎賀秀夫「漢字と遊ぶ」1978〕。「貴腐ワイン」まで「富」に変えられつつある。東京でも「くさる」を「とむ」に替えた「豆富」や、それを異体字に換えた「豆冨」は、スーパーや商店で見掛けるようになっている。特に居酒屋などチェーン店のメニューでは、それらが席巻している。中国では豆腐脳、臭豆腐などストレートな表現。
（雑誌）笹乃雪豆富料理〔「新読売ロマンの旅24」2008年10月〕
【豆府】（古）◆泉鏡花は潔癖性で、「腐」を忌避して好物の豆腐を「豆府」と書いた。
【父父】（字謎）漢字クイズ〔「日本語百科大事典」〕／なぞなぞ〔山本昌弘「漢字遊び」1985〕
とうへんぼく［唐変木］
【唐変木】（辞書）◆江戸時代から。朴念仁、頓珍漢などあやしげな三字熟語の一つ。
【唐偏朴】（古）〔1891～1892（俗）〕
どうも
【何も】（古）何うも斯うもあるものか〔1924（俗）〕
どうもと［筒元］
【胴元】（辞書）
とうもろこし［玉蜀黍］トウ＋もろこし（唐唐の意）。

【唐(とうもろこし)】姓〔森岡浩「名字の謎がわかる本」2003〕❖幽霊名字とされる。
その他 唐唐(とうもろこし) WEB

とうや［陶冶］
【陶冶(とうじ)】誤読 高校生 陶冶をとうじ。「とうや」という語自体を知らないためか。〔2010年3月16日NHK放送文化研究所研究発表「放送に使う漢字」〕

どうよ［如何よ］
【如何(どうよ)に】小説 どのようなさまをしって『如何(どうよ)に』と思ったの?〔藤原眞莉「華くらべ風まどい―清少納言梛子」2003〕❖仮名の部分も別の読み。

どうよう［同様］
*【Do you need to cry?(同様にcry?)】歌詞 Do you need to cry?(同様に cry?) 孤独とも〔タッキー＆翼「One day, One dream」(小幡英之)2004〕

とうようかんじ［当用漢字］
【盗用漢字(とうようかんじ)】民間 ❖寿司屋の湯吞み茶碗に「⿰魚㕣(キス)」「軟(パンク)」など。ゴルフ版もある。
【東洋漢字(とうようかんじ)】WEB ❖子どものころ、トウヨウ漢字を耳で聞いて、西洋漢字もあるのかと思う人あり。

どうらく［道楽］
【胴楽(どうらく)】古〔人情本〕

どうらん［胴乱］
【車掌鞄(どうらん)】小説 若い機関士は車掌鞄(どうらん)を提げて〔浅田次郎「鉄道員」2000〕

トゥルー［true］
*【〝真実〟(トゥルー・ストーリー)の物語】雑誌〔「女性自身」2004年10月26日〕
*【T・E(トゥルーアイズ)】漫画 だからCIAは『T・E(トゥルーアイズ)』にも調査の依頼を〔加藤元浩「ロケットマン7」2004〕❖主人公の所属する組織。

ドゥルック［←ドイ Blutdruck］
【血圧(ドゥルック)】書籍 血圧(ドゥルック)を測れというのである〔永井明「ぼくが医者をやめた理由」1993 集〕

どうわすれ［胴忘れ］ど忘れ。
【胴忘れ(どうわすれ)】辞書 ❖古く「道わすれ」とも。

どエス［どS］
【愛責(ドエス)】WEB 便宜的にある感じ(ママ)の音や訓を借りて書き記し当て字としてこの言葉のパンティが完成! 愛責でドエス♪愛受でドエム

とえはたえ［十重二十重］常用漢字表付表にあり。
【十重二十重(じゅうにひとえ)】誤読〔斎賀秀夫「漢字と遊ぶ」1978〕❖十二単(ひとえ)。

どエム［どM］
【愛受(ドエム)】WEB ❖→どエス

どえらい［ど偉い］
【滅法界(どえらい)】古 ヒヤア滅法界(どゑらい)ことを吐出したな〔1879 俗〕

とお［十］
【勝(とう)】しこ名 (しこ名は)出身地十勝にちなんで北十海や十勝海が候補だった。しかし十では10勝止まりになりそうで辞めた(ママ)方が良いと九重が発言、十勝から読みは十(とう)、字は勝として北勝海(ほくとうみ)に決まった。〔WEB〕

とおい［遠い］
【遙(とお)い】歌詞 少し遙(とお)く見つめる瞳〔ZARD「もう探さない」(坂井泉水)1991〕
【永遠(とお)い】歌詞 誰も胸に永遠(とお)い星を宿し〔鮎川麻弥「風のノー・リプライ」(売野雅勇)1998〕
【幼(とお)い】歌詞 いつもしゃべりあった幼(とお)い思い出も〔堀江由衣「Say Cheese!」(田代智一・すやまちえこ)2007〕
【十百九(とおく)】古『算法童子問』1784 三十十百九里遠く…十七次方程式になっていて〔織田正吉「ことば遊びコレクション」1986〕
*【過去(とおいむかし)】歌詞 傷ついてた君は過去(とおいむかし)〔GARNET CROW「スカイ・ブルー」(AZUKI七)2002〕

トーク [talk]
【GIRLS TALK（トーク）】歌詞 盛り上がる GIRLS TALK（トーク）〔倖田來未「girls」2007〕
【特（トーク）】チラシ ガールズ特（トーク）コース〔かまどか 2010〕
【109（トーク）】広告 181（イッパイ）－109（トーク）〔「読売新聞」2010年4月17日〕◆電話番号。
*【寝物語（ピロートーク）】小説 寝物語（ピロートーク）を〔清涼院流水「カーニバル二輪の草」2003〕
その他 討論（トーク）漫画／話術（トーク）・討句（トーク）WEB

とおざかる [遠ざかる]
【遠座かる（とおざかる）】古 明治初年に出版された英語入り都々逸 ラーブい夢にも遠座かり〔樺島忠夫「事典日本の文字」1985（川崎洋）〕
【遠去かる（とおざかる）】歌詞 錆びた船がナホトカに向けて遠去かる〔松任谷由実「私のロンサム・タウン」1982〕／無情に夏は遠去かる〔サザンオールスターズ「Moon Light Lover」（桑田佳祐）1996〕
【遠離る（とおざかる）】変換〔ATOK17〕

とおざける [遠ざける]
【遠去ける（とおざける）】新聞広告 脳溢血・狭心症を遠去けよう〔「言語生活」1960年7月（目）〕
その他 遠避ける（とおざける）WEB

トースト [toast]
【焼麵麭（トースト）】俳誌〔「俳句」1994年12月〕◆麵麭（包）はパンと読まれた。

ドーター [daughter]
【娘（ドウタ）】新聞 遺伝子の究極的な目的は永続的な自己複製である。「母（マザ）」からクローンとしての「娘（ドウタ）」を作り出すこと。〔「読売新聞」2009年6月7日〕◆娘細胞を「ドーター」とも呼ぶ位相語あり。

トータル [total]
【総合（トータル）】漫画 総合（トータル）賞金額（バウンティ）〔「週刊少年ジャンプ」2004年7月8日（ONE PIECE）〕
【通算（トータル）】漫画 通算（トータル）だと〔天獅子悦也「むこうぶち 24」2009〕
【α（トータル）】パンフ α（トータル）コンセントレート美容液〔クリスチャン・ディオール 2009〕

トーナメント [tournament]
【大会（トーナメント）】漫画〔「週刊少年ジャンプ」2004年41号〕

トープ [taupe] 灰褐色。
【愛馬（トープ）】漫画 愛馬（トープ）よ〔田村由美「BASARA 18」1996〕◆他所に「土竜（トープ）」もあり。

ドーフィネ [フランス Dauphiné]
【道敏（ドオフイネ）】小説 この道敏（ドオフイネ）地方〔平野啓一郎「日蝕」2002〕

トーマス [Thomas]
【友之（トーマス）】古 1889年 トーマス・ヴァン 伴 友之 原音に近き人名に変えた〔惣郷正明「辞書漫歩」1987〕

ドーム [dome]
【円頂塔（ドーム）】詩 円頂塔（どうむ）の上に円頂塔が重なり〔萩原朔太郎「古風な博覧会」1928〕
【会堂（ドーム）】漫画『地獄会堂（インフェルノ・ドーム）』行き特別列車が〔「週刊少年マガジン」2004年48号（GetBackers）〕
【大聖堂（ドーム）】書籍 ケルンには有名な大聖堂（ドーム）がある〔加藤文元「数学する精神」2007〕
【童夢（どうむ）】漫画題名 大友克洋「童夢」1983 ◆社名などにも。
アニメ題名「ミラクルジャイアンツ童夢（どうむ）くん」（石ノ森章太郎）1989～1990 ◆1988年に完成した東京ドームのイメージキャラクターは童夢くん人形。

トーラ [Torah] トーラー。
【火（トーラ）】漫画『火（トーラ）』『風』『水』『地』…〔渡辺祥智「銀の勇者 4」2000〕◆精霊の長の名前。

とおり [通り]
【街（とおり）】漢詩 市場街（いちばどおり）〔平井呈一訳「狂詩 巡査行」1951〕

とおりかかる [通り掛かる]
【通行かかる（とおりかかる）】古 通行（とお）りかゝりました〔三遊亭円朝「怪談牡丹灯籠」1884 俗〕

とおりな［通り名］

【通称(とおりな)】 小説『草の庵』だなんて通称(とおりな)〔藤原眞莉「華くらべ風まどい－清少納言梛子」2003〕

とおりゃんせ［通りゃんせ］

【闘(とう)りゃんせ】 曲名 YOKO「闘りゃんせ」〔中島みゆき〕2008 ❖もじり。

とおる［通る・透る・徹る］

【透(とうる)】 民間 ❖字音トウと混同し「とうる」と書かれることあり。

ドール［doll］

【人形(ドール)】 曲名 杏里「中国人形(チャイニーズドール)」〔尾崎亜美〕1978

【お人形(ドール)】 歌詞 お人形(ドール)じゃないわ〔Sound Horizon「StarDust」(REVO) 2005〕

【童留(ドール)】 広告 赤い角の童留(ドール)〔日渡早紀「ぼくの地球を守って 2」1987(巻末)〕

【役者(ドール)】 歌詞 戯曲通りに役者(ドール)は踊り〔Sound Horizon「終端の王と異世界の騎士～The Endia & The Knights～」(REVO) 2006〕

【etite(ドール)】 歌詞 同じ答えばかりでつまらない etite(ドール) たち〔水樹奈々「Bring it on!」2007〕

トールゲート［tollgate］

【関門(トールゲート)】 歌詞 幾つものはずせない夢への関門(トールゲート)〔杉山清貴「MOVING MY HEART」(青木久美子) 1987〕

トーン［tone］

【調子(トーン)】 書籍 声の大きさや調子(トーン)〔川本英明訳「赤ちゃんの言いたいことがわかる本」2007〕

とかい［都会］

【都市(とかい)】 歌詞 都市(とかい)は1999月影ラビリンス〔ALI PROJECT「メガロポリス・アリス」(宝野アリカ) 2006〕

【東京(とかい)】 漫画 東京(とかい)についた〔樋口橘「学園アリス 1」2003〕

とかく［兎角・左右］ 副詞「と」＋「かく」。

【兎角(とかく)】 古 ❖兎に角、兎も角、折角(漢語)など、副詞に角が多かった。

その他 **左右(とかく)・取捨(とかく)** 古

とかげ［蜥蜴・蝘蜓・石竜子］

【蜥蜴(とかげ)】 古

とかす［溶かす・解かす・融かす］「溶」に本来は「とかす」の意味はない〔大槻文彦「復軒雑纂」1902〕。江戸時代以降の字義。

【解凍(とか)す】 歌詞 凍りついたこの私を解凍(とか)してくれる日差し〔島谷ひとみ「freeze～失われた夏の日」(森浩美) 2002〕

とかす［梳かす・解かす］

【梳(と)かす】 短歌 髪を梳(と)かしぬ〔「読売新聞」2010年3月22日〕

どかどか

【動下(どかどか)々】 古

とき［時・秋］ 女子の手紙やWEBなどに「トキ」とカタカナ表記が見られる。古くトキは合字「トキ」とも。

【時間(とき)】 ❖常用漢字表による表記では「時」だが、「時間(とき)」が各メディアに人気。1980年代から広まったもよう。

詩 おそろしい時間(とき)はないのです〔萩原朔太郎「黒い風琴」1992〕

歌詞 時間(とき)に終着の駅などないさ〔近藤真彦「ミッドナイト・ステーション」(松本隆) 1983〕／時間(とき)の背中に〔中森明菜「二人静」(松本隆) 1991〕／このまま時間(とき)が止まるならば〔Every Little Thing「Season」(五十嵐充) 1996〕／時間(トキ)に追われて〔浜崎あゆみ「I am…」2001〕❖用例きわめて多し。

短歌 時間(とき)の積木を組み立てて〔俵万智「サラダ記念日」1987〕

漫画 時間(とき)もない闇の空間〔垣野内成美「吸血姫美夕」1988〕／時間(とき)が来れば〔さとうふみや「金田一少年の事件簿 1」(金成陽三郎) 1993〕／姫の時間(とき)は変わらずに流れます〔山田南平「紅茶王子 14」2001〕

雑誌〔「旅」1994年2月〕

TV〔富士通のＣＭ 1997〕

曲名 湯原昌幸「時間を止めて」（ゆうき詩子）1997／ZARD「時間の翼」（坂井泉水）2001／中川翔子「シャーベット色の時間」（meg rock）2009

広告 時間を愉しむ〔「読売新聞」2004年11月21日〕／「風雅の時間」会員制リゾート〔「スポーツ報知特別版」2008〕

パンフ 肌を慈しむ、最も贅沢な時間〔クリスチャン・ディオール 2007〕

書名 青木和尊「時間という名の支配者と」2008

新聞 すばらしい時間です。〔「読売新聞 夕刊」2009年7月25日〕／時間を経てますます輝きを放つ名作たち――〔「読売新聞」2010年1月5日〕

【時間の流れ】 歌詞 残酷な時間の流れを払い〔GARNET CROW「今日の君と明日を待つ」（AZUKI 七）2003〕

【時代】 歌詞 時代にたわむれて〔渡辺真知子「唇よ、熱く君を語れ」（東海林良）1980〕／さらば青き二人の時代〔アルフィー「愛の鼓動」（高見沢俊彦）1984〕／同じ時代をあの日のまま〔WANDS「星のない空の下で」（上杉昇）1994〕／冷めた時代を照らし〔FANATIC◇CRISIS「SUPER SOUL」（石月努）1997〕❖用例多し。

曲名 サザンオールスターズ「YaYa～あの時代を忘れない～」（桑田佳祐）1982

雑誌 時代が〔「旅」1994年4月〕

広告 松山千春LIVE「時代をこえて」〔「読売新聞 夕刊」2009年10月23日〕

アルバム名 お鯉「百寿 お鯉～唄声は時代を超えて～」2006

【時節】 題名 ノイマイヤーの「時節の色」再演 東京バレエ団〔「読売新聞 夕刊」2008年12月16日〕

【時流】 歌詞 時流に抱かれる日を〔TOSHI with NIGHT HAWKS「ALWAYS～伝えたい～」（Toshi）1993〕／変わり行く時流だって〔「RE: BRIDGE～Return to oneself～」（奥井雅美）2009〕

【時経】 歌詞 古代の時経を越えて〔コミネリサ「紅の伝説」（江口貴勅）2007〕

【時空】 曲名 竹内まりや「時空の旅人」1986

映画題名「時空の旅人」1986

歌詞 時空を越えて星は光る〔サザンオールスターズ「CHRISTMAS TIME FOREVER」（桑田佳祐）1992〕／同じ時空の中で〔林原めぐみほか「そばにいるよ～優しきエピローグ～」（山本成美）1999〕／遙かなる時空を越えて〔白龍「運命の鼓動よ」（田久保真見）2005〕

広告 ド迫力決闘を 劇場版遊戯王～超融合！時空を越えた絆～〔「読売新聞 夕刊」2010年1月28日〕

ゲーム名 PCゲーム「かがやく時空が消えぬ間に」

【空間】 ❖「時間」でなく「空間」で「とき」。

歌詞 限られた空間の中〔GARNET CROW「夕立の庭」（AZUKI 七）2002〕

新聞 田口蕃、田口節「こゝろを癒す空間」〔「読売新聞 夕刊」2008年9月9日〕

【毎日】 歌詞 毎日に追われて誰かに惚れて愛されても〔GLAY「ひとひらの自由」（TAKURO）2001〕

【月日】 歌詞 月日は流れても〔day after tomorrow「My faith」（misono）2002〕

【年月】 歌詞 年月が経つのは〔大黒摩季「ら・ら・ら」1995〕／いくつも年月は過ぎて〔三田りょう「この歌をあの人に…」（チバリヨオ）2004〕

【季節】 曲名 山口百恵「琥珀の季節」（うさみかつみ）1980

歌詞 輝いた季節 忘れないでね〔松田聖子「蒼いフォトグラフ」（松本隆）1983〕／輝く季節の中で〔FIELD OF VIEW「君がいたか

ら」(坂井泉水)1995〕❖同名のドラマ(1995)のタイトルから。／凍えるだけの季節ではなかったよ〔CHEMISTRY「My Gift To You」(小山内舞＆S.O.S.)2002〕／溜め息に知らされる季節を〔L'Arc～en～Ciel「瞳の住人」(hyde)2004〕

ポスター わが青春の季節〔ひがしね湯けむり映画祭2004〕

アルバム名 さだまさし「季節の栖」1999

広告「報知高校野球」夏へ君の季節(とき)コーナー名〔「読売新聞」2009年6月22日〕

番組名「旅立ちの季節スペシャル」〔「読売新聞 夕刊」2009年4月2日〕

【季】 書名 三浦綾子「毒麦の季」1978

新聞 写真展「季の美光1995～2009」を開いている。〔「読売新聞」2009年5月24日〕／2003年、工場の出入り口に紙を張りだした。「季の和菓子を販売します」〔「読売新聞」2009年11月11日〕

広告 季の湯 雪月花〔「読売新聞」2009年9月10日〕

【杜季】 新聞「コモンステージ武蔵府中 杜季の街」を開発〔「読売新聞 夕刊」2009年10月15日〕

【現実】 歌詞 いつも現実とウラハラ〔KinKi Kids「walk on」(Gajin)2009〕

【状況】 歌詞 どんな状況も笑っているよ〔FIELD OF VIEW「突然」(坂井泉水)1995〕

【生活】 歌詞 二人で過ごした 幸せな生活を〔ZARD「あなたのせいじゃない」(坂井泉水)1994〕

【運命】 歌詞 絡み出す運命の悪戯が見たい〔不二周助「Black Rain」(kyo)2003〕

広告〔神坂一「日帰りクエスト 2」1993(井内秀治「虎王伝説」)〕

【人生】 歌詞 人生が刹那の夢であるなら〔浜崎あゆみ「Dolls」2002〕

【物語】 歌詞 儚い物語辿る運命なら〔水樹奈々「WILD EYES」2006〕

【歴史】 歌詞 遥かなる歴史に〔RAMAR「Wild Flowers」(酒井悠介)2000〕／このかけがえのない歴史が〔水樹奈々「BRAVE PHOENIX」(上松範康)2006〕

【20世紀】 歌詞 惜しまれる 20世紀を〔RAMAR「Wild Flowers」(酒井悠介)2000〕

【21世紀】 歌詞 今来たる21世紀に名を馳せる〔RAMAR「Wild Flowers」(酒井悠介)2000〕

【世紀末】 歌詞 押し迫る世紀末を超えて〔RAMAR「Wild Flowers」(酒井悠介)2000〕

【来世】 歌詞 生まれ変わる来世を待ち焦がれて〔abingdon boys school「INNOCENT SORROW」(西川貴教)2006〕

【未来】 歌詞 きっとステキな stories 出会う未来にも〔奥井雅美「HAPPY PLACE」2002〕／ガラスの道散らばる未来〔水樹奈々「ひとつだけ誓えるなら」(BEE')2006〕

【明日】 歌詞 同じ明日を一緒にゆっくりと歩いていこう〔三枝夕夏「Graduation」(IN db)2003〕

【生命】 歌詞 生命は儚いものなのに〔GARNET CROW「夢のひとつ」(AZUKI七)2008〕

【秋】 古 奮励を要する秋に〔「訓話説教演説集 9」1929〕

小説 日本帝国のためどんなものでも立ち上がるべき「秋」だったから。〔小林多喜二「蟹工船」1929〕

新聞「政権交代の秋」見出し〔「読売新聞 夕刊」2008年9月24日〕❖振り仮名なし。本文でも振り仮名なし。／自民党にとって危急存亡の秋である。〔「読売新聞」2008年9月23日(社説)〕❖「…の秋」で、ふさわしい時期を表す。

【刻】 歌詞 日の暮れ刻に〔美空ひばり「越前岬」(吉田旺)1979〕／残りわずかな この刻を〔都はるみ・宮崎雅「ふたりの大阪」(吉岡治)

と

1982〕／風下へと刻を流してゆく〔La'cryma Christi「偏西風」(TAKA) 1997〕／長く短い刻を黙って歩いた〔GLAY「恋」(TAKURO) 2006〕◆用例多し。

[曲名]鮎川麻弥「Z（ゼータ）・刻を越えて」（井荻麟）1985〕／「響け刻(トキ)の結晶(カケラ)を」（久野昌弘）2004

[広告]春夏秋冬の刻を舞う〔垣野内成美「吸血姫美夕」1988（巻末）〕／ともに刻を重ねるよろこび「馬革(ホースレザー)」の鞄。〔「読売新聞 夕刊」2009年2月10日〕／百年の刻を超え、〔「読売新聞」2009年4月20日〕

[小説]地球滅亡の刻を待っている〔菊地秀行「白夜サーガ 魔王星完結編」1996〕／半刻でございます〔夢枕獏「黒塚 KUROZUKA」2003〕

[漫画]限りある生命の刻を〔さとうふみや「金田一少年の事件簿 Case1 魔犬の森の殺人」（金成陽三郎）1998〕／紅顔ありき刻へと蘇るでやんす!!〔綾峰欄人「GetBackers 奪還屋 23」（青樹佑夜）2003〕／月の咲く刻〔「花とゆめ」2004年22号（HMC成績発表）〕

[新聞]永代寺の撞く刻の鐘〔「読売新聞」2009年1月21日〕／残された刻～満州移民・最後の証言～〔「読売新聞」2009年12月15日〕／四半刻(しはん)（30分）で治療は終わった〔「読売新聞 夕刊」2010年2月20日〕◆時間の単位。／最期の刻。〔「読売新聞」2010年3月18日〕

[チラシ]この瞬間、「思考(シコウ)×志向(シコウ)」の刻(トキ)〔第31回国際学生シンポジウム 2010〕

[番組名]「残された刻～満州移民・最後の証言～」〔「読売新聞」2010年2月9日〕

[題名]「刻」1996 青山亘幹 画題〔「読売新聞 夕刊」2009年4月28日〕

[ゲーム]刻の末裔〔ガンダムのカードゲーム〕

【時刻】[歌詞]無情の風が 別れの時刻を〔石原裕次郎「泣かせるぜ」（滝田順）1965〕／時刻迫るほどにジンクスは解けて〔桑田佳祐「鏡」1994〕／旅立つ時刻を告げる〔植田佳奈「Over the FANTASY」(Yuko Ebine) 2001〕／踊ろうか残りの時刻を〔鳥羽一郎「青と白のブルース」（山田孝雄）2010〕

[書名]細谷亮太「赤ちゃんとの時刻」1998

[民間]最高の時刻を〔学生 キャッチコピーづくりで 2009年6月〕

【聖刻】[小説]読み終える、最期の聖刻〔清涼院流水「カーニバル 一輪の花」2003〕

【瞬間】[歌詞]二人の瞬間を抱いて〔松原みき「真夜中のドア～Stay With Me」（三浦徳子）1979〕／きっと微笑む瞬間へと〔織田純一郎「輝け！ラーメンマン！」（さがらよしあき）1988〕／瞬間を求めて〔相川七瀬「天使のように踊らせて」1996〕／大切なこの瞬間をいつまでも忘れぬように〔AKB48「桜の栞」（秋元康）2010〕◆用例きわめて多し。

[曲名]国生さゆり「ノーブルレッドの瞬間」（秋元康）1986〕／松田聖子「涙が乾く瞬間」1993

[書籍]瞬間〔うみのさかな&宝船蓬莱「うみのさかな&宝船蓬莱の幕の内弁当」1992

[雑誌]ボクの愛が止まった瞬間〔「MORE」1994年9月〕／〔「旅」1994年6月〕

[漫画]あの瞬間の結末を今ここに求めようぞ!!〔綾峰欄人「GetBackers 奪還屋 23」（青樹佑夜）2003〕／奇跡の〝瞬間(トキ)〟を魅せる気高き芸術家!!〔許斐剛「テニスの王子様 20.5」2003〕

[書名]武者圭子訳「あの瞬間、ぼくらは宇宙に一番近かった」2004

[新聞]今回のテーマは「人生が変わる瞬間（とき）」。2人にとって、人生が変わった瞬間は？〔「読売新聞」2007年8月16日〕

[番組名]「封印された瞬間（とき）四川大地震」ＮＨＫ衛星第一〔「読売新聞」2009年6月29日〕

[広告]わが人生 最良の瞬間〔「読売新聞」2009年1月10日（文藝春秋）〕

チラシ この瞬間(トキ)、「思考(シコウ)×志向」の刻(トキ)〔第31回国際学生シンポジウム 2010〕

【瞬時(とき)】 歌詞 僕は夢見る きらめきの瞬時を〔浜田省吾「25番目の夢」1978〕

【一瞬(とき)】 歌詞 ためいきをつく一瞬(とき)に〔安全地帯「風」(松井五郎)1984〕／この一瞬(とき)が全てでいいでしょう〔タイナカサチ「disillusion」(芳賀敬太)2006〕

雑誌〔「旅」1994年2月〕

広告 永遠の一瞬(とき) 中島健太 油彩画展〔「読売新聞」2009年12月18日〕

【時点(とき)】 歌詞 あの時点(とき)からすでに〔GARNET CROW「Only Stay」(AZUKI 七)2003〕

【時計(とき)】 漫画 あの時計(とき)が全ての始まりだから〔大暮維人「エア・ギア 4」2003〕

【現在(とき)】 歌詞 現在(とき)を超えていきたいから〔TWO-MIX「Silent Cruising」(永野椎菜)1997〕

【今(とき)】 歌詞 ボクらはこの今(とき)を生きている〔青酢「抱えたキセキ」(綿貫辰也)2007〕／この今(とき)〔柴咲コウ「かたちあるもの」2004〕

【機会(とき)】 歌詞 ふとした機会(とき)に めぐり逢い〔真木洋介「オメデトウ二人に」(テリー・アサカワ)1976〕

【時期(とき)】 歌詞 決断のその時期(とき)〔ZARD「世界はきっと未来の中」(坂井泉水)1999〕／咲き誇れる時期(とき)には〔川田まみ「you give…」2006〕

【期限(とき)】 歌詞 与えられた期限(とき)を〔GARNET CROW「君 連れ去る時の訪れを」(AZUKI 七)2004〕

【夜(とき)】 漫画 この夜(とき)から〔大暮維人「エア・ギア 1」2003〕

【日(とき)】 歌詞 あの日(とき)で止まったまま〔愛内里菜「眠れぬ夜に」2007〕

【日々(とき)】 歌詞 君といた日々(とき)が〔岸本早未「愛する君が傍にいれば」(AZUKI 七)2003〕

【気候(とき)】 書籍 それぞれの気候(とき)の気分にひたるのが〔井上ひさし「私家版 日本語文法」1981〕

【劫(とき)】 俳句 古典ほろぶる劫(とき)ぞなき〔竹下しづの女〕

【青春(とき)】 歌詞 旅立ちの刻(とき)を迎えた色褪せぬ青春(とき)を刻んだ〔手塚国光「証 －あかし－」(UZA)2005〕

【過去(とき)】 歌詞 過ぎ去った過去(とき)〔大滝詠一「君は天然色」(松本隆)1981〕／空白の過去(とき)〔GARNET CROW「Please, forgive me」(AZUKI 七)2002〕

【昔(とき)】 歌詞 何も言わず 昔(トキ)を越えるだけで〔ツイスト「Love Song － please listen to my song －」(世良公則)1980〕

【記憶(とき)】 歌詞 いつかは消えゆく記憶(とき)〔川田まみ「緋色の空」2005〕

【永遠(とき)】 映画題名「君といた永遠(とき)」1999 ❖書名にも。「一瞬」から「永遠」まで、「とき」の漢字表記は幅が広い。

その他 辰(とき)・節(とき) 古

とき 〔鴇・朱鷺・桃花鳥〕 字体の変化した鴾、鵇(国字)とも。

【朱鷺(とき)】 新聞 「朱鷺(とき)と暮らす郷(さと) 米」 佐渡市〔「読売新聞 夕刊」2009年10月10日〕

ときとうさぶろう 〔時任三郎〕 人名。

【時任三郎(ときにんざぶろう)】 誤読 俳優の「時任 三郎」さんをずっと「時 任三郎」(とき にんざぶろう)だと思ってたそうです。〔WEB〕 ❖テレビドラマ『古畑任三郎』の名はこの誤分析から生まれた。

どきどき

【土器土器(どきどき)】 WEB ❖「土器土器・dokidoki ～やきものつくり(陶芸)」、「陶芸体験〈土器土器(ドキドキ)コース〉」、「かごめに土器土器し隊」など多く使われている。

【土器ドキ(ドキ)】 曲名 柏倉つとむ「恋は土器ドキ!」(池田眞美子)1994 ❖もじり。

【動悸動悸(どきどき)】 WEB 胸が動悸動悸 ❖動×悸、動気などもあり。

その他 悸々(どきどき) 古

と

ときに［時に］

【于時(ときに)】古

ときのこえ［鬨の声］

【鯨波声(ときのこえ)】曲名「鯨波声(ときのこえ)」1922

その他 鯨波(ときのこえ)・凱歌(ときのこえ)・時声(ときのこえ) 古

どぎまぎ

【赤面(どぎまぎ)】古／**【周章狼狽する(どぎまぎする)】**古

ときめき

【心花(ときめき)】曲名 矢沢永吉「心花(ときめき)よ」〈大津あきら〉1993

【温度(トキメキ)】歌詞 出逢った頃の温度(トキメキ)続いてく〈水樹奈々『好き！』〉2006

【未来の手(ときめき)】歌詞 汚れのない未来の手(ときめき)を〈TWO-MIX「LAST IMPRESSION」〈永野椎菜〉1998〉

ときめく「時めく」とは別語。

【動悸く(ときめく)】雑誌 芭蕉の胸はなぜか動悸(ときめ)く。〈「プレジデント」1994年7月〉

その他 時明(ときめく)・衝跳(ときめ)く 古

どぎも［度胆・度肝］

【度胆(どぎも)】辞書

ドキュメント［document］

【記録(ドキュメント)】書籍 ライフヒストリー資料としての個人的記録(パーソナル・ドキュメント)〈桜井厚「インタビューの社会学－ライフストーリーの聞き方」2002〉／人間記録(ヒューマン・ドキュメント)〈同〉

どきょう［度胸］

【肚胸(どきょう)】古 糞肚胸(くそどきやう)〈1874〜1876 俗〉◆肚は「はら」。

とぎれる［途切れる］

【跡切れる(とぎれる)】歌詞 跡切れがちな愛の〈沢田研二「あなたへの愛」〈安井かずみ〉1972〉

その他 中絶(とぎ)れる 古

ときわ［常磐］ 地名の常磐(じょうばん)とは別。

【常磐(ときわ)】古 ◆早大校歌の「常磐の森」を、地名と勘違いする者あり。

ときん

【と金(きん)】辞書 ◆将棋の駒で金将の裏の「と金」は「金」の崩し字からと言われているが、異説も唱えられている。

とく［得］ 知っ得、知っトク、おトクはよくある。ナッ得も。不景気な時に人気。↓しっとく・なっとく・まるとく

【徳(とく)】古『見徳一炊夢(みるがとくいっすいのゆめ)』〈小林祥次郎「日本のことば遊び」2004〉

広告 お徳な現金がお買いやすい長期分割で。〈電気屋 1965 ㊐〉◆→とくよう

【得(とく)】広告 東京タワー 行っ得ガイド〈「読売新聞」2006年7月27日（女性セブン）〉／「得する＆損する会社」全解剖〈「読売新聞」2009年1月23日（FRIDAY）〉／春の超得旅〈「読売新聞」2009年4月21日（DIME）〉

新聞 賢く得ゴールドカード〈「読売新聞」2009年3月6日〉◆丸得とも読まれる。

とく［特］ 得（徳とも通用）とかける。

【得(とく)】TV 得もりボード〈「とくダネ！」〈フジテレビ〉〉

広告 台湾北部トク盛（トクの上下に「特！」「得！」）〈「読売新聞」2010年3月28日〉

とく［解く］

【問く(とく)】歌詞 信じる者だけが問(と)けるだろう〈渡辺学「In My Justice ～翼の伝説」〈田久保真見〉1996〉

どく［退く］

*__【邪魔(どきな)】__歌詞 邪魔(どきな)タフガイ〈HALCALI「ギリギリ・サーフライダー」〈RYO-Z〉2003〉

ドク［↑ドクター］

【先生(ドク)】漫画〈平野耕太「HELLSING ヘルシング 5」2003〉

とくい［得意］

【顧客(とくい)】小説 顧客(とくい)先回りに駆りだされた〈森村誠一「殺意の接点」2001〉

【騳意(とくい)】小説 騳意驫然(とくいひょうぜん)駟馬(しば)追(お)いロデオ踊(おど)りに〈柳瀬尚紀訳「フィネガンズ・ウェイクⅢⅣ」1993〉◆『辞書はジョイスフル』1996によると、語義の厳密な対応よりも視覚的効果

を利用したもの。

どくガス［毒ガス］

【独瓦期】(どくガス) 漫画 独瓦期(どくがす)（手書き）〔まえたに☆これみつ「ロボット三等兵」1955～1957〕❖期は斯。

とくさ［木賊・砥草］

【木賊】(とくさ) 古

どくしゃのみなさん［読者の皆さん］

【看官諸賢】(どくしゃのみなさん) 書籍〔府川充男「印刷史/タイポグラフィの視軸」2005〕

とくしょう［↑特別少年院］

【特別少年】(トクショウ) 書籍 特別少年院(トクショウ)じゃないか〔別冊宝島編集部「ムショの本」1992 集〕

とくせんけ［徳川家］「とくがわけ」とも。

【幕府】 書籍 幕府(トクセンケ) 徳川家〔柳瀬尚紀「日本語は天才である」2007〕❖古くは、徳川を「とくせん」とも読んだ。

とくそう

【特殊相談対策室】(トクソウ) 広告 警察のお荷物部署・特殊相談対策室(トクソウ)が挑む！〔「読売新聞」2010年8月7日〕

ドクター［doctor］ドクトル。

【医師】(ドクター) 漫画 彼はバレエ団の医師(ドクター)で〔松川祐里子「魔術師 2」1996〕

小説 医師(ドクター)の裁量に任せる〔清涼院流水「カーニバル 二輪の草」2003〕

【医者】(ドクター) 書籍 劇医者(ドラマ・ドクター)〔井上ひさし「自家製文章読本」1984〕

漫画 医者(ドクター)でしょ〔山田南平「タイニー・リトル・ウィッシュ」2004〕

小説 医者(ドクター)のトンバ〔夢枕獏「黒塚 KUROZUKA」2003〕

【先生】(ドクター) 広告 長原先生(ドクター)により手研ぎされた14金製ペン先〔「読売新聞」2009年9月22日〕

【博士】(ドクター) 漫画 一流大学の博士課程(ドクターコース)を経て〔藤崎聖人「WILD LIFE 2」2003〕❖ベトナム語では「博士(バクシイ)」は医者の意味。

【Dr.】(ドクター) 漫画題名 鳥山明「Dr.スランプ」1980～1984

漫画 Dr.(ドクトル) バタフライに何されるか〔和月伸宏「武装錬金 3」2004〕

書名 マガジンハウス「Dr.(ドクター) クロワッサン その症状は、もしかして更年期？」2002 ❖Dr.コパ、ドクター中松など。

WEB 医療・介護・健康情報サイト「yomiDr.（ヨミドクター）」

【Dr】(ドクター) 新聞（縦書きで）「Dr・コパ」こと小林祥晃(さちあき)さん。〔「読売新聞 夕刊」2010年3月11日〕

誤読 父が入院中、母が「担当の先生は『ロト・佐藤』っていう名前なのよ。変わった名前ねえ」と言うので、「日系人じゃないの？」と答えました。後日、母が他の先生の名札を何気なく見ると、『ロト・金子』だったと！「これは、『ロト』ではなく『Dr』です」と。❖大学院の博士（課程）はDで表されることが多い。

【毒取】(ドクトル) 会報 大石誠之助は医院を開業していた。「毒取（どくとる）大石」と呼ばれていた。身体の毒を取る、ドクトル。〔「漢字文化」2009年9月10日〕

とくだね［特だね］「特ダネ」「とくダネ！」「とくだね」なども。

【トクだ値】(ね) 広告 お先にトクだ値〔「読売新聞」2010年3月26日〕❖もじり。

その他 特種(とくだね) 古

どくだんじょう［独壇場］

【独擅場】(どくだんじょう) 書籍 独壇場 独擅(せん)場〔斎賀秀夫「漢字と遊ぶ」1978〕❖当て読みからの変化ともいえる。土壇場も干渉したか。

どくづく［毒突く］

【毒吐】(どくづく) 古

とくてん［特典］

【得典】(とくてん) 広告 ツアーズウィーク得典〔「読売新聞」2010年2月14日〕❖もじり。

とくと［篤と］

と

【得与(とくと)】古

どくとく［独特］
【独得(どくとく)】書籍 独得だった〔井上ひさし「ニホン語日記」1996〕◆辞書に「独特」と通用ともあり。

どくはく［独白］
【毒白(どくはく)】広告 清原和博毒白60分〔「FLASH」2010年6月15日〕◆もじり。

とくべつ［特別］
【別格(とくべつ)】漫画 〝別格(とくべつ)〟な天才なんやって〔樋口橘「学園アリス 1」2003〕
*【本日極上々大吉(きょうはとくべついいひだぜ)】WEB 本日極上々大吉(けふハとくべつい、ひだぜ)◆江戸時代の吉原細見などで「大極上々吉」など。「〓」や「吉」を途中まで書くものなど、細かな評価が示された。

とくほう［特報］番組名に「投稿！特ホウ王国」。
【得報(とくほう)】広告 ツイてる 得報！〔「読売新聞 夕刊」2010年3月4日〕◆もじり。

ドグマ［dogma］
【独断(ドグマ)】小説 私は「独断(ドグマ)」でなく、〔小林多喜二「党生活者」1932〕

とくよう［徳用・得用］徳と得は通用。
【徳用(とくよう)】民間〔マッチ箱など〕

とくり［徳利］曇具理からとも。とっくり。
【徳利(とくり)】【土壺理(とくり)】【土工李(とくり)】古

とぐろ［塒・蜷局］
【蜷局(とぐろ)】辞書

とげ［棘］
【刺(とげ)】歌詞 胸に刺(とげ)さすことばかり〔森田公一とトップ・ギャラン「青春時代」(阿久悠)1976〕／からたちの刺は痛いそうだよ〔井上陽水「からたちの花」(流れ星犬太郎)1984〕

とけい［時計］常用漢字表付表にあり。
【時計(とけい)】古◆西鶴作品にも使用される当て字。元は土圭で、日時計などを表した。韓国にもこの表記が広まった結果、音読みしてシゲとして定着した(日本由来の語とは一般にあまり意識されていない)。
【時器(とけい)】【自鳴鐘(とけい)】【時辰儀(とけい)】【時辰表(とけい)】古◆中国から幕末・明治初期に日本へ入ってきた熟語を利用。
【十慶(とけい)】WEB 結納返しの目録に(中略)当店では、腕時計の場合は、当店は「十慶(とけい)」と書いております。〔WEB〕
【時間(とけい)】歌詞 壊れてた僕の時間(とけい)が〔水樹奈々「沈黙の果実」(しほり)2009〕
【感情(とけい)】歌詞 僕の我が儘な感情(とけい)はほら、動き始める〔水樹奈々「Trickster」2008〕

とける［溶ける・解ける・融ける］
【溶解ける(とける)】詩 水と空気とに溶解(と)けてゆく球よ。〔竹中郁「ラグビイ」1932〕◆熔岩(溶岩)などでは「熔ける」、鎔鉱炉(熔鉱炉・溶鉱炉)などでは「鎔ける」も使われた。
【融ける(とける)】漫画 目ん玉の臘が融(と)けただってえ!?〔さとうふみや「金田一少年の事件簿16」(金成陽三郎)1996〕
【融合る(とける)】歌詞 ゆらり揺られ融合(とけ)る〔第二文芸部「キラ☆キラ」2007〕
【透ける(とける)】歌詞 身体が透(と)けてくる〔中森明菜「抱きしめていて」(冬杜花代子)1988〕

どける［退ける］
【退ける(どける)】漫画〔弘兼憲史「人間交差点 2」(矢島正雄)1980〕
【除ける(どける)】辞書

とこ［所］ところ。
【所(とこ)】古 ばいとこ 売店 店先の意〔1935 陰〕 雑誌〔「太陽」1994年8月〕 歌詞 此処の所(トコ)〔椎名林檎「シドと白昼夢」1999〕／足りない所(とこ)〔DEEN「STRONG SOUL」(池森秀一)2004〕 小説 俺の所(とこ)まで〔「読売新聞 夕刊」2008年10月1日〕
【処(とこ)】歌詞 それじゃ 約束しよう 明日 いつ

もの処(とこ)で〔中井貴一「夏いろのドレス」(安井かずみ)1985〕

【場所(トコ)】歌詞 どんな場所(トコ)でも いつもほら すべて気持ち次第〔鈴木さえこ「HAPPY END」1986〕

【許(とこ)】古 H博士の許(とこ)へ〔1907 俗〕

【家(とこ)】雑誌 ええ家(とこ)の〔「小説新潮」1994年11月〕 ◆関西方言。

漫画 あんな家(とこ)絶対出てってやる!!〔渡辺祥智「銀の勇者 2」1999〕

【部屋(トコ)】漫画 オレん部屋(トコ)くる?〔中条比紗也「花ざかりの君たちへ 2」1997〕

【学校(とこ)】漫画 弱い学校(とこ)だったけど〔井上雄彦「SLUM DUNK 1」1991〕

【中学(トコ)】漫画 同じ中学(トコ)だったんだけど〔「花とゆめ」2004年22号(極楽同盟)〕

【高校(とこ)】漫画 同じ高校(とこ)行くんだもーん〔日渡早紀「未来のうてな 1」1995〕

【部(とこ)】漫画 先輩の部(とこ)の違反ポスター〔山田南平「紅茶王子 1」1997〕

【部活(とこ)】漫画 奈子先輩の部活(とこ)は〔山田南平「紅茶王子 1」1997〕

【弱小部(とこ)】漫画 うちみたいな弱小部(とこ)には〔山田南平「紅茶王子 6」1999〕

【劇団(とこ)】漫画「雅」はいい劇団(とこ)さ〔絵夢羅「Wジュリエット 14」2003〕

【県(トコ)】広告 あなたの県(トコ)はどんなキャラ?〔「読売新聞」2010年4月4日〕

【聖地(とこ)】歌詞 光輝く聖地(とこ)へ〔N-echoes「風光輝曲」(東京そこら猫)2003〕

【姿勢(トコ)】漫画 そーゆー姿勢(トコ)見守った方が〔藤崎聖人「WILD LIFE 2」2003〕

どこ［何所］ WEBなどでは「何所」よりもむしろ「何処」の方が圧倒的に多い。

【何処(どこ)】書名 正宗白鳥「何処へ」1908

歌詞 あなたは何処(どこ)にいて〔尾崎紀世彦「また逢う日まで」(阿久悠)1971〕／その前にまた何処かで 会えるといいな〔Mr. Children「innocent world」(桜井和寿)1994〕

新聞 何処(どこ)へ〔「読売新聞」2005年9月18日(阿木燿子)〕◆作詞と同様の文字遣いが散文でも行われている。／何処(どこ)に〔「読売新聞」2008年11月13日(クミコ)〕

その他 何所(どこ) 古

*【105216(どこにいる)】漫画〔絵夢羅「目撃者」2002〕 ◆ポケベルで使われた。

*【何処(どっか)】古 何処(どっか)へ〔1896 俗〕

*【異空間(いつか・どこか)】小説 異世界ここととはちがう、異時間(いつか)、異空間(どこか)。〔秋津透「魔獣戦士ルナ・ヴァルガー」1988〕

とこう【左右(とこう)】【一二(とこう)】古 兎角(とかく)から。

とこしえ［常しえ・永久・永え］ とわ。

【永久(とこしえ)】漫画 永久(とこしえ)にこの緑の王国を守り抜くべき〔由貴香織里「砂礫王国」1993〕

歌詞 永久(とこしえ)に色褪せる事のない〔MAKE-UP「Never ― 聖闘士星矢のテーマ ―」(山田信夫)2004〕／刹那永久(とこしえ)を〔コミネリサ「紅の伝説」(江口貴勅)2007〕／永久(とこしえ)の真実〔Kalafina「光の旋律」(梶浦由記)2010〕

広告「白樺」の葉を立体的に象(かたど)り、永久(とこしえ)の和を ～永久(とこしえ)の慶びをたたえて～〔「読売新聞」2009年6月27日〕

【永遠(とこしえ)】歌詞 燃えよ不知火 永遠(とこしえ)に〔橋幸夫「南海の美少年(天草四郎の唄)」(佐伯孝夫)1961〕／永遠(とこしえ)の愛〔九重佑三子「ウェディング・ドレス」(永六輔)1963〕／永遠(とこしえ)に I miss you〔TUBE「湘南 MY LOVE」(前田亘輝)1991〕

書籍〔大久保博訳「完訳 ギリシア・ローマ神話」1970〕

【永劫(とこしえ)】小説 永劫(とこしえ)に〔吉川英治「三国志 7」1975〕

とこしなえ［常しなえ・永久］

【鎮(とこしなえ)】古 鎮(とこしなへ)に火もゆ「平家物語」〔「読売新聞」2009年5月27日〕

その他 終古(とこしなえ)・常時(とこしなえ)・長(とこし)なえ 古

とことん

【土古豚】漫画 土古豚城〔田河水泡「のらくろ武勇談」1938〕❖しゃれ。

とこや［床屋］

【床屋】誤読（国語で朗読中）「ゆかやの提灯がほのかに見えるだけでした。」ゆかや↓床屋。〔WEB〕

ところ［所］

【処】小説 同じ処から来ているらしい男〔小林多喜二「蟹工船」1929〕

歌詞 思った処へあなたが雨やどり〔さだまさし「もうひとつの雨やどり」1977〕／こんな処にもサンタクロースはやって来ます〔さだまさし「風に立つライオン」1987〕❖街中では「食事処」は「處」とも。まず「食事所」とはならない。

漫画題名 山岸凉子「日出処の天子」1980〜1984

【攸】雑誌〔「問題小説」1994年2月〕

【場所】漫画 良い場所を教えて頂きました〔小畑健「DEATH NOTE 3」（大場つぐみ）2004〕

掲示 常設展示室「映画の生まれる場所」〔三鷹の森ジブリ美術館〕

【土地】小説 池波正太郎「鬼平犯科帳」この土地で〔井上ひさし「ニホン語日記」1996〕

❖「一つの芸」と讃える。

【町】歌詞 知らない町で〔倉木麻衣「Brand New Day」2001〕

【店】歌詞 あの娘はいつもの店で 待ちくたびれたよ〔光GENJI「BAD BOY」（澤地隆）1988〕

【研究所】漫画 私の研究所で研究に専念してこそ〔藤崎聖人「WILD LIFE 3」2003〕❖研究所はケンキュウショ・ジョとゆれあり。

【世界】漫画 身を置く世界がない〔垣野内成美「吸血姫美夕」1988〕

【闇】漫画 帰るべき闇へ〔垣野内成美「吸血姫美夕」1988〕

【宇宙】漫画 遠い宇宙に行った姉さんを心配するのも〔林家志弦「おねがいティーチャー1」2002〕

【部分】漫画〔石ノ森章太郎「マンガ日本の古典 古事記」1994〕

ところ［野老］ヤマイモ科のつる性多年草。

【野老】書籍〔杉本つとむ「日本文字史の研究」1998〕❖野老は海老に対する表記。姓に野老山。芼は奈良時代からの国字。

ところが

【然】漢詩〔平井呈一訳「狂詩 巡査行」1951〕

ところてん［心太・瓊脂］

【心太】誤読 心太 きゅうり〔斎賀秀夫「漢字と遊ぶ」1978〕❖「心太」は人名にも見られるという。

その他 海藻凝 古／ところ天 民間

どこんじょう［ど根性］

【努魂情】【努魂成】【ド魂盛】WEB

どさ

【田舎】小説 田舎まわりの役者を〔結城昌治「仕立屋銀次隠し台帳」1978〕俗

とざい

【東西】新聞 東西とーざーい。〔「読売新聞」2009年1月1日〕❖長音化すると振り仮名で対応しにくくなり、原義も薄れ、発音のみが意識されるため、仮名表記に。

とさか［鶏冠］

【前髪】漫画 前髪が落っこちて〔森川ジョージ「はじめの一歩 44」1998〕

とざす［閉ざす・鎖す］

【鎖す】小説 やがて若葉に鎖されたように〔夏目漱石「こころ」1914〕

歌詞 鎖していた蕾が〔kukui「コンコルディア」（霜月はるか）2007〕

【閉鎖す】歌詞 思い出のビーチクラブも今は 閉鎖されて〔稲垣潤一「思い出のビーチ

クラブ」〔売野雅勇〕1987〕

【閉す(とざ)】書籍 未来を閉(とざ)そうと〔井上ひさし「ニホン語日記」1996〕

どさんこ［道産子］「ドウ」が一拍になった。→ほっかいどう(北海道)

【どんさ娘(こ)】誤植 ラーメン どんさ娘〔柳沢有紀夫「世界ニホン誤博覧会」2010〕❖転倒。

とし［年］

【歳(とし)】❖年齢の意味で使用例が多い。北海道の千歳、世田谷の千歳烏山は、それぞれ地元では千才とも書かれる。

雑誌 いい歳(とし)こいて〔「別冊PHP」1994年3月〕

広告 もう歳だから…〔「読売新聞」2009年5月30日〕／歳を重ねるごとに元気な人〔「読売新聞」2009年12月25日〕

【齢(とし)】❖歳とともに表外訓。「よわい」も表外訓。

小説 齢(とし)の衰えが感じられず〔有吉佐和子「地唄」1956〕／齢(とし)とりすぎていると〔幸田文「流れる」1957〕／〔松本清張「点と線」1958〕／齢(とし)に似合わぬ〔平野啓一郎「日蝕」2002〕

俳誌〔「俳句」1994年4月〕

歌誌〔「短歌」1994年9月〕

漫画 その齢(とし)で大学まで出てるけど〔貞本義行「新世紀エヴァンゲリオン 4」1997〕

【年歯(とし)】小説 大分年歯(とし)の差があったのです。〔夏目漱石「こころ」1914〕

【年齢(とし)】歌詞 年齢(とし)も忘れた今日の事〔北原ミレイ「ざんげの値打もない」(阿久悠)1970〕／年齢(とし)のはなれたおまえと二人〔三笠優子「夫婦橋」(あいたかし)1982〕／この年齢(とし)まで俺が育てた裸の心は〔シャ乱Q「シングルベッド」(つんく)1994〕／年齢(とし)を過ぎ離れてく〔GLAY「ビリビリクラッシュメン」(TAKURO)1998〕

小説〔松本清張「点と線」1958〕／恥じる年齢(とし)でもあるまい〔菊地秀行「魔界都市ブルース 夜叉姫伝 4」1990〕／いい年齢(とし)して〔菊地秀行「魔王伝 3 魔性編」1996〕／年齢(とし)は？〔夢枕獏「黒塚 KUROZUKA」2003〕

雑誌 いい年齢(とし)ンなっちゃって〔「文藝春秋」1994年5月〕／自分がどのように年齢(とし)をとっていくのかわからない。〔「婦人画報」1994年3月〕

漫画〔石ノ森章太郎「マンガ日本の古典 古事記」1994〕／俺みたいな年齢(とし)の男なら誰でも憧れる〔藤崎竜「DRAMATIC IRONY」2001〕／〔岩明均「寄生獣 8」1994〕

短歌 他人(ひと)の年齢(とし)数へるときは〔「読売新聞」2008年11月3日〕

広告 年齢(とし)だからとあきらめないで！〔「読売新聞」2008年11月17日〕

【歴史(とし)】新聞広告 美しく歴史(とし)をとるマンションへ〔2004年10月7日〕

とじ［刀自］

【刀自(とじ)】辞書 ❖合字「𠚊」が古くからある。「負」とも書かれた。

どじ

【失敗(ドジ)】歌詞 失敗(ドジ)も愛敬と笑って〔林原めぐみ「don't be discouraged」1999〕

その他 鈍智(どじ)・鈍漢(どじ)・鈍痴(どじ) 古

どシー［度C］

【℃(どシー)】アルバム名 中島みゆき「３６．５℃(さんじゅうろくてんごどシー)」1986

としえ

【登志恵(としえ)】人名 、、、登志恵 恐らく宛字の類〔築島裕「宛字考」(「言語生活」1960年7月)〕

としごいのまつり［祈年祭］

【祈年祭(としごいのまつり)】古

としごろ［年頃］

【年来(としごろ)】古

としのころ［年の頃］

【年齢(としのころ)】古 三遊亭円朝「怪談牡丹灯籠」〔紀田順一郎「日本語発掘図鑑」1995〕

としま［年増］

と

【年廻】古／【年増】辞書

どしゃぶり［どしゃ降り］

【土砂降り】辞書

としょかん［図書館］

【歳与官】書籍 図書館「歳与官」と書けるわけですね。一年の何かを司る官職というような意味を連想してしまうんではないでしょうか。〔橋本萬太郎・鈴木孝夫・山田尚勇「漢字民族の決断」1987〕

【⿴囗卜】民間 雑誌 ◆一種の合字。戦前は旧字体だったので、さらに筆記に労力を要し、繰り返し書く人には煩瑣に思えた。そこで「⿴囗〢（図書）」（図書を開いた象形）「図（読書）」（端から端への視線の移動を斜線で示す）などの略記を秋岡梧郎が生み出し板書で使用、弟子がノートなどに用い、活字にも現れた。東京外大の図書館印には、中国系の「圕」が用いられている。学生には「员」で図書館員とするなど応用が見られる。

としより［年寄り］

【老年】古

とじる［閉じる］

【閉場る】辞書〔伊坂淳一「振り仮名」（「日本語学キーワード事典」1997）〕

としわすれ［年忘れ］

【年忌】古 年シ忘レ年忌と読んでしかられる〔「誹風柳多留」（四五篇）〕

どす「ドスの利いた声」など。

【合い口】古〔1929 俗〕

【短刀】小説 短刀が刺さっていたのを〔結城昌治「仕立屋銀次隠し台帳」1978 集〕

【刃物】小説 刃物をのんでるっていうし〔結城昌治「仕立屋銀次隠し台帳」1978 集〕

【脇差】歌詞 脇差を眺めて〔北廉太郎「沓掛時次郎」（秩父重剛）1954〕◆→ながどす

どそくげんきん［土足厳禁］

【土足現金】誤字〔手書きの貼り紙〕

関連【土足厳禁】看板 ◆寺で。

どだい［土台］

【元来】古〔1902 俗〕

【基礎】小説〔島崎藤村「破戒」1906〕

とだな［戸棚］

【和七】字遊 和七 大和、・七、夕〔式亭三馬「小野篤譃字尽」1806〕

どたま 関西などの方言。ど＋あたまから。

【頭】古〔1935 隠〕

とたん［途端］

【瞬間】歌詞 出来た瞬間 波がさらう〔斉藤由貴「砂の城」（森雪之丞）1987〕

トタン ポルトガル語 tutanaga（銅・亜鉛・ニッケルの合金）からとも。

【釷錏】古 ◆錻力ばかりが辞書に載るが江戸時代にあり、武部良明『漢字の読み方』には収められていた。

その他 亜鉛 古

どたんば［土壇場］

【土断場】【土端場】【土段場】【危険場】古

とち［土地］

【大地】歌詞 遠き母の大地〔南こうせつ「国境の風」（荒木とよひさ）2003〕

【領土】WEB 択捉と国後・色丹・歯舞は日本の領土（とち）です 誇りです〔平成19年度「北方領土返還要求運動に関する標語集」2007〕

とちかん［土地鑑］（犯行の）土地の事情に精通していること。

【土地関】古〔1929 隠〕◆警察用語だった。新聞紙面では、日本新聞協会で本来の表記とする「土地鑑」と見出しなどに書くと、読者から「間違っている」との苦情が来るため、土地カン、土地勘とも。

【土地勘】【土地感】民間 ◆「土地勘」はATOK17・国語辞書でも載せるようになっている。

とちぎ［栃木］ 地名。栃木市にも栃木姓あり。

【杤木(とちぎ)】(誤字) 栃木県を杤木県〔WEB〕❖なお、古く「杤 十千」で「とち」の読みと字源（十×千＝万）とを示す。しゃれを含む。

とちめんぼう［とちめん坊］

【栃麺棒(とちめんぼう)】(辞書)

どちら［何方］

【孰方(どちら)】(古)

とちる 「鈍遅」「とちり」からとも。

【失敗る(トチ)】(小説) 舞台を失敗(トチ)ったり〔島田一男「伊豆・熱海特命捜査官」1995(俗)〕

その他 狼狽る(とち)・退る(とち)・取違る(とっち)(古)

とっか［特価］

【得価(とっか)】(民間) 大得価〔東京都江戸川区の家具店 2008年3月29日〕❖得はトク、徳などと婉曲ないし強調されやすい。「徳用マッチ」など。

【特靴(トッカ)】(広告) 特靴(トッカ)の特価(トッカ)〔靴店 1966(目)〕❖もじり。

とっかえ［取っ替え］

【取更え(とっかえ)】(古) 取更(とっか)へ引更(ひっか)へ女を玩弄物に為て被居(みらっしゃ)るんですもの〔1905～1906(俗)〕

その他 臓器移植(とっかえ)(WEB)

とっかかり［取っ掛かり］

【キイワード(とっかかり)】(漫画) なにかキイワード(とっかかり)をみつければとけるわ〔猫十字社「小さなお茶会」2000〕

どっかん

【爆裂(どっかん)】(漫画題名) 東里桐子「爆裂奇怪交響曲(どっかんきっかいシンフォニー)」1993～1994

とっき［突起］

【凸起(とっき)】(辞書) ❖凸は突と同系統の語で、中国で六朝時代に現れた象形文字。指事文字ともいう。

とつき［十月］

【寸宮(とつき)】(字遊) 一寸(ちょっと)、斎宮(いつき)〔式亭三馬「小野𥶡譃字尽」1806〕

とつぎのわざ［嫁ぎの業］

【婚ぎのわざ(とつ)】(俳句) 二神の婚(とつ)ぎのわざを〔「読売新聞」2010年1月4日〕

【交道(とつぎのわざ)】(古)〔1924(隠)〕

どっきり

【撮影(ドッキリ)】(漫画) 最後の撮影(ドッキリ)が進行中に〔さとうふみや「金田一少年の事件簿 3」(金成陽三郎)1993〕

ドッキング［docking］

【連結(ドッキング)】(漫画)〔水落晴美「夢界異邦人 龍宮の使い」2001〕

その他 合体(ドッキング)(WEB)

＊【天上着地点(ドッキング・ポート)】(小説) 天上着地点(ドッキング・ポート)に接舷すると〔清涼院流水「カーニバル 二輪の草」2003〕

とつぐ［嫁ぐ］

【帰ぐ(とつ)】(漢文) 之の子(こ) 于(ゆ)き帰(とつ)がば 詩経〔陳生保「中国と日本－言葉・文学・文化」2005〕

【婚ぐ(とつ)】(短歌) 婚(とつ)ぎて〔「読売新聞」2009年2月10日〕

ドック［dock］

【船渠(ドック)】(書籍)〔斉賀秀夫「漢字と遊ぶ」1978〕❖「船渠(ドッグ)」とも。

ドッグ［dog］

【犬(ドック)】(WEB) 夜露死苦機械犬(メカドック)ワンワン〔氣志團のあいさつ〕❖漫画のタイトルから。

とっくに［疾っくに］

【疾くに(とっ)】(書籍)〔柳瀬尚紀「日本語は天才である」2007〕

とつくに［外つ国］

【異国(とつくに)】(詩) あるときは異国人(とつくにびと)の〔与謝野晶子「男の胸」1911〕

(漫画) 異国(とつくに)の名だな〔岡野玲子「陰陽師 1」(夢枕獏)1994〕

(小説) 異国(とつくに)の神でござります〔夢枕獏「黒塚 KUROZUKA」2003〕

とっくの 「疾(と)く」から。

【疾くの(とっ)】(古) 疾(とっ)くの昔に〔1907(俗)〕

と

とっくり［徳利］→とくり
【徳利(とっくり)】 新聞〔「読売新聞 夕刊」2010年3月27日〕
その他 **土工李(とっくり)** 古

とっさ［咄嗟］
【突嗟(とっさ)】 小説 突嗟(とっさ)のことで、〔小林多喜二「蟹工船」1929〕

とっさき［突先］
【尖先(とっさき)】 古 刀の尖先(とっさき)から〔1869 俗〕

とっさん［父様］
【親父(とっ)さん】 小説〔樋口一葉「たけくらべ」1895～1896〕

どっち［何方］
【何方(どっち)】 歌詞 その何方(どっち)で〔ALI PROJECT「亡國覚醒カタルシス」(宝野アリカ)2006〕
【誰(どっち)】 漫画 でも誰(どっち)に?〔日渡早紀「ぼくの地球を守って 2」1987〕

とっちゃんぼうや［父ちゃん坊や］
【父(とっ)ちゃん坊(ぼう)や】 辞書〔俗〕

とっつぁん
【父(と)っつぁん】 小説〔森村誠一「殺意の接点」2001〕◆「父っあん」も多い。
アニメ「父っつぁんのいない日」1979〔「ルパン三世」テレビ第2シリーズ第98話〕

どっと
【哄然(どっと)】 小説 哄然(どっ)と笑声(わらひごゑ)が〔徳富健次郎「黒潮」1903〕
その他 **咄(どっと)・驀然(どっと)** 古

ドット［dot］
【点(ドット)】 小説 ドット 名前の通り「点(ドット)」のような存在に過ぎない。〔清涼院流水「カーニバル二輪の草」2003〕
【点人間(ドット)】 小説 ただの点人間(ドット)なのだった〔清涼院流水「カーニバル 二輪の草」2003〕
【.(ドット)】 漫画 悪かったね.COM(ドットコム)くん〔秋本治「こちら葛飾区亀有公園前派出所 126」2001〕◆登場人物名。
新聞「.book(ドットブック)」というフォーマット〔「読売新聞」2010年4月27日〕

とっとき［取っ置き］ とっておき。
【貯蓄(とっとき)】 古

とっとって
【(ToT)²Te(とっとって)】 誌名 ◆長崎新聞の情報誌。

とっとり［鳥取］
【取鳥(とっとり)】 誤字 中2の地理小テストで、「鳥取」を「取鳥」と書いた・・汗 だって「鳥」も「とり」って読むじゃん?!〔WEB〕◆「とりとり」という誤読も。

とっぱじめ［とっ始め］
【春正月(とっぱじめ)】 古

トップ［top］
【頂点(トップ)】 漫画〔井上雄彦「SLUM DUNK 12」1993〕
【上層部(トップ)】 雑誌〔「CanCam」2005年1月〕 漫画 組織の上層部(トップ)に会う〔遠藤浩輝「EDEN It's an Endless World! 1」1999〕
【最高(トップ)】 小説 日本で最高(トップ)クラスの探偵〔清涼院流水「カーニバル 一輪の花」2003〕
【首席(トップ)】 漫画 学年首席(トップ)知らないの?〔倉橋えりか「MAXラブリー! 3」2003〕
【頭(トップ)】 広告 惑星キマエラの頭(トップ)〔「コミナビ!!アニメスペシャル編」2006(獣王星)〕
漫画 頭(トップ)取りなら開き直って〔天獅子悦也「むこうぶち 25」2009〕
【一(トップ)】 漫画 〝一(トップ)〟の力〔「週刊少年ジャンプ」2004年48号(BLEACH)〕
その他 **最高速(トップギア)** 漫画／**元折れ式(トップ・ブレイク)** 小説

どっぷり
【土風里(どっぷり)】 店名〔「新読売ロマンの旅 24」2008年10月〕◆農家レストラン。

ドッペルゲンガー［ドイツ Doppelgänger］
【二重存在(ドッペルゲンガー)】 小説 二重存在(ドッペルゲンガー)かよ〔菊地秀行「白夜サーガ 魔王星完結編」1996〕

どつぼ［土壺］
【糞壺(どつぼ)】 辞書 どつぼにはまる 糞壺に填る〔1960 隠〕

どて［土手］ 土堤(どて)からとも。

【土堤(どて)】歌詞 土堤の上〔中村メイ子「田舎のバス」(三木鶏郎)1955〕
小説 土堤(どて)に待たせてあった〔開高健「パニック」1957〕
【垈(どて)】地名 ◆小地名に散見。
【十銭(ドテ)】書籍 十銭(ドテ)なりと言えるを〔横山源之助「人力車夫」1895 集〕◆「どて」は十の符牒。
その他 堤(どて)・封疆(どて) 古

とても［迚も］「とてもかくても」の略。
【迚(とても)】古 ◆国字。「迚茂」とも。
【到底(とても)】小説 到底(とて)も駄目(だめ)よ〔夏目漱石「行人」1912～1913〕／到底(とて)治らない〔夏目漱石「こころ」1914〕◆到底(トウテイ)にかける。「到底(とって)も」とも。
その他 兎(と)ても 古／難攻不落(とてもせめられんよー) 小説

どてら［縕袍・縕袍］
【土手羅(どてら)】小説 羊毛(ようもう)ぎっしりの土手羅(どてら)〔柳瀬尚紀訳「フィネガンズ・ウェイク ⅢⅣ」1993〕

とと とと様。
【父(とと)】歌詞 酔ってくだまく 父(とと)さの声を〔三橋美智也「母恋吹雪」(矢野亮)1956〕
その他 阿爺(とと) 古

とと［魚］→ととや
【斗斗(とと)】古〔節用集〕◆鶏を呼ぶ語に「鶏々(とととと)」があった。
【魚魚(とと)】WEB カードゲーム「魚魚(とと)あわせ」◆能代駅前の魚屋さん「漁師市場 魚魚(とと)」「魚魚路(ととろ)」など。

どど
【百々(どど)】姓 ◆川などの音を十(と・ど)×十とし、々でその読みを暗示。→もも(百百)
*【百々目鬼(どどめき)】地名 ◆愛知県。百目鬼(どうめき・どめき)も。

とどく［届く］
【到く(とど)】小説 主の御許へ到(とど)かむことを。〔平野啓一郎「日蝕」2002〕
【達く(とど)】小説 我々の許にも達(とど)いているから、〔平野啓一郎「日蝕」2002〕

とどけもの［届け物］
【トド獣】誤変換「届け物で～す！」が「トド、獣で～す！」〔WEB〕◆読点は読みやすく足したものか。

とどころ
【外(とどころ)】姓〔佐久間英「珍姓奇名」1965〕

とどまる［止まる・留まる・停まる］
【住る(とどま)】新聞 世間(よのなか)の住(とどま)り難きを哀(かな)しびたる歌〔「読売新聞 夕刊」2009年4月28日〕
【停滞る(とどま)】歌詞 停滞る感情の類が〔鬼束ちひろ「声」2003〕

とどめ［止め］
【死(とどめ)】漫画

とどめる［止める・留める・停める］
【禁める(とど)】短歌 馬券の如く禁(とど)められにき〔与謝野晶子 1909〕

ととや［魚屋］
【魚屋(ととや)】筆名 魚屋北渓(ととやほっけい)◆浮世絵師。
雑誌〔「山と渓谷」1994年3月〕◆店名に「魚魚屋」「鱻屋」も。
新聞 魚屋道(ととやみち)。大阪湾で獲(と)れた魚を運ぶ道〔「読売新聞 夕刊」2009年2月6日〕

とどろき
【驫木(とどろき)】地名 ◆青森。五能線の駅名にも。「驫」(30画)を使った例に「驫然(ひょうぜん)と」〔柳瀬尚紀訳「フィネガンズ・ウェイク ⅠⅡ」1991〕。
【八十八騎(とどろき)】姓 京都市〔平島裕正「日本の姓名」1964〕◆実在したものか。岡上氏による。
【等々力(とどろき)】地名 世田谷区。

とどろく［轟く］
【轟く】WEB 歌人塚本邦雄氏「仮名が増加するほど一定のスペースに盛り込める観念は減少する。含蓄の深い漢字を使えば短歌の密度は濃くなる。轟(とどろ)く、とか犇(ひしめ)く、とか難しい字には振り仮名という便利な方法を吾々の先祖は千

と

年以上も前に発明してくれている」。

ドナー [donor]

【臓器提供者】 漫画 臓器提供者の少ない日本では〔さとうふみや「金田一少年の事件簿14」(金成陽三郎)1995〕

【提供者】 漫画 提供者からの〔折原みと「生きたい。−臓器移植をした女の子の物語−」2003〕

ドナウ [Donau]

【多悩】 辞書

トナカイ アイヌ語。

【馴鹿】 辞書

どなた [何方]

【誰方】 歌詞 誰方が言ったか うれしい噂〔並木路子・霧島昇「リンゴの唄」(サトウハチロー)1946〕

となり [隣] 「となりのトトロ」は仮名表記。

【傍】 歌詞 いつも君が傍で笑ってくれたよね〔ZARD「もっと近くで君の横顔見ていたい」(坂井泉水)2003〕

【隣り】 書名「隣り近所の法律知識」1983

【憐り】 誤字 漱石 女の憐り〔山下浩「本文の生態学」1993〕

【隣家】 古〔島崎藤村「千曲川のスケッチ」1912〕／となりのじんたみそ 隣家の糂粏味噌〔1920 隠〕

となりごっこ ままごと。おとなりごと。

【隣事】 古 お隣事

どなる [怒鳴る]

【呶鳴る】 小説 呶鳴られ通しである〔椎名麟三「神の道化師」1955〕
雑誌 呶鳴った〔「小説新潮」1994年5月〕

ドナルドダック [Donald Duck]

【唐老鴨】 中国 ◆2字めまでは広東語の音訳であろう。

とにかく [兎に角]

【兎に角】 雑誌〔「小説新潮」1994年4月〕◆漱石も使用。

【左右】 古 ◆「左に右に」は尾崎紅葉も使用。

とにもかくにも [兎にも角にも]

【給恰】 古

どのみち [何の道]

【何の道】 古

とび [飛び]

【飛翔】 漫画 元高柳飛翔鳳凰〔大暮維人「天上天下 9」2002〕

とびかう [飛び交う]

【翔び交う】 歌詞 大空を翔び交う鳥達よ〔永井龍雲「道標(しるべ)ない旅」1979〕

【翔びかう】 歌詞 翔びかう妙な叫びが Yokohama に〔サザンオールスターズ「メリケン情緒は涙のカラー」(桑田佳祐)1984〕

とびかける [飛び翔る]

【翔び翻る】 歌誌 翔び翻る鳴〔「短歌」1994年2月〕

トピカル [topical]

【部分的】 書籍 それは「部分的な」自伝であって、〔桜井厚「インタビューの社会学−ライフストーリーの聞き方」2002〕

とびこえる [飛び越える・跳び越える]

【飛び超える】 歌詞 眠る樹海を飛び超え〔安田成美「風の谷のナウシカ」(松本隆)1984〕
◆「飛び越える」ではニュアンスに不足があったのであろう。

とびだす [飛び出す]

【翔びだす】 歌詞 今翔びだそうぜ〔西城秀樹「YOUNG MAN」(あまがいりゅうじ)1979〕

とびたつ [飛び立つ]

【翔び立つ】 歌詞 鷗が空へ 翔び立つ〔RATS&STAR「Tシャツに口紅」(松本隆)1983〕／この願いが翔び立つよ〔米倉千尋「永遠の扉」(渡辺なつみ)1998〕

【翔びたつ】 歌詞 もう振りむかずに 翔びたとう〔アルフィー「STARSHIP〜光を求めて〜」(高見沢俊彦・高橋研)1984〕

と

【翔び発つ】歌詞 フラミンゴが 一斉に翔び発つ時〔さだまさし「風に立つライオン」1987〕

とびでる【凸出る】古〔飛び出る〕

とびどうぐ〔飛び道具〕

【バッティングマシーン】漫画 バッティングマシーンとは卑怯だぞ〔佐野隆「打撃王 凜 1」2004〕

どびゃくしょう〔土百姓〕「ど」は接頭語。どんびゃくしょう。

【土百姓】古 土は当て字〔1870〜1876 俗〕

とびら〔扉〕

【未来】歌詞 開くよ 閉ざされた未来を〔TWO-MIX「Believe」(永野椎菜)2002〕

とぶ〔飛ぶ・跳ぶ〕

【翔ぶ】❖1970年代から使用機会が拡大。ATOK17では出ない。古辞書には訓として平安時代末頃から現れている。

書名 司馬遼太郎「翔ぶが如く」1972〜1975

歌詞 翼ひろげて翔んでおくれ〔浜田省吾「街角の天使」1976〕／今宵二人で翔んだつもりで抱いて震えるだけじゃ〔サザンオールスターズ「C調言葉に御用心」(桑田佳祐)1980〕／たまに虚像の世界を翔びたいだけ〔中島みゆき「ショウ・タイム」1985〕／翼なくて翔べるから〔音無小鳥「空」(yura)2007〕

曲名 渡辺真知子「かもめが翔んだ日」(伊藤アキラ)1978／森昌子「翔んでけ青春」(藤田まさと)1979

漫画題名 柳沢みきお「翔んだカップル」1978

映画題名「男はつらいよ 翔んでる寅次郎」1979

TV「翔べ！ガンダム」〔「機動戦士ガンダム」1979(サブタイトル)〕

漫画 シャボン玉翔んだ〔高橋留美子「めぞん一刻 12」1986〕／本当は翔べるんだって〔大暮維人「エア・ギア 1」2003〕

書籍 翔び〔織田正吉「ことば遊びコレクション」1986〕／大気圏内での〝翔び〟だね〔うみのさかな&宝船蓬莱「うみのさかな&宝船蓬莱の幕の内弁当」1992〕

短歌 見る前に翔ばず〔俵万智「風になる」1987〕

俳句 ルビ 翔ぶ とぶ 易々とつかってほしくない〔「読売新聞」2000年12月3日(宇多喜代子)〕／翔びながら花を瞰ながら鳴く鳥ら 青木昭子『申し申し』〔「読売新聞 夕刊」2008年10月25日〕

小説 翔ばなかったことは〔森村誠一「殺意の接点」2001〕

広告 いつかキミが、世界に翔ぶ日のために。〔「読売新聞 夕刊」2010年3月5日〕

【跳ぶ】広告 全米がブッ跳んだ〔電車内動画の字幕 2010年6月22日〕

【鳥ぶ】誤字 鳥ぶ 飛ぶ〔「言語生活」1960年7月〕

❖地名「鳥栖」では「鳥」は「と」。

どぶ〔溝〕

【溝】古 どぶねずみ 溝鼠〔1920 隠〕

小説〔柳瀬尚紀訳「フィネガンズ・ウェイクⅢⅣ」1993〕

【泥溝】小説 根津の大きな泥溝の中へ〔夏目漱石「こころ」1914〕／流れの止った泥溝だった。〔小林多喜二「蟹工船」1929〕

歌詞 泥溝の世界に何故身を投げる〔白根一男「次男坊鴉」(萩原四朗)1955〕

【丼】地名 丼池(大阪・愛知)

【土腐】地名 ❖小地名に散見される。

どぶろく〔濁酒〕「濁醪」か「酴醾緑」の転という。

【溷六】小説 溷六ども〔柳瀬尚紀訳「フィネガンズ・ウェイクⅢⅣ」1993〕

その他 濁醪 古／白馬 辞書／酴醾醪 店名

とほうもない〔途方も無い〕

【十方茂内】筆名 ❖洒落本作者の戯名。

とぼける〔恍ける・惚ける〕

と

【呆(とぼ)ける】歌詞 呆(とぼ)け笑顔で今日もゆく〈鶴田浩二「街のサンドイッチマン」(宮川哲夫)1953〉

【惚(とぼ)ける】小説 惚(とぼ)けてみせる。〈「読売新聞」2009年4月19日〉

とぼとぼ

【惘然(とぼとぼ)】古

ドマーニ [イタリア domani] あす。

【明日(ドマーニ)】広告 明日(ドマーニ)の"私"、応援します!〈「読売新聞」2009年10月1日(Domani)〉

トマゼウス

【乢(トマ)ゼウス】小説 イカヅチ・乢(トマ)ゼウス〈柳瀬尚紀訳「フィネガンズ・ウェイクⅢⅣ」1993〉◆「乢」は中国では蓋の異体字、日本では岡山県の地域訓「たわ」。

トマト [tomato]

【赤茄子(トマト)】漫画〈秋本治「こちら葛飾区亀有公園前派出所」126」2001〉◆命名案として。
店名 赤茄子(TOMATO)〈荻窪駅周辺 2009年12月16日〉

【西紅柿】中国 ◆中国には、トマトは西洋から伝来した。

とまどい [戸惑い]

【躊躇(とまど)い】歌詞 繰り返す扉には躊躇(とまど)いの月が〈南里侑香「月導 ― Tsukishirube ―」(尾澤拓実)2010〉

【戸惑(とまど)い】広告 小さな戸惑いを覚える貴女に!〈「読売新聞」2009年10月1日〉

とまどう [戸惑う]

【躊躇(とまど)う】新聞 躊躇(とまど)う私に残された道はひとつだ。〈「読売新聞」2006年8月27日(桐野夏生)〉

とまり [泊まり]

【碇泊(とまり)】書籍 雨の碇泊(とまり)。金子光晴「洗面器」〈野村喜和夫「現代詩作マニュアル 詩の森に踏み込むために」2005〉

とまる [止まる・留まる・停まる]

【碇(とま)る】小説 本船から十哩ほど離れたところに碇(とま)っていた××丸から〈小林多喜二「蟹工船」1929〉

【住(とま)る】歌詞 行くも住(とま)るも座るもふすも〈美空ひばり「柔」(関沢新一)1964〉

【停(と)まる】歌詞 まつげに停まった光が ふるえて見えない〈松任谷由実「霧雨で見えない」1987〉
新聞 いかりを下ろした船「停(とま)り船」〈「読売新聞」2008年9月23日〉

【駐(と)まる】小説 たいてい数台のクルマが駐(と)まっていて〈藤沢周「シルバー・ビーンズ」2000〉/門外に駐(と)まっている多くの馬車が〈「読売新聞」2010年2月13日〉◆バス車内掲示(2009)に「停まってから」など駐停車の区別を示すケースあり。
書籍 グレーのワンボックスが駐まる日は、〈藤沢周「シルバー・ビーンズ」2000〉

【一(とまる)】人名 ↓(すすむ)、↑(すすむもどる)兄弟は誤伝。除籍簿では一(すすむ)、一(とまる)。〈佐久間英「珍姓奇名」1965〉

*【と魔羅(まら)ぬ】小説 目にもと魔羅(まら)ぬものが立(た)つとき〈柳瀬尚紀訳「フィネガンズ・ウェイクⅠⅡ」1991〉◆もじり。

とまる [泊まる]

【宿(とま)る】歌詞 頭巾をぬぐまで 宿(とま)らんせ〈三橋美智也「岩手の和尚さん」(矢野亮)1958〉

とみ

【宝(とみ)】人名 紀州徳川家10代治宝(はるとみ)の〈「読売新聞夕刊」2009年5月29日〉◆名乗り訓は、平安時代以来、慣習化が意識され、リストが作られ始めた。

とみこうみ [左見右見]

【左見右見(とみこうみ)】書名 別役実「左見右見(とみこうみ)四字熟語」2005

とみず [砥水]

【研水(とみず)】詩 研水(とみず)を新しくして〈高村光太郎「鮨」1926〉

とみに [頓に]

【頓(とみに)】古

ドミニカ［Dominica］

【土弥尼加（ドミニカ）】 辞書

トム［Tom］

【富（とむ）】 人名 ❖森鷗外は子どもの名前も西洋風の名前を付けた。長男の於菟の次男、森富（とむ）の「富」も鷗外の命名。もじり。

【十夢（とむ）】 人名 ❖「十夢走夜」という暴走族があった。

【翔夢（トム）】 人名〔「週刊文春」2009年4月23日〕❖男児の名。

【吐夢（トム）】 芸名 内田吐夢（映画監督）／宮崎吐夢（俳優）❖実際の人名にもあり。

その他 **おてんば嬢（トムボーイ）ちゃん** 漫画

とむらい［弔い］

【葬礼（とむらい）】 古

とめがね［留め金］

【止め金（とめがね）】 歌詞 止め金のとれた ブローチひとつ〔中島みゆき「横恋慕」1982〕

とめゆく［尋め行く・求め行く］

【尋（と）めゆく】 文集 尋（と）めゆきて〔静岡県立沼津西高等学校「潮音」37号 1990〕

とめる［止める・留める・停める］

【停（と）める】 歌詞 停めた車のかげで〔小泉今日子「渚のはいから人魚」（康珍化）1984〕❖交通法規では、駐車と停車は区別される。車を止めるは、停める、駐めるを包含するか。

小説 歩みを停（と）めず〔「読売新聞」2010年3月15日（宮城谷昌光「草原の風」）〕

【制止（と）める】 歌詞 決してこの攻撃制止（と）められない〔堀江由衣「まっすぐ大作戦♪」（くまのきよみ）2006〕

【止】 民間 ❖家電用品の「止」などは漢字を記号的に用いたものであろうから「送り仮名の付け方」は対象としていない。読みはさまざまになされている。

その他 **殺（と）める** 歌詞

とも［友・朋］

【伴（とも）】 広告「世界最小」の文学を人生の伴（とも）とする〔「読売新聞」2009年9月10日（サライ）〕

【友達（とも）】 歌詞 羽ばたく友達（とも）が落とした夢の数を〔サザンオールスターズ「せつない胸に風が吹いてた」（桑田佳祐）1992〕／見守りはげますこころの友達（とも）がいる〔夏木綾子「ひとすじの道」（田村和男）1997〕

【仲間（とも）】 広告 最高の仲間（とも）と〔車内吊り広告（井上雄彦「リアル」）〕

【親友（とも）】 歌詞 明日の親友（とも）さ〔SCRIPT「青春グローリー」（佐々木収）2005〕

曲名 湘南乃風「親友（とも）よ」2009

【句友（とも）】 俳誌 句友（とも）逝かせたる〔「月刊ヘップバーン」2004年7月31日〕

【戦友（とも）】 俳句 ルビ 戦友 とも 易々易々とつかってほしくない。〔「読売新聞」2000年12月3日（宇多喜代子）〕

漫画 かつての戦友（とも）の帰還〔大暮維人「天上天下 9」2002〕

歌詞 戦友（とも）と駆ける〔角田信朗「よっしゃあ漢唄」（北原星望・真間稜）2009〕

曲名 軍歌「戦友（とも）よ安らかに」「還らざる戦友（とも）」

【亡友（とも）】 短歌 歌会でよく聞くのが、安易なルビ（ふりがな）の使用を戒める意見である。例えば、「亡友（とも）」のようなルビは使わず、すっきりと「友」などと表現すればよいではないか、という指摘だ。〔松村由利子「ふりがな考」2009〕

【好敵手（とも）】 歌詞 好敵手（とも）と拳をぶつけ合えば〔Marina del ray「明日への闘志」（松尾康治・車田正美）2004〕

【敵（とも）】 漫画「敵に塩（しお）を送（おく）る」を敵（とも）に塩（しお）を送（おく）る 敵（てき）!! それじゃあ ただの プレゼント 我が生涯の敵（とも）よ!!〔蛇蔵&海野凪子「日本人の知らない日本語 2」2010〕❖漫画で習得。

【強敵（とも）】 漫画 この強敵（とも）と再び刀交える〔上条明峰「SAMURAI DEEPER KYO 5」2000〕

と

【人間(とも)】歌詞 強く今を生きる人間の腕に〔JAM Project「STORM」(工藤哲雄)2000〕／今つどへ人間よ大地へ〔林原めぐみ「まつりうた」2005〕

【友情(とも)】曲名 北島三郎「友情よ」(大地土子)2005

ども

【共(ども)】古 候得共(そうらえども)あて字〔野村雅昭「漢字の未来」新版2008〕／候共。雖は古来いえども、いうともなどと訓ずることになっていて〔築島裕「宛字考」(「言語生活」1960年7月)〕

その他 鞆(ども)・友(ども)古

ども〔共〕

【たち(ども)】漫画 先生たち全員に見捨てられてた〔藤崎聖人「WILD LIFE 5」2004〕

ともがら〔輩〕

【倫(ともがら)】古 怪シキ倫〔安藤昌益〕

【朋輩(ともがら)】漫画 わたくしの朋輩になられたので〔野口賢「黒塚 KUROZUKA 1」(夢枕獏)2003〕

【朋友(ともがら)】小説 賢き先達であり得難き朋友である右衛門は〔藤原眞莉「華くらべ風まどい ― 清少納言梛子」2003〕❖主人公の親友。

ともぐい〔共食い・共喰い〕 奴で表されることがあった。

【合淫(ともぐい)】古 元禄八年〔隠〕

ともし〔灯〕

【灯(ともし)】俳句 秋灯〔「読売新聞 夕刊」2008年10月25日〕

ともしい〔乏しい・羨しい〕

【乏しさ(とも)】小説 乏しさを指すことがしばしばだが〔幸田文「流れる」1957〕

ともしび〔灯・灯火・燭〕

【灯火(ともしび)】歌詞 どうか灯火を頼って〔鬼束ちひろ「King of Solitude」2003〕

ともしらが〔共白髪〕

【友志良賀(ともしらが)】民間 結納のお品書き〔斎賀秀夫「あて字の考現学」(「日本語学」1994年4月)〕／縁起字〔斎賀秀夫「漢字の缶づめ 教養編」1998〕

WEB「共に白髪になるまで」の意味。白い麻糸を白髪になぞらえる。❖引き出物などでもこの種の当て字が見られる。

ともす〔点す・灯す〕

【点す(とも)】歌詞 点そう〔J-FRIENDS「ALWAYS」(Franciz&LePont・J-FRIENDS)2001〕

政策 トモス(トボス) 点す〔国語審議会第2部会「語形の『ゆれ』について」1961〕

【灯す(とも)】歌詞 白い指が灯すキャンドルライト〔甲斐バンド「氷のくちびる」(甲斐よしひろ)1977〕／ふるえる指に灯す〔寺尾聰「終着駅」(有川正沙子)1982〕／あなたが灯もす 恋の灯よ〔美空ひばり「恋港」(志賀貢)1986〕／悲しみで炎も灯せる？・〔鬼束ちひろ「BORDERLINE」2003〕❖灯りを灯す。

【燈す(とも)】歌詞 カンテラを燈して〔ゲルニカ「大油田交響楽」(太田螢一)1982〕❖「灯」と別系統の字だが、当用漢字補正資料を受けて、常用漢字で旧字体とされる。蛍光灯と燈籠のように、イメージにより使い分けがされることとあり。

ともだち〔友達〕「友だち」という表記も目立つ。

【朋友(ともだち)】古 朋友ノ略語〔京都府警察部「隠語輯覧」1915 集〕

【親友(ともだち)】曲名 榊原郁恵「親友」(尾関昌也)1983

歌詞 いつも親友で〔TWO-MIX「BECAUSE I LOVE YOU」(永野椎菜)1999〕

【親友達(ともだち)】歌詞 親友達は何も 言わないけれども〔TWO-MIX「milky road」(永野椎菜)1998〕

【男友達(ともだち)】歌詞 男友達もたくさんいて〔Every Little Thing「True colors」(五十嵐充)1998〕

【女友達(ともだち)】歌詞 女友達みんな彼とイチャイチャ〔Berryz工房「ライバル」(つんく)2009〕

【生きもの(ともだち)】 歌詞 すべての生きもの(ともだち)に勇気をもらおう〔池田卓やまねこ音楽隊「春の花にキスをしよう」(池田卓)2008〕

【汚友拉致(おともらち)】 WEB 汚友拉致になって 下 サイo〔2006年7月26日〕

その他 友(ともだち) 古 ／友人(ともだち) 漫画

ともる ［点る・灯る］

【灯る(とも)】 歌詞 胸に灯(とも)ったこのあかり〔津村謙・吉岡妙子「あなたと共に」(矢野亮)1954〕／灯りはぼんやり灯(とも)りゃいい〔八代亜紀「舟唄」(阿久悠)1979〕

TV 炎が灯りました(テロップ)〔日本テレビ系列 2010年3月24日7時台〕

新聞 ひっそり灯(とも)る〔「読売新聞」2010年3月21日〕

【点る(とも)】 歌詞 灯が点る〔大津美子「銀座の蝶」(横井弘)1958〕

俳句〔「読売新聞」2010年3月8日〕

どや 「やど(宿)」の倒語。

【家(ドヤ)】 小説 刑務所から出たばかりの家(ドヤ)なしだ〔田中英光「聖ヤクザ」1949 集〕

トゥール ツ、トゥはもちろん、テュとも異なる発音であろう。

【風の精霊(トゥール)】 漫画 なるべく上級位の風(トゥール)の精霊を呼んで〔渡辺祥智「銀の勇者 4」2000〕◆「風(トゥール)」もあり。

とよた

【トヨタ】 社名 トヨダは仮名の画数を日本で縁起が良いとされる8画にするためトヨタとしたという(CNN)テレビの説明は、半分正解というところか。豊田(とよだ)喜一郎が「今は未完成だが、いつか満点の『十』の車をつくる」と、10画の「トヨダ」から濁点を消したとある。ダルマの目よろしく濁点をつけるつもりだったのかも知れない。〔「読売新聞」2010年3月8日〕◆八は字の形が末広がりという理由で日本では喜ばれる。中国では発財の発と音が似るため。

とよとみひでよし ［豊臣秀吉］

【豊臣秀吉(とよとみひできち)】 誤読 日本史の時間、豊臣秀吉を「とよとみひできち」って読んだ奴がいたYO!〔WEB〕

どよむ ［響む］ とよむ。

【鼓動(どよむ)】 古

【響む(とよ)】 歌詞 少し響(とよ)みでさし曇り〔林原めぐみ「KOIBUMI」2002〕◆『万葉集』には「なるかみの すこしとよみて」とある。

【歓声(どよみ)】 俳句〔竹下しづの女〕

どよめく ［響めく］

【響動めく(どよ)】 小説 人の垣が響動(どよ)めいて〔平野啓一郎「日蝕」2002〕

とよもす どよもす。

【響もす(とよ)】 俳句〔「読売新聞」2010年3月22日〕

どら

【放蕩(どら)】 古 どら 放蕩〔1917 隠〕

ドラ ドラゴンの略か。麻雀で特定の牌。

【九萬(ドラ)】 漫画 九萬(ドラ)三テンパイ〔伊藤誠「兎－野生の闘牌 1」1997〕

*【一萬一萬一萬(ドラみっつ)】 漫画 海底・一盃口・一萬一萬一萬(ドラみっつ)〔天獅子悦也「むこうぶち 25」2009〕

トライアスロン ［triathlon］

【鉄人三項】 中国〔「日刊スポーツ」2008年7月27日〕

トライアングル ［triangle］

【三角(トライアングル)】 広告 朱鷺色 三角(トライアングル)〔猫十字社「小さなお茶会」2000(巻末)〕

【三角形(トライアングル)】 小説 見えない三角形(トライアングル)が〔清涼院流水「カーニバル 二輪の草」2003〕

【三角陣形(トライアングル)】 小説 三人組で歩く際の三角陣形は〔清涼院流水「カーニバル 二輪の草」2003〕

その他 三角関係(トライアングル) 古 ／三角形(トライアングルラブ) 雑誌

トライデント ［trident］

【三叉矛(トライデント)】 漫画〔「週刊少年ジャンプ」2004年41号〕◆「三叉矛」とも書く。

ドライバー [driver]
【運転手《ドライバー》】 [WEB] 運転手(ドライバー)
【DR《ドライバー》】 [広告] DR《ドライバー》からSW《サンドウェッジ》まで〔「読売新聞」2009年11月24日〕
[その他] **指先のあいた手袋《ドライバー・グローブ》** [小説]

ドライブ [drive]
【神操機《ドライブ》】 [広告] 白虎神操機《ドライブ》〔「週刊少年ジャンプ」2004年48号〕
【兜風】 [中国] 音を踏まえた訳語だとする見方もある。

トラヴァーユ [フランス travail]
【労働《トラヴァーユ》】 [雑誌] 〈労働《トラヴァイエ》〉しない。〈労働《トラヴァーユ》〉〈労働者《トラヴァユール》〉もいなくなる〔「Esquire」1994年5月〕❖雑誌名から広まった語。サ変動詞化した。
【仕事《トラヴァーユ》】 [雑誌] ジュールの法則によって説明される〈仕事《トラヴァーユ》〉〔「Esquire」1994年9月〕

トラウマ [ドイツ Trauma]
【心的外傷《トラウマ》】 [漫画] 心的外傷《トラウマ》…心に残った古傷のことですよ〔さとうふみや「金田一少年の事件簿 15」(金成陽三郎)1995〕/オレの心的外傷《トラウマ》の原因〔山田南平「紅茶王子 14」2001〕 [歌詞] 同じ心的外傷《トラウマ》重ねれば〔Sound Horizon「Arc」(REVO)2005〕
【心理的外傷《トラウマ》】 [小説] 〔神坂一「日帰りクエスト 2」1993〕 [書籍] 心理的外傷《トラウマ》になるほどの〔池田雅之「ラフカディオ・ハーンの日本」2009〕
【心の傷《トラウマ》】 [漫画] 心の傷《トラウマ》は深いはずだから…〔藤崎竜「封神演義 2」1997〕
【心傷《トラウマ》】 [小説] 〔西尾維新「零崎双識の人間試験」2004〕
【精神外傷《トラウマ》】 [小説] 消えることのない精神外傷《トラウマ》〔清涼院流水「カーニバル 一輪の花」2003〕
【精神的外傷《トラウマ》】 [漫画] 最大の精神的外傷《トラウマ》だ〔荒川弘「鋼の錬金術師 11」2005〕
【精神的地雷《トラウマ》】 [漫画] モコちゃんの精神的地雷《トラウマ》を〔北道正幸「プ～ねこ 2」2006〕
【後遺症《トラウマ》】 [書籍] 〔元木昌彦「週刊誌編集長」2006〕
【虎馬《トラウマ》】 [誤字] ❖虎馬が語源だと思い、そう文字起こしをした例。

ドラえもん 漫画の作品名・キャラクター名。
【怒羅衛門《ドラえもん》】 [民間] ❖暴走族名。WEB上には怒羅吸裸、大河怒裸馬、怒羅魔など「ドラ」に対する同様の当て字が散見される。中国では機器猫、小叮当、哆啦A夢。野比のび太は野比大雄。
【虎右衛門《ドラエモン》】 [雑誌] [店名] キャッテリー・虎右衛門《ドラエモン》〔「猫の手帖」1994年12月〕

とらえる [捕らえる・捉える]
【擒える《とらえる》】 [小説] 擒《とら》えられていた〔平野啓一郎「日蝕」2002〕
【狙える《とらえる》】 [漫画] GENJI系狙《とら》え作戦〔中尊寺ゆつこ「プリンセス in Tokyo」1989〕
【獲得える《とらえる》】 [歌詞] その瞳で獲得《とら》えてね〔林原めぐみ「がんばって!」(有森聡美)2005〕
[その他] **執える《とらえる》** [古]

ドラキュラ [Dracula]
【怒羅吸裸《ドラキュラ》】 [WEB] 舞踏歌劇「怒羅吸裸」

トラコーマ [trachoma] [目] トラホーム、トラホーメとなるなど身近な病名だった。
【虎眼】 [古] ❖睫という造字もなされた。

ドラゴン [dragon]
【竜《ドラゴン》】 ❖「竜」と「龍」に対して、違いを見出す傾向がある。西洋のドラゴンは「竜」、東洋のリュウは「龍」と思っている人も一定の割合でいる。字凧には江戸時代から常用漢字表の時代(竜を新字体とした)になってもその形から「龍」が根強い。リュウは「龍」、たつは竜田揚げや竜巻などから「竜」という区別を意識する向きもある。 [漫画] 今のは… 碧き竜《ブルードラゴン》?〔渡辺祥智「銀の勇

者 2」1999〕／怒れる竜(ドラゴン)の使者により〔北道正幸「プ～ねこ」2005〕
書籍 竜(ドラゴン)の破壊力〔中澤光博／ORG「入門！リナの魔法教室 スレイヤーズ RPG」1996〕

【竜族(ドラゴン)】 漫画 碧き竜王の治める竜族(ドラゴン)の都〔渡辺祥智「銀の勇者 2」1999〕◆竜の姿をした種族。

【龍(ドラゴン)】 漫画 龍頭(ドラゴンヘッド)ファミリーに引き渡します〔松川祐里子「魔術師 2」1996〕／俺が一人前の龍使い(ドラゴンマスター)と自然界に認められた〔由貴香織里「天使禁猟区 18」2000〕／龍(ドラゴン)の力と権威を与えられし〔樹なつみ「デーモン聖典 1」2003〕／〔「週刊少年ジャンプ」2004年11月29日(未確認少年ゲドー)〕◆燃えよドラゴンのブルースリーは別名が李小龍。

【四兄弟(ドラゴン)】 小説〔田中芳樹「創竜伝 2」1988〕

【銅鑼言(ドラゴン)】 店名 レストラン〔斎賀秀夫「現代人の漢字感覚と遊び」1989〕

【道楽言(どらごん)】 書名 倉本美津留「どらごんー道楽言」1999

【怒羅権(ドラゴン)】 民間 ◆暴走族名。

【D(ドラゴン)】 広告『D(ドラゴン)B(ボール)』本編で登場する〔「週刊少年ジャンプ」2004年5月24日〕
広告 最強RPG『DQⅧ(ドラゴンクエスト)』〔「週刊少年ジャンプ」2004年7月5日(チームG59上!!)〕

その他 竜の息(ドラゴン・ブレス)・竜たちの峰(ドラゴンズ・ピーク)・竜王の顎(ドラゴンストライク)・竜王の殺息(ドラゴンブレス)・龍王の中央(ドラゴンズ・センター) 小説／龍(ドラゴン)を殺す者(スレイヤー) 漫画／暴龍(ドラゴン・マフィア)・あの伝説(ドラゴンクエストⅦ) 広告

ドラスティック [drastic]

【徹底的(ドラスティック)】 WEB 徹底的→ドラスティック

トラック [truck]

【軌(トラック)】 民間 ◆自衛隊で陸軍の影響から使われた。

ドラッグ [drug]

【薬(ドラッグ)】 ポスター 自分で薬(ドラッグ)をつくるのは〔早稲田大学 自作自演団ハッキネン 2005〕

【薬物(ドラッグ)】 書籍〔うみのさかな&宝船蓬莱「うみのさかな&宝船蓬莱の幕の内弁当」1992〕

【媚薬(ドラッグ)】 歌詞 この街のノイズは 最高の媚薬さ〔本田美奈子「CRAZY NIGHTS」(秋元康)1987〕

ドラッグストアー [drugstore]

【薬屋(ドラッグストアー)】 小説 そのせいで付いた渾名が《薬屋(ドラッグストアー)》〔安井健太郎「ラグナロク EX. DEADMAN」2001〕

トラップ [trap]

【罠(トラップ)】 漫画 米村のチームが仕掛けた罠(トラップ)が…〔さとうふみや「金田一少年の事件簿 19」(金成陽三郎)1996〕／〔さいとうたかを「ゴルゴ13 104」1997〕
小説 お前の罠(トラップ)は見え見えだぜ〔鈴羅木かりん「ひぐらしのなく頃に 鬼隠し編 1」(竜騎士07)2006〕
歌詞 不安とは想像が生み出した罠(トラップ)だ〔大橋卓弥「はじまりの歌」2008〕

【策(トラップ)】 漫画 最大の策(トラップ)〔大暮維人「エア・ギア 3」2003〕

【体(トラップ)】 漫画 テメーの体(トラップ)を狂わせた〔大暮維人「エア・ギア 3」2003〕

【転生(トラップ)】 歌詞 幾千の時を越え聖なる転生(トラップ)〔水樹奈々「残光のガイア」(HIBIKI)2006〕

どらねこ [どら猫]

【虎猫(どらねこ)】 イベント名 虎猫祭

【土雷根子(どらねこ)】 店名 バー〔斎賀秀夫「あて字の考現学」(「日本語学」1994年4月)〕

トラピスト [Trappist]

【修道院(トラピスト)】 歌詞 君住み給う 修道院(トラピスト)〔小畑実「アンジェラスの鐘」(佐伯孝夫)1952〕

トラブル [trouble]

【To LOVEる(とらぶる)】 漫画題名 矢吹健太朗「To LOVEるーとらぶるー」(長谷見沙貴)2006～2009

その他 壁(トラブル) 民間／厄介事下請け人(トラブル・コントラクター) 漫画

トラベラー [traveler]

【旅行人(トラベラー)】 広告 見物気分の旅行人(トラベラー)〔神坂一「日

と

帰りクエスト なりゆきまかせの異邦人(ストレンジャー)」1993（巻末）〕

トラベル [travel]

【旅行(トラベル)】曲名 Vanilla「逃避旅行(トリップトラベル)」(Zen) 2002

トラホーム [ツ Trachom] ⇩トラコーマ

ドラマ [drama]

【戯曲(ドラマ)】古〔島崎藤村「千曲川のスケッチ」1912〕

歌詞 戯曲(ドラマ)通りに役者は踊り〔Sound Horizon「終端の王と異世界の騎士～The Endia & The Knights～」(REVO) 2006〕

【劇(ドラマ)】雑誌〔「小説新潮」1994年3月〕

書籍 劇医者(ドラマ・ドクター)〔井上ひさし「自家製文章読本」1984〕／政治が面白すぎる。この劇(ドラマ)の第二幕の結末やいかに〔元木昌彦「週刊誌編集長」2006〕

論文〔大野真「距離の詩学－映画『シックス・センス』を巡って－」2004〕

【芝居(ドラマ)】歌詞〔堂本剛「百年ノ恋」2001〕

【人生(ドラマ)】歌詞 自分が主役の人生(ドラマ)くらいは〔林原めぐみ「Just be conscious」1996〕

【一生(ドラマ)】歌詞 降って湧いた一生(ドラマ)だから〔T.M. Revolution「Tommorow Meets Resistance」(井上秋緒) 2002〕

【鉄道(ドラマ)】TV〔ある番組で〕鉄道にドラマのルビが振ってある。〔WEB〕

【銅鑼魔(どらま)】劇場名 早稲田銅鑼魔館(わせだどらまかん)

【怒裸馬(ドラマ)】漫画〔秋山ジョージ「青春の河」1977～1978〕◆登場人物名。

その他 日常(ドラマ) 歌詞／怒羅魔(ドラマ) WEB

ドラマティック [dramatic] ドラマチック。

【戯曲的(ドラマティック)】WEB

ドラム [drum]

【太鼓(ドラム)】小説 太鼓(ドラム)の音が聞こえてくる〔菊地秀行「魔界都市ブルース 夜叉姫伝 4」1990〕

【Dr.(ドラム)】【Dr(ドラム)】雑誌〔音楽雑誌〕◆ドラムスとも。

どらむすこ [どら息子]

【放蕩息子(どらむすこ)】古

どらやき [銅鑼焼き]

【虎焼き(どらやき)】WEB 虎焼き(とらやき)◆虎焼きもあり。

トランジエント [transient]

【短期(トランジエント)】小説 長期(ロングステイ)でも短期(トランジエント)でも同じですよ〔森村誠一「虚構の空路」1970 集〕

トランスフォーム [transform]

【変形(トランスフォーム)】小説 人生が変形(トランスフォーム)されていくことを〔村上春樹訳「レイモンド・カーヴァー傑作選 CARVER'S DOZEN」1997〕

その他 変身(トランスフォーム)・擬態(トランスフォーム) 漫画

トランプ

【しもべ(トランプ)】漫画 さぁしもべ(トランプ)達よ〔「週刊少年ジャンプ」2004年5月24日（ボボボーボ・ボーボボ）〕

とり [取り] 寄席で最後に出演すること。また、その人。

【主任(トリ)】新聞「トリ」は「取り」。あて字で「主任」とも書く。〔「読売新聞」1992年12月24日〕

その他 最後(とり) WEB

とり [鳥] 「『とり』と聞いてどんな漢字が思いつきますか？」と表記の多様性を説明する際に尋ねると、必ず「とり」「トリ」「鳥」のほか「酉」「鶏」なども挙がる。

【鳥(とい)】辞書 くちばしの長か(なん)鳥(とい)〔大石初太郎「振り仮名」(「国語学辞典」1955)〕◆方言。

【禽(とり)】小説 禽(とり)が鳴いていた。〔平野啓一郎「日蝕」2002〕

【鶏(とり)】詩 どこを風見の鶏(とり)が見てゐるのか〔萩原朔太郎「輪廻と転生」1922〕◆とりにくを「鶏肉」とする表記は日本新聞協会も公認（風見鶏は鳥を用いない）。焼き鳥の鳥は鶏とはならず、焼鳥屋の看板では生々しさを避けてか篆書のような絵画性に富む書体で描かれやすい。

【鷗(とり)】歌詞 鷗(とり)のように遊ぼうよ〔青木美保「幸せならばいいじゃない」(山田孝雄) 1998〕

【水鳥(とり)】歌詞 水鳥(とり)たちは〔南こうせつ「国境の風」(荒木とよひさ)2003〕

【鳥亜網(とりあみ)】歌詞 でっかい青空は21世紀(いま)でも鳥亜網(とりあみ)のもの〔みっくすJUICE「The IJIN-DEN～天才の法則」(六月十三)2003〕❖綱か。

ドリーマー [dreamer]

【夢想者(ドリーマー)】番組名「上海夢想者(シャンハイドリーマー)」2004

【夢想家(ドリーマー)】小説 自ら夢想家(ドリーマー)と称する彼は〔村上春樹訳「レイモンド・カーヴァー傑作選 CARVER'S DOZEN」1997〕

【夢追い人(ドリーマー)】書名 あさぎり夕「無口な夢追い人(ドリーマー)」2002

その他 夢幻想塔(トウ・ドリーマー) 小説

ドリーム [dream]「夢」は、ある字源説によれば悪夢を指していた。→デイドリーム

【夢(ドリーム)】漫画 例の月での夢(ムーンドリーム)を〔日渡早紀「ぼくの地球を守って 2」1987〕❖前世の夢。

広告 "鷹"の夢(ドリーム)は!?〔さとうふみや「金田一少年の事件簿 2」(金成陽三郎)1993(巻末)〕

歌詞 果たせぬままの 夢(ドリーム)〔Mr. Children「cross road」(桜井和寿)1993〕

人名 夢(どりいむ)

【良い夢(ドリーム)】漫画 良い夢(ドリーム)だけじゃなく珍夢も〔「週刊少年ジャンプ」2004年48号(アニプリ)〕

【神話(ドリーム)】漫画 聖闘士神話～ソルジャー・ドリーム～〔車田正美「聖闘士星矢」1986～1990〕

【ドリー夢(む)】WEB ドリーム小説とも。登場人物の名前が変換された小説。しゃれ。

【Dri夢(ドリーム)】アルバム名 アン・ルイス「Dri夢・X-T-C」1985

【D(ドリーム)】漫画『R&D(ドリーム)』の続報〔「週刊少年ジャンプ」2004年10月11日(アニプリ)〕

その他 夢想(ドリーム) 施設名 ／ 夢見る者(ドリームゲイザー) 小説 ／ 悪夢退治の賞金稼ぎ(ドリームバスター) 広告

トリオ [イタリア trio]

【三人組(トリオ)】小説 JDCの探偵が三人組(トリオ)になることはない〔清涼院流水「カーニバル 一輪の花」2003〕／〔田中芳樹「創竜伝 13」2003〕

トリガー [trigger]

【引金(トリガー)】小説 引金(トリガー)を引きつづけた〔菊地秀行「魔界都市ブルース 夜叉姫伝 4」1990〕

漫画〔平野耕太「HELLSING ヘルシング 3」2000〕

【引き金(トリガー)】漫画 引き金(トリガー)の部分に〔本沢みなみ「また還る夏まで 東京ANGEL」1999〕

とりかえす [取り返す]

【奪り還(とかえ)す】漫画 それを奪(と)り還すためなんだ〔綾峰欄人「GetBackers 奪還屋 23」(青樹佑夜)2003〕

とりかえる [取り替える・取り換える]

【取り更(とか)える】小説 父の氷枕を取り更(か)えて、〔夏目漱石「こころ」1914〕

とりきめ [取り決め・取り極め]

【取究(とりきめ)】【取極(とりきめ)】辞書 古

とりけし [取り消し]

【CLEAR(取り消し)】漫画〔松川祐里子「魔術師 7」1999〕❖パソコンの画面。

とりこ [虜・擒・俘虜]

【虜(とりこ)】広告 虜(とりこ)に〔「読売新聞」2009年9月6日〕❖「膚(とりこ)」という誤植あり。

【捕虜(とりこ)】歌詞 捕虜(とりこ)をはなつと〔讃美歌「もろびとこぞりて」〕／誰を捕虜(とりこ)にしよう〔れいか「歌舞伎町のノラ」(玉置麻佐美)2009〕

短歌 捕虜(とりこ)のわれに気力くれたり〔「読売新聞」2009年10月26日〕

トリコロール [フランス tricolore]

【3色配色(トリコロール)】雑誌 新・3色配色(トリコロール)〔「non・no」2004〕

【三色旗(トリコロール)】WEB 三色旗(トリコロール)

トリシャ

【母親(トリシャ)】漫画 母親(トリシャ)を作ろうなんて〔荒川弘「鋼の錬金術師 11」2005〕❖主人公の母の名。

とりせつ [取説] 取り扱い説明書の略。

【取扱説明書(トリセツ)】書名 牛窪恵「草食系男子の取扱説明書(トリセツ)」2009

トリッキーボーイ [tricky boy]

【悪戯小僧(トリッキー・ボーイ)】 漫画 まんまと悪戯小僧(トリッキー・ボーイ)だけが生き残った!〔松川祐里子「魔術師 1」1995〕

トリック [trick]

【工作(トリック)】 漫画 犯人の〝アリバイ工作(トリック)〟だ!〔さとうふみや「金田一少年の事件簿 1」(金成陽三郎)1993〕

【手品(トリック)】 漫画 手品(トリック)はね 楽しくなくちゃ〔松川祐里子「魔術師 6」1998〕

【仕掛け(トリック)】 漫画 仕掛け(トリック)を作れるのは〔蓮見桃衣「エキストラ・ジョーカー JOE」(清涼院流水)2001〕

【仕かけ(トリック)】 小説 ミステリ的な仕かけ(トリック)から〔清涼院流水「カーニバル 二輪の草」2003〕

【偽装(トリック)】 漫画 その偽装(トリック)のために君の力を借りたい〔松川祐里子「魔術師 1」1995〕

【幻滅(トリック)】 歌詞 見たもの全てはそうただの幻滅(トリック)さ〔D「Art de la piste」(ASAGI)2005〕

【技(トリック)】 漫画 この地図からどこで技(トリック)をキメて〔大暮維人「エア・ギア 3」2003〕

【炎(トリック)】 漫画 あの炎(トリック)を産み出したのは〔松川祐里子「魔術師 6」1998〕

【TRICꓘ(トリック)】 番組名〔テレビ朝日系列〕❖Rを反転させる例は多い。国外でも AᴙBA のような例あり。プリンスの新しい芸名「♀」はなんと読んでもらってもよいというものだった。

その他 偏光能力(トリックアート) 漫画／切断力学(ゴシックトリック) ゲーム

トリップ [trip]

【逃避(トリップ)】 曲名 Vanilla「逃避旅行(トリップトラベル)」(Zen)2002

【加速(トリップ)】 小説 超高速で加速(トリップ)していく〔安井健太郎「ラグナロク EX. BETRAYER」1999〕

とりて [捕り手]

【警察吏(とりて)】 古「読売新聞」1874〔出久根達郎「昔をたずねて今を知る」2003〕

トリニティ [Trinity]

【三位一体(トリニティ)】 雑誌 三位一体(トリニティ)コーデ完成!〔「non・no」2006年9月20日〕❖ワンピース+重ねトップス+靴・ブーツ。

とりはからい [取り計らい]

【執斗(とりはからい)】 古 ❖計の崩しと斗が混じる。

その他 取斗(とりはからい) 古

トリビュート [tribute] 賛辞。

【鶏(とり)ぴゅ～と】 アルバム名「くるり鶏ぴゅ～と」2009❖もじり。

ドリフト [drift]

【漂流(ドリフト)】 漫画

トリプル [triple]

【三重(トリプル)】 広告「テニスの王子様 完全版」史上初!! 描き下ろし 三重装丁(トリプル・ジャケット)〔JR線車内中吊り広告 2010年4月1日〕

TV 電光石火の三重殺(トリプルプレイ) ネプチューン〔「タモリのボキャブラ天国大復活祭スペシャル!!」2008年9月28日〕❖キャッチフレーズ。

***【3種の返し球(トリプルカウンター)】** 漫画〔許斐剛「テニスの王子様 20.5」2003〕❖技の名前。

***【777(トリプルセブン)】** 広告 最新鋭機ボーイングB777(トリプルセブン)就航記念〔「読売新聞」2009年9月19日〕

***【XXX(トリプル・エックス)】** 広告 官能アンソロジーXXX(トリプル・エックス)〔「読売新聞」2008年7月26日〕❖プロレスのWWFはスリーダブリュエフとも。店名に珍珍(さんちん)。→スリー(999)

その他 AAA(トリプル・エー) グループ名

とりめ [鳥目]

【雀目(とりめ)】 古

とりもち [鳥黐]「鳥もち」とも。鳥餅は日本語の表記として、どこまで本来的な漢字を用いるのがよいかを考えさせる。

【鳥羊(とりもち)】 古 一休当て字を訓みたまふこと。鳥羊でとりもち。羊躑躅(もちつつじ)から。「続一休咄」1731〔小林祥次郎「日本のことば遊び」2004〕

トリン [trine]

【吉角(トリン)】 漫画 その後 木星と吉角(トリン)になるから

〔さとうふみや「金田一少年の事件簿 Case2 銀幕の殺人鬼」(金成陽三郎)1998〕

ドリンク【飲料】WEB［drink］

とる［取る］ 表内訓は撮る・取る・採る・捕る・執る。

【脱る】小説 私は笑って帽子を脱った。〔夏目漱石「こころ」1914〕

【除る】小説 死体の顔の上にかかっている白木綿が除れそうに動いた。〔小林多喜二「蟹工船」1929〕

【握る】短歌 筆握りし日の君安かりき〔松崎天民〕

【採る】歌詞 明り採りの窓に〔高橋真梨子「桃色吐息」(康珍化)1984〕❖常用漢字表内訓。

【捕る】❖常用漢字表内訓。

歌詞 今ここで俺つかまっちゃあ ミイラ捕りまでミイラかも〔サザンオールスターズ「マチルダ BABY」(桑田佳祐)1983〕

政策 捕える(捕る)〔内閣告示「送りがなのつけ方」1958〕

【獲る】歌詞 愛を獲ってごらん〔中森明菜「TATTOO」(森由里子)1988〕

TV メダル 獲った〔2010年2月17日 テロップ〕❖獲得。

新聞 大阪湾で獲れた魚を運ぶ道として〔「読売新聞 夕刊」2009年2月6日〕／女優賞を獲った〔「読売新聞」2010年3月3日〕

広告 日本海で獲れたのどぐろを開いて一夜干しに。〔「読売新聞」2010年3月8日〕

【穫る】WEB 野菜を穫る。❖「とる」は和語で多義であり、様々な漢字義と対応する。新聞をとる(契約して購読する)に「購る」もあった。

【漁る】古 ❖いさりは漁り。漁るは「すなどる」とも。

【摂る】小説 朝食を摂ることに夢中で〔市川拓司「いま、会いにゆきます」2003〕

新聞 食物は一切摂らない。〔「読売新聞 夕刊」2010年3月9日〕❖食品類の広告やポスターにも多い。

【攬る】小説 人の心を攬ることを〔「読売新聞」2010年3月17日〕

【奪る】小説 始終気を奪られがちな私は、〔夏目漱石「こころ」1914〕／命奪ったら〔南英男「地獄遊戯」2003 俗〕／若き楊令、敵将・童貫の首を奪る〔「読売新聞」2008年4月18日(北方謙三)〕

歌詞 気の毒だが貴様たちにどうしたって奪りきれぬ〔楠木繁夫「人生劇場」(佐藤惣之助)1937〕❖口上部分。／奪って〔忍足侑士「HIDE&SEEK」(石川絵里)2005〕

雑誌 自分を奪ろうと〔「小説新潮」1994年5月〕

漫画 貴様が昨夜儂のしょうが焼き奪ったからじゃ〔藤崎聖人「WILD LIFE 2」2003〕

広告 金塊100キロ 奪られたら奪り返せ！〔「読売新聞」2009年1月31日〕

【盗る】→くにとり

看板 盗ろうにも盗る「すき」のない町ぐるみ〔警察の立て看板 1959 目〕

歌詞 気になるあいつ 私の鍵を盗られそう〔キャンディーズ「ハート泥棒」(林春生)1976〕／誰かに盗られるくらいなら〔石川さゆり「天城越え」(吉岡治)1986〕／あなたのことを盗られないように〔渡り廊下走り隊「恋愛アスリート」(秋元康)2009〕

書籍 物盗り〔惣郷正明「辞書漫歩」1987〕

漫画 お金とか調度品とか盗って〔松川祐里子「魔術師 2」1996〕／盗られた物は無かった様ですが〔冴凪亮「よろず屋東海道本舗 2」2000〕／先に盗ったモンを返せ〔絵夢羅「道端の天使 3」2004〕／盗らないなんて!!〔蛇蔵&海野凪子「日本人の知らない日本語」2009〕

小説 盗った私を怒りもしない〔綿矢りさ「蹴りたい背中」2003〕

広告 国盗り川柳合戦 盗って〔JR車内 2010年3月31日〕

【殺る】 漫画 江戸川の組長が殺られたそうだ〔立原あゆみ「弱虫 1」1997〕／斬り殺る〔荒川弘「鋼の錬金術師 7」2004（付録スケジュールブック）〕

WEB「殺る」：とる、やる

【撮影る】 小説 図に撮影った〔夏目漱石「明暗」1916〕

【録る】 辞書 ❖『三省堂国語辞典』では第3版（1982）から。カセットテープ、8ミリ、ホームビデオ、ビデオテープ、DVDなど媒体が変わっても電器店では使われている。メールなどでも使われる。

歌詞 〝ダルセーニュから 録り直して〟と〔稲垣潤一「She is a star」（秋元康）1988〕

漫画 テープは録ったな〔小畑健「DEATH NOTE 7」（大場つぐみ）2005〕

新聞 番組の「録り貯め」が可能だからです。〔「読売新聞」2009年10月7日〕

広告 録る、見る、残す〔SONY「スゴ録」（車内広告）2004〕／録ってもベンリ〔「DIGA」（電車内広告）2004〕／自動的に録れている〔「VAIO」（電車内広告）2004〕

WEB 録っておき再放送〔NHKオンライン〕

【釈る】 小説 ふまじめと釈った〔森村誠一「殺意の接点」2001〕❖解釈。

【履る】 WEB 単位（授業）を履る❖履修する意。

その他 **窃る・得る・（年を）加る・敷る・交接る** 古 ❖これまでに百種類以上の漢字が「とる」と読まれてきた。

ドル
［←オランダ dollar］→セント

【弗】 小説 米弗銀貨はあるとしても〔島崎藤村「夜明け前 第一部」1932〕

映画題名「百万弗の人魚」1952／「百万弗を叩き出せ」1961

店名 百万弗❖パチンコチェーン店。

【$】 歌詞 俺に$5で売りなよ〔Acufer「堕天使BLUE」（森雪之丞）1999〕❖$も。不のように順序を逆にして読む例。「弗」は字面からの当て字。幕末に登場。なお、KE$HAはアメリカのシンガーソングライター。→ルドルフ（留$歩）

【為替】 書籍〔斎賀秀夫「漢字と遊ぶ」1978〕

その他 **洋銀・元・員・円** 古

トルコ
［ポルトガル Turco］

【土耳古】 辞書 ❖略して「土」。露土戦争・希土戦争など。

【土耳其】 古 ❖中国では今、これを用いる。

【お店】 漫画 お店にいらっしゃいよ〔高橋留美子「めぞん一刻 4」1983〕

トルストイ
［Tolstoi］

【杜翁】 古 ❖杜翁。

ドルだん
オランダ語とサンスクリット由来の漢語「旦那」の、ともに省略形による複合した外来語ないし混種語。

【弗旦】 古 芸妓・娼妓などが金銭などの供給を仰ぐ旦那〔1920 隠〕

トルネード
［tornado］

【烈風】 漫画 烈風銀河〔「コロコロコミック」2002年3月（音速バスタDANGUN弾）〕

その他 **竜巻** WEB

ドルばこ
［ドル箱］

【弗函】 古〔1915 隠〕

【弗箱】 古〔1917 隠〕

ドルメン
［dolmen］

【巨石建造物】 小説 巨石建造物である〔夢枕獏「黒塚 KUROZUKA」2003〕

トレアドル
［スペイン toreador］トレアドール。

【闘牛者】 詩 邪悪な闘牛者の卑劣な刃にかかる時も〔高村光太郎「牛」1913〕

【闘牛士(トレアドール)】WEB 闘牛士(トレアドール)

トレイン [train]

【列車(トレイン)】書名 西村京太郎「夜行列車(ミッドナイト・トレイン)殺人事件」1985

漫画題名 大坪愛生「幽霊列車(ゴーストトレイン)」1995

ドレイン [drain] ドレーン。

【吸収(ドレイン)】漫画 エネルギー吸収(ドレイン)〈「週刊少年ジャンプ」2004年7月8日(武装錬金)〉

トレーサー [tracer]

【追跡器(トレーサー)】小説 超小型追跡器(トレーサー)兼用の〈菊地秀行「魔界都市ブルース 夜叉姫伝 4」1990〉

トレース [trace]

【追跡(トレース)】漫画〈篠原千絵「蒼の封印 2」1999〉

❖「トレーサビリティー」は、国立国語研究所の言い換え提案では、履歴管理、追跡可能性など。

その他 投影(トレース) 漫画

トレード [trade]

【交換(トレード)】漫画〈冨樫義博「HUNTER × HUNTER 16」2003〉

トレーナー [trainer]

【調教師(トレーナー)】漫画 犬の調教師(トレーナー)になる夢〈さとうふみや「金田一少年の事件簿 Case1 魔犬の森の殺人」(金成陽三郎)1998〉

小説 犬を仕込んだ調教師(トレーナー)の〈清涼院流水「カーニバル 二輪の草」2003〉

トレーニング [training]

【練習(トレーニング)】漫画 練習用(トレーニング) ペガシス!!〈「コロコロコミック」2009年2月〉

【特訓(トレーニング)】漫画 今夜は特訓(トレーニング)ないし〈和月伸宏「武装錬金 3」2004〉

【修行(トレーニング)】書籍 江戸の娘の修行(トレーニング)の実態〈杉本つとむ「近代日本語の成立と発展」1998〉

【鍛錬術(とれーにんぐ)】雑誌 足裏鍛錬術(あしうらとれーにんぐ)〈「R 25」2009年4月23日〉

その他 訓練(トレーニング) WEB

トレジャーハンター [treasure hunter]

【宝探し(トレジャーハンター)】漫画 まさに宝探し(トレジャーハンター)だな〈秋本治「こちら葛飾区亀有公園前派出所 126」2001〉

ドレス [dress]

【衣装(ドレス)】歌詞 真っ赤な衣装(ドレス)〈Sound Horizon「StarDust」(REVO)2005〉

【服(ドレス)】歌詞 オレの好みの服(ドレス)が隠してる〈椎名林檎「流行」(椎名林檎・坂間大介)2009〉

【戦闘服(ドレス)】歌詞 新しい戦闘服(ドレス)着て〈水樹奈々「JUMP!」2004〉

トレビアン [フランス très bien]

【素敵(トレビアン)】雑誌〈「文藝春秋」1994年3月〉

ドレミ [イタリア do re mi]

【七音(ドレミ)】人名 最近は子どもに変わった名前をつける親が増えているらしい。「七音」で「ドレミ」と読ます当て字もあるそうだ。〈「朝日新聞」2009年12月6日(声)〉

【瞳澪美(どれみ)】人名 瞳澪美(どれみ)・風亜(ふうあ)・十良四朗(そらしろう)❖3人きょうだい。テレビに出演。

【一二三(どれみ)】人名 ❖→ワルツ(一二三)

トレモロ [イタリア trèmolo]

【振音(トレモロ)】歌詞 振音(トレモロ)寂し 身は悲し〈藤山一郎「影を慕いて」(古賀政男)1931〉

トレロ [スペイン torero]

【闘牛士(トレロ)】小説 ただの闘牛士(トレロ)が〈河野万里子訳「車椅子」1998〉

トレンド [trend]

【新しさ(トレンド)】雑誌 新しさ(トレンド)をプラスした服〈「25ans」1994年9月〉

【潮流(トレンド)】雑誌〈「CanCam」2004年10月〉

どろ [泥]「サクランボ盗」「下着盗」など「どろ」と読む人あり。→どろてき

【粘土(どろ)】詩 父の顔を粘土(どろ)にてつくれば〈高村光太郎「父の顔」1911〉

【汚泥(どろ)】歌詞 街の裏手にゃ汚泥(どろ)の河川〈桑田佳祐「どん底のブルース」2002〉

とろい 「トロい」も多い。

【鈍い(とろ)】漫画〈弘兼憲史「人間交差点」(矢島正

と

雄）1980〜1990〉
その他 盪(とろい) 古

トロイメライ［ドイツ Träumerei］
【夢想曲(トロイメライ)】広告 永遠なる夢想曲(トロイメライ)〈「花とゆめ」2004年22号〉

ドロー［draw］
【引き分け(ドロー)】漫画 前回引き分け(ドロー)だったからね〈「週刊少年マガジン」2004年48号（はじめの一歩）〉

ドローイング［drawing］
【線描き(ドローイング)】小説 単なる線描き(ドローイング)だ〈菊地秀行「白夜サーガ 魔王星完結編」1996〉

とろける［蕩ける・盪ける］
【蕩(とろ)ける】古 蕩(とろ)けるやうな恋愛生活に〈「娘尖端エログロ時代」1931 俗〉
広告 蕩(とろ)けるような訪問営業〈「読売新聞」2008年10月15日〉
短歌 石の蕩(とろ)ける夢を見ぬ 時田則雄『ポロシリ』〈「読売新聞 夕刊」2008年10月25日〉
その他 熔(とろ)ける 古

とろげん 吉原のこと。
【土口原(とろげん)】古（吉を分けて）土ロ〈1930 俗〉❖吉がつちよしで書かれた状況を示す。

どろじあい［泥仕合］「ドロ仕合」も。
【泥仕合(どろじあい)】新聞 ❖「仕合」も当て字のようだが、新聞協会は紙面では泥試合ではなく泥仕合を使用すると決めている。

ドロップ［drop］
【落とす(ドロップ)】広告〈「週刊少年ジャンプ」2004年48号（表紙裏）〉
【D(ドロップ)】漫画 超必殺バック D(ドロップ)〈大暮維人「エア・ギア 1」2003〉

ドロップアウト［dropout］
【不良(ドロップアウト)】漫画 彼はあの通りの不良(ドロップアウト)で〈松川祐里子「魔術師 3」1997〉

どろてき［泥的］泥棒。
【盗的(どろてき)】古 つひ盗的をやらふとした〈1876 俗〉

どろどろ
【混沌(どろどろ)】新聞 新川和江『詩が生まれるとき』旧約聖書の冒頭になぞらえて「混沌」と書いた。「こんとん」とせず「どろどろ」とルビを振っている。新川らしいユーモアだ。〈「読売新聞」2009年8月18日〉

どろぬの
【土布(どろぬの)】古 どろぬの 土布〈1930 隠〉

トロパイオン［tropaion］
【勝利の塔(トロパイオン)】漫画 勝利の塔(トロパイオン)の頂に通ず〈大暮維人「エア・ギア 5」2004〉

トロピカルフルーツ［tropical fruit］
【吐露非狩古鬱(トロピカルフルーツ)】TV〈飲料のCM〉❖ヤンキーの先生が板書。

どろぼう［泥棒・泥坊］略して「泥(どろ)」。
【泥棒(どろぼう)】小説〈夏目漱石「吾輩は猫である」1905〜1906〉／これじゃ給料泥棒(ドロボー)だよな〈清涼院流水「カーニバル 二輪の草」2003〉
【お前達(どろぼう)】漫画 そしてお前達(どろぼう)はここで死ぬんだっ!!〈松川祐里子「魔術師 3」1997〉

どろん
【失踪(ドロン)】小説 女優の失踪(ドロン)は〈島田一男「特報社会部記者」1991 俗〉

ドロンケン［オランダ dronken］
【土論賢(ドロンケン)】古

とわ［永久］
【久遠(とわ)】俳句 久遠(とわ)の処女も〈竹下しづの女〉
【永遠(とわ)】歌詞 栄冠 永遠(とわ)に我にあり 早稲田〈小出正吾「大地をふみて」1930〉／我が心より永遠に消えざる 思い出のその曲よ〈淡谷のり子「ポエマ」（奥山靉）1935〉❖永久(とわ)とする復刻盤もあり。／永遠(とわ)に散らさぬ 白薔薇(しろそうび)〈ディック・ミネ、藤原千多歌「長崎エレジー」（島田磬也）1947〉／くちづけかわし 永遠を誓った〈美空ひばり「真赤な太陽」（吉岡治）1967〉／よみがえる愛は永遠に〈アルフィー「美しいシーズン」（有川正沙子）1980〉／永遠(とわ)に流れる河を〈小室哲哉「天と地と」1990〉／時こそ永遠の語り部なりと〔北島三郎「大河」(星野哲郎)2003〕❖用例きわめて多し。
歌誌 蒼空の永遠の眠りよ〔「短歌」1994年11月〕
漫画 地上より永遠に〔石ノ森章太郎「マンガ日本の古典 古事記」1994〕／お昼よ永遠に〔北道正幸「プ〜ねこ 2」2006〕
曲名 GARNET CROW「永遠を駆け抜ける一瞬の僕ら」(AZUKI 七)2003
新聞 宝塚歌劇宙組 舞台「ディートリッヒ 生きた 愛した 永遠に」〔「読売新聞」2010年1月25日〕
広告 かけがえのない日本の遺産を、永遠にとどめたい〔「朝日新聞」2010年3月5日〕
WEB 永遠(とわ)に続く輪廻(トンネル)を、彷徨い(走り)続ける。

【永久】 歌詞 夢のかけらを せめて せめて 心に ああ永久に ちりばめ〔内山田洋とクールファイブ「逢わずに愛して」(川内康範)1970〕／永久に繋げよ〔子安武人「伝言」(青木久美子)2000〕／永久に枯れない〔タッキー&翼「愛想曲」(羽場仁志)2004〕❖用例多し。
広告 言の葉は現世に永久に生きる 永久の会墓園〔「読売新聞」2009年6月21日〕

【運命】 WEB 運命→とわ

トワール［フランス toile］

【画布】 詩 画布にむかひたる〔高村光太郎「失はれたるモナ・リザ」1910〕

とん

【・】 民間 ❖モールス信号を文中に書き込む際に。

トン［ton］「噸」「瓲」や略して「屯」。洋語は樽という意味からという。

【噸】【墩】 古 ❖ウィリアムズの英華字典(1856)などでは、既存の広東語の漢字で音訳がなされていた。

【噸】 書籍 日本でつくられた漢字。噸〔陳生保「中国と日本—言葉・文学・文化」2005〕❖この類が国字・国訓か否かは微妙。

ドン［スペイン・イタリア Don］

【首領】 曲名 石野真子「わたしの首領」(阿久悠)1978
小説 首領別邸を爆破せよ〔菊地秀行「魔界都市ブルース 夜叉姫伝 4」1990〕／医師界の首領だった〔南英男「監禁」1995 俗〕
映画題名「私のパパはマフィアの首領」1990
書籍 地球の首領ではあった〔博学こだわり倶楽部「名前の不思議 面白すぎる雑学知識」1992〕
雑誌〔「文藝春秋」1994年6月〕／世界柔道の新たなる首領〔「R25」2008年12月4日〕
ビデオ題名「首領への道」1998〜2005
漫画 首領パッチ君〔「週刊少年ジャンプ」2004年10月11日(ボボボーボ・ボーボボ)〕
書名 大下英治「首領 昭和闇の支配者」2006

【総長】 小説 どの直系組長にも、総長になれる可能性がある〔家田荘子「姐」1989 俗〕

【社長】 漫画 社長の側近パウロ＝コッリーニ〔松川祐里子「魔術師 6」1998〕

とんカツ［豚カツ］→カツ

【豚勝】 漫画 豚勝将軍〔田河水泡「のらくろ武勇談」1938〕❖もじり。とんかつ店の名、メニューに多い。

【とん勝】 店名

どんがら［胴殻］擬声語など。

【鈍我楽】 店名〔東京都内〕

とんがらかす［尖らかす］とがらかす。

【尖形す】 古 折々口先を尖形して〔1885〜1886 俗〕

とんがらす［尖らす］とがらす。

【尖んがらす】 小説 唇を尖んがらした声だった。〔小林多喜二「蟹工船」1929〕

とんがり［尖り］

【尖がり】 小説 尖がり杖〔柳瀬尚紀訳「フィネガンズ・ウェイク III IV」1993〕

とんがる［尖る］
【尖(と)んがる】 辞書〈俗〉❖ATOK17では「尖る」。「とがる」と送り仮名で区別か。

ドンキホーテ［(スペイン) Don Quijote］
【屯喜朋亭(ドンキホーテ)】 店名 レストラン〔斎賀秀夫「現代人の漢字感覚と遊び」1989〕

どんくさい［鈍臭い］
【鈍苦斎(どんくさい)】 筆名 戯作者の戯名〔矢野準「近世戯作のあて字」（「日本語学」1994年4月）〕

どんぐり［団栗］
【団栗(どんぐり)】 辞書〈俗〉

とんこ
【逃走(とんこ)】 漫画〔弘兼憲史「人間交差点」（矢島正雄）1980〜1990〕
【嘘(トンコ)】 小説 嘘(トンコ)言ってデートしねえもんな〔森村誠一「致死家庭」1983 集〕

とんじょ 東京女子大学の略称。
【東女(とんじょ)】 民間 ❖麻雀・バンド名で東南西北(トンナンシャーペイ)。「西」は北京語では「シー」。

とんずら 豚の脱走記事などでは「豚ずら」というもじりあり。
【脱走(とんずら)】 雑誌 脱走(トンズラ)〔「特ダネ雑誌」1947年12月25日〈俗〉〕
広告 港町を脱出した(とんずらこいた)3人は〔神坂一「日帰りクエスト なりゆきまかせの異邦人(ストレンジャー)」1993（巻末）〕
その他 逃亡(とんずら) WEB

とんそう［遁走］
【豚走(とんそう)】 映画題名「チーチ&チョン オンボロ大豚走!!」1982 ❖もじり。「豚走」は豚の脱走記事に限らずWEBなどでしばしばあり。「遯走」をふまえたものもあるか。

とんだ →とぶ
【至極(とんだ)】 漢詩〔平井呈一訳「狂詩 巡査行」1951〕
【翔(と)んだ】 漫画題名 1978年に始まったのが、少年誌にラブコメ旋風を起こす「翔(と)んだカップル」だ。〔「読売新聞」2009年10月7日〕
辞書 翔んでる 若者用語〔1980 俗〕
その他 飛(と)んだ 辞書

ドンタク［(オランダ) zondag］日曜日。休日。博多どんたくの由来。ゾンタク。→半ドン
【呑多食(ドンタク)】 店名 料理店〔斎賀秀夫「あて字の考現学」（「日本語学」1994年4月）〕

とんちき［頓痴気］
【豚(とん)ちき】 小説 豚(とん)ちき僻人(ぴじん)の歌(うた)〔柳瀬尚紀訳「フィネガンズ・ウェイク Ⅲ Ⅳ」1993〕
その他 頓智機(とんちき)・頓痴奇(とんとき)・頓痴気(とんちき)・頓直(とんちき) 古

とんちんかん［頓珍漢］
【頓珍漢(とんちんかん)】 古〔1917 隠〕
【豚賃勘(とんちんかん)】 小説 豚賃勘(とんちんかん)な祈(いの)りごとを〔柳瀬尚紀訳「フィネガンズ・ウェイク Ⅰ Ⅱ」1991〕
【頓珍羗(とんちんかん)】 小説 頓珍羗(とんちんかん)!〔柳瀬尚紀訳「フィネガンズ・ウェイク Ⅰ Ⅱ」1991〕

とんでもない
【飛(と)んでもない】 辞書 ❖「豚でもない」はもじり。
【破滅的(とんでもねー)な】 小説 破滅的(とんでもねー)なことに〔秋津透「魔獣戦士ルナ・ヴァルガー」1988〕
【重大(とんでもねー)な】 広告 重大(とんでもねー)な危機を迎えた〔神坂一「日帰りクエスト なりゆきまかせの異邦人(ストレンジャー)」1993（巻末）〕

とんと 副詞。まるきり。和語。
【頓(とん)と】 小説 頓とわからない〔夏目漱石「吾輩は猫である」1905〜1906〕

どんと
【突然(どん)と】 小説 突然(どん)と差押(さしおさへ)などを吃(くは)せられたら〔尾崎紅葉「金色夜叉」1897〜1902〕

どんな
【如何(どん)な】 古〔1908 俗〕❖芚奴(トンナヤツ)〔「新増大和詞大成」〕は「頓」か「鈍」の意。

トンネル［tunnel］
【隧道(トンネル)】 古〔1915 隠〕❖隧道はスイドウ・ズイドウ。ズイは呉音、スイが漢音。
【輪廻(トンネル)】 WEB 永遠(とわ)に続く輪廻(トンネル)を、彷徨い(走り)続ける

どんぱち
【抗争（ドンパチ）】漫画 マフィアの抗争（ドンパチ）まで〔「週刊少年ジャンプ」2004年5月24日（PMG-0）〕
【戦争（ドンパチ）】漫画 戦争（ドンパチ）にもちこむなら〔立原あゆみ「本気！ 1」1987〕／戦争（ドンパチ）になるでしょう〔立原あゆみ「弱虫 1」1997〕
その他 怒首領蜂（ドドンパチ） ゲーム名

どんぴしゃ
【本命（ドンピシャ）】雑誌 大流行☆本命（ドンピシャ）〔「CanCam」2004年9月〕
【大本命（どんぴしゃ）】雑誌〔「CanCam」2003年10月〕

どんぶり［丼］→どぶ（丼）
【丼（どんぶり）】古 ❖ 丼（ざんぶり） とともに平安時代の「江談抄」まで遡る。漢字を使わなかったはずの渤海の使者の名とされる。江戸時代には「世話字」となり、「丼」へ影響。
【丼（どんぶり）】新聞 卵 丼（どんぶり）「朝日新聞」2000年9月26日〔柳瀬尚紀「日本語は天才である」2007〕❖一般には「玉子丼・親子丼」という「…どん」のかたちが多い。福井県（福井県）〔円満字二郎「昭和を騒がせた漢字たち」2007〕は篆書の名残。ドンは後代の字義からで、中国南方の俗字が関わる。

とんぼ［蜻蛉・蜻蜓］
【丼（どん）ぶり】民間 ❖看板やメニューで。
【蜻蛉（とんぼ）】歌詞 赤蜻蛉（あかとんぼ） 三木露風「真珠島」1921〔紀田順一郎「図鑑日本語の近代史」1997〕❖曲には当時の東京のアクセントが反映。
誤読 蜻蛉（かげろう）日記をトンボニッキ〔辻村敏樹「ことばのいろいろ」1992〕

とんぼがえり［蜻蛉返り］
【翻節斗（とんぼがえり）】歌詞 翻節斗のバス通りで〔南佳孝「おいらギャングだぞ」（松本隆）1973〕❖節は筋が古い。
その他 斤斗（とんぼがえり）・筋斗（とんぼがえり）・筋斗返（とんぼがえり） 古／とんぼ帰（がえ）り WEB

とんぼり［↑どうとんぼり（道頓堀）］ 地名。
【道頓堀（とんぼり）】曲名 神野美伽「道頓堀（とんぼり）ララバイ」〔荒木とよひさ〕2004

とんま［頓馬］
【頓間（とんま）】古／【頓馬（とんま）】辞書

どんより
【曇（どん）より】WEB ❖「曇よりとした天気」「朝から曇よりした1日」などと使用され、漱石も用いた。
その他 曇如（どんより） 古

トンラス 麻雀用語。
【東4局（トンラス）】漫画 まだ一周目の東4局（トンラス）なのに〔天獅子悦也「むこうぶち 24」2009〕

な

な
【奈（な）】【那（な）】雑誌 万葉仮名、平仮名（変体仮名）、奈良の奈を使うか、那覇の那を使うか。何らかの意味があるはず。〔「リポート笠間」2009年11月〕

な［名］「仮名（かな）」の「名（な）」は「文字」という意であり、仮名文字という語は重言。ハングル文字も同様。古く「字（な）」。
【称号（な）】漫画〔上条明峰「SAMURAI DEEPER KYO 4」2000〕

な［己・汝］ 古語が方言に残る。
【汝（な）】歌詞 いとしき花よ 汝（な）はあざみ〔伊藤久男「あざみの歌」（横井弘）1949〕／汝（な）は妖艶たる美〔サザンオールスターズ「CRY 哀 CRY」（桑田佳祐）1998〕
新聞 津軽語版『走れメロス』（中略）「いまだって、汝（わ）は我ごと無心ね待ってらびょん（原文：いまだつて、君は私を無心に待つてゐるだらう）」とか。〔「読売新聞」2009年3月8日〕

な
【女（な）】辞書 女を散らす（売り飛ばす）〔1956 隠〕

な

【莫(な)】古 唐来参和「莫切自根金生木(きるなのねからかねのなるき)」(黄表紙)1785 ◆回文。

【勿(な)】書名 立川洋三「勿笑草(わらうなぐさ)」2009 ◆勿忘草のもじり。

【名(な)】誤変換 遅れ茶如何と思って 幹事にならん名。〔清水義範「ワープロ爺さん」1988〕

ナース [nurse]
【看護師(ナース)】漫画 看護師(ナース)さーんケータイ番号教えてよー!〔さとうふみや「金田一少年の事件簿 黒魔術殺人事件」(天樹征丸)2008〕

ナート [(ドイツ)Naht]
【縫合(ナート)】漫画〔山田貴敏「Dr.コトー診療所 15」2004〕

なあるひと [名有る人]
【有名人(なあるひと)】番組名 有名人(なあるひとのかくしのげいごと) 隠し芸興行〔CBC 1951 目〕

ない [地震] なえ。
【地震(ない)】古 地震(なえ)
短歌 与謝野晶子が関東大震災で詠んだ歌 地震(ない)をさまりて〔「読売新聞」2008年5月14日〕 ◆古語が死語化し、化石のようになり文芸には使われ続けた。
新聞 大地震(おほなゐ)に〔「読売新聞 夕刊」2009年1月15日〕/地震(なゐ)〔「読売新聞」2010年1月4日(岡野弘彦)〕
【震(ない)】地名 ◆幸震(さつない)は北海道の地名。現在は札内。

ない [無い・亡い] ↓あじきない
【无(なし)】古 ◆「無」の異体字。
【無い(な)】古 無勿体(もったいなし) ◆返り読みをする例。
漫画 無走者(ランナーなし)〔青山剛昌「名探偵コナン 44」2004〕
歌詞「僕らは いつだって 一人じゃ無(な)いんだよ」〔SMAP「この瞬間(とき)、きっと夢じゃない」(Hi-Fi CAMP)2008〕 ◆テレビ字幕などで助動詞に「無い」が使われることがしばしばある。
【亡い(な)】書名 副島隆彦「ドル亡(な)き後(あと)の世界」2009〕
【没い(な)】新聞 きみ没(な)くて いつもの賑(にぎ)わい クリスマス 城山三郎 晩年の手帳〔「読売新聞」2008年12月18日〕
【死(ない)】広告 生(ある)と死(ない)の両極に奔出する言葉が語る、人生の味わい。〔「読売新聞」2008年12月11日〕
【無為(ない)】小説 最悪というほどでも無為(ない)〔西尾維新「零崎双識の人間試験」2004〕
【無え(ね)】小説 一文も無(ね)え。〔小林多喜二「蟹工船」1929〕
歌詞 テレビも無(ね)エ〔吉幾三「俺ら東京さ行ぐだ」1985〕/ヒマが無(ね)えんだ〔遊助「わんぱく野球バカ」2009〕
漫画 恨みも無(ね)えやから相手に〔日渡早紀「ぼくの地球を守って 2」1987〕/無(ね)えじゃん〔「花とゆめ」2004年22号(フルーツバスケット)〕/キリが無(ね)え〔荒川弘「鋼の錬金術師 22」2009〕
【NAI(ない)】曲名 シブがき隊「NAI・NAI 16(シックスティーン)」(森雪之丞)1982

ナイアガラ [Niagara]
【尼亜吉拉(ナイアガラ)】辞書

ナイアス [(ギリシャ)Naias]
【水の精(ナイアス)】書籍 水の精(ナイアス)の墓〔鈴木信太郎訳「ビリチスの歌」1954〕

ないしょ [内緒・内証]
【内証(ないしょ)】小説 内証(ないしょ)だけどさ〔幸田文「流れる」1957〕
【○(ナイショ)】広告「美STORY 美ストーリィ」京女・佳つ乃さん○(ナイショ)歳の「大吟醸肌」を育む美・食・習〔「読売新聞」2009年3月7日〕
【陰(ナイショウ)】古 陰(ナイショウ) 陽(オモテムキ)〔三谷公器「解体発蒙」1813〕
その他 内緒(ないしょ)・内所(ないしょ) 辞書

ナイスミドル [和製 nice + middle]
【好中年(ナイス・ミドル)】小説 バーボンの似あう好中年(ナイス・ミドル)だ〔清涼院流水「カーニバル 一輪の花」2003〕

ナイチンゲール [nightingale]

【啼(ナ)イチンゲール】 小説 〔柳瀬尚紀訳「フィネガンズ・ウェイク Ⅰ Ⅱ」1991〕

ナイト [knight]

【騎士(ナイト)】 漫画題名 みやすのんき「やるっきゃ騎士(ナイト)」1985～2006〕／CLAMP「魔法騎士(マジックナイト)レイアース」1994～1995〕

漫画 姫君と騎士(ナイト)〔山田南平「紅茶王子 8」1999〕／白馬の騎士(ナイト)だもの〔小畑健「DEATH NOTE 4」(大場つぐみ)2004〕

小説 闇夜の騎士(ナイト・イン・ナイト)〔清涼院流水「カーニバル二輪の草」2003〕

曲名 小泉今日子「颱風騎士(タイフーンナイト)」(森雪之丞)1983〕／HAV「列島パーティ騎士(ナイト)」2005〕

雑誌 ヴァンパイア騎士(ナイト)〔「コミナビ!!アニメスペシャル編」2006〕

書名 大沢在昌「東京騎士団(ナイト・クラブ)」1997 ◆しゃれ。

人名 騎士(ないと)〔「朝日新聞 夕刊」2007年10月11日〕◆近年、増えてきている。

書籍 だから深い森を通ってきた者を騎士(ナイト)として称賛した。〔松岡正剛「日本流」2000〕／美(うつく)しき騎士(ナイト)エラフスホソアカクワガタ〔「甲虫王者ムシキング カードパーフェクト攻略ブック」2005〕

【騎士(ナイツ)】 歌詞 《騎士(ナイツ)》とは即ち刃である〔SoundHorizon「終端の王と異世界の騎士～The Endia & The Knights～」(REVO)2006〕

TV ナイナイ騎士(ナイツ)〔「爆笑レッドカーペット」〕◆永井佑一郎の番組内キャッチフレーズ。

【夜騎士(ナイト)】 小説 〔柳瀬尚紀訳「フィネガンズ・ウエイク Ⅰ Ⅱ」1991〕◆しゃれ。

【夜の騎士(ナイト)】 小説 最初は「夜の騎士(ナイト)バス」に轢かれそうになり〔松岡佑子訳「ハリー・ポッターとアズカバンの囚人」2001〕

パンフ 魔界生まれの3階建てバス"夜の騎士(ナイト)バス"だ〔映画「ハリー・ポッターとアズカバンの囚人」2004〕

ナイト [night]

【夜(ナイト)】 TV 夜踊(テロップ。ナレーションは「ナイトヒッパー」)〔「エンタの神様」2006年4月15日〕

ハンドル名 愚羅美杏夜(グラビアンナイト)

ナイトキャップ [nightcap]

【寝酒(ナイトキャップ)】 漫画 未成年に寝酒(ナイトキャップ)すすめないで〔山田南平「紅茶王子 8」1999〕

ナイトメア [nightmare]

【悪夢(ナイトメア)】 漫画 その運を"悪夢(ナイトメア)"に喰われる〔義仲翔子「ロスト・ユニバース 2」(神坂一)1999〕

小説 水晶の悪夢(クリスタル・ナイトメア)を終えて〔清涼院流水「カーニバル 二輪の草」2003〕

【夢魔(ナイトメア)】 書名 森村誠一「夢魔(ナイトメア)」2000〕

【珍夢(ナイトメア)】 漫画 良い夢だけじゃなく珍夢(ナイトメア)も〔「週刊少年ジャンプ」2004年48号(アニプリ)〕

【幻想(ナイトメア)】 書名 中島望「一角獣幻想(ユニコーンナイトメア)」2009〕

【犯罪組織(ナイトメア)】 漫画 犯罪組織(ナイトメア)に関わる〔義仲翔子「ロスト・ユニバース 2」(神坂一)1999〕◆悪の組織。他所で「そちら(ナイトメア)」も。

その他 金色の魔王(ロード・オブ・ナイトメア) アニメ

ナイフ [knife]

【小刀(ナイフ)】 漫画 …小刀(ナイフ)…〔浅田弘幸「眠兎 1」1992〕◆主人公の凶器。

【破片(ナイフ)】 歌詞 氷の破片(ナイフ)を抱いて〔蔵馬「氷のナイフを抱いて」(森由里子)1997〕◆↓かけら(破片)

【庖丁(ナイフ)】 歌詞 空を斬ってゆく庖丁(ナイフ)〔椎名林檎「葬列」2003〕◆包丁。

【短刀(ナイフ)】 歌詞 傷つけ合う短刀は〔YMO「過激な淑女」(松本隆)1983〕

【無婦(ナイフ)】 辞書 無婦独身の男子〔1949 隠〕◆もじり。ワイフが無いところから。

その他 アーク(ナ)と呼(イ)ばれた物(フ) 歌詞

ナイル [Nile] 地名。

【尼羅】(ナイル) 辞書

ナイン [nine]

【9】(ナイン) 新聞 京都にオープンした「9h」(ナインアワーズ)である。〔「読売新聞」2010年2月25日〕／神戸9(ナイン)クルーズに〔「読売新聞」2008年11月20日〕◆チーム名。

【九號】(ナイン) バンド名 アリス九號(ナイン)◆ビジュアル系。號は号の旧字体。

【苦】(ナイン) 漫画 No.苦(ナンバーナイン)〔松本大洋「ナンバーファイブ 吾」2000～2005〕◆登場人物名。

*【一九六六】(ナインティーンシックスティシックス) 歌詞 一九六(ナインティーンシックスティ)六(シックス) Sixty-six 西銀座五番街〔西郷輝彦「西銀座五番街」(米山正夫)1966〕◆漢数字を英語風に読む例。

*【1999年】(ナインティナイン) 歌詞 1999(ナインティナイン)年私のすべて変えるくらいに〔鈴木早智子「1999年の退屈」(及川眠子)1992〕

なうて [名うて・名打]

【有名】(なうて) 古

なお

【矗】(なお) 人名 矗一(なおかず)さん(67)〔「読売新聞」2009年1月15日〕◆白瀬矗(のぶ)。「矗然と」で「すっくと」と読むこともあった。

なお [猶・尚]

【猶】(なお) 短歌 はたらけど はたらけど猶(なほ)わが生活(くらし)楽にならざり ぢつと手を見る〔石川啄木「一握の砂」1910〕

【一層】(なお) 歌詞 彼方なら一層(なお)〔吉田美奈子「星の海」1995〕

その他 仍(なお) 辞書

なおざり [等閑]

【等閑】(なおざり) 古 「お座なり」は別語。

なおす [直す]

【繕す】(なお) 曲名 松任谷由実「破れた恋の繕(なお)し方教えます」1984

なおす [治す]

【癒す】(なお) 歌詞 医者がみすてた からだでもきっと癒(なお)すぜ〔北島三郎「男の涙」(星野哲郎)1964〕◆治癒、癒(い)やす。

【完治す】(なお) 歌詞 完治(なお)せる技術(すべ)がない〔みっくすJUICE「The IJIN-DEN～天才の法則」(六月十三)2003〕

なおる [治る]

【癒る】(なお) 小説 癒(なお)るとも癒(なお)らないとも〔夏目漱石「こころ」1914〕

歌詞 癒るはずのない病名を知らされて〔さだまさし「椎の実のママへ」1979〕

書籍 いつのまにか癒(なお)っている〔田辺聖子「ほとけの心は妻ごころ」1980〕

なおん 「おんな」の倒語。

【女】(ナオン) 小説 女(ナオン)がいっぱいいる〔南英男「私刑」1996〕俗

なか [中] →おなか

【内】(なか) 漫画 お前が内(なか)へ入って〔野々村秀樹「邪魂狩り 1」1993〕／中津の内(なか)に〔中条比紗也「花ざかりの君たちへ 11」2000〕

歌詞 敵は我が身の内(なか)〔GARNET CROW「Go For It」(AZUKI 七)2007〕

【裡】(なか) 書籍 頭の裡(なか)の〔神坂次郎「元禄御畳奉行の日記」1984〕◆裏の異体字。ウラの意には用いない。

小説 私の裡(なか)で《存在意思》の〔安井健太郎「ラグナロク 黒き獣」1998〕

【内部】(なか) 小説 館の内部(なか)はどうだ?〔菊地秀行「魔界都市ブルース 夜叉姫伝 4」1990〕／内部(なか)は柱がひとつあるごとに屛風で仕切り〔藤原眞莉「華くらべ風まどい―清少納言梛子」2003〕

書籍 ボックスの内部(なか)〔井上ひさし「ニホン語日記」1996〕

歌詞 ずっと内部(なか)で高鳴り続けるのは〔鬼束ちひろ「everything, in my hands」2002〕

【内側】(なか) 小説 幸い内側(なか)からも出られない〔菊地秀行「魔界都市ブルース 夜叉姫伝 4」1990〕／ハンドバッグの内側(なか)に〔菊地秀行「白夜

サーガ 魔王星完結編」1996〕

【内臓】漫画 内臓診るためにはがしたけど〔藤崎聖人「WILD LIFE 2」2003〕／内臓を少し持って行かれてる〔荒川弘「鋼の錬金術師 19」2008〕

【内容】漫画〔「週刊少年ジャンプ」2004年11月29日(D. Gray-man)〕

【世界】歌詞 嘘偽りの世界で叫ぶ〔姫苺「GUILTY」(雀夜)2009〕

【未来】歌詞 心の未来にも〔misono「Tales…」2009〕

【刑務所】書籍 刑務所へ落とされてみろ〔浅田次郎「極道放浪記 2」1995 集〕

【中】新聞 スタジオにザヒ博士㊨を招き、中山エミリ㊧、菊川怜㊥らが発掘の最前線について話を聞く(写真のキャプション)〔「読売新聞 夕刊」2008年12月26日〕❖「ちゅう」と読ませるものか。若年女性のメールで「中」に代用されることがある。

その他 廓内・北廓 古

なか［仲］

【関係】歌詞 さすらっているいい関係で〔安全地帯「不思議な夜」(松井五郎)1986〕

なか

【修】人名 高、修、嗣は受理できない。〔民事局長回答 1949〕

なかあき【八月十五日】姓〔「読売新聞」2010年6月1日〕

ながい［長い］→がない

【長え】漫画 最大エアセコが長ェが〔大暮維人「エア・ギア 5」2004〕／長えよ〔荒川弘「鋼の錬金術師 19」2008〕

【長か】辞書 くちばしの長か鳥〔大石初太郎「振り仮名」(「国語学辞典」1955)〕

【[長の末画なし]】落書 (1866年ころ)〔紀田順一郎「日本語発掘図鑑」1995〕❖長の末画の「㇏」なし。

ながいき［長生き］

【長命】古 明治 広告 長命すること受合なり〔井上ひさし「ニホン語日記」1996〕

なかくぼ［中窪］中央がへこんでいること。

【凹】古 ❖中古末期あるいは中世以降。

【中凹】小説〔二葉亭四迷訳「めぐりあひ」1888〕

なかぐろ［中黒］

【・】書籍 ・ナカグロ、―― ボー〔高橋輝次「誤植読本」2000（野々村一雄)〕

なかこ［仲仔］

【仲仔】【仲子】民間〔第2回「もっと明鏡」大賞見出し語ベスト100 2007〕❖女子中高生のプリクラに「うちら仲仔」など。仲のイイ子の意とも。仔は、中国で動物の子に使われてきた漢字。

ながされる［流される］

【漂流される】歌詞 漂流されて行きたい〔南野陽子「パンドラの恋人」(田口俊)1987〕

なかし［↑いなかし］

【田舎師】小説 あいつは田舎師だ〔結城昌治「仕立屋銀次隠し台帳」1978 集〕

なかじま［中島］西日本では「なかしま」が多い。

【斉藤】人名 ❖データ入力のミスのように見えるが実在したとされる。氏名の読みを変えることは、役所・役場で比較的容易に手続きができる。

ながしめ［流し目］

【流し瞳】歌詞 隠せど甘き 流し瞳よ〔大津美子「東京アンナ」(藤間哲郎)1955〕

【秋波】歌詞 秋波あまき 歌姫の〔竹山逸郎・野崎整子「今日われ恋愛す」(佐伯孝夫)1949〕❖秋波。

なかだか［中高］中央が高いこと。「なかだかの顔」など。

【凸】古 ❖中古末期あるいは中世以降の訓で江戸時代にはよく用いられ、鷗外も使った。

ながたに
【𧮫】姓

なかたまご
【なか卵】誤読 和風ファストフードショップ「なか卯」のこと。〔WEB〕❖卯という字になじみが薄い人による。「なかGP」とも。朝鮮では「卯」のように変わった姓があった。なお、「日高屋」はそのロゴから「回高屋」と誤読されることがある。

なかて［中手・中稲］
【中稲】書籍〔平川南「日本の原像」2008〕❖早稲・晩稲とともに表外訓。

なかてん［中点］中黒。
【中点】書籍（ある国語学者が）句点や読点や中点だけでは符号が足りない、「このほかに『・』『:』のような符号を加えて句読点をもっとふやし、その間に優先順位を決めるがよい。そうすれば、文の構造がより見やすくなるだろう」〔井上ひさし「私家版 日本語文法」1981〕

ながどす［長どす］→どす
【長脇差】歌詞 抱いた長脇差 何故重い〔若原一郎「涙の三度笠」(高橋掬太郎)1954〕／長脇差一本 草鞋をはいて〔橋幸夫「中山七里」(佐伯孝夫)1962〕

漫画 長脇差片手に〔北道正幸「プ〜ねこ 2」2006〕❖任侠乙女学園歌。

なかなか［中中］副詞。
【中中】古 ❖仲々も多い。

なかにわ［中庭］
【院子】小説〔小野不由美「東の海神 西の滄海 十二国記」1994〕

なかの［中野］姓・地名。
【中の】メモ ❖中国でも「的」を「の」と略記することがあり、日本らしさを表現しようとするケースもあり。

ながの［長の］
【永の】歌詞 永の旅〔上原敏「妻恋道中」(藤田まさと)1937〕

なかば［半ば］中葉。
【半】小説 八月の半〔夏目漱石「こころ」1914〕
雑誌 半とす〔「歌劇」1994年3月〕
【夏秋】姓〔篠崎晃雄「実用難読奇姓辞典 増補版」1973〕

なかま［仲間］
【中間】古 ❖江戸時代初期に「中間(幕府の職名)中間」を「仲間中間」。「仲ケ間」とも。
【大勢】歌詞 大勢の中に居ても〔FIELD OF VIEW「君がいたから」(坂井泉水)1995〕
【従者】漫画〔渡辺祥智「funfun 工房 2」2001〕
【密偵】漫画〔渡辺多恵子「風光る 2」1998〕
【天使】漫画 天使を襲いはじめた〔本仁戻「高速エンジェル・エンジン 1」2000〕
【精霊】漫画 そうしてたくさんの精霊達が消えていった…〔渡辺祥智「銀の勇者 1」1998〕❖結界の中にいる精霊の言葉。
【悪魔】漫画 悪魔は怖がって〔本仁戻「高速エンジェル・エンジン 1」2000〕
【魔物】漫画 魔物だと思われてるんじゃねーの…?〔渡辺祥智「銀の勇者 4」2000〕
【アリス】漫画 さっきからアリスと思って黙ってみてれば〔樋口橘「学園アリス 1」2003〕
【アメリカ代表】漫画 アメリカ代表のために〔「コロコロコミック」2008年9月〕
その他 家臣 漫画

なかみ［中身］
【中実】歌詞 中実がいっぱい詰まった甘い甘いものです〔大塚愛「さくらんぼ」2003〕
【中味】辞書 ❖旨味。甘味。
【内容】小説〔田中芳樹「ウェディング・ドレスに紅いバラ」1989〕
【人間性】小説 人間性を除いては〔菊地秀行「魔界都市ブルース 夜叉姫伝 4」1990〕

ながむし［長虫］蛇の異称。

【蛇】漫画 蛇城〔「コロコロコミック」2010年5月〕

なかむら［中村］
【平岡】姓 ❖データ入力のミスのように見えるが実在したとされる。

ながめ［眺め］
【景色】新聞 金剛山も食後の景色(ながめ)〔「読売新聞 夕刊」2008年7月14日〕

ながめる［眺める］
【詠める】古 談義本〔矢野準「近世戯作のあて字」(「日本語学」1994年4月)〕❖旁が訓と一致する例は意外に多いが、原因は当て読みのほかさまざまである。
その他 通覧る 古

なかゆび［中指］
【高々指】雑誌〔「言語生活」1965年1月〕

なかよし
【中四】新聞 島根・鳥取から岡山・香川・高知県に至る自動車道「中四(なかよし)さんかいライン」沿いにある、〔「読売新聞 夕刊」2010年3月18日〕❖中国四国の略らしい。
*【〓】民間 伝言板 大の中よしか。〔井上ひさし「ニホン語日記」1996〕

ながら［乍ら］ 乍は表外字。
【乍ら】新聞 残念乍ら〔「読売新聞」2008年10月22日〕❖署名原稿ならではの表記。

ながらえる［長らえる・永らえる・存える］
【存える】新聞 生き存えるだろう。〔「読売新聞 夕刊」2010年1月27日〕
その他 存命る 古

ながる
【長流】人名 下河辺長流(1624～1686)❖長竜とも書き、「ちょうりゅう」とも。

なかれ［勿れ・莫れ・毋れ］
【勿】古 勿驚 おどろくなかれ〔戦前の新聞広告〕
【休れ】古 道う休れ 詩人の腸 剛からずと 森鷗外 漢詩〔陳生保「中国と日本―言葉・文学・文化」2005〕

ながれ［流れ］
【海流】歌詞 星の無い 海流を漂う心〔水谷豊「SAILING」(松本隆)1981〕／まじわらぬ海流のよう〔CHEMISTRY「Let's Get Together Now」(澤本嘉光・松尾潔)2002〕
【流行】芸名 萩原流行
【廓】古 歌舞伎外題 河竹黙阿弥「都鳥廓白浪」1854

なかんずく［就中］「中に就く」の転。漢文訓読に由来。
【就中】古

なきがら［亡き骸］
【遺骸】書籍〔大久保博訳「完訳 ギリシア・ローマ神話」1970〕
【亡骸】新聞 亡骸を〔「読売新聞」2009年4月5日〕
【骸】書籍〔平島裕正「日本の姓名」1964〕

なきくずれる［泣き崩れる］
【泣頽れる】小説 泣頽れつ、〔尾崎紅葉「金色夜叉」1897～1902〕

なきごえ［泣き声］
【啼声】小説 巾広い、牛の啼声のような汽笛が〔小林多喜二「蟹工船」1929〕
【哭き声】歌詞 凩の哭き声〔歌川二三子「父娘鷹」(里村龍一)1995〕

なぎさ［渚・汀］
【波限】古 ❖『古事記』の神名に見られる。
【猪】誤植 アニメ番組『魔境伝説アクロバンチ』第1話OPにおいて、ED曲名の「渚にひとり」が「猪にひとり」と誤植されていた。〔WEB〕

なきさけぶ［泣き叫ぶ］
【嘶き叫ぶ】雑誌 (母馬と仔馬が)嘶き叫び、暴れるという。〔「文藝春秋」1994年8月〕

なきね［鳴き音］

な

【小鳥音(なきね)】古 小鳥音(ナキネ)〔玉井喜代志「振仮名(ルビ)の研究」1932〕

なく［泣く・鳴く］（笑）の対で（泣）も使われる。→なきごえ・なきさけぶ

【鳴(な)く】古 必鳴べし（泣く）『古今著聞集』〔峰岸明「あて字はどのようにして生まれたか」〔「日本語学」1994年4月〕〕◆点字、朗読などでは鳴くと泣くとは区別されない。「なく」は現代でも一語という意識も。

【啼(な)く】歌詞 烏(からす) なぜ啼(な)くの〔「七つの子」〔野口雨情〕1921〕／啼け啼け山鳩〔竹山逸郎・藤原亮子「月よりの使者」〔佐伯孝夫〕1949〕／ついておいでと 啼いてます〔森昌子「越冬つばめ」〔石原信一〕1983〕

曲名 ちあきなおみ「啼くな小鳩よ」〔高橋掬太郎〕1989〕

書名 岩井志麻子「瞽女(ごぜ)の啼(な)く家」2005

【哭(な)く】歌詞 郭公哭(な)かず寂しくも〔小畑実「あゝ高原を馬車が行く」〔上山雅輔〕1951〕／夜霧の街でむせび哭(な)く〔西田佐知子「東京ブルース」〔水木かおる〕1964〕／空が哭(な)いてる〔内山田洋とクール・ファイブ「東京砂漠」〔吉田旺〕1976〕／あんた恋しと 哭くこころ〔木下結子「放(ほか)されて」〔吉田旺〕1984〕

【慟(な)く】歌詞 慟くな嘆くないとしの駒よ〔松平晃「急げ幌馬車」〔島田芳文〕1934〕

【吠(な)く】歌詞 凩は吠(な)き続ける〔谷村新司「昴」1980〕◆吠(ほ)える、犬吠埼(いぬぼうさき)。

【泣(な)く】古 鼠泣き〔1935 隠〕◆「鼠啼き」「鼠鳴き」も。

【響(な)く】歌詞 サイレンが響(な)く〔氷室京介「COOL」〔松井五郎〕1989〕

なぐ［凪ぐ・和ぐ］

【和(な)ぐ】歌誌 和(な)ぎたり〔「短歌」1994年4月〕◆国字では「凪(なぎ)」のほか、「[氵+和](なぎ)」が地名や姓に見られる。「泙(なぎ)」は国訓。「時化(しけ)」の対。

【慰(な)ぐ】雑誌〔「現代詩手帖」1994年4月〕

その他 没(なぐ)・勿(なぐ) 古

なぐさめる［慰める］

【慰撫(なぐさ)める】古

なくす［無くす］

【失(な)くす】歌詞 陸で失(な)くした心の星よ〔石原裕次郎「鷲と鷹」〔井上梅次〕1957〕／愛を失くして〔千賀かほる「真夜中のギター」〔吉岡治〕1969〕／祈る言葉さえ失(な)くしてた〔ちあきなおみ「喝采」〔吉田旺〕1972〕／思いどおりにならない夢を 失くしたりして〔美空ひばり「愛燦燦」〔小椋佳〕1986〕／棄てても失(な)くしても僕は出来ない〔サザンオールスターズ「LOVE AFFAIR～秘密のデート～」〔桑田佳祐〕1998〕／魂までも失くさぬように〔元ちとせ「君ヲ想フ」〔元ちとせ・HUSSY_R〕2002〕◆用例多し。ATOK17では無くす、亡くす。「失くす」を単語登録したという女子学生も。

小説 自信を失(な)くした表情で〔神坂一「日帰りクエスト なりゆきまかせの異邦人(ストレンジャー)」1993〕／失くしたと思ってたのに〔綿矢りさ「蹴りたい背中」2003〕

漫画 身寄り失(な)くしちゃったでしょ？〔さとうふみや「金田一少年の事件簿 26」〔金成陽三郎〕1997〕／絶対失くさへん、これが関西魂や!!〔許斐剛「テニスの王子様 20.5」2003〕／記憶失(な)くさせるしか〔葉鳥ビスコ「桜蘭高校ホスト部 8」2006〕

新聞 混迷を増すミュージックシーンの羅針盤を失くした痛手は〔「読売新聞」2009年10月19日〕

書籍 春失(はるな)くし〔織田正吉「ことば遊びコレクション」1986〕

書名 金時鐘「失くした季節」2010

【失(なく)す】歌詞 失した君の面影たどって〔浜田省吾「行かないで」1977〕／あなたに嫌われたなら 明日という日 失してしまうわ〔テレサ・テン「時の流れに身をまかせ」〔荒木とよひさ〕1986〕／熱くなれる生命失(なく)さないで〔堀

江由衣「笑顔の未来へ」（有森聡美）2001〕／まだ見ぬ恋を失したような〔元ちとせ「ウルガの丘」（松任谷由実）2004〕／いつからか失していた〔THE KIDDIE「soar」（揺紗）2009〕

【喪くす】広告 片山善博「妻を喪くして」〔「読売新聞」2010年2月1日（週刊現代）〕❖喪失、喪なう。

新聞 喪くす〔「読売新聞 夕刊」2010年3月9日〕

なくなる［無くなる］

【失くなる】書籍 消えて失くなってしまった方が〔井上ひさし「自家製文章読本」1984〕

漫画 また居場所が失くなった〔和月伸宏「武装錬金 2」2004〕

小説 スキーが失くならずに〔森村誠一「殺意の接点」2001〕／切なさが失くなれば離れて行くようで〔See-Saw「君がいた物語」（梶浦由記）2003〕

なぐる［殴る・擲る・撲る］

【撲る】小説 酔わされたような、撲ぐられたような興奮をワク〳〵と感じた。〔小林多喜二「蟹工船」1929〕／頭を鈍器で撲られたとみえて〔森村誠一「殺意の接点」2001〕

【擲る】古 擲つて 山本有三『瘤』1935 後のテキスト（1938）でふりがななしに、さらに後のテキスト（1947）でひらがな表記に。〔黒木和人『ふりがな廃止論』の理念と実践」1998〕

その他 捕賊 古

なげき［嘆き・歎き］

【悲泣】古

なげし［長押］古語。

【長押】俳句〔「読売新聞」2010年3月15日〕

その他 承塵 古

なけなし 無気甚の義とも。

【無け無し】辞書〔1949 隠〕

なご おなご。

【女】古〔1935 隠〕

なこうど［仲人］

【媒】地名 媒島（東京都の聟島列島に）

【仲人】誤読〔斎賀秀夫「漢字と遊ぶ」1978（写研「漢字読み書き大会」）〕

なこうどぐち［仲人口］

【媒口】古〔1920 隠〕

【媒酌人口】辞書〔1949 隠〕

なこそ

【勿来】地名 勿来の関

なごみ［和み］

【和】雑誌〔茶道雑誌〕

店名 和小路〔ホテル日航プリンセス京都の物産店〕／和み亭

なごや［名古屋］古くは那古野。

【名古屋】地名 名古屋 恐らく宛字の類〔築島裕「宛字考」（「言語生活」1960年7月）〕❖名古屋テレビは通称「メ～テレ」。「なごや」は各地に異なる漢字で分布する地名。

なごり［名残］常用漢字表付表にあり。

【名残り】雑誌〔「so-en」1994年5月〕

【余波】古 坪内逍遥訳「該撒奇談 自由太刀余波鋭鋒」1884

【余残】【残懐】新聞 名残（なごり）なみのこり（波残り）が変化したもの。（中略）「名残」とあて字されたのは中世以降。「余残」（二葉亭四迷）、「残懐」（泉鏡花）といった表記もある。〔「読売新聞」2004年10月21日（日本語・日めくり）〕

ナサ［NASA ← National Aeronautics and Space Administration］

【宇宙】人名〔「日経新聞」2009年5月16日〕

なさい

関連【なさい（シャッタモンセー）】書籍 しばらく（イットキ）ゆっくり（ユックイ）なさい〔井上ひさし「國語元年」1986〕❖方言。

なさけ［情け］送り仮名を要する。

【愛情】歌詞 君の愛情に〔田端義夫「かよい船」（清水みのる）1949〕

【人情】歌詞 それが人情ってもんじゃない〔サザンオールスターズ「恋のジャック・ナイ

な

フ」〈桑田佳祐〉1996〉
[その他] 好意(なさけ) [古]

なさぬこ［生さぬ子］
【生ぬ子(なさこ)】[古]〈1932[隠]〉

なさぬなか［生さぬ仲］
【生ぬ仲(なさなか)】[古]〈1929[隠]〉

なし「しな（品）」の倒語。
【品物(ナシ)】[小説] その品物(ナシ)が流れてきたら〈結城昌治「仕立屋銀次隠し台帳」1978[集]〉
[その他] 品・梨(なし) [古]

なし［↑はなし］
【話(ナシ)】[小説] こんな話(ナシ)は打たねえよ〈森村誠一「駅」1990[集]〉／便所で話(ナシ)つけようじゃねえか〈南英男「私刑」1996[集]〉
[漫画] 流会と話(ナシ)ついたら〈立原あゆみ「本気！」8」1988〉

なじみ［馴染み］
【馴染(なじみ)】[新聞] 幼馴染(おさななじみ)〈「読売新聞」2009年3月22日〉
【慣じみ】[歌詞] 振り返れば慣じみの文字〈尾崎亜美「来夢来人(らいむらいと)」1978〉
[その他] 成染(なじみ) [古]

なじむ［馴染む］
【昵む(なじ)】[雑誌] 昵(なじ)んで〈「小説新潮」1994年5月〉

なす［茄子・茄］
【茄子(なす)】[辞書] 茎の色が紫をしているから。明治初年トマト＝赤茄子、中国でも番茄、西紅柿〈杉本つとむ「『宛字』の語源辞典」1987〉
[民間] 翡翠茄子〈今半の弁当の献立 2009年6月2日〉
[関連] **【ナス(石)】**[漫画] 要するにこのナス(石)は〈「花とゆめ」2004年22号（学園アリス）〉

なす［成す・為す］
【為す】[新聞] 為せば成る〈「読売新聞」2010年4月27日〉
【倣す(な)】[書籍] 安泊と呼び倣(な)せど〈幸徳秋水「東京の木賃宿」1904[集]〉◆見倣(な)す。
[辞書] 過ちと倣す
【生す(な)】◆「生」は、熟字訓からの無理のある切り出しまで含めれば読みが200以上あるとされる。
[短歌] 子を生(な)さば〈塚本邦雄〉
[書籍] 子どもを生(な)させた〈井上ひさし「ことばを読む」1982〉
【作す(な)】[辞書] 山を作す色を作す

なずき［脳・髄］
【脳(なずき)】[歌誌] 脳(なつき)に〈「短歌」1994年10月〉◆古語化した和語が歌語として訓読みで出現。

なずむ［泥む・滞む］
【泥(なずむ)】[古]

なぜる［撫ぜる］なでる。
【撫ぜる(な)】[雑誌]「武士道」という骨董を撫(な)ぜさすり甦(よみがえ)らせることではなく、〈「歴史読本」1994年6月〉

なぞ［謎］
【何曽(なぞ)】[古]◆室町時代の後奈良院御撰「何曽」は謎々集。
【讔(なぞ)】[小説]〈柳瀬尚紀訳「フィネガンズ・ウェイクⅢⅣ」1993〉◆中国古典の用字。
【事件(ナゾ)】[漫画] この事件(ナゾ)を解くことができるの…？〈蓮見桃衣「エキストラ・ジョーカーJOE」〈清涼院流水〉2001〉
【？(なぞ)】[漫画題名] 杉本ペロ「俺様は？(なぞ)」〈「週刊少年サンデー」2004年48号〉◆↓はてな

なぞえ
【斜面(なぞえ)】[俳誌] 斜面畑(なぞへ)〈「俳句」1994年8月〉

なぞる
【擦る(なぞ)】[辞書]

なた［鉈］
【山刀(なた)】[古]◆地名では「屶」と合字も。

なた
【強盗(なた)】[小説]〈徳富蘆花「寄生木」1909[集]〉

なた 商店などをいう「たな」の倒語。
【店(なた)】[古]〈1935[隠]〉
【山刀(なた)】[古] 山刀遣 なたづかひ 掏摸〈1915[隠]〉

なだ［涙］沖縄方言。

な

【涙《なだ》】曲名 夏川りみ「涙そうそう」〔森山良子〕2001

なたぎり
【山刀伐《なたぎり》】地名 山刀伐《なたぎり》峠（山形）。❖松尾芭蕉『奥の細道』にも。

なたまめ ［鉈豆］
【刀豆《なたまめ》】広告 薩摩刀豆（なたまめ）のブランドは〔「読売新聞 夕刊」2010年2月19日〕

なだめすかす ［宥め賺す］
【宥《なだ》め賺《すか》す】小説 宥《なだ》め賺《すか》し〔「読売新聞 夕刊」2009年7月25日〕

なだめる ［宥める］
【慰撫《なだ》める】古

なだらか
【平懐《なだらか》】古

なだれ ［雪崩・傾れ］
【崩壊《なだれ》】歌詞 あらゆる崩壊《なだれ》だって〔鬼束ちひろ「A Horse and A Queen」2007〕
【雪崩《ゆきくずれ》】誤読 高校生にもなって、「雪崩」を「ゆきくずれ」と読む人がいる〔WEB〕
その他 雪頽《なだれ》 古

なだれこむ ［雪崩れ込む・傾れ込む］
【雪崩《なだ》れ込《こ》む】小説 雪崩《なだ》れ込んできた。〔小林多喜二「蟹工船」1929〕

ナチズム ［Nazism］
【発作的殺戮集団《ナチズム》】短歌〔加藤治郎「短歌レトリック入門」2005〕❖中国では納粋《ナーツイ》主義。

ナチュラル ［natural］
【自然《ナチュラル》】雑誌 自然《ナチュラル》でさわやかな着こなしは〔「FIGARO japon」1994年7月〕

なつ ［夏］
【夏季《なつ》】書籍 夏季《なつ》限定のアルバイト〔メロン記念日「告白記念日」（つんく）2000〕
【季節《なつ》】歌詞 振り向く隣にあなたがいる季節《なつ》〔TWO-MIX「Summer Planet No. 1」（永野椎菜）1997〕
書名 ごとうしのぶ「通り過ぎた季節《なつ》」1994
【時代《なつ》】歌詞 優しい時代《なつ》の終わり…〔稲垣潤一「MARIA」（売野雅勇）1983〕
【青春《なつ》】歌詞 青春《なつ》のボートが流されてゆくね〔稲垣潤一「思い出のビーチクラブ」（売野雅勇）1987〕
*【情熱男《ナツオトコ》】【灼熱女《ナツオンナ》】曲名 永岡昌憲「情熱男《ナツオトコ》・灼熱女《ナツオンナ》」（永岡昌憲・渡辺なつみ）1996

なつかしい ［懐かしい］
【夏樫《なつかし》】【夏借《なつかし》】【名津蚊為《なつかし》】【名束敷《なつかしく》】古〔「万葉集」〕
その他 愛褻《なつかし》・可懐《なつか》し 古

なつく ［懐く］
【懐《なつ》く】新聞 あんなに懐《なつ》いていたのに。〔「読売新聞 夕刊」2009年8月21日〕
誤読 懐く かみつく くいつく〔斎賀秀夫「漢字と遊ぶ」1978（写研「漢字読み書き大会」）〕

ナックル ［knuckle］
【拳《ナックル》】漫画 拳 祭 王 者《ナックルカーニバルチャンピオン》の〔「コロコロコミック」2010年4月〕

なづける ［名付ける］
【銘《な》付ける】歌詞 宿命と銘《な》付けて〔abingdon boys school「STRENGTH.」（西川貴教）2009〕

ナッシング ［nothing］ 野球では2－0をツーナッシングと読むことあり。
【消滅《ナッシング》】書名 牧野二郎「日本消滅《ジャパン・ナッシング》」2008

なっちゃん
【那智《なっ》ちゃん】漫画 那智《なっ》ちゃん！〔田村由美「BASARA 7」1993〕

ナッツ ［nuts］
【豆《ナッツ》】WEB

なっとう ［納豆］
【納豆《なっとう》】辞書 ❖納豆と豆腐は名称が入れ替わったという話があるが、歴史的には変わっていない。

なっとく ［納得］
【なっ得《とく》】広告 なっ得 ゆっくり・たっぷり自由〔「読売新聞」2006年5月14日（旅行会社）〕／「まわって、なっトク（得）！」〔旅行会社

の車内広告〕◆→しっとく（知っ得）
TV なっ得プライス〔CM 2010年2月17日〕
【ナッ得】番組名 BS朝日「峰竜太のナッ得！ニッポン」2007～2010
【夏得】広告 夏得こだわりキャンペーン〔「読売新聞」2010年6月18日〕◆もじり。

ナップサック［knapsack］ナップザック。
【布糧袋】古

なでしこ［撫子］
【瞿麦】古 ◆歌舞伎外題にこの合字あり。

など［等・抔］
【抔】古 ◆杯という誤植多し。
【etc】民間 ◆手紙などで。エトセトラ、アンド・ソー・オンと読む人もいるが、「など」「などなど」と読んでいる人もいる。

ナトリウム［ドイツ Natrium］現代中国では鈉。
【Na】民間 ◆元素記号をそのまま読む例。

なな［七］
【七】書籍 算盤読み〔柳瀬尚紀「日本語は天才である」2007〕◆『読売新聞』〔2010年4月23日〕にも言及あり。
【七奈】人名 三崎七奈◆馬場康誌の漫画『空手小公子 小日向海流』の登場人物名。部分訓ないし捨て仮名のよう。

なないろ［七色］
【虹色】歌詞 虹色の橋架ける〔Apotheke「Poppers」(Super Gays) 2009〕◆女子の名に「虹」も。

ななころびやおき［七転び八起き］
【七 八】字遊〔「日本語百科大事典」〕

ななつさや［七支刀］からか。
【魔剣】漫画 魔剣に封じられる事に〔由貴香織里「天使禁猟区 18」2000〕

ななつや［七つ屋］
【質屋】古〔1870～1876 俗〕◆七と質が同音であることから。

ななはん［七半］排気量750ccのバイク。「七半」だとむしろ店名のようか。
【七五〇CC】小説 七五〇CCを駆っていた〔菊地秀行「白夜サーガ 魔王星完結編」1996〕
【750】書籍 750ライダー〔うみのさかな&宝船蓬莱「うみのさかな&宝船蓬莱の幕の内弁当」1992〕
漫画 あっ750Ⅲ型もない！〔秋本治「こちら葛飾区亀有公園前派出所 126」2001〕

なに［何］
【何に】歌詞 何にもなくなって〔THE KIDDIE「ほんとはね。」(揺紗) 2009〕
【何アーに】辞書 質屋って何アーにかまとと同じ〔1960 隠〕
*【7・2・3】【7・2・4】短歌 7・2・3から7・2・4に変わるデジタルの時計〔俵万智「元気でね」(「サラダ記念日」1987)〕

なにか［何か］
その他 小大無 古
【＋α】WEB 気が合う それだけじゃない＋α感じていたよ〔TWO-MIX「MISSING YOU」1997〕

なにかと［何彼と］
【何角と】古〔1914 俗〕
その他 何蚊と 古

なにくそ［何糞］
【何苦楚】新聞 名将・三原脩氏の「何苦楚日々新也」中西太氏から「何ごとも苦しむことが礎になる」との言葉をかけられ、岩村明憲が「魂」の一文字を加えて何苦楚魂〔「読売新聞」2006年12月17日〕◆岩村明憲の座右の銘。
【なに、糞っ】古「なに、糞ッ」負けぬ気を起こして〔獅子文六「胡椒息子」1937 俗〕◆一語化した感動詞の中に読点。「塩、こしょうする」に近いか。

なにじん

な

【何人(なんにん)】 誤読 世界史の追試テストにて、どっかの国を建国したのは何人(なにじん)か？という質問に、「なんにん」と読んで「7人」と書いていた。〔WEB〕

なにとぞ ［何卒］ 何＋助詞「と」＋助詞「ぞ」。

【何卒(なにとぞ)】 文書 近ごろ、中央官庁などから届くワープロ文書の中に、(何卒など)表外漢字・表外音訓を使った、いわゆる旧表記が目立つようになった。どうやらその原因はワープロにあるらしい。〔斎賀秀夫「現代人の漢字感覚と遊び」1989〕

その他 万望(なにとぞ) 古

なになに ［何何］

【〜(なになに)】 TV 〜(音声は「なになに」)はありますか〔「テレビでドイツ語」2010年4月14日〕

❖「『〜と書く』の〜を埋めてください」など、しばしばあり。

なにもかも ［何も彼も］

【何(なに)も蚊(か)も】 古 ❖↓か(蚊)・なにかと(何蚊と)・なんのかの(何んの蚊の)

なにわ ［難波・浪速・浪花・浪華］

【浪華(なにわ)】 映画題名 「浪華悲歌(なにわえれじい)」1936

【浪花】 歌詞 浪花に戻りゃ〔藤島桓夫「月の法善寺横丁」(十二村哲)1960〕／浪花(なにわ)の女〔美空ひばり「恋のれん」(丘灯至夫)1970〕

演目 文楽「夏祭浪花鑑(なつまつりなにわかがみ)」〔「ミセス」1994年9月〕

曲名 関ジャニ∞「浪花いろは節」(MASA)2004／冠二郎「浪花酔虎伝」(三浦康照)2008

【浪速(なにわ)】 書名 有明夏夫「大浪花別嬪番付(だいなにわべっぴんばんづけ)」2008

【浪速(ナニワ)】 新聞 生粋の浪速(なにわ)っ子で元々速足。〔「読売新聞」2008年10月1日〕

【大阪(ナニワ)】 広告 大阪の暴れん坊〔さとうふみや「金田一少年の事件簿 13」(金成陽三郎)1995(巻末)〕

【菜二把(なにわ)】 古 浮世絵 喜多川歌麿 判じ絵「菜二把矢沖田(なにわやおきた)」

なのる ［名乗る・名告る］

【名乗(なの)り】 辞書 ❖「乗」を当て字とする辞書あり。

【名告(なの)る】 歌詞 徒なる名告(なの)り得れば〔霜月はるか「護森人」(日山尚)2007〕❖『万葉集』に「名告らさね(名告紗根)」。能楽では名ノリ。

書籍〔柳瀬尚紀「日本語は天才である」2007〕

【名宣(なの)る】 書籍〔松岡正剛「日本流」2000〕

なは ［那覇］ 地元では那覇とも。

【那歯(なは)】 誤字 問：沖縄の県庁所在地はどこか？ 那歯 どうしても覇が出てこなかったらしくて…。でも△で1点もらってました〔WEB〕

なばり なば(隠)るの名詞化。

【隠(なばり)】 漫画題名 鎌谷悠希「隠の王(なばりのおう)」2004〜

ナビ ［↑ナビゲーション・ナビゲーター］

【航法士(ナビ)】 小説〔大石英司「神はサイコロを振らない」2005〕

【GPS(ナビ)】 漫画〔秋本治「こちら葛飾区亀有公園前派出所 126」2001〕

ナビゲーション ［navigation］

【応援(ナビゲーション)】 広告 子育て 応援(ナビゲーション) マガジン〔「読売新聞」2008年10月11日(エデュー)〕

【GPS(ナビゲーション)】 漫画 魚探やGPS(ナビゲーション)で探す船も多い〔秋本治「こちら葛飾区亀有公園前派出所 126」2001〕❖釣りの話題。

ナビゲーター ［navigator］

【案内役(ナビゲーター)】 小説〔茅田砂胡「暁の天使たち」2002〕

ナプキン ［napkin］

【生理用品(ナプキン)】 書籍 カバンの中から生理用品(ナプキン)を〔山口百恵「蒼い時」1980〕

なぶる ［嬲る］

【嬲(なぶ)る】 辞書 女を嬲る〔1948 隠〕／男を嬲る〔1948 隠〕❖WEBでは種々の読みが遊戯的に当てられる。なお、広東語では怒る意。

【嫐(なぶ)る】 辞書 嬲る・嫐る❖状況による。他の漢字では通常は、細かい状況を字体によって書き分けることはない。

〔字遊〕嫐 もてる 中学生〔斎賀秀夫「漢字と遊ぶ」1978〕

その他 弄る 古

*【嫐嬲】書名 星野智幸「嫐嬲」1999

なべて［並べて］

【全て】歌誌〔「短歌」1994年10月〕

ナポリ［Napoli］

【汝惣里】店名 クラブ〔斎賀秀夫「あて字の考現学」(「日本語学」1994年4月)〕

その他 那波里 辞書

ナポレオン［フランス Napoléon］

【拿破崙】古 拿破崙髭

【奈翁】【奈破崙】古 ❖「奈翁」とも。

なま［生］→なまそば

【生】新聞「キャラ」を演じて生の自分を露出することを避け〔「読売新聞夕刊」2010年3月13日〕

【生】新聞 椎名林檎「生林檎博'08」〔「日経新聞夕刊」2008年12月10日〕❖テレビでも生放送の意を際立たせるため、字幕にしばしば登場する。

広告 五輪生着替え事件〔「読売新聞」2008年8月26日(FLASH)〕

【純生】歌詞 君にとりこの純生ジュニア〔KUWATA BAND「スキップ・ビート(SKIPPED BEAT)」(桑田佳祐)1986〕

【現金】古〔徳川夢声「くらがり廿年」1940〕俗

その他 青 古

なまえ［名前］

【名称】漫画 名称なんて好きに呼んだらいいの〔日高万里「ひつじの涙 7」2004〕

【本名】歌詞 本名も知らず 増えてゆく 友達の輪に〔T. M. Revolution「Twinkle Million Rendezvous」(井上秋緒)2002〕

【愛称】歌詞 愛称で呼べそうな 履き古した靴からは〔安全地帯「風」(松井五郎)1984〕／私だけが呼ぶ愛称〔愛内里菜「GIFT」2009〕

*【隠れ部員のみんな】文集〔静岡県立沼津西高等学校「潮音」37号 1990〕

なまがい［生貝］

【生鮑】古〔1928 隠〕

なまかわ 飛騨方言。

【怠惰】小説 瀧井孝作〔中村明 2003〕

なまぐさい［生臭い・腥い］腥を字面から子に命名しようとする例あり。

【生臭ー】漫画 生臭ーし〔峰倉かずや「最遊記 1」1997〕

なまぐさなべ［生臭鍋］

【腥鍋】古〔1910 隠〕

なまけもの［怠け者・懶け者］

【怠惰者】【怠惰もの】【堕落個】古

なまける［怠ける］

【懶ける】詩 君等は懶けてぐづぐづするな〔ゲーテ詩集〕❖谷崎潤一郎は『懶惰の説』で字体による区別を説く。

【奈蒔】筆名 奈蒔野馬乎人❖もじり。

その他 惰ける 辞書

なまこ［海鼠］

【海鼠】句集 角川春樹「海鼠の日」2004

【生子】民間 鮮魚店の値札に〔「英語5分間トレーニング」2010年7月(飯間浩明)〕

なまじ［憖］

【憖じ】歌詞 憖じ 智恵など 振るいたる〔陰陽座「組曲『九尾』～照魔鏡」(瞬火)2009〕

なまず［鯰］中国では「鮎」がナマズとよく言われるが、現代の中国の人はこの字をほとんど知らない。

【沼の主】漫画 沼の主の嫁になんか〔ひたか良「Min²★パニック」1986〕

なまそば［生蕎麦］

【生[illegible]ず】誤読 ❖「なまむ」などとも読む者あり。

なまっちろい［生っ白い］

【生白い（なまっちろ）】古 生白い（なまっちろ）児が〔1900～1901 俗〕
【ナマっ白い（ちろ）】漫画 ナマっ白く（ちろ）なったもんだな〔藤崎竜「封神演義 20」2000〕

なまどり［生撮り］
【生録（なまどり）】書籍 生録（なまどり）ドキュメントを〔いその・えいたろう「性女伝」1998 集〕

なまめかしい［艶かしい］
【訛女香しさ（なまめか）】小説〔柳瀬尚紀訳「フィネガンズ・ウェイクⅢⅣ」1993〕

なまめく［艶く・生めく］
【婀娜（なまめく）】【媚（なまめく）】古

なまもの［生物］
【生ま物（なもの）】シール 本品は生ま物です お早めにお召し上り下さい〔弁当の包装に貼られたシールに 2009〕❖振り仮名も送り仮名も不要な字ではあるが、セイブツ（いきものは生き物）と区別するためであろう。「生もの」も。

なまり［訛り］
【訛語（なまり）】古 ❖方言語彙に俚言と訛語（カゴ）あり。
その他 訛音（なまり）・方言（なまり）古

なみ［並］
【普通（なみ）】小説〔島崎藤村「破戒」1906〕
雑誌 いれあげたといういいかたが普通（なみ）じゃない。〔「小説新潮」1994年1月〕
【世間（なみ）】小説 世間（なみ）の人間をあっといわせてやりたい〔森村誠一「殺意の接点」2001〕

なみ［波・浪］ 王安石が波は水の皮と解したところ、蘇東坡にそれでは「滑」はと反論されたと伝えられる。
【浪（なみ）】歌詞 沖に寄る浪 とんとろり〔白根一男「次男坊鴉」（萩原四朗）1955〕／行方定めぬ 浪（なみ）枕（まくら）〔加藤登紀子「琵琶湖周航の歌」（小口太郎）1971〕
【波浪（なみ）】歌詞 波浪（なみ）は止まるから〔Skoop On Somebody「ぼくが地球を救う～ Sounds Of Spirit ～」（松尾潔）2002〕

なみじ［波路・浪路］
【浪路（なみじ）】曲名 ビリー・ヴォーン「浪路はるかに」（訳）❖外国曲もタイトル、歌詞ともにそれらの日本風の表記で訳される傾向。

なみだ［涙・泪・涕］（涙）は手紙やWEBなどで主に文末に使われる。涕は鼻水も表す。
【恋水（なみだ）】曲名 FANATIC◇CRISIS「恋水空［ナミダカラ…］」（TSUTOMU ISHIZUKI）2001／上和代「恋水宿（なみだやど）」（上田昌利）2007
❖『万葉用字格』などは恋水（ナミダ）と訓じたが、『万葉集』巻四にある恋水は実際には変水の誤写とされ「おちみず」と読みが改められるようになってきた。「恋しい」を「変しい」と誤った話と合わせ、この2字は時代を超えて交替しやすい。旧字体でも類似し、両方に誤記が生じる。「なみだ」という読みは、今なおWEBページのタイトルなどでも受け継がれている。島谷ひとみ「恋水（こいみず）－ tears of love －」。
【泪（なみだ）】❖会意文字が情景を想起させる。人名用漢字にも要望が複数あったが採用されなかった。「涙」よりも情感も浮かびやすいためか、歌詞などで使われ続けている。
古 降雨〔1915 隠〕
曲名 河島英五「酒と泪（なみだ）と男と女」1975
歌詞 わが胸はいつか 泪ぐみ 君が御名を呼ぶのよ〔淡谷のり子「ポエマ」（奥山靉）1935〕
❖リフレインでは「涙ぐみ」。／熱き泪か〔竹山逸郎「泪の乾杯」（東辰三）1947〕／ひとりぼっちの霧の夜 泪（なみだ）も暗い〔久慈あさみ「霧の港のリル」（佐伯孝夫）1952〕／泪（なみだ）色した 霧がきょうも降る〔山田真二「哀愁の街に霧が降る」（佐伯孝夫）1956〕／泪が思わず わいてきて〔石原裕次郎＆牧村旬子「銀座の恋の物語」（大高久夫）1961〕／お泪頂戴ありがとう〔あがた森魚「赤色エレジー」1972〕／泪を拭い

て〔東京事変「林檎の唄」(椎名林檎)2003〕
詩 涙のうらがはにひと粒の太陽が燦めく〔目黒裕佳子「音楽」2008〕
地名 東京・南千住駅の近くにある、交差点「泪橋(なみだばし)」。住居表示としてはすでにないが、江戸時代には小塚原刑場に近く、囚人はこの橋で涙し、浮世に別れを告げたことが地名の由来とされる。〔「読売新聞 夕刊」2008年11月10日〕◆「あしたのジョー」にも。

【雨(なみだ)】 曲名 ONE☆DRAFT「青春の雨(なみだ)」(LANCE)2008
歌詞 こぼれそうな雨(なみだ)に気づかれないように〔中山由依「blue」2009〕

【雫(なみだ)】 歌詞 流レル雫(なみだ)ガ〔Sound Horizon「石畳の緋き悪魔」(REVO)2007〕

【魂(なみだ)】 歌詞 それなら魂(なみだ)は何処へと還らん〔林原めぐみ「集結の園へ」2009〕

【電波(なみだ)】 歌詞 私の電波(なみだ)をキャッチして〔SPEED「Eternity」(伊秩弘将)1999〕

【女の武器(なみだ)】 民間「〃女の武器〃と書いて〃涙〃と読む」と(?)仰った人も、いらっしゃったそうですが〔WEB〕◆漫画にもあり。

【tear(なみだ)】 歌詞 心のtear(なみだ)を隠した〔水樹奈々「Late Summer Tale」(園田凌士)2006〕

【SERIA(なみだ)】 歌詞 SERIAに解け癒えるように〔霜月はるか「消えない欠片」2009〕◆中国語訳ではSERIAは「泪水」、「眼涙」と示される。

その他 潸然(なみだぐむ) 古

なみなみ

【盈々(なみなみ)】 古

なむ

助動詞ぬ＋助動詞む。…だろうか。なん。

【味試(なむ)】 古 恋度味試(こひわたりなむ)〔「万葉集」巻七〕◆なむ(なめる)から。

なむみょうほうれんげきょう〔南無妙法蓮華経〕

【なもほれぎよ(南无妙法蓮華経)】 古 ◆振り漢字。

なめかた

【行方(なめかた)】 姓 ◆「行方不明」は姓名という。

なめし

【無礼(なめし)】 古 ナメルと同義であろうか〔杉本つとむ「近代日本語の成立と発展」1998〕

なめる〔嘗める・舐める〕

【嘗(な)める】 小説 無暗(むやみ)に嘗(な)め〔夏目漱石「吾輩は猫である」1905〜1906〕◆臥薪嘗胆。
辞書 軽く見る〔俗〕◆「舐めていました」「ナメてました」も新聞などにあり。

【無礼(なめ)る】 WEB 人類を無礼るなあぁぁぁぁぁぁぁぁぁ！◆ゲームの台詞から。「無礼(なめ)(し)」の動詞化。

なやましい〔悩ましい〕

【脳(なやま)しい】 誤字 石坂洋次郎の小説に。悩ましいを脳ましい。〔山本昌弘「漢字遊び」1985〕

その他 可悩(なやま)しげ 古

なやみ〔悩み〕

【失望(なやみ)】 歌詞 私の失望(なやみ)は小さすぎるわ〔ZARD「I'm in love」(坂井泉水)1995〕

なゆた〔那由他・那由多〕

*__【300000000000(さんなゆた)】__ 曲名 電気グルーヴ「RHYTHM RED BEAT BLACK (Version 300000000000(さんなゆた))」(石野卓球、ピエール瀧)1991◆「バージョン3千億」だが、「バージョン3那由他(なゆた)」と読むらしい。3那由他ならば通常0が60字付く。無量大数や不可説不可説転も大数の一つ。

なら〔奈良〕

【奈良(なら)】 地名 奈良、恐らく宛字の類〔築島裕「宛字考」(「言語生活」1960年7月)〕◆国を意味する朝鮮語ともいわれるが、小地名として散在する平地を表す「なら」が有力とされる。

【寧楽(なら)】 古 ◆現代でも奈良の土産物に見られる。

【南良(なら)】 古 ◆姓にも。

【平城(なら)】古 平城(なら)の京、春日の里に〔井上ひさし「私家版 日本語文法」1981〕
その他 諾楽(なら)・乃楽(なら) 古

ならしのおか
【毛無乃丘(ならしのおか)】古 〔「万葉集」〕❖「毛無乃丘」はナラシノヲカと読まれている。

ならす 〔平す・均す〕
【平(ならし)】古 ❖岡山県の地名に「平(なら)」。
【均(なら)す】雑誌 均して〔「宝石」1994年3月〕❖江戸時代には各地で様々な漢字による表記がなされた。↓笹原宏之『日本の漢字』

ならずもの 〔ならず者・破落戸〕 ↓ごろ・ごろつき
【破落漢(ならずもの)】【浮浪漢(ならずもの)】古 ／【不破者(ならずもの)】辞書

ならび 〔並び・双び〕
【ル(ナラビ)】辞書 ル(ナラビ) 千 符牒〔隠〕

ならべる 〔並べる・双べる〕
【陳列る(ならべる)】古 三遊亭円朝「怪談牡丹灯籠」陳列(ならべ)てある刀類(かたな)を通覧(ながめ)て 岩波文庫本では「列べてある刀を眺めて」〔岩淵匡「振り仮名の役割」1988〕
その他 双(なら)べる 古

ならわし 〔習わし・慣わし〕
【慣例(ならわし)】小説 〔島崎藤村「夜明け前 第二部」1935〕
【慣習(ならわし)】古 三越呉服店(現三越)は1906年(明治39年)の広告で「中元には贈答の慣習(ならわし)あり」として、商品券などを売り込んでいます。〔「読売新聞 夕刊」2009年6月23日〕
【習慣(ならわし)】歌詞 水色の ハンカチを ひそめる習慣が〔二葉あき子「水色のワルツ」(藤浦洸)1950〕

なり 〔形・態〕
【形(なり)】小説 〔茅田砂胡「女王と海賊 – 暁の天使たち 5」2003〕
【態(なり)】小説 女中のような態(なり)をして〔「読売新聞」2009年7月9日〕
【姿(ナリ)】漫画 姿(ナリ)はこんなですが〔天獅子悦也「むこうぶち 24」2009〕
【作(なり)】小説 病的な作(なり)をしている。〔平野啓一郎「日蝕」2002〕
【丈(なり)】古 大きな丈(なり)をして〔1902 俗〕
【体軀(なり)】古 体軀(なり)の〔島崎藤村「千曲川のスケッチ」1912〕
【格好(ナリ)】漫画 なんだその格好(ナリ)〔佐野隆「打撃王凜 1」2004〕
【服装(なり)】小説 寧ろ質素な服装(なり)をしていた。〔夏目漱石「こころ」1914〕／勝手な服装(なり)をして〔米川正夫訳「ドストエーフスキイ全集 6 罪と罰」1960〕❖「お服飾(なり)」も使われる。
*【装堅(なりがたい)】古 賭博の上手な者〔1935 隠〕

なりかたち 〔形姿・形形〕
【服装姿(なりかたち)】新聞 服装姿(なりかたち)に凝っていた春風亭枝葉は、〔「読売新聞 夕刊」2008年7月7日(矢野誠一)〕

なりこまや 〔成駒屋〕
【歌右衛門(なりこまや)】広告 歌右衛門(なりこまや)を偲ぶ〔歌舞伎座の宣伝広告 2002(岡田寿彦2003)〕

なりたや 〔成田屋〕
【団十(なりたや)】古 団十形(なりたやがた) 団十楼(ママ)〔木村義之「近代のあて字と文学」(「日本語学」1994年4月)〕
その他 団州(なりたや) 古

なりもの 〔生り物〕 くだもの。
【生物(なりもの)】古 ❖↓なまもの

なりゆき 〔成り行き〕
【形行(なりゆき)】古

なりわい 〔生業〕
【生業(なりわい)】新聞 生業(なりわい)と〔「読売新聞 夕刊」2009年7月7日〕
【職業(なりわい)】小説 おまえの職業(なりわい)が何かは知らぬが〔菊地秀行「魔界都市ブルース 夜叉姫伝 4」1990〕
【業(なりわい)】小説 物を書いて業(なりわい)とする〔森村誠一「殺意の接点」2001〕❖解説。
新聞 文筆を業(なりわい)とする者は、著作集を公にして事定まるのだ。〔「読売新聞」2008年7月

な

6日〈御厨貴〉〉

その他 活業(なりわい) 古

なる［成る・為る］

【化る】(な) 詩 みるまに化(な)ります、鯛の尾に〈「金子みすゞ童謡集」〉

短歌 かうもりと化(な)りたる父をとらへむと〈「読売新聞 夕刊」2010年1月27日〉

【就る】(な) 俳句 食卓就(な)りて〈竹下しづの女〉

*__【戻る】__(なれ) 歌詞 あの頃の二人に戻(なれ)るかな〈玉置成実「Reason」(shungo.)2004〉

なる［生る］

【生る】(な) 古 唐来参和「莫切自根金生木(きるなのねからかねのなるき)」〈黄表紙〉1785 ❖回文。

小説 米の生(な)る木があっしの生命(いのち)の親なんで〈夢野久作「人間腸詰」1936〉

新聞 「この野菜（果物）は、こんなふうに生(な)るんだ」と、〈「読売新聞 夕刊」2008年10月10日〉

【結実る】(な) 小説 菓物が累々と枝をたわわに結実(な)っている〈夏目漱石「虞美人草」1907〉

なる［鳴る］

【響る】(な) 歌誌〈「短歌」1994年2月〉

【奏る】(な) 歌詞 その胸を奏らして〈鬼束ちひろ「X」2009〉

なる

【徳】(なる) 人名 徳(ナル)（「論語」にあり）は受理する。〈民事局長回答 1961〉❖1975年の民事局長通達3742号でも、音、訓、字義と全く関連をもたない傍訓は受理すべきでないとしていたが、現在では戸籍に振り仮名は付さないことになっている。徳仁(なるひと)親王。

なるかみ［鳴る神］ 雷。

【雷神】(なるかみ) 歌詞 雷神(なるかみ)の Ah coming coming〈林原めぐみ「KOIBUMI」2002〉❖歌舞伎外題に「嫐(おんなるかみ)」。

その他 雷公(なるかみ) 古

ナルコレプシー［narcolepsy］ 睡眠発作病。居眠り病。

【睡眠発作症】(ナルコレプシー) 新聞 持病の〈睡眠発作症(ナルコレプシー)〉のため〈「読売新聞」2010年3月21日〉

なるたけ［成る丈］ なるだけ。

【可及的】(なるたけ) 古〈松山棟庵・森下岩楠訳「初学人身窮理」1878〉

ナルティメット アルティメット（ultimate）のもじりか。

【究極】(ナルティメット) 漫画『究極への道(ナルティメットロード)』で出現〈「週刊少年ジャンプ」2004年10月11日（ナルト通信）〉

❖「究極秘伝書(ナルティメットスキルブック)」も他出。

なるほど［成る程］

【認識】(なるほど) 広告 「認識(なるほど)」と「再認識(あー、なるほど)」を、「この一冊(イミダス)」で。〈「イミダス」2005〉

なるみ

【菜糞美】(なるみ) 民間 ❖名前に付けたい、美は実でもいい、という女性がいた。「糞」は別字と混淆。

なれ［汝］

【汝】(なれ) 小説 汝ハ(ナレ)〈柳瀬尚紀訳「フィネガンズ・ウェイク Ⅲ Ⅳ」1993〉

なれあい［馴れ合い］

【慣れあい】(な) 歌詞 慣れあいの恋したくないだけなの〈中山美穂「50/50」（田口俊）1987〉

なれなれしい［馴れ馴れしい］

【慣れ慣れしい】(な な) 歌詞 肩にまわした手が少し慣れ慣れしい〈松田聖子「Rock'n Rouge」（松本隆）1984〉

その他 狎々敷(なれなれしく) 古

なれる［慣れる・馴れる］

【馴れる】(な) 歌詞 都通いも潮路に馴れて〈田端義夫「かよい船」（清水みのる）1949〉／そっと通る黒い飛行機が あることも すでに赤子が馴れている〈中島みゆき「誰のせいでもない雨が」1983〉

なん ⇨なむ

なんきんわり［南京割］

【南瓜割】(なんきんわり) 古〈1929 隠〉

なんじ［汝］

な

【你(なんじ)】古 ❖爾(なんじ)から生じた漢字。
【自分(なんじ)】漫画〔由貴香織里「夜型愛人専門店DX」2004〕

なんじゅう［難渋］
【難渋(スリップ)】誤読〔斎賀秀夫「漢字と遊ぶ」1978〔写研「漢字読み書き大会」〕〕

なんじょう 「何と言ふ」からという。
【何条(なんじょう)】辞書

なんしろ
【何んしろ(な)】小説 何(な)んしろ……。〔小林多喜二「蟹工船」1929〕

ナンセンス［nonsense］→ノンセンス
【庶民の感覚(ナンセンス)】漫画〔葉鳥ビスコ「桜蘭高校ホスト部 1」2002〕
【世界(ナンセンス)】WEB 石川ゴエの世界(ナンセンス)
【軟尖(ナンセンス)】古〔紀田順一郎「日本語発掘図鑑」1995〕❖徳川夢声が作った当て字(「最新新語新知識」『現代』1932新年号付録)。
【娚線嗛(ナンセンス)】小説 娚線嗛(ナンセンス)かし歌(うた)をささやいて、〔柳瀬尚紀訳「フィネガンズ・ウェイク III IV」1993〕❖「娚扇子(ナンセンス)」も。
その他 無意義 辞書

なんだ［何だ］
【喃だ(なん)】古 喃(なん)だつていの一番に標致(きりやう)が剛気で年若で〔1886 俗〕❖「のう」にも当てられた。喃語(なんご)、字喃(チュノム)。
【何あんだ(な)】小説 何(な)アんだ、〔小林多喜二「蟹工船」1929〕❖「何(な)アーんでえ!」も。

なんだか［何だか］
【何んだか(な)】新聞 何(な)んだかもの足りない思いで〔「読売新聞」2010年2月21日〕
*【南陀加紫蘭(なんだかしらん)】【南陀伽紫蘭(なんだかしらん)】筆名 ❖戯作者の戯名。

なんでも［何でも］
【よろず(何でも)】漫画 一緒によろず(何でも)屋っての〔冴凪亮「未知なる光」2006〕
*【何でも蚊んでも(なん か)】小説〔夏目漱石「坊っちゃん」1906〕❖当時は使われていた表記。→か(蚊)
*【マルチガール(なんでもOK)】漫画 マルチガール(なんでもOK)の彼女でも〔東里桐子「爆裂奇怪交響曲 1」1993〕

なんと［何と］
【難道(ナント)】古 ❖近世中国語の俗文学から。

なんとき［何時］ なんどき。
【娚とき(なん)】小説 いつ娚(なん)ときだろうと〔柳瀬尚紀訳「フィネガンズ・ウェイク III IV」1993〕

なんとなれば［何となれば］
【∵(なんとなれば)】小説〔柳瀬尚紀訳「フィネガンズ・ウェイク I II」1991〕

なんなん
【娚喃(なんなん)】小説 娚喃(なんなん)と睦(むつ)みつつ〔柳瀬尚紀訳「フィネガンズ・ウェイク I II」1991〕❖柳瀬尚紀『辞書はジョイスフル』に「女4個と男4個にばらして、娚(のう)、娚(のう)、娚(のう)、娚(のう)といういちゃつく娚語(喃語(なんご))を聞き取ってもらいたい」とあり。

なんにも［何にも］
【何んにも(な)】歌詞 僕は何んにも 欲しくない〔飯田久彦「あの子に幸福(しあわせ)を」(浜口庫之助)1962〕／今は何(な)んにも見えないけれど〔みち乃く兄弟「みちのく渡り鳥」(原譲二)2005〕❖「皆(みな)」を「皆(み)んな」とする方式の送り仮名。
【何も(なんに)】小説「こんなことはやめろ。何(なんに)もならない」〔「読売新聞」2010年1月13日〕
歌詞 何も知らない〔PRINCESS PRINCESS「Diamonds」(中山加奈子)1989〕

なんのかの［何の彼の］
【何んの蚊の(な か)】古

なんぱ［軟派］「難破」は別語。
【軟派(なんぱ)】古〔1929 隠〕❖本来の表記だが、語義が薄れかつ価値判断を含むためかカタカナのナンパが多い。
書名 草加大介「軟派(ナンパ)の作法」2009

ナンバー［number］→ナンバーワン
【番号(ナンバー)】漫画 キー番号(ナンバー)〔青山剛昌「名探偵コナ

な

ン 43」2003〕

小説 四桁の暗証番号(コード・ナンバー)を解読して〔清涼院流水「カーニバル 二輪の草」2003〕

【番号達(ナンバー)】歌詞 エントリー番号壱(ナンバーワン)〔椎名林檎「茎(STEM)」2003〕 歌詞 何度も忘れようとしたあなたの番号達(ナンバー)〔松浦亜弥「LOVE 涙色」(つんく)2001〕

【日課(ナンバー)】漫画〔熊倉裕一「KING OF BANDIT JING 6」2004〕

【No.(ナンバー)】新聞 貧しい中で描いた「No.2」などを〔「読売新聞」2008年12月30日〕

【N(ナンバー)】広告 M N P(モバイルナンバーポータビリティ)〔「non・no」2006年9月20日(総務省)〕

*【番人(ナンバーズ)】漫画 番人(ナンバーズ)VS鬼星隊〔「週刊少年ジャンプ」2004年5月24日(BLACK CAT)〕

ナンバーワン [number one]

【No.1(ナンバーワン)】新聞 では、なぜNo.1が重要なのか。〔「読売新聞」2009年3月8日〕

【南無場阿腕(ナンバーワン)】民間 ❖暴走族名。

【拿摩温】【那摩温】中国 ❖上海で職人の親方、現場監督などの意味で用いられた。ピジンイングリッシュから。

なんぴん [難平]

【難平(なんぴん)】古 相場〔1929 隠〕❖証券用語。

なんぼ [何ぼ] 東北、関西などでよく使う。なんぼう。

【幾ぼ(なん)】小説 幾(なん)ぼ? 二つもあったら不具だべよ。〔小林多喜二「蟹工船」1929〕

【何んぼ(な)】小説 何(な)んぼ、どうやっても駄目だって〔小林多喜二「蟹工船」1929〕

その他 成程(なんぼ) 古/何ぼう(なん) 古

なんや

【なん耶(や)】小説 なん耶(や)、蘇(そ)いつは〔柳瀬尚紀訳「フィネガンズ・ウェイク III IV」1993〕❖もじり。

に

に [二] 「にい」と長音化することも。

【弐(に)】新聞 弐匁(もんめ)一分(の鉄砲)〔「読売新聞」2010年4月28日〕

【2(に)】書籍 2千4百年 縦書き〔うみのさかな&宝船蓬莱「うみのさかな&宝船蓬莱の幕の内弁当」1992〕 広告 〝バツ2〟〔「読売新聞」2010年3月4日(週刊文春)〕❖離婚歴2回のこと。

【II(に)】新聞 キャリアの補佐役や出先機関の幹部になるII種は6年ぶりに前年を上回り〔「読売新聞」2009年10月30日〕

【ニ(に)】誤植 ニ十七(ママ)〔「読売新聞」2010年3月21日(広告)〕❖数字の二がカタカナのニになったもの。看板でもこの誤植は多い。「に」から両方とも変換され、画面では分かりにくい。一が一(音引き)になるものも。

【尼(に)】小説 溢(いち)、尼(に)、爨(さん)〔柳瀬尚紀訳「フィネガンズ・ウェイク I II」1991〕❖爨は飯盒炊爨のサンで29画。

関連【2番(マサヤン)】【2番(テツロー)】【2番手(カシマ)】漫画

ニアイコール [↑ nearly equal]

【≒(ニアイコール)】映画「≒(ニアイコール)草間彌生」

にい 常用漢字表付表に「兄(にい)さん」。

【兄(にい)】古 ナツ兄(にい) 接尾〔1909 俗〕

にい [二]

【2(にー)】雑誌 KYON2(にー)と呼ぶ実家の母〔「VOW」1987〕❖2・26(二・二六)事件はにい(てん)にいろく。 冊子 交通死亡事故連続減少~チャレンジ・アンダー218(にーいちはち)~〔財団法人東京交通安全協会「安全運転のしおり」2009〕

にいさま [兄様]

【義兄様(にいさま)】漫画 おじい様とお義兄(にい)様の葬儀から〔青山剛昌「名探偵コナン 3」1994〕

にいさん [兄さん]

【義兄さん(にい)】漫画 義兄(にい)さんの元で働きたい人間は〔藤崎聖人「WILD LIFE 3」2003〕

ニーズ [needs]

【必需(ニーズ)】雑誌〔「旅」1994年5月〕

【用途(ニーズ)】歌詞 用途(ニーズ)に応じた魔法使い〔福山潤ほか「ああ、アストラル」（福本岳史）2008〕

その他 需要(ニーズ) WEB

にいちゃん［兄ちゃん］

【義兄(にい)ちゃん】漫画 お義兄(にい)ちゃんっ〔日渡早紀「未来のうてな 1」1995〕

ニート［NEET ← not in employment, education or training］neat は別語。

【親頼(ニート)】TV 親に頼ると書いて親頼（ニート）

にえる［煮える］

【烹(にゆ)】雑誌 なみだの烹(にゆ)る音〔「太陽」1994年12月〕 ❖芭蕉の句。

にお

【堆(にお)】古 ❖「杁」など国字が造られた。

におい［匂い・臭い］

【香(におい)】詩 法音開く光明の香(にほひ)ぞ人に逼り来る。〔蒲原有明「浄妙華」1906〕／つよくつよくからみつく香(にほひ)のことばは、〔大手拓次「鈴蘭の香料」1936〕

【匂(にお)い】歌詞 あなたには希望の匂いがする〔和田アキ子「あの鐘を鳴らすのはあなた」（阿久悠）1972〕／煙草の匂いのシャツに〔松田聖子「赤いスイートピー」（松本隆）1982〕❖改定常用漢字表（答申）に追加。「韻」の異体字から。女性の名に「匂(かおる)」。

【臭(にお)い】小説 生ッ臭い臭(にお)い〔小林多喜二「蟹工船」1929〕 歌詞 男の臭いがやってくる〔かまやつひろし「我が良き友よ」（吉田拓郎）1975〕❖改定常用漢字表（答申）にこの訓が追加。

【包(にお)い】誤植 生まれた街の包い〔荒井由実「MISSLIM(ミスリム)」1980（CDの歌詞カード）〕

その他 艶(におい) 古

においすみれ［匂菫］

【香菫(においすみれ)】WEB 俳句の季語の熟字訓だが、「香」はかをりと読むのが素直だと考える。

におう［匂う・臭う］改定常用漢字表（答申）に「匂」の字と「臭(にお)う」の訓が追加。

【匂(にお)う】歌詞 アカシヤの 花も匂うよ〔淡谷のり子「青い小径」（高橋掬太郎）1934〕

その他 香(にお)う 辞書

にがい［苦い］

【苦(に)がさ】歌詞 呑(の)んだ手酌の ほろ苦がさ〔春日八郎「男なりゃこそ」（上田たかし）1953〕

にがみ［苦み］

【苦味(にがみ)】古 ❖日本新聞協会はこれも認める。

にきび［痤］

【面皰(にきび)】辞書 面皰面 ニキビヅラ〔1949 隠〕 俳句〔「読売新聞」2009年3月16日〕

【仁紀美(にきび)】広告 仁紀美研究所〔新宿駅の線路わき 1972 目〕

その他 二禁(にきび) 辞書

にぎわい［賑わい］

【賑合(にぎわい)】小説 舘内(くわんない)の賑合(にぎはひ)は〔徳富健次郎「黒潮」1903〕

にくい［憎い］

【二八十一(にくい)】古〔「万葉集」〕❖9(く)×9(く)＝81。

【憎(に)っくき】漫画 憎(に)っくき夏の行事〔本沢みなみ「また還る夏まで 東京 ANGEL」1999〕

その他 可憎(にっく)き 古

にくしみ［憎しみ］

【憎悪(にくしみ)】辞書〔伊坂淳一「振り仮名」（「日本語学キーワード事典」1997）〕

にくしょくびじょ［肉食美女］

【ホルモンヌ(肉食美女)】広告 〝ホルモンヌ(肉食美女)〟と行く激旨ホルモン案内〔「読売新聞」2009年11月17日〕

にくしん［肉親］

【肉身(にくしん)】古〔山田美妙「竪琴草紙」1885〕

にくたらしい［憎たらしい］

【にく鱈(たら)しい】小説〔柳瀬尚紀訳「フィネガンズ・ウェイク I II」1991〕

にくにくしい［憎憎しい］

【肉々(にくにく)しい】TV 太った体型のタレントを「肉々しい」と表現。❖しゃれ。

【肉にくしい】(小説)肉にくしい罪から〈柳瀬尚紀訳「フィネガンズ・ウェイクⅠⅡ」1991〉

その他 悪々敷(にくにくしい) (古)

にくはく [肉薄]

【肉迫】(漫画)肉迫してをります〈田河水泡「のらくろ武勇談」1938〉

【肉薄】(政策)「肉迫」と書いてもよい。そう書くほうがわかりやすい。肉薄の「薄」の字は「迫る」という意味であるから〈国語審議会第2部会「語形の『ゆれ』について」1961〉

にくらしい [憎らしい]

【悪らしい】(古)

にぐらめ

【釈迦牟尼仏】(姓)北海道〈平島裕正「日本の姓名」1964〉◆岡上氏による。古く実在したか。みくるべとも。

ニグレード [Nigredo]

【黒】(漫画題名)高口里純「黒ーニグレードー」1996〜1998

【黒化】(小説)未だ黒化(ニグレド)の過程〈平野啓一郎「日蝕」2002〉

にげ [逃げ]

【遁げ】(雑誌)〈「小説新潮」1994年9月〉

その他 遁辞(にげこうじょう) (古)

にげだし [逃げ出し]

【脱出】(小説)〈秋津透「魔獣戦士ルナ・ヴァルガー」1988〉

にけつ 自転車の二人乗り。「二穴(にけつ)」から。

【二尻】(辞書)(俗)

にげみち [逃げ道]

【逃げ路】(歌詞)逃げ路(ミチ)ばかり探していた〈Every Little Thing「sure」(持田香織)2000〉

【言い訳】(漫画)言い訳(逃げ道)を考えてる〈渡辺多恵子「風光る 7」2000〉

にげる [逃げる]

【北】(古)◆敗北、背走。

にこいち [二個一] 二人で一つ。大親友のこと。元は自動車修理の用語。「ニコイチ」も。

【2娘1】(民間)◆プリクラなど。

【02娘01】【2コ1】(WEB)02娘01、2コ1、にこいち〈第2回「もっと明鏡」大賞見出し語ベスト100 2007〉

にこげ [和毛]

【和毛】(雑誌)浮遊するもの和毛に被われたものを〈「現代詩手帖」1994年1月〉 (小説)金色の和毛で〈星野智幸「嫐嬲 なぶりあい」1999〉

にこたま [←二子玉川(ふたこたまがわ)] 地名の略称。

【二子玉川】(広告)二子玉川(ニコタマ)だってハンサム化現象！〈「読売新聞」2010年5月7日(VERY)〉

にこにこ

【和和】(新聞)読めぬと恥(秘)漢字 和和〈「読売新聞」2009年8月20日(TV欄)〉◆読めなくて当然。「笑子」という人名がテレビで紹介。

その他 囅然・莞爾・笑爾々々・微笑 (古)／爾笑々々 (古)

にこよん [二個四]

【二四】(小説)二四(ニコヨン)の臨時人夫が〈武田泰淳「風媒花」1952(集)〉

にこり [莞爾] →にっこり

【完爾】(古)

にごり [濁り]

【白】(広告)冷やした白(にごり)で。〈「読売新聞」2008年12月27日〉◆白濁しているため。

にざかな [煮魚]

【鯖】(辞書)◆→やきにく(鯖)

にさん [二三]

【二三】(小説)二三日〈夏目漱石「こころ」1914〉

【2 3】(漫画)2 3年の刑だ〈立原あゆみ「本気！1」1987〉◆スペースで読みを示す。

【2・3】(TV)2・3枚(テロップ。音声は「にさんまい」)〈「紅白歌合戦」2008年12月31

に

日〕◆中黒（中点）で示す。

にし［西］

【西風】俳誌〔「俳句」1994年3月〕

雑誌 南西風〔「小説新潮」1994年6月〕

にじいろ［虹色］

【匂艶】曲名 サザンオールスターズ「匂艶 THE NIGHT CLUB」（桑田佳祐）1982

歌詞 匂艶の Good Time〔サザンオールスターズ「Moon Light Lover」（桑田佳祐）1996〕／匂艶は愛をささやく吐息〔RUI「月のしずく」（Satomi）2003〕◆桑田佳祐の造語、造表記。

にじか

【馩】商品名 翁酒造株式会社 焼酎◆大いにこうばしい意の字。

にしかぜ［西風］沖縄方言。

【北風】歌詞 朝は北風 夜は南風〔田端義夫「島育ち」（有川邦彦）1962〕◆地名に「北浜」も。沖縄では「東」は日が昇るので「あがり」、西は「いり」という地もあり。南風原は「ふぇーばる」。

にしき［錦］

【二色】古

にしきえ［錦絵］

【紅彩画】演目 河竹黙阿弥「青砥稿花紅彩画」1862◆通称「白浪五人男」。「錦画」とも。

にしこり

【錦織】姓 錦織圭（テニス選手）◆現在、「にしきおり」「にしこおり」など読み方が多い。

【錦織部】姓 錦織部 にしこりべ 古代においては「部」を読まない〔平川南「日本の原像」2008〕

【にしこり】WEB◆松井秀喜選手の顔を表すAA（アスキーアート）。

にしだ［西田］

【西E田】漫画 西E田画伯〔伊達将範「DADDYFACE」2000〕◆登場人物のペンネーム。

にしび［西日］

【西陽】◆「日」より「陽」のほうが、あたたかい太陽の雰囲気が伝わるか。不動産広告でも「陽当たり」が多い。

曲名 荒木一郎「西陽のあたる部屋」1976

歌詞 西陽の強い部屋の片隅〔山口百恵「イミテーション・ゴールド」（阿木燿子）1977〕／窓に西陽があたる部屋は〔テレサ・テン「つぐない」（荒木とよひさ）1984〕

にじむ［滲む］

【煮染む】古◆漱石が用いた。

にしむくさむらい［西向く士］

【二四六九士】書籍 小は二四六九士と知れ〔紀田順一郎「図鑑日本語の近代史」1997〕◆大の月（31日まである月）以外の小の月。

漫画 西向く士 短い月のゴロ合わせ〔小栗左多里&トニー・ラズロ「ダーリンの頭ン中2」2010〕

にじゅう［廿］三十は「卅」、四十は「卌」。

【廿】演目「本朝廿四孝」1766◆題名は奇数の字数が好まれた。地名に廿日市。

【念】古◆大字。廿の音読み「ネン」からの表記。

*【端数】漫画 端数はサービスシマスデスヨ〔大暮維人「エア・ギア4」2003〕

にじゅうまる［二重丸］→まわる（◎る）

【◎】雑誌 打ち合わせにも◎◆新聞などの星占いでも同様で、振り仮名はない。／「○で良い悪いを示すのは日本だけです。韓国や台湾などでなら通じる可能性もあります。明治40年ごろ文部省が教育評価の仕方を学校に指導したんですが、それ自体に良い悪いの意味を持たない文字や記号で成績を評価しなさいと定めた。そこで◎○△などの記号が選ばれたようです」〔「R25」2009年5月14日（松永英明）〕

新聞 肝がん予防 野菜は◎ 果物は△〔見

出し)〈「読売新聞」2009年3月11日〉／選句集は「なじみ集」1894年(明治27年)ごろの編集とみられる。◎などの印も打たれている。〈「読売新聞」2009年7月4日〉
広告 練習場では◎コースに出ると△〈「読売新聞」2009年10月25日〉

にじょう [二乗] ⇩じじょう

にしん [鰊・鯡]
【春告魚(にしん)】俳句 春告魚(にしん)そば〈「読売新聞 夕刊」2009年5月2日〉

ニス ワニス。バニッシュ。
【仮漆(ニス)】【漆(ニス)】【膠(ニス)】古 ◆「仮漆(ヘルニス)」とも。

にせ [贋・偽]
【謀(にせ)】古 謀綸旨(にせりんじ)「二条河原落書」〈紀田順一郎「日本語発掘図鑑」1995〉

にせもの [贋物・偽物]
【疑似(ニセモノ)】歌詞 疑似(ニセモノ)の優しさに〈水樹奈々「FAKE ANGEL」2004〉
【模造品(にせもの)】漫画 模造品(にせもの)のねこめ石やダイヤモンドを売る〈猫十字社「小さなお茶会」2000〉
【影武者(にせもの)】漫画〈上条明峰「SAMURAI DEEPER KYO 5」2000〉
その他 もうひとりの怪盗紳士(にせもの) 漫画

にちごりにちか
【日日日日(にちごりにちか)】人名〈荒木良造「姓名の研究」1929〉

にちじょう [日常]
【現実(にちじょう)】漫画 本当のあなたの現実(にちじょう)です〈日高万里「時間屋」1998〉◆漢字ルビ。

にちようだいく [日曜大工] 日用大工から。
【DIY(日曜大工)】漫画 それがDIY(日曜大工)じゃないか〈山田南平「紅茶王子 14」2001〉

にちょうど [に丁度]
【2000000000000℃(にちょうど)】誤変換 「今学校にちょうど着いたよ」と変換したかったものが、「今学校2000000000000℃ついたよ」(2兆℃)〈WEB〉

にちようび [日曜日]
【どんたく(日曜日)】古

にちろ [日露] →ロシア
【日魯(にちろ)】古 ◆日露和親条約は「日本国魯西亜国通好条約」、「日魯通好条約」などとも。

にっき [日記] 土佐(土左)日記の「にき」は促音(入声(にっしょう))を表記しない形。
【肉記(にっき)】ビデオ題名 「未来肉記I」◆もじり。
*【日記王(にっきんぐ)】雑誌〈「CHOKi CHOKi」2009年1月〉
関連 【日記(他人の心)】漫画 日記(他人の心)なんて見るものじゃないって〈日高万里「ひつじの涙 7」2004〉

ニックネーム [nickname]
【愛称(ニックネーム)】漫画〈石ノ森章太郎「マンガ日本の古典 古事記」1994〉

ニッケル [nickel] 元素記号 Ni。
【白銅(ニッケル)】詩 白銅(ニッケル)を〈高村光太郎「象の銀行」1926〉
◆中国では鎳(niè)。
その他 洋銀(ニッケル) 古

にっこう [日光] 地名。二荒(ふたら)山の名は、観音菩薩が住むとされる補陀洛(ふだらく・ほだらく。梵語ポータラカの音訳)山が訛ったものともいわれ、「二荒」が「にこう」と読まれ、さらに「日光」の字が当てられた。江戸時代の漢文では合字化され「晃(コウ)山」とまで変わった。

にっこり [莞爾] →にこり
【嫣然(にっこり)】古 ◆『浮雲』では「嫣」の旁の字体が隠の旁になっていた。
【微笑(にっこり)】古 ◆「にっこりわらい」と読ませるものも。
【250(ニッコリ)】広告 250(ニッコリ)〈「読売新聞」2010年4月5日〉◆電話番号。
【25(にっこり)】広告 679-250(ムダなくにっこりオリックス)〈「読売新聞」2010年5月10日〉◆電話番号。
その他 和り(にっこ)・寛尓(にっこり) 古

にった
【新夕(にった)】姓 ◆カタカナとは思わず、漢字で「夕」と誤植されることあり。

に

にっちもさっちも「にっちんもさっちんも」からという。「しゃっちょこばる」のように発音が変化したもの。

【二進も三進も】 古

ニット [knit]

【kt】【N】 雑誌 ❖「CanCam」や「non・no」に。

にっぱち 商売が低調となりがちな二月と八月。2万9800円を298とも。

【二八】 書籍 暇の最たる「二八月」である。〔出久根達郎「逢わばや見ばや 完結編」2006〕

ニッポニアニッポン [ラテ Nipponia nippon]

【桃花鳥】 曲名 さだまさし「前夜（桃花鳥）」1982

にっぽり [日暮里] 地名。駅名。

【日暮里】 誤読 ❖子どもや地方の人が「ひぐれざと」などと読むことがある。それは無理もなく、元は「新堀」、江戸時代に「一日中過ごしても飽きない里」という意味の字に変わった。

にっぽん [日本] 常用漢字表には「にほん」という読みが明示はされていない。『日本書紀』も「にほん」か「にっぽん」か正確な答えはない。訓読で「やまと」とも。

【日本】 雑誌〔「現代詩手帖」1994年7月〕

【JOP】 漫画〔大島司「STAY GOLD 1」2004〕❖テニス。

【桜咲学園】 漫画 もう桜咲学園に〔中条比紗也「花ざかりの君たちへ 12」2000〕

にて

【爾而】 古

になう [担う]

【荷う】 小説 この初めて知った偉大な経験を荷って、〔小林多喜二「蟹工船」1929〕

にのじ [二の字]

【二ノ字】 古 下駄〔1892 隠〕❖「雪の朝二の字二の字の下駄の跡」〔捨女六歳の作という〕。「〓」は鉛活字でない今でも用いられる（「〓」は減った）。詩に用いたものあり。文字化けした「〓」を「＝」と思う者も多い。印刷では目立たないため「●」などに。

にのまえ

【一】 姓〔TBS系列の名字の番組 2005年9月14日〕❖姓というが、全数調査がないため実在するかどうか議論がある。十の「つなし」などとともに判じ物のよう。

ニヒル [ラテ nihil]

【虚無的】 小説 虚無的な殺し屋〔菊地秀行「魔王伝 3 魔性編」1996〕

その他 虚無 WEB

にへい

【平平】 姓 秋田県〔平島裕正「日本の姓名」1964〕❖実在したものか。→ひらたいら

にほん [日本] ⇩にっぽん

にほんご [日本語]

【日本誤】 書名 井中一蛙「大いに日本誤を語る」2003 ❖もじり。

【ニホン誤】 書名 柳沢有紀夫「世界ニホン誤博覧会」2010 ❖もじり。

【ニホンGO】 番組名 NHK「みんなでニホンGO!」2010～ ❖番組内で個々のことばなどにNOかGOを示すため。もじり。

にまぜ

【烹雑】 古 曲亭馬琴「烹雑の記」1811

ニムプス

【雨雲】 詩 黒く淫らな雨雲よ〔宮沢賢治「峠の上で雨雲に云ふ」1927〕

ニヤ 地名。ウイグル語。

【民豊】 書籍〔井上靖「遺跡の旅・シルクロード」1977〕❖中国名は民豊。

にゃあ

【猫】 詩 中原中也「また来ん春…」〈おもへば今年の五月には/おまへを抱いて動物園/象を見せても猫といひ/鳥を見せても

に

猫(にゃあ)だつた」〔「読売新聞」2008年5月1日〕◆英語などはmewなどm系の発音。小泉今日子の歌に「夜明けのMEW(ミュー)」（秋元康）1986にヒットしたこの曲からという。「みゅ」は和語に稀な発音だが、名前には古くから現れる。中国では、咪(mī)のほか喵という猫の鳴き声専用の字が造られていて、miāo(ミアオ)。日本では「ミャオ」より、平安時代の「ねう」などの系統で歴史の古い「ニャオ」「ニャー」「ニャン」のたぐいの方が定着している。

*【若々(にゃあにゃあ)】古〔式亭三馬「小野𥶡譃字尽」1806〕

にやにや

【2828(にやにや)】広告 お得な☺2828(にやにや)ポイント!〔「読売新聞 夕刊」2010年5月8日〕

ニヤミス [near miss] ニアミス。

【異常接近(ニヤ・ミス)】書籍 異常接近(ニヤ・ミス)を引きおこしたのかもしれない。〔井上ひさし「自家製文章読本」1984〕

にゃん →にゃんにゃん

【猫(にゃん)】広告 猫(にゃん)だ! パーク〔「千葉ウォーカー」2004年6月9日（次号予告）〕◆猫という漢字自体も、猫の顔に見える、という人がいるが形声文字。ただ、「苗」の部分で、猫の鳴き声を表した可能性も藤堂明保に指摘されている。

*【猫曼荼羅(にゃんだら)】作品名 梶原美穂展「多情猫心（たじょうにゃっしん）」をテーマにさまざまな猫を描いた作品 仏を猫に置き換えた「猫曼荼羅（にゃんだら）」など〔「読売新聞 夕刊」2009年11月24日〕

にゃんてき 芸者のこと。

【猫的(にゃんてき)】古 猫的(にゃんてき)をあげて〔1876 俗〕

にゃんにゃん 猫の鳴き声が転じて、猫。

【娘々(にゃんにゃん)】姓〔篠崎晃雄「実用難読奇姓辞典」1967〕

【少女猫(ニャンニャン)】漫画題名 介錯「魔法少女猫(マジカルニャンニャン)たると」2001〜2003

【22(ニャンニャン)】雑誌 22(ニャンニャン)匹様に〔「猫の手帖」1994年6月〕◆電話番号のもじりにも。

*【2月22日(ニャンニャンニャン)】雑誌〔「猫の手帖」1994年12月〕◆猫の日。

ニュー [new]

【新(ニュー)】小説 新政(ニウレジム)〔徳富健次郎「黒潮」1903〕／新世界秩序(ニューワールド・オーダー)を再構築した〔清涼院流水「カーニバル 一輪の花」2003〕

漫画 今夜は新年(ニューイヤー)だぜ〔松川祐里子「魔術師 6」1998〕

漫画題名「走れ! 新助(ニュースケ)」〔「読売新聞」2008年9月30日〕

新聞「新自由主義(ニューリベラリズム)」の幻想を振り撒いて〔「読売新聞」2009年1月30日（戸井十月）〕

広告 鬼才が放つ新潮流(ニュー・ウェーブ)小説。〔「読売新聞」2009年10月1日（新潮社）〕

【新しい(ニュー)】小説 同時多発テロ事件に始まる「新しい戦争(ニュー・ウォー)」は〔清涼院流水「カーニバル 一輪の花」2003〕

ニューイヤーズイブ [New Year's Eve] 大みそか。

【元旦前夜(ニューイヤーズ・イブ)】漫画〔山田南平「紅茶王子 3」1998〕

ニューイングランド [New England]

【新英州(ニューイングランド)】辞書

ニューカッスル [Newcastle] 地名。

【新城(にうかすする)】古〔山田美妙「竪琴草紙」1885〕

ニュークリアパワー [nuclear power]

【原子力(NUCLEAR POWER)】歌詞 ひび割れた原子力(NUCLEAR POWER)〔浜田省吾「A NEW STYLE WAR」1986〕

ニュージーランド [New Zealand]

【乳(ニュージーランド)】新聞 ◆ニュージーランド大使館が漢字一字で表す略称を募集した。1980年に「乳」が選ばれたが、本国から、乳牛のイメージとなり、畜産国としては「肉牛」をアピールしたいといったクレームが付いた。結局、漢字は定着せず、「NZ」などが用いられる。

[その他] 新西蘭(ニュージーランド) [辞書]

ニュース [news] 中国では「新聞」と訳。

【報道(ニュース)】[漫画] この報道(ニュース)何一つ正しくないじゃない〔松川祐里子「魔術師 7」1999〕

【情報(ニュース)】[書籍]〔竹長吉正「現代児童文学の課題」1990〕

[歌詞] CDの情報(ニュース)〔東野純直「80's」(売野雅勇)1995〕

【入数(ニュース)】[小説] 凶(きょう)の入数(ニュース)は？〔柳瀬尚紀訳「フィネガンズ・ウェイク I II」1991〕◆もじり。

【NEWS(ニュース)】[小説] JDC本部ビル爆破事件のNEWS(ニュース)を〔清涼院流水「カーニバル 二輪の草」2003〕◆英文の綴りをそのまま使うことは、FAX、UP、in、at のほか「at home な」などの例がある。

【石鹼(NEWS)】[WEB]〔2chジャニーズJr板〕◆石鹼の商品名「ミューズ」との関係でという。コンサートを「魂」とも。

[その他] NC(ニュースキャスター) [漫画]

ニュースペーパー [newspaper] ニューズペーパー。

【新聞(ニュースペーパー)】[小説] 闇新聞(ゴシップ・ニュースペーパー)の記者〔菊地秀行「魔界都市ブルース 夜叉姫伝 4」1990〕

ニュータイプ [new type]

【新人類(ニュータイプ)】[歌詞] のしあがる新人類(ニュータイプ)〔新堂敦士「サムライ・シンドローム」2002〕

[アニメ]〔「機動戦士ガンダム」1979～1980〕

ニュートン [Newton] 人名。

【軟鈍(ニュートン)】[書籍]〔杉本つとむ「日本文字史の研究」1998〕

ニューハーフ [和製 new + half]

【男(ニューハーフ)】[雑誌] 好きになった人が実は男(ニューハーフ)だった！〔「お笑いギャオマガジン №1」2009〕

◆文脈依存の表記。

ニューファンドランド [Newfoundland]

【新見の国(ニューファンドランド)】[古]

ニューフェイス [new face] ニューフェース。

【新米結社員(ニュー・フェイス)】[小説]〔田中芳樹「ウェディング・ドレスに紅いバラ」1989〕

[その他] 新顔(ニューフェイス) [WEB]

ニューヨーク [New York]

【紐育(ニューヨーク)】[詩] 紐育(ニューヨーク)の郊外にひとり北洋の息吹をふく。〔高村光太郎「白熊」1925〕◆中国では現在、紐約。

[小説] 撞球場『紐育(ニューヨーク)』にでも〔静霞薫「るろうに剣心 巻之一」(和月伸宏)1996〕

【摩天楼(ニューヨーク)】[映画題名]「摩天楼(ニューヨーク)はバラ色に」1987

【人種の坩堝(ニューヨーク)】[漫画] 人種の坩堝(ニューヨーク)の面白いところ〔津田雅美「彼氏彼女の事情 18」2004〕

【NY(ニューヨーク)】[漫画] NYのど真ん中に〔由貴香織里「ストーンヘンジ」1993〕／女の子が一人でN.Y.(ニューヨーク)を歩くなんて…！〔松川祐里子「魔術師 1」1995〕／ここはLAであればNY(ニューヨーク)か〔小畑健「DEATH NOTE 10」(大場つぐみ)2006〕◆I♥NYはTシャツの定番だった。

[広告] N.Y.(ニューヨーク)から現れたスゴ腕のナイフ使い〔青山剛昌「名探偵コナン 26」2000(巻末)〕／NY(ニューヨーク)美食の新潮流〔「読売新聞」2008年11月1日(家庭画報)〕

[雑誌] NY(ニューヨーク)〔「with」1994年5月〕

[新聞] NY舞台の短編(見出し)〔「読売新聞」2010年3月3日〕◆字数制限のためだがたいていはニューヨークと読まれる。

【N・Y(ニューヨーク)】[漫画] せっかくN・Y(ニューヨーク)で決意固めたのに〔小花美穂「Honey Bitter 1」2004〕

[広告] N・Y。9・11。〔「読売新聞」2010年4月14日〕

【都市(ニューヨーク)】[雑誌] はじめ一台のカメラで都市(ニューヨーク)に対していたのだが〔「波」1985年5月〔篠山紀信〕[目]

にょいぴん

【如意兵(にょいぴん)】[商品名]「活力食」の名〔「読売新聞」2010

年3月4日〕❖中国で卓球（ピンポン）を表す「乒乓」（pīngpāng）は英語の ping-pong 発生より遥か前の明代から中国で擬声語を表記する字として使われていた。

にょうぼう［女房］「女房（にょうぼ）」とも。
【wife（にょうぼう）】 辞書〔伊坂淳一「振り仮名」（「日本語学キーワード事典」1997）〕
その他 **女方（にょうぼう）・如房（にょうぼう）** 古
関連 **【女房（リンダ）】** 漫画 女房（リンダ）……か〔遠藤浩輝「EDEN It's an Endless World! 1」1999〕

にょきにょき
【如亀如亀（にょきにょき）】 古 如亀々々（ニョキ〳〵）

にょこ［如去］
【女去（にょこ）】 古 真言宗で如法のこと。阿闍梨が他人に解らぬやうに書いた略字〔1929 隠〕

にょこうば［女紅場］→よろしく（夜露死紅）
【女紅場（にょこうば）】 古 女紅は女工なり〔1930 隠〕

にょこにょこ にょきにょき。
【如狐如狐（にょこにょこ）】 古

にょらい［如来］
【如来（にょれえ）】 古 お如来（にょれへ）さまの

にょろにょろ
【如鷺如鷺（にょろにょろ）】 古

にらみ［睨み］
【白眼（にらみ）】 古 月影〔1915 隠〕

にらめっこ［睨めっこ］
【白眼こ（にらめっこ）】 古〔1870～1876 俗〕

にる［似る］
【肖る（に）】 古 ❖肖像の肖。

ニルバーナ［サンスクリット nirvāṇa］
【涅槃（ニルワナ）】 詩 涅槃（ニルワナ）の暗いしげみにそよぐ風が来た。〔尾崎喜八「新らしい風」1924〕

にれかむ［齝む］
【齝む（にれか）】 俳誌〔「俳句」1994年6月〕

にわ［庭］
【苑（にわ）】 広告 生前個人墓「水の苑（みずのにわ）」〔「読売新聞」2009年12月7日〕
その他 **庭園（にわ）** 古／**庭院（にわ）** WEB

にわか［俄］
【仁〇加（にわか）】 民間 ❖「仁〇加狂言」としても使われ、「仁〇加煎餅」「佐賀仁〇加保存会」「うしづ仁〇加倶楽部」「本田仁〇加（ほんだにわか）」や書名の平山新悟『にわかでポン 平山作肥後仁〇加脚本選』など九州でよく使われている。仁〇加屋は姓という。

にわかあめ［俄雨］
【太田道灌（にわかあめ）】 古 太田道灌（にはかあめ）に出逢つた〔坪内逍遥「当世書生気質」1885～1886〕❖故事による表記。

にわかに［俄かに］
【遽かに（にわ）】 辞書 ❖急遽（きゅうきょ）の遽。新聞では原則として「急きょ」と交ぜ書きされる。

にわし［庭師］
【庭師（にわし）】 辞書 ❖師はサ変動詞からともいわれる。台湾でも中国語読みで使われている。

にわたずみ［潦］水たまり。
【潦（にわたずみ）】 短歌 俳句 ❖一般では理解語彙にないか。

にわとこ［庭常］
【接骨子（にわとこ）】 古

にわとり［鶏］庭鳥の意。鶏、鷄という国字もある。
【狂信（ニワトリ）】 雑誌 狂信（ニワトリ）と妄想（カクメイ）。〔「週刊朝日」1960 目〕

にわば［庭場］
【学区内（にわば）】 漫画 愚連高専の学区内（にわば）に〔北道正幸「プ～ねこ 2」2006〕

にん［人］
【猫（にん）】 漫画 三猫（さんにん）で同じ夢を見た静かな朝〔猫十字社「小さなお茶会」2000〕／華やかな不幸を一身に背負ったけが猫（にん）ですからね！〔猫十字社「小さなお茶会 2」2000〕
【匹（にん）】 漫画 その角は生きて幾匹（にん）もの猫の命を救うでしょう〔猫十字社「小さなお茶会

に

2000〕◆擬人化。

にんぎょ［人魚］

【任侠(にんぎょ)】 WEB 同人誌「任侠姫」で任侠と書いて人魚と読むらしい

にんぎょう［人形］

【猫形(にんぎょう)】 漫画 お家にこもってお猫形(にんぎょう)さん遊び〔猫十字社「小さなお茶会 2」2000〕

【ブラック(人形)】 漫画 ブラック(人形)と戦う場を用意してやろう〔奥田ひとし「新・天地無用！魎皇鬼 3」2002〕

【人形(にんぎょ)】 古 人形喰ひ にんぎよくい〔1933 隠〕 漫画 お人形(にんぎょ)さんみたいらなー。〔高橋留美子「めぞん一刻 15」1987〕

にんげん［人間］

【同胞(にんげん)】 漫画 同胞(にんげん)を殺してきたね〔荒川弘「鋼の錬金術師 11」2005〕

【生き物(にんげん)】 漫画〔岩明均「寄生獣 8」1994〕

にんじん［人参・人蔘］

【胡蘿蔔(にんじん)】 辞書〔橋本進吉「文字」(「国語学辞典」1955)〕

【NINJIN(にんじん)】 曲名 田原俊彦「NINJIN 娘」(宮下智)1982

【人人(にんじん)】 字謎 漢字クイズ〔「日本語百科大事典」〕

にんず［人数］

【人数(にんず)】 小説 小勢な人数(にんず)には〔夏目漱石「こころ」1914〕◆「ス」は常用漢字に入っている音。

にんたい［忍耐］

【忍袋(にんたい)】 誤字〔「言語生活」1960年7月〕◆堪忍袋からか。

にんちょう

【イ長(にんちょー)】 姓〔篠崎晃雄「実用難読奇姓辞典増補版」1973〕◆にんべんか。

にんにく［大蒜・蒜・葫］

【人肉(にんにく)】 民間 人肉あり、百匁〇〇円〔八百屋 1953 目〕／八百屋流の民間表記「人肉（大蒜・ニンニク）」は、ちょっと困る。〔北原保雄「続弾！問題な日本語」2005（鳥飼浩二）〕◆実際に八百屋の店頭で見られる表記。 WEB 実家の冷蔵庫を開けた私は、「人肉」と赤字で書かれたビンに驚き

【にん肉(にく)】 民間「一粒にん肉」（にんにく）。中野区の早稲田通りで。〔飯間浩明「文字のスナップ」2002〕

【229(ニンニク)】 広告 550(ココワ)－229(ニンニク)〔「読売新聞」2010年4月21日〕◆電話番号。

ニンフ［nymph］

【妖精(ニンフ)】 書籍 老人と妖精(ニンフ)〔鈴木信太郎訳「ビリチスの歌」1954〕

にんべん［人偏］

【イ(にんべん)】 古 2を表す通り符牒〔1929 隠〕◆東京日本橋にある株式会社「にんべん」の商標の「イ」は創業時の屋号「伊勢屋伊兵衛」が「にんべん」と呼ばれたことからという。〝イ〟をお客様、創る人、商いする人として3つ重ねた「ミツカネにんべん」という商標もある。

ぬ

ぬ

【寝(ぬ)】 歌詞 眠(い)も寝(ぬ)らめやも〔サザンオールスターズ「CRY 哀 CRY」(桑田佳祐)1998〕◆柿本人麻呂の歌の「いもぬらめやも」からか。

ぬ

*****【来了(きたりぬ)】** 歌誌 野太いこゑの博士(はかせ)来了(きたりぬ)（ぽーしーらいら）〔「短歌」1994年4月〕◆中国語へのルビ。

ぬいぐるみ［縫いぐるみ］ 仮名表記が定着。「縫いぐるみ」とも。

【縫括み(ぬいぐるみ)】 古〔1930 隠〕

【お友達(ヌイグルミ)】 漫画 クレヨンとお友達(ヌイグルミ)が一緒のお家だし〔大井昌和「ひまわり幼稚園物語あいこでしょ！ 1」2001〕

ぬう［縫う］

【繡(ぬう)】 広告〔「読売新聞」2009年9月2日〕

ヌード［nude］
【裸身（ヌード）】(広告) お相手は 裸身（ヌード）を委ねた男〔「読売新聞」2009年5月21日（女性セブン）〕
【ジャケット（ヌード）】(漫画) そのジャケット（ヌード）は〔静霞薫「るろうに剣心 巻之二」（和月伸宏）1996〕

ヌードル［noodle］
【ぬー$（ドル）】(漫画)〔「週刊少年ジャンプ」2004年48号（ボボボーボ・ボーボボ）〕◆もじり。

ヌーボー［フランス nouveau］
【新酒（ヌーボー）】(POP) 梅ワイン新酒（ヌーボー）できました〔池袋西武デパート地下にて（チョーヤ）〕

ぬか［糠］
【日（ぬか）】(看板) 佐渡に「日あり」を「糠あり」と読ませていたという実話もある〔篠崎晃雄「実用難読奇姓辞典増補版」1973〕◆七日（なぬか）などから。和歌山県の小地名に「日日（ぬかづか）」。

ぬかす［抜かす］
【吐かす（ぬかす）】(小説) 何吐かしてけつかんねん〔田辺聖子「朝ごはんぬき?」1976〕◆大阪方言。／ファンだと吐（ぬ）かすあの女を〔本谷有希子「ぜつぼう 5」2006〕
(漫画) ゴタゴタ吐（ぬ）かしてるヒマがあったら〔さとうふみや「金田一少年の事件簿 19」（金成陽三郎）1996〕

ぬかたのおおきみ［額田王］
【額田王（ぬかたのおおきみ）】(人名) ◆「ぬか」は、「各田卩臣」（額田部臣）と銘の入った六世紀の刀から見られる古層の訓読み。

ぬかみそ［糠味噌］
【女房（ぬかみそ）】(漫画) うちの女房（ぬかみそ）〔高橋留美子「めぞん一刻 1」1982〕◆糟糠（そうこう）の妻。

ぬかりや
【忽滑谷（ぬかりや）】(姓)〔佐久間英「珍姓奇名」1965〕◆ATOK17では滑谷が出る。

ぬかるみ［泥濘］「ヌカルミ」の如き適当な宛て字の見出だせないものは、仮名で書くことに極めてしまう。鷗外の方針と云うものは、まずこのような建て前ではなかったろうか〔谷崎潤一郎「文章読本」1934〕
【泥濘（ぬかるみ）】(小説) 車が泥濘（ぬかるみ）や轍の跡へ〔米川正夫訳「ドストエーフスキイ全集6 罪と罰」1960〕

ぬくい［温い］「温井（ぬくい）」は地名。姓に「温水（ぬくみず）」がある。
【暖い（ぬくい）】(雑誌) 東京は暖（ぬく）い上に、〔「芸術新潮」1994年2月〕
【ぬく衣（い）】(商品名) さらぽかパジャマ《ぬく衣寝（いね）ん》〔「読売新聞」2010年1月11日〕◆もじり。

ヌクテー［豺］朝鮮語。オオカミ。
【勒犬（ヌクテー）】(辞書) ◆「犬」は「太（テ）」からとも。

ぬくみ［温み］
【温味（ぬくみ）】(漫画) もっぷの手と同じ温味（ぬくみ）だったので〔猫十字社「小さなお茶会」2000〕

ぬくめどり［温め鳥］
【暖鳥（ぬくめどり）】(書名) 藤原緋沙子「暖鳥（ぬくめどり）」2006

ぬくもり［温もり］
【体温（ぬくもり）】(歌詞) しなやかな体温（ぬくもり）〔TWO-MIX「Summer Planet No. 1」（永野椎菜）1997〕／愛しゃる その体温（ぬくもり）〔元ちとせ「サンゴ十五夜」2002〕／あの体温（ぬくもり）に溶けてゆく〔GIRL NEXT DOOR「Winter Crystal」（千紗・Kenn Kato）2010〕
【温度（ぬくもり）】(歌詞) 時間の果てで冷めゆく愛の温度〔RUI「月のしずく」（Satomi）2003〕
【真心（ぬくもり）】(歌詞) 欲しいのは真心（ぬくもり）〔水樹奈々「FAKE ANGEL」2004〕
【命（ぬくもり）】(歌詞) 離れゆく命（ぬくもり）であるから〔愛内里菜「Fortune」2003〕

ぬけがら［抜け殻］
【脱け殻（ぬけがら）】(歌詞) 脱（ぬ）け殻（がら）みたいな〔山本みゆき「笛吹川」（仁井谷俊也）2008〕
【残骸（ぬけがら）】(歌詞)〔麻倉未稀「ヒーロー Holding Out For a Hero」1984〕◆蛻・蜕でも「ぬけがら」。

ぬける［抜ける］
【脱ける（ぬける）】(漫画) 俺らが脱（ぬ）けたこと〔大暮維人

「エア・ギア 5」2004〉

ヌサンタラ インドネシア語で諸島。

【島々地域】 雑誌 インドネシアの島々地域〈「旅」1994年12月〉

ぬすっと［盗人］

【盗人】 辞書 ❖「～ひと」は「と」「ど」などに変化する。

ぬすみみ［盗み見］

【偸視】 詩 また、凱旋の将軍の夫人が偸視の如き〈高村光太郎「失はれたるモナ・リザ」1910〉❖偸視。

ぬすむ［盗む・偸む］

【偸む】 小説 他人の家の物をわずかでも偸めば、偸盗と呼ばれ〈「読売新聞」2010年2月12日〉

その他 **窃む・賊む** 古

ぬたざわ

【饅沢】 姓 信州で沼田沢からの分家。〈佐久間英「珍姓奇名」1965〉❖饅は国訓。

ぬち 琉球方言で「いのち」。

【命】 書名 金子節子「命どぅ宝」1995

広告 食べ物は命の薬。長寿の原点は、ここに。〈「読売新聞」2010年6月30日〉

ぬますぎ［沼杉］

【落羽松】 歌誌 落羽松の〈「短歌」1994年7月〉

ぬめ［滑］

【滑】 古

ぬめた

【婀娜】 古

ぬらくらもの［ぬらくら者］

【怠惰者】 古〈1917 隠〉

ぬらす［濡らす］

【濡寿】 古 濡寿 そやす事『誹諧通言』〈杉本つとむ「近代日本語の成立と発展」1998〉

ぬる →ぬるい・ぬるゆ

【少熱】 古 水葱少熱〈「万葉集」〉❖完了の助動詞「ぬ」の連体形。

その他 **温湯** 姓

ぬるい［温い］

【温い】 小説 意外に温い水だった〈「読売新聞」2009年10月31日〉

書籍 生温るい言葉だ〈井上ひさし「ニホン語日記」1996〉

【微温い】 漫画 ブリッグズの兵は微温くない〈荒川弘「鋼の錬金術師 17」2007〉

ぬるゆ［温湯］ 神奈川県の地名に「温水」。

【微温湯】 地名 ❖福島市。温泉地。

ぬれ［濡れ］「濡」は改定常用漢字表（答申）で追加候補に挙がった。

【湿れ】 古 湿れつぽいと云ふところから〈勝屋英造「通人語辞典」1922 集〉

ぬれぎぬ［濡れ衣］

【容疑】 漫画 自分の容疑は〈さとうふみや「金田一少年の事件簿 12」〈金成陽三郎〉1995〉

ぬんちゃく 琉球方言からか。

【双節棍】 辞書

ね

ね

【ne】 伝言板 早く来て ne〈井上ひさし「ニホン語日記」1996〉

文集 また会おう Ne！〈静岡県立沼津西高等学校「潮音」38号 1991〉❖対人モダリティにかかわる終助詞は、「ネ」「ヨ」などカタカナ化される傾向があった。→ヨー（Yo）

【値】 ポスター 温泉がいい値〈JR駅構内 2010年5月7日〉❖もじり。

ねあせ［寝汗］

【盗汗】 辞書

ネイチャー［nature］ ネーチャー。

【自然】 書籍〈松岡正剛「日本流」2000〉

【本性】 新聞 詩という王国の自然＝本性〈「読売新聞」2010年4月18日〉

ネイル［nail］ ネール。

【爪】 歌詞 そろえた爪じゃ〈BOØWY

「MARIONETTE」（氷室京介）1987〕／ベージュさり気なく爪（ネイル）に這わせた君の指を〔堂本剛「恋のカマイタチ」2004〕

ねうち［値打ち］

【価値（ねうち）】 小説 糞場（くそば）の紙位ゑの価値（ねうち）もねえんだど。〔小林多喜二「蟹工船」1929〕

ねえさん［姉さん］常用漢字表付表にあり。

【姐（ねえ）さん】 書籍〔高橋輝次「誤植読本」2000（井伏鱒二）〕

【義姉（ねえ）さん】 漫画 にいさん義姉（ねえ）さん〔高橋留美子「めぞん一刻 7」1984〕／義姉（ねえ）さんに怒られるのは〔山田南平「紅茶王子 2」1997〕

新聞 義姉（ねえ）さんが〔「読売新聞」2009年2月12日（投書欄）〕

【姉三（ねえさん）】 漫画〔鳥山明「Dr.スランプ 10」1983〕

ねえちゃん［姉ちゃん］

【姐（ねえ）ちゃん】 書籍 イキな姐ちゃん〔山田洋次「男はつらいよ①」1991 俗〕

ネーミング［naming］

【命名（ネーミング）】 小説〔田中芳樹「創竜伝 2」1988〕

ネーム［name］

【台詞（ネーム）】 書籍 台詞（ネーム）が〔うみのさかな&宝船蓬莱「うみのさかな&宝船蓬莱の幕の内弁当」1992〕

漫画 台詞（ネーム）長すぎです〔本仁戻「怪物王子」1998〕◆作者の言葉。

【名前（ネーム）】 漫画 名前（ネーム）入りだぞ!!〔秋本治「こちら葛飾区亀有公園前派出所 126」2001〕

***【千の名を持つ男（サウザンド・ネームズ）】** 小説〔清涼院流水「カーニバル 二輪の草」2003〕

ねえや［姉や］

【姐（ねえ）や】 歌詞 十五で姐（ねえ）やは嫁（よめ）に行（い）き〔「赤蜻蛉（あかとんぼ）」（三木露風）1921〕

ネオ［neo］→ニュー

【新（ネオ）】 漫画 新未緒（ネオ）としての〔「花とゆめ」2004年22号（スキップ・ビート！）〕

歌詞 挨拶は新（ネオ）ウィッス君、限定と云う〔椎名林檎「光合成」2000〕

その他 **新原種天使（ネオ・オリジン）・養殖（ネオ・オリジン）** 漫画 ／**おひとりリッチ（ネオ・シングル）・未来音楽（ネオ・ポップス）** 広告

ネオン［neon］中国では元素は氖。

【酒場（ネオン）】 歌詞 ふいても消せない酒場（ネオン）の匂い〔島倉千代子「鳳仙花」（吉岡治）1982〕

【電飾（ネオン）】 歌詞 闇照らす原色の電飾（ネオン）瞬く夜〔キャンゼル「sink.」（shiina mio）2009〕

【音2（ネオン）】 バンド名 ◆訓で「ね」、音で「オン」。

ネガ［←ネガティブ（negative）］

【陰画（ネガ）】 書籍 陰画（ネガ）のようなものだった〔TAKURO「胸懐」2003〕

ねがい［願い］

【希（ねが）い】 小説 希（ねが）いがあった〔有吉佐和子「地唄」1956〕

【欲（ねがい）】 歌詞 妄欲（ねがい） 誘惑の罠〔※-mai-「鎮 - re-quiem -」（米たにヨシトモ）1999〕

【約束（ねがい）】 歌詞 震えながら口づけに重ねた約束（ねがい）〔TWO-MIX「LAST IMPRESSION」（永野椎菜）1998〕

【切望（ねがい）】 歌詞 永久の切望（ねがい）を叫ぶ〔霜月はるか「斑の王国」（日山尚）2009〕

ねがう［願う］

【冀（ねが）う】 古 森鷗外はねがうを「冀う」と書いてあるところもあり〔高橋輝次「誤植読本」2000（宮尾登美子）〕

【希（ねが）う】 書籍 希（ねが）って〔井上ひさし「ことばを読む」1982〕

広告 希（ねが）う幸福〔小野不由美「月の影 影の海 上 十二国記」2000（巻末）〕

漫画「楽しみを希（ねが）う心」弾いてよ〔津田雅美「彼氏彼女の事情 17」2003〕

新聞 たましいが青い丘にとことわに生きつづけることを希（ねが）う〔「読売新聞」2009年4月5日〕

ねぎごと［祈ぎ事］

【願事（ねぎごと）】 小説〔三島由紀夫「橋づくし」1956〕

ねぎま［葱鮪］

【葱鮪】(ねぎま) 俳句 葱鮪鍋(ねぎまなべ)〔「読売新聞」2001年2月4日〕❖曙貴(あけたか)時代も部分訓。

ネクスト［next］

【近く】(ネクスト) 漫画 近くで見てたんだ(ネクスト)〔ひぐちアサ「おおきく振りかぶって13」2009〕

ネクタイ［necktie］

【ネク帯】(タイ) WEB ❖Tシャツ、Gパン、Yシャツなど交ぜ書きのような表記が服飾には多いためか。

【寝句帯】(ネクタイ) 小説〔柳瀬尚紀訳「フィネガンズ・ウエイク I II」1991〕

その他 **襟飾**(ネクタイ) 古

ねぐら［塒］

【寝ぐら】(ね) 書籍 寝ぐらは穏当ではない〔斎賀秀夫「漢字と遊ぶ」1978〕

【世界】(ねぐら) 漫画〔由貴香織里「夜型愛人専門店DX」2004〕

ネグリジェ［フランス négligé］

【寝繰着】(ネグリジェ)**【寝具利智恵】**(ネグリジェ) 創作〔外来語創作あて漢字（写研）1976〕

ネクロフィリア［necrophilia］

【屍姦趣味】(ネクロフィリア) 小説 屍姦趣味(ネクロフィリア)の性癖を持つ〔清涼院流水「カーニバル 二輪の草」2003〕

【死体愛好症】(ネクロフィリア) 歌詞〔ALI PROJECT「お毒味LADY」（宝野アリカ）2009〕

ねこ［猫］ 中国では「狸」という字の指す動物がはっきりとは意識されておらず、猫と同義とされることあり。

【寝子】【眠子】【ね co】 民間 ❖ねこの語源説に寝子あり。犬派の人口が多いことに反して、猫の方が当て字・当て読み（読ませ字）が多い。

【子子】(ねこ) 人名 ❖もう少しで子子子(ねねこ)と命名されるところだったという人あり。また、姓に子子子（ネノコ）、子子子（ネコシ・コネコ）、子子子（スネコシ・ネコジシ）があるという。子子子(ねこじし)は幽霊名字という。古辞書に子子子(ネジコ)、子々子(ネコシ)という姓氏が載る。子子子子(こしげる)という人名があったという話もあり。

***【子子子子子】**(ねこのこねこ) 古 ❖「ねこのこ（の）こねこ」とも。歌舞伎外題、草双紙の題名、ブログの題名にも。

***【子子子子子子子子子子子子】**(ねこのこねこししのこのこじし) 古 ❖『宇治拾遺物語』巻三に収める、嵯峨天皇が小野篁に課した問い。そこでは「片仮名のね文字（子）を十二書かせて」とされている。小野篁は子子子子子子子子子子子子を「ねこのこねこ、ししのこのこじし（猫の子の子猫、獅子の子の子獅子）」と読んだ。

その他 **猫児**(ねこ)・**芸妓**(ねこ) 古

ネゴシエーション［negotiation］ 交渉。折衝。

関連 **【ネゴシエーション】**(切りぬける・交渉・談判・掛け合い) 書名 クレア・マリィ「発話者の言語ストラテジーとしてのネゴシエーション(切りぬける・交渉・談判・掛け合い)行為の研究」2007

ネゴシエーター［negotiator］

【人質交渉人】(ネゴシエーター) 小説 うちの人質交渉人(ネゴシエーター)が〔大石英司「神はサイコロを振らない」2005〕

【交渉人】(ネゴシエーター) TV 米軍随一の交渉人(ネゴシエーター)〔WOWOW「バンデラスと憂鬱な珈琲」2010年2月16日（テロップ）〕

ねこばば［猫糞］

【猫糞】(ねこばば) 小説〔柳瀬尚紀訳「フィネガンズ・ウェイク III IV」1993〕❖江戸時代にもあり。

ねごろ［根来］

【十八娘】(ねごろ) 姓 西国地方に〔平島裕正「日本の姓名」1964〕❖寝頃の意とされる。身分を隠すために「根来」を変えたものという伝承があるが、耳で聞いたらそのまま分かるような名乗りとするだろうか。十八娘(いろざかり)、十六女(いろつき)も姓にあったという。

ねじ［螺子・捻子・捩子］「ねじる」から。

【捻子】(ねじ) 歌詞 モノクロの捻子を巻けば〔霜月

はるか「モノクロセカイ」2004〕

【核(ネジ)】 歌詞 核(ネジ)が取れた機械の様な〔水樹奈々「FAKE ANGEL」2004〕

【羽(ねじ)】 書籍〔326「JeLLY JeWeL」2001〕

その他 **螺釘(ねじ)・螺旋(ねじ)** 辞書

ねじれる［捩れる］

【拗(ねじ)れる】 辞書

ねす しろうと。

【堅気(ネス)】 小説 おれは堅気(ネス)じゃねえんだぜ〔南英男「監禁」1995 集〕

ねそべる［寝そべる］

【根(ね)そべる】 短歌 根そべって〔「読売新聞」2010年3月29日〕

ねた たね(種)の倒語。

【種(ねた)】 古〔1935 隠〕

【根多(ねた)】 民間 寄席での根多帳❖落語の出演者と、その演目を書いたもの。縁起表記。

【証拠(ネタ)】 小説 証拠(ネタ)をそろえて〔結城昌治「仕立屋銀次隠し台帳」1978 集〕

【商品(ネタ)】 書籍 商品(ネタ)をならべ〔朝倉喬司ほか「新・ヤクザという生き方」1990 集〕

【材料(ネタ)】 書籍 書く材料(ネタ) この種の材料(ネタ)〔井上ひさし「ニホン語日記」1996〕

【情報(ネタ)】 漫画 情報はこっちもつかんでるんだよ〔蓮見桃衣「エキストラ・ジョーカー JOE」(清涼院流水)2001〕

【事件(ネタ)】 漫画 こんな話題性のある事件(ネタ)を〔蓮見桃衣「エキストラ・ジョーカー JOE」(清涼院流水)2001〕

ねたむ［妬む・嫉む］

【猜(ねた)む】 辞書／**【嫉妬(ねたみ)】** 古

ねだる［強請る］

【強請(ねだ)る】 歌詞 明け立ての夜を強請(ねだ)る〔椎名林檎「依存症」2000〕

ねだん［値段］

【価値(ねだん)】 歌詞 明るさ暗さで価値(ねだん)も変わる〔RCサクセション「俺は電気」(仲井戸麗市)1988〕

その他 **直段(ねだん)** 古

ねつ［熱］

【体温(ねつ)】 歌詞 体温(ねつ)で溶かして〔水樹奈々「深愛」2009〕

【情熱(ねつ)】 歌詞 海は知るほどに深くこの情熱(ねつ)奪う〔the underneath「Frontier」(TAKA)2009〕

【愛(ねつ)】 歌詞 愛(ねつ)のない世界に漂いすぎていたんだ〔水樹奈々「Silent Bible」2010〕

ネック［←ボトルネック(bottleneck)］

【難点(ネック)】 小説 二つの難点(ネック)があった〔森村誠一「殺意の接点」2001〕

ネット［net］中国ではインターネットは「因特網」。

【網(ネット)】 小説 情報の超巨大な網(ネット)〔清涼院流水「カーニバル一輪の花」2003〕 新聞 英語の網(ネット)に包まれた地球〔「読売新聞」2008年11月11日〕

【電子(ネット)】 書名 横山直広「カネなし、コネなし、経験なしの素人でも成功できる 電子(ネット)出版」2008

ねどこ［寝床］

【寝所(ねどこ)】 漫画〔弘兼憲史「人間交差点」(矢島正雄)1980〜1990〕

ネパール［Nepal］国名。

【捏巴爾(ネパール)】 辞書❖現代中国では尼泊爾。

ねばねば

【粘粘(ねばねば)】 古❖ネンとねばの頭音が一致。

ねぶか［根深］

【葱(ねぶか)】 古〔1929 隠〕

ネプチューン［Neptune］

【海王星(ネプチューン)】 歌詞 プロテウスと海王星(ネプチューン)をまわる〔DREAMS COME TRUE「銀河への船」(吉田美和)1991〕

ねぼける［寝惚ける］

【寝呆(ねぼ)ける】 歌詞 昼は寝呆ける〔守屋浩「大学かぞえうた」(仲田三孝)1962〕

ね

【寝呆気】歌詞 マギー君が寝呆気声〔中原理恵「マギーへの手紙」(松本隆)1978〕

ねまき［寝巻き］

【寝巻】雑誌 寝間着、寝巻、寝衣。(元は)寝纏きか。〔斎賀秀夫「あて字の考現学」(「日本語学」1994年4月)〕

【寝間着】書籍 紛らわしい宛て字を、鷗外はいかに処置したかと申しますのに、寝衣の如きものは、寝間着と書きました。〔谷崎潤一郎「文章読本」1934〕

その他 寝衣 詩

ねむ［合歓］ ねむのき。棯とも。

【合歓】新聞 合歓の花の〔「読売新聞 夕刊」2009年8月26日〕

施設名 合歓の郷ゴルフクラブ(伊勢志摩)

【夜合樹】書籍〔長野まゆみ「ことばのブリキ罐」1992〕

ねむい［眠い］

【睡い】小説 けれども睡かった〔幸田文「流れる」1957〕

ねむたい［眠たい］

【眠多い】小説 眠多いわいわい〔柳瀬尚紀訳「フィネガンズ・ウェイク III IV」1993〕

ねむらせる［眠らせる］ 殺す意も。

【睡らせる】古〔1929 俗〕

ねむり［眠り・睡り］

【睡眠】詩 深い深い睡眠に落ちこむように。〔竹中郁「ラグビイ」1932〕

【微睡】歌詞 微睡なさい〔志方あきこ「睡恋」(志方あきこ、LEONN)2005〕

【永眠り】歌詞 永眠りにつくその前に〔小野正利「MURAMASA」(渡邊カズヒロ)2009〕

❖これらの表記から「ねむり」の長さ・深さに相当の差があることに気づかされる。

ねむる［眠る］「ねる」と語源は共通しないとの説あり。

【睡る】小説 睡るということは〔幸田文「流れる」1957〕

歌詞 出来るだけ睡るのさ〔椎名林檎「おだいじに」2003〕

【寝る】小説 秘密に自分の手下を「糞壺」に寝らせた。〔小林多喜二「蟹工船」1929〕❖「寝むる」もあり。

【微睡る】歌詞 はしゃぎ疲れて微睡る君〔橘友雅「月下美人」(田久保真見)2002〕

【停泊る】歌詞 停泊る船の陰でハーモニカを〔チェッカーズ「HEART OF RAINBOW～愛の虹を渡って～」(売野雅勇)1985〕

ねめつける［睨め付ける］

【睨めつける】小説 睨めつけている〔「読売新聞」2009年2月3日〕

ねや［閨・寝屋］

【閨】広告〔「読売新聞」2008年10月15日〕

ねらい［狙い］

【覘】古 空巣覘〔京都府警察部「隠語輯覧」1915 集〕

【目的】広告 邪悪な魔道士の目的は〔神坂一「日帰りクエスト なりゆきまかせの異邦人」1993(巻末)〕

ねらう［狙う］「狙」は改定常用漢字表(答申)追加字。

【狙】漫画 ラス目なのに何狙とんのか〔天獅子悦也「むこうぶち 25」2009〕❖関西方言。

ねる［寝る］「ねる」意の「瞓」は広東語の方言文字。

【臥る】古 臥たり起きたりして〔島崎藤村「千曲川のスケッチ」1912〕

小説 臥ていたことがある〔小島信夫「アメリカン・スクール」1954〕／臥てはいられない〔幸田文「流れる」1957〕

短歌 不来方のお城のあとの草に臥て〔石川啄木〕❖臥は異体字「卧」でも書かれる。

↓草臥れる

【眠る】小説「畜生、困った! どうしたって眠れないや。」〔小林多喜二「蟹工船」1929〕

【寝る】字幕「いいから寝(ね)な」「お寝(やす)みなさい」〔映画「鉄道員」1956〕◆文芸に多用され、「寝」の略字と思う人があるが、別字。
書籍 文章がだらんと寝(ね)ている。〔井上ひさし「私家版 日本語文法」1981〕
書名 山田俊雄・柳瀬尚紀「ことば談義 寐(ね)ても寤(さめ)ても」2003

*【日暮 熟睡男(ひぐらしねるお)】漫画 ◆秋本治『こちら葛飾区亀有公園前派出所』の登場人物。

ネルボ オランダ語。英語のナーブ(nerve)と同源。
【神経(ネルボ)】古

ねんごろ［懇ろ］
【懇(ねんごろ)】歌詞 懇 赤の他人〔椎名林檎「ドッペルゲンガー」2003〕
その他 苦(ねんごろ)・念頃(ねんごろ)・念比(ねんごろ)・懇切(ねんごろ)・丁寧(ねんごろ)・懃(ねんごろ)・一心(ねんごろ)・鄭重(ねんごろ) 古

ねんしょう 少年院の「少年」の倒語。
【少年院(ネンショウ)】書籍 少年院(ネンショウ)なみに〔別冊宝島編集部「ムショの本」1992 集〕

ねんね
【睡眠(ねんね)】古〔1895 俗〕
【横(ねんね)】漫画 横(ねんね) 髑髏ふたつ〔小畑健「DEATH NOTE 1」(大場つぐみ)2004〕
【孩児(ねんねえ)】小説 まだまるで孩児(ねんねえ)なんだが〔米川正夫訳「ドストエーフスキイ全集6 罪と罰」1960〕◆「孩児(がいじ)」は、乳飲み子。

ねんねんこぞう［ねんねん小僧］
【鼬小僧(ねんねんこぞー)】古〔1935 隠〕

ねんぱい［年輩・年配］
【年齢(ねんぱい)】古〔1935 隠〕

ねんりょう［燃料］
【推進剤(ねんりょう)】漫画 これを使うと推進剤(ねんりょう)も時間も喰わずに〔義仲翔子「ロスト・ユニバース2」(神坂一)1999〕

ねんれい［年齢］
【年令(ねんれい)】政策 年令はかなり普通に行われている。いっそう一般的傾向になるであろう。〔国語審議会第2部会「語形の『ゆれ』について」1961〕◆NHKもテロップに用いる。

の

の
【／(ノ)】古／(ノ)〇(ツ)レ(レ)丸(マル)〔山崎美成「兎園小説」1825 集〕◆茶屋で、一の符牒。形からの当て読み。

の［之］「六条御息所(ろくじょうのみやすどころ)」など、表記では明示されないことも。
【之】古 之は漢文の字義の一つから訓読み。中国では「底」「的」などに変わった。「乃」は乃至などのナイといった字音から万葉仮名になったもの。「廼」も同様。
【廼】新聞 女形の曽我廼家(そがのや)弁天〔「読売新聞夕刊」2010年2月18日〕◆↓火廼要慎(ひのようじん)
【乃】施設名 稲城天然温泉「季乃彩(ときのいろどり)」◆杖(つえ)つきの「の」とも。説明時には「乃木大将の乃」とよくいわれる。しこ名の海乃山(かいのやま)勇(いさむ)は、届け出た「海力山」が番付で「海乃山」と間違って書かれそのまま通したもの。
【的(の)】曲名 河島英五「旅的途上(たびのとじょう)」1992◆中国語の用法。歌詞中には、人生旅的途上もあり。
【ノ】新聞 赤塚さんや石ノ森章太郎さん〔「読売新聞」2008年9月10日〕／橘ノ円(たちばなのまどか)時代〔「読売新聞夕刊」2010年4月5日〕
【酒(の)】小説 熱い酒(の)をくれ 池波正太郎「鬼平犯科帳」〔井上ひさし「ニホン語日記」1996〕

ノイエザハリヒカイト［ドイツ Neue Sachlichkeit］
【新即物主義(ノイエ・ザハリヒカイト)】詩 新即物主義(ノイエ・ザハリヒカイト)の導入につとめ〔X音楽 詩人略歴 コ〕

ノイズ［noise］
【雑音(ノイズ)】歌詞 雑音(ノイズ)に耳を塞ぎ〔D「Sleeper」(ASAGI)2008〕
【雑踏(ノイズ)】歌詞 ありふれた雑踏(ノイズ)が〔Every Little Thing「Just be you」2003〕／どんな雑踏(ノイズ)に紛

れていても〔V6「サンダーバード – your voice –」(motsu) 2004〕

【鼻歌(ノイズ)】漫画〔熊倉裕一「KING OF BANDIT JING 6」2004〕

のいばら［野薔薇・野茨］

【野茨(のいばら)】曲名 淡谷のり子「野茨の花」(野村俊夫) 1933〕

ノイローゼ［ドイツ Neurose］

【神経衰弱(ノイローゼ)】書籍〔松岡正剛「日本流」2000〕

のう

【嬲(のう)】【嫐(のう)】小説〔柳瀬尚紀訳「フィネガンズ・ウエイク I II」1991〕❖柳瀬尚紀『辞書はジョイスフル』に、女4個と男4個にばらして、娚(のう)、娚(のう)、娚(のう)、娚(のう)といういちゃつく娚語(喃(なん)語(ご))を聞き取ってもらいたい、とある。

ノヴェルティフレイバー［novelty flavor］

【遊び心一さじ(ノヴェルティ・フレイバー)】書籍〔うみのさかな&宝船蓬莱「うみのさかな&宝船蓬莱の幕の内弁当」1992〕

のうさつ［悩殺］

【悩殺(ノーサツ)】漫画題名 福山リョウコ「悩殺(ノーサツ)ジャンキー」2003～2008❖「殺」は「黙殺」などの語では、ころすという意味はなく、程度の極端さを表す。

【脳殺(のうさつ)】誤字 水着 脳殺モノ〔学生の手書き 2010〕

のうてんき［能天気・能転気］

【脳天気(のうてんき)】辞書❖俗解による明治期からの当て字。

【ノー天気(てんき)】新聞 ノー天気のようでいて、苦労も多い。〔「日経新聞」2010年1月9日〕

のうなる

【無うなる】書籍 何にも無(の)うなって〔田辺聖子「ほとけの心は妻ごころ」1980〕❖大阪方言。

ノウハウ［know-how］

【経営技術(ノウハウ)】小説〔田中芳樹「創竜伝 2」1988〕

【法則(ノウハウ)】書名 門昌央「土壇場を切り抜けるワルの法則(ノウハウ)」2009〕

ノエル［フランス Noël］クリスマス。

【聖夜(のえる)】【柊(のえる)】人名

ノー［no］

【否(ノー)】漫画 否(ノー)といたら(ママ)〔石ノ森章太郎「マンガ日本の古典 古事記」1994〕／否(NO)!〔猫十字社「小さなお茶会」2000〕

小説〔茅田砂胡「舞闘会の華麗なる終演－暁の天使たち 外伝 1」2004〕

【悩(ノー)】小説 悩(ノー)よ。〔柳瀬尚紀訳「フィネガンズ・ウェイク I II」1991〕❖もじりか。

ノーヴァ［nova］ノバ。

【新星(ノーヴァ)】漫画 究極転技(きゅうきょくてんぎ)・銀河新星(ギャラクシーノーヴァ)〔「コロコロコミック」2010年3月(メタルファイト ベイブレード)〕

ノーショウ［no-show］予約しているのに、現れない客。ノーショー。

【不乗(ノーショウ)】小説 〝不乗(ノーショウ)〟として記録されてしまう〔森村誠一「死の軌跡」1988 集〕

ノースブルー［north blue］

【北の海(ノースブルー)】漫画〔尾田栄一郎「ONE PIECE 31」2003〕

ノート［note; notebook］中国語では「筆記本」「本子」、韓国語では「空冊(コンチェク)」。

【雑記帳(のおと)】書名 大槻ケンヂ「のほほん雑記帳(のおと)」1992〕

【講義覚書(ノート)】書籍〔池田雅之「ラフカディオ・ハーンの日本」2009〕

【物(ノート)】漫画 俺の持つ物(ノート)も〔小畑健「DEATH NOTE 12」(大場つぐみ) 2006〕

【音符(ノート)】漫画題名 猫部ねこ「きらら音符(ノート)」1995〕

【伝説(ノート)】広告 あなたはLの伝説(ノート)を見る〔小畑健「DEATH NOTE 12」(大場つぐみ) 2006 (巻末予告)〕

その他 帳面(ノート) 古

ノーブランド［和製 no + brand］

【無印(ノーブランド)】小説 無印(ノーブランド)の逆島あやめに〔西尾維

新「ダブルダウン勘繰郎」2003〉

ノーブル［noble］

【高貴なる】（ノーブル） 歌詞 高貴なる炎（ノーブル・フランム）〈高橋洋子「蒼き炎」2006〉

ノープロブレム［no problem］

【敵影いまだ見えず】（ノープロブレム） 漫画〈大暮維人「エア・ギア 1」2003〉

ノーマル［normal］

【人間】（ノーマル） 漫画 人間（ノーマル）のくせにやるなあ〈荒川弘「鋼の錬金術師 14」2006〉

【STD】（ノーマル） 漫画 STD（ノーマル）で使うもんじゃねえ〈大暮維人「エア・ギア 2」2003〉

その他 普通（ノーマル） 小説／一般用身体再生（ノーマルサイバーコート） 漫画

ノーライフキング

【不死の血族】（ノーライフキング） 漫画〈平野耕太「HELLSING へルシング 1」1998〉

ノール［モンゴル nur］

【湖】（ノール） 広告 ロプ湖（ノール）の〈「読売新聞 夕刊」2009年12月13日〉◆中国では羅布泊、古くは塩沢。彷徨（さまよ）える湖として知られる。

のがれもの［逃れ者］

【逃亡者】（のがれもの） 番組名 テレビ東京系「逃亡者（のがれもの）おりんSP」2008

のがれる［逃れる・遁れる］

【脱れる】（のが） 詩 私を乗り超え私を脱（のが）れて〈高村光太郎「人類の泉」1913〉

小説 脱（のが）れたつもりなんだろ〈遠藤周作「白い人」1955〉

のぎ

【禾】（のぎ） 辞書 ◆分解して「ノ木」が元々の和語か。

ノクターン［nocturne］

【夜想曲】（ノクターン） 歌詞 シャンパンと夜想曲（ノクターン）を捧げましょう〈D「Night-ship "D"」(ASAGI) 2008〉

アルバム名 及川光博「夜想曲―ノクターン―」2005 ◆読みか。

ノクトビジョン［noctovision］

【赤外線暗視装置】（ノクトビジョン） 漫画 赤外線暗視装置（ノクトビジョン）か〈北条司「CITY HUNTER 1」1986〉

のけぞる［仰け反る］

【仰け反る】（のけぞ） 小説 仰（の）け反（ぞ）った〈「読売新聞」2009年8月29日〉

のけもの［除け者］

【野獣】（のけもの） 公演名 夢の遊眠社「野獣降臨（のけものきたりて）」1987

のける［退ける・除ける］

【退ける】（の） 古 やって退（の）けた〈1905～1906 俗〉

書籍 退（の）けて〈平川南「日本の原像」2008〉

のこ［鋸］ のこぎりの省略形が明治期から部分訓のように。

【鋸】（のこ） 古 鋸屎久兵衛（のこくそきゅーべゑ）〈1935 隠〉◆「いとのこ」などで「のこ」に「鋸」を当てることあり。姓に「大鋸（おおが）」。

のこす［残す］

【貽す】（のこ） 広告 想いは貽（おく）られ貽（のこ）される〈「しんぶん赤旗」2009年6月21日〉

【遺す】（のこ） WEB 財産を遺す

のこのこ

【根々】（のこのこ） 古 根々（のこく）〈式亭三馬「小野簒譃字尽」1806〉

のこる［残る］

【遺る】（のこ） 歌詞 心に遺（のこ）るよ 切ない影が〈石原裕次郎「赤いハンカチ」(萩原四朗) 1962〉

企画展名「今に遺（のこ）る検閲の痕跡」と題し〈「読売新聞」2008年1月23日〉

のさばる

【仰張】（のさば） 古

のし［熨斗］

【熨斗】（のし） 雑誌 結納のお品書き 長熨斗〈斎賀秀夫「あて字の考現学」(「日本語学」1994年4月)〉

WEB 熨斗鮑（のしあわび）は長寿の象徴とされていることから、鮑の肉を干して長く伸ばしたものを入れる。〈ゼクシィnet 結納の準備と交わし方（九州編）〉◆「のし」を縦書きしつなげる例あり。それが3つ並び、下部がつながるものも暖簾などにあり。

のし
【ノ】 WEB ❖サッと手を挙げたり振ったりすることを表す顔文字の一種。

のす［伸す］なぐる。
【延す】 古〔1935 隠〕
【殺す】 書籍 殺された！〔佐久間英「珍姓奇名」1965〕

ノスタルジー［フランス nostalgie］
【郷愁】 WEB

のすり［鵟］タカ科。
【鵟】 俳誌〔「俳句」1994年2月〕

のせもの［載せ物］
【喰い物】 書籍 喰い物に弱い〔立川談志「談志楽屋噺」1990 集〕

のぞき
【及位】 地名 ❖山形県北部。
【莅戸】 姓 ❖米沢藩から。

のぞく［覗く・覘く・臨く］
【覗く】 書籍 覗き孔〔松岡正剛「日本流」2000〕
❖小地名に「覗谷」（和歌山県）あり。
【覘く】 書名 京極夏彦「覘き小平次」2002

のぞみ［望み］
【希望】 歌詞 希望はてない 遥かな潮路〔岡晴夫「憧れのハワイ航路」（石本美由起）1948〕／パパの希望よ〔梓みちよ「こんにちは赤ちゃん」（永六輔）1963〕／出し惜しみして 希望をひきずる〔中森明菜「So Mad」（冬杜花代子）1988〕／同じ希望映し出す〔片霧烈火「闘艶結義～トウエンノチカイ～」（三浦誠司）2009〕
❖人名に「希望」。
漫画 底に自分の「希望」が入っていたとしたらあけるわ〔岡本慶子「呪われた願い」1995〕
曲名 船村徹「のぞみ（希望）」1997
【希み】 歌詞 はかない希みがあり つらい別れもあった〔舟木一夫「君たちがいて僕がいた」（丘灯至夫）1964〕
【希】 人名 ❖人名では「希・望」など多し。辻希美。進学塾に「希学園」。
【望実】 人名〔「読売新聞」2009年1月31日〕

のたうつ →ぬたざわ
【沼田打】 古 ❖幕末に福井の武士に「上沼田下沼田沼田 又一又右衛門」がおり、明治に「沼田又一」に改姓名したという。「のた」は小地名に種々の漢字で現れる。

のたまう［宣う・曰う］ 漢文訓読では、「曰はく」は、敬意を含まない「曰く」に変わってきた。「願う」から「願わくは（ば）」。「思惑」は「思わく」の当て字。
【宣う】 古 宣ふナ〔1887～1889 俗〕
その他 **の給** 古

のたれじに［野垂れ死に］
【野垂れ死に】 辞書

のち［後］
【后】 演目 文楽作品「天変斯止嵐后晴」❖初演は1992年。午后（後）など、「后」を「後」として用いるのは中国で同音であるための通用から。

のちのよ［後の世］
【後世】 小説 後世に生きる者たちは身震いする〔清涼院流水「カーニバル 一輪の花」2003〕

のっかかる［乗っ掛かる］「のりかかる」から。
【乗かかる】 古〔1907 俗〕

ノック［knock］
【叩ック】 詩 扉を叩つくし〔萩原朔太郎「乃木坂倶楽部」1934〕❖十一谷義三郎、小栗虫太郎、伊東静雄の作にも類例あり。
*【叩いた】 漫画 またお前が異界の扉を叩いた時だけど〔「花とゆめ」2004年22号（PSYCO KNOCKER）〕

ノックアウト［knockout］
【KO】 広告 どんなヤツでもKO!!〔青山剛昌「名探偵コナン 1」1994（巻末）〕
雑誌 ながらピラティスで、秋太りをKO！〔「non・no」2006年10月5日〕／取りづら

い万年ホコリをＫＯ(ノックアウト)〔「Ｒ25」2008年12月1日〕❖↓けいおう（ＫＯ）・ケーオー

のっけ
【仰(のっけ)】辞書〔1960隠〕
その他 劈頭(のっけ)・初手(のっけ) 古

のっける［乗っける・載っける］
【乗(の)っける】古〔1931俗〕

のっそり
【岸然(のっそり)】古 岸然(ノツソリ)と

ノット［knot］
【浬(ノット)】歌詞 敵速四浬(ノット)〔ゲルニカ「潜水艦」（太田螢一）1982〕❖通常はマイル。
その他 節(ノット) 辞書

ノットイコール［not equal］
【≠(ノットイコール)】書名 石崎幸二「≠(ノットイコール)の殺人」2009
❖「キ」で代用されることあり。

のっぺい
【濃餅(のっぺい)】【能平(のっぺい)】辞書

のっぺらぼう
【混沌房(のっぺらぼう)】古

のっぽ 韓国語からとも。
【背高(のっぽ)】【脊高(のっぽ)】古

のてん［野天］
【野天(のてん)】辞書 ❖野天、露天は音を介して混淆しやすく、野外と屋外(オクガイ)も漢字を介して混淆しやすい。

のど［喉・咽］改定常用漢字表（答申）に2字とも採用、前者には訓「のど」も採用。
↓のんど
【咽喉(のど)】小説 肴(さかな)の骨が咽喉(のど)に刺さった時の様に〔夏目漱石「こころ」1914〕／咽喉(のど)の乾きに〔遠藤周作「白い人」1955〕／咽喉(のど)がいたい〔田辺聖子「ほとけの心は妻ごころ」1980〕
詩 歯に沁み通り、咽喉(のど)を焼き爛らす氷水を〔高村光太郎「夏の夜の食慾」1912〕
看板 耳鼻咽喉(のど)科〔南浦和駅〕
政策 ノド（ノゾ）（咽喉）〔国語審議会第2部会「語形の『ゆれ』について」1961〕
【咽咽(のど)】誤字 咽咽(のど)が〔「安心」1994年5月〕❖咽喉と書こうとして同じ字を繰り返してしまった字体上の同化か。咽はのどの上部。

のどか［長閑］
【長閑(のどか)】新聞 テレビ欄 読めぬと恥 秘 漢字 長閑〔「読売新聞」2009年8月20日〕
【野奴か(のどか)】小説 野奴(のど)かな〔柳瀬尚紀訳「フィネガンズ・ウェイク I II」1991〕❖もじりか。
その他 閑(のどか) 古

のどけし［長閑けし］
【長閑けし】俳句 長閑(のど)けしや〔「読売新聞」2010年3月22日〕

のどちんこ［喉ちんこ］口蓋垂、喉彦(のどひこ)などともいう。↓ちんこ
【喉珍鴣(のどちんこ)】小説〔柳瀬尚紀訳「フィネガンズ・ウェイク III IV」1993〕❖もじりか。

ののしり［罵り］
【罵言(ののしり)】WEB「罵言」はこのままなら「ばげん」であるが、詩語としてはしっくりこない。「ののしり」と当て読みしたい。

のび［↑しのび］
【窃盗(のび)】小説 窃盗(のび)で手配されている〔結城昌治「仕立屋銀次隠し台帳」1978集〕

のびし［↑しのび師］
【忍(の)び師(し)】小説 忍び師（泥棒）も〔結城昌治「仕立屋銀次隠し台帳」1978集〕❖「忍師(のびし)」も。
【泥棒(ノビシ)】小説〔南英男「監禁」1995集〕

のびた［のび太］漫画『ドラえもん』の登場人物名。
【のび犬】誤字 のび太をのび犬。道具の台本を自分で書き間違えたことによって犬の動作をした回あり。❖駄も「駄」と書かれること多し。異体字に「駄」もあり、両方に点を打つ誤字体もある。

ノブ［knob］
【把手(ノブ)】短歌 そらに近く把手(ノブ)を閉せり〔松村由利子「ふりがな考」2009〕

のふうぞ［野風俗］粗野・横着なこと。方言。
【野風増(のふうぞ)】曲名 ご当地ソング「野風増(のふうぞ)」（岡山県）〔「読売新聞」2008年10月5日〕

のぶとい［の太い］
【野太い(のぶと)】辞書

ノブレスオブリージュ［フランス noblesse oblige］ノーブレスオブリージュ。
【高貴なる義務(ノブレス・オブリージュ)】新聞「高貴なる義務(ノブレス・オブリージュ)」を忘れた経営者たちへ〔「読売新聞」2007年5月1日〕

ノベライズ［novelize］
【小説化(ノベライズ)】漫画〔「週刊少年ジャンプ」2004年41号〕

のべる［述べる］
【演る(のべ)】古

ノベル［novel］ノヴェル。
【小説(ノベル)】漫画 四編の小説(ノヴェル)と〔垣野内成美「吸血姫美夕」1988〕
広告 完全オリジナル小説(ノベル)〔小畑健「DEATH NOTE 12」（大場つぐみ）2006（巻末予告）〕
*__【超大作(メガノベル)】__新聞 超大作(メガノベル)二千枚の風圧に、耐えよ。〔「読売新聞」2008年9月26日〕

のほうず［野放図・野放途］
【野放図(のほうず)】政策 のほうず（野放図・野方図）〔国語審議会第2部会「語形の『ゆれ』について」1961〕
【之豊亠(のほうず)】小説〔柳瀬尚紀訳「フィネガンズ・ウエイクⅢⅣ」1993〕❖亠(なべぶた)は、漢字としては214部首の一つながら、字義が未詳のもの。
その他 野方図(のほうず) 古

のぼせる［逆上せる・上気せる］
【逆上せる(のぼ)】小説 あまりのことに、逆上(のぼ)せたのでしょう〔「読売新聞」2010年1月8日〕
その他 発情(のぼしあがる) 古

のぼる
【野球(のぼーる)】人名（正岡）子規の雅号「野球（のぼーる）」から〔「読売新聞」2009年11月8日〕❖幼名升(のぼる)から。これが中馬庚(ちゅうまんかなえ)の訳「野球(やきゅう)」に関係する可能性も指摘されている。

ノマ
【々(ノマ)】辞書 ❖形を分解した名称。当て読みといえる。ノノ字点、くの字点、チョンチョンなども同様。これで入力できるソフトあり。

のみこむ［飲み込む・呑み込む］
【呑み込む(こ)】歌詞 河の流れを変えて 自分も呑み込まれ〔サザンオールスターズ「吉田拓郎の唄」（桑田佳祐）1985〕
【嚥み込む(のこ)】小説 嚥下して（嚥(の)み込んで）はいなかったらしい〔清涼院流水「カーニバル 一輪の花」2003〕

のみもの［飲み物］
【汁(のみもの)】辞書 汁(ノミモノ・シル)「漢字起元 詳解霊釈漢和大字典」1972〔惣郷正明「辞書漫歩」1987〕

のむ［飲む・呑む］→のみこむ
【呑む(の)】❖呑は酒をのむ、鵜呑みのように丸のみするイメージが強い。鵜呑みはほぼ「呑」で書かれる。針千本（魚名ではない）飲ますは呑ますとも書く。商品名に黄桜「呑」。上部は夭と書かれがちだが、字源は「音を表す天と口」。口偏としないのは形声にもバランスだけでなく、会意性を与えたためか。
歌詞 お酒呑(の)むな〔久保幸江「ヤットン節」（野村俊夫）1951〕／毒と知りつつ 呑(の)むお酒〔天津羽衣「お吉物語」（藤田まさと）1960〕／なつかしい声 息を呑み うるむ〔矢沢永吉「SORRY…」（山川啓介）1985〕
小説 闇に呑(の)まれて〔「読売新聞」2010年3月13日〕
【嚥む(の)】小説 嚥(の)みかけている〔小林多喜二「蟹工船」1929〕
【服む(の)】小説 中年から服(の)むとよい〔田辺聖子「ほとけの心は妻ごころ」1980〕／睡眠薬(すいみんやく)はで

きるだけ服(の)まないように〔清涼院流水「カーニバル二輪の草」2003〕◆服用。頓服。

【喫(の)む】雑誌 服(の)む覚醒剤〔「問題小説」1994年6月〕

【喫(の)む】小説 煙草を喫(の)むか〔遠藤周作「白い人」1955〕◆煙草は「する」でもなく「吸う」に。

【🍺】メール 今日🍺？◆読みは「のむ」「のみ」「ビール」など様々になされるが、意味は特定されている。携帯メールでは絵文字だけの「文」あり。

その他 服薬(のむ) 古

のめる「前のめり」「のめり込む」などと用いる。

【倒(のめ)る】辞書

のら［野良］常用漢字表付表にあり。

【放蕩(のら)】小説 放蕩(のら)をつくして〔樋口一葉「十三夜」1895〕

のり［血・生血］血のり。

【生血(のり)】書籍〔柳瀬尚紀「日本語は天才である」2007〕

その他 血(のり) 古

のり［海苔］「のり」の「り」を看板で昔から小さく書くのは、「利」が少ないことを示す〔「言語生活」1960年7月〕。

【海苔(のり)】書籍 御茶漬海苔はどこまでが名字か御存知か〔うみのさかな&宝船蓬莱「うみのさかな&宝船蓬莱の幕の内弁当」1992〕

誤読 高校の時の体育の先生 合宿のしおりを読んでいた時、海苔の袋(を)かいたいのふくろ〔WEB〕

【海(の)リ】民間 ◆熟字訓の一部を捨て仮名に替えたもの。→えび(海ビ)

のりおり［乗り降り］

【乗降(のりおり)】小説 乗降(のりおり)に使用するのは〔清涼院流水「カーニバル二輪の草」2003〕◆ホームでの駅員によるアナウンスでは、乗降の秩序ある順序を勧めるためか「おりのり」とも。

のりかえる［乗り換える］

*【change over(乗りかえるの)】漫画 inspire(触発されるの) と change over(乗りかえるの) は〔山田南平「紅茶王子 19」2003〕

のりと［祝詞］

【祝詞(しゅうげん)】誤読〔斎賀秀夫「漢字と遊ぶ」1978〕

のりめん［法面］法(のり)は人名に。

【法面(のりめん)】看板 法面工事中〔「漢字文化」2010年5月10日〕◆『学術用語集』建築学編などに。

のる［乗る］

【騎(の)る】書籍 二人ハ馬に騎(の)らうと〔井上ひさし「私家版 日本語文法」1981〕

ノルウェー［Norway］国名。

【諾威(ノルウェー)】辞書

ノルン［Norn］

【存在意思(ノルン)】小説《存在意思(ノルン)》と名付けられたそれ〔安井健太郎「ラグナロク 黒き獣」1998〕

のれん［暖簾］唐音から。

【暖簾(たんす)】誤読〔斎賀秀夫「漢字と遊ぶ」1978〕

のろい［鈍い］

【鈍(のろ)】俳句 鈍(のろ)の男〔竹下しづの女〕◆語幹を用いたものに「鈍助(のろすけ)」。

のろま［鈍間・野呂松・野呂間］江戸時代の野呂松勘兵衛の「野呂間(のろま)(松)人形(にんぎょう)」に由来するとされる。野呂(のろ)姓とは直接の関連はない。

【鈍間(のろま)】小説 鈍間公(のロマこう)〔柳瀬尚紀訳「フィネガンズ・ウェイク III IV」1993〕◆しゃれ。

【野呂間(のろま)】小説 野呂間の百合(ゆり)を〔柳瀬尚紀訳「フィネガンズ・ウェイク I II」1991〕

ノン［(フランス) non］→ノー

【否定(ノン)】小説 既成の価値に〝否定(ノン)〟を発し〔菊地秀行「魔界都市ブルース 夜叉姫伝 4」1990（奥付）〕

のんき 暖気(のんき)(唐音)から。

【暖気(のんき)】【呑気(のんき)】【暢気(のんき)】【延気(のんき)】【長閑(のんき)】古

のんこのしゃ のんこのしゃあ。

【暢乎洒蛙(のんこのしゃ)】古〔1917 隠〕

ノンセンス［(ロシア) nonsens(ノンセンス)］→ナンセンス

【無意味(ノンセンス)】小説 無意味だ〔米川正夫訳「ドスト

エーフスキイ全集6 罪と罰」1960〕

のんだくれ［飲んだくれ］

【酒飲親爺(のんだくれ)】 古〔1909 俗〕

のんど［喉・咽］のど。のみど。

【咽喉(のんど)】 詩 咽喉(のんど)が鳴ります牡蠣殻と〔中原中也「サーカス」1934〕❖国語教科書にも。

ノンパレイユ［フランス nonpareil］

【絶品(ノンパレイユ)】 詩 友はいつもの絶品(ノンパレイユアサヒ)朝日に火をつける。〔高村光太郎「米久の晩餐」1922〕

のんびり

【暢んびり】 小説 一週間暢(の)んびり過す〔渡辺淳一「浮島」1993〕

その他 **伸(の)びり** 古／**呑(のん)びり** 店名

ノンフィクション［nonfiction］

【物語(ノンフィクション)】 書籍 驚異に満ちた物語(ノンフィクション)〔安居良基「世界でもっとも阿呆な旅」2009〕

のんべえ［飲兵衛］

【呑(の)んべエ】 歌詞 呑(の)んべェ炭やき いそぎ足〔春日八郎「山の吊橋」(横井弘)1959〕

その他 **呑平(のんべえ)** 古

は

は［羽］→はね

【翅(は)】 小説 蠅の翅(は)音が聴こえて〔平野啓一郎「日蝕」2002〕

は 感動詞。

【哈(は)】 漫画〔宮下あきら「魁!!男塾 4」1986〕❖カンフー、中国拳法で気合を入れる声で、漫画に見られる。台湾の日本好きの哈日族(ハーリー)のハーは台湾の方言で好きでたまらない、食べるの意ともいう。ハルビン(ハルピン)を「哈爾浜」と書くのも非漢語への音訳(当て字)。

は 助詞。堀口和吉『「〜は〜」のはなし』(1995)は、書目では「わ」の位置にある。

【者(は)】 文書 右者第一学期学校児童会学級委員に任命する。〔六年生への任命書 1960 ㊐〕

歌誌 上代語で「昼者終爾(ひるはしみらに)……夜はすがらに」〔「短歌」1994年4月〕❖→ば

【＝(は)】 貼紙 男子店員＝20〜30歳までの方で給与＝15〜20万(ボーナス有)です。〔駅構内の店員募集の貼り紙 1979 ㊐〕

曲名 田原俊彦「恋＝Do!」(小林和子)1981

【葉(は)】 誤変換 ❖かつてのワープロは「は」を一度「葉」に変換すると、助詞の「は」でも自動的に「葉」とするなど、不便が多かった。

ば

【者(ば)】 古 … 得者(えば)❖「そば」のばの変体仮名「ぜ」(者から)が、誤って「む」と読まれることがある。

バー［bar］

【柱(バー)】 小説 支持柱(バー)や銃架にすがりつく〔菊地秀行「魔王伝 3 魔性編」1996〕

【鉄棒(バー)】 小説 鉄棒(バー)にもたれて立っている〔菊地秀行「魔王伝 3 魔性編」1996〕

【酒場(バー)】 小説 ある酒場(バー)へ連れ込んだ。〔夏目漱石「こころ」1914〕

【酒舗(バー)】 歌詞 横丁の酒舗でいっぱいやって〔南佳孝「おいらギャングだぞ」(松本隆)1973〕

【吧(バー)】 店名 2008年秋にオープンした「悟空 茶吧(ティーバー)」〔「読売新聞」2010年2月13日〕❖中国では、吧で音訳し「酒吧」という。「網吧」はインターネットカフェ。

その他 **女給(バーメイド)** 漫画

パー［↑パーセント(percent)］

【%(パー)】 漫画 最高76%(パー)でしたからね〔小畑健「DEATH NOTE 10」(大場つぐみ)2006〕❖%は「/100」で「/」がパー、100がセントという発音と形から。‰はパーミル(1/1000)。

パー［八］

【八(パー)】中国 ◆中国では、八は末広がりという見方はなく、お金が儲かるという意味の「発(ファー)」と発音が似るために好まれる。

ばあい［場合］中国でもこの熟語が使われるようになっている。

【場合(ばやい)】書籍〔井上ひさし「ニホン語日記」1996〕◆「場合(ばわい)」とも。aaという同音の連続を避け、yやwを挿入した語形。

パーキング［parking］

【P(パーキング)】看板 ◆P、Ⓟ、P→で駐車場（パーキング）を表す。

ハーグ［(オランダ) Den Haag］

【海牙(ハーグ)】辞書

ハーケンクロイツ［(ドイツ) Hakenkreuz］

【鉤十字(ハーケンクロイツ)】雑誌〔「BIG tomorrow」1994年2月〕

バーサス［versus］→ブイエス

【VS(バーサス)】雑誌 巨人vs阪神 ある人は「ブイエス」と読み、ある人は「バーサス」と読み、ある人は「タイ（対）」と読む。〔柴田武「私の文字論」（「日本語学」1987年8月）〕

漫画 柳蓮二VS(バーサス)乾貞治〔許斐剛「テニスの王子様 24」2004〕

ばあさん［婆さん］

【祖母(ばあ)さん】雑誌 祖母(ばあ)さんのことを『お母さん』と呼んでたしね。〔「週刊文春」2010年2月25日〕

その他 老妻(ばあさん) 古

バージョン［version］ヴァージョン。

【版(ヴァージョン)】書籍 スペシャル 版(ヴァージョン)〔うみのさかな&宝船蓬莱「うみのさかな&宝船蓬莱の幕の内弁当」1992〕

バージン［virgin］⇨ヴァージン

バース［berth］

【寝台(バース)】小説〔森村誠一「殺意の接点」2001〕

パース［←perspective］

【地図(パース)】漫画 この地図からどこで技をキメて〔大暮維人「エア・ギア 3」2003〕

バースデー［birthday］

【誕生日(バースディ)】漫画〔さとうふみや「金田一少年の事件簿 13」（金成陽三郎）1995〕

【BD(バースデー)】漫画 佐野のBD(バースデー)プレゼント〔中条比紗也「花ざかりの君たちへ 11」2000〕

バースト［burst］

【自爆(バースト)】小説 虚野勘繰郎に自爆(バースト)はねえ〔西尾維新「ダブルダウン勘繰郎」2003〕◆他所に「自爆行為(バースト)」も。メールやWEBで「爆」は自爆のほか爆笑の意。

【負け(バースト)】漫画 合計22を超えると負け(バースト)〔「週刊漫画ゴラク」2010年4月30日（カブキの不動）〕

その他 烈火球(バースト・フレア)・爆煙舞(バースト・ロンド) 書籍 ◆呪文。

パーソナル［personal］

【個人的(パーソナル)】書籍 個人的記録(パーソナル・ドキュメント)〔桜井厚「インタビューの社会学―ライフストーリーの聞き方」2002〕

小説 自動車やコンピューターを「個人的(パーソナル)なもの」にしようと〔清涼院流水「カーニバル一輪の花」2003〕

【個人(パーソナル)】漫画 コイツの個人情報(パーソナルデータ)を〔和月伸宏「武装錬金 2」2004〕

*【個々人の縄張り(パーソナル・スペース)】小説 個々人の縄張り(パーソナル・スペース)に他人が入ってくると〔清涼院流水「カーニバル一輪の花」2003〕

【私信(パーソナル)】書籍「私信(パーソナル)」と断ったその手紙は〔井上ひさし「私家版 日本語文法」1981〕

その他 P(パーソナル) 雑誌／読書灯(パーソナル・ライト) 小説

バーチャル［virtual］⇨ヴァーチャル

パーツ［parts］

【部品(パーツ)】漫画 人造人間らしき部品(パーツ)はなかったそーだ〔麻宮騎亜「サイレントメビウス 1」1989〕／新しいA・T組む部品(パーツ)よこせって〔大暮維人「エア・ギア 4」2003〕

【部分(パーツ)】漫画 あと部分(パーツ)のアップ〔秋本治「こちら葛飾区亀有公園前派出所 126」2001〕

【Heart(パーツ)】歌詞 錆び付いたHeart(パーツ)〔水樹奈々「FAKE ANGEL」2004〕

は

パーティー [party] パーティ。

【お座敷(パーティー)】 漫画 今川会長はんとこのお座敷(パーティー)に〔松川祐里子「魔術師 2」1996〕

【お茶会(パーティ)】 漫画 部員勧誘お茶会(パーティ)しよ〔山田南平「紅茶王子 11」2000〕

【仲間(パーティー)】 漫画 勇者とその仲間(パーティー)がな…〔渡辺祥智「銀の勇者 2」1999〕

【麻薬取引(パーティー)】 漫画 日本で麻薬取引(パーティー)をします〔小畑健「DEATH NOTE 12」(大場つぐみ)2006〕

【企画(パーティ)】 漫画〔由貴香織里「夜型愛人専門店DX」2004〕

【派(パ)ー手(テ)ィー】 小説〔柳瀬尚紀訳「フィネガンズ・ウェイク I II」1991〕❖派手と掛ける。

その他 波(ぱ)アチイ 古

パーティクル [particle]

【小詞(パーティクル)】 書籍〔杉本つとむ「日本文字史の研究」1998〕

ハーデス [ギリシャ Hādēs]

【黄泉(ハーデス)】 漫画 黄泉(ハーデス)の彼方へ戻る〔「花とゆめ」2004年22号(PSYCO KNOCKER)〕

ハート [heart] ヤキトリのハツもハートと同源。

【心臓(ハート)】 小説 私の心臓(ハート)を動かし始めた〔夏目漱石「こころ」1914〕／猛烈な心臓発作(ハート・アタック)に〔菊地秀行「魔王伝 3 魔性編」1996〕

歌詞 壊れそうな心臓(ハート)〔ZARD「Top Secret」(坂井泉水)1994〕

【心(ハート)】 民間 心をハート、きもちと読む〔佐藤栄作「学生と誤字・あて字」(「日本語学」1994年4月)〕

漫画 虹色月心激(レインボー・ムーン・ハートエイク)!!〔武内直子「美少女戦士セーラームーン 11」1995〕❖技の名前。／キミの心(ハート)を激しく揺さぶる〔藤崎聖人「WILD LIFE 1」2003〕

歌詞 心(ハート)をぎゅっとね〔水樹奈々ほか「乙女心は万華鏡 – Kaleidoscope –」(尾崎雪絵)2001〕／心(ハート)弾けたような〔林原めぐみ「心のプラネット」(小坂恭子)2005〕

小説 熱い心(ハート)と綺麗な誇りを〔西尾維新「ダブルダウン勘繰郎」2003〕

【乙女心(ハート)】 歌詞 恋に悩める乙女心(ハート)〔新堂敦士「君が好きだよ〜守って守ってあげるから〜」2001〕

【魂(ハート)】 歌詞 紅い魂(ハート)に 潔き(しろ)パワー〔遠藤正明「勇者王誕生! – 完璧絶叫(パーフェクトぜっきょう)ヴァージョン」(米たにヨシトモ)2000〕

【命(ハート)】 漫画 貴方の命(ハート)〔本仁戻「高速エンジェル・エンジン 1」2000〕

【愛(はーと)】 人名 ❖心人(ハート)も芸能人カップルの子の名の候補として報道されたことあり。

【愛情(ハート)】 歌詞〔堂本剛「百年ノ恋」2001〕

【気持ち(ハート)】 書名 渡辺正行「ナベちゃんのああ気持ち(ハート)がいい女」1989

【絆(はあと)】 人名〔「週刊文春」2009年4月23日〕

【才能(ハート)】 雑誌 ボールを楽しむ才能(ハート)です〔「VOLLEYBALL」1994年9月〕

【快感(ハート)】 漫画題名 新條まゆ「快感フレーズ」1997〜2000

【♡(ハート)】 雑誌 キュートなおしりは、♡(ハート)型。〔「すてきな奥さん」1994年10月〕❖♡も心も同じ心臓の象形とも。

小説 ♡(ハート)の目で見守る者たちが〔清涼院流水「秘密室ボン」2002〕❖猪目(いのめ)の形に似る。

新聞「♡(ハート)マークかわいいでしょ?」〔「読売新聞」2010年1月23日〕／♡マークでキュートに(見出し)〔「読売新聞」2010年3月20日〕

【葉都(はーと)】 人名 ❖男子。

【葉亜都(ハート)】 漫画〔秋本治「こちら葛飾区亀有公園前派出所 126」2001〕❖命名案として。

【810(ハート)】 広告 201810〔電話番号 2004〕

その他 心理(ハート) 漫画／心斗(ハート) 人名

*【♡(ハートマーク)】 漫画 ♡(ハートマーク) 連発すんなよ〔山田南平「紅茶王子 3」1998〕❖使用に性差あり。

ハード [hard]

は

【機械(ハード)】小説 機械(ハード)の性能が進化したぶんだけ〔清涼院流水「カーニバル一輪の花」2003〕
【作者(ハード)】小説 作者(ハード)の技術革新が進んだぶんだけ〔清涼院流水「カーニバル一輪の花」2003〕
【覇悪怒(ハード)】番組名 フジテレビ系列「おもいっきり探偵団 覇悪怒組」1987❖ドラマ。
その他 不景気(ハード・タイムズ) 書籍／硬質美少女(ハードウェア・ガール) 漫画

バード [bird]
【鳥(バード)】小説〔大江健三郎「個人的な体験」1964〕
書籍〔井上ひさし「自家製文章読本」1984〕

パート [part]
【班(パート)】漫画 他の班(パート)と同じじゃない〔山田南平「紅茶王子 7」1999〕

ハードカバー [hardcover]
【ハードバック(ハードカバー)】小説 ハードバック(ハードカバー)で三〇〇万部を突破〔清涼院流水「カーニバル 二輪の草」2003〕

ハードコート [和製 hard + coat]
【硬(ハードコート)】包装 超硬(スーパーハードコート)〔TDKのDVD 2005〕

パートナー [partner]
【相棒(パートナー)】漫画 あのAPPの相棒(パートナー)って〔冴凪亮「友情オーディション」2006〕

ハートビート [heartbeat] 心拍。
【ときめき(ハート♥ビート)】書名 越沼初美「ボクのときめき(ハート♥ビート)殺人事件」1985

ハートフル [heartful]
【熱血(ハートフル)】広告 超熱血機巧活劇(スーパーハートフル)〔青山剛昌「名探偵コナン 26」2000（巻末）〕

ハートブレイク [heartbreak]
【傷心(ハートブレイク)】曲名 チェッカーズ「ジュリアに傷心(ハートブレイク)」〔売野雅勇〕1984

ハードラック [hard luck]
【不運(ハードラック)】漫画 〝不運(ハードラック)〟と〝踊(ダンス)〟っちまったんだよ〔所十三「疾風(かぜ)伝説 特攻(ぶっこみ)の拓」〔佐木飛朗斗〕1991～1997〕

ハードル [hurdle]
【障害(ハードル)】小説 障害(ハードル)は全部〔西尾維新「ダブルダウン勘繰郎」2003〕
【校舎越え(ハードル)】漫画 校舎越え(ハードル)なんてとうていムリなんです〔大暮維人「エア・ギア 3」2003〕
【刃怒流(ハードル)】漫画〔宮下あきら「魁!! 男塾 4」1986〕

バーニング [burning]
【炎(バーニング)】漫画 炎(バーニング)ボンバイエ〔「コロコロコミック」2009年8月〕
【烈火の(バーニング)】広告 烈火の(バーニング)剛槍を〔「ジャンパラ! vol. 22」〕

ハーネス [harness]
【紐(ハーネス)】漫画〔CLAMP「東京 BABYLON 5」1993〕

ハーバー [harbor]
【湾(ハーバー)】書籍 ジャップが真珠湾(パール・ハーバー)を攻撃したようだ……〔井上ひさし「ことばを読む」1982〕

バーバリアン [barbarian]
【未開人(バーヴェリアン)】広告 彼等は謎の未開人(バーヴェリアン)!!〔本仁戻「怪物王子」1998（巻末）〕

パーフェクト [perfect]
【完全(パーフェクト)】小説『完全言語(パーフェクトワード)』との異名を〔西尾維新「ダブルダウン勘繰郎」2003〕
その他 完全試合(パーフェクト) 漫画
*【完全試合(パーフェクト・ゲーム)】漫画 完全試合(パーフェクト・ゲーム)を達成できるか〔川原泉「メイプル戦記 1」1992〕

パープラール
【偽信者(パアプラアル)】小説 偽信者(パアプラアル)と云う言葉が〔平野啓一郎「日蝕」2002〕

パープル [purple]
【紫(パープル)】漫画 隠者の紫(ハーミットパープル)〔荒木飛呂彦「ジョジョの奇妙な冒険」1987～1999〕
*【貴族騎士(パープルナイト)】漫画 16世紀に貴族騎士(パープルナイト)の称号と共に〔松川祐里子「魔術師 3」1997〕

バーベキュー [barbecue]
【BBQ(バーベキュー)】雑誌 BBQ(バーベキュー)一芸テク〔「R25」2009年6月18日〕❖欧米から。「BBQ味」など。
【バーベQ(キュー)】伝言板 バーベQ〔井上ひさし「ニホン語日記」1996〕

は

商品名 サッポロポテト バーベQあじ
その他 焼鱈(バーベキュー) WEB

パーマ [↑パーマネントウェーブ(permanent wave)]
【parma(パーマ)】【perm(パーマ)】【perme(パーマ)】【parme(パーマ)】 看板 WEB ❖和製の省略語形にそれらしいローマ字綴り。

ハーミット [hermit]
【長老達(ハーミット)】 漫画〈由貴香織里「砂礫王国」1993〉
【隠者(HERMIT)】 漫画『隠者(HERMIT)』のカード〈冴凪亮「よろず屋東海道本舗 4」2000〉❖タロット。

ハーモニー [harmony]
【旋律(ハーモニー)】 小説 強すぎる音で旋律(ハーモニー)を破壊する〈上遠野浩平「ブギーポップ・カウントダウン エンブリオ浸食」1999〉
書籍〈杉本つとむ「日本文字史の研究」1998〉
【調和(ハーモニー)】 ❖漫画に「調和(ハルモニー)」も。
ゲーム 完全な調和(ハーモニー)を追求している〈「ときめきメモリアル Girl's Side」(コナミ)〉
新聞〈「読売新聞 夕刊」2009年11月21日(署名記事)〉

パール [pearl]
【真珠(パール)】 書籍 真珠湾(パール・ハーバー)を攻撃したようだ〈井上ひさし「ことばを読む」1982〉
漫画〈秋本治「こちら葛飾区亀有公園前派出所 126」2001〉❖命名案として。／歪んだ真珠(パール)〈北道正幸「プ～ねこ 2」2006〉
雑誌 質の良い国産アコヤ真珠(パール)でつくったネックレス。〈「DHCのこだわり雑貨」2009 Summer Vol. 21〉

はい [↑はえ]
【蠅(はい)】 古〈1915 隠〉

はい [杯・盃]
【艘(はい)】 小説 川崎一艘(ぱい)取られてみろ、たまったもんでないんだ。〈小林多喜二「蟹工船」1929〉

はい 返事。古字書の〓(えい、ふん)は同義か。
【唯(はい)】 古〈杉本つとむ「近代日本語の成立と発展」1998〉
【是(はい)】 小説 是(はい)と素直に答える〈藤原眞莉「華くらべ風まどい－清少納言梛子」2003〉

ハイ [high]
【高(ハイ)】 漫画 決勝らしい高(ハイ)レベルな闘いに〈許斐剛「テニス王子様 20.5」2003〉
【陶酔(ハイ)】 小説 銃撃の陶酔(ガンナーズ・ハイ)〈安井健太郎「ラグナロク EX. BETRAYER」1999〉

ばい [売]
【商売(バイ)】 書籍 商売(バイ)に精出す〈朝倉喬司ほか「新・ヤクザという生き方」1990 集〉

バイ [by] →ツーバイフォー
【×(バイ)】 商品名 大型カメラ「8×10」(エイトバイテン)〈「読売新聞」2010年1月27日〉

ぱい
【釈放(パイ)】 書籍 まさか釈放(パイ)はないでしょうねえ〈浅田次郎「極道放浪記 1」1994 集〉
小説 めでたく釈放(パイ)となって〈浅田次郎「鉄道員」2000〉
その他 抛(ぱい) 古

バイアグラ [Viagra]
【バイ@グラ(ア)】 広告 バイ@グラ〈電柱への貼り紙〉❖アを変えて目立たせる。

ぱいいち [杯一] 酒を飲むこと。
【杯一(ぱいいち)】 古〈1871～1872 俗〉

ばいう [梅雨]
【黴雨(ばいう)】 新聞 いたるところ黴(かび)を生ずるので黴雨(ばいう)とも表記する。〈「朝日新聞」2010年6月19日〉

ハイウェイ [highway] ハイウエー。
【高速道路(ハイウェイ)】 書籍〈田中春美「言語学のすすめ」1978〉
【公道(ハイウェイ)】 小説 海岸沿いの公道(ハイウェイ)を走り〈清涼院流水「カーニバル 二輪の草」2003〉

ハイエナ [hyena]
【ゴシップ記者(ハイエナ)】 漫画〈蓮見桃衣「エキストラ・ジョーカー JOE」(清涼院流水)2001〉

ハイエンド [high-end]
＊**【必殺の一撃（ハイエンド・アタック）】** 漫画 パンチ力を乗せた必殺の一撃（ハイエンド・アタック）〔大暮維人「エア・ギア 2」2003〕

バイオ [bio]
【生物（バイオ）】 書籍 生物測定学（バイオ・メトリックス）〔橋本萬太郎・鈴木孝夫・山田尚勇「漢字民族の決断」1987〕
【肉体（バイオ）】 漫画 肉体マシーン（バイオ）！〔永井豪「獣神ライガー 1」1989〕
【810（バイオ）】 広告 810-771（バイオハナカイイ）〔「読売新聞」2010年4月17日〕❖電話番号。
その他 生化学（バイオ・ケミストリー）・生態学（バイオナミクス）・原生体（バイオプラスト）・原生質（バイオプラズム） 書籍

バイオグラフィ [biography]
【個人生活史（バイオグラフィ）】 書籍〔桜井厚「インタビューの社会学―ライフストーリーの聞き方」2002〕
❖「個人誌（バイオグラフィ）」「個人誌的（バイオグラフィカル）」も。

ぱいおつ 「おっぱい」の倒語。
【乳房（ぱいおつ）】 小説 乳房（ぱいおつ）も垂れてねえし〔南英男「監禁」1995 集〕

バイオリニスト [violinist] ⇩ヴァイオリニスト

バイオる 犯す。violate から。
【犯る（バイオ）】 小説 犯られた（バイオ）の？〔小杉天外「魔風恋風」1903 俗〕

バイオレット [violet]
【すみれ色（バイオレット）】 小説

バイオレンス [violence]
【犯罪（バイオレンス）】 歌詞 襲いかかる犯罪（バイオレンス）〔岡柚瑠「嵐の勇者」（横山武）1993〕

バイオロジカル [biological]
【生物（バイオロジカル）】 小説 生物兵器（バイオロジカル・ウェポン）〔菊地秀行「魔界都市ブルース 夜叉姫伝 4」1990〕

はいかい [俳諧・誹諧]
【誹諧（はいかい）】 書名 西木潤一郎「誹諧連歌に見る中世の笑い」2010 ❖俳諧の偏が揃って誹諧。

ばいがい 「ばい貝」「バイ貝」が多い。
【貝貝（ばいがい）】 辞書

ハイカラ [high collar]
【高襟（ハイカラ）】 古〔1902 俗〕／四迷も漱石も〔橋本萬太郎・鈴木孝夫・山田尚勇「漢字民族の決断」1987〕❖鷗外も用いた。
【灰殻（ハイカラ）】 古 ❖明治期に皮肉って書かれた。

はいきょ [廃墟]
【廃虚（はいきょ）】 曲名 ザ・タイガース「廃虚の鳩」〔山上路夫〕1968 ❖語義とは無関係の代用字ともいわれる。

バイク [bike]
【競技用自転車（バイク）】【自転車（バイク）】 小説〔山田悠介「ライヴ」2005〕

ハイクラス [high-class]
【上級位（ハイクラス）】 漫画 上級位（ハイクラス）の魔導士か〔渡辺祥智「銀の勇者 2」1999〕

ハイジ [Heidi]
【楓（はいじ）】 人名〔「週刊文春」2009年4月23日〕❖『アルプスの少女ハイジ』は大正時代に『楓物語』（山本憲美訳 1925）と訳された。

ハイジャンプ [high jump]
【走高跳（ハイジャンプ）】 漫画 彼は走高跳（ハイジャンプ）をやめていて〔中条比紗也「花ざかりの君たちへ 1」1997（解説）〕

ばいしゅん [売春]
【サービス（売春）】 漫画 メインはサービス（売春）〔本仁戻「高速エンジェル・エンジン 1」2000〕

ハイスクール [high school]
【高校（ハイスクール）】 広告 湘南の高校（ハイスクール）を舞台に〔倉橋燿子「BYE^{2}片想い」1989（巻末）〕
番組名「絶対に笑ってはいけない高校（ハイスクール）」〔2005年10月4日〕

ハイスピード [high-speed]
【高速（ハイスピード）】 漫画題名 左近堂絵里「高速（ハイスピード）エイジ」2003〜2009
【HS（ハイスピード）】 チラシ HS（ハイスピード）龍宮リターンズ〔「コバルト文庫新刊おもしろインフォメーション」1999年4月（乙女ちっく通信）〕

はいずみ [掃墨]
【灰墨（はいずみ）】 辞書

ばいた［売女］
【売女(ばいた)】【売婦(ばいた)】古
ハイテク［high-tech］
【最先端(ハイテク)】雑誌〔「文藝春秋」1994年3月〕
【高技(ハイテク)】書籍 並記的表記体〔杉本つとむ「日本文字史の研究」1998〕◆橋本萬太郎が提唱した「昭訓」という方法による具体例。
【電動(ハイテク)】漫画 電動(ハイテク)一輝〔高遠きゃん「PAO³」1991〕
【超(ハイテク)】広告 超(ハイテク)戦艦「大和」出撃す〔菊地秀行「白夜サーガ 魔王星完結編」1996（巻末）〕
その他 高度技術(ハイテク) 広告
バイト［↑アルバイト］
【仕事(バイト)】漫画 現場の仕事(バイト)やってるよ！〔「週刊少年ジャンプ」2004年5月24日（こちら葛飾区亀有公園前派出所）〕
【売人(バイト)】WEB ◆学生が漢字だけで文章を書いてみるとしばしば現れる。
関連【バイト先(本屋)】漫画 全然バイト先(本屋)に来ない〔犬上すくね「恋愛ディストーション 1」2000〕
パイナップル［pineapple］
【鳳梨(パイナップル)】古 ◆鳳梨(ホウリ)。
【鳳 梨(パインアップル)】古 あなたは申分ない意〔1935 隠〕
ばいにん［売人］
【立売(バイニン)】小説 立売(バイニン)の末端から組織の中核へと〔森村誠一「腐蝕花壇」1987 集〕
【玄人(バイニン)】漫画 てめえ玄人(バイニン)だろ〔「週刊少年マガジン」2004年48号（勝負師伝説哲也）〕
ハイパー［hyper］
【超(ハイパー)】漫画 超空間(ハイパースペース)を通る超光速航法〔義仲翔子「ロスト・ユニバース 2」（神坂一）1999〕
【H(ハイパー)】漫画 詳しくは7PのRKH(ラジコンハイパー)!!!へ〔「週刊少年ジャンプ」2004年10月11日（BLEACH）〕◆コーナー名。／新HY(しんハイパーヨーヨー)
【HP(ハイパー)】WEB HP（ハイパー）仕様が登場〔「コロコロコミック」2010年5月〕
ハイパーソニック［hypersonic］ 極超音速（音速の五倍以上）。
【極超音速(ハイパーソニック)】歌詞 すぐ極超音速(ハイパーソニック)〔東京事変「電波通信」（椎名林檎）2010〕
バイバイ［bye-bye］
【Bye²(バイバイ)】漫画 んじゃ・Bye²(バイバイ)〔藤崎竜「封神演義 2」1997〕◆Bye²は女子中高生の手紙に頻出。Bye②、Bye×2、Bye02など。
その他 拝拝(バイバイ) 中国
ぱいぱい
【π々(ぱいぱい)】WEB π々 おっぱいの意味。コテハン（固定のハンドルネーム）
ハイパラクティブ［hyperactive］
【干渉過多(ハイパラクティブ)】歌詞 すぐ干渉過多(ハイパラクティブ)〔東京事変「電波通信」（椎名林檎）2010〕
ハイパワー［high-power］
【高出力(ハイパワー)】漫画 高出力(ハイパワー)という些細なコトではない〔和月伸宏「武装錬金 3」2004〕
【高栄養源(ハイパワー)】雑誌〔「安心」1994年6月〕
バイブ［↑バイブレーション（vibration）］
【振動(バイブ)】歌詞 心の振動(バイブ)〔hiro「AS TIME GOES BY」（HIMK）1999〕
はいふき［灰吹き］
【吐月峰(はいふき)】WEB 岡本かの子の小説で「吐月峰」に「はいふき」のルビが振られたのをふしぎに思った。後年、静岡市西郊の天中山吐月峰柴屋寺を訪れ、謎が解けた。連歌師・宗長が草庵を結んだ場所は竹林に囲まれる。その竹を利用して庶民の喫煙用具・灰吹きをつくり、竹筒に「吐月峰」の焼印を押した。
バイブル［Bible］
【聖書(バイブル)】曲名 クラッシュギャルズ「炎の聖書(バイブル)」（森雪之丞）1984
歌詞 聖書(バイブル)は言う〔観月ありさ「Love Potion」（Steve Kipner ほか）2002〕
【愛読書(バイブル)】広告 新生〝猫好き人間の愛読書(バイブル)〟〔「読売新聞」2008年12月4日〕
ハイフン［hyphen］

【―(ハイフン)】漫画 ―(ハイフン)くんですよ〔秋本治「こちら葛飾区亀有公園前派出所 126」2001〕❖人名。
【配領(ハイフン)】小説〔柳瀬尚紀訳「フィネガンズ・ウェイク III IV」1993〕

はいる［入る・這入る］本来的な表記は這入(はい＋い)る。
【侵入(はい)る】小説 どうやって侵入(はい)ったのだ〔森村誠一「殺意の接点」2001〕❖WEBにも多い。
【入院(はい)る】漫画 二度と入院(はい)ってくるんじゃないよ〔高橋留美子「めぞん一刻 7」1984〕
【入(へ)える】歌詞 裏穴に入(へ)えろう〔サザンオールスターズ「マイ フェラ レディ」(桑田佳祐)1998〕
その他 這入(はい)る・浴(はい)る 古

パイレーツ［pirates］
【海賊(パイレーツ)】漫画〔義仲翔子「ロスト・ユニバース 2」(神坂一)1999〕

パイロキネシス［pyrokinesis］
【火炎念力(パイロキネシス)】小説〔宮部みゆき「クロスファイア」1998〕

パイロット［pilot］
【操縦者(パイロット)】漫画 エヴァンゲリオンと操縦者(パイロット)は〔貞本義行「新世紀エヴァンゲリオン 1」1995(表紙折り返し)〕
【水先案内(パイロット)】詩 水先案内(ぱいろっと)よ〔萩原朔太郎「商業」1923〕

バインダー［binder］
【本(バインダー)】漫画〔冨樫義博「HUNTER × HUNTER 16」2003〕

ハウス［house］
【室(ハウス)】漫画 彼女は第一室(ハウス)に〔さとうふみや「金田一少年の事件簿 Case2 銀幕の殺人鬼」(金成陽三郎)1998〕
【お家(ハウス)】漫画 お家(ハウス)にお帰り〔大暮維人「エア・ギア 4」2003〕
【鑑定小屋(ハウス)】広告 鑑定小屋(ハウス)で依頼を受けて〔「週刊少年ジャンプ」2004年48号〕

ハウスユース［house use］
【社用(ハウスユース)】小説 社員が使う部屋を社用(ハウスユース)と呼び〔森村誠一「科学的管理法殺人事件」1975 集〕

ハウダニット［howdunit］
【トリック当て(ハウダニット)】小説 密室連続殺人は「トリック当て(ハウダニット)」の問題としては〔清涼院流水「カーニバル 一輪の花」2003〕

ハヴミー［have me］
【抱かれるくらいならな(ハヴミー)】書籍 おまえなんかに抱かれるくらいならな(ハヴミー)!〔大久保博訳「完訳 ギリシア・ローマ神話」1970〕

はうりめ →はふる(葬る)
【葬式女(はうりめ)】詩 さながら老いし葬式女(はうりめ)の〔薄田泣菫「望郷の歌」1906〕

バウンティハンター［bounty hunter］
【賞金稼ぎ(バウンティ・ハンター)】小説 一般的に賞金稼ぎ(バウンティ・ハンター)がそれらの撃退に〔安井健太郎「ラグナロク EX. COLD BLOOD 失われた絆」2001〕

はえ［南風］
【南風(はえ)】書名 阿井渉介「荒南風(はえ)」1997

はか［墓］
【塋(はか)】雑誌 ❖塋域(エイイキ)、墳塋(フンエイ)。

ばか 梵語への当て字からとも。「はかなし」からとも。→ばかさわぎ・ばかばかしい
【愚(ばか)】古 愚(バカ)〔三谷公器「解体発蒙」1813〕
【馬鹿】古 (tic に的を当てたことは)馬鹿気た話〔大槻文彦「復軒雑纂」1902〕／馬鹿(ばか)、またの名を正直という道具 1906〔惣郷正明「辞書漫歩」1987〕
歌詞 馬鹿にしないでよ〔山口百恵「プレイバック Part2」(阿木燿子)1978〕
新聞 馬鹿者(ばかもの)〔「読売新聞 夕刊」2008年11月19日(編集手帳)〕
広告 馬鹿っ母〔雑誌「女性自身」などの新聞広告欄・中吊り広告〕❖正確な読み方が判然としない。
中国 馬鹿は「鹿」の一種〔張麟声「日中こと

ばの漢ちがい」2004〕

*【驫麤(トリプルばか)】曲名 初音ミク「驫麤～とりぷるばか～」（ラマーズP）2008 ❖馬鹿の強調。

【馬嫁(ばか)】古 仏典の「莫何（迦）」などの俗化したものであろう〔杉本つとむ「日本文字史の研究」1998〕

【莫迦(ばか)】歌詞 莫迦(ばか)よ莫迦だと 言われても〔今村隆「恋慕笠」（藤田まさと）1929〕／莫迦(ばか)と阿呆のからみあい〔鶴田浩二「傷だらけの人生」（藤田まさと）1970〕 漫画 〔「週刊少年ジャンプ」2004年53号（BLEACH）〕

【破価(バカ)】チラシ 破価(バカ)破価(バカ)大売り出し〔スーパーのチラシ広告 1973 ㊐〕

【浅はか(バカ)】漫画 浅はか(バカ)だけど〔日高万里「ひつじの涙 7」2004〕

【一途(バカ)】漫画 その一途(バカ)さが〔浅美裕子「WILD HALF 3」1996〕

【奴(バカ)】漫画 最低な奴(バカ)じゃんか〔絵夢羅「七色の神話」2002〕

【侍(バカ)】漫画 刀持たない侍(バカ)を〔「週刊少年ジャンプ」2004年10月11日（メガネ侍）〕

【息子(バカ)】漫画 うちの息子(バカ)どもがごめーわくを…〔渡辺祥智「銀の勇者 2」1999〕

【室井(バカ)】漫画 あの室井(バカ)・・・俺のテスト写してら・・・・！〔さとうふみや「金田一少年の事件簿 9」（金成陽三郎）1994〕

【桜木(バカ)】漫画 その桜木(バカ)を連れてきな〔井上雄彦「SLUM DUNK 1」1991〕❖主人公の姓にルビ。これに対して「桜木と書いてバカと読みやがったな」と続く漫画らしい表現。

【鉄生(バカ)】漫画 あんな鉄生(バカ)は〔藤崎聖人「WILD LIFE 5」2004〕❖主人公。

【悟空(バカ)】漫画 「悟空(バカ)にかまってないで」「コノヤロー!! 悟空(ごくう)って書(か)いてバカって読(よ)みやがったな!!」〔「コロコロコミック」2010年2月〕

【ガンズ(バカ)】漫画 アンタ達ガンズ(バカ)ぐらいのもんだって〔大暮維人「エア・ギア 2」2003〕

【トリ頭(ばか)】漫画 〔大暮維人「エア・ギア 3」2003〕 ❖主人公のあだ名。

【バイト(バカ)】漫画 あの〝バイト(バカ)〟が俺の顔を教えたのか〔「週刊漫画ゴラク」2010年4月30日（今日からヒットマン）〕

【βακα(ばか)】WEB β α κ α にはコピペできない○○です。❖baka とも。

その他 破家(ばか) 古／馬稼(ばか) 辞書／署長(バカ) 漫画／愚者(ばか)・暗愚(ばか)・真摯(ばか)・オバQの墓(バカ) WEB／連中(バカども)・反乱軍(バカども)・姉ちゃん(バカ女) 漫画／昏殿(ばかとの) WEB

*【篗(ばかむら)】古 恋川春町「廓篗費字尽(さとのばかむらむだじづくし)」1783 ❖式亭三馬『小野篗譃字尽(おののばかむらうそじづくし)』（1806）へと受け継がれた。篗(たかむら)のもじり。

*【大流行(バカ売れ)】雑誌 大流行(バカ売れ)☆本命〔「CanCam」2004年9月〕

*【超巨大な(ばかでかい)】小説 超巨大(ばかでか)な何か〔秋津透「魔獣戦士ルナ・ヴァルガー」1988〕

*【バカロリータラリットル】WEB ❖カロリーやリットルなど機種依存文字を用いたもの。「バカロリータ、ラリっとる」となる。ロリコンを侮蔑するときなどに使われる。

はがき [端書]「ハガキ」も多い。

【端書(はがき)】小説 絵端書(えはがき)〔夏目漱石「こころ」1914〕

【葉書(はがき)】辞書 〔「日本語学研究事典」2007〕

ばかさわぎ [馬鹿騒ぎ]

【騒音(ばかさわぎ)】漫画 〔熊倉裕一「KING OF BANDIT JING 6」2004〕

ばかす [化かす]

【婆化す(ばかす)】古 漱石〔高橋輝次「誤植読本」2000（西島九州男）〕

はかない [果無い・果敢無い・儚い]

【无墓(はかなし)】古 无墓ハカナシ❖「墓无シ」とも。

【墓無(はかなし)】書籍 〔はかなしは〕宛字しか分らない。〔山田俊雄・柳瀬尚紀「ことば談義 寐ても寤ても」2003〕❖平安時代から江戸時代によく使われた。

は

【果敢ない】歌詞 愛、それは果敢なく〔安奈淳「愛あればこそ」(植田紳爾)1976〕

【儚い】◆「儚い」という表記は尾崎紅葉の作ともいわれるが江戸時代からある。国訓は当て読み、当て字とかかわるが、正訓と意識されると不整合感が薄い。

曲名 大月みやこ「儚な川」(星野哲郎)2009

◆「な」は不要だが、ないと読みづらいか。

その他 果無い・不倫ない・墓ない 古

はがね［鋼・刃金］鋼は常用漢字表の訓。

【鋼】漫画題名 荒川弘「鋼の錬金術師」2001～2010

【鋼鉄】詩 われわれは肉身の裂かれ鋼鉄となる薄暮をおそる〔萩原朔太郎「狼」1923〕

歌詞 鋼鉄の電気塔〔南佳孝「真紅の魔都」(松本隆)1984〕／鋼鉄の斧を持って〔桑田佳祐「どん底のブルース」2002〕

小説 鋼鉄でできた剣は〔神坂一「日帰りクエスト なりゆきまかせの異邦人(ストレンジャー)」1993〕

【鋼青】書籍〔長野まゆみ「ことばのブリキ罐」1992〕

【凶刃】歌詞 握る凶刃魂宿す〔小野正利「MURAMASA」(渡邊カズヒロ)2009〕

はかばかしい［捗捗しい］

【果敢果敢敷】古

ばかばかしい［馬鹿馬鹿しい］

【ナンセンスな】小説 ナンセンスな(バカバカしい)ウワサ〔清涼院流水「カーニバル 一輪の花」2003〕

はかま［袴］

【緋袴】漫画 姉ちゃんが緋袴着る時は〔CLAMP「X 5」1993〕

はからい［計らい］

【擬】古

ばからしい［馬鹿らしい］

【似馬鹿】古

はかり［秤］

【天秤】歌詞 あなたの心を天秤(はかり)にかけたとて〔ALI PROJECT「サロメティック・ルナティック」(宝野アリカ)2006〕

ばかり

【斗】古 家路に遠き人斗(ばかり) 蕪村〔「読売新聞」2010年4月29日〕◆崩し字を介して計と混じて用いられた。

【許り】小説 二十里許(ばか)り〔平野啓一郎「日蝕」2002〕

はかりごと［謀・籌］

【謀】辞書〔大石初太郎「振り仮名」(「国語学大辞典」1980)〕

その他 儀媒・奇計・偽計 古

はかる［計る・測る・量る］体重をハカルは、表記が上記で三分される傾向あり。

【度る】詩 何の定規(ぢやうぎ)で度(はか)る〔高村光太郎「狂者の詩」1912〕

【料る】雑誌 生きのいい帆立貝が、料(はか)られだした。〔「つり人」1994年10月〕

小説 料(はか)ずも嘗て耳にした〔平野啓一郎「日蝕」2002〕

【推量る】歌詞 自分の心では推量(はか)れない〔DEEN「magic」(池森秀一)2002〕

【図る】誤読 時事川柳 図れないズルズル落ちる国語力 西東京 足立俊夫 評「図る」をズルと読む中学生、気持ちはわかるけどなあ。〔「読売新聞」2010年1月6日〕

その他 算量・較る 古

バカンス［(フランス) vacances］⇩ヴァカンス

はぎ［萩］

【芽子】【芽】古〔「万葉集」〕

【荻】誤字 萩と荻をずーと逆に覚えてた〔WEB〕

はきけ［吐き気］

【嘔気】小説 嘔気(はきけ)はあるんですか〔夏目漱石「こころ」1914〕

パキスタン［Pakistan］国名。

【巴基斯担】辞書 ◆インドと合わせると印パと新聞では記される。

はく［箔］

【箔(はく)】辞書 ◆薄が古い。鉑とも。

はく［吐く］

【嘔(は)く】小説 父が変な黄色いものを嘔(は)いた時。〔夏目漱石「こころ」1914〕◆肺からの喀血、喀痰は「喀く」とも。

【自供(はか)す】小説〔森村誠一「殺意の接点」2001〕

はく［穿く・履く・佩く・着く］「ズボンを穿く」「手袋を嵌める」「お数を食べる」など、日常的な語で平仮名書きが定着しているものには、本来の漢字でも違和感が呈されることあり。

【穿(は)く】小説 丈の長いスカートを穿(は)いていた。〔清涼院流水「カーニバル 二輪の草」2003〕 広告 心地よく穿(は)け、パンツ〔「読売新聞」2009年6月28日〕

はく［刷く］

【刷(は)く】小説 薄紅を刷(は)いたような〔川端康成「雪国」1937〕

はく［掃く］

【掃(はわ)く】方言 ◆九州の子どもが読みを「はわく」と書いて×に。大阪では「目(めえ)」で×に。

バグ［bug］原義は虫。

【蛾(バグ)】歌詞 無数ノ蛾(バグ)〔ALI PROJECT「CYBER DEVILS」(宝野アリカ)2007〕

はくあ［白亜・白堊］

【白亜(はくあ)】辞書 ◆→あれい(亜鈴)

はくあい［博愛］

【箔愛(はくあい)】小説〔柳瀬尚紀訳「フィネガンズ・ウェイク I II」1991〕◆もじりか。

はくい［白い］ハクい。

【舶来(はくい)】古〔1935 隠〕

【白衣(はくい)】辞書 上等品など〔1949 隠〕

はぐくむ［育む］改定常用漢字表(答申)の追加訓。

【育夢(はぐくむ)】広報 〜地域が 育夢(はぐくむ) 魅力ある学校創り〜〔「杉並区立杉森(すぎのもり)中学校学校運営協議会だより」2009年3月〕◆もじり。

その他 哺(はぐ)む 辞書

パクサ 韓国語。

【博士(パクサ)】歌詞 王仁博士(パクサ)〔円さつき「かけ橋」(渡邊敬介)2006〕◆「王仁(ワニ)」は百済から日本に漢字を伝えたとされる。「はかせ」は古代の百済の発音とも。

はくさい［白菜］

【白才(はくさい)】民間 白才(白菜)。中野の八百屋の店先で。〔飯間浩明「文字のスナップ」2002〕／八百屋流の民間表記〔北原保雄「続弾！問題な日本語」2005(鳥飼浩二)〕

ばくしゃり［麦舎利］麦飯。

【麦飯(バクシャリ)】書籍 麦六・米四の麦飯(バクシャリ)に〔別冊宝島編集部「ムショの本」1992 集〕

ばくしょう［爆笑］

【爆勝(ばくしょう)】新聞〔井上ひさし「ニホン語日記」1996〕◆もじり。メールの(爆)は爆笑の意も。 広告 トルコ大爆勝(だいばくしょう)8日間〔「読売新聞」2009年11月8日〕◆景勝をかけるか。

はくじん

【白人(はくじん)】古〔1910 隠〕◆当て読み式。シロト(白人)を字音に。「伯人(はくじん)」とも。

【はく人(じん)】誤読 靴を「はく人がはきやすいように」を「はくじん」と。〔小学生 2009〕

パクスロマーナ［ラテ Pax Romana］

【ローマの平和(パクス・ロマーナ)】新聞 この「ローマの平和(パクス・ロマーナ)」が崩壊した途端〔「読売新聞」2009年1月8日〕

バグダッド［Bagdad］

【巴格達(バグダッド)】辞書

ばくだん［爆弾］

【執行猶予(バクダン)】書籍 執行猶予(バクダン)の解けるしばらくの間〔浅田次郎「極道放浪記 1」1994 集〕

ばくち［博打・博奕］

【賭(バクチ)】歌詞 一夜限りが 女の賭(バクチ)よ〔ツイスト「SOPPO」(世良公則)1979〕

【髑髏積み(バクチ)】漫画 俺と髑髏積み(バクチ)してるだけじゃないか〔小畑健「DEATH NOTE 7」(大場つぐみ)2005〕

はくちゅう［白昼］
【昼中（はくちゅう）】 古

ぱくつく
【啖（ぱくつく）】 漢詩〔平井呈一訳「狂詩 巡査行」1951〕

ばくふ［幕府］
【東（幕府）】 広告 雅（みやび）と武（もののふ） 西（朝廷）と東（幕府） 戦い〔「読売新聞」2009年11月14日〕

ばくらい
【莫久来（ばくらい）】 メニュー 食品の名。爆雷からとも。

はぐらかす
【逸（はぐ）らかす】 辞書

はぐり
【剝（はぐり）】 古〔1935 隠〕

ぱくり
【拝借（パクリ）】 漫画 拝借（パクリ）だな〔北道正幸「プ〜ねこ 2」2006〕◆「かりぱく」（借りた物をぱくる）という若者語あり。
その他 逮捕（パクリ） WEB

はくりょく［迫力］
【デカさ（迫力）】 漫画 あまりのデカさ（迫力）にのまれるとこやった〔樋口橘「学園アリス 1」2003〕

ぱくる 「縛」からとも「包む（パッケン）」からともいう。
【逮捕る（パクる）】 小説〔南英男「私刑」1996 俗〕
漫画 血まみれで逮捕（パク）られてな〔大暮維人「エア・ギア 4」2003〕

はぐれ［逸れ］
【浮浪（はぐれ）】 漫画題名 ジョージ秋山「浮浪雲（はぐれぐも）」1973〜
歌詞 流れに巻かれた浮浪雲 桐一葉〔さだまさし「晩鐘」1978〕
曲名 三代沙也可「浮浪鳥（はぐれ）」（松井由利夫）1994
【波久礼（はぐれ）】 歌詞 波久礼雲（はぐれぐも）〔椎名林檎「ドッペルゲンガー」2003〕
＊**【流恋草（はぐれそう）】** 曲名 香西かおり「流恋草（はぐれそう）」（里村龍一）1991
＊**【0番隊（はぐれもの）】** 漫画 戦闘中隊の0番隊（はぐれもの）〔「週刊少年ジャンプ」2004年5月24日（PMG-0）〕

ばくろ［博労・伯楽］ 伯楽（はくらく）から。ばくろう。
【馬喰（ばくろ）】 歌詞 馬喰仲間じゃ 売れた顔〔村田英雄「馬喰（ばくろう）一代」（野村俊夫）1958〕◆地名・駅名に馬喰町（ばくろちょう）。

ばくろ［暴露］
【爆黒（ばくろ）】 バンド名 ◆ビジュアル系。もじりか。バクロ、BAKUROとも。

はけ［刷毛］
【刷子（はけ）】【筆（はけ）】 辞書

はけ 崖の意の方言。
【峡（はけ）】 地名 東京都荒川区立峡田（はけた）小学校◆「はけ」は地域によって「はげ」「ばっけ」「ほき」などとも。「金沢八景（はっけい）」も同源とも。

はげ［禿げ］→はげしい（禿同（はげどう））
＊**【禿顱（はげあたま）】** 古〔1902 俗〕
＊**【光頭学研究（はげおろじい）】** 書名〔1977 目〕◆南雲吉和著。

パケ［↑パッケージ］
【袋（パケ）】 書籍 粉末の袋で売るのではなく〔浅田次郎「極道放浪記 2」1995 集〕

ばけがく［化学］「科学」との同音衝突を避けた読み替え。「ケガク」と読む提唱も行われた。
【化学（ばけがく）】 小説〔大沢在昌「炎蛹 新宿鮫V」1995 俗〕

はげしい［激しい・劇しい・烈しい］
【烈しい（はげしい）】 歌詞 烈（はげ）しく燃える 恋ごころ〔西田佐知子「エリカの花散るとき」（水木かおる）1963〕◆烈女。
小説 烈（はげ）しい競争心を〔森村誠一「殺意の接点」2001〕
新聞 烈（はげ）しく愛した人の顔が活（い）き活きと甦（よみがえ）る。〔「読売新聞」2009年6月21日〕
【劇しい（はげしい）】 書籍〔大久保博訳「完訳 ギリシア・ローマ神話」1970〕／劇（はげ）しい意見〔井上ひさし「ニホン語日記」1996〕◆劇薬。
小説 鐸鈴を劇（はげ）しく揺り始めた。〔平野啓一郎「日蝕」2002〕
歌詞 劇（はげ）しく震える刃（やいば）で〔陰陽座「甲賀忍法帖」（瞬火）2005〕

*【激隙劇戟逆撃撽(はげしきつとめのひまにするしばいやくしゃをほこらしくむかえうつふみ)】 書籍 ゲキという字による歌舞伎の外題ふうの呼びかけ文。〔山本昌弘「漢字遊び」1985〕

*【禿同(はげどう)】 WEB 貴兄の○○評に禿同 ❖「激しく同意」のこと。

はげちょろ ［剝げちょろ・禿げちょろ］

【兀(はげ)ちょろ】 古〔1896 俗〕❖「兀(はげ)ちよろけ」とも。

【剝(は)げちょろ】 古〔1915 俗〕❖「剝げチヨロケ」「褪(は)げチヨロケた」とも。

バケツ ［bucket］ バケットとも。

【馬穴(バケツ)】 古 ❖漱石が使用したことで知られる。井上ひさし『自家製文章読本』には「馬のお尻(しり)の穴のように大きな容器」とある。

パケット ［packet］

【束(パケット)】 小説 二つに分かれた束(パケット)の中で〔清涼院流水「カーニバル 二輪の草」2003〕

ばけもの ［化け物］

【妖怪(ばけもの)】 漫画 妖怪(ばけもの)茶会狂想曲〔東里桐子「爆裂奇怪交響曲 1」1993〕

【化物(バケモン)】 漫画 来やがれ化物(バケモン)!!〔安西信行「烈火の炎 4」1996〕

【巨獣(バケモノ)】 漫画〔「コロコロコミック」2010年4月〕

【奇才(バケモノ)】 漫画 そんな奇才(バケモノ)と〔許斐剛「テニスの王子様 27」2005〕

その他 媚者(ばけもの)・怪物(ばけもの) 古

*【妖逆門(ばけぎゃもん)】 漫画題名 田村光久「妖逆門(ばけぎゃもん)」(藤田和日郎)2006～2007

はける ［捌ける］

【捌(は)ける】 古

ばける ［化ける］ 1997年から2006年、旭化成のテレビCMに「化」を「イヒ」としたイメージキャラクター「イヒ！君」が登場。「化粧」はストレートな用字だが、「化ける」という字義は意識されなくなっている。

【化身(ばけ)る】 歌詞 女は女 化身(ばけ)てギラギラ〔サザンオールスターズ「エロティカ・セブン」(桑田佳祐)1993〕❖「変身(ばけ)て」とするケースあり。

はこ ［箱・函・匣・筥］

【箱(はこ)】 辞書 ❖箱と桶は、構成要素から字が入れ替わったという話が江戸時代に生まれた。

【匣(はこ)】 書名 太宰治「パンドラの匣(はこ)」1945～1946／京極夏彦「魍魎の匣」1995／乾くるみ「匣(はこ)の中」1998 ❖パンドラのハコはただのハコではないという意識か。「パンドラの函」も。「こばこ」で「筺」という点が付いた字体が候補に挙がることがある。

【筥(はこ)】 書名 週刊読売編集部「寶石筥(ほうせきばこ)シャレ・アップ」1981

【宝石箱(はこ)】 歌詞 古い宝石箱(はこ)〔安全地帯「碧い瞳のエリス」(松井五郎)1985〕

【三絃(はこ)】 辞書〔伊坂淳一「振り仮名」(「日本語学キーワード事典」1997)〕

【車両(ハコ)】 小説 一つ前の車両(ハコ)では〔島田一男「特報社会部記者」1991 集〕

【交番(ハコ)】 書籍 見附の交番(ハコ)の前では〔浅田次郎「極道放浪記 2」1995 集〕

はこいりむすめ ［箱入り娘］

【[囗+娘](はこいりむすめ)】 創作『平凡パンチ』主催 入選作のなかに「[囗+娘]」というのがあったが、これは(良い女がハコに入っている)ところから「はこいりむすめ」となるらしい。〔井上ひさし「私家版 日本語文法」1981〕

はこし ［箱師］

【長箱師(ハコシ)】 小説 長箱師(ハコシ)の常吉〔島田一男「特報社会部記者」1991 集〕

はこずし ［箱鮨］

【箱鮓(はこずし)】 古 圧鮓(おしずし)をいふ。京阪地方の方言。〔1920 隠〕❖京阪らしい表記。共通字化の中、「鮓(すし)」は次第に消えつつある。

はこだて ［函館］

【函館駅(はこだて)】 歌詞 八時丁度に函館駅(はこだて)で〔西方裕之「北しぐれ」(吉田旺)2001〕❖「駅」が黙字化。

はこぶ ［運ぶ］

【搬(はこ)ぶ】 小説 死体を搬(はこ)び下すための〔森村誠

一「殺意の接点」2001〕

はこべ［繁縷・蘩蔞・蘩蔞］

【繁縷】〈漫画〉〔秋本治「こちら葛飾区亀有公園前派出所」126」2001〕◆命名案として。

〈その他〉雞腸草・鵞腸菜〈古〉

はこぼれ［刃毀れ］

【刃毀れ】〈新聞〉〔「読売新聞」2009年3月29日〕

はこや［箱屋］

【箱丁】〈古〉

はこわれ［箱割れ］

【天上不知唯我独損】〈漫画〉〔冨樫義博「HUNTER×HUNTER」1998～〕◆能力の名。もじり。

はざ

【稲架】〈俳句〉〔「読売新聞」2008年11月3日〕

バザール［フランス bazar］

【市場】〈歌詞〉市場のざわめき〔杏里「オリエンタル・ローズ」(吉元由美)1986〕

はざま［狭間・迫間・硲］はさま。

【狭間】〈新聞〉暗雲の狭間に炸ける稲妻が〔「読売新聞 夕刊」2010年2月16日〕◆「挟」「鋏」「狭間・峡」(はさま・はざま)と、形声符と和語の字訓とが比較的良く対応。

【迫間】〈書籍〉今、死刑の迫間に居る私の言葉は〔元木昌彦「週刊誌編集長」2006〕

【間】〈歌詞〉季節の間で〔さだまさし「驛舎」1981〕／愛と罪の間に〔稲垣潤一「エスケイプ」(井上鑑)1983〕

【谷】〈古〉日本書紀をひらき、「谷の宮門」と呼ばれていた入鹿邸の記述を読み返した〔「読売新聞」2005年11月15日〕◆硲、狭間、挟間、迫間、羽佐間、玻座間など。千葉県の飯山満は地元では漢字に基づく地名語源が伝えられる。→笹原宏之『国字の位相と展開』

【際】〈歌詞〉未来と過去の際で〔氷室京介「LOVE & GAME」1988〕

【玻座間】〈地名〉◆沖縄県。

〈その他〉波佐間・羽佐間〈地名〉〈姓〉

はさみ［鋏・剪刀］

【庭鋏】〈書籍〉〔長野まゆみ「ことばのブリキ罐」1992〕

はさむ［挟む］

【剪む】〈辞書〉

ばさら［婆娑羅］奔放にふるまうこと。

【婆娑羅】〈古〉◆一見、暴走族風だが、中世以降、「婆佐羅」などとともに用いられた。

はし［橋］

【樹海】〈漫画〉他人の為にあぶない樹海渡らされてるんだ〔渡辺祥智「銀の勇者 1」1998〕

【女】〈歌詞〉アブナイ女など渡りたがるかよ〔GLAY「LEVEL DEVIL」(TAKURO)1999〕

【LINE】〈歌詞〉地球越えるLINEとなるように〔ALI PROJECT「鬼帝の剣」(宝野アリカ)2008〕

はし［嘴・觜］

【嘴】〈俳句〉鶴の嘴〔「読売新聞 夕刊」2009年9月30日〕◆姓の鷹嘴・鷹觜は「たかのつめ」など読み間違われるとのこと。

はし［愛し］

【愛し】〈短歌〉うすく滲める血の色よ愛し〔俵万智「野球ゲーム」1987〕

【美し】〈俳句〉遺る手帖の未完美し〔小川軽舟

はじ［恥・辱］

【恥辱】〈古〉恥辱〔1891～1892〕〈俗〉

【恥】〈広告〉酒乱男の〈恥〉&〈驚〉正体〔「読売新聞」2009年2月20日(FRIDAY)〕

はしか［麻疹］マシンとも。

【麻疹】〈新聞〉麻疹(はしか)など〔「読売新聞」2009年6月21日〕◆読み仮名か。／麻疹が〔「読売新聞」2009年6月29日〕

〈書名〉岩田健太朗「麻疹が流行する国で新型インフルエンザは防げるのか」2009

はじがましい［恥じがましい］

【可羞しい】〈古〉可羞しく

はじかみ［薑］ショウガ。

【初地神】〈民間〉〔加藤秀俊「なんのための日本

語」2004〕

はじき［弾き］ピストル。

【弾(はじき)】 古〔1935 隠〕◆語源に即した表記。

【拳銃(ハジキ)】 漫画〔さいとうたかを「ゴルゴ13 34」1979〕／拳銃(ハジキ)って 辞書にないです〔蛇蔵&海野凪子「日本人の知らない日本語 2」2010〕

はじける［弾ける］

【反射(はじ)ける】 歌詞 キャンドルライトが ガラスのピアスに 反射(はじ)けて滲む〔チェッカーズ「ジュリアに傷心(ハートブレイク)」(売野雅勇)1984〕

【炸(はじ)ける】 新聞 暗雲の狭間(はざま)に炸(はじ)ける稲妻が〔「読売新聞 夕刊」2010年2月16日〕

はしご［梯子・梯］

【肋骨(はしご)】 歌詞 わたしの肋骨(はしご)から空へと登りなさい〔Cocco「星の生まれる日。」1997〕

その他 **階子(はしご)・階段(はしご)** 古

はしこい［捷い・敏捷い］すばしっこい。

【敏捷(はしこ)い】 書籍〔柳瀬尚紀「日本語は天才である」2007〕

その他 **捷(はしこ)い** 古／**敏(はしこ)い** 辞書

はした［端た］

【端(はした)】 辞書〔1949 隠〕◆ATOK17で変換。

【仂(はした)】 辞書 仂(はした)学問〔穎原退蔵「江戸時代語辞典」2008〕

ばした 「はしため」から。

【場下(ばした)】 書籍 女房なんて、しょせん場下〔家田荘子「極道の妻たち」1986 俗〕

【女房(ばした)】 小説 女房(ばした)と別れて〔大沢在昌「毒猿」1991 集〕／女房(バシタ)のヘアじゃねえの〔南英男「監禁」1995 集〕

はしたない 「ない」は接尾語だが、早くから「無い」と解された。

【仂(はした)ない】 古〔1896 俗〕◆働の略字の仂(はたら)くは国訓。漢字では意味は「つとむ」などで、人名に見られる。

【淡々(はしたな)しい】 小説 淡々(はしたな)しいことだと承知で言うけれど〔藤原眞莉「華くらべ風まどい―清少納言梛子」2003〕

その他 **端(はした)手ない・無端(はしたない)** 古

はしため［端た女・婢女］

【婢(はしため)】 小説 大商家の婢(はしため)であった〔菊地秀行「魔界都市ブルース 夜叉姫伝 4」1990〕

はじまり［始まり・初まり］

【start(はじまり)】 歌詞 start はいつも am 3:00 くらい〔Vanilla「カーニバル」(Zen)2003〕

はじめ［初め・始め］

【肇(はじめ)】 古 肇(はじめ)は◆人名にも。

【創(はじめ)】 人名 創(はじめ)(50)〔「読売新聞」2010年2月14日〕

【一(はじめ)】 新聞「酒は鬼 朝寝秀和(しゅうわ)に 拳は林 踊は太田で服っと一(はじめ)ます」という狂歌がある。〔「読売新聞」2010年3月7日〕◆服部一ら棋士を読んだもの。

【朝(はじめ)】 人名 五つ子の名〔山本昌弘「漢字遊び」1985〕

【最初(はじめ)】 小説 最初(はじめ)〔秋津透「魔獣戦士ルナ・ヴァルガー」1988〕

漫画 妲己は最初(はじめ)から我々を〔藤崎竜「封神演義 2」1997〕／なら最初(はじめ)っから〔大暮維人「エア・ギア 3」2003〕

歌詞 すれ違う度に最初(はじめ)から〔kukui「コンコルディア」(霜月はるか)2007〕

【最初(はじ)め】 歌詞 最初めから幻の振りして〔鬼束ちひろ「僕等 バラ色の日々」2007〕

【上旬(はじめ)】 詩 しもつき上旬(はじめ)のある朝、〔萩原朔太郎「殺人事件」1917〕

その他 **恋(はじめ)** 漫画

*【初頭(はじめから)】 漢詩〔平井呈一訳「狂詩 巡査行」1951〕

はじめて［初めて・始めて］

【始(はじ)めて】 小説 是(これ)は鰐水(がくすい)が始(はじめ)て言(い)った。〔森鷗外「伊沢蘭軒」1916～1917〕／始めて分った。〔小林多喜二「蟹工船」1929〕◆現代では、通常「初めて」となるところ。古くは通用。

歌詞 始めて逢った君が可愛くて〔SHAZNA「C'est la vie」(IZAM)1997〕

【初犯(はじめて)】 辞書〔大石初太郎「振り仮名」(「国語学

は

大辞典」1980〉

その他 初度(はじめて) 漫画

はじめる［始める］

【創(はじ)める】 新聞 日野原先生の「幾つになっても新しい事を創(はじ)めることが大切」を実践〔「読売新聞 夕刊」2008年12月16日〕

【開始(はじ)める】 漫画〔板垣恵介「グラップラー刃牙」1992～1999〕

はしゃぐ［燥ぐ］

【焦燥(はしゃ)ぐ】 小説 発作的に焦燥(はしゃ)ぎ廻って〔夏目漱石「こころ」1914〕

【噪(はしゃ)ぐ】 小説 皆はウキ〳〵と噪(はしゃ)いでいた。〔小林多喜二「蟹工船」1929〕

【戯(はしゃ)ぐ】 歌詞 戯(はしゃ)いでたあの日〔徳永英明「輝きながら…」(大津あきら)1988〕

ばしょ［場所］→しょば

【位置(ばしょ)】 歌詞 自分の立った位置(ばしょ)で〔GARNET CROW「picture of world」(AZUKI 七)2004〕

【居所(ばしょ)】 歌詞 心の居所(ばしょ)がどこにあるのかを〔平井堅「センチメンタル」2004〕

【在処(ばしょ)】 歌詞 光の在処(ばしょ)求めて〔片霧烈火「闘艶結義～トウエンノチカイ～」(三浦誠司)2009〕

【世界(ばしょ)】 漫画 お主の求める世界(ばしょ)へのう〔大暮維人「エア・ギア 1」2003〕 歌詞 光の世界(ばしょ)求めて〔片霧烈火「闘艶結義～トウエンノチカイ～」(三浦誠司)2009〕

【座席(ばしょ)】 歌詞 自分の座る 座席(ばしょ)探して〔T. M. Revolution「Twinkle Million Rendezvous」(井上秋緒)2002〕

【部屋(ばしょ)】 歌詞 今 この部屋(ばしょ)で〔AMBIENCE「最後の約束 – See You Again –」(北川浩)1993〕

【教室(ばしょ)】 漫画 この教室(ばしょ)で…… 勝負!!〔大暮維人「天上天下 9」2002〕

【学校(ばしょ)】 漫画 蛍のおる学校(ばしょ)…っ〔樋口橘「学園アリス 1」2003〕

【故郷(ばしょ)】 歌詞 帰りたい故郷(ばしょ)だと気付いていたけれど〔霜月はるか「氷る世界」(日山尚)2009〕

【城(ばしょ)】 歌詞 私だけの城(ばしょ)を壊さないで〔霜月はるか「独り夢」(日山尚)2009〕

【戦場(ばしょ)】 歌詞 最期の 戦場(ばしょ)へ〔JAM Project「GONG」(影山ヒロノブ)2005〕

【祖国(ばしょ)】 歌詞 帰る祖国(ばしょ)は ここに決めた〔サザンオールスターズ「悲しみはメリーゴーランド」(桑田佳祐)1985〕

【景色(ばしょ)】 歌詞 子供の頃 大切に想っていた景色(ばしょ)を思い出したんだ〔FIELD OF VIEW「DAN DAN 心魅かれてく」(坂井泉水)1996〕

【大地(ばしょ)】 歌詞 離れてたってみんな同じ大地(ばしょ)〔RYTHEM「ハルモニア」2003〕

【聖地(ばしょ)】 歌詞 清らかな聖地(ばしょ)〔ALI PROJECT「S嬢の秘めやかな悔恨」(宝野アリカ)2005〕

【惑星(ばしょ)】 歌詞 必ずこの惑星(ばしょ)で〔玉置成実「Believe」(西尾佐栄子)2003〕

【未来(ばしょ)】 歌詞 過去よりまぶしい未来(ばしょ)たどりつくまで〔TWO-MIX「TRUE NAVIGATION」(永野椎菜)1997〕／いつかの遠い未来(ばしょ)まで〔BeForU「GRADUATION～それぞれの明日～」(小坂りゆ)2003〕◆「未来(みち)」「未来(あした)」と読む箇所も。

曲名 I WiSH「光が指す未来(ばしょ)」(ai)2003

その他 場(ばしょ) 古／空間(ばしょ)・土地(ばしょ) WEB

はしょる［端折る］

【端折(はしょ)る】 古「読売新聞」1908 端折(はしょっ)た〔出久根達郎「昔をたずねて今を知る」2003〕

はじらい［恥じらい・羞じらい］

【含羞(はじらい)】 詩題名 中原中也「含羞(はじらい)」1938

【羞恥(はじらい)】 小説 羞恥(はじらい)に満ちた〔円地文子「妖」1957〕

◆→しゅうちしん(羞恥心)

はしり［走り］

【暴走(ハシリ)】 小説 その暴走(ハシリ)シーンが〔森村誠一「腐蝕花壇」1987〕集

ぱしり［↑使いっ走り］

【下僕(パシリ)】 漫画〔大暮維人「エア・ギア 1」2003〕

はしる［走る］中国語では「走」はあるく

意に。
【奔(はし)る】(小説) 川瀬を奔(はし)る笹船のように〔井上靖「補陀落渡海記」1961〕
【趨(はし)る】(小説)〔「読売新聞」2010年3月11日〕
【駛(はし)る】(小説) 擅(ほしい)まゝに駛(はし)るのである。〔徳富健次郎「黒潮」1903〕
【疾(はし)る】(雑誌)〔「小説新潮」1994年8月〕
(小説)〔夢枕獏「黒塚 KUROZUKA」2003〕
(歌詞) 疾(はし)る鼓動を選んだ〔BoA「VALENTI」(康珍化)2003〕❖疾走。
(書名) 船瀬俊介「疾(はし)れ！電気自動車」2004
【疾走(はし)る】(歌詞) 白刃と光が疾走(はし)って〔セバスチャン「貴方の声が色褪せようとも、盟約の歌がその胸に届きますように。」(菊地はな)2008〕
(広告) 君がいるから疾走(はし)れるんだ〔「週刊ヤングジャンプ」2006年5月19日(車内広告)〕
(その他) 彷徨(走り)い (WEB)

はじる［恥じる］
【慙(は)じる】(小説) みな慙(は)じて〔「読売新聞」2010年3月1日〕
【慚(は)じる】【愧(は)じる】(辞書) ❖「慚愧(ザンキ・ザンギ)」が悔やむ意に使われる例あり。

はす［斜］
【斜(はす)】(新聞) 斜(はす)になんて構えてないですね〔「読売新聞 夕刊」2008年11月6日〕

はず［筈］弓の両端や矢の弦をかける部分。道理の意も。
【理(はず)】(古)〔1892(俗)〕
【筈(はず)】(漫画)〔田河水泡「のらくろ武勇談」1938〕
(新聞) 余程強い筈(はず)の〔「読売新聞 夕刊」2009年9月28日〕
【約束(はず)】(歌詞) 20歳を超えたよ結ばれる約束(はず)の〔チェッカーズ「俺たちのロカビリーナイト」(売野雅勇)1985〕

バス［bus］中国では「巴士」とも。
【乗合自動車(バス)】(書籍) 今日(中略)「乗合自動車」を「バス」と読ませるのと、大した変りはない。〔谷崎潤一郎「文章読本」1934〕
【[車+象](バス)】(創作)〔自動車学校の灰皿 1976(目)〕

パス［pass］
【合格(パス)】(小説)〔筒井康隆「文学部唯野教授」1990〕／置くと合格(パス)、というわけだ〔清涼院流水「カーニバル 一輪の花」2003〕❖「合格(うか)る」も。

はずかしい［恥ずかしい］
【可恥(はずか)しい】(古) お可恥(はづか)しくて
【可羞(はずか)しい】(古) 可羞(はづかしさ)
【羞(はず)かしい】(歌詞) 春は羞かし 京舞妓〔菊池章子「春の舞妓」(萩原四朗)1954〕
(小説) 裸を見る羞(はずか)しさ〔幸田文「流れる」1957〕
(新聞) どうだ、羞(は)ずかしいだろう。〔「読売新聞 夕刊」2008年7月12日(北杜夫)〕
(その他) 可愧(はずか)しい・可慚(はずかし)い・恥ケ敷(はずかしい) (古)

バスケット［↑バスケットボール(basketball)］
【籠球(バスケット)】(広告) 籠球(バスケット)物語〔野々村秀樹「邪魂狩り 1」1993(巻末)〕

パスタ［(イタリア) pasta］
【麺(パスタ)】(WEB) 麺(パスタ)

バスター［buster］
【戦士(バスター)】(広告) 使いこなす戦士(バスター)が〔「ジャンパラ！」vol.22〕
(その他) 冒険の道(バスターズロード) (漫画)／賞金稼ぎ(ドリームバスター) (広告)

バスタブ［bathtub］
【浴槽(バスタブ)】(漫画) 血の池と化した浴槽(バスタブ)の中で〔さとうふみや「金田一少年の事件簿 1」(金成陽三郎)1993〕

はすっぱもの
【蓮葉者(はすっぱもの)】(古)〔1931(隠)〕

バスト［bust］
【B(バスト)】(漫画) ＵＢ(アンダーバスト)もはかっておきましたので〔中条比紗也「花ざかりの君たちへ 11」2000〕
(広告) Ｂ(バスト)115〝恋人〞〔「読売新聞」2010年2月1日(FLASH)〕

パスポート［passport］
【旅券(パスポート)】(雑誌) 著者の海外紀行『旅券(パスポート)は俳

は

句』シリーズ〈「現代」1994年3月〉
書籍 旅券(パスポート)がおりるのを〈池田雅之「ラフカディオ・ハーンの日本」2009〉

はずみ［弾み・勢み］
【弾性(はずみ)】 書籍 意味に弾性(はずみ)をつける〈松岡正剛「日本流」2000〉
【勢み(はずみ)】 歌誌〈「短歌」1994年7月〉
【機(はずみ)】 小説 庭へ出て何かしている機(はずみ)に〈夏目漱石「こころ」1914〉
【機会(はずみ)】 小説 私は不図した機会(はずみ)から〈夏目漱石「こころ」1914〉

ハズミー［has me］
【私を抱いて(ハズミー)】 書籍〈大久保博訳「完訳 ギリシア・ローマ神話」1970〉

パズリング［puzzling］
【謎かけ(パズリング)】 書籍〈由良君美「言語文化のフロンティア」1986〉

パズル［puzzle］
【映像(パズル)】 ポスター 解けるか!? 運命の映像(パズル)〈映画「CUBE」2004〉

バスルーム［bathroom］
【浴室(バスルーム)】 歌詞 浴室で目覚めたよ〈YMO「過激な淑女」(松本隆)1983〉

はずれ［外れ］
【端れ(はず)】 小説 北の北の端(はず)れの！〈小林多喜二「蟹工船」1929〉

パスワード［password］
【鍵(パスワード)】 漫画 鍵(パスワード)となる黄道十二宮天使〈由貴香織里「天使禁猟区 18」2000〉
【合言葉(パスワード)】 小説〈清涼院流水「カーニバル 二輪の草」2003〉

はせ
【長谷(はせ)】 姓 東日本(に多い)〈佐久間英「珍姓奇名」1965〉

はぜ［鯊・沙魚・蝦虎魚］ 中国でも沙魚。鯊は合字ではなく、中国で同義。
【鯊竿(はぜ)】 雑誌〈「つり人」1994年11月〉
その他 **石持(はぜ)** 古

パセティック［pathetic］
【悲壮(パセティック)】 新聞 心の中の悲壮(パセティック)な光〈「読売新聞」2009年1月30日(中西進)〉

パセリ［parsley］
【旱芹菜(パセリ)】 辞書 ／ **【巴芹(パセリ)】** 句集名 ／ **【葉芹(パセリ)】** WEB

はせる［馳せる］
【颿(はせる)】【騖(はせる)】【駆(はせる)】 古

はぜる［爆ぜる・罅ぜる］ はでるは方言形。
【覇せる(は)】 誤字 名を覇せる〈WEB〉
【跳(はぜた)】 古〈1935 隠〉
【爆ぜる】 短歌 いろり火に焼(く)べればパチパチ爆(は)ぜそうな〈「読売新聞」2010年3月8日〉
その他 **罅裂(はぜる)** 古

パソコン［↑パーソナルコンピューター(personal computer)］
【個算(パソコン)】 書籍 昭訓の一つ〈橋本萬太郎・鈴木孝夫・山田尚勇「漢字民族の決断」1987〉
【発想広夢(パソコン)】 創作 写研「外来語創作当て漢字」(1983)の入選作〈斎賀秀夫「現代人の漢字感覚と遊び」1989〉
【PC(パソコン)】 漫画 会社のPC(パソコン)で怪しい言葉検索して〈小花美穂「Honey Bitter 3」2005〉
書籍〈加藤治郎「短歌レトリック入門」2005〉

はた［旗・凧］ 長崎県で、凧のこと。

【凧(はた)】 歌詞 長崎の春は 黄砂と凧上(はた)げ〈さだまさし「椎の実のママへ」1979〉◆「たこ」の訓が一般的だが、大阪では「いか」とも読む。

【畑(はた)】 古 ◆鶴屋南北は漢字をあまり知らず、旗を畑と書いたと伝わる。→だいご(大五)

はた［側・端・傍］
【端(はた)】 書籍 小さい池の端(はた)に〈井上ひさし「ことばを読む」1982〉
新聞 この1年の若い宗家を端(はた)で見ていると〈「読売新聞」2009年12月12日〉
その他 **辺(はた)・耳(はた)・堤(はた)・軒(はた)** 古 ／ **周囲(はた)** WEB

はた［将］→はたまた
【当】【為】【為当】 古

はだ［肌・膚］
【膚】 歌詞 白い膚が光に触れ〔井上陽水「いつのまにか少女は」1973〕❖皮膚科や広告では、見やすい「皮フ」「皮ふ」が多い。
【素肌】 歌詞 素肌のうねりさえ〔矢沢永吉「ニューグランドホテル」（大津あきら）1988〕
その他 **膜・皮・木理** 古

バター［butter］
【牛酪】 詩 人造牛酪マルガリインは〔高村光太郎「夏の夜の食慾」1912〕
書籍〔斎賀秀夫「現代人の漢字感覚と遊び」1989〕
誤読 牛酪 ミルク チーズ サイロ〔斎賀秀夫「漢字と遊ぶ」1978〕

パターン［pattern］
【様式】 小説〔茅田砂胡「女王と海賊―暁の天使たち 5」2003〕
【法則】 TV 私だけの法則!!〔「ごきげんよう」2009〕
【普遍】 書籍〔井上ひさし「ことばを読む」1982〕
【P】 民間 P O
その他 **型** WEB

はたおりべ 服部姓の元。部田姓も。
【服部】 姓〔平川南「日本の原像」2008〕

はだか［裸］示偏（ネ）は誤字。
【裸体】 小説 私は式が済むとすぐ帰って裸体になった。〔夏目漱石「こころ」1914〕
歌詞 裸体のまま 分かり合うわ〔中森明菜「ノンフィクション エクスタシー」（さかたかずこ）1986〕
【本性】 歌詞 本性のおまえを求めてる〔JAM Project「ハリケーン LOVE」（影山ヒロノブ・奥井雅美）2008〕
その他 **素顔** 雑誌

はだかす
【安】 姓 安 安口が安□〔□は校正でスペースの意〕になったためかという。〔森岡浩「名字の謎がわかる本」2003〕

ばたかす
【夕春】 字遊 古「浮世物語」1666ころ 夕春 ばたかす 七夕、春日〔小林祥次郎「日本のことば遊び」2004〕

はだかる［開かる］
【□て】 古「今昔物語集」□テ ハダカリテ 開〔山田俊雄・柳瀬尚紀「ことば談義 寐ても寤ても」2003〕❖『今昔物語集』にこの種の和語の欠字表記多し。

はたご［旅籠］
【旅籠】 小説〔「読売新聞」2009年4月24日〕
***【旅人宿】** 書籍 よくある普通の旅人宿である。〔井上ひさし「私家版 日本語文法」1981〕

はだし［裸足・跣］
【跣】 歌詞 跣の女が雨に泣く〔中島みゆき「誰のせいでもない雨が」1983〕
【跣足】 小説 跣足の二本の足が〔北杜夫「岩尾根にて」1956〕
【素足】 歌詞 素顔になって 素足になって〔矢沢永吉「光に濡れて」（ちあき哲也）1985〕
【裸爪】 曲名 中島みゆき「裸爪のライオン」1988

はたち［二十・二十歳］
【二十】 歌詞 とうに二十はヨー 過ぎたろに〔春日八郎「別れの一本杉」（高野公男）1955〕
❖常用漢字表付表にあり。「十重二十重」も。人名に「二十子」。
【二十歳】 歌詞〔ザ・フォーク・クルセイダーズ「戦争は知らない」（寺山修司）1966〕／二十歳のお祝いに〔因幡晃「わかって下さい」1976〕／わたしは二十歳〔梓みちよ「男次第」（安井かずみ）1984〕❖「二十歳」が常用漢字表付表にありよく使われるため、「はたち」を過ぎたら「才」は「歳」に変わるという思い込みが流布している。

は

【二十才】曲名 吉永小百合「こんにちは二十才」(佐伯孝夫)1964
歌詞 恋をしたのは二十才まえ〔美空ひばり「ひとりぼっち」(山口洋子)1975〕／二十才を過ぎて〔芦屋雁之助「娘よ」(鳥井実)1984〕
【廿才】歌詞 おいらは廿才〔和田弘とマヒナ・スターズ「潮来船頭さん」(吉川静夫)1959〕
【20歳】歌詞 20歳を超えたよ〔チェッカーズ「俺たちのロカビリーナイト」(売野雅勇)1985〕
雑誌 20歳〔「ベビーエイジ」1994年12月〕
漫画 俺はまだたったの20歳で〔犬上すくね「恋愛ディストーション 1」2000〕
新聞 新成人に本を贈る事業「20歳の20冊」〔「読売新聞」2009年12月19日〕
【20才】歌詞 僕が20才になった時君に会い〔井上陽水「限りない欲望」1972〕
曲名 郷ひろみ「20才を過ぎたら」(荒井由実)1975／桜田淳子「20才になれば」(中島みゆき)1978

はたと
【礑】古

ぱたぱたと
【潑々地】古〔大槻文彦「復軒雑纂」1902〕

バタフライ [butterfly] 英語は語源説にバター+虫説あり。
【蝶】歌詞 ボクらの囁きは青い蝶〔Λucifer「ハイパーソニックソウル」(YUKI-NOJO MORI)2001〕◆「蝶」は字源には適っている可能性があるが、俗解や類推から生じる共通誤字。
【蝶々】TV〔テロップ 2009年12月28日〕

はたまた [将又]
【将又】雑誌〔「小説新潮」1994年4月〕

はためく ばためく。
【動】古◆江戸時代の会意の国字。
その他 爆・踊騒・鳴動・焱・霹靂 古／旗めく WEB

はたらき [働き]
【動き】古◆「動」が「はたらく」という訓ももっていた。後に区別のためににんべんを付加したのが国字の「働」。
【作用】書籍 こういう結構な作用をする〔井上ひさし「私家版日本語文法」1981〕
【官能】古 官能◆官能検査、官能的、官能小説と意味が拡大した。
その他 労働・活き 古

はたらきて [働き手]
【敏腕家】小説〔樋口一葉「十三夜」1895〕

はたらく [働く]
【侤く】新聞広告◆「働く」をこう書くべきだとした。個人文字、位相文字の好例。
【畑楽】広告 畑楽家の幸せな就職〔「読売新聞」2009年1月12日〕◆もじり。
【鮥】古◆中国ではシビ(マグロ)などの意。
その他 動 古

ハタリ [スワヒリ hatari]
【危険】漫画〔さいとうたかを「ゴルゴ13 42」1981〕

ぱたりと
【撲地】古〔大槻文彦「復軒雑纂」1902〕

はち [鉢] 梵語 pātra への造字。
【鉢】政策◆梵語を音訳したことによる漢語が当用漢字表にすでに採用されていた。

バチカン [Vatican]
【法王庁】新聞 法王庁ミステリー〔「読売新聞」2004年5月15日〕
その他 和地関 辞書

はちまき [鉢巻]
【天巻】【天鉢】【八巻】古

ぱちんこ
【扭】字遊〔斎賀秀夫「漢字と遊ぶ」1978〕

はっ
【破ッ】漫画〔板垣恵介「グラップラー刃牙」1992～1999〕

はつ ［初］

【始(はつ)】 古 山東京伝「百人一首和歌始(はつ)衣抄」1787 ❖始と初とはかつて同じようにも使われていた。

【初】 広告 熱愛 初 2ショット&直撃告白〔「読売新聞」2008年10月17日(FRIDAY)〕

はつ ［果つ］

【終(は)つ】 歌誌 寂しさの終(は)てなむ国ぞ〔「短歌」1994年9月〕❖奈良に京終(きょうばて)という地名あり(京極と類義)。「はてる」から。

ばつ ↓いや・かける・ちょめちょめ・バイ・ばついち・ばってん・ばつばつ・ぴい・ペケ・まるばつ

【×(バツ)】 雑誌 ゼッタイ×(バツ)〔「ベビーエイジ」1994年2月〕／×をもらった〔「太陽」1994年4月〕

漫画 評定×(バツ)だったから〔ひぐちアサ「おおきく振りかぶって 8」2007〕

WEB ×箱(ばつばこ) Microsoft社のゲーム機Xboxのこと。図、×(ばつ)ボックスとも。

ばつ ［罰］

【慈悲(ばつ)】 漫画〔三浦健太郎「ベルセルク」1989～〕

【唾(ばつ)】 曲名 Dir en grey「蜜(つみ)と唾(ばつ)」1999

ばついち 一度の離婚歴。「バツイチ」とも書く。除籍・転籍する人の戸籍に×印をつけたことから。

【×一(ばついち)】 書籍 今でいう×(バツ)一の女性〔杉本つとむ「近代日本語の成立と発展」1998〕

辞書 俗 ❖ばつに(×二)も。

その他 ×(ばつ)イチ・×(ばつ)いち 辞書

ばついと

【抜糸(ばついと)】 民間〔歯医者の用語〕❖「抜歯」との混同を避けるため。

ハッカー ［hacker］

【黒客】 中国「現代漢語詞典」に新収録「黒客」のハッカー（中略）は傑作の部類か〔「読売新聞」2005年10月31日〕／ハッカーは黒客、嚇客〔黄文雄「日本語と漢字文明」2008〕❖字義も考慮されている。

バッカス ［Bacchus］

【酒神(バッカス)】 小説 酒神(バッカス)の魔法〔米川正夫訳「ドストエーフスキイ全集6 罪と罰」1960〕

はづき ［葉月］ 穂張(ほは)り月からとも。

【八月(はづき)】 辞書

はっきり

【判然(はっきり)】 小説 誰だか判然(はっきり)しなかったが〔夏目漱石「こころ」1914〕／判然(はっきり)しなかった〔有吉佐和子「地唄」1956〕

【明確(はっきり)】 古 漱石 明確(はっきり)、判然(はっきり) 自在な書き分け〔山下浩「本文の生態学」1993〕

【明瞭(はっきり)】 小説〔京極夏彦「鉄鼠の檻」1996〕

【整然(はっきり)】 小説 道長は整然(はっきり)と頷く〔藤原眞莉「華くらべ風まどい―清少納言梛子」2003〕

【はっ切(き)り】 小説〔武者小路実篤の「心」復刊号での小説 1952 目〕／はっ切(き)りと〔柳瀬尚紀訳「フィネガンズ・ウェイク III IV」1993〕

その他 厳然(はっきり)・昭然(はっきり)・爽然(はっきり) 古／発(はっ)きり WEB

ぱっきん 「金髪」の倒語。

【髪金(ぱっきん)】 辞書 俗 ❖茶髪は語構成と音韻規則からはチャハツでよかったはずだが金髪との対比イメージと語呂からチャパツで定着。新聞でも振り仮名なしで出る。

【金髪(パッキン)】 漫画 あの金髪(パッキン)の奴は何だったの〔山田南平「紅茶王子 1」1997〕❖文字列は不動。

ハッキング ［hacking］

【侵入(ハッキング)】 漫画 ロイでも侵入(ハッキング)は難しい？〔松川祐里子「魔術師 7」1999〕

ハック ［hack］ ↓ハッカー

【支配(ハック)】 歌詞 支配(ハック)されているわ〔東京事変「電波通信」(椎名林檎)2010〕

バック ［back］

【凭掛り(バック)】 小説 凭掛(バック)りのある大きな長椅子を〔米川正夫訳「ドストエーフスキイ全集6 罪と罰」1960〕

【背(バック)】 小説 背(バック)に頭を投げかけ〔米川正夫訳「ドストエーフスキイ全集6 罪と罰」1960〕

【背景(バック)】小説 常ならない背景(バック)を〔有吉佐和子「地唄」1956〕
漫画 背景(バック)もベタもホワイトも〔ささやななえ「子ども虐待ドキュメンタリー凍りついた瞳」（椎名篤子）1995〕
【後ろ(バック)】漫画 ケイの後ろ(バック)これでOKかなっ〔日高万里「ひつじの涙 4」2003〕
【背後(バック)】漫画 キミの背後(バック)の組織まで〔天獅子悦也「むこうぶち 24」2009〕
【西園寺家(バック)】漫画〔渡瀬悠宇「イマドキ! 4」2001〕
【B(バック)】雑誌 CB(センターバック)〔サッカー雑誌〕
その他 楽屋(バックステージ) 漫画／裏通り(バックストリート) 歌詞

バッグ [bag] バックとも。「ティーバッグ」は「ティーパック」とも。
【袋物(バッグ)】広告 袋物(バッグ)職人〔「朝日新聞 夕刊」2004年10月26日〕
【鞄(バック)】雑誌 出張(アウェイ)負け知らず男のスーツ鞄(バック)〔「R25」2009年3月12日〕

パック [pack]
【P(パック)】レシート 充実野菜350P〔2010年3月25日〕

バックアップ [backup]
【予備記憶(バックアップ)】小説〔茅田砂胡「舞闘会の華麗なる終演―暁の天使たち 外伝 1」2004〕

バックショット [back shot]
【背中(バックショット)】歌詞 見慣れたキミの背中(バックショット)〔水樹奈々「ファーストカレンダー」（ゆうまお）2007〕

バックス [backs]
【後衛(バックス)】漫画〔村田雄介「アイシールド21 11」（稲垣理一郎）2004〕

バックボーン [backbone]
【背骨(バックボーン)】漫画 ボクサーとしての背骨(バックボーン)がない〔森川ジョージ「はじめの一歩 44」1998〕

ハックル [hackle] 首筋の毛。
【髪(ハックル)】漫画 俺の〃髪(ハックル)〃はタケトの付けたその〃匂い〃に向かって〔浅美裕子「WILD HALF 3」1996〕◆自由に動かせる髪。

ばっくれる
*【爆苦連亡世(ばっくれなよ)】TV ◆不良少年の野球チーム名。

はつこい [初恋]
【髪恋(はつこい)】雑誌 髪恋(はつこい)物語へアサロン〔「Moteco」2004年8月〕◆しゃれ。書名・店名にも。

はっしと
【発止(はっし)と】辞書

パッション [passion]
【熱愛(パッション)】広告 親父熱愛(オヤジ・パッション) PART Ⅱ〔清涼院流水「カーニバル 一輪の花」2003（巻末）〕
その他 情熱(パッション) 漫画

パッションフラワー [passionflower]
【殉難花合唱隊(パッションフラワー)】漫画〔熊倉裕一「KING OF BANDIT JING 6」2004〕

パッセンジャーズ [passengers] パセンジャーズ。
【お客様がた(パッセンジャーズ)】漫画 お客様がた(パッセンジャーズ) ただいま当機は赤道を通過〔手塚治虫「ジャムボ」1974〕

バッター [batter]
【打者(バッター)】漫画 日本一になると誓った打者(バッター)〔佐野隆「打撃王 凜 1」2004〕
【4番(バッター)】漫画 4番(バッター)を切るしかないのに〔ひぐちアサ「おおきく振りかぶって 13」2009〕

はったり
【張(は)ったり】辞書〔1949 隠〕

ハッチ [hatch]
【船倉(ハッチ)】歌詞〔津村謙「マドロス追分」（矢野亮）1952〕

バッチ [badge] バッジ（バッチ）とも。
【星(バッチ)】漫画 罰則で星(バッチ)とられただけのことで〔「花とゆめ」2004年22号（学園アリス）〕

ばっちり
【罰(ばっ)ちり】小説 不義理(ふぎり)な親父(おやじ)だと罰(ばっ)ちりわかったら〔柳瀬尚紀訳「フィネガンズ・ウェイクⅠⅡ」1991〕

バッティング [batting]

*【1－2(バッティングカウント)】漫画 1－2(バッティングカウント)だ〔ひぐちアサ「おおきく振りかぶって13」2009〕

バッテリー [battery]

【抜帝里(バテリー)】古〔杉本つとむ「近代日本語の成立と発展」1998〕

【電池(バッテリー)】漫画〔雷句誠「金色のガッシュ!! 12」2003〕

【内蔵電池(バッテリー)】小説 内蔵電池(バッテリー)で記録されて〔清涼院流水「カーニバル 二輪の草」2003〕

ばってん [罰点] →ばつ(×)

【×(ばってん)】歌詞 きかなきゃ×(ばってん)するぞ〔滝野智「ぽいぽい PEACE」(畑亜貴)2002〕

ハット [hat]

【帽子(ハット)】歌詞 魂の絹帽子(シルクハット)の中〔大滝詠一「魔法の瞳」(松本隆)1984〕

広告 ハッとする帽子(ハット)。〔「読売新聞」2009年5月24日〕❖しゃれ。

バット [bat]

【棒(バット)】古

バッド [bad]

【悪(バッド)】新聞 いわば過剰なあだっぽさをもてあそぶ悪趣味(バッドテイスト)が持ち味である。〔「読売新聞」2009年11月26日(生井英考)〕

その他 悪辣都市(バッドガイシティ) 歌詞／悪しき者(バッド・モンキーズ) 広告

ぱっと

【燦(ぱっ)と】【粲然(ぱっ)と】【燚(ぱっと)】古

はっぱ [葉っぱ] 「おてて」は々記号でお手々と書ける。

【葉(は)っ葉(ぱ)】【葉(は)っ端(ぱ)】【はっ葉(ぱ)】WEB ❖「葉っ端」は木(こ)っ端(ぱ)からか。

【葉(は)っ派(ぱ)】WEB ゲームメーカー〝Leaf〟(葉)の熱狂的なファン。

その他 葉(はっぱ) 書籍

バッハ [Bach]

【音楽(バッハ)】広告 至福の眠り(ドルミ)を、至福の音楽(バッハ)で〔「読売新聞 夕刊」2009年4月25日〕

ばつばつ →ばつ(×)

【××(ばつばつ)】新聞 「××を背にして立って」という言葉を使って〔「日経新聞」2010年1月16日〕

はつはる [初春]

【始春(はつはる)】古 大伴家持「始春(はつはる)の初子(はつね)の今日の玉箒手に執るからにゆらく玉の緒」〔「読売新聞」2008年10月5日〕❖原文では「始春乃波都祢乃」で、その一字目を生かしたのであろう。

ハッピー [happy]

【最高(ハッピー)】歌詞 昨日が大好きで今日も最高(ハッピー)〔佐藤利奈ほか「夢航海路」(ENA☆)2007〕

【歯(ハ)ッピー】広報 お口と栄養の講座「歯ッピー楽ッキー教室」〔三鷹市「広報みたか」2010年4月4日〕

【歯(は)っぴー】広告〔歯科医で〕❖「歯(し)っかり」もあり。温泉広告の「湯ったり」と同様、定番化している観がある。電話番号にも「4182(よいはに)」のたぐいが見られる。

【髪(は)っぴー】雑誌 ❖もじり。理容業界に多し。

*【結末(ハッピーエンド)】漫画 絵本の世界みたいな結末(ハッピーエンド)〔CLAMP「すき。だからすき 3」2000(帯)〕

パップ [オランダ pap] 貼り薬。

【巴布(パップ)】辞書

はっぽうびじん [八方美人] 八方美人(パルパンミイン)は韓国ではほめことば。

【八宝備仁(はっぽうびじん)】筆名 書名 八宝備仁「八宝備仁画集 SWEET BODY」2007 ❖もじり。

はつみせ [初店・初見世]

【初見世(はつみせ)】古〔1917 隠〕

はつる [削る]

【斫(はつ)る】民間 「～斫り工業」という名前の会社の存在が、札幌、神戸、四国(川之江)で確認されている。〔WEB「俗訓の辞典」〕❖実際に水道工事の人が使っていた。

はて [果て] →きょうばて

【涯(はて)】歌詞 そよぐ高粱 野の涯に〔淡谷のり子

「満州ブルース」〔久保田宵二〕1940〕／旅路のはてのその涯の〔藤山一郎「青い山脈」〔西條八十〕1949〕／宵闇せまれば悩みは涯(はて)なし〔フランク永井「君恋し」〔時雨音羽〕1961〕／ここはさい涯(は)て 北の町〔五木ひろし「浜昼顔」〔寺山修司〕1974〕／暗や 涯てなや 塩屋の岬〔美空ひばり「みだれ髪」〔星野哲郎〕1987〕
(書籍) その洗練の涯(はて)は接着語法(オクシモロン)へ行きつく。〔井上ひさし「私家版 日本語文法」1981〕
(雑誌) 涯(は)て〔「with」1994年2月〕
(歌誌) 涯(はて)〔「短歌」1994年5月〕
その他 終了(はて)・尽処(はて)・末路(はて)(古)／国境(はて)(店名)

はで 〔派手〕 三味線の新しい様式破手（端手・葉手）からという。
【派手(はで)】(曲名) 中山美穂「派手!!!」〔松本隆〕1987
【派出(はで)】(小説) 中々派出(はで)に暮しているもの〔夏目漱石「こころ」1914〕
【華美(はで)】(詩) 華美な横縞のカモフラアジ〔高橋世織解説〔堀口大學の詩〕(コ)〕
(歌詞) 夢はやぶれて 花嫁人形 華美(はで)な袂が恥かしや〔霧島昇「麗人の歌」〔西條八十〕1946〕
【艶(はで)】(演目)「詣競艶仲町(いきじくらべはでなかちょう)」を上演〔「読売新聞夕刊」2009年1月5日〕
その他 破手(はで)・葉手(はで)・端手(はで)・端出(はで)・花美(はで)・破体(はで)・華奢(はで)・華靡(はで)・華麗(はで)・開豁(はで)(古)

パティシエ 〔フランス pâtissier〕
【菓子職人(パティシエ)】(漫画)〔「週刊少年ジャンプ」2004年41号〕

はてし 〔果てし〕
【涯し(はてし)】(辞書)〔1955(隠)〕
その他 際涯(はてし)(古)

はてな
【?(はてな)】(小説) ?(ハテナ)顔するふたり〔石井ゆうみ「あなただけ信じてる」1993(俗)〕／?(ハテナ)マークのまのあたし〔石井ゆうみ「好きだよ」1993(俗)〕
◆クエスチョンマークとも読まれる。
(雑誌)「?(はてな)」と思うことがあったら〔「栄養と料理」1994年4月〕

ばてる →きょうばて
【果てる(ばてる)】(WEB)

バテレン 〔ポルトガル padre〕
【伴天連(バテレン)】(辞書)(俗)

はと 〔鳩・鴿〕
【鳩(はと)】(漫画) 鳩はクー、鴉はガー〔蛇蔵&海野凪子「日本人の知らない日本語」2009〕◆形声。

はとば 〔波止場〕 常用漢字表付表にあり。
【波止場(はとば)】(曲名) 小林旭「波止場唄」〔遠藤実 1974〕◆語源が確定せず。
その他 波戸場(はとば)・埠頭(はとば)・波渡場(はとば)・乗場(はとば)(古)

バドミントン 〔badminton〕 羽球。
【羽毛球】(中国) 羽毛球 バドミントン〔「日刊スポーツ」2008年7月27日〕

はとむね 〔鳩胸〕
【亀胸(はとむね)】(古) ◆中国での表現「亀胸(キキョウ)」と日本での表現「はとむね」を合わせた表記。
その他 骨前(はとむね)(古)

バトラー 〔butler〕
【執事(バトラー)】(漫画) いいですか 執事(バトラー)南山を含めここにいる〔さとうふみや「金田一少年の事件簿 16」〔金成陽三郎〕1996〕

バトル 〔battle〕
【戦(バトル)】(漫画)〔大暮維人「エア・ギア 4」2003〕
【戦争(バトル)】(書名) 高橋二三「ガメラ VS. 不死鳥(フェニックス)―愛と感動の怪獣戦争(バトル)」1995
(漫画)〔熊倉裕一「KING OF BANDIT JING 6」2004〕
【戦闘(バトル)】(広告) ジュンの戦闘活劇(バトルアクション)!!〔さとうふみや「金田一少年の事件簿 12」〔金成陽三郎〕1995(巻末)〕
【宣戦布告(バトル)】(漫画) 宣戦布告(バトル)の合図〔大暮維人「エア・ギア 1」2003〕◆「宣戦布告(バトルコール)」とも。
【対戦(バトル)】(広告) カード対戦(バトル)〔セガ「三国志対戦」宣伝のぼり 2005〕
(漫画)〔「コロコロコミック」2010年6月〕
【対決(バトル)】(漫画) スリル満点(まんてん)の、車対決(カーバトル)!!〔「コロコロコミック」2009年7月〕◆格好よさのほか子どもへの分かりやすさを求めた表記か。

【格闘(バトル)】漫画 闇格闘(バトル)を探る〔「週刊少年ジャンプ」2004年48号(銀魂)〕

【死闘(バトル)】ポスター 死闘(バトル)舞台(ステージ)〔パチンコ「北斗の拳」五反田駅前にて2005〕

【勝負(バトル)】漫画〔冨樫義博「HUNTER × HUNTER 16」2003〕

【祭(バトル)】ポスター 京都を揺るがす、青春〝祭(バトル)〟コメディー！〔映画「鴨川ホルモー」2009〕

バトルフィールド [battlefield]

【戦場(バトルフィールド)】漫画 しかるべき「掟」と「戦場(バトルフィールド)」がある〔大暮維人「エア・ギア 2」2003〕

パトロール [patrol]

【移動班(パトロール)】小説 常駐隊移動班(パトロール)へ伝えられた〔森村誠一「殺意の接点」2001〕

【縦走(パトロール)】小説 白馬の方を縦走(パトロール)してから〔森村誠一「殺意の接点」2001〕

その他 警備(パトロール) 詩

パトロン [patron]

【出資者(パトロン)】漫画 出資者(パトロン)と手品師の関係じゃない〔松川祐里子「魔術師 3」1997〕

はな [花・華] →はなび

【波奈(はな)】【芳奈(はな)】【半奈(はな)】【婆奈(はな)】古〔「万葉集」〕

【生花(はな)】古 生花(はな)の先生

【花牌(はな)】古 ◆花札の意。

【花札(はな)】小説「花札(はな)よ。」と云った。〔小林多喜二「蟹工船」1929〕

【華(はな)】辞書 湯(ゆ)の華(はな)

芸名 陽月(ひづき) 華(はな) ◆元宝塚歌劇団宙(そら)組の娘役トップ。

【桜(はな)】歌詞 千々乱れ桜吹雪(はなふぶき)〔ALI PROJECT「愛と誠」(宝野アリカ)2005〕

【桜花(はな)】演目「桜花訪 京都歴史(はなにきく みやこのれきし)」(全8景)〔「読売新聞 夕刊」2010年2月24日〕

【桜草(はな)】歌詞 桜草(はな)の咲く〔「希望(ゆめ)のまち」(福原くにこ・タケカワユキヒデ)2003〕◆さいたま市の歌。

【蘭(はな)】歌詞 まぼろしの蘭(はな)〔ALI PROJECT「熱帯性植物園」(宝野アリカ)2002〕

【蓮(はな)】歌詞 蓮(はな)咲く水となっても〔ALI PROJECT「六道輪廻サバイバル」(宝野アリカ)2007〕

【薔薇(はな)】歌詞 世界の薔薇(はな)が〔氷川きよし「ときめきのルンバ」(水木れいじ)2009〕

【蒲公英(はな)】歌詞 蒲公英(ハナ)ニナロウ〔19「蒲公英―たんぽぽ―」(岡平健治)2002〕

【橤(はな)】旅館名 伊豆下田「橤岬(はなみさき)」

【草花(はな)】歌詞 道端に咲く草花(はな)を見て〔ZARD「窓の外はモノクローム」(坂井泉水)2001〕

【花々(はな)】歌詞〔鬼束ちひろ「Angelina」2007〕

【花弁(はな)】歌詞 欲望の花弁(はな)を売る〔サザンオールスターズ「爆笑アイランド」(桑田佳祐)1998〕

【纏頭(はな)】古 纏頭(はな)ともかく〔勝屋英造「通人語辞典」1922 集〕◆花の枝に贈り物をつけたところから。

【線香(はな)】漫画 線香(はな)1本追加やで〔渡辺多恵子「風光る 7」2000〕

【希望(はな)】歌詞「希望(はな)」を 咲かすまで〔アイドリング!!!「friend」(KIKOMARU)2007〕

【歯車(はな)】俳句 意味を欲張った表現 阿部筲人〔王勇「振仮名(ふりがな)と文字論：文化的な視点より」1993〕

その他 葩蘤(はな) 古／芭奈(はな)・芭菜(はな) 人名 店名

*【花蕊(はなごころ)】店名 新宿にあるキャバクラの元祖。

はな [端] 韓国語でハナは「1」の意。

【初(はな)】古 初ツから

【最初(はな)】小説 最初(はな)っから〔宮部みゆき「本所深川ふしぎ草紙」1995〕／最初(はな)っから〔安井健太郎「ラグナロク EX. DEADMAN」2001〕

漫画 最初(はな)から娘の結婚に〔日高万里「時間屋」1998〕／最初(ハナ)からやること決めてんじゃん〔日高万里「ひつじの涙 4」2003〕

歌詞 最初(はな)から欺すつもりじゃ〔真木柚布子

「お梅哀歌」〈下地亜記子〉2004〉
新聞 最初(はな)から〈「読売新聞」2009年6月22日〉

はな［鼻］
【鼻汁(はな)】古 鼻汁(はな)ッ垂し〈1895 俗〉
【洟(はな)】書名 吉野せい「洟(はな)をたらした神」1975

はないき［鼻息］
【鼻气(はないき)】小説〈柳瀬尚紀訳「フィネガンズ・ウェイクⅢⅣ」1993〉❖「气」は元は「乞」と同じ字。

はなお［鼻緒］
【花緒(はなお)】辞書 若い女〈1949 隠〉
書籍〈井上ひさし「自家製文章読本」1984〉

はなくそ［鼻糞・鼻屎］
【洟糞(はなくそ)】古 贈賄行為〈1915 隠〉

はなごろも［花衣］
【花裳(はなごろも)】題名 花裳柳絮綻(はなごろもいとのほころび)〈由良君美「言語文化のフロンティア」1986〉

はなし［話・咄］「咄」は国訓。
【談(はなし)】古 後藤梨春「紅毛談(おらんだばなし)」1765
【説話(はなし)】新聞〈「読売新聞」1874年11月2日第1号には)「布告(おふれ)」「新聞」「説話(はなし)」「稟告(しらせ)」の4欄があった。〈「読売新聞」2009年11月2日〉
小説〈島崎藤村「破戒」1906〉
【会話(はなし)】歌詞〈長渕剛「プライベート」1980〉
【相談(はなし)】歌詞 あなたの恋愛相談(バナシ)〈ヴィドール「一人斬りのクリ××ス」(ジュイ)2003〉
【縁談(はなし)】漫画〈高橋留美子「めぞん一刻12」1986〉
【怪談(はなし)】雑誌 やるせなす中村の学校の怪談(はなし)〈「お笑い男子校vol.1」2009(タイトル)〉
【伝説(ハナシ)】漫画〈渡辺祥智「銀の勇者4」2000〉
【物語(はなし)】漫画〈石ノ森章太郎「マンガ日本の古典 古事記」1994〉
歌詞〈嵐「PIKA☆NCHI」(和田毅)2002〉
書名 内山りゅう「水に棲むものたちの物語(はなし)」2010
【言葉(はなし)】漫画〈高屋奈月「フルーツバスケット15」2004〉
【落語(はなし)】公演名 落語会「落語(はなし)と忠臣蔵(しばい)～粋な道行き」〈「読売新聞 夕刊」2009年8月10日〉
【噺(はなし)】❖国字。落語にもよく使われる。
歌詞 酔いどれと噺(はなし)のうまい奴ばかり〈中島みゆき「踊り明かそう」1976〉
広告 うまい噺(はなし)にゃ(笑)がある。〈「読売新聞」2009年8月23日〉
その他 談話(はなし)・雑談(はなし)・内談(はなし)・顛末(はなし)・話題(はなし) 古
*【H/K(はなしかわるけど)】手紙 ❖「は/か」「話/変」「S/C」(ストーリーチェンジ)とも。女子生徒が書く。「/」は「↓」などとなることも。「はなしかわって」とも読む。テレビでもお笑いのネタになった。

ぱなし［放し］
【放し(ぱな)】書籍 放送 送りっ放し〈山本昌弘「漢字遊び」1985〉
【話(ぱなし)】小説 弾(たま)げっ話(ぱなし)だ。〈柳瀬尚紀訳「フィネガンズ・ウェイクⅢⅣ」1993〉

はなしか［噺家・咄家］
【落語家(はなしか)】歌詞 日本一の落語家(はなしか)〈都はるみ・岡千秋「浪花恋しぐれ」(たかたかし)1983〉
新聞「長生きも芸のうち…」とは歌人、吉井勇が八代目桂文楽に贈った言葉である。〈長生きも芸のうちぞと落語家(はなしか)の文楽に言ひしはいつの春にや〉。〈「読売新聞」2008年8月26日〉

はなしずめのまつり［鎮花祭］ちんかさい。
【鎮花祭(はなしずめのまつり)】漫画〈山岸凉子「日出処の天子1」1980〉

はなす［話す・咄す］
【会話す(はな)】歌詞 瞳だけで会話(はな)したね〈ZARD「好きなように踊りたいの」(坂井泉水)1993〉
漫画 会話(はな)せない〈熊倉裕一「KING OF BANDIT JING 6」2004〉
*【咄声(はなしごえ)】雑誌 咄声(はなし)も〈「小説新潮」1994年12月〉

はなつ［放つ］
【発射つ(はな)】歌詞 発射(はな)つ未来〈abingdon boys school「PINEAPPLE ARMY」(西川貴教)2010〉

はなづら［鼻面］
【鼻頭(はなづら)】 古〔1887～1889 俗〕

はなてん
【放出(はなてん)】 地名 ❖大阪市。十三(じゅうそう)も字は簡単だが難読。

バナナ［banana］
【芭蕉(ばなな)】 文集〔静岡県立沼津西高等学校「潮音」38号 1991〕
【芭奈奈(バナナ)】 漫画〔秋本治「こちら葛飾区亀有公園前派出所 126」2001〕❖命名案として。
【羽(バ)ナナ】 商品名 海峡プラザ「羽(バ)ナナパイ」などのお菓子がいっぱい!!〔「読売新聞 夕刊」2008年9月17日〕
その他 **甘蕉(バナナ)** 古

はなはだ［甚だ］
【甚多(はなはだ)】 古 ❖『万葉集』では「甚」とも。
その他 **太(はなはだ)・劇(はなはだ)** 古

はなび［花火・煙火］
【華火(はなび)】 広告 東京湾大華火祭プラン 2009〔「読売新聞」2009年7月11日〕
【華美(はなび)】 広告 冬華美(ふゆはなび)〔トラピックス広告（金城ふみ子 2003〕
【鼻鼻(はなび)】 字遊『漢字遊び』〔遠藤好英「漢字の遊び例集」1989〕

はなびら［花弁］
【花片(はなびら)】 歌詞 チラリホラリと 花片(はなびら)〔平野愛子「港が見える丘」(東辰三) 1947〕／舞い散る椿の花片(はなびら)〔day after tomorrow「瞑想」(五十嵐充) 2005〕
【花弁(はなびら)】 歌詞 小さな花弁(はなびら)だとしても〔absorb feat.初音ミク「桜ノ雨」(森晴義) 2008〕
【花雨(はなびら)】 歌詞 舞い落ちる花雨(はなびら)の歌よ〔コミネリサ「宇宙に咲く」2007〕
【葩(はなびら)】 小説 うすむらさきの葩(はなびら)が〔遠藤周作「白い人」1955〕
新聞 甘く煮たゴボウを菱餅(ひしもち)と丸い白餅でくるんだ「菱葩(ひしはなびら)」〔「読売新聞」2010年1月10日〕
その他 **英(はなびら)** 古

はなぶさ［花房・英］
【纐纈(はなぶさ)】 姓 纐纈 アヤメ・キクトジ・ククリ・コーケツ・ハナブサ〔篠崎晃雄「実用難読奇姓辞典増補版」1973〕❖纐纈(コウケツ)には、糸偏の代わりにイのものなどもある。

パナマ［Panama］
【巴奈馬(パナマ)】 辞書

はなまる 京都の一部では○◎の類を「はげまる」とも。
【花丸(はなまる)】 書籍 花丸をくれよ〔多賀たか子「はいすくーる落書」1986 俗〕
【花(はな)まる】 漫画 花(はな)まるが嫌(いや)がられました〔蛇蔵&海野凪子「日本人の知らない日本語」2009〕

はなみず［鼻水］
【洟水(はなみず)】 古〔1928 俗〕

はなもじ［花文字］
【華文字(はなもじ)】 新聞 松竹梅や鶴亀など、おめでたいものとされる絵を織り交ぜながら、墨で文字や言葉を書く「華文字」。〔「読売新聞」2009年12月26日〕

はなやか［花やか・華やか］
【声花(はなやか)】 古 ❖中世、近世にしばしば行われた表記。
その他 **浄光(はなやか)・華美(はなやか)** 古

はなやさい［花椰菜・花野菜］
【花椰菜(はなやさい)】 WEB「花キャベツ」とはカリフラワーの別称で、冬の季語です。「花椰菜(はなやさい)」とも呼ばれます。

はなよめいしょう［花嫁衣装］
【白無垢(はなよめいしょう)】 漫画〔高橋留美子「うる星やつら 12」1982〕

はなれ［離れ］
【離座敷(はなれ)】 書籍 二階建の離座敷(はなれ)があつて〔井上ひさし「私家版 日本語文法」1981〕

はなれる［離れる］
【距離(はな)れる】 歌詞 距離(はな)れて〔ZARD「ひとりが

は

好き」(坂井泉水)1991〕

はなわ
【花輪(はなわ)】【塙(はなわ)】姓〔篠崎晃雄「実用難読奇姓辞典 増補版」1973〕❖対が圷(あくつ)(茨城県の地名・姓に多い国字)。

ハニー [honey]
【蜜(ハニー)】歌詞 エサなら口移しの苦い蜜(ハニー)〔ALI PROJECT「EROTIC&HERETIC」(宝野アリカ)2002〕
【恋人(ハニー)】歌詞〔堂本剛「百年ノ恋」2000〕❖蜜月はハネムーンの直訳。

はにかむ
【⿰女氣(はにかむ)】古〔橘忠兼「伊呂波字類抄」〕❖ハユカムとする古辞書もあり。
【文化(はにかみ)】書簡 文化と書いて、それに、ハニカミというルビを振る事、大賛成。〔太宰治「書簡―昭和二十一年」1946〕
新聞 庄司薫「狼なんかこわくない」「文化(はにかみ)」に含羞というルビをつけたのは太宰治だが、この本では「文明とは羞恥心である」という言葉を見つけた。〔「読売新聞」2006年10月29日〕
その他 羞恥む(はにかむ) 古

パニック [panic]
【恐慌(パニック)】小説〔安井健太郎「ラグナロク 黒き獣」1998〕
【大騒ぎ(パニック)】小説 大騒ぎ(パニック)になるのは〔清涼院流水「カーニバル 二輪の草」2003〕
【大騒動(パニック)】漫画〔「週刊少年ジャンプ」2004年5月24日(こちら葛飾区亀有公園前派出所)〕

パニッシュ [punish]
【戒め(パニッシュ)】広告 復讐ではない、戒め(パニッシュ)だ〔映画「PUNISHER」2008〕

はにわり [半月] 半陰陽。
【半月(はにわり)】辞書〔1946 隠〕

はね [羽・羽根・翅] 古くから「翼」「羽毛」を当てた。羽(は)の根の部分も指した。
【翼(はね)】詩 蝶が翼(はね)をひろげてゐる〔萩原朔太郎「蝶を夢む」1923〕
小説 翼(はね)でもないかぎり〔松本清張「点と線」1958〕
歌詞 大きく翼(はね)広げた天使〔林原めぐみ「question at me」1999〕／傷ついた翼(はね)〔Tommy heavenly6「pray」2006〕
【翅(はね)】❖小説で多い表記。
書籍 肢(あし)と翅(はね)〔うみのさかな&宝船蓬莱「うみのさかな&宝船蓬莱の幕の内弁当」1992〕／蜻蛉が、ぴたりと翅を伏せてゐる。〔高橋輝次「誤植読本」2000(富安風生)〕
新聞 バッタは不完全変態をする昆虫で、成虫になるまで翅(はね)が不完全だ。〔「読売新聞夕刊」2009年11月17日〕
【羽毛(はね)】詩 羽毛(はね)から鋭い鋼鉄へ〔谷川俊太郎「机上即興」1952〕❖羽布団、羽毛(うもう)布団。
その他 衣裳(はね) 古

はね [跳ね]
【飛泥(はね)】小説 私は飛泥(はね)の上がるのも構わずに〔夏目漱石「こころ」1914〕
【閉場(はね)】古〔1917 隠〕
【刎(はね)】辞書〔1949 隠〕
【個性(はね)】書籍〔326「JeLLY JeWeL」2001〕

ばね [発条・弾機]
【弾機(ばね)】詩 弾機(ばね)ではない〔高村光太郎「牛」1913〕
【発条(ばね)】小説 発条(ばね)とボルトが弾けて〔菊地秀行「白夜サーガ 魔王星完結編」1996〕❖ゼンマイとも読む。
【跳躍(ばね)】漫画〔浅田弘幸「I'll」1995～2004〕

はねかえり [跳ね返り] お転婆娘。
【跳反(はねかえり)】古〔1929 隠〕

ハネジュウ [←honeydew melon] メロンの一品種。
【羽十(ハネジュウ)】辞書 ❖借字。

はねつるべ [撥ね釣瓶]
【桔槹(はねつるべ)】歌誌 桔槹の〔「短歌」1994年11月〕❖桔槹(けっこう)。

はねのける［撥ね退ける］

【刎《は》ね除《の》ける】 辞書

ハネムーン［honeymoon］

【羽月《ハネムーン》】 字遊〔阿刀田高「ことば遊びの楽しみ」2006〕

【蜜月《ハネムーン》】 TV 介護は第二の蜜月《ハネムーン》〔「おとなの学校」2004年8月12日（テロップ）〕

その他 **甘露月《ハネムーン》・蜜月旅行《ハネムーン》** 古

はねる［跳ねる］

【終演《はね》る】 書籍 私がトリで終演《はね》たら〔立川談志「談志楽屋噺」1990 集〕

【閉《は》ねる】 雑誌 閉《は》ねて〔「小説新潮」1994年12月〕

【弾《は》ねる】 歌詞 弾ねざかり〔斉藤哲夫「いまのキミはピカピカに光って」（糸井重里）1980〕

パネル［panel］

【撥練《パネル》】 小説 発禁反撥練紙《はっきんはんパネルし》の報《ほう》ずるに〔柳瀬尚紀訳「フィネガンズ・ウェイク III IV」1993〕

ハノイ［Hanoi］ ベトナムの首都。

【河内《ハノイ》】 辞書 ❖ホン河（紅河）の内にあるとして付けられた地名。かわちと一致する。ベトナム漢字音による。

パノラマ［panorama］

【一望《パノラマ》】 広告 海が一望（パノラマ）できる高台〔「読売新聞」2010年3月18日〕

【無限宇宙《パノラマ》】 広告 無限宇宙《パノラマ》で恋をしよう〔日渡早紀「ぼくの地球を守って 2」1987（巻末）〕

その他 **彎画《パノラマ》** 古

はは［母］ 奈良時代にはパパと発音されていた。→ママ

【婆婆《はは》】 古〔「続日本紀」宣命〕

【母《はは》】 新聞〔母は／舟の一族だろうか／こころもち傾いているのは／どんな荷物を／積みすぎているせいか〕――詩人の吉野弘さんは『漢字喜遊曲』でうたった。舟を女性名詞に分類している外国語は少なくないが、漢字の場合は「母」と姿かたちがよく似ている〔「読売新聞」2010年4月27日〕❖三好達治は詩「郷愁」（1930）で、「海」という字の中に「母」がいるとし、仏蘭西《フランス》語では、母 mère の中に海 mer があるという。

広告 馬鹿っ母〔雑誌・新聞の広告欄や吊り広告〕❖「ばかっはは」と読むか。

【母親《はは》】 曲名 大泉逸郎「母親《はは》ごころ」（荒木良治）2001

【御母《はは》】 歌詞 御母《はは》の手は泥にまみれて〔GLAY「ひとひらの自由」（TAKURO）2001〕

【義母《はは》】 広告〔神坂一「日帰りクエスト なりゆきまかせの異邦人《ストレンジャー》」1993（巻末）〕

小説〔「読売新聞」2009年6月19日〕

短歌 歌会でよく聞くのが、安易なルビ（ふりがな）の使用を戒める意見である。例えば、「義母（はは）」のようなルビは使わず、すっきりと「母」などと表現すればよいではないか、という指摘だ。〔松村由利子「ふりがな考」2009〕

【継母《はは》】 辞書〔大石初太郎「振り仮名」（「国語学辞典」1955）〕

【亡母《はは》】 書籍〔柳田征司「あて字」1987〕

俳句 亡母にルビ「はは」を易々とつかってほしくない〔「読売新聞」2000年12月3日（宇多喜代子）〕／亡父亡母《ちちはは》より父母〔「読売新聞」2004年9月14日（宇多喜代子）〕

【妣《はは》】 書名 折口信夫「妣が国へ」1929 ❖とくに亡き母。

【聖母《はは》】 歌詞 聖母《はは》のように〔南野洋子「風のマドリガル」（湯川れい子）1986〕

【姑《はは》】 歌誌〔「短歌」1994年1月〕

歌詞〔大泉逸郎「母親ごころ」（荒木良治）2001〕

【女神《はは》】 歌詞 吾は女神《はは》の見る夢〔霜月はるか「護森人」（日山尚）2007〕

【殷氏《はは》】 漫画 殷氏《はは》には『戦場に散った』と言っておこう!!!〔藤崎竜「封神演義 20」2000〕

その他 **孃《はは》・姥《はは》・婆《はは》・媽《はは》** 古／**粛清対象《はは》** 歌詞／**老母《はは》** 短歌

はば［幅］

【巾】歌詞 台詞「今日日『寄らば大樹の蔭』とかいう言葉が巾をきかせているようでございます。」〔美空ひばり「残侠子守唄」(たかたかし)1983〕◆略字としての用法。

ばば [婆]

【媽】古 はちまんばば 八幡媽 やかましき老婆〔1910 隠〕

【婆】雑誌 圧倒的な存在感を放つ「爺杉」が見える。かつては「夫婦杉」と呼ばれ、付近にもう1本「婆杉」が立っていたのだという。〔「暮らしの風」2008年12月〕◆姥も「ばば」とも読む。

辞書 トランプのジョーカー〔俗〕◆語義とアクセントも異なり、別語意識が定着。

その他 媼 古／鬼婆々 古

パパ [papa]

【父】漫画 俺のヤギ目は父母製!!〔本仁戻「高速エンジェル・エンジン 1」2000〕◆中国での爸は、英語とは暗合する。「父」の転化とされる。爺も中国では父の意。

【社長】漫画 社長は忙しいんだ〔「花とゆめ」2004年22号(悩殺ジャンキー)〕

【ケイン】漫画 ケインの悪口言うなあ!!〔義仲翔子「ロスト・ユニバース 2」(神坂一)1999〕

ばばあ [婆] →ばば

【婆】小説 あの婆めに〔「読売新聞」2009年5月31日〕

【乳母】古 ◆うばの意。

その他 老婆・老媼・媼 古

パパイヤ [ラテン Papaya]

【万寿果】【蕃瓜樹】古

ははうえ [母上]

【義母上】漫画〔松川祐里子「魔術師 3」1997〕

はばかり [憚り]

【厠】古〔1917 隠〕

【厠所】書籍 厠所、長屋になりますと〔井上ひさし「私家版 日本語文法」1981〕

ははこ [母子]

【母娘】新聞 川崎市内の母娘が〔「読売新聞」2010年3月6日〕◆「おやこ」と読むか。

はばたき [羽撃き・羽搏き]

【羽撃き】広告〔奥山益朗「広告キャッチフレーズ辞典」1992〕

歌詞 漆黒の羽撃き〔T. M. Revolution「夢幻の弧光」(井上秋緒)2004〕

はばたく [羽撃く・羽搏く]

【羽撃く】歌詞 羽撃くのを止めれば〔大瀧詠一「銀色のジェット」(松本隆)1984〕／心が羽撃いた〔一ノ瀬トキヤ「BELIEVE ☆ MY VOICE」(上松範康)2009〕

【羽搏く】小説 双翼を羽搏かせながら〔平野啓一郎「日蝕」2002〕

【羽ばたく】新聞 羽ばたく祈り〔「読売新聞夕刊」2010年3月4日〕

【飛翔く】歌詞 飛翔いたら〔いきものがかり「ブルーバード」(水野良樹)2008〕

【翔く】歌詞〔古本新之輔・林原めぐみ「What's up Guys?」(松葉美保)1995〕／きっと永遠に翔ばたく〔加地葵&王崎信武「DECEMBER DREAM」(石川絵里)2008〕◆→翔ぶ

はびこる

【蔓延る】辞書

パピヨン [フランス papillon]

【蝶】漫画 復活の蝶を刮目せよ〔「週刊少年ジャンプ」2004年7月8日(武装錬金)〕

【蝶々】漫画 蝶々覆面をつけた敵の創造主は〔和月伸宏「武装錬金 2」2004〕

パフォーマンス [performance]

【性能】広告〔ソニー銀行(金城ふみ子 2003)〕

【KO宣言】漫画 KO宣言などやったコトはあれ〔森川ジョージ「はじめの一歩 44」1998〕

【手品】漫画〔冨樫義博「HUNTER × HUNTER 7」1999〕

パフューム [perfume] パヒューム。

【香水（パフューム）】（小説）香水（パフューム）の香り〔菊地秀行「白夜サーガ 魔王星完結編」1996〕（漫画）『毒香水（ポイズンパフューム）』を武器に戦う魔女〔綾峰欄人「GetBackers 奪還屋 23」（青樹佑夜）2003〕

はふり［祝］

【祝（はふり）】（雑誌）〔「旅行読売」1994年12月〕◆姓に「ほうり」も。

パブリック［public］

【公（パブリック）】（雑誌）ここでも公（パブリック）は官に完全にすげ替えられている。〔「世界」1994年6月〕

【公共（パブリック）】（小説）公共の乗り物（パブリック・ビークル）〔菊地秀行「魔界都市ブルース 夜叉姫伝 4」1990〕（書籍）公共善（パブリック・グッド）〔松岡正剛「日本流」2000〕

【公共的（パブリック）】（新聞）公共的（パブリック）な空間〔「読売新聞」2008年4月16日（是枝裕和）〕

【公的（パブリック）】（アルバム名）YMO「パブリック・プレッシャー／公的抑圧」1980

はふる［葬る］ はぶる。→はうりめ

【葬（はふ）る】（俳句）明けて葬（はふ）り〔竹下しづの女〕

バブル［bubble］

【あぶく（バブル）】（漫画）あぶく（バブル）みてーな腹〔大暮維人「エア・ギア 3」2003〕

【泡（バブル）】（書名）工藤美代子ほか「日本人が変わったーふくらんだ泡（バブル）が弾けて」1992

（その他）泡沫（バブル）（WEB）

パペット［puppet］

【傀儡人形（パペット）】（漫画）僕だけの傀儡人形（パペット）となって〔由貴香織里「天使禁猟区 1」1995〕

（その他）猫形使い（パペッター）（漫画）

はま［破魔］

【破魔（はま）】（新聞）大西嘉一郎さん（56）は「破魔弓の『はま』は当て字なんですよ」と話す。（中略）「濱」と書かれたころもあった。〔「朝日新聞」2008年12月25日〕

はま［←横浜］ はまっこ、はまことば。

【横浜（はま）】（歌詞）横浜（はま）の酒場〔小林旭「昔の名前で出ています」（星野哲郎）1975〕（小説）横浜（ハマ）の中国人の麻薬卸屋に〔大藪春彦「ザ・刑事」1985（集）〕（雑誌）横浜（ハマ）のピカソ〔「JUNON」2008年11月〕（チラシ）炸裂する横浜（ハマ）のブルース魂!!〔柳ジョージ&レイニーウッド LIVE2009〕

はまぐり［蛤・文蛤・蚌］ →ぐりはま

【蛤蜊（はまぐり）】（俳句）〔「読売新聞」2009年10月16日（四季欄）〕◆→あさり（浅蜊）

はまごう［蔓荊］

【荊（はまごう）】（俳誌）〔「俳句」1994年10月〕

はまち 魚名。

【浜地（はまち）】（姓）◆網代の村民。→たこ（太古）

はまなす［浜茄子］ はまなし（浜梨）が東北方言で訛り、「はまなす」となり浜茄子と表記されるようになったという。

【浜薔薇（はまなす）】（古）◆石川啄木が用いた。

【浜梨（はまなし）】（辞書）◆海岸で梨のような果実を付けるところから。本来の語形と表記とされる。

（その他）浜茄子（はまなす）・玫瑰（はまなす）（古）

はまる［嵌まる・塡まる］

【塡（はま）る】（辞書）〔1960（隠）〕◆佐賀では江戸時代に「部」を当てていた。

【ハマる】（新聞）ハマった（見出し）〔「読売新聞」夕刊 2010年3月8日〕

はむ［食む］

【食（は）む】（書籍）禄を食（は）み〔井上ひさし「ニホン語日記」1996〕

【啄（はむ）】（古）すみれ啄（はむ） 几董〔「読売新聞」2010年3月11日〕

ハム

【公（ハム）】（WEB）公【はむ】縦に分解してハムと読む。日本ハムファイターズのこと。日公・日本公とも。／ハム子【はむこ】ゲーム「ONE2」の角田公子。ゲーム「CLANNAD」の伊吹公子。◆あだ名に多し。「公債証書」の隠語でもある〔1956（隠）〕。

はむかう［歯向かう・刃向かう］

は

【抵抗う】古 抵抗ふ〔山田美妙「竪琴草紙」1885〕

【刃向かう】【歯向かう】新聞「歯向かう」「刃向かう」両方の表記がある古典文学では「刃向かう」がほとんど〔「読売新聞」2008年12月3日(日本語・日めくり)〕

ハムレット［Hamlet］

【葉室烈人】公演名 1957年4月。新宿コマの舞台公演ミュージカル「廻れ！コマ」と「葉室烈人の恋」が上演〔「読売新聞」2008年12月24日〕

【破無礼】ポスター 破無礼 ハムレット〔早稲田大学で2010年4月10日〕

はめ［羽目］

【破目】歌詞 破目をはずし〔梓みちよ「二日酔い」(阿久悠)1976〕

はめる［嵌める・填める］

【陥める】古

はもん［波紋］

【記号】曲名 河合奈保子「砂の記号」1985

はやい［早い・速い］

【早い】歌詞 ケンカ早いやつもいた〔太田裕美「君と歩いた青春」(松本隆)1981〕◆「ケンカ(っ)ぱやい」と読む。

【迅い】漫画 単純に走るより迅いだろうが〔大暮維人「エア・ギア 2」2003〕／迅っ〔大暮維人「エア・ギア 5」2004〕◆迅速。

【疾い】広告 弾丸より疾く!!〔中条比紗也「花ざかりの君たちへ 1」1997(巻末)〕

漫画 疾きこと風の如く〔許斐剛「テニスの王子様 27」2005〕◆疾きこと、疾風。

【早よ】◆関西方言を文字化。

小説 早よいうたら〔田辺聖子「ほとけの心は妻ごころ」1980〕／早よせんかい〔中場利一「岸和田のカオルちゃん」2002 俗〕

漫画 早よ飯にせんか〔山岸凉子「日出処の天子 1」1980〕／早うせえへんと決勝戦が〔鷹岬諒「THE KING OF FIGHTERS'94 外伝 6」1997〕

【速】雑誌 ヘッドが速う動く〔「GOLF DIGEST」1994年2月〕

【早え】漫画 早えとこ手ぇ打たねぇと〔さとうふみや「金田一少年の事件簿 9」(金成陽三郎)1994〕／早ぇー〔荒川弘「鋼の錬金術師 15」2006〕／早ぇー〔「読売新聞」2009年5月3日(あたしンち)〕

小説 相変わらず早えなー〔鈴羅木かりん「ひぐらしのなく頃に 鬼隠し編 1」(竜騎士07)2006〕

【速え】◆関東などの方言形、若者ことば。

漫画 速え〜〔二ノ宮知子「のだめカンタービレ 5」2003〕／サーブが速んだ〔許斐剛「テニスの王子様 28」2005〕

TV むっちゃ速え〜(テロップ)。音声は「はえー」〔TBS系列 2010年7月3日20時台〕

【迅え】漫画 やたら足迅ェな〔大暮維人「エア・ギア 2」2003〕

【速】漫画 速…ッ〔「週刊少年ジャンプ」2004年5月24日(シャーマンキング)〕◆言いさし。

【881】広告 39-0881〔「千葉ウォーカー」2004年6月9日〕◆電話番号。

【889】ポケベル 889は早く。判じ物のようではある。〔YOMIURI PC 編集部「パソコンは日本語をどう変えたか」2008〕

その他 疾足 書籍

はやくち［早口］

【急口】書籍 これらの隠語が急口に〔松原岩五郎「最暗黒の東京」1893 集〕◆早口よりも速口のほうが、異字同訓の原則に適っているようであるが、早口は速に「はや」という訓が定着する前に生じた表記が残ったもの。速度であっても江戸時代はもっぱら「早」。歴史の長い語であるため、速口とはならない。『早繰辞書』(1904)も同じ。

はやさ［早さ・速さ］

【疾さ(はや)】 小説 凄まじい疾(はや)さであった〔夢枕獏「黒塚 KUROZUKA」2003〕

【速度(はやさ)】 歌詞 この地球の速度(はやさ)〔GARNET CROW「世界はまわると言うけれど」(AZUKI七)2007〕

はやし［囃し］

【囃子(はやし)】 辞書 ❖動詞「はやす」の連用形から。和語「し」に「子」がちょうど当たる例。銚子、帽子のように漢語起源もある。「数多」「健気」「田鶴」など捨て漢字的な当て字。

【曲(はやし)】 新聞 大人たちの謡(うたい)が続く。「……いつも緑の色映えて千代を重ねて竹の曲(はやし)」〔「読売新聞」2008年12月24日〕

はやし

【早矢仕(はやし)】 姓 〔佐久間英「珍姓奇名」1965〕❖ハヤシライスは早矢仕有的の考案とも。

はやしやぺー［林家ぺー］

【林家ぺー(はやしや(平仮名))】【林家ペー(はやしや(片仮名))】 芸名 ❖名前は縦書きではひらがな、横書きではカタカナと本人がテレビで語った。夫人はパー子。

ハヤシライス →はやし(早矢仕

【粣(ハヤシライス)】 書籍 烹炊所(炊事室)の黒板に『昼食粣』と書いてあればハヤシライスのことである〔瀬間喬「素顔の帝国海軍」1973〕／〔山本昌弘「漢字遊び」1985〕❖位相文字。

その他 細肉茶飯(ハヤシライス) 書籍

はやて［疾風・早手］

【疾風(はやて)】 歌詞 疾風のように現れて〔井上裕子ほか「月光仮面は誰でしょう」(川内康範)1958〕／疾風(はやて)の如く胸に嚙み付く〔ALI PROJECT「青嵐血風録」(宝野アリカ)2007〕

新聞 津軽三味線若手ユニット「疾風(はやて)」が〔「読売新聞」2009年1月1日〕

書名 翔田寛「秋疾風(あきはやて)の悲愴(ひそう)」2009

【陣風(はやて)】 書名 宮本昌孝「天空の陣風(はやて)」2010

【颯(はやて)】 句集 竹下しづの女「颯(はやて)」1940

【疾風(はやち)】 書名 北重人「白疾風(しろはやち)」2007

はやと 薩摩隼人。

【隼人(はやと)】 書籍 〔平川南「日本の原像」2008〕

【颯斗(はやと)】 人名 〔たまひよ 名前ランキング 2008〕

はやとちり［早とちり］→とちる

【はや栃(とち)り】 書籍 はや、栃(トチ)り〔杉本つとむ「日本文字史の研究」1998〕

はやぶさ［隼］

【隼(はやぶさ)】 俳句 隼(はやぶさ) 鷹渡る〔「読売新聞」2008年10月27日〕

その他 俊足(はやぶさ) WEB ／8823(ハヤブサ) 番組名

はやみち［早道］

【捷径(はやみち)】 辞書 ❖→ちかみち(捷径)

はやり［流行り］→ながれ(流行

【時花(はやり)】 古 〔井原西鶴「好色一代男」1682〕❖「花」の表現性を巧みに利用しており、江戸時代には「流行」よりもよく用いられたことあり。

歌詞 ほろ酔い気分の時花歌〔南佳孝「おいらギャングだぞ」(松本隆)1973〕

【流行(はやり)】 歌詞 流行(はやり)のビデオ見て〔大黒摩季「永遠の夢に向かって」1994〕／流行(はや)りも様変わりで〔藤井隆「アイモカワラズ」(GAKU-MC)2000〕／流行(はやり)のメイクとか〔Every Little Thing「Just be you」2003〕

小説 流行病(はやりやまい)〔「読売新聞」2009年4月28日〕

【早歌(はやり)】 雑誌 〔「歴史読本」1994年9月〕

*【流行性感冒(はやりかぜ)】 古 1919年 内務省衛生局が〈流行性感冒(はやりかぜ)予防心得〉という文書を出した〔「読売新聞 夕刊」2009年4月28日〕

はやる［流行る］

【葉流(はやる)】【時花(はやる)】 古 〔節用集〕

【流行る(はや)】 小説 その頃流行(はや)り始めた〔夏目漱石「こころ」1914〕／この言葉が皆の間で流行(はや)りだした。〔小林多喜二「蟹工船」1929〕

漫画 流行(はや)っている〔渡辺祥智「funfun 工房2」2001〕

【繁盛る(はや)】 歌詞 斯くして店は繁盛る〔中島みゆき「あしたバーボンハウスで」1985〕

その他 時行(はやる)・時勢(はやる) 古

はやる［逸る・早る］
【逸(はや)る】歌詞 期待して逸(はや)る脳〔スキマスイッチ「アーセンの憂鬱」2006〕

はら［腹］
【胎(はら)】小説 女の胎(はら)〔小野不由美「風の海 迷宮の岸 上 十二国記」1993〕
新聞 母親が自分を妊娠したとき胎(はら)に太陽が入る夢を見た〔「読売新聞」2008年6月24日〕
【臓(はら)】漫画 肉雫唼(みなづき)の臓(はら)で〔「週刊少年ジャンプ」2004年48号(BLEACH)〕
【肚(はら)】小説〔小野不由美「月の影 影の海 上 十二国記」2000〕
【胆(ハラ)】漫画 一番胆(ハラ)が座ってるとはな〔天獅子悦也「むこうぶち 24」2009〕

ばら
【散(ばら)】辞書 ❖散売(ばらう)り。
*【個人客(バラきゃく)】小説 個人客(バラ)ならば〔森村誠一「虚構の空路」1970 集〕

ばら［薔薇］とげのある低木の総称は「いばら」とも言い、「刺」「荊棘」などと書く。
【茨(ばら)】古 ❖与謝野晶子に野茨(のばら)の表記あり。
【薔薇(ばら)】曲名 布施明「君は薔薇より美しい」(門倉憲二)1979／あがた森魚「薔薇瑠璃学園」2000 ❖→薔薇薔薇(ばらばら)
TV バラって漢字で書ける? 安田成美〔CM 1992〜1993〕
歌詞 酒鬼薔薇崎勤〔ヴィドール「新聞マスコミ関係の方へ…」(ジュイ)2004〕
【芭蘿(ばら)】小説 芭蘿(ばら)〔柳瀬尚紀訳「フィネガンズ・ウェイク I II」1991〕❖「⿱艹バ⿱艹ラ」と書く学生あり。中国語を基に「玫瑰(ばら)」あり。
その他 花(ばら) 漫画

バラード［フランス ballade］
【曲(バラード)】歌詞 好きなあの曲(バラード)みたいには〔松田弘「それでも時は」(相田毅)1997〕
*【譚詩曲(バラーディア)】歌詞 生命の譚詩曲(バラーディア)〔Sound Horizon「終端の王と異世界の騎士〜The Endia & The Knights〜」(REVO)2006〕

はらい［祓］
【解除(はらい)】【禊(はらい)】古

ハライソ［ポルトガル paraiso］パラダイス。天国。細野晴臣の曲に「はらいそ」(1994)。
【天国(ハライソ)】歌詞 母は天国(ハライソ)〔美空ひばり「母恋い扇」(石本美由起)1954〕
その他 婆羅葦増(ハライソ) 古

はらう［払う］
【撥(はら)う】雑誌 撥(ハラ)イ〔「問題小説」1994年2月〕
【払(はろ)て】漫画 隣町に金を払(はろ)てでも〔天獅子悦也「むこうぶち 25」2009〕❖関西方言。

バラエティ［variety］バラエティー。
【娯楽(バラエティ)】アルバム名 東京事変「娯楽(バラエティ)」2007

はらから［同胞］
【同胞(はらから)】漫画〔峰倉かずや「最遊記 1」1997〕
歌詞 同胞(はらから)たちを巻き込んで〔歌川二三子「男意地〜田原坂〜」2001〕／地獄の同胞(はらから)〔ALI PROJECT「わが臈たし悪の華」(宝野アリカ)2008〕

はらきり［腹切り］
【切腹(ハラキリ)】小説「切腹(ハラキリ)」が刑罰として〔清涼院流水「カーニバル 二輪の草」2003〕

パラグアイ［Paraguay］
【巴拉圭(パラグアイ)】辞書

パラグラフ［paragraph］
【段落(パラグラフ)】書籍〔井上ひさし「自家製文章読本」1984〕
小説 報告書最後の段落(パラグラフ)に〔西尾維新「ダブルダウン勘繰郎」2003〕

はらぐろい［腹黒い］
【獰悪(はらぐろ)い】古 獰悪(はらぐろ)き

はらける 人名を動詞化。
【原敬(はらけ)る】古 うそをいふ〔1915 俗〕

はらこ［腹子］
【腹児(はらこ)】古〔1915 隠〕❖「児島」「鹿児島」などに見られる訓。

ばらさんとう
【茨散沼(ばらさんとう)】地名 ◆北海道別海町。アイヌ語ハラサンへの当て字。「沼(ぬま)」を「とう」と音読みのような語感で読むのも道内独特。

ハラショー [ロシア khorosho]
【素晴らしい(ハラショー)】漫画〔久保帯人「ZOMBIE-POWDER. 3」2000〕
【同志(ハラショー)】漫画〔大暮維人「エア・ギア 2」2003〕

ばらす
【暴(ばらす)】古〔1935 隠〕◆「暴(ばらし)」とも。→ばれる
【暴露(バラ)す】小説 暴露(バラ)したくないわ〔島田一男「伊豆・熱海特命捜査官」1995 俗〕
【曝露(ばら)す】新聞 行然坊が曝露(ばら)した。〔「読売新聞」2010年1月28日〕
【殺(ばら)す】小説 もし殺(ばら)すのだったら〔大沢在昌「銀座探偵局」1993 俗〕
漫画 こいつ、殺(バラ)しやすかい!?〔青山剛昌「名探偵コナン 1」1994〕
その他 解体(ばら)す・因数分解(バラす) WEB

パラソル [フランス parasol]
【洋傘(パラソル)】古

はらだ [原田]
【頗羅堕(はらだ)】姓 ◆僧侶の姓。お経の字を当てたのであろう。

パラダイス [paradise] →ハライソ
【楽園(パラダイス)】歌詞 罪が飛び散る 楽園(パラダイス)へ〔中原理恵「シェイク シェイク…」(ちあき哲也)1981〕／南風の楽園(パラダイス)〔渚のオールスターズ「Be My Venus」(亜蘭知子)1988〕／右も左にも楽園(パラダイス)〔Superfly「マニフェスト」(越智志帆・多保孝一)2007〕
曲名 林原めぐみ「Dance with me… 最後の楽園(パラダイス)」(島エリナ)1994
雑誌 娯楽映画の楽園(パラダイス)!〔「V☆パラダイス」2008年11月〕
【天国(パラダイス)】歌詞 のれんをくぐれば 天国(パラダイス)〔シブがき隊「スシ食いねェ!」(岡田冨美子・S.I.S.)1986〕
広告 これぞ冒険天国(パラダイス)〔「読売新聞 夕刊」2008年8月8日〕
【戦国(パラダイス)】漫画 この学園を戦国(パラダイス)に〔大暮維人「天上天下 9」2002〕
【十七号館(パラダイス)】チラシ 集え、夢の十七号館(パラダイス)へ!〔どんぞこ市 2009年12月〕
【おっぱいの国(パラダイス)】漫画〔大暮維人「エア・ギア 5」2004〕

パラダイム [paradigm]
【基本的枠組(パラダイム)】書籍 新しい基本的枠組(パラダイム)の設定なのである。〔井上ひさし「自家製文章読本」1984〕

バラッド [ballad]
【物語詩(バラッド)】書籍 物語詩(バラッド)に見出すことが〔池田雅之「ラフカディオ・ハーンの日本」2009〕

パラドクス [paradox] 逆説。
【逆接(パラドクス)】誤字〔由良君美「言語文化のフロンティア」1986〕

パラノイア [ドイツ Paranoia]
【偏執狂(パラノイア)】小説 悪質な偏執狂(パラノイア)に〔清涼院流水「カーニバル 一輪の花」2003〕

はらはら
【危機(ハラハラ)】歌詞 危機(ハラハラ)と〔浅倉亜季「陽あたり良好」(売野雅勇)1987〕
その他 散々(はらはら) 古

ばらばら
【破落破落(ばらばら)】古〔山田美妙「竪琴草紙」1885〕
【薔薇薔薇(ばらばら)】曲名 田原俊彦「君に薔薇薔薇…という感じ」(三浦徳子)1982 ◆もじりか。
歌詞 薔薇薔薇にしてみようか〔Dir en grey「蜜(つみ)と唾(ばつ)」(京)1999〕

はらぺこ [腹ぺこ]
【腹凹(はらぺこ)】WEB 腹凹(はらぺこ)学習会◆ダイエット本ではルビ「はらへこ」とも。

パラボラ [parabola]
【月見草(パラボラ)】漫画 夏の間だけ月見草(パラボラ)の下に〔猫十字社「小さなお茶会 2」2000〕

ばらまく［散蒔く］

【散撒く（ばらまく）】 歌詞 街中にゴシップが散撒（ばらま）かれてる〔Mr. Children「終末のコンフィデンスソング」（桜井和寿）2008〕

パラミシア

【超人系（パラミシア）】 漫画〔尾田栄一郎「ONE PIECE 30」2003〕

その他 超能力系（パラミシア） WEB

はららご［鮞］戦前の雑誌『太陽』に造字「鮞」あり。

【散子（はららご）】 詩 浮游する、しろい散子（はららご）よ。〔野村喜和夫「現代詩作マニュアル 詩の森に踏み込むために」2005（高貝弘也「生の谺」）〕

ばらり

【破落離（ばらり）】 古

ぱらルビ 対語は「総ルビ」。

【部分ルビ（パラ）】 書籍〔杉本つとむ「日本文字史の研究」1998〕

パラレルワールド［parallel world］

【異世界（パラレルワールド）】 広告〔さとうふみや「金田一少年の事件簿 1」（金成陽三郎）1993（巻末）〕

【平行世界（パラレル・ワールド）】 小説 平行世界（パラレル・ワールド）で別の実体が〔大石英司「神はサイコロを振らない」2005〕

はらわた［腸］

【臓物（ハラワタ）】 漫画 臓物（ハラワタ）をブチ撒けろ!!〔和月伸宏「武装錬金 2」2004〕

はらん「ハラン」も見られる。ばらん。

【葉蘭（はらん）】 辞書

バランス［balance］

【平衡（バランス）】 漫画〔さいとうたかを「ゴルゴ13 42」1981〕

【比率（バランス）】 広告 〝大人かわいい〟美人比率（バランス）〔「読売新聞」2010年4月1日（Domani）〕

【配合（バランス）】 歌詞 希望と憂鬱との配合（バランス）失くしてから〔Hundred Percent Free「Hello Mr. my yesterday」（Tack/Ko-KI&L®UCCA）2010〕

【距離感（バランス）】 歌詞 二人の距離感（バランス）…〔TWO-MIX「TRUST ME」（永野椎菜）1996〕

その他 平衡感覚（バランス） 漫画

はり［針・鍼・鉤］

【鍼（はり）】 雑誌 看板 ❖鍼灸（シンキュウ）（はりキュウ）は「針灸」の表記では痛そうという声あり。

【秒針（はり）】 歌詞 夜は秒針（はり）をまたのろまにし〔19「恋」（326）1999〕❖多義語である日常語の「はり」を視覚的に区別する表現。

はり［玻璃・頗梨・玻瓈］

【玻璃（はり）】 新聞〔「毎日新聞」2010年4月9日〕❖人名用漢字にない「玻」の字を使ったことを理由に、出生届が受理されなかった事案を不服として最高裁まで争われた結果、不受理が適法とされた。

パリ［Paris］

【巴里（パリ）】 映画題名「巴里の屋根の下」1931／「巴里祭」1933❖巴里（ぱり）は人名にも。

店名 銀巴里❖東京銀座にあったシャンソン喫茶店（1951～1990）。／巴里院❖理髪店。

小説 巴里（パリ）のフォン・シュテット将軍は〔遠藤周作「白い人」1955〕

書籍 燦然と君臨する巴里（パリ）直輸入の〔井上ひさし「私家版 日本語文法」1981〕

【巴黎（パリ）】 小説 巴黎大学に籍を置き〔平野啓一郎「日蝕」2002〕❖現在、中国では「巴黎」。

その他 吧里（パリ） 古

バリアント［variant］

【異形（バリアント）】【変体（バリアント）】【変種（バリアント）】 書籍〔杉本つとむ「日本文字史の研究」1998〕

はりい

【巴里（はりい）】 姓 三つ巴の家紋から。〔TBS系列の番組で2005年9月14日〕❖「巴里（はり）」姓も。

ハリウッド［Hollywood］ロサンゼルスにある映画の都。

【聖林（ハリウッド）】 辞書 ❖ヒイラギ（Holly）林を誤った漢字で訳したものというが、柊にも聖（Holy）なるニュアンスがあったためともいわれる。高知県に「聖林（ひじりばやし）」と読む小地

は

名あり。
【針宇土(ハリウド)】書籍〔杉本つとむ「日本文字史の研究」1998〕

バリエーション [variation]
【変形(バリエイション)】書籍〔杉本つとむ「日本文字史の研究」1998〕
【変化(バリエーション)】小説 変化道(バリエーションルート)〔森村誠一「殺意の接点」2001〕◆同書に「変化道(バリエーション)」も。

はりかね
【線金(はりかね)】古 切昆布〔1915 隠〕

はりがね [針金]
【張鉄(はりがね)】【電線(はりがね)】【鍼金(はりがね)】【釘線(はりがね)】古

ばりき [馬力]
【馬力(ばかぢから)】誤読〔斎賀秀夫「漢字と遊ぶ」1978〈写研「漢字読み書き大会」〉〕

ハリジャン [ヒンディー Harijan]
【神の子(ハリジャン)】書籍〔うみのさかな&宝船蓬莱「うみのさかな&宝船蓬莱の幕の内弁当」1992〕

バリトン [baritone]
【声(バリトン)】小説 笑いを含む声(バリトン)が響いた〔菊地秀行「魔界都市ブルース 夜叉姫伝 4」1990〕◆声のうちで、バリトンに特化させる読み方。語を知らなくても、意味の範囲は分からせようとする表記。

ばりばりだぜ
【罵詈罵詈駄是(ばりばりだぜ)】WEB ヤンキー系漫画で。

バリュー [value]
【価値(ヴァリュー)】広告 価格(コスト)と価値(ヴァリュウ)〔住宅会社 1960 目〕
その他 お得(バリュー) 民間

はる [春]
【暖(はる)】【張(はる)】【波流(はる)】【芳流(はる)】古〔「万葉集」〕
【初春(はる)】演目 歌舞伎座「祝初春式三番叟(いわうはるしきさんばそう)」〔「読売新聞 夕刊」2008年12月15日〕
【青春(はる)】歌詞 ああ青春は逝く〔竹山逸郎「熱き泪を」(吉川静夫)1949〕/つらいつらいわつめたい青春を〔内山田洋とクール・ファイブ「噂の女」(山口洋子)1970〕◆この表記はあまり受け継がれなかったか。
【陽(はる)】人名 ◆明治初めには名乗り訓のようになっていた。暖かい意あり。
【明(はる)】人名 奥村明(はる)◆ペンネームは平塚らいてう(らいちょう)。

はる
【原(はる)】地名 原(はる)の辻遺跡〔「歴史読本」1994年5月〕◆九州や沖縄などで見られる。姓に「東国原(ひがしこくばる)」。

はる [張る]
【貼る(は)】新聞 ポスターが貼(は)られていた。〔「読売新聞」2008年10月18日〕◆改定常用漢字表(答申)に追加。
書名 山本知枝「リハビリにも役立つ かんたん貼り絵」2008
その他 粘る(は) 古
*【腹満(はらはり)】古「東京朝日新聞」1907 広告〔柳瀬尚紀「日本語は天才である」2007〕

バルーン [balloon]
【広告風船(ばるうむ)】詩 広告風船(ばるうむ)は高く揚りて〔萩原朔太郎「虎」1929〕◆アドバルーン。

はるか [遥か]
【悠(はるか)】誌名 月刊「悠+(はるか・プラス)」
【久遠(はるか)】歌詞 理想(おもい)は久遠(はるか)高く〔「いざ青春の生命のしるし」(宮永正隆)1982〕
【永(はるか)】人名〔「読売新聞」2009年12月28日〕
【永翔(はるか)】人名〔「朝日新聞 夕刊」2007年10月11日〕
その他 杳(はるか) 古

バルカン [Balkan]
【巴爾幹(バルカン)】辞書

ハルク [hulk] 廃船。
【躉船(ハルク)】古 揚子江警備の艦でないと通用しないのかも知れないが躉船と書いてハルクと読ませている。〔瀬間喬「素顔の帝国海軍」1973〕

バルコニー [balcony]
【露台(バルコニー)】小説 露台(バルコニー)では〔徳富健次郎「黒潮」1903〕/指型の露台(バルコニー)に〔有吉佐和子「地唄」〕

1956〕
書籍〔杉本つとむ「日本文字史の研究」1998〕
【バルカン(バルコニー)】雑誌 バルカン(バルコニー)も〔「マダム」1994年4月〕◆パリの話で。雰囲気を伝え、意味も伝わるようにとカタカナに同系の外来語でカタカナ。

パルス [pulse]
【波動(パルス)】漫画〔由貴香織里「天使禁猟区 1」1995〕
広告〔「コーラス」2004年10月〕
【P(パルス)】漫画 そうよ！P(パルス)ちゃんだったわ！〔秋本治「こちら葛飾区亀有公園前派出所 126」2001〕◆登場人物名。
その他 脈拍(パルス) WEB

はると
【陽斗(はると)】人名 男子11位 陽斗 はると〔たまひよ 名前ランキング 2008〕

バルト
【把瑠都(バルト)】しこ名 ◆バルト海から。

はるな
【陽菜(はるな)】人名〔「読売新聞」2010年1月1日〕

はるばる [遥遥]
【遥(は)る遥(ば)る】歌詞 想いは遥(は)る遥(ば)る〔大城バネサ「シベリア鉄道」(松井由利夫)2005〕
その他 杳々(はるばる) 古

ハルビン [Harbin] 中国東北地方の地名。
【哈爾賓(ハルビン)】古 ◆音訳。

バルブ [bulb]
【弁(バルブ)】民間〔小型のマンホール状の蓋に〕◆位相文字。「弁」と書かれたものも。

パルファム [フランス parfum]
【香水(パルファム)】漫画 ぷりんのつけてる香水(パルファム)！〔猫十字社「小さなお茶会 2」2000〕

はるま
【日馬(はるま)】しこ名 安馬改め日馬(はるま)富士。師匠の伊勢ヶ浜親方は「相撲界に日を照らし、大輪の花を咲かせてほしい」と願いを込め、〔「読売新聞 夕刊」2008年11月26日〕◆見出しにルビあり。

ハルマゲドン [ギリシャ Harmagedōn] アルマゲドン。
【第二次天地大戦(ハルマゲドン)】漫画〔由貴香織里「天使禁猟区 1」1995〕
【最終破滅(ハルマゲドン)】小説 最終破滅時刻(ハルマゲドン・タイム)〔菊地秀行「白夜サーガ 魔王星完結編」1996〕
【最終戦争(ハルマゲドン)】漫画〔「週刊少年ジャンプ」2004年41号〕
【大破壊(ハルマゲドン)】広告「大破壊(ハルマゲドン)」後の世界。〔「読売新聞」2010年2月22日(小説現代)〕

はるや
【明屋(はるや)】店名 明屋書店

はれ [晴れ]
【明(はれ)】古 明蔭(ハレクモリ)

ばれ 「ばれる」から。
【暴(ばれ)】古 逮捕など〔1935 隠〕
【破礼(ばれ)】辞書 淫猥な噺〔1955 隠〕◆卑猥な内容の川柳を「破礼句」という。
その他 破(ば)れ・破裂(ばれ) 古

ばれいしょ [馬鈴薯] →ポテト
【馬0芋(ばれいしょ)】民間 馬0芋 百グラム十五円〔生協の野菜売場 1970 目〕

バレエ [フランス ballet] 中国では草冠で飾り「芭蕾舞(バーレイウー)」と音訳＋意訳。
【踊り(バレエ)】漫画 あの娘の踊り(バレエ)が〔松川祐里子「魔術師 2」1996〕

バレーボール [volleyball]
【排球(バレーボール)】広告 望がくり広げる排球物語(バレーボールストーリー)!!〔さとうふみや「金田一少年の事件簿 1」(金成陽三郎)1993(巻末)〕

パレス [palace]
【神殿(パレス)】小説 月虹神殿(ムーンボウパレス)の存在は見えないので〔清涼院流水「カーニバル 二輪の草」2003〕

ハレム [harem] ハーレム。
【後宮(ハレム)】漫画〔山田南平「紅茶王子 23」2004〕

はれる [晴れる・霽れる]
【霽(は)れる】歌誌 霾るも霽るるも〔「短歌」1994年

は

8月」〉❖『万葉集』には「⿰日齊」も。俳句でも、「霾(つちふ)る」「霽(は)るる」。

【☀(はれ)る】(メール) ☀たね ❖天気予報のマークが絵文字に転用され、さらに訓読みのような読みが与えられている。

はれる [腫れる・脹れる]

【脹(は)れる】(雑誌) 脹(は)れて〈「問題小説」1994年11月〉

❖「作の脹みを」なども用いられるが、「膨脹」は「膨張」が広まってきた。「脹」は改定常用漢字表(答申)で削除。

ばれる

【暴(ばれ)る】(古)〈1935(隠)〉❖暴露。

【露見(ばれ)る】(雑誌) 露見(バレ)た〈「小説新潮」1994年6月〉

(小説) 露見(ばれ)たら怖いとか〈「読売新聞」2009年2月20日〉/偽坊主と露見(ばれ)ぬように〈「読売新聞」2009年12月6日〉

【bare(ばれ)る】(WEB) ❖英語 bare(露出した)と掛ける。

(その他) 破裂(ばれ)る (古)

ハレルヤ [hallelujah]

【晴(ハ)レルヤ】(小説) 晴(ハ)レルヤ!〈柳瀬尚紀訳「フィネガンズ・ウェイク Ⅰ Ⅱ」1991〉

ばれん [馬棟]

【馬連(ばれん)】(辞書)

はれんち [破廉恥] 廉恥(れんち)の心を破る意。

【破恋恥(はれんち)】(歌詞) 大(おお)破恋恥 That's the story〈サザンオールスターズ「欲しくて欲しくてたまらない」(桑田佳祐)1985〉

ハロー [hello]

【86-(ハロー)】(広告) 86-2101(ハローニチレイ)〈「読売新聞」2010年4月20日〉❖電話番号。

パロール [(フランス) parole]

【言(パロール)】(書籍)〈杉本つとむ「近代日本語の成立と発展」1998〉

バロック [(フランス) baroque] 原義はポルトガル語で「歪んだ真珠」。

【歪んだ(バロック)】(漫画) 歪んだ真珠(バロック)〈北道正幸「プ~ねこ 2」2006〉

パロディー [parody] パロディ。

【諧謔(パロディ)】(書籍)〈松岡正剛「日本流」2000〉

【戯作(パロディー)】(書名) 小池正胤「江戸の戯作(パロディー)絵本」1980~1985

パロミノ [palomino]

【金髪(パロミノ)】(漫画) 君も金髪(パロミノ)だね〈山田南平「紅茶王子 7」1999〉❖馬の毛並みの種類。

バロン [baron]

【男爵(バロン)】(漫画)〈北条司「CITY HUNTER 1」1986〉/あなた闇の男爵様(ナイトバロン)ですね?〈青山剛昌「名探偵コナン 8」1996〉

(書名) 太田忠司「男爵(バロン)最後の事件」2009

【御主人(バロン)】(漫画)〈山田南平「紅茶王子 10」2000〉

パワー [power]

【力(パワー)】(広告) 魔を浄化させる力(パワー)〈垣野内成美「吸血姫美夕」1988(巻末)〉/〈神坂一「日帰りクエスト なりゆきまかせの異邦人(ストレンジャー)」1993(巻末)〉

(漫画) 力(パワー)が戻ったら〈東里桐子「月の純白星闇の青碧 1」1994〉/力(パワー)と技を備えた〈大暮維人「エア・ギア 4」2003〉/力勝負(パワーマッチ)で〈和月伸宏「武装錬金 3」2004〉

(雑誌) 聴き手の心を動かす力(パワー)を持っている。〈「ADLIB」1994年5月〉

(小説) 古代の力(パワー)〈菊地秀行「白夜サーガ 魔王星完結編」1996(裏表紙)〉

【威力(パワー)】(雑誌) パーリーベージュの威力(パワー)〈「CanCam」2004年4月(別冊付録)〉

【怪力(パワー)】(漫画)〈尾田栄一郎「ONE PIECE 8」1999〉

【霊力(パワー)】(漫画) アストラル霊力(パワー)〈由貴香織里「天使禁猟区 1」1995〉

【能力(パワー)】(漫画) 潜在能力(ミラクルパワー)を発揮中〈「花とゆめ」2004年22号(スキップ・ビート!)〉

【潜在能力(パワー)】(漫画) 潜在能力(パワー)の持ち主ってこと〈樋口橘「学園アリス 1」2003〉

【才能(パワー)】(漫画) 素晴らしき才能(パワー)〈「週刊少年ジャンプ」2004年7月8日(未確認少年ゲドー)〉

【元気】(パワー) 書名 辰宮太一「元気(パワー)をもらう神社旅行」2009

【体】(パワー) 漫画 体(パワー)がついたみたい〔亜都夢「浜崎あゆみミラクル・パッション」2001〕

【体格】(パワー) 漫画 体格(パワー)・性格(マケンキ)〔ひぐちアサ「おおきく振りかぶって 10」2008〕

【P】(パワー) 雑誌 PF(パワーフォワード)はゴールの近くで〔「東京ウォーカー」2004年10月26日〕◆バスケットボールのポジションの呼び名。

【p】(パワー) カード 合計(ごうけい)p(パワー)を書(か)け!〔「D・M(デュエル・マスターズ) 神化(エボリューション・サーガ)編」銀はがしの紙に 2010〕

パワーダウン [power down]

【低下】(パワーダウン) 漫画 使力が低下(パワーダウン)しちまった〔本仁戻「高速エンジェル・エンジン 1」2000〕

パワーライン [power line]

【権力人脈】(パワー・ライン) 書名 佐高信「日本の権力人脈(パワー・ライン)」1988

パワーリスト [power wrist]

【重り】(パワーリスト) 漫画 その両腕の重り(パワーリスト)外して貰えませんかね?〔許斐剛「テニスの王子様 23」2004〕◆手首に付ける形の重り。

ハワイ [Hawaii] 地名。

【ここ】(ハワイ) 漫画 だがここ(ハワイ)じゃただの観光客だからな〔蓮見桃衣「コズミック・コミックス AND」(清涼院流水) 2003〕

その他 布哇(ハワイ) 古 / 夏威夷 中国

はん [判]

【版】(はん) 誤字 A4版◆ワープロ文書で多く見られる。「ばん」で入力するのが一因か。

はん 京都方言。さん。

*【Haaaan】(はーん) 映画題名「舞妓Haaaan!!!(まいこはーん)」2007

ハン 朝鮮語。日本語では怨恨(えんこん)はともに「うらむ」であり、区別がはっきり意識されない。

【恨】(ハン) 新聞 イムジン河よ その恨(ハン)を乗せ 流れゆくのか〔「読売新聞」2009年9月7日〕
広告「バンクーバー日韓対決」の〝恨(ハン)〟〔「読売新聞」2010年3月1日(週刊ポスト)〕

ばん [番]

【職質】(バン) 小説 兄さんたちに職質(バン)かけて〔大沢在昌「毒猿」1991 集〕◆職務質問する。

パン [pan] 広く全体にわたる。汎(はん)。

【汎】(パン) 辞書 ◆汎太平洋同盟・汎アメリカ。

パン [ポルトガル pão]

【麦餅】(パン)【蒸餅】(パン) 古 ◆餅は中国ではビスケットのような食品。

【麭】(パン)【麦麺】(パン) 古 ◆「麭包」は誤りか。

【麺麭】(パン) 歌詞 あなたが麺麭を焼き わたしがバターを塗り〔南佳孝「ピストル」1973〕◆改定常用漢字表(答申)の字体「麺」は戦前からあった。
小説 麺麭(パン)の欠片が〔平野啓一郎「日蝕」2002〕

【食糧】(パン) 漫画〔尾田栄一郎「ONE PIECE 7」1999〕

【生活】(パン) 歌詞 移民の子に生まれ 生活(パン)に困った〔南佳孝「黄金時代」(松本隆) 1984〕

【飯】(パン) WEB ◆「餡飯(パン)」なども。

【汎】(パン) 店名 汎洛(パンラク)◆パン屋。

はんが [版画]

【板画】(はんが) 古 ◆棟方志功は戦前からこの表記にこだわりをもっていた。

バンカー [banker]

【銀行家】(バンカー) 書名 高杉良「エリート銀行家(バンカー)の決断-小説サラ金帝国」1984

ばんかい →まんじ

【卍解】(ばんかい) 漫画〔「週刊少年ジャンプ」2005年2号(BLEACH)〕◆奥義の名。

ハンカチ [↑ハンカチーフ (handkerchief)] ハンケチ。

【半巾】(ハンカチ) 小説 小沼丹〔中村明 2003〕

【手巾】(ハンカチ) 小説題名 芥川龍之介「手巾(ハンケチ)」1916
新聞 手巾、手拍、汗巾、襯巾などとあてられた。〔「読売新聞」2006年8月31日(日本語・日めくり)〕

【手帛】(ハンケチ) 辞書〔「漢字百科大事典」1996〕

ハンガリー［Hungary］国名。
【洪牙利（ハンガリー）】 辞書 ❖匈牙利とも書き、古代の匈奴と関連する可能性が暗示される。

ぱんきょう［般教］大学で一般教養科目の略。
【般教（ぱんきょう）】 辞書〈俗〉

ばんきん［板金］
【鈑金（ばんきん）】 看板 ❖日本中で見られる。板金の「板」の部首を素材に合わせようとする例。「鉄鈑」も。

バンク［bank］
【銀行（バンク）】 詩 象の銀行（エレファンツバンク）にちやりんと入れる。〈高村光太郎「象の銀行」1926〉❖中国語では軟体銀行は社名ソフトバンク。
【番苦（バンク）】 古「和田守記憶法」銀行は番苦〈惣郷正明「辞書漫歩」1987〉
その他 **取りつけ騒ぎ（バンク・ラニング）** 広告

バング［bang］
【前髪（バング）】 雑誌〈「CanCam」2004年11月〉

バンクーバー［Vancouver］
【晩香波（バンクーバー）】 辞書 ❖情緒溢れる当て字。現代中国語では「温哥華」。

パンクチュエーション［punctuation］
【句読法（パンクチュエーション）】 辞書〈杉本つとむ「近代日本語の成立と発展」1998〉

ハングマン［hangman］
【吊される（ハングマン）】 小説 吊される（ハングマン）なんてごめんだよ〈河野万里子訳「カーテン」1998〉❖他所に「吊し首（ハングマン）」「ことば当て遊び（ハングマン）」も。
*__【吊るされた男（ハングドマン）】__ 漫画 このカードの名前は「吊るされた男（ハングドマン）」〈さとうふみや「金田一少年の事件簿 15」（金成陽三郎）1995〉❖タロット。

ハングル
【朝鮮文字（ハングル）】 書籍〈杉本つとむ「日本文字史の研究」1998〉❖韓文字という意味ではなく偉大な文字という意味だともされる。クルが「文字」の意なので、「ハングル文字」は「仮名文字」同様、重言。「ハングル語」は文字の名に「語」を付けた珍しい表現。

はんげしょう［半夏生］夏至から十一日目。草の名。
【半夏生（はんげしょう）】 辞書 ❖「半化粧」とも。

はんこ［判子］「はんこう」とも言う。
【印判（はんこ）】 新聞 印判（はんこ）と篆刻（てんこく）の分岐を説き〈「読売新聞」2010年2月15日（石川九楊）〉
【許可（ハンコ）】 漫画 うちの勧誘ポスターに許可（ハンコ）をくれること〈山田南平「紅茶王子 1」1997〉

はんごう［飯盒］
【飯合（はんごう）】 歌詞 山男の好物はよ 山の便りとよ 飯合（はんごう）のめしだよ〈ダーク・ダックス「山男の歌」（神保信雄）1962〉❖「飯盒炊爨（はんごうすいさん）」の四字目は29画。「飯盒炊飯」とも。なお、中国広州の日本料理店名に爨喜家（かしきや）。主爨（官名。おおいのすけ）は行阿の『仮名文字遣』の序文にも（異体字で）見られる。

バンコク［Bangkok］
【盤谷（バンコク）】 地名 ❖「バンコク」は、中国の人がその町を「盤谷」と呼んだのが世界中に広まったとも。正式名称はきわめて長い。

ばんざい［万歳］→まんざい
【万才（ばんざい）】 番組名「くいしん坊！万才（ばんざい）」1974〜 ❖店名にも。
歌詞 お二人のために万才しましょう〈海援隊「JODAN JODAN」（武田鉄矢）1979〉

はんざき［半割・半裂］山椒魚。
【半割（はんざき）】 古〈1920 隠〉

ハンサム［handsome］
【美男子（ハンサム）】 曲名 神楽坂はん子「こんな美男子（ハンサム）見たことない」（石本美由起）1954
【美男（ハンサム）】 誤読〈斎賀秀夫「漢字と遊ぶ」1978（写研「漢字読み書き大会」）〉
【伴茶夢（ハンサム）】 店名 喫茶店名〈斎賀秀夫「あて字の考現学」（「日本語学」1994年4月）〉

ハンス［Hans］
【攀須（はんす）】 人名 森鷗外の長男、於菟の子の名。

パンスネ［フランス pince-nez］
【鼻眼鏡（パンスネ）】（小説）ハンカチーフで鼻眼鏡（パンスネ）を拭った〔清涼院流水「カーニバル 二輪の草」2003〕

はんだ
【半田（はんだ）】【盤陀（はんだ）】（辞書）

パンダ［panda］
【大熊猫（パンダ）】（漫画）大熊猫（パンダ）やくざ〔北道正幸「プ～ねこ 2」2006〕◆中国語の漢字表現をそのまま日本語で読んだもの。
【熊猫（パンダ）】（看板）◆北海道で。
【相手（パンダ）】（漫画）最初は手加減してくれていた相手が〔藤崎聖人「WILD LIFE 3」2003〕

ハンター［hunter］
【猟師（ハンター）】（小説）〔神坂一「日帰りクエスト なりゆきまかせの異邦人（ストレンジャー）」1993〕
【猟犬（ハンター）】（漫画）〔大暮維人「エア・ギア 5」2004〕
【狩人（ハンター）】（漫画）〔藤崎聖人「WILD LIFE 5」2004〕
【狩り】（書名）平井和正「死霊狩り（ゾンビー・ハンター）」1972
その他 首狩団（フェイスハンターズ）（漫画）

パンタグラフ［pantograph］
【給電器（パンタグラフ）】（漫画）電気をもらうための給電器（パンタグラフ）〔大暮維人「エア・ギア 2」2003〕◆漢字の「[illegible]」を指す表現もあり。

パンチ［punch］
【拳（パンチ）】（広告）タカの拳（パンチ）が火をふく!!〔さとうふみや「金田一少年の事件簿 13」（金成陽三郎）1995（巻末）〕
【殴打（パンチ）】（漫画）先制殴打（パンチ）!!〔「週刊少年ジャンプ」2004年5月24日（ボボボーボ・ボーボボ）〕
【手動（パンチ）】（漫画）おわればいつもの手動（パンチ）〔「コーラス」2004年10月（君のいない楽園）〕
【入鋏（パンチ）】（看板）入鋏（パンチ）を省略させて頂いております〔江ノ島電鉄 長谷駅改札 2004〕

はんちく［半ちく］
【中途半端（はんちく）】（漫画）

パンツ［pants］
【洋袴（パンツ）】（古）洋袴（ぱんつ） 二葉亭四迷〔橋本萬太郎・鈴木孝夫・山田尚勇「漢字民族の決断」1987〕◆現代のズボンを表す用法と符号。
【下着（パンツ）】（漫画）〔大島司「STAY GOLD 1」2004〕
【PT（パンツ）】（民間）◆PKは「パンツ食い込む」の略。
その他 窄袴（パンツ）（古）

パンツァー［ドイツ Panzer］甲冑。戦車。
【重戦車（パンツァー）】（漫画）重戦車形態（パンツァー・モード）〔大暮維人「エア・ギア 3」2003〕

ハンデ［↑ハンディキャップ］
【左目（ハンデ）】（漫画）左目（ハンデ）があったからな〔椎名あゆみ「お伽話をあなたに」2001〕

パンテオン［ラテン Pantheon］
【神殿（パンテオン）】（小説）偉人たちを祭る神殿（パンテオン）〔河野万里子訳「ア・デイ・イン・ザ・ライフ」1998〕

パンデミック［pandemic］
【感染爆発（パンデミック）】（広告）ノンストップ感染爆発（パンデミック）アクション!〔「読売新聞」2009年3月16日〕

はんてん［半纏］袢纏などは「襦袢」と混淆も経たものか。
【袢天（はんてん）】（辞書）はんてんぎ 袢天着〔1949 隠〕
【伴天（はんてん）】（民間）「綿入伴天」。渋谷区本町で。〔飯間浩明「文字のスナップ」2002〕
（看板）〔早稲田大学付近 2010年8月14日〕
その他 半天（はんてん）（辞書）

ハント［hunt］
【狩り（ハント）】【半斗（ハント）】（小説）半斗昏夢―ハント・クライム―クライム・ハント―犯罪狩り（クライム・ハント）。〔清涼院流水「カーニバル 二輪の草」2003〕

ハンド［hand］
【手（ハンド）】（新聞）神の手（ゴッドハンド）もすすめる最先端のがん治療法とは!?〔「読売新聞」2009年12月23日〕
【携帯用（ハンド）】（小説）携帯用要塞（ハンド・トーチカ）〔菊地秀行「魔界都市ブルース 夜叉姫伝 4」1990〕

バント ひもや帯。バンド。
【蛮度（バント）】（古）〔杉田玄白「解体新書」1774〕◆「蛮度（バンド）」もある。

バンド［band］

は

【楽団(バンド)】漫画〈石ノ森章太郎「マンガ日本の古典古事記」1994〉
書籍 楽団嵐(バンド・ブーム)
【芸人(バンド)】WEB あんなにあったかくて 優しい気持ちにしてくれる 芸人(ルビ：バンド)なんて中々いないです。
その他 音楽(バンド) 古

バンド [bund] 埠頭。とくに上海の港町。
【埠頭(バンド)】歌詞 埠頭(バンド)に青い霧が降る〈津村謙「哀愁の波止場」(矢野亮)1952〉
【碼頭(バンド)】歌詞 碼頭(バンド)の夜風に ゆらゆら揺れて〈真木不二夫「再見上海」(大高ひさを)1951〉

ばんとう [番頭]
【伴頭(ばんとう)】古 湯屋の伴頭(ばんとう) 噺本〈遠藤好英「漢字の遊び例集」1989〉

ばんどう [坂東] 八の符牒。
【八銭(バンドウ)】古〈横山源之助「人力車夫」1895 集〉

ハンドパワー [和製 hand + power]
【手技(ハンドパワー)】漫画 手技(ハンドパワー)使う天使だよ!〈本仁戻「高速エンジェル・エンジン 1」2000〉
その他 手品(ハンドパワー) TV

パントマイム [pantomime]
【無音(パントマイム)】広告 無音(パントマイム)の冷凍力!〈冷蔵庫の宣伝広告 1960 目〉

パンドラ [ギリシャ Pandōrā] →はこ(匣)
【禁断(パンドラ)】漫画 あの箱はホントに禁断(パンドラ)の箱!!〈岡本慶子「呪われた願い」1995〉

ハンドル [handle]
【把手(ハンドル)】古

ハンドルネーム [和製 handle + name]
【HN(ハンドルネーム)】漫画 HN(ハンドルネーム) まこりん☆〈山野りんりん「はにーすぃーとティータイム 1」2002〉
*【偽名(ハンドル)】論文 偽名(ハンドル)であるとき〈内山和也「『現代口語体』の表現スタイルについて」2002〉

ハンドレッド [hundred]
【100体目(ハンドレッド)】漫画 記念すべき100体目(メモリアルハンドレッド)を完成させる日〈大暮維人「エア・ギア 1」2003〉

ばんドン [半ドン] →ドンタク
【土曜(ばんどん)】古〈1887 俗〉

はんなり 関西方言。「花なり」から。
【埴破(はんなり)】古

はんにゃ [般若]
【鰙(はんにゃ)】古 ❖仏者の抄物書き。江戸時代に、南部田山(盲)暦や般若絵心経などで、絵を判じ物のように読むことがあった。般若の面をハンニャと読ませるなど、判じ物のように絵に当て読みすることで、あまり漢字を知らない人でも読み解ける。山東京伝の引き札などにも類似のものが見られる。

はんにん [犯人]
【魔術師(犯人)】漫画『魔術師(犯人)』の思惑は〈さとうふみや「金田一少年の事件簿 5」(金成陽三郎)1993〉❖犯人の名は「放課後の魔術師」。
【速水(犯人)】漫画 速水(犯人)の顔を見ていたレポーターの伊丹が〈さとうふみや「金田一少年の事件簿 15」(金成陽三郎)1995〉
【犯猫(はんにん)】❖猫好きがときどき使う表記。
雑誌〈「猫の手帖」1994年4月〉
漫画 犯猫(はんにん)つかまえるときけいさつで〈猫十字社「小さなお茶会 2」2000〉
関連【犯人(差し出し人)】【犯人(ニセヒムロ)】漫画

ばんにん [番人]
【番蛇(ばんにん)】漫画 この小さな泉の番蛇(ばんにん)というのが〈猫十字社「小さなお茶会」2000〉❖擬人化。

バンパイヤ [vampire] ヴァンパイア。バンパイア。
【吸血鬼(バンパイヤ)】小説 これって吸血鬼(バンパイヤ)用だと思う〈松岡佑子訳「ハリー・ポッターとアズカバンの囚人」2001〉
漫画 人間と吸血鬼(ヴァンパイア)のハーフ〈「週刊少年ジャンプ」2004年48号(じゃんぷる)〉
【吸血姫(ヴァンパイア)】漫画題名 垣野内成美「吸血姫美夕(ヴァンパイアミユ)」1988～1989

ばんばばん

は

【番場蛮（ばんばばん）】漫画〔井上コオ「侍ジャイアンツ」（梶原一騎）1972～1975〕◆登場人物名。

ぱんぴー【↑一般ピープル】
【一般人（パンピー）】漫画 一般人（パンピー）は入れられねーッてか〔峰倉かずや「最遊記 1」1997〕／一般人（パンピー）的学校生活〔「花とゆめ」2004年22号（ミラクルの種）〕
小説 一般人（パンピー）は黙っててくれっ〔南英男「嬲り屋」2000〕俗

はんぴら
【半片（はんぴら）】古〔1935 隠〕◆…片（びら）は多い。

パンフレット [pamphlet]
【小冊子（パンフレット）】古 一般的なもの〔玉井喜代志「振仮名（ルビ）の研究」（「国語と国文学」1932）〕

はんぺん【半片・半平】
【半片（はんぺん）】【半平（はんぺん）】辞書 ◆「半粁」の2字めは造字。

ハンマー [hammer]
【撃鉄（ハンマー）】小説 撃鉄（ハンマー）と遊底の間に〔菊地秀行「白夜サーガ 魔王星完結編」1996〕

ばんめし【晩飯】
【晩食（ばんめし）】小説〔夏目漱石「こころ」1914〕

ハンモック [hammock]
【吊床（ハンモック）】【吊網床（ハンモック）】【吊寝台（ハンモック）】【網床（ハンモック）】古

ハンリりゅう［韓流］ハンは朝鮮漢字音のようだが、台湾からの中国語読みが日本に入ったともいう。かんりゅう。
【韓流（はんりゅう）】書名「韓流（はんりゅう）・華流（ふぁありゅう） BOOK2010・冬」◆語呂合わせか。華流はホアリュウ・ファーリュウとも。

ひ

ひ【日】→ひあたり・ひざし・ひだまり・ゆうひ
【陽（ひ）】小説 陽（ひ）の光〔太宰治「斜陽」1947〕／陽（ひ）の射（さ）さない〔松本清張「点と線」1958〕／陽の当たらないこの六畳間〔本谷有希子「生きてるだけで、愛。」2009〕◆あたたかいニュアンス。
歌詞 おもい雪空 陽がうすい〔竹山逸郎・中村耕造「異国の丘」（増田幸治）1948〕／夏の陽（ひ）を浴びて〔石原裕次郎「狂った果実」（石原慎太郎）1956〕／陽が昇る〔北島三郎「まつり」（なかにし礼）1984〕／陽に焼けた肌〔倉木麻衣「Delicious Way」2000〕／陽（ひ）の当たる場所を目指してく〔いきものがかり「てのひらの音」（山下穂尊）2009〕◆用例多し。
曲名 石原裕次郎「陽のあたる坂道」（三木勘太）1958／羞恥心 with Pabo「羞恥心～陽は、また昇る」（カシアス島田）2008
書籍 陽に焼けた〔林真理子「女のことわざ辞典」1989〕俗
漫画 陽（ひ）が昇ったら すぐに〔さとうふみや「金田一少年の事件簿 19」（金成陽三郎）1996〕／陽（ひ）の下で花のように笑いたい〔種村有菜「時空異邦人KYOKO 2」2001〕
映画題名「バックヤードーほら、陽が昇るよ！」2001
芸名 陽月（ひづき） 華（はな）◆元宝塚歌劇団宙（そら）組の娘役トップ。
新聞 湘南の陽（ひ）を受け〔「読売新聞 夕刊」2009年6月18日〕
【太陽（ひ）】短歌 太陽（ひ）の真下〔俵万智「左右対称の我」1987〕
歌詞 夏の太陽（ひ）に誘われるように〔Every Little Thing「FOREVER YOURS」（五十嵐充）1998〕
【夕陽（ひ）】歌詞 夕陽（ひ）がおちるころ〔よかにせどん「横浜はぐれ鳥」（本田修二）2009〕
【西陽（ひ）】歌詞 西陽（ひ）が射す〔GARNET CROW「Last love song」（AZUKI 七）2001〕
【炎（ひ）】歌詞 夏の炎（ひ）の 花になりましょう〔タッキー&翼「仮面」（小幡英之）2005〕
【時（ひ）】歌詞 もしも見失う時（ひ）がきても〔竹井詩織里「世界 止めて」2005〕
【今日（ひ）】歌詞 なにげない今日（ひ）が〔Janne Da Arc「will ～地図にない場所」（yasu）2000〕

【日常】歌詞 イラナイ こんな日常は〔GARNET CROW「Timing」(AZUKI 七)2000〕

【ヒ】電報 ❖発信等の日時は「7日」なら「7ヒ」と打った。

ひ［火］ アクセントが方言によって異なり、「日」と誤解して生じた事故あり。

【炎】曲名 尾崎亜美「少年の炎を消さないで」1979

歌詞 おんなごころの恋の炎か〔夏木綾子「北旅愁」(岸本健介)2000〕／炎はまた消えてゆく〔彩音「嘆きノ森」(志倉千代丸)2007〕

【焔】漫画 焔のついた眼だ〔荒川弘「鋼の錬金術師 6」2003〕

【生活】歌詞 you & me もう別の生活を灯す〔GARNET CROW「flying」(AZUKI 七)2000〕

ひ［灯］ →あかり

【灯】❖当用漢字補正資料で追加された訓。

小説 まだ灯の点くか点かない暮方であったが〔夏目漱石「こころ」1914〕

曲名 淡谷のり子「街の灯」(浜田広介)1934〕 ❖同年公開のチャップリンの映画題名も。

歌詞 メリケン波止場の 灯が見える〔淡谷のり子「別れのブルース」(藤浦洸)1937〕／灯が点る〔大津美子「銀座の蝶」(横井弘)1958〕／キャンドルの灯の影で〔岩崎宏美「熱帯魚」(阿久悠)1977〕／いのち重ねたやどの灯が〔杉良太郎「北の女」(池田充男)1996〕

短歌 灯に光り灯に陰りつつ〔「読売新聞」2008年10月6日〕

【燈】歌詞 暮れて出島に 灯る燈も〔津村謙「一筆しめし参らせ候」(矢野亮)1954〕

【電光】俳句 人の操つる電光がとどく〔竹下しづの女〕

び［美］ 中国、韓国ではアメリカの略称。

【華美】歌詞 華美の景色〔あんどうゆみ「絆の旅路」(森田豊公)2007〕

【美】曲名 山口百恵「美・サイレント」(阿木燿子)1979 ❖be にかけているか。なお、be の表記としてBあり。「i 罠 B wiθ U 此処に居て」〔椎名林檎「ギブス」2000〕。

(美) 広告 浅香光代の(美)弟子〔「読売新聞」2008年9月9日(FLASH)〕／京都(美)舞妓&芸妓「密着グラフ」〔「読売新聞」2008年11月1日〕 ❖(ビ)は㊎の対(後者は金太郎のマークにも)。

ひあたり［日当たり］

【陽あたり】漫画題名 あだち充「陽あたり良好!」1980～1981

広告 陽あたりの良さ〔奥山益朗「広告キャッチフレーズ辞典」1992〕❖野村不動産のキャッチコピー(1985)。

【陽当たり】新聞 土地探しは陽当たりの悪い冬に限る〔「読売新聞」2010年3月21日〕

*【陽良】広告 新聞の案内広告(三行広告)欄 陽良 陽当たりも良し〔斎賀秀夫「漢字と遊ぶ」1978〕

ピアノ［piano］

【洋琴】小説 洋琴を弾いていた。〔夏目漱石「夢十夜」1908〕

誤読 洋琴 珍答 バイオリン ギター ハープ エレクトーンなど〔斎賀秀夫「漢字と遊ぶ」1978〕

【鍵盤】歌詞 鍵盤叩くその涙を〔チェッカーズ「Song for U. S. A.」(売野雅勇)1986〕

その他 白黒 WEB

ビアンビアンめん［ビアンビアン麺］ 陝西省の幅の広い麺。日本でもメニューに。麺を打つ音から。

【𰻞𰻞麺】民間 ❖60画近い漢字を2回書く。本場の中国の西安では、始皇帝の作との伝承もあり。異体字多し。

ぴい テレビのバラエティー番組などで、放送に適さないことばがピーという機械音で消される際に、字幕で行われる伏せ字的な表現。字幕にモザイクをかけることも。よく聞き取れない発話には「〇×◆※凸§」なども。

【〇】(ピー) 漫画 女ドラ〇(ピー)モンじゃないのか〔CLAMP「ちょびっツ 1」2001〕

【〇〇〇】(ピーピーピー) 漫画 〇〇〇(ピーピーピー)とか〔大暮維人「エア・ギア 2」2003〕

【×××】(ピーピーピー)【△〇☆】(ピーピーピー) 漫画 悪口を言った者は×××(ピーピーピー)が△〇☆(ピーピーピー)に…〔葉鳥ビスコ「桜蘭高校ホスト部 2」2003〕

【〇×△〇□】(ピー)【□△△】(ピー) 漫画 〇×△〇□(ピー)や□△△(ピー)な事〔遠藤浩輝「EDEN It's an Endless World! 1」1999〕◆意味の違い、発音・文字数の長さをそれとなく示すか。

ビーエム →ベーエムベー

【BMW】(ビーエム) 歌詞 BMW(ビーエム)の掃木で〔松任谷由実「SATURDAY NIGHT ZOMBIES」1987〕

ぴいかん

【快晴】(ピーカン) WEB

ひいき［贔屓・贔負］ 店名に異体字あり。

【贔屓】(ひいき) 辞書 ◆元は「ヒキ」「引き」による語で、贔屓は当て字ともいわれる。

【引】(ひいき) 貼紙 当店御引のお客様〔休業のはり紙 1972 目〕◆語源説の一つに適ってはいる。

[その他] 贔顧(ひいき) 古

ピーク [peak]

【峰】(ピーク) 書籍 竜たちの峰(ドラゴンズ・ピーク)で鉱物採集〔中澤光博/ORG「入門! リナの魔法教室 スレイヤーズRPG」1996〕

ビークル [vehicle]

【乗り物】(ビークル) 小説 公共の乗り物(パブリック・ビークル)〔菊地秀行「魔界都市ブルース 夜叉姫伝 4」1990〕

ヒーコ

【琲珈】(ヒーコ) 古〔1935 隠〕

コーヒーの倒語。

ひいさま［姫様］

【姫様】(ひいさま) 小説 お華族の姫様(ひいさま)が〔樋口一葉「にごりえ」1895〕

【姫さま】(ひい) 小説 お姫(ひい)さま〔幸田文「流れる」1957〕

【千手さま】(ひー) 漫画〔田村由美「BASARA 8」1993〕◆姫の名前。

ビーズ [beads]

【美珠】(ビーズ) 歌詞 美珠で飾り〔杏里「中国人形(チャイニーズドール)」(尾崎亜美)1978〕◆ビーズの種類に「砡(ぎょく)」あり。

ピース [peace]

【平和】(ピース) 歌詞 コルトレーン聴きながら 煙草をふかしたね「平和(ピース)」は ほろ苦い味がしたけど〔南佳孝「PEACE」(松本隆)1984〕

小説「平和の分け前(ピース・ディビデント)」は〔清涼院流水「カーニバル二輪の草」2003〕

漫画〔熊倉裕一「KING OF BANDIT JING 6」2004〕

ピース [piece]

【欠片】(ピース) 小説 ジグソーパズルの欠片(ピース)は〔宮本尚寛訳「冬のソナタ」2003〕/記憶の欠片(ピース)〔同〕◆当て字「かけら」をふまえ、さらに読みを変えた。

【部品】(ピース) 漫画 全ての部品(ピース)は揃っている〔小畑健「DEATH NOTE 11」(大場つぐみ)2006〕

ビースト [beast]

【邪獣】(ビースト) 漫画 凶悪な邪獣(ビースト)〔由貴香織里「天使禁猟区 1」1995〕

【獣】(ビースト) 漫画 獣(ビースト)がいるなんて〔樹なつみ「デーモン聖典 1」2003〕

ビーチ [beach]

【渚】(ビーチ) 広告 渚(ビーチ)に似合う〝デニ短〟は〔「朝日新聞」2010年4月24日〕

ビート [beat]

【鼓動】(ビート) 歌詞 鼓動(ビート)が時を越えた〔氷室京介「CRIME OF LOVE」1991〕/鋼の鼓動(ビート)を聞け〔JAM Project「SKILL」(影山ヒロノブ)2003〕

【風】(ビート) 歌詞 熱い風(ビート)に飛ばされ〔真下正美「アジアDeマンボ」(神内友人)2009〕

【お互いの鼓動】(ビート) 歌詞〔TWO-MIX「Winter Planet No. 1」(永野椎菜)1997〕

【勇者】(ビート) 漫画〔渡辺祥智「銀の勇者 2」1999〕

【彼】(ビート) 漫画 だから魔王は彼(ビート)のところへ行っ

たんだ〔渡辺祥智「銀の勇者 4」2000〕

【B(ビート)】WEB Bたけし(ビートたけし)

ピート [peat]

【泥炭(ピート)】小説 流れ込んだ泥炭(ピート)の破片が〔清涼院流水「カーニバル 二輪の草」2003〕

ヒートアイランド [heat island]

【灼熱の島(ヒート・アイランド)】歌詞〔桑田佳祐「どん底のブルース」2002〕

ヒートアップ [heat up]

【白熱(ヒートアップ)】漫画〔「週刊少年ジャンプ」2004年47号〕

ビートル [beetle]

【甲虫(ビートル)】ポスター 甲虫大戦争(ビートルウォーズ)勃発!!!〔ゲーム店内(ムシキング)2004〕❖アニメ「甲虫王者ムシキング」は香港では甲蟲(カプチューン)王者。

ビートルズ 中国語では披頭士・披頭四(楽団)、甲(殻)虫など。

【B4(ビートルズ)】書籍〔うみのさかな&宝船蓬莱「うみのさかな&宝船蓬莱の幕の内弁当」1992〕

【現金(ビートルズ)】漫画〔さとうふみや「金田一少年の事件簿 17」(金成陽三郎)1996〕❖暗号。

ビードロ [ポルトガル vidro] ガラス。

【硝子(ビードロ)】書籍〔杉本つとむ「日本文字史の研究」1998〕

【玻瓈】古 玻瓈(ビイドロ)〔宇田川榕菴「植学啓原」1834〕

ビーナス [Venus] ヴィーナス。

【女神(ビーナス)】歌詞 肩ごしに隠れる女神(ビーナス)〔久保田利伸「すべての山に登れ」(川村真澄)1988〕

漫画 彼のヒット曲「血まみれの女神(ブラッディビーナス)」を…〔青山剛昌「名探偵コナン 5」1995〕

書名 柴田よしき「RIKO－女神(ヴィーナス)の永遠」1997

番組名「女神(ヴィーナス)サーチ」2009～2010

【淑女(ビーナス)】曲名 シブがき隊「月光淑女(ムーン・ビーナス)！」(森雪之丞)1985

【金星(ヴィーナス)】歌詞 金星(ヴィーナス)の高原越えて〔DREAMS COME TRUE「銀河への船」(吉田美和)1991〕

ビーバー [beaver]

【美波(ビーバー)】店名 美波美(ビーバー)(容室か) 看板〔みうらじゅん「アウトドア般若心経」2007〕

ピーマン [フランス piment]

【Pマン(ピー)】民間〔スーパーマーケットの野菜売り場 1967 目〕

その他 ピー万(マン) WEB

ビーム [beam]

【光線(ビーム)】歌詞 謎の光線(ビーム)に撃ち抜かれ〔松田弘「INVADED」(松田弘・森雪之丞)1997〕

【熱光線(ビーム)】歌詞〔水無月遥ほか「いただき♪トリオDE絶対エンジェル」(しらたまぷりん)2009〕

【視線(ビーム)】歌詞 弾けそうな熱い視線(ビーム)〔KinKi Kids「ギラ☆ギラ」(Satomi)2003〕

その他 拡散(ビーム) 漫画

ヒーリング [healing]

【治療(ヒーリング)】漫画 究極の治療(ヒーリング)〔「週刊少年ジャンプ」2004年48号(BLEACH)〕

その他 癒し(ヒーリング) WEB

ヒール [heel]

【洋靴(ヒール)】歌詞 真っ赤な洋靴(ヒール)〔Sound Horizon「StarDust」(REVO)2005〕

【悪(ヒール)】漫画 悪(ヒール)の年季が違うわ〔大暮維人「エア・ギア 3」2003〕

【悪役(ヒール)】漫画 よろこんで悪役(ヒール)になるわ〔大暮維人「エア・ギア 5」2004〕

【夜(ヒール)】漫画 夜(ヒール)か〔大暮維人「エア・ギア 3」2003〕

【夜王(ヒール)】漫画 東中最強の夜王(ヒール)〔大暮維人「エア・ギア 2」2003〕

ビール [beer]

【麦酒(ビール)】❖ビールは韓国語では「麦酒」を音読みし、メクチュ。中国ではビール(ビア)の発音と意味から「啤酒(ピージオウ)」。

小説 先生と一所に麦酒(ビール)を飲んだ。〔夏目漱石「こころ」1914〕❖森鷗外も用いる。

詩 麦酒瓶(ビールびん)と徳利と箸とコップと猪口(ちょこ)と

ひ

〔高村光太郎「米久の晩餐」1921〕

ヒーロー [hero] →ヒロイン

【英雄（ヒーロー）】 雑誌〔「婦人公論」1994年8月〕

書籍 日本（にっぽん）の英雄（ヒーロー） オオクワガタ〔「甲虫王者ムシキングカードパーフェクト攻略ブック」2005〕

歌詞 汚れた英雄（ヒーロー）〔GLAY「LONE WOLF」(TAKURO) 2007〕

新聞 完全無欠の英雄（ヒーロー）列伝〔「読売新聞」2009年3月24日〕

広告 時代小説の新たな英雄（ヒーロー）〔「読売新聞」2010年2月14日(幻冬舎)〕

人名 英雄（ひいろ）〔「週刊文春」2009年4月23日〕

【英雄達（ヒーロー）】 歌詞 無数の英雄達（ヒーロー）〔和田光司「With The Will」(大森祥子) 2002〕

【勇者（ヒーロー）】 歌詞〔近藤真彦「大将」(売野雅勇) 1985〕

曲名 岡柚瑠「嵐の勇者（ヒーロー）」(横山武) 1993

【両雄（ヒーロー）】 広告 両雄（ヒーロー）対決〔青山剛昌「名探偵コナン 4」1995(巻末)〕

【主人公（ヒーロー）】 歌詞 憧れた主人公（ヒーロー）のようには〔Skoop On Somebody「ぼくが地球を救う～Sounds Of Spirit～」(松尾潔) 2002〕

【俳優（ヒーロー）】 歌詞 台詞（セリフ）を忘れた俳優（ヒーロー）のように〔稲垣潤一「エスケイプ」(井上鑑) 1983〕

【探偵（ヒーロー）】 小説 探偵（ヒーロー）ではなくあくまで道化師として〔西尾維新「ダブルダウン勘繰郎」2003〕

【俺様（ヒーロー）】 漫画 俺様（ヒーロー）の武勇伝を聞きたがるのは〔大暮維人「エア・ギア 1」2003〕

【我々自身（ヒーロー）】 漫画〔垣野内成美「吸血姫美夕」1988〕

【魂（ヒーロー）】 漫画〔大暮維人「天上天下 17」2007〕

【男達（ヒーロー）】 雑誌 幕末の時代を生きた男達（ヒーロー）に想いをはせ〔「歌劇」1994年9月〕

その他 英雄叙事譚（ヒロイックファンタジー） 広告

ひうち [火打ち・燧]

【燧（ひうち）】 曲名 上杉香緒里「燧灘（ひうちなだ）」(坂口照幸) 2010

❖燧灘（ひうちなだ）は瀬戸内海にある海域の名。

ピエ [フランス pied]

【尺（ピエ）】 小説 二三尺（ピエ）の段差〔平野啓一郎「日蝕」2002〕

ピエロ [フランス pierrot]

【道化師（ピエロ）】 歌詞 僕は道化師（ピエロ）になろう〔さだまさし「道化師のソネット」1980〕／道化師（ピエロ）にはなれなくて〔水樹奈々「FAKE ANGEL」2004〕

書名 はやみねかおる「怪盗道化師（ピエロ）」1990／吉野敬介「爆走道化師（ピエロ）」2009

漫画 まるで道化師（ピエロ）だ〔松川祐里子「魔術師 1」1995〕

小説〔清涼院流水「カーニバル 二輪の草」2003〕

【道化（ピエロ）】 歌詞〔CooRie「金色の風景」(rino) 2009〕

【彼（ピエロ）】 漫画 彼（ピエロ）がわたしを気に入ってるのか〔猫十字社「小さなお茶会 2」2000〕❖他所で「彼（ピエロさん）」も。

ヒエログリフ [hieroglyph]

【神聖文字（ヒエログリフ）】 書名 花衣沙久羅「愛は神聖文字（ヒエログリフ）に導かれて」2009

その他 聖刻文字（ヒエログリフ） 書籍

ビオス [ギリシャ bios]

【生政治（ビオス）】 書名 岡田温司「芸術（アルス）と生政治（ビオス）」2006

ピオニエ [フランス pionnier]

【開拓者（ピオニエ）】 詩〔高村光太郎「人類の泉」1913〕

ひがい [鰉]

【鰉（ひがい）】 雑誌 明治天皇が琵琶湖で食し、この味を絶讃したことから、魚偏に皇と書いてヒガイと読むようになったとか。〔「小説新潮」1994年2月〕❖国訓。

ぴかいち [ぴか一]

【光一（ピカイチ）】 古 花札で〔1935 隠〕

ひかえ [控え]

【引得（ひかえ）】 古

ひかがくてき [非科学的]

【昔話の住人（非科学的）】 漫画 昔話の住人（非科学的）と思われている〔東里桐子「爆裂奇怪交響曲 1」1993〕

ひかがみ [膕・引屈] 古語化している。

【膕】小説 膕当てを〔柳瀬尚紀訳「フィネガンズ・ウェイクⅠⅡ」1991〕❖本来の漢字で、辞書にもあるが、日本では現在一般に理解字となっていない。

ひかげ［日影］

【陽かげ】曲名 淡谷のり子「シャンソン『童話』〜陽かげの花に寄せて」(野上彰)

【日光】歌誌〔「短歌」1994年9月〕❖「かげ」に、「ひかり」の意も。

【日蔭】歌詞〔島倉千代子「鳳仙花」(吉岡治)1982〕

ひかげ［火影］

【灯影】書籍〔長野まゆみ「ことばのブリキ罐」1992〕

ひがさ［日傘］

【涼傘】古

ひがし［東］駅名に東あずま。

【東】誤植 冨樫義博「HUNTER × HUNTER」の「週刊少年ジャンプ」2000年41号で、予言の一文が「向かうなら東がいい」となっていた。正しくは「東」である。〔WEB〕

❖JR東日本はWEBで「東」とも。

【東原】パンフ エントリーしたのは東原〔日本大学吹奏楽部 2005年定期演奏会〕❖姓。

*【東中】漫画 東中最強のベビーフェイスと〔大暮維人「エア・ギア 1」2003〕❖略称に元の漢字を利用したもの。

ひかす［引かす・落籍す］

【落籍す】古 娼妓を落籍すこと〔「通人語辞典」1922 集〕

ぴかちゅう

【光宙】人名「光宙(ピカチュウ)」くんなんかもいるらしい。〔「日経新聞」2009年5月16日〕

びかちょう［鼻下長］

【鼻下長】古 鼻下長を音読にす〔1917 隠〕❖当て読み式。

ぴかぴか

【燦爛】古／【光光】【光々】WEB

ひがら［日雀］シジュウカラ科の鳥の名。

【日雀】【日鵲】【日陵】古

ひからびる［干涸びる・乾涸びる］

【干乾びる】新聞 体はすっかり干乾びているが〔「読売新聞」2009年11月5日(四季欄)〕

ひかり［光］

【光線】歌詞 階段を降りると淡い光線が〔甲斐バンド「地下室のメロディ」(甲斐よしひろ)1980〕／胸を突き刺す光線が〔桑田佳祐「黄昏のサマー・ホリデイ」2001〕

【光子】歌詞 きらめく光子の 小宇宙は〔T.M. Revolution「MinD ESCAPE」(麻倉真琴)1998〕

【光冠】歌詞〔月森蓮&加地葵「CORONA 〜光冠〜」(石川絵里)2008〕

【光明】歌詞 光明が宿る〔JAM Project「Fencer of GOLD」(きただにひろし&奥井雅美)2006〕

【輝】歌詞 遥か日の輝探せ〔※-mai-「鎮 − requiem −」(米たにヨシトモ)1999〕／何もない空に祈る小さな輝〔小坂りゆ「ignore」2007〕

【暉】歌詞 暉と影のランデブー〔氷室京介「SUMMER GAME」1989〕

【閃光】歌詞 空を駆ける赤い閃光〔三木眞一郎「Black Angel」1997〕／閃光が走る〔JAM Project「STORM」(工藤哲雄)2000〕❖用例多し。

【日射】歌詞 そっと日射に誘われて〔19「たいせつなひと」(市川喜康・岡平健治)2001〕

【陽光】歌詞 陽光あびて失くしたあの記憶は〔サザンオールスターズ「この青い空、みどり〜BLUE IN GREEN〜」(桑田佳祐)2000〕／射した陽光を〔月森蓮ほか「君に捧げるHarmony」(石川絵里)2007〕

漫画〔和月伸宏「武装錬金 2」2004〕

書名 安倍なつみ「陽光」2004

【陽】歌詞 あふれだす陽の中で〔小柳ゆき「be alive」(小柳ゆき・樋口侑)2000〕
【太陽】歌詞 太陽射す波にのって〔倉木麻衣「Feel fine!」2002〕／差し込んだ太陽の角度に〔霜月はるか「広い世界の欠片」2007〕
【朝陽】歌詞 朝陽に負けてもここに居ると〔Cocco「あなたへの月」1998〕／朝陽に弾ける無限の空の青さ〔HIRO-X「Driving Myself」(hassy)2002〕／小さなつぼみを揺らす朝陽〔堀江由衣「そよ風のハーモニー」(rino)2004〕
【朝日】歌詞 朝日を浴びて今霧が晴れる〔林原めぐみ「朝未き・夜渡り」2004〕
【夕陽】古 中原中也の原稿用紙 夕陽(のルビ「ひかり」は＝で消してある)1936年12月24日〔NHK教育「知るを楽しむ」2008年12月5日〕
歌詞 夕陽浴びて…〔w-inds.「Because of you」(shungo.)2002〕
【西陽】歌詞 反射する西陽のなか〔Skoop On Somebody「潮騒」(小林夏海・清水昭男)2001〕
【月光】歌詞 月光の Last Paradise〔ZOO「HAWAII」(伊藤真由美)1992〕／心照らし出す月光よ〔ヒノエほか「運命の月は紅」(田久保真見)2008〕◆人名ではルナと読ませる例があるといい、WEBではそれがブログタイトルなどになっている。字面が良さそうな「朓」も子に付けようとされた例あり。『大漢和辞典』に、長い「字訓」として「朎」の「月の美しい光」。
【星空】歌詞 輝く星空を瞳にちりばめ〔TWO-MIX「Summer Planet No. 1」(永野椎菜)1997〕
【灯】歌詞 翼よあれが聖なる灯だ〔GLAY「ピーク果てしなくソウル限りなく」(TAKURO)2004〕
【焔】歌詞 解き放った緋き焔〔Sound Horizon「石畳の緋き悪魔」(REVO)2007〕
【明】曲名 壇条明「大都会～明と暗～」(北見明)2009
【瞳】歌詞 緋い瞳が〔Sound Horizon「終端の王と異世界の騎士～ The Endia & The Knights～」(REVO)2006〕
【宝】歌詞 遠き日の宝摑め〔※-mai-「鎮 − re-quiem −」(米たにヨシトモ)1999〕
【希望】歌詞 その先の希望を見よう〔BOY-STYLE「ココロのちず」(MIZUE)2004〕／希望を灯した旋律を〔霜月はるか「約束を灯して」(日山尚)2008〕
【愛】歌詞 はかない愛に〔中山美穂 & WANDS「世界中の誰よりきっと」(上杉昇・中山美穂)1992〕
【艶】書名 藤田宜永「艶紅」2000
【女神】歌詞 偽りの女神は〔霜月はるか「消えない欠片」2009〕
【少女】歌詞 少女を護るがため〔霜月はるか「空渡し」(日山尚)2009〕
【笑顔】歌詞 こころ少し強くする笑顔〔堀江由衣「1％のキセキ」(マイクスギヤマ)2009〕
【宮廷】歌詞 闇は宮廷に集い〔霜月はるか「斑の王国」(日山尚)2009〕
その他 反射 古／残像 歌詞

ひかる〔光る〕

【輝る】歌詞 輝る未来に向かい〔林原めぐみ「Touch Yourself」1996〕／朝日に輝り夕陽に映えて〔北島三郎「大河」(星野哲郎)2003〕
【炯る】漫画 目だけは子供っぽくキラキラ炯っていた。〔「文藝春秋」1994年12月〕

ひかれる〔引かれる・惹かれる〕

【惹かれる】歌詞 惹かれて踊る村娘〔伊藤久男「ブラジルの太鼓」(石本美由起)1954〕／妙に惹かれる 最後の時間〔寺尾聰「シャドー・シティ」(有川正沙子)1980〕
【魅かれる】◆山本有三が、「魅力」の語を表記するために当用漢字表に追加させたものと伝えられる。「魑魅魍魎」の「魅」。

「魅かれる」は変換しない仮名漢字変換あり。

(歌詞) うつむく横顔に 心を魅かれて〔湯原昌幸「北の盛り場」(阿久悠) 1974〕／魅かれて Cat's Eye〔杏里「CAT'S EYE」(三浦徳子) 1983〕

(漫画) 魅(ひ)かれ合う〔石ノ森章太郎「マンガ日本の古典 古事記」1994〕／彼もシャーマンの能力に魅(ひ)かれたらしい〔武井宏之「シャーマンキング 1」1998〕

(雑誌) 例えば「たそがれの維納〈ウィーン〉」や「鉄路の白薔薇」といった文芸的なものに魅かれ、強い関心を抱いていた。〔「文藝春秋」2002年12月〕／ダメ男ばかりに魅(ひ)かれます〔「non·no」2006年5月20日〕

(新聞) 男の子の後ろ姿に魅(ひ)かれるように。〔「読売新聞」2010年3月4日〕

ひがんばな［彼岸花］

【悲願花(ひがんばな)】 (歌詞) この悲願花(ひがんばな)〔ドレミ團「彼岸花」(マコト) 2005〕❖もじり。

ひきあわせ［引き合わせ］

【紹介(ひきあわせ)】 (古)

ひきいる［率いる］

【帥(ひき)いる】 (小説) その族を帥(ひき)いる〔「読売新聞」2010年3月3日〕

ひきがな［引き仮名］長音符。

【引呼(ひきがな)】 (古) ❖ー引き仮名。のばし棒(ぼう)とも。

ひきがね［引き金］

【銃爪(ひきがね)】 (曲名) 世良公則&ツイスト「銃爪(ひきがね)」1978

(歌詞) 利口なその瞳が銃爪(ひきがね)を引く〔Stealth「灼熱」(TOKI) 2002〕

【弾(ひ)き金(がね)】 (歌詞) 弾き金が 弾けないの〔尾崎亜美「パーフェクトゲーム」1978〕／弾き金を引く〔松任谷由実「結婚ルーレット」1983〕

【引き鉄(がね)】 (歌詞) 愛の引(ひ)き鉄(がね) 引けない俺さ〔近藤真彦「ホレたぜ！乾杯」(松本隆) 1982〕

ひきつける［引き付ける］

【惹(ひ)きつける】 (歌詞) 浜の娘を 惹(ひ)きつけた〔春日八郎「若い船頭さん」(東條寿三郎) 1954〕

(新聞) 惹(ひ)きつけて止(や)まない〔「読売新聞 夕刊」2009年9月28日〕

ひきつれ［引き攣れ］

【瘢傷(ひきつれ)】 (小説) 大きな火傷の瘢傷があるが〔森村誠一「殺意の接点」2001〕

*__【痙攣(ひっつ)れる】__ (古)〔1931 (俗)〕

ビギナー［beginner］

【はじめて(ビギナー)】 (漫画) はじめて(ビギナー)なんだから仕方ないでしょ!!〔さとうふみや「金田一少年の事件簿 15」(金成陽三郎) 1995〕

ひきょう［卑怯］比興からとされ、語義変化も起きている。

【比興(ひきょう)】 (古)

ひく［引く・曳く・退く・牽く］

【曳(ひ)く】 (漫画) 曳(ひ)いて〔石ノ森章太郎「マンガ日本の古典 古事記」1994〕

(新聞) ジーパンの裾(すそ)が曳(ひ)かれている。〔「読売新聞」2008年11月13日(クミコ)〕

【弾(ひ)く】 (歌詞) 弾き金が 弾けないの〔尾崎亜美「パーフェクトゲーム」1978〕

【退(ひ)く】 (小説) 妓籍を退(ひ)いた〔三島由紀夫「橋づくし」1956〕

(漫画) 今は退(ひ)け〔「週刊少年マガジン」2004年48号(School Rumble)〕❖退却。

(川柳) 身を退(ひ)く人と退かぬ人〔「読売新聞」2010年2月9日(時事川柳)〕

【惹(ひ)く】 (歌詞) 情けの眼差 気を惹くいとしさ〔淡谷のり子「マリネラ」(佐伯孝夫) 1952〕

【19(ヒク)】 (広告) 191-076(ヒクトナル)〔「読売新聞」2010年3月2日〕❖ハイフンを挟んで「ト」。

ひく［弾く］

【奏(ひ)く】 (小説) 拙いピアノを奏(ひ)いているのが〔遠藤周作「白い人」1955〕

(歌詞) ギターを奏(ひ)こうよ〔千賀かほる「真夜中のギター」(吉岡治) 1969〕／あの頃あなたがつま弾いたギターを私が奏(ひ)いてみました

ひ

〔さだまさし「精霊流し」1974〕

ひくし［低し］

【高(ひくし)】人名 高(ヒクシ)、修(ナカ)、嗣(アキ) 受理できない〔民事局長回答 1949〕

ピクチャー［picture］

【視覚の対象(ピクチャー)】論文〔内山和也「振り仮名表現の諸相」2002〕

ピクトリアル［pictorial］

【絵画的(ピクトリアル)】論文 文字は触覚の参与を要請し、絵画的(ピクトリアル)なものから操作的(オペラティブ)なものへ進化する〔内山和也「振り仮名表現の諸相」2002〕

ビクトリー［victory］

【約束された勝利(ビクトリー)】漫画〔大暮維人「エア・ギア 4」2003〕

【美来斗利偉(ビクトリー)】漫画 美来斗利偉(ビクトリー)・拉麺男(ラーメンマン)◆ゆでたまご『闘将(たたかえ)!! 拉麺男』の主人公。必殺技は「機矢滅留(キャメル)・苦落血(クラッチ)」。

びくびく

【慄然(びくびく)】古

ひぐま［羆］ ひぐまは羆を「四」と「熊」とに分解して「しぐま」と読んだことに起因する訓だといわれている。字体が和語の発生の一因となった例。

ひぐらしのさと 新堀から転じた日暮里(にっぽり)を訓読みしたもの。

【日暮里(ひぐらしのさと)】辞書〔1955 隠〕◆小石川→礫川、墨田→濹、箱根→函嶺など漢語風に表記することが漢学者などの間で明治初めまでは盛んに行われた。

ひぐれ［日暮れ］

【日昏(ひぐ)れ】歌詞 愛の町 日昏れ町〔菅原都々子「憧れの住む町」〔清水みのる〕1950〕／そんな日昏(ひぐ)れも あったけど〔舟木一夫「君たちがいて僕がいた」〔丘灯至夫〕1964〕／北の岬の日(ひ)昏(ぐ)れは早く〔夏木綾子「北旅愁」〔岸本健介〕2000〕

【月出(ひぐれ)】姓〔篠崎晃雄「実用難読奇姓辞典増補版」1973〕◆実在するものか。

ひぐれる［日暮れる］

【日昏(ひぐ)れる】歌詞 青い牧場 日昏(ひぐ)れて〔スリー・グレイセス「山のロザリア」〔丘灯至夫〕1961〕

ひけ［引け］

【敗(ひけ)】古 一歩(ほ)も敗(ひけ)を取(と)らぬと〔「訓話説教演説集 9」1929〕

【負(ひ)け】雑誌 まずさでは負(ひ)けをとらない〔「プレジデント」1994年10月〕

ひけつ［秘訣］

【秘密(ひけつ)】雑誌

ひけらかす

【披瀝(ひけらか)す】小説 披瀝(ひけらか)したりはしないものですわ〔松岡佑子訳「ハリー・ポッターとアズカバンの囚人」2001〕

ひける［引ける］

【負(ひ)ける】小説 気が負(ひ)けるどころか〔円地文子「妖」1957〕

ひこ［彦］

【日子(ひこ)】人名 秦 建日子(たけひこ)◆古く合字で⿰日古とも。

ピコ［pico］

【超小型(ピコ)】書名 石田正「超小型(ピコ)水力発電装置製作ガイドブック」2007

ひこうき［飛行機］

【飛行杵(ひこうき)】漫画（手書き）〔まえたに☆これみつ「ロボット三等兵」1955～1957〕◆この漫画では略字には多く点が付されている。

ひこページ［彦ページ］⇩ページ（頁）

びこる 尾行から。→つける（尾行る）

【尾行(ビコ)る】漫画 動いたから尾行(ビコ)ってます〔小花美穂「Honey Bitter 3」2005〕

ひごろ［日頃］

【日比(ひごろ)】古

ピザ［イタリア pizza］ ピッツァ。

【ピザ゚】WEB

ひさい［非才・菲才］

【菲才(ひさい)】辞書◆「菲」は薄い意。古くから非才とも書かれた。

ひさぐ［鬻ぐ・販ぐ］

【販女】 古

ひさげ［提子・提］

【提子】 古 ❖大分県の小地名に 堤内（提内とも）。

ひさし［庇・廂］

【廈】 新聞 文化功労者で劇作家・小説家の井上ひさし（いのうえ・ひさし＝本名・廈＝ひさし）さん〔「読売新聞」2010年4月11日〕

【屁】 誤植 窓際の屁のようなスペースにも（庇）〔高橋輝次「誤植読本」2000（泉麻人）〕

誤読「庇（ひさし）」という漢字。どうしても「屁（へ）」と読んでしまいます〔WEB〕 ❖人名用漢字の追加候補への意見にも両者を混同したもの複数あり。

ひざし［日差し・陽射し］ 表内訓は前者。

【日射し】 歌詞 いつも日射しを ためている〔吉永小百合・三田明「明日は咲こう花咲こう」（西沢爽）1965〕／やさしい日射し 包まれて〔松山千春「生きがい」1979〕

【日陽し】 歌詞 灼けつく日陽しが俺達狂わせる〔BOØWY「MARIONETTE」（氷室京介）1987〕❖浜崎あゆみも用いる。

【陽差し】 歌詞 陽差しの影が落ちるように〔松任谷由実「昔の彼に会うのなら」1982〕／キラリと陽差しはじけてる〔遠坂凛「KIRARI」（こさかなおみ）2007〕

【陽射し】 ❖日差しよりも印象があたたかいか。

歌詞 陽射しの下で〔中原理恵「愛してクレイジー」（麻木かおる）1982〕／陽射しに溢れるように〔蔵馬「氷のナイフを抱いて」（森由里子）1997〕／サラサラ降り注ぐ陽射しが〔橋本みゆき「光風」（三浦洋晃）2004〕／柔らかな陽射しが〔May J「君がいて」（山本成美）2010〕

書籍 陽射しが〔うみのさかな&宝船蓬莱「うみのさかな&宝船蓬莱の幕の内弁当」1992〕

広告 陽射しが嬉しい〔奥山益朗「広告キャッチフレーズ辞典」1992〕❖大京観光の1983年キャッチコピー。／星野富弘カレンダー 夏の陽射し〔「読売新聞」2009年11月11日〕

新聞 スペインの明るい陽射しと〔「読売新聞」2005年9月18日（阿木燿子）〕

【陽光し】 歌詞 夕闇が陽光しの扉を 閉じるたそがれ時〔池田聡「DIANA（ディアーナ）」（吉田美奈子）1986〕

【陽ざし】 小説 陽ざし〔松本清張「点と線」1958〕

歌詞 秋の陽ざしが〔チェリッシュ「白いギター」（林春生）1973〕

詩 詩人の伊藤桂一さん「微風」「掌にうける／早春の／陽ざしほどの生甲斐でも／ひとは生きられる」。〔「読売新聞」2007年2月14日〕

新聞 春の陽ざしが〔「読売新聞」2008年11月13日（クミコ）〕

広告 陽ざしをたくさん浴びそうな日は、〔「読売新聞」2009年6月21日〕

その他 日脚 辞書

ひさぶり［←久し振り］

【久しぶり】 歌詞 久しぶりだぜ ふるさとには再来週帰ろう〔モーニング娘。「ザ☆ピ～ス！」（つんく）2001〕

ひざまずく［跪く］

【膝まずく】 書籍 膝まづく「跪く」ではないかと疑問符を付されることが多い。広辞苑には「跪く」しか出ていないからだ。〔高橋輝次「誤植読本」2000（澁澤龍彦）〕

ひさめ［氷雨］

【氷雨】 俳句 ❖夏の季語で雹の意。氷の字から冬の冷たい雨も指すことあり。

曲名 佳山明生「氷雨」（とまりれん）1977 ❖曲名・歌詞に多し。

ひざらし［日晒し・日曝し］

【陽ざらし】 歌詞 一日陽ざらし てすりの熱

さ〔矢沢永吉「ラスティン・ガール」(ちあき哲也)1979〕

ひじき［鹿尾菜・羊栖菜］
【鹿尾菜】【鼠尾藻】【海藻】古 ❖「海鹿藻」とも。

ひしぐ［拉ぐ］
【挫ぐ】古

ひしと［緊と・犇と］
【犇と】古〔山田美妙「竪琴草紙」1885〕

ビジネス［business］
【仕事】漫画 これは仕事だ〔新條まゆ「快感フレーズ 1」1997〕／〔さいとうたかを「ゴルゴ13 104」1997〕／〔尾田栄一郎「ONE PIECE 6」1998〕
広告 仕事にッ〔秋葉原のソフト 2004〕
【契約】小説 契約のように妥協した、そこそこ幸せな普通の夫婦生活〔清涼院流水「カーニバル一輪の花」2003〕
【援交】漫画 恋愛と援交は別物〔本仁戻「高速エンジェル・エンジン 1」2000〕❖援助交際(援交)は中国語・韓国語にも入っていった。

ひしひし［「びしびし」「ぴしぴし」とも。
【犇犇】新聞 ひしひし 漢字では「犇々」とあてる。牛が3頭である。「犇」の音読みはホンで、もともとは牛が驚いて一斉に走り出す意だ。押し合いへし合う様子を指して、「犇めく」とも使われる。〔「読売新聞」2008年9月23日(日本語・日めくり)〕
その他 緊緊 辞書

びしびし
【犇々】古〔1896 俗〕❖『万葉集』に「(鼻)びしびしに」と擬音語ながら濁音で始まる和語の例が現れる。

ひしめく［犇めく］→ひしひし
【犇めく】小説 犇めいて〔林芙美子「めし」1950～1951 俗〕
WEB 塚本邦雄氏のお話。「仮名が増加するほど一定のスペースに盛り込める観念は減少する。含蓄の深い漢字を使えば短歌の密度は濃くなる。轟(とどろ)く、とか犇く(ひしめ)く、とか難しい字には振り仮名という便利な方法を吾々の先祖は千年以上も前に発明してくれている」。

びじゅつかん［美術館］
関連【美術館】ポスター 美術館から見るか〔アートオブスター・ウォーズ展 2004〕❖福島県立美術館。

びじょぎ
【美女木】地名 ❖埼玉県。「びじょき」とも。美女を含む地名は各地にあるが、ビジョビジョの地という擬態語に由来とも。

ひしょく 国語辞典では「ひいろ」。
【緋色】曲名 川田まみ「緋色の空」2005

ビショップ［bishop］
【僧正】漫画 ❖チェス。

ビジョン［vision］
【映像】漫画 映像が… 見えた〔小花美穂「Honey Bitter 1」2004〕
【視野】書籍〔竹長吉正「現代児童文学の課題」1990〕
【幻想】書籍 幻想が無残にも〔池田雅之「ラフカディオ・ハーンの日本」2009〕
【幻界】小説 幻界にいるわけじゃない。〔宮部みゆき「ブレイブ・ストーリー 1」2009〕
その他 展望・展望 WEB／予知能力 小説

ピジョンブラッド［pigeon blood］ 深紅色。
【鳩血色】歌詞 鳩血色の雲の切れ端が〔ALI PROJECT「メガロポリス・アリス」(宝野アリカ)2006〕

ひじり［聖］ 聖の字は「ひじり」(日知りの意)の和語に当て、遅れて外来語「セント」に当てられた。
*【聖ちゃん】漫画 聖ちゃん高野山に婚約者いてるやんか〔田村由美「BASARA 18」1996〕

ひ

びじれいく［美辞麗句］
【見えすいたお世辞(びじれいく)】 漫画 〈由貴香織里「夜型愛人専門店DX」2004〉

びじん［美人］
【美猫(びじん)】 漫画 東の国のべっ甲美猫(びじん)だな…〈猫十字社「小さなお茶会」2000〉❖擬人化。

ピジン［pidgin］ビジネスの中国風の発音からとも。
【僻人(ぴじん)】 小説 豚(とん)ちき僻人(ぴじん)の歌(うた)〈柳瀬尚紀訳「フィネガンズ・ウェイク Ⅲ Ⅳ」1993〉

ビスケット［biscuit］
【乾蒸餅(ビスケット)】 小説 〝乾蒸餅(ビスケット)〟の菓子折を〈静霞薫「るろうに剣心 巻之一」(和月伸宏)1996〉

ヒステリア［hysteria］ヒステリー。
【歇私的利亜(ヒステリア)】 詩 水銀歇私的利亜(ヒステリア)〈山村暮鳥「だんす」(高橋世織解説)コ〉

ヒステリー［ドイツ Hysterie］
【歇私的里(ヒステリー)】【弊私的里(ヒステリ)】 古 ❖中国語では歇斯底里。

ヒステリック［hysteric］
【臓跳的(ヒステリック)】 小説 〈京極夏彦「鉄鼠の檻」1996〉

ヒストリー［history］
【歴史(ヒストリー)】 書籍 「歴史(ヒストリー)」という言葉を〈桜井厚「インタビューの社会学－ライフストーリーの聞き方」2002〉
【史(ヒストリー)】 書籍 事例史(ケース・ヒストリー)〈桜井厚「インタビューの社会学－ライフストーリーの聞き方」2002〉

ヒストリカル［historical］
【歴史上の(ヒストリカル)】 小説 歴史上の大転換点(ヒストリカル・ターニング・ポイント)〈清涼院流水「カーニバル 一輪の花」2003〉

ピストル［pistol］
【拳銃(ピストル)】 歌詞 野暮な拳銃(ピストル)〈ALI PROJECT「上海繚乱ロマンチカ」(宝野アリカ)2009〉
【銃(ピストル)】 漫画 銃(ピストル)はもう効かねェと〈「週刊少年ジャンプ」2004年10月11日(ONE PIECE)〉
【短筒(ピストル)】 書籍 〈出川直樹「現代ニホン語探検」1995〉
その他 **短銃(ピストル)** WEB

ピストン［piston］
【小円筒(ピストン)】 小説 小円筒(ピストン)を引くにつれて〈森村誠一「殺意の接点」2001〉
【喞子(ピストン)】 詩 浮いたねじの頭をしめ 喞子(ピストン)に油をそそぎ〈小野十三郎「機関車に」1979〉

ヒズボラ［Hizbollah］
【神の党(ヒズボラ)】 小説 イスラム教シーア派の過激派組織〈神の党(ヒズボラ)〉に〈河野万里子訳「香港の女の子たち」1998〉❖アラビア語で神の党の意。

ひそう［悲愴］
【悲愴(ひそう)】 書名 翔田寛「秋疾風(あきはやて)の悲愴(ひそう)」2009 ❖もじりか。WEBに悲愴の誤入力として多し。

ひそか［密か・私か・窃か］
【私(ひそか)】 小説 余は私(ひそか)に思ふやう〈森鷗外「舞姫」1890〉／私(ひそ)かに期する所が有った。〈平野啓一郎「日蝕」2002〉
【密(ひそか)】 人名 前島密(ひそか)
【窃(ひそか)】 小説 ジャックは窃(ひそか)に私と〈平野啓一郎「日蝕」2002〉❖旧字体は「竊」。

ひそひそ
【密々(ひそひそ)】 古

ひそめる［潜める］
【秘(ひ)そめる】 歌詞 愛ならどうか心に秘そめて〈尾崎亜美「涙の雨」1977〉

ひそやか［密やか］
【密(ひそ)やか】 新聞 密(ひそ)やかな〈「読売新聞」2008年10月24日〉

びた［鐚］鐚一文。
【鐚(びた)】 古 ❖「錏」とも書かれた。中国では「しころ」の意で、錏＝鐚だった。

びた 旅(たび)の倒語。
【旅(びた)】 古 〈1930 隠〉

ひたすら［只管］
【浸空(ひたそら)】 古 ヒタスラの訛語〈杉本つとむ「日本文字史の研究」1998〉
その他 **只管(ひたすら)・一向(ひたすら)・永(ひたすら)・大(ひたすら)・混(ひたすら)** 古

ひたち
【月出《ひたち》】(姓)◆静岡県。

ひたちやまがごろついてくさつに
【日日日日 日日日 日日日《ひたちやまが ごろついて くさつに》】(字遊)〔山本昌弘「漢字遊び」1985〕◆「一日《ついたち》」から「たち」のように熟語から切り出していったもの。「常陸山がごろついて草津に」の意。

ひたと〔直と〕
【直《ひた》と】(古)

ひたひたと
【混々《ひたひたと》】(古)

ひたぶる〔頓・一向〕
【大恋《ひたぶる》】【混空《ひたぶる》】(古)

ひだまり〔日溜まり〕
【陽《ひ》だまり】(歌詞) ビルの谷間の 小さな陽だまり〔千代田照子「東京ワルツ」(西沢爽)1954〕／優しい陽《ひ》だまりの中〔大川栄策「女の一生」(荒木とよひさ)1993〕／こころ包む陽《ひ》だまりだね〔流山詩紋「未来を結ぶ虹のリボン」(田久保真見)2009〕
(漫画題名) 手塚治虫「陽だまりの樹」1981～1986
(曲名) 村下孝蔵「陽だまり」1987／小林旭「陽だまり」(ちあき哲也)1991
(広告)〔奥山益朗「広告キャッチフレーズ辞典」1992〕
【陽溜《ひだ》まり】(歌詞) 何気ない陽溜まりに〔さだまさし「秋桜」1977〕

ビタミン〔ドイツ Vitamin〕
【維他命】(中国) 音義を駆使して外国語をとった例〔1958(目)〕
【V《ビタミン》】(TV)〔三菱電機の冷蔵庫のCM〕
*【酵母《ビタミン補強》】(広告) ビール酵母《ビタミン補強》〔わかもと広告(金城ふみ子)2003〕

ひだり〔左〕
【(左)】(新聞) 中山エミリ(左)、菊川怜(右)らが〔「読売新聞 夕刊」2008年1月26日〕
*【→《左を見よ》】(論文)（→《左を見よ》）という張り紙があると、われわれは矢印が指示する方向に従いがちである。〔内山和也「振り仮名表現の諸相」(WEB)2002〕

ひだりうま
【左馬《ひだりうま》】(古)〔1930(隠)〕◆「馬」は江戸時代からあり、馬《うま》が反対で「まう」に通じ、形も縁起が良いと珍重される。

ひだりて〔左手〕
【左掌《ひだりて》】(小説) 左掌《ひだりて》で包み〔有吉佐和子「地唄」1956〕

ぴちぴち
【桃々《ピチピチ》】(WEB) 桃桃(ピチピチ)していて
*【男子高校生《ピチピチボーイ》】(漫画)〔本仁戻「高速エンジェル・エンジン 1」2000〕

ひっかく〔引っ掻く〕
【爪《ひっかく》】(字遊)〔斎賀秀夫「漢字と遊ぶ」1978〕

ひつがや
【日番谷《ひつがや》】(漫画)〔「週刊少年ジャンプ」2004年41号(BLEACH)〕◆登場人物名。

ビッグ〔big〕
【豪快《ビッグ》】(雑誌) のどごしに豪快《ビッグ》ショット〔「GOLF DIGEST」1994年6月〕
【偉大《ビッグ》】(歌詞) 偉大《ビッグ》じゃなきゃ〔山下達郎「"Queen Of Hype" Blues」1991〕
(パンフ) 偉大《ビッグ》なスターが結集した、スペクタクル・アドベンチャー!!〔ANTZ 1998〕
【大《ビッグ》】(看板)◆店名。
【巨大な《ビッグ》】(小説) 巨大な卵《ビッグ・エッグ》にたとえられる〔清涼院流水「秘密室ボン」2002〕

ピック〔pick〕
(その他) 黒幕《ビッグショット》 (広告)／強力《ビッグボディ》 (WEB)
【先端《ピック》】(小説) ピッケルの先端《ピック》で〔森村誠一「殺意の接点」2001〕

ビッグブラザー〔big brother〕
【毛沢東《ビッグ・ブラザー》】(広告) 中国は崩壊しない「毛沢東《ビッグ・ブラザー》」が生きている限り〔「読売新聞」2010年1月9日〕◆誤読に「けざわあずま」。

ピックポケット〔pickpocket〕

【掏摸(ピックポケット)】漫画

ひっくり

【匕(ひ)っくり】小説 しゃっくり匕(ひ)っくりカップともども〔柳瀬尚紀訳「フィネガンズ・ウェイク ⅢⅣ」1993〕❖匙(さじ)の象形文字を用いる。

びっくり ！を「びっくりマーク」とも。

【喫驚(びっくり)】古 ❖「吃驚(びっくり)」とともに中国の通俗小説から伝わった熟語。漱石らの使用もあり、今日でも用いられる。

【吃驚(びっくり)】古 吃驚仰天(びっくりぎやうてん)する〔1888 俗〕／二度吃驚にどびつくり〔1935 隠〕

【愕然(びっくり)】小説〔徳富健次郎「黒潮」1903〕

【驚き(ビックリ)】小説「驚き(ビックリ)」をお楽しみいただけるでしょう〔清涼院流水「カーニバル 一輪の花」2003〕

【美(び)っくり】小説〔柳瀬尚紀訳「フィネガンズ・ウェイク ⅢⅣ」1993〕

その他 びっ栗(くり) WEB

*【警】古 警(ビックリサ)〔三谷公器「解体発蒙」1813〕

ひっこむ [引っ込む]

【退込(ひっこ)む】古 退込(ヒツコ)んで〔1905～1906 俗〕

ひつじだ [穭田]

【穭田(ひつじだ)】俳誌〔「俳句」1994年2月〕❖振り仮名無しでも用いられる。

【穭(ひつじだ)】新聞〔「読売新聞 夕刊」2008年10月25日〕

その他 秭田(ひつじだ) 古／秋再米(ひつじ)・稲孫(ひつじ) 古

ひっしょう [必勝]

【必笑(ひっしょう)】書名 おぐらなおみ「育児バビデブー一姫(♀怪獣)・二太郎(♂怪獣)VSへっぽこ母ちゃんの必笑子育てバトル」2008

❖もじり。

ひつぜん [必然]

【結実(ひつぜん)】歌詞 奇跡的(めぐりあう)「瞬間(ぐうぜん)」は自発的(アクティブな)「結実(ひつぜん)」〔TWO-MIX「BEAT OF DESTINY」(永野椎菜)1998〕

ひったくり [引っ手繰り]

【引奪(ひったくり)】古〔1917 隠〕

ひったくる [引っ手繰る]

【引奪(ひったく)る】古〔1908 俗〕

ピッチ [pitch]

【音程(ピッチ)】漫画 少し音程(ピッチ)上げて〔二ノ宮知子「のだめカンタービレ 2」2002〕

その他 高低(ピッチ) WEB

ピッチ [←PHS(personal handyphone system)]

【PHS(ピッチ)】書籍〔泉麻人「地下鉄100コラム」1999 俗〕

ピッチャー [pitcher]

【投手(ピッチャー)】漫画 投手(ピッチャー)には投手の仕事〔きくち正太「三四郎² 1」1990〕／日本一の投手(ピッチャー)になるから〔佐野隆「打撃王 凛 1」2004〕❖スコアブック上では「1」でピッチャーを表し、そう読むこともある。

TV 稲尾 バッティング投手(ピッチャー)〔NHK 2009年9月(テロップ)〕

ヒット [hit]

【的中(ヒット)】書籍〔矢野俊策／F.E.A.R.「ダブルクロス The 2nd Edition」2003〕

【傑作(ヒット)】歌詞 傑作映画(ヒットフィルム)〔DREAMS COME TRUE「愛しのハピィデイズ」(吉田美和)1991〕

【打(ヒット)】新聞 左前打〔「読売新聞」2009年4月18日〕

❖読み仮名はないが、「レフト前ヒット」とも読める。

【H(ヒット)】漫画 そこはHP(ヒットポイント)ダメージゾーンだ…〔「ペルソナ2罰 4コマギャグバトル ポジティブシンキング編」2000〕／打撃→吸収→HP(ヒットポイント)アップ！〔倉橋えりか「MAXラブリー！ 3」2003〕❖ゲーム用語。野球のスコアボードでは「H(ヒット)」「E(エラー)」「Fc(フィ(ー)ルダースチョイス)」(野手選択。ルール上はミスとはならない)。

ヒットマン [hit man]

【殺し屋(ヒットマン)】漫画 殺し屋(ヒットマン)はこうなるよう狙って撃った〔加藤元浩「ロケットマン 7」2004〕

ひっぱりっこ

【引張(ひっぱ)っ子(こ)】古〔1902 俗〕

ヒップ［hip］

【H(ヒップ)】 漫画〈きくち正太「三四郎2 1」1990〉◆B(バスト)、W(ウエスト)とともに一般に用いられる。

ビップ［←very important person］

【VIP(ビップ)】 小説〈清涼院流水「カーニバル一輪の花」2003〉

ヒップホップ［hip-hop］

【尻跳(ヒップホップ)】 民間 ◆Tシャツなどに。

ひつまぶし［櫃まぶし］

【ひつまぶし】 誤読「ひつまぶし」。「ひまつぶし」と読めてしまいます。〈WEB〉◆↓おこと・さざんか・したづつみ・ふいんき

ひづめ［日詰め］

【十二月三十一日(ひづめ)】 姓〈森岡浩「名字の謎がわかる本」2003〉◆幽霊名字とされる。

ビデオ［video］

【電影(ビデオ)】 漫画題名 桂正和「電影少女(ビデオガール)」1989～1992 ◆中国語では電影は映画の意。

【美出面(ビデオ)】 創作 ◆〈写研「創作当て字」入選作 1983〉

【3回戦(ビデオ)】 漫画 3回戦(ビデオ)は夏休み前だったかんな〈ひぐちアサ「おおきく振りかぶって 11」2008〉

その他 Vカメラ(ビデオ) 漫画

ひでもと

【日本一(ひでもと)】 人名 ◆父親の名は世界一とのこと。ほかに東洋一(とよかず)などあり。

ひと［一］

【一ト(ひと)】 古 長き夜をたゝる将棋の一ト手哉(ひとてかな) 幸田露伴〈「読売新聞」2008年12月25日〉◆江戸時代に読みを特定させるために多用された捨て仮名。俳句などで今でも残る。

歌詞 一ト月たったら おサラバさ〈ダウン・タウン・ブギウギ・バンド「港のヨーコ・ヨコハマ・ヨコスカ」（阿木燿子）1975〉

新聞〈文学とは、人の苦痛が一ト時の慰めを求めて手を伸ばすものである〉と定義している。〈「読売新聞」2006年6月20日〉

ひと［人］→ひとごと・ひとさま

【人(ひと)】 ◆人という字は二人の人が支え合ってできている、だから人は一人では生きていけず、助け合っていかなければ、という訓辞がよく聞かれるが、字源は一人の人が横向きに立っている姿を描いた象形文字。漢字に意味を見出そうとする日本人に好まれる「当て字源」といえる。

書籍〈「ひとの褌」は〉「他人の」と書くんだと思ったら、今はどの辞書も「人」となっています。「他人事」を、「たにんごと」という読み方があるんですね。〈山田俊雄・柳瀬尚紀「ことば談義 寐ても寤ても」2003〉

新聞 江戸人(びと)〈「読売新聞」2009年11月12日〉◆楚人(そひと)(漢文)。／愛するあなたへの悪口コンテスト『人』の字の短い方が貴方なの」〈「読売新聞 夕刊」2010年2月19日〉

【人間(ひと)】 漫画 鬼は人間(ひと)の心がつくるのだ〈楠桂「人狼草紙 1」1991〉／人間(ひと)との共存を拒み〈峰倉かずや「最遊記 1」1997〉／その通りに人間(ひと)が生きていく事は〈小畑健「DEATH NOTE 12」（大場つぐみ）2006〉

辞書 人間(ひと) 他人(ひと) 女(ひと) 振り仮名で語形を、漢字で意味を示す。〈野村雅昭・小池清治「日本語事典」（振り仮名）1992〉

歌詞 人間(ひと)を愛するってこと〈ZARD「I'm in love」（坂井泉水）1995〉／人間(ひと)は誰も孤独だけど〈夏木綾子「ひとすじの道」（田村和男）1997〉／たった一人の人間(ヒト)にすぎないけど〈愛内里菜「眠れぬ夜に」2007〉／人間(ひと)の生き方〈八代亜紀「おとな同士」（阿久悠）2009〉◆用例多し。

【人々(ひと)】 歌詞 人々(ひと)の罪〈サザンオールスターズ「せつない胸に風が吹いてた」（桑田佳祐）1992〉／心惑わす人々(ひと)の声〈GARNET CROW「風の音だけをきいて」（AZUKI七）2006〉

雑誌 人々(ひと)〈「月刊カドカワ」1994年10月〉

【人達（ひと）】歌詞 愛してくれる人達（ひと）がいる〔Every Little Thing「愛のカケラ」(持田香織)2000〕

【人類（ひと）】歌詞 か弱き人類（ひと）の未来を守るために〔JAM Project「紅ノ牙」(影山ヒロノブ)2004〕

【他（ひと）】小説 他（ひと）を信用して死にたいと思っている。〔夏目漱石「こころ」1914〕

【他人（ひと）】❖他人事（ひとごと）から他人事（たにんごと）が派生した。

小説 他人（ひと）の履歴書〔小林多喜二「党生活者」1932〕／他人（ひと）からいたわって貰える〔米川正夫訳「ドストエーフスキイ全集6 罪と罰」1960〕／他人（ひと）にごつん、だ〔菊地秀行「魔界都市ブルース 夜叉姫伝 4」1990〕／他人（ひと）の家の物をわずかでも偸（ぬす）めば〔「読売新聞」2010年2月12日〕

歌詞 他人（ひと）には言えない 心意気〔楠木繁夫「人生劇場」(佐藤惣之助)1937〕／風の噂じゃ他人（ひと）の妻〔北島三郎「ソーラン仁義」(半田耕吉)1964〕／通る他人（ひと）にしなだれついて〔中島みゆき「見返り美人」1986〕／他人（ひと）まかせ〔TUBE「Yheei!」(前田亘輝)1999〕❖用例多し。

雑誌 他人（ひと）に押しつけるない〔「宝石」1994年2月〕

漫画 他人（ヒト）の不幸を喜んでるようで〔中条比紗也「花ざかりの君たちへ 2」1997〕／他人（ひと）の携帯が鳴ったりするのが〔小畑健「DEATH NOTE 2」(大場つぐみ)2004〕

書籍 息子、亡母（はは）、他人（ひと） どうも今一つ 夫（たにん）というんだったら面白いでしょう?〔加藤治郎「短歌レトリック入門」2005〕

短歌 他人（ひと）の年齢（とし）数へるときは〔「読売新聞」2008年11月3日〕

広告 他人（ひと）の自殺が〔「読売新聞」2009年6月28日〕

書名 日本漢字読み研究会編「読めないと他人（ひと）に笑われる『漢字』」2009〕／エンサイクロネット編「今さら他人（ひと）には聞けない大人の常識力630＋α」2009〕

【他者（ひと）】論文〔大野真「距離の詩学―映画『シックス・センス』を巡って―」2004〕

【誰か（ひと）】歌詞 誰か（ひと）を想ったり〔GARNET CROW「Sky」(AZUKI七)2005〕

【男女（ひと）】歌詞 それなりの愛に出逢いながら男女（ひと）は〔日吉ミミ「ウォーキングマイライフ」(山口洋子)1995〕／今までの男女（ひと）とは〔岡崎友紀&加藤高道「急がば廻れよ人生」(加藤高道)2009〕

曲名 小桜照美「みちのくの男女（ひと）」(児島英三郎)2010〕

【群衆（ひと）】歌詞 無口な群衆（ひと）、息は白く〔GLAY「Winter, again」(TAKURO)1999〕

【民衆（ひと）】歌詞 民衆（ひと）の声無き〔サザンオールスターズ「汚れた台所」(桑田佳祐)1996〕

【市民（ひと）】歌詞 今日も市民（ヒト）で溢れてる〔GLAY「-VENUS」(TAKURO)2008〕

WEB「市民（ひと）が好き」「市民（あなた）が主役の街づくり」

【女（ひと）】歌詞 遠い女（ひと）だよ 忘れよう〔鶴田浩二「街角のブルース」(宮川哲夫)1954〕／それからは 別の女（ひと）〔長谷直美「街はボサノバ」(じゅん順弥)1976〕／浮気な女（ひと）さ〔近藤真彦「ケジメなさい」(売野雅勇)1984〕／あなたの隣に居座る女（ひと）に〔天野月子「BOGGY」2002〕／すなおについてきた女（ひと）よ〔譲二さんと所さん「二度惚れの女（ひと）」(所ジョージ)2006〕❖用例多し。

小説 あの女（ひと）の夫の上に〔米川正夫訳「ドストエーフスキイ全集6 罪と罰」1960〕／あの女（ひと）〔田辺聖子「ほとけの心は妻ごころ」1980〕／この女（ひと）は恩人だ〔菊地秀行「魔界都市ブルース 夜叉姫伝 4」1990〕／約束した女（ひと）もいないそうだ〔静霞薫「るろうに剣心 巻之一」(和月伸宏)1996〕

曲名 春日八郎「長崎の女（ひと）」(たなかゆきを)1963／北島三郎「函館の女（ひと）」(星野哲郎)1965／ザ・ピーナッツ「東京の女（ひと）」(山上路夫)1970／松原のぶえ「赤提灯の女（ひと）」(たかたかし)

1992〕／小野由紀子「相川の女（ひと）」〔高橋直人〕2008

［書籍］唯一無二の女（ひと）ではなかった〔山口百恵「蒼い時」1980〕

［漫画］あの女（ひと）はうちのアパートの〔高橋留美子「めぞん一刻10」1986〕／どんな女（ひと）だったんだろう…〔小花美穂「この手をはなさない後編」1994〕／別の女（ヒト）の所へ行った父さんが〔日高万里「時間屋」1998〕／この女（ひと）も人殺しの日になってしまった〔荒川弘「鋼の錬金術師15」2006〕

［短歌］この部屋で君と暮していた女（ひと）の〔俵万智「野球ゲーム」1987〕／その女（ひと）は夕べの鐘の〔福島泰樹〕

［雑誌］いつも自分を磨いている女（ひと）だけ〔「with」1994年12月〕／「キレイになる女（ひと）」VS.「くすむ女（ひと）」〔「with」2004年7月〕／今週の女（ひと）〔「FRIDAY」2009年6月19日〕❖表紙は女性が務めるのが通例。

［広告］けっきょくは、「基本服（ベーシックアイテム）」を着こなしている女（ひと）が、いちばんあかぬけている！〔「読売新聞」1999年6月1日（Grazia）〕

［俳句］女（ひと）（ルビは）易々とつかってほしくない〔「読売新聞」2000年12月3日（宇多喜代子）〕

［俳誌］往く女に〔「月刊ヘップバーン」2004年7月31日〕

［書名］赤川次郎「その女（ひと）の名は魔女 怪異名所巡り2」2004

［TV］「年上の女（ひと）」〔NHK「天地人」2009年1月25日〕❖サブタイトル。

［チラシ］科学者ってどんな女（ひと）？〔北海道大学2009〕／輝く女（ひと）には色がある。〔2010〕

【女人（ひと）】［古］終戦前、（他人（ひと）、女人（ひと）は）あやまりとはされなかった。〔金田一春彦「日本語」1957〕

【女性（ひと）】［歌詞］違う女性（ひと）になりきれずにそう本当の自分さえ見失った〔大滝詠一「銀色のジェット」（松本隆）1984〕／あの女性（ひと）の影に〔竹内まりや「シングル・アゲイン」1989〕／だいたいの女性（ヒト）ならパッと見で〔DA PUMP「Thrill」（KEN&m. c. A. T）2002〕

［漫画］どんな女性（ひと）かしら〔高橋留美子「めぞん一刻13」1987〕／たくさんの女性（ひと）と交わって〔石ノ森章太郎「マンガ日本の古典 古事記」1994〕／何だったのさっきの女性（ひと）〔義仲翔子「ロスト・ユニバース 2」（神坂一）1999〕

［雑誌］いまを生きる女性（ひと）の常識です!!〔「すてきな奥さん」1994年4月〕／〝香り〟ほどその女性（ひと）を強く印象づける小道具はないと思う〔「with」1994年6月〕

［広告］忘れえぬ女性（ひと）たち〔浅田次郎「鉄道員」2000（巻末）〕／スクリーンの中でひときわ明るく輝く女性（ひと）〔「はいからエスト」2009年4月20日〕／一人で生きる女性（ひと）の強さと切なさ〔「読売新聞」2009年9月29日〕

［小説］いい歳した女性（ひと）がなにやってんだろ〔大野木寛「ラーゼフォン 1」（出渕裕・BONES）2002〕

［TV］涼しい肌の女性（ひと）でした篇〔MAXFACTOR のCM 2007〕

［曲名］小林旭「仙台の女性（ヒト）」（深見青山）2009 ❖ほかに「福岡の女性（ヒト）」「札幌の女性」。

【彼女（ひと）】［歌詞］一人の彼女（ひと）さえ二人で競った〔子安武人・松本保典「ザ!!ライバル」（南極二郎）1992〕／見知らぬあの彼女（ひと）と〔ZARD「今日も」（IZUMI SAKAI）1996〕

［漫画題名］甘詰留太「年上ノ彼女（ヒト）」2001〜2006

【娘（ひと）】［歌詞］いとしい娘（ひと）よ〔田端義夫「かよい船」（清水みのる）1949〕／便りおくれといった娘（ひと）〔春日八郎「別れの一本杉」（高野公男）1955〕

［書籍］声と愛想のいい娘（ひと）を〔稲垣浩「日本映画の若き日々」1978［集］〕

【母（ひと）】［歌詞］あなたが愛した母（ひと）は今も元気でいる〔GLAY「Father&Son」（TAKURO）2002〕

【美人】漫画〔松川祐里子「魔術師 7」1999〕 WEB 歌舞伎公式サイト「歌舞伎美人」

【恋人】歌詞 新しい恋人の胸へと〔杉山清貴「BORDER LINE」(大津あきら)1987〕

漫画 あっちでいい恋人見つけたら〔冨樫義博「幽遊白書 1」1991〕

【愛人】歌詞 私の外に いい愛人いたなんて〔敏いとうとハッピー&ブルー「よせばいいのに」(三浦弘)1979〕

【妓】新聞 祇園の花街とそこで暮らす妓を見守り続けた〔「読売新聞」2008年9月23日〕

【男】歌詞 誰か他の男を もう一度 初めから愛せるかい〔浜田省吾「ロマンスブルー」1982〕／無口な男のさよならだから〔大黒摩季「STOP MOTION」1992〕／どんな男も愛せない〔ALI PROJECT「ナルシス・ノワール」(宝野アリカ)1998〕／言い寄る男を〔マルシア「舞姫になれない」(ちあき哲也)2009〕

漫画 愛する男の役に立ちたい〔高橋留美子「めぞん一刻 10」1986〕／バカな男たち！〔さとうふみや「金田一少年の事件簿 12」(金成陽三郎)1995〕／将来性ない男キライ〔藤崎聖人「WILD LIFE 1」2003〕

小説 あの男と会うために〔菊地秀行「魔界都市ブルース 夜叉姫伝 4」1990〕／あの男の居場所〔菊地秀行「魔王伝 3 魔性編」1996〕

雑誌 感性の男、ＫＥＮＺＯ着たり。〔「MEN'S CLUB」1994年10月〕

【男性】書籍 並んでいる男性を見つめている〔山口百恵「蒼い時」1980〕

歌詞 待ちわびる男性も無いのに〔サザンオールスターズ「シャボン」(桑田佳祐)1984〕

漫画〔篠原千絵「蒼の封印 1」1992〕／〔柴田亜美「南国少年パプワくん 2」1992〕

小説 この男性はもう助からない〔菊地秀行「白夜サーガ 魔王星完結編」1996〕

雑誌〔「with」2004年5月〕

【漢】漫画 この漢と闘える〔「週刊少年マガジン」2004年48号 (SAMURAI DEEPER KYO)〕

❖→おとこ(漢)

【彼】歌詞 大切な彼〔TUBE「ガラスのメモリーズ」(前田亘輝)1992〕／素敵な彼出会いますよ〜に！〔プッチモニ「ぴったりしたいX'mas!」(つんく)2001〕

広告 愛してくれる彼〔「with」2005年1月〕

【彼氏】歌詞 めぐり逢えたわ運命の彼氏〔モーニング娘。「ハッピーサマーウェディング」(つんく)2000〕

【夫】漫画 前の夫と離婚が成立しないうちに〔ささやななえ「子ども虐待ドキュメンタリー 凍りついた瞳」(椎名篤子)1995〕

【貴方】歌詞 おやすみ愛しい貴方よ〔GLAY「Together」(TAKURO)1996〕／心の貴方は〔中澤ゆうこ「純情行進曲」(荒木とよひさ)1999〕❖チラシにもよく見られる。特に、広告用ティッシュで見掛ける。

【お前】漫画 愛に飢えたお前の望みは〔本仁戻「怪物王子」1998〕

【奴】文集 大切な奴ができた。〔静岡県立沼津西高等学校「潮音」37号 1990〕

【相手】歌詞 妻も子もある 相手だった〔美空ひばり「ひとりぼっち」(山口洋子)1975〕／魅せ合えた相手は今〔サザンオールスターズ「LONELY WOMAN」(桑田佳祐)2004〕

漫画 そーゆー相手がいたんだ〔折原みと「生きたい。－臓器移植をした女の子の物語－」2003〕／気になる相手に積極的にアプローチできて〔藤崎聖人「WILD LIFE 5」2004〕

【我】古 我の仕事に〔1891〜1892 俗〕

【僕】歌詞 夜更けに僕んち上がり〔T.M.Revolution「Burnin' X'mas」(井上秋緒)1998〕

【俺】漫画 俺ん家のこと〔さとうふみや「金田一少年の事件簿 11」(金成陽三郎)1995〕

【友】歌詞 堕ちていく 友もいたね〔CHEMISTRY「Running Away」(立田野純)2002〕

【友人】歌詞 ごく少数な友人には〔ZARD「My Baby Grand ～ぬくもりが欲しくて～」（坂井泉水）1997〕
【友達】歌詞 友達が自分より偉く見えたよ〔FIELD OF VIEW「君がいたから」（坂井泉水）1995〕
【三鷹】漫画 三鷹のものになっちゃったんだから〔高橋留美子「めぞん一刻 4」1983〕❖登場人物の姓。
【孫】書籍 というのを聞いた孫もあるだろうし、〔井上ひさし「私家版 日本語文法」1981〕
【赤ン坊】書籍〔さくらももこ「そういうふうにできている」1995〕
【少年】歌詞 待ち伏せてたね 危ない少年〔浅倉亜季「陽あたり良好」（売野雅勇）1987〕
【大人】歌詞 素敵な大人に 少しずつなるために〔南野陽子「秋の Indication」（許瑛子）1987〕
【老人】漫画 その老人の話〔さとうふみや「金田一少年の事件簿 3」（金成陽三郎）1993〕
【犬】漫画 あんなズボラな犬だったなんて〔高橋留美子「めぞん一刻 1」1982〕❖擬人化。
【猫】漫画 女の猫にはちょっときついかな？〔猫十字社「小さなお茶会」2000〕
書籍 超有名なあの猫の〔荒川千尋「ねこの肉球完全版」2003〕
【獲物】漫画 私の最初の獲物ね〔垣野内成美「吸血姫美夕」1988〕
【先生】漫画 大丈夫なのかなあの先生〔寺嶋裕二「GIANT STEP 1」2002〕❖顧問のこと。
【偉人】歌詞 歌えし偉人がいて〔サザンオールスターズ「素敵な夢を叶えましょう」（桑田佳祐）1998〕
【聖人】歌詞 棘を刺す聖人の目を背中に受けて〔中森明菜「Heartbreak」（青木久美子）1988〕
【犯人】漫画 犯人違いしてたんだ〔松川祐里子「魔術師 3」1997〕
【戦士】歌詞 立ち尽くす戦士よ〔JAM Project「Name ～君の名は～」（影山ヒロノブ）2006〕
【大統領】歌詞 聖書に手を置く大統領がいる〔桑田佳祐「どん底のブルース」2002〕
【生命】歌詞 生命は遣って来る〔Sound Horizon「美しきもの」（REVO）2006〕
【存在】歌詞 なんて贅沢な存在〔GARNET CROW「call my name」（AZUKI 七）2001〕
漫画 今でも蓮見の絶対の存在〔日高万里「ひつじの涙 4」2003〕
【社会】歌詞 社会の中で〔DEEN「ひとりじゃない」（池森秀一）1996〕
【世界】歌詞 悩み多き世界のうずの中〔WAG「悲しみの雨」（平山進也・AZUKI 七）2001〕
その他 密猟者・団員・乗客・運命 漫画／異人・外人 WEB

ひどい［酷い］
【非道い】古 酷いを鷗外の作品で非道い（と）〔谷崎潤一郎「文章読本」1934〕❖非道から「ひどい」という語ができた。本来的な表記であるが、当て字と意識されがち。
【非道え】小説 非道え奴だ。〔小林多喜二「蟹工船」1929〕
【酷い】書籍 なおまた、音にも訓にも関係がなく、たゞ言葉の意味を酌んで漢字を宛てたものが沢山ある。酷い（ヒドイ）〔谷崎潤一郎「文章読本」1934〕
新聞 酷（ひど）い渋滞 携帯サイトへの書き込み〔「読売新聞 夕刊」2010年1月28日〕❖読み仮名は新聞社で加えたものであろう。

ひといきれ［人いきれ］
【人熱れ】辞書

ひとうせ
【人失】古 失踪〔1915 隠〕

ひとえ［一重・単］

【一と重】書籍 鷗外風の書き方を徹底させれば、「単衣」は「一と重」〔谷崎潤一郎「文章読本」1934〕

【単衣】歌詞 粋な単衣の 腕まくり〔橋幸夫「潮来笠」(佐伯孝夫)1960〕／破れ単衣に 三味線だけば〔北島三郎「風雪ながれ旅」(星野哲郎)1980〕

【単】書籍 単帯〔織田正吉「ことば遊びコレクション」1986〕

ひとおおすぎ［人多過ぎ］

【人大杉】WEB

ひとかげ［人影］

【人俤】古 ❖俤は通常「おもかげ」と読む国字。

ひとかべ

【人首】姓

ひとがら［人柄］

【人品】古

ひとくさり［一齣・一闋］

【一章】古〔1887 俗〕

ひとけ［人気］

【人気】誤読 人気(ひとけ)のない公園を「にんきのない公園」と読んだ。〔WEB〕

その他 人影 古

ひとこと［一言］

【1言】民間 私を1言で言い表すと(横書き)〔女子学生の手書き〕❖「一言」姓あり。

ひとごと「人事」「人事」では「じんじ」と読まれ、意味も間違えられるため、以前から「人ごと」「他人ごと」とも書かれる。「他人事」という表記を経て「タニンごと」という語形も生じている。

【他人事】新聞「他人事」のように相手を突き放すような話し方でもいけないし〔「読売新聞」2008年9月17日〕／戦争体験者の私には他人事ではない状況。〔「読売新聞 夕刊」2008年11月19日〕

【人ごと】新聞 人ごとではない。〔「読売新聞 夕刊」2008年9月16日〕／人ごとのように〔「読売新聞 夕刊」2008年10月4日〕／人ごととは思えなかった。〔「読売新聞」2009年10月11日〕

広報 人ごとではありません〔「広報東京都」2008年10月1日〕❖「ひと事」もあり。

広告 人ごとだと〔「読売新聞」2008年12月9日〕

【人事】川柳 ヒトゴトと振り仮名がある人事院〔「読売新聞」2009年2月12日〕

その他 他事 古

ひとごみ［人込み］「人混み」は辞書にはまだほとんどないが、改定常用漢字表(答申)で追加された。→こむ

【人混み】辞書〔1956 隠〕

歌詞 人混みに消えた〔海援隊「贈る言葉」(武田鉄矢)1979〕／人混み抜けて 少年走る〔ZELDA「Are You Lucky? – ラッキー少年のうた」(鈴木慶一・高橋佐代子)1983〕／人混みの中を 君は泳ぎつづけるよ〔光GENJI「Graduation」(飛鳥涼)1988〕

公報 人混みをさける〔都内の区立小学校の「ほけんだより」2008年12月10日〕

短歌 人混み苦手な〔「読売新聞」2009年6月8日〕

【人込み】歌詞 街を見降ろせば車も人込みも〔松田聖子「ウィンター・ガーデン」(三浦徳子)1980〕／人 込 み の 中 で〔TWO-MIX「BREAK」(永野椎菜)2001〕❖新聞は原則この表記だが、改定常用漢字表(答申)で「混む」も採用。「混む」のたぐいは百年以上前の新聞に現れた用法。

【人ごみ】歌詞 人ごみに流されて〔荒井由実「卒業写真」1975〕

新聞 人ごみの〔「読売新聞」2008年9月27日〕

ひとさま［人様］

【他人様】小説 他人様の家にあがり込み〔静霞薫「るろうに剣心 巻之一」(和月伸宏)1996〕

漫画 他人様のもんになっちまうんだ〔松

川祐里子「魔術師 3」1997〕
新聞 他人様（ひとさま）を巻き込むなと〔「読売新聞 夕刊」2008年10月2日〕

ひとしお［一入］
【一入（ひとしお）】 古 一入（ヒトシホ）

ひとすじ［一筋・一条］
【一条（ひとすじ）】 歌詞 私を導く一条（ひとすじ）の道〔志方あきこ「Luna piena」(LEONN) 2006〕

ひとだんらく［一段落］ いち段落の間違いとされる読み。
【ひと段落（だんらく）】 書籍 世間話がひと段落したところで〔衿野未矢「依存症の女たち」2003〕俗

ひとつ［一つ］
【壱（ひと）つ】 広告 ワンダフルという言葉がある壱多富龍。人生は多くの人を壱（ひと）つに束ね、豊かに龍のごとく天に昇るべし。杉田成道さん（演出家）〔「読売新聞 夕刊」2008年9月11日〕
【一箇（ひとつ）】 雑誌 一箇（ひとつ）の〔「太陽」1994年1月〕
【一歳（ひとつ）】 小説 道長より一歳（ひとつ）若い〔藤原眞莉「華くらべ風まどい―清少納言梛子」2003〕
【一丁（ひとつ）】 歌詞 ギター一丁（ひとつ）に生命を賭けて〔ディック・ミネ「東京流転」(大野義於) 1954〕
【唯一（ひとつ）】 歌詞 今唯一（ひとつ）の答えにたどり着く〔Ryuji「1000の涙」(円香乃) 2009〕
【1%（ひとつ）】 歌詞 1%（ひとつ）の努力と〃九十九〃の妄想（ゆめ）が勝つ！〔みっくす JUICE「The IJIN-DEN ～天才の法則」(六月十三) 2003〕
【有限（ひとつ）】 歌詞 有限（ひとつ）の命抱いて〔ベアトリーチェ「チェイン」(DY-T) 2009〕

ひとづきあい［人付き合い］
【人間関係（ひとづきあい）】 歌詞 人間関係（ひとづきあい）の何たるかを〔GLAY「SOUL LOVE」(TAKURO) 1998〕

ひとっこ［人っ子］
【人児（ひとっこ）】 古 人児（ヒトツコ）一人見えぬ〔1896〕俗

ひとつばら［一つ腹］
【同腹（ひとつばら）】 小説 中宮定子と同腹（ひとつばら）の姫君〔藤原眞莉「華くらべ風まどい―清少納言梛子」2003〕

ひとで［人手］
【部員数（ひとで）】 漫画〔高屋奈月「フルーツバスケット 14」2004〕

ひとで［海星・人手］ ☆マークをひとでの形と信じる者あり。
【海星（ひとで）】 辞書 ◆海星（かいせい）は固有名詞にあり。

ひとと
【一青（ひとと）】 地名 石川県鹿島郡鳥屋町一青（ひとと）
姓 一青窈（ひととよう）

ひととき［一時］
【一瞬（ひととき）】 歌詞 すべて一瞬の夢と〔八神純子「夜空のイヤリング」(三浦徳子) 1983〕／輝く一瞬（ひととき）に流星になるわ〔芦部真梨子「ガラスの仮面」(売野雅勇) 1984〕／燃えるような一瞬（ひととき）が〔北口和沙「I wanna be」(小松清人) 2009〕
【瞬間（ひととき）】 歌詞 夜空に舞い上がる瞬間（ひととき）は〔SING LIKE TALKING「STEPS OF LOVE」(藤田千章) 1991〕
【生涯（ひととき）】 歌詞 流れてゆく生涯（ひととき）〔GARNET CROW「Endless Desire」(AZUKI 七) 2003〕

ひととせ［一年］
【一年瀬（ひととせ）】 歌詞 わずか一年瀬（ひととせ）の月日の影〔渋谷のり子「誕生日の午後」(藤浦洸) 1939〕
【春夏秋冬（ひととせ）】 アルバム名 田中健「ひととせ（春夏秋冬）」1998
歌詞 春夏秋冬（ひととせ）の色〔五十嵐みずも「大好き！にいがた！～quarter world～」2009〕◆姓にあるともいう。→あきない

ひととなり［人となり・為人］
【人と為（な）り】 辞書 ◆雑誌にも見られるが、「為人」が多い。
【為人（ひととなり）】 小説〔吉川英治「三国志 7」1975〕／ピエエルの為人（ひととなり）を〔平野啓一郎「日蝕」2002〕
【人物像（ひととなり）】 小説〔清涼院流水「カーニバル 一輪の花」2003〕
その他 成長（ひととなり）・性（ひととなり）・天骨（ひととなり）・天生（ひととなり） 古

ひとびと［人人］

【猫々】漫画 山の猫々のお祭りでした〔猫十字社「小さなお茶会」2000〕◆擬人化。

ひとひら［一枚・一片］

【一片】書籍〔織田正吉「ことば遊びコレクション」1986〕

歌詞 一片の粉雪〔day after tomorrow「螢火」(五十嵐充)2004〕

ひとま［一間］

【一室】詩 茉莉花の夜の一室の香のかげに〔蒲原有明「茉莉花」1907〕

ひとまとめ［一纏め］

【統一】書籍〔杉本つとむ「日本文字史の研究」1998〕

ひとまわり［一回り］

【一週間】書籍〔杉本つとむ「近代日本語の成立と発展」1998〕

ひとみ［瞳・眸］改定常用漢字表(答申)に採用の「瞳」の「童」は針で目をつぶされた奴隷のこと(民はその象形)とされる。瞳の旁が童であるのは、目に映った人は児童のように小さく見えるためとも。和語は人見の意からとも。

【眸】曲名 淡谷のり子「眸は晴れて」1933

漫画 その綺麗な眸で〔野々村秀樹「邪魂狩り1」1993〕

俳誌〔「俳句」1994年7月〕

【瞳孔】詩 そのひとの瞳孔にうつる不死の幻想〔萩原朔太郎「仏の見たる幻想の世界」1922〕

【双眸】歌詞 深い双眸が私を惑わす〔中森明菜「La Liberte」(森由里子)1988〕

【星】歌詞 輝き瞬いた星があなたを探してる〔忍足侑士「月夜の下で」(井原弘志)2005〕

その他 人見・睛 古

*【矐】辞書〔「大漢和辞典」字訓索引〕

ひとめ［一目］

【ひと眼】歌詞 ひと眼だけでも 惚れる人〔美空ひばり「好きなのさ」(石本美由起)1987〕

ひともし［火点し］

【灯点し】短歌 灯点し頃は「逢魔が時」とも言う〔「読売新聞」2009年6月8日〕

ひともる

【燈る】俳句 燈りぬ〔竹下しづの女〕

ひとや［獄・人屋・囚獄］

【獄】映画題名「獄に咲く花」2010

ひとよ［一世］

【一生】短歌 一生かけて愛してみたき〔俵万智「八月の朝」1986〕／圧倒的に多いのは、複数の読みのある表記へのふりがなである。よく出てくるのは「一生(ひとよ)」〔高野公彦「現代の短歌」1991〕／想ひ出は君には一日我には一生〔「読売新聞」2007年4月25日(栗木京子)〕

【人生】歌詞 永き人生を 霜枯れて〔藤山一郎「影を慕いて」(古賀政男)1931〕

ひとり［一人・独り］

【個人】小説 彼個人の使いこみと〔森村誠一「殺意の接点」2001〕

【孤り】小説 部屋の中で孤り〔有吉佐和子「地唄」1956〕／孤り里昂を跡に〔平野啓一郎「日蝕」2002〕／孤り身の女〔同〕

歌詞 孤りじゃない〔スピッツ「夢じゃない」(草野正宗)1997〕

【孤独】書名 柴田錬三郎「血太郎孤独雲」1958

歌詞 孤独じゃ誰もいられない〔MIO「不思議CALL ME」(大津あきら)1984〕／傷ついても孤独よりましと〔中森明菜「So Mad」(冬杜花代子)1988〕／孤独のベッドじゃ眠れぬような〔サザンオールスターズ「ホリデイ～スリラー『魔の休日』より」(桑田佳祐)1992〕／何処まで私を孤独に〔鬼束ちひろ「流星群」2002〕◆用例多し。

漫画 孤独だったんだよ〔倉橋えりか「世紀末のエンジェル 4」2001〕

小説 私は孤独になっていた〔川口北高校文

ひ

芸部「未青年」105号〉
*【孤独感】歌詞 孤独感がよぎる〈ZARD「かけがえのないもの」(坂井泉水)2004〉
【流離】曲名 もんた&ブラザーズ「流離(ひとり)」(KURO)1981
【一人】政策 かな書きにすべき熟語〈文化庁「公用文作成の要領」1951〉
【1人】漫画 1人じゃ〈「コロコロコミック」2008年9月〉
【1人】民間 1人1人〈学生の手書き〉
【1匹】新聞 一番つらいのが犬を置いて外出すること。1匹にすることに罪悪感を覚えてしまうのです。〈「読売新聞」2010年3月22日(人生案内)〉◆擬人法的。
【一木】歌詞 男凛々しく一木たつ〈山田忠明「尾張の大樹」〉
その他 特り 古/自定め 古

ひとりごちる〔独りごちる〕
【独り言ちる】雑誌 独り言ちた〈「旅」1994年6月〉
書名 千宗室「京都あちこち独り言ち」2009

ひとりごと〔一人言・独り言〕
【独言】小説 独言が出る。〈小林多喜二「蟹工船」1929〉

ひとりざけ
【独酌酒】曲名 水田かおり「独酌酒(ひとりざけ)」(高橋直人)2008

ひとりたび〔一人旅〕
【獨道中】演目 上演中の「獨道中五十三驛」〈「読売新聞 夕刊」2009年3月13日〉◆歌舞伎外題。1字目は独の旧字体。

ひとりでに〔独りでに〕
【自然に】小説 ほとんど自然に〈米川正夫訳「ドストエーフスキイ全集6 罪と罰」1960〉

ひとりぽっち ひとりぼっち。
【独りぽっち】古 独りぽツち〈1914 俗〉

ひとりむし〔火取り虫〕 ⿰虫登 は国字。
【火採虫】歌詞 明日を定めぬ 火採虫〈曽根史郎「ギター泣かせて」(原由記)1958〉

ひな →ひ(陽)
【陽菜】人名 女子の2位〈たまひよ 名前ランキング 2008〉◆2009年は3位、明治安田(2008・2009)では1位。

ひなげし〔雛芥子〕
【雛罌粟】古〈1929 隠〉◆→コクリコ

ひなさき〔雛尖・雛頭〕
【吉舌】古

ひなし〔日無し〕
【十二月晦日】【極月晦日】姓 理詰めなもの〈平島裕正「日本の姓名」1964〉

ひなた〔日向〕
【日南多】古〈伊藤嘉夫「ふりがな振り漢字」1970〉
【日向】新聞 日向林B遺跡〈「読売新聞」2008年11月14日〉
【陽】人名 陽さん(28)〈「読売新聞」2008年9月19日〉
【陽葵】人名 これはどう見ても読めないですね。〈WEB〉
【向陽】人名 最近こどもが生まれ「向陽」と書いて「ひなた」と名づけました。〈WEB〉
その他 日南 辞書

ひなん〔非難・批難〕 批判。
【批難】古〈1917 俗〉◆漢籍から。
その他 誹難 古

びなん〔美男〕
【美猫】漫画 とうさんもそんな美猫じゃないし〈猫十字社「小さなお茶会2」2000〉◆男(雄)への代用。擬人化。

ひね〔陳・老成〕
【古】古 警官・強盗犯人・共犯者〈1935 隠〉
【老成】小説 老成金時〈柳瀬尚紀訳「フィネガンズ・ウェイク III IV」1993〉

ひねくる〔捻くる〕

【拈くる】辞書

ひねくれる［捻くれる］

【拗れる】辞書

ひねもす［終日］

【終日】【尽日】古

ひねる［陳ねる］

【老成る】小説 老成てる〔田辺聖子「朝ごはんぬき?」1976〕

ピノノワール［フランス Pinot Noir］

【葡萄酒】歌詞 まるで葡萄酒〔Sound Horizon「見えざる腕」(REVO) 2006〕

ひのほ 旅客日報。貨物日報。

【日報】小説〔浅田次郎「鉄道員」2000〕

ひのようじん［火の用心］

【火廼要慎】WEB「火廼要慎・家内安全」火廼要慎は、「ひ(火)、すなわち(廼)、つつしみ(慎)、をようす(要)」＝火の用心の意味です。❖江戸時代にはさまざまな表記があった。

【火之要鎮】書籍〔江戸末期または明治初期の札(東京消防庁蔵) 1979 目〕

【火の要慎】貼紙〔NHK朝の連続テレビ小説「わたしは海」台所の貼り紙 1979 目〕

ビバーク［フランス bivouac］

【露営】小説 そこを露営地とした〔森村誠一「殺意の接点」2001〕

ひはん［批判］

【非反】誤字〔山本昌弘「漢字遊び」1985〕❖「否反」も見られる。

その他 **比判** 古

ひひ［狒狒］

【狒々】古 多淫の人〔1920 隠〕

【狒】辞書〔1949 隠〕

ひび［皹・皸・胼］

【亀裂】小説〔三島由紀夫「橋づくし」1958〕罅はこの派生義。

ひび［日日］ 日々は、にちにち、ひび、ひにちと読める。「日にち」は「日日」では違和感があるため交ぜ書きに。「指指す」も「指差す」。→ばいがい(貝貝)

【日陽】映画題名「日陽はしづかに発酵し…」❖1995年公開。

【現実】歌詞 叶わない現実〔天野月子「聲」2005〕

【生命】歌詞 儚い生命〔GARNET CROW「雨上がりの Blue」(AZUKI 七) 2004〕

【高度成長期】歌詞 駆け抜けた高度成長期の姿〔GLAY「Father&Son」(TAKURO) 2002〕

ひびき［響き］

【韻】書籍 深さと幅と韻とを云い尽す〔谷崎潤一郎「文章読本」1934〕

新聞 造形、書線から発散される韻が美しい〔「読売新聞」2010年8月14日〕

ひひじじい［狒狒爺］→ひひ

【橘】漫画 あの橘のヒミツ!〔さとうふみや「金田一少年の事件簿 12」(金成陽三郎) 1995〕

ビビッド［vivid］

【美々ッド】新聞 美々ッド(ビビッド)なお洋服を〔「朝日新聞 夕刊」2010年4月3日(漢字んな話)〕❖しゃれ。美々しい。美々は地名。

びびる「ビビる」が多い。

【恐る】漫画 恐ってる〔弘兼憲史「人間交差点」(矢島正雄) 1980～1990〕

【腰抜け】漫画 誰が腰抜けだ〔絵夢羅「道端の天使 3」2004〕

ひふみ

【一二三】しこ名 一二三山 四五六 姓 一二三 一二〔佐久間英「珍姓奇名」1965〕／東海大相模 一二三(慎太) 3連投も見出し(本文では「ひふみ」とルビ)〔「読売新聞」2010年1月30日〕❖「一二三 四五六」というたぐいの人名がしばしば報告される。

【123】WEB 1239段【ひふみくだん】将棋の加藤一二三9段の事。

ひぼたん［緋牡丹］

【緋紅的牡丹】曲名 ALI PROJECT「緋紅的牡丹」(宝野アリカ) 2005

ひま［暇・閑］
【閑】新聞 わたしは閑なのが好きで、忙しいのが大嫌いな男で〔「読売新聞夕刊」2008年9月30日（丸谷才一）〕
【間】歌詞 いそしみはげみて学べる間も〔「早稲田中・高等学校第一校歌」（坪内逍遥）1921〕◆間の字は閑と通じた。
その他 閑暇・日間 古／vipper WEB
ヒマラヤ［Himalaya］
【喜馬拉】【喜馬拉雅】辞書
ひまわり［向日葵］
【日向葵】古 ◆人名でも。「ひゅうが（日向）」の影響か。
その他 夏向花 人名
ひみこ［卑弥呼］
【卑弥呼】人名 ◆卑弥呼の字の選び方に軽蔑の意が指摘されることがあり、国会でも取り上げられたことあり。中華思想の下で見られた現象ないし同音の字がほかにあまりなかったためともいう。日の巫女と結びつける説もあり。
【卑弥子】誤字 髪型が卑弥子していた〔静岡県立沼津西高等学校「潮音」37号 1990〕
ひみつ［秘密］
【㊙】書名 小沼まり子「青山電脳㊙倶楽部」2002〕
ひむか
【向日】歌詞 朝月の Ah Ah 向日黄楊櫛〔林原めぐみ「KOIBUMI」2002〕
ひめ［姫］
「才媛」「愛媛」の媛は改定常用漢字表（答申）に採用。
【娘】漫画〔中村明日美子「曲がり角の僕ら」2009〕
【公主】雑誌 公主を降嫁させたい〔「囲碁クラブ」1994年5月〕
その他 愛 人名
ひめごと［秘め事］
【情事】歌詞 熱い情事吐息が妙薬〔中森明菜「Femme Fatale」（青木久美子）1988〕
【秘策】古 秘策
ひめみこ［姫御子］
【女】【皇女】【内親王】古
ひめむろ
【密室】書名 三津田信三「密室の如き籠るもの」2009〕
ひも［紐］
【綬】古 綬〔宇田川榕菴「植学啓原」1834〕
【弦】書籍 一種の弦とみなして描写するものだ〔と学会＋α「トンデモ音楽の世界」2008〕
【紐】古 貢がせている情夫〔1941 俗〕◆ヒモ。
【嫖】字遊 のれんの手作り漢字〔斎賀秀夫「漢字と遊ぶ」1978〕
【恋人】漫画 私恋人かかえてるんだから〔小花美穂「こどものおもちゃ 1」1995〕
関連【ヒモ】書籍 ヒモになる条件〔山田詠美「ベッドタイムアイズ」1985〕
ひもじい
【饑じい】辞書／【餓い】WEB
ひもとく［繙く・紐解く］
【紐解く】広告 歴史を紐解く〔「読売新聞」2010年2月17日〕
新聞 連続講座「心に響くラブメッセージの紐解き方を体感学習する」〔「読売新聞夕刊」2010年3月3日〕
【繙く】小説 書を繙いていると〔「読売新聞」2009年10月5日〕
ひもろぎ［神籬・胙・膰］
【神籬】和歌 神籬立てて斎へども〔「万葉集」〕
ひや［冷や］
【冷酒】俳誌 冷酒が好きだ〔「俳句」1994年4月〕
ひやかし［冷やかし］
【素見】古 十返舎一九「素見数子」◆洒落本。
【冷評】小説 あの冷評のうちには〔夏目漱石「こころ」1914〕
ひやかす［冷やかす・素見す］

【冷評す】(小説) 冷評しましたね。〔夏目漱石「こころ」1914〕

ひゃく［百］

＊【100】(WEB) 100歩譲って。

＊【100】(広告) 100－974〔ダイエックス電話(金城ふみ子2003)〕

＊【100】(番号) 862－100〔「朝日新聞」2009年10月3日〕

ひゃくしょう［百姓］ 古く「百性」とも。

【百将】(古)〔大久保忠教「三河物語」1622〕

【百笑】(新聞) 〝(株)夢百笑の種子島蜜芋〟〔「読売新聞 夕刊」2009年1月15日〕◆もじり。

ひゃくとおばん［百十番］

【一一〇番】(雑誌) 一一〇番される〔「小説新潮」1994年1月〕◆音読みで揃えたヒャクジュウではない。

ひゃくにんいっしゅ［百人一首］

【百人一首】(古) 戯作本など 百人一首〔井上ひさし「ニホン語日記」1996〕◆古くは「百人一首」とも。

ひゃくめ［百目］

【百匁】(小説) 百匁蠟燭を灯して〔有吉佐和子「地唄」1956〕

ひやけ［日焼け］

【陽焼け】(歌詞) 陽焼けしたハーモニー〔杉真理「素敵なサマー・デイズ」1983〕

【陽灼け】(書籍) ずいぶん陽灼けしているようだが〔井上ひさし「私家版 日本語文法」1981〕

ヒヤシンス［hyacinth］

【風信子】(曲名) 太田裕美「風信子」(松本隆)2000 ◆発音もフウシンシと似る。子でス(唐宋音)は扇子などに例あり。

びゃっこ［白虎］

【白】(漫画)〔上条明峰「SAMURAI DEEPER KYO」1999～2006〕

ひややか［冷ややか］

【秋】【冷】【冷淡】(古)／【氷やか】(民間)

ピュア［pure］

【純粋】(歌詞) 生まれたての純粋な宝石〔水樹奈々「JUMP!」2004〕◆女子の人名にも。

【純血】(書籍) 純血種〔矢野俊策／F.E.A.R.「ダブルクロス The 2nd Edition」2003〕

ビューティー［beauty］ ビューティ。

【美ューティー】(WEB) 美っくりするほどOLが美ューティーになれる通販ショップ

【美】(WEB) ◆WEBに「美」も。

ヒューマニズム［humanism］

【人間主義】(新聞)「反人間主義」を糾弾された。〔「読売新聞」2009年1月11日(書評欄)〕

ヒューマニティ［humanity］

【人間性】(広告) 愛と人間性あふれる〔「読売新聞」2009年1月31日〕

ヒューマン［human］

【人間】(漫画題名) 弘兼憲史「人間交差点」(矢島正雄)1980～1990

(書籍) 人間記録〔桜井厚「インタビューの社会学－ライフストーリーの聞き方」2002〕

ピュグマリオン［ギリシャ Pygmaliōn］ ピグマリオン。

【人形愛】(歌詞)〔ALI PROJECT「メガロポリス・アリス」(宝野アリカ)2006〕

ピュタン［フランス putain］

【淫売】(小説) ガリーエーヌ街の淫売の話に〔遠藤周作「白い人」1955〕

ヒュブリス［ギリシャ hubris］

【傲慢】(論文)〔大野真「距離の詩学－映画『シックス・センス』を巡って－」2004〕

ピュリタニスム［フランス puritanisme］ ピューリタニズム。

【純潔主義】(小説) 純潔主義の厚い城壁が〔遠藤周作「白い人」1955〕

ピュリファイ［purify］

【浄化】(漫画)〔冨樫義博「HUNTER×HUNTER」1998～〕

びょういん［病院］

【産婦人科】(さんふじんか→びょういん) 漫画〔渡瀬悠宇「イマドキ！3」2001〕

びようえき［美容液］

【美容液】 誤字 クレンジングジェルや美容液〔「毎日新聞」2010年6月6日（北海道）〕◆溶液と混淆、同化も。WEBに多し。

ひょうか［評価］

【評可】 誤字 生徒 成績を評可する〔山本昌弘「漢字遊び」1985〕

ひょうしぎ［拍子木］

【撃柝】【柝】 古

ひょうひょう［飄飄］

【鮃鰾】 小説 鮃鰾として〔柳瀬尚紀訳「フィネガンズ・ウェイクⅠⅡ」1991〕◆もじりか。

ひょうろう［兵糧］

【戦粟】 古

ひょうろく［表六］

【瓢六】 小説〔柳瀬尚紀訳「フィネガンズ・ウェイクⅢⅣ」1993〕

ひょうろくだま［表六玉］

【瓢碌玉】【漂碌玉】【兵六玉】 古

ひよこ［雛］ ぴよぴよと同源。→ひよっこ

【あいつ】 漫画 でもあいつ泣いてるし〔樋口橘「学園アリス 1」2003〕

ひょこひょこ

【憑虚々々】 古

その他 **飄乎つかせる** 古

ひよっこ［雛］→ひよこ

【新米】(ヒヨッコ) 漫画 寝ボケんな新米〔「週刊少年ジャンプ」2004年5月24日（PMG-0）〕

その他 **雛鳥** 古

ひょっこり

【雛り】 小説〔柳瀬尚紀訳「フィネガンズ・ウェイクⅠⅡ」1991〕◆もじりか。

その他 **偪起** 古

ひょっと

【万一】【偶然と】 古

ひょっとこ

【彦徳】 古〔1917 隠〕

ひより［日和］ 常用漢字表付表にあり。

【日和】 辞書「万葉集」武庫の海の尒波よくあらし 漁場を意味したが、日が和んでいると解した。漢語自体は中国製。ひよりの語源は不明〔杉本つとむ『宛字』の語源辞典」1987〕

ひよわ［ひ弱］

【脾弱】 書籍 どこか脾弱な日本語動詞のための〔井上ひさし「自家製文章読本」1984〕

【*脾弱い】 小説 脾弱い青年は〔有吉佐和子「地唄」1956〕

ひょん

【異変】【凶】 古

ひら

【枚】 古

ひら

【平】 地名 豊平川など◆アイヌ語ではピラは崖の意味だが、発音で平を当てたことあり。なお、六平は秋田の姓。

びら

【片】【枚】 辞書 現代語でポスター〔隠〕

ひらいしん［避雷針］

【避雷娠】 小説〔柳瀬尚紀訳「フィネガンズ・ウェイクⅢⅣ」1993〕◆もじりか。

びらかざる

【飾る】 古〔1935 隠〕

ひらき［開き］

【差】 書籍 七年の差といい〔山口百恵「蒼い時」1980〕

ひらく［開く］

【拓く】 歌詞 馬鹿が無用の 剣ぬいて それで日本が 拓けるか〔美空ひばり「龍馬残影」（吉岡治）1985〕 書籍 時代を先陣きって拓いていった〔松岡正剛「日本流」2000〕◆開拓。／海上交通は

中世になって初めて拓(ひら)かれたものではない。〔平川南「日本の原像」2008〕
法律 我が国の未来を切り拓(ひら)く教育の基本を確立し〔「教育基本法」2006〕
広報 小冊子「未来(あす)を拓(ひら)く人を育てる－識者からのメッセージ－」を2月に発行します。〔「広報すぎなみ」2009年1月11日〕
書名 工藤進英「見えないがんを追う 大腸内視鏡が拓く医療フロンティア」2009
広告 新たな地平を拓(ひら)いた巨星〔「読売新聞」2010年1月16日〕
式辞 「建学の理念と伝統を知り 未来を拓け」〔早大総長 学部入学式式辞 2010年3月〕

【展(ひらく)】 漢詩 〔平井呈一訳「狂詩 巡査行」1951〕

【開(ひらく)】 新聞 〈開〉ボタンを押して〔「読売新聞」2010年3月13日〕❖「開」「閉」のように「漢字を記号的に用い」る場合は「送り仮名の付け方」(内閣告示)は対象としていない。

ひらたいら

小地名に「平(ひら)たいら」(神奈川)、「平平(ひらだいら)」(福岡)がある。

*__【平平平平(ひらたいらへいべい)】__ 人名 ❖「平平(ひらげへら) 平平(へっぺい)」「平平平(ひらたいらへっ)平(ぺい)」「平平平平臍下珍内春寒風衛門」も伝えられる。

*__【平平平平(ひらだいらひらへい)】__ 古〔式亭三馬「小野䇾譃字尽」1806〕

*__【平平平平平(ひらだいらへいへいぺいたいら)】__ ハンドル名 ❖人名としては平 平子(たいらのひらこ)が平安時代中期の女官にいた。

ひらばやし [平林]

【平林】 古「醒睡笑」ヒャウリンか、ヘイリンか、タヒラバヤシか、ヒラリンか、イチハチジフにボクボクか、それにてなくはヒャウバヤシか 平林 姓〔小林祥次郎「日本のことば遊び」2004〕❖「いちはちじゅうのもーくもく」の形で落語になっている。

ひらひら

【平平(ひらひら)】 商品名 平平(ひらひら)うどん❖「ひらべったい」は「平平」からとも。

その他 **閃々(ひらひら)** 古

びらびら

【陰唇】【瓣】 古 陰唇(ビラビラ) 瓣(ビラビラ)〔三谷公器「解体発蒙」1813〕❖当用漢字以来「瓣」は「弁」の旧字体。

ピラミッド [pyramid]

【稜錐塔(ピラミッド)】 小説 稜錐塔(ぴらみつど)〔夏目漱石「虞美人草」1907〕

【金字塔(ピラミッド)】 詩 金字塔(ピラミッド)と回教寺院とを雙葉にいだき〔尾崎喜八「新らしい風」1924〕

【王の墓(ピラミッド)】 漫画 王の墓(ピラミッド)を作れとは言ってないぞ〔田村由美「BASARA 8」1993〕

その他 **尖塔(ピラミッド)・三角塔(ピラミッド)** 古 ／**比羅密都(ピラミッド)** 施設名

ひらめ [平目・鮃]

【比目魚(ひらめ)】 古〔1920 隠〕

【平貝】 誤字 平貝刺身〔斎賀秀夫「漢字と遊ぶ」1978〕

ひらめく [閃く]

【閃く(ひらめく)】 雑誌 七十二候 閃(ひらめ)いた〔「暮らしの風」2008年11月〕

その他 **紛披(ひらめく)** 古

ひらり

【翻然(ひらり)】 古

びり

「尻(しり)」「尿(いばり)」「ひりけつ」からとも。

【下り(びり)】【比利(びり)】 古

ピリオディック [periodic]

【生理周期(ピリオディック)】 雑誌「生理周期(ピリオディック)スキンケア・カレンダー」〔「からだにいいこと」2008年10月〕

ピリオド [period]

【終止符(ピリオド)】 歌詞 争いに終止符(ピリオド)を打つ〔Janne Da Arc「－救世主 メシア－」(yasu) 2001〕
漫画 因縁のバトルに終止符(ピリオド)が打たれた〔綾峰欄人「GetBackers 奪還屋 23」(青樹佑夜) 2003〕
WEB この辺で終止符(ぴりおど)

びりかた

【尻方(びりかた)】 古 妓楼の主人❖尻吊(びるつり)(遊芸人)もあり。

ビリヤード ［billiards］
【撞球】 小説 撞球＝玉突きは〔静霞薫「るろうに剣心 巻之二」(和月伸宏)1996〕
【撞球場】 小説 撞球場『倫敦』を出た〔静霞薫「るろうに剣心 巻之二」(和月伸宏)1996〕

ひりょうず ［↑ポルトガル filhos］ ひりゅうず。
【飛龍頭】【飛龍子】 古

ひる ［昼］
【午】 小説 午過ぎ、駆逐艦がやって来た。〔小林多喜二「蟹工船」1929〕／午を報せる声の前に東向きから〔藤原眞莉「華くらべ風まどい―清少納言椰子」2003〕
【午刻】 小説 午刻過ぎに〔井上靖「補陀落渡海記」1961〕
【正午】 新聞 正午の名曲定期便〔「読売新聞夕刊」2009年6月30日〕◆朝鮮語では点心が昼ごはん。
【白昼】 詩 白昼もなほ熊の如くに眠れるなり。〔萩原朔太郎「乃木坂倶楽部」1934〕
【昼間】 歌詞 昼間の夢をのむ〔ALI PROJECT「Pastel pure」(宝野アリカ)2004〕
その他 日午・晶 古

ひる ［放る］
【放る】 小説 放ったな！〔柳瀬尚紀訳「フィネガンズ・ウェイク I II」1991〕

ビル ［↑ビルディング］
【建物】 小説 建物の窓を見よ〔菊地秀行「魔界都市ブルース 夜叉姫伝 4」1990〕
【土地】 漫画 私の土地を買収できたつもり〔由貴香織里「ストーンヘンジ」1993〕
【位置】 漫画 狙撃する事が可能な位置は〔松川祐里子「魔術師 2」1996〕

ひるさがり ［昼下がり］
【午後り】 小説 午後りの現在まで机の前に座っている〔藤原眞莉「華くらべ風まどい―清少納言椰子」2003〕

ヒルズ ［hills］
【丘】 歌詞 丘の上に夢の夜景〔Apotheke「Poppers」(Super Gays)2009〕

ビルディング ［building］
【固まり】 書籍 コンクリと金属の固まり〔井上ひさし「ニホン語日記」1996〕

ビルドゥングスロマーン ［↑ドイツ Bildungsroman］ 教養小説。
【教養小説】 論文〔大野真「距離の詩学―映画『シックス・センス』を巡って―」2004〕

ひるね ［昼寝］
【午睡】 古 西沢一鳳「皇都午睡」1850
小説 午睡などをする〔夏目漱石「こころ」1914〕
漫画 午睡している猫〔猫十字社「小さなお茶会」2000〕／〔永田正美「恋愛カタログ 26」2004〕
歌詞 お午睡してる〔ALI PROJECT「日曜日のシエスタ」(宝野アリカ)2004〕
作品名「午睡」〔「読売新聞」2009年4月8日〕
【午眠】 小説 少し午眠でもおしよ。〔夏目漱石「こころ」1914〕

ビルマ ［Burma］
【緬甸】 辞書 ◆ミャンマーの発音と関連するか。「泰緬鉄道」の「泰緬」はタイ・ビルマを指す。

ひるむ ［怯む］
【臆】 古 ◆臆の気後れする意は国訓。

ひるめし ［昼飯］
【午飯】 小説 その翌日午飯を食いに〔夏目漱石「こころ」1914〕

ひれ ［領巾・肩巾］
【領布】 漫画 領布を優雅に振るう〔水落晴美「夢界異邦人 龍宮の使い」2001〕
【領巾】 漫画〔石ノ森章太郎「マンガ日本の古典 古事記」1994〕

ひれん ［悲恋］
【秘恋】 曲名 ちあきなおみ「秘恋」(吉田旺)1983 ◆もじりか。

びろ ［↑せびろ］

ひ

【背広(ピロ)】小説 いい背広(ピロ)着てんな〔南英男「私刑」1996 集〕

ヒロイン [heroine] →ヒーロー

【主役(ヒロイン)】漫画 次の映画の主役(ヒロイン)に〔小畑健「DEATH NOTE 5」(大場つぐみ)2005〕

【主人公(ヒロイン)】雑誌 主人公(ヒロイン)になれる大人の紅〔「オリーブ倶楽部」2010年3月〕

【英雄(ヒロイン)】広告 悲劇の英雄(ヒロイン)の素顔〔「読売新聞」2010年5月31日〕❖樺美智子氏のこと。

【クリスティーン(ヒロイン)】漫画〔さとうふみや「金田一少年の事件簿 1」(金成陽三郎)1993〕❖「彼女が演じるヒロイン(クリスティーン)は」とも。

ひろう [拾う] 関西方言では「ひらう」。

【拾(ひろ)おて】書籍 ソレを拾おて〔中場利一「一生、遊んで暮らしたい」1989 俗〕❖関西方言。

びろう [尾籠]

【尾籠(びろう)】辞書 ❖おこがましいの「おこ」(「うこ」とも)への当て字の字面から。さらに当て読みがなされたものか。

姓〔平島裕正「日本の姓名」1964〕

ピローグ

【肉饅頭(ピローグ)】小説 肉饅頭(ピローグ)を一つ食った〔米川正夫訳「ドストエーフスキイ全集6 罪と罰」1960〕

ビロード [ポルトガル veludo]

【鷲絨】古 鷲絨(ビロウド)〔宇田川榕菴「植学啓原」1834〕

【天鵞絨(ビロード)】曲名 ZELDA「天鵞絨(ビロード)の島」(高橋佐代子)1983〕

歌詞 天鵞絨(ビロード)の海〔椎名林檎「依存症」2000〕／罪な天鵞絨(ビロード)の波に溺れていた悪夢〔D「Face」(ASAGI)2004〕

漫画〔秋本治「こちら葛飾区亀有公園前派出所 126」2001〕❖命名案として。

【尺老烏兎(びろうど)】書籍〔杉本つとむ「日本文字史の研究」1998〕

その他 天鵞兎(ビロウド) 古

ピロートーク [pillow talk]

【寝物語(ピロー・トーク)】小説〔清涼院流水「カーニバル 二輪の草」2003〕

ひろがる [広がる]

【展(ひろ)がる】小説 展(ひろ)がっているさまざまな土地の〔松本清張「点と線」1958〕

新聞 山道を来るとここでぽかっと視野が展(ひろ)がる〔「読売新聞」2009年2月27日(中西進)〕

チラシ「起創展街」中野が展(ひろ)がる 中野を創る〔中野区のチラシ〕

【拡(ひろ)がる】歌詞 ジュラ期の世界が拡がり〔サディスティック・ミカ・バンド「タイムマシンにおねがい」(松山猛)1974〕／川面に波紋の拡がり数えたあと〔さだまさし「檸檬」1978〕／拡がる世界は 不思議な輝きを〔山下達郎「SPARKLE」(吉田美奈子)1982〕❖「拡(ひろ)がる」は当用漢字音訓表で認められなかった訓。

【払(ひろ)がる】歌詞 揺れて払がる〔鶴田浩二「雨滴れシャンソン」(宮川哲夫)1954〕❖当用漢字公布前後でなお新字体が定着していなかったための誤植か。

【氾(ひろ)がる】小説 忽然と氾(ひろ)がり始めたので〔平野啓一郎「日蝕」2002〕

ひろげる [広げる]

【展(ひろ)げる】小説 展(ひろ)げられたま、になっていた。〔小林多喜二「党生活者」1932〕

新聞 折り紙については、「折り紙を展(ひろ)げる」という項目をたてている。〔「読売新聞」2009年3月6日〕

【拡(ひろ)げる】歌詞 もう あいつは両手を拡げてしまう〔キャンディーズ「わな」(島武実)1977〕／十字に手を拡げ〔南佳孝「真紅の魔都」(松本隆)1984〕❖旁の「広」と同訓。広げるは拡げると手偏を付けると動詞的となる。堀・掘る、榨菜(ザーサイ)・搾るも同様。

広告 幅をぐっと拡(ひろ)げる〔「読売新聞」2009年2月7日〕／悦びを拡げる〔「読売新聞」2009年10月21日〕

ひろし [広し]

【潤(ひろ)し】古／【宇宙(ひろし)】人名

ひろと
【大翔】(人名) 男子1位。翔の使用はほかの名にも多い。〔たまひよ 名前ランキング 2008・2009〕❖明治安田（2008・2009）でも1位。↓翔ぶ

ひろまる
【氾まる】(小説)［広まる・弘まる］〔平野啓一郎「日蝕」2002〕
その他 天望 (人名)

ひろめ［広め］
【披露目】(新聞) お披露目は〔「読売新聞」2008年12月14日〕
【弘】(古) 新聞社のこと〔1915 (隠)〕
*【拡屋】(古)〔1935 (隠)〕

びわ［琵琶］
【琵琶】(辞書) ❖琵琶は西域から中国語に入った外来語に対応するための形声による造字。「琴」に基づく。「枇杷」はその転用。

ひん［貧］
【貪】(誤字) ❖「貪血」（貧血）のように、貧と貪とは互いに書き間違われる傾向あり。「貧すれば鈍す（る）」はWEBなどで「貧すれば貪す」とも。

びん［瓶・罎］「びん」は瓶の唐宋音。
【罎】(歌詞) WHISKYの罎を枕に寝てるよ〔南佳孝「Marie, Come Back」（松本隆）1979〕

びん
【保栄茂】(姓) ❖沖縄。

ピン ポルトガル語で点の意のpintoから。
【一】(古) 一揃〔1917 (隠)〕／一から十まで〔1931～1932 (俗)〕
(書籍) 一（ピン）、二（リャンコ）符徴〔木村荘八「現代風俗帖」1952 (俗)〕
(辞書) 一転がし〔1955 (隠)〕
(新聞)「ピンからキリまで」は、一から十まで、最高から最低までの意。キリはクルス（十字架）から転じたとも、「切りがない」の「切り」だともされる。〔「読売新聞」2010年4月2日〕
【一着】(新聞) 3日連続一着一着一着目指して〔「読売新聞 夕刊」2009年11月30日〕

ピン［pin］国字の鋲は漢語から。
【部品】(漫画)〔「週刊少年ジャンプ」2004年47号〕
【留金】(小説)〔神坂一「日帰りクエスト2」1993〕

ひんかく［品格］
【貧格】(書名) ビートたけし「貧格ニッポン新記録」2008／土屋賢二「ツチヤの貧格」2008
❖もじり。

ピンク［pink］中国では「黄色」と訳す場合あり。
【桃色】(映画題名)「桃色の店」1947
【紅】(チラシ) 紅鮭〔2008年10月〕
その他 石竹 (古)

ビンゴ［bingo］
【当たり】(小説) 当たり！〔南英男「盗聴」1996 (俗)〕

ぴんさつ［ぴん札］
【新札】(漫画) それも、すべて新札で……〔青山剛昌「名探偵コナン 2」1994〕

ピンズ［餅子］
【筒子】(漫画) 筒子染め〔天獅子悦也「むこうぶち 23」2008〕❖麻雀。一種の訓読みか。

びんた 九州方言に頬の意があり、頬を打つ意にも。沖縄ではもみあげのこと。ビンタ。
【頭】(商品名) 鰹頭 ❖鹿児島方言から。
【鬢た】(辞書) よこびんた（横鬢た）(俗)
その他 鬢端 (古)

ピンチ［pinch］
【危機】(漫画) 危機の連続!!〔青山剛昌「名探偵コナン 5」1995（裏表紙）〕

ヒント［hint］
【パスワード】(漫画) 教えてくれたパスワードも〔松川祐里子「魔術師 7」1999〕

ぴんと
【峭然と】(古)

ひんにょう［頻尿］
【瀕尿】(誤字)〔「安心」1994年8月〕❖氵でいか

にもという字面。音韻でいう逆行同化が字体に起こったもの。

ひんぱん［頻繁］

【牝繁（ひんぱん）】〔小説〕牝繁（ひんぱん）な羊途（ようと）〔柳瀬尚紀訳「フィネガンズ・ウェイク Ⅲ Ⅳ」1993〕❖もじりか。

【頻繁（はんざつ）】〔誤読〕「頻繁（ひんぱん）」を「はんざつ」に間違えた。麻生首相〔「読売新聞」2008年11月13日（編集手帳）〕

ぴんぴん

【PんPん（ぴぴ）】〔広告〕PんPん ワハハ本舗〔「読売新聞」2010年3月15日〕

びんぼう［貧乏］

【貧乏（ビンボー）】〔書名〕橘玲「貧乏（ビンボー）はお金持ち」2009 ❖テレビドラマに「貧乏男子（ボンビーメン）」。

ぴんぽん

【正解（ピンポン）】〔WEB〕「正解」と書いて「ピンポン」と読む。

ピンポン［ping-pong］

【乒乓（ピンポン）】〔姓〕〔篠崎晃雄「実用難読奇姓辞典増補版」1973〕❖乒乓（ピンパン）は明代から。江戸時代から「よろめく」などと訓じられた。

【卓球（ピンポン）】〔誤読〕〔斎賀秀夫「漢字と遊ぶ」1978（写研「漢字読み書き大会」）〕

ひんむく［引ん剝く］

【引剝く（ひんむく）】〔古〕引剝（ひんむ）いて〔1902〔俗〕〕

ひんやり

【冷んやり（ひ）】〔商品名〕「冷（ひ）んやりスカーフクールビビ」（1470円から）は、レギュラータイプが長さ110センチ、幅5.5センチ。〔「読売新聞」2008年8月12日〕❖広告（2010）にルビなしも。

ふ

ぶ

【蜂声（ぶ）】〔古〕いぶせくもあるか〔「万葉集」〕／蜂がブンブン鳴く故に〃ぶ〃に蜂を宛てた〔杉本つとむ『宛字』の語源辞典」1987〕❖戯書（ギショ）の好例として、日本語学の教科書などに載る。→いぶせし（馬声蜂音石花蜘蛛（いぶせくも））

ファーザー［father］

【司祭（ファーザー）】〔小説〕どうした、司祭（ファーザー）〔安井健太郎「ラグナロク EX. DIABOLOS」2000〕

〔その他〕父（ファーザー）〔WEB〕

ファースト［first］

【最初の（ファースト）】〔小説〕「最初の人生（ファースト・ライフ）」と呼んだ期間に〔村上春樹訳「レイモンド・カーヴァー傑作選 CARVER'S DOZEN」1997〕／最初の季節（ファースト・シーズン）「秋」が終わる。〔清涼院流水「カーニバル 二輪の草」2003〕

【初（ファースト）】〔漫画〕初恋（ファーストラブ）〔松川祐里子「魔術師 7」1999〕❖「初（ファースト）キス」もある。

【1st（ファースト）】〔漫画〕1st（ファースト）キス一歩手前までだもん〔中条比紗也「花ざかりの君たちへ 12」2000〕

【一塁手（ファースト）】〔漫画〕〔満田拓也「メジャー HEROES」2006〕❖スペースの省略のための表記か。

【貴光（ファースト）】〔漫画〕貴光（ファースト）・哲郎（サード）は〔ひぐちアサ「おおきく振りかぶって 13」2009〕

〔その他〕1本め（ファーストサービス）〔漫画〕／世継公女（ファースト・プリンセス）〔小説〕

ファーストレディー［first lady］

【最高の女性（ファースト・レディ）】〔漫画〕最高の女性（ファースト・レディ）なんだもの…〔松川祐里子「魔術師 7」1999〕

【大総統夫人（ファーストレディ）】〔漫画〕未来の大総統夫人（ファーストレディ）に〔荒川弘「鋼の錬金術師 6」2003〕

【首相の座（ファーストレディー）】〔広告〕「首相の座（ファーストレディー）」の座射止める〔「読売新聞」2009年9月10日（女性セブン）〕

ファーりゅう［華流］中国語で読めば「ホアリウ」。

【華流（ふぁありゅう）】〔書名〕「韓流（はんりゅう）・華流（ふぁありゅう） BOOK2010・冬」2010

ファイ［Φ］

【Φ（ファイ）】〔新聞〕28日に放送予定の「ガリレオΦ」。〔「読売新聞」2009年12月22日〕❖ギリシャ文字。

ファイター［fighter］

【闘士（ファイター）】〔漫画〕闘士（ファイター）の皆様〔「週刊少年マガジン」2004年48号（GetBackers）〕

【戦士(ファイター)】番組名「音楽(ミュージック)戦士(ファイター) MUSIC FIGHTER」2004～2010

雑誌 巧みなペン捌きで魅せる若き〝戦士(ファイター)〟〔「ダ・ヴィンチ」2010年1月〕

【飛行狐(ファイター)】漫画〔尾田栄一郎「ONE PIECE 34」2004〕

ファイティング [fighting]

【戦闘(ファイティング)】漫画

ファイト [fight]

【喧嘩(ファイト)】漫画 知ってる知ってる流血喧嘩(ブラッディファイト)シリーズ!!〔浅田弘幸「眠兎 1」1992〕

【超激闘(ファイト)】アニメ題名「魔神英雄伝ワタル2 超激闘編」1990～1991

その他 翔人(ファイト) 人名

ファイナル [final]

【決勝(ファイナル)】漫画 見に行ってみる……… 決勝(ファイナル)?〔許斐剛「テニスの王子様 23」2004〕

【決勝戦(ファイナル)】漫画 関東大会決勝戦(ファイナル)〔許斐剛「テニスの王子様 23」2004〕

【優勝戦(ファイナル)】小説〔松岡佑子訳「ハリー・ポッターとアズカバンの囚人」2001〕

【10回戦(ファイナル)】漫画〔「コロコロコミック」2010年4月〕

【本選(ファイナル)】漫画 本選(ファイナル)いったら聴きに来て〔二ノ宮知子「のだめカンタービレ 19」2007〕

【最後(ファイナル)】漫画 のだめも最後(ファイナル)に〔二ノ宮知子「のだめカンタービレ 19」2007〕

*【決勝戦(ファイナルステージ)】WEB 大スクリーンで決勝戦(ファイナルステージ)!〔映画「ライアーゲーム ザ・ファイナルステージ」公式サイト 2009〕

その他 最終決戦(ファイナルマッチ) 漫画

ファイノメナ [ギリシャ Phainomena]

【星空(ファイノメナ)】展覧会名 橋本武彦「星空(ファイノメナ)」〔「読売新聞 夕刊」2010年3月23日〕

ファイブ [five]

【五(ファイブ)】書名 そにしけんじ「いぬ五(ファイブ)」2010

【吾(ファイブ)】漫画 No.吾(ナンバーファイブ)〔松本大洋「ナンバーファイブ 吾」2000～2005〕❖登場人物名。

【5(ファイブ)】歌詞 ルームナンバー705(セブン・オー・ファイブ)号〔大橋卓弥「ブルース」2008〕

広告 いい女ベーシック5(ファイブ)〔「読売新聞」2009年12月1日(Domani)〕

【5回戦(ファイブ)】歌詞 3回戦、4回戦、5回戦(ファイブ)〔Gackt「小悪魔ヘヴン」(Gackt. C) 2009〕

【婦愛部(ファイブ)】古「和田守記憶法」五は婦愛部(ファイブ)(ファイブ=婦の愛する部分は子〈五〉)〔物郷正明「辞書漫歩」1987〕

ファイヤー [fire] ファイア。

【炎(ファイヤー)】小説 炎の雷(ファイアボルト)〔松岡佑子訳「ハリー・ポッターとアズカバンの囚人」2001〕

漫画 炎魂(ファイヤースピリッツ)〔犬木栄治「B-伝説! バトルビーダマン炎魂」2002～2005〕

【火炎(ファイヤー)】漫画 火炎(ファイヤー)マジックの紳士 ジェントル山神〔さとうふみや「金田一少年の事件簿 20」(金成陽三郎) 1996〕

【点火(ファイヤー)】漫画〔柴田亜美「南国少年パプワくん 1」1991〕

【発射(ファイヤー)】漫画〔「週刊少年ジャンプ」2004年10月11日(伝説のヒロイヤルシティー)〕

【情熱(ファイヤー)】漫画 〝情熱の薔薇(ローズ・オブ・ファイヤー)〟を捧げます〔松川祐里子「魔術師 2」1996〕

*【太陽少女(ファイアガール)】書名 若木未生「満月少年(ムーンボーイ)・太陽少女」2001

ファイヤーマン [fireman]

【消防士(ファイヤー・マン)】漫画 火を消して回る消防士(ファイヤー・マン)との間には〔川原泉「メイプル戦記 1」1999〕

ファイル [file]

【管理(ファイル)】歌詞 誰もが管理(ファイル)されてるものさ〔サザンオールスターズ「01MESSENGER ～電子狂の詩～」(桑田佳祐) 1997〕

【資料(ファイル)】漫画〔さいとうたかを「ゴルゴ13 42」1981〕

ファインダー [finder]

【探索部隊(ファインダー)】漫画〔「週刊少年ジャンプ」2004年10月11日(D. Gray-man)〕

ファインプレー [fine play]
【美技(ファインプレー)】WEB

ファクトリー [factory]
【工房(ファクトリー)】広告 funfun 工房(ファクトリー)〈山田南平「紅茶王子 24」2004(巻末)〉

ファジー [fuzzy]
関連【ファジー(あいまい)】書籍 ファジー(あいまい)な関係が〈浅田次郎「極道放浪記 2」1995 俗〉

ファッキン [fucking] ファッキング。
【糞(ファッキン)】漫画 この糞(ファッキン)アル中!〈「週刊少年ジャンプ」2004年5月24日(アイシールド21)〉

ファックス [fax]
【FAX(ファックス)】漫画〈小畑健「ヒカルの碁 14」(ほったゆみ)2001〉❖中国語では伝真。

ファッション [fashion]
【流行(ファッション)】歌詞 流行だけが俺の世代さ〈甲斐バンド「三つ数えろ」(甲斐よしひろ)1979〉
雑誌〈「宝石」1994年6月〉
その他 服装(ファッション) 古

ファティ [ラテン fati]
【運命(ファティ)】新聞 ニーチェのいう「運命愛(アモール・ファティ)」という言葉を思い出す。〈「日経新聞」2008年10月1日(岡井隆)〉

ファミリー [family]
【家族(ファミリー)】漫画〈松川祐里子「魔術師 3」1997〉
書名 森巣博「無境界家族(ファミリー)」2002
小説 世界に誇れる家族(ファミリー)だよ〈西尾維新「零崎双識の人間試験」2004〉
雑誌 テーマは〝家族(ファミリー)ジマン大会!〟〈「お笑いポポロ」2008年2月〉
【兄妹(ファミリー)】漫画〈久保帯人「ZOMBIEPOWDER. 3」2000〉
【一族(ファミリー)】小説〈西尾維新「零崎双識の人間試験」2004〉
【組(ファミリー)】漫画〈冨樫義博「HUNTER × HUNTER 10」2000〉
【仲間(ファミリー)】漫画〈「週刊少年ジャンプ」2005年1号(リボーン)〉
【部下(ファミリー)】漫画〈「週刊少年ジャンプ」2004年47号〉

ファラオ [Pharaoh]
【王(ファラオ)】漫画 先代の王(ファラオ)を恨む〈「週刊少年ジャンプ」2004年7月8日(アニ基地)〉

ファルカス
【海賊王(ファルカス)】書名 折原みと「紺碧の海賊王(ファルカス)」1999

ファルコン [falcon]
【隼(ファルコン)】漫画〈尾田栄一郎「ONE PIECE 19」2001〉
その他 海坊主(ファルコン) 漫画

ファン [fan] ファン。
【扇状(ファン)】小説 扇状(ファン)に美しく並んだカード〈清涼院流水「カーニバル 二輪の草」2003〉
【信者(ファン)】漫画 多くの信者(ファン)〈蓮見桃衣「コズミック・コミックスAND」(清涼院流水)2003〉
【不安(ファン)】WEB ジャニーズ不安
【F(ファン)】漫画 F・L(ファンレター)に訴えてあって〈中条比紗也「花ざかりの君たちへ 8」1999〉/F・C(ファンクラブ)〈倉橋えりか「カリスマ・ドール 1」2004〉
*【扇風機の本(ファンブック)】漫画 ほんとに扇風機の本(ファンブック)だ〈「週刊少年ジャンプ」2004年5月24日(Mr.FULLSWING)〉❖しゃれ。

ファン [フランス fin] フィン。
【fin(フィン)】民間 ❖フランス映画などの最後に出る「fin」を文字読みで「フィン」と読む人多し。

ファンクション [function]
【機能(FUNCTION)】広告〈ソニー銀行(金城ふみ子2003)〉

ファンシーボール [fancy ball]
【仮装舞踏会(ファンシーボール)】小説〈徳富健次郎「黒潮」1903〉

ファンタジア [イタリア fantasia]
【幻想曲(ファンタジア)】漫画〈青山剛昌「名探偵コナン 46」2004〉❖サブタイトル。
歌詞 この幻想曲(ファンタジア)に終わりをくれませんか〈水樹奈々「Orchestral Fantasia」(HIBIKI)2007〉

ファンタジー [fantasy] ファンタジア。

ふ

【幻想（ファンタジー）】曲名 MAKE-UP「ペガサス幻想（ファンタジー）」（竜真知子）1988
歌詞 永遠は一瞬の幻想（ファンタジー）〔新堂敦士「サムライ・シンドローム」2002〕
漫画 そんな男は幻想（ファンタジー）だ〔山田南平「紅茶王子 19」2003〕
【幻想物語（ファンタジー）】小説 この物語は幻想物語（ファンタジー）や〔清涼院流水「カーニバル二輪の草」2003〕
【物語（ファンタジー）】雑誌〔「小説新潮」1994年12月〕◆ここでは「物語（ストーリー）」とも読ませている。
漫画 この物語（ファンタジー）は日々のいとなみの中に〔猫十字社「小さなお茶会」2000〕◆巻末解説。
広告 ぜったい忘れない、最高の物語（ファンタジー）――!〔「読売新聞」2008年7月13日〕
【叙事譚（ファンタジー）】広告 英雄叙事譚（ヒロイックファンタジー）の登場〔神坂一「日帰りクエスト なりゆきまかせの異邦人（ストレンジャー）」1993（巻末）〕
【幻想曲（ファンタジー）】曲名 島田奈美「ガラスの幻想曲（ファンタジー）」（森雪之丞）1986
【虚構（ファンタジー）】ポスター 現実（リアル）と虚構（ファンタジー）を融合（フュージョン）させる。〔「借りぐらしのアリエッティ×種田陽平展」2010〕
【エセ科学（ファンタジー）】漫画〔本仁戻「高速エンジェル・エンジン 1」2000〕

ファンダメンタリスト [fundamentalist]
【根本主義者（ファンダメンタリスト）】漫画 キリスト教根本主義者（ファンダメンタリスト）と〔遠藤浩輝「EDEN It's an Endless World! 1」1999〕

ファンド [fund]
【基金（ファンド）】小説 漫画

ファントム [phantom]
【怪人（ファントム）】漫画 怪人（ファントム）の愛と憎しみのスリラー劇〔さとうふみや「金田一少年の事件簿 1」（金成陽三郎）1993〕
【墜落機（ファントム）】書名 森村誠一「黒い墜落機（ファントム）」1976

ファンファーレ [ドイツ Fanfare]
【鳴り物（ファンファーレ）】漫画〔熊倉裕一「KING OF BANDIT JING 6」2004〕◆漢字かな交じり表記でイメージが変わる。

ふぁんめいちゃ
【甦命茶（ふぁんめいちゃ）】商品名「甦命茶（ふぁんめいちゃ）」みやび園 健康茶〔「読売新聞」2009年10月30日〕◆甦は音ソ。

ふい
【不意（ふい）】WEB 不意になる◆漢語「不意」とは別語だった。
その他 〇（ふい）・消滅（ふい）古

ブイ [buoy]
【浮標（ブイ）】歌詞 夕陽にしょんぼり浮かぶ浮標（ブイ）〔春日八郎「海猫の啼く波止場」（矢野亮）1958〕

ブイ [V] ヴイ、ヴィーと英語風に記し、また発音する人あり。
【V（ブイ）】広告 歴史的V逸阪神〔「読売新聞」2008年10月7日〕◆ビクトリー(victory)の略。読みはあるいはユウショウか。
【VTR（ブイ）】漫画 バラエティー番組のVTR（ブイ）を〔青山剛昌「名探偵コナン 45」2004〕

ブイアイピー [↑very important person]
【特別待遇（V・I・P）】漫画〔尾田栄一郎「ONE PIECE 19」2001〕

フィアレス [fearless]
【恐れ知らず（フィアレス）】雑誌〔「Esquire」1994年7月〕

フィアンセ [フランス fiancé〔男性〕; fiancée〔女性〕] 中国では未婚夫（妻）。
【許婚者（フィアンセ）】小説〔松本清張「砂の器」1961〕
【許嫁（フィアンセ）】広告 父も認めた許嫁（フィアンセ）〔「読売新聞」2009年5月21日〕
【婚約者（フィアンセ）】漫画 時田若葉の婚約者（フィアンセ）〔さとうふみや「金田一少年の事件簿 2」（金成陽三郎）1993〕／婚約者（フィアンセ）を亡くされたなんて〔小畑健「DEATH NOTE 2」（大場つぐみ）2004〕
書名 あさぎり夕「無口な婚約者（フィアンセ）」2003

ふぃいじゃあぐすい 琉球方言。
【山羊薬（フィージャーグスイ）】雑誌〔「太陽」1994年4月〕

フィーチャリング [featuring]
【feat.(フィーチャリング)】 雑誌 美保 feat.(フィーチャリング) オリエンタルラジオ〔「non・no」2006年5月20日〕

フィート [feet] →フット
【呎(フィート)】 書籍 日本でつくられた漢字 吋 呎 哩 噸〔陳生保「中国と日本―言葉・文学・文化」2005〕◆これらは国字かどうかなお微妙。イギリス領だった香港では今でもこの字を使う。

フィーリング [feeling]
【感覚(フィーリング)】 歌詞 冴えわたる 感覚(フィーリング)〔不二周助「My Time」(甲斐田ゆき)2003〕

フィールド [field]
【現地(フィールド)】 書籍〔佐藤郁哉「フィールドワーク―書を持って街へ出よう―」1992〕
【野っぱら(フィールド)】 雑誌〔「現代」1994年7月〕

フィールドワーク [fieldwork]
【野良仕事(フィールドワーク)】 書籍〔佐藤郁哉「フィールドワーク―書を持って街へ出よう―」1992〕
その他 実地調査(フィールドワーク) WEB

ブイエス [←ラテン versus] →バーサス・たい(対)
【VS(ブイエス)】 雑誌 柴田武「私の文字論」巨人 vs 阪神 ある人は「ブイエス」と読み、ある人は「バーサス」と読み、ある人は「タイ(対)」と読む。〔「日本語学」1987年8月〕
広告 警察VS.警察!〔「読売新聞」2009年9月25日〕/隠す組織 vs 迫る刑事〔「読売新聞」2010年2月21日〕
新聞「豊か」VS.「就職難」(見出し)〔「朝日新聞」2010年7月31日〕
【VS(ブイエス)】 新聞 勝間VS香山論争〔「読売新聞」2010年3月15日〕

フィオーレ [イタリア fiore]
【序曲(フィオーレ)】 TV この序曲(フィオーレ)が〔2009年6月20日〕

フィギュア [figure] フィギュアスケートは中国では花様滑氷(冰)。
【人形(フィギュア)】 漫画 あの人形(フィギュア)がほしいんです〔「週刊少年ジャンプ」2004年48号(こちら葛飾区亀有公園前派出所)〕

フィクション [fiction]
【小説(フィクション)】 小説 小説(フィクション)を通して〔菊地秀行「魔界都市ブルース 夜叉姫伝 4」1990〕
【作り話(フィクション)】 漫画〔荒川弘「鋼の錬金術師 12」2005〕
【虚構(フィクション)】 新聞 東浩紀は科学(サイエンス)にして思弁(スペキュレイティヴ)でもある虚構(フィクション)、つまりSF的な手法を〔「読売新聞 夕刊」2010年2月13日〕
【仮構(フィクション)】 新聞 一つの仮構(フィクション)の町をめぐる〔「読売新聞 夕刊」2010年5月8日〕
【マボロシ(フィクション)】 小説 どちらも現時点では夢のマボロシ(フィクション)だが〔清涼院流水「カーニバル 一輪の花」2003〕

フィクス [fix] フィックス。
【不意苦巣(フィクス)】 書籍〔青山正明「危ない1号 1」1995〕

ふいちょう [吹聴]
【風聴(ふいちょう)】 古

フィッシュマウスネビュラ 魚の口の星雲という意味で、環状星雲のこと。
【魚口星雲(フィッシュマウスネビュラ)】 小説 魚口星雲(フィッシュマウスネビュラ)ともいいますね〔宮沢賢治「注文の多い料理店」1924〕

フィナーレ [イタリア finale] ファイナル。ファン。
【終幕(フィナーレ)】 曲名 原由子「終幕(フィナーレ)」1991
書名 内田康夫「終幕(フィナーレ)のない殺人」1997
【最終幕(フィナーレ)】 漫画 これから劇の「最終幕(フィナーレ)」が開くところなんだからよ!〔さとうふみや「金田一少年の事件簿 1」(金成陽三郎)1993〕/それじゃあ最終幕(フィナーレ)だ〔蓮見桃衣「エキストラ・ジョーカー KER」(清涼院流水)2002〕
【最後(フィナーレ)】 漫画 連続殺人の最後(フィナーレ)を飾る〔さとうふみや「金田一少年の事件簿 24」(金成陽三郎)1997〕

フィニッシュ [finish]
【決着(フィニッシュ)】 小説 決着(フィニッシュ)を一気に決める〔静霞

ふ

薫「るろうに剣心 巻之一」（和月伸宏）1996〕

フィフティーン [fifteen]
【十五人（フィフティーン）】(雑誌) 十五人（フィフティーン）の〔「宝石」1994年2月〕

フィフティフィフティ [fifty-fifty] フィフティーフィフティー。
【50/50（フィフティフィフティ）】(曲名) 中山美穂「50/50（フィフティーフィフティー）」（田口俊）1987
(雑誌)「50/50の関係」を無理強いするオトコ〔「L25」2009年3月12日〕
【50%&50%（フィフティフィフティ）】(曲名) hide「50%（フィフティ）&50%（フィフティ）」（森雪之丞）1993

フィブリゾ
【冥王（フィブリゾ）】(書籍) 冥王（フィブリゾ）が滅びてしまったため〔中澤光博/ORG「入門！リナの魔法教室 スレイヤーズ RPG」1996〕❖冥の字は命名に要望があり、2004年に人名用漢字になった。

ブイヤベース [フランス bouillabaisse]
【鯛（ブイヤベース）】(書籍)「ちりなべ」とか「よせなべ」と読みたいところだが「ブイヤベース」（よせなべ風のフランス料理）とでも読ませるのだろうか。〔斎賀秀夫「漢字と遊ぶ」1978〕

フィヨルド [ノルウェー fjord]
【峡谷（フィヨルド）】(詩) 峡谷（フィヨルド）を吹きぬけ、〔尾崎喜八「新らしい風」1924〕

フィラデルフィア [Philadelphia]
【費 府（フィラデルフィア）】(新聞) 費府（フィラデルフィア）石鹸（ソープ）〔「読売新聞」2010年7月4日〕

フィリピン [Philippines] フィリッピン。
【比律賓（フィリピン）】(辞書) ❖中国では「菲律賓」。

フィルム [film]「富士フイルム」などは「フイルム」。
【映画（フィルム）】(歌詞) 傑作（ヒット）映画（フィルム）〔DREAMS COME TRUE「愛しのハピィデイズ」（吉田美和）1991〕
(小説) 犯罪映画（フィルム・ノワール）のギャングたち〔河野万里子訳「車椅子」1998〕／古い映画（フィルム）〔西尾維新「零崎双識の人間試験」2004〕
【映像（フィルム）】(書籍) 映像（フィルム）などで見ると〔長野まゆみ「ことばのブリキ罐」1992〕
【装飾（フィルム）】(歌詞) 疑いの装飾（フィルム）張り巡らせてた〔水樹奈々「Independent Love Song」2004〕
【鏡（フィルム）】(WEB) 鏡（フィルム）の向こうの世界（リアル）。

フィレンツェ [Firenze] フローレンス。
【仏稜（フィレンツェ）】(小説) 仏稜（フィレンツェ）に行く前に〔平野啓一郎「日蝕」2002〕❖中国では仏羅倫薩。

フィロソフィー [philosophy]
【哲 理（フィロソフィー）】(小説)〔夏目漱石「それから」1909〕
【知 学（フィロソフィー）】(書籍)〔杉本つとむ「近代日本語の成立と発展」1998〕
その他 哲学（フィロソフィー）・経営理念（フィロソフィー）(WEB)

フィン ⇩ファン(fin)

フィンガー [finger]
【埠頭（フィンガー）】(小説) 埠頭（フィンガー）へ突進した〔有吉佐和子「地唄」1956〕

ふいんき「ふんいき（雰囲気）」の誤読。
【雰因気（ふいんき）】(誤変換) ❖ふいんきからでも変換可能となったソフト・機種もあり、矯正の機会を失う。「んい」という鼻音を伴う音の連続を、発音しやすいように入れかえる変化が若年層で起こっているためで、字もそれに合わせるかのように「雰因気」という表記など、種々の誤記が生じている。
【不陰気（ふいんき）】【奮因気（ふいんき）】【訃音気（ふいんき）】(誤変換) 雰囲気がふいんきとなり、無理矢理な変換がWEBに。〔Rudyard「バカにみえる日本語」2005〕

フィンランド [Finland]
【芬蘭（フィンランド）】(辞書) ❖一字では「芬」。
【森と湖の国（フィンランド）】(新聞) 森と湖の国（フィンランド）の工芸品〔デパートの工芸品展覧会の記事 1960 (目)〕

ふう
【颯（ふう）】(人名)「颯」の字に風が入っていることからの当て読みだと思います。〔WEB〕
【ɱ-（フー）】(歌詞)〔山口百恵「美・サイレント」（阿木燿子）1979〕

【Foooo】(WEB) 動画検索サイト Foooo［フー］

ブーイング ［booing］
【舞台去】(WEB)

ブーエー
【母的】(古) 女囚 台湾人隠語〔1915 (隠)〕

フーガ ［イタリア fuga］
【遁走曲】(小説) 小夜曲や遁走曲のような〔小島信夫「アメリカン・スクール」1954〕
(歌詞) Trigger の遁走曲〔水樹奈々「MARIA&JOKER」(HIBIKI) 2009〕
【風雅】(漫画)『風雅』の旗の下に〔「週刊少年マガジン」2004年48号 (GetBackers)〕❖フーガと掛けた店名などあり。

ブーケ ［フランス bouquet］
【花束】(曲名) 八代亜紀「花束」(阿久悠) 1990

プーさんとゆかいななかまたち 〔プーさんと愉快な仲間たち〕
【プーさんと不快な仲間たち】(誤入力) ❖キーボードのYとHが近いことからの打ち間違い。

ふうしゃ ［風車］
【観測者】(歌詞) 観測者を廻し続けたが〔Sound Horizon「石畳の緋き悪魔」(REVO) 2007〕

フーズヒヤ ［Who's here?］
【誰かいるかい、この辺に?】(書籍)〔大久保博訳「完訳 ギリシア・ローマ神話」1970〕

ふうせん ［風船］
【軽気球】(掲示) 東京築地海軍省 軽気球(ふうせん)試験 ❖括弧内は説明か。

ふうた
【凧太】(人名) ❖名付け本に。凧の字が風に似るためか。

ふうたい ［風袋］
【風袋】(誤読)〔斎賀秀夫「漢字と遊ぶ」1978〕(写研「漢字読み書き大会」)〕

フーダニット ［whodunit］
【犯人当て】(小説) 犯人当て魔術師〔清涼院流水「カーニバル 二輪の草」2003〕

ぷうたろう ［風太郎］
【風太郎】(辞書) 風太郎 (プータロウ)〔「新聞語辞典」1953 (俗)〕
その他 風太郎 (ハンドル名)

ブータン ［Bhutan］ 国名。
【不丹】(辞書)

ブーツ ［boots］
【靴】(漫画)「黒い靴」の適合者だと〔「週刊少年ジャンプ」2004年48号 (D. Gray-man)〕
(パンフ) 美しき靴。〔ランズエンド 2009〕

フート ［呎］ フィート。
【弗多】(古) 三弗多〔上野彦馬抄訳「舎密局必携」1862〕

ブードゥー ［voodoo］
【黒魔術】(漫画) 恐ろしい黒魔術の儀式が始まろうとしていた〔さとうふみや「金田一少年の事件簿 黒魔術殺人事件」(天樹征丸) 2008〕
【呪い】(漫画)〔さとうふみや「金田一少年の事件簿 黒魔術殺人事件」(天樹征丸) 2008〕
その他 呪術師 (漫画)

ブウトン ［フランス bouton］
【つぼみ】(漫画) 志摩子さんは白薔薇のつぼみなんだから〔今野緒雪「マリア様がみてる 1」1998〕

ふうふ ［夫婦］
【雌雄】(古) ❖「めおと」の順とは字順が合う。

ふうふう
【汗々】(歌詞) 汗 (Fuu) 々 (Fuu) の谷間に Darlin' darlin' F R E E Z E!!〔泉こなた他「もってけ!セーラーふく」(畑亜貴) 2007〕

ブーム ［boom］
【流行】(小説) 時代を代表する流行は〔清涼院流水「カーニバル 一輪の花」2003〕
【嵐】(書籍) 楽団嵐
【浮夢】(字遊)〔樺島忠夫「事典日本の文字」1985〕

（川崎洋）〕

*【最前線(大ブーム)】雑誌 ブルガリ最前線(大ブーム)を独占スクープ〔「CanCam」2003年11月〕

プール [pool]

【凶(プール)】字遊 中学生〔斎賀秀夫「漢字と遊ぶ」1978〕

❖漢字では淵の古字。→スイミングプール。

ブールバード [(フランス) boulevard] ブールバール。

【Blvd.(ブールバード)】曲名 シブがき隊「恋人達のBlvd.」(尾関裕司・森雪之丞) 1986

【並木道(ブルヴァール)】小説〔米川正夫訳「ドストエーフスキイ全集6 罪と罰」1960〕

ふえ [笛]

【警笛(ふえ)】小説〔浅田次郎「鉄道員」2000〕

フエ ベトナムの地名。ユエ。

【順化(フエ)】地名 ❖「化」のベトナム漢字音の転化したもので、純粋な音読みではない。

フェアネス [fairness]

【公正(フェアネス)】書籍〔松岡正剛「日本流」2000〕

フェアリー [fairy]

【妖精(フェアリー)】❖中国では仙女がこれに当たる。

雑誌 妖精(フェアリー)が〔「山と溪谷」1994年6月〕

広告 魔導士ギルド・妖精の尻尾(フェアリーテイル)!!〔「読売新聞 夕刊」2010年2月22日〕

フェアリーヴァアース

【限りない大地(フェアリーヴァース)】漫画〔尾田栄一郎「ONE PIECE 31」2003〕

フェイク [fake] フェーク。

【偽物(フェイク)】漫画〔さとうふみや「金田一少年の事件簿 21」(金成陽三郎) 1996〕

【贋作(フェイク)】漫画〔冨樫義博「HUNTER × HUNTER」1998～〕

【模造品(フェイク)】漫画〔「週刊少年ジャンプ」2004年48号(武装錬金)〕

フェイシャル [facial]

【美顔(フェイシャル)】広告〔「読売新聞」2009年3月12日〕

フェイス [face] →ニューフェイス

【顔(フェイス)】漫画 顔(フェイス) 爆弾(ボム)〔尾田栄一郎「ONE PIECE 33」2004〕

【素顔(フェイス)】歌詞 虚ろな素顔(フェイス)を探してる〔椎名林檎「流行」(椎名林檎・坂間大介) 2009〕

【F(フェイス)】広告 暗号名はＢＦ(ベイビーフェイス)〔「週刊少年サンデー」2004年48号〕

その他 首狩団(フェイスハンターズ) 漫画

フェイス [faith]

【誇り(フェイス)】小説 熱い心と綺麗な誇り(フェイス)を〔西尾維新「ダブルダウン勘繰郎」2003〕

フェイズドライブ

【相転移航法(フェイズ・ドライブ)】漫画〔義仲翔子「ロスト・ユニバース 2」(神坂一) 1999〕

フェイト [fate]

【命紋(フェイト)】漫画 君に命紋(フェイト)を入れて〔「週刊少年マガジン」2004年48号(RAVE)〕

フェイント [feint]

【牽制(フェイント)】小説〔西尾維新「零崎双識の人間試験」2004〕

ふぇーぬかじ 沖縄方言。

【南の風(フェーヌカジ)】歌詞〔Cocco「もくまおう」2001〕

フェーン [(ドイツ) Föhn]

【風炎(フェーン)】曲名 さだまさし「風炎(フェーン)」2000 ❖気象学者が考え出した意味と発音を表す訳語。風炎(フウエン)。

フェーンフェーン

【空なる螺旋(フェーンフェーン)】歌詞 遊糸飛行 空なる螺旋(フェーンフェーン)〔ZELDA「遊糸飛行」(高橋佐代子) 1983〕

フェザー [feather]

【羽根(feather)】漫画 〝羽根(feather)〟を意味する〔大暮維人「天上天下 9」2002〕

フェスティバル [festival]

【学園祭(フェスティバル)】漫画〔矢沢あい「ご近所物語」1997〕

フェニックス [phoenix] フェニキアから。

【不死鳥(フェニックス)】曲名 山口百恵「不死鳥(フェニックス)伝説」(阿木燿子) 1980

書名 高橋二三「ガメラVS.不死鳥(フェニックス)－愛と感

動の怪獣戦争（バトル）」1995

【鳳凰星座（フェニックス）】漫画〔車田正美「聖闘士星矢」1986～1990〕

その他 火の鳥（フェニックス）・鳳凰（フェニックス） WEB

フェミニスト [feminist]

【女性讃美者（フェミニスト）】小説〔菊池寛「友と友との間だ」1919 俗〕

【女性崇拝者（フェミニスト）】小説〔谷崎潤一郎「蓼食ふ虫」1929 俗〕

フェミニン [feminine]

【女性（フェミニン）】書籍 女性汎神論（フェミニン・パンセイズム）の広範な〔池田雅之「ラフカディオ・ハーンの日本」2009〕

【姉（feminine）】雑誌 姉（feminine）と妹（lovely）の〔「JJ」2004年6月〕

フェラチオ [fellatio]

【性器接吻（フェラチオ）】書籍「夫婦生活」性器接吻（フェラチオ）〔うみのさかな&宝船蓬莱「うみのさかな&宝船蓬莱の幕の内弁当」1992〕

【尺八（フェラチオ）】小説 尺八（フェラチオ）の含意もある〔清涼院流水「カーニバル 二輪の草」2003〕

フェロマニ [↑フェロモマニア]

【女子妄（フェロマニ）】漫画 HC「女子妄（フェロマニ）」〔「花とゆめ」2004年22号（女子妄想症候群）〕

フェロモマニア

【女子妄想（フェロモマニア）】漫画題名 イチハ「女子妄想（フェロモマニア）症候群（シンドローム）」2002～2008

フェロモン [pheromone]

【愛（フェロモン）】漫画 動物愛（フェロモン）の能力〔「花とゆめ」2004年22号（学園アリス）〕

その他 信息素・外激素・費洛蒙 中国

フォアボール [和製 four + balls]

【四球（フォアボール）】漫画 一塁に四球（フォアボール）のエーモンドをおいて〔「コロコロコミック」2009年7月〕

フォー [four] 一部で英語forを4。

【四（フォー）】歌詞 一（ワン）、二（ツー）、三（スリー）、四（フォー）〔美空ひばり「私のボーイフレンド」（門田ゆたか）1950〕

小説 四（フォー）ビートのリズムを〔菊地秀行「魔界都市ブルース 夜叉姫伝 4」1990〕

【4回戦（フォー）】歌詞 3回戦（スリー）、4回戦（フォー）、5回戦（ファイブ）〔Gackt「小悪魔ヘヴン」(Gackt. C) 2009〕

【死（フォー）】漫画 No.死（ナンバーフォー）〔松本大洋「ナンバーファイブ 吾」2000～2005〕❖登場人物名。

＊【四人姉妹（フォー・シスターズ）】小説「四人姉妹（フォー・シスターズ）」の大幹部の〔田中芳樹「創竜伝 8」1992〕

＊【XXX（フォーエックス）】漫画 僕に合うXXXL（フォーエックスエル）の服が〔大暮維人「エア・ギア 5」2004〕

＊【4人目（フォース・チルドレン）】漫画〔貞本義行「新世紀エヴァンゲリオン 2」1996〕

＊【第四の返し球（フォースカウンター）】漫画〔「週刊少年ジャンプ」2005年1号（テニスの王子様）〕

フォーカス [focus]

【焦点（フォーカス）】論文 前者の焦点（フォーカス）〔内山和也「振り仮名表現の諸相」2002〕

歌詞〔跡部景吾「…みたいなアルケー。」（諏訪部順一）2003〕

フォーク [fork]

【肉匙（フォーク）】古

フォージド [forged]

【第2世代鍛造（フォージド）】雑誌 第2世代鍛造（フォージド）チタン〔「文藝春秋」1994年5月〕

フォーティーン [fourteen]

【14（フォーティーン）】漫画題名 渡辺多恵子「聖14（セントフォーティーン）グラフィティ」1987

【4TEEN（フォーティーン）】書名 石田衣良「4TEEN（フォーティーン）」2003

フォーム [form]

【形式（フォーム）】【文章形式（フォーム）】書籍〔井上ひさし「自家製文章読本」1984〕

【姿勢（フォーム）】漫画 姿勢（フォーム）を崩すのを待つ〔天獅子悦也「むこうぶち 23」2008〕

フォーメーション [formation]

【狩猟形態（フォーメーション）】漫画 レザ・ボア・ドッグス狩猟形態（フォーメーション）〔大暮維人「エア・ギア 2」2003〕

【戦闘形態（フォーメーション）】漫画〔大暮維人「エア・ギア 2」2003〕

【陣形（フォーメーション）】漫画 これが黄金ペアの超攻撃

型陣形（フォーメーション）〔許斐剛「テニスの王子様 24」2004〕

フォール [fall]

【落下（フォール）】（小説）運命は死の落下（フォール）のみだ〔菊地秀行「魔界都市ブルース 夜叉姫伝 4」1990〕

【瀑布（フォール）】（歌詞）摩天楼の灯の瀑布（フォール）〔南佳孝「黄金時代」(松本隆)1984〕

フォーレターズ [four letters] フォーレターワーズ。

【四文字語（フォーレターズ）】（書籍）英語などにも四文字語（フォーレターズ）といって〔杉本つとむ「近代日本語の成立と発展」1998〕

【四文字（フォーレターズ）】（書籍）四文字言葉（フォーレターズワーズ）〔山田詠美「ベッドタイムアイズ」1985〕

フォゲットミーノット [forget-me-not]

【わすれなぐさ（フォーゲット・ミー・ノット）】（漫画）わすれなぐさ（フォーゲット・ミー・ノット）というの〔山田南平「紅茶王子 25」2004〕

フォックスハウンド [foxhound]

【狐狩りの犬（フォックス・ハウンド）】（書籍）狐狩りの犬（フォックス・ハウンド）のハウンド〔橋本萬太郎・鈴木孝夫・山田尚勇「漢字民族の決断」1987〕❖説明のためのルビ。

フォト [photo]

【写真（フォト）】（歌詞）かくしていた小さな写真（フォト）〔松田聖子「制服」(松本隆)1982〕

（漫画）写真（フォト）ハガキだけ集めた〔秋本治「こちら葛飾区亀有公園前派出所 126」2001〕

フォトグラフ [photograph]

【写真（フォトグラフ）】（歌詞）笑うはずない君の写真（フォトグラフ）〔吉川晃司「MODERN TIME」1986〕

ぶおとこ [醜男]

【醜男（ぶおとこ）】（漫画）〔石ノ森章太郎「マンガ日本の古典 古事記」1994〕

フォリオ [folio]

【大型版（フォリオ）】（書籍）〔大久保博訳「完訳 ギリシア・ローマ神話」1970〕

フォルテ [伊 forte]

【強音（ふおるて）】（人名）〔「週刊文春」2009年4月23日〕

【強運（ふおるて）】（書籍）❖名付け本に命名の候補とするものあり。

フォルム [独 Form]

【形（フォルム）】（雑誌）〔「with」1994年10月〕

【姿（フォルム）】（小説）〔茅田砂胡「女王と海賊―暁の天使たち 5」2003〕

フォワード [forward]

【最前線（フォワード）】（書名）釜本邦茂「最前線（フォワード）は蛮族たれ」2010

【FW（フォワード）】（新聞）FW（見出し）〔「読売新聞」2010年2月15日〕

【F（フォワード）】（雑誌）SF（スモールフォワード）は〔「東京ウォーカー」2004年10月26日〕

フォワイエ [仏 foyer] ホワイエ。

【楽屋（フォワイエ）】（詩）薄紫の踊子が、楽屋（フォワイエ）の入口で〔高村光太郎「あをい雨」1912〕

フォント [font] 活字セット、書体データ。

【文字（フォント）】（漫画）のだめが作った文字（フォント）なんですよ〔二ノ宮知子「のだめカンタービレ 4」2002〕

ふかい [深い]

【不快い（ふか）】（小説）二度、三度。腹部を、深く――不快（ふか）く、抉（えぐ）られた。〔清涼院流水「カーニバル二輪の草」2003〕

【深（ふこ）】（漫画）深（ふこ）う〔大暮維人「エア・ギア 6」2004〕

（新聞）「一流の伝統文化が今も生きている。奥が深（ふこ）おす」〔「読売新聞」2009年6月7日〕

【深え（ふけ）】（漫画）興味深（ぶけ）えなあ…〔藤崎竜「封神演義 20」2000〕／執念深（ぶけ）ェーぜ〔大暮維人「エア・ギア 1」2003〕

ふがいない [腑甲斐無い・不甲斐無い]

【腑骸（ふがい）ない】（古）

ふかで [深手]

【重傷（ふかで）】（歌詞）重傷（ふかで）の兵が見しという〔「幻の戦車隊」(横沢千秋)1939〕❖他所に「重症（ふかで）」も。

【深傷（ふかで）】（漫画）〔大江イオン「小説 幻想大陸」1996〕

ふかみ [深み]

【深海（ふかみ）】（歌詞）深海（ふかみ）にはまり 探してたんだ〔滴草由実「Don't you wanna see me〈oh〉 tonight?」2003〉❖芸名などにも。

ぶき［武器］

【剣】漫画〈尾田栄一郎「ONE PIECE 8」1999〉

ふきあれる［吹き荒れる］

【吹暴れる】古

ブギウギ［boogie-woogie］

【ブギ浮ぎ】曲名 田原俊彦「ブギ浮ぎ I LOVE YOU」（宮下智）1981

ぶきっちょ［不器用・無器用］

【無器用】古〈1917 俗〉

【不器用】ポスター 日本一不器用な男〈映画「タナカヒロシのすべて」2006〉

ふきまめ［ふき豆］

【富貴豆】辞書

ふきよせ［吹き寄せ］

【富貴寄】商品名 頂き物のお菓子冨貴寄（ふきよせ）。〈WEB〉❖銀座菊廼舎の代表銘菓。漢字で語音を飾る。

ぶきりょう［不器量］

【不縹緻】辞書 ❖中国語の漂亮（きれい）と関連か。

ふく［服］

【制服】歌詞 嫌いな制服だよ〈光 GENJI「RAINY GIRL」（飛鳥涼）1988〉

【洋服】歌詞 教えて流行の洋服のように〈Every Little Thing「Over and Over」（五十嵐充）1999〉／お出かけの洋服に着替えて〈ZARD「カラッといこう」（坂井泉水）2006〉

ふく［福］

【富来】商品名 和菓子 富来寿（ふくじゅ）〈「読売新聞」2009年12月23日〉

【29】新聞 福袋税込29万円均一特集〈「読売新聞」2009年5月21日〉

関連【福】WEB 中国などでは旧正月を盛大に祝います。福をひっくり返す意味の「福倒（フッタオ）」と福が来る「福到」が同じ発音なので、こんな験かつぎが行われるのです。❖「フータオ」とも。

ふぐ［河豚・鰒］古く「ふく」。山口などの方言に残る。

【河豚】新聞〈河豚〉フグは海にいて川にはいないのに、なぜこう書くのか。中国では揚子江をはじめ各地の川に生息するからだとお魚博士の末広恭雄さんが書いている〈「読売新聞」2009年2月12日〉

その他 鰒・鰏・鰏 古

ぶぐ［武具］

【兵器】古

ふくよか［膨よか・脹よか］

【膨よか】広告〈奥山益朗「広告キャッチフレーズ辞典」1992〉

雑誌 膨よかな〈「小説新潮」1994年8月〉

ふくら［膨ら・脹ら］

【和】古

ふくらすずめ［脹ら雀］

【福良雀】辞書

ふくらむ［膨らむ・脹らむ］

【凸む】広告 お財布の凹み、いつか凸む？〈「女性自身」2008年2月5日〉

書籍 凹んだ心は、いつか、凸む。〈藤原ようこ「夜の凹み本－366のココロの風船」2008〉

ふぐり［陰嚢］

【睾丸】古〈1917 隠〉

【陰嚢】小説 大犬の陰嚢〈柳瀬尚紀訳「フィネガンズ・ウェイクⅢⅣ」1993〉／〈平野啓一郎「日蝕」2002〉

ふくろ［袋］

【嚢】漫画題名 手塚治虫「嚢」1968

ぶくろ［↑池袋］

【池袋】小説〈石田衣良「池袋ウエストゲートパーク」1998〉

ふくろう［梟］

【福籠】【福来朗】【福来路】【不苦労】広告〈「読売新聞 夕刊」2008年9月20日〉／ふくろう 日本では不苦労、福来路とも記される神秘の鳥です。〔「読売新聞」2009年6月27日〕◆語呂合わせ。

ふけ［雲脂・頭垢］

【頭垢】（小説）頭垢場飛ばず〔柳瀬尚紀訳「フィネガンズ・ウェイク III IV」1993〕

その他 雲脂（古）

ふけ［浮気］ 地名や姓にあり。「ふけ」は地名用語としては湿地を意味し、さまざまな漢字が当てられる。

【浮気】（地名）浮気町 ◆滋賀県。姓に浮気も。

ふけし［更師］

【夜更師】（古）夜更師が忍び入る〔樋口栄「隠語構成の様式并其語集」1935（集）〕

ふける

【吹消】（古）〔1917（隠）〕

【逃ける】（小説）逃けてる〔大沢在昌「毒猿 新宿鮫II」1991〕／逃けようと〔南英男「私刑」1996（俗）〕◆「逃」は江戸時代には会意文字に見える異体字「迯」がよく用いられた。

ふこう［不幸］ 近年、小地名の不香田が香田に変更されたと報道された。福岡市天神の親不孝通りは親富孝通りの表記に変えた。

【不倖】（歌詞）不倖の船だと気付いて泣いた〔太田裕美「ドール」（松本隆）1978〕

【棒】（誤字）棒の手紙 意味不明「あなたに棒が訪れる」不幸の手紙〝変異・繁殖〟?〔「朝日新聞 夕刊」1998年5月16日〕◆転記ミスで。

ぶこつ［無骨］

【武骨】（辞書）◆鷗外も用いる。

ぶさいく［不細工］ 関西方言から。

【女子部員】（漫画）〔大島司「STAY GOLD 1」2004〕

ふさがし

【汗】（姓）〔佐久間英「珍姓奇名」1965〕◆栃木県。

ふさぐ［塞ぐ］

【鬱ぐ】（雑誌）鬱いだ。〔「小説新潮」1994年10月〕（小説）ふっと気が鬱いでいたのも〔「読売新聞 夕刊」2009年11月18日（宮部みゆき）〕（新聞）鬱ぎ込み、なんともなげやりな客を迎えて〔「読売新聞 夕刊」2010年3月2日〕

【欝ぐ】（辞書）◆1字めは俗字体。欝（鬱）を書けず、「林四郎」のように書いてしまう人のことを嘲ったことばに室町時代の「林四郎の無学」あり。

ふざける

【巫山戯る】（辞書）◆中国の「巫山の雲雨」と「戯る」が合わさった表記とされる。

【戯ける】（歌詞）戯けあった頃のメモリーズ〔渡辺徹「愛の中へ」（大津あきら）1982〕

その他 狎戯・悪戯ける・調戯ける（古）

ふさわしい［相応しい］

【相応しい】（辞書）

ふじ［富士］

【不二】（和歌）不二の高嶺に 雪は降りける 山部赤人〔菓子の富士山頂（田子の月）の包装に 2010〕◆不尽は地名起源説と関わる。

ふしぎ［不思議］

【霊異】（書名）伊藤比呂美「日本ノ霊異ナ話」2004

その他 不思義・不思儀（古）

＊**【異がる】**（古）〔伊藤嘉夫「ふりがな振り漢字」1970〕

ふじさん［富士山］

【不二山】（古）漱石富士山 不二山 自在な書き分け〔山下浩「本文の生態学」1993〕

その他 不尽山（辞書）

ふしちょう［不死鳥］

【朱雀】（漫画）〔上条明峰「SAMURAI DEEPER KYO」1999～2006〕

ふしど［臥し所］

【臥床】（詩）臥床に入れど〔高村光太郎「新緑の毒素」1911〕／朝のつめたい臥床の中で〔萩原朔太郎「鶏」1922〕

ふしゅう

【踏襲（ふしゅう）】(誤読) 踏襲をふしゅう。（中略）何だ、漢字も読めないのか、首相としての資質を疑問視する雰囲気が生まれてしまった。〔「読売新聞」2008年12月5日〕

プシュケー [Psȳkhē] プシケ。

【彼女（プシューケー）】(書籍) 〔大久保博訳「完訳 ギリシア・ローマ神話」1970〕

【人間の女王（プシュケ）】(漫画) 〔山田南平「紅茶王子 25」2004〕

ふじょう [不浄]

【不静（ふじょう）】(古)

ぶしょうし [↑しょうぶし（勝負師）] 博徒。

【負勝師（ぶしょうし）】(古) 〔1915 (隠)〕

ふしょうふずい [夫唱婦随]

【婦唱夫随（ふしょうふずい）】 ❖夫唱婦随を入れ替え、別語化したもじり。主夫も同類。

(雑誌) 1000人大集結 沢尻エリカ〝婦唱夫随〟の厳戒挙式〔「週刊文春」2009年1月22日〕

(広告) ドイツプレハネムーン後の婦唱夫随〔「読売新聞」2009年9月20日〕

ふじょし [婦女子]

【腐女子（ふじょし）】(WEB) 日々やおいネタの生成・享受にいそしむ婦女子のこと。❖もじり。

ぶす 附子から。

【醜女（ぶす）】(小説) 〔筒井康隆「文学部唯野教授」1990〕

ぶすじま

【毒島（ぶすじま）】(姓) 〔「読売新聞」2009年4月1日〕

プスプス

【PSST PSST（プスプス）】(曲名) シブがき隊「PSST（プス） PSST（プス）」（秋元康）1988 ❖英語。本来は無声音。

ふだ [札]

【神札（ふだ）】(チラシ) お神札（ふだ） お守り神札（ふだ）です〔静岡県神社庁富士支部 2009〕

【令状（フダ）】(書籍) おめえらの令状（フダ）はねえ〔浅田次郎「極道放浪記 1」1994 (集)〕❖↓おふだ

ぶた [豚]

【八戒（ぶた）】(漫画) 〔「コロコロコミック」2009年2月〕

【悪魔（ブタ）】(漫画) メス悪魔（ブタ）…〔本仁戻「高速エンジェル・エンジン 1」2000〕❖中国では猪がブタ。

【彼ら（豚）】(WEB) 無駄なく成仏させることが彼ら（豚）への恩返し。〔一本氣HP〕

ぶたい [舞台]

【無台（ぶたい）】(古)

ふたおや [二親]

【両親（ふたおや）】(歌詞) 両親（ふたおや）泣かせて故郷を捨てた〔藤圭子「盛り場数え唄」（石坂まさを）1970〕

(小説) 両親（ふたおや）は死んじまって〔松岡佑子訳「ハリー・ポッターとアズカバンの囚人」2001〕

ふたご [双子・二子]

【両児（ふたご）】(漫画) 両児島（ふたごのしま）〔石ノ森章太郎「マンガ日本の古典 古事記」1994〕

【双児（ふたご）】(広告) 〔「読売新聞」2009年1月11日〕

【双生児（ふたご）】(小説) ❖ふたごは広東語では孖。ma（マ）と読ませる。

ふたたび [再び・二度]

【再度（ふたたび）】(小説) 再度（ふたたび）疑が萌してきた。〔平野啓一郎「日蝕」2002〕

【Ⅱび（ふたたび）】(WEB) バンド名「聖飢魔Ⅱ（せいきまつ）」は「聖なる物に飢えている悪魔がⅡ（ふたた）び蘇る」の略とされる。

ふたつ [二つ]

【両つ（ふたつ）】(小説) 両つ（ふた）ながらに保ち得る〔平野啓一郎「日蝕」2002〕

(新聞) 両つ（ふた）ながら込めて鑑賞する〔「読売新聞夕刊」2009年1月5日（林望）〕

【双つ（ふたつ）】(漫画) 双つ（ふた）の『運命』〔CLAMP「X 6」1994〕

(歌詞) この双つ（ふた）の眸に〔ALI PROJECT「亡國覚醒カタルシス」（宝野アリカ）2006〕

【2つ（ふたつ）】(書籍) 〔うみのさかな&宝船蓬萊「うみのさかな&宝船蓬萊の幕の内弁当」1992〕❖縦書きで。

ふたなり [二形・双成り・二成り]

その他 一双（ふたつ） (古)

【二形（ふたなり）】古〔1920 隠〕
雑誌 二形（ふたなり）の男〔「芸術新潮」1994年9月〕

ぶたばこ［豚箱］
【豚檻（ぶたばこ）】古 警察署留置場〔1915 隠〕
【留置所（ブタバコ）】小説〔南英男「盗聴」1996 俗〕

ふたばていしめい［二葉亭四迷］
【二葉亭四迷（ふたばていしめい）】人名 ◆筆名の由来は、文学に理解のなかった父に、「くたばってしめ(ま)え」といわれたことからともいう。

ふたまた［二股・二叉］二俣とも。
【二岐（ふたまた）】雑誌 二岐（ふたまた）温泉〔「旅行読売」1994年4月〕
【浮気（ふたまた）】漫画〔イチハ「女子妄想症候群 4」2004〕
その他 二又（ふたまた） 姓

ふたり［二人］
【両人（ふたり）】小説〔伊藤左千夫「野菊の墓」1906〕
【両個（ふたり）】漢詩〔平井呈一訳「狂詩 巡査行」1951〕
【双り（ふた）】歌詞 双（ふた）りで歌を奏でよう〔霜月はるか「消えない欠片」2009〕
【双子（ふたり）】漫画〔葉鳥ビスコ「桜蘭高校ホスト部 3」2004〕
【両親（ふたり）】歌詞 若かった両親（ふたり）〔GLAY「I'm in Love」(TAKURO)1998〕
【母娘（ふたり）】広告〔京王バス広告 2004〕◆母娘（おやこ）とも。
【姉妹（ふたり）】雑誌 姉妹（ふたり）でできるもん〔「VOICE NEWTYPE」2004 No.005〕◆コーナー名。
広告 童謡・愛唱歌なら、この姉妹（ふたり）。〔「読売新聞」2010年3月10日〕
【妹たち（ふたり）】歌詞〔初音ミク「光と影の竜」(ゆにめもP)2010〕
【夫婦（ふたり）】広告 夫婦（ふたり）で通帳〔三菱信託銀行(細川英雄「振り仮名―近代を中心に―」1989)〕／夫婦（ふたり）の記念日に贈る〔「読売新聞 夕刊」2009年11月21日〕
【男女（ふたり）】歌詞〔藤原浩「命のひと」(松井由利夫)2002〕◆NTTDoCoMoのケータイで男女が並ぶトイレマーク🚻がメールでデートの意味で使われることあり。
【私達（ふたり）】歌詞 今頃私達（ふたり）幸せに笑って〔ZARD「明日を夢見て」(坂井泉水)2003〕
【孤独（ふたり）】歌詞 沈黙が痛い程 孤独（ふたり）をつらぬく〔TWO-MIX「JUST COMMUNICATION TYPE II」(永野椎菜)1998〕
【2人（ふたり）】漫画 2人（ふたり）とも(縦書き)〔蛇蔵&海野凪子「日本人の知らない日本語 2」2010〕
【二匹（ふたり）】漫画 それから二匹（ふたり）して公園へその星を〔猫十字社「小さなお茶会」2000〕◆擬人化。
【高田・弥（ふたり）】漫画〔小畑健「DEATH NOTE 11」(大場つぐみ)2006〕◆登場人物名。
*【御両親（ふたりとも）】漫画〔高屋奈月「フルーツバスケット 15」2004〕
関連【二人（有馬と雪野）】漫画 固い絆で結ばれた二人（有馬と雪野）は〔津田雅美「彼氏彼女の事情 16」2003〕

ふだん［普段］ 副詞は「ふだん」も多い。
【不断（ふだん）】政策 不断・普断 かな書きにする〔国語審議会第2部会「語形の『ゆれ』について」1961〕
新聞「不断」には、「いつも」「常日ごろ」の意味もある。現在では「普段」と書かれることが多いが、これは明治以後のあて字。〔「読売新聞」2004年5月19日(日本語・日めくり)〕◆「不断の努力」など別語化した。
【平常（ふだん）】古「読売新聞」1874〔出久根達郎「昔をたずねて今を知る」2003〕／〔島崎藤村「千曲川のスケッチ」1912〕

ふち［縁］
【椽（ふち）】書籍「額椽（がくぶち）一万種大廉売」(世界堂)〔井上ひさし「私家版 日本語文法」1981〕◆別字。
【片隅（ふち）】歌詞 波止場の片隅（ふち）に腰かけて〔甲斐バンド「離鐘（ドラ）の音」(甲斐よしひろ)1980〕

ぶち［斑・駁］ 犬の名のポチの語源説には、ぶち、点（ぽち）袋の意のぽちなど。

プチ［（フランス）petit］⇩プティ

ぶちあける［打ち明ける・打ち開ける］
【打開ける（ぶちあ）】古〔1891 俗〕

ぶちかます［打ち嚙ます］

【打(ぶ)ち噛(か)ます】辞書〔俗〕

ぶちころす［打ち殺す］

【打殺(ぶちころ)す】古〔1902 俗〕

ぶちこわし［打ち壊し］

【打(ぶち)こわし】古

ぶちたおす［打ち倒す］

【擲倒(ぶちたお)す】古 横頽(よこつゝら)を擲倒(ぶちたふ)す〔1885 俗〕

ぶちのめす［打ちのめす］

【打(ぶ)ちのめす】古

ぷちぷち

【包装資材(プチプチ)】小説 ポリエチレン製の包装資材(プチプチ)〔本谷有希子「ぜつぼう 2」2006〕

ふちむね

【二千六百年(ふちむね)】人名〔篠崎晃雄「実用難読奇姓辞典増補版」1973〕◆皇紀を記念したか。

ふちょう［符丁・符帳・符牒］ 符帳が本来か。

【記号(ふちょう)】古 記号(ふちょう)は荒ものに〔山崎美成「兎園小説」1825 集〕◆数字を表すための記号のような暗号も商家などで各種見られた。

ぶちわる［打ち割る］

【打割(ぶちわ)る】古〔三遊亭円朝「真景累ヶ淵」1869 俗〕

ふつ［仏］ フランスの意。

【仏(ふつ)】広告 仏印〔「読売新聞」2009年5月3日〕◆かつての仏領印度支那(印支)は当て字3つから成り立っていた。

ぶつ［物］ 呉音のモツは贓物の意。

【物(ぶつ)】古 贓物〔1915 隠〕

小説 例の物(ブツ)は〔南英男「私刑」1996 俗〕◆盗品。

関連【ブツ(凧)】漫画〔羽海野チカ「ハチミツとクローバー 5」2003〕

ぶつ［打つ］「うつ」の日常的な口語形で、ルビで「ぶつ」と区別されることあり。

【打(ぶ)つ】小説 打(ぶ)つて〔高見順「いやな感じ」1960〜1963 俗〕

ふつう［普通］

【普通(フツー)】漫画 普通(フツー)にしててくれるのは〔日高万里「ひつじの涙 7」2004〕

【人間(ふつう)】漫画 人間(ふつう)の生活をさせてはくれない〔垣野内成美「吸血姫美夕」1988〕

【生身(ふつう)】漫画 生身(ふつう)の人間であれば〔小畑健「DEATH NOTE 3」(大場つぐみ)2004〕

【野球(ふつう)】漫画 これが〝野球(ふつう)〟なんだ〔ひぐちアサ「おおきく振りかぶって 13」2009〕

【不通(ふつう)】誤字 不通電車に乗りかえる〔斎賀秀夫「あて字の考現学」(「日本語学」1994年4月)〕

ぶっかく［打っ欠く］

【打欠(ぶっか)く】古

ぶっかける［打っ掛ける］

【ぶっ撒(か)ける】古 ぶッ撒(か)けなさい〔1902 俗〕

ふっかつ［復活］

【復活(ふっかあーつ)】漫画〔中条比紗也「花ざかりの君たちへ 12」2000〕

ふつかよい［二日酔い］

【宿酔(ふつかよい)】古「東京朝日新聞」1907〔柳瀬尚紀「日本語は天才である」2007〕◆どこまでが定訓で、どこからが臨時の訓か、当時も判然としない部分があった。

小説 宿酔(ふつかよい)の青ぶくれに〔小林多喜二「蟹工船」1929〕

ぶつかる［打つかる］

【衝突(ぶつ)かる】漫画 衝突(ぶつ)かる相手だ〔和月伸宏「武装錬金 3」2004〕

ぶっきょう［仏教］

【物教(ぶっきょう)】新聞 自身を仏教徒ならぬ〝物教徒〟と心得る。〔「読売新聞」2009年11月22日〕◆もじり。

【仏教(イムきょう)】誤読 仏教をイム教と読んだ〔WEB〕◆→ほとけ

ぶっきらぼう

【打切棒(ぶっきらぼう)】新聞 打切棒 読めぬと恥 秘 漢字〔「読売新聞」2009年8月20日(テレビ欄)〕

【打切坊(ぶっきらぼう)】俳誌 憮かし打切坊(ぶっきらぼう)な御仁であろう。〔「俳句」1994年8月〕

ブック［book］

【書】【帳】漫画

ぶつける［打つける］
【衝触る】古 艦と艦を衝触んかな〔国木田独歩「別天地」1903〕

ふっけん［復権］
【復肩】雑誌〔斎賀秀夫「あて字の考現学」(「日本語学」1994年4月)〕◆もじり。

ぶっこみ［打っ込み］
【特攻】漫画題名 所十三「疾風伝説特攻の拓」(佐木飛朗斗)1991～1997〕
広告〔さとうふみや「金田一少年の事件簿1」(金成陽三郎)1993(巻末)〕

ぶっころす［打っ殺す］
【打っ殺す】小説〔小林多喜二「蟹工船」1929〕
その他 撲殺す 古

ブッシュ［ドイツ Busch］
【森】漫画 俺は森の王… 森の中でこそ戦闘力を最大限に〔浅美裕子「WILD HALF 3」1996〕

ぶっそう［物騒］「もの」は「いそがはし」からとされる。古くは「物忩」。さらに「ものさわがし」と混じ、「物騒」と変わったようである。ともに和製漢語。
【物窓】【物躁】古 ◆和製漢語にさらに当て字が生じた。

ぶったおれる［打っ倒れる］
【打っ倒れる】古〔1916 俗〕

ぶったくり［打っ手繰り］関西では「ぼったくり」だった。
【打ったくり】辞書

ぶったたく［打っ叩く］
【打敲】古〔1885 俗〕

ぶったまげる［打っ魂消る］
*【驚 矣】漢詩 驚 矣〔平井呈一訳「狂詩巡査行」1951〕
その他 驚愕した 小説

ぶっちぎり［打っ千切り］
【打っ千切り】新聞 広辞苑改訂の記事〔1991 俗〕
【仏恥義理】書籍 仏恥義理ステッカー〔うみのさかな&宝船蓬莱「うみのさかな&宝船蓬莱の幕の内弁当」1992〕／仏恥義理で面白い女性タレント木下優樹菜のコメント〔中村すえこ「紫の青春」2008〕◆四字熟語風。
その他 仏契・仏血斬 WEB

ぶっつけ［打っ付け］
【打附】古

ぶっつぶす［打っ潰す］
【打潰す】古〔1888 俗〕

ふっと
【弗と】古 ◆弗は本義の否定詞以外の用法が多かった。ドル、フッ素など、カナ表記に変わった。
【吻と】小説〔徳富健次郎「黒潮」1903〕
その他 偶然 古

フット［foot］→フィート
【尺】【呎】中国 ◆ロブシャイド(1868)など、英華字典の類では、まだ口偏がなかった。

ぶっとい 「太い」の俗語的な表現。
【ぶっ太い】広告 ぶっ太い奴〔菊地秀行「白夜サーガ 魔王星完結編」1996(巻末)〕
【太っとい】小説 太っとい大理石の柱に背中を預けると〔清涼院流水「カーニバル 一輪の花」2003〕◆前の項とは漢字・仮名の位置が互いに移動している。

フットワーク［footwork］
【太・ワーク】小説「太・ワーク」という推理方法〔清涼院流水「カーニバル 一輪の花」2003〕

ぶつぶつ
【仏々】【仏仏】WEB 仏々言う／仏仏言う

ぶっぽうそう［仏法僧］鳥の名。コノハズクの鳴き声を聞きなしたもの。
【仏法僧】辞書 ◆古くは辞書の巻の区分にも。

ぶつめつ［仏滅］六曜の仏滅は、もと物みな滅する日の意で物滅。

【仏滅(ぶつめつ)】WEB「仏滅」は当て字でありまして、仏教とは関係ございません。

プティ［フランス petit］プチ。

【小(プティ)】小説 大(グランデ)・中(メディオ)・小(プティ)と呼び〔星野智幸「嫐嫐なぶりあい」1999〕

【小さな(プティ)】漫画 〝小さな花(プティ・フルール)〟？〔松川祐里子「魔術師 7」1999〕

*【妹(プティ・スール)】漫画〔今野緒雪「マリア様がみてる」1998〜〕

*【パリの出来事(プチ・ロマン)】雑誌 パリの出来事(プチ・ロマン) 最終回〔「FIGARO japon」1994年5月〕

*【患畜(プチハイエナ)】漫画 患畜(プチハイエナ)の診察してるんですけど〔藤崎聖人「WILD LIFE 2」2003〕

ふてくされる［ふて腐れる］→ふてね

【不貞腐(ふてくさ)れる】書籍 不貞腐(ふてくさ)れば『くれの廿八日』〔遠藤好英「漢字の遊び例集」1989〕

広告 不貞腐(ふてくさ)れる人が多かろう。〔「読売新聞 夕刊」2008年9月12日〕

ふてね［ふて寝］

【不貞寝(ふてね)】小説〔小林多喜二「蟹工船」1929〕

ふと

【与風(ふと)】古 ◆漢文風か。「風与」とも。

その他 不図(ふと) 古

ふとい［太い］

【太え(ふて)】辞書 太え尼〔俗〕

小説 太てえ野郎だ〔島田一男「特報社会部記者」1991 俗〕

【婃(ふとい)】字遊 のれんの手作り漢字 婃(ふとい)〔斎賀秀夫「漢字と遊ぶ」1978〕

ぶどう［葡萄］

【葡萄(ぶどう)】辞書 ◆葡萄は中国語に入った外来語で、元は西域の語への音訳の一つ。

ふところ［懐］

【懐中(ふところ)】小説 懐中から蟇口(がまぐち)を出して〔夏目漱石「こころ」1914〕

【懐(ポケット)】誤読〔斎賀秀夫「漢字と遊ぶ」1978（写研「漢字読み書き大会」)〕

ふとっちょ［太っちょ］ふとっちょう。

【肥満奴(ふとっちょ)】【肥女(ふとっちょ)】【肥満(ふとっちょ)】古

その他 肥大女(ふとっちょう)・肥満漢(ふとっちょう)・肥 満(ふとっちょう) 古

ふとる［太る・肥る］関西方言などでは「肥(こ)える」。

【肥(ふと)る】新聞 あっという間に肥(ふと)ってきたので〔「読売新聞 夕刊」2009年1月8日〕◆オス猫。

ふとん［布団・蒲団］もとは「蒲団」の唐宋音。

【布団(ふとん)】古〔1892 隠〕

ふなうた［舟歌・舟唄・船歌］

【舟唄(ふなうた)】曲名 八代亜紀「舟唄」(阿久悠) 1979

ふなで［船出］

【舟出(ふなで)】歌詞〔井上陽水「闇夜の国から」1974〕

ふなべり［船縁］

【舷裂(ふなべり)】歌詞 舷裂(ふなべり)けし七重浜〔伊藤久男「あゝ青函連絡船」(西條八十) 1954〕

ふね［船・舟］

【槽(ふね)】雑誌〔「旅」1994年1月〕◆ATOK17は「ゆぶね」で湯槽と変換。

【艦(ふね)】詩 艦(ふね)等みな帰港の情に渇けるなり。〔萩原朔太郎「品川沖観艦式」1934〕

漫画 艦(ふね)を捨てて〔せたのりやす「無敵王トライゼノン BLAZE 2」2001〕

歌詞 哀しみ幾多乗せし艦(ふね)〔Suara「BLUE」(大倉雅彦) 2007〕◆自衛隊では艇も。

【方舟(ふね)】歌詞 空飛ぶ方舟(ふね)からのぞいた星には〔安全地帯「遠くへ」(松井五郎) 1986〕◆方舟(はこぶね)。

【客船(ふね)】歌詞 遠くの客船(ふね)を見てるから〔光GENJI「ほのかに甘く HOLIDAY」(澤地隆) 1988〕

【黒船(ふね)】歌詞 下田港(みなと)を訪れた黒船(ふね)が〔サザンオールスターズ「唐人物語」(桑田佳祐) 1998〕

【帆船(ふね)】歌詞 言葉は帆船(ふね)になって〔ALI PROJECT「桂冠詩人」(宝野アリカ) 2008〕

【宇宙船(ふね)】漫画〔中平凱「フィギュア17 2」(GENCO-OLM) 2002〕

【刀(ふね)】人名 刀(フネ)、字(イク)は転義なので受理しない。〔民事局長回答 1961〕❖淳(キヨシ)、登(ミノル)、徳(ナル)(「論語」にあり)は受理。現在では戸籍に振り仮名は付さないことになっている。

その他 艦船(ふね) WEB

ふびん［不憫］

【不憫(ふびん)】【不愍(ふびん)】雑誌 不憫 不便 フビン・フベン〔田島優「あて字と誤字の境界」(「日本語学」1994年4月)〕

新聞 漢字では、「不憫」あるいは「不愍」と書く。(中略)本来の書き方は「不便」で、不都合、具合の悪さを指した。〔「読売新聞」2004年5月26日(日本語・日めくり)〕❖れんびんでも憐憫・憐愍となり2字は通じる。

ぶぶ

【水湯(ぶぶ)】古〔1935 隠〕

【水(ぶぶ)】辞書〔1956 隠〕

ふぶき［吹雪］

【吹雪(ふぶき)】論文(この表記には)視覚的表出力(がある)〔柳田征司「あて字」1987〕

【風吹(ふぶき)】芸名 風吹ジュン❖息吹(いぶき)は表内訓。

その他 雪吹(ふぶき)・凮(ふぶき) 古

ふみ［文・書］

【飛鳥(ふみ)】古 手紙が雁という渡り鳥によってもたらされる〔杉本つとむ『宛字』の語源辞典」1987〕

【書(ふみ)】古 書読(ふみよ)む月日〔「蛍の光」(稲垣千頴)1881〕

俳句 書(ふみ)を書く〔竹下しづの女〕

書籍 書(ふみ)よむ子らの 心に沁(し)みて 島木赤彦〔井上ひさし「ことばを読む」1982〕/もろこしの書(ふみ)〔杉本つとむ「近代日本語の成立と発展」1998〕

【艶書(ふみ)】古〔松崎天民「社会観察万年筆」1914 集〕

【帖(ふみ)】書名 日垣宮主「蘇る魂の故郷『民族の帖』」2008

【手紙(ふみ)】辞書〔俗〕

ふみくら［文蔵］

【書庫(ふみくら)】書名 櫛笥節男「宮内庁書陵部書庫(ふみくら)渉猟 書写と装訂」2006

ふみにじる［踏み躙る］

【蹂躙(ふみにじる)】古

ふむ［踏む］

【履(ふ)む】書籍 歴史と伝統を履(ふ)んで生きてゐる〔井上ひさし「私家版 日本語文法」1981〕

ふやける

【潤(ふや)ける】【膨(ふや)ける】【脹(ふや)ける】古

ふやす［増やす］

【殖(ふや)す】書籍 生めよ、殖(ふや)せよ〔井上ひさし「ニホン語日記」1996〕❖戦中のスローガン。常用漢字表に「殖やす」あり。

ふゆ［冬］

【寒(ふゆ)】古〔「万葉集」〕

【生(ふゆ)】人名 生は名乗字、タカ、アリ、フユなど。〔杉本つとむ「日本文字史の研究」1998〕

ふゆう［富裕］

【富有(ふゆう)】辞書

フュージョン［fusion］ ヒュージョン。

【融合(フュージョン)】ポスター 現実(リアル)と虚構(ファンタジー)を融合(フュージョン)させる。〔「借りぐらしのアリエッティ×種田陽平展」2010〕

フューチャー［future］ ヒューチャー。

【未来(フューチャー)】漫画 金未来杯を受賞した〔「週刊少年ジャンプ」2004年48号〕

フューネラルマーチ［funeral march］

【葬送行進曲(フューネラルマーチ)】小説

フューラー［(ドイツ)Führer］

【総統(フューラー)】書籍 総統(フューラー)が行う演説は〔田中克彦「言語の思想」1975〕

広告 総統(フューラー)の招待者〔菊地秀行「魔界都市ブルース 夜叉姫伝 4」1990(巻末)〕

漫画〔田中芳樹「創竜伝 8」1992〕

小説 我が総統(マイン・フューラー)〔清涼院流水「カーニバル 二輪の草」2003〕

ブラ［bra］ ブラジャー。

【下着(ブラ)】漫画 下着(ブラ)すけてるよっ〔山田南平「紅

ふ

茶王子 2」1997〉❖中国では胸罩。

ブラ ［→ブラック］

【黒(ブラ)】TV 黒(ブラ)ワザ料理〈中居正広の黒バラ企画〉

ブラーゼンモーレ

【葡萄状鬼胎(ブラーゼン・モーレ)】短歌〈塚本邦雄〉

フライ ［fly］

【翔(フライ)】漫画『翔(フライ)』!〈CLAMP「カードキャプターさくら 2」1997〉❖呪文。翔(と)ぶ・飛翔から。

フライト ［flight］

【飛行(フライト)】歌詞 追いかけて 夜間飛行(ミッドナイトフライト)〈中森明菜「北ウイング」(康珍化)1984〉

広告 死の飛行計画(フライトプラン)〈菊地秀行「魔界都市ブルース 夜叉姫伝 4」1990(巻末)〉

ブライト

【武雷士(ブライト)】書名「如温武雷士伝(ジヨンブライト)」1889

プライド ［pride］

【誇り(プライド)】漫画 誇り(プライド)を傷つけられたのか〈森川ジョージ「はじめの一歩 44」1998〉

歌詞 すべての誇り(プライド)〈TRF「HE LIVES IN YOU」(YUKI・DJ KOO)1999〉

【自尊心(プライド)】歌詞〈堂本剛「百年ノ恋」2001〉

漫画〈許斐剛「テニスの王子様 28」2005〉

【矜持(プライド)】漫画 人造人間としての矜持(プライド)がある〈荒川弘「鋼の錬金術師 13」2006〉

【矜持(プライド)】漫画〈荒川弘「鋼の錬金術師 15」2006〉

❖矜が人名用漢字として認められるかを巡って最高裁まで争われた。

【傲慢(プライド)】漫画 私の名は「傲慢(プライド)」〈荒川弘「鋼の錬金術師 19」2008〉❖キリスト教七つの大罪。

【選択(プライド)】広告 女には〝いつかはエルメス〟という選択(プライド)がある!〈「読売新聞」2009年10月1日(Domani)〉

プライバシー ［privacy］

【秘密(プライヴァシー)】書籍〈大久保博訳「完訳 ギリシア・ローマ神話」1970〉

【私生活(プライバシー)】雑誌 私生活(プライバシー)を公開しなかったのは〈「からだにいいこと」2008年10月〉

プライベート ［private］

【私生活(プライベート)】漫画 仕事と私生活(プライベート)の境が〈野々村秀樹「邪魂狩り 1」1993(表紙折り返し)〉

小説 私生活(プライベート)でも親しい〈清涼院流水「カーニバル 二輪の草」2003〉

雑誌 芸人の「私生活(プライベート)」追っかけスペシャル!〈「お笑いポポロ」2009年5月(表紙)〉

【私用(プライベート)】漫画 私用(プライベート)の方〈小花美穂「Honey Bitter 3」2005〉

【私有(プライベート)】漫画 私有(プライベート)ビーチ〈「桜蘭高校ホスト部 3」2004〉

【私的(プライベート)】漫画題名 なかじま優里「私的(プライベート)記録(レコード)」2003〉

【P(プライベート)】漫画 そこの浜はうちのPB(プライベートビーチ)なんだけど〈藤崎聖人「WILD LIFE 5」2004〉

*【個人印刷所(プライベート・プレス)】書籍〈片塩二朗「活字に憑かれた男たち」1999〉

*【私室(プライベートルーム)】小説 几帳で幾つかに仕切って私室(プライベートルーム)とする〈藤原眞莉「華くらべ風まどい―清少納言梛子」2003〉

フライロッド ［fly rod］

【釣り竿(フライ・ロッド)】小説〈村上春樹訳「レイモンド・カーヴァー傑作選 CARVER'S DOZEN」1997〉

ブラインド ［blind］

【壁(ブラインド)】漫画 壁(ブラインド)になって後衛の動きを見せないつもりだ〈許斐剛「テニスの王子様 24」2004〉

フラウ ［独(ドイツ) Frau］ 女性雑誌名にも。

【奥さま(フラウ)】小説〈清涼院流水「カーニバル 二輪の草」2003〉

ブラウス ［blouse］

【BL(ブラウス)】民間

ブラウニー ［brownie］

【家事妖精(ブラウニー)】漫画〈山田南平「紅茶王子 25」2004〉

ブラウンピンク ［brown pink］

【褐紅色(ブラウンピンク)】小説〈田中芳樹「創竜伝」1987〜〉

フラグメント ［fragment］

ふ

【断片化(フラグメント)】〈詩〉「断片化(フラグメント)」ということだろう。〔竹中郁「ラグビイ」1932(高橋世織解説)〈コ〉〕

【断片集(フラグメント)】〈小説〉『断片集(フラグメント)』の六人と〔西尾維新「零崎双識の人間試験」2004〕

ブラザーズ [brothers]

【兄弟(ブラザーズ)】〈漫画〉エルリック兄弟(ブラザーズ)がなぁ〔荒川弘「鋼の錬金術師 17」2007〕

【兄弟(ブラザース)】〈漫画〉常陸院兄弟(ブラザース)で～す〔葉鳥ビスコ「桜蘭高校ホスト部 4」2004〕

ぶらさげる [ぶら下げる]

【揺下げる(ぶらさ)】〈古〉〔1902〈俗〉〕

【提げる(ぶらさ)】〈誤読〉提げるをぶらさげるって書いたほんとゎさげるですたぁ〔WEB〕

ブラシ [brush]

【刷子(ブラシ)】【刷毛(ブラッシュ)】【画筆(ブラッシ)】〈古〉❖刷毛は「はけ」。

ブラジル [Brazil]

【伯剌西爾(ブラジル)】〈辞書〉❖略すと、伯(はく)。中国では巴西。店名に、2字目を「刺(ラツ)」ではなく、音に合わないが「刺(シ)」(さす)と書く例あり。

【舞楽而留(ブラジル)】〈書名〉内山勝男「舞楽而留(ブラジル)ラプソディー」1993❖他にもこの表意性のある表記を使用する者あり。

プラス [plus] たす。

【＋(プラス)】〈書籍〉アメリカン＋(プラス)アイズがアメリカナイズになるので〔1964〈目〉〕／総ルビ＋(プラス)挿絵〔由良君美「言語文化のフロンティア」1986〕

〈雑誌〉JK＋(ジャケットプラス)パンツのスタイルで〔「with」1994年9月〕／＋(プラス)春色カラーを提案!〔「L25」2009年3月12日〕

〈新聞〉コーヒー＋αで増収〔「読売新聞」2006年5月19日〕

〈広告〉常識やぶりの＋(プラス)50Y(ヤード)宣言〔「読売新聞」2009年10月21日〕／生活習慣の改善＋(プラス)心の休養〔「読売新聞」2009年11月22日〕／「3食＋スイーツ」でリバウンド〔「読売新聞」2009年12月17日(週刊文春)〕／voice style +plus〔「読売新聞」2010年4月22日〕

〈小説〉BS日テレは＋周年、もっともっと＋(プラス)します。〔「読売新聞」2010年3月1日〕❖最初の＋は、文脈から自然に十に読める。

〈誌名〉月刊「悠+(はるか・プラス)」

〈誤読〉理科の授業の教科書朗読で、電気の＋(プラス)極・－(マイナス)極を「じゅう」極・「いち」極と読んだ彼〔WEB〕❖十を「プラスじゅう」と読んで区別することも。教科書等に電極として載る⊕を＋(プラス)に代用するのは、他の漢字・記号と紛れないための使い方か。

【プラス効果(プラス)】〈歌詞〉「恋心」全てが〝プラス効果(プラス)〟へと還元(むかわ)ない〔TWO-MIX「WAKE」(永野椎菜)1997〕

【前向き(プラス)】〈漫画〉気持ちが前向き(プラス)に〔「週刊少年ジャンプ」2004年48号(D. Gray-man)〕

【plus(プラス)】〈広告〉ノコギリヤシ plus カボチャ種子〔「読売新聞 夕刊」2010年1月30日〕

ブラスインブリス [brass in bliss]

【至福のブラスバンド(ブラス・イン・ブリス)】〈漫画〉〔熊倉裕一「KING OF BANDIT JING 6」2004〕

フラスコ [ポルトガル frasco]

【玻璃壜(フラスコ)】〈小説〉〔平野啓一郎「日蝕」2002〕

[その他] 酒瓶(フラスコ)・酒壜(フラスコ)・仏狼壺(フラスコ)・酒壺(フラスコ)〈古〉／振(ふ)らすこ〈WEB〉

プラスチック [plastic]

【可塑的(プラスチック)】【粘泥(プラスチック)】【成型的(プラスチック)】〈古〉

プラズマ [plasma]

【雷撃(プラズマ)】〈書籍〉雷撃竜(プラズマ・ドラゴン)〔中澤光博／ORG「入門!リナの魔法教室 スレイヤーズ RPG」1996〕

[その他] 電撃状竜石(プラズマドラグナイト)〈小説〉

プラチナ [オランダ platina]

【Pt(プラチナ)】〈チラシ〉Ptダイヤピアス〔伊勢丹通信 2010年3月17日〕❖元素記号をそのまま元の語で読む例。中国では鉑。

[その他] 白銀(プラチナ)〈古〉

ブラック [black]

【黒い(ブラック)】〈小説〉黒き雷光(ブラック・ライトニング)〔安井健太郎「ラグナ

ロク黒き獣」1998〕／黒い冗談(ブラック・ジョーク)〔清涼院流水「カーニバル二輪の草」2003〕

【黒(ブラック)】書籍 黒竜(ブラック・ドラゴン)〔中澤光博／ORG「入門！リナの魔法教室 スレイヤーズRPG」1996〕

広告 黒虎(ブラックタイガー)〔菊地秀行「白夜サーガ 魔王星完結編」1996（巻末）〕

小説 黒服(ブラック・メン)の特徴そのままだろう〔清涼院流水「カーニバル二輪の草」2003〕

漫画 黒爪(ブラッククロウ)〔矢吹健太朗「BLACK CAT」2000～2004〕／黒十字(ブラッククロス)〔同〕

民間 黒帝（ブラックエンペラー）❖暴走族名の漢字表記ないし異称。

【暗黒の(ブラック)】小説 二度めの「暗黒の土曜日(ブラック・サタデー)」が〔清涼院流水「カーニバル二輪の草」2003〕

【B(ブラック)】漫画 鷲羽自ら作ったのがBクリスタル(ブラック)〔奥田ひとし「新・天地無用！魎皇鬼 3」2002〕

【づラっフ】誤植 香港に本社を持つプラモデルメーカーの模型の組み立て説明書に。「フや消しづラっフ（本来は「つや消しブラック」）」〔WEB〕

その他 黒妖犬(ブラックドッグ) 小説

ぶらつく

【逍遥く(ぶらつ)】古

ブラックアウト [blackout]

【暗転(ブラックアウト)】詩

＊【暗幕(ブラックアウトカーテン)】漫画〔冨樫義博「HUNTER × HUNTER」1998～〕

ブラックボード [blackboard]

【黒板(ブラックボード)】WEB

ブラックホール [black hole]

【暗闇(ブラックホール)】歌詞〔平原綾香「ケロパック」2010〕

フラッシュ [flash]

【閃光(フラッシュ)】歌詞 イアリング閃光(Flash)でFall in Love〔安室奈美恵「DANCING JUNK」（売野雅勇）1993〕

漫画 閃光銃(フラッシュガン)〔尾田栄一郎「ONE PIECE 28」2003〕

その他 制炎器(フラッシュ・ハイダー) 小説

ブラッディ [bloody]

【赤い(ブラッディ)】漫画 赤い十字架(ブラッディ・クロス)〔綾峰欄人「GetBackers 奪還屋 23」（青樹佑夜）2003〕／赤い射手矢(ブラッディ・サジタリアス)〔同〕

【血まみれの(ブラッディ)】漫画 彼のヒット曲「血まみれの女神(ブラッディビーナス)」を・・・〔青山剛昌「名探偵コナン 5」1995〕

小説 血まみれのマリー(ブラッディ・マリー)〔安井健太郎「ラグナロクEX. DEADMAN」2001〕

【血痕の(ブラッディ)】漫画 血痕の道(ブラッディ・ロード)〔大暮維人「エア・ギア 4」2003〕

【流血(ブラッディ)】漫画 知ってる知ってる流血喧嘩(ブラッディファイト)シリーズ!!〔浅田弘幸「眠兎 1」1992〕

ブラッド [blood]

【血液(ブラッド)】歌詞 両手に血液(ブラッド)〔ドクロちゃん「撲殺音頭でドクロちゃん」（おかゆまさき）2007〕

【血の十字架剣(ブラッドクロスソード)】漫画〔「週刊少年ジャンプ」2004年48号（じゃんぷる）〕

フラテッロ [イタリア fratello]

【兄弟(フラテッロ)】漫画

プラトニック [Platonic] プラトンから。

【純愛(プラトニック)】漫画題名 神田みらの「純愛(プラトニック)♥ゲーム」1996～2003

小説 純愛物語(プラトニック・ラブ・ストーリー)〔森村誠一「殺意の接点」2001〕

【純精神的(プラトニック)】小説 いつも爽やかで純精神的(プラトニック)な〔清涼院流水「カーニバル一輪の花」2003〕

【高尚な愛(プラトニック)】漫画 高尚な愛(プラトニック)に生きるんだから〔高橋留美子「めぞん一刻 11」1986〕

プラネット [planet]

【惑星(プラネット)】曲名 ダ・カーポ「愛の惑星（プラネット）」（竜真知子）1980

映画題名「ドラえもん のび太とアニマル惑星(プラネット)」1990

歌詞 青い惑星(プラネットブルー)〔安室奈美恵 with スーパー・モンキーズ「PARADISE TRAIN」（売野雅

勇)1994〕
小説 失われた惑星（ロスト・プラネット）〔茅田砂胡「暁の天使たち」2002〕

ブラフ [bluff]
【はったり（ブラフ）】小説 単なるはったり（ブラフ）じゃないと思うぜ〔南英男「監禁」1995 集〕
漫画 はったりだな（ブラフ）〔「週刊少年サンデー」2004年48号(DANDOH!!)〕

ぶらぶら
【散歩（ぶらぶら）】小説〔清涼院流水「カーニバル 二輪の草」2003〕

プラム [plum]
【西洋李（プラム）】小説 小沼丹〔中村明 2003〕

プラモ [←プラスチックモデル]
【P（プラモ）】広告 P（プラモ）・M（マイコン）・P（プロレス）が合体。〔立原あゆみ「本気！1」1987〕

ぶらり
【不落離（ぶらり）】古

ふられる [振られる]
【失恋した（フラレタ）】【髪切った（フラレタ）】民間

フラワー [flower]
【花（フラワー）】漫画〔CLAMP「カードキャプターさくら 2」1997〕
【桃華（フラワー）】漫画 桃華異邦人（フラワーストレンジャー） KAREN〔種村有菜「時空異邦人 KYOKO 2」2001〕

プラン [plan]
【計画（プラン）】広告 死の飛行計画（フライトプラン）〔菊地秀行「魔界都市ブルース 夜叉姫伝 4」1990（巻末）〕
歌詞〔忍足侑士・向日岳人「スパイラル」（香坂知美）2005〕

ブランク [blank]
【空白（ブランク）】小説〔茅田砂胡「天使たちの華劇」2004〕

プランクトン [plankton]
【微生物（プランクトン）】漫画〔藤崎聖人「WILD LIFE 5」2004〕

フラングレ [フランス franglais]
【仏語英語（フラングレ）】書籍〔井上ひさし「ニホン語日記」1996〕

フランケンシュタイン [Frankenstein]
【腐乱ケンシュタン（フランケンシュタイン）】WEB ❖しゃれ。
その他 人造人間（フランケンシュタイン） 漫画

ぶらんこ [鞦韆] 和語ともポルトガル語からとも。
【鞦韆（ぶらんこ）】小説 鞦韆（ぶらんこ）や木馬のある運動場〔田山花袋「田舎教師」1909〕❖典型的な熟字訓。
【繿死（ぶらんこ）】古〔1917 隠〕
その他 半仙戯（ぶらここ） 古

ブランシュネージュ [フランス Blanche Neige]
【白雪姫（ブランシュネージュ）】漫画〔由貴香織里「ルードヴィッヒ革命」1999～2007〕

フランス [France] フランは法。
【法朗西（フランス）】古 ❖『法朗西国尺度（ふらんす）』(1866)、『法朗西文典字類』（江戸時代末期）など。
【仏蘭西（フランス）】❖「仏蘭西」は韓国語でプルランソという発音で残っているが、原音主義化で減りつつある。中国では法蘭西（ファーランシー）。ともに中国で造られた訳だが、時代ごとに広東語・上海語の方言が影響して分化したことが知られる。日本では、巴里とともに大正浪漫など古き良き時代と結びつく。
古 仏蘭西（フランス）〔宇田川榕菴「植学啓原」1834〕
短歌 ああ皐月仏蘭西（フランス）の野は火の色す〔与謝野晶子〕
曲名 淡谷のり子「恋の仏蘭西人形」〔朽木綱博〕1933
書籍 西洋、殊に佛蘭西（フランス）あたりでは、〔谷崎潤一郎「文章読本」1934〕
小説 一九三〇年代の仏蘭西（フランス）は〔遠藤周作「白い人」1955〕
【仏（フランス）】新聞 仏（フランス） 白（ベルギー）〔大見出し 1951 目〕
漫画 仏（フランス）語も上手で見た目もいい〔松川祐里子「魔術師 6」1998〕
その他 払卵察（フランス） 古

ブランド [brand]

【看板(ブランド)】(小説)俺の人生に看板(ブランド)はいらない〔西尾維新「ダブルダウン勘繰郎」2003〕
【仕事(ブランド)】(漫画)その仕事(ブランド)〔中条比紗也「花ざかりの君たちへ 8」1999〕
【服(ブランド)】(広告)今の私が、こだわって着たい服(ブランド)〔「読売新聞」1999年6月1日(Grazia)〕
【力(ブランド)】(広告)機械工業デザイン賞「日本力(にっぽんぶらんど)賞」受賞〔「月刊プリテックステージ」2009年11月(裏表紙)〕

プラント [plant]
【装置(プラント)】(雑誌)〔「文藝春秋」1994年3月〕

フランム [(フランス) flamme]
【炎(フランム)】(曲名)高橋洋子「蒼き炎(フランム)」2006

ブランリング
【白輪(ブラン・リング)】(広告)白輪(ブラン・リング)の頭〔「コミナビ!! アニメスペシャル編」2006〕

ふり [振り]
【風(ふり)】(小説)知らぬ風(ふり)をしている〔平野啓一郎「日蝕」2002〕
【態度(フリ)】(歌詞)冷たい態度(フリ)をして〔day after tomorrow「ユリノハナ」(五十嵐充)2005〕
【口(ふり)】(歌詞)一口(ひとふり)の太刀〔Nuts「流露」(李醒獅)2001〕

ぶり [振り]
【風流(ぶり)】(古)品者風流(ぶり)〔杉本つとむ「近代日本語の成立と発展」1998〕

プリ
【試験(プリ)】(漫画)わたしは明日が試験(プリ)なの〔二ノ宮知子「のだめカンタービレ 23」2009〕

フリー [free]
【自由(フリー)】(漫画題名)柴田亜美「自由人(フリーマン) HERO」1994～1999
(小説)『自由落下団(フリー・フォール・クラブ)』なる団体を〔菊地秀行「魔王伝 3 魔性編」1996〕
(WEB)❖「使途自由(フリー)ローン」など。
*【自由行動(フリープラン)】(漫画)再びの札幌(二日目)は自由行動(フリープラン)〔中条比紗也「花ざかりの君たちへ 7」1999〕

フリーク [freak]
【化物(フリーク)】(漫画)化物共(フリークス)〔平野耕太「HELLSING へルシング 1」1998〕
(書籍)化物(フリークス)〔矢野俊策/F. E. A. R.「ダブルクロス The 2nd Edition」2003〕
(論文)〔大野真「距離の詩学－映画『シックス・センス』を巡って－」2004〕

フリーズ [freeze]
【冷凍(フリーズ)】(漫画)冷凍眼(フリーズ)〔「週刊少年ジャンプ」2004年10月11日(未確認少年ゲドー)〕❖技の名。
【氷結(フリーズ)】(書籍)ナーガは〈氷結弾(フリーズ・ブリット)〉を放ち〔中澤光博/ORG「入門!リナの魔法教室 スレイヤーズRPG」1996〕❖呪文。
*【氷の矢(フリーズ・アロー)】【魔結球(フリーズ・レイン)】(書籍)❖呪文。

プリースト [priest]
【神官(プリースト)】(漫画)〔緋月天「Rights&Dark」2002〕

ブリーダー [breeder]
【畜産家(ブリーダー)】(漫画)空の畜産家(スカイブリーダー)〔尾田栄一郎「ONE PIECE 29」2003〕

フリーダイヤル [(和製) free + dial]
【0120(フリーダイヤル)】(雑誌)0120(フリーダイヤル)－2(ニ)〔「小説新潮」1994年1月〕❖電話番号。
【(0120)(フリーダイヤル)】(雑誌)〔「ベビーエイジ」1994年3月〕
(広告)(0120)(フリーダイアル) 0120－〔「読売新聞 夕刊」2010年4月15日〕❖12のないマークも。

フリーダム [freedom]
【自由(フリーダム)】(書籍)〔松岡正剛「日本流」2000〕

ブリード [breed]
【血種(ブリード)】(書籍)ノイマンの純血種(ピュアブリード)〔矢野俊策/F. E. A. R.「ダブルクロス The 2nd Edition」2003〕

フリーメーソン [Freemason]
【秘密結社(フリーメーソン)】(漫画)〔CLAMP「X 3」1993〕

フリーランス [freelance]
【自由契約(フリーランス)】(小説)自由契約(フリーランス)の傭兵の中でも〔安井健太郎「ラグナロク 黒き獣」1998〕

ぶりかえす [ぶり返す]

ふ

【逆回す】(ぶりかえ) 小説〔夏目漱石「こころ」1914〕

ふりかえる［振り返る］

【回首】(ふりかえって) 古

ふりかざす［振り翳す］

【振り翳す】(ふりかざ) 歌詞〔D「悪夢喰らい」(ASAGI) 2006〕

ふりがな［振り仮名］「フリガナ」とも。山本有三は不愉快な小虫などと評したルビ。

【住所】(ふりがな) 雑誌〔「小説新潮」1994年3月〕◆振り仮名の位置と方法を利用する例。

【ご氏名】(ふりがな) 雑誌〔「将棋世界」1994年10月〕

【（　）】(ふりがな) 広報 保護者氏名（ふりがな）を書き、〔「広報東京都」2010年3年1月〕

ブリキ［オランダ blik］

【錻力】(ブリキ) 辞書 ◆看板などにも。

誤読 錻力 ハンマー サーベル ミサイル〔斎賀秀夫「漢字と遊ぶ」1978〕

【鉄葉】(ブリキ) 詩 むかしの出窓に鉄葉(ぶりき)の帽子が飾つてある。〔萩原朔太郎「荒寥地方」1928〕

プリコンセプション［preconception］

【先入見】(プリコンセプション) 書籍〔橋本萬太郎・鈴木孝夫・山田尚勇「漢字民族の決断」1987〕

ブリザード［blizzard］

【吹雪】(ブリザード) 漫画〔さとうふみや「金田一少年の事件簿 4」(金成陽三郎) 1993〕

【魚嵐】(ブリザード) 民間 暴走族の名。〔斎賀秀夫「漢字と遊ぶ」1978〕◆造字。「鰤」に基づくか。

ふりしく［降り頻く］

【降頻】(ふりしく) 漢詩〔平井呈一訳「狂詩 巡査行」1951〕

プリジュームドイノセント［presumed innocent］

【推定無罪】(プリジュームド・イノセント) 小説『推定無罪(プリジュームド・イノセント)』のように〔清涼院流水「カーニバル 二輪の草」2003〕

プリズナー［prisoner］

【囚われ人】(プリズナー) 書名 神坂一「困ったもんだの囚われ人(プリズナー)」1993

【囚人】(プリズナー) 漫画 囚人(プリズナー)は囚人ラシク牢屋にこもってマショ!!〔さとうふみや「金田一少年の事件簿 16」(金成陽三郎) 1996〕

プリズム［prism］

【水晶】(プリズム) 歌詞 とめて夏を 水晶色(プリズム)に〔南野陽子「パンドラの恋人」(田口俊) 1987〕

【虹】(プリズム) 歌詞 虹(プリズム)を放ちながら〔蔵馬「氷のナイフを抱いて」(森由里子) 1997〕

プリズン［prison］

【監獄】(プリズン) 古／**【堅牢】**(プリズン) 漫画

ブリッジ［bridge］→ケンブリッジ(剣橋)

【船橋】(ブリッジ) 書籍〔井上ひさし「ニホン語日記」1996〕

フリッツ［Fritz］

【不律】(ふりつ) 人名 ◆森鷗外の次男。もじり。

ブリッツ［blitz］

【電撃】(ブリッツ) 漫画〔村田雄介「アイシールド21」(稲垣理一郎) 2002～2009〕

その他 電撃突撃(ブリッツ) 漫画

ブリティシュミュージアム［British Museum］

【大英博物館】(ブリティシュ・ミュージアム) 書籍〔大久保博訳「完訳 ギリシア・ローマ神話」1970〕◆「英国パワー(ブリット)」のような使用もあり。

ブリテン［Britain］

【不列顛】(ブリテン) 辞書

ぶりぶり［振り振り］

【振々】(ぶりぶり) 古 振々毬杖(ぶりぶりぎっちょ(う))

地名 ◆福岡県。

プリマ［イタリア prima］

【主役】(プリマ) 漫画 主役(プリマ)の座〔荒川弘「鋼の錬金術師 10」2005〕

プリマグラフィ

【高品質複製原画】(プリマグラフィ) 漫画 カバーイラスト 高品質複製原画(プリマグラフィ)〔葉鳥ビスコ「桜蘭高校ホスト部 4」2004〕

プリマドンナ［イタリア prima donna］

【歌手】(プリマドンナ) 広告〔「読売新聞」2009年1月24日〕

ブリューイングアップ［brewing-up］

【お茶で一服(ブリューイング・アップ)】漫画〔「週刊少年ジャンプ」2004年5月24日(PMG-0)〕

ブリリアント [brilliant]

*【祝福された光の庭(ブリリアント・ブレス・テラス)】雑誌〔「ODAKYU VOICE」2008年12月〕

プリン [↑プディング(pudding)]

【博仁(プリン)】姓 ❖実際にあったという。

【富凛(プリン)】漫画〔秋本治「こちら葛飾区亀有公園前派出所 126」2001〕❖命名案として。

プリンシパリティーズ [principalities]

【権天使(プリンシパリティーズ)】漫画 権天使(プリンシパリティーズ)の称号を持つ私を〔由貴香織里「天使禁猟区 1」1995〕

プリンシパル [principal]

【踊り手(プリンシパル)】漫画〔松川祐里子「魔術師 2」1996〕

【舞踊手(プリンシパル)】漫画 アルベルト国の舞踊手(プリンシパル)〔松川祐里子「魔術師 2」1996(裏表紙折り返し)〕

プリンシプル [principle]

【法則(プリンシプル)】書籍 物活論的法則(アニメイティングプリンシプル)〔池田雅之「ラフカディオ・ハーンの日本」2009〕

プリンス [prince]

【王子様(プリンス)】漫画〔尾田栄一郎「ONE PIECE 19」2001〕

【皇子(プリンス)】漫画〔荒川弘「鋼の錬金術師 11」2005〕

【貴公子(プリンス)】漫画 戦慄の貴公子(プリンス)〔「週刊少年マガジン」2004年48号(GetBackers)〕

その他 王子(プリンス) 詩

プリンセス [princess]

【王女様(プリンセス)】漫画〔尾田栄一郎「ONE PIECE 19」2001〕

【皇女(ぷりんせす)】漫画題名 介錯「円盤皇女(ぷりんせす)ワるきゅーレ」2002～2007

【公女(プリンセス)】広告 公女(プリンセス)ルナ〔神坂一「日帰りクエスト なりゆきまかせの異邦人(ストレンジャー)」1993(巻末)〕

【公主(プリンセス)】漫画〔藤崎竜「封神演義 17」1999〕

【姫(プリンセス)】漫画 この仙人界の姫(プリンセス) 雲霄三姉妹が!!!〔藤崎竜「封神演義 17」1999〕

【姫君(プリンセス)】漫画〔山田南平「紅茶王子 11」2000〕

その他 王女(プリンセス) 詩／お姫様(プリンセス) 小説

プリントアウト [printout]

【現像(プリントアウト)】漫画 デジカメ→現像(プリントアウト)のお手軽さ〔日高万里「ひつじの涙 5」2003〕

ふる [振る] 冷淡にする義では「フる」「フラれる」などとも。江戸時代には「ふる」「振る」と書かれた。

【默(ふる)】古〔式亭三馬「小野𥶡譃字尽」1806〕

ふる [降る]

【雨らす(ふらす)】漢文 天為(ため)に粟(ぞく)を雨(ふ)らし❖蒼頡の漢字発明の伝説に。

ふる [旧る・古る]

【経る(ふる)】曲名 松任谷由実「経(ふ)る時」1983 ❖表内訓は「へる」。

【陳る(ふる)】俳句〔竹下しづの女〕

フル [full]

【最大限(フル)】漫画 全身を最大限(フル)に使って発動される〔寺嶋裕二「GIANT STEP 1」2002〕

ぶる [振る]

【振る(ぶる)】辞書 恐しいこと〔1949 隠〕❖震える擬態語からか。「大人振る」など後接部分にも。漢字は振、震は声符「辰」が共通。

ふるい [古い・故い]

【旧い(ふるい)】小説 旧(ふる)い歴史〔夏目漱石「こころ」1914〕／旧い旅籠(はたご)〔「読売新聞」2009年4月24日〕

歌詞 結婚なんて旧い言葉に縛られたくなくて〔山口百恵「愛染橋」(松本隆)1979〕

新聞 旧(ふる)いお屋敷〔「読売新聞」2009年4月19日〕

【老い(ふるい)】歌詞 老(ふる)き大樹の幹に〔志方あきこ「軌跡」(みとせのりこ)2009〕

ふるう [振るう]

【揮う(ふるう)】書籍 揮毫 筆を揮(ふる)う〔山田俊雄・柳瀬尚紀「ことば談義 寐ても寤ても」2003〕

ブルー [blue]

【青(ブルー)】短歌〔俵万智「モーニングコール」1987〕

小説 哀しみの青(ブルー)〔菊地秀行「魔界都市ブルース 夜叉姫伝 4」1990〕

漫画 青竜(ブルードラゴン)〔渡辺祥智「銀の勇者 4」2000〕

た。❖「鯖は魚偏に青（ブルー）」と言った野球監督がいた。

【水色（ブルー）】広告〔さとうふみや「金田一少年の事件簿 1」（金成陽三郎）1993（巻末）〕

【碧き（ブルー）】漫画 今のは… 碧き竜（ブルードラゴン）？〔渡辺祥智「銀の勇者 2」1999〕

【海（ブルー）】漫画 南の海（サウスブルー）〔尾田栄一郎「ONE PIECE 31」2003〕

【大海の（ブルー）】漫画 大海の奇跡（ブルー・ワンダー）〔青山剛昌「名探偵コナン 44」2004〕❖宝石の名前。

【憂鬱（ブルー）】小説 幽弥は憂鬱（ブルー）になった〔清涼院流水「カーニバル 二輪の草」2003〕

【B（ブルー）】広告 V・B（ブルー）・ローズ〔山田南平「紅茶王子 24」2004（巻末）〕

その他 犯罪捜査許可証（ブルー・ID・カード）漫画

*【青い惑星（プラネットブルー）】歌詞〔安室奈美恵 with スーパー・モンキーズ「PARADISE TRAIN」（売野雅勇）1994〕

プルー

【愛犬（プルー）】歌詞 愛犬（プルー）が〔Sound Horizon「星屑の革紐」（REVO）2006〕❖犬の名。「妹（プルー）」とも。

フルーツ [fruit]

【果実（フルーツ）】歌詞 果実（フルーツ）をかじるあなたが好き〔松田聖子「密林少女（ジャングル・ガール）」（松本隆）1984〕／果実大恋愛（フルーツ・スキャンダル）〔中原めいこ「君たちキウイ・パパイア・マンゴーだね」（中原めいこ・森雪之丞）1984〕

【果物（フルーツ）】漫画 散乱した果物（フルーツ）の中でメロンは〔さとうふみや「金田一少年の事件簿 Case1 魔犬の森の殺人」（金成陽三郎）1998〕

プルート [ラテン Pluto]

【冥王星（プルート）】漫画〔さとうふみや「金田一少年の事件簿 Case2 銀幕の殺人鬼」（金成陽三郎）1998〕

ブルートレイン [和製 blue + train]

【寝台特急（ブルートレイン）】書名 西村京太郎「寝台特急（ブルートレイン）殺人事件」1978

フルール [フランス fleur]

【花（フルール）】漫画 〝小さな花（プティ・フルール）〟？〔松川祐里子「魔術師 7」1999〕

ふるえあがる [震え上がる]

【顫（ふる）えあがる】雑誌 顫（ふる）えあがる筈の〔「小説新潮」1994年1月〕

ふるえる [震える]

【慄（ふる）える】書籍 慄（ふる）へる手つきで〔織田正吉「ことば遊びコレクション」1986〕

フルオート [←full automatic]

【自動錠（フルオート）】小説〔森村誠一「殺意の接点」2001〕

フルオケ [←フルオーケストラ] カラオケのオケもオーケストラの略。中国では卡拉ＯＫ、台湾ではその表記を公式に採用。

【交響曲（フルオケ）】漫画〔熊倉裕一「KING OF BANDIT JING 6」2004〕

フルかどう [フル稼働]

【振（ふ）る稼働（かどう）】WEB ❖しゃれを意図していないらしい使用も散見される。

ブルガリア [Bulgaria]

【勃牙利（ブルガリア）】辞書 ❖一字では勃。

ふるくさい [古臭い]

【固臭（ふるくさ）い】ケータイ WEB 女子中高生に「固臭い」のように口（くにがまえ）を飾りとして使うことあり。

ぶるけい [ぶる罫]

【〜〜〜（ブルケイ）】古 印刷用語〔1930 隠〕❖コミックなどで「きゃ〜〜〜」の類を見かける。「〜」「〜〜」とするものも。吹き出しの中にこれだけの台詞もあり。ビブラート付き長音符号と呼ばれることもあり。

ふることふみ 古事を記録したことから『古事記』と命名されたというが、当時、何と訓（よ）んだかについては定説がない。

【古事記（フルコトフミ）】漫画 古事記（フルコトフミ）の一節です〔大暮維人「天上天下 9」2002〕

フルコンタクト [full contact]

【直接攻撃(フルコンタクト)】漫画 直接攻撃(フルコンタクト)しかけてきた〔中条比紗也「花ざかりの君たちへ 4」1998〕
その他 フルコン系(フルコンタクト空手) 漫画

ふるさと［古里］
【故里(ふるさと)】小説 故里(ふるさと)の村に帰ろう〔小林多喜二「蟹工船」1929〕
歌詞 追われこの身を 故里(ふるさと)で〔高倉健「網走番外地」（タカオカンベ）1965〕
【古里(ふるさと)】新聞 古里の鳥取県境港市〔「読売新聞」2009年6月8日〕
【ふる里(さと)】新聞 秋田犬のふる里、秋田県大館市の〔「読売新聞 夕刊」2009年9月15日〕／いで湯の関川ふる里会〔「読売新聞」2010年3月2日〕❖「古」「故」のマイナスイメージを払拭し、情趣と一致させるためか。
【故郷(ふるさと)】詩 君に故郷(ふるさと)あり〔高村光太郎「廃頽者より―バアナアド・リイチ君に呈す―」1911〕
曲名「故郷(ふるさと)」1914❖尋常小学唱歌の第六学年用で発表（作詞は高野辰之とされる）。／「赤い夕陽の故郷」（横井弘）1958❖歌詞の「故郷」を「ふるさと」と歌う。
歌詞 誰が吹くや笛の音に うるむ故郷の〔淡谷のり子「ジプシーの嘆き」（桐山麗吉）1938〕／故郷(ふるさと)さ 沁みよ〔大津美子「銀座の蝶」（横井弘）1958〕／ワインづくりの故郷(ふるさと)へ〔秋岡秀治「甲州夢街道」（星野哲郎）2001〕／夢の中故郷(ふるさと)へ〔嶋三喜夫「夜汽車は走る」（東條寿三郎）2004〕
ビラ 日本人の心の故郷(フルサト)〔1954 目〕
広告 貨幣セット「故郷（ふるさと）」〔「読売新聞」2009年10月30日〕
書籍 故郷(ふるさと)であった。〔池田雅之「ラフカディオ・ハーンの日本」2009〕
【ふる郷(さと)】会名 ふる郷(さと)を育てる会〔「読売新聞」2009年6月11日〕
【郷土(ふるさと)】チラシ 郷土（ふるさと）の味自慢!!〔高円寺純情商店街 2009年7月3日〕
【郷(ふるさと)】看板 郷づくり 栃木県日光市〔「読売新聞」2010年1月3日〕❖郷づくりを「さとづくり」と読ませる例は各地にあり。
【地平(ふるさと)】歌詞〔MIO「GET IT!」（売野雅勇）1988〕
【地球(ふるさと)】曲名 栗林みな実「遙かなる地球(ふるさと)の歌」（江幡育子）2003
歌詞 地球(ふるさと)を守りたい〔JAM Project「Milky Way」（奥井雅美）2008〕
【北海道(ふるさと)】漫画〔渡瀬悠宇「イマドキ！ 3」2001〕
【肉体(ふるさと)】書籍 肉体(ふるさと)〔うみのさかな&宝船蓬萊「うみのさかな&宝船蓬萊の幕の内弁当」1992〕

プルス［(ドイツ) Puls］脈拍。パルス。
【脈(プルス)】書籍 脈(プルス)をとり〔永井明「ぼくが医者をやめた理由」1993 集〕

フルスコア［full score］総譜。
【楽譜(フルスコア)】映画題名「劇場版名探偵コナン 戦慄の楽譜(フルスコア)」2008

ブルネット［(フランス) brunette］
【黒褐色(ブルネット)】小説 女は短い黒褐色(ブルネット)の髪を〔安井健太郎「ラグナロク EX. DIABOLOS」2000〕

ぶるぶる
【戦慄(ぶるぶる)】詩 戦慄(ぶるぶる)したい〔秋亜綺羅「百行書きたい」1975〕
【震々(ぶるぶる)】妖怪名 全身を震わせる臆病神「震々(ぶるぶる)」〔「読売新聞」1996年8月25日〕❖WEBに全身震々（ブルブル）。
その他 慄然(ぶるぶる) 古

フルベース［和製 full + base］
【満塁(フルベース)】漫画 二死満塁(ツーアウトフルベース)の大ピンチ〔青山剛昌「名探偵コナン 44」2004〕

ふるまい［振る舞い］
【振舞(ふるまい)】古❖『名語記』ですでに当て字とされる。
【所業(ふるまい)】広告 人生とは如何なる所業(ふるまい)か。〔「読売新聞」2009年4月1日〕
その他 挙動(ふるまい)・饗応(ふるまい)・振廻(ふるまい) 古

ふるまう［振る舞う］
【翔(ふるまう)】古

ふ

フルムーン [full moon]
【満月（フルムーン）】漫画題名 谷川史子「きもち満月（フルムーン）」1991
ふるや [古屋・古家]
【故家（ふるや）】古〔島崎藤村「千曲川のスケッチ」1912〕
フルラスコピー [fluoroscopy] 透視診断。
【透視（フルラスコピー）】漫画〔冨樫義博「HUNTER×HUNTER」1998～〕
ふるわせる [震わせる]
【顫わせる（ふるわせる）】雑誌 顫（ふる）わせ〔「小説新潮」1994年5月〕
【慄わせる（ふるわせる）】広告 家康を唸（うな）らせ、信長を慄（ふる）わせた男。〔「読売新聞」2009年11月2日〕
ふれ [触れ]
【布令（ふれ）】辞書
フレア [flare]
【炎（フレア）】書籍 炎の矢（フレア・アロー）〔中澤光博／ORG「入門！リナの魔法教室 スレイヤーズRPG」1996〕◆呪文。「烈火陣（フレア・ビット）」も。
ふれあい [触れ合い]
【ふれ愛（あい）】誌名「ふれ愛交差点」◆あちこちでコピーに見られる。他の「…合い」も、愛情豊かというニュアンスを込めて「…愛」となることがある。
【201（ふれ愛）】広告 201021（ふれ愛はニッセイ）〔日本生命（金城ふみ子）2003〕◆電話番号。

プレイ [play] プレー。→プレーブック
【演技（プレイ）】漫画〔大暮維人「エア・ギア 4」2003〕
【恋（プレイ）】歌詞 手頃な恋（プレイ）で 麻痺したエモーション〔中森明菜「TATTOO」(森由里子)1988〕
【主義（プレイ）】曲名 推定少女「聖母主義（マドンナプレイ）」(野口圭2002)
ブレイク [break] ブレーク。
【破壊（ブレイク）】漫画 人気爆発破壊（ブレイク）アクション〔「週刊少年サンデー」2004年48号(こわしや我聞)〕
フレイズ [phrase] フレーズ。
【句（フレイズ）】【連句（フレイズ）】書籍〔杉本つとむ「近代日本語の成立と発展」1998〕
プレイボール [play ball] プレーボール。
【開幕（プレイボール）】漫画 NHK教育にて開幕（プレイボール）〔「週刊少年サンデー」2004年48号(MAJOR)〕
プレイヤー [player]
【選手（プレイヤー）】漫画 本来左利きの選手（プレイヤー）は〔許斐剛「テニスの王子様 8」2002〕◆テニス選手。
【生徒（プレイヤー）】漫画〔浅田弘幸「I'll」1995～2004〕
その他 真の盤面の敵（プレイヤー・オン・ジ・アザーサイド） 小説
フレイル [flail]
【連接鎚矛（フレイル）】漫画〔尾田栄一郎「ONE PIECE 34」2004〕
プレイレット [playlet]
【小戯曲（プレイレット）】書籍〔織田正吉「ことば遊びコレクション」1986〕
ブレイン [brain] ブレーン。
【脳天（ブレーン）】歌詞 脳天砕き（ブレーンバスター）〔堂本剛「百年ノ恋」2001〕◆プロレスの危険な技の名。
【頭脳集合（ブレイン）】小説 大いなる頭脳集合（ブレイン）〔清涼院流水「カーニバル二輪の草」2003〕
【側近顧問（ブレーン）】小説〔茅田砂胡「天使たちの華劇」2004〕
ブレード [blade] ブレイド。
【刃（ブレード）】小説 刃（ブレード）が突き出ていた〔菊地秀行「白夜サーガ 魔王星完結編」1996〕
漫画 刃（ブレード）は1ミリも出ないだろう〔義仲翔子「ロスト・ユニバース 1」(神坂一)1998〕
【刃側（ブレード）】小説 あるいは刃側（ブレード）いずれで〔森村誠一「殺意の接点」2001〕
【剣（ブレード）】書籍 魔王剣（ルビーアイ・ブレード）〔中澤光博／ORG「入門！リナの魔法教室 スレイヤーズRPG」1996〕◆呪文。
番組名「仮面ライダー剣（ブレイド）」2004～2005
人名 剣（ぶれいど）〔「週刊文春」2009年4月23日〕
【剣身（ブレイド）】小説 剣身（ブレイド）に幾筋もの切れ目が〔安井健太郎「ラグナロクEX. DEADMAN」2001〕
プレート [plate]
【金属版（プレート）】漫画〔麻宮騎亜「サイレントメビウ

ス 1」1989〕

フレーバー [flavor]

【香り（フレーバー）】包装〔紅茶のパッケージ 2004〕

プレーブック [playbook] プレイブック。

【作戦帳（プレーブック）】漫画〔村田雄介「アイシールド21 11」(稲垣理一郎)2004〕

フレーム [flame]

【炎上（フレーム）】歌詞 この胸に情熱炎上（フレーム）〔サザンオールスターズ「シュラバ★ラ★バンバ」(桑田佳祐)1992〕

【炎の（フレイム）】漫画「炎の道（フレイム・ロード）」の称号を持つ者だ〔大暮維人「エア・ギア 3」2003〕

ブレーン [brain] ⇩ブレイン

プレコグニション [precognition]

【予知能力者（プレコグニション）】小説〔本谷有希子「本人本03 ほんたにちゃん 7」2008〕

プレジデント [president]

【大統領（プレジデント）】漫画 大統領（プレジデント）に繋がりました〔小畑健「DEATH NOTE 8」(大場つぐみ)2005〕

ブレス [breath] ブレス記号は∨など。

【息（ブレス）】書籍 強力な雷の息（ブレス）を誇る〔中澤光博/ORG「入門！リナの魔法教室 スレイヤーズRPG」1996〕

【炎（ブレス）】漫画 黒き炎（デモンズ・ブレス）〔「週刊少年マガジン」2004年48号(SAMURAI DEEPER KYO)〕

ブレスレット [bracelet]

【腕輪（ブレスレット）】漫画〔やぶうち優「KAREN 1」2005〕

プレゼント [present]

【贈り物（プレゼント）】雑誌『ヤマケイJOY』からの贈り物（プレゼント）です。〔「山と溪谷」1994年2月〕

【贈物（プレゼント）】漫画〔小畑健「DEATH NOTE 1」(大場つぐみ)2004〕❖中国語では礼物（リーウー）、韓国語では膳物（ソンムル）。

【技（プレゼント）】【攻撃（プレゼント）】漫画〔尾田栄一郎「ONE PIECE 7」1999〕

プレタポルテ [フランス prêt-à-porter]

【高級既製服（プレタポルテ）】小説〔浅田次郎「鉄道員」2000〕

プレッシャー [pressure]

【圧力（プレッシャー）】広告 心理的圧力（プレッシャー）をかけて〔青山剛昌「名探偵コナン 5」1995(巻末)〕

【空圧（プレッシャー）】漫画〔和月伸宏「武装錬金 2」2004〕

【重圧（プレッシャー）】漫画 追い上げられる重圧（プレッシャー）〔大暮維人「エア・ギア 3」2003〕

【重圧感（プレッシャー）】漫画 何て強い重圧感（プレッシャー）なんだ〔許斐剛「テニスの王子様 28」2005〕

【威圧感（プレッシャー）】漫画〔「週刊少年マガジン」2004年48号(SAMURAI DEEPER KYO)〕

【抑圧（プレッシャー）】小説 三人の無言の抑圧（プレッシャー）を受け〔安井健太郎「ラグナロク 7 灰色の使者」2000〕

フレッシャーズ [freshers]

【新社会人（フレッシャーズ）】雑誌 新社会人特別号（フレッシャーズ）！〔「R22」2010年3月2日(表紙)〕

フレッシュ [fresh]

【新鮮（フレッシュ）】WEB ❖関西では個装のミルクのことをフレッシュと称する。

*【新入生達（FRESHMEN）】歌詞 今年もなまいきな新入生達（FRESHMEN）〔浜田省吾「想い出のファイヤー・ストーム」1986〕

ブレット [bullet] バレット。

【銃弾（ブレット）】漫画〔尾田栄一郎「ONE PIECE 34」2004〕

【弾（ブレット）】漫画題名 天野明・子安秀明「家庭教師ヒットマン REBORN! 隠し弾（シークレット・ブレット） 1 骸・幻想」2007

【弾丸（バレット）】小説 黒い弾丸（バレット）と化して〔清涼院流水「カーニバル 二輪の草」2003〕

プレリュード [prelude]

【序曲（プレリュード）】漫画 恋の序曲（プレリュード）〔二ノ宮知子「のだめカンタービレ 1」2002〕

【前奏曲（プレリュード）】曲名 Wink「風の前奏曲（プレリュード）」(JOE LEMON)1988

漫画題名 森本里菜「クリスタル前奏曲（プレリュード）」1999

パンフ 21世紀の前奏曲（プレリュード）〔日本大学法学部 第25回法桜祭 2004〕

【前奏（プレリュード）】画題「前奏（プレリュード）」〔WE

ふ

B〕

フレンチ [French]

【風連恥(フレンチ)】 小説 風連恥(フレンチ)な〔柳瀬尚紀訳「フィネガンズ・ウェイク III IV」1993〕

フレンド [friend]

【普連土(フレンド)】 校名 ❖普連土学園(戦前は「普聯土學園」)は、津田仙が、「普(あまねく) 世界の土地に連なる」、転じて「この地上の普遍、有用の事物を学ぶ学校」であるようにとの思いから命名したとされる。英語名はFriends School。

【仏恋奴(フレンド)】 看板 喫茶とスナックの店〔1985 目〕**ブレンド** [blend]

【合組(ブレンド)】 包装〔紅茶のパッケージ 2004〕

ふろ [風呂]

【風呂(ふろ)】 姓 風呂 禊祓の信仰〔平島裕正「日本の姓名」1964〕❖風呂は当て字。2字目は改定常用漢字表(答申)に入った。

その他 **風路(ふろ)・風炉(ふろ)** 古

プロ [↑プロフェッショナル]

【本格(プロ)】 WEB「目指せ！デジタルちょい本格(プロ)」〔2006年10月29日〕

【玄人(プロ)】 小説〔茅田砂胡「天使たちの華劇」2004〕

【一流(プロ)】 漫画 一流(プロ)写真家の〔中条比紗也「花ざかりの君たちへ 9」1999〕

【上級者(プロ)】 漫画 これが上級者(プロ)!?〔藤子・F・不二雄「ドラえもん」179話〕

【雑技団(プロ)】 漫画 雑技団(プロ)入り以外にも〔絵夢羅「道端の天使 3」2004〕

【NFL(プロ)】 漫画〔村田雄介「アイシールド21 11」(稲垣理一郎)2004〕

その他 **職業(プロ)** 書籍

フロア [floor]

【床(フロア)】 歌詞 床を塗りつぶす〔ALI PROJECT「Lolita in the garret」(宝野アリカ)2002〕 小説 格調高い白御影石貼りの床(フロア)〔清涼院流水「カーニバル一輪の花」2003〕

【階(フロア)】 雑誌〔「25ans」1994年1月〕❖→かい(F) 漫画 第1会議室の階(フロア)なんて〔天獅子悦也「むこうぶち 24」2009〕

ふろうふし [不老不死]

【不老ふ死(ふろうふし)】 広告 不老ふ死温泉 津軽の名湯〔「読売新聞」2010年3月13日〕❖ポスターなどでも。誇大を避けたか。

プローネ 商品名。

【泡(プローネ)】 広告 泡(プローネ)の白髪染め〔「読売新聞」2009年8月22日〕

ブログ [blog]

【文録(ブログ)】【部録(ブログ)】【歩録(ブログ)】 新聞「ブログ」に対し、意訳と音訳を兼ね備えた上手(うま)い翻訳語を考案してみてはどうだろう。「文録」「部録」「歩録」…。〔「東京新聞」2008年9月10日(陣内正敬)〕

【振ログ(ブログ)】 WEB ❖振っとびー!、振レイクなども。

【博客(ブログ)】 中国 ブログは「博客(ボグ)」〔「東京新聞」2008年9月10日(陣内正敬)〕

その他 **武露愚(ブログ)** WEB

プログラム [program]

【機構(プログラム)】 漫画〔松川祐里子「魔術師 7」1999〕

【教育(プログラム)】 小説 教育(プログラム)された通りの〔清涼院流水「カーニバル二輪の草」2003〕

【計画(プログラム)】 書籍〔川本英明訳「赤ちゃんの言いたいことが分かる本」2007〕

【強制(プログラム)】 漫画〔星野桂「D.Gray-man 1」2004〕

【放送番組(プログラム)】 雑誌〔1951 目〕

【譜録画(プログラム)】 創作〔創作当て字 写研の入選作 1983〕

その他 **プロg(グラム)** WEB

プロシア [Prussia]

【普魯西(プロシア)】 辞書 ❖普仏(ふふつ)戦争。

プロジェクター [projector]

【投影機(プロジェクター)】 漫画 投影機(プロジェクター)用巨大スクリーン〔許斐剛「テニスの王子様 20.5」2003〕

プロジェクト [project]

【計画(プロジェクト)】 漫画「ルナ・フロンティア」計画(プロジェクト)

ふ

〈武内直子「美少女戦士セーラームーン 11」1995〉／いい男ゲットする計画(プロジェクト)を〈藤崎聖人「WILD LIFE 5」2004〉

【冥王計画(プロジェクト)】漫画題名 ちみもりを「冥王計画(プロジェクト)ゼオライマー」1983～1984

ふろしき [風呂敷]

【布呂敷(ふろしき)】書籍 布呂敷包『網走まで』〈遠藤好英「漢字の遊び例集」1989〉

プロセス [process]

【流れ(プロセス)】小説 流れ(プロセス)を見ることはできない〈森村誠一「殺意の接点」2001〉

【過程(プロセス)】小説 被疑者と断定した過程(プロセス)の〈森村誠一「殺意の接点」2001〉

【儀式(プロセス)】漫画 こりゃタダの儀式(プロセス)だから〈大暮維人「エア・ギア 3」2003〉

その他 経過(プロセス) WEB

フロッグ [frog]

【蛙くん(フロッグ)】小説〈村上春樹訳「レイモンド・カーヴァー傑作選 CARVER'S DOZEN」1997〉

ブロック [block]

【地区(ブロック)】漫画 地区予選(ブロック)〈許斐剛「テニスの王子様 4」2000〉

その他 石(ブロック) 雑誌

プロット [plot]

【筋(プロット)】書籍〈桜井厚「インタビューの社会学－ライフストーリーの聞き方」2002〉

フロッピーディスク [floppy disk] FD。

【磁気円盤(フロッピーディスク)】WEB

プロトタイプ [prototype]

【試作品(プロトタイプ)】小説 少し前に完成した試作品(プロトタイプ)を〈清涼院流水「カーニバル 二輪の草」2003〉

歌詞〈石川智晶「Prototype」2008〉

フロバーワーム [flobberworm]

【レタス食い虫(フロバーワーム)】小説〈松岡佑子訳「ハリー・ポッターとアズカバンの囚人」2001〉

プロバイダー [provider]

【専門業者(プロバイダー)】小説 ウェブのデータを管理する専門業者(プロバイダー)にかけあい〈清涼院流水「カーニバル 一輪の花」2003〉

プロパガンダ [ロシア propaganda]

【宣伝(プロパガンダ)】書籍〈杉本つとむ「近代日本語の成立と発展」1998〉

プロフィール [profile] プロフィル。

【横顔(プロフィル)】古〈玉井喜代志「振り仮名(ルビ)の研究」〈「国語と国文学」1932〉〉

プロフェッショナル [professional] プロ。

【職業集団(プロフェッショナル)】新聞 専門的技能を持つ職業集団(プロフェッショナル)〈「読売新聞」2009年4月12日〉

その他 専門家による蘊蓄(プロフェッショナル・ペダントリー) 小説

プロポーズ [propose]

【求婚(プロポーズ)】曲名 湯原昌幸「求婚(プロポーズ)」(阿久悠)1971

漫画 とぼけるな昼間の求婚(プロポーズ)〈天城小百合「螢火幻想」1996〉

【告白(プロポーズ)】漫画〈猫熊苑「鍵詰め」2004〉

プロミス [promise]

【約束(プロミス)】WEB

プロミネンス [prominence]

【卓立(プロミネンス)】論文 卓立(プロミネンス)がある場合と〈内山和也「振り仮名表現の諸相」2002〉

プロム [prom]

【卒業パーティー(プロム)】漫画〈中条比紗也「花ざかりの君たちへ 11」2000〉

プロモーター [promoter]

【人材派遣業(プロモーター)】小説〈浅田次郎「鉄道員」2000〉

フロレスタン [ドイツ Florestan]

【積極的なもの(フロレスタン)】漫画 「積極的なもの(フロレスタン)」と「消極的なもの(オイゼビウス)」〈二ノ宮知子「のだめカンタービレ 20」2008〉

プロローグ [prologue]

【序章(プロローグ)】漫画 序章(プロローグ)の終わり〈藤崎竜「封神演義 2」1997〉❖サブタイトル。

【開幕(プロローグ)】画題〈WEB〉

ブロンズ [bronze]

【青銅(ブロンズ)】漫画 近日参上青銅(ブロンズ)仮面〔北道正幸「プ～ねこ 2」2006〕
その他 小麦肌(ブロンズ) 民間

フロント [front]
【前輪(フロント)】漫画〔大暮維人「エア・ギア 3」2003〕
【前(フロント)】漫画 前(フロント)の方が圧倒的に〔大暮維人「エア・ギア 5」2004〕
*【最前線(フロントライン)】漫画 最前線(フロントライン)にいるのは〔「週刊少年マガジン」2004年48号(School Rumble)〕

ブロンド [blond]
【金髪(ブロンド)】小説 突風で金髪(ブロンド)が乱される〔清涼院流水「カーニバル 二輪の草」2003〕

プワゾン [フランス poison]
【毒薬(プワゾン)】歌詞 心臓には毒薬(プワゾン)〔ALI PROJECT「暗黒天国」(宝野アリカ)2007〕

ふわっと
【風W(ふわっと)】施設名 風Wとままえ❖北海道苫前町にある道の駅の名。風力発電を推進する。Wで電力のワット。

ふわふわ
【浮和浮和(ふわふわ)】古 浮和(ふわ)〳〵❖「ふわ」の音を含み、イメージに類似性のある付和雷同の語にも「和」の字あり。

ぶわぶわ
その他 婆々(ふわふわ) 古
【浮和浮和(ぶわぶわ)】古

ふわり
【宙舞(ふわり)】漫画〔秋本治「こちら葛飾区亀有公園前派出所 126」2001〕❖命名案として。

ぶん [分]
【金(ぶん)】小説 あずけておいた金(ぶん)をもらうぜ〔池波正太郎「鬼平犯科帳」〕

ふんいき [雰囲気] →ふいんき
【雰畏気(ふんいき)】小説 雰畏気(ふんいき)〔柳瀬尚紀訳「フィネガンズ・ウェイク III IV」1993〕❖もじりか。

ぶんがく [文学]
【文楽(ぶんがく)】書名 阿久悠「歌謡曲春夏秋冬 音楽と文楽(ぶんがく)」2000
新聞 どうして「文学」は「文楽(ぶんがく)」ではないのか。「音楽」は「音学(おんがく)」ではないのに……。〔「日経新聞」2008年4月27日〕❖文楽(ぶんらく)は別。

ぶんきょう [文京]
【文京(ぶんきょう)】区名 文京区民Ch〔「読売新聞 夕刊」2010年3月23日〕❖文教にかけた区名。

ぶんし [文士]
【蚊士(ぶんし)】辞書 文士を嘲っていふ語〔1949 隠〕❖「世の中にか(蚊)ほどうるさきものはなしぶんぶ(文武)といひて夜もねられず」は大田南畝作と伝えられる、寛政の改革を皮肉る狂歌。蚊の字源説の一つに「文」がブンという羽音を表したというものがある。

ふんじばる [ふん縛る]
【打ん縛る(ふんじばる)】古 到頭打(ふ)ん縛(じば)つて終つた家来の面々は〔1916 俗〕

ぶんしょう [文章]
【文正(ぶんしょう)】書籍〔杉本つとむ「日本文字史の研究」1998〕
【モノ(文章)】漫画 モノ(文章)を書き続けているんだ〔日高万里「ひつじの涙 4」2003〕

ふんしょく [粉飾・扮飾]
【粉飾(ふんしょく)】新聞 花粉症実験を〝粉飾〟〔「読売新聞 夕刊」2006年2月21日〕❖一面トップ見出し。

ふんだくる
【強奪る(ふんだくる)】古〔1885 俗〕
【踏奪(ふんだくり)】古〔1935 隠〕

ふんだん 不断(ふだん)からという。
【不断(ふんだん)】辞書〔1949 隠〕

ふんどし [褌]
【犢鼻褌(ふんどうし)】古 犢鼻褌 担(ふんどしかつぎ)
【褌(ふんどし)】古 ふんどうしかつぎ 褌被〔1929 俗〕
【袍(ふんどし)】創作 なるほど玉を包むか。〔井上ひさし「私家版 日本語文法」1981〕
その他 褌(ふんどし) 古

ぶんどる ［分捕る］「ぶん」は接辞類。
【分捕(ぶんど)る】 辞書〈「日本語学研究事典」2007〉

ぶんなぐる ［打ん殴る］
【打擲(ぶんな)ぐる】 古〈1885～1886 俗〉
【打(ぶ)ん殴(なぐ)る】 古〈1916 俗〉

ぷんぷん 匂い・臭い・怒りなどを表す。
【憤々(ぷんぷん)】 古 憤々(ぷんぷん)しながら〈1887～1889 俗〉
その他 紛々(ぷんぷん)・芬々(ぷんぷん) 古

ふんべつ ［分別］
【主意(ふんべつ)】 古

ぶんまわし ［打ん回し］
【筆規(ぶんまわし)】 辞書

ぶんめいどう ［文明堂］
【文門堂】 誤字 ❖崩し字を誤解して文明堂を文門堂と。日高屋も回高屋と読み間違われることあり。

ぶんもう ［文盲］
【文盲(ぶんもう)】 民間 文盲 ブンモウ（という人あり）〈柴田武「私の文字論」（「日本語学」1987年8月）〉❖古く「蚊虻(もんもう)」とも。

ぶんや ［↑新聞屋］「ブン屋」「ブンヤ」も多い。
【聞屋(ぶんや)】 辞書〈1956 隠〉
【新聞屋(ブンヤ)】 小説〈島田一男「特報社会部記者」1991 俗〉
【新聞記者(ブンヤ)】 小説〈南英男「腐蝕」1999 集〉
その他 記者(ぶんや) WEB

へ

へ 助詞。
【江(へ)】 雑誌 元は変体仮名〈佐藤栄作「学生と誤字・あて字」（「日本語学」1994年4月）〉❖江は、へが屁に通じるのを避けるか。「贅江(さんへ)」は「与利(より)」とともに色紙や花輪などに使う。

ヘア ［hair］ ヘアー。
【髪(ヘア)】 歌詞 朝もはよから髪(ヘアー)の乱れを〈アラジン「完全無欠のロックンローラー」（高原茂仁）1982〉
雑誌 キレイめ女優髪(ヘア)VS.キュートなモデル髪(ヘア)〈「with」2004年7月〉❖「髪(ヘアー)」とする雑誌も。
【髪型(ヘア)】 雑誌〈「with」2004年9月〉
【毛並(ヘア)み】 漫画 短い毛並(ヘア)みの猫って・・・〈猫十字社「小さなお茶会2」2000〉
【毛(ヘア)】 書名 高須基仁「毛(ヘア)の商人」2004
【頭(ヘアー)】 漫画 アフロ頭(ヘアー)にしたり〈「週刊少年サンデー」2004年48号（焼きたて!! ジャぱん）〉
【造型(ヘアー)】 作品名 森村誠一「殺意の造型(ヘアー)」1972
*【 髪(ヘアースタイル) 】 雑誌〈女性誌〉❖WEBには「髪型（ヘアースタイル）」も。

ペア ［pair］
【恋人(ペア)】 小説〈斎藤栄「ゴルフ場殺人事件」1985〉
【対(ペア)】 新聞 家族の対(ペア)（姉弟）を必要とした。〈「読売新聞 夕刊」2010年2月13日（安藤礼二）〉

ベアー ［bear］ 熊。テディーベアーなど。
【熊(ベアー)】 漫画 別名 熊の鉄槌(ベアーズハンマー)〈寺嶋裕二「GIANT STEP 1」2002〉❖プロレスラーの技。

ベイ ［bay］
【湾(ベイ)】 歌詞 午前三時の東京湾(ベイ)は〈中原理恵「東京ららばい」（松本隆）1978〉

ペイヴメント ［pavement］ ⇩ペーブメント

へいき ［平気］ 関西では「大丈夫」、茨城・栃木では「大事」が多い。
【平気(へーき)】 漫画 平気平気(へーきへーき)〈日高万里「ひつじの涙 7」2004〉

へいき ［兵器］
【鉄の塊(へいき)】 歌詞 私はただの鉄の塊（へいき）〈初音ミク「光と影の竜」（ゆにめもP）2010〉

へいけ ［平家］
【平家(ひらや)】 誤読 新・平家物語も新・ひらや物語と読んだ。〈WEB〉
関連 【半家(はげ)】【半家(はんけ)】 地名 姓 平家が「平」という漢字の上の「一」を下に移して「半家」という名前に変更して身を隠していた。

〔TV〕

へいごし［塀越し］

【隔塀（へいごし）】書名 堺利彦「隔塀（へいごし）物語」1903 ❖「かくへいものがたり」とも。

ベイジン［北京］ペキンは古い時代ないし方言の発音から英語へ入ったもの。英語でもベイジンになった。

【北京（ベイジン）】小説 北京（ベイジン）でバタフライ（蝶）が〔清涼院流水「カーニバル二輪の草」2003〕

へいせい［平成］

【H（へいせい）】広告 サービスはH22年2月末をもちまして終了いたしました。〔「読売新聞」2010年3月16日〕

誤読 平成20年度の、『H２０』を、『えいちつーおー』と読みました↑〔WEB〕

へいたいさん［兵隊さん］

【兵隊（へいたいさん）】古「読売新聞」1874〔出久根達郎「昔をたずねて今を知る」2003〕

ベイビー［baby］

【お嬢さん（ベイビー）】小説〔菊地秀行「魔界都市ブルース 夜叉姫伝 4」1990〕

【坊や（ベイベエ）】漫画〔大暮維人「エア・ギア 1」2003〕

【べB（ビー）】書籍 カモン・べB〔嵐山光三郎「ABC文体 鼻毛のミツアミ」1982〕

【B（ベイビー）】広告 暗号名はＢ Ｆ（ベイビーフェイス）〔「週刊少年サンデー」2004年48号〕

＊【昼（ベビーフェイス）】漫画 真に支配するのは昼（ベビーフェイス）か〔大暮維人「エア・ギア 3」2003〕

関連【ベイビィ（赤ちゃん）】漫画 ケガはないかい？ベイビィ（赤ちゃん）〔松川祐里子「魔術師 3」1997〕

ぺいぺい

【平平（ぺいぺい）】古

へいほう［平方］

＊【㎡（へいほうメートル）】新聞 1万㎡原っぱでムシ捕り〔「読売新聞」2006年6月25日〕❖平米（へいべい）とも。

＊【KYON2（へいほうきょん）】雑誌〝KYON2〟は〝キョンツー〟じゃなくて〝キョンスクエアド〟。平方きょん〔「BOMB」1985年12月〕❖二乗はニジョウ、自乗からジジョウとも。

へいわ［平和］

【戦争（平和）】川柳 戦争にオバマ平和のルビを振る 君塚巌〔「読売新聞」2009年12月16日〕

【平和（ピンフ）】誤読「中東では平和は望めない」という文章を「中東（チュン、トン）では平和（ピンフ）は作れない」と読んだヤツがいた〔WEB〕❖麻雀用語。

ペインキラー［painkiller］

【鎮痛剤（ペイン・キラー）】漫画〔由貴香織里「夜型愛人専門店DX」2004〕

ベーエムベー［BMW ↑ドイツ Bayerische Motoren Werke］社名・商標名。ビーエムダブリューの英語読みが増えてきた。

【BMW（ベーエムベー）】漫画 車が黒のＢＭＷ（ベーエムベー）でした〔北条司「CITY HUNTER 1」1986〕❖↓ビーエム

ベーコン［Bacon］人名。

【倍根（ベーコン）】古「洋語音訳筌」1872〔惣郷正明「辞書漫歩」1987〕

ページ［page］

【頁（ページ）】❖「葉」と同音のためとも、「貝」の形の転じたものともいう。分字で彦頁（ひこページ）は顔、豆頁（まめページ）は頭を表す。

小説 最初の一頁（ページ）を読んだ。〔夏目漱石「こころ」1914〕

書籍 実に多くの頁を割（さ）いている。〔井上ひさし「私家版 日本語文法」1981〕

漫画 次頁（ページ）からも注意して〔さとうふみや「金田一少年の事件簿 12」（金成陽三郎）1995〕

新聞「頁」は、明治時代に考案されたあて字。〔「読売新聞」2004年3月25日〕／最後の頁まで目が離せない。〔「読売新聞」2009年12月27日〕❖ルビなし。／２００頁（ページ）〔「読売新聞」2010年2月28日（書評欄）〕

歌詞 嗚呼… 唯… 頁（ページ）をなぞる様に〔Sound Horizon「終端の王と異世界の騎士 ～ The

Endia & The Knights ～」(REVO)2006〕
【紙頁(ページ)】詩 かくも黄色く古びたる紙頁(ぺえぢ)の上に〔萩原朔太郎「無用の書物」1934〕
【紙片(ページ)】歌詞 嬉しそうに紙片(ページ)をめくり〔kukui「コンペイトウ」(霜月はるか)2009〕
【本(ページ)】雑誌〔「with」1994年12月〕
【枚(ページ)】漫画 残り308枚(ページ)!!!〔青山剛昌「名探偵コナン 6」1995〕
【P(ページ)】書籍 約50P〔うみのさかな&宝船蓬莱「うみのさかな&宝船蓬莱の幕の内弁当」1992〕
漫画 余りP(ページ)の確認してるんやろな?〔藤崎聖人「WILD LIFE 1」2003〕/おまけP(ページ)満載〔「週刊少年ジャンプ」2004年10月11日(D.Gray-man)〕
広告 このP(ページ)では〔「週刊少年ジャンプ」2004年5月24日〕
小説 3P(ページ)参照〔鈴木次郎「ひぐらしのなく頃に 祟殺し編 1」(竜騎士07)2006〕
WEB クラスメイツの大半が『P21』を、『ピー にじゅういち ぺージ』と読んでいた。❖再読文字のような重言。
【p(ページ)】雑誌 10p(ページ)左に〔「月刊パチスロ必勝ガイド」1994年8月〕❖p10と10pは、いずれもジュッページ(ジッページ)と発音されるが、10ページ目と全10ページとの差が表記から読み取られる。巻20と20巻に似る。
【ページ】新聞 何ページあるか分からない分厚い書物〔「読売新聞」2008年11月23日〕❖スペースの節約のため。雑誌などでも見かける。

ベーシック [basic]
【基本(ベーシック)】広告 基本服(ベーシックアイテム)〔「読売新聞」1999年6月1日(Grazia)〕
チラシ 基本(ベーシック)から学べる〔千葉県南柏のパソコン教室〕

ベース [base] →データベース
【下地(ベース)】漫画 重要な下地(ベース)作りだったんだ〔さとうふみや「金田一少年の事件簿 17」(金成陽三郎)1996〕
【基地(ベース)】歌詞 戦争に赴く基地(ベース)は安保られる〔桑田佳祐「どん底のブルース」2002〕
【基盤(ベース)】漫画 基盤(ベース)となった生物を模した怪物になる〔和月伸宏「武装錬金 2」2004〕
【拠点(ベース)】漫画 秘密拠点(シークレットベース)〔「週刊少年ジャンプ」2004年41号〕
【調査基地(ベース)】漫画〔いなだ詩穂「ゴーストハント 3」1999〕
その他 基(ベース) 古/基礎(ベース) 雑誌

ベース [bass] バス。
【楽器(ベース)】小説 楽器(ベース)の木部から枝の先端が〔菊地秀行「魔界都市ブルース 夜叉姫伝 4」1990〕
【Ba.(ベース)】【Ba(ベース)】雑誌〔音楽雑誌〕

ベースボール [baseball] ベースを「底」と訳して「底球」と呼んでいたという。〔惣郷正明「辞書漫歩」1987〕
【野球(ベースボール)】書名 宇佐見陽「野球(ベースボール)の街ニューヨーク」2008❖正岡子規の号野球(のぼーる)。
漫画 野球(べーすぼーる)ダ。日本野球(じゃぱにーずべーすぼーる)ハ オモシロイ!!〔「コロコロコミック」2008年10月〕❖野球とベースボールは違うものだとかつてはよく言われた。
【B(ベースボール)】漫画 W A B C(ワールドアマチュアベースボールクラシック)〔「コロコロコミック」2009年2月〕

ベーゼ [フランス baiser]
【接吻(ベエゼ)】詩 名残の接吻(ベエゼ)〔大手拓次「鈴蘭の香料」1936〕
歌詞 接吻(ベエゼ)よりも甘い〔ALI PROJECT「血の断章」(宝野アリカ)2008〕

ベータ [beta]
【β(ベータ)】広告 β(ベータ)システム構法〔「読売新聞」2010年4月15日〕❖JIS第2水準までになかったため、WEBでこざとへんや、こざとへんを含む字に代用されることがある。
【紅多(べーた)】人名 ❖在波(あるは(ふあ))、紅多(べーた)、紅甘(がんま)、出誕(でるた)。

へえちゃら へっちゃら。
【平ちゃら(へえ)】辞書〔俗〕

ペーハー [ドイツ pH] 読みが英語式(ピーエイチ)に変わってきた。
【pH(ペーハー)】 雑誌 肌のpH(ペーハー)は〈「with」1994年3月〉

ペーパー [paper] ペイパー。
【新聞】 古 新聞◆ニュースペーパー。

ペーパーテスト [和製 paper + test]
【筆記試験(ペーパーテスト)】 漫画

ペーブメント [pavement]
【歩道(ペーブメント)】 漫画題名 和田尚子「春色歩道(ペーブメント)」1998
【舗道(ペイヴメント)】 歌詞 木枯らしの舗道(ペイヴメント)〈アルフィー「恋人達のペイヴメント」(高見沢俊彦・高橋研)1984〉

ヘーリオス [ギリシャ Hēlios] ヘリオス。
【太陽(ヘーリオス)】 書籍〈大久保博訳「完訳ギリシア・ローマ神話」1970〉

ベール [veil] ヴェール。
【黒い布(ベール)】 漫画〈由貴香織里「ストーンヘンジ」1993〉
【面紗(ヴェイル)】 小説 揺らいだ面紗(ヴェイル)の裾から〈平野啓一郎「日蝕」2002〉

ペール [フランス Père]
【神父さん(ペール)】 小説〈遠藤周作「白い人」1955〉

ヘカ
【魔力(ヘカ)】 広告 自分の魔力(ヘカ)を精霊に〈「週刊少年ジャンプ」2004年5月24日〉

ペガサス [Pegasus] ペガスス。
【天馬(ペガサス)】 歌詞 白い天馬(ペガサス)に想いをのせて〈林原めぐみ・鈴木真仁「乙女の祈り」(渡部高志)1996〉◆「翔馬(ぺがさす)」と書く名もあるという。
【天馬星座(ペガサス)】 WEB くらえ！ 天馬星座流星拳ッ!!↑とうぜん読めるよね(笑)。
【天馬(ペガサス)】 漫画 天馬爆嵐撃(ペガシスストームブリンガー)〈「コロコロコミック」2008年10月〉
【相棒(ペガシス)】 漫画〈「コロコロコミック」2009年8月〉◆技の名。

へがわ
【屁厠(へがわ)】 古 大便所〈1930 隠〉

へきしょ
【避暑(へきしょ)】 古「避暑」を「へきしよ」〈「東京語辞典」1917〉◆いわゆる百姓読み。

ペキン [北京] ベイジン。
【北京(ペキン)】 書名 井上尚登「T. R. Y. 北京(ペキン)詐劇(コンフィデンシャル)」2006

ヘクトグラム [フランス hectogramme]
【瓸(ヘクトグラム)】 辞書 ◆明治期に気象台が造った字。

ヘクトメートル [フランス hectomètre]
【粨(ヘクトメートル)】 辞書

ヘクトリットル [フランス hectolitre]
【竡(ヘクトリットル)】 辞書 ◆戦前には使用された。↓笹原宏之『国字の位相と展開』

へぐる
【剝(へぐる)】 古 交合〈1935 隠〉

ペケ 不可からとも。
【不可(ペケ)】 古 ぺけ(不可) 支那語不可の訛〈「東京語辞典」1917〉◆同じ意とされることがあるポコペンにも中国語起源説あり。
TV 不可(ペケ)なとこ〈フジテレビ系列「ごきげんよう」(火曜特集)2005〉
【×(ペケ)】 漫画〈「週刊少年サンデー」1992年3月11日(らんま1/2)〉
書籍 学校の漢字テストに「知恵」自分の呼び名「トモエ」と振って×(ペケ)になった〈井上ひさし「ニホン語日記」1996〉

べこ 「べ」は無き声から。
【牛(べこ)】 小説 牛(べこ)の舌の花〈宮沢賢治「タネリはたしかにいちにち噛んでいたようだった」1924〉◆ミズバショウのこと。
歌詞 東京で牛(ベコ)飼うだエ〈吉幾三「俺ら東京さ行ぐだ」1985〉◆秋田に牛坂(べこざか)の地名・バス停名あり。方言文献には「牛子(べこ)」など他の漢字表記もあり。
短歌 首を振る赤い牛(べこ)〈俵万智「路地裏の猫」1987〉
【仔牛(べこ)】 俳誌〈「俳句」1994年4月〉
【仔牛(べえこ)】 古〈「金子みすゞ童謡集」〉

へこたれる

【凹(へこ)たれる】【凹垂(へこた)れる】【屁古(へこ)たれる】古

ぺこぺこ

【凹凹(ぺこぺこ)】古 凹むさま へつらうさま〔1917俗〕

WEB お腹凹々(ぺこぺこ)❖WEBで見られる「腹凹」はハラペコと読み、空腹を意味する。

へこます［凹ます］

【凹(へこ)ます】古 凹ましてゐる〔1915俗〕／凹まして置く やりこめる〔1916俗〕

【陵折(へこま)す】古〔伊藤嘉夫「ふりがな振り漢字」1970〕

へこむ［凹む］

【凹(へこ)む】❖「へこむ」には、近世より屈服する、困惑するという意味があり、派生語に「へこたれる」といった語があるように、現代の若者ことばに近い意味があった。明治には「凹むで了ふ(やり込められてまいる)」という例もあった。小説などで使われ、辞書にも載せるものあり。気分が落ち込むことを意味する若者語「へこむ」をケータイで入力する際に変換され、一般化してきた。

古 へこむ(凹)へこたれること。物のくぼむこと。降参すること〔「東京語辞典」1917〕

歌詞 告白出来ないで凹んじゃって〔松浦亜弥「The 美学」(つんく)2002〕

広告 お財布の凹(へこ)み、いつか凸(ふくら)む?〔「読売新聞」2008年1月22日(女性自身)〕／特集「男の腹を凹ます！」下腹を凹ませる!! 脂肪下腹が凹む〔「読売新聞」2009年7月2日(日経ヘルス)〕

書名「ザ・トレーシー・メソッド2 最強の腹凹(はらぺこ)ワークアウト編」2009

商品名 腹凹MAX(ハラヘコマックス)〔TV〕

WEB 馬路凹む❖→まじ(馬路)

【凹(へこ)】WEB 凹【へこ】［名］凹んでいる状態

TV 凹。〔バラエティー番組でテロップに〕❖読みよりも意味を直接伝えている。視聴者の心内での音声化もさまざま。

その他 凹込(へこ)む 古／凹(ヘコ)る 漫画

へさき［舳先］

【舳(へさき)】歌誌 舳(へさき)のあたり〔「短歌」1994年2月〕

べし 琉球方言。

【南風(べし)】俳誌〔「俳句」1994年10月〕

べしみ［癋見・圧面］

【癋(べしみ)】雑誌 癋(べしみ)の面〔「現代詩手帖」1994年4月〕

ペシミスト［pessimist］

【厭世家(ペシミスト)】漫画〔本仁戻「怪物王子」1998〕

べしゃる「しゃべる」の倒語。

【喋(べしゃ)る】古〔1935隠〕

ベスト［best］

*【最高の球(ベストショット)】漫画 相手の最高の球(ベストショット)と〔「週刊少年マガジン」2004年48号(STAY GOLD)〕

*【目標(ベスト8)】漫画 目標(ベスト8) 見えたじゃん！〔ひぐちアサ「おおきく振りかぶって 11」2008〕

*【王子様(ベストパートナー)】書名 高殿円「オーダーメイドダーリン－幸せの王子様(ベストパートナー)の育て方」2006

ペスト［ドイ Pest］「鼠疫」と呼ばれ、「瘟」を当てたこともあった。

【黒死病(ペスト)】小説 黒死病(ペスト)の流行〔菊地秀行「白夜サーガ 魔王星完結編」1996〕／黒死病(ペスト)の犠牲者〔平野啓一郎「日蝕」2002〕

その他 百斯篤(ペスト)・百思士(ペスト) 古

ベストセラー［best-seller］

【傑作(ベストセラー)】小説 傑作(ベストセラー)となる運命は〔菊地秀行「白夜サーガ 魔王星完結編」1996〕

べそ

【泣面(べそ)】【泣顔(べそ)】古

へそくり［臍繰り］ 綜麻(へそ)(糸巻き)を繰ってためる金。

【[女＋金](へそくり)】字遊 のれんの手作り漢字〔斎賀秀夫「漢字と遊ぶ」1978〕

へたくそ［下手糞］

【稚拙(へたくそ)】【劣悪(へたくそ)】WEB

へだたる［隔たる］

【距(へだ)たる】変換〔ATOK17〕

ぺたぺた
【粘々(ぺたぺた)】(古) 粘々(ペタく)スル〔「英和対訳袖珍辞書」1862〕

ペダル [フランス pédale]
【稚児(ペダル)】(小説) 稚児(ペダル)さん遊び〔遠藤周作「白い人」1955〕

へたれ
【屁垂れ(へたれ)】(書籍)〔中田昌秀「笑解現代楽屋ことば」1978 (俗)〕◆送り仮名なしも。「へたる」「へこたれる」からか。

へちま [糸瓜・天糸瓜]
【屁痴魔(へちま)】(古) 外聞(みえ)も屁痴魔(へちま)も〔1887 (俗)〕

へちゃむくれ
【屁茶無苦連(へちゃむくれ)】(古)〔1883 (俗)〕

べっこう [鼈甲] 別甲とも。
関連【べっ甲(トーティーシェル)】(漫画) 東の国のべっ甲(トーティーシェル)美猫だな…〔猫十字社「小さなお茶会」2000〕◆交ぜ書きにルビ。

べつせかい [別世界] べっせかい。
【異世界(べつせかい)】(歌詞) 熱すぎる部屋は異世界(べつせかい)〔Janne Da Arc「Labyrinth」(yasu) 1999〕

べっちん [↑ベルベティーン (velveteen)]
【別珍(べっちん)】(辞書)

へっつい [竈]
【屁屁(へっつい)】(字謎)「なぞなぞ集」江戸後期〔紀田順一郎「図鑑日本語の近代史」1997〕

ヘット [オランダ vet]
【牛脂(ヘット)】(WEB)

ヘッド [head] 井の頭は俗に「イノヘッド」と呼ばれる。
【頭(ヘッド)】(漫画) スケバンの頭(ヘッド)でして〔北条司「CITY HUNTER 1」1986〕／ガンズの頭(ヘッド)〔大暮維人「エア・ギア5」2004〕
(広告) 族の頭(ヘッド)で〔さとうふみや「金田一少年の事件簿1」(金成陽三郎) 1993 (巻末)〕

ベッド [bed] ベットと発音する人あり。
【寝台(ベッド)】(詩) 我れひとり寝台(べっと)に醒めて〔萩原朔太郎「乃木坂倶楽部」1934〕
(小説) 宮様はもう御帳台(寝台(ベッド))へお入りに〔藤原眞莉「華くらべ風まどい－清少納言梛子」2003〕
(歌詞) 百万の薔薇の寝台(ベッド)に〔ALI PROJECT「聖少女領域」(宝野アリカ) 2005〕
【御帳台(ベッド)】(小説) そのままお二人で御帳台(ベッド)へと入って〔藤原眞莉「華くらべ風まどい－清少納言梛子」2003〕
【寝具(ベッド)】(歌詞) 寝具(ベッド)の横には〔Sound Horizon「星屑の革紐」(REVO) 2006〕
【寝室(ベッド)】(書名) 梶山季之「呪われた寝室(ベッド)」1989

ペット [pet]
【動物(ペット)】(漫画)〔「花とゆめ」2004年22号(極楽同盟)〕◆中国では寵物、韓国では愛玩動物。

べっとうすごろく [別当双六]
【馬丁粋語録(べっとうすごろく)】(作品名) 平井呈一訳「馬丁粋語録(べっとうすごろく)」1951

ヘッドライト [headlight]
【車載灯(ヘッドライト)】(歌詞)〔堂本剛「百年ノ恋」2001〕

ヘッドライン [headline]
【見出し(ヘッドライン)】(書籍)〔井上ひさし「自家製文章読本」1984〕

ベッドルーム [bedroom]
【寝室(ベッド・ルーム)】(小説) 寝室(ベッド・ルーム)へ去っていった〔清涼院流水「カーニバル 二輪の草」2003〕

べっぴん [別嬪]
【別嬪(べっぴん)】(古) 元は別品。鰻屋の看板から〔1897 (俗)〕
(書名) 有明夏夫「大浪花別嬪番付(だいなにわべっぴんばんづけ)」2008
【蔑嬪(ベッピン)】(漫画) 泥裸・蔑嬪(ベッピン)〔大暮維人「エア・ギア4」2003〕◆雑誌「デラべっぴん」のもじり。
【Bep-pin(べっぴん)】(曲名) シブがき隊「Hey! Bep-pin」(森雪之丞) 1983

へっぽこ
【屁鉾(へっぽこ)】(古) 屁鉾(へっぽこ)代言〔1890 (俗)〕

へつらう [諂う]
【諛う(へつらう)】(辞書)

ペテルブルク [Peterburg]

【聖彼得堡(ペテルブルク)】辞書 ❖セントを読まないことあり。ハンブルクなどブルクは堡が定着。

ぺてん 「てっぺん」の倒語の転訛。
【頭(ペテン)】小説 それがわからねえほど頭(ペテン)は悪くねえぜ〔南英男「嬲り屋」2000 俗〕

ペテン 中国語「弸子(bēngzi)」からという。
【詐欺(ペテン)】古〔1917 隠〕
漫画 対戦相手を手玉にとるコート上の詐欺師(ペテン)〔許斐剛「テニスの王子様 20.5」2003〕
【偽造(ペテン)】古〔1870～1876 俗〕
【平転(ペテン)】辞書〔1949 隠〕
【屁転(ペテン)】小説 屁転(ぺてん)〔柳瀬尚紀訳「フィネガンズ・ウェイクⅠⅡ」1991〕❖もじりか。
*【頭師(ぺてんし)】古〔1935 隠〕
*【頭懸(ぺてしにかける)】古 ぺてんにかけるか〔1935 隠〕

へど〔反吐〕
【嘔吐(へど)】古 おにのへど 鬼嘔吐〔1917 隠〕
小説 ゴヂャ〳〵になった嘔吐(へど)が〔小林多喜二「蟹工船」1929〕

ベトレイヤー [betrayer]
【裏切り者(ベトレイヤー)】小説 内通者や裏切り者(ベトレイヤー)〔安井健太郎「ラグナロク EX. DEADMAN」2001〕

へどろ 方言からともいう。ヘドロ。
【屁泥(ヘドロ)】WEB

へなちょこ〔埴猪口〕
【へな猪口(ちょこ)】辞書〔俗〕❖千葉の小地名に「埖(へな)」。

ペナルティ [penalty] ペナルティー。
【罰(ペナルティ)】漫画 罰(ペナルティ)を受けなければなりません〔倉橋えりか「MAX ラブリー！ 3」2003〕

べに〔紅〕
【口紅(べに)】歌詞 涙をかくして口紅(べに)を引き〔鳥羽一郎「夕焼け港」(青井比紗江)1998〕／口紅(べに)で愛しく書いて待つ〔鏡五郎「雪ひと夜」(津田雅道)2010〕
その他 紅粉(べに) 古

ベニウスザン
【紅牛山(ベニウスザン)】辞書 当字 陰阜 陰山 ベネリス・ベニウス〔1946 隠〕

ペニス [ラテン penis] 鉛筆の意のペンシル(pencil)も同源。
【男性自身(ペニス)】小説〔清涼院流水「カーニバル 二輪の草」2003〕

ベネディキテ [ラテン Benedicite]
【食前の祈り(ベネディキテ)】小説 食前の祈り(ベネディキテ)の敬虔さからも〔平野啓一郎「日蝕」2002〕

ペネトレイト [penetrate]
【看 破(ペネトレイト)】漫画

へのこ〔陰核〕睾丸。陰茎。
【変の子(へのこ)】辞書 男根 屁の子〔1949 隠〕

へばりつく
【貼付く(へばりつく)】古

へび〔蛇〕
【ペット(へび)】漫画 ペット(へび)を自分で二階から落とすことに〔藤崎聖人「WILD LIFE 4」2003〕

ヘビーマシンガン [heavy machine gun]
【重機関銃(ヘビー・マシンガン)】小説〔菊地秀行「魔王伝 3 魔性編」1996〕

ヘビーユーザー [heavy user]
【愛飲者(ヘビーユーザー)】新聞 缶コーヒーの愛飲者(ヘビーユーザー)〔「朝日新聞」2009年1月24日〕

ペプシコーラ [Pepsi-Cola] 商標名。
【百事可楽】中国 意味を翻訳する「意訳」と、漢字の音を利用した「音訳」がある。そして、両者を兼ね備えた、絶妙な訳語もある。ペプシコーラは「百事可楽(パイシクラ)」〔「東京新聞」2008年9月10日(陣内正敬)〕

ヘブン [heaven]
【天国(ヘブン)】歌詞 鐘ノ音天国(ヘブン)〔milktub with 鐘ノ音ボーイズR「鐘ノ音ヘブン」(milktub)2003〕
書名 柄刀一(つかとうはじめ)「奇蹟審問官アーサー 死蝶天国(バグズ・ヘブン)」2009
*【天国的(ヘブンリイ)】小説 掛け値なしに天国的(ヘブンリイ)で〔清

へ

涼院流水「カーニバル 二輪の草」2003〕

その他 冥土帰し(ヘヴンキャンセラー) WEB

べべ

【着物】古〔1915 俗〕

【衣】古 お衣(べべ)〔「金子みすゞ童謡集」〕

ぺへレイ

【魟(ぺへレイ)】民間 ◆ぺへレイを贈られた神奈川県知事は「魟」という字を造って、読みを募集したという。造字も当て読みも広がらなかった例。

へべれけ

【泥酔】古〔1917 隠〕

へぼ

【平凡】古 平凡助へぼすけ〔1917 隠〕

【屁暮】古 屁暮学者へぼ(平凡)〔1888 俗〕

【兵歩】雑誌「兵歩倶楽部」と称する将棋道場〔「将棋世界」1994年3月〕◆固有名詞。

ヘボン [Hepburn] ヘップバーンとも。

【平文】人名 美國平文◆日本名。ヘボン式ローマ字に名を残す。

へま

【失錯】古〔1885 俗〕

【失敗】漫画 俺の過去の失敗(へま)は帳消しに〔小畑健「DEATH NOTE 8」(大場つぐみ)2005〕

【稚拙】小説 里見弴〔中村明 2003〕

【変間】辞書〔1949 隠〕◆語源を示そうとする表記か。古く「下間(へま)」と書かれた。

ヘマトフィリア [haematophilia]

【血液嗜好症】歌詞〔ALI PROJECT「お毒味LADY」(宝野アリカ)2009〕

へや [部屋] 常用漢字表付表にあり。

【室】小説 室(へや)の広さは八畳でした。〔夏目漱石「こころ」1914〕◆室(ヘヤ)という表記が良いという人もいる。図書室のことをシツと呼ぶ高校生がいた。

歌誌 室(ヘヤ)〔「短歌」1994年3月〕

歌詞 年老いた画家が暮らす室(へや)よ〔ALI PROJECT「閉ざされた画室」(宝野アリカ)2001〕

【寝室】歌詞 別々の寝室(へや)で〔ZARD「今日も」(坂井泉水)1996〕

【密室】歌詞 おマセな密室(へや)〔サザンオールスターズ「愛と欲望の日々」(桑田佳祐)2004〕

【院長室】漫画〔藤崎聖人「WILD LIFE 7」2004〕

【室内】歌詞 休息はゆったりシンプルな室内(へや)で〔寺尾聰「Standard」(来生えつ子)1987〕

【間】漫画 大暖炉(こ)の間(へや)〔さとうふみや「金田一少年の事件簿 16」(金成陽三郎)1996〕

その他 子舎(へや)・私房(へや) 古/側室(へや) WEB

べら

【片】古 着物・蒟蒻など〔1935 隠〕

へらい

【戸来】地名 そもそも「戸来」は、ヘブライのもじりとされる。戸来(へらい)村(現・新郷村)〔「読売新聞」2010年1月1日〕◆民間語源か。

べらさく

【篦作】古〔1920 隠〕◆べら棒のべらを人名めかした語で、べらぼうな奴の意。

べらぼう [篦棒]

【篦棒】古〔1891~1892 俗〕◆あたぼうの「ぼう」はWEBなどで「坊」とも書かれる。

その他 便乱坊(べらぼう)・鄙萎(べらぼう)・痴漢(べらぼう) 古

*【大編羅房(おおべらぼう)】筆名 戯作者の戯名。

べらんめえ

【米蘭迷】古〔1888 俗〕

ベリー [berry] ストロベリー、クランベリー、ラズベリーなど。

【実】歌詞 毒草に実る赤い実(ベリー)〔ALI PROJECT「EROTIC&HERETIC」(宝野アリカ)2002〕

ヘリオトロープ [heliotrope]

【縁音綱】小説 縁音綱(ヘリオトロープ)つなぎに、〔柳瀬尚紀訳「フィネガンズ・ウェイク I II」1991〕

ペリルポイント [peril point]

【寸鉄殺人（ペリルポイント）】 小説 『寸鉄殺人（ペリルポイント）』にしたって〔西尾維新「零崎双識の人間試験」2004〕◆通り名。

へる [経る]

【歴（へ）る】 俳句 吾が歴（へ）たり〔竹下しづの女〕◆経歴・歴任。

へる [減る]

【空（へ）る】 古 腹が空る〔和田信義「香具師奥義書」1929 集〕◆「お腹（なか）が空（す）く」も表外訓。

ヘル [hell] 地獄。

*【悪魔の顎（ヘル・クラッシュ）】 漫画〔「週刊少年マガジン」2004年48号(SAMURAI DEEPER KYO)〕

その他 冥王（ヘルマスター） 歌詞 ／冥法王（ヘル・キング）・灼熱の冷気（ヘルゴースト） WEB

ベル [bell]

【鈴（ベル）】 人名〔「週刊文春」2009年4月23日〕◆女子にいる。

【鐘（ベル）】 小説〔柳瀬尚紀訳「フィネガンズ・ウェイクⅠⅡ」1991〕

雑誌〔「ESSE」1994年5月〕

漫画 鐘薔薇（ベルばら）〔秋本治「こちら葛飾区亀有公園前派出所 126」2001〕◆命名案として。

歌詞 ココロの鐘（ベル）〔アイドリング!!!「Snow celebration」(溝口貴紀)2008〕

【電鈴（ベル）】 歌詞 電話の電鈴（ベル）〔椎名林檎「やっつけ仕事」2003〕

【電話（ベル）】 歌詞〔安全地帯「アトリエ」(松井五郎)1984〕

【胸（ベル）】 歌詞 私の胸（ベル）鳴らす〔中森明菜「BLUE BAY STORY」(伊達歩)1984〕

その他 鐸（ベル）・呼鈴（ベル）・振鈴（ベル） 古

ペルー [Peru] 国名。

【秘露（ペルー）】 辞書 ◆中国では秘魯。

ベルエポック [フランス belle époque]

【古き良き時代（ベル・エポック）】 小説〔清涼院流水「カーニバル 二輪の草」2003〕

ベルギー [België]

【白耳義（ベルギー）】 書籍 白耳義（ベルギー）、和蘭（オランダ）、独逸（ドイツ）、伊太利（イタリー）の諸国を〔井上ひさし「私家版 日本語文法」1981〕

【白（ベルギー）】 新聞 仏（フランス） 白（ベルギー）に空軍基地〔見出し 1951 目〕◆白豪主義、白系ロシアは別。

ペルシャ [Persia]

【巴社（ペルシャ）】【波斯（ペルシャ）】 古

ベルセルク [ノルウェー berserk]

【戦士（ベルセルク）】 小説 英雄的な『戦士（ベルセルク）』〔西尾維新「零崎双識の人間試験」2004〕

その他 狂戦士（ベルセルク） WEB

ペルソナ [ラテン persona]

【人格（ペルソナ）】 パンフ「十三番目の人格（ペルソナ） ISOLA」〔映画「ISOLA 多重人格少女」2000〕

ヘルツ [ドイツ Herz]

【心臓（ヘルツ）】 書籍 心臓（ヘルツ）も大丈夫でしょう〔永井明「ぼくが医者をやめた理由」1993 集〕

ベルト [belt]

【調革（ベルト）】 詩 調革（ベルト）……調車〔細井和喜蔵「作業機械」1925〕

【帯（ベルト）】 小説 巨大な帯（ベルト）のように〔森村誠一「殺意の接点」2001〕

ヘルニア [ラテン hernia]

【脱腸（ヘルニア）】 広告〔日本通販広告(金城ふみ子)2003〕

べるふね

【歴舟（べるふね）】 地名 ◆北海道。歴で「へる」か。

ヘルプミー [help me]

【SOS（ヘルプ・ミー）】 小説 SOS（ヘルプ・ミー）を発しているのでは〔清涼院流水「カーニバル 二輪の草」2003〕

ヘルメット [helmet]

【兜（ヘルメット）】 小説〔秋津透「魔獣戦士ルナ・ヴァルガⅠ」1988〕

ベルラ

【麗しの（ベルラ）】 書籍〔大畑末吉訳「アンデルセン童話集 1」1984〕

ベルリン [Berlin]

【伯林（ベルリン）】 小説 小沼丹〔中村明2003〕◆中国では柏林。

べろ した。↓タン

【舌（べろ）】 地名 福島県

へ

その他 小判（べろ） 古

ぺろうり

【ぺ狼り（ろう）】小説 ぺ狼（ろう）り呑（の）み込（こ）み〔柳瀬尚紀訳「フィネガンズ・ウェイク ⅢⅣ」1993〕❖もじり。

ペン ［pen］

【筆（ペン）】歌詞 旅の重さ 筆（ペン）にとる〔森昌子「哀しみ本線日本海」（荒木とよひさ）1981〕

小説 鵞筆（がペン）〔柳瀬尚紀訳「フィネガンズ・ウェイク ⅠⅡ」1991〕

雑誌 筆箱（ペンケース）

その他 洋筆（ペン） 古

ベンガラ ［オランダ Bengala］

【弁柄（ベンガラ）】【紅殻（ベンガラ）】辞書

べんきょう ［勉強］ 中国の語義の一つが日本で定着した。

【べん京（きょう）】手紙 べん京なぼでも。きりかない（ママ）。〔野口英世へ母シカ〕❖字を学び、息子へ書き送ったもの。

ペンギン ［penguin］

【片吟（ペンギン）】【規鳥（ペンギン）】【人鳥（ペンギン）】【天鳥（ペンギン）】民間〔クイズ番組制作のためにと来た電話で 2009年7月9日〕

【辺銀（ぺんぎん）】姓 ❖中国から日本に帰化する際に好きだったペンギンにちなんで付けたとのこと。

へんげ ［変化］

【反化（へんげ）】古〔「太平記」〕

【妖精（へんげ）】古 明治初年の辞書に。〔惣郷正明「辞書漫歩」1987〕

へんしゅう ［編集］

【編修（へんしゅう）】辞書 ❖編修と編集・編輯を区別することあり。

【編C】雑誌 フジテレビの『笑っていいとも！増刊号』の編集長役として出演したのだが、テレビに出演した二年めが1984年であった。その番組では最後に「編C後記」を書き、悪名高き「ABC文体」を世に広めてしまった。〔「週刊朝日」2009年9月11日（嵐山光三郎）〕❖読みは「へんシー」か。

べんじょ ［便所］

【排泄（べんじょ）】短歌 いねむりと食事と排泄（べんじょ）の日々なれど〔NHK介護の短歌 2004〕

へんじん ［変人］

【偏人（へんじん）】政策 変人（字画が少ない、教育漢字）偏人〔国語審議会第2部会「語形の『ゆれ』について」1961〕

へんたい ［変体］

【変態（へんたい）】誤字 ❖「変体少女文字」は山根一眞の造語。変態少女文字とよく間違われる。

ペンタゴン ［Pentagon］

【米国防総省（ペンタゴン）】広告 米国防総省（ペンタゴン）と防衛庁情報局に〔森村誠一「殺意の接点」2001（巻末）〕

【五角形（ペンタゴン）】漫画〔村田雄介「アイシールド21 9」（稲垣理一郎）2004〕

その他 五線星形（ペンタゴン）・星型（ペンタゴン） WEB

ベンチ ［bench］

【椅子（ベンチ）】小説〔茅田砂胡「天使たちの華劇」2004〕

へんちき

【偏痴奇（へんちき）】書籍 筆者の偏痴奇（へんちき）論は〔井上ひさし「私家版 日本語文法」1981〕

*【変痴奇（へんちきりん）】古〔1917 俗〕❖「へんちくりん」とも。

ベンチプレス ［bench press］

【重量上げ（ベンチプレス）】漫画〔村田雄介「アイシールド21 11」（稲垣理一郎）2004〕

べんちゃら

【弁茶羅（べんちゃら）】古〔1888 俗〕

その他 弁茶ら（べんちゃら） 古

ベンディングマシン ［vending machine］ ベンダー。

【自動販売機（ベンディング・マシン）】小説 ドリンク自動販売機（ベンディング・マシン）〔清涼院流水「カーニバル 一輪の花」2003〕

へんてこ へんちくりん。

【変梃（へんてこ）】古 変梃来（へんてこらい）〔1888 俗〕／変梃れんな嫖客を接遇（あし）らつたものか〔1921 俗〕

【変哲（へんてこ）】書籍 ときおり変哲（へんてこ）りんなことを試

みて〔井上ひさし「私家版 日本語文法」1981〕
【へんて子(こ)】書名 山中恒「なんだかへんて子」1975 ❖もじり。

へんてつ [変てつ]
【偏(へん)てつ】古／【変哲(へんてつ)】辞書

べんとう [弁当] 面桶(めんつう)、便当からとも。
【便桶(べんとう)】【便当(べんとう)】【辨当(べんとう)】古 ❖江戸時代には「便桶」とも。台湾の留学生は「母字」の干渉により便当と書く。辨当は当て字である可能性あり。
【執行猶予(ベントウ)】書籍 執行猶予(ベントウ)なんぞ貰わずに〔浅田次郎「極道放浪記 1」1994 集〕

ペンネーム [pen name] 筆名。
【合作筆名(ペンネーム)】小説 祖父の名前を合作筆名(ペンネーム)に〔清涼院流水「カーニバル 二輪の草」2003〕
その他 PN(ペンネーム) 漫画

へんぼり
【人里(へんぼり)】地名 ❖朝鮮語起源説などがある。姓には「傘」で「かつ」があるという。

へんめん
【変臉(へんめん)】映画題名 ❖1996年中国製作。日本での読み方は、臉はレンが本来だが、意味が取れるように「面」としたのであろう。別の漢字の音読みによる訓読みのような方法。

べんり [便利]
【便益(べんり)】書籍 世界人民の便益(べんり)を努むるを〔井上ひさし「私家版 日本語文法」1981〕
*【通信衛星(便利なモノ)】漫画〔奥田ひとし「新・天地無用！ 魎皇鬼 3」2002〕

ほ

ほ [頬]
【頬(ほ)】詩 頬(ほ)につたひ流れてやまず〔萩原朔太郎「大渡橋」1925〕

ほ 感動詞。
【吻(ほ)】古〔矢野準「近世戯作のあて字」（「日本語学」1994年4月）〕

ホアッドアイセイ [What'd I Say]
【呆阿津怒哀声(ホアッドアイセイ)】曲名 蘭越ジミー「呆阿津怒哀声音頭」1978 ❖レイチャールズ（礼茶亜留守）の曲のパロディー。

ほいくしょ [保育所]
【哺育所(ほいくしょ)】書籍〔山川菊栄「武家の女性」1943〕 ❖旧表記とされるもの。「哺」は改定常用漢字表（答申）に追加された。

ボイス [voice]
【声(ボイス)】古〔坪内逍遥「当世書生気質」1885～1886〕

ボイスチェンジャー [voice changer]
【変声機(ボイスチェンジャー)】小説 変声機(ボイスチェンジャー)を使って匿名電話をかけてきた〔清涼院流水「カーニバル 一輪の花」2003〕

ポイズン [poison] →プワゾン・ポワゾン
【毒(ポイズン)】書名 赤川次郎「毒(ポイズン)」1984
漫画 毒香水(ポイズンパフューム)〔綾峰欄人「GetBackers 奪還屋 23」（青樹佑夜）2003〕 ❖技の名。
【毒薬(ポイズン)】歌詞 今日も狂わせる毒薬(ポイズン)〔布袋寅泰「POISON」（森雪之丞）1995〕

ほいと [陪堂・乞児・乞食]
【乞食(ほいと)】作品名 岩井志麻子「乞食(ほいと)隠れ」2004

ぼいん
【ヽ(ボイン)】字遊 〝桜という字を分解すれば、ヽ(ボイン)ヽ(ボイン)ノ女は木（気）にかかる〟というのは、いかがかな。〔阿刀田高「ことば遊びの楽しみ」2006〕
【肉球(ボイン)】広告 ひげと肉球(ボイン)〔「まんがライフMOMO」2004年12月〕 ❖「ヒゲとボイン」は、小島功の漫画作品。

ポインツ [points]
【事実(ポインツ)】漫画〔葉鳥ビスコ「桜蘭高校ホスト部 1」2002〕

ポイント [point] ％で表記することあり。
【点(ポイント)】漫画 相手に2点(ポイント)以上差をつけて〔吉住渉「ママレード・ボーイ 2」1993〕
【点数(ポイント)】漫画〔高橋留美子「めぞん一刻 8」1985〕
【視点(ポイント)】歌詞 笑える視点(ポイント)は同じ〔B'z「Warp」

ほ

(KOSHI INABA)2002〕
【急所(ポイント)】新聞 必要不可欠な急所(クリティカルポイント)がわかるように〔「産経新聞」2009年5月10日(宮台真司)〕
【P(ポイント)】雑誌 PG(ポイントガード)田臥勇太が〔「東京ウォーカー」2004年10月26日〕
漫画 P(ポイント)差を考えても〔天獅子悦也「むこうぶち 23」2008〕
【pt(ポイント)】メール 年末年始pt3倍〔楽天から2009年12月14日〕
その他 目印(ポイント) 漫画

ぼう［棒］
ー引(ぼうびき)も。
【一(ぼう)】古 ぼう 棒、一 六という数量 茶店の通り符牒〔1929 隠〕
【ー(ぼう)】古 イチボウボウイチイチ 一ーー一一「日用文字がすぐ引ける筆順字引」1928〔惣郷正明「辞書漫歩」1987〕
【――(ぼう)】書籍・ナカグロ ―― ボー〔高橋輝次「誤植読本」2000(野々村一雄)〕

ほうき［箒・帚］
【掃木(ほうき)】歌詞 BMW(ビーエム)の掃木で〔松任谷由実「SATURDAY NIGHT ZOMBIES」1987〕

ほうきぼし［箒星］
【彗星(ほうきぼし)】小説 彗星(はふきぼし)〔徳富健次郎「黒潮」1903〕

ぼうぐい［棒杭］
【棒杭(ぼうぐい)】小説 固まり合って棒杭(ぼうぐい)のようにつッ立っていた。〔小林多喜二「蟹工船」1929〕

ほうげん［方言］
【方弁】誤字 ◆○○弁と方言との混淆。

ほうこ［宝庫］
【豊庫(ほうこ)】チラシ 皆様の知識の豊庫〔書店のちらし広告 1966 目〕

ほうし［法師］
【僧(ほうし)】古

ほうしゃのう［放射能］
関連【放射能(無常の風)】書籍 (井伏鱒二はチェルノブイリの原発事故が起きたとき)「放射能」と書いて「無常の風」とルビを振りたいものだと書いた。〔倉島長正「言葉のセンスを磨く正しい日本語101」1998〕

ぼうず［坊主］
【防主(ぼうず)】古 刀剣〔1892 隠〕◆坊主か。
【子供(ぼうず)】漫画 子供(ぼうず)… いや… 女の子をいじめるのは最低だぜ〔渡辺祥智「銀の勇者 5」2000〕

ほうそ［硼素］
【硼素(ほうそ)】辞書 ◆boronへの当て字から。硼は、中国では元は石の名。

ほうちょう［包丁・庖丁］
【庖丁(ほうちょう)】古 人斬庖丁〔1869 俗〕
【包丁(ほうちょう)】古 庖丁 包丁 借用〔新井白石「同文通考」1760〕

ぼうちょう［膨張・膨脹］
【膨張(ぼうちょう)】政策 膨張(字画が少ない、教育漢字) 膨脹〔国語審議会第2部会「語形の『ゆれ』について」1961〕◆後者は物理学会が要望した。

ほうとう［餺飥］
【餺飩(ほうとう)】【餺飩(ほうとう)】誤字〔ほうとうの包装 2010年3月〕◆山梨の2社の包装で、2字目は2社ともこのように印刷。饂飩(うどん)の飩と混淆。

ほうばい［傍輩］
【朋輩(ほうばい)】辞書

ほうふく［抱腹］
【捧腹(ほうふく)】古〔大槻文彦「復軒雑纂」1902〕◆「抱」は字音仮名遣いがハウで捧(ホウ)とは異なっていたが、明治以降、捧腹に取って代わった。

ほうふくぜっとう［抱腹絶倒］
【抱腹Z(ほうふくぜっとう)】雑誌〔「週刊朝日」2009年9月11日(嵐山光三郎)〕

ぼうふら［孑孒・孒孑］ ぼうふり。
【孑(ぼうふら)】【孒(ぼうふら)】辞書〔漢和辞典の音訓索引〕
【孑孒(ぼうふら)】辞書 ◆典型的な熟字訓。古くからある孑孒(象形性を保つためか、々はまず用いられず)のほかに孑子、孒孑など異体字、誤記が各種。「孑」を「子」の代わりにメールで用いる人あり。伊孑志(いそし)は地名。

【棒振(ぼうふら)】(変換)〔ATOK17〕

ほうほう [方法]

【宝法(ほうほう)】(TV)「幸せの宝法(ほうほう)」〔「幸せって何だっけ～カズカズの宝話～」2004〕❖コーナー名。もじり。

その他 手段(ほうほう) (WEB)

ほうほう [這う這う]

【這う這う(ho! ho!)】(書籍)『ハムレット』の二つのho!から這う這う(ho! ho!)の体で逃げ出したと思われては〔柳瀬尚紀「日本語は天才である」2007〕❖もじり。

ほうぼう [方方]

【諸方(ほうぼう)】(古)「読売新聞」1874〔出久根達郎「昔をたずねて今を知る」2003〕

ほうほけきょ 鶯の鳴き声。ほうほけきょう。

【法法華経(ほうほけきょう)】(WEB)❖聞きなし。

ぼうや [坊や]

【見習巡査(ボウヤ)】(書籍)見習巡査(ボウヤ)を仰天させる〔浅田次郎「極道放浪記 2」1995(集)〕

【my child(ぼうや)】(漫画)〔山田南平「紅茶王子 18」2002〕

ほうようりょく [包容力]

【抱擁力(ほうようりょく)】(誤字)写研「漢字読み書き大会」で誤答に〔斎賀秀夫「漢字と遊ぶ」1978〕❖公的な場でも見られる。

ほうりこむ [放り込む]

【放り込む(こ)】(短歌)何もかも洗濯機に放り込んで〔「読売新聞」2010年3月29日〕

ボウリング [bowling]

【ぷ(ボウリング)】(WEB)❖「ぷ」の字をボウリングをしている人の姿に見立てることがWEBなどで起こり、テレビでも紹介された。「ぷに行こう」のように「ボウリング」として、メールの文章に使う人もあり。「ぷ。」も。

【保齢(ボウリング)】(中国)ボウリングは「保齢(パオリン)」などである。〔「東京新聞」2008年9月10日(陣内正敬)〕

ほうる [放る] 歴史的仮名遣いは「はふる」(「はぶる」からとも)。字音と字訓が意識の中で混淆していることが多い。漢和辞典も訓として採用していないものがある。新聞などでも振り仮名なしで使われている。改定常用漢字表(答申)で訓を認める。→はふる(葬る)

【放る(ほう)】(政策)ほうる(投る(ハフ))〔内閣告示「現代かなづかい」1946〕／ほうる(*抛)〔内閣告示「現代仮名遣い」1986〕❖抛棄→放棄〔国語審議会「法令用語改善についての建議」1954〕。(漫画)放(ほ)っておいても〔中条比紗也「花ざかりの君たちへ 1」1997〕(新聞)買い物カゴに放り込んでいく。〔「読売新聞」2009年4月27日〕❖振り仮名無し。(TV)放(ほう)ったら〔NHK 2009年9月(テロップ)〕

【抛る(ほう)】(雑誌)抛(ほう)り〔「小説新潮」1994年1月〕❖この「ほうる」は訓読み。字音ホウ(ハウ)と暗合。放もホウ(ハウ)だが、中国での字音は全く別でこれも暗合。

ほうれんそう [菠薐草] 菠薐は元は中国でのペルシャなど地名の音訳からとされる。

【法蓮草(ほうれんそう)】【鳳蓮草(ほうれんそう)】(辞書)❖当て字の当て字。

【法連草(ほうれんそう)】(民間)❖八百屋で見たことがあるという学生あり。「蓮」の書き換えか誤記か。当て字の当て字か。

【逢恋草(ほうれんそう)】(民間)八百屋流の民間表記にも、「逢恋草(←菠薐草・ホウレンソウ)」〔北原保雄「続弾！問題な日本語」2005(鳥飼浩二)〕

ほえづら [吠え面]

【吼面(ほえづら)】(古)〔1916(俗)〕

ポエム [poem]

【嘆き(ポエム)】(歌詞)男性たちの嘆き(ポエム)〔後藤真希「うわさのSEXY GUY」(つんく)2003〕

【詩(ぽえむ)】(人名)❖男子。

【穂笑(ぽえむ)】(人名)❖女子。

【歩絵夢(ポエム)】(民間)❖ペンション名、店名など。

【歩絵夢(ポエム)】(民間)❖ネイルサロンなどに。

【母恵夢(ポエム)】(店名)〔愛媛県東温市の菓子店 2010年6月16日〕

(その他) 歩得夢(ポエム)(ハンドル名)

ほえる [吠える・吼える]

【吼える(ほ)】(古)南洋一郎「吼える密林」1933 ❖咆吼・咆哮。

(作品名)宮部みゆき「吼える仏(ほ)」❖『あんじゅう 三島屋変調百物語事続』(2010)に所収。

【吠える(ほ)】(辞書)❖吠陀(ベーダ)。犬吠埼(いぬぼう)(地名)。

【咆える(ほ)】(広告)魂の教育者、咆える(ほ)〔「読売新聞」2010年4月11日〕

(その他) 啼える(ほ)(古)/咆哮る(ホエ)(ゲーム)

ボーイ [boy] →ボーイズ

【少年(ボーイ)】(漫画)デートクラブ「愛少年(アイボーイ)」〔本仁戻「高速エンジェル・エンジン 1」2000〕❖店名。

(書名)若木未生「満月少年(ムーンボーイ)+太陽少女(ファイアガール)」2001

【給仕(ボーイ)】(小説)〔小林多喜二「蟹工船」1929〕

【店員(ボーイ)】(漫画)店員(ボーイ)さんでしょ〔天獅子悦也「むこうぶち 25」2009〕

(その他) 給侍(ボーイ)(古)

*【BF(ボーイフレンド)】(小説)また、どうせBF(ボーイフレンド)のグチなんだから。〔倉橋燿子「BYE²片想い」1989〕

(漫画)良い友達やBF(ボーイフレンド)〔倉橋えりか「世紀末のエンジェル 4」2001〕

ボーイズ [boys]

【少年(ボーイズ)】(広告)恋愛未満少年(ボーイズ)に贈る〔さとうふみや「金田一少年の事件簿 1」(金成陽三郎) 1993 (巻末)〕

*【BL(ボーイズラブ)】(雑誌)BL小説&コミックの〔「ダ・ヴィンチ」2010年1月〕❖ビーエルとも。

ポーカー [poker]

【札遊び(ポーカー)】(歌詞)〔RONDE「Poker」2000〕

ポーカーフェイス [poker face]

【P.FACE(ポーカーフェイス)】(広告)P.FACE(ポーカーフェイス)じゃはじまらない〔中条比紗也「花ざかりの君たちへ 4」1998 (巻末)〕

ほおかぶり [頰被り]

【頰冠り(ほおかぶ)】(辞書)包茎〔1955 (隠)〕

ボーカル [vocal]

【Vo.(ボーカル)】【Vo(ボーカル)】(雑誌)〔音楽雑誌〕

ホーク [hawk]

【鷹空(ホーク)】(人名)

ボーク [balk]

【反則投球(ボーク)】(漫画)〔川原泉「メイプル戦記 1」1992〕

ポーク [pork]

【豚肉(ポーク)】(雑誌)

ほおじろ [頰白]

【頰白鳥(ほおじろ)】(書籍)〔長野まゆみ「ことばのブリキ罐」1992〕

ホース [horse]

【馬(ホース)】(広告)「馬革(ホースレザー)」の鞄。〔「読売新聞 夕刊」2009年2月10日〕

ポーズ [pose]

【技(ポーズ)】(漫画)このキメ技(ポーズ)のために〔大暮維人「エア・ギア 5」2004〕

【姿(ポーズ)】(小説)姿(ポーズ)の決まり方に〔菊地秀行「白夜サーガ 魔王星完結編」1996〕

【P(ポーズ)】(漫画)決めP(ポーズ)が合う!〔許斐剛「テニスの王子様 20.5」2003〕❖字数の節約のためか。

(その他) 姿勢(ポーズ)(雑誌)

ほおずき [酸漿・鬼灯]

【鬼灯(ほおずき)】(作品名)平山夢明「吉原首代売女御免帳 崩れ鬼灯(ほおずき)」〔「小説現代」2010年2月〕

ボーダーライン [borderline]

【境界線(ボーダーライン)】(歌詞)簡潔な境界線(ボーダーライン)引ければ〔Vanilla「カーニバル」(Zen) 2003〕

ボーディングカード [boarding card]

【搭乗券(ボーディングカード)】(小説)〔森村誠一「虚構の空路」1970 (集)〕

ボート [boat]

【短艇(ボート)】【端艇(ボート)】(古)

ボード [board]
【盤(ボード)】 漫画 巨大な「ゲーム盤(ボード)」〔「週刊少年マガジン」2004年48号(探偵学園Q)〕
【的(ボード)】 漫画〔小花美穂「Honey Bitter 3」2005〕

ポートレート [portrait]
【肖像写真(ポートレート)】 漫画〔松川祐里子「魔術師 3」1997〕
【人物写真(ポートレート)】 漫画〔イチハ「女子妄想症候群 4」2004〕
【写真(ポートレート)】 漫画〔松川祐里子「魔術師 3」1997〕

ボーナス [bonus]
【賞与(ボーナス)】 雑誌〔求人誌〕
【暮成寿(ボーナス)】 民間 暮成寿(ボーナス)大市〔歳暮ギフトの売り込み合戦 1971 目〕
【亡ナス(ボー)】【忙ナス(ボー)】【望ナス(ボー)】 広告〔山手線車内で銀行の広告 1976 目〕
【乏ナス(ボー)】 漫画 乏ナス 望無ス 亡ナス〔遠藤好英「漢字の遊び例集」1989〕
【防ナス(ボー)】 広告 銀行 中づり 望ナス 忙ナス 亡ナス 防ナス〔斎賀秀夫「漢字と遊ぶ」1978〕
【望無ス(ボーナ)】 漫画 少与 消与 傷与 笑与 賞与 乏ナス 望無ス 亡ナス〔遠藤好英「漢字の遊び例集」1989〕
【鑽(ボーナス)】 創作〔斎賀秀夫「漢字と遊ぶ」1978〕

ホープ [hope]
【希望(ほーぷ)】 人名

ボーボボ 茫々(ぼうぼう)からか。
【鼻毛真拳(ボーボボ)】 広告 鼻毛真拳(ボーボボ)VSカミの毛真拳〔「ジャンパラ！ vol.35」2006(ボボボーボ・ボーボボ)〕
【聖鼻毛(ボーボボ)】 漫画 発動！聖鼻毛領域(ボーボボワールド)〔「週刊少年ジャンプ」2004年5月24日(ボボボーボ・ボーボボ)〕❖ゲームの名前。

ホーマー [homer]
【本塁打(ホーマー)】 漫画 一本塁打(ホーマー)のこの人〔青山剛昌「名探偵コナン 44」2004〕

ホーム [↔プラットホーム]
【歩廊(ほうむ)】 詩〔萩原朔太郎「新前橋駅」1925〕
【駅(ホーム)】 歌詞〔奥井雅美「I can't…」2004〕

ホーム [home]
【家(ホーム)】 雑誌 ポルトガルで〃家(ホーム)〃を持ちたい〔「婦人画報」1994年2月〕
【故郷(ホーム)】 書籍〔井上ひさし「自家製文章読本」1984〕
【施設(ホーム)】 小説「母の遺産」母は自ら施設(ホーム)に入ると宣言した。〔「読売新聞」2010年2月20日〕
【養護施設(ホーム)】 漫画〔「週刊少年ジャンプ」2004年45号〕
【本塁(ホーム)】 漫画〔鈴木信也「Mr. FULLSWING」2001～2006〕

ホームイン [和製 home + in]
【廻了(ホームイン)】 古

ホームページ [home page]
【HP(ホームページ)】 漫画 HP(ホームページ)にメール殺到してんだ〔種村有菜「満月をさがして 1」2002〕／ウィルトールのHP(ホームページ)にUPされてたよ〔二ノ宮知子「のだめカンタービレ 20」2008〕
雑誌 インターネットのHP(ホームページ)から!!〔「non・no」2006年5月20日(Shop List)〕
広告 くわしくはHP(ほーむぺーじ)を見(み)てね！〔「読売新聞」2009年10月24日〕
新聞 役所のHPで 日本を学ぼう(見出し)〔「読売新聞」2010年3月22日〕❖本文ではホームページ。
TV 番組HPで(テロップ。音声は「ばんぐみほーむぺーじで」)〔「ピラメキーノ」2010年5月7日〕
その他 家頁(ホームページ) WEB

ホームベース [home base]
【本基(ホームベース)】 古 ❖本基は正岡子規の訳という。

ホームラン [home run]
【芳夢蘭(ホームラン)】 店名〔中華料理店 1952 目〕
【HR(ホームラン)】 漫画 HR(ホームラン)した〔ひぐちアサ「おおきく振りかぶって 13」2009〕❖スコアブックでは「◇」や「〈H〉」。
その他 本塁打(ホームラン) WEB

ほ

ホームルーム [homeroom] 学活。
【HR(ホームルーム)】 漫画 もうHR(ホーム・ルーム)始まった頃かな〔高橋留美子「めぞん一刻 9」1985〕／HR(ホームルーム)始まってるって〔和月伸宏「武装錬金 3」2004〕
広告 終業式のHRで〔「読売新聞」2010年4月11日〕
【H・R(ホームルーム)】 漫画 H・R(ホームルーム)の時間がスキです〔小花美穂「猫の島」1996〕／今日のH・R(ホームルーム)は〔倉橋えりか「MAXラブリー! 3」2003〕

ホームレス [homeless]
【浮浪者(ホームレス)】 漫画 浮浪者(ホームレス)の男性〔蓮見桃衣「エキストラ・ジョーカー JOE」(清涼院流水)2001〕
その他 家無(ホームレス) WEB

ほおら かけ声。ほうら。
【宝来(ホーラ)】 歌詞 天にひと声宝来(ホーラ)と掛けりゃ〔鳥羽一郎「宝来船祭り」(山田孝雄)2010〕

ポーランド [Poland]
【波蘭(ポーランド)】 小説 小沼丹〔中村明 2003〕
新聞〔「図書新聞」2003年9月20日〕❖ランドは蘭土とも音訳された。
【波(ポーランド)】 新聞 波(ポーランド) 編入領〔大見出し 1951 目〕

ホーリー [holy] →ハリウッド
*【守護天使(ホーリーガーデアン)】 漫画 守護天使(ホーリーガーデアン)の気配もまるでなし〔由貴香織里「天使禁猟区 1」1995〕
*【浄化結界(ホーリィ・ブレス)】 書籍〔中澤光博／ORG「入門! リナの魔法教室 スレイヤーズRPG」1996〕
その他 聖水(ホーリーウォーター) 漫画

ボーリング [boring] ボウリングと区別。
【試掘(ボーリング)】 漫画 温泉の試掘(ボーリング)やな〔天獅子悦也「むこうぶち 25」2009〕

ホール [hall]
【広間(ホール)】 小説〔徳富健次郎「黒潮」1903〕
【下(ホール)】 漫画 下(ホール)までむかえに行ってきます〔山田南平「紅茶王子 5」1998〕

ホール [hole]
【孔(ホール)】 漫画〔「週刊少年ジャンプ」2004年45号〕

ボール [ball]
【球(ボール)】 詩 ころがる球(ボール)。〔竹中郁「ラグビイ」1932〕
歌詞 最後の球(Ball)だね〔カルロス・トシキ&オメガトライブ「Counterlight」(売野雅勇)1987〕
漫画 動いてる有動に球(ボール)を当てるには〔寺嶋裕二「GIANT STEP 1」2002〕
広告 野球盤 新魔球(しんまきゅう)「雷神球(ライジングボール)」Rising Ball〔「コロコロコミック」2009年7月〕
【軟球(ボール)】 短歌 軟球(ボール)はいずこ〔「日経新聞」2009年8月22日〕
【外(ボール)】 漫画 外(ボール)・内(ストライク) ときたから最後の 外(スクリュー)生かすために〔ひぐちアサ「おおきく振りかぶって 10」2008〕
【B(ボール)】 広告 SBR(スチールボールラン)を題材に〔「週刊少年ジャンプ」2004年5月24日〕

ホールケーキ [whole cake]
【アントルメ(ホール・ケーキ)】 雑誌 アントルメ(ホール・ケーキ)用の〔「マダム」1994年10月〕❖カタカナにカタカナルビ。

ホールドアップ [hold up]
【手をあげろ(ホールド・アップ)】 漫画〔松川祐里子「魔術師 3」1997〕
【とりあえずカンネンしときな(ホールドアップ)】 漫画〔大暮維人「エア・ギア 4」2003〕
【降参(ホールドアップ)】 小説 降参(ホールドアップ)の仕草をして見せた〔大石英司「神はサイコロを振らない」2005〕

ホールトーン [whole tone]
【全音音階(ホールトーン)】 書籍〔と学会＋α「トンデモ音楽(ミュージック)の世界」2008〕

ポーン [pawn]
【兵(ポーン)】 漫画 ❖チェス。

ホーンテッドシング [haunted thing]
【憑依体(ホーンテッド・シング)】 小説〔菊地秀行「白夜サーガ 魔王星完結編」1996〕

ほか [外・他] 改定常用漢字表(答申)で、「他」にもこの訓が認められた。
【他(ほか)】 漫画〔石ノ森章太郎「マンガ日本の古典 古事記」1994〕
【他人(ほか)】 広告 誰も、他人(ほか)の人生の、主人公にはなれない〔「読売新聞」2009年5月1日〕

ほ

ほかくしゃ［捕獲者］
【キャプター】 漫画 ご町内を守るカードキャプター（捕獲者）〔CLAMP「カードキャプターさくら 1」1996〕

ほかげ［火影］
【灯影】 歌詞 ジャズが流れる ホールの灯影〔岡晴夫「東京の花売り娘」(佐々詩生)1946〕
曲名 小林旭「白い灯影のブルース」(水島哲)1970
【灯かげ】 歌詞 紅い灯(ほ)かげの グラスに浮ぶ〔田端義夫「玄海ブルース」(大高ひさを)1949〕／灯(ほ)かげがさみしい夜もある〔壇条明「大都会～明と暗～」(北見明)2009〕

ほかす［放下す・放す］方言。放下(ほうか)すからとも。
【放す】 曲名 ちあきなおみ「放(ほか)されて」(吉田旺)1989
その他 **投(ほかす)** 古

ぽかん
【放心】 古

ぼき［簿記］ブック・キーピングを漢字書きにしたもの。〔見坊豪紀「ことばのくずかご'60」1983〕
【簿記】 誤読『簿記(ぼっき)』のことを『ぼっき』と読んでしまった。〔WEB〕

ボキャブラリー［vocabulary］
【語彙(ボキャブラリー)】 書籍〔うみのさかな&宝船蓬莱「うみのさかな&宝船蓬莱の幕の内弁当」1992〕

ぼく［僕］→ぼくら
【弱虫】 歌詞 立ち止まった弱虫(ぼく)を〔misono「Tales…」2009〕
【精霊(ボク)】 漫画 精霊(ボク)らの中でいっちばんキレイな精霊(ボク)だよ〔渡辺祥智「銀の勇者 1」1998〕
【魔王(ぼく)】 漫画 千年前の魔王(ぼく)をブッ飛ばしてくれた…〔渡辺祥智「銀の勇者 5」2000〕
【夜王(ボク)】 漫画 夜王(ボク)と戦った時の〔大暮維人「エア・ギア 5」2004〕
【死神(ぼく)】 漫画 もう一人の死神(ぼく)が〔小畑健「DEATH NOTE 4」(大場つぐみ)2004〕
【亜紀人(ボク)】 漫画 亜紀人(ボク)の予感の方が正しかったでしょ〔大暮維人「エア・ギア 4」2003〕
【人(ぼく)】 歌詞 人(ぼく)はただ歩くだけで〔霜月はるか「枯れた大地へ続く途」(日山尚)2007〕
【撲(ぼく)】 漫画（中国人の設定の登場人物が）撲(ぼく)蛾悪勝多死(がわるかつたです)〔鳥山明「Dr.スランプ 10」1983〕
【僕(ぼく)】 誤字 ❖ラブレターに書いて直された話も。俺を俺と書いてしまう者もあり。
その他 **子供達(ぼくたち)・銃士隊(ぼくたち)** 漫画
関連 **【僕(ケビン)】** 漫画 僕(ケビン)だよ〔山田南平「紅茶王子 10」2000〕❖登場人物名。

ボクシング［boxing］
【撲針愚(ボクシング)】 漫画〔宮下あきら「魁!! 男塾 2」1989〕
【拳闘(ボクシング)】 広告 激闘拳闘物語(ダイナマイトボクシングストーリー)。〔さとうふみや「金田一少年の事件簿 13」(金成陽三郎)1995(巻末)〕

ほくそえむ［ほくそ笑む］
【ほくそ笑む】 政策 ほくそえむ（ほくそ笑(え)む）「ほくぞえむ」ではない。〔「標準語のために」1954〕
その他 **北叟笑(ほくそえ)む** 辞書

ほくち［火口］
【火絨(ほくち)】 新聞 戦時期の竹友藻風なら「鋼鉄の下の火絨(ほくち)の如(ごと)く土砂は燬(や)け」〔「読売新聞」2009年10月4日〕

ぼくねんじん［朴念仁］黙然住からとも。
【木念人(ぼくねんじん)】 辞書〔1949 隠〕
その他 **朴念仁(ぼくねんじん)・ぼくねん人(じん)** 古

ポクピョン
【玉篇(ポクピョン)】 古 骨牌使用賭博 朝鮮人隠語〔1915 隠〕❖発音が合わないが、韓国語ではオクピョンと読み、広く漢字辞書のこと。

ぼくら［僕等］「等(ら)」（「等(など)」も）は表外訓。
【僕達(ぼくら)】 歌詞 輝きだした 僕達(ぼくら)を誰が止めることなど出来るだろう〔浜崎あゆみ

ほ

「Boys&Girls」1999〕
【人間(ボクラ)】漫画 これで人間(ボクラ)の役目は終わったワケだ〔藤崎聖人「WILD LIFE 1」2003〕
【YOU&I(ぼくら)】歌詞 等身大のYOU&I(ぼくら)〔THE KIDDIE「NEW WORLD」(揺紗)2009〕
その他 東軍(ぼくら)・紅茶王子(ぼくら)・男(ぼくら)・R.E.D.(ぼくら) 漫画
*【実体なくなる(ぼくらきえる)】歌詞 いつか実体なくなる(ぼくらきえる)〔GARNET CROW「君 連れ去る時の訪れを」(AZUKI 七)2004〕

ほぐれる［解れる］
【解(ほ)ぐれる】小説〔小林多喜二「蟹工船」1929〕

ほくろ［黒子］
【黒子(ほくろ)】書籍 入れ黒子(ぼくろ)〔小林祥次郎「日本のことば遊び」2004〕

ポグロム［ロシア pogrom］
【虐殺(ポグロム)】雑誌 頻繁に虐殺(ポグロム)の対象とされた。〔「現代」1994年8月〕
【虐殺鬼(ポグロム)】小説 ピョートルが虐殺鬼(ポグロム)だとしても〔清涼院流水「カーニバル 二輪の草」2003〕
【大虐殺(ポグロム)】小説 ユダヤ人大虐殺(ポグロム)〔清涼院流水「カーニバル 二輪の草」2003〕

ぼけ［木瓜］木瓜(ぼくわ)からとも。
【木瓜(ぼけ)】俳句

ぼけ［惚け・呆け］地名の大歩危(おおぼけ)、小歩危(こぼけ)の「ぼけ」は崖の意。
【暈(ぼ)け】変換〔ATOK17〕
【惚(ぼ)け】辞書 平和惚(ぼ)け〔俗〕
【呆(ぼけ)】書籍〔阿刀田高「ことば遊びの楽しみ」2006〕
【呆気(ぼけ)】古〔1935 隠〕
【痴呆(ぼけ)】雑誌〔「つり人」1994年1月〕
【惚化(ぼけ)】小説 惚化師(ぼけし)〔柳瀬尚紀訳「フィネガンズ・ウェイク I II」1991〕

ポケット［pocket］
【隠嚢(ポケツ)】古 洋服の隠嚢(ポケツ)〔京都府警察部「隠語輯覧」1915 集〕
その他 衣嚢(ポケット) 古

ぼけなす［惚け茄子］
【古女房(ボケナス)】漫画〔さとうふみや「金田一少年の事件簿 12」(金成陽三郎)1995〕

ぼける［惚ける・暈ける］ATOK17では「呆ける」も。
【耄(ぼける)】古〔1917 隠〕

ほこ［矛・鉾・戈・鋒］
【戟(ほこ)】雑誌〔「太陽」1994年12月〕

ぼこ［凹］→ぼこぼこ・ぼこる
【凹(ぼこ)】小説 凹地(ぼこち)〔柳瀬尚紀訳「フィネガンズ・ウェイク III IV」1993〕
書名 長谷川直子「凸(でこ)と凹(ぼこ)と――竹中工務店設計部のなかみ」2009

ほこてん［↑歩行者天国］「ホコ天」とも。
【歩行天(ほこてん)】辞書〔俗〕

ほことん
【矛盾(ほことん)】古〔1903 俗〕／無学を指す「明治語彙」1929〔紀田順一郎「日本語発掘図鑑」1995〕
❖ある衆議院議員が「矛盾(ムジュン)」を読み誤って流行した。

ポコペン 中国語「不彀本」(元手にも足りない)から生じた語だという。子どもの遊びの名前にもなっている。
【歩個片(ポコペン)】歌詞 無能な頭脳 歩個片(ポコペン)気分でこのまま行こう〔GLAY「FRIEDCHICKEN&BEER」(TAKURO)1998〕

ぼこぼこ
【凹々(ぼこぼこ)】WEB

ほこり［誇り］
【族章(ほこり)】漫画 自分達の族章(ほこり)を託して〔大暮維人「エア・ギア 2」2003〕

ぼこる
【凹(ぼこ)る】WEB ボコボコにする。しめる。

ほころぶ［綻ぶ］
【埃(ほこ)ろぶ】歌詞 砂の埃(ほこ)ろぶ Sunshine road〔サザンオールスターズ「さよならベイビー」(桑田佳祐)1989〕

ほざく
【吐(ほざ)く】古 生意気な事吐(ほざ)くと〔1902 俗〕

ぼさつ［菩薩］

【卄卄】民間 僧侶が「菩薩」をこう略すのは抄物書きと呼ばれ、「卄」と合字化もする。唐代の中国から伝わった。ササ菩薩とも。

ほし［星］

【地球】◆地球も星の一つという相対化の意図が表現される。

歌詞 死にかけてるこの地球〔中森明菜「Paradise Lost」(森由里子)1988〕／幾千の出会い別れ 全てこの地球で生まれて〔GLAY「HOWEVER」(TAKURO)1997〕／こんな地球に生まれついたよ〔浜崎あゆみ「evolution」2001〕◆用例多し。

曲名 桑田佳祐&Mr. Children「奇跡の地球」(桑田佳祐)1995／上原あずみ「青い青いこの地球に」2001

雑誌 この地球での環境適応と戦闘に関するデータを〔中平凱「フィギュア17 2」(GENCO-OLM)2002〕

パンフ この地球で生まれて〔劇団桜花－OHKA－「新月森のうさぎ」2006〕

新聞「水の地球」をテーマに、ウミガメやイルカなどを描いた。〔「読売新聞」2009年11月2日〕

【惑星】歌詞 僕はこの惑星に さびしさを抱いて生まれて来たよ〔少年隊「君だけに」(康珍化)1987〕／おなじ惑星の下で〔安室奈美恵「Love 2000」(小室哲哉ほか)2000〕／惑星を探すよ〔スキマスイッチ「惑星タイマー」2006〕◆用例多し。

書名 折原みと「地球『箱舟の惑星』」1993

漫画 ここはこの惑星の中でもとびっきり治安の悪い〔藤崎竜「DRAMATIC IRONY」2001〕

TV 違う惑星に行きたい〔ミキハウスのCM 2005〕

新聞 渡部潤一 今年の最終講演のタイトルは「ゆく惑星、くる惑星」で決まりました。〔「読売新聞」2006年12月24日〕／サッカーの惑星〔「読売新聞 夕刊」2010年3月26日〕

広告 環境訴求型のWEBコンテンツ、「未来惑星(みらいぼし)」〔「読売新聞」2009年7月24日〕

【衛星】歌詞〔TRF「TRY OR CRY」(工藤順子)1998〕

WEB 環境広告「衛星(ほし)に、願いを。」〔NEC 2009年1月19日〕

【流星】歌詞 舞い降りた流星たち〔堀江由衣「タイムカプセル」(岡田実音)2003〕

【星座】歌詞 星座に願いを〔サザンオールスターズ「素敵な夢を叶えましょう」(桑田佳祐)1998〕／星座は何も知らずに〔南こうせつ「国境の風」(荒木とよひさ)2003〕

【宇宙】歌詞 この宇宙の中で輝き続けるきっと〔林原めぐみほか「そばにいるよ～優しきエピローグ～」(山本成美)1999〕

【宝石】歌詞 天上の宝石朱く染める〔水樹奈々「MASSIVE WONDERS」2007〕◆→宝石

【涙】歌詞 悲しみに流れてく涙がひとつ〔BeForU「SHOOTING STAR」(小坂りゆ)2003〕

【運命】歌詞 運命の巡り狂おしくかき乱して〔水樹奈々「ヒメムラサキ」2006〕

【使命】歌詞 その使命は何よりも凛々しい〔m.o.v.e「Fate Seeker」(motsu)2010〕

【希望】歌詞 一縷の希望〔アニメカレイドスター in r.o.r/s「Tattoo Kiss」(MIZUE)2003〕

【神話】歌詞 それは、終りなき神話の愛の始まり〔水樹奈々「Trickster」2008〕

【世】民間 ほしを世 高校生〔佐藤栄作「学生と誤字・あて字」(「日本語学」1994年4月)〕

【土木】看板 ぼくらの土木〔2004〕

【犯人】小説 犯人の当たりはついてるのか〔結城昌治「仕立屋銀次隠し台帳」1978 集〕／ずっと追ってきた犯人だからだ〔山田悠介

ほ

「ライヴ」2005〕
歌詞 犯人(ホシ)はすぐそばにいる〔サザンオールスターズ「ホリデイ〜スリラー『魔の休日』より」(桑田佳祐)1992〕
映画題名「犯人(ホシ)に願いを」1995 ◆もじり。
書籍 うまく犯人(ホシ)が挙がるし〔別冊宝島編集部「裸の警察」1997 集〕
漫画 犯人(ホシ)が依頼人にとびかかった所〔小花美穂「Honey Bitter 1」2004〕
広告 一気に犯人(ホシ)を挙げ〔「読売新聞」2010年2月13日〕

【ヘ(ほし)】人名 、一ほしかず〔篠崎晃雄「実用難読奇姓辞典増補版」1973〕

【☆(ほし)】◆評価のマークでは半分白の★も。星の形は「○」「＊」など民族ごとにとらえ方、描き方の習慣に差が見られる。日本では魔よけとして古くから五芒星「☆」が使われ、中に線を入れて一筆で書ける形が多い(筆順は十数通りある)。安倍晴明の印として、清明神社などで見られる。セーマン、ドーマンなどと伝承される地あり。海星という熟字訓があるように、ひとでの絵文字としても使われる。長崎市内ではマンホールに五芒星が鋳込まれている〔林丈二「マンホールのふた 日本篇」1984〕。
歌詞 この☆で〔ストロベリー・フラワー「愛のうた」2001〕／☆(ほし)がキラめく〔hitomi「Steady」2004〕
民間 ☆野〔手紙など〕◆星野の当て字(当て記号)。
その他 恒星(ほし) WEB

*【☆☆(ふたつぼし)】漫画〔まえたに☆これみつ「ロボット三等兵」1955〜1957〕◆心内発話の吹き出しの中ではあるが、☆が大きく、☆を飾りと見るべきか。手書き。

*【☆☆☆(ホシホシホシ)】アルバム名 青春シャンプー「☆☆☆」2010〕

*【☆☆☆☆☆(むつぼしきらり)】曲名 榎津まおほか「☆☆☆☆☆(むつぼしきらり)」(Minao Ohse&SAYA) 2004〕

関連【五つ星(☆☆☆☆☆)】小説 五つ星(☆☆☆☆☆)ホテルのロビーを思わせる〔清涼院流水「カーニバル 一輪の花」2003〕◆☆☆☆☆☆(いつつぼし)も民間にあり。

ポジ〔←ポジティブ〕
【陽画(ポジ)】書籍 写真の陽画(ポジ)〔TAKURO「胸懐」2003〕

ほしいい〔干し飯・乾し飯〕
【糒(ほしいい)】辞書

ほしいまま〔縦・恣・擅〕
【擅(ほしい)まま】小説 擅(ほしい)まゝに駛(はし)るのである。〔徳富健次郎「黒潮」1903〕
【肆(ほしいまま)】小説 肆(ほしいまま)に閲するを許して〔平野啓一郎「日蝕」2002〕
その他 恣(ほしいまま)・放恣(ほしいまま) 古

ポジション〔position〕
【位置(ポジション)】書籍〔杉本つとむ「近代日本語の成立と発展」1998〕
【役割(ポジション)】小説 舞台の上での役割(ポジション)〔西尾維新「零崎双識の人間試験」2004〕
【守備位置(ポジション)】漫画〔「週刊少年ジャンプ」2004年5月24日(Mr. FULLSWING)〕

ほしぞら〔星空〕
【星天(ほしぞら)】詩 晴れた瑠璃色の星天(ほしぞら)さへ〔高村光太郎「夏の夜の食慾」1912〕

ポジティビズム〔positivism〕実証主義。
【実証主義(ポジティビズム)】書籍 自然科学を基準にするアプローチは「実証主義(ポジティビズム)」とよばれる〔桜井厚「インタビューの社会学―ライフストーリーの聞き方」2002〕

ポジティブ〔positive〕
【積極的(ポジティブ)】書籍 積極的(ポジティブ)な〔橋本萬太郎・鈴木孝夫・山田尚勇「漢字民族の決断」1987〕

ほす〔干す〕
【乾(ほ)す】歌詞 丸い盃 笑って乾(ほ)して〔美空ひば

ほ

り「ひばり仁義」〈石本美由起〉1972〉

ボス [boss]

【親分】(ボス) 漫画〈手塚治虫「ザ・クレーター」1969〉 小説〈筒井康隆「文学部唯野教授」1990〉

【大親分】(ボス) 漫画〈手塚治虫「ザ・クレーター」1969〉

【親玉】(ボス) 漫画 虐待犯の親玉(ボス)は〈「花とゆめ」2004年22号(3年Z組ポチ先生)〉

【長官】(ボス) 歌詞 長官(ボス)は言う〈サザンオールスターズ「爆笑アイランド」(桑田佳祐)1998〉

【社長】(ボス) 小説〈浅田次郎「鉄道員」2000〉 漫画〈尾田栄一郎「ONE PIECE 18」2001〉

【所長】(ボス) 漫画 うちの所長(ボス)に言ってくれ〈遠藤浩輝「EDEN It's an Endless World! 1」1999〉

【団長】(ボス) 小説〈安井健太郎「ラグナロク EX. DEADMAN」2001〉

【船長】(ボス) 漫画〈冨樫義博「HUNTER × HUNTER 16」2003〉

【首相】(ボス) 歌詞 時の首相(ボス)が病んでいる〈GLAY「-VENUS」(TAKURO)2008〉

その他 課長(ボス) 漫画 ／首領(ボス) WEB

ポスター [poster]

【宣伝書】(ポスター) 詩 宣伝書(ポスター)の上に起つ男〈青木忠雄「見る男」1975〉

【広告】(ポスター) 書籍 地下鉄の広告(ポスター)〈杉本つとむ「近代日本語の成立と発展」1998〉

ホステス [hostess]

【主人役】(ホステス) 書籍〈杉本つとむ「近代日本語の成立と発展」1998〉

ホスト [host]

【主役】(ホスト) 漫画 誕生日をむかえる主役(ホスト)が〈「週刊少年ジャンプ」2004年48号(家庭教師ヒットマン REBORN!)〉

ポスト [post] 郵便記号「〒」は、1887年に「T」としようとしたところ、外国で郵便料金不足の印として使われていたため、「逓信」のテを採って作られた、など諸説あり。(顔)郵便マーク「〠」も一時期公用され、今なお郵便番号の前にアレンジされて書かれるなど使われている。

【郵便投函箱】(ポスト) 古〈1915 隠〉

【席】(ポスト) 漫画 アイツの席(ポスト)を用意したというのに〈森川ジョージ「はじめの一歩 44」1998〉

ホストクラブ [和製 host ＋ club]

【うさんくさい所】(ホストクラブ) 漫画〈由貴香織里「夜型愛人専門店DX」2004〉

ほずのみや 廃姓か。→ほづみ(八月一日(ほづみの)宮(みや))

【八月一日宮】(ほずのみや) 姓 兵庫県〈平島裕正「日本の姓名」1964〉

【八月三十一日】(ほずのみや) 姓〈篠崎晃雄「実用難読奇姓辞典増補版」1973〉❖「八月一日(ほづみ)宮」も収録。

ホスピタル [hospital]

【病院】(ホスピタル) 漫画〈折原みと「生きたい。―臓器移植をした女の子の物語―」2003〉

ポセイドン [ギリシャ Poseidōn]

【海皇】(ポセイドン) 漫画

ほそらん [細らん] →がくらん(学らん)

【細覧】(ほそらん) 古 絹物衣服〈1935 隠〉

ぼた →ずり

【硬】(ぼた) 辞書〈「三省堂国語辞典」第2版(1974)〉

ほたか

【武尊】(ほたか) 地名

ほたてがい [帆立貝・海扇]

【惚多手買】(ほたてがい) 古 洒落本名「青楼惚多手買(せいろうほたてがい)」

ボタニカ [ラテン botanica]

【菩多尼訶】(ボタニカ) 古 植物学 文字の上からも、仏典に近似してゐる。ねらひがあつたと思はれる。〈宇田川榕菴訳「菩多尼訶経」(「日本科学古典全書 8」解説 1948)〉

ぼたもち [牡丹餅]

【牡丹餅】(ぼたもち) 古〈1915 隠〉

ほたる [蛍] 常用漢字表で新字体が採用。「蛍光灯」「螢の燈(ひ)」など、使い分けをする向きあり。語源は火垂(ほたり)からとも。

【火垂る】(ほた) 作品名 野坂昭如「火垂るの墓」1968

【星垂る】(ほたる) 新聞「火垂る」とも「星垂る」とも字をあてられるホタル。直線的に舞い降りる様は、まさに火や星が垂れるようだという。〔「読売新聞」2005年5月31日〕

【蛍珠】(ほたる) 書名 山田正紀「吉原蛍珠(ほたる)天神」1984

ボタン [ボルトガル botão]

【釦】(ボタン) ❖釦をボタンの意に用いることは『新唐書』に「金釦」と見え、中国明末清初には字書に載った。英華字典のたぐい(ウィリアムズ1856、ロブシャイド1868など)でも、服などのボタンに「鈕(釦)」「鍍金鈕」(「鍍金」はめっきに当たる漢語)などが見られる。

古 一般警察官〔1915 隠〕

小説 上着の釦(ボタン)を〔松本清張「点と線」1958〕

WEB「釦」という漢字を当てたのは明治初期のこと。法律で〝陸軍の軍服にボタンをつける〟事を定めた際に、陸軍の創始者・大村益次郎が、〝服の穴に金属製品を入れて紐の代わりにする〟という事から、中国語で【穴にはめこむ金属】を意味する「釦」の字を使い「紐釦」と書いて「ボタン」と読むよう決めたそうです。これが後に、「釦」一字でも「ボタン」を意味するようになったのです。〔「ことばおじさんの気になることば」2010年2月9日〕❖文部省『単語篇』(1873)に衣服の「釦」あり。JR駅構内にあるエスカレーターなどで今でもスイッチに「非常停止釦」とある。「押しボタン」にも釦を使うのは、元は日本で生じた用法と考えられる。

広告 2釦ノータックスーツ〔「読売新聞」2010年3月6日〕❖紳士服店でも。

【釦子】(ボタン) 古〔大槻文彦「復軒雑纂」1902〕

【模襌】(ボタン) 小説 模襌穴(ぼたんあな)〔柳瀬尚紀訳「フィネガンズ・ウェイクⅠⅡ」1991〕❖もじりか。

その他 鈕子(ボタン)・叩子(ボタン)・扣紐(ボタン) 古

ぽち『大言海』「ぽち」の漢字見出しは「点」。犬の名のポチの語源説に、「ぶち」、点(ぽち)袋の意の「ぽち」など。

【丶】(ぽち) 辞書 ❖『八犬伝』の丶大(チュダイ)法師は「犬」を分けたもの。筆勢で「丶」とも(繰り返し記号としてはひらがな用)。『大字典』ではチボが訓となっている。

その他 蓮二(ポチ) 漫画

*【点袋】(ぽちぶくろ) 辞書 ❖「丶袋」とも。

ぼちぼち

【ボチボチ】(墓地墓地) 広告 もう『ボチボチ(墓地墓地)』していられない‼〔「読売新聞」2010年4月10日〕❖墓地の広告。文脈に依存したしゃれによる振り漢字。

ぼつ「ボツ」が多い。没交渉、沈没などと同じく「没」が本来の漢字表記。

【没】(ぼつ) 古〔1941 俗〕

ぼっか [歩荷]

【荷上げ】(ボッカ) 小説 荷上げ(ボッカ)として山へ入っている〔森村誠一「殺意の接点」2001〕

ほっかいどう [北海道]

【北海道】(ほっかいどう) 地名 ❖松浦武四郎の進言によるもので、海は「夷人」の自称からとも、蝦夷の音読みカイからともいわれる。

ポッキー 商品名。

【百奇】 中国 ❖音訳だが、字義もいくらか考えられたものであろう。

ほっきにん [発起人]

【発起人】(はっきにん) 古 発起人をはっきにん〔大槻文彦「復軒雑纂」1902〕

ボックス [box]

【匣】(ボックス) 漫画 偉大なる不死の匣(グレイト・アンデッド・ボックス)〔久保帯人「ZOMBIEPOWDER. 3」2000〕

【箱型】(ボックス) 書名 箱型(ボックス)カメラ〔「読売新聞」2009年12月20日〕

【箱】(ボックス) 字遊 歌箱(カラオケボックス) ❖学生が漢字だけで文章を書いてみた中に。

ぼっくり

ほ

【不意(ぼっくり)】古 刑事〔1935 隠〕

ぼっしゃり

【呆砂利(ぼっしゃり)】古 困窮した生活状態〔1935 隠〕

ほっそり

【細(ほっ)そり】小説 細(ほっ)そりとした身体を〔静霞薫「るろうに剣心 巻之一」(和月伸宏)1996〕

ほったらかす

【放(ほ)ったらかす】WEB

ぼっちゃん ［坊ちゃん］

【坊(ぼ)っちゃん】漫画〔宇佐美真紀「サクラリズム」2003〕

書名「直筆で読む『坊っちゃん』」2007

ほっちらかす ［ほっ散らかす］

【放散飛(ほっちらか)す】小説 ビスケットの食余(くひかけ)が放散(ほッちら)飛(か)して〔尾崎紅葉「多情多恨」1896 俗〕

ほっつきあるく ［ほっつき歩く］

【彷徨(ほっつきある)く】小説 闇黒(くらやみ)を彷徨(ほツつきある)いて〔尾崎紅葉「多情多恨」1896 俗〕

ほっと

【吻(ほっ)と】古〔山田美妙「竪琴草紙」1885〕

ホット ［hot］

【温(ホット)】貼紙 温(ホット)イコーヒー一杯五十円。〔神田駅下のレストランの壁 1963 目〕❖中国ではホットドッグは「熱狗」。

【熱烈(ホット)】漫画題名 立川恵「熱烈台風娘(ホットタイフーン)」1993～1994

ポット ［pot］

【大麻(ポット)】雑誌 大麻(ポット)を吸ってると〔「山と溪谷」1994年5月〕

ポッド ［pod］

【要塞(ポッド)】小説〔菊地秀行「魔界都市ブルース 夜叉姫伝 4」1990〕

ホットマネー ［hot money］

【熱銭(ホット・マネー)】新聞 華僑らが投じる「熱銭(ホット・マネー)」と呼ばれる投機資金〔「読売新聞」2010年3月8日〕❖中国経済について。

ぽつねんと

【孑然(ぽつねん)と】古

ホップ ［オランダ hop］

【忽布(ホップ)】誤読 珍答 コップ コンプ モップ タオル〔斎賀秀夫「漢字と遊ぶ」1978〕

ポップ ［pop］

【弾(ポップ)み】新聞 近代では、身体の振り(スイング)や揺り(ロック)や弾(ポップ)みと違う、メンデルスゾーンの調べのようなものが誇示された。〔「読売新聞」2009年6月29日（佐藤良明）〕

*【流行歌(ポップ・ソング)】小説 流行歌(ポップ・ソング)では、まずありえない〔清涼院流水「秘密室ボン」2002〕

ほっぺた ［頰っ辺］「頰辺(ほおぺた)」の転。ほっぺ。

【頰(ほ)っぺた】古 頰(ほ)っぺたに 山本有三『瘤』1935。後のテキスト(1938)でふりがなしに、さらに後のテキスト(1947)ではかな表記に〔黒木和人『「ふりがな廃止論」の理念と実践』1998〕

ほっぽらかす

【放(ほ)っぽらかす】小説 放っぽらかして〔泉麻人「パーティにようこそ」1990 俗〕

ぽっぽや ［ぽっぽ屋］

【鉄道員(ぽっぽや)】書名 浅田次郎「鉄道員(ぽっぽや)」2000

ほづみ ［穂積］

【八月一日(ほづみ)】姓 ❖陰暦の同日に稲穂を積んで祝ったことから。四月一日(わたぬき)（綿貫・綿抜）とペアで紹介される。

*【八月一日宮(ほづみのみや)】姓 八月一日宮(ほづみのみや)（ほづみや。神戸市内）〔「姓氏家系大辞典」〕／ほずのみや・ほづみ〔篠崎晃雄「実用難読奇姓辞典増補版」1973〕❖廃姓か。十一月二十九日(つめづめ)も『姓氏家系大辞典』に収める。

ぽつん

【孑然(ぽつん)】古 孑然(ぽつん)と

ボディ ［body］ボディー。

【肉体(ボディ)】小説 大柄で華麗な肉体(ボディ)〔菊地秀行「白夜サーガ 魔王星完結編」1996〕

【機体(ボディ)】小説〔茅田砂胡「女王と海賊—暁の天使たち 5」2003〕❖「船体(ボディ)」も。

【体(ボディ)】雑誌〔「with」2004年5月〕

【全身(ボディ)】〈歌詞〉漆き全身(ボディ)〔遠藤正明「勇者王誕生！－神話バージョン」2000〕
【腹(ボディ)】〈漫画〉腹打ち(ボディブロー)の練習しか〔「週刊少年マガジン」2004年48号（はじめの一歩）〕
【B(ボディ)】〈漫画〉フライングBA(ボディアタック)〔大暮維人「エア・ギア 1」2003〕
その他 筐体(ボディ)・躯体(ボディ)〈WEB〉

ボディガード [bodyguard]
【護衛人(ボディガード)】〈広告〉少女・ミナイに護衛人(ボディガード)を頼まれ…!!〔荒川弘「鋼の錬金術師 1」2002（巻末）〕
【護衛(ボディガード)】〈漫画〉沢山の護衛(ボディガード)〔小畑健「DEATH NOTE 10」（大場つぐみ）2006〕
その他 お姉さん(ボディーガード)〈漫画〉

ポテト [potato] イギリスの馬名pot-8-Os(ポテイトウズ)は、綴りが分からない飼い主がPotoooooooo と書いたことから。
【芋(ポテト)】〈小説〉芋(ポテト)チックにも〔梶龍雄「淡雪の木曽路殺人事件」1985〈目〉〕

ほてる [火照る・熱る]
【火照る(ほてる)】〈小説〉火照(ほて)ったような〔「読売新聞」2008年10月5日〕
【日照り(ほてり)】〈歌詞〉熱い砂の日照(ほて)りさます雨さ〔光GENJI「サマースクール」（原真弓）1988〕

ホテル [hotel]
【旅宿(ホテル)】〈古〉旅宿(ほてる)〔仮名垣魯文「西洋道中膝栗毛」1870～1876〕
【寶亭留(ホテル)】〈広告〉寶亭留翠山亭 北海道〔「読売新聞」2010年3月10日〕◆1字目は宝の旧字体。
【H(ホテル)】〈メール〉◆ケータイの絵文字。他社のケータイに送ると、意図しない絵柄で表示されてしまうケースがある。

ほと [陰] 火戸（門）の意ともいうが上代語の仮名遣いと合わず。
【富登(ほと)】【蕃登(ほと)】〈古〉美富登 美蕃登〔「古事記」〕◆『日本書紀』では「御陰(みほと)」。
【火門(ほと)】〈古〉「陰を訓じて保登とす」「古事記に美蕃登と見へたり」「火門（ホト）（ヒナト）の義にてやあらむ」とあり。女不浄（ホトドコロ）〔1928〈隠〉〕
【甫登(ほと)】〈辞書〉〔1949〈隠〉〕
【火処(ほと)】〈小説〉〔柳瀬尚紀訳「フィネガンズ・ウェイク I II」1991〕
【陰(ほと)】〈短歌〉吉野秀雄「男(お)の根岩(ねいわ) 女(め)の陰岩(ほといわ)にきほへとも」岐阜県中津川市 女夫岩(めおといわ)〔「読売新聞」2009年5月21日〕
【女陰(ほと)】〈歌詞〉取りてそしのふ 柔(やわ)き女陰(ほと)〔サザンオールスターズ「CRY 哀 CRY」（桑田佳祐）1998〕

ほど
【保土(ほど)】〈地名〉保土ケ谷 恐らく宛字の類〔築島裕「宛字考」（「言語生活」1960年7月）〕

ほど [程]
【程度(ほど)】〈歌詞〉見える程度(ほど)の足跡〔GARNET CROW「クリスタル・ゲージ」（AZUKI 七）2002〕
【栄光(ほど)】〈漫画〉〔CLAMP「X 7」1995〕

ほどく [解く]
【解く(ほどく)】〈書籍〉複雑怪奇なもつれ玉を解(ほど)きにかかろう。〔井上ひさし「私家版 日本語文法」1981〕

ほとけ [仏] 当用漢字表で仏、僧、鉢など梵語を音訳したことによる漢語がすでに採用されていた。仏はフツは認めていない。ほとけは「仏陀」、「浮屠家」からとも。
【世尊(ほとけ)】〈古〉世尊(せそん)
【死人(ほとけ)】〈書名〉野坂昭如「骨餓身峠死人葛(ほねがみとうげほとけかずら)」1969
【亻ム(ほとけ)】〈誤読〉◆イム室をほとけ室って読んだ人がいたと逸見政孝がテレビで語っていた。WEBでは「亻ム」で仏（神と同様の称賛語）の意でも使う。
その他 死体(ほとけ)〈WEB〉

ほととぎす [杜鵑・時鳥・子規・不如帰・杜宇・蜀魂・田鵑・郭公] 当て字が多い。
【不如帰(ほととぎす)】〈書名〉徳冨蘆花「不如帰(ほととぎす)」1898～1899
【杜鵑草(ほととぎす)】〈俳誌〉〔「俳句」1994年1月〕

【霍公鳥(ほととぎす)】古〔「万葉集」〕◆古く「霍鳥」とも。

【無常鳥(ほととぎす)】古 西鶴〔杉本つとむ「日本文字史の研究」1998〕

【時鳥(ほととぎす)】漫画〔秋本治「こちら葛飾区亀有公園前派出所 126」2001〕◆命名案として。

ほとほと【殆・幾】

【危々(ほとほと)】歌誌 危々(ホト、、)に〔「短歌」1994年4月〕

ほとぼり【熱り】

【余温(ほとぼり)】古〔1889 俗〕

【気熱る(ほとぼ)】小説 気熱(ほとぼ)ーらん〔柳瀬尚紀訳「フィネガンズ・ウェイク III IV」1993〕

ほとり【辺・畔】

【畔り(ほと)】歌詞 湖の畔(ほと)りを 訪ねても〔石原裕次郎・浅丘ルリ子「夕陽の丘」(萩原四朗)1963〕

【陲(ほとり)】歌誌〔「短歌」1994年9月〕

ボトル [bottle]

【壜(ボットル)】歌詞 飲みきれぬ壜(ボットル)で不條理を凝視せよ〔椎名林檎「宗教」2003〕

ボナボナ

【酒場(ボナボナ)】漫画 昨日の酒場(ボナボナ)…〔「週刊少年ジャンプ」2004年5月24日(PMG-0)〕

ぼなる

【吼なる(ぼ)】新聞 越後にはその昔、稲の実が熟するとき、稲が「ぼなる」という言い伝えがあったらしい。「ぼなる」とは漢字をあてれば「吼なる」で、「吼(ほ)える」を意味する方言という〔「読売新聞」2004年12月17日(編集手帳)〕

ぼにゅうせいぶん【母乳成分】

【ラクトフェリン(母乳成分)】雑誌 ラクトフェリン(母乳成分)で初肌(はつはだ)、育む〔「からだにいいこと」2008年10月〕

ほのお【炎・焔】

【焔(ほのお)】詩集 清岡卓行「氷った焔」1959

歌詞 燃え残る 恋の焔を〔ポール聖名子「雨のピエロ」(浜口庫之助)1961〕

【火焔(ほのお)】詩 火焔(ほのお)は平野を明るくせり。〔萩原朔太郎「帰郷 昭和四年の冬、妻と離別し二児を抱へて故郷に帰る」1934〕

【焱(ほのお)】◆炎から焱と1つ字体の部分を増やすことで状況だけを強調。

書名 笹沢左保ほか「焱(ほのお)の博覧会(ミステリー)」1996

会名「世界焱(ほのお)の博覧会」1996

【魂(ほのお)】歌詞 魂(ほのお)はいつも燃え続けて〔GLAY「mister popcorn」2001〕

ほのか【仄か】

【末明(ほのか)】地名 ◆島根県。

【恍(ほのか)】【惚(ほのか)】辞書 ◆「惚」は2004年に人名用漢字に採用された。

【僾(ほのか)】民間 ◆人名に使いたいとする声が多いが、字義は「ほのか(にしかみえない)」「ぼんやりしている」であり、表意文字の意味より、字面のイメージが優先される時代を感じさせる。

その他 仄(ほのか)・髣髴(ほのか)古／風聞(ほのかにきく)古

ほのぐらい【仄暗い】

【微明き(ほのぐら)】古〔山田美妙「竪琴草紙」1885〕

【ほの暝い(ぐら)】広告 ほの暝(ぐら)い旅路〔「読売新聞」2010年3月31日〕

その他 衝黒(ほのぐらし)古

ほのぼの【仄仄】

【仄々(かいかい)】誤読〔WEB〕◆「天網恢々」と混じたか。「ほのか」で漢和辞書の音訓索引に載るが、「仄」を連想させるのか、さすがに人名用漢字へという要望はなかった。

ほのめかす【仄めかす】

【風々(ほのぼのと)】古 ◆中世の真名本などに。

【仄めかす(ほの)】新聞〔「読売新聞 夕刊」2009年2月24日〕

その他 隠起す(ほのめか)古

ホバリング [hovering]

【浮遊停止(ホバリング)】小説 浮遊停止(ホバリング)しております〔菊地秀行「魔界都市ブルース 夜叉姫伝 4」1990〕

【空中停止(ホバリング)】小説〔田中芳樹「創竜伝 2」1988〕

ホビー [hobby]

【娯しみ(ホビイ)】評論 他のいろいろな娯(ホビイ)しみ〔谷川

俊太郎「詩を書く なぜ私は詩をつくるか」2006〕❖たのしみに娯楽の娯を当て、その上でさらにひねられた読み。

【遊び】(ホビー) 商品 遊び(ホビー)にッ〔秋葉原で売っていたソフト〕2004〕

その他 HB(ホビー) 民間

ポピュラー [popular]

【人気】(ポピュラー) 小説

ボブ [bob]

【断髪】(ボブ) 古

ポプラ [poplar]

【帆舞羅】(ポプラ) 店名 中華料理店〔斎賀秀夫「現代人の漢字感覚と遊び」1989〕

ポプリ

【歩風里】(ポプリ) 施設名 ❖ペンション名。

ボヘミア [Bohemia]

【波希米】(ボヘミア) 辞書

ほぼ [略・粗]

【略々】(ほぼ) 小説 略々(ほぼ)果されるのである〔円地文子「妖」1957〕❖略、略ゝ、略ゝも見る。

ぼぼ

【煩々】(ぼぼ) 古〔1928 隠〕

【菩々】(ぼぼ) 古〔1928 隠〕

【開】(ぼぼ) 辞書〔1955 隠〕

*【陰内】 古 陰内(ボボノウチ)〔三谷公器「解体発蒙」1813〕

ほほえみ [微笑み・頰笑み]

【微笑】(ほほえみ) ❖雑誌に『微笑(びしょう)』。女性の人名に「微笑(えみ)」。「微苦笑」は久米正雄の造語。

曲名 淡谷のり子「あなたの微笑」〔松村又一〕1937〕❖読みは「ほほえみ」か。/キャンディーズ「微笑がえし」〔阿木燿子〕1978〕/「氷の微笑(ほほえみ)」1998〔「吸血姫美夕」オリジナルサウンドトラック〕

漫画 微笑三太郎〔水島新司「ドカベン」1972〜1981〕❖登場人物名。

歌詞 いつでも微笑(ほほえみ)を〔原由子「少女時代」1998〕/微笑(ほほえみ)の行方を追いかけた〔CooRie「暁に咲く詩」(rino) 2005〕/微笑を集めては微笑(ほほえみ)に泣いている〔五木ひろし「ゆめかぜ」(石坂まさを) 2007〕

【笑顔】(ほほえみ) 歌詞 いつかくれたあの笑顔(ほほえみ)は〔長山洋子「ニュー・デイ・フォー・ユー」(バーシア・チェチェレフスカ) 2009〕

ほほえむ [微笑む・頰笑む]

【微笑む】(ほほえ) 曲名 淡谷のり子「春は微笑む」〔野村俊夫〕1939〕

その他 忍笑(ほほえみて)・頰笑(ほほえ)み 古

ボマー [bomber]

【爆弾魔】(ボマー) 広告「爆弾魔(ボマー)」の実力は〔「週刊少年ジャンプ」2004年5月24日〕

ほまれ [誉れ]

【名誉】(ほまれ) 演目「三勇士名誉肉弾(ほまれのにくだん)」1932〔「読売新聞」2009年8月16日〕❖軍国物の文楽。

その他 美(ほまれ) 古

ボム [bomb]

【爆弾】(ボム) 小説 密室爆弾(ボム)、か〔清涼院流水「秘密室ボン」2002〕

書籍 グレムリン爆弾(ボム)〔矢野俊策/F.E.A.R.「ダブルクロス The 2nd Edition」2003〕

漫画 顔(フェイス)爆弾(ボム)〔尾田栄一郎「ONE PIECE 33」2004〕

その他 破弾撃(ボム・スプリッド)・風魔咆裂弾(ボム・ディ・ウィン) 書籍 ❖呪文。

ポムドテール [フランス pomme de terre]

【松の実町】(ポム・ド・テール) 小説「松の実町(ポム・ド・テール)」の事件の〔遠藤周作「白い人」1955〕

ほむら [焔・炎]

【火群】(ほむら) 書名 鈴木亜繪美「火群(ほむら)のゆくへ」2005/あさのあつこ「火群(ほむら)のごとく」2010

歌詞 火群(ほむら)に狂ふとも〔霜月はるか「護森人」(日山尚) 2007〕

ホムンクルス [ラテン homunculus]

【人造人間】(ホムンクルス) 広告 人造人間(ホムンクルス)・ビクトルの正体とは!?〔さとうふみや「金田一少年の事件簿19」(金成陽三郎) 1996(巻末)〕

小説 錬金術の人造人間(ホムンクルス)では〔平野啓一郎

ほ

「日蝕」2002〕

漫画 人造人間(ホムンクルス)がここにいるという事は〔荒川弘「鋼の錬金術師 10」2005〕

【超人(ホムンクルス)】漫画 超人(ホムンクルス)になったらまず何か食べよう〔和月伸宏「武装錬金 2」2004〕

【怪物(ホムンクルス)】漫画 人を怪物(ホムンクルス)と変えるホムンクルス本体を〔和月伸宏「武装錬金 2」2004〕

【化物(ホムンクルス)】漫画 化物(ホムンクルス)に殺されてしまう〔和月伸宏「武装錬金 3」2004〕

【フラスコの中の小人(ホムンクルス)】漫画〔荒川弘「鋼の錬金術師 19」2008〕

ほめる［褒める・誉める］

【賞める(ほ)】小説 父があれだけ賞(ほ)め抜いていた叔父ですら〔夏目漱石「こころ」1914〕

【誉める(ほ)】歌詞 どんなに誉めたって〔松任谷由実「Holiday in Acapulco」1986〕 新聞 私を誉(ほ)めながら〔「読売新聞」2008年11月9日(クミコ)〕

【称める(ほ)】小説 称(ほ)められるのを〔「読売新聞」2010年3月13日〕

ホモ［↑ホモセクシュアル］

【朋(ホモ)】題名 ❖朋は「おとこ」「ダン」「ホモ」とルビがふられ、映画題名、雑誌題名、書名などに使われる。

【変態(ホモ)】漫画〔本仁戻「高速エンジェル・エンジン 1」2000〕

ホモサピエンス［ラテン Homo sapiens］

【現代のヒト(ホモ・サピエンス)】チラシ 現代のヒト(ホモ・サピエンス)へ達するのに〔講談社〕

ほや［海鞘・老海鼠］

【石勃卒(ほや)】古 森鷗外〔山田俊雄・柳瀬尚紀「ことば談義 寐ても寤ても」2003〕

【海鞘(ほや)】歌誌 海鞘(ほや)の肉(み)の〔「短歌」1994年2月〕

【保夜(ほや)】民間〔池袋の磯料理の店 1981 目〕

ぼや［小火］

【小火(ぼや)】辞書

ぼやく

【謡(ぼやく)】古

ぼやける

【暮夜ける(ぼや)】歌詞 暮夜(ぼや)けて滲んでいるけど〔EXILE「FIREWORKS」(TOMOGEN) 2009〕

その他 暈(ぼ)やける 辞書

ほら 法螺の字音からとも洞からとも。

【宝螺(ほら)】古

ホラー［horror］

【恐怖(ホラー)】広告 恐怖(ホラー)漫画！〔さとうふみや「金田一少年の事件簿 2」(金成陽三郎) 1993 (巻末)〕

【H(ホラー)】広告 H(ホラー)・C(コミックス)・スペシャル〔垣野内成美「吸血姫美夕」1988 (巻末)〕

ほらあな［洞穴］

【洞窟(ほらあな)】詩 この禁苑の洞窟(ほらあな)に烈火をたく。〔高村光太郎「とげとげなエピグラム」1923〕

ホライズン［horizon］

【水平線(ホライズン)】歌詞 澄み渡る水平線(ホライズン)〔杉山清貴「REALTIME TO PARADISE」(大津あきら) 1987〕

【地平線(ホライゾン)】曲名 中森明菜「地平線(ホライゾン)」(来生えつこ) 1984

ポラリス［Polaris］北極星。

【北極星(ポラリス)】小説 鮮明に輝いていた北極星(ポラリス)〔宮本尚寛訳「冬のソナタ」2003〕

ボランティア［volunteer］

【博愛心(ボランティア)】新聞 他人を思いやる博愛心(ボランティア)をいだく。〔「読売新聞」2009年6月7日(書評欄)〕

❖中国では「志願者」「志願工作者」「義務工作者」「義工」「志工」、韓国では「志願奉仕(者)」。

ほり

【堀(ほり)】【掘(ほり)】古 ❖常用漢字表で部首によって品詞を区別するが、古くは堀(ほり)と掘(ほり)は字体上も用法上も必ずしも区別されなかった。

ポリ［↑ポリス］

【査公(ポリ)】古〔1906 俗〕

【公(ポリ)】辞書〔1948 隠〕

【警察(ポリ)】小説〔金城一紀「Revolution No. 3」2005〕

その他 警札(ポリ公) 漫画／警察官(ポリ公) WEB

ポリシー [policy]
【主義(ポリシー)】 漫画 唯一の主義(ポリシー)だったよ〔山田南平「紅茶王子 2」1997〕

ポリス [police]
【刑事(ポリス)】 広告 刑事物語(ポリスストーリー)〔さとうふみや「金田一少年の事件簿 2」(金成陽三郎)1993(巻末)〕
【警察(ポリス)】 漫画〔手塚治虫「ザ・クレーター」1969〕／警察(ポリス)…〔松川祐里子「魔術師 6」1998〕小説 身を固めた機動警察(コマンド・ポリス)だけだ〔菊地秀行「魔王伝 3 魔性編」1996〕
その他 巡査(ポリス) 古

ポリス [ギリシャ polis]
【都市国家(ポリス)】 雑誌

ホリデー [holiday] 休日。
*【祝日の国(ホリデーワールド)】 書籍〔加島葵訳「ナイトメアー・ビフォア・クリスマス」1994〕

ボリビア [Bolivia] 国名。
【玻里非(ボリビア)】 辞書

ポリフォニック [polyphonic]
【多声的(ポリフォニック)】 書籍〔浅野洋ほか「芥川龍之介を学ぶ人のために」2000〕

ほりもの [彫り物] いれずみ。
【刺青(ほりもの)】 小説 谷崎潤一郎『刺青(しせい)』本文では、ほりものと読ませている。〔木村義之「近代のあて字と文学」(「日本語学」1994年4月)〕
【彫刻物(ほりもの)】 小説〔太宰治「斜陽」1947〕
【彫青(ほりもの)】 新聞 女彫青師〔「読売新聞 夕刊」2010年1月8(斎藤美奈子)〕❖「いれずみ」には文身・入れ墨・刺青などの表記がある。

ボリューム [volume]
【vol.(ボリューム)】 広告 vol.(ボリューム) 5・6〔「週刊少年ジャンプ」2004年10月11日〕❖巻号。

ほる [彫る]
【刻(ほ)る】 新聞 河井荃廬は日本人離れのした、構築性の強い印を刻(ほ)った。〔「読売新聞」2007年8月23日(西嶋慎一)〕

ぼる 暴利から。
【貪(ぼ)る】 古〔1917 隠〕
【暴(ぼ)る】 古〔1929 隠〕
その他 暴利屋(ぼりや)・暴利茶屋(ぼりちゃや) 古

ポルシェ [ドイツ Porsche]
【外車(ポルシェ)】 漫画 外車(ポルシェ)なんか乗りやがって!〔「週刊少年ジャンプ」2004年5月24日(こちら葛飾区亀有公園前派出所)〕
【車(ポルシェ)】 漫画 車(ポルシェ)!? 知らないな〔「週刊少年ジャンプ」2004年5月24日(こちら葛飾区亀有公園前派出所)〕

ボルト [volt]
【V(ボルト)】 雑誌 800V(ボルト)の電気ウナギ〔「旅」1994年9月〕
【暴流人(ボルト)】 漫画 武蔵暴流人(ボルト)〔鈴木信也「Mr. FULLSWING」2001～2006〕❖登場人物名。

ポルトガル [Portugal]
【葡萄牙(ポルトガル)】 小説 葡萄牙人(ポルトガル)もあったが〔島崎藤村「夜明け前 第一部」1932〕❖葡萄という植物名自体も音訳(当て字)だった。

ポルフィン [porphine]
【㗊】 中国 ❖化学用語 léi(レイ)。卟啉とも。ポルフィリン(porphyrin)は、ピロールが4つ組み合わさって出来た環状構造を持つ有機化合物。環状構造自体はポルフィンという名称。「雷」の古字としての字体と発音を利用し、復活させた象形的な用法。

ホルモン
【放(ほ)るもん】 WEB 放るもん焼き❖放る(捨てる)物からとも。

ぼれ
【呆(ぼれ)】 古〔1935 隠〕

ほれる [惚れる・恍れる・耄れる]
【悦(ほれた)】 古『好色由来揃』元禄頃〔杉本つとむ「近代日本語の成立と発展」1998〕

ほろ [幌]
【幌(ほろ)】 古❖「幌」に、武羅、母衣(袰)、縨など、武家によって違いがあったとされる。位相文字・表記。

ぼろ［襤褸］
【BORO（ぼろ）】 新聞 青森の人々が何十年も何百年もかけて使い続けてきた衣類・BORO（ぼろ）。BOROの布地の多くは、藍（あい）色の麻だった。〔「読売新聞」2010年2月26日〕❖テレビ番組「美の壺」の紹介。

ポロ［polo］
【打毬（ポロ）】 書籍「打毬（ポロ）」の試合を〔稲畑耕一郎「皇帝たちの中国史」2009〕

ぼろい
【襤褸（ぼろ）い】 辞書〔俗〕
【暴利（ぼろ）い】 古 紡績が暴利い〔1925 俗〕

ホロウ［hollow］
【虚（ホロウ）】 広告 魂を食らう〝虚（ホロウ）〟を討つ〔「ジャンパラ！vol.15」2004〕❖漫画「BLEACH」に登場する悪霊。

ホログラフ［holograph］
【立体映像（ホログラフ）】 漫画 私立体映像（ホログラフ）なんですし〔義仲翔子「ロスト・ユニバース 1」（神坂一）1998〕

ホログラム［hologram］
【立体映像（ホログラム）】 小説 これは立体映像（ホログラム）だ〔安井健太郎「ラグナロク 黒き獣」1998〕

ほろけ
【落（ほろけ）】 古 賭博に失敗すること〔1935 隠〕❖中国とあるが未詳。

ホロスコープ［horoscope］
【占星術（ホロスコープ）】 雑誌〔「CanCam」2004年10月号〕

ほろにがい［ほろ苦い］
【微苦（ほろにが）い】 歌詞 ちょっぴり微苦（ほろにが）い〔チェッカーズ「メモリー・ブレンド」（藤井郁弥）1985〕

ポロネーズ［フランス polonaise］
【舞踊曲（ポロネーズ）】 歌詞〔椎名林檎「愛妻家の朝食」2001〕

ほろび［滅び］
【寂滅（ほろび）】 古〔伊藤嘉夫「ふりがな振り漢字」1970〕
【亡（ほろび）】 歌詞 飢 亡（ほろび） 運命の時〔※-mai-「鎮 ― re-quiem ―」（米たにヨシトモ）1999〕

ほろぼす［滅ぼす］
【剪滅（ほろぼ）す】 古

ぼろぼろ
【ぼろ幌（ぼろ）】 小説 ぼろ幌（ぼろ）の〔柳瀬尚紀訳「フィネガンズ・ウェイク Ⅲ Ⅳ」1993〕❖もじりか。

ほろり
【💧（ホロリ）】 手紙（💧（ホロリ））〔女子の手紙〕❖女子に特有の記号に振り仮名が付いていた例。

ポロロッカ［ポルトガル pororoca］
【大海嘯（ポロロッカ）】 小説〔田中芳樹「創竜伝 13」2003〕

ホワイダニット［whydunit］
【動機当て（ホワイダニット）】 小説「犯人当て」や「動機当て（ホワイダニット）」〔清涼院流水「カーニバル 一輪の花」2003〕

ホワイト［white］
【白（ホワイト）】 小説 白薔薇（ホワイトローズ）〔徳富健次郎「黒潮」1903〕
古 ホワイト（白）しやり 白飯 米飯〔1935 隠〕
書籍 白竜（ホワイト・ドラゴン）〔中澤光博／ORG「入門！リナの魔法教室 スレイヤーズRPG」1996〕
【潔白（ホワイト）】 小説 潔白（ホワイト）が聞いて呆れる。〔清涼院流水「カーニバル 二輪の草」2003〕
【白戸（ホワイト）】 新聞 犬のお父さんが登場する「白戸（ホワイト）家」シリーズ〔「読売新聞 夕刊」2009年12月17日〕❖2007年から放映のCM。上戸彩はそこでは白戸彩の名。「しらと」とも読ませる。
その他 **真白（ホワイト）** 人名

ホワイトカラー［white-collar］
【白領】 中国 北京に「愛情超市（スーパーマーケット）」がオープンし、「白領」（ホワイトカラー）の若い男女を引き付けている。〔「読売新聞」2009年12月15日〕❖括弧書きはここでは読みではなく、訳や意味か。

ホワイトシャート［white shirt］ ホワイトシャツ。Yシャツの語源とも。
【白シャツ（ホワイト・シャート）】 小説 機体最終点検の白シャツ（ホワイト・シャート）が〔大野木寛「ラーゼフォン 1」（出渕裕・BONES）2002〕

ホワイトスコール［white squall］ 無雲

はやて。
【白い嵐(ホワイト・スコール)】小説 白い嵐(ホワイト・スコール)だ〔大石英司「神はサイコロを振らない」2005〕

ホワイトニング [whitening]
【美白(ホワイトニング)】広告 DNAレベルの美白(ホワイトニング)で〔「ディオール美白水」2004〕

ホワイトハウス [White House] 白亜館。
【白宮(ホワイトハウス)】書籍〔杉本つとむ「日本文字史の研究」1998〕◆アメリカは中国にホワイトハウスは「宮殿」ではないため、白宮と訳すのをやめ、白屋とするよう求めている。
【アメリカ政府(ホワイトハウス)】小説〔田中芳樹「創竜伝」1987〜〕

ポワゾン [フランス poison] →プワゾン・ポイズン・つま(毒)
【毒(ポワゾン)】ポスター その愛は 毒(ポワゾン)。〔映画「ポワゾン」2001〕

ほん [本]
【台本(ホン)】漫画 台本(ホン)読みの続きつきあって〔小花美穂「こどものおもちゃ 1」1995〕
広告 台本(ホン)無し、リハ無し、容赦無し！〔「読売新聞」2010年4月18日〕
【床本(ホン)】新聞 複雑な心情を語り分けるには、床本(ホン)読みを何度も丁寧にする必要があります。〔「読売新聞」2008年6月11日(文楽太夫・竹本住大夫)〕
【書籍(ほん)】古 ◆中国語では「書」、韓国語とベトナム語では「冊」、助数詞は中国では「本」、日本では「冊」、韓国とベトナムは「巻」が普通。
その他 皮紙(ほん) 古／書物(ほん)・雑誌(ほん)・ウェブ(ほん) WEB
関連 【あの本(冒頭の詩)】漫画 あの本(冒頭の詩)のようだ〔日高万里「ひつじの涙 4」2003〕

ぼん [坊]
【坊(ぼ)ン】人名〔佐久間英「珍姓奇名」1965〕

ぼん [盆]
【新盆(ぼん)】歌詞〔サザンオールスターズ「愛の言霊 〜Spiritual Message〜」(桑田佳祐)1996〕

ぼん
【茫然(ぼん)】古 ◆ぼうっとするから「呆然」などと思い込んでいる人が少なくない。

ボン [bomb] 爆弾。雑誌名に『BOMB(ボム)』。
【BOMB(ボン)】漫画 ムリに開ければ即BOMB(ボン)！〔和月伸宏「武装錬金 2」2004〕

ボン [フランス bon]
【よい(ボン)】小説「よい休暇(ボン・ヴァカンス)を」と書いて送った〔遠藤周作「白い人」1955〕◆ボンカレーはフランス語の形容詞「bon」(良い、おいしい)から。

ぽんいち 倒語。
【日本一(ぽんいち)】古 覗眼鏡〔1935 隠〕

ホンいつ [混一] 麻雀用語。
【混一色(ホンイツ)】歌詞 役牌&混一色(ホンイツ)って思った？〔植田佳奈・小清水亜美「恋も真剣勝負ジャン！」(ケンケン)2007〕

ほんかい
【真買(ほんかい)】古 多額の金銭を所持してゐるらしい人物〔1935 隠〕

ポンかん [ポン柑・椪柑]「ポン」はインドの地名Poonaに当てた中国音からという。椪は木の並べ方の一種としては「はえ」と読む。
【凸柑(ポンかん)】古 ◆その形から書かれることもあった中国の方言により凸を「訓読み」したものか。

ほんき [本気] →まじ
【純粋(ほんき)】歌詞 純粋(ほんき)の涙を流してみたい〔大黒摩季「永遠の夢に向かって」1994〕
【真剣(ほんき)】曲名 田村英里子「真剣(ほんき)」(松本隆)1989
TV「女のコの真剣(ホンキ)魅せてあげる！」〔美少女剣道青春アニメ「バンブーブレード」第1話のCM 2007〕

ぼんくら [盆暗] ATOK17でも変換。
【凡倉(ぼんくら)】古 夏目漱石 凡倉〔高橋輝次「誤植読本」2000(西島九州男)〕

ほ

【凡蔵(ぼんくら)】古〔1917 隠〕
その他 凡暗(ぼんくら) 辞書

ぼんご［梵語］梵はブラフマン（宇宙を支配する原理）の音訳から。

ぽんこつ「ポンコツ」とも。「げんこつ」と英語 punish の混淆したものかという説も。
【膝(ぽんこつ)】漫画〔浅田弘幸「I'll」1995～2004〕
その他 凡骨(ぼんこつ)・ポン骨(こつ) WEB

ぼんじ［梵字］サンスクリットの表記に用いられた文字。お守りに用いられることがある。卒塔婆などでも一般に読めないことによる神秘を感じ取っているのであろう。

ぽんしゅ 日本酒。
【本酒(ぽんしゅ)】辞書 ぽんしゅ（本酒）〈俗〉

ボンジュール［フランス bonjour］「良い日」、
【今日は(ボンジュール)】小説〔遠藤周作「白い人」1955〕
「良い一日を」の意。

ぽんじょ［↑日本女子大学］
【本女(ポンジョ)】民間 ❖1980年代半ばに日本女子大学のキャンパス内の掲示物や早大のサークル内のノートなどで見掛けた。少数ながらサークルなどで受け継がれている。「日本酒」など「にほん」と読む語も、「日」を取ると「ポン」に変わる傾向あり。

ポンず［ポン酢］オランダ語のポンス（pons）からとも、「ス」は元々「酢」とも。
【ポン酢(ず)】広告 ポン酢〔「読売新聞」2010年3月14日〕

ボンソワール［フランス bonsoir］
【こんばん1001(ボンソワール)】歌詞〔Sound Horizon「見えざる腕」(REVO) 2006〕❖ほかに「奪1001れた」など、「わ」を1001としている。

ポンチ［punch］
【本酢(ポンチ)】【本時(ポンチ)】古

ポンチョ［スペイン poncho］
【貫頭衣(ポンチョ)】小説 頭を通す貫頭衣(ポンチョ)のような〔清涼院流水「カーニバル 二輪の草」2003〕

ほんちょう［本庁］警視庁の隠語。
【警視庁(ほんちょう)】小説 警視庁(ほんちょう)は夜明け前から〔島田一男「特報社会部記者」1991 集〕

ポンツィスキーム［Ponzi scheme］
【ネズミ講(ポンツィ・スキーム)】広告 アメリカは〝ネズミ講(ポンツィ・スキーム)国家〟だ。〔「読売新聞」2009年5月12日〕

ほんと［本当］→ほんとう
【真個(ほんと)】小説 真個(ほんと)ですとも〔徳富健次郎「黒潮」1903〕
【真実(ほんと)】歌詞 真実(ほんと)の恋の物語〔石原裕次郎・牧村旬子「銀座の恋の物語」(大高ひさを) 1961〕／真実(ほんと)泣きたい位好きだから…〔TWO-MIX「TRUST ME」(永野椎菜) 1996〕／真実(ほんと)の言葉だけを伝えたい〔愛内里菜「アイノコトバ」2009〕❖用例多し。
曲名 森口博子「スピーチに真実(ホント)なし」(工藤哲雄) 1996
書名 船瀬俊介「真実(ホント)は損するオール電化住宅」2009
【現実(ホント)】歌詞 夜明けに見れば現実(ホント)になると〔水樹奈々「ジュリエット」(志倉千代丸) 2002〕／夢の中より現実(ホント)はもっとずっとステキな未来〔小清水亜美ほか「ミライエンジェル」(羽月美久) 2007〕
漫画〔北川みゆき「罪に濡れたふたり 9」2002〕
【本当(ほんと)】歌詞 本当(ほんと)の気持ち〔松山恵子「別れの入場券」(松井由利夫) 1963〕／本当(ホント)はいくじなしの〔Every Little Thing「Rescue me」(五十嵐充) 2000〕／本当(ほんと)はね〔THE KIDDIE「ほんとはね。」(揺紗) 2009〕
漫画 へへ！本当(ホント)にな！〔さとうふみや「金田一少年の事件簿 6」(金成陽三郎) 1994〕／本当(ホント)に迷惑ならこの人来ないから〔日高万里「ひつじの涙 6」2003〕
【本途(ほんと)】WEB ❖元、本当の道の意。
【本ト(ホン)】曲名 袴田吉彦「本トの気持ち」(里見

匡一」1999〉◆手紙などにもあり。
*【本音(ホントの声)】漫画 オレの本音(ホントの声)をな・・・〈青山剛昌「名探偵コナン 1」1994〉
関連【ホント(悪)】歌詞 そんなウソ(善)やホント(悪)〈19「あの青をこえて」(326) 1999〉

ボンド [Bond]
【凡人(ぼんど)】芸名 大木凡人◆「凡人(ぼんど)」はジェームズ・ボンドによるという。

ぽんと
【先斗(ぽんと)】地名 ◆京都市中央区。語源はポルトガル語 ponto(「先」の意)とも、鼓が「ポン」と鳴ることに掛けたという説もあり。パ行で始まる地名は本州では珍しい。

ポンド [オランダ pond] 重さと貨幣の単位。
【听(ポンド)】【封度(ポンド)】【磅(ポンド)】古 ◆幕末には「£」の形を模して「乇」とも書かれた。
【斤】【磅】中国 ◆英華字典のたぐいでは、「斤」(重さ)〈モリソン 1828〉、「磅」〈ロブシャイド 1868 など〉。後者は国訓ではない。

ほんとう [本当] 「本当」も当て字と思われる。ほんに。ほんま。
【本等(ほんとう)】【本統(ほんとう)】【本とう(ほん)】【真(ほんとう)】【実正(ほんとう)】古 ◆江戸時代以降表記はさまざまだった。
雑誌 正字がわからない「本当」は、「補欠表記」〈田島優「あて字と誤字の境界」(「日本語学」1994年4月)〉
【本当(ほんとう)】小説 本当(ほんたう)に〈徳富健次郎「黒潮」1903〉
◆江戸時代以降。
漫画 本(ほん)っ当(とー)〈荒川弘「鋼の錬金術師 4」2003〉
◆強調形では「ほんっっっとう」などのほか、漢字を引き延ばした例も漫画の吹き出しにあり。
【真箇(ほんとう)】古〈1902 俗〉
【真正(ほんとう)】古 真正(ほんたう)に〈1909 俗〉
【真実(ほんとう)】小説 真実(ほんたう)でせうか〈徳富健次郎「黒潮」1903〉
歌詞 こぼれた真実(ほんとう)を抱き起こせば〈さだまさし「惜春」1979〉/真実(ホントウ)はふたりしか知らない〈浜崎あゆみ「appears」1999〉/築きたい二人の真実(ほんとう)の世界〈川口大輔「Let's Get Together Now」(澤本嘉光・松尾潔) 2004〉◆用例多し。
小説 真実(ほんとう)の愛人への想いが募っていく日々のアルバム〈清涼院流水「カーニバル一輪の花」2003〉
曲名 KinKi Kids「solitude ～真実(ほんとう)のサヨナラ～」(K. Dino) 2007
【現実(ほんとう)】漫画『現実(ほんとう)』になったらきっと『しあわせ』になれる夢〈CLAMP「X 1」1992〉
歌詞 夢みたいなことも現実(ほんとう)にしようよ〈栗林みな実「あんりあるパラダイス」2009〉

ぽんとう [本刀] 日本刀。
【本刀(ぽんとう)】辞書〈1949 隠〉
【日本刀(ポントウ)】小説 日本刀(ポントウ)も二、三本〈南英男「監禁」1995 集〉
*【本当 本当(にっぽんとう)】漫画 判じ物 本当 本当(日本(にっぽん)刀(たう))〈田河水泡「のらくろ武勇談」1938〉◆二つ本当の意。

ぽんどまり
【浦雲泊(ぽんどまり)】地名 ◆北海道。

ほんに
【本爾(ほんに)】古 ◆爾(尒)はにの変体仮名の字母。

ほんにん [本人]
【魔王(ほんにん)】漫画 魔王(ほんにん)に聞けばわかると思ったのに〈渡辺祥智「銀の勇者 1」1998〉
関連【本人(リチェ)】漫画 本人(リチェ)に言ってやれ〈渡辺祥智「銀の勇者 1」1998〉

ボンヌボロンテ [フランス bonne volonté]
【善意(ボンヌ・ボロンテ)】小説 私たちの善意(ボンヌ・ボロンテ)は〈遠藤周作「白い人」1955〉

ぼんのう [煩悩] 煩悩は、古くから僧侶の間では「四四」「穴穴」のように略記されることがあった。
【煩悩(ぼんのう)】古 洒落本〈矢野準「近世戯作のあて字」(「日本語学」1994年4月)〉

ぼんのくぼ［盆の窪］

【ぼんの凹(くぼ)】古

ほんば［本場］

【中国(ホンバ)】広告 中国(ホンバ)の一流コックがつくる中国(キッスイ)の味〔中華料理 1960 目〕

ぼんびい

【貧乏(ぼんびー)】辞書〔俗〕 貧乏の倒語。

ぽんびき［ぽん引き］

【凡引(ぽんびき)】古〔1917 俗〕

ほんぶ［本部］

【名古屋(ほんぶ)】漫画 名古屋(ほんぶ)に連絡入れまっか〔立原あゆみ「本気！ 8」1988〕

ポンプ［オランダ pomp］

【喞筒(ポンプ)】広報 旧三河島汚水処分場喞筒(ポンプ)場施設〔「広報東京都」2008年11月1日〕❖中国では、喞筒などのほか、南方起源と考えられる会意文字「泵(ボン)」(bèng)が用いられる。

誤読 喞筒 ピストル キセル ラッパ〔斎賀秀夫「漢字と遊ぶ」1978〕

【奔風(ポンプ)】小説〔柳瀬尚紀訳「フィネガンズ・ウェイク III IV」1993〕

その他 水弾(ポンプ) 古

ボンベイ［Bombay］ ムンバイ。

【孟買(ボンベイ)】辞書

ボンヘッド［bonehead］ ボーンヘッド。

【凡(ボン)ヘッド】新聞 終盤はともにエラー、野選など凡ヘッドが得点にからんだ〔「中日新聞」1978年5月14日 目〕❖凡打と混淆か。

ほんぼし［本星］ →ほし（犯人）

【犯人(ほんぼし)】小説 犯人(ほんぼし)を検挙できるか〔和久峻三「京人形の館殺人事件」1992 集〕

【真犯人(ホンボシ)】小説 真犯人(ホンボシ)を取ッ捕まえる〔島田一男「伊豆・熱海特命捜査官」1995 集〕

漫画 空の科学館炎上騒ぎの真犯人(ホンボシ)が君だと〔「ペルソナ2罰 4コマギャグバトル ポジティブシンキング編」2000〕

書名 南英男「真犯人(ホンボシ)」2008

ぼんぼん［坊坊］

【御曹司(ぼんぼん)】漫画

ほんま［本真］ 本真の意。関西方言。

【本真(ほんま)】古 大阪方面の方言〔1935 隠〕

小説 本真にうまいもん食ひたかつたら〔織田作之助「夫婦善哉」1940〕

【本間(ほんま)】民間 ❖漢字変換すると、姓としての変換候補の本間が出るため、パソコン・ケータイでの使用が増えている。

ほんもの［本物］ →ものほん

【真物(ほんもの)】小説 真物(ほんもの)との違いさ〔菊地秀行「白夜サーガ 魔王星完結編」1996〕／〔田中芳樹「海嘯」1996〕

【宝物(ホンモノ)】歌詞 宝物(ホンモノ)の恋はできそうかい？〔T.M. Revolution「HOT LIMIT」(井上秋緒) 1998〕

ほんや［本屋］

【脚本屋(ほんや)】古〔1940 俗〕❖「本」を上下逆にした「〓」という古書店の看板は、目立たせるだけでなく、縁起を良くしたり、なぜもっと安く買えないのかという気持ち、あるいは返ってくること、裏本を含意するところがあるという。

その他 本家(ほんや)・書買(ほんや)・書肆(ほんや) 古／E書籍(いーほんや) WEB

ぼんや

【坊(ぼん)や】漫画〔宇佐美真紀「サクラリズム」2003〕

【〓(ぼん)や】小説 〓(ぼん)や？〔柳瀬尚紀訳「フィネガンズ・ウェイク III IV」1993〕❖用例としては江戸時代以来となるか。『辞書はジョイスフル』(1994)に『角川大字源』の「国字一覧」(雑俳類から)からこの字を知って、「翻訳に頂戴(ちょうだい)した」とある。

ほんやく［翻訳］

【飜訳(ひやく)】誤読 翻訳はホンヤク、飜訳はヒヤクで日本語から外国語にうつす場合かと質問(がきた)。〔「言語生活」1960年7月〕❖飜は翻の旧字体。

【誤訳】誤植 (ある文庫本の)巻末の既刊書目録には「翻訳」とすべきところが「誤訳」

ほ

となっている。〔WEB〕

ぼんやり「朦朧」を当てることも。

【茫然(ぼんやり)】【惘然(ぼんやり)】【懵然(ぼんやり)】 古 ◆悄然(しょんぼり)、茫然(ぼんやり)など音訓で発音が共通。

【茫(ぼん)やり】 古 茫(ぼん)やりと〔「朝日新聞(東京)」1922年6月17日〕

【盆槍(ぼんやり)】 古 ◆漱石が使用。

ま

ま［魔］

【魔(ま)】 書籍 教えてできる間は「間(ま)」と書くが、教えられない間は「魔」と書くんだとの話が、六代目菊五郎の芸談として伝わっている。〔松岡正剛「日本流」2000〕◆芸能界でも「間は魔だ」と言われる。「魔」は梵語māraの音訳（魔羅）のために中国で作られた形声文字。

【庅(ま)】 書籍 多庅（摩）湖〔1963 目〕◆漫画では「魔」として頻出し、地名では「多摩」の「摩」として筆記される。

まあ

【真ア(ま)】 小説 真ア側で見ると〔町田康「きれぎれ」2000〕

マーカー［marker］

【追跡子(マーカー)】 小説 追跡子(マーカー)を撃ち込んでおいた〔菊地秀行「白夜サーガ 魔王星完結編」1996〕

マーガリン［margarine］

【人造牛酪(マーガリン)】 古 ◆中国語では麦琪淋。

【曲ーガリン(マ)】 小説 曲(マ)ーガリンなりにも油(ゆ)るせません〔柳瀬尚紀訳「フィネガンズ・ウェイク ⅢⅣ」1993〕◆もじりか。

マーガレット［Margaret］

【真柄(マーガレット)】 人名〔荒木良造「姓名の研究」1929〕

マーク［mark］

【印(マーク)】 漫画〔青山剛昌「名探偵コナン 43」2003〕

【刺青(マーク)】 漫画〔尾田栄一郎「ONE PIECE 18」2001〕

マーケット［market］

【市場(マーケット)】 雑誌 全盛のカジュアル市場(マーケット)に〔「MEN'S CLUB」1994年1月〕◆シジョウ・いちば・マーケットと漢語・和語・外来語でイメージが変わる。

マーケティング［marketing］

【市場調査(マーケティング)】 小説〔安井健太郎「ラグナロク EX. DEADMAN」2001〕

マージャン［麻雀］ 新聞ではマージャンと仮名表記。中国の麻将が日本でも使われ始めた。

【麻雀(マージャン)】 広告〔「読売新聞」3行広告〕◆中国の普通話(プートンホア)ではスズメのこと。

【魔雀(マージャン)】 バンド名 ◆ビジュアル系。

マーセナリー［mercenary］

【傭兵(マーセナリー)】 小説 傭兵(マーセナリー)ギルドの支部がある〔安井健太郎「ラグナロク 黒き獣」1998〕

マーダー［murder］

【殺人(マーダー)】 漫画 この殺人(マーダー)ゲームの裏には何がある…?〔さとうふみや「金田一少年の事件簿 16」（金成陽三郎）1996〕◆「殺人(MURDER)」も。

【殺人犯(マーダー)】 漫画 ふん… 殺人犯(マーダー)を…〔麻宮騎亜「サイレントメビウス 1」1989〕

マーチ［march］

【行進曲(マーチ)】 漫画題名 八木ちあき「リトル行進曲 1」1991

漫画 悪夢への行進曲(マーチ)〔「週刊少年ジャンプ」2004年48号（アニプリ）〕◆ゲーム内映像。

【行軍(マーチ)】 漫画 死の行軍(マーチ)〔「週刊少年ジャンプ」2004年5月24日（アイシールド21）〕

【台詞(マーチ)】 漫画〔尾田栄一郎「ONE PIECE 7」1999〕

マーチ［March］

【三月(マーチ)】 曲名 高野寛「目覚めの三月(マーチ)」1991

マーメイド［mermaid］ マーメード。

【人魚姫(マーメイド)】 漫画題名 いがらしゆみこ「おませな人魚姫(マーメイド)」1978

曲名 中山美穂「人魚姫(mermaid)」（康珍化）1988

歌詞 人魚姫（マーメイド）そんな気分だから〔茅原実里「Peace of mind ~人魚のささやき」(椎名可憐)2007〕

【人魚（マーメイド）】歌詞 ホンキ? と笑った人魚（マーメイド）〔杉山清貴&オメガトライブ「ふたりの夏物語」(康珍化)1985〕／恋する人魚（マーメイド）〔KinKi Kids「ギラ☆ギラ」(Satomi)2003〕

【美人魚（マーメイド）】店名〔「日刊ゲンダイ」2004年10月27日(広告)〕

マーヤー

【幻影（マーヤー）】曲名 林原めぐみ「幻影（マーヤー）」2005

まい

【儛（まい）】民間 住吉大社の田儛（たまい）

まい [舞] →みゃあ

マイ [my]

【米（マイ）】新聞 米（マイ）スターの米（マイ）ポット〔「読売新聞」2009年11月9日〕❖しゃれ。※-mai-は米（よね）たにヨシトモの別名で「マイ」と読む。

【My（マイ）】漫画題名 柳沢きみお「あ!Myみかん」1983~1985❖しゃれ。

*【旨いエリア（マイエリア）】広告 全国の旨いエリア（マイエリア）発!〔「読売新聞」2010年3月27日〕

その他 亜紀人（マイ・ペット）・我が主人（マイマスター）・ケイン（マイ・マスター） 漫画

まいうー うまいの倒語。お笑いタレントのホンジャマカ石塚が使い始めた。

【米うー（まい）】TV〔テロップ〕❖しゃれ。

まいこ [舞子] 人名にも。

【舞妓（まいこ）】映画題名「舞妓Haaaan!!!（はーん）」2007

新聞 芸舞妓（まいこ）〔「読売新聞 夕刊」2010年2月24日〕

【舞姑（まいこ）】誤字 舞姑さんがやってくる!〔京都市内で黒板に 2010年6月〕❖舞娘なども書かれる。

マイコン [↑マイクロコンピューター]

【M（マイコン）】広告 P（プラモ）・M（マイコン）・P（プロレス）が合体。〔立原あゆみ「本気!1」1987〕

マイスター [ドイ Meister]

【匠（マイスター）】雑誌 〃ガンプラの匠（マイスター）〃の名作を見よ!!〔「FRIDAY」2009年6月19日〕

【米スター（マイスター）】新聞 米（マイ）スターの米（マイ）ポット〔「読売新聞」2009年11月9日〕❖しゃれ。

その他 武器職人（マイスター） 漫画

マイスタージンガー [ドイ Meistersinger] 職匠歌人。

【親方（マイスタージンガー）】漫画〔熊倉裕一「KING OF BANDIT JING 6」2004〕

マイソロジー [mythology]

【神話（マイソロジー）】曲名 遠藤正明「勇者王ガオガイガー~神話（マイソロジー）バージョン」2000

マイナー [minor]

【無名（マイナー）】小説 本当に無名（マイナー）だった〔清涼院流水「秘密室ボン」2002〕

【地味な（マイナー）】漫画 うちの(地味な（マイナー）)劇団の中じゃ〔小花美穂「こどものおもちゃ 1」1995〕

【短調（マイナー）】新聞 前半を深い悲しみの短調（マイナー）で〔「読売新聞」2008年11月2日〕

まいない [賄・賂・賄賂]

【賂（まいない）】雑誌 競って賂（まいない）に精出す〔「プレジデント」1994年4月〕

マイナス [minus]

【借金（マイナス）】古〔1915 俗〕

【負（マイナス）】漫画 負（マイナス）の波動を受けずに〔峰倉かずや「最遊記 1」1997〕／そんな負（マイナス）の感情は〔山田南平「紅茶王子 9」2000〕

【ー（マイナス）】広告 〃くるくる〃するだけで「-5歳」の印象〔「読売新聞」2010年5月20日〕

チラシ -5キロ痩せる!❖気持ちは伝わってくるが、5キロ太ると解されかねない。

【㊀（マイナス）】民間 ㊀イメージ❖教科書等に電極として載る。他の漢字・記号と紛れないための使い方か。

【△（マイナス）】漫画 差し引き40万の△（マイナス）〔天獅子悦也「むこうぶち 24」2009〕❖帳簿などでも用いる。

【▲（マイナ）】漫画 月の収支が▲（マイナ）になった〔天獅子悦也「むこうぶち 25」2009〕❖麻雀。

*【絶望感（マイナスパワー）】漫画 強い絶望感（マイナスパワー）〔「週刊少年ジ

ま

ヤンプ」2004年48号(D. Gray-man)〉

マイノリティ [minority]

【少数民族(マイノリティ)】 書籍 〈田中克彦「言語の思想」1975〉

マイホーム [和製 my + home]

【舞宝夢(マイホーム)】 看板 〈不動産店 2004〉

【舞抱夢(マイホーム)】 店名 スナック店〈斎賀秀夫「あて字の考現学」(「日本語学」1994年4月)〉

【売宝無(マイホーム)】 施設名 ラブホテル〈井上ひさし「ニホン語日記」1996〉

【日本家屋(マイホーム)】 漫画 〈イチハ「女子妄想症候群 4」2004〉

マイム [ヘブライ Mayim]

【水の精霊(マイム)】 漫画 〈渡辺祥智「銀の勇者 1」1998〉

【水(マイム)】 漫画 『火(トーラ)』『風(トゥール)』『水(マイム)』『地(ジェラ)』…〈渡辺祥智「銀の勇者 4」2000〉◆精霊の長の名前。

【回復(マイム)】 漫画 私もっと回復系(マイム)の勉強しとくんだったワ!!〈渡辺祥智「銀の勇者 4」2000〉

マイム [mime]

【舞夢(マイム)】 グループ名 パントマイム舞☆夢☆踏〈まいむとう〉

公演名 「TAKARAZUKA 舞夢!」2004

曲名 ヴィドール「舞夢〜マイム〜」(ジュイ)2008

まいる [参る]

【進る(まいる)】 古 進(まゐ)らせよ 幸田露伴〈大石初太郎「振り仮名」(「国語学大辞典」1980)〉

【詣る(まいる)】 ◆神社で幟に「お詣り」「七五三詣り」。「詣(もう)でる」は改定常用漢字表(答申)で表内訓に。

歌詞 観音さまへ 詣(まい)ろうな〈北島三郎「男の涙」(星野哲郎)1964〉

書籍 神社に詣(まい)って〈井上ひさし「自家製文章読本」1984〉

マイル [mile]

【哩(マイル)】 映画題名 「海底二万哩」1954◆里、海里も。

【里】【英里】【咪】 中国 ◆マイルは英華字典の類では、意味による「里」「英里」、発音(広東語)による「咪」がある。〈ロブシャイド 1868など〉

マイルストーン [milestone] 里程標。

【一里塚(マイルストーン)】 WEB

マイン [ドイツ mein]

【我が(マイン)】 小説 我が総統(マイン・フューラー)に拝謁する前に〈清涼院流水「カーニバル 二輪の草」2003〉◆マイン・カンプ(我が闘争)。

マインド [mind]

【意識(マインド)】 新聞 人間の脳は絶対知をつかさどる宇宙意識(コズミック・マインド)の一部分で(「読売新聞」2009年5月12日)

【心理(マインド)】 小説 絶対的心理操作(マインド・コントロール)に〈清涼院流水「カーニバル 二輪の草」2003〉

*****【読心術(マインド・リーディング)】** 漫画 〈小花美穂「Honey Bitter 1」2004〉

その他 記憶操作(マインドハウンド) 小説

まえ [前]

【前方(まえ)】 歌詞 前方(まえ)は未来だけ〈kukui「地図散歩」(今野緒雪)2009〉

【以前(まえ)】 歌詞 以前(まえ)より悲しいけど〈中森明菜「ジプシー・クイーン」(松本一起)1986〉/好きになる 以前(まえ)のきみがいる〈杉山清貴「想い出のサマードレス」(松井五郎)1987〉

雑誌 以前(まえ)からあのひと、ちょっと一段落したら家のこともする、っていうてたから(「マフィン」1994年5月)

漫画 以前(まえ)はとっても優しい方だったの〈渡辺祥智「銀の勇者 4」2000〉/以前(まえ)の病院と同じ〈藤崎聖人「WILD LIFE 2」2003〉

【前科(マエ)】 小説 前科(まえ)はないな〈山村美紗「京都二年坂殺人事件」1987 集〉/前科者(マエ)〈太田蘭三「寝姿山の告発」1989 集〉/暴行罪の前科(マエ)があった〈姉小路祐「動く不動産」1991 集〉

【前歴(まえ)】 小説 ホトケの前歴(まえ)は無視できませんね〈森村誠一「駅」1990 集〉

マエストロ [イタリア maestro]

【職人(マエストロ)】 雑誌 美術工芸の職人(マエストロ)の仕事ぶり

を〔「プレジデント」1994年4月〕

【巨匠(マエストロ)】 新聞 「巨匠(マエストロ)」たちに〔「読売新聞 夕刊」2008年10月7日(高橋睦郎)〕

【巨匠(マエストロ)】 書名 井阪紘「巨匠(マエストロ)たちの録音現場」2009

【虚匠(マエストロ)】 漫画 〔熊倉裕一「KING OF BANDIT JING 6」2004〕

まえにわ ［前庭］

【前院(まえにわ)】 小説 〔小野不由美「東の海神 西の滄海 十二国記」1994〕

まえぶれ ［前触れ］

【前兆(まえぶれ)】 漫画 謎に満ちた連続殺人の「前兆(まえぶれ)」〔さとうふみや「金田一少年の事件簿 9」(金成陽三郎)1994〕

まおう ［摩王］ 地名。

【魔王(まおう)】 誤字 ❖岩手県一関市千厩町千厩字摩王はWEBなどで誤記、誤入力が多い。変換候補に「魔王」しか出ず、既知で似ているためか。

まおとこ ［間男・密男］

【密夫(まおとこ)】 古 密夫(まをとこ)する女房〔1902 俗〕

【間夫(まおとこ)】 古 〔1915 隠〕

まがい ［紛い］

【擬(まがい)】 古 〔1920～1921 俗〕

マカオ ［Macao］ 中国の特別行政区。

【澳門(マカオ)】 辞書 ❖媽閣からとも。天川(あまかわ)とも。

【摩訶(マカ)】 広告 摩訶割(マカワリ) 日本発マカオ行き〔「読売新聞」2010年3月13日〕

まがごと ［禍言・禍事］

【呪言(まがごと)】 広告 黒焰の呪言(まがごと)〔瀬川貴次「聖霊狩り」2000(巻末)〕

マガジン ［magazine］

【雑誌(マガジン)】 歌詞 雑誌(マガジン)と流行(ハヤリ)のマネキン〔前田亘輝「Try Boy, Try Girl」1993〕

【弾倉(マガジン)】 小説 弾倉(マガジン)を交換してから〔菊地秀行「魔王伝 3 魔性編」1996〕

【弾丸(マガジン)】 漫画 〔平野耕太「HELLSING ヘルシング 3」2000〕

【M(マガジン)】 広告 MGP(マガジングランプリ)で2度目の選考を〔「週刊少年マガジン」2004年48号〕

まかす ［任す・委す］

【寄委す(まかす)】 古

まかす 田や池などに水を引く。

【引す(まかす)】【漑す(まかす)】 書籍 「まかす」は——「引す」「漑す」の表記があります〔柳瀬尚紀「日本語は天才である」2007〕

まかせる ［任せる・委せる］ 委(ゆだ)ねる。

【委せる(まかせる)】 歌詞 おまえのすべてを委(まか)せておくれ〔青木美保「人生三昧」(松本礼児)1984〕

まがとり

【凶鳥(まがとり)】 広告 〔「読売新聞」2010年2月13日〕

まがね

【┐(まがね)】 人名 長男 一(ハジメ)、次男 丨(ススム)、三男 丶(シルス)、四男 〇(マドカ)、長女 ┐(マガネ) ❖佐久間英氏の追跡により、「まあ、記号で書けば、こうなるかな」という話だったと判明した。

まかる ［罷る］ 「罷り通る」「罷りならん」「身罷る」など。

【頓死(まかる)】 古

まきげ ［巻き毛］

【捲毛(まきげ)】 歌詞 君は捲毛を風にまかせ〔淡谷のり子「セプテンバー・ソング」(井田誠一)〕

まきこむ ［巻き込む］

【捲き込む(まきこむ)】 小説 捲(ま)き込まれ〔夏目漱石「こころ」1914〕❖「春巻(き)」も「春捲(き)」とも。

マキシマム ［maximum］

【最大(マキシマム)】 小説 最大(マキシマム)の効果をあげようと〔開高健「パニック」1957〕

【最大出力(マキシマム)】 漫画 〔「週刊少年ジャンプ」2004年7月8日(武装錬金)〕

マキシム ［maxim］

【舞姫詩夢(マキシム)】 店名 〔酒場の店名 1981 目〕

まく ［枕く・婚く・纏く］

【枕く(まく)】 和歌 磐根(いはね)し枕(ま)きて 額田王(ぬかたのおおきみ)〔「万葉集」〕

まく ［撒く］

ま

【蒔(ま)く】古〔1920隠〕

まくあい［幕間］

【幕間(まくま)】誤読 ❖「まくま」は通語だったともいわれる。

まぐさ

【鮪刺身(まぐさ)】古〔1917隠〕❖「葱鮪」でも鮪は「ま」。

マクドナルド［McDonald's］絵文字のMは地下鉄を表すが、メールではマック（マクド、マクドナ、マックン、ドナルドマックなどとも）として当て字のように使われることあり。この種の見立て・解釈は当て記号・当て形といえよう。

【麦当労】中国 ❖元は広東語で意味も考えた音訳（当て字）。なお、「唛」でマーク（近年中国の北方ではマイク）。

マグニチュード［magnitude］

【M(マグニチュード)】新聞 マグニチュード（M）8・8の巨大地震と〔「読売新聞」2010年3月6日〕

その他 地震震級(マグニチュード) WEB

マグネシウム［magnesium］

【麻倔涅叟母(マグネシウム)】辞書 ❖中国では「鎂」（镁）。

まくひき［幕引き］

関連【幕引きだ(ドロウ・ザ・カーテン)】漫画〔大暮維人「エア・ギア 4」2003〕

マクベス［Macbeth］

【魔苦部主(まくべす)】新聞 シェークスピア劇の秋田弁化。2002年、秋田城主・魔苦部主(まくべす)とその夫人・秋田御前(ごぜん)の悲劇を描く翻案劇「男鹿のマクベス」を発表。〔「読売新聞 夕刊」2009年6月22日〕❖中国では馬克白。

まくら［枕］

【魂の蔵(まくら)】漫画 現(うつつ)の間(あわい)に在(あ)るは 魂の蔵(まくら)〔漆原友紀「蟲師 1」2000〕

*【枕噺(まくらばな)】辞書〔1955隠〕❖恋の話を「恋ばな（恋話）」という。

まくる［捲る］

【捲(まく)る】新聞 小説を書き捲(まく)っていた。〔「読売新聞」2010年2月11日〕

まぐれ［紛れ］

【フロック(まぐれ)】漫画 フロック(まぐれ)であんなことできる奴〔大暮維人「エア・ギア 4」2003〕

*【紛犬(まぐれいぬ)】古 田舎者など〔1935隠〕

まぐろ［鮪］ ↓ねぎま・まぐさ

【鮪(まぐろ)】川柳 クロ鮪(まぐろ)有ると言う字が恨めしい 小沼正彦〔「読売新聞」2010年3月17日〕❖捕獲禁止の可能性ありとの報道を受けて。

まぐわい［目合い］語は方言に残り、また遊戯的に用いられることあり。

【婚(まぐわい)】雑誌 婚(まぐはひ)〔「歴史読本」1994年4月〕❖歴史的仮名遣いは「まぐはひ」。

【麻具波比(まぐわい)】古〔1929隠〕

【麻具波肥(まぐわい)】辞書〔1949隠〕

*【目合鐚(マグワイア)】小説〔柳瀬尚紀訳「フィネガンズ・ウェイク I II」1991〕❖固有名詞。

まけ［負け］

【敗(ま)け】曲名 小林旭「俺の敗けだよ」（なかにし礼）1981 ❖敗北・敗退のニュアンス。

漫画 キサマの敗(ま)けだッ〔板垣恵介「グラップラー刃牙 1」1992〕

歌詞 敗(ま)けかたなど教える漢(おとこ)が〔子安武人「独妙風」（李醒獅）2002〕

【敗退(まけ)】漫画 紙一重だったとはいえ敗退(まけ)は敗退…〔許斐剛「テニスの王子様 8」2002〕

まげ［髷］丁髷(ちょんまげ)。わげ。

【[毛+曲](まげ)】古 ❖国字。

【髷(まげ)】新聞〔「読売新聞」2010年2月28日〕❖国訓。

その他 曲(まげ) 古 「曲」の部分をそのまま読む。

まける［負ける］

【敗(ま)ける】歌詞 空ではカラスも 敗けないくらいによろこんでいるよ〔井上陽水「東へ西へ」1972〕／誰にも敗けずに〔工藤静香「MUGO・ん…色っぽい」（中島みゆき）1988〕

漫画 どこの達人に敗(ま)けたんだ!?〔板垣恵介「グラップラー刃牙 1」1992〕／〔尾田栄一郎

「ONE PIECE 18」2001〕／敗(ま)けて死ぬことになる〔和月伸宏「武装錬金 3」2004〕
新聞 あんた、戦争に敗(ま)けてすまんと思うのなら〔「読売新聞」2007年9月5日〕
【敗北(まけ)る】漫画〔「週刊少年ジャンプ」2004年1号(Mr. FULLSWING)〕

まげる〔曲げる・枉げる〕
【傾(まげ)る】古 傾(まけ)て
その他 枉(まげて) 古

まけんき〔負けん気〕
【性格(マケンキ)】漫画 体格(パワー)・性格(マケンキ)〔ひぐちアサ「おおきく振りかぶって 10」2008〕

まご〔馬子〕
【馬士(まご)】古〔1775 隠〕
【孫(まご)】誤字 馬子にも衣装を孫にも衣装。◆俗解による。孫の手(これも「麻姑(まこ)の手」から。西鶴に「⿱麻魚鮎の手」)などと混淆か。

まごころ〔真心〕
【真情(まごころ)】歌詞 燃やす真情(まごころ)〔つげゆうじ「寒い風」(岸富夫)2007〕◆恋は下心、愛は真心(間、真ん中にある心)という決まり文句あり。字体と和語とを結びつける日本独自の解釈。「愛」の字体、字義は中国で変化を繰り返し、簡体字「爱」に「心」なし。→ひと(人)
【純情(まごころ)】歌詞 君に捧げた 純情の〔楠木繁夫「女の階級」(村瀬まゆみ)1936〕

まごつく
【間誤(まご)つく】小説 少し間誤(まご)つきながらそう答えた〔梶井基次郎「城のある町にて」1925〕
【徘徊往来(まごつき)】古 徘徊往来(まごつき)しに
その他 迷付(まごつ)く・迷子(まご)つく・儜(まごつき) 古

まこと〔真・実・誠〕→まことに
【真(まこと)】歌詞 真(まこと)の愛は〔石川さゆり「惚れたが悪いか」(岡千秋)2009〕／真(まこと)は光と影とのどちらに潜むのだろう〔ALI PROJECT「この國の向こうに」(宝野アリカ)2009〕◆真(まこと)は人名に多い。「誠(マコ)ちゃん」のようにも使う。
【真実(まこと)】小説 私はあなたに真実(まこと)を話している気でいた。〔夏目漱石「こころ」1914〕
歌詞 あなたの愛が 真実(まこと)なら〔菅原洋一「知りたくないの」(なかにし礼)1965〕／回り舞台は真実(まこと)か嘘か〔野中彩央里「華衣」(松井由利夫)1993〕／真実(まこと)隠し〔霜月はるか「枯れた大地へ続く途」(日山尚)2007〕
広告 真実(まこと)あることなし〔「読売新聞」2008年7月2日〕
曲名 岡ゆう子「女の真実(まこと)」(三浦康照)2009
【真事(まこと)】古〔山田美妙「竪琴草紙」1885〕◆「虚事(そらごと)」と対に。／(的を tic に当てたことは)嘘から真事といふやうな工合〔大槻文彦「復軒雑纂」1902〕
歌詞 一時の真事(まこと)で〔椎名林檎「おこのみで」2003〕
【誠実(まこと)】古 誠実(マコト)アル
【誠意(まこと)】歌詞 誠意(まこと)見せれば愛情が通う〔市川由紀乃「昭和生まれの渡り鳥」(仁井谷俊也)2001〕
【至誠(まこと)】歌詞 至誠(まこと)が描くまぼろしか〔「幻の戦車隊」(横沢千秋)1939〕
その他 真箇(まこと)・真理(まこと) 古

まことに〔真に・誠に〕諒、正、真、誠、実、寔、洵などが古くから当てられてきた。
【誠(まこと)に】古〈十銭二十銭の小額から預かり、利足まで下さるとは誠に有り難(がた)いと存じます〉◆小紙創刊から半年、135年前に早くも読者の間で紙上論争があった。〔「読売新聞」2010年5月2日(編集手帳)〕
【洵(まこと)に】書籍 洵に有難い〔高橋輝次「誤植読本」2000(天沼俊一)〕
その他 真個(まこと)に・寔(まことに)・実(まこと)に 古

まごびき〔孫引き〕
【枝引(まごびき)】古

まごまご
【迷子迷子(まごまご)】古 漱石 視覚や聴覚に巧みに訴えるもの〔山下浩「本文の生態学」1993〕

ま

その他 狼狽する(まごまご) 古／間誤間誤(まごまご) 辞書

まさ

【和(まさ)】 人名 和(マサ)は漢和辞典にもあり。戸籍で受理。〔民事局長回答 1967〕

マザー [mother] 母。また、女子修道院長。

【慈母(マザー)】 古 慈母(マザア)と妹に別れたのは〔坪内逍遥「当世書生気質」1885～1886〕

【母(マザー)】 歌詞 失敗(ギャンブル)は成功の〝母(マザー)〟生(イチ)か死(バチ)かの作戦さ〔みっくすJUICE「The IJIN-DEN～天才の法則」(六月十三)2003〕

新聞 遺伝子の究極的な目的は永続的な自己複製である。「母(マザ)」からクローンとしての「娘(ドウタ)」を作り出すこと。〔「読売新聞」2009年6月7日〕

【司祭(マザー)】 小説 司祭(マザー)エレノア〔安井健太郎「ラグナロクEX. DIABOLOS」2000〕

***【英知(マザー・ウィット)】** 書籍 英知(マザー・ウィット)が、〔池田雅之「ラフカディオ・ハーンの日本」2009〕

***【母語(マザー・タング)】** 書籍 筆者の母語(マザー・タング)である〔井上ひさし「私家版 日本語文法」1981〕

まさか 俗に、人生にはまさか(真坂・魔坂)の坂があるとも。

【真逆(まさか)】 古 真逆(まさか)に「暗夜行路」〔遠藤好英「漢字の遊び例集」1989〕

その他 豈夫(まさか)・有繫(まさか)・目前(まさか)・真箇(まさか)・真処(まさか)・正可(まさか)・正歟(まさか) 古

まさと

【魔裟斗(まさと)】 リング名 ❖ATOK17で変換。

まさに [正に・将に]

【方(まさに)】【且(まさに)】【当(まさに)】【応(まさに)】 古 ❖いずれも漢文の再読文字。

まさめ [正眼・正目]

【正眼(まさめ)】 詩 正眼(まさめ)にそを仰ぎ奉ること難し。〔高村光太郎「求世観音を刻む人」1943〕

まさる [勝る・優る]

【優(まさ)る】 雑誌 イノシシの野性が優(まさ)ってしまい〔「yommy」2008年11月(室井滋)〕❖人名に優(まさる)。

【正児(まさる)】 人名 ❖中国の児化(アル)と関連か。

まし [増し]

【簡単(マシ)】 漫画 煌が高等剣士になるよりは簡単(マシ)よォ〔由貴香織里「砂礫王国」1993〕

まじ 江戸時代から「まじめ」を「まじ」と略すことが起こっていた。「本気(で)」の意味。楽屋ことばから。1980年代から若者語として盛んに使われ出した。シブがき隊の薬丸裕英や石橋貴明がテレビでしきりに使っていた。

【マジ】 小説 少しマジに回答したるわ〔堀田あけみ「1980アイコ十六歳」1980〕俗

【本気(マジ)】 漫画 本気(マジ)になってるわよ〔高橋留美子「めぞん一刻 9」1985〕／パープーの本気(マジ)！を申(もう)しますでも ただ本気(ほんき)です いつも本気(ほんき)です〔立原あゆみ「本気(マジ)！1」1987〕／オレマジす本気(ほんき)ってかくす本名(ほんみょう)…？はい〔同〕❖1987年1月から1996年10月まで、『週刊少年チャンピオン』に連載された。登場人物の白銀(しろがね)本気(まじ)は「しろがね もとき」と読むともいう。影響を受けたのか実名にもあり。／今の話本気(マジ)？〔由貴香織里「天使禁猟区 1」1995〕／本気(マジ)で何も知らないみたいだな〔桜野みねね「まもって守護月天！1」1997〕／ルイ君はオタクでしたマンガのふりがなを丸暗記(まるあんき)しているため「私(わたし)は本気(ほんき)だ」を 私(わたし)は本気(マジ)だ 本気(ほんき)!!〔蛇蔵&海野凪子「日本人の知らない日本語 2」2010〕

歌詞 本気(まじ)に泣けてくる 明日も何も見えない〔林原めぐみ「Going History」(有森聡美)1995〕／マジで本気(まじ)なの？〔Shake You Down「FLAME」(KAZZ)2005〕／本気(マジ)になるから〔上木彩矢「TO-THE-ATTACK」2010〕

広告 本気(マジ)で笑って本気で泣く〔「ヤングジャンプ」(電車内広告)2004〕／私たちって本気不良(マジワル)ママよ!!〔「読売新聞」2006年8月22日〕／本気で好きなら 本気(マジ)でつくれ！

〔「お笑い男子校Vol. 2」2010(中沢フーズ株式会社)〕
ポスター 桃太郎は本気で買取ります〔2004〕◆ゲーム中古販売。
民間 本気で～ラーメンからです〔2004年8月 中野区でのれんに〕
TV 本気で!トーク&ライブ〔NHKニュース 2005年1月(千葉放送局の企画)〕
雑誌 パワフル素顔写真500枚で〝本気〟決戦!〔「お笑いポポロ」2008年2月(表紙)〕
書名 春乃れぃ「本気モテ。～絶対!!恋人ができるプログラム～」2008/後藤竜二「ひかる!本気〈マジ〉。負けない!」2008
チラシ 本気で学ぶ LEC で合格る〔2009年4月〕
WEB 本気と書いてマジとよむ、〝本気(マジ)コンカツ〟するゾ!!〔「クレヨンしんちゃん」オフィシャルブログ 2010年4月27日〕
ケータイ 「まじ」で「本気」と変換する機種も。◆携帯電話は一種の電子辞書であり、需要を先取りする面あり。「本気」と書いて「まじ」と読ませる子もいるという。

【情熱】歌詞 情熱と度胸と惚れっぷり〔近藤真彦「純情物語」(売野雅勇)1986〕

【本当】漫画 本当か〔さとうふみや「金田一少年の事件簿 4」(金成陽三郎)1993〕
書籍 こんどばかりは本当らしい〔吉川潮「江戸前の男」1996 俗〕

【真面】歌詞 こんな真面な話も 冗談めかして口笛でごまかす俺さ〔水谷豊「やりなおそうよ」(阿木燿子)1977〕/真面でおこった時ほど素顔が愛しくて〔サザンオールスターズ「涙のキッス」(桑田佳祐)1992〕◆読みに合わせて、真面目の目を省いたもの。

【真剣】歌詞 愛されるよりも愛したい真剣で〔KinKi Kids「愛されるより愛したい」(森浩美)1997〕
題名 PCゲーム・小説「真剣で私に恋しなさい!!」2009
漫画 真剣でこの国、「パング」の天下を取るのさ!〔「コロコロコミック」2010年4月〕

【馬路】WEB 馬路わらっちゃったょb〔2006年7月26日〕◆古い例。パソコンなどで地名として変換候補に出てくるため、流行している。中学生のブログにも用いられている「厨房」や「凹む」と同様。「まぢ」も。

【爻】WEB X箱って、前C出来るけど無敵乗っからないって爻(マジ)ですか?〔2003年1月17日〕◆「爻」の訓読みに「まじわる」(交)があり、携帯によっては「まじ」で変換され、使う人が現れている。類推を他に及ぼしにくい字。/東京行きたい。↑爻〔2009〕◆この書き手はこの読みをクイズにもしている。

【Maji】曲名 広末涼子「Maji で Koi する5秒前」(竹内まりや)1997 ◆歌詞でも「Maji で」。
その他 不酔・真地 古

*【本命カノ】広告 本命カノめざすなら〔「ParaDo ラブウィッシュ パウダーアイブロウ」2005〕◆化粧品のキャッチコピー。女子の手紙に「本命」。

*【本物】漫画 何言ってんの本物よ本物〔蓮見桃衣「エキストラ・ジョーカー KER」(清涼院流水)2002〕

マジカル [magical]

【魔法】書名 あさのますみ「はじめての魔法クッキー」2009

【マジ軽】商品名 肌着「マジ軽ホット」〔「読売新聞」2009年10月14日〕◆もじり。

まじく

【間敷】古 辻売堅為致間敷候〔井上ひさし「私家版 日本語文法」1981〕◆江戸時代には、文書などで一般的だった。

マジシャン［magician］

【手品師(マジシャン)】 漫画 イギリスで有名な手品師(マジシャン)〔松川祐里子「魔術師 1」1995〕／天下の手品師(マジシャン)〔「週刊少年ジャンプ」2004年48号(ハピマジ)〕

【奇術師(マジシャン)】 小説〔清涼院流水「カーニバル二輪の草」2003〕

【魔術師(マジシャン)】 映画題名「名探偵コナン 銀翼の奇術師(マジシャン)」2004／漫画 魔術師(マジシャン)はイギリスからきたMr.リュウイチ!〔松川祐里子「魔術師 1」1995〕／魔術師(マジシャン)の如く先制殴打!!〔「週刊少年ジャンプ」2004年5月24日(ボボボーボ・ボーボボ)〕／小説 犯人当て魔術師(フーダニット・マジシャン)〔清涼院流水「カーニバル二輪の草」2003〕

【魔法使い(マジシャン)】 雑誌 華麗な技で魅了する心優しき〝魔法使い(マジシャン)〟〔「ダ・ヴィンチ」2010年1月〕

マジック［magic］

【魔法(マジック)】 漫画題名 CLAMP「魔法騎士(マジックナイト)レイアース」1993～1996／漫画 その「魔法(マジック)」のからくりをな!!〔さとうふみや「金田一少年の事件簿 17」(金成陽三郎)1996〕／素敵な魔法(マジック)〔「週刊少年ジャンプ」2004年48号(D. Gray-man)〕／小説 どんな魔法(マジック)で〔清涼院流水「カーニバル一輪の花」2003〕

【魔術(マジック)】 漫画 魔術(マジック)さながらの〝密室殺人〟〔さとうふみや「金田一少年の事件簿 5」(金成陽三郎)1993〕／小説「言」の魔術(マジック)〔清涼院流水「カーニバル一輪の花」2003〕

【奇術(マジック)】 小説 奇術(マジック)ショウは〔清涼院流水「カーニバル二輪の草」2003〕

*【奇術(マジックトリックス)】 漫画 私ができるのは奇術(マジックトリックス)です〔松川祐里子「魔術師 1」1995〕

【手品(マジック)】 漫画 手品(マジック)の仕事はしてないのね〔松川祐里子「魔術師 1」1995〕／真紅の手品真拳(レッド・マジック)奥義〔「週刊少年ジャンプ」2004年5月24日(ボボボーボ・ボーボボ)〕

*【手品(マジックトリック)】 漫画 これも手品(マジックトリック)なの?〔松川祐里子「魔術師 1」1995〕

まじない［呪い］

【呪禁(まじない)】 古〔島崎藤村「千曲川のスケッチ」1912〕

【呪い(のろい)】 誤読 中学生の時、日本史のテストで「土偶の用途を述べよ」という問題に「呪い」と書いた。バツ。教科書には「まじない」って書いてあったのになあ? 先生、まさか「のろい」って読んだんじゃ…?〔WEB〕◆「呪い」は「のろい」とも読む。

その他 **呪咀(まじない)・禁呪(まじない)・厭魅(まじない)・越方(まじない)・咒(まじない)** 古／**蠱(まじなう)** 古

ま

まじま

【真島(まじま)】【間島(まじま)】【馬島(まじま)】 姓 京都の眼科医真島氏一族は間島・馬島とも書く。〔前田勇「江戸語の辞典」1979〕

まします［在す・坐す］

【在す(まします)】 曲名「天に在す我らの父よ」◆讃美歌の歌詞などにも。
歌詞 いずこの空に在(ま)しますや〔美空ひばり「青葉の笛」(西條八十)1955〕

その他 **坐(まします)** 古

まじめ［真面目］→まじ

【真面目(まじめ)】 辞書 ◆江戸時代に、「まじめ」に本当の姿などを意味する漢語「真面目(しんめんもく(ぼく))」を当てた。改定常用漢字表(答申)で「真面目」が付表に採用。

【真自目(まじめ)】 誤字 ◆現在、しばしば書かれることとあり。

その他 **目静(まじめ)・真地目(まじめ)・真摯(まじめ)・真実(まじめ)・老実(まじめ)・質朴(まじめ)・尋常(まじめ)・馬自物(まじめ)** 古

まじめくさる［真面目腐る］

【真面目臭る(まじめくさる)】 雑誌 真面目臭って弁明した。〔文芸総合雑誌 1954〕目

まじもの［蠱物］

【厭魅(まじもの)】 書名 三津田信三「厭魅(まじもの)の如き憑くもの」2006

ましら［猿］
【猿(ましら)】(小説) 猿(ましら)のように〔「読売新聞」2010年1月13日〕❖かつて「まし」という発音に猿の字はよく当てられた。

まじわり［交わり］
【交配(まじわり)】(漫画) 人間と妖怪との交配(まじわり)が〔峰倉かずや「最遊記 1」1997〕

ましん［魔神］まじん。
【魔神(マシン)】(アニメ)「魔神(マシン)英雄伝ワタル」1988～1989
(漫画)『魔神(マシン)』が蘇る事はない〔CLAMP「魔法騎士レイアース 1」1994〕❖machine と掛けている。

マシン［machine］マシーン。
【機(マシン)】(漫画) その MANGA 機(マシン) 少し壊れてるって〔藤崎竜「DRAMATIC IRONY」2001〕
【機械(マシン)】(漫画) 機械(マシン)も古くてボロいの〔佐野隆「打撃王 凜 1」2004〕
【車(マシン)】(雑誌)〔自動車雑誌〕❖車はクルマが多い。
【真真(マシン)】(字謎) なぞなぞ 真真 マシン〔山本昌弘「漢字遊び」1985〕
その他 単車(マシン) (WEB)

マシンガン［machine gun］
【自動小銃(マシンガン)】(小説)〔菊地秀行「魔界都市ブルース 夜叉姫伝 4」1990〕
【機関銃(マシンガン)】(歌詞) 機関銃(マシンガン)抱いた写真〔南佳孝「黄金時代」(松本隆) 1984〕
(小説)〔清涼院流水「秘密室ボン」2002〕／機関銃(マシンガン)のような早クチで〔清涼院流水「カーニバル二輪の草」2003〕
(漫画) 機関銃(マシンガン)眼!!〔「週刊少年ジャンプ」2004年5月24日(未確認少年ゲドー)〕❖技の名前。

ます［増す・益す］
【添(ます)】(古)

ます［在す・坐す］
【在す(ます)】(歌詞) あわれ彼(か)の君 いま在(ま)さば〔竹山逸郎・藤原亮子「誰(たれ)か夢なき」(佐伯孝夫) 1947〕

ます 助動詞。→です
【御座(ます)】(古) 心得御座木綿四手(こゝろへましたといふしでの)〔杉本つとむ「近代日本語の成立と発展」1998〕
【升(ます)】(古)❖音からの当て字。崩し字を介して「舛」とも。
【〼(ます)】(広告) 幸福、あり〼。〔「読売新聞」1991年11月28日(NISSAY)〕
(民間) 2階席アリ〼〔水道橋駅付近の居酒屋 2010年2月8日〕❖印刷物よりも、商店の掲示物によく見掛ける。江戸時代に、戯作などで使用され始めたもの。酒や米を入れる枡を上から見た形。「…〼(まし)た」のようにも使い、〼、回などもある。
(バンド名) ザ・〼(マス)ミサイル／萌EN〼(メガマソ)❖バンドの名には、彩冷える(アヤビエ)と「る」を読まないようなものも。
*【様子(ザマス)】(WEB) おフランス行った様子（ザマス）

マス［↑マスターベーション(masturbation)］
【升(マス)】(WEB) マスターベーションの事。使用例：升を描く。
【増(ます)】(小説) 汚名新増(おなにいます)の〔柳瀬尚紀訳「フィネガンズ・ウェイク ⅢⅣ」1993〕❖もじりか。

まずい［不味い・拙い］
【不味い(まずい)】(雑誌) 味が劣って不味(まず)い〔「小説新潮」1994年5月〕
(小説) カレーは不味(まず)かった〔西尾維新「零崎双識の人間試験」2004〕❖新宿区高田馬場に「日本一[illegible]店」という看板がある。うまいと読むか。
(誤読) 珍答 あじけない きみがわるい にがい ふゆかい〔斎賀秀夫「漢字と遊ぶ」1978〕
【拙い(まずい)】(書籍) 島村桂一氏 回文に 拙(まず)い煮方し〔織田正吉「ことば遊びコレクション」1986〕
(小説)(拙(まず)い)というような顔をして見せた。〔「読売新聞」2009年12月8日〕

マスカレード［masquerade］

【仮面舞踏会(マスカレード)】 小説 頽廃的な仮面舞踏会(マスカレード)が〔清涼院流水「カーニバル 一輪の花」2003〕

【仮面劇(マスカレード)】 新聞 それゆえ著者は、ニーチェの書物を「観念の仮面劇(マスカレード)」と呼ぶ。〔「読売新聞」2008年4月27日〕

ますき

【一寸木(ますき)】 姓 チョッキとも。〔佐久間英「珍姓奇名」1965〕

マスク [mask]

【仮面(マスク)】 漫画〔さとうふみや「金田一少年の事件簿 1」(金成陽三郎)1993〕 小説〔清涼院流水「カーニバル 一輪の花」2003〕 歌詞 仮面(マスク)を外し始めた〔宮本駿一「白夜～True Light」(酒井ミキオ)2003〕

【覆面(マスク)】 曲名 宮内タカユキ「覆面(マスク)の狩人」(森雪之丞)1983 漫画 蝶々覆面(マスク)をつけた敵の創造主は〔和月伸宏「武装錬金 2」2004〕

マスコミ 〔↑マスコミュニケーション〕

【大衆媒体(マスコミ)】 小説〔茅田砂胡「舞闘会の華麗なる終演－暁の天使たち 外伝 1」2004〕

マスター [master]

【店長(マスター)】 漫画 店長はあたし〔山田南平「紅茶王子 25」2004〕

【店主(マスター)】 漫画 よお店主(マスター)〔天獅子悦也「むこうぶち 25」2009〕

【亭主(マスター)】 漫画 亭主(マスター)から差し入れ〔高橋留美子「めぞん一刻 15」1987〕

【主人(マスター)】 漫画 ウチの主人(マスター)〔青山剛昌「名探偵コナン 43」2003〕❖古く「主人(ますとる)」も。

【御主人様(マスター)】 漫画 御主人様(マスター)いかがいたしましょうか？〔松川祐里子「魔術師 1」1995〕

【城主(マスター)】 小説 城主(マスター)とお話ししていたので〔清涼院流水「カーニバル 二輪の草」2003〕

【皇帝(マスター)】 漫画〔由貴香織里「ストーンヘンジ」1993〕

【師匠(マスター)】 TV 写真の師匠(マスター)〔EOS Kiss のCM 2004〕 漫画 師匠(マスター)衛藤ヒロユキ先生は〔荒川弘「鋼の錬金術師 12」2005〕

【達人(マスター)】 書籍〔由良君美「言語文化のフロンティア」1986〕 漫画 達人(マスター)・柳選手のプレイも冴える！〔許斐剛「テニスの王子様 20.5」2003〕

【鷲羽(マスター)】 漫画 鷲羽(マスター)だけを攻撃すること〔奥田ひとし「新・天地無用！魎皇鬼 3」2002〕

【免許(マスター)】 小説 免許を頂いている〔静霞薫「るろうに剣心 巻之一」(和月伸宏)1996〕

【M(マスター)】 漫画 神(ゴッド)のカードはDM(デュエルマスター)しか扱えないもの!!〔「コロコロコミック」2009年7月(巻末)〕

その他 教本(マスター) 漫画

マスターピース [masterpiece] 傑作。

【天選(マスターピース)】 広告〔荒川弘「鋼の錬金術師 14」2006〕

マスト [mast]

【檣(マスト)】 詩 檣(ますと)に綱を張れ、〔高村光太郎「冬の詩」1913〕

その他 帆檣(マスト) 書籍

マスプロ 〔↑マスプロダクション〕

【大量生産(マスプロ)】 書籍 書物の大量生産化(マスプロ)〔杉本つとむ「近代日本語の成立と発展」1998〕

ますます [益益・益] 漢文から。

【増す増す(ますます)】 雑誌 増す増す発揮される〔「文藝春秋」2008年6月(坪内祐三)〕❖「増々」も目にする。

ますめ [枡目・升目] 印刷標準字体は「枡」、簡易慣用字体は「桝」とされた。

【枡目(ますめ)】 書籍 枡目(ますめ)で区切った原稿用紙が〔井上ひさし「私家版 日本語文法」1981〕

ますらお [益荒男・丈夫]

【漢(マスラオ)】 アルバム名 すわひでお「漢〈マスラオ〉～卓球道2～」2004

【男子(ますらお)】 人名〔荒木良造「姓名の研究」1929〕

ませ

【欟(ませ)】 姓〔佐久間英「珍姓奇名」1965〕

ませくろしい
【老成くろしい】新聞 大阪弁で「ひねた」という意味の〝老成くろしい〟子ども〔「読売新聞」2009年5月9日（田辺聖子）〕

まぜこぜ
【混ぜこぜ】辞書／【交ぜ雑ぜ】古／【雑ぜこぜ】WEB

マセマティックス［mathematics］↓マテマテカ
【馬狭地区】古「和田守記憶法」数学は馬狭地区（マゼマチック＝馬が狭い地区に群集せり、その数は数学によらざれば知るにあたわず）大正時代〔惣郷正明「辞書漫歩」1987〕❖戦後にまで受け継がれた。

ませる
【老成る】辞書❖→ませくろしい
その他 早熟る 小説

マゾ［↑マゾヒスト・マゾヒズム］
【M】歌詞 〝M〟じゃない〔Janne Da Arc「Judgement～死神のkiss～」(yasu) 1998〕
小説 追いつめられて愉しむMでもある〔清涼院流水「カーニバル 一輪の花」2003〕

まそほ［真赭］まそお。
【真朱】書籍 仏造る真朱足らず〔井上ひさし「私家版 日本語文法」1981〕

また［又・復・亦］
【亦】歌詞 何を亦 語るべき〔小林旭「北帰行」（宇田博）1961〕
【閏】雑誌 閏 茲〔「歌劇」1994年11月〕
【再】古 再敵討ち〔「読売新聞」2005年3月4日〕
【股】小説 一難去って股一難〔柳瀬尚紀訳「フィネガンズ・ウェイク III IV」1993〕
【再び】歌詞 再び 歩き 出す〔GARNET CROW「whiteout」(AZUKI 七) 2001〕

まだ［未だ］「いまだ」と読むと再読文字。
【猶だ】古〔1902 俗〕
【未だ】歌詞 三本マストは 未だ見えぬ〔美空ひばり「長崎の蝶々さん」（米山正夫）1957〕

マタイ［Matthaios］
【馬太】古「馬太伝」1873

マダガスカル［Madagascar］島名・国名。
【馬達加斯加】【麻田糟軽】辞書

またぐ［跨ぐ］
【跨ぐ】小説 三十を跨いだ女の体を〔「読売新聞 夕刊」2010年3月10日（平野啓一郎）〕

またぐら［股座］
【股倉】書名「小野股倉嘘字尽」❖『小野䉤譃字尽』(1806)のさらに亜流の本の一つ。
【摩哆ぐら】小説 男の摩哆ぐらに〔柳瀬尚紀訳「フィネガンズ・ウェイク III IV」1993〕

またぞろ［又候］
【又候】古〔1907 俗〕

またたき［瞬き］「まばたき」とも読む。
【瞬】映画題名「瞬」2010

またたく［瞬く］
【煌く】歌詞 コンビナートが ああ煌いていた〔松任谷由実「私を忘れる頃」1983〕

またたび［木天蓼］
【天蓼】古

マダム［madam］
【貴婦人】歌詞 妖しい貴婦人は綺麗な少年ひきつれ〔甲斐バンド「地下室のメロディ」（甲斐よしひろ）1980〕
【主婦】小説 花模様のワンピースをまとった主婦たち、〔河野万里子訳「パリ」1998〕
【年上】漫画〔由貴香織里「夜型愛人専門店DX」2004〕

まだるっこい［間怠っこい］まどろっこしい。
【間懈っこい】辞書／【間弛っこい】古

まち［町・街］
【町】新聞「まち」は町であり、街でもあり、また村でもあります。つまり地域であり、現場なのです。〔「読売新聞」2009年10月30日（伊藤真知子）〕❖町、街（ストリートなど）

は使い分けが定着。

【街】曲名 淡谷のり子「街の灯」1934

歌詞 雨が降る 夜のハイウェイ にじむ 街灯り〔渡辺真知子「真夜中のハイウェイ」1984〕

新聞「コモンステージ武蔵府中 杜季の街」を開発〔「読売新聞 夕刊」2009年10月15日〕

【市街】詩 市街中いちめんにひろがり〔萩原朔太郎「かなしい遠景」1917〕

古 市街デ〔杉本つとむ「近代日本語の成立と発展」1998〕

【夜街】歌詞 色めく夜街で可愛く泣くの〔れいか「歌舞伎町のノラ」（玉置麻佐美）2009〕

【花街】新聞 祇園の花街〔「読売新聞」2008年9月23日（署名原稿）〕

【街路】歌詞 街路の上ではじける〔長山洋子シングル「瞳の中のファーラウェイ」カップリング「永遠のブルー」（平井森太郎）1989〕

【都会】歌詞 だけどわたしは 好きよこの都会が〔内山田洋とクール・ファイブ「東京砂漠」（吉田旺）1976〕／この都会は戦場だから〔岩崎宏美「聖母たちのララバイ」1982〕／ざわめく都会の景色が止まる〔ZARD「眠れない夜を抱いて」（坂井泉水）1992〕／あなたが愛したこの都会を〔キム・ヨンジャ「始発駅」（池田充男）2007〕❖用例多し。

書名 はやみねかおる「都会のトム&ソーヤ①」2003

漫画 怖い目にあって都会に行ったって〔加藤元浩「Q. E. D. 18」2004〕

【都市】曲名 観月ありさ「エデンの都市」（田口俊）1991

小説 都市の空を眺めながら〔神坂一「日帰りクエスト なりゆきまかせの異邦人」1993〕

歌詞 眠らない都市に〔FIRE BOMBER「SEVENTH MOON」（K. INOJO）1994〕／都市はサバンナ〔林原めぐみ「Give a reason」（有森聡美）1996〕／白い結晶がふりそそぐ都市〔林原めぐみ「集結の園へ」2009〕

TV シティフォン「この都市（まち）篇」1999〔NTTドコモのCM〕

漫画 都市へ行ってしまいました〔加藤元浩「Q. E. D. 18」2004〕

広告 人・都市・自然のシンフォニー〔「聖教新聞」2005年2月7日（浅沼組）〕

広報 イベント・展示「いい道路・いい都市・いい生活」〔「広報東京都」2009年8月1日〕

ポスター この都市の安全は〔東京消防庁 2010年7月9日〕

【城市】小説〔田中芳樹「海嘯」1996〕❖中国では「城」は「城春草木深」（杜甫「春望」）など（城壁で囲まれた）市街地をいう。

【巷】歌詞 ネオンは巷に まぶしかろうと〔三船浩「男のブルース」（藤間哲郎）1956〕

【邑】小説 この邑へ来たときは〔菊地秀行「魔界都市ブルース 夜叉姫伝 4」1990〕

【里】小説〔小野不由美「東の海神 西の滄海 十二国記」1994〕

【郷里】歌詞 今は帰れぬあの郷里だけど〔山内恵介「君の酒」（仁井谷俊也）2004〕

【故郷】歌詞 あの故郷にお前の胸に戻っても〔GLAY「MIRROR」（TAKURO）2007〕

【田舎】書籍 この田舎で〔326「JeLLY JeWeL」2001〕

【温泉街】ポスター そぞろ歩きの楽しい温泉街、あつみ温泉〔JR尻手駅構内 2009年12月23日〕

【荒野】歌詞 星さえ見えない荒野をさまようのさ〔近藤真彦「大将」（売野雅勇）1985〕

【廃墟】歌詞 炎散る廃墟〔ALI PROJECT「戦争と平和」（宝野アリカ）2002〕

【景色】歌詞 誰の 景色？〔THE YELLOW MONKEY「プライマル。」（吉井和哉）2001〕

【社会】歌詞 落第させる事にいきがる社会〔松澤由実「YOU GET TO BURNING」（有森聡美）1996〕

【世界】漫画 必要としなかった世界だ〔和月伸宏「武装錬金 2」2004〕 歌詞 愛すべき僕らの世界で〔GARNET CROW「Sky」(AZUKI 七)2005〕 広告 この世界にはすっごい謎がある!〔「読売新聞」2010年5月9日〕
【地球】曲名 辛島美登里「美しい地球」1992
【東京】雑誌 この東京の風〔「ビジトジ」2005〕
【石和】歌詞 この石和で〔山本みゆき「笛吹川」(仁井谷俊也)2008〕
【ウチら】漫画 ウチらのビンボーのせいなん?〔樋口橘「学園アリス 1」2003〕

まぢか
【目近】辞書［間近］

マチネー［フランス matinée］
【昼興行】古〔玉井喜代志「振仮名の研究」〔「国語と国文学」1932〕〕

まちまち
【区々】【区】【区分】古

まつ［松］
【松火】古〔山田美妙「竪琴草紙」1885〕
*【万都能作嘉遍】画題 江戸博蔵めぐり〔「読売新聞」2007年7月27日(落合則子)〕

まつ［待つ］
【松】古『古今和歌集』さむしろに衣かたしきこよひもや我を松覧(待つらん)が「松覧」と表記されているのも、単なる当て字というより、松の木の根かたで神の降臨を待ち望む巫女の記憶をとどめたもの、と解釈すべきではなかろうか。〔「朝日新聞」2009年1月3日(高橋睦郎)〕/『古今和歌集』で完了の助動詞連体形「つる」の鶴は動詞「まつ」を漢字「松」で表記した用字と併せ用いられる傾向が確認できるという(依田泰)〔小野恭靖『日本語ブーム』が後世に残すもの」〔「日本語学」2010年5月〕〕 広告 2億円、買って松竹 梅ェ話。〔「読売新聞」2010年2月15日〕❖しゃれ。
【俟つ】辞書 ❖「御返翰を俟ちます」など「まつ」(俟考・待考)。
【須つ】小説 信者等を須たずとも、〔平野啓一郎「日蝕」2002〕
【待】古 待々 まツたまツた〔1935 隠〕

まっか［真っ赤］
【真赤】古 真赤に〔山本有三「瘤」1935〕。後のテキスト(1938)でふりがななしに、さらに後のテキスト(1947)ではかな表記に。〔黒木和人「『ふりがな廃止論』の理念と実践」1998〕
【真紅】歌詞 真紅な 月も浮く〔真木不二夫「再見上海」(大高ひさを)1951〕/真紅なポルシェ〔山口百恵「プレイバック Part2」(阿木燿子)1978〕
【真っ紅】歌詞 紅い真っ紅な ハマナスが〔高倉健「網走番外地」(タカオカンベ)1965〕

まっかっか「葉っぱ」の類の語形か。「猿のお尻はまっかっか」など。
【真っ赤っか】辞書 真っ赤っか 真っ黄っき〔俗〕

マッキントッシュ［Macintosh］商標名。
【Mac】WEB ❖Mac はゲール語で息子を意味し、Mc(...)などとも略される。

マックス［max］マキシマム。
【最大】漫画〔さいとうたかを「ゴルゴ13 104」1997〕

マックス［Max］
【真章】人名 森眞章❖森鷗外の孫。片仮名で「マックス」という表記が本名とも。
その他 真極 人名

まつげ［睫・睫毛］一般には「まつ毛」多し。
【睫毛】雑誌 長い睫毛が〔「問題小説」1994年5月〕
*【䀸】辞書〔「大漢和辞典」(字訓索引)〕

まっさお［真っ青］
【真蒼】小説 真蒼ニ澄ミ切ッテ〔福永武彦「飛ぶ男」1971〕

書籍 彼のドイツ語も真ッ蒼(さお)だろう。〔井上ひさし「私家版 日本語文法」1981〕

まつさか［松阪］地名。「大阪」の影響で「松坂」から変化。松阪牛。まっつぁか。

【松坂(まつさか)】 WEB「まつざか」で打つと「松坂」が優先的に変換されるため、誤変換が多い典型例。

まっしぐら［驀地］

【驀地(まっしぐら)】 古 ❖中国の俗語文学（白話）から。

【真っしぐら】 歌詞 さらって真(ま)っしぐら〔近藤真彦「真夏の一秒」（伊達歩）1983〕

まっすぐ［真っ直ぐ］

【垂直(まっすぐ)】 曲名 岩志太郎「垂直(まっすぐ)OK！」（市持大児）2002

【フラット(まっすぐ)】 漫画〔大島司「STAY GOLD 2」2004〕

まつだいら［松平］

【松平(まったいら)】 人名 松平は「マツタイラ」「マツヒラ」「マツヘイ」「シヤウヘイ」。〔柳瀬尚紀「日本語は天才である」2007〕

まったき［全き］

【完全き(まった)】 聖書

【完き(まった)】 小説 この完(まった)き世界の秩序〔平野啓一郎「日蝕」2002〕

*** 【デイックが望む(全き―つ)】** 小説〔有川浩「空の中」2004〕

まったく［全く］口語で「ったく」とも。

【全然(まったく)】 古 ❖全然はまったく、すっかり、そっくり、まるで（…ない）、まるきりなどのルビが四迷、紅葉、藤村、逍遥などにあり、また否定を後ろに伴わなくても問題がなかった。

まったけ［松茸］

【明長(まったけ)】 字遊 明長で松茸。松明、「背紐(うしろひも)」1728〔小林祥次郎「日本のことば遊び」2004〕

まっただなか［真っ直中・真っ只中］

【魔っただなか(ま)】 小説 総鬧混嵐(そうどうこんらん)のその魔(ま)っただなか〔柳瀬尚紀訳「フィネガンズ・ウェイクⅠⅡ」1991〕❖もじりか。

その他 真只中(まっただなか) 新聞

マッチ［match］

【燐寸(マッチ)】 新聞 燐寸(マッチ)〔「読売新聞 夕刊」2008年12月27日〕

【燧具(マッチ)】 古 燧具(マッチ)ノ事ヲ〔京都府警察部「日本隠語集」1892〕集

【勝負(マッチ)】 漫画 力勝負(パワーマッチ)〔和月伸宏「武装錬金 3」2004〕❖発火具のマッチとは別語源。

その他 燧火(マッチ)・寸燐(マッチ)・洋燧(マッチ) 古

マッチョ［スペイン macho］

【肉体系(マッチョ)】 漫画 本当は肉体系(マッチョ)〔本仁戻「高速エンジェル・エンジン 1」2000〕

マッチング［matching］

【比定(マッチング)】 論文 比定(マッチング)されるときに〔内山和也「振り仮名表現の諸相」（WEB）2002〕

まっつぁお

【真ッ青(まツアオ)】 小説 真ッ青(ツアオ)になって〔橋本治「瓜売小僧」1978〕俗

マット［mat］

【床(マット)】【敷物(マット)】 古

マッド［mad］

【狂人(マッド)】 小説 狂人科学者(マッド・サイエンティスト)は〔菊地秀行「魔界都市ブルース 夜叉姫伝 4」1990〕／狂人科学者(マッド・ドクター)〔菊地秀行「魔王伝 3 魔性編」1996〕

まっとうする［全うする］

【完うする(まっと)】 小説 私の責任を完(まっと)うするために〔夏目漱石「こころ」1914〕

まっぱ［←まっぱだか（真っ裸）］

【全裸(まっぱ)】 漫画 全裸(マッパ)でつるして〔「週刊少年マガジン」2004年48号（ジゴロ次五郎）〕

マップ［map］

【地図(マップ)】 詩

まっぽ まっぽう。警官に薩摩藩出身が多かったことから、「さつまっぽう」の略かという。

【警察(マッポ)】 小説 警察(マッポ)が令状もなしに〔南英男「盗

聴」1996〔集〕

【警官(マッポ)】〔小説〕警官(マッポ)だった〔南英男「嬲り屋」2000〕〔俗〕

まつり［祭り］

【政(まつり)】〔古〕◆常用漢字表では「まつりごと」。

〔新聞〕団体「ivote」（アイボート）投票日を「20代の夏政(まつ)り」と位置付け、呼びかけてきた。〔「読売新聞」2009年8月30日〕

【競技(まつり)】〔書籍〕〔大久保博訳「完訳 ギリシア・ローマ神話」1970〕

【血斗(マツリ)】〔アニメ〕「血斗（マツリ）は誰がために」〔「そらのおとしもの」8話（副題）〕◆血闘。

まつりごと［政］祭り事の意。

【政治(まつりごと)】〔小説〕〔藤原眞莉「華くらべ風まどい－清少納言梛子」2003〕

【政事(まつりごと)】〔広告〕〔「読売新聞」2008年10月23日〕

まつる［祭る・祀る］

【祀る(まつ)】〔俳句〕祀(まつ)った〔「読売新聞」2000年10月15日（宇多喜代子）〕

まつろう［服う・順う］

【順う(まつろ)】〔漫画〕順(まつろ)わぬ民か〔荒川弘「鋼の錬金術師 14」2006〕

まで［迄］

【万代(まで)】〔書籍〕蘿生(こけむ)す万代(まで)〔杉本つとむ「日本文字史の研究」1998〕

マテマテカ

【瑪得瑪弟加(まてまてか)】〔古〕〔「読売新聞」2008年5月25日〕◆和算の塾の名。オランダ語の mathematica から取ったか。

マテリアル［material］

【資材(マテリアル)】〔雑誌〕

まてんろう［摩天楼］「摩天楼」は「スカイスクレイパー」を天を摩するほどの高楼と訳したもの。

【魔天郎(まてんろう)】〔人名〕〔「おもいっきり探偵団覇悪怒組」1987〕◆ドラマの登場人物名。

まと［的］まとに「的(てき)」を用いること自体、中国では仮借(かしゃ)だった。字体も元は「旳」だった。この字は漢語の助字の ti(de)、英語の接尾辞-tic など、当て字に繰り返し用いられてきた。

【目的(マト)】〔歌詞〕憧れたその目的(マト)の先へ〔藤井隆「アイモカワラズ」（GAKU-MC）2000〕

まど［窓・窗・牕］

【車窓(まど)】〔歌詞〕車窓(まど)打つ風も〔三橋美智也「北海の終列車」（高橋掬太郎）1959〕／車窓(まど)が息で白く曇る〔石原絢子「ひとり日本海」（仁井谷俊也）2010〕

【牖(まど)】〔雑誌〕少正卯は牖(まど)から差し込む陽の角度を見て〔「小説新潮」1994年9月〕

〔その他〕門(まど)〔古〕

まとう［纏う］

【装(まとう)】〔WEB〕装【まとう】

まどう［惑う］

【蠱惑せる(まどわ)】〔古〕蠱惑(まどは)せる

まどう［償う］

【償(まどう)】〔古〕

まどか

【○(まどか)】〔人名〕◆円(まどか)は多し。→まがね

まとも［真面］→まじ

【真面(まとも)】〔小説〕真面(まとも)な人生を歩んでいない〔安井健太郎「ラグナロク 黒き獣」1998〕

〔歌詞〕うっかりして真面(まとも)になって〔Mr. Children「fanfare」（桜井和寿）2009〕

【真正面(まとも)】〔小説〕水兵は真正面(まとも)から自分の顔に「唾(つば)」を吹きかけられた。〔小林多喜二「蟹工船」1929〕

【真剣(まとも)】〔漫画〕真剣(まとも)に戦ったら〔渡辺祥智「銀の勇者 4」2000〕

【正気(まとも)】〔小説〕確かに正気(まとも)になったな〔藤原眞莉「華くらべ風まどい－清少納言梛子」2003〕

〔その他〕健全(まとも)〔漫画〕

マドリード［Madrid］

【馬徳里(マドリード)】〔辞書〕

マドレーヌ［フランス madeleine］

【惑レーヌ】小説〈柳瀬尚紀訳「フィネガンズ・ウェイクⅢⅣ」1993〉❖もじりか。

マドロス［オランダ matroos］

【船乗り】歌詞 あいつは若い船乗りさ〈美空ひばり「鼻唄マドロス」(石本美由起)1961〉

まどろみ［微睡］

【微睡】歌詞 微睡の淵で〈水樹奈々「夢幻」2009〉

【残像】歌詞〈GLAY「RAIN」(YOSHIKI)1994〉

その他 目睡・真眠 古／午睡 WEB

まどろむ［微睡む］

【微睡む】小説〈市川拓司「いま、会いにゆきます」2003〉

マドンナ［イタリア Madonna］

【聖女】広告 聖女はスノウホワイト〈吉住渉「ママレード・ボーイ2」1993(巻末)〉

【聖母】歌詞 聖母のほほえみで〈沢田研二「6番目のユ・ウ・ウ・ツ」(三浦徳子)1982〉／きっとお前もなやめる聖母〈少年隊「仮面舞踏会」(ちあき哲也)1986〉

曲名 岩崎ひろみ「聖母たちのララバイ」(山川啓介)1982

漫画 不思議な夢に出てくる聖母〈日渡早紀「ぼくの地球を守って2」1987(巻末解説)〉

【美女】書籍 昨年(2001年)末、東京と大阪で「新世紀美女井川遥展」が開かれ〈毎日新聞校閲部「読めば読むほど」2003〉

【惑女】店名 スナック〈斎賀秀夫「あて字の考現学」(「日本語学」1994年4月)〉❖魔呑女も。

【窓女】店名 ❖もじり。レディースに魔嫩娜。

【窓ンナ】【惑ンナ】小説 窓ンナ衣装に〈柳瀬尚紀訳「フィネガンズ・ウェイクⅠⅡ」1991〉／惑ンナブルーの〈同〉

まな［真名・真字］

【真名】古 眞名の違ふといふのはどんなのですか。〈森鷗外「鸚鵡石」1909〉

【漢字】書籍 漢字(真字)〈杉本つとむ「日本文字史の研究」1998〉❖仮名(かんな)の対。

マナ［mana］

【威霊】書籍〈井上ひさし「ことばを読む」1982〉

マナー［manner］

【礼儀】雑誌〈「with」1994年3月〉

【行儀】漫画 反行儀〈尾田栄一郎「ONE PIECE 19」2001〉

まないた［俎板・俎・真魚板］「まな」は食用魚の意。地名に「真名板」。

【樽俎】古 樽俎蠅〈1915 隠〉

【末那板】【真那板】書籍〈杉本つとむ「日本文字史の研究」1998〉

その他 切机・魚盤・生板 古

まなうら［眼裏］

【眼裏】新聞 眼裏に浮かぶ。〈「読売新聞」2009年7月10日(編集手帳)〉

まなか

【愛可】人名〈「読売新聞」2010年2月28日(こども詩)〉❖愛娘。

まながつお［真魚鰹・鯧］

【学鰹】【魚味鰹】【真名鰹】【俎鰹】古 ❖鰹は奈良時代までは堅魚。「かたうお」から。

まなこ［眼］目の子から。表内訓。由比正雪の人相書きに「まなこくりくりといたし候由」。

【眼】短歌 両の眼を〈「読売新聞」2006年12月8日〉

【眼】雑誌 眼ゥ〈「小説新潮」1994年5月〉❖東北方言。

その他 目精・目 古

まなざし［目差し・眼差し］

【眼光】古〈山田美妙「竪琴草紙」1885〉

【目差し】広告〈奥山益朗「広告キャッチフレーズ辞典」1992〉

新聞 庶民へのあたたかな目差し〈「読売新聞」2010年2月28日〉

【眼差し】歌詞 情けの眼差 気を惹くいとしさ〈淡谷のり子「マリネラ」(佐伯孝夫)1952〉／暖かいその眼差しは 決して忘れない〈ア

ルフィー「さよならの鐘」〔高見沢俊彦〕1979〕
【愛眼差し(まなざし)】歌詞 同じ愛眼差し(まなざし)で〔Mr. Children「花の匂い」〔桜井和寿〕2008〕
【視線(まなざし)】歌詞 熱い視線(まなざし)投げかける〔石野真子「ハートで勝負」〔松本礼児〕1980〕
小説 〔京極夏彦「巷説百物語」1999〕
広告 夏の視線(まなざし)はスケバン恐子が独り占め〔「テレビお笑いふ！ Vol.1」2006（裏表紙）〕
【瞳(まなざし)】歌詞 おとぎ話さと冷めた瞳(まなざし)で〔林原めぐみ「～infinity～∞」1998〕

まなびー
【水野愛日(マナビー)】チラシ 水野愛日(マナビー)も参加した夢の共演〔東放学園「ビッグバン新聞」2001〕❖声優の愛称。「愛日(まなび)」。

まなびや [学び舎]
【学舎(まなびや)】書名 中村哲夫「明治の学舎(まなびや)」1997／夏宗なつ「満堂こそ学舎(まなびや)」2009
漫画 聖なる学舎(まなびや)か〔北道正幸「プ～ねこ」2005〕
施設名 もりの学舎(まなびや)❖愛・地球博記念公園にある愛知県の環境学習施設。
新聞 わが学舎(まなびや)〔「読売新聞」2006年5月12日〕
歌詞 幾千の学舎(まなびや)の中で〔absorb feat.初音ミク「桜ノ雨」〔森晴義〕2008〕
雑誌 学び舎の窓〔「江戸楽」2010年3月〕
【学校(まなびや)】歌詞 通いなれたる 学校(まなびや)の街〔灰田勝彦「鈴懸の径」〔佐伯孝夫〕1942〕

まなぶ [学ぶ]「まねぶ」と同語源。
【覚ぶ(まなぶ)】【教ぶ(まなぶ)】雑誌 覚ぶ 教ぶ 学ぶ〔「言語生活」1960年7月〕

マニ [摩尼]
【摩尼(マニ)】小説 摩尼(マニ)教の信仰である。〔平野啓一郎「日蝕」2002〕

マニア [mania]
【狂(マニア)】書籍 動物狂(アニマルマニア)〔織田正吉「ことば遊びコレクション」1986〕
【狂人(マニア)】書籍 〔杉本つとむ「日本文字史の研究」1998〕
【熱狂者(マニア)】漫画 UFO熱狂者(マニア)の集会所〔冴凪亮「未知なる光」2006〕

マニフェスト [manifest]
【明白な(マニフェスト)】漫画 明白な運命(マニフェスト・ディスティニー)〔綾峰欄人「GetBackers 奪還屋 23」〔青樹佑夜〕2003〕❖米国の西部開拓を正当化する標語。
【搭乗客名簿(マニフェスト)】小説 〔森村誠一「虚構の空路」1970 集〕

マニフェスト [manifesto]
【論告書(マニュフェスト)】【宣言(マニュフェスト)】古／【選挙公約(マニフェスト)】【政権公約(マニフェスト)】【公約(マニフェスト)】WEB

まにまに [随に]
【任(まにまに)】古 随筆「聞之任(きくのまにまに)」1853
【末仁満爾(まにまに)】古 久坂玄瑞「筆廼末仁満爾(のまにまに)」
その他 随意(まにまに)・随(まにまに) 古／間に間に(まにまに) 辞書

マニュアル [manual]
【事典(マニュアル)】書名 キンキ探検隊「KinKi Kids『大』事典(マニュアル)」1998

マニラ [Manila]
【馬尼刺(マニラ)】辞書

まぬけ [間抜け]
【みむめも(まぬけ)】WEB ❖なぞなぞからか。
その他 失敗(まぬけ) WEB
*【超鈍感(おまぬけ)】漫画 超鈍感(おまぬけ)さんて事で〔葉鳥ビスコ「桜蘭高校ホスト部 8」2006〕

まね [真似]
【真似(まね)】辞書 学ぶと同源。14世紀ごろから宛てる〔杉本つとむ「『宛字』の語源辞典」1987〕
【模倣(まね)】小説 〔田中芳樹「創竜伝 13」2003〕
【所為(まね)】古 吝(けち)な所為(まね)をするない〔1902 俗〕
【事(マネ)】漫画 出過ぎた事(マネ)〔渡辺多恵子「風光る 3」1998〕
その他 行為(まね) 小説

マネー [money]
【金銭(マネー)】小説 金銭(マネエ)の力〔尾崎紅葉「金色夜叉」1897～1902〕
【お金(マネー)】書名 宮崎正勝「知っておきたい『お金(マネー)』の世界史」2009

ま

【銭(マネー)】新聞 華僑らが投じる「熱銭(ホット・マネー)」と呼ばれる投機資金〔「読売新聞」2010年3月8日〕

その他 金(マネー) 漫画

*【金合金成月(マネービル)】字遊〔佐久間英「珍姓奇名」1965〕

マネージャー [manager] マネジャー。

【現役(マネージャー)】漫画 現役(マネージャー)ッ時より〔ひぐちアサ「おおきく振りかぶって 11」2008〕

マネキン [mannequin]

【真似キン(マネキン)】WEB

マネジメント [management]

【経営(マネジメント)】新聞 企業の経営(マネジメント)〔「読売新聞 夕刊」2010年3月1日(署名記事)〕

まのあたり [目の当たり・面の当り]

【眼のあたり(まのあたり)】小説 眼(ま)のあたり見ていられない凄さで〔小林多喜二「蟹工船」1929〕

その他 親(まのあたり)・目下(まのあたり) 古

マノアマノ [スペイン mano a mano] 手と手。

【五分と五分(マノ・ア・マノ)】小説〔星野智幸「嫐嬲 なぶりあい」1999〕

マハーヤーナ [バーリ Mahayana] マハー(摩訶(まか))は大・多・勝の意。

【大乗仏教(マハーヤーナ)】書籍〔由良君美「言語文化のフロンティア」1986〕

まばゆい [眩い]

【目映い(まばゆい)】広告 目映(まばゆ)い金と銀の対比(コントラスト)〔「読売新聞」2010年1月16日〕

その他 羞明(まばゆし) 古

まばら [疎ら]

【疎ら(まばら)】小説 客も疎(まば)らな指定席の車両を〔「読売新聞 夕刊」2010年2月22日〕

まひ [麻痺・痲痺]

【痲痺(まひ)】辞書 ❖麻痺は元は「痲痺」、さらに遡ると「痲痹」。痺(しび)れも元は痹。「痲(リン)」は淋病で別字。

まひる [真昼]

【正午(まひる)】書名 丸山健二「正午(まひる)なり」1968

【白昼(まひる)】歌詞 白昼夢(まひるのゆめ)〔ALI PROJECT「妄想水族館」(宝野アリカ)2001〕

まひるま [真昼間]

【真日昼(まひるま)】詩 物も動かぬ真日昼(まひるま)に〔高村光太郎「夏」1911〕

まぶ 真の。本物の。→まぶい

【真(まぶ)】【美(まぶ)】【眩(まぶ)】古 佳良、真実、金側時計〔1935 隠〕❖「真善美」のうちの二つ。

その他 真剣(マブ) WEB

*【極上(マブネタ)】小説 極上(マブネタ)の覚醒剤が〔南英男「危機抹消人」2002 俗〕

まぶ [間夫] 情人。間男。

【間夫(まぶ)】古〔1915 隠〕

【情夫(まぶ)】小説〔樋口一葉「にごりえ」1895〕

まぶい まぶ(本物)の形容詞化。近世江戸語。

その他 私夫(まぶ)・真夫(まぶ)・密夫(まぶ)・好夫(まぶ) 古

【眩(まぶい)】古 晴天。良いこと、金持ち。〔1931 俗〕/金満家〔1935 隠〕

【美い(マブ)】小説 美い女(マブ)〔森村誠一「致死家庭」1983 集〕

その他 注目(まぶい) 雑誌

マフィア [Mafia]

【闇社会(マフィア)】漫画〔和月伸宏「るろうに剣心 19」1998〕

【修羅(マフィア)】広告 修羅(マフィア)の盃〔菊地秀行「白夜サーガ 魔王星完結編」1996(巻末)〕

【家族(マフィア)】小説 家族(マフィア)かな〔西尾維新「零崎双識の人間試験」2004〕

その他 黒社会(マフィア) 漫画 /黒手党 中国

まぶた [瞼]

【目ぶた(まぶた)】古 目ぶたの内ががあつくなって居た。〔宮本百合子「日記」1913年7月25日〕

【眼蓋(まぶた)】小説 段々のついた、たるんだ眼蓋(まぶた)から〔小林多喜二「蟹工船」1929〕

*【眼瞼(まぶた)】小説 眼瞼(まぶた)に流しこんだ〔森村誠一「殺意の接点」2001〕

まぶだち →まぶ

【仲の良い友達(マブダチ)】小説 仲(マ)の良い友達(ブダチ)と二人

だけで〔森村誠一「死紋様」1979 集〕

その他 親友(まぶだち) WEB

まぶやあ

【魂石(まぶやあ)】広告〔「読売新聞」2008年9月17日（女性自身）〕

マフラー [muffler]

【マフ等(ラー)】漫画〔高橋留美子「めぞん一刻 2」1982〕

【消音器(マフラー)】小説 新型の消音器(マフラー)だろう〔菊地秀行「白夜サーガ 魔王星完結編」1996〕

まぼろし [幻]

中国では「予」（織機の杼(ひ)）を上下に倒した「〓」だったが、書きやすく「幻」と変わった。

【幻影(まぼろし)】歌詞 つきまとう幻影(まぼろし) あなたの面影〔黛ジュン「夕月」（なかにし礼）1968〕／一緒にいなければ響かない幻影(まぼろし)ね〔堀江由衣「蒼い森」（松浦有希）2005〕

漫画題名 手塚治虫「白い幻影(まぼろし)」1972

漫画 幻影(まぼろし)の中にある〔蓮見桃衣「エキストラ・ジョーカー JOE」（清涼院流水）2001〕

小説 弟・天人の幻影(マボロシ)を刃は振り払った〔清涼院流水「カーニバル 一輪の花」2003〕

【幻覚(まぼろし)】詩 酔ひどれの見る美麗な幻覚(まぼろし)も〔萩原朔太郎「風船乗りの夢」1928〕

歌詞 蛇口から幻覚が 漏れてる〔YMO「過激な淑女」（松本隆）1983〕／愛なんて幻覚(まぼろし)〔小松未歩「Dream'in Love」1997〕

【幻想(まぼろし)】歌詞 夢から醒めた僕の 胸に残った幻想(まぼろし)〔アルフィー「メリーアン」（高見沢俊彦・高橋研）1983〕／遠い夏の幻想(まぼろし)〔サザンオールスターズ「夢に消えたジュリア」（桑田佳祐）2004〕

【幻夢(まぼろし)】歌詞〔源泉水「彩雨の揺り篭」（小泉宏孝）2006〕

【夢幻(まぼろし)】歌詞 夢幻(まぼろし)と 現実(リアル) 繋げた〔MELL「Egen」2005〕

【悪夢(まぼろし)】歌詞 悪夢(まぼろし)にさらわれぬように〔水樹奈々「ETERNAL BLAZE」2005〕

【想像(まぼろし)】歌詞 想像(まぼろし)を破り〔水樹奈々「MASSIVE WONDERS」2007〕

【影(まぼろし)】歌詞〔TRF「The Song Remains the Earth」（DJ KOO）1999〕

【命(まぼろし)】歌詞 消えゆく命(まぼろし)に〔GARNET CROW「夏の幻」（AZUKI 七）2000〕

【青年(まぼろし)】歌詞 抱きしめた青年(まぼろし)は微笑む〔霜月はるか「空渡し」（日山尚）2009〕

その他 〓(まぼろし)・〓(まぼろし) 古

まま [崖]

【真間(まま)】【間々(まま)】【万々(まま)】地名 ❖崖や斜面を意味する上代からある東国方言「まま」には、「真間」「間々」「万々」など多くの万葉仮名とそれに準ずるもの、「儘」「間」など訓に類するもの、「崩崖」など熟字訓や「壗」など国字が地名や姓などで当てられてきた。

まま [儘]

江戸時代の文献に傍訓の箇所にマ、とあり、訓の「ママ」か、歴史ある原文の「ママ」か判然としない例があった。

【儘(まま)】【間(まま)】古

まま [飯]

国字に「〓」もあるとのこと。

【飯(まま)】新聞『伽羅先代萩(めいぼくせんだいはぎ)』の『飯(まま)炊き』〔「読売新聞夕刊」2009年9月1日〕

その他 〓々(まま) 古

まま [間間]

【往々(まま)】古

ママ [mama]

中国では媽媽(マーマ)。母（モ・ボ）が転化したものとされる。英語などと近いのは、幼児語として発生しやすい母音と子音からなるため自然と考えられる。

【母(ママ)】歌詞 顔に見えます 亡き母(ママ)の〔乙羽信子「東京のマリ」（佐伯孝夫）1953〕／太陽は母(ママ)ね〔サザンオールスターズ「最後の日射病」（関口和之）1985〕

漫画 俺のヤギ目は父母製(パパママ)!!〔本仁戻「高速エンジェル・エンジン 1」2000〕

広告〈全国の母(ママ)から圧倒的支持!!〉〔「読売

ま

新聞」2009年9月26日〈メディアファクトリー〉）◆メールで魔魔、手紙で魔々あり。
【母親】〔雑誌〕〈「ベビーエイジ」1994年7月〉
【乳母】〔古〕◆うばの意。
【MOTHER】〔歌詞〕〈Dir en grey「Cage」1999〉

ままごと［飯事］
【飯事】〔店名〕飯事家

ままはは［継母］
【嬶】【媽】【継室】〔古〕

まみ［目見］目見はほとんど見かけない表記。見える（見ゆ）。
【眸】〔歌誌〕けふ一日をみひらきし眸〈「短歌」1994年6月〉

まみ［猯・猸］
【狸】〔歌詞〕歩きたいのよ狸穴〈パープル・シャドウズ「別れても好きな人」（佐々木勉）1969〉◆「狸穴」は東京都麻布の地名。

まむし［蝮］
【海堂】〔漫画〕頼むぜ海堂♪〈許斐剛「テニスの王子様 23」2004〉◆粘り強い選手のあだ名。

まめ［忠実］WEBで「豆な性格」あり。
【忠】〔書籍〕〈杉本つとむ「日本文字史の研究」1998〉
【忠実】〔小説〕忠実に〈柳瀬尚紀訳「フィネガンズ・ウェイク ⅢⅣ」1993〉◆ATOK17でも。
【頻繁】〔小説〕探偵たちが頻繁にチェックする〈清涼院流水「カーニバル 一輪の花」2003〉
【達者】〔歌詞〕達者でろちゃー〈「最上川舟唄」（渡辺国俊）1911〉
【無事】〔歌詞〕無事で居るよと 言ってくれ〈岡晴夫「逢いたかったぜ」（石本美由起）1955〉

マメール［フランス ma mère］
【お母さん】〔歌詞〕〈Sound Horizon「星屑の革紐」（REVO）2006〉

まめページ［豆ページ］⇩ページ（頁）

まめまめしい［忠実忠実しい］
【豆まめしい】〔小説〕豆まめしく〈柳瀬尚紀訳「フィネガンズ・ウェイク ⅢⅣ」1993〉

まもの［魔物］
【夜叉】〔漫画〕悲しい『夜叉』に〈さとうふみや「金田一少年の事件簿 4」（金成陽三郎）1993〉

まもりがみ［守り神］
【護神】〔映画題名〕「劇場版ポケットモンスター 水の都の護神 ラティアスとラティオス」2002

まもりびと［守り人］
【護森人】〔曲名〕霜月はるか「護森人」（日山尚）2007

まもる［守る］
【護る】〔古〕明治の終わりごろの家族合わせのカルタ 父は軍人で「国尾護」〈織田正吉「ことば遊びコレクション」1986〉
〔曲名〕「流砂の護り」（柴室代介）1937
〔漫画〕国を護った将兵護れ〈田河水泡「のらくろ武勇談」1938〉◆憲法についても使用される。護憲。
〔歌詞〕護れる筈も無い〈鬼束ちひろ「砂の盾」2003〉
〔新聞〕「世界のおりがみ展～護ろう世界遺産」〈「読売新聞」2008年12月12日〉
〔小説〕お梅を護ってもらっているうちは〈「読売新聞」2009年6月25日（宮部みゆき「三島屋変調百物語事続」）〉
【衛る】〔小説〕濃密な森に衛られている。〈平野啓一郎「日蝕」2002〉
【目守る】〔広告〕〈奥山益朗「広告キャッチフレーズ辞典」1992〉
〔小説〕その声の主を目守る〈平野啓一郎「日蝕」2002〉
〔短歌〕目守りゐる〈加藤治郎「短歌レトリック入門」2005〉
【見瞻る】〔歌誌〕〈「短歌」1994年1月〉◆瞻星台は韓国にある古い天文台。
【防る】〔歌詞〕金米糖を食べ障子を防り〈桑田佳祐「しゃアない節」1994〉
【安保る】〔歌詞〕戦争に赴く基地は安保られ

る〔桑田佳祐「どん底のブルース」2002〕❖日米安保条約。

【庇護る(まもる)】広告 人間は庇護る(まもる)にたるべき存在か〔映画「デビルマン」(キャッチコピー)2004〕

まやかしもの［まやかし物］

【瞞物(まやかしもの)】辞書〔1949 隠〕

まよい［迷い］

【迷霧(まよい)】【迷夢(まよい)】古〔山田美妙「竪琴草紙」1885〕

【紕(まよい)】歌詞 吹き飛ぶ 此の紕(まよい)〔陰陽座「組曲『九尾』〜照魔鏡」(瞬火)2009〕

【迷異(まよい)】書名 化野燐「迷異家(まよいが)」2009

まよなか［真夜中］

【黒天(まよなか)】歌詞 黒天(まよなか)の蒼に溶けて〔水樹奈々「ETERNAL BLAZE」2005〕

関連【真夜中をぶっとばせ(ホワッツエヴァー・ゲッツ・ユー・スルー・ザ・ナイト)】書籍

まよわす［迷わす］

【魅し(まよわ)】小説 ああした魅し(まよわ)から〔米川正夫訳「ドストエーフスキイ全集6 罪と罰」1960〕

その他 蠱惑(まよわす) 古

まら［魔羅・摩羅］梵語マーラの音訳から。「魔」はその当て字のための造字だった。

【閇(まら)】古 ❖漢字「閉」からか。6世紀の金石文の「刋古」という人名も「まらこ」と読むなどの説あり。閘は、ふぐり・へのこ。

【玉茎(まら)】古〔1928 隠〕❖江戸時代には「瑆」という合字も。「玉茎(まらか)」とも。

【麻羅(まら)】古〔1929 俗〕

その他 魔羅(まら)・勢(まら) 古

*【金精大明神(かなまらだいみょうじん)】古〔1924 隠〕

マラソン［marathon］中国では馬拉松。

【42.195km(マラソン)】広告 感動42.195km(マラソンストーリー)物語。〔さとうふみや「金田一少年の事件簿 2」(金成陽三郎)1993(巻末)〕

【万里走(マラソン)】創作「外来語創作当て漢字」〔斎賀秀夫「現代人の漢字感覚と遊び」1989〕

マラッカ［Malacca］

【満剌加(マラッカ)】辞書

マラリア［malaria］

【麻拉里亜(マラリア)】古

まり［鞠・毬］

【士人(まり)】字遊 海士、舎人、「背紐(うしろひも)」1728〔小林祥次郎「日本のことば遊び」2004〕

【鋺(まり)】古 ❖→わん(鋺)

マリアンヌ［フランス Marianne］人名には「聖姫(まりあ)」「聖(まりあ)」「愛(まりあ)」がある。

【聖母(マリアンヌ)】歌詞 その姿を〝聖母(マリアンヌ)〟と名付けて僕の中でオブジェと化してくれ〔Janne Da Arc「Confusion」(yasu)2000〕❖「聖母様(マリアンヌ)」もあり。

マリー［Marie］

【茉莉(まり)】人名 森茉莉(まり)❖森鷗外の娘。もじり。マリーとも。→ジャスミン(茉莉花)

マリオ［Mario］商標名。

【赤帽子(マリオ)】WEB／【真理男(マリオ)】人名

マリオネット［フランス marionnette］

【人形(マリオネット)】漫画〔さとうふみや「金田一少年の事件簿 21」(金成陽三郎)1996〕

【傀儡人形(マリオネット)】漫画〔さとうふみや「金田一少年の事件簿 20」(金成陽三郎)1996〕

マリッジリング［marriage ring］

【結婚指輪(マリッジリング)】漫画 カケルの指輪が『結婚(マリッジ)指輪(リング)』〔日高万里「ひつじの涙 7」2004〕

マリン［marine］東京マリン、マリンスポーツなど。

【美海(まりん)】人名〔「週刊文春」2009年4月23日〕

【魔隣(マリン)】番組名「じゃあまん探偵団 魔隣組(まりんぐみ)」1988❖石ノ森章太郎原作のテレビドラマ。

その他 海(まりん) 人名

まる［丸・円］→はなまる・ぴい・まるとく・まるばつ

【○(まる)】古 茶店の通り符牒 五〔1929 隠〕／鰻屋・魚屋の川魚の通り符牒 九〔1929 隠〕❖三閉伊越訴一揆(1853)では、「小○」(こまる。困るの意)ののぼり旗が掲げられた。「ツ」とも読んだ。「ノ○レ丸⊕吉目申(ノツレマルホウキチメマウス)」(茶及び烟草店 記号をもて数目をしるす)〔山崎美成「兎園小説」1825 ㊥集〕

漫画題名 宮尾しげを「○□(マルカク)サン、助(チョンスケ)サン」

小説 収○(おさまる)。〔柳瀬尚紀訳「フィネガンズ・ウェイクⅠⅡ」1991〕

漫画 ○×(マルペケ)〔「週刊少年サンデー」1992年3月11日(らんま1/2)〕

新聞「○年の学習」「○年の科学」の名で学年別に刊行。〔「読売新聞」2010年3月8日〕

施設名 ○久旅館 宿○文(やどまるぶん) 伊豆〔「読売新聞」2010年3月18日〕❖「○久」は「まるきゅう」。○で「まる」という姓があったという本もあるが、実在したのか未詳。

広告 有力549社から○をつけて選出〔「読売新聞」2010年4月26日(週刊現代)〕

雑誌 コクと香りが○〔「R25」2010年6月17日〕

劇団名 劇団3○○(さんじゅうまる)

書名 勝間和代「女に生まれたら、コレを読め㋮活必勝法」2010

*【①(いちまる)】 民間 ❖山形では「いちまる」と読む。①(1)もいずれも「いち〜」。岩手では①は「はこいち」とも。☆のような囲みもあり。

【●(まる)】 WEB 2002年3月開始のオイスター作戦で導入された、2ちゃんねる有料ID、およびそれを購入することで得られる権利のこと。

【O(まる)】 雑誌 8020(ハチマルニイマル)運動〔「栄養と料理」1994年7月〕

シリーズ名 小学館101(イチまるイチ)新書❖渋谷にある109は「いちまるきゅう」「まるきゅう」。

チラシ 0の付く年 2010(マル)〔2010年3月〕

漫画 90R²F(キューマルアールツーエフ)〔「メタルファイト ベイブレードギャラクシースタートガイド」2010年4月4日〕

【句点(まる)】 書籍 句点(まる)で改行する〔井上ひさし「ニホン語日記」1996〕

【。(まる)】 書籍 文学とはテン ものではないマル四男が家での校正の手伝いのとおりに国語の時間に文章を読んでわらわれた〔高橋輝次「誤植読本」2000(野々村一雄)〕❖マルは「。」、テンは「、」のこと。

広告 相づちを打つときは「。」をつけましよう。接遇〔「読売新聞」2010年2月14日〕❖あるいは句点と読むか。

TV ❖フリップの「未完成。」を高嶋ちさ子が「みかんせいまる」と読み上げた〔「題名のない音楽会」2010年3月7日〕。

【月(まる)】 辞書 貨幣のこと〔1956 隠〕

【人間(マル)】 歌詞 キレイな人間(マル)にはなれないけれどね〔浜崎あゆみ「TO BE」1999〕

まるい［丸井］

【(井)(まるい)】 店名 ❖店の名前「丸井」の元の商標。

まるい［丸い・円い］

【円(ま)るい】 小説 円るい波紋を〔小林多喜二「蟹工船」1929〕

【○(まる)い】 広告 からだを○くかく。〔「読売新聞」2006年8月13日〕

ゲーム名 日能研「□(シカク)いアタマを○(マル)くする。」

まるエー［丸A］

【Ⓐ(まるエー)】 辞書 鉄道用語 ダイヤ変更にあたり、車両の過不足をやりくりすること〔集〕

❖@はatの代用として広まっている。aとしても使われることあり。ⓧ(まるエックス)は警察用語で火炎瓶。

まるかり［丸刈り］ まるがり。

【コイル(まるかり)】 漫画 証拠はそのコイル状毛並(まるかり)〔猫十字社「小さなお茶会 2」2000〕

まるきゅう 渋谷のファッションビルの名。東急(トーキュー)を109に当てた語呂合わせ。いちまるきゅう。

【109(マルキュー)】 広告 私の109(マルキュー)精神〔池袋駅 2004〕

まるきん［丸金］

【(金)(まるきん)】 書籍 ❖渡辺和博『金魂巻』〈1984〉で(ビ)とともに流行した。→きん〈(金)〉

マルコ [Markos]
【馬可(マルコ)】 古「馬可(マルコ)伝」1872

まるこう [丸公]
【(公)(まるこう)】 辞書 1940年に(公)の表示を義務付けた〈俗〉/大蔵省用語(公債発行対象となる経費)、香具・警察用語(闇市の取り締まり)、闇屋用語(公定価格)。〈集〉❖戦前の書物の奥付に見られた。

まるこう [丸高] 病院用語。高齢出産。
【(高)(まるこう)】 新聞 学費(安)で就職率(高)(見出し)〈「読売新聞 夕刊」2010年2月25日〉❖読み不明。
広告 (高)妊娠8か月 白髪チラリ姿〈「読売新聞」2010年3月16日(週刊女性)〉

まるさん [丸三]
【(三)(マルサン)】 新聞 第三次補充計画(通称 (三)(マルサン)計画)〈「朝日新聞 夕刊」2010年7月31日〉

まるシー [丸C]
【(C)(まるシー)】 辞書 鉄道用語(列車ダイヤの変更で車掌の配置をやりくりすること)。出版用語では著作権。〈集〉❖若年女性は敬称「ちゃん」の略記。著作権と誤解も。「c」とも。
漫画 (C)ステッカーをぜひ貼って下さい〈北道正幸「プ〜ねこ 2」2006〉

2005〉

マルシェ [(イタリア) marche]
【市場(マルシェ)】 短歌〈加藤治郎「短歌レトリック入門」2005〉

まるじゅう [丸十]
【(十)(まるじゅう)】 辞書 青果用語 サツマイモ。薩摩藩の島津氏の家紋が丸に十文字なので。〈集〉
❖江戸時代に『解体新書』を蘭学者たちが翻訳した際には(十)は「轡十文字(くつわじゅうもんじ)」と呼ばれ、難解で後回しにする箇所に書き込まれた。

マルス [Mars]
【軍神(マルス)】 小説〈田中芳樹「ウェディング・ドレスに紅いバラ」1994〉
【火星(マルス)】 漫画 火星(マルス)と冥王星(プルート)〈さとうふみや「金田一少年の事件簿 Case2 銀幕の殺人鬼」(金成陽三郎)1998〉

マルセイユ [Marseille] 地名。
【馬耳塞(マルセイユ)】 辞書/【波止場(マルセイユ)】 漫画

まるそう [丸走] 暴走族。
【(走)(まるそう)】 辞書 警察用語〈集〉❖「珍走団」という語も広がりつつある。

まるたい [丸対] 調査対象者。探偵用語。
【(対)(マルタイ)】 漫画 (対)(マルタイ)〈小花美穂「Honey Bitter 3」2005〉

まるだい
【(大)(まるだい)】 民間 ❖丸大、大丸ともに社名に用いられており、(大)をロゴに含むものもある。

まるち [丸知] 知能犯。警察用語。
【(知)(マルチ)】 書籍 私のように俗に(知)(マルチ)と呼ばれる〈浅田次郎「初等ヤクザの犯罪学教室」1993 〈集〉〉

マルチ [multi-]
【多重(マルチ)】 歌詞 君に多重結合(マルチアクセス)〈東京事変「電波通信」(椎名林檎)2010〉
【多才(マルチ)】 漫画 多才能力(マルチスキル)〈冬川基「とある科学の超電磁砲 2」(鎌池和馬)2008〉
その他 万能(マルチ) 雑誌/なんでも屋(マルチスペシャリスト) 漫画

まるっきり [丸っ切り]
【全然(まるっきり)】 古

まるで [丸で]
【全然(まるで)】 小説 全然炭団(まるでたどん)へ霜が降ッたよう〈二葉亭四迷「浮雲」1887〜1889〉
雑誌 全然(まある)で〈「宝石」1994年2月〉❖口語強調形。

まるとく [丸得]
【(得)(まるとく)】 広告 AROUND 500円(得)メニュー〈「読売新聞」2008年8月7日〉/(得)(まるとく)お買い物ワザ〈「読売新聞」2009年11月10日〉
新聞 直前予約で(得)宿泊〈「読売新聞」2009年10月22日〉
【(マル)得(とく)】 民間 (マル)得カルビ〈千葉県市川市行徳付近の店 2009年9月19日〉

まるハ [丸ハ]

ま

【八】(まるハ) 辞書 不良の言葉 睡眠薬ハイミナール〔集〕◆まるは(社名)はⓗが商標だった。

まるばつ
【○×】(まるばつ) ◆まるぺけとも読まれる。九州などでは×は「かけ」、青森では「えけし」(X)(エックス)とも。まるばつ遊び。
辞書〔『三省堂国語辞典』第2版(1974)〕
書名 植西聰「恥をかかない○×会話術」2000
新聞「愛と青春の○×」などという題の映画が次々出てくる〔「読売新聞」2006年5月12日〕
広告 ○×問題で〔「読売新聞」2010年3月4日〕

まるひ【丸秘】→ひみつ
【㊙】(マルヒ) ◆本来は重要な記号。極秘も。
歌詞 今にも漏れそうな㊙(マルヒ)のコピー〔サザンオールスターズ「01MESSENGER ～電子狂の詩～」(桑田佳祐)1997〕
漫画 スターのぞき見㊙(マルヒ)生活白書〔倉橋えりか「カリスマ・ドール 1」2004〕

まるび【丸美】 ビとは同音異義。
【美】(まるび) 漫画 美(まるび)の女〔北条司「CITY HUNTER 1」1986〕
広告 禁断の美バストトップ〔「読売新聞」2008年8月7日(FRIDAY)〕

まるび【丸ビ】 貧乏。
【ビ】(まるび) 書籍 金ビ〔渡辺和博「金魂巻」1984〕

マルファンクション [malfunction] 機能不全。
【機能異常】(マルファンクション) 小説〔菊地秀行「魔界都市ブルース 夜叉姫伝 4」1990〕

まるふう【丸風】
【風】(マルフー) 漫画 通称 風(マルフー)Gメン〔大暮維人「エア・ギア 4」2003〕

まるぼう【丸暴】 暴力団(の担当刑事)。
【暴】(まるぼう) 辞書 警察用語〔集〕◆暴は『三省堂国語辞典』では第3版(1982)から。機動隊などの用語でも○囲みのものが多いとのこと。
書籍 暴のデカであれば〔別冊宝島編集部「裸の警察」1997 集〕
漫画 暴(マルボー)系かもとか〔小花美穂「Honey Bitter 1」2004〕
書名 山下正人「トレーナーは暴刑事(デカ)」2010
広告 暴幹部が証言〔「読売新聞」2010年6月1日(FLASH)〕
【暴力団】(マルボウ) 小説〔南英男「盗聴」1996 集〕
【四係】(マルボウ) 書籍 なじみの四係(マルボウ)が手を上げている〔浅田次郎「極道放浪記 1」1994 集〕

まるぽちゃ【丸ぽちゃ】
【円顔】(まるぽちゃ) 古〔1917 隠〕

まるまる【丸丸】
【囫圇】(まるまる) 古 彼(か)の鮮魚(さかな)を囫圇喰(まるまるくひ)て〔小田切文洋「江戸明治唐話用例辞典」2008〕
【○○】(まるまる) 辞書 極秘密のこと。発売禁止の本。臥字。陰部の伏字。〔隠〕◆伏字は明治初めの『毒婦伝』(1871)での使用が古いともいう。
雑誌 つるニハ○○(マルマル)ムし(文字絵)〔「言語生活」1965年1月〕
漫画 あの女優なんていったっけ ジョージ・○○と映画で共演した… ホラ〔「読売新聞」2006年5月21日(コボちゃん)〕
新聞 エア○○といえば、元祖はエアギター。〔「日経新聞」2009年2月28日〕
【○丸】(まるまる) 人名 西川○丸 川柳の号〔山本昌弘「漢字遊び」1985〕
その他 全然(まるまる) 古

まれ【稀・希】
【稀れ】(ま) 雑誌〔「小説新潮」1994年3月〕

マレー [Malay]
【馬来】(マレー) 辞書

まれびと【賓・客・客人】
【客神】(まれびと)【客人】(まれびと) 書籍 マレビトを折口信夫は「客神」「客人」とも綴る。〔松岡正剛「日本流」2000〕

まろ【麻呂・麿】

【麿(まろ)】❖丸と同源・同義とされる「まろ」に当てた万葉仮名「麻呂」が上代に次第に合字化したもの。土岐善麿など名によく見られたため、人名用漢字に入った。2ちゃんねるほかで公家やその眉を指す。
書籍 麿状態。〔スチュワーデス・ネット「スチュワーデスの内緒話②」1999 俗〕❖女性の眉頭しか残っていないさま。

まろうど［客人］
【稀人(マロウド)】公演名「稀人(マロウド)」2008

マロニエ〔フランス marronnier〕
【馬栗(マロニエ)】小説 小沼丹〔中村明2003〕

まろやか［円やか］
【円(まろ)やか】広告〔奥山益朗「広告キャッチフレーズ辞典」1992〕

マロン〔フランス marron〕栗。
【真露(マロン)】漫画〔秋本治「こちら葛飾区亀有公園前派出所126」2001〕❖命名案として。
その他 万楽(マロン) 人名

まわし［回し］
【廻し(まわし)】古 褌のこと〔1929 隠〕
【送迎(まわし)】古 送迎男(まわしお)
【輪姦(マワシ)】小説〔森村誠一「腐蝕花壇」1987 集〕

まわす［回す・廻す］
【輪殺(まわし)】雑誌〔「問題小説」1994年5月〕
【廻(まわ)す】歌詞 花の絵日傘 くるりと廻し〔美空ひばり「お夏清十郎」(石本美由起)1954〕／何気なく廻したダイヤル〔寺尾聰「ダイヤルM」(有川正沙子)1980〕
【輪姦(マワ)す】小説 輪姦(マワ)されちまったのか？〔南英男「嬲り屋」2000 俗〕
漫画 輪姦(マワ)されてポイだぞ〔中条比紗也「渇きの月」1998〕

まわり［回り・廻り・周り］
【囲(まわ)り】小説 吊り下がっているワイヤーが、その垂直線の囲(まわ)りを〔小林多喜二「蟹工船」1929〕
【周囲(まわり)】小説 私の周囲(まわり)の者たちが〔遠藤周作「白い人」1955〕
歌詞 周囲(まわり)と比べては〔ZARD「さわやかな君の気持ち」(坂井泉水)2002〕
漫画 周囲(まわり)の空気をまったく読まずに〔藤崎聖人「WILD LIFE 7」2004〕
【周辺(まわり)】小説 御曹司とその周辺(まわり)に集っていた〔藤原眞莉「華くらべ風まどい―清少納言梛子」2003〕
【身辺(まわり)】歌詞 あなたの 身辺(まわり)の 小さな事が〔チェリッシュ「白いギター」(林春生)1973〕
【環境(まわり)】歌詞 環境(まわり)も変わっただろう〔Be-For U「ヒマワリ」(小坂りゆ)2003〕
【大人(まわり)】歌詞 大人(まわり)が言うほど〔遊助「水面」2009〕
【部員(まわり)】漫画 部員(まわり)の目は冷たい〔絵夢羅「七色の神話」2002〕

まわる［回る・廻る］ 廻(回)天寿司屋では「廻る」も使う。
【廻(まわ)る】歌詞 廻(まわ)る町々〔霧島昇「旅役者の唄」(西條八十)1946〕／廻(まわ)り道する ためいき橋の〔山本富士子「哀愁の橋」(佐伯孝夫)1958〕／可愛い娘だと はしゃぎ廻るけれど〔さだまさし「親父の一番長い日」1979〕／世界は廻る〔Perfume「ポリリズム」(中田ヤスタカ)2007〕
曲名 岡崎友紀&加藤高道「急がば廻れよ人生」2009
新聞 捜し廻(まわ)っても〔「読売新聞 夕刊」2009年8月21日〕
【旋(まわ)る】小説 風が旋(まわ)りはじめた。〔「読売新聞」2010年3月15日(宮城谷昌光「草原の風」)〕
【周(まわ)る】歌詞 地球は正確に周る〔MAGIC PARTY「Believe in Paradise」(AIRI)2009〕
【転向(まわれ)】古 訳語(1855)〔紀田順一郎「図鑑日本語の近代史」1997〕
【回転(まわ)る】歌詞 メリーゴーランド 誰もいない ただ勝手に回転(まわ)らせておくだけ〔ZARD「Hypnosis」(坂井泉水)1999〕

【◎る(まわ)】 小説 リンゴが回る◎る(まわ)〔清涼院流水「カーニバル 一輪の花」2003〕◆◎(ちくわ)は落語家の本から。

マン [man]

【人間(マン)】 小説〔筒井康隆「文学部唯野教授」1990〕

【人(マン)】 小説『人喰い(マンイーター)』の出夢〔西尾維新「零崎双識の人間試験」2004〕

まんが [漫画]「まんが」『マンガ』とも。

【萬画(まんが)】 漫画 "萬画"メディアのジャンル拡大〔石ノ森章太郎「マンガ日本の古典 古事記」1994〕◆石ノ森章太郎は1989年、漫画には「面白い、おかしい」だけではない多数の表現が可能になったとして、漫画ではなく「萬画」を提唱し「萬画宣言」を発表。自らの職業を「萬画家」と称した。個人全集『石ノ森章太郎萬画大全集』(2007)。

【本(まんが)】 漫画 その作家が描いた本(まんが)と〔中条比紗也「花ざかりの君たちへ 11」2000〕

関連【まんが家(こーゆーおしごと)】 漫画 まんが家(こーゆーおしごと)に眠気は大敵だっ!〔さとうふみや「金田一少年の事件簿 27」(金成陽三郎)1997〕

マンガン [ドイ Mangan]

【満俺(マンガーン)】 古〔宇田川榕菴「植学啓原」1834〕

まんこ

【まん蟲(こ)】 小説 おしくらまん蟲(こ)を遊(あそ)んだり〔柳瀬尚紀訳「フィネガンズ・ウェイク ⅢⅣ」1993〕◆もじりか。

【万戸(まんこ)】 誤読 古文の授業中、「万戸(ばんこ)」を思いっきりそのまま読んだ奴がいた。〔WEB〕

マンゴー [mango]

【菴摩羅(マンゴー)】 作品名 橋本治「菴摩羅HOUSE(まんごおハウス)」1978

その他 檬果 中国

マンサーチャー [man searcher]

【人捜し(マン・サーチャー)】 小説 人捜しセンター(マン・サーチャー)を営む美麗の魔人〔菊地秀行「魔界都市ブルース 夜叉姫伝 4」1990〕

【人捜し屋(マン・サーチャー)】 小説 新宿一の人捜し屋(マン・サーチャー)として〔菊地秀行「魔王伝 3 魔性編」1996〕

【人捜し屋(マンサーチャー)】 ゲーム〔「ペルソナ2罰」2000〕

まんざい [漫才・万才]

【万歳(まんざい)】 民間 三河万歳

【漫才(まんざい)】 辞書 ◆「漫才」という当て字は昭和初期に吉本興業が広めた。漫才からさらにマンザイ、MANZAIとも。

まんざら 語源未詳。

【満更(まんざら)】 小説 満更(まんざら)でもなさそうに〔清涼院流水「カーニバル 二輪の草」2003〕

まんじ [卍]

【卍(まんじ)】 ◆古代社会では太陽などをかたどるものとして各地で普遍的に見られる図象。インドではおしゃかさまの胸毛の形ともいい、中国へは唐代に色々な形とともに伝わった。則天武后が「卍」という形で漢字に取り込んだとされる。右卍の卐もあり。吉祥の意から「萬」と同定され、その形が書きやすく変わったのが、「万(まん)」という。日本では「卍」は「万字(マンジ)」という音により「まんじ」という訓が定まった。「紅卍教」、「卍山下(まんざんか)」(姓)、「卍(まんじ)」(人名)など。「卍巴」、「卍固め」(技の名)のような形喩にも。寺院の地図記号。「卍(スワスチカ)」〔杉本つとむ「語源海」2005〕とも。

小説 卍(まんじ)りともせぬ〔柳瀬尚紀訳「フィネガンズ・ウェイク ⅢⅣ」1993〕

番組名「卍くりぃむVS芸能人卍卍爆笑どっきり大作戦卍仕掛けに金かけすぎて交通費が出ませんSP」〔2006年1月8日 テレビ〕◆卍は読まない飾りとしてか。

新聞 (阿波おどりの)連(踊りグループ)の多くが衣装に取り入れている旧徳島藩主・蜂須賀家の家紋「卍(まんじ)」の現地での使用を自粛することにした。卍がナチスの紋章「カギ十字(卐)」を連想させるため〔「読売新聞」2006年5月21日〕◆少林寺、ポケモンカードなどもマークを変えた。

広告 卍舞（DVD題名）〔「読売新聞」2009年9月25日〕

その他 卍字・万字 辞書

まんじゅう［饅頭］饅頭は元は生け贄の代わりに川に投げ込まれた食物と伝えられる。偏を倉とする例ありという。

【万十】広告〔「読売新聞」〕◆日本漢字音に基づく、簡易な当て字。九州に多い。

【万頭】商品名 花園万頭◆十万石饅頭には十万石まんぢゅう、十万石幔頭といった表記も使われる。

【死人】小説 おれ、まだ死人になりたくねえもん〔南英男「嬲り屋」2000 俗〕

まんじゅしゃげ［曼珠沙華］

【曼珠沙華】曲名 山口百恵「曼珠沙華（マンジューシャカ）」（阿木燿子）1978

マンション［mansion］

【荘園】小説〔田中芳樹「ウェディング・ドレスに紅いバラ」1994〕

【家】漫画 家に設置されてるヤツだろ〔藤崎聖人「WILD LIFE 2」2003〕

【部屋】書籍〔うみのさかな&宝船蓬莱「うみのさかな&宝船蓬莱の幕の内弁当」1992〕

【満層荘】創作〔斎賀秀夫「あて字の考現学」〔「日本語学」1994年4月〕〕

【似非邸宅】【無格子獄舎】短歌〔加藤治郎「短歌レトリック入門」2005〕

まんせい

【万歳】古「世界婦女往来」万歳はバンザイ、マンセイと両方に読んでいる〔惣郷正明「辞書漫歩」1987〕◆語調から前者になったという。朝鮮語では朝鮮漢字音でマンセー。

まんだら［曼荼羅・曼陀羅］

【曼荼羅】新聞 曼荼羅〔「読売新聞」2010年3月21日（書評欄）〕

まんだらけ［曼陀羅華］まんだらげ。

【顛茄】古〔宇田川榕菴「植学啓原」1834〕

まんてつ［満鉄］南満洲鉄道株式会社の略。

【旧満洲鉄道】雑誌〔「旅」1994年12月〕

まんてん［満点］

【万点】誤字 満点を万点〔斎賀秀夫「漢字と遊ぶ」1978〕◆万点屋は店名。

マント［フランス manteau］

【外套】小説 外套をひっかけ〔米川正夫訳「ドストエーフスキイ全集6 罪と罰」1960〕

マントラ［サンスクリット mantra］

【心綱】漫画〔尾田栄一郎「ONE PIECE 31」2003〕

【真言】新聞〔「読売新聞」2009年10月11日〕

まんなか［真ん中］

【真中】曲名 キャンディーズ「青春の真中」（安井かずみ）1974

マンハッタン［Manhattan］

【アメリカ】漫画 アメリカや日本とはやっぱり空気が違う〔松川祐里子「魔術師 1」1995〕

【摩天楼】小説 摩天楼に君臨していた〔清涼院流水「カーニバル 二輪の草」2003〕

まんま

【飯】古〔1885 俗〕

まんまる

【真円】小説〔小林多喜二「蟹工船」1929〕

マンモス［mammoth］

【猛獁】中国 ◆オカピにも獾㹢狓（1字目は造字、2・3字目は古い字。霍加狓）とあるなど、動物名の外来語への造字がある。元素など化学用語には著しい。

その他 毛象 WEB

み

み［身］

【軀】歌誌〔「短歌」1994年12月〕

【一身】歌詞 この一身で進むだけ〔川田まみ

【身体(み)】歌詞 憐れなこの身体(み)を捧げます〔福山雅治「Gang★」2001〕❖「からだ」と読まれること多し。

【肉体(み)】歌詞 君の肉体(み)で葬って〔ALI PROJECT「黙示録前戯」(宝野アリカ)2008〕

【美(み)】書名 黒柳徹子「徹子さんの美(み)になる言葉 その後のトットちゃん」2008 ❖しゃれ。

【箕(み)】古 うれしさの箕(み)にあまりたるむかご哉(かな) 蕪村 この句、「箕」が「身」とも聞こえる。〔「読売新聞」2008年10月17日〕

み〔実・子〕

【果(み)】漫画 柘榴の果(み)〔長野まゆみ「ことばのブリキ罐」1992〕❖果実。「英果(ひでみ)」など人名にも。

み 接尾語。

【味(み)】辞書 赤味・旨味・弱味・面白味❖店名に「匠味(たくみ)」「究味亭(きわみてい)」。

ミ〔イタリア mi〕音階。

*【ブオンブオン(ミ)】漫画 この単車の音「ブオンブオン(ミ)」〔藤崎聖人「WILD LIFE 1」2003〕❖絶対音感で音階を感知。

みあい〔見合い〕

*【031(おみあい)】広告 031(おみあい)-554〔車内広告の電話番号〕

*【大安吉日(みあいのひ)】漫画〔高橋留美子「めぞん一刻 10」1986〕

みあかし〔御明かし・御灯・御灯明〕

【燈明(みあかし)】小説 燈明(みあかし)が一つ〔米川正夫訳「ドストエーフスキイ全集6 罪と罰」1960〕

みいさん

【宮(みい)さん】小説〔尾崎紅葉「金色夜叉」1897～1902〕

ミーティング〔meeting〕

【MTG(ミーティング)】民間

ミートボール〔meatball〕

【砲弾(ミートボール)】漫画〔尾田栄一郎「ONE PIECE 6」1998〕

その他 肉団子(ミートボール) WEB

ミーム〔meme〕

【分化遺伝子(ミーム)】書籍〔松岡正剛「日本流」2000〕

ミイラ〔ポルトガル mirra〕

【木乃伊(ミイラ)】古〔木村義之「近代のあて字と文学」(「日本語学」1994年4月)〕

誤読 木乃伊 キニーネ チーク〔斎賀秀夫「漢字と遊ぶ」1978〕

その他 身比羅(ミイラ) 古

みいる〔見入る〕

*【魅入(みい)る】歌詞 魅入られて愛して〔中森明菜「TANGO NOIR」(冬杜花代子)1987〕❖漱石も使用。「見入る」から。

ミーンズ〔means〕

【方法(ミーンズ)】古

みうち〔身内〕

【悪魔内(みうち)】漫画〔本仁戻「高速エンジェル・エンジン 1」2000〕

みえ〔見え〕「見える」の連用形から。

【見得(みえ)】古「――を張る」。「――をつくる」。〔1917 隠〕❖一般的には(役者が)見得を切る。

【見栄(みえ)】辞書 見栄っ張り〔俗〕❖芸名に見栄晴(みえはる)。

その他 身重(みえ)・外聞(みえ)・粧飾(みえ)・虚栄(みえ) 古 ／外容坊(みえぼう) 古

みえる〔見える〕

【美得(みえる)】古『好色由来揃』元禄頃〔杉本つとむ「近代日本語の成立と発展」1998〕

【視(み)える】小説〔吉本ばなな「哀しい予感」1988〕

広告 じれて泣く娘のこと、はじめて視(み)えてきた。〔「読売新聞」2007年2月18日〕

歌詞 真実は視(み)える〔ベアトリーチェ「チェイン」(DY-T)2009〕

*【視界(みえるせかい)】歌詞 深き霧が視界(みえるせかい)を閉ざす時〔kukui「Starry Waltz」(霜月はるか)2006〕

【観(み)える】歌詞 観えない明日(あす)の向こう側へ〔杉山清貴「MOVING MY HEART」(青木久美子)1987〕

【映(み)える】歌詞 だけどもう映(み)えない〔小坂り

ゆ「true…」2001〕

【感じる（みえる）】歌詞 感じる（みえる）すべて〔GARNET CROW「Crier Girl&Crier Boy ～ ice cold sky ～」(AZUKI 七) 2002〕◆ひらがなを含めた部分にひらがなによる読み仮名。

【霊視る（みえる）】小説〔東野圭吾「予知夢」2000〕

その他 遊（みえる）・出（みえる） 古

みお ［澪・水脈・水尾］

【水脈（みお）】詩 しづかに水脈（みを）をかきわけて〔萩原朔太郎「花鳥」1925〕

俳句 水脈（みお）〔「読売新聞 夕刊」2009年11月7日〕

みおつくし

【澪標（みおつくし）】古

みおろす ［見下ろす］

【瞰下す（みおろす）】古 瞰下（みおろ）して〔島崎藤村「千曲川のスケッチ」1912〕

みかえり ［見返り］

【回顧（みかえり）】新聞「回顧（みかえり）の吊橋」へ〔「読売新聞 夕刊」2008年11月26日〕

【魅かえり】民間 魅かえり美人◆暴走族名。

ミカエル ［Michael］ 大天使の一人。人名。マイケル、ミヒャエル、ミッシエルなど。

【大天使（ミカエル）】漫画題名 川原泉「笑う大天使（ミカエル）」1987～1989

【天使（みかえる）】人名〔「週刊文春」2009年4月23日〕

【花廉珠浬（ミカエル）】漫画 花廉珠浬（ミカエル）2Pカラーめ!!〔本仁戻「高速エンジェル・エンジン 1」2000〕◆花廉珠浬（本名）（かれんじゅりかっこほんみょう）。

みがきにしん ［身欠き鰊］

【磨鰊（みがきにしん）】辞書

みがく ［磨く・研く］

【琢磨（みがく）】民間 従今好琢磨（こころをこめてみがくべきなり）〔池上の本門寺で1999年にひいたおみくじ（岡田寿彦2003）〕

【美学（みがく）】欄名 男を美学（みがく）〔「読売新聞 日曜版」〕◆もじり。

みかげ ［御影］

【花崗岩（みかげ）】書籍 光る花崗岩（みかげ）を甃きつめてあった〔長野まゆみ「ことばのブリキ罐」1992〕

みかじめ ［見かじめ］

【用心棒代（ミカジメ）】書籍 用心棒代（ミカジメ）やご禁制のブツの〔浅田次郎「極道放浪記 1」1994 集〕

その他 見ケ〆（みかじめ） 古

みかた ［味方・御方・身方］

【身方（みかた）】辞書 ◆江戸時代には「閾」などとも記された。

その他 慈之衆（みかたのしゅう） 古

みかづき ［三日月］

【若月（みかづき）】古〔「万葉集」〕

その他 朏（みかづき） 姓

みかど ［御門・帝］

【帝（みかど）】古 帝紀（スメラミコトノフミ／ミカドノフミ）

【朝廷（みかど）】小説 私はここしばらく朝廷（みかど）に出仕していなかった〔藤原眞莉「華くらべ風まどい―清少納言梛子」2003〕

書籍 朝廷（ミカド）〔杉本つとむ「日本文字史の研究」1998〕／朝廷（みかど）〔平川南「日本の原像」2008〕

【宮門（みかど）】新聞 日本書紀をひらき、「谷の宮門（はざまのみかど）」と呼ばれていた入鹿邸の記述を読み返した〔「読売新聞」2005年11月15日〕

みかわす ［見交わす］

【見交す（みかわす）】書籍〔織田正吉「ことば遊びコレクション」1986〕

みかん ［蜜柑］

【密柑（みかん）】辞書〔1946 隠〕◆江戸時代から榓柑とともに見られ、中原中也も自筆原稿で使用する。固有名詞にも散見される。姓に密柑山（みかんやま）（榓柑山・櫁柑山）あり。

【ボロゾーキン（蜜柑）】漫画〔樋口橘「学園アリス 1」2003〕◆主人公。「友達（みかんちゃん）」「あの子（みかんちゃん）」とも。

みき ［神酒・御酒］

【神酒（みき）】小説〔島崎藤村「夜明け前 第二部」1935〕→きよみき

その他 造酒（みき） 古

みぎ ［右］

【右方（みぎ）】古 右方（みぎ）へ 転向（まわれ） 訳語（1855）〔紀田順一郎「図鑑日本語の近代史」1997〕

【右(みぎ)】新聞 中山エミリ左、菊川怜右らが〔「読売新聞 夕刊」2008年12月26日〕❖JISには右左中上下あり。

*【米擬母克米擬(ミギムケミギ)】書籍 郭沫若氏が少年の日の思い出に、小学校で体操の時間先生が、奇奥次克(キヲツケ)、米擬母克米擬(ミギムケミギ)と号令をかけたことを書いている。〔金田一春彦「日本語」1957〕

みぎわ〔水際・汀・渚〕

【汀(みぎわ)】句集『汀(みぎわ)』〔「読売新聞 夕刊」2008年10月25日〕

芸名 汀夏子❖女優。

みくだりはん〔三行半・三下り半〕

【三行半(みくだりはん)】辞書❖江戸時代には文字が書けない場合、縦線四本で効力があった。

みくに〔御国〕

【皇国(みくに)】古 皇国語(ミクニゴト)

【天(みくに)】人名❖クリスチャンの子。

*【宇内(みくにのうち)】古 北国中の無比名物、宇内(みくにのうち)の一大奇観なり〔曲亭馬琴「南総里見八犬伝」1814～1842〕❖宇内(ウダイ)とは天下・世界の意。

ミクロコスモス〔ドイ Mikrokosmos〕

【小宇宙(ミクロコスモス)】展覧会名 小宇宙(ミクロコスモス)への情熱－美浦康重版画コレクション展〔「読売新聞 夕刊」2008年10月14日〕

みこ〔巫女・神子〕卑弥呼の「みこ」と結びつける話あり。

【巫女(みこ)】民間 巫女のバイトをした〔学生〕

みこ〔御子・皇子・皇女・親王〕

【皇子(みこ)】書名 内田康夫「明日香(あすか)の皇子(みこ)」1984

【皇(みこ)】【親王(みこ)】新聞「皇」「皇子」「親王」などは、漢語を借りてミコを書き表しただけと考えられる。〔「読売新聞」2008年11月14日（東野治之）〕

みこし〔御輿・神輿〕

【神輿(みこし)】地名 忍ぶ姿も人の目に、月影ヶ谷神輿ヶ嶽〔篠崎晃雄「実用難読奇姓辞典増補版」1973〕

新聞 将門神輿(みこし)〔「読売新聞」2010年5月10日〕

みこと〔命・尊〕『日本書紀』では表記による区別あり。

【命(みこと)】古 伊弉冉(イザナミノ)尊と使い分け〔杉本つとむ「日本文字史の研究」1998〕❖弉は奘（玄奘など）の異体字だが、永らく漢和辞典に載っていなかった。

新聞 倭迹迹日百襲姫命(やまとととびももそひめのみこと)の墓〔「読売新聞」2008年11月2日〕

みごと〔見事〕

【美事(みごと)】小説 派手は美事に〔樋口一葉「たけくらべ」1895～1896〕／美事(みごと)な異教神の〔平野啓一郎「日蝕」2002〕

書籍 美事な出来映えだ〔由良君美「言語文化のフロンティア」1986〕

広告 美事(みごと)を贈る〔「読売新聞 夕刊」2009年11月19日（髙島屋）〕❖車内広告にも。

*【めでたい(見事だ)】小説 実にめでたい(見事だ)〔藤原眞莉「華くらべ風まどい－清少納言梛子」2003〕

みこどり 鵐(しとど)。地名に鵐谷地(しとどやち)（宮城）。また、神鳥谷(ひととのや)（しととのや。栃木）。

【巫鳥(みこどり)】古〔1910 隠〕

みごもる〔身籠る・妊る・孕る〕孕は乃＋子という会意とされるが、子を偏にしないところに中国では含意があったのであろう。

【妊る(みごもる)】俳誌 谷崎の子を妊(みごも)った〔「月刊ヘップバーン」2004年12月〕

ミサ〔ラテ missa〕

【弥撒(ミサ)】書籍〔斎賀秀夫「漢字と遊ぶ」1978〕

小説 彌撒(ミサ)もまともに〔平野啓一郎「日蝕」2002〕❖中国では弥撒。

【聖祈(みさ)】人名〔「週刊文春」2009年4月23日〕❖女子。

その他 眼球(ミサ) 漫画

ミサイル〔missile〕

【弾道弾(ミサイル)】漫画 小型の弾道弾(ミサイル)か弾頭のみを

〈松川祐里子「魔術師 7」1999〉
その他 あんな兵器(ミサイル) 漫画

みさご [鶚・雎鳩]
【鶻(みさご)】【鴡(みさご)】 古 ❖地名に前者などあり。

ミシェル [Michel] →ミカエル
【彼(ミシェル)】 漫画 彼(ミシェル)の本通りに精巧な物が作れる能力を〈松川祐里子「魔術師 6」1998〉

ミシシッピ [Mississippi]
【密士失比(ミシシッピ)】 辞書

みじめ [惨め]
【不見目(みじめ)】 小説 不見目(みじめ)な姿〈長塚節「土」1912〉
【見惨(みじめ)】 小説〈夏目漱石「こころ」1914〉

みしらぬ [見知らぬ]
【未知(みしら)ぬ】 歌詞 未知(みしら)ぬ意志が糸引く〈鮎川麻弥「風のノー・リプライ」(売野雅勇)1998〉

みしるし [御璽]
【前兆(みしるし)】 漫画〈大暮維人「エア・ギア 2」2003〉

みしろさんぱく
【白白白(みしろさんぱく)】 字遊〈式亭三馬「小野𥱥譃字尽」1806〉

ミシン [←sewing machine] マシン。

【[糸爾]針(ミシン)】【[糸爾]針(ミシン)】【弥針(ミシン)】 古 ❖「弥縫」から。

【身身(ミシン)】 字謎〈山本昌弘「漢字遊び」1985〉

ミス [miss]
【失敗(ミス)】 漫画 大きな失敗(ミス)を犯した〈さとうふみや「金田一少年の事件簿 17」(金成陽三郎)1996〉／失敗(ミス)しない〈小花美穂「Honey Bitter 3」2005〉
【誤(ミス)】 漫画「真相」から目をそらすための誤(ミス)誘導(リード)だったのさ〈さとうふみや「金田一少年の事件簿 11」(金成陽三郎)1995〉 小説 現場に遺した 誤 導(ミスディレクション) ではなく〈清涼院流水「カーニバル 二輪の草」2003〉

みず [水]
【湖(みず)】 歌詞 湖(みず)のほとり〈ALI PROJECT「ナルシス・ノワール」(宝野アリカ)1998〉❖湖水。
【湖水(みず)】 小説〈秋津透「魔獣戦士ルナ・ヴァルガー」1988〉
【水道(みず)】 看板〈熊本県で 2004年11月〉
【H_2O(みず)】 歌詞 H_2O(みず) さえ 沸かせば疾走(つっぱし)る…「それ発明？」」〈みっくす JUICE「The IJIN-DEN ～天才の法則」(六月十三)2003〉
*【大人しくなる(水ぶっかける)】 漫画 大人しくなる(水ぶっかける)方法知ってたなら〈樋口橘「学園アリス 1」2003〉

ミズ [Ms.]
【Ms.(ミズ)】 歌詞 pure な Ms. の妖精〈ヴィドール「人魚」(ジュイ)2004〉

みずあおい [水葵]
【雨久花(みずあおい)】 歌誌 雨久花(みづあふひ)〈「短歌」1994年11月〉

みずあげ [水揚げ]
【未通(みず)あげ】 古〈評判記など〉❖未通女(おとめ)。
【梳攏(みずあげ)】 古 梳攏(みづあげ)『誹諧通言』〈杉本つとむ「近代日本語の成立と発展」1998〉

みずいらず [水入らず]
【水不入(みずいらず)】 古〈1917 隠〉

みずうみ [湖]
【湖水(みずうみ)】 歌詞 凍る湖水(みずうみ)の鏡に〈志方あきこ「軌跡」(みとせのりこ)2009〉

みずから [自ら]「自ら」では「おのずから」と区別が付かなかったので、江戸時代には「自(お)ら」「自(み)ら」のように「迎え仮名」などによって読みを明示することがあった。
【親(みずか)ら】 辞書 ❖親しく。
その他 躬(みずか)ら 辞書／自分(みず)から 漫画

みすぎ [見過ぎ]
【見主義(みすぎ)】 ポスター 面倒見主義(みすぎ)〈学志会 2010〉

みずこぼし [水翻し・水零し] 建水(けんすい)。
【水翻(みずこぼし)】【水覆(みずこぼし)】【水滴(みずこぼし)】【水下(みずこぼし)】【水建(みずこぼし)】 古 古くは水翻、水覆、水滴、水下、水建などと書いていずれも「水こぼし」と読ませた。〈「読売新聞 夕刊」2010年5月31日〉

ミスター [Mister]
【Mr.(ミスター)】 辞書／【長嶋茂雄(ミスター)】 民間

みずち [蛟]
【水魑(みずち)】 書名 三津田信三「水魑(みづち)の如き沈むもの」2009

みずちょう［御図帳］検地帳。人別帳。
【水帳(みずちょう)】 古

ミスティック［mystic］
【魔術士(ミスティック)】 漫画〔久保帯人「ZOMBIEPOWDER. 2」2000〕❖書名などに「魔術師(マグス)」あり。

ミステリー［mystery］ミステリ。
【密亭利(みすてりい)】 古〔山田美妙「竪琴草紙」1885〕❖登場人物の偽名。
【推理小説(ミステリー)】 漫画 推理小説(ミステリー)マニア〔さとうふみや「金田一少年の事件簿 4」(金成陽三郎)1993〕
小説 推理小説(ミステリ)の密室殺人を〔清涼院流水「秘密室ボン」2002〕
【推理(ミステリ)】 漫画 推理作家(ミステリ)〔蓮見桃衣「コズミック・コミックスAND」(清涼院流水)2003〕
小説 推理専門(ミステリ)の作家業が〔西尾維新「ダブルダウン勘繰郎」2003〕
【謎(ミステリー)】 雑誌 自然界の『謎(ミステリー)・ワールド』〔「BE-PAL」1994年8月〕
小説 ストーリーの中心となる謎(ミステリ)が〔清涼院流水「カーニバル 一輪の花」2003〕
広告 究極の謎(ミステリー)。京極夏彦「死ねばいいのに」〔地下鉄車内動画 2010年5月25日〕
【超常現象(ミステリー)】 小説 本物の超常現象(ミステリー)を体験した〔清涼院流水「カーニバル 一輪の花」2003〕
【博覧会(ミステリー)】 書名 笹沢左保ほか「焱(ほのお)の博覧会(ミステリー)」1996
【叙情詩(ミステリー)】 広告 壮大なる感動の叙情詩(ミステリー)〔「読売新聞」2009年11月13日(映画「ゼロの焦点」)〕
【M(ミステリー)】 漫画 M(ミラクル)とM(ミステリー)の扉(とびら)!!〔「コロコロコミック」2009年2月〕
その他 旅号(ミステリー・トレイン) 書名／ドラマ(ミステリーナイト) 漫画

みずてん［見ず転］芸者用語。
【不見転(みずてん)】【不見点(みずてん)】 古

ミストラル［(フランス)mistral］
【西北風(ミストラール)】 古〔玉井喜代志「振仮名(ルビ)の研究」(「国語と国文学」1932)〕❖死者も出る強風。

みずはき［水吐き］水捌け。
【放水(みずはき)】 小説 放水(みずはき)がよくないのとで、〔夏目漱石「こころ」1914〕

みずふぶき［水蕗］
【芡(みずふぶき)】 古 ❖清少納言『枕草子』に、文字で書くと「ことごとし」(大げさな感じがする)ものの一つとされる。

ミスプリ［↑ミスプリント(misprint)］
【誤印(ミスプリ)】 書籍〔橋本萬太郎・鈴木孝夫・山田尚勇「漢字民族の決断」1987〕❖昭訓として提案された。

みずべ［水辺］
【氵辺(みずべ)】 字遊(演の字について)氵辺(みずべ)で〔阿刀田高「ことば遊びの楽しみ」2006〕

みすみす［見す見す］
【看看(みすみす)】 古 今春看又過(今春看(みすみす)(々)又た過ぐ)〔杜甫「絶句」〕❖看々(みすみす)とも。

みずみずしい［瑞瑞しい・水水しい］
【瑞々(みずみず)しい】 広告〔「読売新聞」2009年12月16日〕
【水々(みずみず)しい】 古 ❖漱石、芥川らも使用。

みする［魅する］
【魅(み)する】 歌詞 沈む夕陽に魅(み)せられて〔本田路津子「秋でもないのに」(細野敦子)1970〕／テーブルの指に魅せられ〔中森明菜「So Mad」(冬杜花代子)1988〕
曲名 ジュディ・オング「魅せられて」(阿木燿子)1979 ❖中国名は「愛的迷恋」。

みせ［店］みせだな(店棚・見世棚)から。仲見世通り、顔見世興行。店は「たな」とも。→おみせ
【見世(みせ)】【扱席(みせ)】 古〔1930 隠〕❖前者は中世から。
【酒場(みせ)】 雑誌〔「小説新潮」1994年1月〕
【写真館(みせ)】 歌詞 町外れの写真館(みせ)へわざと遠回り〔不二周助「シャッターチャンスは一度だけ!」(UZA)2003〕
*【見世貸(みせかり)】 古『誹諧通言』〔杉本つとむ「近代日本語の成立と発展」1998〕

みせしめ［見せしめ］

【核】漫画 中津という核が要るんだよ〔中条比紗也「花ざかりの君たちへ 9」1999〕

みせもの【見世物】
【見世物】古 万引 窃盗者〔1935 隠〕

みせや【店屋】
【商店】小説〔小林多喜二「党生活者」1932〕

みせる【見せる】
【診せる】広告 専門医に診せた方がいい〔「読売新聞」2010年3月11日〕◆「診る」は表内訓。
【魅せる】新聞 魅せる野球へ〔佐竹秀雄「新聞のあて字」(「日本語学」1994年4月)〕
小説 本物の恐竜を魅せたことだ。〔清涼院流水「カーニバル 二輪の草」2003〕
その他 令見 古

みそ【三十】
【三十】書籍 三十一文字〔山田俊雄・柳瀬尚紀「ことば談義 寐ても寤ても」2003〕
新聞 秩父 名所「三十槌の氷柱」〔「読売新聞」2010年1月19日〕／三十日は「みそか」ともいいますね。〔「読売新聞」2010年4月30日(なぜなに日本語)〕◆みそかは「晦日」「卅日」とも。

みそ【味噌】
【未醤】小説 青魚の未醤煮〔森鷗外「雁」1915〕
【味噌】雑誌 味噌は社会的に認容されてきた〔田島優「あて字と誤字の境界」(「日本語学」1994年4月)〕
【味曽】古 ◆『塵袋』は味曽を末醤に対する「アテ字」とする。
*【三十野松】字遊 三十野松 味噌漬け鯛 上野松明「背紐」1728〔小林祥次郎「日本のことば遊び」2004〕

みぞう【未曽有】
【未曽有】誤読 麻生首相が「未曽有」を「みぞうゆう」に間違えた。〔「読売新聞」2008年11月13日〕◆「みぞうう」はかつて実際になされていた発音。『新字鑑』に未曽有にミソウイウという読み方も載っている〔円満字二郎「常用漢字の事件簿」2010〕。

みそかごと【密か事】
【密事】古〔1928 隠〕
その他 密会 古

みそくさい【味噌臭い】
【未足斎】号 しゃれ〔織田正吉「ことば遊びコレクション」1986〕

みそさざい【鷦鷯】
【鷦鷯】古〔1920 隠〕◆姓にもあり。

みそじ【三十路・三十】
【消費期限】雑誌

みそしる【味噌汁】
【じんだい】古 じんだいのあまりと〔式亭三馬「浮世床」1809～1810 集〕◆隠語。

みそっかす【味噌っ滓】
【味噌糟】小説〔今東光「春泥尼抄」1957～1958 俗〕

みぞれ【霙】
【雪雨】歌詞 雪雨まじりの寒い風〔つげゆうじ「寒い風」(岸富夫)2007〕

みぞろげ
【御菩薩池】姓

みだしなみ【身嗜み】
【鮮】誤読 ◆小説に類似の例あり。

みたす【満たす・充たす】
【充足す】歌詞 飽く無き虚は充足される〔志方あきこ「HOLLOW」(篠田朋子・AILANI)2005〕
【満足す】歌詞 満足されない何か〔GARNET CROW「The first cry」(AZUKI七)2008〕

みだす【乱す】
【攪乱す】作品名 (東野圭吾の)短編「攪乱す」〔「読売新聞」2008年11月30日〕◆カクランは慣用音。コウラン。

みたらい【御手洗】
【御手洗】姓 ◆神社の手や口を清める御手洗から。「おてあらい」という読みと便所という意味は明治以降で新しい。

みだりがわしい［濫りがわしい・猥りがわしい］

【淫奔がわしい】古

みだりに［妄りに・濫りに］

【猥に】古

みだれる［乱れる・紊れる］

【濫れ】雑誌 日本語の濫れ〔「日本語学」2010年5月〕

その他 喪乱・擾る・紛る・衛声 古

みち［道・路・途・径］凄惨な字源説もあるが、日本人は「道」に、歩んでゆく人生というイメージを重ねる。伝統をもつ「茶道」「華道」「書道」などの精神性ともつながる。→かえりみち・にげみち・やまみち

【路】小説〔夏目漱石「こころ」1914〕／電車路〔小林多喜二「党生活者」1932〕

歌詞 ひとり帰るかあの路を〔奈良光枝「雨の夜汽車」(西條八十)1948〕／おもかげまぶたに裏路へ〔フランク永井「東京午前三時」(佐伯孝夫)1957〕／それぞれの路を歩いている〔青酢「FREEDOM」(UZA)2003〕

【途】小説 この叔父を頼るより外に途はなかったのです。〔夏目漱石「こころ」1914〕

歌詞 弱い乙女の ゆく途は〔コロムビア・ローズ「哀愁日記」(西條八十)1954〕／途に倒れて〔中島みゆき「わかれうた」1977〕／一緒の途を進むから〔霜月はるか「約束を灯して」(日山尚)2008〕

雑誌 夜警だけを仕事とする途を〔「問題小説」1994年7月〕

曲名 霜月はるか「枯れた大地へ続く途」(日山尚)2007

【径】曲名 淡谷のり子「想い出の径」1933／石川さゆり「鈴懸の径」(佐伯孝夫)1991

歌詞 さだめの径ははてなくても〔伊藤久男「あざみの歌」(横井弘)1949〕／たそがれ赤い丘の径〔青木光一「男の友情」(高野公男)1957〕／君と出会ったこの径を〔吉永小百合「恋の歓び」(佐伯孝夫)1967〕

小説 径は砂交りに〔北杜夫「岩尾根にて」1956〕

【小径】歌詞 木漏れ日の小径を〔飯塚雅弓「Babyblue」(岡崎律子)2009〕

【軌道】歌詞 どこまでも続く軌道〔川田まみ「radiance」(KOTOKO・川田まみ)2005〕

【舗道】歌詞 色付く舗道は懐かしい風の香り〔B'z「ALONE」(稲葉浩志)1991〕

曲名 メロキュア「木枯らしの舗道を花の咲く春を」(岡崎律子)2004

【夜道】歌詞 子供を抱き駆けた夜道〔GLAY「ホワイトロード」(TAKURO)2004〕

【光道】歌詞 見えづらい光道が〔AIR「New song」(326)2000〕

【道路】歌詞 この道路も都会も空も〔DEEN「LOVE FOREVER」(山本ゆり)1995〕

広報 イベント・展示「いい道路・いい都市・いい生活」〔「広報東京都」2009年8月〕

【通路】小説 衣の裾が汚れないようにと通路に敷く〔藤原眞莉「華くらべ風まどい―清少納言梛子」2003〕

【旅路】歌詞 遠い旅路です〔キム・ヨンジャ「始発駅」(池田充男)2007〕

【迷路】歌詞 瞳閉じれば四次元の迷路〔松田聖子「時間の国のアリス」(松本隆)1984〕

【通学路】歌詞 いつもの通学路あなたの後ろ〔水樹奈々『好き!』2006〕

【進路】歌詞 星は進路を指してくれる〔甲斐バンド「翼あるもの」(甲斐よしひろ)1978〕

【道端】歌詞 道端に咲いた花〔GLAY「ここではない、どこかへ」(TAKURO)1999〕

【道標】歌詞 道標を信じて〔林原めぐみ「Northern Lights」2002〕

【道程】歌詞 先の見えない道程を〔カブキロックス「虹の都」(有村一番)1990〕／君の後ろに道程はできる〔MaitoreiA「明星」(DAI-

み

SHI）2009〕❖高村光太郎『道程（どうてい）』（1914）。
【距離（みち）】歌詞 遠い距離（みち）を越えて〔元ちとせ「この街」（HUSSY_R）2002〕
【人生（みち）】歌詞 俺は人生（みち）を探すだろう〔長渕剛「祈り」1979〕／それぞれ違う人生（みち）〔DEEN「君がいない夏」（小松未歩）1997〕／楽じゃないけど楽しい人生（ミチ）を〔19「テーマソング（ボクらの）」（ナカムラミツル）2002〕
雑誌 道なき人生（みち）をかきわけて〔「What's in」2003年9月〕
【人生行路（みち）】歌詞 人生行路（みち）をふらついていた〔GARNET CROW「雨上がりの Blue」（AZUKI 七）2004〕❖岡晴夫の曲に「花の人生航路」（1955）。
【未来（みち）】歌詞 未来（みち）を切り開いてゆく〔V6「TAKE ME HIGHER」（鈴木計見）1996〕
【運命（みち）】歌詞 この運命（みち）を選んだの〔辛島美登里「Bouquet」1996〕
【輪廻（みち）】歌詞 果てしない輪廻（みち）〔元ちとせ「いつか風になる日」（岡本定義）2003〕
【記憶（みち）】歌詞 二度と戻らない記憶（みち）〔Every Little Thing「Face the change」（五十嵐充）1998〕
【方法（みち）】歌詞 確かな方法（みち）なんてないから〔GARNET CROW「Secret Path」（AZUKI 七）2008〕
【味知（みち）】書名 浅野陽「浅野陽の味知あるき」1988〕❖もじり。
その他 行路（みち）・航路（みち） WEB

みちくさ［道草］
【探検（みちくさ）】漫画〔熊倉裕一「KING OF BANDIT JING 6」2004〕

みちすう［未知数］
【X（未知数）】広告 結果はX（未知数）〔ディオール美白水 2004〕

みちすがら［道すがら］
【路次（みちすがら）】古

みちたりる［満ち足りる］
【充ち足りる（た）】歌詞 だけど充ち足りていた〔布施明「積木の部屋」（有馬三恵子）1974〕

みちのり［道程］どうてい。
【道程（みちのり）】歌詞 男と女の長い道程（みちのり）〔桑名正博「セクシャルバイオレットNo. 1」（松本隆）1979〕
新聞 夢を叶（かな）える道程（みちのり）こそが夢〔「読売新聞」2009年8月21日〕
アルバム名 橋幸夫「道程（みちのり）」2010

みちのわき［道の脇］
【路傍（みちのわき）】古「読売新聞」1874年11月2日第一号 漢語に話し言葉のルビを付ける斬新な工夫〔「読売新聞」2009年11月2日〕

みちびく［導く］
【東道く（みちび）】詩〔日夏耿之介「黒衣聖母」1921〕
【薫陶】古 薫陶（ミチビキ）

みちる［満ちる・充ちる］
【充ちる】歌詞 毎日が幸せで 充ちあふれている〔竹内まりや「オン・ザ・ユニヴァーシティ・ストリート」1979〕
【溢ちる（み）】歌詞 紅い涙が溢ちる〔南里侑香「月導－Tsukishirube－」（尾澤拓実）2010〕
その他 充実（み）ちる WEB

みつお
【320（ミツオ）】漫画 元祖320（ミツオ）くん〔北道正幸「プ〜ねこ 2」2006〕❖WEBにも多し。↓みつる（326）

みっかび［三ヶ日］静岡県の地名。
【三ヶ日（さんがにち）】誤読「お母さん、このみかん、タイムリーなみかんだねぇ〜！『さんがにちみかん』だなんて!!」〔WEB〕

ミッキーマウス［Mickey Mouse］
【三鬼鼠（ミッキーマウス）】雑誌〔「お笑い男子校 Vol. 1」2009〕
❖「鬼鬼鬼口」と書くバージョンもある。
【魅月鼠（ミッキーマウス）】WEB 暴走族「魅月鼠（ミッキーマウス）」の解散式が18日、八代署であり（中略）「魅月鼠」は1990年代後半に結成。〔2009年2月19日〕
その他 米奇老鼠・米老鼠 中国

みつぐくん［貢ぐ君］
【男(ミツグ君)】漫画〔鈴木由美子「カンナさん大成功です！3」1998〕

みつくろう［見繕う］
【見刷(みつくろう)】古

みつける［見付ける］
【発見(みつ)ける】漫画 発見(みっ)けたわん〔藤崎竜「封神演義 2」1997〕
歌詞 自分の手で発見(みっ)ける〔知念里奈「Wing」(森浩美)1998〕
【見ーっけ(み)】漫画 見ーっけ〔南天佑「カウボーイビバップ 1」(矢立肇)1999 俗〕

みつこ
【天光光(みつこ)】人名 松谷天光光 マツタニミツコ〔金田一春彦「日本語」1957〕◆「てんこうこう」とも。妹は天星丸(てんほしまる)、天飛人(あまひと)。

ミッション［mission］
【作戦(ミッション)】漫画 作戦完了(ミッションコンプリート)〔「週刊少年ジャンプ」2004年42号〕
広告「作戦(ミッション)」〔「読売新聞」2009年1月1日〕
【任務(ミッション)】漫画 その任務(ミッション)のリーダーとなったのが〔加藤元浩「ロケットマン 8」2004〕
広告 こなした任務(ミッション)によっては〔「週刊少年ジャンプ」2004年48号〕
【M(ミッション)】映画題名「ミッション：インポッシブル3『M：i：III』」2006
その他 使命(ミッション) 詩／指令(ミッション)・奪還(ミッション) 漫画

ミッシング［missing］
【見逃(ミッシング)】広告 ブギーポップが〝見逃(ミッシング)した〟この青年の正体とは〔上遠野浩平「ブギーポップ・カウントダウン エンブリオ浸食」1999〕
【喪失(ミッシング)】広告 日本喪失の時代(ジャパンミッシング)〔「読売新聞」2009年6月10日(中央公論)〕

みつだん［密談］
【三談(みつだん)】古 ◆江戸時代に密談は三人でするから三談との俗解による表記が生じた。

みっつ［三つ］
【3歳(みっつ)】漫画 まだ3歳(みっつ)の空汰を〔CLAMP「X 5」1993〕
【3つ(みっ)】漫画〔小栗左多里&トニー・ラズロ「ダーリンの頭ン中 2」2010〕◆縦書き。

ミッドナイト［midnight］
【深夜(ミッドナイト)】雑誌 深夜(ミッドナイト)の深海なべ〔「R25」2008年12月1日〕
【夜間(ミッドナイト)】歌詞 追いかけて夜間飛行(ミッドナイトフライト)〔中森明菜「北ウイング」(康珍化)1984〕
*【夜行列車(ミッドナイトトレイン)】書名 西村京太郎「夜行(ミッドナイト)列車(トレイン)殺人事件」1981

ミッドフィルダー［midfielder］
【MF(ミッドフィルダー)】漫画 MF(ミッドフィルダー) 3名ケガで出場不可能です〔秋本治「こちら葛飾区亀有公園前派出所 126」2001〕◆サッカー。

みっともない［見っともない］
【あさましい(みっともない)】小説 訪ねていくというあさましい(みっともない)ことをするのだから〔藤原眞莉「華くらべ風まどい―清少納言梛子」2003〕◆訳をルビで示す。

みつば［三つ葉］
【野蜀葵(みつば)】古

みつばち［蜜蜂］
【328(みつばち)】WEB 328は、「ミツバチ」と数字を当て読みします

みつばね
【三撥(みつばね)】古 あんぽんたん。んのハネ(が三つ)〔1920 隠〕
【三刎(みつばね)】辞書〔1949 隠〕

みつぼし［三つ星］
【三ッ星(みつぼし)】姓

みつまめ［蜜豆］「蜜」は改定常用漢字表(答申)に入った。
【三豆(みつまめ)】貼紙〔京都のみつ豆屋 1956 目〕
【水豆(みつまめ)】民間〔茨城県で 1956 目〕
その他 密豆(みつまめ) WEB

みつめ［三つ目］
【眼眼眼(3つ目)】漫画 眼眼眼(3つ目)闇拳奥義〔「週刊少年ジ

ヤンプ」2004年48号〈ボボボーボ・ボーボボ〉〉
❖式亭三馬『小野［竹+愚］譃字尽』（1806）には「晶」という遊戯的な字あり。

みつめる〔見詰める〕
【熟視める】古 熟視めて〈島崎藤村「千曲川のスケッチ」1912〉
【凝視める】小説 こちらを凝視めながら〈遠藤周作「白い人」1955〉／じっと彼女の顔を凝視めた〈大野木寛「ラーゼフォン 1」〈出渕裕・BONES〉2002〉
短歌 木通を凝視め〈「読売新聞」2008年11月11日〉
【瞠める】雑誌 瞠め〈「旅」1994年2月〉
【矚める】雑誌 矚めて〈「小説新潮」1994年5月〉

みつもり〔見積もり〕
【見詰】古

みつる
【326】芸名 ❖昔使っていたポケベルの発信番号に由来するという。

ミディネット〔フランス midinette〕
【女店員】詩 女店員は愛嬌作って〈川路柳虹「計算機」〉

みてくれ〔見てくれ〕
【見て呉れ】辞書

みてら〔御寺〕
【聖寺】歌詞 聖寺の あかりも〈小川静江「午前二時のブルース」〈藤浦洸〉1949〉

みと〔水門〕
【水戸】地名 水戸 恐らく宛字の類〈築島裕「宛字考」〈「言語生活」1960年7月〉〉

みと 男女陰部の古語。
【御門】辞書 ミトアタハシ（御門婚）は交会〈1946 隠〉

みどう〔御堂〕
【聖堂】漫画 立派なお聖堂と修道院が〈今野緒雪「マリア様がみてる 1」1998〉

みとおす〔見通す〕
【見透す】歌詞 切ない心を君は見透し〈カルロス・トシキ&オメガトライブ「Counter-light」〈売野雅勇〉1987〉

みとせ〔三年・三歳〕
【三年】詩 ああ、やがて其は三年にもなりなむ〈高村光太郎「廃頽者より－バアナアド・リイチ君に呈す－」1911〉
歌詞 三年レ白日夢〈ヴィドール「我輩ハ、殺女成り…」〈ジュイ〉2004〉❖変則的なレ点。

みとどける〔見届ける〕
【見物る】詩 アポロが帰れなくなるのを見物たい〈秋亜綺羅「百行書きたい」1975〉
【支配ける】歌詞 支配ける儚き浮橋〈北斗星君&南斗星君「真理とは壮麗なる虹秤」〈田久保真見〉2009〉

みとめる〔認める〕
【見留める】古

みとり〔看取り〕
【看病】古 ❖中国語では診察の意。
【看取り】新聞 看取り〈「読売新聞 夕刊」2010年2月19日〉
広告 看取り〈「読売新聞」2010年3月6日〉

みどり〔緑・翠〕
【翠】歌誌 しだれ柳は翠をつづる〈「短歌」1994年7月〉❖翡翠の町糸魚川でよく見る。
その他 碧 人名
*【松梅】古 鶴屋南北「松梅鶯曽我」〈由良君美「言語文化のフロンティア」1986〉

みどりご〔緑児・嬰児〕
【若子】【若児】【緑子】【緑児】【小児】古〈「万葉集」〉
【嬰子】詩 嬰子の昔にかへ〈小熊秀雄「ふるさとへの詩」〈中丸宣明解説〉コ〉
その他 嬰児 古

みとる〔看取る〕
【看取る】歌詞 わずかな覚醒を看取る日々さえ〈鬼束ちひろ「Castle・imitation」2003〉

みとれる〔見蕩れる〕

【見惚れる】(小説) 景色に見惚れているのか〔夏目漱石「こころ」1914〕／見惚れたようになった。〔「読売新聞」2009年12月6日〕
【見恍れる】(歌詞) 人も見恍れる 後影〔美空ひばり「お夏清十郎」(石本美由起)1954〕
【見蕩れる】(歌詞) 通りを 渡るひとに見蕩れる〔椎名林檎「茜さす 帰路照らされど…」1999〕
【迷とれる】(歌詞) 過去迷とれ〔ヴィドール「我輩ハ、殺女成り…」(ジュイ)2004〕

みどろがいけ
【深泥ケ池】(地名) ◆心霊スポットとしては「しんでいけ」とも。

みな［皆］
【男女】(しこ名) 弓取りの男女ノ里は〔「読売新聞」2010年3月22日〕◆男女ノ川も。
【37】(新聞広告) ０３７－２４９◆電話番号。

みない
【薬袋】(姓) 山梨県〔佐久間英「珍姓奇名」1965〕／薬袋 イラズ・ミナイ 忍者の隠語から出たという〔篠崎晃雄「実用難読奇姓辞典増補版」1973〕

みないちどう［皆一同］
【異韻一斉】(古) 異韻一斉に〔1885～1886 (俗)〕

みなごろし［皆殺し］
【鏖】(民間) ◆「鏕」とも。暴走族名。江戸時代から読本などに見られた。

みなさま［皆様］
【海老様】(広告) 海老様のＮＨＫ〔「週刊新潮」2004年9月16日(車内広告)〕

みなさん［皆さん］
【読者姉妹】(小説) 慎みぶかい読者姉妹は〔遠藤周作「わたしが・棄てた・女」1964〕
【全員】(漫画)〔上条明峰「SAMURAI DEEPER KYO 5」2000〕
【十二支さん】(漫画) 他の十二支さんに〔「花とゆめ」2004年22号(フルーツバスケット)〕

みなしぐり［実無し栗］
【虚栗】(古) 榎本其角編「虚栗」1683

みなしご［孤児］
【孤児】(詩) おかるは温室のなかの孤児のやうに〔北原白秋「おかる勘平」1910〕

みなす［見做す・看做す］
【看做す】(政策) 看做す→みなす かな書きにする。〔文化庁「公用文作成の要領」1951〕

みなすじ
【水脈】(公演名) 音の水脈〔「読売新聞 夕刊」2009年10月19日〕
(雑誌)〔「別冊ＰＨＰ」1994年11月〕

みなと［港・湊］水な(の)門の意。
【水門】(古)「日本書紀」〔平川南「日本の原像」2008〕◆今日でも水門まつりなどあり。

みなみ［南］
【陽】(姓)〔佐久間英「珍姓奇名」1965〕◆人名にも。

みなも［水面］「みなも」は「みのも」の意。
「みのも」は古くからの語形。
【水面】(歌詞) 水面に指で 輪を描く〔小泉今日子「水のルージュ」(松本隆)1987〕
【水面】(書籍)〔大畑末吉訳「アンデルセン童話集1」1984〕
【水面】(歌詞) 池の水面に ゆれていた〔デューク・エイセス「女ひとり」(永六輔)1965〕

みなもと［源］水な(の)本の意。
【水なもと】(雑誌)〔「歌劇」1994年9月〕
【護符】(漫画) 魔力の護符〔由貴香織里「ストーンヘンジ」1993〕

みなり［身なり］
【身形】(小説) 慌ただしく身形を整え〔藤原眞莉「華くらべ風まどい－清少納言梛子」2003〕
(新聞) 身形は〔「読売新聞」2009年3月14日〕
【身装】(小説) その身装は警官の〔静霞薫「るろうに剣心 巻之一」(和月伸宏)1996〕
【服装】(小説) 服装などで〔米川正夫訳「ドストエーフスキイ全集6 罪と罰」1960〕

みなわ［水泡・水沫］
【水泡】(歌詞) 玉響に消えゆく水泡のように

〔水樹奈々「WILD EYES」2006〕

ミニ [mini]

【小さな(ミニ)】 小説 小さな龍(ミニ・ドラゴン)の人形に見える〔清涼院流水「カーニバル 二輪の草」2003〕

【迷你(ミーニー)】 中国〔黄文雄「日本語と漢字文明」2008〕 ❖スカート以外でも迷你(ミーニー)と書く中国では、字の意味はあまり意識されていない。

ミニアチュール [フランス miniature]

【細密画(ミニアチュール)】 広告 超絶技巧の細密画(ミニアチュール)〔「読売新聞」2009年2月28日(家庭画報)〕

ミニー [← Minnie Mouse]

【美衣(みにい)】 人名〔「週刊文春」2009年4月23日〕

ミニシアター [和製 mini + theater]

【映画館(ミニシアター)】 書名 映画芸術編集部「映画館(ミニシアター)のつくり方」2009

ミニマム [minimum]

【最小(ミニマム)】 小説 最小(ミニマム)のエネルギーで〔開高健「パニック」1957〕

みね [峰・嶺]

【刀背(みね)】 漫画 刀背(みね)打ちだ 許せよ〔刑部真芯「欲望と恋のめぐり ―緋想―」2004〕 ❖刀背には「鋒(みね)」のほか、「鉦(むね)」という造字も刀剣の世界では行われた。

ミネラルウォーター [mineral water]

【パーフェクトな水(ミネラルウォーター)】 雑誌〔「25ans」1994年9月〕

みのかた 「のみ」の倒語から。

【鑿方(みのかた)】 古 左の方〔1920 隠〕

ミノタウロス [ギリシャ Minōtauros]

【牛頭人(ミノタウロス)】 小説 牛頭人(ミノタウロス)だったなら〔清涼院流水「カーニバル 二輪の草」2003〕

みのり [実り]

【稔り(みのり)】 広告〔奥山益朗「広告キャッチフレーズ辞典」1992〕

【農(みのり)】 人名 寺田 農(みのり) ❖農(たねまき)もあるという。

【実里(みのり)】 人名〔「読売新聞」2010年6月16日〕

【みの里(り)】 新聞 〝みの里(り)の布人形〟を〔「読売新聞 夕刊」2009年12月3日〕 ❖もじり。

みのり [御法] みのもんたの本名は、御法(みのり)川法男(かわのりお)。

【御注(みのり)】【実法(みのり)】 古

みのる [実る]

【稔る(みのる)】 広告〔奥山益朗「広告キャッチフレーズ辞典」1992〕 ❖人名では稔(みのる)。

【登る(みの)】 古〔山田美妙「竪琴草紙」1885〕

人名 淳(キヨシ)、登(ミノル)、徳(ナル)(「論語」にあり)は受理。〔民事局長回答 1961〕 ❖現在では戸籍に振り仮名は付さないことになっている。

【充の妹(みのる)】 漫画〔高屋奈月「幻影夢想 1」1996〕

その他 熟(みのる) 古

みはてぬ [見果てぬ]

【見涯てぬ(みはてぬ)】 歌詞 見涯(みは)てぬ夢を〔フランク永井「羽田発7時50分」(宮川哲夫)1957〕

みはる [見張る・瞠る]

【見張る(みはる)】 書籍〔高橋輝次「誤植読本」2000(黒川博行)〕

【瞠る(みはる)】 新聞 目を瞠(みは)った〔「読売新聞 夕刊」2010年3月18日〕

みぶ [壬生]

【壬生(みぶ)】 古〔式亭三馬「小野簒譃字尽」1806〕

みふぁ

【美歩亜(みふあ)】 人名 ❖受理されず。

みぶん [身分]

【立場(みぶん)】 歌詞 生まれながらの立場(みぶん)という壁〔布都彦「禁じられた恋情は朝露に」(田久保真見)2009〕

みぼうじん [未亡人]

【未亡人(びぼうじん)】 古 未亡人はビボウジン、女王はニヨオウが正しいとし〔1914〕〔惣郷正明「辞書漫歩」1987〕

みほん [見本]

【様子(みほん)】 書籍

みまわす [見回す]

【回顧わす(みま)】 古

ミミクリー [mimicry]

【模倣(ミミクリー)】書籍 模倣・諧謔(ミミクリー・パロディ)〔松岡正剛「日本流」2000〕

みみざわり［耳障り］
【耳触り(みみざわり)】辞書 誤用 俗 ◆「耳触り」との俗解とともに語義も拡張してきた。
WEB 今は「聞いたときの感じ」という意味で「耳触りがよい」といった用例を載せる辞書もあり、一方で「『耳触り』は誤りでは？」という読者からの問い合わせもあります。〔「ことばマガジン」2010年4月5日〕

みみず［蚯蚓］
【蚯蚓(みみず)】政策 ミミズ・メメズ（蚯蚓）〔国語審議会第2部会「語形の『ゆれ』について」1961〕

みみずく［木菟・鴟鵂・角鴟］
【木兎(みみずく)】古

みみたこ［耳胼胝］
【耳蛸(みみたこ)】古 1929 俗 ◆胼胝の意だが、たこ・タコと表記されることが多いことによる俗解が生み出した表記か。引っ張り凧は元は引っ張り蛸。

みみたぶ［耳朶・耳埵］古く耳垂珠とも。
【耳朶(みみたぶ)】小説 彼女の右の耳朶(みみたぶ)に〔市川拓司「いま、会いにゆきます」2003〕

みみにたやすし［耳に容易し］
【三々二田八酢四(みみにたやすし)】古〔「万葉集」〕◆現代風。

みみばらし
【耳破(みみばらし)】古 住家の壁を切破つて窃盗に忍入ること〔1935 隠〕

みめ［見目・眉目］
【顔(みめ)】古 顔(みめ)うるはしく〔与謝野鉄幹「人を恋ふる歌」1897〕
【美目(みめ)】古 美目(みめ)よき少年
【眉目(みめ)】歌詞 眉目(みめ)清か麗しい女性〔サザンオールスターズ「唐人物語」(桑田佳祐)1998〕

みめ［御妻・妃］
【妃(みめ)】漫画 まだまだ妃(みめ)などもらいませんよ〔山岸凉子「日出処の天子 1」1980〕

ミメーシス［ギリシャ mimēsis］模倣。模写。
【模倣(ミメーシス)】新聞 この模倣(ミメーシス)の混乱を終わらせるには〔「読売新聞」2008年4月27日〕

みもすそ［御裳裾］
【御裳濯(みもすそ)】新聞 御裳濯河歌合(みもすそがわうたあわせ)〔「読売新聞」2010年2月1日〕

みもちむすめ［身持ち娘］
【妊娠娘(みもちむすめ)】辞書 お染めと称する錠〔1956 隠〕

みや［宮］
【殿(みや)】漫画 南上の殿(みや)におられる〔山岸凉子「日出処の天子 1」1980〕

みゃあ
【舞(みゃー)】漫画 二の舞(みゃー)はごめんだぎゃ〔川原泉「メイプル戦記 1」1992〕◆名古屋方言。

みゃあらくもん 自由人、放蕩者を指す富山方言。
【道楽トンボ(みゃあらくもん)】雑誌〔「旅」1994年4月〕

みやげ［土産］「どさん」と誤読される。
【土産げ(みやげ)】書籍 お土産げとしてお持ちいただいております。〔井上ひさし「私家版 日本語文法」1981〕
【見舞(みやげ)】古 ◆漱石が使用。
【門歓(みやげ)】古〔杉本つとむ「日本文字史の研究」1998〕

みやこ［都］
【宮処(みやこ)】書籍 ミヤビというのは「宮(みや)びる」「宮(みや)処(こ)ぶる」という意味からつくられた言葉で〔松岡正剛「日本流」2000〕◆語義解説のための漢字。「やまとは山処の意」なども。
【弥耶穀(みやこ)】古「洋語音訳筌」1872〔惣郷正明「辞書漫歩」1987〕
【王都(みやこ)】歌詞 暮れる王都(みやこ)〔霜月はるか「斑の王国」(日山尚)2009〕
【都会(みやこ)】歌詞 都会(みやこ)の女は うすなさけ〔五木ひろし「長崎から船に乗って」(山口洋子)1971〕
【京都(みやこ)】姓〔荒木良造「姓名の研究」1929〕
演目 今年の演目は「桜花訪京都歴史(はなにきくみやこのれきし)」(全8景)で、NHK大河ドラマ「龍馬伝」にち

なみ、舞台を幕末の京都に設定。〔「読売新聞 夕刊」2010年2月24日〕

【京】(書籍) 京〔遠藤好英「漢字の遊び例集」1989〕❖古代からの訓。／京 キョウかミヤコか〔杉本つとむ「日本文字史の研究」1998〕

(書名) 酒井順子「都と京」2006

(賞名) 文の京文芸賞

(その他) 華・洛・禁・帝宅・宮こ(古)／首都(新聞)

みやすどころ [御息所] みやすんどころ。

【宮す所】(古)

みやびことば [雅び言葉]

【雅言】(古)

みやぶる [見破る]

【看破る】(書籍)〔松本清張「点と線」1971(解説)〕

みゆ

【心優】(人名) 女子 9位 心優(「みゆ」が多い)。〔たまひよ 名前ランキング 2008〕❖2009年は18位。心は平安朝からの名乗り訓には見出せないが、NTT電話帳には他の名でもあり。近年急増している。心美では「ここ」。「身も心も」と関連か。

みゅう 和語には「みゅ」という発音を含む語が乏しいことが知られ、かつて和語では「大豆生田」姓にしか見つからなかったといわれていた。「みゅし」(女性、戦前生まれ)、「美勇士」(桑名正博とアン・ルイスの子の名。ミュージックからという)、「未遊」など、名前に見られるくらい。

【美優】(人名) 安座間美優 CanCam 専属モデル〔「読売新聞 夕刊」2008年11月19日〕

(その他) 海・夢生(人名)

ミュー [ギリシャ mu]

【摩擦係数】(漫画) 高い摩擦係数を生み出し〔大暮維人「エア・ギア 3」2003〕❖μで表す。

ミュージアム [museum]

【見遊知会夢】(広告) 見て、遊んで、知って、会って、夢を持つ。交通博物館〔WEB〕

ミュージカル [musical]

【見愉耳歌流】(字遊)〔樺島忠夫「事典日本の文字」1985(川崎洋)〕

ミュージシャン [musician]

【音楽家】(漫画) 好きな音楽家で達也さんの名前〔青山剛昌「名探偵コナン 5」1995〕

ミュージック [music]

【音楽】(小説) 音楽サービス〔菊地秀行「魔界都市ブルース 夜叉姫伝 4」1990〕

(書名) と学会＋α「トンデモ音楽の世界」2008

【M】(漫画) 明日 M・エアポートの〔新條まゆ「快感フレーズ 1」1997〕

ミューズ [Muse]

【女神】(ゲーム) 夢の中には女神が現れて〔「ときめきメモリアル Girl's Side」(コナミ)〕

(書名) 大石英司「女神のための円舞曲」2007

(広告) 美白の女神セット〔「読売新聞」2009年2月26日〕

(新聞) 美白の女神〔「読売新聞」2009年4月28日〕

【美神】(書名) 小池真理子「美神」1997

(その他) 詩神(書籍)／姉妹(広告)

ミュータント [mutant]

【突然変異】(漫画)〔遠藤浩輝「EDEN It's an Endless World! 1」1999〕

みよ

【賖】(人名) 人名を暗号に。元禄のころ、朝日文左衛門の日記に奥さんに見られても分からないように記録された。〔神坂次郎「元禄御畳奉行の日記」1984〕

【△□】(人名) △□子〔篠崎晃雄「実用難読奇姓辞典増補版」1973〕❖△□一もあった。

みょう [妙]

【面妖】(書籍) 面妖なこと〔神坂次郎「元禄御畳奉行の日記」1984〕❖面妖は名誉から。

みょうが [茗荷・蘘荷] 古くは「めか」。蘘荷から名荷、茗荷が当てられた。

【妙姜(みょうが)】 雑誌 香の物として、白菜、新たくあん、胡瓜(きゅうり)、妙姜(みょうが)、山牛蒡(やまごぼう)、自然薯(じねんじょ)、うりが添えられ〔「小説新潮」1994年3月〕

みょうが［冥加］
【冥加(みょうが)】 古 ◆冥賀は茨城の地名。

みょうじ［名字・苗字］
【苗字(みょうじ)】 書籍〔佐久間英「珍姓奇名」1965〕◆苗字の表記は江戸時代からで名字より新しい。
その他 家号(みょうじ) 古

みょうちきりん［妙ちきりん］
【妙痴奇吝(みょうちきりん)】 古 妙痴奇吝(めうちきりん)の論題〔骨皮道人「稽古演説」1888 俗〕
【妙智麒麟(みょうちきりん)】 古 妙智麒麟(めうちきりん)なヤツ〔佐々木邦「いたづら小僧日記」1909 俗〕

みょうと［夫婦］→めおと
【夫婦(みょうと)】 歌詞 夫婦雁〔高田浩吉「伊豆の佐太郎」（西條八十）1952〕
【女男(みょうと)】 歌詞 女男波〔村田英雄「無法松の一生（度胸千両入り）」（吉野夫二郎）1958〕

みょうみょうきぶん
【猫々奇聞(みょうみょうきぶん)】 古 ◆「かなよみ新聞」の仮名垣魯文によるコーナーの名で芸妓（猫）の話が記された。猫の呉音が「めう」。

みより［身寄り］
【親戚(みより)】 小説〔夏目漱石「こころ」1914〕

ミラー［mirror］
【鏡(ミラー)】 歌詞 反射するよ心の鏡(ミラー)に〔遠坂凛「KIRARI」（こさかなおみ）2007〕◆鏡鏡鏡鏡は宮沢賢治が「かがみ」として使用。76画。

ミラージュ［mirage］
【蜃気楼(ミラージュ)】 広告 炎の蜃気楼(ミラージュ)〔猫十字社「小さなお茶会」2000（巻末）〕

みらい［未来］『言語生活の目』に六年生の読字検査のメイ答として未来(みく)に「きたい」あり。人名に「未来(みく)」。
【明日(みらい)】 小説 明日(みらい)には終りがない〔芝中学校文芸部「天晴れ20号」1999〕
歌詞 明日(みらい)はもうそこにある〔SCRIPT「君だけのストーリー」（渡邊崇尉）2005〕
【物語(みらい)】 歌詞 君だけの物語(みらい)〔Janne Da Arc「will～地図にない場所」（yasu）2000〕
【生命(みらい)】 広告 人々の生命(みらい)は今〔「週刊少年ジャンプ」2004年10月11日〕
【科学(みらい)】 歌詞 かの〝博士〟を知らなきゃ 科学(みらい)は語れない〔みっくす JUICE「The IJIN-DEN～天才の法則」（六月十三）2003〕
【結末(みらい)】 歌詞 所詮同じ結末(みらい)〔川田まみ「緋色の空」2005〕
【Tomorrow(みらい)】 小説 Yesterday(かこ) & Tomorrow(みらい)〔芝中学校文芸部「天晴れ20号」1999〕
【X(みらい)】 広告 エネルギー・資源・素材のX(みらい)を。〔「読売新聞」2010年4月1日〕
その他 夜(未来) WEB

ミラクル［miracle］
【奇跡(ミラクル)】 漫画 ラッキーってより奇跡(ミラクル)だよソレ！〔許斐剛「テニスの王子様 20.5」2003〕
【摩訶不思議(ミラクル)】 漫画 ayuって摩訶不思議(ミラクル)〔亜都夢「浜崎あゆみ ミラクル・パッション」2001〕
【美楽る(ミラクル)】 商品名 美楽る(ミラクル)パンプス サクセスウォーク〔ワコール 2008〕
【味楽る(ミラクル)】 番組名 NHK教育「味楽る！ミミカ」2008 ◆子ども向け食育&料理アニメ番組。もじり。
【M(ミラクル)】 漫画 MとM(ミステリー)の扉(とびら)!!〔「コロコロコミック」2009年2月〕
その他 未来来(みらくる) 人名／潜在能力(ミラクルパワー) 漫画

ミリオネア［millionaire］百万長者。大金持ち。
【大富豪(ミリオネア)】 書名 上野元美訳「10代で大富豪(ミリオネア)になる方法」2008

ミリオン［million］
【百万(ミリオン)】 漫画 百万落とし(ミリオンアタック)〔「コロコロコミック」2010年5月〕

ミリグラム〔フランス milligramme〕

【瓱(ミリグラム)】辞書 ❖→笹原宏之『国字の位相と展開』

ミリタリー [military]

【軍事(MILITARY)】歌詞 成層圏に軍事衛星(MILITARY SATELLITE)〔浜田省吾「A NEW STYLE WAR」1986〕

ミリタリズム [militarism]

【軍国主義(ミリタリズム)】新聞 いわゆる軍国主義(ミリタリズム)を緯(よこいと)として〔「読売新聞」2010年5月23日〕

ミリバール [millibar]

【mb(ミリバール)】TV 新聞 ❖季節感と結びついた語だったが、一九九二年からヘクトパスカルに変わった。mbarとも。

ミリメートル [(フランス) millimètre]

【粍(ミリメートル)】辞書 ❖明治期の気象台の作。

みりょく [魅力]

【味力(みりょく)】広告 北海道の〝味力(みりょく)〟メガ祭り!〔東京ドーム 2009年12月22日〕❖もじり。

ミリリットル [(フランス) millilitre]

【竓(ミリリットル)】辞書

みりん [味醂]

【味淋(みりん)】民間 ❖江戸時代、明治時代には味淋が多く、ほかの表記も行われた。

【味醂(みりん)】辞書 ❖味醂酒、味醂酢から「醂」が定着したか。

みる [見る・観る・診る・看る]

【観る(み)】古 是れに由て之を観れば「これ」「みる」を、色々な字に書く人がある。由是(ユゼ)観之(クワンシ)と覚えて居ればよい。〔大槻文彦「復軒雑纂」1902〕

漫画 〝子猫物語(こねこものがたり)〟観(み)るかい〔立原あゆみ「本気!1」1987〕

書名 梅若基徳ほか「能に観(み)る日本人力」2008

新聞 ミュージカルを観(み)ている。〔「読売新聞」2009年11月8日〕

小説 観(み)られたかも〔「読売新聞」2010年2月19日〕

広告 観るべき映画。読むべき本。〔「読売新聞夕刊」2010年3月5日〕/観る 観光ポイント〔「読売新聞」2010年3月28日〕

民間 (テレビを)よく観るようになりました。〔学生の手書き〕❖多用されている。

【視る(み)】古 視れない〔「東京語辞典」1917 俗〕❖いわゆる抜き言葉のやや古い例。

小説 視(み)れば、ジャンであった。〔平野啓一郎「日蝕」2002〕

歌詞 罪と罰を生む時代を僕は視(み)る〔ALI PROJECT「亡國覚醒カタルシス」(宝野アリカ)2006〕/愚かな私たちを視(み)てる〔妖精帝國「Alte burg」(yui)2009〕

【看る(み)】古 看客(みるひと)

小説 誰も看(み)てやった者がいなかったかも知れない。〔小林多喜二「蟹工船」1929〕

新聞 「古典を看る」と題して〔「読売新聞 夕刊」2010年2月9日〕

【瞻る(み)】俳誌 瞻(み)て〔「俳句」1994年12月〕

【瞰る(み)】短歌 花を瞰(み)ながら鳴く鳥ら〔「読売新聞 夕刊」2008年10月25日〕

【診る(み)】辞書 〔大石初太郎「振り仮名」(「国語学辞典」1955)〕❖表内訓。

【診察る(み)】小説 診察(み)た様子で分ります〔夏目漱石「明暗」1916〕

【幻視る(み)】漫画 ドラマチックな物語を幻視(み)ようとする〔猫十字社「小さなお茶会」2000〕

【感じ(みて)】歌詞 君の面影を感じ(みて)〔GARNET CROW「今日の君と明日を待つ」(AZUKI 七)2003〕

【👁る(み)】メール TV👁てる?

その他 透る(み)・検る(み)・察る(み)・魅る(み) 小説

*【夢想る(ゆめみ)】小説 〔東野圭吾「予知夢」2000〕

*【瞞(にくにくしげにみる)】辞書 〔「大漢和辞典」字訓索引〕

みるがい [海松貝・水松貝]

【海松貝(みるがい)】古

ミルキー [milky]

【白肌(ミルキー)】雑誌 甘い白肌(ミルキー)〔「ヴァンテーヌ」2004年8月〕

み

その他 乳白色(ミルキーホワイト) 小説

ミルク [milk]

【牛乳(ミルク)】 漫画〔秋本治「こちら葛飾区亀有公園前派出所 126」2001〕◆命名案として。

ミルクティー [milk tea]

【お茶(ミルクティー)】 漫画 午後のお茶(ミルクティー)のお菓子は〔猫十字社「小さなお茶会 2」2000〕

ミルレイス [ポルトガル milréis] ブラジルで行われた貨幣単位。

【釺(ミルレイス)】 新聞 ◆戦前に南米の日系人社会で用いられた。

ミレニアム [millennium]

【千年紀(ミレニアム)】 小説 新しい千年紀(ミレニアム)の到来に向けて〔清涼院流水「カーニバル一輪の花」2003〕

みろく [弥勒] 梵語。富士講にも異表記。

【369(ミロク)】 芸名 ラップ歌手「369(ミロク)」が歌う。〔「読売新聞 夕刊」2010年2月24日〕

*__【新時代(みろくのよ)】__ 広告 これが新時代(みろくのよ)の人類の基準〔「読売新聞」2008年10月17日(船井幸雄)〕

みんぐ [民具]

【美ing(みんぐ)】 新聞 美ing(みんぐ)～想(おも)いを伝える民具展〔「読売新聞 夕刊」2010年1月5日〕

ミンチ [mince] メンチ。

【ひき肉(ミンチ)】 漫画〔岩明均「寄生獣 2」1991〕

ミント [mint]

【魅兎(ミント)】【眠都(ミント)】 漫画〔秋本治「こちら葛飾区亀有公園前派出所 126」2001〕◆命名案として。

みんな [皆] 表内訓は「みな」。

【皆な(みんな)】【皆んな(みんな)】 民間 ◆皆(みんな)ではなく「皆な」「皆んな」と、送り仮名で、振り仮名を省略させる方法あり。送り仮名が振り仮名の役割をはたすケース。

【悉皆(みんな)】 古〔1902 俗〕

【人々(みんな)】 古〔「読売新聞」1874年11月2日〕

【家族(みんな)】 歌詞 家族(みんな)そろって見上げる空に〔大泉逸郎「孫びいき」(荒木良治)2001〕

漫画 家族(みんな)を悪く言わないで〔絵夢羅「道端の天使 2」2004〕

【子供たち(みんな)】 漫画 子供たち(みんな)と後からゆっくり〔藤崎聖人「WILD LIFE 7」2004〕

【友達(みんな)】 歌詞 はしゃぐ友達(みんな)と私を呼ぶ声〔堀江由衣「Say Cheese!」(田代智一・すやまちえこ)2007〕

【仲間(みんな)】 歌詞 仲間(みんな)変わっていって〔中山美穂「CHEERS FOR YOU」(小竹正人・中山美穂)1995〕

【住人(みんな)】 漫画 住人(みんな)になめられちゃってて〔高橋留美子「めぞん一刻 11」1986〕

【FAN(みんな)】 書籍 FAN(みんな)が居てくれたから〔櫻井そうし「GLAY The Message」1999〕

【三星(みんな)】 漫画 オレは三星(みんな)の敵なんだ〔ひぐちアサ「おおきく振りかぶって 2」2004〕

【37(みんな)】 広告 372(みんなに)－390(サンキュー)〔「読売新聞」2009年9月9日〕◆電話番号。

その他 衆娘(みんな)・合計(みんな) 古／従者達(みんな)・美術部(みんな)・他の連中(みんな)・妖怪(みんな)・患畜(みんな) 漫画

*__【全世界征服(みーんなおれのもんじゃ)】__ 小説 全世界征服(みーんなおれのもんじゃ)の野望〔秋津透「魔獣戦士ルナ・ヴァルガー」1988〕◆漢字が振り仮名に対する説明文となっていることが指摘される例。

む

む 推量の助動詞。

【牛鳴(む)】 古〔「万葉集」〕◆牛の鳴き声から。牟(む)。

ムード [mood]

【空気(ムード)】 歌詞 イヤな空気(ムード)〔ブラックビスケッツ「Timing」(森浩美&ブラックビスケッツ)1998〕

ムービー [movie]

【M(ムービー)】 広告 限定面白大図鑑プレート「ブラックベッカムM(ムービー)」〔「読売新聞」2009年9月18日〕

その他 動画(ムービー) WEB

ムービングウォーク [← moving side-walk]

【動く歩道(ムービング・ウォーク)】 小説 〔清涼院流水「カーニバル二輪の草」2003〕❖「歩く歩道」という人多し。

ムーブメント [movement]

【運動(ムーブメント)】 雑誌 現代美術の発火点となったこの運動(ムーブメント)は〔「MEN'S CLUB」1994年12月〕

ムーミン [フィンランド Muumi] 中国では小肥肥。

【夢〜眠(ムミン)】 雑誌 〔「安心」1994年7月〕

その他 夢眠(ムーミン) 店名

ムーン [moon] 漢字字体の制限で人名に登録できなかったものに「来凛(くるり)ムーン」があった。→やまなし

【月(ムーン)】 漫画 本名よりも月ネーム(ムーン)で〔日渡早紀「ぼくの地球を守って 2」1987〕／月での 夢(ムーンドリーム)〔同〕／ 虹色月心激(レインボー・ムーン・ハートエイク)!!〔武内直子「美少女戦士セーラームーン 11」1995〕❖技の名前。

小説 月虹神殿(ムーンボウパレス)の存在は見えないので〔清涼院流水「カーニバル 二輪の草」2003〕

【満月(ムーン)】 書名 若木未生「満月(ムーン)少年(ボーイ)・+太陽(ファイア)少女(ガール)」2001

【夢月(ムーン)】 人名 ❖1字目で音とイメージ、2字目で意味、合わせて熟字訓。

【月光(ムーン)】 曲名 シブがき隊「月光淑女(ムーン・ビーナス)!」〔森雪之丞〕1985 ❖人名に使われそうになった字に一見「月光」に見える「朓」があり、また「朦」もあった。

【無雲(ムウン)】 古 和田守菊次郎「和田守記憶法」月は無雲(ムウン＝雲の無い時は月がよく見える)〔物郷正明「辞書漫歩」1987〕

関連 【ムーンストーン(月の石)】 漫画 〔中条比紗也「渇きの月」1998〕

ムーンサルト [和製 moon ＋ ドイツ Salto]

【月面宙返り(ムーンサルト)】 漫画 〔すがやみつる「ゲームセンターあらし」1980〜1984〕

歌詞 月面宙返り(ムーンサルト)ならできるよ〔保志総一朗「DA・DA・DA」(corin.) 2003〕

ムーンライト [moonlight]

【月光(ムーンライト)】 歌詞 不思議色の月光(ムーンライト)〔荻野目洋子「ダンシング・ヒーロー」(篠原仁志) 1985〕

【夜間飛行(ムーンライト)】 書名 西村京太郎「夜間飛行(ムーンライト)殺人事件」1979

むかい [向かい]

【向けえ(むけえ)】 小説 向(む)けえの〔小林多喜二「蟹工船」1929〕❖訛語。

むかいかぜ [向かい風]

【逆風(むかいかぜ)】 歌詞 逆風(むかいかぜ)を受け止めて〔GIRL NEXT DOOR「Infinity」(千紗／Kenn Kato) 2009〕

むかう [向かう]

【対う(むかう)】 小説 面と対(むか)っては〔幸田文「流れる」1957〕

【面う(むかう)】 新聞 面(むか)いて愛語を聞くは面を喜ばしめ〔「読売新聞」2009年11月13日〕

*【還元ない(むかわない)】 歌詞 「恋心(プラス)」全てが“プラス効果”へと還元(むかわ)ない〔TWO-MIX「WAKE」(永野椎菜) 1997〕

むかえる [迎える・邀える]

【未来(むかえる)】 歌詞 過去(おもいで)の夜も 未来(むかえる)の朝も〔橋本みゆき「光風」(三浦洋晃) 2004〕

【六かえる(むかえる)】 看板 〔伊豆熱川駅付近〕

むかし [昔] 一、二年前でも使う人あり。

【古(むかし)】 小説 〔島崎藤村「破戒」1906〕

【旧(むかし)】 小説 〔島崎藤村「夜明け前 第二部」1935〕

【故風(むかし)】 古 「団団珍聞」1877年3月〔紀田順一郎「日本語発掘図鑑」1995〕

【往古(むかし)】 歌詞 ああ 往古(むかし)を語る 大手門〔三橋美智也「古城」(高橋掬太郎) 1959〕

【過去(むかし)】 歌詞 過去(むかし)の雨に濡れた髪をふきなよ〔MIO「GET IT!」(売野雅勇) 1988〕／過去(むかし)には戻れないな〔GARNET CROW「Clockwork」(AZUKI 七) 2008〕

【古代(むかし)】 歌詞 遙かな古代(むかし)でも〔ALI PROJECT「処女懐胎、あるいは白骨塔より少女達は飛翔する」(宝野アリカ) 2009〕

【幼い頃(むかし)】 歌詞 幼い頃(むかし)憧れた大人になりたい〔TWO-MIX「TRUE NAVIGATION」(永

野椎菜」1997〉
【4年前】漫画 4年前のように〈「週刊少年マガジン」2004年48号(STAY GOLD)〉
【前世】小説 前世は熊野の狐精であったという〈藤原眞莉「華くらべ風まどい－清少納言椰子」2003〉
その他 往時 古/中学時代・絵巻 漫画

むかじか 賭博。
【無乎字乎】古〈1935 隠〉◆有耶無耶に似る語構成。

むかっ むかむかすることから転じた怒る意味の「むかつく」は、元は関西の方言。
【勝気っ】漫画〈渡辺多恵子「はじめちゃんが一番!」1989～1995〉
その他 勃然 古

むかつき
【悪心】古「東京朝日新聞」(1907)の広告
悪心嘔吐〈柳瀬尚紀「日本語は天才である」2007〉

むかつく
その他 嘔吐・煩嘔・吐気 古
【逆吐く】古 逆吐きそうになった〈正宗白鳥「入江のほとり」1915〉
その他 逆 古/欲欧 古

むかっぱら【向かっ腹】「むかばら」から。「むかむか」「むかつく」と関連。
【向腹】古〈1917 俗〉

むかで【蜈蚣】
【呉公】古〈「古事記」〉
【百足虫】古 汽車などの意〈1915 隠〉
【百足】しこ名 百足山千太◆姓にも。

むき【向き】
【角度】歌詞 心の角度〈谷村有美「SOME-BODY LOVE YOU」1993〉

むきず【無傷・無疵】
【無然】辞書〈1949 隠〉◆→むきになる
【無瘡】辞書 前科のないこと〈1956 隠〉

むきだし【剝き出し】
【露骨】小説〈島崎藤村「破戒」1906〉
【露出し】古 露出しの腕を握って二三度揺ぶった〈岡本かの子「巴里祭」1938〉

むきになる【向きになる】「むきになる」「ムキになる」が多い。
【露骨になる】【憤然になる】【真面目になる】【真赤になる】古
【無気になる】誤字 生徒 無気になって怒る〈山本昌弘「漢字遊び」1985〉

むく【向く】
【赴く】歌詞 彼の地へ赴くのか〈桑田佳祐「しやアない節」1994〉

むく【剝く】
【剝く】小説 剝いだ〈小林多喜二「蟹工船」1929〉
◆訛語。

むくいる【報いる・酬いる】
【酬いる】書籍 酬われる〈惣郷正明「辞書漫歩」1987〉
【報酬】小説〈島崎藤村「破戒」1906〉

むくみ【浮腫】
【浮腫】雑誌 関節の浮腫〈「安心」1994年2月〉
小説 手や足には浮腫みがきていた〈片山恭一「世界の中心で、愛をさけぶ」2001〉
【腫む】小説 分らないほど腫んでいた。〈小林多喜二「党生活者」1932〉

むくろ【軀・骸・身】
【骸】書籍〈紀田順一郎「日本語発掘図鑑」1995〉
【髑髏】書籍〈杉本つとむ「日本文字史の研究」1998〉
【亡屍】小説〈夢枕獏「黒塚 KUROZUKA」2003〉

むげに【無下に】
【無気に】辞書

むげん【無限】
【∞】商品名 泡が何度もはじける音が何度も楽しめる玩具「∞(むげん)缶ビール」〈「毎日新聞」2009年3月27日〉

むげんだい【無限大】

【∞(むげんだい)】曲名 シブがき隊「挑発∞(MUGENDAI)」(売野雅勇)1983
歌詞 ∞(無限大)の強さになる〔倉木麻衣「Stepping ∞ Out」2000〕
漫画 可能性は∞(ムゲンダイ)〔倉橋えりか「カリスマ・ドール 1」2004〕◆若年女性の手紙に「好き∞」「好き∞」「好き100000000…」のたぐいあり。

むごい〔惨い・酷い〕
【酷(むご)い】小説 少し酷(むご)いことであるようにも〔「読売新聞」2009年6月24日(宮部みゆき「三島屋変調百物語事続」)〕

むこう〔向こう〕
【彼方(むこう)】歌詞 彼方(むこう)さ〔南佳孝「オズの自転車乗り」(松本隆)1984〕
【七尾家(むこう)】漫画 七尾家(むこう)で飯食って〔高橋留美子「めぞん一刻 4」1983〕
【桐青(むこう)】漫画 桐青(むこう)が〔ひぐちアサ「おおきく振りかぶって 7」2007〕◆次の次のコマでは「とうせい」とルビあり。
【東京(むこう)】雑誌 東京(むこう)でもがんばるからね!〔中平凱「フィギュア17 2」(GENCO-OLM)2002〕
漫画〔芦原妃名子「砂時計 2」2003〕
【アメリカ(むこう)】漫画 まだアメリカ(むこう)のくせぬけなくて〔中条比紗也「花ざかりの君たちへ 4」1998〕◆他所では「アメリカ(向こう)」も。
その他 東京方面(むこう) 書籍/大阪(むこう) ゲーム/リドナー達(むこう)・開発局(むこう)・警察庁(むこう)・ホテル(むこう)・鳥取(むこう)・田舎(むこう)・NY(むこう) 漫画/天国(むこう) WEB

むこうじま〔向島〕地名。
関連【夢香洲(むこうしゅう)】古 ◆明治の初め、漢学者小野湖山が雅称に。竹下夢二なども使用。

むごん〔無言〕
【MUGO(むご)・ん】曲名 工藤静香「MUGO・ん…色っぽい」(中島みゆき)1988

むさい「むさぼる」「むさくさ」の「むさ」。
【汚穢(むさ)い】【濆(むさい)】【陋(むさい)】古

むさか
【六平(むさか)】姓 六平直政(むさかなおまさ)◆俳優。

むさくるしい〔むさ苦しい〕
【[男男男](むさくるしい)】創作 セーラー万年筆主催の入選作「姦」が「かしましい」、だから「[男男男]」は「むさくるしい」となるのだそうだ。〔井上ひさし「私家版 日本語文法」1981〕◆国字。
その他 穢苦(むさくる)しい 辞書

むささび〔鼯鼠・鸓鼠〕
【鸓(むささび)】TV ◆→ももんが
【633美(むささび)】施設名 633美の里◆高知県にある道の駅の名。旧村の形と、二本の国道を足した数から。

むさし〔武蔵〕地名・旧国名。
【牟邪志(むさし)】古 ◆牟邪志、无邪志(無邪志)、无射志などの表記から奈良時代前後に地名を佳字・好字により二字化し中国めかす政策によって武蔵となる。胸刺とも。

むさび〔↑武蔵野美術大学〕
【武蔵美(むさび)】新聞 武蔵美が学外ギャラリー(見出し)〔「読売新聞」2009年4月22日〕

むざん〔無慚・無惨・無残〕
【無斬(むざん)】【無惨(むざん)】古 人情本〔矢野準「近世戯作のあて字」(「日本語学」1994年4月)〕
【無慙(むざん)】小説〔島崎藤村「夜明け前 第二部」1935〕
◆「慙」は「慚」の異体字。

むし〔虫〕 オサムシが好きだった手塚治虫はペンネームで「虫」を捨て仮名のように使った。
【蟲(むし)】歌詞 君は抜け殻の壊れた蟲〔ガゼット「Crucify Sorrow」(流鬼)2006〕◆あえて虫(むし)の旧字「蟲」を使うことあり。例、王蟲(オーム)(宮崎駿『風の谷のナウシカ』に登場する架空の生物)。蠱惑(こわく)にも虫3つ。
【豸(むし)】小説 服を豸(むし)が喰ったように。〔平野啓一郎「日蝕」2002〕
【大人共(ムシ)】漫画 昼間の蠢く大人共(ムシ)のように〔大暮維人「エア・ギア 1」2003〕

むし →むしょ

む

【六四】(古)監獄〔1915(隠)〕◆本六四とも。

むしがれい［蒸し鰈］
【虫鰈】(民間)〔池袋の磯料理の店 1981(目)〕

むじな 方言をめぐる「たぬきむじな事件」〔1924〕があった。
【狸】(地名)狸森 山形県

むしば［虫歯］1928年から1938年まで日本歯科医師会が、「6(む)4(し)」に因んで6月4日を虫歯予防デーとし、現在でも称されることあり。
【齲歯】(詩)するどく齲歯を抜きたるに〔萩原朔太郎「空に光る」1923〕◆齲歯(元は「くし」)は虫歯のこと。
【むし歯】(広告)むし歯予防の基本〔「読売新聞」2006年6月4日〕◆虫歯だが、原因は虫ではないためか。
(新聞)むし歯も歯周病も〔「読売新聞 夕刊」2008年10月24日〕
【ムシ歯】(広告)ムシ歯ゼロへ〔「読売新聞」2006年6月4日〕

むしめがね［虫眼鏡］
【顕微鏡】(古)江戸時代の役割番付の「劇場一観顕微鏡」〔NHK「ナットク日本語塾」2008年10月8日(テロップ)〕

むしもち［蒸し餅］
【十】(辞書)鎌倉時代に蒸し餅の上で十字を切る風習があって、鹿児島でこう読んだ〔篠崎晃雄「難読奇姓辞典増補版」1973〕

むしゃくしゃ
【蒶蘊】(古)蒶蘊する〔1896(俗)〕
その他 無作口作・駁雑(古)

むしゃぶりつく［武者振り付く］
【武者振りつく】(辞書)

むしゃむしゃ
【武者武者】(WEB)

むしょ 虫寄せ場の略称で、(刑)務所ではない。東北でむす。→むし(六四)
【刑務所】(小説)刑務所から出たばかりの家なしだ〔田中英光「聖ヤクザ」1949(集)〕

むじょう［無情］
【無錠】(看板)ああ無錠、アキスはねらう!!〔警察の立看板 1965(目)〕◆もじり。

むしょうに［無性に］
【無之】(古)無之面白〔杉本つとむ「近代日本語の成立と発展」1998〕
【虫ように】(小説)耳に挟んだような気が虫ようにしたものだから〔柳瀬尚紀訳「フィネガンズ・ウェイク III IV」1993〕◆「私ゃ」で「わたしゃ」なども拗音を送る。

むしる［毟る］
【毟】(古)〔1915(隠)〕◆「挘」とも。
【挘】(古)〔1935(隠)〕◆「毟」の比較的新しい国字。

むす［生す・産す］
【生す】(和歌)草生す屍◆『万葉集』では「牟須」。

むずかしい［難しい］→むつかしい
【六箇敷】(古)◆江戸・明治時代に使われた。
【六づかしい】(古)◆漱石も使用。

むずかる［憤る］むずがる。
【憤る】(歌詞)憤ってゐる幼児同様〔椎名林檎「意識」2003〕
その他 発憤(古)

むすこ［息子］躮(「せがれ」の読みが多い)は国字。
【男子】(書籍)〔杉本つとむ「日本文字史の研究」1998〕
【息】(小説)息であると云う者。〔平野啓一郎「日蝕」2002〕◆愚息。
【殷郊・殷洪】(漫画)予も殷郊・殷洪たちに何かを残して〔藤崎竜「封神演義 20」2000〕◆王の息子の名。

むすび［結び］
【産霊】(神名)高皇産霊尊／神皇産霊尊
(書名)半村良「産霊山秘録」1973
(新聞)「むすび」は、もともとは「産霊」と表記された。「産(むす)」は、生じる、生み出すの意。(中略)ところが、「縁を結ぶ」の連想で、江戸時代から「結びの神」と書かれ、結婚あっせんの神様だと誤解されてきた。〔「読売新聞」2004年6月24日(日本語・日めくり)〕

むすめ［娘］→モーむす

【嬢(むすめ)】 演目「嬢景清八嶋日記(むすめかげきよやしまにっき)」(文楽)〔「読売新聞 夕刊」2010年1月5日〕◆嬢と娘(むすめ)は通用。

【女(むすめ)】 雑誌 いまわが室から女(むすめ)を晋室へ送り出そうというのに〔「小説新潮」1994年8月〕◆漢籍からの字義。

小説 女(むすめ)であると云う者〔平野啓一郎「日蝕」2002〕

新聞 菅原孝標女(たかすえのむすめ)〔「読売新聞」2008年10月24日〕◆教科書にも。

【息女(むすめ)】 書籍〔杉本つとむ「日本文字史の研究」1998〕

【処女(むすめ)】 演目「処女翫浮名横櫛(むすめごのみうきなのよこぐし)」歌舞伎〔「読売新聞」2010年3月20日〕／為永春水「処女七種(むすめななくさ)」1836

【乙女(むすめ)】 文集 麗(きれ)いな乙女(むすめ)たち〔静岡県立沼津西高等学校「潮音」37号 1990〕

【狼(むすめ)】 誤字 大学生の作文「小女は可愛い狼だ」(少女は可愛い娘だ)〔「言語生活」1960年7月〕◆娘を狼とする誤植あり。

その他 娘子(むすめ)・児女(むすめ)・少女(むすめ) 古／令嬢(むすめご) 古

関連 **【娘(蛍)】** 漫画 娘(蛍)たっての希望でしたので〔樋口橘「学園アリス 1」2003〕

むすり

【憮然(むすり)】 小説 憮然(むすり)とした調子で〔藤原眞莉「華くらべ風まどい－清少納言梛子」2003〕

むせる［噎せる］

【咽(む)せる】 雑誌 血と死の匂いに咽(む)せつつ〔「Esquire」1994年1月〕

その他 咽(む)せぽい 古

むだ［無駄・徒］「むなしい」からという説あり。

【無駄(むだ)】 古

*__【妄書(むだがき)】__ 古〔式亭三馬「小野𥶡譃字尽」1806〕

むたい［無体・無代・無台］

【無体(むたい)】 古

むち［鞭・笞・策］

【笞(むち)】 書籍〔大畑末吉訳「アンデルセン童話集 1」1984〕

むちゃ［無茶］「無作(むさ)」からとも「茶を出さないこと」からとも。

【無茶(むちゃ)】 古 無茶苦茶〔1903 俗〕

新聞 んな無茶(むちゃ)な〔「読売新聞 夕刊」2010年3月1日(署名記事)〕

【暴走(ムチャ)】 漫画 暴走(ムチャ)してなきゃいいけど…〔渡辺祥智「銀の勇者 2」1999〕

むつかしい →むずかしい

【六借(むつかしい)】 古 ◆貸と借には中国でかす・かりるの両義があった。『名語記』で「六借」は「アテ字」。平安・鎌倉期に多用された。

【六ケ敷(むつかしい)】 政策「六ケ敷」というあて字とともに、「ムツカシイ」もかなり行われている。〔国語審議会第2部会「語形の『ゆれ』について」1961〕

【六ツケ敷(むつかしい)】 古 六ツケ敷 人情本〔矢野準「近世戯作のあて字」(「日本語学」1994年4月)〕／六(む)ツケ敷(かしい)〔「朝日新聞」1879年6月1日(大阪)〕

その他 六ケしい(むつかしい) 古

むっくと

【蹶然(むっく)と】 古

むっくり

【勃然(むっくり)】【黙々(むっくり)】 古

ムッシュー［フランス monsieur］ムッシュ。

【無ッ臭(ムシュー)】 小説 股漫放(た)れぶーの無(ム)ッ臭(シュー)〔柳瀬尚紀訳「フィネガンズ・ウェイク I II」1991〕

【無!酒(ムッシュ)】 店名〔斎賀秀夫「漢字と遊ぶ」1978〕◆他所に「ムッ衆(シュウ)」もあり。

ムッソリーニ［Mussolini］

【六十里二(むそりに)】 人名〔篠崎晃雄「実用難読奇姓辞典増補版」1973〕

む

むっつり
【緘黙】【沈黙】【朴訥漢】古

むっと
【慍と】雑誌〔「小説新潮」1994年5月〕

むつぶ［睦ぶ］
【昵】【婣】古

むていけん［無定見］
【夢諦軒】雅号 漫談家の徳川夢声は俳句を嗜み、号を「夢諦軒」といった。（中略）号は「無定見」の洒落である。〔「読売新聞」2008年5月29日〕

むてっぽう［無鉄砲］無点法などからか。
【無鉄砲】小説 親譲りの無鉄砲で〔夏目漱石「坊っちゃん」1906〕

むなさき［胸先・胸前］
【心前】漫画 心前（ムナサキ）〔石ノ森章太郎「マンガ日本の古典 古事記」1994〕

むなざんよう［胸算用］むなづもり。井原西鶴に『世間胸算用』。
【黙契】古 黙契（ムナザンヨウ）

むなしい［空しい・虚しい］表外訓。
【空しい】歌詞 我が声空しく〔近江俊郎「山小舎の灯」（米山正夫）1947〕
新聞 空しく〔「読売新聞」2009年5月27日〕
【虚しい】歌詞 かなうはずない 虚しい祈り〔しまざき由理「面影」（佐藤純弥）1975〕
【無無しい】小説 無無しくも〔柳瀬尚紀訳「フィネガンズ・ウェイクⅠⅡ」1991〕

むなしさ［空しさ・虚しさ］
【空しさ】歌詞 空しさを抱いて寝る〔GLAY「a boy ～ずっと忘れない～」（TAKURO）1996〕
【空虚】歌詞 吹き飛ばせ その空虚ってやつを〔浜田省吾「J.BOY」1986〕

むなもと［胸元］
【胸許】歌詞 あなたの甘い胸許〔小椋佳「木戸をあけて―家出をする少年がその母親に捧げる歌―」1972〕

むね［旨・宗］
【主】【要】古

むね［胸］
【乳房】歌詞 やわらかい乳房の向こうに響くのは〔GLAY「It's dying It's not dying」（TAKURO）1998〕
【心】歌詞 今も心に残る〔175R「手紙」（SHOGO）2003〕

むね［棟］みね。
【刀背】【鉦】辞書 ◆鉦は国字で位相文字。

むねやけ［胸焼け］
【呑酸】古「東京朝日新聞」（1907）の広告 呑酸雑嘈〔柳瀬尚紀「日本語は天才である」2007〕

むやみ［無闇］
【無暗】小説 無暗に嘗め〔夏目漱石「吾輩は猫である」1905～1906〕
辞書 無暗によたつて〔南霞濃「チョーフグレ」1930 集〕

むら［村］沖縄などでは自治体名で「むら」より「ソン」が多い。村役場とも。
【聚】演目「敵討天下茶屋聚」（歌舞伎）〔「読売新聞」2010年3月20日〕
【廬】小説〔小野不由美「東の海神 西の滄海 十二国記」1994〕
【実家】漫画 実家への里帰り〔樋口橘「学園アリス 1」2003〕

むらがる［群がる・叢る・簇る］
【村がる】古 村ガツテ〔大久保忠教「三河物語」1622〕

むらさき［紫］
【紫色】雑誌 新約聖書『ヨハネ黙示録』紫色・絹・緋色および各様の香木〔「太陽」1994年3月〕
【紫煙】歌詞 紫煙の Galaxy は絵になる〔桑田佳祐「質量とエネルギーの等価性」2002〕
【煙草】漫画 煙草ばっか喫って〔「週刊少年ジャンプ」2004年7月8日（BLEACH）〕

【夢羅沙鬼】民間 ❖暴走族名。WEBに4字目を「奇」「起」とするハンドルネームなどあり。

【紫】誤読 源氏物語の「紫の上」を「しばのうえ」と読んだやつがいたな。〔WEB〕❖紫と柴はよく間違われる。芭蕉は其角が字（間）を詰めて書いた「此木戸」を「柴戸」と誤読したことはよく知られる。

むらさめ〔群雨・叢雨・村雨〕

【村雨】古 ❖むらしぐれも「村時雨」とも。

むらびと〔村人〕

【村猫】漫画 そして村猫たちはまたたび茶を飲みあい〔猫十字社「小さなお茶会」2000〕

むりおうじょう〔無理圧状〕

【無理往生】辞書

むりやり〔無理遣り〕

【無理矢理】辞書 ❖変換で「無理槍」も。

むんず

【無手】古 無手と〔山田美妙「竪琴草紙」1885〕

め

め〔目〕→みる

【眼】古 眼の栗玉〔1888 俗〕

小説 黒目勝の眼を〔徳富健次郎「黒潮」1903〕

詩 牛の眼は聖者の眼だ〔高村光太郎「牛」1913〕／私の緑の眼〔谷川俊太郎「一九五一年一月」1952〕

歌詞 すがるに冷たい眼の色〔淡谷のり子「人の気も知らないで」（奥山靉）1938〕／別れたあの人は 左の眼〔二葉あき子「雨の日ぐれ」（サトウハチロー）1951〕／見よう見よう眼をとじて〔植木等「笑えピエロ」（浜口庫之助）1966〕／眼に飛び込む四角で簡素な〔D「断片アシンメトリー」（ASAGI）2006〕

短歌〔俵万智「左右対称の我」1987〕

新聞「両洋の眼」展が〔「読売新聞」2009年2月12日〕／採用担当者へのインタビュー「人事の眼」（コーナーの名）〔「読売新聞」2010年3月22日〕

【瞳】歌詞 訳はあの娘の 瞳にききな〔白根一男「次男坊鴉」（萩原四朗）1955〕／黒い瞳のヴィーナス〔加山雄三「美しいヴィーナス」（岩谷時子）1970〕／あなたの瞳には 何が見えるの〔倉木麻衣「冷たい海」2001〕❖用例多し。

曲名 CHAGE&ASKA「僕はこの瞳で嘘をつく」（飛鳥涼）1991

漫画 あの瞳は〔CLAMP「X 3」1993〕／お前の瞳は…〔小花美穂「こどものおもちゃ 1」1995〕／冷えきった瞳をしてる〔松川祐里子「魔術師 3」1997〕／綺麗な瞳をしていた〔津田雅美「彼氏彼女の事情 17」2003〕／金髪金瞳なんてエドとアルみたい〔荒川弘「鋼の錬金術師 19」2008〕

漫画題名 ささやなえ「子ども虐待ドキュメンタリー 凍りついた瞳」（椎名篤子）1995

小説 瞳には浮かぶものがあった〔芝中学校文芸部「天晴れ20号」1999〕

俳句 瞳に星を❖「有坂来瞳」は芸名。

【眸】歌詞 港灯りが眸にしみる〔岡晴夫「波止場シャンソン」（内田つとむ）1948〕／この双つの眸に〔ALI PROJECT「亡國覚醒カタルシス」（宝野アリカ）2006〕

雑誌〔「小説新潮」1994年5月〕

小説 切れ長の眸〔藤原眞莉「華くらべ風まい―清少納言梛子」2003〕／凛とした眸〔夢枕獏「黒塚 KUROZUKA」2003〕

【瞼】歌詞 瞼を伏せた〔大川栄策「傷心」（松井由利夫）2007〕

【視線】歌詞 囁く視線は黒い豹〔YMO「過激な淑女」（松本隆）1983〕／冷めた視線でこっちを見るなら〔井出泰彰「Reckless Fire」（酒井ミキオ）2001〕

【目】民間 ❖大阪の子どもが方言の通り読みを書いて×になったという。

【目】歌詞 子に託す未来に目を〔サザンオー

ルスターズ「怪物君の空」〈桑田佳祐〉1985〉

め［雌・女・妻・牝］

【女】新聞 機織女〈「読売新聞」2008年10月5日〉

【妻】小説 幼い頃は彼の妻君になりたかった〈藤原眞莉「華くらべ風まどい―清少納言梛子」2003〉

め［海布］「わかめ」など海藻の総称。

【海藻】【海布】【和布】【軍布】古

め［奴］「奴」（音はド・ヌ）の崩し字から「ぬ」が生じた。

【奴】小説 豚奴々〈小林多喜二「蟹工船」1929〉

書籍（大平さん・大平どの・大平奴）〈井上ひさし「私家版 日本語文法」1981〉

めあて［目当て］

【目標】【目的】古

*【小学校低学年】辞書〈伊坂淳一「振り仮名」〈「日本語学キーワード事典」1997〉〉

めあわせる［妻合わせる］

【娶合せる】小説 自身の一女を娶合せたので〈吉川英治「三国志 7」1975〉

めい［名］→めいやく

【迷】古 メイ（迷）校正ぶり 仁井宗八「校正子雑感」〈「文藝春秋」1925年12月（随筆欄）〉／迷文句〈「まんだん読本」1932〉◆迷言、迷答（メイ答）、迷プレー、迷司会など、別の、あるいは逆の意味となる。

メイ［May］

【五月】芸名 飯窪五月◆中村メイコは本名が神津五月。

めいく［名句］

【明句】古 ◆→めいげつ

メイク［make］

【創】店名 アトリエ創（めいく）

【化粧】歌詞 オレの好みの化粧が邪魔してる〈椎名林檎「流行」（椎名林檎・坂間大介）2009〉

【顔】雑誌 モテる顔〈「with」2004年10月〉

広告 艶があふれ出す4つの「顔」〈「読売新聞」2009年11月7日〉

めいげつ［明月・名月］

【名月】辞書 ◆漢語の「明月」から。日本製。

めいしゃ［目医者・眼医者］

【眼科】古

メイズ［maze］迷路。

【迷図】辞書 ◆英語で迷路を maze（メイズ）というため、迷図と当て字される。

【迷】漫画 おそらく『迷』のカードだ〈CLAMP「カードキャプターさくら 4」1997〉

その他 迷宮・不知 古

めいたんてい［名探偵］

【金田一耕助】漫画 金田一耕助のお孫さんとやら…〈さとうふみや「金田一少年の事件簿 3」〈金成陽三郎〉1993〉

めいど［冥土・冥途］

【冥土】古 亀井戸(ママ)の私娼窟〈1935 隠〉

メイド［maid］中国・台湾では「妹斗」。日本から入った語に当て字（音訳＋意訳）。

*【美雪】漫画 台本じゃ美雪に刺されて倒れるはずだろ？〈さとうふみや「金田一少年の事件簿 9」〈金成陽三郎〉1994〉

めいび［明媚］

【明美】新聞 風光明美◆抵抗が大きく、あまり定着もしなかったため、日本新聞協会は風光明媚をルビ付きで認めることにした。この美を媚に戻す社も現れた。

メイプル［maple］

【楓】雑誌〈「問題小説」1994年7月〉メープル。

めいぼく［名木］

【伽羅】演目「伽羅先代萩」◆歌舞伎外題。

めいめい［銘銘］本来は、「面々」。

【各自】小説 相当の時間に各自の寝床へ〈夏目漱石「こころ」1914〉

その他 銘銘・面々・名名 古

めいやく［名訳］→めい

【迷訳】書籍 迷訳して〈惣郷正明「辞書漫歩」1987〉◆もじり。

メイヨール
【長老(メイヨール)】 漫画 長老(メイヨール)への上納金を〔北条司「CITY HUNTER 1」1986〕
【最長老(メイヨール)】 小説〔清涼院流水「カーニバル 二輪の草」2003〕

めいる [滅入る]
【滅入(めい)る】【乙入(めいる)】【沈湎(めいる)】 古

めいわく [迷惑]
【明和九(めいわく)】 狂歌 今に明和九(迷惑)〔山本昌弘「漢字遊び」1985〕◆明和九年(めいわくねん)(1772)は実際に改元理由になったという。

メイン [main] メーン。
【本音(メイン)】 漫画 それが本音(メイン)なんじゃ〔山田南平「紅茶王子 5」1998〕
【主要(メーン)】 小説 尾瀬への主要(メーン)ルートであるわけです〔森村誠一「殺意の接点」2001〕
その他 **中心街(メインストリート)** 歌詞 / **白夜&桂花(メインキャラクター)** 小説

メーカー [maker]
【製造元(メーカー)】 漫画 カギの製造元(メーカー)〔さとうふみや「金田一少年の事件簿 11」(金成陽三郎)1995〕

メートル [フランス mètre]
【米(メートル)】 ◆江戸時代からの当て字による。平米、立米(リュウベイ)とも。辞書に計器の意でも米(メートル)(米(メーター))を示すものあり。辞書〔1948 隠〕
小説 ほぼ百米(メートル)の距離が〔小島信夫「アメリカン・スクール」1954〕
曲名 石原裕次郎「風速四十米」(友重澄之介)1958
書籍 耳成山が海抜一四〇米(メートル)〔井上ひさし「私家版 日本語文法」1981〕
歌詞 深度二十米(メエトル)!〔ゲルニカ「潜水艦」(太田螢一)1982〕
雑誌 海抜 米(メートル)〔「太陽」1994年2月〕
【メートル】 新聞〔「読売新聞 夕刊」2010年2月25日〕◆新聞以外でもスペースの節約のためにこの種の活字が使用されることあり。パソコンでは機種依存文字だった。「m」「M」「米」とも。

メール [mail] メイル。メエル。
【郵便(メール)】 小説 郵便物の送受信など〔森村誠一「殺意の接点」2001〕
【手紙(メール)】 民間 女の子の手紙(メール)って〔男子学生が手書きカードに 2007年4月〕
【返事(メール)】 漫画 返事(メール)くれないし〔小花美穂「Honey Bitter 3」2005〕
【✉(メール)】 ケータイ ◆封書ではなく電子メールとして、手紙などで普通に書かれている。ダイヤル式の電話機で固定電話を指しつづけているように、記号には文字に似た保守性あり。なお、空✉を「からメ」とも読む者がある。
広告 交際女性への脅迫✉〔「読売新聞」2010年2月16日(週刊女性)〕

めおと [夫婦・女夫・妻夫]
【女夫(めおと)】 演目 素浄瑠璃「津国女夫池(つのくにめおといけ)」 妻夫木(つまぶき)は姓。
新聞 岐阜県中津川市 女夫岩(めおといわ)〔「読売新聞」2009年5月21日〕
姓 女夫池(めおといけ)〔「毎日新聞」2010年3月28日〕◆夫婦岩と書かれるものも。
【娚(めおと)】 名称 娚杉(めおとすぎ)(石川県金沢市)◆「みょうと」とも。他の地にも例あり。
【夫婦(めおと)】 名称 夫婦岩(めおといわ)◆三重県二見浦。/夫婦欅(めおとけやき)(東京都杉並区阿佐谷にある神明宮に)
作品名 織田作之助「夫婦善哉(めおとぜんざい)」1940
曲名 殿さまキングス「夫婦鏡」(千家和也)1974/三笠優子「これからも夫婦舟」(荒川利夫)2002
歌詞 耐えて花咲く夫婦花(めをとばな)〔都はるみ・岡千秋「浪花恋しぐれ」(たかたかし)1983〕/夫婦(めおと)気どりの流れ川〔三沢あけみ「別府湯けむり恋けむり」(中野登志子)2008〕
雑誌 かつては「夫婦杉(めおとすぎ)」と呼ばれ〔「暮らしの風」2008年12月〕

メカ [↑メカニズム・メカニクス]

【機器(メカ)】漫画 どれもこれも疑わしい機器(メカ)ばかりだ…〈青山剛昌「名探偵コナン 4」1995〉
【機械(メカ)】小説〈田中芳樹「創竜伝 13」2003〉
漫画 機械(メカ)いじりがメシより好きで〈小花美穂「分解ファイル」2005〉❖「夜露死苦機械(メカ)犬(ドック)ワンワン」は氣志團の語録の一つ。

メガ [mega]
【大(メガ)】小説 日本探偵界をリードしてきた大(メガ)探偵〈清涼院流水「カーニバル一輪の花」2003〉❖他所に「大犯罪(メガクライム)」「大規模犯罪(メガスケールクライム)」「大規模(メガスケール)世界犯罪(ワールドクライム)」。
*【超大作(メガノベル)】新聞 超大作(メガノベル)二千枚の風圧に、耐えよ。〈「読売新聞」2008年9月26日〉
その他 爆裂陣(メガ・ブランド) 書籍

めかいちちょんちょんのじゅう
【目カ一、、の十(めかいちちょんちょんのじゅう)】古〈1929 俗〉❖助平の分字。、、は、、とも。

めかけ [妾・目掛け]
【妾(めかけ)】字遊 妾という字を分析すれば 家に波風立つ女〈都々逸〉

メガシティ [megacity]
【巨大都市(メガシティ)】番組名「巨大都市(メガシティ) 未知の揺れが襲う」〈NHK 2010年3月4日〉

メガダイン [megadyne] 力の大きさの単位。記号「Mdyn」。
【人造人間(メガダイン)】漫画 手配ナンバー2035618の人造人間(メガダイン)め!〈麻宮騎亜「サイレントメビウス 1」1989〉

メガデス [megadeath]
【天地爆裂(メガデス)】漫画〈萩原一至「BASTARD!!―暗黒の破壊神―」1988～〉

メカニカル [mechanical]
【機械的(メカニカル)】小説 機械的(メカニカル)に作業するマシンたち〈清涼院流水「カーニバル 二輪の草」2003〉

メカニズム [mechanism]
【機構(メカニズム)】書籍〈杉本つとむ「日本文字史の研究」1998〉
論文 内容を産み出す機構(メカニズム)として働く〈内山和也「振り仮名表現の諸相」2002〉
【要塞(メカニズム)】小説 要塞(メカニズム)に向けていたが〈菊地秀行「魔界都市ブルース 夜叉姫伝 4」1990〉

めがね [眼鏡] 常用漢字表付表にあり。
【目金(めがね)】新聞〈「読売新聞 夕刊」2009年9月30日〉
【眼鏡(めがね)】書籍 眼鏡は不合理〈橋本萬太郎・鈴木孝夫・山田尚勇「漢字民族の決断」1987〉
【刀(メガネ)】漫画 私の刀(メガネ)のサビにもならない〈「週刊少年ジャンプ」2004年10月11日(メガネ侍)〉
その他 目がね(めがね)・目鏡(めがね)・双眼鏡(めがね)・万世橋(めがね)・靉靆(めがね) 古/鑑定(めがね)・鑑識(めがね) 辞書

メガバイト [megabyte] 百万バイト。
【MB(メガバイト)】漫画 750MB(メガバイト)程だが〈遠藤浩輝「EDEN It's an Endless World! 1」1999〉

めがみ [女神]
【運命(めがみ)】歌詞 一縷(いちる)の希望(ほし)運命(めがみ)に委ね〈r.o.r/s「Tattoo Kiss」(MIZUE) 2003〉
その他 天使(女神) WEB

メキシコ [Mexico]
【墨西哥(メキシコ)】辞書 ❖→亜墨利加(アメリカ)

めぎつね [牝狐]
【女狐(めぎつね)】書籍〈うみのさかな&宝船蓬莱「うみのさかな&宝船蓬莱の幕の内弁当」1992〉
【女優(メギツネ)】漫画 達也さんと噂になったあの女優(メギツネ)よ!!〈青山剛昌「名探偵コナン 5」1995〉

めぐし [愛し] 東北方言「めんこい」の語源とされる。
【眼具之(めぐし)】【愍久(めぐし)】【目串(めぐし)】古〈「万葉集」〉
【可愛し(めぐし)】歌詞 可愛し(めぐ)乙女舞い出でつ〈石倉小三郎訳詩「流浪の民」〉❖シューマン作曲。
その他 優(めぐし) 古

めくじら [目くじら] 古く「目くじり」とも。くじらの語源は未詳だが、俗解からか。
【目鯨(めくじら)】WEB 目鯨を立てる

めくばせ [目配せ・眴]
【目語(めくばせ)】古〈松山棟庵・森下岩楠訳「初学人身窮理」1873〉

[その他] 眣せ・注目 [古]

めぐみ ［恵み］

【愛】 [人名] 「安心」1994年5月

[民間] 海からの愛〔熱海のすし店 2006年1月19日〕

【慈愛】 [歌詞] 慈愛の雨（跡見学園校歌）〔紀田順一郎「図鑑日本語の近代史」1997〕

めぐらす ［巡らす・回らす・廻らす］

【運らす】 [辞書]

めくらまし ［目眩し］

【幻戯】 [書名] 西村寿行「幻戯」1987

[新聞] その芸を伝える手妻師が、ルーツである「幻戯」の時代にまでさかのぼり、〔「読売新聞」2009年10月11日〕

めぐりあい ［巡り合い・巡り会い・回り合い］

【邂逅】 [映画題名] 「邂逅（めぐりあい）」1941

[広告] 〔小野不由美「月の影 影の海 上 十二国記」2000〕

【めぐり逢い】 [曲名] ザ・ピーナッツ「パリのめぐり逢い」（なかにし礼）1971

[歌詞] 星のめぐり逢い〔工藤静香「Again」（秋元康）1987〕

【めぐり愛】 [論文] めぐり愛 感字 懸字表記〔柳田征司「あて字」1987〕

めぐりあう ［巡り合う・巡り会う・回り合う］「廻り逢う」「めぐり合う」「めぐり遇う」「めぐり遭う」はあまりない。

【邂逅う】 [小説] 気にかからなくなる時機に邂逅える〔夏目漱石「こころ」1914〕

【めぐり逢う】 [歌詞] めぐり逢うのは いつの日ぞ〔霧島昇「赤い椿の港町」（西條八十）1951〕／せつない夜を越えて 君にめぐり逢う〔アルフィー「君が通り過ぎたあとに －DON'T PASS ME BY－」（高見沢俊彦）1987〕

【巡り逢う】 [歌詞] 巡り逢える日〔松田聖子「雛菊の地平線」（松本隆）1987〕／果てしなくまた巡り逢う命〔ゆず「逢いたい」（北川悠仁）2009〕

【奇跡的】 [歌詞] 奇跡的「瞬間」は 自発的「結実」〔TWO-MIX「BEAT OF DESTINY」（永野椎菜）1998〕

めぐる ［巡る・回る・廻る］

【廻る】 [歌詞] 春は廻れど〔小畑実「山の端に月の出る頃」（哥川欣也）1951〕

【環る】 [歌詞] 一体何を引きずり環るの？〔鬼束ちひろ「砂の盾」2003〕

【繞る】 [書籍] 〔小林祥次郎「日本のことば遊び」2004〕

めくるめく ［目眩く］

【目眩めく】 [歌詞] 目眩めく些細な悩みはとりあえず今は〔森山直太朗「太陽」2004〕

[新聞] 目眩く〔「読売新聞」2009年11月22日（書評欄）〕

めげる

【砕る】【墾る】【破る】 [古]

めこ ［女子］ →おめこ

【女子】 [古] 女子、女子の陰部〔1935 [隠]〕

めごい めんこい。→めぐし

【愛い】 [TV] 津軽弁で愛い〔NHK教育 2006年2月（いなかっぺい）〕

めざし ［目刺］ 児童。また、魚の食品。

【女曹】【目指】【魬】 [古]

めさまし ［目覚まし］ めざまし。

【目不酔】 [古] 目不酔草 めさましぐさ〔「万葉集」〕◆目覚種。目を覚まさせるためのものの意という。

[その他] 冷眼 [古]

めざめ ［目覚め］

【醒】 [歌詞] 醒の墓標目指す〔※-mai-「鎮 － re-quiem －」（米たにヨシトモ）1999〕

【覚醒め】 [歌詞] 炎のキスの覚醒め〔神谷浩史＋小野大輔「DIRTY AGENT」（古屋真）2007〕

めざめる ［目覚める］

【目醒める】 [曲名] 淡谷のり子「目醒めよ感

激」1931〕

【覚醒(めざ)める】漫画 その血に覚醒(めざめ)た時〔垣野内成美「吸血姫美夕」1988〕

歌詞 深い闇の底の希望を覚醒(めざ)めさせる〔渡辺学「In My Justice ～翼の伝説」（田久保真見）1996〕

【覚醒(めざめ)る】歌詞 覚醒(めざめ)したら〔GARNET CROW「wish★」(AZUKI七)2002〕❖覚醒(かくせい)。

TV 今ここに覚醒(めざめ)する〔ゲーム「マグナカルタ」のCM 2004〕

めし［飯］

【食(めし)】古 大角豆食(ささげめし)／食(めし)を〔1885～1886 俗〕

【葉(メシ)】漫画 葉(メシ)がうまく噛めなかったんだよ！〔藤崎聖人「WILD LIFE 1」2003〕

その他 朝食(めし)・昼食(めし)・夕食(めし) WEB

メシア［Messiah］

【救世主(メシア)】広告 救世主(メシア)の血〔日渡早紀「未来のうてな1」1995（巻末）〕

曲名 Janne Da Arc「－救世主 メシア－」(yasu) 2001／JAM Project「鋼の救世主(メシア)」（影山ヒロノブ）2001〕

漫画〔「週刊少年ジャンプ」2004年42号〕

歌詞 僕はこわれた救世主(メシア)〔ナイトメア「the WORLD」(RUKA) 2006〕

めしい［盲］

【盲目(めしい)】詩 うまれながらの盲目(めしひ)なれ〔島崎藤村「おきぬ」1897〕

【眼瘢(めしい)】小説 眼瘢(めしい)の者〔平野啓一郎「日蝕」2002〕

その他 瞽(めしい)・矇(めしい)・盲(めしい) 古

めしいる［盲いる］

【盲(めし)いる】小説 盲(めし)いていればこそ〔有吉佐和子「地唄」1956〕

漫画 盲(めし)いた占い師〔CLAMP「X 1」1992〕

メシナ

【星姫(メシナ)】書名 折原みと「銀の星姫(メシナ)」1991

メジャー［major］

【長調(メジャー)】新聞 希望を込めて力強く歌い上げる長調(メジャー)で書き、〔「読売新聞」2008年11月2日〕

【MAJOR(メジャー)】映画題名「劇場版 MAJOR(メジャー) 友情の一球(ウィニングショット)」2008

その他 有名(メジャー)・大リーグ(メジャー) WEB／公共電波(メジャーウェーブ) 漫画

メジャー［measure］

【定規(メジャー)】小説 心理定規(メジャーハート)〔鎌池和馬「とある魔術の禁書目録 15」2008〕

めじり［目尻・眥］

【眼尻(めじり)】小説〔小林多喜二「蟹工船」1929〕

めじるし［目印］

【目標(めじるし)】小説〔夏目漱石「こころ」1914〕

【道標(めじるし)】歌詞 道に迷う時の道標(めじるし)のように〔速水奨ほか「君は独りじゃない」（森由里子）2005〕

めじろ［目白］

【繡眼児(めじろ)】古〔1915 隠〕

めす［雌・牝］

【女魚(めす)】書籍〔杉本つとむ「日本文字史の研究」1998〕

【女(めす)】映画題名「人妻ポルノ 慢性発情女(めす)」1972

歌詞 女(めす)に窶(やつ)した謀(たばか)りの綱を〔陰陽座「酒呑童子」（瞬火）2008〕

書名 養老孟司・阿川佐和子「男女(オスメス)の怪」2009

【♀(メス)】曲名 松本明子「♂(オス)×♀(メス)×Kiss(キッス)」（森雪之丞）1983〕❖♂・♀は元は火星と金星を表す記号で性別・生殖とは無関係だった。

その他 彼女(メス)・女子(メス) WEB

めす［召す］

【食(め)す】雑誌 食(め)され〔「歴史読本」1994年2月〕

メス［オランダ mes］

【解剖刀(メス)】漫画 解剖刀(メス)が光る〔「週刊少年ジャンプ」2004年10月11日（ナルト通信）〕

めずらか［珍か］

【稀見(めずらか)】古 五十嵐力『修辞学大要』(1922)は、稀見(めつらか)、爾来(そのとき)のような振り仮名の用法を「一挙両得策」により「二重以上の意義を兼ね表はす」視覚的修辞法としている。〔内山和也「振り仮名表現の諸相」2002〕❖『万葉集』

に「稀見(めづらし)」「稀将見(めづらし)」あり。

めずらしい ［珍しい］
【目頬敷(めずらしき)】 古 『真名伊勢物語』〔遠藤好英「漢字の遊び例集」1989〕◆『万葉集』には「目頬(めづら)四(し)」などもある。→めずらか
【珍奇(めずら)しい】 古〔1885〜1886 俗〕
【稀(めず)らしい】 新聞 稀(めず)らしい御希望ですな。「曠野(こうや)の花 石光真清の手記」〔「読売新聞」2008年4月6日〕

メソドロジー ［methodology］
【方法論(メソドロジー)】 WEB ◆書籍の帯にも。

メソポタミア ［Mesopotamia］
【米所並大迷亜(メソポタミア)】 辞書

メゾン ［maison(フランス)］
【館(メゾン)】 書籍〔南條郁子訳「テンプル騎士団の謎」2002〕

メタ ［meta］
【三次元(メタ)】 WEB
*__【一つ上の次元(メタ・レベル)】__ 小説 哲学などで使われる言葉で、「一つ上の次元(メタ・レベル)」〔清涼院流水「カーニバル 一輪の花」2003〕

めだか ［目高］
【麦魚(めだか)】 詩 だぼはぜの様な、麦魚(めだか)の様な、鬼瓦の様な〔高村光太郎「根付の国」1910〕
その他 **丁斑魚(めだか)** 古

メタサイコロジー ［metapsychology］
超心理学。超意識心理学。
【精神物理学(メタ・サイコロジー)】 漫画〔義仲翔子「ロスト・ユニバース 1」(神坂一)1998〕

メタファー ［metaphor］
【隠喩(メタファー)】 論文 隠喩(メタファー)と直喩(シミラー)およびたとえ話(アレゴリー)や寓意との比較〔内山和也「隠喩が意味を失うとき」2002〕◆種々の題名、評論などでよく見かける。「隠喩」を「陰喩」とする書籍などあり。
歌詞 きっとなんかを表してる隠喩(メタファー)なんだろう?〔Mr. Children「Pink〜奇妙な夢」(桜井和寿)2004〕

メタフィジカル ［metaphysical］
【形而上学的(メタフィジカル)】 詩 形而上学的(メタフィジカル)と言われる嵯峨の詩〔嵯峨信之「春雨」(大塚常樹解説)コ〕

めだま ［目玉］
【眼球(めだま)】 漫画 死神の眼球(めだま)の値段は〔小畑健「DEATH NOTE 1」(大場つぐみ)2004〕

メタモルフォーシス ［metamorphosis］
→メタモルフォーゼ
【変　身(メタモルフォーシス)】 漫画 朝起きると何か違うものに変　身(メタモルフォーシス)している〔猫十字社「小さなお茶会」2000〕
【滅多朦流布押せ洲(めったもうるふおせす)】 小説 滅多朦流布押せ洲(めったもうるふおせす)騒ぎに〔柳瀬尚紀訳「フィネガンズ・ウェイク III IV」1993〕◆しゃれ。

メタモルフォーゼ ［Metamorphose(ドイツ)］
変形。変身。変質。メタモルフォーシス。
【形態変化(メタモルフォーゼ)】 歌詞 形態変化(メタモルフォーゼ)発情期〔ALI PROJECT「妄想水族館」(宝野アリカ)2001〕
その他 **変形(メタモルフォーゼ)・変身(メタモルフォーゼ)・転身(メタモルフォゼ)** 古／**変異(メタモルフォーゼ)** 書籍／**変化(メタモルフォーゼ)** 歌詞／**肉体変化(メタモルフォーゼ)** WEB

メタル ［metal］
【鋼鉄(メタル)】 歌詞 鋼鉄(メタル)心臓〔高見沢俊彦「月姫」2008〕
*__【防護服(メタルジャケット)】__ 漫画〔和月伸宏「武装錬金 3」2004〕

メダル ［medal］
【賞牌(メダル)】 小説〔夏目漱石「三四郎」1908〕
その他 **円匾(メダル)・功牌(メタール)** 古

めぢから ［目力］
【目力(めぢから)】 雑誌「モテる目力」ととことん強化バイブル〔「non・no」2003年2・3号〕
【眼力(めぢから)】 新聞 "眼力"メークが主流だ。〔「日経新聞」2010年1月9日〕◆眼力(ガンリキ)は別語。

めちゃ ［滅茶・目茶］
【目茶(めちゃ)】 書籍 奥附のない本は目茶である。〔高橋輝次「誤植読本」2000(井伏鱒二)〕

めちゃくちゃ ［滅茶苦茶・目茶苦茶］

め

【目茶苦茶(めちゃくちゃ)】書籍 目茶苦茶(めちゃくちゃ)だったり〔黒柳徹子「窓ぎわのトットちゃん」1981〕

めちゃめちゃ 〔滅茶滅茶・目茶目茶〕
【滅茶滅茶(めちゃめちゃ)】漫画 滅茶々々(めちゃくちゃ)だ〔田河水泡「のらくろ武勇談」1938〕
【めちゃ×2】新聞 バラエティー番組「めちゃ×2イケてるッ!(めちゃイケ)」〔「読売新聞 夕刊」2010年3月16日〕❖テレビのタイトルは「めちゃ²イケてるッ!」だが、印刷の都合で「×2」となる。

メッカ 〔Mecca〕 地名。「…のメッカ」という転用は不快とされることあり。
【聖地(メッカ)】漫画 さっすが聖地(メッカ)とよばれる街ね〔荒川弘「鋼の錬金術師 5」2003〕

めっかる 〔目付かる〕 見つかる。みっかる。
【目付(めっか)る】古 目付(めつか)ツたら〔1896 俗〕

めっき 〔鍍金・滅金〕 滅金の変化した形。
【鍍金(めっき)】古〔1902 俗〕

めっきり
【滅切(めっきり)】古

メッセージ 〔message〕
【伝言(メッセージ)】曲名〔甲斐バンド「マリーへの伝言(メッセージ)」(甲斐よしひろ)1980〕
漫画 犯人の最後の伝言(メッセージ)は〔青山剛昌「名探偵コナン 7」1995〕
小説 伝言(メッセージ)の伝達や〔森村誠一「殺意の接点」2001〕
曲名 hitomi「風の伝言(メッセージ)」(山崎将義)2004
【伝言(メッセージ)ゲーム】漫画 橘の「伝言(メッセージ)ゲーム」にそって〔さとうふみや「金田一少年の事件簿 13」(金成陽三郎)1995〕
【伝令(メッセージ)】漫画〔冨樫義博「HUNTER × HUNTER 7」1999〕
【警告(メッセージ)】雑誌 私たち流のやり方に対する強い警告(メッセージ)が込められている。〔「BE-PAL」1994年4月〕
【言葉(メッセージ)】広告 就活息子&娘への「10の言葉(メッセージ)」〔「読売新聞」2010年1月25日(週刊ポスト)〕
【文章(メッセージ)】書籍 長い文章(メッセージ)を口頭で伝えられる。〔井上ひさし「私家版 日本語文法」1981〕
【内容(メッセージ)】論文 形式は内容(メッセージ)の乗り物なのでなく〔内山和也「振り仮名表現の諸相」2002〕
【FAX(メッセージ)】漫画 犯人からの冷酷なFAX(メッセージ)が届く…〔青山剛昌「名探偵コナン 7」1995〕
【msg(メッセージ)】歌詞 君からの msg(メッセージ)〔VANNESS「Reason」(AISA)2010〕

めったに 〔滅多に〕「めた」から。
【滅多(めった)に】新聞 こんな洒落(しゃれ)た「一寸」の使い方は滅多(めった)にみれらない。〔「読売新聞」2008年11月3日(長谷川櫂)〕
その他 軽(めった)に 古

めったやたら 〔滅多矢鱈〕 →やたら
【滅多矢鱈(めったやたら)】古

メッチェン 〔ドイツ Mädchen〕
【娘(メッチェン)】小説 娘(メッチェン)よりもまず〔遠藤周作「わたしが・棄てた・女」1964〕

めつむる
【瞑(めつむ)る】歌誌 瞑(めつむ)る〔「短歌」1994年8月〕❖『字通』の訓にあり。

めて 〔馬手・右手〕
【右手(めて)】歌詞 右手(めて)には血槍の男伊達〔角田信朗「よっしゃあ漢唄」(北原星望・真間稜)2009〕

メディア 〔media〕
【媒体(メディア)】論文〔内山和也「『現代口語体』の表現スタイルについて」2002〕

メディエター 〔mediator〕 調停者。
【仲裁人(メディエター)】広告 間違いだらけの仲裁人(メディエター)〔神坂一「日帰りクエスト なりゆきまかせの異邦人(ストレンジャー)」1993(巻末)〕

メディオ 〔スペイン medio〕
【中(メディオ)】小説 大(グランデ)・中(メディオ)・小(プティ)と呼び〔星野智幸「嫐嬲 なぶりあい」1999〕
【嬲(メディオ)】小説〔星野智幸「嫐嬲 なぶりあい」1999〕

❖登場人物。

メディック [medic] 医者。医学生。

【医療担当(メディック)】 小説 医療担当(メディック)と潜水担当は〔大石英司「神はサイコロを振らない」2005〕

めでたい [目出度い] 「愛(め)づ」から。→おめでとう

【慶(めでた)い】 書籍 「めでたい」を「慶い」と書けばあて字表記〔柳田征司「あて字」1987〕

【賞でたい】 書籍〔杉本つとむ「日本文字史の研究」1998〕

【芽出度(めでた)い】 書籍 縁起字の例：芽出度い（目出度い）〔斎賀秀夫「漢字の缶づめ 教養編」1998〕

【目出度(めでたい)】 古〔築島裕「宛字考」（「言語生活」1960年7月）〕 人名 松飾目出度右衛門(まつかざりめでたえもん) ❖江戸時代の人。

【目出(めで)たい】 古 目出タキ 紅梅文庫旧蔵本『今昔物語集』〔峰岸明「あて字はどのようにして生まれたか」（「日本語学」1994年4月）〕❖中世の手紙文例集の往来物にも現れ、手紙文の表記としても定着を見せた。目出という合字も中世には用いられた。

その他 妙(めでたい)・玩(めでたい)・愛度(めで)たい・美(めでた)い・慶(めで)たい・微妙(めでたし) 古／芽出(めで)たい 民間／目出鯛(めでたい) WEB

めでる [賞でる・愛でる]

【賞(め)でる】 書籍 賞(め)づ〔杉本つとむ「日本文字史の研究」1998〕

【愛(め)でる】 新聞〔「読売新聞」2010年2月28日〕

めど [目処]

【目途(めど)】 民間 ❖目途・目処はメドとも書かれるためか外来語と意識されることあり。モクトとも読む。

【目度(めど)】 貼紙 県費配分予算削減の折、一原稿十枚までを目度にご協力ください。〔コピー機に 1985 (目)〕

めとる [娶る] 字体から生じた語という。

【娶(めと)る】 広告 売れっ子美人芸者を娶り〔「読売新聞」2009年6月4日〕

【婚(めと)る】 俳句 昏れて婚(めと)りや〔竹下しづの女〕

メトロ [(フランス) métro]

【地下鉄(メトロ)】 歌詞 地下鉄(メトロ)で帰った君よ〔千代田照子「東京ワルツ」（西沢爽）1954〕

書名 浅田次郎「地下鉄(メトロ)に乗って」1994

小説 地下鉄(メトロ)のポルト・ドートイユ駅の〔河野万里子訳「散歩」1998〕

メニュー [(フランス) menu]

【献立(メニュー)】 漫画〔大暮維人「エア・ギア 1」2003〕

【菜単(メニュー)】 WEB ❖中国語から。

その他 食単(メヌー)・献立表(メヌウ) 古／〆ニュー(メニュー) 民間

めのこざん [目の子算]

【女の子算】 辞書 きわめて初歩的で安易な計算法であるところから「女の子算」にあてていうこともある。〔「日本国語大辞典」〕

めのと

【女の都(めのと)】 地名 ❖長崎県。乳母とも書かれた。

メノポ [←menopause] 更年期障害。

【更年期(メノポ)】 雑誌〔「日経ヘルス プルミエ」2010年5月〕

めばる [眼張] 鮴崎(めばるざき)は広島県の地名。

【眼張(めばる)】 俳句 眼張(めばる)売り〔「読売新聞」2010年3月22日（吉田明子）〕

メフィスト [←メフィストフェレス（(ドイツ) Mephistopheles）]

【悪魔(メフィスト)】 広告 それは「悪魔(メフィスト)」のささやき!?〔倉橋燿子「BYE²片想い」1989（巻末）〕

めぼしい 仮名書きが一般的。

【目星(めぼし)い】 辞書 ❖図星からの類推もあるか。

【目欲(めぼ)しい】 新聞 「目欲し」あるいは、「まばゆし」に由来するというのが大言海の説。〔「読売新聞」2006年6月28日（日本語・日めくり）〕

めまい [目眩]

【眩暈(めまい)】 歌詞 眩暈の後の虚ろさに〔さだまさし「晩鐘」1978〕

め

曲名 鬼束ちひろ「眩暈(めまい)」2001

【目(め)まい】 変換 ◆ATOK17やMS-IME2003での候補の一つ。

その他 幻惑(めまい) 歌詞

めまぐるしい

【目眩(めまぐ)るしい】 小説 [目紛しい] あの目眩(めまぐ)るしい東京の〔夏目漱石「こころ」1914〕

めめ

【メメ(めめ)】 古 仏家で声聞のことをいふ〔1929 隠〕◆抄物書き。

誤植 つげ義春の漫画『ねじ式』メメクラゲ(××クラゲを)〔高橋輝次「誤植読本」2000(林哲夫)〕◆××という伏字表現がメメと植字されたが、作者はかえって面白いとそのままにしたとのこと。

めめしい

【男々(めめ)しい】 書籍 [女女しい] 男々(めめ)しい恋心(きもち)〔「326-ナカムラミツル作品集」1998〕

WEB 男って女々しいねえ。情けない。今日からは「男々しい」と書いて「めめしい」と読むようにしようか(笑)◆複数あり。

【me me she(メ・メ・シイ)】 曲名 RADWIMPS「me me she(メ・メ・シィ)」(野田洋次郎)2006◆もじり。

メメント [memento]

【遺書(メメント)】 書名 天本英世「日本人への遺書(メメント)」2000

メモリアル [memorial]

【追想伝(メモリアル)】 書名 折原みと「夢色の追想伝(メモリアル)」2001

【足跡(メモリアル)】 歌詞 またひとつ刻んでく足跡(メモリアル)〔kukui「空のメロディ」(霜月はるか)2007〕

【記念(メモリアル)すべき】 漫画 記念(メモリアル)すべき100(ハンドレッド)体目を完成させる日〔大暮維人「エア・ギア 1」2003〕

メモリー [memory]

【記憶(メモリー)】 歌詞 記憶が輪廻する〔水樹奈々「残光のガイア」(HIBIKI)2006〕

ゲーム 夏の記憶(メモリー)〔新世紀エヴァンゲリオンフイギュア クレーンゲーム(バンプレスト)〕

【追憶(メモリー)】 WEB 「追憶(メモリー)」◆画題。

【想い出(メモリー)】 歌詞 眩しくて想い出(メモリー)〔FLAME「Truly」(shungo.)2002〕

【傷(メモリー)】 漫画 その〝傷(メモリー)〟を他人の体に〔大暮維人「エア・ギア 4」2003〕

その他 苺萌梨(めもり) 人名

メランコリア [melancholia] メランコリー。

【鬱憂病(メランコリア)】 古〔宇田川玄真・宇田川榕菴「遠西医方名物考」二七巻〕◆蘭学の時代から洋語で黒い胆汁(メランコリア)を意味することが知られていた。

【憂鬱症(メランコリア)】 歌詞 憂鬱症(メランコリア)発病で〔ALI PROJECT「妄想水族館」(宝野アリカ)2001〕

その他 哀情(メランコリー)・沈愁(メランコリー)・憂鬱(メランコリイ) 古

メリー [merry]

【陽気(メリィ)な】 漫画 陽気な未亡人(メリィ・ウィドウ)〔熊倉裕一「KING OF BANDIT JING 6」2004〕

【能天気(メリィ)な】 漫画 能天気な無謀人(メリィ・イディオット)〔熊倉裕一「KING OF BANDIT JING 6」2004〕

メリーゴーランド [merry-go-round]

【回転木馬(メリーゴーランド)】 曲名 flumpool「回転木馬(メリーゴーランド)」(山村隆太)2009

その他 快回機(メリーゴーラウンド) 古

メリケン [↑アメリカン(American)] 耳で聞いた発音から。メリケン粉。↓アメリカ

【米利幹(メリケン)】 古 福沢諭吉〔1862 俗〕

【米利堅(メリケン)】 古 日本国米利堅合衆国和親条約

メリット [merit]

【美点(メリット)】 小説 自分が彼女に見つけていた美点(メリット)を〔森村誠一「殺意の接点」2001〕

その他 功業(メリット) 古/意義(メリット) 書籍/利点(メリット) WEB

めりはり [減り張り・乙張り] めりかり(乙甲)。

【減(め)り張(は)り】 辞書〔1949 隠〕

めりやす 音楽の一種。メリヤスからとも。

【端唄(めりやす)】【女里弥須(めりやす)】【女里弥寿(めりやす)】 古

メリヤス [スペイン medias]

【莫大小(メリヤス)】古 大小と莫く、伸縮自在にして〔1917 俗〕

その他 目璃耶子(メリヤス) 古／目利安(メリヤス) 辞書

メリンス [スペイン merinos] オランダ語からとも。

【唐縮緬(メリンス)】WEB

メルセデス [↑メルセデスベンツ(Mercedes-Benz)]

【外車(メルセデス)】漫画 黒のSクラス外車(メルセデス)〔本沢みなみ「また還る夏まで 東京ANGEL」1999〕

メルヘン [ドイツ Märchen] おとぎばなし。童話。

【童話(メルヘン)】詩 シャルル・ペローの童話(メルヘン)〔森忠明「母捨記・はははすてのき」1975〕

【物語(メルヘン)】新聞 美しい物語(メルヘン)である〔「朝日新聞」2005年4月2日(天声人語)〕

【お伽話(メルヘン)】小説 お伽話(メルヘン)にすぎない〔森村誠一「殺意の接点」2001〕

その他 お伽噺(メルヘン) 古

めれん

【酩酊(めれん)】古『誹諧通言』〔杉本つとむ「近代日本語の成立と発展」1998〕

メレンゲ [フランス meringue]

【淡雪(めれんげ)】歌詞 淡雪(めれんげ)の雪 溶けだしました〔山口百恵「喰べられてしまった獏」(阿木燿子) 1979〕

めろう [女郎]

【女郎(めろう)】古 若キ婦人〔1915 隠〕

メロディー [melody] メロディ。

【曲節(メロデア)】古 北原白秋『邪宗門』1909 扉銘〔松岡正剛「日本流」2000〕

【旋律(メロディー)】書名 村松健「マロニエの旋律(メロディー)」1991

漫画 あの悲しげな旋律(メロディ)〔日高万里「時間屋」1998〕／優美で魅惑的な歌曲風の旋律(メロディー)〔二ノ宮知子「のだめカンタービレ 18」2007〕

歌詞 その深さを測る旋律(メロディー)〔Salyu「VALON-1」(小林武史) 2004〕／二人だけの旋律(メロディー)は〔一ノ瀬トキヤ「BELIEVE ☆ MY VOICE」(上松範康) 2009〕

【音楽(メロディ)】歌詞 音楽(メロディ)みたいに流れる声に〔水樹奈々『好き!』2006〕

【言葉(メロディー)】歌詞 あなたの言葉(メロディー) ずっと忘れない〔宇徳敬子「光と影のロマン」2000〕

【生命(メロディー)】歌詞 新しい時代の行方を照らす生命(メロディー)〔GLAY「グロリアス」(TAKURO) 1996〕

【本能(メロディ)】歌詞 禁じられた本能(メロディ)さえも〔水樹奈々「Dancing in the velvet moon」2008〕

その他 福音(メロディ) 漫画／音色(メロディー) WEB

*【楽譜(メロディのちず)】歌詞 楽譜(メロディのちず) 歌うから〔水樹奈々「Violetta」2006〕

メロドラマ [melodrama]

【人工降雨(メロドラマ)】新聞 映画監督の小津安二郎は新聞を読んでいて、「人工降雨」という見出しに目を留めた。その日、一九五三年一月四日の日記に書いている。「メロドラマといふルビはどうか」〔「読売新聞」2004年10月14日〕

その他 通俗劇(メロドラマ) 歌詞

メロン [melon]

【瑪瑙(メロン)】漫画〔秋本治「こちら葛飾区亀有公園前派出所 126」2001〕◆命名案として。

【画(メロン)】【面(メロン)】字遊 ◆テレビや『BOMB』などの雑誌で、メロンを表した漢字の例。「昼」が仮面ライダーの顔に、「岡」が朝潮関の顔に、「雲」がミルフィーユの断面に似ているなどの見立てもあった。

その他 甜瓜(メロン) WEB／舐瓜(メロン) TV

めん [面] →へんめん

【仮面(めん)】小説〔島崎藤村「夜明け前 第二部」1935〕

【覆面(メン)】小説 覆面(メン)パト〔南英男「腐蝕」1999 集〕

【顔(メン)】漫画 ナンパすんなら顔(メン)見せろ〔倉橋えりか「世紀末のエンジェル 4」2001〕

メン [men] イケメンは「men」からともいうが、「いけ面」「イケ面」とも書く。

【男(メン)】雑誌 乙男(オトメン)〔「CanCam」2009年9月〕◆「イケ

男(メン)」なども見る。

【漢(メン)】 漫画題名 南ひろたつ「漢魂(メンソウル)!!!」2000〜2002

【M(メン)】 映画題名「MIB(メン・イン・ブラック)」1997

メン［←メンバー］

【麺(メン)】 WEB バンドのメンバーのこと。盤麺ともいう。❖面罵とも。略語、省スペース。

めんくい［面食い］

【面喰い(めんくい)】 歌詞 面喰いなのに〔太田裕美「しあわせ未満」(松本隆)1977〕❖麺食いはもじり。

めんくや

【面厄(めんくや)】 古 醜婦〔1935 隠〕

めんこ［飯盒］

【飯盒(めんこ)】 小説 野間宏「真空地帯」1951

【面子(めんこ)】 辞書 ❖ゲームは一般に「めんこ」「メンコ」と書かれる。

めんこい 東北方言。「めぐし」からという。→めぐし

【可愛い(めんこい)】 小説 可愛(めんこ)いな。〔小林多喜二「蟹工船」1929〕

【面恋い(めんこい)】 WEB ❖面子好い、面好い、面濃いという語源解釈を示す表記も。

メンス［←ドイツ Menstruation］

【月経(メンス)】 書籍 女の月経(メンス)にも〔杉本つとむ「近代日本語の成立と発展」1998〕

【月水(メンス)】 雑誌〔「小説新潮」1994年2月〕

メンソール［menthol］メントール。

【薄荷(メンソール)】 歌詞 煙草は薄荷(メンソール)〔中原めいこ「君たちキウイ・パパイア・マンゴーだね」(中原めいこ・森雪之丞)1984〕

めんた

【牝た(めんた)】 古〔1915 俗〕

【借倒(めんた)】 古〔1917 隠〕

メンタイこ［明太子］

【明太子(メンタイこ)】 辞書 朝鮮語ミョンテに漢字を宛て、日本人がメンと訛った〔杉本つとむ『宛字』の語源辞典」1987〕

めんたま［目ん玉］

【目ン玉(めたま)】 書籍 目ン玉ひんむいたまま〔家田荘子「極道の妻たち」1986 俗〕

メンタリティ［mentality］

【心性(メンタリティ)】 書籍〔由良君美「言語文化のフロンティア」1986〕

メンタル［mental］

【精神(メンタル)】 漫画 精神(メンタル)なスポーツ〔寺嶋裕二「GIANT STEP 1」2002〕

【心理(メンタル)】 小説 心理掌握(メンタルアウト)〔鎌池和馬「とある魔術の禁書目録16」2008〕

*__【負けない強さ(メンタルタフネス)】__ 広告〔「読売新聞」2010年6月8日〕

めんち 「面子(メンツ)切る」からとも「目ん玉切る」からともいう。

【面ち(めんち)】 WEB

メンツ［面子］中国語から。

【面子(メンツ)】 辞書 面子(めんつー)〔「隠語全集」1952 集〕
漫画 この面子(メンツ)で何するってのさ〔日高万里「ひつじの涙6」2003〕

めんつう［面通］

【仁義(メンツー)】 書籍 いわば喧嘩(ゴロ)仁義(メンツー)というわけだ〔山平重樹「愚連隊列伝モロッコの辰」1990 集〕

メンティーラ［スペイン mentira］うそ。

【嘘だ(メンティーラ)】 小説〔星野智幸「嫐嬲 なぶりあい」1999〕

めんどい［面倒い］「めんどう(面倒)」の形容詞化。近世から。

【面動い(めんどい)】 古／**【面倒くさい(めんどい)】** 民間

めんどう［面倒］目＋だうな(無駄になる)からか。

【面倒(めんどう)】 辞書 ❖予備校のポスター、看板に「面倒見主義(めんどうみすぎ)」。

【面働(めんどう)】 古 ❖崩し字で文書に。WEBにも例あり。

めんどくさい［面倒臭い］

【面倒くさい(めんどくせ)】 辞書〔俗〕

【面倒臭え(めんどくせ)】 新聞 面倒臭えなあ……〔「読売新聞 夕刊」2010年3月10日(有吉弘行)〕

*【面得斉事陀(めんどくさいことだ)】筆名 ◆戯作者の戯名。

めんどり［雌鳥］
【雌鳥(めんどり)】新聞 雌鳥肉(めんどり)を使った〔「読売新聞」2009年9月9日〕◆雌姓が目鳥に改姓した記録あり。

メンバー［member］→メン(麺)
【仲間(メンバー)】漫画 もう4人もの仲間(メンバー)が殺されてる〔蓮見桃衣「エキストラ・ジョーカー KER」(清涼院流水)2002〕
その他 面々(メンバー)・店員(メンバー)・皆(メンバー) 漫画

メンヒル［menhir］
【立石(メンヒル)】小説 一つの立石(メンヒル)につき一人ずつ〔清涼院流水「カーニバル 二輪の草」2003〕

めんぼくだま［面目玉］
【面目玉(めんぼくだま)】古〔1870～1876 俗〕

めんめん［面面］
【宀面(めんめん)】小説 仮庵(かりいお)の宀面(めんめん)〔柳瀬尚紀訳「フィネガンズ・ウェイク ⅢⅣ」1993〕◆宀一(べんいち)山宝生寺。

めんよう［面妖］
【面妖(めんよう)】辞書 ◆名誉から面妖へ変化した。

も

も 万葉仮名に「喪」あり。
【(藻)(も)】WEB ◆ネット上で使われる感動詞。「(藻」と同義。「藻」を「も」と誤読したことからという。→わら

モ［↑モザイク(mosaic)］
【藻有り(もあり)】WEB ◆モザイクの有る画像のこと。

もあい ⇩もやい

モイラ［ギリシャ Moira］
【運命の女神(モイラ)】書籍 運命の女神(モイラ)〔大久保博訳「完訳 ギリシア・ローマ神話」1970〕

もう［↑おもう］
【思う(もう)】新聞 思(も)はざらむ〔「読売新聞 夕刊」2009年10月28日(米川千嘉子)〕

もう
【舞(もう)】古 逃走〔1935 隠〕

もう
【最早(もう)】小説 最早(もう)老衰の極度にあった〔島崎藤村「夜明け前 第一部」1932〕
その他 最・最う(もう) 古

もうこ［蒙古］ モンゴル。満洲も音訳。
【蒙古(もうこ)】辞書 ◆モンゴルの人からは字義を理由にこの表記をやめるよう要請がある。

もうこりた［もう懲りた］
【忘己利他(もうこりた)】仏教〔瀬戸内寂聴〕◆当て字ではなくたまたま別の語句「もう懲りた」と一致したもの。意味は別だが、覚えやすい。

もうたくとう［毛沢東］
【毛沢東(けざわひがし)】誤読 昔「けざわひがし」と読んでた〔WEB〕◆「けざわあずま」もあり。

モウマンタイ［冇問題］ 広東語で、問題ありません。ノー・プロブレム。大丈夫。冇は有の対の方言文字。
【無問題(モウマンタイ)】雑誌 自分的には無問題(モウマンタイ)だけど〔「R25」2008年12月1日〕◆同名の香港映画の邦題により知られる。
歌詞 けどボクは無問題(モウマンタイ)〔50TA「チャイナダンスホール」2009〕
【問題なし(モーマンタイ)】漫画〔大暮維人「エア・ギア 2」2003〕

もえ［萌え］ 中国に近年の日本の義が伝播。
【萌(もえ)】小説 WEB ◆起源については「燃」説も。中国製の異体字「萠」で書くこともあり。

もえる［燃える］
【炎える(もえる)】歌詞 きみの肌が青白く炎える〔小坂忠「流星都市」(松本隆)1975〕／炎えあがる焔になろう〔稲垣潤一「時を越えて」(さがらよしあき・重実博)1987〕／炎(も)える下谷は恋灯り〔金沢明子「下町歌ごよみ」(近藤しげる)2010〕◆俳句にも。
【火爆(もえる)】広告 〝火爆(もえる)〟北京の素顔に迫る。〔「読売新聞」2008年7月21日〕

【燃えろ(エロ)】誤読 平仮名は読めるようになった4歳の娘。「ゲゲゲの鬼太郎」を見ていたら…「エロ親父」と叫びました。。。テレビを見ると…「燃えろ！目玉おやじ！」と書いてありました。〔WEB〕❖幼児は仮名だけを読むことあり。

モーヴ［フランス mauve］
【薄紫(モーヴ)】小説 安っぽい香水の包装紙のような薄紫色(モーヴ)と〔河野万里子訳「日曜日」1998〕

モーション［motion］
【動作(モーション)】古〔正岡子規「筆まかせ」1884～1892〕
その他 動き(モーション) WEB／予備動作(モーション) 漫画

モード［mode］
【形態(モード)】漫画 追跡者形態(チェイサー・モード)〔大暮維人「エア・ギア 2」2003〕
その他 流行(モード) WEB

モートル［オランダ motor］電動機。モーター。
【電働機(モオトル)】詩 夜も日もわかず一室は、げに畏しき電働機(モオトル)の〔蒲原有明「浄妙華」1908〕
❖自働・稼働などにも国字「働」。

モービル［mobile］モビール。
【流線型(モービル)】小説 流線型(モービル)デザインが未来感覚の〔清涼院流水「カーニバル二輪の草」2003〕

モーフィング［morphing］映像処理技術の一種。
【変幻(モーフィング)】広告 変幻(モーフィング)ボリュームの輝き〔「JJ」2003年9月〕

モーむす グループ名「モーニング娘。」の略。ATOK17では「もーむす」で「モー娘。」に変換される。
【モー娘(むす)。】漫画 モー娘(むす)。ドンジャラ！〔寺嶋裕二「GIANT STEP 1」2002〕❖娘(むす)は部分訓。鰻丼(うなどん)、曙貴(あけたか)時代の類。
新聞 モー娘らの勝訴確定(見出し)〔「読売新聞」2008年10月16日〕❖本文では「モーニング娘。」と、句点がある。

モーラ［ラテン mora］
【拍(モーラ)】書籍

モーリシャス［Mauritius］国名。
【毛里求斯(モーリシャス)】辞書

モール ポルトガル語の「mogol」からとも。
【莫臥児(モール)】WEB 莫臥児、莫臥爾、毛宇留、毛織、回々織などの字が当てられる。

モールスキン［moleskin］
【厚手木綿(モールスキン)】小説 厚手木綿(モールスキン)のオーバーを着込み〔松岡佑子訳「ハリー・ポッターとアズカバンの囚人」2001〕

モカ［mocha］
【〓珈(モカ)】店名〔東京都練馬区の喫茶店〕❖二代目の店主は当て字と言う。→コーヒー

もがく［踠く］もぐは「捥」。
【踠く(もが)】辞書〔1956 隠〕
【生(もがき)】歌詞 生死(もがきわかれ)闇夜の夢〔※-mai-「鎮 － requiem －」(米たにヨシトモ)1999〕

もがさ［痘瘡］
【瘡(もがさ)】漫画 瘡(もがさ)(天然痘)の勢いはおさまりませんか〔山岸凉子「日出処の天子 1」1980〕

もがり［虎落］
【虎落(もがり)】書籍〔辻村敏樹「ことばのいろいろ」1992〕

もがりぶえ［虎落笛］
【虎落笛(もがりぶえ)】新聞 余談だが「もがり笛」は、当て字だろうが「虎落笛」と書く。阪神地方で言ったら怒られますね。〔「読売新聞 夕刊」2009年10月3日〕

もく「くも(雲)」の倒語か。しけもく。
【煙草(もく)】歌詞 煙草(もく)拾い〔岡林信康「ガイコツの唄」1968〕
その他 煙(もく) 俳句
*【木照(もくてらす)】古 喫煙〔1935 隠〕

もぐ
【捥ぐ(も)】辞書 ❖「むしる」と読む「毟」「挘」を当てることあり。

もくかまり
【木入(もくかまり)】古 材木小屋〔1935 隠〕

もくどく［黙読］
【目読】 WEB ❖耳で発音を聞き、「目読」と思って書く人あり。

もくめ［木目・木理］
【杢目】 雑誌 杢目板、中杢板、柾目板〔「新しい住まいの設計」1994年3月〕❖位相表記。チラシでも。江戸時代には「杢」は名前で頻用された。木下杢太郎も、ありふれた名前ということでペンネームにしたという。命名希望(2004)は当時の頻度表で不可に。

もぐら［土竜・鼹鼠］
【土竜】 新聞 ❖漢字が大げさに感じられるという子どもの詩あり。
【百愚楽】 店名 小料理店〔斎賀秀夫「あて字の考現学」(「日本語学」1994年4月)〕

もくらん［木蘭］→がくらん
【木覧】 古 綿入衣服〔1935 隠〕

もくろく［目録］
【目六】 古 ❖平安時代から変体漢文などで用いられた。『同文通考』「借用」にも。
【もく六】 古 もく六 文書 繁多な字画を避けての用字〔峰岸明「あて字はどのようにして生まれたか」(「日本語学」1994年4月)〕
【茂久録】 WEB 結納品の品目と数を記したもの。九州(特に福岡)では、文字は3文字、5文字などの奇数で書くのが特徴。〔「ゼクシィ net 結納の準備と交わし方(九州編)」〕❖字数は歌舞伎などの外題と同様。
その他 **礼帖** 古

もくろみ［目論見］目論から。
【目論】【打点】【始計】【計画】 古

もくろむ［目論む］
【目論】【計較】【計画む】 古

もげき
【十】 姓 北海道〔佐久間英「珍姓奇名」1965〕
❖「木」の「ヘ」を根ではなく枝と見た、判じもののよう。十、寸とも。読みは「もぎき」などとも。漢字でないとの話あり。

もさ［猛者］
【猛者】 辞書〔1949 隠〕

モザイク［mosaic］
【模細工】 WEB

もし［若し］
【IF】 雑誌〔「歌劇」1994年8月〕
小説 歴史に「IF」は禁句だが〔清涼院流水「カーニバル 一輪の花」2003〕

もじ［文字］モンジの転。常用漢字表では備考欄に示されている。→もんじゃ

もじのせき［門司の関］
【文字】 誤読 ❖多い。
【文字の関】 短歌 文字の関(門司の関) 狩谷棭斎❖掛詞。『字源』序にも引かれる。

もしもし 申し申しから。
【摩西摩西】 台湾〔黄文雄「日本語と漢字文明」2008〕❖哈日族の日常用語。

もじもじ
【文字もじ】 小説 女も文字もじしやがって！〔柳瀬尚紀訳「フィネガンズ・ウェイクⅠⅡ」1991〕
【文字文字】 WEB ビビって文字文字してばっかで

もしゅ［喪主］
【喪主】 古 喪主。もしゅは湯桶読、聞き悪い。〔大槻文彦「復軒雑纂」1902〕❖今日では普通。

もじり［捩り・鋑り］
【捻り】 古〔1935 隠〕
【文字り】 小説〔柳瀬尚紀訳「フィネガンズ・ウェイクⅠⅡ」1991〕

もじる［捩る］
【文字る】 書籍「クタバッテシマエ」……を文字ったペンネーム〔1953 目〕

もす
【申す】 書籍 そうでござり申す〔井上ひさし「私家版 日本語文法」1981〕

もず［百舌・百舌鳥・鵙］

も

【百舌鳥】古〈1935隠〉❖地名・駅名にも。
その他 伯労・百舌・鶪・鴉 古

モスキート［mosquito］
【蚊】漫画〈「コロコロコミック」2009年8月〉

モスクワ［Moskva］
【莫斯科】小説 小沼丹〈中村明2003〉ヴァとならない。

モスケ［mosque］モスク。
【回教】詩 金字塔と回教寺院とを雙葉にいだき〈尾崎喜八「新らしい風」1924〉

モスバーガー 社名。店名。
【莫斯漢堡】中国 ❖中国語における漢字は、表意性よりも表音性がまさる傾向あり。

もずめ
【物集女】地名 ❖京都。
姓 福島県〈平島裕正「日本の姓名」1964〉❖岡上氏によるとある。
【物集】姓 物集高見❖国学者。

もだ［黙］
【黙】俳句 夜の金魚の赤き黙〈「読売新聞 夕刊」2008年12月16日〉

もだえる［悶える］→モンロー
【悶絶】古

もたれる［凭れる・靠れる］
【崩れる】歌詞 窓辺に崩れて〈TWO-MIX「JUST WILD DREAM COMMUNICATION」（永野椎菜）2001〉
【切前】古 きりまへ〈1917隠〉

モダン［modern］中国語は「摩登」。
【斬新】小説〈茅田砂胡「舞闘会の華麗なる終演―暁の天使たち 外伝1」2004〉
【毛断】古 モダン・ガール 毛断蛙、毛断嬢〈1934隠〉❖「もう檀がある」は「もう檀那がある」をモダンガールにもじったもの。
関連【和モダンテイスト】雑誌

もち［餅］
【餅】辞書 ❖餅は中国、韓国、日本で絵を描いてもらうとそれぞれの国訓、食習慣により、異なる食品が描かれる。台湾などでは「糍糬」と当てる。

もち［糯］福島の小地名「粫田」の「粫」は「糯」から「雨」を除いたものか。→もちごめ
【糯】新聞 滋賀県産羽二重糯〈「読売新聞 夕刊」2009年3月12日〉

もち
【雲風】字遊 出雲（いずも）、東風（こち）、明治・大正の時代〈佐久間英「珍姓奇名」1965〉

もち［↑もちろん（勿論）］
【勿】古 女学生〈1929隠〉
辞書 勿零 モチゼロ 勿論駄目、勿論失敗〈1949隠〉

モチ［↑モチベーション］
【餅】WEB ❖ネットで、モチベーションのこと。励ましあう目的で○やΩの形で差し出されることもある。●は「あんこ餅」と呼ばれる。

もちあい［持ち合い・保ち合い］
【保合】古〈1929隠〉

もちいる［用いる］
【須いる】小説 論を須いるまで〈平野啓一郎「日蝕」2002〉

もちごめ［糯米］
【餅米】民間 ❖日本語としての表記。近年増加したとみられる。餅は改定常用漢字表（答申）に追加。漢字義からは「糯」という字となる。

もちずら 持ち逃げ。「ずらかる」からか。
【持逃】古 もちづら（持逃）〈1935隠〉

もちつき［餅搗き］
【餅突】古

もちづき［望月］静岡、山梨に多い姓。
【三五月】【十五月】古〈「万葉集」〉❖中国で十五夜を「三五夜」と表現したことから。姓に「十五月」。古くは「十五日」も。
その他 十五夜・朤 古

もちぬし［持ち主］
【所有者】小説 漫画

もちもの［持ち物］
【性格】歌詞 ゆずれない性格〔B'z「hole in my heart」(稲葉浩志)1994〕

もちろん［勿論］
【持論】誤字〔「言語生活」1960年7月〕

もつ［←臓物］物という表記はまれ。
【もつ】古 鳥の臓物の略〔1920 隠〕
【モツ】古 焼とりのモツの味〔徳川夢声「夢声戦争日記」1943 俗〕

もつ［持つ］
【有つ】小説 親しみを有っていないように〔夏目漱石「こころ」1914〕
【保つ】小説 二三日保つだろうか〔夏目漱石「こころ」1914〕
書籍 長持ち 長く保つのであるから、「長保ち」でなければならない。〔西丸震哉「壊れゆく日本へ」2008〕
新聞 これでは昼までも腹が保たないだろう。〔「読売新聞」2009年2月21日〕
【保有つ】歌詞 保有つべきか〔サザンオールスターズ「PARADISE」(桑田佳祐)1998〕

もっけ［勿怪・物怪］
【勿怪】辞書 ❖ATOK17でも出る。

もっこす
【黙鼓子】民間 ❖肥後の頑固一徹な性質。

もったいない［勿体無い］正体無しの意という。
【無勿体】古

もっと
【一層】小説 一層かなしい夢を見て〔樋口一葉「にごりえ」1895〕
その他 最っと WEB／最終回 WEB

もっともらしい［尤もらしい］
【鹿爪らしい】小説 鹿爪らしい意見を吐いている〔清涼院流水「カーニバル 二輪の草」2003〕❖鹿爪らしい自体が当て字。

モップ［mop］
【木布】書籍 木布担当者の遅い動作によって〔バレーボール関係の本 1981 目〕
【モッ布】文書 従来、この種の掃除具としては、広い平面にモッ布を取り付け、取手を付けた、空拭きモッ布等がある。〔特許の出願〕

もてあそぶ［弄ぶ・玩ぶ・翫ぶ］
【玩ぶ】小説 さんざん玩んでから〔森村誠一「殺意の接点」2001〕
【もて遊ぶ】歌詞 若さに もて遊ばれた〔アルフィー「恋人達のペイヴメント」(高見沢俊彦・高橋研)1984〕
【翻弄ぶ】歌詞 運命はいつも心情翻弄ぶ〔桑田佳祐「東京ジプシー・ローズ」2002〕

もてなす［持て成す］「持て成す」はあまり見かけない表記。
【歓待す】小説 ちやほや歓待されるのに〔夏目漱石「こころ」1914〕
その他 饗応 古／款待なし 古

モデム［modem］
【召換装置】漫画〔CLAMP「CLOVER 2」1997〕

もてもて［持て持て］
【モテ×2】広告 着物姿でニューヨーカーにモテ×2♥〔「読売新聞」2009年12月25日(FRIDAY)〕

もてる［持てる］本来的な表記。
【被持】古〔杉本つとむ「近代日本語の成立と発展」1998〕
【持てる】古〔1899 俗〕／〔1929 隠〕
【モテる】雑誌 メール ❖「モテる」は少ない。
【嬲】誤読 女子生徒が〔新聞投書〕

モデル［model］
【模型】書籍 一つの模型にしての変種〔杉本つとむ「近代日本語の成立と発展」1998〕
歌詞 袋小路の模型〔Sound Horizon「Arc」(REVO)2005〕

【典型《モデル》】雑誌 古文世界の典型《モデル》といえる「平安時代」の生活〔「週刊文春」2010年2月25日〕
【対象《モデル》】漫画〔藤崎聖人「WILD LIFE 4」2003〕
【仕事《モデル》】漫画〔宇佐美真紀「キャラメルミルクティー」2003〕
その他 模特児 中国

もと［下・許］
【許《もと》】雑誌〔「歌劇」1994年9月〕
新聞 男が他の女の許《もと》に行こうものなら〔「読売新聞」2008年10月31日〕

もと［元・旧］
【故《もと》】小説 再び故《もと》の静かさに帰った。〔夏目漱石「こころ」1914〕
古 もとのさやへをさまる 故鞘収〔1917 隠〕

もと［本・元・許］
【固《もと》】小説〔夏目漱石「こころ」1914〕
【因《もと》】書籍 攻防の因《もと》に〔井上ひさし「ニホン語日記」1996〕
【源《もと》】雑誌 源《もと》から〔「猫の手帖」1994年4月〕◆WEBでも臭いのモトに用いる例あり。
小説 粘液の〝源《もと》〟があるはずの〔森村誠一「殺意の接点」2001〕
【原《もと》】古 凸坊と名づけたのが原《もと》で〔1925 俗〕
【素《もと》】新聞 スープごはんの素《もと》〔「読売新聞」2010年3月10日〕◆味の素は古くは味の元や味精(現在中国で)とも。韓国に「味元《ミウォン》」などあり(味素では読みがミソとなる)。
【基礎《もと》】歌詞 建学の基礎《もと》〔「日本大学校歌」(相馬御風)1929〕
【基本《もと》】書名「極楽ストーリー方式 ゼロからわかる!簿記の基本《もと》」2002◆基づく。
【根本《もと》】広告 根本《もと》から治す!〔「読売新聞」2008年9月21日(日経PCビギナーズ)〕
【素地《もと》】小説 素地《もと》が素地なんだからよ〔芝中学校文芸部「天晴れ21号」1999〕
【原本《もと》】小説 それを原本《もと》に翻訳して〔静霞薫「るろうに剣心 巻之一」(和月伸宏)1996〕
【人間《もと》】漫画 絶対そのうち人間《もと》に戻るさ!!〔渡辺祥智「銀の勇者 2」1999〕◆狐になった。
【墓《もと》】誤植 失敗は成功の墓(基を)〔高橋輝次「誤植読本」2000(外山滋比古)〕◆↓くれ(墓)
その他 一《もと》 古／根幹《もとになる》 漫画

もとい［元い］感動詞。「元へ」から。
【基《もとい》】誤字 ◆表内訓で解したもの。

もどかしい
【金輪敷《もどかしく》】雑誌〔「歴史読本」1994年12月〕
その他 牴牾《もどか》しい 古

もとかの［↑元彼女］↓いまかの
【元彼女《モトカノ》】漫画 しかも相手は元彼女《モトカノ》だったり!?〔日高万里「ひつじの涙 6」2003〕
TV 元彼(テロップ)〔2010年3月5日〕

もどき［擬・抵牾・牴牾］
【擬《もどき》】辞書 ◆雁擬きは飛竜頭とも。
【模擬《もどき》】古 半兵衛模擬《もどき》〔1887～1889 俗〕

もどす［戻す］
【巻戻《もど》す】歌詞 時計を巻戻《もど》してもう一度イカせてよ〔桑田佳祐「可愛いミーナ」2002〕
【復《もど》す】書籍 元に復《もど》す

もとで［元手］
【望姓《もとで》】【資本《もとで》】【望子《もとで》】【本銭《もとで》】古

もとめる［求める］
【干《もと》める】書籍 禄(官禄《サラリー》)を干《もと》める職務上のため〔杉本つとむ「日本文字史の研究」1998〕
◆『干禄字書』は科挙用の字体テキスト。
その他 需《もとめ》 古

もとる［悖る］
【謬《もと》る】古

もどる
【↑《もどる》】人名 ↓《すすむ》、↑《もどる》は誤伝で除籍簿によると｜《すすむ》、―《とまる》。〔佐久間英「珍姓奇名」1965〕

もなか［最中］
【最中《もなか》】古〔1915 隠〕◆「サイチュウ」と誤読も。

モナコ［Monaco］国名。
【摩納哥《モナコ》】辞書

モナリザ［《イタリア》Monna Lisa］

【貴婦人(モナリザ)】 歌詞 〔みっくす JUICE「The IJIN-DEN ~天才の法則」(六月十三)2003〕

モニター [monitor]

【監視鏡(モニター)】 歌詞 ふと彼が監視鏡(モニター)の向こうへ〔Sound Horizon「Arc」(REVO)2005〕

モニュメント [monument]

【記念物(モニュメント)】 新聞 記念物(モニュメント)、ウチとソトの意識、〈ムラ〉の成立など、縄文文化を知る絶好の入門書〔「読売新聞」2008年11月9日〕

【造り物(モニュメント)】 漫画 館を取り巻く造り物(モニュメント)〔さとうふみや「金田一少年の事件簿 26」(金成陽三郎)1997〕

その他 記念碑(モニュメント) 広告

もぬけ [蛻]

【藻抜け(もぬけ)】 辞書

もの [物・者]

【存在(もの)】 小説 それ以上の存在(もの)〔神坂一「日帰りクエスト なりゆきまかせの異邦人(ストレンジャー)」1993〕

漫画 認めたくない存在(もの)〔渡辺祥智「銀の勇者 1」1998〕／あちら側の存在(もの)〔「週刊少年ジャンプ」2004年5月24日(武装錬金)〕

歌詞 人間は何と儚き存在(もの)〔志方あきこ「HOLLOW」(篠田朋子・AILANI)2005〕

【物(もの)】 古 人物でも物。御物本『更級日記』。借字表記。〔峰岸明「あて字はどのようにして生まれたか」(「日本語学」1994年4月)〕❖動物、生き物、人物とあるが、人を指す「もの」には者が定着。

【物質(もの)】 歌詞 物質(もの)に癒された人生は暗い〔サザンオールスターズ「この青い空、みどり~BLUE IN GREEN ~」(桑田佳祐)2000〕

【製品(モノ)】 貼紙 エコスグレ製品(モノ) プレゼント!!〔東京都杉並区内自動販売機 2010年7月9日〕

【商品(もの)】 漫画 〔高屋奈月「フルーツバスケット 6」2000〕

広告 こんな商品(もの)がパテントだったの?〔「読売新聞」2009年5月1日〕

【金(もの)】 小説 ためこんだ金(もの)を出しな〔池波正太郎「鬼平犯科帳」〕

【部品(モノ)】 歌詞 他の部品(モノ)つけて〔すわひでお「愛車(キカイ)はタワシで洗ってる!?」2002〕

【人形(モノ)】 歌詞 操られた人形(モノ)じゃない〔水樹奈々「パノラマ－ Panorama －」2004〕

【花(もの)】 漫画 全部作った花(もの)じゃ〔「花とゆめ」2004年22号(フルーツバスケット)〕

【教科書(もの)】 歌詞 教えてくれない〝教科書(もの)〟より 誇りに出来る〝経験的青春(いきかた)〟を〔TWO-MIX「GRADUATION」(永野椎菜)2002〕

【地図(もの)】 漫画 最も理解しやすい地図(もの)なのか〔冴凪亮「よろず屋東海道本舗 5」2001〕

【声明文(モノ)】 漫画 こんな声明文(モノ)で報道の口が〔蓮見桃衣「エキストラ・ジョーカー JOE」(清涼院流水)2001〕

【壁(モノ)】 漫画 目指す壁(モノ)〔上条明峰「SAMURAI DEEPER KYO 5」2000〕

【料理(モノ)】 漫画 こんなおいしい料理(モノ)初めて食べたよ!〔藤崎聖人「WILD LIFE 7」2004〕

【宝物(もの)】 歌詞 大切な宝物(もの)〔雪野五月「虹の彼方」(酒井ミキオ)2005〕

【小便(もの)】 詩 一緒に並んだ他人の小便(もの)は〔森忠明「母捨記・はすてのき」1968〕

【糞(もの)】 書名 貧乏淋太郎「他人の糞(もの)はなぜ臭い」2003〕

【感触(もの)】 歌詞 手の中に残る感触(もの)〔川田まみ「Not Fill」2006〕

【笑顔(もの)】 歌詞 急ぎ過ぎてなくした笑顔(もの)〔TWO-MIX「Meeting on the Planet」1996〕

【音(もの)】 歌詞 思えてしまう音(もの)〔水樹奈々「cherish」(矢吹俊郎)2004〕

【詩(もの)】 歌詞 捜している詩(もの)が見つからない〔Janne Da Arc「Desperate」(yasu)1999〕

【所有物(もの)】 歌詞 君も僕もお互いの所有物(もの)じゃない〔高野寛「See You Again」1988〕

【証拠(もの)】 歌詞 この場所にいる確かな証拠(もの)を〔Do As Infinity「My wish – My life」2000〕

【素材】(モノ) 漫画 こんなレア素材が手に入るとは〈和月伸宏「武装錬金 2」2004〉

【内容】(モノ) 漫画 借りてくる内容を考えたのは？〈日高万里「ひつじの涙 4」2003〉

【仕組み】(もの) 歌詞 ひとつひとつ仕組みを知れば〈GLAY「ここではない、どこかへ」(TAKURO) 1999〉

【理由】(モノ) 歌詞 必要だった〝理由〟は〈キャンゼル「sink.」(shiina mio) 2009〉

【感情】(モノ) 漫画〈高屋奈月「幻影夢想 1」1996〉 歌詞 かすかに感じた感情は友情!?〈青酢「WHITE LINE」(UZA) 2002〉／要らない感情は〈Daizy Stripper「Dearest」(夕霧) 2009〉

【情熱】(モノ) 歌詞 積み重ねてきた情熱〈青酢＋キャップと瓶「DEPARTURES」(石井豊) 2005〉

【意志】(もの) 歌詞 確かな意志伝える〈水樹奈々「Heart-shaped chant」2007〉

【信念】(もの) 歌詞 大切な信念握りしめて〈井出泰彰「Reckless Fire」(酒井ミキオ) 2001〉

【自尊心】(もの) 歌詞 ちっぽけな自尊心満たす為の〈Sound Horizon「StarDust」(REVO) 2005〉

【誠】(もの) 歌詞 お、大将 男はみな信じた誠のため〈近藤真彦「大将」(売野雅勇) 1985〉

【魂】(もの) 歌詞 すり減らしてきた魂〈青酢＋キャップと瓶「DEPARTURES」(石井豊) 2005〉

【霊】(もの) 漫画 私と同じ霊に〈絵夢羅「七色の神話」2002〉

【生命】(もの) 歌詞 全ての限りある生命が〈XOVER「泡沫の悠久」(Shaura) 2009〉

【人間】(もの) 漫画 あのような低レベルな人間には〈藤崎聖人「WILD LIFE 3」2003〉

【敵】(もの) 歌詞 路を阻む敵〈Marina del ray「明日への闘志」(松尾康治・車田正美) 2004〉

【自分】(モノ) 歌詞 大切な自分を守り続けたら〈すわひでお「全力」2004〉

【私】(もの) 歌詞 さあ この愚かな私を〈D「太陽を葬る日」(ASAGI) 2006〉

【女性】(もの) 小説 自分だけの女性〈森村誠一「殺意の接点」2001〉

【紅茶王子】(もの) 漫画 他人の紅茶王子でもね〈山田南平「紅茶王子 10」2000〉

【師】(もの) 広告 人類の進化の「道」を「化」かした「師」〈荒川弘「鋼の錬金術師 2」2002(巻末)〉

【鳥】(もの) 歌詞 大空に羽ばたく鳥のように〈久保田利伸「永遠の翼」1988〉

【風景】(もの) 歌詞 あなたと見てた風景が〈中谷美紀「STRANGE PARADISE」(売野雅勇) 1996〉

【景色】(モノ) 歌詞 見えない景色が四季向かえ色付く〈D「Day Dream」(ASAGI) 2005〉

【現実】(モノ) 歌詞 見た現実全てを〈GLAY「鼓動」(TAKURO) 2007〉

【過去】(もの) 歌詞 本気で思ってた気持ち お互いの過去にして〈岸本早未「愛する君が傍にいれば」(AZUKI 七) 2003〉

【想い出】(もの) 歌詞 何一つ悔いのない「想い出」探せないけれど〈TWO-MIX「Rhythm Generation」(永野椎菜) 1996〉

【夢】(もの) 歌詞 悔いのない夢だけを〈TWO-MIX「Rhythm Emotion」1995〉

【悪夢】(もの) 歌詞 道分かつ悪夢等は〈霜月はるか「護森人」(日山尚) 2007〉

【瞬間】(もの) 歌詞 大切な瞬間〈菊丸英二「翼になって」(kyo) 2002〉

【東西】(もの) 古 ❖白話小説の熟語が読本に入り、この訓が与えられた。

その他 演奏・結果・生物・邪鬼・下僕 漫画／物品・品物・獲物・道具 WEB

*__【同じ類】__(おんな) 歌詞 世界中に同じ類あふれてるのに〈GARNET CROW「ふたり」(AZUKI 七) 2008〉

ものいい [物言い]

【言語】(ものいい) 古

ものうい [物憂い]

【懶い】(ものう) 小説 なにをするのも懶い〈遠藤周作「白い人」1955〉

書籍〔大久保博訳「完訳 ギリシア・ローマ神話」1970〕
【倦い】歌詞 倦い今を振り返る〔ラジ「THE TOKYO TASTE」(高橋ユキヒロ・Chris Mosdell)1979〕
【もの倦げ】小説 もの倦げな表情を〔遠藤周作「白い人」1955〕

ものおもい［物思い］
【もの想い】歌詞 今日もわびしいもの想い〔淡谷のり子「日暮の窓で」(高橋掬太郎)1938〕／老人はもの想いへ君を誘なう〔井上陽水「カナリア」1982〕❖「物思い」よりも感傷的ととらえられるか。
その他 襟・鬱陶 古

ものがたり［物語］
【譚】作品名 仮名垣魯文「高橋阿伝夜叉譚」1879
演目「一條大蔵譚」(歌舞伎)〔「読売新聞」2009年1月1日〕
【恋物語】歌詞 喉をぬらした恋物語〔SHAZNA「AQUA」(IZAM)1999〕
【日々】歌詞 僕の日々には〔misono「Tales…」2009〕
その他 模造品 漫画

モノクロ［←モノクローム（monochrome)］
【白黒】小説 白黒の世界を、真っ赤に染め〔清涼院流水「カーニバル 一輪の花」2003〕
その他 モノ黒 WEB

モノケロース［ギリシャ monokeros］
【一角獣】書籍〔大久保博訳「完訳 ギリシア・ローマ神話」1970〕

ものしり［物知り・物識り］
【博識】【儒】【明哲】【知識】【識者】【物識】古

ものずき［物好き］
【物数奇】題名〔「DIME」2008年4号〕
【物豆奇】店名 西荻窪 珈琲店〔「読売新聞 夕刊」2010年2月9日〕

ものたん 反物の倒語。反は段の崩し字からという。
【物反】辞書〔1949 隠〕

モノトーン［monotone］
【黒白】雑誌〔女性誌〕

もののかず［物の数］
【屑】古 屑とせざる

もののけ［物の怪・物の気］
【物気】古

もののふ［武士］
【武士】小説〔「読売新聞」2009年9月14日〕
【武官】歌詞 闘うための武官の恋心〔布都彦「禁じられた恋情は朝露に」(田久保真見)2009〕
【武】広告 雅と武 西(朝廷)と東(幕府) 戦い〔「読売新聞」2009年11月14日〕
その他 武夫 古／漢 WEB

モノフォビア［monophobia］
【孤独恐怖症】歌詞 青春は不運自慢孤独恐怖症〔ALI PROJECT「お毒味LADY」(宝野アリカ)2009〕

ものほしい［物欲しい］
【空腹い】古 空腹う

ものほん ほんもの（本物）の倒語。
【本物】❖倒語だが漢字は元のままで、熟字訓となる。「不忍」、「親不知」などは漢語的な字順。
小説 本物の変態になるんじゃ〔南英男「腐蝕」1999 集〕❖ポスターにもあり。
歌詞 本物の男になりたくて〔氣志團「拳の中のロックンロール」(綾小路翔)2010〕

ものまなび［物学び］
【学問】古

モノマニア［monomania］
【偏執性】小説 ある種の偏執性に〔米川正夫訳「ドストエーフスキイ全集6 罪と罰」1960〕

ものもち［物持ち］
【財産家】古 町内一の財産家〔樋口一葉「た

けくらべ」1895〜1896〉
【金満家(ものもち)】古〈1900〜1901 俗〉
もものしい［物物しい］
【稜威(ものもの)しい】古 稜威(ものもの)し
ものもらい［物貰い］まぶたにできるはれもの。
【麦粒腫(ものもらい)】短歌 三月の麦粒腫(ものもらひ)〈塚本邦雄〉
その他 偸針眼(ものもらい) 古
モノレール［monorail］
【電車(モノレール)】漫画 電車(モノレール)も止まっちまったし〈貞本義行「新世紀エヴァンゲリオン 1」1995〉
モノローグ［monologue］
【独白(モノローグ)】小説 自嘲の独白(モノローグ)を〈米川正夫訳「ドストエーフスキイ全集6 罪と罰」1960〉
ものわらい［物笑い］
【胡慮(ものわらい)】古
モバイル［mobile］
【M(モバイル)】広告 M(モバイル)N(ナンバー)P(ポータビリティ)〈「non・no」2006年9月20日(総務省の政府広報)〉
その他 携帯(モバイル) 小説
もみ［籾］日本では会意として使用。中国では「粈」の異体字。
【穀(もみ)】雑誌〈「小説新潮」1994年5月〉◆古代の書籍の引用。
もみ［樅］
【椴(もみ)】雑誌〈「with」1994年10月〉◆姓、地名にも使われる。椴とも当てられ、通用した。
もみじ［紅葉・黄葉］古くは「もみち」。
【栬(もみじ)】【⿰木赤(もみじ)】【⿰木丹(もみじ)】【椛(もみじ)】古 ◆国訓・国字。
【紅葉(もみじ)】◆飛鳥読み、紅葉読み、時雨読みが、湯桶読み、重箱読みのように名称としてふさわしいという提案あり。〈竹浪聡「外来語の表記と熟字訓」1987〉
短歌 那須山麓の黄葉、紅葉〈「読売新聞」2006年12月8日〉◆『万葉集』には「紅葉」「黄葉」「母美知」など。声に出せば発音は同じだが、色とりどりの情景、葉の色調を文字で区別して表現。「紅葉(もみじ)」は常用漢字表付表にあり。
曲名 金田たつえ「桜紅葉(さくらもみじ)」(もず唱平)2008
【黄葉(もみじ)】歌詞 銀杏黄葉の舞い散る交差点で〈さだまさし「晩鐘」1978〉
歌誌 黄葉(もみぢ)〈「短歌」1994年12月〉
【黄変(もみじ)】古〈「万葉集」〉
その他 赤葉(もみじ)・鹿肉(もみじ) 古
もみじば［紅葉・黄葉］
【黄葉(もみちば)】和歌 黄葉(もみちば)の散りゆくなへに玉梓(たまづさ)の使(つかひ)を見れば逢(あ)ひし日思ほゆ〈「万葉集」〉
◆ほかに「赤葉」「葉(もみ)」とも書き表す。
もみつ［紅葉つ・黄葉つ］葉が色づく。
【黄(もみつ)】【黄変(もみつ)】【黄反(もみつ)】古
もむ［揉む］
【練習(もむ)】古 相撲稽古、練習すること〈1917 隠〉
もも［百］
【百(もも)】俳誌 百夜(ももよ)句会に誘われたのが〈「月刊ヘップバーン」2004年12月〉
【百百(もも)】【百々(もも)】人名 百百子(モモコ)〈佐久間英「珍姓奇名」1965〉◆人名に百々恵(ももえ)、百々菓(ももか)のたぐいあり。また、百百百(どどももひゃく)が人名にあったともいい、ゲームのキャラクター名などに用いられている。→どど(百々)
その他 百茎摺(ももこすり) 古
もも
【桃城(もも)】漫画 桃城(もも)の方が上だったな〈許斐剛「テニスの王子様 15」2002〉◆名付け本に「羽(はぁ)桃(も)」。
ももんが［鼯鼠・野衾］
【閄(ももんが)】古 ◆江戸時代に人を驚かすときに発した語。中国南方で宋代に造られた漢字(音はワク)と字義・語義が一致し、象形的な会意で分かりやすいこともあって、この訓が当てはまり、「閄(雅)話」などの書名に使われた。
【鼺(ももんが)】TV ◆昭和50年代にテレビ番組の出題で。そもそも『大漢和辞典』にむささび・

ももんがとある「鸓」に対する籀文「鼺」が、さらに変形したもの。この字体の訓といえるかは微妙。

【模文画】(古) 唐来参和「模文画今怪談」1788 ❖江戸時代に好まれたもじりの画題。ほかに「百聞賀話」「文盲我話」など。

その他 摸々具和 (古)

ももんじい

【獣肉】(古)〔1869 (俗)〕

【百々爺】(古) ❖妖怪の名。

【模紋字彙】(古)〔式亭三馬「小野篡譃字尽」1806〕

その他 猪・山鯨 (古)

もや ［靄］ 気象観測では視程が1km未満のものを「霧」、1km以上10km未満のものを「もや」として区別する。

【霧】(歌詞) うす霧の中を〔加藤和彦「七つの影と七つのため息」(安井かずみ)1984〕

もや ［母屋・身屋・身舎］ 母屋・母家は常用漢字表付表にあり。

【母屋】(小説)〔島崎藤村「夜明け前 第二部」1935〕

もやい もあい。

【持相】(古) ❖催合とも。沖縄では模合とも。

【共同】(小説) 皆で共同に使う肩掛が〔米川正夫訳「ドストエーフスキイ全集6 罪と罰」1960〕

もやう 舟をつなぎとめる。

【舫う】(歌詞) 舫いで 静かなゴンドラ〔加藤和彦「七つの影と七つのため息」(安井かずみ)1984〕 ❖ビートたけしは、蓮舫がタレントだったころ、「(はす)ふなかたさん」と呼んでいたことがある。

もやし ［萌やし・蘖］

【萌やし】(辞書) ❖「もやし」「モヤシ」が一般的で、この表記には違和感が抱かれがち。

＊【都会っ子】(小説)〔鈴木次郎「ひぐらしのなく頃に 祟殺し編 1」(竜騎士07)2006〕

もやす ［燃やす］

【萠やす】(歌詞) 罪深き風が肌を萠やす季節〔桑田佳祐「月」1994〕 ❖「萠」は「萌」の中国産の異体字。両方とも人名用漢字にあり、「もえ」にも使われる。

もやもや

【靄々】(書籍) 私の好きな「靄々として」という字の使い方について校正者に指摘され、〔高橋輝次「誤植読本」2000(宮尾登美子)〕

もらう ［貰う］

【囉】(古) ❖「囉斎」という語からであろう。

【貰え】(小説) 貰えます。〔小林多喜二「蟹工船」1929〕 ❖方言。

【貰ろ】(雑誌) 貰ろとき〔「歌劇」1994年10月〕 ❖方言。

もらす ［漏らす・洩らす］

【漏泄す】(古) 明治三十五六年頃の広告 (隠)

モラル ［moral］

【倫理】(歌詞) 切ない女の倫理〔矢沢永吉「FLESH AND BLOOD」(売野雅勇)1989〕

【教訓】(小説) 教訓が見られる〔西尾維新「零崎双識の人間試験」2004〕

(書籍) 教訓を含む、〔池田雅之「ラフカディオ・ハーンの日本」2009〕

【道徳】(小説)〔茅田砂胡「舞闘会の華麗なる終演―暁の天使たち 外伝 1」2004〕

(評論) 詩人の広い意味での道徳〔谷川俊太郎「詩を書く なぜ私は詩をつくるか」2006〕

モラル ［morale］ モラール。

【士気】(小説)

もり ［森・杜］

【杜】 ❖「早稲田の杜」は、「森」も見かけ、早稲田大学校歌の相馬御風自筆では「森」。森は日本で杜と同義で、社の変化ともいわれる。中国では「森」と「林」とは別の品詞であり、日本でも異なる概念だったが、漢字の形から、木の多さや密集度の差と広くイメージされている。→ジャングル

(歌詞) 杜の都〔さとう宗幸「青葉城恋唄」(星間船一)1978〕

も

新聞 神宮の杜に〔「読売新聞」2008年10月11日〕
広告「Avenir～祈りの杜～」〔「読売新聞夕刊」2010年1月29日〕
【森林】歌詞 政治家が森林をブッタ斬っている〔桑田佳祐「どん底のブルース」2002〕
HP 第2回「美しい森林(もり)づくり全国推進会議」〔2009〕
広告 森林の仕事ガイダンス開催〔「読売新聞」2010年1月27日〕
【樹海】歌詞 眠る樹海を飛び超え〔安田成美「風の谷のナウシカ」(松本隆)1984〕

もりたてる［守り立てる］
【盛り立てる】民間 ◆近年よく見られる。

もりっこ
【子守】古〔1885 俗〕

もりと
【護人】漫画 護人を務める水棲族が長〔綾峰欄人「GetBackers 奪還屋 23」(青樹佑夜)2003〕
◆「護り人」も漫画の例にある。

もりもり
【盛り②】雑誌 スタンプ盛り②〔「ラブベリー」2008年4月〕

モルグ［フランス morgue］
【死体置場】小説 死体置場に属する旨の〔菊地秀行「魔王伝 3 魔性編」1996〕

モルゲンロート［ドイツ Morgenrot］高山でみる朝焼け。
【深紅】雑誌〔「山と渓谷」1994年5月〕

モルモット［オランダ marmot］海猽（かいべい。猽は小さい豚）と訳された。
【実験体】漫画 実験体として!!〔さとうふみや「金田一少年の事件簿 Case1 魔犬の森の殺人」(金成陽三郎)1998〕
【実験台】漫画 おまえの殺しの実験台だったという事か!〔小畑健「DEATH NOTE 1」(大場つぐみ)2004〕
【実験動物】小説 実験動物として〔清涼院流水「カーニバル 二輪の草」2003〕
【研究材料】漫画 現代種の研究材料〔本仁戻「高速エンジェル・エンジン 1」2000〕
【毛ル毛ット】WEB ◆ハンドルネーム。
【荷蘭猪】【天竺鼠】【葵鼠】【豚鼠】中国 ◆マーモットは中国では「旱獺」。

もれる［漏れる］
【洩れる】歌詞 窓を洩れくる 唄もすすりなく〔山田真二「哀愁の街に霧が降る」(佐伯孝夫)1956〕

もろがえり［諸回り］
【青鷹】俳句〔「読売新聞」2010年1月4日〕

もろこし［唐土・唐］「諸越」の訓読から。のちに諸物舶来の意とも。→とうもろこし
【唐土】古 ◆江戸時代の表記。
【唐国】小説 唐国の詩にも詳しい〔藤原眞莉「華くらべ風まどい—清少納言梛子」2003〕
その他 大唐・大唐国・唐山・中華 古

モロッコ［Morocco］国名。
【摩洛哥】【馬羅哥】【莫羅哥】WEB モロッコについては、「摩洛哥」、「馬羅哥」、「莫羅哥」、「茂禄子」などの宛字があります。〔外務省HP〕◆現代中国では摩洛哥。
【茂禄子】書籍〔山本昌弘「漢字遊び」1985〕◆日本漢字音と訓が含まれ、日本製であろう。

もろとも［諸共］
【師共】【諸友】古

もろに［諸に］
【双に】古 薬鑵の湯が沸つて居た処へ双に反りまして〔三遊亭円朝「真景累ヶ淵」1869 俗〕

もろもろ［諸諸・諸］
【etc】漫画 ソノ他 etc〔大暮維人「エア・ギア 4」2003〕◆etc.は、一般に「エトセトラ」のほか「などなど」などと読まれている。

もん「もの(物・者)」の転。→よそもの
【物】漫画 案外儲け物かも〔川原泉「メイプル戦記 1」1992〕

雑誌〔「小説新潮」1994年4月〕

【者(もん)】漫画 嫌われ者(モン)だからな〔冨樫義博「幽遊白書 1」1991〕／怠け者(モン)だし〔藤崎聖人「WILD LIFE 4」2003〕／東京者(モン)には関係ねェ！〔加藤元浩「Q.E.D. 18」2004〕
歌詞 通天閣さえひとり者(もん)〔松原のぶえ「惚れとったんや」(仁井谷俊也)2001〕
小説 よそ者(もん)のヤーコ〔中場利一「岸和田のカオルちゃん」2002 俗〕／小野木の者(もん)にしかわからん。〔「読売新聞」2009年2月3日〕❖「言った者勝ち」「早い者勝ち」などでも現れる読み(語形)。

【身内(モン)】漫画 うちらの身内(モン)〔平野耕太「HELLSING ヘルシング 1」1998〕

その他 組(もん)・縄張り(モン)・力(もん)・品物(もん)・肩書き(もん)・約束(もん)・事件(モン) 漫画

もん［紋・文］

【指紋(モン)】小説 指紋照合(モン)すりゃ〔大沢在昌「毒猿」1991 集〕

もんか［↑文部科学(省)］

【文科(もんか)】新聞「どんな？文科！数字で見る文部科学省」〔「読売新聞」2010年3月22日〕❖しゃれ。

モンキー［monkey］

【猿(モンキー)】小説 黄色い猿(イエロー・モンキー) イエモンは、その名前を、チャイナ文字のカンジで書いてやがりました〔清涼院流水「カーニバル 二輪の草」2003〕

もんじゃ もんじゃ焼き。

【文字屋(もんじゃ)】店名 ❖「文字焼き(もんじゃやき)」も使われ、鉄板に文字を書くという語源から見れば本来的な表記となる。

もんじょうはかせ［文章博士］↓パクサ

【文章博士(もんじょうはかせ)】古 ❖清少納言『枕草子』文字で書くと「ことごとしき」(大げさな感じがする)もの。

モンスター［monster］

【怪物(モンスター)】書籍〔中澤光博／ORG「入門！リナの魔法教室 スレイヤーズ RPG」1996〕 小説〔菊地秀行「白夜サーガ 魔王星完結編」1996〕 漫画〔和月伸宏「武装錬金 2」2004〕

【魔物(モンスター)】小説 魔物(モンスター)とでも仲良しになれる〔大江イオン「小説幻想大陸」1996〕

【怪獣(モンスター)】小説 ネス湖の怪獣(ロッホ・ネス・モンスター)〔清涼院流水「カーニバル 二輪の草」2003〕

【深海魚(モンスター)】広告 奇妙な姿の深海魚(モンスター)たちが大集結！〔「読売新聞」2009年6月3日〕

モンセニョール［フランス monseigneur］殿下。

【司教(モンセニョール)】小説 司教(モンセニョール)の御言葉をきいただろう〔遠藤周作「白い人」1955〕

もんつき［紋付き］

【紋着(もんつき)】古「時事新報」泉鏡花 廣熙辞典あたりには麗々しく紋附と書いてあるかしらねえ。私だつて四角張つた男のときにはちやんと紋附と書く。だゞつぴろい附といふ字ぢや、意気な女の紋着姿がだいなしだ。女には紋着に限る。〔仁井宗八「校正子雑感」(「文藝春秋」1925年12月)〕❖『時事新報』1925年7月31日(夕刊)では廣熙は康熙、異文もあり。

モンテネグロ［Montenegro］

【黒山国(モンテネグロ)】辞書

もんど［主水］ 主水司(もんどのつかさ)（もいとりのつかさ）は律令制の官職名。

【主水(もんど)】川柳 時事川柳 内蔵助よりも主水(もんど)が読み易(やす)い 後藤克好〔「読売新聞」2010年2月23日〕
広告 中村主水 Mondo Nakamura〔「読売新聞」2010年3月11日〕❖京都に名水で有名な「水主(みずし)」がある。

モンドセレクション［Monde Selection］ベルギーに本部のある国際的な品評機関(が与える認証)。

【最高金賞《モンドセレクション》】広告 世界が認めた 最高金賞《モンドセレクション》の酒。〔「読売新聞 夕刊」2009年6月26日〕

もんどり「もどり」から。

【翻原斗《もんどり》】古 翻原斗切《もんどりきる》〔1935 隠〕

その他 翻筋斗《もんどり》・筋斗《もんどり》 古

もんばらし

【門暴《もんばらし》】古〔1935 隠〕

モンプチ

【子供たちよ《モンプチ》】小説〔フランス mon petits〕〔遠藤周作「白い人」1955〕

もんめ［匁］改定常用漢字表（答申）で削除された。復活希望もさほど多くはなかった。「文メ」合字説は後付だが広まり、字体の固定化に影響したか。約三・七五グラム。花一匁は子どもの遊び。

【文目《もんめ》】【文メ《もん》】古 ◆銭は「文目」「文メ」とも。真珠業界では重さの国際単位（momme, mom）となったが、正式には「もんめ」。

もんもん［悶悶］

【気持ち《モンモン》】漫画 やっぱこの気持ち《モンモン》は〔由貴香織里「天使禁猟区 1」1995〕

モンロー［Monroe］中国ではアメリカ大統領は門羅、マリリン・モンローは（瑪麗蓮）夢露。

【悶琅《もんろう》】人名 ◆子に悶琅と名付けようとしたケースがあった。

や

や［谷］奈良時代から関東では、「や」「やつ」「やち」「やと」系統の語が用いられていたことが『常陸国風土記』などからわかる。西日本では近世以降、地名などに現れるが、古来、「たに」を用いていた。常用漢字表でも訓は「たに」のみ。

【谷《や》】人名 谷谷《こくや》〔篠崎晃雄「実用難読奇姓辞典 増補版」1973〕◆→たに（谷谷谷谷）

新聞 谷中安規の読みはタニナカ・ヤスノリが正しいが、姓をヤナカ、名をアンキと読んでも構わない。〔「読売新聞」2010年2月21日〕

や［屋］

【家《や》】書名 謝花三千代「がちまい家《や》のオーガニックな焼き菓子」2009

や［↑いや（嫌）］「ヤ（だ）」とも書かれる。

【嫌《や》】歌詞 嫌な女だと思わないでね〔サザンオールスターズ「恋の唄を歌いましょう」（桑田佳祐）1996〕／嫌《や》な事全部〔FLAME「all right! all right!」（T2ya）2002〕

漫画 そのカオちょっと嫌《や》〔大暮維人「エア・ギア 5」2004〕

や 感動詞。

【呀《や》】古 呀《や》と声発《か》けて ◆白話小説の影響を受けた曲亭馬琴などから。→あ（呀）

や 終助詞。

【哉《や》】漢文 ◆助字「哉」は、訓読の際には置き字として読まないこともあるが、助詞「かな」「や」などとも読まれる。日本漢文のほか俳句などで用いられる。人名では拓哉など「や」が多い。快哉《かいさい》、尾崎放哉《おざきほうさい》。

【也《や》】新聞 鉢巻の鯔背《いなせ》姿也《や》江戸の花〔「読売新聞」2009年9月24日〕◆「也」は中国では、ヘビないし女陰の象形とも言われる。日本では「門」の中に入れた国字「[門+也]《くぼ》」も造られている。助詞「なり」の意の他に、「…もまた」としても使われる。ひらがな「や」、カタカナ「ヤ」の源も「也」（字音がヤ）。

ヤーウェ［Yahweh］ヤハウェ。エホバ。

【神《ヤーウェ》】漫画 神《ヤーウェ》は「罪」にしたんだ〔遠藤浩輝「EDEN It's an Endless World! 1」1999〕◆ユダヤ教では神聖四文字として別の語に読み替えられ、英語でも母音を綴らないことがある。

ヤード［yard］

【碼《ヤード》】古 ◆英華字典〔モリソン1828、ウィリアムズ1856〕で、「ヤード」に「碼」が現れており、日本の国訓ではない。

【Y】(広告)常識やぶりの＋50Y宣言〔「読売新聞」2009年10月21日〕

ヤード［← Scotland Yard］

【警察】(漫画)スコットランド警察

やーにんじゅー 琉球方言で家族。

【家　族】(書名)比嘉淳子ほか「家　族まるごとお祝い福マニュアル」2009

やぁや

【八百屋七々子】(広告)八百屋七々子が学園のナゾを追う〔「花とゆめ」2004年22号〕❖主人公八百屋七々子。

ヤーラッパ 漢方薬の名。

【葯刺巴】(古)〔宇田川榕菴「植学啓原」1834〕❖同書に訳語の「葯」も現れる。

やいとつき

【灸点附】(古)〔1915(隠)〕

やいば［刃］

【白刃】(歌詞)野暮な白刃にゃ からだを張るが〔小畑実「花の三度笠」(佐伯孝夫)1953〕／白刃と光が疾走って〔セバスチャン「貴方の声が色褪せようとも、盟約の歌がその胸に届きますように。」(菊地はな)2008〕

やいん

【野猿】(古)やゑんとも。猿、仲間の犯罪を密告する者〔1935(隠)〕❖訛語か。

やえざくら［八重桜］

【夜餌桜】(バンド名)❖ビジュアル系。

やえす［八重洲］東京の地名。

【八重洲】(地名)❖徳川家康に仕えたオランダ人、ヤン・ヨーステン(「耶揚子」「八代洲」)の屋敷があったことに由来するとも。

やおい

【801】(WEB)❖やまなし、オチなし、意味なし。男同士の恋愛を扱った少女漫画など。

やおや［八百屋］常用漢字表付表にあり。

【八百八】(漫画)〔上田美和「ピーチガール」1997～2004〕

やがけ 刃物で鞄を切り、中身を盗むこと。

【刃懸】(辞書)〔1949(隠)〕❖「や」は刃のことという。「矢掛」とも書かれた。

やがて［軈て］

【軈て】【軈而】(古)やかて やがて 軈テ 軈而〔坂詰力治ほか「半井本 保元物語 本文・校異・訓釈編」2010〕

【軈】(古)新村出は当字とする。〔木村義之2005〕❖国字。ワープロ文書が出始めた頃、変換候補に挙げられたため、「軈」が復活し始めたとの指摘があった。

その他 頓而(古)

*【得遇高人識】(やがてめききのみたてあるべく)(民間)〔池上の本門寺で1999年にひいたおみくじ(岡田寿彦2003)〕❖このたぐいの読ませ方は七十二候などにも。

やかましい［喧しい］

【八釜しい】(古)ヤカマシイを八釜しい〔谷崎潤一郎「文章読本」1934〕／〔田島優「あて字と誤字の境界」(「日本語学」1994年4月)〕

【矢釜しい】(古)漱石の「我輩は猫である」の文字使いは一種独特でありまして、「ヤカマシイ」を「矢釜しい」などと書き〔谷崎潤一郎「文章読本」1934〕❖漱石は八釜しいも。

【喧しい】(TV)喧しい(テロップ。音声は「やかましい」)〔2009年1月1日〕

その他 八釜敷い(古)

やかん［射干・野干］

【野干】(辞書)❖ジャッカルと同源の梵語に対する中国での音訳の一つ。狐と解された。

【野奸】(辞書)狐。野原の奸物の意。転じて淫売婦〔1949(隠)〕❖古く薬罐とも。

やぎ［山羊］「羊」の朝鮮漢字音 yang からとも野牛からともいう。

【野牛】(書籍)〔杉本つとむ「近代日本語の成立と発展」1998〕

やぎ［←やぎぬま］

【柳沼】(パンフ) 柳沼の甲子園〔日本大学吹奏楽部2005年定期演奏会〕◆人名。やなぎ>やぎ、やぎぬま>やぎ、と二段階の省略がある。

やきいも［焼き芋］

【煨芋】(漢詩) 煨芋煙〔平井呈一訳「狂詩 巡査行」1951〕◆直江兼続も漢詩で「煨 芋 香」。

やきこけた →こける

【八木倒】(古) 飲食に飽きたこと〔1935 (隠)〕

やきて

【妬婦】(古)〔1917 (隠)〕

やきどや

【闇屋】(辞書) 木賃宿〔1956 (隠)〕

やきなまし［焼き鈍し］

【焼き鈍し】(雑誌)〔「江戸楽」2010年3月〕

やきにく［焼き肉］

【焼肉】(WEB) 街中のお店の看板には、「焼肉○○」のように「き」を抜いた形の物も数多く見受けられます。〔道浦俊彦 TIME「焼き肉の表記」2010年2月18日〕

【鯖】(辞書) にざかな・やきにく◆ある国語辞典の漢字索引にあった。古辞書から引かれたもののよう。鯖には、焼いた肉を含む料理を指す字義あり。

やきもち［焼き餅］

【[飠+妻]】(古)〔式亭三馬「小野𥮲譃字尽」1806〕

【[女+角]】(創作) のれんの手作り漢字〔斎賀秀夫「漢字と遊ぶ」1978〕

【嫉妬】(小説) 嫉妬の焼き合いのせいですかね？〔「読売新聞」2009年7月3日〕

その他 妬き餅 (辞書)

やきもの［焼き物］

【陶器】(古)

やく［薬］ 麻薬の隠語。→やくちゅう

【薬】(辞書) やく(薬)〔(俗)〕◆韓国語では、くすりは「薬」。

【麻薬】(漫画)〔さいとうたかを「ゴルゴ13 42」1981〕

(小説)〔筒井康隆「文学部唯野教授」1990〕

やく［焼く］ →やける・やきもち

【焼く】(古) 焼くりんきをすること〔1929 (隠)〕／焼『好色由来揃』元禄頃〔杉本つとむ「近代日本語の成立と発展」1998〕◆本来的な表記。

(新聞) 焼をいれる リンチする〔1948 (俗)〕◆「やき」と読むが、ヤキの表記が多い。

【燃く】(古) 燃ク〔東海散士「佳人之奇遇」〕

(誤植) 尾崎豊のアルバム『誕生』(1990)の歌詞カードで、「COOKIE」のサビ「クッキーを焼いてくれ」が「クッキーを燃いてくれ」と誤植されていた。〔WEB〕

【焚く】(詩) 少年の情緒は赤く木の間を焚き〔萩原朔太郎「利根の松原」1917〕

【炙く】(古)〔1896 (俗)〕

【焙く】(説明書) 硬くなりましたら蒸すか焙きますと一層風味がよろしう御座います〔軽羹の説明文 2008〕

【灼く】(詩) ヒリヒリ灼ケテ〔原民喜「水ヲ下サイ」1950〕◆灼熱、日灼け。

(歌詞) 恋に身を灼く〔三浦洸一「東京の人」(佐伯孝夫)1956〕／京の恋路に 身を灼けば〔フランク永井「加茂川ブルース」(東次郎)1968〕／粉雪が舞うあなたの背中 瞳に灼きつくでしょ…〔松田聖子「白い恋人」(三浦徳子)1980〕／誰もに灼き付く〔T. M. Revolution「crosswise」(井上秋緒)2005〕

【妬く】(曲名) 中島みゆき「妬いてる訳じゃないけれど」1976◆嫉妬。

(歌詞) 妬かない 焦れない しらけない〔郷ひろみ「素敵にシンデレラ・コンプレックス」(阿久悠)1983〕／少しだけやきもちを妬いてる〔竹内まりや「消息」1987〕

(小説) やきもちを妬かないの〔「読売新聞」2008年1月24日〕

【嫉く】(歌詞) 嫉いてもくれないの？〔松田聖子「ハートのイアリング」(松本隆)1984〕

その他 熾く (古)

やくざ
【八九三】辞書 八九三(やくざ)の札による〔俗〕❖語源に沿った表記。遊戯的に893もあり。
書籍〔西部邁「友情」2005〕
【斗筲】古 斗筲(やくざ)な者〔1907 俗〕
【無能】古 ――息子〔1917 隠〕
【無頼漢】詩 生き甲斐もない無頼漢(やくざ)であるが〔萩原朔太郎「僕等の親分」1923〕
【極道】書名 安部譲二「極道(ヤクザ)渡世の素敵な面々」1987
広告 極道(ヤクザ)狩り・縄張戦争〔菊地秀行「魔界都市ブルース 夜叉姫伝 4」1990(巻末)〕
漫画 これが極道(ヤクザ)の血をひくこいつの〔寺嶋裕二「GIANT STEP 1」2002〕
【舎弟】漫画 企業舎弟(ヤクザ)に雇われた〔天獅子悦也「むこうぶち 24」2009〕

やくしゃ［役者］
【俳優】古「読売新聞」1874年11月2日第1号 漢語に話し言葉のルビを付ける斬新な工夫を凝らした。〔「読売新聞」2009年11月2日〕

やくしょ［役所］ 俳優の役所広司は役所に勤めていたことからの芸名で、役どころが広くなることも祈念したとのこと。
【府邸】小説〔小野不由美「東の海神 西の滄海 十二国記」1994〕

やくちゅう［↑麻薬中毒］→やく
【薬中】辞書〔俗〕❖「ヤク中」が多い。
【陶酔状態】歌詞 泥酔状態(アルちゅう)にして陶酔状態(ヤクちゅう)〔Sound Horizon「見えざる腕」(REVO)2006〕

やくとく［役得］
【役徳】古 徳は得なり〔1929 隠〕❖→とく(得)

やくびょうがみ［疫病神］
【厄病神】民間 ❖厄介者などとの混淆。

やぐら［岩倉・窟］→や(谷)
【谷倉】古 物を貯蔵する為めに作りたる岩穴。相模鎌倉及び上総国の方言〔1920 隠〕

ヤクルト 社名。
【厄ルト】【躍ルト】新聞〔斎賀秀夫「あて字の考現学」(「日本語学」1994年4月)〕❖もじり。
その他 益力多・養楽多 中国

やけ［自棄］
【焼】古 焼野ヤン八の糞〔1903 俗〕
【自棄】古 自棄ツぱら〔1919～1927 俗〕
漫画〔やまざき貴子「っポイ!」1991～2010〕
広告 食糧の奪い合い、自棄(ヤケ)になった人々の暴動〔「non·no」2006年5月20日〕

やけくそ［自棄糞］
【焼け糞】古〔1915 俗〕
【自棄糞】小説 もう自棄糞(やけくそ)や〔今東光「春泥尼抄」1957～1958 俗〕

やけど［火傷］
【火傷】民間 火傷 大学・一般の正答率九六・六％目にする機会が多いから。〔斎賀秀夫「漢字と遊ぶ」1978〕❖表外訓。
【焼痕】古〔式亭三馬「浮世風呂」1809～1813〕

やけに
【暴に】古

やけひばし［焼け火箸］
【人参】漫画〔弘兼憲史「人間交差点」(矢島正雄)1980～1990〕

やけぼっくい［焼け棒杭］ やきぼっくい。
【焼木杭】古 やけぼッくゐ(焼木杭)〔1917 俗〕
【焼け棒っ杭】小説 焼け棒っ杭に火が付いた〔島田一男「伊豆・熱海特命捜査官」1995 俗〕

やける［焼ける］→やく(焼く)
【焚ける】小説「文契(ぶんけい)を焚け」〔「読売新聞」2010年3月1日〕
【煅ける】古 日に煅けて 上田敏〔伊藤嘉夫「ふりがな振り漢字」1970〕
【灼ける】歌詞 日に灼けながら〔美輪明宏「ヨイトマケの唄」1966〕／雪灼けした〔松田聖子「LET'S BOYHUNT」(松本隆)1983〕
漫画 灼けたゴムの臭い〔大暮維人「エア・ギア 1」2003〕
小説 赤黒く灼けた肌には〔清涼院流水「カ

や

ーニバル 二輪の草」2003〕
【嫉ける】(辞書) 少嫉〔1949 (隠)〕
(歌詞) 嫉けた火が燃える〔サザンオールスターズ「赤い炎の女」(桑田佳祐) 1983〕
【妬ける】(歌詞) 妬けるほど熱い目を〔松田聖子「ボーイの季節」(尾崎亜美) 1985〕

やさ さや(鞘)の倒語。家。住居。
【鞘】(古) 住家。屋内。木賃宿。〔1935 (隠)〕
その他 家 (WEB)
*【在宅】(小説) 当人の在宅を確かめるのが〔森村誠一「螺旋状の垂訓」1988 (集)〕

やさい 〔野菜〕
【野才】(メニュー) 〔手書き 2010〕

やさがし 〔家捜し・家探し〕
【家捜し】(辞書) 江戸 (俗)
【閻探し】(小説) 閻探しっ子〔柳瀬尚紀訳「フィネガンズ・ウェイク III IV」1993〕◆平安朝以来の国字「(しなだり)くぼ」「つび」「ひなさき」に類推による字音を設け、用いている。

やさぐれ →やさ
【宿愚連】(漫画題名) 富永裕美「倫敦宿愚連若衆 艶姿」1982

やさしい 〔優しい〕 国字に誂などあり。
【妖さしい】(歌詞) 激しさと妖さしさ覚える〔安室奈美恵「You're my sunshine」(小室哲哉) 1996〕◆中国では「妖」はほとんど化け物のイメージという。
(WEB) 妖しく包み込む
【体温】(歌詞) 体温を感じさせていて〔GARNET CROW「Crier Girl&Crier Boy ～ ice cold sky～」(AZUKI 七) 2002〕
【結晶】(歌詞) 白い結晶がふりそそぐ都市〔林原めぐみ「集結の園へ」2009〕
その他 婀娜・艶優・珍重 (古) / 小食土 (地名)

やし 〔香具師・野師・弥四〕
【香具師】(古) 〔1917 (隠)〕
【山師】(詩) 曲馬の山師の夜逃げした〔高村光太郎「犬吠の太郎」1912〕

やし
【香具師】(WEB) 奴の意。奴→ヤツ→ヤシ→香具師。IMEで「やし」で変換することによって「香具師」と変換出来るため。◆2ちゃんねるで奴(ヤツ)の代用として使われる。

やじ 〔野次・弥次〕 やじうま(「おやじ」ないし「やんちゃ」からという)から。「やじる」は動詞化。

やじ 〔親父〕
【爺】(古) 「おやぢ」の嘲弄語〔1917 (隠)〕◆「おやじ」とも読む。

やしき 〔屋敷〕
【邸】(小説) 邸が広過ぎるので〔夏目漱石「こころ」1914〕/邸に棄てられてある〔遠藤周作「白い人」1955〕
【宅】(古) 〔伊藤嘉夫「ふりがな振り漢字」1970〕

やじりさがし
【屋後探】(古) 〔1935 (隠)〕◆地名に国後。

やすい 〔安い〕 国訓。
【廉い】(小説) 二千円は廉いが〔幸田文「流れる」1957〕/廉い悪酒を〔吉行淳之介「鳥獣虫魚」1960〕◆廉価・廉売。
【安値い】(詩) 安値いリボンと息を吐き〔中原中也「サーカス」1934〕
【旱い】(看板) 〔三鷹の大衆食堂 1967 (目)〕
【安価】(看板) ガソリン安価!〔久留米市の石油スタンド 1983 (目)〕◆九州方言。形容詞のカ語尾はカリ活用から。
【安】(広告) 隠された25円(安)ガソリン〔「読売新聞」2008年8月25日〕
(新聞) 学費(安)で就職率(高)(見出し)〔「読売新聞夕刊」2010年2月25日〕

やすい 〔易い〕
【安い】(古) 掬り取ることが容易であるといふ意味。〔1929 (隠)〕

やすみ 〔休み〕 →やすむ

【休憩(やすみ)】(新聞) 明治以降、(中略)参道で休憩(やすみ)茶屋が繁盛した。〔「読売新聞」2009年3月19日(桜井雅夫)〕
【休暇(やすみ)】(小説) 家は休暇(やすみ)になって帰りさえすれば〔夏目漱石「こころ」1914〕
【休日(やすみ)】(歌詞) 夢の休日(やすみ)をとって〔SHAZNA「Shelly」(IZAM)1996〕
【土日(やすみ)】(歌詞) 土日(やすみ)だけ自由!〔19「テーマソング」(326)1999〕
【寝み(やすみ)】(小説)〔田中芳樹「創竜伝」1987〜〕
その他 亭(やすみどころ) (古)

やすむ【休む】 気休め・気安め。→やすみ
【寐む(やすむ)】(字幕)「いいから寐(ね)な」「お寐(やす)みなさい」〔映画「鉄道員」1958〕❖「寝」と同様に使われてきた字。略字と誤認されることあり。
【寝む(やすむ)】(辞書) お寝(やす)み〔大石初太郎「振り仮名」(「国語学辞典」1955)〕
(漫画) もう寝(やす)みます〔山岸凉子「日出処の天子 1」1980〕
(雑誌) お寝(やす)みになれましたか〔「旅」1994年6月〕
【休憩む(やすむ)】(漫画) 休憩(やす)めば休憩(やす)むほど〔本仁戻「高速エンジェル・エンジン 1」2000〕
【安める(やすめる)】(歌詞) なぜか心を安めてる〔あべ静江「コーヒーショップで」(阿久悠)1973〕

【憩める(やすめる)】(小説) ペンを憩(やす)めさせ〔円地文子「妖」1957〕

やすらい【休らい】
【夜須禮(やすらい)】(新聞) 悪疫や災厄を祓(はら)うためにおこなわれる鎮花祭で歌われる夜須禮(やすらい)歌。〔「読売新聞」2010年4月18日〕

やすらか【安らか】
【安平(やすらか)】(古)/【泰らか(やすらか)】(WEB)

やすらぎ【安らぎ】
【幸福(やすらぎ)】(小説)〔小野不由美「東の海神 西の滄海 十二国記」1994〕
【やすら樹(ぎ)】(広告) パネル仏壇「やすら樹(ぎ)」〔「読売新聞 夕刊」2009年5月30日〕
【空虚(やすらぎ)】(歌詞) 空虚(やすらぎ)振り払い〔水樹奈々「Justice to Believe」2006〕
【PEACE(やすらぎ)】(雑誌) 自然と話す心はPEACE(やすらぎ)〔「山と溪谷」1994年3月〕
【安息ぐ(やすらぐ)】(歌詞) きっと安息(やすら)ぐ瞬間へと〔織田純一郎「輝け!ラーメンマン!」(さがらよしあき)1988〕

やせじ 痩せ地から。
【瘠地(やせじ)】(古) 瘠地の芋〔1930 (隠)〕

ヤソ【耶蘇】 イエス・キリスト。
【耶蘇(ヤソ)】(古)〔1898 (俗)〕❖中国音でイエスー。

やたい【屋台】
【山車(やたい)】(新聞) 重要無形民俗文化財に「新庄まつりの山車(やたい)行事」(山形県新庄市)〔「読売新聞」2009年1月17日〕❖付表では「だし」。

やたら【矢鱈】「やたら拍子」か「弥足(やたら)」からか。
【矢鱈(やたら)】【不極(やたら)】(古)
*【矢鱈滅鱈(やたらめったら)】(WEB) ❖滅法の連想をしたか。「滅多矢鱈(めったやたら)」は辞書にあり。

やち【谷・谷地】 谷の関東などの方言。地名・姓にも。谷戸(やと)。
【谷地(やち)】(古) 女陰〔1930 (隠)〕/谷地通(やちぐれ) 情交に耽溺すること〔1935 (隠)〕
(小説) 谷地女中(やちじょちゅう)・・・谷(や)〔柳瀬尚紀訳「フィネガンズ・ウェイク III IV」1993〕
【矢血(やち)】(古) 女陰 月経 婦女子〔1935 (隠)〕

やちや 茶屋の倒語「屋茶」から。やちゃ。
【谷地屋(やちや)】(古) 女郎屋、料理屋〔1930 (隠)〕

やつ【奴】 →香具師(やし)・やつら
【奴等(ヤツ)】(漫画) じゃ奴等(ヤツ)はモデルに最適だな〔藤崎聖人「WILD LIFE 3」2003〕
【男(やつ)】(書名) 花登筐(はなとこばこ)「どてらい男(やつ)」1972〜1974
(歌詞) そんなやさしい男(やつ)を〔浜田省吾「涙あふれて」1978〕/あったかい男(やつ)といる日でも〔ソニン「津軽海峡の女」(つんく)2002〕
(短歌) いい男(ヤツ)と結婚しろよと言っといて

や

〔俵万智「待ち人ごっこ」1987〕

漫画 オレみたいないいかげんな男(ヤツ)キライ?〔岡本慶子「呪われた願い」1995〕/オレ弱い男(ヤツ)キライなんだよ!〔渡辺祥智「銀の勇者 5」2000〕/いろんな男(ヤツ)見てきたわけじゃないから〔藤崎聖人「WILD LIFE 2」2003〕

広告 男(ヤツ)がオレの六畳で暮らしている〔星野智幸「嫐嬲 なぶりあい」1999(巻末)〕

【男性(やつ)】歌詞 見知らぬ男性(ヤツ)の名前を呼ぶ〔子安武人「CAUTION」(新條まゆ)1998〕/突然出会っちゃう男性(ヤツ)と〔SPEED「WAY TO GO!」(つんく)2003〕

【男友達(やつ)】歌詞 優しい男友達(やつ)〔モーニング娘。「男友達(おとこともだち)」(つんく)2002〕

【友人(やつ)】歌詞 寒い季節に そんな友人(やつ)がいた〔明石家さんま「いくつもの夜を越えて」1981〕

【親父(ヤツ)】漫画 俺らより大変な親父(ヤツ)が後に居るからな〔絵夢羅「Wジュリエット 14」2003〕

【神父(やつ)】漫画 神父(やつ)の居場所を答えたら〔冴凪亮「シークエンス 1」2003〕

【女(やつ)】歌詞 薄情な女(やつ)〔石原裕次郎「錆びたナイフ」(荻原四朗)1957〕/他へ走る薄情な女(やつ)〔中島みゆき「やまねこ」1986〕/俺につよがり言った女(やつ)〔鳥羽一郎「夕焼け港」(青井比紗江)1998〕/いい女(やつ)だった〔神野美伽「酒みれん」(吉田旺)2009〕

漫画 思ったような女(やつ)じゃなくて〔小花美穂「この手をはなさない 後編」1994〕

【女性(やつ)】歌詞 生意気な女性(やつ)だと思った〔ZARD「永遠」(坂井泉水)1997〕

【娘(やつ)】歌詞 心に残るかわいい娘(やつ)〔DAIKI「アカシアの娘」(秋浩二)2007〕

【子供(やつ)】漫画 あんな子供(やつ)が乗ってるなんて〔由貴香織里「砂礫王国」1993〕

【人物(ヤツ)】漫画 危険人物(ヤバイヤツ)〔上条明峰「SAMURAI DEEPER KYO 6」2000〕

【人間(ヤツ)】漫画 1人で見つけられるような強い人間(ヤツ)なんて〔大暮維人「天上天下 9」2002〕/ダメな人間(ヤツ)だ!!〔藤崎聖人「WILD LIFE 2」2003〕

【他人(ヤツ)】歌詞 彼女ももう他人(ヤツ)の中〔T. M. Revolution「臍淑女-ヴィーナス-」(井上秋緒)1996〕

【存在(やつ)】歌詞 僕はちっぽけな存在(やつ)だった〔FIELD OF VIEW「君がいたから」(坂井泉水)1995〕

【生徒(ヤツ)】広告 叩き直されたい、生徒(ヤツ)はどいつだ!〔地下鉄中吊り広告 2010年7月10日(TBS系列「ハンマーセッション!」)〕

【投手(ヤツ)】漫画 イヤがる投手(ヤツ)の場合は〔ひぐちアサ「おおきく振りかぶって 11」2008〕

【犯人(ヤツ)】漫画 犯人(ヤツ)はちゃんと生きている!〔さとうふみや「金田一少年の事件簿 1」(金成陽三郎)1993〕

【強敵(やつ)】歌詞 たたき伏せろ強敵(やつ)を〔JAM Project「Battle No Limit!」(影山ヒロノブ)2009〕

【刺客(やつ)】歌詞 話してわかる 刺客(やつ)ではないが〔美空ひばり「龍馬残影」(吉岡治)1985〕

【熱血漢(ヤツ)】漫画 他人のために命をはれる熱血漢(ヤツ)は〔藤崎聖人「WILD LIFE 6」2004〕

【チーム(やつ)】漫画 縄張りにしてるチーム(やつ)〔大暮維人「エア・ギア 5」2004〕

【犬(ヤツ)】漫画 さっきの犬(ヤツ)がひよりのおべんとをとったからさ〔渡辺祥智「銀の勇者 2」1999〕

【猫(やつ)】漫画 並の猫(やつ)にゃさわることもできやせんのよ〔猫十字社「小さなお茶会」2000〕

【ヘビ(やつ)】漫画 予想外におとなしいヘビ(やつ)だったのは〔藤崎聖人「WILD LIFE 4」2003〕

【魚(やつ)】雑誌 これぐらいの魚(やつ)がいい〔「旅」1994年11月〕

【糸(ヤツ)】歌詞 赤い糸(ヤツ)とかじゃなくって〔Every Little Thing「しあわせの風景」(持田香織)2003〕

【作品(やつ)】漫画 小枝の作品(やつ)とならべたら〔絵夢羅「七色の神話」2002〕

【五代】漫画 五代に弁当作ってたの〔高橋留美子「めぞん一刻 14」1987〕

その他 刑事・治安部隊・対面・殺人鬼・守護師・邪法使い・魔物・精霊・傷の男・虫・翔・難波・百目鬼・キラ・真理子 漫画

関連【奴】漫画〔「週刊少年サンデー」2004年48号(D-LIVE!!)〕

やつ［谷・谷津］谷の方言。姓、地名にも。

【谷】書籍 柳の都谷七郷〔篠崎晃雄「実用難読奇姓辞典増補版」1973〕❖地域的な訓。

やっかい［厄介］

【厄介】新聞 柳田国男の「国語の将来」によれば、「やっかい」は、家と居の組み合わせで、本来は単なる「同居人」の意味だった。「厄介」などという字をあてられたために、この言葉の感じが悪くなった。〔「読売新聞」2003年8月21日(日本語・日めくり)〕

その他 厄界・厄害・約介・役害・疫介 古

やつかひげ［八束鬚］

【八拳鬚】歌誌〔「短歌」1994年7月〕

やっき［躍起］

【躍起】古 ❖当て字とする辞書あり。

【焼気】新聞 夏目漱石は巧みな当て字を用いた。「焼気になる」(正しくは躍起)と書けば頭から立ちのぼる湯気の熱さが伝わってこよう〔「読売新聞」2005年1月29日〕

その他 熱気・憤然 古

やっこさん［奴さん］

【奴さん】古〔1909 俗〕

【敵さん】漫画〔「週刊少年ジャンプ」2005年1号(D.Gray-man)〕

やつし［俏し・窶し］

【艶男】古『誹諧通言』〔杉本つとむ「近代日本語の成立と発展」1998〕❖現代では、「アデオス」と読ませることも。↓あで

＊【俏形】【悄形】辞書〔隠〕

やつしろかい［八代海］

【八代海】歌詞 生まれ産湯は八代海で〔大海カツ絵「好いとるばい…」(仁井谷俊也)2009〕

やっつ［八つ］

【八歳】漫画〔CLAMP「東京 BABYLON 5」1993〕

やっと

【漸と】【辛と】古

やっぱ 短刀。

【刃物】小説 刃物で刺されていますね〔森村誠一「密閉城下」1991 集〕

書籍〔日名子暁「ストリップ血風録」1998 集〕

【短刀】小説 拳銃も短刀も〔勝目梓「悪党図鑑」1987 集〕／短刀の刃を口元に当てて〔菊地秀行「魔界都市ブルース 夜叉姫伝 4」1990〕

やっぱし やはり。やっぱり。やっぱ。

【矢張し】古〔1910 俗〕❖WEBでは「矢っ張し」とも。

やっぱり［矢っ張り］「やはり」の転。

【矢っ張り】歌詞 矢っ張りあんたも おんなじ男〔コロムビア・ローズ「どうせひろった恋だもの」(野村俊夫)1956〕

広告〔奥山益朗「広告キャッチフレーズ辞典」1992〕❖明治期以降、「矢張」「矢張り」「矢っ張り」とも書かれた。

やつら［奴等］

【男ら】書名 田中森一「塀のウチでもソトでもしゃあない男ら」2008

【彼女ら】歌詞 そんな彼女らを 笑ってくらした〔BOØWY「DOWN TOWN SHUFFLE」(氷室京介)1986〕

【男女】歌詞 知った振りでも懲りない男女〔GLAY「RHAPSODY」(TAKURO)1996〕

【連中】歌詞 連中とおまえを守りたくて〔氣志團「拳の中のロックンロール」(綾小路翔)2010〕

【後輩】漫画 後輩の罪は俺の罪〔中条比紗也「花ざかりの君たちへ 5」1998〕

【密猟者】漫画 よーやく密猟者捕まったん

だ〔藤崎聖人「WILD LIFE 2」2003〕

【髑髏十字軍】漫画 髑髏十字軍の縄張りに〔大暮維人「エア・ギア 1」2003〕

【猫ら】雑誌〔「猫の手帖」1994年1月〕❖擬人化。

【キリン】漫画 他のキリンが嫉妬するほど〔藤崎聖人「WILD LIFE 6」2004〕

【奴等】漫画 な何て奴等ら…〔許斐剛「テニスの王子様 19」2003〕❖訛語。

その他 相手・北軍・飼育員・白羽衆・演劇軍・柔剣部・妖魔 漫画

やつれる〔窶れる〕

【憔悴れる】詩 この蛤は非常に憔悴れてゐるのである。〔萩原朔太郎「くさつた蛤」1917〕

やど〔宿〕→どや

【屋戸】和歌 わが屋戸の『万葉集』〔「読売新聞」2009年7月24日〕

【宅】古〔1869 俗〕❖自分の夫。宿六。

【良人】古〔1904 俗〕

【舎】小説 舎の自室にて〔平野啓一郎「日蝕」2002〕／舎主との間に〔同〕

やとう〔雇う・傭う〕

【傭】古 ❖「つらつら」は国訓。

やどす〔宿す〕

【舎す】雑誌 南谷の別院に舎して〔「婦人画報」1994年10月〕

やとな〔雇女・雇仲居〕

【雇女】古〔1929 隠〕

やどなし〔宿無し〕

【無宿】漢詩〔平井呈一訳「狂詩 巡査行」1951〕

やどりぎ〔宿木・寄生木〕

【寄生木】書名 徳富蘆花「寄生木」1909 ❖神奈川の地名に寄。

やないだ

【小田】地名 ❖滋賀県山東町。元は「梁田」だったが、地名の書かれた紙を鼠がかじってしまい、残った字面から「小田」になったとも伝えられている。県内には「安」に写った影が線となった幽霊文字「妛」を生む原因となった「安原」もある。

やなぎ〔柳〕

【楊】古『万葉集』字を選ぶ傾向 柳に楊〔橋本四郎「万葉仮名」(「国語学大辞典」1980)〕

❖「矢の木」あるいは字音からの「楊の木」の意ともいい、後者ならば本来的な表記。

【楊柳】歌詞 岸の楊柳に〔北島三郎「大河」(星野哲郎)2003〕

【屋内喜】新聞 命をつなぐ水に感謝し、柳には「屋内喜」という字を当て、家の中に喜びが訪れるようにとの願いを込めている。〔「読売新聞」2006年12月23日〕

【柳葉】WEB ❖→ししゃも(柳葉魚)

*【抑々】誤読 抑々 やなぎやなぎ 地方議会で〔紀田順一郎「日本語発掘図鑑」1995〕

やなぎごり

【柳日】字遊 柳日 晦日(つもごり、つごもりの訛り)のゴリで柳行李「鳥の町」1776〔小林祥次郎「日本のことば遊び」2004〕

やなぎだる〔柳樽〕

【柳多留】古 ❖書名。

【家内喜多留】古 家内喜多留小さい恋はけちらかし〔「誹風柳多留」初篇〕

民間 縁起字の例：家内喜多留(柳樽)〔斎賀秀夫「漢字の缶づめ 教養編」1998〕

WEB 柳の酒樽のことで、「家内に喜びが多く留まるように」という願いが込められている。朱塗りの樽酒や一升瓶を贈る。〔「ゼクシィnet 結納の準備と交わし方(九州編)」〕

やなせ〔梁瀬〕梁は樑、簗とも。

【魚梁瀬】地名〔「山と渓谷」1994年1月〕❖高知県。

やに〔脂・膠〕

【煙草】WEB ❖不良用語でタバコの意。

やにさがる〔脂下がる〕

【脂下る】古〔1933 隠〕

やにっこい［脂っこい］
【脂濃】(古)〈1917(俗)〉

やにわに［矢場に・矢庭に］原義では「矢庭」がいわゆる正訓による表記。「直ちに」の意に転じた。
【矢庭に】【急遽に】(書籍)この方針に従えば、「急遽に」は「矢庭に」でなければならず〈谷崎潤一郎「文章読本」1934〉
その他 **唐突に・矢場**(古)

やね［屋根］
【家根】(古)蕪〈1915(隠)〉
【屋蓋】(詩)汚れ木綿の屋蓋のもと〈中原中也「サーカス」1934〉

やばい「危場い」が語源説による表記とも。昭和50年頃、東京では不良っぽい関西方言のように感じられた。近年、素晴らしいの意でも使われるようになり、意味が両極化している。
【危篤な】(小説)危篤なのっ〈秋津透「魔獣戦士ルナ・ヴァルガー」1988〉
【危い】(映画題名)「危いことなら銭になる」1962
(小説)危ばい仕事や〈遠藤周作「わたしが・棄てた・女」1964〉
(書名)宗田理「ぼくらの(危)バイト作戦」1989／花小路小町「危いことほど金になる」2000
【危険】(漫画)危険ェ〈尾田栄一郎「ONE PIECE 7」1999〉／危険人物〈上条明峰「SAMURAI DEEPER KYO 6」2000〉
【野苺】(小説)野苺不評を買ったとき〈柳瀬尚紀訳「フィネガンズ・ウェイク III IV」1993〉
その他 **合法的**(WEB)

やはり
【矢張り】(広告)〈奥山益朗「広告キャッチフレーズ辞典」1992〉❖漱石も「矢張」を使用。

やばん［野蛮］
【野蛮】(漫画)野蛮!!〈藤崎竜「封神演義 2」1997〉

やぶい［藪医］呪術で治療を行った野巫医からとも。姓に藪あり。
【庸医】(古)〈1902(俗)〉
【侍医】(小説)〈秋津透「魔獣戦士ルナ・ヴァルガー」1988〉

やぶいしゃ［藪医者］
【藪医生】(古)藪医生〈1871～1872(俗)〉

やぶか［藪蚊・豹脚蚊］
【豹蚊】(古)

やぶく［破く］
【破く】(辞書)❖「破る」と「裂く」の混淆とされる。

やぶこうじ［藪柑子］柑子は柑子から。
【藪柑子】(俳句)飯田蛇笏〈「読売新聞」2009年12月30日〉

やぶにらみ［藪睨み］
【斜視】(古)〈1898(俗)〉

やぶる［破る］
【毀る】(小説)その面を毀り〈平野啓一郎「日蝕」2002〉

やぶれる［破れる］
【敗れる】(書籍)国敗れて山河あり 国破れて山河あり WEBで86%：14%〈Rudyard「バカにみえる日本語」2005〉❖「あり」は「在り」とも。
【毀れる】(小説)秩序が毀れて〈平野啓一郎「日蝕」2002〉

やぼ［野暮］
【野夫】【野火】【野父】(古)❖野夫、藪者からともいう。
【野暮】(古)〈1929(隠)〉

やぼ［谷保］東京都国立市の地名。やほ。
【谷保】(地名)❖谷保天満宮は東京都国立市の神社。狂歌師の大田蜀山人が、「やぼのてんじん」と詠み、「野暮天」の語を生じたとも伝えられる。

やぼう［野望］
【夢】(漫画)

やほち［夜発］

【夜発】古 夜たか、辻君の類〈1920隠〉

ヤポンスキー［ロシア japonskij］

【日本人】小説 そこの日本人がどこかへ隠したんだろう〈清涼院流水「カーニバル 二輪の草」2003〉

やま［山］

【ヘ】古〈山崎美成「兎園小説」1825集〉❖△の底辺を取った二辺で、二の符牒。

【山】古 犯行実行ノ現場、反抗実行中〈1915隠〉／山をかける〈1929隠〉

【鉱山】小説 鉱山を下りてしまった〈小林多喜二「蟹工船」1929〉 パンフ〈松田解子文学記念堂 2004〉

【炭山】小説 炭山から来た男〈小林多喜二「蟹工船」1929〉

【軸】民間 東海地方辺りで祭りの山車のこと。

【岾】小説 己の知識の山（岾）〈柳瀬尚紀訳「フィネガンズ・ウェイク I II」1991〉❖京都府内の小地名からJISに入った字。岾とも。

【絶頂】歌詞 Hi! life は絶頂ね〈サザンオールスターズ「最後の日射病」〈関口和之〉1985〉

【事件】❖ルビはカタカナ表記が多い。

小説 事件の被害者の住居か〈森村誠一「死都物語」1992集〉／迷宮入りした事件を〈南英男「腐蝕」1999集〉／あの事件の捜査に加勢して〈大石英司「神はサイコロを振らない」2005〉

歌詞 事件は問いかけてくる〈サザンオールスターズ「ホリデイ～スリラー『魔の休日』より」〈桑田佳祐〉1992〉

漫画 この事件〈青山剛昌「名探偵コナン 44」2004〉

【仕事】漫画 小さな仕事だ〈伊藤誠「兎－野生の闘牌 1」1997〉

【犯罪】小説 犯罪を踏んでいるとみた〈結城昌治「仕立屋銀次隠し台帳」1978集〉

【罪名】書籍 罪名は殺人〈浅田次郎「極道放浪記 1」1994集〉

やまあい［山間］

【山間】雑誌 四国山脈の山間〈「文藝春秋」1994年2月〉

やまあらし［山嵐］

【山嵐】【山荒】古〈1915隠〉

やまい［病］

【疾病】古 明治三十五六年頃の広告〈隠〉

【病気】歌詞 恋する病気で いつかは絶滅えるだろう〈みっくす JUICE「The IJIN-DEN ～天才の法則」〈六月十三〉2003〉

＊【疒】漫画題名 小坂俊史「やまいだれ（疒）」2005～2010 ❖冫から書いた変形が増加。

やまおんな［山女］

【山女】古 通草（アケビ）の一名〈1910隠〉❖熟字訓を一文字ずつそのまま読んだものか。「山姫」とも。幽霊文字「妛」の通称は「やまいちおんな」。→あけび（山女）

やませ［山背］

【東風】雑誌〈「歴史読本」1994年11月〉

やまと［大和・倭］地名。国名。

【山処】辞書 ❖語義解説のために「山門ではなく山処で『やまと』（倭・和・大和）」などと記されることあり。

【和】古 和歌〈平松文庫「篠目」写本〉 雑誌〈「旅」1994年9月〉❖（大）和訓は漢字をやまとことばで訓読みすること。

【倭】古 仮名垣魯文「倭国字西洋文庫」1872

書籍 倭言葉〈由良君美「言語文化のフロンティア」1986〉

新聞「倭文」舞台〈2008年9月23日「読売新聞」（署名記事）〉／倭迹迹日百襲姫命の墓として管理〈「読売新聞」2008年11月2日〉

書名 金容雲「日本語の正体 倭の大王は百済語で話す」2009

【大和】古 古く、大倭、大養徳。中国の歴史書では「耶馬臺(台)」(やまたいの読みは、誤)〔杉本つとむ『『宛字』の語源辞典』1987〕❖マイナスの意味を含むとも解される「倭」から「大倭」を経て「大和」に。常用漢字表付表にあり。大和はすぐれた調和の意。
新聞 大和し美し(展覧会の名)〔「読売新聞夕刊」2009年4月10日〕
【大養徳】古 大養徳国 聖武天皇の詔〔平川南「日本の原像」2008〕
【日出國】古「日出國新聞」福地桜痴〔松岡正剛「日本流」2000〕
【日本】歌詞 忠勇・武烈の日本魂〔「幻の戦車隊」(横沢千秋)1939〕❖姓にもあり。古代にもこう読まれたとも考えられている。日本武尊。
書籍 日本窓〔小林祥次郎「日本のことば遊び」2004〕
その他 八的 古/倭人 人名

やまとなでしこ〔大和撫子〕
【大和撫子魂】曲名 小坂りゆ「大和撫子魂」2006❖もじり。

やまなし〔山無し〕
【月見里】姓 月見里神社 千葉県〔佐久間英「珍姓奇名」1965〕❖山がないから月が見える里。「小鳥遊」とあわせて紹介されることが多く、叙景的で風流といわれるが、それぞれ関連はなく、古くに生じたもの。

やまなみ〔山並〕
【山脈】詩 空に光つた山脈〔萩原朔太郎「才川町―十二月下旬―」1925〕
歌詞 くれる山脈〔林伊佐緒「高原の宿」(高橋掬太郎)1955〕
小説 緑の山脈も遥か〔菊地秀行「魔界都市ブルース 夜叉姫伝 4」1990〕

やまのて〔山の手〕
【山手】地名 ❖東京都内の山手線は戦後、ローマ字表記される際に国鉄内部の習慣に沿って YAMATE とされたという。歌詞の「山手のドルフィン」〔荒井由実「海を見ていた午後」1974〕は「やまて」。

やまびこ〔山彦〕
【山美呼】店名 喫茶店〔斎賀秀夫「あて字の考現学」(「日本語学」1994年4月)〕

やまほど〔山程〕
*【A lot】漫画 A lot of tankobu〔猫十字社「小さなお茶会」2000〕

やまみち〔山道〕
【山路】歌詞 野バラ咲いてる 山路を〔市川染五郎「野バラ咲く路」1967〕
【八万三千】字謎 弁慶の謎かけの碑〔碓氷峠〕八万三千八 三六九三三四七… 山道は寒く淋しな〔「日本語百科大事典」1995〕

やまめ〔山女〕→あけび(山女)
【山女】短歌 算数の嫌いな子供が覚えしは翡翠岩魚山女 蜩(小林雅典)評 お父さんよりも難しい字が読めて嬉しくてたまらない。〔「読売新聞」2008年10月6日〕
その他 山女魚 古

やまもも〔山桃〕
【楊桃】古 ❖『枕草子』で、文字で書くと「ことごとしき」(大げさな感じがする)もの。

やまもり〔山盛り〕
【大日】字遊「私可多咄」大日 ヤマモリ大、和(やまと)晦日(つごもり)〔小林祥次郎「日本のことば遊び」2004〕

やまわらわ〔山妾〕古〔1929 隠〕

やみ〔闇〕
【闇】書名 広山義慶「闇刑事Ⅳ」2008
【宵闇】演目 歌舞伎公演「江戸宵闇妖鉤爪―明智小五郎と人間豹―」〔「読売新聞」2008年9月24日〕
【夕闇】歌詞 ぬばたまの夕闇に〔サザンオールスターズ「CRY 哀 CRY」(桑田佳祐)1998〕
【暗闇】歌詞 暗闇の果てを夢見てる〔霜月は

や

るか「消えない欠片」2009〕

【闇夜(やみ)】 歌詞 孤独の闇夜(やみ)を越えてゆく〔コミネリサ「宇宙に咲く」2007〕

【漆黒(やみ)】 歌詞 漆黒(やみ)を抜けて朝焼けを探すの〔水樹奈々「沈黙の果実」(しほり)2009〕

【暗(やみ)】 辞書 暗物(やみ)〔1953 俗〕
歌詞 尾灯は赤く暗(やみ)に消え〔真帆花ゆり「駅」(池田充男)1997〕

【夜(ヤミ)】 漫画 夜(ヤミ)の世界〔大暮維人「エア・ギア 2」2003〕

【影(やみ)】 歌詞 息衝く鼓動で影(やみ)を撃ち抜いてく〔水樹奈々「Justice to Believe」2006〕

【髪(やみ)】 歌詞 漆黒の《髪(やみ)》が〔Sound Horizon「終端の王と異世界の騎士～The Endia & The Knights～」(REVO)2006〕

その他 幻想(やみ)・深海(やみ) WEB ／幻惑(やみ) 雑誌

*【白タク(やみ)】 看板〔白タク追放の看板 1987 ㊐〕

やみくも【闇雲】

【闇雲(やみくも)】 雑誌 闇雲(やみくも)に書いているだけ〔「現代」1994年12月〕❖本来的な表記。姓にもあり。

その他 暗雲(やみくも) 古

やむ【止む・已む・罷む】

【止む(や)】 新聞 惹(ひ)きつけて止(や)まない〔「読売新聞 夕刊」2009年9月28日〕

【已む(や)】 雑誌 筆の音がぴたりと已(や)む〔「太陽」1994年8月〕❖「死而後已(ししてのち(に)やまん)」〔諸葛亮「後出師表」228〕、「撃(打・討)(う)ちてし已(や)まん」。用言の已(い)然形の已は「すでに」の意。
書名 ひれもとのみち「已(や)んぬる哉(かな)日本」1997

【熄む(や)】 小説 風雨が熄(や)むのを待った。〔「読売新聞」2010年3月16日〕

やむ【病む】

【患む(や)】 短歌 階層は世界の比喩として患(や)みてあり〔「読売新聞」2009年12月21日(藤原龍一郎歌集「ジャダ」)〕

やめる【止める・已める】

【廃める(や)】 小説 御廃(や)めなさいませ。〔平野啓一郎「日蝕」2002〕

【更正る(やめ)】 漫画 すっかり更正(やめ)てしまった〔絵夢羅「七色の神話」2002〕

やめる【辞める】

【罷める(や)】 書籍 皆中途で罷(や)めなければならなかった〔井上ひさし「私家版 日本語文法」1981〕

【退める(や)】 漫画 もう退(や)めちまったら〔藤崎聖人「WILD LIFE 1」2003〕
書籍 長嶋さん、退めないで下さい〔元木昌彦「週刊誌編集長」2006〕

【退学る(やめ)】 歌詞 気付かぬふりして退学(やめ)させましょうか〔サザンオールスターズ「汚れた台所」(桑田佳祐)1996〕
漫画 潔く退学る(ヤメ)〔中条比紗也「花ざかりの君たちへ 8」1999〕

【退職る(やめ)】 漫画 退職(やめ)ちまおっかな〔犬上すくね「恋愛ディストーション 1」2000〕

やもめ【寡・寡婦・孀・鰥・鰥夫】

【孀(やもめ)】 小説〔柳瀬尚紀訳「フィネガンズ・ウェイクⅢⅣ」1993〕

*【寡片(やもめびら)】 古〔1935 隠〕

やもり【守宮・家守】

姓に「家森(やもり)」。イモリは井守・蠑螈(古く守宮とも)。姓に「井森(いもり)」。

【守宮(やもり)】【家守(やもり)】 新聞 トカゲの仲間、ヤモリは、害虫を捕らえて食べることから、家の守り神であるとされ、「守宮」と書かれる。「家守」の字をあてることもあるが、こちらは、江戸時代に地主に代わって長屋などを管理した職業の呼び名でもある〔「読売新聞」2007年7月16日〕

その他 壁虎(やもり) 古

やや【児・稚児】

【子供(やや)】 漫画 腹の中の子供(やや)も〔楠桂「人狼草紙 1」1991〕

【嬰(やや)】 俳句 嬰(やや)のもの〔「読売新聞」2000年10月15日(宇多喜代子)〕

やや［稍］

【良】古／**【稍ゝ】【稍々】**辞書

ややこしい

【やや己巳巳】小説 やや己巳巳のが〔柳瀬尚紀訳「フィネガンズ・ウェイク I II」1991〕❖↓いこみき(巳己巳己)

ややもすれば［動もすれば］

【動】古 ❖「やや」は稍の意。動の字義による訓読み。

やよい［弥生］「弥」は改定常用漢字表（答申）に新規採用。「いや」から。

【弥生】辞書 ❖弥生土器は東京都文京区の地名から。式は付かなくなった。

やりかた［遣り方］

【手口】歌詞 ずるいひと… 大人の手口ね〔中森明菜「禁区」(売野雅勇)1983〕

やりくり［遣り繰り］

【遣繰】【遣曲】【交合】【語合】古〔隠〕

【経理】小説 経理万端を〔「読売新聞」2009年8月15日〕

やりて［遣り手］ 江戸時代には「[女+遣]」という「鑓」と類似する造字も。

【鴇婆】辞書〔1949 隠〕❖「やりてば」とも読む。

その他 花車・鴇 古

*** **【[女+練]】**創作 のれんの手作り漢字〔斎賀秀夫「漢字と遊ぶ」1978〕

やりとり［遣り取り］

【交信】【会話】書籍〔井上ひさし「ニホン語日記」1996〕

やる［遣る］

【遣る】古 遣ちまアと〔1874～1876 俗〕

【与る】古 唐偏朴の彼のつそりに半口与るとは何いふ訳〔1891～1892 俗〕

【贈る】歌詞 いつか贈った銀のスカーフ〔矢沢永吉「黄昏に捨てて」(大津あきら)1993〕

【行る】小説 行った〔島崎藤村「夜明け前 第二部」1935〕／筆を行るほどに〔平野啓一郎「日蝕」2002〕

【演る】俳誌〔「俳句」1994年9月〕

歌詞 生きた歌舞伎を ぜひ演りたさに〔美空ひばり「べらんめえ芸者」(西條八十)1960〕

書籍 (前略)などと演った中世の狂言の作者と〔井上ひさし「自家製文章読本」1984〕／メジャーな曲を演った僕らは〔TAKURO「胸懐」2003〕

漫画 お姫様演った〔高橋留美子「めぞん一刻 9」1985〕／完璧に演れー!!〔二ノ宮知子「のだめカンタービレ 2」2002〕／ミステリーって演った事なかったよなー〔絵夢羅「Wジュリエット 14」2003〕／演ってる人間が〔山田南平「キャベツ畑のキラキラ星」2006〕

パンフ リナを演る以上とことん貫きますよ。〔映画「スレイヤーズ RETURN」1996〕

雑誌 松田聖子を演った〔「女性自身」2004年7月27日〕

広告 そこまで演るか!? トロピック・サンダー 史上最低の作戦〔「読売新聞 夕刊」2008年11月29日〕

新聞 演り手が少なく〔「読売新聞 夕刊」2009年8月10日〕

【傾て】古 傾てくれたまへ〔1885～1886 俗〕❖酒を飲む意。

【飲る】広告 飲るもよし 喰うもよし 唄るもよし〔電車内のスナックの広告 1972 目〕／果樹アル。自由に飲れる酒がある。〔日本蒸留酒酒造組合(京極興一1981)〕

漫画 適当に飲ってますから〔高橋留美子「めぞん一刻 12」1986〕

書籍 トリスを飲る。〔うみのさかな&宝船蓬莱「うみのさかな&宝船蓬莱の幕の内弁当」1992〕

小説 一杯飲ってるわ〔菊地秀行「白夜サーガ 魔王星完結編」1996〕

や

（雑誌）一杯飲るか〔「週刊現代」2004年5月22日〕（書名）古川修「世界一旨い日本酒 熟成と燗で飲る本物の酒」2005（新聞）「ネエちゃん、一緒に飲ろう」〔「読売新聞」2008年11月9日（クミコ）〕

【呑る】（WEB）一杯呑る

【食る】（歌詞）食られる前に〔東京事変「電波通信」（椎名林檎）2010〕

【殺る】（書名）藤本義一「殺られ」1973（漫画）殺られた〔永井豪「黒の獅士 1」1978〕／輸送車をつければ将軍（ジェネラル）を殺れる〔北条司「CITY HUNTER 1」1986〕／あんたが万代を殺ったんだろ?〔さとうふみや「金田一少年の事件簿 8」（金成陽三郎）1994〕／このバカ親父を殺ってしまうのだ!!〔藤崎竜「封神演義 2」1997〕／ここまで殺ったのはおまえが初めてだ〔小畑健「DEATH NOTE 1」（大場つぐみ）2004〕❖用例多し。（小説）一〇人殺ろうが〔菊地秀行「魔界都市ブルース 夜叉姫伝 4」1990〕／殺られました〔家田荘子「極道おんな道」2000（俗）〕／その日本人が車掌を殺ったんだと〔清涼院流水「カーニバル 二輪の草」2003〕（歌詞）手を汚さないで殺る〔サザンオールスターズ「ホリデイ〜スリラー『魔の休日』より」（桑田佳祐）1992〕／孤独に殺られちまうぜ〔Λucifer「堕天使 BLUE」（森雪之丞）1999〕／そのナイフで僕を殺れ〔NICO Touches the Walls「病気」（光村龍哉）2009〕（雑誌）殺ってしまうべきでは〔「問題小説」1994年5月〕（書籍）トップの〝命〟が殺られたり〔日名子暁「ストリップ血風録」1998（集）〕

【暗殺る】（小説）〔司馬遼太郎「幕末」1963〕

【刺る】（漫画）刺られ損（ぞん）で〔立原あゆみ「本気! 1」1987〕

【斬る】（WEB）どの輩から斬るのか?〔一本氣HP〕

【犯る】（雑誌）犯ってない〔「宝石」1994年12月〕（漫画）あっさり犯られやがって〔刑部真芯「欲望と恋のめぐり－情熱－」2001〕

【姦る】（WEB）タップリ目で犯して姦る!

【寝る】（WEB）「殺る」「寝る」と書いて、どっちも「ヤる」。

【戦る】（小説）戦らねばならん〔神坂一「日帰りクエスト なりゆきまかせの異邦人（ストレンジャー）」1993〕（漫画）戦り合ったらいい勝負すんじゃねぇか〔寺嶋裕二「GIANT STEP 1」2002〕／戦り甲斐〔荒川弘「鋼の錬金術師 10」2005〕

【戦う】（小説）戦うんですか〔秋津透「魔獣戦士ルナ・ヴァルガー」1988〕

【闘る】（小説）本気でわしらと闘るつもりか〔菊地秀行「白夜サーガ 魔王星完結編」1996〕（漫画）闘ってやる〔上条明峰「SAMURAI DEEPER KYO 5」2000〕／闘りあったって言うじゃないか〔荒川弘「鋼の錬金術師 13」2006〕

【頑張る】（ポスター）「頑張るしかない。でも住（いえ）がない!」そんなあなたを応援します。〔杉並区内 2010年5月4日〕

【営る】（雑誌）営っている。〔「優駿」1994年10月〕

【特売る】（看板）〔ディスクウェーブ（池袋）2004〕

【釣る】（雑誌）釣って〔「つり人」1994年3月〕

【成功た】（漫画）成功たか〔野々村秀樹「邪魂狩り 1」1993〕

【停学れる】（漫画）仲間3人も停学れてよ!!〔浅田弘幸「眠兎 1」1992〕

その他 戯る（古）／殴る・壊る（WEB）

*【編集前期】（やりますぞ）（雑誌）〔1969（目）〕

*【大勝負】（やるっきゃない）（広告）宿命の大勝負〔神坂一「日帰りクエスト なりゆきまかせの異邦人（ストレンジャー）」1993（巻末）〕

やるせない【無遣瀬】（やるせなし）（古）〔遣る瀬無い〕

やれ〔破れ〕

【破れ】 小説 破れ寺かというと〔「読売新聞」2009年12月9日〕

やれそれ

【耶れ蘇れ】 小説 〔柳瀬尚紀訳「フィネガンズ・ウェイク I II」1991〕❖耶蘇のもじり。

やろう［野郎］ 若年層でアクセントを平板化させ、男子の意味に使われる。

【野郎】 漫画 野郎一匹かよ〔峰倉かずや「最遊記 1」1997〕／ホスト野郎!!〔綾峰欄人「Get-Backers 奪還屋 23」(青樹佑夜)2003〕／野郎オオオオオ!!!〔荒川弘「鋼の錬金術師 7」2004〕

【野良】 古 ❖江戸時代には郎と良は通用した。

【男】 漫画 男ぢゃんか〔由貴香織里「天使禁猟区 1」1995〕／男の湯上がり姿なんて〔本仁戻「高速エンジェル・エンジン 1」2000〕

【選手】 漫画 しょせん持って生まれた才能だけでやってる選手だ〔ひぐちアサ「おおきく振りかぶって 11」2008〕

【狼】 広告 下心まるだしの狼ども〔青山剛昌「名探偵コナン 6」1995(巻末)〕

その他 夜郎・野良帽子・冶郎・野老・弥郎 古／梅田・真壁 漫画／漢・野朗 WEB

やわ［柔］

【柔】 俳誌 三月樹氷のやや柔面〔「俳句」1994年5月〕

【軟弱】 歌詞 好きと言えるほどに軟弱な 恋じゃ許せない〔近藤真彦「純情物語」(売野雅勇)1986〕

やわらか［柔らか・軟らか］

【和らか】 古 女の文はすら〲として和らかなるがよし『女万蔵宝文庫』〔杉本つとむ「近代日本語の成立と発展」1998〕❖「倆」は尾張藩士の朝日文左衛門が日記(「鸚鵡籠中記」1691～1718)で用いた。

詩 奥のある和らかさに光をつつみ〔高村光太郎「鉄を愛す」1923〕

やわらぎ［和らぎ］

【協】 辞書 『漢字起元 詳解霊釈漢和大字典』1972〔惣郷正明「辞書漫歩」1987〕

やわらげ［和らげ］

【和げ】 書籍 言葉の和げ〔杉本つとむ「近代日本語の成立と発展」1998〕

ヤン 人名。

【安寿ミラ】 雑誌 花組のトップ・スターは安寿ミラ〔「歌劇」1994年5月〕

ヤンキー［Yankee］

【米国人】 漫画 〔村田雄介「アイシールド21 9」(稲垣理一郎)2004〕

【金髪】 漫画 うわっ金髪…っ〔中条比紗也「花ざかりの君たちへ 1」1997〕

【不良】 広告 泣く子も笑う不良犬・昌と〔さとうふみや「金田一少年の事件簿 12」(金成陽三郎)1995(巻末)〕❖米国人と別起源とも。

漫画 ひと昔前の不良か〔葉鳥ビスコ「桜蘭高校ホスト部 8」2006〕

ヤング［young］

【若者】 書籍 現在でも、「若者」に「ヤング」と振るようなことがたまには行われます。〔樺島忠夫「過去から未来へ 日本語探険」2004〕

【Y】 新聞 10代向けの本を紹介する「YA の世界」〔「読売新聞 夕刊」2010年4月3日〕

やんごとない［止ん事無い］

【貴し】 古 〔伊藤嘉夫「ふりがな振り漢字」1970〕

やんちゃ

【頑要】 古 頑要ざかり〔1891～1892 俗〕❖玩要(wánshuǎ)は遊ぶ意。

【泥酔】 漫画 稲妻組若頭・鈴木健の泥酔ぶりは〔「週刊漫画ゴラク」2010年4月30日(カブキの不動)〕

その他 少年時代屋 店名

やんばる［山原］

【山原】 地名 山原〔「旅」1994年4月〕❖原を「は

る」と読む地名・姓は九州・沖縄に多く、静岡あたりでも見られる。「山原水鶏」はヤンバルクイナ。

歌詞 山原の丘へ逃げました〔サザンオールスターズ「ナチカサヌ恋歌」（桑田佳祐）1991〕

ゆ

ゆ［湯］直島銭湯「I♥湯」はもじり。

【温泉】 地名 温泉津温泉街（島根県大田市）

辞書 温泉の宿〔大石初太郎「振り仮名」（「国語学大辞典」1980）〕

俳句 温泉 慣例としては読めても、無理なルビ。伝達の力は弱くなります。〔「読売新聞」2004年9月14日（宇多喜代子）〕

広告 とちぎの温泉〔JR赤羽駅 2004〕◆尾崎紅葉はこの表記が嫌で、「湯」も避け、「泉」と造字をしたという。「温泉巡り」の♨を温泉マークにしたロゴあり。→さかさくらげ

ユアウエルカム［You're welcome.］

【幼児外欧科目】 中国「幼児外欧科目」。（中略）中国語で声を出して読むと、「ユアウエルカム（どういたしまして）」となる。英会話の暗記用の当て字である。〔「朝日新聞」2008年10月23日〕

ゆあみ［湯浴み］

【沐浴】 詩 沐浴すれど〔高村光太郎「新緑の毒素」1911〕

ゆいかのこ［結鹿子］

【纈纈】 古 ◆→はなぶさ

ゆいつ［唯一］ゆいいつ。

【唯一】 辞書 口頭で〔俗〕◆憂鬱、体育館なども。

ゆう

【優】 古 暗号で。謎字 優 遊ぶ〔神坂次郎「元禄御畳奉行の日記」1984〕

【憂】 人名 選手・解説者に「美憂」、モデルに「憂妃」など。「優」を使おうとして画数占いによりにんべんを取ったものもあるか。

【勇】 漫画 ◆漫画の登場人物などの名の勇を「マ田カ」と分解、「また男か」の意による名付けとされる話があり。

ゆう［言う］現代仮名遣いでは「いう」。「ゆー」と書く人あり。

【云う】 歌詞 それからと云ふものは〔霧島昇「サムサンデーモーニング」（山口国敏）1951〕／なんと云うたらエエの Lady〔サザンオールスターズ「TO YOU」（桑田佳祐）1980〕／年に一度のひとことを 云うことさえもできないの〔松任谷由実「誕生日おめでとう」1988〕

【U】 書籍 こうU本なら〔嵐山光三郎「ABC文体 鼻毛のミツアミ」1982〕

ゆううつ［憂鬱］

【BLUE】 歌詞 心のBLUE（憂鬱）を〔V6「NATURE BOY」（松井五郎）1997〕

ユーエヌ［↑United Nations］

【国連】 小説 ニューヨーク国連本部が〔清涼院流水「カーニバル 二輪の草」2003〕

ゆうが［優雅］

【幽雅】 書名 香月日輪「妖怪アパートの幽雅な日常1」2003◆もじり。

ユーカラおり［ユーカラ織］アイヌ語。

【優佳良織】 雑誌〔「旅」1994年9月〕

ユーカリ［ラテン Eucalyptus］

【藍桉】 包装〔冷えピタ（冷却シート）の袋 2004〕

ゆうかん［勇敢］

*【You can now, dream】 歌詞 You can now, dream（勇敢な dream）振りかざし〔タッキー＆翼「One day, One dream」（小幡英之）2004〕

ゆうき［勇気］

【剣】 歌詞 振り上げた剣は切り裂くためじゃない〔林原めぐみ「Over Soul」2001〕

ゆうげ［夕食・夕餉］「ゆうげ」は永谷園の

商品名。
【夕餉(ゆうげ)】(小説) 和尚が半蔵の家に夕餉(ゆうげ)に招(よ)ばれました。〔「読売新聞」2009年12月18日〕

ユーゴスラビア [Yugoslavia]
【南斯拉夫】(中国) つまり南スラブ〔1958 (目)〕

ゆうじん [友人]
【女友達(ゆうじん)】(曲名) 榊原郁恵「女友達(ゆうじん)代表」(ダ・カーポ)1985

ユース [youth]
【遊す(ユース)】(看板) 宇多野で遊す(ユース)〔京都市内 2010年6月〕◆ユースホステルの略。

ゆうせい [郵政]
【〒(ゆうせい)】(TV) 〒民営化見直しへ 〒トップ西川氏更迭か〔2009年9月15日(テロップ)〕◆郵便局・郵便番号・郵送代にも用いる。

ユーセイラブ [You say love.] I ❤ U など、you はUとも略記される。
【勇星乱舞(You Say Love!)】(曲名) 中村繪里子ほか「勇星乱舞 – You Say Love! –」(三浦誠司)2009

ゆうそく [有職] 元は有識。ゆうしょく。
【有職(ゆうそく)】(新聞) 江戸時代の有職故実(ゆうそくこじつ)を集めた「貞丈雑記」〔「毎日新聞」2010年7月21日〕

ゆうだち [夕立] 夕の義がなかったとして仮借による当て字とも説かれる。
【白雨(ゆうだち)】【涷雨(ゆうだち)】【暴雨(ゆうだち)】(古)

ゆうつけどり [木綿付け鳥]
【木綿着鳥(ゆうつけどり)】(古)〔1929 (隠)〕

ユーティリティー [utility]
【UT(ユーティリティ)】(広告) 4番アイアンとUT(ユーティリティ)〔「読売新聞」2010年4月20日〕

ゆうと
【裕隼(ゆうと)】(人名)〔「読売新聞」2009年2月16日〕◆名乗訓「とし」か隼人(はやと)からか。

ゆうとうせい [優等生]
【優凍生(ゆうとうせい)】(商品名)〔「日本語百科大事典」(二)〕◆もじり。
【融冬静(ゆうとうせい)】(広告)〔「北海道新聞」2004年10月9日〕◆融雪機など。もじり。

ユートピア [Utopia]
【楽園(ユートピア)】(歌詞) 築きあげた 楽園(ユートピア)は〔ザ・タイガース「廃虚の鳩」(山上路夫)1968〕
【理想郷(ユートピア)】(歌誌) 彼一流の理想郷(ユートピア)論の片鱗として〔「短歌」1994年9月〕
(漫画)〔尾田栄一郎「ONE PIECE 18」2001〕
(歌詞) ここは理想郷(ユートピア)〔Hi：BRiD「UTOPIA」(零)2009〕
【桃源郷(ユートピア)】(曲名) ケガレシア「桃源郷(ユートピア)」(マイクスギヤマ)2008◆WEBに桃源境(ユートピア)も。
【理想社会(ユートピア)】(書籍)〔杉本つとむ「日本文字史の研究」1998〕
(その他) 優都美(ユートピヤ)(古)／湯(ゆ)～とぴあ(施設名)／烏托邦(中国)

ゆうひ [夕日・夕陽]
【夕陽(ゆうひ)】(曲名) 新橋みどり「曠野の夕陽」(林柳波)1938／石原裕次郎・浅岡ルリ子「夕陽の丘」(萩原四朗)1963／林あさ美「赤い夕陽(ゆうひ)の父子船」(荒木とよひさ)1996
(歌詞) 夕陽(ゆうひ)が燃えりゃ〔石原裕次郎「鷲と鷹」(井上梅次)1957〕／燃える夕陽〔アルフィー「別れの律動(リズム)」(高見沢俊彦)1982〕／夕陽が泣いている〔Mi-Ke「想い出の九十九里浜」(長戸大幸)1991〕／夕陽(ゆうひ)が落ちて一日が終わり〔森進一「さらば青春の影よ」(坂井泉水)2004〕
◆用例多し。江戸時代からあり。
(漫画) 夕陽(ゆうひ)が落ちてゆくわ・・〔さとうふみや「金田一少年の事件簿 19」(金成陽三郎)1996〕／紅く染まる夕陽(ゆうひ)に〔北原愛子「虹色にひかる海」2003〕
(川柳) 夕陽(ひ)にも〔「読売新聞」2009年9月14日〕
(その他) 曛(ゆうひ)(古)

ゆうびん [郵便]
【〒】(WEB) 今のマークが登場するのは明治20年です。その2年前に逓信省が創設され、「テイシン」の「テ」を図案化したものをマークにしたといわれています。他

ゆ

にもアルファベットの「T」や漢字の読みから「丁(てい)」を図案化したという説もあるようですが、いずれにせよ逓信省からきているマークには違いないのですね。〔「ことばおじさんの気になることば」2010年4月20日〕◆〒友で「ていゆう」と読ませる地名があった。「逓」を略した表記で、「〒」に由来するとのこと。また、〒と似ることから成績の丁を「郵便(屋)さん」とも称した。〠も。

＊【〒(ゆうびんばんごう)】新聞 申込者の〒住所・電話番号〔「読売新聞」2010年3月2日〕／〈〒住所・氏名・年齢〉〔「読売新聞 夕刊」2010年3月10日〕

ユーブイ［UV↑ultraviolet］

【紫外線(UV)】民間

ユーフォー［UFO］

【円盤(ゆーふぉー)】漫画題名 介錯「円盤皇女(ゆーふぉーぷりんせす)ワるきゅーれ」2002～2007

その他 幽浮 中国

ゆうぶつ［尤物］

【尤物(ゆうぶつ)】辞書 素的な美人をいう〔1949 隠〕◆本来の表記。最尤法の「尤」。

その他 優物(ゆうぶつ) 古

ゆうべ［夕べ］夕方。夕方(ゆうへ)の意。「夜べ」の転「ようべ」からとも。

【夕(ゆうべ)】歌詞 夕(ゆうべ)には太陽が 空と別れる〔石原裕次郎「粋な別れ」(浜口庫之助)1967〕

【夕辺(ゆうべ)】歌詞 夕辺別れる時 君はささやいたね〔カルロス・トシキ＆オメガトライブ「Older Girl」(藤田浩一)1986〕

ゆうべ［昨夜］昨日の夜。

【昨夕(ゆうべ)】歌詞 昨夕、熱い紅茶を注ぐ瞬間〔中原理恵「Show Boat」(松本隆)1979〕

【昨晩(ゆうべ)】漫画 昨晩(ゆうべ)は飲み過ぎたなあ…〔藤崎聖人「WILD LIFE 5」2004〕

【昨夜(ゆうべ)】小説 昨夜(ゆうべ)机の上に載せて置いた〔夏目漱石「こころ」1914〕／昨夜(ゆうべ)の星のはなしを〔宮沢賢治「土神と狐」1934〕／昨夜(ゆうべ)は、あまり眠れなかった。〔倉橋燿子「BYE^{2}片想い」1988〕／昨夜(ゆうべ)かあさんはこう言ったのだ〔村上春樹訳「レイモンド・カーヴァー傑作選 CARVER'S DOZEN」1997〕

歌詞 ひとりぼっちが 昨夜(ゆうべ)はふたり〔春日八郎「嘆きなさんなマドロスさん」(東条寿三郎)1957〕／昨夜(ゆうべ)は雨が 降りつづいたよ〔フランク永井「妻を恋うる唄」(岩谷時子)1965〕／さんざん泣かした昨夜(ゆうべ)の君を〔RAZZ MA TAZZ「僕のままで君のままで」(阿久延博)1994〕／昨夜(ゆうべ)見た夢が その残像が〔タッキー&翼「One day, One dream」(小幡英之)2004〕

漫画 昨夜(ゆうべ)なんだか寝苦しくて〔野々村秀樹「邪魂狩り 1」1993〕／昨夜(ゆうべ) 俺が寝たあとの〔さとうふみや「金田一少年の事件簿 15」(金成陽三郎)1995〕

書籍〔井上ひさし「ニホン語日記」1996〕

【昨日(ゆうべ)】歌詞 昨日(ゆうべ)のままさ〔稲垣潤一「UP TO YOU」(秋元康)1986〕

ユーマ［和製 unidentified ＋ mysterious ＋ animal］未確認動物。

【UMA(ユーマ)】小説 UMA(ユーマ)(未確認動物)〔清涼院流水「カーニバル 二輪の草」2003〕

ゆうめし［夕飯］

【晩餐(ゆうめし)】古〔坪内逍遥「当世書生気質」1885～1886〕

ユーモア［humor］

【幽黙】中国 音義を駆使して外国語をとった例〔1958 目〕

【愉模話(ユーモア)】【遊面話(ユーモア)】【誘笑句(ユーモア)】【言冗句(ユーモア)】字遊〔斎賀秀夫「あて字の考現学」(「日本語学」1994年4月)〕

その他 諧謔(ユーモア)・可笑味(ユーモア)・滑稽(ユーモアー) 古

ゆうやけ［夕焼け］

【夕焼(ゆうやけ)】古 夕焼(ゆふやけ)、小焼(こやけ)の赤蜻蛉(あかとんぼ) 三木露風「真珠島」1921〔紀田順一郎「図鑑日本語の近代史」1997〕◆「夕焼け小焼け」「仲良し小良し」のように、同じ要素を含む語が複合する際に後ろに「小」(意味がないとも)が付くことがある。

ゆうゆう ［悠悠］
【悠遊】 広告 悠遊ショップ〔「読売新聞」2010年3月10日〕
【湯遊】 施設名 ❖「湯湯」「湯〜湯〜」「遊々」などもあり。もじり。

ゆうゆうじてき ［悠悠自適］
【幽幽自擲】 新聞 渡辺(一夫)さんは、一切の公職から追い出されて、楽隠居ならぬ苦隠居、実質的には「幽幽自擲」(こっそりと自分を擲つ)ということである、と自注されている〔「読売新聞」2005年4月25日(北連二)〕❖もじり。

ゆうらくちょう ［有楽町］
【憂楽帳】 欄名〔「毎日新聞」〕❖もじり。

ユーラシアン ［Eurasian］
【欧亜混血】 小説〔田中芳樹「創竜伝」1987〜〕
❖欧亜州(洲)はユーロ(欧羅巴)とアシ(ジ)ア(亜細亜)にぴったり当てたもの。

ゆうれい ［幽霊］ 横溝正史『幽霊男』(1954)に佐川幽霊男が登場。
【冤鬼】 古 ❖中国では「鬼」は日本のような明確な姿をもたない。

ユーロ ［Euro］ 記号「€」。

【悠路】 人名〔「週刊文春」2009年4月23日〕

ゆうわく ［誘惑］
【文化】 新聞 河原和枝「日常からの文化社会学」(中略)衣服などの流行に十代の半ばからはまってきた著者は、文化に「誘惑」というルビを振る。〔「読売新聞」2005年5月22日(竹内洋)〕
【融和句】 誤変換 夜見瓜野融和句 よみうりのゆうわく(読売の遊枠)〔「読売新聞 夕刊」2009年10月3日〕❖クイズで故意に。

ゆえ ［故］
【所由】 古 所由

ユエ
【月】 漫画 月さんとケロちゃんに〔CLAMP「カードキャプターさくら 11」2000〕❖ハンドルネームやペンネームに。中国音から。
【順化】 地名 ❖「化」のベトナム漢字音「hóa」がフエに変化し、さらにフランス語の影響を受けユエとなったもの。

ゆえに ［故に］
【∵】 小説〔柳瀬尚紀訳「フィネガンズ・ウェイク I II」1991〕

ゆえん ［所以］
【所以】 小説 所以〔吉川英治「三国志 7」1975〕
新聞 名前の所以である〔「読売新聞 夕刊」2009年11月16日〕
【所縁】 誤字 ❖所以、由縁(故縁)は混同されることとあり。「縁も縁もない」などからか。

ゆか ［床］
【川床】 雑誌 鴨川の川床。〔「プレジデント」1994年8月〕

ゆかい ［愉快］
【湯快】 辞書 愉快湯快〔「日本語百科大事典」〕
新聞 グループ会社「湯快リゾート」〔「読売新聞」2010年4月25日〕❖もじり。
WEB 日本の名湯や温泉の事なら〜日本名湯〜湯快ナビ
【癒海】 施設名 癒海館 ❖介護施設。

ゆかしい ［床しい］
【床敷】 古 床敷て『古今著聞集』〔峰岸明「あて字はどのようにして生まれたか」(「日本語学」1994年4月)〕

ゆかた ［浴衣］「ゆかたびら」の略。
【浴衣】 誤読 浴衣 よくい (有賀さつき)〔「熱血！平成教育学院」2010年3月7日〕❖漢語としては「よくい」あり。
【湯帷子】 古 鷗外はいかに処置したかと申しますのに、浴衣の如きものは、湯帷子と書きました。このうち「湯帷子」の文字は

「ユカタビラ」と読まれることを防ぐために「ゆかた」と振り仮名がしてあったのを覚えておりますが、大体こう云う風に書けば振り仮名の必要は少くなるのでありまして、よし「湯帷子」を「ユカタビラ」と読まれましても、「浴衣」の二字を宛てますよりは筋が通っておりますから、まだしも我慢が出来るのであります。つまり、鷗外の漢字の宛て方は、意味を酌むよりは、その言葉の由来に溯って語源の上から正しい文字を宛てるのであります。〔谷崎潤一郎「文章読本」1934〕❖鷗外にも表記法に例外があり、谷崎の指摘は鷗外の表記に即していないところもある。

その他 湯堅・明衣・涼衣 古／内衣・湯帷 古／浴衣 WEB

ゆがむ［歪む］歪みで「ひずみ」とも。

【曲む】 書籍 曲み文字〔由良君美「言語文化のフロンティア」1986〕❖『徒然草』で「く」を指す。

ゆがめる［歪める］

【歪める】 小説 顔を歪めて〔「読売新聞」2009年6月19日〕

新聞 歪められている〔「読売新聞」2010年3月14日〕

ゆかり［縁］

【由縁】 作品名 泉鏡花「由縁の女」1919～1921

【由緒】 書籍 由緒のある部屋の名や花の名を以て〔谷崎潤一郎「文章読本」1934〕

その他 所縁・由来 古／縁 店名

ゆき［雪］

【白雪】 古〔「万葉集」〕❖当時の中国語の影響。

【吹雪】 歌詞 吹雪の海峡〔小野由紀子「嫁ぐ日まで」(村尾昭)1985〕／吹雪が舞い飛ぶ〔金沢明子「雪よされ」(仁井谷俊也)2010〕

ゆき［行き］

【往き】 小説 往きと帰りに〔小林多喜二「党生活者」1932〕

歌詞 往きも帰りも〔暁テル子「東京シューシャインボーイ」(井田誠一)1951〕

ゆき

【五】 人名〔「読売新聞」2010年2月9日〕

ゆきかう［行き交う・往き交う］

【交加】 古 交加て

【往きかう】 歌詞 往きかう人に〔小柳ルミ子「わたしの城下町」(安井かずみ)1971〕

ゆきき［行き来・往き来］

【往き来】 小説 往き来しているらしいことが分った。〔小林多喜二「党生活者」1932〕

【往来】 古 往来「たけくらべ」〔岩淵匡「振り仮名の役割」1988〕

小説 まだ車の往来が多い〔三島由紀夫「橋づくし」1958〕

【往還】 俳誌 又も往還の〔「月刊ヘップバーン」2004年11月〕

ゆきずり［行き摺り・行き摩り］

【往きずり】 歌詞 今夜も往きずりの恋が弾け合う〔アルフィー「WEEKEND SHUFFLE－華やかな週末－」(高見沢俊彦)1988〕

ゆきのした［雪の下］

【虎耳草】 歌誌 虎耳草の花が〔「短歌」1994年5月〕

ゆきひこ

【靫彦】 人名 安田靫彦❖画家。

ゆく［行く・往く］之も「ゆく」と読む。いく。

【于く】 漢詩 之の子 于き帰がば「詩経」〔陳生保「中国と日本－言葉・文学・文化」2005〕

【行】 俳誌 行月を〔「月刊ヘップバーン」2004年11月〕

【往く】 歌詞 男船乗り 往く道やひとつ〔田端義夫「玄海ブルース」(大高ひさを)1949〕

書名 川鍋一朗「タクシー王子、東京を往く。」2008

広告 森を往く！〈「読売新聞」2009年9月29日〉

【征く】歌詞 龍馬夜明けの 天を征く〈美空ひばり「龍馬残影」（吉岡治）1985〉

広告「歴女」は征きます、どこまでも……〈「読売新聞」2009年9月9日（歴史通）〉

【翔く】俳誌 翔き〈「俳句」1994年9月〉

【去く】歌詞 男性は去く〈サザンオールスターズ「唐人物語」（桑田佳祐）1998〉

【稼く】小説〈宮部みゆき「ぼんくら」2000〉

【航く】書籍 遠航く〈柳田征司「あて字」1987〉

【進む】歌詞 人は進むんだろう〈19「やさしい激動」2000〉

ゆく［逝く］ 常用漢字表表内訓。→逝く

【逝く】歌詞 春は逝き夏もすぎ〈淡谷のり子「白樺の小径」（佐伯孝夫）1951〉／逝きて還らぬ 君恋し〈宇都美清「あゝ広島に花咲けど」（坂口淳）1953〉

ゆくえ［行方］

【行衛】詩 わきめもふらで急ぎ行く／君の行衛(ゆくえ)はいづこぞや〈「読売新聞」2005年5月21日〉

【行くえ】歌詞 行くえを知らない 二人の恋は〈中原理恵「銀河系まで飛んで行け！」（喜多條忠）1983〉

ゆくたて［行く立て］

【経緯】広告 人生という旅の経緯。〈「読売新聞」2009年4月1日〉

ゆくて［行く手］

【行次】古

ゆくりなく

【不意】古

ゆげ［湯気］

【蒸気】公演名 夢の遊眠社「透明人間の蒸気」1991

ゆさぶる［揺さぶる］

【動揺る】古

ゆする［揺する］

【汰】古 ◆閖と通用した。

【強要る】書籍 この方針に従えば、「強要る」は「揺する」でなければなりますまい。〈谷崎潤一郎「文章読本」1934〉

古 強要〈1935 隠〉

【強請】小説〈野沢尚「破線のマリス」2000〉

【脅迫】広告 女喰い・脅迫編〈菊地秀行「魔界都市ブルース 夜叉姫伝 4」1990（巻末）〉

その他 強迫 辞書

ゆたか［豊か］

【富か】新聞 富かだが淋しい「鼠国ニッポン」〈「読売新聞」2009年3月29日（書評欄）〉

【貧しさ】短歌 このくにに〈喜捨合力〉といふことば機能してゐくことの貧しさ 黒木三千代『クウェート』〈加藤治郎「短歌レトリック入門」2005〉◆拾は捨の誤植、「貧しさ」は判断保留、両論併記とのこと。

その他 饒か 古

ユダヤ［Judaea］

【猶太】詩 好人物のモオクレエルは「我れ猶太人にあらず」〈高村光太郎「夏の夜の食慾」1912〉

小説 猶太 小沼丹〈中村明 2003〉

ゆだん［油断］ 工事現場の「油断一秒怪我一生」は中国の人が見ると、「油を一秒でも切らしたら、私を一生責めて下さい」と誤解する。

【由断】古 ◆室町時代の日記や江戸時代の『浮世風呂』などにあり。

【弓断】古 ◆滑稽本などに用いられた。

【遊端】古 ◆『伊京集』にユダンは遊端、弓断、油断と公家、武家、出家により用いる字に違いがあったといい、江戸時代には学問の時には油断、武芸の時には弓断という話もあった。中世には「申楽」「幌」などとともに社会的集団による表記の差（位相）があったとの記述がなされた。

ゆ

ゆたんぽ［湯たんぽ］

【湯湯婆(ゆたんぽ)】 辞書 ◆映画『千と千尋の神隠し』(2001)に登場するのは湯婆婆(ゆばーば)。

ゆっくり

【悠(ゆ)っくり】 番組名「湯ったり、悠っくり旅三昧」〔「読売新聞」2008年11月24日〕◆もじり。

【ゆっくり(ユックイ)】 書籍 しばらくゆっくり(ユックイ)なさい〔井上ひさし「國語元年」1986〕◆方言。

その他 悠々乎(ゆっくり) 古

ゆったり

【湯(ゆ)ったり】 広告 夏の疲れを癒す、湯ったりの伊豆〔「読売新聞」2008年9月11日〕／♨豪華温泉ホテルで湯ったり!〔「読売新聞」2010年1月5日〕◆定番化した。

新聞 湯ったり、春を待つ「サル山露天風呂」〔「読売新聞」2010年2月17日〕

*【のんびりと(ゆったりとした)】 雑誌〔「マダム」1994年7月〕

ゆとり 佐賀に湯陶里(ゆとり)市の案があった。

【融通(ゆとり)】【余裕(ゆとり)】 古 明治時代の二葉亭四迷の「浮雲」では、「融通」をゆとりと読ませ、大正初期の近松秋江の「疑惑」では、「余裕」をゆとりと読ませていた。〔「読売新聞」2005年2月25日(ことばのファイル)〕

【時間(ゆとり)】 広告 時間(ゆとり)と空間(スペース)を贅沢に愉しむ……〔「読売新聞」2009年6月19日〕

その他 裕(ゆと)り 辞書

ゆな［湯女］死語となっているか。同音の人名が少なからずあり。

【湯女(ゆな)】 古〔1929 隠〕

ユニーク［unique］

【珍(ユニーク)】 雑誌 日本最珍(ユニーク) 恐竜博士〔「BE-PAL」1994年6月〕

【唯新句(ユニーク)】 字遊〔斎賀秀夫「あて字の考現学」(「日本語学」1994年4月)〕

ユニコーン［unicorn］江戸時代から「ウニコルン」なる漢方薬があった。

【一角獣(ユニコーン)】 小説 それは一角獣(ユニコーン)のように輝いていた〔松岡佑子訳「ハリー・ポッターとアズカバンの囚人」2001〕

漫画〔樹なつみ「デーモン聖典 1」2003〕

書名 中島望「一角獣幻想(ユニコーンナイトメア)」2009

【一角獣(ユニコルン)】 雑誌 天馬(ペガシス)と一角獣(ユニコルノ)の協力攻撃(きょうりょくこうげき)!!〔「メタルファイト ベイブレード ギャラクシースタートガイド」2010年4月4日〕

ゆば［湯葉・湯波］

【湯波(ゆば)】 民間 京都などでは「湯葉」だが、栃木県日光ではこの表記が多い。

ゆばり ⇩ゆまり

ゆび［指］

【趾(ゆび)】 WEB

ゆびざす［指差す］「指指す」は避けられる傾向にあり。ゆびさす。

【指差(ゆびさ)す】 古 指差(ゆびさ)した 山本有三『瘤』(1935)。後のテキスト(1938)で「指さした」に。〔黒木和人「『ふりがな廃止論』の理念と実践」1998〕

【指(ゆびざ)す】 小説 男が指(ゆびざ)している方を〔平野啓一郎「日蝕」2002〕◆他所に名詞の「指し(ゆびざ)」も。

ゆびわ［指輪］中国語では「戒指」。

【指環(ゆびわ)】 ◆指輪より情緒性を帯びるか。

書名 日高敏隆訳「ソロモンの指環(ゆびわ)」1963

歌詞 赤いルビーの 指環(ゆびわ)に秘めた〔西田佐知子「東京ブルース」(水木かおる)1964〕／ワイングラスに指環を投げ入れて〔五木ひろし「大人のつきあい」(阿久悠)1985〕

曲名 寺尾聰「ルビーの指環(ゆびわ)」(松本隆)1981

新聞「ニーベルンゲンの指環(ゆびわ)」〔「読売新聞夕刊」2009年3月10日〕

【優美和(ゆびわ)】 民間 優美和台(ゆびわだい) 婚約指輪〔斎賀秀夫「あて字の考現学」(「日本語学」1994年4月)〕

【結美輪(ゆびわ)】 WEB 婚約指輪のこと。〔「ゼクシィnet 結納の準備と交わし方(九州編)」〕

ゆまり［尿］小便。湯放(ゆまり)から。「まる」は排泄する意。変じて「ゆばり」。『日本書紀』で「屎」の訓にも見られる。

【尿(ゆまり)】 歌誌〔「短歌」1994年10月〕

その他　溺・溲・旋　古

ゆめ［夢］呪霊がなすのが夢との字解も。
【悪夢】歌詞 終焉の悪夢〔ALI PROJECT「月光夜」（宝野アリカ）1998〕／繰り返す君の悪夢〔霜月はるか「終焉の刻へ」（日山尚）2009〕
【魔夢】歌詞 あとは魔夢上海の〔ALI PROJECT「上海繚乱ロマンチカ」（宝野アリカ）2009〕
【白昼夢】歌詞 白昼夢よ覚めないでいて〔D「Angelic blue」（ASAGI）2006〕
【白日夢】歌詞 三年レ白日夢〔ヴィドール「我輩ハ、殺女成り…」（ジュイ）2004〕◆レ点付き。
【幻想】歌詞 君の幻想〔浜田省吾「悲しみは雪のように」1981〕／機械仕掛の幻想の楽園〔南佳孝「浮かぶ飛行島」（松本隆）1984〕／天使がみた幻想を〔JAM Project featuring きただにひろし「Divine Love」（奥井雅美）2007〕
【幻】歌詞 愛の幻〔郷ひろみ「2億4千万の瞳―エキゾチック・ジャパン―」（売野雅勇）1984〕／甲斐なき幻ばかり〔ALI PROJECT「戦慄の子供たち」（宝野アリカ）2009〕
【妄想】歌詞 妄想を裁く 法律などない〔hide「EYES LOVE YOU」（森雪之丞）1993〕／1％の努力と〝九十九〟の妄想が勝つ！〔みっくす JUICE「The IJIN-DEN ～天才の法則」（六月十三）2003〕
【遊迷】歌詞 遊迷から目覚めて〔いきものがかり「ブルーバード」（水野良樹）2008〕
【遊女】書名 諸田玲子「遊女のあと」2008
【過去】漫画 私の過去〔垣野内成美「吸血姫美夕」1988〕
歌詞 過去迷とれ〔ヴィドール「我輩ハ、殺女成り…」（ジュイ）2004〕
【記憶】歌詞 兄の記憶〔Sound Horizon「Arc」（REVO）2005〕
【追憶】歌詞 朝の追憶を〔Sound Horizon「星屑の革紐」（REVO）2006〕
【伝説】曲名 アンディ「失われた伝説を求めて」（売野雅勇）1983
【現実】歌詞 現実が見たくなる〔GARNET CROW「君という光」（AZUKI 七）2003〕◆対義。
【非現実的】歌詞 潜り込めば非現実的の入口〔堀江由衣「So depecher」（有森聡美）2001〕
【一瞬】歌詞 一瞬でもいいの〔森進一「道ならぬ恋」（たかたかし）1998〕
【霧】WEB 地上（げかい）は、霧（ゆめ）の中だ
【浮世】歌詞 浮世の道草〔小林旭「旅の酒～望郷編」（荒木とよひさ）2003〕
【陶酔】歌詞 仄甘い陶酔を見せ〔Sound Horizon「終端の王と異世界の騎士～The Endia & The Knights～」（REVO）2006〕
【憧憬】歌詞 いつか見たあの憧憬〔氷室京介「STORMY NIGHT」（松井五郎）1991〕
【仕事】歌詞 仕事はどんな状況も笑っているよ〔FIELD OF VIEW「突然」（坂井泉水）1995〕
【将来】歌詞 将来を語り明かした〔Every Little Thing「Season」（五十嵐充）1996〕／将来の話をしてくれた君は〔Every Little Thing「sure」（持田香織）2000〕◆将来の夢。
【未来】歌詞 未来に向かい歩き続けて行く〔林原めぐみ・奥井雅美「Get along」（有森聡美）1995〕
漫画 葛西センパイの未来〔芦原妃名子「天然ビターチョコレート 2」2002〕
雑誌 未来へと導く標は〔「コミックゼロサム」2005年2月（表紙）〕
【希望】歌詞 君が希望に変わってゆく〔DEEN「ひとりじゃない」（池森秀一）1996〕／交差する希望と欲望〔米倉千尋「永遠の扉」（渡辺なつみ）1998〕／互いの希望追い続けよう〔手塚国光「ever」（置鮎龍太郎）2003〕
曲名「希望のまち」（福原くにこ・タケカワユキヒデ）2003◆さいたま市の歌。

【野望】歌詞 あれもこれも本気の野望〔奥井雅美「邪魔はさせない」1996〕
【大志】歌詞 同じ大志抱く〔JAM Project「Cosmic Dance」(奥井雅美)2008〕
【浪漫】曲名 丸山和也「浪漫－さらば昨日よ－」(荒木とよひさ)2006 ❖→ロマン(浪漫)
【想い】歌詞 描いた想いの全てが今も〔GARNET CROW「Please, forgive me」(AZUKI 七)2002〕❖→おもい(想い)
【理想】歌詞 熱く理想を重ねて〔TWO-MIX「WHITE REFLECTION」(永野椎菜)1997〕／仰ぎ見た遥かな理想は光り〔Taja「時空のたもと」(菜穂)2006〕
【種】歌詞 またそっと種を飛ばそう〔Do As Infinity「Weeds」2003〕
【生命】歌詞 いつか終わる儚い生命に〔GARNET CROW「夏の幻」(AZUKI 七)2000〕
【目的】歌詞 歳を重ねてくうちに目的と意地も〔ギルガメッシュ「arrow」(左迅)2009〕
【公約】漫画 公約はミニスカ〔荒川弘「鋼の錬金術師 12」2005〕
【計画】歌詞 投げ出した計画をもう一度集めて〔浜田省吾「勝利への道」1986〕
【物語】歌詞 甘い物語を〔SHAZNA「Love is Alive」(IZAM)1998〕
【幸福】広告 希う幸福〔小野不由美「月の影 影の海 上 十二国記」2000〕
【自由】歌詞 変わらない自由を探してる〔WANDS「星のない空の下で」(上杉昇)1994〕
【楽園】歌詞 地球で一番近い楽園に〔TWO-MIX「Winter Planet No. 1」(永野椎菜)1997〕
*【夢・出逢い・魔性】書名 森博嗣「夢・出逢い・魔性 You May Die in My Show」2000

ゆめ［努］→ゆめゆめ
【〓】古〔「新撰字鏡」〕❖平安時代の国字。
その他 努力 古

ゆめゆめ［努努・夢夢］
【努】【努々】【努力努力】古

ゆもじ［湯文字］
【結文字】古〔1929 隠〕

ゆゆしい［忌忌しい・由由しい］ 斎から。
【由々しい】新聞 由々しき〔「読売新聞」2010年2月6日〕❖『万葉集』に由由志。怂とも。

ゆらり
【不安定】歌詞 不安定居心地悪そうに〔KinKi Kids「walk on」(Gajin)2009〕

ゆり［百合］「揺り」からか。
【湯ら里】【湯らり】WEB ❖もじり。
【百合】人名「女重宝記」1692 一般の女〔杉本つとむ「近代日本語の成立と発展」1998〕❖姓では合字も。兵庫県豊岡市に「百合地」。

ゆり
【閖】地名 閖上(宮城県)❖閖は仙台法務局で人名用漢字への追加要望の記録あり。伊達政宗などの造字との話もあるが、中国では早くに廃れた字。WEBではハンドルネームなどにも見られる。江戸時代の鉱山文書などにも。

ユリイカ［ギリシャ heurēka］ 発見した。ヘウレーカ。
【わかったぞ!】書籍〔加島葵訳「ナイトメアー・ビフォア・クリスマス」1994〕

ゆりうごかす［揺り動かす］
【撼動す】古

ゆりかご［揺り籠］
【揺籃】曲名「揺籃のうた」(北原白秋)1921 ❖子守歌を「揺籃歌」とも。
小説 緑の揺籃では〔市川拓司「いま、会いにゆきます」2003〕

ゆるぎでる［揺るぎ出る］
【動ぎ出る】古 動ぎ出たのがこゝの女将で〔1919 俗〕❖富山県の地名に「石動」。

ゆるし［許し・赦し］
【赦し】新聞 神がいない現代の赦しの問題

〔「読売新聞」2008年7月4日（平野啓一郎）〕／無償の愛に包まれた、赦しと平等のユートピアの夢〔「読売新聞 夕刊」2009年6月1日〕
◆聖書でも用いる。特赦、赦免。

【免許】書籍 免許を〔神坂次郎「元禄御畳奉行の日記」1984〕

その他 許容・宥恕・許可・允可・允許 古／印可 WEB

ゆるす［許す・赦す］

【免す】書籍 免してやる〔神坂次郎「元禄御畳奉行の日記」1984〕

【赦す】雑誌〔「BIG tomorrow」1994年2月〕
漫画 赦さない〔久保帯人「BLEACH 12」2004〕
新聞 憎むな、殺すな、赦しましょう 月光仮面のキャッチフレーズ〔「読売新聞」2008年1月20日〕

【恕す】新聞 人を心から愛するためにすべてを恕そう〔「読売新聞」2007年7月11日〕

【宥す】古 神の鳥を赦して人をば宥し玉ハざる〔山田美妙「竪琴草紙」1885〕
小説 生涯わたしを宥さないでしょう〔「読売新聞」2010年3月9日（宮城谷昌光「草原の風」）〕

その他 縦す・聴す 古

ゆるふん［緩褌］「ふん」は「ふんどし」の略。

【緩褌】辞書〔1949 隠〕

ゆるみ［緩み・弛み］

【弛み】書籍 気持に弛みが出来て〔高橋輝次「誤植読本」2000（森銑三）〕

ゆるやか［緩やか］

【寛やか】小説 寛やかな〔島崎藤村「夜明け前 第二部」1935〕

ゆるゆる［緩緩］

【徐々】小説 徐々〔徳富健次郎「黒潮」1903〕

ゆるり［緩り］

【緩り】雑誌 緩りと〔「問題小説」1994年8月〕

ゆれる［揺れる］

【動揺れる】漫画 動揺れるな……!!

*【不安定な】歌詞 不安定な命に贈る彼方からの鎮魂歌〔kukui「彼方からの鎮魂歌」（霜月はるか）2007〕

ゆわえる［結わえる］

【結わえる】辞書 ◆髪を「縛る」には、結ぶ、結う、結わえる、結わくなど地域差があるが、気づきにくい方言とされる。

ゆんで［弓手］

【左手】新聞 右手に血刀 左手に手綱 馬上ゆたかな 美少年。西南戦争の激戦地〈田原坂〉の歌の一節だ〔「読売新聞 夕刊」2009年4月2日〕

ゆんべ［昨夜］

【夕べ】辞書 ゆんべ（夕べ）〔俗〕

【昨夜】歌詞 昨夜も夢見て しみじみ泣いた〔三橋美智也「リンゴ花咲く故郷へ」（矢野亮）1957〕

よ

よ［世・代］

【俗】古 俗の学者たち

【生】歌誌〔「短歌」1994年5月〕
論文 高島俊男「短歌のふりがな雑感」〔2002〕は「残る生を快適に過ごす」のような用法を、それぞれの文字列を歌の外形と内実とに任務分担させたものと見る。この例は、音数律を維持するねらいが明らかなものであるが〔内山和也「振り仮名表現の諸相」2002〕

【時代】短歌 きびしい時代〔「読売新聞 夕刊」2009年10月28日（米川千嘉子）〕

【与】演目「与話情浮名横櫛」歌舞伎

【酔】商品名 酔右衛門 ◆日本酒の銘柄。「酔」で代用するHPあり。

よあらし［夜荒らし］

【夜嵐】古〔1930 隠〕

【夜深】(古) 夜忍込む窃盗〔1935 (隠)〕

【夜荒】(辞書)〔1956 (隠)〕

よい［良い・善い・好い］ 前2者は表内訓。名前の読めない漢字は「よし」と読んでおく、という話あり。

【能】(古) ❖能こと、能、能く、能御坐んすかなど。「え…ず」(不可能)の「え」(得・能)と同源ともいう。

【宜い】(古) 見ツとも宜くない〔1887〜1889 (俗)〕

【好い】(古) 好いつらの皮だ〔1929 (隠)〕

(小説) 都会から離れていることを好い都合にして〔小林多喜二「蟹工船」1929〕

(書籍) 現に今、私は「好い気持」と書きましたけれども、これすら或る人は「ヨイキモチ」と読み、或る人は「イイキモチ」と読むでありましょう。〔谷崎潤一郎「文章読本」1934〕

(新聞) 人の好いオジサンたちは〔「読売新聞」2008年11月9日(クミコ)〕❖お人好し。

【佳い】(小説) 佳い氏〔「読売新聞」2010年3月17日〕❖人名では「よし」。

【吉い】(小説) 面相が吉い。〔「読売新聞」2010年2月9日〕❖吉相。大吉。

【快い】(漫画) お妃様は快く思っておられませぬな〔本仁戻「怪物王子」1998〕❖「こころよい」は表内訓。

【美い】(小説) 美い音「宮本武蔵」〔井上ひさし「ニホン語日記」1996〕❖人名では「よし」。

【善美】(古) 善美商品❖真善美の二つ。

【41】(TV) 4126〔ハトヤのCM 1970年代〕

(雑誌) 4193-16〔「現代」1994年7月〕

(広告) 78-4122〔新聞〕／4187〔にいさか矯正歯科(川口駅)〕❖電話番号。

【4】(広告) 3810-44〔「読売新聞」2009年10月11日〕❖41ではない。

【四九】(古)「和田守記憶法」四九四六といった数字を「本をよくよむ」のように文章にしておぼえる。〔惣郷正明「辞書漫歩」1987〕

【余暇った】(広告) 〝余暇ったね〟得したなぁ〔日曜大工の用具専門店 1976 (目)〕❖しゃれ。

その他 熟く(古)／善い(小説)

*【別天地】(歌詞) 青い風吹く別天地〔嶺陽子「ソウダニくしはら」(島田陽子) 2009〕

よいぎす 宵の空き巣。

【宵巣】(書籍)〔田岡源紹「わたしはどろぼう」1993 集〕

よいどれ［酔いどれ］

【酔漢】(小説) 酔漢などが〔米川正夫訳「ドストエーフスキイ全集6 罪と罰」1960〕

よいね 宵の口にねらう空き巣。

【宵狙】【宵寝】(古)〔1935 (隠)〕

よう［要］

【要】(表示) 開栓後要冷蔵〔ペットボトル〕❖漢文のような語句で、中国の人でも意味はよく分かる。

よう［曜］

【旺】(看板) 日旺・祝日休診〔京都 2005年3月〕

❖旺は単独で示されると読めない人あり。「旺」で代用することあり。

ようい［用意］

【準備】(古)〔山田美妙「竪琴草紙」1885〕

ようかいち［八日市］ 東近江市に合併。

*【八日市市市辺】(誤読)「八日市市市辺」これをどこで区切ればいいか分からず「ようかしししへん」と読んだヤツがいた。〔WEB〕❖兵庫県南あわじ市市市も実在。

*【妖怪致死】(誤変換) 古いワープロ 旧八日市市の市名を打ち込んだつもりが、画面には<妖怪致死>の4文字が無気味に浮かび上がった。〔「読売新聞」2010年1月1日〕

ようけ 方言。余計から。ようけい。

【沢山】(新聞)「たくさん」のことを大阪では「ようけ」といいますが、「沢山」のようにルビを使うやり方もできます。〔「読売新聞」2009年5月21日(田辺聖子)〕

ようこう〔要項〕
【要綱】誤字 講義要項を講義(構義)要綱など。

ようさん〔葉酸〕
【葉酸】TV 葉酸を「はさん」〔CM〕◆多くの人の印象に残るように作られた読みであろう。

ようじ〔用事〕
【勤】古

ようじ〔楊枝・楊子〕
【歯枝】【楊枝】【養子】【養歯】【揚子】古

ようしゃ〔容赦・用捨〕
【容赦】古 ◆取捨の意の「用捨」がゆるす意をもつようになり、漢籍の「容捨」と混じ江戸時代に生じた表記。

ようじょ〔幼女〕
【ようぢょ】WEB 幼女の事。

ようじん〔用心〕→ひのようじん
【要心】小説 秋場文作は要心深い性質だった。〔松本清張「危険な斜面」1959〕
その他 要慎 古

ようす〔様子〕
【容子】古 人情本〔矢野準「近世戯作のあて字」〔「日本語学」1994年4月〕〕
小説 町の容子が〔中野重治「萩のもんかきや」1973〕
その他 情実 古

ようせい〔陽性〕
【妖精】WEB 性病(特にＨＩＶ)の陽性を意味することが多い。

ようそろ〔宜候・良候〕よろしい。
【良候】歌詞 皆も良候〔桑田佳祐「君にサヨナラを」2009〕
その他 宜う候 古

ようだ〔様だ〕
【画有多】古「嘶之画有多」(洒落本)

ようだい〔容態〕
【容体】小説 容体を〔松本清張「点と線」1958〕
◆新聞は容体、重態も重体を使用。

ようと〔用途〕
【羊途】小説 牝繁な羊途に利用し〔柳瀬尚紀訳「フィネガンズ・ウェイク III IV」1993〕◆もじりか。

ようぼう〔幼坊〕
【容貌】WEB「幼坊」の隠語。幼稚園児→幼坊→容貌。

ようポツ〔沃ポツ〕沃化カリウム。
【沃剝】辞書 ◆「剝」はカリウムの英語、ポタシウム(剝篤叟母)から。

ようらん〔洋らん〕→がくらん(学らん)
【洋襴】辞書 洋服のこと。襴は裾の意で、犯罪者なども衣服のことに用いる〔1949 隠〕
【洋蘭】辞書〔俗〕
【番長服】小説 番長服〔森村誠一「致死家庭」1983 俗〕

ヨー〔yo〕やあ。よう。おい。
【Yo】歌詞 ◆ヒップホップの歌詞で文末の助詞に。大文字、小文字ともにある。メールなどに転用される。独特のアクセントあり。

ヨーギ〔yogi〕ヨガ(瑜伽)の行者。ヨギ。
【繋がりし者】漫画〔大暮維人「天上天下 9」2002〕

ヨーグルト〔ドイ Yoghurt〕
【酸酪】小説 酸酪が見える。〔平野啓一郎「日蝕」2002〕◆ＷＥＢに「洋グルト」多し。

ヨーデル〔ドイ Jodel〕
【ヨー出ル】小説〔柳瀬尚紀訳「フィネガンズ・ウェイク III IV」1993〕

ヨード〔ドイ Jod〕
【沃度】辞書 ◆沃度丁幾は略して沃丁。

ヨーマン〔yeoman〕
【騎兵】小説 お若い騎兵のお二人〔松岡佑子訳「ハリー・ポッターとアズカバンの囚人」2001〕

よ

ヨーロッパ［ポルトガル Europa］オランダ語からとも。欧は音訳字ながら、当て字を排除した当用漢字表・常用漢字表でも採用されていた例。元は殴る・嘔《は》くなどの異体字に過ぎなかったが、中国でヨーロッパ（エウローパ）の音訳に用いられた。

【欧羅巴《ヨーロッパ》】 古 欧羅巴人《エウロッパジン》〔高橋輝次「誤植読本」2000〕❖韓国で欧羅巴《クラパ》がハングルに。

小説〔島崎藤村「夜明け前 第一部」1932〕

アルバム名「欧羅巴風琴紀行」〔「読売新聞 夕刊」2010年3月18日〕

【欧州《ヨーロッパ》】 漫画 はじめての欧州《ヨーロッパ》〔二ノ宮知子「のだめカンタービレ 19」2007〕❖韓国で欧州《クジュ》。

【極西《ヨーロッパ》】 書籍〔杉本つとむ「日本文字史の研究」1998〕❖極東の対。

ヨーロピアン［European］ユーロペアン。

【欧風《ヨーロピアン》】 雑誌〔女性ファッション誌〕

【文明人《ユーロペアン》】 小説 文明人《ユーロペアン》であろうが〔遠藤周作「白い人」1955〕

よがる［善がる・良がる］

【喜悦る《よがる》】【嬌る《よがる》】【歓声《よがり》】 古〔1928 隠〕

よき［斧］おの。

【鉄斧《よき》】 古

*【《よきこときく》】 古 ❖よき（斧）こと（琴）きく（菊）は「良き事聞く」の意。江戸時代からある謎染めの一つ。尾上菊五郎家の判じ紋。→かまわぬ

よくぼう［欲望］

【欲望《ヨクボー》】 歌詞 欲望《ヨクボー》も何も〔椎名林檎「シドと白昼夢」1999〕❖小説などでは今でも慾望とも。

よけい［余計］→ようけ

【余計《よけい》】 辞書 ❖元は余慶。

【余計《よげ》】 漫画 余計《よげ》な体力使ってどげすんなんず！〔許斐剛「テニスの王子様 19」2003〕

よこ［横］

【他人《ヨコ》】 歌詞 他人《ヨコ》を見ては〔19「西暦前進2000年→」（326）2002〕❖タテ・ヨコはカタカナになる傾向あり。ウラ・オモテも。

よこぐも 横にたなびく雲。

【東細布《よこぐも》】 古〔「万葉集」〕

よこしま［邪］「横しま」は少ない。

【邪《よこしま》】 小説 邪《よこしま》な〔「読売新聞」2009年6月24日〕

よごす［汚す］

【汚染す《よごす》】 歌詞 仕事に汚染《よご》されていて〔Mr.Children「innocent world」（桜井和寿）1994〕

よこずっぽう［横外方］横つら。横ぞっぽう。

【横素頬《よこずっぽう》】 古〔1930 俗〕

よこたえる［横たえる］

【横える《よこた》】 詩 長さ二尺の白根を横《よこた》へて〔高村光太郎「葱」1925〕

よこたわる［横たわる］

【横わる《よこた》】 古 心配胸ニ横《よこた》ハリ 成島柳北〔「読売新聞」2010年3月6日（日本語・日めくり）〕❖漱石も使用。

【臥わる《よこた》】 歌詞 夢に臥わるより〔稲垣潤一「誰がために…」（さがらよしあき）1984〕

よこちょう［横町・横丁］

【横丁《よこちょう》】 民間 ❖→ちょう（町）

よこっつら［横っ面］

【横頬《よこっつら》】 古 横頬《よこつら》を擲倒《ぶちたふ》す〔1885 俗〕

よこづな［横綱］

【横綱《よこづな》】 誤読 ❖両国駅のある東京都墨田区横網は「よこあみ」。場所柄から誤読が絶えない。網を「つな」と読む字を含む姓あり。

よごと［吉事］

【吉事《よごと》】 文集 いやしけ吉事《よごと》〔静岡県立沼津西高等学校「潮音」38号 1991〕❖『万葉集』から。

よこどり［横取り］

【鶴翼《よこどり》】 古〔1928 隠〕

【横盗り《よこど》】 漫画 横盗《よこど》りしたんだ〔野々村秀樹「邪魂狩り 1」1993〕

よこめ［横目］部首「罒《あみがしら》」を横目とも。

よ

【横眼】歌詞 横眼で時計を 見る時も〔麻丘めぐみ「わたしの彼は左きき」(千家和也)1973〕／横眼で見る〔藤村美樹「夢・恋・人」(松本隆)1983〕

よさ［夜さ］

【夜小】古 夜のこと〔1930 隠〕

よさこい 夜さり(夜)(に)来いから。

【夜更来】曲名 いちむじん「夜更来変奏曲」2010

よしあし［善し悪し］

【好し悪し】小説〔夏目漱石「こころ」1914〕

その他 栄枯・吉凶・可否・善悪・若否・美悪 古

よしきち

【吉吉】姓 ❖「きちよし」もあり。片方を吉とすることも。

よしきり［葦切・葦雀］ 騒がしい鳴き声から「行々子」とも。

【葭切】歌詞 泣くな葭切〔田端義夫・白鳥みずえ「親子舟唄」(藤田まさと)1955〕

【行々子】雑誌〔「現代詩手帖」1994年12月〕

よじじゅくご［四字熟語］ 四文字は「よんもじ」。

【余字熟語】新聞 遊枠パズル「余字熟語パズル」〔「読売新聞 夕刊」2010年2月27日〕❖もじり。

よじのぼる［攀じ上る・攀じ登る］

【攀じ登る】書籍〔岩淵匡「振り仮名の役割」1988〕❖登攀(坂)。

よしみ［誼み・好み］

【好身】古 人情本〔矢野準「近世戯作のあて字」(「日本語学」1994年4月)〕

よじる［攀じる］

【攀じる】政策 よじる(攀ぢる)〔内閣告示「現代かなづかい」1946〕

よじれる［捩れる］

【捩れる】書籍 捩れながら〔松岡正剛「日本流」2000〕

よしわら［吉原］

【好藁】古 滑稽本〔矢野準「近世戯作のあて字」(「日本語学」1994年4月)〕

【廓】演目 清元節「其小唄夢廓」〔「読売新聞 夕刊」2009年9月28日〕

【暗夜】古「暗夜訓蒙図彙」1759 ❖書名。

【病院】辞書 花柳病にて入院するから〔1948 隠〕

よす［止す］ 表内訓は「とまる」「とめる」。

【止す】小説「オイ、止せ、止せ！」〔小林多喜二「蟹工船」1929〕

よすけ［与助］ 出囃子に使う鉦。

【鉦】書籍 鉦を鳴らす〔吉川潮「江戸前の男」1996 集〕

よすてびと［世捨て人］

【桑門】古

よせ［寄せ］ 囲碁・将棋の終盤。

【侵分】【収束】辞書

よせ［寄席］ 常用漢字表付表にあり。

【寄席】辞書 江戸語。寄せ、人寄せ、寄せ場といい、幕末には寄席と書くようになった。〔杉本つとむ『宛字』の語源辞典」1987〕

よそ［余所・他所・外］ →よそもの

【余所】小説〔喬林知「今夜はマのつく大脱走！」2001〕❖日本製字音語とされ、中世以降の当て字〔金田一春彦「日本語」1957〕。

【他】小説 又問題を他へ移した。〔夏目漱石「こころ」1914〕

漫画 他のチーム〔大暮維人「エア・ギア 5」2004〕

【他所】小説 他所で泊って〔小林多喜二「党生活者」1932〕

漫画 あんた河川敷で他所の女と〔林家志弦「おねがいティーチャー 1」2002〕

書籍 他所を見ていても〔養老孟司「バカの壁」2003〕

歌詞 他所の子に〔Sana「Custom-made Girl

– NOT FOR SALE! –」2003〉
【他処】小説 他処目(よそめ)から見ている限りでは〈井上靖「補陀落渡海記」1961〉
【他県】漫画 他県(よそ)に出せるか〈青山剛昌「名探偵コナン 44」2004〉
【他社】書籍 他社(よそ)をあたってみてください〈井上ひさし「自家製文章読本」1984〉
【外】書籍 外(よそ)に〈室井滋「まんぷく劇場」1996〉
【異邦】書籍 異邦(よそ)のお方〈鈴木信太郎訳「ビリチスの歌」1954〉
その他 外所 古／他校 漫画

よそう［装う］「飯を装う」とも用いた。
【装餝う】古 身装餝(よそほ)はむ『万葉集』〈「読売新聞」2009年7月24日〉◆餝は飾の異体字。
【装う】歌詞 百花を装(よそ)い〈北島三郎「大河」〈星野哲郎〉2003〉◆戦前に使用されていた。

よそおう［装う・粧う］「よそう」から。
【粧おう】歌詞 乱れた髪で粧おうの〈尾崎亜美「気分を変えて」1978〉

よそみ［余所見］
【転眼】【傍観】【外見】【余所見】古

よそもの［余所者］
【他所者】小説〈松本清張「砂の器」1961〉
漫画〈尾田栄一郎「ONE PIECE 31」2003〉
【他人者】小説 他人者(よそもの)は無用でござるよ〈静霞薫「るろうに剣心 巻之一」(和月伸宏)1996〉
【余所者】小説〈「読売新聞」2009年2月3日〉
【よそ者】小説 よそ者(もん)のヤーコ〈中嶋利一「岸和田のカオルちゃん」2002 俗〉
漫画 よそ者(モン)に荒らされたと〈北道正幸「プ～ねこ 2」2006〉
【外部者】漫画 外部者(ヨソ)が手を出しにくい土地で〈天獅子悦也「むこうぶち 25」2009〉
その他 外国人 WEB／他郷者 古

よぞら［夜空］
【夜天】書籍〈長野まゆみ「ことばのブリキ罐」1992〉

よた［与太］ 擬人名。「与太郎」から、あるいは「たくら」からという。「与太者」の略。
【与太】辞書 ◆与太者、与太る。人名に与太郎。
*【与太者】辞書〈1956 隠〉◆「当て字」とされる。

よだれ［涎］
【延】【垂涎】【液】古

よっかいち［四日市］ 三重県の市名。
関連【泗】新聞「泗高史に築く不滅の金字塔」。新聞部が発行した当時の「泗高学生新聞」にも大見出しが躍った。(学生新聞)〈「読売新聞」2007年8月6日〉◆濹で隅田川、⿰氵佳で桂川、⿰氵奠で淀川など、漢文でも使えるように中国めかした雅称表現。人名でも藤原が藤、菅原が菅になるなど行われた。

よっかかる［寄っ掛かる］
【凭っかかる】古 凭(よ)つか、つて〈1907 俗〉

よつき［四月］
【四箇月】古 四箇月(ヨツキ)

よつつじ［四つ辻］
【十字巷路】詩 街の十字巷路(よつつじ)を曲った。〈萩原朔太郎「殺人事件」1917〉
雑誌〈「現代詩手帖」1994年12月〉◆辻は平安時代からある国字。十が象形のように用いられた。五叉(差)路は「大」の字(型)などとも表現され、六叉路は「光」、八叉路は「米」とも(迷となる)。

ヨット［yacht］
【帆船】【遊船】古／【快速艇】WEB

よっぱらい［酔っ払い］
【酒精中毒者】詩 あふむきに死んでゐる酒精中毒者(よっぱらひ)の〈萩原朔太郎「酒精中毒者の死」1917〉
その他 酔漢・泥酔漢 古／酩酊う 古
*【⿰車虎(よっぱらい運転)】創作〈クルマの月刊誌「ル・ボラン」1981年8月 目〉◆虎になる。

よっぴて［夜っぴて］

【終宵】古 終宵寝ないで〔1896 俗〕

よっぽど [余っ程] 余程。

【余程】古〔1906 俗〕

よどむ [淀む・澱む]

【不通】【不逝】【止息】古〔「万葉集」〕

【澱】橋名 澱橋 仙台の橋〔山田俊雄・柳瀬尚紀「ことば談義 寐ても寤ても」2003〕

よなか [夜中]

【半夜】小説 一遍半夜に床を抜け出して〔夏目漱石「こころ」1914〕

よなぬき [ヨナ抜き]

【四七抜き】漫画「四七抜き」音階〔小栗左多里&トニー・ラズロ「ダーリンの頭ン中 2」2010〕

よなべ [夜なべ]『かあさんの歌』(窪田聡)1958では「かあさんが 夜なべをして」。

【夜業】歌詞 暗い夜業の 燈火さえ〔春日八郎「郭公啼く里」(矢野亮)1959〕 書籍〔毎日新聞校閲部「読めば読むほど」2003〕

【夜鍋】古〔1929 隠〕◆一語源説に合う表記。

書籍「よなべ」の表記例として採用することは今回見送りました。仕事の途中に夜食(鍋)をとったことから。〔毎日新聞校閲部「読めば読むほど」2003〕

【夜並べ】書籍 昼に並んで夜も仕事をする意で〔毎日新聞校閲部「読めば読むほど」2003〕

よのつね [世の常]

【凡庸】古 凡庸の学者等〔山田俊雄・柳瀬尚紀「ことば談義 寐ても寤ても」2003〕

その他 尋常 古

よのなか [世の中]

【世間】新聞 世間の住り難きを哀しびたる歌〔「読売新聞 夕刊」2009年4月28日〕

【社会】古 社会の実況を知る為に〔「朝日新聞」2005年10月21日(天声人語)〕◆1920年の最初の国勢調査ポスターに。

【世紀末】歌詞 確実なものは なにもない世紀末だけど〔DEEN「ひとりじゃない」(池森秀一)1996〕

よばい 「呼ばう」の連用形から。

【夜這】古〔1928 隠〕◆俗解が表記を変更、定着させた。

【夜匍い】古〔1933 隠〕

ヨハネ [Johannes] →ジョン

【約翰】聖書「約翰伝」1872

よばらず

【無音】地名 ◆山形県鶴岡市。

よびこう [予備校]

【代備校】誤字 代備校〔手書きの書類で〕

◆代々木ゼミナールのことだった。

よびな [呼び名]

【呼称】小説 与えられる呼称〔藤原眞莉「華くらべ風まどい－清少納言梛子」2003〕

よひら [四片・四葩]

【四葩】誌名 月刊俳誌四葩〔「俳句」1994年8月〕

よぶ [呼ぶ]

【招ぶ】書名「結婚式・お招ばれの装い」1989

雑誌 招ばれて〔「with」1994年10月〕/「結婚式のお招ばれ服&ヘア最新BOOK」〔「MORE」2009年6月〕◆表内訓はまねく。

【称ぶ】新聞 まさに「野生の聲」と称ぶにふさわしい。〔「読売新聞 夕刊」2010年1月27日〕

*【醒び起こす】歌詞 醒び起こせ奇跡〔RIDER CHIPS「Ride a firstway」(Ricky・岡田愛美)2009〕

*【還元される】歌詞 すべて光に還元される〔ALI PROJECT「空宙舞踏会」(宝野アリカ)2006〕

よふけ [夜更け]

【夜深け】曲名 GARNET CROW「夜深けの流星達」(AZUKI 七)2004

よぼたん

【耄爺】古〔1917 隠〕

よほど [余程]

【余程】新聞 余程強い筈の〔「読売新聞 夕刊」

2009年9月28日〕

よぼよぼ

【疲曳】〔小説〕疲曳の老夫〔尾崎紅葉「多情多恨」1896〔俗〕〕

よみ［黄泉］「黄泉」は『古事記』から。

【黄泉】〔書籍〕〈しじくしろ―黄泉うり〉だったり〔井上ひさし「私家版 日本語文法」1981〕

【陰府】〔漫画〕陰府からはい出て〔由貴香織里「天使禁猟区 1」1995〕

〔その他〕冥府〔パンフ〕

よみがえる［蘇る・甦る・黄泉返る］

【甦る】〔新聞〕烈しく愛した人の顔が活き活きと甦る。〔「読売新聞」2009年6月21日〕

【蘇生る】〔小説〕蘇生る〔山田美妙「竪琴草紙」1885〕／青く蘇生ろうとする大きな自然〔夏目漱石「こころ」1914〕◆釈義貫の聞書「おなつ蘇甦物語」で甦をセイと読むのは、蘇を甦とも書き、甦生と熟合することから生じた混淆か。甦生はコウセイとも。お茶に蘇甦茶、人名に森水蘇甦、台湾の人名に「甦」あり。松阪紀勢界隈まちかど博物館企画展「蘇・甦（よみがえり）」。

〔その他〕黄泉帰る〔書名〕〔曲名〕

よみかき［読み書き］

【読書】〔地名〕◆長野県。与川、三留、柿其（当て字か）が合併してできた合成地名。

よみガルタ［読みガルタ］

【読歌留多】〔古〕〔1935〔隠〕〕◆外来語の連濁。

よみきり［読み切り］

【読】〔古〕◆この意味の場合の音読みは句読のトウ。

よみざま［読み様］

【訓法】〔古〕訓法

よみじ［黄泉・黄泉路］

【黄泉】〔古〕黄泉

【冥途】〔古〕冥途

よみならわし［読み習わし］

【誦習わし】〔古〕誦習ハシ

【読 習】〔古〕◆元和本『下学集』に分野は日本天台宗の「読 習也」とある。

よみびとしらず［読み人知らず］

【歌 人】〔書名〕西嶌姫瑠「歌 人」2009

よむ［読む］

【訓む】◆訓読みという意味での使用多し。中国での一用法に従って字義のことも訓という。国訓はその例。古くには「訓ふ」とも。

〔古〕訓〔曲亭馬琴〕／訓むとならば

〔書籍〕日本国憲法の訓みにも合うから〔井上ひさし「ニホン語日記」1996〕／漢字には訓みを確定させる傍訓が施されていないためどのように訓むべきか〔坂詰力治「半井本保元物語－本文・校異・訓釈編」2010〕

〔小説〕「木は火を生じ、…水は木を生じる」と、訓む。〔「読売新聞」2010年3月5日（宮城谷昌光）〕

【訓読】〔古〕書紀を訓読こと◆漢文訓読の意。

【誦む】〔漫画〕張り切って誦み〔石ノ森章太郎「マンガ日本の古典 古事記」1994〕

【詠む】〔広告〕目で詠まれた詩〔「読売新聞」2009年9月1日〕

【数む】〔古〕鼻毛を数まれ臂の毛を抜かれて〔1888〔俗〕〕

【節む】〔論文〕ヨムとは、〈節－ム〉（ことばの流れを分節化して節を付ける）ことだと定義して〔「国文学研究」第百六十集 2010〕

【嫁】〔WEB〕◆「読め」の意。空気読めを「空気嫁」と2ちゃんねるなどで。

よめ［嫁］

【娵】〔小説〕〔島崎藤村「夜明け前 第二部」1935〕◆江戸時代においては「娵」が一般的な表記であった。国訓。中国では美しい女などの意。

【媳】〔古〕媳ガ君鼠〔1910〔隠〕〕

【娌】〔古〕◆漢字では「あいよめ」の意。

【鼠】(よめ) 地名 鼠谷(よめだに)（「よめだん」とも）❖富山県。「嫁が君」という忌み言葉によるとも、野鼠の被害を食い止めるために懐柔策として野鼠を「嫁」と呼んだともいう。

その他 家婦(よめ) 古

*【女房】(よめはん) 書籍 女房(よめはん)かて貰わへんぞ〔田辺聖子「ほとけの心は妻ごころ」1980〕❖関西方言。

よも［四方］四方山(よもやま)。

【四方】(よも) 歌詞 大正2年に「初日の光 さし出でて 四方(よも)に輝く 今朝のそら」となり〔官報3073号(1893)付録として告示された「小学校祝日大祭歌詞並楽譜」〕❖大田南畝の狂歌師としての名は四方赤良(よものあから)で、中国の人に崩し字の「四方」を「蜀」と読み間違えられたことから「蜀山人」としたとも。

よもすがら［夜もすがら］

【通夜】(よもすがら) 古 通夜(ヨモスガラ)／通夜(ヨモスカラ)

【終夜】(よもすがら) 古 終夜(よもすがら)／終夜(ヨモラ)

その他 竟夜(よもすがら) 辞書

より［縒り・撚り］紙縒(こより)、撚糸(ネンシ)。

【撚】(より) 古 撚が戻る〔1930 隠〕

【捻】(より) 古〔1935 隠〕

より 丮という合字もあった。

【与利】(より) 民間 ❖縁起担ぎ。花環(花輪)などで、～贅江(へ)(屁を避ける)、～与利。

【ゟ】(より) 広告〔「読売新聞」3行広告〕❖より合字。江戸時代の文書などからのもので、字数制限の中で習慣化した。

【∧】(より) 曲名 榊原郁恵「アル・パシーノ＋(たす)アラン・ドロン∧(より)あなた」〔森雪之丞〕1977

よりすぐる［選りすぐる］えりすぐる。

【選り択る】(よりすぐる) 辞書

よりとも［頼朝］人名。

【頼朝】(よりとも) 古 握飯〔1892 隠〕❖朝を「とも」と読む名乗り訓の字義は明確でない。

よりひ

【和日】(よりひ) 辞書 日和の逆語〔1949 隠〕

よる［夜］

【夜中】(よる) 小説〔夏目漱石「こころ」1914〕

【暗夜】(よる) 歌詞 遥か暗夜(よる)の彼方照らしてる〔水樹奈々「WILD EYES」2006〕

【深夜】(よる) 歌詞 深夜(よる)の雨に打たれた〔Janne Da Arc「ナイフ」(kiyo) 2001〕

【聖夜】(よる) 歌詞 夢に描いたロマンチックな聖夜(よる)〔Suara「恋の予感」(巽明子) 2009〕

【闇】(よる) 漫画 時間もない闇(よる)の空間〔垣野内成美「吸血姫美夕」1988〕
歌詞 イカサマな闇(よる)に veil 被せ〔水樹奈々「Violetta」2006〕

【冥】(よる) 漫画 冥(よる)のほとり〔高橋冴未「冥のほとり～天機異聞～」2004〕

【夕】(よる) 小説 夕(よる)、陰氏について劉秀に問うた。〔「読売新聞」2010年5月27日(宮城谷昌光)〕

【困難】(よる) 歌詞 どんな困難(よる)だって飛び越えていく〔水樹奈々「『好き!』」2006〕

【未来】(よる) 歌詞 まだ見えぬ未来(よる)の先に〔水樹奈々「MASSIVE WONDERS」2007〕

その他 歌舞伎町(よるのまち) 雑誌

よる［寄る］

【凭る】(よる) 歌詞 窓に凭り 君を偲べば〔近江俊郎「山小舎の灯」(米山正夫) 1947〕

【倚る】(よる) 書名 茨木のり子「倚りかからず」1999

よろい［鎧・甲］

【装備】(よろい) 漫画〔尾田栄一郎「ONE PIECE 8」1999〕

その他 甲鎧(よろい) 古

よろこび［喜び・慶び・悦び］

【歓び】(よろこび) 歌詞 歓びの船出よ〔藤山一郎「青春ラプソディー」(石本美由起) 1936〕／ふるさとの村にある 歓(よろこ)びも忘れて〔中村晃子「虹色の湖」(横井弘) 1968〕
曲名 淡谷のり子「若き歓び」1939
新聞 歓(よろこ)びと感謝を〔「読売新聞 夕刊」2008年12月27日〕
広告 演奏の歓びを。〔「読売新聞」2010年2月

20日〕

【嬉び(よろこ)】歌詞 嬉びの鐘が鳴る〔岡晴夫「東京の空青い空」(石本美由起)1949〕◆嬉(うれ)しい。

【悦び(よろこ)】広告 連載名 悦びを拡げる〔「読売新聞」2009年10月21日(理想世界)〕

【歓喜(よろこび)】歌詞 あ、我等は歌う、歓喜(よろこび)を〔藤山一郎「青春の謝肉祭(カーニバル)」(門田ゆたか)1936〕

公演名「歓喜の歌(よろこびのうた)」演劇の題〔「読売新聞 夕刊」2008年11月4日〕

【快楽(よろこび)】歌詞 快楽(よろこび)だけがいつも真実〔近藤真彦「愚か者」(伊達歩)1987〕

【希望(よろこび)】広告〔小野不由美「月の影 影の海 上 十二国記」2000〕

【予び(よろこ)】小説 その同じ予(よろこ)びを〔平野啓一郎「日蝕」2002〕

【465(ヨロコビ)】広告 465(ヨロコビ)－009(オオク)〔「読売新聞」2010年5月19日〕◆電話番号。

その他 喜悦(よろこび) 古／歓楽(よろこび) 小説 詩／悦楽(よろこび)

よろこぶ WEB [喜ぶ・慶ぶ・悦ぶ]

【悦(よろこんぶ)】古 ◆黄表紙の題名の中に。

【慶ぶ(よろこ)】歌詞 慶(よろこ)んで〔東京事変「母国情緒」(椎名林檎)2004〕◆手紙でも使う。

【歓ぶ(よろこ)】広告 なぜ私たちは歓べないの？性の快楽と抑圧、母が娘に与える影響は。〔「読売新聞」2010年1月27日(書籍広告)〕

【懌ぶ(よろこ)】小説 彼は懌(よろこ)んだのか。〔平野啓一郎「日蝕」2002〕

【予ぶ(よろこ)】小説 両性具有者の捕縛を予(よろこ)んだ。〔平野啓一郎「日蝕」2002〕

よろしい [宜しい]

【良ろしい(よ)】小説 良(よ)ろし。〔小林多喜二「蟹工船」1929〕

【宜しい(よろ)】雑誌 罪が凶悪で「品宜(よろ)しから」ざる場合には〔「歴史読本」1994年4月〕

よろしく [宜しく]

【良ろしく(よ)】民間「良ろしく」(よろしく)。中野区新井薬師商店街で。〔飯間浩明「文字のスナップ」2002〕◆「好ろしく」なども。

【宣しく(よろ)】誤字 宣しく〔携帯メール〕◆よろしくで変換候補が出ず、「セン」で打ち込んだものとみられる。「宜」の「よろしい」は表外訓。そのためもあってか、「宣しく」と手書きされることも多い。「宣」と「宜」とを混同した中間的な字体も書かれる。

【夜露死苦(よろしく)】◆暴走族から広まった表記。概して画数が多くおどろおどろしい字体、宗教や生死、男女関係にかかわる字義、不良行為など社会性を否定するようなマイナスイメージの字義をもつ字が選ばれ、自己顕示欲とのつながりも指摘される。レディースでは夜露死紅(よろしく)とも書かれる。

書名 都築響一「夜露死苦現代詩」2006

TV 夜～露死苦ね～！〔「エンタの神様」2010年1月30日(テロップ)〕

漫画 万葉(まんよう)の心(こころ) 難しい＝(イコール)カッコイイ 夜露死苦‼〔蛇蔵&海野凪子「日本人の知らない日本語 2」2010〕◆「夜露死苦機械犬(よろしくメカドック)ワンワン」は氣志團の語録の一つ。

WEB【夜露死苦】クラシック珍走団【苦羅疾駆(ヨロシク)】◆mixiでも多用されている。

【夜妻紫喰(ヨロシク)】漫画 父親が夜妻紫喰(ヨロシク)〔秋本治「こちら葛飾区亀有公園前派出所 126」2001〕◆登場人物名。

【四六四九(よろしく)】古 四六四九(よろしく)他之身上(たのみあげ)候金現(そろきんげん)〔曲亭馬琴「麁相案文当字揃(そそうあんもんあてじぞろえ)」1798〕◆この書物には表音による当て字が多いが、ここは掛け算で、四×六＝二四、四×九＝三六、合わせて六十ぺんほど伝言(ことづけ)してくれろということなどが説かれている。「4649」の原形ともいえる。→本書のカバー

【4649(よろしく)】漫画〔上田美和「ピーチガール」1997～2004〕◆ポケベルでは定番だった。ケータイでは顔文字、絵文字なども変換候補に。「8464(歯ヨロシ)」〔武笠歯科クリニック〕という電

話番号も。

その他 宜敷(よろしく) 古 ／世呂四九(よろしく) WEB

よろずや [万屋] 萬屋錦之介(よろずやきんのすけ)は芸名。

【万事屋(よろずや)】 漫画 万事屋(よろずや)なんだよね〔「週刊少年ジャンプ」2004年48号(銀魂)〕

よろめく [蹌踉めく]

【乒乓(よろめく)】 古 ❖江戸時代に曲亭馬琴『南総里見八犬伝』などで「よろめく」などと振り仮名付きで用いられている。→ピンポン

【娼(よろめき)】 創作 のれんの手作り漢字〔斎賀秀夫「漢字と遊ぶ」1978〕❖三島由紀夫『美徳のよろめき』(1957)により、よろめきのイメージが変わったとされる。

よろん [輿論・世論]

【世論(せろん)】 政策 ❖輿論を当用漢字表で世論(セイロン)(セロン)と書き換え、ヨロン(字種からは湯桶読み)、セロン(戦前の語と断絶し、別の字義も彷彿とする)と読みが分かれた。

よわ [夜半] 夜。夜中。

【夜半(よわ)】 歌詞 浮かれ桜に夜半(よわ)の雨〔美空ひばり「大川ながし」(米山正夫)1959〕／夜半(よわ)の凪〔小泉孝「新潟の女」(内田通子)2007〕

その他 夜(よわ) 辞書

よわい [齢・歯]

【齢(よわい)】 雑誌 齢(よわい)七十を越えております〔「問題小説」1994年12月〕 新聞 齢(よわい)六旬の社会主義・中国。〔「読売新聞」2009年10月1日(社説)〕

【歯(よわい)】 小説 共に歯(よわい)せず〔円地文子「妖」1957〕

【年齢(よわい)】 書名 年齢(よわい)は財産〔「読売新聞」2009年3月1日〕

よわい [弱い]

【弱え(よえ)】 漫画 自分より弱え(よえ)やつを簡単に殺せるやつじゃ〔藤崎竜「封神演義 17」1999〕／うちの師匠より弱え(よえ)〔荒川弘「鋼の錬金術師 8」2004〕❖送り仮名に揺れが生じている。 小説 気が弱え(よえ)〔浅田次郎「鉄道員」2000〕 新聞 弱え(よえ)俺たちにゃ、強え(つえ)お奉行さまてえ味方がついてら。落語『大工調べ』〔「読売新聞」2010年3月27日〕

*【敗者(よわきもの)】 漫画 〔上条明峰「SAMURAI DEEPER KYO 6」2000〕

よわみ [弱み]

【弱味(よわみ)】 曲名 郷ひろみ「恋の弱味」(橋本淳)1976

ヨンさま [ヨン様]

【4様(ヨンさま)】 WEB 韓国の男優の名前をもじって、レス番号の4番目を狙った住人が書き込む言葉。❖3番目を「3都主(とす)」とも。なお、「四者四様」を「4者4様」とする表記も。

【様様様様(よんさま)】 字遊 創作四字熟語〔住友生命保険 2004〕❖応募作は語呂合わせ、同音、類音で別の意味にしたものが多い。

ヨンダー [yonder] あそこの。向こうの。

【彼方(ヨンダー)】 漫画 黄泉の彼方(ヨンダー)へ戻る〔「花とゆめ」2004年22号(PSYCO KNOCKER)〕

よんダブリューディー [4WD ← four-wheel drive]

【四輪駆動車(4WD)】 小説 〔田中芳樹「創竜伝13〈噴火列島〉」2003〕

ら

ら [等] 助詞、接尾語の「など」「ら」は古くからの訓だが表外訓。

【等(ら)】 誤読 植木等(ひとし)を「うえきら」。〔雑誌〕

ラ [イタリア la] 音階。麗美羽(れみふぁ)(人名)あり。

【A(ラ)】 漫画 〔二ノ宮知子「のだめカンタービレ 2」2002〕❖A(アー(エー))音を表している。表音文字でも別の読みを得たもの。

【チーン(ラ)】 漫画 今のレジ音は「チーン(ラ)」〔藤崎聖人「WILD LIFE 1」2003〕❖絶対音感。

ラーゲリ [ロシア lager']

【収容所(ラーゲリ)】 書名 辺見じゅん「収容所(ラーゲリ)から来た遺書」1992

ら

ら

ラージャン ベーダ文献で部族長の意。
【王(ラージャン)】 漫画 小さな国の王(ラージャン)の庶子として〔岡野玲子「陰陽師 1」(夢枕獏)1994〕

ラード [lard]
【豚脂(ラード)】 古

ラーメン [老麺・拉麺] 日本のラーメンには拉麺(ラーミエン)と老麺(ラオミエン)との影響が考えられる。
【拉麺(ラーメン)】 書名 坂本一敏「誰も知らない中国拉麺之路(ラーメンロード) 日本ラーメンの源流を探る」2008
その他 **柳麺(ラーメン)** 辞書

ラーゆ [辣油] ラー(辣)は辛い意。
【ラー油(ゆ)】 新聞 ラー油専門店〔「読売新聞」2010年4月8日〕

ライオン [lion] 企業のLION(ライオン)は、ロゴを逆さまにして見るとNOI7(ナンバーじゅうなな)に見えるため、「NOI7」も商標登録している。
【百獣の王(ライオン)】 漫画 あなた達を〝百獣の王(ライオン)〟に育て上げてみせるわ!〔寺嶋裕二「GIANT STEP 1」2002〕
【雷音(らいおん)】 曲名 ジン「雷音(らいおん)」2006
その他 **獅子(ライオン)** 古/**肉食獣(ライオン)** 漫画

ライカンスロープ [lycanthrope]
【魔狼(ライカンスロープ)】 広告 魔狼(ライカンスロープ)の呪いを受けた〔荒川弘「鋼の錬金術師 2」2002(巻末)〕
【人狼の右腕(ライカンスロープ)】 広告 人狼の右腕(ライカンスロープ)を持つ魔王〔荒川弘「鋼の錬金術師 2」2002(巻末)〕

らいしぐん
【娘子軍(らいしぐん)】 古〔1929 隠〕❖「ろうしぐん」「じょうしぐん」とも。

ライジング [rising]
【跳ね上がり際(ライジング)】 漫画 相手のサーブを跳ね上がり際(ライジング)でたたく気か〔寺嶋裕二「GIANT STEP 1」2002〕❖テニスの試合で。
【雷神(ライジング)】 広告 野球盤 新魔球(しんまきゅう)「雷神球(ライジングボール)」Rising Ball〔「コロコロコミック」2009年7月〕

ライス [rice]
【飯(ライス)】 ポスター 飯(ライス)〔松屋 2004〕
*【⿰米皮(ライスカレー)】 書籍〔遠藤好英「漢字の遊び例集」1989〕❖→カレー・ハヤシライス(⿰米林)

ライセンス [license]
【免許(ライセンス)】 漫画 免許(ライセンス)ヤバいんじゃ〔大暮維人「エア・ギア 4」2003〕
その他 **許容状(ライセンス)** 古/**証(ライセンス)・許可証(ライセンス)** 漫画

ライダー [rider]
【猛者(ライダー)】 漫画 最強レベルの猛者達(ライダー)もね〔大暮維人「エア・ギア 3」2003〕
【A・T使い(ライダー)】 漫画 一流のA・T使い(ライダー)になるための〔大暮維人「エア・ギア 3」2003〕
【暴風族(ライダー)】 漫画 暴風族(ライダー)にとって最大の恥辱〔大暮維人「エア・ギア 2」2003〕
その他 **暴走族(ライダー・グループ)** 小説

ライディーン
【雷電】 曲名 YMO「ライディーン(雷電/RYDEEN)」1979❖江戸時代の大関「雷電為右衛門」とアニメ「勇者ライディーン」から。

ライト [light]
【照明(ライト)】 小説 照明(ライト)いかが?〔菊地秀行「魔界都市ブルース 夜叉姫伝 4」1990〕
【電球(light)】 歌詞 天井からの白熱の電球(light)〔GARNET CROW「Anywhere」(AZUKI七)2006〕
【車燈(ライト)】 歌誌〔「短歌」1994年11月〕
【光(ライト)】 漫画『光(ライト)』と『闇』はわいら配下の〔CLAMP「カードキャプターさくら 11」2000〕
TV 太田光のSPOT光(スポットライト)❖情報番組のコーナー名。
【月光り(ライト)】 漫画 蒼白い月光り(ライト)の下〔松川祐里子「魔術師 2」1996〕
【月(ライト)】 漫画 夜神月(ライト)〔小畑健「DEATH NOTE 1」(大場つぐみ)2004〕❖主人公の名。
【軽(ライト)】 小説 軽鎧(ライトアーマー)などつけて〔芝中学校文芸部「天晴れ21号」1999〕
その他 **輝(らいと)** 人名

＊【星屑の幻灯(ザライトオブスターダスト)】歌詞〔Sound Horizon「StarDust」(REVO)2005〕

ライト [right]

【右翼(ライト)】漫画 右翼(ライト)・中堅(センター)の二人に比べて〔川原泉「メイプル戦記 1」1992〕

【右翼手(ライト)】漫画 あれはいい右翼手(ライト)だ〔川原泉「メイプル戦記 1」1992〕

【右人(らいと)】人名 左人(れふと) 右人(らいと)◆男子兄弟。父が野球好きとのこと。

その他 場右(ライトフィルダー) 古／右籠手(ライトガントレット) 漫画

ライトニングスピード [lightning speed]

【疾風迅雷(ライトニングスピード)】小説 疾風迅雷(ライトニングスピード)、などと名乗る男が〔安井健太郎「ラグナロク EX. BETRAYER」1999〕◆主人公。

ライバル [rival]

【敵(ライバル)】漫画 みんな敵同士(ライバル)〔倉橋えりか「ラブラブ・ショック！」1999〕／敵多(ライバル)いかも〔倉橋えりか「世紀末のエンジェル 4」2001〕

【好敵手(ライバル)】◆訳をそのまま訓読みとする方法。古くは「敵手」。後に「好敵」と略。

曲名 栗山英樹「好敵手(ライバル)」(さだまさし)1992

書名 赤川次郎「三毛猫ホームズの好敵手(ライバル)」1999

漫画 好敵手(ライバル)とか〔大暮維人「エア・ギア 3」2003〕／名実共に好敵手(ライバル)揃い〔許斐剛「テニスの王子様 20.5」2003〕

パンフ コナンの好敵手(ライバル)、服部平次〔映画「劇場版名探偵コナン 迷宮の十字路」2003〕

【強敵(ライバル)】漫画 〝強敵(ライバル)〟の出現を〔大暮維人「エア・ギア 4」2003〕

【恋敵(ライバル)】漫画 むらがってくる恋敵(ライバル)〔高橋留美子「めぞん一刻 11」1986〕／恋敵(ライバル)どうしは〔CLAMP「カードキャプターさくら 3」1997〕

雑誌〔「with」1994年4月〕

【碁敵(ライバル)】広告 碁敵(ライバル)には知られたくない〔山崎電気(京極興一 1981)〕

【競争相手(ライバル)】小説〔京極夏彦「鉄鼠の檻」1996〕

漫画 競争相手(ライバル)も少(すく)ないから〔「読売新聞 夕刊」2008年9月20日(ドッポたち)〕

【競合(ライバル)】漫画〔天獅子悦也「むこうぶち 24」2009〕

【海堂(ライバル)】漫画 海堂(ライバル)のスーパーショット見たからって〔許斐剛「テニスの王子様 8」2002〕

【孋バル(ライバル)】小説〔柳瀬尚紀訳「フィネガンズ・ウエイク I II」1991〕◆「孋」は古くは、つまに当てた字。

ライフ [life]

【生涯(らいふ)】詩 われの生涯(らいふ)を釣らんとして〔萩原朔太郎「広瀬川」1934〕

【生(ライフ)】小説〔筒井康隆「文学部唯野教授」1990〕／生(ライフ)のわななきと性の快楽とを〔菊地秀行「魔界都市ブルース 夜叉姫伝 4」1990〕

書籍 異なる三つの生(ライフ)がある。〔桜井厚「インタビューの社会学 ‐ ライフストーリーの聞き方」2002〕

歌詞 どこまでも途切れない'生(life)'〔GARNET CROW「Anywhere」(AZUKI 七)2006〕

【生活(ライフ)】古 監獄生活(ぷりずんらいふ)

書籍 生活記録(ライフ・ドキュメント)〔桜井厚「インタビューの社会学 ‐ ライフストーリーの聞き方」2002〕

漫画 一般人的学校生活(スクールライフ)〔「花とゆめ」2004年22号(ミラクルの種)〕

書名 沖幸子「ドイツ流美的シンプル生活(ライフ)のすすめ」2009

＊【等身大(ライフサイズ)】小説 才能があったと等身大(ライフサイズ)以上に自惚れるなど〔清涼院流水「カーニバル一輪の花」2003〕

＊【成長段階(ライフステージ)】広告 犬や猫の成長段階(ライフステージ)や体質に合わせて〔「読売新聞」2009年5月31日〕

その他 生命維持装置(ライフ・システム) 漫画

ライブ [live] ライヴ。

【生(ライブ)】漫画 生(ライブ)で見れねーのが残念!!〔安西信行「烈火の炎 4」1996〕

【LIVE(ライブ)】漫画 オレらLIVE(ライブ)で見たもんな〔浅田弘幸「眠兎 1」1992〕◆主人公の喧嘩を、

同級生達が噂して。

ライブラ [Libra] 天秤座。

【天秤宮(ライブラ)】 漫画 天秤宮(ライブラ) Zuriel〔由貴香織里「天使禁猟区」18〕2000〕

ライフル [rifle]

【回転弾(ライフル)】 漫画 〝回転弾(ライフル)〟!!!!〔尾田栄一郎「ONE PIECE」52〕2008〕

ライムライト [limelight] 石灰光。名声。

【来夢来人(ライムライト)】 歌詞「来夢来人(らいむらいと)」に来た〔尾崎亜美「来夢来人(らいむらいと)」1978〕

曲名 小柳ルミ子「来夢来人(ライムライト)」〔岡田冨美子〕1980

店名 その名もスナック「来夢来人(ライムライト)」。〔「読売新聞」2009年11月21日〕❖多い。

【来夢来登(ライムライト)】 店名 レストラン〔斎賀秀夫「あて字の考現学」〔「日本語学」1994年4月〕〕

ライン [line]

【曲線(ライン)】 歌詞 罌粟の色の爪の曲線(ライン)〔YMO「過激な淑女」〔松本隆〕1983〕

【水平線(ライン)】 歌詞 遠い水平線(ライン)へ〔タッキー&翼「未来航海」〔森元康介・田形美喜子〕2005〕

【身体(ライン)】 歌詞 細くてしなやかな身体(ライン)〔聖川真斗「騎士(ナイト)のKissは雪より優しく」〔Bee'〕2009〕

【壁(ライン)】 漫画 大型の壁(ライン)揃えてきたな〔「週刊少年ジャンプ」2004年48号〔アイシールド21〕〕❖アメフト。

その他 行(ライン) 古／線(ライン) TV 小説／境界(ライン) 小説

ライン [Rhein] ヨーロッパの川。

【来因(ライン)】 辞書

ラインアップ [lineup] ラインナップ。

【整列(ライン・アップ)】 漫画〔大暮維人「エア・ギア」2〕2003〕

ラヴィ [(フランス) la vie]

【人生(ラヴィ)】 歌詞 最低な人生(ラヴィ)〔Sound Horizon「見えざる腕」〔REVO〕2006〕

ラウンジ [lounge]

【学食(ラウンジ)】 漫画 学食(ラウンジ)にメシ食いに来ただけ〔小花美穂「Honey Bitter」3〕2005〕

【2階(ラウンジ)】 漫画〔尾田栄一郎「ONE PIECE」34〕2004〕

ラウンド [round]

【R(ラウンド)】 漫画 1R(ラウンド)からチャンピオン三田を圧倒〔北条司「CITY HUNTER」1〕1986〕／次のR(ラウンド)が最後の最後〔森川ジョージ「はじめの一歩」44〕1998〕

曲名 西城秀樹「2R(ツーラウンド)から始めよう」〔松任谷由実〕1998

らお キセルの竹の部分。地名(国名)ラオスから。らう。

【喇竿(らお)】 古

らおころし 四人用語で蓮根。羅宇通し。

【羅苧殺(らおころし)】 古〔1915 隠〕

【羅宇殺(らうころし)】 古〔1920 隠〕

ラオス [Laos]

【羅宇(ラオス)】 辞書 ❖中国では老撾。

ラカンヌ

【白の民(ラカンヌ)】 漫画 黒の民(リベラ)と白の民(ラカンヌ)に大きく二分され〔天城小百合「螢火幻想」1996〕

らく

【落石(ラク)】 漫画 落石(ラク)4ツ〔天獅子悦也「むこうぶち」23〕2008〕❖登山などで落石の注意を与えるときに「ラク」と叫ぶ。

らくがき [落書き]

【楽書き(らくがき)】 古 (へのへのもへい)楽書する〔1929 隠〕

番組名 ＡＢＣラジオ「仁鶴(にかく)の楽書き帖(らくがきちょう)」2006～

商品名 寿堂紙製品工業「楽書き名人」(文房具・オフィス用品)。

【楽苦書(らくがき)】 書名 宇野尚志「現代ニホン語楽苦書帳」2000

ラグジュアリー [luxury]

【上等主義(ラグジュアリー)】 広告 夏のおしゃれは「上等主義(ラグジュアリー)」!〔「non・no」2007年5月20日〕

らくせん [落選]

【当選(らくせん)】 誤植 〝当選〟という字に〝らくせん〟

とルビが振ってある。〔夏目鏡子「漱石の思ひ出」1929〕

らくちん【楽ちん】WEBに楽珍多し。
【楽地(らくち)ん】小説 楽地んな教区生活(きょうくせいかつ)〔柳瀬尚紀訳「フィネガンズ・ウェイク ⅢⅣ」1993〕

ラグナロク [Ragnarök]
【神々の黄昏(ラグナロク)】小説 それが《神々の黄昏(ラグナロク)》だ〔安井健太郎「ラグナロク 黒き獣」1998〕
【終日伝説(ラグナロク)】漫画〔由貴香織里「天使禁猟区 18」2000〕

ラグビー [rugby] 闘球はラグビー、鎧球はアメリカンフットボール。
【羅倶美偉(ラグビー)】漫画〔宮下あきら「魁!!男塾 2」1986〕
【楽具美ー(ラグビー)】WEB ❖長音は亜美緯吾(アミーゴ)など漢字化か無表記が多い。
その他 橄欖球 中国

らくらく【楽楽】楽楽(らら)は店名など。
【辣酷辣酷(らくらく)】台湾 哈日族(ハーリー)の日常用語〔黄文雄「日本語と漢字文明」2008〕❖酷は cool(クール)の音訳として定着。楽酷天(らくてん)。

らし
【疑(らし)】古〔「万葉集」〕

らしさ
【個性(らしさ)】歌詞 個性(らしさ)隠してしまったの〔水樹奈々「JUMP!」2004〕

ラシャ [ポルトガル raxa]
【羅紗(ラシャ)】古 羅紗屑(らしゃくづ) 切昆布〔1915 隠〕❖ラには、やまとことばの特性として訓がほとんどなく、ラという字音の漢字も少ないため、日本では当てる漢字が限られていた。中国語では羅(ルオ)。

ラジャー [roger]
【了解(ラジャー)】漫画 了解(ラジャー)っス!!〔藤崎竜「封神演義 2」1997〕/〔尾田栄一郎「ONE PIECE 6」1998〕❖「了解(ヤー)ッ!!」〔「週刊少年ジャンプ」2004年5月24日(PMG-0)〕とも。

ラシャめん【ラシャ綿】綿羊。
【洋妾(ラシャめん)】古 西洋人の妾となり居たる女洋妾(らしゃめん)〔1917 隠〕
*【唐人物語(ラシャメンのうた)】曲名 サザンオールスターズ「唐人物語(ラシャメンのうた)」(桑田佳祐)2000

ラスト [last]
【最後(ラスト)】漫画 最後の曲(ラストワルツ)です〔葉鳥ビスコ「桜蘭高校ホスト部 1」2002〕
【結末(ラスト)】歌詞 結末(ラスト)、決めつけるドライな感じも〔TWO-MIX「Gravity Zero」(永野椎菜)2001〕
【終了(ラスト)】漫画〔天獅子悦也「むこうぶち 23」2008〕
*【終列車(ラストトレイン)】曲名 甲斐バンド「暁の終列車(ラストトレイン)」(甲斐よしひろ)1981
*【卒業(ラストダンス)】広告 明日 卒業(ラストダンス)。〔「読売新聞 夕刊」2009年2月6日(映画「ハイスクール・ミュージカル」)〕
その他 最終(ラスト) 漫画 / 打ち止め(ラストオーダー) 小説

ラスト [lust]
【色欲(ラスト)】漫画 色欲(ラスト)さんよ〔荒川弘「鋼の錬金術師 8」2004〕❖人名。

ラスボス【↑ラストボス】敵の最後の親玉。
【親玉(ラスボス)】小説 魔物の親玉(ラスボス)を見つけ出すことは〔清涼院流水「カーニバル 一輪の花」2003〕
【キラ(ラスボス)】漫画 キラ(ラスボス)を捕まえるか〔小畑健「DEATH NOTE 8」(大場つぐみ)2005〕

らせつ【羅切】魔羅(末羅)を切ること。和製漢語。
【割勢(らせつ)】古 割勢(らせつ)して〔1928 隠〕
その他 裸切(らせつ) 古

ラタン [rattan]
【籐(ラタン)】歌詞〔中山美穂「50/50」(田口俊)1987〕

らち【拉致】改定常用漢字表(答申)に拉が入った。
【ら致(ち)】新聞 ❖「ら致される」と交ぜ書きされると「女子高生ら、いたされる」などと誤読された。交ぜ書きには、漢字仮名交じり文で語の単位を誤認させる性質があり、かえって読者のためにならないものがあった。

らつ 「つら」の倒語。

【面(らつ)】 古〔1930 隠〕

ラッキー [lucky]

【幸運(ラッキー)】 漫画題名 高口里純「幸運男子(ラッキーくん)」1989～1995
漫画 幸運老人(らっきぃ)〔高口里純「幸運男子 3」1995〕／私にもその幸運(ラッキー)を分けて欲しいですよ〔蓮見桃衣「コズミック・コミックス AND」〈清涼院流水〉2003〕

【強運(らっきぃ)】 人名〔「週刊文春」2009年4月23日〕

【運(ラッキー)】 漫画 〝運(ラッキー)〟の体得法も、教えてくれる〔許斐剛「テニスの王子様 20.5」2003〕

【好機(ラッキー)】 漫画 その好機(ラッキー)を利用して何が悪いの？〔松川祐里子「魔術師 6」1998〕

【奇蹟(ラッキー)】 漫画 花のような明るさで奇蹟(ラッキー)をおこせ！〔許斐剛「テニスの王子様 20.5」2003〕

【楽喜ー(らっきー)】 WEB 楽喜ー！ 楽っ喜ーッ◆「楽喜」は店名などにも。

【楽ッキー】 広報 お口と栄養の講座「歯ッピー楽ッキー教室」〔三鷹市「広報みたか」2010年4月4日〕
WEB 楽キーケース（施錠時刻を確認できるキーケース）◆もじり。

【楽きい(らっ)】 WEB 軽のコンテナ保冷車に貼ってある「楽きい!!」ステッカー。

らっきょう [辣韮・薤・辣韭]

【薤(らっきょう)】 古 薤面 らつきうづら(ママ)〔1920 隠〕◆「辣韮面」も。

【楽京(らっきょう)】 民間 甘楽京〔つけ物屋の張り紙 1951 目〕／八百屋流の民間表記〔北原保雄「続弾！問題な日本語」2005〈鳥飼浩二〉〕

ラッコ アイヌ語。

【獺虎(ラッコ)】 古 獺虎皮(らくこのかは)〔1917 隠〕
その他 猟虎(ラッコ)・海獺(ラッコ) 辞書

ラッシュ [rush]

【渋滞(ラッシュ)】 曲名 さだまさし「1989年 渋滞(ラッシュ)－故大屋順平に捧ぐ－」1990

【雑踏(ラッシュ)】 小説 雑踏(ラッシュ)から離れて〔森村誠一「殺意の接点」2001〕

【突進(ラッシュ)】 漫画〔村田雄介「アイシールド21 1」〈稲垣理一郎〉2002〕

【輾(ラッシュ)】 創作〔車部分大安売りのチラシ「現代盗用漢字」1976 目〕◆旁は混雑からか混むからか。→混む

ラッセル [russel]

【除雪(ラッセル)】 小説 除雪(ラッセル)作業に大汗をかく〔森村誠一「殺意の接点」2001〕

【除雪車(ラッセル)】 小説 除雪車(ラッセル)出さねばならんね〔浅田次郎「鉄道員」2000〕

らっぱ [喇叭] オランダ語、中国語、梵語説あり。

【喇叭(らっぱ)】 古 喇叭管〔杉田玄白「解体新書」1774〕／喇叭蕋〔宇田川榕菴「植学啓原」1834〕／ラッペルは喇叭と書き換えたり（陸軍）。〔紀田順一郎「図鑑日本語の近代史」1997〕
小説〔島崎藤村「夜明け前 第二部」1935〕
その他 号筒(らっぱ) 古

らっぷ [乱舞] らんぶ。

【乱舞(らっぷ)】 小説 乱舞(ラップ)する〔柳瀬尚紀訳「フィネガンズ・ウェイクⅠⅡ」1991〕

ラップ [rap]

【乱舞(ラップ)】 WEB

ラップトップ [laptop]

【膝の上(ラップトップ)】 小説 膝の上(ラップトップ)に載せていたノート型パソコン〔清涼院流水「カーニバル 一輪の花」2003〕

ラデファンス [la Défense]

【摩天楼(ラ・デファンス)】 小説 パリの副都心「摩天楼(ラ・デファンス)」〔清涼院流水「カーニバル 二輪の草」2003〕

ラテン [Latin]

【羅典(ラテン)】 古 羅典(ラテン)語は主格がなくとも〔谷崎潤一郎「文章読本」1934〕

【羅甸(ラテン)】 小説 内容は羅甸(ラテン)語に翻訳せられた

ら

〔平野啓一郎「日蝕」2002〕

【拉丁(ラテン)】書籍 拉丁語(ラテンゴ)学生〔杉本つとむ「日本文字史の研究」1998〕❖中国ではローマ字運動は「拉丁化運動」。

ラバー [lover] →リーベ

【恋人(ラバー)】書名 松原未知子「戀人(ラバー)のあばら」1997 ❖回文。

【愛人(ラバー)】映画題名「愛人～A LOVER～」1992

その他 情人(ラヴァー) 古

ラピスラズリ [lapis lazuli]

【瑠璃(ラピスラズリ)】小説

ラビット [rabbit]

【ラビッ兎(ト)】WEB

ラビリンス [labyrinth] クレタ島のクノッソスの迷宮の紋章、両刃の斧(labrys)から。ラビリントス。ラビラント。

【迷宮(ラビリンス)】歌詞 夜が明けたら迷宮(ラビリンス)〔YMO「過激な淑女」(松本隆)1983〕／静寂は迷宮(ラビリンス)〔TAKADA BAND「CARNIVAL BABEL～カルナバル・バベル～」(松葉美保)1994〕／誘惑の迷宮(ラビリンス)〔諫山実生「月のワルツ」(湯川れい子)2004〕

映画題名「ドラえもん のび太とブリキの迷宮(ラビリンス)」1993

小説 地下本部以上の迷宮(ラビリンス)だ〔安井健太郎「ラグナロク 黒き獣」1998〕

広告 ダイヤモンド迷宮(ラビリンス)〔猫十字社「小さなお茶会」2000(巻末)〕

パンフ 歴史の迷宮(ラビリンス)に隠された真実〔映画「劇場版名探偵コナン ベイカー街の亡霊」2002〕

【迷宮(ラビュリントス)】書籍〔大久保博訳「完訳 ギリシア・ローマ神話」1970〕

【書物迷宮(ル・ラビラント)】書名 赤城毅「書物迷宮(ル・ラビラント)」2008

ラフ [laugh] ラーフ。

【笑(ラフ)】小説 愛(ラブ)♥と(笑)(ラフ)に満ちた空間を創る〔清涼院流水「カーニバル 一輪の花」2003〕

ラブ [love] ラヴ。→ラブストーリー・ラブソング・ラブラブ・ラブレター

【情人(ラヴ)】古〔1902 俗〕／〔二葉亭四迷「平凡」1907〕

【情夫(ラブ)】古 情夫(らぶ)〔1924 俗〕

【恋(ラブ)】古 恋の姉妹(シスター)〔松崎天民「社会観察万年筆」1914 集〕

広告 聖恋(セイント・ラブ)〔中条比紗也「花ざかりの君たちへ 4」1998(巻末)〕／ゾッコン恋(ラブ)〔二ノ宮知子「のだめカンタービレ 2」2002(巻末)〕

雑誌 ぜ～んぶ〝恋(ラブ)〟づくし13P!〔「お笑いポポロ」2008年2月〕

【恋愛(ラブ)】古 恋愛(ラブ)!〔「風俗画報」1906年4月10日〕

漫画 恋愛(ラブ)チャンスのおまけつき〔小花美穂「この手をはなさない 後編」1994〕／恋愛(ラブ)戦争エピソード1〔藤崎聖人「WILD LIFE 5」2004〕

書籍 学問(サイエンス)が恋愛(ラブ)に発展しちゃう〔杉本つとむ「近代日本語の成立と発展」1998〕

広告 ドキドキの恋愛(ラブ)コミックが〔「週刊少年ジャンプ」2004年5月24日〕

雑誌 ジャルジャルの数学的恋愛論(マス・ラブロン)〔「お笑いポポロ」2008年11月〕

書名 牛窪恵『エコ恋愛(ラブ)』婚の時代」2009

誌名「恋愛 Revolution(ラブレボ)」❖略称のよう。ゲームにも「乙女的恋革命★ラブレボ!!」あり。

【愛(ラブ)】書籍〔杉本つとむ「近代日本語の成立と発展」1998〕❖人名にも「愛(らぶ)」。

小説 愛(ラブ)♥と(笑)(ラフ)に満ちた空間を創ることが〔清涼院流水「カーニバル 一輪の花」2003〕

書名 城戸崎愛「85歳。愛(ラブ)おばさんのおいしくて幸せなおかず」2010

【命(LOVE)】曲名 シブがき隊「Zokkon 命(LOVE)」(森雪之丞)1983

公演名 滝沢演舞城'09 タッキー&Lucky LOVE❖LOVEを組み合わせて「命」の字。「舞」の脚の「舛」は横書きで「タッキー」。

【じゃあ(ラヴ)】小説「じゃあ(ラヴ)」とサインしてあった〔村上春樹訳「レイモンド・カーヴァー傑作

ら

選 CARVER'S DOZEN」1997〕

【裸舞（ラブ）】DVD題名「女優・喜多嶋舞 愛/舞裸舞（アイマイラブ）」2007〕◆書名・DVD題名などに LOVE（裸舞）もあり。→アイラブユー（愛裸武憂）

【♡（ラブ）】広告 流星の夜離れがたいお泊まり♡〔「読売新聞」2008年12月25日（女性セブン）〕◆ラブと読ませるか。ハートマークはJIS第3・4水準に白・黒とも採用された。

【♥（ラブ）】漫画 天然でイッキ♥（ラブ）の亜紀人〔大暮維人「エア・ギア 5」2004〕

雑誌 "恋人へのモーニング♥コール"〔「L25」2009年4月16日〕

新聞 直島銭湯「I♥湯（アイラヴ）」〔「読売新聞」2009年10月22日〕◆「愛 love …」や、「I ♡…」（Tシャツなどに「I ♥ NY」）といった表現もあり、ハートマークをラブと読ませている。

【O（ラブ）】曲名 大塚愛「I♥×××（アイ・ラヴ）」2010〕

歌詞 0ゲームで勝てる恋〔MAX「Give me a shake」（えびね遊子）1997〕

漫画 0ゲームでいっちゃえよ〔許斐剛「テニスの王子様 4」2000〕◆テニス用語。

【lOve（ラブ）】曲名 KinKi Kids「lOve in the ∅（ラブ）」（前田たかひろ）2007〕

その他 零（ラブ） 古

ラフィア [raffia]

【椰子（ラフィア）】小説 椰子（ラフィア）の葉の繊維で編まれた赤い財布。〔河野万里子訳「新しい季節」1998〕

ラブストーリー [love story] 恋愛小説。

【浪漫映画（ラブストーリー）】曲名 新田恵利「内緒で浪漫映画（ラブストーリー）」（夏目純）1986〕

【恋物語（ラブストーリー）】広告 ふたりの恋物語（ラブストーリー）〔二ノ宮知子「のだめカンタービレ 2」2002（巻末）〕

ラプソディー [rhapsody]

【狂詩曲（ラプソディー）】古『憂鬱なる狂詩曲（ラプソディ・イン・ブルー）』「音楽文化新聞」1943〔井上ひさし「ニホン語日記」1996〕

映画題名「八月の狂詩曲（ラプソディー）」1991

漫画 氷帝狂詩曲（ラプソディー）〔許斐剛「テニスの王子様 28」2005〕◆サブタイトル。

曲名 Raphael「秋風の狂詩曲（ラプソディ）」（華月）2000〕

歌詞 仰ぐ東京狂詩曲（ラプソディ）〔ポルノグラフィティ「東京ランドスケープ」（岡野昭仁）2005〕

【狂想曲（ラプソディ）】歌詞 街は夜ごとの狂想曲（ラプソディ）〔チャゲ&飛鳥「ラプソディ」（飛鳥涼）1988〕

漫画 妖怪茶会狂想曲（ラプソディ）〔東里桐子「爆裂奇怪交響曲 1」1993〕

【狂死曲（ラプソディ）】書名 赤川次郎「三毛猫ホームズの狂死曲（ラプソディ）」1981◆もじり。

【世代（ラプソディ）】雑誌 おそらく団塊世代（ラプソディ）だろう。〔「BE-PAL」1994年7月〕

*【狂詩曲（ラプソディア）】歌詞 太陽の狂詩曲（ラプソディア）〔Sound Horizon「終端の王と異世界の騎士～The Endia & The Knights～」（REVO）2006〕

ラブソング [love song] ラヴソング。

【愛の歌（ラヴ・ソング）】雑誌 愛の歌（ラヴ・ソング）を〔「ADLIB」1994年11月〕

【島の歌声（ラヴ・ソング）】漫画 島の歌声（ラヴ・ソング）〔尾田栄一郎「ONE PIECE 31」2003〕

【惑星（ラヴソング）】書名 花衣沙久羅「惑星（ラヴソング） 天使は宇宙（そら）から舞い降りる」1999

ラブホ [↑ラブホテル] 絵文字にも。

【ホテル（ラブホ）】漫画 ホテル（ラブホ）でディナー〔本仁戻「高速エンジェル・エンジン 1」2000〕◆括弧付きのルビはときに意味の注記の働き。

ラブラブ [和製 love + love]

【♡♡（ラブラブ）】広告 妻子と♡♡夏祭り〔「読売新聞」2008年9月5日（FRIDAY）〕

【♥♥（ラブラブ）】広告 超♥♥な突破婚への軌跡〔「読売新聞」2009年4月10日（FRIDAY）〕

ラフル [フランス rafle] 一斉検挙。

【狩り込み（ラフル）】小説 私が見た「狩り込み（ラフル）」は〔遠藤周作「白い人」1955〕

ラブレター [love letter]

【恋文（ラブレター）】ポスター 恋文（ラブレター）が奏でる〔映画「恋文

ら

日和」2005〕
商品名 高級トイレットペーパー「龍馬からの恋文(らぶれたー)」〔「読売新聞 夕刊」2010年3月4日〕
【〝♥〟✉】広告 めちゃモテ〝♥〟✉術〔「読売新聞」2009年3月26日(女性セブン)〕◆ラブレターと読めば✉のメール以外の読み。

ラベンダー [lavender]
【薫衣草(ラベンダー)】包装〔冷えピタ(冷却シート)の袋 2004〕

ラボ [↑ラボラトリー]
【研究室(ラボ)】漫画 アメリカの研究室(ラボ)〔「週刊少年マガジン」2004年48号(探偵学園Q)〕
【研(ラボ)】TV 肌研(ハダラボ)〔ロート製薬のCM 2010年5月16日〕◆他のメディアでも。

ラボラトリー [laboratory]
【研究所(ラボラトリー)】TV サッカー研究所(ラボラトリー)〔テレビ東京 2010年3月18日(テロップ)〕

ラマン [フランス l'amant] 愛人男性。
【愛人(ラマン)】映画題名「愛人/ラマン」1992◆併記か。
漫画 妾でも愛人(ラマン)でも何でもこいってのよ〔藤崎竜「DRAMATIC IRONY」2001〕

ラムネ [↑レモネード]
【羅夢音(ラムネ)】漫画〔秋本治「こちら葛飾区亀有公園前派出所 126」2001〕◆命名案として。

らやく [羅疫] 陰部に腫れ物などができること。→まら
【裸疫(らやく)】古〔1928 隠〕

らら
【楽楽(らら)】人名 店名 ◆「ららら」ちゃんもいる。
【心奏(らら)】人名 ◆歌手・ヴァイオリニスト。

ララバイ [lullaby]
【子守唄(ララバイ)】広告 明日香子守唄(ララバイ)〔日渡早紀「ぼくの地球を守って 2」1987(巻末)〕

らりる 「ラりる」が多い。
【酔(ラリ)る】小説 ハイミナールやシンナーで酔(ラリ)っていた〔森村誠一「虚構の空路」1970 集〕
*【バ㌍タ㍑】WEB 機種依存文字ネタの一つ。「バカロリータ、ラリっとる」。ロリコンを侮蔑するときなどに使われている。

らん →がくらん
【覧(らん)】古 覧張(らんばり) 着物など〔1935 隠〕/覧片(らんぴら)・覧片(らんぺら) 絹物其他上等衣服〔1935 隠〕
【欄(らん)】辞書〔1956 隠〕◆語義を示すため。

らん 文語文の助動詞「らむ」。
【覧(らん)】古 ◆→まつ(待つ)

ラン [run]
【走(ラン)】人名

ランウェイ [runway] ランウェー。
【滑走路(ラン・ウェイ)】歌詞 はるかに遠い 滑走路(ラン・ウェイ)〔青江三奈「国際線待合室」(千坊さかえ)1970〕

ランガージュ [フランス langage]
【言語活動(ランガージュ)】書籍 小林英夫訳『言語学原論』〔杉本つとむ「近代日本語の成立と発展」1998〕
【言葉の仕組・作用・活動(ランガージュ)】雑誌 〈私〉が〈言葉の仕組・作用・活動(ランガージュ)〉の成(な)している法則性を〔「現代詩手帖」1994年7月〕◆この種のルビは、仮名や漢字で語の意味を説明的に記すために使われることが多い。

らんかく [乱獲・濫獲] 濫は常用漢字表表内字だが、新聞は当用漢字補正資料以来「乱」に書き換え(「氾濫」以外)。
【乱獲(らんかく)】新聞 放送 ◆濫獲が乱獲と書かれるようになって、語のイメージが変わったという非難あり。

ランキング [ranking]
【校内(ランキング)】漫画 校内戦(ランキング)で敵を増やすことになるっスよ〔許斐剛「テニスの王子様 4」2000〕
【R(ランキング)】漫画 公認 R(ランキング) 大会を〔「週刊少年ジャンプ」2004年10月11日(アニプリ)〕

ランク [rank]
【階級(ランク)】漫画〔久保帯人「ZOMBIEPOWDER. 3」2000〕

ラング [フランス langue]
【言語(ラング)】書籍 小林英夫訳『言語学原論』〔杉本つとむ「近代日本語の成立と発展」1998〕

ら

ラングーン [Rangoon]
【蘭貢（ラングーン）】 辞書

ランゲージ [language]
【言語（ランゲージ）】 書籍 言語遊戯（ランゲージ・ゲーム）〈由良君美「言語文化のフロンティア」1986〉

ランス [lance]
【槍（ランス）】 書籍 その威力は〈炎の槍（フレア・ランス）〉に等しいが〈中澤光博／ORG「入門！リナの魔法教室 スレイヤーズRPG」1996〉◆呪文。
【突撃槍（ランス）】 漫画〈和月伸宏「武装錬金 2」2004〉◆主人公の武器。
その他 鉄槍（ランス） 小説／剛槍（ランス） 漫画

ランスロット [Lancelot] アーサー王伝説中の騎士。
【騎士（ランスロット）】 漫画 騎士（ランスロット）と姫君のむくわれない恋〈山田南平「紅茶王子 7」1999〉

らんせ [乱世]
【乱セ（らんせ）】 新聞〈斎賀秀夫「あて字の考現学」（「日本語学」1994年4月）〉◆もじり。片仮名「セ」の元は「世」。

ランセッタ [ポルトガル lancêta] メスの一種。ランセット。
【蘭切刀（ランセッタ）】 古〈杉本つとむ「日本文字史の研究」1998〉

らんだ [懶惰・嬾惰]
【嬾嫷（らんだ）】 古／**【嬾惰（らんだ）】** 書籍

ランタン [lantern]
【信号燈（ランターン）】【提灯（ランターン）】 古／**【角灯（ランタン）】** 小説

ランチ [launch]
【汽艇（ランチ）】 古◆熊田精華にこの類多し。
【船（ランチ）】 雑誌 小型船（ランチ）〈「旅」1994年4月〉◆海軍では舟ラと書かれた。

ランチ [lunch]
【食糧（ランチ）】 漫画 生徒と一緒に食糧（ランチ）になるがいい〈「週刊少年ジャンプ」2004年5月24日（武装錬金）〉
【昼勤務（ランチ）】 雑誌〈「DOMO」2004〉◆求人誌。
その他 昼食（ロンチ） 古／昼ゴハン（ランチ） 雑誌

らんちき [乱痴気]「乱痴気騒ぎ」など。
【乱痴気（らんちき）】 辞書〈1949 隠〉◆「ちき」は「とんちき」などのちきで、痴気は当て字とされる。
その他 乱痴戯（らんちき） 古

ランチャー [launcher]
【発射器（ランチャー）】 小説 ペンシルミサイルの発射器（ランチャー）〈菊地秀行「魔界都市ブルース 夜叉姫伝 4」1990〉
【射出装置（ランチャー）】 漫画 擲弾射出装置（グレネードランチャー）〈和月伸宏「るろうに剣心 25」1999〉

ランデブー [フランス rendez-vous] ランデヴー。
【会合（ランデヴー）】 小説〈永井荷風「歓楽」1907 俗〉
【媾曳（ランデブー）】 小説 今朝が最初の媾曳（ランデブウ）だつたのさ〈堀辰雄「不器用な天使」1929〉

ランテリュール [フランス l'intérieur]
【内陣（ランテリュール）】 小説 内陣（ランテリュール）にはいったが〈遠藤周作「白い人」1955〉

ランドセル [←オランダ ransel（背嚢（はいのう））]
【担籠（ランドセル）】 辞書◆古くは「ラントスル」「ランセル」などのルビだった。
その他 背嚢（ランドセル）・革袋（ランド、セル） 古／革籠（ランドセル）・行嚢（ランドセル） 辞書

ランドロック [landlocked]
【陸封（ランド・ロック）】 小説 陸封（ランド・ロック）されたようなもんだからね〈開高健「パニック」1957〉

ランナー [runner]
【走者（ランナー）】 古 走者（ラナー） 漫画 走者（ランナー）を一塁に〈青山剛昌「名探偵コナン 44」2004〉／無走者（ランナーなし）〈同〉

ランビキ [ポルトガル alambique] 酒などの蒸留器具。
【蒸露鑵（ランビキ）】 古／**【蘭引（ランビキ）】** 辞書

ランプ [lamp]
【爛缶（ランプ）】 古◆缶は元の音はフウ・フ。
【洋灯（ランプ）】 小説 洋燈（ランプ）を挿し込んで行く〈夏目漱石「三四郎」1908〉◆小沼丹も「洋燈（ランプ）」。ATO

ら

K17は「らんぷ」で「洋燈」は出るが「洋灯」は出ない。時代がかった感じを表すためか、元々そういう例が多かったためか。／舶来の洋灯(ランプ)が普及しつつあった〔静霞薫「るろうに剣心 巻之二」(和月伸宏)1996〕

【街灯(ランプ)】歌詞 ハイウェイに消えた街灯(ランプ)〔杉真理「風の季節」1983〕

【尾灯(ランプ)】歌詞 尾灯(ランプ)は赤く暗に消え〔真帆花ゆり「駅」(池田充男)1997〕

らんぼう〔乱暴〕

【濫妨(らんぼう)】古 今では「乱暴」と書きますけれども、戦国時代には「濫妨」と書きましたから、歴史小説の時には後者に従う。〔谷崎潤一郎「文章読本」1934〕

【乱妨(らんぼう)】書籍〔山田俊雄・柳瀬尚紀「ことば談義 寐ても寤ても」2003〕

らんらん〔爛爛〕

【爛々(らんらん)】WEB 目が爛(々)と輝く。❖本来の表記。コツコツ(努力する)も漢語とされる。なお、書名に阿木耀子『蘭・乱・らん』2003あり。

らんりつ〔乱立・濫立〕

【濫立(らんりつ)】政策 濫立 乱立(字画が少ない、教育漢字)〔国語審議会第2部会「語形の『ゆれ』について」1961〕

り

り〔re-〕→リサイクル・リデュース・リユース

【再(り)】広告 再転車(りてんしゃ)〔千葉大学の取り組み 2004〕❖再利用の自転車。

リア〔rear〕

【後輪(リア)】漫画 後輪(リア)ホイールモーター〔大暮維人「エア・ギア 3」2003〕

リアクション〔reaction〕

【反応(リアクション)】漫画〔本仁戻「高速エンジェル・エンジン 1」2000〕

【R(リアクション)】漫画 R(リアクション)で先手を取るが〔「週刊少年サンデー」2004年48号(焼きたて!!ジャぱん)〕

その他 反動(リアクション) 古

リアリスト〔realist〕

【現実家(リアリスト)】【実在派(リアリスト)】古／【現実主義者(リアリスト)】書籍

リアリズム〔realism〕

【現実主義(リアリズム)】新聞 政治的現実主義(リアリズム)〔「読売新聞」2010年3月7日(書評欄)〕

その他 写実(リアリズム)・写実主義(リアリズム) 古

リアリティ〔reality〕リアリティー。

【現実(リアリティ)】書籍 人びとの現実(リアリティ)を伝えることができたのである。〔桜井厚「インタビューの社会学―ライフストーリーの聞き方」2002〕

歌詞 存在する(ある) 現実(リアリティ)〔GARNET CROW「スパイラル」(AZUKI七)2002〕

【既視感(リアリティ)】広告 全編に伝わる既視感(リアリティ)と躍動感溢れる登場人物。〔「読売新聞」2008年7月1日〕

その他 実体(リアリチー)・実(リアリティ)・理(リ)ヤリチイ 古

リアル〔real〕

【現実(リアル)】書籍〔長野まゆみ「ことばのブリキ罐」1992〕

歌詞 現実と交差して〔T. M. Revolution「臍淑女―ヴィーナス―」(井上秋緒)1996〕／まだ現実(リアル)と理想(イデアル)の狭間にいて〔ナイトメア「アルミナ」(咲人)2006〕／すでに輝きだしてる現実(リアル)〔堀江由衣「1%のキセキ」(マイクスギヤマ)2009〕❖比較的新しく広まった表記。

漫画 これが現実(リアル)ってもンだ〔大暮維人「天上天下 9」2002〕

論文 現実(リアル)として繰り返す〔内山和也「振り仮名表現の諸相」2002〕

広告 60歳からの現実(リアル)〔「読売新聞」2010年4月18日〕

ポスター 現実(リアル)と虚構(ファンタジー)を融合(フュージョン)させる。〔「借りぐらしのアリエッティ×種田陽平展」2010〕❖テレビCMでも。

【真実(リアル)】歌詞 瞳に映る真実(リアル)〔彩音「Lunatic

り

「Tears…」2008〕

【本物(リアル)】漫画〔「週刊少年マガジン」2004年48号(はじめの一歩)〕

広告 本物(リアル)が、ひとつ。〔JR車内広告 2004年8月31日〕

その他 実(リアル)・実際的(リアル)・現実的(リアル) 古 ／世界(リアル)

*【Я(逆にリアル)】WEB ケータイ そこで否定しちゃうなんてЯ〔女子高生〕❖ロシアのキリル文字Я(ヤー)を使う。

リアルタイム [real time]

【現在進行(リアルタイム)】漫画 あたかも〝現在進行(リアルタイム)〟で殺された〔さとうふみや「金田一少年の事件簿3」(金成陽三郎)1993〕

リーガル [legal]

【法律(リーガル)】雑誌 法律(リーガル)サスペンス〔「小説新潮」1994年2月〕

リーズン [reason]

【道理(リイゾン)】古〔坪内逍遥「当世書生気質」1885～1886〕

リーゼント [regent]

【鬣(リーゼント)】創作〔天久聖一・タナカカツキ「バカドリル」1994〕❖象形文字などによる「新しい漢字」。「[illegible](ハイヒール)」「[illegible](ナン)」なども。こうした見立てによる遊戯的な造字は江戸時代にも。

リーダー [leader]

【勇者(リーダー)】漫画 うちの勇者(リーダー)よりずーっとイイ男だね…〔渡辺祥智「銀の勇者 2」1999〕

【統率者(リーダー)】漫画〔尾田栄一郎「ONE PIECE 19」2001〕

【点線(リーダー)】書籍「……」(点線(リーダー))〔井上ひさし「私家版 日本語文法」1981〕

リーダー [reader]

【教科書(リーダー)】書籍 英語教科書(リーダー)〔杉本つとむ「近代日本語の成立と発展」1998〕

リーディング [reading]

【読心(リーディング)】漫画 次々と読心(リーディング)をし犯人を突き止めるも〔小花美穂「Honey Bitter 3」2005〕

【解読(リーディング)】漫画 遺伝子構造解読眼(リーディングアイ)〔「週刊少年ジャンプ」2004年7月8日(未確認少年ゲドー)〕❖技の名前。

リーフ [leaf]

【葉(リーフ)】施設名 貸ギャラリー〝ギャラリー葉(リーフ)〟神戸

商品名 スリム弁当箱 葉(リーフ)

リーファー [reefer] 海軍の少尉候補生。

【海軍士官服(リーファー)】小説 海軍士官服(リーファー)姿の〔清涼院流水「カーニバル 二輪の草」2003〕

リーベ [(ドイツ) Liebe] 元素周期表の主要な覚え方の「水兵リーベ僕のお船」によって今でも知られる。→ラバー

【愛人(リーベ)】古 愛人(リイベ)〔1940 俗〕

その他 愛(リーベ) 古 ／恋愛(リーベ) 小説

リヴァイアサン [leviathan]

【怪物(リヴァイアサン)】新聞 巨大な怪物(リヴァイアサン)ほど〔「読売新聞」2010年2月28日(書評欄)〕

リエール [(フランス) lierre] 蔦。

【ツタ(リエール)】雑誌 ツタ(リエール)のポスト〔読売生活情報誌「リエール」2010年2月〕

りかい [理解・理会]

【理会(りかい)】古 ❖江戸時代には、「理解」は「理会」と使い分けられることが多かった。

りきし [力士]

【闘士(りきし)】漫画題名 岡野玲子「両国花錦闘士(おしゃれりきし)」1989～1990

リキュール [(フランス) liqueur]

【酒(リキウル)】詩 一杯の酒(リキウル)に泣かむとす〔高村光太郎「画室の夜」1911〕

リクエスト [request]

【依頼求希(リクエスト)】書籍〔彭飛「日本人と中国人とのコミュニケーション」2006〕

りくつ [理屈・理窟]

【利屈(りくつ)】古 ❖「理屈」も中世から。

【理窟(りくつ)】小説 理窟(りくつ)なんて〔小林多喜二「蟹工船」1929〕

リクレーション [recreation] レクリエーション。

【元気回復(リクレーション)】 書籍〈杉本つとむ「近代日本語の成立と発展」1998〉

リグレット [regret]

【後悔(regret)】 歌詞 僕の後悔(regret)〈林原めぐみ「夜明けのShooting Star」(辛島美登里)1998〉

リゲル [Rigel]

【理星(リゲル)】 人名

りこう [利口・利巧・悧巧]

【利口(りこう)】 小説 ひとつ利口(りこう)になったとは意(おも)わないであろう。〈「読売新聞」2010年2月17日〉

【利巧(りこう)】 歌詞 家柄のいいもっと利巧な男さがせよ〈太田裕美「しあわせ未満」(松本隆)1977〉◆漢籍では利巧は悪がしこい意。

【怜悧(りこう)】 小説 小供は怜悧(りこう)そうな〈夏目漱石「こころ」1914〉◆怜悧(れいり)。

リコール [recall]

【解職請求(リコール)】 漫画〈かずはじめ「明稜帝梧桐勢十郎 10」2000〉

りこん [離婚]

【Re婚(りこん)】 新聞 Re婚カウンセラー〈「読売新聞」2009年11月3日〉

リサイクル [recycle]

【利再来(リサイクル)】 新聞 利再来 リサイクル〈「読売新聞」2010年3月18日〉 看板 利再来る(リサイクル)〈埼玉県騎西町の総合建物解体業者〉

【履再来(リサイクル)】 WEB 試しに履再来屋に売飛ばしてみるか。◆履修、再履。

【履サイクル(リ)】 WEB 栃木県 県有施設の利ユース、理デュース、履サイクルを公民起業家で

その他 再生(リサイクル) 漫画／利再繰(リサイクル) WEB／離再来(リサイクル) 店名

リザレクション [resurrection]

【復活(リザレクション)】 書籍〈復活(リザレクション)〉によって回復させて〈中澤光博／ORG「入門！リナの魔法教室 スレイヤーズRPG」1996〉◆呪文。

リジェクト [reject]

【排撃(リジェクト)】 漫画〈尾田栄一郎「ONE PIECE 30」2003〉

その他 不採用(リジェクト)・却下(リジェクト) WEB

りす [栗鼠] 栗鼠(りっそ)の転。栗好(くりすき)の意とする語源説もあった。

リスク [risk]

【危険(リスク)】 漫画「探偵役」に選ぶことの危険(リスク)〈さとうふみや「金田一少年の事件簿 10」(金成陽三郎)1994〉／危険(リスク)を伴う〈「週刊少年ジャンプ」2004年10月11日(NARUTO)〉

【不安(リスク)】 歌詞 常に色褪せぬ不安(リスク)を切り捨て〈r.o.r/s「Tattoo Kiss」(MIZUE)2003〉

その他 冒険(リスク) 古／特権(リスク)・信じる(リスク)・危険性(リスク)・自由(リスク) WEB

リスタート [restart]

【再出発(リスタート)】 歌詞 何度でも再出発(リスタート)するのさ〈HI-D「It's Not Over」2009〉

【再開(リスタート)】 漫画〈天獅子悦也「むこうぶち 25」2009〉

リスト [list]

【名簿(リスト)】 漫画

リストラ [↑リストラクチャリング]

【父恐怖(リストラ)】 WEB〈お笑い掲示板 漢字はこう読め！〉

リストラクチャー [restructure]

【再構築(リストラクチャー)】 小説 新世界秩序を再構築(リストラクチャー)した〈清涼院流水「カーニバル 一輪の花」2003〉

リスペクト [respect]

【尊敬(リスペクト)】 漫画〈矢沢あい「NANA 3」2001〉

【私淑(リスペクト)】 漫画〈天獅子悦也「むこうぶち 23」2008〉

リズム [rhythm]

【律動(リズム)】 歌詞 雨は別れの律動(リズム)〈アルフィー「別れの律動(リズム)」(高見沢俊彦)1982〉 ポスター 殺陣の律動(リズム)が〈セガ「新撰組群狼伝」2005〉

【鼓動(リズム)】 歌詞 燃える真夏の鼓動(リズム)がこの肌を

り

狂わせた〔桑田佳祐「可愛いミーナ」2002〕◆人名にも「鼓動(りずむ)」あり。

【音律(リズム)】歌詞 音律(リズム)に乗つたら〔ゲルニカ「復興の唄」(太田螢一)1982〕

【旋律(リズム)】歌詞 甘い旋律(リズム)〔氷室京介「SUMMER GAME」1989〕◆→メロディー(旋律)

WEB「雫の旋律(リズム)」

【拍(リズム)】漫画 正しい〝拍(リズム)〟がわからない〔二ノ宮知子「のだめカンタービレ 4」2002〕

【呼吸(リズム)】歌詞 疲れ始めた二人の呼吸(リズム)〔Quad-raphonic「君を想うよ… feat. Sowelu」(shina)2010〕

【音(リズム)】民間 日本は音(リズム)を大事にするので〔学生の手書き 2009年10月〕

その他 律呂(リズム)・節奏(リズム) 古 ／ 奏夢(りずむ)・音色(りずむ)・梨純(りずむ) 人名

リセ [フランス lycée]

【高校(リセ)】小説 僕が通っていたパリの高校(リセ)に〔河野万里子訳「ほら吹き男」1998〕

りそう [理想]

【完璧(りそう)】歌詞 完璧(りそう)ばかり求めてた〔水樹奈々「SUPER GENERATION」2006〕

りそく [利息]「息」は、ふえる意。

【利足(りそく)】古〈少々づゝの金子を預かって下さるとの事ですが利足(りそく)が一年三分とは何とあんまり安くは御座(ござ)いませんか〉〔「読売新聞」2010年5月2日〕◆同紙創刊時、読者間での紙上論争で。

リターン [return]

【武器(リターン)】漫画 強力な「武器(リターン)」となる〔寺嶋裕二「GIANT STEP 1」2002〕◆テニスの試合。

【逆行(リターン)】漫画 逆行症候群(リターン・シンドローム)という病気だからです〔樹なつみ「デーモン聖典 1」2003〕

【里探(りたーん)】雑誌 雅楽について連続講演をする雅楽里探(りたーん)サロンも開催中。〔「神道フォーラム」2009年3月15日〕

その他 再来(リターン) 漫画

リターンマッチ [return match]

【再戦(リターンマッチ)】漫画 再戦(リターンマッチ)すんだろ〔大暮維人「エア・ギア 4」2003〕

リタイア [retire]

【戦死(リタイア)】漫画 人知れず戦死(リタイア)〔「週刊少年マガジン」2004年48号(School Rumble)〕

【棄権(リタイア)】漫画〔イチハ「女子妄想症候群 4」2004〕

【再起不能(リタイア)】WEB ◆ゲームなどで。

りっしんべん [立心偏]

【忄(りっしんべん)】古 情婦のこと〔1929 隠〕

短歌 ぎゆうぎゆうの 忄(りっしんべん) より乗り換へて ローカル線に心となりぬ 〈評〉満員電車で〔「読売新聞」2010年3月1日〕

リッチ [rich]

【高級(リッチ)】雑誌〔「CanCam」2004年6月(表紙)〕

リットル [フランス litre]

【ℓ(リットル)】広告 23ℓと大容量です。〔「読売新聞夕刊」2010年4月26日〕◆Lとも。mなどと違って「l(エル)」では「1(いち)」と混同されるため。

りっぱ [立派] 派を立てる意。「立破」からとも。仮名書きも多い。

【立派(りっぱ)】小説 立派な一軒の西洋造りの家〔宮沢賢治「注文の多い料理店」1924〕

その他 律発(りっぱ) 古

リップスティック [lipstick]

【棒紅(リップスティック)】【口紅棒(リップスティック)】古 ◆江戸時代から唇をオランダ語の lip(リップ) と読むことあり。

リデュース [reduce]

【理(リ)デュース】WEB ◆→履(リ)サイクル

リテラシー [literacy]

【識字(リテラシー)】論文 識字(リテラシー)であり〔内山和也「振り仮名表現の諸相」2002〕

【書記性(リテラシー)】論文 口頭性(オラリティー)が書記性(リテラシー)によって〔内山和也「振り仮名表現の諸相」2002〕

りとう 漢字による朝鮮語の表記方法の一つ。イドウ。

【吏読(りとう)】辞書 ◆吏書、吏道、吏刀、吏吐などと朝鮮語で仮借でも書かれた。

リトル [little]

【小さな】(リトル) 書名 谷瑞恵「花咲く丘の小さな(リトル・)貴婦人(レディ) 林檎と花火とカエルの紳士」2007

【小】(リトル) 映画題名 「ドラえもん のび太の宇宙小戦争(リトル・スター・ウォーズ)」1985

【里斗瑠】(リトル) 店名 クラブ〈斎賀秀夫「現代人の漢字感覚と遊び」1989〉

リニューアル [renewal]

【変態】(リニューアル) 広告 本日、変態(リニューアル)。〈「読売新聞」2005年5月16日〉❖完全変態の変態に近い用法。

リノベーション [renovation]

【邸宅再生】(リノベーション) 広告 〈「読売新聞」2010年4月17日〉

リバー [liver] レバー。

【肝臓】(リバー) 漫画 肝臓(リバー)に拳がのめり込む!〈森川ジョージ「はじめの一歩 44」1998〉

リバース [rebirth]

【復活】(リバース) 漫画 〈柴田亜美「南国少年パプワくん 2」2002〉

その他 再生(リバース) 詩

リバース [reverse] →オートリバース

【逆位置】(リバース) 漫画 あら逆位置(リバース)〈「ペルソナ2罰 4コマギャグバトル ポジティブシンキング編」2000〉❖タロットカード。

【判じ絵】(リバース) 書籍 〈織田正吉「ことば遊びコレクション」1986〉

【自由王】(リヴァース) 書名 折原みと「風色の自由王(リヴァース)」2008

リバイバー [reviver]

【活死体】(リバイバー) 漫画 活死体(リバイバー)か!〈麻宮騎亜「サイレントメビウス 1」1989〉❖妖魔の種類。

リバイバル [revival] 再生。復興。復活。

【再興】(リバイバル) 書籍 ライフヒストリー的パースペクティブの再興(リバイバル)を〈桜井厚「インタビューの社会学―ライフストーリーの聞き方」2002〉❖他所には「再興期(リバイバル)」もあり。

リバタリアン [libertarian]

【自由至上主義者】(リバタリアン) 新聞 〈「読売新聞 夕刊」2010年7月5日(佐藤康智)〉

りはつ [利発]

【理発】(りはつ) 古 読本〈矢野準「近世戯作のあて字」(「日本語学」1994年4月)〉

リバティ [liberty] リバティー。

【自由】(リバティ) 小説 「自由(リバティ)」のシンボル〈清涼院流水「カーニバル 二輪の草」2003〉

リパブリック [republic]

【合衆政治】(リパブリック) 古

リビア [Libya]

【利比亜】(リビア) 辞書

リビングデッド [living dead]

【生きる屍】(リビングデッド) 小説 『生きる屍(リビングデッド)』に近い〈西尾維新「零崎双識の人間試験」2004〉

りふ 「ふり」の倒語。古着。

【古】(りふ) 古 〈1935 隠〉

リブート [reboot]

【再起動】(リブート) 小説 『連続名探偵殺人事件』の再起動〈西尾維新「ダブルダウン勘繰郎」2003〉

リフトオフ [lift-off]

【出撃】(リフト・オフ) 漫画 初号機、出撃(リフト・オフ)〈貞本義行「新世紀エヴァンゲリオン 1」1995〉

リプレイ [replay]

【再現】(リプレイ) 漫画 そのまま再現(リプレイ)した〈さとうふみや「金田一少年の事件簿 16」(金成陽三郎)1996〉

リフレイン [refrain] リフレーン。

【繰り返し】(リフレイン) 小説 傷つきの繰り返し(リフレイン)さ〈西尾維新「零崎双識の人間試験」2004〉

リフレクション [reflection]

【反射】(リフレクション) 漫画 〈冨樫義博「HUNTER×HUNTER」1998～〉

リフレクター [reflector]

【反射材】(リフレクター) 冊子 反射材(リフレクター) すてきに身につけ交通安全〈財団法人東京交通安全協会「安全運転のしおり」2009〉

リベラリズム [liberalism]

【自由主義】(リベラリズム) 新聞 「新自由主義(ニューリベラリズム)」の幻想〈「読売新聞」2009年1月30日(戸井十月)〉

り

リベリア [Liberia]
【利比利亜(リベリア)】辞書

リベルタン [フランス libertin]
【放蕩児(リベルタン)】小説 放蕩児(リベルタン)の肖像画を想起してしまう〔遠藤周作「白い人」1955〕

リベンジ [revenge]
【復讐(リベンジ)】漫画〔浅野りん「PONとキマイラ 3」1999〕
その他 雪辱(リベンジ) WEB

リボーン [reborn]
【再生(リボーン)】漫画〔ゆでたまご「キン肉マンⅡ世」1998〜〕
【復活(リ・ボーン)】漫画 空中復活(リ・ボーン)〔「週刊少年ジャンプ」2004年10月11日(家庭教師ヒットマン REBORN!)〕

リボルバー [revolver]
【回転式拳銃(リボルバー)】小説 回転式拳銃(リボルバー)を抜き出した〔菊地秀行「白夜サーガ 魔王星完結編」1996〕

リボン [ribbon]
【絹紐(リボン)】【飾紐(リボン)】古／【結(りぼん)】人名

リミット [limit]
【期限(リミット)】漫画〔「週刊少年ジャンプ」2004年49号〕
【制限時間(リミット)】漫画〔「週刊少年ジャンプ」2004年53号(ONE PIECE)〕
その他 限界(リミット) WEB

リムジン [limousine]
【車(リムジン)】漫画 やがて車(リムジン)はラベンダー荘に到着し〔さとうふみや「金田一少年の事件簿 18」(金成陽三郎)1996〕

りゃく [略]
【(ry(りゃく)】雑誌「〜(以下略)」が「〜(以下略」と括弧を省略したものになり、いつしか「〜(略」と変化。さらに省略され、最終的に「(ry」となった。最後まで言わなくてもわかるだろう、という意味で使われる。〔「SPA!」2008年2月12日〕❖「(ry」や「(略」は、まさに省略していることを体現する。

リャン [両] 二の符牒。中国語で二のこと。

【両(りゃん)】辞書 薬屋・砂糖屋・絵具屋・酒屋の符牒で二。〔集〕／両(りゃん)きす 不良の言葉。二日酔。〔集〕❖唐宋音。当て字ではない。

【二(リャン)】漫画 二向聴(リャンシャンテン)〔天獅子悦也「むこうぶち 25」2009〕❖麻雀で。漢字を別の漢字の字音で読む。中国でも二を両で、一を么(ヤオ)で発音することあり。

【〢(りゃん)】古 二通り符牒 両〔1929 隠〕❖蘇州碼字でもこの形。朝鮮では箸の象形文字による国字として辞書に載る。

リャンカン [両嵌] 麻雀の手牌で、両面(リャンメン)嵌張(カンチャン)の略。
【両面嵌張(リャンカン)】漫画 両面嵌張(リャンカン)の選択を誤らず〔天獅子悦也「むこうぶち 25」2009〕

リャンこ [両個] 二個。

【両個(りゃんこ)】辞書 泥棒、寿司屋の言葉。看守などの意味。〔集〕

【二(リャンコ)】書籍 一(ピン)、二(リャンコ) 符徴〔木村荘八「現代風俗帖」1952 俗〕❖符徴は符丁、符牒、符帳とも書く。

【二本差(りゃんこ)】古〔1935 隠〕❖子母澤寛『弥太郎笠』の主人公は二本差(りゃんこ)の弥太郎。

【二十銭(リャンコ)】書籍〔西沢爽「雑学東京行進曲」1984 俗〕

リャンメン [両面] 中国語。両面テープを「リャンメンテープ」という人あり。
【両面(リャンメン)】漫画 両面(リャンメン)チー〔天獅子悦也「むこうぶち 23」2008〕❖麻雀で。

りゅう [六] 唐音。
【六(りゅう)】辞書 荒物屋・履物屋・畳屋・酒屋の符牒で六。〔集〕
【⧖(リウ)】古〔山崎美成「兎園小説」1825 集〕

りゅう [↑遺留品]
【遺留品(リュウ)】小説〔大沢在昌「毒猿」1991 集〕

リュウ [フランス lieue]
【里(リュウ)】小説 二十里(リュウ)許り〔平野啓一郎「日蝕」2002〕❖→マイル

りゅう［理由］→わけ（理由）

【理由（リユー）】 歌詞 理由（リユー）もなく〔椎名林檎「真夜中は純潔」2001〕

【言い訳（りゆう）】 歌詞 たくさんの言い訳（りゆう）〔林原めぐみ「Touch Yourself」1996〕

りゅうあん［硫安］ 硫酸アンモニウム。

【硫安（りゅうあん）】 辞書 ❖アンモニアは安母尼亜とも書かれた。

りゅういん［溜飲］

【竜飲（りゅういん）】 新聞「虎」と「竜」はチーム名（「阪神タイガース」と「中日ドラゴンズ」）、「竜飲」は「溜飲（りゅういん）」のもじり。〔「読売新聞」1997年4月13日（今様こくご辞書）〕

りゅうぎ［流儀］

【流義（りゅうぎ）】 古 ❖鷗外も使用。江戸時代に両表記あり。

りゅうこ 拘留の倒語から。

【留拘（りゅうこ）】 辞書 香具師の言葉〔集〕

リユース［reuse］

【利（リ）ユース】 WEB ❖→履（り）サイクル

りゅうべい［立米］ りゅうべ。㎥。

【立米（りゅうべい）】 辞書〔俗〕❖立はリットルにも使うがここでは体積。

リューマチ［rheumatism］ リウマチ。

【僂麻質斯（リウマチ）】 古 ❖リウマチス、ロイマチスとも。

【瘤（リユウ）マチ】 小説〔柳瀬尚紀訳「フィネガンズ・ウエイク I II」1991〕

りょう［漁］

【漁（りょう）】 辞書 ❖漁の本来的な字音はギョ。猟の意からリョウとも読まれるようになった。漢語への当て字といえる。当用漢字音訓表（1947）から。

りょうけん［了見］

【了見（りやうけん）】【料簡（りょうけん）】 古『小説神髄』明治文学全集では了見、筑摩書房版では料簡〔山田俊雄・柳瀬尚紀「ことば談義 寐ても寤ても」2003〕

❖古くは「料簡」が一般的。筆名に呉陵軒（ごりょうけん）可有（あるべし）。

その他 了簡（りょうけん） 古

りょうさいけんぼ［良妻賢母］

【料裁健母（りょうさいけんぼ）】【料裁嫌母（りょうさいけんぼ）】 字遊 マスコミでも取り上げられた古典的名作。感字〔斎賀秀夫「あて字の考現学」（「日本語学」1994年4月）〕

りょうり［料理］

【料理（りょうり）】 書籍 料理を「量理」と書いたら、ピンと来ないですね。〔橋本萬太郎・鈴木孝夫・山田尚勇「漢字民族の決断」1987〕

【りうり（りょうり）】 雑誌 りうり（りょうり）の書〔「栄養と料理」1994年5月〕❖字音仮名遣いは「れうり」。

りょうる［料る］

【料理（りょう）る】 古 料理（れう）つて〔1900～1901 俗〕❖江戸時代に料理が動詞化したもの。「装束く」のたぐいの造語法。台湾、韓国でも料理を調理の意味で使う。

りよこ

【り横（よこ）】 辞書〔集〕❖符丁で二、二百円。川横（かわよこ）は三、三百円。耶蘇（やそ）曲がりは七（十字架から）。

リヨン［Lyon］ フランスの都市。

【里昂（リヨン）】 小説 貿易の昌んな里昂（リヨン）であれば、〔平野啓一郎「日蝕」2002〕

リリー［lily］ 百合。

【百合衣（りりい）】 人名〔WEB〕

【梨里衣（りりい）】 人名〔「朝日新聞 夕刊」2007年10月11日〕

リリース［release］ →レリーズ

【解発（リリース）】 雑誌 秘められていた「やさしさ」が愛犬によって解発（リリース）されたのだ。〔早稲田大学「社会科学部報」No.53 2010〕

リリーフ［relief］

【救援（リリーフ）】 漫画 救援（リリーフ）投手の役を〔川原泉「メイプル戦記 1」1992〕❖WEBに「救援投手（リリーフ）」。

広告 少女投手真琴が救援（リリーフ）！〔さとうふみや

「金田一少年の事件簿 1」(金成陽三郎)1993〕

【交代(リリーフ)】 漫画 交代(リリーフ)直前に〔ひぐちアサ「おおきく振りかぶって 12」2009〕

リリック [lyric]

【抒情(リリック)】 書籍 英国の抒情(リリック)詩人として第一位に〔井上ひさし「私家版 日本語文法」1981〕

リレー [relay]

【障害物(リレー)】 漫画 障害物(リレー)が始まったな〔日高万里「ひつじの涙 4」2003〕

リロード [reload]

【再装填(リロード)】 小説 銃弾を再装填(リロード)する〔安井健太郎「ラグナロクEX. BETRAYER」1999〕

りん [鈴] 擬声語由来とされる漢語(字音)と和語の擬声語「りんりん」とが一致するのは、暗合というよりも必然的か。

【鈴(りん)】 広告 夢想鈴(むそうりん) 合掌の時、御鈴の響きと〔「読売新聞 夕刊」2010年2月25日〕❖『大漢和辞典』では、金属の名。

【仏鈴(おりん)】 広告 18金製仏鈴(おりん)〔「日経新聞」2010年5月8日〕

りん

【理夢(りん)】 人名

リンク [link]

【連結(リンク)】 歌詞 今だけ連結(リンク)していたいの〔東京事変「電波通信」(椎名林檎)2010〕

その他 相関図(リンク) WEB

リング [ring]

【輪(リング)】 広告 白輪(ブラン・リング)の頭〔「コミナビ!!アニメスペシャル編」2006(獣王星)〕❖輪(リン)と音義ともに近い。

【渦(リング)】 漫画〔尾田栄一郎「ONE PIECE 33」2004〕

【輪廻(リング)】 パンフ 増殖する恐怖の輪廻(リング)〔映画「リング0 バースデイ」2000〕

【指輪(リング)】 漫画 死者の指輪(リング・オヴ・ザ・デッド)〔久保帯人「ZOMBIEPOWDER. 1」2000〕

歌詞 泣き虫の指先に涙ビーズの指輪(リング)〔堀江由衣「笑顔の連鎖」(岡崎律子)2004〕

ゲーム 指輪(リング)が咆哮(ホエ)る〔WEB〕

【指環(リング)】 歌詞 くすり指の指環(リング)に〔甲斐バンド「天使(エンジェル)」(甲斐よしひろ)1980〕

【地金(リング)】 漫画 その地金(リング)の内側に小さな字でこの事実を〔松川祐里子「魔術師 7」1999〕

【闘技場(リング)】 漫画〔冨樫義博「HUNTER×HUNTER 7」1999〕

リングネビュラ [Ring Nebula]

【環状星雲(リングネビュラ)】 小説 環状星雲(リングネビュラ)というのもあります〔宮沢賢治「土神と狐」1934〕

りんご [林檎] 林檎(リンゴ)は、古くはリンゴウ、リンキン、リンキなど。中国では苹果(ピングオ)、韓国では沙果(サグワ)、ベトナムでは果棗(クアタオ)。

【果実(リンゴ)】 漫画〔さとうふみや「金田一少年の事件簿 3」(金成陽三郎)1993〕

【栜(りんご)】 創作 クイズ 木偏に白でかしわ、木偏に赤でリンゴ、木偏に黄色は? 答えは「よこ」。❖造字。

【林子(りんご)】 人名 ❖漫画に登場する。

その他 苹果(りんご) 古

りんしょうしんりし [臨床心理士]

【セラピスト(臨床心理士)】 雑誌〔女性週刊誌〕

りんしろう

【林四郎(りんしろう)】 字解 ❖中世に「鬱」が異体字「欝」でも書けず、「林四郎」のような字を縦に合わせて書く人を「林四郎の無学」などと揶揄した。

リンゼイウールジー [linsey-woolsey]

【綿毛交織(リンゼイウールジー)】 書籍〔織田正吉「ことば遊びコレクション」1986〕

りんだ

【凛雫(りんだ)】 商品名 商工会ではイチジクの葉を原料にしたお茶「凛雫(りんだ)」を開発した。〔「読売新聞」2008年9月28日〕❖雫は中国ではダという字音のみが伝わる。日本では会意的に「しずく」と読んできたもので、その字音を復活させ、利用した。

リンチ [lynch]
【私刑(リンチ)】書名 南英男「私刑(リンチ)」1996
小説〈野沢尚「破線のマリス」2000〉／黒人の私刑(リンチ)が続発した〈清涼院流水「カーニバル二輪の草」2003〉
新聞 女仲間からのすさまじい私刑(リンチ)にあった。〈「読売新聞」2008年10月31日(中西進)〉

リンデン [linden] リンデンバウム。
【菩提樹(リンデン)】古 永井荷風の「あめりか物語」
釈迦がその木の下で悟りをひらいたというクワ科の「菩提樹(ぼだいじゅ)」とは別のものだ。〈「読売新聞 夕刊」2008年12月11日〉

リンパ [ラテン lympha]
【淋巴(リンパ)】中国 日本での音訳が中国語に〈陳生保「中国と日本―言葉・文学・文化」2005〉

りんびょう [淋病・痳病]
【淋病(りんびょう)】古〈1935 隠〉

りんりき じんりき(しゃ)の変化。方言か、音韻上の逆行同化。
【人力(りんりき)】古 人力車(りんりきしゃ)で〈1871～1872 俗〉
【人力車(りんりき)】古〈1922 俗〉

りんりん [凛凛]
【臨々(りんりん)】古(勇気が)臨々(リンリン)たる
【鈴々(りんりん)】WEB 勇気の鈴が鈴々♦和語とされる鈴の音「りんりん」に当てたもの。

る

る
【児(る)】古 狗児僧(くるそう)♦人名に「正児(まさる)」。

るい [累]
【類(るい)】誤字 類が及ばないように(累)。新聞連載小説に。「類は友を呼ぶ」と混淆。〈斎賀秀夫「現代人の漢字感覚と遊び」1989〉

ルイ [Louis]
【類(るい)】人名 森鷗外の三男。♦もじり。

ルイス [Lewis]
【路易(ルイス)】古♦「路易(ルイ)」とも。

ルーキー [rookie]
【新人(ルーキー)】漫画 新人(ルーキー)のお守りは俺の役目だ〈和月伸宏「武装錬金 3」2004〉
【一年(ルーキー)】漫画 紫雲山の一年(ルーキー)三人衆として〈寺嶋裕二「GIANT STEP 1」2002〉
【1年生(ルーキー)】漫画 目の前の1年生(ルーキー)に〈許斐剛「テニスの王子様 27」2005〉♦他所に「1年(ルーキー)」も。

ルーク [rook]
【城(ルーク)】漫画♦チェス。

ルーシュ
【s↑ur(ルーシュ)】曲名 沢田研二「s↑ur(ルーシュ)」(覚和歌子)1995♦「sur(シュール)」を「↑」で逆から読ませる。

ルージュ [フランス rouge]
【口紅(ルージュ)】曲名 研ナオコ「口紅(ルージュ)をふきとれ」(阿久悠)1979
歌詞 真っ赤な口紅(ルージュ)〈Sound Horizon「Star-Dust」(REVO)2005〉

ルーツ [roots]
【源(ルーツ)】書籍 この源(ルーツ)をさぐることは〈杉本つとむ「近代日本語の成立と発展」1998〉
【根(ルーツ)】小説 己の根(ルーツ)を知らない〈宮本尚寛訳「冬のソナタ」2003〉
【根源(ルーツ)】小説「犯罪オリンピック」の流行の根源(ルーツ)〈清涼院流水「カーニバル 一輪の花」2003〉

ルーティン [routine] ルーチン。
【枠組(ルーティン)】小説 シンプルな枠組(ルーティン)の中を〈清涼院流水「カーニバル 二輪の草」2003〉
その他 くり返し作業(ルーティン・ワーク) 小説

ルート [root]
【√(ルート)】ケータイ √〈女子高生〉♦恋の安定期を表す。ルート記号を折れ線グラフに見立てたもの。演劇題名に「罪^{2}と√罰」〈「ぴあ」1997年4月14日〉。√は2乗の形より古くから、種々に応用された。
*【√2(ルートに)】雑誌 親展。幾何(貴下)でないと解けない。〈1955 俗〉
書名 前川淳「本格折り紙√2」2009♦1対約

る

√2の長方形の紙を用いる。

*【√3(ルートさん)】古 封・〆 戦前の女学生ことば。開き切れぬ。〔1919 俗〕❖読売新聞にも紹介されたことあり。

雑誌 戦後の女学生ことば。人並み。〔1955 俗〕

手紙 あの人に√3ね−❖「1・7320508(ひとなみにおごれや)」でその人がおごることになること。

*【√8(ルートはち)】雑誌 にやにやしている男。戦後の女学生ことば。2・828。〔「週刊朝日」1952 俗〕

ルート [route]

【道(ルート)】漫画「見えない道(ルート)」をね!〔さとうふみや「金田一少年の事件簿 13」(金成陽三郎)1995〕

小説 変化道(バリエーションルート)〔森村誠一「殺意の接点」2001〕

【路(ルート)】小説〔森村誠一「殺意の接点」2001〕

【国道(ルート)】歌詞 錆びれた海辺の国道(ルート)には〔サザンオールスターズ「HOTEL PACIFIC」(桑田佳祐)2000〕

ループ [loop]

【永い迷路(ループ)】歌詞 永い迷路(ループ)を くぐり抜け〔TWO-MIX「Summer Planet No. 1」(永野椎菜)1997〕

【日常(ループ)】歌詞 あきらめの日常(ループ)〔TWO-MIX「BEAT OF DESTINY」(永野椎菜)1998〕

ルーブル [ロシア rouble]

【P(ルーブル)】小説 四二九万P(ルーブル)〔清涼院流水「カーニバル 二輪の草」2003〕❖Dに当たるロシアのキリル文字Д(デー)は、日本では「(゜Д゜)ｳﾏｰ」「(´Д`;)ｳﾍｪｰ」といった顔文字の一部(口)として、WEBや手紙などで定番化した。

その他 留(ルーブル)・爾白爾(ルーベル) 古

ルーマニア [Rumania]

【羅馬尼亜(ルーマニア)】辞書 ❖ローマが語源で、発音が変わっていても漢字は対応している。

ルーム [room]

【客室(ルーム)】小説 今夜の客室(ルーム)の当直主任は〔森村誠一「殺意の接点」2001〕/客室(ルーム)係〔同〕

【間(ルーム)】小説 宇宙の間(コズミック・ルーム)へ〔清涼院流水「カーニバル 二輪の草」2003〕

ルームメイト [roommate]

【友人(ルームメイト)】漫画 友人(ルームメイト)を起こすこと〔山田南平「紅茶王子 9」2000〕❖漢字は広い意味しか表していない、つまりルビが限定的な語義を表す例。

ルール [rule]

【法則(ルール)】歌詞 自然の法則(ルール)〔高橋洋子「心よ原始に戻れ」(及川眠子)1997〕/間違いだらけの法則(ルール)〔植田佳奈「ムテキをねらえっ」(くまのきよみ)2009〕/教科書にない大人の法則(ルール)〔彩冷える「GAME」(葵)2010〕

雑誌〔「CanCam」2004年11月〕

書名 大原敬子「彼に『いちばん愛される女性(ひと)』になる法則(ルール)」2008

【自分的規則(ルール)】歌詞 自分的規則(ルール)にすがって〔水樹奈々「MASSIVE WONDERS」2007〕

【掟(ルール)】漫画 死神界の掟(ルール)でもあるからな…〔小畑健「DEATH NOTE 1」(大場つぐみ)2004〕

【支配者(ルーラー)】書籍 俺が支配者(ルーラー)だ〔矢野俊策/F.E.A.R.「ダブルクロス The 2nd Edition」2003〕

【約束事(ルール)】小説 ウワサの約束事(ルール)のはずなのだ〔清涼院流水「カーニバル 一輪の花」2003〕

その他 例規(ルール) 古/規則(ルール) WEB

ルーン [rune] 古代ゲルマン族の文字。ルーン文字。今では日本では縁起の良い文字といってお守りに書かれることがある。

【言魂(ルーン)】漫画 すべての言魂(ルーン)を操り〔由貴香織里「天使禁猟区 1」1995〕

ルカ [Loukas] 英語名 Luke。ロカ。

【路加(ルカ)】短歌 路加(ルカ)病院(北原白秋)〔加藤治郎「短歌レトリック入門」2005〕❖聖路加(せいルカ)国際病院(一般に「ろか」とも)。

るがくしょう りゅうがくせい。

【留学生(るがくしょう)】古 留学生(るがくしょう)〔阿部猛「古文書古記録語辞典」2005〕

ルクセンブルク [Luxemburg]
【盧森堡(ルクセンブルク)】辞書

ルシファー [Lucifer] ルシフェル。
【堕天使(ルシファー)】書名 水上洋子「堕天使(ルシファー)の恋」1991
漫画 かの美しき堕天使(ルシファー)の叛乱を〈由貴香織里「天使禁猟区 1」1995〉
【俺たち(ルシファー)】漫画 プロデューサーは俺たち(ルシファー)です〈新條まゆ「快感(リュシフェル)フレーズ 1」1997〉
その他 ∧ucifer バンド名 ／悪魔の鉄槌(ルシファーズ・ハンマー) WEB

ルジラ 梵語。
【血(ルジラ)】書名 西村寿行「血(ルジラ)の翳り」1980

るす [留守] 留守の姓あり。中国の人は家にいるという意味に解する。居留守。
【留主(るす)】古 留守 本源 留主(ルス)〈杉本つとむ「日本文字史の研究」1998〉
【不在(るす)】小説〈樋口一葉「十三夜」1895〉
【門(るす)】字謎 江戸時代の「鈍字」で「内(うち)」に「人」がないので「るす」。◆部首としては、けいがまえ、まきがまえ、えんがまえとも。

ルソン [Luzon] フィリピンの島の名。
【呂宋(ルソン)】人名 呂宋(ルソン)助左衛門

ルック [look]
【look(ひゃっキロ)】誤読 lookを「ひゃっキロ」と読んだ〈WEB〉

ルドルフ [Rudolf] →ドル
【留$歩(ルドルフ)】店名 スナック〈斎賀秀夫「あて字の考現学」(「日本語学」1994年4月)〉

ルナ [Luna] ローマ神話で、月の女神「ルーナ」から。
【月(ルナ)】歌詞 月(ルナ)があなたを狂わせたの〈Sound Horizon「StarDust」(REVO)2005〉
人名 女性シンガー美吉田月(みよしだるな)が歌う〈「読売新聞 夕刊」2008年12月24日〉◆芸名か。runaとも。
【月神(るな)】人名「るうな」とも〈「週刊文春」2009年4月23日〉◆月の女神の意味か。ハンドルネームなどに「月奈」と捨て仮名のような一字を加えたものあり。
【月愛(るな)】人名〈「朝日新聞 夕刊」2007年10月11日〉
【公女(ルナ)】広告 公女が婚約者ミルの義母と〈神坂一「日帰りクエスト なりゆきまかせの異邦人(ストレンジャー)」1993(巻末)〉◆ルナは登場人物名。
その他 魔獣戦士(ルナ・ヴァルガー) 小説

ルナパーク [Luna Park] 1910年に東京、浅草公園にできた娯楽場。
【遊園地(るなぱあく)】詩 遊園地(るなぱあく)の午後なりき〈萩原朔太郎「遊園地(るなぱあく)にて」1934〉◆「前橋るなぱあく」の愛称もこの詩から。
書籍 遊園地(るな・ぱあく)〈長野まゆみ「ことばのブリキ罐」1992〉

ルネッサンス [フランス Renaissance] ルネサンス。
【再生(ルネッサンス)】書名 高原誠「日本の再生(ルネッサンス)―リベラル政治の将来像」1995
その他 復興(ルネサンス) 新聞 ／文芸復興(ルネッサンス) WEB

ルビ [ruby] 振り仮名。ルビー。由良君美「《ルビ》の美学」に昭和初期には「ルビ屋さん」がいたことが描かれている。「ルビ付き」は、子供を背負った人、妻子と歩く意にも。
【振仮名(ルビ)】題名 玉井喜代志「振仮名(ルビ)の研究」〈「国語と国文学」1932年5・6月〉
書籍 振仮名損得勘定(ルビはそんかとくかをかんがえる)〈井上ひさし「私家版日本語文法」1981〉

ルビー [ruby]
【紅玉(ルビー)】書籍 5½ポイントの活字を紅玉(ルビー)〈井上ひさし「私家版 日本語文法」1981〉◆→ルビ
歌詞 紅く 紅玉(ルビー)より紅く〈少年隊「仮面舞踏会」(ちあき哲也)1986〉
その他 紅宝石(ルビー)・宝石(ルビー) 古 ／赤眼の魔王(ルビーアイ)・魔王剣(ルビーアイ・ブレード) 書籍

ルビコン [Rubicon]
【ルビ混(コン)】書籍「川走(せんそう)だ、ルビ混川(コンがわ)を渡(わた)れ!」と采配(さいはい)をふるう〈柳瀬尚紀「日本語は天才で

る

ある」2007〕

ルプアゾン［フランス le poison］

【小悪魔（ル・プアゾン）】曲名 中森明菜「小悪魔（ル・プアゾン）」1988

るべしべ

【留辺蘂（るべしべ）】【瑠辺蘂（るべしべ）】地名 ❖北海道北見市。

【碧蘂（るべしべ）】【碧蕊（るべしべ）】地名 ❖北海道静内町。北見市とは別の地。岩野泡鳴の文章にも現れる。「碧」の字音「ヘキ」がかかわるか。

ルベド［ラテン rubedo］

【赤化（ルベド）】小説 更に赤化（ルベド）の過程〔平野啓一郎「日蝕」2002〕／白化（アルベド）と赤化（ルベド）との〔同〕

ルポライター［和製 フランス reportage ＋ writer］

【旅行作者（ルポライター）】書籍 旅行作者（ルポライター）から〔池田雅之「ラフカディオ・ハーンの日本」2009〕

るまた［ル又］ら行で始まる固有語の例（他に「るつぼ」など）。殳旁（ほこづくり）。

【殳（るまた）】書籍 ルマタノブン「死語読本」〔紀田順一郎「日本語発掘図鑑」1995〕❖中世からの分字式の名称。殳（こまた）は部首ではない。

ルマル［rumal］

【細布（ルマル）】小説 細布（ルマル）を持つ手を強く握りしめた〔清涼院流水「カーニバル 二輪の草」2003〕

ルミノール［luminol］

【血液（ルミノール）】漫画 血液（ルミノール）反応をね〔青山剛昌「名探偵コナン 46」2004〕

るり［瑠璃］

【瑠璃（るり）】辞書 ❖改定常用漢字表（答申）に「浄瑠璃」として入った。梵語への音訳「吠瑠璃（ベイルリ）」から。

【類利（るり）】人名「女重宝記」1692 一般の女〔杉本つとむ「近代日本語の成立と発展」1998〕

るるる

【RRR（ルルル）】漫画 RRRRRR（ルルルルルル）！電話が鳴った。〔小林深雪「至上最強の恋愛 LEVEL 5」1999〕／RRR…（ルルル）〔青山剛昌「名探偵コナン 漆黒の追跡者（チェイサー）」2009〕❖電話の呼び出し音。漫画などで「ZZZ」は寝ている人のイビキ。英語での表現から。

小説 RRRR……（ルルルル） RRRR……（ルルルル）〔清涼院流水「カーニバル 一輪の花」2003〕

るろうに るろうにん。

【流浪人（るろうに）】小説 流浪人（るろうに）のまま世の中を〔静霞薫「るろうに剣心 巻之一」（和月伸宏）1996〕

ルンゲ［ドイツ Lunge］肺臓。転じて、肺結核。

【肺（ルンゲ）】書籍 きれいな肺（ルンゲ）ですし〔永井明「ぼくが医者をやめた理由」1993〕集

るんるん「ルンルン♪」などと記される。

【☺（るんるん）】書籍〔出川直樹「現代ニホン語探検」1995〕人名に楽（るん）。

れ

レアアース［rare earth］希土類元素。

【稀土類元素（レア・アース）】短歌 稀土類元素（レア・アース）とともに息をして来し父〔俵万智「朝のネクタイ」1987〕

レアール［フランス les Halles］

【旧中央市場（レ・アール）】雑誌 旧中央市場（レ・アール）の南側〔「太陽」1994年2月〕

レアメタル［rare metal］

【希少金属（レアメタル）】小説 希少金属（レア・メタル）なみに貴重な〔清涼院流水「カーニバル 二輪の草」2003〕

広告〔「読売新聞」2008年8月5日（潮）〕

レアリザション［フランス réalisation］

【演出（レアリザション）】雑誌 この映画の「演出（レアリザション）」には〔「Esquire」1994年9月〕

レアル［ドイツ real］

【本物（レアル）】小説 北から来た本物（レアル）だ〔星野智幸「嫐嬲なぶりあい」1999〕

レアル［スペイン real］王の。

【黎亜瑠（れある）】人名〔「週刊文春」2009年4月23日〕

れい［零］ゼロ。「0」とも書く。

【〇（れい）】書籍 一九〇五年・〇六年（読みとしては（一）千九百零五年・零六年）〔目〕❖ゼロ・まると読む人もいる。「二〇三高地」では「にひゃくさん」。〇という姓が中国の重慶に一人だけいる。零(リン)と読む。

レイ [ray] 光線。

【光線(レイ)】 (作品名) 手塚治虫「光線銃(レイ・ガン)ジャック」1963

レイアウト [layout]

【宇宙論(レイアウト)】 (詩) 宇宙論(レイアウト)が狂ってる 吉増剛造「素顔」〔野村喜和夫「現代詩作マニュアル 詩の森に踏み込むために」2005〕

レイトワーク [late work]

【晩年の仕事(レイト・ワーク)】 (新聞)〔「読売新聞」2009年12月29日〕

レイプ [rape]

【強姦(レイプ)】 (小説) 強姦(レイプ)した〔安井健太郎「ラグナロクEX. COLD BLOOD 失われた絆」2001〕

レイヤード [layered]

【重ね着(レイヤード)】 (雑誌) レースとプリントの重ね着(レイヤード)は〔「FIGARO japon」1994年6月〕

(広告)「重ね着(レイヤード)」上手が カジュアル上手〔「読売新聞」2009年12月12日〕

れいれい [麗麗]

【例々(れいれい)】 (古) 漱石 例々 麗々と「いろいろ、さまざま」の二つの意味を掛けたと思われる 麗々と直し〔山下浩「本文の生態学」1993〕

レイン [rain]

【雨(レイン)】 (曲名) 杉真理「バカンスはいつも雨(レイン)」1982

(漫画)「雨(レイン)の木」か〔武内直子「美少女戦士セーラームーン 11」1995〕❖オルゴールの曲名。

レインフォレスト [rain forest] 熱帯雨林。

【黄金郷(レイン・フォレスト)】 (広告) 黄金郷(レイン・フォレスト)を制圧せよ〔菊地秀行「白夜サーガ 魔王星完結編」1996(巻末)〕

レインボー [rainbow]

【虹(レインボー)】 (書名) 三重県国際リゾートゾーン推進協議会「挑戦!リゾート新時代 ふるさと『虹(レインボー)』計画」1989

(アニメ) 虹色(レインボウカラー)の誘拐〔「名探偵コナン」2010年1月9日(次回予告)〕❖サブタイトル。

【虹色(レインボー)】 (漫画) 虹色月心激(レインボー・ムーン・ハートエイク)!!〔武内直子「美少女戦士セーラームーン 11」1995〕

レヴィ [levy]

【徴収(レヴィ)】 (漫画)〔冨樫義博「HUNTER × HUNTER」1998~〕

レヴナント [revenant]

【帰還者(レヴナント)】 (漫画) 邪悪な帰還者(レヴナント)〔「花とゆめ」2004年22号(PSYCO KNOCKER)〕

レーザー [laser] レイザー。

【麗彩(レーザー)】 (創作)〔写研の創作当て字の入選作 1983〕

【雷射】 (中国) レイザーは雷射。初期に一部で当てられた。発音と意味と両方を兼ねている。〔橋本萬太郎・鈴木孝夫・山田尚勇「漢字民族の決断」1987〕

*【LD(レーザーディスク)】 (漫画) ビデオ&LD(レーザーディスク)〔武内直子「美少女戦士セーラームーン 11」1995〕

レーシング [racing]

【麗神愚(レーシング)】 (TV) 麗神愚(80年代頃の暴走族の旗に)〔「みんなでニホンGO!」2010年4月〕

レート [rate]

【心拍数(レート)】 (漫画) 心拍数(レート)が上がってる〔山田南平「タイニー・リトル・ウィッシュ」2004〕

レーベル [label]

【名称(レーベル)】 (小説) さまざまな名称(レーベル)のレコードが〔出久根達郎「逢わばや見ばや 完結編」2006〕

レーヨン [rayon]

【人絹(レーヨン)】 (小説) 人絹(レーヨン)単繊維が多量に〔森村誠一「殺意の接点」2001〕

レール [rail]

【軌道(レール)】 (辞書)〔「漢字百科大事典」1996〕

【常識(レール)】 (歌詞) 出来の悪い常識(レール)に沿って〔キャンゼル「光覚ハレヱション」(椎名未緒)2009〕

【予定調和(レール)】 (歌詞) 〝予定調和(レール)〟の上を駆け抜ける毎日に〔TWO-MIX「LIVING DAYLIGHTS」(永野椎菜)1997〕

その他 **線路(レール)** (詩)/**大陸横断鉄道(レールウェイ)** (歌詞)

レールガン [rail gun] 電磁砲。

【超電磁砲(レールガン)】 (漫画題名) 冬川基「とある科学の

れ

超電磁砲(レールガン) 1」(鎌池和馬) 2007〕

レオ [ラテン Leo] 獅子座。リーオウ。

【獅子宮(レオ)】 漫画 獅子宮(レオ) Verchiel〔由貴香織里「天使禁猟区 18」2000〕

レオ [Leo]

【禮於(れお)】 人名 森鷗外の長男、於菟の子の名。❖於菟の命名とのこと。もじり。

【怜良(れお)】 人名 〔「読売新聞」2010年2月18日〕

レオナルド [Leonardo]

【俺鳴戸(レオナルド)】 TV 「俺」をひっくり返し、「鳴戸」と書いて「レオナルド」。NHK連続テレビ小説「さくら」で。〔飯間浩明「文字のスナップ」2003〕

レガリア [regalia]

【玉璽(レガリア)】 漫画 王も玉璽(レガリア)も四散したが〔大暮維人「エア・ギア 5」2004〕❖ほとんど出てこないといわれる璽が熟字訓式に使われた例。

れきし [歴史] 略字で「厂史」。

【歴止(れきし)】 誤字 ❖歴止は歴の字の「止」の部分が「史」と同音であり、同化したものか。

→きんし(禁止)

その他 殷周革命(歴史の変わり目) 漫画

レクイエム [ラテン requiem] 安息を。

【鎮魂歌(レクイエム)】 歌詞 瓦礫の街に響け 鎮魂歌(レクイエム)〔アルフィー「祈り」(高見沢俊彦) 1983〕/ほんのつかの間の鎮魂歌(レクイエム)聴く〔Weißkreuz「Piece of Heaven」(相田毅) 1999〕

小説 まるで鎮魂歌(レクイエム)のように静かに静かに〔倉橋燿子「BYE²片想い」1989〕

書名 大倉貴子訳「ハリウッドは鎮魂歌(レクイエム)を奏でる」2004/吉原理恵子「銀の鎮魂歌(レクイエム)」2007

映画題名 「名探偵コナン 探偵たちの鎮魂歌(レクイエム)」2006

曲名 kukui「彼方からの鎮魂歌(レクイエム)」(霜月はるか) 2007

【鎮魂曲(レクイエム)】 漫画 鎮魂曲(レクイエム)を演奏したって〔青山剛昌「名探偵コナン 46」2004〕

【悲愴曲(レクイエム)】 歌詞 愛と云う名の悲愴曲(レクイエム)〔水樹奈々「Crystal Letter」(HIBIKI) 2007〕

レクチャー [lecture] レクチュア。

【説明(レクチュア)】 漫画 操縦システムを説明(レクチュア)する〔貞本義行「新世紀エヴァンゲリオン 1」1995〕

【申し送り(レクチャー)】 漫画 申し送り(レクチャー)は受けてましょう?〔天獅子悦也「むこうぶち 24」2009〕

れこ 「これ」の倒語。

【○(れこ)】 古 ○(れこ)がないから〔1887 俗〕❖金。

【親指(れこ)】 古 〔1902 俗〕❖愛人。

【愛人(レコ)】 小説 大年増の愛人(レコ)と〔南英男「盗聴」1996 俗〕

レコ [↑レコーディング(recording)]

【録音(レコ)】 書籍 前録音(さきレコ)〔稲垣浩「ひげとちょんまげ」1966 集〕/後録音(レコ)〔同〕/当て録音(レコ)〔同〕

レコード [record]

【音盤(レコード)】 漫画 〔熊倉裕一「KING OF BANDIT JING 6」2004〕

【例声留(レコード)】 小説 都筑(道夫)先生の秀逸なルビづかい〔WEB〕

【黎光堂(れいこうどう)】 店名 ❖レコード店。もじり。

【記録(レコード)】 小説 魔界都市犯罪記録(クリミナル・レコード)〔菊地秀行「魔界都市ブルース 夜叉姫伝 4」1990〕

漫画 記録保持者(レコードホルダー)〔「週刊少年ジャンプ」2004年53号(武装錬金)〕

その他 最高記録(レコード)・音譜盤(レコード) 古

レコンキスタ [スペイン Reconquista] 国土回復運動。

【国土回復(レコンキスタ)】 新聞 十二世紀、「国土回復(レコンキスタ)」運動〔「読売新聞」2008年7月11日(木田元)〕

【再征服(レコンキスタ)】 歌詞 〔Sound Horizon「争いの系譜」(REVO) 2007〕❖「再征服(レコンキスタ)せよ」も。

レザー [leather]

【革(レザー)】 広告 「馬革(ホースレザー)」の鞄。〔「読売新聞 夕刊」2009年2月10日〕❖外来語のイメージを付加。

レジーム [regime]

【政(レジム)】 小説 新政(ニウレジム)〔徳富健次郎「黒潮」1903〕

レジェンド [legend]

【伝説(レジェンド)】 曲名 クラッシュギャルズ「嵐の伝説(レジェンド)」〔森雪之丞〕1985

レジデント [resident]

【研修医(レジデント)】 漫画 研修医(レジデント)の分際で〔山田南平「タイニー・リトル・ウィッシュ」2004〕

レシピ [recipe]

【調理法(レシピ)】 小説〔神坂一「日帰りクエスト 2」1993〕

【解説書(レシピ)】 雑誌 「パーフェクト美人肌解説書(レシピ)」〔「CanCam」2003年10月〕

レス [←レスポンス]

【返信(レス)】 WEB 早速(スピーディー)の返信(レス)ありがとうございます。◆読みか。

レストラン [フランス restaurant]

【酒家(レストラン)】 書籍〔長野まゆみ「ことばのブリキ罐」1992〕◆中国語から。

【R(レストラン)】 漫画 海上 R(レストラン)〔尾田栄一郎「ONE PIECE 7」1999〕

レズビアン [lesbian] (レス)ビアン。レズ。

【奻(レズビアン)】 創作 のれんの手作り漢字。遊び。〔斎賀秀夫「漢字と遊ぶ」1978〕◆奻は漢字では、言い争うこと。姦はうつくしい、なまめかしい、いさぎよい、あなどる、みだれる。

【同性愛者(レズビアン)】 漫画〔本仁戻「怪物王子」1998〕

レスポンス [response]

【反応(レスポンス)】 論文 他のメンバーの反応(レスポンス)は〔内山和也『現代口語体』の表現スタイルについて」2002〕

レスリング [wrestling]

【格闘(レスリング)】 書籍〔大久保博訳「完訳 ギリシア・ローマ神話」1970〕

レセプション [reception]

【受付係(レセプション)】 小説 フロント受付係(レセプション)をつとめてしまった〔森村誠一「殺意の接点」2001〕

レセプター [receptor]

【受容体(レセプター)】 小説 あくまで眼は受容体(レセプター)であり〔西尾維新「ダブルダウン勘繰郎」2003〕

レゾネイト [resonate]

【共振(レゾネイト)】 漫画〔水落晴美「夢界異邦人 龍宮の使い」2001〕

レゾンデートル [フランス raison d'être]

【存在理由(レゾン・デートル)】 小説 確固たる存在理由(レゾン・デートル)があるのだ。〔河野万里子訳「アルファベット」1998〕

書籍 存在理由(レゾン・デートル)の魅力とは〔池田雅之「ラフカディオ・ハーンの日本」2009〕

レダ [ギリシャ Lēdā] ギリシャ神話中の女性。

【白鳥(レダ)】 書籍 冬の天に煌く北十字は白鳥(レダ)だ〔長野まゆみ「ことばのブリキ罐」1992〕

レター [letter] →ラブレター

【手紙(レター)】 古 手紙(レッタ)〔坪内逍遥「当世書生気質」1885～1886〕

歌詞 濡れた砂に書いた手紙〔w-inds.「Because of you」(shungo.)2002〕

その他 字形移行(レターズシフト) 書籍

れつ 「連れ」の倒語。

【列(れつ)】 辞書 つれの音転 共犯者〔1956 隠〕

【共犯(レツ)】 小説 立花の共犯(レツ)は〔大藪春彦「ザ・刑事」1985 集〕／おめえの共犯(レツ)って〔浅田次郎「鉄道員」2000〕

【共犯者(レツ)】 書籍 共犯者(レツ)に密告(チク)られて〔浅田次郎「極道放浪記 2」1995 集〕

れっきと 「歴と」 レキを強めた語形。

【歴と(れっきと)】 小説 ブリュースター父娘は歴(れっき)とした被害者だ〔安井健太郎「ラグナロク EX. DIABOLOS」2000〕

レックスムンディ [ラテン Rex Mundi]

【破壊神(レックス・ムンディ)】 小説 反キリストから破壊神(レックス・ムンディ)まで〔清涼院流水「カーニバル 二輪の草」2003〕

れっし [←列氏温度] →せっし(摂氏)

【列氏(れっし)】 辞書 ◆考案者レオミュールの音訳「列奥米爾」から。

レッスン [lesson]

【学習(レッスン)】 広告 愛の学習(レッスン)!?〔さとうふみや「金田一少年の事件簿 2」(金成陽三郎)1993(巻末)〕

【練習(レッスン)】漫画 恋の練習(レッスン)〔二ノ宮知子「のだめカンタービレ 1」2002〕

レッツゴー [let's go] テレビ番組名『レッツゴーヤング』はロゴではレが「L」の筆記体のようにデザインされていた。

【レッツ豪(ゴー)】WEB 巨人いざレッツ豪！総勢122人でV旅行へ◆庄司陽子の漫画に『Let's 豪徳寺(レッツごうとくじ)！』〔1981〜1987〕。

*【冷越豪(れいえつごう)】漫画〔新沢基栄「ハイスクール！奇面組」1982〜1987〕◆登場人物名。もじり。

レッド [red]

【赤色(レッド)】漫画 暗い赤色(ダークレッド)〔さとうふみや「金田一少年の事件簿 2」(金成陽三郎)1993〕

【真紅の(レッド)】漫画 真紅の手品真拳奥義(レッド・マジック)〔「週刊少年ジャンプ」2004年5月24日(ボボボーボ・ボーボボ)〕

*【退場勧告(レッドカード)】書名 佐高信「田原総一朗への退場勧告(レッドカード)」2008

*【中国共産党(レッド・チャイナ)】広告〔「読売新聞」2010年1月9日〕◆なお、中国では赤十字は紅十字。

その他 赤帽鬼(レッドキャップ) 小説／赤点(レッドポイント) WEB／危険信号(レッドライト) 小説

レットイットビー [let it be]

【あるがままに(let it be)】歌詞 〃あるがままに(let it be)〃と歌えし偉人(ひと)がいて〔サザンオールスターズ「素敵な夢を叶えましょう」(桑田佳祐)1998〕

レディ [lady] レディー。

【貴女(れでぃ)】古 束髪して(髪を束ねて)貴女(れでぃ)めかす 坪内逍遥「当世書生気質」〔「読売新聞」2009年11月13日(日本語・日めくり)〕

【淑女】歌詞 過激な淑女(しゅくじょ)〔YMO「過激な淑女」(松本隆)1983〕

曲名 奥菜恵「淑女(レディー)の夢は万華鏡」〔森雪之丞〕1997

小説 娼館《紅の淑女(スカーレット・レディ)》〔安井健太郎「ラグナロク黒き獣」1998〕

漫画 最高の淑女(レディ)に成長して〔松川祐里子「魔術師 7」1999〕

【婦人(レディ)】小説 太った婦人(レディ)が〔松岡佑子訳「ハリー・ポッターとアズカバンの囚人」2001〕

【貴婦人(レディ)】書名 谷瑞恵「花咲く丘の小さな(リトル・)貴婦人(レディ) 林檎と花火とカエルの紳士」2007

【姫君(レディ)】広告 僕の姫君(レディ)〔角川ビーンズ文庫〕

【女性(レディ)】漫画 女性(レディ)に喉もとを取られるような〔松川祐里子「魔術師 2」1996〕

その他 麗妹(レディ)・正室(レディ) 古／女性伝(レディエンド) 書名

レディ [ready]

【用意(レディ)】漫画〔大暮維人「エア・ギア 1」2003〕

レディス [ladies] レディース。

【女暴走族(レディース)】小説 元女暴走族(レディース)だった〔森村誠一「腐蝕花壇」1987(集)〕◆→夜露死紅(よろしく)

【麗霆子(レディース)】映画題名「麗霆子 レディース‼」1994◆グループ名に悪威蘭(おいらん)など。

レトリック [rhetoric]

【修辞(レトリック)】書籍〔杉本つとむ「近代日本語の成立と発展」1998〕

【修辞学(レトリック)】書籍〔井上ひさし「自家製文章読本」1984〕

その他 美辞学(レトリック)・文辞学(レトリッキ)・文論学(レトリッキ)・善論学(レトリッキ) 古

レトルト [オランダ retort]

【曲頸瓶(レトルト)】書籍〔長野まゆみ「ことばのブリキ罐」1992〕

【冷凍食品(レトルト)】歌詞 冷凍食品(レトルト)にも飽き飽きしてる〔ZARD「I'm in love」(坂井泉水)1995〕

*【即席印度風辛味汁(レトルトカレー)】短歌〔加藤治郎「短歌レトリック入門」2005〕

レトロ [フランス rétro]

【懐古的(レトロ)】漫画 懐古的(レトロ)な事やってんなァ〔大暮維人「天上天下 9」2002〕

レバー [lever]

【梃子(レバー)】書籍〔長野まゆみ「ことばのブリキ罐」1992〕

【桿杆(レーバ)】詩〔細井和喜蔵「作業機械」1925〕

レバー [liver] ⇨リバー

レパーズ [leopards]

【猟豹(レパーズ)】［新聞］北京猛虎(タイガース)と広東猟豹(レパーズ)の対戦は〔「読売新聞」2009年7月3日〕❖訳を示すか。

レバノン [Lebanon]
【黎巴嫩(レバノン)】［辞書］

レビテーション [levitation] 空中浮揚。
【浮遊(レビテーション)】［書籍］〔中澤光博/ORG「入門！リナの魔法教室 スレイヤーズRPG」1996〕❖呪文。

レフィユ [フランス les filles]
【女学生(レ・フィユ)】［小説］好んで話す女学生(レ・フィユ)のことや〔遠藤周作「白い人」1955〕

レフト [left]
【左翼手(レフト)】［漫画］〔満田拓也「メジャー HEROES」2006〕
【左翼(レフト)】［漫画］左翼(レフト)の仁科がちょっと地味ですね〔川原泉「メイプル戦記 1」1992〕❖左前打は「サゼンダ」ではあるが、「レフトまえヒット」と読む人もあろう。
【左人(れふと)】［人名］左人(れふと) 右人(らいと)❖男子兄弟。
［その他］左一本突(ストレートレフト)［古］／場左(レフトフィルダー)［古］

レフリー [referee] レフェリー。
【審判(レフリイ)】［漫画］審判(レフリイ)!!〔藤子・F・不二雄「ドラえもん 175話」〕

レプリカ [replica]
【人造人間(レプリカ)】［漫画］人造人間(レプリカ)R20が〔義仲翔子「ロスト・ユニバース 1」(神坂一)1998〕

レプリカント [replicant] サイボーグ。
【人造人間(レプリカント)】［漫画］人造人間達(レプリカント)の反乱〔麻宮騎亜「サイレントメビウス 1」1989〕

レベル [level] レヴェル。
【位(レベル)】［漫画］最高位(レベル)〔樹なつみ「デーモン聖典 1」2003〕
【次元(レベル)】［小説］言葉の通り純粋に「次元(レベル)(性質)が違う」意味らしい〔清涼院流水「カーニバル 一輪の花」2003〕
【水準(レヴェル)】［小説］〔茅田砂胡「舞闘会の華麗なる終演ー暁の天使たち 外伝 1」2004〕
【程度(レベル)】［漫画］その程度(レベル)のツキに頼った打ち方だったか〔天獅子悦也「むこうぶち 23」2008〕
【LV(レベル)】［広告］夢いっぱいの貧乏勇者(LV(レベル)0)〔荒川弘「鋼の錬金術師 2」2002(巻末)〕

レボリューション [revolution]
【革命(レボリューション)】［漫画題名］瀧川悠紀「WILD 革命(レボリューション)」2000〜2001❖つんくの曲名案にもあった。
【儀式(レボリューション)】［歌詞］熱い儀式(レボリューション)〔中森明菜「TATTOO」(森由里子)1988〕
【R(レボリューション)】［漫画］〔中条比紗也「花ざかりの君たちへ 12」2000〕❖「R-e」で「レボリューションタイプイー」と読ませる。
［その他］内乱・変革(レボリューション)［古］

*【Revolution(レボ)】［誌名］「恋愛Revolution(ラブレボ)」❖略称のよう。

レム [↑ rapid eye movement sleep]
【レム(REM)】［小説］レム(REM)睡眠の浅い眠りの中で〔清涼院流水「カーニバル 一輪の花」2003〕

レモン [lemon]
【檸檬(レモン)】［古］三岸好太郎「檸檬(れもん)持てる少女」1923〔「読売新聞」2008年10月27日〕／梶井基次郎「檸檬」1925❖中国ではこの2字をニンモンと字音として読む(広東語でレンモン)が、日本ではドウモウ・ネイモウとしてではなく、外来語レモンとして読む。
［書籍］梶井基次郎の『檸檬』は有名だが、あれは今では『れもん』でも作品の味を損うことはないだろう。ただし、『レモン』では困るような気がする。難しすぎる漢字だけでなく、漢字の多すぎる文章も外来語が多すぎるものと裏表で、このごろでは美的とはいえなくなっている。〔谷崎潤一郎「文章読本」1981(吉行淳之介解説)〕❖田中克彦『言語の思想』(1975)に「檸檬」がレモンと教科書にあったことにつづけ、「我々の意識には何も関係のない寧だの蒙だのと、何やらわけのわからない字を引っぱり出してイメージをふくらませようとする

れ

手段として批判する。字面がイメージを固定化させることは確か。 俳句〔「読売新聞 夕刊」2009年10月3日〕

【梨檬(リムーン)】古 梨檬子(リムーン)〔宇田川榕菴「植学啓原」1834〕❖レモンのオランダ語 limoen。中国では宋の頃から黎朦(子)あり。→マンゴー

【醂モン(リ)】小説 醂モン酥(ソ)ーダ〔柳瀬尚紀訳「フイネガンズ・ウェイク III IV」1993〕

【横(レモン)】誤答 ❖木偏に白でかしわ、木偏に赤でリンゴ、木偏に黄色は？ 造字法と要素の意味の類推からレモンなどと答えさせるクイズ。答えは「よこ」。

その他 黎檬(レモン)・檸檬(レモン) 古

レラヴァンス [relevance]

【関与性(レラヴァンス)】論文 関与性(レラヴァンス)理論を援用し〔内山和也「振り仮名表現の諸相」2002〕

レリーズ [release] リリース。

【封印解除(レリーズ)】漫画『封印解除(レリーズ)』！〔CLAMP「カードキャプターさくら 2」1997〕❖呪文。

れる

【被(れ)】雑誌 御退被(れ)レ成候〔「歴史読本」1994年5月〕❖江戸時代には、この「被」は「ヒ」のように略して書かれるほど一般的に文書などで用いられていた。

レルゲイト [relegate]

【左遷(レルゲイト)】漫画〔冨樫義博「HUNTER × HUNTER」1998～〕

れろれろ 不明瞭な発音。べろべろ。

【遼来遼来(れろれろ)】古

レン

【嗹(レン)】辞書 ❖ream（紙の数量単位）の当て字。

れんげ [蓮華・蓮花]

【連華(れんげ)】歌詞 連華のかおりに誘われ〔PSY・S「アイ・エスパー/I・E・S・P」(高橋修)1985〕

【連夏(れんげ)】漫画〔秋本治「こちら葛飾区亀有公園前派出所 126」2001〕❖命名案として。

れんしゅう [練習]

【連習(れんしゅう)】誤字〔「言語生活」1960年7月〕

れんしょう [連勝]

【連笑(れんしょう)】新聞 三連笑〝惨〟連敗〔斎賀秀夫「あて字の考現学」(「日本語学」1994年4月)〕／スポーツ紙にみる〝感字〟「巨人、六連笑」〔「読売新聞」1997年4月13日(今様こくご辞書)〕❖もじり。

レンズ [lens]

【鏡玉(レンズ)】詩 鏡玉(レンズ)のやうな運河〔尾崎喜八「新らしい風」1924〕

【眼鏡(レンズ)】歌詞 眼鏡(レンズ)には何も仕掛けはないよ〔忍足侑士「CRAFTY」(corin.)2003〕

【眼(レンズ)】漫画〔大暮維人「天上天下 20」2009〕

【顕微鏡(レンズ)】雑誌 瞳を顕微鏡(レンズ)にする〔「SAY」1994年7月〕

レンタル [rental]

【不倫(レンタル)】書名 姫野カオルコ「不倫(レンタル)」1996

れんぽうそうさきょく [連邦捜査局]

【FBI(連邦捜査局)】漫画 FBI(連邦捜査局)… ESP捜査に日本から協力〔小花美穂「Honey Bitter 1」2004〕

れんらく [連絡]

【練絡(れんらく)】漫画 香津美さんから練絡(れんらく)が……〔麻宮騎亜「サイレントメビウス 1」1989〕❖手書きでは共通誤字といえそうなほどしばしば見受けられる。偏につられる字体上の一種の同化現象。この種のものに「強張」（強調）など、字義をある程度考慮しつつ部首を揃えてしまう例もある。

ろ

ろ [盧] 姓。韓国ではノ、北朝鮮ではロ。

【廬(ろ)】誤字 ❖ノムヒョン（盧武鉉）元大統領などを入力する際に、「ろ」で変換を掛けると、外形の似たこの「廬」しか候補に挙がらないソフトがあるため、誤入力が絶えない。理解字体でないことも一因。廬は、いおり、小さな粗末な家。疲、瘻なども二つの「广」のような部分が一つに融合する

手書き字形も見られるが、こうしたものは「釜」(父＋金)、「齋」(齊＋示)のように異体字として定着することもある。

ろ［櫓］
【艪(ろ)】歌詞 揺れながら艪が咽ぶ〔ちあきなおみ「矢切の渡し」(石本美由起)1976〕

ロ 「ろのじ」は食事を指す隠語。くち(口)の事から。→いりぐち(ヘロ)・ロシア
【口(くち)】字遊 ❖バラエティー番組『8時だョ全員集合』で志村けんがロッキード事件(1976)を「くちっきーどじけん」と読んだ。

ロイケミー［ドイツ Leukämie］
【白血病(ロイケミイ)】書籍 白血病(ロイケミイ)に間違いないよ〔永井明「ぼくが医者をやめた理由」1993 集〕

ロイヤリティ［royalty］特許権・商標などの使用料。ロイヤルティー。
【特許使用料(ロイヤリティ)】小説〔田中芳樹「創竜伝 2」1988〕

ろうか［廊下］
【廊架(ろうか)】古 読本〔矢野準「近世戯作のあて字」(「日本語学」1994年4月)〕

ろうきちゃ
【老囍茶(ろうきちゃ)】商品名〔「安心」1994年5月〕❖日中ともに「囍」は喜の音で使われることがあり、幸せそうな意味を示す。この双喜(字・紋)は明清代に現れ、中国では結婚式(剪紙で描くこともあり、喜同士が結合)、韓国では寺院や陶磁器、日本ではラーメンの丼などに記される。宋の王安石が科挙の合格と結婚とを同時に得たことから喜に喜を書き加えたものとも伝えられる。

ろうする［弄する］
【挊(ろう)する】古〔1928 隠〕❖「挊姪(ろういん)」は手淫のこと。

ろうそく［蠟燭］「ローソク」が多い。
【臘燭(ろうそく)】古 ❖WEBに蝋燭(キャンドル)。

ろうどう［労働］
【朗働(ろうどう)】欄名 朗働のススメ〔「読売新聞 夕刊」2010年3月23日〕❖もじり。

ろうにん［浪人］
【牢人(ろうにん)】古 ❖江戸時代から浪人か牢人か、籠舎か牢舎かなどと議論がなされた。牢は穴冠かなど、字体もとりざたされた。

ろうねんじゃ
【老鯰者(ろうねんじゃ)】雑誌〔「太陽」1994年12月〕❖「鯰」は国字とされるが、「鮎」(瓢鮎図などナマズの意。あゆは国訓)との関連もあり、古くからネンという字音でも読まれた。

ろうばい［蠟梅・臘梅］
【臘梅(ろうばい)】辞書「臘梅」に作るは非〔「新明解漢和辞典」〕

ろうばい［狼狽］
【狼貝(ろうばい)】【狼唄(ろうばい)】古 滑稽本〔矢野準「近世戯作のあて字」(「日本語学」1994年4月)〕

ろうまん［浪漫・浪曼］→ローマン・ロマン
【浪漫(ろうまん)】歌詞 浪漫派に旅情〔サザンオールスターズ「JAPANEGGAE(ジャパネゲエ)」(桑田佳祐)1984〕
小説 浪漫音(ロウマンネス)好くように〔柳瀬尚紀訳「フィネガンズ・ウェイク ⅢⅣ」1993〕

ろうろうかいご［老老介護］
【老老介護(ろうろうかいご)】新聞 見出し〔「読売新聞」2007年3月5日〕❖老々介護もあるが、物々交換などと異なり、おのおのの存在が明確であると「々」が回避される傾向がある。英英辞典、北北西など。
【労々介護(ろうろうかいご)】新聞 労(いたわ)り合いながら世話をするのだから「労々介護」だと言って〔「読売新聞」2010年8月18日〕❖もじり。

ローズ［rose］中国語では玫瑰(メイグイ)。
【薔薇(ローズ)】小説 白薔薇(ホワイトローズ)を薫(かほ)らせ〔徳富健次郎「黒潮」1903〕
漫画 〃情熱の薔薇(ローズ・オブ・ファイヤー)〃を捧げます〔松川祐里子「魔術師 2」1996〕
歌詞 真っ赤な薔薇(ローズ)〔Sound Horizon「Star-Dust」(REVO)2005〕
その他 紅水晶(ローズクォーツ) 小説 ／紅薔薇(ロサ・キネンシス)・白(ロサ・

薔薇《ギガンテイア》・黄薔薇《ロサ・フェテイダ》 小説

ローズマリー [rosemary] 迷迭香《まんねんろう》。

【迷迭草《ローズマリー》】 包装 〔冷えピタ(冷却シート)の袋 2004〕

ローター [rotor]

【回転翼《ローター》】 小説 〔田中芳樹「創竜伝 2」1988〕

ロータス [lotus]

【蓮《ロータス》】 書籍 〔うみのさかな&宝船蓬莱「うみのさかな&宝船蓬莱の幕の内弁当」1992〕

ローテ [↑ドイツ rote Blutkörperchen]

【赤血球《ローテ》】 書籍 赤血球《ローテ》二五〇万〔永井明「ぼくが医者をやめた理由」1993 集〕

ロード [lord] 神。支配者。

*【王《ロード・オブ・キング》】 漫画 八人の王《ロード・オブ・キング》〔大暮維人「エア・ギア 3」2003〕

その他 金色の魔王《ロード・オブ・ナイトメア》 小説

ロード [road]

【遠征《ロード》】 漫画 遠征《ロード》はまだまだ続く〔川原泉「メイプル戦記 1」1992〕

WEB 阪神「死の遠征(ロード)」

【道《ロード》】 漫画 君だけの〝道《ロード》〟を〔大暮維人「エア・ギア 3」2003〕／荊棘の道《ソニア・ロード》〔大暮維人「エア・ギア 5」2004〕

広告「冒険の道《バスターズロード》」へ踏み出そう〔「週刊少年ジャンプ」2004年48号〕

【路《ロード》】 広告 南京路《ナンキンロード》に花吹雪〔猫十字社「小さなお茶会」2000(巻末)〕◆字音が重なる。

書名 坂本一敏「誰も知らない中国拉麺之路《ラーメンロード》 日本ラーメンの源流を探る」2008

ロートル [老頭児] 中国語から。

【そんなもの《ロートル》】 小説 そんなもの《ロートル》を使用するはずがない〔菊地秀行「白夜サーガ 魔王星完結編」1996〕

ローブ [フランス robe]

【法衣《ローブ》】 小説 〔神坂一「日帰りクエスト なりゆきまかせの異邦人《ストレンジャー》」1993〕

ローマ [Roma] ローマは羅馬尼亜《ルーマニア》やロマンチック街道の名にも。

【羅馬《ローマ》】 古 羅馬字調査部(1899)◆ローマ字会も明治の設立時は羅馬の当て字で書かれていた。なお、漢字御廃止之儀も漢文調だった。

小説 精巧な羅馬《ローマ》文字〔島崎藤村「夜明け前 第一部」1932〕／羅馬《ロオマ》法王庁〔平野啓一郎「日蝕」2002〕

【羅《ローマ》】 書籍 希《ギリシャ》、羅《ローマ》、二旧国の遺産を配《わか》ちて〔由良君美「言語文化のフロンティア」1986〕

ローマン [フランス roman] ロウマンは英語と漢字音から。↓ロマン

【浪漫《ローマン》】 小説 放浪漫然者《ほうローマンぜんもの》の符牒《ふちょう》で〔柳瀬尚紀訳「フィネガンズ・ウェイク III IV」1993〕◆しゃれ。「浪漫《ローマン》」は日本製の当て字とされる。

その他 伝記物語《ローマン》 古

ローム [loam]

【壚埆《ローム》】 辞書

ローリング [rolling]

【回転《ローリング》】 漫画 急降下回転攻撃《きゅうこうかローリングアタック》!!〔「コロコロコミック」2010年2月〕

ロールスロイス [Rolls-Royce] 商標名。

【高級車《ロールスロイス》】 歌詞 高級車《ロールスロイス》も高価な時計も〔スキマスイッチ「願い言」2006〕

ロールプレイングゲーム [role-playing game] RPG《アール・ピー・ジー》とも。

【RPG《ロールプレイングゲーム》】 漫画 普通のRPG《ロールプレイングゲーム》は〔CLAMP「魔法騎士レイアース 1」1994〕／RPG《ロールプレイングゲーム》のようでアクションのようでも〔「週刊少年ジャンプ」2004年10月11日(アニゲボ)〕

*【RPG《ロールプレイング》】 漫画 自作のRPG《ロールプレイング》・S〔日渡早紀「未来のうてな 1」1995(巻末解説)〕

*【RPG《ロープレ》】 小説 RPG《ロープレ》で〔神坂一「日帰りクエストなりゆきまかせの異邦人《ストレンジャー》」1993〕

ローレル [roller] ローラー。

【転棒《ローレル》】 古 明治十五 転棒(ローレル) ローラーのこと〔惣郷正明「辞書漫歩」1987〕

ろ

ローン [loan]
【金融(ローン)】広告 金融会社(ローン)〔1976 目〕
【借用(ローン)】書籍 学問的借用(スカラリー・ローン)〔橋本萬太郎・鈴木孝夫・山田尚勇「漢字民族の決断」1987〕

ろかい [蘆薈]
【蘆会(ろかい)】雑誌 蘆会(ろえ)という漢字をあてたのを、さらにロカイと音読みしたものだ。〔「旅」1994年3月〕❖アロエに対する中国での音訳による漢語。草冠で草の名らしくする。

ロカビリー [rockabilly]
【不良少年(ロカビリー)】歌詞 あの頃はみんな不良少年(ロカビリー)と呼ばれてたね〔チェッカーズ「俺たちのロカビリーナイト」(売野雅勇)1985〕

ロギア
【自然(ロギア)】漫画 自然系(ロギア)〔尾田栄一郎「ONE PIECE 34」2004〕

ろく 落とし錠。猿錠。
【六(ろく)】古 銭を投げる穴一。或は骨牌〔1935 隠〕
【轆(ろく)】古〔1935 隠〕

ログ [log]
【記録(ログ)】漫画 記録指針(ログポーズ)〔尾田栄一郎「ONE PIECE 34」2004〕❖WEBに記録とログとを掛けた「記ログ」多し。
【log(じゅうグラム)】誤読 秋山仁は高校時代logがわかんなくて「その10グラムってのは何ですか」と聞いて、先生ぶちきれ〔WEB〕

ログアウト [log out]
【退出(ログアウト)】ゲーム〔炉心融解(チャイナ・シンドローム)〕

ログイン [log in]
【入室(ログイン)】ゲーム〔炉心融解(チャイナ・シンドローム)〕

ろくすっぽ [碌すっぽ]
【碌すっぽ(ろく)】古 碌すっぽ〔1902 俗〕❖碌は当て字。耄碌の碌も六の当て字とされる。
【碌素法(ろくすっぽう)】古 碌素法(ろくすっぽふ)〔1895 俗〕

ろくだいめ [六代目]
【菊五郎(ろくだいめ)】辞書〔大石初太郎「振り仮名」(「国語学辞典」1955)〕❖尾上菊五郎。

ろくでなし [碌でなし] 元は「陸でなし」。
【碌でなし(ろく)】辞書〔俗〕❖愚か者などを意味する甚六(じんろく)は「甚」が「甚だしい」、「六」は「ろくでなし」の意味ともいう。

ろくな [碌な] 元は「陸な」。
【陸な(ろく)】書籍〔小林祥次郎「日本のことば遊び」2004〕
【碌な(ろく)】書籍 碌(ろく)な文章は書けないのではないか。〔井上ひさし「自家製文章読本」1984〕

ろくに [碌に] 元は「陸に」。
【碌に(ろく)】古〔1915 俗〕
その他 陸(ろくに) 古

ろくはん [六半]
【650(ロクハン)】漫画 あっ650(ロクハン)G刀も、ハンス・ムートのデザイン!〔秋本治「こちら葛飾区亀有公園前派出所 126」2001(作者の言葉)〕

ロケ [↑ロケーション]
【立地(ロケ)】小説 立地(ロケ)が悪くって〔浅田次郎「鉄道員」2000〕

ロケーションハンティング [和製 location + hunting]
【撮影地捜査(ロケーション・ハンティング)】書籍 ロケ地をさがし歩く撮影地捜査(ロケーション・ハンティング)は〔稲垣浩「ひげとちょんまげ」1966 集〕❖他所には「出写会計(ロケーション・マネージャー)」も。

ろけば [↑路上休憩場]
【路憩場(ロケバ)】小説〔森村誠一「腐蝕花壇」1987 集〕

ろこうきょう [盧溝橋]
【蘆溝橋(ろこうきょう)】地名 ❖「蘆溝橋」とも書かれたが、中国が芦(蘆)から盧に変えたことによって日本でも変わった。

ロゴス [ギリシャ logos]
【理性(ロゴス)】辞書〔樺島忠夫「事典日本の文字」1985(川崎洋)〕

ロザリオ [ポルトガル rosário]
【十字架(ロザリオ)】小説 ご主人がくれた十字架(ロザリオ)だ〔菊地秀行「魔界都市ブルース 夜叉姫伝 4」1990〕

ロサンゼルス［Los Angeles］

【羅府（ロサンゼルス）】〈地名〉❖羅は中国語ではルオ。仏典でも「魔羅」など音訳字とされ、万葉仮名にもなった。朝鮮、ベトナムでも仮借に。

【L.A.（ロサンゼルス）】〈広告〉L.A.（ロサンゼルス）はオレの戦場だ！〔さとうふみや「金田一少年の事件簿 12」（金成陽三郎）1995（巻末）〕

*【LA（ロス）】〈漫画〉ここはLA（ロス）であればNY（ニューヨーク）か〔小畑健「DEATH NOTE 10」（大場つぐみ）2006〕

ろじ［路地］

【路次（ろじ）】〈古〉洒落本〔矢野準「近世戯作のあて字」（「日本語学」1994年4月）〕

【露路（ろじ）】〈歌詞〉露路の細道ながれ行く〔美空ひばり「悲しき口笛」（藤浦洸）1949〕／あの娘が春をつれてきた 露路から 露路へ〔山田太郎「あの娘が恋をつれてきた」（星野哲郎）1967〕

【路路（ろじ）】〈字謎〉〔山本昌弘「漢字遊び」1985〕

【路地（ろおじ）】〈小説〉狭い路地（ろおじ）に偏屈な職人たちが〔浅田次郎「鉄道員」2000〕❖方言か。

ロシア［Rossiya］中国では「俄羅斯」とP（エル）（R）の前のオのような音が表出されている。日本でも「オロシア」とも称された。ロシヤ。読売新聞は「ロ」と略して「露」（帝政）と使い分けていた。

【露西亜（ロシア）】〈小説〉〔島崎藤村「夜明け前 第一部」1932〕

【魯西亜（ロシア）】【魯斯亜（ロシア）】〈古〉❖「魯」も日魯など用いられた。

【国（ロシア）】〈漫画〉このまま国（ロシア）には帰りたくない〔二ノ宮知子「のだめカンタービレ 19」2007〕

【露芝野（ロシヤ）】〈小説〉〔柳瀬尚紀訳「フィネガンズ・ウエイク I II」1991〕

*【愛情練習】〈曲名〉森田童子「愛情練習（ロシアン・ルーレット）」1983 ❖併記か。

ろじうら［路地裏］

【露路裏（ろじうら）】〈歌詞〉せまい露路裏に〔藤山一郎「夢淡き東京」（サトウハチロー）1947〕／夜の酒場を露路裏（ろじうら）〔北島三郎「ソーラン仁義」（半田耕吉）1964〕

【露路（ろじうら）】〈歌詞〉暗い露路（ろじうら）の曲がり角〔石原裕次郎「俺はお前に弱いんだ」（石巻宗一郎）1964〕

ロジック［logic］中国では音訳「邏輯（ルオジ）」。

【論理（ロジック）】〈小説〉他のものはというのが私の論理（ロジック）でした。〔夏目漱石「こころ」1914〕／謎解きの論理（ロジック）はほぼそのままで〔清涼院流水「カーニバル 二輪の草」2003〕

ロジン［rosin］ロージン。

【松脂（ロジン）】〈漫画〉天然松脂（ロジン）のいぶし瓦や〔北道正幸「プ〜ねこ」2005〕

ろすけ ルスキーのもじり。

【露助（ろすけ）】〈古〉〔1920 隠〕／〔1928 俗〕

ロスト［lost］

【消失（ロスト）】〈漫画〉レーダーカラモ消失（ロスト）シテシマッタ〔奥田ひとし「新・天地無用！魎皇鬼 3」2002〕❖機械の言葉。

【遺失（ロスト）】〈漫画〉負の力により動く遺失宇宙船（ロスト・シップ）〔義仲翔子「ロスト・ユニバース 2」（神坂一）1999〕❖他所に「俺の船（ロスト・シップ）」も。

【失われた（ロスト）】〈小説〉失われた惑星（ロスト・プラネット）〔茅田砂胡「暁の天使たち」2002〕

【喪われた（ロスト）】〈書名〉森瀬繚「フリーメイソン 歴史の喪われたシンボル（ロスト・シンボル）」2010

〈その他〉喪失（ロスト）〈WEB〉／失猿（ロストエイプ）・損種実験体（ロストナンバーズ）〈漫画〉

*【難破船（ロスト・シップ）】〈映画題名〉「名探偵コナン 天空の難破船（ロスト・シップ）」2010

*【地底獣国（ロスト・ワールド）】〈書名〉芦辺拓「地底獣国（ロスト・ワールド）の殺人」1997

ロダン［Rodin］

【炉談（ロダン）】〈店名〉料理屋〔斎賀秀夫「漢字と遊ぶ」1978〕／喫茶店〔井上ひさし「ニホン語日記」1996〕

ろちゅう［↑路上駐車］週刊誌では路チ

ユーは路上キス。

【路上駐車(ロチュー)】小説 路上駐車(ロチュー)してあったリムジン〔清涼院流水「カーニバル 二輪の草」2003〕

ロッキー [rocky] 岩だらけの。

【落機(ロッキー)】【洛(ロッキー)】【石(ロッキー)】古 落機山、洛山、石山ロッキー山〔惣郷正明「辞書漫歩」1987〕

ロック [lock]

【封錠(ロック)】書籍〈封錠(ロック)〉が施されている扉でも〔中澤光博／ORG「入門！リナの魔法教室 スレイヤーズRPG」1996〕❖呪文。

その他 密室の女帝(ロックド・エンプレス) 小説

ロック [rock] WEBに岩(ロック)多し。

【揺り(ロック)】新聞 身体の振り(スイング)や揺り(ロック)や弾み(ポップ)と違う、メンデルスゾーンの調べのようなもの〔「読売新聞」2009年6月29日(佐藤良明)〕

【魂(ロック)】公演名 麦っ子魂(ロック)〔「マンスリーよしもと」2004年4月1日〕

【録(ロック)】書名 氏神一番「武士語録(ロック)」2008 ❖表紙にはROCKが録の上に記されている。

ロックンロール [rock'n'roll]

【璐薫狼琉(ロックンロール)】アルバム名 氣志團「房総与太郎璐薫狼琉」2000

ロッジ [lodge]

【山小屋(ロッジ)】歌詞 雪吹雪く山小屋(ロッジ)にふたり〔T.M. Revolution「WHITE BREATH」(井上秋緒)1997〕

ロッテ 社名。

【楽天(ローティエン)】中国 ❖中国ではロッテを「楽天(ローティエン)」と音訳していたが、日本のプロ野球に楽天(らくてん)が参入した際、楽天がロッテか楽天かと問題となり、日本のロッテ球団は「羅徳(ルオダー)」に。ロッテコアラのマーチは「楽天小熊餅」。

ロッホネス [Loch Ness]

【ネス湖(ロッホ・ネス)】小説 ネス湖の怪獣(ロッホ・ネス・モンスター)〔清涼院流水「カーニバル 二輪の草」2003〕

ロトリー [lottery]

【宝籤(ロトリー)】漫画〔冨樫義博「HUNTER × HUNTER」1998～〕

ろは 只(ただ)のこと。

【只(ロハ)】古 ロハ台・ロハベンチという造語まであった〔1883 俗〕／〔1917 隠〕／ロハは只、七は叱るぞ「文字記憶の歌」1922〔惣郷正明「辞書漫歩」1987〕❖分字。

ロビン [robin]

【駒鳥(ロビン)】書名 江戸雪「歌集 駒鳥(ロビン)」2009

【魯ビン(ロ)】店名〔京都先斗町〕

ロビンソン [Robinson]

【魯敏孫(ロビンソン)】古 井上勤訳「魯敏孫(ロビンソン)漂流記」1883

ロブ [rob]

【強奪(ロブ)】漫画〔冨樫義博「HUNTER × HUNTER」1998～〕

ロフト [loft]

【倉庫(ロフト)】曲名 池田聡「倉庫(ロフト) BARにて」(松本一起)1986

歌詞 倉庫(ロフト)越しの空〔杉山清貴「REALTIME TO PARADISE」(大津あきら)1987〕

【情事部屋(ロフト)】新聞 5人の男が共有する情事部屋(ロフト)。〔「読売新聞 夕刊」2009年11月20日〕

ろぼう [路傍] ⇩みちのわき

ロボット [robot] 略してロボ。

【機械人形(ロボット)】漫画 自分と瓜二つの機械人形(ロボット)を〔本仁戻「怪物王子」1998〕

【労補人(ロボット)】字遊 写研「外来語創作当て漢字」1983〔斎賀秀夫「現代人の漢字感覚と遊び」1989〕❖入選作。WEBではロボットのように見えた漢字として、「囂」「啻」「呆」「冑」「罟」「畀」「畳」「両」「鼎」「貫」を挙げた人あり。

その他 人造人(ロボット)古／労没頭(ろうぼっとう)・路没頭(ろぼっとう)・路坊途(ろぼうと)・路傍徒(ろぼうと)・路棒徒(ろぼうと)・路暴徒(ろぼうと)・驢馬兎(ろばと)・新友(ロボット)・夢機械(ロボット)・超機械(ロボット)・労模徒(ロボット) WEB

ロマン [フランス roman] →ろうまん・ローマン

【浪漫(ロマン)】古 日本で音訳、中国語に。〔陳生保「中国と日本－言葉・文学・文化」2005〕❖浪漫

ろ

主義・浪曼主義はロウマン主義とも。中国では浪漫（ランマン）はふしだらの意にも。

(歌詞) 気分は2秒ごとに 浪漫（ロマン）か愛人（アマン）なのーだね」（中原めいこ〔中原めいこ「君たちキウイ・パパイア・マンゴ 1984〕

(漫画) 壮大な冒険浪漫（スペクタクルロマン）がキミを待ってるぞ!!!〔藤崎聖人「WILD LIFE 1」2003〕

(曲名) モーニング娘。「浪漫 ～MY DEAR BOY～」（つんく）2004

(広告) ～伊豆の踊子浪漫（ろまん）の宿～〔「読売新聞」2009年2月8日〕

【想像（ロマン）】(雑誌)〔「旅」1994年10月〕

【儚夢（ロマン）】(曲名) あがた森魚「乙女の儚夢（ろまん）」1972

(店名) 可否茶舗（コーヒーサボウ） 儚夢（ロマン）亭〔「読売新聞」2009年12月23日〕◆儚（はかな）い。

【小説（ロマン）】(新聞)〔「読売新聞」2008年11月4日〕

【長編小説（ロマン）】(小説) 昭和十四年版『ボードレール全集』正誤表 長編小説「ローン」とルビ ロマン〔高橋輝次「誤植読本」2000（林哲夫）〕

(その他) 物語（ロマン）(WEB)

ロマンス [romance] 中国では羅曼司（ルオマンスー）。

【浪漫（ロマンス）】(漫画題名) 石本美穂「浪漫（ロマンス）に伝えて」1999◆小田急線新宿駅で掲示にロマンスカーを中国語で「浪漫特快」。

【浪漫西（ロマンス）】(曲名) 中森明菜「悲しい浪漫西（ロマンス）」（許瑛子）1985

【恋愛小説（ロマンス）】(曲名) 田原俊彦「顔に書いた恋愛小説（ロマンス）」（三浦徳子）1984

【恋物語（ロマンス）】(漫画) パパとママの恋物語（ロマンス）〔山田南平「紅茶王子の姫君」2006〕

【物語（ロマンス）】(書籍) 物語（ロマンス）『ユーマ』においても〔池田雅之「ラフカディオ・ハーンの日本」2009〕

(その他) 浪漫斯（ロマンス）・羅（ロー）マンス・恋物語（ローマンス）・小説（ローマンス）・伝奇曲（ロマンス）(古)

ロマンチスト 英語ではロマンチシスト（romanticist）。

【浪漫主義者（ロマンチスト）】(漫画) 浪漫主義者（ロマンチスト）だったが〔本仁戻「怪物王子」1998〕

ロマンチック [romantic] ドイツのロマンティ（チ）ック街道は、「ローマへの巡礼の道」の意。

【浪漫的（ロマンチック）】(小説) 待ち設けた空想よりもなお浪漫的（ロマンチック）であった〔夏目漱石「彼岸過迄」1912〕

◆他所に「浪漫的探険（ロマン）」も。

【情緒豊か（ロマンチック）】(漫画) 情緒豊か（ロマンチック）な夜ですわね〔高橋留美子「めぞん一刻 4」1983〕

【愛の（ロマンチック）】(書籍)「愛の思想（ロマンチックイデオロギー）」は「恋」には〔島崎藤村「おきぬ」（中丸宣明解説）(コ)〕

(その他) 羅曼的（ロマンチク）・浪漫主義（ロマンティック）(古)／夢想的（ロマンティック）(WEB)

ロリ [↑ロリータ（コンプレックス）]

【炉利（ロリ）】(WEB) 炉【ろ】ロリータコンプレックス、つまりロリのこと。「炉利」等の当て字が、「炉」で通用するようになった。◆囲炉裏も当て字だが、これを利用した表記からとも。WEBに「（キミ）（ロリ）（君ロリ）」「ゴス炉利」。小五のロリは「悟り」とも。小地名では「炉」を分字してか炉を「ほと」と読ませる例あり。

ロング [long]

【長い（ロング）】(漫画) あなたみたいな長い（ロング）毛並みさえあれば〔猫十字社「小さなお茶会 2」2000〕

*【長期（ロングステイ）】(小説) 長期（ロングステイ）でも 短期（トランジエント）でも同じですよ〔森村誠一「虚構の空路」1970 (集)〕

*【LHR（ロングホームルーム）】(漫画) LHR（ロングホームルーム）だよ〔山田南平「紅茶王子 2」1997〕／LHR（ロングホームルーム）中に〔つだみきよ「プリンセス・プリンセス 3」2004〕

ロンげ [ロン毛] ロンはロングの略。

【長髪（ロン毛）】(漫画) だって あの長髪（ロン毛）男が〔さとうふみや「金田一少年の事件簿 Case2 銀幕の殺人鬼」（金成陽三郎）1998〕◆ウーロン（烏龍）茶はうざいロン毛茶髪（パツ）（野郎）の略としても一部で使われた。

ろんせつ [論説]

【論説（ろんぜい）】(書籍) 論説 ロンゼイなどの読みは忘

れられて〔辻村敏樹「ことばのいろいろ」1992〕

ロンド［イタリア rondo］回旋曲。ロンドー。

【輪舞（ロンド）】 歌詞 かりそめの輪舞（ロンド）を〔少年隊「仮面舞踏会」（ちあき哲也）1986〕

漫画題名 津雲むつみ「風の輪舞（ロンド）」1988

書名 赤川次郎「輪舞（ロンド）」1991／谷瑞恵「魔女の結婚 終わらない恋の輪舞（ロンド）」2003

広告 黒の輪舞（ロンド）〔猫部ねこ「きらら音符」1995（巻末）〕

曲名 奥井雅美「輪舞（ロンド）－revolution」1997

【輪舞曲（ロンド）】 書名 椎名桜子「家族輪舞曲（ロンド）」1988／茅田砂胡「マルグリートの輪舞曲（ロンド）」2008

曲名 松任谷由実「輪舞曲（ロンド）」1995

漫画 破滅への輪舞曲（ロンド）・眼力〔許斐剛「テニスの王子様 20.5」2003〕❖テニスの技の名前。

歌詞 輪廻の輪舞曲（ロンド）〔Sound Horizon「終端の王と異世界の騎士～The Endia & The Knights～」（REVO）2006〕／最後の輪舞曲（ロンド）〔藤澤ノリマサ「ダッタン人の踊り」2008〕

【円舞曲（ロンド）】 歌詞 円舞曲（ロンド）を踊る〔中澤ゆうこ「純情行進曲」（荒木とよひさ）1999〕

その他 循環詩（ロンド） 古

ロンドン［London］

【竜動（ロンドン）】 古 竜動（ロンドン）新繁盛記〔木村義之「近代のあて字と文学」（「日本語学」1994年4月）〕／龍動 福沢諭吉流にいへば、当然カナで書いた方がよささうなものだが〔「言語生活」1960年7月〕

【倫敦（ロンドン）】 小説 撞球場『倫敦（ロンドン）』を出た〔静霞薫「るろうに剣心 巻之一」（和月伸宏）1996〕❖漱石の小説に『倫敦塔』。

新聞 一丁倫敦（ロンドン）と呼ばれる日本最初の近代オフィス街〔「読売新聞」2010年3月18日〕

【海外（ロンドン）】 漫画 海外（ロンドン）に住む母〔「花とゆめ」2004年22号（女子妄想症候群）〕

ロンリー［lonely］

【孤独（ロンリイ）】 小説 孤独（ロンリイ）な女王になってしまうよ〔清涼院流水「カーニバル 二輪の草」2003〕

わ

わ 和と倭、和と環と輪、ときに話（話の輪）とが表記上で連関させられることあり。↓にわか・かまわぬ

【和（わ）】【輪（わ）】 古 よみわ 読和、読輪〔1928 隠〕❖読みわ印（淫本）。

【環（わ）】 新聞 米同時テロ「風の環（わ）コンサート」を開く〔「読売新聞」2009年9月8日〕❖↓指輪（ゆびわ）

わ［和・倭］↓やまと

【倭（わ）】 古「広益英倭（わ）字典」1874〔惣郷正明「辞書漫歩」1987〕❖和は倭への日本漢字音（呉音）による仮借（当て字）。

わ［我・吾］↓わが

【我（わ）】 新聞 津軽語版『走れメロス』「いまだって、汝は我（わ）ごと無心ね待ってらびょん（原文：いまだつて、君は私を無心に待つてゐるだらう）」とか。〔「読売新聞」2009年3月8日〕❖方言。

【吾（わ）】 書籍 吾（わ）や我（わ）に取り立てられて〔井上ひさし「私家版 日本語文法」1981〕

歌詞 吾（わ）は女神の見る夢〔霜月はるか「護森人」（日山尚）2007〕

その他 和（わ） 辞書

ワーカーホリック［workaholic］

【仕事中毒（ワーカーホリック）】 漫画 職場全体に仕事中毒（ワーカーホリック）が伝染する〔藤崎聖人「WILD LIFE 5」2004〕

ワースト［worst］

【最低人気（ワースト）】 漫画 女子の最低人気（ワースト）は衣装班〔山田南平「紅茶王子 5」1998〕

【最悪（ワースト）】 WEB 最悪（ワースト）主演男優賞

その他 最低（ワースト） WEB

ワード［word］

【語（ワード）】 書籍〔田中克彦「言語の思想」1975〕／百語（ワード）〔井上ひさし「ニホン語日記」1996〕

【言葉（ワード）】 漫画 会社のPCで怪しい言葉（ワード）検索して〔小花美穂「Honey Bitter 3」2005〕

わ

【言語（ワード）】小説『完全言語（パーフェクトワード）』との異名を〔西尾維新「ダブルダウン勘繰郎」2003〕

ワードゲーム [word game]

【暗号解読（ワード・ゲーム）】漫画 暗号解読（ワード・ゲーム）の天才も〔蓮見桃衣「エキストラ・ジョーカー JOE」(清涼院流水)2001〕

ワードプロセッサー [word processor]

【文綴利器（ワードプロセッサー）】創作「外来語創作当て漢字」〔斎賀秀夫「現代人の漢字感覚と遊び」1989〕❖中国では(語言)文字処理機、文書処理機など。

ワープゾーン [warp zone]

【穴（ワープゾーン）】漫画 穴（ワープゾーン）使ってこの山を〔「花とゆめ」2004年22号(学園アリス)〕

ワープロ [↑ワードプロセッサー]

【語処（ワープロ）】書籍 昭訓〔橋本萬太郎・鈴木孝夫・山田尚勇「漢字民族の決断」1987〕

ワームウッド [wormwood]

【苦よもぎ（ワームウッド）】漫画「苦よもぎ（ワームウッド）」の卵〔由貴香織里「天使禁猟区 18」2000〕

ワールド [world]

【領域（ワールド）】漫画 発動！聖鼻毛領域（ボーボボワールド）〔「週刊少年ジャンプ」2004年5月24日(ボボボーボ・ボーボボ)〕❖ゲームの名前。

【世界（ワールド）】広告 ミステリー世界（ワールド）〔さとうふみや「金田一少年の事件簿 2」(金成陽三郎)1993〕 小説 新世界秩序（ニューワールド・オーダー）を再構築した〔清涼院流水「カーニバル 一輪の花」2003〕❖他所に「大規模世界犯罪（メガスケールワールドクライム）」「世界に張り巡らされたクモの巣（ワールド・ワイド・ウェブ）」「世界大戦（ワールド・ウォー）」「第二次世界大戦（ワールド・ウォー・トゥー）」「世界貿易（ワールドトレード）センター」も。

漫画 マンキン世界（ワールド）〔「週刊少年ジャンプ」2004年7月8日(シャーマンキング)〕

アルバム名 福山潤「浪漫的世界（ロマンティックワールド）31」2009

*【世界最高級（ワールド・クラス）】漫画 世界最高級（ワールド・クラス）のクオリティー〔「週刊少年マガジン」2004年48号(エア・ギア)〕

【戯場（ワールド）】広告 串田戯場（くしだワールド）〔「読売新聞 夕刊」2009年12月21日〕

【W（ワールド）】漫画 Wカップ（ワールド）に夢中になり〔青山剛昌「名探偵コナン 3」1994(巻頭の作者の言葉)〕／WABC（ワールドアマチュアベースボールクラシック）〔「コロコロコミック」2009年2月〕❖「WGP（ワールドグランプリ）」なども。

広告 2019年W杯（ワールドカップ）日本開催決定！〔「読売新聞」2009年11月22日〕❖ダブリューハイなども読まれる。

その他 世界である（ザ・ワールド）新聞 天界震（ワールドシェイキング）漫画／私たちが（ウィ・アー）

わい [猥] ↓わいだん・わいほん

【Y（わい）】辞書 猥談の猥をアルファベットのYを以て表はし、「チエッYだね」など用ひる。〔1946 隠〕❖WEBにY語(猥語)。

書籍 Yセツ〔嵐山光三郎「ABC文体 鼻毛のミツアミ」1982〕

わい [私]

【俺（わい）】漫画〔大暮維人「エア・ギア 6」2004〕

わい 終助詞。

【哩（わい）】古 …だ哩❖中国語白話小説の文末語気詞が転用されたもの。マイルへの当て字とは別系統。

【Y（わい）】WEB 松山の人たちが「嬉しいY」と言ってる❖方言。

ワイシャツ [↑ホワイトシャツ]

【Yシャツ（ワイ）】民間 Yシャツ見切り品 ¥200 より〔金田一春彦「日本語」1957〕／Yシャツ Gパン〔佐藤栄作「学生と誤字・あて字」(「日本語学」1994年4月)〕❖象形性も。Tシャツ。

わいだん [猥談]

【Y談（わいだん）】雑誌 Y談というコトバの持つ語感〔「サンデー毎日」1959 俗〕❖「ワイ談」とも。

書籍 Y談〔瀬間喬「素顔の帝国海軍」1973〕

わいほん [猥本]

【Y本（わいほん）】新聞 ある古本店の張り紙に「Y本」なる表記を見かけた。(中略)そのうち猥褻も「Yせつ」と、いや賄賂だって「Yろ」

と書かれるようになるかも〔「産経新聞 夕刊(大阪)」2006年3月4日(清湖口敏)〕

ワイヤー [wire]

【綱線《ワイヤー》】 漫画〔山田貴敏「Dr.コトー診療所 15」2004〕

ワイルド [wild]

【野生的《ワイルド》】 小説 海賊のように野生的《ワイルド》な男だった〔清涼院流水「カーニバル 二輪の草」2003〕

◆辞書では「野性的」。

ワイルドライフ [wildlife] 野生動物。

【野生動物《ワイルドライフ》】 漫画 傷ついた野生動物《ワイルドライフ》〔藤崎聖人「WILD LIFE 2」2003〕

【医局第二科《ワイルドライフ》】 漫画 〝医局第二科《ワイルドライフ》〟(特殊な動物ばかりを扱う科)〔藤崎聖人「WILD LIFE 2」2003〕◆他所で「第二科《ワイルドライフ》」「二 科《ワイルドライフ》」とも。

わいろ [賄賂] 仮名ではワイロが多い。改定常用漢字表(答申)に賂も加わった。

【差し入れ《ワイロ》】 漫画 差し入れ《ワイロ》にするんだよ〔山田南平「紅茶王子 2」1997〕

【献金《ワイロ》】 漫画 キラから献金《ワイロ》を受けている〔小畑健「DEATH NOTE 5」(大場つぐみ)2005〕

【送金《ワイロ》】 漫画〔天獅子悦也「むこうぶち 24」2009〕

わいわい

【話飲和飲《わいわい》】 WEB 話飲和飲(わいわい)ワイン

【YY《わいわい》】 書名「YYボランティア活動記録集」2010

欄名 Y・Y《わい・わい》ねっと情報〔「読売新聞」2010年5月8日(広告)〕

ワイン [wine]

【葡萄酒《ワイン》】 歌詞 悪いけれど葡萄酒《ワイン》ならば〔椎名林檎「真夜中は純潔」2001〕◆葡萄《ブドウ》という熟語も音訳語だった。

アニメ「誇り高き葡萄酒《ワイン》」〔「ゴルゴ13」2008年11月21日〕◆サブタイトル。

【酒《ワイン》】 歌詞 黄金色《おうごんいろ》の酒《ワイン》〔南佳孝「黄金時代」(松本隆)1984〕

【輪飲《ワイン》】 小説〔柳瀬尚紀訳「フィネガンズ・ウェイクⅠⅡ」1991〕◆他所に「和飲《ワイン》」もあり。

【和飲《ワイン》】 題名 神戸和飲物語 from Motomachi メールマガジン『和飲(わいん)マガジン from Motomachi』

WEB 和食と和飲(ワイン)/和飲輪飲(ワインワイン)/和飲(ワイン)会/和飲(ワイン)な人時間(ひととき)

【話飲《ワイン》】 WEB 話飲(ワイン)バー 話飲と食彩 話飲(わいん)の会◆もじりも。

【Yン《ワイ》】 書籍 嵐山光三郎「ABC文体 鼻毛のミツアミ」1982

その他 **王飲《ワイン》** WEB

わお

【響《わお》】 人名

わが [我が・吾が] →わがくに・わがほう

*【皇朝《わがちょう》】 古 皇朝人《ワカテウジン》1868〔杉本つとむ「近代日本語の成立と発展」1998〕

わかい [若い]

【若《わか》い】 歌詞 若いという字は苦しい字に似てるわ〔アン真理子「悲しみは駈け足でやってくる」1969〕

誤植 苦い指は 若い指は 雑誌に詩を書いたとき 誤植のままとおしてきました。〔高橋輝次「誤植読本」2000(長田弘)〕

【少《わか》い】 俳句 這婢少《わか》く〔竹下しづの女〕◆現代中国語でも同じ用法あり。声調で区別。

【嫩《わか》い】 書籍 嫩《わか》い蕾〔牧野富太郎「植物一日一題」1953〕

【稚《わか》い】 小説 金光坊は稚《わか》い僧侶の〔井上靖「補陀落渡海記」1961〕

【壮年《わか》さ】 古 壮年《わか》サ〔1871~1872 俗〕

【若《わけ》え】 漫画 若《わけ》えと きてる〔立原あゆみ「本気!1」1987〕/若《わけ》え女の子が心配かけさせちゃ〔荒川弘「鋼の錬金術師 5」2003〕

その他 **青春《わか》い** 古/**青《わか》い** ポスター

わかいろ →さかり(十八女)

【十八女《わかいろ》】 姓〔篠崎晃雄「実用難読奇姓辞典増

補版」1973〉◆実在したか不明。

わがくに［我が国］

【アルベムト】漫画 アルベムトのように軍用〈松川祐里子「魔術師2」1996〉◆国名。

その他 大英帝国・アメリカ合衆国 WEB

わかさぎ［若鷺・公魚・鰙］

【公魚】辞書 ◆「公魚」は、常陸国麻生藩が徳川家斉に年貢としてワカサギを納め、公儀御用魚とされたことに由来するとも。

わかし

【若衆】古〈1932〉隠

【若】辞書〈1949〉隠

わかぞう［若造・若蔵・若僧］

【赤城】漫画〈「週刊少年マガジン」2004年48号（伝説の頭翔）〉◆教師の名前が「赤城」。

わがはい［我が輩・吾が輩］

【我輩】誤植 漱石「我輩は猫である」〈谷崎潤一郎「文章読本」1934〉◆『吾輩は猫である』。

【稗官者流】書籍 稗官者流の平常と為所になん〈井上ひさし「私家版 日本語文法」1981〉

わがほう［我が方］

【我が日本人】歌詞 我が日本人は従順な People〈桑田佳祐「ROCK AND ROLL HERO」2002〉

わがまま［我が儘］

【イメージ】漫画 このイメージを突き通すために〈貞本義行「新世紀エヴァンゲリオン1」1995（あとがき）〉

【哇卡媽媽】台湾〈黄文雄「日本語と漢字文明」2008〉◆哈日族の日常用語。

わかめ［若布・和布・稚海藻・裙蔕菜］

【若布】古〈島崎藤村「千曲川のスケッチ」1912〉

その他 若和布 辞書

わかもの［若者］

【少年】小説 両人の少年が話しながら〈二葉亭四迷「浮雲」1887～1890〉

【青年】小説 瀧井孝作〈中村明2003〉

【壮年】小説 成長した壮年の一人〈島崎藤村「破戒」1906〉

【10代】漫画〈渡辺多恵子「風光る14」2003〉

【若者】歌詞 まったぐ若者ア〈吉幾三「俺ら東京さ行ぐだ」1985〉◆方言。

わかやま［和歌山］

【若山】新聞 ある団体が県外の観光地に行ったとき、旅館入り口の「和歌山○○会」が「若山○○会」になっていたというたぐいのことも聞いたような気がする。〈「朝日新聞」2003年5月1日（天声人語）〉◆地元周辺では使用頻度が高いため、和可山、和哥山と略記することも多い。

わからずや［分からず屋］不分屋とも。

【無学漢】古「たけくらべ」〈岩淵匡「振り仮名の役割」1988〉

その他 没分暁・没分暁漢 古

わかる［分かる］表内訓「分かる」には抵抗感を示す向きが少なくない。

【了る】古 了らぬことは〈1891～1892〉俗

【訳る】古 ト言ふのみ訳り〈1876～1882〉俗

【解る】歌詞 男ごころは 男でなけりゃ 解るものかと〈村田英雄「人生劇場」（佐藤惣之助）1959〉／どうにもならない愛だと解っていても〈敏いとうとハッピー&ブルー「よせばいいのに」（三浦弘）1979〉／いったい何解りあえただろう〈尾崎豊「卒業」1985〉／お願いよ解かってね〈香山るり「Last song ～愛の誘い～」（樹吾郎）2009〉◆学生の手書きでもしばしば現れる。

広告 歯並びや矯正がよく解る〈「読売新聞」2009年10月21日〉

新聞 人の痛みが解る〈「読売新聞」2010年4月14日〉

【判る】映画題名「大人は判ってくれない」1959

◆この表記にこだわりのある人あり。学生の手書きでもしばしば現れる。

歌詞 好きと言わなくっても 判っちゃう

わ

二人〔田辺靖雄・梓みちよ「ヘイ・ポーラ」（みナみカズみ）1962〕／一年前だとチト判らねエなあ〔ダウン・タウン・ブギウギ・バンド「港のヨーコ・ヨコハマ・ヨコスカ」（阿木燿子）1975〕／次のコードも判らずに〔徳永英明「壊れかけのRadio」1990〕

書籍 判らない〔井上ひさし「ニホン語日記」1996〕

【理解る】 歌詞 お前にゃ どうせ理解るまい〔浜田省吾「生まれたところを遠く離れて」1976〕／何気ない仕草なのに誰より理解りあえたね〔GLAY「REGRET」（TAKURO）1995〕／理解ってくれるよね〔倉木麻衣「Secret of my heart」2000〕

小説 理解っている〔神坂一「日帰りクエスト なりゆきまかせの異邦人」1993〕

漫画 理解〔高屋奈月「幻影夢想 1」1996〕／理解ったからここに帰って来たんじゃ〔「花とゆめ」2004年22号（スキップ・ビート！）〕

【理会る】 古 お理会の「団団珍聞」1877年3月〔紀田順一郎「日本語発掘図鑑」1995〕❖→理会

【了解る】 小説 了解った〔京極夏彦「巷説百物語」1999〕❖『姑獲鳥の夏』に「諒解ってるよ」。

【納得して】 漫画 納得してやるしかなかった〔日高万里「ひつじの涙 7」2004〕

【解答る】 歌詞 明日が 解答ってる〔TRF「slug and soul」（DJ KOO）1998〕

【和歌る】 新聞 和歌ってほしい女性の時代「読売新聞」〔佐竹秀雄「新聞のあて字」（「日本語学」1994年4月）〕❖情報付加型とされるもじり。

*【和漢ない】 WEB よく和漢ないな❖多い。変換すると出てくることがあるためか。

*【未知数だ】 小説 未知数だもの〔秋津透「魔獣戦士ルナ・ヴァルガー」1988〕

その他 直感る 漫画／共感る 歌詞／わかりっ子ない WEB

わかれ［別れ］

【別離】 歌詞 逢うは別離の始めとか〔佐藤惣之助「人生劇場」1937（口上部分）〕／愛された時から 別離が待っている〔松尾和子＆和田弘とマヒナ・スターズ「誰よりも君を愛す」（川内康範）1960〕／さよならを私から 決めた別離れの旅なのに〔中森明菜「SAND BEIGE －砂漠へ－」（許瑛子）1985〕／出会いと別離を繰り返し〔ZARD「Just believe in love」（坂井泉水）1995〕

曲名 ちあきなおみ「雨の日に来た別離」（千家和也）1973／美川憲一「別離（わかれ）」1988

小説 恋人たちとの別離〔清涼院流水「カーニバル 一輪の花」2003〕

書名 来夢「別離のとき」2009

【別涙】 曲名 因幡晃「別涙（わかれ）」1976

【離別】 歌詞 しなやかな離別を〔GLAY「すべて、愛だった － La vie d'une petite fille」（TAKURO）2004〕

【訣別】 歌詞 校舎の白い壁に 訣別の詩 刻み込んだ〔浜田省吾「路地裏の少年」1986〕

【訣れ】 歌詞 訣れの小指 ちぎりしを〔菊池章子「春の舞妓」（萩原四朗）1954〕❖訣別（決別）、永訣など。

【距離】 歌詞 距離のない国へ〔高橋真梨子「ごめんね…」1996〕

【死】 歌詞 生 死 闇夜の夢〔※-mai-「鎮 － requiem －」（米たにヨシトモ）1999〕

わかれる［分かれる］

【岐れる】 歌詞 人も岐れゆく遥かな道〔桑田佳祐「JOURNEY」2002〕

書名 上野千鶴子・信田さよ子「結婚帝国女の岐れ道」2004

広告 バス停「岐れ路」鎌倉市西御門❖辞書では別れ道・分かれ道が多い。岐路。

【分離する】 小説 分離する〔秋津透「魔獣戦士ルナ・ヴァルガー」1988〕

わ

わかれる［別れる］

【別離(わかれ)る】 歌詞 もしかして言わなければ別離(わか)ずにすむものを〔谷村新司「陽はまた昇る」1979〕／別離(わか)れる時には愛だけ残して〔中森明菜「BLONDE」(麻生圭子)1987〕

【離婚(わかれ)る】 曲名 伊藤清光「離婚(わかれ)た女房が店に来た日」2003

わかれわかれ［別れ別れ］

【分(わか)れ分(わか)れ】 小説 分れ、分れになっていた〔小林多喜二「蟹工船」1929〕

わき［脇・腋・掖］

【他処(わき)】 古 シテの相手役はワキ。

わきまえる［弁える］

【智(わきまえる)】 創作〔白川創作漢字最優秀賞2010〕

◆「そだつ」「まなぶ」とも読ませる。創作漢字の募集は明治からあり。(釆+己)(ファッション) なども。

わきみ［脇見］

【傍見(わきみ)】 小説〔太宰治「斜陽」1947〕

わきみち［脇道］

【傍道(わきみち)】 辞書

わきめ［脇目］

【傍目(わきめ)】 新聞 母は子供を育て家を守ると云う事以外、傍目もふれなかった女だった。〔「読売新聞」2010年1月9日〕◆国語辞書では「はため」が多い。

わぎもこ［吾妹子］

【吾妹子(わぎもこ)】 書名 青山光二「吾妹子(わぎもこ)哀し」2003

わきやく［脇役］

【傍役(わきやく)】 書籍 句読点は笑話の傍役(わきやく)として〔井上ひさし「私家版 日本語文法」1981〕

わく［湧く］

【涌(わ)く】 雑誌 感情の一ツも涌(わ)こうってものだ〔「小説新潮」1994年6月〕◆固有名詞に多い字体。

【沸(わ)く】 雑誌 炭酸泉が今も昔のままに沸き出している〔「旅行読売」1994年6月〕／やる気も沸く〔「日経アントロポス」1994年8月〕

【湧く】 新聞 霧(ガス)が湧(わ)き始めた。〔「読売新聞 夕刊」2009年1月13日〕◆「やる気が湧く」も。

ワクチン［ドイツ Vakzin］

【抗生物質(ワクチン)】 WEB

わくわく

【惑惑(わくわく)】 公演名 劇団てあとろ50'の公演「スーパーリア充マジカル惑惑α Sco」◆もじりか。

わけ［分け・別け］

【分解(わけ)】 古 朧月亭有人「春色恋廼(の)染(そめ)分解(わけ)」

◆人情本。

わけ［訳］

【訳(わけ)】 古『言海』わけ「譯」◆訳にも「わけ」につながる字義ありとも。

辞書 訳あり(俗)◆実際には「ワケあり」「ワケアリ」「理由あり」などが多い。

歌詞 信号無エ ある訳(ワゲ)無エ〔吉幾三「俺ら東京さ行ぐだ」1985〕◆東北方言の訛語形。

【訣(わけ)】 小説 孤立していた訣(わけ)でも〔平野啓一郎「日蝕」2002〕／適当な云い訣(わけ)をしながら〔同〕

◆森鷗外は、譯ではなく秘訣の訣(けつ)が正しいとし、こだわりをもった〔「鸚鵡石」〕。譯に「わけ」の訓義がなく、その略字「訳」のために「訣」の訓義が混じたとする。

【仔細(わけ)】 古〔1901 俗〕◆仔細(しさい)は子細(しさい)とも。

【理由(わけ)】 ◆理由はリユウやわけに、訳(わけ)はヤクや言い訳などにと使い分けられる傾向にある。明治以降に生じた「理由(わけ)」が語義を理解しやすく、一般化した。

小説 理由(わけ)もない不満を何処かに感じた。〔夏目漱石「こころ」1914〕／自分がどうして「雑談」をしたがるのか、その理由(わけ)に気付いた。〔小林多喜二「党生活者」1932〕／その理由(わけ)が彼女には〔神坂一「日帰りクエスト なりゆきまかせの異邦人(ストレンジャー)」1993〕

書籍 理由(わけ)〔大久保博訳「完訳 ギリシア・ローマ神話」1970〕

歌詞 何か 理由(わけ)でも あるのでしょうか〔チェリッシュ「白いギター」(林春生)1973〕／理由(わけ)のわからないことで〔森進一「襟裳岬」(岡本おさみ)1974〕／理由(わけ)さえ聞けずに〔竹内まりや「シングル・アゲイン」1994〕／生まれてきた理由(わけ)に気付いていく〔中川翔子「空色デイズ」(meg rock)2007〕❖用例多し。

漫画 あなたも理由(わけ)知らないんですか〔高橋留美子「めぞん一刻 3」1983〕／やつを殺る理由(わけ)〔北条司「CITY HUNTER 1」1986〕／命救うのに理由(ワケ)なんかあっかよ！〔藤崎聖人「WILD LIFE 7」2004〕❖用例多し。

書名 永井明「ボクが病気になった理由(わけ)」1990／内田春菊「私の部屋に水がある理由(わけ)」1993／江口英輔訳「動物たちの奇行には理由(ワケ)がある」2009

民間 わけに理由という表記を学生が使った〔佐藤栄作「学生と誤字・あて字」(「日本語学」1994年4月)〕

雑誌 その理由(わけ)は〔「マダム」1994年12月〕／Lead 涙の理由(ワケ)〔「JUNON」2008年11月(Leadのインタビュー)〕／売れているのは理由(ワケ)がある！〔「ディーコロン」2009 vol.17夏号〕

広告 理由(わけ)あり〔松坂屋(金城ふみ子2003)〕／ガンに早く効く理由(ワケ)〔「朝日新聞」2004年11月19日〕／評判には理由(わけ)がある〔東京三菱キャッシュワン(京浜東北線車内広告)2004〕／理由(ワケ)あって、朝専用〔ワンダモーニングショット(車内広告)2004〕／人気の理由(わけ)をひもとく〔「読売新聞」2010年2月28日〕

TV 疲れに効く理由(わけ)がある。〔リゲインのCM 2004〕／「吉野家低迷の理由(わけ)」(テロップ)〔フジテレビ系列 2010年7月25日22時台〕

チラシ お客様に信頼して頂けるその理由(わけ)は〔2006〕／選ばれるのは理由(ワケ)がある〔2009〕

映画題名「私がクマにキレた理由(わけ)」2007

新聞 理由(わけ)あって菊池寛の短編小説『入れ札』を読んだ。〔「読売新聞」2008年9月23日(署名記事)〕／学生の笑顔の理由(わけ)は〔「読売新聞」2008年11月29日〕

POP「理由(わけ)あり」りんご〔イトーヨーカドー・アリオ蘇我店青果コーナー 2009〕

ポスター うまい！の理由(わけ)。〔アサヒビール 2010年4月9日〕

【根拠(ワケ)】 書名 早野梓「青木ケ原樹海を科学する 自殺するには根拠(ワケ)がある」2006

【由来(わけ)】 漫画 その名の由来(わけ)を〔CLAMP「X 4」1993〕

【事情(わけ)】 歌詞 事情(わけ)のある女だと〔中村雅俊「想い出のクリフサイド・ホテル」(売野雅勇)1986〕

民間 わけに事情という表記を学生が見たという。〔佐藤栄作「学生と誤字・あて字」(「日本語学」1994年4月)〕

雑誌〔「小説新潮」1994年12月〕

【動機(ワケ)】 漫画 動機(ワケ)はこれから調べれば〔さとうふみや「金田一少年の事件簿 8」(金成陽三郎)1994〕

【道理(わけ)】 歌詞 それ以外に此処にいる道理(わけ)などなくて〔GARNET CROW「The first cry」(AZUKI 七)2008〕

【理解(わけ)】 小説〔神坂一「日帰りクエスト なりゆきまかせの異邦人(ストレンジャー)」1993〕

その他 理(わけ) 古／情緒不安定(わけわかんなく)なる 漫画

わける〔分ける〕

【割(わける)】 古〔1935 隠〕

【頒ける】 看板 お頒けします〔興福寺 2007年1月3日〕❖表外訓。「頒価(はんか)」の語もあり、お金を頂こうという意志が表記に現れることもあるか。

ワゴン〔wagon〕

【車(ワゴン)】 漫画 車で一気に渡った！〔さとうふみや「金田一少年の事件簿 4」(金成陽三郎)1993〕

わざ〔技〕

【仕業(わざ)】 書籍〔大久保博訳「完訳 ギリシア・ローマ神話」1970〕

【術(わざ)】漫画「技」と〝術(わざ)〟〔大暮維人「天上天下 9」2002〕
【技術(わざ)】漫画 自然に身につく技術(ワザ)じゃない〔和月伸宏「武装錬金 2」2004〕
題名 トークショー「傾(かぶ)く技術(わざ)―三代の継承と日本的コミュニケーション」〔「読売新聞 夕刊」2009年7月5日〕
【打法(わざ)】漫画〔「週刊少年ジャンプ」2004年11月29日(Mr.FULLSWING)〕
【剣技(わざ)】【能力(わざ)】漫画 お前の剣技(わざ)とオイラの能力があわされば〔武井宏之「シャーマンキング 1」1998〕

わざと〔態と〕
【故意(わざ)と】小説〔島崎藤村「破戒」1906〕
歌詞 故意(わざ)と助手席でため息つき〔本田美奈子「好きと言いなさい」(売野雅勇)1985〕

わさび〔山葵〕
【山葵(わさび)】古 山葵醤油〔1917 隠〕
新聞「山葵」は当て字。語源は「ワサアフヒ(早生(わせ)のアオイ)」「ワサヒビナ(早生の辛い菜)」など諸説ある。〔「読売新聞」2010年5月7日(言の花)〕◆地名ではこの2字が縦に合字になる例あり。

わざわい〔災い〕
【禍(わざわい)】歌詞 禍(わざわい)は流れ出す〔志方あきこ「うみねこのなく頃に～煉獄～」(波乃渉)2009〕
【禍害(わざわい)】雑誌 新約聖書の『ヨハネ黙示録』には、「禍害(わざわひ)なるかな、禍害(わざわひ)なるかな、(後略)」〔「太陽」1994年3月〕◆歴史的仮名遣いは「わざはひ」。禍福。

わざわざ〔態態〕
【態々(わざわざ)】小説 態々(わざわざ)夜遅くの出立を〔有吉佐和子「地唄」1956〕◆「態ゝ(わざわざ)」とも。
【わざ②(わざ)】メール ◆二乗が打てないため、②や絵文字の2、×2、02、0Zなどが用いられる。②、×2は手書きで先に現れていた。

わし〔私・儂〕江戸時代には主に女性のことば。
【儂(わし)】漫画 ◆上海語ではノンと読み、あなたとして使用する字。
【極道(ワシ)】漫画 この極道(ワシ)の血が体中に流れておることを忘れるなよ!〔寺嶋裕二「GIANT STEP 1」2002〕◆主人公の父親の言葉。
【龍馬(わし)】商品名 清涼飲料水「龍馬(わし)の水ぜよ」室戸海洋深層水を100%使用。〔「読売新聞」2010年2月23日〕
その他 俺(わし) 古
*【和車知難陀(わしゃしらなんだ)】筆名 ◆戯作者の戯名。

わしら〔私等・儂等〕
【仙道(わしら)】漫画 もう人間界に仙道(わしら)は必要ない〔藤崎竜「封神演義 20」2000〕
【動物園職員(ワシら)】漫画 動物園職員(ワシら)にとって動物たちは〔藤崎聖人「WILD LIFE 6」2004〕

わじるし〔わ印〕春画。
【猥印(わじるし)】古〔1935 隠〕
【和印(わじるし)】古〔1929 隠〕

ワシントン〔Washington〕
【話聖東(ワシントン)】古/【華府(ワシントン)】【華盛頓(ワシントン)】辞書
*【WC(ワシントンクラブ)】辞書 ワシントンクラブ WC。トイレ〔「現代用語の基礎知識」1987 俗〕

わずか〔僅か・纔か〕改定常用漢字表(答申)に「僅か」が採用された。
【纔(わず)か】小説 纔(わず)かに私と旅とを〔平野啓一郎「日蝕」2002〕
【少数(わずか)】歌詞 ごく少数(わずか)な友人(ひと)には〔ZARD「My Baby Grand ～ぬくもりが欲しくて～」(坂井泉水)1997〕

わずらわしい〔煩わしい〕
【可煩(わずらは)し】古 可煩し

わすれがたみ〔忘れ形見〕
【遺愛(ワスレガタミ)】古 遺愛

わすれなぐさ〔勿忘草〕わすれぐさ。
【忘草(わすれなぐさ)】古 煙草〔1930 隠〕
【勿忘草(わすれなぐさ)】CD題名「勿忘草」〔「哀愁浪漫～村

わ

下孝蔵 ALL SONGS COLLECTION」2008〕

わせ［早稲・早生］「わさ」から。

【早稲】 書籍 早稲(わせ(さ))〔平川南「日本の原像」2008〕

【速稲】 古〔「万葉集」〕

【和世】 古 白和世(しろわせ) 近世の稲の品種名。〔平川南「日本の原像」2008〕

【早稲田大学】 雑誌 早稲田大学 交響楽団〔「WASEDA WEEKLY」2009年5月28日（表紙）〕◆女子早大生を早稲女(わせじょ)と略すことも。

わせだ［早稲田］

【早大】 のぼり 早大(ワセダ)に行くなら〔早稲田ゼミナール 2010年2月〕

【Ｗ十】 民間 ◆早稲田の略記。慶應の广K广Oに合わせて。「ソウ」とも読む。旲（日大に似る）、广Wなどの試みもあり。

わた［海］

【海】 漫画 海(わた)の神〔石ノ森章太郎「マンガ日本の古典 古事記」1994〕◆韓国語で海はパダ。

短歌 海中(わたなか)に〔「読売新聞 夕刊」2009年1月15日〕

わた［腸］ はらわた。

【腸】 新聞 焼き魚の腸(わた)〔「読売新聞」2010年2月28日〕

わた［綿・棉］

【絮】 書名 永井啓子「陽光の絮(わた)」2010

わたいら

【私等】 古

わたくし［私］ 表内訓。「私立(わたくしりつ)」は読み替え。市立は「いちりつ」。→わたし（私）

【妾】 漫画 妾(わたくし)にも〔山田南平「紅茶王子 8」1999〕

わたし［渡し］

【渡津】 歌詞 木曽のかけ橋 太田の渡津(わたし)〔橋幸夫「木曽ぶし三度笠」（佐伯孝夫）1961〕

わたし［私］ →わたしたち

【妾】 古 妾(わた)し〔1888（俗）〕◆「しょう」と読ませることも。女性の謙称。

小説 妾(わたし)〔夏目漱石「行人」1912～1913〕◆他所で「妾(わたくし)」「妾(あたし)」「妾(あたし)ゃ」も。

歌詞 妾ァ電話の交換手よ 歌 添田唖蝉坊 大正時代か〔紀田順一郎「日本語大博物館」1994〕／妾(わたし)ゃセンチな 紅つばき〔二葉あき子「村の一本橋」（米山正夫）1950〕／妾(わたしゃ)やキャボーの 夜の花〔久慈あさみ「ヴォルガを越えて来た女」（宮川哲夫）1953〕

辞書 妾(わたし)の愛する男「恋愛モダン語隠語辞典」1947〔惣郷正明「辞書漫歩」1987〕

新聞 水の仙子「妾(わたし)の少女時代」〔「読売新聞 夕刊」2009年4月15日〕

【私】 古〔尾崎紅葉「金色夜叉」1897～1902〕

歌詞 私(わたし)は振りかえる〔布施明「My Way」（中島潤ほか）1972〕／私(わたし)もひとり〔石川さゆり「津軽海峡・冬景色」（阿久悠）1977〕／私(わたし)を待ってくれる〔平原綾香「ミオ・アモーレ」2009〕◆改定常用漢字表（答申）に追加された訓。これまでの紅白歌合戦のテロップなどではルビが振られていた。

曲名 ちあきなおみ「あいつと私」（千家和也）1973

書籍〔黒柳徹子「窓ぎわのトットちゃん」1981〕

新聞 私的には、厚底の靴の方がかわいいっていうか。〔「毎日新聞 夕刊」1999年11月30日（俗）〕◆「シテキ」「わたくしテキ」でなく「わたしテキ」と読むもので、「新語流行語大賞」（2000）というものにも入賞。

*【私しゃ】 小説〔江戸川乱歩「孤島の鬼」1929～1930〕

WEB 私(わたし)ゃ ◆「わたしゃ音楽家」、「わたしゃも少し背が欲しい」など、「わたしは」の融合、方言形。しばしば見られ、いわゆる役割語の性質もおびる。

【自分】 歌詞 自分(わたし)自身の決断に〔GARNET CROW「泣けない夜も泣かない朝も」（AZUKI七）2003〕

【本人】 漫画 本人(わたし)からはっきり言おう!!〔さとうふみや「金田一少年の事件簿 27」（金成陽

わ

三郎）1997〕

【本物】漫画 本物でなくてはならない〔小畑健「DEATH NOTE 11」（大場つぐみ）2006〕

【叔父】漫画 みーんな叔父まかせで〔高橋留美子「めぞん一刻 13」1987〕

【女】雑誌 上質な女には、やっぱり、一流ブランドの、このジュエリー！〔「Grazia」1999年7月〕

【少女像】歌詞 あなたが描いた少女像は〔ALI PROJECT「閉ざされた画室」（宝野アリカ）2001〕

【作者】小説 作者の気のせいでしょうか〔神坂一「日帰りクエスト なりゆきまかせの異邦人（ストレンジャー）」1993〕

【師匠】漫画 師匠の教えを破っといて〔荒川弘「鋼の錬金術師 5」2003〕

【精霊王】漫画 精霊王にだって「心」というものがある…〔渡辺祥智「銀の勇者 4」2000〕

【北斗】広告 北斗流〔「読売新聞」2008年10月7日〕◆北斗晶（元女子プロレスラー）。

【彩芽】新聞 彩芽を救え！〔「朝日中学生ウイークリー」2010年3月14日（梶尾真治）〕

【理想】【現実】漫画 理想と現実を愛してく〔種村有菜「満月をさがして 1」2002〕

【自然】歌詞 あなたがいたから自然でいられた〔TWO-MIX「TRUE NAVIGATION」（永野椎菜）1997〕

その他 軍人・航海士・死刑囚・邪法使い・満月・玉面・ホムンクルス 漫画／三月 短歌

関連【私の車（キリンカー）】漫画 そのボロゾーキンを私の車（キリンカー）に乗せて〔樋口橘「学園アリス 1」2003〕

わたしたち【私達】

【妾達】小説 何時でも妾達のことばかり考えてくれて〔小林多喜二「党生活者」1932〕

【妾たち】漫画 妾たちの世界を捨てさせれば〔山田南平「紅茶王子 24」2004〕

【家族】漫画 家族の方がおろおろしちゃってねえ〔高橋留美子「めぞん一刻 10」1986〕

【くの一連中】漫画 くの一連中は指示通り動くよう〔「花とゆめ」2004年22号（てるてる×少年）〕◆「くノ一」のほうが「女」を字体として示せる。

【緑南】漫画 緑南の敵よ〔佐野隆「打撃王 凜 1」2004〕◆野球チーム。

その他 親子・執行部・戦士・軍人・眠りの森 漫画／犯罪者 小説

わたす【渡す】

【売す】聖書 イエスを売す者

*【私魔性】誤変換 渡しましょうを私魔性と誤変換して送信。〔日本テレビ系列 2008年4月27日〕◆「渡しといて下さい」を「私と居て下さい」など類例あり。仮名漢字変換機能は概して口語形に弱かった。

わだつみ【海神・綿津見】わたつみ。

【海波】歌詞 寄せる海波の手に〔志方あきこ「軌跡」（みとせのりこ）2009〕

わたなべ

【競】姓〔森岡浩「名字の謎がわかる本」2003〕◆幽霊名字か。

わたぬき【綿抜き】陰暦四月一日の衣替え。綿入れから綿を抜いて着物を袷にする。

【四月一日】姓〔平島裕正「日本の姓名」1964〕／〔佐久間英「珍姓奇名」1965〕◆「ほづみ」としばしばペアで紹介される。漫画の登場人物にも。

【四月朔日】姓 ◆江戸時代に四月朔日夏右衛門。

わだへいすけ 擬人名。

【和田平助】古 和田平助 助平だわの倒置〔1930 俗〕

わたる【渡る・渉る・亘る】

【航】人名 男子〔たまひよ 名前ランキング 2008〕

【航海】人名〔「朝日新聞 夕刊」2007年10月11日〕

わ

わちき［私］「わたくし」から。江戸の芸娼妓、町屋の娘の語。江戸期から明治期にかけて。

【私】古〔為永春水「春色梅児誉美」1832～1833〕

❖「私」にはほかにも「わて」「あて」など古語・方言形・位相語のルビも多い。

その他 我 古

わっか［輪っか］

【双輪】古 双輪〔1938 俗〕

わっし［私］

【私】古 私は引背負って〔1907 俗〕

わっち［私］

【私】漫画 私？（芸者）〔蛇蔵&海野凪子「日本人の知らない日本語」2009〕

ワッチ［watch］ウォッチ。

【見張り】小説 見張りは〔大石英司「神はサイコロを振らない」2005〕

わっぱ［童］「わらわ」から。

【童】漫画 童共〔「週刊少年ジャンプ」2004年10月25日〕

【童っぱ】歌詞 童っぱラッパ 忘れ得ぬ父よ母よ〔サザンオールスターズ「愛の言霊～Spiritual Message～」（桑田佳祐）1996〕

【童破】漫画 強いぞこの童破〔「週刊少年ジャンプ」2004年5月24日（少年守護神）〕

その他 童郎・頑童 古

わっぱ［輪っぱ］わっか。単音節語に音を付加。

【輪】古〔1935 隠〕

【手錠】書籍 呆然と手錠に手を差し出す〔浅田次郎「極道放浪記 1」1994 集〕／手錠をかける〔別冊宝島編集部「裸の警察」1997 集〕

小説 誰か手錠を頂戴〔大石英司「神はサイコロを振らない」2005〕

*【輪箱飯】WEB〔割烹・会津料理「田季野」〕

わて［私］

【私】歌詞 ああいまの私には〔藤島桓夫「月の法善寺横丁」（十二村哲）1960〕

わどうかいちん［和同開珎］

【和同開珎】書籍〔平川南「日本の原像」2008〕

❖「珎」は寶（寳・宝）の異体字（省文）とみてホウとも読まれたが、今日では「珍」説が有力視されている。

わな［罠・羂］

【罠】詩 民の目は眠くて／罠の中『続・吉野弘詩集』〔「読売新聞」2010年2月23日〕

WEB 罠【わな】（1）「～と言う罠」語源はファミ通の伝言板コーナーから来ていると思われる。（2）相手に確認する、または同意を求めるときの語尾表現。❖椎名林檎『ギブス』（2000）に、罠で wanna を表す歌詞がある。「i 罠 B wiθ U 此処に居て」。

【思惑】歌詞 星霜の流れに隠す歪んだ思惑〔水樹奈々「WILD EYES」2006〕

【催眠】歌詞 ため息ひとつ また催眠かける〔中森明菜「禁区」（売野雅勇）1983〕

その他 廃墟 TV

わに［鰐］

【動物】漫画 本当に動物のことを考えたら〔藤崎聖人「WILD LIFE 6」2004〕

わびしい［侘しい］

【寂しい】歌詞 町にいてさへ 寂しいものを〔霧島昇「ギター月夜」（西條八十）1952〕

わびびと［侘び人］

【侘士】古

わやく わや（滅茶苦茶）の語源。

【和薬】【枉惑】古

わら

【笑】古 放免〔1935 隠〕

【（藁）】WEB シナモンなのに（藁 馬路わらっちゃったょb〔2006年7月26日〕❖（笑）の意。「わら」で変換して出たものを選んだのが最初であろう。乾いた、空虚な感じが独特な笑い、嘲笑感につながったようで一時流行。「（ワラ）」とも。遊郭のあった吉原(葭原)には好藁という当て字があった。

【w】WEB メール w わら〔北原保雄「みんなで国語辞典!」2006〕◆(w とも。(笑)から。

*【ww】【www】WEB 「2ちゃんねる」の書き込みを音声で読み上げてくれるWebブラウザー「SofTalk WEB」v0. 87はテキスト内に笑いを示す〝W〟の文字が複数続くときに限り『わらわら』と読み上げてくれる。〝ktkr〟という文字列を『きたこれ』と読ませる。◆wを多数連ねることも。

わらい [笑い] ↓わら・わらう

【微笑】小説〔松本清張「砂の器」1961〕
歌詞 僕の微笑が〔猫「各駅停車」(喜多條忠)1974〕◆↓ほほえみ

【(笑)】書籍 ・・・ですが。(笑)〔山田俊雄・柳瀬尚紀「ことば談義 寐ても寤ても」2003〕
新聞 (笑)は、記号であってことばとはいえない。〔「読売新聞 夕刊」2008年7月29日(石田千)〕◆↓かっこ((笑))

【笑】広告 趣味はSｅｘッツ・笑〔「読売新聞」2006年7月9日(週刊ポスト)〕◆手書きでもこの( )なしが増えてきた。

わらう [笑う] 「笑」は字の形からして笑っているようだともいわれ、さらに飾りたててデザインされることがあるが、笑顔の象形文字ではなく、原義は咲く。笑とも書かれ、竹と犬を描くことで笑を暗示する掛け軸や、同趣の笑い話あり。

【咲う】新聞「腹筋をよりてやわらふ糸ざくら」という古句がある。(中略)「わらふ」という言葉は「笑ふ」とも書き、「咲ふ」とも書く。風に揺れて咲く枝垂れ桜を、腹の皮をよじって笑う姿に見立てたのだろう。〔「読売新聞」2007年3月15日〕◆元は笑と咲は異体字の関係にあった。「咲」とも。

【微笑う】歌詞 俺は微笑って見送るぜ〔SHOGUN「男達のメロディー」(喜多條忠)1979〕/無理に微笑えば〔寺尾聰「シャドー・シティ」(有川正沙子)1980〕/微笑っていておくれ〔DEEN「ひとりじゃない」(池森秀一)1996〕/寂しく微笑って〔藤あや子「勿忘草」(いとう彩)2008〕◆用例多し。ほほえむ・ビショウとも読む。
漫画 その女が微笑うと〔高橋留美子「めぞん一刻 15」1987〕/楽しそうに微笑っていたが〔天城小百合「螢火幻想」1996〕
小説〔小野不由美「月の影 影の海 十二国記」2000〕
新聞 木ノ葉のこさん 一人芝居「麗子は微笑う」〔「読売新聞」2009年6月2日〕

【苦笑う】歌詞 君は苦笑ってたね〔day after tomorrow「君と逢えた奇跡」(五十嵐充)2005〕

【微苦笑う】WEB 困惑気に微苦笑(わら)った。◆微苦笑は久米正雄の造語。日本らしい表情、表現ともいわれる。

【嘲笑う】歌詞 風も嘲笑うか〔轟夕起子「『あんな女』と誰が言う」(清水みのる)1948〕/嘲笑いなよ俺… 愛した女に 何もしてあげられぬ男さ〔近藤真彦「夢絆」(売野雅勇)1985〕/醜い過程が嘲笑うのです〔椎名林檎「依存症」2000〕
漢詩 嘲笑〔平井呈一訳「狂詩 巡査行」1951〕

【嘲う】小説 心の中で小さく嘲ってみたら〔綿矢りさ「蹴りたい背中」2003〕
歌詞 嘲われてもいい〔タッキー&翼「未来航海」(森元康介・田形美喜子)2005〕

【嗤う】書籍 桐生悠々の「関東防空大演習を嗤ふ」(『信濃毎日』)「嗤」という表題の文字が軍部をはげしく憤らせたといわれている。〔井上ひさし「ことばを読む」1982〕◆雑誌などにもあるこの表記を嫌がる人あり。
歌詞 皮肉な瞳で嗤う〔矢沢永吉「But No」(ちあき哲也)1993〕

書名 京極夏彦「嗤(わら)う伊右衛門」1997
新聞 金にもコネにも頼らず、情熱ひとつを胸に教員採用の門を叩(たた)いた若者たちを、彼らはひそかに嗤(わら)っていたのかも知れない〔「読売新聞」2008年7月11日〕／映画監督・岡本喜八・戦争を「嗤(わら)う」〔「読売新聞 夕刊」2010年9月12日〕

【哄(わら)う】書名 北沢秋「哄(わら)う合戦屋」2009

【晒(わら)う】歌詞 脆弱な旅人を晒(わら)う〔志方あきこ「遥かなる旅路」(Reiko Takahashi) 2009〕

【笑(わろ)】漫画 笑(わろ)たな!?〔鷹岬諒「THE KING OF FIGHTERS '94 外伝 6」1997〕❖関西方言の少年。／笑(わろ)てはるで〔北道正幸「プ～ねこ」2005〕❖ワロタは2ちゃんねる用語の一種でワロスの過去形。
新聞 一人芝居「石が笑(わろ)うた土瓶が歌(う)とた」〔「読売新聞」2010年4月25日〕

*【藁田(わらた)】WEB 例：「ははは。藁田よ」……「笑った」のミスタイプから〔川上善郎他「電子ネットワーキングの社会心理」1993〕

わらぐつ〔藁沓〕
【草鞋(わらぐつ)】古 草鞋(ワラクツ)

わらし〔童〕
【童児(わらし)】新聞〔岩手県遠野市で〕座敷童児(ざしきわらし)祈願祭を催している。〔「読売新聞 夕刊」2008年8月19日〕❖「座敷童(子)」とも。

わらじ〔草鞋〕
【草鞋(わらじ)】新聞「濡草鞋(ぬれわらじ)党」〔「読売新聞 夕刊」2008年12月27日〕

わらべ〔童〕
【童子(わらべ)】歌詞 童子(わらべ)に SGT. Doraemon〔サザンオールスターズ「GO-GO-YEAH/NO-NO-YEAH」(桑田佳祐) 1998〕

わらべうた〔童歌〕
【輪薇(わら)べうた】小説〔柳瀬尚紀訳「フィネガンズ・ウェイク I II」1991〕❖「薔薇(バラ)のラ」という熟字訓からの切り出しは、ハンドルネームなどでも見られる。

わらわ〔童〕
【童(わらわ)】歌詞 君よ 手童(たわらは)の〔サザンオールスターズ「CRY 哀 CRY」(桑田佳祐) 1998〕❖「たわらわ」も幼い子ども。
【童子(わらわ)】詩 童子(わらは)となりて〔小熊秀雄「ふるさとへの詩」(中丸宣明解説) コ〕
漫画 そこにいる童子(わらわ)は人にあらず〔山岸凉子「日出処の天子 1」1980〕
その他 小児(わらわ)・童児(わらわ) 古

わらわ〔妾〕一人称。
【妾(わらわ)】古 妾(わらは)〔山田美妙「竪琴草紙」1885〕❖「吾」からの書き直し。／福田英子『妾の半生涯』(1904) 女性の謙譲語としての表記。視覚的に謙譲意識を表す当て字。〔沖森卓也「日本語史概説」2010〕❖「わらわ(わたし)のはんせい(しょう)がい」なども読まれる。そばづかい、めかけではなく、『史記』にも見られる用法。
その他 童(わらわ)・卑妾(わらわ)・吾儕(わらわ) 古

わり〔↑頭割り〕
【給金(わり)】書籍 給金(わり)を落っことした〔立川談志「談志楽屋噺」1990 集〕／給金(ワリ)と呼ばれる寄席の出演料は〔吉川潮「江戸前の男」1996 集〕

わりかん〔割り勘〕
【和利館(わりかん)】店名 スナック〔斎賀秀夫「あて字の考現学」(「日本語学」1994年4月)〕

わりごと
【悪事(わりごと)】古〔1935 隠〕

わる〔悪〕
【悪(ワル)】雑誌 悪(ワル)を〔「旅」1994年1月〕
書名 桐生操「知れば知るほど 悪(ワル)の世界史」2008
【不良(ワル)】歌詞 中途半端な不良(ワル)じゃない〔サザンオールスターズ「エロティカ・セブン」(桑田佳祐) 1993〕
書名 矢嶋慎一「不良(ワル)浪花少年ヤクザ青春記」1996

わ

雑誌 増田晶文「ちょい不良(ワル)オヤジに憧れて……ブームの裏側を検証」〈「月刊現代」2006年9月〉◆「ちょい（チョイ）不良(わる)おやじ」は雑誌『LEON』が提唱したことから流行。／〝ワルメン〟〝ちょい不良(ワル)〟はちょっと苦手。〈「お笑い男子校Vol.1」2009〉

広告「私たちって本気不良(マジワル)ママよ!!」〈「読売新聞」2006年8月22日〉／愛車「ちょい不良(ワル)プリウス」写真〈「読売新聞」2009年2月24日〉

書籍「ちょい不良(ワル)技術者」〈丸岡孝司「SE生態事典」2009〉

新聞 都会的で「チョイ不良(ワル)」なブランドのイメージ〈「読売新聞夕刊」2009年4月29日〉

漫画 不良(ワル)〈「コロコロコミック」2010年2月〉

【悪者(わる)】 小説 貴様といふ悪者(ワル)の出来て〈樋口一葉「大つごもり」1894〉

【悪漢(わる)】 書名 岡田秀文「源助悪漢(わる)十手」2009／安達瑶「美女消失 悪漢(わる)刑事(デカ)」2010

【悪女(ワル)】 漫画題名 深見じゅん「悪女(わる)」1988～1997

【極道(ワル)】 書名 向谷匡史「『極道』のサラリーマン交渉術」2008

わる【割る】

【÷る(わ)】 詩 昨日と今日を（＋(た)）して2で（÷(わ)）りたい〈秋亜綺羅「百行書きたい」1975〉

わるい【悪い】→わる（悪）

【不良い(わるい)】 小説 胃が不良(わるい)のだから〈尾崎紅葉「金色夜叉」1897～1902〉

歌詞 お前の描いた詩は 俺を不良(わる)くさせた〈サザンオールスターズ「吉田拓郎の唄」（桑田佳祐）1985〉

書籍 巻末付録「この学校が不良(ワル)い！」〈宝島編集部「ヤンキー天国」2005〉

【悪い(わり)】 漫画 デートしてもらうのも悪(わり)いしな〈高橋留美子「めぞん一刻 6」1984〉／悪(わり)ィけどそろそろ…〈浅田弘幸「眠兎 1」1992〉／悪(わ)り〈本沢みなみ「また還る夏まで 東京ANGEL」1999〉／悪(わり)ぃな〈藤崎竜「封神演義 20」2000〉／悪(わ)りィがどーにも信じられん〈加藤元浩「ロケットマン 7」2004〉◆用例多し。

小説 悪(わり)い！〈松岡佑子訳「ハリー・ポッターとアズカバンの囚人」2001〉／悪(わり)ィ〈鈴羅木かりん「ひぐらしのなく頃に 鬼隠し編 1」（竜騎士07）2006〉

【悪戯(わるさ)】 書籍〈井上ひさし「自家製文章読本」1984〉

＊**【助四郎(わるいかお)】** 古 助四郎(わるいかほ)を〈1813～1823 集〉

＊**【薄酒(わるいさけ)】** 古 ◆読みか。

わるだくみ【悪巧み】

【悪巧み(わるだくみ)】 小説 悪巧(わるだく)みを〈清涼院流水「カーニバル 二輪の草」2003〉

その他 悪企み(わるだくみ) 辞書

ワルツ［waltz］

【円舞曲(ワルツ)】 詩 君の円舞曲(わるつ)は遠くして〈萩原朔太郎「遊園地(るなぱあく)にて」1934〉

曲名 ちあきなおみ「円舞曲(わるつ)」（阿久悠）1974

歌詞 円舞曲(ワルツ)みたいに漂うの〈松田聖子「AQUARIUS」（松本隆）1984〉／恋の円舞曲(ワルツ)〈ALI PROJECT「舞踏会の手帖」（宝野アリカ）2006〉

小説 円舞曲(ワルツ)を踊るような〈田中芳樹「創竜伝 9」1998〉

書名 村山美雪訳「もう一度だけ円舞曲(ワルツ)を」2007

【一二三(わるつ)】 人名 一二三 わるつ〈「朝日新聞夕刊」2007年10月11日〉／最近は子どもに変わった名前をつける親が増えているらしい。「一二三」で「ワルツ」と読ます当て字もあるそうだ。〈「朝日新聞」2009年12月6日〉◆ワルツが三拍子だから。一二三(ひふみ)は姓名ともにあり。

わるふざけ【悪ふざけ】→ふざける

【狂態(きやうたい)】 古 狂態(わるふざけ)

ワルン［インドネシア warung］

【屋台(ワルン)】 小説 屋台(ワルン)が〈清涼院流水「カーニバル 二輪の草」2003〉

われ［我・吾］
【我(われ)】 辞書 ◆我は表内訓。我(ガ)はのこぎりの象形ともいわれ、仮借で同音の一人称を表すようになったとされる。
【吾(われ)】 歌詞 吾を泣かせる 歌のふし〈奈良光枝・近江俊郎「悲しき竹笛」(西條八十)1946〉
短歌 しどろもどろに吾(われ)はおるなり〈「読売新聞」2010年4月25日〉
【自身(われ)】 論文〈大野真「距離の詩学－映画『シックス・センス』を巡って－」2004〉
その他 **朕(われ)** 書籍

われもこう［吾亦紅・吾木香・我毛香］
【吾亦紅(われもこう)】 曲名 すぎもとまさと「吾亦紅(われもこう)」(ちあき哲也)2007

われら［我等(ワレラ)］
【我們(われら)】 古 我們
【神魔(われら)】 漫画 神魔(われら)がとりついた時〈垣野内成美「吸血姫美夕」1988〉
【分家(われら)】 漫画〈高屋奈月「幻影夢想 2」1996〉

われる［割れる・破れる］
【破れる(われる)】 書籍 破(わ)れそう〈井上ひさし「ことばを読む」1982〉

われわれ［我我］
【組織(われわれ)】 漫画 それが組織(われわれ)のやり方だ・・・〈青山剛昌「名探偵コナン 2」1994〉
【軍部(われわれ)】 漫画 どうせ軍部(われわれ)の悪口に決まっている〈荒川弘「鋼の錬金術師 1」2002〉
その他 **兵士(われわれ)・日本捜査本部(われわれ)** 漫画 ／**日本人(われわれ)** WEB
関連 **【我々(さかな・蓬莱)】** 書籍 我々(さかな・蓬莱)は〈うみのさかな＆宝船蓬莱「うみのさかな＆宝船蓬莱の幕の内弁当」1992〉

わん［椀］「碗」は国字でなく中国製。

【鋺(わん)】 新聞 食卓いっぱいに並んだ鋺(わん)も皿も匙もすべて〈「読売新聞」2009年10月24日〉◆木製は「椀」、瀬戸物は「碗」、金属製は「鋺」と区別されることがあるが、プラスチックなど新しい物には対応できない。一方、「箸」などは今日、その点が全く気にされていない。鎔解、熔解もこだわる向きあり。

【埦(わん)】 書籍 土器埦 銅製の鋺(わん) 挽物(ひきもの)の椀〈平川南「日本の原像」2008〉◆材質ごとにきれいに使い分けがなされている。

ワン［one］
【一(ワン)】 歌詞 一(ワン)、二(ツー)、三(スリー)、四(フォー) ポプラがゆれる〈美空ひばり「私のボーイフレンド」(門田ゆたか)1950〉
【壱(ワン)】 書名 金田一秀穂「一日(ワンデイ)歳時記」2008
歌詞 エントリー番号壱(ナンバーワン)〈椎名林檎「茎(STEM)～大名遊ビ編～」2003〉
WEB 零壱【ぜろわん】(プロレス)橋本真也の団体。◆ZERO-ONE(ゼロワン)のこと。
【王(ワン)】 漫画 No.王(ナンバーワン)〈松本大洋「ナンバーファイブ 吾」2000～2005〉◆登場人物名。数字。もじり。王貞治はワンちゃんとも。
曲名 宮野真守「ナンバー王(ワン)」(楠瀬拓哉)2009
◆中国最多の姓。中国語で wáng。
【1(ワン)】 書籍 スタルヒンの1－1(ワン・ワン)〈宇佐美徹也「プロ野球記録大鑑」1993〉／百貨店B1(ビーワン)〈吉田菊次郎「デパートB1物語」1999 俗〉
雑誌 ナンバー1(ワン)〈「小説新潮」1994年3月〉／＋1(プラスワン)〈「文藝春秋」1994年5月〉／81(ハイ)－2(ニャン)211(ニャンワンワン)〈「猫の手帖」1994年6月〉／M－1(モテワン)名言グランプリ！〈「お笑い男子校 Vol.1」2009〉◆「M－1グランプリ」のもじり。
TV 3440111(さんのよんよんまるまるわんわんわん)〈CM〉◆電話番号。
商品名 日新メディコのケイタイエアコン123(ワンツースリー)〈「読売新聞」2009年7月1日〉
広告 1プッシュで約1週間持続！〈「読売新聞」2010年2月17日〉
【1.0(ワン)】 広告 エコ住宅Q1.0［キューワン］2010年版〈「読売新聞」2010年3月28日〉
＊**【一指(ワンクリック)】** ポスター 危機一指(ワンクリック)。〈政党のポス

ター」2008〕❖危機一髪のもじり。
その他 一死(ワンアウト) 漫画

ワンイン 韓国語。
【王仁(ワンイン)】歌詞 王仁(ワンイン)まつり〔円さつき「かけ橋」（渡邊敬介）2006〕❖日本に『論語』『千字文』を携えて漢字を伝えたという伝承を持つ百済の学者。『日本書紀』では王仁(わに)、『古事記』では和邇吉師(わにきし)。

わんこ
【犬コ(ワン)】漫画 昔飼ってた犬コ(ワン)が死んじゃった頃からでねぇ…〔小花美穂「猫の島」1996〕

わんさ
【大部屋(ワンサ)】書籍 大部屋(ワンサ)の女優〔山本嘉次郎「洋食考」1970〕俗

ワンサウザンド [one thousand]
【1,000(ワンサウザンド)】TV 1,000チクチクガールズ ハリセンボン〔「タモリのボキャブラ天国大復活祭スペシャル!!」2008年9月28日〕❖ハリセンボンのキャッチフレーズ。

ワンシーン [one scene]
【一部(ワンシーン)】漫画 映画の一部(ワンシーン)だ〔蓮見桃衣「エキストラ・ジョーカー KER」（清涼院流水）2002〕

ワンダー [wonder]
【W(ワンダー)】漫画題名 手塚治虫「W3(ワンダー・スリー)」1965～1966
*【魔法(ワンダーマジック)】漫画 これは 魔 法(ワンダーマジック) かな〔松川祐里子「魔術師 1」1995〕
関連【ワンダー(不思議)】漫画 いざめくるめくワンダーランド(不思議の国)へ!!〔日高万里「ひつじの涙 5」2003〕

ワンダフル [wonderful]
【壱多富龍(ワンダフル)】広告 ワンダフル（壱多富龍）という言葉がある 人生は多くの人を壱(ひと)つに束ね、豊かに龍のごとく天に昇るべし。〔「読売新聞 夕刊」2008年9月11日〕
【1(ワン)ダフル】TV 001(ゼロゼロワン)ダフル〔CM〕
その他 王(ワン)ダフル WEB

ワンタン [雲呑] 中国料理の一つ。
【雲呑(ワンタン)】辞書 ❖混沌から生じた餛飩から。広東語の発音に由来。「饂飩(うどん)」も同系語とされる。

わんちゃん
【一匹(ワンちゃん)】漫画 助けられる一匹(ワンちゃん)を〔小花美穂「Honey Bitter 3」2005〕
その他 犬(ワン)ちゃん WEB

ワンナイト [one night]
【一泊(ワンナイト)】小説 ダブルを一泊(ワンナイト)お求めになりました〔森村誠一「悪しき星座」1993〕集

ワンパ [←ワンパターン] 王八蛋(ワンパータン)は別。
【同じ型(ワンパ)】小説 同じ型(ワンパ)の解説〔梶龍雄「淡雪の木曽路殺人事件」1985〕目

わんぱく [腕白] 関白からとも。
【腕白(わんぱく)】【湾泊(わんぱく)】【頑童(わんぱく)】古

ワンハンドレッドミリオン [one hundred million]
【1億円(ワンハンドレッドミリオン)】漫画 1億 円(ワンハンドレッドミリオン) キック!〔秋本治「こちら葛飾区亀有公園前派出所 126」2001〕

ワンピース
【OP(ワンピース)】雑誌〔「CanCam」2004年10月〕❖服のワンピースは和製英語。「ワンピ」とも略される。
漫画『OP(ワンピース)』ED曲が変更に〔「週刊少年ジャンプ」2004年5月24日〕／OP(ワンピース)グッズを厳選して〔「週刊少年ジャンプ」2004年10月11日〕
❖漫画『ONE PIECE(ワンピース)』の略称。
その他 ひとつなぎの大秘宝(ワンピース) 広告

ワンポイント [one point]
*【一点集中波状攻撃(ワンポイント・ヒットアンドアウェイ)】小説〔秋津透「魔獣戦士ルナ・ヴァルガー」1988〕

ワンヤンアグダ ワンヤンアクダ。
【完顔阿骨打(わんやんあぐだ)】筆名 ❖女真族の人名自体が音訳。

わんわん
【椀椀(わんわん)】古「椀(わん)椀椀椀亦(また)椀椀 亦亦椀椀又(また)椀椀」江戸時代の愚仏「犬の咬合(かみあい)」〔「読売新

聞」2005年12月31日〔編集手帳〕〕◆一部「わ」と読むものもあり。『続太平楽府』(1820)に載る狂詩。

その他 **飼い犬**(ワンワン) 漫画

【汪汪】(ワンワン) 中国 ◆犬の鳴き声。猫は喵喵(ミアオ)（miāo miāo）、咪咪（mīmi）。

ゑ

ゑびす →えびす

【ヱビス】 商品名 ヱビスビール ◆エビスは「えみし」から。歴史的仮名遣いは「ゑ」だが、漢字「恵(ゑ)」を当てた。ローマ字ではYEであり、三様。→えん(円)

を

を 現在、woと発音する人には地域による差があるだけでなく、若年層でも「わ」行だからと改めたという人、改まって言うとそうなるという人あり。→てにをは

【を】 書籍 woという発音を中心とする学生のうち、「を」というかなを「ワ行のウォ」「小さいウォ」のように「～のウォ」と呼ぶ学生が、大半を占めている〔「日本語あれこれ事典」2004(田中ゆかり)〕◆富山県では大きい「お」、小さい「を」と学校でも教わる。

「遠」の崩し字に由来するが、字の形がたおやかな女性の姿に見えるという人もあり。

ん

ん アン(案)、アンナイ(案内)、アンキ(暗記)、アンマ(按摩)、アンイ(安易)などで音声は互いに異なる。鼻音は「雰囲気」の表記などに影響する。なお、「ん」を変化させ、「n」そのもので書くヘタウマ文字あり。→ううん

【ツ】(ん) 地名 八ッ場(やんば)ダム〔「読売新聞」2009年9月2日〕◆元は、「やつば」ないし「やつんば」と読まれていたともいう。音韻が変化し、古い時代の発音を反映した表記が残っていることになる。

【ん】 新聞 取材先でお年寄りたちから「ちがる弁はまんだ、んだ(まだまだ)だな」と言われても、めげない。〔「読売新聞 夕刊」2009年7月2日〕◆くだけた場面での返事に「んー」と「ふー」の中間のような音声あり。

【ん】(う) 店名 んまい un-mai〔京都 2010年6月〕◆阿吽(あうん)(広)。

ん

【む】(ん) 新聞 我を捨てて戦(たたか)はむ(ん)〔「読売新聞 夕刊」2010年8月13日〕◆推量の助動詞「む」。

ん →ず

【不】(ん) 古 不好(すかん) いやな客『誹諧通言』〔杉本つとむ「近代日本語の成立と発展」1998〕◆返読。

んがむら

【栂村】(んがむら) 姓 ◆載せる姓の辞書、書籍があるが、元はツとンの類似による入力ミスなどによるものではないか。アフリカの地名には「ンジャメナ」があるがヌジャメナ・ウンジャメナとも。

んち →ち(家)

【家】(んち) 日記 ○○家〔若年女性の日記〕◆「○○け」ではなく「○○のいえ」という意味で「んち」と読ませる。店名の「わたみん家」のように「ん家」とも書かれる。メールでは「○○ん⌂」とも。

ゑ

当て字・当て読み概説

一 当て字とは何か

漢字は、一つの字（字体）に原則として読みと意味が備わる。それらによって日本語を表記すると「テン」は「天」、「やま」は「山」となる。一方、本来的、一般的な字音や字訓、字義に従わずに語の表記が行われることがある。語から見れば、その成り立ち、意味や発音にそぐわない漢字が用いられることもある。そういう表記・用法を当て字とよぶ。狭くは漢字の読みのみを利用したもの（借字。「かりじ」とも）を指すこともあるが、ここではそれに限らず多様な例を含め、広く扱うこととする。なお、日本語におけるすべての、あるいは正統な漢語を除くすべての漢字表記を当て字と見る立場もある。当て字は宛て字、充て字とも書き、「て」を省くこともある。「宛」は「充」の字体が転訛し、「宛」に新たな用法が加わったもので、「宛て字」という表記自体も当て字といえる。

現在、「クラブ」という語が英語 club に源をもつ外来語であることが知られるかぎり、カタカナが正規な表記で、「倶楽部」と漢字をあてがうことは正式ではないと意識されるであろう。「倶に楽しむ部」という字義を考えつつ漢字が選ばれたとも想像できよう。

また、「廃虚」「貫録」と新聞で書かれていると、本当は「廃墟」「貫禄」ではないかと思う人がある。漢字政策に沿って漢語の表記を書き換えた結果だが、違和感がなかなか解消されなかったものである。当て字は、個々人の理解字・理解表記の知識と意識の質と量により変動する概念をもち、日本人の中でも多義性と個人差をもって使われている。

「瞳」を振り仮名（ルビ）によって「め」と読ませることは、小説や歌詞などにある。「瞳」は目の中の「ひとみ」を意味し、そう読む字であると覚え、一方、「め」には「目」という字を学習している。その結果、「瞳（め）」は当て字だと判断されるのであろう。これは、異字同訓と位置付けられて不整合感の弱化した「想う」（思う）や「逢う」（会う）ほどは習慣化しておらず、当て字と意識されてもいる。中国語（漢語）を表記するために造られた漢字は表語性を有するとはいえ、日本語の和語や外来語とは元より異質な関係にあり、それらを融合させようとすれば無理が随所に生じた。そうした性質によって日本の文字・表記の状況は常に変化しており、千年前に俗とされた表記であっても、現在では正当なものとして誰もが位置付けているものは枚挙にいとまがない。しかしこうした事情は現代の一般的な辞書ではほとんどわからない。

中国で生まれた漢字は発音を表記する性質ももっていた。甲骨文字では、動詞「聴」は近似音を持つ「貞」で記され、のこぎり（ガ）の象形文字とも解される「我」も、同音の一人称に用いられた。六書の一つ形声文字は、声符で音を表す方法であり、漢字の八割以上を占める。そこには単語家族とよばれる古代中国語での基本的な意味のつながりが見出されることもある一方で、「唄（バイ）」（仏の功徳を称えるうたの音訳用に作られた）や「袈裟」「靴（カ）」「琵琶」「葡萄」など、中国周辺の言語からの借用語にも形声により漢字が造られ漢語のようになったものもある。仮借、音訳と称されるこうした方法は、「匈奴」「突厥」など民族名や「釈迦」「卒塔婆」など仏教語に古くから見られた。さらに字義を有さない音訳専用字も登場した（咖など）。

清朝の音訳「欧羅巴（オウ・ルオ・パー）」が日本に伝わるとオウ・ラ・ハではなく、文字列を一まとまりの語でヨーロッパと熟字訓（後述）のように読んだ。中国（北京）であれば「オウ・ルオ・パー」、韓国であれば「ク・ラ・パ」としか発音し得ない。漢字圏においては、もはや「欧」には、なぐる（殴に通じる）、はく（嘔に通じる）といった字義は失われている。漢字に語形が引かれる傾向のある中国語では、日本人の姓名を、仮名であれば漢字に直した上で中国語読みすることにも、その特質が現れている。

「弗」を声符とする形声文字「仏(佛)」は、漢語の「彷仏」(彷彿)、梵語(buddha)の「仏陀」、漢語「物滅(日)」を日本で替えた「仏滅」、洋語(France)の「仏蘭西」(中国製。中国では「法(蘭西)」が定着)など、種々の語を発音によって表すために利用され続けた。「仏滅」は、やはり当て字である「仏陀」のイメージと結びつき、多くの日本人の日常の意識を固定化し、言動に影響を及ぼした。

なお、字形・字体の差異は、別の類形字との混同(誤用)を除けば、表記というレベルでは同一の字種として扱えることがほとんどである。字体そのものによる表現の工夫は、笹原宏之ほか2003を参照されたい。

二　当て字の歴史と研究の始まり

日本語に漢字を音で当てることは、「卑弥呼」「意柴沙加(おしさか)」「舎加(しゃか)」など奈良朝以前からあった。万葉仮名も体系的な当て字ととらえることもできる。『万葉集』では、「恋」を字義をある程度ふまえて「孤悲」とするものも見られ、また「夏樫」で「なつかし」といった訓読みを利用した表記や「十二月」で「しわす(しはす)」といった熟字訓、「十六」で「しし」(4×4=16から、猪・鹿などを意味するしし)と読ませるような遊戯的な表記も行われた。

平安時代に仮名が広まったことによって、逆に日本語の文章をやはり漢字だけで書こうとする動きも現れ、変体漢文や真名本のように漢字を主体として書かれる日本語の文章も多くなった。「酒月(盃)」「浦山敷(うらやまし)」など自立語を中心としてなるべく漢字で書こうとする趨勢は、柳田国男が「節用禍」と難じるように、当時の辞書までが率先して和語本来の姿を漢字で覆い隠すほどであった。

中世に入る前後、顕昭『古今集注』や経尊『名語記』などに「アテ字」という用語も現れ、研究や検討が進められた。字義と語源が一致するもの(『塵袋』のいう「正字」に近い)に対する変則的な漢字表記を指し、素養と結びつけ蔑む意識も生じた。元禄時代になると、同訓字の誤用などを含め、幅広い層で言及がなされる。『俗字正誤鈔』も、語源を重視し、「祐古(ゆうこ)を祐粉と書たる人あり　粉ハ人の名に付べき字にあらず　あまりのあてし也　昌流(しゃうりう)を正流と書たるあて字ハ文字ハちかへとも祐(ゆう)粉(こ)の粉の字よりハましなり」と当て字にもレベルに差があると述べる。

一方、それも日本人の営為であったことに間違いはない。「紅葉・黄葉(もみじ)」「糸惜(いとおし)」「浅猿(あさまし)」や「未通女(おとめ)」「十八女(さかり)」「口鼻(かかあ)」などの表記には、時代ごとに移り変わる人々の語源意識や感性による表現という面を見出せないか。とりわけ中世、近世、明治ころには、時代相に合った表記が多数出現した。

戦後、当用漢字表の公布後も、当て字は新たに生み出された。公園の「護美箱」は、その用途を示す。「夜露死苦(よろしく)」は、暴走族により書かれた表記であったが、若年層に広まった。「まじ」には「真面(目)」とは別に「本気」「真剣」などの当て字がなされるようになった。「豆腐」の腐を避けて、表記を飾るため「豆富」としたのは、縁起を担ぐ精神とも通じ、戦前に「豆府」とした泉鏡花との共通点が見て取れる。

三　当て字が好まれた背景

日本列島に住む人々は、古くから、種々の素材を海外から受け入れ、必要とするものを選びだしてきた。それを従来の良いものに「上書き」せずに適度に併存させ、自己に適合するように加工をいとわない。さらに独自の意義付けを行って「別名保存」し、言語外のニュアンスしかなく情緒的な差に過ぎなくとも使い分けていく。この細分化の性質と姿勢が当て字を生み出し、定着させてきた土壌にあるといえまいか。

漢字は、中国において根源的に拡張性を有した文字であった。造字は要素と構成法に基づきなされうるものであり、運用法も字義(語義)と字音(音読み。ともに複数あるものも)によって展開可能なものであった。日本では、仮借の方法により早くから万葉仮名を生み、単語文字的な表語性から漢字に字訓(訓読み)を付与することを朝鮮より学び、そうした応用法を理解した上で、さらに独自の国訓、熟字訓、部分音・部分訓などを柔軟に派生させるに及び、一部が定訓となった。そして、日本語の語彙の豊富さも、当て字を生み出す原因となる。和語に加わった漢語は、漢字音が先の別名保存の性質によって呉音、漢音のほか古音、唐宋音、そして慣用音、いわゆる百姓読み、故実読みなどの読み癖により多層化した。種々の拍数とバリエーションをもつ訓読みと合わせ、様々な語形をもつ漢字が蓄積された。漢字(列)の意味を臨時的に読みとする義訓というシステムさえも生じ、熟語にも和語と漢語が混在する湯桶読み、重箱読みが出現した。読みの可能性の広がる中でそれを明示、特定し、また意味を限定するためなど種々の目的から読み仮名を付すという方法も一般化していった。

日本語の音韻構造の簡素さは同一、近似する発音の語や形態素の併存をもたらす。音便、連声、連濁、活用などの発音の変化にも関わって、掛け詞、本歌取りなどの表現技巧や洒落、語呂合わせ、さらには見立てなど、別の存在との関連づけの手法を愛好する伝統的な態度にも、当て字を促進した面が見出せる。字謎(鈍字)はクイズに通じる。

四　当て字を作製、使用する目的

漢字で書くこと自体に文章の価値、文体的な格調や自己の教養を示すという意義を見出す層があった。そのため、当て字であっても、漢字による表記のほうが仮名による表記よりも格が高いという意識が存していたことは、文献、金石文、文書や書簡などに直接、間接にうかがえる。姓や地名なども、正式なものほどそのようになる傾向が強い。

規範意識が当て字を支えることがある。ことばと文字を一体と見なし、とにかく漢字で書きたいという意識の有無はともかくとして、信じる語源解釈に沿ったばあい、あるいは歴史的な使用を権威ととらえ追従したばあい、さらに施策に示された方針というだけでそれに従おうとしたばあいも、その中にとらえうる。漢字政策や辞書には、言語や文字のもつ学問的な根拠や合理的な理由があるはずだと意識して、それらに従おうとするケースは、教育現場やマスメディアの作成した規則に拠ろうとする主義と共通する点がある。ただ、「年令」や「風光明美」などやはり受け入れられないものもあるという複雑な感情に結びつくことにもなる。

表記体系や個々の文字の機能に従おうとするケースもある。表記の美化や読み手に対する待遇の意図を表現しようとすることもある。「黄葉(もみじ)」「紅葉(もみじ)」や「十分(じゅうぶん)」「充分」は、語感や語形を維持しつつニュアンスや語義を明確化するために書き分けられたものである。「幸せ」「欠けら」のような送り仮名を含む一語は、語としてのまとまりを表記するために「幸福(しあわせ)」「欠片(かけら)」のように文字体系を揃えることで安定化させることがある。語義を明示する注釈としての機能、語を読みとりやすくさせる働きもある。

俗解は「三が日」を「三賀日」とし、エキセントリックなきれいさについては「綺麗」を「奇麗」と書くといった個性を生み出し、社会に広まっていくことがある。「コーヒー」よりも「珈琲」が高級と意識され、中国の音訳を示す口偏が避けられたのは、口は「喰」と同様というイメージ上の俗解に関し、文字表現として婉曲化が求められた結果であろう。ほかに筆記の経済が生み出すものもあり、「昭訓」(個算(パソコン)など)はそれに関わる提言でもあった。さらにWEBで検索や削除を逃れるために「氏ね」(死ね。使用不可表現)などの置き換えがなされることも生じた。

五　当て字の作製方法

当て字には、さまざまな性質のものが含まれる。

まず、単語に当てられる漢字のもつ、どの要素が利用されるのかによって分類すると、次のようになる。

利用される要素	例(一字)	(二字以上)		名称
・字音(発音)	汎:パン 和:倭	冗句:ジョーク	倶楽部:クラブ	音訳
・字訓(発音)	鯖:サーバー	矢鱈:やたら	出鱈目:でたらめ	音訳(訓訳)
・字義(意味)	扉:ドア 瞳:め	煙草:タバコ		意訳(熟字訓も)
・字体	弗:$(ドル)	孑孑:ぼうふら		形訳

これらは複合することがある。「型録(カタログ)」は、字訓「かた」と字音「ロク」を利用しており、同時に字義も意識された選択の跡が見えるものとなっている。音訓を区別する意識が一般に希薄化しており、こうしたものも当て字に含まれる。

右記には、本来の語形ではなく、漢字個々の読みに従うものがある。たとえば pan の音訳「汎」が「ハン」、サーバーの「鯖」が「さば」となるなど。-tic の音訳「的」も同様であった。

当て字の方法として、音訳と意訳のほかに、形訳とでも呼ぶべき類型がある。中国でも既存の字の形に着目し、別の似た形の物を形容するために用いる方法そのものは存在した。「井田法」など既存の漢字の形を利用した見立ては、古代からある方法だが、中国では読みは元の漢字の音によるのが原則である。日本で「$(ドル)」に、形態の類似する「弗」を当てて、訓読みとして「ドル」の類が付与された例は幕末にまで遡る。「金字塔」でピラミッドと読ませるものは、一字目だけが字体による当て字といえる。

近年、女子中高生に多く使われる「因囚」で「大人」と読ませるたぐいのものは「口」を飾りと見なした位相的な用法であり、丸ゴシック体のようなフォントの介在したことによる新たな形訳とも位置付けうる。ひらがなの「ぷ」で、その形から「ボウリング」と読ませる例もある。

字義による表記で、二字以上の文字列が合わさって一つの語を表すケースをとくに熟字訓という。漢字列に対して非分節的に与えられた読み方をもつ。「大和(やまと)」「昨日(きのう)」「吹雪(ふぶき)」「一寸(ちょっと)」「似而非(えせ)」などは、文字列の義と語義との間に関連性は見て取れるが、一字一字については読みと対応しないため、当て字の一つとして位置付けられる。中国近代の白話に対し読みを当てはめた「閑話休題(それはさておき、あだしごとはさておきつ、など)」のような語の単位を超え、句や文などの単位で読みが付されることもある。固有名詞である歌舞伎などの外題には、造字を交えて多数見られる。

熟字訓に相当する文字の読み方は、かつての朝鮮半島で「百済」を「クダラ」のように読ませることがあり、今日では英語圏で「etc.」を「and so on」などと読むような、個別的な語の例はあっても、日本語ほど組織的かつ生産的なケースは世界中に見出しがたい。

熟字訓は、古くは奈良時代以前から「日下(くさか)」「飛鳥(あすか)」「[illegible]嬬(おとめ)」「少熱(ぬる)」「丸雪(あられ)」などが現れており、かねてより「義訓」「義読(ぎどく)」(「ぎよみ」とも)や「戯書」の中に分類されることもあった。枕詞など由来は様々であった。中世から江戸時代にかけては、「時花(はやり)」「流行(はやり)」「月代(さかやき)」などが量産され、今日でも「欠片(かけら)」「秋桜(コスモス)」のように定着して辞書に載るようなものも現れている。「うるさい(煩い)」に対する「五月蝿い」は、生み出された明治初期にはより新奇で遊戯性の強く感じられた表記だったのであろう。昨今、「蝿」が表外字であるため使用が減り、理解字でなくなりつつあるのか、生活環境の変化によって俗解も広がってきており、「五月縄い」のほか「八月蝿い」「八月蟬い」と書く若年層も増えている。

当て字の類の読み方は、和語や「煙草(タバコ)」「麦酒(ビール)」のような外来語による訓読みが多いが、漢語や混種語もある。「博士」の「はかせ」は、字音ハクシが古代に転じた語形である。語形が多義性を帯びた時には、漢字でその内容を特定しようとすることがある。「姉妹(キョウダイ)」「姉弟(キョウダイ)」などはその例である。「兄弟」という字音語に基づくものであり、スシュ(スス)の音が転じた「数珠(ジュズ)」「珠数(ジュズ)」なども同様である。読み仮名全般を包含しながらも訓と称する

概説

「傍訓」という用語と同様に、熟字訓という呼称が定着を見ている。姓では「服部」「長谷（はせ）」「五十嵐」や「月見里（やまなし）」「小鳥遊（たかなし）」「薬袋（みない）」「四月一日（わたぬき）」などが実在する。姓とつながりの深い地名でも、「人里（へんぼり）」「十八女（さかり）」など、独自のものが定着を見せた。地名には、有史以前から発音としては存在していたものもあり、漢字表記はそれがなされた時代の地名語源意識と漢字の音義とが影響していることに留意すべきである。

「一日（ついたち）」「二日（ふつか）」があるので「日」に「たち」や「か」という読みを見出そうとする異分析の意識も生じ、江戸時代にこの類の方法は笑い話ともされたが、今日ではとくに人名に増えてきた。

次に、表記される語の出自を和語、漢語、外来語という語種に大別すると、次のようになる。

語種	例（一字）	（二字以上）
・和語	瞳←め	一寸←ちょっと　蒲公英←たんぽぽ
・漢語	和←倭	卑怯←比興　奇弁←詭弁　選考←銓衡
・外来語	扉←ドア　釦←ボタン	型録←カタログ　麦酒←ビール　倶楽部←クラブ

一字に訓が固定化すると、熟字には違和感がもたれやすい。「玉子」は定訓を学習する「卵」に対する当て字といわれることがあるが、語源や語構成・語義、各字義（国訓を含む）から見れば、順当な文字列といえる。また、「（人を）ぶつ」のような口語性の高い語は定訓が生じず、本来の語形「うつ」と同様に「打つ」と書けば当て字と意識されかねない。

漢語には「攻撃」からの「口撃」のように、もじりを加えた例も多い。なお、「非道い（ひどい）」は、うまい当て字だと意識されがちだが、「ひどい」という語自体が「非道」という漢語を形容詞化したものと知れば、「酷い」とどちらが本来的な表記か、判断に迷いが生じるであろう。

外来語に対しても「銃（ガン）」「珈琲（コーヒー）」「金平糖（コンペイトウ）」のたぐいが生じた。中国や日本で外国語を意訳した字・熟字に、その外国語を訓・熟字訓として与えることもある。また定訓化せず、文中で翻訳の機能を果たしているものもある。

「画廊」「印象」「簿記」など、洋語の発音をふまえた字音による訳語であれば、当て字に近い造語といえる。「幾何学」のように、中国から日本に入ってきた音訳も数多い。外来語になっていない、なおも外国語の段階にあるような語や、出自がどことも明確ではない語（発音）にも、振り仮名を注記的に用いて読みや意味を示すことがある。

これらは、既存の文字を利用したものであったが、時には既存の漢字に新たな字義を設けたり、新しい漢字を造出するケースもある。外来語にも造字がなされた。「錻（ブリキ）」は訓読み（洋訓）とされる（錻力のばあいはブという字音とされる）。国字は、字を造りそれを語に当てるのであり、当て字に準ずる行為を見出すことができるが、その語がとくに通常の和語や漢語であるばあいなどには、「褄（つま）」「縅（おどし）」「裃（かみしも。古くは上下（かみしも））」「蓙（ゴザ・ザ）」のような旁が読みを示すものであっても、違和感なく正訓、音読みと意識されることが多い。国字については笹原宏之2007を参照されたい。

これらの産出や定着には、語の品詞性が関わることがあり、「ます」のような助動詞には現在では当て字が稀であるといった傾向が生じる。当て字は、不規則に生産されたばかりではなく、各時代における音韻の体系的な変化や、語源解釈の個別の変化などを反映するばあいがあった（すまひ→住居（すまゐ）、えびす→恵比寿（ゑびす）など）。語義・語形の変化によって、語や語義が派生し、その解消のために当て字がなされるケースもある。「比興」からの「卑怯」、「土圭」からの「時計」がその例である。日本で転化や創作を経た漢語にさらに別の漢字を当てれば、それは当て字となる。ただし「不断」から派生した「普段」などは、互いに異なる語義や文法機能を分担するため、単なる当て字とは見なされない傾向がある。

なお、和語、外来語として分類されるものの中には、そもそも語の起源が曖昧なものがある。「てら」（寺）は古代の朝鮮語、「かわら」（瓦は梵語起源ともいわれている。「ししゃも」（柳葉魚）は柳の葉の意のアイヌ語による。「仕事」「試合」「支払い」のように「し」（和語のサ変動詞）に漢字を当てたものは、常用漢字表などで公認された当て字といえるが、そのことはほとんど意識されていない。「仕事」は、「仕」がかつて「す(る)」という訓をもっていたことに関わる表記だが、当用漢字改定音訓表（1973）により「シ」という字音でこれを解釈するようになった。

当て字のたぐいに対する読みを示すための形式には、通常の文字列のみによるもののほかに、以下のようなものがある。

①振り仮名で示す。字の右（上、下、まれに左、左右。歴史的には左訓は意味を注記することが多く、本書でもわずかに引いた）、字間、字体のすきまや中、字画の上などに示す。

②括弧で本行に示す。新聞では活字が小さかったころに、よく行われていた。電子メディアでも多い。

③読みを本文や音声によって説明する。

用語としては、江戸時代から「ふりか(が)な」「傍訓（つけか（が）な）」「旁訓（ぼうくん）・傍訓（ぼうくん）」などが現れる。傍訓は専門用語的である。ルビという用語は近代以降のものだが、通じない層がある。戦前の「標準漢字表」（1942）には、仮名では「不明」なばあい、「振仮名ヲツケル」という文言もあったが、小さい活字で印刷され、表現・伝達、教育、漢字制限と視力確保、資源・労力節約などを根拠とした振り仮名害悪論と当用漢字表によって原則的に否定され、日常の一般の文字生活から抑え込まれ消え去ったものもある。その一方で、芸術作品や個々人の表記などでは、今なお盛んに現れている。その中には種々の条件をクリアして人々の間で残るもの、使われていくものもあり、それを元に別のものが生み出されるという循環も生じており、一つの文化的事象ともなっている。遊び、ふざけから語義を併記する啓蒙的意図によるもの、学問的解釈を示すものまでその用途は幅広い。二〇一〇年の「改定常用漢字表」（答申）でも、読者に配慮した振り仮名の使用について記述されるに至った。

俗語的な口語形には漢字よりも発音を表示する仮名が適している可能性もあるが、語義を明示するために漢字に振り仮名を付すケースが少なくない。江戸時代の『浮世風呂』『浮世床』などから、いきいきとした発話と同時にその意味が伝わるように示す方法として見られる。

振り仮名は時に表される語を飾る。また各々の文字体系の機能や性質、形状、イメージのかもしだす独自のニュアンス、雰囲気が生じる。語のもつ意味や発音が双方の別個の特徴を互いに浮き立たせ、表記面で不完全な状態を生み出すこともある。漢字義と振り仮名の発音、両者の意味やニュアンスの差から生まれる解釈のおもしろさ、余情の立体的な広がり、重層的な表現効果の味わいを期待させるケースもある。

特定の物語世界において、その文脈の中でだけ、意味をもたされている臨時的な表記も存在する。文脈への依存度のないものから、完全に依存したものまであり、文脈にそぐわないもの、漢字の意味と振られた語の意味を乖離させたものさえある。また、読み仮名はなくとも、当て字の背景にある元の表記を想起することで楽しむようなケースもある。今日ではとくに2ちゃんねる用語の中に日々産出されている。

六　当て字の位相

当て字は、社会集団や使用場面によって出現の仕方に差が生じることがある。上代の万葉仮名を含む文献や中古以降の和歌、公卿の日記、説話集、真名本、連歌、抄物、和漢聯句、文書類などでも当て字は盛んに生まれ、用いられている。識字層の拡大は、漢籍や仏典などの典拠と直接のつながりを意識しない層を増大させた。室町時代の辞書『伊京集』には、武家は「弓断」、出家は「油断」、公家は「遊端」と、「ユダン」の表記が分かれていたと記録されている。武具の「ほろ」などにも類似する記述があり、文字をともにする社会によって当て字に違いがあったという状況と関連させることができる。

近世期前後には、口語、俗語、オノマトペを多用する文芸の中で育まれた「世話字」にも、種々の表現意図を込めた当て字を拾うことができる。連歌の場で懐紙に用いられるとされた「新在家文字」の中にも同様の意識が読み取れる。井原西鶴や夏目漱石など、当て字が目立つと言われる作家もいる。その一方で、思い入れを含め一般に森鷗外はそういうことをしない、といった評価が聞かれることがある。そこに客観的な妥当性があれば個人表記のレベルの指摘となる。それらは文芸上のレトリックとしても扱いうるが、文体や使用場面、執筆媒体による位相差なども見られた。個人的な創作、意図せぬ誤用も混在するが、各時代の風を感じさせる歴史的なものや同時代においては一般的なものも少なくない。野口英世の母シカの「べん京」(勉強)は、個人の肉筆の生み出した例である。

小説や漫画のような原則として視覚だけの無音の世界と異なり、歌詞カードなどは、表記と耳で聴く音楽との表現世界の幅が大きい媒体の一つであろう。特定の時代、ジャンルや作詞家たちに新しい表記が見出せる。活字の細かい新聞でも技術的にもルビが付けやすくなった。雑誌ではその傾向はいっそう顕著であり、新規の当て字も現れる。「VS(たい)」や「超(スーパー)ジャンボフィギュア」が『テレビマガジン』二〇一〇年四月号に見られるように、小学生以前から漢字など表記政策、教育政策とは一致しないこうした使用に接する機会を生んでいる。

語の社会的な変異としての位相語にも当て字が見られる。例えば、「親友(マブ)」は、口語の軽いニュアンスを漢字が弱化させる役割を果たす。地域による語の変異である方言には、語彙の面では俚言と訛語がある。これらに対しても「凍(しば)れる」「本間(ほんま)」「俺(おら)」など様々な漢字表記の工夫がなされてきた。

ワープロソフトの仮名漢字変換も、物理的条件となり表記に位相を生じさせる。WEB上で行われる「乙(お疲れ)」「藁(笑)」「芒イ(キモイ)」「厨房(中坊。中学生のこと)」というのは独自のニュアンスを込めた遊戯が主であろうが、「氏ね(死ね)」など、ネット上では使えない語を表記上回避するケースも見られる。また、その語の前後の語などとの関係や構文的関係による文脈的条件も、出現に作用することがある。「歳」を「才」とする例は、漢字政策、メディアの物理的制約と視聴者層への配慮、教育的配慮、世代・職種ごとに傾向を異にする個々人のいだく規範意識、筆記の場面ごとの生理的条件、心理的条件、物理的条件などによって実に複雑な使用状況を生み出している。

七　漢字以外の文字による当て字などの表記

日本語は、表語文字である漢字のほかに、漢字から派生した表音文字のひらがな、カタカナを用いて表記される。この時点で、世界で類を見ない文字体系を形成しているのだが、欧米からのローマ字、アラビア数字、さらに記号、絵文字なども語の表記に使用されることがある。それらは、互いに異なる機能をもち、用法や形態などによりイメージを分化する傾向も見られる。振り漢字など複雑な応用も生みだす。「六ケ敷(むつかし)」「お起(き)る」「Yシャツ」「E気持ち」「4649(よろしく)」「本田△(ほんださんカッケー(カッコイイ))」といった、当て字に準じた、本来的な表記に対する代用的な表記が現れる。そのバリエーションの多さは、中国における「卡拉OK(カラオケ)」の類の比ではない。

表記体系全体の中に当て字を位置付けると、表音的表記としては、ひらがなでは「やま」、カタカナでは「ヤマ」(派生用法の「ヤマを張る」など)、漢字では「耶麻(やま)」、ローマ字では「Yama」となる一方、表意的表記としては「山」「mountain」、形をあらわすものを仮に表形的表記と呼べば「⛰(やま)」がその例である。また、表音的表記である「よろしく」「ヨロシク」「夜露死苦」「四六四九」「YOROSHIKU」「4649」などに対し、表意的表記は「宜しく」「(^^)/」「☺」、表形的表記は「宜しく」「Eロシク」「よ3しく」などとなる(ここにも語と結びついた顔文字、絵文字も含みうる)。とくに漢字には表音表記でも意味が込められることがある。

日本では、漢字からひらがなやカタカナが派生し、ローマ字も導入したことで、漢字の位置が揺らぐ一方、比較の対象を得たために表語・表意性の強い漢字への独自な意義付けが一層強化されていった。

八　当て読みのたぐいについて

ことばがあってそれが表記される、というのが通常の筆記の順序である。しかし、日本においては、先に文字が書かれている場合に、その読みが何であるのかを考えてから、読みをあてがってみるという行為が見受けられる。中国では、一般的な漢字であれば、地域ごとにその読みは原則として一意に決まっており、韓国でも現在、漢字を使うときには同様となっている。

語に対して何らかの不整合さをもつ漢字を書く当て字の裏返しの方法として、すでに書かれている文字を当て推量で読むことは古くから行われた。「当て読み」などと呼ばれる方法であり、本書では試みとしてこれにも注目をしてみる。臨時的、臨場的なもので、個人性が強くとも、認知度が高くなる例もある。それが現実の言語活動や文字生活の一部をなしており、日本の言語変化の傾向を知り、内実を考える上で参考となる面がある。

古く、漢籍の字義の注記がそのまま訓となること(字注訓)は、漢語の熟語をそのまま和語で読むケースと根は同じである。漢語「海松(カイショウ)」(みる)を「うみまつ」、「石竹」を「いしたけ」のように和語で読むことを「文字読み」と呼ぶことがある(『大言海』)。「寿」に対し、その意味を生かすために「いのちながし」と翻訳的な句を訓とすることと共通点がある。文選読みは、語句を字音で読んだ後に、個々の字を字訓で読むため、そこでも新たな語句が生じるケースがある。字体の構成要素がそのまま訓となること(字形訓)もあった。たとえば「羆」は「四熊」と分解すると「しぐま」となることから「ひぐま」と読まれたとされる。字の構成要素から造語がなされ、訓となった例である。字面を会意文字として日本で類推し解釈した結果、生じた国訓も存在した可能性がある。たとえばナマズを意味する「鮎」を日本でアユと読ませたたぐいや「椿」をツバキ、「杜」を社からモリと訓じたたぐいである。

漢籍などを含めた古典や仏典の学問的な手続きを十分には経ない読解や、金石文の解読に際しても、同様の当て読みが試みられることもあった。古人の表現意図を探る営みもあったことであろう。

既存の字に読みを当てる困難は古くより生じ、漢字を呪符としてとらえたこともあった。文芸の場では、解釈のために訓が当てられることも起こる。『古事記』や『日本霊異記』などには本文の漢字の読み方を万葉仮名などで記した訓注があり、筆録と同時になされたものもある。漢文や和習のある漢文によって記された『日本書紀』などには、古くより訓点とともに種々の読み仮名が書き込まれてきた。『万葉集』には、字の音・訓義による表記や戯書、万葉仮名など意匠を凝らした表記が多数駆使され、平安時代にはすでに読みにくいものが生じており、九五一年には村上天皇の命を受けた梨壺の五人が読解に当たったとの記録がある。そうした際に漢字(列)に読みを与える作業が発生するのであり、音声が先にあって文字がそれを表記するという関係を逆転させた行為が必要となる。若返りの「変水」が『万葉集』の写本において「恋水」と誤って交替したため、「おちみず」だったものが「なみだ」として判じ物的表記、戯書と解釈された例も当て読みの延長にとらえられる。幽霊表記の一種だが、後代の人々の感覚に訴えて一部で使用されるに至り、新たな表現も派生した。「涙」よりも「泪」を好み、「淋しい」の部首(氵)に涙を見出そうとまでする日本人の感性は、本来の漢字のありようから見ればあまりに繊細すぎるともいえる。

故実読みは、伝統ある社会での由緒に基づく高尚な読みと認識される傾向がある。「笏(しゃく)」「服部」などの大元は、避諱や口癖など様々なものであり、無教養によるとされた当て読みなどの原因やパターンと重なる点もあり、歴史性を同等に有するものもある。漢字を音読みする際にも、字の構成要素から類推して読むことがあった。いわゆる百姓読み（類推読み）である。

振り仮名は江戸時代でも筆録者自身が付すとは限らなかった。かつてルビを振る専門のルビ屋までいたことはよく知られている。漱石も「振仮名」（ルビ）は大体でよいが編集に任せたら辟易したと手紙に記している。仮名垣魯文も「彫工（はんぎし）」が東京の方言（かたこと）の「私（わっち）」「我等（おいら）」「一杯（いっぺエ）」「此奴（こいつ）」などの「傍訓（ふりがな）」を誤って削ったことを『西洋道中膝栗毛』四で述べている。それを筆録者が確認し、直すとも限らなかった。こうしたことからも、当て読みが生じることもあったことがうかがえる。

「ひとごと」は、「他人事」という表記を経て一般において「タニンごと」という語形が広まりつつある。「他人」と書いて「ひと」と読む熟字訓がさほど定着しなかったということでもあろう。過去にも和語「おこ」が「烏滸」や訓読みによる「尾籠」という当て字表記を経て、後者に故意に当て読みがなされたのであろうか、音読みされて「ビロウ」という語形を生みだすに至った。当て字、当て読みは日本語の語形を、ときに語種さえ超えて変動させる原因ともなる。「おおね」は「大根」により「だいこん」に、「ひのこと」は「火事」を介して「かじ」になったのは、はたして故意によるものだったのであろうか。

人名は、昔からどう読むのかという確証が得にくかった。先人の漢字名には、古くから名乗り訓も用いられ、根拠が明白でないままに慣習化した読みもある。後代の者は訓を推定し、それが不確実なばあいは音読みをしておくことで礼を失しないようにするという法則まで作られた。読者が読みをあてがう際には、推測によるもの、レトリックなどのために故意に変えようとするもの、誤って変わってしまうものなどが生じる。伊藤博文の名や地名「日光」の「ふたら」からの変転（笹原宏之2008）のような現象は日本語でしか起こりえないことである。

当て読みは、江戸時代から見られる語である。いい加減に推量で読むことを指す例が多く、「そらよみ」という語も用いられた。こうした読み方が教養を測るバロメーターともなったが、遊戯的な読みもまた余裕として個別的、散発的ながら存在し続けた。先に触れた百姓読みに代表される慣用音（まれに訓読みにも現れる）の多くも、文字面から得られた読み方といえる。振り仮名、送り仮名、捨て仮名が統一的ではなく、漢字読解力にも差が大きかった当時には、笑い話のほか、川柳にも「串」を「かばやき」と読んだといった話が記録されている。

鰒（ふぐ）といふ字だものあてよみに鰹　菅江

（『柳樽余稿　川傍柳』二篇　天明元年（『初代川柳選句集　上』岩波文庫））

これは声符による字音フクを利用した「鰒（ふぐ）」という国訓が、当時、「鰒」のように異体字で記されたことから、カツオの旬が初夏であることと掛けて詠まれたものである。ここに、「かつお」に鰒が当て字されたと見ることもできる。「雨」の字を「ぐれて」読むという句（本文「あめ（雨）」参照）とともに、書かれた漢字に積極的に創造的な読みを与える文芸的な姿勢も現れていたことがうかがえる。

今日でも、当て読みの実例は尽きない。漢字の読みを問う機会が、教育の場では授業や試験であるほか、テレビや一般でのクイズなどの遊びでも好まれている。そこでは「羞恥心」を「さじしん」と読んだ、「躾」を「エステ」と読んだ、「嬲る」を「もてる」と読んだといった誤答が珍聞として伝えられることもある。漢字の書き取りや読みの試験では、苦し紛れの解答が多発する。総理が「未曾有」を「みぞうゆう」、「踏襲」を「ふしゅう」と読んだといったことも大きな話題となった。

これらは臨時の試みや一時的な慰みとしてその場限りで終わることが多い。そこにはその時代の漢字への意識や感覚などが垣間見えるのだが、一方で、その読みが定着に至るケースも見受けられる。現代では公認されるに至った「堪能（タンノウ）」のほか、「既出」がＷＥＢの一部ではガイシュツとなり、揶揄を含意した形となっているのは、その例である。

また、アラビア数字で記された電話番号や西暦、自動車ナンバーなどに対する語呂合わせのようなものは、世界の中でも日本では読みに融通がかなりきくため、実用として大いに広まっている。綴りのローマ字読みも広く当て読みの中にとらえうる読字行為である。

漢字は語の発音と意味とを同時に表そうとする表語性に富むため、表語文字といわれるが、人口に膾炙した用語である表意文字として文字どおりの使用もある。車の表示の「危」や、銭湯や娯楽施設の料金表示板での「小人」は表語文字ではなく、表意文字として、漢字が日本語で機能している実例といえる。ローマ字などで駐車場を表す「P→」、地下を示す「B1」の類も同様であろう。

こうした表意的な表記の一意な解釈の中で、自由な読みを可能とする素地があるからこそ、手紙やWEB、携帯メールなどで顔文字や絵文字がここまで普及したとみることができないだろうか。

九　当て字のたぐいの現在と未来

大正末の臨時国語調査会や戦後の当用漢字表によって原則として「廃棄」、排除されてきた当て字のたぐいは、小地名のそれを含め減少に向かったが、根絶されることはなかった。むしろ、表外字を制限したことから、書き換えと呼ばれる狭い範囲での当て字、たとえば「交差(叉)」「風光明美(媚)」などを生みだしたり、固定化させたりした。表内字であっても、「十分」から二次的な表記として「充分」を派生させ、定着させたのは機能を分担するためであった。「豆腐」を「豆富」と変えたのは、字義を気にする日本人によるイメージ向上のためである。

話しことばのようには変化が激しくないと思われがちな表記であるが、保守性を有すると同時に、種々の変化に柔軟に対応しうる要素と構造、機能を兼ね備えている。過去に新たな表記を用いた人がいて、それが多くの人々の共感を呼び、広く使われて残っていくものもある。季節と自然を合わせた「秋桜」をコスモスと読ませる当て字も歌謡曲から始まったものだった。「本気と書いてマジと読む」という若年層での決まり文句は、漫画から広まったものだった。いずれも世に現れてから三〇年前後しか経過していない。「真剣(まじ)」などの表記も新規に生産されている。「何々と書いて何々と読む」というフレーズは、江戸時代の『貞丈雑記』、古くは、平安時代末の歌学書にまで遡りうる。

明治期には、一部の知識人の間で、当て字の使用と新作がしきりに行われた。中世や江戸時代でも同様であった。現代では、小説も歌詞も、専門としない人たちが創作にたずさわることが珍しくなくなった。さらに、識字層の広まりとインターネットなどの電子情報機器の普及によって、誰もが過去の営為と断絶したその場の思いつきでも作り出し、パソコンやケータイなどを通じて、不特定多数の目に触れさせることが簡単に行えるようになり、ときに非難の対象とさえなっている。

漢字政策であっても、一般化の実勢を適切に取り込もうとする動きは、当用漢字表の時代からすでになくはなく、常用漢字表でも見られた。二〇一〇年の改定常用漢字表(答申)でも、たとえば「人込み」は「人混み」に、現実の使用の習慣化と意識に即して代表的な表記としての位置を譲り、また、「刹那」「歌舞伎」「真面目」なども採用された。

一字(単字)の中へ新しい表現を込めていく国字よりも、既存の字を利用する当て字の方法には表現の可能性として広がりがある。国字の生産性は、文字コードの普及で一層低減したが、従来の漢字を発展させ、あるいはそれら同士を組み合わせる当て字はなおも創造と応用が続いている。情報時代を迎えたこの先も、個々人の自由な表現方法の一つとして漢字による表現は、細やかな表現効果を目指しながら、様々なメディアにおいて学芸、実用の両面から複雑な展開を見せていくと考えられる。

当て字、それと深い関係をもつ当て読みの状況をおさえ、切り出された個々を相対化させていくならば、それらに関わってきた人々の心性、さらには日本語を文字で、とくに漢字で表現することの限界とまだ知られていない可能性が見えてくるであろう。

当て字・当て読み 漢字表現辞典

◉ 二〇一〇年一一月一日──発行

編者紹介

笹原宏之（ささはら・ひろゆき）

一九六五年東京都生まれ。早稲田大学社会科学総合学術院教授。博士（文学）。早稲田大学第一文学部（中国文学）卒業、同大学院文学研究科（日本文学）博士後期課程単位取得。文化女子大学専任講師、国立国語研究所主任研究官などを経て、現職。専門は日本語学（文字・表記）。経済産業省の「JIS漢字」、法務省の「人名用漢字」、文部科学省の「常用漢字」の制定・改定に委員・幹事として携わる。著書に、『日本の漢字』（岩波新書）、『訓読みのはなし』（光文社新書）などがあり、『国字の位相と展開』（三省堂）により第三五回金田一京助博士記念賞を受賞。

◉ 二〇一〇年一一月一日──第一刷発行

編者──笹原宏之

発行者──株式会社三省堂 代表者──北口克彦

印刷者──三省堂印刷株式会社

発行所──株式会社三省堂

〒一〇一-八三七一

東京都千代田区三崎町二丁目二十二番十四号

電話 編集（〇三）三二三〇-九四一一、営業（〇三）三二三〇-九四一二

http://www.sanseido.co.jp

振替口座 〇〇一六〇-五-五四三〇〇

◉ 〔当て字当て読み辞典・九一二頁〕

落丁本・乱丁本はお取替いたします

ISBN978-4-385-13720-9